SÆCULUM XII

BALDRICI
DOLENSIS ARCHIEPISCOPI
OPERA OMNIA

ACCEDUNT

HONORII II ROMANI PONTIFICIS

EPISTOLÆ ET DIPLOMATA

NECNON

COSMÆ PRAGENSIS, ALBERICI AQUENSIS
CHRONICA

INTERMISCENTUR

DROGONIS CARDINALIS, PETRI LEONIS ET GREGORII S. R. E. LEGATORUM, FRIDERICI COLO-
NIENSIS ARCHIEPISCOPI, S. HUGONIS GRATIANOPOLITANI, BRUNONIS ARGENTINENSIS,
EPISCOPORUM, S. STEPHANI ABBATIS CISTERCIENSIS TERTII, FRANCONIS ABBATIS AFFLI-
GEMENSIS, PONTII ABBATIS CLUNIACENSIS, ABBAUDI ABBATIS, RICHARDI ABBATIS PRATEL-
LENSIS, G. ABBATIS, DOMNIZONIS PRESBYTERI CANUSINI, JOANNIS MONACHI, VIVIANI
PRÆMONSTRATENSIS, JOANNIS MICHAELENSIS, GUALTERI TARVANENSIS ET GALBERTI
BRUGENSIS, HUGONIS DE RIBODIMONTE

OPUSCULA, DIPLOMATA, EPISTOLÆ

ACCURANTE J.-P. MIGNE

BIBLIOTHECÆ CLERI UNIVERSÆ

SIVE

CURSUUM COMPLETORUM IN SINGULOS SCIENTIÆ ECCLESIASTICÆ RAMOS EDITORE

TOMUS UNICUS

VENIT 8 FRANCIS GALLICIS

EXCUDEBATUR ET VENIT APUD J.-P. MIGNE EDITOREM
IN VIA DICTA *D'AMBOISE*, PROPE PORTAM LUTETIÆ PARISIORUM VULGO *D'ENFER* NOMINATAM
SEU PETIT MONTROUGE

1854

ELENCHUS

AUCTORUM ET OPERUM QUI IN HOC TOMO CLXVI CONTINENTUR.

COSMAS PRAGENSIS.
Chronica Bohemorum. *col.* 9.

ALBERICUS AQUENSIS.
Historia Hierosolymitana, *col.* 389.

FRANCO ABBAS AFFLIGEMENSIS.
De gratia Dei, *col.* 745. — Epistolæ, *col.* 807. — Appendix. — Chronicon Affligemense, *col.* 813.

HUGO DE RIBODIMONTE.
Epistola ad G. Andegavensem, *col.* 833.

PONTIUS ABBAS CLUNIACENSIS.
Statuta, *col.* 839. — Donationes piæ, *col.* 841.

PETRUS LEONIS ET GREGORIUS S. R. E. LEGATI.
Epistolæ, *col.* 851.

JOANNES MICHAELENSIS.
Regula Templariorum, *col.* 855.

GUALTERUS TARVANENSIS ECCLESIÆ CANONICUS ET GALBERTUS BRUGENSIS.
De Vita et martyrio B. Caroli Boni, Flandriæ comitis, *col.* 873.

BALDRICUS DOLENSIS ARCHIEPISCOPUS.
Historia Hierosolymitana, *col.* 1057. — Acta Translationis capitis S. Valentini, *col.* 1151. — Vita S. Hugonis Rothomagensis archiepiscopi, *col.* 1163. — Itinerarium, sive epistola ad Fiscannenses, *col.* 1175. — Vita B. Roberti de Arbrissello, *col.* 1181. — Carmina, *col.* 1181. — Acta S. Valeriani martyris, *col.* 1209. — De visitatione infirmorum. *col.* 1211. — Diploma, *col.* 1211.

HONORIUS II PONTIFEX ROMANUS.
Epistolæ et privilegia, *col.* 1217.

VIVIANUS PRÆMONSTRATENSIS.
Harmonia, *col.* 1319.

G. ABBAS.
Epistola ad A. priorem S. Victoris Massiliensis, *col.* 1335.

DOMNIZO PRESBYTER CANUSINUS.
Vita Mathildis comitissæ, *col.* 1339.

ABBAUDUS ABBAS.
Tractatus de fractione corporis Christi, *col.* 1341.

BRUNO ARGENTINENSIS EPISCOPUS.
Epistolæ, *col.* 1347.

FRIDERICUS COLONIENSIS ARCHIEPISCOPUS.
Epistolæ et diplomata, *col.* 1349.

RICHARDUS ABBAS PRATELLENSIS.
Prologus in Leviticum, *col.* 1357.

S. STEPHANUS ABBAS CISTERIENSIS III.
Censura de aliquot locis bibliorum, *col.* 1373. — Sermo in obitu prædecessoris sui, *col.* 1375. — Epistolæ, *col.* 1375. — Charta charitatis, *col.* 1177. — Usus antiquiores ordinis Cisterciensis *col.* 1383. — Exordium cœnobii et ordinis Cisterciensis, *col.* 1501.

JOANNES MONACHUS.
Epistola ad Adelberonem Trevirensen archiepiscopum, *col.* 1509.

DROGO CARDINALIS.
Sermo de passione Dominica, *col.* 1513. — Liber de creatione et redemptione primi hominis, *col.* 1547. — De septem donis sancti Spiritus, *col.* 1555. — Liber de divinis officiis, *col.* 1557.

S. HUGO GRATIANOPOLITANUS EPISCOPUS
Excerpta e chartulario Gratianopolitano, *col.* 1565. — Epistolæ et diplomata, *col.* 1571.

Ex typis MIGNE, au Petit-Montrouge.

PATROLOGIÆ
CURSUS COMPLETUS

SIVE

BIBLIOTHECA UNIVERSALIS, INTEGRA, UNIFORMIS, COMMODA, OECONOMICA,

OMNIUM SS. PATRUM, DOCTORUM SCRIPTORUMQUE ECCLESIASTICORUM

QUI

AB ÆVO APOSTOLICO AD INNOCENTII III TEMPORA

FLORUERUNT;

RECUSIO CHRONOLOGICA

OMNIUM QUÆ EXSTITERE MONUMENTORUM CATHOLICÆ TRADITIONIS PER DUODECIM PRIORA
ECCLESIÆ SÆCULA,

JUXTA EDITIONES ACCURATISSIMAS, INTER SE CUMQUE NONNULLIS CODICIBUS MANUSCRIPTIS COLLATAS,
PERQUAM DILIGENTER CASTIGATA;
DISSERTATIONIBUS, COMMENTARIIS LECTIONIBUSQUE VARIANTIBUS CONTINENTER ILLUSTRATA;
OMNIBUS OPERIBUS POST AMPLISSIMAS EDITIONES QUÆ TRIBUS NOVISSIMIS SÆCULIS DEBENTUR ABSOLUTAS
DETECTIS, AUCTA;
INDICIBUS PARTICULARIBUS ANALYTICIS, SINGULOS SIVE TOMOS, SIVE AUCTORES ALICUJUS MOMENTI
SUBSEQUENTIBUS, DONATA;
CAPITULIS INTRA IPSUM TEXTUM RITE DISPOSITIS, NECNON ET TITULIS SINGULARUM PAGINARUM MARGINEM SUPERIOREM
DISTINGUENTIBUS SUBJECTAMQUE MATERIAM SIGNIFICANTIBUS, ADORNATA;
OPERIBUS CUM DUBIIS TUM APOCRYPHIS, ALIQUA VERO AUCTORITATE IN ORDINE AD TRADITIONEM
ECCLESIASTICAM POLLENTIBUS, AMPLIFICATA;
DUOBUS INDICIBUS GENERALIBUS LOCUPLETATA : ALTERO SCILICET RERUM, QUO CONSULTO, QUIDQUID
UNUSQUISQUE PATRUM IN QUODLIBET THEMA SCRIPSERIT UNO INTUITU CONSPICIATUR; ALTERO
SCRIPTURÆ SACRÆ, EX QUO LECTORI COMPERIRE SIT OBVIUM QUINAM PATRES
ET IN QUIBUS OPERUM SUORUM LOCIS SINGULOS SINGULORUM LIBRORUM
SCRIPTURÆ TEXTUS COMMENTATI SINT.
EDITIO ACCURATISSIMA, CÆTERISQUE OMNIBUS FACILE ANTEPONENDA, SI PERPENDANTUR : CHARACTERUM NITIDITAS,
CHARTÆ QUALITAS, INTEGRITAS TEXTUS, PERFECTIO CORRECTIONIS, OPERUM RECUSORUM TUM VARIETAS
TUM NUMERUS, FORMA VOLUMINUM PERQUAM COMMODA SIBIQUE IN TOTO OPERIS DECURSU CONSTANTER
SIMILIS, PRETII EXIGUITAS, PRÆSERTIMQUE ISTA COLLECTIO, UNA, METHODICA ET CHRONOLOGICA,
SEXCENTORUM FRAGMENTORUM OPUSCULORUMQUE HACTENUS HIC ILLIC SPARSORUM,
PRIMUM AUTEM IN NOSTRA BIBLIOTHECA, EX OPERIBUS AD OMNES ÆTATES,
LOCOS, LINGUAS FORMASQUE PERTINENTIBUS, COADUNATORUM.

SERIES SECUNDA,

IN QUA PRODEUNT PATRES, DOCTORES SCRIPTORESQUE ECCLESIÆ LATINÆ
A GREGORIO MAGNO AD INNOCENTIUM III.

ACCURANTE J.-P. MIGNE,

BIBLIOTHECÆ CLERI UNIVERSÆ,

SIVE

CURSUUM COMPLETORUM IN SINGULOS SCIENTIÆ ECCLESIASTICÆ RAMOS EDITORE.

PATROLOGIA BINA EDITIONE TYPIS MANDATA EST, ALIA NEMPE LATINA, ALIA GRÆCO-LATINA. —
VENEUNT MILLE FRANCIS DUCENTA VOLUMINA EDITIONIS LATINÆ; OCTINGENTIS ET
MILLE TRECENTA GRÆCO-LATINÆ. — MERE LATINA UNIVERSOS AUCTORES TUM OCCIDENTALES, TUM
ORIENTALES EQUIDEM AMPLECTITUR; HI AUTEM, IN EA, SOLA VERSIONE LATINA DONANTUR.

PATROLOGIÆ TOMUS CLXVI.

BALDRICUS DOLENSIS ARCHIEP. HONORIUS II ROM. PONT. COSMAS PRAGENSIS. ALBERICUS
AQUENSIS. DROGO CARD. PETRUS LEONIS ET GREGORIUS S. R. E. LEGATI, FRIDERICUS
COLON. ARCHIEP. S. HUGO GRATIAN., BRUNO ARGENTIN. EPISCOPI. S. STEPHANUS CISTERC. III,
FRANCO AFFLIGEM., PONTIUS CLUNIAC., ABBAUDUS, RICHARDUS PRATEL L., G., ABBATES.
DOMNIZO PRESB. CANUS. JOANNES MON. VIVIANUS PRÆMONST. JOANNES MICHAELENSIS.
GUALTERUS TARV. ET GALBERTUS BRUG. HUGO DE RIBODIMONTE.

EXCUDEBATUR ET VENIT APUD J.-P. MIGNE EDITOREM,
IN VIA DICTA *D'AMBOISE*, PROPE PORTAM LUTETIÆ PARISIORUM VULGO *D'ENFER* NOMINATAM,
SEU PETIT-MONTROUGE.

1854

ANNO DOMINI MCXXV

COSMAS PRAGENSIS

COSMÆ
CHRONICA BOHEMORUM

(Edidit D. RUDOLFUS KOEPKE ph. D., apud PERTZ, *Monum. Germ. hist.* Script. t. IX, p. 1)

PROLEGOMENA

COSMÆ PRAGENSIS ÆTAS, NATALES, RES GESTÆ

Cosmas Pragensis, quem patris Bohemicæ historiæ Herodotique splendidissimis nominibus jure ornarunt viri, de perscrutandis Bohemorum rebus gestis optime meriti, inter Germanicarum etiam rerum scriptores, sive rerum materiem quam libro suo inclusit, sive viam et rationem quam in conscribenda historia ingressus est respicis, locum obtinet non sane sua laude fraudandum. Et haud immerito nos quoque nostris eum videmur ascribere posse, qui, etsi Bohemica gente oriundus, et divinarum et humanarum rerum societate cum imperio Germanico erat conjunctus. Quanquam enim Slavicus ejus sanguis odio magis quam amore efferbuit erga Germanos, quos patriæ habebat inimicos atque oppressores (1), tamen neque Germanici imperatoris summum imperium, a Bohemis etiam servandum, rejicere, neque Moguntini archiepiscopi ecclesiasticam disciplinam in dubium vocare audebat. Neque Bohemorum historiam componere licebat, Germanicarum rerum ratione habita omnino nulla; nam vix unam quidem alteramve pagellam complere poterat, quin in res a Germanis et gestas et conscriptas incideret nominaque Germanica litteris mandanda essent. Sit igitur hæc Bohemorum gloria utilissimum rerum scriptorem sibi popularem datum esse, nobis vero hanc alteram relinquant Cosmam, quod ipse testatur, Germanorum eruditione et litteris imbutum atque ad altiores sensus capessendos excultum esse.

Sed alia est laus Bohemis minime eripienda. Germanus quidem erat qui primus Cosmæ chronicon luce publica donavit, at Bohemorum erant viri doctissimi qui in legendo eoque explicando summam operam atque diligentiam posuerunt eumque iterum iterumque novis curis perscrutantes, ita in interiores libri illius recessus penetrarunt ut Germanis viam præirent nobisque pene nihil relinquerent, quæ nova proferri possent. Primus enim Dobnerus (2), cui summa debet Bohemorum historia, sua doctrina Cosmæ vitam et librum illustravit, post Dobnerum Dobrowskius (3), — cui viro de historia Cechica meritissimo, quod Monumentis Germaniæ promiserat (4), novam Cosmæ editionem, utinam solvere licuisset! at fata obstabant; — post Dobrowskium qui in libro suo nova Bohemicæ historiæ fundamenta posuit Palackius (5). Post tot tantosque viros de rebus Bohemicis summe meritos, vix saniori consilio res nostra geri possit, quam si ea via quam tali

NOTÆ.

(1) II, 8, 14.
(2) Ad Hajecii Annales Bohemorum I, 172, sqq.
(3) In præfatione ad scriptores Rerum Bohemicarum I, p. VII, sqq.
(4) Archiv. IV, 35.
(5) Würdigung der alten Böhmischen Geschichtschreiber, pag. 1. Minoris momenti sunt quæ priori tempore de Cosma dederunt Oudinus commentar. De scriptor. eccles., II, 766; Fabricius, Bibliotheca Lat. mediæ et infimæ ætatis I, 331; Menkenius in præfatione ad tom. I script. Rer. Germ.; Ceillier XXI, 576, Hambergerus zuverlässige Nachrichten IV, 104; Pubitschka Geschichte von Böhmen IV, 225; Meinertus in Commentatione die Böhmischen Geschichtschreiber des ersten Zeitraums, Wiener Jahrbücher XV, Anzeigeblatt., pag. 27.

auctoritate præmunitam videmus incedentes, illa præsertim adnotamus quæ nobis aliter se habere videbantur.

Testimonia quæ nobis relicta sunt de vita Cosmæ, sunt quidem non ita pauca, sed, ut fere ubique accidere solet, in rerum scriptoribus qui non rebus gerendis, sed scribendis gloriam sibi comparare conati sunt, ex ipsius auctoris libro sunt illa petenda; nam paucissima sunt quæ, postero tempore, casu magis quam consilio ab aliis addita esse videmus. At de se ipse testimonia largiore sane manu libro inseruit quam apud alios fieri solet. Ex ipsius igitur verbis Vita ejus constituenda est.

Cosmas, circiter annum 1045 (6) haud ignobili loco (7) natus, ex gente quadam e Polonia adducta, ni fallor, originem traxit. Nam atavus ejus (8), presbyter qui paucis annis antequam Cosmas hanc lucem adeptus esset, adhuc erat inter vivos, a Bohemis qui cum S. Adalberti reliquiis in patriam victores redibant, cum nobilium Polonorum turma anno 1039 Pragam captivus ductus est. Scholis Pragensibus erudiendus traditus est Cosmas, ut mox clericorum numero ascriberetur, et an. 1074 adhuc in puerorum scholis deprehendimus eum hærentem.

Cum e litterarum rudimentis emersisset, Leodium se contulit Cosmas, quod tunc præ cæteris Lotharingiæ scholis lætissimis, auspiciis Franconis magistri florebat, ibique grammaticæ et dialecticæ operam assidue navavit. Quæ doctrinæ præsidia sibi comparaverit testes sunt classicorum scriptorum lumina quibus librum suum frequentavit ipsaque scribendi ratio. Quantum litterarum amorem ibi in viscera receperit et ad senectutis usque terminum servaverit, ipsius docet justa ac plena laudatio, qua sub finem libri Franconi magistro monumentum condere conatus est (9). Quorum studiorum spatio decurso (10), in rerum publicarum luce eum videmus versantem. Vix dubitari potest qui in ducis aulam adscitus sit; publicis enim negotiis implicabatur quæ viro tantum a duce probato committi posse viderentur. Cum, anno 1086, Moguntiæ congregata esset synodus, intererat solemnibus illis quibus Heinricus imperator Wratislaum ducem Bohemiæ regem fecit, ipsumque vidit imperatorem, sua manu diploma signantem quo Pragensi diœcesi Moravia adjudicabatur finesque antiqui illius episcopatus confirmabantur (11). Gebhardi enim Pragensis in hoc itinere comes in interiorem illius episcopi amicitiam videtur admissus esse, nam austeræ sanctæque ejus vitæ imaginem ea auctoritate nobis depinxit ut se hæc omnia vidisse affirmet (12). Anno 1091, miraculum quoddam SS. Wenceslai et Adalberti vidit (13) et paulo post in Italiam profectus est; anno enim 1092, in cohorte episcoporum Cosmæ Pragensis (14) et Andreæ Olomucensis, qui ad investituram capessendam in Italiam iter faciebant, Mantuam venit et Wratislaum regem mortuum esse Veronæ audivit (15). Neque minus cum anno 1094, iidem episcopi

NOTÆ.

(6) Testimonium quod de se ipse fecit Cosmas III, 59, ubi se, an. 1125, octogenarium fuisse dicit, secuti sunt Pelzelius, Dobrowskius, Palackius et omnes pene reliqui; quam sententiam, ut non omni dubio remoto amplectar, his rationibus adducor : Cum illo enim alterum quod II, 34, an. 1074, attulit testimonium conciliari videtur non posse; nam vix patet quomodo vir ille quem obvium habet Cosmas eo loco, auctorem, virum juvenem, undetrigesimum annum agentem, salutatione *bone puer* alloqui potuerit. Neque auctor se alium ac puerum eodem loco depinxit, ut satis apparet ex illis verbis : *nobis adhuc positis in scholis*, quod non ita ut videbatur Palackio interpretandum, Cosmam magistri munere in illa schola functum esse. Qui, an. 1074, puer erat, eumne an. 1045, natum esse credas? Solvendæ hujus difficultatis quam jam Dobnerus vidit ad Hajecium I, 174, unam viam videre mihi videor; non ita urgenda est loco III, 59, vox *octogenarius;* ita fortasse est explicanda ut statuamus quod aliis exemplis me probare non posse libere fateor, auctorem indicare voluisse septuagesimum vitæ annum se egressum jam octavum ætatis decennium intrasse. At ni fallor arctioribus cancellis hoc temporis spatium circumscribi potest. Adelungius, in Glossario manuali, exemplo quodam e diplomate petito probavit *bonos pueros* appellatos esse scholares. Itaque is sine dubio appellandus erat puer qui nondum id ætatis esset, ut ordinem sacrum adipisci posset, quo hoc effici videtur quod, an. 1074, Cosmas vigesimum quintum ætatis annum nondum attigerit. Quæ omnia si tenemus natalis annus neque ultra annum 1050 rejiciendus, neque citra annum 1054 promovendus est.

(7) III, 51, adnotavit mortem Bertholdi clientis filii sui Heinrici, quod sane non fecisset, si cliens ille e vulgo quidam famulus fuisset. Patet etiam aliunde clientes fuisse appellatos militum armigeros; si igitur Cosmæ filius inter milites referendus erat, ne pater quidem tam ignobili loco natus videtur esse posse.

(8) Pelzelius et Dobrowskius, loco II, 5, quo legimus : *Inter quos, heu! male captus, adductus est meus atavus, consors in clero, presbyter in officio,* non naturalem atavum, sed seniorem tantum illorum clericorum indicari voluerunt, quorum numero ipse ascriptus erat Cosmas; quam sententiam exemplis non probarunt. Et sine dubio non de atavo, sed de proavo suo loquitur auctor; eodem fere modo eadem voce utitur II, 13, ubi Braczlaus dux proavos suos S. Wenceslaum et Boleslaum appellat atavos. Cfr. quoque II, 26, et quod de hoc loquendi minus accurato observavit Pubitschka Chronologische Geschichte von Böhmen III, 157, 341. Itaque nihil repugnare videtur quin Cosmæ proavum illius captivitatis memoriam posteris suis reliquisse credamus.

(9) III, 59.

(10) Quod quo tempore factum sit non liquet. Conjecerim intra annos 1075 et 1084, quos alto silentio in chronico prætermisit; valde quoque dolendum Franconis magistri mortis annum plane ignorari. Sigebertus eum jam an. 1047 clarussse scribit.

(11) II, 37, *quod ego vidi ipsum Cæsarem suis manibus adnotantem.*

(12) II, 47, *fari libet hæc quæ vidimus ipsi.*

(13) II, 46, *quæ ipsi vidimus.*

(14) Quod priore tempore nonnulli, e. g., Pontanus in Bohemia pia, p. 3, sibi persuaserunt Cosmam episcopum et Cosmam decanum unum eumdemque esse, jam refutavit Balbinus in Epitome rerum Bohemicarum, p. 211.

(15) II, 49, 50, *rumor nostras diverberat aures.*

Moguntiam mitterentur ut sacro ordine ab archiepiscopo Moguntino initiarentur, Cosmas eos comitabatur, ut ipse iis indicavit quae de reditu in patriam litteris mandavit (16). Deinde, anno 1099, iterum sodalis factus est Hermanni novi episcopi Pragensis in adipiscendis sacris ordinibus; nam ambo et Hermannus et Cosmas a Seraphio archiepiscopo Strigoniensi ad eumdem presbyteratus gradum in ipsa illius episcopi sede promoti sunt (17). Anno 1100, interfuit Pragae consecrationi ecclesiae S. Petri apostoli, et mirabili illi examini quo Hermannus episcopus fidem reliquiarum S. Ludmillae probari jussit (18), et, an. 1108, crudelissimae cladi, qua gens Wrssowicorum deleta est, testis interfuit (19). Ex quibus locis satis patet eum inter illos sine dubio fuisse S. Viti Pragensis capituli clericos, quibus in rebus Ecclesiae administrandis summa esset auctoritas. Illorum numero, an. 1100, jam erat ascriptus. Cum enim Otto dux Moraviensis forum; in Sekir Kostel villa a parentibus canonicis Pragensibus datum, iis auferre conaretur, Cosmas legatus missus est ad Wladislaum ducem, ut suo labore et prudentia damnum repararet; quem conatum ad felicissimum exitum perduxit (20). Decani tandem dignitatem eum inter annos 1119 et 1122 adeptum esse ex iis apparebit, quae de tempore quo librum composuerit paulo infra dicemus. Vidit igitur Cosmas illa tempora quibus et Ecclesia et Romanum imperium vehementissimis quasi procellis conquassabantur, virilique vigebat aetate cum de sacerdotum matrimoniis acerbissima exorta esset quaestio; eo magis mirari subit eum hisce tempestatibus pene intactum retinuisse domi uxorem, eique ut fidelissimae conjugi et omnium rerum suarum indimotae comiti, ut ipsius verbis utar, anno 1117, post mortem versibus quibusdam in libro suo monumentum condidisse (21). Anno 1123, filii sui Heinrici mentionem fecit (22). Anno demum 1125, quo dux Sobeslaus in thronum evectus est, 21 Octob., diem obiit supremum Cosmas, ut alius in calce libri ejus adnotavit, cum vitam honoribus minime carentem ad octogesimum fere aetatis annum duxisset (23).

Eorum quae apud populares et exteras gentes audierat Cosmas, vel viderat, vel denique ipse rerum gerendarum particeps egerat, Vitae suae quasi summam chronicon Bohemiae confecit, quod, senex demum scribendum aggressus, senectutis vigentis maturum fructum posteris reliquit. Satis accurate tempus indicavit quo calamum ad scribendum sumpsit, quod in litteris ad Gervasium ita circumscripsit : « Est autem haec chronica composita, regnante quarto Heinrico Romano imperatore, et gubernante sanctam Ecclesiam Dei papa Calixto, sub temporibus ducis Bohemorum Wladizlai simul et praesulis Pragensis Ecclesiae Hermanni. » Calixtus II vero pontificalem sedem adeptus est anno 1119, et obiit Hermannus episcopus, quod Cosmas ipse litteris mandavit, anno 1122 (24), quod temporis spatium Heinrici imperatoris et Bohemiae ducis mentione facta probatur. Quo cum bene convenit quod uno loco libri primi res, anno 1110, gestas attigit (25).

Tres quibus constat chronicon libros non uno tenore conscripsit, certe eos non uno eodemque tempore in lucem emisit. Singulis enim singulos libros quasi donum dedicavit. Primum librum Gervasio magistro, quem archigerontae nomine ornat, cum epistola dedicatoria transmisit, ut ejus judicium subiret, ex quo se totum pendere disertis verbis probat; illius jussu ad reliqua scribenda velle se praecingere aut gradum in calce libri primi sistere. Quod scripsit tempore quo nondum decanatus honorem adeptus erat, nam modesto titulo famuli sancti Wenceslai famulantium se appellat. Secundum illi dedicavit cujus hortatu hunc librum scribendum aggressus erat; eidem Clementi Brevnovensi abbati primum etiam librum quem « olim » Gervasio transmiserat, proposuit (26). At non ita longe post primum composuit secundum librum, et, ni fallor, ante mortem Herimanni episcopi, an. 1122. Tertii libri, quem praefatione tantum, non epistola dedicatoria munivit, ultimam partem post Hermanni obitum conscripsit (27), eumque usque ad an. 1125 deduxit. In morte Wladislai ducis calamum deponere voluit ut probatur versu illo :

Sit libri finis nostri ducis est ubi finis (28);

sed postea nonnulla alia quae memoria digna videbantur addidit. Qua ex re apparet Cosmam verba supra laudata de tempore quo chronicon composi-

NOTAE.

(16) III, 3, *in medio pernoctavimus campo*.
(17) III, 9, *et me. . . promovit*.
(18) III, 11, *uti ipsi vidimus*.
(19) III, 24, *vidimus enim eos miserabiliter in forum trahi*.
(20) III, 33, *ego missus ex parte fratrum*.
(21) III, 43.
(22) III, 51. Idem est Heinricus Zdik, qui postea an. 1126-1150 Olomucensis episcopi munere summa cum laude suorum functus, magna auctoritate in rebus publicis administrandis apud duces Bohemiae pollebat. Nomen ejus illis temporibus fuisse clarissimum ex haud paucis quae attulerunt Cosmae continuatores testimoniis apparet. De hac Heinrici origine, quam proposuit Palackius I, 440, dubitari non posse episcopi docet tabula donationis pro parentum animis factae apud Boczekium cod. diplomat.

Moraviae I, pag. 264, in qua non quidem nomina, at Cosmae et Bozetechae dies supremi reperiuntur, qui accurate consentiunt cum illis apud Cosmam III, 43, 62. Quod sibi finxerunt de Heinrici origine ducali Augustinus, et post eum alii, nihil esse ab aliis jam satis probatum est. Vid. Augustini series episcoporum Olomucensium, ed. Richter Olomucii 1831, p. 22.

(23) III, 62. Consentit necrologium Bohemicum apud Dobnerum in Monumentis histor. Bohem. III, 15, ubi legitur : XII *Kal. Nov., Cosmas decanus Pragensis Ecclesiae*.
(24) III, 49.
(25) I, 35; III, 52.
(26) II, prol.
(27) III, 49.
(28) III, 58.

tum sit, litteris ad Gervasium non post totum opus absolutum addidisse (29); eodem sine dubio tempore quo liber primus ea conscripta sunt. Tres omnes denique libros Severo Melnicensi praeposito cum litteris dedicatoriis transmisit, quas toti operi postea praefixit. Sed tam timido animo erat ut hoc potissimum a Severo peteret : « Sive enim vobis soli hae seniles nugae placeant sive displiceant, rogo, ne tertius eas oculus videat. » Itaque librum cum illo familiariter magis communicasse quam in lucem publicam misisse videtur. Scripsit has litteras, ut illas secundum librum praecedentes, cum jam ad S. Viti decanatum pervenisset. Quod igitur intra annos 1119 et 1122 factum sit necesse est. Res igitur ipsas, dum gerebantur, perscripsit, quod ad extremum vitae tempus, donec morienti calamus excideret, fecisse videtur.

Praesidiorum genera quibus in scribendo usus est, diversa sunt: sunt enim scripta aut non scripta. Haec etiam diversae sunt naturae; sunt enim ea quae vel vidit auctor ipse, vel ab oculatis testibus audivit, vel denique quae ex fama populari et senum relatione hausit. Scripta vero praesidia sunt tabulae publicae, epistolae, libri. Ex ipsa rerum natura patet, prius fontium genus in fine libri, posterius in initio saepius adhibitum esse. Locis jam supra memoratis, quibus quae ipse viderit Cosmas disertis verbis indicavit, nihil est addendum; quae vero posterioribus quinquaginta annis Pragae gesta sunt, eorum sive ipse testis erat oculatus, sive tales auctores qui veras rerum causas et rationes cognoscerent, facillime sibi parare poterat. Itaque paucis hinc inde exceptis ab anno 1074 usque ad chronici finem ubique rerum aequalis et saepissime testis oculatus scripsit. Quae ex testium aliorum narrationibus hauserit, minime silentio texit; sub finem enim libri primi haec scripsit : « Nunc auxiliante Deo et sancto Adalberto ea fert animus dicere quae ipsimet vidimus, vel quae ab his referentibus qui viderunt veraciter audivimus. » Priora verba alteram partem libri secundi respicere videntur; quae vero inde ab anno 1039, quo incipit liber secundus, gesta erant, sine dubio ex iis qui res ipsas viderant exquirere poterat. Laudat disertis verbis testium oculatorum narrationes ad annum 1109, de morte ducis Suatopluci (30), de Bohemorum clade anno 1124 (31), in historiola illa De lascivo presbytero (32). Quibuscum testimoniis aliud historicae auctoritatis genus conjungendum est, quo saepissime usus est auctor. Sunt haec diversi generis monumenta vel reliquiae quae usque ad Cosmae tempora sive revera servabantur sive ab hominibus religiosa quadam superstitione servata credebantur. Talia monumenta sunt Crocconis castrum (33), tumulus sepulcralis filiae ejus Kazi (34), cothurni principis Primisl (35), tumulus sepulcralis Tyri fortissimi viri, qui Neclanis ducis exercitui praeerat (36), alnus qua se laqueo suspendit Duringus (37), opus Romanum quo muniverat castellum Bunzlau Boleslaus dux (38), paramenta Sancto Adalberto ab Ottone imperatore donata (39), catena molendinaris quam Bracizlaus dux uno gladii ictu rupisse dicebatur (40), honores Dovorae posterisque ejus dati et usque ad Cosmae tempora servati (41), calix cujus consecratione salvata est anima Heinrici II imperatoris (42), denique Sancti Wenceslai monasterium ad Albim situm (43).

His scribendi praesidiis accedent fabellae et fama popularis, quae ex antiquis temporibus tradita hominum ore circumferebatur; laudatur a Cosma modo « senum fabulosa relatio (44), » modo « vero fidelium relatio (45), » modo quod « vulgo dicitur (46), » modo quae « fama referente (47) » audivit. Ex hisce fontibus quae de Bohemorum originibus, quae de primis incolis, de filiabus Crocconis, de Primislao principe et de Libussa, de Praga urbe condita, de bello inter virgines et juvenes Bohemorum, de Wlatislawo et Neclane, de Duringo falso paedagogo litteris tradidit, inde igitur, ex parte fortasse ex carminibus popularibus (48), hausit quae in priore parte primi libri perscripsit (49). Qua cum rerum materia, ex rumore populari desumpta, conjunxit Cosmas, ut rerum ordo poscere videbatur, ea quae ex aliorum libris sibi comparaverat, quorum copia non est ista magna ut in docto viro exspectes. At cum in Bohemorum rebus describendis haberet nullum, cujus vestigia premeret, paucissima tantum ex libris petenda erant. Sunt haec praesidia Reginonis et ejus continuatoris chronicon (50), cujus unum locum accurate ad verbum descripsit, Gumpoldi Vita sancti Wenceslai, quam laudavit potius quam exscri-

NOTAE.

(29) Ut videbatur Pelzelio et Dobrowskio, p. xiv.
(30) II, 27, *ut post audivimus a referentibus.*
(31) III, 56, *solus presbyter evasit et nuntiavit.*
(32) III, 62, *ipse enim clam mihi narravit.*
(33) I, 3, *ex cujus vocabulo castrum jam arboribus obsitum in silva.... situm esse dignoscitur.*
(34) I, 4, *usque hodie cernitur tumulus.*
(35) I, 7, *servantur Wisegrad... usque hodie.*
(36) I, 12, *et hodie nominatur... bustum Tyri.*
(37) I, 13, *alnus illa... quia juxta viam erat dicta est*, etc.
(38) *opere Romano, sicut hodie cernitur.* I, 19.
(39) I, 38, *usque hodie in Pragensi Ecclesia honorifice habentur.*
(40) I, 40, *quae usque hodie cernitur.*

(41) I, 54, *ex tunc et usque modo per generationes ejus possident nepotes.*
(42) I, 37, *qui usque hodie... habetur Bamberk.*
(43) II, 7, *in quo sicut et hodie cernitur.*
(44) I, prol.
(45) I, 13.
(46) I, 14.
(47) I, 10; III, 43.
(48) Haec est sententia Palackii et Safarikii in libro Die ältesten Denkmale der Böhmischen Sprache p. 84]; p. 179.
(49) I, 1-15.
(50) Etsi Palackio Würdigung, p. 22, aliter videbatur, attamen sine dubio loci I, 1. III, 14 ex Reginone, I, 19, 20, ex continuatore petiti sunt.

psit (51), sancti Adalberti vita prior (52), sancti Udalrici Vita, quam modo nominavit (53) et nonnulla necrologia (54). Libris denique accedunt tabulæ publicæ et epistolæ, quas partim laudavit paucaque ex iis desumpsit, partim integras in textum recepit. Sunt hæ: Privilegium Ecclesiæ Moraviensis et epilogus Moraviæ, quorum præsidiorum, quæ nunc deperdita dolemus, modo mentionem fecit (55); in textum recepit falsam bullam, Joanni XIII pontifici suppositam, de condendo episcopatu Pragensi et de monasterio S. Georgii æque condendo, quo diplomate auctor ipse deceptus est (56), Heinrici IV imperatoris genuinum præceptum de restauranda Pragensis episcopatus diœcesi (57). Litteræ vero sunt Boleslai I ducis ad Ottonem I imperatorem, de Dethmaro episcopo Pragensi constituendo (58), Boleslai ducis Polonorum ad Wladislaum ducem Bohemorum (59). Quibus num addere possim Mathildæ comitissæ epistolam ad Welfonem ducem valde dubito (60), quia ex parte homœoteleutis illis versibus conscripta est, quibus Cosmas utitur sæpissime. Neque aliter videtur statuendum de orationibus quas frequentissime reges et duces habentes fecit.

Jam altera exoritur quæstio, quomodo Cosmas tam amplam tamque uberem scribendi materiam digesserit, et quomodo fide historica usus in tanta rerum copia criticum judicium exercuerit. Neque hic sanum ejus consilium desiderabis, quo optime declaret se inter vera falsaque discernere posse, neque eum latere quantum aera lupinis distent. Omnem materiem satis apte in tres libros digessit, quorum primum usque ad Bracizlaum I ducem, alterum ducalis domus et Bohemorum gloriæ conditorem deduxit, id est usque ad annum 1039; secundum usque ad Bracizlaum II an. 1092, ita ut primo libro ea continerentur tempora, in quibus scribendis famam popularem vel aliorum libros secutus est; secundus liber quæ ab oculatis testibus audierat vel ipse juvenis viderat; tertius vero ea quæ vir et senex vel in patria vel apud exteras gentes compererat. Bene scit antiquissima Bohemorum tempora ab omni scripta auctoritate esse destituta. Libere scribit ad Gervasium (61) : « Annos autem Dominicæ Incarnationis idcirco a temporibus Borivoy primi ducis catholici ordinare cœpi, quia in initio hujus libri nec fingere volui nec chronicam reperire potui, ut quando vel quibus gesta sint temporibus scirem quæ ad præsens recitabis in sequentibus. »

Alioque loco de iisdem addit temporibus (62) : « Quia non erat illo in tempore qui stylo acta eorum commendaret memoriæ. » Itaque bene cavet ne quæ ante et paulo post Borivoii ducis baptismum gesta sint ad certos annorum numeros revocet vel tempus accuratius describat, quod fieri non posse profitetur. « Inter hos autem annos, scribit (63), quos infra subnotavimus, facta sunt hæc quæ supra prælibavimus; non enim scire potuimus quibus annis sint gesta sive temporibus. » Quibus in describendis ad senum recurrit fabulosam narrationem, quam « non humanæ laudis ambitione, sed ne omnino tradantur relata oblivioni pro posse et nosse, et prout scire licuerit (64), » litteris mandaturus est, sancteque affirmat in his omnibus a se nihil fictum esse. Quam narrandi legem secutus hanc etiam accuratam in libro suo adhibuit curam, ne quid pro certo daret quod non satis expertum haberet, vel quæ aliqua dubitatione convelli posse viderentur. Quod haud paucis locis disertis verbis expressit. Modo « magis placuit tacere quam rem inexpertam dicere (65), » modo confitetur ipsi incertum esse quomodo res se habuerint (66); quæque explorare penitus non poterat, se nescire aperte dicit (67). At neque ex iis quæ bene comperta habebat magnam rerum copiam quasi sacco fundere volebat, sed modesto consilio nimiam rerum ubertatem succidit. Ne jam dicta repeteret, mavult « prætermittere quam fastidium legentibus ingerere, quia jam ab aliis scripta legimus (68), » et interdum « ubi plura poterant dici relatu digna, » silentio ea tegenda videntur (69). Contra « nec transsiliendum censet, quæ ab aliis prætermissimum videt (70). »

Prudens hoc et modestum scribendi consilium, quod præcipue in duobus prioribus libris secutus est, in libro tertio paulo mutavit, vel, ut verius dicam, justo plus pressit. Nimis enim cautum et quod vix exspectes timidum in rebus sui temporis litteris mandandis satis aperte se præbet. Difficillimum enim ei videbatur de suis æqualibus maxime, vero de recentioribus Bohemiæ ducibus ita referre, ut duplicem scopulum et adulationis et acerbitatis evitaret. Hisce curis premitur liber tertius, ut in ipso proœmio latius exposuit his verbis : « Nam de modernis hominibus sive temporibus utilius est ut omnino taceamus quam loquendo veritatem, quia veritas semper parit odium, alicujus rei incurramus dispendium. Si autem a veritate deviantes aliter quam se

NOTÆ.

(51) I, 15, 17, III, 55.
(52) I, 26, 29, 30.
(53) III, 42.
(54) Quæ fuisse monasteriorum S. Viti, S. Georgii, Brewnovensis et Melnicensis conjecit Meinert l. 1.
(55) I, 15.
(56) I, 22. 34.
(57) II, 37.
(58) I, 23.
(59) III, 41.
(60) II, 32.

(61) I, prol.
(62) I, 9.
(63) I, 15.
(64) I, prol.
(65) I, 1.
(66) I, 12, 19, 36.
(67) I, 15, 18; II, 12, 40; III, 24, 58.
(68) I, 15, 27, 30.
(69) II, 26.
(70) I, 29.

res naoeant scripserimus, cum pene omnibus notæ sint causæ, nihilominus adulationis et mendacii notam incidimus. Horum nos si ad liquidum stylo exsequamur acta, quia quædam non sunt cum Deo facta, procul dubio offensam non effugiemus quorumdam qui adhuc superstites sunt homines; — par namque est vitium atque judicium seu tacuisse veritatem, seu concessisse falsitatem. » Ex his omnibus hanc sibi scribendi normam duxit, quæ etsi tutiorem reddat rerum scriptorem, tamen non æque salutaris est rebus quæ posteris tradendæ sunt.

« Unde videtur nobis multo tutius narrare somnium, cui nemo perhibet testimonium, quam præsentium gesta scribere hominum, quapropter posteris latius explananda eorum relinquamus facta. » Aliis locis eodem timore occupatus narrationis filum intercidit. De gentis Wrssowicorum interitu plura addere non audet, ne tragœdiam scripsisse videatur (71); de Wladislai ducis virtutibus et gloria libere loqui non vult, « dum in hac vita conversatur, ne aut adulationis notam incurrat, aut dum minus de laudibus suis scribat derogationis offensam incidat (72): » Herimanni Pragensis episcopi virtutes intactas reliquit, etsi plures relatu dignas proferre posset, « propter instantis temporis homines qui nihil boni ipsi operantes aliorum benefacta credere audita renuunt (73), » et cur dux Borivoius bis solio sublimatus et bis reprobatus sit ei rimari non fas est (74). Quin eo usque adductus est, ut cum in primo libro se fingere nolle scripsisset, contraria pene de eodem Borivoio in hoc versu edixit ·

Nunc, mea musa, tuum digito compesce labellum.
Si bene docta sapis, caveas ne vera loquaris (75).

Quæ gravissima verba ex ipsius Cosmæ indole ita videntur interpretanda, ut neque falsa fingere neque veras rerum causas, quas bene noverat, aperte edicere vellet. A saluberrimo vero, quod prius ingressus erat, consilio cum in libro tertio revera recessisse in eo etiam cernitur quod totius chronici naturam et indolem in altera parte illius libri mutatam esse vix negabit quisquam. Si rationem qua opus suum conscripsit paulo accuratius examinaveris, vel sponte apparebit eum Bohemorum Annales, in quibus simpliciter singulis procederet annis, conscribere voluisse. Sed paulo aliter res in duobus prioribus cecidit. Interjecit quidem hinc inde abruptas quasdam notas, quæ ex Annalium natura nullo vinculo inter se continentur; ubi vero rerum gestarum copiam plena manu fundere vel poterat vel volebat, ipse largiore narrationis flumine quasi abreptus minus accurate arctos illos annorum terminos servavit liberoque animo jucunda narratione res exposuit. In tertio autem libro, quo ne omnia quæ sciret proderet timor vetabat, annorum seriem accuratius secutus, sæpius res minime inter se cohærentes eodem calamo concepit, neque semel jejunam et aridam scribendi rationem iniit. Dilucide hoc apparet sub finem libri tertii, quem puerili pene de presbytero libidinoso historiola, tali libro plane indigna, conclusit (76).

At aliud restat quod silentio præteriri nequit. Non semper enim aut ubique Cosmas, quem tam providum scriptorem esse vidimus, ab erroribus gravioribus in rebus ipsis scribendis bene cavit, in quo sane venia ei danda est, cum in tam ampla rerum copia nusquam labi humanam indolem pene excedat. Sæpius in eum quem maxime vitare studebat incidit errorem, in temporibus enim accuratius describendis haud semel lapsus est, quod in antiquissimis temporibus, ubi probato carebat duce, non est sane mirandum, sed accidit etiam ubi jam clarior lux affulgebat. Falso, e. g., Borivoii ducis baptisma ad annum 894, S. Wenceslai ducis, qui obiit anno 935, mortem ad annum 929 revocavit (77); Pragensis episcopatus non anno 967, sed non ante annum 973 conditus est (78), Dethmarus primus episcopus Pragensis, non anno 969, quod vult Cosmas, sed a. demum 982 diem obiit supremum (79); tempora itinerum Romanorum S. Adalberti confudit (80); falso Ottonis II imperatoris mortem ad annum 984, S. Adalberti anno 996 retulit (81); Jaromirum a fratre Udalrico regno expulsum esse dicit anno 1002, quod demum anno 1012 factum esse scimus (82); Juditham anno 1021 a Bracizlao raptam esse scribit, quod ante annum 1029 factum esse nequit (83); non satis accurate descripsit tempus quo Heinricus III imperator bellum contra Bohemos gessit (84), falso ad annum 1074 refert prælium, a Wratislao duce et Leopoldo Austriæ marchione an. 1082 apud Meilberg commissum (85): quibus si quæris alia exempla sine ullo negotio addere possis. Neque minus quam tempora confudit homines; S. Adalbertum tertii Ottonis amicum facit Ottonis II (86), Boleslaum ducem Poloniæ cum Mescone patre confundit (87); Pragam a Jaromiro an. 1002 expugnatam Udalrico fratri ejus falso ascribit (88), Heinricum II filium facit Ottonis III (89), Juditham falso nominat filiam Ottonis marchionis,

NOTÆ.

(71) III, 24.
(72) III, 28.
(73) III, 49.
(74) III, 54.
(75) III, 46.
(76) III, 62.
(77) I, 14, 17.
(78) I, 22.
(79) I, 24.
(80) I, 28, 29.

(81) I, 31.
(82) I, 36.
(83) I, 40.
(84) II, 12.
(85) II, 35.
(86) I, 28.
(87) I, 34.
(88) I, 36.
(89) I, 37.

cujus soror erat (90). Æque in errorem incidit in constituenda genealogia Jaromiri et Udalrici, quos Boleslai II, filios Boleslai III fecit (91); Wladibojum Polonum in serie ducum Bohemorum silentio prætermisit (92), et sæpius in enarrandis his temporibus lapsus est. Minus accurate exposuit bella Bracislai I ducis cum Polonis et Ungaris (93), falsaque retulit de Casimiro duce Polonorum (94). Quod vero summopere in viro tam modesto tamque temperato mirari subit, uno alterove loco in recentioribus describendis temporibus sine dubio erravit, quia aut ira aut studio se abripi passus est, quamvis tam bene sibi cavisse videretur. Summe enim, in enarranda contentione de episcopatibus Pragensi et Olomucensi partibus, favet Gebhardi Pragensis episcopi, temerarii et sane crudelis viri, et quod jam observarunt Dobnerus et Palackius, in Wratislaum, ducem fortem ac strenuum, severiorem censuram ob id exercere videtur, quod hic Pragensibus episcopis in Olomucensibus æmulos excitaverit (95). Quod in Germanos acerbius invehitur, viro patriæ amore pleno facilius condonabis. In miraculis enarrandis modestum sanumque se præbet, et quæ ex illorum temporum indole nata litteris mandavit, uno duobusve fortasse exceptis, neque fidem neque sanam mentem excedunt (96).

Haud paucis doctrinæ præsidiis instructum, Cosmam ad scribendum venisse veterum scriptorum luminibus satis probatur, quæ ita bene animo tenebatur calamo sponte exciderent. Poetas Latinos præ cæteris legit, Terentium (97), Virgilium (98), Horatium (99), Lucanum (100), Juvenalem (101), Statium (102), Prudentium (103); ex prosariis Sallustium (104) tantum et Boetium (105) deprehendere potui. Rarius adhibuit auctores Christianæ antiquitatis, tamen Hieronymum (106) et Augustinum (107) uno alterove loco laudavit, neque ita sæpe Scripturæ sacræ locos attulit. Sermo neque purus neque emendatus est, multaque insunt illis temporibus quibus non omnia ad grammatices normam revocarentur condonanda quidem, at nihilominus a judice etiam minus severo castiganda. Alias bene et dilucide res gestas enarravit hominesque haud raro ita vivido colore depinxit ut epicum quoddam carmen legere tibi videaris, ideoque eum Bohemorum Herodoti nomine non indignum censeas. Ipsumque haud raro narrationis flumen ita abripuit ut hexametris, versibus dactylicis, sermone rhythmico et homœoteleuto, quo sæculi duodecimi scriptores sæpissime usos esse scimus, non modo ducum et regum orationes, sed ipsam narrationem contexeret. De quibus versibus ad Clementem Brevnovensem abbatem ita scripsit : « Quod autem in quibusdam locis quasi metricos versus invenis, scias me scienter nescium fecisse, dum feci versus (108). » At vero cum pene totius operis dimidium sermone illo homœoteleuto compositum sit terminos nobis propositos excedere videbamur, si eum, quotiescunque occurrit, in textu nostro significaremus; quod paucis tantum locis fecisse sufficiebat.

Non desunt posteriorum temporum scriptores, qui in rebus enarrandis Cosmam sibi ducem sumpserunt, ejusque librum plus minusve expilarunt. Inter quos num illos referam, quorum sunt carmina popularia codicis reginæ Aulæ, an potius tum carminum illorum auctores, tum Cosmas veteres fabellas in ore populi versantes, secuti sint dicere dubito, meque peritioribus libenter relinquo dijudicandum; hoc unum persuasum habeo, Cosmam hanc quam nos habemus carminum recensionem secutum non esse (109). Reliquorum qui revera Cosmam exscripserunt nomina adnotavit in libro suo Palackius. Sunt vero annalista Saxo ex quo exempla afferre supervacaneum puto, Hildegardus Gradicensis qui scripsit annis 1127, 1147 (110), Annales Pragenses (111), monachus Opatovicensis (112),

NOTÆ.

(90) I, 40.
(91) I, 32.
(92) I, 54.
(93) I, 40.
(94) II, 2, qui errores omnes a Palackio in libro suo Würdigung, p. 25, enarrati antique recensiti sunt.
(95) II, 21.
(96) I, 37; II, 4, 34, 47; III, 11, 57.
(97) I, 13. III, prol.
(98) I, 1, 4, 10, 11, 40; II, 8, 12, 14, 33, 35, 39, 45; III, 3, 13, 17, 19, 20, 22, 23, 27, 29, 51, 49, 58, 59.
(99) Odas I, 1, 4, 9, 55; II, 10, 18, 55; sermones I, pr. 34, II, 1; epistolas I, prol. 9, 25; II, 14, 33 III, 29.
(100) II, 3, 10, 12, 14, 35, 39, 45; III, 12, 29.
(101) I, 9, 19 38.
(102) I, 40.
(103) III, 19.
(104) I, 9, 11; II, 35, 59.
(105) I, 3, II, 23.
(106) I, 42.
(107) I, 4,
(108) II, pr.
(109) I, 4, 10, 12, 13, 56. Safarik und Palacki die ältesten Denkmäler der Böhmischen Sprache, p. 179.
(110) Vide quod dedit Boczek cod. dipl. Moraviæ I, 114 sqq.
(111) Annales Pragenses inter Cosmæ fontes esse habendos persuadere mihi non possum, quin imo eos ex ipso Cosma promanasse credo. Ipse enim auctor disertis affirmat verbis chronicon, quo sit perscriptum quibus temporibus Bohemorum res antiquissimæ sint gestæ, se nusquam potuisse reperire. Falsas igitur notas chronologicas non ex sæculi decimi annalibus, in quibus vix essent ferendæ illæ, sed ex proprio edidit ingenio. At iidem errores chronologici, qui apud auctorem, unum alteriusque sæculi dimidium post origines Bohemicas scribentem, nemini sane scrupulum movebunt, et apud Cosmam et in annalibus deprehenduntur, verbaque ipsa hinc inde ita inter se consentiunt ut eorum, quæ Cosmas narravit, copiosissime annales videantur esse argumentum

(112) Inde ab anno 894; cf. etiam annos 1028, 1068, et alias; eum secutum esse codicem cum interpolatione Sasavensi probavit Palackius, p. 68, exemplo an. 1091, quod e textu interpolato petivit.

Marignola (113), Neplach Opatovicensis (114), Pulkawa (115), Dalimilus et Hajecius (116). Quibus equidem alium addam, auctorem Vitæ S. Adalberti versibus conscriptæ, quam Dobnerus ex Cosmæ codice Pragensi edidit (117), quam idem et post cum Dobrowskius et Palackius Cosmæ ipsi auctori ascribendam esse censuerunt. At exscripsit, quicunque est illius Vitæ auctor, Cosmæ chronicon, quem ipsum auctorem esse vix mihi persuadeam. Dobnerus professus est, neque Cosmæ nomen illi libello præfixum esse, neque ullum in Vita ipsa deprehendi indicium quod Cosmam respiciat, nisi locos quosdam e chronico desumptos versibusque adaptatos; quod sane facili opera alius facere poterat, cum ipse rhythmicus illius sermo ut in justos plenosque versus transferretur invitare videretur. Verba vero quibus Cosmas Dobnero indicasse videbatur Vitam etiam S. Adalberti se conscripsisse, se bis dicta dicere nolle (118), ad vetustiores S. Adalberti Vitas sine ullo negotio referri posse nemo non videt. At non tanti momenti est scribendi generis similitudo quam in illis libris Dobnerus sibi investigasse videbatur, ut Cosmam et chronicon et vitam composuisse credam. Neque aliter statui videtur posse de continuatione Vitæ S. Wenceslai, quam in eodem codice repertam Pelzelius et Dobrowskius Cosmæ ascribendam esse censuerunt, at si codice ipso non inspecto talem sententiam ferre licet, nihil videtur esse nisi Cosmæ chronici fragmentum Vitæ illi affixum. Hæc hactenus.

Cum morientis Cosmæ de manibus, qui ad diem supremum usque ad Bohemorum res gestas animum verterat, calamus quasi excidisset, alius exstitit rerum scriptor, qui si non eadem felici historiæ conscribendæ indole ornatus, non sane minore, cum posterorum gratia historiæque utilitate partes ab illo relictas excepit. Hic est ille « Wissegradensis canonicus » qui, primi Cosmæ continuatoris nomine satis amplo appellatus, Bohemiæ Annales ab anno 1125 usque ad annum 1142 confecit, temporaque et res gestas Sobeslai I ducis, qui per quindecim annos usque ad 1140 non sine gloria Bohemis præerat, libro suo inclusit. Cum hoc præcipue auctor ante oculos habuisse videretur, ut summis laudibus eumdem Sobeslaum efferret, Palackius uno libelli loco (119) fretus hanc proposuit conjecturam, fuisse Annalium scriptorem eumdem Vincentium ducis capellanum, quem fidelissimum ei fuisse auctorem toto pectore affirmantem audimus. Sententia etsi valde arridet, tamen in medio relinquenda. Ipse auctor nomen suum videtur latere voluisse; nusquam enim neque in libro neque apud alios scriptores nomen deprehenditur. Natione est Bohemus, quod summo studio quo Bohemis contra Germanos favet (120), neque minus disertis verbis confirmavit (121) Wissegradensem eum fuisse canonicum, contra Pessinam (122) Dobrowskium (123) et Meinertum (124), qui Pragensem eum fuisse probare conati sunt, ex ipso libro evicit Palackius (125). Fusius enim loquitur auctor de condito Wissegradensi monasterio, sacraque ornamenta, quibus Sobeslaus ecclesiam illam ornaverat, is tantum tam accurate describere poterat qui en suis oculis quotidie videret (126). Accedit denique studium quo Wissegradenses canonicos Pragensibus prætulit; acerbissime enim nonnullos ex illis perstrinxit, quam in vituperationem fratres et collegas ab eo adductos esse vix censeas (127). Ideoque minime est dubitandum,

NOTÆ.

mentum brevissimum. Sasavensem etiam continuationem, ut hæc hoc loco absolvam, ab annalium Pragensium auctore esse exscriptam probatur locis 990 de Nemci urbe, 1053 de S. Procopio, 1130 de Meinhardo episcopo Pragensi, 1132 de Pribislava, 1134 de Joanne episcopo Pragensi undecimo (ab hoc enim loco Pragenses episcopi numero signantur, ut in continuatione Sasavensi, quod antea neque apud Cosmam neque in annalibus factum est) 1139 de Silvestro, abbate Sasavensi, 1143 de matrimoniis clericorum. Annis 1160-1193 annalium scriptor Gerlacum, abbatem Muhlhusanum, videtur ante oculos habuisse, et ita ut nonnulla alia aliunde peteret quod etiam ex duplici de morte Friderici I imperatoris narratione apparet, et ex Heinrici ducis anno 1182 facta mentione, quem anno demum 1193 ducatum adeptum esse scimus. Cum eumdem dominum episcopum, suppresso nomine, appellet auctor, annales ante Heinrici mortem in ipsis non adnotatam, id est, annis 1193 et 1197 esse conscriptos eo facilius exoritur conjectura, cum qui sequuntur anni 1216-1220 ab alia, at coæva quidem manu sunt adjecta, ut observavit Pertzius, vir ill. Quæ omnia ideo hoc loco apponenda censuimus, quia in examinanda secunda Cosmæ continuatione, summi momenti sunt, paulo infra patebit, sunt annales Pragenses.

(113) Pene ubique Cosmam exscripsit in antiquissimis fabellis. Cf. etiam locos de S. Adalberto, de raptu Judithæ, de bello Heinrici III contra Bohemos, in Dobneri Monument. hist. Bohem. II, 140, 157,
166, 169.
(114) Cf. annos 894, 984, 994, etc. Ibid. IV.
(115) Cf. fabellas antiquissimas, annos 967, 1002, 1021, etc. Ibid. tom III.
(116) Vide Palackii Würdigung, p. 115. Hajecius ipse Cosmam laudat auctorem.
(117) Monum. hist. Bohem. II, 1.
(118) I, 30.
(119) 1140, *noverat enim* (Sobeslaus) *referentibus sibi collateralibus suis capellanis B. Gregorium dixisse*, etc. Et paulo post: *Advocant Vincentium capellanum, quo alter fidelior sibi non erat*.
(120) E. g., 1126, in narrando bello Lotharii imperatoris et Sobeslai ducis.
(121) A. 1126 et 1136 recurrunt verba, *nec patres nostri nec avi nec atavi*; anno 1126 sunt ei Germani hostes *nostri*, et *nos, nostra gens*, 1157, sunt Bohemi.
(122) In glossa marginali ipsi codici metropolitano ascripta; vid. Pelzeli et Dobrowskii I, præf., p. xxxiii.
(123) L. l.
(124) Wiener Jahrbücher XV Anzeigeblatt. p. 31.
(125) Würdigung, p. 37.
(126) A. 1129. Illum locum, ubi verba quædam falsi præcepti de Ecclesia Wissegradensi recurrunt (vide Cosmam ad annum 1070), esse interpolatum argumentis nescio quibus sibi persuasit Meinert. l. l.
(127) A. 1131 et 1133. Anno 1130, se suosque (dicit *nos*) opponit Pragensibus canonicis, et an. 1131 episcopum Monasteriensem in Wissegradensi ecclesia missam legisse testatur.

PROLEGOMENA.

quin verbis « hujus Ecclesiæ fautor » quibus anno 1137 usus est de Wissegradensi cogitaverit. Pauca tantum sunt dicenda de fontibus ex quibus hausit; pene ubique enim ex latissimo et limpidissimo ipsarum rerum gestarum flumine sua delibavit. Summæ enim veritatis speciem præ se fert narratio, et Annalium scriptor auctoritatem suam ipse disertis verbis indicavit. In rebus enarrandis pene nusquam quod equidem sciam erravit, ordinisque chronologici viam accuratissime insecutus, modesto temperatoque incedit gradu, et si non nativa sua venustate, ut Cosmas, lectorum animos allicit, minime tamen sua et diligentiæ et utilitatis laude fraudandus est. Non uno loco ipsarum rerum se fuisse testem aperte docet, ut in cœlestibus prodigiis describendis anno 1131 hæc verba « qualiter vidi » et « videntibus nobis » legimus. Neque minus oculatorum testium narrationibus historiam suam munivit. De pugna Chlumensi an. 1126 qui interfuerant sine dubio audivit narrantes (128), deque cœlestibus apparitionibus quod alii viderint accurate refert (129). Quanta fuerit gratia Sobeslai apud Lotharium imperatorem, quæ dissensio fuerit inter Wratislaum ducem Brunnensem et Heinricum episcopum Olomucensem « compertum habet (130). » Ex « veridicorum relatu (131) » alia hausit, et quæ ipsi probata non erant se nescire aperte fatetur, vel verbis « si famæ creditur, ut fertur (132), » suspicionis quasi nota signavit. Et, ni fallor, quod summæ auctoritatis momentum libro addit, rebus ipsis currentibus Annales suos conscripsit, neque quæ audierat aut viderat ullo modo oblivioni obscurari passus est. Testes sunt rerum naturalium descriptiones accuratissimæ ipsaque auctoris verba. Ut suppleret quæ anno 1130 de duabus stellis in cœlo visis scripserat, ad annum 1131 hæc verba addidit : « De ipsis postea nullo modo sermone meo aliquid explicare potui, quia diverse ibant. Sed interim dum ab aliis negotiis penitus otior — qualiter vidi explanabo. » Quo ex loco patet longius temporis spatium inter verba illa et hæc calamo concepta præteriisse. Procerum consilia paulo ante Sobeslai mortem an. 1140 capta chartæ committere non audet, « ne odium incurrat ; » preces pro ejusdem ducis animæ salute conscriptæ recentissimæ mortis dolorem produnt; quibus sunt addenda quæ de Heinrici episcopi Olomucensis itinere contra Prussos leguntur 1141, deque ejus reditu. Sermone usus est satis puro et simplici; nonnulla, ut conjurationem contra Sobeslaum, dilucide exposuit. Neque scribendi caret præsidiis; antiquarum litterarum cognitio non desideratur; ex annis 1134 et 1136. Horatium et Virgilium eum legisse patet.

Haud ita diu post canonicum Wissegradensem, quinquaginta fere annis post Cosmam, monachus Sasavensis quidam (133) ad annales conscribendos animum attendit, cujus neque nomen posteritati mandatum est, neque tempus quo librum composuerit accuratius circumscribi potest. Hoc unum ipsius verbis probatur eum illi monasterio S. Benedicti ordinis fuisse ascriptum (134), quod, a Sasavæ præterlabente fluvio qui in Moldavam effunditur, nomen traxit. Quod inter Bohemorum monasteria facile celeberrimum vel ideo mentione est dignissimum, quia quem anno 1038 (135) conditorem et auctorem invenit, S. Procopius sacra ritu ordineque Slavonico celebranda constituit, quæ usque ad sæculi undecimi finem, non sine summo monachorum periculo, ipso chronographo teste, servata sunt. Idemque erat Procopius, quem ex Bohemorum gente primum in sanctorum chorum pontifices Romani receperunt (136). Perduxit monachus Sasavensis chronicon usque ad annum 1162, sed minime hoc ipso anno calamum deposuit, sed circa annum 1170, ni fallor, librum videtur conscripsisse : Sobeslaum II enim anno 1161 vinculis « multo tempore macerandum » traditum esse testatur. At ille non prius ex carcere quam ad solium vocatus est, quod anno demum 1173 factum esse scimus. Utrum vero verba illa ante vel post hunc annum scripta sint, ex ipsis elici nequit. Multos sine dubio annos ante annum 1173 apud Sasavenses monachus vitam degerat, Silvestri abbatis temporibus, qui 1134-1161 omnium summa cum laude monasterio præerat. Cujus laudes auctor tam plenis manibus fudit ut facile tibi persuadeas clarissimum abbatem nonnisi ab illo qui in consuetudinem ejus receptus fuerit, ita celebrari potuisse (137). Præterea quæ ad annum 1097 leguntur non ante annum 1134 esse scripta ipse docet auctor (138), cumque rebus anno 1095; an. 1155 legitur *fratres nostri*, an. 1156 *hoc in cœnobio, apud nos.*

NOTÆ.

(128) *Nolo autem vos latere..... quod audivi.*
(129) A. 1128, 1139.
(130) A. 1135, 1136.
(131) A. 1137.
(132) A. 1135.
(133) Meinerti sententiam, l. l., p. 32, non ab uno auctore sed a pluribus hanc Sasavensem continuationem conscriptam esse, jure sine dubio refutavit Palackius Würdigung, p. 46. Eumdem auctorem et scribendi ratio et ipsa verba produnt, cum ad superius dicta vel inferius dicenda sæpius respiciat; anno 1135 ad ea quæ anno 1097 dixit, 1123 et 1161 ad annum 1134.
(134) Reliquias sanctorum apud Sasavenses servatas locosque sanctos accuratissime descripsit anno 1095; an. 1155 legitur *fratres nostri*, an. 1156 *hoc in cœnobio, apud nos.*

(135) Hunc annum ab ipso Sasavensi monacho traditum in constituendo tempore quo monasterium illud conditum sit excedere non possumus.
(136) Quod factum est anno 1204; vide, infra, Cosmæ continuationem secundam et Vitam S. Procopii in Act. SS. Jul. 2, 138, quæ, etsi Severo Pragensi episcopo dedicata, post Sasavensem monachum videtur esse conscripta. Palacky Würdigung, p. 51, 297.
(137) A. 1134.
(138) Accurate circumscripsit annos per quos Diethardus, qui obiit anno 1134, abbatis Sasavensis munere functus sit.

1126 et 1132 gestis fuisse aequalem satis apparet. Illo enim loco de pace a Sobeslao et Ottone haud diu servata his usus est verbis : « Gaudia nostra contrarius excepit successus ; » alteroque Groznatae viduam, quae illo anno obierat, se vidisse scribit. Ideoque eum aeque ac Cosmam librum senectutis fructum nobis reliquisse, et res dimidio ferme saeculo postquam gestae essent memoriae posteritatis commendasse conjicere licet. Itaque non sane mirandum quod hinc inde, etsi rarissime factum est, in errorem inciderit (139). Duplex consilium, si quaeris, in chronico conscribendo videtur iniisse ; unum ut Cosmae chronico supplementa nonnulla adjiceret eaque adderet quae ab illo praetermissa videret, alterum ut ad sua usque tempora Bohemorum historiam deduceret ; quod duplex consilium non aeque feliciter cessit. Interpolationum enim pars prior minimi est momenti, cum auctori ipsi usque ad annum 1038 debeamus prorsus nihil. Quae ad Sasavense monasterium non spectant interpolationes ex Annalibus Hersfeldensibus sibi petivit, quos Quedlinburgensium esse Fontem docuit Waitzius (140). Alii, si quid video, libri ab auctore in auxilium vocati non sunt ; uno fortasse excepto necrologio Sasavensi (141). Ex tabulis Bracislai I fundationis praeceptum monasterii Sasavensis ante oculos habuit ad annum 1038, tabulamque donationis Pribislavae, feminae nobilis, ad annum 1132. Qua in altera parte, ubi, proprio marte, patriae historiam monachus conscribere conatus est, virum cordatum et eruditum haud uno loco loquentem audis, quem haud imparem Cosmae esse continuatorem vix negabis. Quae de origine monasterii litteris mandavit et rumori populari et seniorum monachorum debet narrationibus, quos auctor verbis « ut fertur » et « veridica fidelium relatione » an. 1038 laudasse videtur. Amplam etiam scribendi materiam praebebant monacho Sasavensis monasterii loca sancta, quae digito quasi monstravit his elocutionibus : « Ut hodie cernitur, sicuti hodierno die apparet (142). » Quae inde ab an. 1126 legimus, omnia pene ex propriis hausit, in quibus fidem ejus probatam esse dicere non dubito. Hoc unum doleas quod eodem modo A quo Sasavensis monasterii originem 1038, Lotharii bellum cum Sobeslao duce 1126, Friderici I imperatoris expeditionem Italicam 1158, vitam moresque Silvestri abbatis 1134 descripsit, reliqua posteritati non tradiderit, sed pene ubique nimiae narrandi brevitati studuerit. In schismate ecclesiastico, ne hoc praeteream, quod illis temporibus ingruerat, ut facere solebant Bohemi, Friderici I et Victoris IV partes contra Alexandrum III tuetur (143). Eruditionis praesidiis satis munitus est ; ex Latinis poetis Juvenalis occurrit (144), ex Patribus ecclesiasticis Gregorius Magnus et Pater stupendus (145). Scribendi ratio est plana et dilucida, ni forte hoc vituperes, quod quidem ab illa laude abhorret, quod voces rariores et nescio quomodo obsoletas sectatus est.

Longe majorem affert dubitationem magna illa et ampla rerum Bohemicarum collectio ab anno 1140-1283, quam Cosmae continuationem secundam ab editoribus appellatam « Pragensium canonicorum continuationis » communi nomine nos comprehendimus. Nam vel diligentissime excusso huic libello multi inhaerent nodi difficillime solvendi illi, et gravissimae exoriuntur quaestiones de singulis annalium partibus, deque via et ratione, qua illa rerum congeries composita, de auctoribus a quibus conscripta sit, et quid unicuique sit tribuendum. Quarum difficultatum tollendarum eo minor nobis relicta est spes, cum uno tantum Pragensi codice metropolitano innitatur haec continuatio, neque hoc autographo, sed potius saeculi XIV medii apographo. Post primam continuationem relicto unius lineae spatio vacuo, ut testatur Dobrowskius (146), amplior haec continuatio secunda sine ulla inscriptione sequitur. Jam diu satis vexati sunt hujus libelli origine omnes qui rebus Bohemicis operam suam navarunt. Balbinus qui et vidit et legit hunc codicem, continuationis inde ab anno 1126 usque 1200 auctorem eumdem esse sibi persuasit ac suspectum illum Jaroslaum, monachum Strahoviensem, quem Hajecius in indice auctorum suo libro praemisso inter fontes se habuisse affirmat. Quae sequuntur usque ad annum 1283, Jaroslai appendicem appellavit. Quam

NOTAE.

(139) Anno 1126, 1157.
(140) Neque annales Hildeshemenses esse Sasavensium interpolationum fontem cum Palackio, neque esse Quedlinburgenses cum Waitzio Archiv. VI, 690, mihi persuadere possum. Apud Sasavensem enim nonnulla leguntur quae in illis, e. g., an. 989, 996, 998, alia quae in his desiderantur ; nam quae desunt in nostro exemplari annalium Quedlinburgensium an. 963, 973, 975, apud Sasavensem hinc inde ad verbum cum annalibus Hildeshemensibus consentiunt. At quominus omnia ad Quedlinburgenses revocemus, variae quaedam lectiones, minimi quidem illae momenti, obstant, quae cum Hildeshemensibus concinentes in illis locis deprehenduntur qui ad verbum in Quedlinburgensibus recurrunt. E. g., anno 958, eadem leguntur in annalibus Hildeshemensibus, Quedlinburgensibus et Sasavensibus, at in varia lectione *illis autem* consentiunt Sasavenses cum Hildeshemensibus, in Quedlinburgensibus desiderantur *autem* ; an. 960, in verbis *paganico ritu*, ubi Quedlinburgenses exhibent *paganismo* ; an. 986, in verbo *venit* contra Quedlinb. lectionem, *perrexit*. At vero cum nemo facile opinetur monachum exscripsisse, et Hildeshemenses et Quedlinburgenses, hoc unum restare videtur, quod eum ex amborum fonte hausisse statuas.
(141) Cujus vestigia mihi deprehendisse videor annis 1045, 1053, 1126, 1127, 1130, 1132-1134, 1139, 1140, 1142, 1147, 1150, 1155.
(142) Anno 1038. cf. etiam 1070, 1095, 1097, 1146.
143) A. 1159.
(144) A. 1058.
(145) A. 1097, 1162.
(146) I, p. xxxiv.

sententiam et in ipsius codicis margine indicavit (147), et hinc inde in Epitome rerum Bohemicarum induit (148). Eamdem fere opinionem amplexus est Pessina de Czechorod, ita tamen ut in ipso codice, ad annum 1154, adnotaret reliqua a canonico Ecclesiae Pragensis anonymo esse conscripta (149). At satis probarunt Pelzelius et Dobrowskius quae ex fabuloso Jaroslao proposuerit Hajecius nusquam reperiri in hac continuatione, illamque Balbini conjecturam argumentis muniri posse plane nullis. Ipsis haec placuit sententia, Pragensem canonicum rebus aequalem, ab an. 1249 usque 1283, res sui temporis scripsisse, quae praecederent ex fontibus vetustioribus cum hausisse (150). Quod a Meinerto (151) ita est circumscriptum, coaevo auctori illa tantum deberi quae ab anno 1260 legantur. Primus denique qui vera acri ingenio perspexit est Palackius (152), qui diversissima scribendi ratione indoleque narrationum annos 1250-1283 a duobus Pragensibus canonicis esse conscriptos censuit et saeculo fortasse quarto decimo a compilatore quodam in unum librum esse conflatos (152).

Cum igitur in tanta rerum obscuritate ex codice nulla petenda sit lux, haec una ineunda est via ut ipsum librum examinemus, num ex sermone coloreque narrationis singulisque quae auctoris indolem produnt sententiis originis indicia fortasse elici possint. Quae vero omnia in medii aevi scriptore quam sint dubia, in quo rarius tantum certa quaedam sibique constans reperiatur scribendi ratio, nemo non videt; itaque minime me tenet haec opinio, ut meam quam proponam in sequentibus sententiam ab omni dubitatione liberam aut minime esse convellendam putem.

Unicuique totam annalium collectionem obiter inspicienti hoc unum vel sponte se offert, auctorem, quicunque ille est, omnia quae ab a. 1140 leguntur proprio marte minime conscripsisse, quin imo apparet priorem partem, quam ab aliis mutuatus est, ab hac quaestione prorsus esse removendam. Omnia enim quae de annis 1140-1193 scripsit, ex fontibus sibi derivavit qui et hodie adiri possunt, cum vetustioris Bohemorum historiae scriptores clarissimos sibi duces sumpserit. Paucissimis mutatis vel in

compendium redactis ex Gerlaco abbate Muhlhusano (153), quod observarunt Pelzelius et Dobrowskius, annos 1140, 1171, 1176, 1182 sibi petivit, ex Vincentii, Danielis Pragensis episcopi capellani, libro de Friderici I expeditione Italica annos 1154, 1159, 1162 (154), ex obscurioribus Pragensibus annalibus annos 1160, 1164, 1168, 1172-1178, 1182-1186, 1189-1193 in suum usum vertit, unum denique locum, in anno 1159, primo Cosmae continuatori debere videtur. Amplior etiam deprehenditur lacuna; ab anno enim 1140 progreditur auctor ad 1154, reliquosque quos supra non memoravimus annos vacuos reliquit (155). Quibus omnibus saeculo decimo tertio vergente cum vixisse apparet, cum Gerlacum Chronicon suum post annum 1214 composuisse constet (156). At accuratius examinanti restant nihilominus nonnulla, paucissima quidem, quae apud illos auctores non leguntur. In Vincentio describendo sine ullo dubio melioris notae codice uti ei licebat, quam is est quem typis reddidit Dobnerus, indeque haud paucae variae lectiones originem duxerunt; at alia ex aliis fontibus Vincentio adjecit, annos 1155, 1157, 1159. Longe majoris vero momenti sunt quae Pragensibus annalibus interseruit, quae de Sobeslao duce 1176 occurrunt, annos 1187, 1188, et a. 1192 de Wenceslao, Premislao et Heinrico ducibus paulo pleniorem narrationem. Haec vero omnia illud quod in annalibus Pragensibus habes redolent scribendi genus, et tam arcte cum illorum textu cohaerent, ut certa mihi exoriatur persuasio ab uno eodemque auctore utramque historiae particulam esse conscriptam, et sic demum ex Cosmae continuatore annales Pragenses integros esse restituendos. Et illud quidem annalium exemplar, quod desinebat in anno 1193, ante oculos videtur habuisse, nam huc usque eos secutus est; quae vero annis 1216-1220 in Pragensibus leguntur frustra apud auctorem quaeris. Quod si vera sunt quae proposui, amplior quaedam annalium Pragensium exstabat recensio, quam quae in codice Casinensi exhibetur, et hoc loco fragmenta nonnulla servata sunt eo minus contemnenda, cum haud ita multa historiae Bohemicae saeculi XII exeuntis praesidia exstent. Horum igitur ducum vestigia presso pede secutus

NOTAE.

(147) *Hic videtur chronicon suum inchoare Jaroslaus Strahoviensis.*
(148) p. 221 sqq.
(149) Pelzel et Dobrowski I, p. xxxvii. Cfr. praeterea Pessinae Mars Maravicus, Pragae 1677, f., pag. 293 sqq. et ejusdem Phosphorus septicornis, Prag. 1673, 4, p. 37, 558.
(150) I, p. xxxvii. At Pelzelius ipse priori tempore continuatori Jaroslai nomen dederat, in commentatione quae est inscripta *Ob dem König Ottokar die Kaiserkrone angetragen worden* in libro Bornii Abhandlungen einer Privatgesellschaft in Böhmen. Prag. II, 74.
(151) Wiener Jahrbücher XV, Anz. p. 36.
(152) Würdigung p. 94, quod certe confirmavit in commentatione *der Mongoleneinfall von 1241*, in libri Abhandlungen der Königlich Böhmischen Gesellschaft der Wissenschaften ser. v, tom. II, 387.

(153) Dobner, Monumenta histor. Bohem. I, 79 sqq.
(154) Ibid. I, 29 sqq.
(155) Arridet conjectura quam Pelzelius et Dobrowskius I, p. xxxvii, proposuerunt, exstitisse priori tempore codices in quibus ex Vincentii chronico expleta erat annorum 1142-1154 lacuna. Legitur enim, illis testibus, in Lupacii et Weleslawinae Calendariis, Hroznatam comitem Hierosolymis reducem, Cosma auctore, 16 Oct. 1152 obiisse. At in nulla continuationum, quas illi ipsius Cosmae nomine complectebantur, tale quid legitur quod revera apud Vincentium occurrit. Unde hoc efficitur nostrum codicem vetustioribus qui exstabant non respondisse, sed in illo textum esse paulo mutatum, quod, ni fallor, illi quam propositurus sum sententiae fidem paulo majorem videtur afferre posse.
(156) Palacky Würdigung p. 84.

descendit compilator usque ad annum 1193, ubi ab illis eum destitutum esse et finis Pragensium annalium ipsæque res sequentes temere turbatæ certo certius probant.

At quæ tandem fuerunt in hac narrationis parte continuatoris præsidia? Et hæc est quæstio difficillimę explicanda. Qui amplissimam rerum annis 1196-1283 gestarum perlustraverit materiem, hæc ab uno auctore scribi non potuisse facile apud animum constituet. Nam hoc primum mirari subit easdem res bis terve recurrere, modo aliis verbis expressas, modo alios ad annos revocatas (157). Omnia porro quæ ab anno 1279 leguntur tam turpiter disjecta sunt, ut via quasi inexplicabili incedere tibi videaris. Quæ maxima ex parte ita inter se discrepant ut paucissima tantum in librarii incuriam, minime quidem negandam illam, rejici possint. Quis enim credat auctorem, nisi temerarius est et inconsultus compilator, uno quasi spiritu easdem res diversissime potuisse narrare? Sed aliud accedit argumentum, neque id levissimi momenti. In omnibus enim quæ circiter inde ab anno 1212 usque ad finem legimus, testis oculati vestigia certissima neminem facile fugiunt. Quæ, e. g., de excommunicatione Pragensibus ab Andrea episcopo imposita an. 1216 et 1217 habemus, temporis descriptione sunt munita tam accurata ut nemo, nisi æqualis, ita scripsisse censendus sit. Verba quæ ad annum 1261 leguntur « Cunigundam (reginam) recepimus » aperte produnt eum qui rebus ipsis interfuerat, et atrocissima anni 1283 fames ab eo tantum ita depingi potuit, qui nefanda horrendaque facta suis oculis viderat. At qui per septuaginta annos rerum gestarum memoriam posteris testis oculatus mandare potuerit, profecto nemo est. Id ipsum secundam etiam continuationis partem ex diversis partibus confectam esse certissime probat, et ex diversa scribendi ratione diversa auctorum ingenia manifeste elucent. Valde enim inter se differunt indole quæ ab anno 1196-1248, et quæ annis 1149-1283 narrantur; quinquaginta duo illi anni annalibus interdum brevissimis comprehenduntur, trigenta quinque anni posteriores copiosissima narratione pene totum libellum sibi poscunt.

At singulas annalium partes paulo accuratius examinemus. Ab anno 1212-1249, ut in hac parte primum insistamus, auctoritatis non impugnandæ speciem præse ferunt annales, et in temporibus (158) et in locis sanctis Pragensibus accurate descriptis (159). A canonico quodam Pragensi eos esse compositos ex annis 1235 et 1241 patet, quibus Vitum canonicum, dein decanum capituli Pragensis factum esse legimus, quod tum demum litteris mandatum esse potest, cum clarissimum nomen in decanatu administrando sibi Vitus comparasset. Ideoque hos annales ab illo auctore, cui sequentes debemus, non conscriptos, sed in suum tantum usum versos et cum propriis esse conjunctos crediderim. In sequentibus inde ab anno 1250, in quibus longe uberius promanat narrationis copia, hoc neminem facile fugiet usque ad annum 1278 circiter, quot qualesque singulis annis fuerint tempestates, quando ceciderit grando, quales fuerint messes, summa cum diligentia ab auctore litteris esse mandatum. Non facile unum prætermisit annum, quo de rebus his naturalibus accuratissime et pene iisdem ubique verbis non retulerit (160). In iis quæ in adnotatione proposuimus exemplis, nemo, opinor, ejusdem scribendi rationis vestigia desideret manifestissima, quibus usque ad annum 1278, eumdem auctorem descendere satis certo probari videtur. Et non modo in tempestatibus et segetibus describendis eum sibi constantem deprehendis, sed aliis etiam rebus, quæ minoris sunt momenti in historia conscribenda, majorem quam rerum scriptorem decebat operam dedit.

NOTÆ.

(157) Duplex exstat nota de Heinrici episcopi morte annis 1196 et 1198, illic Heinricus, hic Bracislaus appellatur; ad annos 1178 et 1199 Friderici episcopi mors adnotatur, 1183 et 1203 iisdem verbis Pragam a Moraviæ duce Conrado esse obsessam, item iisdem verbis an. 1184 et 1204 Bohemos cum Moravis bellum commisisse, 1190 et 1210 legimus Conradum in Apulia esse mortuum. Ubi hoc quoque compilatorem prodit quod anni singuli numeris inter se differunt vicenis. Bis legitur Premislaum ducem esse regem factum annis 1197 et 1199, Cyrinini camerarii exsilium an. 1211 et 1212 adnotatur; an. 1248 scribitur brevissime Wenceslaum regem esse solio pulsum, an. 1249, eum in seditione ab Otakaro filio mota nimie solio esse pulsum, sed victorem exstitisse copiosissime narratur; victoria Otakari de Ungaris reportata an. 1260 primum obiter tantum memoratur, dein uberrima narratione exponitur. Bis leguntur anni 1182, 1199, 1249, 1256, 1264, 1266, 1271, 1278, 1281, ter vero recurrunt an. 1258 et 1282.

(158) A. 1216, 1217, 1227, 1228, 1230, 1236, 1240, 1248, 1249.

(159) A. 1226-1228, 1232, 1234, 1244, 1245.

(160) Anno 1251 legitur : *Annona male provenit et præcipue hiemalis.* Anno 1252 : *Hiemalia mediocriter in plerisque partibus provenerunt, æstivalia fere penitus defecerunt excepto milio.* 1254 : *Male provenerunt annona autumnalis et fructus arborei, vinum penitus defecit.* 1266 : *Annona, fructus arborei et vinum male in Bohemia provenerunt propter grandinis et siccitatis læsionem.* 1270 : *Periit tota annona tam hiemalis quam vernalis fere per totam Bohemiam, fructus arborum provenerunt mediocriter.* An. 1251 : *Nix magna in plerisque partibus Bohemiæ descendit, qualem non meminit ætas nostra.* 1252 : *Nix in plerisque locis descendit.* 1254 : *Cujus (vini) defectus quantitatem ætas nostra non meminit.* 1258 : *Hoc anno gelu læsit fructus arboreos et vineas.* 1260 : *Hoc etiam anno sata læsa sunt et vineæ et fructus arborei, quædam siccitate, quædam grandine in plerisque partibus.* 1262 : *Sata diversi seminis tam hiemalia quam æstivalia, in plerisque Bohemiæ partibus fere penitus perierunt, tum a grandine tum a siccitate.* 1251 : *Orta est magna vis ventorum... quorum gravi impulsu multa ædificia ruerunt.* 1256 : *Magna vis ventorum.* 1264 : *Magna vis ventorum orta est, quibus interpellentibus multa ædificia, multa granaria corruerunt.* 1250 : *Ædificia et granaria plurima turbine diruta.* 1257 : *Facta est maxima inundatio aquarum quæ gravia et grandia damna per totam Pragensem diœcesem intulit.* 1264 : *Facta est inun-*

Cop ose enim scribit de clericorum, de ecclesiarum et ararum consecrationibus (161), de ecclesiis suo tempore ædificatis (162), de reliquiarum translatione (163). A rebus publicis non avertit quidem animum, sed maxime in Romanorum pontificum legatorum in Bohemiam hæret itineribus (164); reliqua leviter tantum tetigit. Nusquam enim hoc sibi proposuit, quod in quibusdam aliis annalium partibus factum esse videbimus, ut hominum singulas res gestas eorumque mores ob oculos poneret. Est potius stylus ejus rudis, confusus atque demissus; ut singula paulo arctius inter se conjungat minime curat, sed omnia sine ordine quasi sacco fundit. Si quæris ad quem usque annum hic annalium scriptor per tantam rerum molem viam nobis præierit, vestigia ejus ultima in Pragensium ædificiorum enumeratione anno 1278 deprehendisse mihi videor, inde ab illis verbis: « Eodem anno hiems, » etc. Nam in amplissima quæ sequitur narratione pene prorsus obmutescunt tandem constantes illæ de tempestatibus et de segetibus adnotationes. Tempestatum vero anni 1280 et famis anni 1282 descriptiones minime cum prioribus illis consentiunt. Ex omnibus quæ proposui auctorem rebus fuisse æqualem luce clarius patere facile mihi persuadeo. Quis, quæso, prodigia longioris temporis spatio decurso posteritati tam accurate tradendas curasset? Pragensis capituli erat canonicus auctor qui in publicam etiam lucem se prodiisse disertis verbis ipse testatus est (165), multaque alia leguntur quæ nonnisi a canonico Pragensi coævo scribi potuerunt (166). Accurate igitur et vere eas potissimum res perscripsit, quæ ad Pragam urbem spectant, ideoque librum ejus annalium Pragensium partem primam merito appellasse nobis videmur. Hinc inde in chronologia constituenda eum errasse qui miretur nemo est; neque ubique liquet utrum ipsi an librario errores sint ascribendi (167).

Intra hos vero quos posuimus terminos haud pauca alia habentur, quæ indolem produnt ab illa tam alienam ut nemo sane hæc et tempestatum illos annales uni auctori ascribere velit. Primum tenemus amplam Wenceslai I regis historiam, quæ, annis 1248 et 1249 auctorem demonstrat æqualem qui res bene noverat beneque eas scribere callebat. Luculenta rerum narratio annales aridos et brevissimos excipit, et quæ leguntur inde a verbis: « Igitur rex Wenceslaus — detrudi catenatos » neque cum præcedentibus, neque cum sequentibus ullo modo conjungi possunt. Deducti erant annales usque ad annum 1249, et jam usque ad primum Wenceslai annum, id est 1228, rejicimur; et quæ sequuntur tempora, non Christi nati, sed Wenceslai regnantis indicantur annis 15, 16, 20, 21; quam computandi rationem in toto libro alias frustra quæres. Præterea recurrunt in hac narratione nonnulla quæ annis 1226 et 1231 jam erant prolata. Est igitur hæc peculiaris quædam Wenceslai I historia, conscripta ab auctore æquali nescio quo, quæ a reliquis continuationis partibus sine ullo negotio segregari potest. Auctorem æque capitulo Pragensi ascriptum fuisse, iis quæ de privilegio a rege canonicis dato leguntur, probari videtur. Ne ipso anno 1249 hæc esse scripta conjiciamus duplex illa vox « tunc » vetat, qua utitur auctor, sed ante regis obitum, mense Septembri 1253 litteris hæc sine dubio mandata sunt.

Majorem nobis movent dubitationem nonnullæ aliæ annalium partes. Ad annum enim 1260, habes victoriæ, quam de Ungaris Otakarus II reportavit, descriptionem dilucidam et accuratissimam. Vivido quasi colore hic depinguntur quæ jejunis quibusdam verbis a primo canonico Pragensi paulo supra adnotata sunt. Hoc præcipue auctor, cujus libellum ex reliquorum annalium congerie annalium Otakarianorum nomine secernere conati sumus, ante oculos videtur habuisse, ut « talem ac tantam victoriam digne soli Deo et sanctis ejus cum condignis gratiarum actionibus et laudibus ascribendam » celebraret, illumque, a quo victoria erat reportata, Otakarum regem. Altiorem etiam scribendi rationem sectatus est, nam servata quæ debetur regiæ dignitati reverentia pene ubique Otakarum vocat « dominum regni Bohemiæ, » quem curialium, ut ita dicam stylum in aliorum etiam mentione accurate observat; sunt ei Karinthiæ et Silesiæ duces « illustres; » comites « spectabiles dignitate viri, » alii « inclyti bellatores. » Neque minus luminibus vel suis vel aliunde petitis narrationem frequentavit, genioque suo sæpius ita indulsit ut exclamationibus et interjectionibus orationis cursum interrumpat. Quæ omnia prorsus abhorrent ab illa indole quam apud auctorem primum deprehendimus. Idem fere scribendi cnus invenitur, ni fallor, an. 1264,

NOTÆ.

datio magna aquarum per totam Bohemiam, quarum inundatione insolita facta sunt damna plurima ædificiorum. Quibus multa alia addi possunt exempla, e. g. an. 1250, 1252, 1259, 1260.
(161) An. 1251, 1258, 1259, 1274.
(162) 1252, 1253, 1257, 1269, 1276, 1278.
(163) 1251, 1253.
(164) 1252-1254, 1256, 1267.
(165) 1260 : *Quem revertentem* (Otakarum) *ab eadem expeditione recepimus*. 1261.
(166) 1253 : *Quid cum rege fecerint* (episcopi) *manet incognitum*. 1256 : *Conradus archiepiscopus Coloniensis... venit — ut credimus — tractaturus*, etc.

1261 de repudio Margaretnæ reginæ dicit : *Quas ob causas Deus novit.* Quas pœnas Bartholomæus canonicus, anno 1251, solverit bene scit, et quantum pecuniæ a capitulo Pragensi Bernardo pontificis legato datum sit 1254, 1256. Capellas arasque in Pragensi Ecclesia singulis annis ædificatas vel obrutas accurate adnotavit, neque minus quando prædiis capituli damnum sit illatum 1265.
(167) Librarius vel compilator videtur esse lapsus in annis 1240, 1249, 1272; alias falsi annorum numeri inveniuntur 1239, 1245, 1274, qui, quod sæpius factum est, justo numero omnes uno sunt minores.

ubi non minus gloriose refertur de pace inter reges Bohemiæ et Hungariæ facta, talesque occurrunt Otakari regis laudes : « Quis autem non possit mirari de tam magnifico rege, qui ab utero matris vocatus est rex aureus? » Eidem auctori haud immerito has continuationis partes vindicare ausim, quibus sterilis angustique historiæ compendii fines longe superat : quæ, annis 1254 et 1255, de Otakari expeditione contra Prutenos leguntur, quod et duplici hujus belli mentione satis confirmari videtur, anno 1271 Viti decani laudes, quæ plena manu funduntur, 1272, narrationem de Germanorum imperio Otakaro oblato (168), 1278, quæ de moribus Joannis episcopi Pragensis habentur, et ibidem in Otakarum panegyricum, et ut ita dicam threnodiam, qua atrox ejus mors post magnificam vitam acerbe plangitur (169). At haud parvam scribendi generis similitudinem idemque fere auctori ingenium in illis etiam partibus reperisse mihi videor, ubi eum in quibusdam Otakarum audimus vituperantem an. 1276, 1278 (170). Hic Rudolfum etiam regem nobis depingit « virum providum et discretum, » longeque abest quin patriæ hostem suo odio insectetur, optime potius virum cautum sibique constantem Otakaro, viro audacissimo et splendidissimo, opposuit. Est hic etiam auctor canonicus Pragensis (171). Viti enim decani mores et vitam is tantum ita accurate poterat exprimere, qui clarissimi viri collega decani munus per longum tempus eum viderat administrantem. In reliquis quoque rebus scribendis fontes limpidiores ei adire licebat. De Hungarorum clade anno 1260 Otakari epistolam ad papam datam habebat ante oculos, et captorum Hungarorum testimonia vel ipse ex iis quæsivit vel ab aliis accepit (172). Quin imo Otakarum regem habet testem (173) et de miraculis eodem die factis Joannem militem « virum omnimodis fide dignum » multosque alios audivit. Sæpius Otakarum vidit, ut testatur verbis de eo 1278 : « Hæc vidimus et testi-

A monium perhibemus. » Atrocissima regis clades et inexpugnabiles patriæ miseriæ intimum ejus pectus vehementissime movent. In narrandis rebus est modestus et providus, beneque sibi cavet ne forte veri fines temere excedat, quod talibus indicavit locutionibus : « ni fallor, utrum per industriam an per errorem nescio (174), ad enarrandum manet difficile (175); de Otakari morte « nihil certi dicere » potest, « quia diversi diversa dicunt (176). » Et quanquam, quod rerum scriptore est dignissimum, bene cavet ne odii aut adulationis notam incurrat (177), tamen uno alterove loco Otakari studio se abripi passus est, in eo quod regi Germanorum imperium « pluries » oblatum esse dicit, eumque, excepta clade ultima, ab hostibus nunquam victum esse affirmare B ausus est (178). In chronologia interdum lapsus est; neque omnia quæ de pace anni 1276 inter reges constituta profert, ad veritatis normam exigi possunt.

Tertius, ni fallor, auctor conscripsit annos 1278-1281. Verum est, hinc inde reperiuntur locutiones quæ in prioribus etiam occurrunt partibus, at nihilominus aliud est scribendi genus, aliusque est quem sibi proposuit auctor finis. Primus omnia quæ in notitiam venerant annalibus suis complecti conatus est, alter ad res publicas et ad Otakari maxime sortem animum advertit, tertii, etsi suas habet laudes narratio, tamen a rebus publicis quæ uberrimam præbebant materiem se avertit, et in hoc uno potissimum videtur acquievisse auctor, ut Tobiæ episcopi Pragensis electionem posteris quam accurate traderet. Hic etiam singularis ejus est mos, qui apud reliquos nusquam occurrit, ut Pragensium canonicorum mentionem facere non possit, quin honorifico quopiam titulo eos decoret (179), talibusque vocibus « humiliter, devote, benigne, gratiose » sermonem suum exornet. Non modo canonici Pragenses quid fecerint vel senserint conscripsit auctor, canonicus ipse, imo quid ederint vel biberint posteritati tradidit. Eodem fere tempore quo res sunt gestæ eas

NOTÆ.

(168) Iterum summis laudibus effertur; est *rex serenissimus*, rogatur ab electoribus *quatenus dignaretur assumere apices imperatoriæ dignitatis*; remunerat nuntios muneribus magnificis in auro, argento, etc.

(169) *Eodem anno*, xii *Kal. Nov., fuit mensura.* Ab uno eodemque hæc scripta esse ipsis auctoris D verbis probari potest. De Vito decano 1271, scribit : *Sed ne videar singularum virtutum ejus ipsi divinitus collatarum plenius facta prosequendo notam adulationis incurrere*, stylo amoto malui posteris relinquere, etc.; de Otakaro 1278 : *stylo submoto*, *ne videar adulationis notam incurrere veritatem prosequendo, ejus facta... posteris relinquo*; 1276 : *quæ ibidem... acta sunt malui subticere, ne forte singula ut fuerunt prosequendo aliquorum odium incurram;* 1271, de Vito : *Illuminabat enim mentes hominum utpote lucerna lucens;* 1278 de Joanne episcopo : *Lucerna lucens... illuminabat corda hominum ;* 1271. de Viti *veritatis et justitiæ imitatione* loquitur ; 1278, *est Joannes justitiæ sectator, veritatis imitator;* Vitus *dividebat etiam denarios pauperibus ;* 1278, *Otakarus dividens cuilibet solidum denarium;* 1271 de Vito : *Eleemosynas illius enarrabit omnis Ecclesia ;* 1278 : *Quantum largus fuerit mens humana nec enarrare potest.*

(170) *Anno* 1272 : *Talibus dicitur usus fuisse sermonibus;* 1276 : *Tale fertur dedisse responsum;* 1278 : *Sua fata hunc continuo nolentem ducunt, volentem trahunt ;* 1260 : *Fata nolentem ducunt, volentem trahunt;* 1278 : *Et cecidit super militiam formido et pavor;* 1260 : *Timor et tremor super impios cecidere.*

(171) A. 1260 : *Jarosius... coram episcopo Pragensi et præposito et decano et canonicis in capitulo Pragensi retulit viva voce.*

(172) Anno 1260 : *Hiidem infideles et cæteri... sicut ipsi postmodum retulerunt.*

(173) *Nam sicut sæpe dictus princeps Bohemiæ et alii principes, barones et milites communiter retulerunt.* Auctorem ipsum prælio interfuisse ex verbis *inter nos et se fluvio dicto Morawa* elicere nolim, est sine dubio vividius loquendi genus.

(174) A. 1260.
(175) A. 1277.
(176) A. 1278.
(177) A. 1274, 1276, 1278.
(178) A. 1272, 1278.
(179) Sunt ei 1278 : *Viri utique honesti et providi;* 1279 : *Viri providi et eminentioris discretionis,* eorum

calamo excepit, ut ex verbis apparet ad annum
1279 (180), de Brunone episcopo Olomucensi « nam
moris ejus fuit semper et est, » qui, paulo post
18 Febr. 1281, diem supremum obiit (181). Annalium
Pragensium partem secundam hanc continuationem
inscripsimus.

Unus tandem restat auctor, itemque canonicus
Pragensis, illum qui ad annum 1281 descenderat,
excipiens; iterum recurrit usque ad annum 1279,
ut illius annales quasi suppleret calamitatum et publicarum miseriarum narratione, quibus illo tempore pene obruta est Bohemia. Est hæc annalium
Pragensium pars tertia. Talem infelicissimæ terræ
nobis depinxit imaginem disertissimis et acerrimis
verbis, quam profecto non sine vera animi commotione inspexeris. Vix igitur mireris eumdem auctorem summo peneque capitali Germanorum odio se
abripi passum esse (182), cujus apud priores vel le-
vissimum vel pene nullum invenitur vestigium. Videtur fuisse auctor inter legatos capituli Pragensis
ad episcopum Brandenburgensem missos, qui pete-
rent ne penitus bona ejus diriperentur. « Quod quicunque audivit, » sunt verba ejus, « tinniverunt aures
ejus. » Atrocissimas patriæ calamitates suis oculis
vidit. « Et plura, inquit, et varia tormenta his temporibus audivimus et vidimus quam in codicibus
legimus (183). » Est igitur scribendi ejus genus vehementissimum et violentum, flagratque quasi illo
hostium patriæ odio. Et in hoc etiam suam ingressus
est viam auctor quod sententias suas uberius exponere easque doctrina quadam ornare conatus est.
Cujus rei testis est longa illa exemplorum ex Scriptura
sacra petitorum series aliaque testimonia quæ, quod
apud priores scriptores frustra quæris, ex Romanorum imperatorum legibus sunt deprompta. Eum et
alias fuisse eruditum litterisque imbutum probatur
Horatii, Ovidii et aliorum Romanorum poetarum
luminibus, quæ cuinam debeat me indagare non
potuisse libere confiteor, locisque ex Gregorii Magni
et Ekkehardi Uraugiensis libris desumptis (184).

Restant denique pauca quædam historiæ Bohemicæ fragmenta, quæ ex parte a canonico Pragensi
videntur conscripta, haud scio an ab uno illorum
quos supra censuimus. Sunt hi loci : « 1258, consecratum est XVII Kal. Septembris, » et an. « 1266,
iterum transeuntes—siliginis perierunt. » Ex parte
monacho cuidam Strahoviensi videntur originem debere : an. « 1256, Dominus Conradus—montis Sion,
1258, XIV Kal. Novemb.—consummavit; » quas adnotationes is qui annalibus ultimam adjecit manum
modo nescio quo corripuit aptisque locis inseruit.

Terminantur tandem annales in Cosmæ primis capitibus iterum repetitis, quæ catalogus principum
Bohemorum inde a Primislao usque ad Wenceslaum II regem excipit. Quæ ab illo quem loco quarto
posuimus auctore addita esse vix ac ne vix quidem
mihi persuadere possum, cum laxioribus vel pene
nullis cum præcedentibus conjungantur vinculis,
verbaque ipsa compilatoris ingenium prodere videantur. Plenam quam nos habemus continuationem
hujus, ut ita dicam, epilogi auctorem ante oculos
habuisse ex his apparet verbis se velle principum
catalogum proponere, « ea tamen emendatione relicta, ut ubicunque in hiis scriptis lectori nodus
dubietatis occurrerit, ad depellendum errorem recurrat superius ad scripta, ibi enim plenius inveniet
adnotata. » Accedit ipse catalogus principum, qui
totam Bohemiæ complectitur historiam quam Cosmas
et continuatores ejus descripserunt. Ultimis denique
verbis compilator totam annalium molem paulo di-
lucidius digerere conatus est. Ex tribus enim quas
fecit historiæ partibus prima usque ad mortem Wratislai I regis 1092 deducta, Cosmæ duos priores
libros comprehendit, altera usque ad Wladislaum II
regem 1140, tertium Cosmæ librum et primam continuationem complectitur; tertia vero, usque ad
Wenceslaum II regem 1283, amplissimæ secundæ
continuationi accuratissime respondet. Cur talis libro
finis sit impositus his indicatur verbis : « Quia multorum hominum animos turbat sollicitatio de investiganda serie et descensione propaginis ducum ac
regum regni Bohemici qualiter, » etc. At profecto
non sine graviore causa erant hominum animi solli-
citati, nam antiquissimæ Premislidarum stirpis ultimus erat Wenceslaus ille puer, cujus filius Wenceslaus III, anno 1289 natus (185), hominum animis
curas illustrissimæ regiæ domus mox interituræ sine
dubio paulo eximebat. Est igitur, si quid video, catalogus et tota, quam habemus, annalium moles inter
annos 1283 et 1289 confecta. Adde denique priorum
annalium membra turpiter esse disjecta, novumque
quasi rerum ordinem esse constitutum, ita ut quæ ex
singulis annalibus sibi responderent, ea demum continuo quasi calami ductu essent conscripta; quæ qui
secum reputaverit quin omnia illa a compilatore
tantum tam misero modo potuerint conflari minime
dubitabit. Idemque sine dubio est, quod compilatorem maxime convenit, qui magnam illam quam,
annis 1142-1196, deprehendimus lacunam, laciniis
ex Vincentio, Gerlaco et annalibus Pragensibus cor-

NOTÆ.

cœtus est *honorabilis;* Moguntinus archiepiscopus est
reverentissimus, Olomucensis *honorabilis,* Tobias
divina favente clementia episcopus.

(180) Vide etiam vota de Tobia novo episcopo
oblata 1279, sine dubio paulo post electionem scripta,
et quæ 1281 de Spakmanno ejusque sociis narrantur.

(181) Richter, Ser. episcoporum Olomucensium,
p. 67.

(182) Anno 1279 : *Mos est Theutonicorum zelo*
nimio sævire in Bohemos; 1281 : *Velut vespertiliones*
in aurora die lucescente se abscondunt, ita Theutonici,
tanquam fumus evanescit, evanuerunt.

(183) Anno 1279, ubi et hæc leguntur: *Hæc omnia*
hiis temporibus effluxerunt in Bohemos, etc. — *Con-*
vertat jam luctum nostrum in gaudium ut viventes
laudemus eum omni tempore.

(184) Annis 1279, 1282, 1283.

(185) Vide stemma apud Palackium II, 2.

reptis explevit. Quod eo tantum consilio factum est, ut prima continuatio quodam societatis vinculo conjungeretur cum secunda, quod sane minime feliciter cessit. Eumdem denique sapiunt auctorem verba illa post annum 1260, sine ullo cum reliquo textu vinculo, tanquam glossa inserta, de rebus adversis post illum annum ingruentibus, quæ verba postero demum tempore esse interjecta nemo non videt. Quæ vero ille in unam rerum congeriem confudit, nos digerere et extricare, et cuique quod ei debetur auctori restituere conati sumus.

Non deerant, ut hoc etiam paucis absolvam, posterorum temporum scriptores, qui has Cosmæ continuationes quasi uberrimum Bohemorum historiæ fontem adirent, suaque ex iis ducerent haustibus plenissimis. Quod mihi prius facile persuaseram, fore ut ex his fortasse annales integra qua essent ab auctoribus compositi forma, possent restitui, hanc spem ad effectum perduci non posse jam satis patet; omnes enim quos scio rerum scriptores hanc quam habemus annalium compilationem et legerunt et in suum usum verterunt. Sunt hi Franciscus canonicus Pragensis (186), qui secundam tantum continuationem exscripsit, Neplach abbas Opatovicensis, qui continuatores omnes duces secutus est (187), Marignola, qui continuationem Wissegradensem et Pragenses ante oculos habebat (188), neque minus Pulkava et ante et post annum 1250 (189). At in parte priori nonnulla etiam alia apud hunc inveniuntur, quæ ita arcte videntur cohærere cum illis quæ ex continuatione Cosmæ desumpta sunt, ut hic fortasse genuinam annalium formam deprehendi conjicias, si quid certi statui posset de Pulkava ipso, antequam chronicon quod sub ejus nomine circumfertur, ad critices normam accuratius exigeretur.

Jam videamus qui sint codices quibus novo quasi firmoque fundamento hanc Cosmæ editionem superstruere possumus. Longe sane majorem codicum messem habuimus, quam in priorum editorum manus venerant; duos codices habebant Freherus et Menkenius, sex codices Pelzelius et Dobrowskius, octo enumeravit Palakius, nos tredecim novimus codices, ex quibus tres, eosque antiquissimos, Lipsiensem, Budissinensem, Dresdensem, contulimus ipsi, A quatuor in favorem nostræ editionis vel contulerunt vel inspexerunt alii, reliquorum denique varias lectiones Pelzelii et Dobrowskii editio exhibebat vel notitiam saltem dabat Palackius. Quibus præsidiis si Cosmæ textus non plane novus constitui poterat, longe tamen propius accedit ad genuinam chronici formam, qua auctor ipse librum in lucem publicam emisit. Non quidem autographum, sed gravissimos duos codices adepti sumus, qui singulari quodam casu virorum doctorum notitiam plane effugisse videbantur. Itaque quomodo Cosmæ liber paulatim quasi excreverit ante lectorum oculos ponere non possumus; at eo usque codicum auxilio pervenimus ut duplicem chronici recensionem factam esse dicamus. Non ita quidem in rebus ipsis B differunt duæ illæ editiones, sed si scribendi rationem respicias, secundam paulo limatiorem esse vix negabis. Haud raro enim ipse sine dubio auctor prioris vocis loco aliam posuit quæ sententiæ melius respondere videbatur.

Duo codicum genera constituimus, quorum unum A, priorem; alterum B, posteriorem textus recensionem exhibet.

A genus uno tantum codice eoque antiquissimo constat Lipsiensi, sæc. XII, ex. membr. 8 (190), quem nobis gratiose transmisit conferendum vir ill. Gersdorf, bibliothecæ Lipsiensis præfectus. Codicem qui inscriptus est *Liber beatæ Mariæ virginis in Hugsborg* haud ita longe post Cosmæ obitum exaratum esse indicia nobis palæographica persuadent, et qui C f. 156 adjectus est pontificum Romanorum catalogus, usque ad Adrianum IV, i. e. 1154 deductus. Ipsius auctoris mors ad annum 1125, ut in reliquis codicibus adnotata est. Codex plena et rotunda manu diligenter conscriptus est, lineæ subfusco colore ductæ, haud raro manus coæva falsa correxit aut verba quæ librarium fugerant in margine apposuit. Nulli reliquorum hunc codicem fundamento fuisse, lacunæ nonnullæ edocent (191) in reliquis minime obviæ, variæque lectiones quæ in uno Lipsiensi occurrunt satis probant (192). Neque ultimum accedit hoc argumentum, quod in eodem codice collocatio verborum tam sæpe tamque multum a reliquis codicibus abhorret omnibus, ut jam in hoc uno peculia-

NOTÆ.

(186) Annis 1265, 1278; vide apud Pelzelium et D bum, neque rarius sex septemve voces; e. g. I, 6. Dobrowskium, II.

(187) Canonicum Wissegradensem, annis 1129, 1130, monachum Sasavensem 1139, 1140, 1161, 1162, canonicos Pragenses annis 1199-1271. Quibus addere juvat ea verba quibus suum fontem ad annum 1265 descripsit: *Et usque ad hunc annum quæ acta fuerunt in chronica scribuntur, cætera autem quæ sequuntur de quibusdam quaternis recollegi.* Cum illis confer Meinerti monachum Opatovicensem, Weiner Jahrbücher XLVIII. Anzeigebl.

(188) Annis 1126, 1127, 1130, 1138, 1142 et annis 1141, 1283.

(189) Vide, e. g., apud Pulkavam annos 1201, 1204, 1214, 1216, 1224.

(190) Archiv. VIII, 282.

(191) Haud raro unum alterumve desideratur ver- verba: *Jam jamque appropinquabant villæ ad quam ibant.* Ibid. versus:

Et monstrant vestes-sternuntque caballum.

I, 13, verba: *Et vos vestrosque posteros a ventura clade quasi ex divino oraculo præmonitus protexi*; I, 29, verba: *Et hujus terræ ex dominis originem ducis.*

(192) I, pr. A habet *inbuto*, reliqui *delibuto*; I, 2, A *dolores*, reliqui *labores*; I, 4, A *rehabere*, reliqui *recuperare*; ibid. A *thoris*, reliqui *stratis*; I, 7; A *deditos*, reliqui *commissos*; I, 18, A *reperire*, reliqui *percipere*; I, 26, A *pastoralem curam*, reliqui *virgam*; I, 33, A *misericordiam*, reliqui *gratiam*; I, 38, A *pectora*, reliqui *corpora*; ibid. A *est*, reliqui *constituetur*; II, 15, A *negotia*, reliqui *judicia*; III, 51, A *mansit*, reliqui *conversatus est*.

rem textus recensionem cognoscas. Codicis specimen et Cosmæ imaginem in ultimo folio satis rude delineatam dedimus. Cum hoc codice una tantum consentit auctoritas quam.

A* signavimus : est annalista Saxo, qui, paulo post annum 1157, ad verbum pene exscripsit Cosmam, sed non tam accurate ut ad textum restituendum adhiberi possit. Sed certissima deprehenduntur vestigia eum textum recensionis *A* ante oculos habuisse (193). Itaque paucis tantum locis lectionem annalistæ Saxonis apposuimus, ut in aperto sit quomodo duo illi codices inter se cohæreant.

B siglo omnes reliquos signavimus codices qui inter se consentientes recedunt a codice *A*, ex quibus primo loco habendus est :

1) Codex Budissinensis bibliothec. Gersdorf. msc. 7 mbr., sæc. XIII, formæ altioris quam longioris, 75 foliis exaratus, quorum ultima putredine valde sunt corrupta. Neque quod maxime dolendum est integer est codex; excisum est folium primum in quo epistolæ dedicatoriæ legebantur, dein post septimum unum et dimidium alterius desideratur; desunt omnia quæ II, 46, a verbis *quare jam certi de misericordia*, etc., usque ad verba *quorum succenderat animum*, etc., III, 15, leguntur. Manus sæc. XVII adnotavit : *Hic multa desunt*. Iterum desunt duo folia in quaternione octavo, duo alia in latere exteriore squalore obsita vestigia manus bibliopegæ produnt ; involucro alius libri ea jam inhæsisse videntur, et reliqua ejusdem quaternionis folia turpiter disjecta sunt. Quæ omnia hanc nobis probare videntur opinionem, codicem, jam sæculo XVII dilaceratum et dein ut repararetur damnum forte fortuna conquisitum esse. Scriptus est litteris minusculis haud parvis, satis pulchris; atramentum est subfuscum ; haud ita frequentia sunt scribendi compendia; *i* littera semper caret linea superiori, at scribitur *í í*; sæpissime occurrit *ę* in fine verborum : *lucę, apprimę, curtę*, codem modo *e* loco *æ, cesus, penitencia, c* et *cc* pro *t* et *ct* : *porcio, eleccio*; accentus à non desideratur. Hinc inde capita

A voce *item* minio scripta signata at non numerata sunt; in distinguendis capitulis certa quædam lex frustra quæritur. In primo folio exstat tabula quædam eodem sine dubio tempore quo codex exaratus, qua Lecho et Cecho satis nitide depicti videntur. Librarius sæpe erravit (194-5), et hoc argumento negligentiæ convincitur, quod glossas quas hinc inde in exemplo reperiebat, ita in textum recepit, ut priorem lectionem et glossam uno calami ductu scriberet; Bohemicæ etiam glossæ occurrunt manu paulo recentiori superscriptæ, quas suo loco apposuimus. Sed illæ ipsæ glossæ nobis persuadent melioris notæ hunc esse codicem. Hanc enim sen-

B tentiam amplecti non dubitamus, post confectam codicis *A* recensionem, ubi non leguntur, ab ipso auctore additas esse illas glossas. Quæ ejus sunt naturæ, ut nemo unus dubitet quin ab ipso auctore, cum librum suum iterum iterumque limaret, sint appositæ ; nam minime interpretationi inserviunt, sed hærebat auctor num ita an aliter meliori stylo scriberet. In omnes pene reliquos codices transierunt glossæ illæ, in uno codice *A* non leguntur (196); quid igitur clarius quam duas illas codicum familias esse constituendas ? Cum igitur ex his omnibus dubitare non posse nobis videremur, quin librarius *B 1* codicem secutus sit, in quo servatæ erant secundæ curæ, quibus auctor librum suum emendavit, textus quasi fundamentum *B 1* posuimus; præsidia accedent codices reliqui, ante omnes *A*, quem Cosmæ pene coævum in scribendis nominibus et

C Teutonicis et Bohemicis secuti sumus, quæ recentiorum Bohemorum more in reliquis scripta sunt. Reliquorum codicum origo in *B 1* quærenda non est; haud ita paucæ enim exstant lectiones quæ in hoc uno *B 1* tantum occurrunt (197). At proxime accedit illi codici *1* alius quem signavimus numero.

2) Codex Pragensis metropolitanus, sæc. XIV, cujus uberrimam descriptionem dederunt Pelzelius et Dobrowskius in præfatione (198), quam hoc loco repetere liceat :

« Codex membranaceus inter annos 1320 et 1343

NOTÆ.

(193) E. g., apud annalistam Saxonem invenitur lectio quæ in uno codice *A* occurrit : I, 26, *curam*; I, 29, in utroque desunt verba *et hujus-ducis*; ibid. *illi legunt, recedunt*, reliqui *redeunt*; ibid. illis deest *maximo*; II, 16, illi habent *negotia*; II, 49, *consentiunt* in lectione *in post suo tempore*; III, 26, habent *coadunato iterum*; III, 51, *mansit*.

(194-5) E. g., I, 10, scripsit *convincie* pro *conditione*; I, 12, *mirabiles* pro *miserabiles*; I, 21, *sociuntur* pro *sortiuntur*; I, 34, *concilio* pro *condicto*; I, 39, *correcta* pro *correpta*; ibid. *morte* pro *more*; I, 42, *concius* pro *tercius*; II, pr. *optari* pro *optasti*, quibus accedunt alia.

(196) I, 11, unus *A* legit *magnus terror ingruerit*, *B 1* habet *magnus post te vel fragor vel terror ingruerit*, cui reliqui aut consentiunt aut solam vocem *fragor* exhibent; I, 12, *A* habet *vincendi conditio*, *B 1* et reliqui addunt *vel ratio*; ibidem lectio codicis *A* est *mausoleum in sæcula nominatum*; *B 1* cum quibusdam aliis exhibet *vel memoriale*; I, 13, *A*, *sub glacie nitida*; *1*, *sub glacie nova vel nitida*; ibid. *A, tradidit eam*; *1*, *vel civitatem eam*; ibid. *A*, *in*

D domini sui vitam; *1* addit *vitam vel necesse*, pro qua lectione sensu carente omnes reliqui codices exhibent *vel necem*; I, 30, *A*, *rapidis lupis*; *1*, *rabidis vel cruentis lupis*, et reliqui omnes repetunt *cruentis*; I, 37, *A*, *ad venationem sæpe faciens*, *1* perverse, *venatum vel vellet ad venationem sæpe faciens*; ibid. *A*, *urgentes*; *1*, *urgentes impingentes*; I, 37, *A*, *in cœlestem patriam vel habitationem*, *1* omittit verba *patriam vel*; I, 40, *A*, *cupidinis*; *1*, *Veneris, sed manu coæva superscriptum telo læsa cupidinis*; I, 41, *A*, *ecclesiæ injuriam*; *1* : *damnum vel injuriam*; II, 3, *A*, *intrant*; *1*, *adeunt intrant*; ibid. *A*, *ecclesiæ limina*; *1*, *limina adita*; II, 39, *A*, *eventu prospero*; *1*, *propicio vel prospero*.

(197) E. g., habet *B 1*, I, pr. *placere cupio*, reliqui *glisco*; I. 14, *1*, *pariter*, reliqui *partim* ; I, 30, *1*, *deprecor*, reliqui *deprecamur*; I, 37, *1*, *fulgurea*, reliqui *sulfurea*; I, 42, *1*, *decet*, reliqui *par est*; I, 38, *1*, *fundant*, reliqui *sudant*; I, 57, *candelabra aurea*, reliqui *argentea*; I, 42, *1*, *ferentibus*, reliqui *referentibus*.

(198) P. xv.

« exaratus grandiusculis characteribus, qui in bi-
« bliotheca capituli ecclesiæ metropolitanæ Pragen-
« sis servatur. In secundo folio, cui minio in infe-
« riori margine numerus I ascriptus est, inter alia
« primæ litteræ variis coloribus atque auro decora-
« tæ ornamenta duo conspiciuntur insignia, alte-
« rum capituli Pragensis, alterum baronum de
« Drazicz, ramum virentem exhibens, e quorum
« familia fuerunt Joannes III († 1278), et Joannes
« IV († 1343), episcopi Pragenses. Descriptum vero
« fuisse codicem pro Joanne IV, episcopo Pragensi,
« qui etiam Francisco canonico conscribendæ par-
« tis secundæ chronici Pragensis auctor fuit, ex
« adnotato ad finem continuationis secundæ obitu
« Wilhelmi Leporis, an. 1320, certum est. Sunt
« autem in codice metropolitano non levia indicia
« cum e duobus voluminibus compactum esse. Nam
« et scriptura, qua Francisci chronicon, quod se-
« cundam partem chronicæ Pragensis appellat au-
« ctor, in eodem codice exaratum est, diversa est
« ab ea, qua prima pars, id est Cosmas cum con-
« tinuatoribus Pragensibus, perscripta est. Folia
« etiam membranæ aliter per lineas divisa sunt,
« ita ut quævis columna primæ partis triginta octo,
« secundæ vero partis quadraginta quatuor lineas
« contineat. Fasciculi quoque seu membranarum
« colligata, quorum sexdecim in primæ parte nu-
« merantur, in secunda rursus a principio seu nu-
« mero 1 computantur. Fuere tandem hæc duo vo-
« lumina in unum collecta, quod nunc centum no-
« naginta novem foliis minio notatis constat. ——
« Cosmæ chronicon legitur a fol. 48 usque ad
« fol. 105. Sequuntur deinde continuatores ejus
« eadem manu et atramento usque ad fol. 148.
« In hujus folii utraque pagina manus priori re-
« centior, vetusta tamen, alio atramento aliisque
« litteris seriem episcoporum Pragensium usque ad
« Arnestum primum archiepiscopum ascripserat.
« Post hæc vestigium folii serius excisi apparet, quod
« erat octavum decimi sexti colligati seu, ut typo-
« graphi vocant, quaternionis. Videntur itaque nu-
« meri in inferiori margine minio exarati, quibus
« singula folia notata sunt, serius appositi; nam,
« non computato folio exciso, continua serie usque
« ad finem progrediuntur. Folium, n. 149 notatum,
« quod est primum quaternionis primi secundæ
« partis, vacuum relictum est. A fol. 150 usque ad
« fol. 185, Francisci chronicon, seu secunda pars
« chronicæ Pragensis, diversis characteribus alioque
« atramento perscriptum est. Foliis 185 et 186, quæ-

« dam memoriæ recentiores sæculi XVII de archiepi-
« scopis Pragensibus continentur; reliqua usque ad
« finem codicis vacua sunt. » In initio codicis leguntur passiones sancti Adalberti et S. Wenceslai. Proxime hunc codicem accedere ad 1, ex haud paucis
locis patere videtur, ubi cum hoc uno et in veris et
falsis consentit lectionibus (199). Sed aliud quoddam
peculiare sui generis signum hic habet codex; sunt
brevissimæ nonnullæ notulæ nullius sane momenti,
quas Pelzelius et Dobrowskius cum meliores non
haberent codices, Cosmæ ascripserunt, sed jam nemo
unus dubitabit quin, cum in duobus antiquissimis
codicibus non reperiantur, ab interpolatore quodam
sæculi XIV ut videtur, insertæ sint; ideoque inter
varias lectiones eas recepimus; leguntur autem ad
annos 1008, 1011, 1014, 1015, 1026, 1032, 1041,
1053, 1061, 1081, 1084, ex annalibus nescio quibus
descriptæ. In quibus notulis rejiciendis Palackium
(200) minime fefellit judicium; at omnes breves illas
notas quibus largissimum narrationis flumen inter-
ruptum videmus esse resecandas, vel ideo non censemus, quia in codicibus leguntur antiquissimis,
quorum auctoritatem in tali argumento excedere
non licet. Quod eo minus fieri poterat, cum auctorem
ipsum in libro suo componendo annalium viam ingressum esse jam supra probare conati sumus;
itaque ubi alia quæ narraret non habebat brevissi-
mas notas apponebat. Notulis illis supralaudatis
probatissimum sane signum adepti sumus quo indicatur duos alios codices arctissime cum illo cohærere.

2ª) Codex Rudnicensis, sæc. XV, chart. in bibliotheca Lobkowitiana, quem anno 1826 in lucem protraxit Palackius; in eodem primi etiam continuatoris textus legitur. Descriptionem et varias nonnullas lectiones dedit idem vir cl. in libro suo (201),
quas suo loco in textum nostrum recepimus. Hunc
codicem pene ubique repetere textum codicis 2 jam
observavit Palackius; at etsi notulæ illæ supradictæ
omnes repetitæ et eædem lectiones in utroque codice
obviæ (202) sint, eum nihilominus ex illo non fluxisse
probatur verbis *respondit — præsulem* quæ an. 1140
in hoc uno, minime vero in codice 2 leguntur.

2ᵇ) Codex Brewnoviensis, in bibliotheca monasterii
Brewnoviensis servatus, quem ita descripserunt
Pelzelius et Dobrowskius (203) : « Est in charta sæc.
« XVI scriptus in-fol. Hic codex, quamvis recentior,
« tamen eo summe æstimandus est, quod plurimas
« bonas lectiones continet. Neque dubitamus eum e
« vetustissimo optimæ notæ codice transumptum
« esse, quod ex antiqua nominum scriptione aliisque

NOTÆ.

(199) I, 1, falso legunt 1 et 2 *historiaca* pro *histo-rica*; I, 5, falso iidem *Herecynthiam* pro *Berecyn-thiam*; ibid. iidem *thalitarium* pro *thalarium*; I, 13, ambo falso *abscidens* pro *abscondens*. In codd. 1 et 2 tantum legitur glossa *telo lesa cupidinis*; II, 4, ambo *partam* pro *paratam* ; II, 39, ambo *arripiunt* pro *corripiunt*.

(200) Würdigung, p. 16.
(201) Würdigung, p. 13-15.

(202) II, pr. ambo legunt *arvis* pro *armis*; II, 5, ambo falso *Foromatas* pro *Soromatas*; II, 10, hi soli legunt *fluvium quæ est circa Belinam* pro *quæ est circa fluvium Belinam*; III, 42, hi soli habent corruptum *sco* pro *nomine*; III, 60, ambo *incertum* pro *inceptum*.

(203) P. XXIII.

« indiciis certo cognovimus. Est quoque cum alio
« quodam antiquiore codice collatus a quodam dili-
« genti homine qui olim hoc codice usus est. Prae-
« ter integros tres chronici Cosmae libros complecti-
« tur etiam codex iste Cosmae continuatorem Pra-
« gensem primum, a principio usque ad verba : *In
« crastino autem Moravienses cum profugis Bohemis*
« et in margine inferiori haec verba : *In Vladislaum
« et fratrem*, quae initium sequentis folii, quod cum
« omnibus reliquis desideratur, exhibent. Est autem
« haec Cosmae continuatio ab alia manu, ea nempe
« quae lectiones variantes in Cosmae libris apposue-
« rat, descripta. Titulum praefixum habet « *Parali-
« pomena Cosmae a monacho quodam, ut apparet, con-
« scripta.*» Notulae brevissimae codicis 2 repetuntur ad
annos 1015, 1026, 1032, 1041, 1052, 1082, 1084 ; itaque
in his non plane consentit cum 2, ex quo eum descriptum non esse etjaliae codicis probant lectiones (204).

3) Codex Holmiensis, membr. saec. xiii, quem
splendidissime exaratum — unam ulnam alteriusque
dimidium altum giganteum codicem nominare solent
— descripsit Dobrowskius (205), nonnullasque dedit
varias lectiones. Est fundamentum Freheri editionis
anni 1607 ; cujus verba ex epistola dedicatoria ad
Petrum Wok de Rosenberg hoc loco repetere liceat :
« Hunc quoque fructum Bohemici et Polonici itineris,
« lustro superiore principis mei missu suscepti,
« tulisse gaudeo, quod dum in regia urbe Praga
« diversor, memorabile istud monumentum indige-
« nae vetustatis in manus meas bona fortuna detulit ;
« idque integrum, cujus antea particulam cum
« Bohemicis meis vulgari in laude ponebam, utinam
« aeque mendis naevisque liberum ! Quamvis autem
« unico exemplari nitendum esset, eoque non feli-
« cissima manu e veteribus membranis descripto ;
« dedi tamen diligenti relectione operam, ut detersis
« maculis, quantum hoc quidem tempore licebat,
« aequi lectoris oculos quam minimum offendere
« posset daturus etiam porro magis, si quis me pu-
« blicae utilitatis studiosus, quod spero, aliis exem-
« plaribus juvare voluerit. » Codex postea a Suecis
deportatus hodie Holmiae asservatur. Lectiones
Freherianas, cum ipsum codicem inspicere non contingeret, siglo 3 signatas inter varias lectiones retinuimus, sed non quidem omnibus locis, cum saepissime ex erroribus librarii vel typographi falsa lectio
originem duxerit. De veris hujus codicis lectionibus
sententiam ferre non est ita facile, quod non valde
est dolendum, cum satis constet eum codicibus a
nobis adhibitis A et 1 antiquiorem non esse. Fundatio
Wissegradensis in hoc codice non legitur, ut testatur
Dobrowskius. At desideratur historia quinque fratrum martyrum in Polonia (206), et lasciva illa de
presbytero (207). Codicem nihilominus familiae B
ascribendum esse, quae plerisque locis inveniuntur
glossae probant (208). In haud paucis vero locis
concinit cum duobus codicibus sequentibus, quos 4
et 4ᵃ nominavimus.

3ᵇ) Codex Vindobonensis 7391, chart. saec. xvi est
apographum codicis 3 an. 1574 confectum, quod
Vindobonae inspexit ill. Pertz ; lectiones ubi textus
poscere videbatur liberalissime nobiscum communicavit Imperialis bibliothecae praefectus, ill. Chmel.

4) Codex Dresdensis I, 43, fol. membr. in bibliotheca
Regia Dresdensi asservatur (209), quem inspiciendum
nobis liberalissime transmisit vir ill. Falkenstein. Hunc
codicem ante Menkenium qui varias dedit lectiones
(210) et Dobrowskium, qui eum saec. xiii, scriptum
esse opinati sunt, jam viderant Lupacius, Georgius
Fabricius et Albinius (211). At scriptus est ille codex saec. xii. Binis columnis textus exaratus est
splendidissime, lineae ductae sunt atramento, litterae
minusculae pulcherrime scriptae, litterae initiales coloribus pictae. Cosmae textus 7 quaterniones et 6 folia complectitur. Breviationes neque frequentes neque insolitae sunt, frequentissimus est usus *e* pro *æ*,
rarior *ę*, simplex *i* lineola non signatum, syllaba in
fine lineae rupta tali signo ɩ notatur. Compactus est
Cosmae textus cum Solini libro eoque Theophili de
coloribus, qui eodem modo cadem fere manu scripti sunt, ethic adnotatur manu coaeva litteris uncia-
libus librum esse monasterii Veterocellensis, indeque
conjici posse videtur Cosmae chronicon eodem loco
scriptum esse. In ligneo libri involucro, leguntur
verba *Gesta* et quaedam alia exstincta quae legisse
mihi videor *Corb.* et nomen *Cosmas Pragensis*, scriptum manu saec. xv, quo tempore ligneum etiam illud involucrum factum videtur. At gravissimi momenti est codex ob interpolationes et continuationem
monachi anonymi, qui in monasterio ordinis S.
Benedicti Sasaviensi tempore Sylvestri abbatis medio saeculo duodecimo vivebat. Descripta est haec
continuatio usque ad annum 1162, quasi liber quartus chronici Bohemorum, sed ita ut hic libet jam
ab ipsius Cosmae verbis quae leguntur iii, 59. initium sumat. Interpolationes neque paucae, neque
minoris sunt momenti ; posteriores inde ab anno
1038, ubi fuse Sasaviensis monasterii fundatio nar-

NOTAE.

(204) I, 1, legit 2ᵇ. *terrae*, 2 et reliqui *orbis*; I, 3, *paupertatis amabilitatem*, 2 et reliqui *paupertatem amabilem* ; l. 5, *cibis* pro *herbis* ; l. 6, *praescius* pro *inscius* ; II, 4, *paratam*, 2 *partam*, II, 8, addit *Franciae* quod deest in reliquis, II, 40, *et resiliens* quod desideratur in 2.
(205) Litterarische Nachrichten von einer Reise nach Schweden und Russland im J. 1792, p. 33. Palacki Würdigung p. 7.
(206) I, 58.
(207) III, 62.
(208) I, 11, 12, 13.
(209) Archiv. vi, 225.
(210) Scriptores rerum Germanic. III.
(211) Pelzel. et Dobrowsk. in praef., p. xxviii, Albinus in libro Neue Meissnische Chronik. Wittenberg 1580, p. 737.

ratur, ipsum monasterium respiciunt; leguntur vero interpolationes ad annos 958, 960, 962, 973, 975, 985, 986-990, 995, 998, 1038, 1045, 1053, 1070, 1088, 1089, 1095, 1097, 1116, 1122, 1125, 1125; quæ omnia e textu nostro removimus suoque loco una cum continuatione dabimus. Notulæ brevissimæ codicum 2 in his interpolationibus non inveniuntur, quo satis patet eum cum illis minime cohærere. Ex alio codice interpolato eum descriptum esse vel inde apparet, quod quoties occurrit vox *dux, rex, episcopus*, nomen quod in suo exemplari sine dubio superscriptum legebat, librarius in textu addidit. Nihil omisit nisi versum unum I, 6, duosque illos versus ad annum 1117, quibus Cosmas conjugem suam plangit, quorum loco duos alios in Hermannum episcopum Pragensem apposuit. Textus capita litteris rubris distincta, sed non numerata sunt, quæ in nostra editione retinuimus; magnam partem concordant cum illis capitibus quæ item non numerata dederunt Pelzelius et Dobrowskius, quos secuti sumus iis locis ubi codex nos deseruit. Interpolationibus recisis textus satis purus est et emendatus, optimasque interdum suppeditat lectiones (212), e. g., II, 5, codex 4 et unus cum eo 4ª habet verba *attavus meus*, quæ male in omnibus codicibus reliquis desiderata verum demum verborum sensum restituunt. Ex quo uno exemplo jam satis patet ex nullo eorum quos recensuimus codicum hunc esse descriptum. Cum Holmiensi præ cæteris cohærere videtur (213). Ex hoc codice descriptus est

4ª) Codex Vindobonensis 1544-508, membr., sæc. XIII, qui priori tempore Pragæ in collegio Clementino apud Patres societatis Jesu asservabatur, qua soluta a Petro Wokaun de Wokaunio anno 1780 bibliothecæ Cæsareæ Vindobonensi oblatus est, ut referunt Pelzelius et Dobrowskius (214), qui varias attulerunt lectiones ipsumque codicem ita descripserunt : « Est hic in membrana forma quarta nitidis characteribus sæculo XIII, quantum ex indiciis variis judicari potest, exaratus. Tractavimus et ipsi, quandiu Pragæ erat, hoc exemplar. Continet omnia illa additamenta; quæ monacho Sazaviensi in descriptione Dresdensis codicis tribuenda esse diximus. Dolendum est aliquot folia in hoc præstantissimo codice desiderari. Desunt enim ea omnia, quæ ab a. 925 usque ad a. 994, et verba : « . . . nores fugio, pompas sæculi despicio, etc., leguntur. Singulare in eo est, quod nomina propria ducum aliarumque personarum superflue repetat. In plerisque enim locis, in quibus Cosmas pronomine aut appellativo nomine ducis, de quo sermo est, utitur, ille proprium ducis nomen adjicere solet. » Nuperrime Vindobonæ codicem, qui præter Cosmæ textum vitam S. Elisabethæ et quasdame pistolas continet, inspexit Ill. Pertzius. In omnibus pene lectionibus ita consentit cum codice 4, ut quod Pelzelius et Dobrowskius dicere dubitarunt, eum ex illo fluxisse jam mihi persuasum sit. Nova enim instituta Dresdensis codicis collatione pene rejicienda sunt exempla, quibus illi contrariam sententiam tueri posse sibi videbantur; nam ex Menkenii minus accurata collatione illa exempla originem duxerunt. Nostræ sententiæ exempla afferre supervacaneum putamus quæ unicuique legenti vel sponte se offerent.

C) Integris his Cosmæ codicibus accedent nonnulli alii magna ex parte mutilati, ideoque non ubivis consultandi, at minime hanc ob causam rejiciendi, sunt enim ex parte antiquissimi.

5) Codex Brunnensis chart. fol. sæc. xv, hodie asservatus in museo Franciscano, quem Tribaviæ in Moravia anno 1819 detexit Meinertus (215), reliquis hujus notæ integrior est. In compendium redegit ille Cosmæ chronicon qui hunc codicem conscripsit; privilegia textui inserta pœnitus recidit aut fragmenta ex iis dedit, et alia quæ suo loco dedimus penitus suppressit (216). Nonnullæ ex glossis manu recentiori superscriptæ sunt (217).

6) Codex Carlowiensis chart. sæc. xv, his annumerandus est, quem contulit Bonaventura Piterus, præpositus monasterii Rayhradensis in Moravia, qui inter præsidia ad collectionem scriptorum rerum Bohemicarum quinque vetustissimos Cosmæ codices ontulerat (218), probat hunc codicem canonicis monasterii S. Augustini in Carlow anno 1465 donatum esse (219). At oblivione obrutus codex in nescio cujus monasterii aut bibliothecæ latebris inventorem exspectat. Sed non est quod amissum hunc codicem valde doleamus; erat enim mutilus. Refert Palackius (220) præter alias nonnullas lacunas om-

NOTÆ.

(212) I, 30, addit vocem *possideam*, ubi unus 1 legit *habeam*, in reliquis omnibus desideratur verbum; cum A et 1 supplet lacunam II, 4, *moribus — placabiles*. Recte legit II, 16, cum A *ire properat*.

(213) I, 41, ambo legunt *furnas* pro *furvas*; I, 42, *ventris*, reliqui *noctis*, *corporis*, etc.; II, 39, soli legunt 3 et 4 *prospero* sine glossa; II, 42, in ambobus desideratur vox *damnum*; II, 47, addunt vocem *regis*.

(214) P. XXIX.

(215) Descripsit variasque lectiones dedit in Hormayri archiv für Geographie, Historie 1819, p. 65, quod repetiit Palackius Vürdigung, p. 11.

(216) E. g., I, 3, verba *ad stabula — habuere*, I, 5, *vosipsos — tollat*; I, 38, omittitur historia quinque martyrum in Polonia.

(217) I, 12, 13.
(218) Dobner ad Hajecium I, 176.
(219) Pelzel et Dobrowski præfat., p. XXXII.
(220) Vürdigung, p. 15, testatur eques de Schwabenau in commentatione quadam de Conrado II, duce Znaymensi in Monatschrift des Böhmischen Museums, Jahrgang 1 Octob. p. 49, se vidisse Piteri apparatum, variasque lectiones codicis Carlowiensis fuisse appositas, codicem ex parte fuisse mutilatum, ex parte interpolatum ex reliquis quæ referuntur satis patet. Num diploma Wisselradense quod ibidem se invenisse testatur in Piteri tantum apparatu an revera in codice ipso exstiterit, dici non potest.

PROLEGOMENA.

ri quæ post annum 1091 legantur, id est A (222). Constat 14 tantum foliis, diligenter exara-
e libri dimidium omisit librarius. tus est atramento subfusco, itemque lineæ atra-
Argentinensis membr. fol. sæc. XII (221), mento ductæ, minio scriptæ sunt inscriptiones, bre-
prima Freheri editione in nostrum usum viationes non ita frequentes. In folio primo hi le-
o 1825 contulit vir clarissimus Engelhard guntur versus:

Bawariæ gen- Vite laben- } tis	Dux Hainricus duode- (223) Generoso cemate ple- } nus,
Nobilis ille pa- (224) Nobilis ex ma- } tre	Duce famoso genera- Regum de sanguine na- } tus,
Emicat eximi- Plaudit ob hoc patri- } a	Post illos nobilita- Felix hujus probita- } te,
Hic felix fue- (225) Filia regis e- } rat	Olim de conjuge cla- Ea quam mors dempsit ama- } ra.
Heredes patri- Dux habet eximi- } e	(226) Bis quatuor inde relic- Cultu probitatis amic- } tos,
Incola Bawari- Quas videt eggregi- } e	Dominorum gaudet hono- Mire pollere deco- } re.
Gaudet et ipse pa- Gaudeat et ma- } ter	Sobolem dum scit fore le- Vitam ducendo quie- } tam.
Pulchrior ut vari- Sic pater egregi- } is	Rosa floribus addita pa- Pueris vinctus bene cla- } ret.
Et vita vete- Atque statum mise- } rum	Nosset per scripta prio- Per mores sciret co- } rum.

Quos versus ad Heinricum Leonem scriptos esse B tabula textus mutilus vertitur, quam falsarius qui-
recte conjecisse videtur vir clarissimus Engelhard; dam Wissehradensis haud ita longe post Cosmam
quæ si ita se habent codex paulo post annum 1189 intrusisse videtur eo consilio, ut vetustiori origin
conscriptus est. Variarum lectionum messis tenuis- ecclesiæ Wissehradensis Cosmam testem vindica-
sima primam Freheri editionem non ita negligenter ret. Cui proposito satis fecisse videbatur, si fetum
factam esse probat. Valde mutilavit Cosmæ chroni- suum laciniis quibusdam e chronico temere direptis
con librarius, nam vix decimam totius operis par- misere vestiret et quasi exornaret.
tem servavit; leguntur capita I, pr. — 15, 21-25; Codices quos jam recensuimus et haud parvus
II, 37, 38; reliqua desiderantur omnia. Accedit vero numerus eorum qui in notitiam Pelzelii et Do-
supposititia bulla Alexandri II papæ de fundatione browskii venerant, sed ab iis inveniri non poterant,
ecclesiæ Wissehradensis, quam genuinam esse nemo probant Cosmæ chronicon diligentissime a posteris
sane putet, qui eam paulo attentius legerit; inter lectum esse. Tres codices conscribi jussit Caro-
varias eam recepimus lectiones (227). Ubi 7 cum lus IV imperator, quod his verbis testatur Neplach
reliquis codicibus conferri potest, textus non est ita ad annum 1125 (228): « Eodem tempore migravit
rejiciendus, familiæ B eum annumerandum esse ad superos Cosmas Ecclesiæ Pragensis decanus, qui
probant glossæ I, 13. Ejusdem denique notæ ultimus C scripsit chronicas de Bohemia, quas Plych decanus
est quem habemus. Pragensis a tineis et antiquitate putrefactas illu-
7ᵃ Codex Monacensis chart. sæc. XV, cujus de- strissimi regis Bohemorum Caroli instantia tribus
scriptionem debemus viro clarissimo Föhringer. vicibus in membranis descripsit. » Quos codices
Est hic etiam codex valde mutilus falsamque Ale- exteris principibus dono datos esse, ideoque in Bo-
xandri II bullam exhibet. Sed hic exstant nonnullæ hemia non latere conjecerunt Pelzelius et Dobrow-
aliæ chronici laciniæ quæ desunt in codice Argen- skius. Porro codicem exstitisse in bibliotheca Bo-
toratensi. Continet codex Monacensis capita I, pr. huslai ab Hassenstein catalogus ejus docet, quam
—19, exceptis annorum 895-929, I, 21-26, 29-31 anno 1570 incendio consumptam esse legimus.
usque ad verba VII Kal. Mai. dein sequitur bulla Editiones chronici Cosmæ exstant quinque, qua-
Wissehradensis, reliqua desunt omnia. Itaque ne- rum duæ priores a Marquardo Frehero in lucem
mini, opinor, communis horum codicum origo du- missæ sunt:
bia videbitur. Et satis, ni fallor, apertum est illius 1) In rerum Bohemicarum scriptoribus Hanoviæ
consilium qui Cosmæ chronico mutilato falsam D 1602, p. 1-14, quæ ut jam satis patet secundum
Alexandri II bullam inseruit. In una hac supposita codicem Argentoratensem data est, quamque codicis

NOTÆ.

(221) Archiv. I, 392, VIII, 464. 1189.
(222) Archiv. V, 700, 701. (226) Meibom. rer. German. III, 166.
(223) I. e. schemate, hoc loco idem quod stem- (227) II, 26.
mate. (228) Dobner monumenta hist. Bohem. t. IV.
(224) Heinrico Superbo duce Bavariæ et Ger- Qualis sit codex quem ante oculos habuit Simler in
truda filia Lotharii imperatoris. epitome bibliothecæ Conradi Gesneri Tiguri 1555
(225) Mathilda filia Henrici II, regis Angliæ, obiit nescio.

magis exemplar quam veram chronici editionem nominies.

2) Secundam editionem dedit an. 1607, Hanoviae typis Wechelianis p. 1-172, ex codice nunc Holmiensi tunc Pragensi, quod satis probavit Dobrowskius. Sed ex Holmiensi codice priorem illam editionem supplevit magis quam novam secundum integram auctoritatem constituit, falsam enim Alexandri II bullam ex codice Argentoratensi retinuit. Ut supra vidimus, Freherus ipse monuit librarium non felicissima manu codicem descripsisse; itaque nomina propria turpiter corrupta sunt, et sexcenties, e. g., legitur *tamen* ubi codices exhibent *enim*. Suis etiam conjecturis Freherus hinc inde indulsit, quod ipse in praefatione editionis satis aperte indicavit.

3) Tertia editio nihil est nisi secunda repetita, at in fronte libri legitur anni 1620 numerus.

4) Freherianum chronici textum in collectionis scriptorum rerum Saxonicarum tomo primo p. 1967-2132 repetivit an. 1728 Menkenius, qui postea in tomo tertio varias lectiones et interpolationes monachi Sasaviensis dedit ex codice Dresdensi. Ornavit praeterea editionem suam adnotationibus Christiani Theophili Schwarzii, Altorfiensis professoris, ex quibus diligenter ex aliis chronicis conquisitis, paucas repetivimus, aliaque quae explicandis rebus inservire posse videbantur exscripsimus, cum adnotationes ipsae nostrarum et indolem et terminos excederent.

5) Quintam editionem eamque optimam quae vel hodie sua laude minime fraudanda est dederunt Pragae 1783 Pelzelius et Dobrowskius in tomo primo scriptorum rerum Bohemicarum, p. 1-282, quam fundamento critico et apparatui codicum satis amplo superstruxerunt. Nititur praecipue codice Pragensi, cui Brewnoviensem et Freheri tc derunt editores, qui etiam summa dilige conquisierunt quae ad Cosmam pertinere tur. Quanto cum fructu variarum lectic lectionem quam illi dederunt in nostram e ascivimus, unicuique vel obiter inspicienti rebit. Ex illa enim editione eorum codicum l nes desumpsimus qui, cum Pertzius v, ill. c metropolitani inspectione eam accuratissimam probasset, sine ullo fructu denuo evoluti v bantur.

Primus, quod sciam, qui continuationem gmenta majora ex codice metropolitano publici fecit, erat Pessina de Czechorod, cui ad libros componendos hunc cum aliis ex tabulario ea Pragensis in lucem protrahere licebat. Si ea q Phosphoro septicorni (229) et in Marte Moravico typis exprimenda curavit, in uno loco colligis ju jam habes omnium continuationum partem; haud ita accurate haec edita sunt. Quod multo n factum est in prima quam habemus editione int quae in lucem prodiit hac inscriptione *Contin Chronici Bohemici olim conscripti a Cosma nu codice manuscripto Pragensi producta*, ed. J *Krakovski de Kollovrath, praeside Baptista Viennae* 1752. 4. Quam negligenter haec editio p sit satis docuerunt Pelzelius et Dobrowskius, foedissimorum errorum catalogum confecerunt (Nos accuratam illorum virorum editionem s sumus, ascitis variis illis lectionibus quas ex cibus aliis dedit Palackius, et vel sic priorum e rum repetenda est quaestio, minime omnibus verum auctoris sensum elici neque omnia libr rum vitia emendari posse, quae fortasse alio qu codice in bibliothecis adhuc latente sanabuntur

Scribebam Berolini mense Maio 1847.

Rudolphus KOEPKE.

NOTAE.

(229) E. g., p. 536, an. 1140, p. 182, an. 1249, p. 336, an. 1271, 1281—1283. an. 1261-1265, p. 370, an. 1271, p. 381 1278.

(230) P. 346, an. 1249, p 361, an. 1254, p. 368. (231) I, p. xxxix.

1. *Codex bibliothecæ universitatis Lipsiensis.*

COSMAS DECANVS.

Seuer⁹ cesaris adcastra clam noctu fugit a burbe timens ut estimo neq̃ dño suo re bellis puaret sedis honore pontificalis. Q̃d uidens dux Bracilaus nescit q̃d faciat ĩtĩe dolore undiq̃; tbat ia penitet eu olim pugnasse ot̃ cesare ia penitet eu pcib; sup̃e q̃ oli pugnando sup̃arat atq̃; his ūbis reptat dura delicte cesari nra. Wellageris

spreuisse mõita ducis O cardia manisit petis pugnare ecu pcib; supare que oli pugnando suparat atqȝ

adcastra cla noctu fugit aburbe: timẽs ut estimo ne- q̃si dñosuo rebellis puaret sedis pontificalis. Quod uidens dux Bracillav: nescit q̃d faciat ĩtĩe dolore undiq̃; turbat. ia penitet cu olim pugnasse ot̃ cesare ia penitet eu spreuisse monita. ducis O cardia mauisit petis, pugnare; eu pcib; sup̃are que oli pugnando sup̃arat atq̃; his ūbis reptat dura desicere

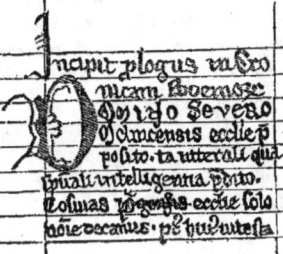

Incipit plogus in Cro nicam Boemoz O ͠ o Seuero Olomucensis ecclẽ p- posito. ta litterali qua spuali intelligentia ponto. Cosmas Pragensis ecclẽ sola nõie Decanus. p̃ ñc uita sa

Hyeme feruus aut ouius pellib; utuntur pueb;. Nec quisquã me- um dicenciat. s; ad instar monasti- cę utę q̃cq̃d habebant. n̄m. ore. corde & ope sonabant. Ad stabula n erant repagula. nec porta inopi claudebant. quia neq; fur. nec; la-

fuit hic insius g̃nacioñib; ad un- gue p̃fectus. veru sclariū opulentia potius. iudicioz; uedelibatione dis cret. ad q̃m tam de pſp̃is tribubus q̃m ex toti puincie pleb;b. velut apes ad aluearia. ita oms ad diriu- da suolant iudicia. hic tant ac

INCIPIT PROLOGUS

AD SEVERUM MELNICENSEM (234) PRÆPOSITUM [1].

Domno Melnicensis [2] ecclesiæ præposito Severo, tam litterali scientia [3] quam spirituali intelligentia prædito, Cosmas Pragensis ecclesiæ solo nomine decanus, post hujus vitæ stadium in celesti regno bravium. Quanta mentis meæ devotione ac dilectione vestræ fraternitati [4] substernor, Deum testor, eloqui nequeo. Neque enim est magna dilectio, quam humana comprehendit ratio. Dilectio enim vera nichil proprium, nichil secretum aut occultum habere quit [5], quod non ei promat, quem sincero affectu diligit. Ea mihi nisi affuisset [6], nequaquam tantæ auctoritatis viro hæc mea senilia deliramenta offerre præsumpsissem. Quærens enim quæsivi, quid jocundum, quid ociosum vobis offerrem : set nichil tam ridiculosum quam opusculum meum inveni. Si enim suaviter ridemus, cum aliquem offendi pede ad lapidem videmus, quot [7] in hoc [8] opere meas offensiones, quot [7] grammaticæ artis synalimphas videbitis; de quibus si per [9] singula ridere velitis, ultra modum potestis uti proprietate hominis [10]. Sive enim vobis soli [11] hæ seniles nugæ placeant sive displiceant, rogo ne tercius eas oculus [12] videat [13].

ITEM

AD MAGISTRUM GERVASIUM PRÆFATIO OPERIS SUBSEQUENTIS [14].

Liberalium arcium quibusque studiis pleniter imbuto, et omnimodæ [15] scientiæ sapientia delibuto [16], archigerontæ Gervasio (235), Cosmas, quod dicitur haud [17] dici dignus, Deo tamen et sancto Wenceslao [18] famulantium famulus, debitæ orationis munus et mutuæ dilectionis pignus. Cum acceperis [19] hanc scedulam [20], scias [21] quod tibi transmiserim Boemorum chronicam, quam ego nullo grammaticæ artis lepore politam, set simpliciter et vix lacialiter digestam, tuæ prudenciæ singulari examinandam deliberavi, quatinus tuo sagaci judicio aut omnino abjiciatur ne a quoquam legatur : aut si legi adjudicatur, lima tuæ examinationis ad unguem [22] prius elimetur, aut potius, quod magis rogo, per te ex integro lacialius [23] enucleetur [24]. Nam id solum operæ precium duxi in meo opere, ut vel tu, cui a Deo collata est sapientia, vel [25] alii pociores sapientia vel [25] scientia, sicut Virgilius habuit Trojæ excidia [27], et Stacius Æacida, ita ipsi hoc meum opus habeant pro materia, quo et suam scientiam posteris notificent, et nomen sibi memoriale [28] in secula magnificent. Igitur hujus narrationis sumpsi exordium a primis incolis terræ Boemorum [29], et perpauca quæ didici senum fabulosa relatione, non humanæ laudis ambitione, set ne omnino tradantur relata oblivioni, pro posse et nosse pando omnium bonorum dilectioni. Bonis [30] et peritis semper placere cupio [31]; idiotis autem et discolis displicere non pertimesco. Scio enim nonnullos affore æmulos, et eos emori risu subsannationis, cum viderint scema [32] hujus operationis; qui tantummodo docti sunt aliis derogare, et ipsi per se nichil [33] sapiunt erogare. De talibus canit propheta : *Sapientes sunt ut faciant mala, bene autem facere nesciunt* (Jerem. IV, 22). Illi namque ea solummodo linceis oculis (236) inspiciunt [34], et in corde suo, velut in adamante, figunt memori-

VARIÆ LECTIONES.

[1] Sic A. 1. *deest* Melnicensem 2. 4. 4ª, ad pr. Melnic. 2ª. Cosmæ Pragensis decani prologus in chronicam Boemorum ad Severum præpositum 3. Incipit prohemium in cronicam Bohemorum 5. Incipit prologus in chronicam Boemorum 7. prologus libri Boemorum 7ª. [2] Mylocensis 4ª. [3] scientia *omissum* 5. 7. [4] paternitati *except.* A. *et* 1. *rel.* [5] quid corr. quit A. [6] affuissent 4. 4ª. [7] quod corr. quot A. [8] ita A. 1. 2ª. 4. *deest rel.* [9] deest 7. [10] addunt hic 2. 2ª. vl' *quod legendum* vale *sive* valete. Vel 2ᵇ. [11] Vel sive vobis enim soli 7. [12] oculus *deest* 4. 4ª. [13] Valete *addunt* 4. 4ª. [14] op. subseq. *desunt* 4. [15] omnino de 4. 4ª. [16] inbuto A. [17] aut corr. haud A. [18] Wenceslao 2ᵇ. 4. 4ª. [19] accipi : : s A. [20] cedulam 2. schedulam 2ᵇ. [21] scito 2ᵇ. 3. 4ª. 7. [22] unge *addito* A. [23] latialius A. [24] enudetur A. [25] et 4ª. [26] s. v. A. *et* 1. *tantum.* [27] eacidia A. [28] mortale A. [29] boemiorum A *hoc loco.* [30] enim *except.* A *et* 1 *add. reliq.* [31] glisco *except.* A *et* 1. *rel.* [32] schema 2ᵇ. scemata 4. 4ª. [33] boni *except.* A *et* 1. *add. rel.* [34] aspiciunt 4.

NOTÆ.

(234) Melnek.

(235) Sine dubio idem Gervasius canonicus et magister qui occurrit in Necrologio Bohemico apud Dobnerum in Monumentis historicis Boemiæ II, 12.

(236) Hor. serm. I, 2, 90.

ter quæ dicta sunt inproprie, aut ubi mens mea dormitans titubavit. Quid mirum? *Quandoque bonus dormitat Homerus* (257). Horum ergo [35] nec invidiosis derogationibus perterreor [36], nec yronicis adulationibus permulceor: qui volunt, legant, qui nolunt, abjiciant. Tu autem, frater karissime [37], si me tuum amicum diligis, si meis precibus tangeris, præcinge lumbos mentis et accipe in manum rasorium [38], calcem et calamum, ut quod superest radas, et quod non est desuper addas, inproprie dicta proprietate muta [39]; ut sic mea inscientia [40] tua sublevetur [41] facecia. Non enim ab amico corrigi erubesco, qui etiam ab amicis [42] nimio affectu emendari exposco. Continet autem hic liber primus Boemorum gesta, prout mihi scire licuit, digesta usque ad tempora primi Bracislavi [43] filii ducis Odalrici [44].

Annos autem dominicæ incarnationis [45] idcirco a temporibus Borivoy [46] primi ducis catholici ordinare cœpi, quia in initio hujus libri nec fingere volui, nec cronicam reperire potui, ut, quando vel quibus gesta sint temporibus scirem, quæ ad præsens recitabis in sequentibus. Vale et tuo jussu aut me ad cetera evolvenda præcingam, aut ibi gradum sistam et meis ineptis modum figam cœptis.

Vive, vale, mea ne rennues optata, set imple.

Est autem hæc chronica composita regnante quarto Heinrico Romano [47] imperatore, et gubernante sanctam ecclesiam Dei papa Kalisto [48] sub temporibus [49] ducis Boemorum Wladizlay [50], simul et præsulis Pragensis ecclesiæ Hermanni, ut in sequentibus datur omnibus scire volentibus, quibus sint acta annis Christi vel indictionibus.

INCIPIT PRIMUS LIBELLUS
IN CHRONICAM BOEMORUM
QUAM COMPOSUIT COSMAS PRAGENSIS ECCLESIÆ DECANUS [51]

1. Post diluvii effusionem, post virorum maligna mente turrim ædificantium confusionem, humanum genus, quod tum [52] fere constabat in 72 viris, pro tam illicitis et temerariis ausis [53] cum divina ultione quot [54] capita virorum tot in diversa linguarum genera dividerentur, sicut historica [55] relatione didicimus, unusquisque eorum vagus et profugus, longe lateque dispersi, per diversa spacia terrarum errabant, ac de die in diem corpore decrescentes, in generationes et generationes multipliciter crescebant. Unde humanum genus, Dei nutu omnia disponente, in tantum diffusum [56] est per orbem terræ, ut post multa secula tandem has etiam in partes deveniret Germaniæ: cum enim (258) omnis illa [57] regio sub arctoo [58] axe Thanaytenus [59] et usque ad occiduum [60] sita, licet in ea singula propriis loca nominibus nuncupentur, generali tamen vocabulo Germania vocitatur [61]. Ad hoc ista retulimus, ut nostræ intentionis melius exequi possimus propositum. Veruntamen interim, priusquam ad exordium narrationis veniamus, situm terræ hujus Boemicæ [62], et unde nomen sit sortita, breviter exponere temptabimus.

2. In divisione orbis [63] secundum geometricos Asia nomine sub suo dimidium mundi obtinuit, et dimidium Europa et Affrica [64]. In Europa sita est Germania, cujus in partibus versus aquilonalem [65] plagam est locus late nimis diffusus [66], cinctus [67] un-

---

VARIÆ LECTIONES.

[35] g. A. [36] pt'eor A. [37] charissime 2b. [38] rosarium 7. [39] mutam A. [40] inscitia *except.* A et 1. rel. [41] subvehatur 4. 4a. [42] ita A. 1. 2. 2a, 2b. 7. amico 4. 4a. inimicis *Fr.* [43] ita A. 1. Brzieczislavi 2. Bracizlavi 2b. 7a. Braciziai 4. 4a. Bratizlavi 7. [44] Odaldrici A. Udaldrici 2b. 7. Odalrici 3. Odalrici *apposito u super* O 4. 4a. Udalrici 7a. [45] *post incarnationis* 2b. *habet tres asteriscos.* [46] Borivoy 2b. Boriwoi 4. Boriwoy 4a. Borivoi 7. Borivoi 7a. [47] Romanorum 2b. 3. 4a. 7. [48] papa Kalisto *omissus in* 4. 4a. secundo *add.* 5. [49] tempore 2b. 3. 4a. 7. [50] Wladislai 2. [51] libellus in cronicam boemorum 1. Incipit liber primus chronicæ Boemorum 3. Incipit primus libellus Cosme decani Pragensis ecclesie in chronica Boemorum 4. Incipit chronica Boemorum, quam composuit Cosmas 7. [52] tamen 2a. [53] ausibus 4. 4a. [54] quod 1. [55] ystorica A. hystoriaca 1. historiaca 2. 2b. *deleto tamen a ante c.* [56] difusum 1. [57] illa *omissum* 4. 4a. [58] arctio A. 2. 4. 4a. [59] Thanaytenos 1. Tanaytenus 2b. [60] occiduam 1. 4. 4a. [61] vocatur A. [62] Boemiæ 7. [63] terræ *pro* orbis 2b. [64] Africa 1. [65] aquilonarem 4. *et sic deinceps.* [66] difusus 1. [67] cinctusque 2b.

NOTÆ.

(257) Hor. ep. ad Pisones 359.
(258) Sunt verba Pauli Diaconi Hist. Langob. I, 1, ab auctore ex Reginonis Chronico ad a. 889 desumpta.

dique montibus per gyrum, qui mirum [68] in modum extenduntur totius terrae [69] per circuitum, ut in aspectu oculorum quasi unus et continuus mons totam illam terram circueat [70] et muniat. Hujus terrae superficiem tunc temporis vastae tenebant solitudines nemorum sine habitatore [71] hominum; nimis tamen sonorae erant examinibus apum et diversarum modulationibus volucrum.

Ferae silvarum innumerae ceu maris harenae [72], vel quot sunt stellae in aethere [73], nec ab ullo per territae errabant per devia terrae, et bestiarum gregibus vix sufficiebat tellus. Ad numerum locustarum aestate per arva saltantium, vix poterant aequiparare [74] armenta jumentorum. Aquae illic nimis perspicuae et ad humanos usus sanae; similiter et pisces, suaves et ad comedendum salubres. Mira res, et unde perpendere potes quam in alto aere [75] haec pendeat [76] regio, cum nulla peregrina hanc influat aqua (239), set quotquot amnes, parvi et immanes ex diversis montibus orti, a majori aqua quae dicitur Labe recepti, usque aquilonale fluunt in mare. Et quia haec [77] regio tempore in illo intemptata jacebat aratro, et homo qui temptaret adhuc eam non intrarat, de fertilitate sive sterilitate ejus magis placuit tacere, quam inexpertam [78] rem dicere. Has solitudines quisquis fuit ille hominum — incertum est [79] quot in animabus — postquam intravit, quaerens loca humanis habitationibus oportuna, montes, valles, tesqua, tempe visu sagaci perlustravit, et ut reor, circa montem Rip [80] (240), inter duos fluvios, scilicet Ogram [81] (241) et Wlitavam [82] (242), primas posuit sedes, primas fundavit et aedes, et quos in humeris secum apportarat [83] (243), humi sisti penates gaudebat. Tunc senior, quem alii quasi dominum comitabantur, inter cetera suos sequaces

sic affatur: *O socii non semel mecum graves labores [84] per devia nemorum perpessi* (244), *sistite gradum* (245), *vestris penatibus litate libamen gratum, quorum opem [85] per mirificam hanc vobis olim fato [86] praedestinatam tandem venistis ad patriam. Haec est illa, haec est illa [87] terra, quam saepe me vobis promisisse memini, terra obnoxia nemini, feris et volatilibus referta, nectare mellis et lactis humida, et ut ipsi [88] perspicitis, ad habitandum aere jocunda. Aquae ex omni parte copiosae, et ultra modum piscosae. Hic vobis nichil [89] deerit, quia nullus vobis oberit [90]. Set cum haec talis, tam pulchra ac tanta regio in manibus vestris sit, cogitate aptum terrae nomen quod sit.* Qui mox quasi ex divino commoniti oraculo: *Et unde*, inquiunt, *melius vel aptius nomen inveniemus, quam, quia tu o pater diceris Boemus, dicatur [91] et terra Boemia?* Tunc senior motus sociorum augurio, coepit terram osculari prae gaudio, gaudens eam ex suo nomine nuncupari; et surgens ac utrasque palmas tendens ad sidera (246), sic orsus [92] est loqui: *Salve, terra fatalis, mille votis quaesita nobis, olim diluvii tempore viduata homine, nunc, quasi monimenta [93] hominum, nos conserva incolomes, et multiplices nostram sobolem a progenie in progenies.*

3. [94] Quorum autem morum, quam honestorum vel quantae simplicitatis [95] et quam admirandae [96] probitatis tunc temporis fuerint homines, quamque inter se fideles et in [97] semetipsos misericordes, cujus etiam modestiae, sobrietatis, continentiae, si quis his modernis hominibus valde contraria imitantibus pleno ore narrare temptaverit, in magnum deveniret fastidium [98]. Propterea haec praetermittimus, et pauca, ac quae sunt vera, illius primae aetatis de qualitate dicere cupimus. Felix (247) nimium erat aetas illa,

modico contenta sumptu,
Cereris et Bachi munera haud norant
Sera prandia solvebant glande
Incorrupti [100] latices
Ut solis splendor

nec tumido inflata fastu [99].
quia neque erant.
vel ferina carne.
haustus dabant salubres.
vel aquae humor,

sic arva et nemora, quin etiam et [101] ipsa connubia erant illis communia

VARIAE LECTIONES.

[68] inim. 4. mirum *deest* 4a. [69] e. t. mundi (*deletum*) terrae 1. [70] circuiat A. [71] habitatione 2b. [72] arenae 1. [73] hetherе A. heterrae *corr.* heterae 1. [74] equippare *corr.* - i A. aequiparari 7. [75] aethere 2b. scripto superius aere. [76] penderat 7. [77] pendeat *addit* 5. [78] ineptam 4. 4a. [79] est addit secunda manus A. [80] Rip 1. Rzip 2. Rip *corr.* Rzip 2b. [81] Ocram 7. [82] ita A. 1. Wultavam 3. Wiltavam 5. Wltavam *rel.* [83] aportarat A. [84] dolores A. [85] ope 2b. 4. [86] fatum *corr.* fato A. [87] h. e. i. secunda manu *add.* A. semel omissa 2b. [88] pspi *corr.* ipsi A. [89] nihil 1. [90] quia — oberit *omissa* 4a. [91] et d. *corr.* d. et A. [92] ortus 1. [93] monum *corr.* monim A. [94] numeri capitum desunt in codicibus, quorum loco 1. nonnunquam ITEM scribit. In capitibus adornandis cod. 4. secuti sumus, in quo singula capita non numeris at litteris majusculis coloratis perpetuo signata sunt. [95] simplicitudinis *corr.* simplicitatis A. [96] ammir. A. [97] inter 1. [98] fastigium *corr.* fastidium A. [99] festu *corr.* fastu 1. [100] incorrupte 4. 4a. incorrupti — somnos desunt 5. [101] quin et ipsa 3. quin etiam ipsa 7.

NOTAE.

(239) Egram non ex eo quem noscimus fonte sed a Teplae origine deduxit, qui paulo infra thermas Carolinas in Egram cadit. Vid. Dobneri comment. ad Hajecii Annales II, 129.
(240) Mons Sancti Georgii inter ostia Egrae et Moldavae fluviorum situs.
(241) Est fluvius Tepla et quae cum excipit Egrae fluvii pars, Ogra ob calidas aquas voce Slavica nominata. Reliqua Egrae pars Cosmae est Chub. Conf.

D infra II, 37, et Dobner II, 130.
(242) Moldau.
(243) Virg., Aen. IV, 598.
(244) Hor., Od. I, 7, 31.
(245) Virg., Aen. VI, 465.
(246) Virg., Aen. V, 253, 256.
(247) *Felix — glande* sunt paucis mutatis versus Boethii de consolatione philosophiae II, metrum 5.

Nam more pecudum singulas ad noctes novos in- eunt [102] hymeneos [103], et surgente aurora trium gratiarum copulam et secreta [104] amoris rumpunt [105] vincula; et ubi nox quemque occuparat [106], ibi fusus per herbam, frondosæ arboris sub umbra dulces carpebat somnos. Lanæ (248) vel lini eis usus ac [107] vestis ignotus, hieme ferinis aut ovinis pellibus utuntur [108] pro vestibus. Nec quisquam *meum* dicere norat [109], set ad instar monasticæ vitæ, quicquid habebant, *nostrum* ore, corde et opere sonabant. Ad stabula [110] non erant repagula, nec portam inopi claudebant, quia neque [111] fur, neque latro, neque inops quisquam erat; nullum scelus aput eos furto gravius et latrocinio. Nullius gentis [112] arma videre, tantummodo sagittas, et, has propter feriendas feras habuere. Quid plura? Proh dolor! prospera in contraria, communia in propria cedunt; securam paupertatem olim amabilem [113] quasi cœnosam rotam vitant et fugiunt, quia amor habendi sævior ignibus Æthnæ (249) in omnibus ardet. His ac talibus malis emergentibus, de die in diem pejus et pejus injuriam, quam nemo prius inferre norat, alter ab altero sibi illatam patienter sufferebat, et cui querimoniam suam apploraret, judicem nec principem habebat. Post hæc quicumque in sua tribu vel generatione, persona, moribus potior et opibus honoratior habebatur, sine exactore, sine sigillo [114], spontanea voluntate ad illum confluebant [115], et de [116] dubiis causis ac sibi illatis injuriis salva libertate disputabant [117]. Inter quos vir quidam oriundus extitit nomine Crocco [118], ex cujus vocabulo castrum (250) jam arboribus obsitum in silva, quæ adjacet pago Stibrene [119], situm esse dinoscitur. Vir fuit hic in suis generationibus ad unguem perfectus, rerum secularium opulentia præditus [120], judiciorum in deliberatione discretus, ad quem tam de propriis tribubus quam ex totius provinciæ plebibus velut apes ad alvearia, ita omnes ad dirimenda convolabant [121] judicia. Hic tantus vir ac talis, expers virilis fuit prolis; genuit tamen [122] tres natas, quibus natura non minores, quam solet viris, sapientiæ dedit divitias.

4. Quarum major natu nuncupata est Kazi, quæ Medeæ Colchicæ herbis et carmine [123] nec Pæonio [124] magistro arte medicinali cessit; quia sæpe Parcas cessare [125] interminali ab opere Ipsaque fata [126] sequi fecit sua carmine [127] jussa. Unde et incolæ hujus terræ, quando aliquid est perditum, et quod se posse rehabere [128] desperant, tale proverbium de ea ferunt: *Illud nec ipsa potest recuperare* [129] *Kazi*.

Ad Cereris natam hæc est ubi rapta tyrannam [130], ejus usque hodie cernitur tumulus, ab incolis [131] terræ ob memoriam suæ dominæ [132] nimis alte congestus, super ripam fluminis Mse [133] (251), juxta viam qua itur in partes provinciæ [134] Bechin [135], per montem qui dicitur [136] Osseca [137] (252).

Laude fuit digna set natu Tetcka [138] secunda, Expers et maris, emunctæ femina naris [139], quæ ex suo nomine Tethin [140] (253) castrum natura loci firmissimum, præruptæ rupis in culmine juxta fluvium Msam [141] ædificavit. Hæc stulto et insipienti populo Oreadas [142], Driadas [143], Amadriadas [144] adorare et colere, et omnem superstitiosam sectam (254) ac sacrilegos ritus [145] instituit et docuit; sicut hactenus [146] multi villani velut pagani, hic latices seu ignes colit, iste lucos [147] et arbores aut [148] lapides adorat, ille montibus sive [149] collibus litat, alius quæ ipse fecit ydola surda et muta rogat et orat, ut domum suam [150] et se ipsum regant. Tertia natu [151] minor set prudentia major, vocitata est Lubossa [152], quæ etiam urbem tunc potentissimam juxta silvam quæ tendit ad pagum Stebecnam [153] construxit, et ex suo nomine eam [154] Lubossin [155] vocitavit (255). Hæc fuit inter feminas una [156] prorsus femina in consilio provida, in sermone strenuua, corpore casta, moribus proba, ad dirimenda populi judicia nulli secunda, omnibus affabilis set plus amabilis, feminei sexus decus et gloria, dictans negotia providenter virilia. Set quia nemo ex omni

VARIÆ LECTIONES.

[102] novas vel incu ;: bant imineos 1. probant, ineunt 4. 4ª. promebant 7. [103] ymneos *corr*. hymneos A. [104] *ita* A. ferea 1. ferrea *rel*. [105] rumpebant 5. [106] ocup. 1. occupaverat 4. [107] actui r. A. [108] utebantur 7. [109] noverat 4. [110] Ad stabula — habuere *desunt* 5. [111] nec *ter* A. [112] generis 3. [113] paupertatis amabilitatem 2b. [114] sygillo A. [115] confluebat A. [116] *deest* 1. [117] disputabat A. [118] Croh 5. Crecko 4. 4ª. [119] Ztibene 1. 7. Ztbecne 4. 4ª. Stibene 5. Ztibeno 7ª. [120] r. s. o. p. *desunt* 7. [121] convolant 4ª. [122] tm̄ *corr*. tu A. [123] gramine 4. [124] ponio 4. [125] cassare 2. [126] facta 1. [127] carmina 3. [128] habere A. [129] rehabere A. [130] tyranam A. [131] accolis 4. ab colis 4ª. [132] done 2. [133] Mzic 2. Mse 2b. Mse 4. 4ª. 5. 7ª. Alsze 7. [134] *deest* A. [135] Behin 1. 4. 4ª. [136] montes q. dicuntur A. [137] Ossiek 2. [138] Tetuka 1. 2b. 5. 7. Tetuka 4. 4ª. Thetka 5. Thechka 7ª. [139] maris *corr*. naris A. [140] Thethin 1. Thetin 2b. 4. 4ª. Tethin 7. Thechin 7ª. [141] Mzam 2b. 4ª. Osam 7. [142] Oriadas 4. 4ª. [143] *deest* 1. [144] Driadas, Hamadr. *omissa* 4. 4ª. [145] ritus *corr*. usus 1. [146] actenus A. [147] locus 1. [148] seu 7. [149] et A. [150] suam *omissum* 2. [151] *deest* 4. [152] *ita* A. 7. *et sic deinceps*. Libussie 2. Libussa 5. [153] Zubecinam 1. 2b. 5. Ztibeczuam 2. Zubecnam 3. Ztbecnam 4. 4ª. Zitbecinam 7. Zcibecinam 7ª. [154] *deest* A. [155] Lubosin 1. Libossin 2. Lubossam 7. 7ª. Lubossin *rel*. [156] mira 4. 7.

NOTÆ.

(248) Elocutiones ex Reginone 887 desumptæ.
(249) Boethius l. l.
(250) Krakow, haud procul ab urbe Rakonitz.
(251) Mies qui ad Zbraslaw in Moldavam se præcipitat; vid. Dobner ad Hai. II, 116.
(252) Wosek et Brdy. Vide commentationem Kropfii: Die älteste Eintheilung des Landes Böhmen, D in Jahrbücher des Böhmischen Museums II, 442.
(253) Tetin haud procul ab urbe Beraun murorum reliquias se vidisse testatur Dobner II, 417.
(254) I. e. vitæ rationem.
(255) Hanc urbem esse Libossin in dominio Smecna conjecit Palackius in libro Würdigung, etc. p. 25.

parte beatus [187] (256), talis ac tantæ laudis femina, heu dira conditio humana! fuit phitonissa [158]. Et quia populo multa et certa prædixit futura, omnis illa gens commune consilium iniens [159], patris ejus post necem hanc sibi præfecit in judicem [160]. Ea [161] tempestate inter duos cives, opibus et genere eminentiores et qui videbantur populi esse rectores, orta est non modica litigio agri contigui de termino [162]. Qui in tantum proruperunt in mutuam rixam, ut alter alterius spissam unguibus volaret in barbam, et nudis conviciis semetipsos turpiter digito sub nasum confundentes, intrant bachantes curiam, ac non sine magno strepitu adeunt dominam, et ut ratione justitiæ dubiam inter eos dirimat [163] causam suppliciter [164] rogant. Illa interim, ut est lasciva mollities mulierum quando non habet [165] quem timeat [166] virum, cubito subnixa, ceu puerum enixa, alte in pictis stratis [167] nimis molliter accubabat [168]. Cumque [169] per callem justitiæ incedens [170], personam hominum non respiciens [171], totius controversiæ inter eos ortæ causam ad statum rectitudinis perduceret, tunc is, cujus causa in judicio non [172] obtinuit palmam, plus justo indignatus terque [173] quaterque caput concussit, et more suo terram ter baculo [174] percussit, ac barbam pleno ore saliva conspergens [175] exclamavit [176] (257) : *O injuria viris haud toleranda! femina rimosa virilia judicia mente tractat dolosa.* Scimus profecto quia femina sive stans [177] seu in solio residens [178] parum sapit [179], quanto minus cum in stratis accubat ? Revera tunc magis est ad accessum mariti apta, quam dictare militibus jura. Certum est enim, longos esse crines omnibus set breves sensus mulieribus. Satius est mori, quam viris talia pati. Nos solos obprobium nationibus et gentibus destituit natura, quibus deest rector et virilis censura, et quos premunt feminea jura. Ad hæc domina [180] illatam sibi contumeliam dissimulans, et dolorem cordis feminco pudore celans, subrisit et : Ita est, inquit, *ut ais; femina sum, femina vivo, set*

A *ideo parum sapere vobis videor, quia vos non in virga ferrea judico* (258), *et* [181] *quoniam sine timore* [182] *virilis, merito me despicitis. Nam ubi timor est, ibi* [183] *et* [184] *honor. Nunc autem necesse est valde, ut habeatis* [185] *rectorem femina fortiorem* [186]. *Sic et columbæ olim albiculum* (259) *milvum* [187], *quem* [188] *sibi elegerant* [189] *in regem, spreverunt, ut vos me spernitis, et accipitrem multo fortiorem* [190] *sibi ducem præfecerunt, qui fingens culpas tam nocentes quam innocentes cœpit necare et ex tunc usque hodie vescitur columbis accipiter. Ite nunc domum, ut quem vos cras eligatis in dominum, ego assumam mihi* [191] *in maritum.* Interea prædictas advocat sorores, quas non impares agitabant furores, quarum magica arte et propria ludificabat populum per omnia; ipsa enim Lubossa

B fuit, sicut prædiximus, phitonissa, ut Chumæa Sybilla, altera venefica ut Cholchis [192] Medea, tertia malefica ut Ææa [193] Circes [194]. Illa nocte quid consilii inierint illæ tres Eumenides, aut quid secreti egerint, quamvis ignotum fuerit, tamen omnibus luce clarius mane patuit, cum soror earum Lubossa et locum ubi dux futurus latuit, et quis esset, nomine indicavit. Quis enim crederet quod de aratro sibi ducem prærogarent? Aut quis sciret, ubi araret qui rector populi fieret? Quid enim phitonicus furor nescit? Aut quid est, quod magica ars non efficit [195]? Potuit Sybilla Romano populo seriem fatorum fere usque in diem judicii prædicere, quæ etiam, si fas est credere, de Christo vaticinata est, sicut quidam doctor in sermone suæ prædicationis versus Virgi-

C lii [196] (260) ex persona Sibyllæ de adventu Domini compositos introducit. Potuit Medea herbis [197] et carmine sæpe e cœlo Hyperionem [198] et Berecinthiam [199] deducere; potuit ymbres, fulgura et [200] tonitrua elicere [201] de nubibus; potuit regem Eiacum [202] de sene facere juvenem. Carmine Circes [203] socii Ulixis [204] conversi sunt (261) in diversas ferarum formas, et rex Picus in volucrem, quæ [205] nunc dicitur picus. Quid mirum? Quanta egerunt artibus

---

VARIÆ LECTIONES.

[157] et *addit* A. [158] fitonissa 2. phytonissa 2b. phitonissa 4a. [159] ingens *deleto* g A. [160] Et quia populo — in judicem *omissa in* 4. 4a. [161] Et 1. [162] continui determinio A. [163] diremit *corr.* dirimat A. [164] suppliciter 1. [165] hi A. [166] timeat A. [167] thoris A. [168] acubabat 1. [169] cum A. [170] *ita corr. al. manus in* 4. pro indecens; indecens 4a. [171] aspiciens 2. [172] manu secunda A. [173] ter 4. 4a. [174] baculis 2. [175] conspuens A. aspergens 4. 4a. [176] exclamat 2. 3. 4. 4a. [177] stat 4. 4a. [178] resideat *corr. al. manus in* 4. licet *addunt* 4. 4a. [179] sapiat 4. 4a, 7. [180] domna 1. Lubossa *add.* 4. 4a. [181] sed 4. [182] sine dolore et timore 4. 4a. [183] *manu secunda* A. [184] est *add.* 3. 4a. [185] deest 1. 2. [186] ferociorem 1. 4. 7. [187] milvium 7. [188] que 1. [189] elegerunt 3. [190] ferociorem 1. 4. 7. [191] mihi *deest* A. 4. 4a. [192] Cholhis A. Chcohis 1. [193] Æ Æ Æ 2. 2a 4a. [194] ita A. 1. [195] sufficit 2. [196] Virgili 1. Vigilii 2. [197] cibis 2b. [198] Yporionem A. [199] Herecinthiam 1. 2. [200] et *deest* A. [201] ducere 4. 4a. [202] Egacum 1. 2. 4. 7. [203] Cirnis 4a. [204] Ulixes 1. 2. [205] qui 4. 4a.

NOTÆ.

(256) Hor., Od. II, 16, 27.
(257) In carmine populari Judicium Libussæ (cfr. librum quem ediderunt viri clariss. Safarik et Palacky : Die ältesten Denkmäler der Bohmischen Sprache. Prag 1840), de cujus fide inter summos viros maxima exorta est contentio, hæc leguntur l. l. p. 47 :
  Und vor *Wuth erbebten alle Glieder*,
  Schwingt den Arm und brüllet gleich dem Ure.

D

  Weh den Mannern, wenn ein Weib gebietet !
(258) In carmine populari p. 48 :
  Wahlt den Mann euch unter eures gleichen,
  Der euch herrsche mit dem Eisen.
(259) Num legendum *albidulum* ?
(260) Cf. Augustini exposit. ep. ad Roman. Opp. III, 2, p. 629, et Virg., Eclog. IV ad Pollionem.
(261) Virg., Eclog. VIII, 69, 70.

suis magi in Ægipto? qu. pene totidem mira carminibus suis fecerunt, quot Dei famulus Moyses ex virtute Dei exhibuisse [206] perhibetur. Hactenus hæc.

5. Postera die, ut jussum fuerat, sine mora convocant cœtum, congregant populum; conveniunt simul omnes in unum, femina [207] residens in sublimi solio concionatur ad agrestes viros [208]: *O plebs miseranda nimis, quæ libera vivere nescit, et quam nemo bonus nisi cum vita amittit, illam vos non inviti libertatem fugitis, et insuetæ servituti colla sponte submittitis. Heu tarde frustra vos pœnitebit, sicut pœnituit ranas* [209], *cum* [210] *ydrus* [211], *quem* [212] *sibi fecerant regem, eas necare cœpit. Aut si nescitis, quæ sunt* [213] *jura ducis, temptabo vobis ea verbis dicere paucis. Inprimis* [214] *facile est ducem ponere, set difficile est positum deponere; nam qui* [215] *modo est sub vestra potestate, utrum eum constituatis ducem an non, postquam vero constitutus fuerit, vos et omnia vestra erunt ejus in potestate. Hujus in conspectu vestra febricitabunt* [216] *genua, et muta sicco palato adhærebit lingua. Ad cujus vocem præ nimio pavore vix respondebitis: « Ita domine, ita domine* [217], *» cum ipse* [218] *solo suo nutu sine vestro præjudicio hunc dampnabit, et hunc obtruncabit, istum in carcerem mitti, illum præcipiet in patibulo suspendi. Vos ipsos* [219], *et ex vobis quos sibi libet, alios servos, alios rusticos, alios tributarios, alios exactores, alios tortores, alios* [220] *præcones, alios cocos seu pistores* [221] *aut* [222] *molendinarios faciet. Constituet etiam sibi tribunos, centuriones, villicos, cultores vinearum simul et agrorum, messores segetum, fabros armorum, sutores pellium diversarum et coriorum. Filios vestros et filias in obsequiis suis ponet; de bubus etiam et equis sive equabus seu peccoribus vestris optima quæ-*

Vana volat fama, nec non et [248] opinio falsa,
equitatu phantasmatico
solita sit ire illo,

quod Judæus credat [249] Apella (267). Quid tamen [250]? Procedunt nuncii sapienter indocti, vadunt scienter nescii, vestigia sequentes equi. Jamque montes transierant, jam [251] jamque adropinquabant villæ ad

que ad suum palatium [223] *tollet. Omnia vestra quæ sunt potiora* [224], *in villis, in campis, in agris, in pratis, in vineis auferet, et in usus suos rediget. Quid multis moror? Aut ad quid* [225] *hæc, quasi vos* [226] *ut terream, loquor? Si persistitis in* [227] *incepto et non fallitis voto, jam vobis et nomen ducis et locum ubi est indicabo.* Ad hæc vulgus ignobile confuso exultat [228] clamore; omnes uno ore ducem sibi poscunt dari. Quibus illa: *En*, inquit, *en ultra illos* [229] *montes* — et monstravit digito montes — *est* [230] *fluvius non adeo magnus nomine Belina* [231] (262), *cujus super ripam dinoscitur esse* [232], *villa, nomine Stadici* [233] (263). *Hujus in territorio* [234] *est novale unum, in longitudine et in latitudine* [235] 22 [236] *passuum, quoa mirum in modum, cum sit inter tot* [237] *agros in medio positum, ad nullum tamen pertinet agrum* (264). *Ibi dux vester duobus variis bubus arat; unus bos præcinctus est albedine et albo capite* [238], *alter a fronte post tergum* [239] *albus, et pedes posteriores habens albos. Nunc, si vobis placet, meum accipite thalarium* [240] *et clamidem ac mutatoria* (265) *duce digna, et pergite ac mandata populi atque* [241] *mea referte viro, et adducite vobis ducem et mihi maritum. Viro nomen est* [242] *Premizl* [243], *qui super colla et capita vestra jura excogitabit plura* — *nam hoc nomen latine sonat præmeditans vel superexcogitans* (266). — *Hujus proles postera* [244] *hac* [245] *in omni terra in æternum regnabit* [246] *et ultra.*

6. Interea destinantur qui jussa dominæ et plebis ad virum perferant nuncii; quos ut vidit domina quasi inscios de via cunctari: *Quid*, inquit, *cunctamini? Ite securi, meum equum sequimini, ipse vos ducet* [247] *recta via et reducet, quia ab illo non semel illa via est trita.*

quod ipsa domina
semper in noctis conticinio
et redire præ gallicinio:

quam ibant, tum [252] illis puer unus obviam currit, quem [253] interrogantes aiunt [254]: *Heus bonæ indolis puer, estne villa ista nomine Stadici* [255]: *aut si est in illa vir nomine Premizl? — Ipsa est*, inquit, quam

VARIÆ LECTIONES

[206] hab. corr. exh. A. [207] Lubossa add. 4. [208] dicens add. 4. 4a. [209] s. p. r. desunt 7. [210] que corr. cum A. [211] ydrus corr. ydra A. [212] quam A. manu secunda. [213] sint A. [214] Inprime corr. Inprimo 1. [215] namque 4. [216] febricita habet 1. febricitata labentur 3. 7. [217] i. d. semel legit A. [218] ipse deest 4. 4a. [219] deest A. vos ipsos — tollet desunt 5. [220] alios omissum 4. 4a. [221] piscatores 4. 4a. [222] alios 7. [223] placitum exceptis A. et 1. rel. [224] quæque pecora sunt 4. 4a. [225] ad q. ad h. 1. [226] vos uterream 1. [227] incepto 4. 4a. [228] exaltante 4. 4a. [229] vos A. [230] ubi 2. [231] Belena 7. [232] deest 4. 4a. [233] Ztadiczi 1. 3. 7. Ztadici 2. 4. [234] teriorio A. teritorio 1. [235] in deest 2b. et in lat. desunt 4. 4a. [236] XII. 1. 2. 7. [237] tantos 2. [238] et add. A. [239] tegrum 1. [240] ita A. thalitarium 1. [241] ac A. 2b. [242] est deest 4. [243] ita A. Primzl alii excepto 2. Przemysl et sic porro. [244] postea 2b. [245] hæc. 1. [246] deest A. [247] adducet A. deducet 4. 4a. [248] deest 4a. [249] deest 7. [250] tamen A. dum 7. [251] j. i. a. v. a. q. i. desunt A. [252] tunc 4. 4a. dum 7. [253] deest 4. [254] ad illum addunt 4. 4a. [255] ita A. Ztadici alii. Ztadiczi 7a

NOTÆ.

(262) Bilin in regione Lutomericensi, qui apud pulo vocatur. Cf. Palacky Geschichte von Böhmen I, 87. Aussig in Albim exundat.
(263) Staditz.
(264) Campus nostris etiam diebus Konigsfeld a po-
(265) Scilicet indumenta.
(266) Cf. Dobner ad Hajecium II. 158.
(267) Hor. serm. I, 5, 100.

quæritis villa, et ecce vir Premizl prope in agro boves stimulat, ut, quod agit, citius opus [256] peragat. Ad quem nuncii accedentes inquiunt:

Vir fortunate, dux nobis [257] diis generate!

Et, sicut mos est rusticis, non sufficit [258] semel dixisse, set inflata bucca ingeminant

Salve dux, salve [259], magna dignissime laude,
Solve boves, muta vestes, ascende caballum!

Et [260] monstrant vestes sternuntque caballum. Domina nostra Lubossa et plebs universa [261] mandat, ut cito venias, et tibi ac tuis nepotibus fatale regnum accipias. Omnia nostra et nos ipsi in tua manu sumus, te ducem, te judicem, te rectorem, te protectorem, te solum nobis in dominum eligimus. Ad quam vocem vir prudens [262], quasi futurorum inscius [263], substitit, et stimulum quem manu gestabat in terram fixit, et solvens boves: *Ite illuc inde venistis!* dixit; qui statim citius dicto ab oculis evanuerunt, et nusquam amplius comparuerunt. Corilus autem [264], quam humi fixit, tres altas propagines, et quod est mirabilius, cum foliis et nucibus produxit. Viri autem illi [265] videntes hæc talia ita [266] fieri, stabant obstupefacti. Quos ille grata vice hospitum invitat ad prandium, et de pera subere [267] contexta excutit [268] mucidum [269] panem et formatici partem, et ipsam peram in cespite pro mensa et super rude textum ponit et cætera [270]. Interea dum prandium sumunt [271], dum aquam de amphora bibunt, duæ propagines sive [272] virgulta duo aruerunt et ceciderunt, set tertia multo altius et latius [273] accrescebat. Unde hospitibus major excrevit admiratio [274] cum timore. Et ille: *Quid admiramini?* inquit. Sciatis ex nostra progenie [275] multos dominos nasci, set unum semper dominari. Atqui [276] si domina vestra non adeo de hac re [277] festinaret, set [278] per [279] modicum tempus [280] currentia fata expectaret, ut pro me tam cito [281] non mitteret: quot natos heriles natura proferret, tot dominos terra vestra haberet.

7. Post hæc indutus veste principali et calciatus calciamento regali, acrem ascendit equum arator; tamen suæ sortis non inmemor, tollit secum suos coturnos ex omni parte subere consutos, quos fecit servari in posterum, et servantur Wissegrad [282] in camera ducis usque hodie et in sempiternum. Factum est autem, dum per compendia [283] viarum irent, nec tamen [284] adhuc illi nuncii ceu ad novitium dominum familiarius [285] loqui auderent, set sicut columbæ, si quando aliqua peregrina ad eas accedit, inprimis eam pavescunt, et mox in ipso volatu eam assuefaciunt [286] et [287] eam quasi propriam faciunt et diligunt; sic illi cum fabularentur equitando et sermocinationibus iter adbreviarent, ac jocando [288] per scurilia verba laborem fallerent, unus, qui erat audacior et lingua promptior: *O domine, dic,* inquit, *nobis, ad quid hos coturnos subere consutos et ad nichilum nisi* [289] *ut projiciantur* [290] *aptos nos servare fecisti, non satis possumus admirari.* Quibus ille: *Ad hoc* [291] inquit *eos feci et faciam in ævum servari, ut nostri posteri sciant; unde sint* [292] *orti, et ut semper vivant pavidi et suspecti, nec* [293] *homines a Deo sibi commissos* [294] *injuste opprimant per superbiam, quia facti sumus omnes æquales per naturam. Nunc autem et mihi liceat vos vicissim* [295] *percontari utrum magis laudabile est, de paupertate ad dignitatem provehi, an de dignitate in paupertatem redigi? Nimirum respondebitis* [296] *mihi, melius esse provehi ad gloriam, quam redigi ad inopiam. Atqui sunt nonnulli parentela geniti ex nobili, set post ad turpem inopiam redacti et miseri facti; cum suos parentes gloriosos fuisse et potentes aliis prædicant, haud ignorant, quod semetipsos inde plus confundunt et deturpant, cum ipsi per suam hoc amiserunt igna-viam, quod illi habuerunt per industriam. Nam for-tuna semper hanc ludit aleam sua rota, ut nunc hos erigat ad summa, nunc illos mergat in* [297] *infima. Unde fit, ut dignitas terrena, quæ erat aliquande ad gloriam, amissa sit ad ignominiam. At vero paupertas per virtutem victa, non se celat sub pelle lupina, set victorem suum tollit ad sydera, quem olim secum traxerat ad infera* [298].

8. Postea vero quam [299] iter emensi fuerant, et jam jamque prope ad urbem venerant, obviam eis domina stipata suis satellitibus accelerat, et inter se consertis dextris cum magna lætitia tecta subeunt, thoris discumbunt, Cerere et Bacho corpora reficiunt, cetera noctis spatia Veneri [300] et Himenæo [301] indulgent. Hic vir, qui vere ex virtutis merito dicendus est vir, hanc efferam gentem legibus frenavit, et indomitum populum imperio domuit, et servituti qua nunc premitur subjugavit, atque omnia jura quibus hæc terra utitur et regitur, solus cum sola Lubossa dictavit (268).

VARIÆ LECTIONES.

[256] opus omittit 2. [257] nobis deest 4. 4ᵃ. [258] sufficiunt 1. [259] dux repetunt 4. 4ᵃ. [260] Et—caballum *in margine codicis* A. *scripta, desunt in* 4. 4ᵃ. sternutantemque omnes except. A. [261] immensa 2. [262] Primizl add. 4. 4ᵃ. [263] præscius subducto inscius 2ᵇ. [264] autem deest A. [265] deest A. [266] ibi A. [267] subure 4. [268] ecutit A. [269] ita A. 1. 2ᵇ 3. nucidum *in margine* muscidum *manu antiqua* 2. muscidum 4, 4ᵃ, nucidum vel muscidum 7. [270] 7ᶜ A. [271] dum prandium sumunt omissa 4, 4ᵃ. [272] seu 2ᵇ sive virgulta duo desunt 5. [273] altius A. [274] ammir-constanter A. 4. [275] propagine A. [276] at 2. [277] re deest 4ᵃ. [278] si 7. p. m. t. desunt 7. [279] per deest 4, 4ᵃ. [280] dum addit 1. [281] numeret 1. [282] WISSEGRAR. A. Wisegrad 1, 4, 7. [283] compita *in margine* 2. [284] tamen deest 4. nec non 4ᵃ. [285] familiaris 7. [286] asuefaciunt 1. [287] et e: tamquam A. 1. p. f. *in margine addita* A. [288] jocundo A. [289] nisi omissum 2. [290] propiciantur 1. [291] hæc. 1. [292] st. A. [293] corr. ne 1. ita 2. 4, neu 7. [294] deditos A. [295] vos vicissim desunt 2 vos invicem percunctari 4, 4ᵃ. [296] respondetis 4, 4ᵃ. [297] ad A. 2ᵇ. [298] infima 2. inferna 5. [299] cum 2ᵇ. [300] veri A. [301] imineo 1.

NOTÆ.

(268) Eadem fabella in vetustissimis etiam legum Bohemicarum collectionibus reperitur.

9. Inter hæc primordia legum quadam die prædicta domina, phitone concitata, præsente viro suo Premizl et aliis senioribus populi [302] astantibus, sic est vaticinata [303]:

Urbem conspicio fama quæ sydera tanget,
Est locus in silva, villa [304] *qui* [305] *distat ab ista* [306]
Terdenis stadiis, quem Wltava [307] *terminat undis.*

Hunc [308] *ex parte aquilonali* [309] *valde munit* [310] *valle* [311] *profunda rivulus Brusnica* [312]; *at australi ex latere latus mons nimis petrosus, qui a petris dicitur Petrin* [310] (269), *supereminet loca. Loci autem mons curvatur in modum delphini marini porci, tendens usque in* [313] *prædictum amnem. Ad quem cum* [314] *perveneritis, invenietis hominem in media* [315] *silva limen domus operantem. Et quia ad humile limen etiam magni domini se inclinant, ex eventu rei* [317] *urbem quam ædificabitis, vocabitis Pragam* (270). *Hac in urbe olim in futurum binæ* [318] *aureæ ascendent olivæ, quæ cacumine suo usque ad septimum* [319] *penetrabunt cœlum, et per totum mundum signis et miraculis coruscabunt. Has in hostiis et muneribus colent et adorabunt omnes tribus terræ Boemiæ nationes reliquæ. Una ex his vocabitur* [320] *Major Gloria, altera* [321] *Exercitus Consolatio* (271). Plura locutura erat, si non fugisset [322] spiritus pestilens et [323] prophetans a plasmate Dei. Continuo itur in antiquam silvam, et reperto dato signo in [324] prædicto loco urbem, totius Boemiæ dominam, ædificant [325] Pragam. Et quia ea tempestate virgines hujus terræ sine jugo pubescentes, veluti Amazones militaria arma affectantes et sibi ductrices facientes, pari modo uti tirones [326] militabant, venationibus per silvas viriliter insistebant, non eas viri, set ipsæmet [327] sibi viros, quos et quando voluerunt, accipiebant; et sicut gens Scitica Plauci [328] sive [329] Picenatici, vir et femina in habitu nullum discrimen habebant. Unde in tantum feminea [330] excrevit [331] audacia, ut in quadam rupe, non longe a prædicta urbe, oppidum [332] natura loci firmum sibi construerent, cui a virginali vocabulo inditum est nomen Divin [333] (272). Quod videntes juvenes, contra eas nimio zelo indignantes, multo plures insimul conglobati non longius quam unius buccinæ [334] in altera [335] rupe inter arbusta ædificant urbem, quam moderni nuncupant Wissegrad, tunc autem ab [336] arbustis traxerat nomen Hrasten [337] (273). Et quia sæpe virgines solertiores ad decipiendos juvenes [338] fiebant [339], sæpe autem juvenes virginibus fortiores [340] existebant, modo bellum, modo pax inter eos agebatur. Et dum interposita pace potiuntur, placuit utrisque partibus ut componerent [341] cibis [342] et potibus simbolum, et per tres dies sine armis sollempnem insimul agerent ludum in constituto loco. Quid plura? Non aliter juvenes cum puellis ineunt convivia, ac si lupi rapaces quærentes edulia [343], ut [344] intrarent ovilia. Primum diem epulis et nimiis potibus hylarem [345] ducunt.

Dumque volunt sedare sitim, sitis altera crevit, Lætitiamque suam juvenes vix noctis [346] ad horam [347] differunt :

Nox erat et cœlo fulgebat luna sereno (274);
Inflans tunc lituum, dedit unus eis ita signum, dicens :

Lusistis satis, edistis satis atque [348] *bibistis;*
Surgite, vos rauco clamat Venus aurea sistro [349].

Moxque [350] singuli singulas rapuere puellas. Mane autem facto, jam pacis inito pacto, sublatis Cerere et Bacho ex earum oppido [351], muros Lemniaco vacuos indulgent Vulcano. Et [352] ex illa tempestate, post obitum principis Lubossæ, sunt [353] mulieres nostrates virorum sub potestate. Sed [354] quoniam omnibus

VARIÆ LECTIONES.

[302] populis 1. [303] vocitata 4, 4ª. [304] willa 1. [305] quæ 4ª. [306] illa 2ᵇ. [307] ita A. [Wiltava 4ª. Wltava rel. [308] Hanc 4, 4ª. Nunc. 7. [309] aquilonari 4, 7. [310] munitur 7. [311] valde 2, 2ᵇ. [312] ita A. Bruzinca 2. Bruznice 4, 4ª. Bruznica rel. [313] Paetrin 1. Petrin 2ᵇ, 4, 4ª, 5. Petrun 7. [314] ad A. [315] dum 4, 4ª. [316] medii 1. [317] regi corr. rei A. 1. [318] columne additum delet A. [319] sempiternum A. [320] vocabitur deest 4. Wiceslaw et Woytiech addit manus seculi XV in 1. Wechlava, latine inserit 3. Weceslava 3ª. Weczlava corrigit D. [321] Tressivoya, latine inserit 3. Tiessiwoya corr. D. [322] fuisset 2, 2ª, 7. [323] sed 7. [324] deest A. [325] ædificavit 5, 7. [326] thyornes A. [327] semet A. [328] ita A. 1, 2, 4, 7. Planci alii. [329] seu superscr. sive 2ᵇ. [330] femina addito rum 1. [331] exercuit 2. in marg. manu antiqua excrevit. [332] opidum A. [333] Devin 1, 7. Dewin 2ᵇ, 4, 4ª. [334] bucinæ A. 1. [335] alia corr. alta 1. [336] ab deest in 7. [337] Huasten corr. Hrasten A. 5. Hurasten 1, 2, 2ᵇ, 7. Nurasten 3. Wrasten 4, 4ª. [338] virgines corr. juvenes 1. [339] f. s. a. i. in margine addita A. [340] ferociores 7. [341] componeret 7. [342] et cibis 4ª. [343] edilia 2, ab antiqua manu u appositum. [344] ut in 2, erasum. [345] hilarem deest 4, 4ª. [346] noctu A. 1, 2, noctu superscr. noctis 2ᵇ, noctis 4ª. [347] ad horam deest A. [348] satisque 7. [349] sitro addito s A. [350] M. s. r. p. in margine addita A. [351] opido 1. [352] et A 1, 2, 4. [353] erant 2ᵇ. [354] et 7.

NOTÆ.

(269) Hodie mons S. Laurentii; Dobner ad Hajec. II, 119.
(270) Limen enim Bohemice sonat *prag*. cfr. Palacky I, 88. Vid. etiam Pelzelii commentatio Ueber Ursprung und Namen der Stadt Prag. Neuere Abhandlungen der königl. Böhmischen Gesellschaft der Wissenschaften II, 112.
(271) Innuit SS. Wenseslavum et Adalbertum; conf. de his etymologiis Dobnerum ad Hajec. III, D 413. IV, 206.
(272) Devin igitur Bohemice idem est quod apud nostrates Magdeburg i. e. Parthenopolis. In Fuldensibus Annalibus 864. hæc leguntur : *Rasticen in quadam civitate, quæ lingua gentis illius Dewin, id est puella, dicitur, obsedit.*
(273) A Bohemico *Chrast*. DOBROW.
(274) Hor., Epod. 15, 1.

Ire quidem restat, Numa quo devenit [255] et An-[cus (275), ¹] Premizl jam plenus dierum, postquam jura instituit legum, quem coluit vivus [356] ut deum, raptus est ad Cereris generum (276). Cui Nezamizl [357] successit in regnum. Hunc ubi mors rapuit, Mnata principales obtinuit fasces. Quo decedente ab hac [358] vita, Vogen [359] suscepit rerum gubernacula. Hujus post fatum Unczlau [360] rexit ducatum. Cujus vitam dum rumpunt Parcæ, Crezomisl [361] locatur sedis in arce [362]. Hoc sublato e [363] medio, Neelan [364] ducatus potitur solio. Hic ubi vita [365] decessit [366], Gostivit [367] throno successit. Horum igitur principum de vita [368] æque [369] et morte siletur, tum [370] quia ventri [371] et somno dediti, inculti et indocti assimilati sunt peccori, quibus profecto contra naturam corpus voluptati, anima fuit oneri (277); tum quia non erat illo in tempore, qui stilo acta eorum commendaret [372] memoriæ. Set sileamus de quibus siletur, et redeamus unde paulo deviavimus [373].

10. Gostivit autem genuit Borwoy [374], qui primus dux baptizatus est [375] a venerabili Metudio [376] episcopo in Moravia, sub temporibus Arnolfi [377] imperatoris, et Zuatopluk [378] ejusdem Moraviæ regis (278). Nec superfluum esse judicavimus [379], quod referente fama audivimus, huic operi nostro hoc in loco summatim literarum apicibus inserere bellum, quodque [380] olim antea retro dierum, tempore ducis A Neclan [381] in campo qui [382] dicitur Turzco [383] (279) consertum est inter Boemos et Luczanos [384] (280), qui nunc a modernis ab urbe Satec [385] (281) vocitantur Satcenses [386]. Unde autem antiquitus [387] nuncupetur [388] ea [389] natio Luczano, nolumus præterire [390] sub silentio. Quippe illa distinguitur provincia quinque regionibus locorum per compendia. Prima regio est sita circa rivum nomine [391] Gutna [392] (282). Secunda ex utraque parte est fluvii Uzka [393] (283). Tercia extenditur per circuitum torrentis Boenica [394]. Quarta, quæ et silvana dicitur, sita est infra terminos fluminis Msa [395]. Quinta [396], quæ in medio est, dicitur [397] Luka [398] : pulcherrima visu et utillima [399] usu ac uberrima satis, nec non habundantissima pratis, unde et nomen ipsa regio traxit, B quia luca latine pratum dicitur (284). Et quoniam [400] hæc regio primum, longe antequam Satec [401] urbs condita foret, est inhabitata hominibus, recte ejus incolæ sunt a [402] regione Luczane [403] nuncupati [404]. His præfuit dux nomine Wlaztizlav [405], vir bellicosus et in bellicis armis animosus [406], ac [407] consiliis supra modum dolosus, satisque in præliis felix potuisset dici, si sors suprema non clausisset cum fine infelici. Nam contra Boemos frequenter susceperat bellum, et semper Marte secundo atque diis auspicibus prævaluerat, terramque eorum sæpe ingressus cedibus, incendiis ac rapinis crudeliter devastarat [408] (285), et ipsos populi primates in tantum

VARIÆ LECTIONES.

[355] venit *addito al. manu* de A. venit 2ᵇ, 3, 4, nimia quo venit 4ᵃ; pervenit 7. [356] *ita* 1, 2ᵇ, 5, 4, 7, invisum deum A. nimis 2, unus 4ᵃ. [357] Nezamil 1, Nezamysl 2. [358] hac *restituit alia manus* 1. [359] Voyn 1, 2ᵃ, 3, 5, 7, Vogin 2, Moyen 4, 4ᵃ, Voin 7ᵃ. [360] Unizlu 1, Winzlau 2ᵇ, Vitozlau 4, 4ᵃ, Unizlau 5, 7. [361] Crezomizl 1, 2ᵇ, 3, 7, Crezomysl 2, Kresomizl 4, 4ᵃ, Creczomiczl 7ᵃ. [362] s. i. a. l. A. [363] in 2ᵇ. [364] Neklan 2. [365] vira 1. [366] discessit *corr.* decessit A. discessit 1. [367] Hostivit 2, Goztivit 4. [368] de vita *desunt* 5. [369] æque *deest* 2ᵇ, 3, 4, 4ᵃ, 7. [370] tuum 1. [371] Veneri 4, 4ᵃ. [372] corr. 4. [373] paulo digressi sumus 4, 4ᵈ. [374] *ita* A. Borivoy 1, 3, 7, Borziwoy 2, Boriwoy 4. [375] e. b. A. [376] Methodio 3, Methudio 4, 4ᵃ. [377] Arnulfi 2ᵇ. [378] *ita* A. 4ᵃ, Zuatoplik 1, 2ᵇ, 7, Zwatoplk 2, Zvatoplka 4. [379] judicamus A. 7. [380] quidem 4, 4ᵃ. [381] Neclam 7. [382] quod 4ᵃ. [383] Turzko 1, 2, 2ᵇ, Jurzko 7. [384] Lutzanos 7. [385] *ita* A. Satc 1, *ita deinceps* Sate 2, 2ᵇ, Satz 3, Sathec 4, 4ᵃ, Satx 7. [386] Satcenses 3, 7, Sathcenses 4, 4ᵃ. [387] antiquius A. [388] nuncupentur 7. [389] hec A. [390] volumus præteriri 4. 4ᵃ. [391] *deest* A. [392] *ita* A. Buntua 2ᵃ, Guntna *rel.* [393] Uzkea 1, Utkea 3, 7, Uzca 4, 4ᵃ, Uzika 5. [394] Broczinka 2, Brocnisa 2ᵇ, Briznica 4, 4ᵃ, Brocnice 5. [395] Mzie 2. [396] quincta 1. [397] dicitur *deest* 4, 4ᵃ. [398] Luca 1, 2, 4. [399] utilissima 3, ultima 7. [400] quando 4. [401] Satech 4ᵃ, *reliqui ut supra*. [402] *deest* 7. [403] L. a. r. A. 2, Luczene 1. [404] nuncupatæ 1, 4, 4ᵃ, 7, nuncii patere 2. [405] Wlaztizlan 2ᵇ, Wratizlav 3, 7, Wlatizlaus 4, 4ᵃ. [406] et in — animosus *desunt in* 4, 4ᵃ, imbecillis armis animosus 7. [407] hac 1. [408] devastaverat 7.

NOTÆ.

(275) Hor., Epp. I, 6, 27.
(276) Juvenal., X, 112.
(277) Sallust., Catil., c. 2.
(278) In chronologia constituenda erravit; obiit Methodius die 6 m. April. 885, Arnulfus regnum adeptus est a. 887, et Zuatopluk Marahensium dux mortuus est a. 894, testibus Fuldens. Annalibus. Eorumdem auctoritate, qua confirmatur Bohemorum ducis filiam a Marahensibus in matrimonium ductam esse a. 871, haud immerito rerum Bohemicarum scriptoribus effici videbatur Borwoy ducem eodem fere tempore baptizatum esse; etsi aliter videbatur Dobnero III, 252. Cf. Dobrowski libellum Versuche die älteste Böhmische Gesch., etc., p. 49.
(279) Haud procul a Praga urbe septentrionem versus Dobner ad Hajecium II, 68, hunc locum sibi reperisse visus est.
(280) Ex Cosmæ opinione Luczani igitur non orant Bohemi.

C (281) Saaz urbs ad Egram in circulo Saazensi.
(282) Vix certi aliquid de his regionibus et fluviis asserri posse videtur; cf. tamen Dobner ad Hajecium III, 78. Gutna vel Gunta fluviolum Dobner in præcepto quodam Joannis regis a. 1352 dato deprehendit.
(283) Si Dobnerum audis est Saa rivus qui paulo infra Satec in Egram exundat.
(284) Wlaztizlavi terram in Sacensi, Raconicensi et Lutomericensi circulis quærendam esse conjicit Palacky.
(285) Haud superfluum videtur hoc loco apponere quosdam versus ex carmine populari, in codice reginæ aulæ reperto, quo idem prælium Wlaslawi et Cestmiri (qui Cosmæ est Tiro) lingua Bohemica describitur ; nonnulli enim versus cum verbis auctoris nostri nescio quomodo concinere videntur. In laudandis versibus secutus sum librum : Königinhofer Handschrift aufgefunden und herausgegeben von W. Hanka, verdeutscht von Swoboda. Prag. 1829. Cum

præsidiis attenuaverat [408], ut parvo clausi in oppido, quod dicitur Levigradec [410] (286), hostium incursiones timerent oppido. Hic condidit urbem, quam appellavit nomine suo Wlaztizlav [411], inter duos montes Meduez [412] (287) et Pripek [413] (288), scilicet in confinio [414] duarum provinciarum Belina (289) et [415] Lutomerici [416] (290), et posuit in ea viros [417] iniquos, ob insidias utriusque populi, quia hii adjuvabant partes Boemorum. Et sicut in omni vicissitudine rerum prosperitas elevat, adversitas humiliat cor hominum, ex nimia quam semper obtinuit in præliis prosperitate [418], exaltatum est cor ducis et elevatum, ut mente feroci exardesceret omnem Boemiam ad obtinendum. Ah [419]! mens hominum ignara futurorum sæpe suo fallitur augurio, sæpe fit, quod ante ruinam [420] cor extollitur [421], sicut ante lætitiam sæpe humiliatur. Mox tumido inflatus fastu [422] superbiæ, scire volens virtus sua quantæ sit potentiæ, mittit gladium per omnes fines tocius provinciæ, hac conditione [423] principalis sentenciæ, ut quicunque [424] corporis statura præcellens gladii mensuram segnius jusso [425] egrederetur ad pugnam, procul dubio puniretur gladio. Quos [426] cicius [427] dicto ut vidit [428] in condicto coadunatos [429] loco, stans in medio aggere, corona vulgi septus, clippeo [430] subnixus, manu [431] ensem vibrans, sic est exorsus : *O milites, quibus ultima in manibus est victoria [432], olim non semel vicistis, jam actum agitis. Quid opus est armis? Arma ad [433] speciem militiæ portare faciatis. Quin potius falcones [434], nisos, herodios et omne [435] hujusmodi genus volatilium, quod magis aptum est ad jocunditatem et ludum, tollite vobiscum, quibus carnes [436] inimicorum, si forte sufficient, dabimus [437] ad vescendum. Teste Marte deo et mea domina Bellona, quæ mihi fecit omnia bona, per capulum ensis mei juro quem manu teneo, quod pro infantibus eorum catulos canum ponam ad ubera matrum. Levate signa, tollite moras; semper nocuit differre paratis* (291). *Ite jam velociter*

et vincite feliciter. Exoritur clamor ad æthera [435] (292) utilis et inutilis [439], fortis et vilis [440], potens et inpotens, perstrepunt arma [441], saltat scabiosa [442] equa, ut acer equus [443] in pugna.

11. Interea quædam mulier, una de numero Eumenidum, vocans ad se privinum [444], qui jam iturus erat ad prælium. Quamvis, inquit, *non est naturale novercis, ut beneficiant suis privignis, tamen non immemor consortii tui patris, cautum te faciam, quo [445] possis vivere si vis. Scias Boemorum strigas sive [446] lemures nostras prævaluisse votis Eumenides, unde nostris usque ad unum interfectis, dabitur Boemiis victoria* [447].

Hanc tu, quo tandem valeas evadere cladem, quem in primo congressu interficies [448] tibi adversantem, utramque sibi abscidens [449] aurem, mitte in tuam oursam, et inter utrosque pedes equi in modum crucis evaginato ense terram lineabis. Hoc enim faciens invisibiles ligaturas laxabis, quibus ira deorum vestri equi obligati [450] deficient [451] et cadent [452], quasi ex longo itinere fatigati, moxque [453] insiliens equum, terga vertes [454], et si magnus post te fragor [455] ingruerit, nunquam retro aspicias, fugam sed acceleres, atque ita tu solus vix [456] effugies. Nam qui dii vobiscum [457] comitabantur [458] in prælium, versi sunt in auxilium inimicis vestris [459]. A contra Boemis resistere non valentibus, hostibus quippe jam tociens triumphantibus [460], una

Salus [461] erat victis nullam sperare salutem (293). Sed sicut semper infideles homines, et eo ad maium proniores [462], ubi deficiunt vires et bonæ artes, ilico ad deteriores pravitatis vertuntur partes : haud [463] aliter gens ista vanis [464] sacris dedita, plus mendaciis credula, jam desperantes viribus et armis militaribus, quandam adeunt sortilegam et consulunt eam atque instant ut edicat [465],

Quid opus sit facto in tali discrimine rerum, Aut quos eventus futurum obtineat bellum.

VARIÆ LECTIONES

[408] attenuerat *corr. eadem manu* attenuaverat 1, atennarat 2, 7. [410] Levigradek 2. [411] Wlastislaw 2, Wlatizlau 2b, 4, 5, *inserto tamen s ante t* 4a, Wlatizlau 3, 7. [412] Meduiz 1. Meduel 2. [413] Pr̆zipek 2, Pripec 4, 4a. [414] *corr.* 1, *rubro atramento.* [415] *deest* 1. [416] Luthomirici 4, 4a. [417] muros *corr. alia manu* viros 1. [418] prosperitatem 4a. [419] Ah! ah! 4, 4a. [420] *corr.* 1, minio. [421] exaltatur 4, 4a. [422] fatu 4. [423] convincie 1. [424] qui 7. [425] jussu 4a. [426] quo 1. [427] totius 4, 4a. [428] ut vidit *corr. alia manu* A. [429] *corr. alia manu* 1. [430] quæ *deest* A. [431] manò 1. [432] v. i. m. e. A. [433] et 1. [434] *corr.* A. [435] omnis 2. [436] canes *corr.* carnes A. [437] dapibus 1. 7. *corr.* A. [438] hethera 1. [439] *corr. alia manu* 1. [440] f. et v. desunt 1. [441] arma repetunt 1. 3. 7. [442] scabio 4. 4a. [443] u *addit alia manus* A. [444] ita A. *et corr.* 2. [445] ut 4. 4a. [446] sine 1. sive *deest* 4a. [447] v. B. A. [448] *corr. alia manu* 1. [449] abscindens 2b. 3. 4a. 7. [450] invisibiles — obligati *omissa* 2. [451] invicient 2. [452] c. et d. A. [453] que *deest* 2b. [454] vertens *corr.* vertes 1. [455] magnus terror ingruerit A. m. p. t. vel fragor vel timor 1. timor vel *omissa* in 2. 2b. m. p. t. timor vel fragor 3. 4. 7. ut fragor 5. [456] vix *deest* 2. [457] nobiscum 7. [458] comitantur 4. 4a. [459] nostris 7. [460] triuhphantibus 1. [461] soli *alia manu superscr.* salus 1. [462] promciores *corr. alia manu* 1. [463] aut *corr.* haud A. [464] vallis 1. [465] et d. 1.

NOTÆ.

86.
(286) Lewy Hradek castrum in sinistra ripa Moldavæ fluvii, haud procul a Praga urbe. Cfr. Dobrowski Versuche p. 95.
(287) Hodie Netluk in circulo Lutomeriensi; cfr. Schaller Topographie des Königreichs Bohmen

hoc loco hi conferendi sunt versus p. 91 :
Brach (scil. Wlaslaw) *mit Feuer und mit Schwert Oft herein in Neklaus Land.*
(288) Hodie Prisen; cf. ibin.
(289) Bilin ad Bilam in circulo Lutomeriensi.
(290) Leitmeritz.
(291) Lucan., Phars. I, 281.
(292) Virg., Æn. II, 313, 338.
(293) Virg., Æn. II, 354.

Illa, ut erat plena Phitone, ambigua [466] non tenuit eos diu verborum ambage: Si vultis, inquit, triumphum victoriae consequi, oportet vos prius [467] jussa Deorum exsequi. Ergo litate [468] diis vestris asinum, ut sint et ipsi vobis in asylum. Hoc votum fieri summus Jupiter, et ipse Mars sororque ejus Bellona, atque gener Cereris jubet. Queritur interim miser asellus et [269] occiditur, et, ut jussum fuerat, in mille millies frusta conciditur, atque ab universo exercitu cicius dicto consumitur [470]. Quibus ita esu animatis asinino [471]—res similis prodigio—cernere laetas phalanges et viros mori promptos ut silvaticos porcos; et sicut post [472] aquosam nubem fit sol clarior et visu jocundior, ita post nimiam inerciam exercitus ille fuit alacrior et ad pugnam audatior.

12. Interea dux eorum Neclan [473], lepore pavidior et pardo [474] fuga velocior, pugnam imminentem pertimuit, et ficta infirmitate in castro supradicto delituit. Quid facerent membra sine capite, aut milites in praelio sine duce? Erat ea tempestate quidam vir praecipuus honestate corporis, aetate et nomine Tyro, et ipse post ducem secundus inperio [475], qui ad occursum mille obpugnantium in praelio nullum timere, nemini scivit cedere. Hunc dux clam ad se vocat et praecipit ut arma sua induat, et paucis clientibus id scientibus [476], herilem equum jubet ut ascendat, atque vice sui [477] milites ad pugnam praecedat, quae non longe ab urbe, sed quasi duobus stadiis distabat. Ventum erat ad campum ab utrisque exercitibus condictum; sed prius Boemi praeoccupant collem in medio campo eminentem, unde et hostes praeviderent adventantes (294), et is qui [478] aestimabatur [479] dux, stans in eminentiori loco, concionaretur [480] ad milites Tyro: Si fas, inquit, esset duci verbis addere virtutem militibus (295) multiplicibus vos tenerem sermonum [481] ambagibus. Sed quia hostis ad oculum stat, et breve tempus ad exortandum [482] extat

Fas mihi sit vos vel paucis succendere dictis. Omnibus in bello dimicandi par est devotio, sed impar vincendi ratio [483]. Illi paucorum pugnant pro

A gloria, nos pro patria dimicamus et populi atque nostra libertate (296) et salute ultima; illi ut rapiant aliena, nos ut defendamus dulcia pignera et cara connubia. Confortamini [484], et estote viri. Nam deos vestros quos actenus habuistis offensos, placastis votis quibus placari voluerunt. Ergo timorem eorum ne timueritis, quia [485], quibus in praelio [486] timor [487] officit [488] animo, maximo [489] versantur in periculo; audatia autem habetur pro muro (297), audacibus et ipsi dii [490] auxiliantur. Credite mihi, ultra illa castra vestra [491] salus posita est et gloria. At si terga hostibus vertitis, mortem tamen non effugietis. Set utinam mortem! verum pejus morte agetur; conjuges vestras in conspectu vestro violabunt, et in sinu earum infantes ferro trucidabunt, et ad lactandum eis catulos dabunt, quia victis una est virtus, victoribus nil denegare.

B Interea dux Lucensis, ferocissimus mente, cum superbissima gente, quibus et hodie a malo innatum est superbire [492], veniens ex adverso, ut vidit hostes non cedere loco, jubet suos paulisper stare illico, et quasi condolens super fata [493] inimicorum, his dictis acuit animos suorum [494]: O miserabiles [495] timidorum hominum manes, frustra prenduntur [496] colles, quibus desunt vires et bellicae artes, nec juvat collis, si est virtus debilis. Cernitis, quia in planis vobis non audent occurrere [497] campis, nimirum si non fallor, jam fugere parant. Sed vos, priusquam fugiant [498], irruite super eos inpetu repentino, et sub pedibus vestris ceu frivola stipularum ut conterantur, facite more solito. Parcite ne ignavorum sanguine polluatis

C fortia tela, sed pocius submittite [499] quae portatis volatilia, ut [500] perterrefaciatis [501] falconibus pavidas acies ut columbas. Quod ut factum est, tanta fuit densitas diversarum [502] avium, ut sub pennis earum obscuraretur aer velut sub aquosa nube, vel nigrae tempestatis tempore. Hoc cernens intrepidus Tyro, coeptum interrumpens colloquium ad suos dixit [503]: Si forte contigerit me mori in praelio, sepelite me in hoc colliculo, et construite mausoleum mihi [504] in secula [505] memoriale. Unde et hodie nominatur militis acerrimi bustum Tyri (298). Moxque prosiliens ceu maxima moles rupis, quae [506] fulmine [507] rupta

VARIAE LECTIONES.

[466] ambiguitate omissa voce ambage 7. [467] prius deest 2b. [468] libate 4. 4a. [469] et deest A. [470] corr. 1. [471] asineo 7. [472] per 7. [473] Niclan 4. 4a. [474] corr. alia manu A. partho al. m. superscr. pardo 1. [475] i. s. A. [476] id scientibus desunt 4. 4a. [477] sua A. [478] his omisso qui 7. [479] corr. 1. [480] concionatur corr. al. manu concionaretur A. [481] sermone 4. 4a. verborum 7. [482] ad exhort. omissa 7. [483] conditio vel ratio addunt 4. 3. 7. In 2. 5. supra vocem conditio alia manus antiqua adscripsit vel ratio. conditio A. et rel. [484] et nolite addit 7. [485] quia deest 4. 4a. [486] i. i. pr. A. [487] timor omissum 2. [488] efficit. 2. [489] mox uno A. [490] deest 1. [491] vestra deest 7. [492] corr. al. manu 1. [493] superscr. A. [494] eorum 7. [495] mirabiles 1. [496] pendunt 4a. [497] occurre 4a. [498] corr. A. [499] submittite deest 4a. [500] in 2. [501] perire faciatis A. [502] deest A. [503] d. a. s. A. [504] mihi deest 2. [505] i. s. nominativum A. vel memoriale nominativum 1. n. vel m. 2. 3. 7. vel mem. desunt 2b. 4. 4a. manu recentiori adscripta in 5. nominatum 4. 4a. [506] rupisque 1. [507] corr. al. manu 1.

NOTAE.

(294) In carmine populari, p. 103:
 Dort in weiter Flache harret ihrer
 Kriegesfreudig Wlaslaw.
Et paulo infra verba Cestmiri:
 Hier vom Berge kann uns Wlas.aw sehen;
 Rasch hinab rings um den Berg gezogen.
(295) Sallust., Cat. 58.

(296) Sallust., ibid.
(297) Sallust., ibid.
(298) Ostenditur in hunc diem crudi et abrupti saxi moles super sterilibus campis ad Tursko, quae in busti hujus memoriam huc advoluta dicitur, quam et ipse spectavi oculis. DOBNER ad Hai. III, 108.

de summitate alti montis fertur per abrupta loca, sternens omnia obstacula, haud aliter ruit fortissimus heros [508] Tyro in confertissimos hostium cuneos (299).

Ac veluti, si quis in horto [509]
ita obstantium
donec plenus astilibus,
in media strage super magnam
tenera papavera succideret ferro,
metit ense capita hostium;
quasi herinatius,
struem [510] occisorum cecidit.

Incertum est, quis, a quo, vel quali vulnere quisque ceciderit, nisi hoc solum scimus pro certo, quia [511] Boemi potiti sunt [512] triumpho, Lucensibus [513] omnibus [514] interfectis usque ad unum [515], præter illum videlicet quem noverca olim præmonuerat euntem ad prælium. Isque dum jussa peregit novercæ præpeti [516] elapsus fuga, dumque [517] concitus venerit ad domum, ecce uxor sua plangebatur defuncta. Quam ut videret vir suus, dum discooperuisset faciem ejus — res similes fictæ — visum est funus habere in femineo pectore vulnus et abscisas [518] aures. Tunc vir [519] recolens quod factum fuerat [520] in prælio, protulit aures de bursa cruentis [521] cum inauribus, atque recognovit hanc fuisse in specie illius [522] quem adversantem occidit in bello.

13. Post hæc intrantes Boemi in terram illam [523] et nullo resistente devastantes eam [524] civitates destruxerunt, villas combusserunt, spolia multa acceperunt (300). Inter quæ filium [525] herilem apud quandam vetulam mulierem inveniunt latitantem. Quem dux ut [526] vidit, quamvis paganus, tamen ut catholicus bonus, misericordia super eum motus ætatulæ ejus [527] et formæ pepercit, et novam urbem in plano loco construens nomine Dragus [528] (301) super ripam fluvii Ogre [529] juxta pagum Postolopirth [530] (302), ubi nunc cernitur sanctæ Mariæ cœnobium, tradidit [531] civitatem et puerum pedagogo, cui antea [532] pater suus eum [533] commiserat, nomine Duringo qui fuit de Sribia [534] genere (303), excedens hominem scelere, vir pejor pessimo [535] et omni belua crudelior. Quod utique [536] factum est omnium consilio comitum [537], ut populus [538] qui dispersus fuerat ad filium herilem, suum quippe principem, ceu apes ad suam materculam confluerent; tum si quando resistere vellent in plano loco facile capi possent [539], tum quia cum viro alienigena non tam cito conspiraret plebs indigena [540]. His ita [541] dispositis repedant ad propria cum magna leticia, atque victrices aquilas in sua referunt stacia [542]. Interea scelestus Zribin [543] ille, deterior infidele, perpetrat scelus crudele. Nam quadam die piscatores nunciant stacionem piscium non modicam in placida aqua sub glatie nitida [544]; erat enim glacies perspicua, quam nec adhuc [545] aura corruperat, nec pulvis [546] commaculaverat. Tunc ille Judas secundus [547] Durinch [548], ratus esse congruum tempus ad exercendam suam nequiciam, quam dudum mala mente, malo [549] animo conceperat in domini sui [550] necem, ait ad puerum: *Eamus* [551] *piscari*, quem fraude parabat necare [552]. Quo cum [553] pervenissent, inquit [554]: *O mi dominelle, perspice natantes ecce sub glatie pisces plus quam mille*. At ille, sicut erat puer, puerilter genua flectens, dum inspicit sub glatie pisces, securus securim tenero collo [555] excepit et cui hostis pepercit, suus eum pedagogus [556] interfecit [557]. Diffugiunt omnes a tali spectaculo. At ille [58] plus quam parricida, quod non potuit uno ictu securis peragit cultello, caput suo dominello abscidens ut porcello, quod abscondens [559] sub clamide velut do-

---

VARIÆ LECTIONES.

[508] eres *superscr. al. manu* heros 1. [509] orto 4. [510] ita *corr.* A. stragem A. strugem 1. [511] quod 2b. 4. 4a. [512] *superscr. al. manu* A. [513] Luccensibus 2. Luczensibus 2b. [514] hominibus 1. [515] hunum *corr.* unum 1. [516] præceti *corr.* alia manu præ ceteris 1. [517] deletum que A. [518] abscissas 2. 2b. 3. 7. [519] deest 1. [520] erat 2b. [521] cruentas 4. 4a. [522] ejus 1. [523] B. intr. t. i. A. 4. B. t. i. intr. *reliq.* [524] deest 1. [525] deest 4. 4a. [526] *superscr.* 1. [527] omissum 2. [528] Vragus 2a. Oragus 7. [529] Oggre 5. 7. [530] Postoloprt 2. Postoloprith 2b. 7. Postoloporth 4. Postoloprlh 4a. Postolopert 5. [531] vel civitatem eam 1. et civitatem eam 3 7. eandem civitatem *omisso* eam 4. 4a. [532] ante 4. 4a. [533] deest 1. [534] Zribia 1. 2. 2b. 3. 4a 7. Zurbia 4. Ztribia 5. [535] pessimus 1. [536] itaque 1. [537] deest 4. 4a. [538] recenti manu *superscr.* 1. [539] tum si quando — capi possent, *desunt* in 3. 4. 4a. 7. [540] *corr.* A. [541] hisque *def.* ita A. [542] stacia 2. 4. 4a spatia 3. 7. [543] Zirbin 4. 4a Zribni 7. [544] nitida A. nova vel nitida 1. s. g. nova 2. 3. 7. *in* 2b. 5. *a correctore additum* nitida. n. nova 4. 4a [545] deest 4. 4a [546] pluvia subducto pulvis 2b. [547] sceleratus *corr.* secundus 2b. [548] Durinch 2b. 5. Durincll 3. 7. During 4 Durinh 4a. [549] que *deest in* 1. 2. 3. 7. [550] vitam A. vitam vel necesse 1. v. vel necem *rel.* [551] dōnne *addunt* 4. 4a. [552] necari 2b. 4. 4a. [553] omnes 2. [554] inquiunt *corr. ex* inquit 2. ait 4. 4a. [555] securi tenerum collum 4. 4a [556] pædagagus 4a. [557] interficit 7. [558] Zirbin *addunt* 4. 4a [559] abscidens A. 1. 2. 4.

NOTÆ.

(299) In carmine populari, p. 105.
Tras bricht mit hervor aus Waldesschatten,
Tras erfasst des Feinds zahllose Haufen.
(300) In carmine populari, p. 107:
Und die reiche Beute
Blinkt vor Neklaus freudehellem Auge.
(301) Postero tempore Drahuss nominata.
(302) Cfr. Dobner ad Haiec. II, 302.
(303) Ex Soraborum, ut videtur, populo oriundus.

mini sui pro honore, munda involvit sindone [560], ut
ad ducem, qui sibi eum commiserat, infelix malo
suo deferat. Fert sine mora funesta dona, sperans
pro tali facto [561] innumera [562] consequi munera, et
invenit ducem in Pragensi palatio cum omnibus residentem comitibus in concilio; atque optimum ratus fore, ut in conspectu omnium facinus suum referat in medium, intrat et salutat ducem, et resalu-
tatus stans exspectat, et ut data est sibi copia fandi,
dixit: En [563] ego, en ego [564] solus mea effeci securi,
ut vos omnes dormiatis in utramque aurem securi (304).
Sæpe enim una et minima scintilla [565], quam incaute
custos domus reliquit sub tenui favilla, excitat ignes
magnos, et non solum domum, sed etiam involvit et
comburit ipsos [566] domus dominos. Hanc ego scintil-
lam præcavens et prævidens in futurum vobis noci-
turam extinxi, et [567] vos [568] vestrosque [569] posteros a
ventura clade, quasi ex divino oraculo præmonitus,

    Aufer ab aspectu nostro tua [574] dona sceleste,
    tua scelera excedunt modum et veniam,
    Ad hoc flagicium nec potest dignum excogitari
    An putas, quod facere non potuissem
    Michi autem fuit licitum occidere inimicum,
    Hoc quod peccasti peccatum
    Certe quicunque te occiderit
    non solum peccatum
    quia et peccatum
    et peccatum
    pro utroque peccato triplicatum

Verum si pro hoc tam scelere immani aliquod a
nobis donativum sperasti, scias tibi pro magno munere hoc dari, ut unam de tribus quam velis eligas
mortem. Aut te præcipites ex alta rupe, aut te manibus tuis suspendas in quavis arbore, aut scelerosam
vitam tuo finias [578] ense. Ad hæc vir [580] ingemiscens
ait: Heu [581]! quam male virum [582] habet, cum præter spem sibi evenit. Et statim abiens in alta [583] alno
se suspendit laqueo; unde alnus illa quamdiu non
cecidit, quia juxta viam erat, dicta est alnus Du-
rinci [584]. Et quoniam hæc antiquis referuntur evenisse temporibus, utrum sint facta an ficta, lectoris
judicio relinquimus. Nunc ea quæ vera fidelium re-

A protexi. Vos autem, qui estis capita terræ, huic facto
nomen invenite. Si est meritum, facite ut omnes sciant,
quantum merui; aut si dicitis esse scelus, plus mihi
debetis, quod vos ipsi non facitis scelus. An ideo de-
buistis infanti parcere, quia pater ejus vestros infantes interficere et vatulos voluit ponere ad sugendum [570]
vestras conjuges? Certe nec carnes suaves [571] rabidi
nec suave lupi jus. Ecce paterni sanguinis ultor, vobis quandoque [572]

nociturus jacet sine vestro sanguine victus,
Quin ite potius, accipite regnum ocius, quod sine
metu possidebitis in sempiternum felicius. Et statim
protulit caput in disco tenellum, in quo nichil adhuc
vivi hominis fuit exterminatum, nisi tantum quod
erat voce privatum. Expavit dux, corda tremuerunt
B comitum, confusum inhorruit murmur. Tunc dux
torsit caput a munere nefando et solvit ora talia
fando:

    nec dignam inveniunt vindictam.
præjudicium, nec par supplicium.
    quod fecisti, si voluissem?
    sed non tibi dominum.
    majus [575] est, quam dici potest peccatum;
    vel occidere te judicaverit [576],
    sed duplex incurrit peccatum,
    quod occidaris [577],
    quod occidisti dominum,
    portabit peccatum.

C latio commendat, noster sinus, licet obtusus tamen devotus, ad exarandum digna memoriæ se
acuat (?)

14. Anno dominicæ incarnationis 894, Borivoy [585]
baptizatus est, primus dux [587] sanctæ fidei catholicus (305). Eodem anno Zuatopulch [588], rex Moraviæ,
sicut vulgo dicitur, in medio exercitu suorum delituit et nusquam comparuit (306). Sed revera tum [589]
in se ipsum [590] reversus, cum recognovisset [591] quod
contra dominum suum imperatorem et compatrem
Arnolphum [592] (307) injuste et quasi immemor beneficii arma movisset—qui sibi non solum Boemiam,
verum etiam alias regiones, hinc usque ad flumen [593]

VARIÆ LECTIONES.

[560] corr. A. [561] corr. al. manu 1. [562] deest 9. [563] en in 1. [564] semel 4ᵃ. [565] scintillula corr. A scintilla corr. alia manu 1. [566] deest A. [567] et vos — protexi desunt A. [568] et vosque omisso vestros 4. 4ᵃ.
[569] utrosque superscr. al. manu vestrosque 1. [570] sugendas 1. [571] deest A. [572] nobis quoque 3. 7.
[573] corr. A. [574] deest 4. 4ᵃ. [575] corr. A. [576] in syllabo alia manu superscr. A. [577] occideris 7.
[578] corr. al. m. A. [579] finies A. [580] Zirbin add. 4. 4ᵃ. [581] neu repetunt 4. 4ᵃ. [582] vir 4. 4ᵃ. [583] alto
4. 4ᵃ. [584] Durinici 7. [585] Hic in inferiori marg. 2ᵇ. alia manu scripta leguntur: quæ hic desunt adscribe.
Est autem in chartula separata narratio de Borzivogii baptismo ex Christanno adjecta a verbis: at vero
homines Bohemi ipso sub, etc., usque ad verba populum Christo Domini acquirentes D. [586] Boriv 1. Borwoy 4. [587] Bohemiæ in margine 2. alia manu. Boemorum addunt 4. 4ᵃ. [588] Zuathopluk 1. Zuatoplick 2ᵇ.
7. Zwatoplueck 3. Zvatopluc 4. 4ᵃ. [589] tum linea confossum alio atramento in 2. dum 7. refertur 5. [590]
deest A. [591] cognov. A. [592] Arnulfum 2. 2ᵇ. [593] fluvium 7.

NOTÆ.

(304) Terentii Heautont. II, 3, 101.
(305) Anno 895 Borivoy ducem inter vivos non
fuisse probant Annales Fuldenses, in quibus legitur
Soitigneum et Witizlam Boemorum duces ad Arnulfum regem Radisbonam venisse.
(306) Nihil tale apud Reginonem aut Fuldensem
scriptorem exstat.
(307) Cf. Regino 890.

Ogram [591], et inde versus Ungariam usque ad flu- A luimus [621] praetermittere quam fastidium legentibus vium [595] Gron (308) subjugarat [596],—penitentia ductus, mediae noctis per opaca, nemine senciente [597], ascendit equum, et transiens sua castra fugit ad locum in latere montis Zober situm [598], ubi olim tres heremitae inter magnam et inaccessibilem hominibus silvam ejus ope et auxilio aedificaverant ecclesiam (309). Quo ubi pervenit, ipsius silvae in abdito loco equum interficit [600], et gladium suum humi condidit, et ut lucescente die ad heremitas ascendit [601], quis sit illis ignorantibus, est tonsuratus et heremitico habitu indutus, et quamdiu vixit omnibus incognitus mansit; ubi [602] cum jam se [603] mori cognovisset [604], monachis semetipsum, quis sit, innotuit et statim obiit. Cujus (310) regnum filii ejus parvo [605] tempore sed minus feliciter tenuerunt, partim [606] Ungaris illud diripientibus, partim Teutonicis [607] orientalibus, partim Poloniensibus solotenus hostiliter depopulantibus.

15. Borivoy autem genuit duos filios Spitigneum [608] et Wratizlaum [609] ex ea quae fuit filia Zlavoboris [610] comitis de castello Psov [611] (311) nomine Ludmila [612] (312). Quo feliciter universae carnis viam ingresso, successit paternum in principatum Spitignev [613]; post cujus obitum obtinuit Wratizlav [614] ducatum (313), qui accepit uxorem nomine Dragomir de durissima gente Luticensi, et ipsam saxis duriorem ad credendum, ex provin ia nomine Stodor [615] (314). Haec peperit binos natos [616], Wenczlaum [617] Deo et hominibus acceptabilem, et Bolezlaum [618] fraterna caede execrabilem. Qualiter autem gratia Dei semper praeveniente et ubique subsequente, dux [619] Borivoy adeptus sit sacramentum baptismi, aut quomodo per ejus successores his in partibus de die in diem sancta processerit [620] religio catholicae fidei, vel qui dux quas aut quot primitus ecclesias credulus erexit ad laudem Dei, ma-

A luimus [621] praetermittere quam fastidium legentibus ingerere, quia jam ab aliis scripta legimus: quaedam in privilegio Moraviensis ecclesiae, quaedam in epilogo [622] ejusdem [623] terrae atque Boemiae, quaedam in vita vel passione sanctissimi nostri patroni et martiris [624] Wenceziai [625] (315); nam et escae execrantur quae saepius sumuntur. Inter [626] hos autem annos quos infra subnotavimus [627] facta sunt haec, quae supra [628] praelibavimus: non enim scire potuimus, quibus annis sint gesta sive [629] temporibus [630].

Addit cod. 7 sequentia: Interea deficiente nostra materia, quam nemo illius temporibus hominum, clericorum seu laicorum memoriae commendavit posterorum, rursus ad nobilia facta Romanorum imperatorum recurramus.

16. Anno dominicae incarnationis 895.
Anno dominicae incarnationis 896.
Anno dominicae incarnationis 897.
Anno dominicae incarnationis 898.
Anno dominicae incarnationis 899.
Anno dominicae incarnationis 900.
Anno dominicae incarnationis 901.
Anno dominicae incarnationis 902.
Anno dominicae incarnationis 903.
Anno dominicae incarnationis 904.
Anno dominicae incarnationis 905.
Anno dominicae incarnationis 906.
Anno dominicae incarnationis 907.
Anno dominicae incarnationis 908.
Anno dominicae incarnationis 909.
Anno dominicae incarnationis 910.
Anno dominicae incarnationis 911.
Anno dominicae incarnationis 912.
Anno dominicae incarnationis 913.
Anno dominicae incarnationis 914.
Anno dominicae incarnationis 915.

VARIAE LECTIONES.

[594] ita A. Odram rel. [595] flumen 4. 7. [596] subjugaverat corr. al. manu 1. [597] sciente corr.1. 3. 7. [598] s. Z. A. [599] syllabae erant al. manu additae 1. aedificaverat 2. 4ᵃ. [600] interfecit 4. 4ᵃ. [601] accessit 1. 2. 4. 7. [602] ita A. deest 1. nisi rel. [603] superscript. alia manu A. deest 1. addunt 4. 4ᵃ. [604] et addit. A. [605] pauco 1 2. 4. [606] pariter 1. [607] Theutonis 4. [608] ita A. 2. Zpitigneum rel. [609] Wratizlaum 2ᵇ. 4ᵃ. 7. [610] Zlauboris 2ᵇ. 3. 7. Zlaviboris 4, 4ᵃ. [611] Psow 2, 2ᵇ, 4ᵃ, 5, 7. Pson. 3. [612] Luidmila 2ᵇ. Ludmilla 4, 4ᵃ. [613] Zpitigneu 2ᵇ, 7. Zpitignen 3. [614] Wratislav 2, Wratislau 3, Wratizlaus 4, 4ᵃ. [615] Stotor 7. [616] deest 1. [617] Wenceslaum 2. [618] Boleslaum 2. [619] deest 2ᵇ, 3, 4, 4ᵃ. [620] processit 2. [621] malumus 3. [622] ephilogo 1. [623] dem addidit alia manus A. [624] Christi addunt 4, 4ᵃ. [625] Wenceziavi 1. [626] intra 7. [627] ita corr. al. manus 1, subnotamus 2, 4, 7. Omissis verbis quos inf. subnot legit 2ᵇ, annum videlicet dom. incarn. 895, et annum 929. Inde annorum subnotationem omittit. [628] scripta 3. [629] sunt gesta vel 2ᵇ. [630] Deficiunt in 7, omnia quae leguntur usque ad annum 967. Sequentium annorum numeri desunt 7ᵃ.

NOTAE.

(308) Gran. Vide Dobneri commentationem Von den Grenzen Altmährens in Boruii Abhandlungen einer Privatgesellschaft in Bohmen VI, 1. et Dobrowskii Bemerkungen über das alte Mährische Reich in Monatsschrift des Böhmischen Museums I. Febr., p. 64.

(309) Quo in monte postea conditum est monasterium S. Hippolyti. De eodem monte fusius disseruit notarius Belae, c. 57. Schwandtner I, 24.

(310) Sequentia sunt verba Reginonis.
(311) Bssov. eo loco situm quo hodie Melnik urbs exstat.
(312) Jussu Dragomirae nurus die 15 Sept. 927,

ut creditur, martyrio obiit. Cf. Dobner ad Hajec. III, 544.

(313) Tenebris vix dispellendis horum principum tempora premuntur. Dobner III, 502. Spitignevi obitum ad a. 922, Wratislavi ad a. 925 revocavit, quod vero conjectura magis quam certis argumentis innititur.

(314) Quae Hevellun dicitur. Thietmar. IV, 20. Conf. quoque Adami Bremensis locum II, 18.

(315) Est Vita S. Wencezlavi quam conscripsit Gumpoldus episcopus Mantuanus. Mon. Germ. SS. IV, 213.

Anno dominicæ incarnationis 916.
Anno dominicæ incarnationis 917 [631].
Anno dominicæ incarnationis 918 [632].
Anno dominicæ incarnationis 919 [633].
Anno dominicæ incarnationis 920.
Anno dominicæ incarnationis 921.
Anno dominicæ incarnationis 922.
Anno dominicæ incarnationis 923 [634].
Anno dominicæ incarnationis 924.
Anno dominicæ incarnationis 925.
Anno dominicæ incarnationis 926.
Anno dominicæ incarnationis 927.
Anno dominicæ incarnationis 928.

Anno dominicæ incarnationis 929. 4 Kalend. Octobris sanctus Wencezlaus, dux Boemiorum, fraterna fraude martirizatus Bolezlav (316) in urbe [635], intrat perpetuam cœli feliciter aulam [636] (317). Nam Bolezlaus, haud [637] dignus dici sancti viri germanus, quam [637] fraudulenter fratrem suum invitaverit ad convivium, quem potius machinabatur [638] ob regni retinendi gubernacula [639] necandum, aut qualiter coram hominibus sed non apud Deum, dissimulaverit fratricidii reatum, sufficienter dictum puto in passionis ejusdem sancti viri tripudio (318). Cujus post vitæ bravium alter Cain Bolezlaus heu ! male adoptatum obtinuit ducatum. Hæc autem inter convivia quæ [640], ut supra retulimus, fraterna cæde execrabilia, nascitur proles eximia ducis Bolezlai [641] ex conjuge egregia, cui ex eventu rerum nomen est inditum Ztrahquaz [642], quod nomen sonat *terribile convivium*. Quod enim terribilius potest esse convivium, quam in quo [643] perpetratur fratricidium ? Ergo dux Bolezlaus, sceleris patrati [644] conscius, timens pœnas Tartari, mente semper recolens sagaci quoquo modo possit Deus super hoc crimine placari, votum vovit Domino dicens : *Si iste meus filius* [645], inquit, *superstes fuerit, ex toto corde meo meo eum voveo, ut clericus sit et serviat Christo omnibus diebus vitæ suæ, pro meo peccato et hujus terræ pro* [646] *populo.*

18. Post [647] hæc genitor voti non immemor, cum [a] esset jam puer docibilis et multum parentibus amabilis, non ferens pater ut suis disceret [648] præ oculis, misit eum Radisponam [649] tradens sub regulares alas abbati sancti Emmerammi martiris (319). Ibi ecclesiasticis et regularibus [650] sanctionibus est imbutus [651], ibi monachico habitu indutus, ibi usque ad virile robur est enutritus ; de cætero ejus vitæ cursu in sequentibus sat manifestabitur. De actibus autem ducis Bolezlai nihil aliud dignum relatione percipere [652] potui nisi unum, quod vobis operæ precium pandere duxi. Nam servus Dei Wencezlaus ecclesiam in metropoli Praga sub honore sancti [653] Viti martyris constructam non tamen consecratam, morte præventus, reliquit. Hanc ut consecrare dignaretur, qui tunc præerat Ratisponensi ecclesiæ præsul nomine Michael, dux [654] Bolezlaus supplex, missis legatis cum magnis muneribus et majoribus promissionibus atque pollicitationibus, quo peticionem suam adimpleret, vix impetravit [655] (320). Quod utique [656] haud [657] annuisset præsul, nisi ob recordationem animæ et salutem [658] Wencezlai amici sui jam interfecti id deliberasset fieri, quia vir Dei Wenceslaus dum carne viguerat, nimio eum [659] affectu coluerat utpote patrem spiritualem [660] et benignissimum præsulem. Nam et [661] præsul Michael similiter hunc sibi adoptaverat in filium dilectissimum, tum [662] sæpe instruens timore et amore [663] Dei, tum sæpe mittens ei [664] sua donaria, quibus maxime illo in tempore indigebat nova ecclesia Christi. Mox ubi dux est factus compos voti, plebs universa et proceres atque clerici obviam advenienti episcopo ruunt devoti, et cum magno honore et læticia recipiunt eum in [665] metropolis Pragæ ædificia. Quid multa ? 10 Kalend. Octobris dedicata est [666] S. Viti martiris [667] ecclesia, lætus repedat [668] præsul ad propria.

19. [REG.] Anno dom. inc. [669] 930. Otto filius Heinrici [670] imperatoris, Eggid [671] filiam Anglorum regis, duxit uxorem.

Anno dom. inc. 931. Heinricus imperator regem Abotridorum et regem Danorum effecit Christianos [672].

VARIÆ LECTIONES.

[631] DCCCCXII. 1. [632] DCCCCXIII. 1. [633] DCCCCXIV. 1. [634] *Ab hoc loco desunt in codice* 4ª, *aliquot folia usque ad verba :* honores fugio, pompas seculi despicio, *quæ a.* 994, *I*, 26, *leguntur*. [635] *in urbem, omisso* Boleslaw 3. [636] in aulam 2. [637] *corr. al. manu* A. [638] machinaretur. 1. [639] gubernaculum 2b. [640] omissum 3, ut deest 4. [641] Bolezlavi 1. [642] *ita* A. 1. Ztrahkwas 2. Strahquaz *alii*. [643] j. q. *superscr. alia manu* A. [644] c. sc. p. 1. [645] Strahquaz *addit* 4. [646] deest A. [647] Pot 1. [648] discederet 5. [649] Ratisbonam 2, *hic et deinceps*. [650] disciplinis et *addit collator* 2b. [651] ibi ecclesiasticis — imbutus *desunt* 4. [652] reperire A. [653] *superscr. alia manu* 1. [654] Boemorum *addit* 4. [655] impetrat 2b. [656] deest A. [657] *corr. alia manu* A. 1. [658] beati *addit* 4. [659] cum 2. [660] spiritualem 1, 4. [661] *deest* A. [662] tum — Dei desunt 4. [663] timorem et amorem A. [664] per *addunt* A. 2. [665] in deest 2. [666] ita A. deest rel. [667] deest 3. [668] *corr. al. manu* 1, repedabat 3. [669] incarnañ. A. [670] Henrici A. [671] *corr.* A. Edgid *rel deest* 5. [672] quæ ad hunc et præcedentem annum leguntur, desunt 4.

NOTÆ.

(316) Bunzlau.
(317) Cf. Gumpoldi Vita Vencezlavi c. 17-19. In constituenda chronologia longe a veritate aberravit Cosmas : S. Wenceslaus interfectus est a. 935. Conf. Jahrbücher des deutschen Reichs unter den Sachs. Kaisern. 1, 2, p. 7.
(318) I. e. in libro quo mors ejus celebratur.
(319) Michaeli, Ratisponensi episcopo et S. Emmerami abbati, qui munere suo functus est inde ab anno 944. Conf. Annales S. Emmerami minores Mon. Germ. I, 94.
(320) Gumpoldus ecclesiam temporibus S. Wenceslai a Tutone consecratam esse tradit, c. 15. Tuto vero obiit non post annum 932, quo successor ejus Isengrimus interfuit synodo Dingolvingæ; vid. Mansi XVIII, 361. Cæterum conf. quæ de hac re disseruit Dobner ad Hai. III, 624.

Anno dom. inc. 952 [673] 4 [674] Nonas Martii translatum est corpus S. Wencezlay martiris de Bolezlay [675] oppido in urbem Pragam invidi fratris odio (321). Siquidem frater ejus Bolezlaus de die in diem pejus faciens et pejus [676], nulla compunctus sui facinoris poenitentia, mente non [677] tulit [678] tumida, quod per martiris sancti [679] Wenceslai merita Deus declararet innumera ad ejus tumbam [680] miracula, clam sibi fidis clientibus mandat, quo eum in urbem Pragam transferentes, noctu in ecclesia sancti Witi humi condant, quatenus, si quae Deus mira suis ostenderet ad gloriam sanctis, non ejus fratris, sed sancti Viti martiris asscriberetur meritis. Caetera ejus malefacta nec duxi relatione digna, nec pro certo habui comperta. Unum tamen ejus satis audax et memorabile facinus quod retro dierum in juventute sua fecit, vestrae caritati referre cupimus. Fuit enim iste dux Bolezlaus — si dicendus est dux, qui fuit impius atque tyrannus saevior Herode, truculentior Nerone, Decium superans scelerum immanitate, Diocletianum crudelitate, unde sibi agnomen [681] ascivit *saevus Bolezlaus ut diceretur* [682] — tantae enim fuit severitatis, ut nichil consilio, nichil ratione regeret, sed omnia pro sua voluntate atque impetu animi ageret. Unde factum est ut in mente conciperet, quo sibi urbem Romano opere (322) conderet. Moxque populi primates [683] convocat in unum et usque ad unum, et deducens eos in locum [684] juxta flumen Labe [685] (323) atque designans locum, aperit eis sui cordis secretum [686]. *Hic*, inquiens, *volo et jubeo ut mihi* [687] *opere Romano aedificetis murum urbis nimis altum per girum*. Ad haec illi: *Nos qui sumus*, inquiunt, *populi fauces* (324) *et tenemus dignitatum fasces, nos tibi abrenuntiamus, quia neque scimus neque volumus facere quod praecipis, neque enim patres nostri tale quid antea fecere* [688]. *Ecce in tuis conspectibus* [689] *assistimus* [690], *et potius tuo gladio quam importabili servitutis jugo nostra colla submittimus. Fac quod velis, non enim tuis obtemperabimus* [691] *jussis*. Tunc dux [692] diram; exarsit in iram, et prosiliens stetit in putrido trunco, qui forte tunc ibi jacuit in luco [693], et evaginato gladio dixit: *O ignavi et patrum ignavorum filii. S'* non estis semiviri aut [694] non viliores [695] peripsimate piri [696], factis dicta comprobate, et utrum gladio a*: servitutis [697] jugo sit levius [698] colla submittere temptate*. Erat res spectaculo digna et audacis procacitate ducis ammiranda. Nam si mille dextras in uno corpore [699] armatas haberet, non in tantum [700] tanta turma hominum trepidaret. Quos ut vidit dux [701] buxo prae timore pallidiores, unum, qui fuit primus inter seniores, apprehendens per cincinnos [702] verticis ut fortius valuit, percutiens amputavit [703] ceu teneri papaveris caput, et inquit:

Sic volo, sic faciam, sit pro ratione voluntas (525).

Caeteri hoc cernentes sero poenitentia ducti, ceciderunt ad genua ducis [704] veniam cum lacrimis postulantes. *Jam*, inquiunt, *domine, nostris parce culpis, jam per omnia tuis obtemperabimus jussis, jam ultro* [705] *facimus quaecunque velis, ne sis nobis ultra crudelis*. Et statim ad ducis voluntatem aedificant civitatem spisso et [706] alto muro, opere Romano, sicut hodie cernitur, quae ex nomine sui conditoris Bolezlav [707] dicitur [708].

20. [CONT. REGIN.] Anno dom. incarn. 953 Ungari orientales Francos et Alamanniam atque Galliam [709] devastantes, per Italiam redierunt

Anno dom. inc. 934. Heinrichus [710] rex Ungaros [711] multa caede prostravit, pluresque [712] ex iis comprehendit

Anno dom. inc. 935. Heinricus rex paralysi percutitur.

Anno dom. inc. 936. obiit Heinricus rex, cui successit [713] filius ejus Otto imperator.

Anno dom. inc. 937. Arnolfus dux Bavariorum [714] obiit.

Anno dom. inc. 938. Ungari iterum a Saxonibus multa caede devastantur, et [715] filii ducis Arnolfi regi rebellant [716] Ottoni.

Anno dom. inc. 939. Luduicus rex Gerpirgam viduam Gisalberti [717] duxit uxorem [718].

Anno dom. inc. 940. [CONT. REGIN.] Heinrico, fratri regis, Lothariensis ducatus committitur, et eodem anno inde expellitur.

Anno dom. inc. 941 [719]. Heinricus frater re-

VARIAE LECTIONES.

[673] DCCCCXXXI. 4. [674] intra nonas 3. [675] Bolezlau 1, et deinceps. [676] prius A. [677] nam 4. [678] intulit 1. [679] sui A. 4. [680] tumulum 3. [681] nomen 2, cognomen 2b. [682] dr A. [683] prim. pop. A. [684] ita 4, locum rel. [685] Albe 1, alia manu adscriptum. Albim 2b. [686] secreta 4. [687] deest 4. [688] corr. 1. [689] aspectibus 3. [690] consistimus 1. [691] obtemperamus 2, 2b. [692] Bolezlaus addit 4. [693] luto 2, luco 2b. posito to super co. [694] non addunt A. 1, 2b. 4. [695] cultores 3. [696] pili corr. piri 2b. [697] corr. A. [698] levi 1. [699] ac addit 4. [700] i. t. alia manu 1. [701] bolezlaus addit 4. [702] ita corr. 1, cinninos A. circinos rel. [703] amputat 1. [704] Bolezlai addit 4. [705] deest A. [706] superscr. A. [707] Boleslaum 3. [708] Sequentia desunt in cod. 7a, usque ad annum 967. [709] Calliam 2. [710] ita A. h. l. Heinricus 3, et sic porro. [711] Ung. H. r. A. [712] plerosque 3. [713] in regnum add. 4. [714] dux Bavariorum 2b, rex Bavariae 3. [715] deest A. [716] debellant 2. [717] Gisalbum 3, Giselberti 4. [718] Eodem anno cometes apparuit. addit 4. [719] dom. i. 941, desunt 1

NOTAE.

(321) Gumpoldi Vita S. Wencezlai, c. 23. Quod a. 938 factum sit necesse est, si revera tribus annis post martyrium S. Wenceslai ossa ejus Pragam translata sunt.
(322) I. e. urbem muris lapideis munitam, cfr. Thietmar. I., 10.
(523) Albis.
(324) I. e. caput, primates.
(325) Juvenal., sat. VI, 223.

gis [720] cum quibusdam Saxonibus contra regem conspirat, sed nil nocere potuit.

Anno dom. inc. 942. sidus simile cometae per 14 noctes visum est, et immensa mortalitas boum [721] secuta est.

Anno dom. inc. 943. Otto dux obiit, cui Conradus filius [722] Werinheri [723] in ducatum [724] successit.

Anno dom. inc. 944. Ungari a Carantanis [725] multa caede mactantur.

Anno dom. inc. 945. Bertholdus [726] dux Bawariensis [727] obiit, cui Heinricus frater regis successit.

Anno dom. inc. 946. Ludvicus rex a suis [728] regno expellitur [729].

Anno dom. inc. 947. Domna Edgid [730] regina obiit.

Anno dom. inc. 948. sinodus in Inglenheim [731] a 34 numero [732] episcopis habita est.

Anno dom. inc. 949. Liudolfo filio regis Machtildis [733] filia nascitur.

Anno dom. inc. 950. dux Boemorum Bolezlaus regi rebellabat [734], quem rex valida manu adiit suaeque per omnia dicioni subdidit [735].

Anno dom. inc. 951. rex Otto in Italiam perrexit.

Anno dom. inc. 952 [736].
Anno dom. inc. 953.
Anno dom. inc. 954.
Anno dom. inc. 955.
Anno dom. inc. 956.
Anno dom. inc. 957.
Anno dom. inc. 958.
Anno dom. inc. 959.
Anno dom. inc. 960.
Anno dom. inc. 961.
Anno dom. inc. 962.
Anno dom. inc. 963.
Anno dom. inc. 964.
Anno dom. inc. 965.
Anno dom. inc. 966.

21. Anno dom. inc. 967 [737]. Idus Julii dux, cui agnomen [738] saevus Bolezlaus, male mercatum fraterno sanguine ducatum cum vita amisit. Cui filius ejus aequivocus in principatum successit, multum dissimilis patri moribus bonis et conversatione spirituali [739]. O mira Dei clemencia [740]! O quam incomprehensibilia ejus sunt judicia! ecce de rubo uva, de spinis rosa, de tribulis ficus gignitur [741] generosa: videlicet de fratricida prodit christicola, de lupo agnus, de tyranno [742] modestus, de impio Bolezlao pius nascitur secundus Bolezlaus dux, nulli probitate secundus. Neque eum contaminat iniqui patris aequivocatio, in quo verus [743] Christi fervebat amor et pura dilectio [744]; nam sicut multi nomina sanctorum sortiuntur [745], nec tamen sanctitatem [746] assequuntur, quoniam neque sanctitas neque iniquitas ex nomine, sed pro merito haec utraque dinoscuntur [747] in homine [748].

22. Erat autem iste [749] princeps, secundus Bolezlaus, vir christianissimus, fide catholicus, pater orphanorum [750], defensor viduarum, gementium consolator, clericorum et peregrinorum pius susceptor, ecclesiarum Dei praecipuus fundator. Nam ut [751] in privilegio ecclesiae sancti Georii [752] legimus, 20 ecclesias christianae religioni credulus erexit, et eas omnibus utilitatibus quae pertinent ad ecclesiasticos usus sufficienter ampliavit. Hujus fuit germana soror nomine Mlada, virgo Deo devota, sacris litteris erudita [753], christianae religioni dedita, humilitate [754] praedita, alloquio blanda, pauperibus et orphanis fautrix larga, ac omni morum honestate decorata. Quae dum causa orationis Romam veniret [755], benigne ab apostolico (526) suscipitur: ubi tempore aliquanto degens, monasticis sat disciplinis imbuitur, et ad ultimum domnus papa suorum cardinalium consilio [756], immo volens novae ecclesiae benigno [757] subvenire [758] suffragio, consecrat eam abbatissam [759], mutato nomine Mariam [760], dans ei sancti Benedicti regulam et abbacialem virgam. Post haec nova abbatissa novam et sanctam illatura [761] Boemiae terrae monachicam [762] regulam, accepta licentia et benedictione apostolica, equitat in dulcem patriam cum suo comitatu valde laetifi-

VARIAE LECTIONES.

[720] Ottonis *addit supra textum* 2b. [721] bovum 1. [722] filius — successit *desunt* 5. [723] Werinari A. Verneri 3. [724] ducatu 2b, 3. [725] Carinthiis 3. [726] Berdoldus 1, Bertoldus 2. [727] Bavariae 3. [728] a suis *desunt* A. assuis suo 1, 4. [729] exp. r. A. [730] Edid. *omisso* domina 3, domna Hedgyd 4. [731] Ingelenheim 3, Inglinheim 4. [732] numero *deest* A. XXXIV 2a, 2b, 4; *sed in* 2b, *in margine*: alii 30. *In* 2, *post* Inglenheim *omnia omissa sunt, relicto rasurae vestigio*. [733] Mechtildis 3. [734] rebellat A. rebellavit 3. [735] subjugavit 3. [736] *Solos annorum* 952-966 *numeros exhibent antiquissimi duo codices* A. 1, *desunt prorsus in reliquis. In cod.* 2, *verba quae sequuntur ad a.* 967, *de rubo uva — patris aequivocatio perverse distributa sunt per annos* 952-957, *quod miro errore inductus in textum recepit Dobrowski.* Anno dom. inc. 954, *repetit* 4. [737] DCCCCLXII. *Sequuntur in* 4, *anni dom. inc.* 968, 969, 970, 971 *et ad annum* 972 *legitur mors Bolezlai. Quae ad annum* 967 *narrantur, leguntur etiam in* 7, 7a. [738] cognomen 2b. [739] spiritali 7. [740] cl. D. A. [741] *corr.* A. [742] tirranno 1. [743] *corr.* A. [744] dileccio 1. [745] sociuntur 1. [746] sanctitate 7. [747] dinoscitur A. [748] nomine 4. [749] *corr.* A. [750] *addit* A. [751] uti 2b. [752] Georgii 1. [753] s. l. e. *desunt* 5. [754] humilitati 2, humilitate — larga *desant* 5. [755] ad limina sanctorum apostolorum Petri et Pauli *addit* 4. [756] ex c. card. A. [757] benigniss. 3. [758] *in margine* A. *appositum*. [759] *corr.* 1. [760] Maria 3. [761] alatura 1. [762] monachicam 1.

NOTAE.

(526) Joanne XIII.

cato. Ventum erat ad regiam urbem Pragam, et dux Bolezlaus diu desideratam honorifice recepit sororem amantissimam, et inter se manibus consertis subeunt regalia tecta; ubi simul residentes diu mutuis alternatim sermonibus dum fruuntur, dum multa quæ vidit Romæ sive [763] audivit relatione digna et admiratione [764], fratri suo refert [765], insuper litteras ex parte apostolici sibi directas obtulit [766], quarum formula hujusmodi fuit : *Johannes* [767], *servus servorum Dei* [768] , *Bolezlao* [769] *catholicæ fidei alumno apostolicam benedictionem. Justum est benivolas aures justis accommodare petitionibus : quia Deus est justicia, et qui diligunt Deum* [770] *justificabuntur, et omnia diligentibus Dei* [771] *justiciam cooperantur in bonum. Filia nostra, tua relativa* (327), *nomine Mlada, quæ et Maria, inter cæteras haud* [772] *abnegandas peticiones cordi nostro dulces intulit ex parte tui preces, scilicet ut* [773] *nostro assensu* [774] *in tuo principatu ad laudem et gloriam Dei* [775] *ecclesiæ liceret fieri episcopatum. Quod nos utique, læto animo suscipientes, Deo gratias* [776] *retulimus, qui suam ecclesiam semper et ubique dilatat et magnificat in omnibus nationibus. Unde apostolica auctoritate et sancti Petri principis apostolorum potestate, cujus licet indigni, tamen sumus vicarii* [777], *annuimus et collaudamus* [778] *atque incanonizamus, quo ad* [779] *ecclesiam sancti Viti et Wenceslai martirum* [780] *fiat sedes episcopalis; ad ecclesiam vero sancti Georii martiris, sub regula sancti Benedicti et obedientia filiæ nostræ, abbatissæ Mariæ, constituatur congregatio sanctimonialium* [781]. *Veruntamen non secundum ritus aut sectam Bulgariæ gentis vel* [782] *Ruziæ* [783] (528), *aut Sclavonicæ* [784] *linguæ, sed magis sequens* [785] *instituta et decreta apostolica, unum vociorem tocius ecclesiæ ad placitum eligas in hoc opus clericum, Latinis adprime litteris eruditum, qui verbi vomere novalia cordis gentilium scindere et triticum bonæ operationis serere atque manipulos frugum vestræ fidei Christo reportare sufficiat. Vale.* Et statim, ut jussum fuerat, consilio ducis et abbatissæ sancti Viti [786] ecclesia [787] decernitur futuro episcopo (329), ecclesia vero sancti Georgii martiris (330) ad præsens datur abbatissæ, ducis sorori, Mariæ.

25. Igitur quidam de Saxonia vir miræ eloquentiæ et literalis scientiæ, nomine Dethmarus [788], presbiter promotione, monachus professione, olim in antea diebus causa orationis venerat Pragam : qui dum ducis secundi Bolezlai devenire [789] ad noticiam, in brevi tempore magnam ejus gratiam adeptus fuerat et amiciciam. Et quoniam Sclavonicam perfecte [790] linguam sciebat, hunc per suos legatos dux advocat, clerum, primates terræ et populum convocat, atque suis precibus et monitis efficit, ut eum sibi in episcopum omnes communi assensu [791] eligant. Postera [792] autem die ut duci placuit, favorali [793] acclamatione ab omnibus in episcopum Dethmarus eligitur, ad imperatorem christianissimum Ottonem (331), filium Heinrici imperatoris [794], ex parte ducis et tocius cleri atque plebis cum his transmittitur litteris [795].

O gloriosissime [796] *imperator et Christianæ religionis maxime cultor* [797], *suscipe nostras clemens et tocius cleri atque populi preces, et hunc virum per* [798] *omnia abprobatum* [799], *nomine Dethmarum* [800], *quem nobis in pastorem eligimus* [801], *vestra sanctissima collaudatione ac* [802] *jussione, ut ordinetur in episcopum, suppliciter exoramus.*

Tunc imperator, sicut erat divinæ legis amator

VARIÆ LECTIONES.

[763] seu 2b. [764] digna et admir. desunt 4. [765] corr. al. manu 1. [766] tradit 2b. supra vero obtulit. [767] episcopus addit 7. epistola inutilata in 5. [768] servorum Dei servus A. [769] duci addit 4. [770] eum 7, In 2b. notavit collator : alius eum. [771] Dei dilig. A. [772] corr. A. aud. 1, non 7. [773] in 1, corr. al. manu, ut. [774] asensu 1. [775] et addit 7. [776] grates 1, 4, 7. [777] v. s. A. [778] laudamus 2. [779] quod A 2b. [780] ita A 1, sancti V. W. fiat 2, sanctorum Viti et Wenceslai martyrum 2b. 3, 7, sanctorum Vit. Wenc. Adalberti 4. [781] monialium A. [782] et 2b. [783] Russiæ 3. Rusciæ 4. [784] Slavonicæ 2b. [785] sequentes 4. [786] eccl. s. Viti A. [787] in margine A. appositum. [788] Dietmarus 2, Diethmarus 7. [789] veniret 3, [790] l. perf. A. perferre 1. [791] affectu A. consensu 2b. [792] r alia manu superscript. 1. [793] favorabili 2b. [794] primi regis manus rec. apposuit in margine 7. [795] corr. 1. [796] O gloriosissime—exoramus exciderunt 5. [797] superscr. alia manu A. [798] verba per omnia — nobis desiderantur in A. quem alia manu superscriptum. [799] probatum 3. [800] Diethmarum 1, et alias. [801] elegimus 2b. [802] deest 1

NOTÆ.

(327) Cum Dobnero IV, 173. supplendum esset *filia,* ita ut bulla non Bolezlao II, sed Bolezlao patri missa videri posset, nisi æque ac Cosmas Dobnerus etiam supposita hæc epistola deceptus esset. Genuinam hujus epistolæ originem primus in dubium vocavit Assemanus Orig. eccles. Stud. t. III, p. II, p. 169, quod cum ille argumenta sua non attulisset satis mihi probasse videtur Pubitschka Gesch. von Böhmen III, 7; Palacky Wurdigung, p. 26, eorum sententiam amplexus est, quibus Cosmas verbis *formula hujusmodi fuit* indicasse videbatur, se non ex exemplari sed e memoria tantum textum reddidisse.

(528) His verbis tenet falsatorem Pubitschka nam temporibus Joannis XIII papæ Bulgari catholicæ Ecclesiæ addicti erant et Russi nondum profitebantur fidem Christianam.

(529) Minime anno 967, sed non ante annum 973 ope et consilio S. Wolfgangi, qui a. 972, sedem Ratisponensem adeptus est, cathedra episcopalis Pragensis constituta est, cujus rei testis est Heinricus IV in diplomate ab ipso Cosma II, 37 transcripto, quo legitur Pragensem episcopatum ab Ottone primo et a Benedicto papa (scilicet VI, qui sedit annis 972-974) confirmatum esse. Et large et acute de hac re disseruit Dobner IV, 213. Vide præterea Pubitschka III, 18. Othloni Vitam S. Wolfgangi, c. 29 Mon. German. SS. IV, et Ann. S. Emmerami Mon. Germ. I.

(330) A Wratislawo I duce in arce Pragensi constituta.

(331) Othlone teste l. l. tempore Ottonis medii i. e. II, primus episcopus Pragensis electus est, quod Palackio I, 229, paschali festo a. 973, quod Otto I Quedlinburgi celebravit, factum esse videbatur; cfr. Ann. Quedlinb. Mon. Germ. SS. III.

consilio ducum et principum sed præcipue præsulum, consulens saluti et novitati christianæ plebis, jussit Maguntinum archiepiscopum (332) qui tunc præerat curti, ut eum ordinaret in [803] episcopum. Tunc præsul [804] mitra redimitus novus novam redit lætus tocius Boemiæ in parrochiam, atque ut ventum est metropolim Pragam, juxta altare sancti Viti intronizatur ab omnibus [805] clero modulante: Te Deum laudamus. Dux autem [806] et primates resonabant: Christe keinado [807], kirie eleison, und di halligen alle helfuent unse, kirie eleison et cætera; simpliciores autem et idiotæ clamabant Kyrieleyson [808]: et sic secundum morem suum totam illam diem hylarem sumunt [809].

Anno dom. inc. 968 obiit Vok comes [810].

24. Post hæc præsul Dethmarus ecclesias a fidelibus in multis locis ad Dei laudem constructas consecrat, et populum gentilem baptizans quam plurimum facit Christo fidelem: nec post multos dies, anno scilicet dom. inc. 969 (333), 4 Non. Jan. (334) vinclis carnis absolutus, talentum sibi creditum Christo reportavit centuplicatum [811].

25. Interea rediens philosophiæ de castris, ubi (335) decem aut plus militarat [812] annis (336) secum haud [813] modicam librorum copiam referens, aderat spectabilis heros, nomine Wogtech [814], adhuc ordine subdiaconus; qui velut tener agnus inter oves sui pastoris super [815] morte mœrentes, sedulus exhibebat exequias funebres; orationibus diurnis instans simul et nocturnis, animam patris universalis elemosinis commendabat Deo largis et precibus sacris. Quem dux Bolezlaus et ejus optimates [816] in tam bono opere devotum cernentes et in futurum devotiorem fore sperantes, gratia Spiritus sancti inspirante, juvenem [817] nimis renitentem rapiunt et adducunt in medium, atque inquiunt: Nolis, velis, noster episcopus eris, et Pragensis [818] vel in-

A vitus episcopus vocaberis. Tua nobilitas, tui mores et actus optime concordant cum honore pontificatus.

Tu nobis talos a vertice notus, ad imos (337). Tu bene scis nobis pandere viam, qua itur ad cœlestem patriam. Jussu tua nobis quam posse sequi, tam velle necesse est. Te dignum omnis clerus, te universus idoneum episcopatu acclamat populus. Facta est autem hæc electio non longe ab urbe Praga Levigradec in oppido 11 Kal. Mart. eodem quo obiit Dethmarus episcopus anno[819].

26. Ea [820] tempestate (338) rediens de Saraceno bello, adiit [821] Veronam urbem præcellentissimus imperator Otto secundus, pacis amator, justiciæ cultor, gloriosissimo patre primo Ottone gloriosior [822], qui in omnibus præliis exstitit victoriosissimus [823]

B victor. Ad quem Sclavonica [824] manus Boemiæ cum electo pergit episcopo, ferens ex parte ducis legationem et tocius cleri atque populi peticionem, quo [825] imperiali nutu eorum communem confirmet [826] electionem. Igitur serenissimus [827] imperator con 'es scendens eorum dignæ [828] peticioni 3 Non. Junii [829] dat ei annulum [830] et pastoralem virgam [831]: et cujus suffraganeus erat, Willigisus [832] Maguntinus archipræsul [833] qui [834] ibi [835] forte aderat, jussu imperatoris consecrat eum in episcopum nomine Adalbertum. Nam archipræsul [834] Adalbertus Magidburiensis [836] ecclesiæ olim confirmans crismate, hoc proprio suo vocitarat [837] eum nomine, Consecratus [838] autem 3 Kal. Julii [839] (339) cum suis sequacibus [840] equitat in [841] dulcem patriam, et ut pervenit ad [842] civitatem Pragam nudo pede et humili corde, clero et omni plebe præ læticia modulante [843], episcopalem obsedit kathedram. Hujus tam præclari pastoris Adalberti consilio et prædictæ atque dilectæ suæ sororis abbatissæ Mariæ [844] interventu dux Bolezlaus, quicquid præsul Pragensis usque hodie in suo possidet vel obtinet episcopio, vel quicquid abbatissa optavit

VARIÆ LECTIONES.

[803] deest A. [804] venerandus Diethmarus addit 4. [805] hominibus 7. [806] Bolezlaus addit 4. [807] Xpc-keinando kiriel unddi gallicenalle helfuent unse kiriel. Hæc est lectio antiquissimi cod. 1, Christe keinado et cetera habent 2, 2ᵇ, 3, Christe keinado desunt 2, sed in margine 2ᵇ, Christe keynado. Christe kreynat et cetera 4, C. keynado e. c. 7, Christo keynado 7ᵃ. [808] krilesu A. krilessu 1, 2ᵇ, 4, kyrie eleyson 5, krlesu 7, krlesu 7ᵃ. [809] In cod. 7, sequitur fundatio ecclesiæ Wissegradensis a. 1070: reliqua desunt omnia usque ad II, 37. [810] Wok comes A. 2ᵇ, in margine. Wolkomes 3, comes Wok 4. [811] centuplum A. [812] militaverat 3, militavit 4. [813] corr. A. [814] ita A. Woytiech 2. Woytech. alii. [815] de A. A*. [816] obtimantes 1. [817] woytech addit 4. [818] deest A. urbis addit 4. [819] tempore et anno, omisso episcopus 3. anno deest 4. [820] vero addit 4. [821] abiit 1. [822] gloriosior 1. [823] deest A. corr. al. man. 1. [824] munifica 2. [825] qui 2. [826] ita A. 1. 3. confirmaret 2. rel. [827] serenimus 1. [828] deest A. [829] deest 5. [830] an. dat ei A. A* curam A. A*. [831] Willegisus 2ᵇ. [832] archiepiscopus 4. [833] qui — archipræsul alia manu in margine A. adscripta sunt. [834] tunc add. 4. [835] Magburgensis 1. 3. [836] vocitaverat A. A*. [837] est autem sanctus Adalbertus addit 4. [838] Ita unus 4. reliqui omnes 3. Idus Junii. [839] sequentibus 3. [840] suam addit 3. [841] sanctam addit 4. [842] kyrieleyson addit 4. [843] Mariæ ab. A.

NOTÆ.

(332) Ruothertum.
(333) Iterum errat; Dethmarus episcopus usque ad annum 982 vitam duxit, ut patet ex Vita S. Adalberti c. 8, l. I. quod pluribus argumentis probavit Dobner ad Hai. IV, 284. Eumdem errorem jam annalista Saxo ad a. 982, Mon. Germ. SS. VI, in auctore nostro reprehendit.
(334) De die consentit Necrologium Bohemicum apud Dobnerum Monument. Bohem. II, 9.
(335) Magdeburgi Otrico magistro. Vid. Joan-

nis Canaparii Vita S. Adalberti c. 3 Mon. Germ. SS. IV, 582.
(336) Quot annis studuerit incertum est. Ibid., c. 5.
(337) Cfr. Hor., ep. II, 2, 4.
(338) Ea tempestate — obsedit kathedram ex Vita S. Adalberti c. 8 desumpta sunt, paucis ab auctore de suo additis.
(339) Recte; consecratus est S. Adalbertus festo SS. apostolorum Petri et Pauli i. e. III Kal. Jul. confr. Vita Adalb., c. 8.

dari ..eri utilitatis in suo coenobio, gratuita utrique [845] concessit pietate et canonum sacra confirmavit auctoritate [845].

27. Anno dominicæ incarnationis 970.

Anno dominicæ incarnationis 971.

Anno dominicæ incarnationis 972 sanctus Oudalricus migravit a seculo.[847] (340).

Anno dominicæ incarnationis 973.

Anno dominicæ incarnationis 974.

Anno dominicæ incarnationis 975.

Anno dominicæ incarnationis 976.

Anno dominicæ incarnationis 977 [848] obiit Dubrauca, quæ, quia nimis improba fuit, jam mulier provectæ ætatis cum nupsisset Poloniensi duci (341), peplum capitis sui deposuit, et puellarem coronam sibi imposuit: quod erat magna dementia mulieris.

Anno dominicæ incarnationis 978.

Anno dominicæ incarnationis 979.

Anno dominicæ incarnationis 980.

Anno dominicæ incarnationis 981 obiit Slavnic [849], pater sancti Adalberti [850], cujus de moribus et vita licet plurima eniteant memoriæ [851] digna, ex quibus tamen ut referamus [852] pauca, coepta intermittimus nostra. Erat enim [853] vir lætissimus ad omnes facie, in consiliis serenissimus mente [854], alloquiis blandissimus [855], locuples diviciis quam secularibus tam spiritualibus. In domo [856] illius honestas [857] fulgebat et sincera dilectio, judiciorum rectitudo et procerum multitudo [858]. In operibus ejus erat legum cognitio, pauperum refectio, moerentium consolatio, peregrinorum receptio, viduarum et orphanorum [859] defensio (342). Hujus [860] tam insignis ducis metropolis fuit Lubio (343), sita loco ubi amnis Cydlina [861] (344) nomen perdit suum, intrans liberioris aquæ [862] in fluvium Labe. Habuit autem sui principatus hos [863] terminos. Ad occidentalem plagam contra Boemiam rivulum Surina [864] (345) et castrum quod est situm in monte Oseca [865] juxta flumen Msam [866]. Similiter plagam ad australem contra Teutonicos orientales has urbes habuit terminales: Hinov [867] (346), Dudlebí (347), Netolici [868] (348) usque ad mediam silvam. Item solis ad ortum contra Moraviæ regnum castrum sub silva situm, nomine Luthomisl [869] (349), usque ad rivulum Svitawa [870] qui est in media silva. Item ad aquilonalem plagam contra Poloniam castellum Cladzco [871] (350), situm juxta flumen nomine Nizam [872] (351). Hic dux Slavnic, quamdiu vixit, feliciter vixit.

28. Anno dominicæ incarnationis 982.

Anno dominicæ incarnationis 983.

Anno dominicæ incarnationis 984 obiit (352) Romæ cæsar Otto secundus. Huic imperatori [873] (353) Adalbertus præsul Pragensis adeo fuit familiaris et carus obsequiis, ut in pascha Domini [874], quod celebravit rex Aquisgrani in palatio coram omnibus episcopis, hac eum [875] officii celsitudine sublimaret, quo sibi coronam imponeret et majorem missam celebraret, quod solum fas erat ut archiepiscopus faceret (354). Post festum vero, cum jam acciperet [876] a cæsare licentiam redeundi ad patriam sevocat [877] eum cæsar in secretarium, et faciens suorum confessionem peccaminum, commendat se piis recordationibus ejus orationum. Insuper dat ei paramenta, in quibus missam celebrarat [878] in pascha, scilicet albam, dalmaticam, casulam, cappam

VARIÆ LECTIONES.

[845] utrisque A. [846] Reliqua usque ad annum 994 desunt in 7ª. [847] Hæc verba desunt A. 2ª. 5. [848] Quæ sequuntur, ad priorem annum leguntur in Frehero. [849] Zlaunik 1. 2ᵇ. Slawnik 2. Zlaunik dux 4. [850] XV Kal. Apr. addit 4. [851] memoria 2ᵇ. [852] refferamus 1. [853] deest A. [854] vitæ 3. [855] a. b. desunt 5. [856] in domo — defensio desunt 5. [857] honesta 4. et corrector 2ᵇ. [858] corr. al. man. 1. [859] et orph. desunt 4. [860] hius 1. [861] Cidlina 1. 3. Cidlinia 2. Cydlina 4. [862] atque 1. [863] os corr. al. manu hos 1. [864] Sirina corr. 1. Surma 3. [865] Ossieka 2. [866] Mzie 2. [867] Chinov. 1. 2ᵇ. 4. Hinou 3. [868] Netholici 1. Notolíczi 2. Notholici 2ᵇ. prius, sed correctum Netholici et deleto ultimo i supra scriptum e. Netholici 5. [869] Lutomisl 1. 4. Liutomysl 2. Lutomizl 2ᵇ. Lutomis vel, omisso nomine 3. [870] Zuitava 1. 2ᵇ. Zuitawa 2. Suttava 3. Zwitana 4. [871] Kladzcho 1. 2ᵇ. Kladsko 2. Kladsco 3. Glecz addit man. rec. 5. [872] Nisam corr. al. man. Nizam 1. Mzam 2. Nizzam 3. Nizan 4. [873] secundus addit 4. [874] deest 3. [875] cum 2. [876] accepisset 3. [877] clam vocat 4. [878] celebravit 4. celebraret 3. cum correctore 2ᵇ.

NOTÆ.

(340) Obiit die 4 mens. Julii 973. Cfr. Gerhardi Vita S. Udalrici, c. 27, Mon. Germ. SS. IV, p. 414.

(341) Miseconi; conf. quæ apud Thietmarum IV, 35, 36. de Dubrauca illa, filia Bolezlavi I, ducis Bohemorum, leguntur, et Roepell, Geschichte von Polen I, 622.

(342) Conf. Vita S. Adalberti c. ..

(343) Libicz in circulo Bidschowensi, cfr. Schaller XVI, 21.

(344) Czidlina fluvius qui prope Libicz in Albim cadit. Ibid.

(345) Bila qui prope Aussig in Albim exundat. Ibid., V, 14.

(346) Cheynow.

(347) Daudleb.

(348) Netolitz.

(349) Leutomischl.

(350) Glatz.

(351) Neisse.

(352) Constat eum anno præcedenti obiisse.

(353) Potius Ottoni tertio; cf. Vita S. Adalberti, c. 22.

(354) Minime de coronatione Ottonis III, sed de impositione coronæ, quæ in diebus festis fieri solebat, cogitandum esse, ex ipsis auctoris verbis satis apparet; quod quo tempore factum sit non liquet. Ottonem, a. 995, Pascha Aquisgrani celebrasse tabulæ ejus probant ap. Bœhmer reg., n. 746; eodem fere tempore S. Adalbertum in Germania fuisse, auctor Vitæ ejus innuere videtur c. 19, 20.

et facterium [879], quo ea habeat sui ob memoriam. Quae usque hodie in Pragensi ecclesia honorifice habentur et dicuntur paramenta sancti Adalberti.

Anno dominicae incarnationis 985 [880].

Anno dominicae incarnationis 986.

Anno dominicae incarnationis 987 obiit Strezizlva [881] (355), sancti Adalberti mater venerabilis et Deo acceptabilis matrona, tantae et tam sanctae sobolis [882] dici mater et esse digna.

Anno dominicae incarnationis 988.

Anno dominicae incarnationis 989.

Anno dominicae incarnationis 990 (356) sanctus Adalbertus Romae ad sanctum Alexium, inscio abbate quis esset, factus est monachus.

Anno dominicae incarnationis 991.

Anno dominicae incarnationis 992.

Anno dominicae incarnationis 993.

Anno dominicae incarnationis 994.

29. Nec [883] transsiliendum censeo quod ab aliis praetermissum video. Nam praesul Adalbertus videns, quod grex sibi commissus semper in praecipicium iret, nec eum ad rectam viam convertere quiret, timens ne et ipse cum pereunte [884] plebe periret, non ausus est cum eis amplius stare, nec passus est suam ulterius incassum praedicandi operam dare [885]. Sed cum jam jamque [886] Romam iter arripere vellet (357), forte fortuna tempore in ipso Strahquaz [887], de quo supra retulimus, sui abbatis cum licentia venerat de Radisbona [888], post multos annos visere patriam dulcem et cognatos atque fratrem suum Boemiae ducem. Cum quo vir Dei praesul Adalbertus secretum peciit et colloquium tenuit, multa conquestus de infidelitate et nequicia populi, de incesta copula et super illicita discidia [889] (358) inconstantis conjugii, de inobedientia et negligentia cleri, de arrogantia et intollerabili potencia comitum. Ad ultimum omnem intencionem sui cordis sibi aperuit [890], quod vellet Romam apostolicum (359) consultum ire, et ad gentem apostatricem [891] nunquam redire. Inter haec et ad [892] haec haec addidit: *Et bene est*, inquit, *quod tu frater nosceris esse ducis, et hujus terrae ex* [893] *dominis* [894] *originem ducis* [895] *: te plebs ista mavult* [896] *dominari, et tibi magis obedire quam mihi. Tu* [897] *consilio et auxilio tui* [898] *fratris superbos comprimere, negligentes arguere, inobedientes corrigere, infideles increpare poteris. Tua dignitas et scientia, tui habitus sanctimonia multum* [899] *concordant, ad pontificalia regimina. Quod ut fiat ego tibi cum* [900] *Dei voluntate et mea potestate concedo, et ut liceat me vivente istic episcopus ut sis, aput apostolicum omnibus votis intercedam* [901]. Et quem forte manu tenebat episcopalem baculum, ponit sibi in sinum. Quem ille, quasi furibundus, in terram projecit, et haec verba insuper adjecit: *Nolo ut* [902] *aliquam dignitatem habeam* [903] *in mundo* [904]*, honores fugio* [905]*, pompas seculi despicio : indigno me judico episcopali fastigio, nec tantum pondus pastoralis curae ferre sufficio. Monachus sum, mortuos sum : mortuos sepelire non possum*. Ad haec praesul [95] respondit: *Scias, frater* [907], *scias, quod modo non facis cum bono, facies autem postea, sed cum tuo maximo* [908] *malo*. Post haec praesul [909], ut proposuerat, Romam iter arripit, et gentem suis praeceptis inobedientem relinquit [910]. Et quia tunc temporis dux non erat suae potestatis, sed comitum [911], comites versi in Dei odium, patrum iniquorum pessimi filii, valde malum operabantur facinus [912] et iniquum. Nam sub quadam festiva die [913] (360) furtim irrumpunt urbem Lubic, in qua fratres sancti A-alberti et milites urbis universi velut oves innocentes assistebant sacris missarum solempniis festa celebrantes. At illi ceu lupi immanes urbis moenia irrumpentes, masculum et feminam usque ad unum interficientes, quatuor [914] fratribus sancti Adalberti cum omni prole ante ipsum altare decollatis, urbem [915] comburunt, plateas sanguine perfundunt, et cruentis spoliis ac crudeli praeda onerati [916] hilares ad proprias [917] redeunt [918] lares. Interfecti sunt autem in urbe Lubic quinque fratres sancti Adalberti [919] anno dom. incarn. 995, quorum nomina [920]

VARIAE LECTIONES.

[879] facitersium *corrector* 2. facitergium 3. — [880] *Numerus alia manu in margine* A. *adscriptus*. — [881] Zrz'zlava 1. 2b. 4. Strzizislawa 2. Zrezizlana 3. Ztrebzizlava 5. — [882] *corr*. 1. — [883] *Hic iterum incipit cod*. 7a. — [884] *corr*. 1. — [885] *corr*. 1. — [886] jamque *deest* 1. 3. — [887] Ztrahquaz 1. 4. — [888] Radispona 1. — [889] dissidia 2b. 3. 4. — [890] aperit A. A*. — [891] apostaticam 3. — [892] superscr. 1. — [893] et corr. ex 1. — [894] dominis corr. domini 1. — [895] et hujus—ducis *desunt* A. A*. — [896] magis vult 4. — [897] tu consilio—poteris *desiderantur in* 4. — [898] *deest* A. A*. — [899] multum *deest* 2. — [900] *deest* 3. — [901] intendam 3. — [902] ita A, 1. 4. — [903] *deest in omnibus cod., alia manu superscr*. 1. — [904] possideam 4. — [905] *A verbis* nores fugio *continuatur chronicon in cod*. 4a. — [906] Adalbertus *add*. 4, 4a. — [907] Ztrahquaz *add*. 4, 4a. — [908] *deest* A, A*. — [909] Adelbertus *addit* 4. — [910] reliquit 2. — [911] ducum A, ducis A*. — [912] scelus 4, 4a. — [913] die festivo A, A*, festivitate 4, 4a. — [914] universis 3. — [915] Lubic *add*. 4, 4a. — [916] corr. al. manu 1. — [917] ita A, 1. — [918] recedunt A, A*. — [919] praesulis *addunt* 4, 4a. — [920] quorum nomina *deest* 2. *Per verba*: Anno dom. incarn. 995 *linea alio atramento ducta es*.

NOTAE.

(355) Ex claro genere Sclavorum nobilissima; conf. Brunonis Vita S. Adalberti, c. 1.

(356) Jam tempore Nativitatis Christi, a. 988, S. Adalbertus Romae commoratus esse videtur; conf. Wilmans Otto III, p. 92.

(357) Primum erat S. Adalberti iter Romanum; itaque cum Cosma minime ad annum 994 referri potest.

(358) Vita S. Adalberti, c. 12.

(359) Joannem XVI annis 985-996 sedentem.

(360) S. Wenceslai; cfr. Brunonis Vita S. Adalberti, c. 21; sed hoc post secundum ejus iter Romanum factum est anno 996.

sunt hæc : Sobebor, Spitimir [921], Dobrazlav [922], Porey [923], Caslav [924].

30. His ita [925] peractis, dux Bolezlaus inito consilio cum clericis, Maguntinum præsulem [926] his sollicitat verbis : *Aut nostrum pastorem Adalbertum ad nos revoces, quod magis volumus, aut alium nobis in loco sui ordines, quod inviti poscimus* [927]. *Nam* [928] *Christi ovilia adhuc in hac gente fidei novicia, nisi eis assit vigilans pastoris custodia, cruentis* [929] *lupis opima recta* [930] *fiunt* [931] *edulia* [932]. Tunc A metropolita Maguntinus sollicitus ne populus nuper [933] Christo adquisitus, relapsus in antiquos pereat sacrilegos ritus, mittens legatos ad apostolicum clamat ut aut viduatæ Pragensi ecclesiæ maritum remittat (361), aut alium in loco sui ordinari [934] permittat. Et quoniam servus Dei Adalbertus, jussu apostolici factus liber a custodia gregis dominici, in coenobio sancti Alexii [935] cum senatoribus coeli infra amoenam curiam terreni conversabatur [936] Elisii.

Hunc dominus papa, suus et pius insimul abba (362),
Talibus alloquiis [937] moestum solantur amicis :

O fili dulcissime   et frater amantissime [938],
per caritatem Dei te deprecamur [939] et per amorem proximi obtestamur,
ut ad tuam parrochiam [940]   dignanter redeas
regimenque tuarum ovium   diligenter recipias.
Si te audierint, Deo gratias : si te non audierint, fugientes te [941] fugias,
ne cum pereuntibus pereas,   et ad nationes exteras prædicandi licentiam habeas.
Hac præsul [942] valde   exhylaratus [943] sententia,
quod sibi sit [944] data docendi exteras gentes licentia ,
non sine magna moesticia   fratrum dulcia linquit [945] consortia.

Et cum viro summæ discretionis præsule (663), nomine Burbis, in palatio rogat, quo per ejus missos scire Nothario [946], adiens [947] archiepiscopum Maguntinæ posset, si se suus grex [948] recipere vellet [949].

Quo facto, quid sibi suus grex responderit,
aut quam ob causam eum non receperit,
vel ad quas gentes inde transierit,
quantæ etiam frugalitatis omnibus diebus sui episcopii fuerit,
quanta morum honestate enituerit,
scire poterit, qui vitam ejus seu [950] passionem legerit.
Nam mihi jam dicta bis [951] dicere non placet ista.

Tunc Ztrahquaz [952] frater ducis, de quo supra meminimus, videns episcopum quasi jure et regulariter [953] a sua plebe repudiatum, tumido fastu exarsit in episcopatum. Et quia facile est volentem cogere, protinus hunc ydiotam et sicophantam populus nequam in episcopalem levat [954] kathedram. Sic enim, sic Deus sæpe [955] permittit per sui providentiam C pravorum hominum invalescere potentiam, sicut in hac inregulari [956] electione ludicra [957] prævaluere [958] Cereris generi [959] (364). Nam fuit hic Ztrahquaz veste compositus, mente tumidus, actibus dissipatus, oculis vagus, verbis vanus, moribus ypocrita, et tocius erroris mandrita, atque in omnibus operibus malis iniquorum archigeronta [960].

Plura referre pudet Ztrahquaz de præsule pseudo.

VARIÆ LECTIONES.

[921] olim Spitimur 2. Sptimir 4, 4ª. [922] Bobrazlau 1, 2ᵇ. Bobraslau olim in 2. mutatum vero alterum b in h, deletum ra et suprascriptum u, et ita correctum Bohuslau. Bohrazlau collator 2ᵇ. Drobozlau 3. Pobrazlau 4, 4ª. [923] Poreii 3. [924] Cazlav 1. rel. Czaslau 2, Chazlaw 5. [925] itaque 2ª. [926] deest A. [927] possimus corr. alia manu poscimus 1. [928] nam — edulia desunt 5. [929] rapidis vel rabidis cruentis 1. [930] recte 2ᵇ, 4, 4ª. [931] fient 2ᵇ, 3, 4, 4ª. [932] edilia 2. correctum alia manu edulia. [933] addit 2. [934] suo ordinare 4, 4ª. [935] confessoris add. 4, 4ª. [936] conversabantur corr. -batur 1. [937] aloquiis 1. [938] Adalberte addit 4ª. [939] deprecor 1. [940] littera c. al. manu superscr. 1. [941] deest 4, 4ª. [942] Adalbertus add. 4, 4ª. [943] alia man. superscr. 1. [944] est 1. [945] liquit 2ᵇ. [946] Votharino corrector 2ᵇ. Notario 4ª. [947] deest 4, 4ª. [948] Verba grex — suus alia manu in margine A. apposita. [949] corr. al. man. 1. [950] sive 2. [951] biis 1. [952] Strahquas 2 et sic deinceps. [953] regulariter 2ª. [954] locat 3. [955] Deus sic sæpe 3, sæpe deest 4, 4ª, 5. [956] syllaba in al. manu superscr. A. regulari 4, 4ª. [957] ludicra A. ludicitus 3. [958] prævalere corr. alia man. prævaluere A. prævalere 4, 4ª. [959] genere corr. -enefi A. [960] archigeron 4.

NOTÆ.

(361) Vita S. Adalberti, c. 18.
(362) Leo abbas monasterii S. Alexii.
(363) Leodiensis; cfr. Vita S. Adalberti, c. 21; sed quod factum est in secundo itinere Romano, a. 996; auctor duo illa itinera in unum confundit.
(364) I. e. diaboli.

Sufficiunt [961] pro multis pauca. Ventum erat Magun-tinæ sedis ad [962] archipræsulem [963]: ubi peractis omnibus quæ agenda erant per ordinem, sicut fieri solet, post examinationem episcopalem, choro lequi ordinandus erat Ztrahquaz dum [965] heu dira condicio, et quod servus [966] Dei [967] palam fit coram clero

Hactenus hæc inscruisse sufficiat [968] (365).

31. Anno dom. inc. 996 (366) postquam insignis signifer Christi, præsul Adalbertus, retibus fidei cepit Pannoniam simul et Poloniam, ad ultimum, dum in Pruzia [969] seminat verbum Dei, hanc præsentem vitam pro Christo feliciter terminavit martiro 9 Kalendas Maii, feria 6 [970]. Eo anno fuit pascha 7 Kalendas [971] Maii (367).

Anno dom. inc. 997 sæpe memoratus dux Bolezlaus videns Pragensem ecclesiam suo pastore viduatam, dirigit legatos suos ad imperatorem tercium Ottonem, rogans [972], ut Boemiensi ecclesiæ sponsum meritis dignum daret, ne [973] grex Christo noviter mancipatus redeat ad pristinos vanitatis ritus et ad iniquos actus; quippe profitetur non haberi in tota Boemia tunc temporis clericum episcopatu dignum. Mox cæsar [974] augustus Otto sicut [975] erat in divinis humanisque rebus prudentissimus, annuens peticioni eorum cœpit curiosius cogitare, quem de suis potissimum in hoc tam arduum opus dirigeret clericum. Forte aderat in regali curia (368) capellanus nomine Theadagus [976], actibus probis et moribus decoratus, liberalibus studiis adprime eruditus, genere de Saxonia, lingua perfecte [977] imbutus Sclavonica [978]. Hunc quia sors obtulerat, omnis regiæ aulæ senatus et ipse cæsar valde lætificatus in pontificem Pragensis ecclesiæ eligit et collaudat, et mittens ad Maguntinum archipræsulem, quo eum celeriter in episcopum consecret, mandat.

Anno dom. inc. 998 Nonis Julii consecratus est Teadagus, honeste a clero et populo [979] Pragensis ec-

A tamiam [964] modulante, dum procumbit super tapecia archipræsul infulatus ante altare, et post eum inter duos suffraganeos

prosternitur in medio,
arripitur atroci dæmonio:
olim sibi prædixerat clanculo,
et omni populo.

clesiæ recipitur, atque cum magno gaudio ad cornu altaris sancti Viti intronisatur. Dux valde congratulatur quia pastor bonus suo gregi arridet, et grex lætus pastori novo [980] alludit.

32. Rexit autem iste excellentissimus princeps Bolezlaus post patris obitum 32 annis ducatum, quia quæ justiciæ, quæ catholicæ [981] fidei, quæ christianæ religionis sunt, erat ardentissimus executor, apud quem [982] nullus ecclesiasticam, nullus mundanam dignitatem obtinuit per pecuniam [983]. Fuit etiam [984], ut res probat, in præliis victoriosissimus victor, sed victis clementissimus indultor atque præcipuus pacis amator. Cui erant maximæ opes, bellica instrumenta et dulcia armorum studia. Nam plus diligebat [985] ferri rigorem, quam auri fulgorem, in cujus oculis nemo utilis displicuit, nunquam inutilis placuit, suis mitis, hostibus terribilis fuit. Habuit autem hic gloriosissimus dux [986] Hemmam sibi in matrimonio junctam, quæ genere fuit cæteris nobilior (369), sed, quod magis laudandum est, nobilitate morum multo [987] præstancior. Ex qua duos (370) filios suscepit elegantissimæ indolis, scilicet Wenceslaum et Bolezlaum; sed Wenceslaus ab ineunte ætate hanc [988] fragilem vitam mutavit æternitate. Bolezlaus autem post discessum patris sedis suscepit gubernacula principalis, ut in sequentibus declarabitur [989].

33. Factum est autem, cum appropinquarent [990] dies supra memorati ducis [991] Bolezlay, quo jam æternam commutaret morte vitam [992], vocat æquivocum suum et superstitem natum [993], et adstante coniuge Hemma [994] (371), et multa procerum tur-

VARIÆ LECTIONES.

[961] sufficiant 2b, 3, 4. [962] superscr. al. manu. A. [963] episcopum 3. [964] lætamini corr. lætaniam 2b. lætamina 3. [965] deest. A. [966] serus corr. al. man. servus 1. [967] Adalbertus addunt 4, 4a. [968] sufficiant 3. hactenus — sufficiat desunt 5. hactenus — 996 desunt 7a. [969] Brussia 2, 3. [970] Reliqua hujus libri pars penitus desideratur in 7a. Sequitur fundatio ecclesiæ Wissegradensis a. 1070. [971] VI Cal. 3. [972] deest 3. [973] ut — non redeat 2. [974] addid. al. man. A. [975] deest 2. [976] Thegdagus 1, 3 et deinceps; corr. Thegdagus 2b. [977] proferre 1, 3. [978] Slavica 4, 4a. [979] et populo omittit 2b. [980] suo 2b. [981] chatolice 1. [982] christianæ repetit 1. [983] pro pecunia 2b. 3. 4. 4a. [984] et 2b. 3. 4. 4a. [985] diligebant corr. — bat. 1. [986] Bolezlaus addunt 4, 4a. [987] corr. al. man. 2. [988] hanc deest 2. 2b. 3. [989] declaratur A. [990] appropinquaret 3. [991] ducis deest. 2. 2b. 3. [992] com. m. v. aet. A. [993] natu 4. 4a. [994] Hemina 2.

NOTÆ.

(365) Meram hoc fabellam esse Pubitschka probare conatus est III, 224.

(366) S. Adalbertus obiit anno 997; cfr. Palacky Würdigung, p. 28.

(367) Vita S. Adalberti, c. 30. Pascha anni 996, die 12 mensis Aprilis celebratum est.

(368) Non in imperatoris sed in Bolezlavi II ducis aula versabatur Theadagus, qui monachus Novæ Corbeiæ arte medica peritus, duci sanitatem restituerat; cfr. Thietmar VII, 41; qui vero confirmat ab Ottone Theadagum sedem Pragensem regendam accepisse.

(369) Dobner IV, 432, eam filiam Conradi regis Burgundiæ fuisse conjicit.

(370) Quatuor potius; præter nominatos Jaromirus et Udalricus, quos Bolezlavi III filios fuisse falso opinatur Cosmas, erant filii Bolezlavi II, teste Thietmaro V, 15.

(371) Valde vexavit Emmæ hujus origo satis obscura rerum Bohemicarum indagatores. Vid. Pubitschka III, 153; Palacky I.

ma [995], jam interrumpente [996] singultu verba, prout potuit, his dulcem affatur filium dictis : Si fas esset matri sui [997] uteri infanti, ut lactis ubera, sic sapientiæ dare munera, non natura, sed homo creatus dominaretur in creatura. Attamen nonnulla Deus sua concessit hominibus dona, sicut Noe, Ysaac, Thobiæ atque Mathatiæ, ita duntaxat, ut quos illi benedixerunt [998], benedixit illis Deus, et quos præordinaverunt [999] ad bonæ conversationis vitam, contulit et illis Deus perseverantiam. Sic et hodie, fili mi, si non assit sancti Spiritus clementia, parum prodest meorum verborum jactancia. Ducem te, inquit Deus, constitui [1000] : noli extolli, sed esto quasi unus ex illis [1001], id est [1002], si te cæteris sublimiorem sencias, mortalem tamen [1003] te esse [1004] cognoscas, nec [1005] dignitatis gloriam, qua in seculo sublimaris, aspicias, sed opus, quod tecum ad inferos deportes, intendas. Hæc præcepta Dei in corde tuo scribe, et hæc mandata patris tui non omitte. Ecclesiæ limina frequenter visita, Deum adora, sacerdotes ejus honora, ne sis sapiens apud temetipsum, sed consule plures, si sapiant in id ipsum [1006]. Pluribus ut placeas, sed qualibus stude.

Omnia cum amicis, sed prius de ipsis tracta. Juste judica, sed non sine misericordia. Viduam et advenam ne despice ad tuam [1007] stantes januam.

Dilige denarium, sed parce dilige formam.

Res enim publica, licet sit [1008] nimis adaucta, per formam [1009] nummismais falsam cito erit ad nihilum redacta. Est aliquid, fili mi, quod Karolus, rex sapientissimus et manu [1010], potentissimus, haud [1011] æquiperandus [1012] nobis hominibus valde humilibus, cum filium suum Pipinum post se in solio sublimandum disponeret, cur terribili eum [1013] sacramento constringeret, ne in regno suo subdola [1014] et prava taxatio [1015] ponderis [1016] aut monetæ fieret. Certe nulla clades [1017], nulla pestilentia [1018] nec mortalitas, nec non si [1019] hostes totam terram rapinis [1020], incendiis devastarent [1021], magis populo Dei nocerent, quam frequens mutacio [1022] et fraudulenta pejoratio nummi. Quæ pestis, aut quæ infernalis Herinis inclementius spoliat, perdit et attenuat christicolas, quam fraus in nummo herilis? Atqui [1023] post hæc senescente justicia et invalescente nequicia surgent non duces, sed fures, non rectores populi Dei, sed nequam exactores, avarissimi sine misericordia homines, Deum omnia cernentem non timentes [1024], qui ter vel quater in anno monetam mutando [1025] erunt [1026] in laqueum [1027] diaboli [1028] ad perdicionem populi Dei. Talibus enim nequam artibus et per legum insolentiam coangustabunt hujus regni terminos, quos ego dilatavi usque ad montes, qui sunt ultra Krakov [1029] nomine Triti [1030] per Dei gratiam [1031] et populi oppulentiam. Nam

Divicie plebis sunt laus et gloria regis,

Nec sibi sed domino gravis est, quæ servit [1032] ege-
[stas (372)]

Plura locuturus erat : sed extrema hora diriguerunt [1033] principis ora, et cicius dicto obdormivit in Domino, atque magnus factus est super eum planctus; dies autem sui obitus est 7 Idus Februarii anno Dom. inc. 999.

34. Eodem anno Gaudentius [1034], qui et Radim [1035], frater sancti Adalberti ordinatus est episcopus [1036] ad titulum Gnezdensis [1037] ecclesiæ (373). Hic gloriosissimus dux secundus Bolezlaus, vere et hodie haud [1038] plangendus satis [1039], cujus memoria in benedictione est, in quantum ampliando dilataverit [1040] ferro sui terminos ducatus, apostolica testatur auctoritas in privilegio ejusdem Pragensis episcopatus (374). Post cujus obitum filius ejus, tercius Bolezlaus (375), ut supra relatum est [1041], successit in ducatum; sed non eisdem rerum successibus, nec paternis auspiciis terminos adquisitos obtinuit. Nam dux Poloniensis Mesco [1042] (376), quo non fuit alter dolosior homo, mox urbem Kracov (377) abstulit dolo, omnibus quos ibi invenit Boemiis [1043] extinctis gladio. Fuerunt autem duci [1044] Bolezlav [1045] ex conjuge nobili duo fratres [1046], fœcundæ [1047] matris gloria nati (378) scilicet Udalricus [1048] et Jaromir. Sed Jaromir juvenis patris est nutritus in aula. Udal-

VARIÆ LECTIONES.

[995] turoa 2. [996] interrumpente A. [997] suæ utii infantis 1. [998] benedixerit 2. corr. erunt 3. [999] præordinaverit 3. [1000] alia manus addit t. 2. [1001] eis 4. 4ª. [1002] i. A. [1003] tamen add. alia man. A. deest. 2b. 3. 4. 4ª. [1004] esse deest 4ª. [1005] ne 2. 2b. 3. [1006] sed — ipsum desunt A. [1007] corr. al. man. 1. [1008] deest 4. 4ª. [1009] autem minio superscripsit recentior manus 1. [1010] deest 4. 4ª. [1011] corr. A. Verbis haud — humilibus superscriptæ sunt in 2. hæ glossæ Bohemicæ gesto mi tizizi hide nemnozem si geczin wronelati. [1012] ita corr. A. equipperandus 1. [1013] cum terribili eum 2. 2b. eum terribili cum 3. [1014] superscripta glossa Bohemica chytra. [1015] glossa Boh. czena. [1016] glossa Boh. promiena. [1017] gl. Boh. wahy zahuba. [1018] gl. Boh. mor. [1019] si 4, 4ª, non a correctore 2b, subductum. [1020] et addunt 2b, 3, gl. Boh. lupezem. [1021] devastantes 3. [1022] In 2 difficilis lectio, ita ut potius invitatio quam immutatio legas. In margine vero mutatio. [1023] aut qui 4, 4ª. [1024] metuentes 3. [1025] deest 5. [1026] ruunt 5, eunt 4, 4ª. [1027] gl. Boh. kosidla. [1028] gl. Boh. diablowa. [1029] Crakov 1, et sic deinceps. Krakou 3. [1030] Triti A, Trytri 1, Tryn 2, Tryti 2b, sed corrector Trnim. Triti 3, Tritri 4, 4ª. [1031] misericordiam A. [1032] premit superscr. recentior manus 1, quem gravat quis 3, 4. [1033] diriguerat 2. [1034] archiepiscopus addit 4ª. [1035] Radun 3. [1036] episcopus deest 4, 4ª. [1037] Genezdensis 1. [1038] corr. A. [1039] satis deest A, 1, 2, 2ª, 4, 4ª, 5, haud et satis desunt 2b. [1040] dilatando ampliaverit 2b. [1041] retulimus 4, 4ª. [1042] Mesko 1, et ita porro. [1043] deest 3. [1044] deest A. [1045] Bolezlao 1. [1046] duæ, omisso fratres 3. [1047] secundæ 2, 4ª. [1048] Oodalricus 1, Udalricus 2b, Oalricus 3, et sic deinceps. Odelricus 4. Oudalricus 4ª, Dedalricus 5.

NOTÆ.

(372) Lucan., Phars. III, 152.

(373) Jam in tabula anni 999 Gaudentii archiepiscopi mentio fit; cfr. Wilmans Otto III, p. 113.

(374) Dubito num Cosmas ex descriptione diœcesis Pragensis in privilegio pontificis merito conjecerit, Bolezlavum ferro regni fines ampliasse.

(375) Cognomento Rufus, teste Thietmaro V, 7.

(376) Imo Bolezlaus cognomine Chrabry, filius Mesconis.

(377) Krakau.

(378) Hoc falsum esse vide supra.

ricus [1049] autem a pueritia [1050] traditus erat imperatoris Henrici [1051] in curiam, quod addisceret mores [1052] et eorum [1053] astuciam ac Teutonicam linguam (379). Post hæc transacto non longo tempore (380) supradictus uterque dux Mesco et Bolezlaus in condicto [1054] loco conveniunt ad colloquium, et data fide ac juramento firmata inter se pace, dux Mesco invitat Bolezlaum, quo dignaretur venire ad suum [1055] convivium. At ille, sicut erat vir columbinus et sine felle (381), suorum consilio familiarium dixit se omnia facturum velle. Sed quæ pestis nocentior quam familiares inimici? Quorum quia non potuit contraire dolosis consiliis, immo jam suis satis, hah mens præsaga ducis! vocat ad se nobiliores, et quos relicturus erat in regno, qui videbantur sibi fideliores, et his eos affatur dictis : *Si quid forte mihi, quod absit! alter et præter fidem atque spem in Polonia evenerit, hunc* [1056] *meum natum Jaromir vestræ fidei committo, et mei in loco ducem vobis relinquo.* Sicque dispositis regni negotiis it cariturus lumine, et intrat urbem Kracov sinistro omine [1057] perfidi ducis Mesconis ad [1058] convivium. Nam mox inter prandendum pax, fides, jus hospitale rumpitur, dux Bolezlaus capitur atque oculis privatur (382), suosque omnes alios trucidant [1059], alios obtruncant, alios carceri tradunt. Interea iducis Bolezlai domestici et familiares inimici, gens invisa, generatio mala, Wrisovici [1060] (383), operabantur [1061] abhominabile malum et antea retro seculis inauditum (384). Quorum primus et quasi caput tocius iniquitatis erat Kochan [1062], vir sceleratissimus et omnium malorum hominum pessimus. Hic et sui propinqui, homines iniqui [1063], ducis cum filio Jaromir venientes venationis ad locum, qui dicitur Weliz [1064] (385), postquam referente fama perceperunt [1065] quæ facta sunt de duce in Polonia : *Quis iste est*, inquiunt, *homuncio* [1066]

alga vilior (386), *qui super nos debeat* [1067] *esse major et dominus vocari? An non invenitur inter nos melior, qui et dignior sit dominari?* Ah! mala mens, malus animus! Quod ruminant sobrii, palam faciunt ebrii. Nam iniquitas eorum ut [1068] incaluit et assumpsit cornua mero, capiunt dominum suum et crudeliter ligant, atque nudum et resupinum per brachia et pedes ligneis [1069] clavis affigunt humi, et saltant saltu [1070] ludentes militari, saltantes in equis trans corpus sui [1071] heri [1072]. Quod videns unus de conversis [1073] nomine Dovora [1074], velociter currens in Pragam, Quod factum fuerat ducis [1075] nunciavit [1076] [amicis : et eadem hora [1077] deducit eos ad turpe bravium sine mora. Quos [1078] ubi [1079] viderunt iniquitatis operarii armatos super se repente irruere, diffugiunt ut vespertiliones per silvarum latebras [1080]. At illi, ut invenerunt [1081] ducem male muscis laceratum, seminecem, nam [1082] ut examen apum, sic ascendebat agmen muscarum super corpus nudum, solventes eum et vehiculo ponentes deferunt Wissegrad [1083] in urbem. Servo autem Dovoræ, omni laude digno ducis amico, talis gratia redditur [1084] pro merito. Nam voce [1085] præconica [1086] indicitur ubique per fora, ut quam ipse Dovora tam ejus proles postera, sit inter nobiles et ingenuos [1087] in æternum et ultra. Insuper dant ei et dignitatem venatoriam, quæ pertinet ad curtem Stebecnam [1088] (387), quam ex tunc et usque modo per generationes ejus possident nepotes.

55 Dum hæc geruntur in Boemia, dux Mesco veniens cum valida manu Polonica invasit urbem Pragam, et per duo spacia annorum, scilicet anno dom. inc. 1000, anno dom. inc. 1001 obtinuit eam (388). Sed Wissegrad [1089] urbs duci suo fidelis [1090] mansit imperterrita et inexpugnabilis. Hisdem

VARIÆ LECTIONES

[1049] Ödaldricus 1. [1050] a pueritia *desunt* A. [1051] Henrici A. [1052] *ita corr.* 1, morem A, *rel.* [1053] *deest* A. [1054] concilio 1. [1055] ad s. ven A. [1056] *erasum* 1. [1057] homine 1. [1058] ad *deest* 4. 4ᵃ [1059] alios trucidant *desunt* 4, 4ᵃ. [1060] Wirsovici 1, Wirssevici 2ᵇ, Versovici 3, Wrssovici 4, 4ᵃ. [1061] operantur 4, 4ᵃ. [1062] c. *superscr. al. man.* A. Kohan 1, 2ᵇ, 4, 4ᵃ. Cohan 3. [1063] homines iniqui *desunt* A, 1. [1064] Veliz 2, Weliz 2ᵇ, 3. [1065] perceperat 3. [1066] h *superscr al. manu* 1. [1067] debet A, 2, 4. [1068] *superscr.* A. [1069] ligneis *deest* 2ᵇ, 4, 4ᵃ. [1070] *deest* 4, 4ᵃ. [1071] omittunt 4, 4ᵃ. [1072] eri *corr.* heri *al. man.*1. [1073] suis *addit.* 3. [1074] Hovora 2ᵃ, *et sic deinceps.* Dowora 4. [1075] duci 2. [1076] nunciat A, 2, 2ᵇ, 3, 4, 4ᵃ. [1077] ora *corr.* 1, Wissegorat 2. [1081] *deest* 2. [1085] falso repetii 1. pro merito. [1086] præconia A, 3, 4, 4ᵃ. [1087] ducis amiccos *addit corr.* 2ᵇ. [1088] Stebecznam 2, Sthecnam 3, Stbecnam, 4, 4ᵃ. [1089] Wissehrad 4, 4ᵃ. [1090] fideliter 3.

NOTÆ.

(379) Aufugerant in Germaniam, quia Bolizlavus Jaromirum evirari, Udalricum in balneis suffocari jusserat; cfr. Thietmar. V, 13. Ex ipso rerum ordine patet Heinricum illo tempore minime imperatorem, sed Bavariæ ducem fuisse.

(380) I. e. anno 1003; fugit Cosmam, Bolezlaum a. 1002 Bohemia expulsum et anno 1003 a Bolezlavo Polono restitutum esse, cum medio tempore Wladiboi Polonus et Jaromir regnum paucos menses obtinuissent. De his omnibus cf. Thietmar. l. l.

(381) Thietmaro V, 7, est immensæ impietatis auctor; et merito; confer quod idem narrat V, 18.

(382) Obiit anno demum 1037, ut testantur Annales Pragenses.

(383) Est patronymicum, *filii, posteri Wrs*; cfr. Palacky Gesch. Bohmens, I, 163. 363.

(384) Quod quo tempore factum sit non satis liquet. Dobner V, 57 ad annum 1012 celus revocat.

(385) Postero tempore hoc loco præpositura exstabat S. Joanni Baptistæ dedicata, quæ haud procul a Rakonicz sita in bello Hussitico diruta est. Cfr. Pubitschka III, 205.

(386) Hor. serm. II, 2, 8.

(387) Zbečna in circulo Sacensi.

(388) Annis 1003 et 1004 tenuit Pragam dux Poloniæ, vid. Annal. Quedlinburgenses et Thietmar. VI, 9.

[1091] vero diebus idem [1092] dux Mesco mittit legatos ad imperatorem, dans ei et promittens [1093] infinitam pecuniam, quo filium ducis Bolezlai, nomine Udalricum [1094] qui erat ejus in obsequio, catenatum mitteret [1095] in custodiam (389). O invictissima fames auri! ubi est potentissimum jus Romani imperii? Ecce possessor auri pressus ponderibus auri ducis obtemperat jussis, et tortor fit ac carceris mancipator auro corruptus imperator. Nec mirum, si ille paruit duci [1096] : cum nostris temporibus (390) Wacek [1097], sub mola rusticana natus, tertium Heinricum (391) regem potentissimum — o indignum [1098] facinus [1099] ! — catena aurea ut molossum traxit in Boemiam; et quod jubet famulorum famulus, paret dominorum dominus, atque Borivoy [1100] ducem justi tenacem (392), virum veracem, usque ad genua compeditum rex mittit in custodiam, ceu iniquum [1101] hominem et mendacem. Sed hæc in suo [1102] loco plenius exarabuntur stilo.

36. Factum [1103] est autem anno dom. inc 1002 (393) jam Christo Boemos respiciente [1104], et sancto Wenceslao suis auxiliante, incertum est nobis, utrum clam fuga elapsus an jussu imperatoris dimissus, dux Oudalricus (394) rediens in [1105] patriam, intrat munitissimum [1106] castrum, nomine Drevic [1107] (395), unde militem mittit [1108] sibi fidelem, et ammonet, quo intrans urbem Pragam per noctem clangore [1109] bucinæ perterrefaciat incautum hostem. Mox fidelis cliens jussa facit, et ascendens noctu in media urbe eminenciorem locum, qui dicitur [1110] Zizi [1111] (396), tuba intonat et clara voce clamans ingeminat (397): *Fugiunt* [1112], *fugiunt Polonii* [1113] *confusi turpiter, irruite, irruite armati Boemi acriter.* Ad quam vocem irruit super eos formido et pavor, quod erat mira Dei permissio et sancti Wenczlai intercessio. Diffugiunt omnes, alius oblitus sui, et [1114] armorum, nudus nudum insilit [1115] equum ac fugit, alius ut dormivit, etiam [1116] sine bracis [1117] accelerat fugam. Fugientesque nonnulli præcipitantur de ponte, quia pons erat interruptus ad insidias hostibus: aliis fugientibus per [1118] præruptam viam, viam, quod vulgo dicitur per caudam urbis, in arta posterula præ angustia exitus ibi innumeris oppressis (398), vix ipse dux Mesco cum paucis evasit. Sicque fuit, ut solet fieri, quando homines fugiunt [1119] præ timore — etiam ad motum auræ pavent, et ipse pavor timorem sibi auget, — ita, hos [1120] nemine persequente [1121], videbantur eis saxa et parietes post se clamare et fugientes persequi. Postera luce dux [1122] Oudalricus [1123] intrat urbem Pragam, et isdem [1124] familiaribus inimicis, de quibus supra retulimus, fraudulenter suggerentibus (399), fratrem suum Iaromir tercia die privat lumine (400). Huic ex legitimo matrimonio non est nata soboles propter infecunditatem conjugis; sed ex quadam femina nomine Bozena [1125], quæ fuit Cresinæ [1126], filium præstantissimæ formæ suscepit, quem Bracizlau [1127] appellari fecit (401). Nam quadam die de venatu cum [1128] rediret per villam rusticanam, hanc, quam prædiximus, feminam ad vestem lavantem pannos vidit, et intuitus eam a vertice usque ad talos, hausit pectore ignes amoris non modicos. Erat enim corporis ejus habitudo [1129] insignis, nive candidior, mollior cygno, nitidior ebore antiquo,

VARIÆ LECTIONES.

[1091] isdem 1. [1092] i, *superscr. al. manu* isdem A. [1093] et promittens *desunt* A. [1094] Oaldricum 1. [1095] filius ducis Boleslai — catenatus mitteretur 4, 4ª. [1096] ducis suasionibus *corr.* 2ᵇ, e *superscr. al. man.* [1097] Wacec 1, Wack 2, 2ª, Wak 2ᵇ, Vecek 3. [1098] ob indignum 2, o dignum 4, 4ª. [1099] scelus 4, 4ª. [1100] Udalricum *corr.* 2ᵇ *deest* 5. [1101] inimicum *alia manu superscr.* iniquum A. [1102] *al manu superscr.* A. [1103] actum 2ᵇ, 3. [1104] s s *superscr. al manu* 1. [1105] ad A, 2, 2ᵇ, 3. [1106] invictissimum 3. [1107] Drevis 3, Drewic 4, 4ª. [1108] mittit mil. A. [1109] clangorem 2. [1110] qui dicitur *deest* 2. [1111] Zizi *cum punctis super z utrumque* 2. Sizi 2ª, Zizi 2ᵇ. *Corr. in margine addit*: modo Strahow *vocitatur*. Zicis 4, 4. [1112] fugiunt *semel* 4, 4ª. [1113] Poloni 2ᵇ, 3. [1114] et *deest* 4, 4ª. [1115] in *addit* A. [1116] et 2ᵇ 3. [1117] braccis *corr.* 2ᵇ, 3. [1118] per *deest*, 4ª. [1119] præ t, f, A. [1120] ita ut hos *eraso ut* A, ut hos 4, ita homines 2, ita hos *rell*. [1121] prosequente 2, 2ᵇ 3. [1122] dux 1, A. [1123] Odaldicus 1. [1124] His 2ᵇ, 3. [1125] Boziena 2. [1126] Kresine 1, 2, Krezmac 3, Krizine 4, 4ª. [1127] Brzieczislaum 2, Bratizlau 2ᵇ, Brecislaum 3, Brazizlau 4ª; Bratislaw 5. [1128] *deest* 4ª. [1129] abitudo *corr.* albitudo 1, habitudo *rell*.

NOTÆ.

(389) Aliter rem se habuisse narrat Thietmar. V, 19; non a Polonorum parte stetit Heinricus, sed ex sules Bohemorum principes adjuvit.

(390) Anno 1110; cfr. infra III, 32.

(391) Quintus est Heinricus.

(392) Hor., od. III, 3, 1.

(393) Anno 1004.

(394) Thietmaro teste V, 9, Iaromirus erat qui Pragam expugnavit.

(395) Situm erat inter Rocow et Kornhaus, Palacky I, 259.

(396) *Qui nunc Strahovia dicitur.* Pulkawa.

(397) In carmine populari *Udalrich und Jarmir*, p. 455:

Geht ein Hirt als früh der Morgen dämmert,
Ruft hinauf, dass man das Thor ihm öffne.
Hört des Hirten lauten Ruf die Wache,
Oeffnet ihm das Thor am Moldaustrome.

Auf die Brücke tritt der Hirt, laut bläst er, —
Teste Thietmaro campanis Wissegradensibus seditionis signum datum est.

(398) In carmine populari, l. l.

Schreck ergreift die Polenkrieger alle:
Ha, die Polen greifen nach den Waffen,
Ha, die Grafen führen mächt'ge Streiche!
Und die Polen sprengen hierhin, dorthin,
Rennen im Gedräng' zum Thor durch Gräben,
Rennen, rennen vor den tapfern Streichen.

(399) Gente Wrissovici, cfr I, 54.

(400) Octo annos Iaromirus Bohemiæ regnum tenuit, anno demum 1012 a fratre expulsus, lumine a 1034 privatus est. Thietmar. VI, 45, et Ann. Hildesheim.

(401) Cum Cosmæ hoc post ducatum adeptum factum esse videretur, Udalrici nuptiæ cum Bozena sine dubio cum Dobnero post annum 1012 rejiciendæ sunt.

pulchrior saphiro. Hanc continuo mittens dux tulit in sua, nec tamen antiqua solvit conubia, quia tunc temporis, prout cuique placuit, binas vel ternas conjuges [1130] habere licuit : nec nefas fuit viro rapere alterius uxorem, et uxori alterius nubere marito. Et quod nunc ascribitur pudori, hoc tunc fuit magno dedecori [1131], si vir una conjuge aut conjunx uno viro contenti viverent. Vivebant [1132] enim quasi [1133] bruta animalia, conubia habentes communia.

37. Eodem anno
Caesar ab hoc mundo migravit tercius Otto,
Vivat ut [1134] in coelis, ubi vivit quisque fidelis.
Huic successit filius ejus [1135] (402) Heinricus imperator, qui inter caetera [1136] quae fecit in vita sua pro Christi nomine magnalia, construxit claustrum [1137] in quodam monte, non modico sumptu empto a possessore loci, nomine Pabo, unde traxit nomen [1138] Bamberk [1139], quod est Pabonis mons. Ibi etiam constituit [1140] episcopatum, quem in tantum ampliavit facultatibus et dignitatibus pontificalibus, ut in tota orientali Francia non ultimum, sed secundum post primum habeatur episcopium [1141]. Aedificavit etiam [1142] ibi et templum mirae magnitudinis

in honore [1143] sanctae Mariae Virginis et sancti Georgii Christi martiris, quod similiter in tantum adauxit dotalibus ecclesiae et ornatibus auri et argenti et coeteris regalibus [1144] aparatibus, ut mihi videatur de his tacere melius, quam dicere minus, et quam habeatur in re.

Utile de multis factum referam tamen [1145] unum. Haud [1146] longe ab urbe praedicta quidam erat anachoreta [1147], sanctarum virtutum archimandrita, ad [1148] quem imperator, saepe fingens quasi venatum ire vellet, saepe [1149] faciens aliquam occasionem, clam cum solo cliente veniebat et se ejus orationibus commendabat. Hunc cum intellexisset caesar [1150] quia [1151] causa orationis Hierosolymam [1152] ire vellet, committit ei dominici corporis et sanguinis calicem aureum, qui pro sui magnitudine, ut facile possit a quoquam levari, duas ex utroque latere habuit ansas, quod nos vulgo dicimus aures, quem ut intingat [1153] sub trina [1154] mersione in Jordane, ubi [1155] Christus baptizatus est a Johanne, praecipit imperator et rogat, dans ei pecuniam quantum sufficeret ad viam. Quid multa? Homo Dei vadit Ierosolimam, jussa facit ter mergens calicem Jordanis in unda [1156].

Post rediens per Constantinopolim, transibat [1157] per Bulgariam.
Ibi quidam erat [1158] heremita, sancta degens vita [1159],
ad quem ille veniens Hierosolimita,
post multa et dulcia atque sancta colloquia,
suppliciter rogabat eum, ut pro incolomitate imperatoris Heinrici oraret Deum [1160].

Ad quem ille : *Non est, inquit, pro incolomitate orandum, quia ex hac convalle lacrimarum translatus est jam in requiem beatorum. At ille instat et rogat, ut sibi dicat, unde hoc sciat. Et ille : Hac, inquit, proxima nocte, dum nec adeo vigilarem nec omnino dormirem, sustulit me alta visio ad magnum campum valde planum et nimis latum atque jocundum; et vidi ibi malignos spiritus teterrimos, quorum ex ore et naribus exibat sulfurea [1161] flamma, qui imperatorem Heinrichum per [1162] barbam invitum et quasi ad judicium [1163] trahebant [1164]: alii collum ejus furcis ferreis inpingentes [1165] laeti clamabant [1166] : « Noster est, noster est. » Quos a longe sequebatur sancta Maria et [1167] sanctus Georgius, quasi tristes et quasi cripere*

VARIAE LECTIONES.

[1130] al. manu in margine A, appositum [1131] ita 1, 2ᵇ, 3, decorari corr. decori A. decori 2, 4, 4ᵃ, sed in posterioribus de crasum. [1132] videbant A. corr. al. man. vivebant. [1133] in margine A. alia manu appositum. [1134] deest 4, 4ᵃ. [1135] filius ejus desunt 2. [1136] cuncta 2. [1137] castrum 1, 2, 2ᵇ, 3, 4, 4ᵃ. [1138] n. tr. A. [1139] Babenberk 1, Pabenbergk 3, Babenberg 4. [1140] construxit 1. [1141] episcopatum 2. [1142] aedificavit etiam — monasterio desunt 5. [1143] honorem 2ᵇ, 3. [1144] ita 1. regaliter rell. [1145] deest A. [1146] corr. A. [1147] anachorita 1. [1148] at A. [1149] ita additis verbis ad venacionem 1. saepe ad venationem faciens A. 2, 2ᵇ. erronee adventationem 2. ad venationem iter 3. ad venatum ire vellet 4, 4ᵃ. [1150] Heinricus addit 1. [1151] quod 2ᵇ. [1152] Iherosolimam 1, 4ᵃ. Ierozolymam 2. 4. [1153] intingat 2ᵇ, 3. [1154] terna 2ᵇ, 3, 4, 4ᵃ. [1155] Jesus addit 4. [1156] undam 4, 4ᵃ. [1157] transiebat A. 4. [1158] er. quidam A. [1159] sanctam gerens vitam A. sanctam degens vitam 3. [1160] dominum A. [1161] fulgurea 1. [1162] et 1. [1163] et — judicium desunt A. [1164] habebant 3. [1165] urgentes A. 4, 4ᵃ. inpingentes urgentes 1. [1166] dicentes addunt corrector 2ᵇ, 4, 4ᵃ. [1167] omissum 2.

NOTAE.

(402) Quam longe Cosmas hic a veritate aberraverit, neminem latet. Unde sequentem fabellam hauserit nescio. Eamdem paulo ante Cosmam Leo Ostiensis II, 47, non de S. Georgio sed de S. Laurentio narravit; et post eum Adalbertus in Vita S. Heinrici, c. 33. Ambo eamdem fere rem longe aliis expresserunt verbis, ita ut nullum societatis vinculum inter tres hos auctores intercedere possit. At eamdem narratiunculam iisdem ut apud Cosmam verbis legimus apud Crusium in Annalibus Suevicis II, 186, qui haec testatur : *Haec in illo magno volumine, quibus ecclesiastica et monastica gens non tantum pro summa liberalitate grata esse erga benefactorem voluit, sed etiam alios proceres et divites ad simile et parem beneficentiam invitare.* Sed monasterium ubi hic libellus scriptus sit tacet. At cum Cosmae sermo rhythmicus in eodem fragmento legatur, sine dubio non genuinum sed ex ipsius Chronico est desumptum.

cum volentes et cum eis litigantes, donec suspensa est in medio campo trutina, cujus capacitas lacior fuit quam duo milliaria [1168]. Ad sinistram maligna pars magna et immensa pondera et innumerabilia, quæ sunt [1169] mala opera, inponebant. At contra sanctum Georgium vidi monasterium magnum cum toto claustro inponere, vidi aureas cruces preciosis lapidibus graves, vidi tot plenaria gemmis et auro grandia, vidi candelabra [1170] aurea et turibula atque pallia innumera [1171], et quicquid boni rex in vita fecerat. Sed adhuc maligna pars præponderabat et clamabat: « Noster est, noster est [1172]. » Tunc sancta Maria accepit aureum calicem magnum de manu sancti Georgii, et concutiens ter caput inquit: « Certe [1173] non vester, sed noster est [1174]; » et cum magna indignatione projecit calicem ad parietem ecclesiæ, et [1175] fracta est una [1176] ansa calicis. Ad cujus tinnitum [1177] mox evanuit agmen ignitum [1178], et accepit sancta Maria per manum dexteram et sanctus Georgius per sinistram imperatorem [1179], et eduxerunt [1180] secum, ut credo, in cœlestem [1181] habitationem. At ille Hierosolimita corde revolvens ea quæ dicta sunt, descendit ad sarcinas et invenit fractam calicis ansam, sicut prædixerat heremita. Qui usque hodie magni miraculi pro testimonio habetur Bamberk sancti Georgii [1182] in monasterio [1183].

Anno dominicæ incarnationis 1003. Hic interfecti sunt Wrissovici [1184] (403).

38. Anno dominicæ incarnationis 1004 [1185]. Benedictus cum sociis suis martirizatus est [1186]. Temporibus [1187] Henrici [1188] imperatoris, qui post Ottonem tercium rexit Romanum imperium, in partibus Poloniæ quinque fuere monachi et heremitæ, veri [1189] Israclitæ, Benedictus, Matheus, Johannes, Ysaac, Cristinus [1190], et sextus Barnabas: quorum non est inventus in ore dolus nec in manibus pravum opus. Horum de vita patrum scripturus multa, malui pauca, quia semper dulcius sumitur quæ parcius apponitur esca (404). Erat enim eorum [1191] conversatio laudabilis, Deo acceptabilis, hominibus admirabilis et eam sectari volentibus imitabilis [1192]. Nam ad [1193] hoc merita sanctorum [1194] ammiramur [1195], ut eos imitando ipsi ammirabiles reddamur. Hos quippe viros quinque non [1196] incongrue æquipparare possumus sive quinque porticibus probaticæ piscinæ, sive quinque prudentibus virginibus oleo habundantibus misericordiæ [1196], quia pauperes ipsi pauperibus Christi, quos in suis confovebant mansionibus [1197], prout poterant, subministrabant misericordiæ sumptibus. Ipsis autem virtus talis erat abstinentiæ, ut alius bis, alius semel in sabbato, nullus tamen dietim [1198] sumeret cibum. Cibus autem eis [1199] holus propriis elaboratum manibus; panem raro habuere, sed piscem [1200] nunquam, legumina aut [1201] milium non [1202] nisi in [1203] pascha [1204] sumere licuit, lympham incorruptam, et hanc libant ad mensuram, carnis esca eis abhominabilis [1205] et feminæ visus execrabilis. Vestis hyrta et aspera [1206], contexta de cauda et equinis [1207] jubis. In lectulo lapis pro sustentaculo capitis, et matta pro lectisternio, et hæc vetus nimis et singularis

Nec fuit ulla quies, stant tota nocte lugentes
Tam proprium quam plebiculæ scelus atque reatum.
Nunc sonant pectora   crebris tunsionibus livida,
nunc [1208] sudant [1209] corpora [1210]   innumeris genuflexionibus [1211] fessa,
nunc manibus expansis   et oculis erectis,
vivat ut in cœlis   precibus unusquisque instat anhelis.
Nunquam locuti sunt ad invicem, nisi venientem ad hospitem,

et ad hunc paucis. Vere legis factores, non auditores erant, vere semetipsos cum viciis et concupiscentiis mundi crucifigentes, et crucem Christi mente et corpore bajulantes, gratum Deo sacrificium non ex [1212] pecore alieno, sed ex corpore proprio offerebant [1213], quia cottidie vicissim vapulabant. Talis enim

VARIÆ LECTIONES

[1168] milia 1. [1169] quæ sunt desunt 4, 4a. [1170] ita 1. cand. argentea A. 2, 2b, 3, 4, 4a. [1171] corr. 1. [1172] noster est desunt 1. [1173] superscr. 1. [1174] omissum 4, 4a. [1175] ubi 3. [1176] pars add. 2. [1177] tremitum 3. [1178] superscr. 1. alia manu. [1179] Henricum add. 4, 4a. [1180] duxerunt A. 2, 2b, 3, 4, 4a. [1181] patriam vel hab. A. [1182] martiris 4. [1183] in ecclesia S. Georgii A. [1184] Wrisevici 1. rell. ut supra. [1185] sanctus add. 4, 4a. [1186] quinque fratres martyrizati sunt 3. [1187] sequentia omnia usque atque Johannes desunt 5. [1188] Heinridi 1. [1189] viri A. 2, 2b, 3. [1190] Crispinus 3. [1191] in margine A. appositum. [1192] quæ sequuntur, usque ad verba: Passi sunt autem desunt 3. Post verba tamen sectari volentibus imitabilis addit: Hactenus hæc. [1193] ob A. [1194] eorum A. [1195] amiramur 4a. [1196] Hunc locum ita dedit cod. A. Hos quippe vires V prudentibus virginibus oleo habundantibus misericordiæ et eos (expunctum) non (alia manu superscriptum) incongrue equipparare possumus sive V portionibus (onibus expunct. superscr. libus) probaticæ piscine quia, etc. [1197] eis add 4, 4a. [1198] dictim 1. [1199] erat addunt 4, 4a. [1200] pisces 4, 4a. [1201] autem 1. [1202] deest 2. [1203] deest A. [1204] aut pentecosten addunt 4, 4a. [1205] habom. 1. [1206] et addit A. [1207] dequinis 1. [1208] tunc corr. nunc 1. [1209] fundant 1. [1210] pectora A. [1211] corr. alia manu A. [1212] superscr. al. manu A. [1213] offerrebant A.

NOTÆ

(403) Sine dubio crudelissima est illa clades Boleslavi III jussu perpetrata, quam retulit Thietmarus V, 18.

(404) De iisdem viris sanctis egit Petrus Damiani in Vita S. Romualdi supra SS. t. IV, p. 832.

Mos erat illorum simul unaquaque [1214] dierum [1215], Post primam dorsum mollirier [1216] usque deorsum. In faciemque cadens ad fratrem frater [1217] aiebat : Si parcis peccas, cum tangis, ne michi parcas,

A et stans cum flagello respondit : *Sicut Vis, fiat, Christumque rogat, fratremque flagellat,* dicens :

Hæc per facta [1218] *pius solvat tua crimina* [1219] *Christus,*
Atque cadens iterum præbet sua terga vicissim.
Nec *Doluit, frater,* dum [1220] fratrem verberat alter,
Sed *Miserere mei Deus* aut *Benedicite* cantat.
Nam suffert leviter patitur quod quisque libenter.

Horum Deus ex alto   prospectans pacientiam
et vitæ innocentiam,   atque fidei et operis perseverantiam,
cum jam laborum   sanctorum suorum [1221]
mercedem reddere vellet   et ut per viam mirabilem
eos ad patriam reduceret [1222] exultabilem.

Dux Mesco audiens bonam famam   eorum et conversationem sanctam,
venit cum paucis,   ut se commendaret hominibus sanctis.
Et ut eorum [1223] cognovit inopiam,   dat eis magnam census copiam (405),
scilicet marsupium   centum marcis plenum
Et accipiens ab eis fraternitatem,   et orationum communitatem,

lætus abiit ad suam aulam [1224] multum [1225] rogans et commendans se, ut sui habeant memoriam. At illi nesciunt [1226], quid faciant [1227] de pecunia, quia tale

B quid nunquam habuerant. Stant stupefacti, et quia jam per dimidium annum nihil fuerant ad invicem locuti, unus ex illis aperuit os, et ait :

Est laqueus [1228] *mortis argenti pondus et auri,*
et quibus super [1229] *habundat   mordax crumena,*
his non facile patebunt   loca elysey amœna,
sed horrore [1230] *plena   infernalis pœna*
illos cruciabit [1231] *in Ethna* [1232].
Nimirum hæc est temptatio   humani generis inimici,
ut nos faciat   inimicos Christi.
Nam qui amicus est mundi,   inimicus constituetur [1233] *Dei* [1234].
Deo namque [1235] *contradicunt,   qui ejus mandata non custodiunt.*
Nam Deus dixit :   « Nemo potest [1236] *duobus dominis servire, »*
et quasi exponens adjunxit :   « Non potestis Deo servire et mammonæ (405'). »
Jam mammonæ erimus servi,   qui hactenus fuimus parsymoniæ liberi
An non ad motum auræ portans aurum pavebit?
An non cantabit vacuus coram latrone viator [1237] *(406).*
Nonne multociens ad nos latrones venerunt [1238].

et [1239] ob quam rem nos interficerent non invenientes? aliquando plagis nobis impositis, aliquando benedictionibus acceptis abierunt? Certe jam volat fama per mundum nos diligere mundum et ea quæ sunt mundi. Clamat contra nos et hæc ipsa, quæ nunquam scit tacere pecunia, et jam jamque aderit improba manus latronum in janua, quia quod faciunt domini sciunt plurimi, quin

C [1240] potius ejiciatur cicius mortis [1241] fomentum, mali nutrimentum, animæ detrimentum, et referatur ad eum cujus est hoc argentum. Et mittunt unum de fratribus, cui nomen Barnabas, qui semper exteriores tractabat causas, ut hæc [1242] ex parte fratrum referat duci : *Licet nos peccatores et indigni sumus* [1243], *tamen vestri memoriam in nostris orationibus habemus*

VARIÆ LECTIONES.

[1214] unaquæque 1, 2, 2b, 3, 4. — [1215] die A. — [1216] mollirier 2. *in textu.* Alia manus, ducta per vocem hanc linea, in margine adscripsit detegunt. Mollire 4, 4ª. — [1217] frater fratri *omisso* ad 2. — [1218] perfecta 2b. præfata 4, 4ª. — [1219] tormina 2b. — [1220] cum A. — [1221] ipsorum *pro* sanctorum suorum 4, 4ª. — [1222] perduceret 2b. — [1223] cum A. — [1224] aulam curiam 1. *sed expuncta vox* curiam. — [1225] multis 2b. — [1226] nescientes A. — [1227] facerent A. — [1228] laqueus est A. 2. — [1229] semper 4. 4ª. — [1230] horroris 4, 4ª. — [1231] cruciabat 2. — [1232] Hetna 1. — [1233] est A. constituitur 4, 4ª. — [1234] *loco erasi verbi* 1. — [1235] autem *corr.* namque A. — [1236] Non potestis A. — [1237] cor. latr. viator A. — [1238] veniunt 4. 4ª. — [1239] deest 2b. — [1240] etiam *addit* 2. — [1241] mortes A. — [1242] deest 4. 4ª. — [1243] indignissimi A. simus 4.

NOTÆ

(405) Secundum Romualdum aurum eis datum erat, ut Romam profecti coronam regiam sibi a summo pontifice impetrarent.

(405') Matth. vi, 24.
(406) Juvenal., sat. X, 22.

continuam. Argentum nunquam habuimus, nec habere volumus. Dominus enim noster Jesus Christus a nobis non argentum, sed bonæ operationis duplex exigit talentum Monachus si habet obulum, non valet obulum. Ecce quod tuum est accipe argentum, nobis illicita possidere non est licitum [1244]. Illo abeunte ducis ad curiam, mox in prima noctis vigilia affuit manus inimica, et irrumpentes valvas [1245] domus subito, inveniunt eos cantantes et psallentes Domino. Quorum adactis jugulo gladiis inquiunt:

Vivere si vultis cum pace bona, quod habetis
Argentum nobis date nunc et parcite vobis.
Scimus enim vere vos censum regis habere.

At illi teste Deo jurant, censumque negant constanter et aiunt: *Pecunia, quam quæritis, jam est in camera ducis, quia non fuit necessaria nobis. Quod si non creditis, ecce domus nostra, quærite quantum placet vobis, tantummodo nolite male facere nobis* [1246]. At illi rigidiores saxis: *Non est opus*, inquiunt, *verbis, aut nobis reddite ducis pecuniam, aut* [1247] *diram mortis subibitis sentenciam*, et statim crudeliter eos ligaverunt et per totam noctem diversis pœnis affecerunt, ad ultimum in ore gladii simul omnes interfecerunt. Sicque furor impiorum transvexit eos ad regna polorum. Passi sunt autem hi fratres quinque, Benedictus, Matheus, Ysaac, Cristinus atque Johannes [1248] anno dominicæ incarnationis 1004, 5 [1249] Idus Novembris.

59. Anno dominicæ incarnationis 1005.

Anno dominicæ incarnationis 1006 [1250] princeps Hemma, feminei sexus gemma, febre correpta [1251], a vinculis carnis est [1252] erepta. Cujus epitaphium his versiculis aut vidi, aut vidisse me [1253] memini editum [1254]:

Quæ fuit ut [1255] gemma, vilis jacet en cinis Hemma.
Dic, precor, *Huic animæ da veniam, Domine.*

Anno dominicæ incarnationis 1007.
Anno dominicæ incarnationis 1008. *
   * Stephanus rex Ungarorum claruit. 2. 2ᵃ.
Anno dominicæ incarnationis 1009.
Anno dominicæ incarnationis 1010.
Anno dominicæ incarnationis 1011. **
   ** Dedicatio Babinbergensis ecclesiæ. 2. 2ᵃ.
Anno dominicæ incarnationis 1012.
Anno dominicæ incarnationis 1013.
Anno dominicæ incarnationis 1014. ***
   *** Rex Henricus imperator consecratur. 2. 2ᵃ.
Anno dominicæ incarnationis 1015. †
   † Imperator Henricus Boleslaum Poloniæ ducem subegit. 2. 2ᵃ. 2ᵇ.
Anno dominicæ incarnationis 1016.
Anno dominicæ incarnationis 1017. 4 Junii [1256] (407) obiit Teadagus, quartus episcopus [1257] Pragensis ecclesiæ. Fuit autem hic [1258] Teadagus sancti præsulis Adalberti successor [1259] idoneus, corpore virgineus, moribus aureus, actibus purpureus, sui antecessoris sequens vestigia, commissæ plebis persequens flagicia, et si non corpore, mente tamen tulit martirium: nec obiit more [1260] hominum, sed secutus Dominum in pace in idipsum dormit [1261] et requiescit, cui [1262] anno dom. inc. 1018 [1262] successit Heccardus [1264] præsul (408).

Anno dominicæ incarnationis 1019 [1265].
Anno dominicæ incarnationis 1020.

40. Interea natus ducis Bracizlaus, de puericia transcendens in juventutem, ibat de virtute in virtutem; cui præ cæteris prosperitas operis [1266], proceritas corporis et formæ pulchritudine, ac virium [1267] sapientiæque magnitudo, in adversis fortitudo, in prosperis temperata inerat mansuetudo. Hisdem temporibus Teuthonicis in partibus fuit quidam comes valde potens, cognomine albus [1268] Otto, sanguine de regio prodiens stemmate patrio. Unica huic erat gnata [1269], nomine Judita (409), pulchritudine

Sub Phebo cunctis quæ sunt prælata puellis:
quam bonus pater et ejus optima mater, quo addisceret psalterium, tradiderant in cænobium quod dicitur Zuinprod [1270] (410), loci situ et mœnibus munitissimum. Sed quæ [1271] turres, quamvis altissimæ, aut quæ mœnia firmissima [1272] amori resistere et amantem possunt excludere [1273]?

Omnia vincit amor (411): rex et dux cedit amori. Igitur [1274] Bracizlaus, juvenum pulcherrimus, heros acerrimus, multis referentibus audiens de nimia pulchritudine et morum probitate ac generositate parentelæ supra dictæ puellæ, ultra non habebat spiritum et intra semetipsum cœpit cogitare, utrum eam vi rapere [1275] temptet, an dotalibus conubia paret.

VARIÆ LECTIONES.

[1244] licet A. [1245] walvas 1. [1246] quicquam *addit* A. [1247] *superscr. al. manu* 1. [1248] quinque hæc nomina propria desunt 3. [1249] II. 2. 2ᵇ. Id. Nov. A. [1250] quæ sequuntur, priori anno in 4. 4ᵃ annexa sunt. [1251] correcta 1. [1252] deest 4ᵃ. [1253] me *superscr. al. manu* 1. omissum 2. [1254] omissum 3. [1255] in 1. [1256] ita 1. 2. IV. Id Junii desunt 4. 4ᵃ. [1257] sanctæ add. 4 4ᵃ. [1258] deest 4 [1259] in margine 1. *al. man.* [1260] morte 1. [1261] dormivit 4 4ᵃ. [1262] amen pro cui 2ᵇ. eodem anno 4. 4ᵃ. [1263] mill. XIX. 1. [1264] Eccardus 1. 4ᵃ. *a recentiori manu correctum* Erhardus. Ekkardus 2. Eckardus 4. [1265] desideratur hæc lin. 1. [1266] opis 3. [1267] virtutum 1. [1268] Albertus 3. [1269] nata A. 2, 4. 4ᵃ. [1270] Zuinprid 1. Zumbrod 3. Zuinbrod 4. 4ᵃ. [1271] deest 3. [1272] fortissima 4. [1273] extrudere 2. 2ᵇ. [1274] interea 4. 4ᵃ. [1275] capere A.

NOTÆ.

(407) Consentit Thietmarus VII, 41, et Necrologium Bohemicum.
(408) Antea abbas Nienburgensis. Consecratus est die 6 Oct. Thietmar. VII, 48.
(409) Erat filia Heinrici et soror Ottonis marchionis de Suinford. Vide stemma genealogicum quod dedit Schwarz in adnotatione 108 ad Cosmam. Vide etiam Pubitschka III, 265.
(410) I. e. Suinford, ubi sanctimonialium monasterium ab Eila, Judithæ avia, conditum fuisse probat Ann. Saxo ad a. 1015.
(411) Virg., eclog. X, 69.

Sed maluit viriliter agere quam supplicando colla submittere. Perpendit enim innatam Teutonicis superbiam, et quod semper tumido fastu habeant despectui Sclavos et eorum linguam. Sed quanto fit semper difficilis aditus ad amorem, tanto amanti filius Veneris ignem [1276] incutit validiorem. Fluctuat [1277] mens juvenis igne succensa Veneris [1278], velut ignibus æstuat Ethna. Et hanc [1279] apostropham [1280] eufonizat secum : *Aut ego conjugio fungar egregio, aut ego [1281] ludibrio mergar perpetuo, fieri non poterit [1282], ut mea non fuerit Juditha, nobilibus edita natalibus, virgo spectabilis, multum amabilis, solis luce [1283] clarior, vita mihi carior; vivat ut superstes laus Deo sit perpes.* Et statim quos inter [1284] suos novit manu promptiores et sibi fideliores, jubet probatos et laboris patientiores aptari equos, et fingit se ad imperatorem cito iturum et cicius rediturum. Jussa viri faciunt, sed quid dominus suus moliatur nesciunt. Mirantur inter se quod tam celeriter vadunt, et quasi septem dierum iter agentes, vice hospitum [1285] intrant prædicti cœnobii atrium. Interdixerat enim suis omnibus ducis natus, ne alicui eum, quis vel [1286] unde esset, innotesceret, sed quasi unum ex ipsis se ipsum haberent. Cedat Ithacus callido ingenio investigasse natum Thethidis [1287], (412) nec se jactet [1288] Iliacus pastor Tyndaridem [1289] rapuisse Amiclis, quia hic juvenis Braciziaus ambos it præ [1290] et animositate et audacis facti immanitate. Nam postquam data est eis ibi pernoctandi licentia, sicut lupus, quando obambulat ovilia, quærens qua parte irrumpat ut nitidam rapiat agnam; sic et [1291] heros Braciziaus visu [1292] sagaci et animo illustri lustrans claustrum, vult vi irrumpere sed non audet, quia secum tantam copiam militum [1293] non habet. Forte fortuna affuit dies festa, et ecce mille votis optata cum suis coævulis de claustro exit [1294] virgo Juditha, sicut puellæ solebant [1295] tenellæ ad vesperas pulsare campanas in medio ecclesiæ. Quam ut vidit audacissimus raptor, sui præ gaudio factus [1296] immemor, ceu lupus qui ex occulto irruit et rapit agnam, et conscius facti fugit submittens caudam [1297], petens ulteriorem latebram, sic et ille rapta virgine fugit : et ut venit ad portam, invenit eam catena [1298] molendinari fune grossiori [1299] præstrictam et viam exeundi præclusam. Mox exempto gladio ut festucam præcidit acuto, quæ usque hodie cernitur sectio fortissimi ictus pro testimonio. Cæteris autem sociis id minime scientibus et adhuc in papilionibus manentibus, ab irruentibus inimicis comprehensis, aliorum erutis oculis et naribus abscisis, aliorum manibus et pedibus truncatis, dux cum paucis et virgine rapta per noctis vix evasit opaca. Rapta est autem virgo Judita anno dominicæ incarnationis 1021 (413). Et ne daretur [1300] Teuthonicis justa occasio calumpniandi Boemos, quasi, pro illata injuria, ilico heros [1301] Braciziaus cum nova [1302] nupta, patre salutato duce Oudalrico [1303], recta via proficiscitur in Moraviam (414). Nam antea [1304] pater sibi totam illam terram tradiderat in potestatem, fugatis cunctis de civitatibus [1305] Poloniis [1306] (415), ex quibus multos comprehensos, centenos et centenos ordinatim catenatos vendi jusserat in Ungariam et ultra; quia revera post obitum secundi Bolezlai sicut urbem Pragam, ita totam Moraviam vi obtinuerant Polonii.

Anno dominicæ incarnationis 1022. in Polonia facta est persecutio christianorum [1307] (416).

Anno dominicæ incarnationis 1023. 6. Idus Augusti Occardus [1308] quartus episcopus [1309] Pragensis ecclesiæ transivit [1310] ab hac luce victurus perpete vita [1311] (417). Fuit autem hic [1312] præsul [1313] contra potentes erectus, erga humiles et mansuetos [1314] pius [1315] et modestus, facundissimus prædicator, largus elemosinarum dator, dominicæ familiæ in mensura tritici fidelis dispensator. Hic constituit ut

VARIÆ LECTIONES.

[1276] *verba* ignem—juvenis *desiderantur* 2; *manu recenti in margine apposita sunt.* [1277] fluctuatque 2b. 3. [1278] cupidinis A. in 1. *verbis* igne s. Ven. *manu coæva superscriptum est* telo lesa cupidinis. *Eodem modo in* 2. 5. telo igne 4. telo igne, *subducta tamen voce* telo, *legit* 4a. [1279] ahnc. 1. [1280] apostropham 3. 4a. [1281] deest 1. [1282] potuit 3. [1283] vice 5. [1284] deest. 1. [1285] hospiti 3. et A. 2. [1287] Tethidis 2b. Cheridis 3. Thechidis 4. Tchechidis 4a. [1288] jacet *corr. recentiori manu* jactet 1. [1289] i. Helenam *superscr.* A. *al. manu.* [1290] præit 3. 4. 4a. [1291] sicut 2. sic *omisso et* 2b. 4. [1292] nisu 4. 4a. [1293] deest 2. [1294] exiit 4. 4a. [1295] corr. 1. [1296] omissum 4. 4a. [1297] causam *v.* 2. sed s *erasum.* [1298] deest 3. [1299] deest 3. [1300] Et ne justa A. [1301] deest 4. [1302] deest 4. 4a. [1303] Odalrico 1. *et sic deinceps.* [1304] ante 2b. [1305] de civitatibus desunt 4. 4a. [1306] Polonis 1. 3. [1307] chr. pers. A. *nihil ad hunc annum* 4. 4a. [1308] Oggardus 2. Okkardus 2b. Ekardus 3. Eccardus 4. Heccardus 4a. [1309] sanctæ *addunt* 4. 4a. [1310] transiit 4. 4a. [1311] perpetua v. A. perpetui vitam 3. [1312] deest 4. [1313] Heccardus *add.* 4. 4a. [1314] mansuetus *omisso et* 4. 4a. [1315] et *deest* 2. 2b 3.

NOTÆ.

(412) Cfr. Statii Achill. II, 44.

(413) Hunc annum a Cosma falso prolatum esse sequentibus ipse probabit, quibus apparet Judittham post Moraviam a Bohemis expugnatam raptam esse. Moravia vero sine dubio eodem anno 1029 recepta est, quo Conradus II imperator arma contra Polonos movebat, quod probavit Dobner V, 156, et post eum Roepell I, 166. De filio Braciziai et Judithæ anno 1031 nato cfr. infra.

(414) Donatio quædam apud Boczek cod. dipl. Moraviæ I, 111, sine notis chronologicis scripta est *tempore quo dominus noster B. dux venit Olomucie cum formosa sua contectali coram choro terræ suæ nobilium numeroso.*

(415) Non de Polonis solum, sed de Ungaris, qui illis Moraviam eripuerant, Braciziaum victoriam reportasse, ipse testatur princeps ille in tabula quadam, qua se ducem Moraviensem appellat apud Boczek cod. dipl. Moraviæ I, 112; sed desunt notæ chronologicæ; actum est Olomuci. Quo loco Braciziaum a, 1031 cum conjuge sua et filiolo Spitignev habitasse probat alia tabula a. 1051 Boczek I, 114

(416) Confirmat Necrologium Bohemicum.

(417) Hoc factum est anno 1034. post mortem Misecomis II; cfr. Annales Hildesheim.

pro decimatione unusquisque, sive [1316] potens sive dives sive pauper, tantum qui de suo pheodo [1317] vel allodio [1318] araturam haberet, duos modios quinque palmarum et duorum digitorum, unum tritici et alterum avenæ episcopo solveret. Nam antea, sicut primo episcopo Dethmaro [1319] constitutum erat, pro decimatione duos messis acervos dabant; dicimus enim [1320] acervum quinquaginta [1321] manipulos habentem. Hujus post obitum Izo [1322] obtinuit episcopium [1323], qui ordinatus est ab eodem anno [1324] 4. Kal. Januarii ab archiepiscopo Maguntino [1325] (418).

41. Anno dominicæ incarnationis 1024. 4. Idus Julii obiit Heinrichus rex [1326].

Anno dominicæ incarnationis 1025. 15. Kal. Julii obiit Boleslaus rex [1327] (419).

Anno dominicæ incarnationis 1026'.

(* Conradus rex Romæ consecratur. 2, 2a. 2b.

Anno dominicæ incarnationis 1027.

Anno dominicæ incarnationis 1028.

Anno dominicæ incarnationis 1029.

Anno dominicæ incarnationis 1030. Hoc anno dux Bracizlaus [1328] magna cæde prostravit Ungaros et terram eorum usque ad urbem Strigoniam (420) devastavit. Eodem anno 3. Kal. [1329] Februarii Izo (421), quintus episcopus Pragensis ecclesiæ,

Transit [1330] ab hoc mundo bravio fruitur-
[que [1331] jocundo.
Hic fuit nobilis genere, sed nobilior opere, qui prior fecit quæ facienda præcepit. Nam nulli magis est nota propria sedes, quam sibi carcer et infirmorum erant ædes. Nec eum [1332] latuit quot hominum capita vitæ sint reddita,

Vel quot mors animas ad furvas [1333] mitteret
[umbras.
Præterea solitus erat cottidie quater denos pauperes pascere, quibus habunde procurans cibum et potum ipse benedixit et ipse hilariter [1334] distribuit. Erat enim et corporis ejus pulchritudo insignis, caput capillo albius cigno, unde cognomen obtinuit, ut diceretur albus atque blandus episcopus Izo. Post hunc

Severus præsul successit in ordine sextus,

A qui tempore juventutis miræ enituit decore agilitatis : quia quotquot erant in curia ducis, omnes suis præcellens obsequiis, sedulum suo domino et magis gratum, quia [1335] fidele, exhibebat servicium. Primus enim fuit officiis [1336] clericorum, nec minus deditus studiis laicorum; semper aderat comes individuus [1337] duci in venationibus, primus enim affuit in occisione silvatici apri, et abscidens ejus [1338] caudam, purgat et parat, ut ducem velle norat, paratamque venienti domino ad vescendum donat, unde dux Oudalricus sæpe sibi fertur dixisse : *O Severe, dico tibi vere, pro hoc tam dulci edulio dignus es episcopio.* His atque hujusmodi studiis habuit gratiam ducis et placuit universis.

Anno dominicæ incarnationis 1031 [1339] sanctorum
B apostolorum Petri et Pauli in natalicio ordinatus est Severus episcopus a Maguntino archiepiscopo. Eodem anno natus est Spitigneu [1340] filius Bracizlai ducis.

Anno dominicæ incarnationis 1032. ‥

**) Initium Sazaviensis ecclesiæ [1341]. 2. 2a.

Anno dominicæ incarnationis 1033.

Anno dominicæ incarnationis 1034.

Anno dominicæ incarnationis 1035.

Anno dominicæ incarnationis 1036.

Anno dominicæ incarnationis 1037. obiit dux Bolezlaus [1342], quem Mesco [1343] lumine privarat [1344].

42. Eodem anno .5. Idus Novembris (422) dux Oudalricus,

C linquens terrena captat cœlestia regna (423). Tunc Iaromir, de quo supra meminimus [1345], lumine orbus, cui dux Oudalricus destinaverat [1346], ut degeret [1347] Liza [1348] (424) in viculo [1349], audiens quod frater suus ab hoc migrasset seculo, surgit diluculo, et imperat ut se deducant ad urbem Pragam veiculo. Quo cum pervenit, jam fratrem suum ad ecclesiam delatum [1350] sancti Georgii [1351] invenit, ad cujus funus stans juxta feretrum, omnium circa astantium movit et concussit [1352] corda hujusmodi elogii lamento :

VARIÆ LECTIONES.

[1316] sive *omissum* 4. 4ª. [1317] *al. manu superscr.* A. [1318] allidio 4ª. [1319] Diethmaro 1. [1320] *deest* A. 4. [1321] vel *pro* quinquaginta 3. *videtur in suo codice fuisse* L *quod scriba legit* vel. [1322] Izzo 1. 2. 2b 3. [1323] episcopatum A. 2. 3. [1324] *al. manu superscr.* A. [1325] ab arch. Mog. *desunt* 4. 4ª. [1326] IV. Id, 1. — rex *desunt* 5. Theutonicorum *add.* 4. 4ª. *transpositis aliquantum reliquis vocibus.* [1327] XV. Kal. I. — rex *desunt* 5. *In* 2b. *subducto* rex *supra adscriptum est* dux. *In* 4ª. rex *recentius erasum.* [1328] Bolezlaus 1. [1329] ita 1. Kal. *corr.* Id. A. [1330] transiit 4. 4ª. [1331] frugiturque A. [1332] enim 4ª. [1333] furias A. furnas 3. 4. 4ª. [1334] hylarum 1. [1335] et pro quia 4. 4ª. [1336] iis *al. manu superscr.* 1. [1337] individuis A. [1338] *deest* A. [1339] 1032 4ª. [1340] Zpitigneu 3. Zpitigneus 4. Spitigneus 4ª. *et sic porro.* [1341] *Ad sequentem annum* 2b : Factum est initium *etc.* [1342] Bolezaus 1. [1343] Mesko 2. 4.ª [1344] privavit 4. 4ª. [1345] mem. Iaromir A. [1346] destinarat 4. 4ª. [1347] expunct. *et al. man. superscr.* daretur A. [1348] Licza 1. Lisza 2. 4. Lizza 3. [1349] ita 4. 4ª. vinculo *rell.* [1350] monasterium A. ecclesiam *al. manu in margine appositum. in eccl. desunt* 2. 2b. *sed corr. addidit ad* monasterium [1351] mariyris *addunt* 4. 4ª. [1352] convertit 3

NOTÆ.

(418) Probant Annales Quedlinburg.
(419) Cfr. Roepell Gesch. Polens I, 162.
(420) Gran, ubi Grana in Danubium exundat. Illud videtur bellum esse de quo vide supra not. 17.
(421) Consentit Necrologium Bohemicum.

(422) De turpi ejus morte vid. Annal. Hildesheim. 1034.
(423) Extrema Udalrici fata non bene nota fuisse Cosmæ docent Annales Hildeshemenses.
(424) Lvsa castrum.

Ei mihi! quid dicam, nisi sœpius : Heu mihi! dicam !
Hei [1353] mihi ! germane,   hey dira conditio mortis amarœ !
Mortuus ecce jaces, nec ego nec tu modo gaudes
Hujus terreni fugitivo [1354] culmine regni.
Nudius tercius [1355] dux nobilis,   hodie truncus inmobilis,
cras vermibus esca, post tenuis favilla [1356]   et inanis eris fabella.
Lumine privasti   me, nec fratrem ut frater amasti,
Non fecisse modo quod fecisti mihi malles.
Nunc scio, si posses, mihi lumina reddere velles,
cum tua sunt [1357] nuda et [1358] aperta   seu bene seu male facta.
Sed nunc ex toto tibi, frater, corde remitto,
Ut pietate sua Deus omnipotens tibi parcat,
Spiritus atque [1359] tuus post hac in pace quiescat.

Post expletis [1360] rite funebriis [1361] exequiis [1362] accipit [1363] Bracizlaum fratruelem, et ducit eum ad sedem principalem : et sicut semper in electione ducis faciunt, per superioris [1364] aulæ cancellos decem milia nummorum aut plus per [1365] populum spargunt, ne [1366] ducem in solio comprimant, sed potius sparsos nummos rapiant. Mox duce locato in solio et facto silentio, tenens dextram sui fratruelis Jaromir dixit ad populum : *Ecce dux vester!* At illi [1367] succlamant ter [1368] : *Krilessu [1369],* quod est Kyrieleyson [1370]. Et iterum Jaromir ad populum : *Accedant,* inquit, *de gente Muncia [1371]! accedant de gente Tepca [1372]!* (425) ; et vocat eos nominatim, quos norat armis potentiores, fide meliores, militia fortiores et divitiis eminentiores. Quos ut sensit adesse, dixit : *Quoniam me mea facta non sinunt ut sim vester dux [1373], hunc assignamus vobis in ducem [1374] et collaudamus, quo ei obediatis, ut dignum est duci, et debitam fidelitatem exhibeatis, ut decet [1375] suo principi. Te autem, fili, moneo, et repetens iterum [1376] iterumque monebo, istos colas ut patres, hos diligas ut fratres, et in omnibus negotiis tibi consiliarios habeas. His urbes [1377] et populum ad regendum committas, per hos enim Boemiæ regnum stat et stetit atque stabit in sempiternum [1378]. Ast illos, qui sunt Wrissovici, iniquorum patrum nequam [1379] filii, nostri generis [1380] hostes domestici, familiares inimici,*

ut cœnosam rotam devites et consortia eorum declines, quia nobis nunquam fuere fideles. Ecce me innocentem et suum principem inprimis ligaverunt et diversis affecerunt ludibriis, post sibi innatis versuciis et fraudulentis consiliis id egerunt, ut frater fratrem me hisce privaret oculis. Habeas, fili mi, semper in memoria sancti Adalberti præconia, qui eorum ob facta crudelia ter ut fiant super eos excidia sancto ore confirmavit (426), *et excommunicavit eos in [1381] ecclesia. Quæ nutu Dei jam bis sunt facta, tercio ut fiant super eos excidia [1382], adhuc sunt sollicita fata [1383]. At illi audientes hæc dissecabantur [1384] cordibus, et fremebant dentibus in eum ut leones : nec post multos dies Kohan, de quo supra retulimus, misso lictore [1385] suo, dum ille cæcus purgat ventrem in necessario noctis [1386] in hora, acutissima sica perforat eum in posteriora usque ad cordis [1387] interiora. Sicque justus vir, velut [1388] Dei martir, dux Jaromir obiit anno dominicæ incarnationis 1038. pridie [1389] Nonas Novembris* (427).

Hactenus acta antiquitus liber continet primus.

Sed quia, sicut ait beatus Hieronimus (428), aliter visa, aliter audita [1389], aliter narrantur ficta [1390], quæ melius scimus, melius et [1391] proferimus, nunc [1392] auxiliante Deo et sancto Adalberto ea fert animus dicere, quæ ipsimet vidimus, vel quæ [1393] ab his referentibus [1394] qui viderunt, veraciter audivimus.

EXPLICIT LIBER PRIMUS DE CHRONICIS BOEMORUM.

VARIÆ LECTIONES.

[1353] Ileri 3. [1354] fruituri 4. 4ª. [1355] concius 1. [1356] et jam es inserunt 4. 4ª. [1357] sint 4. 4ª. [1358] nuda et *omissa* 2ᵇ. [1359] utque 2ᵇ. [1360] hexpl. *corr.* expl. A. [1361] funebriis A 4. 4ª. funebris *corr.* funeriis 1. [1362] obsequiis 2. [1363] accepit 2ᵇ. 3. 4. 4ª. [1364] superiores 4ª. [1365] in 2ᵇ. [1366] ut — non 2. [1367] isti 2ᵇ. 3. [1368] subclamabant 4. 4ª. [1369] Kryelesu 1. Krlesu 2ᵇ. Kirlessu 3. Krlessu 4. 4ª. [1370] *desunt* A. [1371] Muncina 4. 4ª. [1372] Tepca 2ᵇ [1373] ducem *corr. al. manu* dux A. [1374] judicem 3. [1375] *ita* 1. *manu coæva in rasura. par est rell.* [1376] atque *addit* A. [1377] *corr.* 1. [1378] i. *semp. desunt* A. [1379] *deest* 2. [1380] generi 2. [1381] ex *corr.* 2ᵇ. [1382] *ita* 1. *desunt in rell. omnibus.* [1383] facta 1. [1384] discalceabantur 2. *ab antiqua manu deletum ei in margine scriptum* dissecabantur. [1385] litore *corr.* lictore 1. [1386] noltis *corr. al. man.* noctis A. [1387] noctis A. 1. *al. manu superscriptum* A. cordis. *deest* 2. corporis 2ᵇ. ventris 3. 4. 4ª. [1388] vel et pridie *superscr. eadem man.* pridie A. *deest* 1. [1389] mandata *recenti manu superscr.* audita A. [1390] alia manus *in* 2. *supra i apposuit* A. [1391] *deest* A [1392] nam. 1. [1393] quia 3. [1394] ferentibus 1.

NOTÆ.

(425) Ex Palackii sententia I, 168 scribendum est Munici; sunt posteri Mun et Tepta.
(426) Cf. Brunonis Vita S. Adalberti, c. 21.
(427) Confirmat Necrologium Bohemicum
(428) Opera Hier., ed. Vallarsi II, 521.

INCIPIT PROEMIUM

AD CLEMENTEM BREUNOVENSIS [1395] ECCLESIÆ ABBATEM [1396]

Spirituali [1397] Breunensis [1398] cœnobii patri Clementi, sic ex re nomen habenti, semper theoriæ [1399] inhærenti, Cosmas, haud dignus dici decanus, angelici [1400] consorcia [1401] senatus. Cum multa mecum revolvens supersederem, quid potissimum caritatis viro tantæ sanctitatis transmitterem, quippe cui pondera auri et argenti sordent, solaque quæ sunt spiritualia placent, optimum fore [1402] duxi tuæ tantummodo voluntati obsequi. Intellexi enim per tuum [1403] clericum nomine Deocarum, qui mihi clam innotuit familiariter, quod meas nænias, quas olim Gervasio [1404] scripseram, velles videre libenter. Hac oblata occasione roboratus, immo cari amici persuasione conpulsus, non solum quod optasti [1405], verum etiam secundum ejusdem narrationis, ut ita dicam, libellum, quem similiter prout scire licuit [1406] a tempore Bracizlai, filii ducis Oudalrici, usque ad ejus æquivocum filium regis Wratizlay digestum, tuæ paternitati pandere præsumo. Licet enim, pater o venerande, divinas non cesses epotare scripturas, et profundos philosophiæ semper exhaurias fontes, tamen hoc tam tenui liquore

Non dedigneris tua sacra proluere labra.
Sæpe enim fit, ut post fortia vina et soporifera [1407] pocula,
naturalis quandoque homini incidat [1408] sitis,
fitque [1409] haustus puri [1410] laticis suavior dulcibus poculis.
Sæpe fit ut Martis [1411] miles qui sudat in armis [1412],
Gaudeat [1413] virgineis se commiscere [1414] choreis,
Aut juvat in circo [1415] puerili [1416] ludere throco [1417].
Sic tu, o sanctissime pater, jam grandia et sillogistica volumina linque,
et hæc mea opuscula sensu puerilia, stilo rusticalia, perlege :
ubi nonnulla subsannatione et derisione [1418] digna invenie
quæ utique idcirco memoriæ commendes,
ut ea tibi a Deo collata sapientia quandoque ad unguem [1419] emendes.

Quod autem in quibusdam locis quasi metricos versus invenis, scias me scienter nescium fecisse, dum feci versus. Vale.

INCIPIT LIBER SECUNDUS [1420].

1. Igitur dux Bracizlaus jam in paterna sede vigoratus, quam Deo tam hominibus beneplacitis actibus calcans vestigia [1421] patrum, et eos præcellens contigua arce [1422] virtutum, sicut sol in [1423] virtute sua sydereum [1424] lumen et lunæ nimio splendore occulit et ebetat [1425], sic novus Achilles, novus Thitides [1426] Bracizlaus novis triumphis fortia acta et victoriosissimas atavorum palmas attenuat et obscurat. Nam Deus talem sibi gratiam contulit, ut quas singulis hominibus particulariter, has quoque huic indeficientes virtutes largitus est generaliter.

Quippe hanc virtutum obtinuit accumulationem,
ut in rebus rebellicis strennuitate præcelleret Gedeonem
corporis viribus exsuperaret Samsonem,
quadam speciali prærogativa sapientiæ præiret Salomonem.
Unde factum est, ut in omnibus præliis victor existeret ceu Josue,
auro et argento locupleccior esset regibus Arabiæ,
et undique inexhaustis affluens diviciis,
atque in largiendis muneribus non deficiens.

VARIÆ LECTIONES

[1395] Breunensis 1. [1396] prohemium ad Clementem Breunensem abbatem 4. 4ᵃ. [1397] Spirituali 2ᵇ. 3. 4. 4ᵃ. [1398] Breunovensis 4. [1399] theorice A. [1400] angelica 3. [1401] consortii 4. 4ᵃ. [1402] omissum 4. 4ᵃ. [1403] tyrum 2. [1404] magistro *addunt* 4.4ᵃ. [1405] optari 1. [1406] debuit 1. [1407] sopifera 4. 4ᵃ. [1408] incidit 2. 2ᵇ. 3. [1409] sicque 1. [1410] puræ 4. 4ᵃ. [1411] mortis *corr.* fortis 1. [1412] mis *al. man. superscr.* 1. arvis 2. 2ᵃ. 4. 4ᵃ. [1413] ita 4. gaudet *rell.* [1414] commiscens 1. [1415] in e. *desunt* A. idcirco 4. 4ᵃ. [1416] puerulii 4ᵃ. [1417] trocho 3. [1418] irrisione 2ᵇ. [1419] uem *al. man. superscr.* A. [1420] l. l. s. in chronica Boemorum 4. [1421] vestigium 3. [1422] arte 3. [1423] *deest* A. [1424] syderum 4. 4ᵃ. [1425] ebetbat 1. hebetat 3. [1426] Tithides 2. Tydides 2ᵇ. Tychides 4. 4ᵃ. novus Tith. *omissa* 3.

assimiletur aquæ, quæ nunquam deficit amne.

Huic conjunx Juditha nobilissima genere, fecundissima prolis germine,
genuit quinque juvenes, corpore insignes
et supereminentes, ceu Ebematiæ [1427] montes,
sapientia singulares, probitate nulli comparabiles,
moribus acceptabiles, in delinquentes placabiles [1428],
in universa virtutum honestate laudabiles.

Fuit autem primogenitus [1429] nomine Spitignev, secundus natu Wratizlav, tercius stemmate Conradus [1430], quartus genitura Jaromir [1431], quintus et ultimus Otto pulcherrimus. Horum [1432] de vita et gloria, prout affluet verborum copia, sufficienter in suis locis explicabitur. Quos adhuc positos annis [1433] in puerilibus sed studiis pollere [1434] virilibus pater valde miratur :

Cernens egregium decus et par nobile fratrum (429)
Nec minus angebant matrem sua gaudia lætam [1435]
de tanto provectu [1436] filiorum et magnificæ gloriæ statu.

2. Ea [1437] tempestate (430) Kazimir [1438] Poloniensi nobilissimo duce ab hac subtracto luce, filiis ejus Bolezlao et Wladizlao (431) adhuc in infantia positis ad ubera lactis [1439], una [1440] erat spes salutis in misera fuga fugientibus per diversa loca Poloniensibus. Quod animadvertens [1441] dux Bracizlaus, quarto anno sui ducatus (432), optimum fore ratus ne differret oblatam occasionem calumpniandi suis inimicis, immo ulciscendi de illatis injuriis, quas olim dux Mesco [1442] intulerat Boemis, quantocius [1443] potuit, inito consilio cum suis, eos invadere statuit, statimque [1444] terribilem dictat sentenciam, tocius Boemiæ per [1445] provinciam [1446] mittens in signum suæ jussionis torquem de subere [1447] tortum, ut quicunque exierit in castra segnius dato signaculo, secret procul dubio tali torque se [1448] suspendendum in patibulo. Quibus in momento, in ictu oculi congregatis in unum et usque ad unum,

A intrat terram Poloniæ suo viduatam principe et eam hostiliter invasit, ac velut ingens tempestas furit, sævit, sternit omnia; sic villas cædibus, rapinis, incendiis devastavit, in [1449] municiones irrupit. Krakov autem eorum metropolim ingressus a culmine subvertit, et spolia ejus obtinuit [1450]; insuper et veteres thesauros ab antiquis ducibus in ærario absconditos evolvit, scilicet aurum et argentum infinitum nimis. Similiter et cæteras urbes igne succendit et usque ad solum destruxit. Cumque pervenissent ad castrum Gedec (433) [1451], castellani et simul qui illuc confugerant villani [1452], non valentes ferre impetum ducis, exeunt ei obviam aureum gestantes virgam, quod erat signum dedicionis, et ut eos pacifice cum suis peccoribus et cæteris [1453] rerum appendiciis transferat in Boemiam, suppliciter

B rogant. Quorum dux peticionibus adquiescens, postquam perduxit [1454] eos in [1455] Boemiam, dat eis partem silvæ, quæ vocatur Crinin [1456] (434), non modicam, constituens eis unum [1457] ex ipsis præfectum [1458] et judicem, et decernit, ut sub lege quam in Polonia habuerant, tam ipsi quam eorum posteri in sempiternum vivant, atque nomine ab urbe derivato usque hodie nuncupantur Gedeane [1459] (435).

3. Nec [1460] longe a prædicta urbe ventum erat ad metropolim Gnezden (436), natura loci et antemurali firmam, sed facilem [1461] capi ab hostibus, raris [1462] eam inhabitantibus civibus, ubi tunc temporis [1463] in basilica sanctæ Dei genitricis Mariæ perpetuæ Virginis preciosissimus [1464] quiescebat

VARIÆ LECTIONES.

[1427] Hematiæ 1. Hemacie 4. [1428] moribus — placabiles desunt 2, 2b, 3. [1429] primus A. [1430] Chonradus 1, 2b. Cuouradus 4, 4a. [1431] Ianimir 4a. [1432] quorum A. [1433] annis omissum 3. [1434] studere A. [1435] leta 1. [1436] profectu 2b. [1437] vero addit 4. [1438] Cazimir 4, 4a. [1439] deest 1. [1440] nulla 4, 4a. [1441] igitur advertens 4, 4a. [1442] Bracizlaus erasum 1. [1443] quanto cicius A. [1444] dux Bracizlaus addunt 4, 4a. [1445] deest A. [1446] provinciæ A. [1447] subure 2, 2b, 4, 4a, corr. 1. [1448] se deest 4, 4a. [1449] vi pro in 4, 4a. [1450] ti superscr. al. man. A. in rasura 1. [1451] ita corr. A. pro Guezden. Gradec 1. Gdec 2, 2a. Gdec 2b. Gocc 4, 4a. [1452] ni al. man. superscr. 2. [1453] corr. A. cæterum 4, 4a. [1454] duxit A. [1455] ad 2b. [1456] Cirum 2. quamvis et legi possit Ciruin; Cirnin 2a, 4. Ciruin 2b. [1457] u. eis A. [1458] perfectum corr. præf. 1. [1459] Gedeane 2b, 3. [1460] non A. [1461] facile 4, 4a. [1462] ratis al. manu superscr. paucis 1. [1463] deest A. [1464] preciosissime 1.

NOTÆ.

(429) Hor., serm. II, 3, 243.
(430) Male confundit Cosmas res Polonorum; Kazimir obiit post Bracizlaum a. 1058, neque reliquit filios pueros, sed ipse relictus est puer a patre Misecone II; cfr. Martinus Gallus I, 48, ed. Bandtkie.
(431) Præter hos duos alios habebat filios Kazimir Miseconem et Ottonem. Cfr. Martin. Gall. I, 19.
(432) i. e. ex ipsius Cosmæ computatione a. 1041; cfr. supra I, 42; sed hoc loco errat, ut ex accuratioribus notis de translatione S. Adalberti II, 5, patet.

(433) Quod ubi situm fuerit non satis liquet; conjecerunt nonnulli esse Giecz, quam ducalem quondam arcem inter Gnesnam et Posnaniam sitam esse scribit Dlugosz. Cfr. Roepell I, 177.
(434) Quæ fuerit illa silva, non patet. Diversorum sententias vide apud Pubitschkam III, 301.
(435) Vel hodie duas exstare villas in circulo Raconicensi Hedečko et Hečdany observat Palacky I, 280.
(436) Gnesen.

thesaurus, scilicet beatissimi Adalberti martiris [1465] corpus. Qua mox Boemii sine Marte [1466] potiuntur urbe, et cum magna laeticia intrant [1467] sanctae ecclesiae adita [1468], atque omni praeda [1469] posthabita, solam sibi poscunt dari pro Christo passam sacri corporis preciosam massam. Quorum praesul Severus ut vidit temeritatem, et [1470] pronam in omne fas [1471] nefasque (457) sensit voluntatem, talibus alloquiis temptat eos revocare ab illicitis ausis [1472]: *Fratres mei et filii ecclesiae Dei, non tam ex facili constat, sicut vos aestimatis, ut sacram corporis glebam, Dei virtutibus plenam, quis mortalium tam temere praesumat tangere. Timeo enim valde, ne percellamur aut mentis oblivione aut caecitate aut aliqua membrorum debilitate, si id temere praesumpserimus* [1473] *agere. Quapropter* [1474] *prius triduo jejunate, de peccatis vestris poenitenciam agite, et* [1475] *ab omnibus abhominationibus, quas ipse abhominatus est in vobis, abrenunciate, et* [1476] *ex toto corde, quod eas ultra non faciatis, promittite. Spero enim in misericordia Dei et nostri patroni sancti Adalberti, quod non privabimur spe peticionis nostrae, si persistimus fidei* [1477] *in* [1478] *devotione et precum assidua oratione.* At illis visa sunt praesulis verba quasi deliramenta, et continuo aures suas continentes [1479] fecerunt impetum ut raperent sacrum corpus, et quia post altare [1480] juxta parietem conditum fuerat, et aliter evelli non poterat, nisi altare [1481] destrueretur [1482], manus [1483] inproba cum mente ferina operantur profana; sed non defuit ultio divina. Nam in ipso [1484] opere suae temeritatis steterunt sensibus obstupefactis [1485], nec erat vox nec sensus nec visus per trium fere horarum spacia, donec iterum propiciante Dei gratia rehabuere pristina officia. Moxque licet sero poenitencia ducti faciunt jussa episcopi, et quanto erant divino nutu evidentius castigati, tanto devotius perstabant precibus infatigati, triduo jejunantes et veniam postulantes.

4. Tercia nocte Severo episcopo post matutinalem synaxim quiescenti sanctus praesul in visione apparens Adalbertus [1486]: *Dic*, ait, *ista duci* [1487] *et ejus comitibus: Pater de coelis dabit auod petitis, si non repetitis mala, quibus abrenuntiastis in fonte* [1488] *baptismatis* [1489]. Hoc mane cum praesul [1490] innotesceret duci et ejus comitibus, mox exhilarati intrantes ecclesiam sanctae Mariae, et ante sepulchrum [1491] sancti Adalberti [1492] humi [1493] prostrati, diu fusa comuni oratione surgit dux [1494], et stans in ambone [1495], hac rupit silentia voce [1496]: *Vultis praevaricationes vestras emendare, et a pravis operibus resipiscere?* At illi obortis clamant [1497] cum lacrimis [1498]: *Emendare parati sumus quicquid in sanctum Dei* [1499] *patres nostri vel nos* [1500] *praevaricati sumus, et a pravo opere omni* [1501] *cessare.* Tunc dux [1502] extendens manum suam super sacram tumbam, sic orsus [1503] est ad populi turbam [1504]: *Extendite, fratres* [1505], *simul* [1506] *vestras ad Dominum* [1507] *dextras et ad meos attendite sermones, quos volo ut vestrae fidei sacramento confirmetis. Ergo hoc meum proximum* [1508] *et primum sit decretum, ut vestra conubia, quae actenus habuistis ut lupanaria, et ceu* [1509] *brutis animalibus communia, amodo juxta canonum scita sint legitima, sint privata, sint insolubilia, ita duntaxat ut* [1510] *una vir conjuge et conjunx viro uno contenti vivant. Si autem conjunx virum aut vir conjugem spreverit, et rixa inter eos usque ad discidium efferbuerit* [1511], *qui ex eis* [1512] *in priorem copulam legitime celebratam redire noluerit, nolo ut secundum ritum nostrae terrae hujus rei violator* [1513] *in servitutem redigatur, sed potius nostri inmutabilis decreti per angariam, qualiscunque sit persona, redigatur in Ungariam, et nequaquam liceat ut precio se redimat aut in hanc terram redeat, ne unius contagio oviculae totum Christi serpat per ovile.* Severus episcopus dixit: *Quicunque aliter fecerit, anathema sit. Eadem sententia sint plectendae virgines et viduae et adulterae, quae nomen bonum amisisse et pudorem corrupisse ac per scortum concepisse dinoscuntur. Nam cum liberum nubendi habeant arbitrium, cur comittunt adulterium et conceptus suos abortivant* [1514], *quod est pessimum scelus scelerum?* Tunc dux [1515] subjungens inquit: *Si vero mulier proclamaverit* [1516] *pari vice non amari, sed inclementer a viro suo* [1517] *affligi et profligari* [1518], *detur inter eos judicium Dei,*

VARIAE LECTIONES.

[1465] deest 2. [1466] morte 1. [1467] adeunt intrant 1. supra intrant manus alia scripsit adeunt 2. [1468] limina adita 1. adita alia manu suprascript. limina 2. adyta 2b. limina 4. [1469] corr. al. manu 1. [1470] et rasum 2. [1471] fasque 4. [1472] corr. A. pro causis. [1473] praesumamus 2. [1474] karissimi addunt 4, 4ª. [1475] et poenitentiam agite ab omnibus 4, 4ª. [1476] deest 2. [1477] federi 4, 4ª. [1478] deest 2. [1479] continuantes A. continuientes 2. [1480] litterae ar al. manu superscr. 1 [1481] prius add 4, 4ª. [1482] destrueret 2b, 3. [1483] ita 1, 2. [1484] ita corr. A. pro inpio. [1485] obstupefacti 4, 4ª. [1486] sanctus Adalbertus in visione apparens 4, 4ª. [1487] Bracizlao add 4, 4. [1488] fronte eraso r A. [1489] in baptismate A. Aª. [1490] Severus add. 4, 4ª. [1491] superscr. 1. [1492] martyris add. 4, 4ª. [1493] humo 4, 4ª. [1494] Bracizlaus pro dux 4, 4ª. [1495] umbone 3. [1496] dicens cdd. 4, 4ª. [1497] clamant repetitum 1. sed erasum. [1498] dicentes add. 4, 4ª. [1499] Adalbertum add. 4, 4ª. [1500] peccatores add. 4, 4ª. [1501] animo 1. [1502] Bracizlaus add. 4, 4ª. [1503] exorsus A. Aª. [1504] tumbam corr. turbam 1. turmam 4, 4ª. [1505] karissimi addunt 4, 4ª. [1506] omissum 4, 4ª. [1507] Deum add. 4, 4ª. [1508] maximum A. A. 2, 2b, 3, 4, 4ª. [1509] sunt inserunt 4, 4ª. [1510] al. manu superscr. A. [1511] al. man. superscr. A. efferuerit 2, 3. [1512] his A. Aª. [1513] praevaricator 4, 4ª. [1514] avorcivant A. 3. [1515] Bracizlaus add. 4!, 4ª. [1516] perclamaverit 1. [1517] suo deest. 3. [1518] proafligari corr. A. 1, 2.

NOTAE.

(457) Lucan.. Pharsal. V, 313; VI, 147.

et qui *inventus fuerit reus, solvat pœnas rei.* Similiter et de his, qui homicidiis infamantur archipresbyter comiti illius civitatis nomina eorum ascribat, et comes eos conveniat; et si sunt [1519] rebelles, in carcerem redigat, donec aut pœnitenciam dignam agant, aut si negant, ignito ferro sive adjurata aqua, utrum culpabiles sint examinentur; fratricidas autem et parricidas sive sacerdotum interfectores et hujusmodi capitalibus criminibus irretitos, archipresbiter assignet eos comiti vel duci, sive [1520] per manus et ventrem ferratos de regno ejiciat, ut ad instar Cain [1521] vagi et profugi circueant [1522] terram. Severus episcopus dixit: *Ista ducis deliberatio justa sit anathemate firma. Nam ad hoc vobis ducibus* [1523] *mucro pendet in femore, ut manus vestras sæpius* [1524] *lavetis peccatoris in sanguine.* Iterum dux [1525]: *Tabernam* [1526] inquit [1527], *quæ est radix omnium malorum, unde prodeunt furta, homicidia* [1528], *adulteria* [1529] *et cætera mala, et qui parat et qui paratum* [1530] *comparat,* Severus episcopus dixit: *Anathema sit.* Et dux [1531]: *Qui,* inquit, *comprehensus fuerit hujus violator decreti tabernarius, in medio foro ad palum suspensus, et usque ad fastidium præconis cæsus depiletur: res tamen ejus non infiscentur* [1532]; *sed potius* [1533] *tantum in terram projiciatur* [1534], *ne quis* [1535] *execrabili haustu* [1536] *polluatur. Potatores autem, si deprehensi* [1537] *fuerint, non prius de carcere exeant, quam in fiscum ducis unusquisque 300 nummos componat.* Severus episcopus dixit: *Quæ dux judicat, nostra auctoritas firmat.* Adhuc dux [1538] prosequitur dicens: *Fora autem dominicis diebus omnino ne fiant interdicimus, quæ ideo maxime in his celebrant regionibus, ut cæteris diebus suis vacent operibus. Si quis autem quam dominicis tam festis* [1539] *diebus* [1540] *publice ad ecclesiam feriari indictis in aliquo servili opere inventus fuerit, ipsum opus et quod in opere est inventum archipresbiter tollat jumentum* [1541], *et 300 ducis* [1542] *in fiscum solvat nummos. Similiter et qui in agris sive in silvis suos sepeliunt mortuos, hujus rei præsumptores archidiacono* [1543] *bovem et 300 in fiscum ducis* [1544] *solvant* [1545] *nummos* [1546]: *mortuum tamen in poliandro* [1547] *fidelium humi condant denuo. Hæc sunt quæ odit Deus, hæc sanctus Adalbertus* [1548] pertesus [1548], nos [1549] suas deseruit oves et ad exteras maluit ire docturus gentes. Hæc ut ultra non faciamus, nostræ simul et vestræ fidei sacramento confirmamus. Sic ait dux. Et præsul [1550] sanctæ Trinitatis nomine invocato et malleo assumpto, cæteris [1551] clericis septem [1552] psalmos et alias huic sancto [1553] operi competentes orationes ymnizantibus, cœpit molliter destruere summa sepulchri, destruens eum usque ad ima thesauri sacri, et cum aperuissent sarcophagum, omnes qui in ecclesia aderant tanta flagrantia [1554] (438) suavissimi odoris sunt referti, ut per tres dies quasi opimis [1555] ferculis referti obliviscerentur cibo refici, quin etiam et [1556] infirmi sanati sunt eadem ora [1557] quam plurimi. Tunc dux [1558] et episcopus [1559] et pauci comitum inspicientes, ut viderunt sanctum Dei [1560] ita vultu et habitu clarum, et sic corpore integrum per omnia, ac si eadem die sacra missarum celebrasset solempnia, clerici *Te Deum laudamus,* laici *Kyrieleyson* [1561] modulantur, et resonant voces eorum usque ad ethera [1562]. His ita peractis dux præ gaudio faciem perfusus lacrimis, sic orat [1563]: *O* [1564] *Christi martir, beate Adalberte* [1565], *nostri semper et ubique miserate* [1566], *nunc solita nos respice pietate, et nobis peccatoribus propiciare, atque ad* [1567] *tuam sedem* [1568] *Pragensis ecclesiæ per nos quamvis peccatores referri non dedignare.* Mira res et valde stupenda, cujus tumbam nudius tercius contingere non poterant, continuo dux et episcopus sine impedimento corpus ejus sarcophago levant et serico cooperientes in superiori altari locant, ut plebs sua vota solvat [1569], quæ Deo et ejus sancto voverat, atque eadem die [1570] compositæ sunt 200 marcæ altaris in arce [1571].

O Deus omnipotens, mundum per secla revolvens,
Qui semper regnas, solus qui cuncta gubernas,
Nil fit, nec fuit in mundo nec erit, bone Christe,

tuo sine nutu. Quisnam mortalis hoc unquam credere posset, ut ad gentes apostatrices jam in celesti regno laureatus corpus suum referri sineret, quarum [1572] aspernatus facinora aufugit [1573] consortia, cum adhuc viveret. Sed si majora Dei et antiqua miracula [1574] perpendimus, quomodo populus Israeliticus sic-

VARIÆ LECTIONES.

[1519] al manu superscr. A. [1520] vel — sive A. seu 2b. sive 3. [1521] canum 3. [1522] circuerant 4, sed corr. [1523] dulcibus corr. ducibus 2. [1524] omissum 2. [1525] ait addit. 4a. [1526] taberna A. [1527] deest 4, 4a. [1528] homicidia 4a. [1529] fornicationes, ebrietates addunt. 4, 4a. [1530] partam A. 1, 2. [1531] iterum add. 4, 4a. [1532] confiscentur 2b. [1533] potius A. [1534] seu potius — projiciantur 3. [1535] de inserunt 4, 4a. [1536] haustu corr. 1, pro haustu. [1537] de presensi 1. corr. al. man. [1538] Bracizlaus add. 4, 4a. [1539] tam dominicis, quam festivis 4, 4a. [1540] dom. diebus t. f. A. [1541] deest A. A*. [1542] duci 4, 4a. [1543] archidiaconus 4a. [1544] duci 4, 4a. [1545] solvat 4. [1546] omissum 1, 2. [1547] r al. manu superscr. A. 1 polyando 2, 4. [1548] perosus 2. [1549] vos 2b. [1550] Severus add. 4, 4a. [1551] omittunt 4, 4a. [1552] VI, 4a. [1553] deest 3. [1554] fraglaucia 1, 4. [1555] optimis A. 4, 4a. [1556] et deest 2. [1557] ita 1. die rell. [1558] Bracizlaus add. 4, 4a. [1559] Severus add. 4, 4a. [1560] Adalbertum add. 4, 4a. [1561] krilés A. kyrt 4. [1562] heta 4. [1563] dicens addunt 4, 4a. [1564] deest 1. [1565] Adaberte 1. [1566] miserere 3. [1567] deest 3. [1568] sanctæ addunt. 4, 4a. [1569] solvant corr. solvat A. [1570] deest 5. [1571] alt. in arce desunt A. [1572] ouorum 4, 4a. [1573] aufugerat 2b. [1574] superscr. al. manu A.

NOTÆ.

(438) l. q. fragrantia.

co vestigio transivit mare, qualiter de sicca rupe fluxerunt [1575] aquæ, vel qualiter factor orbis apparuit in orbe natus ex Maria Virgine, non ammirari, sed potius Deo, qui fecit et facere potest quæ vult, nos decet humiliari et ejus gratiæ totum assignare; cujus gratia inspirante ascendit in cor ducis, ut similiter transferret [1576] corpus archipræsulis ejusdem civitatis, nomine Gaudencii (439) qui in eadem forte [1577] ecclesia quiescebat. Hic utique [1578] superius retulimus, non solum carnali verum et spirituali [1579] conjunctione [1580] frater sancti Adalberti et comes individuus in omni labore et erumna fuit, et si cum eo non corpore martirium [1581], mentis tamen compassione tulit. Nec enim fieri poterat ut [1582] gladius animam ejus non petransiret, cum germanum suum rompheis paganorum in frusta [1583] concidi videret, et ipse pariter occidi valde optaret [1584]. Item [1585] visum est [1586] duci [1587] et episcopo, ut [1588] quinque fratrum reliquias sancto corpori adjunctas, quorum de vita ac passione satis supra retulimus [1589] (440), qui [1590] in eadem civitate sed in alia ecclesia quiescebant, pariter [1591] cum summa diligentia transferant. Quid multa?

5. Ventum erat cum omni sacra sarcina in prosperitate et lætitia Boemiam, et in vigilia [1592] sancti Bartholomei apostoli prope metropolium Pragam

Consors in clero, presbiter officio.
O dies illa, dies [1603] Boemis honoranda
   sacris mysteriis frequentanda,
   laudibus devotissime [1604] veneranda,
   divitibus lætabunda,
pauperibus jocunda,
et omnibus bonis [1605] studiis excolenda,
refulgent accumulata.
olim sacro duce [1607] sublimata,
a Domino Deo tibi collata
et per has binas
fama volas [1609] ultra Soromatas [1610] atque Sarigas [1611].

Facta est autem hæc translatio beatissimi Christi martiris Adalberti anno dominicæ incarnationis

castra metati sunt circa rivulum Rokitnicam [1593] (441), ubi lucescente die clerus et universa plebs cum processione occurrit, cujus longam seriem latus vix explicuit campus. Talis enim processio fuit Dux ipse et episcopus humeris subnixi dulce pondus portant martiris Christi Adalberti; post simu abbates ferebant reliquias quinque [1594] fratrum, deinde archipresbiteri gaudent onere Gaudentii archiepiscopi, quos electi 12 [1595] presbiteri, vix sustentantes pondus [1596] aurei crucifixi, secuntur — nam dux Mesco ter [1597] semetipsum hoc apponderarat auro, — quinto [1598] loco ferunt tabulas tres graves auro quæ circa altare, ubi sanctum corpus [1599] quievit, positæ fuerant. Erat enim major tabula quinque ulnarum in longitudine et decem palmarum in latitudine, valde adornata lapidibus preciosis et cristallinis sachis (442). Cujus inscriptus fuit hic in margine versus:

Ter centum libras apponderat hoc opus auri.

Postremo plus quam centum plaustris ducunt inmensas campanas et omnes Poloniæ gazas, quas sequitur innumera nobilium virorum turma, asstricti [1600] manicis ferreis et contriti colla bagis [1601] (443), inter quos, heu! male captus, adductus est meus attavus [1602].

et per sæcula memoriæ commendanda, dignis præconiis celebranda,

debilibus exoptanda,
datione elemosinarum decoranda,
in qua festis festa
O nimium [1606] felix metropolis Praga,
nunc beato præsule [1608] decorata,
excipis gaudia geminata,
misericordiæ olivas

1039. (444) [1612] Kal. Septembris [1613].
6. Sed his prosperis a Deo [1614] concessis impro-

VARIÆ LECTIONES

[1575] fluxerint 2b. [1576] transferat A. 2, 2b, 3, 4, 4a. [1577] fere A. [1578] ita 1. uti rell. [1579] spirituali 1. [1580] conjuncione 1. compunctione 4. [1581] sustinuit addunt 4, 4a. [1582] deest 1. [1583] frustra erasa r literal A. 1. [1584] optarat corr. optaret A. [1585] iterum 1. [1586] nobilissimo inserunt 4, 4a. [1587] Bracizlao addunt 4, 4a. [1588] sanctorum martyrum inserunt 4, 4a. [1589] Deo donante relaturi sumus 3. [1590] non al manu superscr. A. [1591] par. q. A. [1592] vigiliis 4, 4a. [1593] Kocitniczam 2, Rokitniczam 2b. [1594] sanctorum inserunt 4, 4a. [1595] XX, 4, 4a. [1596] corpus 2. [1597] deest 1. [1598] to superscr. al. man. A. [1599] positum inserit 2b. [1600] astrictis 4, 4a. [1601] bogis 4. [1602] meus atavus desunt in A. 1, 2, 2a, 2b, 3. legunt 4, 4a. [1603] dies deest 4, 4a. [1604] devotissime 1. [1605] deest 3. [1606] omnium A. sed. corr. 2. [1607] Wenceslao addunt 4, 4a. [1608] Adalberto addunt 4, 4a. [1609] volat 4, 4a. [1610] ita 1. Solamatas A. Foramatas 2, 2a. Sarmatas 2b, Sauromatas 3. Soramatas 4, 4a. [1611] lazygas 3. [1612] 1030. 9. K. Sept. 2b. VIII. 4, 4a. [1613] regnante Domino nostro Jesu Christo, cui est honor et imperium in secula seculorum. Amen. addunt 4, 4a. [1614] Domino A.

NOTÆ

(439) Hujus ossa loco reliquiarum S. Adalberti a Polonis pia fraude data et a Bohemis translata esse probare conatus est Dlugosz et post eum alii; sed e parte Cosmæ Polonus stat auctor Martinus Gallus I, 19. Cfr. Balbini Epitome rer. Bohem. III, 4. Dobner ad Hajec. V. 235. Meinert Wiener Jahrbucher XLVIII. Anz., p. 48.
(440) Cf. I, 38.
(441) Rokytnice.
(442) I. e. rebus?
(443) I. e. circulis ferreis.
(444) Consentiunt Annales Pragenses.

bus delator non defuit [1615], qui apostolico uti gesta haec erant retulit [1616], divinas sanctiones et sanctorum patrum traditiones violasse ducem Boemiae et episcopum promulgavit; et si hoc inultum domnus papa (445) praetermitteret, jura apostolicae sedis per totum mundum observanda imminueret. Continuo sacer conventus celebratur, canones recitantur, sacrae Scripturae scrutantur. Dux et episcopus, quamvis absens, de praesumptione arguitur: alii ducem omni dignitate privatum per tres annos in exilium decernunt, alii episcopum ab omni pontificali officio suspensum, quoad usque vivat, in claustro monachorum degere judicant, alii ambos gladio anathematis feriendos clamant.

7. Interea legati ducis et episcopi Boemorum ex parte tocius populi et ipsorum Roman adveniunt, ferentes mandata magis muneribus oblita [1617] quam facundiae verbis [1618] polita. Quibus ubi data est copia fandi, in conspectu [1619] apostolici et sacri concilii tali sermone causam suae legationis sunt prosecuti [1620]. *O fidei catholicae et sedis apostolicae sanctissime rector, et o patres in libro vitae [1621] conscripti, quibus a Deo collata est potestas judicandi simul et miserendi, miseremini peccasse confitentibus, parcite poenitentibus simul et veniam postulantibus. Fatemur enim quod illici a et contra canonum statuta egimus, quia de tam [1622] longinquis partibus ob tam breve temporis spacium ad tam sanctum negocium vestrum [1623] nequivimus habere nuncium. Sed quicquid est illud, quod fecimus, sciatis, o patres, sciatis [1624], conscripti, nos non ex temeritate, sed pro magna utilitate Christianae religionis atque bona intentione id fecisse. Aut, si unquam bona intencio cadit in vitium, o sanctissimi patres, secundum vestrum judicium parati sumus nostrum emendare flagicium. Ad haec apostolicus paucis: Si poenitet,* inquit, *haud nocet error.* Mox legati summoti a concilio [1625] potiuntur hospicio, sequenti die reddituri rationem in judicio. Illa autem nocte ducis missi et episcopi, circueuntes [1626] corruperunt pecunia cardinalium astuciam, auro subplantant justiciam, mercantur precio clementiam, muneribus leniunt [1627] judicialem sentenciam. Postera autem die iterum legatis sacri concilii in capitolio [1628] praesentatis, domnus apo-

stolicus os aperuit sacrum, ponderosis verbis et auctoritate plenum. *Sicut,* inquit, *pertinacibus in impietatis culpa [1629] est saevior exerenda [1630] vindicta, ita reatum suum recognoscentibus et poenitenciam desiderantibus facilem praebemus assensum [1631], et ab hoste [1632] inflictis vulneribus misericordiae adhibemus [1633] antidotum. Magnum enim peccatum est aliena rapere, sed majus christianos non solum spoliare, verum etiam captivare et captivos [1634] ceu bruta animalia vendere, nimis est abhominabile: quod vos perpetrasse in Polonia, nobis relatum est per veridica nuncia. Quod autem nulli liceat sine nostra permissione de loco ad locum sacrum transferre corpus, testantur canones, prohibent [1635] patrum decreta, et praesumptores hujuscemodi [1636] rei divina jubent eloquia gladio anathematis ut feriantur. Sed quia vos sive per ignorantiam sive bonae intencionis ob gratiam hanc rem fecistis, praecipimus [1637] ut pro hac tam temeri [1638] praesumptione dux vester et episcopus coenobium omnibus ecclesiasticis usibus et honoribus sufficienter amplificatum in competenti [1639] loco construant, probatasque personas ac officia servientium clericorum ex more constituant, ubi Deo sedulum servicium tam pro vivis fidelibus quam pro defunctis in sempiternum exhibeatur, ut saltem vel sic in conspectu Dei reatus vestri transgressio deleatur.* Mox legati valde [1640] exhylarati proficiscuntur et referunt duci jussa apostolici. Quibus dux, velut divinis jussis obtemperans, sub honore sancti Wenczlai martiris in urbe Boleslau [1641] juxta flumen Labe (446), ubi idem sanctus [1642] olim feliciter consummavit martirium, venustissimum fabricavit coenobium, in quo, sicut et hodie cernitur, Deo servit caterva fratrum numerosa, et habetur praepositura et basilica valde religiosa (447).

8. Anno domin. incarn. 1040. Fama, qua nullum pejus malum viget in mundo (448), et quae mendaciis pinguescit, et miscens plura paucis, falsa veris, volando crescit, perfert ad aures imperatoris secundi Heinrici (449) cencies plus, quam verum fuit, pondus auri et argenti Boemos de Polonia asportasse. Tunc imperator [1643] coepit quaerere occasiones adversus eos, quoquomodo [1644] ab eis quod sibi dictum fuerat [1645] eriperet aurum. Et mandans per qua-

VARIAE LECTIONES.

[1615] destitit 3. [1616] deest 3. [1617] oblata A. [1618] facundia verborum 3. [1619] conspectum 2, 4, 4ª. [1620] persecuti 3. [1621] deest A. [1622] terra 1. [1623] omittunt 4, 4ª. [1624] ita 1. deest in rell. [1625] ita A. ad concilio 1. negocio 2. concilio rell. [1626] circueuntes A. [1627] enunt corr. 1. [1628] capitulo 4, 4ª. [1629] impiserscr. 1. ut saepius. [1634] captivatos 2ᵇ, 5. [1635] perhibent 2ᵇ. etatibus pro culpa 4, 4ª. [1630] exercenda 2ᵇ, 4, 4ª. [1631] asensum 1. [1632] hostibus 2ᵇ. [1633] h. al. manu clam obedientiam addunt 4, 4ª. [1638] temera 5. [1636] hujusmodi 2ᵇ, 5. [1637] per sanctam [1639] competenti corr. al. man. competenti A. [1640] deest 2. [1641] Boleslaw 2. Boleslai 3. Bolezlai 4ª. [1642] Wenczlas addunt 4, 4ª. [1643] Henricus addunt 4, 4ª. [1644] quomodo 2, 2ᵇ, 3, 4. [1645] ut addit A.

NOTAE.

445) Benedictus qui sedit a. 1033-1048.
446) Al-Bunzlau ad Albim.
447) Haec res anno demum 1046 dijudicata est.
(448) Virg. Aen. IV, 174, 175.
(449) Heinricos imperatores numerat Cosmas.

stionarios, ut argentum, quod in Polonia rapuerant, nisi infra statutum terminum usque ad unum obulum [1646] sibi mittant, minatur bellum. Ad hæc Sclavi inquiunt : *Semper salvo tenore nostræ legis fuimus et hodie sumus sub imperio Karoli regis et ejus successoribus, nostra gens nunquam extitit rebellis, et tibi in omnibus bellis mansit et semper manebit fidelis, si justiciam nobis tantum* [1647] *facere velis. Talem enim nobis legem instituit Pippinus* (450), *magni Karoli regis filius, ut annuatim imperatorum successoribus* 120 *boves electos et* 500 *marcas solvamus — marcam nostræ monetæ* 200 *nummos dicimus* (451) *— hoc testatur nostratum ætas in ætatem* [1648]; *hoc omni anno sine refragatione* [1649] *tibi solvimus et tuis successoribus solvere volumus. At si aliquo præter solitum legis* [1650] *jugo nos aggravare volueris, mori potius prompti sumus, quam insuetum ferre onus.* Ad hæc imperator respondit [1651] : *Regibus hic mos est semper aliquid novi legi addere anteriori, neque enim omnis lex est constituta tempore in uno, sed per successores regum crevit series legum. Nam qui regunt leges non reguntur legibus, quia lex, ut aiunt vulgo, cereum habet nasum* [1652], *et rex ferream marum et longam, ut eam flectere queat, quo sibi placeat. Pippinus rex* [1653] *fecit quod voluit ; vos autem nisi quod volo faciatis, ostendam vobis, quot* [1654] *pictos habeam clipeos aut quid bello valeam.*

9. Et statim mittens litteras per totum regnum, valde fortem colligit exercitum (452). Altera via qua itur per [1655] Zribiam [1656], et est exitus de silva in istam terram per castrum Illumec [1657] (453), jussit Saxones intrare Boemiam, quorum tunc temporis dux [1658] erat Occardus [1659] (454), cui omnis Saxonia tanquam regi paruit per omnia. Fuit enim vir magni consilii, et in ordinandis [1660] regni negotiis singulari sollertia præditus et rebus bellicis a pueritia deditus, sed nunquam belli felices obtinuit successus. Ipse autem cæsar castra metatus est ex utraque parte fluminis Rezne [1661] (455). Postera autem [1662] die pertransiens castrum Kamb [1663] (456) cum admoveret aquilas silvæ quæ dirimit Bawariam atque Boemiam (457), ut [1664] cognovit quod obstruerent Boemii vias per silvam [1665], indignatus parum tacuit, concuciensque caput ter concipit iras (458) cæsare [1666] dignas [1667], atque in hæc verba solvit ora : *Licet exstruant muros silvis* [1668] *altiores, licet elevent turres sublimes usque ad nubes, uti frustra jacitur rete ante oculos pennatorum, sic nichil valent contra Teutonicos obpugnacula Boemorum* [1669].

Aut si ascendent super nubila, aut si includant [1670], *se inter sidera,*

verditam et miseram gentem nihil ista juvabunt.

Sic ait et jussit cunctos irrumpere silvam, et ipse [1671] eos præcedens ascendit montem [1672] altum in media silva situm, sedensque in tripode dixit [1673] ad astantes tocius regni principes :

Hac in valle cohors ignava latet Boemorum,

quasi mus agrestis in suis receptaculis

antrorum. Sed fefellit cæsarem sua opinio [1674], nam ultra alterum montem fuit illorum munitio. Tunc unumquemque cæsar appellans nomine, prius marchiones, dehinc quosque nobiliores armatos præmittens, jubet pedestres ire in pugnam, his verbis pollicitans eis victoriam : *Non est*, inquit, *vobis opus laborioso certamine ; tantum descendite, certe ipsi fugient* [1675] *præ timore, nequeunt enim vestrum impetum ferre. Ite mei, ite, falcones, pavidas capite palumbes, et ut feroces leones, more luporum, qui dum irrumpunt ovilia ovium* [1676], *non curant de numero, et non nisi toto grege mactato pociuntur edulio.*

VARIÆ LECTIONES.

[1646] obŏlum 1. [1647] t. n. A. tantummodo 2b. [1648] nostrarum etas etatum A. ætate 2b, 3, 4, 4a. [1649] reflagratione A. 1. [1650] regis 4. [1651] respondens dixit 2b. [1652] quia ut — lex nasum desunt A. [1653] Franciæ addit 2b. [1654] quod corr. quot A. 1. quot super quod 2b. [1655] ad 2b. [1656] Zrbiam 3. [1657] Hlymec 1. Hlymee 2, 2b. Hlumer 3. [1658] princeps 4, 4a. [1659] Okkardus 2. Okardus 3. semper. [1660] ordinandi 4, 4a. [1661] Rezene 1. [1662] vero A. [1663] ita corr. A. Kamb 1, 2, 2b. Kamba 4, 4a. [1664] quod inserit 2. [1665] silvas 4, 4a. [1666] cæsari 4, 4a. [1667] hæc verba a correctore in A. ita mutata : cepit irasci, syllabis con et sare erasis, vox dignas expuncta est. [1668] corr. al. man. 1. [1669] Boemii pugnare A. [1670] includent A. [1671] super addit A. [1672] magnum et inserunt 4, 4a. [1673] dux 1. dixit corr. man. recentior. [1674] oppinio A. [1675] fugiunt 4, 4a. [1676] omnium 4, 4a.

NOTÆ.

(450) Carolus erat, Caroli Magni filius, qui a. 805 expeditionem in Boemos fecit teste Einhardo in Annalibus.

(451) Dobner ad Haice. II, 433, docet nummum unum illorum temporum idem valuisse quod nostris diebus quatuor et dimidium nummos cruce signatos (Kreuzer), Bohemicum igitur censum fuisse 7500 florenos nostræ monetæ.

(452) Primam Bohemicam expeditionem Henrici III, a. 1039, auctor silentio transiit, qua Bretislaus filium primogenitum obsidem dedit. Cfr, Hermann. Aug. a. 1039.

(453) Nomen servatum esse in odierne Kunil, castrique rudera in monte Geyersberg superess. conjicit Dobner V, 256. Vide quoque commentationem Kropsii in Monatschrift der Gesellschaft des vaterländischen Museums in Böhmen I, Decemb., p. 37.

(454) Marchio Misnensis.

(455) Regen.

(456) Kamb in Bavaria.

(457) De loco quo hæc Bohemorum victoria reportata sit fusius disseruit Dobner l. l. In limitibus Bavariæ et provinciæ Pilsensis, haud procul ab urbe Tauss, prælium commissum esse putat.

(458) Cf. Ovid., Metamorph. II, 50 · I 168; 181.

10. Mox secundum jussum regis ruunt loricata [1677] agmina; de primo loco pugnæ certant proceres, Conspicuæ [1678] nitent acies ut lucida glacies, et ut sol refulsit eorum in arma, resplendent frondes silvarum ab eis et cacumina montium. Descendentes autem in vallem neminem inveniunt, quia hinc et illinc spissa silva et impenetrabilia sunt loca; et sicut solet in omni certamine fieri, subsequentes etiam invitos inpellunt ad pugnam præcedentes, sic jam fatigati proceres iterum conpelluntur [1679] a subsequentibus transcendere alterum montem. Sed jam æstu [1680] et siti sicco [1681] lingua adhæret palato; vires deficiunt, dexteræ languescunt, anhelitus ægros de pectore trahunt, nec tamen sistere queunt [1682] gradum. Alii super scuta suas [1683] loricas dejiciunt, alii stant appodiati arboribus, frustra inanem auram captantes, alii jacuere ut trunci, homines crassi et insueti itinere certamine pedestri, et cum applicuissent munitioni, exoritur undique clamor, (459), ascendit ut nebula super silvam fatigato de corpore vapor. Quod videntes Boemi ad breve tempus hæsitaverunt, moxque, ut intellexerunt viribus eos defecisse, audacter prosiliunt [1684] de munitione. Audatiam

Dabat eis invicta soror fortunæ Bellona
O fors [1685] fortuna! nunquam es perpetuo bona.
Instabilique rota magnates mergis in ima.
Fortunatorum en ora [1686] verenda virorum
Ungula ferrata [1687] saltantium fœdat equorum,
et ventres in deliciis ac lumbos baltheis bis [1688] cocco [1689] tinctis [1690] præcinctos [1691] runcinus [1692] (460) pede rumpit, et distrahit intestina et exta ceu [1693] fasciam aut ligamina cruris.
Plura referre pudet de tantæ [1694] nobilitatis
Morte repentina nec scriptis promere digna.
Tanta enim nobilium ibi [1695] facta est strages virorum, quanta nec in campis Emathiæ [1696] (461), nec in tempore Sillæ, nec aliqua [1697] mortalium peste, nec hostili unquam gladio [1698], fertur simul Teutonicorum interisse nobilitas. Interea cæsar sedens montis in supercilio, suæ mentis fallitur augurio. Nam dum suos vinci non æstimat ab hoste, victores ut vidit adesse cruentos, insiliens tergo sonipedis [1699], incumbit jubis et

Admovet [1700] lumbis calcar quadrupedis cæsar; quem nisi habuisset promptum, eadem hora descendisset in orcum sine mora Romanus imperator (462).

11. Dum hæc ibi geruntur, Saxones cum duce Okardo [1701] de quo supra dixi, Boemiam ingrediuntur et unam parvam regionem, quæ est circa fluvium [1702] Belinam [1703], hostiliter demoliuntur. Interea dux eorum famam ut percepit sinistram, Sclavos de cæsare habuisse victoriam, fixit [1704] gradum ad pontem Gnevin [1705] (463) juxta fluvium Belinam [1706], valde sollicitus utrum bello fortunam temptaret, an cum [1707] tanto dedecore [1708] repatriaret. Maluit tamen prius experiri [1709] animum ducis, et per nuncios temptans eum verbis suadet amicis: *Qui te modo pugnando [1710] vicisse gaudes, si supplicando vicisses, melior multo [1711] victor [1712] fuisses; propterea noli temetipsum super te inaniter exaltare, quia durum est tibi contra stimulum calcitrare. Nam qui modo, quasi parcendo vobis et miserando, vestram terram cum paucis intrabat, ejus interim gratiam nisi inveneritis [1713], cito cum tanta multitudine exercituum superveniet, quibus nec fontes vestri sufficient, et quos vestra terrula vix capiet; tunc erunt novissima pejora prioribus. Unde iterum admoneo te et consilium do, ne totum, quod possidere videris, amittas. Reginam [1714] pecuniam (464), quæ omnia superat, iratos placat, inimicos reconciliat, per tibi fideles amicos [1715] non modicam cæsari mittas, quatenus pro te ipsa intercedat et ejus tibi [1716] gratiam acquirat.* Ad hæc dux Braczlaus ira commotus salubres sprevit monitus, et innixus manum capulo sic ait: *Dicite vestro [1717] Occardo [1718]: Consilii satis [1719] est mihi, neve [1720] monendo profecisse putes. Audiant te [1721] Saxones saxis rigidiores, et si qui sunt inconsulti [1722] homines, qui te sapere aliquid putant. Ego autem, nisi his in tribus diebus hac de mea provincia sine omni violentia exeas, hoc [1723] ense caput tuum abscidam, et tua ora ponam tibi ad posteriora.*

Cæsaris in curte quid agatur, non mihi curæ [est [1724].

VARIÆ LECTIONES.

[1677] ia *alia manu superscr.* 1. [1678] prospicuæ A. [1679] ita corr. 1, coguntur rell. [1680] deest 3. [1681] sicca 2b. [1682] queunt *alia manu superscript.* A. *deest* 1, 2, 2b, 3; *valent* 4, 4a. [1683] sua A. [1684] unt *al. manu superscr.* 1. [1685] sors 4, 4a. [1686] opera A. *alia manu superscr.* 1, *ut sit* operta. [1687] ferrea 4, 4a. [1688] his A. [1689] qq; *superscr. al. manu.* A. [1690] tinctus 2. [1691] præcinctis 4, 4a. [1692] rancinus 2b. [1693] deest A. [1694] detente corr. al. man. detantæ 1. [1695] omittunt 2b, 3. [1696] Amathiæ 4, 4a. [1697] aquila 2. [1698] deest 3. [1699] semipedis A, 1, 2, 3. [1700] t *alia manus minio superscr.* 1. [1701] Okarado 1. [1702] omittit 4a. [1703] fluvium quæ est circa Belinam 2, 2a, fluvium, qui est circa Belinam 2b. [1704] fecit *corr. al. manu* fixit A. [1705] Gneum 3. Ghnevin 4, 4a. [1706] Bilinam 4a. [1707] de addit 4. [1708] dolore 2b. [1709] experire *corr.* experiri A. 1. [1710] pugnare 1. [1711] al. manu superscr. A. [1712] omissum 4, 4a. [1713] ne syllaba al. man. superscr. 1. [1714] regina 3. [1715] repetit fideles sed expunxit 1. [1716] omittunt 4, 4a. [1717] viro 1. [1718] Okardo 2, *et deinceps.* Ockardo 4, 4a. [1719] satis cons. A. [1720] ne 2, ne me 4, 4a. [1721] se 4. [1722] inconsultu 4, 4a. [1723] corr. 1. [1724] superscr. al. man. A.

NOTÆ

(459) Virg., Æn. XII, 756.
(460) Equus.
(461) Lucan., Pharsal. I, 1.
(462) De Heinrici clade die 22 m. Aug. 1040 facta, cfr. Hermann Aug. et Ann. Sang. majores.
(463) Gnenin, Brüx, ad Bilam in circulo Satzensi; cf. Pubitschka III, 319.
(464) Hor., epp. I, 6, 37.

Quamdiu in femore Bracizlai pendet ensis, non lac cæsaris iram:
sed similis fluet sanguis ex latere cæsaris. Quæ cum
duci¹⁷²⁵ relata¹⁷²⁶ fuissent, quamvis nimis ægre id
tulisset, tamen invitus ceu lupus, qui,¹⁷²⁷ cum amittit prædam et investigantibus canibus submittens
caudam repetit silvam, sic dux Occardus cum magno
dedecore repedat in Saxoniam. Item relatum est
duci Bracizlao ¹⁷²⁸ de Pricos ¹⁷²⁹ comite, qui præfuit ¹⁷³⁰ Beline ¹⁷³¹ in urbe, quod corruptus Saxonum
pecunia non stetisset ex adverso munitionis in custodia; sed, ubi sunt nemora hostibus pervia, ibi
posuisset ¹⁷³² præsidia (465). Hunc enim dux præfecerat toti ¹⁷³³ cohorti quæ fuit de Moravia, et tribus legionibus quæ fuerant ¹⁷³⁴ missæ in auxilium
de Ungaria (466). Quem statim ¹⁷³⁵ dux ¹⁷³⁶ iratus,
erutis oculis, manibus et pedibus abscisis, jussit
præcipitari ¹⁷³⁷ in abyssum ¹⁷³⁸ fluminis ¹⁷³⁹, anno
dominicæ incarnationis 1041.

Imperator Henricus pugnat cum duce Brzie-
czislao et turpiter fugatur. 2. 2ᵃ. 2ᵇ.

12. Anno dom. inc. 1042 (467). Heinricus imperator, semper magnificus triumphator, volens ulcisci
suorum ruinam inclitorum, intrat tribus itineribus
terram Boemorum, et eam fere totam hostiliter devastat, ac multas civitates, quas illi defendere non
valentes deseruerant, igne succendit. Et ut pervenit
ad urbem Pragam, ante ipsam ex adverso fixit aquilas Sibenica ¹⁷⁴⁰ in monticulo (468). Ibi nichil actum
dignum relatu comperi ¹⁷⁴¹, nisi quod præsul Severus

Cæsaris ad castra clam noctu fugit ab urbe,
timens, ut æstimo, ne quasi domino suo rebellis privaretur sedis honore pontificalis. Quod videns dux
Bracizlaus

Nescit quid faciat, mentem dolor undique turbat.
Jam pœnitet eum olim pugnasse contra cæsarem
¹⁷⁴² jam pœnitet eum sprevisse ¹⁷⁴³ monita ducis
Occardi, jam mavult ¹⁷⁴⁴ precibus pugnare, et eum
¹⁷⁴⁵ precibus superare ¹⁷⁴⁶ quem olim pugnando su-
perarat; atque his verbis temptat dicam deflectere

Bella geris, cæsar, nullos habitura triumphos (469).
Nostra ¹⁷⁴⁷ terra tua est camera, nosque tui sumus,
et esse tui ¹⁷⁴⁸ cupimus. Nam qui suos in subjectos
sævit,

Hoste crudeli crudelior noscitur esse;
si spectas ad robur tui exercitus, nos tibi nec mo-
ment rerum sumus. Cur ostendis potentiam tuam
quasi contra folium, quod a vento rapitur? Nam
ventus deficit ubi nichil sibi officit. Quod vis ¹⁷⁴⁹ ut
sis, jam victor es,

Jam tua jam cinge victricia ¹⁷⁵⁰ tympora ¹⁷⁵¹ lauro
[(470).

Insuper ei promittit mille et quingentas marcas denariorum, quod erat tributum trium annorum jam
¹⁷⁵¹ præteritorum (471).

Mox velut insignis cum flammis æstuat ignis,
si quis nimiam desuper fundit ¹⁷⁵² aquam, paulatim
impetum ejus confundit, et prævalentibus undis deficit ignis:

Haud secus ¹⁷⁵³ extinxit regina pecunia cæsaris
[iram.

Nam qui olim hanc terram intraverat inmitis, accepta pecunia revertitur mitis, pace interposita.

13. Anno dominicæ incarnationis 1043 tanta fames fuit in Boemia, ut tercia pars populi interiret
fame.

Anno dominicæ incarnationis 1044.
Anno dominicæ incarnationis 1045. obiit Gunter
monacus 7 Idus Octobris (472).
Anno dominicæ incarnationis 1046. dedicatum est
monasterium in urbe Bolezlau 14 Kal. Junii ¹⁷⁵⁴ a
Severo Pragensis ¹⁷⁵⁵ ecclesiæ sexto episcopo (473).
Anno dominicæ incarnationis 1047.
Anno dominicæ incarnationis 1048.
Anno dominicæ incarnationis 1049.
Anno dominicæ incarnationis 1050.
Anno dominicæ incarnationis 1051.
Anno dom. inc. 1052. obiit Bozena ¹⁷⁵⁶ conjunx

VARIÆ LECTIONES.

¹⁷²⁵ dum 2, 3. ¹⁷²⁶ deest A. Ockardo addunt 4, 4ᵃ. ¹⁷²⁷ deest 4. ¹⁷²⁸ Bracizlavo 1. ¹⁷²⁹ Prikos 1. Prycos 2, 2ᵇ. Picos 3. ¹⁷³⁰ fuit 4, 4ᵃ. ¹⁷³¹ Beliu 1, 2, 4. Bolin 3. ¹⁷³² posuissent 1. ¹⁷³³ tote 4. 4ᵃ. ¹⁷³⁴ fuerunt 4, 4ᵃ. ¹⁷³⁵ deest 4, 4ᵃ. ¹⁷³⁶ Bracizlaus addit 4ᵃ. ¹⁷³⁷ præcipitare 3. ¹⁷³⁸ abissum 1. ¹⁷³⁹ ad hanc rem pertinet annus dom. incarn. MXLI, add. 4ᵃ. ¹⁷⁴⁰ Sibenice 1. Sybenice 4, 4ᵃ. ¹⁷⁴¹ comperit 4, 4ᵃ. ¹⁷⁴² jam pœnitet — cæsarem omissa 4ᵃ. ¹⁷⁴³ verba sprevisse — cum in marg. A. apposuit alia manus ¹⁷⁴⁴ maluit 2, 2ᵇ, 3. ¹⁷⁴⁵ exsuperare 4, 4ᵃ. ¹⁷⁴⁶ nam 2, 2ᵇ, 3. ¹⁷⁴⁷ deest A. ¹⁷⁴⁸ deest A. ¹⁷⁴⁹ vitrici 2ᵇ, 3. ¹⁷⁵⁰ timpora 2, 2ᵇ, 4, tempora 3. ¹⁷⁵¹ deest 2ᵇ, 3, 4, 4ᵃ. ¹⁷⁵² fundat 2ᵇ, 3. ¹⁷⁵³ sexus corr. secus A. ¹⁷⁵⁴ IV Calend. Januarii 3. ¹⁷⁵⁵ a domino Severo sanctæ Pragensis 4, 4ᵃ. ¹⁷⁵⁶ Bona al. manu superscr. ze A. Boziena 2.

NOTÆ.

(465) Anno 1043 Eppo est præfectus Bilinensis; vide tabulam Boczek I, 116.

(466) A Petro Ungarorum rege Bracizlai socio. Quæ cum Annales Hildesh. ad annum 1041 referant, dubitari non potest quin proditio comitis Pricos et numerus anni 1041 in textu ad 11, 11 revocandus sit.

(467) Anno 1041 hæc gesta sunt; cfr. Herm. Aug. et Ann. Sang.

(468) Mons Zizka postea nominatus.

(469) Lucan., Phars. I, 12.

(470) Virg., Æn. V, 539.

(471) Autumno in festivitate S. Michaelis Heinricum ad Pragam cum Bohemis pacem fecisse testatur annalista Saxo a. 1042.

(472) De Guntario eremita in silva Bohemica vide Herm. Aug. 1045; Vitam S. Godehardi ep. Hildesh. ap. Leibnitium I, 487, et præceptum Bratislai a. 1045, Boczek I, 120; Vitam S. Guntheri Act. SS. Oct. IV, 1068.

(473) Vide supra II, 7, et præceptum Bratislai Boczek I, 125.

Oudalrici [1757] ducis, mater Bracizlai [1758].

Anno dominicæ incarnationis 1053.

Sanctus Procopius abbas (474) obiit. 2. 2ᵃ. 2ᵇ.

Anno dominicæ incarnationis 1054. [1759] urbs Wratizlav [1760] (475) et aliæ civitates a duce [1761] Bracizlao redditæ sunt Poloniis, ea conditione ut quam sibi tam suis successoribus quingentas marcas argenti et 30 auri annuatim solverent.

Anno dominicæ incarnationis 1055 [1762].

Dux Bracizlaus [1763] virtutum culmine clarus Gemma Boemorum [1764], patrum lux clara suorum, cum adjuvante Deo totam sibi subjugasset Poloniam, nec non bis victor, jam tercia vice proposuerat invadere Pannoniam (476), dumque præcedens suum exspectat exercitum, Hrudim [1765] in urbe acri pulsatur ægritudine; quam ut sensit magis magisque ingravescere, et sui corporis vires evanescere, convocat eos qui forte aderant terræ [1766] primates, quibus astantibus verbis fatur talibus : *Quia me mea fata vocant, et atra mors jam præ oculis volat, volo vobis assignare et vestræ fidei commendare, qui [1767] post me debeat rem publicam gubernare. Vos scitis quia nostra principalis [1768] genealogia, partim sterilitate, partim pereuntibus in [1769] inmatura ætate, me usque [1770] ad unum [1771] fuit redacta. Nunc autem, ut ipsi cernitis, sunt mihi a Deo dati quinque nati, inter quos dividere regnum Boemiæ non videtur mihi esse utile, quia omne regnum in seipsum [1772] divisum desolabitur. Quia [1773] vero ab origine [1774] mundi , et ab initio Romani imperii, et usque ad hæc tempora fuerit fratrum [1775] gratia rara, testantur nobis exempla rata. Nam Cain [1776] et Abel, Romulus et Remus, et mei atavi Bolezlaus et sanctus Wenczlaus, si spectes quid fecerint [1777] fratres bini, quid facturi sunt quini [1778]? Hos ergo [1779] quanto potiores ac potenciores intueor, tanto mente præsaga pejora auguror. Heu mens [1780] semper pavida genitorum de incertis satis natorum! Unde prævidendum [1781] est ne post mea fata [1782] aliqua inter eos oriatur discordia propter* A *obtinenda regni gubernacula. Qua de re rogo vos per Dominum [1783], et obtestor fidei vestræ per sacramentum, quatinus inter meos natos sive nepotes semper major [1784] natu summum jus et solium obtineat in principatu, omnesque [1785] fratres sui, sive qui sunt orti herili de tribu, sint sub ejus dominatu* (477). *Credite mihi, nisi monarchos [1786] hunc regat ducatum, vobis principibus ad jugulum, populo ad magnum deveniet [1787] damnum* (478). Dixerat, et inter astancium manus corporeos artus linquens petit ethera flatus ejus 4 Idus Januarii [1788] (479), ac magnus planctus est desuper illico factus [1789]. Quantæ autem dux iste Bracizlaus frugalitatis [1790], vel quantæ discretionis in divinis legibus [1791] et humanis judiciis, aut quam largus dator [1792] elemosinarum et quam pius fautor B ecclesiarum sive viduarum fuerit, facundia Tullii prius defecisset, quam singula ejus quæque merita explicuisset [1793].

14. Post cujus obitum filium ejus primogenitum nomine Spitignev [1794] omnes Boemicæ gentis, magni et parvi, communi consilio et voluntate pari eligunt sibi in ducem [1795], cantantes kirieleison cantilenam dulcem. Erat enim vir valde speciosus, cæsariæ pice nigrior atra, barba [1796] prolixa, facie læta [1797], genæ ejus candidiores nive, et parum rubentes per medium. Quid plura?

Vir bonus et talos a vertice pulcher ad imos erat (480). Prima [1798] die qua intronizatus est, hic magnum et mirabile ac omnibus seclis memorabile fecit hoc sibi memoriale ; nam quotquot inveniri sunt de gente Teutonica, sive dives, sive pauper, sive [1799] peregrinus, omnes simul in tribus diebus jussit eliminari de terra Boemia (481), quin etiam et genitricem non tulit remanere suam, de qua supra meminimus (482), Ottonis natam, nomine Juditham. Similiter et abbatissam (483) sancti Georgii, Brunonis filiam, eliminat, quia hæc olim antea eum verbis offenderat acerbis. Nam dum pater ejus Bracizlaus reædificaret mœnia tocius urbis Pragæ per girum,

VARIÆ LECTIONES.

[1757] Odalrici 2, Udalrici 2ᵇ. [1758] hæc ad 1050, A. [1759] in margine superiore A. alia manu adscriptum sed falso MLIII. [1760] Wratislaw 2, Wratislai 3, Wratislau 2ᵇ, 2ᵃ. [1761] Boemico add. 2ᵇ, 4, 4ᵃ. [1762] Mill. LIII, al. manu superscr. A. [1763] Boemorum add. 4, 4ᵃ. [1764] Sclavorum 4, 4ᵃ. [1765] Chrudim 2, Hrudiu 3. [1766] sui 2. [1767] erasum et superscr. A. [1768] deest A. [1769] deest 2, 3, 4, 4ᵃ. [1770] corr. al. man. A. [1771] inum 2. [1772] i. s. ipso al. man. in margine A. apposita. [1773] quod 2ᵇ. [1774] oriente 1. [1775] omissum A. 1, 2, 2ᵃ, 4ᵃ, legunt 3, 4, et in margine 2ᵇ. [1776] Chain 1, [1777] fuerint pro fecerint 3. [1778] quinterni 3. [1779] ita 1, 4, ego rell. [1780] in al. man. superscr. 1. [1781] providendum A. [1782] facta corr. fata A. [1783] Deum 2ᵇ, 3. [1784] minor 3. [1785] et omnes 4. [1786] monachos al. manu superscr. solus 1, nec monarchos 2ᵇ, si monarcha 3. [1787] deveniret eraso r 1. [1788] deest 4ᵃ. [1789] est hoc loco superscr. A. [1790] fragilitatis corr. frugilitatis A. [1791] regibus 1. [1792] dator repetit 1. [1793] explicuissent A. [1794] Zpitignev 1, 2ᵇ, Spitigneu 2, Zpingneu 3, Zpitigneum 4, Spitigneum 4ᵃ, et sic porro. [1795] judicem omisso in 4 4ᵃ. [1796] barbara corr. barba A. [1797] lata 4. [1798] autem inserunt 4, 4ᵃ. [1799] seu 4.

NOTÆ.

(474) Sazaviensis.
(475) Breslau.
(476) Dubitat Palacky I, 291, num Bratislaus revera bellum contra Ungaros tempore hiemali suscipere voluerit.
(477) Hanc legem Cosmas infra III, 13 vocat justitiam Bohemorum.
(478) Hunc rerum ordinem a Bratislao non in ipsa morte constitutum esse, docet tabula quædam a. 1854 scripta, in qua mentio fit Wratislai, filii ejus, ducis Moraviensis; Boczek I, 130.

D (479) Consentit Necrologium Bohemicum.
(480) Hor., epp. II, 2, 4.
(481) Sed non omnes Teutonicos expulit e Bohemia, potius Vitum abbatem Sazaviensem Slavica natione oriundum munere privavit, et abbatem Teutonicum in monasterium induxit, ut refert monachus Sazaviensis.
(482) I, 40.
(483) Dobner V, 329 ex diplomate quodam Ottocari I effecisse videtur ei nomen Adlaidæ fuisse

et hic 1800 supradictus heros a patre sibi concessam Iao 1827 (487) partem alteram Chonrado 1828, et Ottoni 1829 Satec 1801 haberet 1802 provinciam, forte 1803 exiit ut dederat; Jaromir autem adhuc deditus studiis inter cum suis circa sancti Georgii claustrum compone- scolares versabatur alas. Præmisit autem dux Spi- ret murum. Et cum nullo modo recte poni posset tignev illius terræ 1830 ad primates litteras, in qui- murus, nisi destrueretur fornax abbatissæ qui ibi bus nominatim vocat trecentos viros, quos ipse 1804 forte stabat, jactata fune in media, tunc aliis novit 1831 meliores et nobiliores 1832 ex omnibus civi- hoc facere cunctantibus, accessit natus herilis, et tatibus, et ut sibi ad urbem Hrudim 1833 occurre- quasi risum sibi faciens, cum magno cachinno 1805 rent 1834, per salutem capitis sui mandat. Jussa viri jussit eum dejicere subito in torrentem Bruzincam faciunt, et jam 1835 ultra portam custodiæ in agris 1806, dicens: *Hodie domina abbatissa calidas non gu-* Grutov 1836 (488) duci obviam veniunt, quos statim *stabit placentas.* Quod agnoscens abbatissa exiit dux 1837, iratus quia non ad condictum locum occur- irata de claustro, et valde moleste hujus dicta ferens, rerant, jussit comprehendere, et catenatos misit ad sic eum yronicis aggreditur et confundit dictis: custodiendum, dividens eos per singulas civitates
Boemiæ, equos autem et arma eorum inter suos dis-
Nobilis, insignis, vir fortis et inclitus armis, tribuit, et tenuit viam in Moraviam. Quod audiens
Quam magnas turres nunc expugnavit et urbes, frater ejus 1838 Wratizlaus valde eum timuit, et se-
Et sibi famosum fert de fornace triumphum, cessit in partes Pannoniæ 1839 (489), relicta conjuge
Timpora jam lauro victricia cingat et auro. Olomuc 1840 (490) in urbe. Quem rex Andreas gra-
Clerus multimodas campanis 1807 *personet* 1808 *odas,* tanter suscepit, et quandiu secum 1841 fuit, honorifice
Dux quia dejecit 1809 *fornacem miraque fecit.* eum habuit. Ergo dux Spitignev, postquam ad suum
Ah 1810 *! pudet effari* 1811 *quæ non pudet hunc operari.* placitum 1842 omnia ordinavit in Moravia, fratres
Corpore diriguit vir, vox et faucibus hæsit (484), suos accepit, ut essent secum in curia, Conradum 1843
Indignansque 1812 *suam gemitu compescuit iram* præficiens venatoribus, Ottonem vero posuit super
[(485). pistores atque cocos magistrum 1844. Nurum autem
suam comprehensam misit in quoddam castrum 1845
Hæc quoniam 1813 abbatissæ dicta dux alta in munitissimum nomine 1846 Lescen 1847 (491), commit-
mente reposita (486) reservarat 1814, postquam est tens eam ad custodiendum comiti nomine 1848
intronizatus, priusquam 1815 sancti Georgii ecclesiam Mstis 1849, quam ille, non ut decuit talem dominam,
intrarat 1816, abbatissam expellit 1817 mandans sibi custodivit, nam omni nocte ejus pedem suo cum
talia 1818 : *Nunc potius convenit clerum resonare* pede 1850 munivit compede. Quod vir ejus audiens
odas et pulsare campanas, cum abbatissa foras et 1819 ægre tulit, et quid mercedis comiti pro tam temeri
de terra hac ejicitur 1820, *quam cum fornax ejus deji-* facto postea reddiderit, in sequentibus patebit (492).
citur. Ecce vir fortis et inclitus armis non turres, non
urbes expugnando, sed te abbatissam 1821, *illius for-* 16. Post unum vero mensem 1851 evolutum inter-
nacis 1822 *dominam, hodie ejiciendo* 1823 *fert* 1824 *fa-* ventu Severi episcopi et comitum nurum suam di-
mosum triumphum, et cingit timpora lauro. Et ut mittit, et 1852 dans ei conductum, fecit eam 1853 redire
jussum fuerat, super bigam imposita fertur velociter ad suum maritum. Quæ quoniam 1854 vicina partui
abbatissa, et cicius dicto ejicitur hujus terræ de erat, dum ire properat 1855, matricem viciat, et infra
confinio. spacium trium dierum spiritum 1856 exalat pulcher-
rima mulierum 1857, quia non potuit 1858 uteri expo-
15. His ita 1825 peractis, vadit novus dux novum
disponere Moraviæ regnum, quod olim pater ejus inter
filios suos dividens, partem dimidiam 1826 Wratiz-

VARIÆ LECTIONES.

1800 hæc 1. 1801 Satc 2, Satcz 2. Satc 2b, Sathec 4, 4a. 1802 h superscr. al. man. 1. 1803 sorte 2, 4. 1804 corr. A. omittunt 4. 4a. 1805 chachinno 1, 4a. 1806 Brusnicam 1, Bruznicam 2b, 4, 4a Brucitucam 3. 1807 campanas corr. campanis A. campanas 4, 4a 1808 personat 3. 1809 dejicit 4a. 1810 Ach 4. 1811 ea fari 4, 4. 1812 n superscr. 1, indignamque 3. 1813 quum 2b, 3. 1814 reservaret 1. 1815 pq 1. 1816 intrat A, intraret 4, 4a, ad addit 1. 1817 ita A. superscripsit alia manus et coæva illa; deest in rell. 1818 3. sic legit: abbatissæ mandat talia. 1819 omittunt 4, 4a. 1820 ejicitur d. t. A. 1821 m superscr. al. manu A. abbatissa 3. 1822 n superscr. A. 1823 ejici ipso 1. 1824 corr. A. itaque 1. 1825 corr. A. 1827 Wratizlavo 1. 1828 Conrado A. 2, Chunrado 2b, 4a, Cunrado 4. 1829 Otoni 1. 1830 al. man. superscr. A. 1831 vidit 2. 1832 et nobiliores omissa 4, 4a. 1833 Grudim 1. 1834 ita A. occurrant rell. 1835 etiam 4, 4a. 1836 Grutou 2, 2b. Chruton 3. Grothou 4, 4a. 1837 Spitigneus addunt 4, 4a. 1838 suus A. 1839 Polo- n æ 4, 4a. 1840 Olomucz 2, 4, 4a. 1841 corr. A. 1842 palatium 4, 4a. 1843 Conratum 1, Cunradum 4, 4a. 1844 posuit pistorum atque cocorum magistrum 4, 4a. 1845 castellum A. 1846 omittit 3. 1847 Lesczen 2. 1848 omittit 4a. 1849 Mztis 1, 2, 4. 1850 cum pede desunt 2. 1851 messem, n superscr al. man. 1. 1852 manu alia et coæva superscr. A; deest in rell. 1853 deest 4, 4a. 1854 quia 4, 4a. 1855 te al. man. corr. ire 1. dum te properat 2, 2b, dum properat 3. 1856 spiritus 2. 1857 corr. 1. 1858 poterat 1.

NOTÆ.

D Moravienses. Vid. Pubitschka III, 559.

(484) Virg., Æn. III, 48.
(485) Lucan., Phars. IX, 166.
(486) Virg., Æn. I, 26.
(487) Wratislaus sedem habebat Olomuci, Conradus Znaymi, Otto Brunnæ; cfr. Boczek I, 129.
(488) Campi Grutauvienses, ultra Chrudim oppidum siti; longius quam dux jusserat iter fecerunt

(489) Die 20 mens. Aprilis 1055, Wratizlaus adhuc
residebat Olomuci, ut probat ejus tabula Boczek I,
132.
(490) Olmutz.
(491) Lesten.
(492) II, 19

nere pondus inmaturum. Cujus de morte rex [1859] Andreas [1860] cum videret suum hospitem usque adeo mœrentem,

His juvenem dictis mœstum solatur amicis (493): *O mi care hospes, Deus faciat, ut sis sospes. De cœtero, jacta super Dominum* [1861] *curam tuam, et spera in eum, et ipse faciet, ut hic mœror cicius* [1862] *vertatur in gaudium. Sæpe enim fit ut, unde homo minus proficui* [1863] *sperat, inde plus commodi* [1864] *ferat. De obitu autem tuæ consortis esto vir fortis, nec dolendo excedas modum, quasi tibi soli aliquid contingerit novum, cum omnibus hominibus constet notum,*

Omne redire [1865] *suum humanum corpus ad hortum.* Dixerat et tristem secum ducit [1866] ad mensam hospitem, ubi opimis ferculis reficiuntur [1867] atque mero leni efficiuntur læti. Forte fuit huic regi [1868] unica [1869] gnata [1870], nomine Adleyta [1871] (494), jam [1872] thoro maritali [1873] tempestiva, valde formosa et multis procis nimium spes invidiosa. Hanc hospes ut vidit misere adamavit, quod rex bonus non recusavit, atque [1874] post paucos dies matrimonio sibi eam copulavit. Quod cum audisset dux Spitignev, sagaci ingenio præcavens ne forte invaderet frater suus totam [1875] cum Ungaris Moraviam, mittens nuncios revocat eum de Ungaria, et reddidit sibi [1876] civitates, quas ei ante [1877] pater suus dederat in Moravia (495). Erat enim dux [1878] Spitignev vir prudens [1879] rerum in discrimine, sciens arcum suum tendere et laxare in oportuno [1880] tempore. Cujus inter cæteras virtutes hoc præcipuum studium memoria dignum posteris vero imitabile exemplum proferimus [1881] in medium. Talis enim mos suus erat, semper quadragesimali tempore [1882] aut monachorum aut canonicorum degens in claustro, elemosinis vacabat, divinis officiis instabat, vigiliis et oracionibus [1883] inhærebat, sic tamen, ut ante matutinalem melodiam aut cum extensione manuum aut cum genuflexionibus totam ruminaret psalmodiam. Post completorium vero ad instar monachorum servat [1884] silentium usque ad primæ statium [1885]. Et quamdiu jejunus fuit, ecclesiastica disponit [1886] negotia, post prandium autem secularia tractat [1887] judicia [1888]. Pelliciam autem [1889] episcopalem et tunicam clericalem, quam desuper induens [1890] in capite jejunii per totam quadragesimam gestabat, in cœna Domini suo capellano cubiculario eam dabat, bene et religiose reputans, ut qui tempore pœnitenciæ particeps laboris [1891] fieret, in die magnæ festivitatis [1892] non inmunis haberet.

17. Anno dominicæ incarnationis 1056.

Anno dominicæ incarnationis 1057.

Anno dominicæ incarnationis 1058. 4 Nonas Augusti (496) Judita conjunx Bracizlavi, ductrix Boemorum, obiit, quam quia filius suus Spitigneus ejecerat de regno suo, cum non posset aliter ulcisci [1893] injuriam suam in filio, ad contumeliam ejus et omnium Boemorum nupserat Petro regi Ungarorum (497). Hæc postea [1894] a filio suo Wratizlao duce inde translata et sepulta est [1895] Pragæ juxta virum suum Bracizlaum, sanctorum martyrum Viti, Wenceslai, Adalberti [1896] in ecclesia honorifice [1897].

Anno dominicæ incarnationis 1059.

Anno dominicæ incarnationis 1060, cum ad festum santi Wenceslai dux Spitignev venisset Pragam, videns ecclesiam Sancti Viti non adeo magnam nec capessentem populum concurrentem ad festivitatem sanctam, quam videlicet ipse sanctus Wenceslaus construxerat [1898] ad similitudinem [1899] Romanæ ecclesiæ rotundam, in qua etiam ejusdem [1900] corpus sancti Wenceslai quiescebat; similiter et aliam ecclesiolam [1901], quæ fuit contigua et quasi in porticu sita ejusdem ecclesiæ, cujus in medio nimis in [1902] arto loco erat mausoleum [1903] sancti [1904] Adalberti; optimum ratus fore, ut ambas destrueret [1905] et unam utrisque patronis magnam [1906] construeret ecclesiam. Continuo per longum gyrum designat ecclesiæ locum, jacit fundamenta, fervet [1907] opus (498), surgit murus; sed ejus felicia cœpta in subsequenti mox anno intercipit mors inepta. Ejusdem anni tempore, quo legiones procedunt ad bella (499), cum jam levatis signis miliciæ dux [1908] quasi

VARIÆ LECTIONES.

[1859] audiens add. 2. [1860] deest 2. [1861] Deum 2b, 3. [1862] tuus 3. [1863] profectus 3. [1864] corr. 1. [1865] reddere A. [1866] duxerat 3. [1867] corr. 1. [1868] regia A. [1869] deest A. [1870] nata A. [1871] Adlegta A, A*. [1872] h superscr. al. man. 1. [1873] deest 4, 4a. [1874] atque-copulavit desunt 1. paucos omittunt A. 2. post dies aliquot 3. [1875] totam terram M. c. U. A. [1876] reddidit 1. reddit ei 4, 4a. [1877] antea 2b 3. [1878] deest. 3. [1879] prudentissimus 4, 4a. [1880] importuno 4. In portuno 4a. [1881] proferemus 2, 2b, 3. [1882] tempt 1. [1883] jejuniis 4, 4a. [1884] servabat 3. [1885] spacium 3. [1886] exponit A. disponebat 3. [1887] tractabat 3. [1888] negotia A. [1889] deest A. [1890] indutus 3. [1891] deest 2. [1892] resurrectionis Jesu Christi domini nostri addunt 4, 4a. [1893] ulcirisci A. sed corr. [1894] post 4, 4a. [1895] omisso et et est 4, 4a. [1896] W. V. A. 1. [1897] ita A. deest rell. [1898] construxerat 1. [1899] sanctæ add. 4. [1900] deest A. [1901] ecclesiam 2b, 3, 4, 4a. [1902] in arto e. l. m. A. [1903] mauseolum 2b, 4, 4a. [1904] beati 3. [1905] construeret 1. [1906] deest A. [1907] corr. 1. accelerat 4, 4a. [1908] Spitigneus add. 4, 4a

NOTÆ.

(493) Virg., Æn. V. 770.
(494) Erat soror Andreæ I regis Hungarorum, filia Ladislai; cfr. Pubitschka III, 361.
(495) Tabula quædam apud Boczek I, 135 probat Wratizlaum anno 1059 Olomuci commoratum esse.
(496) Probat Necrologium Bohemicum.
(497) Anno 1046 regno privato et cæcato; sed tunc vivebat prior ejus uxor; vid. Herm. Augiens.

1046. Nuptias illas in dubium vocat Pubitschka III, 330.
(498) Virg., Georg. IV, 169.
(499) Ni fallor, Andreæ regi Hungarorum cum exercitu Teutonicorum adversus Belam ex consilio Heinrici regis auxilium laturus erat, quod de duce quodam Boemorum anonymo, cujus adventum Teutonici non exspectaverint, litteris mandavit Lambertus 1061.

unius [1909] diei iter ageret, obviam habuit [1910] viduam, quae flens et ejulans ac pedes ejus deosculans. currens [1911] post eum clamabat dicens :

Domine, vindica me de adversario meo.

Et ille, *Faciam*, inquit, *cum de* [1912] *expeditione redeam*. Et illa : *Quid si*, ait [1913], *non redibis, cui me vindicandam* [1914] *dimittis* [1915] *? Aut cur tuam mercedem a Deo accepturus omittis?* Qui statim unius viduae ad peticionem intermittit expeditionem, eamque justo judicio vindicavit de adversario. Quid ad haec vos, o moderni principes, dicitis, qui tot viduarum, tot pupillorum ad clamores non respicitis, sed eos tumido fastu superbiendo despicitis? Talibus, ut supra diximus, misericordiae visceribus dux Spitignev hoc agnomen sibi asciuit, ut ab omnibus diceretur pater clericorum, defensor viduarum. Sed quia saepius videmus occulto Dei judicio malos relinqui, bonos subtrahi [1916] de medio, hic vir tantae [1917] probitatis est [1918] ab hac luce subtractus 5 Kal. Februarii (500), anno sui ducatus 6, anno vero [1919] dominicae incarnat. 1061 [1920].

Obiit Spitigneus dux Bohemorum 2. 2ª.

18. Post cujus obitum frater ejus [1921] Wratizlaus, omnibus Boemis faventibus, sublimatur in solium, qui confestim [1922] Moraviae regnum inter fratres suos dividit per medium, dans Ottoni orientalem plagam (501), quam ipse prius obtinuerat, quae [1923] fuit aptior venatibus [1924] et abundantior piscibus, occidentalem vero (502), quae est [1925] versus Teutonicos, dat Conrado, qui et ipse sciebat Teutonicam linguam. Regio [1926] autem illa est planior et campestris atque fertilior frugibus. Interea sole morante in prima parte piscium, bonae indolis Jaromir juvenis, audita nece fratris sui Spitignev, quem non [1927] minus quam [1928] ut patrem timore et amore coluit, jam deposito puerili metu rediit [1929] de studio, sperans aliquam portionem [1930] se habiturum haereditatis in patrio regno. Quem dux Wratizlaus frater suus, ut sensit magis affectari [1931] laicalem quam sacrae doctrinae miliciam, his verbis castigat ejus pertinatiam : *Noli*, inquit, *frater* [1932], *noli a capite, cujus effectus es membrum, per apostasiam* [1933] *abscidi* [1934] *et* [1935] *projici in infernum. Olim divina gratia per sui providentiam* [1936] *elegit* [1937] *te in sacerdotii gradum, propterea et genitor noster tradidit te ad literarum exercicium, ut successor idoneus Severi episcopi habearis, tantummodo Deo favente si superstes fueris.* Moxque intrante Martio mense, prima sabbati die, quando celebrantur [1938] sacri ordines, quamvis invitum et coactum atque nimis renitentem totondit eum, et in praesentia ipsius ducis ordinatus est usque [1939] ad diaconatus officium, legitque publice evangelium, et pontifici missam celebranti [1940] juxta morem ministravit [1941]. Post haec novus diaconus, immo [1942] antiquus dicendus [1943] apostata Julianus, parma [1944] sacrae miliciae non bene abjecta (503), et gratia [1945] quam per inpositionem manus acceperat neglecta [1946], sumpsit militare cingulum, et aufugit cum suis sequacibus ad ducem Polonicum (504), mansitque secum usque Severi [1947] episcopi [1948] ad obitum.

19. Ea tempestate Mztis comes urbis Belinae [1949], filius Boris, vir magnae audatiae, majoris eloquentiae, nec minoris prudentiae, quamvis non innemor quod suspectum ducem habuerit [1950], quia ejus conjugem sibi quandoque a domino suo commissam in custodia tenuerit [1951] (505), tamen [1952] audacter palatium ducis ingressus, rogaturus eum his verbis suppliciter est aggressus : *Fratris tui*, inquit, *per gratiam in honore sancti Petri apostoli aedificavi ecclesiam, cujus ad dedicationis sollempnitatem quo dignemini adventare* [1953], *simul et urbem adventu tuo laetificare, supplices meas ne despice* [1954] *preces.* Ille quamvis non innemor acceptae injuriae, quam olim sibi fecerat in conjuge [1955], tamen propter novitatem suam dissimulans in corde [1956] quam habuit iram [1957], dixit : *Ego veniam, civitatem laetificabo meam* [1958], *et quod res et justitia postulat, faciam.* Hoc verbum, quod locutus est princeps, non intelléxit comes [1959], et magnas duci agens grates [1960] laetus abiit, et parat quae sunt necessaria ad magna convivia. Venerat dux et episcopus [1961] et ecclesia, quae est sita [1962] in suburbio, mox dedicata, ascendit dux in urbem ad prandium [1963]; episcopus vero et comes in sua curte, quae fuit ante ecclesiam, similiter positis mensis epulis discumbunt. Et inter prandendum [1964] venit nuncius qui diceret in aure [1965] comiti : *Ablata est tibi urbis praefectura et data est Koyatae* [1966], *filio Wssebo-*

VARIAE LECTIONES.

[190] corr. al. man. 1. [1910] quandam inserunt 4, 4ª. [1911] superscr. al. man. A. [1912] superscr. 1. [1913] deest 2. [1914] miseram add. 4, 4ª. [1915] remittis 2ᵇ. [1916] subthai 1. [1917] tale corr. tante 1. [1918] deest 2ᵇ, 3. [1919] ita A. deest rell. . [1920] LXI deest 4. [1921] suus 2ᵇ. [1922] statim 4, 4ª. [1923] qui 2. [1924] veniationibus 3. [1925] omissum 4, 4ª. [1926] corr. 1. [1927] superscr. al. manu. A. [1928] deest A. [1929] redit A. [1930] partem A. [1931] corr. 1 affectare A. 3, 4, 4ª. [1932] fr. inq. A. [1933] apostaciam 1. [1934] abscindi 3. [1935] supersc. al. man. 1. [1936] pro sui providencia 2ᵇ. [1937] eligit 2. [1938] celebrabantur 2ᵇ. [1939] deest. 3. [1940] cel. miss. A. [1941] celebravit 2. [1942] corr. A. [1943] omittunt 4, 4ª. dict. ant. A. [1944] ita A per arma rell. [1945] gratiam A. 2ᵇ, 3, 4, 4ª. [1946] neglectam 2ᵇ, 3, 4ª. [1947] omittunt 4, 4ª. [1948] deest A. [1949] Relinæ 2. [1950] habuit 2ᵇ. [1951] tenuit A. tenuerat 4, 4ª. [1952] deest 2ᵇ, 3. [1953] advenire 4, 4ª. [1954] superscr. 1. [1955] sua add. A. [1956] suo add. A, 4ª. [1957] suam A. [1958] deest 4, 4ª. [1959] Mztis add. 4, 4ª. [1960] gratias 2ᵇ. [1961] Severus add. A, 4ª. [1962] omissum 4, 4ª. [1963] prandendum 4, 4ª. [1964] prandium 2ᵇ. [1965] in aurem A. 2ᵇ, 3. [1966] Kovate corr. Koyate A. Coyate 1. Koiethe 4, Koietæ 4ª.

NOTÆ.

(500) Consentit Necrologium Bohemicum.
(501) I. e. Olomucensem.
(502) I. e. Brunnensem.

(503) Hor., od. II, 7, 10.
(504) Boleslaum II.
(505) II, 15.

ris [1967], qui tunc temporis primus erat in palatio ducis. Ad hæc comes respondit : *Dux est et dominus, de civitate sua faciat quod [1968] sibi placet. Quod autem mea ecclesia hodie habet, auferendi dux potestatem non habet.* Qui nisi illa nocte consilio præsulis [1969] et auxilio [1970] aufugisset, procul dubio [1971] oculos et pedem suum, quem olim compedivit cum pede conjugis ducis, amisisset [1972].

20. Anno dominicæ incarnationis 1062, 6 Kal. Februarii obiit ductrix [1973] Adleyth [1974] mater Judithæ et Ludmilæ, similiter et Bracizlai junioris et Wratizlai, qui in [1975] primo flore juventutis occidit [1976] 13 Kal. Decembris. Evoluto autem fere unius anni spatio (506) post obitum ductricis Adleythæ, Wratizlaus dux accepit uxorem nomine Zuatavam [1977] (507), Kasimir Poloniorum ducis natam, Bolezlai vero et Uladizlai germanam, ex qua habuit quatuor liberos, bonæ indolis viros, Bolezlavum, Borivoy, Wladizlaum [1978], Sobezlavum [1979] (508). De quibus in suis locis, uti Deus dabit, satis copiose tractabitur.

21. Anno dominicæ incarnationis 1063.
Anno dominicæ incarnationis 1064.
Anno dominicæ incarnationis 1065.
Anno dominicæ incarnationis 1066.
Anno dominicæ incarnationis 1067. Idus Decembris Severus sextus Pragensis ecclesiæ episcopus.

Migrat [1980] ab hoc mundo [1981], bravio fruiturque jocondo (509).

Hic utramque fortunam prosperam et adversam satis expertus est; nam aliquando a duce Bracizlao captus, catenatus, carceri mancipatus (510), utrumque simul in occulto et in aperto [1982] martirium tulit. Hic fere omni tempore sui præsulatus sine aliqua refragatione [1983] et sine omni contradictione Boemiæ et Moraviæ quasi unum et individuum episcopium [1984] rexit, et rexisset, si non post obitum Zpitigneu [1985], nimia devictus efflagitatione Wratizlai ducis, consensisset promoveri Johannem episcopum in Moravia (511). Prius tamen multorum sub testimonio hujusmodi [1986] deliberato pheodo et alliodo sive concambio [1987], scilicet ut Pragensis præsul 12 villas quæ sunt in omni Boemia potiores pro illo episcopio [1988] eligat, insuper et centum marcas argenti annuatim de camera ducis accipiat; curtem autem quæ est in Moravia ad Sekircostel [1989] cum suis appendiciis, ut antea sic et in posterum, possideat, similiter [1990] et villam Sliunicam cum foro, atque castrum ibidem situm in media aqua Zuratka [1991] nomine, Podivin [1992] (512) dictum a conditore suo Podiva, Judæo sed postea catholico (513). Fertur autem quod fuisset in Moravia ante tempora Severi quidam episcopus, ut reor, nomine Wracen [1993] (514). De qua parrochia

VARIÆ LECTIONES.

[1967] Wseboris 1, 4, 4a, Vseboris 2b, 3. [1968] quid 2b, 3. [1969] Severi *add*. 4. [1970] et auxilio *desunt* 4. [1971] procul dubio *desunt* 1. [1972] ita 1, pr. d. amisisset *rell*. [1973] nomine A. [1974] Adlegth 1. Adleyta 3. [1975] *deest*. A. [1976] cecidit 3. [1977] Swatawam 2. [1978] et *add*. 4, 4a. [1979] Zobzlavum 1. Sobieslaum 2. Zobezlaum 2b. 4. Sobeslaum 3. Zobislaum 4a. [1980] ita A. 3, 4, migravit *rell*. [1981] de hoc seculo (4, 4a. [1982] repetit sed expunxit 1. [1983] refraglatione A. 2, *corr*. reflagracione *corr*. 1, [1984] episcopatum 2. 1b. [1985] Spingnei 3, Spitignei 4, 4a. [1986] *deest* 1. [1987] ut *expunct*. 4, *add*. 4a. [1988] episcopatu 2, 2b. [1989] ad Sekirkostel — similiter *desunt* A. castel 1, Sekirkostel 2, Sekir costel 3, Sekyrcostel 4, 4a. [1990] ita A. 1, 2b. Slivincam 2, *ob defectum punctorum super* i *etiam aliter legi possit*; Slinnicam 3. [1991] Zuartka A. 1, 4, *corr*. Zuratka A. Zwarka *addito* c *super* r 2b, Zuracka 3. [1992] in 2, *legi potest* Podnin *et* Podium. Podium 3. [1993] Wracen 1, 2b, 3, 4, 4a. Wraczen 2.

NOTÆ.

(506) Anno 1063.

(507) I. e. Swatislawa.

(508) Cosmas prætermisit commemorare filiam Juditham, ex eodem matrimonio procreatam, quæ nupta fuit Viperto comiti Groicensi, qui postea marchio Misniæ et Lusatiæ fuit. Cum vero Juditha hæc una cum marito suo Viperto condidisset celebrem abbatiam Pegaviensem, parentum etiam et fratrum Judithæ anniversaria ibi celebrata sunt. Sic enim in Kalendario Pegaviensi legimus : *19 Kal. Febr. Fratislaus rex, pater fundatricis, mille talenta.* Et : *Kalend. Sep. Zwatislawa regina, mater fundatricis nostræ.* SCHWARZ. Cfr. infra II, 40.

(509) De die et anno consentiunt monachus Gradicensis, series episcoporum Pragensium et Necrologium Bohemicum.

(510) Fortasse quia, duce relicto, ad imperatorem transierat, II, 12.

(511) I. e. Olomucensen. Haud immerito conjecisse videtur Palacky I, 301 consilium de constituendo Olomucensi episcopio initum esse Olomuci sub finem anni 1052; apud Boczek enim I, 138 exstat tabula quædam de concambio, in qua hæc leguntur : *Præsentibus fratribus meis* (Ottonis) *Wratizlao et Cunrado illustribus, venerabili episcopo Severo et pluribus comitibus de Boemia et Moravia. Actum in Olomuc anno dom. inc.* 1062, *12 Kal. Jan. Anno* 1065; IV Kal. Jul., ap. Boczek I, 139 *Johannis primi episcopi de Olomuz primum facta est mentio.*

(512) Observat Dobner superesse hodie Podivin locum in Moravia, haud procul a Ludenburg, a quibusdam Kostel nominatum.

(513) Aut fallitur Cosmas aut studio Pragensis Ecclesiæ deductus a veritate aberravit, quod videbatur Palackio l. l. Apparet enim ex Hildegardi Gradicensis Chronico msc. Boczek I, 139 curtem illam Sekir-Kostel et castrum Podivin a Pragensi episcopo Olomucensi revera traditum esse. Anno demum 1068, Otto dux Moraviensis *restituit* (sunt verba alius tabulæ Boczek I, 140) *electo Pragensi episcopo, pro denegatis eidem per ducem centum marcis annuatim de camera solvendis, castrum Podivin in Moravia cum foro civitatis Sekure adjacentis, qualiter tempore b. Adalberti ex unione parochiarum cesserat in jus Pragensium.*

(514) Duorum episcoporum Olomucensium servata est memoria ante Severi tempora. Joannis archiepiscopi, qui missus est in terram Moravorum, mentio facta est in litteris Theotmari archiepiscopi Salisburgensis ad Joannem IX papam a. 900 circiter datis. Alius Silvester occurrit circa annum 940 in codice qui nominatur *Granum catalogi præsulum Moraviæ*. Anno 974 episcopus quidam Moraviensis, cujus nomen non servatum esse dolemus, interfuit synodo a Willigiso archiepiscopo Moguntino habitæ (cfr. Gudeni cod. dipl. I, 352), quem episcopum Wracen illum fuisse conjecit Dobner IV, 245. Vide Richter seriem episcoporum Olomucensium, p. 5 sqq.

quantum conflictum cum prædicto præsule Johanne successor Severi Jaromir habuerit in loco suo declarabitur.

22. Tunc Conradus et Otto audientes Pragensem episcopum migrasse ad Christum, mittunt et revocant fratrem suum Jaromir de Polonia, et discingunt eum zona militari, et iterum recipit [1994] habitum et tonsuram clericalem. Interea dux Wratizlaus præcavens sibi in futurum [1995], et [1996] timens ne germanus suus, cum præsul factus foret, cum prædictis fratribus contra se conspirarent [1997], cæpit tacitus secum tractare quoquo modo posset eum episcopio defraudare. Erat autem tunc temporis in curia ducis quidam Lanczo [1998] capellanus, de Saxonia nobili prosapia natus, vir personatus (515) et admodum literatus, ac præpositura Lutomericensis [1999] ecclesiæ sublimatus, moribus et vita non contradicens honori pontificatus ; et quia duci semper fidelis mansit, omnibus modis dux elaborabat [2000] his Pragensis præsul ut sit. Interim Conradus et Otto veniunt de Moravia fratrem suum Jaromir secum afferentes [2001] et subnixe [2002] ducem pro eo [2003] postulantes, quo sit [2004] memor germanitatis, memor paternæ institucionis [2005], memor sacramentorum, quibus pater suus obligarat fidem comitum, quod post Severi præsulis obitum Jaromir sibi eligerent [2006] in episcopum. At ille, sicut erat in simulandis et dissimulandis rerum causis vir ingeniosus atque dolosus, ut vulpecula quæ non [2007] illuc fugit [2008] quo suam jactavit caudam [2009], ita dux aliud clausum retinens in pectore, aliud promit [2010] suis fratribus ore. *Non est*, inquit, *unius hominis tractare hoc negotium, quod postulat communis ratio omnium. Sed quoniam nunc interim jam pars* [2011] *major populi et procerum miliciæ processit in castra, nusquam melius, ut reor, hac tractabitur de causa quam istius* [2012] *terræ ad custodiæ claustra* (516) : *ibi omnes* [2013] *majores natu hujus gentis, ibi proceres* [2014] *et comites, ibi qui sunt in clero meliores aderunt, quorum in arbitrio stat episcopalis electio.* Hoc ideo dux fecit, ut ibi inter suos milites, septus armis, munitus præsidiis, posset contraire [2015] suorum voluntati fratrum, et hunc quem volebat Lanczonem [2016] sublimaret in episcopum. Sed frustratur [2017] sinistra intencio ducis, [2018] quia omnis potestas a Deo est, et esse præsul non potest cui a Deo prædestinatum aut [2019] permissum [2020] non est.

23. Quid multa [2021] ? Ventum erat ad custodiæ portam qua itur in Poloniam, et in loco qui dicitur Dobenina [2022] (517) dux convocat populum et proceres [2023] in cœtum, et fratribus suis [2024] a [2025] dextris et a sinistris assistentibus [2026], clericis vero et comitibus per longum gyrum considentibus [2027], et post eos cunctis militibus asstantibus, vocat Lanczonem, et stantem in medio laudat et commendat [2028] eum populo, sic ei clara voce, dicens : *Egregia tua fides mihi spectata cottidie exigit* [2029] *hoc et cogit me ut faciam, quod facturus sum hodie, et ut per hoc discant posteri, quantum dominis suis debeant fideles fieri* [2030]. *Accipe en anulum et baculum, esto sponsus Pragensis ecclesiæ et pastor sanctarum ovium.* Fit murmur in populis [2031], nec resonat vox congratulationis, sicut semper solet in tempore episcopalis electionis. Tunc Koyata [2032], filius Wsebor [2033], palatinus comes, hoc nimis inpatienter ferens, sicut erat verax in sermone et simplex in verbo, stans a dextris Ottonis fratris ducis, fortiter inpingit latus ejus, dicens : *Quid stas ? An ὄνος λύρας* [2034] (518) ? *Quare* [2035] *non adjuvas fratrem tuum ? An non vides quia* [2036] *frater tuus, filius ducis, repudiatur, et proselitus* [2037] *atque advena, qui in hanc terram sine femoralibus* [2038] *venit, in solium sublimatur ? Atque si* [2039] *dux violat patris sui* [2040] *sacramentum, absit a nobis* [2041] *! ut manes* [2042] *nostrorum parentum apud Deum pro hoc* [2043] *sacramento reddant rationem aut supplicium luant. Scimus enim* [2044], *et ad hoc nitimur ut possumus, quod genitor vester Brqcizlaus nos et patres nostros sub fidei sacramento constrinxit, quo*

VARIÆ LECTIONES.

[1994] recepit 4. 4ᵃ. [1995] in f. sibi A. [1996] deest 2ᵇ. [1997] conspiraret 3. [1998] Janczo 2. [1999] Lucomiricensis 3. Lutomiricensis 4. 4ᵃ. [2000] elaborat A. [2001] offerentes A. 1. 2ᵇ. 4. *in* 2. *o correctum in* A. [2002] subnice *corr.* subnixe A. [2003] pro eo *desunt* A. [2004] sic 4. [2005] instructionis 3. [2006] g *superscr.* 1. [2007] nisi 2ᵇ. [2008] fingit 1. [2009] caud. jact. A. [2010] ita 1. 2. 4. promisit *rell.* [2011] par. 1. 2. [2012] illius 2ᵇ. [2013] *al. manu superscr.* A. [2014] proceres 1. [2015] contravenire 2ᵇ. [2016] n *superscr.* 1. [2017] *corr.* 1. [2018] duc. int. A. [2019] et A. [2020] promissum 1. [2021] quid plura 4. 4ᵃ. [2022] Bobenina A. Dobevina 2ᵇ. Debonina 4. 4ᵃ. [2023] proceres et populum 3. [2024] deest 4. 4ᵃ. [2025] addextris A. 1. [2026] astantibus 4. 4ᵃ. [2027] consedentibus 2. residentibus 4. 4ᵃ. [2028] commentat *corr.* commendat 1. [2029] erit *expuncto alia manus superscr.* exigit A. [2030] fier *corr. al. manu* fieri 1. servi 4ᵃ. [2031] populo A. [2032] ita *corr.* A. *pro* Koyata ; Coyata 1. Koyatha 4. Koytha 4ᵃ. [2033] Vsebor 3. Swebor 4. [2034] Ananocayapac A. ananoc aypac 1. A. nanoc aypac 2ᵇ. ananocaypac 5 Ana. noc aipac 4ᵃ. [2035] Cur 2ᵇ. 3. 4. [2036] quod 2ᵇ. [2037] proselita A. proselytans 2ᵃ. A. pr. 2ᵇ. [2038] femoribus *alia manu superscr. al.* 1. [2039] si *deest* A. ac quasi 4ᵃ. [2040] deest 4. 4ᵃ. [2041] vobis 2ᵇ. [2042] inanes 2. *in textu, sed in margine ab antiqua manu* i. aie manes (id est animæ manes). manus 3. [2043] hac *corr.* hoc 1. [2044] 1. 2. *pro enim habent magnum* N, *quod alias nomen significare solet.*

NOTÆ.

(515) I. e. ut videtur, vir corporis dignitate et decoree præditus.

(516) Alias clusæ, montium angustiæ.

(517) Ex conjectura Palackii hodie Döberle, haud procul a Trautenau, in via qua itur in Silesiam.

(518) Ita legenda atque petita esse illa verba ex Boethio I, 4 primus vidit Dobrowski, qui antea in corrupta illa lectione Bohemica verba sibi deprehendisse videbatur. Cfr. commentatio ejus in Monatsschrift der Gesellschaft des vaterländischen Museums in Böhmen I, 48, K. Vide Diogeniani cent. VII, 33 et Leutschii notam in paroemiographis Græcis, p. 291. GROTEFEND.

[2045] *post obitum Severi episcopi frater vester* [2046] *Jaromir præsul sit. Aut si tibi displicet frater tuus, cur sordet nostratum clerus non modicus, scientia æque præditus ut iste Teutonicus? O si tot habeas episcopatus quot cernis capellanos hac in terra progenitos episcopio* [2047] *dignos! An putas quod alienigena plus nos diligat et melius huic terræ cupiat quam indigena? Humana quippe sic est natura* [2048] *,ut unusquisque, quacunque sit terrarum* [2049]*, plus suam quam alienam non solum diligat gentem, verum etiam, si quiret, peregrina flumina in patriam verteret. Malumus ergo, malumus* [2050] *caninam* [2051] *caudam aut asini merdam* [2052]*, quam Lanczonem locarier* [2053] *super sacram kathedram. Frater tuus, beatæ memoriæ Spitigneu, aliquid sapuit, qui una die omnes Teutonicos hac de terra extrusit. Vivit adhuc Romanus imperator Heinricus, et vivat; quem tu temetipsum* [2054] *facis, cum ejus potestatem usurpans das baculum et anulum* [2055] *episcopalem famelico cani. Certe non inpune* [2056] *tu et tuus episcopus feret, si Koyata* [2057] *filius* [2058] *Wsebor vivet* [2059]*.*

24. Tunc Zmil filius Bozeni [2060], qui fuit præfectus in urbe Satec, simul et Coyata [2061] accipientes per dextras Conradum [2062], Ottonem et Jaromir [2063] : *Eamus*, inquit, *et videamus utrum unius versucia et simulata æquitas prævaleat, an justicia et mira æquitas præcellat trium fratrum, quos par ætas, una voluntas, eadem potestas sociat, et major militum copiositas juvat.* Fit per castra commotio non modica populi, *Arma* [2064], *Arma* clamant singuli, omnibus est odio illa inconsulta episcopalis electio. Ideoque major pars excercitus cessit ad illos tres dominos, metatique sunt castra oppidum Opocen [2065] (519) et infra. Et quia jam altera pars militum præcesserat in silvam, videns dux [2066] quasi se destitutum [2067], nec satis fratrum ab inpetu fore tutum, fugit quam celerius potuit, timens ne ipsi præoccuparent Pragam aut [2068] Wissegrad [2069] urbem. Mittit tamen de via ad fratres nuncium, dicens : *Non propter Koyatæ filii* [2070] *Wsebor magniloquam linguam aut Zmil filium Bozen, cujus est in ore mel et in corde fel, quorum pravis atque dolosis consiliis quod factum est feceram — quos ego, si pixero! — Sed* [2071] *reprimam me* [2072]*; verum* [2073] *nunc magis paternæ traditionis memor, sacramentorum ejus, quod justicia, quod fraterna dilectio poscit, faciam. Tantummodo sequimini me* [2074] *ad urbem Pragam.* Qui advenientes castra fixerunt in pratis juxta villam Gostivar [2075] (520) et mittunt ad ducem [2076], si factis dicta comprobare velit. Quos ille pacifice suscipiens, fratrem suum Jaromir eligit [2077] in episcopum, Conradum vero et Ottonem, datis et acceptis inter se sacramentis, dimittit cum pace in Moraviam. At vero Zmil [2078] et Coyata, quamvis inter principes concionati sint vera et justa, tamen, nisi noctu elapsi delituissent fuga [2079], sine omni audientia dux eos ut hostes [2080] rei publicæ [2081] punisset. Facta [2082] est autem electio hæc anno dom. inc. 1068. sole intrante vigesimam quintam [2083] partem Geminorum [2084] (521).

25. Nec mora, dux Wratizlaus mittit comites Severum, Alexium, Marquardum Teutonicum cum fratre suo Jaromir jam electo ad imperatorem secundum Heinricum (522). Qui venientes in vigilia sancti Johannis baptistæ adeunt cæsarem in [2085] urbe [2086] Maguntia [2087], tractantem cum episcopis et principibus inperialia negotia, et offerrentes electum suum rogant ex parte ducis et tocius populi, quo sua auctoritate dignetur eorum electionem confirmare. Quorum peticioni cæsar annuens, tercia die, id est [2088] 6 Kal. Julii, feria [2089] secunda, dat [2090] ei anulum et pastoralem virgam, et in proximo die dominico 6 Nonas Julii [2089] (523) a præsule Maguntino Jaromir, mutato nomine Gebeardus [2091], ordinatus est in episcopum. Eodem die transferantes [2092] Renum, cum post prandium quidam suus miles Willalmus [2093] super ripam [2094] sederet [2095] demissis [2096] pedibus in alveum, accessit retro clam novus episcopus,

VARIÆ LECTIONES.

[2045] quod 3. [2046] frater vester *desunt* A. [2047] episcopatu 2. [2048] nat. sic est A. *repetit* 1. [2049] corr. 1. [2050] deest A. [2051] rati *inserit* 2b. [2052] a. asininam m. A. caninam merdam aut asininam caudam 4. 4a. [2053] locari A. 4. 4a. [2054] tu metipsum 2. tu met te ipsum 4a. [2055] et anulum *desunt* 4. 4a. [2056] impute *corr. al. manu* impune 1. [2057] corr. A. [2058] deest 4a. [2059] Certe — vivet *omissa* 2. [2060] fil B. Zmil A. Boren 1. Bozen 4. [2061] corr. A. [2062] Conradum et A. 4. [2063] Jaromirum A. [2064] deest. 4. [2065] Opoczen 2. Opecen 2b. [2066] Wratizlaus *addunt* 4. 4a. [2067] destutum A. *superscr. al. manu* tu. 1068 et A. *omissum* 4. [2069] Wisegrad 1. [2070] filium 1. [2071] superscr. al. manu A. [2072] ne corr. al. man. me A. reperiam 4. 4a. [2073] in margine A. al. manu adscriptum; *hæc omnia in rasura* 1. [2074] al. man. superscr. A. [2075] Goztivar 1. 4. Goslivar 2b. 3. Gostiwar 4a. [2076] aducem 1. corr. al. man. ad d. [2077] elegit 4. 4a. [2078] Kmyl 1. Smil 2. [2079] deest A. [2080] superscr. al. manu 1. [2081] publice 4a. [2082] Acta A. [2083] quartam A. [2084] geminorum corr. al. man. geminorum A. genitorum corr. gemin. 1. [2085] superscr. 1. [2086] corr. 1. [2087] Magoncia 1. Magontina 2. Magontia 2b. Maguntina 4. [2088] scilicet 2b. [2089] feria — Julii *alia manu, sed coæva in margine inferiore* A. *adscripta.* [2090] da 1. [2091] Gebeærdus 1. Gebhardus 2. Gebehardus 2b, 3, 4, 4a. [2092] transferantes corr. 1. [2093] Willehalmus 1, 2b, 3. Willelmus 2. Wilehelmus 4, 4a *et sic deinceps.* [2094] fluminis *inserit* 4a. [2095] sedet 2b. [2096] dimissis 2, 4.

NOTÆ.

(519) Opocno.
(520) Hostiwar in circulo Kaurzimensi.
(521) Diem 15 esse mensis Junii, quo celebrabatur S. Vitus, eruit Dobner V, 394.
(522) Neque imperatorem fuisse Heinricum neque secundum, inter omnes constat.

(523) Neque dies vi Kal. Jul. in secundam feriam neque vi Non. Jul. in diem Dominicum incidit, quod observarunt rerum Bohemicarum indigatores Assemani, Pubitschka, Dobner, qui cum Assemanio feriam secundam et diem Dominicum secutus utroque loco restituere voluit 2 *Kal. Jul.* et 2 *Non. Jul.*

et nesciens quod ibi lateret profunda aqua, dejecit eum [2097] in Reni [2098] fluenta, dicens : *Denuo te Baptizo, Willalme.* Qui [2099] diu submersus, tandem emersus, caput rotando et undas captando dixit : *Si sic baptizas, valde deliras, episcope* [2100]. Hic nisi bene natare scisset, una die et sumpsisset episcopium [2101] et amisisset præsul Gebeardus.

26. Qui [2102] cum pervenisset Pragam, eo die quo juxta morem obsedit episcopalem kathedram, dat Marco capellano suo ejusdem [2103] ecclesiæ præposituram, qui secundum hominis genituram nobili ortus erat attavorum prosapia, ducens originem de gente Teutonica, pollens sapientia præ cunctis quos tunc habuit terra Boemica [2104]. Nam in omnibus liberalibus artibus valde fuit [2105] bonus scolasticus [2106], qui potuit dici et esse multorum magistrorum didascalus, in divina vero pagina interpres mirificus, in fide catholica et in lege [2107] ecclesiastica doctor magnificus. Quicquid enim religionis, quicquid regularis [2108] institutionis [2109], quicquid honoris hac est in ecclesia, hic sua erudivit et ordinavit prudentia [2110]. Prius enim erant irregulares et [2111] nomine tantum canonici, inculti [2112], indocti, et in habitu laicali in choro servientes, velut acephali aut bestiales centauri [2113] viventes. Quos vir prudens Marcus suis verbis et exemplis instruens, et e multis meliores, quasi de prato excerpens flores, ope divina cooperante 25 fratres ordinavit, dans eis religionis habitum et secundum regulam æqualem cibi et potus mensuram. Sed cum sæpe aut negligentia ministrorum aut occasione aliqua magistrorum [2114] intermitteretur fratrum præbenda, et inde sæpe fratres cum [2115] affligerent sua quærimonia [2116], volens placere eis per omnia, decimationis illorum quartam partem sibi ascribens, tres inter fratres dividit, ita ut unusquisque frater annuatim 30 modios tritici et totidem avenæ, insuper et 4 denarios (524) ad septimanam pro carne [2117] sine intermissione haberet. De cujus Deo placitis actibus plura poterant dici [2118] relatu [2119] digna, sed melius est ut de his sileam quam videar e multis dixisse pauca. Hic beatæ memoriæ præpositus [2120] post 30 annos (525), quibus hujus ecclesiæ rexit præposituram, jam in cœlesti regno beatam commissi talenti recepturus usuram 18 Kalend. Decembris.

Migrat [2121] ab his tenebris ad lucis amœna perhennis [2122] *.

* Anno [2123] dom. inc. 1070 (526) dux Wratislaus in moribus Deo carus et hominibus, nec non in rebus bellicis miles præclarus, inspiratione divina commonitus, monasterium in metropoli Boemiæ urbe, Wissegrad vocata, quæ omnium terræ illius civitatum quasi mater et domina est, Deo juvante, construendum pia mente proposuit. Ad cujus propositi efficientiam non mediocri animo consilia pertractans, dignum duxit, quatenus monasterium, quod gratia Dei cooperante conficiendum devote promiserat, sanctæ Romanæ ecclesiæ pontifici regendum omnique ab adversitate diligenter protegendum, simul cum canonicis ejusdem ecclesiæ commendaret. Igitur Petrus, ecclesiæ sancti Georii præpositus, Romam missus devota nuncia sui ducis domino apostolico fideliter insinuavit (527). Quo audito, venerabilis papa Alexander II [2124] Deo gratias pro tam felici præfati principis desiderio retulit, moxque synodum convocavit, in qua 72 episcopi fuerunt. Quibus postquam omnia prædicti ducis verba recitavit, cuncti unanimi corde et voce glorificantes Deum, qui sanctam suam ecclesiam in toto orbe terrarum dilatare non cessat, responderunt : *Amen.* Dominus ergo papa Petrum præpositum domino suo cum privilegio in hæc verba remisit :

« Alexander servus servorum Dei, urbis Romæ episcopis et papis suis successoribus (528), nec non catholicis episcopis sanctæque Romanæ ecclesiæ subjectis cunctis, utriusque vitæ prosperitatem et apostolicam benedictionem a summo Deo cum omnibus sanctis. Ea, quæ dominus Deus suam per clementiam ad augmentum apostolicæ sedis condonare dignatus est, ad agnitionem omnigenarum linguarum hoc sub chirographo propagari volumus, primum quidem misericordiam Dei super nos diffusam liquide annunciamus. Boemorum dux Wratizlaus, vir christianus, fidei integerrimus amator, rebus in bellicis

---

VARIÆ LECTIONES.

[2097] *deest* 2. [2098] Rhein 2. *prima manu* 2b. [2099] *corr.* A. [2100] *deest* 3. [2101] episcopatum 2, 4, 4a. [2102] qua *corr.* qui A. [2103] dem *al. man.* A. [2104] Boemia 1. [2105] *al. manu superscr.* A. [2106] scolatricus *al. atramento corr.* scolast. 1. [2107] in lege *desunt* 4, 4a. [2108] singularis 4, 4a. [2109] quidquid reg. inst. *in margine* A. *alia manu adscripta.* [2110] sapientia 3. [2111] *deest* A. [2112] et *add.* 4. [2113] ceu tauri 4, 4a. [2114] aut — magistrorum *alia manu in margine* A. *adscripta.* [2115] eum fr. 4. [2116] ipse vero in Deo *addunt* 4, 4a. [2117] dabatur *add.* 1. [2118] poteram *omisso* dici 3. [2119] pelatu *corr.* relatu 1. [2120] Marcus *add.* 4, 4a. [2121] migravit 2, 4, 4a. [2122] ad lucem amena perhennis A. *superscr. al. man.* amenaque p. paradisi. [2123] Quæ hic de fundatione Wissegradensis ecclesiæ sequuntur, leguntur in duobus tantum codicibus 7, 7a. [2124] numerus manu recentiori subscriptus 7.

NOTÆ.

(524) 4 denarios plus minus 20 cruciferos æquasse observat Dobner.
(525) i. e. 1098.
(526) Num Wissehradensis ecclesia anno 1070 revera condita aut condi cœpta sit, eo major exoritur dubitatio, cum omnes posterioris ætatis scriptores, quibus nulla ut Cosmæ interpolatori inhæret suspicio, ecclesiam anno demum 1088 fundatam esse uno ore profiteantur, et ipsum Wratislai præceptum fundationis apud Boczek I, 183, etsi chronologicis signis omnino caret, hoc eodem anno scriptum esse episcoporum nomina, quorum mentio facta est, probent. De quo vid. Dobner ad Haj. V, 540. Et hoc bene observavit Dobner, subsequentem Alexandri II bullam esse suppositam, neque ab eo tale privilegium dari posse satis apparere ex iis quæ Gregorius VII ad Wratislaum de ecclesia Wissehradensi a. 1074 scripserit : *De reliquiis et privilegio unde nos rogasti, cum nuncius tuus finita et perfecta ecclesia consecrationis consilium a nobis quæsierit, voluntati tuæ satisfacere benigne procurabimus.*
(527) De vera causa Petri legationis vide quæ Cosmas infra II, 29, narrat. Cfr. etiam Cosmæ primam continuationem ad annum 1129.
(528) Quam longe hoc exordium recedat a genuinis pontificum Romanorum bullis nemo non videt.

magnificus triumphator (529), quod serenissime ubique terrarum claruit, limina apostolorum Petri et Pauli honestos per nuncios cotidie visitans, nos cæterosque in Dei servitio devotissimos omni beneficio non minime præteriens piæ mentis devotione innotuit : *Multa ante tempora votum Deo vovi, quod adhuc nequaquam impleri. Ecclesiam in honorem Salvatoris nostri, cujus ubique protectione munitus, vestræ pietatis auxilio ædificare cupio.* Dictis talibus auditis, pontificalis apex ut adcresceret, sanctorum Patrum (530) numero 72 communi consilio penitus collaudavimus. Igitur ad hæc perficienda Johannem episcopum Tusculanensem fundamentum dare misimus, cujus in præsentia ipse præfatus dux cophinos (531) terra onustatos 12 propriis humeris portasse videbatur (532). Locus ergo, in quo est erecta, Wissegrada cognominatur, quod sonat litteraliter altior civitatibus. Quam sacrosanctam ecclesiam totius provinciæ caput dici, venerari sanximus, prædiis, mancipiis, auro, argento cæterisque ornamentis decenter ditatam comperimus. Episcopi ejus sub dominio suis de decimis 300 homines ad eandem ecclesiam segregaverunt, præsul (533) Pragensis 200, Olomucensis 100, fratrum suorum Conradi, Ottonis consensu. Hoc itidem asylum tutamini beati Petri, principis apostolorum, cunctisque in ejus sede sessuris firmiter commendavit. Marcas 12 de eadem ecclesia ad pedes universalis papæ, quicunque erit, omni anno offerendas sub Christi testimonio destinavit. Hujus vero conditionis gratia cunctis celsior in eadem regione ut videretur ecclesiis, qualicunque apparamento septem cardinales altari sancti Petri ministrare student, mitra, sandaliis, simili modo ipsius ecclesiæ præpositum, presbyterum, diaconum, subdiaconum incedere præcipimus. Laudes, quas sub diademate statutis diebus proclamare solemus, solummodo in ista ecclesia astante duce summa diligentia Christum collaudare permittimus. Chrisma baptizandi, consecrationem clericorum episcopus loci illius invidia diaboli attactus abnegare si præsumpserit, nostri decreti judicio apud

quemlibet episcopum inveniat et accipiat. Nemine autem præpediente omnem injuriam in Romanam synodo libere proclamet. Scripta istarum litterarum sigillo impresso supra venerandum corpus beati Petri apostoli posuimus, maxime ea pro causa, ut si quis Dei inimicus mandatorumque ejus contemptor hoc videre voluerit, sciat se ab omnipotenti Deo in perpetuum condemnatum, ac cum cœtibus sanctorum nil commune fore, sed cum diabolo inextinguibili gehennæ incendio æternaliter concremari. Data hæc in manus Petri præpositi sancti Georgii in palatio Lateranensi sub Henrico rege, filio Henrici gloriosissimi imperatoris, 7 Idus Maii [1125].

Sed ecce [1126], dum nostra [1127] tractamus stipendia, longe digressi sumus ab incepto opere viarum per dispendia. Nunc autem [1128] ad ea quæ supra promisimus [1129] redeamus, et quæ causa tanti conflictus inter duos angelicos viros efferbuerit videamus. O avaritia et ambitio seculi, pestis execrabilis et inimica humano generi, quæ etiam appetis tuis artibus sacerdotes Dei !

Anno dominicæ incarnationis 1069 [1130].

27. Anno dominicæ incarnationis 1070. 6 Idus Junii præsul Gebeardus consecravit ecclesiam suam [1131] in nova curte quæ dicitur Zricinaves [1132].

Anno dominicæ incarnationis 1071 (534).

Anno dominicæ incarnationis 1072.

Anno dominicæ incarnationis 1073. Postquam præsul Gebeardus [1133] vidit quod labor suus cessit in cassum, quia [1134] nec precibus [1135] nec muneribus [1136] nec per amicos flectere quivit fratrem suum Wratizlaum, ut suum reciperet concambium (535) et Johannem eliminaret episcopum, atque iterum utrumque [1137] coadunaret episcopium (536), vertit

VARIÆ LECTIONES.

[1125] *Hic desinit codex* 7a. *In* 7. *ab hoc loco usque ad annum* 1086 *omnia deficiunt.* [1126] *in margine* 4 : η de Wř qualiter construxerit Wissegrat ecclesiam. [1127] de nostra A. 1, 2, 2a. [1128] *deest* 1. [1129] promisimus 1. præmisimus 3. [1130] *ita* A. 1. *in rell.* [1131] *deest* 3. [1132] Serczinauez 2. Sercinaw 2b. Sremavez 3. Scircinawez 4. 4a. [1133] Gebardus 1. [1134] quod 2b. [1135] nec precibus *desunt* 4, 4a. [1136] nec muneribus *desunt* 3. [1137] iterumque 3.

NOTÆ.

(529) Redeunt in papæ bulla verba interpolatoris quæ supra ad a. 1070 leguntur.

(530) Verba *Patrum — collaudavimus* descripta sunt ex Cosmæ continuatore primo ad a. 1129.

(531) Verba *cophinos — videbatur* indidem desumpta sunt.

(532) Bene observavit Dobner ridiculam esse contradictionem, quod ecclesiæ postero tempore condendæ licentia data, etiam conditæ ecclesiæ fundamenti mentio facta sit in eodem diplomate.

(533) Verba *præsul — destinavit* quibusdam mutatis descripta sunt ex Wratislai fundationis litteris Wissehradensi ecclesiæ datis; cfr. Boczek I, 183.

(534) Prætermisit ad hunc annum adnotare gravem dissensionem, quæ inter Poloniæ et Bohemiæ duces tunc exorta fuit; de qua vide Lambertum ad h. a. SCHWARZ.

(535) i. e. ea quæ data erant Gebhardo ob pensandum damnum, quod ex Olomucensi episcopatu condito acceperat Ecclesia Pragensis.

(536) Servata est Alexandri II ad Wratislaum ducem epistola, qua eum ut concordiam cum fratre suo ineat adhortatur, et se de lite illa compescenda iam sæpius scripsisse testatur, Boczek I, 141. Neque minus probatur testimonio Hildegardi Gradicensis, cujus fragmentum dedit Boczek I, 142, ubi servatus anni 1071 numerus, initium contentionis illius revocandum esse ad annum 1071. Cui accedit epistola Sigefridi archiepiscopi Moguntini, quam ex codice Udalrici dederunt Dobner et Boczek I, 145; ex his enim litteris patet Alexandrum II papam Gebhardum excommunicasse. Hæc vero verba Sigefridi apponere juvat : *Denique eidem sanctissimo patri* (Alexandro) *de fratre et suffraganeo nostro episcopo Pragensi sinistra relatione suggestum est, et me ignorante ab inimicis papæ et accusatoribus suis ; unum et hactenus insolitum ab eo exiit edictum, ut eundem fratrem et coepiscopum nostrum, nec inter fratres suos prius canonice auditum, nec canonice ad se vocatum, nec obedientiæ culpa denotatum, non solum ab officio suo suspenderit, sed etiam rebus et redditibus suæ ecclesiæ omnino spoliaverit et extruserit, ita ut missis nunciis publice nuntiari fecerit in clero et populo, ut eum qui excommunicatum habentes, nihil quod episcopi esset vel quærerent vel acciperent ab eo.— Nunc autem frater noster et coepiscopus a sede sua vagus et profugus,* etc. Wratislaum fratri suo præposituram et castrum S. Vinizlai eripuisse ex Gregorii litteris anno 1074 datis apparet.

se ut Prometheus in alterius technæ formam : Quoniam quidem, inquit, jam per quatuor annos aut plus supplicando nequeo efficere quod volo, faciam quod queo, et teste Deo, aut utrumque coadunabo aut utroque carebo episcopio [2138]. Nec mora, disponit ire in curtem suam, quæ est ad Zekir costel [2139] in Moravia, et deflectens iter jam jamque palam nociturus et quasi fratrem suum (537) visitaturus, adiit [2140] Johannem præsulem Olomuc [2141] in urbe. Quem ille suscipiens grata vice hospitis : *O si*, inquit, *scissem tuum adventum, parassem tibi episcopale pulmentum.* Ille vero leæna quam exagitat fames [2142], jam dudum scintillans torvis oculis in eum, respondit : *Aliud tempus est, dum sumitur esca, nunc aliud negocii agitur. Sed eamus*, inquit, *opus est, secretum colloquii [2143] ineamus locum* [2144]. Tunc præsul [2145] nescius futurorum ducit eum in cubile suum; non [2146] aliter videres [2147], ac si mitis agnus rabidum [2148] lupum duceret in stabulum, sponte semetipsum [2149] offerens [2150] ad mactandum. Ubi ante lectum ut vidit Jaromir formaticam semesam et serpilli particulam, et cepe super scutellam ac tostam panis buccellam, quæ forte superaverant [2151] præsuli post hesternam genticulam [2152], tanquam magna et cruce digna inventa sit culpa, nimis indignans [2153] ait : *Cur vivis parce? Aut [2154] cui parcis, o miser et mendice? Me [2155] hercle non decet episcopum vivere parce.* Quid tum [2156]? Oblitus sacri ordinis, oblitus fraternitatis, immemor humanitatis, ceu leopardus lepusculum aut leo agniculum rapit, ita ille furibundus hospes ambabus manibus per capillos fratrem suum episcopellum [2157] alte sustulit, et ut manipulum projecit in pavimentum. Repente, qui ad hoc facinus parati erant, alius super collum sedit, alius super pedes, tercius dum flagellat episcopum subridens aiebat : *Disce pati, puer centum annorum, invasor alienarum [2158] ovium.* Humilis at [2159] monachus dum vapulat, sicuti in claustro solitus erat, *Miserere [2160] mei, Deus*, cantat (538). Talia cernenti magnus erat risus plaususque maligno, qui nulli risit nisi quem male

A agere vidit; et veluti si [2161] quando miles acer noctu hostium castra irrumpit audacter [2162], et eos invadit dormientes hostiliter, ac ne capiatur ab eis aufugit celeriter, ita præsul Jaromir, fratre [2163] (539) dedecorato [2164] et felle suæ improbitatis dulcorato [2165], relicta civitate [2166] it in curtem suam [2167], ad quam olim condixerat ire [2168].

28. Hæc fuit [2169] prima causa et [2170] fomes atque inicium tocius discordiæ, quæ post [2171] inter duas [2172] columnas ecclesiæ orta est hujus ex occasione calumpniæ. Nam præsul Johannes, tanta suscepta injuria, mox dirigit nuncium suum, sollicitans ducem Wratizlaum tali querimonia : *Si contumeliam mihi a fratre tuo Gebeardo inhumanitus illatam [2173] æquo animo spectas, fac periculum [2174] ut omnes sciant non meam hanc esse [2175] sed tuam injuriam [2176]. Quid enim ego deliqui aut quia merui, qui nil nisi quod placuit tibi [2177] feci? Ecce ego licet indignus, tamen dictus per tuam gratiam episcopus, flagellis cæsus præconis usque ad fastidium, mallem nunquam attigisse pontificale fastigium. Certe [2178] aut me meo ubbati redde [2179], quamvis tarde, aut mecum æquanimiter hanc contumeliam comportando divide, et me aut nuncium meum ad apostolicam sedem dirige.* His auditis dux Wratizlaus zelo accenditur magno, nec se continet a lacrimis in discrimine rerum tanto. Mox mittitur militum legio pro Johanne episcopo, ut sine vitæ suæ dispensio posset adesse ducis in colloquio. Timuit enim dux [2180] ne frater suus Jaro-

C mir per insidias tolleret eum de medio. Fuit autem in capella Johannis episcopi clericus nomine Hagno [2181], vir Teutonicus, philosophiæ domesticus (540), Tullianæ eloquentiæ alumnus. Hunc dux seorsum vocat et multis promissis obligat, atque multa sibi super fratre suo Gebeardo [2182], multa super illata injuria Johanni episcopo, multa super statu ecclesiastico scriptis pariter et dictis, ut ea referat apostolico, commendat. Qui cum iter ageret, transiens per Ratisbonam [2183] sinistro omine [2184] hospitatus est [2185] apud quemdam civem nomine Kompoldum [2186],

VARIÆ LECTIONES.

[2138] episcopatu 2. [2139] Zekircastel 1. Zekir Kostel 2ᵇ. quæ dicitur ad Sekir Costel 3. Sekircoztel 4, 4ᵃ. [2140] corr. 1. [2141] Olomuce 1. Olomuz 4. [2142] famas corr. fames 1. [2143] deest A. [2144] secr. loc. in A. [2145] Johannes inserunt 4, 4ᵃ. [2146] nam 1. [2147] videlicet 3. [2148] rapidum A. 4ᵃ. [2149] semet 2ᵇ. [2150] off. sem. A. [2151] superfuerant 2ᵇ. [2152] refectiunculam 4, 4ᵃ. [2153] indignas 1. [2154] t al. manu adscriptum A. [2155] te 4. [2156] tuum 1. [2157] Johannem add. 4, 4ᵃ. [2158] aligenarum g eraso A. [2159] humiliatur A. [2160] miserere A. [2161] deest A. [2162] audacioter A. [2163] suo Joanne inserunt 4, 4ᵃ. [2164] decollato superscr. al. man. capillato A. [2165] dulcoratus corr. al. man. A. [2166] Olomuz inserit 4. Olomuc 4ᵃ. [2167] ad sua inserunt 4, 4ᵃ. [2168] superscr. A. [2169] sunt 1. [2170] deest A. [2171] prius A. [2172] eos ac si inter columnas A. [2173] non superscr. al. man. A. [2174] expunctum A. [2175] causam A. [2176] sciant hoc loco A. [2177] sibi 1. [2178] ecce 3. [2179] redde a. A. [2180] Wratizlaus inserunt 4, 4ᵃ. [2181] Hagna 1. Ahna 3. [2182] multa — — Gebeardo desunt 4, 4ᵃ. [2183] Radisponam A. 1. corr. Ratisbonam A. [2184] homine 1. [2185] cum 2. [2186] Komboltum 1. Kamboldum 3. Komboldum 4. Compoldum rell.

NOTÆ.

(537) Ottonem.
(538) Gregorius VII in epistola ad Wratizlaum die 16 m. Aprilis 1074 data Gebbardum Romæ hanc protulisse excusationem dicit : *quod ipse Johannem Moraviensem episcopum non percusserit, neque servientes ejusdem episcopi decapillari aut barbas corum abradi præceperit.* Vide Boczek I, 152.
(539) i. e. Joanne.
(540) Scholæ, ut videtur, præfectus.

qui fuit miles Gebeardi [1187] episcopi, habens annuatim ab eo beneficium [1188] 30 marcas argenti. Hic post coenam inter pocula, ut solet hospes ab hospite, inquirens quis aut unde esset, vel quae causa sit viae callida ab eo mente investigat. Et ut cognovit quod adversus praesulem Gebeardum ageret legationem, non tulit hanc deferri [1189] contra dominum suum delationem [1190], et mittit post illum altera die [1191] latrunculos, ut [1192] aliqua molestia impedirent viae ejus intentionem. Qui comprehendentes eum in via, spoliant censu, detruncant naso [1193], et, nisi revertatur, adactis jugulo gladiis mortem minantur.

Qui timens quamvis turpem amittere vitam, reversus est ad praesulem suum [1194] in Moraviam.

29. Mox ex magna major crevit indignatio ducis [1195], et iterum decernitur Romam legatio, sed cauciori consilio et tuciori [1196] viae subsidio. Erat enim ducis in capella quidam Petrus presbiter, patre genitus Podiwa, pollens sancti Georgii [1197] praepositura, et caeteros [1198] praecellens [1199] scientia litteratura [1200], atque utramque linguam sciens aeque Teutonicam simul et Romanam. Hunc [1201] dux cum comite nomine Preda [1202], filio Bys [1203], non sine grandi pecunia Romam dirigit, primas et novissimas a fratre suo sibi et [1204] episcopo Johanni illatas injurias literali compendio inclusas insinuans eis [1205], quo eas ad apostolici aures deferant. Qui ut tucius iter agere possent, committit eos Romani imperatoris palatino comiti nomine Rapotae [1206], rogans eum nimio supplicatu, quo sui legati irent Romam et redirent sub ejus conductu. Nam tantae potestatis hic comes erat, quod [1207] usque Romam per continua loca proprias villas seu praedia et per castella milites sibi devotos habebat; qui etiam ex parte ducis praedicti 150 marcas argenti annuatim pro beneficio accipiebat. Cujus per conductum cum venissent [1208] Romam legati, offerunt apostolico literas 200 marcis delibutas. Quae cum a notario coram omnibus recitatae essent [1209], interrogat Romanus pontifex eos, si verbis probant quod literae sonant. Aiunt legati valde inconveniens fore, aliud literis, aliud ut [1210] promamus ore. Tunc is [1211], qui post papam secun-

dus erat sessione, consulens omnes qui aderant [1212] in contione, judicat tale scandalum ab ecclesia exstirpandum apostolica jussione. Mox dirigitur in Boemiam Ruodolfus [1213] apocrisarius et consiliarius Gregorii papae (541). quod, si ita res se habeat, uti summo pontifici relata fuerat, vice ipsius errata corrigat, inobedientes arguat, infideles increpet [1214], negligentes anathemate feriat; et si qua sint quae modum excedant correctionis, ea [1215] differat et compellat ad majorem audientiam apostolicae sedis.

30. Quo cum pervenisset missus apostolici, invenit ducem Wratizlaum in urbe Praga, cui offerens apostolicam benedictionem et universalis patris adoptivam [1216] filiationem (542), tanta auctoritate usus est et potestate, ac si idem [1217] summus pontifex ipse praesens fuisset. Denique jussit ducem ut [1218] omnes principes terrae simul et abbates ac praepositos ecclesiarum [1219], nec non et Johannem episcopum Moraviensem ad sinodum convocaret sacram. Ad quam praesul Gebeardus semel et bis ex nomine vocatus renuit [1220] venire, et ad ultimum tale fertur dedisse [1221] responsum : *Juxta canonum scita, salva pontificali dignitate et justicia, ad tua non venio placita, nisi ubi adfuerit meus magister Maguntinus metropolita* [1222] (543) *et aliorum coepiscoporum praesens frequentia*. Sciebat enim quod ibi [1223] incideret in laqueum et in retributiones [1224] et in scandalum. Videns autem Romanus missus se esse despectum et dehonestatum, ira motus suspendit eum ab omni officio sacerdotali et dignitate privat episcopali. Quod audientes [1225] non solum canonici, verum etiam per capellas clerici, omnes sciderunt sua oraria [1226] (544) et denudaverunt [1227] ut in parasceve altaria. Matris [1228] ecclesiae sulcatur frons [1229] ruga non modica, quia [1230] silent sacerdotalia officia, et nisi pastori suo restituatur pristinus [1231] honor et gradus, totus clerus mavult in perpetuum suos amittere gradus. Videns autem cardinalis magis tumultum in populo fieri, necessitate compulsus reddidit [1232] episcopo tantummodo sacerdotale officium; et nisi episcopus uterque eodem anno de inductis causis reddat [1233] rationem pontifici Romano, ambos constringit [1234] banno (545).

VARIAE LECTIONES.

[1187] Jaromir 3. *et sic porro*. [1188] *deest* b. [1189] differri 2b. [1190] deliberationem 2b. [1191] dia A. [1192] *et superscr*. ut 1. [1193] nasu *corr*. naso 1. [1194] Johannem *inserunt* 4, 4a. [1195] Wratizlai *addunt* 4, 4a. [1196] tutioris 4, 4a. [1197] martyris *addunt* 4, 4a. [1198] *et caeteros omittunt* 4, 4a. [1199] cellens 4. [1200] scientia literarum 4, 4a. [1201] nam *corr*. hunc A. [1202] Podiva A. [1203] Buz 3. [1204] sibi *et desunt in* 3 sibi *omittit* 2. [1205] *deest* A. [1206] Rapothe 1, 4, 4a. [1207] q° 1. [1208] venissent A. [1209] erant 1. [1210] ut *superscr. al manu* A. [1211] his 1. [1212] erant 4, 4a. [1213] ita 1. Rudolfus A. 4. Rodolphus 3. [1214] increpat 1. [1215] ita 2b 4, 4a illa 3 [1216] ad optimam 3 [1217] eidem 2b [1218] *deest* 4 [1219] Dei *addunt* 4, 4a [1220] renuuit 1 [1221] dixisse A [1222] *alia manu superscr*. 1 [1223] *deest* 2 [1224] retributionem 4, 4a [1225] audiens *corr. alia manu* audientes 1 [1226] *deest* 4a [1227] dimidiaverunt 2 [1228] sanctae *add*. 4, 4a [1229] fons 2 [1230] quod A. et 4, 4a [1231] *deest* A. [1232] reddit A. 2, 2b, 3, Gebehardo *inserunt* 4, 4a. [1233] reddant 4. [1234] constrinxit A. *corr. alia manu* confringit 1

NOTAE.

(541) Imo ab Alexandro II missus est Rudolfus a. 1072; Gregorii enim legati quorum jam in epistola die 8 m. Julii 1073 mentio fit, Bernardus erant et Gregorius. Boczek I, 143.

(542) Alexander II mitram Wratislao misit. Vide Gregorii epist. Boczek I, 144.

(543) Quomodo Sigefridus archiepiscopus Moguntinus se his rebus immiscuerit vide supra et Gregorii VII ad eumdem litteras, quibus valde eum increpuit, vide Boczek I, 150.

(544) Vestes sacerdotales.

(545) Haec revocanda sunt ad annum 1074; Gre-

Nec mora, proficiscuntur episcopi praedicti [2235] Romam, et offerunt apostolico suarum literarum formam; quibus recitatis, nec admissa nec repulsa nec discussa eorum causa, jussi sunt ire ad hospicia [2236] sua, quoad usque revocarentur [2237] ad generalem sinodum die constituta.

31. Hisdem diebus venerat Romam Machtildis [2238] potentissima domina, quae post obitum patris sui Bonifacii tocius Longobardiae simul et Burgundiae suscepit [2239] regni gubernacula, habens potestatem eligendi et intronizandi sive eliminandi 120 super [2240] episcopos (546). Hujus quasi propriae dominae [2241] ad nutum omnis [2242] senatorius ordo parebat, et ipse Gregorius papa per eam divina et humana negotia disponebat, quia erat sapientissima consilia. ix et in omnibus adversitatibus sive necessitatibus Romanae ecclesiae maxima fautrix. Cujus de genealogia [2243] materno sanguine [2244] praesul Gebeardus descendens [2245] duxit affinitatem (547). Quo ipse [2246] deo referente, ut recognovit praedicta domina quod suus esset consanguineus, coepit eum valde honorare et domno [2247] apostolico commendare, ac quasi fratrem suum prout potuit honorifice tractare. Et [2248] certe praesul Gebehardus nomen bonum et honorem cum gradu amisisset, si [2249] haec Romae non adfuisset; qua interveniente et multis apostolicum precibus fatigante, facta est pax inter praedictos episcopos ea ratione, ut in pace quieti et propriis episcopatibus contenti vivant; sin autem, post 10 annos iterum ad apostolicam sedem [2250] hac de eadem causa judicium accepturi [2251] redeant (548). Et ita per

A Gregorium papam agente Mahtilda [2252] restitutus est praesul Gebehardus in pristinum gradum et honorem anno dominicae incarnationis 1074. [2253] sole intrante 15 partem Virginis. Adhuc etiam et [2254] hoc efficiente Mahtilda, domnus papa [2255] legatis Boemorum tradit [2256] apices literarum, in quibus mandat et praecipit duci [2258], ut fratrem suum [2255] Jaromir honorifice suscipiat et ei quasi patri suo et pastori per omnia obediat, atque in pace cum Dei benedictione vivant.

32. Sed quoniam incidit nobis mencio de Mahtilda [2259], unum quod fecit femina viriliter, breviter [2260] referam, ne lectori fastidium inferam. Igitur cum praedicta puella semper existens victrix [2261] inter multa bella, patris (549) sui post mortem [2262] vitam ducens celibem (550), nimis amplum [2263] Longobardiae [2264] sola [2265] regeret [2266] regnum, visum est principibus terrae et comitibus atque episcopis, ut eam [2267] persuaderent quo sibi acciperet virum, ne sine herede regalis celsitudo simul cum prole deficeret. Quae [2268] adquiescens eorum consiliis, misit ad

B ducem Sueviae nomine [2269] Welphum literas multa paucis continentes [2270] verbis (551) : *Non ego femineæ levitate aut temeritate [2271], sed tocius regni mei pro comoditate dirigo tibi has literas, quas cum [2272] acceperis, me accipe et tocius regnum [2273] Longobardiae [2274]. Dabo tibi tot civitates, tot castella, tot palacia inclita, aurum et argentum nimis infinitum [2275]; super omnia haec habebis nomen praeclarum [2276], te si facies mihi carum [2277]. Nec tamen me notes audacitatis [2278] elogio, quod nunc agredior te prior alloquio [2279].*

VARIAE LECTIONES.

[2235] praed. ep. A. [2236] ospicia 1. [2237] corr. 1. [2238] Mahtildis 1, 2, 4. [2239] suscipit 2[b]. [2240] supra 4[a]. [2241] superscr. alia manu A. [2242] deest 1. [2243] analogia A. 4. [2244] materno sanguine omittunt 4, 4[a]. [2245] deest 1. [2246] ipso corr. A. [2247] Domino A. [2248] deest A. [2249] si affuisset dia manu in margine adscripta A. fuisset 4. [2250] fidem 4. [2251] accepturi 4. [2252] Mahtilda 1 LXXIII, 2, 2[b] quamvis in hoc vestigia rasurae a recentiori manu appareant, quae conata est ex III efficere IV. [2253] deest A. 4. 4[a]. [2254] Gregorius add. 4, 4[a]. [2255] tradidit 2[b]. 3. [2256] Wratizlao add. 4, 4[a]. [2258] deest 1. [2259] Machtylda 4. [2260] deest 4. [2261] semper vitam desunt 4. victrix deest 4[a]. [2263] obitum 4. ampliavit A. [2264] fines et add. A. [2265] deest 3. [2266] rexerat 1. [2267] et 4. 4[a]. [2268] q add. 4. [2269] deest 4[a]. [2270] continentem 2. [2271] aut temeritate desunt 4. [2272] alia manu superscr. A. [2273] regni mei A. [2274] fines superscripsit alia manus A. [2275] et add. 4. [2276] clarum 2. [2277] casum corr. carum 1. [2278] corr. A. [2279] cloquio 3.

NOTAE.

gorius litteris d. 31 m. Jan. 1074 scriptis Gebhardum in ramis Palmarum apostolica limina adire jubet, Boczek I, 149.

(546) Hoc rumore populari exaggeratum esse nemo non videt.

(547) Quale fuerit illud affinitatis vinculum non satis liquet; aliam viam in eo probando iniit Schwarz, aliam Pfeffel in commentatione sua in Abhandlungen der Bayer. Academie I, 185, aliam Dobner; Palacky secutus est Pfeffelium, qui thoc sibi reperisse videbatur, Mathildis aviam Mathildem et matrem anonymam Judithae, uxoris Bracizlai ducis, fuisse filias Herimanni II ducis Sueviae.

(548) Cosmas duo itinera Romana episcoporum illorum in unum confudit. Gebhardus jam anno 1074 coram papa se ab accusatione illa defendere conatus est, cfr. supra annot. 35. In alia quadam epistola Gregorii vi Non. Mart., ind. 13 (1075) data haec leguntur : *Haec enim causa (Gebhardi et Johannis) cum in secundo pontificatus nostri anno, residentibus una nobiscum in basilica S. Salvatoris multis fratribus, convocatis etiam et coram positis supradictis episcopis, ad audientiam nostram et totius ibidem congregati concilii perlata sit, diu et multum inqui-*

D *sita atque rimata tanta ambiguitate et perplexionibus incobita videbatur, ut ad sinceram veritatis et justitiae, explorationem per ea quae tum adhibita sunt judicia, perduci non posset. Verum ne illorum altercatio absque pacis interventu diutius aut fraterna odia aut aliqua periculosa hinc vel illinc studia ascenderent, cum consilio fratrum nostrorum causam ita ex aequo dirimi constituimus, ut omnia, de quibus inter eos contentio foret, per medium dividerentur, et hic unam, ille alteram partem interim absque omni inquietudine tenerent, donec, si apertiora judicia sive scripto aut congruis testibus invenire, possent, diligentissime investigarent. Ad quod faciendum, ne forte suscitandae litis infinita alterutri daretur occasio, terminum quoque decem annorum praefiximus, ut qui certis approbationibus ad justitiam se peringere posse confidit, intra praelibatum terminum proclamandi et consequendi jus ecclesiae suae licentiam et potestatem habeat,* etc. Boczek I, 158. In Annalibus Pragensibus Gebhardi restitutio ad annum 1074 refertur.

(549) Bonifacii marchionis Tusciae.

(550) Fugit Cosmam eam Gozeloni, duci Lotharingiae nupsisse.

(551) Welfum juniorem a. 1089 demum matrimo-

Licet enim tam virili quam femineo sexui [2280] legitimum appetere conjugium. Nec differt [2281] utrum vir an femina primam amoris lineam tangat; tantumodo indissolubile contingat conubium. Quod aliter non fit, nisi utrorumque [2282] per consensum. Vale. Quid autem ad hæc dux Welpho responderit, aut qua ratione ei consenserit, aut quot milia armata domina Mahtildis ad suscipiendum ducem in fines Longobardiæ præmiserit, aut quam honorifice ipsa eum susceperit, vel quanto [2283] apparatu convivium fecerit, si quis scire vellet [2284], prius lux diurna deficeret quam hæc omnia perlegeret [2285]. Cedat rex Assuerus cum suis apparatibus, qui suis militibus fecit magnificum per 120 dies [2286] convivium; cesset regina Saba admirari [2287] mensam et cibos regios Salomonis; nam quod illic totum, hic centesima pars [2288] major fuit toto. Quid multa? Nox aderat, cubiculum intrant, super alta strata gemini se locant, dux Welpho sine Venere cum Mahtilda virgine. Ubi inter alia et post talia inter tales qualia fiunt, dux Uelpho ait: *O domina, quid tibi voluisti, quare me vocasti, ut risum de me faceres, et me in sibilum populis et in commotionem capitis (552) poneres?*

Plus te confundis, tu me confundere si vis.
Certe aut tuo jussu aut per tuas pedissequas aliquod maleficium vel in tuis vestimentis vel in lectisterniis latet. Crede mihi, si frigidæ naturæ fuissem, ad tuam voluntatem nunquam venissem. Hæc cum prima et secunda nocte dux [2289] objiceret dominæ, tercia die sola solum ducit in cubiculum, ponit in medio tripodas et desuper mensalem locat tabulam, et exhibuit se sicut ab utero matris nudam et inquit: *En quæcunque [2290] latent, tibi omnia patent, nec est, ubi aliquod maleficium lateat.* At illa stabat auribus omissis, ut iniquæ mentis asellus (553), aut carnifex, qui longam accuens macheram stat in macello super pinguem vaccam excorjatam, cupiens exenterare eam. Postquam vero diu sedit mulier super tabulam, et velut anser cum facit sibi nidum, huc et illuc vertens caudam frustra, tandem indignata surgit femina nuda, et apprehendit manu sinistra anticiput [2291] semiviri, atque exspuens [2292] in dextram palmam dat sibi [2293] magnam alapam, et extrusit eum foras dicens:

I [2294] procul hinc, monstrum, regnum ne pollue no-
[strum.
Vilior es galba [2295], projecta vilior alga (554).

Si mihi visus eris cras, morte mala morieris.

Taliter confusus dux Welpho fugit et reportat omnibus suis confusionem in sempiternum. Hæc sufficit breviter dixisse, quæ utinam non dixissem [2296]!

33. Factum est autem, postquam præsul Gebeardus reverteretur ab urbe Roma, proceres quotquot erant sui clientes, de reditu ejus valde gratulantes, occurrunt ei obviam sub ipso exitu silvæ. Quibus in jocunditate susceptis [2297], dum refert [2298] quæ gesta fuerant Romæ, et qualiter sit [2299] fretus ope Mahtildæ dominæ, uni eorum, quem præ cæteris diligebat, nomine Belec [2300], alludens ait: *Vide qualem barbam reporto, et permulcens eam manu: Certe, dixit, est cæsare digna.* At ille: *Placet,* inquit [2301], *omne [2302] quod laudas, domine; sed plus laudarem, si animum mutatum cum barba reportares [2303];*

Quem o [2304] si mutasses, posthac in pace fuisses.

34. Nec tacere cupio quod eodem anno nobis adhuc positis in scolis contigit audire et videre. Quadam vero [2305] die, dum psalmiculos ruminarem stans in cripta sanctorum martirum Cosmæ et Damiani, venit quidam vir portans cereum et filum argenteum, quo secundum jussum visionis metitus erat [2306] sui corporis artus, et accedens ad me [2307]: *Heus,* inquit, *indica mihi, bone puer, ubi jacet sanctus Radim, sancti Adalberti frater.* Ad quem ego dixi: *Quem tu dicis sanctum, adhuc non est per apostolicum incanonizatus [2308], adhuc [2309] missam ejus ut pro defunctis celebramus.* Et ille: *Talia ego,* inquit, *nescio, sed unum scio, quia [2310], cum essem Krakov [2311], in urbe per tres annos positus in subterraneo carcere, in quo una fenestrula [2312] desuper erat, qua mihi panem raro et aquam porrigebant, hac in angustia dum vita mea versabatur, quadam die asstitit vir coram me, cujus vestes erant sicut nix albæ [2313] et facies ejus ut sol fulgebat; tantum memini, et statim fui in extasi, et quasi de somno gravi evigilans ante urbem stare me sensi. Et qui mihi [2314] in carcere [2315] apparuit, stans [2316] juxta me dixit: « Perge Pragam, ne timeas quenquam, et intrans sancti Viti [2317] ecclesiam in cripta sanctorum martirum Cosmæ et Damiani, offer munus tuum ad meam tumbam, ego sum Radim sancti Adalberti frater. »* Hæc mihi dixit, et statim ab [2318] oculis meis evanuit. Ecce isti crines et vultus mei macies testantur quia [2319] vera sunt quæ tibi referuntur. Præterea sæpe in eadem cripta vident visiones custo-

VARIÆ LECTIONES.

[2280] sexu 1. [2281] superscr. alia manus 1. [2282] virorumque 1. [2283] quando 1. [2284] velit 4. [2285] perlegeret 2b, 3, 4, 4a. [2286] superscr. 1. [2287] admirati *corr.* admirari 4. [2288] maxima *add.* 2. [2289] Welpho *add.* 4, 4a. [2290] en quæc. desunt 1. [2291] sinciput 4, 4a. [2292] deest 3. [2293] ei A, [2294] corr. A, id est vade *omisso* 1, 2. [2295] l superscr. alia manu A, glaba 1. [2296] Hæc sufficit — dixissem *desunt* 4, 4a. [2297] ita A, deest in rell. [2298] serit 1. [2299] fuerat A. [2300] Belecz 1, 4. [2301] inq. placet A. [2302] omen 3. [2303] reportas 1. [2304] deest 4, 4a. [2305] ita 1, deest A, ergo rell. [2306] est 2, fuerat 2b. [2307] ad me *alia manu superscr.* A. [2308] canonizatus 4a. [2309] deest 3. [2310] quia deest A, 2, 2b. [2311] Krakow 2. [2312] fetistrula *corr.* fenstrula 1. [2313] alba 3. [2314] deest 2b. [2315] in carc. m. A. [2316] corr. A. [2317] martyris *add.* 4, 4a. [2318] ex A. [2319] quod 2b.

NOTÆ.

nium cum Mathilda iniisse et a. 1095 divortium fecisse affirmantem se eam nunquam tetigisse testis est Bernoldus. Cfr. monachus Weingartensis p. 789; Stenzel Fränk. Kaiser, I, 553. Longe itaque hoc loco aberravit Cosmas a veritate rumore populari deceptus.

(552) Capitis commotio est ludibrii et cavillationis signum.

(553) Hor., epp. I, 9, 20.

(554) Virg., eclog. VII, 42.

des ecclesiæ, dum visitant candelam quæ ibi accenditur nocte (555).

38. Nec prætercundum censeo quod dux Wratizlaus et sui fratres Chounradus atque Otto contra orientalem marchionem Lupoldum [2320], filium Lucz (556), commiserunt bellum (557); sed prius videndum est unde ortæ sunt [2321] tantæ inimiciciæ inter Lupoldum [2322] et Chonradum diarcham Moraviæ, nam antea semper fuerant amici ad invicem (558). Cum enim utrarumque provinciarum terminos non silva, non montes, non aliqua obstacula dirimant, sed rivulus, nomine Dia [2323], fluens per plana [2324] loca vix eas disterminat, semper noctibus mali homines alternatim latrocinantes [2325], pecora [2326] diripientes, villas vastantes ex utroque populo prædam [2327] sibi faciebant. Et sicut sæpe parvula scintilla magnum excitat ignem, ita [2328] isti, de quibus diximus, domini, quia noluerunt nocivum [2329] extinguere fomitem, ex his minimis rebus ad magnam suorum [2330] deveniunt perniciem. Nam cum frequenter Chounradus ad marchionem [2331] hujusmodi de [2332] compescenda mitteret seditione [2333], et ille tumido fastu despiceret ejus verba, supplex adiit fratrem suum Wratizlaum ducem Boemorum, rogans eum sibi in auxilium contra superbiam Teutonicorum. Qui suis [2334] quamvis non diffidens viribus, tamen Ratisponensis episcopi (559) unam scaram ex electis militibus, precio conducit [2335] sibi in auxilium. Nec celat marchionem dux adventum suum, sed [2336] mittens unum de satrapis quasi per antiphrasin loquens ei mandat, ut sibi paret grande convivium, seque ipsum pollicetur aleam Martis cito venire lusum. Ad hæc marchio efficitur lætus, et a subulco usque ad bubulcum [2337] armatos [2338] omnigena specie ferri, a subula usque ad stimulum, omnes jubet paratos esse ad bellum. Venerat dux Wratizlaus cum Bohemis [2339] simul et Teutonicis qui erant præsulis Ratisponensis [2340]; ast alia de parte Otto et Conradus adjungunt se cum suis omnibus qui sunt in tota Moravia militibus. Quos ut vidit marchio longe in plano occurrere campo, præordinat suos lignei in modum cunei, et corroborat animos eorum hujusmodi monitis alloquii [2341]: O milites, quorum vires per multas satis expertus sum fortunæ pugnas, ne timeatis illas fugitivas umbras, de quibus valde doleo quod eis patet [2342] campus in fugam. Scio enim quia non audent vobiscum comittere pugnam. An non videtis quoniam [2343] illos arguit inertia virium, quos timor compulit in unum globum? Nulla species ibi apparet armorum; oves sunt, ut reor, et esca luporum. Quid statis, o lupi rapaces et catuli leonum feroces? Irraite in greges ovium et diripite corpora, quæ stant sine sanguine, prius casura quam bellum visura, atque cito milvos nostros et vultures pascitura. O inferne, quantas tibi hodie dabimus victimas! Relaxa tuas officinas ad suscipiendas Bohemorum animas. Scio [2344] enim [2345] quod Deo et sanctis ejus sunt odibiles sine misericordia homines, qui [2346] ad hoc hanc terram intrant [2347], ut non solum nostra bona, sed et uxores nostras et earum soboles diripiant, quod Deus procul avertat. Atqui si alicui vestrum contigerit mori, una mors est hæc [2348] beatior omni morte, dulci pro patria mori [2349] (560). Plura locuturus erat, sed ejus verba impetus Boemorum adbreviat. Nam dux Wratizlaus ut vidit hostes non cedere loco [2350].

Jussit Teutonicos [2351] dextrum irrumpere cornu, fratres vero suos Chounradum et Ottonem ordinat pugnare in sinistra ala [2352]. Ipse autem ubi erat confertissima hostium acies (561), in ipsa fronte Martis (562) jubet exercitum suum descendere, et pedestri congressione cum adversariis decertarier [2353]. Qui cicius dicto ab equis dissilientes [2354] et clamore exhortationis [2355] dato, sicut ignis in siccam stipulam immissus furit (563) et in momento cuncta comburit, ita vires adversariorum ferro conterunt [2356] terræque [2357] eos prosternunt, et de tanta multitudine vix residuus fuit, qui cum ipso marchione aufugit.

VARIÆ LECTIONES.

[2320] Leupoldum 2 Ludolphum 3. [2321] sint 2b, 3, deest 4, 4a. [2322] Luppoldum 1. [2323] Dya 2, 4, Dyia 3. [2324] deest 1. [2325] latrouizantes 4, 4a. [2326] pecora — vastantes desunt 1. [2327] deest A, alia manus superscr. dampnum. [2328] alia manus superscr. A. [2329] novicium A, nocuum 2, 2b, 4, 4a. [2330] deest 4, 4a. [2331] superscr. alia manu 1. [2332] pro hujusmodi 4, 4a. [2333] vel sedicione vera 1, werra pro seditione 4, 4a. [2334] deest A. [2335] conduceti 2, 2b, conduxit 3. [2336] deest 2b. [2337] publicum 4, 4a. [2338] armatos — subula desunt A. [2339] Polonis A. [2340] Radisperonensis 1. [2341] alloquendo corr. alia manu A. [2342] paret 1. [2343] quomodo 2b. [2344] sic alia manu superscr. cio 1. [2345] etenim 4. [2346] quod 2b. [2347] intraverant 2, 4a. [2348] deest 4. [2349] sua A. [2350] loca corr. loco 1. [2351] Teutonicis 4. [2352] alia 1, 2, 4, 5. [2353] decertare A, decertari 4, 4a. [2354] desilientes 4a. [2355] exhortandi 4, 4a. [2356] conter 1. [2357] comburit add. 1.

NOTÆ.

(555) Recte observavit Schwarz bella a Bohemis Heinrico auxilio laturis contra Saxones gesta, quæ uberius narrant Bruno, Lumbertus, Bernoldus, a Cosma silentio hoc loco prætermissa esse.

(556) Imo erat filius Ernesti marchionis, qui in prælio ad flovium Unstrut anno 1078 commisso occisus est.

(557) Hoc bellum anno demum 1082 commissum esse testatur Cosmas infra; vide Annales Hildeshimenses et Chron. Claustroneoburgense. De anno 1082 cfr. etiam Dobner ad Haj. V, 495.

(558) Vera causa Cosmam fugit; Leopoldus marchio Heinrici IV fautores expulerat, qua de re Wratislaus consilio regis arma in illum movit, ut testatur auctor Vitæ Altmanni episcopi Passaviensis.

(559) Ottonis.
(560) Hor., od. III, 2, 13.
(561) Cfr. Sallust., Catil. 60.
(562) Lucan., Phars. VII, 220.
(563) Virg., Georg. III, 99.

Sicque greges ovium lactaverunt catulos leonum, et paucis ex suis amissis Boemi de plaga orientali famosum referunt [2358] triumphum. Hac in cæde occisi sunt Ztan [2359] cum fratre Radim [2360], et Gridon [2361] filius Zanek [2362], et Dobrogost [2363] filius Hines [2364], et alii non adeo [2365] multi (564) anno dominicæ incarnationis 1082, 4 Id. Mai.

' Rex Henricus Romam obsedit biennio 2, 2a, 2b.

36. Anno dominicæ incarnationis 1083.

Anno dominicæ incarnationis 1084. "

" Rex Henricus fit imperator 2, 2a, 2b.

Anno dominicæ incarnationis 1085. 8 Kal. Jan. obiit Juditha [2366] (565) conjunx Wladizlai ducis Poloniorum [2367], quæ fuit filia Wratizlai ducis Boemorum. Hæc cum esset sterilis, semetipsam semper mactabat offerens [2368] vivam hostiam Deo cum lacrimis, vacans elemosinis, viduis subveniebat et orphanis, aurum et argentum nimis large dispartiens [2369] per monasteria, commendabat se orationibus sacerdotum, ut per suffragia sanctorum quam [2370] natura negaverat ex divina gratia prolem obtineat. Præterea [2371] mittit capellanum suum nomine Petrum, qui ut ejus vota sancti Egidii [2372] ad sepulchrum et alia munuscula abbati et fratribus suis deferat [2373], quatenus per intercessionem eorum Deus exaudiat ejus peticionem (566). Qui mox, ut dominæ suæ implevit jussa, cum jam repatriare vellet, sic ei abbas quasi prophetico ore fertur dixisse: *Vade cum Dei benedictione et dic tuæ dominæ: « Spera in Deum et nichil in fide hæsites, quia concipies et paries filium. » Nullus est* [2374] *enim qui* [2375] *non obtinuit, quod sanctum Egidium fideliter* [2376] *petivit. Sed timeo ne forte Deum offendamus, cum contra fata precibus eum fatigamus, licet ipse per merita hujus nostri patroni* [2377] *nonnumquam petentibus annuat quod natura vetat.* Qui cum dominæ suæ hæc retulisset, tempore suo concepit, et postquam peperit [2378] filium, tercia die obiit in prima galli cantu supra prænotata [2379] die. Filius autem

ejus post in baptismate nomine sui patrui [2380] Bolezlav est vocatus [2381].

37. Anno dominicæ incarnationis 1086. jubente et peragente Romanorum [2382] imperatore tertio Heinrico augusto celebrata est sinodus magna in urbe Moguntia [2383] (567), ubi 4 archiepiscopi et 12 præsules, quorum nomina post docebimus, simul cum abbatibus monasteriorum et ceteris fidelibus residentes, plurima decreta super statu sanctæ [2384] ecclesiæ scriptis roboraverunt. In quo conventu idem cæsar omnibus sui regni optimatibus, ducibus, marchionibus, satrapis et episcopis assentientibus, et collaudantibus, ducem Boemorum Wratizlaum tam Boemiæ quam Poloniæ (568) præfecit, et inponens capiti ejus manu sua regalem circulum, jussit archiepiscopum Treverensem [2385] nomine Egilbertum [2386], ut eum in sede sua metropoli Praga in regem ungat et diadema capiti ejus inponat (569). In eodem concilio Pragensis præsul Gebeardus [2387] scripta suæ antiquæ querimoniæ repræsentat de Moraviense episcopo Johanne supra memorato. Qui quamvis eodem anno jam ab hoc seculo migrarat (570), tamen valde præcavens in futurum prædictus præsul, et agens per amicos pulsat aures cæsaris, ne iterum in eodem loco alius subrogetur episcopus, replicat coram omnibus privilegium olim a sancto Adalberto episcopo, suo antecessore, confirmatum tam [2388] papa Benedicto quam a primo Ottone imperatore. Ad cujus justam querimoniam imperator motus precibus ducis Wratizlai, fratris ejusdem episcopi Gebeardi, et consilio archiepiscopi Maguntini Wezelonis [2389] et aliorum bonorum, qui justiciæ favebant, novum antiquo fere ejusdem tenoris addit privilegium et signo imperiali confirmat, ut in sequentibus patebit. Cujus privilegii formam si huic operi [2390] nostro inseramus, non superfluum fore æstimamus; continet enim aut hunc aut hujusmodi textum:

In nomine sanctæ et individuæ [2391] *Trinitatis. Hein-*

VARIÆ LECTIONES.

[2358] ferunt 4. [2359] Zdan 2, Zthan 4, 4a. [2360] Radvim 1. [2361] Grydon 1, 2b, Grdon 3. [2362] Zanec 1, Zauek 2b, Janek 3. [2363] Dobrobost 2, filius Zanek et Dobrogost *omissa* 4, 4a. [2364] Hynes 1, 2, Hones 3. [2365] in tantum 2, 2b, 3, et alii multi 4a. [2366] ductrix *inserunt* 2b. 4. a. [2367] Polonorum 2. [2368] deest 2. [2369] dispensans A. dispertiens 2b 3, 4, 4a. [2370] quod 2b. [2371] propterea 4, 2a. *corr. præter ea* A. [2372] confessoris *inserit* 4a [2373] defferat 1. [2374] deest 4. [2375] deest 4, 4a. [2376] deest A. [2377] Ægidii *add.* 4. 4a. [2378] concepit A. [2379] notatæ 3. [2380] patris *corr. al. man*: patrui A. patris 1. deest 3. [2381] vocitatus 2a, 2b, 3. Filius autem ejus potitus est in baptismate nomine sui patris Bolezlau 4, 4a [2382] omittit 2. Sequentia usque ad II, 38. leguntur etiam in cod. 7. [2383] Maguntina A. Magunta 4. Magoncia 7. [2384] deest A. [2385] deest A. Treveriensem i expuncto 1. [2386] Egelbertum 2b. [2387] Jaromir 3. Gebehardus alii. [2388] deest 4. [2389] Wezzelonis 4. [2390] opere 1. [2391] et individuæ *desunt* A.

NOTÆ.

(564) Die 12 m. Maii 1082 apud Mouriberch i. e. Mailberg; Vita S. Altmanni.

(565) Erat filia Adleythæ, vide supra II, 20.

(566) Eodem fere modo Martinus Gallus, p. 78; Kadlubek, p. 17 de hac re retulerunt.

(567) Hanc synodum nunc confundendam esse cum altera ab Heinricianis episcopis Moguntiæ anno 1085 habita probavit Dobner ad Haj. V. 515.

(568) Non satis patet quomodo Heinricus illo tempore Wratislaum Poloniæ præficere potuerit, cum eodem fere tempore Wladislaus, dux Poloniæ, Juditham imperatoris sororem in matrimonium duxerit. Vid. Roepell Gesch. v. Polen I, 208.

(569) Monachus Pegavensis narrat Wratislaum regiam dignitatem 4000 marcis argenti ab Heinrico emisse, eumque Wirziburgi, ab episcopis Moguntino, Constantiensi et Wirziburgensi coronatum esse.

(570) VII Kal. Dec. teste antiquo catalogo episcoporum Olomucensium in Richteri serie epp. Olomuc., p. 11.

ricus tercius divina favente clementia Romanorum imperator augustus. Regio nomini et imperatoriæ dignitati congruere novimus, [2392] ut ecclesiarum Dei utilitatibus [2393] ubique opitulantes, dampna vel [2394] injurias earum quacunque necesse fuerit propulsemus. Quapropter [2395] universis [2396] Dei nostrique regni fidelibus, tam futuris quam præsentibus, notum esse volumus, qualiter fidelis noster Pragensis episcopus Gebeardus sæpe confratribus [2397] suis et coepiscopis cæterisque principibus nostris ac novissime nobis conquestus est, quod Pragensis episcopatus, qui ab initio per totum [2398] Boemiæ ac Moraviæ ducatum [2399] unus et integer constitutus et tam a papa Benedicto quam a primo Ottone imperatore sic confirmatus est, postea antecessorum suorum consensu, sola dominantium potestate subintronizato intra terminos ejus novo episcopo, divisus esset et inminutus. Qui cum Maguncia coram legatis apostolicæ sedis, præsentibus nobis ac plerisque regni nostri optimatibus, eandem querimoniam intulisset, ab archiepiscopis Wezlone Maguntino, Sigewino [2400] Coloniensi, Egilberto Treveriensi, Liemaro [2401] Bremensi, ab episcopis quoque Tiedrico [2402] Virdunensi, Chounrado [2403] Trajectensi, Oudalrico [2404] Eistetensi [2405], Ottone Ratisponensi, cum assensu laicorum, ducis Boemorum Wratizlai, et fratris ejus Chounradi, ducis [2406] Friderici [2407], ducis Lutoldi [2408], palatini comitis Rapotonis [2409], et omnium, qui ibidem convenerant, primitiva illa parochia cum omni terminorum suorum ambitu Pragensi sedi est adjudicata. Termini autem ejus occidentem versus hii sunt (571) : Tugost [2410] (572), qui [2411] tendit ad medium fluminis Chub (573), Zelza [2412] (574), Zedlica [2413] (575) et Liusena [2414] (576) et Dasena [2415] (577) Lutomerici [2416] (578), Lemuzi [2417] (579) usque ad mediam silvam, qua Boemia liminatur. Deinde ad aquilonalem [2418] hii sunt termini : Psovane [2419] (580), Ghrvvati [2420] et altera Chrowati [2421] (581), Slasane [2422] (582), Trebowane [2423] (583), Bobrane [2424] (584), Dedosane [2425] (585), usque ad mediam silvam, qua Milcianorum [2426] (586) occurrunt termini. Inde ad orientem hos fluvios habet terminos : Bug [2427] (587) scilicet [2428] et Ztir [2429] (588) cum Cracova [2430] civitate provinciaque cui Vag [2431] nomen est, cum omnibus regionibus ad prædictam urbem pertinentibus, quæ Cracova [2432] est. Inde Ungarorum [2433] limitibus additis usque ad montes, quibus nomen est Tritri [2434] (589), dilatata [2435] procedit. Deinde in ea parte, quæ meridiem respicit, addita regione Moravia

VARIÆ LECTIONES.

[2392] al. man superscr. A. [2393] dignitatibus 2. [2394] dampnabiles injurias 4, 4a [2395] quiapropter 1. [2396] deest 4. [2397] cum fratribus 4. 4a. [2398] per totum desunt 7. [2399] ducatuum 7. [2400] Sigevino 2. Sicevino 2b. [2401] Lyemaro v 4. 4a [2402] Tietrico 1. Liederico 3, Theoderico 4. Thyederico 4a. [2403] Cunrado 4, Cünrado 7. [2404] Odaldrico 1. Odalrico 1a. [2405] Cistetensi A. Heystheltensi 4. 4a [2406] Ch. ducis, 1. [2407] al. man. in margine 1. adscriptum. [2408] Lutholdi 4, 4a. [2409] Rapothonis 1, 2b, 4, 4a, 7. Rapotæ 5. [2410] Tugast 1, 2, 2b, Ingast 3, Tugozc 4, 4a, Cugast 7. [2411] quæ 2a, 2b, 5, 4, 4a, 7. [2412] deest A. 3, Zeyza 4, 4a. [2413] Zedlea 3, Zedlicane 4, 4a. Omissum 2a 7. Videnturque hæc duo nomina Zelza et Zedlica unius vocis lectiones variantes esse Donr. [2414] In 2, legi potest Liusena et Luisena. Luisena 2b. Liusena 3, 7. Lucsane omisso et 4, 4a [2415] its A. 1, 2, 2b, 3, 7. add. 1. Dacane, Decane 2, In 2b corrector in margine adnotavit : aliter Dacane. Daciane 4, 4a. [2416] Liutomerici 2, 3, 7. Luthomirici 4, 4a. [2417] Lemuci 4. [2418] aquilonem 3, 4, 4a, 7 [2419] Psofane 2. [2420] Chrowati 1, 2b. Chowati 3, Crouati 4. Chowati 7. [2421] deest A. 1, Chrowati 2, 4, 4a. Hrouati 3. [2422] Zlasane 1. 2, 4. [2423] Trebouane 2, 3, 4, 4a. Trewobane 7. [2424] Boborane 1. Boborane 2, 2b, 4, 4a, 7. Poborane 5. [2425] Dedossene 1, 2, 2b Bodossene 3, Dedosesi 4, 4a. [2426] Milcanorum 4, 4a. [2427] Buo 7. [2428] feliciter 1. [2429] Zliz 2b. Zur 4a [2430] Krakova 1. Krakovia 2. Krakoua 2b, 7, Cracona 5. Chracoua 4a. [2431] ita A. Wag rell. [2432] Krakow 2, 2b, 3. [2433] Ungariorum 4, 4a. [2434] Tatri 2a [2435] dilata 4a.

NOTÆ.

(571) De geographica hac descriptione Pragensis episcopatus vid. Dobner ad Hajec. IV, 217 — 229; Palacky I, 227.
(572) Est saltus, qui vocatur Fichtelgebirge.
(573) Eger.
(574) Dobner in hoc nomine fines episcopatus Citicensis sibi deprehendisse videbatur. Kropf in commentatione supra laudata regionem Pilsenensem.
(575) Elbogensis circulus.
(576) Idem esse videbatur viris doctis, quod Luczane vel Luczko, cujus sæpius mentionem fecit Cosmas, i. e. Satecensis regia, quod ego in medio relinquo.
(577) Tetschenensis circulus; Dobner dubitavit, num præferat dux, quod veteribus erat Daxan, medio inter Satecium et Lutomericium situm.
(578) Leitmeritz.
(579) Quid sit, incertum est; Dobner num Jure Zittaviensem regionem hic repererit dubito

(580) Num eadem regio de qua supra I, 15?
(581) Chrowatia.
(582) Silesia ad montem Zobten.
(583) Dobnero videbatur territorium Goerlicense. In nomine Trebouane latere opinabatur Drenow de quo contin. Cosmæ ad 1131; quod num stare possit dubito. Kropfio est Triebel in Lusatia inferiori.
(584) Regio ad fluvium Bober.
(585) Inter Oderam et Boberam; cfr. Thietmar IV, 28.
(586) In Lusatia superiori; cfr. Thietmar. I, 9.
(587) Bug.
(588) Styr qui in fluvium Bipetz exundat.
(589) Apud Dlugossum sæpius occurrens; montes Karpathici, Tatra.

usque ad fluvium cui nomen est Wag, et ad mediam silvam cui nomen est Moure [2436](590), et ejusdem [2437] montis, eadem parrochia tendit, qua Bavaria liminatur [2438]. Mediantibus itaque nobis et communi principium aspirante suffragio factum [2439] est ut dux Boemiæ Wratislaus (591) et frater ejus Chounradus supradicto Pragensi episcopo [2440], fratri suo, parrochiam judiciario ordine [2441] requisitam ex integro et [2442] reprofiterentur et redderent. Proinde nos rogatu ejusdem episcopi racionabiliter inducti, Pragensis episcopatus redintegrationem [2443] nostræ imperiali auctoritatis edicto [2444] illi et successoribus ejus confirmamus et stabilimus, inviolabiliter decernentes, ne ulla posthac cujuslibet conditionis persona, vel ulla societas hominum, Pragensi ecclesiæ quicquam sui juris in prænotatis terminis alienare præsumat. Cujus redintegrationis et confirmationis [2445] auctoritas, ut omni ævo stabilis et inconvulsa permaneat, hanc cartam inde conscribi, quam, sicut infra apparet, manu propria laborantes [2446] inpressione signi nostri jussimus insigniri [2447]. Data [2448] 3. Kal. Maii anno ab [2449] incarnatione Domini [2450] 1086, indictione 9. [2451] anno autem [2452] domini Heinrici regni quidem 32, imperii [2453] vero 3.

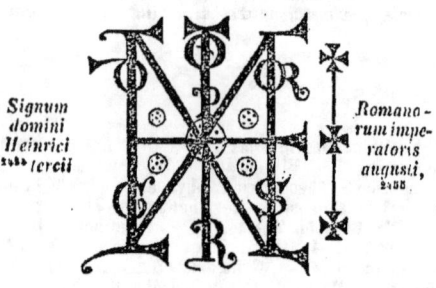

Signum domini Heinrici [2454] tercii

Romanorum imperatoris augusti, [2455]

A quod ego vidi ipsum cæsarem suis manibus annotantem in privilegio Pragensis episcopatus.

38. Similiter eodem anno Heinrico imperatore demandante et Maguntino archiepiscopo Wezlone [2456] interveniente, per legatos [2457] apostolici [2458], qui eidem interfuerunt concilio, domnus Clemens [2459] papa secundum prædictos terminos suo privilegio corroborat [2460] Pragensem episcopatum, id efflagitante [2461] et suggerente Gebehardo episcopo per suum capellanum nomine [2462] Albinum, quem cum legatis apostolici ex Maguntia hac [2463] de eadem causa miserat Romam. Eodem anno 5 Idus Junii [2464] (592) obiit Otto dux Moraviæ, frater Wratizlai ducis Boemiæ [2465]. Interea Egilbertus [2466] Treverensis archiepiscopus [2467] jussis obtemperans imperatoris [2468] adveniens metropolim Pragam, 17 Kal. Julii inter sacra missarum sollempnia regalibus fascibus indutum unxit [2469] in [2470] regem Wratizlaum, et inposuit diadema super caput tam ipsius quam ejus conjugis Zuatavæ [2471], ciclade regia amictæ, clericis et universis satrapis ter [2472] acclamantibus: Wratislao regi tam [2473] Boemico tam [2474] Polonico (593), magnifico et pacifico, a Deo coronato, vita, salus [2475] et victoria [2476]. Post hæc tercia die archipræsul secundum regiam magnificentiam immenso pondere auri et argenti ditatus [2477] et cæteris xeniis [2478] ac [2479] muneribus donatus, cum magno honore lætus [2480] ad propria remeat.

39. Anno dominicæ incarnationis 1087 rex Wratizlaus collecto exercitu intrat Zribiam [2481] (594), quam olim imperator Heinricus in perpetuum sibi habendam tradiderat, et dum [2482] quoddam castrum nomine Gvozdek [2483] (595) prope urbem Missen [2484] reædificavit [2485], aliis insistentibus operi, mittit duas

VARIÆ LECTIONES.

[2435] Md're *signo contractionis apposito super* d. 2, *ita ut* Md're *legi possit* Madre. More 2ª. Mderre 2b. Mure 4, 4ª. Mōre 7. [2437] *ejus* A. More [2438] *limitatur* 2, 4. *Hoc loco sequuntur in* 5. Qualiter autem hec parochia dilatata fuerit et confirmata, qui vult melius scire, querat in privilegio ejusdem ecclesie. Reliqua desunt. [2439] *per erasum factum* A, per factum 4, *pactum* 3, factum 4, 4ª, 7. [2440] Gebehardo *inserunt* 4, 4ª. [2441] Jure A. [2442] *ita* A. [2443] reintegrationem 2, 4. [2444] adicto 4. [2445] et conf. 4. [2446] *dominicæ incarnationis* 3, 4, 4ª. [2451] VIII, 2, 7. [2452] *deest* 4, 4ª. [2453] imperatorii 2. [2454] Heinrici 1. [2455] *In monogrammatis loco circulus flavo colore descriptus est vacuus.* Ceterum monogrammatis lineæ alternatim nigro, flavo, rubro colore descriptæ sunt. A. [2456] Wezelone 1, 2. Wezlone 3. Wezzelone 4, 4ª. [2457] pro legatis A. [2458] ex Magoncia addit 1. sed expunxit. [2459] deest 2. [2460] corroborarat 4, 4ª. [2461] flagitante 2b. [2462] n. 7. [2463] ac 4. [2464] Julii 4, 4ª. [2465] Boemorum 4, 4ª. [2466] Eilbertus 1. [2467] episcopus 1, 7. [2468] imperatori corr. A. Henrici add. 4, 4ª. [2469] duxit A. [2470] deest A. [2471] Suatavæ 2. Zuathave 4, 4ª. Zuatawæ 7. [2472] deest 7. [2473] quam pro tam 1, 2b, 3. omittunt 4, 4ª. [2474] corr. A. [2475] laus pro salus omisso sequenti et 7. [2476] hic desinit 7. [2477] est al. man. superscr. A. [2478] eximiis '. [2479] xeniis ac desunt A. ac deest 1. [2480] deest 3. [2481] Zrhiam 3. [2482] cum 1. [2483] Guozdec 2, 2b, 4, 4ª. Gnozdec 3. [2484] Misen 1. Misnam 4. Missn 4ª. [2485] redificat 1.

NOTÆ.

(590) Matra.
(591) Difficultas, quæ inde nascitur quod Wratislaus paulo ante regis nomine salutatus hoc in diplomate dux nominatur, Dobnero V, 517 ita solvi posse videbatur, ut diceret hoc factum esse ob Clementis papæ reverentiam, qui nondum regalem Wratislai titulum agnoverat. Idem testatur diplomati fundationis Wisseradensis duplicem sigillum appensum esse, in quorum altero Wratislaus sex, in altero dux appelletur.
(592) Probat Necrologium Bohemicum.
(593) Ita nominatur quia pars Po'oniæ Oderava 1. e. Silesiæ in potestate erat Wratislai. In Wratislai

D præcepto de fundatione ecclesiæ Wissehradensis a 1088 apud Boczek I, 183 hæc leguntur verba: (Confirmatio) *domini etiam Egilberti Trevirensis archiepiscopi a quo simul et unctionem regalis consecrationis accepi.*
(594) I. e. marchiam Missenensem quam Heinricus teste Lamberto a. 1076 Ecberto marchioni ademerat et Wratislao ob spectatam fidem commiserat.
(595) Guoz Burzwardium in pago Niseni. Cfr. etiam commentationem Pelzelii inscriptam: Ueber die Herrschaft der Bohmen in Meissen in collectione Abhandlungen der Bohmischen Gesellschaft der Wissenschaften 1787, p. 39

scaras ex electis militibus cum filio suo Bracizislavo ultum ire olim sibi illatae injuriae [2486]. Nam quodam [2487] retro dierum tempore, dum redit imperatoris de curte, casu contigit in quadam villa nomine Kileb [2488] valde magna eum pernoctare, ubi noctu orta seditione inter suos et cives, occisi sunt a villanis duo fratres, primi inter primates, hujus patriae inmanes columnae, virtutum clari lumine [2489], Nacarat [2490] et Bznata [2491], filii Taz [2492] comitis. Mox secundum regis jussum qui missi fuerant festinantes die et noctu, tercia die [2493] summo diluculo invadunt cum magno impetu praedictam villam, et dirripiunt omnia bona illorum, ipsos quoque et uxores eorum usque ad corrigiam [2494] calciamenti spoliant, et funditus aedificia subvertunt igne comburentes, atque equis et peccoribus simul abductis illaesi viam tenuerunt. Facta autem meridie, dum transirent quoddam flumen, filius herilis nactus amoena loca fluminis, jussit cum praeda scutarios [2495] praecedere, viros autem bello fortiores secum invitat ibi [2496] prandium sumere [2497]. Et quia magnus aestus erat, filius ducis nimio calore exaestuans, dum post prandium in aqua paulisper refrigeraretur natans, mittit [2498] ad eum Alexius comes ita mandans: *Non hic*, ait, *in Wlitava* [2499] *aut in* [2500] *Ogra tua natas. Tolle moras* (596), *fortium portas virorum gazas.* Ad haec juvenis: *Naturale est*, inquit, *senibus ad aurae* [2501] *motum semper trepidare, et quamvis sibi jam inminentia, plus tamen quam juvenes, timere fata.* Quod cum relatum esset Alexio, *Deus*, inquit, *faciat, sed eventu prospero* [2502], *ut talis assit nunc et inevitabilis fortunae occasio, ubi juvenes videant utrum senes an ipsi magis fata timeant.* Dum haec loquitur praedictus comes, ecce plus quam 20 apparent equites missi a Saxonibus, ut eos provocarent cimbello [2503], sicut mustela hostem suum aspidem strangulare volens provocat umbra caudae suae de antro. Quos ut [2504] viderunt nostrates, inconsulti homines, plus audaces quam perspicaces, Alexio nimium refutante et prohibente eos ac revocante, ruunt in sua fata persequentes [2505] inimicos. Nam statim ferrea legio Saxonum [2506] prosilit ex insidiis, et nec unus, qui persecuti sunt hostes, evasit ex nostris. Cumque hi qui remanserant in castris, viderent in coelum ascendere quasi per turbinem globum pulveris, et licet repentini et subitanei casus etiam fortissimos viros in bello conturbare [2507] soleant etiam, tamen arma quam [2509] cicius arripiunt [2510], hostes viriliter excipiunt, pugna [2511] summa vi conseritur, fragor armorum (597) et clamor virorum usque ad nubes exoritur (598), hastilia [2512] in primo [2513] congressu franguntur, res gladiis agitur (599), donec Deo opem [2514] ferente Saxones versi sunt in fugam, nostrates habuere [2515] victoriam sed nimis cruentam. Quia vero secundi ordinis milites cum praeda jam praecesserant [2516], in hac pugna soli tantum nobiles interierunt, Alexius [2517], Ratibor gener suus [2518], Branis [2519] cum fratre Zlava et alii quam plurimi; Preda comes amisso pede vix mortem evasit. Filius vero ducis vulneratus est sub dextro pollice, et nisi capulus ensis, quem manu tenuit, ictui obstitisset, ex toto manum amisisset. Acta est autem haec strages 6 Nonas Julii.

40. Anno dominicae incarnationis 1088 [2520].

Hisdem temporibus haec acta quibus referuntur, Quidam miles erat qui Beneda nomen habebat, Magnanimus juvenis praestanti corpore talis, Hector erat [2521] qualis pulcher vel Turnus in armis, Ex Jurata [2522] natus, cui primus Taz [2523] fuit avus.

Nescio qua de re tunc offenso quoque rege Wratizlao, fugiens in Poloniam factus est miles domnae Judithae, conjugis ducis Wladizlai (600); jamque duobus annis evolutis [2524] remeans [2525] de Polonia, adiit Wigbertum generum regis (601) rogans [2526], ut per ejus suffragia pristinam domini sui [2527] possit redire in gratiam. Sed quia hic Wigbertus vir erat in rebus valde discretus, nolens [2528] ut in aliquo socerum suum offenderet, dat ei consilium, monens ut interim apud Missensem [2529] episcopum nomine Bennonem (602) tucius [2530] maneret, et eum sibi similiter [2531] intercessorem pararet. Interea contigit ut iterum rex Wratizlaus Zribiam cum suo exercitu intraret [2532], quo praedictum castrum Gvozdec in

VARIAE LECTIONES.

[2486] illatam injuriam 4, 4ª. [2487] quoddam 1. [2488] Kyleb 1, 2. [2489] nomine 3. [2490] Nakarat 2. Nacharat 4, 4ª. [2491] Wznata 2. [2492] laz 3. Thaz 4, 4ª. [2493] ita corr. 1 luce rell. [2494] gi alia manu superscr. A. [2495] scrutarios 2, 2ᵇ. r craso 2ᵇ, 3. [2496] ad A. [2497] deest A. [2498] misit 4, 4ª. [2499] Wiytava 2. Witavia 2. Witava 3, 4, 4ª. [2500] deest 3. 4. 4ª. [2501] adure 1. [2502] propicio vel prospero 1, 2. prospero A. 3, 4, 4ª. propitio 2ª, 2ᵇ. *in margine* Alius prospero. [2503] ita A. cimpello 1. cum bello 2, 2ª, 2ᵇ. cum dolo 3. cymbello 4, 4ª. [2504] expunct. et al. manu superscr. cum A. [2505] prosequentes 2. [2506] Saexonum 1. [2507] turbare 2. [2508] deest 4. [2509] quanto 2ᵇ. [2510] corripiunt A. 2, 2ᵇ, 5. *deinde correctum* arripiunt. [2511] deest 4. [2512] astilia 1. [2513] immo 2ᵇ. [2514] superscr. h 1. ferente *deest in margine al. manu* ente Boemis. [2515] hab. n. A. [2516] praecesserant 3. [2517] comes inserunt 4, 4ª. [2518] gener suus deest A. [2519] Bravis 2ᵇ. Bratus 3. [2520] anni numerus scc. A. 1, 4. cum capite 40. viaetur conjuyendus; hisdem A. 1, 4. H majuscula *scriptum.* his 3. [2521] deest 3. [2522] Iurzata 2. [2523] laz 3. Thaz 4, 4ª. [2524] evolutus corr. evolutis 1. [2525] remaneus corr. alio atramento remeans A. [2526] omissum 5. [2527] Wratizlai add. 4, 4ª. [2528] nollens 1. [2529] Misnensem 1, 2, 2ᵇ, 3, 4, 4ª. [2530] tutus A. [2531] sim. sibi A. [2532] t al. manu adscriptum 1.

NOTAE.

(596) Lucan., Phars. I, 281.
(597) Lucan., Phars. I, 569.
(598) Virg., Aen. II, 313.
(599) Sallust., Catil. 60.
(600) Quae obierat a. 1085. Vide supra II, 35.

(601) Cfr. supra II, 20. Quibus rebus motus in Bohemiam venerit Wipertus marchio, narrat auctor Vitae Wiperti c. 2, in Hofmanni script. rerum Lusaticarum.

(602) Sedi suae restitutus anno 1088.

alium firmiorem locum transferret; et cognovit rex,
quod Beneda in urbe Missen [2533] esset, mittit pro eo,
quo [2534] veniat ad eum sub fidei [2535] pacto. Quem
statim venientem rex ut vidit, qualiter eum dolo
caperet cogitare cœpit. Ubi post multa verba promiscue dicta et quædam convenienter ficta, accepit
eum fraudulenter rex manu dextra et ducit seorsum
extra castra, quasi ibi secreta locuturus. Tunc videns [2536] capulum et caput [2537] ensis aureum, quo
erat miles [2538] præcinctus, intra talia quærit ab eo,
quanti [2539] valeat gladius suus. Et ille; *Molam*, inquit, *si ponas super galeam, utramque* [2540] *simul et
caput atque corpus usque ad femur in uno ictu hoc
ense dimidiabo*. Miratur rex dolo, et laudat ensem,
atque rogat ut eum [2541] sibi ostendat. At ille nihil
mali [2542] suspicans, dat regis in manum exemptum [2543] de vagina gladium; quem rex arripiens [2544]
et manu vibrans : *Quid*, inquit, *ais* [2545] *nunc, o fili
mulieris ultro* [2546] *virum appetentis?* Et astanti camerario, qui solus erat cum eo, homo pejor pessimo,
Vito Seliboric [2547] ait : *Rape hunc, rape sublimem et
liga quadrupedem*. Sed quia semper in audaces audacia non est tuta, audax miles [2548] mox arripiens
de femore camerarii per capulum ensem, præcidit
lumbos ejus per medium, qui calcitrans humum [2549]
jacuit semivivus. Nec fugit miles acer, quamvis
aufugere poterat, sed velut Hercules circa Lerneam
ydram assiliens et resiliens [2550]

Ter vili regem [2551] paulisper vulnerat ense,
Ipse tamen nullum dextra ducis excipit ictum,
donec ad clamorem de castris ruunt.

Cucata sed primus præ cunctis advolat unus,
et ceu silvaticum porcum super se irruentem lato
excipit venabulo [2552] militem. Tunc rex [2553] quasi
in mortuo [2554] possit ulcisci, jussit eum [2555] equi ad
caudam per pedes ligari, et sic huc et illuc per tribulos trahi.

41. Anno dominicæ incarnationis 1089. *

*) Erectio ecclesiæ Vissegradensis 2ª. 2ᵇ.

Anno dominicæ incarnationis 1090. Antiquus ille
chelidrus [2556] humani generis inimicus, qui nunquam
dormitat, sed semper quietos inquietat,
Non tulit ulterius pacatos vivere fratres,
regem [2557] scilicet Wratizlaum et præsulem [2558] Gebeardum. Hunc vexat vana gloria et ambitio [2559]
illum exagitat arrogantia et tumido fastu superbiæ,
ita tamen ut nec ille huic cederet nec hic illum exsuperare quiret. Iste non vult fratrem sibi [2560] habere
parem [2561], ille non vult minor fratre haberi; iste
vult præesse, ille non vult subesse; iste vult quasi
rex dominari et præcellere, ille non vult jussis suis
obtemperare, sed soli imperatori suum profitetur
servicium, a quo acceperat episcopium [2562]. Qui in
tantum virili animositate inter se aliquando disside-
bant, ut sæpe festis diebus rex episcopum non haberet, qui sibi coronam imponeret. Hac necessitate [2563]
simul [2564] et ambitione rex compulsus, non ratione
sed sola dominatione iterum subintronizat capellanum suum nomine [2565] Wezlonem [2566] in territorio
Moraviensi episcopum (603). Quo in [2567] facto [2568]
palam se fecit notabilem [2569], non solum [2570] sprevisse quod ipse coram imperatore et ejus episcopis
collaudaverat, ut unus foret uterque episcopatus,
verum etiam papæ Clementis violasse privilegium,
quo [2571] ejusdem terminos episcopii roboraverat [2572].
Hanc ut apploraret [2573] apostolico illatam ecclesiæ
injusticiam, præsul Gebhardus [2574] iturus erat Romam, sed consilio cum suis familiaribus inito, prius
adit antiquum amicum Wladizlaum regem Pannonicum, et patefaciens ei suæ ecclesiæ injuriam [2575],
postulat ab eo et Romanum iter [2576] auxilium,

Inscius heu fatum sibi jam superesse propinquum.
Nam prima die qua regem adiit, nimiam corporis
incidit molestiam, et quia prope urbem erat Strigoniam [2577], illuc mittit eum rex navigio [2578], committens curam ejus illius urbis episcopo.

Pertulit heu [2579]! quales sex lucibus [2580] ipse dolores
Impedior lacrymis nec possum promere dictis [2581].
Septima die jam advesperascente [2582],
Sol Julii senas qua tangit luce Kalendas (604),
Gemma sacerdotum, cunctorum lux Boemorum,
Dogmate præclarus, pius antistes Gebeardus
Vivat ut in Christo mundo migravit ab isto (605).

VARIÆ LECTIONES.

[2533] Misen 1. [2534] ut A. 1. [2535] quod 4. 4ª. [2535] fideli 4ª. [2536] rex addit 4. [2537] et caput *desunt* A. [2538] Beneda *add.* 4. 4ª. [2539] quanta 4. [2540] utrumque 3. [2541] cam corr. cum 1. [2542] omissum 4. 4ª. [2543] *corr.*
A. [2544] dat regis — — arripiens *omissa* 4. 4ª. *quæ tamen in margine* 4ª. *supplere tentavit manus recentior
(patris Georgii Feri S. J.) ex* 3. D. [2545] agis 1. 4. *corr.* ais 2. [2546] ultra 4. 4ª. [2547] Vseborio 3. [2548] Beneda *addunt* 4. 4ª. [2549] In *superscr. al. manu* 2. [2550] *deest* 2. [2551] Wratizlaum *add.* 4. 4ª. [2552] ven-
exc. 1. [2553] Wratizlaus *addunt* 2. 2ᵇ. 4. 4ª. [2554] *corr.* 2. [2555] *deest* 1. [2556] chelydrus 2ᵇ. 3. [2557] *deest*
3. 4ª. [2558] *deest* A. [2559] ita 1. 4. 4ª. ambitione *rell.* [2560] c sibi 1. *Sequentia usque virili in textu* 1. *alia
videntur manu scripta.* [2561] par. bab. A. [2562] episcopatum 2. *et sic porro.* [2563] necessitate *corr. al. manu* 1.
[2564] *deest* 4. 4ª. [2565] *deest* 3. [2566] Weclonem 1. 2. Weczlonem 4. 4ª. [2567] erasum A. [2568] pacto 3. qui 4.
[2569] natabilem *alia manu o superscr.* 1. palam fecit notabile 3. [2570] se *addit* 3. [2571] qui 4. 4ª. [2572] corro-
boraverat 3. [2573] apploret A. approbaret 2. [2574] Jaromir 3. [2575] ita A. dampnum vel injuriam 1. 2.
dampnum 2ª. *In* 2ᵇ. *supra* dampnum *scriptum est* injuriam. [2576] pecuniam auxilium 1. 4. *In* 2ᵇ. *supra*
auxilium *scriptum* pecuniam. pecuniam et aux. 4ª. [2577] Ztrigoniam 4. [2578] magnigio A. remigio navis
4. 4ª. [2579] eu 2. [2580] *in rasura alia manu scriptum* 1. [2581] verbis 5 [2582] advesperante 2.

NOTÆ.

(603) Hoc discidium jam anno 1088 factum esse
probat privilegium Ecclesiæ Wisschradensis, quod
confirmarunt Jaromir episcopus Pragensis et Vecelo
episcopus Olomucensis. Quod inde potius factum
est, quia Wratislaus rex Clementis papæ partibus
relictis ad Urbanum II transierat.

(604) Consentit Necrologium Bohemicum, et in
catalogo episcoporum Olomucensium legitur x Kal.
Jul.

(605) Palacky Gebhardi mortem ad annum 1089
revocavit.

Moribus et vita de cujus dicere multa
Fert animus mihi, sed desunt in [2583] pectore sensus.
Pauca tamen fari libet hæc, quæ vidimus ipsi.

42. Tempore quadragesimali talis mos erat suus, semper cilicium habens subtus, desuper veste episcopali indutus, diebus pascit [2584] humanos obtutus, noctibus vero sacco vestitus, latenter ecclesiam ingressus et super pavimentum humi [2585] prostratus, tamdiu perseverat in precibus, quoadusque largo ymbre lacrimarum madida fuit [2586] cui incubuit [2587] humus. Inde consurgens ad agapen [2588] faciendam [2589] (606), et priusquam ruminet psalmos, quotquot ante ecclesiam invenit miseros, boni operis [2590] per copiam supplet [2591] eorum inopiam; finito psalterio idem facit. Post matutinas autem quadraginta panis quadrantes et totidem allecia, sive alicujus edulii partes dividit inter pauperes. Quarta autem vice jam adpropinquante luce, ad numerum apostolorum lavans [2592] pedes 12 peregrinorum,

Dividit his formas bis senas denariorum.

Quibus ad horam [2593] prandii in abdita stuba vel casa positis habunde ipse necessaria apponit, et dextra sua cibum et potum eis benedicit, deinde ad publicam mensam [2594] vadit, et secum 40 [2595] egenos pavit. Similiter ad sedem suam Pragæ constituit cottidie 40 pauperes pascendos, et bis in anno vestiendos [2596] a corrigia calcei usque ad mastigam [2597] (607) pilei. Item nonnullos adventantes hospites et pauperes clericos nimiis dationibus obligat, ut per totam quadragesimam secum manentes tam pro vivis quam pro defunctis psalteria legant [2598]. Ad singula quæque [2599] missarum sollempnia, quotquot in capella quaque die fuerint celebrata,

Trina dari [2600] fecit nummismata denariorum.

Omnibus autem diebus dominicis 12 nummos, festis vero apostolicis et in aliis majoribus sollempnitatibus 200 offert [2601] super pixidem sanctarum reliquiarum argenteos. Quamque fuerit largus, si te delectat, o prudens scire lector [2602], pelliciam [2603] A episcopalem nunquam integrum per annum portabat, sed unam hiemalem [2604] in pasca, alteram æstivalem [2605] in festo sancti Wenczlai suis capellanis donat; sic et in cæteris donativis largum fuisse sciag. Post cujus obitum anno dominicæ incarnationis 1091, 4 [2606] Nonas Marcii Cosmas electus est in episcopum tam a rege Wratizlao quam [2607] omni clero ac populo Boemorum, tercio Heinrico imperante [2608] augusto, sed in Longobardia hisdem temporibus imperialia tractante negotia.

43. Eodem [2609] anno, 15 Kal. Maii, 4 feria in secunda ebdomada paschæ (608), combustum est monasterium sanctorum martirum Viti Wenczlai atque Adalberti [2610] in urbe Praga. Eodem anno [2611] rex Wratizlaus valde iratus est [2612] contra fratrem suum Chounradum, quia his, non inmemor mutuæ dilectionis, favebat parti [2613] filiorum fratris sui Ottonis, Zuatopluc [2614] videlicet [2615] et Ottik [2616] (609), quibus expulsis de paterna hæreditate, filio suo Bolezlao rex urbem Olomuc et alias civitates tradiderat, ubi non longo post tempore in prædicta urbe inmatura præventus est morte 3 Idus Augusti (610). Et quoniam illi [2617] tres fratres, scilicet [2618] Jaromir, Otto et [2619] Chounradus, quamdiu fuerunt vitales, ita erant unanimes, ut per nulla posset eos [2620] rex divellere artes, — et sicut fertur leo pertimuisse tres juvencos inter se collatis cornibus stantes, ita nunquam ausus est rex invadere suos fratres [2621], — postquam vero vidit solum Chounradum post obitum fratrum ex omni parte fraterno aminiculo privatum, ingressus est cum exercitu Moraviam, ut cum similiter expelleret de provincia, quæ sibi sorte ac [2622] funiculo hæreditatis et per concessionem jure acciderat [2623] paternam. Ventum erat ad urbem cui nomen Brnen [2624] (611), ubi rex circumstantibus [2625] terræ magnatibus [2626] disponens obsidionem per girum, dum designat loca ubi quisque comes tentoria figat, Sderad [2627] villicus, sicut erat homo versipellis, ex

VARIÆ LECTIONES.

[2583] deest 4. [2584] pascis 1. [2585] umi 1. [2586] madita corr. al. man. madida 1. [2587] incumbit A. [2588] ita corr. 1. agape faciendum A. [2589] vadit add. 4. 4ª. [2590] op. boni A. [2591] supplex 2. [2592] lavat 4. 4ª. [2593] oram 1. [2594] missam A. 4. 4ª. [2595] XII. A. [2596] vestigendos g craso A. 1. [2597] mastigiam 2. 4. 4ª. [2598] perlegant ps. A. 4. 4ª. [2599] quoque 4. 4ª. [2600] corr. al. atramento A. [2601] r. al. manu superscr. 1. [2602] lect. sc. A. [2603] pellicinam 1. [2604] genialem 1. [2605] festivalem 2. [2606] nonas omisso IIII. 4. [2607] a inserit 2. [2608] imperatore 4. 4ª. [2609] Eodem — Praga in margine inferiore A. adscripta. [2610] monasterium hoc loco A. [2611] XV. Kal. Maii inserunt 4. 4ª. [2612] deest A. [2613] pati 1. [2614] Zuatoplik A. Zvatoplýc 1. Zuatoplik 2. [2615] deest 4. [2616] Otic 2. Otik 2ᵇ. Orlik 3. [2617] Hi 4, 4ª. [2618] deest 4, 4ª. [2619] omittunt A, 3, 4. [2620] rex eos posset. A. [2621] fr. suos A. [2622] aut A, al. man. superscr. ac. [2623] corr. 1. [2624] Brnen 1. Bruno 2. Brynen 2ᵇ. Bruen 3. Brneu 4, in ras. Brnen 4ª. [2625] circumastantibus 5. [2626] primatibus 3. [2627] Zderad 1, 2ᵇ, 3, 4, 4ª.

NOTÆ.

(606) I. e. ad clemosynam pauperibus præbendam.
(607) I. e. fibulam.
(608) Hæc signa chronologica minime inter se cohærere observavit Palacky I, 321, ideoque delendum putavit numerum XV ante Kal. Mai. et S. Viti incendium ad annum præcedentem referendum esse, neque minus ea quæ sequuntur de Wratislai bello Moravico. In Pragensibus annalibus S. Viti incendium anno 1091 adnotatur.
(609) Quibus addendus est tertius quidam filius Bracizlaus, ut patet ex donatione quadam Euphemiæ matris, quam fecit Gradicensi et Raygradensi monasteriis pro anima Ottonis in die sepulturæ charissimi mariti. Notæ chronologicæ desunt. Boczek I, 176.
(610) Bolezlaum filium regis jam anno 1089 obiisse testis est Hildegardus Gradicensis apud Boczek I, 183. Monachorum litteras consolatorias ad Wratislaum datas vide ibid., p. 184, 185.
(611) Brünn.

obliquo innuens regi oculis, juvenem Bracizlaum inter satrapas coram patre suo stantem denotat carbone [2628] confusionis. *Quoniam quidem* [2629], inquiens, *taus, o domine rex, natus libenter æstate ludit in flumine et natat, si placet tuæ majestati, juxta fluvium* (612) *hac ex parte urbis cum suis papiliones ronat.* Hæc ideo dixit, quod [2630] olim [2631] in partibus Saxoniæ, dum meridie natat prædictus juvenis in flumine, hostes ex adverso irruunt et eos invadunt, ut supra retulimus (613). Hoc verbum nimis alte in corde juvenis [2632] sedit, et non minus doluit quam si toxicata sagitta cor ejus vulnerasset. Tristis abiit in [2633] castra, et [2634] non sumpsit cibum usque noctis [2635] ad astra. Nocte autem sub opaca, turma suorum advocata, pandit cordis sui vulnera, consulens qualiter in villico ulcisci possit iniquo [2636]. Eadem etiam nocte clam mittit ad patruum suum Chounradum, dedecus sibi et [2637] a quo sit illatum exponens, quid opus sit facto, quærit ab eo consilium. At ille, *Si te,* inquit, *quis sis cognoscis, ignem me non minus quam te urentem extinguere* [2638] *noli timere; negligere laudabile non est.* Non enim latuerat Chounradum, quod rex hæc omnia ageret Zderad per consilium. Cumque nuncius dicta patrui Bracizlao retulisset, favent omnes et assenciunt, et quasi a Deo sibi datam laudant ducis sententiam, quoniam et ipsi identidem [2639] prius consuluerant. Quid multa? Tota nocte illa agitur quod mane peragitur.

44. Nam lucescente die Bracizlaus mittit ad prædictum villicum demandans ei, ut, ubi sibi [2640] placeret, secretum consilii [2641] simul incant. Qui nichil mali suspicans, accepto comite Drisimir [2642], tantummodo soli [2643] duo procedunt. Quos ut [2644] vidit a longe juvenis, tantum a suis prosiliit [2645] obviam eis quantum jactus [2646] est lapidis; dederat enim suis militibus signum, ut quando suam cirotecam illius proiceret in sinum, facerent quod facere spoponderant [2647]. Ubi [2648] pauca exprobrans illi [2649] quibus sæpe offenderat eum: *Quam,* inquit, *pollicitus sum en abrenuncio tibi* fidem *meam,* et avertens equum, projecit in faciem ejus cirotecam [2650]. Non aliter quam cum [2651] iratus leo erexit jubas (614) et submittens caudam, nodo, qui est in extremitate caudæ percuciens frontem suam, et stimulo, qui est sub cauda sua, pungens [2652] posteriora [2653], fertur in omne quod obstat: ita prosiliunt ilico ex agmine ardentes et armati juvenes, Nozizlau [2654] et frater ejus Drisikray [2655], filii Lubomir, et tercius Borsa, filius Olen, atque [2656] frustra fugientem [2657] Zderad ternis hastilibus alte in aera sustollunt et ut manipulum in terram deiciunt, et calcant equorum pedibus, et iterum atque iterum vulnerant et affigunt corpus humi [2658] telis. Tali morte suæ de Summitate rotæ fallax fortuna dejecit amicum suum Zderad 5 Idus Julii. Comes autem Drisimir [2659] pallidus advolat in castra, et nunciat [2660] regi [2661], quæ fuerant facta. Solus rex mœret et plorat, omnes juvenem [2662] laudant [2663], quamvis [2664] aperte laudare [2665] non audeant. Bracizlaus autem non longe ultra unum monticulum separatim sua transfert [2666] castra, quem major pars exercitus et fortior [2667] bello [2668] est secuta.

45. Interea conjunx Chonradi nomine Wirpirk [2669] (615), una mulierum de numero prudentum, inscio marito suo venit in castra regis. Quæ cum nunciata esset regi, convocat [2670] rex proceres in cœtum, et jussa venire stetit [2671] coram rege, large perfusa [2672] faciem [2673] lacrimis (616), et singultibus verba interrumpentibus tandem eluctata in vocem sic est locuta [2674]:

Haud [2675] *ego jam digna dici tua, rex pie* [2676], *nurus Supplex ad genua nunc non* [2677] *temere tua veni.*
Et cecidit in faciem et adoravit regem.

Quæ jussa surgere stetit et ait: *Nullam* [2678], *domine mi rex, his in partibus belli invenis materiam, nullam de prælio hinc* [2679] *reportas victoriam, bellum plus quam civile geris* (617). *At si nos et* [2680] *nostra bona tuis militibus prædam esse decernis, in te tua vertis tela, cum fratrem tuum, cui debeas* [2681] *esse tutela.*

VARIÆ LECTIONES.

[2628] elogio A, 2, 2b, 3, elogio vel carbone 1, elogio carbone 4, 4a. [2629] quandoquidem 4a. [2630] quia 4, 4a. [2631] corr. al. atramento 1. [2632] juvenis 1. [2633] ad 4, 4a. [2634] deest A. [2635] deest 4a. [2636] in aliquo 4, 4a. [2637] et — sit desunt A. [2638] extingue 4a. [2639] itentidem 2, 2b. [2640] deest A, corr. 1. [2641] consilium 3. [2642] Drysimir 1, Drsimir 3, Disimir 4, 4a. [2643] illi 4, 4a. [2644] al. manu superscr. A. [2645] prosiliit A. [2646] ictus A. [2647] a verbis: a suis prosiliit. paulo aliter 4, 4a: a suis militibus secessit, ut signum possent cognoscere, quod facere se spoponderat. [2648] Un A, in rasura alio atramento. [2649] ei A. [2650] cyrotecam 1, 4, cyrothecam 2, 4a. [2651] deest A, erexerit 4. [2652] pugnens 1. [2653] pectora A, sua add. 4, 4a. [2654] Nozizlaw 2, 4a, Nozislaus 3. [2655] Drysimir 1, Dyrzkray 2, Drsikrai 4, 4a. [2656] at 4. [2657] fugiente 3. [2658] deest 4. 4a. [2659] Dyrzimir 2, Drismir 2b, Drsimir 3, Disimir 4, Drzimir 4a. [2660] nunciant 1, n expuncto. [2661] deest A. [2662] Bracizlaum addunt 4, 4a. [2663] et glorificant inserunt 4, 4a. [2664] vis al. manu superscr. A. [2665] laudant 1. [2666] transferet 1. [2667] ferocior 2b. [2668] deest 3. [2669] Wirbirk 3. [2670] convocat — rege desunt 1. [2671] et jussit eam venire. Stetitque 4, 4a. [2672] profusa 3. [2673] facie A, 4, 4a. [2674] dicens addunt 4, 4a. [2675] aut corr. al. atram. haud A. [2676] pie omissum 4. [2677] nec non 2b. [2678] nulla 4. [2679] hic. 1. [2680] nos ci desunt 1. [2681] debebas 3.

NOTÆ.

(612) Switawa.
(613) II, 39.
(614) *Mox ubi se sævæ simularit verbere caudæ Erexitque jubam* (leo).
(Lucan., Phars. I, 208.)

(615) Nomen ei erat Hilburg, ut patet ex diplomate Conradi ducis, Boczek I, 188.
(616) Virg., Æn. XII, 64, 65.
(617) Lucan., Phars. I, 1.

spolias rapina cruenta. In Deum vadit, qui suos invadit. Nam quæcunque hic longe in tuis finibus spolia quæris habenda, ostendam tibi pociora in medio tui regni posita. Nusquam enim melius [2682] ditaberis [2683], nec amplius magnificaberis [2684], quam in suburbio Pragensi et vico Wissegradensi [2685]. Ibi [2686] Judei auro et argento plenissimi, ibi [2687] ex omni gente negociatores ditissimi, ibi monetarii opulentissimi, ibi forum, in quo præda habundans superhabundat tuis militibus. Aut si te delectat, qualiter Troja arserit (618) videre, nusquam magis Vulcanum videbis furentem (619), quam cum [2688] utramque urbem prædictam videas ardentem. Atqui : « Illa mea sunt, » dicas. Ista autem quæ hostiliter devastas, cujus esse putas ? Nonne nos et nostra tua sunt ? Sin autem solummodo tua fulmina acuis in jugulum tui fratris, absit ut alter Kain [2689] habearis. Salva tui [2690] gratia fratri tuo patet Grecia, patet Dalmatia, ipse mavult peregrinari quam te fratricidio criminari. Quin pocius accipe quæ tibi mittit, jam non frater, sed quasi tuus [2691] servus; et protulit de sinu forceps [2692] et fascem ex virgultis. Et si . quid [2693], inquit [2694], frater in fratrem peccavit, emenda ; terram autem [2695] quæ tua est, cui mavis commenda. Dixerat, et ita cor regis tetigit et movit corda principum, ut nullus se continere posset [2696] a lacrimis. Quam rex [2697] ad latus suum jubet ut sedeat, sed priusquam sederet : Quandoquidem, inquit, inveni gratiam in oculis tuis, adhuc unam peticionem posco, ne confundas faciem meam quæso. Pro magno peccato filii paululum supplicii satis est patri. Tunc rex : Scio, ait, quo pergis. Sed perge potius, et adhuc ocius fratrem meum et filium [2698] ad me [2699] in osculo sancto et in [2700] vinculo pacis. Et osculatus est eam. Timuerat enim rex valde [2701] ne frater suus et filius conspirarent contra eum. Qui cum venissent [2702] per conductum dominæ Wirpirk [2703] ad regem, dans eis pacis osculum, rex ait ad filium suum : Fili mi, si bene egisti, nulli melius quam tibi erit : sin autem male, peccatum tuum in foribus aderit [2704].

46. Post hæc Bracizlaus intelligens, suum patrem non ex corde sed pro necessitate fecisse pacem, cum omnibus qui suam transierunt in aciem, secessit in partes urbis [2705] Gradec (620), et ibi morabatur frustra expectans incertam fortunæ vicissitudinem. Quotquot enim secuti cum fuerant, nullus ausus est proprios revisere [2706] lares, quia regem, quem offenderant, valde metuebant, ne captos aut [2707] in vincula mitteret aut capitali sentencia dampnaret. Videns autem rex, quod non posset, uti volebat, iram suam ulcisci in filio nec in ejus sequacibus [2708], advocat fratrem suum Chounradum, et congregat terræ majores [2709] natu, atque corroborat omnium sacramento comitum [2710], quod [2711] post suum obitum [2712] frater ejus Chounradus obtineat solium ac Boemiæ ducatum. Tunc rex roboratus fratris sui [2713] consilio simul et auxilio, cœpit aperte machinari, qualiter ulciscatur in filio. Nec [2714] hoc [2715] latuit Bracizlaum filium ejus [2716], et sine mora congregati sunt ad eum plus quam tria milia fortium virorum, et accelerantes metati sunt castra circa Rokitnicam [2717] rivulum (621), in crastinum parati contra regem committere prælium. Præmiserat enim ad patrem suum nuncium dicens : En ego, en assum longe quem quæsiturus [2718] eras, quod facturus es posthac, hodie fac. Nec [2719] prætereundum est sub silentio, quod ejusdem noctis in conticinio [2720] divina operari dignata est revelatio. Nam si, acta hominum nostræ scientiæ pro modulo pandimus, indignum est, ut ea quæ ipsi [2721] vidimus magnalia Dei taceamus.

47. Igitur nocte præfata dum inter principes ea quæ prædiximus geruntur, nostri patroni. videlicet sanctus Wencezlaus et sanctus Adalbertus, visitant in carcere positos, et eos nimia afflictione contritos sua sanctissima dignatione taliter liberant. Postibus inprimis anterioribus simul cum janua crutis, mox ipsius carceris velut ferream posterulam [2722] cum suis vectibus frangunt, nec non et cippum, in quo dampnatorum pedes crudeliter constringuntur, fractum forinsecus proiciunt [2723], statimque auribus dampnatorum vox pia insonuit dicens : Hactenus vobis et huic patriæ nostra suffragia defuere, quia gratia Dei indigni [2724] exstitistis [2725], ex quo bellum hoc plus quam civile inter Boemiam et Moraviam principes isti habuere. Sed quoniam [2726] gratia Dei et misericordia et respectus est in sanctos Dei [2727] et

VARIÆ LECTIONES.

[2682] deest 1.   [2683] dicaberis corr. ditaberis 1.   [2684] nec amp. magnif. 4, desunt 4ᵃ.   [2685] Uisegr. 1, Wissogradensi 2.   [2686] corr. A. al. manu.   [2687] deest 4ᵃ.   [2688] deest 3.   [2689] Cain 1.   [2690] tua 4, 4ᵃ.   [2691] omittunt 4, 4ᵃ.   [2692] forpices A.   [2693] exiquid superscripto s. 1.   [2694] omittit 4ᵃ.   [2695] tuam addit 1.   [2696] se al. man. superscr. hos loco A.   [2697] Wᵣ addit 4.   [2698] et filium desunt 4ᵃ, et filium meum 4.   [2699] ad me desunt 1, 3.   [2700] omittit 4.   [2701] ulde 1.   [2702] convenissent corr. al manu cum ven. 1.   [2703] per — Wirpirk desunt A. Wirpyrk 1, Wirbik 3.   [2704] sin autem — — aderit desunt 4, 4ᵃ.   [2705] omittit 2.   [2706] visitare A.   [2707] atque 2, deest 3.   [2708] sequatibus A.   [2709] majores terræ A.   [2710] communi 2ᵇ, fidem 4, 4ᵃ.   [2711] quo 4, 4ᵃ.   [2712] ob, suum A.   [2713] deest A.   [2714] hec A.   [2715] deest A.   [2716] regis 4.   [2717] Rokytniczam 2, Rokitincam 3.   [2718] quæ in margine A.   [2719] deest 4ᵃ.   [2720] concilio 1.   [2721] ibi A.   [2722] portulam A.   [2723] proterunt 4ᵃ.   [2724] al. manu superscr. A.   [2725] existitis 2ᵇ.   [2726] quia 2ᵇ.   [2727] deest A, 3, 4, 4ᵃ.

NOTÆ.

(618) Vir., Æn. II, 581.
(619) Ibid., V, 662.
(620) Königgrätz.
(621) Haud procul a Praga urbe.

electos illius, nosque eo dirigimur quo ipsa respexerit, pro certo nusquam nostri præsentia suffragando adesse poterit, ubi illa prius miserando non affuerit [2728]. *Quare jam certi de misericordia Dei exsurgite* [2729], *ad ecclesiam Dei* [2730] *properate, nosque nominatim sanctum Wenceziaum et sanctum Adalbertum vos absolvisse et pacem aportasse omnibus nunciate.* Qui mox quasi de gravi somno excitati et [2731] a [2732] vinculis absoluti, adhuc custodibus dormitantibus [2733] liberi exeunt jussaque perficiunt. Hac etiam ipsa die aliud item miraculum enituit, quia [2734], ut supra sanctorum martirum revelatio retulit, Chounradus frater regis pacem inter ipsum regem et filium ejus composuit. Nam antea in tantum discordabant [2735], ut uterque ab utrimque [2736] suspecti, iste ne solio privaretur, ille ne a patre caperetur, valde invicem timerent. Sed illum par ætas juvenum et major pars procerum, manu quidem promptiores et bello forciores comitabantur [2737], istum vero episcopus Cosmas et præpositi ecclesiarum omnesque terræ magnates ætateque [2738] provectiores et consilio utiliores cum omni milicia plebis favebant [2739] et nimio affectu venerabantur. Et profecto illa tempestate post conditam urbem Pragam pessimum facinus patratum fuisset, si non [2740] ad votum omnem principum et populi motum [2741] sancta dignatio beatissimi Wenceziay et magna miseratio omnipotentis Dei composuisset.

48. Quod videntes qui in castris remanserant [2742] comites, mittunt ad Bracizlaum dicentes: *Si tu credulus patri tuo pristinam cum eo redis in gratiam, nos nequaquam credimus ei, quia callidam ejus sat* [2743] *nevimus astuciam. Plus enim ejus amicicias timemus quam inimicicias. Nam veluti ursus nec minimum* [2744] *ictum patitur inultum, ita ille nunquam cessabit a vindicta, donec omnia quibus eum offendimus, usque ad unum iotha non dimittet inulta. Qua de re* [2745] *aut nos quovis terrarum abire dimittas* [2746] *cum tui gratia, aut nobiscum ubicunque terrarum alciora quæras palacia. Nulli enim magis* [2747] *quam tibi nostro parati sumus servire domino.* Videns autem Bracizlaus, quia sicut miles sine armis suo officio caret, sic dux sine militibus nec nomen ducis habet, mavult cum eis extraneum quærere panem, quam solus sine milite [2748] cum patre domesticam habere pacem. Nec mora, congregatis omnibus tam peccoribus quam mancipiis, plus quam duo milia militum cum Bracizlao duce proficiscuntur ad regem Pannonicum [2749]. Quem rex Wladizlaus [2750] recognoscens cognatum sibi [2751] benigne suscepit, et concessit militibus ejus inhabitare locum qui dicitur Banoy [2752] juxta castrum nomine Trencin [2753] (622); locus in mediis silvis atque in montibus est situs [2754], et nimium [2755] aptus atque opinus [2756] venationibus. Victualia [2757] autem et cætera naturæ adminicula per præceptum regis (623) ab adjacentibus subministrabantur eis regionibus, ipsum autem Bracizlaum cum paucis secum rex habuit in deliciis aulæ regalis [2758].

49. Anno eodem rege Wratizlao disponente Cosmas electus [2759] ad Pragensem ecclesiam et Andreas similiter ad Olomucensem sedem (624) per conductum palatini comitis Rapothæ (625) veniunt Mantuam (626), et præsentantur imperatori tercio Heinrico augusto, inchoante anno dominicæ incarnationis 1092 in Kal. [2760] Januarii. Secunda [2761] autem Nonas ejusdem mensis, mediante prædicto comite Rapotha, sedens in palatio Mantuano, episcoporum atque comitum ordine non modico ex utroque latere collocato [2762], et electis jam prædictis episcopis positis in medio, diu tacita pulcher cæsar pulchra labia aperit [2763] dicens : *Hos fratres ad nos misit noster fidelis amicus Wratizlaus rex Boemicus, ut secundum canonicam et apostolicam institucionem nostra auctoritate eorum* [2764] *confirmemus electionem, quam sine vestro consensu nolumus* [2765] *facere diffinicionem.* Tunc præsul Monasteriensis (627), qui isdem temporibus venerat de Hierosolimis, surgit et apodians se mensæ, in qua baculi, anuli episcopales atque reliquiæ sanctorum erant positæ, ait : *Periculosum est valde a paucis destrui, quod multorum sanctione confirmatum est. Multi enim interfuimus episcopi, multi et principes imperii Romani atque apostolicæ sedis interfuere legati, quando vestro privilegio con-*

VARIÆ LECTIONES.

[2728] *Desiderantur in ... extrema libri secundi et initium libri tertii usque ad verba quorum succenderat animum etc.; unus, ni fallor, quaternio excidit et 4 folia, jam sæculo XVII, ut videtur, amissa; adscripsit enim in margine sec. illius manus :* hic multa desunt. [2729] et addunt 4, 4ª. [2730] ita A, deest rell. [2731] ita corr. A, etiam a 2, 2ᵇ, 4. [2732] auctoribus 3, [2733] dormientibus 3, 4, 4ª. [2734] quod 2. [2735] discordabantur 3, 4ª, corr. 4. [2736] utroque 3. [2737] deest 4. [2738] ætaue 2, ætate 4. [2739] faciebant 3. [2740] regis addunt 2ᵇ, 3, 4. [2741] votum 2. [2742] deest 2. [2743] satis 2, 2ᵇ, 4, 4ª. [2744] nimium A, expunctum al. manu superscr. minimum. [2745] qua de re desunt A. [2746] omissum 2. [2747] deest A. [2748] militibus 3. [2749] Wladizlaum inserunt 4, 4ª. [2750] Wratislaus 3. [2751] suum 2, 2ᵇ, 4. [2752] Banow 2, Banou 2ᵇ, Banon 3, Banov 4, 4ª. [2753] Trenczin 2, Orenem 3. [2754] consitus 3. [2755] at nimirum 3. [2756] locus in insidiis silvarum (et 4ª), in montibus est situs et nimium aptus atque optimus 4, 4ª. [2757] victualia ministrabantur eis regionibus ipsum, etc., 4. [2758] deest 4ª. [2759] est inserunt 3, 4, 4ª. [2760] tertia Kal. 2ᵇ, III Kal. pro in Kal. 3. [2761] pridie 4. [2762] collato 4 4ª. [2763] averit lab. A, aperuit labra 3, aperuit 4. [2764] d st 2 4ª. [2765] noluimus 2ᵇ, 3.

NOTÆ.

(622) Trencin.
(623) Ladislai.
(624) Wecelonis ultra nulla fit mentio apud scriptores.
(625) Cfr. Ekkehardi et Bernoldi Chronicon 1099.
(626) Vide Heinrici IV diploma apud Boehme. 1944.
(627) Erpo.

firmastis, *ut uterque episcopatus, Pragensis simul et Moraviensis, sicut fuit ab inicio, ita unus et integer permaneat.* Ad hæc cæsar ait : *Sine modo, ut quod me* [2766] *meus rogavit* [2767] *amicus faciam; de his autem postea suo tempore in suo* [2768] *discutiam.* Et statim desponsat eos anulis ad singulas ecclesias, dans eis pastorales virgas. His ita peractis, jussi sunt ambo episcopi redire Weronam (628) et ibi expectare, donec patratis [2769] regalibus negociis palatinus comes Rapotha iterum reduceret eos secum [2770] ad patriam.

50. Interea sinister rumor nostras diverberat aures, regem Wratizlaum 19 [2771] Kal. Februarii (629) migrasse ad Christum (630), et ejus fratrem Chounradum successisse in principatum. Qui statim cursorem mittit ad imperatorem, et promittens ei pecuniam rogat cassari [2772] episcoporum electionem, quorum supra fecimus mentionem. Sed cæsar magis consulens justiciæ quam iniquitatis consentiens pecuniæ : *Quod feci*, inquit, *feci, nec possum meum mutare factum.* Tristis abiit legatus nomine Woclin [2773], quia non obtinuit quod peciit ex parte ducis. Episcopi vero secunda jussa cæsaris morati sunt Veronæ usque ad inicium quadragesimæ (Febr. 7), expectantes reditum et conductum prædicti comitis Rapotæ [2774]. Post hæc advenientes Pragam in ipsa die palmarum (Mart. 21), suscepti sunt [2775] a clero et populo honorifice, et adeunt ducem Chounradum in urbe Bolezlau [2776] tercia feria ejusdem ebdomadæ. Quos dux [2777] jam mutato animo benigne suscepit, et celebravit cum eis pascha (631) in urbe Wissegrad. Et in ipsa paschæ ebdomada circa Kalend. Aprilis descendit maxima nix, et tantum inhorruit frigus mixtum cum glatie, quantum raro in media contigit [2778] hieme. Gesta autem hujus [2779] ducis [2780] non habemus plurima ad scribendum [2781], quia post 7 menses et dies 17 [2782] eodem anno quo suscepit ducatum 8 Idus Septembris cum vita amisit (632). Cui successit junior (633) Bracizlaus [2783], quem advenientem in urbem Pragam lætis choreis [2784] per diversa compita dispositis tam puellarum quam juvenum modulantium [2785] tibiis et timpanis, et per ecclesias pulsantibus campanis, plebs lætabunda suscepit [2786]. Ipse autem Cosmas episcopus [2787] cum clero et magnifica processione suscipiens eum in porta civitatis ante templum sanctæ Mariæ (634), deducit [2788] ad solium, et secundum ritum hujus terræ ab universis comitibus et satrapis est intronizatus dux junior Bracizlaus 18 Kal. Octobris.

51. Eodem anno facta est eclipsis solis 12 Kal. Octobris, 6 feria post meridiem (635). Ejus in Kal. [2789] Octobris quidam pseudoepiscopus nomine Routpertus [2790], veniens in hanc terram retcrebat se in Vasconia provincia Kavellonam (636) [2791] multis annis rexisse ecclesiam; et quoniam recognovit eum [2792] frater noster Ozel [2793], qui et Asinus, et eum olim episcopizasse perhibuit [2794], quando de Ungaria secum iter ageret [2795] Hierosolimam, dux Bracizlaus et Cosmas electus gratanter eum recipiunt, et divinum officium sive cursum episcopaliter agere permittunt. Quid multa? Multas ecclesias consecrat, multos mense Marcio clericos ordinat (637), et in cœna Domini sacrosanctum [2796] crisma exorcizat [2797]. Ad quem quidam in pascha venit clericus, nimirum sui erroris conscius, et nescio quid sibi clam innotuit. Mira res, nec dux, nec electus impetrare potuit, ut saltem parvo tempore ibi staret, quin in ipsa ebdomada paschæ cum festinatione [2798] tenuisset viam versus Saxoniam. Postea vero cum innotuisset quod pseudoepiscopus fuisset, mittunt [2799] unum ex Latinis nomine Constancium [2800] in Vasconiam, per quem Kawallonæ ecclesiæ nomine Desiderius præsul demandat litteris, quod illa ecclesia nunquam habuisset episcopum nomine Routpertum. Miserunt etiam ad papam nomine [2801] Clementem, ejus consulentes auctoritatem',

Quid sit opus facto [2802] rerum in discrimine tanto? Quibus ille remandans jussit ecclesias ex integro reconsecrare, baptizatos crismate pseudoepiscopi non

VARIÆ LECTIONES.

[2766] *deest* 4. [2767] rogat 2, 3, 4, 4ᵃ, nimis rogat amicus 2ᵇ. [2768] post suo tempore disc. A, A', postea t. in s. *rell.* [2769] peractis 4ᵃ. [2770] *deest* A. [2771] XVIII, 2. [2772] cessari. *corr. al. manu* cassari A. [2773] *al. manu superscr.* A, Wiclin 2. Wiczlin 4, 4ᵃ. [2774] *deest* A. [2775] *deest* 3. [2776] Boleslai 3. [2777] Cūnradus *inserit* 4, Chunradus 4ᵃ. [2778] cont. i. m. A, contingit 2ᵇ. [2779] *deest* A, 3. [2780] Conradi *add.* 2ᵇ, Cunradi *add.* 4, 4ᵃ [2781] ad scr. p. A [2782] XVI, 4, 4ᵃ. [2783] successit *al. manu superscr. hoc loco* A, Brecislaus 3. [2784] choris 3. [2785] in *addunt* 2, 4, 4ᵃ. [2786] suscipit 2. [2787] electus, 2 *omissum* 2ᵇ. [2788] deduxit 2ᵇ, ducit 4. [2789] ejusdem anni in Kal. 4, 4ᵃ, ejus tertiis Calend. 2ᵇ, 3. *Sed in illo deleto* tertiis *supra adscriptum in*. [2790] Rd'pertus, *signo contractionis super d apposito*, 2. Rupertus 2ᵇ, Rutpertus 3, 4, 4ᵃ, *et deinceps*. [2791] Kawalone 2ᵃ, Cavellonam 5. [2792] *al. manu superscr.* A. [2793] Ossel 2, Ozzel 3, 4, 4ᵃ. [2794] prohibuit 5. [2795] peragerct 2ᵇ. [2796] sacrosacrum 2ᵇ. [2797] conficit et exorc. 4, 4ᵃ. [2798] festivitate *corr. alia manu* festinatione A. [2799] mittit 4, 4ᵃ. [2800] Constantinum 4, 4ᵃ. [2801] ita A. *deest in rell.* [2802] factu 2ᵇ, 3.

NOTÆ.

(628) De hoc conventu vide Annales Augustanos 1091.
(629) Consentiunt Necrologium Bohemicum et Kalendarium Pegaviense.
(630) Eum in venatione ex equo lapsum esse, testantur monachus Pegaviensis et Annales Hildesheimenses.
(631) Incidit in diem 28 mensis Martii.
(632) Probat Necrologium Bohemicum.
(633) I. e. secundus.
(634) Est ecclesia in Teyn.
(635) Errat; eclypsis facta est die 23 Sept. 1093, teste Bernoldo.
(636) Cavaillon in Provincia situm.
(637) Quod factum est ut e superioribus patet anno 1095

rebaptizari [1803], sed tantum confirmare, similiter ordinatos non reordinari, sed solummodo inter ordinandos stare ad ordinationem [1804], et per solam manus inpositionem recipere benedictionem. Sicque inflicta ab hoste vulnera matri ecclesiae curata sunt antidoto justiciae, statum fidei catholicae rea gente [1805] papa tercio Clemente, Jesu Christo domino nostro cum Patre et Spiritu sancto regnante per [1806] omnia [1807] secula seculorum. Amen [1808].

Siste gradum, Musa, chronicis es jam satis usa.
Carmine completo die lector amice [1809] valeto [1810]

EXPLICIT [1811] LIBER SECUNDUS DE CHRONICIS BOHEMORUM.

INCIPIT APOLOGIA

EJUSDEM DECANI SUPRA [1812] PRAETITULATI [1813] IN TERCIUM LIBRUM ITENTIDEM [1814] OPERIS [1815]

Jam pietate Dei promissa favente peregi
Me quaecunque reor fore pollicitum tibi [1816], lector.

Jam de retro actis causis sive transcursis [1817] temporibus pauca ex multis commemorans, ystoriam meae narrationis usque ad tempora [1818] ducis Braczlai junioris perduxi. Quare autem operae [1819] precium duxi jam ab instanti opere cessare, non est ab re [1820]. Nam de modernis hominibus sive temporibus utilius est ut omnino taceamus, quam loquendo veritatem, quia veritas semper [1821] parit odium (638), alicujus rei incurramus [1822] dispendium [1823]. Si autem a veritate deviantes aliter quam se res habeant [1824] scripserimus, cum pene omnibus notae sint causae, nichilominus adulationis et mendacii notam incidimus. Siquidem hujus temporis homines virtutibus nudi solis laudibus gestiunt vestiri [1825], quorum ea est maxima [1826] dementia [1827], favoribus velle decorari [1828], et quae sunt favore digna minime [1829] operari. Atqui non ita erat aput [1830] veteres, qui quamvis dignissimi laude fuissent, tamen fugiebant, quas [1831] moderni appetunt

laudes, et quod illis extitit pudori, hoc istis habetur honori. Horum nos si ad liquidum [1832] stilo exequamur [1833] acta, quia quaedam non sunt cum Deo facta, procul dubio offensam non effugiemus quorundam, qui adhuc superstites sunt homines neophriti [1834] atque itaci [1835] (639), qui ad vocem ducis nichil aliud tam promptum in ore habent quam *Ita, Domine,* alius [1836] *Ita est, Domine,* tercius *Ita fac, Domine.* At non ita olim fuit. Illum enim [1837] dux maxime coluit, qui ratione justiciae ex adverso clipeum iniquitati opposuit, et qui malos consiliarios et a tramite deviantes aequitatis uno compescuit verbo veritatis. Tales nunc aut nulli aut pauci sunt: et si sunt, dum tacent, quasi non sunt. Par namque est vicium atque judicium, seu tacuisse veritatem seu concessisse falsitatem. Unde videtur nobis multo tucius narrare somnium, cui nemo perhibet testimonium, quam praesentium gesta scribere hominum. Quapropter posteris lacius explananda eorum [1838] relinquimus facta; sed tamen ne ab aliquo culpemur praeterisse intacta, summatim annotare curabimus pauca.

INCIPIT LIBER TERCIUS EJUSDEM OPERIS [1839].

1. Ergo novus dux Braczlaus junior, sed maturus [1840] aetate, sensu maturior, postquam hujus terrae secundum ritum debitis obsequiis digne sancti Wenczlai sui patroni in urbe Praga celebravit [1841] natalicium (Sept. 28), et omnibus satrapis atque comitibus magnificum per tres dies exhibuit convivium; ubi pro novitate [1842] sui quantum valuit quaedam ad utilitatem ecclesiae decernens, quaedam ob comoditatem hujus terrae instituens, sicut olim ab ipso suae aetatis tyrocinio omnem spem habuit in

VARIAE LECTIONES.

[1803] rebaptizare 3. [1804] ordinem 4, 4a. [1805] regnante *corr. al. man.* regente A, 4. [1806] in A. [1807] deest A. [1808] deest 3. [1809] amico 4, 4a. [1810] *totus hic versus deest in* 3. [1811] explicit — operis minio scripta A. 4. [1812] deest 2b. [1813] titulati 4a. [1814] ittendidem A. hujus 2b, ejusdem 4a. [1815] apollogia ejusdem decani in tertium librum chronicorum 4 apologia ad lectorem 3. [1816] tibi pollicitum pie lector, scripto super pie, bone, *pro* fore poll. tibi lector 2b. [1817] transactis 4, 4a. [1818] ipsa *corr. al manu* tempora A. [1819] opere A. [1820] abs re 2b, 4a. [1821] superscripta duo vel tria verba sed erasa A. [1822] ignoramus A. *expunctum in margine incurramus.* [1823] stipendium A. 2, 2a, 3. sed in 2, ab antiqua manu correctum dispendium. [1824] habent 2, 4. [1825] ditari 4, 4a. [1826] deest 4, 4a. [1827] clementia 4. [1828] dicorari 3, 4a. [1829] corr. A. [1830] erant pro erat apud 4, 4a. [1831] quasi corr. quas A. [1832] aliqui dum 2, aliquidem 2a, aliquando 3. [1833] exequimur 2b. [1834] neophytici 3. [1835] ytaci 4, vertaci 4a. [1836] deest A. [1837] deest A. alius i. e. d. des. 4. [1838] deest A. [1839] minio scripta A. unde supra 2, chronicae 2b. Incipit liber tertius 3. Incipit liber tertius chronicorum 4, 4a [1840] maturis 2. [1841] suum *add.* 2. [1842] nativitate 3.

NOTAE.

(638) Terent. Andria I, 1, 41.

(639) Quid sit itacus ipse Cosmas declarat.

solo Dei patrocinio, ita modo principatus sui in exordio christianæ religionis zelo successus nimio, omnes magos [1843] ariolos [1844] et sortilegos extrusit regni sui e medio, similiter et lucos sive arbores, quas in multis locis colebat vulgus ignobile, extirpavit et igne cremavit. Item et supersticiosas instituciones, quas villani adhuc semipagani in pentecosten tertia sive quarta feria observabant, offerentes libamina super fontes mactabant victimas et demonibus immolabant, item sepulturas, quæ fiebant in sylvis et in campis, atque scenas [1845] (640), quas [1846] ex gentili ritu faciebant in biviis et in [1847] triviis, quasi ob [1848] animarum pausationem (641), item [1849] jocos profanos, quos super mortuos suos, inanes cientes manes [1850] ac indutifaciem larvis bachando exercebant; has abhominationes et alias sacrilegas adinventiones dux bonus, ne ultra fierent in populo Dei, exterminavit [1851]. Et quia semper solum Deum et verum puro corde coluit et ejus zelum habuit, universis Dei amatoribus placuit. Erat enim princeps spectabilis, dux in castris acceptabilis [1852], miles in armis inexpugnabilis. Hic quociescunque Poloniam invasit, semper cum magno triumpho remeavit. Quam utique anno dominicæ incarnationis 1093, sui vero ducatus primo, ita [1853] crebris incursionibus demolitus est; ut ex ista parte fluminis Odræ a castro Recen usque ad urbem Glogov [1854] (642) præter solum Nemci (643) oppidum, nullus habitaret hominum. Nec tamen cessavit ab ejus vastacione, donec princeps Poloniæ Wladizlaus cum magna supplicatione præteriti et præsentis anni tributum usque ad unum solveret obulum; cujus census hæc summa fuit : 1000 marcæ argenti et 60 [1855] auri (644). Qui etiam dux idcirco civitates, quæ pertinent ad provinciam Kladsco [1856] nomine dictam, tradens filio [1857] suo Bolezlavo, committit eum per manus traditionem et fidei sponsionem duci Bracizlao, quatenus obsequendo suo avunculo a patre sibi creditam cum pace [1858] possideret provinciam. Ipse autem dux Wladizlaus dat sacramentum, quod tributum olim duce Bracizlao constitutum, 500 marcas argenti et 30 auri annuatim sibi pro concessa pace solveret determinato tempore.

2. Anno dom. inc. 1094, adhuc imperatore tercio Henrico ultra montes in Longobardia [1859] tractante imperialia [1860] negotia, indicta est generalis synodus ab universis episcopis et principibus Romani imperii infra mediam quadragesimam in urbe Maguntina [1861], ad quam dux Bracizlaus transmittit electos Cosmam et Andream episcopos, committens eos et tradens per manus palatino comiti jam sæpe dicto [1862] Rapotæ, rogans ut eos offerat Maguntino archiepiscopo [1863] ordinandos. Quo pro eis interveniente, et coram archiepiscopo et universali synodo testimonium perhibente, quod olim per imperatorem in urbe Mantua [1864] corroborata sit [1865] eorum electio, omnibus suffraganeis collaudantibus ordinati sunt Cosmas [1866] et Andreas episcopi 4 Idus Marcii ab archiepiscopo Moguntino nomine Routardo [1867].

3. Eodem anno fuit mortalitas hominum [1868], sed maxima [1869] in Teuthonicis partibus (645). Nam redeuntibus prædictis episcopis de Maguntia [1870], dum transirent per quandam villam nomine Amberk [1871], parrochiam ecclesiam [1872] quamvis satis amplam, quæ est sita extra villam, non potuerunt intrare, ut audirent missam, quia totum ejus [1873] pavimentum usque ad unum punctum erat cadavere plenum. Similiter in urbe Kaker non fuit domus, ubi non essent tria aut quatuor cadavera hominum, quam prætereuntes non longe ab urbe in medio pernoctavimus campo. Eodem anno dux Bracizlaus in mense Septembri quandam matronam de Bavaria nomine Lukarth [1874] (546). Alberti comitis sororem [1875], duxit in uxorem. Item eodem anno et eodem duce jubente Cosmas episcopus 5 Kal. Octobris consecravit altare sancti Viti martiris [1876], quia monasterium adhuc non erat perductum ad ultimam manum.

4. Anno dominicæ incarnationis 1095, aquilonalis [1877] plaga per multas noctes in cœlo apparuit rubicunda.

Anno dominicæ incarnationis 1096, 18 Kal. Maii [1878] jubente gloriosissimo duce Boemorum Bracizlao, a venerabili episcopo Cosma consecratum est monasterium sanctorum martyrum Viti Wenczlai atque Adalberti. Eodem anno tanta fuit commotio [1879], immo divina compunctio in populo Hierosolimam proficiscendi, ut perpauci in Teuthonicis par-

VARIÆ LECTIONES.

[1843] et *add*. 3. 4ᵃ. [1844] *corr*. A. [1845] *cenas* 4. 4ᵃ. [1846] *quas deest* 3. [1847] *omissum* 4ᵃ. [1848] ad 4, 4ᵃ. [1849] *ut est* 4. [1850] *inanescentes manes* 3, *inanes cientes manes ac desunt* 4, 4ᵃ. [1851] *exterminat* 2ᵇ. [1852] *spectabilis* A. *expunct. al. manu superscriptum acceptabilis.* [1853] *in* 4. [1854] Glogou 2ᵇ, 3, 4. [1855] *quadraginta* 1, 4ᵃ. [1856] Kladsko 2, Kladzko 3, Kladzco 4, 4ᵃ. [1857] *in margine* A. [1858] *patre* 2. [1859] *posito* A. *sex expunctum.* [1860] *nuptialia* 3. [1861] Magontia 2, 2ᵇ, 4, 4ᵃ. [1862] *al. man. in margine* A. [1863] episcopo 3, 4ᵃ. [1864] Mantoua 2, 4. [1865] esset 4, 4ᵃ. [1866] episc. C. et And. A. Cosma 2ᵇ, 4ᵃ. [1867] Rd'thardo 2. [1868] *in Bohemia addunt* 4, 4ᵃ. [1869] maxime 4. [1870] Magutia A. [1871] Ainbeck 3, Hamberk 4, Bamberk 4ᵃ. [1872] *deest* 4, 4ᵃ. [1873] erat A. *expunct*. [1874] Lukardam 2, 2ᵇ, 4, 4ᵃ. [1875] *omissum* 3, 4. [1876] *in urbe Praga addunt* 4, 4ᵃ. [1877] aquilonaris 4. [1878] Kal. Maii 3, *desunt* 4, 4ᵃ. [1879] christianorum *addunt* 4, 4ᵃ.

NOTÆ.

(640) l. e. apparatus, pompas; cfr. quæ leguntur apud Suetonium in Caligula, c. 15.
(641) l. e. requiem.
(642) Glogau.
(643) Nimtsch.
(644) Vide supra II, 15. Aliter de eadem re retu- D lit Martinus Gallus, p. 82. Cfr. Palacky I, 340 et Kœpell I, 217.
(645) Cfr. Bernoldi chronicon ad annum 1094. Mon. Germ. SS. V.
(646) De ejus origine satis obscuro, vid. Pubitschka IV, 72.

tibus et maxime in orientali Francia per urbes et villas remanerent [2880] coloni. Qui quoniam propter multitudinem exercitus una via simul ire non poterant, quidam ex eis per hanc nostram terram dum transirent, permittente Deo, irruerunt super Judeos, et eos invitos baptizabant, contradicentes vero trucidabant. Videns autem Cosmas episcopus contra statuta canonum hæc ita fieri, zelo justitiæ ductus frustra temptavit prohibere ne eos invitos baptizarent, quia non habuit qui eum adjuvarent. Nam dux Bracizlaus eo tempore cum omni exercitu suo in Polonia super ripam fluminis nomine Nizam [2881], castro eorum destructo nomine Brido [2882] (647), longe inferius ejusdem fluvii similiter ædificabat firmissimum castrum super altum scopulum, unde nomen traxit Kamenec [2883] (648). Quod autem Judei non post multos dies rejecerunt a se jugum Christi, et spreverunt gratiam baptismi [2884] atque salutem fidei catholicæ, et iterum submiserunt colla jugo legis Mosaicæ, sed [2885] episcopi et prælatorum ecclesiæ poterat hoc ascribi negligentiæ. Jamque condito prædicto castro Kamenec, priusquam inde abiret dux Bracizlaus, Mutinam filium Bosa [2886] suum collateralem et secretarium [2887] apprehendens seorsum et multa exprobrans sibi, quibus [2888] sæpe eum offenderat, dixit: *Ego si non Deum offendere metuerem [2889], uti meritus es, profecto oculos [2890] tibi eruerem [2891]; sed nolo, quia grande nefas est corrumpere quod Dei digitus operatus est in homine.* Et permittens secum duos milites tantum ab aspectu suo et latere amovit eum, et mittens in Boemiam omnem ejus jussit infiscari substanciam. Nec mora, dum rediret, misit dux [2892] manus, ut apprehenderent [2893] Boscy [2894], filium Cac, cognatum Mutinæ; semper enim illam nationem Wrissovici [2895] habuit exosam, quia sciebat eam superbam esse valde et dolosam. Quem cum apprehendissent statim, ut jussum fuerat, inpositus puppi cum uxore et duobus filiis relegatus [2896] est in Zribiam [2897], et exinde perrexit in Poloniam, et ibi invenit fratrem suum Mutinam, quos dux Poloniæ satis recepit benigne.

5. Anno dominicæ incarnationis 1097, dux Bracizlaus vocans ad se Oudalricum filium Chonradi (649) jussit eum capere et misit in castrum Cladsco ad custodiendum.

Anno dominicæ incarnationis 1098, delatum [2898] est duci Bracizlao, quod quidam ex Judeis lapsi fuga, nonnulli furtim divicias suas subtraherent partim in Poloniam, partim in Pannoniam. Unde dux valde iratus, misit camerarium suum cum aliquibus militibus, ut eos a vertice usque [2899] ad talos [2900] expoliarent. Qui veniens convocat [2901] ad se majores natu Judeos, et sic exorsus est ad eos:

O gens progenita manzeribus [2902] (650) Ismahelita,
Ut sibi dicatis dux mandat, cur fugiatis
Et partis [2903] gratis cur gazas attenuatis?
Interea quæcunque mea sunt, sunt mea cuncta.
Nullas de Solimis res diviciasve tulistis.
Uno pro nummo ter deni Vespasiano
Cæsare proscripti, sparsi sic estis in orbe.
Macri venistis, macri quo [2904] vultis eatis.
Quod baptizati sitis, Deus est mihi testis.
Non me [2905] sed domino sunt ista jubente [2906] pa-
[trata.
Quod autem iterum relapsi estis in Judaismum,
Cosmas episcopus videat, quid inde agere debeat

Dixerat hæc ex parte ducis, et statim irrumpentes everterunt domos, acceperunt thesauros et quicquid suppellectilis optimum invenerunt. Nihil nisi [2907] quod solum [2908] pertinet ad victum granum frumenti eis reliquerunt. O quantum pecuniæ eis miseris Judeis illa die [2909] est sublatum, nec ex succensa Troja tantum diviciarum in Euboyco littore fuit collatum.

6. Eodem anno 4 Idus Decembris (651) Cosmas episcopus migravit ad Christum. Fuit autem iste præsul humilis, simplex, patiens et multum misericors et illatas a quovis homine injurias æquanimiter sustinens, recognoscentibus suas culpas pius indultor, viduarum non surdus auditor, orphanorum non tardus adjutor [2910], infirmantium sedulus visitator, ultimæ sortis non inmemor, exequiarum promptus extitit executor.

7. Post cujus obitum dux Bracizlaus habens curam animarum, et perpendens collatam sibi a Deo potestatem eligendi ecclesiæ sponsum, cœpit sollicitus et [2911] pervigil secum tacita mente suorum inspicere mores clericorum [2912], vitam et conversationem discutere singulorum, quem ex eis potissimum

VARIÆ LECTIONES.

[2880] Permanerent 3. [2881] Nizzam 3. [2882] Brydo 2b. Byrdo 3. Bryd 4, 4a. [2883] Kamenez 2. Kamene 2b. Camener 3. [2884] beatissimi *corr. al. man.* baptismi A. [2885] sed *omittum* A. 2b, 3, 4, 4a. [2886] Boza 2b. [2887] consecrarium 4, 4a. [2888] quia 2b. [2889] si non — timerem A. [2890] oculos prof. A. [2891] eruerem tuos A. [2892] rex 2. [2893] apprehenderet 3. [2894] Boziey 2, Bosen 4, 4a. [2895] Vrsseuicz 2, Wryssouic 2b, Versouiæ 3, Wirssowic 4, 4a. [2896] revelatus *corr. al. man.* revectus A. [2897] Zbriam 3, Zirbiam 4, Zrbiam 4a. [2898] relatum 4, 4a. [2899] *in margine* A. *al. man.* [2900] plantas 4. 4a. [2901] venientes vocat 4. [2902] manseribus 2, mansoribus 3. [2903] partas 4, 4a, et corrector 2b. [2904] quoque 3. [2905] ne 2. [2906] jubente sunt ista 2. [2907] *deest* 3. [2908] *deest* 2b. [2909] *al. man. in margine* A. [2910] adjutor *corr. al. atramento* A. orphanorum n. t. a. *desunt* 3. *In* 4, 4a. *post verba* sedulus visitator *inserta sunt.* Pro adjutor 4a *legit* auditor. [2911] *deest* 2. [2912] et add. 3.

NOTÆ.

(647) Wartha in confiniis comitatus Glacensis et Silesiæ.
(648) Ad fluvium Nissam non procul a comitatu Glacensi castellum Camencium, postea cœnobium ordinis Cisterciensis. Schwarz.
(649) Ducis Brunnensis.
(650) i. e. filiis scorti.
(651) Probante Necrologio Bohemico.

proveheret ad [2913] summum [2914] sacerdotii gradum. Et quamvis ipse nosset inter suos [2915], quid esset in quoquam [2916] clerico [2917], tamen recolens illud Salomonis dictum : *Omnia, fili [2918], fac cum consilio* [2919] (Eccli. xxxii, 24), advocat Wigbertum, suum per sororem generum, virum sapientem et in talibus negotiis eruditum valde et persvicacem, cui et [2920] ait : *Tu tempore patris mei regis* [2921] *Wratizlai semper in curia primus inter amicos fuisti, tu mores et vitam Boemorum perspexisti, tu non solum laicos, verum etiam clericos omnes* [2922] *intus et in cute nosti, tuo consilio nunc episcopum eligere volo.* Ad hæc [2923] heros in propria verba non improprie respondit : *Olim*, inquiens, *dum rex pater tuus viguit, meum consilium valuit; nunc horum vivunt homines morum* [2924], *qui semetipsos putant aliquid esse, cum nichil sint, et quibus nullius nisi quod* [2925] *ipsi sapiunt placet* [2926] *consilium. Sed vos melius scitis, quod in tam sancto negotio, qui consulunt sanctæ* [2927] *ecclesiæ utilitati, vacuos decet esse ab ira et odio, a misericordia et amicitia* [2928], *nam ubi ista officiunt animo, humana* [2929] *fallitur opinio* (652); *me autem nec alicujus amicicia obligat, nec miscricordia supplantat, nec odium exagitat, nec ira inflammat, quo minus coram vobis eloquar justitiæ quod postulat ordo. Est patris tui et nunc tuus capellanus, quem vos melius nostis, nomine Hermanus. Hic semper fuit regis in servicio* [2930] *constans, in commisso fidelis, in legationibus agendis fidus executor, castus, sobrius, humilis et modestus, non* [2931] *vinolentus* [2932], *non ambitiosus, non elatus, et quæ prima est in clerico virtus, adprime literatus, et quantum spectat ad humanam opinionem, cernitur esse bonus vir et perfectus ad unguem* [2933], *si solummodo* [2934] *non obsit quod hospes sit.* Tunc dux [2935] ammirans suam et ejus unanimem voluntatem, ait : *Haud* [2936] *aliter cor tuum atque meum sapit. Et quia hospes est, plus ecclesiæ prodest; non eum parentela exhauriet, non liberorum cura aggravabit, non cognatorum turma despoliabit* [2937] *quicquid sibi undecunque veniet, totum sponsa ejus et mater ecclesia habebit.*

Hic ergo faciam Pragensis episcopus ut sit.

Nec mora, convocatis primatibus terræ simul et præpositis ecclesiæ Boleslau in urbe ad placitum [2938] ducis, collaudante clero cuncto [2939] populoque favente, Hermanus promotione diaconus, præpositura Bolezlavensi sublimatus, subliminorem invitus subrogatur [2940] ad episcopatus honorem. Facta est autem hæc electio anno dom. inc. 1099 pridie Kalend. [2941] Marcii.

8. Et quia eodem anno (Apr. 10) imperator tercius [2942] Henricus celebravit pascha Ratisponæ (653), jussus est dux Bracizlaus cum electo suo illuc venire, qui celebrato pascha in urbe Wissegrad, tercia die post octavam paschæ (Apr. 19) venit [2943] Ratisbonam. Qui quia ante festum caritativa præmiserat [2944] donaria tam cæsari quam ejus satrapis [2945], quotquot erant de ejus amicis in curia, obviam ei veniunt ad tria fere [2946] miliaria, et ita deducunt eum in [2947] civitatem cum [2948] magna honorificencia. Cujus ad primam [2949] peticionem cæsar confirmat Boemorum electionem, dans Hermanno anulum et virgam episcopalem. Item et hoc [2950] obtinuit precibus [2951] apud cæsarem, ut ejus fratri Borivoy vexillum daret et eum Boemis omnibus qui cum eo venerant, assignaret, quo post obitum suum fratrem ejus [2952] Borivoy subliminarent [2953] in [2954] solium (654).

9. Eodem anno idem [2955] dux Bracizlaus veniens cum exercitu in Moraviam, reædificat castrum Podivin [2956], et reddit id [2957], sicut antea fuerat, in potestatem Hermanni episcopi, atque ibidem in villa Zlaunica [2958] pentecosten (Mai. 29) celebravit. Deinde occurrens Pannonico regi Cholomanno [2959] in campo qui dicitur Luczko [2960], multa sunt [2961] invicem concionati, placitantes [2962] ad placitum utrarumque [2963] parcium. Ac inter se inmensis [2964] mutuatim datis muneribus, renovant antiqua amiciciæ et pacis [2965] fœdera et ea sacramentis confirmant. Ibi dux Bracizlaus suum electum Hermannum diaconum [2966] comittit Seraphim [2967] archiepiscopo ordinandum. Qui veniens ad sedem suam urbis Strigoniæ tempore quo sacri ordines celebrantur, 3 Idus Junii ordinat eum presbiterum, et me, quamvis indignum, similiter ad eundem promovit gradum. Dux autem, post habitum concilium rediens, castra metatus est juxta urbem Brnen [2968] ; erat enim valde iratus filiis patrui sui Con-

VARIÆ LECTIONES.

[2913] *Al. manu superscr.* A. [2914] *deest* A. [2915] *inter suos alia manu in margine* A. [2916] *quoque* 2b. [2917] *hoc loco esset al. manu superscr.* A. [2918] *deest* 3. [2919] *et post factum non peniteberis add.* 4. 4a. [2920] *deest* 2b. [2921] *deest* 2b. [2922] *deest* A. [2923] *quem* A. [2924] *hominum mores* 3. [2925] *in margine* A. [2926] *corr.* A. [2927] *deest* A. [2928] *a mis. et amicitia desunt* A. [2929] *deest* A. [2930] *in margine* A. [2931] *nec* 2b. [2932] *violentus corr. vinolentus* A. *viol.* 2b. [2933] *corr.* A. [2934] *solum* A. 2b, 3, 4. [2935] *Bracizlaus addit* 4a. [2936] *aut corr. haud* A. [2937] *ita corr.* A. *et* 2b *despoliet rell.* [2938] *palatium* 4, 4a. [2939] *cunctoque populo* 2b. [2940] *rogatur* 3. [2941] II, 3, 4, 4a. [2942] *deest* 2b. [2943] *in addunt* 4, 4a. [2944] *præmisit* 2b. [2945] *corr.* A. [2946] *omittunt* 4, 4a. [2947] *ad* 2b. [2948] *al. man. superscr.* A. [2949] *immam* 2b. [2950] *hic* 2b. [2951] *deest* A. [2952] *corr.* A. *suum.* [2953] *sublevarent* 2, 2b, 3, 4, 4a. [2954] *ad* 2b. [2955] *ibidem* 3. [2956] Podwin 2, Podiwin 2b, 4a. [2957] *eum* A. 2, *deest* 4. [2958] Zliunica 2, 2b, Zluinica 3, Slivnica 4, Slaunica 4a. [2959] Chlomanno 2d, Colomanno 3, Colmanno 4. [2960] Luczo 4. [2961] *sibi in* 2b. [2962] *deest* A. [2963] utrumque 4. [2964] *deest* 2, 2b, 3. [2965] *et pacis omittunt* 4, 4a. [2966] episcopum A. *diaconum rell.* [2967] Seraphyn 4. [2968] Brinen 2b, Bruen 3.

NOTÆ.

(652) Sallust., Catilina c. 47.
(653) Vide Henrici IV diploma Ratisbonæ datum apud Bochmerum 1959.

(654) Quod factum est contra legem de regni successione a Bracizlao I constitutam, cfr. supra II, 13.

radi, Udalrico et Lutoldo [2969]. Qui fugientes a facie ejus oppilaverunt se in [2970] munitis oppidis, et mittentes tradunt ei cæteras civitates, timentes ne hostiliter devastaret terram. Interea dux Bracizlaus dispositis præsidiis per civitates quas sibi tradiderant, et eas fratri suo Boriwoy comittens, reversus est in Boemiam, Ottonis (655) autem filii Suatopluc [2971] et Otto [2972] cum matre sua Eufemia (656) multum obedientes duci erant et fideles. Item eodem anno (Dec. 25) dux Bracizlaus in nativitate Domini Bolezlaum per sororem sibi propinquum invitat ad convivium quod erat in urbe Satec dispositum, ubi in ipso festo, consentientibus omnibus comitibus Bohemiæ, factus est Bolezlaus ensiferavunculi sui. Quem post festum dux remittens ad propria, dono [2973] dat sibi et constituit quatenus ensiferæ dignitatis pro ministerio [2974] ex tributo, quod pater suus Wladizlaus solvebat annuatim semper, 100 marcas argenti et 10 auri talenta habeat [2975].

10. Anno dominicæ incarnationis 1100, dux Bracizlaus quibusdam referentibus habens compertum pro certo, quod imperator in urbe Maguntia pascha (Apr. 2) celebrare vellet, optimum ratus fore ut illuc electum suum [2976] Hermannum mitteret, qui et munera sua cæsari deferret et quam expectabat a magistro suo benedictionem acciperet, et committens eum Wiberto, qui similiter debuit interesse cæsaris palatio, rogat ut in [2977] omni suo faveret negotio tempore oportuno. Sed quoniam archipræsul Routhardus simoniaca hæresi infamatus, relicta Maguntia hisdem temporibus [2978] morabatur in Saxonia, jubente imperatore et collaudantibus omnibus suffraganeis Maguntinæ [2979] ecclesiæ, a cardinali Rouperto, Clementis papæ apocrisario, qui forte ibi aderat, ordinatus est [2980] Hermannus [2981] episcopus in octavis paschæ 6 [2982] Idus Aprilis.

11. Eodem (657) anno admirabile et seclis commemorabile quod divina gratia per merita sanctissimæ [2983] matris [2984] Ludmilæ [2985] dignata est revelare miraculum, uti ipsi vidimus, vestræ caritati

A pandimus. Nam domna abbatissa (658) Windelmuth, famula Deo devota, ecclesiam sancti Petri apostoli, sitam in territorio ejusdem monasterii cui præerat, ex vetustate a fundamento dirutam usque ad perfectionem deducens reædificavit. Quam ut consecraret præsul [2986] cum impetrasset abbatissa, dum ex more reliquias sanctorum collocat in pixide, inter alia obtulit domina præsuli pannum unius palmæ latum, quem acceperat de peplo sanctæ Ludmilæ, rogans ut similiter inter reliquias sanctas ponat eum in pixide. Tunc præsul quasi indignans ait: *Tace, domina, de ejus sanctitate! dimitte anum* [2987] *aviam* [2988] *quiescere in pace.* Ad hæc [2989] abbatissa, *Noli,* inquit [2990] *domine, noli* [2991] *talia dicere; multa enim Deus per ejus merita cottidie operatur*

B *magnalia.* Mox jussu præsulis sartago affertur [2992] magna, prunis ardentibus plena, ubi invocato sanctæ Trinitatis nomine, præsul injecit pannum super flammivomos carbones. Mira res, fumiculus et flammicula circa pannum emicuit, sed minime nocuit. Et hoc etiam magni fuit in augmentum miraculi, quod propter nimium ardorem diu non potuit pannus de flammis eripi, et tandem ereptus sic visus est integer et firmus, ac si eadem die foret textus. Quo tam evidenti præsul et omnes nos perculsi miraculo, lacrimas fundimus [2993] præ gaudio, et gratias retulimus Christo. Dedicata est autem ecclesia in honore sancti Petri apostoli [2994] 5 Non. Octobris.

12. Item ejusdem anni 15 Kalend. Novembris

C Borivoy, frater ducis Bracizlai, in urbe Znogem [2995] (659) faciens permagnificum convivium, duxit uxorem nomine Helbirk [2996] (660), orientalis marchionis Lupoldi (661) sororem. Et quia hisdem diebus filius Conradi Lutoldus [2997] per concessum Gotfridi [2998] (662) admissus in castrum Rakouz (663), multas Borivoy inferebat injurias, singulis noctibus devastans ejus villas, et refugium habens in prædictum castrum, unde dux Bracizlaus valde iratus iterum coadunato exercitu movit castra in Moraviam, volens ulcisci fratris injuriam. Sed prius mittit ad Gotfridum obtestans eum per anti-

VARIÆ LECTIONES.

[2969] Luitoldo 2b, 3. [2970] deest 3. [2971] Zwatoplik 2, Znatoplyk 2b, Zuatopluk rell. [2972] ita A. Ottek 3, Ottik rell. [2973] dona 2b, 3, 4, 4a. [2974] ni superscr. al. man. A. [2975] habebat corr. habeat A. [2976] suum ei. A. [2977] deest 4, 4a. [2978] diebus 2, 2b 3, 4, 4a [2979] Maguncie A. [2980] dominus inserunt 4, 4a. [2981] ermannus A. [2982] VII, A. [2983] sanctissima 3. [2984] mtris 1. [2985] Luidmillæ 3. [2986] deest 4. [2987] avum, 3, dominam 4a, deest 4. [2988] desunt A. [2989] abbatissa h. l. A. [2990] noli dom. A. [2991] offertur 2b. [2992] lacryinis fundimur 2, fudimus 4. [2993] VI, 3. [2994] Znoyem 3. [2995] Helbyrk 2, Helluck 3, Kerberk 4, 4a. [2997] Luitoldus 2b, Lutholdus 4a. [2998] Godfridi 3.

NOTÆ.

(655) Ducis Olomucensis.
(656) Erat filiæ Belæ I regis Hungariæ.
(657) Patet ex sequentibus Ludmillam a. 1100 nondum inter sanctarum numerum sine ulla contradictione receptam fuisse.
(658) Monasterii S. Georgii.
(659) Znavm.

D (660) Cfr. Chron. Claustroneoburgense apud Pezium.
(661) Sancti, filia Leopoldi Pulchri.
(662) Frater, ut videtur, Adalberonis episcopi Wirciburgensis, filius Arnoldi comitis qui castrum Lambacense ad Trunam tenebat. Cfr. Vita Adalberonis Pez. II, 7.
(663) Retz in Austria.

quæ amicitiæ [2999] fœdera, quo [3000] sibi Lutholdum aut vinctum mittat [3001], sine mora, aut de castello suo cum expellat eadem hora. Quod cum non lateret Lutoldum, castellanis per fraudem foras exclusis, ipse cum suis militibus vi obtinuit castrum. Tunc Godfridus [3002] cum legatis, qui ad eum missi fuerant, occurrit duci juxta oppidum Wranov, et coram omnibus clamat Lutoldum perfidum esse et reipublicæ inimicum; castrum vero sibi [3003] sub fide amicabiliter [3004] præstitum, jam hostiliter ad expugnandum postulat ducis [3005] auxilium. Cujus petitioni dux non abnuens admovit exercitum urbis per circuitum, ubi per sex ebdomadas vi summa nocte et die conseritur pugna, donec fames, quæ firmas expugnat urbes (664), prævaluit in castro. Ea [3006] victus Lutoldus et bello fractus noctu clam elapsus vix solus aufugit, omissis [3007] ibi [3008] suis militibus [3009], qui facto mane semetipsos et castrum tradunt in manum ducis. Interea dum hæc pugna geritur Paulic [3010], filius Marquardi [3011], pædagogus Wladizlai, sagittatus moritur, item Dobes [3012], filius Lstimir [3013], dum

Per vicem suam servat vigilias noctis, occiditur. His duobus amissis et reddita urbe Gotfrido, dux victor cum suis remeat in Boemiam.

13. Jamque Christi nativitate adpropinquante, et propter venacionem in villa Stibecna [3014] duce morante, quadam die inter prandendum fertur dixisse dux [3015] ad quendam venatorem [3016], qui non longe ab eo ad quartam sedebat mensam: *Heus Cucata! putas me nescire, quis sit inter vos qui [3017] me quærit interficere?* Et ille, sicut homo erat vehemens in verbis, clamat [3018]: *Procul Deus hoc avertat nec tuus oculus parcat, quin ipse cicius occidatur qui talia machinatur.* Ad hæc dux [3019]: *Ah! bone vir*, ait, *nulli fas est evitare inevitabile fatum.* Postera autem die (Dec. 21), quia sancti Thomæ apostoli erat vigilia, mane audita missa it venatum, et cum in nocte jam rediret, occurrunt ei ante villam apparitores cum laternis et facibus [3020]. Moxque Lorck [3021], impius latro missus a diabolo, prosilit ex latibulo præcinctus gladio, et ut fortius valuit, inter ipsa ilia ducem [3022] percussit venabulo [3023]. Non aliter dux [3024] cadit in medio luco [3025], ac,

Si clarus Lucifer cœlo cecidisset ab alto.

Advolat exemplo [3026] lugubris turma suorum, et extracta hasta [3027] seminecem levant ducem. Ille autem minister Satanæ, dum accelerat fugam per noctem opacam, præcipitatur cum equo in cisternam,

Quam præceps torrens decurrens fecerat ymbre. Incertum est utrum ipse manu sua an gladius lapsus de vagina ita eum præcidit per [3028] medium alvum, ut omnia sibi effluerent exta. Fit tumultus per villam, alii insiliunt equos, alii cum armis huc et illuc [3029] discurrunt, investigantes tanti mali machinatorem. Mox quidam invenit eum semivivum, et quamvis satis ad mortem habuit [3030] vulnus, tamen amputat ense caput ejus dicens:

Inferni furvas [3031] *non insons ibis ad umbras,*
Et Cereris [3032] *genero mea facta referre memen-*
[to (665)

Dux autem [3033], licet in tanto dolore sit positus et mœrore, illa nocte et insequenti die non relaxabat spiritum et ora a laude Dei, nunc lacrimosam pœnitenciam offerendo, nunc [3034] sua peccata confitendo tam episcopo Hermanno quam aliis sacerdotibus Dei. Tributum autem quod eo tempore fuit de Polonia allatum, et quicquid in sua invenit [3035] camera, per manus episcopi fecit dari [3036] per monasteria. Et cum disposuisset omnia quæ erant disponenda pro anima: *Date*, inquit, *filiolo meo lituum meum et jaculum, cætera non est meum sibi dare, quæ Deus posuit in sua potestate.* Et ita [3037] in sequenti nocte post gallicinium inter manus sacerdotum 11 Kal. Januarii, velud bonus Dei [3038] athleta, utramque hominum substanciam in sua divisit exordia, quem procul dubio credimus aut jam [3039] accepisse aut jam [3040] accepturum cœlestia consortia. Cujus feretrum unus ex clero sequens usque ad sepulchrum, hujusmodi planctum [3041] iterabat dicens: *Anima Bracizlai sabaoth adonay vivat expers thanaton Bracislaus yskiroi.* [3042] (666). Mira res, sic fletu suo clerum et populum concitabat [3043] ad fletum, ut dum fleres magis flere velles. Sepultus est autem cum maximo planctu suorum in polyandro [3044] sancti Wenceznai ecclesiæ forinsecus ante portam a sinistris, uti ipse disposuerat. Ubi soror ejus Ludmila, Deo devota famula [3045], supra testudines construxit ar-

VARIÆ LECTIONES.

[2999] Fidei A.   [3000] quod 4.   [3001] corr. A.   [3002] Gothfridus 4.   [3003] deest 3.   [3004] amic. sub fide A.   [3005] in addit 2.   [3006] victa add, 4 victoria add. 4ᵃ   [3007] amissis 3.   [3008] omnibus corr. ibi A.   [3009] mil. suis A.   [3010] Paulik 2. 2ᵇ. 3. 4. 4ᵃ.   [3011] Markwardi 2.   [3012] Doles 3.   [3013] Lyztimir 2. Istimir 3. Lztimir 4. 4ᵃ.   [3014] Sibeczna 2. Stebna 3. Sebecna 3. Sbenena 4. 4ᵃ.   [3015] dux duxisse A.   [3016] deest 4. 4ᵃ.   [3017] qui inter vos A.   [3018] proclamat 4. 4ᵃ.   [3019] Ach ach 4.   [3020] fascibus corr. fac.bus A. et armis addunt 4. 4ᵃ.   [3021] Lork 2. Lark 4. 4ᵃ.   [3022] Bracizlaum add. 4. 4ᵃ.   [3023] corr. A.   [3024] Bracizlaus add. 4. 4ᵃ.   [3025] luto A. 2. 2ᵇ. 4.   [3026] extimplo A.   [3027] asta A.   [3028] in 2.   [3029] et hoc loco A. i lucque 4.   [3030] habuerit 2ᵇ.   [3031] furias A. furnas 4. 4ᵃ.   [3032] ceris A. al. man. susperscr. Cereris.   [3033] Bracizlaus add. 4. 4ᵃ.   [3034] nunc — confitendo al. manu in margine A.   [3035] invenit in sua A.   [3036] dare 3. 4ᵃ.   [3037] sic 3   [3038] dei bonus A.   [3039] deest 3.   [3040] omittunt A. 4. 4ᵃ.   [3041] planctu 3.   [3042] yskyros 3. yschyros 4. 4ᵃ.   [3043] ciebat 2. 2ᵇ. 3. 4. 4ᵃ.   [3044] podiandro A. polyandrio 3.   [3045] fam. Deo dev. A.

NOTÆ

(664) Cfr. Lucan., Phars. IV, 410.
(665) Virg., Æn. II, 549.

(666) ἰσχυρός.

cuatam in honore sancti Thomæ apostoli capellam, et constituit ut cottidie ibi celebraretur missa pro defunctis. Et quoniam statim percrebuit fama in populo, ducem [3046] esse interfectum Bosey [3047] et Mutinæ consilio, quos antea expulerat dux [3048] de regno suo, dubitari a quibusdam solet utrum soncior [3049] sit qui consilium dat, an qui consentit ut faciat; sed revera uterque reus, veruntamen soncior is est qui homicidium consiliatur, quia et se ipsum de alium [sic] criminatur. Ergo vos Braciziaum occidistis, qui ut occideretur, consilium dedistis. Mittunt ilico præsul et comites cum festinatione in Moraviam ad Borivoy legatum [3050], quo acceleret sibi a cæsare olim [3051] datum totius Boemiæ accipere ducatum. Qui festinus veniens in ipsa die (Dec. 25) nativitatis Christi omnibus simul faventibus intromizatur. Tunc Cillenia [3052] delet [3053] omnino sua [3054] vestigia, quæ vix inpressa reliquerat [3055] in Boemia, cum exosa terras peteret cœlestia. Justitia enim erat Boemorum, ut semper inter principes eorum major natu solio potiretur in principatu.

14. Anno dominicæ incarnationis [3056] 1101 [3057], Uodalricus et Lutoldus, filii Conradi, expulsis præsidi[']s de [3058] Moravia, quæ ibi Borivoy abiens reliqverat ob custodiam, rehabuerunt civitates suas, similiter Posey et Mutina redeunt de Polonia, quibus duce Borivoy non ex corde, sed pro necessitate temporis concedente gratiam suam, [3059] recipiunt civitates suas quas antea habuerant, Bosey Satec, et Mutina Lutomerice. [3060]

15. Eodem anno Oudalricus adit [3061] imperatorem in urbe Ratisbona, et eum per amicos sollicitat [3062] precibus et fatigat immensis promissionibus, quo sibi restituat injuste [3063] præreptum [3064] a fratre suo juniore (667) Borivoy Bohemiæ ducatum. A quo cæsar accepta pecunia dat sibi [3065] ducatus insignia et vexillum; sed in ducem eligendi obtentum ponit in arbitrio Boemorum. Tunc Uodalricus mittens legatum valde disertum [3066] virum, Neusse [3067] nomine, filium [3068] Dobremil, arguit fratrem suum Borivoy, increpat comites et minatur eis, jactat se esse ætate majorem, et secundum patriæ morem debitum, sibi a injuste [3069] sublatum per fratrem juniorem (668) poscit principalis sedis honorem. Qui quamvis justam causam habeat [3070], tamen frustra caudam captat [3071], cum cornua [3074] amittat [3074]. Sic Udalricus fratrem [3073] suum Borivoy jam [3074] confirmatum in solio tarde nititur pellere de regno. Postquam vero suo referente legato animadvertit Udalricus, nec fratrem suum cedere solio, nec comites acquiescere suo consilio, hoc solum obtinuit precibus, ut cæsaris per licentiam liceat [3075] sibi debitam vi invadere [3076] provinciam; cujus [3077] mox associantur in contubernium viri in rebus bellicis strenui, Sigardus comes de oppido Sala, et ejus frater Frisensis [3078] episcopus nomine [3079] Udalricus (669), atque suus per sororem gener nomine Fridricus. Quorum succenderat animum ad belli studium promittens eis aureos montes, et pollicitans suos esse fautores omnes Boemiæ natu majores. Præterea [3080] undecunque potuit, non paucos sibi in auxilium acquirit Teutonicos, qui pro sui stulticia æstimabant in Boemia auri et argenti pondera fore in plateis sparsa et exposita. Quibus insimul coadunatis, Oudalricus cum fratre [3081] Lutoldo [3082] Augusto mense intrant partes Boemiæ, sed sinistro homine. Nam Borivoy collecto exercitu occurrens eis castra metatus est [3083] supra duos colles juxta oppidum Malin (670) [3084], paratus in crastinum cum eis [3085] comittere bellum. Teutonici vero non longe ex altera [3086] parte rivuli Vysplisa [3087] applicuerunt castra, ita ut uterque ab utrisque possit [3088] videri exercitus. Qui postquam animadverterunt unanimem esse cum [3089] duce Borivoy, [3090] constanciam Boemorum, inquiunt Udalrico: *Ubi sunt illi Boemiæ natu majores, quos dicebas tuos esse fautores? Recte mentitus es in caput tuum, et nos decepisti atque in magnum deduxisti periculum.* Reverti volunt, sed nequeunt, quia eadem via post illos Suatopluk [3091] cum fratre suo Ottone ducens secum duas scaras veniebat duci Borivoy in auxilium. Quid facerent? Magna undique [3092] coartati [3093] angustia, per angustam viam et nimis artam semitam, qua itur trans silvam ad Gabr [3094] (671), turpem noctu maturaverunt fugam. Ibi episcopus

VARIÆ LECTIONES.

[3046] Braciziaum 4. [3047] Bozsey 2. *et sic deinceps.* [3048] dux exp. A. *deest* 3. [3049] sanctior 2. *in textu, sed in margine manu antiqua correctum sontior.* [3050] legatos 4. 4a. [3051] olim sibi a cæsare A. 2b. 3. 4. 4a. [3052] Cyllenia 2b. 3. 4. 4a. [3053] dolet A. [3054] deleta *al. manu superscr.* A. [3055] liquerat A. [3056] Christi 2. [3057] MIII. CII. A. *falso.* [3058] in A. [3059] deest 4. 4a. [3060] Lutomierzieczie 2. Lutomiricæ 3. 4a. [3061] adiit 4. 4a. [3062] salutat 2. [3063] omissum 2. [3064] præreptum corr. præreptum A. præreptum 2. 2a. 2b. 4a. [3065] sibi tradat *in margine al. man. corr.* tradit A. [3066] disertum valde *omisso* legatum 4. 4a. [3067] Neussa 4. 4a. [3068] deest 4. 4a. [3069] projuste 2. [3070] habeas 2b. 3. 4. [3071] — tas *rell. et* A. *corr.* — tai. [3072] cornu 3. [3073] *al. manu* A. [3074] deest 3. [3075] deest 4. 4a. [3076] invaderet *omisso* vi 4. 4a. [3077] cui 2b. [3078] Fri-iensis 2. [3079] et 3. [3080] propterea 4. 4a. [3081] suo *add.* 2b. [3082] Lutholto 1. [3083] metati sunt 4. [3084] Malyn 1. [3085] illis 4a. [3086] alia 2. 2b. 4. 4a. [3087] Wyzplisa 1. 2b. Wyzpliza 2. Wzalsa 3. Wzlipsa 4. Wzlypsa 4a. [3088] posset A. [3089] deest 1. [3090] Borivoy 1. [3091] Zuatoplik 1. [3092] unde 3. [3093] coartari A. [3094] Adgabr 1.

NOTÆ.

(667) Eos fratres non fuisse nemo non videt. De quo loquendi usu vid. Pubitschka IV, 101.

(668) I. e. hoc loco juniorem filium patrui.

(669) Inter Frisingenses episcopos illius temporis Udalricum non inveniri observavit Schwarz; illo munere Heinricum functum es e annis 1098 usque 1137, qui erat Friderici comitis de Pilstein fratre, probat tabula quadam apud Meichelbeck Hist. Frising. I, 2 n. 1282.

(670) Ubi hodie sita est urbs Kuttenberg.

(671) Habern quo itur in Moraviam.

Frisensis [3095] amisit capellam suam (672), ibi propter difficilem viam omnem [3096] exercitus cum rebus usualibus projecit sarcinam. Mane autem facto advenientes Boemi, hoste carentia [3097] diripiunt spolia. Erant autem illo tempore Borivoy et Suatopluk concordes et ad invicem unanimes, sed unde orta sit inter eos discordia, parum superiora repetens exordia, referam pauca.

'16. Anno dominicae incarnationis 1102 [3098], Wladizlaus dux Poloniae habens duos filios, unum de concubina progenitum, nomine Sbignev [3099], alterum ex Juditha Wratizlai regis filia editum, nomine Bolezlaum, hos inter [3100] suum regnum [3101] dividit per medium (673); sed quoniam juxta vocem dominicam, *omne regnum in se ipsum* [3102] *divisum desolabitur* (*Luc.* xi, 17), et domus supra domum cadet, et sicut vulgo dicitur, duo catti uno [3103] sacco capti [3104] insimul esse non possunt, anno dominicae incarnationis 1103 Sbignev post obitum patris mox contra fratrem suum sumit arma, et promittens pecuniam associat ducem Borivoy sibi [3105] in auxilium. Qui statim misit post Zuatopluk [3106] in Moraviam, et convenientes simul castra metati sunt juxta oppidum Recen (674). Quod audiens Bolezlaus mittit [3107] pedagogum [3108] suum Skribimir [3109] (675), et rogat ducem Borivoy ut sit memor affinitatis, se [3110] sibi per Juditam, ejus sororem, dicit propinquiorem; et insuper offert ei [3111] ad manum 10 marsupia 1000 marcis plena. O pecunia tocius mali [3112] regina, fraudis amica, fidei hostis et inimica! Tu justiciam comprimis, recta judicia subvertis. Te corrupti Grabissa et Protiven [3113], ducis Borivoy consiliarii, compellunt ipsum ducem fidem [3114] Sbignev promissam abnuere. Qui statim accepta [3115] pecunia reversus est ad propria [3116], et quia nec unum obulum dedit Zuatopluk, indignatus valde et succensus ira discedens fertur dixisse: *Incendium meum ruina* [3117] *extinguam* (676).

17. Anno dominicae incarnationis 1104, Johannes (677) electus est in episcopum Moraviae. Eodem anno mittit Suatopluk in Boemiam indagatores nequitiae, delatores justiciae, seminatores [3118] discordiae et omnium malarum arcium inventores, qui [3119] possent unanimes armare in praelia fratres (678).

Hii fere universas Boemiae civitates circuientes alios pecunia corrumpunt, alios muneribus, alios promissionibus obligant, et quos sciebant novarum rerum avidos, aut dignitatibus privatos, aut versatiles et animo inconstantes, omnes [3120] suis seductiis asciscunt [3121] in partes Suatopluk ducis. His ita patratis [3122], anno dominicae incarnationis 1105, sole morante in decima parte Librae, intra Zuatopluk cum suo comitatu [3123] Boemiam, et occurrunt sibi perfidorum agmina, quidam vero ex eis expectant ut eum aperta janua urbis Pragae recipiant infra moenia. Sed prius eadem die dux Borivoy valde diluculo veniens praeoccupat urbem, et ponit in ea fortia praesidia atque episcopo Hermanno eam [3124] comittens, se cum suis ad Vissegrad contulit. Et ecce Zuatopluk [3125] ordinatim [3126] pulchre instructis cum sex legionibus apparet in campo, et quia nullus obviam sibi venit ab urbe, incertus et dubius parum substitit, et mox transvadantes [3127] fluvium Wlitavam infra villam quae dicitur Bubni (679), applicuerunt urbi, sed inveniunt clausas portas et super muros fortiter resistentes milites. Ibi a quadam ancilla super muros astanti turpiter confusi, eadem via repedantes figunt tentoria inter utrasque urbes, in loco ubi sabbato fiunt mercimonia (680), aestimantes quod ex utraque urbe sui conjuratores illa nocte confluerent ad eos. Quod cum minime fecissent, mane facto coetu convocato Suatopluk sic orsus est ad eos: *Quamvis non vacet modo ut prolixo utar alloquio, pro re tamen pauca loquar, ne mortis occasionem timere alicui videar. Timidis enim et ignavis, quibus misera vita* [3129] *habetur* [3130] *suavis, aptissima mors est, forti autem* [3131] *viro mortem subire in*

VARIAE LECTIONES.

[3095] Oudalricus inserunt 4. 4a. [3096] omnis 3. 4. 4a. [3097] carentes 2b. [3098] Mill. C. III. A. [3099] Izbigneu 1, *ita et deinceps*; Zbingnen 3, Zpitigneu 4, 4a. [3100] inter hos A. [3101] regnum s. A. [3102] ipso 2b. *omittit* 4a. [3103] in uno A. [3104] positi A. [3105] *al. manu superscr.* A. [3106] Zuatopluc 1. [3107] *ad inserunt* 2, 4a. [3109] legatum A. [3109] Zribimir 1, Zkrybimir 2, Zkribimir 2b, Zkarbimir 3, Zkrbimir 4, 4a. [3110] sui *corr. se* A. [3111] sibi 2b. [3112] mundi 3. [3113] Protyven 1, Protiwen 2, 2b, 3, 4, 4a. [3114] fidei 2. [3115] fide 1, *expunctum*. [3116] patriam A. [3117] rugina *corr.* ruina A. [3118] nequitiae et erasa A. [3119] quique 1. [3120] omnibus *corr.* omnes 1. [3121] afficiunt 1. [3122] Zuatoplik *repetit* 1. [3123] exercitu 4, 4a. [3124] ea 2, 2b, 3, 4, 4a. [3125] Hic desunt nonnulla *annotavit saec. XVII manus in margine* 1, *desiderantur duo, ut videtur*, *folia quae continebant sequentia usque cap.* 21, *ad verba* corruptus et avarus *etc.* [3126] ornatim A. [3127] transuadentes 3. [3128] Bubin 2, 2b, 5. Burni 4, 4a. [3129] captus oculis et mentula est privatus, *haec verba in textu* A. *sed expuncta.* [3130] videtur 4, 4a. [3131] *alia manu superscr.* A.

NOTAE.

(672) Vasa et ornamenta sacra quibus sacerdotes ad sacra peragenda utuntur, itemque capsula qua reliquiae sanctorum asservantur. SCHWARZ.
(673) Sbigneo a patre data erat Masovia, Bolezlao regni sedes principales in Cracovia, Sandomiria et Wratislavia, ut refert Martinus Gallus II, 8. De dissensione fratrum cfr. ibidem II, 24.
(674) Rützen, in regione Troppaviensi.
(675) Apud Martinum Gallum Skarbimirus palatinus.
(676) Sallust., Catil. 31.
(677) Tertius.
(678) Virg., Aen. VII, 335.
(679) Buben.
(680) In dextra ripa Moldavae, in ea Pragae urbis parte ubi hodie sunt sepulcra Judaeorum. Palacky I. 353.

prælio dulcius est nectare liquido. Nam ego olim mecum deliberavi aut potiri pane et honore potiori, aut pugnando honestæ succumbere morti. Sed (681) *vobis sola nunc est mors ista cavenda, ne quis vestrum captus et manibus post terga*[3132] *ligatus*[3133], *atque spectaculum hostibus factus, veluti bos ad victimam ductus, cadat securi peremptus. Victis enim una*[3134] *est victoria et digna laude memoria, ne incruenta hostibus contingat victoria*[3135]. *Dixerat, et continuo cum suo comitatu vertens iter*[3136] *Moraviam, sic fatur Wacek*[3137] *ad comitem: O miserabilis fortunæ conditio, qua*[3138] *nunc cogor*[3139] *humi residere ut noctua, qui visus*[3140] *eram veluti agilis aquila ascendisse*[3141] *fere usque ad nubila. Cui Vacko: Non*[3142] *te,* inquit*, domine*[3143] *mi, frangat ista adversitas, quam cicius felicior sequetur*[3144] *prosperitas, quia et solis post aquæ*[3145] *nubem magis nitet claritas. Talis enim vicissitudo omnium rerum est in mundo.* Quos abeuntes dux Borivoy cum suis prosequitur [3146], et quamvis septies plus de militibus habebat, tamen non audet cum eis committere prælium, quia timuit suorum [3147] perfidiam, ne sua castra deserentes ad hostium se transferant miliciam. Prosecutus est autem eos a longe usque ad introitum silvæ (682).

18. Anno dominicæ incarnationis 1106, inventore discordiarum diabolo seminante discordias per universum [3148] orbem terrarum, quidam sui cooperatores extiterunt ex Teutonicis proceres [3149], qui seducentes filium imperatoris, regem videlicet Henricum quartum, persuaserunt ut contra genitorem suum arma sumeret. Qui filii sui a facie fugiens, in urbe Ratisbona cum paucis munivit se armis, et mittit pro duce Borivoy, ut sibi in auxilium cum exercitu suo veniat. Nec mora, venientes Boemi non longe a Ratisbona metati sunt castra juxta fluvium Reznam; ex altera autem parte ejusdem fluminis erant castra filii imperatoris. Tunc qui videbantur esse fautores cæsaris, primus Lupoldus marchio orientalis lapsus fuga noctu repatriat cum suis, Depoldus [3150] (683) autem et Berengerus [3151] (684) marchiones [3152] transferunt se ad castra regis Henrici junioris. Videntes autem Boemi se undique esse destitutos, nichilominus celerius ut potuerant, simul noctu maturaverunt [3153] fugam. Quod videns imperator deserit [3154] Ratisponam, et transiens per australem plagam via qua itur ad Netolic [3155] (685), intrat Boemiam, quem dux Borivoy honorifice suscipiens [3156], sicuti ipse cæsar disponebat, versus Saxoniam dat sibi conductum per terram suam cæsare dignum, deducens eum usque ad generum suum Wicbertum [3157] (686). Inde per Saxoniam transiens et Renum perrexit Leodium, ubi non post multos dies cum vita amisit imperium 7 [3158] Idus Augusti.

19. Eodem anno Suatopluk convocans eos qui secuti eum fuerant de Boemia, quid opus sit facto jam in incepto negotio quærit consilia. Tunc Budivoy [3159] filius Hren [3160], cæteris ætate senior linguaque discercior [3161], in adversis et prosperis vir æquanimis [3162], et in talibus negotiis ab ineunte ætate vir eruditus ac plenus versuciis, his usus est alloquiis: *Varius est eventus in prælio, et* [3163] *nunc hi, nunc illi prævaluere bello. Nos autem, fratres, nondum usque ad sanguinem pugnavimus, nondum fecimus capitibus nostris* [3164] *pontem, quo* [3165] *itur ad solium, quem* [3166] *utique et facturi sumus, si sors facere compulerit. Sed quoniam non semper armis, sed sæpius dolis ad ardua honoris venitur fastigia, nunc positis armis utamur dolis. Talibus enim artibus Troya ab Argis* [3167] *est in decimo anno capta, et Prudentius refert in Psihomahia* [3168] *dicens:*

Nil differt armis contingat palma dolisve (687).

Nec mora, mittitur alter, ut ita dixerim, versipellis Sinon [3169] in Boemiam, multimodis instructus dolis, nepos Gapatæ [3170], qui paratus in [3171] utramque fortunam (688), casus [3172] non timuit mortis, cui apte sonat nomen virilis, quia viriliter egit. Nam sicut olim Sinon Argivos armatos equo inclusos per sua mendacia traxit Troyæ in mœnia, ita per istius falsidica commenta duci Suatopluk victa patuit Boemia. Hic ut pervenit ad ducem Borivoy, genibus

VARIÆ LECTIONES.

[3132] post terga manib. A. [3133] deest A. [3134] deest 4, 4a. [3135] corr. A. [3136] versus *inserunt* 4, 4a. [3137] Waczek 2. Vecek 3. [3138] quia A. 4. [3139] color corr. al. manu cogor A. [3140] usus A. 2, 4, 4a. [3141] ascendere A. [3142] omissum 4a. [3143] dux 2b. [3144] sequitur 2b. [3145] corr. A. aquam 2, aqueam 2b, aquosam 3, aquam et 4, 4a. [3146] persequitur 2b. [3147] deest 2, 2b, 3. [3148] ita A. deest rell. [3149] proceris 4a. [3150] Dupoldus 2b, Diepoldus 4. [3151] Rerengerus 2, 2b, Regnerus 3. [3152] deest A. [3153] matur. simul noctu A. [3154] urbem *add.* 4a. [3155] Netolicz 2b, Necholic 3, Netholic 4, 4a. [3156] suscepit A. corr. al. man. suscipiens. [3157] Wigbertum 2. [3158] VI, 4a. [3159] Borivoy 3. [3160] Chren 4, 4a. [3161] discretior 2. [3162] æquanimus 2, 2b, 3, 4. [3163] omittit 4a. [3164] vestris 2. [3165] viam qua 4, 4a. [3166] quam 4a. [3167] Agris 2, ab Ar. est al. man. in margine A. *falso in textu* ab agris talibus enim. talibus est — Argis *in rell.* [3168] Psicomachia 4. [3169] Symon 4. [3170] Gapati 2b, Sapacæ 3, Gapathe 4, 4a. [3171] ut 2. [3172] casum 2b.

NOTÆ.

(681) In sequentibus iterum Sallustium in oratione Catilinæ, c. 58, imitatus est.

(682) Hoc jam anno 1104, factum esse probant Ann. Hisdesheim. et Ann. Saxo.

(683) Comes de Vohburg, marchio Nordgaviæ, qui jam priori tempore ad Heinricum juniorem transierat. Cfr. Ann. Hildesheim. 1104.

(684) Sulzbacensis. Consentit de his Ekkehardus

(685) Netoliz.

(686) Usque ad montes Wissechore i. e. montes Saxoniæ metalliferos. Cfr. monachum Opatovicensem ad a. 1105 in Palacky Würdigung, p. 55.

(687) V. 550.

(688) Virg., Æn. II, 61.

provolutus, fictis lacrimis rigat pedes ducis, et tandem surgere jussus talia fatur: *O me miserum vix, Delituisse fuga, et [3173] vix evasisse scelestas manus impii Suatopluk, qui si me cepisset, procul dubio hosce oculos mihi eruisset. In quo quoniam me aliter ulcisci nequeo, o Deus omnipotens, fas mihi sit ejus secreta detegere, fas mihi sit omnes qui sunt in hac terra ejus familiares prodere.* Sicque miscens vera falsis multis criminatur Suatopluk flagiciis, et ut sibi magis credatur, dicta sua confirmat sacramentis. Talibus artibus atque insidiis vir bonus et simplex dux [3174] Borivoy deceptus et multum mendaciis credulus, ramos robustos quibus et ipse innixus sedit et honorem suus pependit [3175], incaute præcidit, et ab alto culmine cecidit [3176]. Nam amicos suos fideles Boscy et Mutinam sæpe capere et ut hostes rei publicæ punire voluit, sed quia consiliarios suos Grabisam et Protiven [3177] plenos rimarum habuit, velle suum prædictos comites non latuit. Qui statim transferunt se ad fratrem ejus Wladizlaum et jam [3178] frementi et sævienti [3179] addunt stimulos, ut magis sæviat contra germanum suum Borivoy, cui jam abrenuntiaverat fidelitatem et fraternitatem suam et amiciciam, et palam miserat ad [3180] Suatopluk in Moraviam Vitalmi [3181] fratrem nomine Pulonem [3182]. Quem advenientem Wladizlaus et cæteri comites [3183], heu insensati! et quasi suimet hostes et patriæ inimici, ad suam perniciem trahunt rabidum lupum in ovile [3184] ovium, qui non solum oves, verum etiam ipsos dilaniaret [3185] oppiliones. Ergo Borivoy mitis ut agnus, regno privatur, et Suatopluk sævior tigride, ferocior leone, intronizatur anno dominicæ incarnationis 1107 (689) pridie Idus [3186] Maii.

20. Hoc novum nec prius in Boemia factum circa [3187] adjacentes mirantur gentes, et pejora in futurum Boemis vanæ mentis per præsagia auguriantur [3188]. Hinc filii Pannoniæ Cassandri lætantur, inde Poloniæ nequam trapi (690) incircumcisis labiis gratulantur, quia, dum isti principes semetipsos inquietant, illi quiete potiuntur. Multi autem ex comitibus, quos ipse Borivoy de proselitis (691) fecerat comites, comitabantur eum et secum in Poloniam proficiscuntur. Videns autem quæ fiebant Sobezlaus [3189], tercius natu post Borivoy [3190], jam bonæ indolis juvenis, secutus est fratrem [3191] in Poloniam. Hisdem temporibus rex Heinricus quartus forte aderat in Saxonia (692), ad quem Borivoy acceleret et illatam sibi injuriam apploret, et ut ei injuste sublatum restituat Boemiæ ducatum, immensa auri et argenti pondera promittit se daturum (693). Protinus rex mittens unum de satrapis, sic mandat Suatopluk paucis: *Per coronam capitis mei mando tibi et præcipio [3192], ut sine dilatione ad me venias, aut si venire tardaveris, procul dubio ego [3193] in justicia [3194] te et tuam Pragam celeriter [3195] visitabo.* Qui mox coadunato exercitu veniens, sub ipso introitu silvæ juxta oppidum Hlumec [3196] convocat proceres et satrapas, et proponit eis fratrem suum Ottonem dicens: *Ego solus ibo, et mei capitis periculo scrutabor ancipites [3197] amicos regis. Vos hic expectate dubios [3198] casus incerti inventus; de cætero Deus omnipotens [3199] nostros [3200] præveniat et subsequatur actus.* Et assumptis secum paucis, it temere in [3201] apertum ruiturus laqueum. O stulta sapientia viri, immo audax audacia ducis! Vadit [3202] haud [3203] ignarus, quid sibi facturus rex auro corruptus [3204] et avarus [3205] ut infernus. Quem advenientem, sine omni audientia rex jussit retrudi in custodiam, et convocans eos qui secum venerant, tradit eis Borivoy ducem, ut reducentes eum in urbem Pragam iterum relevent [3206] in principalem cathedram. Qui remeantes cum eo, tercia die metati sunt castra juxta castellum [3207] Donin (694). Audiens hæc Otto [3208], ait ad suos: *Quid expectamus hic? jam quod timebamus evenit, et quod verebamur accidit. Eamus et videamus novum ducem, si regis dextra cum nostra [3209] defendat ab asta [3210] (695).* Et ordinans ex electis militibus sex legiones [3211], noctu transcendens montes, mane diluculo irruit in castra Borivoy. Sed ille [3212] præscius jam lapsus fuga delituerat, quia quidam profugus ex castris Ottonis causam sibi clam innotuerat.

21. Præsul autem Hermanus, vir prudens et justus, inter varios casus utriusque ducis quasi inter Scillam et Caribdim positus, ne videretur utramvis partem eorum incertam secutus, secessit ad amicum suum Ottonem Babenbergensis [3213] ecclesiæ episcopum. Borivoy autem, licet quod pecierat non obti-

VARIÆ LECTIONES.

[3173] *deest* A. [3174] *deest* 3. [3175] honorem *suspendit* A. [3176] excidit 2. [3177] Protucen 3. [3178] etiam 2. [3179] sitienti 3. [3180] ita A. per 3. pro *rell.* [3181] Wilhelmi 2. Willehalmi 2b. 3. Willalmi 4. 4a. [3182] Polonem 2. [3183] omissum 4. 4a. [3184] suarum *addunt* 4. 4a. [3185] dilaniaverunt 4. 4a. [3186] II. Idus 2b. 3. 4. 4a. [3187] ita 3. [3188] auguriantur 2b. 3. [3189] Sobieslaus 2. Zobezlaus 2b. 4. 4a. Zobeslaus 3. *et sic deinceps.* [3190] tercius — Borivoy *desunt* A. [3191] suum *inserunt* 4. 4a. [3192] et præcipio *omissa* 5. [3193] *deest* 5. [3194] et judicio *addunt* 4. 4a. [3195] *deest* 3. [3196] Hlimecz 2. Hlymec 2b. [3197] ancipes *corr. al. man.* A. [3198] expectat dubius 4. 4a. [3199] *deest* A. [3200] vestros 2b. 3. 4. 4a. [3201] *deest* 3. [3202] *omissum* 2. [3203] *corr.* A. [3204] bibliopegi errore sequentia folia in 1. disjecta sunt. [3205] aversus 1. [3206] relevant *corr. ab. atram.* 1. eum *add.* 4. [3207] nomine *inserit* 3. [3208] audiens *repetit* 1. [3209] vestra 2b. [3210] ista 2. 2b. 3. hasta 4. 4a. [3211] ordinatis — legionibus 3. [3212] ille jam' A. horum *inserit* 4. [3213] bbbg A. Bamberiensis 2. Bambergensis 2. 3.

NOTÆ.

(689) Consentiunt Annales Pragenses; cfr. quoque diploma apud Boczek I, 191.

(690) Trapus est pannus, igitur hoc loco homines abjectissimi.

(691) Advenis.

(692) Mense Julio Goslariæ residebat Heinricus, cfr. Bochmer n. 1981.

(693) Vide Annales Hildesheimenses 1107.

(694) Dohna.

(695) I. e. hasta.

nuit, tamen quam promiserat regi pecuniam persolvit [3214]. Quia vero omnes homines, uti res se habent, ita [3215] magni atque parvi sumus, ecce dux (696) magni nominis positus in custodia cujuslibet parvissimi hominis obtemperat jussis, et a minus [3216] dignis laceratur [3217] obprobriis.

Ach ! secum quantas curas in pectore versat (697), quotiens per primos palacii iram regis flectere temptat ? Sed quoniam manu vacua frustra pulsatur regum janua, manus vero uncta frangit adamanta, promittit regi [3218] decies mille marcas argenti. Ah ! quid non dabit homo imminente [3219] cervicibus [3220] gladio ? Quis in angustia constitutus [3221] non libenter daret pro se [3222] quicquid haberet ? Atqui [3223] si rex ab eo cencies mille talenta exigeret, nichilo stulcius esset, si pro vita sua etiam montes aureos non promitteret ? Hujus gratia rei accipiens [3224] ab eo rex [3225] sacramentum [3226] fidei, dimittit eum et mittit secum ex clientibus unum, qui acciperet censum denominatum. Qui cum venisset Pragam, continuo sacra spoliat delubra, ornamenta contrahit muliebria, et quicquid micabat auri et argenti in Boemia corrasit, et vix collegit 7 marcarum milia; de cætero fratrem suum [3226] Ottonem dat regi obsidem. Similiter et præsul Hermannus adveniens [3227], de dote sanctæ ecclesiæ præstitit duci [3228] 70 marcas obrizi auri; Item ejusdem ecclesiæ 5 pallia cum limbis Ratisbonæ apud Judeos sunt posita in vadimonio pro 500 marcis argenti. Certe non abbas [3229], non præpositus, non clericus, non laicus [3230], non Judæus, non mercator, non trapezeta [3231], non citarista fuit, qui non conferret invitus aliquid duci [3232] de sua apoteca. Post paucos vero dies Otto elapsus fuga, regressus [3233] est ad fratrem suum de curte regia, quod valde regi displicuit.

22. Anno dominicæ incarnationis 1108, sicut sæpe fit, ubi mas et femina uno lecto cubant duo,
Gignitur extimplo tercius ut sit homo,
ita conjunx nobilis (698) Zuatopluc ducis
Edidit et tenerum suspendit ad ubera natum [3234].
Pro quo rex Heinricus post quinque menses misit, et de sacro fonte baptismatis eum levat, atque nomine suo Heinricum vocat. Quem remittens ad patrem [3235], omne debitum, scilicet 3000 talentorum, compatri suo Suatopluk dimisit, et præcipit ut paratus sit secum in expeditionem contra sæviciam Ungarorum (699); quia rogatu quorundam Teutonicorum illuc proposuerat ultum ire necem Hierosolimitanorum, quos illa gens ob crudelitatem [3236] suam alios gladio interemit, alios in servitutem [3237] redegit. Jamque mense Septembri, dum moratur Suatopluk dux cum rege in Pannonia juxta civitatem Possen (700), Borivoy cum Polonis hostilier intrat Boemiam, Wackone [3238] et Mutina in fugam versis cum suis præsidiis [3239] de municione, quæ fuit firmiter posita versus terminos Poloniæ; nam dux Suatopluk abiens duobus his omnem curam suam comiserat, et ut essent in tutelam Boemiæ cunctis eos præfecerat. Cumque Wacko socium [3240] Mutinam vidisset non acriter pugnare, nec viriliter hostibus resistere super municionem, ex hac occasione ratus quod consilio ejus Borivoy Boemiam intraret, mox unum ex militibus clam misit, qui hæc omnia duci Suatopluk intimaret. Similiter alium militem instruxit dolis, et misit in castra Borivoy ducis; qui paratus in utrumque

Et versare dolos simul aut succumbere morti (701), veniens ad prædictum ducem Borivoy finxit se fugisse [3241] de castris Zuatopluk ducis, et nunciat jam [3242] de Ungaria eum redisse, atque in crastinum [3243] cum eis pugnaturum confirmat [3244] per suæ fidei sacramentum. His mendaciis illi [3245] perterriti, eadem nocte in Poloniam sunt reversi. Quibus auditis rex Heinricus fertur dixisse compatri Zuatopluk : *Nisi tuas injurias in Poloniis ulciscar, projecta vilior alga* [3246] (702) *semper habear.* Interea Zuatopluk inflammatus ira, absens in absentem Mutinam dentibus stridet, oculis scintillat, et alte suspirat. Vix diem expectat quo in illum suam effundat iram, pro nichilo reputat, 'si unum Mutinam puniat, jam diris promissis [3247] cum juramento se obligat, quod illam totam generationem ut lucernam gladio extinguat, et quia quosdam ex illis in obsequio suo [3248] præ oculis habet, corde dolet, vultu autem ad omnes se hylarem [3249] exhibet. Cui post advenienti sub ipso exitu silvæ, juxta oppidum Lutomisl [3250], Wacek

VARIÆ LECTIONES.

[3214] solvit 4. [3215] *ut inserunt* 4. 4ª. [3216] *ita* 1. *superscr. al. man. in illo a minimis. animus* A. 2. 2ᵇ. 4. 4ª. [3217] lac. dig. A. [3218] *deest* A. [3219] inmitente 1. [3220] cervici 4ª. [3221] positus 4. [3222] pro se desunt 3. [3223] aut qui 1. atque 3. [3224] accepits — sacramentis 3. 4. [3225] rex *deest* A. 2. 2ᵇ. 4ª. [3226] *deest* A. [3227] advenientes 4. [3228] Zwatopluk *addunt* 4. 4ª. [3229] habbas 1. [3230] non laicus *omittit* 3. [3231] trapezita 1. [3232] regi 4. *deest* 4. [3233] *ita* 1. reversus *rell.* [3234] nomine Wacezlaum *addunt* 4. 4ª. [3235] suum *addunt* 4. 4ª. [3236] credulitatem *corr.* crudel. A. [3237] suam *addit* 4. [3238] Waczkone 2. Veckone 3. *et deinceps.* [3239] prædictis A. [3240] suum *addit* 3. [3241] aufugisse 4. [3242] eum jam A. [3243] in castrum 3. [3244] confirmans 4. *deest* per. [3245] *deest* 4. [3246] *deest* 2, 2ᵇ. [3247] præmissis 4ª. [3248] *al. man. in margine* A. se 2. se *supra posito sibi, addito in margine* forte suo 2ᵇ. sibi 3. suo 4, 4ª. [3249] ylarem 1. hila-' 2ᵇ. [3250] Liutomysl 2. Lucouis 3. Lutomizl 4, 4ª.

NOTÆ.

(696) Swatopluk.
(697) Virg., Æn. V, 702.
(698) Ex annalista Saxone nonnulli sibi persuaserunt uxori Zuatopluci nomen fuisse Itæ, sed sine dubio annalistam in errorem duxit vocula *ita*, quam hoc loco apud Cosmam legimus, qua ille nomen indicari falso opinatus est.
(699) Almus a fratre Colomanno rege expulsus D auxilium petierat ab Heinrico V; cfr. Ekkehard. Uraug.
(700) Presburg, vide diploma Heinrici V die 29 mensis Septembris 1108 eodem loco datum, Boehmer 1991. Ekkehardo est Bresburg castrum, Ottoni Frisingensi VII, 13, Posonium.
(701) Virg., Æn. II, 62.
(702) Virg., Eclog. VII, 42

cum Mutina occurrunt. Nunciatumque est illa die ter ab amicis suis Mutinæ, quod nisi aufugeret, procul dubio aut vitam aut oculos amitteret. Sed quia jam eum premebant sua fata, visa sunt sibi verba amicorum suorum quasi deliramenta [3251]. *Neque est,* inquit, *vir fortis, fatum qui timet mortis.*

23. Ut autem intraverunt castrum Wratizlau [3252] (703), postera luce summo mane convocat omnes proceres in coetum; quibus congregatis in unum, sicut leo de sua emissus cavea in teatrum stat rugiens et erectis jubis expectat edulium, sic Zuatopluk intrans stubam, sedit in medio super truncum fornacis, plus succensus ira

Quam fornax, qui [3253] species succenditur flamma, et circumspectis omnibus, intuens torvis oculis Mutinam, taliter indignantia solvit ora (704) :

O gens invisa propagoque Diis odiosa !

o *nequam filii Vrisovici* [3254], *nostri generis familiares inimici! An unquam* [3255] *mihi excidet de memoria, quod super atavum* [3256] *meum Jaromir in monte Veliz* [3257] *vobis quidem ludicra, nobis autem* [3258] *fecistis sempiterna ludibria* (705)? *An inmemor ero, quod fratrem meum* [3259] *Bracizlaum* [3260], *quasi eximium sydus in toto orbe ducum, tu et frater tuus Bosey fraude maligna* [3261] *necastis* (706)? *Quid autem meruit frater meus Borivoy, qui sub vestra potestate regnabat, et per omnia vobis ut proprius empticius parebat? Atqui per innatam vobis superbiam ducis non sustinuistis modestiam, et me quantum solitis versuciis inquietastis, donec vestris pravis acquiescens consiliis, peccans in fratrem meum Borivoy, valde peccavi, quia* [3262] *solio eum privavi! Et hoc est unum mihi quod dolet atque dolebit in œvum. Adhuc etiam atque etiam audite, o mei proceres, quid filius iniquitatis et caput tocius impietatis fecerit iste Mutina, quem ego nuper, cum vobiscum irem* [3263] *in expeditionem, post me secundum reliqui hujus terræ præsidem et præceptorem. Ille autem bonus vir fingens se ire* [3264] *venatum, non pertimuit noctu ire in Poloniam Zvini* [3265] (707) *ad oppidum, ut cum suo patruo Nemoy ageret consilio, quo me pelleret de solio.* Fit murmur confusum [3266], et ardentem ira ducis animum magis magisque ut ardeat per suum succendunt assensum.

A Tunc dux [3267] asstanti et conscio sui conatus lictori ex obliquo [3268] innuens, exiit [3269] foras. Qui statim super Mutinam nichil tale metuentem irruit. O mira paciencia comitis! Ad duos ictus sedit immobilis, ad tercium vero cum surgere [3270] conatur [3271], capite plectitur. Eadem hora et in eadem stuba capti sunt Unezlav [3272], Domasa [3273] et duo filii Mutinæ. Unus autem Neusa [3274], qui erat ex altera natione, valde tamen familiaris Mutinæ, videns quæ fiebant fugit; et [3275] aufugeret [3276] jam [3277] extra urbem fugiens [3278] per arbusta, si non eum notabilem redderet rubra tunica; qui ilico captus, oculis et mentula est privatus [3279]. Et sicut sæpe fit cum irrumpit cruentus [3280] lupus in ovile ovium, sævit, mactat, nec prius rabiem suam [3281] placat aut a cæde ces-

B sat, quam [3282] omnibus mactatis ovibus : ita Zuatopluk oblitus unius cæde hominis, exarsit in iram et jussit ut omnis illa natio sine ætatis discretione et sine temporis dilatione plecteretur capite, et astante comitum agmine dixit : *Qui non aborret mea implere jussa, dabitur ei crassa auri massa. Qui autem Bosey et ejus filium interficiet, centuplum accipiet et hæreditatem illorum possidebit.* Non ocius evolant venti, quando [3283] rex eorum Heolus [3284] perforat cuspide latera montis (708) sub quo inclusi [3285] tenentur, quam [3286] proceres Vacula [3287], Hermannus, Kirassa [3288] et alii quam plurimi insiliunt equos [3289], et volant præpeti [3290] cursu in fata Bosey et filii ejus; cæteri per terram discurrunt et investigant, ut totam [3291] gentem illam de medio tollant.

C 24. Interea Bosey in villa Lubic heu! ignarus fatorum dum se locat cum filio et uxore ad prandium [3292], astitit puer qui diceret : *Ecce, domine, multi sine ordine accurrunt per campum festinando.* At ille : *Veniunt*, inquit, *de expeditione; veniant ad nos cum Dei benedictione* [3293]. Dum hæc loquitur, ecce truculentus [3294] Kyrasa [3295] aperit ostia, et fulgurans evaginato gladio clamat [3296] : *Exi, sceleste, exi, male conciliate, qui meum cognatum Thoma.k occidisti sine causa in tempore quadragesimæ.* Et surgens filius ejus Boruth [3297] : *Quid*, inquit, *fratres, agitis? Si jussi sumus ut capiamur, sine armis et tumultu capi possumus*, et excipit incautus gladium

---

VARIÆ LECTIONES.

[3251] liramenta 3. [3252] Vratizlu 1. Wratislai 3. [3253] quæ 3. [3254] Wrisowici 1. Wrissevici 2b. Wersovici 3. Wrssowic 4, 4a. [3255] corr. A. [3256] repetit et delet 1. [3257] Weliz 1, 2. [3258] quidem 2. [3259] deest 3. [3260] superscr. al. manus A. loco Bolezlau. [3261] malicia 1. [3262] quod 2b. [3263] veni 3. [3264] se deest 3 ire deest A. 2, 2b. 4. [3265] Swidnicz 2. Zwini 2b, 4. Swini repetito noctu ire ante vocem Swini 4a. [3266] confissum A. [3267] Zwatopluk addunt 4, 4a. [3268] ex obl. desunt 2b. [3269] exit 2, 3, 4. [3270] fugere 3. [3271] repetit et delet A. [3272] Unislaw 2. Uinzlau 2b. Unislau 3. Unizlau 4. Unizlaw 4a. [3273] Domassa 2, 4. Damassa 3. [3274] Neussa 1, 4. Neusse 3. [3275] et corr. al. manu ut A. ut inserunt 2, 4a. [3276] aufugerat 2b, 3, 4a. [3277] jamque A. [3278] fugerat A. [3279] qui — privatus desunt A. [3280] omittunt 4, 4a. [3281] deest 2, 4a.. [3282] quomodo 4. [3283] cum 2b. [3284] eolus 1. [3285] deest 5. [3286] deest 2, 4a. [3287] Vacl'a quod legendum Vacula 2. Wacula rell. [3288] Kyrassa 1, 2. Kraissa 4, 4a. [3289] eos 2. [3290] perpeti 3, 4, 4a. [3291] deest A. [3292] prandendum 4. [3293] veniant — benedictione desunt 2b. [3294] trunculentus 2 4a [3295] Kirassa 1, 4. [3296] dicens addunt 4, 4a. [3297] Boruch 5.

NOTÆ.

(703) Wratislaw haud procul ab urbe Hohenmaut.
(704) Cf. Ovid., Met. VII, 190.
(705) I, 34.
(706) III, 13.
(707) Schweidnitz.
(708) Virg., Æn. I, 81.

capulotenus per mediam alvum. Nec mora, et adhuc nati Sanguine madentem jugulo pater excipit ensem. At illi invasores, velut urbium expugnatores, immensas diripiunt gazas, et, sicut ait Cato :

Labitur exiguo quod partum est tempore longo;

namque de tantis diviciis nec unus superfuit pannus quo eorum tegeretur corpus. Sed sine sarchophago et obsequio funebri Bosey et ejus filius Borath, velut jumenta sunt nudi in fossam præcipitati 6 Kal. Novembris (709). Scire mihi non licuit, quot capita ex gente illa leto sunt dedita, quia nec in una die nec uno in loco sunt perempti. Alii namque in forum ducti, ceu bruta animalia sunt mactati, alii in monte Petrin (710) decollati, multi in tectis sive in plateis sunt trucidati. Quid autem referam de morte natorum Mutinæ, quorum mors visa est omni crudelior morte? Erant enim bonæ indolis pueruli, vultu spectabiles, visu amabiles, quales nec sagax artifex in albo ebore nec pictor in pariete valet exprimere. Vidimus enim eos miserabiliter in forum trahi et sæpius clamantes *Mater mi! Mater mi!* cum cruentus carnifex ambos ceu porcellos sub ascella interficeret cultello.

Diffugiunt omnes sua pectora percutientes, ne viderent carnificem tam crudele facinus operantem. Cæteri vero qui superstites fuerunt ex gente illa, delituerunt fuga; alii in Poloniam, alii fugientes in Pannoniam, de quorum excidio simul et discidio licet amplam habeamus ad scribendum materiam, sed ne videamur velut hircino cantu explicuisse tragediam, redeamus unde paulo digressi suimus, ad chronicam (711).

25. Factum est autem, postquam rex Heinricus reverteretur soluta obsidione a civitate Possen, Colmannus rex Ungariæ non longo post tempore volens sibi illatas a Zuatopluc duce ulcisci injurias, intrat Moraviam et eam hostiliter devastare cœpit. Nam cum rex Heinricus intentus bellicis armis ex omni parte cingeret obsidione urbem Possen, dux prædictus cum suis Boemis, quicquid erat ex hac parte Vag fluminis a Trencinopoli (712) quoad usque prædictus amnis influat Danubium, nichil reliquerat incombustum. Sæpe etiam speculatores sive exploratores a rege Pannonico missos idem dux comprehensos naso privaverat et visu. Quadam similiter die plus quam mille viros ex electis militibus a prædicto rege ad hoc directos, quatenus per insidias aut pabulantes scutarios caperent, aut super incautos Teutonicos noctu irruerent, duo Zuatopluk prægnoscens ubi inter paludes latitabant, repente irruens, omnes usque ad unum, velut pisces missa sagena captos, alios interfici, alios in eculeo suspendi jusserat, paucis vero, accepta magna pecunia, vitam concesserat. Talia ob facta et alia hujusmodi, quibus Ungaros afflixerat dux Zuatopluk, ut audivit regem videlicet Colomannum invasisse Moraviam, confestim coadunavit utrumque exercitum Boemiæ atque Moraviæ; cumque festinasset in opaca nocte per silvam, ardens latenter subire inimicum et cum eo in crastinum commitere pugnam, inter tot milia militum secum festinantium : mira res, ipsius ducis in pupilla oculi male prominens præcisus ramus tam fortiter fixus est, ut, surculo vix eruto simul et oculo, seminecem tollentes ducem, reversus est exercitus ad propria mœstus pridie Idus Novembris.

26. Anno dominicæ incarnationis 1109, 10 .una mensis Februarii, quia grande inhorruerat frigus et omnes aquæ erant congelatæ valde, dux Suatopluc jam eruti sanato vulnere oculi, continuo iterum coadunato exercitu, tribus diebus et tribus noctibus continuo festinans, intrat Ungariam, et nemine eorum præsciente, ex improviso applicuit cum exercitu ad urbem Nitram (713) ; et irrupisset in eam, si non vigiles qui semper ibi sunt custodientes clausissent portam. Depopulato igitur et succenso ejus suburbio, redeuntibus occurrunt eis agmina multorum in curribus et in equis fugientium ad prædictam urbem. Quibus insimul, quasi manipulis in agro collectis, villis eorum combustis, omni illa regione devastata, maxima onustati jumentorum et cæterarum rerum copia, hylares ad proprios reversi sunt lares.

27. Eodem anno excellentissimus rex Hein-

VARIÆ LECTIONES.

3298 *deest* 2b. 3299 medium 4. 3300 madantem 2. madente nati sanguine 4ᵃ. 3301 in *add.* 1. 3302 impugnatores 2. 3303 *ita* 1. jamque *rell.* 3304 Bosei 4. 3305 fil. ejus A. 3306 gente ex A. 3307 Petrzin 2. 3308 *deest* A. 3309 omnium 2b. 3310 justi 2. 3311 ac plorantes *addunt* 4, 4ᵃ. 3312 artifex A. 1. 3313 cutello A. 3314 videant A. 2, 2b, 3, 4, 4ᵃ. 3315 dissidio 2b. 3316 apostolicam 1. . 3317 yrcino 1. 3318 Colomannus 1, 2b, Cholomannus 2, Colmannus 4. 3319 obsidionem 4. 3320 Wag 2. 3321 Atrentinopolim 2, a Trentinopolim 2b, Atrenemopolim 3, a Trencinopolim 4. 3322 influit 2, 3, 4, 4ᵃ. 3323 faculatores 2. 3324 *deest* 2. 3325 electos 2. 3326 ad hæc 2. 3327 *ita corr.* A. scurarios 1, 4ᵃ scrutarios 2, 2b, 3, 4. 3328 paludes 1. 3329 interfici jussit, alios in eculeo suspensos 3. 3330 afflicxerat 1. 3331 coadunat 2b, 3. 3332 milium 1. 3333 pupila 1. 3334 coad. iterum A.A'. 3335 irruisset 3. 3336 agris 4. 3337 reg. illa A. 3338 capia *corr. al.* man. copia 1. 3339 rex exc. A.

NOTÆ.

(709) Probat Necrologium Bohemicum.
(710) Mons S. Laurentii prope Pragam.
(711) Cfr. quæ de ejusdem gentis crudelissima clade retulerunt Dodechinus ad 1108, qui tria millia virorum occisos esse testatur, et monachus Pega- viensis qui hoc consilio Heinrici V factum esse vult.
(712) Trenczin.
(713) Neitra.

ricus [3340], memor iræ suæ et indignationis contra ducem Poloniæ nomine Bolezlaum memor pollicitationis quam pollicitus erat compatri suo Zuatopluc [3341] juxta urbem Possen [3342], uti supra retulimus, iter agens per Saxoniam, duxit secum Bawaros [3343] simul et Alamannos [3344] atque Francos orientales, et eos qui sunt circa Renum infra Agripinam Coloniam usque ad occidentales sui imperii terminos; nec defuerunt [3345] Saxones saxis rigidiores cum longis hastis [3346]. Quibus etiam Boemiis adjunctis mense Septembri (714) intrat Poloniam (715), et circa primum ejus oppidum Glogov [3347] disposita obsidione, devastat eam [3348] ex utraque parte fluminis Odræ, a prædicto oppido usque ad castrum Recen (716), et iterum cum magna præda reversus est ad castra. Ibi cum jam disposuisset, uti in crastinum ducem Zuatopluk et ejus dimitteret exercitum, totam in regalibus negociis usque ad noctem deduxerunt [3349] diem. Affuit interim [3350] in castris quidam miles audacissimis [3351] audacior, et, ut post a referentibus audivimus, missus a Johanne filio Csta [3352] de gente Wrissovici [3353] (717), qui in utrumque [3354] paratus

Aut partam [3355] magnis ausibus [3356] acquirere famam,
Aut cum morte ducis [3357] simul hanc amittere vitam,
stetit sub patula fago (718) juxta viam qua itur ad regalem curiam,
observans reditum ducis, dum rediret de curte regis.
Quem ut vidit primo jam noctis in crepusculo
stipatum ingenti [3357] caterva militum obsequentium,
insiluit equum, et paulisper se inmiscuit agmen in medium.
et toto annisu virium inter scapulas ducis [3358] vibrans [3359] jaculum,
Intima fatifero rupit præcordia (719) ferro.
Qui cicius quam tangeret humum exalavit spiritum,
Scilicet undenis Octobri mense Kalendis.
Corpus et examine [3360] sua non sine turma mœrore
Sublevat et plorat, flens ad sua castra reportat,
In castris multus per noctem fitque tumultus.

Nam huc et illuc palantes [3361] diffugiebant et iterum redibant, donec a rege missus Purcardus [3362] incertos motus plebis vix compescuit. Mane autem facto venit rex [3363] ut lugeret super compatre suo [3364], et astantibus universis [3365] Boemis concessit, ut quemcunque voluissent [3366] suorum ex filiis principum sibi in ducem eligerent. Tunc Wacko, sicut erat lugubris, rogat [3367] obortis [3368] lacrimis, ut fratrem interfecti principis Ottonem decernat [3369] eis ducem. Quem ilico rex collaudat, et populus insipiens per castra ter *Kirieleison* clamat. Nec mora, paucis scientibus filius Bugsa [3370] nomine Detrih [3371] currit curriculo [3372], atque quarta die summo diluculo adducit Pragam Ottonem, quem Vacko [3373] et [3374] universi qui erant de Moravia satagebant principalis sedis provehere ad fastigia. Quod quia sine consensu Boemorum et episcopi efficere conabantur, frustratur eorum temeritas, et sacramenta olim exhibita in medio concilio recitantur. Nam cum Zuatopluk ducem inthronizarent [3375], cuncti Boemi sacramentis confirmaverant, ut post ejus obitum Wladizlaus, si superstes esset, proveheretur ad solium.

28. Hos inter tantos populi motus Hermannus præsul et Fabianus comes, qui habuit in urbe Wissegrad præfecturam — hii quia cæteros sicut dignitate, ita et sapiencia præminebant — consilio prævaluerunt et toto annisu effecerunt, ut et sacramenta fierent [3376] inviolata, et Wladizlaus jura principatus jure adoptata omnibus assentientibus obtineret; elevatus est autem in solium sole morante in nona parte Libræ (Oct. 2). Cujus de virtutibus et gloria mihi videtur ut interim sileatur, dum

VARIÆ LECTIONES.

[3340] Heinricus *deest* 3, rex *deest* 4a. [3341] Zuatoplyk 1. [3342] Bossen. 3. [3343] Bavarios 1, 2b, 3. [3344] Alamnnos, a *superscr. al. man.* A, Almannos 2, Alemannos 2b. [3345] defuere 4, 4a. [3346] austis *corr.* hastis 1. [3347] Glogow 2, Glogou 4 [3348] *deest* 2, 4a. [3349] duxerunt 2, 2b, 3, 4a. [3350] *deest* 4, 4a. [3351] audacissimus 1. [3352] Cysta 1, 2, 2b. [3353] Wrissovic 1, Vrssevicz 2, Werssevic 2b. Warsovici 3, Wrssowic 4. [3354] utroque 4, 4a. [3355] aut partam *desunt* A. [3356] ausis 2b, *in margine*. [3357] Zwatopluk *inserunt* 4, 4a. [3358] ingenio 3, 4a. [3359] *ita corr.* A, et 3, 4, librans *rell.* [3360] exanimem 2, exanimum 2b, exanime, omisso et 3, 4, 4a. [3361] balantes 4. [3362] Purchardus 1. [3363] Heinricus *add.* 4. [3364] Zwatopluk *inserunt* 4, 4a. [3365] immensis 3. [3366] voluisset 1. [3367] *alia manu* 1. [3368] exortis A, abortis 2. [3369] decertat *corr. al. man.* decernat 1. [3370] Bosa 1, Busa 2, 2b, 4, 4a, Bussæ filius 3. [3371] Detrisek 1, 2b, 4, 4a, Dietrzisek 2, Detrissik 3. [3372] clanculo *superscr. al. man.* 1. [3373] Uacek 1. [3374] exciderunt folia duo vel tria cod. 1, *cum iis, de quibus supra, conjuncta*; *desunt omnia usque ad* III, 32, *frater ejus Wladizlaus.* [3375] *deest* A. [3376] essent 3.

NOTÆ.

(714) Annales Hildeshem. 1109. At jam die S. Bartholomæi apostoli i. e. d. 24 Aug. Oderam transiit Heinricus teste Martino Gallo.
(715) Vide Martini Galli Chron. III, 82, et de expeditione Heinrici V in Poloniam excursum 10 apud Roepell I, 669.
(716) Ritschen.
(717) Eum a Wiperto comite Groicensi missum esse legitur in Chronico Pegaviensi.
(718) Virg., Eclog. I, 1.
(719) Virg., Æn. VII, 347.

in hac vita conversatur, ne aut adulationis notam incurramus, aut dum minus de laudibus suis[3377] scribamus, derogationis offensam incidamus. Unde quidam admonet dicens : *Lauda virtutem ducis, sed post hujus bravium lucis.* Ut autem audivit Borivoy, quod frater ejus junior Wladizlaus post obitum Zuatopluk regni potiretur solio, continuo descendens a Polonia, perrexit in Zribiam ad Wigbertum suum per sororem generum. Cujus consilio fretus et auxilio, nec non et quorundam perfidorum ex nostris promisso confisus adminiculo, in vigilia nativitatis Domini (Dec. 24) mane diluculo nemine resistente urbem[3378] ingressus est Pragam, heu ! ad perniciem et exhauriendam multorum crumenam.

29. Hoc inoppino rerum eventu urbani valde turbati trepidant[3379] incerti, quas partes inter repentinos fortunæ casus sequi debeant. Multi eorum[3380], quorum sors fortunatior erat,

Rebus in urbe suis cara cum prole relictis,
Aufugiunt, nec scire queunt quæ castra sequantur.

Multi novarum rerum cupidi gaudent et exultant fugientibusque[3381] insultant, quia bona eorum duce Borivoy permittente diripiebantur. Præsul autem Hermannus in suo palatio deprehensus, quasi hostibus septus, ita a suis pacificis servabatur obclusus; sciebant enim quod libenter aufugeret, si aufugere quiret. Hos inter ancipites populi metus, Fabianus urbis Wissegrad præfectus[3382], quo se verteret[3383] incertus,

Maluit habire[3384] quam præsto nefanda videre,
Et sibi comissa discedens urbe relicta,
De re communi curæ sibi quæ fuit uni
Plurima conquestus, stans fatur talia mœstus :
Væ tibi Boemia, quæ non adeo nimis ampla,
Cum[3385] sis communis dominis subjectaque mu.tis,
Herili de stirpe sati sexuque virili
Jam sunt bis deni, nisi fallor ego, domincelli.
Unde poeta catus fertur dixisse Lucanus (720),
Non sibi sed populo gravis est nimis aucta potestas,
Nam quidcunque[3386] duces delirant, plectitur hoc
[plebs (721).

Dixerat et, ut supra dictum est, relicta[3387] Wis-
[segrad civitate, morabatur per villas in ejus vicinitate,

A fortunæ suspensus ambiguitate,
Ocior interea ventis et fulmine fama (722)
Diversis omnes implet rumoribus urbes (723),
In populo multus per terram fitque tumultus.

Multi enim, quibus bonæ desunt artes, rerum novitate gaudentes, huc et illuc per villas palantes[3388] et eas devastantes, expectabant ambiguos fortunæ casus; ast alii, quibus mens erat altior et fides purior, tendunt ad principalem sedem in urbem Pragam. Quid facerent? Haut inscii in apertam ruunt foveam, et[3389] nolentes volentesque[3390] accedunt ducis Borivoy ad fatorum aleam (724). Quos ille benigne suscipiens, obligat sacramentis et promissionibus multis, et committens eos Gabrissæ[3391] comiti, eadem die transfert se cum aliis ad tuciora urbis Wissegrad mœnia. Inde mane ad horam primam in ipso festo die (Dec. 25) regreditur Pragam, et cum magna cleri processione suscipitur, atque ibi audita missa iterum reversus est ad prædictam urbem.

30. Eadem nocte Otto, frater Suatopluc, et Wacek comes, venientes de castro Gradec[3392] cum tribus scaris militum, castra metati sunt circa Rokitnicam[3393] rivulum. Mane autem facto Wissegrad oppido applicuerunt, et omnes vias circumquaque custodibus oppilaverunt[3394], ita ut nec egredi posset nec ingredi quisquam[3395] in auxilium Borivoy. Disposuerat enim antea dux Wladizlaus, quod in prædicta urbe Gradec ipse natale Domini celebraret. Sed quia interim regis Henrici vocatione[3396] debuit in octavis[3397] Domini (Jan. 4) interesse regali synodo Ratisbonæ (725), præcepera Wacek comiti, ut quam studiosius posset, Ottoni, quem invitarat ad festum, amministraret convivium. Ipse autem propter jussum regis accelerans, in civitate Plizen[3398] cum cæteris comitibus festis diebus mansit duobus, tercia autem die, ut cognovit ea quæ gerebantur in urbe Praga, distulit et postposuit regis jussa, et in festo sancti Johannis apostoli et evangelistæ (Dec. 27), cum his[3399] qui secum fuerant in curte[3400], ad mœnia prædictæ urbis advolat, sed clausas invenit portas,

Vidit et armatos secum pugnare paratos.
Ad quos excelsa per propugnacula stantes
sic orsus est dicens ; Pacificus ad vos venio, reco-

VARIÆ LECTIONES.

[3377] ejus 3, 4ᵃ. [3378] *omittit* 2ᵇ. [3379] trepidabant 4, 4ᵃ. [3380] ita A, *deest rell.* [3381] fugientibusque A. [3382] præf. W. A. [3383] *ita corr.* A *vertat rell.* [3384] audire *corr.* habire A, audire *rell.* [3385] Heu 4. [3386] quodcunque 2, 4. [3387] deest 4. [3383] balantes 4. [3389] fide puriores *add.* A. *deest. rell.* [3390] volantes nolantesque A. [3391] Grabissi 4, 4ᵃ. [3392] Gradeck 3. [3393] Rokytniczam 2. Bruznicam 5. [3394] oppitulaverunt, *eraso in* A. et omnes — oppilaverunt *omissa* 4, 4ᵃ. [3395] nec egredi nec ingredi posset quisque 5 nec egredi quisquam posset, nec ingredi quisquam 4, 4ᵃ. [3396] natione 2. [3397] nativitatis *inserit* 2ᵇ. [3398] Plzen 2, Pilzen 3 Plrzen 4, 4ᵃ. [3399] cis 4ᵃ. [3400] urbe 2ᵇ.

NOTÆ.

(720) Pharsal. III, 152 :
Non sibi, sed domino gravis est, quæ servit, egestas.
(721) Hor., epp. I, 2, 14.
(722) Virg., Æn. V, 519.
(723) Virg., Æn. VII, 549.

(724) Lucan., Phars. V, 7.
(725) In Epiphania Domini Heinricum cum principibus colloquium Radisponæ habuisse testatur Ekkehardus.

gnoscite me, et aperite vestro [3401] *januas domino.* Ad
hæc verba ducis cum nullus respondisset, valde
iratus [3402] et multum eis minatus, flectit [3403] iter trans
torrentem Bruznicam [3404], et ut ascendit supercilium
montis, vidit a longe [3405] in campo longam seriem
armorum, in quibus Wacezlau [3406] (726), filius
Wigberti, veniebat in auxilium Borivoy. Et mittens
unum de satrapis [3407] explorat, utrum ex adverso an
pacifici veniant. Ut autem per internuncium [3408]
utrique recognoverunt se adinvicem, prædictus
juvenis expavit, et non aliter retorsit [3409] gradum
ac si durum in vepribus latentem calcaret ydrum,
et convocans suos in unum manipulum [3410] dixit:
Nullus nobis patet locus fugæ, nec latet nos invitos [3411]
subire aleam pugnæ. Hoc solum facite, ne hanc pu-
gnam illi [3412] *impune ferant.* Dixit, et expandunt [3413]
vexillum, atque [3414] clamant sanctam Mariam [3415]
sibi in auxilium. Dux autem [3416] per innatam [3417] sibi
probitatem semper exosus civilia bella, clamorem
eorum et ipsos parvi pendens, volebat [3418] præterire eos.

51. Tunc Detrisck, filius Busa [3419], fomes mali,
incentor [3420] sceleris, *Si te*, inquit, *non mordet nec*
tangit tua injuria a minus dignis tibi illata, saltem
nobis ignoscas, ut cognoscas utrum [3421] *viva an mortua*
caro simus. Ad hæc Wladizlaus dux, *Si*, inquit, *non*
gratiæ sed ignaviæ hoc asscribitur, hac hora videbis [3422]
Illic quot vicibus meus hic iterabitur ensis.
Et cicius dicto [3423], arrepto clypeo [3424], primus longe
prosiliit ex agmine, primus in adversa fulminat
acie, et veluti setiger sus turba canum septus, ita
dux inimicis circumventus hos proterit, illos prosternit,
Donec humano perfusus sanguine totus,
uno amisso comite Wacena [3425], victor venit in sua
castra jam ad radicem urbis Wissegrad posita. Fit
ingens clamor in castris præ gaudio, quia salvum
ducem receperunt de prælio. Filius autem [3426] Wigberti, velut anguis [3427] quem pastor [3428] sua peda (727)
medium fregit, ille [3429] attollens caput amissa cauda
vix serpit, ita prædictus puer quibusdam amissis,
quibusdam vero [3430] graviter vulneratis,
Corde mœrens valde subit [3431] ardua mœnia (728)
[Pragæ.

A Res similis prodigio, quotquot vulnerati fuerunt,
omnes interierunt. Quid admiramur [3432] si propter
unum scelus filiorum Pelonis [3433] sol suos oculuit et
obumbravit radios super civitatem Argos, cum
inter has contiguas urbes tot pejora sunt patrata
scelera? Crudelius enim civili geritur bello, ubi
filius patrem cimbello [3434] et pater filium provocat
duello, alius cit [3435] suum germanum ad monomachiam, alius fratrem ceu hostem captum ligat et expo-
liat, alius cognatum suum obtruncat, alius amicum
quasi inimicum trucidat, ubique fœda res agitur [3436]
et abhominabile scelus patratur. O Jesu, bone Domine!
quæ pateris in homine? Quam pacienter expectas
quo minus habeas [3437] quos pro merito punire debeas [3438]?

52. Interea dux Wladizlaus jam dudum præmiserat [3439] Hermannum et Zezeman [3440] comites ad regem Henricum, qui forte in urbe Bamberk proximum [3441] celebrabat [3441] natale Domini (Dec. 25), et
promittens ei 500 [3442] marcas argenti (729), rogat
suplex quo dignaretur, aut per se aut per suos nuncios, a fratre Borivoy instinctu Wicberti sublatum
sibi restituere [3443] ducatum. Rex autem, licet [3444] eo
tempore valde iratus esset Wicberto, magis tamen
successus amore denominati census, continuo exercitu concitato, inchoante dominicæ incarnationis
1110 anno, in Kalendis [3445] Januarii ingressus est [3446]
Boemiam. Et præmittens duos marchiones Depol-
dum [3447] et Berngerum [3448], mandat ut interposita
pace Borivoy et frater ejus Wladizlaus, simul
Hermannus præsul atque filius Wicberti [3449] cæterique Boemiæ majores natu, occurrant sibi ad curtem episcopi in villa Rokican [3450]. Quo cum secundum regis jussum advenissent, sine omni audientia
Borivoy et filius Wicberti capitur [3451], præsulis autem
causa probatur esse justa, manu [3452] regis auro uncta.
Post hæc omnes fautores Borivoy, jubente duce
Wladizlao [3453], alii visu privantur et censu, alii
tantum [3454] rebus substancialibus expoliantur, cæteri
qui hanc cladem evadere valuerunt, ad Zoblczlaum
filium regis in Poloniam fugierunt. Inter quos Johannes, filius Csta, de gente Wrissovic captus, de
quo supra retulimus (730) jubente Vacek [3455] visu

VARIÆ LECTIONES.

[3401] vestros 4ª. [3402] Borivoy inserunt 4 4ª. [3403] vertit 2b. [3404] Bruzincam 2. [3405] a longe desunt 5.
[3406] Waczlaw 2. Waceslaus 3. [3407] de satrapis desunt A. [3408] nuncium A. [3409] retrorsit A. 1, 2. [3410] ma-
niplum 2. [3411] deest A. [3412] deest 2. [3413] expondunt 5. [3414] nimis inserit 5. [3415] et S. Wenceslaum add.
4, 4ª. [3416] deest A. [3417] ignatam corr. al. man. inn. A. [3418] nolebat 3. [3419] Bussæ 3. [3420] inventor 5.
[3421] utram. 5. [3422] videbitis A. [3423] dux Wladizlaus inserunt 4, 4ª. [3424] gladio 2 in textu, in margine clypeo.
[3425] Waczena 2 Wecena 5. [3426] deest A, 4ª. [3427] agnus A. 5. [3428] quem pastor desunt 5. [3429] omissum 4ª.
[3430] deest 2b. [3431] subiit A. [3432] ammiramus 4ª. [3433] Pelei super Pelonis 2b Pelopis 4. [3434] imbello A. cum
bello 2b bello 5 omissum 4ª. [3435] scit, eraso s A. citat 4ª. [3436] deest 2, 2b, 3. [3437] habebas corr. habeas A.
[3438] debebas corr. debeas A. [3439] ita superscr. al. man. A. expuncto proposuerat. [3440] Sazemam 2b, 5, 4ª.
[3441] celebrarat 2, 2b, 5, 4, 4ª. [3442] X A. [3443] regnum vel addunt 4, 4ª. [3444] superscr. al. man. A. [3445] ill
Calend. 5. [3446] rex Henricus add. 4, 4ª. [3447] Diepoldum 2, 4, 4ª Diepuldum 2b Dipoldum 5. [3448] Perngerum
corr. Berng. A. Bereng. 2 Beringerum 4, 4ª. [3449] Wigberti 1. [3450] Rokyczan 2. Rokizan 3. [3451] capiuntur
4, 4ª. [3452] manus A. [3453] Wladizlu 1, Wladislaw 2, Wladislao 5. [3454] antum A. [3455] Wack superscr. e alia manu 1

NOTÆ.

(726) In Vita Wiperti et in Kalendario Pegaviensi D
duo tantum Wiperti filii occurrunt, Wipertus et Heinricus, ut observat Schwarz, qui conjicit Bohemorum
Waceslaum Misnensibus fuisse Wipertum juniorem.

(727) I. e. vestigio humani pedis, pede.
(728) Virg., Æn. XII, 745.
(729) Cfr. supra I, 55.
(730) III, 27.

privatus est et naso. Privitan [3456] quoque similiter in eadem comprehensus seditione, qui videbatur senior esse in urbe Praga, cujus super humeros alligato [3457] maximo cane scabioso et hesterno jure crapulato [3458], raptus per barbam ter circa forum ductus est, cane reboante et suum demerdante [3459] bajulum, et præcone acclamante: *Talem honorem portat, qui Wladizlao duci promissam fidem derogat.* Atque omni foro spectante, præcisa super tabulam ejus barba relegatus est versus Poloniam in exilium.

33. Nec tamen idcirco defuerunt infideles et discordiæ seminatores, qui inter unanimes fratres (731), Wladizlaum scilicet [3460] et Ottonem, tantas discordiarum seminaverunt spinas [3461], ut ad invicem mutuas pertimescerent insidias. Unde Otto invitatus a fratre [3462] pertinuit venire ad festum paschæ (Apr. 10). Post pascha vero in Kal. [3463] Maii ad terciam vocationem Otto, suorum militum munitus præsidiis, venit ad fratrem suum Wladizlaum in condictam villam, quæ dicitur Tinec [3464] (732) super monticulos. Ibi tota die de diversis causis concionati, datis et acceptis inter se sacramentis, uti visum est, sunt reconciliati. Sed quoniam idem Otto nobis interdixerat forum in villa Sekir Kostel [3465], quod pater suus et mater pro remedio animarum suarum Deo et sancto Wenceslao nobis famulantibus [3466] perpetuo habendum tradiderant, ego missus ex parte fratrum, coram duce et ejus comitibus conquestus sum super Ottone [3467], quod [3468] lucernam parentum suorum, quam debuerat accendere extinguebat. Et ille, *Ego*, inquit, *lucernum genitorum meorum non extinguo, sed nolo* [3469] *ut in potestate episcopi sit, quod vobis specialiter datum esse scio. Et nunc non episcopo, non* [3470] *alicui personæ, sed Deo et sancto Wenceslao vobis famulantibus* [3471] *prædictum forum restituo.* Et ita coram duce [3472] et ejus comitibus restituto [3473] nobis [3474] foro, post diem alteram Otto reversus est in Moraviam.

34. Item ejusdem anni 3 Idus Julii indicta est generalis sinodus cunctis principibus terræ Boemorum [3475] ad curtem Saczeam [3476], quæ sita est in medio pratorum. Ad quam similiter Otto vocatus, venit incaute cum paucis, confisus valde de nuper datis inter se et acceptis [3477] sacramentis; ubi tercia die,

A jam definitis omnibus [3478] negotiis, mane surgens Otto in castris præcipit [3479] quæstionariis, ut sint parati cum suis necessariis ad repetendam viam. Ipse vero ascendit in curiam [3480], accepturus a fratre suo licentiam. Quid multis moror? Cur non cicius quod sine mora factum est eloquor [3481]? Ilico ceu ferocissimus [3482] leo capitur [3483]. Otto velut a mitissimo agno duce Wladislao. Cui cum sui consiliarii instarent, ut eum lumine privaret: *Nequaquam*, inquit [3484], *assimilabor* [3485] *duci Poloniensi Bolezlao, qui fratrem suum Sbigneu* [3486] *sub fidei sacramentis advocavit dolis, et eum tercia die privavit oculis. Ego autem nolo cum fratre meo perpetuas inire discordias, sed volo castigare eum, ut castigatus resipiscat et cognoscat, atque sui posteri discant, quod terra Moravia et ejus dominatores semper Boemorum principis sint sub potestate, sicut avus noster piæ memoriæ Bracizlaus ordinavit, qui eam primus dominio suo subjugavit* (733). Sed quid fortius forti viro? Ecce vir fortis inter armatas manus Otto tripudiat, et vinculis mancipatus læta [3487] facie e jocundo vultu, quasi ad epulas invitatus ibat [3488], usque dum retruditur urbis Vissegrad in custodiam [3489]. Ibi fertur dixisse ad eos qui erant eum observantes per vigilias milites:

Assimilantur [3490] *api linguæ mendacis amici,*
Cujus ab ore fluit mel, cauda sed [3491] *ultima pungit* [3492] ;
Me fore per talem deceptum credite fraudem,
C *Sed casus variæ fortunæ ferre necesse est.*
Nec facit ista meus frater mihi [3493] , *sed vir iniquus*
Sic voluit Wacek, agitur sic judice Prostey [3494].
Quos ego! si vivam; me modo sed reprimam.

Post hæc tempore non longo, reædificato firmissimo castro Krivoplat [3495] (734) in silva juxta fluvium Msam [3496] traditus est ibi Otto armatis militibus ad custodiendum annis fere tribus.

35. Eodem anno duce Wladislao et universa plebe Boemorum cum jocunditate et læticia sui patroni [3497] Wenceslai celebrantibus natalicia (Sept. 28), nuncius affuit duci qui talia retulit: *Vobis hic in tranquillitate et securitate convivantibus, sed fratre tuo* [3498] *Sobezlao* [3499] *et duce Poloniorum Bolezlao terram*

VARIÆ LECTIONES.

[3456] Priwitan 2 Priwithan 4 Priuithan 4a. [3457] allito 1 [3458]. maximo — crapulato desunt 1, seo manu recenti in margine adscripta. [3459] demerdare corr. demerdante A. immundante 4, 4a sed in illo ab alia manu, quæ vetus vocabulum, ut videtur, pudoris causa erasit. [3460] scilicet W. A. [3461] sp. s. A seminaverunt discordias omisso spinas 3. [3462] Wladizlao inseruit 4, 4a. [3463] III Cal. 2b 3. [3464] Tinecz 2 Teynecz na Hurkach in margine addit explicationis causa 2b Tynec 4, 4a. [3465] Costel 1. [3466] familiaribus 1 [3467] Ottonem A. [3468] quia 4a. [3469] volo 2. [3470] nec episcopo, nec 4a. [3471] familiaribus 1. [3472] Wladizlae inseruit 4, 4a. [3473] restituo 1. [3474] nobis rest. A. vobis 1. [3475] Boemie A. [3476] Saczkam 1, 2b, 4, 4a Saczskam 2, Sacskam 3. [3477] et acceptis desunt A. [3478] omittit 2. [3479] præcepit 2b. [3480] curtem 4, 4a [3481] cur — eloquor desunt 2b. [3482] fortissimus A. [3483] dominus inseruit 4, 4a. [3484] deest A. [3485] assim ait A. assimulabor 2b, 3, 4, 4a. [3486] Izbigneu 1, 2, Zpigneum 4a. [3487] et a 3. [3488] gaudens add. 4, 4a [3489] custodia A. [3490] assimulantur 2b, 3. [3491] ejus 4. [3492] pungat 1. [3493] deest A. [3494] Roscibey 1, 4. Rosciey 3, Wseihey 4a. [3495] Krziwoklat 2, Krivoklat 2b, 4a. [3496] Mzam 2. [3497] deest A.1, sancti 2, 2b, 3, sanctissimi 4, 4a. [3498] vestro A. [3499] Sobieslao 2, Zobeslao 2b, 3, Zobezlao 4.

(731) Patrueles erant.
(732) Teynec ad Albim.

NOTÆ.

D (733) Cfr. Martini Galli Chronicon et Roepel I 260.
(734) Bürglitz.

hanc depopulantibus, et populum quasi viles messis acervos diripientibus, ego vix solus aufugi 3500, ut hæc nunciarem tibi. Accelerate 3501 viam, jam 3502 claudite vestra promptuaria, linquite convivia. Mars vocat vos ad prælia, cras aderunt hostium armata 3503 mille 3504 milia. Qui continuo surgentes de convivio, et celeriter exercitu collecto, occurrunt eis ex ista parte

    Non nos hostilia portamus astilia 3511,
    nec venimus pugnare, sed te fratre 3512 cum tuo pacificare.
    Sin autem nostris monitis adquiescere non vis,
    cras transibimus flumen, et cætera post hæc. Amen.

Ad hæc dux Wladizlaus paucis respondit :

    Non erit hoc anno puto 3513 pax sine sanguine magno,
    Ad fœdus pacis 3514 quia nemo venit in armis.
    Transibis 3515 flumen, post cætera non erit Amen ;
    lumen transibis, sed non inpune redibis 3516.
    Cætera quæ dicis faciam, fac cætera quæ vis.

Et statim male credulus verbis hostium dolosis, cum suis nocte illa transvadantes fluvium ante ortum solis, ex adverso applicuerunt ripis 3517 ejusdem fluminis.

A amnis Cydlina 3505 juxta pagum qui dicitur Lucica 3506 (735). Ast 3507 alia de parte ejusdem amnis sine rapinis et sine incendiis ibant incedentes 3508 Poloniorum phalanges, quoad usque pervenientes juxta oppidum Oldris 3509 applicuerunt ad undam Labe fluminis; inde mittunt ad ducem Wladizlaum dolo 3510 dicentes :

Poloni 3518 autem ut viderunt dolos suos 3519 profecisse 3520, fecerunt impetum super terram, et eam devastantes incendiis et rapinis, immensa 3521 præda onerati juxta pontes Criucy 3522 sunt castra metati. Nostrates autem, quia illa nocte nimis fatigati fuerant, nec tam cito retransvadare 3523 poterant, stabant stupefacti.

56. Ut autem dux 3524 Wladizlaus se dolo deceptum intellexit, et suorum quorundam desides animos ad pugnandum sensit, ira et indignatio et conscia virtus in duce 3525 exarsit, et quasi tuba 3526 vehemens, quæ ad bella milites concitat, ita ejus oratio torpentes suorum mentes excitat : *O Boemi*, inquit, *olim fama terra marique incliti, virtutibus egregii, triumphis exhimii! Nunc vestri tributarii, quibus semper fuistis timori, vobis adhuc spirantibus insultant et terram vestram devastant. An vobis tilienses* 3527 *(736) pendent in femore enses? An soli Polonienses habent ferreos enses? Quo vobis* 3528 *adhuc vivere? O sempiternum nobis et nostris posteris dedecus! Ecce Ceres vestra* 3529 *favillat, Lares vestri usque ad nubila fumigant, Vulcanus tota terræ in superficie furit, et tamen adhuc corda vestra gelidiora glacie non urit? Aut si cor vestrum tabescit, saltem stomachus, qui zelo jam fame languescit* 3530, *cur zelo justiciæ non exardescit? An non movet vos femineus planctus et ululatus, Qui raucis clamoribus ardua sydera tangit?*

B *Quis lactentium* 3531 *singultus aut prægnantis* 3532 *gemitus sive uxoris raptæ a paganis non amaro corae percipit? Quis temperet* 3533 *se a lacrimis, cum infantes suos seu agnellos* 3534 *vagientes* 3535 *interfici aut matris* 3536 *ab ubere viderit abjici? Atqui minus dolendum esset, si non a minus* 3537 *dignis illatus dolor iste fuisset. Certe si tria tantummodo scuta habeam, non intermittam hodie ancipitem fortunam belli intemptatam.* Moxque ipse 3538 dux 3539 et totus simul exercitus, sicut unusquisque stabat in ripa, jam non quærunt vada, sed sine ordine prosiliunt et transnatant aquam 3540, optant mori pro patria. Vires dabat eis dolor et illata injuria, festinant quoquo modo possent, etiam vitæ suæ per dispendium, inimicorum lætum disturbare triumphum. Sed dux sæpe dictus Poloniæ postera die transiens rivulum

C Trutinam (737), quia his non ubique est pervius, jussit cum præda suos et quosque debiles præcedere. Ipse vero in loco ad pugnam sibi apto 3541 cum expeditis equitibus pro defensione suorum stetit repugnare 3542 paratus. Hæc ita fieri cernens Detrich 3543, filius Busa 3544, cujus supra sæpe 3545 mentionem fecimus, secedens in unum locum cum his qui suo lateri adhærebant militibus, dixit ad eos : *Fratres mei et commilitones, quicunque pavidam aut mori timidam habet aliquam in suo carunculam corpore* 3546, *necesse est ut eam prius aut abscidat, aut*

VARIÆ LECTIONES.

3500 efugi 2b.   3501 accelerat 4,   3502 deest A.   3503 deest 2, 2b.   3504 deest A.   3505 Cidlina 1, 2.   3506 Luczica 2.   3507 est 2.   3508 incendentes A.   3509 Olokis 4, 4a.   3510 deest 4.   3511 arma 4, a.   3512 fr. te A. fratrem 2.   3513 deest 3.   3514 superscr. A.   3515 transibitis 4a.   3516 abibis A. redibis superscr. abibis 4.   3517 rupis 2.   3518 Polonii 1.   3519 non inserunt 4, 4a.   3520 perfecisse 2b.   3521 universa 3.   3522 Criuici 1, 3, Cryuczi 2, Criuci b, 2 Kruici 4, 4a.   3523 transvadare 1, 2b, transvadere 3.   3524 omissum 3.   3525 ducis 4, 4a.   3526 al. man. in margine A.   3527 tylienses 4.   3528 nobis A, 2, 3, 4, 4a.   3529 nostra 4, 4a.   3530 languescel 1, 2.   3531 lactaniium 4, 4a.   3532 prægnantium 3.   3533 temperet A.   3534 angellos 1', angelos 2.   3535 vaginantes A.   3536 matres 1.   3537 minis 4.   3538 deest A.   3539 Wladizlaus add. 4, 4a.   3540 atque add. 2b.   3541 aperto 4, 4a.   3542 pugnare A.   3543 Detrisek 1, 4.   3544 Bosa 1, Bussæ 3, Buza 4, 4a.   3545 sæpius 3, deest 4a.   3546 ita 3, al. man. superscr. A. deest 1, 2, 2b, 4, 4a.

NOTÆ.

(735) In regione Chlumec.
(736) Tiliacei s. tiliaginei, i. e. strepentes tantum,

D acie carentes.
(737) Trautenau

nunc ab agmine nostro discedat [3547]. Nam vilior est alga maris, qui nescit quam pulchrum sit [3548] mori in armis. Quorum ut vidit animos ad pugnam alacres, erant enim fere centum milites, velut lupus qui quærit clam ex latibulo irrumpere [3549] gregem, ita ille de [3550] inproviso impetu cum magno ex nudo latere irruit in hostes. Ubi fere mille prostratis adversariis, fertur ut rabida tigris prædictus miles in confertissimos [3551] hostium cuneos, et eos a [3552] dextris et a sinistris obstantes, quasi spicas [3553] teneræ segetis, acuto metit [3554] gladio, donec immani [3555] vi telorum obrutus cecidit super ingentem occisorum struem. Boemi vero, qui in adversa fronte Martis pugnaverunt, heu! insueta lapsi fuga, terga dederunt. Sobezlau [3556] cum Polonis infausta, quia plus quam civili, potitus est victoria. Facta est autem hæc [3557] strages 8 Idus Octobris, in qua Nosizlav [3558] et Drisicray [3559] fratres [3560], filii Lubomir [3561], et alii quam plurimi ceciderunt.

37. Anno dominicæ incarnationis 1111 regina Svatava [3562] inter natos suos satagente, et episcopo Hermanno mediante, atque Wacek palatino comite, licet contra suam salutem id favente [3563], dux Wladizlaus fratrem suum [3564] Sobieslaw [3565] revocavit de Polonia, et dedit ei civitatem Satec cum omni ad eam pertinente provincia.

38. Anno dominicæ incarnationis 1112 regum antiquorum juxta statutum [3566], regis Heinrici quarti ad nutum dux Wladizlaus nepotem suum, Braczlai filium et æquivocum, cum armata 500 clypeis legione [3567] misit Romam (738). Sed quoniam jam rex longe antea præcesserat, prædictus puer cum suis transiens Bawariæ alpes, invenit regem in urbe Werona, ibique cum eo celebravit pentecosten (739) (Mai. 21). In Augusto autem mense intravit rex Romam cum [3568] ingenti multitudine diversarum nationum atque linguarum, accepturus inperiales fasces juxta morem regum (740). Et quia idem rex olim surrexerat in suum patrem, idcirco Paschalis [3569] papa judicans eum infamem, nolebat ejus implere voluntatem ; quem rex ilico jussit capi, et adacto ense [3570] jugulo cœpit mortem minari. At ille timens mori, consensit ejus voluntati, atque tercia die adinvicem pacificati, tocius Romani populi et cleri favorabili acclamatione imperator [3571] augustus vocatur et ordinatur (741). Altera autem die novus imperator tanta mittit apostolico dona [3572], ut pro sui magnitudine humanæ crederentur sufficere cupiditati. His ita peractis reversus est imperator in Bawariam, et nostrates ad suam incolomes rediere patriam.

39. Anno dominicæ incarnationis 1113 [3573] quibusdam hominibus qui vana et incerta libentius referunt, relatum est Sobezlao, quod frater suus, dux Wladizlaus, vellet eum capere, id suggerente et consiliante contra eum Wacek comite. Quibus ille respondit : Aut ego moriar, aut qui talia molitur prius morietur quam ego capiar. Et unde rem relatam magis opinaretur [3574] veram esse, eadem hora [3575] venit nuncius vocans eum fratris ad curiam. Qui accipiens fere trecentos milites, adit [3576] fratris curtem [3577] cum paucis, cæteros non longius quam unius stadii spacio fecit stare cum armis. Ubi fratre salutato et prandio sumpto dux præcessit, præcipiens fratri suo ut cum sequeretur ad civitatem Wissegrad. Non enim longe, sed quasi 10 stadiis distabant [3578] ab urbe. Tunc Sobezlaus mittens rogat Wacek comitem, quo per viam simul [3579] gradientes sermocinarentur adinvicem. Quo facto, parum per viam [3580] sermone communicato, ex utroque latere atque post tergum Wacek comiti incauto et innocenti

Rumpunt fatifero præcordia vomere terno,
Mense quater denas Quintili intrante Kalendas

Statimque Sobeslau reversus ad suos, tenuit viam volens per Zribiam transire in Poloniam, valde enim timuit fratris sui præsentiam. Cumque transisset silvam, occurrit ei Erkembertus [3581], præfectus de castro Donin, fallacis [3582] Sribiæ plenus versutiis, fingens multa amicabiliter pollicetur [3583] ei, quod cæsaris per gratiam omnem suam obtineret [3584] justiciam, si ad ejus perveniret præsentiam, atque supplex invitat eum dolis, quatenus cum paucis secum ad convescendum [3585] ascenderet in oppidum ; erat enim ea tempestate prædictum castrum cæsaris sub potestate. Mox inter prandendum, armata manu adhibita, super hospitem clausit [3586]

VARIÆ LECTIONES.

[3547] abscedat 3. [3548] est A. [3549] in addit 4. [3550] ex A. 3, 4ᵃ. [3551] confertissimos 4. [3552] ad 1. [3553] deest 2. [3554] mittit 2. [3555] nimia 3. [3556] Zobezlav 1, et deinceps. [3557] omittit 4ᵃ. [3558] Nozizlav 1, 4, Nozislaw 2, Nozzislau 2ᵇ. Nozislau 3. [3559] Drisykray 1, Driskray 2ᵇ, Driskray omisso et 3, Drsicray 4, 4ᵃ. [3560] deest A. [3561] Liubomir 2, Labomir 3. [3562] Zuatava 1, Swatava 2. [3563] ita A 1, 4, faciente rell. [3564] fratrem s. W. A. dux inserit 2. [3565] Sobeslaum 3. Sobezlaum 4, 4ᵃ. [3566] tum al. man. superscr. A. [3567] regione 2. [3568] ita A. in rell. [3569] Paschalus corr. al. man. 1, deest 3. [3570] ensis corr. al. man. 1. [3571] et add. 1, 4. [3572] ita 1, donaria rell. [3573] a add. 4ᵃ. [3574] crederet A. crederetur 4, 4ᵃ. [3575] ora 1. [3576] adiit A. [3577] curiam 4, 4ᵃ. [3578] distabat A. 4, 4ᵃ. [3579] secum A. [3580] per viam desunt 4, 4ᵃ. [3581] Erkembertus 4. [3582] ita corr. 1, pellacis A. 2, 4. [3583] pollicitus 4, 4ᵃ. [3584] contineret corr. obt. A. [3585] vescendum A. 2. [3586] clausum 2, 4ᵃ.

NOTÆ.

(738) Hoc jam anno 1110 factum esse constat ; cfr. Stenzel Fränk. Kaiser I, 630.

(739) Anno 1111 ut Annales Hildeshem. et tria Heinrici V præcepta probant, data Veronæ diebus 19 — 22 Maii 1111. Cfr. Boehmer 1999 — 2001.

(740) Die 13 Aprilis Heinricus coronatus est imperator.

(741) Jam mense Februario anni 1111 hoc factum est. Vid. Annales Romani Mon. Germ. SS. V, 474.

ostium, et post paucos dies vinculatum mittit versus Saxoniam in quoddam firmissimum castrum, nomine.... [3587], tradens eum suo clerico, nomine Woudalrico [3588], ad custodiendum. Videntes autem miliciæ [3589] contubernales dominum suum fraude captum, diffugiunt alii in Poloniam, alii reversi sunt in Boemiam.

Post unum mensem, sed [3590] Christi per pietatem, Sobeslau ab eodem clerico noctu sic absolvitur. Superioris domus inter cancellos ad columnam fune ligata [3591] dimissus est per murum in sporta, atque per eandem [3592] funem prædictus clericus similiter [3593] dilapsus, cum quodam milite Counrado, filio Rivin [3594], qui etiam et ipse conscius facti eadem nocte sub murum adhibuerat equos, et, sicut avicula emissa de cavea fugit et repetit silvam, ita illi lapsi celeri [3595] fuga tendunt in Poloniam.

Eodem anno mense Decembri dux Wladizlaus fratrem suum Ottonem solvit a vinculis, et quam olim post obitum fratris sui Zuatoplok habuerat, reddidit ei dimidiam tocius Moraviæ cum suis civitatibus provinciam.

40. Anno dominicæ incarnationis 1114 mense Maio, jubente domno Ottone, Prostey [3596] et ejus gener, qui cognominabatur [3597] lenis Wacek, de quibus supra diximus (742), ambo privati sunt lumine [3598]

Eodem anno Sobezlau quibusdam Polonis secum assumptis veniens ad castrum Kladsco [3599], temptat precibus et promissionibus multis, quo [3600] sibi cives aperirent portas urbis. Quibus non consentientibus, sed viriliter resistentibus, juvenis prædictus [3601] ira inflammatus succendit palacium quod prope murum situm erat. Vento autem incumbente ex adverso, inflammata sunt propugnacula in summitate turris, quæ forte in antemurali stabant [3602] propinqua muris. Unde urbani valde [3603] turbati, jam desperantes saluti, rogant pacificam dari dextram pro vita tantummodo incoloni et singulari. Quibus concessa pace vix periculum [3604] mortis evadentibus, combusta et funditus est eversa [3605] civitas tota.

41. Anno dominicæ incarnationis 1115, mense Januario dux Poloniorum Bolezlaus [3606] avunculo suo Wladizlao præcarias [3607] mittit litteras, scriptas in hæc verba : *Si valuerint penes te preces meæ, et obtinuerint fratri tuo germano Sobezlao locum indulgentiæ, credo quod firmum sit et stabile nostræ pacis vinculum et amiciciæ. Nam si pro inimicis te* [3608] *exorarem, certe deberes facere, quanto magis nunc liceat mihi intercedere, ut sitis concordes, quos mater sub uno corde portavit ventre? Equidem* [3610] *sancto Petro sciscitanti* [3611] *utrum fratri dimittat septies in die peccanti, dictum est a Domino* : « *Non usque sepcies, sed usque* [3612] *septuagies sepcies* (Matth. xviii, 22). » *Ergo hoc exemplo inbuimur, ut fratribus nostris tociens indulgeamus quot illi in nos non* [3613] *possint* [3614] *peccare* [3615] *vicibus.* Illis exemplis et precibus dux Wladizlaus compulsus, immo innata sibi super fratre suo [3616] commotus [3617] pietate, mense Marcio iterum pristinam revocat eum [3618] ad [3619] gratiam, et dat ei civitatem Gradec et totam circa adjacentem [3620] cum quatuor castellis provinciam. Ejusdem anni mense Julio dux Wladizlaus et fratres ejus Otto et Sobezlau juxta fluenta amnis Nizam [3621] cum duce Poloniorum Bolezlau indictum [3622] conveniunt [3623] ad placitum, atque inter se datis et acceptis sacramentis confirmant fœdera pacis. Altera autem die inmensis muneribus mutuatim adinvicem oblatis, hylares ad proprios remeant lares. Interea Wdalrico [3624], ducis Cuonradi [3625] filio, inevitabili fato e medio sublato (743), fratre vero ejus juniore Lutoldo olim antea similiter ab hac luce subtracto, filiis autem illorum [3626] adhuc ætate parvulis, dux Wladizlaus germano suo Sobezlau dat totam illam [3627] cum suis civitatibus provinciam (744), quam quondam pater prædictorum fratrum Cuonradus habuerat.

42. Anno dominicæ incarnationis 1116, Ungara gens viribus ingens, opibus pollens, armis bellicis præpotens [3628], et cum quovis rege terrarum pugnare sufficiens, regis sui Colomanni post obitum (745) principes ejus mittunt [3629] ad ducem Wladizlaum, quatenus cum rege novello nomine [3630] Stephano [3631] (746) renovaret et corroboraret antiquam pacem et amiciciam. Quorum dux voluntati adquie-

VARIÆ LECTIONES.

[3587] nomine *deest* A. 3, 4, *relictum vero est spatium vacuum in* 1, 2, 2a, 2b, 4a. [3588] Odaldrido 1. [3589] nu- licre 2. [3590] *deest* 4, 4a. [3591] ligatam 3, ligato 4a. [3592] eundem 3, 4a. [3593] *deest* A. [3594] Ritan 2, *spatium vacuum* 2a, Kram 2b. [3595] clerici erasum superscr. celeri A. [3596] Roscley 1, Roseley 2b, Roscihey 4, Rosethey 4a. [3597] cognominatur 1. [3598] oculis 4, 4a. [3599] Kladzko 1. [3600] quod 4a. [3601] Sobezlau *add.* 4, 4a. [3602] stabat 2, 2b, 4, 4a. [3603] *deest* A. [3604] pro vita—periculum *desunt* 2b. [3605] eversa est 'A. [3606] Belezlaus 1. [3607] precatorias 4, 4a. [3608] te pro A. [3609] non *add.* A. 2, 2b, 3, 4. [3610] et quidem 1, *corr.* 4. [3611] sciscitante A. 3, 4a. [3612] *deest* A. [3613] *deest* 4a. [3614] possunt 2b, 3. [3615] *al.* manu superscr. A. [3616] ita 1, 4. *deest rell.* [3617] *deest* A. [3618] *deest* A. [3619] ita 1, in *rell.* [3620] circumjacentem 4. [3621] Nizzam 3. [3622] in condictum A. in dictum locum 4, 4a. [3623] veniunt A. [3624] Odaldrico 1. [3625] Conradi A. [3626] eorum 2b. [3627] tot. illam prov. A. [3628] præponens *corr. al. man.* præpot. 1. [3629] intrant 3. [3630] ita A. 1, 4a, sco *id est* sancto 2, 2a, *scilicet* 3. [3631] et *add.* A.

NOTÆ.

(742) III, 34.
(743) Nonis Januariis, ut probatur Kalendario Pegaviensi.

(744) Brunnensem et Znaymensem.
(745) Obiit anno 1114.
(746) Stephanus secundus.

scens, ea quæ pacis sunt se facturum spopondit [3632]. Ventum erat Olzavam [3633] ad rivulum, qui tam Pannoniæ quam Moraviæ dirimit regnum. Et jam Ungara gens innumerabilis, velut harena maris aut [3634] pluviæ stillæ [3635], in campo Luesco [3636] (747) totam superficiem terræ cooperuerant sicut locustæ; dux autem alia ex parte prædicti amnis [3637] metatus est castra. Sed, [3638] sicut ait scriptura, *Væ terræ, cujus est puer rex* (Eccle. x, 16), principes [3639] ejus per innatam sibi superbiam aberrantes, ad pacifica ducis verba remittunt [3640] responsa magis rixam provocantia quam pacis osculum ferentia; unde dux illa die ad placitum distulit ire. Illi autem hoc indigne ferentes et aliter fieri suspicantes, tres armatas quas vocant hospitum legiones jubent extra castra ire et pro defensione sua [3641] stare ex adversa parte amnis. Dux autem [3642] æstimans [3643] eos ad pugnam prorumpere, jussit suos arma capere [3644], et cicius dicto contra eos terminalem transiliunt amnem. Mox inopina et inprosperata [3645] nec præcogitata atrox et cruenta conseritur pugna, in qua filius Sdan [3646], cujus supra meminimus, nomine Jurik [3647], præfectus urbis Satec, miles acerrimus, cum aliis ejusdem civitatis proceribus acriter pugnando occubuit 3 Idus mense Maio [3648]. Ast aliis terga vertentibus etiam ipse [3649] dux est in fugam compulsus [3650]. Otto autem et Sobezlau, habentes robustas quatuor phalangas [3651], et totidem de Boemis fortes [3652] accipientes cohortes [3653], circuierunt [3654] monticulum qui eos forte dirimebat, et repente irruerunt magno impetu super Ungarorum castra, ubi rex et sui proceres cum episcopis, nihil scientes de pugna [3655] quæ facta fuerat, sedebant et bibebant et epulabantur splendide. Quid multa? Nisi archiepiscopus Laurentius (748) cum rege cicius [3656] aufugisset, nec ipse periculum mortis evasisset. Certe tot nobiles et ignobiles ibi interierunt Ungari [3657], quot nec tempore sancti Oudalrici juxta fluvium Leh [3658] interisse referuntur (749). Illæ autem quas prædiximus hospitum [3659] legiones, quæ etiam contra nostrum ducem bello prævaluerant, revertentes a cæde, ut viderunt suos profugatos, alios coacervatim

A prostratos et hostes in castris tripudiantes [3660], turpem inierunt fugam. Quos ut a longe aspexere [3661] in castris [3662] regis — jam enim ultra pontem Belim [3663] posita erant castra [3665] in campis, — æstimantes hostiles acies adhuc se insequi, multo plures submersi sunt in flumine Wag præ timore fugientes. Nostrates autem potiti victoria, in castris eorum nocte illa figunt tentoria, diripiunt milites Ungaricas gazas, scilicet ambicisaom in vasis aureis et argenteis habundantiam,

Inque suos vulgus bona cætera distrahit usus.

43. Anno dominicæ incarnationis 1117, 3 Nonas Januarii (750), quinta existente feria, hora jam vespertinali, terræ motus factus est magnus, sed multo major in partibus Longobardiæ. Nam uti, fama referente percepimus, multa ibi ædificia ceciderunt, multa castella sunt diruta, multa monasteria sive delubra corruerunt [3664] et multos homines oppresserunt.

Eodem anno,

Rerum [3665] cunctarum comes indimota mearum,

Bis [3666] Februi quinis obiit Bozetecha [3667] Kalendis.

B Similiter [3668] eodem anno [3669] et semper regnante domino nostro Jesu Christo, cujus in manu corda sunt regum, quo [3670] etiam clementer inspirante, dux Wladizlaus recordatus est fratris sui Borivoy (751), cujus humilitatem jam Dominus [3671] prospectans [3672] arcis de throno ethere [3673], misertus erat afflictionis ejus et miseriæ, et quia cui [3674] Deus [3675] misereretur homo non potest non misereri, statim prædictus dux jam tunc instinctus divino et Hermanni episcopi faciens omnia consilio [3676], mittit et revocat mense Decembri fratrem suum Borivoy de exilio, et satisfaciens sibi ac semetipsum [3677] ejus submittens dominio, iterum collocat eum in principali solio. O mira ducis benignitas, sed magis admiranda æquanimitas, quem nec secularis delectat dignitas, nec contristat posita honoris sublimitas!

Juvit sumpta ducem, juvit dimissa potestas.

Talia quis unquam [3678] audivit, dic rogo, facta? Utinam hæc audiret Colomannus [3679] rex Pannonicus, si viveret! qui metuens ne germanus suus Almus

VARIÆ LECTIONES.

[3632] respondit 2, 4a. [3633] Olzawam 1, 2, Olzavam 3, Olzanam 4, 4a. [3634] ut 1. [3635] deest 3. [3636] Luzko 1, 2, 4, Luzko 2b. [3637] annis corr. al. man. annis 1. [3638] in margine A. [3639] corr. 1. [3640] rem. verba resp. A. [3641] corr. 1. [3642] Wladizlaus add. 4. 4a. [3643] est. eos A. [3644] rapere 4. [3645] inprospera A. inopinata et inspeserata 4. 4a. [3646] Stan 1. 2. Scan 3. Szthan 4. 4a. [3647] Iurzik 2. Turick 3. [3648] Junio 3. [3649] Wladizlaus inserunt 4. 4a. [3650] compunctus 1. [3651] phalanges 2b. 3. [3652] superscr. al. manu A. [3653] choortes 1. [3654] circumierunt 3. [3655] depuna corr. de pugna 1. [3656] deest A. [3657] Pannones A. Pan. superscr. vel Ungari 1. Pannones rell. [3658] Lech 4. 4a. [3659] deest A. hospitæ 3. [3660] tripudiantes — castris desunt 2b. [3661] apparuere A. [3662] pontem Belin al. man. superscr. A Belun corr. Belin 1. Bebin 3. Belin 4. 4a. [3663] regis add. A. [3664] corr. 1. [3665] hi duo versus desunt in 3. [3666] al. man. superscr. in 1. [3667] Bozetcha 1. Bosetehod 3. [3668] deest 4. 4a. [3669] volente omnipotente inserunt 4. 4a. [3670] qui 2. [3671] Deus 3. [3672] superscr. al. man. 1. [3673] ete 1. [3674] cujus 4. 4a. [3675] misertus — Deus desunt 3. [3676] cum cons. A. [3677] semel 4. [3678] deest A. [3679] Cholomannus 1. Kolmannus 4. Colmannus rell.

NOTÆ.

(747) Ut Palacky I, 380 conjicit, apud Hluk inter locos Brod Hungaricum et Ostrau.

(748) Granensis.

(749) Vita S. Udalrici c. 12 Men. Germ. SS. IV, 400.

(750) De terræmotu consentit Dodechinus; sed

D erat eria quarta, nisi statuas Cosmam more Bohemico horam solis cadentis primam diei horam habuisse; cfr. infra c. 49 et Pubitschka IV, 187.

(751) In vinculis detinebatur in castro Hammerstein usque ad annum 1116.

post cum regnaret, ipsum et filium ejus mentula privavit et lumine (752). Borivoy autem [3680] non immemor accepti beneficii, dat fratri suo dimidiam sui ducatus partem, quæ sita [3681] ultra fluvium Labe [3682] tendit ad aquilonem, eratque fratri suo licet juniori [3683] in omnibus obediens, et semper [3684] eum præveniens nichil sine suo [3685] consilio gessit.

44. Anno dominicæ incarnationis 1118, mense Septembri tanta fuit inundatio aquarum [3686], quantam non reor fuisse post diluvium in orbe terrarum. Nam noster ille [3687] fluvius Wlitava repente præceps erumpens de alveo, ah! [3688] quot villas, quot in hoc suburbio domus [3689], casas et ecclesias suo impetu rapuit! Aliis namque temporibus tametsi hoc raro evenit ut unda alluens [3690] vix tabulata pontis tangeret, hæc autem inundatio altius quam 10 ulnis super pontem excrevit.

45. Anno dominicæ incarnationis 1119, 3. Kal. Augusti, feria vero quarta, cum esset jam inclinata [3691] dies, ventus [3692] vehemens, immo ipse Satan in turbine ab australi plaga repente irruens super solarium ducis in urbe Wissegrad, antiquum murum et eo firmissimum funditus subvertit. Et inde magis est admirandum, ex [3693] utraque parte anteriori et posteriori integra et inconcussa manente, medietas palacii solotenus est eruta, et cicius quam tu festucam frangeres, trabes inferiores et superiores simul [3694] cum ipsa domo impetus venti fregit in frusta et dispersit [3695]. Fuit autem hæc tempestas adeo valida, ut quacunque parte incubuit, hujus terræ silvas et arbores plantatas [3696] et cætera sibi obstantia suo [3697] impetu prostravit.

46. Anno dominicæ incarnationis 1120.
Nunc, mea Musa, tuum digito compesce labellum.
Si bene docta sapis, caveas ne vera [3698] loquaris,
Ut mecum sapias, breviter solummodo dicas:
Est Borivoy rursus regni [3699] de culmine pulsus.
Augusti quarta [3700] post Idus sunt ea facta.

47. Anno dominicæ incarnationis 1121, nimis [3701] attenuatæ sunt segetes propter nimiam siccitatem, quæ iuit per tres [3702] continuos [3703] menses, Marcium scilicet et Aprilem atque Maium.
Eodem [3704] anno dux Wladizlaus reædificavit [3705] oppidum Donin [3706], similiter et Podwin [3707] astrum, quod est in [3708] Moravia [3709] situm infra fluvium Zuratka [3710].

48. Eodem anno quidam ex Teutonicis [3711] infra terminos Boemorum in silva, ad quam itur per villam Bela, in prærupta [3712] rupe ædificant [3713] castrum. Quod [3714] audiens dux Wladizlaus [3715] acceptis tribus scaris ex electis militibus, repente ex improviso irruens obtinuit castrum [3714], ubi in primo accessu missis de muro sagittis vulnerati sunt, non tamen ad mortem, duo milites ducis, Oudalricus [3716] filius Wacemil [3717] et Olen filius Borsa. Illos autem Teutonicos, qui erant in castro capti, nisi comes Albertus [3718] superveniens multis precibus et innata sibi sagacitate liberasset, procul dubio jam dux [3719] in eadem silva omnes suspendi jusserat.

Ejusdem anni [3720] fuit hiemps nimis ventosa [3721] et calida et aquarum inundatio magna.

49. Anno dominicæ incarnationis 1122, 9 Kal. [3722] Aprilis, fuit eclipsis lunæ media nocte, qua Judaicum erat pascha [3723]. Eodem anno

Vir sacer Hermanus, doctrinæ lumine clarus,
Ter subiit quinis Octobris fata Kalendis (753),
dominica jam illucescente [3724] die in [3725] festo sancti Lantberti [3726] episcopi et martiris, cujus dum vixit festum devotissime coluit, quia Trajectensi vico et ex eadem Lothrinia [3727] ortus fuit prosapia. Hic nonam vicem sedis pontificalis gerens, rexit hanc ecclesiam annis 22, mensibus 6, diebus 17 [3728]. Erat enim spectabilis, incognitis formidabilis, domesticis affabilis, morum qualitate incomparabilis, lucerna lucens in mundo et ardens, nec sub modio sed super candelabrum posita, illuminabat corda non [3729] credentium verbo doctrinæ et exemplo, de cujus et aliis probis actibus, licet plura relatu digna eniteant, tamen ea intacta relinquimus propter instantis temporis homines, qui nichil boni ipsi operantes, aliorum benefacta credere audita renuunt. Verumtamen non videatur esse absurdum, si præpostero [3730] ordine referamus, quæ antea referre debuimus. Nam prædictus præsul [3731] cum suam ægritudinem invalescere sentiret, et paucos familiares circa lectum [3732] astare [3733] videret [3734], ingemuit et ait: *Secretum meum mihi, secretum mihi, ve mihi* [3735] ! et obticuit.

VARIÆ LECTIONES.

[3680] deest A. [3681] est al. man. 1. [3682] et superscr. al. atram. 1. [3683] Wladizlaus inserunt 4. 4ª. [3684] honore add. 4. 4ª. [3685] deest 3. [3686] in Bohemia inserunt 4. 4ª. [3687] ita 1. iste rell. [3688] ach ach 4. [3689] domos 3. domos 4. [3690] ex margine antiquioris codicis add. 2. i. invadens; errore scribæ pro i. (id est) inundans; legit etiam inundans 2b in margine. [3691] inclita A. [3692] deest 4. [3693] delet A. [3694] ita A. deest rell. [3695] discerpsit 4. 4ª. [3696] plantas 2b. [3697] deest 3. [3698] falsa in margine ab alia manu 2. [3699] regis 2b. [3700] quarto 3. [3701] nimio 3. [3702] deest A. [3703] contiguos 1. [3704] ab hoc loco usque ad vocem Zuratka omnia desunt 4. 4ª. [3705] reædificat 2b. [3706] Douin 3. [3707] Podwin 2. Poliwin 2b. Podiuin 3. [3708] deest A. [3709] Moravie A. [3710] Zuracka 3. [3711] Theutoni. 2. [3712] interrupta 3. [3713] ædificavit 2. 2b. 3. [3714] Quod audiens — castrum desunt 4. [3715] corr. A. [3716] Odaldicus 2. [3717] Waczemil. 2. Wacemi 2b. Vecenul omisso sequenti et 3. [3718] Adalbertus 4. 4ª. [3719] jam dux deest 2. Wladizlaus inserunt 4. 4ª. [3720] eodem anno 4. 4ª. [3721] ventuosa 2. 4. 4ª. [3722] deest A. 1. 2. 2b. 3. [3723] phase 1. 2. 4. pasche 2b. [3724] illucente corr. al. man. illucescente A. [3725] deest 2. [3726] Lamberti 1. 2. 4. [3727] ita A. 1. corr. rec. manu A. Lotharingia 4. de Lothrimia 4ª. [3728] VII, 3. [3729] deest 3. [3730] pre al. man. superscr. 1. [3731] Hermannus 4. [3732] suum add. 4, 4ª. [3733] assistere A. [3734] viderat corr. al. man. videret 1. [3735] ita A. v. m. desunt rell.

NOTÆ.

(752) Cfr. Vita S. Ottonis ep. Bamberg, III, 42.   (753) Confirmat Necrologium Bohemicum.

Illi autem stabant stupefacti [3736], et intuebantur vultus suos adinvicem taciti. Et paulo post iterum præsul aperuit os suum et inquit : *Olim debueram, cum sanus fueram, hæc fari stando in ambone quæ nunc compellor fateri jam spiritus mei in agone. Fateor enim quia* [3737] *ego peccator* [3738] *compeccantes de peccato suo non redargui, et petentes inique agentes et delinquentes non solum honoravi, verum etiam amavi, quos increpare, et si non obedirent, excommunicare debui. Postquam enim occubuit Bracizlaus* [3739] *junior* (753 '), *quo nec fuit nec erit dux melior, hac in terra floruit iniquitas, germinavit superbia, pullulavit fraus, dolus et injusticia, et ego semper dolens dolui, quod mihi cum bono duce non licuit mori. Væ mihi* [3740] ! *quia* [3741] *silui, quia* [3742] *apostatricem gentem non revocavi, nec in gladio anathematis pro Christo dimicavi ; sed me ipsum et populum christianum passus sum per tactum manus cum gente non sancta pollui, sicut scriptum est :* « *Qui tangit immunda* [3743] *inmundus erit* (*Levit.* xxii, 4), *et* « *qui tetigerit picem, inquinabitur* [3744] *ab ea* (*Eccli.* xiii, 1), » *aut* « *quæ conventio Christi ad Belial ?* » (*I Cor.* vi, 15.) *Apostatricem gentem dico Judeos, qui per nostram negligentiam post baptismum relapsi sunt in judaismum. Unde valde timeo ne Christus mihi* [3745] *hoc* [3746] *objiciat, et inferiorem me projiciat in orcum. Nam hujus intempesta noctis vox mihi audita est dicens :* « *Tu non ascendisti ex adverso, nec opposuisti murum pro domo Israel, ut stares in prælio in die* [3747] *Domini ; et gregem dominicum non auro, non argento, verum Christi precioso* [3748] *sanguine redemptum, per unam morbidam oviculam passus es contaminari et a cœlesti regno exterminari.* » *Heu mihi miscro! qualem me esse vellem, quam diversum ab illo qualis olim eram, et nunc ipsemet mihi displiceo, quia parum boni me fecisse video.* Dixerat, et statim, ut supra retulimus,

Spiritus in vacuas fugiens evanuit auras (754).

Post hunc Megnardus [3749] fit præsul in ordine denus.

50. Eodem anno mense Marcio comes Bznata [3750] de Jerosolimis [3751] simul et de Galicia rediit, et ejusdem anni 17 Kal. Novembris obiit. Item in [3752] eodem anno mel et vindemia pleno cornu habundavit et segetes satis creverant, sed in aristis [3753] granum non redundavit. Hunc annum secuta est byemps calida, unde in sequenti æstate caruimus custodita glacie.

51. Anno dominicæ incarnationis 1125, mense Marcio comes Dlugomil [3754] et Gumpreht [3755] et Gilbertus [3756] et Heinricus qui et Sdic [3757], et [3758] cum eis alii Hierosolimam perrexerunt [3759], ex quibus quidam mense Novembri [3760] redierunt, quidam ibi interierunt. Nam comes Dlugomil [3761] jam [3762] in [3763] revertendo 8 Idus Julii obiit ; similiter et Bertholdus [3764] cliens Heinrici, filii mei, 8 Idus Augusti moritur [3765].

Impedior lacrimis nec possum promere scriptis,
Quis furor unanimes aut quæ discordia fratres
Ceu geminos apros [3766] in diram compulit iram,
Nam dux Wladizlaus inmani motus ira, contra fratrem suum Sobezlaum mense Marcio movit arma, et eum [3767] cum suis omnibus expulit de Moravia, et reddidit Conrado filio Lutoldi hæreditatem suam (755). Partem autem quartam illius regni, quam habuit tetrarcha Oudalricus (756), frater supradicti Lutoldi, addidit Ottoni, Suatopluk ducis fratri. Sobizlav autem fugiens a facie sui germani, adiit imperatorem in Maguntia urbe [3768], sed parum sua [3769] profecerunt negotia, quia sine pecunia apud omnes reges vanæ sunt cujuspiam preces, et legum obmutescit justicia. Tunc veluti lupus, qui inhians invadit [3770] gregem, et frustra captans cum nil prehendit [3771], submittens caudam repetit silvam [3772], sic Sobezlaus apud cæsarem infecta causa tendit [3773] ad Wicpertum, et apud eum [3774] per septem menses conversatus est [3775]. Deinde mense Novembri transiit [3776] in Poloniam ; quem dux Bolezlaus honeste in sua recepit, conjugem (757) autem ejus Almuse, ducis gnatam [3777], Stephanus rex Pannonicus gratanter recepit, recognoscens cognatam suam.

Item in quadragesima fere per universum orbem [3778] aeriæ potestates quasi plurimæ stellæ, etsi non ceciderunt, visæ sunt tamen cecidisse [3779] in terram, huic simile Dominus dicit in evangelio : *Videbam Satanam, quasi fulgur de cœlo cadentem* (*Luc.* x, 18).

52. Eodem anno maxima fuit ubertas tam autumno quam vere seminatis in frugibus, nisi quod grando

VARIÆ LECTIONES.

[3736] obstupefacti 3. [3737] quod 2b. [3738] et indignus *inserunt* 4, 4a. [3739] dux *add.* 4. [3740] væ mihi repetunt 4, 4a. [3741] ita corr. A, quod 2b. [3742] quod 2b. [3743] immundam 2, immundum 2b, 3, 4, 4a. [3744] inquinatur 3. [3745] mili 1. [3746] deest 1. [3747] in die *desunt* A, domo 2. [3748] deest 3. [3749] ita A, 4, Meynardus 1, 2, *et rell.* [3750] Wznata 2, 4, 4a. [3751] Hieros. 1. [3752] *a verbis* Eodem anno *usque ad hunc locum omnia desunt* 4, 4a. [3753] ita corr. al. man. pro astris 3. [3754] Dlygomil. 1, 2, Dlubomil. 2. [3755] Gumperht 1, Gumpreth 3. [3756] Gisilbertus 4, 4a. [3757] Zdik 2, Sdik 3, 4, 4a. [3758] atque 2. [3759] per Hier. 5. [3760] Septembri 2, *in quo recentissima manus deleto* Sept. *supra scripsit* Nov. [3761] Dlygomil 1, 2, Dligomil 2b. [3762] deest 4, 4a. [3763] deest A. [3764] Bertoldus 1, 2, 4. [3765] obiit 3. [3766] ita A, tauros *superscr. vel* apros 1, tauros *rell.* [3767] deest 3, 4a. [3768] ita 1, in urbe Maguntina 4, deest *rell.* [3769] deest A. [3770] deest 4. [3771] comprehendit 2, 4a, prendit 3, 4. [3772] repetit silvam subm. caud. cum nil preh. A. [3773] tetendit 4, 4a. [3774] mansit A, A', *hoc loco.* [3775] deest A. [3776] transit 2, 2b, 3. [3777] natam *corr.* A. [3778] urbem 1. [3779] recidisse 3.

NOTÆ.

(753 ') Cfr. supra III, 13.
(754) Virg., Æn. IV, 278.
(755) Provinciam Znaymensem.
(756) Provinciam Brunnensem.
(757) Nomen ei erat Adelheidæ. Stephanus rex erat filius Colomanni, fratris Almi ducis.

locis nocuit in pluribus; mel autem in campestribus fuit habunde, in silvestribus locis minime. Hiemps aspera fuit nimis [3780] et nivosa. Jamque eodem vergente [3781] anno [3782], marchionis Dedii [3783] (758) extrema stirpe fato extirpata (759), imperator quartus Heinricus praedicti Dedii marchionatum [3784] putans haerede desolatum, dederat Wicperti sub potenciam. Sed erat in Saxonia quidam [3785] nomine Conradus (760), ex tribu ejusdem Dedii natus, ad cujus, manus jure pertinebat ille marchionatus; unde dux Lutera [3786] et alii Saxones valde indignantes contra imperatorem, susceperunt bellum adversus Wicpertum.

53. Iisdem diebus dux Wladizlaus et Otto, sicut praeceperat eis imperator, tam Boemiae quam Moraviae coadunato exercitu transeuntes silvam, metati sunt castra ultra [3787] oppidum Guozdec [3788] ex adverso praedicti ducis. Praesul autem Maguntinus et comes Wicpertus citra [3789] fluvium Mlidava [3790] (761) stabant gravi cum [3791] multitudine armata; Saxones autem positi castra in medio dirimebant eos, nec sinebant [3792] insimul coire adversarios suos [3793]. Tunc dux Boemiae et Otto miserunt ad Saxones dicentes: *Non nos per superbiam contra vos sumpsimus arma, sed jussu imperatoris venimus in auxilium Maguntino archiepiscopo [3794] (762) et Wicperto comiti. Sed, quoniam hii non assunt, qui adesse et primam committere pugnam debuerant, vos [3795] tantummodo cedite nobis loco, ut habeamus occasionem revertendi [3796], videlicet et vos cessisse, et nos stetisse [3797] et expectasse eos [3798] in condicto loco.* Ad haec Lutera [3799] dux respondit dicens: *Miror vos prudentes viros apertos non deprehendere [3800] animo dolos, quibus inducti frustra contra nos movistis arma innocuos. An ulla [3801] putatis carere dolis consilia Maguntini archipraesulis Adalberti? An nondum ejus Atticam prudentiam satis experti estis? Sic [3802], sic notus est vobis Wicpertus, alter Ulixes [3803], qui circa ejusdem praesulis callipodium informatus est. Cur ipsi non veniunt, nos [3804] ut salutent qui libenter eos resalutant?*

Sed tuc:us est a longe expectare, quam manu committere bellum, et alterius incommodo [3805] suum comparare [3806] commodum. Certe, quivis [3807] lippis [3808] potest perspicere [3809] oculis (763), quid [3810] ipsi machinantur suis dolis. Sciunt enim et bene sap:un, quia, si vos vincitis, quod non [3811] sine magno vestri dampno [3812] dabitur vincere Saxones [3813]; sin autem vobis [3814] potenter [3815] praevalere poterimus, Boemiam suis defensoribus [3816] viduatam facilius invadere [3817] quibunt. Hoc vult imperator, hoc praesul Maguntinus consiliatur [3818]. Sic semper vester gener Wicpertus Boemis amicatur. Nam germanus suus [3819] Sobezlaus, quem nuper Wicpertus ob [3820] voluntatem tuam [3821] dolo abegit in Poloniam, nisi cito ad eundem Wicpertum revertatur, amplius mihi non credatur. Nos autem sciatis magis paratos congredi praelio quam vobis cedere loco. His auditis male creduli verbis dolo compositis Boemi, depopulata regione quae est circa urbem Misen, reversi sunt ad propria, sole morante in 15 Sagittarii parte [3822] (Nov, 24).

54. Anno dominicae incarnationis 1124, 2. Idus Februarii Hermannus, frater Willalmi, et Lutohor [3823], filius Martini, perrexerunt Hierosolimam. Eodem anno [3824].

Dux [3825] Borivoy Nonis bis binis mense Plutonis (764),
Exul in Ungaria carnis compage [3826] soluta [3827],
Ad Christum migrat pura quem mente colebat,
Cum quo nunc ampla coeli laetatur in aula.
Hujus post omnes [3828] vitae mundique labores,
Exul ter quinis quos [3829] degens pertulit annis,
Et quibus est passus bis ternos [3830] carcere clausus,
Bis sublimatus solio, cur bis [3831] reprobatus [3832]
Non mihi rimari [3833] fas est vel talia fari;
Scit qui cuncta creat Deus atque creata gubernat.
Qui legit haec dicat: *Borivoy dux nunc ibi vivat* [3834].
Est ubi sanctarum pars [3835] et requies animarum [3836]

Sepultus est autem in Praga metropoli, anno tunc labenti [3837] bissextili [3838] pridie Idus Marcii, ad principalem ecclesiam sanctorum martirum Viti, Wen-

VARIAE LECTIONES.

[3780] deest 4, 4a. [3781] urgente 2, 3, vigente 2b. [3782] an. verg. A. [3783] Deda 3. [3784] tum al. man. 1. [3785] quid in Sax. 1. [3786] Ludera corr. Lutera A. [3787] circa 2. [3788] Guozdecz 2. [3789] circa 3, 4. [3790] Multaua 3, Mildeua 4, 4a. [3791] deest 3. [3792] videbant 4, 4a. [3793] nec — suos in margine 1. [3794] ita 1, archipraesuli rell. [3795] deest 1. [3796] referendi 3. [3797] et nos stetisse desunt 1. [3798] vos 4, 4a. [3799] corr. A, Ludera 2, 4. [3800] reprehendere 4. [3801] nulla 4, 4a. [3802] si sic 3. [3803] Ultres 2, Ulysses 2b. [3804] nos corr. hos A, nos 1, rell. [3805] incommodum corr. al. m. 1. [3806] parare 2b. [3807] ita A, corr. al. man. quis 1, rell. [3808] lippus est 4, 4a. [3809] prospicere 3. [3810] quod 2b. [3811] deest A. [3812] non A. h. l. [3813] Saxcones 1. [3814] ita corr. 1, nos A. et rell. [3815] poter 1. [3816] corr. A. [3817] inquirere 2. [3818] consiliator 1. [3819] tuus 4. [3820] ad A. [3821] suam 2, 2b, 5. [3822] arce 1. [3823] Liutober 2, 2a, 4, 4a. [3824] a verbis II. Idus-usque ad hunc locum omnia desunt 4, 4a. [3825] Boemimorum inserunt 4, 4a. [3826] compaga corr. al. man. compage 1. [3827] saluta corr. al. man. soluto 1. [3828] omnis 4. [3829] quo 1. [3830] ita 1, 4, 4a. superscr. eadem. m. 1. in textu sex annos; ita quoque A. et rell. [3831] turbis 2b. his 5. [3832] reprobatur 3. [3833] ita A. scrutari superscr. vel rimari 1. eadem manu scrutari rell. [3834] ita 1. superscr. ead. man. loco requiescat, quod A. et rell. [3835] super vocem pars adscriptum pax 2b. [3836] deest hic versus A. [3837] habenti 2. [3838] sextali A.

NOTAE.

(758) De tribu Buzici cfr. Thietmar. VI, 34.
(759) Ultimus erat Heinricus junior marchio Missnensis. Cfr. Vita Wiperti, c. 11.
(760) Comes Wettinensis.
(761) Mulde.

(762) Alberto.
(763) Hor., serm. I, 3, 25.
(764) 4. Non. Febr. testibus Kalendario Pegaviensi et Necrologio Bohemico. K. — Macrob. Saturn. I, 13: *Secundum (mensem) dicavit Februo deo,*

cezlay atque [3839] Adalberti in cripta sancti Martini episcopi et confessoris [3840].

55. Item ejusdem anni in quadragesima, 9 [3841] Kal. Aprilis, præsul [3842] Megnardus [3843] casu reperiens in sacrario ossa Podiwin [3844] condit humi in capella, quæ est sub turre inter altare sancti Nicolay episcopi et confessoris [3845] et tumulum Gebeardi episcopi. Hic fuit cliens et individuus comes in labore et ærumpna sancti Wenczlai martiris, de cujus actibus in vita ipsius sancti [3846] satis declaratur scire volentibus. Temporo enim [3847] suo Severus sextus hujus sedis episcopus ampliorem dilatans [3848] capellam, circa sacram prædicti patroni tumbam ossa prædicti clientis effodiens, quia aliter non poterat fundari murus, et collocans ea in sarcophago, posuerat in camera, ubi ecclesiastica servabantur xenia. Item 8. Idus Aprilis in die paschæ cæsar Heinricus quartus mittens epistolas ad omnes regni sui principes et episcopos, præcepit, quatenus omni occasione postposita 4 Non. Maii in urbe Bamberch [3849] ad suam coadunarentur curiam (765).

56. Interea Sobezlau, nostri ducis frater, linquens Poloniam, tenuit cum suis omnibus [3850] viam ad ducem Saxoniæ Luteram [3851], sperans tanti viri consilio simul et auxilio potiri. A quo honorifice suscipitur hospicio, et optato [3852] suæ spei potitur solatio. Nam prædictus dux, ut cognovit principem Boemiæ [3853] regali interesse curiæ [3854], misit legatum cum hospite suo ad cæsarem dicens : *Regiæ potestati et imperatoriæ dignitati congruit, patientibus injuriam clementer subvenire, et eam facientibus justiciæ rigore regaliter obviare* [3855]. *Cujus gratiæ experimentum et principalis censuræ nobis et cunctis* [3856] *gentibus dabitis* [3857] *documentum, si huic innocenti viro et injuriam pacienti Sobezlao justiciam faciens, fratri suo eum reconcilies. Unde cæsar valde indignatus, respiciens ad omnem cœtum suum* [3858] *dixit* [3859] : *Satis pro imperio iste* [3860] *locutus est marchio; ipse nobis facit injuriam, et ulcisci poscit injuriam. Nam si mihi. congruit, ut* [3861] *ipse fatetur,* *alienas ulcisci injurias, cur non prius ulciscar meas? Aut quænam major potest esse injuria, quam quod ipse vocatus non venit ad nostra concilia? Ergo quemcunque* [3862] *zelus justiciæ et hæc mordet injuria, spondeat nunc fidem super sacra plenaria, quod sua tollat arma, et sequatur me post festum sancti Jacobi apostoli (Jul. 25) in Saxoniam.* Assenciunt omnes et collaudant principes, atque conjurant bellum adversus Saxones secundum edictum cæsaris. Hisdem diebus (766) moritur gener Wratizlai regis Wicbertus, de quo supra satis meminimus [3863]. Videns autem Sobezlav, quia fortuna et regis [3864] censum [3865] magis juvat fratrem suum majorem natu, vertit iter ad Wiperti natum (767), quo consolaretur [3866] de obitu sui patris [3867] suum per sororem cognatum, et [3868] exinde misit ad Poloniæ principem [3869] Stephanum comitem : per hunc enim sua omnia disponebat consilia. Qui, cum transiret silvam quæ est inter Saxoniam et Poloniam, incidit in armatas latronum manus. Qui a longe stantes inquiunt ad eos : *Parcimus et miserescimus vobis atque concedimus vitam, ite vestram cum pace viam; equos autem et omnia quæ portatis linquite nobis, neque enim pauci multis resistere aut fugere quitis.* Quibus Stephanus imperterritus : *Parvum*, inquit, *date nobis* [3870] *spacium inire consilium.* Illis autem concedentibus, dixit comes : *O fratres et o socii, ultimæ jam* [3871] *sortis ne timeatis casum fortunæ mortis, quisnam nobis suum* [3872] *franget panem versis* [3873] *in fugam turpem? Aut post continuatam turpiter vitam quis nobis tribuet necessaria vitæ? Et* [3874] *utrum hanc barbari* [3875] *nobis* [3876] *concedant ignoramus. Heu frustra sero pœnitebit* [3877] *nos non occubuisse viriliter, cum diversis pœnis affectos, hunc naribus truncatum, alterum oculis privatum, dabunt nos* [3878] *in parabolam et fabulam cunctis gentibus.* At illi unanimiter inquiunt : *Moriamur, moriamur; sed videamus ne inulti moriamur.* Quos ut viderunt pagani magis ad pugnam quam in fugam aptare [3879] arma, repente irruunt [3880] super eos. Fit monstruosa pugna inter

---

VARIÆ LECTIONES.

[3839] *deest* 3, 4ª. [3840] episcopi et confessoris *desunt* A. [3841] VIII. A. 2, 4. [3842] *deest* 3. [3843] Meinardus 1. Meynhardus 2. Meginhardus 2ᵇ. [3844] Podiuen 1. 2ᵇ, 4, 4ª. Pediuen 3. [3845] et confessoris *desunt* A. [3846] *deest* A. 3, 4ª. [3847] autem A. [3848] *recentiori man. superscr.* fabricans 1. [3849] *in margine* A. Bamberk 1. Babenberch 4. [3850] omn. suis A. [3851] ita 1. Luderam A. [3852] et op. erasa 1. [3853] *deest* A. [3854] Wladizlai *addit* A. *deest in rell.* [3855] corr. 1. [3856] omnibus 4. [3857] dabis 2ᵇ. [3858] suum coet. A. [3859] dicens corr. dixit A. 1. dicens 2. [3860] *deest* 2ᵇ. [3861] uti 2, 2ᵇ, 4. [3862] quæcunque 4, 4ª. [3863] memini 3. [3864] corr. al. manu A. [3865] census 2ᵇ. censura 3. [3866] eum superscr. al. man. 1. [3867] fratris corr. alia manu in margine patris A. [3868] *deest* A. [3869] princ. Pol. A. [3870] *deest* 5. [3871] *deest* A. [3872] *deest* 4, 4ª. [3873] inversis 1. sed corr. 3. [3874] en 1. [3875] babati 1. [3876] nobis hanc A [3877] pœnitebit 1. [3878] vos 2. [3879] aptarier 1. corr. aptarier 2. aptari 4. [3880] corr. A

NOTÆ.

qui lustrationum potens creditur; lustrari autem eo mense civitatem necesse erat, quo statuit, ut justa diis Manibus solverentur. Cf. Ovid., Fast. II, 33, sq.; Plut. Numa 20, Joanne Lydo auctore (de mens. p. 68.) Februus apud veteres Etruscos deus inferiorum erat, aut pater Plutonis, aut idem qui Pluto. GNOTTEFEND.

(765) Cfr. Ekkehardi Chronicon.
(766) xı Kal. Jun. Consentiunt Vita Wiperti, c. 12, et Kalendarium Pegaviense.
(767) Heinricum. Wipertus filius major natu ante patrem obierat.

quinque ancilia et ³⁸⁸¹ quinquaginta fortium scuta. Presbiter autem ex eis, cui animas suas commendaverant, habens arcum et faretram, fugit; quem unus ex latronibus, videns virum ³⁸⁸² inhermem, insequitur fugientem. At ille ³⁸⁸³ non valens evadere, misit retro sagittam, et percussit equum in mediam frontem, cecidique equus et ascensor ejus retro. Sicque solus presbiter evasit, et nunciavit in urbe Glogov ³⁸⁸⁴ quae facta fuerant. Praefectus autem illius urbis nomine Nozizlav ³⁸⁸⁵, cum ³⁸⁸⁶ multis ³⁸⁸⁷ accelerans illuc armatis, invenit Stephanum semivivum in media aqua Bobr ³⁸⁸⁸ (768) super frutices haerentem — nam barbari, ut viderunt multos de suis interfectos et alios vulneratos, irati valde praecipitaverunt eum in ³⁸⁸⁹ praedictum fluvium —; quem praefatus praefectus suscipiens ³⁸⁹⁰ et ejus socios adhuc semivivos tulit in castrum suum, ibique ³⁸⁹¹ Stephanus in ³⁸⁹² Kal. Junii dominica die moritur. Sobezlau autem hisdem temporibus apud Wicperti filium morabatur, quia post obitum patris sui praedictus puer (769) atrociter ab inimicis undique ³⁸⁹³ coartabatur.

Eodem anno mense Julio dux Wladizlaus natam suam primogenitam nomine Suatavam (770), cum magno muliebri cultu et nimio census apparatu, dat nuptum cuidam inter Bavaros ³⁸⁹⁴ primates famosissimo viro nomine Fridrico (771).

57. Eodem anno Christi ³⁸⁹⁵ Dei virtus et Dei ³⁸⁹⁶ sapientia, cuncta suo ³⁸⁹⁷ nutu gubernans subsistencia, hanc terrulam dignatus est sua eruere clemencia a laqueo Satanae ³⁸⁹⁸ et ejus filii Jacobi Apellae ³⁸⁹⁹ (772). Cujus picea dextra quaecunque ³⁹⁰⁰ tetigerit, inquinat, et oris anelitus, ceu basilisci foetidus, quos afflat, necat ³⁹⁰¹; de quo etiam plurimi testantur veridici homines, quod saepe visus sit ³⁹⁰² Sathan in humana effigie ejus lateri adhaerere atque sua obsequia exhibere. Unde eum in tantam suis artibus extulit audaciam, immo demenciam ut excedens suum modum tam sceleratissimus homo post ducem vicedomini ³⁹⁰³ fungeretur officio; quod erat magnum cahos christiano populo. Hic idem ³⁹⁰⁴ post baptisma factus apostata, altare quod erat aedificatum et consecratum in sinagoga eorum in nocte destruxit, et sumens sacras reliquias, non est veritus eas in suam mittere cloacam. Hunc talem ³⁹⁰⁵ sacrilegum atque maleficium dux Deo plenus Wladizlaus, zelum Christi zelans ³⁹⁰⁶, 11 Kal. Augusti tenuit atque sub arta jussit eum constringi custodia. Ah ³⁹⁰⁷! quantum de mammona iniquitatis ex domo ejusdem subplantatoris sublatum est et in fiscum ducis ³⁹⁰⁸ redactum! Praeterea sui compares in scelere Judei, ne praedictus manzer capite plecteretur, tria milia argenti et centum auri libras composuerunt duci ³⁹⁰⁹. Quod autem ³⁹¹⁰ dux, gratia Dei instinctus, christiana mancipia ab omnibus Judeis redemit, et ut nullus ultra christianus serviret eis ³⁹¹¹, interdixit, amen, amen, inquam; quicquid unquam deliquit, totum in hoc laudabili facto delevit et nomen sibi aeternum ascivit.

O ³⁹¹² Christi famula pia Magdalena Maria,
Semper devota tibi promit plebs sua vota,
quoniam in tuo festo eruta est ab hoste infesto.
Item eodem anno 3 Idus Augusti 11 hora diei solis eclypsis fuit, et secuta est maxima pestilentia boum ovium atque ³⁹¹³ suum; apes multae interierunt, penuria mellis fuit nimia. Segetes ³⁹¹⁴ autumnales defuerunt simul et vernales, praeter solum milium et pisam.

Eodem anno dux Wladislaus, vir ³⁹¹⁵ praeclarus et venerandus, natale Domini (Dec. 25) et epiphaniam (Jan. 6) in villa Stebecna celebravit. Deinde, quoniam ³⁹¹⁶ infirmabatur, transfert se ³⁹¹⁷ in urbem Wissegrad, ibique ³⁹¹⁸ ad suum obitum mansit. Ejusdem hiemis intrante vere vehementissimi incubuerunt venti per totam lunationem mensis Marcii ³⁹¹⁹.

58. Anno dominicae incarnationis 1125. Sobezlau audiens fratrem suum ³⁹²⁰ graviter infirmari, inito consilio amicorum salubri, immo sic jam disponente

---

VARIAE LECTIONES.

³⁸⁸¹ inter add. 3. ³⁸⁸² virum vid. A. ³⁸⁸³ deest 4. ³⁸⁸⁴ Gloglou 4. ³⁸⁸⁵ Voyzlav 1. Voyzlau 2ᵇ, 3. Woyzlaus 4, 4ᵃ. ³⁸⁸⁶ al. manu superscr. A. ³⁸⁸⁷ deest A. ³⁸⁸⁸ Boler 3. Borb 4, 4ᵃ. ³⁸⁸⁹ ipsum A. ³⁸⁹⁰ suspiciens corr. al. m. suscip. 1. ³⁸⁹¹ ubi 4, 4ᵃ. ³⁸⁹² tertio 2ᵇ. Ill. 3. ³⁸⁹³ undique ab in. A. ³⁸⁹⁴ Bavaricos 1. in turba varios 2. ³⁸⁹⁵ ita 1. X A. ³⁸⁹⁶ deest 3. ³⁸⁹⁷ sub 4. ³⁸⁹⁸ satanaeae 1. ³⁸⁹⁹ ocroicnica vel tale quid superscr. al. man. 1. ³⁹⁰⁰ quemcunque 4, 4ᵃ. ³⁹⁰¹ afflaverat omisso necat 3. ³⁹⁰² est 2. ³⁹⁰³ vice Deum 3. vicedomni 4, 4ᵃ. ³⁹⁰⁴ Jacobus inserunt 4, 4ᵃ. ³⁹⁰⁵ Judaeum inserunt 4, 4ᵃ. ³⁹⁰⁶ zelatus 4, 4ᵃ. ³⁹⁰⁷ ah repetunt 4ᵃ. ³⁹⁰⁸ Wladizlai add. 4, 4ᵃ. ³⁹⁰⁹ deest 4, 4ᵃ. ³⁹¹⁰ quod accipiens 4, 4ᵃ. ³⁹¹¹ Judaeis 4, 4ᵃ. ³⁹¹² o pia Chr. A. ³⁹¹³ deest 4, 4ᵃ. ³⁹¹⁴ Segetes pisam desunt A. ³⁹¹⁵ dux 3, omittunt 4, 4ᵃ. ³⁹¹⁶ quandoquidem 2ᵇ, quia 3. ³⁹¹⁷ transferri se jubet 4, 4ᵃ. ³⁹¹⁸ usque add. 2ᵇ, 4, 4ᵃ. ³⁹¹⁹ Marci 1. In cod. A. sequuntur hi versus uncis inclusi, qui desunt in rell.

Anno milleno sexageno quo deno,
Anglorum mele crinem sensere comete.
Anno milleno centeno quo minus uno
Hierosolima Franci capiunt virtute potenti.

³⁹²⁰ Wladizlaum add. 4, 4ᵃ.

NOTAE.

(768) Bober.
(769) I. e. juvenis, ut observat Schwarz; interfuit enim jam anno 1115 praelio Wolfesholzensi, cfr. Vita Wiperti, c. 11.

(770) Germanis Luitgarda.
(771) Comiti Bogensi.
(772) I. e. Judaei, ex Horatiano: Credat Judaeus Apella.

Deinutū, cum omni suo comitatu de Saxonia rediit, et 4 Nonas Februarii prope urbem [3921] Pragam in silva, quæ est circa cœnobium Brevnov [3922], noctu applicuerat. Latet causa, quid ipse hac in re faciendum disposuerat; neque enim tantæ indolis heros tam temere hanc terram intrasset, si non aliqui [3923] ex comitibus extitissent, quorum consilio id, ut reor, egerat. Namque eadem nocte retro pedem torquens, huc et illuc, nunc [3924] per silvas, modo per villas latenter circuibat terram, nemini vim inferens aliquam, sed semper [3925] fratris sui quæritans [3926] gratiam. Omnes quidem Boemi primi et secundi ordinis [3927] cum diligebant et ejus parti [3928] favebant, sola autem ductrix (773) et pauci cum ea adjuvabant Ottonem. Qui, quoniam sororem ejus (774) sibi copularat [3929], omnibus modis nitebatur, quo post virum suum Otto potiretur solio. Ducis autem magis magisque invalescens morbus nimis ejus exhauriebat corpus. Inter hæc primates terræ conturbati [3930] ceu pisces in turbida aqua, incerti dum mente titubarent [3931] consternati, regina Suatava [3932] mater ducis præmonita et instructa Sobezlai [3933] ab amicis venit, ut visitaret filium suum, et sic locuta est ad eum : *Mater ego tua cum sim et regina, supplex et timida ad tua venio genua, et quibus te tenerum excepi, pro* [3934] *fratre tuo* [3935] *coram te jam tremulis procumbo genibus. Nec enim ea quæ jure possint negari peto, sed quæ sunt et* [3936] *Deo placita et hominibus accepta. Placet enim Deo, sicut ipse dixit : « Honora patrem tuum et matrem », ut meas aniles placide suscipias preces, et hanc rugosam lacrimisque obortam* [3937] *precor ne confundas faciem. Liceat mihi vetulæ matri apud filium suum* [3938] *impetrare quod rogat et postulat prostratus tāon universus Boemiæ, liceat mihi decrepitæ vos videre pacatos, quos pari conditione ex meo utero generatos video, gratia* [3939] *Dei, bene educatos. Contingat mihi aniculæ cito morituræ non prius mori* [3940]*, quam huic incomparabili meo Deus conferat solamen mærori. Merito quidem mæreo* [3941]*, quia fera Herinis hac in terra regnat, et vos fratres, olim unanimes, nunc in prælia armat* (775). *Quis enim ignorat, quod camisia propior sit corpori quam tunica ? Natura quippe quæ fecit propinquiorem genituram, facit ut sit suis propicior et in omni rerum procurata. Ille autem, ille* [3942] *quem tibi fratrem facis, et cui modo tuæ sobolis et caræ conjugis curam injungis et in tutelam committis, crede mihi matri, ipse primus erit eis in laqueum et in foveam et in scandalum. Iste autem quem a te elongas et quasi alienum reputas, cum sit tuus germanus, multo clemencior in tuos* [3943] *erit, quam tui patrui natus, cui post te decernis paterni solium ducatus.* Dixerat,

Et flebat natumque [3944] suo [3945] angebat ploratu. Quem ut vidit simul collacrimantem, hæc adjecit dicens : *Non tua, fili mi, inevitanda homini deploro fata* [3946]*, verum fratris tui miserabiliorem morte vitam defleo, qui profugus, vagus et exul mallet* [3947] *nunc feliciter mori quam infeliciter vivere.* Cui natus [3948] perfusus faciem lacrimis, *Faciam*, inquit, *mater mea, faciam quod hortaris, non* [3949] *sum adamante vel execrabili* [3950] *genitus Caribdi, ut non reminiscar uterini fratris* [3951]*.* Interea rediens præsul [3952] Bambergensis [3953] ecclesiæ Otto, miles Christi indolis [3954], victis et destructis Pomoranorum idolis, visitat ducem jam viribus præ infirmitate deficientem. Cui aux [3955] cum sese et animam suam per sanctam confessionem commisisset, non prius posse dari aut consequi indulgentia præsul [3956] spopondit, quam fratri suo pacem veram et firmam promisisset et [3957] gratiam. Moxque præsul prædictus curam animæ ejus et causam perficiendæ [3958] pacis Megnardo [3959] injungens episcopo, juxta principalem munificentiam valde donis honustatus tenuit viam; festinabat enim, ut ante Domini cœnam [3960] perveniret ad sedem suam (776). Mittitur ilico pro Sobezlao [3961], jamque palam in populo agitatur, quod olim clanculo machinabatur.

Talia ut sensit princeps Moraviæ Otto fieri, qui semper adhærebat ducis lateri [3962], timens ne forsan [3963] caperetur, tristis revertitur in Moraviam. Pacificatus est autem Wladizlaus cum fratre [3964] quarta feria majoris ebdomadæ (Mart. 25). Post octavas autem [3965] paschæ 2. Idus Aprilis (777), dominica die, quæ tunc fuit *Misericordia Domini*,

VARIÆ LECTIONES.

[3921] *deest* A. — [3922] Brzewnow 2, Breunen 2ᵇ, Breunou 3, Breunev 4, 4ᵃ. — [3923] *alii* 2. — [3924] *deest* A. — [3925] *deest* A. — [3926] *deest* A. — [3927] *ordines* 1. — [3928] *al. man. in margine* A. *in textu* patri. — [3929] copulaverat A. — [3930] turbati A. — [3931] titubarunt 3. — [3932] Zuatava 1, Zwatava 4. — [3933] Sob. ab am. A. — [3934] cum A. — [3935] Zobezlao *inserunt* 4, 4ᵃ. — [3936] ex 4. — [3937] abortam 2, obrutam 2ᵇ. — [3938] si non 3. — [3939] corr. A. — [3940] corr. A. — [3941] mereor 1, morior 4, 4ᵃ. — [3942] *deest* 4, 4ᵃ. — [3943] inter vos 4, 4ᵃ. — [3944] naumque 1. — [3945] suum 3. — [3946] facta 1. — [3947] valet *al. man. superscr.* vellet 1, malit 3. — [3948] Wladizlaus *inserunt* 4, 4ᵃ. — [3949] nec 3, 4. — [3950] ita A. *ex* Caribdi *rell.* ex *deest* 3, 4ᵃ. — [3951] mei *add.* 4, 4ᵃ. — [3952] præsul *red.* A. — [3953] Bamberiensis 1, Babenbergensis 4. — [3954] inclytus 3, 4ᵃ. — [3955] Wladizlaus *inserunt* 4, 4ᵃ. — [3956] Otto *add.* 4. — [3957] *deest* A. 2ᵇ, 3, 4, 4ᵃ. — [3958] perficiente *corr.* perficiende 1. — [3959] Meginardo 1. — [3960] cœn. Dom. A. — [3961] Boleslao 2. — [3962] lat. duc. A. — [3963] forte 2, forsitan 4, 4ᵃ. — [3964] suo Sobezlao *add.* 4, 4ᵃ. — [3965] *deest* A.

NOTÆ.

(773) Richsa filia Heinrici comitis Ber ensis. Vide Pubitschka IV, 157.
(774) Sophiam.
(775) Virg., Æn. VII, 335.
(776) Rediit in ipso sacrosancto paschæ Sabbato, ut tradit Ekkehardus 1125.
(777) Probat Necrologium Bohemicum.

pius et misericors dux Wladizlaus non sine magno suorum planctu migravit ad Christum, et quam semper pro nomine Christi in pauperes exhibuit, nimirum jam ab ipso misericordi Domino consecutus est misericordiam. Sepultus autem in ecclesia sanctæ Mariæ virginis, quam ipse ædificans Christo et ejus matri omnibus ecclesiasticis veniis sufficienter auxit, et satis honorificam monachorum ibidem [3966] constituit abbaciam; loci nomen est Cladorubi [3967] (778)

Dux fuit hic quantus [3968], rexit dum spiritus artus,
Ex ejus gestis jam scriptis scire potestis,
Qua dignus laude sit, quove colendus honore.
Sit libri finis, nostri ducis est ubi finis [3969].

59. Quoniam quidem primi [3970] in exordio libri memini me dixisse, hanc chronicam sub temporibus Wladizlai ducis et Hermanni præsulis editam esse [3971], quibus jam ex hac convalle [3972] lacrimosa [3973] fato transvectis ad loca forsan deliciosa, sed adhuc gestarum rerum exuberante materia, utrum ibi [3974] figam littori [3975] anchoram, an etiam

Nunc furentibus euris [3976] in altum carbasa tendam,
Consule formosa mea doctrix nunc mihi Musa.

Tu enim, quæ nunquam senescis, me senem ad juvenilia studia [3977] inquietare non quiescis, haud [3978] ignoras, quod in uno [3979] quocunque [3980] sene, sicut in me, puerilis est sensus et debilis animus. O si mihi jam octogenario præteritos Deus referat annos (779), quibus olim [3981] Leodii sub Francone [3982] magistro tum grammaticæ tum dialecticæ artis in virectis [3983] pratis mecum lusisti satis! O nimium [3984] amabilis juvenibus et suavis, semper pudica, sed nunquam vetula, cur me repetis senem? Cur hebetem incitas mentem? Jam mihi annosa ætas dorsum incurvat, jam rugosa [3985] cutis faciem deturpat, jam pectus velut sonipes fessus anhelat, jam vox rauca ceu anser sibilat, et morbida senectus meos enervat sensus. Certe plus me delectat [3986] mollis panis et tosta buccella, quam tua sophismata, quæ quondam sub vestra molliter cubantes asscella, suaviter ex tua tenera suximus papilla. O sophistica cornupeta, ultro viris syllogisticis appetenda, nobis autem jam satis ex-

perta, sine senes, pete juvenes tui similes, ingenio acutos et in arcium artibus argutos, qui nuper ad magnam mensam dominæ [3987] philosophiæ [3988] deliciosis pasti epulis, et exhaustis tocius Franciæ thesauris, novi philosophi redeunt! Tales oratores inclita virtus ducis Sobezlai expectat, qui ejus mirifica gesta stilo aureo mirifice deaurare queant [3989]; quibus et ego senex, quicquid inepte deliro, usque ad unguem elimandum [3990] supplex comitto. Horum et omnium ista legencium cum licencia, liceat mihi præfati ducis.

Pluribus ex gestis aliquid contingere scriptis.
Et qui me senem vituperas, ipse cum sis sapiens, thesaurum tuæ scientiæ in lucem proferas, et hunc rudem textum pro materia habeas [3991].

60. Regnante domino nostro Jesu Christo, trino et uno omnipotente Deo, uti supra retulimus, duce Wladizlao ex hac luce subtracto, frater ejus Sobezlau, ætate quidem [3992] junior, sed maturis [3993] sapiencia maturior, manu largus, civibus acceptus, plebi utriusque sexus et ætatis gratus, omnibus Boemis insimul faventibus, 16 Kal. Maii jure hæreditario in principatus solio [3994] elevatus est avito.

O qui perpetua mundum ratione gubernas,
Quisnam [3995] speraret vel quisnam credere posset,
Quod pax hoc [3996] anno fieret sine sanguine magno,

præsertim cum domnus Otto, quorundam instructus [3997] consilio, tali se obligaverat sacramento [3998], quod non prius ab urbe Wissegrad cederet, quam aut victus plecteretur capite, aut victor potiretur principalis sedis culmine. Sed dominus noster Jesus Christus, qui dissipat et reprobat consilia principum, sanctissimi martyris Wenczlai [3999] per meritum ita misericorditer disposuit, uti me supra referente satis caritas vestra novit. Quapropter jam bonus dux desinat super fratre suo simul et Ottone irasci et [4000] indignari, credat omnia ratione Dei [4001] gubernari, et nichil sine ipso posse fieri. Sed, quoniam, Salomone testante, ira in sinu stulti quiescit (Eccle. VII, 10), absit hoc a reverentissimo [4002] duce, ut per iram et indignationem suas virtutes eximias commaculet, aut per inpacientiam [4003] probabiles suos contaminet actus. Quos revera si quis [4004] ob lau-

VARIÆ LECTIONES.

[3966] ibi 3. [3967] Kladruby 2, Kladaruby 3. [3968] quintus 3. [3969] Hic sequuntur in 2ª verba: Incipit prologus in quartum librum. In 4 legitur: Explicit liber Illus. Incipit IIIius de chronica Boemorum, quæ 4ª in margine a manu tamen recentiori adscripta sunt [3970] deest 3. [3971] esse ed. A. [3972] valle A. [3973] lacrimarum A. [3974] sibi 2. [3975] lectori 2ª. [3976] curis 4. [3977] stadia corr. al. man. studia 1. [3978] aut corr. haud A. [3979] viro 3. [3980] unoquoque 2ᵇ. [3981] enim 2. [3982] Francorum 4, 4ª 3. [3983] virentibus A. virectis 1, 4. [3984] omnium 2. [3985] rugosæ 3. [3986] delectant 2ᵇ. [3987] deonæ 4. [3988] philosophye 1. [3989] quent corr. al. man. queunt 1. [3990] ita corr. al. man. 1. eliminandum 3. [3991] In 2ª. sequuntur verba: Incipit liber quartus de sublimatione Sebeslay in ducem Bohemorum. [3992] deest 2. [3993] deest 2. [3994] in pr. solio A. [3995] omissum 4ª. [3996] eo 4ª. [3997] ita corr. 1. instinctus A. 2. 2ᵇ. 4. 4ª. [3998] juramento 2ᵇ. [3999] W. mart. A. [4000] non 4. [4001] Dei rat. A. Dei omissum 4. 4ª. [4002] reverendissimo 3. [4003] patientiam 3. [4004] si quis al. man. in margine A.

NOTÆ.

(778) Kladrau.

(779) Vig., Æn. VIII, 566.

dem ⁴⁰⁰⁵ sui ⁴⁰⁰⁶ singillatim ⁴⁰⁰⁷ exprimere satageret, prius diurna lux et pagina deficeret, quam inceptum ⁴⁰⁰⁸ opus perficeret. Verumtamen nos unum et et præcipuum ejus memoriale vestræ caritati pandimus, in quo nimirum omnibus pene præferendus est actu, quod tantæ potestatis dux nunquam

Mentis prædone poluit ⁴⁰⁰⁹ sua labra medone (780). Certe non modica est virtus cuippiam potenti viro os suum refrenare, et naturalis potus non amurcam, sed ejus illecebras spernere.

61. Eodem anno 13 ⁴⁰¹⁰ Kal. Junii, 4 existente feria, in hebdomada sacrosancta pentecosten (781), magna nix in quibusdam silvestribus locis descendit, et sequentibus diebus grande frigus inhorruit, atque omnigenis et maxime in autumno seminatis frugibus, simul ⁴⁰¹¹ et vineis, nec non et ⁴⁰¹² arboribus multum nocuit, ita ut ⁴⁰¹³ in multis locis arbusta radicitus exaruissent, et minores gelu rigescerent ⁴⁰¹⁴ amnes. Ejus hebdomadæ in sabbatho 5 ⁴⁰¹⁵ Kal. Junii (782) imperator Heinricus quartus obiit, ibique ejus et ⁴⁰¹⁶ imperialis genealogia desiit, partim sterilitate feminei ⁴⁰¹⁷ sexus, partim ab ineunte ætate omni virili ⁴⁰¹⁸ stirpe regali fato conclusa exiciali.

62. Interea per Dei gratiam inclito duce Sobezlao in toto suo composita pace regno, dum ⁴⁰¹⁹ heroycis cessamus a chronicis ⁴⁰²⁰, referamus qualiter presbiter quidam crudi per incendium holeris incentivas extinxerit ⁴⁰²¹ flammas pectoris; ipse enim clam mihi narravit familiariter, et ut nulli eum nomine proderem per Christum me rogavit amicabiliter, cui ita ego uti mihi credo, quia vita ejus laudabilis fidem præbet verbis. Aiebat ⁴⁰²² enim quod, postquam sibi presbiteram ⁴⁰²³ Dominus tulerat, devota mente Deo voverat, quod nullam ultra cognosceret feminam. Sed, quoniam valde difficile est assueta ⁴⁰²⁴ funditus a mente ⁴⁰²⁵ evolvere, nescio quot ⁴⁰²⁶ post annos tanta eum temptacio carnis invaserat, ut pene voti oblitus quod Deo voverat, victus libidine in laqueum diaboli fere ⁴⁰²⁷ ceciderat. Quid enim ageret? aliquando legerat in dialogo, qualiter sanctus Benedictus per incendium ⁴⁰²⁸ urticæ compescuit ardorem carnis inimicæ. Cum subito superna gratia respectus et ad semetipsum reversus, quærens ⁴⁰²⁹ ad simile opus, et non inveniens secretum locum, furtim collegit de urticis manipulum, clam peciit cubiculum et super se clausit ostiolum, atque omne suum usque ad unum filum abjecit vestimentum. Ah! si quis tum ⁴⁰³⁰ presbyterum sanum insanientem vidisset, etiamsi ⁴⁰³¹ eadem die carum parentem sepelisset, vellet nollet, utique rideret ⁴⁰³². Certe non tantum sævus magister in discipulum, aut dominus iratus in servum sævit, quantum presbiter in se et contra se inflammatus, atque præ ira insensibilis factus, per genitalia sua simul et posteriora urticis sævivit. Exinde ⁴⁰³³ rediit ad cor, et multo crudelius circa præcordia sæviens, aiebat: *Tu me, tu, pessimum cor* ⁴⁰³⁴, *semper crucias* ⁴⁰³⁵, *ego te sic* ⁴⁰³⁶ *modo cruciabo. Ex te enim exeunt cogitationes malæ, adulteria* ⁴⁰³⁷, *fornicationes et libidines*. Sicque satisfaciens suo furori presbiter furibundus ⁴⁰³⁸, tantis atrectatus ⁴⁰³⁹ doloribus, per tres dies jacuit moribundus; nec satis se ⁴⁰⁴⁰ fecisse reputans animæ remediis, colligens ⁴⁰⁴¹ fasciculum de urticis, suspendit in sua camera, quatenus eas ⁴⁰⁴² semper haberet præ oculis, quas quotienscunque seu pendentes seu succisas sive juxta viam pollentes conspexit, cor ejus intremuit mensque mala memor mali penitus ⁴⁰⁴³ evanuit. Nos autem hujus presbiteri imitabilem sæviciam vertamus ad virtutum ⁴⁰⁴⁴ custodiam, et quod ipse operatus est in corpore, nos operemur ⁴⁰⁴⁵ mente. Sunt enim eloquia Domini eloquia veridica, quibus ait: *Pater meus usque modo operatur, et ego operor* (Joan. v, 17). Ecce enim ⁴⁰⁴⁶ presbiter, dum foris pœnaliter ⁴⁰⁴⁷ arsit, quod illicite ardebat ⁴⁰⁴⁸ intus per Dei gratiam extinxit, vicit peccatum, quia mutavit incendium ⁴⁰⁴⁹.

Noverint omnes in Christo fideles, hujus chronicæ compositorem, scilicet ⁴⁰⁵⁰ Cosmam reverentissimum Pragensis ecclesiæ decanum, 12 Kal. Novembris obiisse eodem anno, quo ducem Sobezlaum constat intronizatum fuisse ⁴⁰⁵¹. Amen. Valete fratres ⁴⁰⁵².

VARIÆ LECTIONES.

⁴⁰⁰⁵ lau. 1. ⁴⁰⁰⁶ ob laudem sui *omissa* 2ᵇ. ⁴⁰⁰⁷ singulatim 3. ⁴⁰⁰⁸ incertum A. 2. 2ª. ⁴⁰⁰⁹ polluit A. proluit 2. ⁴⁰¹⁰ ita 4ª. XVI. 4. VI. *rell.* ⁴⁰¹¹ similiter 2ᵇ. ⁴⁰¹² *deest* 3. 4. 4ª. ⁴⁰¹³ ita ut *superscr.* A. ⁴⁰¹⁴ g. *ul. man. superscr.* 1. et minores gelu rigescerent *desunt* 2. ⁴⁰¹⁵ X. 4ª. ⁴⁰¹⁶ ejusdem 3. ejus *omisso* et 4. 4ª. ⁴⁰¹⁷ feminei — ineunte *desunt* 1. ⁴⁰¹⁸ li *al. man. superscr.* A. ⁴⁰¹⁹ *deest* 3. ⁴⁰²⁰ codices 4. 4ª. *omissis omnibus a verbis.* Interea *etc. usque ad hunc locum hæc inserunt:* Hoc in loco licet extra ordinem nostræ sit narrationis, quoniam tamen ædificationi fidelium convenire credimus *etc.* ⁴⁰²¹ extinxerat 1. extinxit 2. ⁴⁰²² aigebat g *eraso* A. ⁴⁰²³ presbyteruram *sed corr.* A. presbyteratum 2ᵇ. ⁴⁰²⁴ asueta A. ⁴⁰²⁵ *deest* 2. ⁴⁰²⁶ quod 1. ⁴⁰²⁷ vere 2ᵇ. ⁴⁰²⁸ incentivum 4. 4ª. ⁴⁰²⁹ coherens A. ⁴⁰³⁰ tuum *corr.* tum 1. ⁴⁰³¹ etsi 4ª. ⁴⁰³² rediret 2. ⁴⁰³³ exiu 2ᵇ. ⁴⁰³⁴ pessime cur 2ᵇ. ⁴⁰³⁵ pess. cor s. cruc. *spatio vacuo relicto desunt* 5. ⁴⁰³⁶ si *corr. al. man. sic* 1. ⁴⁰³⁷ superbia *add.* 4. 4ª. ⁴⁰³⁸ *deest* 5. ⁴⁰³⁹ attenuatis 2ᵇ. attractus 4. 4ª. ⁴⁰⁴⁰ *me corr.* se 1. ⁴⁰⁴¹ *corr.* 1. ⁴⁰⁴² *corr. al. man.* A. ⁴⁰⁴³ *deest* 2ᵇ. ⁴⁰⁴⁴ ad virt. vertamus A. ⁴⁰⁴⁵ in *add.* 4. 4ª. ⁴⁰⁴⁶ *omittunt* 4. 4ª. ⁴⁰⁴⁷ peccaliter 2ᵇ. ⁴⁰⁴⁸ ardebit *corr.* ardebat 1. ⁴⁰⁴⁹ *Desinit cod.* 3. *his verbis:* Hucusque Cosmæ decani Pragensis editio. ⁴⁰⁵⁰ *deest* 2ᵇ. ⁴⁰⁵¹ *In* 2. *recentior manus addidit* M. C. XXV. — 4. 4ª *ita:* Hoc eodem anno exemptus est vita hujus chronicæ compositor Cosmas reverentissimus Pragensis ecclesiæ decanus xii Kal. Nov. ⁴⁰⁵² *ita* 1. amen A.

NOTÆ

(780) Potio melle mista.
(781) Incidit in diem 17 mensis Maii.
(782) Obiit 25 Mai; cfr. Ekkehardus et annalista Saxo 1125; qui dies incidit in Sabbatum hebdomadæ Pentecostes. Non Cosmæ videtur esse error, sed omnium nostrorum codicum mendum.

CANONICI WISSEGRADENSIS CONTINUATIO COSMÆ.

Anno dominicæ incarnationis[1] 1126. Sobezlaus Abus[15] et prepositis et capellanis pene centum hastam dictus venit in Moraviam, et ablata Ottoni provincia sancti Wenceslai, inter quos unus capellanus, probus, nobili genere, nomine Vitus, qui tenebat hastam ejusdem sancti prememorati[16], ut mos est, indutus lorica et galea, ut Achilles, lacrimans præ gaudio clamavit[17] ad suos: « O socii et fratres, constantes estote: video enim sanctum Wenceslaum sedentem in equo albo et indutum candida veste super cacumen[18] sacræ hastæ, pugnantem pro nobis, etiam et vos videte. » Illi autem stupefacti[19] aspicientes hac et illac nichilque videntes — quia non omnibus, nisi dignis datum est a Deo illud miraculum videre — tristantibus et lacrimantibus et ex toto corde gementibus ad Deum, et oculis et manibus expandentibus ad[20] cœlum, et tamdiu clamantibus *Kyrie eleison*[21], dum Deus omnipotens sua misericordia et suo sancto nuncio Wenceslao, nostro protectore, vicit nostros hostes. Amen[22]. Hæc duce Sobezlao omnia agente, misit suum capellanum in villam quæ vocatur nomine Wirbcane[23], cui fuit nota res; qui invenit in pariete ecclesiæ vexillum sancti Adalberti pontificis, et suspensum est in hasta sancti Wenceslai martyris in tempore belli contra Saxones, ubi Deus[24] vicit eos. Amen[25]. Dedalrici (1) restituit filium ejus Wratizlaum in paternam[2] sedem. Otto dux Moraviæ convenit Luterum[3] in Ratispona (2). Sobezlaus vastavit[4] Moraviam, partem Ottonis.

Eodem anno 4. Non. Januarii lucescente die signum visum est fulguris[5]. Sed quibusdam visum est ante natale Domini, quibusdam in vigilia nativitatis Domini, sed plane visum est in nocte sancti Stephani protomartyris. Eadem hyeme tanta magnitudo nivis fuit, qualem nullus hominum se vidisse dicebat, in qua multi homines mortui sunt. 14 Kalendas Martii inundatio aquæ; glacies multis rebus nocuit. Hic Luterus[6] rex Saxonum[7], seductus ab Ottone duce Moraviæ, inflatus magna superbia et avaritia pecuniæ atque malitia et iniquitate, cum suo exercitu venit contra Bohemos juxta oppidum nomine Chlumec, ubi Sobezlaus dux cum Dei adjutorio et suo comitatu 12[8] Kalendas Martii prostravit quingentos primates illorum, exceptis scutiferis[9], inter quos ruit Otto dux memoratus. Et in tanto bello tres tantum Sclavi perierunt; regi autem Saxonum cum ceteris pepercit dimisitque eum in pace. Et sic dominus Sobezlaus et Bohemi cum magno honore et gloria illesi redierunt. Factum est autem inenarrabile[10] gaudium tam clericis quam laicis per totam familiam sancti Wenceslai, quia[11] nec patres nostri nec avi nec atavi habuerunt talem honorem, qualem omnipotens Deus sua gratia concessit nobis, suaque dextera et justo judicio vicit eos. Amen. Nolo autem[12] vos latere patres et matres quod audivi, annuncio vobis veritatem auxilii omnipotentis Dei, quæ visa est pene ab utroque exercitu, quod aquila volans ea die, antequam bellum fieret inter Saxones et Bohemos, sua voce clamabat super Saxones, præsciens nutu Dei cadavera eorum, et campanam sonantem auditum est. Iterum circum astantibus[13] et custodientibus[14] primatibus Bohemiensi-

Eodem anno 5 Nonas Octobris Zdik[26] ad sedem Olomucensem episcopus[27] secundum instituta canonum electus, ab archiepiscopo suo Magontino (3) ordinatur, et in ordinatione, ablato[28] nomine barbaro, Henricus appellatur.

Eodem anno Sobezlaus dux et Ungarorum rex Stephanus (4) convenerunt ad colloquium, et munera dederunt ad invicem; rediens Sobezlaus ad sua, cepit Bracizlaum[29] (5), kathenatumque duxit in[30] castellum nomine[31] Donin (6).

Eodem anno multi homines perierunt fame per totum mundum. Deinde transactis tribus mensibus Bracizlaus in arce Jaromir (7) retrusus est. Eodem tempore[32] quasdam munitiones Bohemi reædificaverunt, quæ Sclavice[33] Primda[34] (8), Yzcorelik[35] (9),

VARIÆ LECTIONES.

[1] Anno Domini 2b. *et sic deinceps*. [2] patriam 2a. [3] Luderium 2. 2b. [4] vastabat 2b. [5] visum est fulgur 2b. [6] Lotharius 2b. [7] Saxoniæ 2b. [8] XVI, 2b. [9] scuriferis 2. [10] mirabile 2b. [11] qua 2. sanctus Wenceslaus quam 2a. quod 2b. [12] deest 2. 2a. [13] a circumstantibus 2b. [14] custodibus 2. 2a. [15] Boemorum 2b. [16] prænominati 2b. [17] clamabat 2b. [18] cacumina 2b. [19] et add. 2b. [20] in 2a. 2b. [21] kyr. 2. [22] deest 2b. [23] ita 2a. Wrbczane 2. in villam Wrbczany 2b. [24] Dominus 2b. [25] deest 2b. [26] Zdiko 2b. *et sic deinceps*. [27] Olomucensis episcopatus 2. 2a. [28] deest 2b. [29] Brzecislaum 2b. [30] ad 2b. [31] dictum 2b. [32] anno 2b. [33] Sclavonice 2b. [34] Przimda 2. Przinda 2b. [35] Yzcorzelik 2b.

NOTÆ.

(1) I. e. Udalrici, cfr. Cosm. III, 41.
(2) V. infra cont. Sazav. 1126.
(3) Adalberto.
(4) secundus.
(5) filium Bracizlai II ducis qui anno 1100 interfectus est.
(6) Dohna.
(7) Jaromiercz in circulo Königgrätz
(8) Frauenberg in circulo Czaslaviensi.
(9) Gorlitz.

Tachow (10) appellantur. Ejusdem etiam temporis curriculo capella [36] in monte Rzip nuncupatur. Sobezlaus dux serenissimus destructam reconstruxit, quam Zdik, sanctæ Olomucensis ecclesiæ venerabilis [37] episcopus, pristino [38] dotis juri restauratam cum summa reverentia consecravit.

Anno dominicæ incarnationis 1127, 7 Kalend. Martii, caput [39] sancti Adalberti martyris et pontificis in civitate Gnezden [40] repertum est, eo quidem loco ubi martyr idem martyrio [41] fuit coronatus et tumulatus. [42] Sobezlaus vero dux Bohemorum tunc temporis Lotario regi Teutonicorum fuit reconciliatus (11), ejusque gratia et dilectione inductus, castrum Normberk [43] cum magna manu obsedit, et Bawariam fere [44] usque ad Danubium vastavit et [45] incendit. Decem hebdomadis expletis (12), perfecto negotio cum magna pompa et triumpho ad propria remeavit. Bawari vero et Swevi furore et indignatione accensi, ducem (13) Conradum sibi in regem constituerunt, sieque novissimum errorem priore pejorem, proh dolor ! in regno effecerunt.

Anno dominicæ incarnationis 1128. Lutherius rex in die paschæ (*Apr.* 22) levavit de fonte baptismatis filium ducis Sobezlai, factique sunt intimi amici. Cui parvulo post confirmationem filius (14) Wigberti (15) in exitu vitæ suæ promisit totum pheodum suum, astantibus ibidem primatibus Saxonum.

Eodem anno expeditio facta est a Sobezlao in auxilium compatri suo Lutherio regi (16) contra regem Conradum, sequenti vero die rediit ad propria cum gratiarum actione. Non post multum vero temporis [46] Conradus filius Liutoldi (17) captus est a Sobezlao, et inclusus est in claustro Wissegradensis ecclesiæ [47]. Æstas sicca.

Eodem anno multi principes [48] Bohemorum capti et catenati atque inclusi sunt in custodia a duce Sobezlao. Bracizlaus ductus est in castellum Dacin [49] (18), et Conradus ad Henricum filium Wigberti.

Eodem anno 5. Idus Novembris et Sclavonice Prosince [50] eclipsis lunæ rubea; dicam quod quidam viderunt particulam quæ remanserat jactantem se huc et illuc, donec defecit, et multæ stellæ circumdederunt eam, quarum [51] una circumvolavit lunam, altera projecit se ad aquilonem. Transactis decem diebus ad noctem rubea signa apparuerunt in cœlo ab aquilone [52].

Anno dominicæ incarnationis 1129. Wratislaus filius Dedalrici captus est a Sobezlao, post hæc [53] in exilium missus est. Kladsko castrum renovatum est atque firmatum a Sobezlao.

Eodem anno dux Sobieslaus renovavit Wissegradense monasterium, quod pater ejus beatæ memoriæ rex [54] Wratislaus ædificavit pro anima sua et uxoris suæ prolisque suæ, collaudante et authoritate gloriosissimi papæ Alexandri atque 72 patrum. Qui sanctæ Romanæ ecclesiæ prænominatus pontifex ad corroborandam ejusdem sacræ institutionis dignatus (19) per Johannem Tuscolanensem episcopum et per Petrum præpositum sancti Georgii martyris prædictæ ecclesiæ ministris, videlicet presbytero [55], diacono, subdiacono et etiam præposito [56] transmisit, et [57] ad insigne apostolicæ authoritatis eis perpetuo hiis uti concessit, sandalia et mitras. Hiis vero ita dispositis et ordinatis, idem rex supra memoratus hoc prædictum monasterium subdidit sanctæ Romanæ ecclesiæ, quod [58] tali modo fundavit, portans propriis humeris 12 cophinos plenos lapidibus in honore Salvatoris, ut Constantinus imperator fundavit Romanam ecclesiam. Ideo fecit eam liberam esse, quam Sobezlaus, ut diximus, renovavit, et renovatam in melius auxit, quia parietes depingi fecit, coronam auream in ea suspendit, quæ ponderat 12 marcas auri, argenti vero 80, æs et ferrum sine numero, pavimentum politis lapidibus exornavit, porticus in circuitu addidit, laquearia in lateribus duobus affixit, tegulis summitatem totam cum tectis cooperuit, claustrum et omnes officinas cooperiri jussit; insuper et canonicos ejusdem ecclesiæ multiplicavit, stipendiis, prædiis, aliisque bonis augmentavit.

Eodemque anno dominus Meynhardus episcopus Pragensis ecclesiæ renovat [59] sepulcrum sancti Adalberti pontificis auro et argento et cristallo.

Eodem [60] anno Wencezlaus (20) filius Suatopluk [61] missus est in Ungariam a duce Subezlao in auxilium regi [62] Stephano contra Græcos, sicque cum pace

VARIÆ LECTIONES.

[36] Capellam — appellatam 2b. [37] *deest* 2b. [38] pristini 2. 2a. pristino juri, *omisso dotis* 2b. [39] corpus 2b. [40] Gnizno 2b. [41] *id. mart. desunt* 2a. [42] 7 Kal. — tumulatus *leni ductu calami transfixa sunt in* 2. [43] Nuremberk 2b. [44] *deest* 2b. [45] *deest* 2. [46] spatium *add.* 2b. [47] castro Wissegradensi 2b. [48] primates 2a. 2b. [49] Daczin 2. Dieczin 2b. [50] et Sclav. Prosince *omissa* 2b. [51] ex quarum 2. 2a. [52] ad aquilonem 2a. [53] posthac 2b. [54] dux 2b. [55] et *add.* 2b. [56] et etiam præpotiso *omissa* 2b. [57] et *deest* 2b. [58] *ita* 2b. qui 2. 2a. [59] renovavit 2a. 2b. [60] enim *add.* 2. [61] Zuatoplik 2a 2b. [62] duci 2b.

NOTÆ.

(10) Dachau.
(11) die festo Pentecostes 22 Maii Martisburgii; cfr. Jaffé Geschichte des Deutschen Reichs unter Lothar, pag. 58.
(12) Die 18 Aug. 1127 Lotharius Babenbergæ commorabatur. Böhmer 2100.
(13) Franconiæ, Staufensem.
(14) Heinricus.
(15) Groicensis.
(16) qui obsidebat Spiram.
(17) Cfr. Cosmas III, 41.
(18) Tetschen.
(19) Legendum videtur *dignitatem*. De hac fundatione cfr. Cosmas ad annum 1070.
(20) dux Olomucensis.

rediit, sed vivens per quatuor menses quartanis febribus excoctus pridie Kalendas Martii expiravit (21).

Anno dominicæ incarnationis 1130, ipsa nativitatis die (Dec. 25) surgente aurora Lucifer ortus est, quod nunquam visum vel auditum fuit. Hic dominus Meynardus episcopus Pragensis ecclesiæ profectus est Jerozolymam causa orationis.

Eodem etiam anno dux Sobezlaus proficiscens Ratisponam ad colloquium Lutheri regis, in quodam rivulo nomine Regen [63] Dei gratia evasit mersionem, in illaque urbe mauens per septimanam destruxit 20 munitiones, sicque sanus et lætus rediit ad sua. Hæc domino duce Sobezlao agente, et ante et adhuc per omnia incolomi existente, pervenit in castrum Cladsko [64] cum multo comitatu, quo solertius quam antea et robustius munito, in Moraviam proficisci disposuerat. Sed Dei misericordia revelante, ut ipse ait: « Nihil opertum, quod [65] non reveletur, neque absconditum, quod non sciatur (Matth. x, 26) et cætera, insidiæ et traditiones quæ longe ante in eum machinatæ erant, tunc in ipsa via patuerunt, sicque inceptum iter Moraviæ ad tempus impediverunt. Proxima itaque die dominica 17 Kalendas Julii in ipso itinere cognoscens duos satellites vitæ ejus insidiantes, vocavit comites suos, Zdeslaum [66] filium Blahonis [67], alterum Divis, rogans ab eis fidem, ne voluntati suæ in quodam secreto contradicerent. Illi vero duci fidem pro velle dederunt. Quibus sub oculis traditores manifestans ait: « Hii sunt vitæ meæ traditores [68], insidiatores et interemptores. Sicut mihi paulo ante [69] promisistis, impunitos usque ad præsentiam nostram ducatis, quatenus omnis traditionis tam suspectæ quam manifestæ veritatem plenius et lucidius cognoscamus. » Quorum alter cum hasta et sicca toxicata deprehensus fuit ferme duorum cubitorum longitudine, alter vero fuga elapsus est. Tunc dominus Sobezlaus per Dei sapientiam [70], ut Salomon præmonitus, quibusdam venatoribus suis advocatis rem tamen dissimulans ait: « Cuidam ex meis armigeris furata est mantica (22), mittite indagatores canes, ut sequantur vestigia prædonis. » Illi non spernentes jussa domini, velociter insecuti sunt, atque in quadam villa ceperunt eum, vinctumque ad ducem adduxerunt habentem gladium infectum veneno. Qui præsentibus primatibus Bohemiæ interrogavit nefandos latrones dicens: « Quam ob causam et cujus consilio tale et tam [71] nefarium scelus perpetrare voluistis? cujusve milites estis? » Qui filii iniquitatis tam nefandam rem celare non potuerunt, sicque alter se militem esse Miroslai, filii Johannis comitis, alterque fratris ejus junioris Strezimir [72] professus est. Hæc autem verba fuerunt exordium maledictæ orationis: « O bone et pie princeps, si causam quæris et ordinem, omni nube mendacii remota, hæc est: Miroslaus nos infelices misit ac perdendam vitam inclytam tuam. » At Miroslaus, qui in eodem itinere erat, vinculis durissimis est constrictus, Strezimir vero inito consilio cum fratre finxit matrem suam valde infirmam, licentiam domum eundi a duce de expeditione quæsivit. Qui similiter in quadam villa captus est, atque ambo cum fratre ducti sunt in Wissegrad. Hiis ita transactis dominus Sobezlaus proficiscitur in urbem Pragam metropolitanam causa orationis, discalciatis pedibus et vestibus mutatis, ut rex Ninivitarum, et ingredientem omnes lætanter [73] cum ingenti triumpho et honore eum susceplunt, de ejus salute quidem ut merito gaudentes, hymnumque angelicum canentes, nec non et campanis sonantes. Factaque ibi oratione discessit in Wissegrad, ibique a canonicis patris sui, scilicet regis Wratizlai, cum inenarrabili gaudio susceptus est. Altera vero die, quemadmodum apes convolare solent ad ducem et ad matrem suam, ita Bohemienses primates rescientes suum principem evasisse tanta pericula, convenerunt in altiorem urbem Wissegrad, ibique invenientes [74] eum, gaudent de ejus salute, ut mater de unico filio. Sequenti vero die dux Sobezlaus congregavit nobiles et ignobiles in palatium Wissegradense, etiam Pragenses canonicos; atque nos ibidem fuimus. Fuit multitudo magna virorum in concilio illo pene tria millia. Ipseque monarcha Boemorum, stans in medio omnium nostrum, sicut filius supplicans patri de omni inobedientia sua, ita elevans vocem suam, sic cum lacrymis ait: « O Bohemienses proceres et scutum Bohemicæ terræ! non laudo neque extollo me, sed veritatem dico, quando fui profugus, Dei gratia ubique felix fui, et habui de hiis sufficienter quæ mihi necessaria fuerunt; nunc autem flens dico, vivente fratre meo et duce Wladizlao, neque scuto neque alia vi istum ducatum et honorem percepi, sed Dei misericordia et electione fratrisque mei adhuc viventis vestrique omnium sum adeptus, hæcque ratione et justitia me juste et rationabiliter arbitror possedisse. Quidam vero ex hujus provincia [75] nobiliores instinctu Sathanæ commoti [76], me, proh dolor! perimere voluerunt, veluti quondam illorum antecessores fratrem meum Bracizlaum ducem prudentissimum occiderunt; Suatopluk quoque sine causa perimerunt. Me vero, qui ad utilitatem patriæ pariterque ad vestrum honorem enisus sum, nescio ob quam causam me perdere voluerunt, sed, Dei gratia auxiliante, perficere non valuerunt. Nonne

VARIÆ LECTIONES.

[3] Omissum 2. 2[a]. legit 2[b]. [64] Kladsk 2. [65] ut 2[b]. [66] Sdeslaum 2. [67] Blagonis 2. [68] omissum 2, 2[a]. [69] paulo ante desunt 2[a]. [70] gratiam 2[b]. [71] tantum 2, 2[a]. [72] ita 2[a]. [73] omnes ecclesiæ lætantur 2. [74] convenientes 2[b]. [75] provinciæ 2[a]. [76] commoniti 2, 2[b].

NOTÆ.

(21) viii Kal. Mart. legitur apud anonymum Gradicensem; Richter, series epp. Olomucens., pag. 25.

(22) Vestis species.

videtis, quanta duritia quantaque impietas cordis eorum fuit? Quibus etenim uberiora dona meæ gratiæ impertiebar, et quos præ aliis cariori affectu venerabar, atque lateri meo decenter assidere faciebam, horum maligna voluntas mihi exitium molita est. Cæterum ne vel ambitiose vel pro invidia eos dampnare videar, proprii oris eorum alloquio dignitati vestræ audire complaceat. » Post hæc autem prædicti filii Sathanæ præsentati sunt principi simulque discumbentibus; illi vero qui vitam ducis a majoribus suis quærere jussi fuerant, nefandam rem celare non potuerunt, sed Miroslaum filium Johannis in hiis omnibus accusaverunt, jussu cujus omnia quæ [77] facere voluerant sibi injuncta esse dicebant, nam et servientes ejus fuerant. Miroslaus autem conspectui ducis astare jussus est, præceptumque est ut unus de primatibus ab eo hanc causam inquireret, suane malitia an aliorum suggestione tale crimen excogitare ausus esset, quisve hujus conjurationis magister fuisset. Ipse vero ad hæc respondit : « Princeps piissime, nullatenus grande peccatum meum celare possum, quod per maximum infortunium præmeditatus sum, sed in præsentia vestri atque simul discumbentium manifestare volo. Nam quodam tempore unus de militibus Bracizlai nomine Bolesa causa hujus mihi injungendi peccati ter me visitavit, cujus ego consilio consentire nolui. Ad ultimum vero venit ad me Bosik [78], noster [79] capellanus, atque tali modo me monere cœpit : « Nonne, charissime fili, patre tuo in hac provincia « nullus nobilior nullusque sapientior fuit? tu autem « inter alios hujus terræ primates pro minimo ha« beris, insuper et germanum tuum tamdiu in vin« culis pro nihilo multa mala perferre pateris. Ergo « melius est, ut hoc duce superbissimo perempto, « talem inthronizemus, a quo sine dubio cuncta « quæ nobis placuerint habere poterimus. Quod si « mihi non credis, ad talem te deducam cui indu« bitanter credere poteris. » Hoc sermone finito ego pro peccato meo admonitioni ejus acquievi, et ita perduxit me ad episcopum Megnardum, qui in quadam villa manebat quæ Sclavice [80] Zircinaves [81] appellatur. Hoc autem fecit ceu præsuli me cupiens in ministerium commendare, ibique totum initium hujus conjurationis factum est. » Deinde a duce interrogatus de prædicta conjuratione, episcopum graviter in omnibus ita dicens accusavit : « Præsul Megnardus ob hanc causam, ut nos in hoc negotio constantes haberet, duos digitos super reliquias sanctorum posuit, verba hujuscemodi mecum habuit: « Si vitam ducis perdideris, inter ista quinque, sci« licet Satec, Lutomerici et inter cameram et men-« sam et agazoniam [82] (23); quodcunque elegeris, « me promittente duceque Bracizlao donante, sine « dubio cum honore possidebis. » Deinde, postquam se ipsum cum aliis proprio ore accusavit, de consilio cum sociis eductus est, sequentique die cum fratre Strezimiro et cum quodam medico omnibus membris in foro privati sunt. Duo autem prædicti filii Sathanæ inauditum tormentum subierunt, scilicet in rotam strictius implexi, oculis erutis, manibus cum lingua amputatis, cruribusque confractis super columpnas positi quæ interitui [83] eorum apparatæ fuerant, miseram vitam finierunt. Kriwosud vero, qui patruus Miroslai fuerat, atque alii duo, quorum unus Wacemil [84] alter Henricus vocabatur — isti quidem qui a præfato Miroslao coram duce atque prædicto conventu accusati fuerant — ad judicium destinati Pragæ per ferrum incesserunt, et sic ab omnipotente Deo damnati, veraciter rei reperti sunt, ac proinde quatenus capitalem subeant sententiam decretum est. Tandem ducti ad forum 9 Kal. Julii cum securi decollati sunt. Bosik capellanus [85] inter cætera populi multitudine quasi ad spectaculum affuit. Illud autem nescio, an ad abolendum sibimet scelus impositum venerit, an sicut diabolus inventor hujus negotii fuit, atque ductor ipsius per omnia extitit, ita ad spectandum interitum sodalium suorum eum adduxit, volendo agonistam suum non diutius a consortio sociorum vagari. Nam, qui antea conscius sibimet vagus et exul extiterat, modo per Dei gratiam manifestus omnibus apparuit; quem videns unus de primatibus tentum perduxit ad ducem, et interrogatus de causa, sermoni sociorum in nullo discrepuit, sicque cathena ferrea constrictus ad custodiam villico [86] regis deputatus est. Sequenti vero septimana 2 Kal. Julii [87] Bracizlaus obcœcatus est.

Eodem anno 8 Idus Octobris quoddam monstrum ad similitudinem serpentis uno momento, scilicet circa occasum solis, visum est volare per totam Bohemiam et per plurima alia loca. Post hæc autem aliud signum visum est a quibusdam nimis lucidum matutinali hora. Wratizlaus filius Dedalrici reductus est de exilio.

Anno dominicæ incarnationis 1131, 4 Kal. Aprilis (24), id est in dominica qua cantatur *Lætare*, Lutherius rex cum multo comitatu tam clericorum quam laicorum in civitate quæ Leodium vocatur convenit. In quo conventu Innocentium (25) profugum papam elegerunt, illum videlicet quem Petrus (26) Leonis filius cum clero et populo Romanæ ecclesiæ de pontificali sede pepulit. Quamobrem episcopum Monasteriensis ecclesiæ (27) miserunt [88],

VARIÆ LECTIONES.

[77] Deest 2, 2ᵃ. [78] Bozik 2, 2ᵇ. [79] vester 2ᵇ. [80] *omissum* 2ᵇ. [81] Zerzinawes 2ᵇ. [82] agosoniam 2, gosinam 2ᵃ. [83] interitu 2. [84] Vicemil 2ᵇ. [85] quoque *inserit* 2ᵇ. [86] illico 2ᵇ. [87] Junii 2. [88] *deest* 2ᵃ.

NOTÆ.

(23) Marescalci munus.
(24) Aliis testibus papa jam die 22 Mart. Leodium venerat. Jaffé, p. 97.
(25) Secundum.
(26) Anacletus II.
(27) Ekbertum.

qui Petro papæ [89] omnibusque Romanis regem Teutonicorum cum exercitu post quinque menses ad eos venturum nunciaret [90]. Qui ob metum falsi regis Conradi una a recta via deviando venit in Bohemiam, et in Wissegrad metropolitana civitate missam de inventione sanctæ crucis (Mai. 3) magno cum honore nec non cum canonicis ejusdem ecclesiæ celebravit; tandem a duce Sobezlao decenter donatus, per regionem Racudsis [91] marchionis transiit, sicque per multas provincias transiens rediit ad sua. Sed illa res [92] ad nichilum redacta, quasi pulvis a vento raptus, deperiit.

Interea transcurrente tempore dux Sobezlaus ad radicem cujusdam villæ nomine Tachow in finibus Mesko castrum ædificavit, quod ex nomine adjacentis villæ appellavit; aliud quoque ædificavit in partibus Milesko juxta flumen Niza, appellavitque nomine Yzhorelik, quod antea et Drenow [93] vocabatur. Hic dominus Megnardus episcopus sanus et incolumis ad sedem episcopatus sui remeavit, se duci Sobezlao cum omnibus [94] primatibus Bohemiæ causa expurgandi sibi imposili sceleris ad omnia judicia tradidit. Quam ob rem duo de canonicis Pragensis ecclesiæ, unus ex parte domini episcopi, videlicet ydiota qui vocabatur Heroldus, qui vicarius et capellanus Bambergensis episcopi et archipresbyter [95] Pilznensis, quod non decebat, fuit—quem Miroslaus filius Johannis in capella Zircinewsi, ubi juramentum inter episcopum Megnardum et Bozik et Miroslaum factum est, affuisse dicebat,—alter Tutha ex parte ducis; hi duo ad archiepiscopum Magontinum et episcopum Bambergensem (28) missi sunt, ut qualecunque judicium Megnardo episcopo imponerent [96], ipse æquanimiter susciperet.

De duabus stellis vobis, [97] o Bohemi, ante 11 an nos [98] (29) memoratis, de ipsis postea nullo modo sermone meo aliquid explicare potui, quia diverse ibant. Sed interim dum ab aliis negotiis penitus otior, quantum Spiritus sancti gratia sensui meo administraverit et qualiter vidi, explanabo. Stella, quæ surgente aurora 8 Kal. Martii instante vere orta est, quam vos, Bohemi, Luciferum esse dicebatis, quæ 7 Kal. Januarii in hyemali occasu [99] solis adveniente die occubuit.

Eodem autem anno altera stella lucidior 8 Kal. Augusti in ortu solis apparuit, quæ paulatim inferius descendendo 2 Idus Januarii non apparuit. Quæ igitur inter illas Lucifer diceretur [100], non credo homines esse qui sciant, sed Deus qui est creator omnium, per quem multa signa et prodigia a videntibus nobis facta sunt, de quibus quædam superius prænotavi [101], ipse scit. Eclypsis lunæ, sed parva pars remansit, donec tota impleta [102] est.

Redeamus ad superiora. 4 Kal. Octobris præsul Bambergensis (30) et antistes Olomucensis (31) cum septem Bohemiensibus abbatibus, astante duce Sobezlao, cum populo et clero Megnardum sanctæ Pragensis ecclesiæ episcopum ab omni culpa, quæ prius illata sibi fuerat, per depositionem suarum stolarum expurgaverunt, profitendo videlicet Megnardum episcopum nihil adversi duci Sobezlao cogitasse, nisi ad hoc solummodo elaborasse, quomodo Bracizlaus a vinculis [103] possit liberari. Megnardus episcopus remissa causa ad concilium [104] perrexit, in qua synodo (32) Innocentius papa [105] profugus supra memoratus cum quinquaginta episcopis præter abbates fuit, ibique Petrum papam, qui tunc Romanæ ecclesiæ præerat, et [106] Conradum regem extinguendo lumina excommunicaverunt.

Anno dominicæ incarnationis 1132. 19. Kal. Februarii rubea signa varie [107] in cœlo apparuerunt ad septemtrionalem plagam. 14 Kal. Februarii domino Megnardo in quadam villa Chuchel (33) manente, in cujusdam diei crepusculo inauditum horrendumque nimis accidit portentum. Cum enim jam sopore gravatus lectum conscenderet, et servientes sui coram eo starent, subito strepitus horribilis, quasi de spelunca veniens, domui in qua erat imminebat, auribus eorum insonuit; quo strepitu perterriti solo domino relicto [108] fugierunt, ipse vero nescius quid faceret, saliens de lecto, velut in extasi positus, juxta murum camini constitit. Et ecce, lapis miræ magnitudinis de monte veniens, duos parietes simul cum lecto episcopi contrivit ibique resedit; et ita dominus episcopus illæsus evasit. Amen.

Eodem anno 4 Nonas Martii eclipsis lunæ, et tota sanguinea fuit [109]. Dux Sobezlaus ad concilium regis Lotari Bamberk (34) profectus est. Cumque conventus totius concilii in regale palatium convenisset, et rex Lotarius cum Sobezlao duce privatim in quadam camerula juxta palatium posita sedisset, ecce, nescio si vetustate loci vel aliquo malo homine, regii [110] pavimentum palatii cum omnibus intus manentibus corruit, in qua ruina multi Theutonicorum vulnerati sunt, alii graviter læsi interitum mortis vix evaserunt, Bohemi vero omnes incolomes extiterunt. Non multo post tempore rex Lotarius causa concilii in castro Plysn [111] cum mul-

VARIÆ LECTIONES.

[89] Propter 2ᵃ. [90] Nunciare. [91] Racd'sis 2. Vacilsis 2ᵃ. Rædep 2ᵇ. [92] illa re 2ᵃ,2ᵇ. [93] Orenow 2ᵃ. Drzewniow 2ᵇ. [94] deest 2ᵃ. [95] archipresbyteri 2ᵇ. [96] imponeretur 2ᵇ. [97] deest 2, 2ᵇ. [98] annis 2. [99] occasione 2, 2ᵃ. [100] dicebatur 2, 2ᵇ. [101] notavi 2ᵃ. [102] repleta 2ᵇ. [103] avunculus 2ᵃ. [104] concilii 2, 2ᵃ. [105] ita 2ᵃ. ppter legitur in 2. papa deest 2ᵇ. [106] deest 2. [107] varia 2ᵇ. [108] relicti 2. [109] deest 2, 2ᵃ. [110] regis 2, 2ᵃ. [111] Plizn 2ᵇ

NOTÆ.

(28) S. Ottonem.
(29) Legendum videtur menses, nam sine dubio hæc respiciunt ad annum 1130.
(30) Litteras ab Ottone de hac re ad Meinhardum datas vide Boczek I, 202.
(31) Heinricus.
(32) Remis habita.
(33) Kuchel in circulo Braunensi.
(34) Ubi rex, teste annalista Saxone, die festo Mariæ Purificationis i. e. 2 Feb. commorabatur.

tis Theutonicis convenit, rursum [112] palatium in quo convenerat cum omnibus corruit, sed gratia Dei omnes sani evaserunt.

Eodem tempore Goslarii concilium a rege factum est, ubi cum palatium cum omnibus ruisset, nullum Dei gratia vulneravit. Sequenti septimana post resurrectionem dominicam (Apr. 10) [113] thonitrua horribilia et inaudita fulmina apparuerunt, ex quibus turris sancti Wenceslai succensa est, sed Dei gratia protegente, et sanctorum martyrum Wenceslai, Adalberti oratione juvante, sola turris tantummodo combusta est, ecclesia autem tuta ab igne permansit. Beatus Gothardus confessor et episcopus insignibus virtutum miraculis, quæ per merita ejus in Hyldensi [114] urbe operata sunt, claruit (35). Quo facto per multas fidelium gentes diffuso, plures propter videnda ejus miracula, et maxime ut ejus meritis et precibus universis criminum nexibus relaxatis, inter filios Dei computari mererentur, Hyldense [115] castrum petierunt.

Eodem tempore Ratispona civitas potentissima fere tota combusta est, præter quadraginta domos, quæ vix evaserunt. Multis etiam in locis ipso anno ignis maxime nocuit. Dux Sobezlaus regi Lotario Romam proficiscenti 300 milites in auxilium misit, Jaromirum filium Borivoy ducem (36) præfecit; qui de terra sua egressi, dum ad quendam locum Omberk (37) vocatum venirent, ibi cum Theutonicis foro prædicti loci pugnaverunt, quos Deo juvante devicerunt. Wratizlaus dux de parte Moraviæ quæ vocatur Brninzco, filius Dedalrici, duxit uxorem de Rusia, pulchritudine sua Helenam Græcorum reginam superantem, quæ quoque [116] albi coloris specie nimium splendebat, ut rutilus fulgor auri albedinem corporis ejus quibusdam rubeis notis inficeret.

Eodem anno dux Polonorum cum infinito exercitu in Ungariam profectus est, volens filium (38) Colmanni, expulso rege cœco qui vocatur Bela (39), invitis Ungaris intronizare. Mater enim præfati juvenis a marito suo, rege videlicet Colmanno, repudiata, dum esset prægnans, rediit ad patrem (40), atque ibi puerum peperit. Hunc ergo dux Polonorum regem Ungaris præponere cupiebat, sed ejus propositum divina providentia destruxit; nam cœcus rex cum exercitu suo ei occurrit (41), et Bolezlaus (42) cum suis perterritus, expectata nocte fugam iniit; quem Ungari insecuti, Deo auxiliante multos in ipsa fuga interfecerunt. Interea dux Sobezlaus (43) Dei misericordia precibusque sancti Wenceslai munitus [117], Poloniam cum exercitu suo 15 Kal. Novembris intravit, totamque partem illius regionis quæ Slezsko [118] vocatur penitus igne consumpsit. Multos etiam captivos cum innumera pecunia nec non indomitarum equarum greges non paucos inde secum abduxit [119], et ita Dei gratia favente cum ingenti triumpho atque tripudio repatriavit.

Anno dominicæ incarnationis 1133, 8 Kal. Martii luna passa est eclypsim, sed quarta pars ejus denigrata fuit, et ita imminente ortu solis occidit; hanc eclypsim nimia mortalitas hominum secuta est. 17 [120] Kal. Februarii acer dux Sobezlaus secundo Poloniam invasit, eamque insigni trophæo devastavit, multos inde captivos abduxit, villas fere trecentas succendit, tandem cum victoria Deo præstante ad propria remeavit.

Eodem tempore legatus apostolici veniens, Meguardum episcopum in multis detestandis criminibus accusavit, et accusatum ad audientiam apostolici, ut de imposito sibi crimine se expiaret venire jussit, conjuraverant enim quidam ex ejus monasterio perversi fratres contra eum, quatenus privatum sua dignitate turpiter pellerent a sede. Horum execrabile iniquumque molimen gratia Dei ad effectum venire non permisit. Dux Sobezlaus Ungariam leviro suo regi Ungarorum proficiscens, eis pagum nomine Vag castra metatus est, ibique multo tempore moratus, tandem perfecto [121] negotio suo ad propria rediit.

4 Nonas Augusti eclipsis solis mirum in modum apparuit, qui paulatim deficiens in tantum diminutus est, ut corona quasi crescentis lunæ ad meridianam plagam perrexerit, quæ postea in orientem convertit, dehinc in occidentem, tandem in pristinum statum reformatus est. Per multa loca etiam in Theutonicis partibus, si famæ creditur, sanguis in hoc ipso die quasi imber defluere [122] visus est. Fertur quoque in quodam loco Theutonicarum partium in eadem hora particula [123] carnea simul cum sanguineo imbre descendisse, quæ tantæ magnitudinis fuit, ut vix 12 viri eam levare quivissent.

Post hæc præsul Megnardus, sanctæ pietatis alum-

VARIÆ LECTIONES.

[112] Rursumque 2b. [113] domini tam 2b. [114] Wildensi 2, 2b. [115] Hildessense 2b. [116] *ita legendum videtur P.* quoniam ed. [117] ita 2a, 2b. invitus 2. *in margine* munitus. [118] Slausko 2a. Slazko 2b. [119] adduxit 2. [120] XVIII. 2b. [121] profecto 2. [122] pluere 2b. [123] patula, 2, 2b.

NOTÆ.

(35) Facta est hoc anno translatio S. Godehardi. Cfr. Annal. Hildeshem. 1132.
(36) Olomucensem.
(37) Augsburg. Hæc clades facta die 28 Aug.
(38) Borich filium Anastasiæ, quæ e gente principum Russorum oriunda et a Colomanno in matrimonium ducta, ob perfidiæ suspicionem a rege repudiata erat. Obiit Colomannus anno 1114. Cfr. Katonæ Historia critic. regum Hungariæ tom. III.
(39) Secundus filius Almi.
(40) Wladimirum monomachum Russorum principem.
(41) Ad fluvium Saio.
(42) Tertius.
(43) Qui Adelheidam sororem Belæ regis in matrimonium duxerat.

nus, Maguntiam causa excusationis ad archiepiscopum suum profectus est, ubi etiam plures episcopi convenerant, in quorum audientia de imposito sibi crimine se decenter expurgavit [124], et accusatoribus suis omne [125] facinus, quo in se insurgere præsumpserant, misericorditer condonavit.

Eodem anno (Jun. 4) rex Lotarius imperatoria insignia adeptus, a papa Innocentio est in Laterano sancti Johannis Baptistæ in monasterio consecratus. Non enim ad ecclesiam sancti Petri apostoli pervenire præsumpsit, timens Petrum Leonis filium, qui tunc sanctæ Romanæ ecclesiæ præsidebat.

Eodem anno effrænæ indolis tyro Wladizlaus, egregii patris (44) æquivocus, multis Bohemicæ terræ inclytis cum tyronibus Bavariæ in partes fugam iniit.

Anno dominicæ incarnationis 1134, Polonia male fortunata improvidi [126] ducis Bolezlai sub munimine constituta, jam sæpius a Bohemis nec non Moravis hostiliter depopulata, rursus depopulata utrisque supradictis ab exercitibus, Bohemis videlicet et Moravis aditur atque hostili manu diripitur, penitusque igne et ferro usque ad flumen quod dicitur Odra devastatur; sed de Bohemis præter Gradicenses, Chrudimenses, Boleslavienses, Czaslavienses, Gladcenses, plures non fuerunt. Inclytus princeps Sobezlaus tam virtute animi quam vi corporis conspicuus et quo frequentibus prædicandus, in civitate quæ Plzen (45) vocatur, cum imperatore Lotario pro colloquio convenit, cujus rei causa quidem talis fuit. Rex [127] Pannoniorum cœcus episcopum Albæ civitatis (46) nomine Petrum ad imperatorem magnis cum muneribus, et ut injurias a Polonico duce sibi illatas coram audientia imperatoris ejusque principum proclamaret, miserat. Sed quia, ut solet in talibus negotiis fieri, parum aut nihil legatio minoris apud majorem proficit nisi mediator intersit, præfatus episcopus ad Sobezlaum ducem in Bohemiam venit, quatenus eo mediatore ac intercessore legatio sua proficua fieret. Hanc igitur ob causam dux Sobezlaus profectus est ad imperatorem. Quo postquam pervenit benivole ac honorifice ab imperatore susceptus est, omnemque petitionem benigne consecutus est, videlicet ut de rege Ungarorum et duce Polonorum secundum voluntatem ducis Sobezlai imperatoria voluntas [128] procederet. Dona autem Ungarorum imperatori oblata hæc sunt: duo albi [129] equi decenter fallerati, quorum sellæ 26 marcas auri in se continebant, et alia quam plurima. Prædictus ergo Petrus Albæ civitatis episcopus optata legatione potitus, insuper ab imperatore ac ab ejus contectali [130] (47) multis muneribus pretiosis donatus, lætus repatriavit.

Interea Bohemi, quieti subjacere nescii, 4 Kal. Martii, et forte quinquagesimæ [131] feria secunda evenerat, Poloniam intraverunt. Poloni vero jam propinquante initio quadragesimæ nullum hostem jam venturum æstimantes, de castris diversisque munitionibus exierant atque in villis suis morabantur. Cum ergo quasi securi ab hostium incursu secunda [132] cuperent ducere tempora pacis, subito [133] ac impræmeditate hostes superveniunt, et velut oves de caulis nullo tutante diripiunt. Et licet Bohemi sine duce Sobezlao terram hostilem introissent, prædam tamen inde tantam reduxerunt, quæ omnium Bohemiæ ducum prædas, quas in Polonia fecerunt, exsuperat. O miserabilis regio duci subdita fatuo!

Quidquid enim delirant reges plectuntur Achivi (48).

Sæpe dictus rex Pannoniorum [134] Bela, impietate cœcatus fraterna (49), a genero suo duce scilicet Sobezlao petivit, ut infantem ejus de fonte sanctæ regenerationis levaret. Ob hoc autem mirari quispiam non debet, cum hujusmodi compaternitas inter levirum et generum ejus, inter germanam et germanum componitur; adhuc enim posteri nostri mirabilius immo miserabilius secula procedere videbunt, dum, ut [135] jam in multis rerum eventibus claret, genitor nati sui compater efficitur. Nunc etenim alma fides, licet relictis mundialibus præsidiis astra petierit, aliquantulum tamen de supernis terrena contuetur, sed post hæc, dum calamitiosior perfidiæ [136] pestis magis inoleverit; tunc altiora petens latibula, ne visum quidem ad nos [137] convertere voluerit. Rex vero Bela generum suum de infante sollicitavit, cujus petitioni dux Sobezlaus non abnuens, venerandum Pragensis [138] ecclesiæ præsulem Megnardum cæterosque primates quam plurimos cum infante in Ungariam misit. Quo postquam ventum est, non minori honorificentia præsul Megnardus a rege Ungarorum susceptus est, quam cum primum pontificalibus infulis decoratus ad principalem episcopatus sui sedem venisset. Baptizato itaque in die penthecostes (Jun. 3) infante, cum prædictus pontifex plurimis pretiosis muneribus a rege remuneratus ad propria remearet [139], dumque servorum benignus remunerator fidelium Deus, imminente die, qua familiæ suæ fidelem ac idoneum

VARIÆ LECTIONES.

[124] Excusabat et purgabat 2b. [125] deest 2. [126] impavidi 2a. [127] autem *inserunt* 2, 2a. [128] dignitas 2b. [129] deest 2a. [130] conthorali 2a, 2b. [131] quadragesimæ 2b. [132] secura 2b. [133] deest 2a. [134] Pannoniæ 2a. [135] deest 2a. [136] perfide 2. [137] ad iras 2, 2a. [138] Pragensem 2a. [139] remeat 2, 2b.

NOTÆ.

(44) Wladislai I, fratris Sobeslai.
(45) Num hic locus Pilsen sit in Bohemia, ut quidam voluerunt, dubitatur; nam eodem fere tempore commorabatur Lotharius apud Saxones. Vid. Jaffé, pag. 153.
(46) Stuhlweissenburg.
(47) Richenza.
(48) Horatii, epp. I, 2, 14.
(49) I. e. a Colomanno, qui erat frater patruelis Almi, patris Belæ.

dispensatorem Megnardum hujus vitæ de angustiis educens, in gaudium transferre disposuerat perpetuum, in hoc ipso reditu infirmitate astrictus [140] est. Invalescente vero ægritudine longius progredi nequiens, in villa ad episcopatum suum pertinente quæ Sekyr vocatur in lecto se deposuit.

Interea dux Sobezlaus levirum suum regem Ungarorum rogabat, quatenus sororem conjugis suæ (50), videlicet reginæ (51), principi Conrado Znoymensi in conjugium traderet, quo percussum fœdus invicem hujusmodi causis corroboratum firmius perduraret. Qua desponsata, et audito antistite languore detento, primum quidem utpote visceribus pietatis redundans condoluit, dehinc quantocius redire festinavit, quatenus eum, quem intimo diligebat affectu, vivum invenire potuisset. Rediens igitur jam dictus princeps de Ungaria, venit ad episcopum suum, cui [141] infirmitate laboranti solatia pietatis, prout competens erat, impendit. At episcopus imminentem sui corporis dissolutionem præsentiens, cuncta quæ a rege Ungarico susceperat dona suo duci tradidit, quibus acceptis et visitato suo pastore dux ad sua rediit. Post hujus discessum venerabilis antistes Megnardus, pio amore semper recolendus, talenti sibi commissi lucra duplicato fructu cumulata summo creditori referens, de periculosis humanæ vitæ perturbationibus ad felices beatorum mansiones præmio lætaturus æterno migravit. Cujus venerandum funus postquam metropolim pontificatus sui adductum est, Henricus Olomucensis episcopus, qui exequiis ejus debitum exhibebat officium, lacrymabiliter obtestatus est ducem Sobezlaum omnesque ibi astantes tam clericos quam laicos, ut si aliquid maligno potius instinctu quam aliquo jure veritatis commoti, cum misero alienigena, dum vixit, quamlibet dissensionem habuissent, saltem miserando funeri indulgerent. Expleto itaque funeris obsequio, in ecclesia sanctorum martyrum Viti, Wenceslai atque Adalberti decenter sepelivit eum. Hujus vitæ seriem et multiplices adversitates, quas, machinante generis humani adversario bonorumque omnium destructore diabolo, in episcopatu suo pertulit, si quis cognoscere desiderat, ad superiora recurrat.

Interea præsule Megnardo, ut jam dictum est, de seculo mortis lege sublato, perplures extitere, occulti tamen, quorum quidam familiarium ac propinquorum interventu, quidam vero censu etiam sanctos corrumpente, ducem Sobezlaum et Lotarium imperatorem sollicitavere, eorum concessu divina sine voluntate sancti martyrisAdalberti sedem æstimantes obtinere. Horum omnium iniquos Deoque odibiles affectus Judex supernus, cunctorum inspector verissimus, occultorum vota destruendo injusta [142], cujus providentia in sui dispositione non fallitur, cujus certa prædestinatio minime in quibuslibet frustratur, ducem Sobezlaum ab eorum molimine procul avertit, et ut suis fidelibus idoneum pastorem exquireret, suæ potentia deitatis compulit. Itaque prædictus princeps discretionis spiritu refertus [143], ne ultra suo pontifice proprio careret, 3 Kal. Octobris in sua metropoli Praga concilium facit, in quo cuncti Bohemiæ optimates tam clerici quam laici fuerunt; nam forte propter festum beati patroni nostri Wenceslai martyris, ibidem convenerant. Cum ergo rumor divinæ [144] contrarius rationi per concilium curreret, ut illi illum et illi illum pontificatu dignum clamitarent, nullus ex hiis idoneum inveniret, tandem ante secula electus a Deo advocatur Johannes. Hic eo tempore sanctæ Wissegradensis ecclesiæ præposituram regebat, in persona cunctos præcellens, omnibus affabilitate complacens, et in cæteris moribus Deo acceptus et hominibus; merito itaque in culmen pontificatus eligi, atque subditorum pastor rectorque institui promeruit.

Hyems instabilis, ita ut nunc gelaret, nunc vernalis more temporis terra resolveretur, adeo ut Albis fluvius bis glacie astringeretur bisque liquefieret. Flumen vero Wltava, quod metropolitanas nostras urbes Pragam et Wissegrad alveo suo dividit, quater gelatum est, et quater glacies ejus dissoluta est; nivis autem penuria fuit. Hæc intemperies aeris a mense Novembri incipiens, per totum circulum sequentis anni nullum mensem præterivit, quin aut intrante aut exeunte unoquoque mense magno impetu sæviret. Tandem in altero anno 5 Kal. Novembris vespertina hora per totum mundum sævissima tempestas ventorum orta est, quæ ita sæviens usque ad noctem, in primo crepusculo noctis ecclesias tam lapideas quam ligneas, nec non ædificia, sepes, cumulos in horreis, ita ut nec manipulus super manipulum remaneret, dextruxit, arbores per sylvas funditus eradicavit.

Anno dominicæ incarnationis 1135 electus sanctæ Pragensis ecclesiæ Johannes ad imperatorem (52) profectus est, quatenus electio sua imperiali assensu et approbatione corroboraretur. Quo postquam ventum est, tanto culmine honoris honoratus est, ut imperator cum processione feceret eum suscipi, dehinc ipse ei obviam exierit. Postquam vero pontificales dignitates, id est baculum et annulum sibi tradidit (53), ad archiepiscopum Magontinum misit illum, ut Deo dignum præsulem [145] ordinaret. Itaque præsul Johannes 13 Kal. Martii ab archiepiscopo suo ordinatus cum lætitia et gaudio magno remeavit.

VARIÆ LECTIONES.

[140] Constrictus 2b. [141] in *addit* 2, jam *addit* 2b. [142] quippe *addit* 2a. [143] ita corrigo P. refert *edd.* [144] diversæ 2b. [145] dignum præsulem *desunt* 2a.

NOTÆ.

(50) I. e. Colonmani; erat Maria de Serbia nata.
(51) Helenæ.
(52) Qui ineunte mense Februario Quedlinburgi erat. Jaffé, p. 277.
(53) Quod erat contra concordata Calixtina a. 1122.

Sed, antequam metropolim episcopatus sui venisset, cujusdam de primatibus ecclesiam consecravit [146], quæ venienti forte in via erat. Peragente autem eo ex more mystica dedicationis officia, Nonis [147] Martii signum in sole apparuit; erant enim quatuor [148] circuli quibusdam complexionibus invicem colligati, unus in medio, qui erat aliis major, secundus ad orientem, tertius ad occidentem, quartus ad aquilonem, infra quos multa signa quasi falsi soles circa verum solem apparebant, et ita fere trium horarum spatio permanserunt; vestigia quoque signi usque ad undecimam horam diei visa sunt. Præsul autem Johannes prædicta ecclesia dedicata, dum ad sedem sui pontificatus venit, cum magno cleri plebisque tripudio susceptus est.

Eodem anno metropolis Bohemiæ Praga more Latinarum (54) civitatum cœpit renovari. Permanentibus itaque duce Sobezlao atque Bolezlao [149] in discordia, qua, machinante humani generis inimico, invicem dissidere cœperant, cum nemo de comparibus eorum inter eos congrue mediando pacem reformare potuisset, imperator Lotarius, utique Deo inspirante compulsus, utrumque ad curiam suam (55) venire statuto tempore fecit. Dum autem imperatoria jussa peracturi, festino cursu unusquisque suo cum ducatu pergeret, imperator multos per legatos adhortatus est compatrem suum Sobezlaum et fidelissimum regni fautorem, quatenus prius quam Bolezlaus veniret. Id vero gratia hujus rei præcipue faciebat, ut compertum habuimus, in suo arbitrio ponere volens, quo vel quali honore ducem Bolezlaum reciperet. Veniente itaque duce Bolezlao, cum consilium de prædicta re ab imperatore ac principibus ejus fieret, assurgens dux Sobezlaus [150] cunctis qui aderant audientibus dixit: « Quia duci Boleslao [151] nullus honor a Deo congruit, quam ut lictor imperatoris efficiatur [152] (56). » Hæc cum dixisset, cuncti principes Theutonici unanimiter responderunt, nullum imperatori adeo fidelem et familiarem ut ducem Sobezlaum, et cum prius pro infideli et inimico coram imperatore reputatus fuerit, in hoc præsenti negotio amicissimus et fidelissimus ejus fautor liquido patuerit. Venit ergo Bolezlaus, cumque in concilio sessum fuisset, dux Sobezlaus a dextris imperatoris sedit, ac [153] ex altera parte alii principes, Bolezlao autem ante conspectum ejus sedes posita est tamquam lictori; tandem de multis causis multis consiliis [154] ibi pertractatis, imperfecta pace, sed positis induciis, unusquisque ad propria remeavit.

Eodem tempore legati regis Græciæ (57) ad imperatorem venerunt, multa et magna ferentes dona, hanc videlicet ob causam. Quidam enim dux nomine Rocherius (58), manens ultra Siciliam, partes Græcorum infestabat, et ut hunc imperator compesceret, rex Græcorum postulabat. Apud Duringiam, in quodam plano campo lapis miræ magnitudinis, ad modum magnæ domus, per aera descendit, cujus sonitus præcedentium trium dierum spatio ab adjacentibus circa locum illum hominibus auditus est; hic, postquam deorsum decidit, dimidia pars sui in ima terræ descendit, atque triduo fervidus tanquam chalebs ex igne retractus jacuit.

Anno dominicæ incarnationis 1136, festum sancti Benedicti (Mart. 21) confessoris in die magno sabbati, hoc est in vigilia resurrectionis Domini celebrandum evenit, quod raro evenire solet. Rem detestabilem et raro auditam dicam, prout compertum habeo. Quodam tempore episcopus Olomucensis Henricus in villa quæ Blansko (59) vocatur ecclesiam constructurus erat — hæc enim villa multo ante tempore sub potestate prædecessorum ejus fuerat — Wratizlaus autem, unus de ducibus Moraviæ (60), bonum propositum boni pontificis ut cognovit, curiose pertractare cœpit qualiter hoc propositum destruere posset. Hoc autem maxime moliebatur, quia plurima bona in apotheca sui pontificis in eadem villa reposita esse cognoverat, quæ si quoquo modo rapere quiret avidissime curabat. Factum est itaque ut præfatus præsul nec non dux Conradus et dux Wratizlaus in quodam cœnobio, quod Reyhrad vocatur, quælibet concilia contractaturi [155], convenirent. Peractis autem negotiis dux Wratizlaus præsuli Henrico interdixit, ne ecclesiam in supradicta villa construeret, asserens eam sibi magis quam pontifici attinere; tandem, post multa concilia ib. habita, positis induciis imperfecta pace unusquisque ad propria redierunt.

Imperator Lotarius Romam iturus auxilium a Sobezlao duce petiit. Ille imperatoriæ petitioni annuens, congregato exercitui Wladizlaw paulo ante de exilio reductum præfecit, cumque donativum militibus erogaret, Wladislao nongentas marcas denariorum tradidit, quibus ille acceptis cum suis complicibus fugam latenter iniit.

Eodem anno 17 Kal. Augusti (61) stella, quæ Lucifer vocatur, ad hiemalem ortum solis apparuit, quæ superius cursum tenens ad eum locum tandem pervenit, quo sol 8 Kal. Julii oriri solet, ipso videlicet die quo dies decrescere, noctes incipiunt au-

VARIÆ LECTIONES.

[146] dedicavit 2a. 2b. [147] nono 2a. [148] minores 2b. [149] Poloniæ *addit* 2b. [150] Boicslaus 2b. [151] Sobieslao 2b. [152] efficiebatur 2. [153] at 2. 2b. [154] conciliis 2. 2a. [155] tractaturi 2a. 2b.

NOTÆ.

(54) I. e. Italicarum.
(55) Martisburgii, ubi concilium habitum est inde a die 15 Augusti; cfr. Jaff., p. 164.
(56) Boleslaus imperatori fecit hominium, eumque gladium ferens in pompa præcessit, testibus Ann. et Chron. Saxone.
(57) Joannis I Comneni.

(58) Secundus, filius Rogerii I, primus Siciliæ rex.
(59) Blankenstein in circulo Leitmericensi.
(60) Dux Brunnensis, filius Udalrici ducis qui obierat a. 1113. Cfr. Cosmas III, 41.
(61) Die 17 Augusti Wirciburgi adhuc hærebat. Böhmer reg. 2159.

geri. Cum autem per aliquantum temporis in eo loco moraretur, quædam nova stella post eam apparuit, quæ nec nobis nec patribus nostris immo nec atavis nostris visa est, et in brevi spatio temporis priorem præcessit, et non multo post prior eodem itinere ad locum suum regressa est ibique occidit, hæc vero recto tramite ad partes occidentis perrexit. Hoc ideo maxime tam modernis quam posteris recitandum prænoto, quatenus qui minus studiosi [156] sunt, novam stellam apparuisse noverint; si quo vero id ipsum pervigili studio notaverint, noverint Deum mirabilem in operibus suis et gloriosum prædicare, simulque orent ut cuncta quæ visibiliter operatur, sic ordinare dignetur, quatenus in omnibus omnipotentiam ejus laudantes, promissæ ab eo salutis dona percipere mereantur. Ipsius enim hæc opera sunt, de quo ille egregius auctor dicit :

Qui stellas numeras quarum tu nomina solus,
Signa, potestates, cursus, loca, tempora nosti.

Anno dominicæ incarnationis 1037. Libet supra [157] dictis paulisper omissis quoddam novum mirandum divinæ pietatis ac potentiæ opus inserere, quod relatu veridicorum cognovi. In partibus Cazlau [158] est quædam villa Beztuina [159] (62) vocata. In hac mulier quædam a virginitate sua per plures annos cum marito suo vixerat, fidem ei et dilectionem prout decet observans; longo autem post tempore, ætate videlicet sua jam in senectute [160] vergente, morbo invasa est adeo gravi, ut nullo modo erecta procedere vel stare potuisset, sed manibus aliorum efferebatur et referebatur in grabato. Quid multa? Detenta est ab hac infirmitate per aliquot annos. Factum est autem, ut solemnitas dominicæ nativitatis, atque uti moris nostræ gentis est communibus vacare conviviis, prædicta mulier officio destituta, sola domi jacebat. Igitur vicinæ mulieres convenientes ad eam, rogaverunt ut delata ab eis, etsi sedere nequiret, saltem in conventu eorum utcunque [161] accumberet. Ipsa vero petitioni eorum non abnuens spopondit. Deportata ergo inter convivantes tamdiu jacuit, donec murmur multus et strepitus, uti inter convivas fieri solet, oriri cœpit. Advocans itaque quendam sibi familiarem, petiit quatenus domum deportaretur, quod et factum est. Ipsa die festum erat beati Stephani (Dec. 26) protomartyris et dies sabbati, cumque sola domi sederet, nec aliquis alius cum ea, subito suavem sonum audivit quasi sonum campanæ, et aliquantulum indignans, « Heu, inquit, quantum, frater meus comessationibus inhiavit, quia tam intempestive officium divinum peragit! » Nam germanus suus parochianus ecclesiæ ibidem consecratæ erat. Hæc dum dixisset, ecce, ostium domus in qua sedebat apertum est, sonus autem quem audierat quasi campana in domo ejus suspensa resonabat. Unde pavefacta cum ad ostium respiceret, vidit duos viros nobiles pontificali vultu et habitu indutos astare, quorum unus tangens eam baculo quem tenebat, « Surge, inquit, da gloriam Deo, ego sum Johannes Evangelista, cujus solemnia per orbem terrarum a fidelibus in crastinum celebranda sunt. Hic est frater meus sanctus Gotthardus. Scias te nostra prece sanatam; » et elevantes eam eduxerunt, assumptamque deduxerunt, ut divina virtus voluit, in villam quæ vocatur Zlapi, in qua quidam nobilis et potens nomine Mladota basilicam in honore beati Gotthardi episcopi et confessoris construxerat. Quo postquam ventum est, deposuerunt eam ante templum, quæ ita firmo gradu stetit, ac si nunquam ab infirmitate tacta fuerit. Tenentes itaque ipsam per manum introduxerunt intus, et ecce, viri præclara facie candidis vestibus amicti Deo laudes canentes dicebant. Sed quantum odorem quantumve splendorem ipsa dixerit se ibidem sensisse, humana lingua effari nequit. Dum hæc geruntur, maritus suus veniens de conventu vicinorum, non inventa uxore, aliqua maligni temptatione seductam æstimavit, et convocatis vicinis omnem circa villam per paludes et frutices quærebant eam. Sed non invenientes, congregati domum lamentabantur sedentes. Interea illa oratione facta acceptas inaures super altare oblatura erat, quod sanctus Johannes Evangelista prohibuit dicens : « Cras populo conveniente ad missam in loco [162], tunc [163] offer has inaures super altare in ecclesia tua, et narra magnalia Dei, quæ per nos gratia Dei in te operata est, nec ulterius cum viro maneas. » Hiis ita gestis iidem sancti reduxerunt eam, et ante portam domus suæ statuerunt, statimque evanuerunt. Illa vero læta domum suam ingressa invenit plorantes, narransque eis potentiam Dei, ostendit quæ et quanta Deus in illa operatus fuisset. At illi mutata vice [164] non tantum de reditu suo, quantum de sanatione gaudentes fleverunt. Cumque crastina dies illuxisset, et tota vicinia mysteria missarum auditura concurreret, prædicta mulier, ut sibi a sanctis jussum fuerat, inaures suas coram omnibus illic astantibus super altare posuit, atque cuncta ordine quæ in ea divinitus gesta fuerant enarravit. Qui hæc audientes, illamque sanam videntes, immensas Deo et sanctis gratias egerunt.

Venerabilis antistes Henricus [165] ad sepulcrum Domini ire disposuit, sed [166] accepta a duce Sobezlao licentia festum natalis Domini (Dec. 25) Pragæ cum fratre suo præsule Johanne celebravit. Quo peracto uterque eorum Moraviam adierunt, ibique Olomuc in sede pontificatus festum epiphaniæ (Jan. 6)

VARIÆ LECTIONES.

[156] Custodiosi 2ᵃ. [157] super 2. [158] ita 2ᵃ. [159] ita 2ᵃ. [160] senectutem? [161] utique 2ᵇ. [162] tuo add. it 2ᵇ. [163] deest 2ᵃ. [164] voce 2ᵇ. [165] qui et Zdiko add. 2ᵇ. [166] scilicet 2, 2ᵃ.

NOTÆ.

a) Hodie Bestwin in circulo Czaslaviensi.

egerunt. Johannes quidem repatriavit, Henricus vero iter arripuit, cum quo pariter multi de utraque regione profecti sunt, inter quos et familiaris noster et fidelissimus hujus ecclesiæ fautor erat Bolecay [167]. Verum, quia Constantinopoli diu detenti sunt, nam forte imperator in longinquis partibus bella peragebat, ante sabbatum sanctum paschæ (Apr. 11) Jerozolimam venire non potuerunt. Sed postquam ventum est, præsul quidem ibidem remansit, aliud festum paschæ expectaturus. Porro socii itineris adorato sepulcro Domini remearunt, multa pericula in mari propter tempestates passi sunt. Unde plures eorum per mare errantes obierunt, inter quos prædictus Bolecay [168] defunctus, in quadam deserta insula tumulatus est, reliqui cum magno labore evaserunt.

Eodem anno dux Sobezlaus in quadragesima (Febr. 28) levirum suum regem Ungariæ convenit, cum quo, multis causis diversisque pertractatis, sanctum pascha in castro Olomuc celebravit, non enim in metropolim suam Wissegrad ante pascha venire potuit. Egregia ductrix Adleyta [169] ardenter cupiens festo beati Stephani (Sept. 2) regis et confessoris adesse, Pannoniam petiit, sed ibi diutius a fratre retenta est, donec patrem suum Almum sepelivit. Hic enim Almus a fratre suo Colmanno cœcatus, in partibus Græciæ exulando vitam finivit, sicque intumulatum funus ejus per decennium mansit, donec rex Bela filius suus, ab eodem prædicto tyranno luminibus orbatus, in regnum suum illud asportavit. Sepulto autem patre [170] Adleyt ductrix, quia ad festum sancti martyris Wenceslai (Sept. 29) repatriare nequivit, in præfato castro Olomucz ejus festum egit. Princeps Sobezlaus et dux Bolezlaus in castro Kladsko, quod est in confinio Bohemiæ, in festo pentecosten (Mai. 30) convenerunt, ibique fœdus pacis inierunt, quo peracto ad propria redierunt. Post festum autem filius Bolezlai Wladislaw [171] infantem filium ducis Sobezlai in castro Nemci de fonte susceperunt, cui Wenczlaus nomen indidit [172].

Sed dum causas mortalium rerum seriatim describimus, restat ut de supernis aliquantisper subjungamus. Et quia præcedenti anno de duabus stellis diximus, nunc etiam de tribus dicemus. Nam tertia stella claritate similis duabus prædictis 3 Idus Septembris apparuit, quæ ante crepusculum diei orta est eo loco, quo sol in Leonis signo graditur. Secunda quæ Lucifer dicebatur 5 Kal. Januarii orta est similiter ante crepusculum diei; tertia, quæ priori anno visa fuerat, cum istis non apparuit. Imperator Lotharius principi nostro Sobezlao compaternitate junctus, mortis jure de medio sublatus, in castello Rodburk (63) migravit ad superos [173], sepultusque in castello quodam nomine Brunsvik.

Anno dominicæ incarnationis 1138, 4 Kal. Martii quoddam signum ad modum serpentis post occasum solis per totam Bohemiam volare ad occidentalem plagam visum est, ipsumque subito evanescens, signa quasi rubea post se reliquit. Infra festum paschæ 5 Idus Maii in aquilonali plaga rubea signa in cœlo in modum columnarum apparuerunt, quæ in duas partes divisa, quasi certantia modo concurrere modo refugere videbantur.

Electo itaque rege Conrado omnes principes et quique primates ac familiares regni sui statuerunt, quatenus in sancta sollemnitate penthecostes, quod erat 11 Kal. Junii [174], curiam et concilium Bamberk in civitate facerent, et ut omnes ad regnum suum spectantes ibidem in prædicta tempore conveniant (64), et ut electio sua pariter corroboretur ab omnibus, et insignia regalia coram cunctis principibus a Ratisponense duce (65) reciperentur. Cumque, ut statutum erat, cuncti simul convenirent, Ratisponensis dux inesse conventui nec ipse voluit nec regalia insignia reddidit. Habito igitur concilio multisque negotiis pertractatis, cum unusquisque ad propria repedaret, regem adhuc in eodem loco morantem, noster dux Sobezlaus infra jam dictum festum adiit cum, receptusque a rege magno cum honore per aliquot dies ibidem stetit. Gratia quoque regis sibi favente id obtinuit, ut filius suus Wladizlaus in regimen ducatus ei succederet. Cui licet puero vexillum præsente patre a rege traditum est, ad quod confirmandum omnes Bohemi proceres super reliquias sanctorum coram rege sacramenta fecerunt. Iliis ita peractis, dux Sobezlaus gaudio pro velle repletus, cum suis repatriavit. Cum autem sollemnitas apostolorum Petri et Pauli (Jun. 29) celebranda fidelibus adventasset, dux Sobezlaus primi et secundi ordinis militibus suis edicit, ut quantocius Saczka ad se conveniant; quod cum factum fuisset, dux ipse partim rogat partimque imperat, quatenus fidem, quam filio suo post mortem ejus servare velint, se præsente sub sacramento confirmarent; quod et factum est.

Eodem anno imminente festo beati patroni nostri Wenceslai (Sept. 29), dux Sobezlaus filiam suam

VARIÆ LECTIONES.

[167] *ita videtur legendum;* Boleslai 1, Boleslaus 2b. [168] Boleslaus 2b. [169] Adelheit 2b. [170] fratre in 2 *primum scriptum erat, sed ab eadem antiqua manu correctum* patre. [171] Wladislai 2a, 2b. [172] in castro — indidit *desunt in* 2, *legit autem* 2b. [173] superis 2, 2a. [174] Julii 2b.

NOTÆ.

(63) Apud Breitenwang villam obiit; cfr. Mascov. comment. de Lothario, p. 340. Alia nomina ab aliis proferuntur. Cfr. Jaffé, p. 225.

(64) Qui fuerint principes, inter quos etiam Sobezlaus legitur, qui Conradi partibus faventes convenerint, vide in præcepto quod Conradus ibidem scribi jussit, apud Herrgott geneal. gent. Habsb. II, 158.

(65) I. e. Henricus Superbus dux Bavariæ et Saxoniæ; gener Lotharii.

nomine Mariam filio (66) Leupoldi (67) orientalis marchionis legitimo conjugio conjunxit, quam quingentis marcis argenti donavit. Factæ sunt autem hæ nuptiæ in Moravia in Olomucensi parte. Pridie Idus Octobris primo crepusculo noctis rubea signa ad aquilonem apparuerunt. Secunda nocte Idus videlicet eadem hora similiter factum est. Tertia nocte 17 Kal. Novembris circa auroram eodem modo apparuerunt. Dux Bolezlaus obiit (68).

Anno dominicæ incarnationis 1139, dux Sobezlaus ab uxore Wigberti aliquot castra 700 marcis argenti redemit. Addidit ei præterea tertium denarium in castro Donin. Confirmatis [175] igitur militibus qui castra custodierunt [176], redeunte duce Sobezlao cum exercitu suo quodam die, cum esset in introitu terræ suæ in media sylva, vehementissimus flavit ventus, qui non solum ædificia seu quælibet obstacula, sed [177] etiam grandes sylvarum arbores radicitus eruebat. Interea in [178] magno periculo Bohemi constituti, adeo territi fuerunt, ut unus de castellanis appropinquans duci diceret : « Ecce, domine dux, coram Deo et sanctis ejus, vestra quoque gratia teste, promitto, si omnipotentia Dei ab hoc periculo vita comite eripere dignabitur, quantocius monasticæ professionis habitum me subiturum noveritis. » Sed Deo protegente non nisi septem homines de toto exercitu casu arborum interierunt, cæteris cum incolumitate remeantibus. Septimo (69) Nonas Martii rubea signa insueto loco a principio noctis usque ad finem visa sunt. Hoc anno solemnia sanctorum martyrum Adalberti atque Georgii 9 Kal. Maii a fidelibus celebrata sunt (70). Ipsa dies resurrectionis dominicæ sollemnitate clarebat.

Eodem tempore dux Sobezlaus levirum suum, Belam regem Pannoniæ, convenit, nam idem rex Bela filiam suam (71) filio (72) regis Theutonicorum Conradi tradebat. Ilæ nuptiæ in festo penthecosten (Jun. 11) celebratæ sunt.

Quarto decimo Kal. Augusti obscuritas aeris facta est, fumus enim inusitati fœtoris quasi nebula exhalabat. sed neque die neque nocte fumigare cessabat ea obscuritate sic per septimanam durante. 9 Kal. ejusdem mensis nigredo densior solito circa meridiem aerem obfuscavit putridissimo fœtore, et velut ab inferis exeunte odoratus hominum persufflante. Fuerunt etiam nonnulli qui dicebant se quasi fissuram in sole vidisse.

Repugnantibus regi Conrado Saxonibus, suæque electioni assensum et favorem præbere recusantibus, proposuit bellis temptatos regno suo subjicere (73). Cumque per plures familiares supplementa exercitus colligeret, inter reliquos ducem nostrum Sobezlaum expetivit, ut cum suis prædicto bello interesset; plurimum enim spei de victoria in fortitudine pugnatorum ejus reponebat. Congregatis (74) igitur rex et dux Sobezlaus diversis aditibus Saxoniam cum intrarent, illi vim adventantium non ferentes ad castra confugierunt, nec prius vultui regis apparere præsumpserunt, quam mediante duce Sobezlao se ditioni regis subdentes, per omnia pacem ejus adepti sunt. Sic salvo regis honore victoria sine armis peracta, inde redeuntes quendam locum vastaverunt et magnam prædam reduxerunt.

Ea tempestate Johannes Pragensis episcopus longa maceratus ægritudine, 6 Idus Augusti migravit ad superos [179]. Hic mense Martio languore tactus usque ad 6 Idus Augusti, ut diximus, infirmitate detentus est. Sepultus est autem in capella sancti Gothardi episcopi et confessoris, quam ipse perforato pariete ecclesiæ sancti Wencezlai ad aquilonem construi jusserat. Cui Silvester, abbas Sazaviensis, infausto omine successit. Hujus electio 3 Kal. Octobris facta est, sed quia consecratus non est prius quem dux vitam finiret, cujus voluntate fuerat electus, electio sua breviter duravit, ut in sequentibus clarebit. Post hæc Sobezlaus dux curtem suam adiit quæ Chuoyno [180] (75) dicitur, ibique manens castrum renovare cœpit quod Hostin Hradec [181] (76) dicitur. Cogitabat enim si Deus voluisset inter se et duces Poloniæ dissensionem facere, et fortasse ex aliqua parte ut [182] suo dominio eos subjugare posset, et ob hoc castra quæ sunt ex parte illorum firmabat. Sed aliter convenire providentia divina disposuerat, nam prius quam prædictum castrum ad perfectionem duxisset, proxima dominica ante natalem [183] Domini (Dec. 17) infirmitate tactus letifera, lecto prosternitur.

Anno dominicæ incarnationis 1140, dum gravius graviusque infirmitas invalesceret, sublatus de Chuoynow [184] portatus est in castrum jam supra dictum. Interea quanti rumores, quanta consilia Bohemiæ proceres actitarent, silentio præterire sanioris consilii æstimavi, ne forte singula ut fuerunt prose-

VARIÆ LECTIONES.

[175] confirmans 2, 2a. [176] custodirent 2, 2a. [177] et 2. [178] deest 2. [179] a superis 2, 2a. [180] Chwoyno 2. [181] Goscin 2a. Hoszcin Hradek 2b. [182] et 2, 2a. [183] natale 2. [184] Chwoyna 2b.

NOTÆ.

(66) Obiit 28 Oct. 1139. Cfr. Rœpell, I, 297.
(67) Leopoldo.
(68) Quarti.
(69) Legendum fortasse *sexto*.
(70) Quæ incidunt in diem 23 Aprilis.
(71) Sophiam.
(72) Heinrico qui ante patrem obiit.
(73) Quæ expeditio in concilio principum Argen-

toratii die 28 Mai. habito constituta est. Cfr. Jaffé, Conrad III, p. 23. Ipsa expeditio cœpta est *die* 25 Jul. teste chronico S. Pantaleonis.
(74) Neque minus mediante Alberone archiepiscopo Trevirensi.
(75) Ex conjectura Palackii I. 413. Königinhof.
(76) Arnau.

quendo odium fortasse alicujus incurram. Confluxerant enim cuncti primates Bohemi in urbem [185] Wissegrad, et die noctuque consilia tractantes, illi illum et illi illum eligere et inthronizare contendebant. Omnis tamen ille conventus solum Nacerat [186] intendebant, ut cuicunque ipse faveret, huic omnes pariter unanimiter subjacerent. Dum haec agerentur, hii qui circa ducem Sobezlaum erant, pariter cum domina conjuge ejus nullum signum recuperandae sanitatis in eo notantes, oleo perunxerunt eum. Deinde magis magisque debilitate corporis invalescente, percepto viatico 16 Kal. Martii migravit a seculo. Proh dolor! quanta anxietate, quanta commotione Bohemia fuerit tunc agitata, ad enarrandum difficile manet. Merito quidem angebatur amisso tanto defensore et patre, quippe tanto patriae amore constrictus erat, ut omnium gerens curam paratissimus erat mori pro libertate subditorum et honore. Unde et lasciviam carnis omnibus modis [187] devitabat, quae plurimos virorum enervare [188] solet. Sobezlaus acer dux [189] prae omnibus in persona egregius, in loquela amabilis, in militia strenuus, in consilio providus, in eleemosyna largus — noverat enim referentibus sibi collateralibus suis capellanis beatum Gregorium dixisse : « Ad tribuendum ergo cur pigri estis, quando hoc quod jacenti in terra porrigitis, sedenti in coelo datis? » — pauperum quoque curam sollicite et diligenter gerebat, quippe non surdus evangelici praecepti auditor erat: « Quod uni ex minimis meis fecistis, mihi fecistis (*Matth.* xxv, 40). » Nam licet magna sollicitudine non solum sui principatus esset occupatus, verum etiam curam Moraviae et Sirbiae [190] impenderet, regi quoque Pannoniorum, sicut supra satis ostendi, in plurimis consilium suum praestaret, saepius tamen in semetipso retractabat, ne hujusmodi occupationibus anima irretita improvide [191] periret : Quapropter, velut instructus verbis sapientis cujusdam dicentis:

Munera quae donat moriens, haec munera non sunt, cum contectali [192] sua domina Adleyta salutiferum aggreditur consilium, quatenus ante diem exitus sui summum judicem et inspectorem conscientiarum placare festinaret, praecipue reputantes post mortem suam nullum adeo fidelem, adeo familiarem sibi futurum, qui sic bona eorum pauperibus et Deo servientibus erogaret, ut ipsi viventes fecerunt. Quid plura? advocant [193] Vincentium capellanum, quo alter fidelior sibi non erat, cui sanctae cogitationis omne consilium ordine manifestant, et simul eundem jubent atque rogant, quatenus ex parte ipso- rum sanctae Wissegradensis et Pragensis ecclesiae canonicos, nec non commilitones sancti Benedicti, moniales quoque rogaret cum omni clero intra urbem commorante, ut, sicut mos est, pro defunctis officia peragerent, scilicet prima et secunda et tertia et septima [194] die, et caetera usque ad anniversarium sic commemorationes facerent pro ipsis; alii missas pro salute vivorum, alii pro peccatis, alii pro fidelibus defunctis. Placuit itaque primum diem in festo omnium sanctorum (Nov. 1) statui. Ad comprobandum ergo quam affectuose quamque devote hanc eleemosynam laudabilis dux Sobezlaus faceret, veniente anniversario, ipsemet in claustro Wissegradensi cum canonicis ejusdem monasterii et cum omni clero devoto [195] e suburbio collecto refectionem habuit, ibique in divite apparatu divitem [196] voluntatem ostendit. Idem egregius dux Sobezlaus inter caetera gestorum suorum magnalia Lotario imperatori et regi Conrado Saxones et Bavaros nec non caeteros Romano imperio aliquando contrarios subjugavit. Hiis et pluribus hujusmodi [197] honoribus circumfultus, 16. Kal. Martii dux praedictus est morte praeventus. Retributor ergo omnium bonorum Deus, pro cujus amore hoc bonum opus praedictus dux operatus est, secundum largam hilaris datoris voluntatem nunc animam ejus confovere dignetur. Amen [198]. Cui Wladizlaus (77) successit. Silvester abbas amisit episcopatum. Wladizlaus cum suis convenit regem Conradum levirum suum (78) in urbe Bamberk (79), et ibi accepto vexillo a rege rediit ad sua.

Eodem anno Otto processit ad ordinationem episcopatus, quo accepto 5 Kal. Junii in metropolitana urbe Magontia ab archiepiscopo Alberto, cum magno honore et laetitia rediit ad sua.

Eodem anno ductrix Adleyta moribus honesta et praeclara, non post multos hujus vitae curriculos tacta cordis sui doloribus, siquidem vivens post obitum mariti sui septem mensibus, 17 Kal. Octobris migravit de hoc seculo.

Flumen Sazava 15 Kal. Decembris, quod vadit juxta coenobium ejusdem nominis Sazawa, discerptionem [199] passum est, plus quam 20 stadiorum longitudine a summo usque deorsum; molendinum ejusdem coenobii, quod ab antiquo nunquam defecerat aquis, tunc stetit in sicco. Abbas et fratres illius coenobii et servientes venerunt ad littus, et miraculum considerantes, ad majorem notitiam ejusdem miraculi, contra morem solitum magnos pisces et cancros in sicco fundo collegerunt. A

VARIAE LECTIONES.

[185] urbe 2, 2ᵃ. [186] *ita* 4. Naczerath 2, 2ᵃ, 2ᵇ. [187] omnimodis 2. 2ᵃ. [188] *ita* 2ᵇ. enarrare 2. [189] vir et dux sacer 2ᵇ. [190] Scribiae 2, 2ᵃ. [191] improvida 2. [192] conthorali 2ᵇ. [193] advocat 2ᵇ. [194] sexta 2ᵇ. [195] *deest* 2, 2ᵃ. [196] diviti 2. [197] hujus mundi 2. 2ᵃ. [198] digneris Domine 2ᵇ. [199] disruptionem 2ᵇ.

NOTAE.

(77) Secundus.
(78) Wladizlai uxor erat Gertrudis, filia Leopoldi IV marchionis Austriae, ex matre Agnete soror Conradi III. regis.
(79) Mense Aprili, ut videtur. Cfr., Jaffé, Conrad III, p. 47.

prima autem hora usque ad sextam hac in mutatione [200] prædictum flumen divina dispositione continebatur.

Anno dominicæ incarnationis (Dec. 25) 1141 Wladizlaus dux habuit festum natalis Domini in villa quæ vocatur Siwohost [201], ubi puer Wladizlaus (80) ipso festo die, dum nox occupaverat totum mundum, iniit fugam ad avunculum suum nomine Bela, qui tunc regnabat in Ungaria. Hyems tunc varia fuit. Bela rex Ungarorum obiit, et nostrates profugi submissis capitibus doluerunt.

Hoc anno in quadragesima per totam regionem Bohemiæ multi suspensi sunt in patibulo, præcipui autem in monte Sibenica (81), ex quibus plures evaserunt et fugam inierunt. 17 Kal. Maii inundatio fluminis Wlatava, quæ fluit inter urbes Wissegrad et Pragam, nimia facta fuit, et vicinis rebus multum nocuit. 9 Kal. Maii novus Lucifer ortus est, sed dissimilis varietatibus priori Lucifero quem ante memoravi: ille 17 Kal. Augusti ortus est, iste 9. Kal. Maii visus est, et sic varios cursus peragit.

Hic præsul Zdico Olomucensis ecclesiæ accipiens crucem de sancto altari sancti Petri, lacrymans præ gaudio et cantans hanc antiphonam: « Qui vult venire post me, abneget semet ipsum et tollat crucem suam (*Marc.* II, 31), » etc., ascendit equum cum suis contra paganos qui vocantur Pruzi, ut fidem sanctæ Trinitatis eis insinuaret et baptizaret eos (82); quod tamen [202] melius est silere de ejus itinere [203] in vanum laboravit, et de ejus reditu gaudere.

Anno dominicæ incarnationis 1142, regnante Conrado needum imperatore Romano, inthronizato autem principe Bohemorum Wladizlao, qui patruo suo successerat illustri viro Sobezlao, oritur inter Bohemos vesana seditio, quæ eos perfidiæ stimulo turbatos in duas turmas divisit, et melior nobiliorque pars ad Conradum ducem Moraviæ perrexit (83), inferior vero et junior cum Wladizlao remansit. Hiis ita gestis subito pax abicitur, bellumque festinum indicitur; in condicto loco conveniunt, de Wladizlai depulsione et Conradi electione armati consulunt, et nullam concordiæ pacisque firmitatem statuunt. In crastino autem Moravienses cum profugis Bohemis in Wladizlaum et fratrem [204] Theobaldum et Henricum (84) ex improviso insurgunt, in fugamque cum omni exercitu compellunt. Quibus resistentibus quantum valuerunt, majores belli ductores Nacerat, Smil, Ben [205] et alii quam plures ex utraque parte ceciderunt (85). Tunc Bohemi videntes Moravos invalescere seque auxilio Dei carere, omnes in evasione fugierunt, Pragam vero metropolim civitatem ingressi cum Theobaldo, munitiones firmaverunt, Wladizlaum propere ad regem Theutonicorum pro auxilio adipiscendo direxerunt. Igitur Conradus ducatus concupiscentia accensus, fugitivos prosequens, Pragam obsidet, armatos circumquaque adhibet, machinas, balistas, sagittarios instruit, ad ultimum in monasteria, in claustra, in ædificia ignes mittit. Proh dolor! nefas invisum, inaudita angustia, tristitia insolita, curæ, timor et tremor cives suburbanos affinesque eorum invaserunt, et moniales dilectæ Deo et hominibus de cœnobio sancti Georgii martyris sanctæque Ludmilæ martyris, omnia sacraria et habitacula sua combusta videntes, territæ cum gemitu gravique suspirio semivivæ, vix valentes oculos et manus ad cœlum levare clamaverunt: « Domine, miserere nostri et respice nos. » Et subito invento exitu de civitate fugientes, in locum unum sub Petrzin monte secesserunt, ac in ecclesia sancti Johannis Baptistæ, quoad restaurationem proprii loci viderent, quasi exules, tristes et flebiles manserunt.

Evolutis igitur paucis diebus pro dolore et afflictione non computatis, regis Theutonicorum Conradi conductorumque ejus Wladizlai ducis et episcopi Zdiconis, venerabilis et sanctæ memoriæ viri, adventus cum forti manu intonuit. Quo audito Conradus tetrarcha cum suis sequacibus in terram suam latenter effugit, et amplius comparuit. Veniens ergo rex Conradus ducem restituit firma pace (86), sumta promissa pecunia in propria profectus est. Tunc omnes qui in tristitia fuerant, quasi de gravi somno excitati, lætati sunt, cœperunt quæ violata erant reædificare, quæ vero omnino consumpta, renovare. Itaque dominæ moniales, sanctæ et fidei catholicæ filiæ, in loco prædicto conversantes, die noctuque flebili voce secundum desiderium justi Simeonis dicebant: « Quando hinc exibimus? quando in claustro manebimus? quando cum pleno gaudio Deum orabimus? » Mox exauditæ a Domino audierunt relatione custodum murorum piscatorumque et pauperum in noctibus laborantium, vidisse flammas de earum [206] ecclesia exiisse et usque in cœlum se protendisse. Hac auditione per Spiritum sanctum commonitæ claustrum visitant, ecclesiam lustrant, altaria inspectant, et maxime reliquias sanctæ Ludmilæ patronæ suæ cum lacrymis quæritant, accersito

VARIÆ LECTIONES.

[200] inmutatione 2, 2b.   [201] Czijhossl' 2b. *in margine.*   [202] qui tum. 2.   [203] quam 2.   [204] *Omnia quæ sequuntur, in* 2b. *desiderantur.*   [205] Beneda 2. Ben. 2a.   [206] eorum 2. 2b.

NOTÆ.

(80) filius Sobezlai I defuncti ducis.
(81) Hodie mons Zizka.
(82) Vide de hac re litteras ab Innocentio II papa ad Henricum episcopum datas anno 1141; Boczek I, 242.
(83) Cui favebant reliqui Moraviæ duces, Otto Olomucensis, Wratizlaus Brunnensis et alii. Cfr. Vincentius Pragensis ad h. a.
(84) Æque fratrem Wladizlai II.
(85) Quod factum est in pugna ad montem Wisekam, in circulo Czaslaviensi inter Suchdol et Maleschau, die 25 April. Vid. Vincentium Pragensem l. l. et Palackium I, 419.
(86) Pragam intravit die festo Pentecostes, i. e. 7 Jun., teste Vincentio.

Wernhero lapicida et cæmentario, ut inter saxa et titiones requirat, sollicitant. Ecce volente Deo Wernherus sarcophagum incorruptum nec igne tactum reperit, ad dominas lætus rediit, et præ gaudio remunerationem postulans, lætitiam nuntiavit. O sancte Deus! o mirabilis in sanctis suis! o benedicte in operibus tuis! quanta exultatione famulas [207] tuas dignatus es replere; quali visitationis solatio perfundere, quam magno gaudio præsentationis lætificare! In terram Deo gratificantes corruunt, lacrymis loca perfundunt, et oblitæ tristitiæ ad levandam thecam currunt, sed quasi stupefactæ præsumptionem reprimunt, et vocato sacerdote Pudone, cujus consilio et auxilio foras temptant efferre, et exeuntes ad portam civitatis inveniunt obstructam, seratam et quasi exitui oppositam, quam multo cononime quassatam nimiisque laboribus temptatam nullo modo aperiunt. Et hoc miraculo compunctæ in locum unde exierant regressæ sunt, missoque nuncio ad episcopum Ottonem supplicant ut veniat, quid agendum sit, decernat. Qui respondit, se non audere facere, nisi prius mittat Romam. Iterum autem præsulem [208] Moraviæ Zdiconem implorant, ut desiderium ipsarum impleat [209]. Qui se facturum promittit, si antistitis earum licentiam inveniat. Non cessantes ergo claustricolæ a proposito, domini decani Pragensis Henrici Petrique archidiaconi cæterorumque de conventu consilio sarcofagum relevant, aperiunt, et prævisum juxta altare lætanter recondunt. Nec hoc quoque prætereundum est, quod mirabile et in seculis prædicandum furtum Wernheri declaratur, qui ablata latenter parte corporis beatæ Ludmilæ, athletæ Christi, repatriat; ad construendum templum Deo duos conducit, qui cœpto opere mortui sunt, in sequenti enim alii duo, in tertio ipsemet defunctus est. Hiis visis filius ejus jussu vicinorum propinquorumque Bohemiam intrat, Gervasio cancellario, consanguineo suo, gesta replicat, per quem ammonitus ablata ecclesiæ reddidit, in nomine domini notri Jesu Christi, cui est honor et gloria in secula seculorum. Amen.

MONACHI SAZAVENSIS CONTINUATIO COSMÆ.

De chronica sancti Jheronimi et composicione annorum.

Beatus Ieronimus in chronica, quam propriis manibus contexuit, ita commemorat : Ab Adam usque ad diluvium anni 2242. A diluvio usque ad Abraham anni 942. Ab Abraham usque ad nativitatem Domini anni 2015. In quorum summa inveniuntur quinque milia et insuper centum nonaginta novem. Anni ab incarnatione Domini :

952. [Ann. Quedl.] Eodem anno Hinricus rex Abottritos subegit.

958. Signum crucis in vestimentis hominum apparuit, illis autem qui derisui illud habebant, mortem inferens, illis autem qui pie et religiose illud venerabantur, nil mali intulit.

960. Isto anno venerunt legati Rusciæ gentis ad regem Ottonem, et deprecati sunt eum, ut aliquem suorum episcoporum transmitteret, qui eis ostenderet viam veritatis, et professi sunt se velle recedere a paganico ritu et accipere nomen et religionem christianitatis. Et illi consensit petitioni eorum, et transmisit Adelbertum episcopum in fide catholicum. Illi per omnia mentiti sunt, sicut postea eventus rei probavit, quia ille prædictus episcopus non evasit letale periculum ab insidiis illorum.

962. [Ann. Quedl.?] Tuto episcopus Ratisponensis ecclesiæ obiit.

963. Magnum synodale concilium factum est Romæ in ecclesia sancti Petri apostoli, ibique præsidebat Otto imperator augustus cum magna multitudine episcoporum, abbatum, monachorum, præpositorum, clericorum, illicque dejectus est Benedictus papa ab apostolica sede, et Adaldago episcopo commissus, in Saxoniamque est deductus, illicque vitam finivit. Et ipso in anno mortalitas invasit exercitum Ottonis imperatoris.

972. Sanctus Oudalricus episcopus Augustensis ecclesiæ migravit ab hoc sæculo 4. Non. Julii cujus corpus sepelivit sanctus Wolfrangus episcopus Ratisponensis.

973. Otto imperator primus Theutonicorum pius, heu! proh dolor! Non. Maii obiit, cui Otto filius ejus successit.

975. Hyems durissima et importune longa. Et Idus Mai nix magna noviter lapsa terram operiebat.

Eodem anno Rudbertus archiepiscopus obiit, cui Willigisus successit.

985. [Ann. Quedl.] Saxones Sclavoniam invaserunt, quibus ad supplementum Misacho dux cum magno exercitu venit, qui totam terram Sclavonicam incendiis et cædibus devastarunt.

986. Otto rex adhuc puerulus cum magno exercitu Saxonum venit in Sclaviam, et multis incendiis et cædibus devastarunt.

987. Eodem anno Saxones iterum Sclaviam invaserunt, et ad ultimum ipsi Sclavi regis ditioni subduntur, et castella juxta Albim flumen denuo restaurata sunt. Et ventus ingens ædificia multa stravit.

VARIÆ LECTIONES.

[207] Familias 2. 2b.   [208] respondit — præsulem *in uno* 2n. *leguntur.*   [209] impleant 2.

988. Isto anno estatis fervor immanis pene cunctos fructus consumpsit, et mox grandis mortalitas hominum subsecuta est.

989. [COSMAS.] Eodem anno comete apparuerunt, quos pestilentia subsecuta grandis hominum et jumentorum, maxime boum.

990. Eclipsis solis facta est 12 Kal. Novembris, quinta hora diei. Eodem anno sanctus Adelbertus, episcopus Pragensis ecclesiæ sanctæ, Romæ ad sanctum Alexium confessorem et ad sanctum Bonifacium, inscio abbate quis esset, factus est monachus. Item eodem anno Nemci perdita est (87).

993. Atque in ecclesia sancti Bonifacii martyris sepulti sunt 6. Idus Octobris (88).

[*Ann. Quedl.*] Anno dominicæ incarnationis 996 sanctus Adalbertus, episcopus Boemorum secundus de Praga civitate, a Pruzis glorioso martyrio 9 Kal. Maii coronatur, cui Theadagus successit.

998. Eodem anno, mense Julio terræ motus factus est horribilis per totam Saxoniam, duoque lapides igniti ex tonitru ceciderunt, unus in ipsa civitate Magdeburgensi, alter ultra Albiam fluvium.

999. Eodem anno obiit Bruno papa, qui Romano more Gregorius vocabatur.

1000. Cæsar vero Otto antequam patriam visitaret, humili devotione in Polonia sanctum Adalbertum episcopum et martyrem nuper Christo laureatum adiit, ejus interventum obnixius petiit, ibique summo conanime a duce Sclavonico Bolezlavone susceptus, xeniis omnigeni census obsequialiter honoratur. Dehinc in patriam imperator Otto revertitur, ac Quidilinburgensi [210] loco dominicam resurrectionis diem debitæ venerationis obsequiis festive peregit.

1001. Dux Mesco Poloniensis obtinuit civitatem Pragam.

De exordio Zazovensis monasterii.

Hoc in loco congruum videtur non debere prætermitti, qualiter cenobium Zazavense divinæ dispositionis gratia exordium sumpserit, sub quibus principibus et qualiter ex tenui origine auctore Deo in tantam, ut hodie cernitur, amplitudinem excreverit, ut et in hoc, sicut in ceteris pietatis suæ operibus, divinæ bonitatis magnificentia ab omnibus fidelibus laudetur. Tempore siquidem præfati ducis Oudalrici, in divino cultu viri magnifici, fuit heremita Procopius nomine, natione Boemicus de villa Chotun (89), Sclavonicis litteris a sanctissimo Quirillo episcopo quondam inventis et statutis canonice admodum imbutus; in seculo presbyter eximius, honestæ vitæ et casta mysteria celebrans, postmodum infula monasticæ parmatus (90) professionis, solus cum solo Deo in fidei pignore inconvulsus deguit. Hic quippe pro amore Jesu Christi toto spiritus sui ardore fervens, vanitatem nequam hujus mundi contempsit, et domum uxoremque, agros, cognatos atque amicos, immo semetipsum sibi abnegans, versuciali seculo et pompis suis miserabilibus valedixit, a cujus tumultuoso turbine fugiens, secreta solitudinis petiit, atque superciolo cujusdam desertæ speluncæ (91), quam mille demonia, ut fertur, inhabitabant, celestibus armis loricatus, consedit, ibique quibus se posset tueri obstaculis (92) virtutum constructis contra canes viciorum et impetum spiritualium nequitiarum ac suggestionum sagittas, ad petram quæ Christus est orationibus, vigiliis, jejuniis allidens, viriliter pugnare cepit. Dum igitur in dilecta sibi solitudine a naufragio secularis tumultus liber ac ab omnibus occultus, per multum tempus Deo indefessus agonizaret, pia divinitatis dispositio civitatem in monte positam latere et lucernam sub modio abscondi minime voluit, sed ad laudem et gloriam nominis sui in propatulo exemplo multorum fidelium lucere. Celesti namque gratia dictante, dum idem dux consueto more illum locum, quem ad venandum speciatim elegerat, quodam tempore venandi gratia adisset, interim dum venationi daret operam, unum ex multitudine cervum ad secretiora nemoris profugientem insecutus usque in verticem prædictæ speluncæ, reperit exili tugurio Procopium virum monachili sub habitu heremiticam excolere vitam. Primo igitur rei novitatem principalis celsitudinis modificato tenore, mentis alacritate, dulci verborum affabilitate singula ex ordine percunctatur, quis et quibus ab oris venerit, vel qua de causa vir talis tamque rarus eas solitudines incolere voluerit. Cujus ad interrogata Procopius breviter ac humiliter respondens, omnem sicut res erat veritatem seriatim exposuit, et ad ultimum subjunxit, se pro amore Dei et spe supernæ retributionis mundo funditus renunciasse, et in eodem deserto, si Deo placeret, finetenus velle persistere.

Princeps igitur prudens in Domino ammirans viri tam arduum propositum, et adtendens vultum sanctæ religionis gratia præditum, utrasque manus cœlis tetendit, Deum lacrimis perfusus benedixit, deinde orationibus ejus sese attentius commendat, et in spiritualem patrem sibi adoptat, et larga manu

---

VARIÆ LECTIONES.

[210] Quidiligensi 4a.

NOTÆ.

(87) Nimtsch in Silesia. Cfr. Annales Pragenses et Wilmans Otto III, Exc. VIII, p. 219.

(88) Scil. quinque fratres sancti Adalberti; est glossa ad Cosm. 1, 29.

(89) In circulo Kaurzimensi. Vitam sancti Procopii versibus Bohemicis descriptam, quam ex fontibus pervetustis fluxisse conjiciebat Dobner ad Hajec. IV, 246 ex Chronico Sazavensi esse derivatam docuit Palacky Würdigung, p. 54.

(90) I. e. munitus.

(91) Haud procul a Kaurzim ad fluvium Sazavam, qui in Moldavam exundat.

(92) I. e. propugnaculis.

subsidium exhibens, ad militum stationem regredi- tur gaudens. Exinde igitur coelesti dictante gratia crescebat adeo longe lateque per cuncta compita fama virtutum illius, multiplici sermone discurrens, ut ad ejus opinionem catervatim provinciæ ejusdem homines xenia offerrent ipsiusque orationibus sese devote manciparent; qui caritatis flagrantia plenus, hospitalitate pie præditus, prudentia sancta decenter ornatus, castimonia purus, humilitatis misericordia providus, temperantia clarus, habundantia zeli fidei plenus, qui sermone prædicationis sanctæ pectora audientium, ut imber temporaneus oportuno tempore infusus irrigabat, ac doctrinæ suæ vomere mentes utillime reformabat. Pauperes denique tanta pietatis largicione sibi divinitus ingenita suscipiebat, tamque prona et leta famulatus sollicitudine ministrabat, ac si manifestissime Christus adesset, ut omnis territorii ejus industria mendici atque pifaudi (93) pascerentur. Properabat equidem ad eum multitudo fidelium, habentes in desiderio animi sui seculi lucris renunciare, secum sinetenus commanere, quos benigne amplectans fovebat, sicut gallina pullos suos sub alis. Brevi itaque temporis dilapso interstitio, felix pater Procopius, coadunatis quibus potuit sumptibus, jecit fundamentum in nomine Domini, et basilicam in honore sanctissimæ Dei genitricis Mariæ et sancti Joannis baptistæ construxit, et aggregavit quosdam fratres vita et moribus religiosos, quibus spiritualiter concordantibus unanimi caritate monastica fieri moderamina et mysteria divina juxta exemplar almifici patris Benedicti constituit, ipse vero minimus in minimis effectus. Cujus quantum prudens et efficax diligentia mentis industriaque ac sollicitudo, et quam pia caritatis affluentia erga fratres extiterit, nullius facundia digne sufficit enarrare. Dux igitur prædictus et primatus curialis (94) patrem vocitare usui suo commenduerunt, quem etiam paterna veneratione diligere decenter affectabant. Unde idem dux magnanimiter cum satraparum suorum ingeniositate perspicaci prudentique consilio discretionis inito [211], eum ad abbatiæ investituram debere promoveri decrevit, quædam cenobiali usui necessaria decenter coaptans, quædam pollicens, quæ tandem decenter complevit. Ille vero sese ceteris præferre pertimescens, summo mansuetudinis humilitatisque emolumento omnino recusabat, semet asserens imperitum hominem et indignum operam obedientiæ minime subjectis impendere valere, Deum, qui omnium occultorum solus cognitor est, intimæ suæ inspectionis testem præponens.

Interim piæ memoriæ duce Oudalrico ex hac luce subtracto, Bracizlaus, filius ejus, regni principatum optinuit, vir per omnia divinæ religionis cultum diligens; opus, quod pater suus imperfectum reliquerat, omni sagacitatis diligentia ad perfectum consummare decrevit. Audiens namque beati viri sanctam opinionem, immenso tripudio ultra quam credi posset, cum optimatibus suis gavisus est, cujus sese gratulabundus commendans orationibus, seorsim assumpsit, et de suscipienda abbatiæ infula commonuit; deinde iterata vice in præsentia omnis curialis dignitatis verbis persuasoriis aggreditur, et, licet velit nolit, pastoralis curæ moderamina suscipere deberet. Sed vir Dei in sibi solita perdurans pertinacia, omnino sese asserens indignum, nullatenus ad consensum ducis flecti potuit. Sed divinæ ordinationi quis est qui contradicat? Victus namque omni instantia precum omnique dilectionis ammonitione atque affabilitate optimatum, violenter abbas ordinatur. Facta ergo celebri promotione, dux Bracizlaus primo quidem donationem, quam pater suus eidem patri adhuc ante susceptionem abbatiæ fecerat, flumen videlicet subterfluens Amilobuz (95) usque ad speluncam, quæ vulgo Zaçolnica dicitur, cum pratis et silva circumjacente, principali corroboravit auctoritate (96); dein etiam hanc eandem donationem supervenientibus heredibus [212] et eam sua juri usurpative vendicare molientibus, nolens paterna cassare statuta, semel opposuit, litem diremit, et eidem patri Procopio omnem utilitatem in aqua et silva a prædictis terminis redonavit, agros vero [213] et prata ex utraque parte adjacentia sub testimonio et confirmatione filii sui Wratizlai et principum suorum 600 denariorum precio redemit, et abbati procopio scriptis et legitimis testibus reconsignavit. Ad extremum quoque ex propria largitione terram quæ circa est usque ad silvam Strnounic, nec non villam Zeramnik et unum stagnum et structuram lignorum ad piscandum centum denariis comparatam eidem abbati et suis successoribus pro remedio animæ suæ in perpetuum possidenda contradidit.

Tam igitur felici processu jam factus abbas, non se super se extulit, sed firmiori virtutum soliditate fundatus, humilitatis quoque ac caritatis constanti excellentia stabilitus, tam hylaris et affectione benevolentiæ continens extitit, ut a subjectis sibi plus amori haberetur quam timori, quibus tam publice quam singillatim salutaria ministrare monita multaque exemplis priscorum dogmata pigmentata (97) non desistebat. In tempore siquidem suo omnium rerum opulentia non defuit, qui tamen exercitio laboris manuum suarum sustentabatur, et pauperum inopiam refocillabat, atque in tristicia positorum curam supportans cunctorum, eos uti prudens medicus infirmos antidoto paterno et solatio recreabat.

VARIÆ LECTIONES.

[211] initio 4, 4a.   [212] heresibus *erronee* 4.   [213] vero *deest*. 4.

NOTÆ.

(93) Idem videtur quod Gallorum *pifre*, i. e. gulosus, famelicus.
(94) I. e. optimatum cohors.
(95) Schallero X, 128, est Sazava fluvius.

(96) Quæ desideratur.
(97) I. e. ornata, nam ita videtur legendum pro *pigmenta* quod codex exhibet.

qui dum tam beatam vitam et illustrem duxit, virtutum signis in templo Dei ceu sol usque ad consummationem vitæ refulsit, quin immo sancti Pneumatis instinctu prophetiæ mysterio claruit præsagus futurorum. Ante biduum siquidem suæ terminationem resolutionis, revelante divinitatis gratia, præscivit, qui accersito bonæ qualitatis nepote Vito ut filio suo piæ indolis Emmerammo, seriatim exposuit eis futura, sicuti et postea rei comprobavit successus, singultuose tali verbi nobilitate inquiens : « Karissimi mei filioli, quos utpote gallina pullos educavi, perpendite quia tempus meæ resolutionis adest; tercia certissime die Domino annuente de hujus carnis tabernaculo migrabo, vos commendans Deo, sed vestræ circumspectioni innotesco quod post discessum meum fluctivagorum detractionum varietate impetuosa quassabimini, ac pestifero persecutionum tribulabimini naufragio, atque extorres efficiemini sex annis in terra aliena, et iste locus potestativa manu ducis tradetur possibilitati (98) alienigenarum. Vos autem, dilectissimi filioli, idcirco nolite a fide naufragare, fratres vestros confirmate, Deum expedibiliter (99) laudate, in prosperis benedicite, in adversis supplicate, in letis gratias agite, in tristibus querite eventibus, cujus pietatis magnificentia tandem consolabimini. Nam revolutis sex annis exilii vestri miserius, tranquilitatis reparabit vobis statum, ac detractoribus vestris talionem merito reddet, vosque ad portum consolationis reducet. Defuncto namque præsente principe pio Braczizlao succedet Zpitigneus, qui vos persequetur ; quo mortuo Wratizlaus regimen principatus Boemiæ suscipiet, vir timoratus (100), benivolus. Hic reducet vos de exilio, et dabit vobis Jesus Christus dominus noster in loco pacem et securitatem omnibus diebus vitæ vestræ. Amen. » Jam vero decedente die sequente, dum finita canonice vespertinali sinaxi et completorio resideret in lectulo, infirmitate vehementi correptus est, qui in articulo mortis positus, quanquam ultimum anhelitum traheret, tamen antiquum hostem orationis mucrone viriliter brachio extenso jaculari non cessabat. Adesse extemplo fratres jubet, quos in meroris (101) afflictionem fletumque inconsolabilem conversos paternæ informatione consolationis corroborat, commonensque eos de corpore suo, de mundi hujus naufragio, migravit ad Dominum, de servitio ad regnum, de labore ad requiem, de morte ad vitam sempiternam, præstante domino nostro Jesu Christo, qui in Trinitate perfecta vivit et gloriatur Deus unus per infinita secula seculorum. Amen. Consummavit autem beatus abba Procopius cursum vitæ suæ feliciter in Domino anno ab incarnatione Domini 1053, et ejusdem anni 8. Kal. Aprilis; præsente Severo Pragensi epi-

scopo in ecclesia sanctæ Dei-genitricis Mariæ, quam ipse construxit, honorifice et sepulturæ commendatus.

Post discessum igitur beatissimi patris Procopii consors societas propria voluntate de congregatione Vitum nepotem ejus elegit, qui electus sine dolo, sine venalitate ordinatus est : vir in humanis et divinis rebus idoneus, seculi hujus inimicus, inclite morigeratus, sapientia pervigil, reverendus in vultu, affabilis alloquio, lenitate placabilis. Quo in abbatia expedibiliter degente, Braczizlaus dux ultimum mundo valedixit, cujus loco Zpitigneus monarchiæ gubernacula suscepit. Quo tempore sancti patris Procopii vaticinii ordo completur. Instigante namque zelo Diaboli, multi emuli ficticia venenosa detractionum conspirantes, laqueos cavillationum in curia ducis contra Vitum abbatem et fratres ejus astruere ceperunt, atque aures principis favorabiliter compositis mendaciis obfuscantes, eos multiphariis vituperiis publicabant ; scilicet dicentes, per Sclavonicas litteras heresis secta ypochrisisque esse aperte irretitos ac omnino perversos; quam ob rem ejectis eis, in loco eorum Latinæ auctoritatis abbatem et fratres constituere omnino esse honestum constanter affirmabant. O invidia, inextricabilis maliciæ zelus! O invidia detestanda, omnimoda malicia conglobata, iguis inextinguibilis! Sed revera sicut tinea vestimentum consumitur, sic is qui illam zelatur, cui autem invidet, clariorem reddet. Vitus itaque abbas assumptis fratribus suis, quos unitas caritatis concordaverat, peregre profectus est in terram Hunorum. Nunc opere precium duximus unum ex multis beati viri miraculis compendio stili ac veridica relatione fidelium memoriæ caritativæ tradere, quod Domini nostri magnificentia per merita ejus post mortem declarare dignata est. Memoratus namque dux, Vito abbate cum nepote suo Emmerammo et fratribus, quos unitas caritatis concordaverat, in terram Hunorum peregre proficiscentibus, propria fautorum suorum consiliaria diffinitione utens, in loco illo abbatem genere Teutonicum constituit (102), hominem turbida indignatione plenum. Ubi dum nocte prima adventus sui ex more ad matutinalem sinaxin pergens foribus ecclesiæ appropinquaret, apparuit vir sanctus Procopius infra januam oratorii appodians et dicens ei : « Unde tibi potestas hic degendi? Quid quæris? » At ille : « Potestativa, inquit, ducis majestas et ejus primatum inconvulsa sublimitas meæ possibilitatis regimini hoc cenobium usque ad finem vitæ meæ tradidit. » Cui sanctus pater : « Citissime, inquit, sine confusionis verecundia discede, quod si non feceris, ultio divinitus veniet super te. » Et hæc dicens evanuit. At ille estimans esse delusionem Sathanæ, omnino nichili pendebat. Qui dum sequenti et tercia nocte minacem parvipenderet, quarta nocte

NOTÆ

(98) I. e. potestati.
(99) I. e. animo ad laudes Dei semper expedito.
(100) Dei timidus.

(101) Ita legendum pro *memoris* codicis lectione.
(102) Qui fuerit Spitignei erga Germanos animus vide apud Cosmam II, 14.

apparuit ei ad matutinum obsequium eunti sanctus vir, dicens : « Cur meis monitis amicabilibus obtemperare recusasti? Filiis meis spiritalibus a domino impetravi hunc locum, non tibi qui supplantatim intrasti. Et si a domino tuo tibi duce hæc hactenus potestas fuit inhibita, a me sit amodo prohibita. » Et hæc dicens, impetuose fortissimis ictibus cambutta (103), quam manu gestabat, illum ferire cepit, qui mox quasi Bellonæ percussus œstro (104) sine dilatione locum mutavit, et volatili cursu ad ducem terræ pervenit, ac omnem rei eventum illi patefecit. At ille attonitus vehementi ammiratione vacillare cepit, et ambiguitatis laqueo irretitus usque ad finem vitæ suæ permansit.

Defuncto igitur Zpitigneo duce, divinitas fideli suo servo Wratizlao memorali titulo ducatus gubernaculum tradidit, qui cum divinum ecclesiæ diligeret unice cultum, etiam illum toto cordis affectu locum dilexit. Qui missis legatis Hunorum ad regem (105), de exilio Vitum abbatem et fratres ejus cum honore reduxit et in loco suo decenter restituit. Quibus per merita et orationes beati patroni Procopii omnipotentis Dei propicia consolatio affuit, quæ ipsum locum omnium rerum profectibus abundantem redundantemque in pristinum, immo in ampliorem, honorem enceniavit (106). Felix igitur abba Vitus, vir ingentis industriæ consiliique, consensu fratrum appropinquante vitæ suæ termino, arcisterii (107) sui commisit jus regiminis abbatialis Emmerammo consanguineo suo, viro sanctitate conspicuo, in placito ducis (108) satrapumque ejus. Ipse denique postea, brevi transacto dierum spacio, diem clausit extremum, cum Domino victurus in eternum. Cujus corpus juxta fores in sinistra parte, in ingressu ecclesiæ sanctæ Dei genitricis Mariæ humatum est.

Post discessum igitur ejus, Emmerammus [214] abba benignus, homo simplicitatis columbinæ, sanctæ vitæ meritis et virtutum gemmis effulsit; qui nequaquam serpentinæ prudentiæ animum admittens, fidei catholicæ inconcussam dum vixit constantiam tenuit, ac multorum dubia corda in fide Christi stabiliter solidavit, vir per omnia perspicuæ felicitatis in omnes et liberalitatis. Hic denique non aliter nisi malum nominabat pecuniam, quam ex toto nichili pendens nec manu tangere volebat, immo gressibus calcandam adjudicabat, sanctorum apostolorum vestigia secutus, qui precia eorum quæ vendebantur sacris tangere dextris vitabant, sed pedibus gazam ut lutum calcandam fore nobis exempla reliquerunt. Igitur beatus abba cum jam monachilis militiæ ordine apud homines pater egregiæ perfectionis sanctæ conversationis prædicaretur, et affectione justi amoris peroptime polleret — quia secundum Veritatem nec civitas in monte posita, nec lucerna sub modio latere potest (Matth. v, 14) — misit divinitatis dispensatio infirmitatum castigationes in omnia membra ejus, ne laudantium extollentiam ei ingereret adulatio, ne mens ejus elationes per humanas laudationes incurreret, donec post periculum navigationis hoc mari magno et spacioso securus ad felicitatis portum perveniret. Is ergo longo tempore, sicut Dominus noster voluit, multis calamitatum passionibus usquequaque afflictus, rebus humanis exemptus est, multis suis successoribus, quia discessit, flendus, sed quia ad regna cœlestia pervenit, omni gaudio prosequendum. Hunc equidem fratrum unanimitas dextra parte ingressus januæ supradictæ ecclesiæ sepelivit.

Hoc ita tempore rex Wratizlaus, piæ memoriæ commendandus, qui jam dicti claustri ecclesiam libenter ditabat, Boemiensis monarchiæ arcem [215] regebat. Hujus pia voluntate cum fratrum electione in loco patris Emmerammi Bozethecus abbatiæ nactus est dignitatem, homo nimium circa omnes communis, liberalis in cunctos. Hic pingere venustissime meminit, fingere vel sculpere ligno lapideque ac osse tornare peroptime novit. Vir ingentis facundiæ et promptæ memoriæ, sed gloriæ popularis avidus, præsumptuosus, iracundus, aliquantulum vitiis deditus. Ipse siquidem locum illum laudabiliter omni ornatu, sicut hodierna die apparet, decoravit; ecclesiam longitudine, latitudine, altitudine venustissime ampliando fundavit, imo palliis, campanis, crucibus et omnibus monasticis rebus adornavit, cenobium totum omni ex parte edificiis et omni suppellectili renovavit. Hujus siquidem studium ad omnia necessaria monasticæ utilitatis vigilabat, unde magnus discordiarum fomes, Diaboli invidia instigante et famulante, inter fratres monasterii contra eum oritur, et lamentabilis ira scaturire cepit, scilicet per miseros fratres Demetrium et Cananum et Golissonem presbyteros, homines tunc ineptos et injuriosos, et alios complices et fautores eorum, qui bachantes bachabantur, opere et sermone turpi contra eum truces existentes. Rex autem supradictus, homo christianissimus, unice diligebat eum, cujus gratia idem abbas in tantum sublimatus erat, ut fere omnes Boemienses abbates dignitate præcelleret videretur. Quam ob rem idem abbas præsumptuose agens, episcopo suo officium præripuit quadam summa festivitate. Nam regis supra nominati capiti coronam imposuit, quod præsul suus Comas [216]

VARIÆ LECTIONES.

[214] Hemmerammus 4ᵃ. [215] aciem 4ᵃ. [216] ita legunt 4, 4ᵃ.

NOTÆ.

(103) Virga pastoralis.
(104) Juvenal., sat. IV, 123.
(105) Salomonem, ut videbatur Dobnero IV, 382, qui monachos a. 1064 revocatos esse censet.
(106) I. e. initiavit, restauravit.
(107) I. e. asceterii, monasterii.
(108) Itaque Vitus ante annum 1086, quo Wratizlaus regnum adeptus est, obiit.

(109) facere debuit. Igitur iratus est episcopus Comas ei furore inextinguibili, quare sibi calumpniis illatis, eum degradare conabatur, sed optimatum regalium precibus continuis resistere non valens, vix debitori suo Bozethco abbati debitum iracundiæ licet non ex toto corde dimisit, eo tamen tenore, uti respondit ei idem ad ultimum episcopus : « Sed quia tu, abba, bene nosti sculpere et tornare, per sanctæ obedientiæ nostræ præceptum ob diluendam culpam tuam, quam ex contumacia tua præsumptuose perpetrasti, tibi præcipimus, quatenus tuæ longitudinis et latitudinis magnum mensuram crucifixum factum, cum cruce in dorso tuo usque Romam deferas, et in ecclesia metropolitana sancti Petri apostoli ponas. » Hæc ipse abbas lubenti animo cum cordis contritione perficere non tardavit et majestati præsulari satisfecit. Post aliquantum tempus quantum cenobii fratres, de quibus superius præmisimus, contra eum zelotipiæ venenum, velut mortiferi serpentes, conspiravere nullo more dicendum, nam unusquisque eorum accusationes quereba' adversus eum, sed convenientia testimonia non inveniebantur. Nam idem fratres, membra Sathanæ, existimabant, si abbas jam nominatus quoquo modo expelleretur, sperabant aliquem ex eis eorum errorum complicem abbatiæ jura suscepturum. Rex autem Wratizlaus jam migraverat ad Dominum, cujus tunc successor Bracizlaus sublimitate ducatus Boemiæ pollebat. Hujus aures cum supranotati fratres per se et per amicos multis ficticiis et innumeris vituperiis contra abbatem suum Bozethcum compositis obpulsando multiplicarent, idem dux nominatum abbatem de loco superius dicto extirpavit et fratres ejecit. Ibi impleta sunt verba Veritatis : « Percutiam pastorem, et dispergentur oves gregis (*Matth.* xxvi, 31). » Abbate itaque ejecto, ejus fratres, qui proditionis auctores contra eum extiterant, ex tunc erraverunt usquequaque per incerta loca girovagi, donec ad ultimum aliqui corde compuncti vix in loco proprio recepti, eidem loco inepti vitam finierunt, et libri linguæ eorum deleti omnino et disperditi, nequaquam ulterius in eodem loco recitabuntur.

1045. Obiit Guntherus monachus et heremita 7 Idus Octob., et sepultus est in monasterio sanctorum Adalberti atque Benedicti ante altare sancti Stephani prothomartyris.

1053. Procopius primus abbas Zazovensis monasterii felici fine cursum vitæ suæ consummans, 8 Kal. Aprilis hujus mundi exivit stadium, æternæ felicitatis percepturus bravium.

1070. Indictione 4. epacta 6. concurrente 2, tertio Kal. Julii præsul Gebehardus consecravit ecclesiam in Zazoa in honore sanctæ crucis, in cujus ara continentur reliquiæ sanctæ crucis, de vestimento sanctæ Mariæ, sancti Petri apostoli, sancti Stephani prothomartyris sanctique Georgii martyris.

1088. Sicque (110) justus vir, veluti Dei martyr, miles Beneda, obiit 5 Indus Julii, et sepultus est in urbe Missin ante portam monasterii sancti [217] Joannis apostoli et evangelistæ.

1089. Obiit dominus Megnhardus, abbas sancti Adalberti monasterii Breunovensis, a quo constructum est, cui successit Adalbertus.

1091. Et in hieme neque nix neque pluvia fuit.

1095. Eodem anno 2 Idus Octobris consecratum est oratorium in Zazoa a venerabili sanctæ Pragensis ecclesiæ octavo episcopo Cosma, quod Bozetech ejusdem loci abbas, cujus supra meminimus, sui regiminis tempore construxit, habens inicium a dextris ab altari sancti Martini, a sinistris ab ara sancti Stephani prothomartyris usque in finem criptæ. In medio vero oratorii, quo situm est altare, continet reliquias sancti Petri, sancti Pauli, sancti Andreæ, sancti Bartholomei, sancti Thomæ, sancti Jacobi, sancti Philippi, sancti Lucæ evangelistæ, sancti Barnabæ et omnium apostolorum. Sequenti vero die, quod est Idus Octobris, consecrata sunt tria altaria, unum super criptam, in quo continentur reliquiæ de sudario Domini, de spinea corona ejus, de sepulchro ejusdem, de sancta cruce, sanctæ Mariæ, sancti Johannis Babtistæ, sancti Johannis apostoli et evangelistæ; aliud altare sub cripta, in quo continentur reliquiæ sanctorum Cosmæ fratrumque ejus; item in capella, quæ est a sinistra parte ecclesiæ, altare in quo continentur reliquiæ sanctæ crucis, sancti Laurentii martiris, sancti Blasii episcopi et martiris, sancti Mauritii martiris, sancti Pancratii martiris. Deinde tercia die, quod est 17 Kal. Novembris, consecrata sunt duo altaria, unum a dextris, in quo continentur reliquiæ sancti Martini, sanctorum Johannis et Pauli, sancti Tyburcii martiris, sancti Glebii et socii ejus, sanctorum Benedicti, Johannis, Ysaac, Matthei, Christiani, sancti Nykolai, sancti Jeronimi, sancti Uodalrici, sancti Fortunati [218], sancti Odolphii, sancti Lazarii; aliud altare a sinistris, in quo continentur reliquiæ sancti Stephani protomartyris, sancti Andreæ, sancti Thomæ apostolorum, sancti Clementis papæ et martiris, sancti Georgii martiris, sancti Pantaleonis martiris.

1097. Dux Bracizlaus cunctorum primatum terræ collaudatione et pontificis Cosmæ electione cum magno gaudio titulum Zazovensis abbatiæ Diethardo [219] Breunovensi [220] præposito 3. Non. Jan. imposuit, viro Latinis litteris sufficienter imbuto, qui tunc in religione monachismi præclarus habebatur, Homo egregius, vultu decens, sollers ingenio, animo gravis, moribus gratus, sermone cultissimus, ad lo-

VARIÆ LECTIONES.

[217] sancti *deest* 4ᵃ.   [218] Fortunati 4.   [219] Dethardo 4ᵃ.   [220] Breunovensis 4.

NOTÆ.

(109) Qui anno 1091 episcopus electus est. Cfr. Cosmas II, 12.

(110) Cfr. Cosmas II, 40.

quendum parcus, infestus vieiis, tranquilissimus adeo, ut nec vultum ex gaudio nec ex mœrore mutaverit. A præsule igitur Pragensi Cosma abbas 8. Idus Marcii ordinatus est. Ad locum igitur, ad quem abbas attitulatus extitit, dum primitus advenit, rebus monasticæ suppellectilis omnimodis adnichilatis, incommodum invenit in tantum, ut nec uno mense eo victu quem illic invenit, cum fratribus sustentari potuerit, nisi supra nominatus dux adjumentum ex propria camera sua præbuisset. Divina autem pietas, eodem abbate vivente, in eodem loco non defuit, per quem eidem loco adjutoria adaugendo bonis omnibus eum abundare redundareque fecit. Idem abbas libros, quos non invenit loco sibi commisso, præter Sclavonicos ipsemet nocte et die immenso labore conscripsit, quosdam emit, quosdam scriptores scribere conduxit et omnibus modis acquisivit. Oratorium tegulis et aliis ornatibus renovavit. Prædecessorum suorum auctoritate dotalicia acquisita per ducum terræ præcepta et inconvulsa decreta roborando in perpetuum confirmavit, et per se aucta, scilicet mansiones, possessiones, mancipia, cartulatos, offertos (111), servos et ancillas, terras et vineas, silvas cum montibus et planiciebus, aquis et aquarum discursibus atque piscariis. Hic siquidem opere manuum etiam ultra vires præsumebat laborans, maxime plantasiæ intentus et cultui vinearum, et ad omnes monasterii res omnino pervigil, mente semper revolvens scripta patris stupendi : « Otiositas est inimica animæ. » Tota vita sua ingratum habuit eum fratrem, qui ad injunctum opus se impotem et pigritia hebetem fecit, dicens, esse quasi scelus ariolandi nolle obedientiæ succumbere. Hic quamdiu vixit, omnes fratres in bona voluntate complectens consolabatur, in eis pie vivendo, ut pater in filiis, eos ad cœlestia regna, sicut aquila provocans ad volandum pullos suos volitans, provocabat. In quo revera mutatio dextræ Excelsi est completa, dum vixit. Tandem ipso maturam jam ætatem subeunte misit Deus castigationem languoris in membra ejus, prout ipse postularat, quia quem Dominus diligit corripit, unde fatigabatur in visceribus vexatione nimia nocte et die, donec universæ carnis viam ingressus est 15. Kal. Jan. Rexit autem locum eundem annis 37, mensibus 9, diebus 11 [221].

1116. Eodem anno
Dum viget Hermannus Pragensi pontificatu,
Est sublimatus Silvester presbyteratu [222].
1122. Eodem anno 3. Non. Jan.
Pater eximius et Christi cultor honestus,
Koyatha mortalis subiit jus conditionis.

1123. Eodem anno 12. Kal. Aprilis, Silvester, divina dictante miseratione, cenobialis vitæ succensus ardore, exicialibus mundi renunciavit versutiis, et in monasterio Zazovensi sub regimine bonæ memoriæ Diethardi [223] abbatis mutato sæculari habitu, totum se penitus divinis mancipavit studiis, post amplexus videlicet lippientis Lyæ Rachelis delectatus pulchritudine, et post Marthæ laborem Mariæ consequi desiderans consolationem. Cujus quanta fuerit diligentia in divinis et ecclesiasticis rebus amplificandis, loco suo dicetur.

1125. 12. Kal. Aprilis, in festo scilicet sancti Benedicti abbatis, Sylvester fecit professionem, et monachus effectus, in divinæ religionis exercitio in tantum auctore Deo profecit, ut merito cunctis tam honorabilis quam amabilis haberetur. Unde postea factum est, ut tanquam secundus pater in congregatione decaniæ sublimaretur honore.

1126. Igitur glorioso duce Sobezlao (112) in solium paternæ gloriæ cum omnium Boemiæ principum exultatione sublimato, fit ingens omnium leticia, eo quod boni ducis principia superna, sicut cernere erat, comitabatur gratia, et quod eo anno, quod difficile credi potuit, inter ipsum ducem et Ottonem nulla fuit facta sanguinis effusio (113). Sed proh dolor ! urgente vesania antiqui hostis discordiam et intestina bella ubique seminantis, gaudia nostra contrarius excepit successus. Succedente enim anno dux prætitulatus Otto ultra modum anxiatus, quia spei suæ voto fuerat frustratus, optimum ratus fors consilium, sed minus caute sibi providens in futurum accelerat viam cum suis ad regem Lotharium et ad totius Saxoniæ principes. Honore igitur condigno receptus (114), nacta loci temporisque oportunitate, causam sui itineris coram omnibus exposuit, Sobezlaum scilicet ducem Boemiam furtivis intrasse vestigiis, et principalem tronum sibi hereditario jure debitum et ab omnibus Boemiæ primatibus designatum et sacramento confirmatum occupasse per violentiam; et ad ultimum hæc breviter sub intulit : « Vestræ ergo dignationis [224], optime imperator, super hac causa pietas providere non abnuat, vos ex omnibus totius regni principibus divinæ dispositionis gratia imperatoriæ dignitatis ad hoc sublimavit excellentia, quatinus a benignitate vestra omnibus pro quibuslibet suis incommodis re ,uirentibus misericordia exhibeatur et justitia. Scimus equidem nos vestræ majestatis imperiis in omnibus subjacere debere , ideoque nichilominus justiciæ rationem nobis ex vestra dignatione non esse denegandam. » Ad hæc rex benigna responsione mitigat

VARIÆ LECTIONES.

[221] *continuant* 4, 4a. *Eodem anno dux, etc.* [222] *Uxoris Cosmæ memoriam delere voluit monachus Sazavensis, et versuum loco quos in eam Cosmas III, 43 , composuit hos adscripsit.* [223] Dethardi 4a. [224] indignationis 4.

NOTÆ.

(111) Qui se suaque omnia monasterio obtulerant vel subdiderant.
(112) qui Ottoni Frisingensi aliisque est Uldaricus.
(113) Errat; anno 1125 exeunte Sobezlaus Moraviam bellica expeditione devastaverat.
(114) Radisbonæ ubi Lotharius die 27 mens. Nov. 1125 commorabatur; Böhmer Reg. 2095. Otto regem jam anno præcedente convenerat.

ducis animum, et coram omnibus Saxoniæ principibus his verbis dicitur usus : « Boemiæ ducatus, sicut ab antecessoribus nostris didicimus, in potestate Romani imperatoris ab initio constitit, nec fas fuit unquam electionem aut promotionem cujusquam ducis in terra illa fieri, nisi quam imperialis majestas suæ auctoritatis gratia iniciaret, consummaret et confirmaret; unde qui contra hanc constitutionem præsumere nisus est, nostræ majestatis contemptorem esse satis evidens est, nec tibi soli sed et nobis totique regno contumeliam non modicam esse irrogatam, quod minime equanimiter ferendum est. » Quid plura? Rex et omnes principes et primi quique Saxoniæ duci Ottoni dant et confirmant fidem, quod non alias præter ipsum in Boemia sit regnaturus. Interim callidus immo improvidus nimium dux singillatim quemque ex Saxoniæ optimatibus convenire satagit, dona infinita et, ut dicitur, aureos montes promittit quatenus omnium animos ad ferendum sibi præsidium potuisset habere promptissimos.

Relatum est igitur duci Sobezlao, regem Lotharium minari Boemiis bella parare, regni devastationem machinari, nisi citius Sobezlao depulso Ottonem sibi ducem intronizari consentiant. Sed dux Sobezlaus nichil penitus his motus rumoribus, modificata voce breviter respondit : « Spero in Dei misericordia et in meritis sanctorum martirum Christi Wencezlai atque Adalberti, quia non tradetur terra nostra in manus alienigenarum. » Ex hinc ergo prudentissimus dux jactans totum cogitatum suum in Domino, circuivit omnia monasteria, divina implorans in adversis eventibus sibi adminiculari præsidia. Postquam autem cognovit regem Lotharium cum valida Saxonum manu Boemicis appropiare terminis, festinavit ei occurrere ad castrum quod Illumec ²²⁸ dicitur. Sequenti die consedente duce Sobezlao cum suis ad prandendum, venerunt qui dicerent : « Optime dux, tu deliciis ciborum intendis et minus caute agis, quia jam ecce, nisi ocius obvies eis, hostium enses cervicibus nostris dominabuntur. » Mox ergo fit clamor in castris, ut sit unusquisque paratus. Premittit interim dux Sobezlaus legatos Nazcerat, Mirozlaum, Zmilonem et alios ex primatibus suis ad regem hæc verba deferentes : « Hæc dicit Sobezlaus : Discretionem tuam, bone imperator, scire convenit, quod electio ducis Boemiæ sicut ab antecessoribus nostris accepimus, nunquam in imperatoris, semper autem in Boemiæ principum

constitit arbitrio, in tua vero potestate Boemicæ electionis sola confirmatio. Sine causa novæ legis jugo nos constringere conaris. Scias, nos nullatenus ad id consentire, magisque pro justitia pie velle occumbere, quam injustis decretis cedere, et revera, nisi ab hac molitione desistas, in proximo est, omnipotentis Dei judicium inter nos inposterum memorabile seculis ostendat prodigium. » Visa sunt autem hæc dicta regi et omni exercitui ejus quasi deliramenta. Dux siquidem Otto regi omnem spondebat securitatem, eo quod omnes sublimiores Boemiæ fidei suæ firmam ei fecissent sponsionem, nec dicebat armis opus esse, sed magis qui vellent cum falconibus et accipitribus (115) terram ingredi absque ullo offendiculo possent. Ergo 12. Kal. Marcii procedunt Saxonum male securi inter duos montes cuneorum globi (116), et quia densissima nix viæ difficultatem fecerat, plurimi armis depositis pedites incedebant. Sed cum inter angusta faucium utriusque montis devenissent, ubi velut celitus eis inclusis omnis fugiendi sublata erat facultas, dux Sobezlaus dividens suos in tres scaras, subito impetu in eos proruit, et quotquot ex adversa parte constiterant, omnes in ore gladii excepit. Ibi dux Otto hujus mali minister corruit (117), ibi plurimi Saxoniæ optimates prostrati sunt (118), et vix quisquam elabi potuit, nisi forte qui ad sarcinas tuendas eminus vel circa latus regis constiterant. Peracta ergo illa die tam miserabili cede, dirigit rex nuncios (119) pro Sobezlao duce, mandans et rogans ut veniat ad se. Qui nichil adversi veritus, assumptis secum paucis ex primatibus regem adiit; et stans (120) prior his eum verbis affatur : « Non nostræ temeritatis insolentia nos, optime rex, ad tuas impulit injurias, non superba nos presumptio ad effusionem sanguinis tuorum commovit procerum. Nullum sane dampnum vel dedecus tuæ majestati moliti fuimus, sed sicut sæpius ante tibi per legatos nostros innotuimus, novæ legis jugo, quod nec patres nostri portare potuerunt, nostras cervices subdere noluimus, et ecce, divinum judicium utriusque nostrum justiciæ manifestum dedit indicium, et indebitæ dissensionis omnemque utrarumque partium ademit occasionem. Cessent ergo vel jam causæ omnis discordiæ, redeat unitas concordiæ. Omnis justiciæ debitum, quam antecessores nostri regiæ majestati exhibuerunt, nos quoque nichilominus rebus et persona nostra, loco et tempore impendere parati sumus. » Ad hæc rex : « Nisi, inquit,

²²⁸ Chlumec 4ª.

VARIÆ LECTIONES.

NOTÆ.

(115) Imitatus videtur esse Cosmam in I 12 et II, 9.
(116) In Annalibus Hildeshemensibus 1126 legitur: *Sylvæ quæ Bohemiam a Saxonia disterminant.*
(117) In præcepto quodam anno 1126 scripto apud Boczek I, 200 hæc leguntur: *Kal. Martii 12. Otto dux Moraviæ paterno nomine nuncupatus in*

prelio peremtus est. De die cfr. Jaffé Geschichte des deutschen Reichs unter Lothar., p. 50.
(118) quos enumerat annalista Saxo.
(119) Henricum de Groitzsch, nepotem Sobezlai, ut tradit Otto Frising.
(120) ad Lotharii pedes provolutus, referente eodem Ottone.

dux Otto summa vi precum tuo proposito nos obviare compulisset, nulla prorsus ratione cogente animus noster ad hoc flecti potuisset, ut cuiquam principum nec digitum contra te extendere licuisset. Annuente ergo et favente Deo, ducatus honore et solio fruere paterno, mutuæ dilectionis et amiciciæ vinculum nobis et toti regno conserves inconvulsum. » Et hæc dicens transdidit [226] ei per manum insigne ducatus vexillum, et ita datis invicem osculis Sobezlaus cum maxima gloria et honore suorumque ingenti tripudio ad dulcem suam rediens metropolim annis 16 optato potitus est solio.

Eodem anno 11 Kal. Marcii Johannes (121), episcopus sextus sanctæ Olomucensis ecclesiæ, vinculis carnis absolutus, talentum sibi creditum Christo reportavit centuplicatum. Post hunc Sdico [227] presul successit in ordine septimus, et eodem anno ordinatus est 6 Non. Octobris.

Eodem anno obiit Zvatava regina, mater Sobezlai ducis Kal. Septembris.

1127. Obiit domnus Clemens abbas sanctorum Adalberti atque Benedicti monasterii Breunovensis, cui successit Uodalricus.

Eodem anno Mileysi Deo devota famula, nulli pietate secunda, placitis Dei moribus cordetenus intenta, quatenus ex divina gratia excessuum suorum sibi daretur indulgentia, Romæ sanctorum apostolorum adiit limina, et eodem anno reversa, felici consummatione hujus vitæ stadium est egressa 4 Idus Julii.

1128.
1129.
1130. Meginhartus [228] episcopus Boemorum adiit Jerosolymam. Item hoc anno Kal. Marcii obiit Wacezlaus dux Moraviensis (122), totius christianitatis pater et clericorum amator. Eodem anno 7 Kal. Maii immensum signum apparuit, et tonitruum horribile auditum est. Eodem anno 11 Kal. Julii Sobezlaus dux Boemorum insidiatores vitæ suæ quosdam decollavit in foro Pragensi publice, quosdam pedibus ac manibus ac linguis et visu privavit. Bracizlaus, filius Bracizlai ducis, privatus est oculis.

1131. Elevatæ sunt reliquiæ sancti Godehardi [229] episcopi et confessoris, miræ sanctitatis viri. Eodem anno Sylvester prior Zazovensis monasterii adiit Romam.

1132. Pribizlawa [230], conjux Groznatæ, suæ fecit terminum vitæ. De cujus pia conversatione quædam fidelium memoriæ stili officio summatim commendare satis ad rem arbitramur pertinere. In cujus moribus, dum in carne vivit, et Deo placuisse confidimus, et hominibus Deum diligentibus omnigenæ

virtutis speculum constitisse vidimus. Totius namque vitæ suæ tempore familiare studium habuit cultum Dei intime diligere, nichil amori ejus preponere, pauperum Christi ex visceribus pietatis matrem se exhibere, personis quoque Dei servitio mancipatis tota mentis sinceritate ac [231] devotione honorem et adjutorium, prout res exegisset, offerre. Bona quidem legali juncta marito fuit, melior deinde in viduitate permansit, optima post lacrimabilem dilecti et unici filii sui Severi humationem effulsit. Hæc desiderio videndi sepulchrum Domini flagrans, cum domno Megnhardo episcopo et cum aliis Jerosólimam adiit, et prospero successu ad sua rediit. Postquam vero tempus decessionis suæ ex hac vita appropinquavit, et viribus corporis se destitui persensit, convocatis ad se cunctis suæ cognationis natu et honore prioribus, villam Goztivar cum silva adjacente, agris et pratis et omni proprietate sua quam inibi possidebat, necnon et omnem familiam suam, villam etiam Bosakonic ad hospitale Deo et sancto Johanni Baptistæ in Zazou, omnibus suis affinibus in id ipsum consentientibus, obtulit et sub legitimis testibus confirmavit. Et sic paucis interpositis diebus in eodem cenobio generalis resurrectionis diem expectatura, felici requie fruitura, 5 Non. Maii exiit ex mundi hujus pressura.

1133. Diethardus [232] abbas, cujus superius mentionem fecimus (125), in senectute bona 15 Kal. Jan. felicem animam Domino commendavit. Eodem anno Boemii vastaverunt Poloniam. Eodem anno eclypsis solis fuit media die.

1134. Obiit Bogudar Kal. Februarii. Silvester prior Zazovensis monasterii post depositionem pii patris Djethardi unanimi fratrum consilio, et concordi voto 9 Kal. Maii in abbatem ejusdem monasterii electus est; vir morum honestate cunctis amabilis, colloquio plurimum affabilis, in abstinentia singularis, amicus humilitatis, intimus veræ caritatis alumnus, toti fratrum congregationi adeo cum vinculo familiaritatis et dilectionis sese astringens, ut omnibus plus amori quam timori haberetur. Revoluto ergo ejusdem anni circulo, item 9 Kal. Maii, metropoli [233] per manum Sobezlai ducis abbatili suscepto baculo, a Johanne venerabili episcopo ordinatus est. Divinitus igitur tam decenti sublimatus honore, bonus pastor ad suo moderamini commissa dulcia cum omnium suorum exultatione revertitur ovilia. Hic locus sese obtulit quod superius promisimus absolvere (124), quanto scilicet in sanctæ religionis studio flagraverit amore, et quam diligens cura sibi fuerit in meliorandis et amplificandis rebus monasterii. In quantum siquidem prevaluit et novit, omnem monasticam

VARIÆ LECTIONES.

[226] tradidit 4a. [227] Zdico 4a. [228] Meginbertus 4. [229] Gothardi 4a. [230] Pbrzlava 4a. [231] ad 4. [232] Dethardus 4. [233] metropolim 4.

NOTÆ.

(121) Tertius; secundum Necrologium Bohemicum obiit ix Kal. Mart.
(122) Consentit Necrologium Bohemicum.
(123) Anno 1097 quo apparet auctorem hoc loco in anni numero scribendo errasse; obiit Diethardus a. 1134.
(124) Ad annum 1123.

disciplinam fratrum suorum cordibus sepius inculcare solitus fuit. Res superfluas privatas contra licitum possidere gravissimum crimen esse docebat, dicens monachum victum et vestitum habentem his debere esse contentum. Specialiter quoque humilitatis et patientiæ omnibus in se prætendebat exemplum, illud semper revolvens : « Quanto magnus es, humilia te in omnibus. » Hic tempore sui regiminis capellam sanctæ Dei genitrici construxit, monasterium sancti Johannis Baptistæ picturæ venustate decoravit, muros cum absidibus in medio oratorii ab altaribus sancti Stephani et sancti Martini interposuit, pavimentum ecclesiæ lapidibus politis de Petrino monte advectis adornavit, dormitorium, refectorium, cellarium et coquinam atriumque claustri per circuitum cum columpnellis et absidiculis venustissime construxit. In villa Mnichovici (125) nuncupata basilicam in honorem sancti Michaelis et omnium celestium virtutum edificavit. Quid plura? Omnis ejus intentio, omne studium, omnis sollicitudo, quoad vixit, in hoc precipue perstitit, quatenus domui Dei in omnibus utilem se exhiberet. Eodem anno obiit dominus Megnhardus, decimus episcopus sanctæ Pragensis æcclesiæ, 5 Non. Julii (126), monachorum et clericorum verus amator, pauperum et peregrinorum pius consolator, cui successit Johannes.

1135. 3 Kal. Marcii facta est ordinatio domni Johannis undecimi episcopi Pragensis. Eodem anno facta est confirmatio ordinis sancti Augustini ad Premonstratam ecclesiam per Innocentium papam in civitate Pysis 5 Non. Maii.

1136.

1137. Silvester abbas una cum domno Heinrico [134] Olomucense episcopo et cum aliis instinctu divinæ inspirationis, orationis causa Jerosolymam perrexit, interim cenobii sui gubernacula domino Beroni, ejusdem loci decano, procuranda committens. In eodem anno 9 Kal. Jan. prosperis austri flatibus rediit, in quo itinere miles Deo devotus Ruzin defunctus est 3 Idus Octobris. Eodem anno 2 Non. Decembris (127) Lotharius Romanorum imperator, pauperum et peregrinorum pius consolator, migravit ab hoc mundo, cui successit Cuonradus [135]. Lupoldus [136] dux (128) pulsus est de Moravia.

1138.

1139. Domnus Heinricus, episcopus Olomucensi reverentissimus, Romam causa orationis profectus est. Eodem anno domnus Johannes, episcopus undecimus sanctæ Pragensis ecclesiæ, clericorum e monachorum verus amator, pauperum et peregrinorum pius consolator, 6 Idus Augusti (129) migravi ab hoc seculo, cui eodem anno Silvester, Zazovensis ecclesiæ abbas, vir vere Israelita, successit in episcopatum. Sed insequenti anno, Deo, a quo omnia bona procedunt, inspirante, sano usus consilio, secum sepius retractans, semetipsum minus sufficere posse ad tam grande pondus episcopalis regiminis, et illud apostolicum : « Nemo militans Deo implicat se negociis secularibus (II Tim. II, 4), » et cetera, eundem episcopatum cum bona voluntate dimisit, suamque abbatiam recepit.

1140. Sobezlaus dux Boemicus 16 Kal. Marcii exutus artubus, viam universæ carnis ingressus, cui eodem anno 13 Kal. Marcii Wladizlaus, filius Wladizlai ducis, successit in principatu. Eademque tempestate renuente domno abbate Silvestro episcopatum Boemicum, Otto, Pragensis ecclesiæ canonicus et prepositus, electus est in episcopum, et eodem anno, ordinatus est 7 Kal. Junii (130). Eodem anno 17 Kal. Octobris obiit Adleyth ductrix (131).

1141. Spitigneus, filius Boriwoy (132) ducis, Mirozlau, Mukar causa orationis Jerosolymam perexerunt mense Januario. Eodem anno fuit inundatio aquarum in Boemia

1142. Nacerat [237] comes et alii primates Boemiæ adversus ducem Wladizlaum conspiraverunt, et uniti Moraviensibus Boemiam magna manu hostiliter intraverunt. Deinde bello congressi, Boemis cedentibus, Pragam obsederunt et monasteria sanctorum Viti Wenczlai atque Adalberti sanctique Georgii incendio vastaverunt. Tandem superveniente rege Romanorum Cuonrado (133) depulsi ab obsidione urbis recesserunt et Moraviam redierunt, et interventu cardinalis Widonis (134) et episcoporum Ottonis, Heinrici atque abbatum digna satisfactione in pacis fedus convenerunt. Eodem anno synagoga Judeorum et multa edificia combusta sunt [238]. In suburbio Pragensi visus est serpens volare. Eodem anno 3 Idus Julii obiit Kerberk [239] (135), conjunx Boriwoy.

1143. Wladislaus dux Boemorum Moraviam incendio vastavit (136). Eodem anno legatus apostolici separavit sacerdotes ab uxoribus (137). Eodem

VARIÆ LECTIONES.

[134] Henrico 4a. [135] Chunradus 4a. [136] Lepoldus 4a. [237] Nazerat 4. [238] interpunctionem 4a sequimur; 4. verba in suburbio Pragensi ad antecedentia retulit. [239] Kerbek 4a.

NOTÆ.

(125) Miechnow in circulo Kaurzimensi.
(126) Probat Necrologium Bohemicum.
(127) Num die 3 an. 4 mensis Decembris mortuus sit dubitatur. Vide Jaffe, p. 224.
(128) Olomucensis, filius Borivoyi II.
(129) Probante Necrologio Bohemico.
(130) Ita videtur corrigendum pro *Julii* ex Cosmæ continuatione prima ad a. 1140; vid. sup., p. 146.
(131) Necrologium exhibet xv Kal. Oct.
(132) Secundi, qui obiit 1124.

(133) die Pentecostes, probante Vincentio Pragensi.
(134) *Guidonem diaconum cardinalem—quem pro enormitatibus corrigendis ad partes illas de latere nostro destinamus*, scribit Innocentius II papa die 21 Aug. 1142; Boczek I, 215.
(135) Necrologio, in quo legitur 4 Id. Julii, est Gertrud; cf. Cosmas III, 12.
(136) Cfr. Vincentium ad h. a.
(137) Vide litteras a Guidone de hac re scriptas Boczek I, 1,223.

anno inventio capitis sancti Adalberti episcopi et martyris in urbe Praga in ecclesia sancti Viti martyris, et cilicium sancti Wenczlai inventum est. Eodem anno venerabilis dedicatio monasterii sanctorum Viti Wenczlai atque Adalberti 2 Kal. Octobris a tribus episcopis Ottone Pragensi et Heinrico Olomucensi et Babenbergense episcopo. Eodem anno religiosus papa Innocentius migravit ad Dominum.

1144. Gwido cardinalis et legatus apostolicæ sedis, cassis quorundam incitatus delationibus, Silvestrum abbatem suspendit ab officio, sed sequenti anno per domnum Heinricum Olomucensem episcopum redeuntem restituit.

1145.

1146. Dedicatio capellæ sanctæ Mariæ in Zazoa a venerabili episcopo Ottone, quam construxit domnus Silvester abbas.

1147. Venerabilis abbas Clarevallensis Bernhardus, Deo et hominibus carus, audiens invasionem et persecutionem quam Sanguin (138) paganus fecit in confinio Jerusalem, sicuti Mathathias adhortabatur filios suos (139), sic adhortatus est regem Franciæ Luodewicum [140] omnesque Francigenas gentes armata manu in expeditione Dei ire Jerusalem, animasque pro fratribus ponere, nec non christianam gentem de gladio paganorum auxilio Dei liberare. Cujus admonitione Franciis gentes Francianæ, Anglicæ, Lotharingiæ, Saxones, Boemienses, Suevienses, Bawarienses cum ferocibus Francis ad expeditionem Domini sunt paratæ. Commotio christianorum facta est in paganos. Eadem tempestate verbiger Sdico episcopus Moraviensis adiit Pruzos (140) cum Heinrico decano Pragensis ecclesiæ ad predicationem, et eodem anno est reversus. Eodem anno 2 Idus Junii obiit Izcizlaus [141], quintus abbas Postolopertensis ecclesiæ, cui successit Bero Zazovensis monasterii decanus, et eodem anno ordinatus est 7 Idus Decembris.

1148. 6. Idus Julii Otto duodecimus episcopus sanctæ Pragensis ecclesiæ obiit (141), cui successit Daniel prepositus ejusdem ecclesiæ.

1149. Ordinatus est Daniel episcopus a Maguntino archipresule.

1150. Vir clarus vita Sdico, septimus episcopus Olomucensis ecclesiæ, subtrahitur ab hoc mundo (142), victurus perpete vita, cui successit Johannes (143) canonicus de monte Ztragov [142]. Eodem anno obiit Gertrudis ducissa Boemiæ (144).

1152.

1153. Obiit papa Eugenius (145), vir vita magnificus, cui successit Anastasius (146).

1154. Jam die deficiente, crepusculoque noctis imminere incipiente, eclypsim luna passa est. Post hæc maxima mortalitas in homines irrepsit.

1155. Fratres nostri Arsenius, Sizna, Radosta, hac vita exempti sunt.

1156. Bero Postolopertensis abbas 5. Idus Maii, heu! immatura morte diem clausit extremum. Hic siquidem secunda etatis suæ vigilia, Domini aspirante gratia, semetipsum in ara crucis Christi hoc in cenobio obtulit holocaustum Deo. Vir caritatis virtute plenus, simplex et castus in moribus, voluntariæ paupertatis specialis amicus, qui ob meritum sanctæ religionis primo apud nos honore decaniæ, deinde Postolopertensis in monasterio per domnum Ottonem episcopum abbatiæ est culmine sublimatus. Prefuit autem eidem ecclesiæ annis 8, mensibus 4, diebus 35.

1157. 5. Idus Januarii Spitigneus dux, immo flos et honor ducum, proh dolor! nimis intempestiva morte vitæ presentis accepit terminum, vir præ cæteris divinæ pietatis dote magnifice preditus, et, ut pace omnium dictum sit, totus ex omni virtutum elegantia compositus, cujus qui digne meminit, dolore et lacrimis nequaquam carere poterit. Cecidit quippe aureus ecclesiæ Dei clypeus, clericorum pater, pupillorum mater, merentium intimus consolator, totius honestatis et bonitatis solertissimus indagator, cui virtus amor, vitium fuit horrori, cujus in judicio arcem victoriæ misericordia et veritas semper obtinuit. Ad miserendum denique nullus eo facilior, ad irascendum et vindicandum in reos nemo difficilior. Quem etiam Deus virga benignæ suæ correctionis multo tempore in presenti flagellavit, sed baculum consolationis ad percipienda vitæ futuræ premia reservavit. Longa siquidem et difficilia apud exteras nationes passus exilia, tandem tam preceptione quam petitione Friderici Romani imperatoris a Wladislao duce recipitur in patria, sed brevi temporis intersticio, fatis urgentibus, migrat ab hoc seculo, pro temporali dispendio felicitatis eternæ beandus solatio.

Eodem anno 13. Kal. Febr. Fridericus abbas Postolopertensis, vir in divinis et humanis rebus summæ discretionis, erga Deum et homines devotæ sinceritatis, intimæ ad omnes affabilitatis, peracto itinere cum domno Daniele pontifice in terram Hunorum abierat, quoniam videlicet idem antistes et Heinricus, frater Wladislai ducis, cum aliis Boemicæ

VARIÆ LECTIONES.

[140] Ludwicum 4a. [141] Czcislaus 4a. [142] Zragor 4a.

NOTÆ.

(138) Zenghi Mosuliæ princeps.
(139) Exemplum ex litteris Eugenii III papæ de auxilio terræ sanctæ ferendo datis desumptum est; Boczek I, 241; ibid. 255 vide epistolam S. Bernhardi ad ducem Wladislaum.
(140) Pomeranos, teste Vincentio.
(141) Consentiunt Necrologium et Vincentius.

(142) vii Kal. Jul. probante Necrologio et catalogo epp. Olomuc. apud Richter, p. 24.
(143) quartus.
(144) uxor Wladislai II, filia Leopoldi IV, ducis Austriæ.
(145) tertius.
(146) quartus.

terræ primatibus filiam (147) Ungarici regis (148) Friderico, filio ejusdem ducis desponsandam detulerunt. In reditu in quandam villam suam pausandi gratia deveniens, post trium dierum egritudinem ultimum exaravit spiritum.

Ejusdem quoque anni 11. Marcii Kalendis Johannes Olomucensis ecclesiæ episcopus, qui de monasterio sancti Augustini Ztragov assumptus fuerat, vitam terminavit presentem, medio sane juventutis constitutus flore, sed maturus morum nobilitate. Hic pro defensione justitiæ et statu ac honore sanctæ Dei ecclesiæ semper, quantum in ipso fuit, inconvulsus preliator perstitit, difficilis inobedientibus, facilis ac promtus et affabilis Deum diligentibus. Cui ex quo episcopalem suscepit infulam in corde, in habitu et sermone precipua semper extitit humilitatis custodia, adeo ut plerumque etiam ab humilioribus personis venerari refugeret, dicens, non oportere se exigere honorem ab hominibus, utpote qui de eodem luto conditus esset.

De probitate Wladislai regis et fratris ejus Theobaldi ducis.

Anno sub eodem Fridericus imperator, juncto sibi duce Wladislao et fratre ejus Theobaldo, Poloniam exercitu valido intravit (149), principes ejus Boleszlaum (150) et Mesconem (151) suæ dit ioni subjugavit, infinitam pecuniam in auro et argento accepit, et pro confirmatione et stabilitate deinceps pacis filios (152) eorum obsides suscipiens, victoria pro voto potitus rediit. Pro cujus sane pacis compositione præcipue ducis Wladislai instituit illustris industria; tantum enim imperatoriæ voluntati se tunc benivolum exhibuit, ut per se tantum et suos vel ad deditionem prefatos principes flectere vellet, vel, si necessitas rei poposcisset, ipse primus cum illis pugnam anticiparet. Imperator vero (153), ut dictum est, cupito potitus honore, ad sedem suam reversus est. Jam, scilicet anno ab anno incarnat. 1158. initiato, quid Boemico duci pro labore suo recompensationis exhibere debuisset, cum principibus regni consilium habuit (154). Dum ergo plures eorum assererent, dignum sibi videri optimis muneribus auri et argenti juxta imperatoriam munificentiam ipsum remunerari debere, imperator liberiori usus consilio, ducem ad se accersitum hujus verbi nobilitate alloquitur: « Virtutis tuæ constantia nobis optime complacuit, nam et fidelitatis tuæ erga nos sinceritas toti regno evidenter innotuit, quam fideliter, quam devote, et quam intime nostrum, immo totius regni integrum secundum Deum diligas statum, cum in nostris necessitatibus et totius regni rei publicæ tui ipsius tuorumque vitam periculo objicere nunquam hesitaveris. Hanc igitur egregiam virtutem in te considerantes ac diligentes, et de cetero te erga nostram imperatoriam serenitatem fidelem et incommutabilem haberi cupientes, honore quo ipse volueris te secundum nostram liberalitatem honorare decrevimus. Attamen quia terram tuam auro et argento et omnium preciosarum rerum copia scimus redundare, et nihil in talibus tibi rarum existere, accipe ex Dei gratia et nostra benevolentia tibi quam tradimus regni coronam et regiæ potestatis et honoris dignitatem in regno tuo. » Et hæc dicens, jussit proferri coronam auream gemmis, preciosis lapidibus mire adornatam, qua videlicet ipse imperator in summis festivitatibus uti ferebatur (155). Tali igitur divinitus honore sublimatus, gloriosus dux Wladislaus cum ingenti tripudio et leticia suorum rediit ad sua.

Deinde ejusdem anni mense Maio (156) profecti sunt rex et frater ejus dux Theobaldus cum cesare Friderico in Italiam adversus Mediolanenses, qui tunc imperatorem pro quadam seditione contra Laudunenses ac Nolanæ urbis cives (157) facta, sibi graviter offensum habebant. Decreverat siquidem imperator non prius se cum exercitu ab urbe discessurum (158), quam hostibus suis igne et ferro meritam rependeret ultionem. Ibi gloriosus rex et vere glorificandus Wladislaus cum suis optimatibus, veluti quondam Judas Machabeus, modo frontes adversariorum conterendo, modo a tergo insequendo, modo etiam a dextris et a sinistris acriter insistendo, quot prelia laudabiliter ac victoriose peregerit, dictu longum est. Attamen quia in bellicis certaminibus victoriæ proventus plerumque fit incertus, et varii casus vices diversas et difficiles in talibus ludunt, fieri non potuit quin et ipse quosdam ex suis primatibus illic amitteret. Mediolani igitur cives egregiam ejus virtutem et industriam considerantes,

NOTÆ.

(147) Elisabetham.
(148) Geisæ II.
(149) Die 22 mensis Augusti Fridericus Oderam transiit, teste Radevico, qui, ut Vincentius Pragensis, de hac expeditione fusius egit.
(150) quartum.
(151) tertium; sunt filii Boleslai III.
(152) Imo fratrem Casimirum aliosque nobiles, probante Radevico.
(153) Mense Octobri Bizuntii commorabatur. Cfr. Böhmer reg. 2376.
(154) Ratisbonæ mensis Januarii die 16 data est Friderici I tabula de circulo aureo Wladislao et omnibus ejus successoribus concesso, quam vide apud Boczek I, 267.

(155) Errat; hoc Friderici præcepto Wladislao permissum est, ut iisdem diebus festis quibus imperator corona, circulo ab episcopis Pragensi et Olomucensi publice ornaretur; sibi enim coronam vel diadema, Wladislao circulum vindicat. Hunc circulum veram fuisse coronam Dobnerus peculiari commentatione probare conatus est in libro Born Abhandlungen einer Privatgesellschaft in Böhmen V, 1.
(156) Die 14 Jun. 1158 Fridericus adhuc commorabatur Augustæ; Böhmer 2402.
(157) Nola est urbs Campaniæ; de urbe Como cogitasse videtur.
(158) Inde a die 6 Augusti 1158 obsessum est Mediolanum, teste Radevico.

et quia cesari foret acceptissimus, legatis ad ipsum et precibus directis, mediatorem cum inter se et cesarem esse pro offerenda digna satisfactione et pacis compositione deprecati sunt (159). Ipsius ergo annuente prudenti consilio et sedulitate, prefatæ cives urbis potiti sunt pace.

1159. Daniel episcopus Mediolanum ad cesarem Fridericum profectus est (160), a quo benigne et honorifice susceptus est, quem in obsequio suo suis et regni negociis biennio implicatum retinuit. Interim Romæ defuncto Anastasio apostolicæ sedis pontifice, gravi exorta seditione, duo ex contrariis partibus apostolicæ sedi preficiendi electi sunt, Alexander (161) et Victor (162). Pro qua dirimenda sedicione Daniel presul Romam dirigitur, ut videlicet utraque persona cesaris et totius regni concilio interesse debeat, et juxta publicam et canonicam sanccionem ea quæ magis competeret apostolicæ sedis principatum obtineret. In [243] eo sane concilio (163) coram cunctis regni principibus et 150 episcopis Victor justiciæ victoriam obtinuit, et concordi omnium voto et acclamatione archisterium apostolicæ sedis suscepit. His igitur rite terminatis, Daniel presul a cesare et apostolico multo sublimatus honore, excellentia quoque functus legationis apostolicæ, proficiscitur ad regem Hunorum (164), et exinde ad propriam Pragensis pontificatus sedem anno dominicæ incarnationis 1160, in omnibus auctore Deo prospere agens, regreditur.

1161. 4. Idus Februarii Sylvester Zazavensis abbas regiminis sui 28. anno exiit a tenebris hujus corporeæ regionis ad patriam perpetuæ mansionis, pro labore presentis vitæ recepturus bravium beatæ remunerationis. Vir omnium virtutum disciplina et elegantia decenter insignitus, atque adeo practicæ exerciciis ac theoriæ amori deditus, ut evidenter adverti potuisset, hominem licet adhuc in carne positum, totum tamen spiritus sui fervore jam in celestibus constitutum. Specialis enim erat amicus parsimoniæ, qui lauciores dapes vel vini pocula ceu quasdam morborum materias abhorrebat, sed cibo simplici et pura fluminis unda delectabatur, convivia potentum et quarumlibet secularium personarum detestabatur, propter quod etiam a pluribus minus diligebatur, quia in talibus nulli se communem exhibebat. De cujus vitæ laudabili qualitate multa quidem ad exemplum pie vivendi et honestatis formam dici possent, sed quia superius jam inde me ex parte dixisse memini, et maxime quomodo operum ejus in eodem monasterio magnalia, quanta fuerint ei erga divini cultus honorem studia, evidenter extant testimonia perhibentia, hoc in loco ista sufficiant. Hoc tantum, salva omnium gratia, dixerim,

Quod locus ille patrem vix invenit sibi talem Moribus et vita, ceu Silvester fuit abba.

Hujus post obitum Bozata, ejusdem loci prior, eodem anno per Wladislai regis et episcopi Danielis electionem in abbatiam successit, qui brevi tempore, exacto unius videlicet anni spacio, sui regiminis curam propria voluntate deposuit. Hic namque in cenobiali conversatione jam 30 compleverat annos, ac a tumultu secularium actionum adeo se alienum effecerat, ut nulla penitus ratione quid in seculo ageretur sese vel scire modicum pateretur, ideoque ad disponendas exteriores monasterii utilitates, vel ad popularium questionum examinanda judicia prorsus extitit ignarus. Preterea tot et tam gravium infirmitatum detinebatur molestiis, ut vix aliquando quantacunque necessitas exegisset, pro utilitate ecclesiæ extra monasterii septa procedere potuisset. His igitur et similibus devictus incommodis, post anni circulum onus deposuit suscepti regiminis.

Eodem anno ducellus Sobezlaus (165) noctu fecit irruptionem cum 60 armatis militibus in urbem Olomucz; omnes fere quos in ea reperit diversis obprobriis dehonestari fecit. Quæ mox

Fama volans Wladizlai regis percutit aures, qui collecto exercitu dictam circumdedit urbem; sed cum cerneret forti custodia militum inaccessibilem sibi suisque fore urbis aditum, cautius arbitratus est magis ex ingenio quam bello juvenilem principis animum attemptare. Per internuncios ducem invitat ad pacem, immo spondet et firmat quam velit pacis accipere conditionem. Princeps igitur, ut simplicissimus agnus, nil adversi ratus, it regis in manus, pax et pacis conditio juramenti confirmatur sacramento. Ibi Johannes episcopus Moraviæ, illic jurat omnis primatus Boemiæ, sicut rex dictat pro pacis et fidei confirmatione. Sed ubi fides? Sacramenta violantur, pactio pacis exinanitur, rapitur, cathenatur princeps egregiæ probitatis, et in castro munitissimo Prinda (166) sub districtissima custodia multo tempore (167) macerandus retruditur.

1162. Divina annuente pietate, regisque Wladislai ac etiam domni Danielis pontificis industria procurante, Regnardus abbas Zazovensis monasterii gubernacula suscepit. Hic primo Syloense ceno-

VARIÆ LECTIONES.

[243] In codice 4. in margine loci In eo — suscepit manus coæva adscripsit verbum mentiris, littera una sub altera posita.

NOTÆ.

(159) Constituta est pax die 3 mens. Septemb., de qua vide Vincentii Pragensis copiosam narrationem.
(160) Anno præcedenti cum rege in Italiam venerat.
(161) tertius.
(162) quartus.
(163) quod Ticini habitum est anno ineunte 1160.
(164) Geisam II.
(165) filius Sobezlai I.
(166) Frauenberg in Pilsensi circulo.
(167) usque ad annum 1173.

bium (168) admodum honeste rexit, proprioque labore in possessionibus diversi generis magnifice ampliavit. Primo autem anno ordinationis domni Danielis episcopi insurrexerunt quidam viri iniquitatis contra eundem abbatem, virum venerandum, et quæcunque criminosa de ipso potuerunt confingere, auribus pontificis crebra et importuna delatione veriti non sunt inculcare, et quia, sicut beatus dicit Gregorius : *Animo in multis occupato facile ab adulatoribus subripitur*, rem ita ut conficta erat, episcopus esse credidit. Vix ita venerabilis Regnardus sine canonica audientia, nec accusatoribus seu testibus legitimis convictus, vel confessus de objectione criminis, abbatiæ privatur honore, rejicitur de monasterio cum universa sibi dilecta congregatione. Mirum sane de tanto viro, domno videlicet episcopo, quod tam crudelem et tam precipitem in pastorem simul et ovile potuit dare sententiam, et quod nulli prorsus parcendum ob unius accusationem judicavit, nisi forte, ut quidam tunc conjiciebant, sicut et postmodum rerum probavit eventus, hac occasione id cum fecisse, ut quibusdam Augustiniani ordinis regularibus, de exteris ascitis nationibus, eundem locum commendaret. Predictus vero domnus Reginhardus quarto decimo post depositionem sui regiminis anno, tribulationes ejus et patientiam Domino misericorditer respiciente, Zazovensis cenobii abba constituitur, Metensis genere, discretissimus moderator vitæ monasticæ, dilectionis et affabilitatis gratia preditus, humilitatis et mansuetudinis virtute constantissimus, omni morum elegantia melioribus per omnia comparandus. Cui pro hominum suorum defensione stare vigilantissima semper cura fuit, cui pro assertione veritatis nec regia majestas nec principum potestas terrorem vel ruborem unquam incutere valuit, cujus animum nec prosperitas ad inanem unquam emollivit leticiam, nec adversitas ad perniciosam dejecit mestitiam ; vir in cunctis suis eventibus eundem leticiæ semper preferens vultum. Universæ congregationi plus amore quam terrore studebat preesse, tantum namque humilitati se subdiderat, ut cum esset omnium in congregatione dignior et sublimior, in omnibus suis actibus subjectione se exhiberet. Ad humilia etiam quæque opera nullus eo promptior, nullus agilior, nullus efficacior ; fuit in eo peritia pingere vel sculpere quaslibet imagines ligno vel osse vel etiam diversi generis metallo, fabrilis quoque non ignarus fuit artis, et omnis quæ ex vitro fieri solet compositionis [244].

CANONICORUM PRAGENSIUM
CONTINUATIONES COSMÆ.

[GERLACH.] In diebus illis regnante in regno Romanorum rege Conrado, et in Bohemia principante duce Sobieslao, Zdico qui et Henricus, bonæ memoriæ Olomucensis episcopus, habitum nostrum, quem Iherozolimis viderat, super sepulcrum vitæ susceperat cum multo, sicut tradunt, ymbre lacrymarum, et abdicatis ibi tam esu carnium quam cæteris vitæ blandimentis, reportabat memorato duci et Bohemis sicut novum hominem ita et novum ordinem. Quo duce in brevi defuncto, successor ipsius illustris Wladislaus, nec non et uxor sua nobilissima Gedrudis, soror prædicti regis Conradi, succensi exemplo et hortatione præfati episcopi, novam ecclesiam novo condunt ordini, erigentes fabricam venustissimam in monte Strahow, mutato nomine ipsius in monte Syon, anno Domini 1140, quibus optime cooperabatur idem episcopus, maxime in spiritualibus, coadunando undecunque posset religiosos fratres, quibus et præfecit inprimis quendam Blasium. Postquam vero liquido comperit de institutione Præmonstratensis ecclesiæ, quod inde esset initium ordinis et magisterium vitæ regularis, illico habita deliberatione cum ipsis fundatoribus, unanimi voto miserunt, et de Stenveldensi domo conventum postulaverunt. Et quidem tunc temporis ordo noster, licet necdum dilatatus, magno tamen fervebat zelo, tum in Præmonstrato tum in omnibus ecclesiis nostri ordinis, et maxime in Stenveldensi ecclesia, quæ nullam habuit vel habet in religione secundam. Cujus tunc suavissimo tractu odore principes terrarum, undecunque gaudebant ecclesias fundare novas, et personas ordinis evocare ad illustrationem provinciarum suarum. Inter quos et isti fundatores, de qnibus modo sermo est, porrigentes petitionem suam prius capitulo, deinde Stenveldensi ecclesiæ, quod pie postulant pleno comprehendunt effectu. Nam.

VARIÆ LECTIONES.

[244] *Finitur hic in utroque codice 4. 4ª. supplementum monachi Sazavensis. In 4. sequitur vita sanctæ Ludmilæ brevissima a Menkenio edita in cujus demum fine leguntur verba :* Explicit liber IIIIus in chronica Boemorum.

NOTÆ.

(168) Selau in circulo Czaslaviensi.

committitur Stenveldensi præposito, ut negotium eorum promoveat et desiderata concedat. Porro præpositus, vir Deo plenus, non tardat in hiis quæ in mandatis acceperat, sed assumptis secum fratribus et domino Godeskalco, qui postea abbas in Syloa factus est, proficiscitur in Bohemiam. Pragam venit, devote suscipitur, obligat se ad susceptionem loci, tandemque repatrians, dimittit ibi memoratum Godeskalcum a latere suo cum fratribus, qui conventui habitacula præpararent interim lignea. Quibus paratis, iterum post anni circulum idem præpositus revertitur, adducens secum conventum clericorum una cum abbate quem elegerant, cui nomen Gezo, qui dominum Godeskalcum libenter apud se retinuisset, sed præpositus suus jubet eum redire in Stenvelt ad id exspectandum quod ei divinitus fuerat præordinatum.

Nec absurdum puto, si paucis exprimam qualiter idem Gezo, primus abbas Strahoviensis, primum in Stenvelt ad conversionem venerit, in hoc enim confitebuntur Domino misericordiæ ejus, qui miris modis prædestinatos suos vocat. Cum esset ipse in Colonia canonum custos et majoris ecclesiæ, vir dives et delicatus, quadam nocte per somnium putabat fratres suos concanonicos tanquam in gyro considere, seque in medio eorum, cum ecce adstitit ante eos quidam horribilis aspectu, qui virga quam manu gerebat percussit primum in capite, deinde alterum, tertio tertium, et ita flagellavit omnes hinc et inde a dextris ejus et a sinistris; postremo, cum vellet percutere et istum, declinavit ictum, et sic evigilavit. Quam visionem secuta est mors ipsorum, et omnes in brevi ex hac luce sunt subtracti, eo videlicet ordine, quo visione fuerant percussi; quod ille videns et mori timens, fugit tanquam unicornis, et confugit in Stenwelt ad portum monasterii, conversatus ibi juste atque regulariter usque in diem quo assumptus est in abbatem. Sane idem Gezo vir erat totius probitatis et industriæ, providus dispensator tam in spiritualibus quam temporalibus, magnus zelator disciplinæ, cujus institutione viget adhuc et regitur Strahowiensis ecclesia. Ita memoria ejus in benedictione est, cum post mortem non moritur, et opera ejus rediviva semper eum vivere protestantur.

[VINCENT.] Anno dominicæ incarnationis 1154. rex Conradus viam universæ carnis ingreditur, pro quo Fridricus suus patruelis, dux Sweviæ, miles armis strenuus, in regem eligitur, qui totius orbis gubernacula regere cœpit.

Anno dominicæ incarnationis 1155. dux Wladislaus a rege Fridrico in maximam recipitur gratiam. Filii autem Sobieslai exules domino regi Fridrico adhærent fideliter, et ab ipso et principibus ejus honorifice tractantur.

Anno dominicæ incarnationis 1156. rex Fridricus collecta plurima principum et aliorum militum multitudine, Henrico duce Saxoniæ et Fridrico, filio regis Conradi, aliisque principibus sibi adjunctis, Romam ad papam Adrianum, ut eum ad cæsarem jure debito consecret, iter cum forti manu militum arripit. Cum autem in exitu Alpium ante Veronam civitatem ad Gervardam castellum inexpugnabile perveniunt, Veronenses tanquam de suo jure transitum sibi et suis prohibent, dicentes eum non esse in cæsarem consecratum, propter hoc eum ex eorum jure eis debere pecuniam persolvere, si inde Romam transire velit; postquam autem cum in cæsarem consecratum receperint, et tunc honorem ut cæsari debitum persolverent, non ante. Hæc rex Fridricus audiens iram reprimit, et eam dissimulans, verba dans bona, pecuniam quam exquirunt eis promittit, et tanquam super hoc securitate data, Veronam illæsis exercitibus suis transit. Regalibus itaque ultra positis exercitibus, mandat Veroniensibus ut pro debita pecunia veniant; qui verbis ejus credentes, 13 nobiliores, plurimis nobilibus eis adjunctis, pro pecunia eis promissa ad regem dirigunt. Quos rex hilari vultu suscipiens, de promissa pecunia verbis datis optimis, eos capi præcipit. Et cum quidam ex eis de propinquiori linea cognatum ejus se esse diceret, et hoc testimonio comprobaret, propter hoc eum altius tanquam nobiliorem suspendi præcipit, posteris suis hoc relinquens exemplum, et cæteris timorem incutiens, ne talia contra dominos suos agere præsumant.

[VINCENT.] Interea Papienses, Cremonenses ei tanquam domino suo carissimo cum multa electa militia occurrunt, et in servitium ejus regiam viam proficiscuntur. Tandem rex optatam ingreditur Romam, et in constituto tempore a domino papa Adriano in imperatorem consecratur. Cumque consecratione peracta in stationibus regalibus, in planitie pulcherrima ante regiam urbem Romam positis, de eorum jure cibos sumerent, Romani antiquum fastum somniantes, de domini imperatoris consecratione tanquam contra eorum voluntatem facta indignati, forti manu contra ipsum armantur. Quid plura? Armatæ acies contra Tyberim progrediuntur. Hæc dum imperator audit, contra armat exercitus, et nullum in eos insultum fieri præcipit, quo usque in planum progrediantur. Lateranenses contra imperatoris exercitus in planum campum egrediuntur. A primis aciebus congrediuntur, fit pugna; verumtamen cum imperator Fridricus cum filio regis Conradi et aliis principibus eos in fronte viriliter cæderet, Henricus dux Saxoniæ eos a ponte Tyberis a tergo, ut vir bellicosus, armis fortiter invadit, et cum jam ad ferream portam, quæ in medio pontis est, fere pervenissent, Lateranenses hoc conspicientes, et inter duo mala minus malum eligentes, tam ab hostibus quam a suis ferream portam claudunt, et sic miserabiliter prostrati, quidam gladio, quidam naufragio interierunt, reliqui capti, domino imperatori numero 400 sunt præsentati. Quos dominus imperator Petro, Romanæ urbis præfecto, qui ei fideliter adhæserat, tradidit, cujus ipsi tam Romæ palatia quam alias munitiones destruxerant, ex quibus præfectus urbis quosdam pro tanto ausu punivit suspendio, a quibusdam ad destructa sua reædificanda palatia plurimam accepit pecuniam, et sic imperator in planissimis campis optata potitus est victoria. Post hanc itaque imperator victoriam, cum domino papa Adriano fœdere et pacto inito, quod Romanos, qui hostes imperii se fecerant, nec ipsum regem Siciliæ, qui imperio non obaudiebat, sine consilio et voluntate domini papæ, uec e converso dominus papa sine consilio et voluntate domini imperatoris in gratiam eos reciperet, feliciter in Lombardiam revertitur. Mediolanensium itaque non immemor offensæ, Terdonam civitatem, Spoleto non longe ab urbe Roma jam destructo, quæ contra imperatorem cum Mediolanensibus juraverat, obsedit, et forti militia eam cingens, Papiensibus, Cremonensibus et aliis Lombardiæ civitatibus ei auxilium præbentibus, plurimis ex utraque parte peremptis, funditus destruit, victis solam salutem tribuens. Hæc ista regalis et fortissima civitas Terdonæ vicina, quæ cum ea juramentis Mediolanensibus assibilaverat, considerans, ad dominum imperatorem confugit, et secundum voluntatem ejus omnes turres et munitiones suas destruens, eum suo placat servitio.

Anno dominicæ incarnationis 1157. Fridricus imperator generalem curiam Wirczburk in festo pentecosten principibus suis indicit, ubi dominam Beatricem, filiam ducis Burgundiæ, specie et decore quodammodo quasi humanas formas superantem, tanquam divinam sobolem sibi jungit matrimonio. Hiis nuptiis inter alios principes dux Wladislaus cum domino Daniele Pragensi episcopo affuit; sicut tanti imperatoris decet, nuptiæ celebrantur feliciter. Ubi dominus imperator intolerabilem superbiam Mediolanensium aperit suis principibus, qui, hoc audito, ut tanquam hostes imperii digna corrigantur pœna, dant consilium.

Anno dominicæ incarnationis 1158. Fridricus imperator ducis Wladislai exulis Poloniæ et sororis suæ, quæ ei matrimonio juncta fuerat, misertus, ad eum ducatui suo restituendum in Poloniam parat exercitus, quam cum plurimis intrans exercitibus crudeliter devastat. Principes autem Poloniæ tantæ fortitudini ejus resistere non valentes, mediante duce Wladislao Bohemiæ, ad gratiam ejus veniunt, sic tamen, quod nudos gladios supra colla sua portantes, imperiali repræsentantur majestati; in gratiam domini imperatoris recipiuntur, pro satisfactione datis obsidibus, et juramentis receptis, quod contra Mediolanum 300 armatos milites in auxilium domino imperatori mittere debeant.

Anno dominicæ incarnationis 1159, dominus imperator solemnem curiam suis principibus in natali Domini Magdeburk indicit, ubi portatis regalibus et solemnitate feliciter peracta, ut regii sanguinis sui memores ad conterendam Mediolanensium superbiam, ei suum præbeant auxilium, eos commonet et exorat. Quod principes ejus unanimi voto ei fideliter promittunt. Wladislaus quoque dux Bohemiæ tantos et tot principes contra Mediolanum in arma jam paratos esse considerans, in persona sua cum sua militia ei in adjutorium se venire promittit. Dominus quoque Daniel Pragensis episcopus cum suo duce hunc laborem contra Mediolanum suscipere non recusavit. Ob tantum laborem imperator Wladislaum ducem Bohemiæ regio exornat dyademate, de duce regem constituens. Fridrici imperialis finitur curia, contra Mediolanum parantur arma, undique Mediolani sonat obsessio. In condicto tempore ad obsidendum Mediolanum de diversis partibus mundi moventur exercitus; Fridricus imperator et sui duces, marchiones et alii principes contra Mediolanum proficiscuntur. Wladislaus rex Bohemiæ, prior Alpes superat, et Veronam feliciter transiens, ante Brixiam civitatem regiam suos ponit exercitus. Brixenses contra eos exire nec tantæ militiæ se committere præsumentes, solummodo muros suos costodiunt. A Bohemis tota Brixiensis devastatur provincia. Post pauco tempore imperiales exercitus advenient, pro adventu imperatoris omnes exercitus tripudiant gaudio. Super Oleam flumen regium imperiales ponuntur exercitus. Ad Aduam flumen vehementissimum perveniunt, ubi pontes fractos inveniunt, et Mediolanensis provinciæ maximam multitudinem hominum, transitum aquæ eis prohibentium. Supra ripam juxta præruptum pontem imperialia ponuntur tentoria, quibus undique replentur campi; infra autem has stationes fere per milliare domini Wladislai regis Bohemiæ et domini Danielis Pragensis episcopi et aliorum principum Bohemiæ ponuntur tentoria, post tot labores dulces capiuntur cibi. Interea Odolen filius Zris, miles strenuus, cum duobus militibus vadum invenire prætemptat, quod non inveniens mediis fluctibus se committit, uno tantum socio eum sequente, quos mediis fluctibus sic rotari vidimus, quod nunc ipsi super equos, nunc equi super eos rotari videbantur. Tandem Deo eos adjuvante incolomes flumen transeunt, tertius vero eorum socius, vel quia equum vel quia cor debile habuit, ad ripam revertitur. Hæc dum regi Bohemiæ referuntur, videlicet duos milites vadum invenisse, abjiciuntur tabulæ, et tympanum, signum bellicum, percutitur, armantur milites, ipso Wladislao rege Bohemiæ, strenuo et illustri milite, eos præcedente, inter medios præcipites fluctus suos impellunt dextrarios, et sic divina pietate eos conservante, tam duros, tam præcipites superant fluctus, plurimis ibi militibus naufragio perditis. Sic rex Bohemiæ superatis fluctibus sua forti armata militia suos irruit in hostes, eos ex omni parte armata militia circumdans, cæduntur, ligantur, capiuntur plurimi. Ex utraque parte ad cœlum levantur clamores, Bohemorum læti de victoria, Mediolanensium funesti de inopinata miseria. Imperatoris autem exercitus primo Mediolanenses putant suis in adjutorium venisse, verumtamen cum Bohemos suos adversarios viriliter cædere considerant, læti de tanta victoria lætos ad cœlum clamores levantes, quomodo vel qua arte tam præcipites fluctus superaverint, mirahtur. [VINCENT.] Bohemi sic eis superatis castella, villas, prædam capientes, plurima quæ possunt igni committunt. Rex interea ad pontem imperatoris se transfert, pro reparando ponte sollicitus, ex utraque parte, tam imperatoris quam regis, trabes comportantur ponti utiles. Interea tantum laborem nox dirimit. Summo diluculo nuncius venit, Mediolanenses ad defendendum vadum suis in auxilium venisse.

Non fit mora, armatur militia, pugnatur acriter, Mediolanenses victi fugam ineunt ; nec miram, mors etenim in tali re vel ferro vel pedibus vitanda est. Bohemi, ex eis plurimis interfectis, 80 nobiliores de militia Mediolanensium capiunt, et eos regiæ tradunt potestati, quos rex Bohemiæ imperatoriæ ad ejus honorem tradidit majestati. Dominus imperator per reparatos pontes cum suis exercitibus flumen Aduam feliciter transit. Trenez firmissimum castrum Mediolanensium obsidet, quod in brevi capit. Inde venitur ad Laudam civitatem quandam valde nobilem, quam Mediolanenses funditus destruxerant. In medio civitatis destructæ imperialia ponuntur tentoria, cujus imperator destructionem considerans, magis ad destructionem laborat Mediolani. Dum hæc geruntur, Mediolanenses ad curiam domini imperatoris cum ejus conductu veniunt, de suis excessibus condignam satisfactionem domino imperatori offerentes. Principes hæc audientes, ut dominus imperator in gratiam suam eos recipiat, consulunt. Surgens autem Anselmus, Ravenatensis ecclesiæ archiepiscopus, contra hæc respondit : « Non est, inquiens, vobis nota astutia Mediolanensium ; dulcia quidem vobis verba et humilia offerunt, sed astutam vulpem sub pectore servant, mensura qua aliis mensi sunt remetiatur eis. Ecclesias Dei, civitates liberas imperatoris destruxerunt, et eorum destruatur Mediolanum ; nullam in eis fecerunt misericordiam, nec eam consequantur.

Hoc dominus imperator cum suis principibus audiens, ejus acquievit consilio, et per suæ abjectionem cyrothecæ, ex more antiquorum imperatorum, eos publice in suum bannum mittit, per hæc eos ostendens esse manifestos hostes imperii. Hæc considerans læta juventus fremit in arma. Versus Mediolanum armata progreditur militia, ut in arma ad signum domini imperatoris tota militia sit præparata, indicitur. Dies oritur, multis mortem, multis victoriam importans. In campis planissimis, jam ante Mediolanum exercitibus aptissimis, imperiales armantur exercitus. In prima itaque fronte militiæ Ludovicus frater imperatoris, palatinus comes de Reno, in primo flore juventutis suæ, ex antiquorum suorum præcessorum [245] dignitate Suevorum armata militia, Papiensium et Cremoniensium, qui hujus expeditionis fabricatores exstiterant, sibi militia adhibita, in campestria progreditur. Secundum locum Fridricus, filius regis Conradi, in annis juvenilibus, dux de Rotmbuk [246], cum sua forti militia possidet. Ad hunc exercitum augendum Hugo marchio Montis Ferrati cum Veronensium, Brixensium, Mantuanensium forti militia accedit. Tertium locum obtinet Wladislaus rex Bohemiæ cum suo exercitu, quem de tota militia sua in unum collecta collegerat, valde magno, forti possidet. Quarto loco Henricus dux Austriæ cum suo maximo exercitu ponitur. Quinto loco Otto palatinus comes de Ratispona et cum Fridrico et Ottone, fratribus suis, et plurima Bavarorum militia. Sexto loco ipse imperator Fridricus cum suo exercitu, cujus longitudinem et latitudinem comprehendere difficillimum erat. Septimo loco Fridericus Coloniensis archiepiscopus, et exercitus Theutonicorum et Lombardiæ principum procedit, magna fortitudine collectus [CONT L. COSMÆ 1136]. Post hæc multitudo principum, quam dinumerare nemo poterat, quorum tu, Deus,

Signa, potestates, cursus, loca, tempora nosti.

[VINCENT.] Sic tanti et tot exercitus, candore ferri horribiles, versum portam Mediolanensem — Romana porta dicitur — procedunt, et sic nullo impediente ad urbem diu optatam perveniunt. Mediolanenses autem in campis contra tot et tantos exercitus bello se committere non præsumentes, fossata sua et munitiones muniunt, quas circa muros fecerant, armata manu custodiunt. Dominus autem imperator videns eos extra munitiones non audere procedere, ante prædictam portam, quæ Romana dicitur, nomine et re major, sua figi præcipit tentoria. Et ut circa alias portas Mediolanenses aliorum principum figantur tentoria præcipit, et in brevi fit quod præcipit, ad diversas portas diversorum principum figuntur tentoria. Mediolanenses vero ex qua parte eos invadere possint considerant, et in prima militia exercitum Ludovici fratris imperatoris invadendum, qui ad portam sancti Dionisii suos posuerat exercitus, suum ponunt studium, et circa horam vespertinam armata manu ut fortius possunt ad bellum progrediuntur. Quibus prædictus princeps ut strenuus miles cum sua forti militia occurrit. Fit pugna ex utraque parte, fortissimi cæduntur milites, nunc hi vincunt, nunc illi. Hæc audiens Wladislaus rex Bohemiæ, tympanum, signum bellicum, percuti præcipit. Non fit mora, armatur militia, pugnantibus in auxilium progreditur. Ludovicus frater imperatoris Mediolanenses a se repellere fortius instat.

Interea Wladislaus rex Bohemiæ in suis splendidus armis, cum sua militia primam militiam Mediolanensium aggreditur, ipsum principem eorum et vexilliferum, Dacium, medium lancea perfodit, qui

VARIÆ LECTIONES.

[245] successorum *Dobr.* [246] Rotenuburg *Vinc.*

ibi perfossus occubuit. Cæteri vero milites tam Bohemiæ quam Theutoniæ, qua qui possunt, irruunt in hostes. Umbo umboni alliditur, pes pede teritur, fortium virorum fortissimi resonant ictus. Ex utraque parte fortissimi cæduntur milites, a vespertina hora usque ad crepusculum durat prælium. Mediolanenses victi, plurimis interfectis et captis, intra muros se retrahunt. Tali a choræa militum Mediolanenses undique cinguntur. Dominus autem imperator singulis diebus cum exercitibus, ne aliqui inde exire possint, Mediolanum circuire non cessat, singulis diebus diversi in eos fiunt insultus; interfectionibus, captionibus artantur plurimis, quos intus pavor, foris vastabat gladius.

[*Ann. Prag.*] Anno dominicæ incarnationis 1160. Hoc Mediolano Daniel præsul redit anno.

Anno dominicæ incarnationis 1161.

[VINCENT.] Anno dominicæ incarnationis 1162. Theobaldus profectus est cum filio regis in auxilium imperatori, et Sobieslaus captus est (169).

Anno Domini 1163.

1164. [*Ann. Prag.*] Wladislaus rex terram Hunnorum intravit, regem Græcorum ex ea perturbavit, Ungarorum optimates pacificavit.

1165.
1166.
1167.

1168. [*Ann. Prag.*] Theobaldus dux, et Daniel episcopus in Italia obiit, cui Fridericus quartus decimus episcopus successit (170).

1169.
1170.

[GERLACH.] Anno dominicæ incarnationis 1171. sanctus Thomas archiepiscopus Canturiensis martyrizatus est.

1172. [*Ann. Prag.* Wladislaus rex cum cæsare Poloniam intravit (171).

1173.

1174. Sobieslaus a vinculis dimittitur (172), et dux constituitur.

1175. Odalricus dux, frater Sobieslai, profectus est Mediolanum.

1176. Sobieslaus dux vastavit incendio Austriam. Nimia siccitas attenuavit fruges. Sobieslaus pugnavit contra Fridricum in Bohemia. [GERLACH.] Ipso anno 15. Kal. Februarii obiit rex Wladislaus, fundator Strahoviensis (173).

1177. [*Ann. Prag.*] Odalricus dux a fratre Sobieslao capitur. Ipse Sobieslaus a Bohemis de solio pellitur (174). Fridricus filius regis Wladislai inthronizatur. Sobieslaus in exilio obiit (175).

1178. Fridricus episcopus obiit (176), cui Valentinus quintus decimus successit.

1179.
1180.
1181.

[GERLACH.] Anno Domini 1182. Strahoviensis ecclesia secundario dedicata est, videlicet 7. [247] Kal. Maii a venerabili domino Adalberto, Salceburgensi archiepiscopo, et hoc hac de causa, quia maius altare motum [248], et chorus fuerat sublevatus. Præsentes erant canonici Pragensis ecclesiæ fere omnes et abbates multi, quorum unus et præcipuus, licet suo judicio humillimus, abbas Godescalcus, tantam sollemnitatem sermone suo adornans. Inter alia quæ locutus est hæc quoque dixit: « Assum, inquit, o fratres karissimi, en alteri dedicationi vestræ, qui primæ quoque interfui, et videor mihi videre statum domus hujus valde diversum ab eo qui tunc erat. Tunc enim rebus pauper et meritis fuit dives, modo versa vice rebus crevit, et disciplina deperiit. » Atque in hunc modum reprehendenda reprehendens et ad honesta provocans, monita salutis porrigebat eis.

1182. [*Ann. Prag.*] Valentinus episcopus obiit. Henricus sextus decimus successit, qui in episcopatu ducatum obtinuit postea.

1183. Conradus dux Moraviæ Pragam obsedit (177).

1184. Bohemi cum Moravis bellum commiserunt (178).

1185. Wenceslaus dux Pragam coactus obsedit, et spe fraudatus recessit (179).

1186. Eclipsis solis fuit. Mortalitas hominum facta est.

1187. Fridricus dux cum omnibus primatibus terræ suæ, similiter et dominus episcopus Henricus (180) cum abbatibus et universo clero vocati sunt ad curiam cæsaris, et magna synodus habita est (181). Ipso quoque anno Theobaldus a fratre suo (182) Fridrico jussus est capi, sed a quibusdam fautoribus præmonitus, fuga lapsus est.

1188. Iherosolima a paganis obsessa est et tradita Saladino.

VARIÆ LECTIONES.

[247] VI. *Gerl.* — [248] novum *pro* motum *Gerl.*

NOTÆ.

(169) Hoc factum esse a. 1161 vide apud monachum Sazavensem.
(170) a. 1167, teste Gerlaco.
(171) Imo a. 1157 cfr. continuatio Sazavensis.
(172) Dimissus est a. 1173.
(173) Mortuus est a. 1174.
(174) Teste Gerlaco, anno 1177.
(175) Eodem teste 1180.
(176) Eodem teste 1179.
(177) Anno 1182 factum est.

(178) Quod Gerlacus anno 1185 fuse narrat.
(179) Anno 1184.
(180) Henricus episcopus, filius Henrici, ut Fridricus dux, nepos erat Wladislai I ducis Bohemiæ.
(181) Ratisbonæ tempore quadragesimali, teste Gerlaco.
(182) Patrueli; Theobaldus filius erat Theobaldi I et nepos Wladislai I.

1189. Fridricus dux obiit. Conradus, Moraviæ duce Wenceslao permittente, per internuncium imlaudabilis dux, successit. Theobaldus recepit provincias suas. Romanus quoque imperator cum innumerabili multitudine christianorum contra paganos pugnaturus, ultra mare viam tenuit, et ibi in naufragio vitam finivit, et in Antiochia sepultus quiescit. Quem etiam multi nobiles Bohemicæ terræ primates cum duce Theobaldo secuti inopinata morte sunt præventi.

1190. Dux autem Conradus cum filio imperatoris in Apuliam est profectus, ubi famosissimum de se referens triumphum, heu! immatura morte est præventus,

Ossaque delata sua Pragæ sunt tumulata,
Quique gemant flentes super hunc et corde dolentes:
« Ach! ach! Conrade dux crebro commemorande,
Vivas in Christo mundo translatus ab isto! »

1191. Wenceslaus dux in solio paterno (183) consedit, quod vix in tribus mensibus possedit.

1192. Wenceslaus dux de solio pellitur. Prziemysl dux efficitur. Civitas Praga obsidione circumdatur, nec capitur. Tandem post tres menses, ipso peratoris nunciatur, in manus domini episcopi traditur. Dux autem Wenceslaus, dum in confinibus Zribiæ iter ageret, per insidias versipellis [249] marchionis (184) ejusdem provinciæ capitur, et in munitissima custodia clauditur, solo Spitigneo (185) evadente. Eodem anno dux Prziemysl (186) quorumdam Theutonum (187) provinciam vastavit, et imperatorem (188) ex hoc in iram concitavit. Dominus quoque episcopus ad limina sancti Jacobi apostoli causa orationis viam tenuit, quem imperator propter pecuniam sibi pollicitam detinuit, et sic impeditus, reversus est in Bohemiam.

1193. Intrante Martio dominus episcopus Henricus [250] ad imperatoris curiam regreditur, et intrante Augusto cum magna gloria et honore in Bohemiam cum ducello Spitigneo revertitur, gestans ab imperatore sibi tradita vexilla ducatus, non tamen obmittens nomen et dignitatem sui episcopatus.

1194.
1195.

I.
WENCESLAI I REGIS HISTORIA.

Igitur rex Wenceslaus anno primo et pluribus annis regni sui clerum secularem et religiosum multum dilexit, et ecclesias Dei ac ministros earum libentius honoravit. Procedente autem tempore, patre suo jam viam universæ carnis ingresso, civitatem Pragensem fecit murari, et alias villas forenses, quæ juxta vulgare nostrum dicuntur civitates, muniri præcepit lignis vel lapidibus, compellens religiosos et seculares clericos ad earumdem civitatum munitiones vel fossata constituenda. Quo regnante pluribus annis pax bona viguit. Prædones et latrones ecclesiarumque infestatores et alii quam plures malivoli gravamina vel molestias inferre cessaverunt, vel qui inferebant, deprehensi sententiam capitis subierunt. Sub ejus etiam temporibus adinventus est in Bohemia ludus tornamentorum, 1245, regni autem regis Wenceslai 15[251] — vel 16. Idem rex voluntati suæ carnis deditus, cœpit solitariam vitam amare, et castella vel domos ad hoc fabricatas cum paucis solus inhabitare, pace tamen bona et quiete per totum adhuc regnum ejus vigente.

Sub ejus etiam regni temporibus plures domus religiosorum fabricatæ sunt in civitate Pragensi, videlicet fratrum prædicatorum ad sanctum Clementem, fratrum minorum ad sanctum Jacobum, pauperum dominarum ad sanctum Franciscum, templariorum ad sanctum Laurentium, hospitaliorum vel stellariorum ad sanctum Petrum in vico Theutonicorum, et plures domus earundem religionum in regno Bohemiæ, rege prædicto annuente, sunt fabricatæ.

Anno dominicæ incarnationis 1249 (189) regni autem Wenceslai regis 20, 2 Kal. Augusti nobiles terræ Bohemiæ et natu majores filium ejusdem regis Wenceslai nomine Premisl sibi in ducem vel in regem acceperunt, et sibi fidelitatem in claustro Pragensis ecclesiæ juraverunt, patre penitus ignorante (190). Quod dum pater audivit, ægre tulit, sed sibi innata discretione dissimulavit. Anno vero regis Wenceslai regni sui 21, prædictus rex cum copioso exercitu Bohemorum et Australium et Ungarorum Bohemiam intravit, et in Wissegrad castro suo cum exercitu resedit Idus Februarii. Octava autem die inde recessit, et flumen Wltavam

VARIÆ LECTIONES.

[249] vrsipellis 2. [250] *manu antiqua, non tamen coæva, supra scriptum est* Brzyeczizlaus. [251] quinto 2.

NOTÆ.

(183) Filius erat Sobezlai I.
(184) Misnensis Ottonis.
(185) Duce Brunnensi.
(186) Wladislai II regis filius.
(187) Bavarorum.
(188) Heinricum VI.
(189) Quæ sequuntur a. 1248 gesta esse ex ipsa narratione apparet.

(190) De his temporibus Otakarus in tabula quadam scripta a. 1256, quam laudat Palackius II, 131 hæc refert: *Tempore afflictionis nostræ et miseriæ, quando videlicet dira et crudelis persecutio parentum nostrorum nos extra terminos terræ nostræ despecta pietate et sine culpa nostra voluit effugare*, etc.

sub villa Buben cum omni exercitu suo secure transvadavit; et veniens in claustrum in monte Syon (191), aliquot diebus ibi mansit, exercitu suo circa et ultra montem et in claustro Brzewnow commorante. Unde sexto die profectus, ad civitatem Zatecz accessit, et eam suo dominio sine Marte subjugavit, alias autem plures villas vastavit, prædavit, incendit. Circa finem anni prædicti et initio anni sequentis, in hyeme tamen, multa facta sunt incendia in regno Bohemiæ.

Composita itaque pace et firmata juramentis concordia, ac confectis super hoc instrumentis, rex viam tenuit versus Liutomierzicz, mandans universis ecclesiæ Pragensis diœcesis prælatis et canonicis, ut infra octo dies sibi occurrant, pro viribus suis sibi assistere non obmittant, dato super eodem negotio a domino papa Innocentio IV exsecutore domino Misnensi episcopo (192), quod si prælati ecclesiarum Bohemiæ et canonici non curassent regi occurrere, et eidem pro viribus suis assistere, excommunicatione plecterentur et suis beneficiis tandem privarentur. Super eodem etiam negotio litera novi regis Almanorum (193) similem pœnam continens fuit oblata; et canonicis et aliis clericis in ecclesia Pragensi publice fuit recitata. Filius autem regis credens illam pacem esse veram et non simulatoriam, veniens cum suis Pragæ habitavit, urbi et civitati firmissimam adhibens custodiam, ac deinde ad alia quæ sibi in sortem evenerant transivit oppida et castella.

Interea rex moram faciendo in Liutomierzicz infra aliquot septimanas copiosum congregavit exercitum, ubi plures prælatorum ecclesiarum et quidam canonicorum eidem occurrerunt, ac suas eidem personas et xenia rerum varia cum servitio fideli præsentaverunt. Rege interim suam cum suis fidelibus curiam in eadem civitate celebrante, mittitur edictum et per omnia fora vicina proclamatur sub obtentu gratiæ regalis ac pœna sententiæ capitalis evitanda, quatenus omnes injuriarum molestiæ, spolia villarum et rapinæ cessare debeant, et omnes tam nobiles quam pauperes pace tranquilla gaudeant. Celebrata igitur curia et consilio valde secreto habito, rex cum suo exercitu iter arripuit procedens versus Saczska, in qua processione plures peregit noctes, quibus plurima gravamina pauperibus sunt illata, et plures villæ omnibus rebus spoliatæ, ac varia et inaudita commissa sunt facinora. Tandem perveniens Saczska in sua pausavit munitione, dicens se processurum versus Moraviam, deinde versus Ungariam; sed aliter rei probavit eventus.

Imminente siquidem festo assumptionis gloriosæ Virginis (Aug. 15), filio regis interea in castro Pragæ commorante, rex missis militibus suis Nonas Augusti civitatem (194) cœpit, ut creditur, quibusdam civibus eam sibi tradentibus, et codem die post meridiem eamdem cum suis intravit. Cui episcopus Nicolaus cum fratribus minoribus solemniter occurrit, ac eum cum processione et magna utriusque sexus turba, signis per omnes ecclesias civitatis sonantibus, honorifice suscepit, et in ecclesiam sancti Francisci cum magno populi gaudio deduxit. Filius autem regis, qui tunc manebat in castro, intelligens placitum patris sui penitus violatum, et civitatem videns esse captam contra suam voluntatem, castro Pragensi fidelibus suis ad custodiendum commisso, se ad loca transtulit tutiora. Quidam vero de fidelioribus suis, quibus episcopalis curiæ (195) defensio erat commendata, videntes vires suas ad ejus tutelam non posse sufficere, omnibus in ea rebus noctu sublatis, eadem nocte eam incenderunt, et onusti variis rebus ad castrum confugerunt. Sequenti vero die (Aug. 6) rex missis militibus suis turrim, quæ sita est circa pedem pontis, et curiam episcopalem adhuc fumantem cepit nullo resistente, et in eis præsidium fortium virorum. Inde cum suis consilio habito et placito suo jam secundario violato, quod filio suo et nobilibus terræ bona fide promiserat, ordinavit exercitum ad expugnandam urbem (196) Pragensem, disponens viros bellicosos versus orientem, versus occidentem et versus aquilonem, qui prædictam urbem impugnarent[282], ac neminem urbem intrare vel exire permitterent. Viros etiam impios de Gihlaw (197) duxit, et machinas plures contra urbem erexit; dominas etiam de claustro (198) exire mandavit. Nobiles autem quidam cum suis ministerialibus, qui ad custodiam urbis prædictæ fuerant relicti, modis omnibus resistebant, et muros urbis viriliter defendebant arcubus et balistis. Superveniente au-

VARIÆ LECTIONES

[282] impugnarant 2

NOTÆ.

(191) Id est Strahoviense.
(192) Innocentii IV litteræ [ad Conradum episcopum Misnensem, datæ die 22 April. 1249, exstant apud Boczek III, 106, in quibus hæc leguntur: *Sed idem* (Otakarus) *quorundam baronum regni Boemiæ — ductus iniquis persuasionibus et seducius una cum ipsis — crudeliter prædictum regem persequitur et hostili persecutione impugnat, in detrimentum personæ ac status ipsius regni cum Conrado, nato Friderici quondam imperatoris, duce Bavariæ, et aliis ecclesiæ persecutoribus fedus amicitiæ ac societatis dampnabiliter ineundo, in quibus omnibus episcopi Pragensis et quarundam aliarum personarum ecclesiasticarum ejusdem regni dicitur esse manus*. Quibuscum conjungenda epistola sequens de rege absolvendo a jurejurando quod filio de regni cessione fecerat.
(193) Willelmi.
(194) Veterem, *die Altstadt*.
(195) Ea urbis pars quæ appellatur hodie Kleinseite.
(196) Arcem.
(197) Sunt metallici qui Iglaviæ fodinis operam dabant, qui machinarum exstruendarum erant periti.
(198) S. Georgii.

tem gloriosæ Virginis assumptione, rex militibus suis et castri defensoribus treugas imposuit, ut nullus de suis vel adversariis tam solemni die aliquid molestiæ vel alicujus dolorem læsionis pateretur. Nemini tamen de habitatoribus castri ad civitatem veniendi licentiam indulsit. Fuit itaque nimia aquæ penuria hominibus in castro obsessis, et pabuli defectus equis et pecoribus in tantum, ut si plures dies obsessio castri protraheretur, homines et equi ac pecora simul præ nimia aquæ carentia ac pabuli defectu mori cogerentur. Transacta igitur solemnitate beatæ Virginis secure et pacifice rex sequenti die (Aug. 16) suam festivitatem celebravit, et magnificum suis [253] principibus, clericis ac laicis præparare fecit convivium. Quoniam ipso die omnibus indutus ornamentis regalibus ad ecclesiam sancti Francisci venit, et coronam regalem per manus episcoporum, Pragensis videlicet et Olomucensis, capiti suo impositam suscepit; et sic clamide regali indutus ac pomum et sceptrum in manibus gestando, sacra missarum solemnia ecclesiam intravit auditurus, et audivit devotius quam missam Olomucensis episcopus celebravit, et ad ejus officium plurimos cereos pro gratia vel favore regis procuravit. Quibus finitis, ventum est ad convivium, quod erat secundum magnificentiam regiam præparatum, cui episcopi supradicti et aliarum ecclesiarum prælati interfuerunt. Nobiles vero Bohemiæ, secundum suorum officia beneficiorum, diverso gloriæ apparatu ornati, decenter ad illud ministraverunt. Missum est etiam a rege pro filio suo et baronibus sibi adhærentibus, ut ad ejus præsentiam quantocius venirent, ac de reformatione pacis et statu terræ meliore secum tractarent. Filius denique ad patrem veniens, se per omnia patri subdidit, et pro omnibus nobilibus, qui se offenderant, supplicavit. Ad cujus precum humilitatem filium et nobiles in plenitudinem suæ gratiæ suscepit, ac ipso die omnibus cum lacrymis oscula pacis porrexit. Interea filius ex ammonitione suorum, vel ut melius dicam, necessitate, castrum Pragense et alia castra in manus patris resignavit, et se penitus subdendo patri cum suis omnibus suæ gratiæ commendavit, dicens se libentissime fore contentum, quibus largitas ipsius ipsum esse contentum voluisset. Super quo rex multo tractatu habito, marchiam Moraviæ cum omnibus attinentiis filio concedit, media duntaxat moneta Giglaviæ sibi retenta, et sic eum a se recedere gratuita licentia permisit. Postea rex cum suis fidelibus salubri inito consilio, feria sexta circa crepusculum diei, quæ tunc occurrebat 13 Kal. Septembris, castrum Pragæ pedester intravit, ejectis tamen prius omnibus, qui fuerant ejusdem castri custodes, ubi in porta castri a prælatis et clero ecclesiæ cum processione receptus est, et honorifice ad ecclesiam deductus cum hymnis et laudibus, signis majoribus ecclesiæ majoris resonantibus, ac populo et nobilibus terræ qui tunc aderant *Hospodin promiluy ny* resonantibus. Rege tunc temporis infra castrum commorante, privilegium de omni libertate quam petierant domino episcopo et canonicis majoris ecclesiæ conceditur, et scriptum ac sigillis regalibus confirmatum, in manus episcopi donatur duplicatum. Rex autem tribus diebus in castro commoratus, et ad suæ beneplacita voluntatis rebus ordinatis, quarto die, quæ tunc occurrebat 9 Kal. Septembris, primo mane castrum est egressus, et ad castella sua viam arripuit, in quibus prius solitus fuerat habitare. Post evolutionem vero quatuor septimanarum rege in quodam castello Tyrow. (199) nominato commorante, filius ejus cum quibusdam nobilibus ad eum accessit, petiturus sibi et fidelibus suis gratiam ampliorem, quam per plures nuncios eidem filio et nobilibus promiserat, si ad ejus in præfato castello veniret præsentiam. Tunc rex nacta opportunitate, quam animo suo diu conceperat, filium suum et quosdam nobiles in eodem castello detinuit, ac penitus immemor suæ promissionis, filium suum in quandam munitionem firmissimam (200) transmisit custodiendum. Nobiles autem terræ remisit ad castrum Pragæ districtissime præcipiens eos binos et binos in singulis carceribus detrudi cathenatos.

II.

ANNALIUM PRAGENSIUM PARS I.

1196. 17 Kal. Julii obiit Henricus [254] episcopus (201), qui fuit dux Bohemiæ.

1197. Dux Spitigneus superavit Prziemysl ducem. Eodem anno cæcatus est. Hic Przemysl a Philippo imperatore coronatus est.

VARIÆ LECTIONES.

[253] ita 2 posito erronee super u *signo contractionis* er, quasi legendum sit servis. [254] eadem manu hic supra scriptum Brzieczislaus

NOTÆ.

(199) in circulo Pilsensi situm, quindecim milliaria a Praga distans, Pubitschka IV, 2, p. 238.
(200) Frauenberg.
(201) Obiit a. 1197. teste Gerlaco et bulla confirmationis a Coelestino III pontifice coenobio Teplensi 7 Aug. 1197 data, ubi legitur : *Bonæ memoriæ Henricus Pragensis episcopus dum curam ducatus Bohemiæ gereret.* Cujus bullæ mentionem fecit continuatoris editor Viennensis, p. 62. Diem 14 Junii Henrici supremum exhibet Kalendarium Doxanense Balbin., Epit. hist. Boh., p. 247.

1199. rex [225] Prziemysl sublimatur in regem (202), et dimissa uxore sua (203) duxit Constantiam sororem regis Ungariæ (204).

1198. Brzieczislaus dux et episcopus ab hoc seculo migravit (205).

1199. Fridricus episcopus quartus decimus obiit. Daniel secundus eligitur in episcopum. Wladislaus [256] de ducatu cedit fratri Prziemysl, et hic ibidem suscepit ducatum (206).

1200.

1201. terræ motus fuit ubique.

1202.

1203. Conradus dux Moraviæ Pragam obsedit [257]. Rex Prziemysl rebellans Philippo regi, Ottoni imperatori fecit hominium (207).

1204. sanctus Procopius canonizatus est. Eodem anno Bohemi cum Moravis bellum commiserunt.

1205. rex Prziemysl in gratiam Philippi rediit, et obsides pro 7000 marcarum dedit.

1206. dux Lestko (208) cum fratre Conrado (209) occiderunt Romanum regem Prutenorum (210). Philippus cepit Coloniensem episcopum (211), et Ottonem fugavit.

1207. sol eclipsim passus est. Eodem anno Gunegundis, filia regis Philippi, data est in matrimon'utt Wenceslao (212) filio regis Prziemysl.

1208 Philippus occisus est imperator ab Ottone palatino.

1209. Otto Romæ imperator efficitur.

1210. Conradus dux in Apulia obiit. Otto excommunicatur.

1212. allatio reliquiarum Thomæ, Jacobi, et Thaddæi apostolorum, et sancti Mauritii de Theutonia in Pragam. Cyrininus (213), camerarius regis Bohemiæ, pellitur de provincia a rege et ab universis primatibus. Fridricus rex Siciliæ venit in Theutoniam.

1211. rex Prziemysl rebellat imperatori, et Chyrninus ejicitur de Bohemia.

1213. regina Ungariæ interfecta est (214).

1214. Daniel secundus, Pragensis ecclesiæ episcopus, obiit ; cui Andreas succedit.

1215. Andreas ordinatus in episcopum Pragensem Romæ in die sanctæ Cæciliæ (Nov. 22) concilium Romæ celebratur.

1216. fratres sancti Adalberti portati sunt in Pragam. Eodem anno 4 Idus Aprilis Andreas episcopus posuit interdictum in Bohemia a divinis et a sepultura (215), deinde Romam declinavit (216).

1217. 4 Kal. Junii archiepiscopus Magontinus (217) Bohemiæ interdictum relaxavit (218). Eodem anno multitudo christianorum ultra mare profecta est.

1218. episcopus Wratislaviensis Laurentius cum Theobaldo (219) duce Bohemiæ in Prussiam profecti sunt.

1219. hyems calida fuit et pluviosa. Eodem anno episcopus Andreas Pragensis secunda vice posuit Bohemiam sub interdicto

VARIÆ LECTIONES.

[255] in margine 2. manu paulum recentiori dux. [256] Wadislaus 2. [257] Verba [Conradus — obsedit lenu calami ductu transfixa sunt in 2.

NOTÆ.

(202) Moguntiæ eodem tempore quo Philippus rex coronatus est, vide Gerlaci ultima verba.

(203) Adela filia Ottonis marchionis Misnensis ; de quo divortio Innocentius III papa litteras dedit, ad archiepiscopum Magdeburgensem d. 1 Oct. 1199, Boczek II, 353.

(204) Andreæ.

(205) De duplice hoc Heinrici nomine ex tabulis testimonia attulit editor Viennensis, p. 61.

(206) Imo anno 1197 hæc facta sunt

(207) De quo vide litteras Innocentii III datas 11 Dec. 1203 ; Boczek III, 19 et Ottonis IV epistolam ad pontificem Rom. ibid., et nomen regale Bohemis papa eodem anno 1204 confirmavit ; vide Palacki II, 67.

(208) I. e. Leszeck dux Cracoviæ et Sendomiriæ.

(209) Duce Masoviæ.

(210) Errat ; legendum est Ruthenorum ; Romanus est dux Wladimiriæ et Haliciæ, quem fratres illi anno 1205 apud Zawichost haud procul a Sen-

domir fugarunt ; de quo fusius disseruit Roepell I, 407.

(211) Brunonem, de quo Arnoldus Lubec. VII, 5.

(212) Qui natus erat 1205.

(213) Cernin qui Wratislai, Otakari filii majoris, partibus favisse videtur, quem Otto IV anno 1212 Norimbergæ regem Bohemiæ fecerat ; Palacki II, 73.

(214) Gertrud, a Benedicto bano Croatiæ.

(215) Ob libertatem ecclesiæ negatam et investituram a laicis factam.

(216) Quam intravit mense Martio 1217. Cfr. Ann. Pragens.

(217) Sigefridus.

(218) Cfr. litteræ Honorii III, XIII Kal. August. 1214 scriptæ, Boczek II, 93 et sequentes annis 1218, 1219 datæ.

(219) Tertio. Vid. Voigt Geschichte von Preussen I, 445.

1220. Poloni a Pruzis occisi sunt, et a Ruthenis furore gladii interfecti, et a fossoribus auri mactati miserabiliter interierunt.

1221. Gregorius cardinalis (220) a rege Prziemysl et ab universo clero honorifice susceptus, ecclesias aperuit et interdictum relaxavit. Honorius (221) papa confirmavit ordinem prædicatorum.

1222. Wladislaus dux Moraviæ, frater regis Prziemysl, obiit (222). Eodem anno stella insolitæ claritatis in occidente mundo apparuit.

1223.

1224. Andreas episcopus Pragensis Romæ existens in exilio obiit. Eodem anno Peregrinus electus est in episcopum Pragensem.

1225. Conradus cardinalis (223) Bohemiam intravit. Wladislaus marchio Moraviæ (224), frater regis Wenceslai, obiit.

1226. Prædicatores receperunt domum in civitate Pragensi.

1227. 14 [258] Kal. Januarii Johannes (225) episcopus consecratus est (226). 17 Kal. Septembris consecratum est altare sanctæ Katherinæ virginis.

1228. Wenceslaus rex consecratus est cum uxore sua Cunegunde regina in ecclesia Pragensi a venerabili Ziffrido Maguntino archiepiscopo in dominica qua cantatur: *Esto mihi*. 16 Kal. Julii consecrata est capella sancti Thomæ (227).

1229. Legatus apostolici, Symon dictus, omnium proventuum decimam quæsivit ab ecclesia. Idem Symon omnes conventuales ecclesias a divino suspendit officio.

1230. Prziemysl dux obiit 18 Kal. Januarii.

1231.

1232. fratres minores receperunt domum Pragæ. Sancta Elyzabeth canonizata est.

1233. Agnes, filia regis Prziemysl, assumpsit habitum pauperum dominarum.

1234. claustrum ecclesiæ Pragensis reparatum est de lapidibus et testudinatum

1235. Vitus factus est canonicus ecclesiæ Pragensis 2 Kal. Januarii.

1236. Johannes episcopus Pragensis 21, obiit 16 Kal. Septembris, cui Bernhardus successit

1237.

1238.

1239. Bernhardus episcopus Pragensis obiit (228), cui Nicolaus successit.

1240. timor Tartarorum magnus irruit super Bohemos. Eodem anno Nicolaus episcopus Romæ consecratus rediit, in sede sua receptus 5 Kal. Augusti (229). Constantia regina obiit Idus Decembris (230).

1241. pagani qui Tartari dicuntur multa regna christianorum destruxerunt (231); et Vitus decanus electus est in ecclesia Pragensi 10 Kal. Octobris. Ibidem Colmannum, fratrem regis Ungariæ, sagittaverunt et Ungariam totam depopulaverunt, et Henricum ducem (232) Poloniæ in bello occiderunt cum exercitu ejus in ipsa Polonia (233) 3 Nonas Octobris eclipsis solis facta est post meridiem, ita ut putaretur crepusculum ab hominibus.

1242. Fridricus dux Austriæ Moraviam vastavit, et eam cum magno damno confusus exivit, intrante Wenceslao rege Bohemiæ in ipsam Moraviam causa experiendi belli fortunam (234).

VARIÆ LECTIONES.

[258] *Scriptum fuerat 23, sed correctum a coæva manu 14.*

NOTÆ.

(220) Gregorius de Crescentio S. Theodori diaconus ordinatus, qui legatus in terras septentrionales missus est. Vide Honorii III litteras annis 1220 et 1221 datas; Boczek II, 119.

(221) Tertius.

(222) in præcepto VII Kal. Sept. 1222 dato meminit rex fratris Wladislai piæ recordationis; Boczek II, 142.

(223) Portuensis episcopus et S. Rufinæ cardinalis, qui mense Maio Pragæ commorabatur. Ibid., II, 165.

(224) filius Otakari regis, succesor illius Wladislai, de quo supra.

(225) secundus.

(226) Peregrinus, quem Andreas episcopus excommunicaverat, Honorii III jussu anno 1225 munere se abdicaverat.

(227) De coronatione Otakarus et Wenceslaus reges anno 1228 præceptum scribi jusserunt, quod vide Boczek II, 186.

(228) anno 1240. Cfr. Palacki Italienische Reise, p. 28.

(229) quod factum est a. 1241.

(230) Excidisse videtur numerus; nam Nonis Decemb. 1240 scriptum est Constantiæ testamentum, et VII Idus Dec. dicit Wenceslaus rex, matrem iter universæ carnis ingressam esse. Cfr. Boczek II, 580, 381.

(231) De clade a Tartaris confecta cfr. litteras Wenceslai regis et Gregorii IX papæ apud Boczek III, 8-29 et Palackii commentationem Ueber den Mongoleneinfall von 1241 in Abhandlungen d. königl. Böhm. Gesellschaft der Wissenschaften V, 2, p. 371.

(232) Vratislaviæ.

(233) haud procul a Lignitia in campis Wahlstadensibus.

(234) Cfr. Chronic. Garstense ad h. a. ap. Rauch. SS. rerum Austriæ. I, 52.

1243. soldanus Babyloniæ cum maxima multitudine paganorum qui Corozini dicuntur terram sanctam intravit, et civitatem sanctam Jerusalem et templum cum sancto sepulcro Domini totaliter destruxit, viros et feminas cum pueris indifferenter occidit. Longa via claustri versus aquilonem depicta est.

1244. ecclesiam sancti Jacobi fratrum minorum consecravit. Eodem anno claustrum Pragense depictum est.

1245. reconsecratum est altare sancti Wenceslai, et altare sanctorum evangelistarum consecratum est 2 Nonas Octobris. Innocentius papa Lugduni concilium celebravit, in quo Fridricum imperatorem per diffinitivam sententiam deposuit, ipsum a communione fidelium separando propter hæresim contra eum probatam. Et loco ipsius lancravius Duringiæ Henricus nomine electus est in regem Almaniæ (235). In eodem concilio Conradus depositus est, qui fuerat in Olomucensem episcopum per laycalem potentiam intrusus (236), cui dominus Brinno substitutus (237).

1246. Fridricus dux Austriæ ab Ungaris in bello occisus est (238), et filia (239) fratris sui senioris, Henrici quondam ducis Austriæ, cum Wladislao, filio regis Bohemiæ, matrimonium contraxit, et per hoc Wladislaus habebat Austriæ ducatum. Mortuo etiam tunc Meskone duce Poloniæ (240) sine liberis, primates ejusdem ducatus Wladislaum prædictum sibi in ducem accipiunt, se et sua jurisdictioni suæ omnino subdendo.

1247. Wladislaus obiit, filius regis Wenceslai, qui Fridrico successerat in Austriæ ducatu.

1248. rex Wenceslaus de solio pellitur. Regina Cunegundis obiit Idus Septembris. Studium Pragæ periit (241). Multæ domus in civitate Pragensi et in toto regno Bohemiæ plurimæ villæ combustæ sunt. Custodes ab ecclesia Pragensi recesserunt. Rex Franciæ cum exercitu suo transfretavit feria sexta ante penthecosten (242). Bohemi et Moravi in Ponte (243) victi fugierunt.

1249. 11 Kal. Aprilis episcopus Nicolaus suspendit ecclesias in sua diœcesi constitutas a pulsatione campanarum et omni ornatu ecclesiæ sollemni, duabus tantum campanis minimis ad pulsandum et ornatu quadragesimali pro festo ad officium concessis, in festo quantumlibet magno occurrente (244). Eodem anno Wissegradensis ecclesia combusta est.

1250. 6 Non. Julii grando magna cecidit post meridiem, quæ multa damna intulit segetibus autumnalibus et vernalibus, vineis, arboribus pomiferis et aliis, multamque stragem fecit pecorum, volucrum diversi generis, silvestria etiam animalia plura peremit; in plerisque locis regni Bohemiæ et maxime circa Pragam homines quoque et jumenta multa submersa, et ædificia et granaria plurima turbine diruta. Quæ grando duravit indissolubilis infra septem dies, et miræ fuit magnitudinis et triangula, et quædam musco permixta, quam etiam nimia pluviæ secuta est inundatio.

Eodem anno rex Wenceslaus collegit collectum per universum regnum suum de singulis araturis accipiens.

Eodem anno 16 Kal. Januarii hora tertia, dum miles Pertoldus eques transiret per pontem, et venisset ad turrim quæ est in fine pontis, duo corvi moverunt lapidem de summa carceris arce, qui veniens cecidit super caput ejusdem Pertoldi, a cujus ictu cadens de equo illico exspiravit. Eodem anno 16 Kal. Decembris Vitus decanus Pragensis, mandato regis Wenceslai accepto, venit ad eum in castellum Tyrow, et sequenti die ad mandatum regis cinxit gladio Ursum, villicum regis in Velis, in ecclesia sancti Johannis Baptistæ coram quibusdam Bohemiæ nobilibus. Eodem anno Cztibor judex 4 Kal. Januarii in Petrzin monte gladio decollatus est, et filius ejus Jaros extra muros civitatis rotatus est (245).

1251. 18 Kal. Februarii receptæ sunt reliquiæ cum totius fere populi concursu, et cum totius civitatis cleri precessione extra muros civitatis versus Wissegrad, quas dominus papa (246) misit Agneti, sorori regis Wenceslai, et aliæ quas minores fratres attulerunt; et delatæ sunt in ecclesiam sancti Francisci.

Eodem anno Wenceslaus rex Bohemiæ processit ad expeditionem versus Bavariam (427) cum multo exercitu Bohemorum et Moravorum, a quibus transeuntibus multa mala, spolia, incendia et alia damna infinita perpetrata sunt in Bohemia, pluribus in villis lacrymantibus usque misellis. Rege interim cum suis

NOTÆ.

(235) quod factum est in loco Hochheim die 22 m. Maii 1246. Cfr. Böhmer reg. imperii 1246-1313, p. 1.

(236) Conradus canonicus Hildeshemensis et frater Friderici imperatoris, cui opposuerant Willemum magistrum, de quo vide Gregorii IX litteras Lib. April. 1241 datas ap. Boczek III, 1 et Innocentii IV, a. 1243, ib., p. 29.

(237) antea præpositus Lubecensis, e domo comitum Holsatiæ oriundus, qui electus est cum Willelmus a munere sponte se abdicasset. Epist. Innocentii IV dat. 20 Sept. 1245. l. c. et sqq.

(238) in prælio ad Leitham commisso die 15 Jun. 1246.

(239) Gertrud; cfr. Pernoldus ad a. 1246.

(240) Est dux Opoliensis.

(241) Quid sibi velint hæc verba Balbinus Pubitschka, Palacki frustra quæsiverunt.

(242) mense Junio quo celebrabatur Pentecostes festus Parisios reliquit Ludovicus IX; die 25 m. Aug. 1248 in altum mare evectus est.

(243) l. e. apud Brüx castellum fugati sunt illi qui contra Wenceslaum regem seditionem moverant. Cfr. Pulkava ad h. a.

(244) Favebat enim episcopus primum partibus inimicorum regis.

(245) De his vide Palackium II, 136.

(246) Innocentius IV.

(247) Quod factum est quia Bavariæ duces Austriam recuperare nitebantur.

ad sua castra revertente, filius ejus cum omni exercitu intravit Bavariam, et magnam partem ejus vastavit, incendit et diversis malis afflixit. Tandem treugis interpositis cum duce Bavariæ (248) supplicante ad Kal. Maii, reversus est ad propria; Bohemi vero revertentes multa pecora traxerunt secum de Bavaria, præcipue Pilznenses. In purificatione vero sanctæ Mariæ (Febr. 2) episcopo prædicante magna vis ventorum exorta est, et aer obscuratus est, ita ut vix poterant hominum vultus dignosci; postea nix magna in plerisque partibus Bohemiæ descendit, qualem non meminit ætas nostra. 5 Idus Martii episcopus Nicolaus celebravit ordines in Tyn (249), in ecclesia sancti Christophori, et ibidem electum Pataviensem (250) in diaconum ordinavit.

Eodem anno Gallus factus est sacrista. Kalend. Aprilis episcopus Nicolaus celebravit ordines in ecclesia sancti Francisci, ubi Salzburgensem electum (251) in diaconum, et Pataviensem electum in presbyterum ordinavit. 5 Idus Aprilis (252) et die palmarum electus Pataviensis Bertholdus promotus est in episcopum in ecclesia Pragensi, præsentibus quinque episcopis et benedicentibus eum, et sexto Salzburgensi electo; quo die data est indulgentia 7 annorum et 280 dierum, singulis episcopis et electo indulgentibus annum unum et 40 dies. 8 Idus Augusti primo crepusculo orta est magna vis ventorum et choruscationum et tonitruum. Item 19 Kal. Septembris similia orta fuerunt et terribilia. Iterum 15 Kal. ejusdem mensis media nocte similia orta fuerunt, de quorum gravi impulsu multa ædificia ruerunt, horrea funditus eversa sunt, homines plerique fulminati, fruges grandine percussæ, fructus arborei excussi, vineæ læsæ per totam diocesim Pragensem. Annona male provenit et præcipue hyemalis. Papa exegit mille marcas argenti a clero Bohemiæ eodem anno. Item eodem anno prope festum sancti Wenceslai (Sept. 29) pecunia in auro ad valorem mille marcarum argenti in pondere Polonico (253) ab universo clero regni Bohemiæ collecta, in Poloniam est delata et domino Thomæ Wratislaviensi episcopo assignata.

Eodem etiam anno pulli equarum nati sunt, signa videntibus prætendentes, ac si fuerint triennes. Nimia etiam siccitas fuit, propter quam homines seminare non valuerunt in Augusto, in Septembri et Octobri medio. Hoc etiam anno male provenerunt annona, vinum, fructus arborei. Presbyter quidam de Bernarticz nomine Martinus capitur, et in carcere publico ad pedem pontis spoliatus miserabiliter retruditur, et 15 Kal. Decembris de carcere absolvitur. Pridie Kal. Decembris excommunicati et denuntiati sunt in ecclesia Pragensi abbas de Milewsk (254), præpositus, prior, supprior, ecclesiasticus, plebanus de Czerwen, magistri curiarum ejusdem monasterii, et omnes ecclesiæ eorum positæ sub interdicto propter querimoniam Martini.

Eodem anno 11 Kal. Decembris Austria subdidit se regi Bohemorum Wenceslao, ad cujus possessionem habendam missus est filius regis Prziemysl, qui intravit civitatem Viennam et alias civitates et urbes et castella (255).

Eodem anno Bartholomæus canonicus Pragensis privatus est præbenda sua per capitulum Pragense, episcopo Nicolao consentiente et confirmante sententiam capituli, quam idem Bartholomæus in anno præterito contra se ipsum tulerat et in scripto redegerat, propter varios excessus et continuam absentiam chori. Hyems temperata fuit, nec nimis aspera neque lenis.

1252. Prziemysl, filius regis Wenceslai, celebravit nuptias in Henburk (256) 3 Idus Februarii (257), ducens in matrimonium dominam Margaretham viduam (258), filiam Leopoldi ducis Austriæ jamdudum defuncti.

Eodem anno in quadragesima, quæ occurrebat 13 Kal. Martii, frater Hugo, presbyter cardinalis tituli sanctæ Sabbinæ, apostolicæ sedis legatus (259), accepit procurationes nomine legationis suæ a clero Bohemiæ, tam religioso quam seculari, licet in Almania constitutus.

Eodem anno tempore veris et ante initium æstatis erectus est chorus in ecclesia Pragensi, et capella sancti Michaelis dilatata, et etiam palatium a parte occidentali est constructum. Eodem anno 14 Kal. Junii

NOTÆ.

(248) Ottone.
(249) Tyn Horsswicz in circulo Pilsensi.
(250) Bertholdum.
(251) Philippum, filium Bernhardi ducis Karinthiæ, nepotem Wenceslai regis.
(252) Ita legendum est, non Id. Apr., ut habet codex, nam palmarum dies incidit in 9 Apr.
(253) De pondere Polonico, quod minoris erat pretii quam Bohemicum, vide Pubitschkam IV, 2, p. 247.
(254) Mühlhausen.
(255) Ipse Otakarus in præcepto scripto 29 Apr. 1253 ita testatur : *Cum post obitum nobilium principum Austriæ et Styriæ propter insolentem nimis turbationem iidem principatus sic anxie vexarentur, — ut jam — justitia et par extra easdem provincias exularent, nosque in occursum tanti discriminis pietatis innatæ moti clementia, et per nobiles ducatus eorumdem, comites et barones provide invitati*, etc. Cfr. Hormayr Archiv. 1828, n. 61. At jam die 16 Nov. Otakarus ducem Austriæ se appellat ap. Boczek III, 144.
(256) Haimburg.
(257) Pernoldo teste, nuptiæ celebratæ sunt die 8 m. Aprilis 1252.
(258) Heinrici VII regis, filii Friderici II imperatoris, quæ Friderici, ultimi Austriæ ducis, soror nata erat annos 46, cum Otakaro juveni nuberet. Cfr. de Margaretha Lambacher OEsterreichisches Interregnum, p. v, 43.
(259) Qui jam anno 1251 exeunte Pragæ commorabatur, ut probant litteræ ejus ap. Boczek III, 154.

occurrit festum penthecosten; tunc in vigilia penthecosten et in die sancto magnum frigus inhorruit, et nix in plerisque locis descendit, a quorum asperitate multa jumenta, oves et pecora mortua sunt. Eodem anno capella sancti Michaelis in ecclesia Pragensi 12 Kal. Junii dedicata est a venerabili patre, domino Nicolao episcopo Pragensi. Pabuli sive straminum magnus defectus fuit. Ver fere totum siccum fuit, cujus finis satis humidus erat; fames satis dura in fine veris et in initio æstatis.

Eodem tempore multitudo Comanorum (260) de finibus Ungariæ procumpens, multa millia christianorum in Moravia peremit, nulli penitus sexui parcens vel ætati. Inter quos multi clericorum perierunt.

Idus Junii profluxit sanguis de pede crucifixi in ecclesia sancti Georgii Pragæ, Pomieno, judice regis Bohemorum, adorante et manu sanguinem de pede crucifixi detergente.

Eodem anno hyemalia mediocriter in plerisque partibus provenerunt, æstivalia fere penitus defecerunt excepto milio.

Eodem anno 12 Kal. Junii fundatum est hospitale ad pedem pontis, in ripa fluminis Wltavæ, a fratribus stelliferis ad honorem sancti Spiritus. Hoc anno byems aspera fuit et glacies grossa ad duas ulnas. Eodem anno turres Pragensis castri et ad pedem pontis munitæ sunt.

1253. prope festum annunciationis (Mart. 25) plures episcopi convenerunt ad regem Bohemiæ in veteri castello, inter quos adfuit Salczburgensis electus, et Bambergensis episcopus (261), Ratisponensis (262), Misnensis, Pataviensis, Olomucensis et alii episcopi, quos omnes rex Wenceslaus benigne suscepit, et per plures dies magnis expensis honeste pertractavit. Quare autem venerint vel quid cum rege fecerint, manet incognitum.

Legatus etiam apostolicæ sedis, frater Hugo, per fratrem Gerhardum ordinis prædicatorum petiit secunda vice et accepit 50 marcas a clero Pragensis diœcesis. Quarto autem Idus Junii cereus baptismalis in ecclesia Pragensi circa medium noctis corruit et in plures partes contritus est, ejus summitas hæsit in portica.

Eodem quoque anno civitas Pragensis murata est versus aquilonem et occidentem, et curia episcopalis ad pedem pontis posita alienata est ab episcopo Nicolao Pragensi, et munita vallis et propugnaculis. Ecclesia quoque sanctæ Mariæ cruciferorum munita est vallo, muro et propugnaculis. Timor etiam magnus Chomanorum et aliorum extraneorum irruit super Bohemos, quorum impetum rex Wenceslaus præcavens, collegit expensas in frumento, vino, melle, pernis, sale et caseis ab omnibus religiosis Pragensis diœcesis et villicis suis et a quibusdam civitatibus, certam summam cuilibet assignans reddendam in numero et mensura, et reposuit easdem in ecclesia sancti Georgii in castro Pragæ, cujus ecclesiæ sanctimoniales coactæ sunt exire de claustro et in civitate commorari, quod factum est 16 Kal. Julii. Chomani etiam erumpentes de Ungaria, seu alii latrunculi cum eisdem 7 Kal. Julii multa millia christianorum occiderunt in Moravia circa Olomucz, infinitique sunt submersi fugientes a facie eorum. Rex etiam Ungariæ eodem tempore superveniens cum infinita multitudine suorum et aliarum nationum, multa damna intulit Moraviæ, quosdam occidens gladio, quosdam captivans misit in exilium, nulli sexui vel ætati parcens, fere totam Moraviam rapinis et incendiis vastavit (263). Munitiones etiam plerasque quas obtinere potuerunt vastaverunt et incenderunt, campanas ecclesiarum et reliquias de altaribus fractis rapuerunt et secum asportaverunt, ecclesiis in favillam redactis, sacramenta ecclesiæ profanaverunt, homines plures crucifixerunt in opprobrium crucifixi. Interea legatus domini papæ (264) superveniens ad regem Ungariæ, compescuit eum et ad propria redire coegit.

Eodem anno rex Wenceslaus obiit (265) 10 Kal. Octobris, anno regni sui 24 et 8 mensium, cujus filius Prziemysl unicus rediens de Austria, receptus est honorifice in sede regni sui a prælatis ecclesiarum et clero 16 Kal. Novembris.

Eodem anno depictum est sanctuarium majoris ecclesiæ, procurante episcopo Nicolao, 3 Kal. Aprilis. Eodem anno allatæ sunt reliquiæ sancti Stanislai martyris de Cracovia, 11 Kal. Novembris, et receptæ in ecclesia Pragensi cum processione sollemni.

Anno incarnationis Domini 1254, 8 Kal. Februarii Borso nobilis vir detentus est, et Pragæ vinculatus carceri est retrusus (266). Eodem anno, 6 Idus Julii Prziemysl, filius regis Wenceslai, reddidit capellam

NOTÆ.

(260) Cumani, gens Turcica, Slavis sunt Polowci et Germanis Falones et Valvæ, ut apud Ottonem Fris. VI, 10, et Arnoldum Lubec. VI, 5, qui ob immanissimam crudelitatem hominibus occidentalibus summum terrorem injiciebant. Cfr. Zeuss, die Deutschen u. die Nachbarstämme. p. 745. Immittebantur a Bela IV rege Hungariæ, qui Heinricum, Bavariæ ducem, generum, in Austria occupanda contra Otakarum adjuvabat, sibique ipsi Styriam provinciam petebat.

(261) Heinricus.
(262) Albertus.
(263) De hac clade vide Otakari et Brunonis episcopi litteras a. 1255 ap. Boczek III, 197, 200.
(264) Et pœnitentiarius ejus Walascus.
(265) In castro Pocapl.
(266) Ex conjectura Pubitschkæ IV, 2, p. 268, idem Borso de Opek, alias de Riesenburg, qui belli civilis tempore Brüx castrum contra Otakarum ejusque amicos fortiter defenderat. Cfr. Pulkava ad a. 1248.

sancti Bartholomæi ecclesiæ Pragensi, quam pater ejus adhuc vivens contulerat eidem ecclesiæ pro quibusdam possessionibus ablatis.

Item eodem anno 12 Kal. Julii venit Pragam Bernhardus Neapolitanus electus, apostolicæ sedis legatus (267), et receptus est in ecclesia Pragensi cum solemni processione. Commoratus est autem in monte Syon cum tota familia sua usque ad 12 Kal. Septembris, in quo spatio temporis exegit a clero Pragensis diœcesis et recepit 200 marcas argenti puri pro procurationibus suis, de qua summa pecuniæ capitulum Pragense solvit 18 marcas. Alteri vero nuncio cardinalis Petri Capucii solvit 3 marcas. Præfatus autem legatus Bernhardus fecit stationes in plerisque ecclesiis, et indulgentias largas dedit. In quibusdam ecclesiis dum celebravit dedit indulgentiam annum unum et 40 dies, in aliis vero ecclesiis singulis diebus usque ad octavam annum unum et 40 dies et quartam partem venialium.

Eodem anno obierunt canonici Pragenses Hermannus præpositus Liutomiricensis 5 Nonas Martii, Johannes 3 Nonas Julii, Georgius 12 Kal. Septembris. Hoc etiam anno male provenerunt annona autumnalis et fructus arborei, vinum penitus defecit. Cujus defectus quantitatem, quod antea contigerit, ætas nostra non meminit. Hoc etiam anno Kal. Maii pax reformata est inter regem Ungariæ et principem Bohemiæ, filium regis Wenceslai (268). Princeps vero prædictus rediens ab Austria duxit secum quamdam archam, quam clerici ejus curiæ vocaverunt archam Noe, in qua reservantur diversorum oblationes xeniorum. Eodem anno obiit magister Dionysius 4 Nonas Octobris in Foro Julii.

Anno Domini 1255. princeps Bohemiæ et marchio Branburiensis intrantes Prussiam, vastaverunt eam spoliis, incendiis et rapinis, et multimodis mortibus plurimos occiderunt, nulli sexui vel ætati parcentes. Ver hujus anni fere totum fuit frigidum, ventosum et humidum.

Procedente tempore Margareta regina, uxor Przemysl, filii regis Wenceslai, exiens de finibus Austriæ intravit Bohemiam, et 5 Idus Julii recepta est ante muros civitatis Pragensis ab omni clero et populo ejusdem civitatis cum processionibus et magno jubilo diversisque musicis instrumentis. Sequenti vero die recepta est in porta castri Pragensis ab episcopo et canonicis Pragensibus cum processione solemni, cui processioni adfuit Martinus abbas Brzewnoviensis, et Johannes abbas montis Syon cum toto conventu suo, cappis solemnibus induti. Eodem anno organa nova facta sunt in ecclesia Pragensi, quæ constiterunt 26 marcas argenti, sed perfecta sunt futuro anno tempore quadragesimæ. 3 Kal. Januarii sol eclipsim passus est.

Anno Domini 1256. in prima vigilia noctis 5 Kal. Februarii magna lux orta est in diversis partibus Bohemiæ, fulgura micuerunt, tonitrua audita sunt. Hyems asperior fuit solito, sed interpolata. Magna vis ventorum, sed frigus magnum inhorruit 7 Kal. Novembris anni præteriti.

Eodem anno 3 Idus Maii Petrus de Ponte Curvo (269), nuncius domini papæ (270), venit Pragam et procurationem a clero totius Pragensis (271) exegit, de qua summa capitulum Pragense tres marcas et dimidiam persolvit. Idem nuncius 5 Idus Junii posuit civitatem Pragensem sub interdicto, consentientibus tamen episcopo Pragensi et aliis prælatis, pro quodam monacho de Porta, apostolorum in civitate Pragensi detento, spoliato et turpiter dehonestato, hoc suis adjiciens mandatis, quod officium divinum submissa voce ageretur, exclusis interdictis et excommunicatis, præcipiens etiam quod hora vespertina singulis diebus ter pulsarentur omnes

A Anno Domini 1256, dominus Conradus archiepiscopus Coloniensis accepit fraternitatem in ecclesia montis Syon, videlicet in die beatæ Mariæ Magdalenæ, et alii nobiles viri cum eo, scilicet dominus præpositus Henricus de Sefflica, Philippus comes de Falkensteyn, Henricus comes de Wirrenburc, Wernherus comes de Bolant, Dietrich nobilis de Milendunk, Gottfridus notarius archiepiscopi, et alii nobiles. Ipso anno prædictus Conradus archipræsul contulit prænominato monasterio Stragoviensi in die beati Laurentii hanc indulgentiam, videlicet in die dedicationis ecclesiæ, in omni sollemnitate beatæ Mariæ virginis, in die beati Augustini episcopi et beatæ B Mariæ Magdalenæ, ac infra octavas ipsarum sollemnitatum annum unum et 40 dies, et hoc de licentia domini Nicolai Pragensis episcopi, et ista indulgentia in perpetuum durabit. Eodem anno allatum est corpus unum integrum sanctarum virginum 11000 de Colonia, et collocatum est in ecclesia montis Syon [289].

VARIÆ LECTIONES.

[289] dominus Conradus — Syon *non leguntur hoc loco in* 2, *sed ante initium primi continuatoris Cosmæ*.

NOTÆ.

(267) Litteras ei a papa datas de componenda pace inter reges Bohem.æ et Hungariæ vide ap. Boczek III, 183.

(268) Budæ feria vi ante Palmarum 1254 a regum legatis pax facta est, cujus conditiones in tabula quadam conscriptæ sunt, quam vide ap. Boczek III, 181. Stiria, de qua præcipue bellum exarserat, inter Bohemos et Hungaros divisa est. Cfr. etiam Joannem Victoriensem I, 4.

(269) De hoc vide litteras Urbani IV, 3 Mai. 1262 datas, Boczek III, 336, et alias anno sequenti scriptas ibid., 360. Erat Petrus ille archidiaconus Gradicensis.

(270) Alexandri IV.

(271) Supplendum diœcesis.

campanæ per singulas ecclesias, cum exstinctione candelarum super omnes detentores et spoliatores clericorum. Quod interdictum duravit usque ad 9 Kal. Julii; quod relaxatum est eodem die propter juramentum et satisfactionem promissam civium Pragensium.

Eodem anno 16 Kal. Augusti Conradus archiepiscopus Coloniensis Pragam venit, et in monte Syon hospitatus est pluribus diebus, et a principe terræ decenter receptus et in expensis procuratus est, et, ut credimus, cum principe Bohemiæ de imperio tractaturus (272). Tandem pluribus ac variis xeniis ab eodem principe remuneratus copiose, 4 Idus Augusti ad sua reversus est. Qui tamen archiepiscopus in ecclesia Pragensi noluit recipi cum processione sollemni, sed humiliter venit in habitu seculari sanctis martyribus reverentiam exhibiturus.

Eodem anno ubertas annonæ in plerisque partibus fuit, sed vini et pomorum carentia. Eodem anno in quadragesima dominus papa Alexander confirmavit quandam novam religionem, quæ dicitur beatorum martyrum (273), cujus fratres Pragæ apparuerunt ante festum beati Wenceslai (Sept. 29).

Anno dominicæ incarnationis 1257. Przicmysl, dominus regni Bohemorum, filius regis Wenceslai, tertio (274) anno sui ducatus, in principio veris pepulit Bohemos de suburbio et locavit alienigenas.

Eodem anno dominus Ebrhardus Kal. Aprilis emit quandam possessionem in villa quæ dicitur Belok, et contulit eam altari beatæ Virginis; aliam possessionem prius emptam in villa Draskowe eidem altari assignavit. Eodem anno in medio veris dominus Nicolaus episcopus Pragensis tabulatum quod vulgariter dicitur cœlum, veteri destructo, renovavit.

Eodem anno intrantibus Kal. Augusti facta est maxima inundatio aquarum, quæ gravia et grandia damna per totam Pragensem diœcesim intulit in hortis, in seminatis campis et ædificiis, quæ juxta ripas posita fuerunt; plures etiam homines suffocavit.

Eodem etiam anno princeps Bohemiæ, assumptis secum quibusdam Bohemis, Moravis et Australibus, profectus est versus Bavariam (275), ubi multas villas et ecclesias vastavit, prædavit ac incendit; sed tandem cum magno dedecore et damno suorum nobilium ac militum et rerum reversus est ad propria. Quidam enim eorum interfecti, quidam submersi (276), quidam rebus omnibus et equis amissis pedites in magna paupertate ad propria redierunt. Hyems valde aspera fuit hoc anno.

Anno gratiæ 1258. Nicolaus episcopus obiit 16 Kal. Februarii, et eodem anno in Kalendis Februarii Johannes (277) electus est in episcopum Pragensem, et eodem anno confirmatus est in ecclesia Pragensi per dominum Brunonem Olomucensem auctoritate Maguntini 6 Idus Martii. Hoc anno hyems et veris principium et medium valde aspera et frigida fuerunt, glacies Wltavæ grossa nimis, et duravit usque pascha, quod tunc occurrit 9 Kal. Aprilis. Johannes consecratus est in episcopum Viennæ in Austria 4 Idus Maii, quia tunc occurrebat dies penthecostes die dominico. Receptus est autem in sede sua Pragæ 7 Kal. Junii, cum magno jubilo cleri et populi in cathedra sua collocatus; ipso etiam die missam primam de gloriosa Virgine celebravit. Hoc anno gelu læsit fructus arboreos et vineas, et mortalitas ovium fuit. Eclipsis lunæ fuit 14 Kal. Junii, et tunc agebatur festum sanctæ Trinitatis die dominico. Idem Johannes reconsecravit altare sanctorum Andreæ apostoli et Stephani protomartyris 2 Kal. Julii; post hæc aliud altare fabricavit et consecravit in honore sanctorum Nicolai confessoris et beatæ Ludmilæ martyris 18 Kal. Septembris.

Anno Domini 1258, 14 Kal. Novembris in prima vigilia noctis, quæ intempesta vocatur, ecclesia claustri montis Syon, quod et Strahow dicitur, ex candela, quam frater quidam inibi dormire solitus circa lectum suum noctu incaute locaverat, est incensa, ac Domino permittente, cujus providentia ipsam prævideri pulchriori scemate venustandam, cum omnibus ædificiis, quæ per gyrum ambitui dispositione claustrali contigue adjacebant, ignis impetu devastata. Horum autem ruinam, quæ ob magnitudinem vix longo annorum curriculo posse restitui putabatur, venerabilis domni Johannis, qui tunc ipsi loco abbas præfuit, sagax industria, qui, licet alias efficax, tamen in hoc efficacior claruit, infra quinquennium in statum priorem, imo multo venustiorem inopinabiliter restauravit. Denique præter alia quæ melius reformavit ecclesiam quasi a fundamento exstructam testudinans, eique capellam beatæ Ursulæ de novo a latere adjiciens, quinto anno post incendium 15 Kal. Octobris satis præclaro opere consummavit.

Anno Domini 1258 consecratum est altare sanctorum Andreæ apostoli, Stephani protomartyris, san-

NOTÆ.

(272) Willelmus enim rex a Frisonibus erat interfectus die 28 Jan. 1256. Cfr. Bohmer Regest. p. 56. Joannes Victoriensis 1, 5, narrat Ottokarum a principibus electum respondisse: *Se data sibi divinitus gloria contentari.* Vide etiam Pelzelii dissertationem de hac re in libro Bornii Abhandlungen einer Privatgesellschaft in Böhmen II, 74.

(273) Est ordo fratrum cruciferorum B. martyrum a pœnitentia, quibus regulam vivendi dederat anno 1179 Alexander III papa.

(274) Quarto.

(275) Quod factum est, ut Philippum, archiepiscopum Salisburgensem, amitinum, cujus loco Ulricum Secoviensem episcopum elegerant, contra Heinricum Bavariæ ducem adjuvaret.

(276) Quibus Œnum transeuntibus pons confractus est; quam Otakari cladem accurate descripsit Hermannus Altahensis apud Bohmerum Fontes II. Apud Mühldorf die 25 Aug. Otakarus hanc cladem perpessus est.

(277) Tertius.

Actorum Gervasii et Protasii martyrum 2 Kal. Julii. Eodem anno consecratum est altare sanctorum Nicolai confessoris, et Ludmilæ 17 Kal. Septembris.

Anno dominicæ incarnationis 1259 consecratum est altare sanctorum Stanislai et Oswaldi martyrum 2 Nonas Junii. Vinum miri valoris provenit in tota Bohemia. Ebrhardus institutor bonfantorum obiit Nonas Augusti.

Anno dominicæ incarnationis 1260 4 Nonas Martii Prziemysl princeps terræ, collecta grandi multitudine, processit versus Ungariam ad expeditionem, a cujus exercitu transitu Bohemia multum læsa est spoliis et rapinis. Hoc etiam anno sata læsa sunt et vineæ et fructus arborei, quædam siccitate, quædam grandine in plerisque partibus. In aliis autem partibus vinum copiose provenit.

1260. Hoc etiam anno princeps terræ, congregatis multis exercitibus diversarum nationum, processit versus Ungaros, et pacem factam pridem violaverant; ubi et triumphum obtinuit, et multa millia Ungarorum et aliorum Sarracenorum prostravit, divino et manifesto sibi subveniente adjutorio; quem revertentem ab eadem expeditione recepimus cum sollemni processione 11 Kal. Septembris.

Eodem anno consecrata est Judita abbatissa sancti Georgii in ecclesia Pragensi a Johanne III episcopo Pragensi vicesimo quarto 18 Kal. Septembris. Eodem anno dominus Thobias, præpositus Pragensis ecclesiæ, de propriis bonis instituit et dotavit unam perpetualem vicariam in choro Pragensi.

Anno dominicæ incarnationis 1261 mense Aprili facta est concordia et pax inter reges Ungariæ et principem Bohemiæ, et vallata pœna pecuniaria, videlicet 11000 marcarum argenti (278). Regina Margareta exivit de Bohemia versus Austriam 15 Kal. Novembris, quas ob causas Dominus novit (279). Eodem anno 8 Kal. Novembris princeps regni Bohemorum duxit in uxorem Cunegundem (280), filiam Hostislai ducis Bulgarorum, in castello Ungariæ quod vulgari Ungarico Fussen (281) nuncupatur, quam venientem Pragam cum solemni processione recepimus in ecclesia Pragensi 10 Kal. Januarii. In die nativitatis Domini princeps Bohemorum dictus Prziemysl consecratus est in regem (282) cum eadem Cunegunde in ecclesia Pragensi a venerabili patre Maguntino Vernhero nomine (283), præsentibus sex episcopis, Pragensi Johanne, Moraviensi, Pataviensi (284) et duobus de Prussia (285), præsente etiam marchione Branburiensi cum uxore et filiis et filiabus, præsentibus etiam ducibus Poloniæ et aliis multis nobilibus, comitibus, purcraviis, supanis, et aliis extraneis et infinita multitudine Bohemorum, quibus omnibus prædictis permagnificum

NOTÆ.

(278) Cessit Hungariæ rex Styriam et Petovium castellum, et præterea constitutum est ut Belæ IV filius Bela Cunegundim, filiam Ottonis Brandenburgensis marchionis et Otakari neptem, in matrimonium duceret; quod factum est anno 1264. Vide Chronicon Brandenburgicum apud Pulkavam. De reliquis Chronicis vide Lambacher interregnum p. 70 et præcepta Pataviensis, Olomucensis et Pragensis episcoporum, scripta 31 Mart. et 7 Apr. 1264, Boczek III, 307, quibus probatur in ipsa pace constituenda fuisse Ludovicum commendatorem de domo Teutonica, Jarosium Pragensem burggravium et Wokkonem marscalcum regni Bohemici legatos.

(279) Urbanus IV in litteris ad Otakarum anno 1262 datis hæc scribit: *Ex parte siquidem tua fuit propositum coram nobis, quod olim nobilis mulier Margareta, quondam Romanorum regina, in provinciali capitulo fratrum prædicatorum apud Treviriri congregato solemni voto castitatis emisso, ordinem sororum secundum instituta fratrum prædicatorum viventium se servaturam, ac obedientiam in manibus H., tunc in Alamannia prioris provincialis eorundem fratrum prædicatorum, promittens, habitum religionis idem assumpsit, et tandem ad monasterium sororum sancti Marci Herbipolensis secundum instituta predicta viventium, cujus curam et regimen prior ipse gerebat, se transferens, per annum et amplius sub eodem habitu in dicto monasterio meram traxit.* Boczek III, 332. Cfr. etiam Pubitschka IV, 2 . 312; Palacky II, 187.

(280) Erat neptis Belæ IV regis ex filia Anna, quam Rostislaw Mstislawic, Halicensis princeps, in matrimonium duxerat. Vide stemma quod dedit Palacky in commentatione Ueber Formelbücher in libro Abhandlungen der Königl. Böhmischen Gesellschaft V, 2, p. 232.

(281) Pressburg.

(282) Inde ab hoc tempore Otakarus regem Boemorum se appellavit in præceptis, cum antea regni Bohemiæ dominum se nominasset.

(283) Ex Gudeni codice diplomatico dedit Boczek III, 325 tabulam quamdam, quam Godefridus de Eppenstein, Fridericus de Bichelingen, Heinricus de Willenowe, Dietherus de Cazenellenbogen, Guntherus de Schwarzburg et Wernerus de Bolandia scribi jusserunt, qua iidem testantur: *Quod nos cum venerabili patre domino et consanguineo nostro, domino Wernhero, sanctæ Moguntinæ sedis archiepiscopo, fuimus præsentes in ecclesia Pragensi a. D. 1262 in dominica die natalis Domini, ubi ipse dominus archiepiscopus unxit et coronavit in regem dominum Othacarum, hæredem regni Boemiæ, et uxorem ejus Kunegundim in reginam. Idem etiam rex, qui et fuit dux Austriæ ac Styriæ marchioque Moraviæ, assumpserat Erfordiæ in expensas et conductum suum in eundo Pragam, ubi procuravit nos 18 diebus et in reditu usque Erfordiam, nos et dominum, archiepiscopum memoratum et totam ipsius familiam cum personis et rebus eorum. Ministravit quoque nobis omnibus copiosas expensas. Dedit etiam domino archiepiscopo pro jure suo 100 marcas auri, item pro jure curiæ 64 marcas capitulo Moguntino pro jure suo ad emendum ecclesie aliquid in ornatum. Insuper honoravit nos in spadonibus et xeniis pulchre satis et taliter ut decebat eundem.* Quocum conjungenda sunt duo alia præcepta ab Otakaro Moguntino archiepiscopo data, quæ vide eodem loco.

(284) Ottone.

(285) Warmiensi et Samiensi ut videtur.

fecit convivium biduo in campo Letne nominato, qui jacet inter villas Owencz (286), Holisovicz (287) et Buben nominatas, in ædificiis sollemniter ad hoc præparatis.

Anno dominicæ incarnationis 1262 sata diversi seminis tam hyemalia quam æstivalia in plerisque Bohemiæ partibus fere penitus perierunt, tum a grandine, tum a siccitate, tum ab exercitu transeunte in Ungariam, excepto sole milio, ita ut nec homines victualia nec jumenta et pecora poterant habere pabula sufficientia. Verum in paucissimis ejusdem terræ partibus copia frumenti crevit in habundantia, vini quoque et fructuum arborum exigua fuit ubertas. Hoc etiam anno incendia multa fuerunt in civitatibus et villis in Moravia, Bohemia et Austria.

Anno gratiæ domini nostri Jesu Christi 1263, maxima fuit caristia frumenti, fœni et pabuli in Bohemia et Moravia, ita ut mensura regalis siliginis venderetur 120 denariis quandoque plus quandoque minus monetæ Pragensis, tritici autem multo amplius, et pisæ 150. Tunc et maxima fames fuit in populo, ita ut multi agricolæ et artifices varii, venditis pecoribus et rebus aliis, nec se sustentare valentes, cogerentur hostiatim eleemosynam petere; plures etiam, domibus suis in rure relictis, cum uxoribus et liberis iverunt mendicatum; multa etiam pecora et jumenta mortua sunt propter maximum pabuli defectum et hyemis asperitatem, quæ plus solito hoc anno inhorruerat.

Anno domini nostri Jesu Christi 1264, magna vis ventorum orta est 5 Kal. Februarii, quibus impellentibus multa ædificia, multa granaria corruerunt in civitate Pragensi et per totum regnum Bohemiæ; multæ etiam arbores in sylvis et nemoribus radicitus sunt evulsæ, fenestræ etiam Pragensis ecclesiæ vitreæ sunt confractæ.

Item eodem anno 11 Kal. Martii ædificium turris Pragensis ecclesiæ, quod vulgariter dicitur campanarium, corruit, et alia multa ædificia ecclesiarum corruerunt.

Hoc anno consecrata est capella omnium sanctorum 5 Nonas Februarii a venerabili episcopo Pragensi Johanne tertio, sub rege Przemysl, filio Wenceslai regis, quæ fuit fabricata anno gratiæ 1263.

Eodem anno mense Decembri facta est inundatio magna aquarum per totam Bohemiam, quarum inundatione insolita facta sunt damna plurima ædificiorum, annonæ diversi generis, et aliarum plurium rerum.

Anno gratiæ 1265, rex Przemysl permagnificum celebravit convivium pro baptismo filiæ suæ primogenitæ (288), quam levaverunt tres episcopi de fonte Pragensis, Olomucensis et Bamberiensis (289), et hoc in festo beatæ Mariæ purificationis (Febr. 2), vocatis ad hoc festum omnibus nobilibus Bohemiæ, Moraviæ et Austriæ. Ipso die idem rex, coronatus regia corona, venit ad processionem, et missam audivit ad altare sanctæ Mariæ in ecclesia Pragensi, et biduo celebravit prandium cum prædictis episcopis et nobilibus terrarum præfatarum in aula regia in castro Pragensi.

Eodem anno facta est magna dissensio inter regem Bohemiæ et ducem Bawariæ (290), qua necessitate rex compulsus misit nobiles ad metas Bohemiæ custodiendas, qui transeuntes multa damna intulerunt villis episcopi Pragensis et aliarum ecclesiarum canonicorum. Moravi etiam transierunt ad metas Bohemiæ defendendas, et plurima damna intulerunt in Bohemia tantum villis ecclesiarum et extra metas in Bavaria.

Anno vero 1266, iterum transeuntes et Bohemi et Moravi circa purificationem sanctæ Mariæ (Febr. 2) et in quadragesima, rursus plurima damna intulerunt villis episcopi et aliarum ecclesiarum diversæ religionis. Hiems et ver in principio humida fuerunt, et multa sata siliginis perierunt.

Anno dominicæ incarnationis 1266, 7 Idus Augusti Bohemorum rex Otakarus nomine, qui et Przemysl, processit versus Bavariam cum multitudine copiosa Bohemorum, Moravorum, Australium, Karynthianorum, Polonorum, quorum quidam eorum prævenerunt regem, quidam comitati sunt eum, quidam vero subsecuti; in quo itinere plurima damna fecerunt in regno Bohemiæ, rapinis et spoliis ac incendiis pauperes et villas ecclesiarum graviter affligentes (291). Bavariam vero intrantes multo graviora damna intulerunt, rapinis et spoliis ac incendiis partem ejus quæ jacet usque Ratisponam crudeliter devastantes, et viros ac mulieres plurimos concremantes. Hoc etiam anno annona,

NOTÆ.

(286) Verder-Bubenec in circulo Rakonicensi.
(287) Holeschowitz.
(288) Kunigundis.
(289) Num legendum Brandeburgensis? Vide infra ann. Otakar. 1164.
(290) De Salisburgensi archiepiscopatu, qui Wladislao, præposito Wissegradensi, filio Heinrici I[?] ducis Silesiæ et Annæ, nepoti Otakari I datus est. Cfr. Chron. Salisburg. ad h. a.
(291) Expugnavit castra Chamb, Regenstauf et Nitau; cfr. Hermannum Altahensem ad h. a. apud Böhmerum Fontes II. Vide etiam Heinrici ducis litteras in Palackii comment. Ueber Formelbücher, p. 277.

A fructus arborum et vinum male in Bohemia provenerunt propter grandinis et siccitatis laesionem.

Anno Domini 1267, 6 Idus Aprilis apostolicae sedis legatus, scilicet frater Guido ordinis Cisterciensis, tituli basilicae sanctorum 12 apostolorum presbyter cardinalis (292), venit Pragam, et moratus est Pragae usque ad 5 Kal. Maii (293), et recepit pro expensis a clero Bohemiae 150 marcas argenti. Inde veniens Austriam moratus est Viennae, et ibidem fecit concilium 6 Idus Maii, cui concilio Johannes Pragensis episcopus interfuit et plures canonici cum eo (294).

Anno dominicae incarnationis 1268, praecepit rex Otakarus fieri foveas in singulis villis, quibus foveis superponeretur anser vel porcellus ad capiendos lupos. Et eodem anno praecepit renovari pondera et mensuras et insigniri signo suo, quod antea non fuerat (295).

Anno dominicae incarnationis 1269, nata est regi Otakaro filia (296) Nonas Septembris, et erectum est pulpitum et altare in ecclesia Pragensi, quod dedicavit Johannes episcopus in die sancti Martini ad honorem sancto Matthiae apostolo et sanctis confessoribus Ambrosio, Jeronimo, Augustino, Gregorio et aliis quam plurimis sanctis.

Anno dominicae incarnationis 1270, periit tota annona tam hiemalis quam vernalis fere per totam Bohemiam, fructus arborum provenerunt mediocriter, vinum abundans fuit. Turris Pragensis ecclesiae, quae ante multos annos corruerat, reparata est domino Johanne venerabili episcopo procurante. Multa aeris intemperies hoc anno fuit, et multa inundatio pluviarum in autumno. Rex Otakarus multas domos et castella in regno suo in diversis locis fabricavit hoc anno. Hoc etiam anno turris lapidea erecta est in medio claustri Pragensis ecclesiae ad lumen ponendum in ea, Gregorio milite regis et reginae procurante eam in expensis.

Anno Domini 1272, 6 Kal. Decembris Ruodolfus electus est in imperatorem (297). Eodem anno pons confractus est Pragensis in medio fluminis Wltavae 4 Idus Martii.

Anno Domini 1273, 15 Kal. Septembris inundatio aquarum facta est magna in flumine Wltaviae, ita ut capella lignea quae sita erat ante pontem in Pesek [260] totaliter cum fundamento defluxit, et alia ecclesia lapidea, quae erat sub ponte in insula, pars ejus media collisa est, et omnia molendina, quae erant circa civitatem Pragensem, cum aqua confracta defluxerunt; homines plurimos suffocavit, aedificia subvertit. In campis annona et foenum de pratis cum alluvione descenderunt; ortos olerum vitiavit, per civitatem Pragensem fluxit, extendens meatus suos usque ad ecclesiam sancti Aegidii et ecclesiam sancti Nicolai, fluens per totum vicum Judaeorum usque in ecclesiam sancti Francisci.

Anno Domini 1274, nobilis vir Borso recessit a rege, amissa gratia regis sine culpa, aemulis ipsius sinistra regi referentibus (298).

Anno Domini 1275, Kal. Maii Gregorius papa X, celebravit concilium Lugduno (299). Quod concilium idem Gregorius indixerat ante biennium universarum terrarum pontificibus ubi fides christiana viget et nomen Domini invocatur, quatenus convenirent ad concilium celebrandum in termino supradicto. Quod concilium duravit infra septem ebdomadas (300); et eidem concilio interfuit Johannes Pragensis episcopus cum quibusdam canonicis, et reversus ad suam sedem Pragensem, injunxit per totam suam dioecesim, ut juxta mandatum apostolicum trunci concavi locarentur per universas ecclesias, ad colligendas oblationes fidelium in subsidium terrae sanctae.

VARIAE LECTIONES.

[260] *Paulo recentior manus correxit* Picsek.

NOTAE.

(292) In tabula quadam data 15 Jun. 1267, Boczek III, 395, ipse se cardinalem t. S. Laurentii in Lucina nominat.

(293) Ita legendum est pro v Kal. Apr. quod habet codex; vid. Pubitschka IV, 2, p. 555.

(294) Et alii episcopi, Petrus Pataviensis, Bruno Brixiensis, Conradus Frisingensis, Leo Ratisponensis; cfr. Mansi XXIII, 1169.

(295) Pubitschka IV, 2, p. 362.

(296) Agnes. Cfr. litterae Cunigundae in Palackii commentatione Ueber Formelbücher, p. 293.

(297) Et in anni et in diei numero errat auctor; electus est Rudolfus Francofurti d. 29 Sept. 1273; testes vide apud Böhmerum Reg., p. 51. Quod factum est Otakari legatis repugnantibus, de qua re ipse rex ita scribit ad papam Gregorium X : *Principes Alemanniae, quibus est potestas caesaris eligendi, — concorditer in quendam comitem minus idoneum, solemnibus nostris nuntiis, quos Frankenfurt, ubi celebrari debebat electio, nostros procuratores miseramus,* contradicentibus et reclamantibus, evidenter vota sua direxerunt, et eumdem in gravamen imperii nostrumque prejudicium — sacri diadematis insigniverunt majestate. Cfr. Dolliner cod. epistol. Otakari regis, p. 17, et Kurz Oesterreich unter Otakar, p. 27. Otakari legatus erat Bertholdus episcopus Bambergensis; cfr. Rudolfi praeceptum a. 1275, quod ap. Lambacher legitur Urkundenb, p. 76.

(298) 5 Nov. 1275 Borsso dominus de Rysemburg in castro suo Rysemburg donationis tabulam conscribi jussit, quam vide apud Boczek IV, 166, quem Otakari proditorem Rudolfi partibus clam favisse, illius docent litterae apud Bodmannum 12, 30, 44, in quarum primis haec leguntur : *Quamquam igitur ad praesens aliqua transitoria breviter patiaris discrimine, patienter quaeque sustine.*

(299) Congregatum est hoc concilium anno 1274, initiumque habuit Nonis Maii.

(300) Finitum est xvi Kal. Aug.; itaque decem pene hebdomadas ductum est.

In eodem etiam concilio Gregorius papa electionem Rudolfi confirmavit (301), et decimas quæ exactæ fuerant per Almaniam in subsidium terræ sanctæ, Rudolfo electo in utilitatem assignavit.

Anno Domini 1276. Johannes episcopus Pragensis cooperuit ecclesiam sancti Viti kathedralem pulchri et durabilis operis lapideis tegulis. Fecit etiam duas fenestras magnas de subtili opere et pretioso, et vitre eas clausit, in quibus materia depicta continebatur veteris et novi testamenti. Erexit etiam ibidem duo pulpita decori et magnifici operis, unum ad altare beati Dyonisii, et aliud ad altare beatæ Mariæ Magdalenæ, quod opus toto sequenti anno vix poterat terminari. Eodem anno Vitkonides (302) cum ingenti militia recesserunt a rege, et multa mala per regnum Bohemiæ pauperibus et claustralibus intulerunt, et eo tempore rex nimium eorum auxilio indigebat. Sæpe enim fit ut, dum principes inter se discordant, inimici victoria potiuntur. Visa est etiam hoc anno luporum maxima multitudo ante valvas castri Pragensis ex utraque parte clamore multo ululantium, per quem sinistrum eventum genti Bohemorum præstigio auguriati sunt.

1278. Eodem anno Henricus Pragensis canonicus et notarius aulæ regiæ 18 Kal. Octobris detentus est ad mandatum Cunegundis reginæ, et multis rebus et pecunia in domo sua est spoliatus, pro qua detentione episcopus Johannes posuit interdictum in ecclesia Pragensi 11 Kal. Octobris, quod interdictum contigerat circa festum beati Wenceslai (Sept. 28) et infra. Idemque Henricus 3 Kal. Octobris a custodia liberatus est, et divina officia in ecclesia Pragensi relaxantur. Eodem anno hyems et autumnus calidi fuerunt et nebulosi, humidi et cum magno impetu ventorum, et transitus per glaciem haberi non poterat. Hoc etiam anno duo fossata facta sunt ante Pragense castrum, unum cum lapidibus et aliud majus sine lapidibus in latitudine 40 cubitorum, in profunditate 30, longitudo utriusque protendebatur a rivulo Bruska usque in Oboram. Renovatum est et antiquum, quod est propius muro castri, ab una parte muro cæmentato erectum est; alia pars ejus non est renovata, latitudo ejus 40 cubitorum, et altitudo 50 erat. Ex alia parte castri, quod dicitur ad minorem portam, fossatum effosum a rivulo Bruska, et ductum per montem Opis ad curiam domini episcopi trans flumen Wltawam.

III.

ANNALES OTAKARIANI.

1254. 19 Kalend. Januarii Prziemysl, filius regis Wenceslai, profectus est in Pruziam signo crucis accinctus, pugnaturus contra Prutenos, quem multa turba nobilium Bohemiæ, Moraviæ et Austriæ secuta est et aliorum militum generis inferioris (303). Veniens ergo Wratislaviam nativitatem Domini (Dec. 25) celebravit, et cum magno honore a ducibus Poloniæ (304) et nobilibus ac episcopo Wratislaviensi (305) decenter susceptus, et per aliquot dies cum omni exercitu suo decentissime procuratus est. Eo igitur in Wratislavia commorante, accessit ad eum marchio Branburiensis (306) cum exercitu suo, et ambo pariter profecti sunt in Prussiam, ducentes secum multitudinem copiosam.

1255. Interea potentes et majores terræ Prussiæ divino, ut credimus, timore perterriti ac nomine principis Bohemiæ audito, cum omni humilitate venerunt ad eundem principem, se cum suis omnibus ejus ditioni ac fidei christianæ dedentes. Quos piissimus princeps benigne suscipiens, ad baptismi gratiam invitavit, et unum potentiorem ex illis ipse princeps de sacro fonte levavit, et eum suo nomine vocavit, appellans eum Otakarum; alium marchio Branburiensis de fonte levavit, et eum suo nomine nominavit. Inde plures nobiles de utero matris ecclesiæ levaverunt, et eosdem nominibus suis nuncupaverunt, ac eisdem vestimenta sua, quamvis pretiosa, donaverunt. Inde ad quendam montem venientes, quem Montem Regalem appellaverunt, fecerunt munitionem ad majorem fidei christianæ corroborationem (307). Inde plurimis Prussorum populis a domino episcopo Olomucensi et ab aliis episcopis baptizatis, princeps terræ Bohemiæ et marchio Branburiensis, confortatis in fide Christi Jesu neo-

NOTÆ.

(301) Paucissimis his verbis de rebus Bohemorum regi gravissimis refert; die 26 Sept. 1274 Gregorius papa Otakaro scripsit, se Rudolfi electionem confirmasse. Cfr. Boczek IV, 135, 136, 141 et præcedentes Otakari ejusque legati Brunonis Olomucensis episcopi litteras.

(302) Est gens Witkovicorum nobilissima, ex qua Zawis de Rosenberg, regis inimicus, originem duxerat. Quæ hic leguntur, confirmat Henricus de Heimburg, auctor sæculi XIII exeuntis, cujus Chronicon adhuc ineditum suo loco edituri sumus.

(303) Cruciferorum exercitum sexaginta millia hominum excessisse scribit Petrus de Dusburg in Chron. Prussia III, 70, reliquosque Germanorum B principes enumerat, qui Sambiam terram expugnaturi hanc expeditionem faciebant. Alexander IV Bartholomæo ordinis fratrum minorum ut verbum crucis in Polonia, Boemia, Moravia et Austria contra Lithuanos prædicaret imperavit, Boczek III, 192. Vid. etiam Voigt Geschichte von Prussen III, 76.

(304) Henrico III et Conrado II, ducibus Wratislaviæ et Lignitiæ. Erant filii Annæ, filiæ Otakari I

(305) Thoma.

(306) Otto III, qui Beatricem filiam Wenceslai 1 a. 1244 in matrimonium duxerat. Cfr. Chron. Brandenburgicum apud Pulkavani.

(307) Königsberg, Borussici regni caput.

litis, et obsidibus ab eisdem receptis, commissa terra et populo in manus cruciferorum de domo Teutonica, redierunt ad propria cum omni prosperitate et lætitia. Princeps ergo Bohemiæ venit Opaviam (308) 8 Idus Februarii, inde properavit ad Austriam, ubi totam manendo transegit quadragesimam. Postea in octava paschæ (Mart. 24) venit Bohemiam, et cum magno tripudio cleri ac populi civitatis Pragensis, cum processionibus susceptus est honorifice 6 Idus Aprilis et in ecclesia kathedrali ab episcopo et ejusdem ecclesiæ canonicis. Principe autem exeunte de castro Pragensi magna vis ventorum cum turbine exorta est. Unde quendam equitem sequentem principem dejecit de ponte ante castrum, cujus equus mortuus est ex casu, ipse vero sanus evasit. Campanarium etiam ligneum cum campanis infra muros sanctæ Mariæ corruit eadem hora vi ventorum magna impellente, et aliæ plures ruinæ factæ sunt in civitate et per villas.

Anno dom. inc. 1260 inter principes et proximos alti sanguinis, Przemysl scilicet dominum et heredem regni Bohemiæ, ducem Austriæ et Styriæ et marchionem Moraviæ ex parte una, et Belam et natum ejusdem Stephanum, Ungariæ reges, ex altera, data prius ante aliquot annos occasione, immo causa ex parte ipsorum Ungarorum regum, rursus priore acrior est discordia suscitata. Siquidem senior Ungarorum rex Bela contra initam compositionis olim formam cum nepote suo (309), dicto domino regni Bohemiæ, et utrimque [261] sacramentis corporaliter præstitis et publicis instrumentis exinde confectis firmatam, mox eodem anno veniens, quo ipsa compositio celebrata, Moraviæ, Austriæ et partis Styriæ, quæ per præhabitam compositionem in sortem præfati nepotis sui ceciderat, visus est confinia occupare (310). Sed et natus ejusdem rex Stephanus, progenitorum suorum tyrannidis et cædis in [261] innoxium Christi gregem habundantior æmulator existens, contra illustrem Karinthiæ ducem Ulricum et fratrem ejusdem Philippum, quondam Salburgensem electum (311), dicti regis Bohemiæ consobrinos (312) paci prænotatæ inclusos, exercitum infidelium, inhumanorum scilicet hominum Comanorum producens, in gravi et indifferenti strage monachorum, clericorum et simplicium lay-

corum cum parvulis eorundem, raptu et violatione sanctimonialium et matronarum, et abductio.[?] hujusmodi et juvenum transformandorum in ritum alterum, et conflagratione monasteriorum et aliarum ecclesiarum et magnæ partis terræ Karinthiæ, stupenda nimium flagitia perpetrata [263] perperam perpetravit (313). Pro quibus forefactis contra jusjurandum et aliis, quæ compendii gratia prætermitto, quia nulla satisfactio est secuta, ad instantiam Styriensium nobilium et civitatum, de consilio inclyti comitis Ottonis de Hardek et quorundam Australium et perpaucorum admodum de Moravis, dictus dominus regni Bohemiæ Styrienses in suam protectionem recepit (314). Licet igitur in potestate regis Stephani tunc pene fuisset Styria universa, et Ungari in ea quæque castrorum et civitatum præsidia obtinerent, tamen cum dicto comite de Hardek et quibusdam Australibus et Styriensibus brevi tempore dictum regem Stephanum et Ungaros de ipsa Styria supra opinionem humanam valide ejecerunt, civitates et castra inibi capientes. Petovia tamen castrum, in quo dicti regis Stephani uxor natione Comana (315), sacramentis tamen fidei initiata, personaliter tunc manebat, cum civitate et paucis quibusdam aliis castris ad tempus remanserunt in dicti regis Stephani potestate. Unde (316) in injuriam præfati domini regni Bohemiæ per Moraviam et Austriam, immo in offensam Christi patratarum, et liver odii atque zeli exinde concepti, et plaga doloris dolosa, tumens spiritu indignationis, quasi rupta cicatrice foras in publicum proruperunt. Nam anno Domini 1260 inchoante inter principes prænotatos denuo sunt inimicitiæ publicatæ, adeo quod eodem anno sacro quadragesimali tempore (Febr. 21) validos utrinque contra se invicem exercitus produxerunt. Verum cum ex utraque parte necessaria exercitibus deessent, præsertim pro equis, coacti sunt principes memorati usque ad festum beati Johannis Baptistæ (Jun. 24) proximo venturum treugas paci, ut sperabatur, præambulas prorogare. Sed in contrarium, proh dolor! res evenit. Nam ni fallar, quod ante, et postmodum initia sunt dolorum quæ gesta sunt.

Igitur constituto treugarum tempore accedente, junior rex Ungariæ Stephanus cum robustioribus

VARIÆ LECTIONES.

[261] utrumque 2. [262] deest 2. [263] perpetratam 2.

NOTÆ.

(308) Troppau.
(309) Ex Constantia uxore Otakari I, de qua vide supra.
(310) Jam anno 1257 Otakarus *contra terminos Ungarorum munitionem unam seu oppidum pro necessitate ac conservatione terræ præparari et ædificari* jussit, ut testatur in præcepto ap. Boczek III, 246; quod erat oppidum Hradisch in insula situm, quæ ad Welegradensem monasterium pertinebat.
(311) Postea Aquileiensem patriarcham.

(312) Sunt filii Bernhardi ducis Carinthiæ, qui Juttam filiam Otakari I in matrimonium duxerat. Cfr. Johannes Victor I, 5.
(313) Quod factum est anno 1259.
(314) Quod, teste Pernoldo, Viennæ anno 1259 factum est, qui Stiriensium seditionem ab Otakaro motam esse scribit.
(315) Elisabeth.
(316) Exciderunt nonnulla verba. Num legendum *patratorum*?

et electis bellatoribus Ungaris et Comanis a l insidiandum passim et separatim venienti de Bohemia et Polonia se paravit exercitui, disponens irruere super incautos, quicunque sibi occurrerent priores. Qui cum venerabilis domini Brunonis Olomucensis episcopi et Henrici Sleziæ et Wladislai Opoliensis illustrium ducum castra in pratis circa Pohorliz (317) metata clam invadere et percutere decrevisset, et ad hoc peragendum tota nocte pluviosa et nubila processisset, errante ductore prope Walkenstein et Stozecz (318) præter propositum in ortu diei devenit, ubi e vicino circa præsidium quod Lawa (319) nominatur in pratis fuit locus, in quo juxta condictum universus domini regni Bohemiæ exercitus mox circa festum beati Johannis Baptistæ debuit congregari. Ad quem locum ingenui genere, inclyti probitate ac spectabiles dignitate viri, uterini fratres Otto et Conradus, comites de Hardek et Playn, primi cum suis omnibus advenere. Quibus cum suaderetur, ut usque ad adventum exercitus se intra Lavensem reciperent civitatem, ne forte Comanorum et Ungarorum insidiis ipsos præoccupari contingeret immunitos, verum tanquam viri animo et viribus fortes, immo ultra modum audaces id facere recusarunt, quin post extensis in campo tentoriis, licet pauci, diebus et noctibus inibi perdurarunt. Exinde cum die sabbati, quæ fuit tertia dies post festum beati Johannis Baptistæ (Jun. 26), ad locum condictum in pratis circa Lavam a diversis partibus confluens utcunque cœpisset exercitus domini regni Bohemiæ apparere, et concurrentes armis pressi et laboribus fatigati, hii de Bohemia et Moravia cum suo domino principe, alii de Saxonia cum [264] marchione de Brandeburk, quidam vero cum venerabili domino Olomucensi episcopo et illustribus Zlesiensi et Opoliensi ducibus memoratis castra inibi metarentur, subito rumor insonuit in castris, quod Comani nimium prope forent, vicinam juxta regionem spoliis et strage vastantes et incendiis conflagrantes. Proinde universalis commotio fit in castris, et mirum in modum animo voluntarii et armis instructi per ordinatas acies ad pugnandum exeunt universi. Quibus taliter egressis in campum, utrum ex industria an per errorem nescio, Deus scit, subito nunciatur paucos infidelium hostes prædicta fecisse, sed jam eosdem esse in fugam conversos. Tunc cunctorum ad id assentione fallaci securitatem ipsis pessimam generante ad castra singuli revertuntur, prænotati vero comites de Phleyn et strenuus miles Cadoldus Orphanus cognomine cum paucis aliis, quasi pro custodia exercitus remanserunt in campo (320). Qui licet frequenter experti dolos in certamine Comanorum vel cæterorum, tamen, ut ait auctoritas : « Fata nolentem ducunt, volentem trahunt, » se in præceps dederunt ad hostes fugam simulantes longius persequendum. Quos aliqui ex nostris magni et nobiles passim sine ordine prosecuti, cum eisdem per insidias latentes a tergo conclusi et taliter postmodum interempti [265], et ipsi quidam quidem mortis, quidam vero captivitatis tunc simul exstiterunt laqueis irretiti. Quod cum licet tam dubie quam varie insonuisset in castris, nunciantibus quibusdam, quod prædicti comites et Cadoldus et cæteri qui cum ipsis erant adversariis occupatis postularent succursum, aliis vero e contra referentibus, quod ipsi ab hostibus potius præoccupati fuissent — quod et fuisse verius rei postmodum probavit eventus — mox a mensis surgunt principes, ad arma festini anhelant milites et clientes, et contra inimicos loricati, scutati et galeati, et nonnulli in coopertis equis properarunt sine modo. Qui cum inclytos paulo ante dictos bellatores, scilicet Cadoldum et comites et quosdam alios reperissent in via, in loco pugnæ absque anima humi prostratos, et ex hiis plerosque prorsus nudatos, nonnulli fortes ipsorum pavore concussi, obriguerunt prima facie quasi lapis, plurimis etiam ad hostes terga vertentibus; nihilominus dominus regni Bohemiæ cum paucis et dominus Olomucensis episcopus priores omnium, et marchio Branburiensis cum suis fugientes adversarios prosequuntur. Quibus cum dictus dominus regni Bohemiæ et Olomucensis episcopus priores omnium proximassent, marchione Brandeburgensi adhuc a remotis sequente, alii visi sunt subsistere et ex adverso acies suas ordinare. Verum eodem marchione propius accedente, facta tunc magna obscuratione aeris, et a commotione et voce tonitrui et sonitu grandis pluviæ cum fulgure choruscante, licet nemine persequente, eo quod supra modum defecissent lassati equi christiani exercitus, in fugam sunt impii conversi. Et cum fluvius Morawa (321), quasi apertis cœli katharactis et velut facto desuper kathaclismo, tunc nimium inundasset, in eodem hostium plurimi veraciter feruntur periisse submersi. Nihilominus tamen propter Kadoldi et comitum et aliorum lugubrem casum pene usque ad desperationem exercitus dejicitur christianus. O quantus luctus ! et o quanta Lavensium lamenta fratrum minorum, quando ad ipsos cum ejulatu et planctu cunctorum feræ qui ceciderant passim funera differuntur ! Amodo quid facturus esset dominus regni Bohemiæ, tanti exercitus caput ex dolore languidum, dubitatur. Aspirant plures ad reditum, sed notam probitatis vitantes, tanquam filii hujus seculi prudentiores filiis lucis, præsertim principes et majores barones singuli per alios satagunt id fore et videri persuasum.

VARIÆ LECTIONES.

[264] *ita legendum; codex habet* et.   [265] *ita legendum ;* conclusis — interemptis 2.

NOTÆ.

(317) Porlitz.
(318) Staatz.
(319) Laa.

(320) De his vide Hermannum Altahensem ad h. a.
(321) March.

Oritur exinde dissensio, per occasionem salubris unitatis et victoriæ demum paritura salutem.

Nam cum imponeretur dictis Henrico Zleziæ [266] et Opoliensi ducibus, quod ipsi primi a loco castrorum ad propria intenderent remeare, confusibiliter solvendo exercitui causam taliter tunc daturi, hiidem tanquam viri strenui et prudentes inficiantur dictum de ipsis, et hujusmodi consilii portum seu radicem in Branburgensem referunt marchionem. Ex tunc omni controversia cessante, communi consilio et pari voto illuc tendit exercitus universus, ubi nunciatur rex Ungariæ sua castra fuisse metatus. Itaque concurrentibus simul ad idem domino Philippo, quondam Salburgensi electo, et fratre suo Ulrico, illustri Karinthiæ duce et Styriensi, cum die dominica infra octavas apostolorum Petri et Pauli (Jul. 4), post auditas in aurora missas, ex communi condicto et principis qui caput erat et aliorum principum edicto, ad plenum, ut opus erat, armis instructus, et per ordinatas acies incedens, et montana atque plana operiens, apparuisset hostibus fidelium exercitus copiosus, sæpe dicto domino regni Bohemiæ sub vexillo gloriosissimi martyris Wenceslai cum suis de quadam montis declivi in suprema [267] tamen plani altitudine castra adversariorum spectante [268], hiidem infideles et cæteri qui cum ipsis erant, sicut ipsi postmodum retulerunt statim tunc in fugam fuissent conversi, nisi in faciente chaos inter nos et se fluvio dicto Morawa fiduciam habuissent; nec mirûm, quia timor et tremor super impios cecidere, cum Manaym, id est castra Dei, contra se viderent venire. Siquidem domini regni Bohemiæ et aliquorum principum, quam tunc conceperant devotio et pia proposita et vota, quibus domino se astrinxerant, spondentes vitam suam et terrarum suarum status suos in monetis et aliis in melius commutare, et plurimorum baronum et militum aliorum ad confessionem et signaculum sanctæ crucis confugientium forsitan exorta conversio ex timore; magnæ autem a magna parte christianitatis usque ad Coloniam magnam et ultra orationes pro ipsis sollemniter ad Deum fusæ ipsis, immo multo populo christiano divina præsidia et angelici belli processum et exitum (322) legat subjectam epistolam ex parte domini regni Bohemiæ sanctissimo in Christo patri ac domino Alexandro, Dei gratia papæ quarto, exinde directam, quæ talis est (323).

« Sanctissimo in Christo patri ac domino Alexandro, Dei gratia sacrosanctæ Romanæ ecclesiæ summo pontifici, Otakarus eadem gratia dominus regni Bohemiæ, dux Austriæ et Styriæ, et marchio Moraviæ et cætera. Quia pium pastorem suarum a lupis liberatio ovium delectat, ac benignum patrem jocundum reddit cum salute prosperitas filiorum, gravis belli, quod adversus Belam et natum ejusdem Stephanum, Ungariæ reges illustres, et Danielem regem Rusiæ (324) et filios ejus (325) et cæteros Ruthenorum ac Tataros, qui eidem in auxilium venerant, et Boleslaum Cracovensem (326) et Lestkonem juvenem, Lusiciæ duces (327), et innumeram multitudinem (328) inhumanorum hominum Comanorum et Ungarorum et diversorum Sclavorum, Siculorum (329) quoque et Walachorum, Bezzerminorum (330) et Hysmahelitarum, scismaticorum etiam, utpote Græcorum, Bulgarorum, Rusciensium et Bosnensium hæreticorum, auctore Deo gessimus, et victoriæ nobis datæ cœlitus, et post victoriam inter nos ex parte una et dictos reges ex altera concordiæ reformatæ processum non ab re paternitati vestræ duximus prævia veritate præsentibus declarandum. Sane cum ad flumen qui Morawa dicitur circa locum a castro et oppido Hemburk duobus milliaribus distantem, Ungariæ ac Austriæ confinia inibi terminantem, cum nostris exercitibus venissemus, dictos reges et exercitus eorundem illic castra metatos in opposita parte ripæ invenimus ex adverso. Sicque factum est, ut nostra (331) et adversariorum castra solus duntaxat divideret fluvius memoratus. Cumque sic loci positio se haberet, ut ad adversarios sine irremediabili nostrorum jactura votivum non possemus consequi accessum, et pro reformanda inter nos et eosdem reges pace fuisset utrimque aliquoties multipliciter attemptatum, ipsis vero regibus de die in diem et de hora in horam suas in diversas variantibus voluntates, non restaret aliquis paci locus, haud dubium ad instar Pha-

VARIÆ LECTIONES.

[266] H. Zelzie 2. [267] supremo 2. [268] spectantem 2.

NOTÆ.

(322) Hic quædam desiderantur. Accuratior prælii descriptio petenda est ex sequente Otakari regis epistola ad Alexandrum papam, ex qua quæ hic desunt suppleri possunt. De aliis scriptoribus, a quibus splendissima illa victoria narratur, vide Palackium II, 182.

(323) Ob nimiam gloriam in hac epistola Bohemis ascriptam de fide ejus historica dubitationes moverunt Pray Ann. Hung. I, 309 et Katona histor. critica Hung. VI, 312.

(324) Est Daniel Romanowic princeps Halicensis qui, Innocentio IV permittente, regalem dignitatem adeptus erat. Roepell Gesch. v, Polen I, 522.

(325) Quorum unus Leo Belæ IV filiam Constantiam in matrimonium duxerat, alter Romanus Gertrudim, viduam Wladislai, fratris majoris Otakari II regis; cfr. supra 1246.

(326) Qui item erat Belæ IV gener, cujus filia Cunigunda Boleslao nupserat.

(327) Dux de Lencic.

(328) Anonymus Leobiensis refert Belæ exercitum centum quadraginta millibus equitum fuisse compositum, Otakarum vero numerasse centum millia equitum, inter quos septem millia fuerint cataphractorum.

(329) Sunt alutæ accolæ Sekler nominati.

(330) Turcica gens, aliis Bessi vel Bisseni, iidem etiam Pacinaci. Zeuss, p. 742.

(331) Palacky observat Otakari castra inter villas Wagram et Gross-Enzersdorf posita fuisse.

raonis corda illorum indurante Domino ultionum; novissime unius duorum parti adversæ obtulimus optionem, ut videlicet vel illa nobis cederet, quatenus ad eandem gerendi belli causa transire possemus, vel nos id parti adversæ concederemus. E quibus disjuncte partibus alteram pars adversa elegit, ut videlicet nos cederemus et nostra cessione eisdem locum transeundi daremus. Et ut id posse fieri videretur quovis impedimento cessante, dicti reges et eorum bani et comites treugas constitutas et suis juramentis firmatas per totum diem beatæ Margaretæ festum (Jul. 12) proximo præcedentem et medietatem ipsius festi diei (Jul. 13) nobis mediantibus idoneis nunciis remiserunt. Verum hiidem sua pacta et juramenta soliti violare, per vada inventa et sibi aptata olim noctu ad nostram partem cum omni suo exercitu transierunt. Et cum diceremus: « Pax et securitas! » subito cum innarrabili multitudine contra nos improvisos apparuerunt in campo (332). Et cum in spe treugarum vix decima pars nostri exercitus penes nos pro nostræ personæ custodia remansisset, eo quod plures de nostris transito Danubio oppidum Hemburk intraverunt, alii vero cum curribus descenderant ad stationes et loca castrorum, hostes nostri fraude pleni in modum semicirculi per ordinatas acies nos cingentes, nisi Dominus adjuvisset, nos vivos forsitan deglutissent. Igitur in tam inevitabili necessitatis articulo constituti, attendentes potestatem esse coelestem, et quoniam non multitudine exercitus sed de coelo victoria datur munere magni Dei, totam in adjutorio Altissimi spem ponentes, nostros adjutores et commilitones primitus adhortati, in plurimos adversariorum cuneos, data nobis de coelo fiducia, irruimus confidenter. Quos Deus per manus nostras et nostrorum immo suorum militum exterruit et prostravit et in fugam convertit, ita ut fugientibus cum impetu et sese invicem comprimentibus dictus fluvius Morawa juxta sui præsagi nominis ethymologiam, tanquam mare Rubrum Ægiptiis, multo cæsorum sanguine rubricatus, factus, sic in se submersis et intereuntibus mortis via (333). Siquidem in eodem fluvio fugientium a facie Dei peccatorum tanta periit multitudo, quod per cadavera hominum et equorum quasi per factos pontes nonnulli ex nostris adversariorum castra intrarent, et occupantes currus, tentoria et expensas, quæque pretiosa spolia acceperunt. Quamvis igitur post triumphum divinitus nobis datum, quemadmodum communiter videbatur, regnum Ungariæ nostræ ditioni potuerimus subjugare, et eidem in perpetuam premere servitutem advertens, tamen, quod melius sit bonum vicinum habere concordem, quam superare et exterminare rebellem, pensantes etiam quoniam imperator Constantinus ait: « Crebro suaviores fiunt amicitiæ post inimicitia-« rum causas ad concordiam restitutæ, » cum principibus et proximis alti sanguinis nostri, dictis scilicet Ungariæ regibus et domina regina (334) et juvene rege Bela (335), secundum oblatam nobis a magno comite Rulando et Posonio formam, maluimus pacis fœdera reformare, quam vastando et debilitando magnum Ungariæ regnum ad idem et nostri terras dominii Tataris aditum aperire. Prænotatæ itaque compositionis formam prædictorum regum, reginæ et ducis Belæ sigillis signatam vestro apostolatui transmittentes, suppliciter petimus eandem a sede apostolica confirmari, et ut operæ pretium est, apostolico in ævum patrocinio communiri (336).»

Itaque talis ac tanta victoria digne soli Deo et sanctis ejus est cum condignis gratiarum actionibus et laudibus ascribenda, quod etiam ex quibusdam revelationibus comprobatur. Siquidem a multis fertur, quod quidam viri, qui a tergo ad custodiam exercitus fuerant deputati, imminente prælio referunt se vidisse quandam avem in lineamentis ad modum aquilæ figuratam, sed in colore nive candidiorem, habentem aureum caput et collum, vexillum beati Wenceslai quondam ducis, semper vero patroni Bohemorum, inclyti martyris, inseparabiliter prosequentem; quæ passim visa est, eisdem crescere, quoad usque ad pugnam procedentem; universum corpore et plumis cooperuit exercitum christianum. Eodem etiam die vir nobilis et devotus et omnimodis fide dignus Johannes miles, filius Swoyslai, cum in domo propria ægrotaret, circa horam tertiam vidit in extasi se quasi in campo certaminis cum exercitu suo constitutum. Quem cum cerneret esse modicum et inordinatum, simul vidit patronos Bohemiæ gloriosos ad quendam campum lucidum tali ordine procedentes · primum conspicit procedentem : sanctum Wenceslaum lorica indutum, habentem galeam suam in capite, gestantem gladium suum in vagina auro et gemmis ornata sub ascella sinistra, in dextra vero manu proprium vexillum præferentem ; quem immediate sanctus Adalbertus, veluti vir magnus et robustus, decenter ornatus pontificalibus, sequebatur. Post hæc vidit beatum Procopium, quasi abbatem cum suo baculo pastorali sanctum pontificem e vestigio

NOTÆ.

(332) Ad locum Kresenbrun prælium commissum est.
(333) Secundum Chronicon Augustanum quatuordecim millia hostium perierunt.
(334) Maria, Theodori imperatoris Nicacensis filia.
(335) Filio Belæ IV.
(336) Hoc loco desinit Otakari epistola; quæ sequuntur canonici Pragensis sunt verba, quæ tanquam epistolæ partem cum præcedentibus primus falso conjunxit Hajecius aliosque in suum errorem traxit, Balbinus, Pubitschkam, quos etiam Boczek secutus est. Cfr. Dobrowskii commentatio Erläuternde Bemerkungen über die Geschichte Ottokars in Monatsschrift des Böhmischen Museums II Januar, p. 41.

comitantem; novissime cernit sequi quinque fratres martyres, quasi propriis tunicis vestitos. Tunc idem miles audivit sanctum Wenceslaum prædictis gloriæ suæ consortibus sic clara voce dicentem: « Debilis est noster exercitus, ad Dei præsentiam mox tendamus. » Quo dicto vexillum suum contra hostes extendit, qui statim in fugam universaliter visi sunt converti. Exterioribus quoque oraculis interior consolatio concordavit. Nam, sicut sæpedictus princeps Bohemiæ et alii principes, barones et milites communiter retulerunt, quod, quamvis paulo ante pene emortui et totis viribus destituti, in ipsa tamen hora conflictus inexperta spiritus et corporis lætitia intra semetipsos de assequenda victoria fere universi et singuli acceperunt responsum, parati non solum irruere, verum etiam muros ferreos audacter irrumpere. Jarosius etiam purcravius Pragensis, vir fide dignus, coram episcopo Pragensi et præposito et decano et canonicis in capitulo Pragensi retulit viva voce, quod exercitus ejus, in cujus medio ferebatur vexillum sancti Wenceslai martyris, nullam læsionem aut jacturam sustinuit in equis et hominibus, sed, quovis locorum se divertebat, adversarii a facie eorum terga vertebant fugientes. Ferrum etiam hastilis ejus, in quo dependebat prædicti martyris vexillum, visum est a pluribus splendere velut radius solis prælucidus. Nuncii regis Ungariæ, qui missi fuerant ex parte ejus ad principem Bohemiæ, retulerunt coram eodem principe et baronibus ejus, quod hora congressionis exercituum ad invicem, Bohemi valido clamore in cœlum exaltato canentes hymnum a sancto Adalberto editum, quod populus singulis diebus dominicis et aliis festivitatibus ad processionem cantat, equi adversariorum invitis sessoribus fugam arripuerunt.

Quidam scripturarum scrutator et in eisdem prophetico præsertim sensu circa numerorum mysteria curiosior indagator sic ait: « Post annos 1260 suspecta sunt mihi amodo tempora et momenta. — Hanc interpolatoris glossam e textu removendam censuimus. »

Anno dominicæ incarnationis 1264 4 Kal. Octobris in festivitate gloriosi patroni sancti Wenceslai idem rex Przyemysl currens ad ecclesiam majorem, devotissime recommendans se orationibus tam clericorum quam laycorum, occurrit genero suo Ottoni marchioni et sorori suæ dilectissimis de Bramburk, Czaslaw, qui filiam eorum secum duxerant, quam dominus rex, ne aliqua scintilla discordiæ inter eum et regem Ungariæ, patruum ejus, remaneret, pro treugis retro habitis et pro pace perpetua terrarum suarum, dictam puellam filio regis nomine Belæ, ante Posonium (357) coram tribus episcopis, Pragensi, Olomucensi, Bramburgensi, matrimonio destinavit copulandam. Nec est prætermittendum qualiter sumptus epularum ducibus et marchionibus diversarum terrarum nec non terrigenis per suas terras, Bohemiam, Moraviam et Austriam, usque ad consummationem festivitatis fuerint ministrati. Quid plura? Venit rex Ungariæ, portans aureas murenulas (358) juxta timpora dependentes, paucis comitantibus, videre sponsam filii sui ad tentoria regis Bohemiæ, et ordinat dotem propter nuptias. Quo recedente filius suus Bela, speciosus forma præ filiis plurium, auditis missarum sollemniis, capiti puellæ matrimonialiter sibi traditæ coronam auream superponit, quam quidam suorum nobilium, evaginato gladio et vibrato de capite sponsæ, abstrahit juxta ritum suæ gentis. Deinde navigio ducit ad propria non sine maximo parentum ejulatu. Eodem die rex Bohemiæ in quodam tentorio novo, ad modum ecclesiæ præparato et diversis pannis quasi de lateribus tecto, fecit milites quatuor marchiones et quintum ducem Poloniæ, præter alios comites et nobiles nobiliter decoratos; cum quibus exercens ludos militares et diversos, ponit ad mensam Ungariæ regem seniorem in thabernaculis ad hoc sumptuose præparatis cum diversis principibus, gratiose ministrans et habunde 3. Non. Octobris. Quis autem non possit mirari de tam magnifico principe, qui ab utero matris suæ vocatus est rex aureus (359), qui auro et argento nec non sibi desuper data sapientia pontem trans Danubium jam altera vice suis exercitibus transeundum et redeundum mirabiliter super naves magnas artificiose fabricavit. Sic autem festo consummato, rex Otakarus Pragam revertitur sanus et incolumis cum suis omnibus.

Anno Domini 1271. obiit Vitus decanus Pragensis Kal. Maii. Hic verbum vitæ prædicando et docendo fideles Christi salutarem disseminavit scientiam, spe uberioris fructus suis pro meritis et laboribus, cœlestia pro terrenis comparando. Illuminabat enim mentes hominum utpote lucerna lucens, et confluebant ad ecclesiam Pragensem occasione sermocinationis ipsius singulis diebus dominicis et festivis nobiles terræ et burgenses, cæteri etiam artifices et operarii, ut possent in arcella memoriæ suæ ad laudem et honorem Dei et profectum ipsorum verbum salutis conservare. Contulerat enim sibi Dominus gratiam non modicam eloquentiæ proponendi verbi sui, spiritu sapientiæ repleverat eum et intellectus, et ipse tamquam imbres misit eloquia sapientiæ suæ, per quos arida corda hominum irrigabat. Iste vir totum exposuit se ad opus ecclesiæ, et sua pro nomine Jesu Christi. Compilavit lectionarium quod matutinale appellatur cum magnis laboribus et vigiliis. Nam antea singuli libri, quibus

NOTÆ.

(357) Nuptiæ celebratæ sunt in campis qui dicuntur Vizze, ubi Fischa in Danubium exundat, haud procul a Vindobona, ut probant Austriacarum rerum scriptores. Palacky II, 192.

(358) Sunt catenæ ex auro factæ, vide Adelungi glossarium s. h. v.

(359) Ferreus rex nominabatur a Tartaris, teste Chronico Sanpetrino Erfurtensi ap. Menken III, 291.

ecclesia utitur per circulum anni, in voluminibus singillatim conscripti exhibebantur ad matutinas juxta distinctionem temporum et determinationem; videlicet Isaias in adventu Domini, post octavas epyphaniæ epistolæ Pauli, tempore quadragesimali omiliæ sive Genesis, in passione Domini Jeremias, et sic de singulis, per quam mutationem dispendium et error circa minus officiatos generabatur. Procuravit etiam libros plures musicos scribi, ad officium divini cultus pertinentes, suis propriis sumtibus, invigilans ne quid omitteretur, adjiciens epistolas et evangelia, quæ in sollemnibus festivitatibus cantantur. Erant enim libri antiqui usuales et simplices, quidam etiam jam vetustate consumti, inutiles, nullum fructum proferentes, per quos error et confusio frequens in officio divino accidebat. Sunt autem hi libri qui conscripti sunt Viti decani pretio et expensis, missalia, gradualia, antifonaria musica, psalteria, ymnaria, collectaria, baptisteria, breviaria et alii plures sermonum libri, per quos illuminavit Pragensem ecclesiam in officio divino. Multæ etiam et aliæ ecclesiæ conventuales et parochiales emendatæ sunt in officio divino per transscriptionem librorum Pragensium et illuminatæ, quod domino Vito decano, auctori hujus operis, meritorium etiam et animæ ipsius proficuum esse non hæsitamus. Ampliavit etiam Pragensem ecclesiam construendo altaria. Erexit enim pulpitum facultatibus propriis testudinatum, et locavit altare sanctorum evangelistarum ad latus chori sanctæ Mariæ a sinistris. Erexit etiam et aliud pulpitum, ubi solent vicarii cantare in cœna Domini « Domine, miserere, » in matutinis parasceve et vigilia paschæ; et construxit altare sancti Matthiæ, provisione competenti ministro, altaris deputata. Per ipsum etiam consummatum est opus claustri in longa via versus aquilonem, in columnis sculptis et testudinibus et pictura totius claustri. Capellam sancti Michaelis, in qua vestiuntur ministri ad missas celebrandas, amplificavit subtus cameris testudinatis et supra, et locavit altare sancti Michaelis; quam etiam et depingi procuravit, competentique provisione dotavit, assignans terram in villa Horneticz et aliam in Przieboy, quas propria pecunia comparavit. Instituit etiam vicarium perpetuum decaniæ Pragensis, assignans terram in villa Bicos, de qua idem vicarius possit commode sustentari. Induxit etiam idem dominus decanus Czieczonem, judicem totius regni Bohemiæ, ad construendam ecclesiam omnium sanctorum, quæ sita est in exitu claustri versus curiam regalem, quæ ecclesia ædificata est, procurante et conducente lapicidas et alios operarios eodem decano usque ad perfectionem operis prænotati. In qua instituti sunt duo presbyteri ad officiandum. Quibus etiam provisum est in agriculturis et in dote mobili et immobili, et hominibus censualibus in duabus villis, videlicet Dyrhkow et Visin. Iste vir Vitus affectu pio, largitate prodiga fervebat in eleemosynis erogandis; stabilita enim erant bona ipsius in Domino, et eleemosynas illius enarrabit omnis ecclesia sanctorum. Colligebat enim ad mensam suam singulis diebus tres pauperes scolares, aliquando quatuor, quibus et abunde præcipiebat ministrari. Dividebat etiam denarios pauperibus laycis viris et feminis in sequestro et in angulis ecclesiæ in obscuriori loco, visitando altaria pro veneratione reliquiarum, memor verbi evangelici : « Nesciat sinistra tua, quid faciat dextera tua (*Matth.* VI, 3). » Non quærebat laudes humanas juxta illud philosophicum : « Virtutis fructum sapiens in conscientia ponit, minus perfectus in gloria; nam sapiens contentus conscientiæ præmio gloriam non quærit. » Hic vir non tantum scolaribus Pragensi ecclesiæ deservientibus subveniebat, verum etiam in generali studio existentibus pro possibilitate suarum facultatum affectuose, ut in plurimis patuit, providebat. Cognatos et consanguineos et quoslibet propinquos speciali dilectione amplectebatur, defectibus et necessitatibus ipsorum competenter subveniendo, non immemor auctoritatis :

« Cum tibi divitiæ superant in fine senectus,
Munificus esto, vivas non parcus amicis. »

Hic, qui sui memores alios fecit esse merendo (340) ætas quippe sibi matura inerat et vicinata senio, et competebat sibi illud Sapientiæ : « Senectus venerabilis est, non diuturna, neque numero annorum computata ; cani sunt enim sensus ejus, et ætas senectutis vita immaculata (*Sap.* IV, 9), » iste vir multa pia officia peregit in domo Domini, ad laudem ejus perferens pondera diei et æstus, et non incongrue comparatur prophetæ Samueli, qui postquam ablactatus fuit, oblatus est in domum Domini cum tribus modiis farinæ et anfora vini ad serviendum Domino omnibus diebus vitæ suæ. Iste etiam a pueritia sua nullo cogente, quia coacta servitia exacerbat Deus, sed proprii motus voluntate obtulit se in templum Domini, videlicet Pragensi ecclesiæ ad serviendum indefessa mente, virili et constanti animositate, præsentia continua ad serviendum ad laudem et gloriam Jesu Christi et beatorum martyrum Viti, Wenceslai atque Adalberti omnibus diebus vitæ suæ, et ad finem usque complevit. Unde de Samuel dictum est : « Cognoverunt omnes a Dan usque Bersabœæ, quod fidelis Samuel propheta esset Domini (*Judic.* XX, 1). » Viro vero de isto gratia virtutum quæ micabat in ipso divulgavit nomen ejus occasione exercitationis operum ipsius in laudem domus Dei per totam Pragensem dyœcesim et in omnibus finibus ejus cunctisque terminis totius regni Bohemiæ. Effulsit enim in templo Dei velut lucerna, non sub modio sed super candelabrum posita. Consurgebat etiam media nocte de strato suo ante

NOTÆ

(340) Cfr. Virg., Æn. VI, 664.

tempus matutinarum, lustrans omnia altaria pro veneratione reliquiarum cum veniis et orationibus. Aliquando etiam perlegebat tertiam partem psalterii, quam nos quinquagenam vocamus, si tantæ prolixitatis tempus ante pulsationem matutinarum se offerret. Deinde suscitabat campanarios ad pulsandas matutinas, et infra pulsationem campanarum egressus de ecclesia, girabat circumquaque pulsando ad cameras clericorum, excitando ipsos ad matutinarum officium. Postmodum intrans ecclesiam veniebat ad chorum, et si ebdomadarium sacerdotem cernebat, annuebat eidem ut inciperet matutinas; absente vero ebdomadario, officia ipsius personaliter perferre non dedignabatur. Delectabatur enim in officio divino omnem defectum ecclesiæ per ministros neglectum personaliter supportare. Hic vir nunquam audiebat judicia secularia suorum subditorum, sed aliis commitebat audienda. Culpas vero horum qui per determinationem judicum damnabantur ad pœnam solvendam nunquam exegit nec oblatam recepit, sed paterna pietate tanquam filios corripuit, quandoque etiam asperioribus verbis, ne similia committant, acrius increpavit. Attendebat enim illud evangelicum : « Nolite judicare, ut non judicemini (*Matth.* VII, 1), » etc. Secularibus negotiis ne se inmisceret, omnibus modis evitabat. In villa quæ vulgariter dicitur Velikawes, in qua Ebrhardus felicis memoriæ canonicus Pragensis (341) comparavit quædam bona pro remedio animæ suæ, et assignavit ecclesiæ Pragensi pro enutriendis et vestiendis 12 scolaribus, qui bonifanti sive boni pueri appellantur, qui continue tenentur in ecclesia memorata deservire in cantu, legenda et psalmodia, idem Vitus decanus erexit in altum ecclesiam in honore sancti Laurentii, in qua et turrim exstruxit decori operis propriis sumtibus et expensis. Obtinuit etiam ab episcopo Johanne indulgentiam 40 dierum, fidelibus Christi advenientibus in dedicatione ecclesiæ et aliis summis festivitatibus largiendam. Erexit et aliam ecclesiam in Cogieticz villa suis sumtibus in honore sancti Viti, in parietibus lapideis et tectura, et turrim exstruxit in altum. In villa Sluhach (342) fama volante intellexit quod esset ecclesia totaliter diruta et desolata, ita quod nec ostia remanserant in ipsa; porci, lupi, canes frequentem ingressum et patulum habebant in ipsa. Hanc dominus Vitus decanus Pragensis a fundamento reædificavit de nobilissimi operis structura propriis facultatibus, et turrim pulcherrimam exstruxit in ea ob venerationem sancti Adalberti martyris. Construxit etiam altare in ecclesia Strahoviensi sub turri in honore sancti Matthiæ apostoli. Idem decanus melioravit dimidiam præbendam in Strachkow [269] villa comparando pecunia propria curiam et hæreditatem cujusdam militis nomine.... [270], per quem multa mala inferebantur eidem dimidiæ præbendæ. Multa dicenda essent de virtutibus ipsius, quæ digna sunt relatione, de castitate, de continentia, de observantia jejuniorum, de sobrietate, fidelitate ac pietate, de compassibilitate proximorum, de divinorum mandatorum observatione, veritatis et justitiæ imitatione. Sed ne videar singularum virtutum ipsi divinitus collatarum plenius facta prosequendo notam adulationis incurrere, stylo amoto, malui posteris relinquere, quia sunt nonnulli, quorum memoriæ ipsius facta impressa sunt multo meliora. Omnia quippe dona virtutum confluxerant in ipsum omnipotenti Domino largitore, nec inde gloriabatur; erat enim ei mundus mortuus, et ipse mundo. Nam mundus dicitur ei mortuus, quem suis illecebris non astringit, et ille dicitur mundo mortuus, qui nihil mundi concupiscit. Non inhiabat vaniloquiis, non spectaculis, non hystrionibus. Epithaphium ipsius :

Da, Deus, æthereos Vito conscendere cœlos,
Astrigerumque sacro sub nomine noscere cœlum,
Perpetuoque frui sine mortis legibus ævo. Amen.

Hoc etiam epitaphium lapidi ipsius tumbæ superposito scriptum erat.

Nomen sortitus fuit a vita vere Vitus,
Cujus erat vita morum fidei redimita.

Anno dominicæ incarnationis 1272 (343). mense Augusto missus est Coloniensis archiepiscopus (344), et alii cum eo plures nobiles ad regem Otakarum, rogantes ipsum ex parte electorum, qui habebant potestatem et jus eligendi in imperatoriam dignitatem, quatenus dignaretur assumere apices imperatoriæ dignitatis. Quos Otakarus rex serenissimus benigne et gratiose recipiens, honestissime tractat infra aliquot dierum spatia, et convocans nobiliores milites Bohemorum et maturiores ætate ac sapientia fulgentiores, quid opus sit facto in hujusmodi negotio studiosus inquirit. Congressis itaque in unum locum magnatibus et primis juxta mandatum regium, consilio habito unus ex ipsis eminentior dignitate, qui eo tempore erat camerarius regni et facundior, Andreas (345) nomine, et talibus dicitur usus fuisse sermonibus : « O rex invictissime et excellentissime, quis mortalium tuæ potest in terris æquiparari potentiæ ! Deus in cœlis regnat, tu in terris ex permissione ejus, et ducibus et terrarum principibus dominaris, et non est qui resistat tuæ

VARIÆ LECTIONES.

[269] *scriptum erat* Strahow, *sed manu antiqua correctum est* Strachkow. [270] *spatium vacuum in codice.*

NOTÆ.

(341) Cfr. supra 1257, 1259.
(342) Sluch in circulo Kaurzimensi.
(343) Ita legendum esse, minime 1271, ut habet codex, quem rerum Bohemicarum scriptores secuti sunt, observavit Böhmer Reg., p. 52. Richardus die 2. mens. April. ejusdem anni obierat; vid. ibid. pag. 51.

(344) Engelbertus, quem Pessina III, 7, in loco quem dedit ex hoc Chronico Conradum nominavit.

(345) Quem *de Ricsano* nominat Franciscus I, 3, Pelzel et Dobrowski scr. rer. Boh. II.

voluntati. Incognitæ enim tibi sunt ad quas invitaris diversarum gentium nationes, et rerum dubius eventus. Sede in solio patrum tuorum; tuum regnum et potestas per climata mundi famosius dilatatur, et ad mare (346) nomen tuum insonuit, jam et nutibus tuis cuncti terrarum principes famulantur. Ipse etiam, si necesse fuerit, imperator tuis parebit mandatis scuto et clypeo in auxilium tuæ necessitatis. » Rex itaque Otakarus auditis his sermonibus, consideransque potentiam suam extolli et magnificari, acquievit sermonibus, et recusans ad tantæ dignitatis fasces assurgere, remunerat nuncios muneribus magnificis in auro, argento, gemmis pretiosis, annulis, dextrariis, palefridis et diversis ac variis clenodiis, vestiens ipsos et totam curiam eorum, remisit ad electores cum uberiori gratiarum actione. Venerunt et pluries (347) nuncii simillima deferentes, quos rex benigne suscipiens petitionibus ipsorum nullo modo acquievit, sed muneribus ornatos ad electores remisit, gratiarum actiones referens pro evocatione tantæ dignitatis.

276. Anno quinto (348) electionis suæ Rudolfus misit nuncios ad Otakarum regem Bohemiæ, petens sibi restitui terras, videlicet Stiriam, Austriam, Karinthiam, Portum Naonis (349), Fioletum, Forum Julii, asserens eas ad imperium pertinere et suo dominio subjacere. Rex autem Otakarus, vir magni cordis, in ordinandis regni sui negotiis singulari solertia præditus, et rebus bellicis a pueritia deditus, cui audaciam dabat invicta soror fortunæ Bellona et felix bellorum successus, confidens potentiæ suæ affectansque semper bellare et præliari, tale fertur nunciis Rudolfi electi in imperatorem dedisse responsum : « Terras quas Rudolfus repetit nunquam possedit nec possidebit; sed mihi quædam datæ sunt in dote, ratione matrimonii contracti cum Margareta , filia Leupoldi ducis Austriæ, quasdam etiam manu victrici et gladio acquisivi et dominio meo subjugavi. Unde in terris sui imperii imperet, terris autem quas a me repetit nunquam imperabit (350). » Videns itaque rex Rudolfus, considerans se verbis non posse proficere, post primam et secundam monitionem (351) furore iracundiæ succensus (352), concepit in animo suo armis vincere regem Otakarum, et præparat se ut celerius potest ad bellum (353). Comperiens itaque rex Bohemorum, quod Rudolfus attemptaret ingredi terminos suos (354), misit exercitus in occursum ejus versus Tepla ad repugnandum, ne intraret metas ejus ; ipse autem rex morabatur in venationibus, deditus ludis et aliis curialium delectationibus. Sciens itaque rex Rudolfus, quod Otakarus rex in occursum suum exercitus Bohemorum armatos, ne intraret terram Bohemorum, venire decrevisset, aliorsum divertit gressus suos, et processit ex alia parte Danubii (355) versus Austriam, occupans castella et quæque oppida, civitates et villas, omnia subjiciens ditioni suæ, transiens per Pataviam usque Lincam (356), et ibi castra metatus est cum exercitibus suis. Quod audiens rex Otakarus mandavit exercitibus suis, qui erant circa Tepla, ut quanto citius possunt, veniant usque in Droznovicz (357). Transeuntes itaque de Tepla, per provincias Pilznensem, Bechinensem, Prachnensem et

NOTÆ

(346) Adriaticum; post mortem enim Ulrici ducis Carinthiæ a. 1269. Otakarus Carinthiam, Istriam et partem Forojulii occupaverat. Vid. anon. Leob. Veronenses etiam, Feltrenses, Tarvisini Otakari patrocinio se subdiderant. Cfr. Æneæ Silvii hist. Bohem. c. 27.

(347) Quod in dubitationem vocari videtur posse.

(348) Erat; primum de his rebus actum est Norimbergæ in curia d. 19 m. Nov. 1274 a Rudolfo habita, cui Otakarus, cum de feodis ab ipso interregni tempore occupatis ageretur, non interfuit. Cfr. Mon. Germ. Legg. II, 399 et Rudolfi epist. 60 apud Bodmannum.

(349) Portenau castellum, Pordenone, in provincia Forojuliensi situm, feodum erat Aquileiensis Ecclesiæ. Apud Boczek IV, 41 deprehendimus Otakari quoddam præceptum 12 Jan. 1270 datum, quo se Bœmiæ regem, ducem Austriæ et Styriæ, et Moraviæ marchionem nominat, quod sequitur aliud 16 Febr. 1270 scriptum, in quo ducis Carinthiæ, domini Carniolæ, Marchiæ et Egræ titulos addit, et die 28 Aug. 1270 domini Portus Naonis. De his provinciis vide Otakari pacem cum Stephano Hungariæ rege a 1271 factam Boczek IV, 45.

(350) Duabus litteris ad papam 9 Mai. 1275 scriptis Otakarus pontificis arbitrio se submittere velle confirmat petitque, ut et sibi et Rudolfo hoc injungatur ne alter alterum aggrediatur, dum ipse terræ sanctæ auxilium ferre ex voto se præparet. In altera vero epistola de Rudolfo hæc leguntur : *In curia apud Nurenberch celebrata quædam de facto in nostri honoris dispensum et terrarum nostrarum non* modicum detrimentum attemptare per suas sententias nitebatur, et adhuc nititur, et per sua placita omni juri contraria malum nobis multipliciter contra justitiam machinatur, tamquam hostis publicus et adversarius manifestus. Cfr. Boczek IV, 142.

(351) Secunda vice Otakarus invitatus est Herbipolim, ubi 23 Jan. 1275 curia habebatur, tertia 15 Mai. ejusdem anni Augustam. Böhmer Regest., p. 68. Anno demum 1276 ad Otakarum missus est Fridericus burggravius Norimbergensis, ut imperii banno affectum ad pacem ultimo revocaret. Vide Anon. Leob. 1274 et Bohmer I. l.

(352) Quod verum esse dicis, si talia in Rudolfi epistola 8 apud Bodmannum legis : *Nostrum et ejusdem imperii publicum inimicum, patris et patriæ nefandissimum traditorem, quem tota Austria tanquam inveteratum in perfidiæ malitia patenter evomuit.*

(353) Quod cœptum est die 24 Jun. 1276 Bohmer, pag. 77.

(354) Belli gerendi consilium, quod primum Rudolfus ceperat, descripsit Fridericus episcopus Salisburgensis in epistola 15 apud Bodmannum : *Prime infestetis regem Bohemiæ, circa partes Bohemiæ ut sic ab Austria discedere compellatur.* Quod vero mutavit consilium, pace cum Bawariorum duce facta; non Bohemiam, quod et ipse Otakarus opinabatur, sed Austriam aggressus est.

(355) Quem Ratisbonæ trajecerat.

(356) Linz, ubi in castris erat die 10 Oct. Lambacher H. 110.

(357) Idem quod paulo infra Drosendorf ad Tayam in sinistra Danubii ripa in Austria inferiori.

per sylvas ac nemora, multa mala perpessi sunt, errantes in invio et non in via; tamen a spoliatione pauperum per innatam malitiam non cessabant, nulli omnino sexui parcentes vel ætati, quod melius experti sunt illarum provinciarum viri [Australes (358). Tandem venientes ad condictum locum Drozndorf, occuparunt fines provinciarum confinii illius in longitudine et latitudine quatuor milliariorum, et ibi tentoria tetenderunt et castra metati sunt, rege Otakaro inter ipsos jam commorante, et rege Rudolfo ex alia parte Danubii cum exercitibus suis circa Clincz existente. Cumque jam septem hebdomadis morarentur prædicti principes cum exercitibus suis in locis ante dictis (359) ex utraque parte Danubii, videntes homines debilitari et deficere præ nimia anxietate et carentia victualium atque nimio defectu pabuli equorum (360), per nuncios ab utroque principe hinc inde missos treugis interpositis et securitate data sub juramenti interpositione, elegerunt locum insulam quandam dictam Kamberk ad tractandum pro amicabili compositione et reformatione pacis (361), nutrice concordia mediante. Deinde statuto die intrante insulam supradictam utroque principe cum paucis ad hoc specialiter evocatis, tractatu prolixiori habito, tale fœdus inierunt in contractu sponsalium : videlicet ut Wenceslaus, filius regis Bohemiæ, filiam (362) Rudolfi electi accipiat in uxorem sibi, et e converso filius Rudolfi (363) filiam (364) Otakari accipiat sibi in uxorem. Hic contractus confirmatus fuit per utriusque principis juramenti interpositionem in præsentia multorum episcoporum (365) et aliorum plurium nobilium ecclesiasticarum et secularium personarum. Fuerunt etiam instrumenta super eodem contractu confecta et multorum principum pro testimonio sigillis insignita (366). Videns itaque rex Otakarus tali confœderatione et amicitia Rudolfo electo se junctum, ad instantiam ipsius et petitionem, quorundam etiam suorum consilio inductus, sub spe uberioris gratiæ obtulit sibi vexilla quinque in signum subjectionis, sperans sibi eadem vexilla cum terris quas resignaverat incontinenti restitui. Rudolfus vero, ut vir providus et discretus, cum suis primatibus interlocutoria habita, usus maturiori consilio regi Otakaro vexilla duo restituit cum terris Bohemiæ et Moraviæ, ponens cum sub spe restitutionis et aliarum terrarum, asserens se necessitatibus et indigentiis ac rerum carentia esse prægravatum (367). His ita peractis vinculo pacis firmissime inter ipsos durante, inconvulsis radicibus amicitiæ ad proprios lares læti remearunt. Acta sunt hæc anno Domini 1276. 12. Kal. Septembris usque ad Kalendas Decembris (368). Quædam autem, quæ ibidem in Kamberk acta sunt, malui subticere, ne forte singula ut fuerunt prosequendo aliquorum odium incurram.

Anno Domini 1277. 6. Idus Septembris rex Otakarus, immemor sponsionis suæ, filiam suam (369), quam desponsaverat N. filio Rudolphi electi Romanorum, reclusit eam in monasterium sancti Francisci (370), subjiciens regulæ et religioni, quæ vocatur religio pauperum dominarum. Intraverunt et aliæ cum ipsa decem virgines sub eadem regula victuræ, cupientes cœlibem vitam ducere, et omnipotenti Deo pro viribus et sicut regula ejusdem conventus præcipit deservire. Hujus puellæ ingressus et assumptio monasticæ vitæ non solum a sapientibus, verum etiam a simplicibus rurensibus laicis reputabatur initium fuisse totius mali et ruina regni Bohemiæ (371). Cujus instinctu seu consilio rex Otakarus allectus ista fecerit vel facienti consenserit, quia inter sublimes personas versatur factum (372), ad enarrandum difficile manet. Nec in aliis defuit hostis antiquus, qui fraudis suæ fomenta sub-

NOTÆ.

(358) De hac devastatione cfr. Chron. Claustroneoburg. ap. Rauch I.

(359) Observandum hoc tempore Rudolfum a Linz urbe usque ad Viennam progressum esse, quam die 18 Oct. obsideri cœptam per quinque hebdomades obsessam tenuit Rudolfus. Vide Chron. Austriæ apud Rauch II.

(360) De hac fame vide Chron. Salisburgense.

(361) In castris ante Viennam pax facta est, ut probat Fridericus Salisburgensis in litteris ad papam datis, Pubitschka IV, 2, 420. Otakarus in epist. 30 apud Dobnerum dicit concordiam apud Danubium initam esse.

(362) Gutam.
(363) Hartmannus.
(364) Cunegundim.

(365) Werneri archiepiscopi Moguntini, Friderici Salisburgensis, Bertholdi Babenbergensis, Leonis Ratisbonensis, Petri Pataviensis, Conradi Frisingensis, Brunonis Brixiensis, Dietrici Gurcensis, Joannis Chymensis, qui exstant in regum præcepto dato 26 Nov. 1276, M. G. Legg. II, 408.

(366) Pacis leges conscriptæ sunt in tabula in castris ante Viennam 21 Nov. 1276, mediantibus episcopis Bertholdo Herbipolensi, et Brunone Olomucensi, et Ludovico comite palatino Rheni, et Ottone marchione Brandenburgensi. In quo præcepto leguntur hæc : *Dominus O. rex Boemiæ cedit simpliciter et precise omni jure quod habebat vel habere videbatur in terris et hominibus cujuscumque conditionis existant, Austria videlicet, Styria, Carinthia, Carniola, Marchia, Egra et Portu Nahonis.* Mon. Germ. Legg., II, 408.

(367) Quæ omnia in una eademque pacis tabula composita sunt, itaque huic auctoris narrationi minime videtur fides habenda.

(368) Litteræ quibus Rudolfus investiebat Otakarum Bohemia et Moravia datæ sunt Viennæ 25 Nov. 1276, Boczek IV, 185.

(369) Anno 1265 natam ; cfr. supra.

(370) Quod sponte fecit Cunegundis, si Franciscum audis ap. Pelzel et Dobrowski II, 29.

(371) Quod vix credendum, cum diebus 6 Mai et 12 Sept. 1277 mutatis quibusdam conditionibus inter Rudolfum et Otakarum pax denuo firmata est ; cfr. Böhmer, p. 84, 88. Quam belli causam a nostro falso allatam esse jam probarunt Lambacher I, 208 ; Palacky II, 267.

(372) Cunegundim reginam innuere videtur, quam belli auctorem fuisse monachus Fürstenfeldensis et post eum multi alii narrarunt.

ministrans et *semina discordiarum spargens, irretire non desinit humanum genus, qui etiam in tantum succendit animum regis Otakari ad belli studium, ut obliviscens omnium promissionum suarum, quas pollicitus est electo Romanorum, vix diem expectat, quo in ipsum suam possit effundere iram. Mittit ad eum literas (373) magis rixam provocando, quam pacis osculum offerendo. Eodemque anno molendinum ventosum est erectum in orto Strahoviensi.

Anno Domini 1278. 5. Kal. Julii rex Otakarus profectus est ad expeditionem contra Rudolfum electum versus Moraviam, reseditque in Brunna, expectando duces Poloniæ (374) et militiam ipsorum, nobiles etiam Bohemiæ atque Moraviæ, quorum auxilio sperabat se victoriam obtinere, et terras sibi ablatas iterum dominio suo subjugare. Non attendebat intra se dubium esse eventum bellorum; varius est enim eventus in prælio, et nunc isti, nunc illi prævalent bello, et quem premunt sua fata, hunc continuo nolentem ducunt, volentem trahunt. Collectis itaque exercitibus processerunt ad Lavam, ibique immorati sunt, quamdiu poterant pabulum pro equis et victualia per spoliationes pauperum habere (375). Deinde venientes applicuerunt munitioni quæ dicitur Drozndorf, et ibi metati sunt castra, et vallaverunt prædictam munitionem, et locaverunt machinas et alia varia instrumenta ad expugnandum. Videns quoque hæc quæ fiebant Messover (376) miles strenuus, qui præerat eidem munitioni, quod resistere nequiret, subdidit civitatem, se etiam ipsum et omnia quæ possidebat dominio regis. Cumque hæc innotescerent electo Rudolfo, jam enim dudum collegerat multitudinem copiosam Ungarorum, Comanorum, Suevorum, Saxonum, Australium, Stiriensium, Coloniensium, Renensium (377) et aliarum diversarum nationum, et transfretato Danubio (378) venit in occursum ejus. Rex autem Otakarus jam erat circa eum locum, qui dicitur vulgariter Usadwora Lova Lovistié, et est mons nemorosus circa flumen Moravam [Cosmas]. Interea electus Rudolfus, ut vir providus et prudens in rerum discrimine, sciens arcum suum tendere et relaxare tempore opportuno, comperiens per exploratores suos, quod rex cum exercitibus suis nullam spem haberet de adventu inimicorum, et essent dispersi huc atque illuc, sicut consuetudo Bohemorum est, causa prædæ rapiendæ, et rege cum paucis commorante, repente irruit cum exercitibus suis super improvisos et inhermes, et in modum semicirculi per ordinatas acies circumcingens eos multitudine innumerosa, contrivit tentoria ipsorum et exercitum eorum, et cecidit super militiam regis Otakari formido et pavor in magnitudine brachii electi Romanorum, et perterriti ac nimium stupefacti non valentes resistere potentiæ ipsorum, fugiunt, sicque fieri solet, ut quando homines præ timore fugiunt, etiam ad motum auræ pavent et ipse pavor timorem eis auget; in Rudolfi exercitus fugientes insecuntur forti et armata militia, et quosdam interfecerunt, quosdam vulneraverunt. Nobiliores vero multi Bohemiæ, Moraviæ et Poloniæ capiuntur ab eis, circumdati ex omni parte et velut sues in stabulo conclusi; eliguntur potiores, ditiores et meliores, et deducuntur ad oppida et munitiones, et reclusi in carceribus, in manicis ferreis et compedibus, gravissimis cruciatibus et pœnis variis torquebantur, ut darent pecuniam non modicam argenti et auri detentoribus suis. Captivi vero videntes se undique angustiis et tribulationibus ac cruciatibus magis magisque affici, nec aliquo remedio vel auxilio evadere manus persecutorum, quibus pecunia deposita deerat, vendentes bona progenitorum suorum, redemerunt se ipsos cupientes vitam conservare. Et quid est, quod non daret homo imminente cervicibus gladio? Quis in angustia constitutus non libenter daret pro se quidquid haberet? Nonnulli etiam fugientium sperantes se præsidio fugæ evadere hostium persecutionem, se ipsos præcipitaverunt in flumen Moravam, quia circa ipsum fluvium conflictus pugnæ gerebatur (379), et mox suffocati sunt (380). De interitu autem regis Otakari nihil certi dicere possumus, quia diversi diversa dicunt, et sic multis hæsitantibus vulgo proclamatur, quod

NOTÆ.

(373) Quas scripsit Podiebradi die 31 Oct. 1277 de Witegonidibus, quos Rudolfus sua cum Otakaro pace comprehensos esse statuerat. Cfr. Dolliner., p. 79.

(374) Vide Otakari litteras ad Poloniæ duces apud Dollinerum, p. 93, quibus eos ut sibi auxilium ferant invitat. Sed suppressa sunt nomina. Cfr. quod ibidem de Otakari sociis observavit Dolliner.

(375) Circa festum S. Jacobi i. e. 25 Jul. intravit Otakarus Austriam, teste Heinrico de Heimburg.

(376) Stephanus de Mizow apud Heinricum de Heimburg.

(377) Minime ex imperii principibus tam multos, quam auctor videtur opinatus esse et Lambacher ex tabula quadam sibi persuadebat, Rudolfo in auxilium venisse probavit Böhmer, p. 93. Præter episcopos Salisburgensem et Basiliensem et comitem Zollerensem fuisse paucissimos Salisburgensis Chronici auctor docet

(378) Quod factum est Heimburgi die 14 mensis Augusti, teste eodem Chronico.

(379) Hanc pugnam satis accurate descripsit Joannes Victoriensis II, 4. Locus quo prælium commissum est ab aliis aliter est descriptus; oppidum Marchæ, campus Gänsserfeld, Stillfrit, campus Ydungspeugen circa Marchiam, campus Marchveld modo ab hoc modo ab illo rerum scriptore affertur, quorum testimonia accurate collegit Böhmer Reg., p. 93. Commissum est prælium die 26 m. Aug. 1278; ut ipse Rudolfus ad papam scripsit crastino b. Bartholomæi castra posuit haud procul ab Otakari exercitu; mane feriæ sextæ subsequentis ad arma ventum est, in die Veneris, ut habet Heinricus de Heimburg.

(380) Quod probat Rudolfus in litteris ad papam

infra exercitus delituit et amplius non comparuit (381). Capta est autem præda innumerabilis a parte regis Rudolfi in curribus partis adversæ, in auro, argento, rifis, scutellis argenteis, balkinis (382) et aliis clenodiis et diversis rebus, ornatu capellæ regiæ, armis, nobilium dextrariis et aliis equis majoris et minoris valoris, cujus damni et jacturæ rerum ratio humana æstimationem computare non valet. Factus est autem timor magnus et turbatio per universam Bohemiam et Moraviam, qualis non fuit ex eo, ex quo regnum Bohemiæ sumpsit initium. Nam spolia multa et infinitæ excussiones ecclesiarum perpetratæ sunt in monasteriis monachorum, cruceferorum, sanctimonialium, in domibus fratrum minorum et aliarum diversarum religionum [271] collegiis. Theutonici, expulsis et ejectis atque per colla extrusis de Insula monachis, commorati sunt in claustro (383) sex septimanis, et omnia victualia, quæ comparata fuerunt ad usus monachorum, qui ibidem Deo sedulum exhibebant officium, et orationes suas incessanter pro benefactoribus et salute vivorum Deo non desinebant fundere atque defunctorum, expenderunt. 24 villas eidem monasterio spoliaverunt in mobilibus et in immobilibus, ita ut nec pilus nec granum posset inveniri. Quid dicam de aliis religiosorum domibus? In Corona (384), quæ erat nova ædificatio domus, nec signa possunt ubi domus monasterii constructa erat inveniri. Quid dicemus de griseis in Ossiek, in Brzewnow ordinis sancti Benedicti, de dominabus in Teplicz et in Swietecz (385)? Omnes in dolore et amaritudine paribus cruciatibus et similibus doloribus afflicti sunt. De remotioribus monasteriis a civitate Pragensi quod similia perpessi sunt loqui non audeo, quia multa graviora. Ex quibus Wylemow (386) potissimum læsum est, quia circa ipsum rex Rudolfus cum omni sua potentia bis stetit (387), et Brandeburgensis marchio et duces Poloniæ convenerunt. Incendia etiam innumera per totam Bohemiam facta sunt per villas et urbes, pauperum spoliationes in pecoribus, jumentis et cæteris animalibus ac altilibus diversi generis, in vestibus, in frumento et pabulo quadrupedum. Facta est autem distractio regni Bohemiæ et divisio juxta placitum et voluntatem

A regis Rudolfi electi Romanorum. Branburiensis marchio obtinuit Pragense castrum cum majori parte Bohemiæ, dux Poloniæ (388) Kladsko provinciam, regina partem cum filio Wenceslao. Et impletur illud evangelicum : « Omne regnum divisum desolabitur (Matth. xii, 25). » Adhuc Bohemis pejora in futurum vanæ mentis præstigia auguriantur. Moravia etiam in plures partes fertur esse distracta (389). Proh dolor! quanta anxietate, quantaque commotione Bohemia et Moravia agitatæ sunt, nec ego nec pluralitas facundiorum hominum valet explicare. Eodem anno 12. Kal. Novembris obiit Johannes Pragensis episcopus vicesimus quartus. Hic vicem sedis pontificalis gerens rexit ecclesiam Pragensem annis 22 (390). Erat enim forma spectabilis, incognitis formidabilis, domesticis affabilis, veritatis imitator, justitiæ sectator indefessus, in judicio providus, in universa morum honestate præclarus et qualitate incomparabilis, mœrentium pius consolator, hospitum et peregrinorum benignus susceptor et visitator. Facundissimus in eloquentia utriusque idiomatis Bohemici et Latini, lucerna lucens in mundo et ardens non sub modio, sed super candelabrum posita, illuminabat corda hominum verbo veritatis, factis et exemplis. De cujus et aliis claris actibus, licet plura digna relatu eniteant, tamen ea intacta relinquimus, quia quidam ipsi nihil boni operantes aliorum benefactis invidere non desistunt. Usus sibi maximus erat quærere et amplecti consortia peritorum, per quorum eloquentiam lætificabat animum suum, et hauriebat colores sententiarum dulcius nectare liquido. Micabat namque et aliud lumen quasi sol meridianus præcellens fulgore omnes reges, duces et principes suæ magnificæ potentiæ, videlicet Otakarus serenissimus rex Bohemorum. Hic Otakarus ab ipso ætatis suæ tyrocinio omnem spem ponens in solius Dei patrocinio, virili animositate sui regni rexit dominium. Erat enim princeps spectabilis, rex inexpugnabilis, dux in castris acceptabilis. Hic quotiescunque contra quemlibet regum vel ducum aciem belli movit, semper cum magno triumpho lætus ad propria remeavit (391). Erat D etiam in sui principatus regimine zelo pietatis suc-

VARIÆ LECTIONES.

[271] conjectura Dobrowskii, legionum 2.

NOTÆ.

(381) Apud monachum Fürstenfeldensem ap. Böhmerum Fontes rer. German. I, 8, legimus Otakari cadaver positum esse in loco edito, *ne fiat anceps de eo opinio præsentibus et futuris et dicant eum esse sublatum.* Rudolfus in litteris ad papam datis 92 ap. Bodman. hoc de inimico posteritati reliquit testimonium : *More et animo giganteo, virtute mirabili se defendit, donec quidam ex nostris militibus ipsum mortaliter vulneratum una cum dextrario dejecerunt; tunc demum ille rex magnificus cum victoria vitam perdidit.* Vide etiam vitam Wilbirgis apud Pez II, 263.
(382) I. q. baldekinus, stragula vestis pretiosissima ex auri filis et serico facta.
(383) Ostroviensi.
(384) Guldenkron.
(385) Schwatz in circulo Leitmericensi.

(386) Monasterium Sancti Benedicti Willimow in circulo Czaslaviensi.
(387) Quod sine dubio factum est a. 1278 mense Sept. vel Oct. cum Moraviam et Bohemiam intrasset.
(388) Heinricus IV, dux Vratislaviæ
(389) Ad res publicas administrandas Moravia a Rudolfo rege inter Olomucensem et Basileensem episcopos divisa est, quod probat Annalium scriptor Zabredowicensis coævus, ex cujus libro fragmenta dedit Boczek in commentatione Mähren unter König Rudolf I. Abh. der königl. böhm. Gesellschaft der Wissenschaften. Neue Folge IV, 25.
(390) Annus vicesimus primus non est expletus, vide supra ad a. 1258.
(391) Quod minime semper factum esse vide supra ad a. 1257.

census nimio, culpas suas recognoscentibus pius indultor, viduarum non surdus auditor, orfanorum non tardus adjutor. Tempore quadragesimali nocturno, solo servo contentus, latenter ecclesiam ingressus, et super pavimentum humi prostratus tamdiu perseverat in precibus, quoad usque largo imbre lacrymarum madida fuit cui incubuit humus. Inde surgens ad agapen faciendum ante ortum solis vocat officialem, cui commiserat curam pauperum, et requirit an parata habeat omnia pro pauperibus enutriendis. Erat enim mos ejus omni quadragesimali tempore quingentos pauperes pascere, et in parasceve eosdem vestire. Lavabat etiam et pedes pauperum in coena Domini juxta numerum 12 apostolorum, dividens illis cuilibet solidum denariorum. Veniens etiam ad ecclesiam Pragensem tempore quadragesimali personaliter aggreditur sacerdotes, inducens eos petitionibus suis, ut missas cantent pro salute vivorum, alias pro animabus fidelium defunctorum, nec non et missas votivas de sancta Trinitate, de sancto Spiritu, de Domina, de patronis, de sancto Nicolao et alias quam plures, dum tantummodo tot possent inveniri sacerdotes. Ad manum autem cujuslibet sacerdotis missam dicentis offerebat duos aureos vel duodecim argenteos denarios. Hæc vidimus, et testimonium perhibemus. Iste princeps quantum fuerit largus, mens humana apprehendere nec enarrare potest. Quam innumera dona dedit extraneis ducibus, principibus, in auro, argento, equis, annulis, vestibus, exprimere non valeo. Qualis comitatus sequebatur eum cottidie militum, principum, balistariorum dinumerari non poterat. Nobiles terræ, in amaritudine cordis flete regem vestrum, qui vestiebat vos coccino in deliciis, et præbebat ornamenta aurea cultui vestro, accincti velamine ornamentorum pretiosissimorum, quibus etiam fucatis ostro fimbriis radiantia fila pendebant, quibus seculi arridebat pompa et altitudo mundana tumescebat. Ornatus capellæ regiæ non nisi de pretiosissimis balkinis purpura et bysso contextus erat in casulis, dalmaticis, cappis et aliis ornatibus; calices quidam aurei, argentei, et alia vasa, quæ ad officium divinum destinata sunt, usque ad pelves omnia in auro confecta sunt; scutellæ etiam mensæ ejus ex auro puro et argento subtili opere fabricatæ, ad omnia fercula licet infinita mensæ ejus deferebantur. Quid plura? a solis ortu usque ad occasum inter reges eo tempore non inveniebatur, qui tanta largitate et potestate atque moram fulgeret honestate. Quam largus fuerit et prodigus in suis donativis muneribus, stylo submoto, ne videar adulationis notam incurrere veritatem prosequendo, ejus facta melius et verius explananda posteris relinquo. Largitionum enim ejus immensitas fuit [272] mensura (392)

IV.

ANNALIUM PRAGENSIUM PARS II.

Anno Domini 1278. episcopo Johanne viam universæ carnis ingresso, Thobias præpositus Pragensis, vir nobili prosapia ortus, ætatis legitimæ, in nomine sanctæ et individuæ Trinitatis, divina favente clementia, favorabili et concordi canonicorum assensu in episcopum sedis Pragensis, se nimium refutante, 17. Kal. Septembris (393) est electus. Idem in officio præpositurae adhuc existens, non solum clericos Pragensis ecclesiæ suo civitatis, immo quacunque terrarum parte advenientes sub alacri munificentia grata Christi vice recipiebat, et eis caritativo affectu necessaria vitæ ministrabat. Canonici itaque Pragensis ecclesiæ, cupientes electionem suam omnium virium suarum nisu ad effectum perducere, compilato decreto juxta formam electionis præhabitam, et sigillis omnium canonicorum munito, per solemnes nuncios, Gregorium magistrum et decanum Pragensem, Alexium præpositum Olomucensem ac Theodricum canonicos Pragenses, viros utique honestos et providos, præsentarunt metropolitano, sedis Maguntinæ archipræsuli (394), petentes multa precum instantia humiliter et devote, quatenus electionem per capitulum Pragense celebratam, excusantes etiam absentiam electi, tum propter viarum discrimina, quia eo tempore commotio maxima et turbatio erat per totum regnum Bohemiæ pro interitu regis in spoliis et oppressionibus, tum etiam propter distantiam locorum; solita pietate dignaretur misericorditer confirmare. Effuderunt et alias ejusdem negotii duas necessarias petitiones coram reverendissimo archipræsule, humiliter exorantes, quatenus vices suas dignaretur committere honorabili viro Brunoni, Olomucensi episcopo, ut in presbyterii gradum electum ipsorum promoveret, et cum aliis duobus coepiscopis vicinioribus sibi adjunctis ad episcopalis gradus dignitatem consecraret. Metropolitanus itaque, sicuti vir prudens et discretus, studiosius cum suis canonicis et aliis peritis in jure canonico viris, examinato regulariter et canonice decreto, nullaque comperta in eo reprehensionis nota, sciens miseri-

VARIÆ LECTIONES.
[272] *recentissima manus hic superflue apposuit* sine 2.

NOTÆ.

(392) Aliorum testimonia et fautorum et adversariorum collegit et examinavit Palacky II. 207.
(393) Librarii videtur error, nam ex ipsa narratione Tobiam mense Novembri electum esse satis patet, quod observavit Pessina in Phosphoro.
(394) Wernero.

corditer compati necessitatibus subditorum, quia etiam constabat sibi alias de malo statu terræ Bohemorum, et etiam propter viarum discrimina non posse commode venire ad præsentiam suam electum Pragensem, petitionibus ipsorum justis acquiescens, considerans etiam, quod absenti electo confirmatio si quam faceret invalida fieret, Olomucensi episcopo juxta formam petitionum committit vices suas, quatenus requisitis et inspectis omnibus articulis et articulorum circumstantiis, quæ ad negotii qualitatem pertinent, confirmationis et in gradum sacerdotii promotionis atque consecrationis electo in Pragensem episcopum munera seu beneficia largiatur. Sic namque nuncii capituli Pragensis assecuti circa archiepiscopum Maguntinum complementum petitionum suarum, juxta propositum voluntatis suæ exhibitis habunde gratiarum actionibus, benedictione accepta læti in Bohemiam remearunt. Venientes autem in urbem Pragensem, ab electo et ab honorabili cœtu canonicorum et clericorum 11 Kal. Januarii cum gaudio sunt recepti.

Anno Domini 1279, Nonis Januarii Thobias electus Pragensis, præmissis nunciis cum litteris commissoriis ad honorabilem virum Olomucensem episcopum super confirmatione suæ electionis ex parte archipræsulis Maguntini, proficiscitur versus Moraviam cum honorabilibus viris Gregorio magistro et decano Pragensi, Alexio præposito Olomucensi atque Theodrico, canonicis Pragensibus, sequentibus ipsum et aliis etiam capellanis minoris et majoris gradus, et secularium nobilium virorum cum multo comitatu, invenieruntque Olomucensem in civitate episcopali nomine Ostrawa (395), quæ est sita ultra Opaviensem provinciam in metis Poloniæ et Moraviæ. Quos Olomucensis intelligens adventasse, honorifice suscepit, et gratiose tractat ac benigne (396). Nam moris ejus fuit semper et est adventu hospitum congaudere; imitatur enim authoritatem quæ dicit : « Nobilium virorum speciale solatium est, quacunque terrarum parte advenientes hospitio recipere et benigne contrectare, et si quis motus zelo pietatis recipiat extraneos, successus amore caritatis magis fervescit in propinquos. » Apertis itaque negotiis suis et oblatis literis commissoriis, petivit (397) humiliter, quatenus juxta formam in commissione sibi traditam procederet in promissis. Olomucensis autem justis petitionibus ipsorum et honestis aures patulas accommodans, sciens lassis in labore compati, mœstis solatium inferre, quantocius possit promittit mandatum sibi injunctum effectui mancipare. Habebat autem eo tempore collegam episcopum Basiliensem (398) sibi junctum ad peragendas regales legationes Rudolfi electi Romanorum. Eodem namque Basiliensi episcopo ad executionem commissi assumpto, secundum formam sibi traditam processit ad examinationem, et de circumstantiis diligenter ac studiose inquisitionem faciens, de contingentibus, quæ ad executionem hujus negotii pertinent, nihil obmittens, perduxit ad effectum. Hiis ita rite omnibus peractis, invocato Jesu Christi nomine, confecto et dato privilegio confirmationis, authoritate sui metropolitani 15 Kal. Februarii electionem Thobiæ in episcopum Pragensem regulariter et canonice per capitulum Pragense celebratam confirmavit. Eodem anno 9 Kalendas Martii (399) profectus est Thobias electus, assumptis ex honorabili cœtu Pragensis ecclesiæ viris providis et eminentioris discretionis atque literaturæ peritioris [273], videlicet magistro Gregorio, decano Pragensi, Thoma præposito, Gotfrido præposito, Vernhero, Ulrico, Alexio Theodorico, Petro, Sdeslao, Benessio, canonicis Pragensibus, et aliis capellanis episcopalis curiæ, omnibus, pretiosissimo indumento vario subducto, vestitis plenarie et pellibus magdurinis — nobiles etiam, milites domicellosque curiæ suæ superiores, mediocres et infimos vestivit ex integro cujuslibet vestimentis, videlicet sagitta circumflexa in auribus signo primogenitorum suorum insignito — in Moraviam, in Brunnam civitatem ad venerabilem virum Brunonem Olomucensem episcopum, ibique promotus est in gradum sacerdotii per honestissimum virum, multa laude dignum, Secoviensem episcopum Kal. Martii (400). In crastino namque consecratus est in episcopum Pragensem tituli a venerabilibus viris Brunone Olomucensi, Secoviensi, Basiliensi episcopis in dominica (19 Febr.) qua cantatur *Reminiscere*, in domo prædicatorum et ecclesia sanctæ Mariæ virginis. Indulgentia autem die ipso data est annus et 40 dies. Eodem die dedit omnibus advenientibus tam invitatis quam ex propria voluntate advenientibus refectionem sollemnem, et permagnificum celebravit convivium, ita ut merito dies iste ejus natalitius debeat in anni cujuslibet circulo vocitari. Recepto itaque consecrationis charactere pontificalis dignitatis, et peracto magnifico sui natalitii convivio, omnibus sanitate et incolumitate perseverantibus, lætum ad propria reversum cum magno tripudio totus conventus Pragensis [274] et aliorum, tam claustralium quam secularium tam civitatensium clericorum, cum ingenti

VARIÆ LECTIONES.

[273] peritiores 2. [274] *ita legendum* : a toto conventu Pragensi 2.

NOTÆ.

(395) Ostrau.
(396) Vide laudes Brunonis plenissimas quas ex codice Carthusiano Olomucensi dedit Richter, p. 84.
(397) Tobias.
(398) Heinricum, quem una cum Brunone Moraviæ præfecerat Rudolfus.

(399) Error ; hoc ante diem 18 Febr. factum esse ex sequentibus patet.
(400) Observavit Pubitschka IV, 2, p. 471 legendum esse xii Kal. Mart. cum dies dominica *Reminiscere* inciderit in diem 19 Febr.

gaudio, utpote filii tristes adventum desiderantes sui patris, cantantes : « Ecce sacerdos, » clerici, seculares : « Hospodin pomiluy ny, » in ecclesia montis Syon cum vexillis et processionibus receperunt 4 Kal. Martii durante adhuc proh dolor! malo statu regni Bohemiæ, qua de causa purchgravii, qui præerant urbi Pragensi, non præsumpserunt dominum Thobiam episcopum volentem ingredi intromittere, magna multitudine ipsum comitante. Omnipotens conditor et gubernator totius orbis, qui vos ad pontificale decus [275] vestris meritis conscendere statuit, ipse vobis pro reportato lucro de creditis ovibus coronam gloriæ impertiri dignetur. Eodem anno sabbato ante palmas, quo die tunc occurrebat annunciatio beatæ Mariæ virginis, domino Thobiæ Pragensi episcopo, volenti celebrare missam primam post sui episcopatus consecrationem in kathedrali ecclesia sancti Viti, denegatus fuit introitus castri Pragensis per purchravios, qui rem publicam terræ Bohemorum a simplicioribus et ratione tardioribus gubernare videbant [276], sed ut verius dicam, destruere ipsam nitebantur. Sollemnia missæ annunciationis gloriosæ Virginis celebravit in ecclesia montis Syon non sine sulcatione frontis ruga non modica; ratione tamen justa et pia movebatur, ut ibidem officia beatæ Virginis peragcret, quia eadem ecclesia in honore beatæ Mariæ consecrata, et ecclesiæ amplitudo, latitudo atque longitudo, nec non et operis ut Salomonis templi pulchritudo, sed et hominum copiosa veniens multitudo ipsum inducebant. Quanta autem confluentia ad primæ missæ celebrationem clericorum, nobilium, baronum, militum, civium, laycorum, rurensium, mulierum maritatarum, begynarum, viduarum, infantum, juvenum et virginum congregata fuerit, si eadem multitudo armis vestita fuisset, confoederata omnium voluntate in unam, Pragensis civitas durante sponsionis voluntate inexpugnabilis per multa temporum momenta inconvulsa permaneret [277]. Ipso namque die beatæ Virginis canonicis Pragensibus et omnibus clericis in abundantia piscium, vini et medonis fuit in domo domni episcopi ministratum.

Anno Domini 1280 (401) autumnus calide exivit, sed hyems aspera fuit et nivosa, quæ asperitas duravit usque ad annunciationem beatæ Mariæ (25 Mart.), et post dissolutionem nivis, aquarum magna inundatio facta fuit infra 20 dies, ita quod molendina non poterant præ nimia abundantia aquæ infra dies prædictos ad propria loca reduci et debito modo collocari. Eodem etiam anno magna caristia fuit omnium rerum, in annona, in carnibus, in piscibus, in caseis, in ovis, ita quod nonnisi duo ova gallinarum vix poterant pro denario comparari, multis tamen adhuc recolentibus, quia non multum retroactis temporibus 50 ova pro denario emebantur in Pragensi civitate. Eodem anno 7 Kal. Decembris treugæ positæ sunt inter Ottonem, marchionem Bramburgensem, et nobiles terræ (402), sed a multis magis sperabatur pax facta fuisse, quia ab eo tempore cessaverunt malefactores a gravaminum illatione, a spoliatione, ab ecclesiarum violatione, a pecorum et jumentorum abductione, ab hominum detentione et tormentorum affectione, a saccorum, mattarum et lecticarum vestitione. Nec fuit hoc anno seminatum ad hyemalia, nisi in remotis partibus a Pragensi civitate, et si fuit seminatum, tamen modicum, et ideo valida fames cruciabat pauperes, et multi egentium fame oppressi decesserunt. Eodem anno Pragæ in summo cœperunt omnes campanæ pulsari in Nonis Januarii (403), quæ infra biennium non pulsabantur multis de causis, cum nec custodes nec campanarii ecclesiæ Pragensis introimitterentur in castrum ad peragendum in ecclesia officium suum. Imo quod magis est, nec vicariis, nec etiam ipsis canonicis Pragensibus, volentibus Deo debitum officium persolvere, introitus castri præbebatur, exceptis paucis, videlicet Andrea solo sacrista et canonico Pragensi, Chwalecio cantore; Georgio subsacrista patre ministro altaris sanctæ Mariæ et vicario, magistro Gregorio licet decanus ejusdem ecclesiæ extitisset, tamen frequenter fuit sibi introitus urbis denegatus.

Anno Domini 1281, (404) 8 Idus Martii Thobias Dei gratia Pragensis episcopus celebravit ordines in ecclesia Pragensi primos a sui episcopatus ordinatione. Erat autem consecrandorum multitudo copiosa, quæ consecratio initiata a mane vix poterat toto die finiri, ita tamen quod in crastinum sacerdotibus tunc consecratis communicatio eucharistiæ est translata. Eodem die magister Gregorius, Pragensis decanus, in presbyterum est ordinatus. Et licet contra eundem dominum episcopum multæ

VARIÆ LECTIONES.

[275] *recensior manus hic inseruit* non 2.   [276] videbantur 2.   [277] permanerent 2.

NOTÆ.

(401) Legendus est anno 1280; vide infra. Codex numerum 1282 falso exhibet.

(402) Quæ pax tum demum constituta est, cum alteram in Bohemiam expeditionem Rudolfus fecisset anno 1280, qua tandem effecit ut Otto marchio ab armis discederet, quod probat Heinricus de Heimburg. Cfr. Chron. Osterhov. ap. Rauch. I, 516, et Chron. Austriac. ib., II, 276. Ipse Rudolfus die 18 Nov. 1280 adhuc in castris erat in circulo Czaslaviensi positis. Böhmer Reg., p. 104. Quibus etiam probatur, quæ hic leguntur minime a. 1282, sed a. 1280 facta esse, quod observavit Palacky II, 329.

(403) Quod minime eodem sed sequente anno 1281 fieri potuisse ex ipsa narratione satis patet, et vel inde apparet, quod Tobiam episcopum ragensem Ecclesiam adire mense Februario 1279 vetitum esse supra legitur; quod exsilium biennium durasse hoc loco videmus.

(404) Quæ hinc usque ad finem sequantur, si ad chronologiam spectes, turbata et librariorum ex parte incuria disjecta sunt; at quæ hoc loco usque ad verba *copia abundanti* leguntur revera ad annum 1281 esse referenda, hoc potissimum mihi persuadetur quod annus tertius Tobiæ episcopi numeratur (cfr. 1278) et quod episcopum et canonicos quominus ecclesiam Pragensem intrarent usque ad 5' Jan. 1281 fuisse impeditos auctor paulo supra narrat.

subcrescerent hiis temporibus curæ seculi et diversarum turbarum fluctuationes, alienationes possessionum episcopalium et spoliationes bonorum episcopatus et pauperum suorum innumeræ, ita ut ad sustentationem suam et curiæ suæ ab aliquibus vix putaretur victualibus posse sufficere, tamen in crastino post promotionem clericorum in dominica qua cantatur *Reminiscere*, in die anniversario consecrationis suæ, non parcens laboribus suis, quos perpessus fuerat in consecratione clericorum et expensis, juxta consuetudinem antecessorum suorum posuit cereum episcopalem in ecclesia Pragensi, continentem 220 libras ceræ, ad honorem et laudem beatorum martyrum Viti, Wenceslai atque Adalberti, pontificatus sui anno tertio. Celebravit et officia missæ personaliter eodem die, ministravitque refectionem largissime canonicis Pragensibus et aliis quibuscunque advenientibus in abundantia piscium diversi generis, vini et medonis copia abundanti.

8. Kal. Julii anni præteriti (405), hoc est in vigilia sancti Johannis Baptistæ, pluvia descendit post meridiem in maxima quantitate, quæ multa et grandia damna intulit, subvertendo funditus ædificia murorum in Pragensi castro circa ecclesiam sancti Georgii, murum castri versus aquilonem funditus evulsit et in Bruscam rivulum impetu suo dejecit. Item in ecclesia Pragensi testudines claustri in longa via versus aquilonem omnes confractæ et dimidia parte ambitus claustri et refectorium [278] cum muro castri mota sunt de loco suo, et omnia ruinam minantur. In sylvis circa rivos decurrentes per pluviæ impetum arbores infinitæ radicitus evulsæ sunt, immo sed et montes et speluncæ innumeræ corruerunt ex abundantia et vehementia aquæ pluvialis, quot ædificia — muri vinearum, domus in civitate Pragensi infra muros extra computari non possunt secum traxit et deduxit in flumina! Vias publicas et alias stratas in decursu suo erasit et effodit tanquam fossata circa munitiones castrorum, alicubi in profunditate sex cubitorum, in latitudine 12, et sic de singulis secundum majus et minus. In campis ante mænia civitatis in loco qui dicitur *na Skitine* tanta fuit congregatio aquarum, quod naves tanquam in Tiberi vel Danubio possent a nautis deduci, et hæc aqua defluens ad ecclesiam sancti Petri in vico Theutonicorum, intulit multa damna, subvertit muros curiæ ipsorum, defluens in ecclesiam dejecit magnam copiam annonæ, quam reservaverant parochiales metu guerræ, quæ eo tempore gerebatur inter Ottonem marchionem Bramburgensem et barones regni Bohemiæ et cives Pragenses. Inde descendens fluvius pluvialis traxit secum duodecim domos, et deduxit in flumen Wltavæ; et quam plura mala contigerunt ex ejusdem pluviæ decursu, longa serie verborum non possent explanari. Nec est etiam obmittendum de impetu ventorum, qui eodem anno 3 Non. Decembris, hoc est in die beatæ Barbaræ, orti, sua vi et impetu veloci dejecerunt de turribus gravissima et firmissima ædificia. In turri quæ dicitur ad majorem portam Pragensis castri primum ædificium, secundum ædificium contra domum domini episcopi et curiam, quæ vocabatur antiquitus turris episcopalis, ædificata in fronte castri opere firmissimo et artificioso, decidit in terram. Tertium ædificium in turri circa pedem pontis de nobili et fortissimo opere vi ventorum detrusum corruit in terram. De aliis minoribus ædificiis in turribus munitionum ædificatis seu propugnaculis specificare non possumus, sed secundum quod veridica relatione cognovimus, 24 ædificia turrium infra castrum Pragense et muros civitatum per vim ventorum corruerunt. Quot domus in civitate Pragensi vi ventorum ceciderunt et extra, numero non est opus. In rure horrea vi ventorum diruta, arbores fructuum et sylvarum, qualia ab antiquis diebus et similia non dicuntur accidisse. Sub decursu temporis impacati quid boni sive mali fecerint in stationibus suis sub monte Petrzin, Spakmannus, Syberk et Sazema cum suis comitatibus, stylo explanari non est necesse, quia sufficienter notata creduntur apud illos, qui molestias diversarum passionum et jacturam rerum pertulerunt. Molendinum in Strahow ventosum vi ventorum funditus corruit et eodem anno reædificatum est.

V.
ANNALIUM PRAGENSIUM PARS III.

Anno Domini 1279 [279] (406). Otto marchio Bramburiensis, tutor Wenceziai ducis, filii Otakari serenissimi regis Bohemorum, et totius regni (407), 7 Idus Januarii misit aliquot canonicos Pragenses,

VARIÆ LECTIONES.

[278] refectorio 2. [279] 1282. 2.

NOTÆ.

(405) I. e. 1280 quem inundationibus et tempestatibus abundasse docet Chron. Austriac. ap. Rauch. II.

(406) Cum a. 1279 hanc narrationem esse conjugendam, cum Otto marchio jam a. 1278 in Bohemiam venerit, testantur anonymus Zabrdovicensis in libro Brukii Mähren unter Kaiser Rudolf I, Chron. Salisburgense, Austriacum. Si Pulkavam audis ex Otakari ipsius dispositione Otto regni tutelam suscepit.

(407) In præceptis Otto illustris domini Wenceziai in regno Bohemiæ tutorem et capitaneum generalem se nominavit. Vid. Palackii comment. Ueber Formelbücher, p. 315.

capellanos suos, pro inquirendis quibusdam privilegiis regis Otakari. Misit etiam, stimulo cupiditatis et avaritiæ tactus, milites et plures Theutonicos sub fraude et dolo, immemor salutis æternæ, injungens eis occulte, quatenus requirant et experiantur, ubi deposita sit pecunia Prosinconis, vulerii (408) et gratiarii regis Otakari et aliorum plurium. Adhuc enim terra Bohemiæ eo tempore in malo statu erat, turbabatur spoliis, rapinis, incendiis, ideoque multi seculares et clerici comportaverant res suas, et deposuerant in armario Pragensi, in auro et argento, in cifis, annulis, monilibus et aliis quibuslibet vestibus pretiosis; quia melior et firmior tutiorque recursus non inveniabatur quam sanctuarium Pragensis ecclesiæ ad conservationem rerum depositarum [280]. Intrantes itaque sanctuarium Jesu Christi et beatorum martyrum, conculcaverunt ornamenta sacerdotalia, et reliquias sanctorum contaminaverunt et everterunt, attrectantes manibus impiis, quærentes pecuniæ thesauros, putantes licere, quod eis propter loci sanctitatem non licuit. Rapuerunt scrinia, aponderantes cistas graviores, in securi et ascia eas confregerunt. Videntes itaque canonici Pragenses et alii ministri ecclesiæ perpetrari tam grave nefas, et profanari ita inhumaniter sancta sanctuario filii Dei, nimio dolore tacti cum genuflexionibus et gemitu dixerunt : « Domine Jesu Christe, sancta tua conculcata sunt et contaminata, sacerdotes tui in luctu et humilitate jacent, et ecce, nationes congregatæ sunt, ut nos disperdant (*I Mac.* III, 51).» At illi saxis rigidiores, sicut est sævissima natura Theutonicorum, calore iracundiæ succensi, proclivo cursu ad malum prompti, dehonestaverunt ministros ecclesiæ, timore Dei postposito, probris et contumeliosis verbis et verberibus, trudentes pugno sub barbam; alios percutientes et incomposite trahentes ejecerunt, et a sacrista violenter clavibus sacristæ receptis, clausis seratisque ostiis, positis custodibus, exiverunt. Deinde intrantes capellam sancti Wenceslai, irruerunt ad sepulcrum ejus, perspicientes et palpantes ab omni parte superius et infra, quærentes pecuniam, cum vix vel nunquam possit inveniri ubi non ponitur. Unus tum ex ipsis Theutonicis, minister dyaboli, instinctu ejus subtraxerat furtim thuribulum argenteum in capella sancti Wenceslai, sed divina gratia favente et beatorum martyrum auxilio, nimio timore perculsus, iterum sanum et incolome ministris ecclesiæ repræsentat. Deinde tanquam canes indagatores intrantes criptam sanctorum Cozmæ et Damiani, currunt per angulos huc atque illuc, et non invenientes numerarunt scrinia quæ ibidem deposita erant, ponderantes per elevationem ponderosiora, signantes studiose, ne mutarentur et leviora locarentur, habita delibe- ratione pro clavibus, utrum deberent tolli claves et præsentari marchioni aut penes sacristam relinqui. Ad ultimum receptis clavibus a sacrista per vim, criptæ et capellæ positis custodibus intra et extra ecclesiam ex omni parte, injungentes eis, quatenus diligenter et studiose custodiant, sicut diligunt lumina capitum suorum servare recesserunt. Et ita nec libri nec candelæ nec aliquis apparatus, qui ad cultum divini officii pertinebat, infra biduum et noctem poterat ab eis obtineri. In crastino namque a radice propositi non digressi, juxta mandatum eis injunctum, aperientes ostia, intrant sanctuarium beatorum martyrum, rapiunt infinitam pecuniæ quantitatem, et eam illico suo domino repræsentant. Nec erat eis horrendum tale facinus perpetrare, quia jam traxerant in usum in multis monasteriis et aliis ecclesiis similia faciendo, et nisi compescantur per Jesu Christi potestatem a tam sceleratissimis præsumptionibus, humano pudore et correctione non poterunt refrenari. Licet alias dicatur : « Non poterit in desertorum propagationibus aboleri licentia nisi fuerit in eis propter correctionem disciplinæ subsecuta censura. » Et in legibus imperatorum promulgatum meminimus : « Diffinimus, ut remissionem veniæ crimina non semel commissa non teneant, nec in eos augustæ liberalitatis referatur humanitas, qui impunitatem veteris commissi emendationi potius quam consuetudini deputarunt. » O pecunia totius mali regina, fraudis et doli amica, fidei ac animæ hostis et inimica, tu justitiam comprimis, justa judicia subvertis, tu es ignis urens, fomes seditiosus, tu hominem a Dei cultura revocas et errare facis, ponens eum in loco erroris et animæ perditionis! Te instigante, stimulo cupiditatis et avaritiæ accensi Bramburienses rapuerunt aliena, scientes non esse sua, non attendentes, quod in veteri testamento non rapina tantum, imo etiam tenacitas mulctetur, sicut beatus Gregorius exponit Lucæ evangelium dicens : « Qua pœna mulctandus est, qui aliena diripit, si inferni damnatione percutitur, quia propria non largitur. » Nam et legibus seculi et divalibus constitutionibus prospectum est, nemini per vim licitum rapere rem alienam; quia qui aliquo errore ductus, rem suam esse putans et imprudens juris eo animo rapuerit, quasi domino liceat suam rem etiam per vim auferre a possessoribus, cum etiam, ne talia non cogitentur, statuta sit pœna, per quam raptores non impune suam exerceant avaritiam. Hoc intelligendum est de re commodata, sive locata, sive impignorata vel deposita. Novimus et canonem latæ sententiæ in omnes violatores ecclesiarum esse promulgatum, per quem et infamiæ nota resperguntur et a legitimis actibus repelluntur, nisi prius satisfactione competenti exhibita a Romano pontifice absolvantur.

VARIÆ LECTIONES.

[280] dispositarum 2.

NOTÆ.

(408) Idem videtur esse ac *bladerius, wladarius,* i. e. bladi venditor, villicus.

Eodem anno 11 Kal. Octobris Paulus Beruth occupavit potentionaliter munitionem domini Thobiæ episcopi in Rudnicz et civitatem, et eam suo dominio subjugavit. Occupavit etiam curiam domini episcopi in civitate Pragensi, in qua deposita erat magna copia frumenti, vini, pernarum, caseorum, et suo dominio applicavit. Idem marchio Bramburiensis nulla compunctus pro tam gravi facinoris perpetratione pœnitentia, mente adhuc ferina a suo proposito concepti mali non resiliens, dominam reginam serenissimam Bohemorum cum filio Wenceslao unico ac tenello in tempesta noctis, dum cuncta sunt silentia, sopori deditos inquietare non expavit, mandans militibus suis et clientibus, ipsam cum puerulo invitos et renitentes paucis vestimentis indutos deferri ad vehiculum, et deduci in Bezdyez castrum (409) per abrupta viarum et latibula tenebrarum, cum nec sine ingenti timore et pavore competat etiam serenissimo die tam delicatis hominibus hujusmodi vectura præ nimia itineris velocitate. Qualis turbatio cum mœstitia cordium, qualis planctus ac gemitus a domina regina et a filio ejus ac universa curia et familia reginæ, maxime tamen a dominabus eo tempore habitus fuerit, non credo quod in cæde innocentum et filiorum Rachelis similis ejulatus factus fuisse memoretur. Deducentes itaque dominam reginam cum filio sibi karissimo, locaverunt eam juxta mandatum marchionis in Bezdyez munitione firmissima, in arto loco sub custodia alienigenarum sævissimorum Theutonicorum, omnibus Bohemis ad ipsos introitum penitus denegando, exceptis paucis vix tribus personis, qui victualia et alia necessaria, quæ ad sustentationem humanæ vitæ competunt, eis ministrabant. Et ex illa hora curia dominæ reginæ et familia ejus, quæ ad magnam numerositatem creverat tam in domicellis nobilium quam in domicellabus et aliorum militum servorum officialium, imminuta est et dispersa. Videntes itaque barones et natu majores Bohemiæ, dominam reginam cum filio suo ex nimia mœroris anxietate et ingenti doloris afflictione turbatos, cupientes eis aliquod remedium inferre, in colloquio generali celebrato ex parte Ottonis marchionis Bramburiensis, in quo exigebantur ab universis nobilibus juramenta pro fidelitate servanda, inter cæteros tractatus iidem nobiles petitionibus suis obtinuerunt a marchione, quatenus dominam reginam cum filio suo reductos de Bezdyez castro, locaret eos in urbe Pragensi, ubi sedes regis Bohemorum et totius regni esse non dubitatur, ubi etiam puer ducellus natus est et educatus. Majori enim solatio pueri gaudent in loco nativitatis suæ commorantes. Domnus marchio petitionibus nobilium acquiescens, licet liberaliter promiserit, tamen minime adimplevit. Comperta itaque domina regina de fraude et dolo marchionis et violatione promissionum suarum, quod nulla ipsarum fuisset effectui mancipata, quod etiam nec petitionibus nobilium consensit, nec aliquo remedio tam in arto loco reclusa molestias et angustias graves evadere posset, quas singulis diebus patiebatur, tacitis cogitationibus concepit in animo suo, qualiter hujusmodi afflictiones amarissimas evadere posset (410). Metuebat enim de tam sinistro principio, ne pejor fortuna sequeretur, quia et auctoritas dicit : « Major calamitas in futuro de tam sinistro principio metuitur, quam felix exitus speratur; » et iterum : « Vix bono peraguntur exitu, quæ malo principio sunt inchoata. » Cœpit itaque domina regina per intervalla temporum petere licentias a purcravio Hermanno, qui præerat eidem castro in Bezdyez, quatenus posset visitare civitatem Vristad, in qua est ecclesia sita in honore sancti Georgii martyris, causa orationis. Occurrerat enim ipso die festum beati Georgii. Idem purcravius Hermannus consentiens petitionibus dominæ reginæ, dedit liberam facultatem veniendi quocunque placeret ei, tamen sub ea conditione, relictis pueris in castro, et quod peractis negotiis suis ad pueros revertatur. Et ita juxta formam præmissam factum est, venit et revenit. Iterum post aliquot dies petivit licentiam visitandi griseos monachos in Hradist, obtentaque venit, et ipso die in eadem civitate comedit, monasterio sibi victualia procurante. Tertia vice accepta licentia venit in Mielnik civitatem, quæ specialis ejus erat, et ibi mansit tribus diebus in expensis burgensium, et rediit in Bezdyez. Adjecit adhuc petere licentiam veniendi in Pragam ad sororem (411) Agnetem, et ea obtenta venit, et ibi de rebus suis dispositis finxit se velle venire in Moraviam ad exequias mariti sui, regis Otakari. Et arrepto itinere, cum deberet venire in Moraviam, divertit gressus suos in Opaviam (412), et sic astute et sapienter angustias et molestias, quas patiebatur ex parte Theutonicorum, evasit. Interdum enim mendacia prosunt, nam falli in hiis quæ ad fidem non pertinent, aut nullum aut parvum peccatum est. Post paucos vero dies Otto marchio Bramburiensem episcopum (413) toti regno præficiens, et dans sibi omnem auctoritatem et potestatem tamquam vero patrono, ut regat, protegat et defendat, malefactores puniat, in Saxoniam, dicens se arduissimis necessitatibus præpeditum, profectus est. Episcopus itaque Bramburiensis positus ad curam aliorum, qui tenebatur ex officio potestatis sibi traditæ a rapinis, a spoliis, ab inquietationibus omnium oppressorum cum cæteris, qui secum ad hoc deputati erant, per pœnas, quæ legibus seculi statutæ sunt, hujusmodi

NOTÆ.

(409) Besig in districtu Boleslaviensi. Vide Petri abb. Aulæ regiæ Chron., c. 9, ap. Dobnerum tom. V.
(410) Vide Cunegundis litteras ad Rufoldum de marchione Ottone scriptas, Bodmann. 96.
(411) Otakari.

(412) Ad Nicolaum, ducem Troppaviensem, Otakari regis filium spurium. Vide Pulkavam ad h. a.
(413) Eberhardum. Vide Petrum Aulæ reg. c. 9-11.

transgressores punire debitas ultiones sontibus infligendo, surda aure et oculo caeco transiens, consensit operibus malefactorum, qui per opera manuum suarum et sceleratissimorum actuum inferno sine omni haesitatione sunt deputati, non attendens decreta sanctorum Patrum, qui dicunt : « Consentire convincitur, qui cum possit, perversis negligit obviare. » Nec caret scrupulo societatis occultae, qui manifesto facinori desiit obviare. Eo tempore spoliata sunt omnia claustra monachorum, Cisterciensium, griseorum, nigrorum, cruciferorum, sanctimonialium et canonicorum caeterorumque clericorum per totum regnum Bohemiae, pauperum etiam rusticorum possessiones non semel, sed pluries, imo innumerabiliter in equis, in pecoribus et omnibus rebus quae inveniri poterant, usque ad favillam igne sunt consumpta. Nec pertransivit dies sine spolio.

Interea domnus Gregorius, Pragensis decanus, accessit cum caeteris canonicis, quorum copiam poterat habere, ad praesentiam episcopi Bramburiensis, petens humiliter ne praepositurae Pragensis bona spoliarentur; quia eo tempore fere tota possessio praepositurae Pragensis spoliata est, tam in civitate Pragensi — in cura praepositurae ultra trecentas regales frumenti in diverso grano sunt ablatae — per villas non tantum in equis, pecoribus diversi generis et frumento, imo in plerisque locis in favillam redactis, quibusdam vero aedificiis deductis, in universis altilibus nec pilus nec penna poterat inveniri. Episcopus vero Bramburiensis, precibus magistri Gregorii decani Pragensis et aliorum canonicorum petibilibus et tam humilibus non consentiens, nec insertus jacturae et damno ecclesiastico, furore nimio succensus, sicuti mos est Theutonicorum zelo nimio saevire in Bohemos, verbum horribile protulit, ita quod quicunque audivit, tinnuerunt aures ejus. Erat autem verbum hujusmodi : « Non tantum bona Gotfridi praepositi spoliabuntur, sed et caeterorum canonicorum, maxime autem eorum qui dominam reginam Cunegundem sequuntur et capellanizant. Adjicimus etiam et antistitis bona, non solum in rebus, sed et in persona ubicunque persequi poterimus, faciemus. » Utinam sagitta eorum reflecteretur in ipsos! quia

....Non est lex justior ulla,

Quam necis artificem arte necare sua (414).
Sed heu! quia adhuc afflictis afflictio adjicitur, quia ex eo tempore tanta indignatio Domini extitit in Bohemos, maxime rurenses, ut dictum est :

Quidquid delirant reges, plectuntur Achivi (415), punivit eos Deus per diversarum gentium nationes, sicut aliquando populum Israeliticum delinquentem punivit et afflixit. Errabant autem in montibus et speluncis et cavernis terrae, in sylvis et nemoribus abscondentes res suas et corpora in locis vastae solitudinis, donec tempore hyemali nix descendit, et non poterant loca inveniri eorum habitationi opportuna, in quibus possent se ipsos cum rebus et pecudibus confovere, quia ab inimicis persequentibus, tanquam a canibus indagatoribus, per vestigia nivi impressa veluti ferae sylvestres inventi capiebantur. Capti rebus exspoliantur, vestibus denudantur, gravibus tormentis, ut se pecunia redimant, afficiuntur. Vestibus et rebus exspoliati, quibus pecunia deerat, ambulabant in saccis et lecticis et mattis sua pudibunda tegentes (416), diversarum poenarum aculeis torti. In Michnik multi in rotis extenti, in flumen Albiam praecipitati sunt de monte et suffocati, alii trucidati, alii gladio occisi, alii vinculis mancipati, alii igne cremati, nonnulli etiam fame valida et frigoris asperitate afflicti, et innumerabilibus aliis ac diversis passionibus affecti spiritum exhalabant. Et plura et varia tormenta his temporibus audivimus et vidimus, quam in codicibus legimus. Et licet temporibus Dyocletiani et Maximiani imperatorum persecutio maxima legatur fuisse in christianos, hic major videtur causa inspecta extitisse. Illic homines disparis cultus, quia gentiles et Saraceni contra christianos, hic utrique baptisati; illic perfidia gentilium et haereticorum pullulante, hic fide christiana in sui roboris firmita.c durante; illic ut a fide et rita christianae religionis recederent, hic super hiis nulla mentione habita, et in aliis nec vestigio culpae apparente, tanquam oves a lupis opprimebantur, et venit super eos illud propheticum : « Minabit rex Assyriorum captivitatem Aegypti et transmigrationem Aethiopiae, juvenum et senum nudam et discalceatam et discoopertam natibus ignominiam Aegypti (Isa. xx, 4), etc. Multi etiam clericorum, tam secularium, quam religiosorum et laicorum, qui hospit.a convenerant in munitis civitatibus, et caeteri inquilini rebus exspoliati sunt, turbationibus attriti, tribulationibus affecti, variis persecutionibus afflicti, doloribus gravibus et gemitibus inenarrabilibus arefacti, opprobriis lacerati, variis tempestatum doloribus in profundum miseriae demersi, minarum asperitatibus pavefacti, quidam extra moenia civitatum crudelibus vulneribus exanimati, spiritum superis reddiderunt. Et impletum est illud propheticum : « Foris vastabit eos gladius et intus pavor (Deut. xxxii, 25).

Qualiter etiam in Pragensi castro, in palatio regali plurimi diversarum poenarum tormentis, a quibus pecunia sperabatur haberi, mortificati sint, malui sub silentio transire, quam tam turpia facta quae ibi sunt perpetrata stylo descriptionis enarrare, ne tam sollemnis locus, omni laude dignus, immundissimarum sordium spurcitiis et verborum foeda prolatione polluatur. In multis locis librorum invenimus, quod pro peccato alicujus tota familia vel provincia debeat puniri, imo et exemplis plurimorum apparet. Peccato Achab posteri ejus regni solium amiserunt; peccato David gladius Domini desaevit in populum, sed in gente lata gloria regis est, in diminutione plebis contritio principis, qui ergo de numerositate suae gentis superbivit, jure in ejus diminutione punitus est, sicut legitur in historiis

NOTAE.

(414) Ovid., Ars amator. I, 655.
(415) Horat., epp. I, 2, 14.

(416) Ad haec respiciunt quae supra ad a. 1280 leguntur.

regum, ubi David dolore tactus lamentabatur dicens : « Ego sum qui peccavi, ego inique egi, isti qui oves sunt quid fecerunt? (*II Reg.* xxiv, 17.) » Peccato namque Sodomitarum parvuli eorum, qui beneficio ætatis paternæ flagitia nesciebant, cœlesti igne sunt consumpti ; peccato Amalechitarum non solum parvuli eorum, sed et bruta animalia jussa sunt a Domino deleri ; peccato Datan et Abyron, qui auctores seismatis fuerunt contra Moysem, non tantum soli, sed et omnis substantia eorum cum ipsis et liberis eorum ad inferos descendit ; peccato civium thesauri Ihericho anathematizati sunt, unde Achor, qui regulam auream et quædam alia pretiosa furatus est, de anathemate dicitur tulisse ; peccato Ægyptiorum possessiones eorum grandini traditæ, jumenta eorum et primogenita eorum morte consumpta sunt ; peccato Israhelitarum archa Domini Phylisteis tradita est ; peccato Achor plebs Israelitica manu hostium devicta est ; peccato filiorum Hely populus in manu Philistinorum corruit ; peccato Cham filius ejus Chanaan maledicitur ; peccato Yesi, qui gratiam sanitatis Naaman vendidit, eandem gratiam sanitatis Elisæo vindicante leprosus factus, amisit. Legitur in libro Regnorum et de aliis regibus, qui ex voluntate divina permissum fuit, ut populum Isbraeliticum et alias gentes affligerent, captivarent et bellando devincerint. Tamen qui victorias potentiæ suæ et non divinæ, quas assecuti fuerant, attribuerunt, divinitus sunt puniti. Nabuchodonosor, qui obtinuerat Ægyptum et Æthiopiam, cum superbiens diceret : « Nonne hæc est Babylon, quam ego condidi in throno regni mei (*Dan.* iv, 27), » etc., et statim Deus immutavit mentem ejus rationabilem, et induit eum ferina bestialitate, ita ut ab hominibus fugiens cum bestiis viveret. Contra superbiam Senacherib, qui gloriabatur de victoria quam assecutus fuerat ascribens potentiæ suæ et non divinæ, Dominus dixit : « Nunquid gloriabitur serra contra eum qui secat in ea? Nunquid exaltabitur securis contra eum qui cædit in ea? » (*Isa.* x, 15.) De Antiocho et de aliis regibus, qui ex delectis suis corruerunt, sicut legitur, quod per filios Israel punivit Deus Amorheos, Chananæos et alias gentes, quarum terras de Egyptiaca servitute Israelitis exeuntibus tradidit possidendam. Legitur etiam in libro Judicum de Jabin rege Chananæorum et de Madianitis, quod propter ydololatriam populi suscitavit eos Deus, ut Israhel affligeret et terram eorum occuparet. Cum autem populus Dei sub manibus eorum diutius afflictus peccatum suum recognosceret, et per pœnitentiam Domini placaret, ex Dei præcepto Baruch comitatus de Bosram prophetissam uxorem Lapidoch, Jabin regem Chananæorum et Zizaram ducem exercitus sui contrivit, Gedeon Zebeam et Salmana reges Madianitarum, Orep et Zeb duces eorum morti tradidit. Hæc omnia quæ præmissa sunt hiis temporibus effluxerunt in Bohemos, sed utrum ex delicto regio an principum vel mediocrium sive infimarum personarum Dei judicio ignoratur. Sed scimus, quia cibavit nos pane lacrymarum, et potum nobis dedit in lacrymis in mensura, tamen lætati sumus pro diebus quibus nos humiliavit, et annis quibus vidimus mala. Ipse misertus est Syon, quia tempus miserendi ejus, quia venit tempus ; convertat jam luctum nostrum in gaudium, ut viventes laudemus eum omni tempore. Divina vindicta principem cum populo peccante corripit, et quantitatem offensionis qualitas ostendit ultionis.

Anno Domini 1281 [281], Otto marchio Bramburiensis, tutor Wenceslai ducis Bohemorum, infra nativitatem Domini (Dec. 25) (417) et circumcisionem (Jan. 1) celebravit colloquium cum Thobia episcopo Pragensi et nobilibus terræ, militibus, baronibus nec non civibus munitarum civitatum, in quo colloquio idem marchio de consensu omnium præfecit Thobiam episcopum Pragensem toti terræ principalem, ad quem recursum haberent omnes oppressi violentiis, spoliis et quibuscunque injuriis prægravati. Adjunxit etiam eidem Domino episcopo Theobaldum [282] (418) judicem totius regni, et alios beneficiarios ad corrigendos excessus et culpas seculares, ut criminosos et quoslibet malefactores per sententias legum mundalium cohercerent, et si culpa id meruerit, etiam capitali sententia deputarent puniendos. Hiis enim temporibus tanta multitudo Theutonicorum in terram Bohemiæ influxerat diversarum nationum, nobilium, mediocrium et infimarum personarum, ut numerositas ipsorum a multis æstimabatur pluralitatem muscarum superare. Sed domnus episcopus, sicuti vir providus et discretus volens proinde succurrere indemnitati rei publicæ, considerans summe malum tantam multitudinem alienigenarum nationum in terram Bohemorum irrepsisse, per quam depopulabatur in rebus et personis, hoc primum concepit in animo suo de inminutione ipsorum, inducens nobiles terræ, quatenus petitionibus ejus porrecturis (419) Ottoni marchioni debeant assistere, et pro viribus suis quantum possunt, ut totaliter de Bohemia radicitus evellerentur, invigilent, ad hoc dominum marchionem inducendo. Promiserunt etiam omnes nobiles terræ mandatis domni marchionis justis velle obedire, ipsi tamquam vero domino debitam reverentiam in omnibus exhibendo. Domnus itaque marchio auditis et visis innumeris malis, quæ per Theutonicos alienigenarum nationum

VARIÆ LECTIONES

[281] *manus antiqua in margine notavit annum.* 1282.   [282] Theobad' 2.

NOTÆ.

(417) 1280.
(418) de Riesenburg. Palacky II, 333.

(419) Inest mendum ; legendum videtur *ejusmodi porrigendis*.

commissa fuerant, considerans etiam de obedientia et subjectione nobilium, quam promiserant se præstaturos, petitionibus ipsorum acquievit, promittens quantocius posset perduceret ad effectum. Et sic moram parvam, vel ut ita dicam, nullam faciens, jussit mitti nuncios per civitates et fora ad edicendum et proclamandum voce præconia, quatenus omnes Theutonici extranei, qui intraverunt Bohemiam causa prædæ rapiendæ, infra triduum omni mora postposita exirent libere sine omni impedimenta, adjiciens pœnam, quod si infra triduum aliqui eorum non exiverint, sententia gravi, quæ prædones, fures et latrones vel nocturni hostiorum excussores puniuntur, et ipsi puniantur. Theutonici hiis auditis nullo spatio moræ usi, tamquam jaculo toxicato sauciati, vehementer itinere arrepto exeunt, et velut vespertiliones in aurora die lucescente se abscondunt; ita Theutonici, tamquam fumus evanescit, evanuerunt. Ab illo tempore incolæ terræ, cognito exitu Theutenicorum, spiritu alacriori recreati, qui habitabant in sylvis et nemoribus, regressi sunt ad proprios lares, et ex illa hora homo misit manum ad opera, bubulcus cœpit laborare in aratro, faber in fabrica, carpentarius in architectura, femina in colo et fuso, et quilibet artifex cœpit suo operi insudare, de concordia principum et pacis incremento fiduciam gerens pleniorem. In eodem autem colloquio inter domnum marchionem et nobiles terræ fœdus fuit initum sub hac forma, videlicet quod in festo apostolorum Philippi et Jacobi (Mai. 1) ejusdem anni nobiles Bohemiæ de collecta generali totius terræ deberent dare marchioni Bramburiensi 15000 marcarum argenti ponderis Pragensis, et domnus marchio, reducto ducello Wenceslao (420) in Pragense castrum ad sedem patris sui regis Otakari, committat ipsum ad custodiendum domno Thobiæ Pragensi episcopo et aliis nobilibus terræ, adjunctis quibusdam Bramburiensibus, quibusdam etiam civibus Pragensibus fide dignis, quatenus eum foverent sub custodia diligenti juxta formam, quam domnus marchio et nobiles terræ statuere decrevissent. Adveniente termino præfato, videlicet festo apostolorum Philippi et Jacobi, domnus marchio misit nuncios suos et litteras ad excusandam absentiam suam, dicens se arduissimis negotiis esse occupatum, et ob hanc causam termino præfixo non posse interesse, nec ducem Wenceslaum pollicetur se conspectui ipsorum præsentare, sed alium terminum, videlicet nativitatem sancti Johannis Baptistæ (Jun. 24) petivit sibi assignari, in quo sine omni scrupulo simulationis juxta formam superius annotatam ducem Wenceslaum pollicetur se conspectui nobilium debere præsentare. Quod audiens nobilium caterva Bohemorum, licet frustratione suæ spei nimium turbata fuisset, et multis voluntatibus motus animi ejus discreparet, tamen ne majus malum sequatur, contenta proverbio quod dicit : « Labia principum pollui figmento mendacii non debent, » termino præfixo acquievit.

Anno Domini 1282 fames validissima omnium rerum, quæ usibus humanis ad vescendum competunt, multarum terrarum homines interemit (421). Sed obmissis extraneis ad Bohemorum pressuras et calamitatum angustias progrediar, quia circumdederunt Bohemiam ex omni parte mala, quorum non est numerus ; oppressionibus, spoliis, excussionibus nocturnis et incendiis, consumptionibus omnium rerum inimici induxerant famem in medium eorum, persequentes animas ipsorum comprehenderunt in terra vitam eorum, et gloriam eorum in pulverem redegerunt. Unde cor Bohemorum conturbatum est intra eos, et formido mortis cecidit super eos, quia exaltavit Deus dexteram deprimentium regem Bohemorum, lætificavit inimicos ejus, evertit gladium adjutorii ejus, et non est auxiliatus ei in bello, destruxit eam, et sedem throni ejus in terram collisit, minoravit dies temporis ejus, perfudit eum confusione, sed et ad inferos deduxit, et cum mortuis deputatus est. Et quia pro delictis regum non tantum ipsi reges sed et populi puniuntur, teste propheta, qui videns angelum cædentem populum, dicebat : « Ego sum qui peccavi, ego inique egi, isti qui oves sunt, quid fecerunt ? (*II Reg.* xxiv, 17) » et in Pharaone, qui non tantum solus persequendo Israeliticum populum submersus est in mari Rubro, sed nec unus ex eis superfuit, et in aliis multis regibus similia contigerunt. Unde restat dicendum de pauperioribus Bohemiæ, qui rebus et divitiis multis affluebant, et hiis omnibus per prædationes et spolia amissis, cum egenis hostiatim mendicando esurie in mortem corruerunt. Circuibant itaque pauperes fame nimia compulsi civitatis Pragensis vicos, plateas et domos civium, petentes eleemosynam. Et quia jam nimia multitudo pauperum excreverat, ditiores in distributione eleemosynarum eis sufficere non poterant. Convertebantur itaque ad vesperam, et famem patiebantur ut canes, et esurie pressi murmurabant, et impletum est illud Davidicum : « Ipsi dispergentur ad manducandum, si vero non fuerint saturati, murmurabunt (*Psal.* LIII, 16). » Mendicabant etiam infiniti artifices et diversarum artium operarii, ex quibus nonnulli habuere de facultatibus rerum suarum ad valorem centum marcarum argenti ; et hiis omnibus alii exspoliati, aliqui in familia sua consumptis vendebant de uxoribus suis armillas, inaures, monilia et omnem ornatum, qui cultui femineo competebat in vestitu, cupientes salutem vitæ depulsa esurie conservare, et tamen multi ex hiis, consumptis omnibus quæ habebant, cum egenis hostiatim mendi-

---

NOTÆ.

(420) Quem teste Petro Aulæ reg. in Saxoniam, e. Brandenburgensem terram abduci iusserat.

(421) De sævissima hac fame vide etiam monachum Furstenfeldensem ap. Bohmerum I.

cando vitam miserabili fine terminarunt. Habebant quidem omnes pauperes favorem civium ingredi domos ipsorum ad expetendam eleemosynam, intrantibus autem villanis mendicis civitatem Pragensem, quorum non erat numerus, præ nimia multitudine cœperunt furari ollas circa ignem cum cibis qui ad vescendum civibus parabantur, alias etiam res domesticas, quascunque poterant rapere, subtrahebant in damnum suum et odium universorum. Et ita ab eo tempore denegatus fuit omnibus pauperibus introitus domorum, nec recipiebantur ad pernoctationes infra civitatem et extra, quia multa mala ex eorum obscœnis actibus civibus proveniebant. Quidam pauperes recepti ad pernoctandum extra mœnia civitatis, nocte surgentes, necato hospite et familia ejus perempta, ablatis rebus melioribus, recesserunt. Talia et hiis similia in plerisque locis contigerunt.

Una mendica mulierem pauperem ad pernoctandum in Obora collegit in tugurio suo, quæ non habebat de substantia sua, nisi quinque frustella panis in sacculo, tegumentum vero corporis ejus duo ova valere non poterant, tamen hospita domus instinctu diaboli et famis nimiæ esurie impellente, ipsam dormientem in tempore noctis cum securi tanquam porcum mactando crimen homicidii perpetravit. Habebat etiam eadem hospita domus filium duodecim annorum, qui hujus criminis cooperante fomento hostis maligni cooperator extiterat. Sed quia divina providentia hujusmodi crimina non sinit inulta pertransire — erat quippe dies parasceve (Mart. 27) quo crimen tam horribile perpetratum est, quo etiam die toto fideles Christi pro devotione circueunt per ecclesias — fortuitosque casibus quædam mulieres in transitu suo viderunt funus ligatum fune et trahi in sarcofagum circa ecclesiam sancti Johannis, ubi eo tempore corpora humana humabantur. Sed quia filius turpis nequissimæ matris corpus trahere non poterat, præfatæ mulieres cupientes pro nomine Christi officio exequiarum se immiscere, accesserunt ad funus, et auxilio suæ possibilitatis nitebantur cœptum opus effectui mancipare. Quædam vero ex eis discretioris animi aspiciens corpus sanguinolentum, mirabatur vehementer in animo suo revolvens, quia corpora humana naturali morte decedentia a sanguinis perfusione penitus sunt aliena. Prædictæ mulieres cum super hiis tractatu prolixiori separatim quid esset faciendum deliberarent, interim auctrix sceleris, mater pueri, qui corpus fune trahebat, fugæ præsidio mortem evasit, puer vero a dictis mulieribus detentus, judici traditur civitatis. Judex autem cognita veritate ex confessione pueri, per leges seculi ipsum suspendio deputavit.

Quædam femina, pulchris fructibus arborum exhibitis cuidam puero quatuor annorum bene vestito, sicut in ea ætate patres magis consueverunt diligere filios suos et vestire, fraudulenter pulchris sermonibus blandiendo deduxit eum in domum suam, claudensque ostia domus oppressit eum, spoliatoque ipso corpus sepelivit, statimque sine moræ spatio cum vestibus pueri oppressi cucurrit ad forum ad vendenda vestimenta, sperans de malitia sua lucrum reportare, cum fraus et dolus vix vel nunquam alicui valeant patrocinium impertiri. Considerans itaque quidam maccellarius mulierem deferentem vestimenta in humeris, sicut mos est deferri vestes venales juxta consuetudinem fullonum, aggressus eam, cœpit quærere ab ea, quanti pretii essent vestimenta. Erat enim vicinus ejus cujus filius peremptus erat, et cognitis vestibus duxit eam ad maccellariam suam, dicens se velle emere et incontinenti solvere; at illa secuta est eum. Venientes autem ad locum prædictum, maccellarius acceptis vestibus diligentius cœpit intueri an filii vicini ipsius sint, sicut suspicabatur. Cumque plenius cognovisset, quæsivit ab ea ubi vestes accepisset. At illa respondit : « Domina quædam dedit mihi ad vendendum eas. » At ille : « Furtim sublatæ sunt vestes ; » et denegatis vestibus, suspendit eas in maccellaria sua supra perticam, et in prolixiori sermone, infra quem deferri possit negotium ei cujus interest, detinebat eam. Muliere vero jam ferventius certante pro restitutione vestimentorum, mox apparuerunt famuli, quærentes puerum, et cognitis vestibus detinuerunt feminam, et præsentaverunt patri cum vestibus pueri occisi. Pater, cognita veritate præsentavit judici, judex patibulo.

Femina quædam, sepulto viro suo et familia tota, sola filia superstite, ambæ miserabilem vitam ducebant, nutrimenta per eleemosynam conquirendo, jam tanquam semivivæ, quia multi pauperum toto die mendicando hostiatim, non dico buccellam panis vel morsellum, imo micam panis vel fragmentum poterant expetere, quo possent vitam miserabilem recreare. O si adessent siliquæ porcorum ! Contigit quadam die post vacuos labores exhibitos pro eleemosyna circa noctem fatigatam matrem et esurientem intrare domum. Postmodum veniens filia pulsavit ad ostium, cupiens intrare hospitium, sicut consueverat singulis diebus. Mater prohibuit sibi introitum domus, dicens : « Ad quid venisti? Nonne jam in morte es tanquam mortua? Vultum corrugatum et palidum defers, morieris in tugurio, et non erit qui te efferat busto ; » et non intromisit eam. Contigit itaque matrem ipsam eadem nocte mori, et filia in crastino veniens in foveam projecta matre, longo tempore supervixit.

Hiis temporibus præ nimia famis asperitate pater filio nullum remedium consolationis sciebat impendere, et e converso filius patri, mater filiæ notitiam non habebat, nec filia matris, frater fratri incognitus; subtrahebatur enim eis cognitio naturalis cognationis ex causa rerum carentiæ, et impletur illud propheticum : « Extraneus factus sum fratribus meis et peregrinus filius matris meæ (*Psal.* LXVIII, 4). » Et sic noscere propinquos sæviens subtraxit egestas.

Plerumque contigit contrarium dicente auctore :

Forma, favor populi, fervor juvenilis opesque
Subripuere tibi noscere, quid sit homo;

et iterum :

Bis duo sunt, quibus extollit se quis sine norma,
Luxus opum, proles generosa, scientia, forma.

[COSMAS I, 3.] Apud veteres erant omnibus omnia communia, nec aliquis quod possidebat suum esse dicebat. Sed jam radice cupiditatis et avaritiæ pullulante, et inedia famis impellente, frater fratrem videns nimia depressum egestate, et in articulo mortis constitutum, propter carentiam victualium, non dico alimenta tribuere, imo buccellam panis non verecundatur sibi denegare, cum sint una caro et idem sanguis, utpote palmes ex eodem stipite propagati; non attendebat Joannem dicentem : « Si quis habuerit substantiam mundi hujus, et viderit fratrem suum necessitatem patientem, et clauserit viscera sua ab eo, quomodo caritas Dei manet in eo? (*I Joan.* III, 17) » et iterum : « Omnis qui odit fratrem suum, homicida est, et omnis homicida non habet vitam in se manentem (*I Joan.* III, 15). » Hiis ita dicetur : «Ite, maledicti, in ignem æternum, qui paratus est vobis ab initio seculi; hospes fui, et non collegistis me, esurivi, et non dedistis mihi manducare (*Matth.* xxv, 41). » Antiquitus toti orbi vitalis spiritus salubres auras ministrabat, quorum affluentia aeris perusti intemperiem permiscens semina temperabat, corporibus humanis sanitatem infundebat, et cujuslibet generis vel naturæ species fructificabat et ideo non immerite dicta sunt primitus aurea secula fuisse. Erant enim rudes et simplices homines, et inter eos mali nescia et adhuc astutiæ inexperta simplicitas, quæ nomen auri primis seculis præstitit, sed postmodum natura per metalla viliora degenerans, ferro secula postrema suæ improviditatis incuria fœdavit; ideoque nostris temporibus pestem diram commerciis mortalium minando, anhelos ignes tulit torpentis frigoris venena, et in affligendum meare cogebant orbem, quia quo magis ad cultum rerum atque artium usus humanus processit, tanto facilius in animos serpsit æmulatio. Quæ primum bene incipiens, in invidiam latenter evadit natura instruente, et ex hac jam nascitur quidquid genus humanum post sequentibus seculis experitur.

Cumque pauperibus denegaretur ingressus domorum civitatis Pragensis, nec ad pernoctandum reciperentur propter furti perpetrationes, quæ ab ipsis committebantur, jacebant in nocte in vicis et plateis, tanquam sues fimo involuti, qui ejiciebatur in vicos de stabulis equorum, propter corporis nuditatem et frigoris asperitatem. Erat itaque tempus hyemale et aura frigidissima et continua; et ita tempore æstivali non nisi occasione famis moriebantur, tempore vero hyemali geminatum est malum, quia mors non per fenestram, sed per ostium irrepsit in orbem, inscia parcere humano generi;

habebat quippe fortes comites, famem, nuditatem et frigoris asperitatem, quorum robur celeriter penetravit omnia confinia totius Bohemiæ, interemit majorem partem mortalium, et non erat qui sepeliret. Oh! ubi erant viri religiosi his temporibus? qui se alias fingunt eximiæ devotionis, qui ecclesiastica sacramenta in tantis periculis et afflictionibus, imo in hora mortis, vel ut apertius dicam, in morte ipsa constitutis saltem paucis exhibuissent, cum ad hoc deputati sint sacerdotes ex officio sui ordinis et constitutionibus sanctorum patrum. Quis pro hiis negligentiis culpabilis existat, cum tot millia hominum sine sacramentis ecclesiasticis decesserint, disputandum est, determinandum vero cum venerit filius hominis in sua majestate.

Congregati sunt itaque omnes consules et majores civitatis, et diutius habito consilio super hiis, quid esset faciendum ad purgandam hujusmodi turpitudinem, tandem de consilio et voluntate communi decreverunt convenire operarios ad effodienda sepulchra maxima, in quibus multa corpora humana possent collocari, quorum profunditas erat trium lastrorum, latitudo ab omni parte decem cubitorum, et quodlibet sepulcrum capiebat corpora mille vel paulo magis vel minus. Hæc sepulcra horrenda præ sui magnitudine erant octo : unum apud Sanctum Petrum in vico Theutonicorum, in quo projecta sunt 2000 corporum, apud ecclesiam sancti Lazari inter leprosos duo fossata, apud ecclesiam sancti Johannis in piscina duo sepulcra, in Psarz duo sepulcra, apud ecclesiam sancti Johannis in Obora unum. Hæc omnia sepulcra repleta sunt corporibus humanis in spatio sex mensium. Diebus vero vernalibus, cum jam terra resoluta fuisset, brumalibus recedentibus auris, sepeliebantur funera in insulis arenosis et campis ante mœnia civitatis. Erant etiam ad officium sepulturæ deputati aliquot viri, qui laboribus insudantes toto die vix poterant deferre ad sepulcra omnia corpora, quæ occubuerant ipso die ante solis occasum. Sed quia ex alia parte pontis civitas antiqua populosior est, in curruum vectura trahebantur corpora ad humandum. Et si in una civitate tot millia hominum in brevi spatio scribantur decessisse, quot millia hominum per totum regnum Bohemiæ respectu unius civitatis computabantur cecidisse, cum nec tricesima pars totius regni Bohemiæ sola civitas Pragensis esse comprobetur? Et sic indubitanter fertur per totum regnum major pars hominum occubuisse. Multi etiam agonizantes dicebant : « O si nati non fuissemus, nec oculus cujusquam nos vidisset! O utinam translati fuissemus de utero matris ad tumulum, saltem manus propinquorum officio interessent sepulturæ;' quia

Dulcius ossa cubant manibus tumulata suorum.

Melius enim erat nos bene mori, quam male vivere, cum et auctoritas dicat :

Non bene pensantur læti dispendia luctus,
Plus moritur vivens, quam valet esse miser. »

Quidam homines miserrimi et infelices, egestate

nimia depressi, naturam corporis sui fovere nutrimentis consuetis non valentes, devorabant cadavera jumentorum, pecorum et quorumlibet animalium, mortuorum canum. Imo etiam — quod horribile est auditui et nefandum, tamen quia auditui multorum insonuit, sub silentio transire non possumus — quod quidam more canum latrantium homines perimendo in hujus miseriæ naufragio pro sustentaculo corporis devorabant. Quidam autem suspensos patibulo nocte furtim ablatos tempore quadragesimali non deserentes, timore Dei avulso, comedere non formidabant, hominum abjecto pudore. Præterea eodem anno contigit in villa dicta Horaz, spectante ad ecclesiam Saczsensem, etenim quædam filia omni pietate deposita, et immemor maternæ dilectionis, matrem suam incisam in partes decoquens manducavit.

Et quia hac tempestate multa mala effluxerunt in Bohemos, et qualiter diversarum pœnarum aculeis sint stimulati, ut patuit in præmissis procurante Saxonum industria, sed ne videamur digredi a tramite veritatis ipsam palliando, ut verius dicamus, Saxonum malitia principaliter et dolo procurante, ut autem appareant lucidius acta fraudum et dolositatum, ipsorum originem describendo circa opera ipsorum in apertum producemus. [Ekkehard.] Etenim super origine gentis Saxonum varia opinio est, aliis æstimantibus de Danis Northmannisque originem duxisse, alii vero, quibus et Græci ducuntur consentire, eos reliquias Macedonici exercitus, qui secutus magnum Alexandrum post mortem ipsius per totum orbem sit dispersus. Invenimus etiam in scriptis cujusdam historiographi, quod antiquitate tradente ab Anglis, Britanniæ incolis, sint egressi, et per oceanum navigantes, Germaniæ littoribus studio et necessitate quærendarum sedium [183] sint appulsi in loco qui vocatur Hathuloga, et tempore quo Theodoricus rex Francorum contra Irminfridum ducem Thuringorum dimicans, terram eorum crudeliter ferro vastavit et igni. Cumque primum terræ applicuissent, incolæ ipsius terræ qui Thuringi dicuntur adventum eorum graviter ferentes, arma contra eos moverunt. Saxones vero acriter resistentes portum obtinuerunt. Diu denique inter se dimicantibus, et multis hinc inter se cadentibus, tandem utrisque placuit de pace tractare, initumque est fœdus eò pacto, quo haberent Saxones vendendi emendique copiam, cæterum ab agris, a cæde hominum atque rapinis abstinerent. Stetitque idem fœdus inviolabile multis diebus. Cumque Saxonibus jam defecisset pecunia, quod emerent aut venderent non habentes, inutilem sibi pacem esse arbitrati sunt. Ea igitur tempestate contigit adolescentem quemdam egredi de navibus oneratum multo auro, torque aurea, simulque armillis aureis. Cui obvius quidam Thuringorum : « Quid sibi vult, inquit, tam ingens aurum circa tuum famelicum collum? Emptorem, inquit, quæro, ad nihil aliud istud aurum gero, qui enim fame premor, quid auro delector? » At illo qualitatem quantitatemque pretii interrogante ait : « Nullum mihi discrimen est in pretio, quidquid dederis gratum habeo. » Subridens Thuringus ait : « Quid si de pulvere isto sinum tibi implebo? » Erat autem in eodem loco congesta humus plurima. Saxo nihil cunctatus aperit sinum, et accipit humum, illico Thuringo tradens aurum, et lætus uterque ad suos abiit. Thuringi Thuringum laudibus ad cœlum tollunt, qui nobili fraude Saxonem decepit, fortunatumque eum inter omnes mortales fuisse dixerunt, qui vili pretio tam ingens aurum possederit. Interea Saxo privatus auro, oneratus vero multa humo appropiat navibus. Sociis igitur ei occurrentibus et quid ageret amirantibus, alii amicorum eum irridere cœperunt, alii arguere, omnes pariter eum amentem crediderunt. At ille postulato silentio : « Sequimini me, inquit, optimi Saxones, et meam vobis amentiam probabitis utilem. » At illi licet dubii, sequuntur tamen; ille autem sumpta humo per vicinos agros quam subtilius potuit, dispersit, et castrorum loca occupavit. Ut autem viderunt Thuringi a Saxonibus castra occupari, intolerabilis ei est res visa, et missis legatis conquesti sunt de fœdere violato et rupto pacto ex parte Saxonum. Saxones responderunt se hactenus fœdus inviolabiliter servasse, terram vero proprio auro comparatam cum pace velle obtinere, aut certe armis defendere. His auditis incolæ Thuringiæ aurum Saxonicum maledicunt, et quem paulo ante felicem prædicabant, auctorem perditionis suæ atque regionis fatebantur. Ita deinde accensi cæco Marte, sine ordine et sine consilio irruunt in castra. Saxones vero parati hostes excipiunt sternuntque, et rebus prospere gestis, proxima circumcirca loca jure belli obtinent. Diu itaque cum ab alterutris pugnatum foret, et Thuringi a Saxonibus se superatos viderent, per internuncios pacificari cum eis quærunt, eosque in terra quam acceperunt sedere concedunt. Hæc ideo inseruimus, ut prudens lector agnoscat, quanta perfidia, dolo, fraudeque usi sint. Ignorantes Deum creatorem cœli et terræ, maris et in hiis degentium, coluerunt eos qui natura non erant dii maximeque Mercurium, cui certis diebus humanis quoque hostiis litabant. Deos suos neque templis includere, neque ullæ humanæ speciei assimilare pro magnitudine et dignitate divinitatis licitum arbitrati sunt, lucos ac nemora consecrantes deorumque nominibus appellantes, secretum illud sola reverentia contemplabantur. Auspicia et sortes quam maxime observabant, quarum sortium consuetudo simplex erat. Virgam fruiferæ arbori decisam in surculos amputabant, eosque notis quibusdam discretos super candidam vestem temere ac fortuito

VARIÆ LECTIONES.

[183] sed vi 2.

spargebant. Mox, si publica consultatio fuit, sacerdos populi, si privata, ipse paterfamilias precatus deos cœlumque suspiciens ter singulos tulit, sublatisque secundum impressam antea notam [284], si permissum est, eventuum adhuc fides exigebatur. Avium voces volatusque interrogare proprium gentis illius erat, equorum quoque præsagia ac motus experiri, hinnitus hac fremitus observare, nec illi auspicio major [285] fides adhibebatur, non solum apud plebem sed etiam apud proceres. Erat et alia observatio auspiciorum, quo solebant eventus gravium explere bellorum; ejus scilicet gentis, cum qua bellandum fuit, captivum quoquo modo interceptum; cum electo popularium suorum patriis quoque armis committere, et victoria hujus vel illius in providentia habere. Frondosis arboribus fontibusque venerationem exhibebant. Truncum quoque ligni non parvæ magnitudinis in altum erectum sub divo colebant, patria eum lingua Irminsul appellantes, quod latine dicitur universalis columna, quasi sustinens omnia. Quomodo autem certis diebus, cum aut luna inchoatur aut impletur, agendis rebus auspicatissimum initium crediderunt, et alia innumerabilia vanarum superstitionum genera, quibus impliciti tenebantur, observaverunt, hæc ideo scripto commendavimus, quo prudens lector agnoscat, a quantis errorum tenebris per Dei gratiam sunt liberati, qui erant cultui dæmonum dediti veræque religioni contrarii, neque divina neque humana jura illicitum vel inhonestum transgredi putantes. Quotiescunque ab aliquo rege superati sunt, eidem supplices sese dederunt, imperata facturos polliciti sunt, obsides qui imperabantur absque dilatione dederunt, legatos, qui mittebantur, susceperunt. Quandoque ita domiti et emolliti fuerunt, ut etiam cultum dæmonum dimittere et christianæ religioni se subdere per omnia promitterent; sed sicut ad hæc facienda aliquoties proni, sic ad eadem pervertenda semper fuere præcipites.

Anno Domini 1283, 7 Kal. Januarii, hoc est in die beati Stephani, contigit quod raro contingere solet. Apparuit iris miræ pulchritudinis, quæ circumdabat totam civitatem Pragensem, extendens finem unum ultra muros civitatis versus meridiem, alterum super flumen Waltavæ ab alia parte civitatis versus aquilonalem plagam, per quam quidam Judæorum, quædam etiam feminæ christianorum eventum futurum bonæ fortunæ toti regno Bohemiæ fato præstigii prædixerunt, asserentes, ut quemadmodum iris opponens se ymbribus tempestatum turbines restringit, sic Domino Deo gubernatore totius orbis concedente, incolas regni Bohemiæ a pressuris et variis passionibus conservabit. Sicut et in alio signo, videlicet in stella quæ visa est Nonas Aprilis super

cornu lunæ lucidissimo splendens fulgore, quia sapientes et literati viri adventum sui principis et hæredis regni Bohemici Wenceslai, qui morabatur apud Ottonem marchionem Bramburiensem, tutorem suum, prædixerunt. Cui advenienti 9 Kal. Junii occurrerunt barones cæterique milites ad plura milliaria. Clerici vero totius civitatis cum populo occurrentes ei, processionibus susceperunt cum honorifice ante valvas castri decantantes : « Advenisti desiderabilis, » cum aliis hymnis et canticis, populo etiam, decantante : « Hospodin promiluy ny; » cui processioni interfuit Thobias episcopus cum canonicis ecclesiæ suæ, et cæteri claustrales conventus, Brzewnoviensis, Strahoviensis, prædicatores, fratres minores, et omnium ecclesiarum rectores, seculares viri et feminæ, cæterique omnium operum artifices.

Idem marchio Bramburiensis finito officio tutelæ, cum deberet secundum normam legalem reddere rationem de administratione sui officii, ut tradunt leges imperiales in instituta de Atiliano tutore, ubi dicitur (Just. instit. I, 20, 7) : « Cum tutores pupillorum pupillarumve negotia gerunt, post elapsum terminum tutelæ judicio rationes reddunt. » Idem marchio, dudum accepta pecunia 15000 marcarum argenti de collecta generali, adhuc stimulo cupiditatis accensus, pudore hominum abjecto, exegit a duce Bohemorum 20000 marcarum argenti pro absolutione suæ tuitionis, non attendens, quod in eisdem legibus promulgatum esse reperiatur, quod non solum tutores vel curatores pupillis vel adultis cæterisque personis ex administratione teneantur, sed etiam in eos qui satisdationes accipiunt subsidiariam actionem esse ipsis pupillis, quæ ad ultimum eis præsidium possit afferre. Detinuit etiam idem marchio pro eadem summa pecuniæ ratione pignoris munitiones firmissimas, videlicet Dieczin, Ustie (422), Pontem, Ronow (423), Bezdiezie castrum, cum civitatibus, donec prædictæ pecuniæ summa solveretur ex integro. Eodem anno ver totum siccum fuit. Hoc etiam anno 4 Idus Maii frigus vineas et fructus arborum ita enormiter læsit, quod penitus nullos fructus protulerunt; læsit etiam segetes frumenti hyemales et æstivales per totam Bohemiam tritici, siliginis, ordei, pisæ cæterorumque seminum, ita quod in plurimis locis defalcatæ sunt propter suam infructuositatem, quia nutrimenta parva vel nulla humanis usibus conferre videbantur. Eodem anno consecrata est ecclesia sancti Nicolai in suburbio Pragensi a venerabili patre et domino Thobia, Dei gratia Pragensi episcopo, 2 Idus Januarii, in qua consecratione quidam contractus erectus est meritis et precibus sancti Nicolai. Eodem anno 18 Kal. Februarii stillicidia sanguinis manaverunt

VARIÆ LECTIONES.

[284] norat 2. *Festinante calamo descripsit; desunt nonnulla verba.*   [285] *correctum ab eadem manu* minor.

NOTÆ.

(422) Aussig.   (423) Ronnow in circulo Czaslaviensi.

de pede crucifixi, locati circa tumbam sanctæ Ludmilæ in ecclesia beati Georgii, et super hiis, quæ contigerunt et altera vice, viri fide digni testimonium perhibent dicentes se talia vidisse.

Nec prætermittendum puto, cum sit memoria commendabili dignum, quod domnus Thobias, Dei gratia Pragensis episcopus, licet ex officio sui regiminis teneatur omnes ecclesias suæ diœcesis fovere, tamen ecclesiam Pragensem, cujus sponsus et dominus est, speciali dilectione confovendo, providit ei in ornatibus pretiosis et libris ecclesiasticis ad honorem et laudem divini cultus, nec non et beatorum martyrum Viti, Wenceslai atque Adalberti. Quarum rerum collatio talis est : Casula, dalmatica et subtile (424) de axamito (425) albo cum limbis (426) magnis, item contulit alium apparatum nigrum cum auro textum, item pallam altaris de albo balkino, farratum de ruffo cendato (427), item aliam pallam, in qua est leo et aquila de plumario opere (428), item tria mensalia altaris cum latis prætextis, item strifeum axamitum, qui ponitur in paraseeve sub reliquias, et quartum mensale longum, quod etiam ponitur sub reliquias. Contulit etiam missale magnum cum omnibus epistolis et evangeliis, tam ferialibus quam festivis, cum cantu per musicam scriptis, cum graduali et sequentiis, item nocturnale magnum cum rubricis et cantu in ipso per musicam annotato per totum antifonarium. Contulit etiam breviarium de magna litera juxta cursum Pragensem, ecclesiæ modo et consuetudine antiqua conservata. Talis quippe provisor dicitur utroque pede calciatus esse, qui non tantum sibi, sed ecclesiæ suæ judicatur competenter providisse. Præcavit quippe de suspicione auctoritatis illius, quæ dicit : « Quicunque percepto principatus officio perfrui seculariter cœperit, libenter obliviscitur quicquid religiose cogitavit. »

Quia (429) multorum hominum animos turbat sollicitatio de investiganda serie et descensione propaginis ducum ac regum regni Bohemici, qualiter primo duce Prziemysl usque ad hæc tempora, quot fuerint, et quis cui in ducatu successerit, ubi etiam regiæ majestatis dignitas exordium sumpserit, obmissa prolixitate verborum, quæ sapientibus displicere, nonnullis etiam et fastidium generare consuevit, prout compendiosius potero, nitar explicare, ea tamen emendatione relicta, ut, ubicunque in hiis scriptis lectori nodus dubietatis occurrerit, ad depellendum errorem recurrat superius ad scripta, ibi enim plenius inveniet annotata.

[COSMAS I, 2.] In divisione orbis secundum geometricos Asia sub suo nomine dimidium mundi obtinet, et dimidium Africa et Europa. In Europa sita Germania, cujus in partibus versus aquilonalem plagam

invenitur locata esse Bohemia, quam fertur introisse homo nomine Bohemus cum paucis animabus, a quo tota terra vocata est Bohemia. Hic homo Bohemus circa montem Rzip inter duos fluvios, scilicet Ohram et Wltavam primas posuit sedes. [I, 3.] Postmodum labentibus temporibus vir quidam nomine Crochko inter ipsos oriundus extitit, ad quem tam de propriis tribubus quam etiam ex tota plebe omnes ad dirimenda judicia confluebant. Hic vir carens virili prole, genuit tamen tres filias phitonissas, quarum prima Kasy, secunda Tetka, tertia Liubussie sunt nuncupatæ. [I, 4.] Hæc Liubussie, licet fuisset natu minor, sed prudentia multo major emicuit. Hanc sibi omnis populus, commune consilium iniens, post decessum patris ejus præfecit judicem. Orta est autem eisdem temporibus in populo discordia non modica, et deferentibus querelis ad dominam et petentibus ut citius sententias diffinitivas pronunciaret, fertur respondisse : « Ad dirimenda judicia cognitio causarum necessaria est, nam sine cognitione multotiens justi damnarentur. » Et non poterat in continenti petitionibus eorum satisfacere. Tunc populus sprevit dominam suam et judicia ejus, dicens, quamlibet feminam magis virilibus amplexibus aptam, quam dictare militibus jura. Ad hæc Libussie cernens a populo tantam illatam contumeliam, femineo pudore celans ac pallians injuriam ait [I, 5.] : « Si digna non sum præesse vobis, ite et eligite vobis dominum, et quem elegeritis, erit dux vester et mihi maritus. » [I, 6.] Et continuo dans eis indumenta regalia, nominans villam nomine Stadicz, quæ sita est circa fluvium Belina, misit eos, dans eis et equum suum, cui equo cognita erat via quæ perduxit eos usque ad præfatam villam, dicensque ad eos [I, 5.] : « Invenietis hominem circa villam nominatam nomine Przemysl in agro arantem variis bobus, ipsumque adducite, et erit vester dux et mihi maritus. » [I, 6.] Qui pergentes compleverunt omnia juxta mandatum dominæ suæ. [I, 7.] Hic vir, qui vere ex virtutis merito dicendus est vir, qui omnia jura excogitavit et dictavit, quibus hæc terra utitur et regitur, hic est primus dux Bohemiæ.

Primus dux Prziemysl.
II. Nezamysl.
III. Mnata.
IV. Vogin.
V. Unislaw.
VI. Crezomysl.
VII. Neklan.
VIII. Hostivit.
IX. Borziwoy, primus christianus, baptizatus est a Metudio episcopo Moraviensi anno dominicæ incarnationis 894 (430).
. Spitigneu.
XI. Vratislaw.

NOTÆ.

(424) Vestis subdiaconorum.
(425) l. q. exametum, germanice *Sammt*.
(426) Fimbriis.
(427) l. e. pannus sericus erat subsutus.
(428) Acu erat pictum opus.
(429) Epilogus interpolatoris.
(430) Cosm. I, 10.

XII. Wenceslaus sanctus, fraterna fraude marty-
rizatus 4 Kal. Octobris (431).
XIII. Boleslaus ferus, fratricida.
XIV. Boleslaus pius, creator episcopatus Pragensis (432).
XV. Boleslaus mitis.
XVI. Wladiwoy.
XVII. Jaromir (433).
XVIII. Odalricus.
XIX. Brzieczislaus.
XX. Spitigneus, fundator ecclesiæ Pragensis.
XXI. Wratislaus dux et primus rex Bohemiæ.
XXII. Conradus dux.
XXIII. Brzieczislaus dux.
XXIV. Borziwoy dux.
XXV. Swatoplik dux.
XXVI. Wladislaus dux.
XXVII. Sobieslaus dux.
XXVIII. Vadislaus dux et secundus rex Bohemiæ, fundator Strahoviensis ecclesiæ.
XXIX. Fridricus dux.
XXX. Sobieslaus dux.
XXXI. Conradus dux.
XXXII. Henricus dux et episcopus.
XXXIII. Wladislaus dux.
XXXIV. Przemysl dux et tertius rex Bohemiæ qui et Otakarus dictus est.
XXXV. Wenceslaus rex.
XXXVI. Przemysl rex.
XXXVII. Wenceslaus rex [286].

Et quia numerum ducum ac regum et ordinem breviter hoc loco descripsimus, dignum duximus, ut numerum annorum et distantiam temporum inter ipsos describamus. A primo igitur duce christianorum Borziwoy usque ad Wratislaum, primum in regem Bohemiæ, leguntur successive fuisse 12 duces, infra quod tempus computantur lustra 40. A Wratisiao primo rege usque ad Vadislaum secundum regem fuerunt duces sex, infra quorum tempora subputavi. . . . . . [287].

Cronica finitur, qui mortuus est sepelitur.

VARIÆ LECTIONES.

[286] *ex margine vetustioris codicis textui inserta sunt sequentia*: Anno Domini 1320, obiit Wilhelmus Lepus, fidelissimus regum Bohemorum et gentis tutor Bohemicæ. — [287] *Ultima verba desunt*.

NOTÆ.

(431) Cosm. I, 17.
(432) Cfr. Cosm. I, 21.
(433) Hi duces apud Cosmam desiderantur.

CIRCA ANNUM MCXXV

ALBERICUS AQUENSIS

NOTITIA

(FABRIC. *Biblioth. med. et in,. Lat.*, tom. I).

Albertus, sive Albericus, Aquensis in Gallia Ecclesiæ custos, scripsit, ex fide eorum qui præsentes interfuere (1), Historiam accuratam Hierosolymitanæ expeditionis, sive *De passagio Godefredi de Bullione et aliorum principum* usque ad annum secundum Balduini II, sive ab anno C. 1095 ad 1121 libris XII, qui, sine nomine auctoris primum editi, cum chronologia Henrici Meibomii a Reinero Reineccio, Helmstadii 1584, 4, sub titulo: *Chronici Hierosolymitani de bello sacro*. Deinde auctori suo restituti, in Jacobi Bongarsii *Gestis Dei per Francos*, tom. I, p. 184-518, Hanov. 1611, fol. Nomen auctoris primus prodidit David Hœschelius præfat. ad Annæ Comnenæ Alexiadem scripta an. 1610.

(1) Vide libri I cap. 1, 24, 25; libri II cap. 33; libri III cap. 2, 65; libri IV cap. 53, 55; libri VI cap. 24, 50; et libri VIII cap. 21.

INCIPIT HISTORIA
HIEROSOLYMITANÆ EXPEDITIONIS,

EDITA

AB ALBERICO

CANONICO ET CUSTODE AQUENSIS ECCLESIÆ,

Super passagio Godefridi de Bullione et aliorum principum.

(BONGARS, *Gesta Dei per Francos*, I, 184.)

LIBER PRIMUS.

CAP. I. — *Prœmium sequentis operis.*

Incipit liber primus Expeditionis Hierosolymitanæ urbis, ubi clarissimi ducis Godefridi inclita gesta narrantur, cujus labore et studio civitas sancta ab infidelibus liberata, sanctæ Ecclesiæ filiis est restituta. Diu multumque his usque diebus, ob inaudita et plurimum admiranda, sæpius accensus sum desiderio ejusdem expeditionis et faciendæ orationis illic, dum ferverem. Sed cum minime, ob diversa impedimenta, intentioni meæ effectus daretur, temerario ausu decrevi saltem ex his aliqua memoriæ commendare, quæ auditu et revelatione nota fierent ab his qui præsentes adfuissent, ut vel sic non in otio, sed quasi in via, si non corpore, at tota mente et animo consocius essem, elaborare. Quapropter de labore et miseriis, de firmata fide, de robustorum principum cæterorumque hominum conspiratione bona in amore Christi quomodo scilicet reliquerint patriam, cognatos, uxores, filios, filiasque, urbes, castella, agros, regna et omnem hujus mundi dulcedinem, certa pro incertis, et in nomine Jesu exsilia quæsierint, quomodo in manu forti et exercitu robusto iter Hierosolymam fecerint, et mille millies Turcorum Sarracenorumque legiones audaci assultu triumphantes occiderint, quomodo introitum et accessum sacri sepulcri Domini nostri Jesu Christi patefecerint, census et tributa peregrinorum, huc intrare cupientium, ex toto remiserint, pro viribus nostris exiguis, puerili et incauto stylo scribere præsumpsi.

CAP. II. — *Quomodo Petrus eremita primus auctor exstiterit expeditionis in Jerusalem.*

Sacerdos quidam, Petrus nomine, quondam eremita, ortus de civitate Amiens, quæ est in occidente de regno Francorum, omni instinctu, quo potuit, hujus viæ constantiam primum adhortatus est, in Beru regione præfati regni factus prædicator, in omni admonitione et sermone. Hujus admonitione assidua et vocatione, episcopi, abbates, clerici et monachi, deinde laici nobilissimi, diversorum regnorum principes; totumque vulgus, tam casti quam incesti, adulteri, homicidæ, fures, perjuri, prædones, universum scilicet genus Christianæ professionis, quin et sexus femineus, pœnitentia ducti ad hanc lætanter concurrunt viam. Qua occasione et intentione hanc viam idem eremita prædicaverit, et ejus primus ductor exstiterit, præsens pagina declarabit.

CAP. III. — *Quomodo patriarcham adierit.*

Hic sacerdos, aliquot annis ante hujus viæ initium causa orationis, Hierosolymam profectus est, ubi in oratorio Dominici sepulcri (proh dolor!) visa quædam illicita et nefanda tristi animo accepit, et infremuit spiritu; ipsumque Dominum judicem super istis injuriis appellat. Tandem super nefariis operibus motus, patriarcham sanctæ Hierosolymitanæ Ecclesiæ expetit, et, cur pateretur gentiles et impios sancta inquinare, et ab his fidelium oblationes asportare, item ecclesia uti pro prostibulis, Christianos colaphizari, peregrinos sanctos injusta mercede spoliari et multis oppressionibus angustiari requirit.

CAP. IV. — *Quid patriarcha Petro responderit, et quomodo auxilia Christianorum invitaverit.*

Patriarcha vero et venerabilis sacerdos sepulcri Dominici, his auditis, pia et fidelia profert responsa: « O fidelissime Christianorum, quid super his compellas et inquietas paternitatem nostram, cum nostræ vires vel potentia non magis quam formica exigua adversus tantorum superbiam computentur? Vita enim nostra aut assiduis redimitur tributis; aut mortiferis deputatur suppliciis. Et majora asperamus de die in diem adfore pericula, nisi Christianorum adfuerint auxilia, quæ tua legatione invitamus. » Cui Petrus in hunc modum respondit: « Venerande Pater, satis comperimus, et nunc intelligimus ac videmus quam invalida manus Christianorum sit tecum hic inhabitantium, et quantis subjacœtis oppressionibus gentilium. Qua de causa, ob tam ex regno Franciæ quam Lotharingiæ terræ, Domini gratiam, et vestram liberationem et sanctorum emundationem, Domino comite, vita sospite rediens imprimis dominum apostolicum requiram, deinde omnes primates Christianorum reges, duces, comites, et principatum regni tenentes, servitutis vestræ miseriam, et angustiarum tolerantiam cunctis insinuans. Jam omnia inter se hæc nuntia æque videntur ut fiant. »

CAP. V. — *Quomodo majestas Domini Jesu in somnis Petro apparuerit, eumque allocuta sit.*

Interim tenebris cœlo circumquaque incumbentibus, Petrus orandi causa ad sanctum sepulcrum redit, ubi sub vigiliis et orationibus fatigatus, somno decipitur. Cui in visu majestas Domini Jesu oblata est, hominem mortalem et fragilem sic dignata alloqui : « Petre, dilectissime fili Christianorum, surgens visitabis patriarcham nostrum, et ab eo sumes cum sigillo sanctæ crucis litteras legationis nostræ, et in terram cognationis tuæ iter quantocius accelerabis, calumnias et injurias populo nostro et loco sancto illatas reserabis, et suscitabis corda fidelium ad purganda loca sancta Jerusalem, et ad restauranda officia sanctorum. Per pericula enim et tentationes varias, paradisi portæ nunc aperientur vocatis et electis. »

CAP. VI. — *Quomodo Petrus Romam venerit, legatione apostolica retulerit, et de terræmotu.*

Ad hanc itaque miram et dignam Domino revelationem, subtracta visione. Petrus somno expergefactus est. Qui in primo diei crepusculo processit a limine templi, patriarcham petiit, visionem Domini sibi ex ordine aperuit, litteras legationis divinæ cum signo sanctæ crucis requirit. Quas ille dare non recusavit, sed cum gratiarum actione accommodavit. Accepta hinc licentia, in obedientia legationis ad natales oras regressus est. Non modica anxietate navigio per mare regressus, ad civitatem Barum revehitur. Ubi terris redditus, Romam sine mora proficiscitur. Ibi, reperto apostolico, quam audivit et accepit a Deo et patriarcha legationem retulit super immunditiis gentilium et injuriis sanctorum et peregrinorum. Hæc autem apostolicus mente voluntaria et intenta ut accepit, in omnibus se promisit mandatis parere sanctorum precibus. Qua de causa sollicitus venit ad civitatem Vercellas transactisque Alpibus, conventum totius occidentalis Franciæ, et concilium apud Podium, civitatem sanctæ Mariæ fieri decrevit. Deinde ad Clarummontem in Arvernis proficiscitur. Ubi audita legatione divina et admonitione apostolica, episcopi totius Franciæ, duces ac comites, magnique principes cujusque ordinis ac gradus, expeditionem ex proprio sumptu ad ipsum sepulcrum Domini annuerunt. Ipso etenim in regno amplissimo conspiratio et conjuratio sancta hujus viæ, datis dextris, inter potentissimos exivit. In quorum affirmatione terræmotus magnus factus est, nil aliud portendens quam diversorum regnorum iter moturas legiones, tam ex regno Franciæ quam Lotharingiæ terræ, Teutonicorum simul et Anglorum et ex regione Danorum.

CAP. VII. — *De quodam Waltero eunte Hierosolymam, quid egerit, vel quid pertulerit.*

Anno Dominicæ Incarnationis millesimo nonagesimo quinto, indictione quarta, Henrico, quarto rege ac tertio imperatore Romanorum Augusto, anno regni sui quadragesimo tertio, imperii vero decimo tertio, Urbano secundo qui et Odardus apostolico, octavo die mensis Martii, Walterus, cognomento Senzavehor, miles egregius, cum magna societate Francigenarum peditum, solummodo octo habens equites, ex admonitione prædicti Petri eremitæ, in initio viæ Hierosolymitanæ intravit regnum Hungariæ. Ubi cognita virtute, et audita animi illius intentione et causa assumptæ viæ, a domino Calomano, rege Christianissimo Hungarorum, benigne susceptus est, et concessus est sibi pacifice transitus per universam terram regni sui, et emendi licentia. Hic itaque sine offensione, et aliquo adverso incursu, usque ad Bellegravam, civitatem Bulgarorum, profectus est, transiens Malevillam, ubi terminantur fines regni Hungarorum. Illic pacifice fluvium Maroc navigio trajecit. Sed in eodem loco Malevillæ sedecim de comitatu illius remorati sunt, ut emerent arma, ignorante Waltero qui jam diu fluvium transierat. Hungari vero quidam perversæ mentis videntes procul Valteri absentiam et illius exercitus, manus sedecim illis injecerunt; quos armis, vestibus, auro et argento spoliaverunt, et sic nudi et vacui abire permissi sunt. Hi vero dolentes, rebus et armis vacui, usque ad prædictam Belegravam, quo Walterus cum omni manu sua extra muros ad hospitandum tentoria posuerat, iter acceleraverunt, omne infortunium quod eis acciderat sibi referentes. Sed Walterus æquo animo, quia reditus ad vindictam tædio erat, accepit. In ipsa denique nocte qua socii nudi et vacui recepti sunt, Walterus emendi vitæ necessaria requisivit a principe Bulgarorum et magistratu civitatis ; qui, fraudes et exploratores terræ existimantes, omnia venalia eis interdixerunt. Quapropter Walterus et omnis illius comitatus animo graviter motus armenta, boves et oves illorum, quæ per agros ad pabula herbarum emissæ passim vagabantur, cœperunt vi rapere et abducere, quousque gravis seditio inter peregrinos, et Bulgaros, gregem suum excutientes, accrescere cœpit et misceri armis. Dum tandem virtute Bulgarorum invalescente usque ad centum et quadraginta millia, de peregrino exercitu a multitudine societatis quidam divisi, in quoddam oratorium fugientes devenerunt. Bulgari vero, accrescente suorum manu et Waltero deficiente ac cum tota societate diffugium faciente, oratorium obsidentes, sexaginta ex inclusis combusserunt; cæteros, vix ab hostibus et oratorio pro defensione vitæ elabentes, plurimos gravi vulnere percusserunt. Post hanc calamitatem et attritionem suorum. Walterus, relictis circumquaque sociis, fugitivus silvas Bulgarorum per octo dies exsuperans, ad civitatem ditissimam, quæ vocatur Niczh in medio Bulgarorum regno secessit. Ubi duci et principi terræ reperto injuriam et damnum sibi illatum referens, justitiam de omnibus clementer ab eo consecutus est, quin et arma et pecuniam illi in reconciliatione largitus est, ac ei conductum dominus terræ per civitates Bulgariæ Sternitz, Phinopolim atque Adrianopolim pacifice dedit, et emendi licentiam, quousque ad imperatoriam urbem Constantinopolim, quæ est caput totius regni Græcorum, cum omni manu sua descendit. Ut autem descendit, omni instantia humillimæ petitionis, qua potuit, ab ipso domino imperatore exoravit, quatenus in regno suo pacifice moram obtineret, cum licentia emendi vitæ necessaria, donec Petrus Eremita, cujus admonitione et instinctu viam hanc inchoaverant, socius haberetur; et sic conjunctis millibus suis, brachium maris S. Georgii navigio transmearent, et sic tutius Turcis, cunctisque gentilium cuneis resistere valerent. Quod et actum est, et a domino imperatore, Alexio nomine, benigne de omnibus petenti responsum et concessum est.

CAP. VIII. — *Quomodo Petrus, cum copioso exercitu tendens Jerusalem, vindictam sociorum in Hungaria fecerit.*

Post hæc, nec longi temporis intervallo, Petrus prædictus, et exercitus illius copiosus, ut arena maris innumerabilis, quia diversis regnis illi conjunctus convenerat, scilicet Francigenæ, Suevi, Bajoarii, Lotharingi, continuabat pariter viam Jerusalem. Qui in itinere suo in Hungariæ descendens regnum, ante portam Cyperon tabernacula sua fixit cum omni exercitu, quem eduxerat. His locatis, protinus regnatori Hungariæ nuntios direxit, quatenus sibi suisque consociis pateret aditus et transitus per medium regni ejus. Quod illi concessum est, ea conditione interposita ne in terra regis prædam contingeret, sed pacifice viam teneret, omnia vero, quibus indigeret exercitus, sine jurgiis et lite pretio mutuarent. Petrus ergo, audita erga se suosque regis benevolentia, gavisus est, et pacifice regnum Hungariæ transivit, dans et accipiens omnia usui necessaria in numero, justitia et mensura, et sic sine turbine usque ad Malevillam cum omni legione sua profectus est. Ut autem appropinquavit terminis loci prædicti, fama in auribus suis suorumque allata est, quomodo comes regionis illius, nomine Guz, unus de primatibus regis Hungariæ, avaritia corruptus, adunationem armatorum contraxisset militum, et pessimam consilium iniisset cum prædicto duce, Nichita nomine, principe Bulgarorum et præside civitatis Belegrave quatenus et ipse collecta virtute satellitum, anteriores agminis Petri debellaret et occideret; ipse vero postremos insecutione suorum militum detruncaret, ut sic universa spolia tanti exercitus in equis, auro et argento ac vestibus, diriperent et dividerent. Petrus hæc audiens, quia Christiani erant Hungari et Bulgari, omnino de illis tantum facinus credere noluit, quousque ad Malevillam venientes, consocii illius arma et spolia sedecim sociorum Walteri, in mœnibus et muris pendentia, aspexerunt, quos paulo ante retardatos Hungari in dolo spoliare præsumpserant. Petrus autem, hac confratrum injuria comperta, visisque illorum armis et spoliis, socios ad vindictam admonet. Qui fortiter signis cornicinum intonant, erectis signis ad mœnia convolant, muros grandine sagittarum oppugnant, quos tam incessabili et incredibili densitate oculis in mœnibus assistentium intorquebant, ut nequaquam virtutem Gallorum impugnantium Hungari sufferre valentes, a muro declinarent, si forte intra civitatem ante vires illorum remanere valerent. Ad hæc Godefridus quidam cognomen habens Burel, de Stampis civitate ortus, magister et signifer ducentorum peditum, qui et ipse pedes erat, fortis viribus, intuens fugam adversariorum procul a mœnibus, muros scala, quam forte ibidem reperit, transvolat. Reinoldus de castro Breis, eques insignis, opertum habens caput galea, et lorica indutus, pariter mœnia post Godefridum ascendit, donec universi tam equites quam pedites intrare contendunt. Hungari vero videntes animæ suæ angustias et imminens periculum, ad septem millia conglobantur ad defensionem, ac per aliam portam, quæ respicit ad orientem, egressi super verticem præcelsæ silicis quam præterfluit Danubius, et qua ex parte insuperabile erat munimentum, constiterunt. Quorum plurima pars, quæ præ angusto aditu per portam velociter effugere nequiverant, ante ipsam januam in ore gladii ceciderunt. Alii, qui in vertice montis liberari sperabant, ab insequentibus peregrinis trucidati sunt, alii, a cacumine montis præcipitati, in ipsius Danubii undis absorpti sunt, sed plures navigio elapsi sunt. Ceciderunt illic circiter quatuor millia Hungarorum; peregrinorum centum tantum, præter vulneratos, ibidem occisi sunt. Hanc Petrus adeptus victoriam, cum universis suis in eodem castello Malevillæ diebus mansit quinque, propter abundantiam alimentorum quæ ibi reperit in frumento, gregibus ovium et armentis, et poculorum plenitudine et infinito numero equorum.

CAP. IX. — *Quomodo Maroam fluvium cum difficultate transierit.*

Comperta hac victoria et Hungarorum cæde cruenta, et visis ferro cæsis corporibus illorum, quæ plurima exstincta atroci vulnere Danubius suis procellis advexerat Belegrave, ubi reflexo alveo iter et cursum continuat, a Malevilla distans milliari, dux præfatus Nichita, suos convocat, et, consilio ab omnibus accepto, metu concussus, Belegrave Petrum ultra exspectare recusat, sed Niczh, spe defensionis adversus vires Francigenarum, Romanorum et Teutonicorum, quia robore murorum civitas hæc munita habebatur, migrare disposuit, secum asportatis universis thesauris Belegrave; concives vero illius, per silvas et montana ac deserta loca cum armentis suis in fugam misit, quousque accersito auxilio imperatoris Constantinopolitani, sociis Petri resisteret, et vindictam Hungarorum sumeret propter amicitiam et fœdus, quod cum Guz, comite et principe Malevillæ, percussisset. Transactis abhinc sex diebus, nuntius quidam de villa advenarum Francorum Petro celeriter mittitur, qui hanc minarum certam legationem illi indicaret, dicens : « Rex Hungariæ, collecto exercitu universi regni sui, in ultionem suorum ad vos descensurus est, de quibus ne unum quidem certum est ab armis illius evadere ; nam dolor occisorum et lamenta regem et universos parentes et amicos illorum commoverunt. Quapropter quantocius fluvium Maroam superantes, viam vestram hinc maturate. » Petrus, intelligens iram regis et illius gravissimam adunationem, cum universis sociis Malevillam deserens, sed cuncta spolia gregesque ac prædam equorum abducens, Maroam transire disposuit. Sed paucas naves, numero tantum centum quinquaginta in toto littore invenit, quibus tanta multitudo subito posset transire et evadere, propter timorem regis in fortitudine gravi supervenientis. Unde quamplurimi, quibus naves defecerant, junctura lignorum et copulatione viminum transire certabant. Sed a Pincenariis, qui Bulgariam inhabitabant, plurimi in ipsa lignorum et viminum copulatione fluctuantes sine gubernaculo, et a societate interdum divisi, sagittis confixi interierunt. Videns autem Petrus interitum et submersionem suorum quæ fiebat, Bajoariis, Alemannis cæterisque Teutonicis ex promissione obedientiæ imperavit, ut Francigenis fratribus subvenirent. Qui illico septem ratibus invecti, septem naviculas Pincenariorum submerserunt cum inhabitantibus, septem tantum vivos captivantes, quos in præsentiam Petri adductos ex præcepto illius trucidaverunt. Hac ultione suorum facta, et Maroa fluvio transito, ingentia et spatiosissima nemora Bulgarorum Petrus ingreditur cum vehiculis cibariorum et omni apparatu, et spoliis Belegrave. Et septem diebus in saltu spatiosissimo expletis, ipse cum suis urbem Niczh muris munitissimam applicuit ubi flumen quoddam per lapideum pontem ante civitatem transeuntes, pratum, viriditate et amplitudine voluptuosum, et ripam fluminis fixis tentoriis occupaverunt.

CAP. X. — *Quomodo duci Bulgarum obsides dantur : quibus receptis, gravis contentio cum Bulgaris oritur.*

Hospitatis itaque peregrinis legionibus, ex providentia Petri et majorum consilio fit legatio ad ducem Nichitam, principem Bulgarorum, qui in eadem civitate præsens habebatur, quatenus licentiam emendi cibos acciperent. Quod benigne annuit, sub hac tamen conditione ut obsides ei darentur, ne aliqua injuria aut vis, sicut Belegrave, a tanta multitudine fieret Walterus filius Walcramni de Bretoil castello, quod est juxta Belvatium, et Gode- fridus Burel de Stampis, duci obsides constituti et dati sunt. His missis et a duce receptis, omnium rerum sufficientia ad emendum undique illis concessa est, et non habentibus unde emerent, plurima largitio eleemosynarum a civitate largita est. Hac igitur nocte cum omni tranquillitate peracta, et obsidibus Petro a principe fideliter restitutis, centum viri Alemannorum propter contentionem vilissimam, cum quodam Bulgaro vespere habitam in venditione et emptione, paulisper subtracti a tergo agminis Petri, septem molendinis, quæ sub prædicto ponte in flumine degebant, ignem submiserunt, et in favillam redegerunt, quin et domos quasdam, quæ extra urbem erant, simili incendio in ultionem furoris sui succenderunt. Cives autem videntes ædificia suorum igne conflagrare, unanimi conventu suum ducem Nichitam adeunt, Petrum et universos sequaces illius falsos Christianos asserentes, raptores tantum esse et non homines pacificos, qui Pincenarios ducis Belegrave, et Malevillæ tot Hungaros occiderint ; et nunc incendium hoc præsumpserint, nequaquam pro benefacto remunerationem restituentes.

CAP. XI. — *Quomodo dux exercitum insecutus plurima diripuerit.*

Dux, audita hac injuria et querimonia suorum, præcepit ut universi ad arma contenderent cum omni equitatu quem illic adunaverat, cognita invasione Malevillæ, et absque mora ut peregrinos insequerentur, in caput eorum reddentes universa mala quæ sibi illata sint. Ad hoc denique ducis imperium Bulgari, Comanitæ, Hungari plurimi cum Pincenariis, qui conventione solidorum ad urbis defensionem convenerant, arcus corneos et osseos arripiunt, loricas induunt ; et, vexillis hastæ innexis, Petrum cum exercitu suo secure gradientem insequuntur, ac tardos et extremos exercitus detruncare et transfigere non parcentes, currus et plaustra lento gressu subsequentia retinuerunt, matronas, puellas, pueros teneros abducentes, qui exsules et captivi in terra Bulgariæ usque in præsentem diem cum universis rebus et armentis inventi sunt. Prætinus in hac repentina peregrinorum disturbatione et occisione, quidam, Lambertus nomine, velocitate equi elapsus, ad Petrum pervenit : cui rem hanc ignoranti et omnia quæ acciderant retulit, et quomodo hæc initia malorum et dolorum ab Alemannis exstiterint propter incendium quod fecerant. Petrus vero milliari remotus hæc omnia ignorabat ; qui, ad hæc verba nuntii graviter turbatus, convocat sapientiores et magis sensatos de exercitu, quibus sic loquitur, dicens :

CAP. XII. — *Quomodo, Petro cum exercitu causa pacis obviam duci regresso, plurima juventus prostrata sit.*

« Grave et durum nobis infortunium, ex furore insipientium Teutonicorum ortum, imminet. Nostri quam plurimi cum ipsis Alemannis, a duce Nichita et suo satellitio, in arcu et gladio ceciderunt in ultione incendii quod me prorsus latebat; nostra autem plaustra omnia, cum opibus et armentis retenta sunt Nihil aliud super his video utilius quam ut obviam duci redeamus, pacem cum illo componamus, quia injuste nostri cum eo egerunt, cum omnia nobis necessaria pacifice cives sui subministraverint. » Ad hanc vocem et sententiam Petri repetito itinere, exercitus reversus est ad ipsam civitatem Niczh, et in prato præfato tentoria sua relocaverunt, ut excusaret se Petrus et universam legionem quæ præcesserat, ut sic, mitigato duce, captivos suos et plaustra recuperarent. In hac itaque intentione et consilio Petrus cum prudentioribus dum satageret, et verbis cautis excusationem suam ordinaret, mille insensatorum hominum juventus, nimiæ levitatis et duræ cervicis, gens indomita et effrenis, sine causa, sine ratione, trans prædictum pontem lapideum ad mœnia et portam civitatis in gravi assultu vadunt : quibus mille ejusdem levitatis juventus, trans vada et ipsum pontem concurrentes, ingenti vociferatione et furore in auxilium junguntur, Petrum, ductorem suum hæc prohibentem et pacem fieri volentem, cum omnibus sensatis audire recusantes. In hac igitur dissensione gravissima discordiantium legionum, totus cum Petro, hanc seditionem prohibente, præter hæc duo millia, remansit exercitus, qui nullo modo ad opem his se contulerunt. Bulgari, videntes hoc schisma in populo et facile hæc duo millia posse superari, e duabus eruperunt portis in sagittis, et lanceis et gravi vulnere; et sic in virtute magna oppressos universos in fugam verterunt. Quorum viginti, a ponte corruentes, undis immersi ac suffocati sunt. Alii vero in latere pontis trecenti ad vada incognita fugam inierunt, quorum alii armis, ii undis perierunt. Tandem qui in altera parte fluvii ab hac insania revocati cum Petro in viridario remanserant, videntes quia sui tam sævo martyrio consumebantur, non ultra se potuerunt continere ab auxilio, sed induti loricis et galeis, nolente volente Petro, ad ipsum pontem convolant. In quo crudeliter hinc et hinc bellum exoritur, in sagittis, gladiis et lanceis. Sed a Bulgaris vado et ponte prævento, nequaquam transire potuerunt, sed fortiter in fugam remissi sunt. Petrus visa hac suorum contritione et fuga, legationem per quemdam Bulgarum, qui sanctam viam decreverat in Jerusalem, duci præfato misit quatenus colloquium secum pauliser habere dignaretur, et pacem in Domini nomine utrinque componerent. Quod et actum est.

CAP. XIII. — *Qualiter exercitus ex magna parte dispersus sit, et iterum ad triginta millia adunatus.*

Pace hac divulgata in populo Petri, et turbine sedato, quousque omnia redirent in concordiam, pedestre vulgus rebelle et incorrigibile, currus et plaustra reparans et onerans, viam instabant. Quibus Petrus, Folckerus, Reinoldus interdicentes, donec viderent, si colloquium procederet in concordia, nequaquam insensatos et rebelles ab incœpto avertere poterant. Cives autem, videntes quia Petrus et majores exercitus obstaculo viæ euntibus erant et plaustris ac curribus obstabant, arbitrati sunt quod cum vulgo fugam aptassent. Quapropter a porta urbis exsilientes cum militibus ducis, insecuti sunt eos in manu forti ; et ad duo milliaria gravis occisio et captivatio facta est ab his retardati exercitus. Plaustrum, super quod erat scrinium Petri plenum innumerabilis auri et argenti, captum et retentum est, et ad Niczh una cum captivatis reductum, et in ærario ducis repositum ; cætera spolia militibus divisa sunt, viri sine numero cæsi sunt, pueri cum matribus abducti, mulieres nuptæ et innuptæ, quarum ignoratur numerus. Petrus vero et omnis manus illius, quæ evadere potuit, per opacum et spatiosum nemus, pars per abrupta montium, pars per deserta loca dispersi, ut oves a lupis fugam maturabant. Tandem Petrus, Reinoldus de Breis, Walterus filius Waleramni de Bretoil, Godefridus Burel, Folckerus Aureliensis, omnes hi cum quingentis solummodo post hanc fugam in vertice cujusdam montis casu convenerunt. Nec enim de quadraginta millibus plures remansisse visi sunt. Tunc vero Petrus considerans quia gens et exercitus ejus graviter imminutus est, anxie in diversa meditatur, et vehementi suspirio dolet dissipatas legiones, et tot millia suorum cecidisse, Bulgarorum autem unum solummodo periisse, miratus, si adhuc quispiam de quadraginta millibus profugis ac dispersis viveret. Unde ex ipsius sententia et visione, hi qui secum in montis cacumine constiterant fugientes, signis et cornibus perstrepunt, ut peregrini, quacunque dispersi essent per montes et silvas ac loca deserta, audito signo Petri suorumque, in unum revertentes coadunarentur, et iter quod cœperant iterarent. Nec primum dies inclinata fuit, quod audito signo ad septem millia collecta sunt. Sic adunati, et a dispersione reversi, viæ iterato insistunt, et ad civitatem quamdam, rebus vacuam et civibus, applicuerunt ; ubi castra figentes, socios profugos ac dispersos præstolati sunt. Sed minime alimenta in locis desertis reperire aut investigare potuerunt, nimiam ibi tolerantes penuriam, quia plaustra et currus, frumentum, hordeum, carnesque ferentes ad edendum, supra duo millia amiserant, neminem videntem aut aliquid offerentem invenientes. In mense itaque Julio hæc adversa illis contigerant, quando hac in regione frumenta et segetes maturæ jam ad messem flavescunt. Angustiato itaque fame populo, visum est viris consilio cautissimis, ut segetes maturas repertas in campestribus desertæ et vacuæ civitatis igne torrerent, et torrida grana excuterent, quibus populus jejunus sustentari posset. Hoc etenim sustentaculo annonæ tribus diebus vixit populus, quousque profugi et dispersi ad triginta millia readunati sunt, præter decem millia quæ perierant.

CAP. XIV. — *Quomodo imperator Petro legatos direxerit, ut veniret Constantinopolim.*

Interea nuntii ducis ad dominum imperatorem Constantinopolim præcesserunt, qui sibi universa in malo de actibus et infortunio retulerunt, nempe qualiter exercitus Hungaros Malevillæ occiderit, et quomodo ad civitatem Niczh veniens, pro benefactis mala civibus reddiderit, sed non tamen hoc impune præsumpserit. Imperator hæc audiens, Petro legatos dirigit; qui Petrum, vacua et deserta civitate relicta, in urbem Sternitz cum omni comitatu suo profectum repererunt, ex edicto imperatori hæc illi nuntia ferentes : « Petre, domino imperatori graves de te tuisque querimoniæ allatæ sunt, eo quod in regno ipsius prædam et seditionem tuus fecerit exercitus. Quapropter ex imperio ipsius interdicitur tibi ne ultra tres dies moram facias in aliqua regni sui civitate, donec urbem Constantinopolim ingrediaris. Civitatibus autem omnibus, per quas transiturus es, ex imperatoria jussione præcipimus ut pacifice tibi omnia tuisque vendant, et quia Christianus es, Christianique tui consocii, non ultra iter tuum impediant. Et quidquid in superbia et furore satellites tui adversus ducem Nichitam deliquerunt, prorsus tibi remittit; scit enim quod pro hac injuria graviter pœnas exsolvistis. » Petrus, hac audita domini imperatoris legatione pacifica, non modicum gavisus et præ gaudio lacrymatus, gratias Deo retulit, qui, post nimiam et severam correptionem, nec immeritam, sibi suisque dedit gratiam in conspectu tam magnifici et nominatissimi imperatoris.

CAP. XV. — *Quomodo Petrus secundam imperatoris legationem acceperit, ut Constantinopolim maturaret iter.*

Igitur mandatis illius obediens, a Sternitz civitate processit, et ad urbem Phinopolim cum omni populo suo secessit. Ubi universo casu et infortunio suo recitato in audientia omnium Græcorum civium, plurima Byzantiorum, argenti, equorum et mulorum munera suscepit pro nomine Jesu et timore Dei, omnibus super eum misericordia motis. Deinde post tertiam lucem hilaris et lætus in largitate rerum necessariarum migrans, Adrianopolim secessit. Ubi duobus solummodo diebus hospitio remoratus extra muros urbis, tertia luce exorta inde recessit. Nam secunda legatio imperatoris sollicitabat eum, ut Constantinopolim maturaret iter, quia fervebat imperator desiderio videndi eumdem Petrum, propter famam quam de illo audierat. Ut autem ventum est Constantinopolim, exercitus Petri jussus est procul a civitate hospitari, quibus emendi licentia pleniter concessa est.

CAP. XVI. — *Quomodo Petrus et exercitus ab imperatore benigne susceptus sit, et deinde mare transierit.*

Petrus vero statura pusillus, sed sermone et corde magnus, in præsentiam imperatoris cum solo Folkero introducitur a legatis ipsius imperatoris, uti videret si esset sicut de illo fama erat. Petrus vero introiens ad imperatorem confidenter, in nomine Domini Jesu Christi, salutavit, et quia in ipsius Christi amore et gratia ad visitandum sanctum ejus sepulcrum ex patria sua secesserit, recitat per singula, et adversitates quas jam in brevi pertulerit commemorat, viros potentissimos, comites et duces nobilissimos, se post modicum subsecuturos denuntiat, qui causa visendi Dominicum sepulcrum, ardentissimo desiderio pariter viam insistere Jerusalem decreverint. Imperator autem, viso Petro et animi illius intentione ex ipsius verbis cognita, quid velit aut quid de suo cupiat requirit. Qui ut misericorditer accipiat precatur, unde sustentationem vitæ cum suis habeat, asserens quanta et quam innumerabilia bona ex imprudentia et rebellione suorum amiserit. Imperator, hac Petri humilitate audita, motus misericordia, ducentos byzantios aureos sibi dari jussit; de moneta vero quæ dicitur tartaron, modium unum exercitui illius, erogavit. Post hæc Petrus, a colloquio et palatio imperatoris regressus et benigne ab eo commendatus, solummodo quinque diebus requievit in campis et prædio ad Constantinopolim, ubi simul Walterus Senzavehor sua locavit tentoria, socius factus ab ipso die et deinceps, admistis copiis, armis et universis usui necessariis. Deinde diebus quinque completis, tentoria sua amoventes, brachium maris S. Georgii navigio et auxilio imperatoris superant, et terminos Cappadociæ intrantes, per montana ingressi sunt Nicomediam, ibidem pernoctantes. Et post hæc ad portum qui vocatur Civitot castrametati sunt. Illuc assidue mercatores admovebant naves onustas cibariis vini, frumenti, olei et hordei, caseorumque abundantia, vendentes omnia peregrinis in æquitate et mensura. In hac itaque necessariorum plenitudine gaudentibus et corpora fessa curantibus, adsunt nuntii Christianissimi imperatoris, qui Petro exercituique ejus interdixerunt iter versus montana Nicææ urbis, propter insidias et incursus Turcorum, donec amplior numerus adfuturorum Christianorum illis accresceret. Petrus vero audiens, legationi et consilio imperatoris acquievit, ut et universus populus Christianorum. Et curriculo duorum mensium illic in pace et lætitia epulati, moram fecerunt, secure ab omni hostili impetu dormientes.

CAP. XVII. — *Quomodo in terra urbis Nicææ juventus prædam fecerit, et castellum quoddam Solymani ceperit.*

Post duos itaque menses, lascivi et effrenes facti præ otio et inæstimabili copia ciborum, vocem Petri non audientes, sed contra voluntatem illius, in terram Nicææ urbis et regni Solymani, ducis Turcorum, per montana ingressi sunt, deprædati armenta, boves, oves, hircos, greges Græcorum Turcis famulantium, et ad socios deferentes. Petrus hæc intuens, tristi animo accepit, sciens quia non impune ferrent. Unde sæpius admonuit ne ulterius prædam hanc juxta consilium imperatoris contingerent; sed frustra insipienti et rebelli populo locutus est. His itaque prospere succedentibus et nullam adhuc prædarum excussionem metuentibus, visum est animosis et ventosis juvenibus, quatenus, assumpta manu de exercitu, prædam in pratis et pascuis ante muros civitatis Nicææ in conspectu Turcorum raperent et abducerent. Quapropter ad septem millia peditum conglobati, cum equitibus tantum trecentis loricatis, in vexillorum suorum elevatione et tumultu nimio profecti, septingentos boves cum cæteris pecoribus a pratis Nicææ urbis abduxerunt; et ad tabernacula Petri remeantes, plenum et pingue fecerunt convivium; plurimum vero gregis vendiderunt Græcis et nautis imperatori subditis. Videntes autem Teutonici quia Romanis Francigenis res prospere successit, et quod sine impedimento toties cum præda sua reversi sunt, accensi et ipsi rapinarum avaritia, ad tria millia in unum conferuntur peditum, equites ducenti tantum, et in signis ostreis et purpureis semitam per eadem montana ingressi, ad castellum quoddam Solymani, viri magnifici, ducis et principis Turcorum, pervenerunt, ubi montana terminantur et silva, distans a Nicææ spatio trium milliarium. Aggressi sunt autem omni virtute armorum et fremitu bellico præfatum castellum, quousque habitatores illius expugnatos percusserunt in ore gladii, Græcis Christianis solummodo parcentes; cæteri omnes in ipso præsidio inventi, aut cæsi aut ejecti sunt. Expugnato itaque præsidio et habitatoribus ejus expulsis, in abundantia alimentorum illic reperta lætati sunt. Et victoria hac jucundati, consilium invicem dederunt, ut in præsidio hoc remanentes, terras Solymani et principatum ejus facile in virtute sua obtinerent, prædas et escas undique comportarent, et secure Solymanum debilitarent, quousque magnorum principum promissus exercitus propinquaret.

Cap. XVIII. — *Quomodo Solymanus dux, congregatis Turcis, prædictum castrum expugnaverit, quosdam captivos duxerit, reliquos occiderit.*

Solymanus autem, dux et princeps exercitus Turcorum, adventu Christianorum audito, tum præda et rapinis, suorum quindecim millia ab omni Romania et regno Corrozan contraxit, viros peritissimos belli in arcu corneo et osseo, et sagittarios agillimos. Quibus congregatis, post duos dies Teutonicorum victoriæ, ad urbem Nicæam revertitur de terra longinqua cum adunatione validissima: ubi amplior ira et dolor illi auctus est ex fama Alemannorum et invasione præsidii, quod amiserat, et strage ac ejectione virorum suorum. Deinde tertiæ diei sole orto, Solymanus cum omni comitatu suo castrametatus, a Nicæa, præsidio, quod Teutonici invaserant, applicuit. Quod signiferi illius in virtute sagittariorum fortiter assilientes, Teutonicos in mœnibus atrociter resistentes sagittis crudeliter infigunt ac fatigant, quousque ad defensionem ultra stare non valentes, a muro et mœnibus immoderato grandine sagittarum retrusi sunt, infra præsidium protectionem a jaculis nudi et angustiati quærentes. Turci vero videntes quia Alemannos a muris et mœnibus represserant, trans muros et mœnia transcendere parant. Sed Alemanni, qui infra præsidium erant, vitæ solliciti et studiosi, penetrare volentibus lanceas opponebant; alii gladiis et bipennibus in faciem illis resistebant, quousque non ultra conscendere ausi sunt. Turci igitur, hac sagittarum impugnatione et nimio grandine Alemannos absterrere non valentes, comportaverunt omnia lignorum genera ad ipsam januam præsidii. Quæ igne submisso combusta est, et plurima ædificia, quæ erant in arce, donec flamma et calore invalescente, alii exusti sunt, alii a muris salutem sperantes desiliunt. Sed Turci, qui foris erant, exeuntes et fugientes ense trucidabant; alios, vultu et corpore juvenili venustos, circiter ducentos abduxerunt captivos; cæteri omnes gladio et sagitta consumpti sunt.

Cap. XIX. — *Quomodo exercitus per dies octo Petrum exspectaverit, et quomodo quosdam Turci de exercitu decollaverunt.*

Ultione hac gravi Solymano cum suis et cum Alemannis captivis, regresso, fama tam crudelissimæ necis Teutonicorum perlata est in castris Petri. Unde animi et corda cunctorum, vehementi consternata sunt dolore super interitu confratrum suorum. Hoc ergo infortunio suorum moti, sæpius consiliis inter se utuntur, utrum recenter in ultionem illorum insurgerent, an Petrum operirentur. Ante hos enim dies Petrus Constantinopolim ad imperatorem migraverat, pro exercitu suo rogaturus, ut illis venditionem necessariorum alleviaret. Consilium autem inter se habentibus, Walterus Senzavehor omnino se in ultionem fratrum ire contradixit, donec eventus rei planus innotesceret, et præsentia Petri adesset, cujus consilio omnia acturi essent. Hoc consilio Walteri sedatus est populus octo diebus, præstolans adventum Petri. Sed nequaquam adhuc potuit ab imperatore redeundi licentiam habere. Octavo dehinc die Turci, viri militares et arte belli illustres, surrexerunt ab urbe Nicæa, numero centum, regionem et urbes in montanis sitas perlustrantes, scire et intelligere volentes de præda et rapinis quas Galli abduxerant. Ibi ipsa die plurimos peregrinos, hac et illac vagantes, diversis in locis, interdum decem, interdum quindecim, aut eo amplius, decollasse perhibentur. Hoc denique rumore in castris Petri rursus ventilato, scilicet Turcos adesse et suos circumvagos decollasse, omnino excusant credere tam longe eos a Nicæa descendisse. Sed tamen aliqui consilium dederunt ut eos persequerentur, si adhuc in finibus illis reperiri possent.

Cap. XX. — *Quomodo exercitus, ad ultionem sociorum armatis, Solymanus cum multa manu occurrerit pugnaturus.*

Interea veritate comperta, exoritur tumultus in populo et unanimiter pedites conveniunt Reinoldum de Breis, Walterum Senzavehor, Walterum quoque de Bretoil et Folckerum Aureliensem, qui erant principes exercitus Petri, quatenus ad vindictam fratrum consurgerent adversus Turcorum audaciam. Sed hi prorsus ituros se negant, donec Petri præsentiam et consilium haberent. Godefridus autem Burel, magister peditum, illorum responsis auditis timidos minime in bello valere tam egregios milites asserens, sæpius sermone aspero improperabat viris his qui Turcos persequi in ultionem fratrum cæteros socios prohiberent. Econtra primores legionis contumelias et improperia illius suorumque sequacium ultra ferre non valentes, ira et indignatione graviter moti, ituros se pollicentur adversus Turcorum vires et insidias, etiamsi mori contingat illos in prælio. Nec mora, surgente primo diluculo quartæ diei, per universa castra jubentur armari universi equites et pedites, et signis cornicinum intonare, et bellum congregari. Soli inermes et infirmi cum femineo sexu innumerabiles in castris relicti sunt. Armati vero, et universi congregati ad viginti quinque millia peditum et quingentos equites loricatos, viam insistunt ad urbem Nicæam, ut ducem Solymanum et cæteros Turcos, bello lacessentes, in ultionem confratrum cum eis prælium committerent. In sex acies itaque divisi et ordinati, et quibusque vexillis attitulati, in dextro et in sinistro incedebant. Vix tria milliaria a portu et statione Civitot processerant, absente et omnia ignorante Petro, per prædictam silvam et montana in vociferatione et tumultu vehementi gloriantes et intonantes, et ecce Solymanus cum omni comitatu suo intolerabili eamdem silvam ex fronte altera intraverat, a Nicæa urbe descendens, ut repentino tumultu Gallos in castris incurreret, et nescios ac improvisos in ore gladii universos consumeret atque deleret. Hic audito adventu et vehementi strepitu Christianorum, miratur nimium quidnam tumultus is voluerit; nam latebant eum universa, quæ Christiani decreverant. Statimque peregrinos adesse intelligens, suos sic alloquitur : « Ecce Franci ad quos tendimus adsunt. Certum autem sit vobis quia adversum nos pugnaturi veniunt. Sed quantocius a silva et montanis recedamus in apertam camporum planitiem, ubi libere cum eis prælia conseramus, et nullum invenire possint refugium. » Quod ita ad vocem Solymani actum est, et in silentio magno a silvis et montanis egressi sunt.

CAP. XXI. — *Quomodo Turci cum Christianis graviter conflixerint.*

Francigenæ autem, Solymani ignorantes adventum, a silvis et montanis in clamore et alta vociferatione procedebant, tunc primum Solymani acies mediis campis intuentes et eos ad prælium operientes. Quibus visis, invicem se confortare in nomine Domini cœperunt, duasque acies præmittunt, quæ quingentos equites habebant. Solymanus autem duas acies præmissas intuens, frena sine tardatione laxat equi, laxantque sui et inaudita atque intolerabili vociferatione reddunt attonitos et stupefactos milites catholicos. Dehinc sagittarum grandine per medias irruunt acies, quæ, graviter attritæ et dissipatæ, a subsequente sua multitudine divisæ sunt. Audita hac armorum concussione, et vociferantium Turcorum crudeli insecutione, postremi exercitus, qui nondum a silva processerant, in unum conglobantur in angusta semita, per quam venerant, ad resistendum et prohibendum semitæ angustiam et montana; prædictæ vero acies, per quas Turci a societate divisas irruperant, ad silvam et montana reditum non habentes, versus Nicæam iter arripiunt. De qua extemplo reversi, fortiter inclamantes per medios Turcos revolant, et sese tam equites quam pedites invicem commonentes, ducentos milites Turcorum in momento peremerunt. Turci autem videntes quia virtus equitum prævaluisset in concertatione suorum, equos eorum transmissis sagittis vulnerant, et sic in pedibus fortissimos athletas Christi reddunt.

CAP. XXII. — *Quomodo Turci infinitam multitudinem Christianorum peremerint.*

Ubi Walterus Senzavehor trans loricam et præcordia septem sagittis infixus occubuit, Reinoldus de Breis et Folcherus Carnutensis, viri nominatissimi in terra sua, simili martyrio ab hostibus consumpti ceciderunt, sed non sine magna strage Turcorum. Walterus vero de Bretoil, filius Walramni, et Godefridus Burel, magister peditum, inter vepres et dumeta fuga elapsi, per angustam semitam, qua tota manus subtracta a prælio et in unum collecta habebatur, reversi sunt. Quorum fuga ac desolatione cognita, universi in fugam versi sunt, accelerantes iter versus Civitot, eadem via qua venerant, parum se defendentes ab hostibus. Turci itaque, gaudentes prospero successu victoriæ, detruncabant miseram manum peregrinorum, quos spatio trium milliarium cædendo usque ad tentoria Petri persecuti sunt. Tentoria vero intrantes, quotquot repererunt languidos ac debiles, clericos, monachos, mulieres grandævas, pueros sugentes, omnemque ætatem gladio exstinxerunt, solummodo puellas teneras et moniales, quarum facies et forma oculis eorum placere videbatur, juvenesque imberbes et vultu venustos abduxerunt, pecuniam, vestes, mulos, equos et omnia pretiosiora cum ipsis tentoriis Nicæam asportarunt. Est autem supra littus maris, juxta prædictum Civitot, præsidium quoddam antiquum et desertum, ad quod, tria millia peregrinorum, fugam arripientes, ingressi sunt dirutum præsidium pro spe defensionis. Sed portas et obstacula nulla reperientes, clypeos pro porta, sic ut anxii et auxilio destituti, cum ingenti mole saxorum ostio advolverunt, lanceis tantum et arcu ligneo et missilibus saxis viriliter pro vitæ necessitate se defendentes ab hostibus. Turci vero, videntes se parum proficere in cæde inclusorum, undique cinxerunt præsidium, quod erat sine tecto, sagittas in altum intorquentes, ut ab æthere revertentes in verticem et in corpora inclusorum corruentes, misellos exstinguerent cæteriqua hoc viso in deditionem cogerentur. Plurimi sic læsi et exstincti illic fuisse referuntur, sed crudeliorem ab impiis pœnam metuentes, non armis, non vi exire coacti sunt.

CAP. XXIII. — *Quomodo tria millia Christianorum qui evaserant, a Turcis obsessi, imperatoris auxilio liberabantur.*

Jam sol mediam diem peregerat, quando hæc tria

millia præsidium ingressa a Turcis obsessi sunt. Sed fortiter pro vitæ necessitate se defendentes, nullo tamen ingenio, aut in ipsius noctis umbra ab hoc præsidio potuerunt divelli, donec nuntius quidam Græcus fidelis et catholicus, noctu navigio mare transiens, Petro in civitate regia reperto, omnia pericula eorum retulit, et cæterorum casum et consumptionem. Petrus agnito periculo suorum et infortunio consumptorum, lugens ac dolens, imperatorem humiliter deprecatur, quatenus misellis peregrinis paucis, tot millium reliquiis, in nomine Jesu Christi subveniat, et non a tantis carnificibus desolatos et anxiatos consumi patiatur. Imperator audito Petro de casu et obsidione suorum, motus est misericordia, et undique Turcopolis accitis, et cunctis nationibus regni sui, præcepit sub omni festinatione trans brachium maris fugitivis et obsessis Christianis subvenire, et Turcos ab obsidione expugnatos effugare. Turci autem imperatoris edicto comperto, media nocte cum captivis Christianis et spoliis plurimis a præsidio se moverunt, et sic inclusi et obsessi peregrini milites ab impiis liberati sunt.

CAP. XXIV. — *Quomodo quidam Godescalcus magnam manum in eamdem expeditionem contraxerit.*

Non multo temporis intervallo post Petri transitum, quidam presbyter Godescalcus nomine, Teutonicus natione, incola fluminis Rheni, ejusdem viæ in Jerusalem amore et desiderio successus ex Petri admonitione, plurimorum corda ex diversis nationibus ad instandum pariter viam suo excitavit sermone, et ex diversis regionibus Lotharingiæ, orientalis Franciæ, Bavariæ, Alemanniæ supra quindecim millia contraxit, tam militaris quam pedestris vulgi, qui pecunia ineffabili cum cæteris rebus necessariis collecta, iter suum pacifice usque in regnum Hungariæ continuasse perhibentur. Ad portam vero Meseburg et ejus præsidium, gratia regis Calomani venientes, honorifice introducti sunt. Quibus etiam concessa est licentia emendi vitæ necessaria; et pax utrinque indicta ex præcepto regis, ne qua seditio a tanto exercitu oriretur. Sed dum per aliquot dies moram illic facerent, et vagari cœpissent, Bavari vero et Suevi, gens animosa, et cæteri fatui modum potandi excederunt, pacem indictam violant, Hungaris vinum, hordeum et cætera necessaria paulatim auferentes, ad ultimum oves et boves per agros rapientes occiderunt, resistentes quoque et excutere volentes peremerunt; cæteraque plurima flagitia, quæ omnia referre nequimus, perpetrarunt sicut gens rusticano more insulsa, indisciplinata et indomita. Juvenem quemdam Hungarum, ut aiunt qui præsentes fuerunt, pro vilissima contentione palo per secreta naturæ transfixerunt in fori platea. Cujus rei, et cæterarum injuriarum querimonia, usque ad aures regis suorumque principum perlata est.

CAP. XXV. — *Qualiter omnis exercitus Godescalci insolenter agens in Hungaria peremptus sit.*

Rex, hac inquietatus infamia, totaque illius domo turbata, præcepit satellitibus suis se armare et signo totam Hungariam in ultionem hujus facinoris cæterarumque contumeliarum commoveri, et nulli peregrinorum parcere, eo quod fœdam rem perpetrassent. Mox exercitus Godescalci tam crudele mandatum regis ad internecionem eorum intelligentes, signis intonuerunt per universas societates, et in campo Belegrave secus oratorium S. Martini conglobati sunt. Nec mora, regia virtus totius regni Hungariæ in armis adfuit, ut populum conglobatum disturbaret. Sed fortiter resistentes, sicut anxios et vitæ sollicitos, in gladiis et lanceis et sagittis Teutonicos repererunt. Quapropter et ipsi minus eos aggredi ausi sunt. Ut ergo viderunt quia illis res erat pro anima, et non sine inæstimabili damno cum Gallis committere possent, blande eis in dolo locuti sunt in hunc modum : « Pervenit querimonia ad dominum nostrum regem de injuriis, quas regno suo intulistis. Sed arbitratur vos non omnes hujus facinoris reos, eo quod plurimi inter vos sensati habeantur, et non minus vos molestaverit pax violata, quam ipsum regem et suos. Unde, si domino regi satisfacere vultis, et principes terræ placare, oportet et necesse est ut omnia arma vestra in manum domini regis reddatis, et ex consilio nostro pacificos vos exhibeatis, in ditionem vero regis cum omni pecunia, quam habetis, intrantes, iram ejus mitigetis, et sic gratiam in oculis ejus inveniatis. Sin autem aliud egeritis, nec unus quidem vestrum ante faciem ejus suorumque vivere poterit, quia contumeliam et injuriam nimiam in regno ejus exercuistis. » Godescalcus igitur et cæteri viri sensati hoc audientes, et puram fidem ex his credentes verbis, et quia Hungari Christianæ erant professionis, universo cœtui consilium dederunt quatenus juxta hunc sermonem, ad satisfaciendum regi arma redderent, et sic omnia in pacem et concordiam redirent. Acquieverunt universi huic consilio, et loricas, galeas et omnia arma totamque pecuniam (stipendium vitæ suæ scilicet in Jerusalem) in manus magistratus regis reddiderunt, ac humiles et tremefacti colla sua regi subdiderunt, totius misericordiæ et humanitatis certi erga regem consequendæ. Ministri vero regis et milites universa arma palatio regis intulerunt in conclavi, pecuniam et cætera pretiosiora, quæ tantus congesserat exercitus, in ærarium regis deputaverunt. Sic armis universorum in conclavi repositis, omnem clementiam, quam polliciti sunt regem in populo habiturum, mentiti sunt, quin potius crudeli strage irruentes in eos, inermes ac nudos detruncabant ac cædem immanissimam in eos exercebant, adeo ut, sicut hi pro vero affirmant qui præsentes vix evaserunt, exstinctis et occisis corporibus et sanguine tota planities Belegrave occuparetur, et pauci ab hoc martyrio liberarentur.

Cap. XXVI. — *Quomodo ex diversis regnis copiosa gens in eamdem expeditionem adunata sit.*

Eodem anno, æstatis tempore inchoante quo Petrus et Godescalcus congregato exercitu præcesserant, postmodum ex diversis regnis et terris scilicet e regno Franciæ, Angliæ, Flandriæ, Lotharingiæ gens copiosa et innumerabilis Christianorum, igne divini amoris flagrans, et crucis signo suscepto, undique incessanter per turmas suas confluebant cum omni supellectile et substantia rerum et instrumentis armorum, quibus Jerusalem proficiscentes indigebant. His itaque per turmas ex diversis regnis et civitatibus in unum collectis, sed nequaquam ab illicitis et fornicariis commistionibus aversis, immoderata erat commessatio, cum mulieribus et cum puellis sub ejusdem levitatis intentione egressis assidua delectatio et in omni temeritate sub hujus viæ occasione gloriatio.

Cap. XXVII. — *De strage Judæorum Coloniæ.*

Unde, nescio si vel Domini judicio, aut aliquo animi errore, spiritu crudelitatis adversus Judæorum populum surrexerunt per quascunque civitates dispersum; et crudelissimam in eos exercuerunt necem, et præcipue in regno Lotharingiæ, asserentes adesse principium expeditionis suæ et obsequii contra hostes fidei Christianæ. Hæc stages Judæorum primum in civitate Coloniensi a civibus acta est; qui subito irruentes in modicam manum illorum, plurimos gravi vulnere detruncaverunt, domos et synagogas eorum subverterunt, plurimum pecuniæ inter se dividentes. Hac ergo crudelitate visa, circiter ducenti in silentio noctis Nussiam navigio fugam inierunt, quos peregrini et cruce signati comperientes, nec unum quidem vivum reliquerunt, sed simili mulitatos strage rebus omnibus spoliaverunt.

Cap. XXVIII. — *De simili strage facta Moguntiæ.*

Nec mora, post hæc viam insistentes, sicut devoverant, in multitudine gravi Moguntiam pervenerunt. Ubi comes Emicho, vir nobilissimus et in hac regione potentissimus, cum nimia Teutonicorum manu præstolabatur adventum peregrinorum, de diversis locis regia via illic confluentium. Judæi vero civitatis illius intelligentes necem confratrum suorum, nec manus tantorum se posse evadere, ad episcopum Rothardum spe salutis confugiunt, thesauros infinitos in custodia et fidem illius reponentes, multumque de protectione ejus, quia civitatis ejusdem erat episcopus confidentes. Hic autem summus sacerdos civitatis pecuniam inauditam ab eis receptam caute reposuit, Judæos in spatiosissimo domus suæ solærio a specie comitis Emichonis et ejus sequacium constituit, ut illic in tutissimo ac firmissimo habitaculo salvi et sani remanerent. Verum Emicho et cætera manus habito consilio, orto sole diei in sagittis et lanceis in solærio Judæos assiliunt, quos, fractis seris et januis, expugnatos ad septingentos peremerunt, frustra resistentes contra tot millium vires et assultus; mulieres pariter trucidaverunt, pueros teneros cujusque ætatis et sexus in ore gladii percusserunt. Judæi vero videntes Christianos hostes in se suosque parvulos insurgere et nulli ætati parcere, ipsi quoque in se suosque confratres natosque, mulieres, matres et sorores irruerunt, et mutua cæde peremerunt. Matres pueris lactentibus (quod dictu nefas est), guttura ferro secabant, alios transforabant volentes sic potius manibus propriis perire quam incircumcisorum armis exstingui.

Cap. XXIX. — *Quomodo exercitus, negato transitu, cum Hungaris conflixerit.*

Hac Judæorum cæde tam crudeliter peracta, paucisque elapsis, et paucis timore potius mortis quam amore Christianæ professionis baptizatis, cum plurimis illorum spoliis comes Emicho, Clareboldus de Vinduil, Thomas, et omnis illa intolerabilis societas virorum ac mulierum viam Jerusalem continuarunt, tendentes versus regnum Hungariæ, ubi transitus regia via universis peregrinis minime negari solebat. Sed his ad præsidium regis Meseburg venientibus, quod fluvii, Danubius et Lintax, paludibus firmant, pons et porta præsidii clausa reperitur, ex præcepto regis Hungariæ, quia timor magnus invaserat universos Hungaros pro cæde quam exercuerant in confratres eorum, et adhuc fetebant corpora occisorum, cum tantus subsecutus est exercitus. Erant enim ducenta millia equitum et peditum, sed equitum vix ad tria millia computabatur numerus. Clausa itaque janua, et universis transitu per regnum negato, locaverunt castra per camporum planitiem, et nuntios regi dirigentes, pacemque quærentes, minime in pace et promissione sua auditi sunt. Hinc Emicho, Thomas, Clareboldus, viri militari actione illustres, cum cautioribus ineunt consilium, ut regis terras ex hac parte jacentes vastarent, nec hinc recederent, donec trans paludem et fluvium Lintax pons locaretur, per quem muro præsidii aliqua arte appropinquantes transforarent, ut vel sic transitus in virtute sua pateret. Qui diebus multis a medio mensis Junii ante præsidium residentes, et pontem componentes, sæpius inclusos expugnabant, defensores vero præsidii fortiter resistentes hinc et hinc jacula intorquebant, et plurimam stragem utrinque faciebant. Interdum hi ex arce erumpentes in virtute loricatorum, fortiter Gallos citra fluvium et pontem urgebant, interdum Galli prævalentes, Hungaros bello et vulnere aggravatos usque in præsidium remittebant. Die autem quodam circa nonam, Thomas, Clareboldus et Willhelmus cum trecentis, lorica et galea induti, et equo doctis militibus, descenderunt ad insidias, ubi transitus Hungarorum navigio sæpius fiebat ad tuendam terram, si forte cum illis confligere, et bellum committere opportunitas daretur, aut armenta illorum inventa deprædari possent. Illis ergo hac in spe descendentibus, septingenti milites regis ad explorandum exercitum Christianorum occurrerunt in equis militaribus et armis. Qui videntes, ab eis se nequaquam posse effugere, subito Gallorum turmas incurrerunt; et prælia committentes, superati et vulnerati graviter attriti sunt, fugam per nota loca facientes, et suam in terram tristes et dolentes navigio remeantes. In hac conflictione Willhelmus principem exercitus Hungarorum et collateralem regis aggressus, virum illustrem et niveis crinibus renitentem, decollavit. Ex hac victoria universæ legiones totam noctem illam in lætitia vigilem duxerunt, et multos Hungarorum captivos habuerunt.

Cap. XXX. — *Qualiter subito disturbato exercitu innumerabilis multitudo perierit.*

Postquam hujusmodi plurimas congressiones, et quotidianas strages per longum temporis spatium, exercitus tædio victus, et escarum defectione attenuatus, die constituto in virtute loricatorum trans pontem, quem firmaverant, alii conferuntur, alii per paludes diffusi præsidium Meseburg fortiter aggrediuntur. Et applicitis ingeniis, duobus in locis muros perforant, Hungaros non parce angustiant, donec fere omnibus, in crastino si persisterent, aperiretur. Rex autem Calomanus et omnis comitatus ejus mature equos ascenderunt, parati ad fugam versus regnum Russiæ, si tantam vim Gallorum, superato præsidio, terram ingredi viderent. Pontes enim longa vetustate dirutos reparaverant, per quos transire possent paludes et fluvios in terram Russiæ, si necessitate cogerentur. Sed dum fere omnia prospere successissent Christianis, et muros grandi foramine penetrassent, nescio quo casu aut infortunio tantus timor universum exercitum invasit, ut in fugam pariter redderentur, ut quasi oves a lupis irruentibus dispersi et concussi, hac et illac diffugium quærentes, sociorum obliviscerentur, Hungari vero, videntes tam subito athletas fortes deficere et fugam maturare, in virtute magna e portis cum rege exsiliunt, sine tardatione fugientes persequuntur, plurimam cædem exercentes et plurimos captivantes, ac plerumque noctis in persecutione consumentes. Pedestris vulgi utriusque sexus tanta facta est occisio ut aquæ Danubii et Lintax in sanguineas mutarentur undas. Plurimi vero et numero incomparabiles per aquas liberari sperantes, præ timore imminentis occisionis Danubii undis cæco ausu inferuntur, et aquis vehementibus suffocantur. Mirabile dictu! tanta fugitivorum submersio facta est ut tam spatiosi fluminis aquæ præ tot millium corporibus per aliquantum tempus videri non possent. Emicho autem, Thomas, Clareboldus, Willhelmus, et alii pauci, quorum equi cursu adhuc valebant, incolumes evaserunt, et aliqui, qui in palustri herba frutetisque latuerunt, aut in opaca nocte fugere potuerunt. Emicho et quidam suorum, via qua venerant, reditum fugiendo tenuerunt; Thomas, Clareboldus et plures suorum versus Carinthiam et Italiam fuga elapsi sunt. Sic manus Domini contra peregrinos esse creditur, qui nimis immunditiis et fornicario concubitu in conspectu ejus peccaverant; et exsules Judæos, licet Christo contrarios, pecuniæ avaritia magis quam pro justitia Domini gravi cæde mactaverant, cum justus judex sit Dominus, et neminem invitum aut coactum ad jugum fidei catholicæ jubeat venire.

Cap. XXXI. — *De superstitione anseris et capellæ.*

Fuit et aliud scelus detestabile in hac congregatione pedestris populi stulti et vesanæ levitatis, quod Domino odibile et omnibus fidelibus, incredibile non dubitatur. Anserem quemdam divino Spiritu asserebant afflatum, et capellam non minus eodem repletam, et has sibi duces hujus secundæ viæ fecerant in Jerusalem, quas et nimium venerabantur, ac bestiali more his intendebant ex tota animi intentione. Quod absit a fidelibus cordibus, ut Dominus Jesus a brutis animalibus et insensatis sepulcrum sui sanctissimi corporis visitari velit, et hæc fieri duces Christianarum animarum, quas pretio sanguinis sui ab idolorum spurcitiis revocatas redimere dignatus est, cum cœlos ascensurus duces et rectores populi sui sanctissimos et Deo dignos præsules et abbates præordinaverit, non bruta insensata animalia! Sed quid mirum, si modernis temporibus hujusmodi abominationes, et tam fœda scelera, inter aliquas societates tot millium inventa sunt, quæ Dominus in caput eorum reddiderit, cum temporibus Moysi et Josue et cæterorum servorum Domini in medio justorum inventa sit iniquitas, et ab eo, qui est Dominus ultionum, virga suæ majestatis correpta et purificata?

LIBER SECUNDUS.

Cap. I. — *Cum quibus et quo tempore dux Godefridus secundam inierit profectionem.*

Igitur post Petri Eremitæ profectionem, post Waltheri Senzavehor militis egregii occisionem ejusque exercitus gravissimum casum, dehinc modico intervallo post crudelem stragem Godescalci presbyteri, et ejus exercitus, post infortunium comitis Alemanniæ, Emichonis, cæterorumque fortium virorum et principum de terra Galliæ, scilicet Drogonis de Nahella, Clareboldi de Vinduil, ac contritionem sui exercitus crudeliter factam in regno Hungariæ ad portam Meseburg, Godefridus, dux Lotharingiæ, vir nobilissimus, fraterque ejus uterinus, Baldewinus, Wernerus de Greis, cognatus ipsius ducis, Baldewinus pariter de Burg, Reinardus comes de Tul, Petrusque frater ejus, Dudo de Cons, Henricus de Ascha, ac frater illius Godefridus, fortissimi milites ac principes clarissimi, eodem anno medio mensis Augusti, viam recto itinere in Jerusalem facientes, in terram Osterreich ad civitatem Tollenburg, ubi fluvius Lintax regnum Galliæ terminat et dividit hospitio resederunt curriculo trium hebdomadarum mensis Septembris, ut audirent et intelligerent qua occasione exorta seditione, peregrinorum exercitus paulo ante hos dies perierit, et a proposito eundi Jerusalem cum suis principibus et ductoribus aversus fuerit, jamque eis obviam desperatus redierit.

CAP. II. — *Principes per internuntios convenerunt Pannoniæ regem, quare perdiderit populum Domini.*

Tandem post plurimum mali rumoris, quid primum, quid cautius et consultius agerent ad explorandam rem et crudelitatem Hungarorum, quam fecerant adversus Christianos confratres, dum sæpius tractarent, visum est omnibus utile consilium, ut neminem ex nominatissimis et capitaneis viris ad inquisitionem tam nefandi homicidii et sceleris præmitterent, præter Godefridum de Ascha, eo quod notus esset Calomano, regi terræ, ante multum tempus hujus viæ in legationem ducis Godefridi missus ad eumdem regem Hungarorum. Alios vero duodecim electos ex familia ipsius ducis, Baldericum, inquam, Stabelonem et quorum nomina latent, una cum illo direxerunt, ut legationem tantorum principum hoc modo aperirent : « Regi Hungarorum CALOMANO GODEFRIDUS, dux Lotharingorum, et cæteri comprimores Galliæ, salutem et omne bonum in Christo. Mirantur domini et principes nostri, cum Christianæ professionis sitis, cur tam crudeli martyrio exercitum Dei viventis interemistis, terram vero et regnum pertransire interdixistis, et variis calumniis eos affecistis. Quapropter nunc timore et dubietate concussi, Tollenburg moram facere decreverunt, donec ex ore regis intelligant cur tam crudele facinus a Christianis, persecutoribus Christianorum, commissum sit. »

CAP. III. — *Responsio regis, quomodo ducem accersierit.*

Respondit rex, universo cœtu suorum audiente : « Non Christianorum persecutores sumus, sed quidquid crudelitatis ostendimus aut in illorum interitu commisimus, nimia necessitate compulsi fecimus. Cum enim primo exercitui vestro, quem Petrus Eremita contraxit, omnia accomodaremus, emendi licentia concessa in mensura et pondere æquitatis, et pacifice illis per terram Hungariæ transitum constitueremus, malum pro bono nobis reddiderunt, non solum in auro et argento, equis et mulis et pecore regionis nostræ auferentes, sed et civitates et castella evertentes, hominesque nostros ad quatuor millia mortificantes, rebus et vestibus exspoliaverunt. Post has a comitatu Petri nobis tam innumerabiles, sed injuste illatas injurias, subsequens exercitus Godescalci, et nunc recenter attritus, quem in fugam conversum obviam habuistis, castellum ac munitionem regni nostri Meseburg obsederunt, in superbia et impotentia virtutis suæ ad nos intrare volentes, ut nos punirent et exterminarent, de quibus Deo auxiliante vix defensi sumus. » Rex autem ut hæc respondit, jussit eosdem legatos ducis honorifice in palatio suo hospitari in loco qui dicitur Pannonia, ubi per dies octo omnia illis necessaria in ipsa regis mensa affluenter ministrata sunt. Post dies vero octo rex super legationem ducis consilio primatum suorum accepto, remisit legatos cum legatis de domo sua, ut duci et primis exercitus in hunc modum responsa portarent : « Rex CALOMANUS duci GODEFRIDO et omnibus Christianis, salutem et dilectionem sine simulatione. Audivimus de te quia vir potens et princeps tua sis in terra, et fidelis inventus ab universis qui te noverunt. Idcirco te semper diligens ex sola bona fama, nunc te videre et agnoscere optavi. Et exinde consilium accepi, ut descendas ad nos in castellum Cyperon sine opinione alicujus periculi, et utraque ripa paludis residentes, totum colloquium teneamus de omnibus quæ a nobis requiris, et quorum nos reos arbitraris. »

CAP. IV. — *Dux Pannoniam ingrediens quam decenter susceptus sit, et quid inter eum et regni primores convenerit.*

Hoc regis nuntio audito, dux universo cœtu relicto, ex consilio majorum trecentis tantum militibus assumptis, ad regem profectus est in loco præsignato. Et utrinque hinc et hinc omisso comitatu suorum, dux solummodo Wernero de Greis, viro nobilissimo et propinquo ejus, Reinardo de Tul et Petro evocatis, pontem qui paludi imminet ascendit, in quo regem reperiens, benignissime salutavit, et humili devotione osculatus est eum. Dehinc inter se diversa habuere colloquia de concordia et reconciliatione Christianorum, quousque ratio hæc pacis et dilectionis adeo firmiter processit, ut se dux fidei ejus credens duodecim ex trecentis susceperit; cum quibus cum rege in Pannoniam et terram Hungarorum descendit; fratrem vero Baldewinum, relictum Tollenburg populum regere et procurare, remisso exercitu trecentorum, constituit. Dux itaque Pannoniam ingressus, honorifice ab ipso rege et primatibus suis susceptus est, eique benigne et copiose omnia necessaria parata sunt de domo regis et mensa, quæ tam egregium virum decebant. Dehinc rex per dies octo plurimum conventum suorum habens, qui etiam ad videndum tam nominatissimum principem confluxerant, quærebat consilium qua fide et fiducia salvo regno suo rebusque suorum tam copiosus exercitus fortiter armatus intromitteretur. Tandem repertum est consilium et duci declaratum quomodo, nisi darentur obsides viri egregii et primores exercitus, nullus sibi suisque concederetur transitus, ne aliqua occasione assumpta, in virtute tam innumerabilis gentis terram et regnum amitteret. His auditis, dux voluntati regis in omnibus cessit, et obsides quos petebat dari non abnuit, hac tamen conditione ut ultra peregrinorum exercitus, tam præsens quam futurus, per terram ejus transiret sine aliquo obstaculo, et pacifice mutuaret vitæ necessaria. Nec mora, percussit rex fœdus cum duce, percusserunt et universi principes regni sui in jurejurando non ultra nocere peregrinis transituris. His ergo sic utrinque in vera fide firmatis, rex ex consilio suorum requisivit Baldewinum, fratrem ipsius ducis, obsidem fieri, uxorem quoque ac familiam ejus. Quod dux sine ulla contradictione adimpleri concessit, statimque post dies octo missa legatione, dux universum exercitum præcepit properare ad castellum Cyperon, ac tabernacula sua hac altera in ripa fluminis et paludis collocari.

Cap. V. — *Ubi exercitus jussu ducis castra posuerit.*

Ad hanc ducis legationem cœpit exercitus nimium hilarescere, et gavisi sunt universi, qui antea ex diutina ducis absentia hæsitabant, existimantes eum in falsa fide traditum et exstinctum, sed nunc, quasi de gravi somno expergefacti, surrexerunt, et juxta ducis mandatum venientes, in ripa fluminis et paludis castrametati sunt. Collocatis itaque tentoriis, dux de regno Hungariæ reductus, et suis restitutus est, referens quantam ei rex curam et honorem exhibuerit, et omnia, quæ cum rege et principibus ejus pactus sit, et quomodo frater ejus Baldewinus a rege in obsidem cum uxore et familia requisitus sit, donec populus cum silentio et pace transeat, alio qui nullam sibi dari licentiam transeundi. Et post pauca statim admonuit fratrem suum Baldewinum, obses fieret pro populo, sicut decretum erat. Qui vehementer cœpit reniti et contradicere, donec dux hæsitatione illius turbatus, constituit, ut ille curam exercitus Dei gereret, et ipse pro fratribus obses fieri non dubitaret. Tandem Baldewinus omni mentis suæ fluctuatione exclusa, concessit obses fieri, et exsilio pro salute fratrum suorum transferri.

Cap. VI. — *Obsidibus datis, qualiter Hungariam transierint.*

Igitur tam præclaro principe jam obside facto, et rege una cum illo in Pannoniam regresso, universus exercitus ex jussu et concessu regis per pontem trans paludem intromissus est, et ad fluvium Lintax castrametatus est. Castris vero positis, et universis hospitio sedatis, Godefridus dux præcones per singulas domos ac tentoria acclamare constituit sub judicio mortis, ne quidquam contingerent, aut violenter in regno Hungariæ raperent, et nullam seditionem moverent, sed omnia æquo pretio mutuarentur. Similiter et rex per universum regnum acclamari præcepit, ut omnem copiam rerum necessariarum reperiret exercitus in pane, vino, frumento, hordeo, in bestiis agri et volatilibus cœli; jussumque sub judicio vitæ, ne injusta venditione Hungari gravarent exercitum aut conturbarent, sed potius omnia venalia illis alleviarent. Sic et sic per singulos dies in silentio et pace, in mensura æqua, et justa venditione dux et populus regnum Hungariæ pertransiens, ad Drowa fluvium pervenerunt. Ubi congerie lignorum composita, et plurima viminum copulatione facta, eumdem fluvium trajecerunt, assidue rege cum validissima manu equitum a sinistris gradiente una cum Baldewino et cæteris obsidibus, quousque ad locum, qui dicitur Francavilla, perventum est. Illic per tres dies remorati, vitæ necessaria, et quibus indigebat exercitus, pretio mutuantes, cum omnibus Malevillam descenderunt, in littore Sowa diebus quinque pernoctantes. Illic duci cæterisque principibus exercitus innotuit quam intolerabilis virtus militiæ imperatoris Constantinopolis adfuisset ad prohibendam peregrinis viam per regnum Bulgariæ. Quapropter dux et universi consilium inierunt, ut partem exercitus in armis trans fluvium præmitterent ad reprimendos hostes milites imperatoris, quousque populus enavigaret. Non amplius enim quam tres naves illic repertæ sunt, cum quibus mille equites loricati ad præoccupandum littus transmissi sunt. Cætera multitudo, copulatione lignorum et viminum, fluminis alveum superaverunt.

Cap. VII. — *Ubi rex obsides reconsignat, et qualiter rex Græciæ ducem per internuntios interpellaverit.*

Vix enavigavit populus et eorum princeps, et ecce rex cum omni apparatu suo, et fratre ducis Baldewino, ejusque uxore et cunctis obsidibus adfuit, quos ibidem in manu ducis restituit. Ac dehinc nimia dilectione commendato duce fratreque ejus in donis plurimis et osculo pacis, in terram regni sui reversus est. Dux vero et omnis exercitus illius altera in ripa constituti, in villa Belegrave Bulgarorum hospitio pernoctarunt, quam Petrus et illius exercitus non longe ante deprædati combusserant. Mane autem facto, dux et exercitus illius exsurgentes, silvas immensas et inauditas regni Bulgarorum ingressi sunt. Ubi legati imperatoris illis occurrerunt, in hæc verba nuntia deferentes : « Alexius, imperator Constantinopolis regni Græcorum, duci Godefrido suisque sequacibus, integram dilectionem. Rogo te, dux Christianissime, quatenus regnum et terras meas, quas ingressus es, gentem tuam vastare et deprædari non patiaris, sed emendi licentiam obtineas, et sic omnia sufficienter ex nostro imperio emenda et vendenda tui reperiant. » Hanc itaque imperatoris legationem dux intelligens, in omnibus se imperatoris parere pollicetur mandatis. Unde universis indictum est ne deinceps quidquam aliqua injusta vi contingant, præter pabula equorum. Sic vero pacifice ex rogatu imperatoris pertranseuntes, pervenerunt Niczh præsidium ejus. Ubi mira affluentia ciborum in frumento, hordeo, vino et oleo plurimaque venatione ex imperatoris dono duci oblata est, cæteris licentia vendendi et emendi concessa. Illic siquidem per dies quatuor in omni opulentia et jucunditate recreati sunt. Post hæc dux cum omni exercitu Sternitz profectus est : ubi non minori pinguedine donorum imperatoris sibi satisfactum est. Dehinc post aliquot dies discedens, ad Phinopolim, civitatem præclaram, descendens, illic similiter ex imperatoris dono omnem abundantiam necessariorum habuit per dies octo. Ubi nuntia illi allata sunt, quomodo imperator Hugonem Magnum, fratrem régis Franciæ, Drogonem et Clareboldum, in vinculis et carcere tenuisset.

CAP. VIII. — *Quid dux resalutato regi mandaverit, et pro retentis principibus quid egerit.*

Hoc audito, dux imperatori legationem misit, quatenus hos principes terræ suæ, quos tenebat captivos, libertati restitueret, alioqui se fidem illi et amicitiam non posse servare. Baldewinus, Hamaicorum comes, et Henricus de Ascha, intellecta ducis legatione ad imperatorem destinata, primo diluculo, duce ignorante, viam anticipaverunt in Constantinopolim, ut legatos prævenientes ab imperatore majora dona consequerentur. Dux vero audiens graviter accepit; sed tamen dissimulans iram, Adrianopolim profectus est : ubi quodam flumine natatu equorum superato, tentoriis positis pernoctavit. Pons denique, qui trans fluvium per mediam civitatem porrigitur, sibi et suis ab incolis interdicitur. Deinde exsurgentes, et Salabriam properantes, tentoria posuerunt per amœna loca pratorum. Ubi reversi nuntii ducis ab imperatore, retulerunt, quomodo captivos principes minime reddidissent. Unde dux et omnis societas in iram exarserunt, et ultra illi fidem et fœdus pacis servare noluerunt. Statimque ex præcepto ducis omnis terra illa in prædam data est peregrinis et advenis militibus, qui per dies octo illic moram facientes, totam regionem illam depopulati sunt.

CAP. IX. *Rex Græcorum quomodo captivis principibus absolutis, regno suo consuluerit, ducem simul accersens.*

Imperator autem, intelligens regionem depopulari, Rudolfum Peel de Lan et Rotgerum, filium Dagoberti, viros disertissimos, de terra et cognatione Francigenarum, duci misit, rogans ut a præda regni sui et vastatione cessaret exercitus, et captivos quos petebat sine dilatione redderet. Dux vero, inito consilio cum cæteris principibus, acquievit legationi imperatoris, et amovens castra, præda interdicta, secessit ad ipsam urbem Constantinopolim cum universo comitatu peregrinorum. Ubi fixis tentoriis, hospitati sunt in manu robusta et intolerabili, loricis et omni bellica armatura muniti. Et ecce in occursum Hugo, Drogo, Willhelmus Carpentarius et Clareboldus, laxati ab imperatore, duci adfuerunt, gaudentes illius adventu et suæ multitudinis, et in amplexum ducis cæterorumque plurimo osculo corruentes. Similiter et prædicti legati imperatoris duci occurrerunt, rogantes eum, ut intraret palatium imperatoris cum aliquibus primis de exercitu, ut audiret verbum regis, cætera multitudo extra muros civitatis remaneret. Vix hanc legationem dux accepit, et ecce quidam advenæ de terra Francorum occulte in castris duci adfuerunt, qui plurimum eum monuerunt, ut caveret versutias et venenatas vestes ipsius imperatoris ac verba dolosa, et nequaquam ad eum intraret aliqua blanda promissione, sed extra muros sedens omnia quæ sibi offerret secure susciperet. Dux igitur, sic præmonitus ab advenis et Græcorum deceptiones edoctus, ad imperatorem minime introivit. Quapropter imperator indignatione vehemente motus adversus ducem et omnem ejus exercitum, vendendi et emendi licentiam illis interdixit. Baldewinus vero frater ducis, agnita hac imperatoris indignatione et videns populi indigentiam nimiamque defectionem necessariorum, egit cum duce et magnificis exercitus quatenus rursus per regiones et terras Græcorum prædas contraherent, escas comportarent, donec imperator his cladibus coactus, rursus emendi vendendique licentiam concederet. Imperator ergo videns terræ regni sui prædas et mala ingruere, licentiam vendendi et emendi omnibus iteravit.

CAP. X. — *Post aliquantas utrinque animositates tandem dux cum imperatore pacem componit.*

Erat Natalis Domini, ideoque in tam solemni tempore et diebus pacis et gaudii, visum est universis bonum et laudabile et acceptum coram Deo, utrinque concordiam renovari, inter domum imperatoris et ducem ac universos præpotentes exercitus. Et sic pace composita, continuerunt manus suas ab omni præda et injuria. His ergo quatuor diebus sanctis, in omni quiete et jucunditate resederunt ante urbis mœnia Constantinopoli.

CAP. XI. — *Causa imperatoris dux castrorum loca mutat, benevolentiæ nuntios ad eum mittit, rogatus venire dissimulat.*

Post quatuor vero dies legatio imperatoris processit ad ducem, quatenus castra moveret ejus causa et precibus, et intra palatia, quæ in littore brachii maris sita erant, cum exercitu suo hospitaretur propter medios algores nivis et hiemis, qui pluviali tempore imminebant, ne tentoria eorum madefacta et attrita deperirent. Cessit tandem dux et cæteri comprimores imperatoris voluntati, et amotis tentoriis, per palatia et turritas domos, quæ spatium triginta milliarium in littore maris comprehendunt, hospitati sunt cum omni exercitu Christianorum. Ab ea die et deinceps omnem plenitudinem cibariorum et rerum necessariarum ex imperatoris jussu repererunt et emerunt. Post paululum dehinc rursus imperatoris legatio duci adfuit, quæ eum admonuit ad eum ingredi et ejus verba intelligere. Quod dux omnino renuit, præmonitus ab advenis civibus de versutia illius, sed viros egregios direxit illi nuntios, Cunonem comitem de Monte acuto, Baldewinum de Burg, et Godefridum de Ascha, qui excusarent eum, et in hunc modum loquerentur : « GODEFRIDUS dux imperatori fidem et obsequium. Libenter et optato ad te ingrederer, honores et divitias domus tuæ considerarem, sed terruerunt me plurima mala, quæ auribus meis de te innotuerunt. Nescio tamen si vel invidia aut odio tui hæc adinventa et vulgata sint. »

Imperator hæc audiens, plurimum de omnibus se excusavit, dicens nunquam oportere ducem vel aliquem de societate, quidquam fallaciæ de eo timere, sed eum suosque quasi filium et amicos servare et honorare. Regressi autem nuntii ducis, omnia, quæ bene promissa et fideliter ex ore imperatoris audierunt, in bonum retulerunt. Verum dux adhuc nimine mellifluis illius promissis credens, prorsus colloquium ejus refutavit. Et sic inter hæc nuntia hinc et hinc, quindecim dies evoluti sunt.

CAP. XII. — *Imperator alimenta emenda subtrahit, exercitus partes Græciæ invadit.*

Imperator itaque cognoscens ducis constantiam, eumque ad suam præsentiam invitari non posse, iterato moleste accepit, et hordeum et pisces ad vendendum subtraxit, deinde panis alimentum, ut vel sic coactus dux imperatoris præsentiam non recusaret. Sed nec sic imperatore proficiente, ut animum ducis emolliret, quadam die ex instinctu imperatoris quingenti Turcopoli navibus invecti per brachium maris, armati arcu et pharetra, matutinos milites ducis sagittis infixerunt, alios mortificatos, alios sauciatos a littore arcentes, ne illic emere ex solito alimenta liceret. Continuo hæc crudelis fama in solio ducis allata est. Qui illico jussit cornua perstrepere, populum universum armari, et ante ipsam urbem Constantinopolim redire, tentoriaque relocare. Ad hanc ducis jussionem signo dato cornicinum, eruperunt universi ad arma, et palatia et turres, in quibus hospitio manserant, alia incendio vastaverunt, alia comminuerunt, damnum irrecuperabile Constantinopoli inferentes.

CAP. XIII. — *Frater ducis cum periculo populum ducis transduxit, dimicantes inter se partes dirimit.*

Exorta denique jam in palatio fama tam vehementis incendii et exterminii, dux nimium expavit, metuens ne flamma ædificiorum et strepitu moti exercitus percepto, pontem, per quem transierant a civitate Constantinopoli ad palatiorum mansiones, subito in manu robusta præoccuparent milites et sagittarii imperatoris. Ideoque sine mora præmisit Baldewinum fratrem suum cum quingentis loricatis militibus ad obtinendum pontem, ne aliqua vis imperatoris præcurrens, illum corrumperet; et sic peregrinis transitus et reditus ultra negaretur. Baldewinus vix medio ponte constiterat, et ecce a dextris et sinistris Turcopoli, milites imperatoris, navigio invecti circumquaque in transeuntes sagittis irruunt, et fortiter impugnant. Quibus Baldewinus e ponte resistere nullam habens copiam, sagittas illorum effugere properavit; et sic superato ponte, velociter in aliam partem pontis sicco littore se contulit, pontem obtinens et observans versus mœnia dominæ et magistræ civitatis, quousque totus per pontem migraret exercitus. Dux vero a tergo cum suis custodiam agebat. Interea a portis versus Sanctum Argenium infinita manus Turcopolorum et totius generis militum prosiluit in sagittis et varia armatura ad expugnandum Baldewinum, et universum gentis Christianæ comitatum. Sed Baldewinus immobilis et insuperabilis ab omni illorum assultu in loco constituto perstitit, donec a mane usque ad vesperam populo trans pontem ante urbis mœnia relato, et castris positis hospitato, eosdem Turcopolos, a portis egressos, et populum impugnantes cum quingentis loricatis fortiter incurrit; et utrinque graviter commisso prælio, plurimi hinc et hinc ceciderunt, et plurimi equi Francorum sagittis interierunt. Sed ad ultimum Baldewinus prævalens, milites hos imperatoris gravatos ac fugitivos in portas ire compulit, camposque et victoriam potenter obtinuit. Verum Turcopoli et milites imperatoris indignantes se victos, et bello fugitivos, iterato crebrius a portis eruperunt, ad lacessendum et expugnandum exercitum : quousque dux adveniens, quia nox erat, omnia pace composuit; commonens fratrem suum cum universis in castra redire, et a pugna hac in noctis umbra manus et arma continere. Similiter imperator, metuens amplius et validius hanc belli tempestatem ingruere, et vespere umbroso suos deficere et perire, pacem et ipse fieri imperat, lætatus ducem suos a bello pacate voluisse.

CAP. XIV. — *Imperator, promissis obsidibus, ducem ad se invitat, et quid ipse dux legatis Boemundi responderit.*

Crastina vero luce exorta, ex præcepto ducis, exsurgens populus, terram et regnum imperatoris, perlustrans, curriculo dierum sex graviter depræ- datus est; ut vel sic saltem imperatoris suorumque superbia humiliari videretur. Quo cognito, imperator tristari et dolere cœpit, quod terra et regnum sic dissiparetur. Qui statim accepto consilio, duci legationem misit, quatenus prædam et incendium prohiberet, et in omnibus illi satisfaceret, in hæc verba loquens : « Cessent inter nos et vos inimicitiæ, et dux ad me ingrediatur, fiduciam et obsides sine aliqua dubietate a me recipiens, quod incolumis veniat et redeat, certus de omni honore et gloria, quam sibi suisque facere poterimus. » Quod benigne dux annuit, si tales darentur obsides, quibus credere possit de vita et salute sua; et sic procul dubio ad eum descendens, libenter sibi et viva voce et ore ad os loqueretur. Vix post hanc ducis responsionem legati imperatoris recesserunt, et ecce quidam alii legati ad eumdem ducem venientes ex parte Boemundi salutaverunt eum, sic loquentes : « Rogat te Boemundus, princeps ditissimus Siciliæ et Calabriæ, ut nequaquam cum imperatore in concordiam redeas; sed in civitates Bulgarorum Adrianopolim et Phinopolim secedas, et tempus hyemale illic peragas; certus quod mense Martio inchoante, idem Boemundus cum universis copiis in auxilium tibi est affuturus, ad expugnandum hunc imperatorem, et illius regnum invadendum. » Audita hac Boemundi legatione, dux omne responsum econtra fieri distulit, dum luce proxima exorta, ex consilio suorum respondit : « Se non causa quæstus, aut pro destructione Christianorum, a terra et cognatione sua exiisse, sed in Christi nomine viam instituisse Jerusalem; hancque velle perficere et adimplere consilio imperatoris, si ejus gratiam et bonam voluntatem recuperare et observare possit. » Hanc autem ducis intentionem et responsionem nuntii Boemundi intelligentes, benigne a duce commendati, in terram Apuliæ reversi sunt, omnia sicut ex ore ducis didicerant, referentes.

CAP. XV. — *Filio imperatoris obside accepto, dux curiam ingreditur.*

Imperator vero Boemundi hanc novam legationem et suggestionem intelligens, ducem ac ejus amicos amplius de concordia sollicitabat, quatenus, si ei placari vellet, et terram ejus pacifice pertransire, sibi vero facie ad faciem præsentari in colloquio, dilectissimum filium suum, Joannem nomine, sibi obsidem daret; et omnia necessaria cum emendi licentia sibi suisque accommodaret. Hæc imperatoris promissa decreta et firmata dux intelligens, ex consilio suorum castra movit a muro civitatis, et iterum trans pontem hospitandi gratia in brachio maris in muratis ædificiis secessit, universum populum admonens, ut pacifici essent, et sine seditione necessaria emerent. Crastina vero luce exorta, Cunonem comitem de Monte acuto, et Baldewinum de Burg, viros nobilissimos, et in omni verbo disertissimos, jussit coram adesse, quos ad suscipiendum obsidem filium imperatoris confidenter direxit : quod actum est. Abducto ergo jam obside filio imperatoris, ac in potestatem ducis suorumque fideli custodia constituto, dux sine dilatione navigio per brachium maris Constantinopolin advectus est. Et assumptis egregiis viris, Wernero de Greis, Petro de * et cæteris principibus, audacter curiam imperatoris ingressus, facie ad faciem sibi astitit, ut audiret verbum ejus; et viva voce responderet ei super omnibus quæ requireret, aut eum interpellaret. Baldewinus vero nequaquam tunc palatium imperatoris introivit, sed in littore cum multitudine remansit.

CAP. XVI. — *Quam gloriose dux ab imperatore susceptus sit et exhibitus, et quid inter eos convenerit.*

Imperator autem, tam magnifico et honorifico duce viso, ejusque sequacibus, in splendore et ornatu pretiosarum vestium tam ex ostro quam aurifrigio, et in niveo opere harmelino et ex mardrino grisioque et vario, quibus Gallorum principes præcipue utuntur, vehementer admirans honorem ac decorem illorum, primum ducem in osculo benigne suscepit, dehinc universos primates et collaterales illius eodem pacis osculo honorare non distulit. Sedebat autem imperator more suo potenter in throno regni sui, non duci, non alicui assurgens ad porrigenda oscula, sed flexis genibus dux incurvatus est, incurvati sunt et sui ad osculandum tam gloriosissimum imperatorem et potentissimum. Osculatis denique omnibus ex ordine, duci in hæc verba locutus est : « Audivi de te, quoniam miles et princeps potentissimus tua sis in terra, et vir prudentissimus ac perfectæ fidei. Quapropter te in filium adoptivum suscipio; et universa quæ possideo, in potestate tua constituo, ut per te imperium meum et terra mea a facie præsentis et adfuturæ multitudinis liberari ac salutari possit. » His pacificis et piis imperatoris sermonibus dux placatus, et illectus non solum se ei in filium, sicut mos est terræ, sed etiam vassallum junctis manibus reddidit cum universis primis, qui tunc aderant, et postea subsecuti sunt. Nec mora, aliqua ex ærario imperatoris allata sunt dona inæstimabilia duci, et cunctis qui convenerant, tam in auro quam argento, et ostro diversi generis, in mulis et equis, et in omni quod pretiosius habebat. Sic vero imperatore ac duce perfectæ fidei et amicitiæ vinculo insolubili innodatis, a tempore Dominicæ Incarnationis, quo hæc concordia contigit, usque ante paucos dies Pentecostes per singulas hebdomadas quatuor viri, aureis Byzantiis onerati, cum decem modiis monetæ tartaron, de domo imperatoris duci mittebantur, quibus milites sustentari possent ! Mirabile dictu ! universa, quæ ex dono imperatoris dux militibus distribuebat, in mutatione alimentorum ad ærarium regis protinus redibant; et non solum hæc, sed etiam quæ sub universo orbe illuc congessit exercitus. Nec mirum, nam nullius præter imperatoris merces tam in vino et oleo quam in frumento et hordeo, omnique esca, vendebatur in toto regno. Et ideo regis ærarium assidua pecunia abundans, nulla datione evacuari potest.

CAP. XVII. — *Monitu imperatoris populus Domini in Cappadociam migrat. Dux imperatorem pro necessariis rebus sæpius interpellat.*

Pace et concordia inter imperatorem et ducem hac conditione firmata quam diximus, dux in hospitia ædificiorum in brachio maris relatus, hactenus obsidem filium imperatoris honorifice remisit, certus ultra de fide et amicitia ab imperatore suscepta. Altera dehinc die, acclamatum est ex jussu ducis per universum exercitum, ut pax et honor imperatori et omnibus suis deinceps exhiberetur, et justitia servaretur in omni mensura venditionis et emptionis. Imperator similiter interdixit in omni regno suo sub judicio vitæ, ne quis noceret aut defraudaret quemquam de exercitu, sed omnia æquo pondere et mensura peregrinis venderentur, pretium vero alleviaretur. Post hæc quadragesimali tempore inchoante, imperator ducem admonuit suæ adesse præsentiæ, multum per amicitiam et fidem datam illum obtestans et deprecans, quatenus transfretaret, et in terram Cappadociæ tabernacula collocaret, propter ædificia, quæ populus incorrigibilis destruebat. Quod dux benigne annuit, ac trajecto flumine, alio in littore in pratis Cappadociæ, ipse et universus populus castris positis commorati sunt. Ab hinc et deinceps, paulatim peregrinis chare omnia vendebantur, sed tamen munera imperatoris nequaquam duci imminuta sunt; metuebat enim eum valde. Dux vero, venditionis penuriam rerum necessariarum intuens et populi clamorem moleste accipiens, imperatorem sæpius navigio conveniebat, et de gravitate venditionis eum arguebat. Sed imperator, quasi inscius et id fieri nolens, rursus peregrinis omnia alleviabat.

CAP. XVIII. — *Boemundus adveniens, ægre persuasus est imperatoris homo fieri.*

Interea dum ad hæc ducem cum imperatore ageretur, et sancta Pascha, jam tribus septimanis evolutis, processisset, Boemundus decem millia habens equitum, et plurimas copias peditum, per Valonam et Durax et cæteras civitates regni Bulgarorum descendens, in virtute magna ante muros civitatis Constantinopolis astitit. Cui dux ex rogatu imperatoris cum viginti primoribus de suo assumpto exercitu occurrit, ut eum ad imperatoris præsentiam sub firma fide introduceret, priusquam arma reponerent, aut tentoria collocarent. Tandem vero cum se invicem salutassent, et dux diu cum ipso Boemundo ageret, plurimisque blanditiis ei persuaderet, ut verbum imperatoris auditurus curiam intraret, Boemundus vero prorsus negaret, ac referret, nimium se imperatorem pertimescere, eo quod vir callidus et subdolus haberetur, ad extremum victus bona promissione ducis et allocutione, fiducialiter palatium imperatoris introivit, in osculo pacis, et in omni gratia et honore susceptus. Deinde diversis colloquiis et consiliis inter se habitis, Boemundus homo imperatoris factus est, cum juramento et fide data pactus cum eo quod nihil de regno ejus sibi retineret, nisi ex ejus gratia et consensu. Statimque allata sunt Boemundo sicut Godefrido munera, miri et inauditi thesauri in auro et argento, vasa quoque pretiosa opere et decore, multoque ampliora quam ab aliquo possit æstimari.

Cap. XIX. — *Nepos Boemundi clanculo digreditur: dux cum suis decenter ab imperatore dimittitur: Robertus comes.*

Cum hæc concordia et fœdus inter imperatorem et Boemundum fieret, Tankradus, sororis filius Boemundi, brachium maris cum universo comitatu et apparatu tam suo quam Boemundi transfretavit, clam imperatore, duce ac Boemundo, ne et ipse subditus illi fieret. Hac igitur Tankradi præsumptione imperator audita, moleste accepit, eo quod ejus colloquium vitaverit. Sed tamen prudenter dissimulans, Boemundum atque ducem cum amore et immenso honore munerumque largitione commendatos, trans fluvium ad exercitum remisit. Brevi dehinc intervallo adfuit Robertus Flandrensis cum immensis copiis, qui et ipse audita concordia ducis et Boemundi cum imperatore, fœdus iniit, homo illius factus. Unde ipse quoque sicut et illi, ingentia munera de manu imperatoris meruit accipere. Dehinc post aliquot dies ab imperatore benigne commendatus est, et flumine prædicti maris emenso, in regione et pratis Cappadociæ sociis et Christianis principibus admistus, armis et copiis associatus est.

Cap. XX. — *Exercitus versus Nicæam iter dirigit; de Reymundo comite et Petro Eremita et de quibusdam aliis principibus.*

Non multo dehinc tempore tam egregiis viris in unum collatis, placuit, ex communi consilio, quatenus jam congruum tempus expeditionis operti, sicut devoverant, deinceps viam continuarent versus civitatem Nicæam, quam gentilis virtus Turcorum, imperatori injuste ereptam,

suo subjugavit dominio. Eadem siquidem die, qua castra moverunt, Rufinel applicuerunt. Et ecce legatio Reymundi, comitis Sancti Ægidii adfuit, quomodo et ipse in civitatem Constantinopolim ingressus cum imperatore fœdus percussisset, rogans et obtestans, quatenus eum et episcopum de Podio, Reymerum nomine, præstolari vellent. Hi vero se minime eum præstolari, aut longius his partibus immorari astruxerunt, sed paulatim se præcedere, ipsum vero comitem recto et non nimium maturato calle posse subsequi, rebus suis caute et diligenter cum imperatore ordinatis. Ibidem Rufinel, Petrus Eremita, præstolatus principes, cum paucis reliquis suæ attritæ multitudinis adjunctus est. Comitis vero Reymundi legati, accepto ducis responso, Constantinopolim reversi sunt. Dux siquidem et Boemundus et Robertus Flandrensis, donis a rege pretiosis donati et nimium commendati, iter suum continuant. Reymundus gratiosus et dilectus factus imperatori, diebus quindecim Constantinopoli moram fecit, plurimum honoris et doni ab imperatore consecutus, sub fide et sacramento homo illius factus.

Cap. XXI. — *De obsidione urbis Nicææ.*

In his itaque diebus Robertus, Normannorum comes, Stephanus Blesensis, Eustachius, frater prædicti ducis cum ingenti manu equitum et peditum similiter adfuerunt: qui et ipsi cum imperatore fœdus et amicitiam ineuntes, hominesque illius in fidei juramento facti, nimiis donis ab eo honestati sunt. Dux vero et qui cum eo erant, interea Nicæam urbem adierunt, quo ipse dux primum obsidionem, ante majorem portam urbis positis castris, constituit fieri. Subsecutis vero principibus, paucissima requies in terminis Cappadociæ fuit trans prædictum brachium maris S. Georgii, sed festinato itinere et ipsi castrametati, circa Nicæam urbem consederunt; quæ mœnibus, muris, munitionibus turrium insuperabilis videbatur. In hac urbe antiqua et robustissima, Solymanus, unus ex principibus Turcorum, vir nobilissimus, sed gentilis, dominio præerat. Qui, audito Christianorum intentionis adventu, omni armatura fortium virorum civitatem munivit, quin et alimenta copiosa, undecunque collecta, intulit, portas vere undique seris firmissimis obstruxerunt. Ut enim circa Nicæam et ejus mœnia in equis velocissimis prædicti principes convenerunt, alii in assultibus et discursibus equorum delectabantur, turres et fortissima mœnia admirantes, murosque duplices. Sed neque his circumspectis, aliqua formidine concuti potuerunt; verum omni virtute et militari habitu animati, urbem assiliunt et oppugnant; alii vero pedestri aggressu, non minus arcu et sagittis defensores urbi bello lacessunt, sed plures gravissimis ictibus et jaculis desuper repugnantium attriti sunt, qui incaute et cæco impetu ac fragore subito prælia juxta muros tentare ausi sunt.

Cap. XXII. — *Item dispositio obsidionis; quibus principibus quæ partes civitatis delegatæ sint.*

Principes vero exercitus, videntes sic frustra et

inutiliter bello populum perire; nec quidquam inclusis huic præsidio posse nocere, nil melius senserunt quam ut, obsidione circumquaque posita, urbem cogerent et custodes murorum. Unde in prima obsidione Godefridus, dux Lotharingiæ, princeps ac dominus de castello Bullionis, cum universo comitatu Lotharingorum constitutus est; Boemundus princeps Siciliæ et Calabriæ, natione Northmannus, vir alti cordis et miri ingenii, ac omni militari virtute in rebus bellicis aptissimus, et opibus ditissimus, vicinus sedem collocavit; Tankradus, tiro illustris, juxta eumdem Boemundum, avunculum suum, cum suis sodalibus considere decernitur; Tatinus quidam truncati nasi, familiaris imperatoris Constantinopolis, et ejus secretorum conscius, ductor Christiani exercitus, eo quod loca regionis nota sibi essent, cum auxiliari manu militum ejusdem imperatoris, urbem in decreta sibi parte premebat. Robertus, comes Flandrensis, nulli illorum dispar in armis, divitiis et viribus, et comes Robertus, princeps Northmanniæ, filius regis Anglorum ferocissimus, armis rebusque militaribus ditissimus, juxta prædictos in obsidione ejusdem urbis in ordine locati sunt. Wernerus de Greis castro, miles irreprehensibilis in arte bellica, Eustachius, frater prædicti ducis Godefridi, cum Baldewino fratre eorum, viro clarissimo, et bello invictissimo, pariter in ordine consederunt. Baldewinus de Montecastello, Hamaicorum comes et princeps, vir illustrissimus in omni militari actione, Thomas de Feria castro, Francigena, miles acerrimus, una cum Baldewino de Burg, Drogo de Nahella, Gerhardus de Keresicastello, Anselmus de Riburgismonte, Hugo comes de S. Paulo, Engilradus ejusdem Hugonis filius, miles egregius, Wido de castro Porsessa, tiro in armis fortissimus, Baldewinus de castello Gant, Baldewinus quoque vir bello nominatissimus, cognomine Calderim comes, una Willhelmus de Foreis castello, omni virtute et potentia bellica præclarus, ad observandam urbem, vix humanis viribus superabilem, omnes viri fortissimi, in decreta sibi parte consederunt.

Cap. XXIII. — *Item de eodem.*

Episcopus vero de Podio, Reymerus nomine, omni bonitate repletus, non modica manu et apparatu circa urbem vires augebat. Stephanus, comes Blesensis, et caput et primus consilio in omni exercitu, in multitudine gravi uno in latere urbem tuebatur. Hugo, cognomine Magnus, frater regis Franciæ, illustrissimus socius, ad custodiendam urbem suo sedit in ordine. Robertus, filius Gerardi, Reymundus cognomine Pellez, Bouwankerus de Capis castello, Milo quoque cognomine Lover miles fortissimus, Stephanus de Albemarla, filius Udonis comitis de Campania, Waltherus de Dromedart, et ejus filius Bernardus dilectissimus, in omni facto et forma delectabilis; Gerardus de Gorna, Gothardus, filius Godefridi, juvenis clarissimus, Rudolfus, ditissimus copiarum, dominus Alenus, cognomine Ferrans, Conanus quoque, ambo principes Britannorum, Reinoldus de civitate Belvaciæ, Walo de Calmont, Willhelmus de Montpelir, viri imperterriti, fixis papilionibus cum cæteris præfatis in circuitu urbis consederunt. Castus quoque de Berdeiz civitate, Gebardus de Roselon civitate, Giselbertus de Treva, unus de principibus Burgundiæ, Oliverus de castro Jussi, miles audax et pugnax, Achar de Motinerla, candidus capite, Reimboldus, comes de Oringis civitate, quo non alter valentior, Lodowicus de Monzons, mirabilis in opere militari, filius comitis Dirici de Monthiliart, Dudo de Cons, rufus capite, bello doctissimus; Gozelo et frater ejus Lambertus, bello peritissimus, cum patre suo Cunone de Monte acuto, viro illustrissimo, juxta prædictorum papilionestabernacula collocaverunt. Petrus de Stadeneis, Reinardus de Tul civitate, Walterus de Verveis, Arnolfus de Tyr, Joannes de Namecca, Herebrandus de Boillon, hi omnes ad omne bellorum incendium indefessi urbem cingebant.

Cap. XXIV. — *De viris sacri ordinis et vulgo inermi, et de lacu civitatis.*

Nec dubitandum est, cum tot capitaneis primis non paucos adfuisse sequaces et inferiores, servos et ancillas, nuptas et innuptas, cujusque ordinis viros et mulieres. His omnibus, episcopi, abbates, monachi, canonici et presbyteri præerant ad instruendos et corroborandos. Obsessa ab his copiis tota continetur civitas præter locum, quem ad tuendum, et vacuum relictum, comiti Reymundo decreverant. Victum, et omne quod necesse est corpori, nullis immitti portis tam copiosus sinebat exercitus. Sed lacus quidam miræ latitudinis et longitudinis, in modum maris altus, aptus remis et navigio, in quodam latere murorum civitatis habebatur, per quem sæpius ingressus et egressus viris Solymani, necessaria inferentibus, ipsique Solymano, patere solebat. Nondum vero Reymundus, præfatus comes de terra S. Ægidii, quæ dicitur Provincia, vires et opem contulerat. Nam cum imperatore Constantinopoli cum suis cuneis moram faciebat, multum ei fœderatus præ donis magnificis, quibus de die in diem de domo regis augebatur.

Cap. XXV. — *De principe urbis Nicææ et de exploratoribus ejus.*

Solymanus audita tantorum virorum belligeratorum adunatione, a præsidio Nicææ egressus est propter auxilium cæterorum Turcorum et gentilium, spatio plurimorum dierum desudans, quousque quingenta millia virorum pugnatorum et ferratorum equitum ex omni Romania contraxit. Quibus undique collectis et admonitis, fama obsidionis Nicææ et exercitus Christianorum ad aures ejus perlata est, et quia numerus tot millium supra quadringenta millia illic consedisse referatur. Fama autem hac attonitus, cum universa collectione suorum iter suum per montana movit versus mœnia Nicææ, si forte e specula rupium posset oculis deprehendere, si tot, ut audierat, illuc millia convenissent, et qua parte hos sanius aggredi posset. Tandem ex consilio suorum, quarta die obsidionis transacta, idem Solymanus duos ex suis sub falsa specie Christiana in morem peregrinorum ad explorandam virtutem et actus Christiani exercitus direxit, qui custodibus arcis, et defensoribus Nicææ urbis, in hunc modum nuntia deferrent : « Scitote quia princeps et dominus urbis nostræ, Solymanus, mittit nos ad vos, ut spem firmissimam in suo juvamine teneatis. Nil formidinis vobis ab his circumsedentibus incutiatur, qui longinquo fatigati itinere, et huc in exsilium progressi, pro stultis computabuntur, quos simili pœna et martyrio, ut Petri agmina ante hos dies, tractabit, et in proximo vobis succurrere in manu robusta et in millibus infinitis paratus est. » Hac Solymani legatione accepta, viri duo præmissi per loca nota et devia versus locum quo urbs inobsessa erat, viam insistunt, si forte enavigare occulte ad ipsos urbis defensores valerent, et nota facere quæ illis a Solymano injuncta erant, qualiter Solymanus, factis cuneis, in brevi peregrinos aggrederetur, et ut omnis virtus Turcorum a portis erumperet, et sic in fortitudine admista populum Domini deleret. Sed ex Domini voluntate a custodibus Christianis, circumquaque diffusis ad tuenda loca et semitas, ne qua fraus aut vis ex adverso noceret, hi duo præmissi a Solymano, capti et retenti sunt, quorum alter in impetu occisus est, alter ad præsentiam Christianorum principum adductus est.

Cap. XXVI. — *Item de uno exploratorum illorum, et quam sollicite populus Domini gentilium præstolaretur adventum.*

Virum itaque apprehensum Godefridus dux et Boemundus, et cæteri minis suppliciorum coegerunt, ut cujus rei causa missus venerit, sola veritate explicaret. Ille autem tot electorum principum minas expavescens, et vitam suam in articulo mortis positam agnoscens, flebili voce, humili vultu lacrymarumque continua inundatione de vita et salute sua multum precatur, omnibus trepidans membris, et rei veritatem pollicetur aperire, et quod utile et salubre universo populo futurum esset. Fatetur enim se a Solymano missum, quem jugis montium cum innumerabili gente hospitatum, et adeo vicinum asserit, ut in crastino die circa horam tertiam eum ad pugnam credant adfuturum, et ejus dolos ac repentinos incursus sua relatione posse præcavere. Rogabat enim se in custodiam usque ad prædictam horam teneri, quousque rei veritas et Solymani probaretur adventus; sin autem aliquando his fefellisset, nequaquam sibi vitam donari, sed collo amputato velle perire. Instabat etiam multa et humili prece, quatenus Christianitatis professione baptismum susciperet, et Christiano jure Christianis communicaret. Sed hoc potius petebat timore susceptæ mortis quam aliquo catholicæ fidei amore. Tandem miserabili fletu illius et nimia Christianitatis promissione, primorum exercitus mollita sunt corda, ac illius miserti, vitam sibi donaverunt, sed tamen mittitur in custodiam quam petebat. Ab hinc et deinceps pervigili cura totus sollicitatur exercitus Christianorum, die ac nocte, armis et apparatu providus, usque ad hanc horam, quam ex captivi promissione Solymani copias ab Alpibus innumerabiles ebullire didicerant. Dux Godefridus, Boemundus, Robertus Flandrensis et universi qui aderant, comiti Reymundo tota nocte hac legationem direxerunt, quatenus plus solito viam maturaret, si cum Turcis bellum committere vellet, et sociis subvenire. Sciebant enim eum in proximo jam ab imperatore laxatum, et multis honoribus et divitiis commendatum. Qui tantorum principum legatione cognita, et Solymani tam maturata adventatione, nihil moræ ultra faciens, toto hujus noctis tempore acceleravit iter; ac prima hora diei, jam sole mundum replente, cum Podiensi episcopo in signis varii coloris et decoris adfuit, in loricis et galeis, in fortitudine vehemente equestris et pedestris exercitus.

Cap. XXVII. — *Adventus Solymani : exhortatio Podiensis episcopi : conflictus et victoria populi Christiani.*

Itaque ipsius comitis vix tentoria ponebantur, cum Solymanus circa horam tertiam ab altitudine montium descendebat, et omnis comitatus ejus, ut arena maris per diversas semitas factis aciebus exundans, omnes viri fortissimi, et bello cautissimi, loricis et galeis et clypeis aureis valde armati, signaque plurima miræ pulchritudinis in manibus præferentes. Horum in prima acie ad decem millia, viri omnes sagittarii, in convallem Nicææ præcucurrerant, arcus corneos et osseos, ad feriendum rigidissimos manu ferentes; et universi equis insidentes cursu velocissimis et bello aptissimis. Sic Solymanus et sui descendentes, per portam urbis irrumpere in impetu nitebantur, quam Reymundus, prædictus comes, ad tuendum obsederat. Sed ab ipso comite et a Baldewino, fratre ducis, illis ex adverso cum Baldewino Calderim occurrentibus plurima manu, graviter retrusi et expugnati sunt. In hoc horrore crudelissimi belli inter manus festinantes, sermo episcopi sic populum consolatur : « O gens Deo dicata, omnia pro Dei amore Dei reliquistis, divitias, agros, vineas et castella; nunc in promptu vita perpetua est si cui contigerit hoc in prælio martyrio coronari. Indubitanter hos inimicos, Deo viventi contrarios, adite, Deo donante hodie victoriam suscipietis. » Hac admonitione Paganus de Garlanda, dapifer regis Francorum, Wido de Porsessa, Tankradus et Rotgerus de Barnavilla, Robertus Flandrensis, Robertus Northmannorum princeps, confratribus in Christo sine mora subveniunt, per medias acies fulmineis ictibus et equorum celeritate discurrentes. Dux Godefridus et Boemundus, non equo tardantes, laxis frenis per medios hostes advolant, hos lanceis perforantes, hos ab equis dejicientes et socios sæpe hortantes, ad trucidandos hostes virili admonitione consolantur. Illic non modicus fragor hastarum, tinnitus gladiorum et galearum in hoc luctamine belli est auditus; non modica Turcorum ruina ab his egregiis viris eorumque sociis facta est. Hac victoria Dei gratia in populo catholico habita, Solymanus et sui in montana fuga reversi sunt, nulla ulterius pugna in hac obsidione populum Dei aggredi audentes. Ab illo die omnem clementiam erga captivum legatum Solymani fideles Christi exhibebant, quia eum verum et fidelem in sua promissione experti sunt, et privatus inter familiares summorum principum diligebatur. Occisorum vero et vulneratorum capita Christiani amputantes, secum in signum victoriæ deferenda in sellarum suarum corrigiis ad tentoria sua detulerunt, et ad societatem, partim in tabernaculis relictam circa urbem ad prohibendum exitum inclusorum, cum gaudio reversi sunt. At hujus primi belli turbine sedato circa Nicæam, capita Turcorum amputata intra urbis mœnia jactabant, ad terrendos magistros arcis et custodes murorum. Deinde mille capita Turcorum collecta, in curribus et saccis plaustrisque reposita, detulerunt usque ad portum qui Civitot dicitur, et sic navigio imperatori Constantinopolim missa sunt.

CAP. XXVIII. — *De munificentia imperatoris in principes, et de Turco falsi nominis Christiano.*

Imperator, visis tot capitibus adversariorum suorum et militum Solymani, cujus injusta vi urbem Nicæam in dolo amiserat, plurimum in hoc fidelium triumpho exhilarescit, ac disponit ut pro labore bellico magnam recipiant remunerationem. Unde pecuniam non modicam, ostra diversi generis, et omnia necessaria ad remunerandum quemque potentem in vehiculis mulorum et equorum direxit, victus innumerabiles pariter attribuit, vendendi et emendi undique suo in regno largissima facultas concessa est. Nautæ et mercatores certabant ex imperatoria jussione navibus plenis cibariis frumenti, carnis, vini, olei et hordei per mare discurrere, quousque ad portum Civitot anchoras jaciunt, ubi fidelium turmæ ad refocillandum corpus, ante jejuniis aggravatum, omnia venalia reperiebant. Hac frequentia escarum fruentes et gaudentes, conspirant et affirmant se non recessuros, quousque urbs superata et capta imperatoris potestati restituatur. Promiserant enim juramento nihil de regno imperatoris, non castra, non civitates, nisi ex ejus voluntate aut dono, retinere. Hoc comperto et investigato, et visa Christianorum victoria et Turcorum cæde cruentissima, captivus ille, quem prædiximus, diffisus vitæ, et Christianitatis jugum effugere cogitans, quadam die visa opportunitate clarissima et custodiæ negligentia, facilis saltu pedis, vallum murorum urbis transvolat; Turcos per mœnia præsentes, et tunc belli otio vacantes, ad subveniendum sibi incessabili voce admonet ac precatur. Qui sine mora funiculo a mœnibus dimisso inter manus fallacis et fugitivi, pereni mox in ipso pendentem et manibus hærentem, intra mœnia non parvo clamore ac fragore facto interius et exterius, levaverunt. Nullus tamen Christianorum fugientem sequi aut retinere præsumpsit, propter Turcorum jacula desuper infestantium.

CAP. XXIX. — *De viris capitaneis in eadem obsidione occumbentibus.*

Cum in decreto firmissimo obsidionis et destructionis urbis, curricula septem hebdomadarum ibidem circa mœnia ejus versarentur, et principes, alii jactus et tormenta lapidum ad minuendos muros et turres aptarent, alii arietes ferratos componerent, et diversa ingenia quærerent assultusque plurimos inferrent, Baldewinus Calderim incessanter muros impugnans, nimisque temerario et audaci conatu præcurrens, in ictu præmissi lapidis fractis cervicibus vita exspiravit. Baldewinus de Gant dum ibidem in assultu urbis desudaret, et incaute muros appeteret, vertice transfixo in impetu sagittæ, vitam exhalavit. Post hæc dum ex consilio et decreto principum rursus exercitus iteraret assultum, comes de Foreis et alter de insula Flandriæ, Walo nomine, in eodem assultu nimium ferventes et bello vehementes, dum hostes lacesserent, sagittis infixi interierunt. Wido de Porsessa, illustris eques ibidem infirmitate occupatus, vita decessit. Flevit super his omnis populus Catholicorum, quoniam fortes consiliarii et auctores rerum capitalium habebantur. Tantos etenim viros nobilissimos cum omni honore et religione episcopi et abbates sepelierunt, non modicam eleemosynarum largitionem pro salute animarum illorum dividentes egenis et mendicis.

CAP. XXX. — *Item de aliis ibidem pereuntibus.*

Dehinc quadam die, dum plurimorum principum strues, et machinæ muro Nicææ applicarentur, et quædam non in vanum, quædam frustra laborarent, Henricus de Ascha et Hartmanus comes, unus de majoribus Alemanniæ, vulpem ex proprio sumptu quercinis trabibus composuerunt, cujus in gyro tutos intexuerunt parietes, ut gravissimos Turcorum sufferret ictus armorum, omniumque jaculorum genera, ac sic in ea manentes, tuti et illæsi urbem fortiter impugnando perforarent. Hoc tandem vulpis instrumentum dum ad unguem opere et ligaturis perduceretur, milites prædictorum principum loricati ad viginti in eadem vulpis protectione sunt constituti. Sed magna virorum inundatione et conamine juxta muros applicata, non æquo subsedit aggere, non recto impulsu aut æquo conductu moderata, et sic trabes, postes, universæque ligaturæ contritæ, viros in ea latentes in momento oppresserunt. Hartmanus ac Henricus dolentes, et magnum de casu suorum luctum habentes, sepultura exstinctos honorifice condiderunt, sed non parum gaudere potuerunt, quod cum suis non in hac momentanea suffocatione perierunt.

CAP. XXXI. — *De murorum et præcipue cujusdam turris oppugnatione.*

Alia post hæc die, dum creberrimi assultus plurimorum in vanum consumerentur, comes Reymundus turrim quamdam duobus tormentis lapidum, quæ vulgo dicuntur Mangenæ, fortiter quassatam oppugnavit. Sed minui et dissolvi vel lapis unus ab hoc antiquo opere, et cæmento vix solubili, robustissimo tam jactu non potuit, dum ad extremum plura adaucta sunt lapidum quassantium instrumenta, quibus tandem muri concussi rimas per loca pertulerunt, et aliqui lapides præ creberrima jactatione cum cæmento minui ac labi cœperunt. Quod videns exercitus Dei viventis, adunata manu, et facta testudine viminea vallum superans, audaci transitu muros impetunt, turrim muris eminentem uncis ligonibus perrumpere et perforare moliuntur, quam Turci interius coacervatione lapidum compleverant, ut validius staret densitate lapidum, et si forte exterior murus a Gallis corrumperetur, volentibus penetrare impedimento esset congeries infinitorum lapidum. Populus autem Dei vivi, accensa magis ac magis ira, et strage suorum commotus, turrim percurrit acumine mordacis ferri, quousque foramen trans turrim tanta virtute reddunt ut hiatus cavati muri duos insimul penetrare præsumentes capere videretur, qui coacervationem lapidum singulatim eruerent et minuerent, viamque ad hostes patenter aperirent. Sed nec sic proficere potuerunt.

Cap. XXXII. — *Populus Domini supradictum lacum navali obsidione circumdat.*

Nocte vero quadam ab hac colluctatione, et plurima stragis conamine, circa urbem populo vexato et interdum in castris relato, deprehensum est, Turcos navigio per lacum ab urbe sæpius exire, viros coadjutores arma et omnia necessaria clam inferre, mercatores usquequaque illuc convenire, et a Turcis omnia venalia in eodem lacu reperire. Ex hoc denique principes plurimis usi sunt consiliis, quid agerent vel insisterent, qualiter lacus his interdicatur, et inclusis exitus et introitus ultra navigio negetur, dicentes non aliter suos assultus vel laborem posse perficere. Tandem inter plurimas discussiones tale repertum est consilium, quia nisi navali custodia tam spatiosus observaretur lacus, nequaquam hostes posse reprimi, nec urbem alimentis posse vacuari. Unde magnis et parvis in unum vocatis, decretum est communi consilio ut ad portum Civitot innumerabiles copiæ equestris et pedestris vulgi mitterentur, qui naves a domino imperatore impetratas, ejusque dono concessas, a mari per siccum iter vehiculis, arte lignorum aptatis funibus canabinis, et loris taureis humero et collo hominum et equorum impositis, usque ad lacum Nicææ perducere valerent. Quod actum est, et noctis in silentio viam septem milliarum trahentes, has naves miri ponderis et magnitudinis, quæ numerum centum virorum capere poterant, orto sole, ad prædictum locum applicuerunt, has in littore et undis reponentes. Nec mora, principes exercitus exsurgentes undique pervenerunt ad lacum, videre et scire de navibus, gavisi quod sui incolumes et sine hostili infestatione, et naves sine læsione receptæ sunt.

Cap. XXXIII. — *Profani resistentes valde Christicolas defatigant. Ubi dux ipse Turcorum bellicosissimum sagitta trajecit.*

Navibus itaque receptis sanis et illæsis, fortissimi milites Gallorum in eis sunt constituti, qui ultra exitu Turcis interdicto obstarent, et nihil prorsus necessariorum eis inferri paterentur. In una autem nave de Turcopolis imperatoris viri sagittarii habebantur, qui navali certamine in aquis multum prævalere solebant. Turci vero, et universi custodes præsidii, circa lacum tumultum populi, et principum tam matutinos conventus intelligentes, ad mœnia versus fluvium concurrunt, multum de noviter adductis navibus admirati, quas procul dubio suas æstimassent, nisi quod suæ adhuc altero in littore juxta muros et mœnia catenatæ ferro et seris stare videbantur. Sic lacu navali obsidione præoccupato, et militum illic in flumine loricata manu, in lanceis, arcu et sagittis armata, relicta, comes Reymundus et sui satellites, ac plurima manus de exercitu iterato, prædictam turrim conveniunt; assultus et lapidum jactus multiplicant, Turcos non parce vexant et impugnant, ariete ferrato muros crebra hominum vociferatione impellentes. Turci siquidem videntes crebro ariete muros impelli et concuti, et turrim ligonibus perfodi, adipem, oleum picemque stuppis et facibus ardentissimis commistam fundebant a mœnibus, quæ instrumentum arietis et crates vimineas prorsus assumpserunt; alii sagittis et corneo arcu plurimos interimebant, alii saxorum læsione secus muros et turrim laborantes opprimebant. In hac Turcorum defensione et reluctatione, quidam miles illorum ferocissimi animi et cordis non parce desudabat arcu et jaculis, et (quod dictu mirabile est) in vulnere sibi illato diffusio vitæ, procul abjecto clypeo, manifeste opposuit pectus telis cunctorum, et rupea saxa in medium vulgus ambabus manibus torquebat. Hic quamvis, ut aiunt pro vero qui adfuerunt, viginti sagittis adhuc hærentibus in præcordiis premeretur, non continebat manus a jactura lapidum et percussione Gallorum, sed amplius et sævius damnum exercebat in populo. Dux vero Godefridus, videns tam ferocissimum et crudelissimum sævire, nec tot sagittarum in fixione deficere, sed plures fidelium illius jaculatione perire, arrepto arcu baleari, et stans post scuta duorum sociorum eumdem Turcum trans vitalia cordis perculit, sicque mortuum ultra a cæde horrenda compescit. Tandem fatigato populo Christianorum, et sole declinato, et assultu tam horribili sedato, Turci angustiati præ foramine turris, rursus saxorum acervos comportant interius noctis in silentio, ne facilis aditus in crastino reperiretur.

Cap. XXXIV. — *De occiso Christiano bellatore qui ad ludibrium fidelium in muro suspenditur.*

Mane autem sole relato, populus Dei ad iterandum assultum, et ampliandum turris penetrale, animatur et armatur. Sed visa et agnita rursus lapidum collatione opposita, in recenti foramine, memor periculi et anxietatis, quam priori luce pertulerat, cœpit animo mollescere et quisque alium commonere ut præiret. Tandem miles quidam illustris, de tabernaculis prædicti Roberti Northmannorum comitis exsiliens, galea opertus et lorica, et tectus clypeo, trans vallum muros imperterritus invadit, ad turrim properat, et acervos lapidum a foramine eruere nititur, et aditum saxis occupatum vacuare. Sed grandine saxorum, et assidua inundatione jaculorum incœpti obliviscitur. Videns autem idem miles omni auxilio se destitutum et præ oppressione immensorum lapidum nihil posse proficere, cominus muro se astringit, ad devitanda jacula Turcorum, quæ sine intermissione fatigabant virum egregium. Sed nec sic evadendi manus illorum ulla via aut facultas illi monstratur. Tandem tot millium lapidibus a collo et capite illius scuto avulso, fractis cervicibus juxta muros obruitur et in ipsa lorica et galea moritur in aspectu omnium fidelium, nequaquam illi subvenientium. Turci ergo videntes virum immobilem jam obisse, ab ipsa nefanda turri catenam projiciunt, ungues ferreos acutissimos et rapacissimos ex fabrili ingenio et opere habentem quasi hamos, quæ annulo loricæ exstincti militis infixa, eumdem arripiens ac retinens, cum cadavere mortuo intra mœnia levatur. Dehinc corpus militis apprehensum, licet exstinctum, in laqueo funis ad mœnia suspenderunt, ut Christianos per hanc inhumanitatem amplius offenderent. Offensi igitur et tristes universi lamentabantur confratrem tam crudeli nece et vili tractatu obiisse. Quem post hanc diutinam illusionem nudum a mœnibus projectum, honorifice susceptum cum cæteris præfatis et ibidem occisis fidelibus, in eleemosynarum distributione, sacerdotumque commendatione sepelierunt.

Cap. XXXV. — *Quomodo Longobardus quidam novum genus machinæ operatus sit.*

Hac ruina virorum fortium, et creberrimis damnis Christianorum, quæ in assultu urbis per singulos dies patiebantur, duce Godefrido et Boemundo cunctisque principibus turbatis, et quia nullo conamine machinarum et balistarum aut impetu virium muris aliquam læsionem inferre poterant, sed omnis labor, et virtus eorum incassum consumebatur, quidam Longobardus genere, magister et inventor magnarum artium et operum, videns miserias et strages Christianorum, ultro se obtulit præfatis principibus, quorum animum hujuscemodi solatione et promissione relevat dicens: « Video quia omne opus machinarum nostrarum in vanum laborat, vestrates crebra morte circa muros minuuntur, et magnis periculis vita residuorum adhuc subjacet. Nam Turci inclusi confidenter et securi a turribus et mœnibus repugnant, incautos et nudos sagittis et saxis obruunt; quin murus, antiquorum astutia fundatus, non ferro aut aliquo robore potest rescindi. Unde quia omnem virtutem vestram sic frustrari perspexi, majestatem vestram adire et compellare disposui, quatenus, si consiliis meis acquiescatis et aliquod laboris mei præmium a vobis consequar, Deo auxiliante, turrim hanc, quæ valida et insuperabilis videtur, humi cogam procumbere sine damno et vestrorum periculo commilitonum, per quam aditus patebit ad inimicos, vobisque contrarios. Tantum necessaria arti meæ et communi sumptu et juvamine administrentur. » Audita hac viri promissione, cum omni benevolentia pacti sunt ei dare quindecim libras Cartanensis monetæ, præmium laboris sui, et quidquid necessarium operi requireret, indesinenter administrare, gavisi et confidentes in spe promissi artificii. Magister itaque artis, facta prædicta conventione, ingenia sua aptat, parietes declives connectit, et virgeas crates assuit mirifico instrumento; sub cujus protectione ipse ac secum desudantes capita sua tuta a jaculis Turcorum, desuper resistentium, haberent.

Cap. XXXVI. — *De eversione immanissimæ turris, et domina civitatis quomodo capta sit.*

Ad unguem vero instrumento suæ protectionis perducto, viri Christianorum loricati et clypeati circa machinam conglobantur. Quam in virtute sua trans vallum impulerunt trahentes, et juxta muros, invitis et prohibentibus desuper omnibus Turcis, cominus adjunctam statuerunt. In qua magister artis cum cæteris opificibus suis tutus relinquitur, regressis sine magna læsione fidei um turris. Turci vero, videntes hujus ingenii instrumentum in detrimento urbis posse prævalere, faculas ardentes cum pice et adipe jactant super machinam, et saxeas moles convolvunt a mœnibus, si sic aliqua arte ars muro illata destruatur, et inclusi in ea absterreantur. Sed frustra omnia jactant aut conantur, quia parietes declives nil ingestum ignis aut lapidis retinebant. Magister vero artis fiducialiter latens in machina cum sociis secum habitis, sub fundamento turris ligonibus et acutissimo ferro cavare terram non desinit, donec trabes, postes et cætera immanissima robora lignorum in ipsa cavatione sub fundamento componeret, quibus muri, ablata terra, ne subito super adhuc fodientes ruerent, inniterentur. Jam vero cavatione permaxima facta in latitudine et longitudine, ex admonitione magistri artis, universi de exercitu, parvi et magni, sarmenta, stipulas, tegulas, calamosque aridos, stuppas et omnia fomenta ignis conferunt, et inter postes, et trabes et magnificas arbores coacervant, undique his lignis cavatione occupata. Post hæc ignis, a magistro operis immissus, magno spiramine suscitatur, quousque perstrepens et discurrens flamma insuperabilis magis ac magis invaluit; quæ postes, trabes et omnia ligna supposita in cinerem redegit. His ita in favillam redactis et fundamentis sustentaculo deficiente, tam terræ quam lignorum ædificium vetustissimæ turris resupinum in momento, noctis medio, corruens, tantum reddidit sonitum ut tonitrui fragor, omnibus somno excitatis, videretur. Igitur tam intolerabile pondus collapsæ turris licet repentino casu procumberet, non cæmentorum aut petrarum collisione, in plurimas partes dissiliit, sed quassi et corrupti per loca muri ipsius arcis jacentes rimarum læsione hiabant, aditumque, sed tamen difficilem, exhibebant. In hac itaque turris ruina et contritione, uxor nobilissima Solymani vehementer exterrita, non ultra in urbis confisa præsidio, noctis in silentio, a suis in lacus flumine immissa est, ut sic navigio Christianos evaderet. Sed percepto ejus abscessu, a militibus lacum tuentibus remigio noviter adductarum navium capta, et in custodiam principum cum duobus tenellis filiis reposita est.

CAP. XXXVII. — *Deditio civitatis Nicææ et de quadam sanctimoniali femina captiva.*

Turci et arcis defensores pariter, turri humi procumbente perterriti, ac matronæ hujus captivitate stupefacti, et lacus enavigatione amodo desperati, suorum occisorum interius gravi imminutione desolati, longa obsidione fatigati, nec se evadere posse videntes, consilio invicem habito de vita et salute membrorum, precantur sibi parci ab exercitu Christiano, claves urbis polliciti reddere in manus imperatoris Constantinopolis, sub cujus conditione urbis primitus hæreditario jure serviens habebatur, quousque injusta vi Solymanus sibi subjugatam invasit. Tatinus vero truncatæ naris, familiaris imperatoris, consilio majorum exercitus satisfaciens, precibus illorum, suscepta utrinque fide et reddita, apud Christianos proceres pro eis intercessit, hac conditione ut ab urbe incolumes exeant, et in imperatoris deditionem veniant, cum uxore Solymani nobilissima, quæ nuper capta, in custodia principum Francorum habebatur cum duobus filiis suis tenellis. Sic utrinque sedato assultu, dum diversa consilia reddendæ civitatis agerentur, et plures captivi Christianorum redderentur, quædam sanctimonialis femina de coenobio S. Mariæ ad horrea Trevirensis Ecclesiæ cum cæteris restituta et absoluta est in manus Christiani exercitus, quæ se de attrito Petri agmine captam et abductam professa est, parumque intermissionis a foeda et abominabili cujusdam Turci et cæterorum commistione habuisse conquesta est. Dum vero super his injuriis miserabiles gemitus in audientia Christianorum proferret, inter proceres et milites Christi Henricum de Ascha castello recognovit. Quem ex nomine lacrymabili et humili voce compellans, ad auxilium suæ emendationis adesse commonuit. Qui statim hac recognita, super infortunio ejus motus est, omnique industria et misericordia, qua potuit, apud ducem Godefridum obtinuit, quatenus ei a domino Reymero, venerabili episcopo, consilium poenitentiæ daretur de hujuscemodi incestu. Tandem consilio accepto a clero, facta est ei remissio illicitæ copulationis cum Turco, et alleviata poenitentia, eo quod vi et nolens ab impiis et sceleratissimis hominibus hanc foedam pertulit oppressionem. Post hæc modico intervallo solius noctis, per internun-

tium ejusdem Turci, qui eam violaverat, et cæteris abstulerat, plurima suasione et blanda promissione ad illicitos et incestos thalamos reinvitatur. Exarserat enim idem Turcus in illius inæstimabilem pulchritudinem, unde nimium ægre ferebat ipsius absentiam, cui adeo præmia promiserat, quæ illius animo sic insederant ut ad nefandum maritum rediret. Promittebat enim se idem Turcus in brevi Christianum fieri, si forte a captivitate et vinculis imperatoris exiret. Tandem misella, si vi ante deliquit, nunc blanditiis et vana spe decepta ad impium sponsum et adulterinas nuptias recurrit, universo ignorante exercitu, quæ astutia et lascivia ab eis subtracta est. Post hæc a relatoribus innotuit quod ad eumdem Turcum reversa sit in exilio quo erat, non alia de causa, nisi propter libidinis intolerantiam. Jam sic turbine sedato belli, et Christianis captivis ab urbe restitutis, Turcisque in deditionem imperatoris susceptis et transmissis, exercitus Dei viventis hanc diem in magno gaudio et exsultatione ibidem in castris exegit, quia pro spe illis adhuc omnia contingebant.

CAP. XXXVIII. — *Qualiter ex consultu principum populus Dei in duas partes divisus sit.*

Crastino vero die illucescente, usui sumptis necessariis, movit omnis populus, iter faciens per mediam Romaniam securus, et nihil metuens adfuturæ adversitatis. Biduo autem communi agmine gradientes per juga montium, et angustas fauces viarum, decreverunt tanti exercitus divisionem fieri ut liberius et spatiosius in castris populus habitaret, sicque divisus, plenius escis et pabulo equorum abundaret. Convenerunt quidem inter duos montium apices, ubi per pontem flumine quodam superato, Boemundus prorsus cum suis sequacibus turmis a duce Godefrido dissociatur. Quem quidam magnifici primores sunt secuti, Robertus comes Northmannorum, et Stephanus Blesensium princeps, sic semper viam ad dexteram insistentes ac moderantes ut amplius milliari a confratribus non elongarentur. Dux suique contubernales cum episcopo Podiensi et Reymundo comite semper ad dexteram tendebant. Hac ergo divisione facta, Boemundus cum omni exercitu suo in vallem Dogorganhi, quæ a modernis Ozellis nuncupatur, hospitandi gratia circumquaque sociis in gramine diffusis, circa horam nonam descendit, ut alimentis, cæterisque necessariis, in locis, aptis rivis et pratis, castra locarent.

CAP. XXXIX. — *De immanissima cæde Christianorum per insidias principis Nicæni.*

Vix vero Boemundus et cæteri viri fortissimi ab equis descenderant, et ecce Solymanus, qui ab eo tempore, quo in fugam ab urbe Nicæa versus est, auxilium et vires contraxit ab Antiochia, Tarso, Alapia et cæteris civitatibus Romaniæ, a Turcis sparsim positis, adfuit in impetu vehementi et multitudine gravi. Nec mora, nec requies ulla cædendi et expugnandi exercitum, ac discurrendi per castra fuit, aliis sagittis transfixis, aliis gladio detruncatis, nonnullis a tam crudeli hoste captivatis; ad hæc undique clamor magnus et tremor in populo excitatur, mulieres nuptæ et innuptæ una cum viris et infantulis detruncantur. Robertus vero Parisiensis miseris volens succurrere, sagitta volatili confixus et exstinctus est. Boemundus hac strage gravissima attonitus cæterique priores equos reparant, ad loricas et arma festinantes in unum conglobantur, ac plurimum se ex improviso defendentes, diu prælia cum hostibus committebant. Willhelmus juvenis audacissimus, et tiro pulcherrimus, frater Tankradi, dum multum in armis resisteret, Turcos hasta sæpius perforaret, in conspectu ipsius Boemundi sagitta percussus corruit. Tankradus viriliter in gladio defensus, vix vivens evasit, sed signum decoris, quod in hasta prætulerat, ibidem cum fratre reliquit. Turci, cum principe suo Solymano magis ac magis invalescentes fortiter irrumpunt in castra, sagittis et corneo arcu ferientes et mortificantes pedites, peregrinos, puellas, mulieres, parvulos ac senes, nulli parcentes ætati. Hac crudelitate atrocissimæ mortis stupefactæ teneræ puellæ et nobilissimæ vestibus ornari festinabant, se offerentes Turcis, ut saltem amore honestarum formarum accensi et placati, discant captivarum misereri.

CAP. XL. — *De nuntio fidelium Christi ad ducem.*

Cum sic afficerentur fidelium greges, et Boemundi virtus jam minus resistere valeret, eo quod ex improviso in se suosque armis exutos irruissent, jamque ad quatuor millia de exercitu Christianorum in manu hostili cecidissent, nuntius per abrupta montium sine mora equo transvolat, quousque ad castra ducis tristis et exhaustus spiritu venit. Quem ut Godefridus dux, ab ostio tabernaculi aliquo spatio transgressus ad considerandos socios, a longe perspexit rapido cursu festinantem et mœsto vultu pallentem, qua de causa viam acceleraverit requirit ut sibi cæterisque primoribus referat et exponat. Hic amara et gravia nuntia retulit dicens : « Nostri principes cum ipso Boemundo gravissimum belli laborem sustinent, vulgusque sequens jam totum capitalem subiit sententiam, qua et domini principes nostri sunt casuri in præsens, nisi festinato manus vestra subveniat. Turci quidem castra nostra irruperunt, et per vallem, quæ dicitur Ozellis vel terribilis, descendentes ad vallem Degorganhi peregrinos trucidare non cessant. Robertum Parisiensem capite deciso jam interemerunt, Willhelmum juvenem egregium, sororis Boemundi filium, dignum planctu, percusserunt. Et idcirco vos omnis invitat societas ad ferendum auxilium, nulla vos mora aut dilatio impediat aut retardet. »

CAP. XLI. — *Ubi dux et qui cum eo erant subveniunt pereuntibus.*

Hac audita miseria et Turcorum audacia, dux per universa agmina jussit cornua perstrepere, socios commonere universos et arma capere, signa erigere, sociis sine ulla dilatione aut requie subvenire. Tanquam si ad convivium omnium deliciarum vocarentur, festinant arma capere, loricas induere, gladios recingere, equis frena referre, sellas tergis imponere, clypeos resumere, et ad sexaginta millia equitum e castris procedunt cum cætera manu pedestri. Jam dies clarissima illuxerat, sol radiis fulgebat lucidissimus : cujus splendor in clypeos aureos et vestes ferreas refulsit, signa et vexilla, gemmis et ostro fulgida erecta et hastis infixa, coruscabant. Caballi celeres calcatibus urgebantur, nullus socium aut fratrem exspectabat, sed quisque, quo velocius poterat, ad auxilium et vindictam Christianorum viam insistebat. Hos denique Turci ex improviso ut persenserunt ad auxilium sociorum omni velocitate et belli instantia animatos esse tam robusta manu, et in armis et veste ferrea, et in signis luciferis ad bella erectis, fugam arripiunt, et timore concussi, a cæde horrenda declinant, alii per devia, alii per semitas notas diffugium facientes. Sed Solymanus, cum ampliori manu et densioribus cuneis in montis cacumine fuga elapsus consistens, Christianis insequentibus occurrere ibidem et in faciem resistere disposuit.

CAP. XLII. — *Ubi dux et alii quidam procerum ex nomine notantur, qui tunc fortiter pro Deo egerunt.*

Dux autem Godefridus, qui solus cum quinquaginta sodalibus in equi velocitate præcesserat, subsequentis populi in brevi adunatis viribus, inhibitanter ad ardua mentis conscendit, cum Turcis ferire et armis committere, quos conglobatos et immobiles ad resistendum in montis vertice respiciebat. Jamque undique suis receptis et adjunctis, hostes immobiles incurrit, hastas in eos dirigit, sociosque, ut constanter eos adeant, virili voce adhortatur. Turci vero cum duce suo Solymano ducis Godefridi et suorum constantiam nequaquam animo ad præsens bellum deficere videntes, a montis summitate laxis frenis equorum velocitate fugam parant. Quos dux via sex milliarium insecutus, alios in ore gladii percussit, nonnullos captivos cum suis tenuit, prædas et spolia illorum non pauca cepit, puellas et juvenes et omne quod asportare vel abducere sperabant ab hostibus excusserunt. Gerardus de Keresi, in equo laudabili residens, in eadem hostium insecutione, in supercilio montis adhuc Turcum manentem et nimium audentem viribus respiciens, scuto tectus fortiter hasta incurrit. Quem sagitta illius emissa et clypeo excussa, trans jecur et pulmonem perforat, equumque morientis et labentis abduxit. Baldewinus comes Hamaicorum, vir et largitor magnarum eleemosynarum, cum Roberto Flandrensi Turcos fugientes sternit; hortatur socios, circumquaque concurrentes ut feriant et trucident, et ab insecutione illorum nunquam retardari aut manus continere videantur. Baldewinus de Burg, Thomas de Feria castro, Reinoldus Belvacio, Walo de Calmont, Gothardus filius Godefridi, Gastus de Berdeiz, Rudolphus etiam, hi omnes unanimes in luctamine belli desudabant, Turcorum agmina in virtute militari insequentes ac scindentes. Equorum ilia gravis anhelitus pulsat, fumus ab ipso anhelitu per medias acies in nubem densabatur. Turci vero interdum recuperatis viribus, in virtute multitudinis suæ freti, viriliter resistebant in grandine sagittarum denso volantium et cadentium. Sed hujus grandinis tempestate cito transmissa, fidelium turmæ, tela manu retinentes, illorum globos attenuant et mortificant, victosque tandem cogunt in diffugium per devia viarum et abrupta montium, quorum semitas notas habebant.

CAP. XLIII. — *Post victoriam quid inter fideles Domini convenerit, et quomodo sacer ordo curaverit cadavera prostratorum.*

Christiani ergo victores, quidquid in stipendio suæ expeditionis Turci conduxerant, frumentum, vinum non modicum, buflos, boves et arietes, camelos, asinos, equos et mulos, et præterea aurum pretiosum et argentum infinitum, papiliones mirifici decoris et operis abstulerunt. In hujus victoriæ prospero successu omnes unanimiter, Boemundus scilicet et cæteri principes præfati, qui erant ductores et columnæ exercitus, in concordiam et consilium redeunt, et ab illo die commissis cibariis cunctisque rebus necessariis, omnia communia habere decreverunt. Quod et actum est. In hoc conflictu belli Turcorumque diffugio, nonnulli Christianorum militum sagittis vulnerati perierunt; Turcorum autem tria millia cecidisse referuntur. Hoc tam crudeli certamine finito, circa flumen quoddam et ejus carectum Christiani milites spatio trium dierum quieverunt, curantes corpora nimis fessa ex abundantia escarum, quas Turci occisi reliquerant. Episcopi vero, presbyteri, monachi qui aderant, corpora occisorum terræ tradiderunt, animas fideles illorum in manu Jesu Christi precibus et psalmis commendantes. Solymanus jam denuo victus, Alpes Romaniæ vix evadens condescenderat, nihil ultra spei habens urbis Nicææ, uxoris filiorumque, ac nimium luctum faciens suorum, quos ante hos dies in campo Nicææ exstinctos a Gallis amiserat, et nunc eorum quos in valle Gorgonia captos et peremptos reliquit.

LIBER TERTIUS.

CAPUT PRIMUM. — *Post victoriam Christi fideles ubi castra locaverint, et miserabili siti cruciati, quanti exspiraverint.*

Postquam hostilis impetus abscessit, quartæ imminente lucis crepusculo, Francigenæ, Lotharingi, Alemanni, Bawari, Flandrenses et universum genus Teutonicorum castra moverunt cum omnibus rebus sibi necessariis et spoliis Turcorum, et in vertice Nigrorum montium castra metati, hospitio pernoctaverunt. Mane autem facto, Northmanni, Burgundiones, Britanni, Alemanni, Bawari, Teutonici, omnis videlicet exercitus, abhinc descenderunt in valle nomine Malabyumas, ubi propter difficultates locorum et angustarum faucium inter rupes iter per dies abbreviabant, et ob innumerabilem multitudinem, et nimios calores mensis Augusti. Sabbati dehinc die cujusdam instante ejusdem mensis, defectus aquæ magnus accrevit in populo. Quapropter satis anxietate oppressi, utriusque sexus quamplurimi, ut dicunt, qui adfuerunt, circiter quingenti ipsa die spiritum exhalarunt. Propterea equi, asini, cameli, muli, boves, multaque animalia eodem fine gravissimæ sitis exstincti sunt.

CAP. II. — *Item de eodem.*

Comperimus etiam illic non ex auditu solum, sed ex veridica eorum relatione qui et participes fuere ejusdem tribulationis, in eodem sitis articulo viros et mulieres miseros cruciatus pertulisse, quod mens horrescat, auditus expavescat, et de tam miserabili infortunio in suis contremiscat. Quamplurimæ namque fetæ mulieres exsiccatis faucibus, arefactis visceribus, venisque omnibus corporis, solis et torridæ plagæ ardore inæstimabili exhaustis, media platea in omnium aspectu fetus suos enixæ relinquebant. Aliæ, miseræ juxta fetus suos in via communi volutabantur, omnem pudorem et secreta sua oblitæ præ memoratæ sitis difficillima passione. Nec ordine mensium aut hora instanti parere compellebantur: sed solis æstuatione, viarum lassitudine, sitis collectione, aquarum longa remotione ad partum cogebantur : quarum infantes alii mortui, alii semivivi, media platea reperiebantur. Viri autem quamplurimi sudore et calore deficientes, aperto ore et faucibus hiantes, aerem tenuissimum captabant ad medicandam sitim : quod nequaquam prodesse potuit. Nam plurima pars, ut prædiximus, illic periisse hac die perhibetur. Nisi vero et accipitres, aves domitæ et gratissimæ procerum et nobilium, calore eodem et siti moriebantur in manibus eas ferentium. Sed et canes in venatoria arte laudabiles inter manus magistrorum exstinguebantur. Jam sic omnibus in hac pestilentia laborantibus, optatus quæsitusque aperitur fluvius. Ad quem festinantes, præ nimio desiderio quisque alium in magna pressura prævenire studebat, nullum modum bibendi habentes, quousque infirmati plurimi ex nimia potatione tam homines quam jumenta perierunt.

CAP. III. — *Ultra progrediuntur; exercitus in geminas partes dividitur; primores venatui vacant.*

Post hæc egressis ab angustis rupibus, decretum

est communi benevolentia, propter nimietatem populi, exercitum in partes dividi. De quibus Tankradus et Baldewinus, frater ducis Godefridi, cum suis recedentes, per medias valles Ozellis transibant. Sed Tankradus cum suis præcedens, ad urbes finitimas Reclei et Stancona descendit, in quibus Christiani cives habitabant, Turcis, viris Solymani, subjugati. Baldewinus cum suis montanis semitis perplexis incesserat, gravi cibariorum defectione cum omni manu sua aggravatus, quin equi pabulo deficiente vix sequi, nedum viros portare poterant. Dux vero Godefridus, Boemundus, Robertus, Reymundus, regia via a longe sequebantur, et Antiochiam minorem reclinantes, quæ in latere Reclei sita est, hospitio nona diei hora moram facere decreverunt. Vespere autem facto, Godefridus dux cæterique primores juxta montana per amœna loca pratorum tentoria locaverunt, aptam et voluptuosam regionem considerantes et venationibus fecundissimam, quibus nobilitas delectari et exerceri gaudet. Illic accubantes, armis cunctisque exuviis repositis, silvam aptissimam venatibus reperientes, sumpto arcu et pharetra, gladiis accincti, saltus montanis contiguos ingrediuntur, si forte obveniret quod configere et persequi catulorum sagacitate valerent.

CAP. IV. — *Dux cum urso configens, graviter sauciatur; sed auxilio alterius militis perempta bestia vivus eripitur.*

Tandem diffusis per opaca nemoris singulis in sua semita ad insidias ferarum, dux Godefridus ursum immanissimum et horrendi corporis, peregrinum inopem, sarmenta congerentem, invasisse respicit, et in circuitu arboris fugientem ad devorandum persequi, sicut solitus erat pastores regionis aut silvam intrantes devorare, juxta illorum narrationem. Dux vero, sicut solitus erat et promptus ad omnia adversa Christianis fratribus subvenire, educto raptim gladio, et equo fortiter calcaribus admonito, misello homini advolat; eripere a dentibus et unguibus lanionis anxiatum festinat; et clamore vehementi per media fruteta accelerans, obvius crudeli hosti offertur. Ursus utaque, viso equo ejusque sessore se celeri cursu premente, ferocitati suæ fidens et rapacitati unguium suorum, non segnius facie ad faciem duci occurrens, fauces ut jugulet, aperit; totum se ad resistendum, imo ad invadendum, erigit; ungues suos acutissimos exerit ut laniet; caput et brachia ab ictu gladii diligenter cavens subtrahit, ac sæpe volentem ferire decipit; quin murmure horrisono totam silvam et montana commovet, ita ut omnes mirarentur qui hoc audire poterant. Dux ergo, astutum et pessimum animal considerans in feritate audaci resistere, motus animo, vehementer indignatur, et verso mucronis acumine, temerario et cæco impetu propinquat belluæ ut jecur ejus perforaret. Sed infelici casu ictum gladii effugiens bellua, subito curvos ungues tunicæ ducis infixit, ac complexum brachiis, equo devolutum, terræ applicans dentibus jugulare propera- rabat. Dux itaque angustiatus, reminiscens mulierum suorum insignium factorum, et de omni periculo se adhuc nobiliter ereptum, nunc vero vili morte a cruenta bestia se suffocari dolens, recuperatis viribus in momento resurgit in pedes, gladiumque in hoc repentino lapsu ab equo, et cum insana bestia luctamine, propriis cruribus implicitum, celeriter in ejusdem feræ jugulum rapiens et capulo retinens, suras et nervos proprii cruris gravi incisione truncavit. Sed tamen licet sanguis incessabili unda proflueret, viresque ducis minueret, iniquæ belluæ non cessit, ad defensionem stans asperrimus, quousque audito inopis rustici, et ab urso liberati clamore ingenti, et murmure lanionis vehementi, quidam Husechinus nomine ex consociis, per silvam diffusis, velocitate equi, duci in auxilium adfuit: qui stricto mucrone horribilem feram impetiit, et una cum duce jecur et costas illius transfixit. Sic tandem ferocissima fera exstincta, dux primum vulneris dolore, deinde nimia sanguinis effusione cœpit corde deficere, vultu pallescere, ac totum exercitum impia fama conturbare. Concurrunt universi ad locum ubi athleta et vir consiliorum, caput peregrinorum, læsus ferebatur. Quem principes exercitus gestatorio imponentes, ad castra cum ingenti luctu, cum planctu virorum et ululatu mulierum detulerunt, medicos peritissimos ad sanandum ei adhibentes; feram vero inter se dividentes, nullam illi magnitudine similem antea se vidisse fatebantur.

CAP. V. — *Tankradus, fixis juxta Tarsum civitatem tentoriis, apud cives de urbis traditione nunc minis nunc blanditiis agit.*

Duce vero sic gravi vulnere impedito, exercitu lentiore gradu subsequente, Tankradus, qui præcesserat, et regiam viam tenebat versus maritima, prior Baldewino fratre ducis, per vallem Buetrenton superatis rupibus, per portam quæ dicitur Juda, ad civitatem quæ dicitur Tarsus, vulgari nomine Tursolt, descendit, quam etiam Turci, primates Solymani, subjugatam cum turribus suis retinebant. Illic Armenius quidam, qui cum Tankrado aliquandiu moras fecerat, et ejus notitiam habuerat, promisit se civibus urbis, gravi Turcorum jugo depressis, suggerere, ut in manu ejusdem Tankradi urbem caute et Turcis nesciis redderent, si forte locum et opportunitatem reperirent. Sed timidis civibus, nec consiliis Armenii fratris acquiescentibus propter Turcorum præsentiam et custodiam, Tankradus, qui præcesserat, finitimas oras prædictæ urbis deprædatus est, ac contractis infinitis copiis prædarum in usum obsidionis, in circuitu murorum tentoria sua extendit. Locatis ergo tentoriis, Tankradus plurimum minarum Turcis, per mœnia et turres diffusis, ex adventu Boemundi, et subsequentis exercitus virtute intulit, nisi exeuntes, portas urbis aperirent, asserens, non prius subvenientem exercitum ab hujus obsidione recedere; quam ut Nicæa cum omnibus inhabitantibus caperetur superata. Si vero voluntati ejus acquiescerent, urbem ape. rirent, non solum in oculis Boemundi gratiam et vitam invenirent, sed et præmia multa accipientes, eidem civitati et aliis præesse præsidiis mererentur.

CAP. VI. — *Cives deditionem pollicentur; viri exercitus Dei longe a se divisi, hostes adesse de alterutris suspicantur.*

His blanditiis et promissis, interdum nimis magnificis, Turci molliti, Tankrado hac conditione urbem pollicentur, ne quid periculi aut seditionis ab ulla subsequenti manu ultra eis inferatur, donec Boemundi potestati cum urbis præsidio subderentur. Quod Tankradus minime recusans, fœdus in hunc modum cum illis innodari instituit, quatenus vexillum ipsius Tankradi in cacumine magistræ arcis in signum erigerent, quod Boemundo præcurrens, hunc Tankradus vindicaverit civitatem, et sic intacta deinceps ab omni hostili impetu haberetur. Baldewinus vero frater ducis Godefridi, Petrus comes de Stadeneis, Reinardus comes de Tul civitate, vir magnæ industriæ, Baldewinus de Burg, juvenis præclarus, conjuncti per amicitiam, alio itinere divisi, per dies tres ab exercitu errantes per loca deserta montium et ignota, gravi afflicti jejunio necessariorumque penuria, tandem per errorem perplexarum viarum in cujusdam montis cacumine casu constiterunt. De quo tentoria Tankradi speculantes, per camporum planitiem in obsidionem Tarsi locata, timuerunt timore magno, existimantes Turcorum hunc apparatum fore. Nec minus Tankradus viros in montis cacumine a longe contemplatus expavit, Turcos adesse arbitratus, qui sociis urbi inclusis ad subveniendum properassent. His tandem descendentibus, vitæ diffisis, fame semivivis, Tankradus ut miles acerrimus socios admonet ut eis res sit pro anima defendenda.

CAP. VII. — *Obsides fœdus rumpunt; Tankradus et Baldewinus mistis copiis obsidionem reparant, et de situ urbis.*

Turci autem, qui in turribus et mœnibus ad spectaculum et defensionem ad quingentos convenerant, et ipsi pariter Baldewinum ejusque comitatum acies Turcorum existimantes esse, Tankrado improperantes in hunc modum minabantur : « Ecce manus auxiliari nobis properantium : nos non in tua, ut existimabas, sed tu tuique in manu nostra et virtute hodie conterendi estis. Quapropter te hoc in fœdere, quod frustra pepigimus, jam deceptum credas. Nec aliam ob causam te morari in castris fecimus, nisi quia spes auxilii in his, quas vides, aciebus in tuam tuorumque perditionem præstolabamur. » Tankradus, juvenis imperterritus, Turcorum minas parvipendit, et brevi responso improperantibus resistit : « Si hi vestri milites aut principes habentur, in Dei nomine eos parvipendimus ; adire non timemus. Qui si a nobis, Deo opitulante, victi fuerint, superbia vestra et jactantia pœnas non evadet. Quod si peccato nostro adversante stare nequiverimus, nequaquam tamen manus Boemundi et sui exercitus subsequentis evadetis. » Hoc dicto, Tankradus cum universa sua adunatione, quæ secum confluxerat, insignis armis, galeis et loricis, et equis rapidissimis Baldewino in occursum properat. Turci vero tubis et cornibus horrisonis ad terrendum ipsum Tankradum a muris fortiter intonant. Sed utrinque Christianitatis signis recognitis, et visis amicis compatriotis, præ gaudio in lacrymas defluunt, quod sic Dei gratia a pœnis et periculis nunc liberati sint. Nec mora, deinceps commistis copiis, tentoria communi consensu pariter ante urbis mœnia reponunt, et ex præda, quam contraxerant ex montanis et regione in bobus et armentis, cibos mactant, et parant, ignique apponunt : quos sine sale coctos diutina fames manducare coegit, prorsus pane illic cunctis deficiente. Erat enim civitas ex omni parte munita, habitatoribus, rivis et pratis apta et commoda, sita in campis fertilibus : cujus mœnia adeo admirantur fortissima, ut nullis vinci humanis viribus, nisi Deo annuente, credatur.

CAP. VIII. — *De mutua quorumdam principum altercatione, ubi et Tarsenses Tankradum sibi præesse desiderant.*

Crastina vero luce exorta, Baldewinus exsurgens suique sequaces atque ad urbis mœnia tendentes, signum Tankradi, quod erat notissimum, in eminentiore turris arce, ex consensu et fœdere percusso Turcorum, positum contemplantur. Unde nimia indignatione et ira accensi, in verba amara et seditiosa adversus Tankradum suosque eruperunt, Tankradi et Boemundi jactantiam et principatum floccipendentes, luto et fæci æquiparantes. His et hujuscemodi verbis amaris fere ad arma ventum est, nisi viri pacifici et prudentes tali consilio intervenissent, ut ab ipsis civibus Armeniis ex amborum legatione cognosceretur, sub cujus dominio et ditione urbem magis subesse intenderent, cujusque parti meliori optione faverent. Continuo responsum est ab omnibus, magis velle subjici et credere Tankrado quam alterius principis ditioni. Dicebant enim hoc non ex cordis devotione, sed ex Boemundi, quam semper habebant, invasionis suspicione. Nec mirum, cum longe ante hanc expeditionem in partibus Græciæ, Romaniæ, Syriæ, Boemundi semper fama claruit, bellum inhorruit ; Godefridi vero ducis nunc primum nomen scintillabat.

CAP. IX. — *De eadem re.*

His auditis, Baldewinus ferventiore animo adversus Tankradum in iram extollitur, et gravioribus verbis in ejus præsentia tam cives quam Turcos per verba interpretis sic allocutus est : « Boemundum et hunc Tankradum, quos sic veneramini ac formidatis, nequaquam magistros majores et potentiores Christiani exercitus credatis ; nec fratri meo Godefrido, duci principique militiæ totius Galliæ, nullique sui generis istos esse comparandos. Princeps enim idem frater meus, dux Godefridus, regni magni et primi imperatoris Romanorum Augusti hæreditario jure suorum antecessorum nobilium, ab omni honoratur exercitu, cujus voci et consiliis ad omnia magni parvique obtemperare non desinunt, cum caput et dominus ab omnibus sit electus et constitutus. Scitote quidem vos et omnia vestra, urbem quoque ab eodem duce in ore gladii et flammis deleri et consumi ; nec Boemundum, nec hunc Tankradum stare vestros propugnatores, aut defensores. Sed nec is Tankradus, ad quem intenditis, hodie manus nostras evadet, nisi vexillum, quod nobis in contumeliam, sibi ad gloriam erexit, a culmine turris jactetis, portasque nobis aperiri faciatis. Si vero nostræ voluntati in hujus vexilli ejectione et urbis redditione satisfeceritis, vos exaltabimus super omnes in terminis his considentes, et gloriosi in conspectu domini et fratris mei ducis, vosque dignis muneribus honorati, semper eritis. » Hac spe bonæ et blandæ promissionis eives et Turci illecti, Tankrado penitus ignorante, fœdus et amicitiam cum Baldewino firmaverunt, et sine mora vexillum Tankradi de culmine turris est amotum, et procul a mœnibus in loco palustri viliter ejectum ; Baldewini vero signum in ejusdem turris apice promotum est.

CAP. X. — *De eodem, et qualiter Tankradus urbem Azaram intraverit.*

Tankradus viso signo Baldewini promoto, suo vero remoto, licet tristis, patienter tulit. Qui seditionem oriri inter suos et Baldewini satellites ex hac vexilli mutatione percipiens, et quia pars sua numero et armis erat inferior, ultra hac in discordia morari noluit, sed ad vicinam civitatem, nomine Azaram, munitam et locupletem, transivit : cujus portas clausas reperiens, minime introire permissus est. Obtinuit enim hanc civitatem quidam Welfo, ortus de regno Burgundiæ, miles egregius, qui, ejectis et attritis Turcis, urbem possederat, aurum et argentum, pallia pretiosa, cibaria, oves, boves, vinum, oleum, frumentum et hordeum, et omnia necessaria illic reperientes. Præcesserat enim idem Welfo cum cæteris ab exercitu sequestratis. Tankradus portas civitatis inveniens clausas, et principem Christianum urbem tenere intelligens, missis nuntiis fide data, intromitti hospitandi gratia, precatur, et alimenta justa venditione et emptione sibi impertiri. Qui petentem exaudiens, jussit urbem aperiri, virum cum suis sociis induci, et cuncta vitæ necessaria illis administrari.

CAP. XI. — *Ubi Baldewinus, princeps civitatis factus, Christianos partis Tankradi intromittere non vult.*

Post hujus Tankradi abscessum, Baldewinus iterato Turcos admonet, instat et promittit honores et præmia a duce consequi ingentia, et non solum illi, sed cæteris civitatibus præferri, si urbem aperiant, si se suosque datis dextris in fidei obligatione intromittant. Turci autem et Armenii videntes Tankradi fugam et absentiam, Baldewini vero prævalere potentiam, utrinque fide data et firmata, portas urbis aperiunt, Baldewinum suosque intromittunt; sed in omnibus munitionibus turritis mansionem retinere decreverunt, donec dux Godefridus et subsequens exercitus propinquaret, et tunc dono et gratia ipsius ducis de eadem civitate et cæteris rebus juxta promissum Baldewini cum eis ageretur, sive in promissione Christiana, sive in ritu gentilium persistere delegissent. Duas tantum turres magistras Baldewino contulerunt, in quibus securus et fiducialiter manere et quiescere posset : cætera multitudo exercitus per domos et loca civitatis passim diffusa est. His itaque cum principe suo Baldewino intromissis, et hospitii quiete recreatis, proxima dehinc die jam vespere instante, trecenti ab exercitu peregrinorum sequestrati, ac vestigia Tankradi secuti, de familia et populo Boemundi, ante urbis mœnia in armis et clypeis astiterunt, quibus ex jussu Baldewini et consilio majorum urbs et janua interdicta est. Ili vero longo fessi itinere, et rebus necessariis vacui et exhausti, multum precantur urbis hospitalitatem et rerum necessariarum venalitatem : precati sunt etiam plebeii ordinis decomitatu Baldewini, eo quod confratres et Christianæ essent professionis. Sed nequaquam preces eorum a Baldewino exauditæ sunt, hac de causa scilicet, quod in auxilium Tankrado descendissent et propter fidei firmationem, quam cum Turcis et Armeniis fecerat, nullum præter suos ante ducis Godefridi adventum in urbem recipi aut intromitti.

CAP. XII. — *Christiani extra portam civitatis manentes, noctu a gentilibus exstincti sunt.*

Confratres autem et peregrini societatis Baldewini, videntes sic exclusos nullo modo posse impetrare intromissionem, miserti sunt eorum, quia fame videbant eos periclitari : quibus in portis panes et per funes pecora ad vescendum porrigere decreverunt. Illis ergo ita refocillatis, et noctis in silentio præ itineris lassitudine gravi sopore occupatis, Turci, qui erant in præsidiis turrium sub fidei tutamine, prorsus desperati, nec Baldewino suisque conchristianis perfecte se credentes, occulto habito inter se consilio, trecenti, thesauris omnibus suis secum et cæteris rebus avectis, per vada cujusdam fluminis, eis non incognita, quod media urbe præfluebat, Baldewino et universis suis somno deditis clam egressi sunt, ducentis solummodo ex sua humili clientela et familia in præsidiis relictis, ne fugæ eorum suspicio aliqua apud Christianos oriretur. Egressi autem in viros Christianos, qui per prata ante urbem membra fessa sopori dederant, subito irruunt, alios decollantes, alios trucidantes, alios sagittis transfigentes, neminem aut paucos de omnibus vitæ relinquentes.

CAP. XIII. — *Hujus necis populus Dei Baldewinum insimulans, ad arma ruit, cui satisfaciens, contra reliquos Dei inimicos vehementer insurgit.*

Mane dehinc facto, Christiani, qui intra urbem erant, somno exsurgentes, et ad mœnia tendentes scire et videre, si adhuc moram in pratis Christiani fratres haberent, viderunt universos armis Turcorum detruncatos, et sanguine illorum prata fœdata nimium redundare. Sicque Turcorum perfidia et iniquitas propalata est. Nec mora, per universam civitatem tumultus in populo catholico exoritur, arma ab omnibus capiuntur, et in ultionem sanguinis confratrum, in fraude mortificatorum, turres infringere, et Turcos illic inventos exstinguere festinant, tubis et ingenti clamore non modicam seditionem concitantes. Tam vehementi strepitu populique tumultuoso concursu Baldewinus attonitus, a turris præsidio per mediam urbem equo advolans, turmas armatas a bello cessare, et in sua commonebat redire hospitia, ne tam subito fœdus mutuo datum corrumperetur, donec cædes Christianorum illi plenius notificarentur. Sed magis ac magis tumultu ingruente, et populo necem Christianorum ægre ferente, et Baldewinum hujus occisionis, tanquam mortiferi consilii, reum acclamante, talis ac tantus in eum fit concursus sagittarumque emissio, ut turrim, refugii causa et vitæ suæ necessitate compulsus, subire cogeretur. Qui illico ad se reversus, animi sui ferocitate deposita, populo satisfaciendo excusat se de omnibus et crudelitatis Turcorum se nescium asserit; nec populum Dei vivi aliam ob causam exclusisse, nisi quia jurejurando Turcis et Armeniis promiserat neminem præter suos ante ducis adventum urbi intromitti. Sic Baldewinus excusatus, populoque suo reconciliatus, Turcos in singulis turribus, qui de humili familia et clientela remanserant, assilit et expugnat; expugnant et sui, dum in ultionem suorum ferme ducenti decollati sunt. Accusabant enim eosdem Turcos plurimæ illustres feminæ civitatis, ostendentes eis aures et nares quas sibi detruncaverant, eo quod stupri sui eas consentaneas invenire nequiverunt. Hac infamia et horrenda accusatione magis populus Jesu Christi in odium Turcorum exarserat, eorumque stragem eo amplius multiplicabat.

CAP. XIV. — *Ubi viri Baldewini cum piratis Christianis fœdus ineunt, et Tarsum simul petunt.*

Post hæc diebus paucis elapsis, viri Baldewini per mœnia diffusi, a longe navium diversi generis et operis multitudinem in medio maris trans tria milliaria ab urbe contemplantur, quarum mali miræ magnitudinis et altitudinis auro purissimo operti, in radiis solis refulgebant; et viros ab iisdem navibus in littus maris descendentes, et plurima spolia, quæ longo tempore seu annis ferme octo contraxerant, inter se dividentes. His visis, hostiles vires accitas ab his qui noctu, cæde Christianorum facta, effugerant, existimabant. Unde ad arma contendentes, equo alii, pede alii usque ad ipsum littus concurrunt, cur advenerint vel ex qua natione processerint intrepido ore perquirentes. Illi se Christianæ professionis milites esse respondent: e Flandria et ab Antverpia et Frisia cæterisque Galliæ partibus se venisse fatentes, et piratas annis octo usque ad hanc diem se fuisse. Requirebant etiam qui advecti fuerant, qua de causa ipsi a Romanis et Teutonicis partibus descendissent, et in longinquum exsilium inter tot barbaras nationes advenissent. Qui causa peregrinationis, et ad adorandum in Jerusalem, venisse se testati sunt. Et sic utrinque lingua et sermone suo recognito, fœdus dextris datis inierunt pariter eundi Jerusalem. Erat in hoc navali collegio quidam Winemarus nomine, caput et magister universorum consodalium, de terra Bulonæ et de domo comitis Eustachii, magnifici principis ejusdem terræ. Jam hinc et hinc fide ad invicem firmati, cum spoliis et universis sarcinis, relictis navibus, cum Baldewino urbem Tarsum subierunt, per aliquot dies in omnibus bonis terræ ibidem jucundati et epulati. Dehinc habito inter se consilio, in custodiam et defensionem urbis trecenti ex navali exercitu sunt electi, sicut et ex legione Baldewini ducenti attitulati. His ordinatis et constitutis, profecti sunt a Tarso Baldewinus et sui, conjunctis armis et viribus in tubis et cornibus et potentia magna regia via gradientes.

CAP. XV. — *Tankradus Mamistram civitatem armis capit, et de instinctu cujusdam Richardi castra Baldewini hostiliter invadit.*

Interea Tankradus ab Azara civitate et Welfone civitatis principe migrans, Mamistram civitatem, a Turcis possessam et munitam, descendit. Quam resistentem et contradicentem sibi fortiter cum loricata manu assilit; humi in brevi muros illius dejecit, portas et vectes ferreos diruit; Turcorum superbiam, quæ in hac dominabatur, crudeli strage attrivit. Tali modo ejectis hostibus, Tankradus turres suorum custodia munivit, alimoniam, vestes, aurum et argentum grande in ea reperiens, Christianis consodalibus divisit, ibidem per aliquot dies remoratus. Dumque illic secure moram faceret, et de urbis custodia sollicite ageret, Baldewinus, frater ducis, cum armis et sociis regia via incedens, in terminos ejusdem civitatis descendit, et in viridario quodam spatioso arboribus consito, quod erat juxta urbem, tentoria ipse suique fautores et comprimores in ordine locaverunt. Hæc quidam Richardus, princeps Salerni civitatis Italiæ, de genere Northmannorum, proximus Tankradi, intuens, moleste accepit; et verbis amarissimis super hoc Tankradum compellat, dicens: « Ah! Tankrade, hodie vilissimus omnium factus es. Baldewinum præsentem aspicis, cujus injustitia et invidia Tarsum amisisti. Ah! si nunc aliquid virtutis in te haberes, jam tuos commoveres, et tibi illatam injuriam in caput ejus rependeres. » His auditis, Tankradus infremuit spiritu; et illico arma et milites requirens, sagittarios suos in virtute magna præmisit ad lacessendos hostes in tentoriis, ut et læderent equos, per pascua et prata vagantes. Ipse quoque cum quingentis loricatis equitibus repente in ejusdem Baldewini castra et satellites ruit, ut in omnibus injuriis quas sibi intulerat, dignam sumeret ultionem.

CAP. XVI. — *Baldewinus et Tankradus bellum conserunt, in quo Tankradus inferior inventus est.*

Baldewinus sine mora, Baldewinus quoque de

Burg, æquivocus eus, et Giselbertus de Claromonte, omnisque illius comitatus, agnito tam repentino assultu et impetu Tankradi, ferro induuntur, signa erigunt, sociisque virili voce admonitis, obviam Tankrado in multa vociferatione turbarum et cornuum raptim exhibentur, utrinque prælia graviter committentes et gravi vulnere corruentes. Sed manus Tankradi, dispar numero et viribus, terga vertit, belli pondus sustinere non valens, ac in urbis præsidium vix trans arctum pontem aquæ cum ipso Tankrado fugam faciens, a belli turbine elapsa est. In hujus pontis angustia Richardus princeps Salerni, proximus Tankradi, et Robertus de Ansa civitate, milites acerrimi, nimirum retardati, capti ac retenti sunt; plurimi equites et pedites de societate Tankradi, alii exstincti, alii vulnerati, perierunt. Solus Giselbertus de Claromonte nimium insecutus, et in mediis hostibus involutus, in ipsius pontis angustia captus et abductus est : quem Baldewinus et sui peremptum existimantes planctu magno lamentabantur.

Cap. XVII. — *Tankradus et Baldewinus pacem inter se reformant.*

Crastina vero die orta, utrinque de absentia captivorum virorum nobilium dolentes, ac recordati quia ambo deliquissent, tam sacræ viæ Jerusalem devotione violata, ex consilio majorum suæ legionis pacem firmam composuerunt, captos pro captivis sibi invicem restituentes. Hac pace composita, et universis spoliis cum captivis restitutis, Baldewinus cum suis septingentis equitibus divisis concilio cujusdam Armenii militis, Pancratii nomine, terram Armeniæ ingressus, præsidium mirifici operis et roboris, nomine Turbaysel, obsedit. Quod Armenii cives, viri Christianæ professionis, videntes, consilio clam cum ipso principe Baldwino habito, Turcis expulsis, qui arci præerant, in manus ejus tradiderunt, volentes magis sub Christiano duce servire quam sub gentili ditione. Hac itaque civitate cum arce præsidii subjugata, et viris suis in hac repositis, Ravenel præsidium humanis viribus inexpugnabile, similiter obsedit et apprehendit. De quo Turci, captione Turbaysel exterriti, fugisse et abisse referuntur. Apprehendit et multas civitates cum castellis quæ in circuitu erant, exterritas a facie exercitus Antiochiam tendentis : quas itidem Turci diu subjugatas custodientes, nunc formidine concussi fugitivi noctu relinquebant. Ravenel itaque apprehensum Pancratio Armenio prædicto commisit, viro instabili et magnæ perfidiæ, quem a vinculis imperatoris Græcorum elapsum Nicææ retinuit, eo quod audisset eum virum bellicosum esse et multiformis ingenii, et quia omnis Armenia et Syria et Græcia illi notæ haberentur. Pancratius, ut erat perfidus et astutus, Turcis apprime notissimus, æstimans robore commissi sibi præsidii hujus Ravenel terram se posse obtinere, nullum de comitatu Baldewini intromittens, filium suum adolescentem illustrem in eo constituit : et tamen hoc fraude fieri, cum Baldewino ambulans et manens, dissimulabat.

Cap. XVIII. — *De prospero eventu Baldewini in expugnandis munitionibus, et de perfidia cujusdam Armenii. Jam invitus idem Armenius commissum sibi præsidium reddit.*

Tandem quidam principes qui, audita Baldewini industria et nobilitate, fœdus cum eo pepigerant, viri Armenii, quorum alter Fer, præpositus Turbaysel, alter Nicusus nomine dictus est, cujus castra et præsidia spatiosa Turbaysel adjacebant, intellecta perfidia Pancratii, quam cum Turcis moliebatur, scientes eum virum noxium et facilem, Baldewino retulerunt, asserentes si tali viro, et tam facinoroso, imperatoris perjuro, longius, præsidium Ravenel crederet, in brevi terram quam subdiderat posse amittere. Baldewinus hoc audito ab his viris credulis et fidelibus, sæpius versu ias illius ipse expertus, præsidium illi commissum requisivit ; quod Pancratius obstinato animo in manu vel custodia Gallorum reddere recusavit. Postremo Baldewinus post plurimam requisitionem præsidii indignatus, quadam die sibi assistentem et contradicentem teneri jussit, vinculis astringi, tormentis affligi, quousque præsidium coactus redderet. Sed nec sic adhuc reddere ullius tormenti labore aut vitæ necessitate compulsus est. Baldewinus tædio tormentorum illius victus, ad ultimum jussit ut vivus membratim discerperetur, nisi præsidii de redditione sibi satisfaceret. Qui hanc atrocem membrorum et nervorum discerptionem metuens, in manu Fer litteras direxit filio, ut præsidium festinato pro vitæ suæ et membrorum suorum liberatione Baldewino redderet. Quod actum est ; et Pancratius a vinculis absolutus, et deinde a collegio Baldewini dissociatus. Baldewinus ergo susceptum præsidium custodiæ ac fidei suorum contulit Gallorum, et Turbaysel, quod dicitur Bersabee, discessit, terram et regionem undique expugnans suæque potestati subjiciens.

Cap. XIX. — *Dux civitatis Rohas Baldewinum in auxilium vocat ; Baldewinus vocatus, ire perrexit ; a Turcis vetitus iterato reproperat.*

Post hæc diebus aliquot evolutis, et fama Baldewini longe lateque crebescente, et bellorum suorum virtute super omnes hostes suos divulgata, dux civitatis Rohas, quæ dicitur Edessa, sita in regione Mesopotamiæ, episcopum ejusdem urbis cum duodecim majoribus civitatis, quorum consilio omnis status regionis fiebat, ad ipsum Baldewinum misit, quatenus cum Gallis militibus ad urbem descenderet, terram adversus Turcorum infestationes defenderet, et cum duce communi potentia et dominio universos reditus et tributa obtineret. Qui tandem consilio accepto acquievit, et descendit solum cum quingentis equitibus; cætera multitudine dimissa ac relicta Turbaysel ac Ravenel, et multis in locis quæ, Turcis expulsis, nunc suæ suberant potestati. Dum autem via maturata usque ad Euphratem fluvium magnum transfretare paravissent, Pancratii consilio et instinctu, quem solverat a vinculis, Turci et cæteri hostiles copiæ eductæ, et undique conglobatæ, ad viginti millia adfuerunt obviam transire volentibus. Sed vim et equitatum eorum comperiens, et minime nunc tot millia sufferre valens et debellare, via, qua venerat, Turbaysel reversus est. Dehinc Turcis dispersis, ac in sua tutamina reversis, Baldewinus iterato ducentis equitibus assumptis, Rohas profectus est conductu virorum fidelium, sine impedimento et hostili incursu itinere suo peracto, et Euphrate flumine cum omni prosperitate enavigato.

CAP. XX. — *Baldewinus qualiter in urbe Rohas exceptus sit, et quam magnanime ducis illius dona respuerit : et petitio seniorum.*

Hujus tam egregii et nominatissimi principis adventus fama, ut aures senatorum urbis penetrarat, gaudium et jucunditas facta est in universis qui audierant, ac in tubis et omni genere musicorum tam majores quam minores in occursum ejus convenerunt omni honore et gaudio, sicut tantum decebat virum, urbi introducentes. Inducto tam honorifice viro, et gloriose portis civitatis et hospitio cum suis constituto, dux, qui cum consilio duodecim senatorum ad resistendum adversariis civitatis eum accivcrat, indignatus super laudibus et honoribus, quos illi populus et senatus exhibuerat, sub arcano cordis sui graviter cœpit ei invidere; sed et eum penitus civitati et regioni præesse interdixit, nec parem sibi ad aliquos fore reditus vel tributa. Dicebat enim, illi plurimum auri, argenti, ostri, mulorum et equorum armorumque copiam se daturum, si sibi et civibus ac regioni contra Turcorum insidias et assultus propugnator et auxiliator in locis sibi constitutis esse non negaret. Qui omnino ducis hæc munera sub tam vili conventione suscipienda refutavit, rogans ut tantum conductus sui fiducia sine periculo et iniquo machinamento ad ducem Godefridum et confratrem suum sanus et incolumis redire possit. Hoc duodecim proceres senatores et primi civitatis cæteraque multitudo audientes, quia non auro vel argento vel ullis pretiosis muneribus possit retineri, ducem adierunt, omnibus modis et precibus instantes ut virum tam nobilem et propugnatorem fortissimum recedere non pateretur, nec a se alienaret; sed de regno et civitate socium sibi faceret, cujus protectione et militari ope civitas et terra semper posset defendi, et nequaquam de promisso virum molestaret.

CAP. XXI. — *A duce urbis Rohas Baldewinus in filium adoptatus, petitione ipsius Samusart civitatem impugnat ; sed infecto negotio reversus est inanis.*

Dux quidem duodecim præfectorum et omnium concivium constantiam et benevolentiam erga Baldewinum videns, eorum nolens petitioni satisfecit, ac Baldewinum sibi filium adoptivum fecit, sicut mos regionis illius et gentis habetur, nudo pectori suo illum astringens, et sub proximo carnis suæ indumento semel hunc investiens, fide utrinque data et accepta. Sic utrisque firmatis paternitate et filiatione, dux Baldewinum die quadam loco filii admonuit, ut omni militia et solidorum conventione convocatis suis, pariterque civibus Rohas assumptis, ad munitionem Samusart, quæ erat juxta Euphratem, proficiscens, expugnaret Balduc, principem Turcorum, qui eamdem arcem ad Rohas pertinentem invaserat injuste, et obtinebat. Intulerat enim idem Balduc civibus intolerabile malum : nam filios majorum civitatis non paucos obsides sibi dari minis extorserat, propter annuos reditus et tributa byzantiorum, quæ illi ad redimendas vineas et sata dare convenerant. Baldewinus primam petitionem hanc ducis et majorum civitatis non refutans, assumptis ducentis sociis et omni civitatis pedestri et equestri comitatu, castrum Samusart est aggressus, multam vim in virtute suorum hostibus inferens. Sed Balduc et suis occurrentibus in grandine sagittarum et tubarum stridore graviter repressi sunt. Nam illic infinita manus civium Armeniorum effeminatorum, incaute et segniter dimicantium, corruit, sex tantum strenui et probi milites Baldewini sagittis confixi perierunt : quorum exsequiis Christiano more completis, planctus et dolor magnus per universam civitatem factus est. Baldewinus videns arcem præsidii Samusart insuperabilem, et in ea Turcos bello fortissimos et indefessos, apud S. Joannem, quod erat in præsidio non longe ab arce, suos in lorica, galea et equo reliquit, qui semper Turcis ad resistendum occurrerent, et belli assiduitate vexarent : ipse solus cum duodecim Gallis Rohas reversus est.

CAP. XXII. — *Conspiratæ plebis consilium in ducem suum Baldewinus volens reprimere, nihil proficit.*

Post hæc paucis diebus evolutis, omnis senatus et universi cives considerantes Baldewini prudentiam et constantiam adversus Turcorum insidias, multumque sub manu ejus civitatem et ejus munitiones posse salvari ac defendi, in unum convenerunt, Constantino de montanis accito ad commune consilium, viro potentissimo, quatenus ducem suum interimerent, et Baldewinum loco ejus ducem et dominum exaltarent. Erat enim idem dux valde eis contrarius : nam multis eos calumniis affecerat, aurum et argentum incomparabiliter cunctis abstulerat : si quis vero resistebat, Turcorum inimicitias et odium non solum in periculum vitæ suæ, verum etiam in vineis et in satis suis succidendis, et in præda gregum suorum suscitabat. Hoc audito consilio, die quadam universi parvi et magni civitatis ad arma convolant; armati et loricati Baldewinum conveniunt, ut cum eis ad interitum ducis sui contendant, asserentes eum loco suo dominum et ducem communi consilio fieri se decrevisse. Qui tale facinus præsumere omnino contradixit, cum vice filii sibi sit constitutus, et nihil causæ vel mali adhuc in eo repererit, unde perditionis ejus consectaneus et socius fiat. Ait enim : « Inæstimabile coram Deo peccatum esset, ut in hunc virum manum sine causa mitterem, quem in patrem assumpsi, cui etiam fidem contuli. Sed precor vos, ne sanguine et morte ejus pollui me sinatis, et nomen meum inter principes Christiani exercitus vilescere faciatis. Peto etiam vos, ut sibi ore ad os loqui mihi liceat in solio turris, super quam usque in præsens habitare vestro dono exaltatus consuevit. » Quod mox ei annuerunt. Et ecce turrim ascendens, sic ei locutus est : « Omnes cives et præfecti civitatis hujus in necem tuam conspirati, in omni genere armorum ad turrim hanc in furore et impetu animi properant : quod doleo et moleste fero. Sed ut aliqua ratione liberari possis, vel rerum tuarum datione prævenire non neglexi. » Vix dux colloquentem sibi audivit, et ecce in circuitu turris multitudo civium in obsidione et impugnatione confluxit, incessabili mangenarum et sagittarum jactu muros et turris ostia quatientes.

CAP. XXIII. — *Quam misere idem dux interfectus sit.*

Dux videns animæ suæ angustias, thesauros suos incomparabiles in ostro, in vasis aureis et argenteis, in bysantiis copiosis Baldewino aperuit, rogans ut suscipiat, quatenus apud cives pro vita et salute sua interveniat, et nudum ac vacuum a turri exire et abire patiantur. Baldewinus preces illius exaudiens, misericordia motus super desperato, præfectos populi obnixa suasione adhortatur et instat ut duci suo parcentes non occidant, et thesauros innumerabiles, quos viderat, inter se partiri non refutent. Senatus et universi cives ad Baldewini et promissionem thesaurorum minime auscultant, non vivum, non sanum pro ulla rerum commutatione aut datione illum evadere unanimiter exclamantes, injurias et calumnias sibi objicientes, quas sub eo et a Turcis ejus instinctu sæpe sustinuerant. Dux itaque vitæ suæ diffisus, nec precibus suis aut ullis pretiosis donis videns se quidquam proficere, Baldewinum a turri remisit, se per fenestram funiculo a solio laxans exivit: quem mille sagittis in momento confixum mortificantes, media platea projecerunt caputque ejus amputantes, ad ludibrium omnibus hastæ præfixum per omnes vicos civitatis detulerunt.

CAP. XXIV. — *Occiso duce, Baldewinus subrogatus venalem arcem Samusart emere primo contempsit, postmodo consilio suorum rebus pretiosissimis comparavit.*

Crastina vero die Baldewinum, plurimum renitentem et contradicentem, ducem ac principem civitatis statuerunt; turrim insuperabilem cum universis thesauris exstincti ducis in ea repertis illi contulerunt, jurejurando subjecti illi facti et fideles, Balduc hac Baldewini nova promotione audita, timore magno percussus est, ne in virtute Gallorum, virorum belligerorum, obsidione facta præsidium Samusart amitteret. Unde legatione ad Baldewinum facta, arcem illi venalem pro numero decem millium byzantiorum obtulit, et quia abhinc et deinceps illi pro solidorum conventione fideliter militaret. Qui ad ejus verba nequaquam attendit, eo quod injuste Christianis hanc arcem abstulisset, quondam ad civitatem Rohas non longe ante hoc tempus perti-

nentem. Balduc, videns feritatem et constantiam ducis Baldewini, dixit se arcem incendio consumere, obsides civium et præfectorum, quos plurimos tenebat, decollare, et semper insidias adversus Baldewinum nocte ac die moliri. Tandem, ut plerumque temporis processit, Baldewinus audito consilio suorum, Balduc talentum auri et argenti et ostra pretiosa cum purpura, equos et mulos non modico pretio dignos contulit, et sic præsidium Samusart ab hostili manu et potestate redemit. Ab ea denique die et deinceps Balduc Baldewino subditus factus est, in domo ejus condomesticus et familiares inter Gallos constitutus. Baldewinus arcem susceptam fideli suorum custodia munivit, obsides illic repertos primoribus quibusque et civibus restituit. Post hæc, quia æque gentilibus et Christianis non convenit, et invicem sibi semper sunt suspecti, Baldewinus uxorem Balduc et filios pro fidei stabilitate requisivit : qui benigne annuit; sed de die in diem occasione adinventa, obsides hos dare differebat.

CAP. XXV. — *Præsidium Sororgia in manus Baldewini non sine labore traditur, et Balduc fraudulentia notatur.*

Baldewino duce sic exaltato et militari actione divulgato, Balas, qui et ipse princeps et invasor præsidii civitatis Sororgiæ erat, duci Baldewino legationem misit, quatenus exercitu adunato, ad civitatem, quæ a præsidio et montanis distabat et rebellis adhuc resistebat, descenderet, et præsidium in ejus manu, civibus et urbe superatis, absque dilatione reponeret : erant enim cives Sarraceni, qui sibi resistebant, et tributa dare contemnebant. Baldewinus promissis illius credens, fœdere ad invicem percusso, cum omni apparatu suo urbem obsidere et expugnare disposuit, donec cives victi cederent, et deinceps tributarii fierent. Verum cives Baldewini adventum et indignationem ex Balas suggestione intelligentes, Balduc conventione solidorum cæterosque Turcorum milites multis præmiis sibi asciverunt, sperantes sub eorum tutamine mœnia urbis posse retineri ac defendi. Balduc miles, et unus de principibus, Turcorum, avaritia byzantiorum jam corruptus, cum suis ad urbem accessit, sperans eidem urbi adhuc præesse et dominari. Baldewinus, hoc comperto, in manu forti die statuto ad obsidionem urbis Sororgiæ proficisci disposuit cum mangenis et omni apparatu armorum, quibus urbs scindi aut expugnari posset. Cives vero et Sarraceni milites apparatum intolerabilem audientes, formidine concussi, nuntia illi miserunt ut pacifice ad illos descenderet, urbem sine contradictione reciperet, reditusque singulis annis suæ ditioni non negarent. Baldewinus precibus eorum cessit; diem statuit, qua omnia hæc cum pace et fide rata et credula componerentur. Balduc videns quia cives a defensione defecerant, et timore perterriti resistere tanto principi nequiverant, urbem cum suis egressus, Rohas ad ipsum Baldewinum simulata fide in his verbis, descendit : « Nequaquam credas, ut arbitreris me ideo urbem Sororgiæ intrasse, ut civibus auxilium adversus te ferrem, sed veni, ut eos quolibet consilio ab incœpto rebellionis suæ revocarem, tibique subditos facerem ac tributarios. » Quod Baldewinus patienter accipiens, Balduc in excusatione hac manere secum ab illo die concessit; sed tamen minime fidei illius se credebat. Nec mora in manus ejus urbs est reddita, cives tributarii facti; præsidium Balas, quod in montanis præeminebat, in manum ejus et suorum custodiam reposuit. Baldewinus civitate cum præsidio suscepta, Folkerum Carnutensem, virum militarem et belli peritissimum, ad procuranda et tuenda mœnia in eis reliquit; ipse Rohas in magna gloria reversus est.

CAP. XXVI. — *Tankradus damnosa Christianis præsidia destruit, et oblata sibi ab hostibus munera prudenter reponit.*

Tankradus, qui a Baldewino divisus, Mamistræ ad maritima remanserat, cum adauctis sibi viribus de navali exercitu, quem Baldewinus advexerat, castrum puellarum quod vulgariter appellatur de Batesses, obsedit et expugnavit: similiter castrum pastorum expugnatum diruit; castrum quoque adolescentum, quod dicitur de Bakelers, quæ in montanis erant præsidia, in manu robustorum militum, dejecit et attrivit. Alexandriam minorem portis et muris dirutis subjugatam obtinuit. Turcos in eis repertos in ore gladii percussit. Omnia autem castella et præsidia hactenus peregrinis nocentia, aut cepit aut incendit; hostes gentiles in eis inventos alios occidit, alios captivos tenuit. Hostes vero, qui, Christianis subjugatis, per montana dispersi Christianorum præsidia et loca injuste invaserant, audita illius virtute militari, alii fugam capiebant, alii missis equis et mulis, auri argentique donis pretiosis amicitiæ illius jungebantur, quatenus cum pacificum in omnibus, quæ obtinebant, reperirent. Tankradus de omnibus quæ offerebantur nihil refutabat; sed sicut cautus et providus omnia suscipiens reponebat, memor præteritarum angustiarum, et majorum adhuc credulus futurarum.

CAP. XXVII. — *De civitate Maresch, ubi et uxor Baldewini obiit.*

Interea totus apparatus et virtus grandis exercitus accelerabat, rectitudine itineris per mediam Romaniam, per abrupta montium et declivia vallium incedens, quem Godefridus dux, Boemundus, Reymundus comes, Robertus Flandrensis, Reymerus episcopus de Podio, Robertus de Northmannia, communi consilio et pari conductu moderabantur. Ili ad civitatem, quæ Maresch dicitur, in manu forti descendentes, hospitio pernoctaverunt, tabernacula in locis virentibus ante urbis mœnia extendentes, nullam vim Christianis illic civibus inferentes, sed pacifice ab urbe vitæ necessaria venalia suscipientes. Turci, qui adventum tantorum ac tot principum intellexerant, ab urbis præsidio aufugerunt, quam iniqua vi et injustis tributis ante multos hos annos oppresserant. Hac in regione Maresch, uxor Baldewini nobilissima quam de regno Angliæ eduxit, diutina corporis molestia aggravata et duci Godefrido commendata, vitam exhalavit, sepulta catholicis obsequiis, cujus nomen erat Godwera. Udelrardus, similiter de Wizan infirmitate correptus, ibidem obiit, honorifice sepulcro illic conditus; miles irreprehensibilis et in omni bellorum consilio et actione utilis, de domo ducis Godefridi, semper secretorum illius ante omnes conscius.

CAP. XXVIII. — *De civitate Arthesia, ubi Christiani Armenii secum manentibus Turcis capita desecantes fratres benigne recipiunt.*

Egressi a montanis et regione Maresch prædicti principes cum omnibus sequacibus legionibus, compererunt a quibusdam Christianis Syriæ sibi occurrentibus civitatem Arthesiam non procul abesse rebus necessariis vitæ locupletem, sed a Turcis possessam. Hoc comperto, Robertus de Flandria assumptis secum viris cautissimis, Rotgero de Roscit, Gozelone filio comitis Cunonis de Monte acuto, cum mille loricatis ab exercitu exsurgens ad Arthesiam descendit, civitatem muro, mœnibus et præsidio turrito munitissimam, in qua Turci manentes Armenios Christianos servili jugo subegerant. Urbi itaque et ejus mœnibus appropinquantes in signis erectis cujusque colore pulcherrimis, in galeis æneis auro lucidissimis, totam regionem fama adventus sui concusserunt. Turci in mœnibus Arthesiæ et præsidio, causa defensionis et repugnationis, repentina hac Gallorum congressione perterriti, astiterunt, portas civitatis obice et seris munientes. Verum cives Armenii, quos iidem Turci longa servitute depresserant, secum in eisdem munitionibus constituti, reminiscentes injuriarum suarum quas ab eisdem Turcis diu pertulerant in raptu uxorum et filiarum, in actione cæterorum nefariorum, in exactione tributorum injustorum, nunc freti auxilio et adventu Christianorum eosdem Turcos invadentes, in ore gladii peremerunt, et capita eorum amputantes e fenestris et mœnibus ejecerunt, portasque urbis confratribus Christianis aperientes, aditum reddiderunt tutum in occisione gentilium, in ejectione exstinctorum corporum: benigne etiam et omni pia susceptione fideles fratres inducunt, armis et sarcinis familiariter exonerantes; cibis diversis et amicis potibus recreant, equis et mulis eorum pabula sufficienter subministrantes.

CAP. XXIX. — *Populus Dei profana multitudine circumplexi, ferro sibi viam aperiunt, et vix evadunt, obsessi fiducialiter agunt.*

Ab hac urbis statione usque ad Antiochiam decem milliaria computantur et fama novæ cædis Turcorum veloci pede transvolans, Turcos ab Antiochia et de cunctis finibus ejus ad viginti millia congregatos accivit usque ad prædictam civitatem Arthesiæ. Ex his millibus Turcorum astutiores et agiliores triginta, equis in modum venti currentibus insidentes, in dolo præcesserunt, post terga relictis insidiis totius legionis, quatenus in arcu corneo et osseo Gallos e plurimis consiliis invicem habitis, consilium repertum est, ut, primo diluculo apparente, ad pontem fluminis Fernæ reditum pararent, et Antiochiam, urbem turribus munitam et fundatam et humanis viribus insuperabilem, securi intrarent, ne ponte prævento et flumine ab exercitu Christianorum, periculum vitæ expugnati paterentur. Vix Antiochiam prædic:i Turci subierant, cum sequentis lucis crepusculo magnus exercitus Catholicorum in terminos Arthesiæ castra applicuit, ibidem pernoctans in lætitia et jucunditate. Illic ex decreto majorum mille et quingenti viri loricati electi, ad Arthesiam sunt directi ad auxilium confratrum, qui erant in arce, ut sic sani et incolumes copiis et viribus communi via, minus de hostili impetu solliciti, ad exercitum repedarent. Civitate Arthesia fidei Christianorum tuitione munita, ad exercitum sine ulla offensione sunt reversi. Redit et Tankradus ab Alexandria minore et maritimis regionibus; redierunt et universi, quibusque locis ad subjugandam terram et castella et civitates præmissi et dispersi, præter Baldewinum, fratrem ducis Godefridi. Qui ad meridianam plagam profectus in terram Armeniæ, expugnaturus Turcos, Turbaysel et Ravenel et cætera præsidia suæ ditioni subjecerat. Idem vero Baldewinus sic de die in diem bellis ac triumphis magis ac magis accrescens, ex consilio duodecim præfectorum civitatis, uxorem nobilissimam de genere Armenio magnificis et legalibus duxit nuptiis, filiam cujusdam principis et fratris Constantini, nomine Taphnuz, qui in montanis præsidia et plurimas munitiones obtinebat, quorum universorum hæredem Baldewinum constituit. Sexaginta etiam millia byzantinorum illi dare spopondit, de quibus conventionem solidorum militibus suis solvens, terram potenter adversus Turcorum incursus retineret. Spopondit quidem, sed tantum septem millia illi dedit: quæ vero restabant, de die in diem differebat. Nuptiis Baldewini inæstimabili apparatu celebratis, decretum consilio communi et majorum civitatis et regionis, ut idem Taphnuz cum genero suo de statu terræ et utilitate civitatis tractaret, eo quod vir esset provectæ ætatis et sanioris consilii, sicque se invicem mutuo prævenirent honore: quod et actum est.

legionis, quatenus in arcu corneo et osseo Gallos e præsidio lacessere et protrahere valerent. Galli equidem fraudes et latentes insidias ignorantes, pede et equo, armis muniti et loricis induti, illis mediis occurrerunt campis, ut cum hostibus committerent. Sed non aliquis successus illis ullo conflictu potuit contingere. Nam Turci, qui erant in insidiis, transverso itinere illorum in gravi multitudine anticipant, ne Galli reditum aut refugium ad urbem haberent, sed momentaneo interitu suffocarentur. Hoc viso repentino impetu et improviso, Robertus de Flandria et Rotgerus cæterique capitales exercitus, fortiter sociis admonitis, et in unum conglobatis, per medias densas acies Turcorum a campi planitie frenis reductis transvolantes, rigidis hastis hostes irruperunt. Irruit et omnis societas virili audacia, quousque incolumes a manibus inimicorum intra portas et mœnia illapsi sunt. Turci vero elapsos in portis grandine mille sagittarum insequuntur, portas cum eis intrare conantes. Sed retrusi a limine in manu valida, licet exigua, portas intrare cum Gallis nequaquam permissi sunt. Multi tamen in repentinis sagittarum ictibus hinc et hinc armigeri, equites et pedites, muli quoque et equi gravati sunt. Turci ergo videntes se nihil profecisse, et adhuc in copiis suis confidentes, obsidionem circa prædictam urbem constituerunt. Sed fideles inclusi ex sufficientia ciborum in arce reperta murali robore firma et inexpugnabili, tuti et quieti resederunt. Illic in præsidio Arthesiæ Gozelo filius comitis Cunonis, languore gravissimo occupatus, post dies aliquot vita discessit, et a confratribus Christianis debitum sepulturæ honorifice et catholice suscepit.

CAP. XXX. — *Profani Arthesiam obsidentes, de adventu Christiani exercitus per exploratores edocti, nequaquam, usque in noctem, obsidionem solvunt.*

Interea non longo intervallo maturabat viam magnus exercitus Christianorum, inter quos latenter exploratores degebant, qui ab exercitu occulte, visa opportunitate subtracti, Turcis referebant quæ audierant de adventu et consiliis catholicæ legionis. Delatores prædicti audientes quia ab Arthesia fama obsidionis suorum ad principem Godefridum, Boemundum cæterosque pervenerat, et quia ad subveniendum consilium inierant, festinato ad castra Turcorum redierunt, jam Romanos Francigenas et Teutonicos in proximo adventare nuntiantes; nec vires eorum sustinere posse, nec a manibus eorum eripi, nisi cito, civitate relicta, in sua remearent tutamina. Nequaquam tamen his sinistris nuntiis admoniti expavescunt, freti nimium in suis prædictis millibus; sed per integras unius diei horas urbem impugnant, et in assultibus plurimis laborant. Sed laborem suum in cassum consumunt, Gallis ab arce et mœnibus non parce resistentibus.

CAP. XXXI. — *Exercitu Dei adveniente, Arthesia fidelium tuitione munitur; Baldewinus triumphis clarus novis nuptiis illustratur.*

Dehinc nocte relata et tenebris incumbentibus,

CAP. XXXII. — *Christi populus adunatus non ultra dividitur, quem Podiensis episcopus circumspectum fore, paterne alloquitur.*

Postquam in unum convenerunt congregati, non ultra ab hac die divisi sunt propter copias Turcorum inæstimabiles, qui a montanis et omni Romania profugi, ad urbem Antiochiam, quæ erat inæstimabilis murorum firmitate et inexpugnabilis, pro defensione properaverant. Nec mora, episcopus Podiensis Reymerus sermonem ad populum faciens, hujusmodi exhortatione universos paterne admonuit et docuit, juxta quod instans necessitas, et creberrima fama vicinæ nimium Antiochiæ exigebat: « O fratres et filii charissimi, Antiochiam civitatem nimium vicinam, ut compertum habemus, scitote fundatam murali munitione firmissimam, quæ ferro vel jactu lapidis rescindi non potest, inauditi et insolubilis cæmenti opere, et mole magnorum lapidum constructa. In hac omnes hostes Christiani nominis, Turcos, Sarracenos, Arabes e montanis Romaniæ et ex omni parte a facie nostra fugientes, convenisse procul dubio cognovimus. Unde cavendum summopere nobis est ultra aliquos ex nostris divisionem facere, nec temere præcurrere; sed in communi et unanimi virtute in crastino usque ad pontem Fernæ nos commeare, consilio cautissimo definivimus. »

CAP. XXXIII. — *Relicta Romania, præelectos sequentes signiferos ad pontem usque fluvii Farfar perveniunt, ubi a Turcis bellicose excepti sunt.*

Omnis ergo populus venerabilis sacerdotis admonitioni acquievit; et crastino sole exorto, cum sociis ab Arthesia receptis, cum Tankrado et Welfone Buloniensi, maritimisque Gallorum sociis universis relatis, cum camelis et asinis omnibusque vehiculis sarcinarum rerumque necessariarum, in uno comitatu et armorum fiducia usque ad pontem fluminis Fernæ, quod dicitur Farfar, profecti sunt, relictis asperis Alpibus vallibusque gravissimæ Romaniæ. Hac enim die Robertus Northmannorum comes præelectus est cum suis militibus exercitum præire, sicut mos est in omni exercitu militari : quatenus si aliqua vis adversariorum fuisset, nuntiaretur catholicæ legionis ducibus et principibus, ut ad arma, loricas et paratos cuneos quantocius properarent. Hujus inter millia Rotgerus de Barnevilla, Everhardus de Poisat, milites in omni negotio militari laudabiles, signa præferentes, equitatum regebant, quousque ad ipsum pontem prænotatum sine dilatione constiterunt. Pons denique iste mirabili arte et antiquo opere in modum arcus formam accepit, subter quam Farfar fluvius Damasci, Ferna vulgariter dictus, cursu rapidissimo alveum perluit. In utraque pontis fronte duæ prominebant turres ferro insolubiles, et ad resistendum aptissimæ, in quibus Turcorum semper erat custodia. Subsecuta est societas duum millium peditum virorum egregiorum, qui etiam ad pontem consistentes, minime transire permissi sunt. Nam Turci, qui in turribus pontis ad centum defensionis causa constituti erant, fortiter in arcu et sagittarum grandine transire volentibus resistebant; equos crebris vulneribus lædebant, sessores equorum trans loricarum tegmina volatili sagitta plurimos transfigebant.

CAP. XXXIV. — *Dura conflictio fidelium et Turcorum pro transitu pontis.*

Orta hinc et hinc tam gravi contentione, his transire volentibus, illis econtra transitum prohibentibus, et adhuc prævalentibus, septingenti Turci, qui ab Antiochia acciti exierant, videntes constantiam et defensionem suorum in ponte, in equis celerrimis nimium bello animati advolantes, vada præoccupant, ne quispiam Christianorum transeundi licentiam obtineat. Equites et pedites Christianorum videntes copias Turcorum loricatorum in fluminis ripa ad resistendum diffusas, diffunduntur et ipsi spatiose altera in ripa; et utraque parte sagittis virili conatu intortis et immissis, longa fit concertatio, hominesque et equi quamplures confixi in utraque ripa moribundi cadentes deficiebant. Turcis tandem plurimum prævalentibus, et sagittarum notitia et luctamine præeuntibus et perdurantibus, exercitus fidelium armis et equis paratus, ad subveniendum præmissis sociis undique accelerabat. Sed nec Turci a ripa tunc quidem recedentes, maluerunt mori quam cedere, incessanti conatu sagittarum transmittere volentibus obsistentes.

CAP. XXXV. — *Monitu Podiensis episcopi pontem superant; commisso prælio bellatores Christi victores redeunt; principem Antiochiæ nuntia dura per cellunt.*

Episcopus Podiensis, qui audita tam gravi contentione magnum præcessit exercitum, videns corda suorum metu fluxa aliquantulum deficere læsione equorum, pectorumque suorum transfixione, sermonem iterat, populumque Dei vivi nomine sic roborat ad defensionem : « Ne timueritis impetum adversariorum; state viriliter, insurgite contra hos canes remordaces. Jam enim hodie pro vobis pugnabit Deus. » Ad hæc verba et monita tam præclari pontificis facta scutorum testudine, tectis galea capitibus, et indutis lorica pectoribus, fortiter pontem penetrant, hostes a ponte retrudentes in fugam convertunt. Alii totum videntes auxilio sibi convenisse exercitum, nimium freti, vada intrantes equis transnatant; alii, pedibus vadis repertis, transire aquas properant ex desiderio belli committendi, et ictus percussorum et fundibularios sustinentes, cæcoque aggressu Turcos impetentes, et a statione effugantes, in altero fluminis littore sicco consistunt. Wido, dapifer regis Franciæ, equo et lancea Turcos incurrit; Reinoldus Belvacensis, tiro asperrimus, minime jacula sagittarum curans, in medio hostium lancea et gladio præcurrens, sævissimas strages operatur; miscentur utrinque vehementi impetu agmina fidelium et infidelium et belli sudore fervescunt, cædes et strages operantur. Boemundus, Godefridus, Reymundus, Robertus, Rotgerus, acies et signa bellica diversi coloris pulcherrima moderantur, donec Turci equis celerrimis fugam ineuntes Antiochiam reversi sunt, per devexa montium et loca sibi nota viam accelerantes. Christiani victores ab insecutione et plurima strage inimicorum reverteutes, neque ulterius hostem insequentes, eo quod nimium proxima mœnia Antiochiæ viderentur, et omnium gentilium vires in ea confluxissent, juxta fluvium Fernæ pernoctarunt; prædas et spolia usquequaque contraxerunt, plurimos de exercitu Petri, quos Turci per Antiochiæ regionem diviserant, a vinculis excluserunt. Hæc nuntia sinistra, eventumque suorum in contraria versum, Darsianus princeps et caput civitatis comperiens, vultu dejecto, corde metu contrito, magnis arctatur doloribus; quid acturus sit mente involvens, si sibi eveniat, quod et Solymano in amissione verbis Nicææ evenit. Nec mora, consiliis creberrimis invigilans, escas comportare, arma et vires sociorum congregare sine intermissione studet; portas et mœnia fideli custodia munire non cessat.

Cap. XXXVI. — *Iter Antiochiam indicitur; antistes populum alloquitur et per eum qui principes exercitus præcedere, qui extremas custodias observare debeant, ordinantur.*

Præterea illucescente die, dux Godefridus, Boemundus et universi capitanei exercitus exsurgentes, armis et loricis atque galeis rursus induti, iter intermissum ad urbem Antiochiam iterare universos jubent cum omni necessario apparatu, et omni genere armentorum vehiculisque cibariorum, quibus tantus opus habeat exercitus. His in unum conglobatis, et viæ præparatis, providus antistes in hunc modum loquitur, dicens : « Viri fratres, et filii dilectissimi, verba, quæ ad vos refero, diligenter audite, et attendere vos non pigeat. Urbs Antiochia proxima est, nobisque vicina : quatuor inter hanc et nos sunt milliaria. Hæc urbs mirifica, et opus nobis inauditum regis Antiochi immanissimis saxis et turribus fundata est, quarum numerus trecentum et sexaginta computantur. In hac Sansadoniam filium regis Darsiani, principem fortissimum, dominari scimus et ammiraldos quatuor nobilissimos et potentissimos, ac si reges essent, ex imperio Darsiani accitos convenisse comperimus, et se suosque præ timore adventus nostri in manu forti prævidisse et armasse. Horum nomina sunt : Adorsonius, Copatrix, Rosseleon, Carcornutus, quorum omnium rex et caput et dominus Darsianus esse refertur. Ili quatuor ammiraldi ex triginta civitatibus, quæ in circuitu longe lateque ad Antiochiam pertinentes, regi Darsiano tributariæ suberant, quatuor ditiores dono et gratia Darsiani in beneficio tenent, singuli singulas centum castellis. Qua de causa nunc admoniti ab ipso Darsiano, rege Syriæ et totius Armeniæ, non in modica virtute ad resistendum, et defendendam urbem, dominam harum omnium urbium et regnorum, advenisse perhibentur. Unde et nobis necesse est ut caute et ordinate ambulemus. Sero, ut nostis, commisimus bellum; fatigati sumus; equi exhausti viribus sunt. Godefridus dux, Boemundus, Reinardus de Tul, Petrus de Stadeneis, Everhardus de Poisat, Tankradus, Wernerus de Greis, Henricus de Ascha, ad conducendum exercitum in fronte præcedant, factis aciebus; Robertus Flandrensis, Robertusque comes Northmannorum, Stephanus Blesensis, Reymundus comes, Tatinus familiaris imperatoris Constantinopolitani, Adam filius Michaelis, Robertus de Barnavilla, si gratum vobis est consilium, extremas acies equitum et peditum moderantes tueantur. »

Cap. XXXVII. — *Antiochiam pervenientes quid egerint, et quantus æstimatus sit exercitus Dei.*

Hoc itaque consilio cunctis ab antistite et cæteris viris astutis ordinatis, regia via usque ad ipsos muros horribiles Antiochiæ unanimiter in splendore clypeorum coloris aurei, viridis, rubei, cujusque generis, et in signis erectis auro distinctis omni opere ostreo visu decoris, in equis bello aptissimis, in loricis et galeis splendidissimis proficiscuntur, tabernacula potenter extendentes juxta locum, qui dicitur Altalon. Illic pomaria et arbores diversi generis in securi et ascia succisas exstirpaverunt, terram protentis papilionibus occupantes. His locatis, certatim indulgent operi ciborum, cornibus mille et mille perstrepentes, prædis et pabulis equorum undique insistentes, quorum fragor et strepitus usque ad terminum milliaris ferme posse audiri referebatur. Nec mirum, cum numerus tanti exercitus sexcentis millibus virorum pugnatorum ab universis procul dubio computetur, absque sexu femineo et pueris sequentibus, quorum millia plurima esse videbantur. In hoc Christianorum adventu et obsidione recenti, illo die tanto silentio urbs conquievit, ut nec sonus nec strepitus ab urbe audiretur et vacua civitas a defensoribus crederetur, cum feta nimis armis et gentilium copiis in omnibus turribus et præsidiis redundasset.

Cap. XXXVIII. — *Descriptio qualiter obsessa sit urbs.*

Dies quartæ feriæ illuxit, quando ingressi sunt terram Antiochiæ, et muros ejus obsederunt. Hac die Tankradus primus secus Altalon sedem ponit. Juxta hunc Rotgerus de Barnavilla socius augetur; Adam, filius Michaelis, juxta cum suis sequacibus ordinatur, ne in hac parte Turcis aliqua necessaria inferrentur. Ad portam vero quæ respicit ad Persidem plagam, ubi juga montium deficere incipiunt, Boemundus cum robustiorum manu locum occupat, ibique firmato præsidio, tutus morabatur. Tatinus vero familiaris imperatoris, aliquantulum remotus ab urbe, in campo, Combrus nomine, tentorium fixit, semper fugæ intentus. Ante eumdem Tatinum Baldewinus, comes Hamaicorum, sedem posuit cum sua manu. Robertus dehinc Northmannorum comes, et Robertus Flandrensis ad obsidendos muros cum omni sua militia ordinantur. Stephanus Blesensis pariter ad cingendam urbem juxta prædictos principes suo sedit in ordine. Hugo Magnus, regis Franciæ Philippi frater, similiter cum suis sociis ad hanc obsidionem consedit. Urbs hæc Antiochia, ut aiunt, ad plenum duo milliaria continet in longitudine, unum et semis in latitudine : quam præfluit amnis præfatus Farfar, muris et turribus occupatus, quorum quarumque munitio et opus usque in supercilium montis extenditur, ubi principalior arx et magistra urbis et omnium turrium fundata præeminet. In circuitu hujus arcis quatuor insuperabiles turres positæ ob custodiam mediæ arcis in medio sedentis referuntur, quarum præfati ammiraldi semper custodes et defensores regis Darsiani attitulati sunt.

Cap. XXXIX. — *Item de eadem re.*

Adhuc ad ipsam Antiochiam obsidendam, quam

tam spatiosam audistis, ad portam, quæ dicitur a modernis Warfaru, quæ insuperabilis est, ipse antistes assidet, sociato sibi comite Reymundo, cum quibus provinciales et Vascones, et omnes sequaces corum consederunt. In loco ulteriore, ubi postea pons ex navium copulatione constructus est, Godefridus dux super ripam fluminis, portam unam civitatis cum universis millibus Lotharingis, Saxonibus, Alemannis, Bawaris gladio sævissimis obsidet. Cum duce eodem Reinardus de Tul, Petrus de Stadeneis, qui Mamistræ a Baldewino, fratre ducis, sequestrati, ad exercitum et ducem redierant; Cuno etiam de Monte acuto, Henricus de Ascha, fraterque ejus Godefridus, milites semper hostibus infestissimi, ad prohibendum Turcis introitum et egressum pariter consederunt. His ferventior et major incumbebat labor.

CAP. XL. — *De ponte fluminis, ad cujus destructionem machinæ exquisitæ componuntur.*

Super hunc amnem prædictum, qui longissimo alveo usque in mare protenditur, præterlabens muros, ab ipsa urbe pons porrigitur lapideus, opus antiquum, sed minime turritum, qui prorsus terminata legione, hac ex parte inobsessus remansit. Per hunc siquidem pontem sæpius Turci egrediebantur, et necessaria, vidente exercitu, cum suis erumpentes et remeantes inferebant, et populum Jesu Christi per regiones et montana dispersum ad quærendum victum vel pabula equorum, eodem ponte emissi frequenter, illius dispersione comperta, trucidabant. Similiter ab ipsa porta Warfaru, quam præsul Reymerus Reymundusque observabant, pons alius etiam infestus, ingenio antiquorum fundatus, porrigitur trans paludem quamdam, satis lutulentam et profundissimam ex impetu et inundatione assidui fontis, juxta urbem extra muros emanantis. Per hunc pontem interdum exercitui insidiarum oblito, aut in die aut in noctis obscuro egredientes Turci sagittas intorquebant, aut in impetu aliquos gladio percutiebant, subitoque recursu per eumdem pontem in urbis præsidium evadebant. Cujus pontis infestationem episcopus et omnis primatus conquerentes, inito consilio, ad ejus destructionem conspiraverunt, ac die statuto cum instrumento malleorum ferreorum, cum ligonibus et securibus a castris exierunt. Sed nequaquam vis eorum in hujus pontis destructione prævaluit. Erat enim opus insolubile antiquorum cæmentis et ingeniis fundatum. Hinc frustrato in conamine malleorum exercitu, machinam, ex strue lignorum et vimineo opere intextam, componere principes decreverunt : cujus ligaturas ferro fabricatas et connexas, coriis equinis, taurinis, camelinis operuerunt, ne igne cum pice et sulphure injecto, a Turcis combureretur. Hanc vero perfectam usque ad medium pontem ad portam Warfaru vi loricatorum deducentes, Reymundum comitem, custodem et magistrum machinæ constituerunt.

CAP. XLI. — *Congressio valida pontis, ubi machina Christianorum in favillam redigitur, et instaurantur alia instrumenta.*

Turci, hac visa structura, ad mœnia contendentes, sagittis et mangenarum jactu in ponte luctantes feriunt Gallos, quatenus percussos a ponte et machina arcere valerent. Similiter ex adverso Christiani in sagittis et baleari arcu resistentes, fortiter hostes in mœnibus impugnant, quousque filium cujusdam ammiraldi sagitta trans jecur perfodiunt. Illius vero interitu et fidelium repugnatione Turci indignati, ampliore ira fervescunt; et tandem in unum collecto robore suorum, repente portam aperientes, egressi viriliter machinam assiliunt, custodibus subito instant et expugnant; ignem piceasque faces et sulphureum fomentum fortiter machinæ ingerunt, totam eam in favillam redigentes. Custodes autem machinæ periculum vitæ suæ metuentes, licet inviti, exire coguntur in fugam præcipites, vix defensi et elapsi. Peregrinorum itaque milites et principes hac arte nihil se proficere videntes, sequenti die instrumenta trium mangenarum (Franci barbicales vocant) opponunt ponti, quæ portam Warfaru et turrim portæ ejusque mœnia crebro jactu et impetu saxorum quaterent et attererent, murosque exteriores, qui erant ante murale, in plurima frusta minuerent. Sed nec sic in contritione portæ valuerunt. Cum vero nihil proficerent, quadam die ex communi consilio robora arborea ingentia vixque mobilia, et saxa mobilia miri ponderis ac magnitudinis, in virtute et conatu mille loricatorum trans pontem portæ advolverunt, impedimento Turcis exire et nocere volentibus.

CAP. XLII. — *De navali ponte fidelium ad evitandas Turcorum insidias.*

Ex his ambobus pontibus cum plurima damna et incursiones exercitui Christianorum ingruerent, sed nunc porta et ponte Warfaru robore lignorum et saxis immanissimis occupato et obstructo, frequentius ex eo ponte, quem in altera parte civitatis trans fluvium Farfar locatum diximus, de quo Turcorum egressus erat, et qui præ urbis amplitudine inobsessus remanserat, insidiæ fierent ad perdendos fideles, pontem ex navibus componi constituerunt in funium retinaculis, per quem ad portum Simeonis eremitæ liberum iter haberent : nam antea lento navigio ex utraque ripa exspectantes singulatim et tarde transibant. Nunc vero hac de causa pons iste navalis constructus est, ut egressis Turcis per pontem lapideum Farfar in insidias Christianorum, per hunc ligneum pontem Galli festinanter occurrentes, suis subvenirent a portu maris escas afferentibus, et Turcos sine mora repellerent. A ponte lapideo prædicti fluminis usque ad pontem navium funibus vimineis cratibus aptatum, dimidium milliare computatur.

CAP. XLIII. — *Qualiter Turci Christianos, ad equorum pabula missos, clam invaserint.*

Ponte autem ex navium collectione et conjunctione perfecto, Christiani tam milites quam pedites quadam die trecenti transmeant fluvium Farfar ad quærenda pabula equorum et victui necessaria. Quod Turci agnoscentes, et a mœnibus speculantes, per pontem urbis lapideum raptim sociis collectis, armis et pharetris sumptis, in equo pariter exeuntes, ex improviso adsunt Christianis in tergo ad pabula missis, quorum plurima corpora, amputatis capitibus, humi prostrata reliquerunt; cæteros vero, quibus fugiendi facultas erat, usque ad novum pontem insequuntur: felices, qui tam crudeles hostes evadere potuerunt. Alii ad vada contendentes, undis involuti suffocantur a facie Turcorum fugientes, quibus pons novus præ multitudine transcuntium negabatur.

Cap. XLIV. — *Fideles, in ultionem suorum consurgentes, post mutuam cædem partim gladiis consumpti, partim in flumine submersi sunt.*

Hoc tam grave infortunium ad proceres exercitus ut est perlatum, ad quinque fere millia armati, complures lorica induti, et equis insidentes e tentoriis advolant ad reprimendos hostes temerarios. Henricus filius Fredelonis de Ascha castello, avidus hostes insequi, sicut erat bello et actis nominatissimus, trans fluvium equo natavit, licet e lorica et galea clypeoque gravatus: nam transitum navalis pontis præ longa mora exspectare nequiverat; caput vero hujus temere vada intrantis cum equo, fluctus profundissimi operuerunt. Attamen, Deo protegente, cujus gratia vitam opponebat periculo, vivens et sospes in equo adhuc residens, cum cæteris transnatantibus siccum littus recepit, et in persecutione Turcorum nimium perdurans, usque ad ipsum pontem socios equites et pedites imperterritus insequi adhortatur. Turci itaque alii retenti, alii vix elapsi, socios qui erant ad pontem Farfar et in porta conglobati, ad auxilium sibi magno fragore vociferantes, exierunt, equosque ad frena in exitu et fremitu subvenientium rejicientes, Gallos hactenus se infestantes in fugam gravissimam retulerunt usque ad ipsum pontem, quem ex navibus composuerant. Hac remordatione et inundatione Turcorum gravissima, et celeri fuga et reversione Christianorum ad pontem, plurimi pedites interierunt, a Turcis sagitta confixi. Plures post terga mortem momentaneam videntes, sola aqua liberari sperantes, undis profundi fluminis inferuntur: quorum non modica pars ab amne submersa et suffocata periclitari et mori visa est. Alii vero e ponte præ pressura fugientium cum ipsis equis et galeis ac loricis corruebant, qui submersi undis et exstincti, non ultra reperti sunt.

Cap. XLV. — *Custodia portæ pacto pecuniæ Tankrado mandatur.*

Sic Turcis sæpe a ponte hoc et a porta per quam postea urbs est tradita, quæ sursum in montanis sita exitum præbebat, ad nocendum populis egredientibus, principes exercitus consilium inierunt, quatenus Tankradus illic locato præsidio custodiam ageret, et ab utraque porta Turcos egredi audentes repente reprimeret; hacque pro custodia per singulos menses in conventione quadraginta marcas argenti ab exercitu reciperet. Qui dum die quadam in præsidio in montanis locato, juxta aras Turcorum custodiam ageret trans fluvium Farfar, eo scilicet in loco, quo longe ab urbe fere semi milliare profluit, Turcos, sicuti erant soliti, vada transeuntes fortiter incurrit, atque cum eis prælio commisso, tandem prævalens, quatuor ex Turcis gladio occidit, cæteros trans flumen in fugam convertit usque ad locum, quo armenta illorum herbis pascebantur. His ultra flumen fugatis, prædam de armentis cum camelo uno abduxit, et ad præsidium novum, quod firmaverat, in victoria hac reversus est.

Cap. XLVI. — *De clerico et matrona, qui dum aleis luderent, insidiose perempti sunt.*

His duabus portis, una versus montana, altera ad pontem lapideum Tankradi custodia observatis, et Christiano exercitu sedato, atque a rebus bellicis aliquantulum securo, aliquibus sociis interdum aleis præ otio intendentibus, contigit quodam die filium comitis Conradi de Lutzelemburg, Adelberonem nomine, clericum et archidiaconum Metensis Ecclesiæ, juvenem nobilissimum de regio sanguine, et proximum Henrici III Romanorum Augusti, alearum ludo pariter recreari et occupari cum matrona quadam, quæ magnæ erat ingenuitatis ac formositatis, in viridario pomiferis arboribus et herbarum abundantia plenissimo, et silva quæ juxta sedem et eamdem portam urbis habebatur, quam dux Godefridus et Teutonicorum comitatus obsidione premebat. His, ut dictum est, otio et ludo intentis, Turci solliciti insidiarum et necis Christianorum, clam e porta procedunt; et caute se abscondentes inter altam et supereminentem herbam arborumque densitatem, archidiaconum et sibi colludentem matronam, subito clamore nescios et obstupefactos incurrunt, sagittis infigentes, sociosque, qui judices ad ludum convenerant, jam præ timore oblitos alearum, dispergunt et vulnerant. Et ipsius quidem archidiaconi caput amputatum per portam, raptim et in momento hoc facto, repedantes secum detulerunt; matronam vero vivam et intactam armis rapientes traxerunt in urbem, per totam noctem immoderatæ libidinis suæ incesto concubitu eam vexantes, nihilque humanitatis in eam exhibentes. Tandem tam abominabili et sceleratissima plurimorum commistione abusam ad mœnia deducentes, capitali sententia peremerunt; caput vero illius continuo mangenellis suis imponentes, una cum capite archidiaconi procul a muris in medios projecerunt campos. Amborum itaque capita inventa duci Godefrido allata sunt et monstrata, qui archidiaconi recognito capite sepulcrum corporis illius jam inhumati jussit aperiri, et caput proprio loco restitui, ne tam nobilissimi viri membra remanerent insepulta.

Cap. XLVII. — *De milite propria incuria prostrato, et de pomario, quod fidelibus nocuum succiditur.*

Dehinc alio die Turci successu suæ fraudis gaudentes, et similem deceptionem adhuc Christianis se inferre arbitrantes, a porta egressi, et inter scirporum densitatem fragilesque calamos palustris loci clanculum accedentes, peregrinis quibusdam in prædicto pomario insurrexerunt solita feritate et vociferatione; sed a militibus subvenientibus retrusi et in fugam coacti sunt. Nullus quidem ab his percussus tunc aut vulneratus est præter Arnolphum de Tyrs castello, qui eques semper bello fervidus fuit et providus; licet nunc incautus sine tegmine scuti et indumento ferri ad clamorem peregrinorum subito in pomarium contenderit. Ubi a cæco et volatili telo sagittæ cujusdam Turci lethali vulnere transfixus, mortuus est. Dux ergo suique contubernales moleste ferentes a pomario hoc Turcos insidias Christianis moliri, et tam egregios viros illic in dolo cecidisse, decreverunt ut in ferramentis et securibus Christiani de exercitu convenientes, hoc radicitus exstirparent, herbas, scirpos et calamos meterent, ne qua fraudulenta manus illic ultra latere aut nocere posset. Turci enim dolositates suas hac in porta, et ab hac porta populum Dei viventis præcavere videntes, rursus per portam Farfar exeuntes, invigilabant perditioni peregrinorum per pontem navium transmeantium, lignorum sarmenta comportantium, herbas et pabula equorum quærentium; et quotquot a specula montis hac et illac pro necessariis rebus vagari conspiciebant, illico insequentes gladiis et sagittis interemerunt.

Cap. XLVIII. — *De Hugone comite, qui fidelium neces dolens, Turcorum fraudibus prudenter occurrit.*

Cum vero hæc cædes, insidiæ, incursiones, mane, meridie, vespere, singulis diebus fierent, et quotidiana lamenta super occisis audirentur in castris, nec Tankradus toties hostibus occurrere valeret præ diversis opinionibus hostilis fraudis, et eo ignorante sæpe ab urbe per pontem erumperent, Hugo comes de S. Paulo ex regno Franciæ, motus est pietate super hac quotidiana strage fidelium, sibi cæterisque potentibus famulantium, et res necessarias afferentium. Unde filium suum Engeladum, tironem armis agilem, paterna suggestione admonuit ut et cæteros sibi familiares, quatenus in una voluntate secum accensi, pauperes suos atque confratres Christianos a tot Turcorum cædibus et assultibus liberare et ulcisci velint, et absterrere toties insequentes hostes. His factis, et voluntariis inventis, ipse grandævus pater primus arma et equum requirens, ascendit, pontemque navium in noctis umbra transiens, juxta montana in latibulo vallis cum dilectissimo filio et secum assumptis sociis occultatus, summo mane peditem Christianum reliquit in campestri planitie, ubi Turcorum oculis manifeste pateret. Turci itaque non immemores suæ crudelitatis et cædis Christianæ, ab urbe per pontem fluvii Farfar rursus procedentes, in montis vertice, sicuti soliti erant, consistunt, de quo a montanis ad montana per camporum planitiem longe spectacula ferme ad duo milliaria dantur. Illic solum peregrinum vagantem, et sarmenta legentem, contemplantes, ad ejus interfectionem velocitate equorum convolant, et subito clamore exterritum usque ad montana et fruteta profugum insectantes, insidias latentium cominus Christianorum prætericurunt. Peregrino vero jam in montibus abscondito, viam remensi sunt hi quatuor Turci juxta Christianorum insidias, fiducialiter redire sperantes. Sed extemplo comes et sui a valle exsurgentes, in eosdem irruerunt equorum velocitate, duos in momento attritos solo relinquentes, equis et armis eorum abductis; alios vero duos vitæ reservantes vinctos ad exercitum perduxerunt. Concurrunt undique peregrini, nobiles et ignobiles, ad videndos Turcos captivos, gloriam Deo dantes super hoc prospero eventu, laudesque multiplicant comiti Ilugoni et filio ejus Engelrado, quorum prudentia et virili audacia tam noxii adversarii capti et attriti sunt.

Cap. XLIX. — *Ubi comitis ejus filius Turcorum sævissimum post nonnulla vitæ discrimina prosternit, victorque regreditur.*

Primores vero Turcorum, et omnis manus corum, audita suorum contritione, doloribus acuunt iras; consilia ineunt, quibus in brevi rependant crudeliora damna Christianis in ultione suorum. Unde quidam audaciores, animoque ferociores, ex millibus suis electi ad lacessendos Christianos usque ad pontem navium, viginti præmissi sunt in equis vento velocitate similibus. Qui multis et propinquis discursibus in littore juxta pontem præludentes et sagittas intorquentes, totum post se commovere conati sunt exercitum, ut vires sociorum raptim ex urbe inundantes gravi martyrio aliquos, sicut soliti erant, conturbarent. Fideles autem Christi satis et sæpius experti fallacias illorum, compescuerunt ab insecutione temeraria populum. Sed ne eos tædio belli victos assererent, Engelradum filium prædicti Hugonis cum quibusdam sociis obviam Turcis præmiscerunt, qui etiam suo more equos in discursionibus flectentes, dolosos hostes mutuo conflictu fallere tentarent. Nec mora, pontem transeuntes, equos vexant huc et illuc diversis inter se discursibus; et hi alterna infestatione hastas dirigunt ad feriendum, hi sagittas intorquent ad configendum. Postremo post plurimam cursuum contentionem, honor et laus victoriæ Engelrado, Deo auxiliante, collata est. Nam Turcum cæteris insigniorem et sæviorem cursu exsuperans, in conspectu patris sui et omnium, qui convenerant ad perspiciendum rei eventum, altero in littore constituti, equo dejiciens, hasta perfodit, cæterosque illius casu et infortunio concussos, et mox in fugam versos, cum Christianis sodalibus acriter insecutus est, sed non longe a ponte idque propter insidias sæpius ab urbe occurrentes et insequentibus resistentes. Salvo abhinc filio recepto adiisque consociis, cor longævi patris in nimiam erigitur lætitiam, omniumque favore et plausu majorum et minorum, gloriosus juvenis attollitur una cum suis adjutoribus et convictoribus.

Cap. L. — *Deficientibus victui necessariis, principes in hoc electi de circumpositis terris prædas innumeras abducunt.*

Inter hæc assiduitatis ludibria, et creberrimas incursiones, mora aliquanti temporis transacta, populus Dei rebus et escis attenuari cœpit, præ defectione urbium et regionum, quas in circuitu tantus exhauserat exercitus. Unde quotidie fame invalescente, et exercitu præ indigentia moriente, præcipue humili populo, miserabiles gemitus et dolores piissimum antistitem et universos principes legionis pulsant et sollicitant, quatenus super his miseriis consulant quomodo populus posset sustentari. Nulla tamen via reperta, qua populo subveniretur, visum est omnibus ut in terram Sarracenorum opulentissimam, adhuc præda intactam, Boemundum, Tankradum et Robertum Flandrensem cum comitatu equitum et peditum mitterent ad contrahendas prædas et necessaria, quibus fames exstingui, et populus ab inopia posset relevari. Tankradus, jam tunc custodia peracta, a montanis ad exercitum reversus f. erat. Boemundus vero et Robertus idemque Tankradus, sicut decretum erat in principio neminem magnum aut parvum contradicere debere, quæcunque imperaret exercitus, quindecim millia peditum, duo equitum electorum, in armis assumentes, regna gentilium sub spatio dierum trium ingressi, prædarum et pecorum universique generis armentorum copias inauditas contraxerunt, quas sine impedimento biduo abduxerunt: Sed die tertia vespere superveniente fatigati itinere, et onere rapinarum gravata omnis societas, in campestri planitie juxta montana quiescere decreverunt.

Cap. LI. — *Ubi a gentilibus præda excutitur.*

Interea fama et clamor omnium in circuitu regionum ad aures gentilium primatum festinans, a diversis partibus et montanis sedibus tot millia exegit ad persequendum Boemundum, Robertum et populum eorum, et prædas excutiendas, quod dictu et auditu mirabile est. Boemundo siquidem hæc ignorante, nihilque adversitatis ad futurum existimante, sed secure cum Roberto somniante, prima diei aurora prædicta inimicorum adfuerunt millia, a quibus se suosque sic obsessos viderunt, ac si silvam densissimam ex omni parte decrevisse mirarentur. His visis stupefacti et vitæ diffisi, subito in unum convocatis equitibus ad latus suum, bellum se committere, et tot millium vires non posse sustinere profitentur. Unde facta scutorum testudine, et densata militum fronte, aditum et fugam explorant, quo rarior et debilior coadunatio visa est. Mox districtis mucronibus et frenis impetu laxatis unanimiter irruentes, obstantes penetrant acies; ac solam fugam meditantes, celeriter ad montana contendunt, relictis desolatis peditibus cum omni collectione prædarum ac spolio-rum. His per abrupta montium et devia ereptis, plurimis tamen ex eorum sequacibus retentis et attritis, gentilium acies miseros et profugos pedites involverunt, quos gladiis et sagittis consumere non pepercerunt: plures tamen captivantes, armisque exspoliantes, prædas et omnia sibi suisque ablata reducebant.

Cap. LII. — *De præda Roberti comitis, et, invalescente fame, minores quid egerint, vel quid passi sint.*

Hac miserrima contritione Boemundo disturbato, et ad exercitum et confratres in humilitate lacrymosi vultus relato, luxit populus vehementer, mulieres, juvenes, pueri, patres, matres, fratres et sorores, qui dilectissimos amicos, filios et cognatos amiserunt. Robertus quidem Flandrensis, qui cum ipso Boemundo in terram Sarracenorum descenderat ad deprædandum, et tunc Boemundo cum copiis suis attrito et in fugam misso, ab eo divisis recesserat licet invitus, sequenti die ducentis equitibus readunatis, Turcis Sarracenisque dispersis et secure gradientibus ex adverso occurrit: cum quibus fortiter dimicans, victoriam gloriose, his in fugam conversis obtinuit, atque cum immensis copiis prædarum, quas illic Turci fugientes reliquerant, ad castra Antiochiæ est reversus, multo solamine relevans populum in hac Boemundi calamitate desperatum. Modico dehinc tempore transacto et paucis diebus præda Roberti consumpta, nec ultra audente aliquo longe ab exercitu prædam quærere præ crudeli occisione Boemundi sociorum, amplior et validior fames in populo cœpit multiplicari, et inæstimabilis mortalitas humilis plebis fieri, et exercitus, attenuari. Nec mirum. Nam solus paniculus, qui antea denario Luculensis monetæ poterat mutuari, nunc duobus solidis vendebatur indigentibus. Bos duabus marcis vendebatur, qui paulo ante decem solidis poterat comparari; agniculus quinque solidis appretiabatur. Sic itaque gravissima penuria cogente populum Dei vivi, plurimi vagabantur se subtrahentes in omnem regionem Antiochiæ ad quærendas escas, trecenti aut ducenti conspirati ad defensionem contra Turcorum insidias, et ad æquam divisionem omnium rerum, quas reperire aut rapere possent. Turci, audita et intellecta populi angustia famisque miseria, et Boemundi recenti contritione quammaxima et exercitus vagatione assidua, per vicinas horas exsiliunt a porta ex ea parte urbis quæ inobsessa prominebat in montanis, grandi differente intervallo a porta, quam Boemundus observabat, per declivia rupium descendentes, et fideles Christi circumquaque diffusos insequentes, et atroci cæde consumentes.

Cap. LIII. — *Mors atrocissima cujusdam archidiaconi et comitum ejus.*

Quadam die invalescente inedia, et urgente plures nobiles et ignobiles, quidam Tullensis Ecclesiæ archidiaconus, nomine Ludowicus, defectione sui stipendii compulsus, et famis gladio expugnatus, cum cæteris clericis et laicis numero trecentis, inopia coactus, ab exercitu secessit in loca ubertate alimentorum diffamata, sita in montanis Antiochiæ intervallo trium milliarium, ubi secure prædari et morari arbitrabantur. Turci autem comperto illorum abscessu per delatores, qui assidue inter populos fraternitate habitabant falsa, ad sexaginta milites armatos ab eadem prædicta parte urbis et porta clam per notas semitas montium egressi, persecuti sunt Christianos ad locum quo viam constituerant spe recuperandi alimenti. Quos ferociter inclamantes aggrediuntur, sagitta perforantes trans caput et latus et viscera, universos, ut lupi oves, laniantes et fuga dispergentes. Archidiaconum vero, nequidquam fugam ad montana conantem, quidam Turcus velocissimo equo insecutus sagitta celeri transfixit, eductoque ense ex utraque parte colli gravissimo vulnere illius secuit scapulas; et sic sanguinis rivo in terram defluente, spiritum vitæ emisit. Hanc crudelissimam famam primores exercitus ut compererunt, spiritu mœroris conturbati sunt, indignati tot cædes a Turcis per portam inobsessam singulis diebus fieri, et nunc amplius dolentes necem tam nobilissimi archidiaconi, et creberrimos ululatus in perditione quorumque amicorum audiri.

CAP. LIV. — *De morte filii regis Danorum, et Florinæ cujusdam matronæ, et eorum qui in balneis occisi sunt.*

Inter hæc plurima adversa adhuc recentia, impius rumor aures totius sacræ legionis perculit, qualiter post devictam et captam Nicæam filius regis Danorum, Sueno nomine, nobilissimus et forma pulcherrimus, per aliquot dies retardatus, et benigne ab imperatore Constantinopolis susceptus et commendatus, per mediam Romaniam securus iter agebat, audita Christianorum victoria : qui socios mille et quingentos viros belligeros secum in auxilium obsidionis Antiochiæ adducebat. Sed a Solymano, qui in montanis victus, Gallos evaserat, intra Finiminis et Ferna, urbes Romaniæ, hospitatus, in media densissima silva vicorum et calamorum recubans, in grandine sagittarum occisus est, totusque comitatus illius eodem martyrio ab iniquis carnificibus consumptus est. Nec mirum, si universi Turcorum viribus oppressi interierunt. Nam quorumdam iniquorum Christianorum, Græcorum scilicet, proditione propalati sunt, et improvise a Solymani manu et montanis adunata, circumventi suut. Attamen filius regis, Sueno, multa armorum defensione resistens, multos Turcorum gladio stravit, straverunt et sui. Sed ad ultimum fessi et armis exuti, ineffabilem adversariorum multitudinem sufferre non valentes, pariter sagittis confixi, interierunt. Ibidem matrona quædam, Florina nomine, filia ducis Burgundiæ, Philippensium principi copulata, nunc vero miserabiliter viduata, in eodem comitatu Danorum erat sperans post triumphum fidelium tam magno tantoque sociari marito. Sed hanc spem Turcorum abrupit ferocitas. Nam eamdem in mulo sedentem sex confixerunt sagittis, versus montana fugientem. Quæ, licet percussa, non tamen a mulo elapsa est, semper mortem evadere credens dum, tandem cursu superata, cum filio regis capitali sententia exstincta est. Turci ergo milites Solymani, gaudentes suo victrici eventu et cæde Christianorum immanissima, ad lacus calidorum fontium, qui ibidem juxta Finiminis fumabant, celeriter advolant. Qui mendicos et febricitantes peregrinos in his ad curandum debile corpus reperientes, sagittis infixerunt, totam undam sanguineam reddentes, aliosque sub unda caput ab ictu ferientes abscondentes, sævo fine demersionis suffocari cogebant.

CAP. LV. — *Porta Christianis mortifera; Reymundus comes profanos aliquantum a fidelium invasione coercet.*

His creberrimis Turcorum insidiis et assiduis a porta prædicta exitibus, suorumque miserrimis casibus primores exercitus conturbati, acuuntur ira ampliori, et portam præfatam, quæ ex difficultate montium et inæqualitate scopulorum obsideri non poterat, hoc obstaculo impediri consulunt : videlicet, ut munitionem quamdam in dorso cujusdam silicis stantis ad radicem montium locarent, obstaculum, inquam, firmissimum valle et congerie lapidum. Nam penuria illic erat lignorum. In hac ergo custodiam quisque primorum statuto tempore agebat Turcorumque exitum a porta per montana et vallium notas semitas a specula silicis et munitione contemplabatur, et per planitiem regionis descendentes extemplo persecuti, a Christianorum cæde arcebant. Facta denique ipsa prædicta munitione a comite Reymundo in ordine vicis suæ custodiam in ea faciente, quadam die collocatis in abscondito insidiis suorum militum, Turci equites ferme ducenti armati et loricati in prima aurora diei exsurgentes a solita porta egressi, et per devexa montium descendentes, repento assultu ad munitionem contendunt, custodes in ea impugnantes, et murorum congeriem destruere moliuntur, quia egressioni eorum, et insidiis contraria erat. Illis tandem frustra circa novam munitionem laborantibus, insidiæ comitis Reymundi surrexerunt, in equis velocissimis ad' auxilium sociorum qui erant in præsidio contendentes et Turcos jam diem ultimum metuentes, et regredi sursum ad portam præparantes vehementi insecutione oppresserunt, solumque juvenem de nobili parentela procreatum retinuerunt; cæteri fuga elapsi sunt. Capto autem juvene, cæteris fugatis, milites comitis Reymundi in castra ad exercitum regressi sunt in lætitia et victoria. Turci quoque in tristitia ad suos remeantes aliquot diebus quieverunt, non timere ab illo die Christianos circumvagos insequi præsumentes.

CAP. LVI. — *Pro redemptione cujusdam captivi juvenis, parentes ejus volentes turrim suam Christianis tradere, expulsi sunt, et juvenis a Christianis occisus est.*

Crastina die Christiani principes hunc ortum ex

nobilibus Turcorum comperientes, et plurimo dolore infligere corda suorum eumdem juvenem carnalibus cognatis suis in una arce turrium ad defensionem a rege Darsiano constitutis præsentaverunt : si forte pietate moti in redemptionem illius, arcem, cui præerant, redderent, et Christianos clanculum intromitterent. Illis vero omnino arcem negantibus, sed pecuniam nimiam pro redemptione et vita illius offerentibus, Christianis autem omnia contradicentibus præter urbem et arcem, quia sciebant cum ex altis parentibus corda cognatorum molescere cœperunt, et privata colloquia inter se et Christianos haberi : quousque res propalata ad aures Sensadoniæ, filii regis Darsiani, pervenit, quod in redemptione capti juvenis inter cognatos illius et Christianos concordia fieret, per quam urbs, nisi præcaverent, cito posset amitti. Darsianus itaque rex et filius ejus Sensadonias hæc præsentientes, habito cum suis primatibus consilio, universos cognatos capti juvenis fratresque illius, et universos familiares, ab illa turri, cui præerant, jussit expelli, ne per eamdem turrim pro redemptione propinqui urbs Christianis intromissis traderetur. His expulsis, consiliis eorum patefactis, Christiani nullam spem ultra reddendæ turris habentes, eo quod nimium in palam omnia egerint, post longam fatigationem et diversos illi cruciatus illatos, fere sub unius mensis spatio vexatum in aspectu omnium Turcorum ante urbis mœnia trahentes misellum, vixque palpitantem præ tormentis, amputato collo peremerunt : et præcipue ex accusatione Græcorum fidelium occisus est, qui referebant hunc plus quam mille Christianorum propriis mortificasse manibus.

CAP. LVII. — *Decretum populi Dei, et denotatio duorum, qui in adulterio deprehensi sunt.*

His finitis, et Christianorum aliquantulum persecutione ex nova munitione et istius decollatione repressa, Christiani principes adversitates suorum Boemundique societatis attritæ recolentes, ac famis pestilentiam clademque mortalitatis in populo recensentes, ex peccatorum multitudine hæc fieri asserebant. Qua de causa consilio habito cum episcopis et omni clero qui aderant, decreverunt omnem injustitiam et fœditatem de exercitu abscindi, videlicet, « ut nullus in pondere aut mensura, nec in auri vel argenti ambitione, nec in alicujus rei mutatione aut negotio confratrem Christianum circumveniret; nullus furtum præsumeret; nullus fornicatione sive adulterio contaminaretur. Si quis vero hoc mandatum transgrederetur, deprehensus sævissima pœna affligeretur : et sic populus Dei ab iniquitate et immunditiis sanctificaretur. » Hoc quidem decretum plurimi transgredientes severe a judicibus constitutis correpti sunt, alii vinculati, alii virgis cæsi, alii tonsi et cauteriati ad correctionem et emendationem totius legionis. Deprehensi ibidem in adulterio vir et femina, coram omni exercitu denudati, et post terga manibus revinctis, a percussoribus graviter virgis verberati, totum circuire exercitum coguntur, ut, sævissimis illorum plagis visis, a tali et tam nefario scelere cæteri absterreantur.

CAP. LVIII. — *Dux Godefridus jam recuperata salute, et Reymundus comes, per regiones divisi, ad contrahendas prædarum copias destinantur.*

Hac justitia in populo Dei corroborata ex majorum sententia, quatenus ira Domini placaretur, dux Godefridus jam a vulneris sui infirmitate convaluit. Quem in terram Sarracenorum et Turcorum direxit exercitus ad repetendas prædas et spolia, quæ Boemundus attritus et profugus deseruit, ut gaudium ex infortunio jejunæ et attritæ plebi reportaret : quod, Deo annuente, actum est; sed non multas prædarum contraxit copias. Nam Sarraceni et gentiles ab eo tempore, quo Boemundus terram eorum intravit prædasque abduxit, provisi, armenta sua cum universis rebus et pecuniis per montana et loca investigabilia absconderunt. Reymundus similiter et cæteri principes ex decreto exercitus missi sunt. Sed paucas prædas contraxerunt, propter diffugium quod Sarraceni cum rebus, armentis et pecudibus per montana et longinquam regionem faciebant.

CAP. LIX. — *Legatio Babylonici regis ad populum Dei, et quomodo Winemarus Laodiceam et strenue ceperit, et stulte amiserit.*

Hujus autem longæ obsidionis aliquo transacto curriculo, et gravissimis pœnis afflicto populo in laboribus vigiliarum, famis et pestilentiæ, ac frequentia incursantium Turcorum, Ammirabilis Babyloniæ rex, quoniam inter se et Turcos gravi diu ante expeditionem hanc Christianorum erat discordia et odium, per abbatem quemdam Christianorum legatione et intentione cognita, de pacis et regni sui ad invicem confœderatione quindecim legatos, linguæ diversi generis peritos, ad exercitum Dei viventis direxit, hæc ferentes nuntia : « Rex Ammirabilis Babyloniæ gavisus adventu vestro, et prospere adhuc vos egisse, salutem principibus magnis et humilibus Christianorum. Turci, gens externa, mihi et regno meo infesti, sæpe terras nostras invasere, urbem Jerusalem, quæ nostræ ditionis est, retinentes. Sed nunc viribus nostris hanc ante adventum vestrum recuperavimus, Turcos ejecimus : fœdus et amicitiam vobiscum inimus, genti Christianorum urbem sanctam et turrim David montemque Sion restituemus; de fidei Christianæ professione discutiemus, qua discussa, si placuerit, hanc apprehendere parati sumus; si autem in lege et ritu gentilitatis perstiterimus, fœdus tamen, quod ad invicem habuerimus, minime rumpetur. Precamur et monemus ne ab hac civitate Antiochiæ recedatis, quousque in manu vestra restituatur, imperatori Græcorum et Christianis injuste ablata. » Winemarus, qui Mamistræ a Baldewino et Tankrado recesserat ad maritima, iterato navigio Laodiceam cum omni armatura navalis exercitus properavit. Quam vallatam navali obsidione et expugnatam in virtute suorum apprehendit, nil auxilii et respectus de omnibus quæ acquisierat, Christianis confratribus, Antiochiæ considentibus, conferens aut impertiens. Laodiceam denique apprehensam dum secure obtineret, suique commilitones et conspirati otio vacarent, ac bonis terræ et civitatis fruerentur, a Turcopolis et militibus regis Græcorum ex industria cæsi sunt et exsuperati, arx civitatis recuperata, ipse Winemarus captus et in custodia carceris constitutus est, duce Godefrido cæterisque principibus hæc Antiochiæ adhuc ignorantibus.

CAP. LX. — *Consilium obsessæ Antiochiæ catholicis proditur; episcopus Podiensis et dux Godefridus populum Dei verbis consolatoriis adhortantur.*

Interea Turci obsessi in Antiochia, opem quærere non tardantes et amicos admonere, a montanis et finitimis regionibus magnas et copiosas vires Turcorum contraxerunt, quorum in brevi triginta millia congregata sunt in unum. Disposuerant enim in animo suo et consultu obsessi, ab ipsis exterioribus primo diluculo assultum fieri in populum sanctum Dei; deinde interiores urbis ad roborandum et augendum assultum ex impetu adfore; Christianos armis et sagittarum grandine fatigare, quousque cæsis collis consumerentur in ore gladii. Tam nefandorum consiliorum et sceleratæ conspirationis delatio pervenit in castra catholicorum virorum, Godefridi ducis et episcopi Podiensis, cæterorumque primatum quibus præ inopia annonæ et diuturna lassatione, diversaque clade, non amplius quam mille valentes equi habebantur. Nunc ad hanc curam et angustiam profertur sententia episcopi, quæ in hoc modo fuit: « Viri Christianissimi, et qui estis flos electus Galliæ, quid modo sit utilius in consilio, videre nescio, nisi ut spem in nomine Domini Jesu habentes, illis ex improviso occurratis. Gentiles, quamvis usquequaque adunati in tot millibus, ut audistis, superveniant, nullis aggravati laboribus, nec longo itinere a terra sua egressi et fatigati, et jam usque Barich civitatem profecti, tamen non est difficile in manu Dei tot millia concludi, et a vestris paucis copiis consumi. » Ad hæc verba pontificis, dux Godefridus, in officio belli semper indeficiens, in auditu et præsentia convocatæ legionis sic respondit: « Dei vivi et Domini Jesu Christi sumus cultores, cujus nomini militamus. Hi in virtute sua, nos vero in nomine Dei viventis adunati sumus. In cujus gratia confidentes impios et incredulos impetere non dubitemus; quia sive vivimus, sive morimur, Domini sumus. Sicut enim salutem et vitam diligimus, sic oportet, ne in palam verbum istud fiat, ne hostes solliciti et providi de adventu et impetu nostro, nimis exterreantur, et nobiscum præliari non expavescant. »

CAP. LXI. — *Electi milites hostilia castra invadere, multitudine gravi superveniente, non terrentur.*

Hæc duce monente et exhortante, septingenti equites viri præliatores eliguntur, quos tamen res prorsus latebat præter aliquos primores exercitus: defecerant enim plerisque equi, præ diversis plagis, ut prædiximus, et paucissimi valentes fuere equi: unde alii jumentis, alii mulis et asinis, prout necessitas exhibebat, insidentes, intempestæ noctis silentio iter moverunt, per pontem navium transeuntes, Turcis his ignorantibus, qui in præsidio Antiochiæ fuerunt ad defensionem. Boemundus, Tankradus, Robertus Flandrensis, Robertus de Northmannia, una cum duce Godefrido in loco decreto pariter convenerunt. Rotgerus de Barnavilla pariter convocatus adfuit, qui insidiis Turcorum assiduus et strages sæpius excercens, apud eosdem Turcos notissimus et famosissimus laudem eam obtinuit, ut sæpius inter Christianos et ipsos de omni conventione utrinque captivorum et cujusque rei internuntius audiretur. Ipse pariter antistes, socius in omni admonitione sancta, sequebatur ad confortandos viros Dei. Iis vero per noctem jam superata via, et ad castra Turcorum properantibus, Boemundus quidam de genere Turcorum qui, veritate cognita, quæ Christus est, baptismi gratiam percepit, et a Boemundo principe recenter de sacro fonte levatus, nomine ejus est vocatus, et Walterus de Drommedart præmittuntur cautissime gradientes, quousque primo diluculo gentem innumerabilem, ad auxilium Antiochenorum venientem, inspectant a silva et frutetis undique properare. Illi autem, ut hostes a longe speculantur, reditum parant, ad septingentos socios laxis frenis revolant, rem ut erat aperientes, sed omnem terrorem bono solamine adimentes.

CAP. LXII. — *Pontificis sermone peregrini roborati, septingentos hostium palam triumphant, sectisque cervicibus dehonestant.*

Antistes vero egregius, auditis verbis Walteri et Boemundi, admonet socios metu et anxietate aliquantulum hæsitantes, ne dubitarent mori pro ejus amore, cujus vestigia cum signo sanctæ crucis sunt secuti, et cujus gratia patriam, cognationem et omnia reliquerunt; certi quia cum Domino Deo Zebaoth, quem hodie hic mori contigerit, cœlos possidebit. In hac beata admonitione roborati, decreverunt unanimiter malle mori quam inimicis viliter terga dare. Ad hæc comes Reymundus hilari animo vibrata hasta, clypeoque pectori obducto, et Godefridus dux non minus æstuans desiderio conserendi prælia, cæterique septingenti viri bellicosi, ex improviso per medios advolantes infringunt, et eorum multitudinem copiosam disturbantes, palmam Deo donante, victores accipiunt, Turcis attritis et in fugam conversis. Dei etiam auxilio et misericordia nervi arcuum eorum, præ pluvia mollitis ac defecti, nil poterant: quod illis fuit magno impedimento, et fidelibus in triumphi augmento. Victores ergo Christiani facti, videntes se prævaluisse et paucos suorum cecidisse, ab equis descendentes, capita occisorum amputant, sellis alligant, sociis nonnullis in castris Antiochiæ rei eventum exspectantibus, in magna lætitia afferunt eum mille equis valentibus et spoliis multis, quæ devictis hostibus acceperunt. Adfuerunt in eodem prælio nuntii regis Babyloniæ, qui etiam capita Turcorum amputata in sellis ad exercitum detulerunt. Contigit autem hæc victoria Christianis in manu paucorum præcedente die capitis jejunii. Ipsis etiam fidelibus in magna gloria repedantibus ad populum suum, et tentoria in pratis Antiochiæ relicta, Turci, qui obsessi auxilium attritæ multitudinis operiebantur, in mœnibus suis stantes, contemplabantur a longe victrices aquilas fidelium. Quas suæ exspectatæ gentis æstimantes, subito fragore clamantium et cornicinum strepitu, ad arma convolant; e portis fortiter exundant, putantes ab intus et deforis in momento omnem illam sacram consumere legionem. Sed cominus appropinquantibus Christianis, et visis capitibus Turcorum, exuviis quoque et caballis eorum recognitis, fragorem et tubarum sonitum compresserunt; gaudere cessaverunt, et in munitionem celeri fuga relati sunt. Christiani vero ad augendum Turcis dolorem, capita Turcorum trans mœnia et muros jactaverunt, cætera ferme ducenta hastis et palis infixa in conspectu omnium astantium ad mœnia contulerunt.

CAP. LXIII. — *Boemundus et comites ejus dum pontem hostibus incommeabilem facere nituntur, partim cæsi partim læsi sunt, et hoc duci Godefrido flebiliter nuntiatur.*

Crastina autem die illucescente, principes fidelium consiliis invigilant læti de recenti victoria, quatenus præsidium cujusdam machinæ locarent juxta præfatum pontem civitatis, qui porrigitur trans fluvium Farfar: ut sic auferrent, locata machina, introitum et exitum ab urbe commeantibus, et escas inferentibus, et insidias per eumdem pontem Christianis molientibus. Tandem reperto consilio, Boemundum, principem Siciliæ, et Everhardum de Poisat, Reymundum comitem de Provincia, Wernerum de Greis ad portum maris, qui dicitur Simeonis eremitæ, propter emendos cibos cum pluribus peditibus dirigunt, et ut vocarent socios ad opem construendi præsidii, qui in ipso littore maris propter naves quæ escas adducebant morabantur. Reduxerunt etiam in eodem comitatu legatos regis Babyloniæ, quos magnificis muneribus honoratos in bona fide salvos navigio remiserunt. Tam egregiorum virorum consilio et discessu per delatores comperto et manifestato, Turci gavisi sunt gaudio magno. Qui assumptis quatuor millibus electorum militum, per pontem prædictum ab urbe egressi, viros prædictos, ductores exercitus, per notas sibi semitas insecuti sunt, hoc magno exercitu ignorante, in montanis insidias ponentes inter vepres et fruteta, quousque missi principes a portu maris repedarent. Repedantibus autem sociis tam in equis quam in pedibus, ex admonitione Boemundi, cæterorumque primorum jam quatuor millia confluxerant. Turci improvisos et cibariis onustos, raptim ab insidiis exsurgentes, incurrunt sagittis trans pectus et viscera confodientes, alios gladio trucidantes. Et quia a dextris illis erat victoria, manus suas a fidelium martyrio non ante continuerunt quam per silvas et campos, quingentos amputatis capitibus exstinxerunt. Vulneratorum quidem et captivorum non erat numerus. Boemundus igitur, qui retro agebat custodiam cum cæteris viris magnificis, intellecta hac cæde crudelissima, vidensque suos seminices per abrupta montium per opaca loca latere, celeri fuga hac illacque tendere: et perspiciens se fugitivis ac victis nequaquam prodesse, sed sibi in promptu esse mori, reductis frenis cum sociis equo insidentibus, se subtraxit, et ad maritima, via relecta, tendens cum paucis repedabat. Nec mora, quidam, qui vix velocitate equi per devexa collium elapsus ab armis declinaverat, Godefridum ducem, qui ab exercitu trans pontem navium veniens, mediis assistens campis ex pontificis monitu Turcos et armenta eorum in urbem redire coegerat, gravi inquietavit fama, asserens, quomodo Boemundus cæterique comprimores in mortis articulo positi intra inimicorum insidias arctarentur, et quanta crudelitate populus a porta repedans sit attritus.

CAP. LXIV. — *Fidelibus in ultionem suorum consurgentibus, anceps utrinque pugna diutius agitur.*

Dux vero his auditis, nuntios per universa misit tentoria nuntiare famam tam crudelem, et ut parati essent ad omnia nunc sibi adversantia. Conturbati et exterriti universi fideles, omnibus e tentoriis sine dilatione confluunt, humerisque squammosas vestes ferri ingerunt, hastis vexilla præfigunt, festinanter equos frenis et sellis reparant, ordinant acies; aditum pontis et urbis celeri via disponunt appetere, quo inimicos ad præsidium urbis redituros sperabant. Iis sine ulla tardatione pontem navium transeuntibus, et duce Godefrido mediis campis trans amnem reperto, et tristi vultu de sociorum nece nutato, adest alter nuntius, qui ex legione Boemundi, Reymundi, Werneri cæterorumque per montana fugam facientium, ducem in campo aliosque primores secum consistentes commonuit, quatenus in tentoria redirent propter insidias Turcorum et assultus, quorum vires et multitudinem intolerabiliorem arbitrabantur quam fuisset. Dux vero imperterritus et vindictam attritorum fidelium sitiens, prorsus hinc abire, aut aliqua formidine locum hunc deserere, contradixit; sed cum juramento asseruit se aut hodie montem quo firmatum erat præsidium conscendere, aut in eodem cum suis vitam amittere. Hac in ducis responsione et affirmatione, et cunctorum ordinatione, adsunt præfati principes incolumes Boemundus, Reymundus, Wernerus, de quorum adventu et vita universi lætati et confortati, contendunt ad locum montis prædicti ante pontem urbis, decemque equites ex multitudine electos præmisere in illius montis cacumine ad videndum si quæ insidiæ Turcorum altera in valle montis juxta montana haberentur. Vix decem in equo præmissi milites in montis arduo constiterunt, et ecce totam manum Turcorum illorum, scilicet qui a recenti cæde Christianorum in circuitu per montana et notas semitas clam redierant, contemplantur. De quibus adversus se viginti equites præcurrere intuentur, qui decem a montis cacumine arcerent. Christianis vero decem cedentibus propter nimium vicinas Turcorum insidias, et his viginti montis cacumen obtinentibus, subvenere triginta Christiani confratres, qui illos viginti fortiter incursantes de montis apice usque ad ipsas Turcorum insidias in fugam reddiderunt. His viginti fugam ad societatem maturantibus, sexaginta Turci equites ab insidiis erumpunt, viri fortissimi et in equis doctissimi, qui mox triginta Christianos equites in arcu et sagitta amoventes, in eodem permanserunt. Visa siquidem illorum audacia et incursu, sexaginta pariter equites Christiani, sexaginta occurrere Turcis in monte, interim toto exercitu Christianorum appropiante, qui eos repente de monte fugatos, in valle, quo Turcorum manus et virtus juxta montana adunata erat, celeri fuga remiserunt. Ad hæc tota vis Turcorum ab insidiis consurgit, et sexaginta equites Gallorum jam pravium montis tenentes, gravissima cœperunt insecutione urgere, ac per medium montis cacumen usque ad ipsam vallem, quam appropians Christianus exercitus occupavit, retulerunt.

Cap. LXV. — *Ubi dux loricatum Turcum uno ictu medium dividit; et post cruentam pugnam fideles victoria comitatur.*

Turci quidem videntes se nimium processisse, et Christianum exercitum immobilem permanere, nec aliqua formidine posse averti a proposito, sed adversum se festinato contendere, frustra fugam arripiunt. Galli nihilominus ad persequendum instant; qui in momento permisti, quia cominus ad invicem confluxerant, cruenta cæde in Turcos sæviunt in ultionem suorum attritorum, et a portu Simeonis redeuntium. Hac in fuga Turcorum et proximatione Christianorum, non parce eos cædentium, plurimæ copiæ, quæ a mœnibus undique ad portam confluxerant, Turcorum cæterorumque reditum operientes, sed non videntes fortunam illorum eversam et casus eorum miserrimos, patefaciunt januam, et in patulis campis armati procedunt, ut suis augerent vires et fiduciam darent urbem intrandi. Jam ex utraque parte fidelium et infidelium permisti erant equites et pedites. Dux vero Godefridus, cujus manus bello doctissima erat, plurima capita, licet galea tecta, ibidem amputasse, refertur ore illorum qui præsentes oculis perspexerunt. Dum sic plurimo belli labore desudaret, mediisque in hostibus plurimam stragem exerceret, Turcum, mirabile dictu! sibi arcu importunum acutissimo ense duas divisit in partes lorica indutum: cujus corporis medietas a pectore sursum sabulo cecidit, altera adhuc cruribus equum complexa, in medium pontem ante urbis mœnia refertur, ubi lapsa remansit. Hoc prospero eventu lætati, Robertus Flandrensis, Robertus comes Northmannorum, Cuno de Monteacuto, comes Reymundus et omnis nobilitas Galliæ quæ aderat, hostes impetu equorum perrumpunt, multos hasta et gladio perforant, in pontem moribundos cogunt tendere. Ubi præ nimia pressura, quam pons sustinere nequiverat (quia tot fugientibus sua latitudo non sufficiebat), plurimi e ponte cadentes undis Fernæ involvuntur. Boemundus, qui per juga rupium, solis ibicibus pervia elapsus cum cæteris comparibus ad societatem gratia Dei salvus redierat, in eodem sanguinis opere atrociter desudans, socios commonet et consolatur; a ponte vero labentes hostes hasta perforatos gladio trucidat. Pedites denique jucundati hoc triumpho, corruentes et densatos in pontis margine et alvei crepidine lanceis impetunt, ab occisione non ante manum continentes, donec sanguine occisorum totus immutaretur fluvius. His itaque prospere finitis Christianisque readunatis, et Turcos adhuc insequentibus in ponte, et portam cum eisdem intrare conantibus, porta ab interioribus extemplo obstruitur, sociosque misere exclusos inter percussorum manus relinquunt. Hæc certamina, et Christianorum recens victoria una die acta sunt mense Martio; et viri Turcorum, tam qui in bello ceciderunt quam qui in undis perierunt, mille et quingenti computati sunt.

Cap. LXVI. — *Quidam obsessorum Antiochiæ ad Christianos clanculo confugerunt, et præsidium juxta pontem exstructum custodiæ Reymundi delegatum est.*

Victis in nomine Domini Jesu Christi tam ferocissimis Turcorum cuneis, et crudeli cæde fugaque in portam urbis coactis, atque Christianis cum magna victoriæ gloria in tentoria relatis, ab ipsa die et deinceps gentilium animi cœperunt mollescere, et assultus eorum ante creberrimi prorsus deficere, insidiæ quiescere, virtus eorum languescere; timor quamplurimos eorum adeo invadere, ut aliqui a civitate et suorum societate subtracti in noctu migrarent, et Christianos se velle fieri confitentes Christianorum se principibus commendarent. Commendati vero et Christianorum turbis sociati, retulerunt quanta suorum pertulissent damna, et quanta de casu illorum per totam urbem exercuissent lamenta. Admirandos etiam duodecim potentissimos regis Darsiani vespere illo in eodem prælio cecidisse asserebant, de quorum nece planctus et gemitus totam conturbabat Antiochiam. Quarta dehinc orta die, dux et universi principes exercitus Dei a tentoriis egressi in virtute magna, præsidium quod decreverant, in vertice prædicti montis ante pontem et portam urbis congerie lapidum et bitumine fragilis luti ædificantes, tutissimo vallo munierunt, comitis Reymundi custodiam in ea constituentes cum quingentis viris militaris audaciæ et industriæ.

LIBER QUARTUS.

Caput primum. — *Audiens princeps Antiochiæ Christianorum victoriam, quid facto opus sit a suis fidelibus sciscitatur.*

Tandem a duce Godefrido, populoque fidelium, triumphatis et obtutis in gurgitis flumine adversariis Christianæ plebis, et præsidio firmato nemine obsistente, quidam nuntius ex Turcis festinus ad turrim et palatium Darsiani, regnatoris Antiochiæ, quod est in montanis, transvolat, quanta sint damna suorum indicans, et nisi diligenter et sollicite provideat, Antiochiam cæterasque finitimas oras illius in brevi eum amissurum. Rex Darsianus, homo grandævus, audiens præsidium firmatum suorumque ruinam irrecuperabilem, hactenus in omni conflictu et eventu diversarum rerum securus, inque solio dormiens, nunc primum suspirio angustiatur, et filium suum Sansadoniam cunctosque sibi subditos primores ad suum invitat consilium.

Cap. II. — *Innotatio nuntiorum Darsiani, et qui sint quos ad auxilium invitat.*

Aderat in conspectu ejusdem sceptrigeri Solymanus, de Nicæa urbe expulsus et Romaniæ finibus, quem præfatus Darsianus compellans, nuntium suæ legationis fieri obnixe petit, sciens eum virum facundum, et omnibus regnis gentilium notissimum, dicens ad eum : « Tu generis mei proximus cum duodecim legatis meis, et filio meo Sansadonia, Corrozan, in terram et regnum nativitatis nostræ profecturus es. Compatrix et Odorsonius, duo ex principibus meis fidelissimi, in hac legatione tecum erunt ad faciendam querimoniam injuriarum nostrarum. Vos vero transeuntes, Brodeam de civitate Alapia, confratrem et amicum, ad auxilium nostrum commonete. Pulait, cujus milites et arma sunt copiosa, ad opem nobis conferendam similiter admonete, eo quod nobis sit semper fœdere conjunctus. Sceptrigero autem de Corrozan Soldano, qui caput et princeps est Turcorum, adversitates et calamitates nostras exponite; Corbahanque familiari ejusdem sceptrigeri suggerite ut mihi familiares opes exhibeat et copias. Vocetur ergo nobis scriptor et notarius meus, ut sigillum meum et litteras vobiscum deferatis, quatenus confidentius credant necessitates nostras. Plurimi enim dies transierunt, ex quo in initio obsidionis hujus urbis filius meus Buldagis, Corrozan vos præcessit, ut adventum Christianæ gentis confratribus et principibus nostris notum faceret, et adversus eam ut nobis subveniant universos commoneret. »

Cap. III. — *Allegatio causæ apud regem Corrozan.*

Hac regis audita voluntate et imperio, ipsiusque acceptis cum sigillo litteris, ex urbe et palatio regis procedentes, in terram Corrozan profecti sunt. Venerunt siquidem in apparatu et sumptu nimio et in gloria magna ad civitatem magnam Samnarcham, quæ erat de regno Corrozan : in qua ipsum principem magnum et sceptrigerum Soldanum super omnes reges et principes orientalis plagæ, Corbahanque principem, et secundum a rege, in gloria magna repererunt. Quem Solymanus, quia ætate erat prior et industria nominatissimus ac facundia, salutavit. Salutato autem rege, antequam legationem aperiret, sicut mos est Turcorum, de infortunio et injuriis conquerentium, in conspectu ejusdem magni ac potentissimi regis et præsentia suorum, pileos a capite humi jacientes, barbas unguibus sævissimis discerpunt et in magnis lamentationibus suspiria trahunt. Rex Corrozan, his Turcorum discissionibus visis, in superbia magna sic respondit : « Solymane, amice et frater noster, quid vobis contigerit expone, et vobis illatas injurias aperi : vivere nequaquam poterit a facie nostra, quicunque est ille, qui vos conturbare præsumpserit. » Solymanus gavisus et confidens in responsis tam potentissimi regis et in virtute illius, amaritudinem, quam graviter in corde tenebat, et omnem rem ex ordine retulit, quodque viva voce non poterat, litterarum assertione memorabat : « Nicæam, inquit, quam nosti nominatissimam, et terram, quam dicunt Romaniam, de regno Græcorum, quam auxilio tuisque viribus ex tuo dono et gratia nobis collatam acquisivimus, quædam gens superveniens, quam dicunt Christianos, de regno Franciæ, in manu forti et exercitu vehementi nobis abstulerunt, et captam cum uxore et duobus filiis meis imperatori Constantinopolis tradiderunt, me autem in fortitudine sua attritum et fugatum, ad urbem Antiochiam, in qua sperabam remanere, insecuti sunt : ubi non solum me meosque, sed etiam regem Darsianum de genere nostro virum nobilissimum, tibi subjectum et amicum, tuoque munere urbem et terras tenentem, armata manu obsederunt. Misit ergo nos ad te idem princeps et tibi subjectus Darsianus, major et consanguineus noster, ut sibi auxiliari digneris in virtute multa, qua potes : nimium enim, et supra quam credimus, necessitas exposcit. Populus et exercitus noster attritus est; terra et regio nostra dissipata est; nostra vita et omnia nostra nunc in manu tua; spem aliam sicut in te, non habemus. »

Cap. IV. — *Qualiter ipse rex accepit verba nuntiorum.*

In risu et deliramento verba et querimonias hujus rex Corrozan accepit, leviter in aures misit; minime has calamitates ab ulla mundi plaga posse Turcis inferri se credere fatetur; virtutem Solymani hactenus nominatissimam, militiæque illius audaciam pro parvo reputans, audiente suorum cœtu.

Solymanus, sicut is, qui nuper expertus erat virtutem Christianorum, non levi animo sententiam regis accepit. Unde quia nequiverat omnia viva voce explicare, litteras cum sigillo Darsiani aperit, in quibus nomina regnorum et nomina principum universorum Christianorum Turcos expugnantium, intitulata erant, et quanti eorum sint exercitus et vires. Rex vero et omnis primatus gentilium, qui secum erant, agnitis litteris et rebus viribusque Gallorum, consternati sunt animo; et vultu in terram dimisso, non ultra super querimoniis Solymani frustra mirati sunt. Ad hæc sine intermissione in universas terras regni sui missa legatione, omnes primates et ammiraldos suos in unum jubet convenire, die determinata, quæ tunc aptior videbatur. Jam die adveniente, unanimiter ex decreto et jussu regis convenerunt, quibus rex verba et querimonias Solymani, et calumnias a Christianis illatas aperuit, dicens : « Universi, qui convenistis, pensate ut pensandum est; quia Christiani, qui supervenerunt, sicut fecerunt cæteris civitatibus et amicis et confratribus nostris, sic nobis facient, ni reprimantur. »

CAP. V. — *Insultatio Corbahan contra populum Dei in conspectu vocatorum regis.*

Corbahan vero familiaris, et primus in aula regis et secundus a rege in regno Corrozan, vir contumax et plenus superba feritate, virtutes Christianorum parvipendens, in hæc verba spiritu superbiæ erupit : « Miror verba et querelam Solymani, Sansadoniæ et Buldagis, filiorum regis Darsiani, super infestatione Christianorum, quorum obsidione Solymanus terras et urbes suas amisit, de quibus non facilius possent defendi, quam si a tot miseris et brutis animalibus fuissent obsessi. Olim centum millia Christianorum stravi, amputatis capitibus, juxta Civitot, ubi montana terminantur, in auxilium Solymani accitus contra imperatorem Græcorum, dissipato illius exercitu et fugato ab obsidione urbis Nicææ. Post hæc Petri Eremitæ agmina innumerabilia satellites mei, in auxilium Solymani missi, attriverunt, quorum cadavere et ossibus campi regionis nunquam poterunt vacuari. »

CAP. VI. — *Expugnatæ Nicææ princeps virtutem prædicat Christiani exercitus.*

Solymanus, qui erat vir miræ et magnæ industriæ, audita illius superbia, et verborum jactantia, æquo animo hæc illi respondit : « O frater et amice noster Corbahan, quare sic nos parvipendis, et parum audentes astruis, nosque tuo auxilio vicisse, et imperatorem Constantinopolis et Petri Eremitæ inaudita millia attrivisse ? Imperatoris exercitus, gens Græcorum mollis et effeminata, bellorumque exercitiis raro vexata, facile in virtute robustorum potuit superari, superata decollari. Petri similiter Eremitæ agmina, pusillam manum et mendicam, et iners vulgus feminarum, pedites omnes longa via fatigatos, quingentosque solummodo equites revera comprobavi : quos levi incursu et cæde consumere nobis non multum erat difficile. Hos vero, quorum nomina et virtutes et bella et industrias litterarum notitia didicistis, et adversum quos difficile est bellum committere, scitote viros fortissimos, miro equorum volumine doctos, in prælio non morte, non aliquo genere armorum posse absterreri. Horum ferreæ vestes, clypei auro et gemmis inserti, variisque coloribus depicti. Galeæ, in capitibus eorum splendentes super solis splendorem, coruscant. Hastæ fraxineæ, in manibus eorum ferro acutissimo præfixæ, sunt quasi grandes perticæ. Equi eorum cursu et bello doctissimi. Vexilla in hastis eorum nodis aureis et fimbriis argenteis montes in circuitu nimio lucis decore coruscare faciunt. Audaciam eorum tantam scitote quod nulli equites illorum, si ad pugnam processerint, non dubitant viginti millia nostrorum adire, sicut leones et apri mortiferis ictibus armorum fulminantes. Ego autem vires illorum pro minimo duxi, nec stare adversum me eos æstimavi, congregata fortitudine meorum, sed sic virtutem illorum conterere speravi ut paulo ante Petri Eremitæ exercitum delevi. Sperabam etiam eos ab urbe Nicæa me posse absterrere in virtute meorum, uxorem meam filiosque meos, milites et principes meos, qui infra urbis mœnia erant, liberare ; denuo cum his bellum commisi, sed frustra consumpto labore, vix per juga montium manus illorum evasi, non paucos meos occisos reliqui. Illi, meis attritis, et cædem suorum non æque ferentes, Nicæam redeunt, obsidionem iterant firmius et tutius quam antea, quousque meos victos cum uxore et filiis meis in deditione tenentes, cum clavibus urbem imperatori Constantinopolis reddiderunt. Præterea oppida et castella Romaniæ, quæ meæ ditionis erant, devicta et subjugata eidem imperatori restituentes, plurimas munitiones nostras invaserunt. Non amplius de omnibus terris et civitatibus et præsidiis, quæ tenui, mihi relictum est, quam Foloraca arx, quæ est juxta mare et confinia regni Russiæ. Ad hæc hi Christiani milites, quos tu credis invalidos, Tursolt, Azaram et Mamistram, civitates Romaniæ, cum plurimis præsidiis expugnatas obtinent. Civitates vero Armeniæ et castella Dandronuch et Harimnu et Turbaysel et montana Constantini, Armeniæ principis, et Pancratii, terramque ducis Corrovassilii, ferro et viribus coacta sibi subdiderunt. Civitatem vero Rohas, mœnibus et murali ædificio munitissimam, fertilitate quidem famosissimam, obtinent. Sed et princeps quidam Baldewinus, caput et ductor hujus Christiani populi, filiam principis terræ uxorem duxit, et vice ducis exstincti a civibus promotus, terram totam et regionem sibi tributariam fecit, et sic usque ad Malatinam omnia loca et regna iidem Christiani invaserunt. Nunc Antiochiam, his a dextris et sinistris subjugatis, obsident. Gentes hæ miri laboris sunt et exercitii, non curant corpora ulla mora aut requie, sed inimicos sibique contrarios de die in diem requirunt, quos inventos et expugnatos mittunt in perditionem. »

CAP. VII. — *Corbahan in superbia magna minatur se in brevi Christianam fortitudinem experturum.*

Corbahan superbus, hac Solymani audita narratione, amplius in elationem et jactantiam os suum aperuit, dicens : « Si, inquit, vita sospes fuero, non sex mensium pertransibunt dies, et hos Christianos experiar, utrum sic fortes sint ut asseris, quos (in deo meo juro) sic delebo, ut omnis hoc eorum posteritas doleat. »

CAP. VIII. — *Rex Corrozan de belli eventu magos consulit, et Turcorum principes ex nomine vocantur.*

Rex autem Corrozan in verbis horum ad invicem contendentium, Corbahan et Solymani, magos, ariolos, aruspices deorum suorum invitat, de victoria futura requirit. Qui omnia prospere succedere, Christianos triumphare, facili bello superare regem promiserunt. Hoc audito Corbahan responso divinorum suorum, in quo cor et consilium regis intendebat, multiplici legatione diffusa per universum regnum Corrozan, ex magnifica regis jussione omnes primores et nobilissimos invitat, quatenus in armis et sagittis vehiculisque cibariorum expeditionem maturarent. Fabros, qui in omni regione commorabantur, catenas et vincula fabricare constituit, in quibus vincti et captivati peregrini in barbaras terras abducerentur. Pulait, qui erat unus Turcorum potentissimus, qui juxta flumen Euphratem habitabat, Brodoam de Alapia civitate praeclara, qui et ipse abundabat satellitio, in ultionem Turcorum et injuriarum quae a Christianis illatae erant Solymano Darsianoque regi Antiochiae, amicis et cognatis Turcorum, unanimes regis Corrozam invitat legatio, res explicat, et instantes denuntiat necessitates. Damascenorum quoque principem eadem fama et legatio pulsat et admonet, qui et ipse terram Syriae magna ex parte subjugaverat, et potens erat ubertate glebae et equitum robore. Amasam etiam de Niz regione, sita in latere Corrozan, qui nimium divulgabatur fama militiae et audaciae, regis pariter sollicitabat legatio, eo quod ipse in fronte aciei semper in quocunque periculo signifer haberetur. Ejusdem Amasae hasta et sagitta omnium Turcorum sagittis incomparabilis erat, arcu omnes praeibat in sagittando ; ad omnem expeditionem non minus centum equis, cursu velocissimis, munitus erat, ut uno sagitta percusso, aut aliquo adverso casu pereunte, alii sufficerent in belli assiduitate, quo semper praevolans et infestus hostibus ferebatur. Boesas ex eadem secta Turcorum, et non dispar apparatu et armis, invitatur. Amasa alter de Curzh terra amplissima et ditissima, virisque sagittariis abundans, similiter ex regis mandato adesse commonetur. Badas de praesidio Amacha et Sororgia civitate, Balduc de Samusart, Turci dolosi, milites vero armis et bello famosi,

Karageth de Karan, civitate moenibus et muris firmissima ad eamdem expeditionis diem adesse commonentur. Hi in regno Corrozan ex regia admonitione, aut aliis in regnis quicunque dispersi praeerant, ad hanc expeditionem sunt convocati, ab initio obsidionis Antiochiae, et a die qua secunda legatio regis Darsiani per Solymanum facta est. Et in Corrozan rebus necessariis operam dabant, milites armabant, et in omni apparatu bellico sine intermissione intenti fervebant.

CAP. IX. — *De munificentia Baldewini in principes, et de tentorio duci transmisso.*

Exercitus Christianorum et universi principes, qui in obsidione et labore erant circa Antiochiam, prorsus de hac re ignorabant expeditionem, sed de die in diem non solum escarum, sed equorum armorumque defectione arctabantur, et ante omnes curas gravis inopia universos reddebat sollicitos. Dum haec longo tempore indigentia magis ac magis accresceret, et plurimi prae imminutione necessariarum rerum desperarent, Baldewinus, qui Edessam civitatem vel Rohas dux promotus subjugaverat, plurima talenta auri et argenti fratri suo, duci Godefrido, Roberto Flandrensi, Roberto Northmannorum comiti, Reymundo, caeterisque praepotentibus, per Gerardum, nimium sibi familiarem, misit, ad instaurandam defectionem, quam tales et tam nobiles principes comperit tolerare. Equos etiam cursu laudabiles et praestantis corporis cum ornatu sellarum et frenorum honorifico, eidem fratri misit et caeteris principibus. Misit etiam arma miri honoris et decoris. Deinde post aliquot dies Nicusus, princeps Armenius, de regione Turbaysel, tentorium miri operis et decoris Godefrido duci misit, ut gratiam et amicitiam illius inveniret. Sed a Pancratio insidiis positis, pueris ipsius Nicusi tentorium ablatum est, et ex ejus dono Boemundo transmissum. Quod dum Godefridus dux et Robertus Flandrensis, qui ad invicem dilectissimi amici et consocii foederati erant, ex verbis Nicusi sibi allatum intellexissent, Boemundum, ut redderet quod injuste acceperat, verbis pacificis admonuerunt. Qui omnino admonitioni eorum contradixit et petitioni. Indignati ergo principes praedicti, rursus ex consilio majorum, ablatum requirunt tentorium. Qui nequaquam se reddere asserit, sed gravi responsione animos praedictorum principum adversus se concitavit. Concitati vero Boemundum, convocata manu suorum, aggredi in castris statuerunt, nisi quod injuste acceperat cito remitteret. Tandem Boemundus, ex consilio primorum exercitus, ne dissidium fieret in populo, tentorium duci restituit, et pace composita, rursus ad invicem amici facti sunt. Dehinc inedia invalescente, et copia escarum deficiente circa regionem Antiochiae, Baldewinus duci et fratri suo uterino Godefrido omnes reditus Turbaysel constituit in frumento, vino, hordeo et oleo, in auro solum singulis annis quinquaginta millia Byzantiorum.

Cap. X. — *De conventu nationum, ad obsidionem Christianorum festinantium, et de accusatione Baldewini.*

Jam dies determinata expeditionis regis de Corrozan, a longo tempore indictæ et procuratæ, propinquavit. Et ecce universæ nationes regni illius, et principes prædicti, per regionem Armeniæ, Syriæ, Romaniæ, dispersi, in armis et copioso apparatu ad castrum Sooch convenerunt, habentes ducenta millia equitum bellatorum absque exiguo vulgo et femineo sexu, absque jumentis et camelis, et cæteris animalibus, quæ nullo numero poterant computari. Adfuit et Corbahan, princeps et caput militiæ, qui in vehiculis cibariorum, qui in copiis et armis militum, qui in tentoriis et nimio apparatu super omnes affluebat ; quem universi principes et nationes, quæ convenerant, tanquam dominum venerabantur, et in omnibus magistrum ac præceptorem audiebant. Hic suo in unum collecto exercitu, viam juxta onera curruum et sarcinas jumentorum et camelorum diebus multis morabatur, donec terram et civitatem Rohas ingressus est, ubi per aliquot dies remoratus, pernoctavit. Hanc per regionem descendens, dum iter per dies præ nimia pressura gentis et jumentorum abbreviaret, plurimi de diversis locis accurrerunt, plurimaque de exercitu et obsidione Antiochiæ retulerunt. Inter hæc et alia Baldewinus apud eum est accusatus eo quod, Turcis attritis et exstinctis, non solum civitatem Rohas, sed et omnia in circuitu præsidia suo subjugasset dominio.

Cap. XI. — *Profanis Rohas obsidere parantibus Baldewinus obviat, dimicat et triumphat.*

Hoc audito, Corbahan et comprimores sui exercitus ad invicem consuluerunt, ut civitatem Rohas obsidentes et expugnantes, Baldewinum et suos conchristianos captivarent atque punirent, et civitatem ac regionem Turcorum restituerent ditioni. Sed Baldewinus, quem nec minæ, nec aliqui terrores poterant movere, comperto adventu Corbahan et consilio ejus adversum se et civitatem Rohas, convocata et armata universa manu suorum, in equis, cursu valentibus, occurrit militibus Corbahan, præmissis ab obsidionem Rohas. Quos fortiter assiliens, et cum eis in arcu Armeniorum et lancea Gallorum dimicans, usque ad castra Corbahan in fugam remisit, spolia, nempe camelos et jumenta cum rebus necessariis præmissa, in civitatem Rohas adducens. Corbahan vero Baldewinum hoc adversum se præsumpsisse, cum præsens fuerit, ne dum absens, vehementer admiratur. Et indignatus super ejus audacia, obsidionem circa Rohas nunquam se prætermittere in deo suo jurat, sed, admonito exercitu suo, hanc in momento irrumpere, et Baldewinum captivum abducere.

Cap. XII. — *Corbahan triduo Rohas frustra obsidet; Baldewinus recedentem bellicose insequitur.*

Vix Corbahan, princeps et homo metuendus, socios admonuit, et ecce universi exsurgentes civitatem Rohas obsederunt in tubarum et cornicinum stridore et tumultu, plurimam vim et assultus triduo circa urbis mœnia et portas inferentes. Sed et a defensoribus et custodibus civitatis videntes sibi valide repugnari, nec se in momento vel brevi spatio posse proficere, quia urbs muris et turribus esset inexpugnabilis, Corbahan consilium dederunt, ut nunc castra ab obsidione moveret, viam quam decreverat ad Antiochiam maturaret, Antiochia vero devicta reditum faciens, ad obsidionem circa Rohas reiteraret, donec Baldewinum suosque tanquam oves in ovili trucidaret. Corbahan hujus rei consiliariis acquiescens, iter suum versus Antiochiam continuans, propter montium difficultates, exercitus inaudita millia divisit in partes. Et quia navigio longum erat tot millia flumen magnum Euphratem transmeare, Baldewini et eorum, qui cum eo erant in civitate, non immutati sunt vultus præ angustia tantæ multitudinis, sed Corbahan recedente a statione urbis, equos ascendentes, postremos exercitus insecuti sunt, si forte aliqua pars tardaret, cui possent adversari. Sed dum parum eis succederet propter providentiam et custodiam Turcorum, Rohas reversi sunt, Dominum cœli exorantes, ut ducis Godefridi, Roberti, Reymundi, Boemundi, et omnium Christianorum misereatur, et de manu inimicorum, in tanta fortitudine supervenientium, defendat et sua gratia tueatur. Nec mora, a delatoribus Syris et Armeniis cœpit crebrescere fama adventus Corbahan suorumque militum per aures Christiani exercitus. Sed alii credere renuebant, alii credentes ducem ad providendam rem sollicitabant.

Cap. XIII. — *Christiani exercitus quidam castris se subtrahunt, et viri industrii in occursum gentilium exploratum pergunt.*

Inter has diversas opiniones, nescio qua de causa, Stephanus Blesensis infirmitate occupari se plurimum testatus est, nec se posse ultra moram facere in obsidione, fratresque commendans, et ab eis recedens, hac infirmitatis occasione versus maritima ad Alexandriam minorem profectus est. Eo itaque recedente, quatuor millia virorum belligerorum eum secuti sunt, qui de ejus fuerant comitatu. Godefridus dux, Boemundus, Robertus, Reymundus, capitanei exercitus, magis ac magis fama gentilium supervenientium attoniti, unanimiter decreverunt viros industrios de exercitu eligere et ad explorandam rei veritatem per montana et loca difficilia, unde tutius specularentur, præmittere. Præmissi sunt ergo Drogo de Nahella, Clareboldus de Vinduil, Ivo de regno Francorum, Reinardus de Tul, viri clarissimi : ut si quæ de adventu gentium pro vero comperta in aures eorum sonuissent, aut oculis eorum deprehendissent, absque mora ad exercitum referrent, ut provisi principes minus jacula infestantium timerent. Præmissi milites et rei exploratores, quidam ad Arthesiam, quidam versus Rossam, quidam versus viam Romaniæ sunt diffusi ad intelligendam rei veritatem; qui exercitum undique ebullire a montanis et diversis viis ut arenam maris perspexerunt, infinita millia eorum admirantes, et minime dinumerare valentes.

CAP. XIV. — *Percepto nationum apparatu, quod principes inierint consilium.*

Visis autem tot millibus et armatura Corbahan incomparabili, et gloria rerum suarum, sub omni festinatione Antiochiam reversi sunt, diebus septem priusquam Corbahan et suæ acies terminos et campos regionis Antiochiæ attingerent. Reversi denique, sicut didicerant, et oculis viderant, adventum et omnem apparatum Corbahan, et omnem militiam quam eduxerat, duci et cæteris principibus clam retulerunt, ne populus exterritus, eo quod longa obsidione et gravi penuria affectus esset, desperaret minusque resisteret, ac diffugium, tenebris ingruentibus, præpararent. Dux Godefridus, Robertus, Reymundus, Boemundus, Eustachius, Tankradus, omnisque primates proxima die, postquam reversi sunt præmissi milites ad explorandum exercitum Corbahan, in unum convocati convenerunt, quid melius agerent, quod sanius consilium inirent discusserunt, ne subito præoccupati, ab irruentibus millibus inimicorum in gladio et arcu consumerentur. Godefridus dux, Robertus et alii multi contendebant, ut exsurgentes in loricis, in galeis et clypeis, in signis erectis, in aciebus ordinatis occurrerent Corbahan in millibus supervenienti; et in Domino Jesu omnem spem suam ponentes, cum eis bella committerent, et in Dei nomine illic martyrio vitam finirent. Alii consilium dabant, quatenus pars in obsidione remaneret, ne Turci ab urbe ad auxilium Corbahan erumperent, et fortior pars, juxta consilium ducis et Roberti Flandrensis, non longius quam trans duo milliaria obviam hostibus irent.

CAP. XV. — *Mysterium arcani consilii Boemundi de traditione Antiochiæ.*

His in consiliis dum quilibet suam proferret sententiam, Boemundus, vir apprime prudens et astutus, Godefridum, Robertum Flandrensem et Reymundum seorsim a conventu sociorum abduxit in loco secreto, quibus omnia, quæ habebat in corde suo, in hunc modum loquens, professus est : « Domini et fratres mei dilectissimi, secretum habeo quod nunc vestræ fidei aperiam, in quo, Deo annuente et opitulante, omnis exercitus et principes nostri liberari et salvari poterunt. Civitas Antiochia, ex quo mihi promissum est quod in manum meam tradatur, jam septem transierunt menses. Et sic firmata inter me et traditorem hæc est conventio sub fidei illius alligatione, quod nequaquam solvi aut mutari possit, sed in quacunque hora monuero, una ex turribus, quæ ducit in civitatem et in qua idem traditor habitat, in manum meam reddatur. Multum enim pro hac re laboravi, videns urbem humanis viribus insuperabilem. Multam et innumerabilem pecuniam pactus sum illi dare; et non minus illum exaltare et ditare, inter amicos meos, quam Tankradum, filium sororis meæ, sub fidei firmatione spopondi.

Hujus secretæ conventionis et traditionis Boemundus æquivocus meus, vir de genere Turcorum, actor factus est a principio Christianitatis suæ. Et nunc eo processit ratio ut nequaquam de omnibus, quæ traditor pollicitus est, fallat, et in eo quod spopondi magnum illi præmium conferre me paratum inveniat. Unde quia non parvum talentum debeo illi dare, et hujus rei totum pondus sustineo, unum vobis secreto aperio, qui estis columnæ et capitanei exercitus, videlicet ut si vestræ fuerit voluntatis et cæterorum, ubi civitas capta fuerit, in manu mea reddatur. Hanc conventionem et consilium ad finem pertraham, et quod pactus sum traditori, ex meo sine dilatione conferre paratus sum. » Hæc audientes principes, magno gaudio gavisi sunt, et ex omni benevolentia Boemundo civitatem annuerunt, cæterosque comprimores pariter ejusdem doni et concessionis voluntarios reddiderunt.

CAP. XVI. — *Quam prudenter ipsum consilium inter primates ventilatum sit cæteris ignorantibus.*

Factis omnibus capitaneis voluntariis, sub admonitione summæ fidei ad invicem datis dextris indicium est ne istud verbum palam fieret, sed suppressum silentio nulli pateret. Aiunt etiam quidam quod in conflictu et assultu hinc et abhinc dimicantium adolescens filius ejusdem Turci captus in manum Boemundi pervenerit, cujus redemptionis causa, pater pueri Boemundi cœpit privatus fieri. Et ad ultimum malens vitam filii, quam omnium inhabitantium salutem, perfidiam adversus Darsianum regem assumpsit, et fidem in restitutione filii cum Boemundo iniit, et sic in civitatem fideles Christi milites intromisit, Boemundo, si caperetur, civitas concessa est. Unde vespere jam terras operiente, ex ipsius consilio decretum est ut Godefridus et Robertus Flandrensis septingentos milites illustres de exercitu assumerent, et, Turcis per mœnia diffusis nuncque domesticæ curæ intentis, in umbra noctis versus montana iter insisterent, quasi ad insidias profecturi aliquorum de exercitu Corbahan ad urbem præcedentium. His vero septingentis in obscuro noctis jam versus montana gradientibus per loca invia et vix commeabilia, per angustas fauces, conductu Boemundi, nuper facti Christiani, Godefridus dux universis hæc firmiter injunxit, dicens : « Viri fratres et peregrini, Deo devoti, Turcis et hostilibus aliis, nobis prope hospitalis, decrevimus in occursum ire, et cum illis confligere, si forte aliquis eventus victoriæ nobis detur. Tumultum vero et strepitum aliquem in nobis fieri sub indicio vitæ prohibemus. » Sed aliud erat ei in mente quam quod cum populo loquebatur. Nam in montanis cum sociis solummodo rei consciis contendens, hanc scilicet in partem qua urbs et præsidium Darsiani in summo situm est cacumine, valles et abrupta montium superat, ac longo in recessu ab urbe, et secreto, in valle consistens una cum Roberto Flandrensi, cuncta ordinat quæ caute de urbis traditione agenda erant et sollicite.

Cap. XVII. — *Quam caute sibi convenerint fidelium interpres et traditor civitatis.*

Ordinatis itaque universis cauto consilio, quemdam interpretem linguarum, genere Longobardum, de domesticis Boemundi præmiserunt ad turrim, quam traditor tuebatur, quatenus de conventione intromissionis Christianorum ex parte Boemundi eum admoneret, et super hoc ejus responsa audiens, principibus renuntiaret. Qui ad muros perveniens, traditorem, qui in ipsa nocte constituta in turris fenestra Gallos præstolabatur pervigil, Græco sermone appellat; si solus sit, requirit ut fiducialius cum eo sermonem de legatione Boemundi haberet. Qui verbis et signis certissimis Boemundi recognitis, per annulum videlicet, quem Boemundus ab eo susceptum nunc in signum illi remiserat, verba interpretis abhinc credula non refutavit, sed si Boemundus aut sui adessent, diligenter percontatus est. Interpres vero audiens quod traditor non in dolo sibi loquebatur, Boemundi milites non longe abesse profitetur, et ad omnia paratos, quæ ex ejus consilio inire deberent. Qui eos appropinquare sine dubio aut metu commonet, murosque secure ascendere, nec aliqua mora hoc differre propter breve spatium noctis et lucem diei appropinquantis. Sollicitabat etiam eos hac maxime de causa, ne custos murorum, suæ vicis in ordine, faculam in manu ferens, mœnia urbis muros et turres perlustrans ad providendum, ascendentes propalaret, sicque in periculo vitæ suæ, expergefactis hostibus, haberentur.

Cap. XVIII. — *Godefridus et Robertus electos in hoc bellones, ne primum murorum ascensum horreant, adhortantur.*

Interpres, audito hoc consilio traditoris, ad principes in montanis relictos celeri gressu tendit, omnia quæ audierat referens, et vehementer eos sollicitans ut quos velint audaciores eligant, qui sine intermissione muros ascendentes civitati immittantur. Continuo viri electi sunt ad ascensionem murorum; sed metu et dubietate corda eorum concussa sunt, singulique hæsitantes de prima ingressione et ascensione murorum plurimum renitebantur. Godefridus vero dux et Robertus, viros sic videntes expavescere, nec qui præcederent invenientes, eo quod diffidebant de promissione Turci, hæc machinamenta dolum arbitrantes, nimium spiritu infremuerunt, sic universos solamine reficientes : « Mementote in cujus nomine a terra et cognatione vestra existis, et quomodo terrenæ vitæ abrenuntiastis, nulla pericula mortis pro Christo inire metuentes. Nec mora, credere debetis scilicet feliciter cum Christo vivere, ideoque ejus gratia et amore, quæcunque occurrerint in via hac, æquo et libenti animo suscipere. Eia, dilectissimi Christi milites, non pro terrena remuneratione hoc periculum incurritis, sed illius meritum exspectatis, qui post mortem præsentem æternæ vitæ præmia suis conferre novit. Mori enim habemus quocunque modo. Jam quidem lux matutina diei manifestat consilium nostrum; jam si cives et Turci nos persenserint, non unus saltem ex nobis vivus evadet. Ite, et ascendentes vitam vestram Deo offerte, charitatem Dei scientes vitam pro amicis ponere. »

Cap. XIX. — *Viri cordati qualiter per coriaceam scalam intromissi sint.*

Ad hæc tam magnanimorum principum verba et solatia, plurimorum mentium dubietas detersa est. Et scala assumpta, quæ ex corio erat taurino, ad id negotium aptissima, paulatim muro appropinquant cum interprete suo, ubi ad mœnia traditor viros adventantes operiebatur. Ut ergo præmissi aliqui adfuerunt, alii ex domesticis ducis, alii ex comitatu Roberti; quidam ex familia Boemundi, Turcum eos ad mœnia præstolantem interpres compellat ut funem a mœnibus jaciat, qua scala innodata in mœnia sublevetur, per quam milites ascendentes intromittantur. Turcus, sicut devoverat, scalam fune sublevat, circa mœnia fortiter alligat, et submissa voce viros confortans, monet ut indubitanter ascendant. Nec mora, lorica et galea induti, gladio accincti, hastis innitentes, et manu se trahentes, scalam ascenderunt viri audaces, quos alii subsequentes in dubia spe vivendi, jam ad viginti quinque immissi sunt. His immissis, et nimio silentio conquiescentibus, confratres juxta muros existentes, et eventum rei exspectantes, sed neminem audientes, viros immissos jugulatos et in fide falsa subito suffocatos existimabant : unde ascendere et subsequi retardabant.

Cap. XX. — *Scala dirupta nonnulli perierunt; sed denuo reparata fiducialiter ascendunt.*

Milites vero immissi, intelligentes quod socios Christianos adeo timor invaserat, ut se subtrahendo a scala abirent, trans mœnia a muro se inclinantes, submissa voce socios ascendere hortabantur, asserentes se nihil illic periculi passuros. Illi fratrum voce audita adhuc viventium, certabant vehementi studio scalam ascendere et urbem intrare, donec præ nimia pressura et pondere, mœnia antiqua et inveterata, dissolutis saxis cum cæmento, scissa sunt et diruta, sicque scala, retinaculo carens, prorsus humi corruit cum viris adhuc in ea consistentibus. Erant autem juxta muros lancearum hastæ positæ et erectæ, in quibus confixi qui corruerant, alii a saxis de muro cadentibus oppressi et semineces facti, aliqui mortui sunt. Quod multum populus Dei inhorruit, existimans omnia hæc in dolo a Turcis contigisse, et nunc universos immissos pulso dubio iniqua morte deperiisse. Non sonus, non fragor aliquis, licet a corruentibus et infixis maximus exstiterit, in urbe aut in mœnibus est auditus. Dominus enim Deus ventum valide spirantem hac suscitavit nocte. Turcus fidem, quam Boemundo in urbis traditione devoverat, servans, funem iterato ad relevandam scalam dimittit. Qua rursus mœnia fortiora in eodem loco circumdans, desolatos et perterritos per interpretem revocat, ascensumque repetere universos fideliter admonet,

Non ultra viri hæsitantes, sed ex interpretis verbis roborati, et confratrum agnita salute, rursus scalam ascendunt, et mœnibus inferuntur, donec ferme sexaginta super muros invecti constiterunt.

Cap. XXI. — *Immissi stragem custodum operantur; gentiles alii somno expergefacti Christianos impugnant.*

Interea custos murorum in gyro civitatis, perlustratis mœnibus, ad visitandos vigiles Turcorum et commonendos, faculam manu ferens, viris immissis occurrit. Sed in momento ictu gladii capite illius amputato, transeuntes turrim vicinam ingressi sunt. In qua universos reperientes, adhuc sopore gravatos, in ore gladii percusserunt, ac in eodem impetu in alias turres irruentes, stragem plurimam operati sunt, donec fere decem turrium custodes, in ea parte urbis gravi somno immersos, sine ulla vociferatione peremerunt. His ita in gladio prostratis, per posticum quoddam, quod in montanis erat juxta eumdem locum quo ascenderant, subito fractis seris plurima manus ex septingentis immissa est, cornibusque fortiter intonantes, Godefridum, Robertum et cæteros comprimores advocant, quatenus ad auxilium intromissis quantocius properantes urbem penetrent. Hi cornibus auditis, et pro signo dato recognitis, quia secretorum omnium consocii erant, in manu robusta advolant, ad portam, quæ sursum in montanis proeminebat, contendentes ut intrarent. A magistra autem arce Darsiani, quæ huic portæ proxima erat, Turci exsurgentes audito tumultu, lapidum jactu Gallos abegerunt, sociosque eorum qui immissi erant minime ad portam pervenire, ut hanc aperirent, passi sunt. Unde ad posticum prædictum revertentes milites, qui scala urbem intraverant, penetrale hujus postici ferro acutissimo, ingeniis Turcorum parato, fractis muris ampliaverunt, et sic principes ac socii eorum equo et pedibus spatiose intromissi sunt.

Cap. XXII. — *Tumultuantibus hinc inde partibus, principes primum traditam esse civitatem multitudini indicant.*

Turci itaque, hac subita vociferatione et tumultu buccinarum cornuumque stridore expergefacti, ad arma festinant, arcus et sagittas arripiunt, turres defensant, utrinque ad invicem gravia certamina a sursum et deorsum conserentes. In hac clamosa hinc et hinc contentione milites Darsiani, qui in montis cacumine et eminentiore arce erant, cornibus fortiter insonuerunt, quatenus Turci qui in civitate erant et turrium præsidiis, et adhuc in summo diluculo stertebant, evigilantes, ad auxilium sociis exsurgerent, sicque immissis Christianis resistere valerent. Quod exercitus magnus, qui adhuc extra muros altera in parte spatiosæ urbis consederat, de adventu et ingressione Corbahan hos in montanis et in arce voces exaltare, cornibus strepere et congrodi arbitrati sunt, penitus ignorantes quomodo urbs tradita et capta in manu Gallorum sit. Boemundus, Reymundus et Tankradus, quibus res tota innotuit, quique in obsidione remanserant, ioricas induti, armis accincti, vexillis elatis ad urbem exterius impugnandam advolant, ignaros actæ rei plurimum confortantes in urbis assultum et omnem illis rem enucleantes.

Cap. XXIII. — *Fideles portas urbis aperiunt : vexillum Boemundi in arce præeminet : prima luce geritur bellicosissimus Mars.*

Interea dum sic interiore et exteriore pugna Turci nimium arctarentur, Græci, Syri, Armenii cives, et viri Christianæ professionis, ad portas aperiendas et seras scindendas lætanter concurrunt, per quas Boemundus et universus exercitus intromissus est. Signum nempe Boemundi, quod sanguinei erat coloris, primo diei crepusculo ea in parte qua urbis facta est traditio, super muros in montanis rutilabat, ut pateret omnibus quod Dei gratia et opitulatione urbs, ab homine insuperabilis, in manus Boemundi et omnium fidelium Christi tradita et capta sit. Sic seris avulsis et undique portis patefactis, universi admirati et gavisi quomodo consilium istud non omnibus patebat, expergefacti celeriter arma rapiunt, alius alium admonet, et rapido cursu omnes armati urbem et portas intrare contendunt. Milliare quispiam transcurrere poterat, priusquam universa multitudo Christianorum intromissa est. Mox intrantium tot millium fragore vehementi et strepitu, tubarumque sonitu horribili, et plurima vexillorum elevatione, armatorum ingenti clamore, equorum hinnitibus Turci stupefacti, alii adhuc in strato suo quiescentes improvisi et inermes evigilant. Quorum pars subito spe defensionis adunatur, arcus et arma arripientes, alii in turribus et præsidiis persistentes, plurimos incautos Christianos inertis vulgi, viros et mulieres, sagittis feriunt. Concursus et diversi conflictus inter se fiunt et cæco marte aguntur. Christiani, quorum virtus et copiæ magis ac magis affluebant, invalescentes, per domos, et plateas et vicos civitatis Turcos diffusos et errantes in ore gladii percutiebant, nulli ætati parcebant aut sexui de genere gentilium, donec terra sanguine et cadaveribus occisorum operta est, pluribus etiam cæsis exanimis Christianorum corporibus tam Gallorum quam Græcorum, Syrorum, Armeniorum admistis. Nec mirum, cum vix luce agnita adhuc super terram essent tenebræ, et quibus parcerent et quos ferirent penitus ignorarent. Nam voce et signo Christianæ professionis Turci et Sarraceni timore mortis acclamantes, plurimi peregrinos fallebant, et ideo communi strage vitam amittebant. Decem millia fuere occisorum, quorum corpora per vicos et plateas civitatis cæsa et ferro a Gallis exstincta sunt.

Cap. XXIV. — *Pagani, quo quisque poterat, fugam ineunt : aliqui de altissimis rupibus cadentes elisi sunt et exstincti.*

Plurimi Turcorum videntes cædem gravissimam quæ fiebat, et quia tota urbs armis et viribus Gallorum redundabat, vitæ diffidentes, e turribus et præsidiis civitatis fugientes, ad montana contendunt, notitia viarum perplexarum, ubi præsidium magistræ arcis intrantes, arma insequentium Gallorum evaserunt. Hæc autem arx et palatium in montanis situm, nulla arte, nulla vi superari potest; nullus in ea manentibus adversari aut nocere potest. Alii, circiter mille, a longinquis partibus acciti auxilio et immissi, tubarum ac cornuum stridore exterriti, nimiaque suorum occisione desperati, quos prorsus notitia viarum et fugæ latebat, pariter et ipsi ad montana, superiusque præsidium festinantes, ut Christianorum manum evaderent, in angustam et incognitam semitam cæco errore inciderunt. Ubi prorsus via deficiente, in sublimi colle nequaquam ultra revertendi facultas esse poterat, sed a sursum per declivia et scopulos arctissimos et incommeabiles cum equis et mulis corruentes, fractis collis, cruribus, et brachiis universisque membris, inæstimabili et admirando casu universi perierunt.

CAP. XXV. — *De opibus inventis in civitate, et qua die capta sit urbs.*

Populus autem Dei vivi reversus a cæde et insecutione gentilium in præsidium et montana fugientium, sole jam altius radiante et die plurima adulta, urbem perlustrant, victus quæritant, sed paucos repererunt. Ostrea tantum diversi generis et coloris, piper quoque et pigmenta plurima, vestes, et papiliones gentilium, tesseras et aleas, quin et pecuniam, sed non multam invenerunt. Nec mirum, quia diuturna obsidione novem mensium vallata, tot gentilium millia illic congregata totum consumpserunt. Feria quinta erat dies serenissima, quando tertio Non. Junii mensis tradita et capta est civitas Antiochia in manu Christianorum, Turcis prostratis et effugatis.

CAP. XXVI. — *De fuga et nece regis Antiochiæ.*

Darsianus autem rex Antiochiæ, intelligens fugam suorum et totum jam præsidium et arcem fugitivis repletam, timens ne Gallorum manus, capta urbe, præsidium vallans expugnaret, mulo ascenso egressus est ut lateret in deviis montium, dum finem et eventum rei plenius cognosceret et an arx a facie Gallorum a suis retineri posset. Hic dum solus per devia montium diffugio erraret, quidam de Syria, Christianæ professionis, qui causa rerum necessariarum iter per montana carpebant, ipsum principem a longe intuentes et agnoscentes, plurimum admirati sunt cur solus ab arcis præsidio per devia declinaverit. Unde ad invicem locuti sunt : « Ecce dominus et rex noster Darsianus, non sine causa, per hæc deserta loca montium iter facit : forsitan urbs capta est, sui occisi, ipse nimirum fugæ intentus est. Qui ne manus nostras effugiat videamus a quo tot damna, injurias et calumnias pertulimus. » Hoc modo fidem tres Syri de morte illius tractantes, sed omnia dissimulantes, submissis cervicibus illi falsam reverentiam exhibentes, et in dolo salutantes, quominus ad cum accedebant donec, ipsius gladio accepto et educto, eum a mulo præcipitaverunt, caput illius amputantes, et in sacculo suo reponentes. Quod mox in urbem Antiochiam in conspectu omnium Christianorum et principum attulerunt. Caput vero miræ grossitudinis erat, aures latissimæ et pilosæ, capilli cani cum barba, quæ a mento usque ad umbilicum ejus profluebat.

CAP. XXVII. — *De Rotgero, qui gentiles, exercitum præcedentes, bellator excipiens, insperata morte præventus est.*

Comperto deinde jam proximo adventu Corbahan et suorum quia in Antiochia pauca alimenta reperta sunt, ad portum Simeonis eremitæ festinato mittentes, pecunia escas navigio allatas mutuaverunt, singuli prout sua erat possibilitas, quas Antiochiæ vesperi mane sequenti intulerunt. Illis ita expletis et Turcis partim occisis, partim in præsidium fugatis, et Gallis circumquaque in turribus, domibus, palatiis mœnibusque diffusis, sequenti die, quæ est sexta feria, trecenti equites Turcorum de gente Corbahan armati arcu, pharetra et sagitta, insignes ostreis, totum gentilium præcesserunt exercitum ad aliquorum fidelium repentinum interitum, si quoslibet improvisos extra muros reperirent. Ex his vero trecentis, triginta præcedentes, viri belli peritissimi, et equo agillimi, ad muros et portas civitatis frena laxant, post terga sociis in valle quadam relictis ad insidias et incursus fidelium, si forte præmissos triginta usque in vallem insequerentur, et in impetu irruerent super latentes viros. His itaque triginta muro civitatis appropinquantibus, et in arcu fideles Christi per mœnia diffusos, acriter lacessentibus, Rotgerus de Barnavilla, cum quindecim probatissimis sociis equo residens, armis et lorica indutus, in occursum ab urbe properat, ut aliquid insigne cum eis ageret. Sed sine mora in fugam equos triginta præmissi Turci rejiciunt, et ad insidias contendunt, Rotgerum rapido eos cursu prementem usque ad insidiarum locum perducentes. Insidiis ergo a valle exsurgentibus, Rotgerus frena rejicit, ad urbem cum sociis viam velociter relegit. Turci non parcius equorum cursibus urgent fugientem, quousque muro civitatis appropians cum suis fere trans vada Farfar elapsus est. Sed, adversante fortuna, in conspectu omnium in mœnibus astantium, nobilissimus athleta cursu velocioris equi a Turco milite superatus est, cujus tergo sagitta infixa jecur et pulmonem ejus penetravit, et sic ab equo labens mortuus exspiravit. Mortuo itaque tam egregio viro, et suorum auxilio destituto, Turci crudelissimi carnifices, ab equis descendentes, caput illius amputantes a collo, et ad Corbahan et ejus exercitum repedantes, caput hastæ præfixum in ostensione recentis et nunc primæ victoriæ detulerunt. Hoc denique prospero successu gloriantes, multum legiones gentilium ex hoc confortabant quod juxta muros sic audacter egissent, et neminem ex peregrinis ad opem Rotgeri occisi et decollati ab urbe egredi, aut audere vidissent.

CAP. XXVIII. — *Excusatio fratrum, quare non subvenerint coram se perennti.*

Non mirum alicui videatur, nec quisquam Gallos

hebetudine mentis, aut timore supervenientis multitudinis concussos mollescere arbitretur, et ideo tardatos ad opem et vindictam confratris ante omnium ora percussi et decollati, cum nulla plaga mundi ante Galliam audaciores et in bello promptiores nutriat. Verum equorum defectione eos fuisse retardatos procul dubio credat, quos aliquando pestilentia, auf diuturna fame, aut interdum fallaci Turcorum sagitta amiserunt. Vix enim Gallis centum quinquaginta equi remanserant, et ipsi attenuati fame pabulorum; Turcis vero pingues et non fatigati erant: quapropter celeri cursu evadere, et Galli eos nequaquam prævertere potuerunt. Quadringenti tantum equi Turcorum in Antiochia reperti et capti sunt, quos minime adhuc suo more ad equitandum domuerant, aut in persecutione hostium flectere, et calcaribus urgere didicerant. Dehinc post Turcorum discessionem, peregrini tristes et dolentes exstinctum corpus Rotgeri urbi intulerunt, cum ejulatu magno et fletu, ingemiscentes quomodo unus fortiorum de populo cecidisset, qui semper erat pervigil in insidiis et strage gentilium, cujusque facta insignia ampliora fuere quam noster stylus queat explicare. Fama quidem ejus apud Turcos omnes antecessit, et libenter eum videre et audire solebant in omni negotio quod cum Christianis agebant, aut in restitutione utrinque captivorum, aut cum aliquando pacem inter se componebant. Sepultus est autem in Antiochia idem miles fortissimus in vestibulo basilicæ B. Petri apostoli a principibus Christianorum, et a Domino episcopo Podiensi, et ab omni clero catholico qui aderat, animaque commendata Christo Domino orationum victimis et psalmorum hymnis, cujus amore et honore exsul factus, mori non dubitavit.

CAP. XXIX. — *Obsidio nationum circa Antiochiam.*

Vix inclyti militis expletæ sunt exsequiæ, et ecce in ipso mane Sabbati, quod illuxit tertia die postquam urbs capta est, adsunt universæ barbaræ nationes et legiones gentilium in apparatu copioso, quas Corbahan ex universis regnis, terris et locis orientalis plagæ contraxerat, in campis et planitie tentoriis locatis, obsidionem faciens circa spatiosæ urbis muros et mœnia. Tertia dehinc die postquam fideles Christi obsedit longe a muris residens, inito consilio, ut propius civitati hospitaretur, sustulit castra, et in multitudine virtutis suæ in montana in circuitu magistræ arcis, et in ea parte qua urbs capta est, in excelso rupium sedem posuit, ut Sensadoniæ et Buldagi, filiis Darsiani, cæteris in præsidio manentibus, esset solatio, utque locum videret per quem urbs tradita et Christiani immissi sunt. Similiter ex iisdem montanis alii ex populo Corbahan in dextro latere præsidii, quo dux Godefridus turrim et portam hanc infra tuebatur, qua Boemundus ante urbis captionem extra consederat, tentoria violocaverunt per devexa montium, ne aliqua licentia et opportunitas exeundi Christianis ulla parte concederetur.

CAP. XXX. — *Dux Godefridus bellans in fugam vertitur, et plurimi comitum ejus diversis mortibus profugantur.*

Dux autem Godefridus virtutem et constantiam illorum nimium adversus se videns excrevisse, statim cum ingenti manu suorum per portam processit adversus hostes, ut tentoria, quæ a foris extra muros locata erant, invaderet ac terreret, Turcosque inde expugnatos arceret. Sed ecce Turci exsurgunt in occursum ducis ad defendenda tentoria. Ubi diu prælio utrinque commisso, gravissimus labor incubuit, dum dux et sui, viribus exhausti belloque fessi, in fugam conversi, vix per portam, qua exierant, revertentes evaserunt. Alii vero multi, circiter ducenti, quibus porta angusta negata est, aut mortui, aut vulnerati aut capti sunt. Sic duce fugato et retruso, plurimisque suis in porta attritis, Turci a præsidio et a porta præsidii erumpentes, eo quod adversus ducem prævaluissent, per semitas notas et vallem perplexam accedentes in mœnia, subita vociferatione Christianos vagantes incurrebant, sagitta in impetu lædentes, et sine mora ad arcem et montana recurrentes. Dum sic mane, meridie et vespere a montanis et valle exsilientes, Christianos impeterent, Boemundus et Reymundus ira moti, sine dilatione vallo immenso, quod dicitur fossatum, montanis et civitati deorsum interposito et præsidio quodam murali ædificio desuper firmato, tutelam suis sic fieri constituerunt, ne subito a montanis adversarii erumpentes, peregrinos milites, incaute per urbis spatia vagantes, armis et sagittis invadendo detruncarent. Turci vero, qui in montanis præsidium adhuc obtinebant, sæpius ad id novum præsidium erumpebant, assultus faciebant, multum et graviter custodes ac defensores novi præsidii sagittarum grandine et armorum virtute vexantes et perimentes. Christiani vero milites Walbricus, Ivo, Rudolphus de Fontanis, Everhardus de Poisat, Reiboldus Creton, Petrus filius Gisiæ, custodes et magistri novi præsidii, non minus Turcis in lancea et omni armatura cum suis resistebant, viam vallis eis contradicebant, interdum hinc et hinc gravi strage et vulnere pereuntes.

CAP. XXXI. — *Boemundus acriter impugnatur; sed auxilio fratrum superior efficitur: et qua necessitate profani remotius castra locarint.*

Dum hi creberrimi assultus a Turcis adversus novum præsidium fierent, et Turci acriter a Gallis reprimerentur, milites Corbahan pedestri agmine facto per portam insuperabilem præsidii ingredientes, et montana ac devia deserentes, Boemundum compertum habentes in novo præsidio esse, fortiter eum assiliunt. Ubi gravis belli contentio exorta est, et plurimorum occisio facta. Et fere Boemundus victus ac sui fuissent, nisi ab omni urbe Christianis confluentibus, comes Robertus Flandrensis duxque Godefridus, licet primo assultu victus, et Robertus Northmannorum princeps, cæterique magnifici proceres vires et opes contulissent, et Turcos in virtute loricatorum ab urbe et novo præsidio retrusissent. Turci ergo retrusi cum principe suo Corbahan, moram extra portam et muros abhinc per duos dies in montanis constituerunt, arbitrantes adhuc Christi nis nocere. Sed pabulo herbarum in collibus minime reperto quod equis eorum sufficeret, castra amoverunt, et vadum fluminis Farfar transeuntes, longe ab urbe, spatio semimilliaris tentoriis positis consederunt. Altero vero die Corbahan, ex sententia suorum, exercitum suum copiosum sic in multis millibus in gyro civitatis ad obsidionem omnium portarum divisit, ut ex omni parte inclusis peregrinis nec a dextris, nec a sinistris ullus introitus pateret, aut exitus aliquis daretur.

CAP. XXXII. — *Ubi Corbahan hos et illos per singulas portas distribuit, et Tankradus mœnia oppugnantes aggreditur.*

Sic ex omni parte locata obsidione, et paucis diebus transactis, quadam luce clarissima aliqui Turcorum milites e castris procedentes, et ad mœnia Antiochiæ equo advolantes, sagitta et arcu corneo Gallos provocant, sperantes pari successu prævalere, quo antea in Rotgeri decollatione gloriati sunt, et insigni fama in castris Corbahan præire. Quapropter amplius et validius in assultu mœnium desudantes, ab equis descenderunt, ut liberius et sine læsione equorum in muro stantes expugnarent, et nunc pedites facti, facilius peregrinis jacula intorquerent. Tankradus autem miles acerrimus, et nunquam Turcorum sanguine satiatus, sed semper cædi eorum inhians, comperta illorum insania, fremitu et audacia, artus ferro assuetos lorica vestivit, assumptisque consociis equo et lancea doctissimis, et a porta quam Boemundus, cum adhuc fieret obsidio, tuebatur, inter muros et antemurale, quod vulgo Barbicanas vocant, clam egrediens, Turcos pugnæ intentos ex improviso inclamans, fortiter assilit, incautos atterit et perforat. Illis vero, viso mortis periculo, non prius ad equos recurrendi ulla fuit facultas, quam sex percussi in ultionem capitis Rotgeri, ante muros decollati, sua capita gladio amiserunt. Tankradus in gloria magna et lætitia in urbem ad confratres regressus est, qui Turcorum capita secum in testimonium victoriæ detulit.

CAP. XXXIII. — *Christiani præsidium se retinere posse desperantes demoliuntur incendio.*

Alio deinde die, post castra Corbahan locata et ordinata suæ cujusque congregationis, post obsessos undique viarum exitus et introitus, decretum est communi consilio gentilium, ut Turcorum milites ad duo millia eligantur ad expugnandum et prosternendum præsidium, quod Godefridus dux cæterique comprimores firmaverant in victoria et virtute magna, quam audistis, quando attriti Turci, in unda Fernæ fluminis submersi sunt sub ipso ponte qui trans fluvium ab urbe dirigitur, et in quo firmato præsidio Reymundus egit custodiam, quousque a Christianis capta est. Nunc vero quia neglectum et vacuum erat, comes Robertus Flandrensis, accitis quingentis viris belligeris, adventu gentilium audito, ipsum præsidium ingressus, tueri disposuit, ne virtus Turcorum illud subito occupans, peregrinis pontem et aquam transire volentibus magno esset impedimento. Præfata itaque duo millia Turcorum, destinata ad ruinam præsidii, in virtute magna et armorum tumultu confluxerunt ad locum præsidii, undique irruentes et impugnantes jaculis et arcu. Qui tandem pedites facti, trans vallum moliebantur currere, in ingenti turbarum stridore, et solita vociferatione rugientes, a mane usque ad inclinatam diem defensores præsidii graviter vexantes. Sed Robertus suique consodales, videntes sibi angustias imminere ab hostibus, et scientes se crudelibus modis consumi, si victi eorum ditioni subderentur, viriliter pro anima inimicis resistebant, lanceis et balistis, hostes fortiter impetentes, et vi a vallo arcentes, qui graviter ea die hinc et hinc vulnerati fuisse referuntur. Turci vero videntes se nihil proficere, sed omnem laborem suum incassum consumi, hos in præsidio vix defensos deserentes, ad Corbahan principem multitudinis regressi sunt, vires sibi hominum augeri adhuc poscentes, et sic in crastinum præsidium ejusque tutores deleri posse astruentes. Robertus autem et qui cum eo erant, videntes Turcos recessisse, recordati sunt quod proper majus auxilium socios adissent. Quare consilio inito, in noctis caligine exierunt a munimine præsidii, eo quod invalidum contra tot militum vires videretur, et ideo præsidium totum igne succenderunt, vallumque illius diruentes, in urbem Antiochiam a confratribus recepti sunt.

CAP. XXXIV. — *De magnitudine famis in populo Dei, et quam care vendebantur vilissima.*

Crastino deinde sole orto, duo millia gentilium, jussu Corbahan duobus prædictis millibus addita, præsidium in manu robusta, in tubis et cornibus adierunt, sperantes illud repentino aggressu prosternere, inclusosque hesterna die in defensione fatigatos celeri interitu consumere. Sed vallum dirutum et munimen præsidii combustum reperientes, delusi et frustrati ad tentoria sua repedaverunt. Sic undique urbe vallata, et de die in diem gentilium copiis accrescentibus, et omni parte exitum prohibentibus, tanta inter Christianos invaluit fames, ut pane deficiente non solum camelos, asinos, equos et mulos comederent non abhorrerent, sed etiam coria, quæ indurata et putrefacta per tres et sex annos in domibus erant reperta, nunc calidis aquis madefacta et mollificata, tum ea quæ recenter ab armentis avulsa, pipere, cumino aut quolibet pigmento condita, manducabant: tam gravi fame arctabantur! Scio quod horrescunt aures mala et tormenta inauditæ famis auscultantes, quibus populus Dei inclusus opprimebatur. Pro uno namque ovo gallinæ, si inveniri poterat, sex denarii Lucensis monetæ numerabantur; pro decem fabis, denarius; pro capite unius asini, equi, bovis, cameli, byzantius unus dabatur; pro pede vel aure, sex denarii; pro visceribus cujuslibet horum animalium, quinque solidi accipiebantur mutuo. Iners denique et modicu n vulgus calceos suos ex corio, præ famis angustia devorare cogebatur, plures vero radicibus urticarum ac quarumlibet silvestrium herbarum, igne coctis et mollitis miserum ventrem impleverunt, et sic infirmati, quotidie moriendo minuebantur. Dux vero Godefridus, ut aiunt qui adfuerunt, quindecim marcas argenti pro carnibus vilissimi cameli expendit; pro capra procul dubio dapifer ejus Baldricus tres marcas venditori dedisse perhibetur.

Cap. XXXV. — *Turci urbem latenter recuperare volentes, dejecti sunt : qui post diutinam colluctationem muro depulsi, misere perierunt.*

Post aliquot dies, postquam Corbahan firmavit obsidionem in circuitu Antiochiæ, et omnem exitum ac introitum urbis clauserat, populumque Dei diversis assultibus vexaverat, cibosque inferri omni parte interdixerat, clade longaque abstinentia et bellico labore Christiani afflicti et fessi, minus vigiles esse cœperunt in tuitione urbis et mœnium. Ergo turris quædam incustodita remansit versus montana, eo videlicet in loco quo munitio ex bitumine fragilis luti fundata est ad reprimendos hostes, ab obsessa porta egredientes per montana, et peregrinos diffusos persequentes, et ubi a Provincialibus ille juvenis captus est, in cujus redemptionem turri quadam requisita, sed a cognatis et amicis ejus denegata, idem capitali sententia peremptus est. Hanc itaque turrim prædictam vacuam ab inhabitatoribus quidam audacissimi milites ex Turcis præsentientes, scalas et ingenia sua latenter muro applicuerunt, sperantes in silentio noctis per eam aliquot gentiles inducere, et sic urbem amissam recuperare. Interea quidam, qui urbem lustrabat ob negotia sibi necessaria, elevans oculos, contemplatur Turcos in medio cacumine ejusdem turris incaute deambulantes : nec mora, alta vociferatione perstrepens, socios qui in vicina turri commorabantur sollicitat, Turcos urbem invasisse asserit, et sic commotionem magnam in populo suscitavit. Ad hæc Henricus de Ascha castello, miles sua in terra nominatissimus, filius Fridelonis, unus de collateralibus ducis Godefridi, audito clamore et strepitu, scutum et gladium arripiens, velociter ad arcem turris properat, duobus sibi adjunctis probis tironibus, Francone scilicet et Sigemaro carnaliter cognatis, incolis villæ quæ dicitur Mechela super Mosam fluvium, ut inimicos immissos a turri expellerent, existimantes se cum urbe ab aliquibus fratribus auro vel argento corruptis, venditos fuisse. Turci vero cognoscentes se detectos, nec aliquo ingenio a manibus peregrinorum posse liberari, in sola spe defensionis in limine turris occurrunt, et atroci ictu gladiorum resistunt. Nam Franconem, multam vim inferentem, in cerebro percusserunt vulnere gravi et vix sanabili; Sigemarum vero cognato suo subvenire volentem, ense per alvum transfixerunt, capulo tenus, miroque et inaudito conamine fideles Christi a limine

arcebant. Tandem fidelium circumquaque crescente auxilio, et additis viribus, Turci, fessi et spiritu exhausti præ nimio labore, cœperunt in defensione deficere, arma et brachia remittere : quorum quatuor in gladio ceciderunt; alii ab altitudine depulsi, cervicibus, cruribus et brachiis fractis mortui sunt.

Cap. XXXVI. — *De quibusdam Christianis victum extra muros quærentibus, et de nece nautarum obsessis alimenta vendentium.*

Post hæc peregrinis famis angustia, prout audivistis et multo * amplius, coactis, nec aditum aliquem reperientibus ad inferendos vel acquirendos cibos, præ obsidione undique constituta, quidam de humili vulgo vitam periculo destinantes, in magna ambiguitate et formidine clam procedebant ab urbe in umbra noctis, ad portum Simeonis, quondam illic in montanis eremitæ, descendentes et dato pretio a nautis et mercatoribus victum accipientes, per vepres et fruteta in tenebris ante lucem repedare solebant. Qui vero frumentum attulerant, octavam partem Laodicensis monetæ, tribus marcis vendebant; caseum Flandrensem, quinque solidis; pauxillum vini vel olei, vel quodlibet vitæ sustentaculum quantumcunque, gravi et inaudita comparatione auri vel argenti mutuabant. Ex his aliqui, die quadam plus solito retardati, et quia nox erat brevis, in luce velocissimæ diei manifestati, a Turcis trucidati et exspoliati fuisse referuntur : pauci dumis et frutetis latentes, vix liberati urbi restituti sunt. Cujus rei occasione assumpta, Turci, ad duo millia conglobati, et ad portum prædictum profecti, universos illic nautas repertos repentino aggressu disturbaverunt, sagittis eos confodientes, navesque injecto igne comburentes, escas et omnia allata navigio vi rapientes, asportaverunt. Sicque deinceps vendentes et ementes a portu absterruerunt, ne ultra a Christianis aliqua escarum sustentatio illic reperiri posset. Hæc itaque, ubi fama crudelissima in aures Christianorum inauditæ famis gravitate laborantium pertulit, jam illis diversæ Turcorum infestationes oneri esse cœperunt, multorumque animi in diversa fluxerunt qualiter ab hac obsidione et ab imminentibus periculis evadere possent. Sic denique plurimi, quocunque conamine vel occasione exitum quærentes, ab exercitu se nocte subtraxerunt.

Cap. XXXVII. — *Quomodo primorum quidam desperatione vivendi de civitate clam fugerint.*

Talis formido vivendique desperatio, dum abundantius invalesceret, atque cogitationes in corda multorum ascenderent præ pondere quotidianæ tribulationis, quidam principales viri de exercitu, Willhelmus Carpentarius, Willhelmusque alter, quondam familiaris et domesticus imperatoris Constantinopolitani, qui et sororem Boemundi, principis Siciliæ, uxorem duxerat, adeo magnis concussi sunt terroribus ut in silentio noctis concordi consilio clam subtracti a sociis, versus montana convenirent, et a mœnibus et muro in funium depositione laxarentur. Laxati vero per devia montium, propter Turcorum insidias, iter sine requie habuerunt, quousque in Alexandriam minorem profecti sunt, ubi Stephanus Blesensis, ab obsidione Antiochiæ sequestratus causa infirmitatis, morabatur, eventum rei et finem sociorum illic auditurus. In eodem siquidem loco idem Stephanus, intelligens ab iisdem viris, pericula confratrum de die in diem magis accrevisse nempe famis intolerantiam, Turcorum jactantiam et assultus, virorum et equorum cladem diffisus est vitæ, minime se tutum credens in hoc loco, nec siccum iter insistere ausus, navigio reditum suum ac diffugium cum prædictis principibus parat. Ventilato deinde rumore per Antiochiam tam egregios proceres ab urbe exisse propter timorem infestantium Turcorum, plurimi pariter fugam meditabantur et robustorum pectora metu deficiebant, nec sic prompti erant in defensione, ut solebant, præsidiumque novum, quod in medio urbis adversus arcem, quæ est in montanis, firmaverant, lentius defendebant, desperati et fugæ intendentes.

CAP. XXXVIII. — *Verba consolatoria clerici cujusdam ad populum.*

Ad hæc quidam frater fidelissimus, genere Longobardus, vita et ordine clericus, juxta præfatum novum præsidium consistens, desolatis Christi militibus omnibus, qui illic aderant clericis, laicis, nobilibus et ignobilibus, magnum exhibuit solatium, quo dubia corda cunctorum metuque fluxa relevavit, dicens : « Fratres universi, qui laboratis fame et pestilentia, qui Turcorum et gentilium turbis vallati mortem temporalem speratis incurrere, non hunc gratis sufferre vos credatis laborem, sed audite et pensate præmium quod Dominus Jesus omnibus his redditurus est qui ejus amore et gratia hac in via morituri sunt. In initio enim hujus viæ quidam sacerdos vir boni testimonii et eximiæ conversationis, in Italiæ partibus manens, mihi a pueritia notus, quadam die more solito missam celebraturus, ad diœcesim sibi commissam solus carpebat iter trans spatium cujusdam agelli ; cui in affabilitatis obsequium quidam peregrinus adfuit, de viæ hujus instantia requirens quid super hac audierit, aut quid primum sibi de hoc videatur quod tot regna, tot principes et universum genus Christianorum sub una intentione et desiderio ad sepulcrum Domini nostri Jesu Christi, ad sanctam confluxerint civitatem Jerusalem. » Qui respondit : « Diversi diversa super hac sentiunt via. Alii dicunt a Deo et Domino nostro Jesu Christo hanc in omnibus peregrinis suscitatam fuisse voluntatem ; alii pro levitate animi hanc Francigenas primores plurimumque vulgus insistere, et ob hoc in regno Hungariæ et aliis regnis tot peregrinis occurrisse impedimenta ; nec ideo intentionem illorum ad effectum posse pertingere putant. Unde meus adhuc hæsitat animus, alioqui diu hujus viæ desiderio tactus et totus in ipsa intentione occupatus. »

Cui protinus prædictus peregrinus ait : « Non levitate aut gratis hujus viæ credatis fuisse exordium, sed a Deo, cui nihil impossibile est, dispositum ; et procul dubio inter martyres Christi in aula cœli noveris esse computatos, ascriptos et feliciter coronatos quicunque in hac via morte præoccupati fuerint, qui in nomine Jesu exsules facti, puro et integro corde in dilectione Dei perseveraverint, et sine avaritia, furto, adulterio, fornicatione se continuerint. » Presbyter vero, admirans in verbis et promissione peregrini, quis fuerit aut de qua ortus regione perquirit, vel unde hoc certum didicerit quod gloria cœlesti cum beatis sint coronandi qui in hac expeditione vita decesserint. Protinus sciscitanti sacerdoti totius rei veritatem in hunc modum detexuit, dicens : « Ego sum Ambrosius, Mediolanensium episcopus, servus Christi. Et hoc tibi sit signum, et universis populis catholicis, viam hanc insistentibus, quia non fallo de omnibus quæ de ore meo audisti. Ab hodierno tribus annis evolutis scias Christianos, qui superfuerint, post multos labores civitatem sanctam Jerusalem, et victoriam de cunctis nationibus barbaris feliciter obtinere. » His dictis sine mora evanuit, nec ultra post hæc visus est. Hæc se vidisse et audisse a sancto Dei episcopo idem egregius presbyter cum veritate summa asseruit et nunc, ex quo visio et promissio illa facta est, duo completi sunt anni ; tertium adhuc restare omnibus certum est. Posthæc, sicut prædixit B. Ambrosius, episcopus Mediolanensium, in tertio anno Christi milites peregrini et eorum principes obtinuerunt Jerusalem et mundaverunt illic sancta, Sarracenis fugatis et attritis.

CAP. XXXIX. — *Item exhortatio principalium virorum, et fugitivi principes quomodo Constantinopolim navigare cœperint.*

Audita hac visione et promissione ex veraci fratris relatione, universi timore amittendæ præsentis vitæ hactenus hæsitantes, ac fugitivorum principum amissione turbati, spe et desiderio vitæ cœlestis accensi, animo fiunt stabiles nec ultra aliquo metu mortis a confratribus et urbe se recedere fatentur, sed cum eis vivere et mori, et omnia pro Christo sufferre. Godefridus dux pariter et Robertus Flandrensis fere universos principes, tanta formidine concussos, ut jam fugam conspirassent, humili vulgo nesciente, miro revocaverunt solamine, et constanties ad omne reddiderunt periculum, in hunc modum loquentes : « Cur desperatis, de Dei auxilio diffidentes in tot adversis quæ superveniunt, et confratres, humile et pedestre scilicet vulgus, fide vestra deficiente, deserere aut fugam inire disposuistis ? State, et virili animo vobis adversantia pro Christi nomine sufferte, fratresque vestros nequaquam in tribulatione deseratis, nec Dei iram incurratis, cujus gratia et misericordia non deficiet in se confidentibus. » Hæc dum cum lacrymis magnisque suspiriis ad comprimores desolatos loquerentur, universorum revixit spiritus, et deinceps stabiles cum eis in omni angustia permanserunt nullam abhinc fugam meditantes. Willhelmus et itidem Willhelmus, Stephanus et eorum consocii formidolosi et profugi aptant naves, remos et vela alto mari inferuntur, Constantinopolim remeare disponentes, relictis fratribus in obsidione, quos nunquam a manibus Corbahan liberari posse existimabant.

CAP. XL. — *Quomodo prædicti viri Græcum imperatorem ab auxilio fratrum revocaverint.*

Aliquanto autem tempore cum navigassent, in quibusdam insulis de regno Græcorum pernoctantes, vel propter motum maris commorantes, intellexerunt Christianum imperatorem Græcorum ad urbem Finiminis pervenisse, in comitatu magno et apparatu copioso, ad succurrendum peregrinis, sicut fide promiserat, quando sacramento et fœdere percusso juncti sunt illi in amicitiam. Is Turcopolos, Pincenarios, Comanitas, Bulgaros, arcu doctos et sagitta, Danaosque bipennium armatura dimicare peritissimos, Gallos exsules, exercitum simul conductitium, populum diversi generis a desertis locis et montanis et a maritimis insulis, ab omni scilicet regno suo spatiosissimo, ad quadraginta millia contraxit. Hunc prædicti principes in hac fortitudine armatorum virorum, equorum atque in copiis cibariorum, tentoriorum, mulorum ac camelorum invenerunt et cum eo novum exercitum Gallorum, circiter quadraginta millia, per longam hiemem congregatum, Tatinum quoque truncatæ naris, qui similiter timore attonitus, in falsa fide a sociis recesserat ad ipsum imperatorem, propter promissum auxilium legationem laturus, quam minime fideliter peregit, non ultra Antiochiam reversus. Imperator ingressus ad se principes recognoscens, miratur valde quomodo a sociis divisi habeantur, ac percontatur de statu fidelium Christi commilitonum, de salute ducis Godefridi, Reymundi comitis et episcopi Podiensis, utrum in prospero vel adverso eorum res sita sit. Respondent eos minime in prosperitate et salute esse, sed sic obsessos a Corbahan, principe Corrozan, et a nationibus gentilium, ut ne unus quidem patescat aditus vel exitus a tam spatiosa urbe, et quod nunquam manus illorum, nisi furtim aliqui possint evadere. Deferebant autem quanta fame arctarentur, quomodo mercatores et naves odio illorum Turci attrivissent. Nullum vero ex omnibus vivere posse fatebatur a facie tantæ multitudinis, seipsos vix in astutia sua liberatos, suggerentes imperatori ut rediret, nec frustra suum exercitum vexaret ad tantas hostium copias.

CAP. XLI. — *Alii quidam principes fugam meditantes bonorum virorum exhortationibus retinentur.*

Imperator his Christianorum auditis periculis, et gentilium copiis compertis, cum primatibus suis habito consilio, tremens ac stupefactus, protinus totum redire præcepit exercitum. Quin terram Romaniæ, quondam injuste a Solymano sibi ablatam, sed nunc peregrinorum viribus restitutam, incendio et præda vastavit, urbes et præsidia universa subvertit, ne forte a Solymano recuperata illi servitio prodessent. Tantus ergo rumor imperatoris regressi, et sui exercitus dispersi, mœnia Antiochiæ transvolans, peregrinorum corda magno dolore infixit, et multum audaciæ ab eorum excussit animis. Ideo sæpius principes exercitus Christi consilium conferebant, quatenus si aliqua arte valerent, clam ab urbe recedentes, humile vulgus illic in periculo relinquerent. Quod dux Godefridus, Robertus Flandrensis et episcopus Podiensis intelligentes, iterum eos confortare cœperunt, sic ad universos loquentes : « Non turbemini, neque formidet cor vestrum in hac imperatoris vulgata reversione. Potens est Deus de manu inimicorum nos liberare. Tantum stabiles estote in amore Christi, et nunquam fraudem hanc in fratres vestros faciatis, ut fugam, clam ab eis subtracti, ineatis. Procul dubio enim si fugam inieritis præ timore inimicorum, Corbahan et omnis multitudo illius vos persequentur; et nequaquam manus illorum effugietis, cum primum fama vestræ fugæ ad aures eorum pervenerit. Stemus igitur, et in proposito vitæ nostræ in nomine Domini moriamur. » Ad hæc verba universi stabiles facti sunt, et cum fratribus mori et vivere statuerunt.

CAP. XLII. — *De milite Christiano, cujus equus cum fugiente cecidit.*

Corbahan et omnes legiones gentilium, audito imperatoris recessu, amplius assultu invalescebant, et in globis suis e castris procedentes, insidiabantur, si quis ab urbe procederet, quem solito more detruncare possent. Quadam igitur die quosdam Turcos, sub eadem intentione in globo quadraginta militum ab hospitio tabernaculorum egressos, Christiani a mœnibus urbis speculantur. Quibus, licet tristes et exterriti de adversis sibi rebus, protinus trans vada Fernæ aliqui armati occurrerunt, sed extemplo ab ipsis Turcis repressi, trans vadum fugientes, alio steterunt in littore, videntes se famelicorum equorum cursibus non posse contendere. Tandem post plurimam sagittarum grandinem, Turcos procul ab amne remeantes quidam robusti pectoris miles, adhuc sui equi fidens virtute, et sociorum vires post tergum sequi existimans, immoderato cursu persequitur; sed nemine sociorum ad auxilium sequi præsumente, duo atrocissimi equites ex globo in faciem peregrini equos laxis frenis rejiciunt, et in fugam reditum veloci equorum urgent levitate, remensis eadem via ad socios novalibus : cui in impetu et offensione pedis equus humi totus corruit, et sic fere in extremo vitæ suæ constitutus est. Lapso itaque et auxilio penitus destituto, cum jam prope ad feriendum adfuissent carnifices, sic equi eorum immobiles perstiterunt, calcaria obliti, ac si in fronte percussi, retro ire compellerentur, donec peregrinus miles equum in pedibus resurgentem ascenderet, et Deo ac Domino Jesu Christo donante, fugam ad sociorum stationem iteraret. Universi in littore et mœnibus ad spectacula stantes præ gaudio lacrymati sunt, sic incolumi fratre recepto, in cujus liberatione manifeste digitum Dei adfuisse experti sunt.

Cap. XLIII. — *De inventione Dominicæ lanceæ.*

In hac itaque famis afflictione quam audistis, et timore obsidionis, et sollicitudine insidiarum assultuumque quos a foris Turci adhuc assidue inferebant, populoque Dei humiliato ac desperato, clericus quidam de terra Provinciæ per visionem sibi lanceam revelatam asseruit, qua Dominus noster Jesus Christus in latere perforatus est. Hic enim clericus episcopo Podiensi, domino Reymero, et Reymundo comiti locum, quo pretiosum thesaurum lanceæ reperirent, retulit, videlicet in ecclesia B. Petri apostolorum principis, visionem suam sub omni veritate, qua potuit, attestatus. Qui verbis illius credentes, ad locum quem clericus asserebat, communi decreto venerunt. In quo fodientes, lanceam, sicut a clerico didicerant, invenerunt; inventam autem in præsentiam omnium Christianorum principum in ipso oratorio protulerunt, plurimum hanc divulgantes et ostro pretioso involventes. In hujus denique inventione spes et lætitia magna facta est in populo Christianorum, qui non modica celebritate et oblatione innumerabilis auri et argenti hanc venerati sunt.

Cap. XLIV. — *Ubi Petrus legatione fungitur apud Corbahan, principem obsidionis.*

Transactis deinde aliquot diebus, omnis primatus et duces Christiani exercitus adhuc hæsitantes et vitæ diffidentes in tot adversitatibus, et famis pestilentia, bellumque cum tot nationibus committere metuentes, eo quod viribus hominum et equorum valetudine exhausti essent, consilio inito, decreverunt legationem mittere Corbahan magistro et principi exercitus et obsidionis. Sed neminem invenerunt qui tam ferocissimo et superbo loqui auderet, quousque Petrus, qui principium hujus viæ exstitit, se iturum indubitanter obtulit, et homini magnifica nuntia dicturum. Sine mora injuncta sibi legatione a duce Godefrido, Boemundo et aliis principibus, Petrus prædictus statura pusillus, sed meritis magnus, ad tentorium Corbahan, in medio gentilium iter præsumens, Deo protegente solus pervenit. Cui per interpretes nuntia Christianorum in hunc modum retulit: « Corbahan, princeps clarissime et gloriosissime in tuo regno, nuntius sum Godefridi ducis, Boemundi et principum totius Christianæ multitudinis: decreta et consilium eorum, quod porto, ne dedigneris accipere. Ductores Christiani exercitus decreverunt, si Christo Domino, qui verus est Deus et Dei Filius, credere concesseris, et gentilium spurcitiis abrenuntiaveris, tui fieri milites, et Antiochiam civitatem in manu tua restituentes, tibi sicut domino et principi servire parati sunt. » Quod audire, ne dum facere, contempsit. Petrum vero Eremitam sacrilegos ritus suos et sectam gentilium edocet, asserens se nunquam ab hac recedere.

Cap. XLV. — *Item de eodem, et quam tumide princeps verba legationis acceperit.*

Petrus, audito Corbahan, nempe quod in derisum nomen et admonitionem Christianæ fidei acciperet, alia ei aperuit nuntia: « Visum est, inquit, adhuc Christianis principibus, quandoquidem tam egregios homines tibi subdi recusas, et Christianus fieri renuntias, ut viginti tirones de tua eligas multitudine, quod etiam Christiani facient, et datis utrinque obsidibus, et facto juramento utrinque tu in deo tuo, ipsi in Deo suo, singulari certamine in medio confligant. Et si Christianis victoria non contigerit, ipsi in terram suam pacifice et sine damno redeant, Antiochiam tibi reddentes; si vero tui triumphare nequiverint, pacifice tu tuique ab obsidione repedetis, urbem et terram nobis relinquentes, et non patiaris tantum exercitum perire, mutuo confligentem. Si autem hoc a Christianis decretum contempseris, certus sis quia crastina luce universi tecum prælia conserent. » Corbahan, his auditis, Petro in superbia magna respondit: « Unum, Petre, te scire volo quod Christiani eligant, scilicet ut omnis imberbis juventus ad nos transeant, mihi et domino meo, regi Corrozan, servientes, quos magnis beneficiis et muneribus ditabimus; puellæ adhuc intactæ similiter ad nos accessum habeant et vivendi licentiam; barbati vero et aliquam canitiem habentes cum mulieribus nuptis decollandi sunt. Alioqui nulli parcam ætati, sed omnes delebo in ore gladii; quos autem voluero, in catenis et vinculis ferreis abducam. » Hoc dicto ostendit ei omnis generis catenarum et vinculorum copiam innumerabilem et inauditam.

Cap. XLVI. — *Petrus revertitur, responsio majoribus aperitur, et quid facto opus sit in commune discutitur.*

Petrus ad hæc a Corbahan accepta licentia redeundi, urbem Antiochiam introivit, renuntiaturus jactantiam quam audiverat a Corbahan. Et ecce universi principes in circuitu Petri conglobantur cum cæteris Christianis militibus, quid Corbahan responderit, auscultare desiderantes et scire utrum bellum attulerit, aut aliquod fœdus pacis constituendæ. Petrus circumfusus fidelium turbis, Corbahan bellum desiderare indicat, nihilque nisi in superbia magna et fiducia multitudinis suæ locutum fuisse asserit, et cætera minarum, quæ audierat, referre incipit. Sed eum procedere ulterius dux Godefridus non patitur; sed seorsum ductum monuit, ne quidquam de omnibus quæ audierat ulli indicet, ne populus, præ timore et augustia deficiens, a bello subtraheretur. Jam trium hebdomadarum et totidem dierum processerat tempus quo populus Christianus obsessus cœpit angustiari penuria necessariorum et defectione panis. Unde non ultra sufferre hæc valentes, invicem consultum vadunt magni et parvi, dicentes utilius esse mori in bello quam fame tam crudeli perire, et de die in diem populum attenuari et mori.

Cap. XLVII. — *Bellum indicitur, omnes quasi morituri in crastinum præparantur, et distribuæ acies sub ducibus ordinantur.*

Ad hanc vocem conquerentis populi indicitur bellum crastina die futurum: omnibusque jubetur ut in orationibus pernoctent, et delictorum suorum confessionibus purgati, Dominici corporis et sanguinis sacramento muniantur, sicque in primo diei diluculo armis accingantur. Mane autem facto, omnes in armis, loricis et galeis, Christiani milites convenerunt quarta Kal. Julii, et acies ordinant adhuc intra urbem commorantes. Hugonem Magnum, fratrem regis Franciæ, præfecerunt primæ aciei ductorem, et signiferum constituerunt equitum et peditum. Robertus, comes Flandriæ, et Robertus, princeps Northmanorum, duabus præficiuntur aciebus, et sic juncti hi duo propinqui in uno latere constituuntur. Episcopus vero Podiensis suam per se aciem versus montana dirigebat, erecta in medio illius cuneo lancea, quam repererant, et in manibus cujusdam clerici constituta. Petrus de Stadeneis, Reinardus de Tul, frater ejus Wernerus de Greis, Henricus de Ascha, Reinardus de Hemersbach, Walterus de Dromedart, suum cuneum regere disponuntur versus hæc montana et viam quæ ducit ad portum maris Simeonis prædicti quondam eremitæ. Comes Reinboldus de Oringis, Lodewicus de Monzons, Lambertus filius Cunonis de Monte acuto, unius aciei ordini præesse destinantur. Dux Godefridus cum Teutonicis, Alemanis, Bawaris, Saxonibus, Lotharingis, ex duobus millibus equitum et peditum suam aciem composuit, quorum manus et gladius solet esse sævissimus in cervicibus inimicorum. Tankradus, solus suam aciem ex equitibus et peditibus constituit. Hugo de S. Paulo, et filius ejus Engelradus, Thomas de Feria castro, Baldewinus de Burg, Robertus filius Gerhardi, Reymundus de Peleiz, Reinoldus Belvacensis, Walo de Calmont, Everhardus de Poisat, Drogo de Monzei, Rudolfus filius Godefridi, Conans Britannus, Rudolfus similiter Britannus, hi omnes duas acies regere eliguntur. Gastus de Berdeiz, Gerhardus de Rosselon civitate, Willhelmus de Montpelir, acie tantum una contenti sunt. Boemundus de Sicilia in extrema acie, quæ erat densissima, equitibus et peditibus ductor attitulatur, ut cæteras acies tueretur, et forte auxilio indigentibus subveniret.

CAP. XLVIII. — *Relicto in urbe Reymundo comite, fideles portis erumpunt, quibus gentiles a magistra arce signo accepto occurrunt.*

Sic omnibus istis ordinatis et dispositis, comitem Reymundum, aliquantulum infirmitate laborantem, ad tuendam urbem propter Turcos, qui erant in eminentiore arce cum Sansadonia, filio Darsiani, reliquerunt cum plurima virtute Christianorum. Hoc expleto, omnes unanimiter, sicut ordinati erant, et principes singuli cum suis aciebus aperta porta qua porrigitur trans Fernam pons lapideus, adversus Barbarorum legiones procedere decreverunt, in vexillis mille variis et decoris, in loricis et galeis. Corbahan similiter et Solymanus in dextro et sinistro cornu, in fronte et a tergo, multiplices statuunt acies, arcus osseos et corneos in manibus ad pugnandum tenentes, celerique pede a castris proce-

dentes, Christianis obviam invehuntur, ut primi grandine sagittarum certamen ineant, buccina, tubis et cornibus intolerabili clamore intonantes. Providerant enim sibi non solum ex legatione Petri, qui bellum in crastino eis prædixerat affuturum; sed quotidie suspecti et solliciti erant ne Christiani ex improviso bellum cum eis committerent. Unde ad arcem Sansadoniæ nuntios assidue dirigebant, quatenus si quando persentiret Christianos armari, aut hortari ad pugnam, eis nuntiaret, eo quod ab arce, in supercilio montis sita, spectaculum rerum universarum undique in urbe habuerit: quo et ipsi parati et cuneati occurrere possent, et minus provisis Galli nocerent. Sansadonias nuntia mittere negat, sed pannum latissimum nigerrimi et horrendi coloris, in summitate hastarum præfixum, in culmine suæ arcis erigere pollicetur, deinde horrisona buccina vehementer perstrepere et ita gentiles certos reddere de apparatu belli Christianorum. Hunc itaque pannum fuscum in signum conserendi Martis erigens in montanis, super ipsam prædictam arcem fixit, eadem hora qua Christianorum apparatus summo diluculo fieri cœperunt, et acies ordinabantur: ut viso hoc signo, etiam gentiles ad resistendum providerent, arma et acies ordinarent. Protinus panni hujus signo et fragore buccinæ, horribiliter tonantis, præmoniti, densantur et cuncantur, et Christianis turmis in occursum tendunt, ab equis circiter duo millia descendentes, ad prohibendum pontem ejusque fluvii transitum.

CAP. XLIX. — *Christi populus in prima acie victor gentilium fumo impeditur.*

Christiani autem principes in eadem porta ordinati et conglobati, suspicantes ac præscientes Turcos in arcu et sagitta sibi in exitu suo adversaturos, omnem manum sagittariorum pedestris vulgi præmiserunt a porta trans pontem et fluvium Farfar. Qui Deo favente pontem anticipantes, in Turcos sagitta infestos irruerunt, scuto tectis pectoribus resistentes, et a loco amoventes, quousque ad stationem equorum ipsorum sagitta Christianorum transvolante, perventum est. Turci itaque, qui ad pontem ab equis descenderant pede præcurrerant, videntes se non posse obsistere, nec viros Christianos a ponte abigere, sed equos suos posse sagittarum grandine perire, versi in fugam et ad equos quantocius properantes, ipsos ascenderunt: et sic liberum exitum Christianis, licet inviti, concesserunt. Ad hæc Anselmus de Riburgis monte, qui erat in prima hac acie constitutus cum Hugone Magno, gaudens prospero successu et prima victoria fidelium, vibrata hasta medio Turcorum involvitur; qui hos dejecit, hos perforat, alios resupinat, et ingenti illorum occisione laborat. Hugo siquidem Magnus, videns quod Anselmus sine aliquo timore mortis hostes represserat, sine mora advolat, simili cæde mulctans inimicorum catervas. Robertus Flandrensis, Robertus Northmannorum comes, Baldewinus Hamaicorum princeps, Eustachius quoque, audacter et fortiter cum hostilibus cuneis luctabantur, quos non modica strage interemerunt. Solymanus vero dux Turcorum, miles sævissimus, et Rossilion consocius ejus, unus ex quatuor capitalibus Antiochiæ sub Darsiano rege, cum suis cuneis circiter quindecim millibus a cætera multitudine sequestrati, adversus hæc montana et viam, quæ respicit ad portum Simeonis, festinato contendunt : ut si Christiani victi forte illuc fugam meditarentur ad maritima, eis occursarent, et incautos attererent. Hoc in proposito avide ferventes, properata via plus solito, super aciem Reinardi comitis, Petri de Stradeneis, Walteri de Dromedart, Henrici de Ascha, Reinardi de Hemersbach, militis illustrissimi, Werneri de Greis casu irruerunt; quibus subito ad impedimentum ignem projecerunt ab ollis in faciem terræ, quo eorum transitus erat ad societatem Christianorum. Ignis itaque ut hæsit terræ, arreptis herbis aridis et frondibus siccis veprium, statim vires in altitudine et amplitudine acquisivit, et sic a vento suscitata nebula, fumus concrevit tenebrosus, solummodo oculos fidelium obumbrans, et aspectum impediens.

CAP. L. — *Peregrini multifarie dissipantur; acies Boemundi in mortis articulo posita Godefrido duci nuntiatur.*

Igitur Turci callide eos post fumi nebulam insequentes, errore caliginis dissociatos alios trucidabant, alios sagittis transfigebant. Solummodo equis insidentes velocitate equorum evaserunt, sed non omnino illæsi a sagittis : peditum vero trecenti occisi, et pars in vinculis retenta est. Karieth autem Turcus de civitate Caran, viso Solymani prospero successu in contritione aciei Reinardi, Petri, Werneri et cæterorum, confidentius iter accelerans, in circuitu una cum principe Damascenorum a montanis juxta civitatem et Fernam fluvium descendit, appropinquante simul Brodoan de Alapia civitate Turcorum, ad coronandam aciem Boemundi, quæ erat extrema, peditibus et Francigenis plurimum densata : quam incurrentes, sagittis et virtute suorum irrumpere ac dispergere conati sunt. Oppressa siquidem viribus Turcorum, et fraude astutorum hominum circumventi, comitatus Boemundi in miserum et anxium globum, quasi inter lupos periturae, cogebantur, nec ultra reniti valebant, sed in proximo erat, ut morituri undique ab infidelibus turmis involverentur. At Godefridum ducem cum Buldagi, Amasa, Boesa et Balduc atrociter dimicantem, et in nomine Jesu, Filii Dei vivi, triumphantem, nuntius trans spatium viæ unius, vocis percurrens, flebili rogatu pulsat et admonet, ut respiciat et cognoscat quam in arcto res Boemundi suæque societatis sit sita ; quibus, ni cito subveniret, omnes in brevi a Turcis consumi asserebat.

CAP. LI. — *Dux hostes fugat et proterit, fratres a porta mortis educit.*

Godefridus dux, ex relatione velocis nuntii Boemundi intellecta invasione suæque aciei a Turcis fere coronatæ, elevans oculos, jam intuetur quomódo virtus Boemundi et cohortes illius pondere belli fatigabantur, et vix inimicorum vires sufferebant. Unde festinus in faciem adversariorum cum Alemanis, Bawaris, Saxonibus, Lotharingis, Teutonicis, et Romanis, qui in sua erant acie, advolat in vexillis ostreis variis et decoris, ut vires gentium repelleret, et in angustia positis subveniret. Hugo vero Magnus, qui in exitu primæ aciei a ponte, qui ab urbe trans Farfar porrigitur, fugatis Turcis et attritis, spatium campi cum Christianorum præmissis sagittariis victor obtinebat, videns quod ducis Godefridi acies et vexilla revertebantur via quæ ducit ad fluvium Farfar, una ipse festinus eodem itinere ad aciem ducis cum sua legione ad vires et arma augenda refertur, sciens quia hac parte major angustia belli ingruebat. Moderabantur ambo principes cursus suorum equitum, secundum quod pedites appropinquare poterant. Quos ubi Turci indubitanter in se tendere viderunt ad subveniendum Christianis consociis, paulatim ab invasione et assultu cœperunt subtrahi ; et dato dorso remensi viam, ad tabernacula sua fugam arripiunt, duce cum Christianis tironibus atrociter insequente et cædente

CAP. LII. — *Item de eodem.*

Tandem superato quodam humili et modico torrente, a montanis defluente, paululum Christianis militibus in valle retardatis, Turci in vertice cujusdam montis consistentes, ad defensionem frena rejiciunt, et sagittis suis Gallos insequentes absterrere nituntur. Ad hoc peregrini Teutonici, corda intrepida habentes, altis vocibus Christi clementia invocata, obsistentes Turcos indubitanter incurrunt, quos tunc et deinceps sic in fugam continuam mittunt, ut non aliquis eorum stare aut remordere in eodem conflictu præsumeret. Boemundus ergo princeps magnus, et Adam filius Michaelis, visa virtute Godefridi resistentis, et populum allevians, et quia cæde cum suis inter hostium agmina fulminabat, cum omni acie et fortitudine quam ultimus regebat, abrumpit moras, et in impetu ac vociferatione per medias Turcorum acies infertur. Quorum immanissima strage facta sic campi operiebantur corporibus occisorum, quasi grandine hinc et hinc sævissime commistis cuneis. Sed, Deo auxiliante, ingravatum est bellum gentibus ; totumque prælii pondus versum est illis in contrarium. Corbahan autem superbus, qui ampliores sibi retinuerat vires et copias, et a sinistris Christianorum stationem occupaverat, nequaquam suis fugitivis et attritis sociis ad opem contendere poterat. Nam illi Podiensis episcopus cum omni manu Provincialium fortiter in faciem resistebat, eique lanceam Dominicam semper opponebat. Unde colligendum est quod, Deo et Domino nostro Jesu operante, virtus illius, divinitus sibi timore immisso, elanguit, et corda suorum fremuerunt : quia sic immobilis permanebat in obstaculo et visione cœlestis armaturæ, ac si omnis pugnæ immemor cum infinito suo satellite haberetur.

CAP. LIII. — *Corbahan, victis suis, spem vivendi ponit in fuga, quem Podiensis episcopus insectatur.*

Sic, Deo volente, in stupore et exstasi posito quidam adfuit, sinistra illi portans nuntia, et dicens : « Corbahan, princeps illustrissime, quid longius moram protrahis adversus hanc Christianorum aciem? annon vides quomodo tuus, quem eduxisti, exercitus, victus et attritus fuga dilapsus est? ecce in castra tua tuorumque Galli diffusi spolia auferunt, et nos universas colligunt, et ecce sine mora ad te perventuri sunt. » Corbahan hac tristi et dura legatione pulsatus, elevatis oculis videns acies suas fuga defluxisse, continuo ipse cum omni comitatu suo dorsa vertit in fugam, via qua venerat, ad regnum Corrozan et flumen Euphratem insistens. Quem sacer episcopus cum omni acie sua persecutus est, non longe tamen, præ defectione equorum et peditum lassitudine. Defecerant enim Christianis equi quos a Gallia eduxerant, præ diversis plagis, ut affirmant ex veritate qui aderant. Nam vix ducenti supererant equi bello apti, in die qua prælium cum tot nationibus gentilium commiserunt.

CAP. LIV. — *Ubi notantur principes qui præ inopia mendicant.*

Plurimi siquidem egregii milites et nobilissimi, quorum latet numerus, equis mortuis et præ famis inopia consumptis, in numero peditum computati, pedites prælia discebant, qui a pueri ævo semper equis assueti et invecti certamen inire solebant. Ex his vero egregiis viris, qui mulum aut asinum, vel vile jumentum, vel palefridum tunc acquirere poterat, pro equo utebatur : inter quos fortissimi et ditissimi sua in terra principes asino insidentes certamen iniecrunt : nec mirum. Nam diu deficiente illis proprio sumptu, egentes mendicaverant, et suis armis venditis propter inopiam, armis Turcorum insuetis et incongruis in bello utebantur. Horum in numero Hartmanus, dives et nobilissimus, unus de præpotentibus in terra Alemaniæ fuisse, asinoque insidens, umbonem Turci et gladium tantum in die illo ad pugnam habuisse perhibetur : nec mirum. Nam rebus omnibus exhaustus, lorica, galea et armis venditis, diu mendicaverat, et eo fere pervenerat, quod nec mendicando vivere poterat. Pervenerat una Henricus de Ascha, miles nobilis et laude militari dignus. Sed dux Godefridus gloriosus, illorum misertus, panem unum cum portione carnis vel piscis ex proprio sumptu Hartmano constituit ; Henricum vero, quia miles et homo suus multis sibi servierat annis et bellorum periculis, convivam et mensæ suæ socium attitulavit.

CAP. LV. — *De eadem re, et fuga et cæde hostium.*

Super his miseriis et attenuationibus nobilium procerum, mirantur solummodo hi qui nunquam huic simile audierunt, nec mala viderunt, quæ in tam longo exsilio contigerunt tam egregiis viris, sed non mirantur qui ipsum ducem Godefridum et Robertum, principem Flandriæ, ad ultimum egere rebus et equis se vidisse testati sunt. Eguit siquidem dux Godefridus, qui equum, in quo die magni belli sedit, dono comitis Reymundi suscepit, multa prece extortum. Nam defecerat illi pecunia præ angustia memoratæ famis, et nimia largitione eleemosynarum et rerum, quas in mendicis et attenuatis militibus expendit. Eguit pariter Robertus, ditissimus et potentissimus princeps pinguis Flandriæ, quem sæpius in exercitu mendicasse asserunt, qui affuerunt et oculis inspexerunt; ipsumque equum quem in die belli ascenderat, mendicando acquisivisse, multorum relatione didicimus. His denique equis, labore acquisitis, nunc tam egregii principes in die belli invicti adversus infidelium acies, considerantes Corbahan cum omni comitatu suo terga vertisse, veloci cursu post eum frena dirigunt ; cædendoque et sternendo fuga deficientes et fugientes, in spatio trium milliarium sine intermissione insecuti sunt. Tankradus, qui etiam Christianorum aciem dirigebat, ut fugam persensit adversariorum, una cum equestri manu in cæde illorum affuit velociter, quos via sex milliarium fugientes insecutus est. Corbahan, viso suorum diffugio et exercitus sui dispersione, semper intendebat fugæ, quousque ad Euphratem, fluvium magnum, perveniens, cum suis navigio elapsus est.

CAP. LVI. — *De direptione castrorum et diversitate vinculorum.*

Iis præfatis Christianorum principibus avide inimicorum cædi et insecutioni intendentibus, societas comitis Reymundi et episcopi Reymeri prædæ inhians, et spoliis Turcorum, in loco eodem quo victoria data est, parum persequens, permansit ; et grandia spolia auri, bysantiorum, frumenti, vini, vestimentorum et papilionum deprædata est. Alii vero qui pugnæ intenti erant, videntes illos spoliis manus inferre, eadem avaritia corrupti, manus similiter prædæ injicientes, cum spoliis copiosis et infinitis in laude et lætitia et voce exsultationis Antiochiam reversi sunt : et qui ante inopes erant et famelici, nunc omnibus bonis satiati sunt. Codices vero innumerabiles in iisdem castris gentilium repererunt, in quibus sacrilegi ritus Sarracenorum et Turcorum inscripti erant, et nefanda crimina ariolorum et aruspicum cum characteribus exsecrabilibus. Catenarum, vinculorum, laqueorum ex funibus et ferro coriisque taurinis et equinis diversa genera ibidem in tentoriis reperta sunt ad vinculandos Christianos : quæ omnia Antiochiam allata sunt, plurimo numero infinita, cum plurimis rebus et tentoriis, et cum tentorio ipsius Corbahan, quod in modum civitatis turribus et mœnibus diversi coloris et pretiosi serici ædificatum erat. Habebat idem mirabile tentorium vicos a se defluentes, in quibus duo hominum millia spatiose habitasse referuntur. Mulieres, pueri teneri et adhuc lactantes, quotquot in castris reperti sunt, alii trucidati, alii equorum pedibus conculcati, misero et lacero cadavere campos implevererunt, destituti suorum auxilio gentilium de bello terga vertentium. Cætera quæ in hoc bello acta sunt, tam in populo Christiano quam gentili, quæ, etiam in obsidione urbis Antiochiæ mira et inaudita gesta sunt, nullius stylo, nullius memoria æstimo retinenda, tot tamque diversa fuisse referuntur.

LIBER QUINTUS.

Caput primum. — *De divinorum mysteriorum restitutione, et de patriarchæ recollatione.*

Accepta hac victoria in campo Antiochiæ, magnæ et regiæ civitatis Syriæ, episcopus Podiensis et cæteri principes, a fuga et cæde exercitus Corbahan reversi in præfatæ urbis mœnia, basilicam B. Petri apostoli, quam Turci suis sacrilegis ritibus profanaverant, ab omni inquinamento mundantes, altaria sancta, quæ subversa erant, in omni honestate ræedificaverunt, imaginem vero Domini nostri Jesu Christi et figuras sanctorum, quas in modum viventis personæ obcæcatas et obductas cœmento obscuraverant, summa reverentia renovabant, cultores catholicos in exsequendis ibidem divinis mysteriis restituentes in omni clero tam Græcorum quam Latinorum. Deinde ex ostro purissimo et serico pretioso et reliquis ornamentis, quæ in Antiochia sunt reperta, infulas, dalmaticas, cappas et omnem decorem ad usus ecclesiarum Dei vivi fieri constituerunt, quibus divina officia in templo B. Petri celebraturi sacerdotes et ministri ornarentur, vel quando in processione Dominicarum dierum, aut in celebri festo, ad oratorium S. Mariæ, matris Domini nostri Jesu Christi, in psalmis et hymnis migrarent. Hoc idem oratorium brevi intervallo distans ab ecclesia B. Petri, adhuc ab iisdem Turcis inviolatum et intactum permansit, et Christianis, inter se post sibi subjugatam urbem dono et licentia eorum commorantibus, solummodo concessum est. Patriarcham vero urbis, virum clarissimum et Christianissimum, quem Turci, cum adhuc Christianorum obsidione circumdarentur, sæpius funibus astrictum vivum ad mœnia suspenderunt in oculis omnium, ad augendas Christiano populo molestias, et cujus pedes frequenter compedum læsione attriverant, decenter in cathedra sua relocaverunt, et principem Antiochiæ cum omni subjectione et religione præfecerunt.

Cap. II. — *Quibus principibus subjecta sit Antiochia.*

Ilis itaque divinis rebus præ latis et præordinatus, Boemundum dominum et advocatum urbis constituerunt, eo quod multum in traditione urbis expendisset, plurimumque laboris pertulisset, ut custodias per turres et mœnia adversus Turcorum insidias faceret. Boemundus assumpta potestate et dominio urbis, in præsidio quod in eminentiore loco in montanis habetur, sedem et custodiam suorum posuit, nulla illic Turcorum defensione sibi adversante. Nam audita fuga et contritione suorum, Sansadonias, et qui in arce erant, pariter etiam ipsi per montana fugerunt, vacuum et immunitum relinquentes præsidium. Verum Reymundus comes de regione Provinciæ, semper insatiatus desiderio acquirendi, turrim eam, quæ ponti Fernæ imminet versus portum S. Simeonis, invadens, suo munivit satellitio, partemque hanc urbis suæ ditioni subesse coegit. Cæteri vero principes, Godefridus dux, Robertus Flandrensis, Robertus, princeps Northmannorum, cunctique qui non minus laboris circa urbem pertulerant, minime urbi præesse, aut ejus redditus vel tributa sibi impertiri quæsiverunt, nolentes fidem et sacramentum, imperatori Constantinopolis factum, violare. Juraverant enim sibi, ut si caperetur Antiochia, quia de regno ejus erat, sicut Nicæa cum omnibus castellis et urbibus, ad regnum ejus pertinentibus, sibi reservarent, suæque majestati restituerent. Ex tunc et deinceps Boemundus comiti Reymundo cœpit invidere, sed tamen occulte.

Cap. III. — *De duobus principibus directis, quorum unus periit, alter vix evasit.*

Prædicti vero principes, quibus curæ erat fidem et jusjurandum servare, Baldewinum Hamaicorum comitem, una cum Hugone Magno, fratre regis Franciæ, paulo post victoriam a Deo collatam direxerunt in legationem ad ipsum imperatorem Græcorum, ut causam ab eo investigarent, cur tam impie se gesserit erga populum Dei; et auxilium, quod pollicitus esset, cur in tanta necessitate exhibere neglexerit, cum in aliquo eos fallaces aut seductores adhuc invenire nequiverit. Injunctum est etiam illis ut eidem imperatori dicerent quomodo ab omni promissione et sacramento principes exercitus soluti haberentur, eo quod omnia quæ promiserat auxilia ex timidorum et fugitivorum suggestione mentitus esset. Sic quidem duo prædicti principes, assumpta sociorum confratrum legatione, ad ipsum imperatorem viam insistunt per mediam Romaniam. Ubi in confinio Nicææ in insidias Turcopolorum forte inciderunt, non a dextris vel a sinistris declinare valentes. Turcopoli itaque, gens impia et dicta Christiana nomine non opere, qui et Turco patre et Græca matre procreati, videntes viros sibi inter manus oblatos, subito irruerunt in eos, Baldewinumque, qui Hugonem aliquantulum præcesserat, ut aiunt, sagittis confixerunt; quidam vero asserunt quod vivum illum et captivum abduxerint; sed latet usque in hodiernum diem, quo fine tam nobilissimus et Christianissimus princeps perierit. Hugo autem Magnus, qui modico intervallo viam post Baldewinum continuabat, cernens angustias animæ illius, celeri cursu iter remensus est ad silvam quamdam, montibus contiguam, cujus absconsione protectus, manus impiorum invasit.

Cap. IV. — *De plaga mortalitatis, quæ facta est in populo Dei.*

Post hæc, ex omni parte crebro affluente navigio in cibariis ad portum S. Simeonis, et peregrinis in victoria Dei ab obsidione barbarorum liberatis, felici abundantia cibariorum, omniumque necessariorum fructibus, plaga maximæ mortalitatis facta est intra urbem Antiochiam, quâ plurima et innumerabilis multitudo Christiani exercitus tam nobilium procerum quam humilis vulgi absumpta est. Hac clade mortifera primum venerabilis præsul de Podio percussus, vitam finivit Kal. Augusti : quem nimia lamentatione nobiles et ignobiles deflentes, in ipsa basilica S. Petri sepulturæ contulerunt, in eodem loco quo lancea Dominica reperta est. Sepulto itaque tam venerabili sacerdote, amplior et gravior invaluit hæc plaga sævissima, et morte minui adeo Christianorum cœpit exercitus, ut per spatium ferme sex mensium vix aliqua oriretur dies, quin centum et quinquaginta vel triginta ad minus, tam nobiles quam ignobiles spiritum vitæ exhalarent. Ejusdem cladis atrocitate Henricus de Ascha, miles nobilis genere, moriens occubuit in castello Turbaysel, illic catholice sepultus. Reinardus pariter de Hemersbach, miles clarissimus opere et genere, vitam amisit, sepultus in atrio basilicæ B. Petri apostolorum principis. Præterea multi tam equites quam pedites, nobiles et ignobiles, monachi et clerici, parvi et magni, quin et sexus femineus, supra centum millia sine ferro morte vastati sunt.

Cap. V. — *De insidiis Turcorum, et de quodam Folkero et uxore ejus.*

Interea multi gaudentes pace et victoria, mortalitatemque hanc vitantes, et causa necessariorum dum viam frequenter Rohas insisterent, sperantes aliquid accipere de manu Baldewini, plurimas insidias et cædes a Turcis, qui habitabant in præsidio Hasart, patiebantur, et sæpius capti aliqui abducebantur. Quadam autem die quidam Folkerus, miles egregius, de castro Bullon ortus, dum cum uxore sua, quæ erat formæ elegantis, Rohas cum cæteris fratribus iter faceret, forte in Turcorum insidiantium manus incidit : qui illico cum cæteris, post multam defensionem victus ac decollatus est. Uxor vero illius quia multum præ honestate vultus sui placuit in oculis eorum, capta in præsidium Hasart abducta est. Princeps ergo et dominus præsidii hanc honorifice tractari jussit, dum videret si in ejus redemptione aliquid magni pretii consequeretur. Nec diu post, quidam Turcorum miles illustrissimus, qui ad dominum præsidii Hasart in conventione solidorum venerat, in concupiscentia formæ uxoris Folkeri captus, immoderato amore exarsit, ac nimium pro eo dominum præsidii efflagitabat, ut eam dono ejus pro conventione solidorum in conjugium accipere mereretur. Quod et actum est.

Cap. VI. — *De inimicitiis inter Brodoan de Alapia et principem Hasart.*

Miles itaque Turcus nuptiis his lætatus, multo amplius quam solebat insidias et bellum hostibus domini Hasart inferebat; et prædam de Alapia civitate magna Brodoan, cujusdam principis Turcorum, sæpius abduxit, insequentes ad excutienda spolia frequenter captivabat, aut victos detruncabat. Erant enim ad invicem, inter Brodoan de Alapia et principem de Hasart, odium et graves inimicitiæ. Transactis dehinc aliquot diebus, Brodoan indignatus, quia miles prædictus manusque militum de Hasart sæpius sibi adversarentur, de universis partibus civitatis Alapiæ Turcos suæ ditionis collegit, ut die decreto, Hasart in manu valida obsidens, expugnaret. Hoc comperto, princeps Hasart anxie meditatur, qualiter vires auxiliares acciret, cum quibus occurrere congregatis tot millibus Brodoan valeret.

Cap. VII. — *Consilium Turci Christianæ mariti de adipiscenda Christianorum amicitia.*

Ad hæc inter diversa colloquia quæ fiebant, miles Turcus, qui Christianam duxerat uxorem, instinctu ejusdem conjugis sic principem Hasart adhortatur, dicens : « An vides, quomodo Brodoan undique Turcorum manum contrahat et vires, atque in multis millibus te et præsidium quod habes, vallare et expugnare disponit? Nunc, si meo vis credere consilio, Godefridum, ducem Christiani populi, qui Antiochiam, fugato Corbahan, potenter obtinet, amicum, datis dextris, tibi facere non tardabis, et sic universam Christianorum opem et comitatum in hac instante necessitate scias te adepturum. Nosti enim quod hæc gens Christiana cuncta gentibus militari actu et audacia præfertur, et nulli eis fide et honore comparantur. Unde nequaquam consilium hoc parvipendas, sed sine dilatione ejus tibi amicitiam apprehendas; et sic eo fœderato, universos Christianos ad omne tibi scias auxilium voluntarios. » Illic vero princeps, sciens hoc sanum esse consilium, seque Brodoan ejusque copiis innumeris sic posse resistere, nuntium Christianæ professionis, genere Syrum, hominem mire discretum, Godefrido duci Antiochiam misit, in hæc verba loquentem :

Cap. VIII. — *Legatio principis Hasart ad Godefridum ducem, et quomodo dux hæsitat cum Turcis fœdus inire.*

« Princeps Hasart, Godefrido magno principi ac duci Christianorum, salutem, et omne quod melius optari potest. Consilio nostrorum ad te direximus, pacem et concordiam inter nos componere, fidem et amicitiam statuere, atque ad omnem bellicam necessitatem arma nostra esse communia. Comperimus enim quomodo vir et princeps potens es viribus, et quod auxilium ferre vales tibi confœderatis, et nulla levitate a fidei tuæ vinculo poteris resolvi. Unde præ omnibus te elegimus, te convenimus, opem a te quærimus, fœdus percutimus, fiducia hac qua certus nostræ fidei semper habearis. Brodoan de civitate Alapia nobis factus inimicus, Turcorum undique contraxit auxilia, in brevi ad præsidium nostrum Hasart in virtute magna et copioso exercitu perventurus. Cui non in alio auxilio Turcorum principum occurrere et resistere decrevi, sed in manu tua, si credere mihi et succurrere non recuses. » Godefridus dux, audita hac legatione, consilio suorum habito, fiduciam statuendæ pacis requirit, hæsitans ne Turcorum perfidia sibi suisque aliquo iniquo machinamento obesse possit, corrupto fœdere sub aliqua pravæ occasionis industria.

CAP. IX. — *Mahumet, filius principis, duci Godefrido datur obses : columbæ fœderis nuntiæ emittuntur.*

Audiens vero princeps de Hasart ex legati sui relatione, quia dux et sui de hac concordia hæsitarent, et non multum in Turcorum promissis confiderent, duci filium suum, Mahumet nomine, quem tenere diligebat, obsidem misit, ut certior inter se statuendæ pacis ac fœderis abhinc et deinceps redderetur. Dux, filio illius obside accepto, fidem et amicitiam cum illo pepigit, et se ad omnia adversantia sibi auxiliari et nunquam deficere, stabili juramento promisit. His ita promissis, diem certam statuit, qua ad auxilium contra Brodoan Christianum conduceret exercitum, et Turcorum legiones ab obsidione Hasart, Domino Deo suo Jesu Christo auxiliante, effugaret. Hæc dux dum constanter pollicetur, legati de præsidio Hasart vehementer jucundati et lætati sunt ; et sine mora columbas duas, aves gratas ac domitas, secum allatas eduxerunt a sinu suo, ac charta, ducis responsis promissisque fidelibus inscripta, caudis illarum filo innodata, e manibus suis has ad ferenda læta nuntia emiserunt. Dux et universi, qui cum eo aderant, de hac avium emissione mirantur. Sed illico, cur per aves hæc fiant nuntia, illis a legatis responsum est : « Non dominus noster dux, ejusque fideles super emissis mirentur columbis, quas non pueriliter, non frustra, præmisimus ; sed hac de causa præmissæ sunt, ut rapido et incessabili volatu legationem fidei, quam erga eum habes, accelerent, et de auxilio tuo certificent, qualiscunque nobis in via fortuna vel impedimentum occurrerit. Est et aliud quare hæ aves cum chartulis præmittuntur, ne si in sinu nostro repertæ fuerint ab aliquibus fratribus nostris Turcis, rei morti damnemur. » Jam cum chartis sibi commissis aves avolaverunt, in solium et mensam ducis Hasart fideliter reversæ. Princeps autem de Hasart ex more solito aves domesticas pie suscipiens, chartas intitulatas a caudis earum solvit, secreta ducis Godefridi perlegit, diem adventus sui ad auxilium, et in quantis millibus Christiani exercitus subveniret, pernoscit.

CAP. X. — *Brodoan Hasart obsidet, Christianorum supervenit exercitus.*

His perlectis et cognitis, et Godefridi certus amicitiæ et fidei, præsidium Hasart plurimis militum munivit armis et copiis Turcorum sibi auxiliantium, quas e diversis accivit locis. Et ecce Brodoan in manu forti et numero quadraginta millium virorum Turcorum descendit in campos Hasart, sedemque in circuitu murorum illius fixis tentoriis locavit, gravi assultu mœnia et turres de die in diem oppugnans. Vix quinque sederat diebus, et ecce dux Godefridus in fortitudine multa ab Antiochia est egressus in vexillis miræ pulchritudinis, in loricis et galeis, in sagittis equitum et peditum, spatio dierum trium iter faciens. Peracta via unius diei, Baldewinus, frater ipsius, a Rohas proficiscens cum tribus millibus virorum pugnatorum, occurrit in vexillis per aerem coruscantibus, ex ducis legatione accitus. At Boemundus et Reymundus vehementi invidia indignati sunt, quod ipse princeps de Hasart primum ad Godefridum mittens, fœdus inierit, filiumque suum sibi obsidem mutuæ fidei dederit : et ideo omnino se in hanc ducis expeditionem proficisci recusarunt.

CAP. XI. — *Boemundus et Reymundus duci Godefrido associantur : obsidio solvitur, sed per insidias quidam de Christianis occiduntur.*

Dux, jam itinere unius diei expleto, videns quod principes hi præ invidia remanserant, nec blandis monitis nec humili prece flecti poterant ut venirent, iterato eis legationem misit, in hunc modum locutus : « Non decet vos, qui estis columnæ et ductores Christiani exercitus, ut vos fratres vestros conchristianos auxilii vestri immunes relinquatis, occasionem falsam adversum nos sumentes, cum adhuc in nulla angustia vel necessitate vobis defuerimus ; sed semper in via hac etiam pro vobis mori parati fuerimus. Credite procul dubio quod si hodie remanseritis, nec opem nobis ad id negotium tuleritis, hostes vestri erimus, nec ad ullam causam ad vos pertinentem ultra pes noster movebitur. » Boemundus et Reymundus videntes quod manus universa Christianorum ad vocem ducis Godefridi viam Hasart insistebat, et quod dux cæterique confratres eis in ira loquerentur, recordati sunt quod injuste egissent erga fratres suos ; ac compuncti, sociis suis tam equitum quam peditum circiter quatuor millia adunatis, Godefridum via regia secuti, in regione Hasart associati sunt. Erat numerus congregatorum principum et eorum exercitus triginta millia virorum pugnatorum. Brodoan et qui cum eo in obsidione Hasart convenerant, cognoscentes quia agmina Christianorum campos vicinos introissent, a longe e castris eorum ignes in nocte relucere, et nebulam fumorum ascendere intuentes, ex consilio et pari mente castra ab obsidione moverunt, scientes quod tot millibus resistere minime valerent. Ex his ad decem millia in circuitu longæ remotione viæ per notas semitas et montana gradientes, tardatos et subsequentes peregrinos ac postremos exercitus sagittis a tergo incurrerunt, et sexcentos subito expugnatos et exterritos, clam duce et eis, qui longo spatio duorum milliarium præcesserant, in ore gladii percusserunt.

Cap. XII. — *A principe Hasart cum magna gratiarum actione suscipitur dux Godefridus ; fœdus renovatur.*

Hanc famam crudelem dux et sui comperientes, equorum velocitate invecti, Turcis a cæde hac revertentibus in valle montium regionis Hasart properata via occurrerunt, non modicam stragem illorum lanceis et gladiis illic facientes. His attritis, et fuga per montana et veprium condensa dilapsis, dux et cæteri comprimores ad præsidium Hasart applicuerunt. Quibus princeps illius cum trecentis, galea et lorica fulgenti opertis, occurrit, multas gratiarum actiones referens duci super omnibus quæ ejus auxilio adversus inimicorum vires victrices illis contigerunt. Moxque renovato fœdere, amiticia duci inviolabili conjunctus est in aspectu omnium qui aderant, promittens se stabilem et nunquam alienari a societate ipsius ducis et Christianorum familiaritate ac dilectione. Dux ex consilio suorum viro sibi confœderato galeam, auro et argento mire insertam, et loricam magnæ honestatis contulit, qua Herebrandus de Bullon, miles nobilis et bellico actu insignis, prælia commissurus semper induebatur. Brodoan igitur ab obsidione Hasart fugato, et principe ejusdem præsidii a duce et omnibus primoribus benigne commendato, ac pacifice in sua relato, exercitus Antiochiam repedavit, et in victoria ac pace magna universi principes in ea consederunt.

Cap. XIII. — *Dux, invalescente pestilentia, coactus necessitate temporis, recessit ab Antiochia.*

Post hæc, prædictæ pestilentiæ tempestate amplius et validius ingruente, multisque principibus cum plebeia manu morientibus, dux Godefridus, memor quomodo persimili clade olim est Romæ tactus in expeditione quam egit cum Henrico, rege quarto, imperatore Romanorum tertio; et quomodo illic in pestifero mense Augusto quingenti fortissimi milites pluresque nobiles obierint, et plures exterriti, cum ipso Cæsare ab urbe recesserint, nunc idem malum metuens, ab Antiochia recedens, secessit versus montana Pancratii et Corovassilii; et habitavit in urbibus Ravenel et Turbaysel, a fratre Baldewino ante obsidionem Antiochiæ subjugatis, et post transmigrationem suam in Rohas eidem fratri et duci relictis.

Cap. XIV. — *Dux ipse cum paucis Christianis præsidia inimica subvertit.*

In eisdem siquidem præsidiis quidam Armenii fratres, monachico habitu Deo servientes, multas passi calumnias a militibus Pancratii habitantibus in præsidio, præfatis duci Ravenel et Turbaysel conterminio, ipsum ducem, videntes virum esse pacificum et amatorem justitiæ, sunt aggressi, querimoniam super illatis sibi injuriis facientes, et super arce Pancratii semper eisdem castellis eorumque habitatoribus infesta. Dux vero Christianissimus querimoniis pauperum Christi pulsatus, et harum injuriarum non immemor, quas sibi idem Pancratius fecerat, cum adhuc a Christianis obsidio circa muros Antiochiæ fieret, moleste tulit, omnibus modis de his ultionem sumere meditans. Spoliaverat enim Pancratius legatos Baldewini, fratris ejusdem ducis, magnis et honorificis donis tam pecuniæ quam cæterarum rerum, dum iter per terram et patriam ejus agerent, quæ omnia Boemundo principi ad componendam cum eo amicitiam mittere non expavit. His itaque injuriis et pauperum querimoniis, nunc dux commotus, quinquaginta milites suorum sequacium eligens, in loricis, clypeis et lanceis, in balistis et lanceis Armeniacis profectus est ad vicinam arcem, in qua noxii prædones Pancratii morabantur. Hanc omni virtute instans, oppugnat repentino assultu, expugnatam flamma et igne humi cogit procumbere, viginti ex militibus, quos in ea reperit, ejus jussu excæcatis in retributionem et vindictam superbiæ et injuriarum quas Pancratius sibi Christique pauperibus inferre præsumpsit. Similiter arx et præsidium Corrovassilii assultu et virtute militum ducis, ex diversis calumniis et injuriis, quas Christianis intulerat; crematum, expugnatum, humique prostratum est.

Cap. XV. — *Baldewinus confluentes ad se Christianos donis plurimis munerat, Turcos edomat.*

Duce itaque Godefrido ab Hasart in Antiochiam reverso, dehinc obside Mahumet in manu et custodia suorum Antiochiæ relicto, Turbaysel et Ravenel profecto, Baldewino vero ab Hasart cum suis Rohas reverso, plurimi de exercitu viri nobiles et ignobiles, Drogo de Nahella, Reinardus de Tul, Gastus de Berdeiz, Folkerus Carnutensis, cæterique primates et commilitones per centenos et quinquagenos alii equo, alii pede, venerunt ad civitatem Rohas, ut a Baldewino, duce et principe in civitate et regione facto, pro obsequio militari præmia mererentur, moram aliquam apud eum facientes. Erant enim summa necessitate gravati, et longa expeditione rebus exhausti necessariis. Affluebant autem et accrescebant singulis diebus in numero et virtute, dum fere tota civitas obsessa a Gallis, et eorum hospitalitate occupata est. Baldewinus singulis de die in diem in byzantiis auri, in talentis et vasis argenteis dona plurima conferebat; regiones et cuncta sibi adversantia congressione belli edomabat, Turcos et omnes in circuitu subjugabat, donec fœdus nobiliores et præpotentes terræ cum eo percusserunt.

Cap. XVI. — *Baldewinus conspirantes adversus se proscribit, et custodiæ mancipat.*

Hanc Francorum gentem ab Antiochia et e cunctis locis sic ebullire et prævalere in omni actu et arte, duodecim principes et indigenæ civitatis Rohas vel Edessæ intuentes, eorumque consilia suis præponi, et cum eis de omni re et negotio terræ Baldewinum agere, eosque et eorum decreta plus solito negligere, vehementi indignatione adversus eum suosque exarserunt. Et omnino ab his exterminari metuentes, nimium pœnituit eos quod Baldewinum ducem ac dominum civitati præfecissent. Unde facta clam conspiratione et missa turcis legatione, traditionem adversus Baldewinum machinabantur, qualiter cum suis aut occidi aut ab urbe posset depelli. Quod dum inter se frequenti et secreto conventu aptarent, quidam ex eis, Enxhu nomine, fidem puram intimo corde et mente erga Baldewinam servans, fraudis adinventores et consentaneos sibi ex ordine aperuit, ideoque se suosque et civitatis introitus nocte et die ab illorum traditione necesse esse tueri, ne improvisos et incautos Turcorum vires et insidiæ reperire possent. Baldewinus talem tantamque perfidiam eos machinari nunc veraci relatione, nunc tristis vultus illorum immutatione expertus, missa familiari et devota sibi manu Gallorum, universos jussit teneri et carceris custodiæ mancipari; omnem vero substantiam et pecuniam illorum inauditam suo inferri palatio, quam non parce suis sequacibus pro militari obsequio expendit.

CAP. XVII. — *Baldewinus nimia datione exhaustus, pro redemptione captivorum munera suscipit, quosdam excruciat, et urbe depellit.*

Deinde pluribus diebus evolutis, et multum illis pro vita et membrorum salute precantibus, plurimumque se excusantibus, dona vero non modica per exoratores pro sua redemptione offerentibus, Baldewinus suorum semper consilio assensum tendebat, sciens ex ore delatorum quod per vicina castella et munitiones thesauros ampliores, quodque pretiosius habebant, a facie Christiani exercitus abscondérant. Postremo ex nimia datione et solidorum conventione, et magnitudine donorum, quæ non solum Gallorum primatibus, sed et inferiori manui contulerat, Baldewinus exhaustus, munera pro redemptione captivorum suscipienda concessit. Duorum tantum munera recusavit, quos nimium culpatos et reos traditionis jussit excæcari. Plures vero vulgi consocios sceleris, amputatis naribus, manibus aut pedibus, condemnatos urbe jussit expelli. Non minus a singulis redemptis quam viginti millia byzantiorum aut triginta aut sexaginta in ærarium ducis Baldewini illata sunt, præter mulos et equos, vasa argentea plurimaque ornamenta pretiosa. Ab illo die et deinceps dux Baldewinus in civitate Rohas factus est metuendus et nomen ejus usque ad extremum terræ divulgatum est virtute præclarus existens.

CAP. XVIII. — *De socero Baldewini et de dolo Balas in præsidio Amacha.*

Socer autem Baldewini, Taphnuz nomine, videns quia sic de viris perfidiæ ultionem sumpsit, eosque damnis rerum et tormentis membrorum afflixit, occasione assumpta in munitiones suas in montana perterritus fugit, nec ultra revocari potuit, metuens ne pro pecunia, quam adhuc debebat, capitalem subiret sententiam. Balas quoque de Sororgia civitate, spe recuperandæ civitatis frustratus de manu Baldewini vel quidquam accipiendi propter affluentiam Gallorum, et quia cor illius omnino ad eos intendebat dolos, in secreto cordis sui aptare cœpit qualiter Baldewinum ad interitum callido consilio perduceret. Tandem via reperta iniquæ fraudis, qua eum decipere aut perdere posset, die quadam, ac si in puritate fidei, eum circumveniens, sic locutus est : « Scio quia vir magnæ potentiæ es et industriæ, et non parce eos remuneras, qui tibi in obsequio militari voluntarii habentur. Unde devovi tacite mecum ut non solum me, filiosque et uxorem meam in manu tua commendem, sed et præsidium meum Amacha, quo terram plurimam subjugare potes, tibi tradam die quam melius aptam ad id suscipiendum elegeris. » Baldewinus vero tam benigne et sibi fideliter loquenti, gavisus de susceptione præsidii, apprime credidit; et diem statuit, qua secundum verbum Balas sibi traditio præsidii sine aliquo fieret impedimento.

CAP. XIX. — *Quomodo quidam viri sensati Baldewinum contra perfidiam Turci muniunt.*

Jam die appropinquante, Balas doli sui non immemor, Turcos centum armis et loricis munitos castro Amacha induxit et per mansiunculas præsidii hac et illac insidias inclusit, ut sic Baldewinum cum suis ingredientem vivum comprehenderent, suæque ditioni submitterent. Baldewinus fraudis hujus nescius, sumptis ducentis militibus strenuis ad omne belli opus, usque ad præsidium Amacha profectus est, et Balam, juxta quod promiserat, paratum ad reddendum præsidium invenit. Balam vero multum rogantem, et in dolo mellito ore adulantem, ut cum aliquibus de societate electis præsidium intraret ac susciperet, et in ejus custodia fideliores, quos vellet, relinquere ordinaret, ille fere audivit et credidit; sociesque secum ascensuros et intraturos jam assumere parabat, et qui extra remanerent disponebat. Sed ecce quidam viri sensati Gallorum nihil fidei in hujus verbis et promissis esse astruentes, Baldewinum seorsim ducunt et vehementer arguunt quod verbis hujus Turci gentilis tam subito crediderit, et sine obside fiducialiter ejus præsidium cum modica manu intrare concesserit.

CAP. XX. — *Quomodo Baldewinus perfidiam Turci in captione suorum experitur.*

Tandem de hoc diu dubitantibus plurimumque consilii habentibus, et Baldewinum ab ingressu præsidii ex toto avertentibus, decretum est utrinque ut Baldewinus cum sociis in valle præstolaretur, et duodecim ex sociis, in quibus confideret, ad arcem suscipiendam præmitteret, qui eam suæ ditioni clavibus serisque sumptis, potenter subjicerent. Nec mora, viri duodecim ad arcem suscipiendam electi, armis et loricis induti, præsidium et turrim Amacha intraverunt. Qui mox ut mediis insidiis astiterunt, centum Turci ex mansiunculis in impetu exsilientes, viros armis et sagittis circumdederunt, et parum adversus tantos in defensione valentes comprehenderunt. Duo solummodo ex duodecim se virili et multa repugnatione a manibus hostium extorquentes, subito in solium, quod fenestratum in vallem respiciebat, evaserunt, gladiis eductis se ab insequentibus hostibus valide adeo defendentes, dum caput a fenestris exerentes, Baldewinum ad radicem montis cum suis stantem admonuerunt ut se a dolis observaret, asserentes decem in fide falsa captos, et se in periculo mortis evidenter constitutos.

CAP. XXI. — *Baldewinus graviter torquetur de captione suorum militum.*

Baldewinus, intelligens ex illorum anxia vociferatione rem universam in adversitate positam, et dolos Balas manifestos, magnis doloribus de captivitate suorum torquetur. Sed quid ageret aut quid insisteret ad liberandos viros nullo consilio invenire potuit. Erat enim præsidium situm in excelso rupium humanis ingeniis aut viribus insuperabile. Tandem Baldewinus de infortunio tam egregiorum virorum condolens, Balam multum de iniqua fraude redarguit, de jurejurando admonet, et quatenus captos suos restituat, pondus auri et byzantiorum pro eorum redemptione recipiat. Sed is omnia refutat, et solam Sororgiam civitatem requirit. Baldewinus nequaquam civitatem sibi reddere in Deo jurat, etiamsi membratim in conspectu ejus omnes, quos ceperat, detruncaret. Sic nequaquam Balas Baldewini preces et admonitiones audiente, nec ejus munera curante, præter Sororgiam, Baldewinus mœstus et graviter conquerens de captivis suis, Rohas reversus est. Ab eo die Turcos eorumque consilium et auxilium ac frequentationes vehementi odio habere cœpit.

CAP. XXII. — *Balduc capite truncatur; sex de sociis Baldewini restituuntur.*

Post hæc non multi præteriere dies, cum Balduc de Samusart, qui uxorem et filios Baldewino obsides daturus erat, sed plurimis diebus in dolo distulerat, palatium Baldewini in adulatione ingressus, jussu ejus a Gallis tentus ac capite truncatus est. Baldewinus in civitate Sororgiæ Folkerum Carnutensem cum centum probis et bello assuetis militibus constituit, ut semper Amacha vexarent assultu, et Balæ in ultionem captivorum suorum fratrum dignam vicem rependere conarentur. Die ergo quadam Folkerus cum suis egressus est ad capiendas prædas in Amacha terra. Qui, præmissis aliquibus sociis, Turcos ab arce usque ad locum, ubi Folkeri erant insidiæ, pertraxerunt. Tum commisso prælio, sex ex Turcis et militibus Balas capti et abducti sunt. His captis et abductis, Balas sex de sociis Baldewini in redemptione suorum restituit; sex usque ad diem illius in Jerusalem in sua retinuit custodia. Post hæc quatuor evaserunt ob negligentiam et præ longo tædio custodum. Balas vero Gerhardum, privatum et secretarium Baldewini, una cum Piscello, filio sororis Ubelhardi, præclari militis et nobilissimi de Wizam, decollari jussit.

CAP. XXIII. — *Multitudo Teutonicorum superveniens prædicta mortalitate consumitur.*

Godefrido ob cladem diffusam tam gravi mortalitate per Antiochiam, in Ravenel et Turbaysel moram faciente, eodem tempore pestifero mille et quingenti viri de gente Teutonicorum ex Regnesburg, civitate fluvii Danubii, et ex aliis civitatibus Rheni fluminis, conspirati et electi, ad urbem Antiochiam navigio maris advecti, ad portum S. Simeonis descenderunt ut Christianorum turmis in Jerusalem ituris solatio et auxilio augerentur. Sed sic illa cohors recenter victoriosis peregrinis in Augusto mense admista eadem mortalitatis clade consumpta et devastata est, ut de mille et quingentis nec unus quidem superesse uspiam videretur.

CAP. XXIV. — *Sansadonias matrem cum filiis redimit; Winemarus reducitur; Mahumet obses diligenter custoditur; navigia reparantur.*

Eodem tempore post victoriam Christianorum, Sansadonias, filius Darsiani regis Antiochiæ, matrem suam cum duobus filiis redemit pretio trium millium byzantiorum de manu Willehelmi, viri nobilissimi, commilitonis et compatriotæ comitis Reymundi de Provincia, quos idem Willehelmus in prima invasione et ingressione Antiochiæ sopore gravatos primo diluculo captivavit. Eodem tempore de terra Buloniæ Winemarus, Laodiceæ captus a Turcopolis regis Græcorum, rogatu ducis Godefridi post longa vincula, et diutinas carceris moras, absolutus, sed gravi pœna afflictus, Antiochiam reversus est. Puer autem Mahumet, filius principis de Hasart, obses Godefrido datus, sub diligenti custodia tam servorum suorum duodecim quam sub solerti cura clientelæ Godefridi Antiochiæ remansit, cui nihil necessariorum de domo ducis ullis horis deficiebat. Jam enim quamplures, ducem et cæteros potentes per loca ab Antiochia ob imminentem cladem migrasse videntes, alii ex loci infirmitate, alii ex mense pestifero Augusto hanc mortalitatem asserentes, mense Septembri inchoante ad portum præfati Simeonis causa morandi profecti sunt. Ubi nautæ post Turcorum stragem et fugam Corbahan, navigium iterabant, vitæ necessaria afferentes et indigentibus omnia sufficienter vendentes.

CAP. XXV. — *De prodigio cœlitus ostenso, et de variis super hoc conjecturis.*

Mediato deinde mense in silentio cujusdam noctis, quando omnia somni requie solent refoveri, cunctis qui aderant in custodia vigiliarum visio mirifica in cœli culmine ostensa est, quasi ex omni cœlo stellæ in unum collectæ, strictimque densatæ, in spatio latitudinis unius atrii tria jugera continentis, igneo fulgore, sicut prunæ in camino ardentes et in globo contractæ scintillabant; et post hanc diutinam et terribilem flagrantiam rarescentes, in modum coronæ cinxerunt polum sub spatio civitatis munitæ; diuque sic in gyro persistentes indivisæ, aditum ad ultimum et viam in uno latere sui circuli scissæ exhibuerunt. Hujus signi ostensione vigiles Christianorum exterriti, tumultuosa vociferatione universos sopore depressos suscitant ad videndum portenti hujus indicium. Universi sunt mirati, et quid portendat diversas protulere sententias. Alii civitatem Jerusalem Turcorum gentilium turmis densatam portendere asserebant, et eam a suis viribus et densitate sic rarescere et attenuari, ut aditum tandem Christianis exhibere fidis videretur. Alii Christianum exercitum, adhuc in virtute sua conglobatum divinæque devotionis ardore flagrantem asserebant, et tandem divisum per terram et civitates, a gentibus injuste possessas, in circuitu Jerusalem et Antiochiæ potenter prævalere et dominari. Quidam vero dicebant significare hanc præsentem mortalitatem et populum copiosum peregrinorum, qui in unum ut nubes densata attenuaretur minueretur que. Et sic in diversas contendebant sententias. Sed Deo volente, ut aiunt, in melius mutata est sententia visionis. Nam cum duce Godefrido cunctisque Christianis consociis de universis locis accitus et regressus Antiochiam in mense Octobri, caloribus Augusti temperatis, comes Reymundus, Robertus Flandrensis, Robertus Northmannorum princeps, Boemundus cæterique principes, qui adhuc in ipsa Antiochia conglobati morabantur, unius voluntatis compotes effecti, per terras et civitates in circuitu Antiochiæ sitas diffusi migraverunt, et resistentes ac rebelles obsidione angentes suæ ditioni subdiderunt.

Cap. XXVI. — *De gestis principum, et Boemundi dominio in Antiochia.*

Ad Albariam itaque civitatem divitiis opulentissimam cum cuneis armatis primum ascenderunt: quam non multo labore expugnatam apprehendentes, Turcos et Sarracenos in ea repertos in ore gladii percusserunt. Deinde vero succedente victoria, comes Reymundus, Robertus Northmannorum princeps, Eustachius frater Godefridi ducis, Robertus Flandrensis, Boemundus princeps Antiochiæ factus, Godefridus dux, ad Marram civitatem Turcorum armis et robore fetam declinaverunt. Sed tantum quindecim diebus Godefridus, Boemundus, Robertus Flandrensis illic moram in obsidione fecerunt. Deinde hi tres Antiochiam reversi sunt, comitem vero Reymundum et Robertum Northmannorum principem, Eustachium et Tankradum circa urbem Marram cum suis millibus reliquerunt. Post aliquot deinde dies Godefridus dux, assumptis quadraginta sociis, in armis et equo valentibus, versus Rohas civitatem, quæ itinere dierum septem ab Antiochia est remota, profectus est. Ubi frater ejus Baldewinus, qui eamdem civitatem cum omnibus appendiciis suis detinebat, mediato itinere trans Euphratem fluvium magnum occurrit ei ad agendum ad invicem colloquium. Boemundus ergo, cujus cor quammaxima invidia et indignatio animi adversus comitem Reymundum mordebat, videns opportunitatem Godefridi discessione et Reymundi absentia, signo cornicinum sociis suis admonitis et conglobatis, turrim, quæ ponti Fernæ imminebat, in virtute magna assiliit, comitisque Reymundi milites, qui in ea remanserant, bello et sagittariis gravatos, ab arce et urbe ejecit, sicque solus dominium Antiochiæ obtinuit.

Cap. XXVII. — *Qualiter dux Godefridus Turcorum deprehendit insidias, et in paucis prostravit plurimos.*

Post hæc Godefridus dux cum fratre habito colloquio et eidem valedicto, Antiochiam, ad confratres et principes rediturus cum quadraginta prædictis sociis, iter festinus movit, Turbaysel, Ravenel aliisque locis pacifice et prospere hospitio susceptus. Deinde via maturata in regionem veniens, quæ Episcopatus nominatur, quadam die juxta fontem quemdam in loco prati herbosi ad prandium cum sociis discubuit, utres vino repletos deposuit et cætera, quæ vitæ necessaria secum in mulis et equis detulerant. Illic vero dum secure pranderet cum sociis, a pueris, quos ad speculandum Turcorum insidias miserat, intellexit centum Turcos in carecto et palustri loco grandis piscosique lacus secus montana ab Antiochia urbe quinque milliaribus distante latere, qui ejusdem ducis reditum illic occultati operiebantur. Mox illorum insidiis patefactis, dux, dilato prandio, cum adhærentibus sibi subito equos ascendit, qui arma arripientes et loricas induentes, viam contendunt in hostem. Turci haud segnius adversus hos frena vertentes, sagittis et arcu fortiter commisere prælium. Sed duci suisque numero paucis pro vita pugnantibus sors victoriæ collata est. Tandem dux et sui prævalentes Turcos fugaces lanceis transfodiunt, aliosque decollantes, capita eorum in sellis suis dependentia secum usque ad civitatem Antiochiæ portaverunt cum spoliis et equis illorum. Ubi idem dux Boemundum, totius urbis principem factum, inveniens, omnia sibi cæterisque principibus ac fratribus retulit, et quomodo in manu paucorum tot Turci victi et attriti sunt.

Cap. XXVIII. — *De murmure Christianorum et colloquio principum*

Reverso autem duce Godefrido hac victoria, post aliquod spatium temporis murmuraverunt unanimiter Christianorum populi quomodo in hac urbe Antiochia sola mora eorum haberetur, et quod nullo modo Jerusalem viam insisterent, cujus desiderii natales oras relinquentes tot adversa pertulerint. Et facta est dissensio magna in populo, ac subtraxerunt se multi de populo ducis Godefridi, Roberti Flandrensis et Boemundi, qui in responsis et verbis eorum nullam habuere fiduciam ante multum tempus eundi in Jerusalem. Tandem prædicti principes cognoscentes quomodo jam populus tædio affectus paulatim dilaberetur, ne ultra aliquis navigio pararet reditum interdixerunt, undique in portis maris custodiam ponentes. Conventum vero et colloquium super hac populi querela quarta Non. Februarii decreverunt habere. Collatis itaque in unum, et colloquio habito ibidem intra Antiochiam, decretum est ab omnibus, magnis et parvis, ut in Kal. Martii Laodiceam, quæ Christianæ erat potestatis, pariter convenirent; et illic collecto circumquaque robore, nil periculi vitæ posthac considerantes, minime ultra differrent viam insistere in Jerusalem.

Cap. XXIX. — *De horrenda famis angustia in obsidione Marræ.*

Interea comes Reymundus longa obsidione quinque hebdomadarum circa Marram civitatem vexabatur, universique in comitatu suo ibidem commorantes. Qui circa urbem diu sedentes et a Turcis vehementer repressi, magnæ famis angustias pertulerunt. Nec mirum; quia præ longa obsidione Antiochiæ, et nunc harum civitatum, plurimæ in circuitu regiones exhaustæ erant cibariis, et plurima pars habitatorum cum rebus et armentis suis per montana fugam fecerant. Erant enim decem millia exercitus comitis Reymundi et suorum comprimorum. Mirabile dictu et auribus horrendum! tanta ipsa famis angustia has urbes invaniit, quod nefas est dicere, nedum facere. Nam Christiani non solum Turcos vel Sarracenos occisos, verum etiam canes arreptos et igni coctos comedere non abhorruerunt præ inopia, quam audistis. Sed quid mirum? « Non est acutior gladius, quam a longo contracta fames. »

Cap. XXX. — *Quomodo comes Reymundus castellum dejecerit, et Marram ceperit.*

Comes ergo Reymundus videns afflictionem et populi dolorem fame deficientis, assumpto robore equitum in montana profectus, interdum copias infinitas prædarum et cibariorum attulit, quibus Dei populus sæpe refocillatus est. Ibidem per deserta et montana Libani plurimi Christiani, qui victum quærebant, præfata necessitate compulsi, a Turcis trucidati reperti sunt. A Damasco denique, quæ præcipua virtus erat Turcorum, sæpe procedebant insidiæ; dispersisque ac circumvagis de exercitu et obsidione occursabant, alios trucidantes, alios sagittis mortiferis transfigentes. Sed comes Reymundus, intelligens mala, quæ suis circa sedentibus ac insidiis Turcorum inferebantur, moleste accepit, et hoc malum omnibus modis finire meditabatur. Unde Talariam, castellum in montanis situm, aggreditur, quo in manu virorum fortium expugnato et attrito cum Turcis in eo repertis, materiam lignorum de eodem castro attulit, ex quibus machinam composuit ad superandam urbem prædictam Marram, quæ muris et mœnibus munitissima erat. Facta autem machina et ingeniis ordinatis, urbs post non multum tempus a comite Reymundo et cæteris principibus, Roberto, Tankrado et Eustachio superata et capta dejicitur, ac Christiani milites scutati et loricati in virtute magna media urbe assistentes, Turcos acriter repugnantes, seque defensantes, gladio percusserunt; alios vero ad arcem fugientes insecuti, combusserunt, et pacifice per tres hebdomadas in ea remanserunt, paucos illic cibos præter olei abundantiam reperientes. Engelradus, filius Hugonis comitis, juvenis miræ audaciæ, in hac urbe ægritudine detentus, vita discessit, et in basilica B. Andreæ apostoli corpus ejus humatum est.

Cap. XXXI. — *Quomoao Reymundus, Turcorum et Sarracenorum præsidiis expugnatis, præsidium Archas obsederit, et de difficultate ejusdem obsidionis.*

Prædicta autem Marra civitate victa et attrita, ad vallem quamdam, quam nominarunt Gaudium, prædictorum principum descendit exercitus. Ubi reperta abundantia rerum necessariarum, per octo dies corpora fessa et fame attenuata recreaverunt, duo præsidia in montanis expugnantes in quibus Turci et Sarraceni habitabant. Deinde, civitate Tortosa expugnata, et non multo labore capta, et in manu comitis Reymundi ejusque custodiæ mancipata, in vallem, quæ dicitur Camelorum, iter suum continuantes applicuerunt. Ubi prædam et escas plurimas contrahentes, præsidium quoddam ingeniis et humanis viribus insuperabile, nomine Archas, profecti sunt. Illic tentoria sua figentes, moram sibi per aliquod tempus fieri statuerunt, donec eadem arx, expugnatis ejus defensoribus, caperetur. Ibi tandem machinas fecerunt et instrumenta mangenarum, moles lapidum in impetu jactantium per turres et antiqua muralia, quibus inclusos milites ejusdem præsidii absterrerent et effugarent. Sed eos defensores indefessos repererunt et invictissimos. De intus enim simili jactu mangenarum et impetu lapidum resistebant, damnumque Christianæ gentis tam sagittis quam lapidibus faciebant. Anselmum de Riburgis monte, virum nobilissimum et bellicosum, multam vim defensoribus arcis inferentem, impetu saxi ab eadem arce volantis fracto cerebro percusserunt. Dolentes et turbati principes de interitu fratris et commilitonis viri clarissimi, atque reluctatione inclusorum Sarracenorum, disposuerunt montes sub fundamento murorum castri arte sua cavare, ut sic fundamento cum mœnibus et muris corruente, gentiles, qui in his vel arce consisterent, simul obruti lapidum tectorumque ruina perirent. Sed frustra hic labor consumitur. Nam, qui de intus erant, econtra fodientes, instrumenta Christianorum suis ingeniis retinebant, et opus eorum ad effectum pervenire non sinebant.

Cap. XXXII. — *Quomodo quæstio facta est de lancea Dominica, et quomodo puer Mahumet obses mortuus, et a Godefrido duce patri honorifice remissus.*

Illic in eadem obsidione facta est contentio et quæstio de lancea Dominica; utrum ea fuerit, qua latus Domini apertum est, an non. Nam plures dubitabant, et schisma erat in eis. Quare auctor et proditor ejusdem inventionis per ignem transiens, ut aiunt, illæsus abivit, quem ipse Reymundus comes de Provincia et Reymundus Pelleiz a manibus et pressura invidorum abduxerunt, lanceam vero cum omni comitatu suo ab ea die venerati sunt. Post hæc a quibusdam relatum est, eumdem clericum hac examinis exustione adeo fuisse aggravatum, ut in brevi mortuus et sepultus fuerit. Unde minus in veneratione a fidelibus lancea cœpit haberi, credentibus magis avaritia et industria Raymundi, quam aliqua Deitatis veritate omnia fieri. Dum hæ obsidiones circa Marram, Tortosam et Archas fierent, puer Mahumet, qui a principe de Hasart, patre suo, Antiochiam obses missus fuerat, fidei et custodiæ ducis Godefridi commendatus, ægritudine correptus obiit. Quem juxta morem gentilium pretioso ostro involutum patri remisit, excusans se sub omni fidei puritate, quod ex causa suæ negligentiæ minime puer obiisset, obtestans etiam se non minus ejus mortem quam fratris sui Baldewini moleste ferre. Qui ducis excusatione benigne accepta, et ex vero comperta ab his, quos de domo sua custodes pueri misit, nequaquam immutatus est a fide quam promisit, sed immobilis in omni fœdere et pace cum ipso duce et fratre ejus Baldewino permansit.

CAP. XXXIII. — *Quomodo dux Godefridus et Robertus Flandrensis civitatem Gybel obsederunt, et quomodo Reymundus comes, pecunia corruptus, eosdem principes dolosa legatione ab obsidione revocavit.*

Interea Kalend. Martii suis in ordine relatis, Godefridus dux, Robertus Flandrensis, Boemundus et universi principes adhuc Antiochiæ commorantes, sicut decreverant, collecto Laodiceæ exercitu suorum, ad viginti millia equitum et peditum, ad civitatem Gybel, in littore maris sitam, divitiis locupletem, castra applicuerunt, in circuitu obsidionem ponentes, ut Sarracenos cunctosque gentiles in ea ad defensionem constitutos expugnare valerent et exterminare. Boemundus vero Laodicea regressus, Antiochiam cum suis repedavit, semper sollicitus et suspicans ne urbem ipsam, humanis viribus insuperabilem, aliqua fraude vel odio amitteret. Nec mora, audita Albariæ et Marræ destructione et inhabitantium Turcorum occisione, et nunc Archas longa obsidione ejusque expugnatione, Sarraceni milites inito consilio cum civibus, infinitam pecuniam duci Godefrido et Roberto Flandrensi obtulerunt, quatenus urbs Gybel a facie eorum cum civibus suis, vineis et omnibus frugibus, intacta permaneret, et alio eorum migraret exercitus : quod a prædictis principibus omnino refutatum est, nisi eorum potestati civitas cum clavibus redderetur. Intelligentes ergo cives et urbis magistratus, quod non pecunia, non aliquibus pretiosis muneribus corrumpi possent præfati principes, ut castra amoverent, nuntios clam ad Archas comiti Reymundo, factis et potentia inter primores gentilium diffamato, miserunt ut pecuniam a duce cæterisque refutatam acciperet, quatenus ab obsidione Christianos principes prece aut aliqua arte recedere suaderet. Comes idem super auro et argento insatiatus, dolos et ingenia versat, qualiter eosdem præpotentes ab obsidione Gybel removeret, atque pro pecunia accipienda cives et eorum vineas ac fruges liberaret : nam precibus eos ab incepto avertere prorsus diffidebat. Unde hanc finxit occasionem, videlicet, quod Turci, quorum copia multa erat in Damasco, consilium iniissent cum Sarracenis, Arabibus, cunctisque gentibus in proximo adversus se apud Archas bellum constituere, et jam universos in apparatu magno et copioso in terminos illius convenisse. Hac itaque adinventione aptata direxit nuntios ad præfatos principes, in circuitu Gybel jam per hebdomadam residentes, quatenus sibi festinato ad auxilium Archas properarent, alioqui se et confratres, qui secum erant, a facie gentilium non posse mortis evadere periculum, eosque dehinc simile posse sperare martyrium.

CAP. XXXIV. — *Quomodo principes ab obsidione Gybel castra moverunt, et Reymundo in auxilium properaverunt.*

Legatis vero comitis Reymundi auditis, et periculo ac formidine, quæ ex multitudine gentilium supervenire dicebatur, unanimiter dux cæterique comprimores consultum vadunt, omniumque cor et lingua in hanc erigitur sententiam : « Magnus Christianorum exercitus, cum adhuc integer esset simul et indivisus Antiochiæ, vix ab innumeris gentilium nationibus et armis est defensatus : nunc autem partim Antiochiæ est relictus, partim in hac obsidione Gybel, partim ad Archas est divisus, partim ad expugnanda hostium præsidia et urbes migravit : sic vires nostrorum imminutæ, nequaquam stare poterunt nunc adversus tot millia gentilium, ut nobis ex relatione comitis Reymundi innotuit ; sed si, casu adversante, nostrorum virtus apud Archas attrita fuerit, idem sperare procul dubio nos certum est. Unde Gybel, quam subito percutere et vincere nequimus, necesse est ut hoc tempore intactam relinquamus ; et ad opem nostrorum Archas castra et exercitum applicemus, atque gentibus una cum sociis nostris in bello occurramus. Sicut fuerit voluntas in cœlo, sic fiat. » Hoc omnibus consilium bonum et utile perspicientibus ac proferentibus, amota sunt castra ab obsidione Gybel. Dux vero Godefridus, Robertusque Flandrensis cum cæteris omnibus viam insistunt in armis omnique apparatu bellorum ; et spatio dierum circiter trium Archas convenerunt ad augendas vires et opem Christianorum consodalium. Verum a Tankrado et compluribus aliis nullas copias vel minas gentilium adesse didicerunt ; sed comitem Reymundum non alia de causa hanc collectionem adversariorum ficte asseruisse, et ipsos nunc ad auxilium invitasse, nisi ut pecunias acciperet, quas in liberationem suam polliciti sunt habitatores Gybel, ut Christianos cautela sua ab obsidione murorum averteret.

CAP. XXXV. — *Prædicti principes falsa legatione seducti, a societate Reymundi se separant, quos ille blanditiis et donis revocat ad concordiam.*

Hoc itaque dolo et falsa legatione se a comite frustratos prædicti principes intelligentes, moleste ac graviter acceperunt. Quare a societate et communione illius se subtrahentes, spatio duorum milliarium ab eo sequestrati, tentoria sua fixerunt, nullo modo in assultu Archas illi ferentes auxilium, aut aliquod colloquium amoris secum habentes. Erant enim illic apud Archas graves exortæ inimicitiæ inter comitem Reymundum et Tankradum propter conventionem solidorum et byzantiorum, quæ sibi idem comes pro militari debebat obsequio; sed minime solvebat juxta laborem et militum copiam, quam idem Tankradus procurabat ac ducebat. Ab ipso denique die, quo dux Godefridus se cum cæteris præpotentibus eo contulit, Tankradus sæpius comitem de conventione sua commonuit; sed nihil in spe aliqua sibi responso, cum duce remanens, fideliter illi in omni militari subjectione constrictus, comitem prorsus exfestucavit. Abhinc injurias sibi a comite illatas ulciscens, insidiis omnibusque modis sociis et amicis ejusdem comitis nocere non parcebat. Comes igitur Reymundus videns quia dux Godefridus et Robertus Flandrensis cunctisque qui cum eis erant odium grave adversus se haberent, quod eos falsa legatione seduxerat, avaritia corruptus, cœpit animum ducis lenire blanditiis suis et astutia, qua doctus erat, et a puerili ævo imbutus. Sicque ad extremum Tankradi omnem mitigavit iracundiam. Deinde equum magni pretii formosique corporis misit comes duci, ut sic perfectius animum ejus placaret ac secum his donis revocaret ad assultum Archas, sciens eum virum magnæ patientiæ et amoris : quo placato et reconciliato, cæteros in benevolentia posse redire ad concordiam. Novissime autem principes hinc inde, præter Tankradum, concordes effecti, pari assultu et obsidione circa præsidium Archas vim inferentes, a die qua dux illic descendit curriculo quatuor hebdomadarum consederunt.

CAP. XXXVI. — *Qualiter crevit murmur in populo Dei, quod tam diu differrent viam in Jerusalem.*

Omnibus tandem in assultu præsidii tædio affectis et cavatione montis deficientibus, præ labore intolerabili et defensione ab intus inæstimabili, atque inopia necessariorum vitæ, murmur crevit in populo ducis et Roberti Flandrensis, asserentibus cunctis se illic ultra in obsidione non posse persistere, et hoc præsidium vi et arte insuperabile vix per anni spatium capi etiamsi tunc gladio famis queat expugnari. Unde attentius instabant duci omnes, parvi et magni, quatenus castra ab obsidione amoverent, et viam, sicut decreverant, Jerusalem insisterent, cujus desiderio et causa visendi sepulcrum Domini nostri Jesu Christi, a natalibus oris processerant. Econtra comes Reymundus omnibus modis et promissionibus meditatur ut adhuc per aliquantum tempus secum moram facerent, donec aliqua vi vel arte arx et gentiles in ea conclusi caperentur, recensens quomodo Anselmus de Riburgis monte illic occisus ceciderit, et quod plures commilitones sui sint ab iisdem Sarracenis alii morte, alii plagis damnati sævissimis. Sed nequaquam a desiderio et proposito suo eos aliquo blanditiarum molimine vel promissione valens retinere, se suosque in eodem loco remanere affirmat quousque arx inimica in ultionem suorum attritorum ruina consumeretur.

CAP. XXXVII. — *Obsidio ab Archas solvitur, principes procul ab urbe Tripolis figunt tentoria; calamellos mellitos per plana repertos suxit populus.*

In hac itaque intentione comite perseverante et multa arte discessionem confratrum avertente, quadam die dux Godefridus, Robertus Flandrensis, Tankradus etiam cum universis sequacibus suis, igne castris suis immisso, profecti sunt ab obsidione Archas, pluribus adjunctis sibi de comitatu Reymundi, qui diutino tædio fatigati, inviti apud Archas remorabantur, præcipue ob desiderium semper eundi Jerusalem. Per duos enim menses et dimidium in circuitu præsidii Archas a principio cum ipso comite consederant. Comes ergo videns quod post ducem omnis tendebat populus et sua manus defluxerat, paucique secum essent in auxilio retenti, nolens volens simul secutus est ducis vestigia et cæterorum, et in terminos civitatis Tripolis, vel Triple, in littore maris sitæ, cum cæteris suum applicuit comitatum. Ubi procul a civitate universi tabernacula sua extenderunt, ne frugibus terræ et vineis habitatorum urbis tantus noceret exercitus. Intercessores enim et legati ab eadem urbe sæpius Archas ad præfatos principes descenderant, plurima dona afferentes et ampliora promittentes si urbi rebusque suis parcerent et non huic facerent sicut Albariæ et Marræ aliisque civitatibus. Hac de causa procul ab urbe resedit exercitus et omnis primatus, donec viderent quo pacto et fœdere vel donorum oblatione placarentur, et invicem amicitia firmarentur. Calamellos ibidem mellitos per camporum planitiem abundanter repertos, quos vocant Zucra, suxit populus, illorum salubri succo lætatus; et vix ad saturitatem præ dulcedine experi hoc gustato valebant. Hoc enim genus herbæ summo labore agricolarum per singulos excolitur annos. Deinde tempore messis maturum mortariolis indigenæ contundunt, succum collatum in vasis suis reponentes, quousque coagulatus indurescat sub specie nivis vel solis albi. Quem rasum cum pane miscentes, aut cum aqua terentes, pro pulmento sumunt, et supra favum mellis gustantibus dulce ac salubre videtur. Aiunt quidam genus mellis esse quod reperiens Jonathan filius Saul regis super faciem terræ, inobediens gustare præsumpsit. Illis ergo calamellis melliti saporis populus in obsidione Albariæ, Marræ et Archas multum horrenda fame vexatus est refocillatus.

CAP. XXXVIII. — *Inito fœdere, præses civitatis Tripolis ductorem viæ populo Dei concessit, cujus ductu loca difficillima pertransiit.*

Præses autem civitatis Triple gloriosæ atque diviosæ, intelligens legiones fidelium ante muros et portas civitatis multo intervallo consedisse, ad primos exercitus Godefridum ducem, Robertum comitem

Flandrensem, Reymundum comitem, Robertum Northmannorum principem, misit, quatenus dona ab eo reciperent, et pacifice terram suam obtineret a facie ipsorum, tum etiam terram Gybiloth et præsidium Archas. Tandem inito consilio, præses in magna amicitia processit ad tentoria ducis. Et principibus satisfaciens donis et verbis pacificis, ductorem viæ per montana juxta littora maris, ubi loca semitarum perplexa et ignota erant, virum ætate senem concessit, qui eos a littore maris via reflexa per angustas fauces montis tam arcta semita duxit, ut vix homo post hominem, animal post animal incederet. Hic mons a montanis procera longitudine usque in mare porrigitur. In hujus summitate turris, per portam quamdam imminens, trans viam ædificata erat, cujus in habitaculo viri sex consistere poterant, quorum defensione omnibus qui sub cœlo vivunt via contradici poterat; sed a facie exercitus et præsidis Triple conductu nemo tunc transcuntibus resistebat. His faucibus arctis et difficillimis superatis notitia ductoris et conviatoris sui Sarraceni, viam ad littora maris repetentes, ad civitatem Gybiloth, pro qua præses urbis Tripolis intercesserat, pervenerunt. Qua relicta juxta promissionem suam ne ei exercitus noceret, peracto tantum ab hac milliari, super flumen cujusdam dulcis aquæ pernoctaverunt: ubi et sequenti die remanserunt, operientes debile vulgus præ lassitudine viæ per avia et scopulosa fatigatum.

CAP. XXXIX. — *De difficultate itineris, et quomodo fœdus inierint cum incolis urbis Baurim.*

Dehinc tertia die castra amoventes et viam rursus in littore maris continuantes, in semitam cujusdam montis miræ et inauditæ angustiæ referuntur: quæ repentina imbrium in præceps ruentium inundatione et cavatione exstitisse perhibetur et per hanc iter esse illuc transeuntium. Hic itaque mons tam vicinis et creberrimis maris undis tunditur, ut non a dextris vel sinistris liceat ullo modo declinare, ne forte in offensione habeat quispiam in profundum maris cadere promptum. Hoc angustiarum itinere finito, et rursus quodam turris præsidio, ut præfatæ turris, inexpugnabili, per Alpes transito, quod utrumque vacuum omni defensione remanserat, timore a Deo, non ab homine Sarracenis custodibus incusso, ad vesperam applicuerunt juxta urbem Baurim vel Baruth hospitati, semper comite Sarraceno conviatore præcedente ac eos ducente. Incolæ autem Baurim, cognoscentes adventum Christianorum, et jam exercitum per campos civitatis hospitatum, munera acceptabilia cum verbis pacificis miserunt prædictis principibus in hunc modum: « Precamur, ut arbores, vites ac sata nostra non vastantes, pacifice transeatis: et si propositum vestrum capiendi Jerusalem, prosperante fortuna, adimpleveritis, vobis cum omnibus rebus nostris servituri sumus. » His precibus et promissionibus donisque incolarum Baurim præfati principes placati, surrexerunt cum universo exercitu Christianorum et rursum in littore maris viam insistunt per easdem fauces et asperitates scopulorum qui procellis maris semper illiduntur.

CAP. XL. — *Quomodo a serpentibus multi perierunt in regione Sidonis, et de amissione cujusdam Walteri.*

De quibus egressi, in planitiem quæ urbem, Sagitta nomine, continet, descenderunt, ubi super ripam cujusdam dulcis fluvii hospitio remanserunt. Illic plurimos acervos lapidum repererunt, inter quos infinita manus debilis et pauperis vulgi dum fessa quiesceret et accubaret, a serpentibus, quos vocant Tarenta, quidam percussi, interierunt tumore, et præ intolerabili siti inaudita inflatione membris eorum turgentibus. Ibi quoque Sarraceni in virtute sua confidentes et ab urbe Sidone euntes, lacessere præsumebant exercitum, cæsis peregrinis in urbis hujus regione victum et necessaria quærentibus. Sed ab equitibus Christianis graviter repressi, quidam armis, aliqui spem salutis ab armis inter undas æstimantes, submersi sunt ac suffocati fluctibus perierunt. Hanc itaque civitatem procul dubio in ultionem suorum Christiani obsidione compressissent; sed desiderio eundi Jerusalem aversi sunt. Hac in regione Sidonis dum plures a prædictis et ignitis serpentibus periclitarentur, et gemitus planctusque magnus super pereuntibus haberetur, medicinam hanc ab indigenis edocti sunt, ut omnis a serpentibus percussus nobiliorem ac præpotentem exercitus adiret; quia dextera manu illius aculei vulnere tacto ac circumplexo, non ultra venenum per membra diffusum nocere videri. Similiter et aliam edocti sunt medicinam, ur vir percussus sine mora coiret cum muliere, cum viro mulier: et sic ab omni tumore veneni liberari utrumque. Didicit etiam populus Christianus ab incolis, quatenus lapides ad invicem assiduis ictibus manu quaterent, vel in clypeis crebra percussione sonitum facerent: et sic serpentibus, hoc sonitu et strepitu exterritis, secure socii dormire valerent. Altera deinde lucescente die, quidam confrater Christianorum, vir et miles nobili editus parentela, Walterus nomine, de Verna castello, assumptis quibusdam complicibus suis de comitatu, in montana profectus est. Ubi ingentes prædarum contraxit copias, quas armigeris et aliquibus ex sociis commissas misit ad exercitum; ipse vero ampliores explorare undique in loco montibus septo concupivit, per arctum et difficilem aditum ad nimia armenta et res Sarracenorum ingressus: ubi ab eis circumventus, latet in hodiernum diem quo fine perierit.

CAP. XLI. — *Quomodo transierint civitates Tyrum, Ptolemaida, Cayphas, Cæsaream sicque Pentecosten celebraverint.*

Principes autem prædicti et omnis comitatus eorum ignorantes cur miles egregius ultra terminum faceret moras, adhuc tertia die in regione urbis Sidonis remanserunt, si forte miles honorificus redierit à montanis, vel aliquid de ejus adventu intelligerent. Sed minime eo in prima nec in altera luce reperto, a statione urbis, migraverunt. Ab hinc ergo camporum planitiem habentes usque Tyrum, quam nunc Sur vocant, cum præductore suo descenderunt, castris illic per agrorum planitiem ad hospitandum collocatis. Manat enim illic fons, murato et arcuato opere sic exaltatus ut impetu et abundantia aquarum rivum in origine sua tantum procreet, ut omnis exercitus illum exhaurire nequiret. Sequenti vero die Sur relicta, ad civitatem, Ptolemaidem nomine, quam nunc moderni Accaron vocant, eo quod sit urbs Dei Accaron, ventum est. Quam ad dextram in littore maris relinquentes, super flumen dulcis saporis, quod ibidem mari influit, biduo pernoctaverunt. Illic duæ dividuntur viæ, una quæ ducit per Damascum et fluvium Jordanis a sinistris in Jerusalem, altera quæ a dextris juxta littus prædicti maris continuatur in Jerusalem. Unde quia inter quinquaginta millia virorum vix viginti millia in bello valentium reperiri poterant, consilium inierunt ut per Damascum nequaquam transirent, propter copiam Turcorum qui Damascum inhabitabant, et propter apertam illic camporum planitiem, ubi eis in omni latere spatiosum videbatur ab hostibus incursari. Quare inter mare et montana in littore viam insistentes, ubi fiducialiter transire poterant, protecti mari a dextris et a montium altitudine incommeabili, civitatem Caiphas, dictam a Caipha, quondam principe sacerdotum, præterierunt; eademque die in terminis Cæsareæ, quam quondam urbem, turrim Stratonis dictam, Herodes postea in honorem Cæsaris reædificatam, Cæsaream appellavit, castrametati hospitio remanserunt. Ibidem ad radicem montis fons manat, qui ibidem urbi influit per camporum apertam planitiem, ubi dux Godefridus et Robertus Flandrensis, positis tentoriis, hospitati sunt. Comes vero Reymundus, Robertus Northmannorum princeps, post illos interposita ejusdem fluminis amplissima palude, procul abhinc in eodem flumine castra posuerunt. Per quatuor quippe dies ibidem commorantes, Sabbatum sanctum Pentecostes ipsumque diem adventus Spiritus sancti devotissime celebraverunt.

Cap. XLII. — *Quomodo civitatem Ramam invenerunt et possederunt, ac episcopum in ea constituerunt.*

Has itaque urbes præfatas prætereuntes intactas, secunda, tertia et quarta feria in terminis et spatiosa planitie prænominata Cæsareæ Cornelii in regione Palæstinorum iter suum continuantes, quinta feria ad fluvium civitatis Rama vel Rames castra applicuerunt, et in crepidine alvei ejusdem fluvii tentoria ponentes pernoctare decreverunt. Robertus vero Flandrensis et Gastus, militaris homo de Bordeiz, assumptis quingentis sociis tironibus, a societate præmissi, ad portas et explorandos muros præcesserunt. Quas apertas et reseratas subierunt, neminem in urbe reperientes, quod, audita tribulatione et infortunio gentilium in circuitu et captione Antiochiæ,

universi cives per montana et deserta loca fugientes a facie Christianorum cum pueris, uxoribus, armentis et gazis suis se absconderunt. Sic civitatem Rames civibus et armis vacuam invenientes, festinato nuntium miserunt ad populum catholicum, qui castrametatus erat in ripa fluminis, ut universos accerseret ad intrandam et possidendam urbem artusque recreandos, quos magnis et longis afflixerant laboribus. Quod peregrini audientes, ad urbem sine mora profecti sunt; et in ea per tres dies requiem sibi fecerunt, vino et oleo plurimoque reperto frumento refocillati. Episcopum etiam illic quemdam Robertum constituerunt, Christianos incolas in ea relinquentes, qui terras colerent et justitias facerent, agrorum vinearumque fructus redderent.

Cap. XLIII. — *Dum ad montana progreditur exercitus, nocte eclipsis lunæ apparuit.*

Quarta vero dehinc exorta luce pariter peregrini procedentes viam insistunt, relicta civitate Rames, qui usque ad locum quo hæc montana incipiunt, quæ urbem Jerusalem in medio sitam undique circumstant, proficisci statuerunt. Sed in loco illo penuria aquæ nimia reperta est. Unde ad castellum Emmaus trans tria milliaria, cisternis et irriguis fontibus compertis ex relatione conviatoris et ductoris sui Sarraceni, plurima manus armigerorum transmissa est, qui non solum aquarum copiam, verum etiam pabula equorum attulere plurima. Ibidem eclipsis lunæ, quæ decima quinta erat, in ipsa nocte facta est, ita ut ex toto a claritate sua deficeret, et in sanguineum colorem tota usque in medium noctis commutata, omnibus id perspicientibus timorem non modicum afferret, nisi a quibusdam, quibus patebat astrorum notitia, hoc solamen redderetur. Dicebant enim hoc portentum non malum omen Christianis esse adfuturum, sed lunæ defectionem sanguineamque ejus obscuritatem interitum Sarracenorum procul dubio ostendere. Solis vero eclipsin noxium esse Christianorum portentum affirmabant.

Cap. XLIV. — *Quomodo Christiani incolæ urbis Bethlehem duci Godefrido legatos dirigunt, ut maturaret ad subveniendum, et de gratulabunda susceptione sociorum.*

Hospitatis denique Christianis in eodem loco juxta montana Jerusalem cum universo exercitu, jam die advesperascente, legatio catholicorum incolarum urbis Bethlehem duci Godefrido innotuit, et præcipue illorum, quos Sarraceni suspectos traditionis in adventu Christianorum ab Jerusalem ejecerant, minas mortis adhuc inferentes, quatenus in nomine Domini Jesu Christi sine aliqua retardatione eis ad subveniendum viam maturarent. Gentiles enim ex omni plaga regni Babyloniæ, audito adventu Christianorum, confluebant in Jerusalem, ad defensionem urbis et occisionem eorum. Dux vero, audita legatione cum precibus compertoque Christianorum periculo, in eadem nocte centum circiter equites loricatos, de castris et comitatu suo electos, præmisit ad subveniendum desolatis et congregatis Christi fidelibus in Bethlehem. Qui juxta imperium Christiani ducis equis insidentes, cum festinatione sex milliaribus per totam noctem superatis, in primo diei ortu in Bethlehem pervenerunt. Cives vero Christiani, cognito eorum adventu, cum hymnis et laudibus et aspersione sanctificati fontis obviam procedentes, lætanter eosdem equites Christianorum susceperunt, oculos et manus eorum deosculantes et hæc ad illos referentes : « Deo gratias! quia temporibus nostris nunc ea videmus, quæ nobis semper erant in desiderio : videlicet vos Christianos confratres ad excussionem jugi servitutis nostræ adesse; et ad loca sancta Jerusalem instauranda, et ad auferendos gentilium ritus eorumque immunditias a loco sancto. »

CAP. XLV. — *Qualiter exercitus maturaverit Jerusalem comperta legatione a Bethlehem, et de præda a finitimis urbis abducta, et qualiter ante muros Jerusalem in laudibus et hymnis constiterint.*

Vix a castris præmissi equites processerant, et ecce fama ad aures primorum universique exercitus est perlata, legationem duci a Bethlehem esse allatam. Qua de causa vix medium noctis processit, et continuo omnes pusilli et magni castra sustulerunt, per angustias viarum arctasque fauces collium arctam viam insistentes. Abinde præire et iter maturare quique fervebant equites, ne, in arctis semitarum faucibus multitudine peditum inundante, magnum fieret equitibus impedimentum. Maturabant siquidem magni et parvi iter sub pari intentione in Jerusalem. Cum quibus præmissi milites, a Bethlehem revertentes, in via associati sunt, cum primum solis calore matutini rores in gramine solent exsiccari. Gastus de civitate Bordeiz cum triginta viris, gnaris certaminis et insidiarum, clam subtractus ab exercitu, sicut erat providus, sciens vires appropinquantium peregrinorum adhuc latere cives et milites Jerusalem, per confinia ejusdem urbis cum suis frena laxat, prædas undique contrahit et abducit. Sed comperta illius audacia, a civibus et Sarracenis militibus præda excussa est; Gastum vero sociosque ejus usque ad ascensum rupis cujusdam insecuti sunt. Ab eadem autem rupe Tankrado descendenti ex adverso, qui et ipse exercitum præcessit, causa quærendi necessaria, idem Gastus obviam factus est. Qui Sarracenorum ab urbe egressionem et prædæ suæ excussionem manifestans, ad insectandos eosdem hostes ipsius Tankradi animum vehementer accendit. Unde ambo, admistis sociorum copiis, fortiter in terga adversariorum equos laxant, usque ad portam urbis Jerusalem eos in fugam remittentes; prædam vero retinentes ad subsequentem Christianorum exercitum perduxerunt. Visis autem prædarum gregibus ac reversis fratribus, requirunt universi unde has prædarum copias abduxerint. Illi eas a campo Jerusalem rapuisse et abduxisse professi sunt. Jerusalem vero nominari audientes, omnes præ lætitia in fletum lacrymarum fluxerunt, eo quod tam vicini essent loco sancto desideratæ urbis, pro quo tot labores, tot pericula, tot mortis genera perpessi sunt. Mox pro auditæ urbis desiderio et amore videndi sanctam civitatem obliti laborem suamque fatigationem, amplius quam solebant iter maturant. Nec mora ulla intermissa est, quousque ante muros Jerusalem in laudibus hymnorumque vociferatione præ gaudio lacrymantes sexaginta circiter millia utriusque sexus constiterunt.

CAP. XLVI. — *Qualiter et a quibus principibus civitas obsessa sit.*

His itaque in locis Christianissimo exercitu in variis signis et armis collato, portæ urbis a militibus regis Babyloniæ clausæ sunt; turris David satellitio armato munita, et universi cives in mœnibus ad prohibendum et resistendum populo catholico diffusi sunt. Ruperat enim rex Babyloniæ fœdus quod legati ejus Antiochiam missi cum Christianis principibus pepigerant, nihil causæ adversus eos habens præter quam quod Reymundus comes Tortosam civitatem apprehendit, et præsidium Archas plurimis diebus obsedit. Christiani vero videntes regis militiam, urbis munitionem, gentilium contradictionem, muros in circuitu locata obsidione vallant, ducemque Godefridum, quia erat potens consiliis et viribus, cum Teutonicis bello ferocissimis, in latere turris David, ubi major vis defensionis redundabat, ordinant, et una cum eo Tankradum comitem, et Reymundum cum duobus episcopis Italiæ ante januam ejusdem turris cum suo comitatu sedere decreverunt. Deinde Robertus Flandrensis, et Hugo grandævus de S. Paulo cum suis sodalibus ad obsidendos muros civitatis in declivi parte camporum sedere delegerunt. Robertus vero Northmannorum princeps, et comes Britannus, juxta muros, ubi est oratorium protomartyris Stephani, in ordine sociorum tabernacula extenderunt. Comes Reinboldus de civitate Oringis, Lodewicus de Monzun, Cuno de Monte acuto, filiusque ejus Lambertus, Gastus de Bordeiz, Gerhardus de Rosselon, Baldewinus de Burg, Thomas de Feria castro undique in circuitu urbis consederunt. Reymundus vero comes videns quia alias posset proficere, castra sua ab obsidione portarum turris David sustulit, relictis quibusdam sociis ad custodiam portarum; et super montem Sion fixis tentoriis, urbem obsidere profectus est. Hac itaque in circuitu obsidione locata a primoribus Gallorum, exploratisque locis, ne quid vacuum aut opportunum pateret insidiis, ad montem Oliveti ventum est, ubi etiam virorum fortium custodiam posuerunt, ne aliquis assultus ab hac parte fieret ex improviso, et gentilium insidiæ per juga descendentium Christianos incautos deciperent. Vallis vero Josaphat, super quam erat urbs et ejus imminebant ædificia, remansit inobsessa propter locorum difficultatem et vallium profunditatem. Erant tamen illic, nocte et die, assiduæ vigiliæ et custodiæ Christianorum.

LIBER SEXTUS.

CAPUT PRIMUM. — *Prima die congressionis diversi varie affliguntur.*

Sancta autem civitate sic undique vallata, quinto die obsidionis ex consilio et jussione prædictorum principum, loricis et galeis Christiani induti facta scutorum testudine, muros et mœnia sunt aggressi, viros Sarracenos fortiter bello lacessentes in jaculis saxorum, fundis et sagittis trans muros volantibus, ab intus et de foris per longum diei spatium dimicantes. Multi ex fidelibus sauciati, et lapidibus quassati attritique sunt : quidam sagittarum infixione oculos amiserunt. Sed primorum nullus, Deo donante, illa die percussus est. Christiani moleste ferentes populi contritionem, labori et bello amplius incumbebant; et muros exteriores, quos Barbicanas vocant, valide impugnantes, ferreis malleis et ligonibus partim sciderunt. Sed tamen non multum hac die profecerunt.

CAP. II. — *Consilium primorum, quomodo civitas capi possit.*

Sedato tandem hoc belli turbine, videns dux et primi exercitus quod urbs armis et assultu foret insuperabilis, in castra ab assultu sunt relati, communi consilio usi, quia nisi ingeniis machinæ et mangenarum urbs acquiratur, nunquam aliqua vi armorum possit superari. Quod omnibus utile visum est consilium, machinas et mangenas arietesque fabricari. Sed deficiebat materia lignorum, quorum in illis regionibus magna est penuria. Ad hæc quidam frater conchristianus, natione Syrus, peregrinis locum indicat, ubi ligna ad construendas machinas possent reperiri, videlicet in quibusdam montibus versus plagam Arabiæ. Revelato autem loco lignorum, Robertus Flandrensis, Robertus Northmannorum dominus, Gerhardus quoque de Keresi, assumpta manu equitum et peditum, trans quatuor milliaria profecti sunt. Ubi ligna inventa tergis camelorum imponentes, ad sedem sociorum reversi sunt sine damno.

CAP. III. — *De instrumentis vincendæ urbi appositis.*

Crastina vero luce primum terris immissa, universi artifices operi machinæ mangenarum et arietis instant, alii securibus, alii terebellis, quousque sub spatio quatuor hebdomadarum opus machinæ arietis et mangenarum ad unguem perductum est ante turrim David, in aspectu omnium qui in eodem præsidio morabantur. Deinde moniti sunt juvenes, senes, pueri, puellæ ac mulieres ut convenirent in vallem Bethlehem, omnes virgulta in mulis ac asinis aut humeris suis allaturi, de quibus crates triplices contexerentur, ex quibus machina vestita Sarracenorum parvipenderet jacula. Quod et actum est : vimina et virgulta plurima allata sunt, quibus crates consertæ, coriis equinis et taurinis ac camelorum opertæ sunt, ne facile hostili incendio machina cremaretur.

CAP. IV. — *Quidam e populo dum victum longius quærerent, mortem incurrunt.*

Interea in hac mora longæ obsidionis et prolixa operosaque machinarum structura, compulit quosdam indigentia rerum necessariarum ab exercitu surgere, et victum quærere. Sed dum casu in finitimas oras Rames, prænominatæ urbis, inciderent, prædas comportarent, greges cogerent, ab insidiis Sarracenorum, qui ab Ascalone, civitate regis Babyloniæ, descenderant, attriti sunt, et præda retenta est. Giselbertus de Treva et Achar de Motinerla, fortes Christianorum duces et viri nobiles, illic post plurimum certaminis detruncati corruerunt; reliqui vero ex sociis eorum in fugam conversi, per montana viam accelerant in Jerusalem. Ad hæc Baldewinus de Burg, ad idem negotium contrahendi escas cum Thoma de Feria castro, assumpta manu equitum, progressus, obviam fugitivis et disturbatis fratribus factus est. Qui rem et casum illorum intelligens, consolatus est universos ut redirent secum in ultionem suarum calumniarum. Continuo peregrini, consolatione virorum fortium respirantes, reversi sunt unanimiter et recenter in persecutionem inimicorum, et cum eis diu prælia conserentes, hinc et hinc plures occisi ac vulnerati sunt. Baldewinus de Burg adverso telo in pectore vulneratus est.

CAP. V. — *Ubi unus gentilium illustris, et duo nobiles Christianorum trucidantur.*

Tandem Christiani invalescentes et Sarracenos in fugam cogentes, quemdam eorum militem nobilissimum, virum calva fronte, statura procerum, grandævum ac corpulentum captum tenuerunt. Quem Jerusalem abducentes, in prædicti Baldewini tentorio compedibus religaverunt: sed is nobiliter in throno Baldewini resedit, quod ostro pretiosissimo opertum erat. Videntes autem Christiani principes, quia vir prudens et nobilis et strenuus, idem foret Sarracenus, de vita et moribus ejus sæpius inquirentes ac disputantes, ad Christianitatis fidem eum vocare conabantur. Sed modis omnibus huic professioni abrenuntians, ante turrim David productus, ad terrendos arcis custodes in conspectu omnium ab armigero Baldewini decollatus est. Præfati vero principes, Giselbertus et Achar, insidiis gentilium trucidati, ad locum obsidionis in magna lamentatione referuntur : quibus Christiani sacerdotes catholicas exsequias exhibentes, in sepulcro Christianorum confratrum, quod erat extra civitatem, ossa eorum posuerunt.

CAP. VI. — *Quando obsessa sit urbs, et de raritate potus.*

Obsessa est autem civitas sancta, et mater nostra

Jerusalem, quam adulterini filii invaserunt, et legitimis filiis negaverunt, tertia feria in secunda hebdomada mensis Julii, qui calore et solis ardore intolerabilis habetur, et præcipue in his orientalibus plagis, ubi etiam non solum rivi deficiunt aquarum, sed et fontes vivi et modici solum trans tria milliaria reperiuntur. Hoc solis ortu flagrantissimi, hoc defectu aquarum intolerabili et ariditate inæstimabili, Christianorum populus in obsidione hac graviter vexatus est. Quorum socii ad hauriendos et investigandos fontes cum sparsim mitterentur, interdum incolumes hausto fonte redibant; interdum amputatis capitibus, insidiis gentilium periclitabantur. Aquam vero turbidam et lutulentam factam in contentione multitudinis haurientium, cum lubricis vermibus hirudinum in follibus caprinis afferebant. De qua, quantum os cujusque a foramine angusto pellis capere poterat, licet vetus et putrida fuit, aut de fœdis sumpta paludibus vel antiquis cisternis, duobus nummis vendebatur. Plurimi autem inertis vulgi, qui sitis intolerantia arctabantur, dum sic licentiam bibendi acciperent, lubricos vermes et aquatiles deglutiebant, et sic tumefacto gutture aut ventre exstinguebantur. Tantum de monte Sion rivulus perexiguus manat, cujus subterraneus ductus a palatio Salomonis est jactu sagittæ, usque ad eum locum quo ædificium in modum claustri maratum et quadratum habetur : cujus in medium per noctem rivulus congregatus adunatur, de quo in die cives utuntur et animalia adaquantur.

CAP. VII. — *Consilium inclusi cujusdam super negotio incepto.*

Ex hoc creberrimo haustu exercitus refocillabatur, licet hac parte in obsessa sæpius cives haurientibus jacula intorquerent, et a stillicidio hoc prorsus Christianos absterrere laborarent. Uvarum copia vinique affluentia primoribus semper abundabat, et pretium habentibus; egenis vero, rebus exhaustis, etiam aquæ, ut audistis, nimia erat defectio. Unde hac sitis pestilentia ingravescente, populoque catholico diu in obsidione laborante, visum est primatibus populi ex consilio episcoporum et cleri qui aderant, ut consulerent quemdam virum Dei, qui erat in antiqua turri proceræ altitudinis in monte Olivarum solitarius, quid agerent, quid primum insisterent, revelantes ei quanto desiderio ad ingrediendam urbem et sepulcrum Domini videndum æstuarent, et quanta in via pro hac fide et voto pericula sustinuissent. Vir autem Dei, audita eorum intentione et desiderio, consilium protulit, quatenus primum in afflictione jejuniorum et continuatione orationum devote insisterent; et post hæc muris et Sarracenis Deo auxiliante tutius inferrent assultus.

CAP. VIII. — *De indicta processione, et quæ tunc aesta sint.*

Jam ex viri Dei consilio ab episcopis et clero triduanum indicitur jejunium, et sexta feria processionem universi Christiani circa urbem facientes, deinde ad montem Oliveti, venientes in loco, ubi Dominus Jesus cœlos ascendit, ac deinde præcedentes alio in loco, ubi discipulos suos orare docuit, in omni devotione et humilitate constiterunt. Illic in eodem loco montis Petrus Eremita et Arnulfus de Rohes castello Flandriæ, clericus magnæ scientiæ et facundiæ, ad populum sermonem facientes, plurimam discordiam, quæ inter peregrinos de diversis causis excreverat, exstinxerunt. Dissensionem vero, quæ inter comitem Reymundum et Tankradum diu invaluit propter conventionem solidorum, quos ei injuste comes negaverat, ex admonitione spirituali ambobus principibus compunctis, concordi amore placaverunt. Placatis autem his, et in concordiam cum aliis multis Christianis confratribus reductis, tota illa Christianorum processio a loco prædicti montis Oliveti descendens, ad proximum montem Sion in ecclesiam sanctæ Dei Genitricis collata est. Ubi clerici albis induti, et reliquias sanctorum cum reverentia sumentes, complures idonei laici a sagittis Sarracenorum, qui in mœnibus urbis observabant transeuntes, percussi sunt. Est autem civitas proxima huic ecclesiæ Sion, quantum jactus habet sagittæ. Hoc autem loco ad suscitandam iram Christianorum, in derisum etiam et opprobrium, cruces fixerunt, super quas aut spuebant, aut in oculis omnium mingere non abhorrebant.

CAP. IX. — *Machinis muro applicitis, ingenia partium inter se confligunt.*

De hinc jejunio cum processione sancta, litania orationeque finita, cœlum jam tenebris operientibus, noctis in silentio deportata est machina per partes, et universa strues mangenarum, ad ipsum locum civitatis, ubi situm est oratorium S. Stephani protomartyris versus vallem Josaphat, in die Sabbati, collocatis tabernaculis in circuitu machinæ ab hac statione sublatis. Ubi machina et omnia instrumenta mangenarum et arietis ad unguem fabricata sunt. Verum ex consilio majorum instrumenta trium mangenarum ordinata eriguntur, quarum priori assultu et impetu Christiani Sarracenos cives a muris et mœnibus arcentes absterrerent et muralia repentino jactu, silicis quoque tactu, perstringere valerent. Tandem Sarraceni hoc impetu et jactu perspicientes muros graviter concuti et minui, saccos stipula paleaque refertos, ac navium funes magnæ grossitudinis, strictim densatos, maris et mœnibus affigentes, opposuerunt, quatenus impetum et jactum mangenarum molliter exciperent, et nequaquam muris mœnibusque nocerent. Dux vero videns hoc impedimentum suis ingeniis oppositum, funibus et saccis sagittas ardentes illico ab igne eductas, balearis arcu intorsit; et sic igne infixos et aridæ materiei inhærentes, a levi aura tenuis flamma suscitabatur, quousque vires acquirens, saccos funesque consumpsit, et rursus impetus muros et mœnia minuebat.

CAP. X. — *Arietem muros perforantem obsessi dissipare moliuntur.*

Inter hæc, ad augendam ruinam et stragem murorum allatus est præfatus aries horrendi ponderis et operis, vestitus vimineis cratibus. Qui virtute et inæstimabili virorum inundatione impulsus, Barbicanas, exteriores scilicet muros, oppositos æquato vallo urbis, a viris arietem impellentibus gravi impetu in momento comminuit atque dejecit et viam machinæ ad interiores muros et antiquos aptavit, foramenque pergrande et horrendum jam ad urbem pertransiens, infregit. Hoc itaque foramen trans muros urbis defensores intuentes, nec ultra id periculum sufferre valentes, igne sulphureo pice cæreoque suscitato, arietem, nimium muris vicinum, succenderunt, ne deinceps muros ferrata fronte impelleret, aut foramen ampliaret. Tunc subito clamore Dei populus commotus, undique tentoriis et tuguriis aquam convehunt qua tandem aries ab igne restinctus est.

CAP. XI. — *Qui undique machinæ præsint, disponuntur.*

Interea, dum aries exstinguitur, mangenarum jactus et impetus assidue muros minuebat, et custodes ac defensores a mœnibus arcebat. Nec mora, inter hæc, machina cum omni structura sua erecta est, parietes, cœnicula, cratesque illius opertæ coriis taurinis, equinis et camelinis, in quibus constituti sunt milites, qui urbem impugnarent, et resistentes facilius certamine fatigarent. A Die autem Sabbati hujus machinæ operi et compagi insudantes, usque ad quintam feriam protractum opus in vespere consummaverunt et ducem Godefridum, ejusque fratrem Eustachium, similiter fratres duos, Ludolfum et Engelbertum, ortos civitate Tornaco, ad tuendam machinam, et urbem bello concitandam ordinaverunt. Ducem ergo suosque in superiore cœnaculo Ludolfum cum fratre suo, et cœteris eorum sequacibus, medio cœnaculo immorari decreverunt; in inferiore vero, qui machinam trahentes urbi applicarent. In arce vero machinæ ejusque cœnaculis his constitutis, arietem, post deletas Barbicanas et æquatum vallum, quia tam difficile onus tædium erat amovere, ultro Christiani suo igne combusserunt, ne tanti roboris magnitudo conductili machinæ esset impedimento.

CAP. XII. — *Quanta instantia cives a machinis forinsecus fatigentur.*

Dehinc autem in sexta feria mane facto, Sarraceni milites, et qui urbis erant cives, machinam erectam intuentes, et in ea habitantes loricatos, stupefacti et tremefacti, mirantur tam matutinos et bello paratos milites in machina apparere; omnesque per urbem gradientes sagittis et arcu infigere, ac pugna incessabili quosque per urbem visos a machina desuper muros prominente, jaculis et saxis urgere. Unde unanimiter intra civitatem gentiles conglobati, volatili telo sagittarum nocere duci et resistere non abstinent et per mœnia dispersi peregrinos lædebant. Perigrini vero fortiter ex adverso resistebant. Ad hanc denique nimiam contritionem ab intus et extra, a machina, quæ altitudine hastæ fraxineæ urbem et mœnia superabat, viri et milites silices immanissimos contorquebant ad lædendos muros, et absterrendos cives defensione mœnium, universos per urbem circumvagos in sagittis et lapide percutientes. Alii vero in latere urbis supra montem Sion, una machina comitis Reymundi milites contorquebant lapides et jacula, lædentes muros et per mœnia assistentes, huicque machinæ comitis frustra nocere quærentes: quæ eadem nocte et hora, qua et ducis, erecta et muris applicata est.

CAP. XIII. — *Ubi portæ, quæ Babylonicis nuntiis perviæ erant, custodiæ deputantur.*

Cum hæc obsidio sanctæ civitatis jam tædio fieret, studioseque in ejus captione modis omnibus et operibus ferverent, atque plurima de minis et virtute regis Babyloniæ innotescerent, pervenit ad aures principum exercitus per delatores eosdem qui fratri Tankrado pecuniam et ornatum templi Domini ante captionem urbis propalaverunt, quod ad urbem Jerusalem per eam portam montis Oliveti et vallis Josaphat, quæ inobsessa erat, assidua legatio regi Babylonico mitteretur de omnibus quæ fiebant; rursusque regis nuntia et consilia per eamdem portam sæpe et occulte reportarentur urbis defensoribus et Christianis leviter posse fieri magnum impedimentum. Quare habito caute super hoc consilio, principes Christianorum collocaverunt latenter insidias in valle et exitu ejusdem montis, in silentio noctis, ante et retro munitis viarum semitis vigili custodia, ne forte aliquis ab Ascalone vel Babylonia aut ab aliqua parte regni hujus descenderet, vel a porta inobsessa solito more in legationem procederet, sed in insidias incidens, subito caperetur, nulloque diffugio ante latera occultatus, a manibus vigilantium elaberetur.

CAP. XIV. — *De duobus regis Babyloniæ nuntiis diverso mortis genere pereuntibus.*

Sic tandem ordinatis viarum custodibus, et in loco prædicti montis Oliveti constitutis, duo Sarraceni ab Ascalone properantes, et regis Babyloniæ nuntia defensoribus urbis deferentes, jam noctis silentio incumbente, medio custodum venientes astiterunt, urbem sine aliquo obstaculo sperantes ingredi. Sed subito a militibus et custodibus portæ inobsessæ capti sunt et retenti: quorum alter a juvene immoderato hasta confixus, mox spiritum exhalavit; alter vero vivus et sanus in præsentiam Christianorum principum adductus est, ut ab eo minis extorquerent, aut promissione vitæ, cujus rei nuntii advenissent: quatenus sic jacula prævisa minus nocere possent. Is denique multum vitæ suæ sollicitus et anxius, plurimum de regis Babyloniæ consilio et legatione aperuit, et quomodo nunc per eos admonuisset fideles sibi milites una cum civibus, ne aliquo terrore et oppressione fatigati, deficerent, sed se invicem consolando, stabiles in defensione persisterent, scientes quia post quindecim dies ad auxilium in virtute magna Jerusalem venire decrevisset ad exterminandos Gallos, et suos liberandos. Post hanc cæterasque relationes militibus restitutus, tormento cujusdam mangenæ, ligatis manibus et pedibus est immissus, ut sic post primam et secundam inundationem trans muros jactaretur. Sed nimio ejus pondere pellis mangenæ gravata, non longe miserum projecit: qui mox juxta muros corruens super asperos silices, fractis cervicibus, nervis et ossibus, in momento exstinctus fuisse refertur.

CAP. XV. — *De instrumentis profanorum contra machinas fidelium.*

Cives autem et milites regis Babyloniæ videntes sic legationem regis dissipatam, et audacius Christianos urbem expugnare, et quia hinc et hinc machinæ nimium urbi infestæ adversarentur, apposuerunt et ipsi instrumenta quatuordecim mangenarum erigere, quarum virtute et impetu assidue in machinas lapides jactarentur, quorum crebris ictibus attonitæ quassarentur ac perirent, et in eis positi una earum ruina periclitarentur. Ex his vero quatuordecim mangenis novem comitis Reymundi machinæ opponuntur, cum innumerabili manu et virtute civium: quarum intolerabili et crebro impetu graviter machina concussa et attrita est, ejusque compagines dissolutæ. Quare universi in ea viri belligeri nimium attriti, et obstupefacti inopinato excidio, vix a mortis elapsi sunt periculo. Unde quia tot creberrimos lapidum ictus sustinere non poterant, et machinæ protectio defecerat, procul a mœnibus machina reducta est, nec ultra inventus, qui hanc iterato ascenderet, ac cives impugnando lacesseret. Quinque vero residuæ contra machinam ducis eriguntur, ut eam pari impetu et jactu percuterent et attererent; sed, Deo protegente, licet crebro ictu tacta et quassata ruinam minaretur, integra permansit et intacta, vimineisque cratibus protecta, miros impetus lapidum molliter exceptos fortiter tolerabat.

CAP. XVI. — *De crucifixo, cui perfidorum insania nocere non potuit.*

Erat crux in summitate ejusdem machinæ, figuram continens Domini Jesu auro fulgidissimam, quam iidem Sarraceni jactu mangenarum assidue moliebantur percutere; sed nulla eis feriendi facultas aut amovendi concessa est. Illis vero sæpius jacturam lapidum adversus crucem hanc molientibus, lapis fortuito advolans militem quemdam, assistentem lateri duci, in caput fortiter percussit, qui, fracto cerebro et effusis cervicibus, momentaneo fine exstinctus est. Dux vero vix ab ictu tam repentino observatus, multum baleari arcu civibus mangenasque intorquentibus, insistebat; et crates a machina impetu avulsas interdum reparabat et funibus religabat.

CAP. XVII. — *Item de diversis perfidorum machinis.*

Sarraceni milites videntes quia impetus mangenarum crates vimineas penetrare non poterat, interdum ollas flammivomas jactabant in crates machinam protegentes, ut prunæ aut scintillæ aridæ materiei adhærentes, levi aura suscitatæ ampliarentur, et machina consumeretur: sed industria Gallorum artem arte prævenit. Nam coriis lubricis machinæ et crates opertæ flammas aut prunas injectas minime retinebant; sed subito a coriis ignis labens humique cadens deficiebat. Tandem harum quinque mangenarum assiduis ictibus dux suique gravati, applicuerunt machinam in virtute Christianorum cominus mœnia et muros, ut sic tutior adversus machinas obsisteret; et mangenæ, propter ædificia domorum turrium abduci in loco spatioso non valentes, minus jacerent et machinam ferire non possent. Jam vero juxta muros abducta machina, et quinque mangenis ab illa spatiosum recessum non invenientibus, lapis intortus et in impetu emissus, nimium viciniam transvolat machinam aut interdum volatu suo deficiens, juxta muros cadens, Sarracenos opprimebat. Sarraceni tandem intelligentes quia viri imperterriti in machina starent, qui mangenarum arte non possent lædi, turrim quamdam, quæ in vicino erat machinæ, saccis stipula et feno vel palea impletis, item vimineis cratibus et densitate navalium funium adversus Christianorum mangenas undique tectam, munierunt, viros pugnatores in ea constituentes, qui assidue moles lapidum fundibulis aut parvis mangenellis in machinam jacerent, et ejus habitatores diversis armorum terroribus arctarent. Sed nec sic machina ducis Godefridi cedente, nec ejus custodibus ab assultu repressis, sed amplius et sævius invalescentibus, Sarracenorum artifices aliud aptant ingenium, quo machina ejusque possessores sine recuperatione consumerentur.

CAP. XVIII — *Ubi ignis aceto sopitur, et catena gentilium vi extorquetur.*

Contulerunt enim immanissimum magnique ponderis robur arborum, quod totum clavis ferreis et uncis confixerunt, clavosque stuppis, pice, cera oleoque infusis et impinguatis impleverunt, et omni fomentorum ignis genere. Catenam quoque ferream et onerosam in medio robore affixerunt, ne curvis et ferreis hamis peregrinorum leviter posset auferri et amoveri, dum ad comburendam machinam trans muros et mœnia præfatum lignum jactaretur. Aptato perfectoque hujus roboris ædificio, quadam die universi cives ac milites regis Babyloniæ intra urbem adunati, circa id opus conferuntur. Qui scalis, hastis et apparatibus suis grave lignum, incensum igne omni aqua inexstinguibili, trans muros in virtute magna et in momento deposuerunt, inter muros et machinam hoc jacientes, ut ab illius validissimo ardore postes, quibus tota innitebatur machina, correpti, cremarentur ruinamque in ea habitantes paterentur; nec ulla aqua tam vehemens ignis restingueretur, quousque tota machina cum præfato robore in cineres redacta corruisset. Verum

Christianis ab indigenis conchristianis res innotuit, et qualiter hic ignis, aqua inexstinguibilis, solo aceti liquore restingui valeat. Unde in utribus intra machinam acetum, ex providentia impositum super injectum et effusum est : sic grande incendium restinctum, ultra machinæ nocere non potuit. Ad hujus denique roboris exstinctionem concursus peregrinorum factus est : qui catenam arripientes, totis viribus luctamen inierunt, hi exterius trahendo, hi interius retinendo. Sed Christianorum virtus, Deo favente, prævaluit; et sic Sarracenis catena erepta, a fidelibus retenta est.

CAP. XIX. — *Qui sanctam civitatem obtinuerint primi.*

In ejusdem vero catenæ contentione ab intus et deforis, ac quinque mangenarum defectione frustra jam deintus jactantium, dux, qui in eminentiore cœnaculo arcis obtinuerat mansionem, omne genus jaculorum saxorumque in medium vulgus conglobatorum cum suis intorquebat, et stantes in muro sine intermissione a mœnibus arcebat. Tres siquidem Christianorum mangenæ sine requie, incessabili jactu mœnia transvolabant, et custodes hinc et hinc a mœnibus longo recessu absterrebant. Adhæc fratres prænominati, Ludolfus et Engelbertus, videntes Sarracenos otio torpere et manus a defensione continere, atque ex utroque latere mœnium procul absistere propter mangenarum cæterorumque impetum, sine mora, sicuti muro erant propiores, a secundo cœnaculo, in quo manebant, porrectis arboribus et in mœnia missis, primum in urbem cum virtute armorum descenderunt, universis murorum custodibus in fugam versis. Dux vero fraterque ejus Eustachius, hos urbem jam ingressos intelligentes, extemplo a superiore arce descendentes, mox et ipsi in mœnibus consistentes ad opem illorum descenderunt. Omnis populus hæc intuens, et principes jam obtinere civitatem inæstimabili clamore intonantes, scalis undique muro applicitis, ascendere et intrare festinant.

CAP. XX. — *De diffugio et interitu perditorum.*

Cives autem ac defensores urbis contemplantes capta mœnia et muros, ac media urbe viros Christianos sistere, totamque civitatem armis Gallorum inundare, correpti sunt formidine et mentis hebetudine; ac repente diffugium facientes, plurima multitudo spe protectionis ad palatium regis Salomonis, quod erat spatiosum atque firmissimum, fugam arripiunt. Quos Galli fortiter insecuti lanceis et gladiis, cum ipsis fugitivis pariter portas palatii ingrediuntur, et in nimia gentilium occisione perseverant. Equites vero circiter quadringenti, qui a rege Babyloniæ missi, urbem assidue perlustrabant in admonitione defensionis et consolatione civium, visa angustia et fuga suorum, ad præsidium turris David veloci cursu equorum diverterunt. Sed Gallis eos gravi insecutione prementibus, vix portæ immissi, equos, ante januam unanimiter descendentes, reliquerunt; quos Christiani arripientes, cum frenis et sellis abduxerunt, habentes ea.

CAP. XXI. — *Quid factum sit, per portas toto irrumpente populo.*

Interea quidam peregrinorum ad portas urbis contendentes, seras et vectes ferreos avellunt, totumque vulgus ad auxilium intromittunt. Sed tanta pressura et anxietas ingredientium in porta hac fuisse perhibetur, ut etiam ipsi equi, nimia oppressione gravati, plurimos dentibus, aperto ore ad mordendum, nolente sessore, invaderent, sudore inaudito diffluentes. Quare viri circiter sedecim pedibus equorum, mulorum, hominumque conculcati et discerpti et suffocati, spiritum vitæ exhalaverunt. Per foramen etiam murorum, quod aries ferrata fronte infregerat, plurima millia virorum ac mulierum intromissa sunt. Hi omnes conglobati, in vociferatione et strepitu magno ad palatium prædictum concursum facientes, fratribus præmissis auxilium contulerunt, Sarracenos per domum, quæ spatiosa erat, crudeli funere sternentes : quorum adeo sanguinis facta est effusio, ut etiam rivi per ipsa pavimenta regiæ aulæ defluerent, et usque ad talos fusus cruor accresceret. Sarraceni, interdum recuperato spiritu et viribus, in defensionem frustra eriguntur; sed tamen plures fidelium incautos mutua cæde perfoderunt.

CAP. XXII. — *De cisterna regii palatii.*

In cisternam autem regiam, quæ ante fores ejusdem palatii in modum lacus amplitudinem et magnitudinem cavatione continet, testudinem fornicei operis desuper habens, marmoreis undique subnixa columnis, plures Sarracenorum per gradus, qui ad hauriendam aquam introeuntes perducunt, confugerunt : quorum alii aquis suffocati sunt, alii ab insequentibus Christianis in ipsis gradibus defensionis perempti sunt. Per ea vero foramina, quæ trans testudinem ora in modum putei habebant, tam Christiani quam Sarraceni præcipiti fuga, cæcoque cursu cadentes, non solum submersione periclitabantur, sed et fractis collis et cervicibus, aut ruptis visceribus exstinguebantur. Hujus quippe cisternæ regiæ aqua in omni obsidione urbis ad mensuram civibus indigentibus et militibus dari solebat ad aquandos equos, greges et universa jumenta, et ad omnes usus necessarios. Ex omni stillicidio pluviarum, ab ipsius tecti palatii canalibus, templique Domini testudine, et a tectis multorum ædificiorum, confluente, hæc cisterna adimpletur, per circulum anni frigidam ac salubrem aquam abunde omnibus illic urbem inhabitantibus administrans.

CAP. XXIII. — *Item de generali cæde civium et direptione templi Domini.*

Egressi autem Christiani victores a palatio post nimiam et cruentam cædem Sarracenorum, quorum decem millia in ipso loco occiderunt, plures copias gentilium, per vicos civitatis errantes diffugio præ timore mortis, in ore gladii percusserunt. Mulieres, quæ in turritis palatiis et soliis confugerant, mucrone confoderunt; infantes, adhuc sugentes, per plantam pedis e sinu matris aut cunabulis arreptos muris vel ostiorum liminibus allidentes, fractis cervicibus, alios armis trucidabant, alios lapidibus obruebant; nulli prorsus ætati aut generi gentilium parcentes. Quicunque ergo domum aut palatium prior invadebat, cum omni suppellectile, frumento, oleo, hordeo et vino, pecunia aut veste, vel qualibet re pacifice obtinebat. Et sic possessores totius civitatis facti sunt. Intromissis vero Christianis in civitatem et longa strage in palatio et urbe sævientibus spoliis atque divitiis Sarracenorum inhiantibus, Tankradus, qui festinus in primo urbis ingressu templum præcurrit, et avulsis seris intravit, pecuniam auri et argenti incomparabilem cum robore et ope sui satellitii a muris deauratis in circuitu, columnis et pilariis avulsit, biduo in raptione hujus thesauri a Turcis oratorio decorando collati desudans. Quem thesaurum duo Sarraceni, ab urbe in obsidione egressi, eidem Tankrado, ut gratiam et salutem vitæ suæ in oculis ipsius invenirent, propalasse feruntur. Post prædictum vero tempus dierum templi portas aperiens, et secum pecuniam asportans, duci Godefrido, cujus erat miles, fideliter divisit, quam vix, ut aiunt, quibus tota massa innotuit, sex cameli aut muli portare poterant.

CAP. XXIV. — *Relatio de templo Domini.*

Hoc Templum, quod dicitur Domini, non illud antiquum ac mirabile opus regis Salomonis intelligendum est, cum tota urbs Jerusalem a rege Nabochodonosor, deinde a rege Antiocho ante multos annos Dominicæ Incarnationis destructa fuerit, templumque Salomonis a fundamento dirutum, ornamentis et vasis sacris spoliatum sit. Rursus post Incarnationem, ex prænuntiatione Domini Jesu, a principibus Romanorum, Vespasiano et Tito, funditus cum suis habitatoribus sic Jerusalem deleta est, ut secundum vocem Domini lapis super lapidem non relinqueretur. Verum templum hoc postea a modernis et Christianis cultoribus reædificatum, plures attestantur; nempe eo loco, quo Salomon pacificus de lignis cedrinis et Pario lapide pristinum Dei tabernaculum collocavit, et in ea Sancta sanctorum. In medio autem hoc moderno tabernaculo mons lapideus, natura fundatus, prœminet, fere in latitudine continens tertiam partem jugeri, in altitudine habens duos cubitos. Cujus in uno latere gradus collocati, ad cava loca descendentes perducunt; alio vero in latere, ut in veritate referunt, qui tunc consideraverunt, ostiolum habet lapideum, sed semper signatum. Illic ex quorumdam opinione quædam Sancta sanctorum adhuc servari perhibentur. In media siquidem testudine ejusdem templi moderni, quod nunc mirifico opere signorum desuper murorum parietes in circuitu continet, rotundam catenam infixam esse asseverant, in qua vas aurei fulgoris et operis, ponderis vero circiter ducentarum marcarum, pendere semper solet. Quod urnam auream alii affirmant, alii sanguinem Domini, alii manna in eo abscondi-

tum; et sic in varias sententias diversa opinione eriguntur

CAP. XXV. — *De oratoriis sanctæ civitatis, et quam devote dux sepulcrum Domini visitaverit.*

Hoc itaque vas et promunctorium, quod in medio templi prœminere prædiximus, intactum a Tankrado permansit, quin Turci omni devotione utrumque venerantes, inviolatum reservabant. Unde et tabernaculum omni honore et decore thesaurizabant, soli, omnibus gentibus cæteris exclusis, in illo suarum cæremoniarum observationi vacantes. Sic vero ipsum præfatum templum ad exsequendos ritus sui erroris summa reverentia et custodia venerantes, soli etiam Dominici sepulcri templo, ejusque cultoribus Christianis parcebant, propter tributa, quæ ex oblatione fidelium as idue eis solvebantur, una cum ecclesia S. Mariæ ad Latinos, quæ etiam tributaria erat. In reliqua vero oratoria urbis sanctæ tam Turci quam Sarraceni suam tyrannidem nimia strage exercuerunt, prorsus ab eis catholicos cultores exterminantes. Ad hoc denique templum Domini, ut prædictum est, iter suum Tankrado convertente præ avaritia sibi propalatæ pecuniæ; aliis vero ad præsidium turris David fugitivos velociter insequentibus, cunctisque principibus rebus et ædificiis Turcicis inhiantibus, universoque vulgo ad palatium Salomonis tendente, et cædem nimiam crudeliter in Sarracenos operante, dux Godefridus ab omni strage se abstinens, mox tribus tantum suorum secum retentis, Baldrico, Adelboldo et Stabulone, exutus lorica, et lanea veste indutus, nudatis pedibus muros egressus, in circuitu urbis cum humilitate processit, et per eam portam quæ respicit ad montem Olivarum introiens, Sepulcro Domini nostri Jesu Christi, Filii Dei vivi, præsentatus est, in lacrymis, orationibus et divinis persistens laudibus, et Deo gratias agens quia videre meruit quod illi semper fuit summo desiderio.

CAP. XXVI. — *Visio cujusdam de duce.*

Nam pio ducis proposito impleto, somnii hujus visio completa veraciter comprobatur. Ante viæ hujus initium cum sæpe idem dux suspiria traheret, suique animi optio ante omnia esset visitare sanctam civitatem Jerusalem, et videre sepulcrum Domini Jesu, ac sæpe privatis famulis cordis sui aperiret intentionem, cuidam de familiaribus suis, Stabuloni videlicet, in hunc modum ostensa est visio. Videbat idem scalam auream a cœlesti axe proceræ longitudinis usque ad terram porrectam, quam ipse dux, nimio desiderio fervens, cum quodam poculi sui provisore, Rothardo nomine, lucernam in manu ferente, conscendere conatus est. Sed provisore jam media scala consistente, lucerna, quam gestabat in manu illius, exstinguitur, et medius gradus scalæ, per quam ad supernum cœli solium scandebat, graviter læsus et attritus est. Sic provisor poculi ad inferiora reversus, præ formidine ultra ad cœlestem portam cum duce pervenire non potuit ac pulsare. At Stabulo, cujus est ista visio, lucernam exstinctam reaccendens, scalam, qua pincerna indignus attolli non meruit, fiducialiter conscendit, et lucernam ultra indeficientem ferens, cum ipso duce cœli penetravit ad aulam, ubi mensa illis parata, et omni deliciarum dulcedine cumulata reperta est. Ad hanc denique dux cum electis et ea dignis recumbens, de omni quæ aderat dulcedinis suavitate partitus est.

Cap. XXVII. — *Interpretatio somnii.*

Quid per hanc scalam ad cœli palatium ducentem, nisi via quam dux tota mentis intentione apprehendit ad urbem Jerusalem, quæ porta est cœlestis patriæ, significatur? Ex auro enim purissimo erat scala; quia ad hanc viam et cœli portam puro corde et perfecta humilitate veniendum. Media autem scala provisoris poculi lucerna exstinguitur, gradus læsus deficit, ascensus negatur, quia opus et onus viæ sanctæ, quod bona et pura voluntate una cum duce devovit, medio labore deseruit cum plurimis, sicut audivistis. Propter diffidentiam enim et imminentes angustias a duce subtractus est Antiochiæ, et sic apostata factus, ad aratrum reversus est miseriarum, nec ultra per scalam cum duce cœli introiens januam, sanctorum mensa dignus fuit participari. Stabulo vero ducis camerarius, lucernam ab ipsius manu suscipiens, reaccendit, quia voluntatem bonam viæ hujus quam, primum assumpsit fortiter retinuit, et inter diversas mentis vacillationes lampade benevolentiæ reaccensa, reflagranti voto firmiter hæsit; sicque insolubili gradu scalam cum duce superavit. Insuper illius in omni tribulatione socius stabilis, et famulus existens fidelis Dei, eo usque in Jerusalem pervenit, et ad sepulcrum Domini, quod mensa est et desiderium totius dulcedinis sanctorum, intrare meruit et orare.

Cap. XXVIII. — *De avaritia Reymundi et Tankradi, et de nece quorumdam gentilium.*

Post hæc duce a sanctuario Dominici sepulcri regresso in lætitia cordis et exsultatione post peractam ibi victoriam, et hospitio quiescendi causa declinato, jam toto exercitu sedato a gentilium occisione, et nocte ea oculos universorum præ labore aggravante, quia Jerusalem, civitas Dei viventis, et mater nostra, filiis restituta est in victoria magna sexta feria, in die solemni divisionis apostolorum, quæ est Idus Julii, comes Reymundus avaritia corruptus, Sarracenos milites, quos in turrim David fuga elapsos obsederat, accepta ingenti pecunia, illæsos abire permisit; omnia autem arma, escas et exuvias eorum cum eodem præsidio retinuit. Proxima ab hinc die Sabbati clarescente, quidam Sarracenorum spe vitæ in summitatem tecti domus præcelsæ Salomonis ab armis elapsi, circiter trecenti confugerant. Qui multa prece pro vita flagitantes, in mortis articulo positi, nullius fiducia aut promissione audebant descendere, quousque vexillum Tankradi, in signum protectionis vivendi susceperunt. Sed minime misellis profuit. Nam plurimis super hoc indignantibus, et Christianis furore commotis, ne unus quidem illorum evasit.

Cap. XXIX. — *Ubi consilio majorum ira Tankradi sedatur.*

Tankradus, miles gloriosus, super hac sibi illata injuria vehementi ira succensus est, nec sine discordia et gravi ultione furor illius quievisset, nisi consilium et sententia majorum ac prudentium illius animum his mitigasset verbis : « Jerusalem civitas Dei excelsi, ut universi nostis, magna difficultate et non sine damno nostrorum recuperata, propriis filiis hodie restituta est, et liberata de manu regis Babyloniæ, jugoque Turcorum. Sed modo cavendum est ne avaritia aut pigritia vel misericordia erga inimicos habita, hanc amittamus, captivis, et adhuc residuis in urbe gentilibus, parcentes. Nam si forte a rege Babyloniæ in multitudine gravi occupati fuerimus, subito ab intus et extra impugnabimur; sicque in perpetuum exsilium transportabimur. Unde primum et fidele nobis videtur consilium, quatenus universi Sarraceni et gentiles, qui captivi tenentur, pecunia redimendi aut redempti, sine dilatione in gladio corruant, ne fraude aut ingenio illorum nobis aliqua occurrant adversa. »

Cap. XXX. — *Internecio superstitum gentilium.*

Consilio hoc accepto, tertio die post victoriam egressa est sententia a majoribus : et ecce universi arma rapiunt, et miserabili cæde in omne vulgus gentilium, quod adhuc erat residuum, exsurgunt, alios producentes e vinculis et decollantes, alios per vicos et plateas civitatis inventos trucidantes, quibus antea causa pecuniæ aut humana pietate peperceerunt. Puellas vero, mulieres, matronas nobiles et fetas cum puellis tenellis detruncabant aut lapidibus obruebant, in nullis aliquam considerantes ætatem. Econtra puellæ, mulieres, matronæ metu momentaneæ mortis angustiatæ et horrore gravissimæ necis concussæ, Christianos in jugulum utriusque sexus debacchantes ac sævientes, medios pro liberanda vita amplexabantur, quædam pedibus eorum advolvebantur, de vita et salute sua illos nimium miserando fletu et ejulatu sollicitantes. Pueri vero quinquennes aut triennes matrum patrumque crudelem casum intuentes, una miserum clamorem et fletum multiplicabant. Sed frustra hæc pietatis et misericordiæ signa fiebant. Nam Christiani sic neci totum laxaverant animum, ut non sugens masculus aut femina, nedum infans unius anni vivens manum percussoris evaderet. Unde plateæ totius civitatis Jerusalem corporibus exstinctis virorum et mulierum lacerisque membris infantium adeo stratæ et opertæ fuisse referuntur, ut non solum in vicis, soliis et palatiis, sed etiam in locis desertæ solitudinis copia occisorum reperiretur innumerabilis.

Cap. XXXI. — *De anteriore Turcorum dominio in urbe Jerusalem.*

A die autem, qua urbs sancta a Sarracenis obsessa, munita ac defensa fuit, usque ad hanc diem qua capta et victa suisque restituta est, nullus Turcorum in ea repertus est, qui paulo ante hanc vi invadentes, multo tempore obtinuerant, et gravia trijuta tam a Sarracenis quam peregrinis Christi et indigenis fidelibus exigebant. Trecenti Turci erant, qui civitatem sanctam captivaverant, longo tempore in ea dominati, plurimis in circuitu urbibus Syriæ et Palæstinæ regionis illis tributariis factis, quas rex Babyloniæ cum Jerusalem quondam subditas et regno suo appendentes potenter obtinere solebat. Nunc, ut audistis, Christianorum exercitu in obsidione Antiochiæ post captam Nicæam ordinato, idem rex Babyloniæ, audita gloria, virtute ac victoria Christianorum principum, et Turcorum humiliatione, in urbe Jerusalem, quam amiserat, trecentos Turcos in apparatu et exercitu copioso obsedit. Quos plurimo assultu et mangenarum impetu expugnatos fatigavit, multum obsistentes ac repugnantes, sed non sine magno suorum detrimento.

Cap. XXXII. — *Quomodo Turci eliminati sint, et de mendosa Babylonici regis promissione.*

Erat autem Solymanus, princeps et caput horum Turcorum, miles ferocissimus, semper regi Babyloniæ et ejus regno adversarius. Tandem Turci cum principe suo, videntes manum suorum exiguam pondus belli et tot millium assultus tolerare non posse, data mutuo fide et dextris de vita et salute sua, impetraverunt, quatenus urbem reddentes, pacifice exirent, et conductum ipsius regis usque in Damascum haberent, in qua princeps magnificus Domimani frater dominari perhibetur, qui nunc cum præfatis Turcis ab urbe Jerusalem ejectus est. His ejectis et conductum regis usque in Damascum habentibus, rex Jerusalem ingressus, templum Domini juxta ritum gentilium summa reverentia et humilitate subiit. Deinde templum Dominici sepulcri cum omni habitu religionis gentilis introivit, omnia pacifice perlustrans, et nullum Christianorum a fide et ordine sui ritus avertens. Dehinc reversus, civitatem fideli custodia disposuit; turrim vero David suo satellitio munivit, palatium Salomonis et cætera regalia ædificia et defensoria suo juri mancipavit. Hac itaque civitate ejus subditione relocata post Turcorum ejectionem, nimium gavisus, sed adhuc Turcos sibi a Damasco metuens adversari, direxit legatos ad Christianorum principes, circa urbem Antiochiam residentes, referens quomodo ab urbe Jerusalem et regno suo Turcos ejecerit, et quia in omnibus eorum voluntati de urbe sancta satisfacere voluerit, et de fide Christi Christianitatisque professione consiliis eorum acquiescere. Sed omnia mentitus et in dolo locutus est. Nam urbis introitum peregrinis negavit omni armorum defensione et militum virtute, qua poterat, donec cœlestis Regis auxilio, Sarracenis, ut audistis, crudeli nece peremptis, nunc intromissi sunt.

Cap. XXXIII. — *Promotio gloriosi ducis in Jerusalem.*

Hac vero miseranda strage Sarracenorum completa, in proximo die Dominico fideles et primores Christianorum, inito consilio, dominium urbis et custodiam Dominici sepulcri comiti Reymundo dare decreverunt. Quo renuente, et cæteris universis capitaneis ad id officium electis, Godefridus dux tandem, licet invitus, ad tuendum urbis principatum promovetur. Promotus ergo consilio et benevolentia omnium Christianorum, turrim David regis quam ipse Reymundus, laxatis fugæ Sarracenis, invaserat, requisivit. Sed Reymundus prorsus reddere negavit, donec minis ipsius ducis et Christianorum restituere coactus est. Hujus vero ducis electio et promotio nequaquam humana voluntate facta fuisse credatur; sed totum Dei ordinatione et gratia factum, cum procul dubio ex visione cujusdam boni et veridici militis didicerimus, ante decem annos hujus viæ hunc a Deo electum et constitutum ductorem, principem atque præceptorem Christiani exercitus, ut præ omnibus primatibus actu, victoria et consiliis beatiorem, et fide ac veritate integriorem.

Cap. XXXIV. — *Somnium cujusdam militis de duce.*

Quadam ergo nocte præfatus miles, Hezelo nomine, de Kinwilre villa, quæ est in rubuario, cum eodem duce in silva quadam quæ vocatur Kettena, venatoria arte fatigatus, facili sopore occupatus est, statimque in spiritu ad montem Sina translatus est, ubi Moyses, famulus Domini, jejunio quadraginta dierum expleto, claritatem gloriæ Dei meruit videre et legem de manu Dei accipere. Super hujus denique montis cacumen videbat prædictum cum timore et mansuetudine facili ascensu attolli, et duos ei in vestibus albis et pontificali ornatu obviam festinare, dicentes : « Qui servo suo et fideli Moysi contulit benedictionem et gratiam, ejusdem benedictionibus Dei viventis replearis, et gratiam in oculis ejus invenias; dux ac præceptor populi sui Christiani in omni fide et veritate constitueris. » Hoc dicto, miles expergefactus a somno, surrexit, et visio subtracta est.

Cap. XXXV. — *Solutio somnii.*

Quid in hac visione considerandum, nisi quod in spiritu et lenitate Moysi surgeret dux spiritualis Israel, a Deo præordinatus et princeps populi constitutus ? Unde hanc visionem et benedictionem vere et manifeste in eo adimpletam cognoscimus; quia revera, cum plurimi principes ac potentes, episcopi et comites, filiique regum, viam hanc ante illum et post eum institerint, Christianorumque exercitus ductores fuerint, nequaquam prosperum iter fecit illis Deus, aut sui desiderii compotes facti sunt; verum a regibus et barbaris nationibus multa illis adversa, et universo illorum exercitui, illata sunt; quia non erant illi per quos salus veniret in Israel. At, duce Godefrido post universos præmissos viam insistente, desperatique exercitus duce ac principe existente, omnia adversa in prospera sunt mutata; nec fuit quod impediret viam, aut quæ noceret adversitas, nec nisi in sceleratis et transgressoribus inventa fuit iniquitas; inventa vero iniquitate, ex justitia vera Dei subsecuta est ultio, qua et sanctificata est legio. Et sic filii castigati nunc fame, nunc gladio, tandem felices et mundi ab inquinamentis cum duce et principe suo beatum desiderium explentes, urbem sanctam Jerusalem intrare meruerunt, ac Domini sepulcrum adoraverunt; mœnia etiam possidentes ex Dei providentia et voluntate, hunc urbis rectorem ac populi præceptorem gloriosissime præfecerunt.

Cap. XXXVI. — *Item visio cujusdam Aquensis clerici de duce.*

Præterea revelatum est cuidam fratri catholico et canonico S. Mariæ Aquisgrani, Giselberto nomine, in septimo mense discessionis ac peregrinationis ejusdem ducis, quod caput omnium et princeps futurus esset in Jerusalem a Deo præscitus et constitutus. Videbatur enim fratri adhuc somno dedito quod præfatus dux in sole potenter sedere accepisset, et ex omni genere avium quæ sub cœlo sunt, in circuitu illius infinitæ copiæ confluxissent, quarum pars paulatim avolando minui cœpit; amplior vero pars fixa et immobilis a dextris et sinistris remanebat: post hæc sol a radiis suæ claritatis maxima ex parte obscuratus est, sedesque ducis brevi intervallo prorsus deleta, et tota fere avium multitudo quæ remanserat avolavit.

Cap. XXXVII. — *Explanatio visionis.*

In sole sedem dux accepit, cum in solio regni Jerusalem promoveretur, quæ omnes mundi superat civitates nomine et sanctitate; sicut sol sua claritate universas cœli stellas: quam Jesus Christus, Dei vivi Filius, qui verus est sol justitiæ, sua illustravit et exaltavit Deitate, quando in ea crucifixus, passus, mortuus et sepultus, tertia die resurrexit a mortuis, suisque dilectoribus apparuit vivus. Congregatæ sunt aves cœli circa sedentem, cum de universis regnis Christianorum parvi et magni, nobiles et ignobiles, illi associati et subditi facti sunt. Avolaverunt aves, cum plurima peregrinorum multitudo ad terram cognationis suæ ex illius consensu et licentia reversa est. Sed plurimæ aves fixæ et immobiles permanserunt, cum multi pio amore illius innodati et familiaris ejus allocutione delectati, cum eo ultra remanere decreverunt. Post hæc brevi intervallo sol obscuratur, sedes ducis aufertur, cum Jerusalem post paululum temporis viduata, tam magnifico principe mortuo, multum obscurata fama et gloria sua, multisque militibus et belligeris viris in illius casu attenuata.

Cap. XXXVIII. — *Qualiter inventa sit portio ligni salutaris.*

Horum somniorum præsignatione ex Dei ordinatione populique Christiani benevolentia, Godefrido ad principem et rectorem suorum confratrum in solio regni Jerusalem exaltato, quidam fidelissimus Christianus, urbis indigena, lege Christi pleniter instructus, crucem quamdam semiulnæ auro vestitam, cui Dominici ligni particula in medio erat inserta, sed fabrilis operis expers et nuda, indicavit se abscondisse in loco humili et pulverulento desertæ domus, propter metum Sarracenorum, ne in hoc turbine obsidionis inventa eadem crux auro spolia-

retur, et lignum Dominicum ab his indigne tractaretur. Hac sancta revelatione ligni Dominici universi lætati fideles qui aderant, in omni abstinentia pura et disciplina, sexta feria, quæ est dies Dominicæ Passionis, processione honorifica clerus et populus convenerunt ad locum, ubi absconditum fuit lignum venerabile. Quod cum timore et reverentia susceperunt, ad templum Dominici sepulcri cum omni devotione hymnorumque modulatione ferre, et ibidem collocare decreverunt.

Cap. XXXIX. — *De obitu patriarchæ Hierosolymitani.*

Post hæc placuit universo cœtui fidelium, et visum est utile acceptumque coram Deo, quoniam universitas gentilium ab urbe sancta exterminata est et sacrilegi ritus; Godefridus quoque princeps Christianorum in throno Jerusalem exaltatus ad protegendam urbem ejusque habitatores, ut pastor etiam et patriarcha restitueretur, qui gregi fidelium sanctæque præesset Ecclesiæ. Nam viduata erat pastore suo, patriarcha, viro sanctissimo, in insula Cypro tempore obsidionis Jerusalem, ex hac luce subtracto. Migravit idem patriarcha ab Jerusalem et sepulcro Domini, audito adventu et sede Christianorum circa mœnia Antiochiæ, profectus ad insulam Cyprum propter minas Turcorum et importunitatem Sarracenorum. Fuit quippe vir grandævus et fidelis Christi servus, qui a prædicta insula plurima charitatis dona duci Godefrido cæterisque principibus misit in initio obsidionis Jerusalem, interdum fructum arboris, qui dicitur malum granatum, interdum pretiosa poma cedrorum Libani, interdum pavones saginatos aut laudabile vinum, et quæcumque juxta possibilitatem suam consequi poterat, sperans, sub iisdem principibus adhuc sancta ecclesia restaurata, pacifice et secure ad sepulcrum Domini nostri Jesu Christi, Filii Dei vivi servire atque præesse. Sed recuperata a fidelibus urbe Jerusalem et sacra illius ecclesia renovata, Christianissimus patriarcha e vita discessit, sicque ecclesia suo pastore viduata remansit. Quapropter consilio inter Christianorum principes habito et sæpius discusso, ut prædictum est, quis tanto viro succederet non aliquis repertus est tanto honore et divino regimine dignus. Ideoque dilatio facta est donec inveniretur aliquis qui ad hoc pontificale officium foret idoneus: et tantum Arnolfum de Rohes, clericum miræ prudentiæ et facundiæ, cancellarium sanctæ Ecclesiæ Hierosolymitanæ, procuratorem sanctarum reliquiarum et custodem eleemosynarum fidelium constituerunt.

Cap. XL. — *De clericis et campanarum signis apud Dominicum sepulcrum institutis.*

Promoto nunc Arnolfo ad hanc dignitatem sanctæ et novæ ecclesiæ, donec eligeretur patriarcha Deo et populo acceptabilis, placuit summo principi Jerusalem, duci Godefrido, necnon et cæteris omnibus, ut templo Dominici sepulcri viginti fratres in Christo divini cultores officii constituerentur, qui assiduis Domino Deo viventi in laudibus et hymnis psallerent, hostiam corporis et sanguinis Jesu Christi devote immolarent, deinde quotidianam sustentationem de oblatione fidelium constitutam susciperent. Sic divino decenter obsequio restaurato a duce catholico Christianisque principibus, campanas ex ære cæterisque metallis fieri jusserunt, quarum signum fratres dum caperent, mox ad ecclesiam laudes psalmorum missarumque vota celebraturi festinarent, et populus hæc auditurus una properaret. Non enim hujuscemodi soni aut signa visa vel audita sunt ante hos dies in Jerusalem.

CAP. XLI. — *Quomodo dux copiis hostium occurrerit.*

Dehinc curriculo quinque hebdomadarum transacto, dux Godefridus, audita fama gentilium, munita u be et turri David fideli custodia, assumptis secum sociis, Roberto Flandrensi et Tankrado, profectus est in campestria Ascalonis, audire et intelligere de rebus et consiliis gentilium. Ubi fortuito sibi nuntius occurrit, referens quod Meravis, secundus a rege Babyloniæ, et universa multitudo gentilium, ut arena maris innumerabilis, ex mandato regis jam ad Ascalonem navigio descenderunt, arma, escas et armenta infinita adduxerunt, omnemque belli apparatum copiosum, et quod urbem Jerusalem et exsules Christianos obsidere decreverunt. Gens enim publicanorum, et gens nigerrimæ cutis de terra Æthiopiæ, dicta vulgariter Azepart, et omnes barbaræ nationes que erant de regno Babyloniæ illic ad urbem Ascalonem conventum habere statuerunt. Dux vero Godefridus et qui cum co erant, Robertus Flandrensis, Tankradus et Eustachius, frater ducis, comperta fama adventantium copiarum armorumque gentilium, juxta montana quæ procedunt ab Jerusalem hospitati sunt. Deinde, missa legatione comiti Reymundo Jerusalem et Roberto Northmannorum principi, omnia aperiri jubent : Quanta scilicet collectio gentilium Ascalonem occupaverit, et viam usque Jerusalem habere constituerit. Unde eosdem principes cum omni manu equi'tum et peditum ad resistendum infidelibus accersunt. Petrum vero Eremitam et Arnolfum, quem cancellarium ac custodem sepulcri Domini constituerant, cum ligno Domini adesse monuerunt ad Ascalonem in occursum turmis infidelium sine aliqua dilatione; sed paucos tamen fideles in tuitione ac defensione urbis remanere decreverunt.

CAP. XLII. — *Populus a præda gentilium præmunitus abstinet.*

His ita dispositis et exercitu per urbem diffuso, admoniti ex legatione ducis et comprimorum, equos et arma brevi intervallo deposita reparant et resumunt, et iter in cornibus, et tubis, et musicis, et citharis omnique voce exsultationis et lætitia per montana insistentes, duci Godefrido in terminis Ascalonis residenti conjuncti sunt, per prata et loca campestria hospitati. Solus comes Reymundus, adhuc stimulo invidiæ sæviens adversus ducem Godefridum, eo quod turrim David amiserat, invitatus venire noluit cum omni manu suorum sequacium, donec denuo a duce cunctisque principibus minis pulsatus et admonitus, tandem et consilio suorum et blanditiis fidelium virorum, exsurgens atque per montana regia via incedens, cum ingenti manu suorum duci et prædictis principibus in campestribus associatus est. Armenta, cameli, asini, boves, buffi et omne genus domestici pecoris a Sarracenis in iisdem campestribus in multitudine gravi dolose præmissa erant et dispersa, ut populus Christianus ex concupiscentia raperet et cogeret, prædæque animum adverteret, ut, sic rapinis impeditus, facilius ab hoste superaretur. Sed quidam nobilissimus ex Sarracenis, quondam urbis Rametis præfectus, qui pacem et fœdus, superata Jerusalem, cum duce iniit, nunc in auxilium ipsius ducis Godefridi, licet gentilis, fideli intentione adveniens, dolositatem Babyloniorum enucleat, dicens : Armenta non al'am ob causam Sarracenos, Arabes cunctosque gentiles præmisisse nisi ut peregrinos impedirent, quo magis prædæ quam defensioni studerent. Hac præmonitione gentilis principis dux et universi rectores Christiani exercitus rem præcaventes, edictum in omni catholica legione statuunt, ut, quicunque de peregrinis prædam ante prælium contigerit, auribus et naribus truncatus puniatur. Juxta verbum et edictum istud omnes a vetito manus continuerunt, solum quod victui hac nocte sufficeret contraxerunt.

CAP. XLIII. — *Præfecto gentili dux exponit cur populus pergat ad prælium.*

Altera autem die, prima aurora radiante, universus populus Dei vivi bello armatur, in voce exsultationis et omni dulci modulatione jucunditatis, citharis et musicis, tanquam ad convivium pergentes, lætati sanctæ crucis signaculo ab Arnolfo, Petro cæterisque sacerdotibus muniti et signati, confessionis puritate confortati sunt, sub quorum anathemate rursus præda et aliqua rapina ante agonem interdicta est. Præfectus autem civitatis Rametis videns populum in tibiis, citharis, musicarumque sonis, ac voce exsultationis jucundari et psallere, tanquam ad epulas omnium deliciarum invitati essent, admiratus est vehementer, et ducem super his sciscitatur, dicens : « Miror, et sufficienter mirari nequeo, unde populus hic in tanta lætitia in voce exsultationis glorietur, quasi ad convivium iturus, cum hodie mors illi præsens sit, et præsens martyrium universos præstoletur, et varius sit eventus belli; atque multa nunc et intolerabilis virtus adversariorum congregata, non procul hinc castra sua locaverit. » Ad hæc dux, fide Christi plenus et spirituali responsione instructus, sciscitanti viro super his sapienter exposuit, cur in spe hodiernæ mortis præsentisque prælii, ingenti gaudio dulcique melodia Christianus populus delectaretur. Dicebat enim : « Populus hic, quem vides et audis in voce exsultationis adversus inimicos properare, et prælium in nomine Domini Jesu Christi, Filii Dei vivi, committere, scito quod certus est hodie de corona regni cœlorum: et quia ad meliorem transibit vitam, in qua primum felicius incipiet vivere, si pro ejus nomine et gratia in hoc prælio mori meruerit. Ideo in gaudium et jubilationem cor nostrum erigitur; quia si forte corruerimus in manu inimicorum, potestatem habet Dominus Jesus, Deus noster, animas nostras in paradiso gloriæ suæ collocare. Idcirco non timemus mortem ante inimicorum impetum; quia certi sumus post temporalem mortem, de certa illius retributione. Hoc vero signum sanctæ crucis quo munimur et sanctificamur, procul dubio spirituale nobis scutum est contra jacula inimicorum, et in eodem sperantes, tutius adversus pericula cuncta stare audemus. In hoc utique ligno sanctæ crucis redempti sumus de manu mortis et inferni ac potestate angeli nequam. Et in sanguine Domini nostri Jesu Christi, Filii Dei vivi, ab omni inquinamento veteris erroris emundati, fiduciam habemus vitæ æternæ.

Cap. XLIV. — *Plebs Christianorum cruce signata in occursum pergit armatis.*

Ducis responsione audita, rogatur per perennis vitæ instructionem supra dictus gentilis, ut cum et ipse causa Christianissimi ducis et catholici populi contra gentem et confratres suos pugnaturus esset, eodem sanctæ crucis signaculo muniatur et sanctificetur, quatenus fide et spe ejusdem sanctæ crucis et crucifixi incolumis ab armis et inimicorum insidiis conservaretur. Utrum autem statim aut post bellum baptismum susceperit incertum habemus, præter quod quidam profitentur quod, visa virtute et victoria Christianorum, baptismi gratiam perceperit. Hujus vero sanctæ crucis signaculo de manu Arnolfi universo cœtu Christianorum una cum gentili principe sanctificato, ad arma sumenda, loricas induendas, acies ordinandas et vexilla in hastis extollenda omnium fit labor et intentio. Nulla armentorum et vetiti gregis fit concupiscentia, sed præmissi greges et armenta ad decipiendos fideles Christi, splendore armorum, galearum clypeorumque stupescunt, et vehementi strepitu ac clamore exercitus attoniti, admirantur. Unde erectis auribus stupefacti, et immobiles diu persistentes, tandem sociantur equitibus et peditibus, et sic armatis permisti cuneis, cum euntibus ibant, et cum stantibus stabant, atque nubem pulveris multiplicantes, Sarracenis rem ignorantibus et cum sua multitudine copiosa a longe stantibus, timorem asperserunt.

Cap. XLV. — *Qualiter fuerit eorum acies ordinata.*

Christianis deinde a montanis egressis et in valle ac loco campestri consistentibus, ubi Sarracenorum, Arabum, Maurorum, publicanorum tentoria fixa erant et acies ordinatæ, greges et universa armenta, quæ nemo dinumerare poterat, sponte segregata et directa sunt sine rectoribus et sine magistris ad locum satis vicini pascui, ac si divino nutu præmonita et jussa ultro cuneis catholicis cederent, ne forte eis impedimentum fierent, sed ut ibidem in loco pascui persistentes a Christianis post victoriam reperiri possent. Nec mora, segregatis pecudibus et visis infidelium turmis, acies Gallorum, sicut constitutæ erant, hæ in fronte, hæ a dextris et sinistris, aliæ ad extremum pugnaturæ, bello aptantur. Universi vero equites et pedites circa sua signa et vexilla catervatim conferuntur. Godefridus dux, et summus post Dominum dominatorum Jerusalem, cum duobus millibus equitum et tribus peditum in omni armatura loricarum, galearum, clypeorum, lancearum et sagittarum, portas Ascalonis obsedit, ne ulla vis inhabitantium ab urbe hac parte erumperet, Gallosque retro post terga improvisos impugnaret. Comes vero Reymundus a dextris versus po naria spatiosa, ac densissima quæ extra muros erant cum ingenti manu suorum aciem suam dirigebat ut, Lello ingruente, sociis vires et opes augeret, cordaque metu flaxa ab instanti sublevaret angustia. Robertus Northmannorum princeps et Robertus Fian rensis, Oliverius de Jassi, Gerhardus de Keresi, Reynardus de Tul, densata fronte acies a sinistris contra Mauros et omne genus gentilium in campestribus moderabantur ad committendum prælium. Universi autem equites et pedites Christianorum conglobati in signis et vexillis ad resistendum illic pari animo constiterunt.

Cap. XLVI. — *Post altera discrimina pars inimica diffugit.*

Sic utrinque facie ad faciem obsistentibus, crudele bellum inhorruit. Nam Azopart, qui flexis genibus suo more bellum solent committere, præmissi, in fronte belli graviter sagittarum grandine Gallos impugnaverunt, tubis et tympanistris intonantes, ut tam horribili sonitu equos et viros perterritos a bello et locis campestribus absterrerent. Habebant etiam iidem Azopart, viri horridi et teterrimi, flagella ferrea et sævissima, quibus loricas et clypeos gravi ictu penetrabant, equos in frontibus percutiebant, et sonitum terribilem per universa agmina fidelium faciebant. Gens vero Arabum, et Sarracenorum ac publicanorum nunc lanceis, nunc sagittis, nunc fundibulis et omni genere armorum in millibus suis accedentes, adversus Christianorum acies dimicabant, prælia multiplicantes et plurimum diei consummantes. Econtra Christianorum manus exigua adversus tot millia innumerabilia medio involvitur certamine, incessanter prælia conserens et hostiles acies atterens et attenuans. Tandem bello ingravato, et gentilium cuneis Deo opitulante, contritis, totus exercitus regis Babyloniæ fugam iniit; et per agrorum planitiem versus maritima dispersus, tendebat a facie cædentis et persequentis.

Cap. XLVII. — *De nece et spoliis occisorum.*

Godefridus dux, Reymundus comes, Eustachius, Tankradus, Cuno de Monte acuto et filius ejus Lambertus, videntes quod gentilium exercitus et eorum virtus deficiens cedebat, in impetu equorum et vehementi concursu ac clamore pedestris vulgi mediis advolant hostibus; et nimia cæde inter eos sævientes, plurimum auxilii fratribus contulerunt. Arabes vero cæteræque gentes, ut perspexerunt quod deinceps bellum sufferre non possent, dispersi et contriti, per campos et angustas semitas fugam arripiunt. Sed undique ab insequentibus victoriosisque militibus ut miseræ pecudes passim perimuntur. Horum infinita pars cum victa cederet, insecutione Christianorum oppressa, spe salutis et causa effugiendi, ad naves et maritima contendit. Ubi comes Reymundus casu illis occurrit, quos crudeliter cædens et insequens, in profundum maris fugientes submergi ad tria millia crebra armorum percussione arctavit. Sarracenorum autem cohortibus sic atroci cæde perterritis, et aliis ad mare fugam meditantibus, aliis ad pomaria, plurimis vero portam Ascalonis intrare quærentibus, universi victores Christianorum diffusi sunt per tentoria gentilium, alii rapientes pretiosam purpuram, alii vestes et vasa argentea plurimamque massam utriusque metalli pretiosioris, alii camelos, mulos, eques, dromedarios cum asinis fortissimis; et cuique prædæ, sicut jejuni et longa abstinentia macerati, nunc totius belli immemores, manus suas inferebant.

CAP. XLVIII. — *Populus rapinis inhians sternitur, manus continens superior efficitur.*

At gentiles, quorum innumerabilis multitudo adhuc in littore maris et campestribus locis abundabat, videntes quomodo populus Galliæ rapinis et prædis totus inhiabat et ab insecutione cessaverat, usquequaque relictis sociis, et signo tubarum et cornicinum readunatis viribus suorum, viros prædæ intentos et belli oblitos, viriliter incurrunt, gravi strage perimentes incautos, totamque victoriam Christianorum cruentam reddidissent, nisi dux Godefridus, princeps summus Jerusalem, qui versus montana extremas acies dirigebat, periculum illorum considerans, et quia avaritia essent cæcati, sine mora in faciem inimicorum advolans, prædam prohibuisset universosque cum jurgio ad defensionem sic hortatus fuisset, dicens: « O viri rebelles et incorrigibiles, quis vos fascinavit, ut ad prædam vetitam et illicitam manus vestræ converterentur, donec inimici vestri, Deo auxiliante, in gladio corruissent! Eia, relinquite prædam, et hostibus insistite, et nolite cedere nunc insurgentibus, et amaram de vobis vindictam quærentibus. » Dixit, et medias perrumpens acies strictis mucronibus, in manu suorum sequentium grave hostium reddidit exterminium; et tunc universos a præda revocatos secum accivit in opus belli repetiti. Rursus superati gentiles terga vertunt, ab armorum creberrimis ictibus ad Ascalonis urbem fugam maturantes

CAP. XLIX. — *Item de nece perditorum.*

Dux vero et qui cum eo erant, fugientes persequebantur tam equites quam pedites, et nullo intervallo a tergo adversariorum abfuerunt; sed in cæde gravissima persequentes, usque ad portam Ascalonis eos persecuti sunt. Fortunati qui in portam recepti sunt, aut intromitti potuerunt. Nam tanta pressura fugiendi et intrandi Sarracenis in ipsis foribus urbis fuisse refertur, ut duo millia et amplius occisorum et suffocatorum sub pedibus intrantium hominum, equorum et mulorum in foribus et ante fores exstincta perierint. Postremi vero et in fuga tardiores, videntes hinc et hinc angustias animæ suæ et difficilem portarum introitum, et in hoc horrore armorum januis clausis se ab urbe exclusos, arbores palmarum, alii ramos olivarum aut ficorum conscendere properabant, ut saltem ramorum foliorumque densitate latere vel liberari possent. Sed pedites Christiani nimium propinqui, miseros in arboribus visos et patefactos subito sagitta transfigebant, et quasi aves volatili telo percussas, ab ipsis arborum ramis moribundos humi procumbere, plurimumque terræ cogebant operire.

CAP. L. — *Quando prælium hoc commissum sit, et de ibidem gestis.*

Sexta feria, pridie Idus Augusti mensis, commissum est hoc prælium a viginti millibus Christianorum adversus trecenta millia gentilium, Sarracenorum, Arabum, publicanorum, Maurorum de terra Æthiopiæ. Quorum triginta millia in aperta campi planitie cecidisse nobis retulerunt, qui in eodem certamine præsentes adfuerunt, præter duo millia suffocatorum et occisorum in porta urbis, et absque his qui, armorum pericula vitare existimantes, undis abyssi maris submersi sine numero perierunt. Nulli vero Christianorum viri nominati illic ceciderunt, præter paucos pedestris vulgi, ut procul dubio a veridicis fratribus compertum est. Hac fuga et contritione gentilium ac Christianorum victoria, longissima hasta argento operta per totum, quod vocant Standart, et quæ regis Babyloniæ exercitui signum præferebatur, et circa quam præcipua virtus densabatur, ad quam victi et dissipati revertebantur, capta est a Roberto Northmannorum principe, et in templum Dominici sepulcri transmissa, et usque in hodiernum diem ob memoriam victoriæ Christianorum attitulata est. Nunc ergo hac bellorum tempestate sedata, atque Meravi, qui secundus a rege in omni decreto et consilio habetur, cum tota gente sua triumphato, Christianis lætitia prædarum tam in tentoriis quam armentis, camelis, buffis, asinis, ovibus, hircis, bobus, cunctisque rebus tribuitur. Quibus plurimi onusti et refocillati, tota nocte gradientes, in gaudio cordis et voce exsultationis Jerusalem reversi sunt, ante sepulcrum sanctissimum Deo laudes et gratias super omnibus referentes quæ eis prospere et gloriose acciderunt.

CAP. LI. — *Comes Reymundus Ascalonem et Asur contra Christianos consilio suo obfirmat.*

Dux Godefridus, readunatis sociis equitum et peditum circiter duo millia, urbis Ascalonis portas in omni latere obsedit, ut cives et milites ex nova cæde et recenti victoria stupefacti ac trementes civitatem redderent, ultra desperantes regis Babyloniæ auxilium, cum totius regni sui virtus congregata vehementer nunc attrita fuerit et dissipata. Verum ubi aliquid noctis processit, plurimumque consilii Ascalonitæ de urbis redditione et vitæ intercessione iniissent, comes Reymundus, invidus omnis gloriæ ducis Godefridi propter turrim David, quam amiserat, Sarracenorum civibus occultam in hunc modum misit legationem : « Estote viri fortissimi, et minis ducis Godefridi ne terreamini, urbem in manus ejus reddentes; quia universi principes nostri reditum in terram cognationis suæ post peractum bellum habere decreverunt; et exiguam manum pugnatorum hac nocte circa urbem cum illo remanere sciatis. » Hac comitis legatione et solamine cives ac milites animati, et a redditione urbis et dandis dextris aversi, orto sole, in mœnibus ad defensionem constiterunt, sagittis, fundibulis, omnique armorum genere ducem cum suis ab obsidione urbis arcentes. Dux autem visa illorum audacia et repugnatione, et quia de omnibus suis non amplius quam septingenti equites secum remanserant, et quia instinctu et suasu ejusdem comitis universi principes abierant, in littore maris viam continuantes, movit et ipse castra ab obsidione, via regia secus maritima usque ad civitatem Assur præcedentes comprimores consecutus. Illic comes Reymundus per diei unius et noctis spatium obsidionem circa civitatem Assur egerat, arbitrans ex nova cæde et recenti victoria cives concussos urbem in manu ejus reddituros. Plurimas etiam minas et terrores civibus inferens, interdum vitam et salutem et omnem gratiam ab eo consequi, si redderent urbem, promittebat. Sed ducis Godefridi adventu comperto, conscius doli adversus eum quem per invidiam fecerat, cum omni comitatu suo ab obsidione Assur recessit, hortatus cives ne Godefridum expavescerent, et ne aliqua minarum illatione aut bellico impetu urbem illi aperirent, plurimum contestans quia nullus principum qui præcesserant, illi ad auxilium rediret.

CAP. LII. — *Dux et comes Reymundus pacificantur.*

Taliter cives adhortatus ad impedimentum ducis, iter maturavit, et in regione, quæ est inter Cæsaream et urbem Caiphas, juxta fluvium quemdam dulcis aquæ, Roberto Flandrensi, et æquivoco suo, Roberto Northmannorum principi, cæterisque primoribus associatus est. Godefridus dux ad Assur veniens, civitatem per diem obsedit, si forte aliquo eventu aut timore Assyriis incusso, in manu ejus traderetur. Sed Reymundi suasione et attestatione hos sicut Ascalonitas rebelles ac resistentes inveniens, tristi animo divertit ab urbe, et admonivit socios ut Reymundum in castris impeterent, et omne nefas, quod adversus se egerat, in caput illius redderent. Qui statim loricis induti, dum vexillis erectis in castra veniunt, et in comitem animo irato tendere disposuissent, Reymundus vero pariter ex providentia armatus ad resistendum illi occurrere decrevisset, Robertus Flandrensis et cæteri viri magnifici intervenerunt, viros graviter arguerunt, quos tandem utrinque multo conatu placatos in concordia reduxerunt.

CAP. LIII. — *Principibus repatriare cupientibus dux valedicit, et cives Asur duci confœderantur.*

Jam Deo et Domino nostro Jesu Christo favente, his in concordiam reductis, Robertus Flandrensis, Robertus princeps Northmannorum, Reymundus pariter de Provincia et universi principes reditus sui intentionem duci aperiunt, ac benevolum in omnibus quæ habebant in animo humili et mansueto habito colloquio invenerunt. Dux vero in cunctis voluntati fratrum satisfaciens, Jerusalem remeare decrevit, eo quod potestas urbis in tuitione et defensione ipsius collata sit; et diu colla sociorum amplexans, et omnes benigne deosculans, obnixe cum lacrymis precatur eos in bono commendans ut sui memores existant, et confratres Christianos admoneant, quatenus ad Domini sepulcrum venire non dubitent, ac sibi cæterisque consociis in exsilio remanentibus, auxilio de die in diem adversus tot barbaras nationes concurrant. Viri vero et cives Assur, audito quod dux remeabat, et cum Reymundo cæterisque in concordiam redierat, de salute urbis et pace fœdus cum duce pepigerunt, obsides tributorum et civitatis constituentes illi. Ipsi pariter ab eodem duce pro stabilitate fidei et pacis Gerhardum sibi devotum militem, ortum de castello Avennis, obsidem susceperunt.

CAP. LIV. — *De cæteris fidelibus repatriantibus.*

Et ecce tot præliis, tot laboribus omnibus sæculis inauditis in victoria et bono fine completis, duce quoque et universis sociis mutuo commendatis, magni et pusilli, primores et subditi, in terram nativitatis suæ reditum parant a diutino exsilio, et palmas victoriæ in manu sua referunt, præ nimia pietate lacrymis affluentes super fratribus in exsilio relictis. Quibus, osculo dilectionis dato, valedicentes, viam remensi sunt per easdem civitates et montium difficultates juxta mare Palæstinum, qua et venerant in Jerusalem: ubi illis ab omnibus prædictis civitatibus, Ptolemaide, Tyro, Sidone, Triple, Baurim et reliquis civitatibus, licentia concessa est vendendi et emendi vitæ necessaria. Ab omni denique impetu et insidiis a facie eorum omnes gentes urbesque earum quieverunt, pavidæ et tremefactæ super contritione regis Babyloniæ et victoria quæ ipsis fidelibus a Deo vivente collata est. Sic igitur secure et pacifice loca hæc transeuntes, pauca quidem arma habentes, sed palmas in signum victoriæ manibus portantes, in regionem civitatis Gybel frugibus et vineis opulentissimam declinaverunt: ubi procul a mœnibus urbis propter loca rivis et pascuis commoda, aperta camporum planitie, tabernacula extendentes, duobus diebus bonis uberrimis terræ illius delectati sunt.

CAP. LV. — *Boemundus Laodiceam, Christianorum urbem, obsedit.*

His itaque in locis dum moram facerent, nuntiatum est illis quomodo Boemundus, avaritia aggregandi et acquirendi insaturatus, Laodiceam, urbem et habitationem catholicorum Græcorum, longa obsidione occupasset; turresque duas civitatis, in littore maris sitas, magistras urbis a nautis tributa exigentis, jam captas invasisset auxilio et navali assultu Pisanorum et Genuensium; custodesque catholicos alios trucidasset, alios visu excæcatos ab ipsarum arce ejecisset. Sed Pisani et Genuenses non nimium super his injuriis criminandi sunt : nam ex ore Boemundi longe aliter quam res esset intellexerunt. Unde falsa illius adhortatione ducentis navibus prædictas turres vallaverunt, et malis navium procera longitudine nubes tangentibus et sportas vimineas in summitate affixas continentibus, custodes præsidiorum graviter oppresserunt, creberrimis lapidum et sagittarum ictibus a superveniente arbore turres et viros impugnantes. Audito enim Pisanorum et Genuensium adventu, Boemundus, princeps subdolus et frater avarus, ab Antiochia sex milliaribus Laodiceæ vicina illis occurrens, omne malum et grande nefas de civibus Laodiceæ referebat : hos enim noxios esse Christianorum calumniatores, ut sic omnium animos in odium civium et urbis obsidionem facilius hoc concitaret instinctu. Quare factum est ut creduli verbi illius primum turres obsidentes, custodes earum in deditionem cogerent; dehinc turribus sua arte vel vi superatis, urbem cingerent. Qui gravi et longo assultu cives vexantes, jam trans vallum murorum pontes duos potenter locaverunt, per quos usque ad mœnia facilius ipsis pateret accessus, et sic urbs angustiata in brevi Boemundo redderetur. In proximo enim fuit ut civitas applicitis hujusmodi ingeniis caperetur, cives punirentur, et Boemundo omnia injuste traderentur. Injuste quidem, nam in obsidione Antiochiæ eadem Laodicea navali obsidione et assultu Winemari de Bulonia, piratarum magistri, et quorumdam Christianorum, cum præfatis turribus superata et capta est. Hi, collectione navium e diversis terris et regnis contracta, scilicet ab Antwerpia, Tyla, Frisia, Flandria, per mare Provincialibus in terra S. Ægidii, de potestate comitis Reymundi, associati, navigio in circuitu orbis terræ usque ad ipsam urbem Laodiceæ appulsi sunt. Quam occupantes et expugnantes, Turcos et Sarracenos, injustos dominatores, in ea repertos gladio percusserunt, urbem vero et ejus mœnia apprehendentes, comiti Reymundo cum ipsis turribus post obsidionem Antiochiæ contulerunt. Winemarus, magister et ductor piratarum, post hæc a Turcopolis et militibus regis Græcorum captus et carceri deputatus est; sed ducis Godefridi interventione post plurimum temporis a carcere et vinculis eductus est. Comes vero Reymundus post captionem Antiochiæ, decreto itinere suo in Jerusalem cum cæteris, imperatori Constantinopolis Laodiceam civitatem Turcis et gentibus ereptam restituit et sic fidem inviolatam illi reservavit. Juraverat enim sibi, fœdusque percusserat cum eo una cum Godefrido et principibus cæteris, de cunctis urbibus, castellis et terris ad regnum ipsius pertinentibus, nihil quidquam de omnibus retinere aut mentiri. Hac de causa Boemundum principes, ab Jerusalem regressi et in terminis civitatis Gybel hospitati, comperientes Laodiceam injuste obsedisse, ac imperatori comitique Reymundo inju-

riam fecisse, nuntios constituunt, qui eum amicabiliter et pacifice ex legatione et rogatu Christianorum confratrum, ab Jerusalem in victoria Dei redeuntium, compellarent, quatenus ab urbis obsidione recederet, nullamque ultra Christianis calumniam inferret.

CAP. LVI. — *Episcopus Pisanus redeuntes peregrinos humiliter salutat.*

Interea dum ad hoc nuntii eligerentur, episcopus Pisanorum, Dagobertus nomine, cognito adventu et reditu Christianorum peregrinorum ab Jerusalem, quorum per plurimum tempus fama nota fuit aut memoriæ usque ad diem hanc, assumptis aliquibus viris de comitatu suo egregiis, fratres adire et visitare contendit. Quibus inventis in regione prædicta, nullo modo a fletu præ gaudio se continere potuit; sed in omnium majorum atque minorum colla ruens, cœpit cum lacrymis universos deosculari, dicens : « Vere et absque ulla ambiguitate fateor vos filios et amicos Dei viventis, qui non solum rebus vestris, urbibus, castellis, prædiis, uxoribus, filiis ac filiabus abrenuntiavistis, sed etiam animabus vestris non pepercistis, cum hanc Dei et Domini nostri Jesu Christi expeditionem, in tam longinquas et barbaras nationes facere non dubitastis; totque adversa, ut compertum habemus, pro Redemptoris nostri gratia sustinuistis. Non est auditum a Christi nativitate, ut aliquis Christianorum exercitus, per tot regna et pericula transiens, Jerusalem, in potentia et virtute, expugnatis et ejectis adulterinis filiis et incolis, obtineret, ac loca sancta mundaret, atque in ea post victoriam ad tuendam magnificum Christianorum principem Godefridum exaltaret, sicut de gloria et virtute ejus et vestra nunc accepimus. Propter quod gavisi desiderio videndi vos, et salutandi ac colloquendi huc venire decrevimus.

CAP. LVII. — *Mutua collocutio episcopi et peregrinorum.*

Ad hæc a fidelibus peregrinis venerabili episcopo sic responsum est : « Si Christianorum prosperitati congaudetis, et saluti arridetis, cur Christianis civibus, videlicet urbis Laodiceæ injuste vim intulistis, turres eorum cepistis, custodes trucidastis, et adhuc urbem obsidione vastastis? » His auditis, episcopus benigne et patienti animo excusavit se, ac se suosque in omnibus ignoranter deliquisse profitetur, dicens : « Mundi a sanguine hoc sumus. Nam cum rudes ac totius guerræ ignari navigio ad has partes venissemus, Boemundus ab Antiochia nobis obviam factus est, qui cives Laodiceæ falsos Christianos esse asseruit; eosdem etiam semper Christianis confratribus adversari, et traditores peregrinorum apud Turcos et Sarracenos fuisse illos summopere referebat. Ad hoc ulciscendum, opem et virtutem nostram precatus est. Nos vero verbis et assertionibus illius credentes, hosque cives sceleratissimos æstimantes, vires et opem sibi ad obsidendam urbem et ejus habitatores contulimus, et obsequium nos præstare Deo in occisione illorum arbitrati sumus. Sed nunc veritatem ex ore vestro novimus, quomodo invidia et avaritia, non Dei gratia, hos Boemundus persequitur; et nos misere decepit ad obsidendos et puniendos Christianos. Et ideo sine mora ad nostros redituri, rem aperiemus, et sic ab urbe eos et ab omni impugnatione cohibebimus. »

CAP. LVIII. — *Boemundus, nolens obsidionem solvere, deseritur ab omnibus.*

Hoc dicto, nuntii ab exercitu Hierosolymitarum cum Pisanorum episcopo profecti sunt. Sed Boemundum in nimia avaritiæ suæ pertinacia reperientes, legationem confratrum et comprimorum benigne sibi aperuerunt quatenus ab urbe Laodicea arma et vires suas amoveret, ne erga imperatorem Græcorum fidem promissam mentirentur, et reditus sui impedimentum gravissimum in regno illius paterentur. Boemundus vero, auditis nuntiorum verbis, petitionem et admonitionem fidelium prorsus sprevit, et nunquam se recessurum a muris et mœnibus Laodiceæ asseruit, donec urbs et cives suæ manciparentur ditioni. Nuntii autem omnia responsa et aspera verba Boemundi ejusque impatientiam ad exercitum referentes, primoribus indicant, ac iras omnium vehementer acuentes, eo animos illorum commovent, ut arma acquiri et bello aptari universi, parvi et magni, monerentur. Ad hæc episcopus, Boemundi intentione et responsione cognita, in castra et classes suorum descendens, universos qui in suo erant comitatu causam edocuit et commonitionem Christiani exercitus. Sic cunctos Pisanos et Genuenses, in Domino Deo compunctos, ab obsidione urbis et auxilio Boemundi revocavit, ne ultra ad subveniendum manum in cives mittere præsumpsissent. Boemundus ergo videns se auxilio destitutum, viresque suas nimium attenuatas, et quod fideles Christi ac principes bello et vi armorum cum amovere conspirassent, vespere cœlos terrasque obumbrante, ab obsidione murorum procul cum omni manu sua secessit, et confratrum voluntati, nescio amore an timore, nolens volensque, obtemperavit.

CAP. LIX. — *Armati fideles Laodiceam pervenientes, Boemundum fugisse reperiunt.*

Crastina vero die per universum mundum relata, omnis multitudo peregrinorum armis et loricis induuntur; et iter insistentes, plurimumque diei peracto, Laodiceam pervenerunt in vexillis ostreis tubarumque multitudine. Sed nullam contradictionem sibi resistentium invenientes, pacifice portas civitatis ultro sibi a civibus patefactas introierunt in omni susceptione benigna. Boemundum enim procul abstitisse, et abhinc usque ad dimidium milliare consedisse, eis nuntiatum est. Comes ergo Reymundus cum quingentis fratribus suæ societatis munitionem urbis ingressus, suum vexillum, quod erat notissimum, in eminentioris turris erexit cacumine, custodia suorum per universas Laodiceæ turres locata. Cæteri vero fratres et comprimores per omnia ædificia domorum extra et infra hospitandi gratia divisi sunt. Circiter viginti millia Hierosolymitanorum erat numerus, quando ab Jerusalem reversi, Laodiceæ confinia intraverunt, quibus omnium rerum vitæ necessariarum copia a vendentibus concessa est. Mensis enim September et Autumni tempus erat, quando Laodiceam pervenerunt. Ubi præcipua ubertate frumenti, uvarum, musti, olei et hordei fruentes, quindecim dierum spatium lætanter peregerunt, civibus urbis et peregrinis Pisanis ac Genuensibus omnem familiaritatis et affabilitatis mutuam gratiam exhibentibus.

CAP. LX. — *Boemundus Laodicensibus reconciliatur, et quibusdam aliis.*

Inter hæc mutuæ charitatis gaudia utrinque sui recordati Christiani nominis et communiter habitæ tribulationis, passionis et pristinæ dilectionis, internuntios constituerunt, qui Boemundum de injustitia sua arguerent et de concordia interpellarent, quatenus compunctus fratribus reconciliari non abnueret, fratres quoque eum satisfacientem benigne in concordiam et charitatem reciperent. Boemundus, his auditis nuntiis, compunctus super omnibus, in unitatem et dilectionem festinanter redit. Etenim statuto die in campestribus Laodiceæ colloquio habito, præcipue inter duos comites Reymundum et Boemundum, dehinc inter alios pax et amicitia firmata est, et omne vetus odium penitus exclusum. Sicque triduo cum illis Boemundus moram faciens, in obsequio charitatis victoriam Jerusalem sciscitatus est: post hæc Antiochiam cum suis reversus est. Robertus vero Flandrensis, Robertus pariter Northmannorum princeps, Gastus de Burdeiz, Cuno de Monte-Acuto et cæteri compares, post aliquot dies reditum navigio constituerunt ad terram nativitatis suæ. At comes Reymundus, metuens Laodiceam et Tortosam urbes, quas difficili labore subjugaverat, ex Boemundi avaritia et instabilitate amittere, cum plurima manu suorum sequacium remansit.

LIBER SEPTIMUS.

CAPUT PRIMUM. — *Cives Assur, transgressores fœderis, dux obsidet iterato.*

Postquam cives Assur, vulgariter Arsid, ex consilio invidorum, urbem et reditus, quos pepigerant duci Godefrido singulis annis conferre, concussi timore victoriæ quam acceperat juxta Ascalonem, prorsus negaverunt, obsides illius pro pacto amicitiæ datos, inique retinentes, et suis gaudentes receptis, qui in fide male servata ducis evaserant custodiam, ultra se a facie ducis forti muniere tutela. Quapropter rex ira motus, cæterique nobiles et ignobiles, qui secum remanserant, nempe Willhelmus de Montpelir, Wernerus de Greiz, Geldemarus Carpent., Wickerus Alemanus, universi equites et pedites Christiani cum tribus millibus urbem cinxerunt, in circuitu ejus tabernacula sua extendentes. Collocatis ergo undique tentoriis, aptaverunt machinas et instrumenta mangenarum, spatio septem hebdomadarum summo studio ea fabricantes.

CAP. II. — *Lacrymosa narratio de Gerhardo milite.*

Appliciis tandem muro ingeniis, fortiter cives oppugnabant. Illi vero non segnius pro vita resistebant a turrita arce et mœnibus. Sed frustra videntes se in defensione desudare, malum navalem proceræ altitudinis, qui in media urbe jacebat, funibus et catenis astrictum levaverunt in altum, in quo unum de obsidibus ducis, Gerhardum prædictum, ortum de genere Hamaicorum de præsidio Avennis, militem egregium, affixerunt in modum crucifixi, manus et pedes illius extendentes funibus, quem jamdiu pœnis consumptum a carnificibus arbitrabantur Christiani. Sed erectus et affixus in culmine mali idem Gerhardus, in hanc miserabilem vocem cum lacrymis erupit, ac ducem alloquitur : *O dux illustrissime, nunc reminiscere quomodo tuo præcepto huic obses et exsul inter barbaras nationes et viros impios transmissus sum. Ideoque peto, ut aliqua misericordia vel humanitate super me movearis, et tam gravi et sævo martyrio me perire non patiaris.* Cui dux : *Nequaquam, o Gerharde, miles acerrime, tui misereri possum, et tot homines avertere a vindicta civitatis hujus. Et ideo, si frater meus uterinus esses, ut Eustachius, hac conditione liberari non posses, ut urbs illæsa permaneat. Mori siquidem habes, et utilius est, ut solus moriaris, quam decretum et jusjurandum nostrorum violetur, et urbs hæc semper peregrinis habeatur infesta. Si enim præsenti vita moriaris, vivere habes cum Christo in cœlestibus.* Hæc Gerhardus intelligens, et nulla se lacrymarum prece videns proficere, summopere ducem exorat ut equum et arma sua sancto præsentaret sepulcro, quæ illic Deo famulantibus pro remedio animæ suæ largiatur. Ad hæc dux et universa multitudo Christianorum fortiter assiliunt urbem, in confratre Gerhardo totius pietatis et misericordiæ obliti, urbis defensores in sagittis et fundibulis et mangenellis circumquaque impugnantes. Et jam inter plurimas sagittas incaute remissas, decem sagittis ejusdem Gerhardi corpus confixum et vulneratum est.

CAP. III. — *Ubi, ducis machina procumbente, plurimi Christianorum pariter conflagrarunt.*

Gentiles autem cernentes quia vir strenuus, omni pietate a cordibus suorum exclusa, vulneraretur; sic duci et omni populo Christiano magnis blasphemiis improperabant, dicentes : *Gens impia et crudelis, qui minime fratri et conchristiano vestro parcere curastis, sed acrius, illo viso et ejus perditione, urbem atque cives oppugnastis !* Hoc dicto, ab intus mangenellis, balistis et sagittis viriliter resistentes, urbem in machina expugnantes ducis milites nitebantur repellere. Palos enim ferreos et acutos, oleo, stuppis, pice, ignis fomite involutos, et omnino aqua inexstinguibiles creberrima jaculatione a mœnibus intorquebant machinæ trans taurina cornua, quibus vimineæ crates opertæ erant ad excutiendos injectos ignes. Sed tandem paulatim flamma suscitata, et vires undique in arida materia rapiente, tota machina combusta humi procumbens corruit cum tribus cœnaculis : in quibus viri bellatores amplius quam quinquaginta, a duce et cæteris primoribus constituti, nunc undique flammarum invasione occupati, cum ipsa machina ruinam perpessi sunt. Alii fractis cervicibus et collo, alii semiputatis cruribus eorum aut brachiis, quidam ruptis visceribus ab intolerabili massa lignorum, nec ulla ope liberandi, una cum lignis in favillam et cineres redacti sunt. In quibus Franco de Mechela villa, quæ est super Mosam fluvium, miles imperterritus, ab ardentissima trabe occupatus, eodem igne inexstinguibili incendio concremari ab omnibus visus est.

CAP. IV. — *Exhortatio ducis ad milites.*

Continuo sine mora Rotholdus, miles acerrimus, videns quia ars et flamma Sarracenorum invaluit, machinaque cum inhabitatoribus suis humi procubuit, a mœnibus urbis, in quæ a machina descenderat ante incendium una cum Petro Longobardo, milite præclaro, celeri pede desiliit, quod nullum eis auxilium ferebatur, et in vallo juxta muros constiterunt illæsi. Saraceni autem videntes eos juxta muros corruisse, ferratis sudibus et immensa mole lapidum viros opprimere certabant ; sed Deo protegente, et galea fortissima crebros ictus sustinente, vivi et incolumes ad societatem Christianorum reversi sunt. Dux itaque cernens sic suos audacissimos milites gravi interitu et ruina corruisse, alios exstinctos et combustos, alios enervatos, et omne opus machinæ celeri strage et edaci flamma consumptum, ac plurimos Christianæ societatis animo deficere fugamque meditari, mœstus et dolens, universos desperatos revocare cœpit ad assultum urbis, ad interitum adversariorum, ad firmandam obsidionem, dicens : *Ah! miseri et inutiles, ad quid de terra et cognatione vestra exiistis, nisi ut animas vestras usque ad mortem pro nomine Jesu daretis, et redemptione sanctæ Ecclesiæ et liberatione confratrum vestrorum ? Ecce civitas hæc, et universæ nationes in circuitu, Jerusalem urbi inimicantur, et insidiantur saluti nostræ; quarum hæc una est, quam obsedistis. Videte ne deficiatis a proposito vestro, et tam viliter effeminati, hanc urbem insuperatam relinquatis. Agite ergo pœnitentiam luxuriæ vestræ fœdissimæ, quam in hac via sancta incesti exercuistis, et omnium iniquitatum vestrarum, quibus gratiam Dei offendistis; et sic Dominum cœli, apud quem non est iniquitas, venia et confessione delictorum vestrorum purgati, facite vobis placabilem; quia sine illo nihil potestis facere.*

CAP. V. — *Populo pœnitentia indicitur, sed concremata simili machina, iterum plectitur.*

Ad hanc ducis vocem et admonitionem universi fugæ intenti et timore concussi, tunc solatio roborati, obsidionem circa Assur amplius et validius quam antea firmaverunt, donec et altera machina iterato fabricata muris applicaretur, per quam civitas capta redderetur. In hac tandem repertis omnibus, crastina luce primum exorta, Arnolfus cancellarius sepulcri Dominici, clericus illustris et Deo devotus, ipsum ducem et universos magnos et parvos cœpit redarguere de perfidia et duritia cordis qua in fratres suos, Gerhardum et Lambertum, malo affixos et apud Assyrios obsides derelictos, peccaverunt. Idcirco omnes de hac impietate cunctorumque fœditate delictorum ad confessionem et correctionem paterne cohortatus est. Sic itaque eo adhortante ad compunctionem cordis, et veniam culparum suarum, lacrymis profusis in unam eriguntur voluntatem ad urbis obsidionem, rursumque componentes machinam et tormenta lapidum, longa tempora circa muros expleverunt. Ad instar vero magnitudine prioris machinæ altera hæc machina facta et composita, muris civitatis in virtute loricatorum ac multitudine virorum et mulierum trans vallum applicata est, et in ejus cœnaculis viri fortissimi et audaces ad pugnam civibus inferendam constituti sunt. Hæc autem machina dum sic trans vallum traheretur, ut muros civitatis plurimum sublimitate superaret, virique ex ea arcu, jaculis ac lanceis mœnia oppugnarent, cives etiam in mœnibus consistentes graviter vexarent, simili jaculatione palorum ignitorum, ut priorem machinam, Sarraceni eam infixerunt, quousque flamma suscitata invalescens crates, postes, trabes invasit ac combussit. Mox ad exstinguendam machinam de omni exercitu et tentoriis concurrunt viri ac mulieres, aquam singuli in singulis vasis afferentes. Sed minime profecit tanta aquarum suffusio. Nam hujus ignis genus aqua erat inexstinguibile, et flamma magna et insuperabilis, ideoque machina nequaquam potuit exstingui, donec penitus combusta ruinam magnam faciens, quamplurimos virorum ac mulierum circumstantium diversis plagis attrivit. Alii ibidem mortui, alii membrorum læsione enervati jacebant, quidam semineces quassatis visceribus purpureum sanguinem vomebant; alii flammis suffocati, a nemine liberari valentes, misere periclitabantur. Unus erat dolor pereuntium, nulla quies.

CAP. VI. — *Soluta obsidione Assur, Boemundus et Baldewinus sanctam civitatem ingrediuntur.*

Nihil his ingeniis duce proficiente, consilio suorum accepto, eo quod civitas Assur, hoc tempore gravissimæ hiemis inchoante, præ frigore et nive insuperabilis haberetur, Jerusalem Decembri mense mediato rediit; sed centum equites cum ducentis pedilibus Rames vel Ramæ attitulavit, qui assidue cives Assur impugnarent, ac bello lacesserent. Cives vero præcaventes, ne aliquis impetus aut insidiæ illorum ex improviso nocerent, nequaquam longe a muris procedebant. Unde milites ducis sata et vineta illorum per singulos dies deprædabantur. Tandem iidem milites Christiani videntes quia nihil insidiis aut assultu proficerent, Jerusalem et ipsi reversi, per spatium duorum mensium se ab omni impetu et infestatione continuerunt. Sic securi facti viri Assur et adversitatis nihil ultra æstimantes, in negotiis suis paulatim ab urbe procedebant incaute, et vites agrosque excolebant. Boemundus secus civitatem Antiochiæ audita Christianorum victoria, et Godefridi ducis gloria et exaltatione in Jerusalem, ex verbis et relatione Roberti Flandrensis, Roberti Northmannorum principis et cæterorum redeuntium, Baldewino ejusdem ducis fratre admonito per legatos, viam Jerusalem insistere decrevit ad visitandum locum Domini sepulcri. Quibus Dagobertus Pisanus episcopus cum omni comitatu suo longo tempore (trium mensium) in regione commoratus Laodiceæ, nunc in via hac adjunctus est; datisque muneribus, cum utrisque pactus est amicitiam de die in diem in omni sermone et actione simulatæ religionis, cunctis nimium acceptus. Natali autem Domini in proximo facto, præfati principes cum ingenti honore et comitatu Christianorum Jerusalem sunt ingressi, duce Godefrido gloriose eis occurrente, et præ gaudio nimioque desiderio eos videndi, pia eis oscula faciente.

CAP. VII. — *De ambitione patriarchatus Pisani episcopi.*

Aliquot deinde diebus transactis, episcopus Pisanus, multum fautoribus Baldewino et Boemundo sibi conquisitis, duci adeo gratus et dilectus fieri cœpit, quousque ad patriarchatus dignitatem provehi meruit, collatione potius pecuniæ quam dilectione novæ ecclesiæ. Idem vero Dagobertus, cum adhuc Pisanus esset episcopus, ab Urbano Romanorum summo pontifice in Hispaniam directus in legationem Christiani cultus et religionis, honorifice ab rege, Alfonso nomine, susceptus est, et ab omnibus episcopis et archiepiscopis regni illius in obedientia et charitate quin et muneribus pretiosis ac magnificis, tam in auro quam in argento et ostro ab ipso rege cunctisque primoribus ditatus et honoratus est. Innotuit etiam plurimis quomodo arietem aureum miri decoris et operis idem rex illustris per manum ejusdem Dagoberti domino apostolico charitatis causa dono miserit : quem ille cum cætera undecunque collecta pecunia inardescens avaritia, celando retinuit. Et, ut pro vero aiunt, quibus res patuit, hanc massam grandis talenti et arietis aurei, mortuo Urbano pontifice, Jerusalem detulit ac Boemundum Baldewinumque corrumpens, Godefrido duci arietem et cætera munera contulit : sicque patriarchatus honore sublimatus est.

CAP. VIII. — *Principes cum duce Jordanem adierunt.*

Jam Dagoberto in cathedra Hierosolymitanorum sedis patriarcha constituto, et consecrato a Roberto episcopo civitatis Rama, quam vulgariter nominant Rames, et Natali Domini in omni jucunditate et laetitia a viris catholicis et principibus celebrato, Boemundus, Baldewinus et ipse patriarcha a duce impetraverunt ut sic iter moderarentur, quatenus ad Jordanis flumen in vigilia Epiphaniae Domini convenirent, ubi Dominus Jesus a Joanne baptizari dignatus est. Qui voluntati et desiderio eorum satisfaciens, in omni apparatu et virtute peditum et equitum cum eis ad ipsum flumen descendit : in quo prae gaudio loti sunt et delectati. Post haec Baldewinus et Boemundus in omni hilaritate et mutua gratia cum duce laetati, illic in regione Jordanis, dato cum lacrymis osculo, ad invicem dissociati sunt: Godefridus cum patriarcha reversus Jerusalem, Boemundus vero et Baldewinus Antiochiam et Rohas reversi sunt.

CAP. IX. — *Ubi cives Assur gravi membrorum abscissione multantur.*

Dehinc mense Februario mediante, cives Assur, dum secure de die in diem in omnibus negotiis studerent et pacifice ad excolendas vineas et agros procederent, quidam Sarracenus ex civibus urbis Assur, ut gratiam inveniret in oculis ducis, omnia propalavit, quam securi et nullius mortis respectum habentes, ab urbe cives exirent ad omnia quae eis erant necessaria. Dux autem, Sarraceno audito, benigne illi in omnibus aurem adhibuit, et curam ejus egit ut sic magis viro blandiretur : unde ab illo traditore dies designata est qua ex illos in vineis agrisque laborantes alios occidere, alios posset comprehendere. Eadem itaque die illucescente, Godefridus dux quadraginta milites armatos juxta Rames in insidiis constituit. Qui Sarracenos ad mille egressos repentino impetu equorum agressi sunt, et eos saevo vulnere interimentes, supra quingentos naribus amputatis et manibus aut pedibus in campo semivivos reliquerunt, ipsi vero victores cum captivis uxoribus eorum et pueris Jerusalem reversi sunt. Cognita hac strage gravissima, tota civitas Assur dolore et lamentis commota est, et universi in ea habitantes : qui sine dilatione regi Babyloniae tam crudelis famae et damni nuntios miserunt.

CAP. X. — *Milites decem Christiani triginta equites gentilium fugant et necant.*

Audito quidem tam crudeli nuntio Meravis, qui post regem secundus imperat, et cujus voci omnes cives et universae civitates de regno Babyloniae obediunt, turbatus est vehementer statimque centum equites Arabes et ducentos Azopart mittere se promisit ad subveniendum civibus urbemque tuendam : non enim passus est ad aures domini regis Babyloniae Ammirabilis tam gravem legationem pervenire, ne cor ejus nimium gravaretur. Intellecto hoc solamine, quod promiserat Meravis, multum gavisi sunt cives Assur, et ab illo die portis apertis, ipsi et omnia armenta secure in agros procedebant, sed non tamen longe ab urbe. Deinde octo diebus transactis auxilium et vires regis Babyloniae illis adfuerunt, centum equites Arabes et ducenti Azopart : quorum jussione et consolatione longius quam solebant ab urbe et porta procedere praesumebant. Audito tandem in Jerusalem adventu illorum, surrexerunt clam duce decem milites Christianorum, et in termino Rametis constituerunt ad explorandam rei veritatem, utrum milites Babyloniae adfuissent in auxilium urbis Assur. Qui protinus quinque armigeros direxerunt ante moenia urbis ad lacessendos et producendos viros, quorum fama erat ; ipsi vero decem in campestria Assur descenderunt. Armigeris autem discurrentibus in equis ante moenia urbis ex decreto decem militum, triginta equites Arabum ab urbe subito exierunt armati, eosque graviter insecuti sunt, post tergum relictis insidiis. Armigeri vero quantocius equorum velocitate ad decem equites Christianorum fugam inierunt. Quibus ad subveniendum decem domini sui illico in equis et armis adfuerunt ; et triginta Arabes in fugam remittentes, usque ad portas et moenia Assur eos persecuti sunt, tres illorum in momento perimentes; quorum capita ab armigeris amputata, cum equis et spoliis eorum afferentes, Jerusalem cum gaudio reversi sunt.

CAP. XI. — *Apud Assur iterum Babylonici a ducis militibus detruncantur.*

Comperta hac victoria, et tam laudabili audacia decem equitum, dux et universi sui laeti sunt. Unde centum et quadraginta equites convocans, in insidiis versus Rames conductu Werneri de Greis, ac Roberti probi militis de Apulia, ituros constituit, ut Arabes milites aliqua arte lacessitos, et ab urbe Assur productos circumvenientes, aliquid insigne cum eis molirentur. Manserunt itaque hi milites Christiani ducis juxta Rames in insidiis duobus diebus donec cives Assur tertia die egressi fiducia suorum militum per agros cum gregibus suis, ignari totius infestationis, vagari secure coeperunt. Illis vero sine respectu periculi vagantibus, viginti milites continuo ab insidiis et societate Christianorum egressi, praedam undique contraxerunt, vi etiam abducentes; sed mox a militibus Assur excussa est. Ad haec tota manus Christianorum consurgens ab insidiis fortiter assilierunt; milites quoque Arabum et Azopart omnesque pedites illorum idem fecerunt et utrinque grave commissum est praelium. Tandem Christiani praevalentes, plurimam partem illorum occiderunt praedamque retinentes cum plurimis equis et captis ibidem militibus in gloria et jucunditate Jerusalem reversi sunt. Residui autem Sarraceni, qui pauci vix evaserant, cum fama luctuosa Babyloniam reversi sunt, et regis iram Babyloniorumque metum adauxisse nulli dubium habeatur. Dux denique Godefridus de prospero eventu suorum non ad modicum laetatus est.

CAP. XII. — *Assur civitas facta est tributaria, et Joppe instauratur.*

Sic tandem civitas Assur taedio affecta, nec regis

sui auxilio videns se posse resistere, pacem composuit, claves portarum et turrium duci obtulit, facta ei tributaria. Cujus tributa Roberto, militi praeclaro de Apulia, pro conventione solidorum a duce concessa sunt. Post haec dux volens adhuc amplius urgere et subjugare civitatem Ascalonem, et caeteras urbes sub regno Babyloniae deprimere et debellare Joppen, quae vulgariter Japhet dicitur, antiquo ex termino dirutam reaedificari murisque muniri constituit, quatenus illic portus navium fieret, et ab hac caeteris gentilium civitatibus locus esset resistendi ac nocendi. Firmata ac munita civitate Japhet, ab omnibus regnis et insulis Christianorum mercatores vitae necessaria afferentes ad ejus portum accedebant; peregrini quoque adventantes usquequaque secure illuc descendebant, corpora sua hospitio et quiete curantes.

Cap. XIII. — *Principes circumjacentium civitatum munerarios se duci sponte offerunt.*

Sarraceni autem dolentes et tristes facti sunt, eo quod ab hac civitate reaedificata et instaurata universae civitates gentilium in circuitu subjugandae, debellandae ac devastandae essent, Christianorumque vires per mare adventantes de die in diem augerentur. Quid adversus hoc facerent, gentiles nihil melius senserunt in omni consilio, nisi ut legatio ab Ascalone, Caesarea et Ptolemaide vel Accaron ad salutandum ducem maturaretur ex parte ammiraldorum praedictarum urbium. Nec mora, legatio ad aures ducis et omnium primatum suorum Jerusalem in hunc modum delata est : *Ammiraldus Ascalonis, ammiraldus Caesareae, similiter ammiraldus Ptolemaidis, duci Godefrido in omnibus salutem. Exoramus te, ducem gloriosissimum ac magnificum, quatenus gratia et concessu tuo cives nostri securi et pacifice ad negotia sua procedant. Et decem valentes equos mulosque tres, corpore elegantes, tibi mittemus; ac singulis mensibus quinque millia byzantiorum in ratione tributorum redditori sumus.* Hoc pacto nimium pax facta et firmata est, quin abhinc amicitia fieri coepit de die in diem, precipue inter ducem et ammiraldum civitatis Ascalonis, et donorum copiae duci accrescebant in frumento, vino, hordeo et oleo plus quam dici et memorari possit. Similiter Caesarea et Accaron, datis muneribus auri et argenti, pacem et securitatem obtinebant. Incubuit enim timor Christianissimi ducis universas terras et regiones gentium.

Cap. XIV. — *De eodem, et quod dux pacem statuerit per terram.*

Principes dehinc Arabiae famam ducis tam gloriosissimam intelligentes, pacem et ipsi pariter et amicitiam cum eo componebant, sub hac conditione, ut pacifice Jerusalem et Joppen sui mercatores, omnia corpori necessaria afferentes, sine interdictione cum Christianis pretio mutuarent. Quod sic actum est : et allata sunt abundanter universa tam Joppen quam Jerusalem in armentis, bobus, ovibus et equis, vestibus et annona, et omnia aequo pretio cum Christianis mutuabant : et sic laetitia magna in populo facta est. Omnem vero commutationem et egressionem per mare omnibus gentilibus interdixit. Erant enim custodes et insidiae diffusae per mare, ne quidquam gentiles navigio suis civitatibus inferrent unde civitates, necessariis opibus abundantes et confisae factae, rebelles superbirent, et foedere neglecto, quod cum duce pepigerant, exaltatae resisterent. Si qui vero ab Alexandria, Damiata vel Africa navigio veniebant, cum opibus suis a militibus ducis capti detruncabantur. Similiter Sarraceni Christianis nullam in mari pacem servabant; solummodo pacem et foedus utrinque statuerunt super terram. Haec pax nimium adeo inter ducem et ammiraldum Ascalonis esse coepit, ut cives illius pacifice cum rebus venalibus penetrarent, et viri Christiani similiter Ascalonem sine impedimento proficiscerentur.

Cap. XV. — *Supra dictus Gerhardus incolumis remissus beneficiis honoratur.*

Cum haec pax tantum cresceret, et amicitiae magis ac magis jungerentur, quadam die idem praeses et ammiraldus Ascalonis Gerhardum de praesidio Avennis, ab omni plaga curatum, honorifice vestibus indutum et equo optimo impositum, duci Christianissimo Jerusalem dono remisit : quem multis jam diebus in Assur obiisse dux et universi Christiani existimabant, nescientes quod a malo depositus, ab Assur eidem ammiraldo missus fuisset. Dux itaque, viso et incolumi recepto Gerhardo, dilecto milite suo et egregio adolescente, gavisus est vehementer. Cui statim in remunerationem sui magni laboris maxima terrae beneficia centum marcarum cum castello, quod dicitur ad S. Abraham, in praesentia omnium fidelium qui aderant, largitus est. Coepit denique ab ea die super terram magis ac magis pax hinc et hinc multiplicari, donec taedio facta est militibus Galliae pugnacibus.

Cap. XVI. — *De pertinacia Grossi Rustici.*

Post haec non multa mora Tankradus duci Jerusalem occurrit in adventu Natalis Domini a praesidio Tabariae, quod dux idem vallo et insuperabili munitione in montis arduo reaedificaverat, et Tankradus dono ducis ad tuendum susceperat : valde tunc conquestus et auxilium petens, eo quod terra et civitas Grossi Rustici, regno Aegypti adjacentes, sibi rebellarent et redditus reddere dedignarentur. Hoc dux audito et moleste accepto, post dies octo precibus Tankradi satisfaciens, ducentis equitibus et mille peditibus terram regionesque Grossi Rustici ingressus est, et praeda innumerabili undique contracta, homines gentiles alios trucidari, alios jussit captivari, caetera vero omnia in flammas et caedes usquequaque redegit. Moram itaque in regione hac duce per dies octo strage et incendio faciente, Grossus Rusticus, princeps regionis, legationem direxit propter auxilium Turcorum, si forte viribus illorum fretus, duci occurrens, resistere posset. Hic princeps appellatus est a Gallis Grossus Rusticus prae nimia pinguique corpulentia viliqne persona in qua totus rusticus esse videbatur. Princeps vero Turcorum et rex Damascenorum illius audita legatione, quingentos Turcos sine mora illi misit in auxilium. Jam Christiani milites post diutinam et nimiam stragem de terra Rustici exierunt, duce semper cum præda gregis et vestium cæterarumque rerum in fronte gradiente; Tankrado vero a longe post tergum cum centum equitibus custodiam faciente. Et ecce post paulum Turcorum milites cum festinatione visi sunt adesse. Quibus Tankradus non segniter occurrens, cum illis prælium commisit. Utrinque hac die bello gravati sunt, alii occisi, alii vulnerati; Tankradus vix elapsus est. Vespere autem facto, dux et tota manus illius per campestria, positis armis, pernoctans et ignorans quomodo Tankradus cum Turcis commiserat bellum, totus adhuc de eventu illius erat incertus, quousque ea nocte media incolumis ereptus est cum suis sodalibus, quorum aliqui sagittis gravati sunt. Dux vero ut intellexit quomodo Turci Tankradum a Damasco persecuti fuerint et cum eo bellum commiserint, jussit summo mane diei sequentis acies fieri, et Turcis eorum persecutoribus occurrere. Sed nec unus in regione hac repertus est. Nam egregii ducis præsentiam nimium vicinam persentientes, per totam noctem in sua reversi sunt, ultra ab insecutione Tankradi cessantes. Post hæc dux in Jerusalem rediit. Tankradus Tabariam cum suis pariter regressus, sexaginta milites secum habens, illic moram fecit, singulis diebus Damascum et municipia Turcorum expugnans, et prædas a terra et regione eorum abducens. Arx autem hæc Tabaria sita est juxta locum, quem appellant mare Tiberiadis, duo milliaria habens in longitudine et duo in latitudine. Hanc a duce Christianissimo subjugatam cum præsidio restructo Tankradus obtinuit in beneficio, eo quod gratiam in oculis ipsius invenerit, in officio militari probus, et quia adversariis Christianorum indeficiens ad resistendum videretur.

CAP. XVII. — *Tankradi nuntios princeps Damascenus perdidit ; terram ejus dux invadens, Grossum Rusticum ad fœdus coegit.*

Turci vero Tankradum de die in diem videntes invalescere, ducisque Godefridi vires illi semper adesse, per aliquod tempus pacem cum eo decreverunt componere sub hac conditione, ut post hujus pacis terminum, communi consilio inito, aut sibi vellent subesse, aut omnino fœdus cum illo refutarent subire. Tankradus super his cum duce sumpto consilio, acquievit Turcorum precibus, et plurima munera byzantiorum, auri et argenti et ostri ab eis et Grosso Rustico suscipiens, terram minime post hac bello commovit. Deinde transactis aliquantis diebus, Tankradus sex milites, viros disertos et peritissimos, direxit ad principem Turcorum Damasci, quatenus urbem sibi redderet et Christianitatis professionem assumeret, si tamen ejus dono vel consensu in aliqua parte regionis illius habitare vel vivere vellet; alioquin propter aurum vel argentum vel cætera dona se illi amicitiam servare non posse. His igitur auditis, princeps Damascenorum vehemente ira motus est, apprehensosque viros quinque decollari jussit; sextum autem quia Turcorum sectam arripuit, vitæ reservari præcepit. Istorum tam egregiorum legatorum cæde cruentissima ducis ad aures perlata, vehementer una cum Tankrado et omni Ecclesia turbatus est. Qui continuo accitis undique viribus equitum et peditum, in terram Damascenorum adversus interfectores fratrum descendit, per dies quindecim terram et regiones depopulatus, nemine sibi resistente. Videns ergo princeps regionis, Grossus Rusticus, quia a facie Christianorum nil sibi nil Turcis intactum remaneat, nolens volens fœdus cum duce et Tankrado percussit; Turcos vero renuit, quorum auxilio stare ante faciem Christianissimi ducis prorsus non valebat.

CAP. XVIII.— *Ubi dux gloriosus cœpit ægrotare.*

Hoc fœdere cum principe prædicto confirmato sub ratione tributorum, dux per Ptolemaidem, Cæsaream et Caiphas regredi disposuit: cui ammiraldus Cæsareæ in occursum veniens benigne prandium obtulit. Sed ille cibum contradicens, tantum de pomo cedri gustans cum omni mansuetudine et gratiarum actione, post modicum gravi infirmitate correptus est, divertensque Joppen episcopum et ducem Venetorum in apparatu copioso et armorum multitudine reperit. Cognito autem quod conchristiani essent et non hostilis collectio, secreto hospitium, quod sibi novum construxerat, cum paucis subintravit. Nam molestia corporis accrescente premebatur. Cui quatuor ex suis collateralibus assistentes, alii pedes illius in gremio accipiebant, alii capiti ejus ad reclinandum pectus suum supponebant ; quidam vero super ejus dolore nimium ac dolenter flebant, eo quod tanto principe destituti in hoc longo exsilio pertimescebant.

CAP. XIX. — *Venetorum muneribus dux honoratur, ac deinde vehementius ægritudine premitur.*

Audientes ergo Christiani peregrini quomodo tantus princeps ægrotaret, gravi mœrore et luctu concussi sunt, crebro visitandi gratia ad eum venientes : inter quos ipse dux et episcopus Venetiarum, et eorum primates, introducti sunt ad salutandum ipsum ducem, videndum et colloquendum. Intromissi ergo, in vasis aureis et argenteis, ostro et veste pretiosa, mira et insolita dona duci obtulerunt ac dederunt, propter dilectionem et desiderium quod videndi eum semper habebant. Dux quidem Godefridus summa cum charitate ea quæ obtulerant suscepit, et benigne eos allocutus, navali hospitio remisit, asserens se aliquantulum infirmitate detentum; sed in crastino, si ei quidquam remissius fuerit, in aspectu omnium se præsentare qui eum videre et cognoscere cupiebant, et tunc libenter velle perfrui eorum communi affabilitate. Nocte denique eadem, dolore ac languore corporis illius invalescente, a suis, propter nimietatem tumultus navalis exercitus, Jerusalem se deferri jussit ; quoniam hoc tempore, sicut pollicitus fuerat, peregrinis Venetiarum nulla affabilitate potuit communicare.

CAP. XX. — *Consilio ducis castelli Caiphas obsidio præparatur.*

Cognita hac ducis valida ægritudine, dux et principes Venetorum Wernerum de Greis et Tankradum aggressi sunt, videlicet ut duci loquerentur quid acturi sint : seu an civitatem aliquam in littore maris obsidentes debellarent priusquam Jerusalem descenderent, seu exspectarent quousque, Deo donante, dux sanitatem reciperet? Ascenderat autem tunc festinanter Tankradus Tabaria in Japhet, vehemente ducis comperta infirmitate. Dehinc ducem ambo principes super his quæ a Venetis audierant convenerunt ; et consilio cum eo facto, licet ægrotante, et cæteris primoribus, decretum est ut castellum, Caiphas dictum, peregrini Veneti navali obsidione circumdarent ; Tankradus vero vice ducis cum Wernero obsidionem in sicco locarent, videlicet ut ab utroque latere maris et terræ urbs obsessa et oppressa caperetur. Aptatis siquidem ingeniis, quibus Caiphas vinceretur in terra et in mari, fama luctuosa allata est in Joppen ducem Godefridum summum principem jam obiisse. Quapropter conturbati universi tam Veneti quam Galli, relicto omni apparatu obsidionis, festinato Jerusalem venerunt, ducemque sic occupatum infirmitate et aggravatum invenerunt ut vix verbum reddere valeret Sed tamen quantulumcunque primores consolatus, se ab hac infirmitate fatebatur convalescere. Ad hanc ducis consolationem, adorato a Venetis sepulcro Dominico et locis sanctis visitatis, Tankradus et Wernerus una cum patriarcha Dagoberto in Joppen reversi sunt, apparatum suum sine otio ad unguem iterantes. Et post dies quindecim cum omni opere machinarum et balistarum profecti, mari et terra Caiphas applicuerunt. Sed Wernerus Japhet remansit, eo quod subito infirmitate fuerit correptus, et abhinc in gestario Jerusalem advectus est.

CAP. XXI. — *Obitus gloriosi ducis et Werneri militis.*

Post quatuor dies, allato Wernero in Jerusalem, dux vehementius infirmitate cœpit laborare. Qui confessione delictorum suorum in vera cordis compunctione et lacrymis peracta, Dominici quoque corporis et sanguinis communione percepta, sic spirituali scuto munitus et protectus, ab hac luce subtractus est. Mortuo igitur tam egregio duce et nobilissimo Christi athleta, maxima lamenta et nimius ploratus omnibus illic Christianis, Gallis, Italicis, Syris, Armeniis, Græcis et gentilibus plerisque, Arabibus, Sarracenis, Turcis fuere per dies quinque. Wernerus deinde, cognatus ducis et miles illustris, pariter obiit, et in valle Josaphat in porticu basilicæ S. Mariæ Virginis et matris Domini nostri Jesu Christi honorifice et catholice humatus est, octava die obitus nobilissimi ducis et principis sanctæ civitatis Jerusalem.

CAP. XXII. — *Obsidio castelli Caiphas.*

Gloriosissimo duce infirmitate curriculo quinque hebdomadarum Jerusalem laborante, sicut decretum erat ante ejus obitum, patriarcha, Tankradus et omnis apparatus Venetorum cum duce et episcopo illorum ab Joppe profecti sunt per mare et aridam ad civitatem quæ dicitur Caiphas. Quam a mari et sicco obsederunt in machina miræ et proceræ altitudinis et in tormentis lapidum septem, quæ vocant mangenas, ad expugnandos urbis defensores ejusque habitatores. Applicitis itaque muro ingeniis cum ingenti machina, et undique gravi assultu eam viris Galliæ oppugnantibus, cives, qui ex genere Judæorum inhabitabant dono et consensu regis Babyloniæ in redditione tributorum, in mœnibus urbis exsurgentes, multum in defensione urbis obsisterunt, quousque Christiani variis plagis gravati, per dies quindecim prorsus diffisi, manus suas ab omni impetu continuerunt. Nec mirum; Tankradus enim non ut solebat viriliter auxilium cum suis ferebat fidele, præ invidia quæ præcordia illius mordebat, eo quod dux Godefridus dum adhuc viveret et grabato æger cubaret, Geldemaro, cognomine Carpenel, egregio militi et nobili, urbem in beneficio concesserit, si forte caperetur

CAP. XXIII. — *Tankradi hortatu obsidio lentata paululum reparatur.*

Patriarcha vero cognita illius invidia et animi amaritudine, omni instinctu et suasione, qua poterat, ipsum Tankradum aggressus est, quem demulcere cœpit et iram ejus lenire, quatenus civitas, quæ fortiter defensa a Judæis habebatur, non tam viriliter in statu suo permaneret ad confusionem Christianorum quorum non modica pars attrita erat. Hanc etiam conditionem patriarcha intersrebat, ut si, Deo annuente, urbs caperetur, consilio fidelium ei, qui plus in ejus strage laboraverit, traderetur. Dicebat enim : *Vides, o frater charissime Tankrade, quomodo dux Venetorum cum tota manu sua bello victus et fatigatus abscessit, nec ultra vires adhibet ; sui quoque perterriti, jam classem usque in medium maris procul a civitate reduxerunt.* Tankradus autem audiens hæc verba patriarchæ et ejus bonam exhortationem in Christi nomine, omni deposita amaritudine, respondit : « Non ultra se aliqua occasione ab urbis assultu et invasione abstinere; licet alius donum ejusdem civitatis susceperit, cum nondum obsessa vel capta fuerit, et cum Geldemari Carpenel virtus et manus sibi æquiparari non possit. » Hoc dicto, festinanter cornua sonuit, militesque hoc signo dato admonuit quatenus assultum circa urbem intermissum repeterent, et Judæorum virtutem expugnarent qui fortiter urbem defensabant.

CAP. XXIV. — *Quanta pertulerint illic fortissimi milites.*

Audito itaque signo Tankradi, universa manus

militum qui aderant, tam ducis quam Tankradi, ad arma contendunt, armati confluunt, machinam sine mora ascendentes. Ascendit autem Winricus, pincerna ducis, miles egregius, Wickerus Alemanus, in ictu gladii et Turci lectione laudabilis, et Milo de Claro monte, milites ducis. Sed de omnibus Venetis militibus neminem præter unum in machina repererunt, quem nulla mortis pericula ab ejus potuerunt absterrere custodia. Videns vero idem Venetus tiro sibi illos in auxilium concurrisse, in nimio gaudio ab imminenti angustia respiravit, in hanc vocem prorumpens : *Recesserunt a me omnes viri nostratium, et solus ex omnibus remansi ; sed non ultra, Deo annuente, a vobis dissociabor, quousque nostri assultus et rei eventum aut in urbis aut in nostri ruina vgnoscam. Stemus igitur in nomine Domini nunc conjuncti, etsi pauci, virtus Dei magna ad omnia, qui pro ejus gratia parati sumus instare et sustinere pericula.* Nec mora, his quatuor conjunctis et conspiratis in Christi nomine ex admonitione Veneti ad omnem assultum urbis, viginti milites Tankradi in momento eis adjuncti sunt, unanimiter sic conspirati, ut ex machina hac compositam turrim urbis penetrare, aut certe ante eamdem turrim in eodem loco vellent deperire. Et subito arreptis bipennibus, securibus et ferreis ligonibus, oppositam turrim fortiter cavantes infregerunt. Quibus Judæi cives, commistis Sarracenorum turmis, sine dilatione viriliter resistentes, a turri oleum, picem ferventem, ignem et stuppas opposuerunt : grande videlicet incendium, per quod Christiani milites fumo et calore in machina exstinguerentur, et urbs ejusque turris invicta cum incolis suis remaneret. Christiani tandem milites, pro Christo mori non diffidentes, imperterriti stabant , omnem angustiam sufferentes per diem et noctem, donec scuta eorum flammis concremata, fundibulis conquassata, ferreis sudibus perforata, grandi læsura pervideri potuerunt.

CAP. XXV. — *Oppidum Caiphas expugnatur.*

Dehinc die altera radiante, et Domino Jesu suorum miserante, Judæi et Sarraceni videntes Christianos insuperabiles, nec suis flammis aut armis posse reprimi a turri et ejus assultu, ipsam turrim mox relinquentes, nec eam amplius retinere valentes, fugam iniierunt : post quos universa civitas pariter in fugam conversa est. Ad hæc milites Christiani cives hostiles per mediam urbem insecuti, et eos crudeliter perimentes, victoresque facti, portas civitatis aperientes , totum Christianum exercitum intromiserunt. Qui universa in ea reperta, nempe pecuniam innumerabilem tam in auro quam in argento, cum vestibus, equis et mulis, hordeo, oleo et frumento, illic deprædati sunt. Veneti autem adhuc in mari flexis anchoris consistentes, nunc Gallorum cognita victoria et urbis invasione, festinanter levatis anchoris adfuerunt, aliquos gentilium occidentes , sed nihil pecuniæ illic deprehenderunt.

CAP. XXVI. — *Gelmarus expulsus, et Tankradus castellum Caiphas obtinuit.*

Capta autem civitate Caiphas, Geldemarus Carpenel, quia eamdem, si caperetur, dono ducis susceperat, quem obiisse nondum sciebat, milites et pedites suos convocat ad civitatem retinendam ac muniendam. Sed copiæ Tankradi ampliores et validiores urbis mœnia et ejus turres obtinentes, Carpenel et ejus gentem ex urbe expulerunt. Carpenel quid ageret non melius hac hora sensit, quam ut a civitate cum omnibus suis migraret, et ad castellum validissimum ac ditissimum , quod dicitur ad S. Abraham, versus montana et civitates Sodomiæ ac Gomorrhæ hoc tempore declinaret. Hoc equidem castellum dux non longo assultu effugatis gentilibus subjugavit, quod ab Jerusalem sex milliaribus remotum , quondam primus patriarcha Abraham ædificasse et inhabitasse, ibidemque sepultus fuisse perhibetur. Hoc præsidium Turci et cæteri gentiles et Judæi nimia devotione honorantes venerabantur, nec minore celebritate a catholicis cultoribus observatur et colitur.

CAP. XXVII. — *Consilio majorum Boemundus ad regnandum in Jerusalem vocatur, sed in itinere capitur.*

Patriarcha autem Dagobertus et Tankradus ibidem mortem ducis audientes, in unum conspiraverunt, nihil de civitate Caiphas Geldemaro Carpenel se daturos, sed de ea ad velle acturos; de Jerusalem quoque, regno Godefridi ducis, similiter per omnia pro velle deinceps licenter consulere ac disponere. Unde consilium inierunt in civitate Caiphas, quatenus avunculo Tankradi Boemundo legationem Antiochiam mitterent, ut in terram Jerusalem proficisceretur cum omni apparatu suo, regnumque illic obtineret, priusquam aliquis hæres Godefredi ducis thronum ejus præoccuparet. Legatio hæc denique patriarchæ et Tankradi sine mora directa est. Verum ejusdem legationis portitor, Morellus nomine, secretarius patriarchæ, quia in dolo missus est, et contra jusjurandum quod idem patriarcha cum Tankrado duci fecerat, si forte obiret, nulli regnum Jerusalem se redditurum nisi fratribus suis, aut uni de sanguine ejus, ira Dei adversante, Laodiceæ in manus Reymundi comitis irruit : et sic tota legatio litterarum irrita fuit, et perfidia ubique patefacta Boemundus siquidem eo tempore, divino judicio , in mense Augusto adunatis trecentis equitibus, versus Malatinam urbem descenderat, invitatus ad auxilium Christianorum ex litteris et legatione Gaveras, Armeniæ ducis, principis et domini ejusdem civitatis, eo quod Donimanus, princeps Turcorum, urbem hanc in manu gravi angustiatam obsedisset. Hic itaque audito adventu Boemundi et ejus copiarum, nec illum longe ab urbis obsidione abesse, quingentibus militibus ab exercitu suo assumptis, illi in planitie regionis occurrit; prælium cum eo commisit intolerabili grandine sagittarum, donec Boemundi virtus attrita, et universa societas succubuit interempta, aut fugitiva facta ac dispersa. Ex hac alii subito sunt detruncati, alii vivi capti et retenti una cum principe suo Boemundo, et in exsilium in Nixandria civitate ejusdem Turci abducti, et ferreis vinculis alligati sunt.

CAP. XXVIII. — *Donimanus, princeps Turcorum, obsessis Malatinæ Christianis contemnitur.*

Capto itaque Boemundo, ejusque propinquo Richardo, et cæteris majoribus domus suæ, Donimanus ad urbem Malatinam cum spoliis eorum et capitibus decollatorum in magna gloria regressus, ad Gaveras legationem præmisit, quatenus civitatem in manu ejus redderet, sciens quia Boemundum captivum tenuerit, et omnem equitatum illius attriverit, in quo omnis Christianorum spes et summa fiducia pendebat: alioqui non posse eum vivere a facie Turcorum. Gaveras vero jactantiam Donimani intelligens, nequaquam his minis civitatem se illi aperire fatetur, ne ullis ejus obedire mandatis, dum adhuc vitam Baldewini principis Edessæ vel Rohas incolumem sciret, nec aliquod adhuc infortunium illius narraretur. Donimanus, magnificus princeps Turcorum, hæc audiens, in superbia magna locutus, hæc viro responsa dedit : *Noli modo nimiam in eo habere spem aut fiduciam. Nam ipsum Baldewinum sicut Boemundum post paululum temporis spero me habiturum.*

CAP. XXIX. — *Baldewinus liberare volens Boemundum, nihil proficit.*

Inter hæc nuntia, Boemundus, totius vitæ et salutis diffisus, particulam capillorum capitis sui, signum captivitatis suæ et doloris, clam per Syrum quempiam Baldewino misit, omnibus hoc Turcis ignorantibus, quatenus sine dilatione sibi subveniens, a manibus Turcorum eum eriperet, priusquam ad ignotas et barbaras nationes illorum perveniret. Baldewinus, jam tertia luce captivitatis Boemundi transacta, assumptis centum et quadraginta loricatis equitibus, descendit in campos Malatinæ civitatis ad excutiendum Boemundum, confratrem in Christo si, prosperante Deo, aliquo nisu in loco opportuno cum Turcis committere valeret. Sed Donimanus Baldewini adventantis audacia et plurima virtute illius militari territus, sine mora ab obsidione castra movit, et versus mare Russiæ in terram suam fugiendo cum omni equitatu suo divertit, gaudens se Boemundum, tam nominatissimum principem et caput Christianorum, arripuisse, ac metuens ne viribus aut arte Christianorum illum amitteret. Baldewinus vero fugam ejus intelligens, persecutus est spatio trium dierum : quem tamen longius persequi dubitans propter dolos falsorum Christianorum, aut insidias hostium, et quia non multos habebat milites, Malatinam reversus est. Gaveras itaque princeps civitatis, benigne eum suscipiens et in fide, in manu et tutamine illius urbem reddidit, ac universum thesaurum civitatis cum plurima veste pretiosa illi præsentans, ut de his remuneraretur, exoravit; sed de omnibus sibi præsentatis, nihil suscipiens, retinuit. Cognita itaque Baldewinus illius benevolentia et fidei constantia, quinquaginta milites in urbe cum illo constituit manere, ad tuenda et retinenda mœnia civitatis; ipse vero cum cæteris Rohas regressus est. Post hæc Donimanus, comperto tam metuendi principis ac militis recessu, readunatis viribus, iterato urbem Malatinam obsedit diebus multis. Sed viriliter a quinquaginta prædictis tironibus, a Baldewino ibidem constitutis, urbs defensa ab hostibus, et intacta atque invicta remansit; dum tandem Donimanus bello fatigatus, et longæ obsidionis tædio affectus, Christianorum territus auxilio, urbem deseruit, et sic deinceps ab obsidione illius quievit.

CAP. XXX. — *Baldewinus per legatos convenitur ut fratris loco regnum Hierosolymitanum suscipiat.*

Interea Baldewino Rohas a Malatina regresso, crudelis legatio ad eum facta est, scilicet quia frater ejus uterinus, Godefridus princeps magnificus, in Jerusalem obierit, et omne regnum terræ illius morte tam pii dominatoris in populo Christiano jam desolatum fuerit. Hac tristi legatione audita, in nimios ploratus et lamenta cor Baldewini defluxit; sed tamen, ut vir miræ abstinentiæ, longe aliter simulavit ex charissimi fratris occasu, quam in ejus corde esset. Robertus episcopus Rames vel Ramæ, et Robertus miles, Gunterus similiter, hujus legationis fuere nuntii, missi a Geldemaro Carpenel, Roberto filio Gerhardi, Rudolpho de Mozon, Josfrido camerario ducis, Winrico Flandrense, Matthæo dapifero illius, Wickero Alemano, et Arnolfo, prælato templi Domini in hunc modum nuntia deferentes : *Milites et principes regni Jerusalem, hactenus sub Christianissimo duce servientes, salutant te in nomine Jesu Christi, Filii Dei vivi, quorum decreto et consilio huc directi sumus, ut tibi notum sit quod frater tuus Godefridus dux et princeps Jerusalem, ab hac luce subtractus est. Quapropter te unanimiter invitant ut festinato venias, et loco fratris regnum suscipias, et in throno ejus sedeas. Conspiraverunt enim se non alium recipere, nisi fratrem aut unum de sanguine, et propter inæstimabilem ejus bonitatem et nimiam largitatem, et propter jusjurandum quo firmaverunt se nunquam pati alienigenum regnare, aut sedere in throno Jerusalem.* Baldewinus benigne legationi et verbis eorum aurem adhibuit, promittens se post non multum temporis, rebus suis ordinatis, Jerusalem velle descendere et, Deo prosperante, regnum consilio eorum suscipere atque disponere.

CAP. XXXI. — *Baldewinus Jerusalem profecturus, æquivocum suum civitati Rohas præfecit.*

Legatis dehinc in omni amoris dulcedine commendatis, et Jerusalem repedantibus, Baldewinus, dux civitatis Rohas, in brevi omnium fidelium suorum conventum habuit, cujusque voluntatem eundi Jerusalem singulatim requirens, cujusque etiam remanendi in regione Rohas. Similiter Baldewino de Burg, viro nobili generis sui, filio comitis Hugonis de Rorstet castello, litteras direxit, quatenus ab Antiochia et conventione solidorum sequestratus, descendat ad terram Rohas, et civitatem hanc in beneficio accipiat, loco ejus dominaretur et hostes debellaret. Omnem vero rem aperuit ei de obitu fratris sui Godefridi clarissimi principis, et qualiter a præpotentibus Jerusalem sit invitatus ad possidendum regnum, et quomodo illuc postmodum iturus sit. Remansit enim idem Baldewinus, ab Jerusalem et Ascalone cum cæteris profectus ad Boemundum, in Antiochia usque ad diem hanc in obsequio militari et solidorum conventione. His ita dispositis, ac Baldewino de Burg statuto tempore ab Antiochia recepto, jamque in throno et majestate civitatis Rohas collocato, Baldewinus primus et magnificus frater ducis Godefridi, quadringentis equitibus egregiis contractis cum mille peditibus, regia via Antiochiam primum profectus est: cui milites universi civitatisque custodes ad salutandum occurentes, urbem ei obtulerunt, si princeps aut dominus illius fieri voluisset. Illic quidem per tres dies in gloria et lætitia requiescens, universos cives et custodes benigne super omnibus audivit, et sapienter respondit, plurimumque eos desperatos ex amissione Boemundi consolatus, ex toto civitatem vice illius suscipere contradixit.

CAP. XXXII. — *Baldewinus, diro imminentis prælii nuntio pulsatus, cum paucis obviam pergit.*

Quarta vero die ab Antiochia procedens in omni jucunditate, Laodiceam pacifice cum omni apparatu suo descendit, ubi biduo requie fruens, retardati et subsequentis populi præstolabatur adventum. Adunata siquidem universa virtute suorum, fama ad aures ipsius perlata est, quomodo copiosa gentilitas tam Turcorum quam Sarracenorum e diversis locis et terris congregata ad resistendum illi in facie adfutura esset, et quomodo illi viam ulterius procedendi prohibere decrevissent. Ex sola enim Damascenorum civitate, viginti millia Turcorum illuc in armis convenisse ferebantur; cæterorum vero gentilium numerus nequaquam investigari potuit præ illorum multitudine inæstimabili. Quapropter pars exercitus Baldewini formidine concussa vitæque diffisa, in silentio noctis fugam iniit, alii simulata infirmitate, minime se abhinc sequi posse asserebant. Mane autem facto, Baldewinus intelligens suum defluxisse exercitum, dolore nimio motus, nihil tamen expavescens, universos quos voti sui compotes reperit se adhortatur, dicens: *Video, quomodo præ timore mortis, et novi rumoris, populus noster imminutus ac dilapsus est. Sed nihil congregatas nationes metuens, iter inceptum continuare non dubito; ideoque eos, qui remanserunt, in fide Christi admoneo, ut mecum ituri Jerusalem, nullo mortis absterreantur periculo; verum constanti proficiscantur animo, totam spem suam ponentes mecum in Domino Deo. Qui vero dubitant, et formidolosi sunt, de loco mecum pedem non moventes, quo tutum illis videtur, revertantur.* Hoc dicto, et universis de via inquisitis, unanimes et viæ concordes omnes qui aderant invenit. Sed, cum ad Gybel descenderet ibique pernoctaret, de quadringentis equitibus et mille peditibus vix centum et quadraginta equites et quingenti pedites cum eo remanserunt; cæteri vero omnes præ angustia auditi adventus Turcorum ab eo dilapsi sunt et dispersi. Nihil tamen formidinis habens Baldewinus, a campis et regione Gybel pacifice processit, eo quod honorifice et cum mansuetudine a civibus sit susceptus in omni copia rerum necessariarum.

CAP. XXXIII. — *De eodem.*

Dehinc Tortosam civitatem præteriens, Tripolin pervenit: quem princeps urbis fideliter et jucunde suscepit in omni administratione ciborum, quibus indigebat exercitus. Illic innotuit ei quomodo Damascenorum rex et Geneadoil Sarracenorum princeps de regione amplissima, quam a camelis vocant Camollam, cui idem præerat Geneadoil, et de universis civitatibus quæ in littore maris Palæstini erant, et a montanis diversisque locis convenissent ad resistendum sibi in angustis faucibus et asperrimis scopulis civitatis Baruth vel Baurim. Baldewinus, his nimis et tam sævo rumore imperterritus, omnia in Christi nomine se tolerare profitetur, et nunquam pro tot nationum millibus in unum collectis iter suum in Jerusalem velle differre, sed usque ad sanguinem et mortem cum illis dimicare. Hoc dicto viam per diem insistens, nocte imminente ad radicem difficilium montium hospitandi gratia pernoctavit: ubi nuntiatum est illi, omnes procul dubio illic convenisse adversarios ad prohibendum transitum, et in crastino ad committendum prælium. Quapropter aliquantum cor ejus immutatum est, et renes ejus dissoluti, eo quod pauci viri secum remansissent. Attamen crastina luce exorta, dux Baldewinus in Domino Jesu confortatus, iter inceptum pergit, quousque ad locum multitudinis adversariorum perventum est, ubi omnes vires illorum, sicut audierat, in occursum sibi paratæ erant. Has inter proficiscendum comperiens non procul abesse, media die flagrante, armis, loricis, galeis induuntur; lanceis vero strictis et vexillis erectis, obviam per angustas fauces gentilibus turmis contendunt, diu cum illis prælia conserentes in locis arctissimis. Tandem virtute Turcorum intolerabili et Sarracenorum invalescente, Christianos cum principe suo Baldewino a faucibus in arcu et jaculis abegerunt. Post hanc diutinam contentionem, quoniam nox incumbebat, utrinque manus a prælio continuerunt. Eadem nocte Baldewinus a radice montis aliquantulum remotus, paucis fixis tentoriis pernoctavit, ac parce illic epulatus, suis inibi dedit consilium ne aliqui eorum ullo modo a se dividerentur, donec omnis subsequentium peregrinorum manus conveniret; sicque crastina die solerti providentia quodque periculum tutius inirent, ac pro nomine Jesu martyrium recipientes, nihil tolerare dubitarent adversi.

Cap. XXXIV. — *Ipse fugam simulans, reversus gloriosam adeptus est victoriam.*

His ita decretis, et populo Christiano juxta verbum Baldewini consentiente, in ipsa nocte per montana mille ignes Turci et Sarraceni suscitaverunt, multo, scilicet plures quam eorum indigeret exercitus, ad exterrendos Christianorum populos. Geneadoil, princeps de Camolla, post suscitatos ignes, intelligens a relatoribus exiguas vires Baldewini, convenit ducem Damascenorum, quatenus in castris fessos et somno occupatos, invaderet. Sed displicuit cæteris principibus, econtra referentibus: *Non est utile et salubre consilium nobis Turcis, ut in umbra noctis prælium conseramus, ne a Sarracenis, qui nos semper odio habuerunt, subito circumventi occidamur, et tam spolia Francorum quam nostrorum auferantur. Sed si placet, dum aurora diei orta fuerit, differamus, qua nobis providere usquequaque possimus.* Et sic consilium Geneadoil dissipatum est. Altera autem die orta, Baldewinus sollicitus ac pervigil, intelligens Turcos jam matutinos adesse, in quandam planitiem post tergum relictam totum fidelium reduxit exercitum, ac si fugam iniisset. Quod gentiles universi videntes, et eum fugientem ac tremefactum æstimantes, graviter eos equis secuti sunt cum quingentis præmissis equitibus et quindecim millibus peditum. At Baldewinus semper miles imperterritus, cernens hostes se graviter insequi, et jam per totam planitiem plurimum exercitus descendisse, sine mora cum universis catholicis militibus in freno equis reductis, Turcos velociter incurrit, duroque certamine commisso, circiter quadringenti Turcorum illic in gladio, lancea et sagitta occisi sunt. Cætera multitudo, quæ adhuc in faucibus subsequebatur, nec auxilio suis prodesse poterat præ angustia semitarum, nunc vitæ diffisa, in fugam conversa est. Baldewinus sic victoriam, Dei gratia, adeptus, quadraginta octo ex majoribus Turcorum in eodem captivavit prælio, nihil prædæ præterquam equos probatissimos contrahens, quod in altero latere angustarum faucium omnia armenta cum spoliis et tentoriis gentilium remansissent. Finito autem hora nona tam gravi prælio, Baldewinus in prædicta planitie remanens, tentoria fixit, eo quod fons aquæ dulcis illic esset mellitique saporis calamelli quibus refocillati sunt. Non amplius quam duo milites, Walterus Tauns et Baldewinus Tauns, illic cecidisse reperti sunt, pauci vero vulnerati. Itidem in tentoriis captivi constituti, ac in custodiam missi sunt. Vespere autem facto, Baldewinus cum suis recreatus, in medio captivorum resedit ad inquisitionem de qua origine aut parentibus essent: inter quos princeps et tetrarcha Damascenorum repertus est, qui plurimum thesaurum pro vitæ redemptione perhibetur obtulisse.

Cap. XXXV. — *Quam sagaciter Baldewinus versutiam Tankradi prævenit.*

Rex vero Damascenorum, Geneadoil, et universi principes gentilium, audita suorum contritione, plurimorumque captione et Baldewini glorificatione, tota nocte diffugium fecerunt, metuentes ne mane facto, altero in latere montis reperti, et a Christianis audaci incursu impetiti, capitali sententia punirentur; aut superati a Sarracenis regionis pro nihilo computati decollarentur. Est enim mos Sarracenorum gentis, ut quoslibet novos victores timeant et obediant eis, victos parvipendant et persequantur. Baldewinus igitur fugam universorum intelligens, orto sole cum præda equorum, cum captivis Turcis et spoliis, castra movit ad Sidonem civitatem et Gibeloth: quo pertransiens sine obstaculo et periculo, Sur, quæ est Tyrus, declinavit, ubi commode hospitio et alimonia cum suis refectus est. Post hæc Ptolemaidem, quæ est Acra vel Accaron, præteriens, nihil contradictionis aut adversitatis ab ea vel ab urbibus illis pertulit propter victoriam et famam, quam de illo audierant. Sic pacifice Caiphas perveniens, in ea diebus aliquot moratus est.

Cap. XXXVI. — *Tankrado solo adventu Baldewini perterrito, Baldewinus sanctam ingressus est civitatem.*

Nescius quippe doli totius, Tankradum ibi reperire et alloqui fervebat, ejusque consilio de rebus suis ubique agere. Sed Tankradus omnia ignorans de adventu Baldewini, Jerusalem profectus fuerat ad corrumpendos principes et custodes turris David, quatenus avunculus ejus Boemundus aut ipse regnum obtineret; omnia autem instinctu, auxilio et consensu patriarchæ faciebat. Audito itaque ibidem, in urbe Caiphas, dolo et versutia Tankradi, quæ fiebat consensu Dagoberti patriarchæ, Baldewinus vir illustris et providus, Hugonem de Falckenberg, et Robertum episcopum civitatis Rames vel Rama, super his compellat, eosque ex consilio suorum Jerusalem sine dilatione direxit, ut prævenirent universum dolum, metuens ne turrim David et regnum Jerusalem aliqua perfidia seu promissione pecuniæ amitteret.

His itaque perfectis, quidam probi milites de domo ducis Godefridi, Rudolfus, Geldemarus, Wickerus Alemannus, Rudolfus de Montpizon, in via civitatis Cæsareæ, qua Sarracenos persequebantur, adventum Baldewini penitus ignorantes, tunc primum a præmissis fratribus rem cognoverunt, quomodo scilicet Baldewinus loco fratris sui Jerusalem obtinere advenisset, atque Caiphas adhuc hospitio moraretur. Nec mora, audito tam egregii principis adventu, et digno hærede Jerusalem, gavisi sunt universi, commistisque sociis et armis, Japhet, quæ est Joppe, contenderunt. Ubi Tankradum ab Jerusalem in ira reversum, quia urbem intrare non potuit, in obsidione reperientes, nuntiaverunt ei Baldewinum adesse, et regnum Jerusalem velle obtinere. Tankradus audito tam proximo adventu Baldewini, statim ab obsidione Joppe surrexit; per aliam viam Caiphas reversus, nolens recto itinere Baldewino a Caiphas revertenti occurrere. Baldewinus vero a Caipha procedens, prædictos milites de domo ducis Godefridi in occursum habuit, qui omnia sibi de Tankrado retulerunt; et post hæc cum eo Joppen accelerantes, duobus diebus continuis illic remorati sunt. Deinde ordinatis rebus in Joppe, cum omni clientela et præda, quam abduxit de Baruth, quæ est Baurim, cum quadraginta quinque captivis militibus Turcorum Jerusalem descendit, quos in præsidio turris David repositos caute jussit custodiri.

CAP. XXXVII. — *Perquisitis rebus defuncti fratris, a viris fortibus tentare fortia suadetur.*

Quarta denique die postquam ascendit Jerusalem, congregatis universis, magnis et parvis, de universo cœtu Christianorum, requisivit de suppellectile fratris sui Godefridi, de armatura ejus, de pecunia, de beneficiis cujusque militis ac præpotentis. Qui nihil de rebus fratris ejus se habere testati sunt, sed eas in eleemosynas pauperum et solvendis debitis esse dispersas; beneficia vero, prout unicuique statuta erant de reditibus civitatum, protulerunt. Ipse autem omnia responsa illorum patienter accipiens, de rebus et armis aliquibus discussis, sed excusatis, obticuit singulis singula reddens beneficia. Unde ab omnibus jurejurando firmatus, in throno Jerusalem potenter exaltatus gloriose resedit. Erat tempus mensis Novembris circa festum B. Martini Turonici pontificis, quando Baldewinus Jerusalem veniens, ab omnibus parvis et magnis rex et dominus est constitutus. Sic collocato Baldewino gloriose in throno Jerusalem, universi principes et milites de domo ducis Godefridi convenientes in præsentiam ejus, hoc modo ei locuti sunt : *Frater ducis Godefridi es, principis gloriosissimi ac nominatissimi, et ideo universæ nationes gentilium in circuitu famam de te comperientes, adventu tuo tremefactæ sunt; quia te magnum, bellisque famosissimum intellexerunt. Quapropter te decet insigne facere, qua stupescant gentilium terræ, et admirari eis non sufficiat : sicque nomen fratris tui, principis Jerusalem, in te reviviscet, ac magnificabitur.*

CAP. XXXVIII. — *Urbem Ascalonem obsidens, post aliquot dies infecto negotio obsidionem solvit.*

Consiliis suorum auditis, Baldewinus terram Jerusalem et civitatis in circuitu muniens custodia fideli, centum et quinquaginta militibus et quingentis peditibus assumptis, ab urbe Jerusalem processit hora diei; et vespere facto, hospitatus est juxta fontem recentis aquæ, ubi montana terminantur. Post hæc quinta die abhinc exsurgens, ad urbem Ascalonem cum omni virtute suorum descendit : in qua mille equites Arabes a Babylonia missi habitabant ad tuenda mœnia ejus, ne novi principis virtus subito irrumperet improvisam. Ibi milites Baldewini in tentoriis ante urbis mœnia fixis duobus diebus sine assultu consederunt. At die tertia milites Arabes cum civibus erumpentes, crebra cum eis prælia seruerunt, donec tandem utrinque non modicam contritionem suorum pertulerunt. Post duos dehinc dies, et plurimam stragem Sarracenorum, gravemque vulnerationem Gallorum, rex Baldewinus ab urbis obsidione prudenti consilio sic suos revocavit, dicens : *Hi adversarii nostri in murorum protectione confisi, et plurima manu civium, facile, adversante fortuna, creberrimis suorum auxiliis possunt prævalere; nostrates vero incauti sagittis perire; ideo utile est consilium, ut ab hac civitate castra moveamus.*

CAP. XXXIX. — *Quam ingeniose vicerit gentem Azopart sub terra latentem.*

Cum hæc consilia inter se fierent, innotuit Baldewino, quomodo inter deserta Ascalonis et Babyloniæ in caveis subterraneis Azopart, gens fœdissima latens accubuisset ad disturbandos et perimendos peregrinos, qui Hierosolymam proficisci desiderabant. Qui mox hac gentis impietate cognita, castra movit ab Ascalone, et cava suo exercitu obsedit : quibus flamma immissa experiri voluit utrum præ nimia angustia fumi et caloris prodiret a tetris et inauditis antris. Sed de omnibus nulli egressi sunt præter duos, qui et coram eo steterunt, si forte misericordiam et vitam invenirent. Baldewinus hos intuens viros horridos et squalidos, amica affabilitate eos compellat super omnibus quæ de eis audierat, et vestibus pretiosis eos adornans de gente et cognatione eorum requirit. Qui, secundum quod interrogati fuerant, universa sibi aperientes, et misericordem eum sibi arbitrantes, obnixe deprecantur ut alter eorum cum Baldewino maneret, alter ad cava et nota loca rediret, quatenus socios de perplexa domo, mirabili arce, ac investigabili fossa inclusos, produceret in conspectum principis, si forte et ipsi gratiam in conspectu ejus invenirent. Ingressusque foveam, vestes et munera regis ostendens et de ejus benigna susceptione loquens, illico decem de consociis eduxit in præsentiam regis et ejus optimatum. Interea is, qui cum Baldewino remanserat, dum in foveam rediit alter, decollatus est a pueris regis. Similiter socius, qui vana spe et promissione honestarum vestium decem produxerat ex cavernis clanculum amotus, in momento decollatus est cum novem. Decimus vitæ reservatur, quem tota strages sodalium latebat. Hunc Baldewinus seorsum tollens, et honorificis ac mollibus indumentis opertum, suo sermone demulcens, protinus illexit eum, quatenus rediens ad subterraneos sodales, eos prodire hortaretur, asserens se illos benigne tractare, et donis magnificis honorare; quin omnia loca regionis illis in beneficiis concedere, et eorum consiliis universa agere velle. His promissionibus miser seductus et illectus, ad cava reversus cum veste pretiosa, omnia complicibus suis retulit de principis affabilitate ac largitate, et ampliora quam audisset, credens socios amotos et decollatos vivere, et missos ad tuendas ipsius Baldewini civitates.

Cap. XL. — *De eadem re.*

Azopart inæstimabili et investigabili cavatione subterrati, bonam promissionem socii audientes, minas quoque, deinde promissa magnifica, ad triginta processerunt. Qui coram ipso principe assistentes, benigne ex ore ejus suscepti sunt; statimque a conspectu illius abducti, quasi munera accepturi, omnes capitalem subiere sententiam, præter unum, qui solus cum Baldewino ex omnibus triginta remansit. Hunc solum mirifico honore tractavit, nescium cædis complicum, quem etiam ad antra prædicta remisit, quatenus honores et munera ipsius subterratis viris referret, eosque ipse captus a suo præsidio exire hortaretur. Sic et sic illusi vanis spebus, ducenti et triginta processerunt, omnes sine dilatione jussu principis decollati, eo quod maxima mala peregrinis, Hierosolymam transeuntibus, intulissent, alios exspoliantes, alios trucidantes : tantumque scelus semper inultum remansisset, eo quod nullus de specu hoc eos antea vi, seu qualibet arte potuisset ejicere. His ducentis et triginta decollatis, ac nequitia sua in capita eorum reddita ingenio Christianissimi principis in ultionem peregrinorum; solummodo feminæ et pueri eorum in caveis eorum remanserunt cum spoliis plurimorum. Qui necem eorum intelligentes, quoniam nullus ad eos ultra rediret, minime exire ausi sunt. Quapropter Baldewinus vehementer adversus eos indignatus, ligna, stipulas ac stuppas ante os cujusque specus comportari jussit et incendi, quousque calore et fumo cogerentur exire. Tandem hac fumi et caloris nimietate unanimiter oppressæ matres cum pueris, quibus virorum solamen defecerat, licet inviti, processerunt, ac statim militibus in prædam dati sunt et divisi : quorum cum matribus alii pretio redempti, alii vero pariter de collati sunt.

Cap. XLI. — *Cum per difficilia loca militem agit, plures frigore exstinguuntur.*

Baldewinus post ista profectus ad castellum quod dicitur ad S. Abraham, juxta flumina fetentia Sodomæ et Gomorrhæ hospitio remansit, in cibo et equorum pabulo magnam illic sustinens indigentiam. Ibidem dum montana perlustrarent ad investiganda necessaria, intimatum est eis a quibusdam incolis, quomodo, si paulo procederent ad locum qui dicitur Palmarum, plurimas opes et copias ciborum reperirent, quibus cum equis suis recreari possent. Quod juvenes quidam audientes, circiter quadraginta ab exercitu clam subtracti præcurrerunt ut pecuniam et prædas contraherent. Sed nihil præter alimenta et plurimam venationem invenerunt, quibus ventrem impleverunt; nihil vero vini aut alicujus poculi præter fontes aquarum dulcium biberunt. Illic quidem in loco Palmarum refocillati, exsurgentes ad montana Arabiæ pervenerunt. Quibus superatis, inter duos apices montium hospitati sunt, ubi nocte necessariis cibis, quos vehiculis mulorum, camelorum, asinorum attulerant, sufficienter recreati sunt,

A nihil prorsus reperientes illic præter aquas recentes. Hæc montana, eorumque difficiles scopulos arctasque fauces, spatio quinque dierum superaverunt gravi et inæstimabili labore. Sexta vero die montanis permensis, in extremo illorum cacumine maxima pertulerunt pericula in grandine horribili, in glacie terribili, in pluvia et nive inaudita, quorum immanitate et horrore ingruente, ad triginta homines pedites præ frigore mortui sunt.

Cap. XLII. — *Civitas Susumus igne deletur.*

Post montium ac scopulorum difficilia pericula in vallem descendentes, per diem continuum in equis residentes, planitiem pertransierunt, et vespere in villa quadam opulentissima castrametati, cum principe suo Baldewino hospitio rebusque necessariis refecti sunt. Ibi quidam exploratores de Sarracenis ad promerendam gratiam tanti et tam magni principis, et vitam impetrandam, adfuerunt, qui civitatem juxta sitam, Susumus nomine, rebus nimium locupletem ipsi propalaverunt principi, et hanc facile occupari posse et expugnari. Baldewinus, his intellectis, quinta die a villa prædicta exiens, ad civitatem Susumus vespere descendit. Sed domos et omnia loca civitatis vacua reperiens, ibidem potenter hospitio quievit. Audito namque adventu illius, universi gentiles a regione et civitate hac fugerunt, eo quod sine muro hæc civitas infirma haberetur. In hac siquidem per octo dies sine impedimento et aliquo incursu inimicorum secura quiete corpora sua curaverunt, singulis diebus gentiles in circuitu persequentes, et plurimos repertos trucidantes. Nona denique die clarescente, ex præcepto Baldewini urbs Susumus attrita est et combusta. Spolia vero civitatis in armentis et cæteris rebus ubique, diripientes, per aliam regionem quæ est in montanis divertentes, loca propalata Sarracenorum depopulati sunt, prædas ab universis locis contrahentes. Tandem post dies octo, diversis angustiis et difficultate locorum, interdum etiam fame gravati, ad præfata fetentia flumina reditum paraverunt. Et ad villam Palmarum venientes, nihil alimoniæ præter fructum dactylorum repererunt, quibus corpora fessa et escis jejuna recreaverunt.

Cap. XLIII. — *In natali Domini apud Bethlehem Baldewinus unctus est in regem.*

Dehinc per castellum, quod dicitur ad S. Abraham, repedantes via qua venerant Jerusalem reversi sunt tertia die ante Natalem Domini nostri Jesu Christi. Illic cum patriarcha et cunctis optimatibus suis habito consilio, Bethlehem Natalem Domini celebrare decrevit. Ubi eadem die sancta et solemni consecratus et in regem Jerusalem unctus, in gloria magna coronatus est. Noluit enim, nec præsumpsit in urbe Jerusalem diademate, auro vel gemmis pretiosis exaltari, adornari et in regem promoveri, ubi Dominus Jesus, Rex regum et Dominus dominantium humiliatus et obediens usque ad mortem, pro mundi redemptione spinis horridis et acutis coronatus est. Proxima autem die a Bethlehem migrans, Jerusalem reversus, curiam ac consilium suum cum omni primatu suo in palatio regis Salomonis tribus diebus ejusdem solemnitatis tenuit, honorifice quindecim diebus illic in civitate regia moram faciendo. In his itaque diebus potenter sedit rex in throno suo, ut faceret judicium et justitiam inter Christianos confratres, si cui illata fuisset injuria, vel si qua accrevisset discordia, volens omnia cum æquitate tractare et non ficta pace componere.

CAP. XLIV. — *Prima sessione regis, Tankradus accusatur, vocatur et adesse dedignatur.*

Geldemarus ergo videns dominum regem consedisse ad justitiam, assistensque coram eo, graviter conquestus est super injuriis de civitate, quæ sibi a Tankrado inferebantur, quam dono et ex manu ducis Godefridi suscepit, ac militari obsequio promeruit, si caperetur, quamque nunc Tankradus, audita ducis morte, vi et injuste retinebat. Hac itaque Geldemari accepta querimonia, rex ex consilio suorum primum Tankrado legationem direxit, quatenus Hierosolymam ascendens, responsionem super querimoniis Geldemari et injuriis ei illatis faceret. Tankradus autem, nullam se de his responsionem coram illo habiturum, respondit eo quod nesciret eum regem civitatis et judicem regni Jerusalem. Rex autem iterato consilio suorum illi secundo ac tertio legationem direxit, quatenus justitiam non devitaret, ne post hac aliquis incusaret regem, nec fateretur aliter quam juste et patienter regem adversus confratrem et unum de principibus Christianorum fecisse. Tandem Tankradus anxius quid ex tertia admonitione faceret, consilium cum suis iniit, qualiter inter Japhet et Assur altera ex ripa fluminis, quod has duas civitates dividit, regi responderet hc loqueretur, si ei gratum foret; quoniam Jerusalem venire metuebat. Rex autem responsum ac petitionem Tankradi intelligens, consilio majorum suorum voluntati illius acquievit; et die statuto ad eumdem locum fluminis inter Japhet et Assur ad colloquium profectus est. Illic diversis inter se consiliis habitis, rursus post quindecim dies Caiphas convenire decreverunt, eo quod nihil hoc tempore potuissent definire: et sic Tankradus cum patriarcha Caiphas, rex Jerusalem reversus est.

CAP. XLV. — *Rege cum Tankrado pacificato, Tankradus, dux electus, Antiochiam proficiscitur.*

Interea modico intervallo legatio ab Antiochia Tankrado directa est ab optimatibus Boemundi, quatenus ad eos descendens, loco Boemundi quia hæres ejus esset, regnum Antiochiæ possideret. Tankradus, super hoc inito consilio, Antiochiam proficisci decrevit; sed tamen diem statutam præstolari disposuit quo cum rege colloquium Caiphas habiturus esset, ne, si ante diem proficisceretur, in opprobrium fugæ sibi imputaretur. Itaque die statuto ibidem Caiphas rex et Tankradus ad colloquium convenerunt, ubi ambo concordes et amici facti sunt, omni querimonia exclusa. Et Tankradus non solum terram et civitatem Caiphas, sed etiam arcem et turrim Tabariæ, quam dono ducis Godefridi obtinuit, in manu ipsius reddidit, eo quod essent de regno Jerusalem, aperiens ei legationem Antiochiæ. Verumtamen hæc conditio in omni concordia a Tankrado firmiter indicta est, ut si post annum et menses tres ab Antiochia rediret, in beneficio terras et civitates obtineret; si autem sibi non esset reditus intra prædicti temporis terminum, nequaquam ultra terras et civitates has a rege vellet repetere. His utrinque in magna charitate concessis, rex sub eadem conditione terras et civitates suscipiens, Hugoni de præsidio Falckenberg Tabariam in custodiam et beneficium tradidit, Caiphas Geldemaro Carpenel reddidit: sic tamen fide servata, ut Tankrado post præfatum terminum revertenti omnia in manu ejus dono regis redderentur. Post hæc decreta et pacem compositam, rex Jerusalem secessit; Tankradus vero cum omni suo equitatu et manu quingentorum peditum per aridam usque in Antiochiam descendit ut eam susciperet.

CAP. XLVI. — *Rex contra patriarcham sedem apostolicam appellat.*

Non aliqua dehinc mora, rex Jerusalem patriarcham de perfidia, qua egerat cum Tankrado adversus eum, ne dignus hæres Godefrido succederet, sed Boemundus externi sanguinis regnum possideret, coram omni Ecclesia interpellavit, eo quod de hoc scelere multum a suis optimatibus criminaretur, objiciens ei, jam ipsam fraudem esse detectam in litteris, per Morellum, qui secretarius ipsius erat, Boemundo transmissis, sed in via ablatis. Hæc contentio et discordia inter regem et patriarcham adeo de die in diem cœpit magis ac magis invalescere, ut tandem rex Baldewinus illius feritate et pertinacia indignatus, apostolicum ac Romanum pontificem Paschalem ad judicium et justitiam appellaret, atque ad discussionem tam nefandæ traditionis, et suscitandi homicidii ac discordiæ, quam deprehensis litteris, inter Christianorum primores et novam teneramque Ecclesiam idem patriarcha fieri modis omnibus elaboraret.

CAP. XLVII. — *Dominus apostolicus cardinalem Mauritium cognitorem Hierosolymam mittit.*

Paschalis vero pastor S. Romanæ Ecclesiæ, et in toto orbe terrarum Christianæ fidei ac religionis examinator, Baldewini precibus et S. Hierosolymitanæ Ecclesiæ satisfaciens, consilio fidelium fratrem, Mauritium unum de duodecim cardinalibus, legatum S. Romanæ Ecclesiæ Hierosolymam proficisci destinavit, ut vice domini apostolici ipsum patriarcham, pro merito et culpa discussum aut excusatum, in cathedram episcopalem sanciret, aut victum et juste condemnatum de apostolica sententia deponeret ac feriret. Itaque jussu domini apostolici frater Mauritius Hierosolymam profectus, Baldewinum regem universamque Ecclesiam in verbo domini apostolici salutavit, benedictionem dedit, et audire in omni justitia et veritate regem et filios sanctæ Ecclesiæ Deo obedientes se asseruit, et mala omnia in bonum apostolica auctoritate velle commutare. Baldewinus et omnis Ecclesia fidelium gratias Deo super his retulerunt, et se in omni justitia et veritate apostolicis mandatis obedire responderunt.

CAP. XLVIII. — *Patriarcha multis et gravibus a rege capitulis impetitus, ab officio suspensus est.*

Nulla deinceps mora die statuto, et concilio fidelium episcoporum abbatumque collecto, in audientia omnium qui aderant et præsentia legati S. Romanæ Ecclesiæ, patriarcham assistentem Baldewinus rex reum perjurii, traditionis regni Jerusalem, homicidii, ut a Boemundo occideretur in via, qua a Rohas Hierosolymam ascenderet, deprehensis litteris criminando et imputando astruxit, sub testimonio totius S. Hierosolymitanæ Ecclesiæ; et ideo non posse eum ultra episcopari, nisi valeat ab his expurgari. Qui minime de omnibus sibi illatis calumniis valens excusari, et præcipue de sacrilegio ligni sanctæ crucis, de qua partem minuit ac dispersit, suspensus est a divino officio, dataeque sunt ei adhuc induciæ, si forte aliquam excusationem posset reperire.

CAP. XLIX. — *In cœna Domini dolens patriarcha se eo die officio suo privari, regem donis promissis placat.*

Inter hæc diversa negotia mensis Martius suo ordine cœpit referri, jejunium quadragesimale observari, dies solemnis Paschæ propinquare, in quo chrisma et oleum infirmorum necesse est sanctificari. Hac igitur die recordationis et sanctificationis olei et chrismatis exorta, qua Dominus Jesus cum discipulis cœnavit, cardinalis in montem Oliveti, in quo id sacramentum chrismatis et olei compleri solet, ascendit alba stola et idoneis vestibus ad tam deificum opus peragendum indutus, et in nullo patriarcham adesse consentiens. Verum patriarcha Dagobertus videns se officio suo privari, quo eo die universi patriarchæ, sui antecessores in eodem monte Olivarum solito more utebantur, chrisma et oleum consecrantes, humilis et supplex cum lacrymis regem conveniens, instare cœpit, ne hac die tam leviter ac viliter ab officio suo expelleretur, et sic in ore omnium peregrinorum haberetur. Rege autem multum resistente, et plurima illi objiciente quæ idem adversus se præsumpserat, sicut anxius ei magis ac magis precibus instabat, rememorans qualiter ab eo unctus et in regem consecratus sit. Sed nec sic rege eum audiente, talenta ei trecentorum byzantiorum obtulit in secreto auris suæ. Quo corruptus rex, in omnibus deinceps petitioni patriarchæ acquievit: et ideo tam grandis pecuniæ promissione rex gavisus, quia plurimum defectione angustiatus, hac modo indigebat ad remunerandum suorum militum laborem, illico surrexit, fratrem Mauritium convenit, sic ei in hæc verba locutus:

CAP. L. — *Rex cardinalem alloquitur de restituendo patriarcha.*

Frater Maurici, hæc Ecclesia nostra rudis adhuc et tenera habetur. Quapropter nolumus, nec placet prudentioribus nostris, neque in consilio nostro reperimus, ut Jerusalem tam subito justitia sua privetur, et patriarcha tam celebri die a suo officio destituatur; sicque discordia paschalibus diebus in confusionem peregrinorum et gloriationem gentilium inter nos oriatur. Idcirco constanter te petimus, ut nos, qui nostro sanguine hanc sanctam Ecclesiam detinuimus, et usque ad mortem pro eo dimicavimus, audire non recuses neque rem de patriarcha a nobis propalatam hoc tempore graviter accipias, donec viderimus, quorsum tendat illius excusatio, vel quem finem accipiat. Tempus enim non effugiet, quin satis ad æquitatem judicii de omnibus redeamus. Et hac de causa, quia placet universis fidelibus, rogamus te, quatenus concedas ei, ut hoc tempore officio suo episcopali utatur, chrisma et oleum ipse sanctificet, peregrinis de longinquis regionibus huc profectis indulgentiam et reconciliationem ipse faciat juxta ritum S. Hierosolymitanæ Ecclesiæ. Post solemnitatem vero Paschæ, quod in summa charitate et concordia nunc oportet celebrari, tuo consilio decrevimus de illo agere, ita ut aut purgatus in statu suo permaneat, aut convictus episcopali dignitate privetur.

CAP. LI. — *De amicitia inter cardinalem et patriarcham, et regis concordia et de conventione gentilium cum rege.*

Cardinalis his et his flexus blanditiis, in omnibus voluntatis regis optimatumque cessit. Et exutus officiali indumento, patriarcham permisit consecrare oleum et chrisma, ac solemne Pascha in omni divino celebrare officio. Ab illo siquidem die cardinalis et patriarcha in summa amicitia conjuncti sunt, facientes sibi cumulos ex oblationibus fidelium, ciborum vinique ac potus plenitudine nocte ac die in locis remotis perfruentes, omnia tamen hæc rege ignorante. Interea hæc concordia in eodem mense Martio inter regem et patriarcham dum fieret, et terra silvæque, amota hieme, revivisсerent, dies prolongari inciperent, serenitas aeris magis ac magis in dies claresceret, ecce nuntia universarum civitatum gentilium in palatio regis adfuere, quædam in dolo, quædam in puritate, regem salutantia in donis ac tributis, pacem cum eo quærentes componere, quatenus sine respectu periculi et metus in negotia sua secure terram perambularent, et agros ac vineas sine formidine excolerent. Rex, sicut novus qui advenerat, et multis indigebat thesauris in conventione solidorum militum suorum, omnia quæ sibi offerebantur a civitatibus gentilium, Ascalone, Cæsarea, Ptolemaide, Sur, quæ est Tyrus, suscipere consensit; sed Assur ejusque munera refutavit. Cæteris usque post terminum sanctæ Pentecostes pacem et securitatem a se suisque largitus est.

CAP. LII. — *De mutuis legationibus gentilium.*

Vix termino pacis hujus mediato, prædictæ civitates regi Babyloniorum hæc nuntia detulerunt, quod nisi in brevi eis subveniret, Francosque de regno Jerusalem ejiceret, se in manu regis illorum ex summa necessitate reddi debere, eo quod ultra Christianis resistere non possent. Rex vero Babyloniorum summa necessitate urbium suarum intellecta, universis civibus et ammiraldis hanc legationem solatiumque remisit, quod sine mora aliqua collectis armorum copiis, universis civitatibus subveniret. Hæc autem nuntia et consilia omnia Baldewinum regem latebant, et universos fideles qui in regno Jerusalem habitabant.

CAP. LIII. — *De redemptione Turcorum.*

Interea a Damasco frequens legatio Turcorum Jerusalem ad regem venit, pro redemptione captivorum suorum, quos in arctissimis faucibus Baurim superatos captivavit, et Jerusalem abductos reclusi in custodia turris David. Qui consilium iniit cum optimatibus suis, ut pro captivis pretium susciperet, eo quod in terra aliena, nova et ignota, plurima indigeret pecunia in conventione solidorum. Sieque universis quadraginta quinque captivis, quibus amputare colla decreverat, nunc pepercit, et pecuniam inauditam supra quinquaginta millia bysantiorum auri suscipiens, omnes vivos et incolumes a maniciis et catenis solutos, ac de turri David ejectos, pacifice in terram Damascenorum remisit.

CAP. LIV. — *Quomodo civitas Assur subjugatur.*

Eodem tempore mensis Martii classes Genuensium ac Pisanorum navigio appulsæ Joppen, anchoras fixerunt, et illic Pascha Domini opperientes, tandem Jerusalem venerunt ad celebrandam ipsam diem Resurrectionis Dominicæ. Qua cum omni devotione celebrata regem adierunt summopere deprecantes, ut quam vellet civitatem gentilium occupare et expugnare eis liceret. Rex igitur desiderium illorum intelligens, Assur obsidere per mare et aridam constituit. Ipse vero et omnis virtus ejus ab Jerusalem movens, in sicco urbem et mœnia ejus cinxit; Pisani et Genuenses in littore maris navigio exitum illorum observabant. Vix tertia die obsidionis expleta, cives Assur pacem cum rege quærebant componere, quatenus salva vita sanisque membris, cum rebus suis ab urbe eis liceret exire; civitatem vero in manu regis reddere ac relinquere. Rex quidem consilio suorum pepercit viris, pacifice eos prodire promittens cum omnibus quæ collo deferre possent et usque in Ascalonem conductum eis sine respectu mortis largitus est. Ipse vero civitatem ingressus cum universa multitudine equitum et peditum, per dies octo illic requievit, et consilia de reliquis civitatibus cum domino patriarcha et optimatibus regni sui egit.

CAP. LV. — *Cæsarea civitas obsidetur.*

Placuit tandem cunctis ut Cæsaream mitteretur legatio regis ammiraldo et primis civitatis, ut regi redderetur urbs, alioquin obsidere eam certum haberent, ut si vi caperetur, universos in ea repertos in ore gladii occidi debere. Ammiraldus cunctique habitatores civitatis responderunt in hæc verba: *Absit a nobis, ut nos et civitatem nostram in manu regis Christianorum tradamus, cum in manu regis Babyloniorum in brevi liberandi simus, et non diu sit, ex quo litteras ejus susceperimus.* Rex autem illorum jactantiam compériens, in ira magna una cum domino patriarcha ab Assur egressus, relictis in ea custodibus, Cæsaream occupavit, undique circa eam suorum viribus collocatis. Erant illic inaudita pomaria in circuitu murorum, ac si silva densissima omni decore et fructuum abundantia inæstimabilia: quæ rex in securi jussit exstirpari, ne inter densitates frondium aliquæ insidiæ Sarracenorum exercitui, sagittis in occulto emissis, nocere valerent. His exstirpatis, in circuitu murorum firmavit obsidionem per dies quindecim, machinam componens qua urbem expugnare et cives absterrere valeret. Ad unguem tandem machina perducta et ab exercitu super muros erecta, in sublime porrecta est, ac fortissimi pugnatores in ea constituti ad expugnanda mœnia urbisque defensores. Deinde jussu regis omnibus indictum est ut summo mane coram patriarcha et rege convenirent e cunctis locis et tabernaculis, ejusque caperent admonitionem ad assiliendam urbem et implerent. Mane autem facto, ecce adsunt ex mandato regis universi Christianorum equites et pedites coram patriarcha et rege: qui delictorum suorum confessione facta, indulgentia accepta, et Dominici corporis communione, urbem fortiter assiliunt in mari et in terra cum Pisanis et Genuensibus. Hi Laodiceæ tota hieme otio torpentes, tempore Martii, ut supra relatum est, ad sacrum et solemne Pascha celebrandum Jerusalem ascenderant, viduati suo episcopo Pisano, cum clam ab eis subtractus, cum Boemundo ac Baldewino, post captionem Jerusalem, in eam descendit, et a Godefrido duce in cathedram patriarchatus est constitutus.

CAP. LVI. — *Tandem civitas Cæsarea superatur.*

Eodem die dominus patriarcha crucem Dominicam prætulerat ad protectionem et defensionem gentis catholicæ, stola sancta et candida pro thorace indutus, quem usque ad muros tota manus pugnatorum sequi non dubitavit. Qui duro et gravi assultu cives disturbatos a mœnibus repulerunt, ac sic subito scalis muro applicitis, urbi mediæ vi intromissi sunt. Sarraceni vero per urbem Gallos diffusos intuentes, nec eis resistere valentes, ad aliud munimen urbis quod muro spatiosissimo ac robustissimo civitatem dividebat introrsum versus mare conglobati fugam inierunt. Illic aliquantulum in mœnibus resistentes, ad defensionem constiterunt, frustra sagittis, palis igneis et fundibulis consumentes diem. Nona tandem hora diei facta, gravati cives crebris et nullquam intermissis assultibus, ac tam mangenellis quam sagittarum grandine fessi et victi, per vicos et diversa loca civitatis tremebundi fugerunt. Quos Galli insequentes et hos muros scalis similiter transcendentes, grave illorum exterminium fecerunt; alios trucidantes, alios captivantes, tum undique spolia plurima auri, argenti et ostri pretiosi rapientes. Sacerdos quoque civitatis homo grandævus ibidem captus est, et Azopart quingenti decollati, illuc missi a rege Babyloniorum in conventione solidorum. Sacerdos itaque prædictus regi præsentatus, jussu ipsius in nervo religatus est; mulieres quoque ejus captæ, et in compedibus positæ, ad discutiendum talentum innumerabilis argenti, quod idem sacerdos propter metum Christianorum subterraverat. Hac civitate attrita et expugnata, rex a diebus Pentecostes usque in Natali S. Joannis Baptistæ in omni plenitudine necessariorum requievit in ea. In his diebus sacerdotem prædictum a civibus urbis Ptolemaidis, quæ est Acra, mille byzantiis redemptum, sine læsione membrorum dimisit.

CAP. LVII. — *Quomodo rex audita fama Babyloniorum, eorum præstolatur adventum.*

Post hæc rex Joppen in magna gloria secessit, Arpinum de Bodvordis civitate, principem magnificum, ad custodiendos muros et portas civitatis relinquens. Joppe itaque regi commoranti, legatio et fama Meravis a Babylonia innotuit, quatenus Babylonii omnes arma confluxissent, et post octo dies cum eo bellum committere decrevissent. Hæc rex audiens, universo cœtu suorum in unum convocato, ex consilio illorum exivit a Joppe, atque inter Ascalonem et Rames, tribus hebdomadibus evolutis, in planitie amplissima resedit una cum patriarcha et omni apparatu suo, ac universa domo fratris sui ducis Godefridi. Hoc vero in loco dum diu præstolarentur adventum inimicorum, nec quisquam illorum adhuc in jactantia sua descendisset, rex quemque suorum in sua remisit; ipse vero civitates in circuitu sitas, tam Caiphas quam Assur et cæteras, pacifice perlustravit.

CAP. LVIII. — *Quomodo rex patriarcham conveneril, ut vel ipse milites procuret, vel ad procurandum eos, sibi aliquid pecuniæ impertiret.*

Nec longo post hæc intervallo rex a militibus suis in urbe Japhet pro pecunia angustiatus est, quam illis debebat pro conventione solidorum, qui etiam fratri ejus Godefrido, principi Jerusalem multum obsequii impenderant, et nunc ejus causa et honore non minore studio militare laborabant. Quapropter Hierosolymam profectus, patriarcham compellat, quatenus sibi aliquid pecuniæ de oblatione fidelium impertiret, quam militibus dividens, voluntarios eos sibi redderet, ac secum teneret; alioqui eos in terminis Jerusalem non velle remanere et Sancta sanctorum defensare. Patriarcha regis audita petitione, induciis per noctem susceptis, in crastino reversus ducentas marcas argenti se ad usus fratrum inibi Deo famulantium, habuisse et non amplius, profitetur, et easdem benigne et tjus mandato distribuere concessit. Credidit rex in verbis quæ a Patriarcha referebantur, et oblatum argentum suscepit. Sed Arnolfus, sancti sepulcri cancellarius, et cæteri complures, quibus tota massa innotuit, et oblatio Dominici sepulcri, nequaquam verum patriarcham profiteri asserebant, sed inæstimabilem pecuniam clanculum suis locellis reposuisse cum. Hac Arnolfi assertione et populi opinione super thesauro abscondito, rex nimium iratus vehementer patriarcham urgere cœpit, ut ex oblationibus fidelium milites procuraret ac retineret in conventione

solidorum, qui paganorum viribus resistentes, peregrinos et universam Ecclesiam ab eorum insidiis et assultibus protegerent ac defenderent.

CAP. LIX. — *Qualiter orta sit contentio inter regem et patriarcham.*

Patriarcha vero vinculo privatæ dilectionis fratri Mauritio S. Romanæ Ecclesiæ legato innodatus, ita ut simul affluenter de bonis terræ epulantes, in suo conclavi oblationem sancti sepulcri pro velle dividerent, prorsus audire Baldewinum regem parvipendit, spem et fiduciam in promissis cardinalis apostolici pretio corruptis habens et in eo quod levi precatu aurique munere, regem corrumpere potuit et placare. Rege itaque patriarcham sæpius admonente ut milites quadraginta procuraret, atque dato ei argento benevolos in opus belli redderet, patriarcha vero in nullo eum super his audiret: die quadam factum est, ut idem patriarcha cum fratre Mauritio solito more in domo sua accumberet, variisque cibis splendide epularetur, vinum quoque non modice biberet, ac secure in comessationibus diem duceret. Nuntiatum est tandem regi Baldewino quod hujuscemodi luxu singulis diebus conviventes fidelium vota vorarent sine modo et numero, et hoc ipsum regem non solum auditu, sed etiam facile visu posse experiri.

CAP. LX. — *Contentio inter regem et patriarcham præsente cardinale Mauritio.*

Nec mora, dum in eodem comessationis studio ad mensam discubuissent, rex cum quibusdam de optimatibus suis pulsato ostio intromissus adfuit, et hos patres dure arguens, in hæc verba aspera prorupit: *Vos in comessationibus, nos in tribulationibus die ac nocte pro confratrum nostrorum salute et periculis versamur. Vos gratis vota fidelium in deliciis vestris applicatis, angustiam et penuriam nostram ignoratis. Sic vivit Dominus, amodo de omni oblatione fidelium non contingetis, nec de hac ventrem vestrum ultra tam delicate implebitis, nisi milites in conventione solidorum susceperitis. Unde enim vobis, ut oblationes et munera fidelium tam libere et potenter a Dominico sepulcro tollatis, in cibos delicatos componatis, et minime fidelium necessitati subveniatis? Nos Jerusalem, civitatem sanctam et locum desiderati sepulcri sanguine nostro redemimus, et assidue pro sanctorum defensione pondera laborum et bellorum portamus; vos oblationis fidelium nos exsortes facietis? Absit, ut tale facinus patiar, et ultra manus vestra de his repleatur. Certe aut vos calicem, quem bibituri sumus, et bibimus hoc tempore angustiarum, nobiscum bibetis, aut videte, ne quidquam de rebus Ecclesiæ ultra suscipiatis.* Hoc dicto, patriarcha non minus in verba iracundiæ erupit, dicens: *Non recte consultus fecisti, ut tam temere nos argueres et res Ecclesiæ interdiceres, cum nostræ sit justitiæ, ut qui altari serviunt, de altari vivant. An tributariam et ancillariam facere sanctam præsumis Ecclesiam? quam Dominus Jesus Dei Filius, suo sanguine liberam ex ancilla faciens custodiæ commi-*

sit et reliquit. Vide ne ultra præsumas de his loqui aut agere, cum ad te minime pertineat, et Domini apostolici maledictionibus de talibus ausibus judicio possis incurrere. Frater Mauritius ad invicem contendentes solummodo auscultabat; sed de pace et concordia illos admonebat.

CAP. LXI. — *Patriarcha ratione victus, milites se procurare promisit, quod tamen implere contempsit.*

Verum rex non ultra patriarchæ responsionem et asperitatem ferens, et ipse dure et impatienter locutus fuisse perhibetur. *Videte, ne facile hanc mihi sæpius objiciatis occasionem, ut qui altari serviunt de altari vivant, cum summa necessitas exigat ut de altari potius Christiani milites pascantur, quam Sarraceni vi de sepulcro munera fidelium asportent et dividant, et non miles noster vel sacerdos contingat. Vivit Dominus: non solum oblationes fidelium comedam, militibusque nostris dividam; sed etiam aurum de sepulcro Domini et altari evellam, quo milites et defensores Christianæ plebis regnique Jerusalem sustentari possent. Post hæc cum Domino Deo placuerit, et superbia seu minæ de regno Babyloniæ cessaverint, et terra siluerit, cuncta restaurabimus; ecclesiam etiam ejusdem sepulcri, sicut dignum est, thesaurizare nos non pigebit, et auro ditiore, gemmis vel opere exaltare.* His dictis, tandem patriarcha rege a viro litteris erudito convictus, ex consilio fratris Mauritii triginta milites in conventione solidorum se procurare promisit. Sed in brevi eorum tædio affectus talentum inæstimabilis pecuniæ sustulit, milites vacuos et immunes reliquit. Rex autem hypocrisim illius de die in diem cognoscens, vehementius eum urgebat, et de militari officio sollicitabat. Ille e contrario aures surdas ad omnia faciebat; ita animo obstinatus erat.

CAP. LXII. — *Patriarcha potestate et oblatione sepulcri Domini privatur. Pecunia patriarchæ regi aperitur.*

Igitur patriarcha dolens et tristis secessit Japhet, ubi ex consensu regis, quia sacerdotii gradum obtinebat, pacifice autumni et hiemis tempus adimplevit. Deinde mense Martio inchoante, anno primo regni ipsius Baldewini Antiochiam ad Tankradum navigio profectus est. Camerarii autem illius capti et retenti, minis verberumque terroribus coacti, pecuniam patriarchæ subterratam professi sunt ad viginti millia Byzantiorum auri; argenti autem tantum esse referebant, quod adhuc pondere et numero cunctos lateret. Fratrem vero Mauritium, quia Romani pontificis legatus erat, in omni quo potuit honore rex secum retinuit, ac diligenter procuratum benigne in omnibus tractavit.

CAP. LXIII. — *Rex pecuniam militibus dividit, crudelis legatio a Babylonia venit.*

Interea dum rex ex his et aliis diversis rebus ageret, propalatamque pecuniam suis egregiis militibus divideret et cuique pro labore suo rependeret, crudelis legatio a Babylonia descendit, scilicet quod Meravis, qui est secundus in regno, cum tota virtute et apparatu regis Babyloniæ properaret, bellum in brevi cum eo habiturus. Rex autem Baldewinus tam crudelia nuntia intelligens, non secure, non facile auribus immisit; sed a Jerusalem in Septembri mense in solemni Nativitate matris ac virginis Mariæ anno primo regni descendens, urbem Joppen cum omni virtute peditum et equitum introivit, ejusque mœnia plurima suorum muniens fiducia, cum trecentis tantum equitibus et mille peditibus in occursum inimicorum festinavit, ut cognosceret, si vera belli legatio sibi innotuisset. Mane ergo dehinc facto, in campestribus Rames consistens, vires, copias et arma intolerabilia Babyloniorum vidit per terras et fines Ascalonis occurrere, circiter ducenta millia tam equitum quam peditum. De quibus rex et omnes qui cum eo erant non solum admirati, sed et terrore concussi sunt.

CAP. LXIV. — *Tres regis acies a Babyloniis attritæ deficiunt.*

Verumtamen rex perscipiens se non posse vitare periculum, nec effugere inimicos haud procul absistentes, quinque acies ordinavit tam ex manu militum quam peditum. In prima acie fuit Belvoldus, miles nobilissimus, qui primum prælio commisso, ac gentilibus cum universis suis peremptus est absque solo milite, qui ibidem manu detruncata, vix a periculo mortis elapsus est. Ad hæc Geldemarus Carpenel, miles ferocissimus, secundam aciem regens, dum per medios hostes erumpens, periclitantibus sociis subvenire moliretur, cum omnibus sequacibus et coadjutoribus suis sub intolerabili manu inimicorum occubuit. Solummodo Willehelmus et Erkenboldus vivi evaserunt. Hugo vero de Tabaria, juvenis bellicosus, in tertia acie constitutus, per medios hostes equo veloci advolans et cum illis diu graviter pugnans, ad extremum certaminis pondere fatigatus et victus, vix e medio turbinis evasit, omnibus de comitatu suo ibidem occisis et attritis. Rex ergo tam grave exterminium suorum fieri videns, vehementer cum duabus aciebus quæ secum remanserant timore concussus est. Nec mirum. Nam idem mortis judicium in momento subire æstimabant.

CAP. LXV. — *Rex a pontificibus admonitus, coram cruce dominica prosternitur.*

Ad hæc duo catholici pontifices, Gerhardus et Baldewinus, quorum alter Gerhardus crucem Dominicam præferebat ad confusionem et obcæcationem Sarracenorum, et liberationem Christianorum, regi in mansuetudine et correctione sic locuti sunt: *Timemus, domine rex, ne ob discordiam, quæ inter te et dominum patriarcham orta est, hodie nostris victoriæ fiat impedimentum. Ideo monemus te, ut cum illo in concordiam redeas, et sic Domino Deo pacis satisfacias, quatenus a præsenti periculo eruamur.* Quibus rex: *Recte, inquit, monuistis et hæc* dicens ab equo desiliit, et coram Dominica cruce procidens in terram, adoravit Dominum cœli, et hæc pontificibus responsa dedit : *Patres et fratres in Christo charissimi, pastores et doctores peritissimi, judicium mortis nobis præsto est; inimici innumerabiles obstant in arcu, in hastis, in gladiis fulmineis, quos penetrare et expugnare pro imperio Romanorum, pro regno Franciæ et Angliæ, non hodie apponerem, nisi per gratiam Domini nostri Jesu Christi de quorum manibus sic me Dominus Deus eruat, ut non cum illo pacem componam, nisi primum coram apostolico et omni Ecclesia de perfidia quam egit, canonice fuerit expurgatus.*

CAP. LXVI. — *Post confessionem delictorum, episcopo Gerhardo crucem Domini præferente, rex per medios hostes irrumpit.*

Et hoc dicto cum jurejurando, confessionem delictorum suorum coram iisdem episcopis fecit; deinde corporis et sanguinis Dominici percepta communione, decem milites loricatos cum Gerhardo episcopo, lignum sanctæ crucis præferente, reliquit. Ipse vero ascendens equum, qui lingua Sarracenica *gazela* appellatur, eo quod cæteris equis sit cursu potentior, præmisit quartam aciem quam ordinaverat de militibus Jerusalem, viris bello assuetis ac robustissimis, quatenus cum hostibus in impetu ferirent ac dimicarent. Hæc autem quarta acies ex jussu regis fortiter irruens, cum committeret cum adversariis, præ multitudine illorum pondus belli non sustinens, cœpit fugiendo declinare. Sed a rege ejus fuga et contritione percepta, magno solamine relevata est. In momento enim cum sua quinta acie adfuit, agens grave prælium cum hostibus ac repetens, cædes et strages non modicas operatus est.

CAP. LXVII. — *Mira Domini Jesu et sanctæ crucis ejus victoria.*

Cum sic rex per medios hostium globos irrumperet, campos occisorum cadaveribus sterneret, quidam nominatissimus ammiraldus episcopo, crucem ferenti, occurrit in furore vehementi, ut raptim caput ejus detruncaret; sed, divina ultione et percussione præventus, subitanea morte suffocatus exspiravit. Deinde alter ammiraldus, dum subito ipsum regem Christianorum impeteret, mox equus illius trans cervices hasta regis confixus est, quæ ipsum etiam ammiraldum eodem ictu et impetu trans pectus et jecur viriliter perforavit; sicque ambo, equus scilicet et sessor ejus a Christiano rege occisi sunt. Mortuis itaque duobus ammiraldis, exercitus Babyloniorum magnis ductoribus, primo divina ultione, altero hastæ regis transfixione, rex et universi sui recuperatis viribus per medias acies Sarracenorum in multitudine densatas irruperunt in virtute Domini nostri Jesu Christi, et sanctæ crucis, inauditam illorum occisionem facientes usque ad vesperum, donec hinc et hinc fatigati, utrinque se a bello continuerunt. Verum rex et reliquiæ fidelium obtinentes camporum planitiem, in castris inimicorum pernoctaverunt. Sarraceni vero desperati in montis cacu- mine ea nocte remanserunt. Patet hic profecto quomodo virtus S. crucis non solum contra invisibilium jacula prævalet inimicorum, sed etiam adversus arma visibilium; quia in prima, secunda, tertia ac quarta acie superbia et fortitudo gentilium vincendo præcessit; in quinta vero acie, in qua lignum sanctæ ac venerandæ crucis ante regem et ejus socios præferebatur, tota virtus infidelium cœpit infirmari, humiliari et conculcari. Sed et principes eorum ferocissimi, Deo gloriam non dantes nec sanctæ cruci, sed in eam sibi oppositam audacter et insipienter irruentes, subitanea morte præoccupati perierunt.

CAP. LXVIII. — *Renovato bello, catholici regis ad suos hortatio.*

Igitur post hanc victoriam Christianorum, quæ in mense Septembri ipso vespere Nativitatis beatæ Dei genitricis Mariæ accepta est, crastino sole exorto, quidam Gallorum adhuc viventes et incolumes cum rege suo rursus armari properant, suspicati adhuc bellum a gentilibus ingruere. Sed in omni planitie regionis non sunt reperti aut visi. Revertente autem rege cum quadraginta tantum militibus et peditibus ducentis, qui vix evaserant, viginti millia Sarracenorum qui Japhet obsederant, et vespere hesterno huic prælio non intererant, sed civitatem ex præcepto Meravis nimio assultu vexaverant, in aperto camporum adfuerunt ex improviso. Quibus rex, quia locus divertendi ab eis non erat, resistere disposuit, et universos magna et audaci voce sic consolatur : *Ecce inimici nostri obviam nobis integris armis adveniunt : nos autem nuper bello fatigati, sero a manibus adversariorum, solo Deo protegente, evasimus superatis hostibus : optimates nostri et equites cuncti præter nos ceciderunt : quid igitur pauci adversus tot millia adhuc bello intacta acturi sumus ? pauci sumus, et sero bello fatigati; locus et possibilitas ab eis divertendi non est : et ideo quid consulam, nescio, nisi, ut in nomine Domini Jesu, et in virtute S. crucis universi stemus adversus incredulos pugnantes. Potens enim est Deus etiam de istorum manibus nos liberare, sicut heri de manu plurimorum et fortiorum liberavit. Si autem morti et contritioni deslinati sumus, fiduciam et spem habeamus, quia, si corpus nostrum pro nomine Jesu et sanctis Jerusalem nunc in præsenti sæculo occidi permiserimus, in futuro animas nostras in vitam æternam una cum fratribus nostris, hesterno prælio pro Christo jugulatis et attritis, conservare poterimus.*

CAP. LXIX. — *De gloriosa regis victoria et reditu in Jerusalem.*

Hac regis exhortatione milites omnes et pedites roborati in spe vitæ æternæ, inimicorum turmas operientes visas a longe, armis propere induuntur, lignumque Dominicum semper ante faciem suam habentes, grave prælium cum hostibus commiserunt. Obcæcati itaque et infirmati Sarraceni, in obstaculo tam venerabilis ligni timore illis immisso, non diu perseverarunt in bello. Visa quippe Christianorum audacia, et suorum nimia ruina, alii versus Ascalonem fugientes, alii versus montana Jerusalem, victi ac dispersi diffugium fecerunt, rege eos in gravi exterminio crudeliter insequente. Rex autem reversus a cæde hostium, paucissimis in unum receptis sociis, cum spoliis recentibus auro et argento, equis et mulis opibusque plurimis Japhet declinavit. Ubi lorica ferrea et veste ostrea exutus est, quæ revera et procul dubio tota tabe et sanguine hostium inebriata fuisse, ibidem visa est. Noctem illam rex illic in lætitia et hilaritate ciborumque abundantia exegit. Cives vero exsurgentes, et in campis Ascalonis festinantes, tentoria, aurum et argentum et multa pretiosa spolia occisorum gentilium, quæ rex suique paucissimi deferre nequiverant, asinorum et camelorum vehiculo in civitatem Joppen attulerunt. Deinde crastina luce affulgente, rex in gloria magna Hierosolymam ascendit, ubi de omnibus spoliis et præda inimicorum decimas hospitali Christique pauperibus erogavit.

CAP. LXX. — *De obitu Wickeri, militis Alemanni egregii.*

Wickerus autem Alemannus eodem anno paulo ante hoc prælium validis febribus correptus, in mense Augusto obiit, sepultus in civitate Joppe. Qui gladio suo, quo Turcum trans loricam et vestes super pontem Antiochiæ medium secuit, non modicam regi opem hic contulisse, nisi morte interveniente vitam finiisset. Hic miles magnificus leonem magnum et horribilem, viros et armenta sæpius juxta montana devorantem, in regione Joppe die quadam equum pascentem invadere volentem, munitus clypeo aggressus est : quem facili pede et saltu facie ad faciem sibi occurrentem ejusdem gladii acutissimi ictu percussit, ac fortiter cerebro ejus in partes diviso, crudele et intrepidum animal in campestribus mortuum reliquit.

LIBER OCTAVUS.

CAPUT PRIMUM. — *Quod primo Baldewini regis anno innumera Longobardorum multitudo per Bulgariam profecta sit Hierosolymam.*

Eodem tempore, quo bellum hoc mense Septembri actum est, et cruenta victoria a rege Baldewino habita, anno regni ejus primo, gens Longobardorum incomputabilis de regno Italiæ, post captionem Antiochiæ et Jerusalem, audita insigni Christianorum victoria, e diversis regionibus Italiæ collecta, per regnum Hungariæ prospero itinere transeuntes, profecti sunt usque in regnum Bulgarorum, volentes conchristianis fratribus auxilio augeri et prodesse. Adfuerunt in eodem voto et comitatu viri nobilissimi, episcopus Mediolanensis, Albertus comes illustris de Blandrat, Wido frater ipsius, miles egregius, Hugo de Montbeel, Otho, filius sororis prædicti Alberti, cognomine Altaspata, Wigbertus comes civitatis Farmæ, cæterique comprimores Italiæ, viri miræ nobilitatis et ductores exercitus : qui circiter triginta millia conglobati, terram et regnum Bulgarorum, ut prædiximus, in manu forti ingressi sunt.

CAP. II. — *Ubi Constantinopolitanus imperator eosdem Longobardos vendere et emere per castella Bulgarorum permittit, et eis rapinam interdixit.*

Ingressi autem, direxerunt nuntia imperatori Constantinopolitano, quatenus ejus gratia et dono in terra Bulgarorum, quæ de ejus regno erat et potestate, necessaria vitæ pretio mutuarent, sicque pacifice terram ejus pertransirent. Accepta itaque tam egregii et catholici exercitus legatione et petitione, rex Græcorum benigne omnia quæ rogabant concessit, hac scilicet interposita conditione, ne tanta adunatio aliqua violentia ea loca, quæ sui juris essent, vastaret, seu facta temere seditione conturbaret. Hac igitur conditione contulit eis emendi et vendendi licentiam in ejusdem regni Bulgarorum castellis, pane, vino, carne et omni pinguedine opulentissimis, castello videlicet Panidos, Rossa, Rosto, Dedamis, et castello nomine de Natura, et Sasalabriis, Adrianopoli et Phinepopoli, ut per hæc hospitati, pacifice bonis terræ sustentarent vitam affluenter.

CAP. III. — *Longobardi regis edictum negligentes, Græcos et Bulgaros invadunt : sed mox ab imperatore convocati, Constantinopolim tendunt.*

Hanc denique in terram venientes, mandatum regis transgressi sunt, nec audierunt ductores et principes exercitus; sed omnia sine modo et sine ratione deprædati sunt, sine aliqua mutuatione Bulgaris et Græcis sua auferentes, pecora et volatilia eorum diripientes, quodque nefas est de populo catholico dicere, Quadragesimali tempore et jejunio ea devorantes. Fregerunt etiam in prædictis locis et civitatibus ipsius pii imperatoris oratoria, propter ambitionem rerum, quæ in eis erant recondita a facie tantæ multitudinis. Item, quod auditu est horrendum, mamillas cujusdam mulieris sua defendentis quidam ex parasitis impie detruncavit. Audita hac infamia crudeli et devastatione intolerabili, quæ regno Bulgarorum ab his inferebatur, et querimonia suorum, imperator ad primates et magistratus legionis direxit nuntia, quatenus in his non ultra morarentur regionibus, castellis et civitatibus; sed festinato ad se in civitatem Constantinopolim, quæ caput totius est Græciæ, regia via contenderent. Venerunt ergo ad eamdem civitatem Constantinopolim, et ex ipsius regis ordinatione et decreto in littore maris, quod vocant Brachium S. Georgii, ex hac parte tabernacula sua locaverunt in crepidine alvei spatio trium milliarium. Duobus autem mensibus a veris tempore illic consederunt, priusquam aliqua societas de regno Franciæ aut Alemanniæ illis jungeretur : ubi etiam plurimis injuriis, sicuti erant soliti, ipsum imperatorem ad iram et odium commoverunt.

CAP. IV. — *Imperator a Longobardis injuriatus, vendere eos et emere inibi prohibet : illi palatium ejus unanimiter obsident.*

Imperator vero plurimis injuriis sæpius concitatus, timens ne tot ac tantis copiis vis diversarum nationum augeretur, et sic audaciores facti, aut avaritia aut aliqua occasione assumpta, insurgentes in civitatem Constantinopolim rebellarent; admonuit eos ne ultra in locis his aut littore remanerent, sed quantocius abhinc migrantes, in terminis Cappadociæ et Romaniæ apud portum Civitot et Rufinel hospitati moram facerent, donec adfuturæ legiones et copiæ cum eis simul in unum confluerent. Sed responderunt unanimiter se minime brachium maris transituros, donec ampliores vires tam Francorum quam Alemannorum obtinerent. Audita hac Longobardorum obstinata responsione, nolle eos a statione occupati maris se amovere ante adventum futuræ societatis, imperator illis emendi et vendendi licentiam interdixit ; et statim penuria necessariorum vitæ per triduum in populo facta est. Videntes autem Longobardi regis iram, et interdictionem necessariorum vitæ, et sic famis angustiam in populo fieri, subito universi tam equites quam pedites armis induuntur, et ad portam et muros majoris palatii civitatis in ligonibus, uncis ferreis, malleisque conferuntur ad locum qui dicitur ad S. Argenium. Ubi in duobus locis infringentes et intrantes, imprimis juvenem de sanguine ipsius imperatoris peremerunt, deinde leonem domitum, qui erat gratissimus in palatio imperatoris, occiderunt.

CAP. V. — *Imperatore tandem per episcopum Mediolanensium pacificato, Longobardi Constantinopolim relinquentes, Nicomediam applicuerunt civitatem.*

Episcopus vero Mediolanensium, et Albertus comes de Blandraz, et Hugo de Montbeel, et cæteri prudentiores primique exercitus, cognoscentes seditionem hanc pessimam sibi suisque plus nocere quam prodesse, in medio populi exsurgentes, hoc malum ultra fieri prohibuerunt. Tandem, nunc minis nunc blanditiis populum compescentes, quemque in sua remiserunt. Sedata itaque hac lite gravissima, episcopus et comes navigio venerunt ad ipsum imperatorem per brachium maris ejusdem, eo quod milliari et amplius a civitate et regis palatio essent hospitati. Qui confidenter ad eum ingressi, animum illius mitigare et ab ira indignationis revocare conabantur, cum juramento affirmantes se ab hoc facto innoxios, et ab insensatis et incorrigibilibus hominibus hæc mala suscitata et orta fuisse.

Econtra imperator præteritarum injuriarum illis molestiam inferebat ; deinde contumelias, quas recenter nunc in ejus præsentia fecissent, scilicet in palatii sui destructione, in proximi sui mortificatione, in leonis sui occisione. Sed prædicti principes astuti, et in responsis moderati ac diserti, molestiam animi imperatoris omnibus modis lenire tentabant, primum se cum juramento excusantes, quod minime sua voluntate aut consensu hæc mala sint acta. Tandem imperator humili eorum excusatione placatus, omnia quæ sibi fuerant illata, per intercessionem tantorum principum cum omni benevolentia cordis peregrinis laxavit. Attamen, sicut consilio suorum disposuerat, iterum eos de transitu brachii maris admonebat, adeo de regni sui invasione et impedimento sollicitus, ut magnis muneribus auri, argenti, ostri datis, ac majoribus promissis, apud istos obtinere et impetrare conaretur, quatenus multitudinem hanc redderent voluntariam transeundi brachium maris. His magnis donis et promissis imperatoris corrupti, Albertus de Blandraz nimium ei credens, decem equos cum aliis rebus pretiosis suscepit ; sed episcopus solerti providentia omnia hæc sibi oblata refutat, timens ne si exercitus transiret, a Græcis molestatus Turcorum armis occidendus traderetur. Videns autem imperator constantiam episcopi, omnibus modis redit cum eo in concordiam, et ejus petitioni acquiescens, iterato concessit peregrinis vendendi et emendi licentiam, firmato utrinque fœdere pacis conservandæ. Descenderat autem eodem tempore comes Reymundus a Laodicea in civitatem Constantinopolim, qui multum peregrinis in reconciliatione imperatoris profuit, primus et collateralis illi in omni consilio et decreto factus præ omnibus, qui Hierosolymam ascenderunt. Tandem Pascha Domini celebrato, post aliquot dies Longobardi brachium maris transeuntes, ad civitatem Nicomediam pervenerunt.

CAP. VI. — *Conradus, imperator Henrici stabularius, cum nonnullis occidentalis Franciæ principibus Nicodemiæ Longobardis associatur.*

Conradus similiter, stabularius Henrici tertii Romanorum imperatoris, cum duobus millibus Teutonicorum Constantinopolim perveniens, imperatori Alexio notificatus, gratiam in oculis ejus invenit, præ cunctis dilectus et magnificis donis honoratus. Qui et ipse brachio maris trajecto, Longobardorum principibus sociatur. Dehinc Stephanus Blesensium comes, pœnitentia ductus, Hierosolymam reditum parat, Stephanus quoque dux Burgundiæ, Milo etiam de Braio, Wido pariter rufus capite, Hugo et Bardolfus de Breis, Engelradus episcopus de Monte lauduni, Viscones de Firmamento, Reinoldus episcopus de Suessones, Baldewinus de Grandpreit, miles pulcherrimus, Dudo de Claromonte, Walbertus castellarius Lauduni. Hi omnes de regno occidentalis Franciæ cum omnibus copiis suis ibidem in civitate et regione Nicomediæ Longobardis associati sunt; et e diversis terris et regionibus profecti, in eamdem civitatem convenisse, et in ejus finibus moras fecisse referuntur.

CAP. VII. — *Quod in diebus Pentecostes innumerabilis Christianorum ab urbe Nicomedia exercitus egressus, versus regionem Flaganiæ iter suum direxit.*

Dehinc appropinquante die sanctæ Pentecostes, de diversis mundi partibus in unum congregati circiter ducenta sexaginta millia, cum filiis et uxoribus plurimorum, cum clericis et monachis et plurima manu inertis vulgi, conductum imperatoris Constantinopolitani quæsiverunt. Qui precibus eorum satisfaciens, comitem S. Ægidii, qui erat ei privatus, cum quingentis Turcopolorum equitibus illis constituit, quatenus ejus conductu et ordinatione iter suum continuantes, provide agerent universa. His ita dispositis, et comite Reymundo consiliario et ductore, exercitus facto, Stephanus Blesensis viam, qua dux Godefridus et Boemundus ac primus incessit exercitus, per terram Nicomediæ et Romaniæ proficisci disposuit; quia sic tutum et prosperum iter illi videbatur et plurimis de societate. Sed Longobardi de multitudine sua confidentes, per montana et regionem Flaganiæ, se ituros in magno dissidio firmaverunt, dicentes se etiam regnum Corrozan vi intrare ac Boemundum de captivitate Turcorum aut extorquere et liberare, aut in virtute sua civitatem Baldach, quæ est caput regni Corrozan, obsidere et destruere, sicque potenter confratrem suum a manicis eripere. Stephanus autem Blesensis et Reymundus cæterique comprimores intelligentes Longobardorum contentionem sævissimam et nimiam jactantiam liberationis Boemundi, non valentes eos ab errore suo avertere, via, quam petebant, profecti sunt, præcedente ipso comite Reymundo cum Turcopolis, et magno imperatoris apparatu.

CAP. VIII. — *Ubi populus in itinere suo illicite luxuriatur, præsidium Ancras funditus diruens, sata et segetes vicinas Turcorum succidens.*

Tribus dehinc septimanis evolutis, et adhuc in itinere suo prospere et abundanter peregrinis epulantibus, et plurimis de populo illicite luxuriantibus, et multum incesta commistione agentibus, in ipsa vigilia S. Joannis Baptistæ, præcursoris Domini, ventum est ad montes ascensu difficiles et valles profundissimas, deinde ad castellum, quod dicitur Ancras. Ubi Turcos repertos assilientes, et in assultu usque in medium mane perdurantes, munitionem funditus diruerunt, ducentis ibidem Turcis detruncatis. Sex tamen ex his capitales latitantes, in silentio noctis periculum mortis evaserunt. Hoc itaque castellum militibus imperatoris restituentes, eo quod de regno ejus fuerit, et injusta invasione Turcorum amiserit, profecti sunt ad præsidium Gargara, segetes et omnia sata regionis depopulantes, eo quod præsidio nocere nequiverant propter ejus munitionem, situ et natura locorum validam et insuperabilem. Hoc præsidio illæso et non superato ab universa legione relicto, Turci vehementer lætati sunt, quoniam munitio sua frustra a Christianis turmis vallata, nunc illæsa et invicta remansit. Ab ea igitur die et deinceps exercitum persecuti, minus sequi valentes præ lassitudine incursabant, et crebra cæde sagittarum mortificabant.

CAP. IX. — *Reymundus comes, donis Turcorum corruptus, exercitum duxit per viam solitudinis : et Christiani per vires agunt custodiam in exercitu.*

Pervenerunt deinde Christianorum populi ad plurimas civitates et castella, quorum nomina latent. De quibus Turci dona et multa cibaria mittentes, comitem Reymundum præcedentem et milites imperatoris avertebant. Sic corrupti, per deserta et invia et solitudines locaque arida totum deducebant exercitum, ubi assidue Turcorum insidiæ occursantes eis, universos de exercitu negligentia aut lassitudine retardatos trucidabant. Perceptis igitur insidiis, et gravissima insecutione et populi contritione, principes exercitus decreverunt retro et ante suæ gentis custodiam fieri, ac Francigenas milites circiter septingentos semper in fronte præire et præcavere; Longobardos similiter ad septingentos, a tergo lassos et subsequentes fratres tueri et exspectare. Turci vero comperta Longobardorum custodia post tergum sui exercitus, supra quingentos in arcu et equis conglobati, subito clamore intonantes, eos a tergo incurrerunt, sagittarum grandine velociter vexantes et vulnerantes. Tandem terrore mortis attoniti Longobardi, celeritate equorum in fugam conversi sunt, miseros pedites et itinere fessos deserentes : quos Turci gravi occisione circiter mille in hac prima custodia peremerunt. Crastina autem die exorta, et crudeli fama attritæ gentis perlata in castra, conturbati sunt omnes primores exercitus, multum Longobardis improperantes quod mollitie et pigritia eorum contritus et imminutus fuerit exercitus; unde alios decreverunt custodes statuere fessi et a longe subsequentis populi; sed nemo se obtulit ad custodiam præter ducem Burgundiæ. Qui cum quingentis loricatis equitibus sic tuebatur exercitum, ut nec unus in custodia suæ diei de populo periret.

CAP. X. — *Turci cum Reymundo prælio decertant, et turmæ Christianorum propter hostes in unum conglobatæ mistim per solitudinem gradiuntur.*

Sequenti vero die post Stephani custodiam, comes Reymundus suæ diei egit custodiam, quem Turci, ad septingentos in unum collati, nona diei hora in locis arctissimis fortiter incurrentes, cum eo grave prælium in sagittis commiserunt. Sed comes viriliter resistens, non amplius quam tres suorum amisit, præter aliquos gravi sagittarum infixione ibidem vulneratos. Comes ergo Reymundus videns quia bellum difficile sibi suisque ingruebat, et Turcorum copiæ accrescentes sibi vim inferebant, septem equites veloci cursu remisit ad exercitum, qui jam spatio septem milliarium præcesserat, quatenus sibi aliqua manus mitteretur, quæ sibi suisque nimium et diu angustiatis ab hostium impugnatione subveniret. Audita hac comitis legatione, decem millia equitum in momento sequestrati, loricis induti, galeis operti, clypeis pectori obductis, eadem die viam remensi sunt ad ferendum comiti auxilium, existimantes omnes Turcorum copias convenisse. Turci ad hæc septingenti, visa comitis constantia, et reversæ multitudinis audaci succursu, fugam velociter arripuerunt, in montanis se abscondentes. Ab illa denique die commistis copiis, Reymundus et universi ductores et capitanei decem millium cum omni manu equitum, et comitatu fatigatorum peditum, ad multitudinem exercitus redeuntes convenerunt: qui deinceps dividi, aut ullatenus aliquibus in locis spatiari, nulla fiducia præsumpserunt, propter assiduos Turcorum assultus et nimias illorum copias.

CAP. XI. — *Qualiter exercitus in solitudine quindecim diebus vagando, sitis et inediæ miserias pertulerit gravissimas.*

Dehinc per quindecim continuos dies viam suam continuantes, amplius in solitudines et loca inhabitabilia et horroris, per montana asperrima incedebant: ubi nihil reperientes, non hominem, non pecudem, gravi fame cœperunt coarctari, quin aurum nulli prodesse poterat nec argentum; quia nullius generis esca reperiebatur, quæ pretio posset mutuari. Si qui vero de Provincialibus præcurrebant, quingenti iniquam seu ducenti vel trecenti ad investigandos cibos, circumventi a Turcis, in momento occidebantur, quos subsequens exercitus quotidie detruncatos reperisse perhibetur. Hæc enim Provincialium gens amplius prædæ et rapinis inhiabat præ omnibus, et ideo ampliori casu præ cæteris periclitabatur. Tantum divitibus et magnificis viris, qui vehiculis a portu Civitot et a Nicomedia civitate farinam, panes, carnes siccas vel baccones attulerant, sustentatio vitæ erat; cæteros gravis inopia frondes, cortices arborum ac radices herbarum corrodere, et sic ventrem implere cogebat.

CAP. XII. — *De mille peditibus Christianorum, qui in valle hordeum colligentes, circumventi sunt et combusti igne Turcorum.*

Hac arctati inopia, mille pedites de exercitu in confinio civitatis, Constamnes nomine, explorato novello hordeo, sed nondum maturo, eadem tamen onusti annona, in quamdam vallem descendentes de arbustis et myricis ignem suscitaverunt, ipsa grana immaturi hordei flammis exusta et torrida de culmis excutere ad implendos ventres statuentes. Similiter pomula cujusdam miri et inauditi generis, fructum amarum quorumdam frutetorum, ibidem in desertis reperta et collecta, ad mitigandam famem coquere didicerunt; sed propalati a crudelibus Turcis martyrio coronati sunt. Nam, cum ad eos præ difficultate locorum, vallium et montium nullus hostium pateret accessus, nec ulla esset facultas aut ars in sagittis nocendi, copioso igne ex ramis frutetorum et arida materia herbarum suscitato, vallem circumquaque impleverunt, ex quo mille homines perusti sunt. Tam atroci fama combustionis et perditionis catholicæ legionis in castris divulgata, extérriti sunt universi principes Christianorum. Unde ab illo die sex diebus continuis semper in unum conglobati, sic iter suum moderati sunt, ut pedites inter equites ad omne periculum et defensionem pariter adesse viderentur.

CAP. XIII. — *Turci in viginti millibus cum ducibus suis, Donimano et Solymano, cum Christianis dimicantes, ad septingentos corruerunt.*

Igitur sex dies completi sunt, et ecce Turci Donimanus, Solymanus, Carageth, Brodoan de Alippa, et a montanis Flaganiæ, et in omni regno Antiochiæ, cum viginti millibus, viris sagittariis in arcu corneo et osseo obviam Christianorum turmis adfuerunt. Qui omnem rem et angustias illorum explorantes, sexta eos feria bello aggredi statuerunt. Superavit enim eadem die exercitus fidelium Christi angustias et laboriosas fauces Flaganiæ, et in planitie campestri applicantes, ejusdem diei, scilicet feriæ sextæ, hora nona ad quiescendum castra posuerunt. Et ecce Turci appropinquantes, et more suo altis vocibus inclamantes, totum coronaverunt exercitum et utrinque grave prælium commiserunt. Interdum Turci in castra repentino impetu advolantes, et Christianos milites lacessentes, sagittis eos confixerunt: interdum Galli et Longobardi, licet fessi et itinere gravati, exsurgentes et adversus tot creberrimos assultus indignantes, frequenter eos remittebant, quousque septingenti Turcorum corruerunt; Christianorum vero nulli percussi sunt: nam in unum conglobatos nequaquam irrumpere et dispergere ea die Turci potuerunt. Turci autem videntes, se nihil hac die in cæde Christianorum proficere, sed plurimos suorum cecidisse, tristes ac dolentes in castra sua, vespere terras operiente, regressi sunt. Similiter et Christianus exercitus hac nocte statutis vigiliis et custodia in circuitu castrorum, omni bellorum turbine sedato quievit.

CAP. XIV. — *Ubi Christiani quoddam præsidium Turcorum comminuerunt, sed insidiis eorum excepti, ad septingentos perierunt.*

Sequenti vero die Sabbati tria millia exercitus Christianorum, et principes eorum Conradus et Bruno filius sororis ejus, cæterique viri fortissimi e castris et planitie exeuntes, et in regionem civitatis Marecsh applicantes, jam sui itineris milliaribus duobus peractis, præsidium quoddam Turcorum assilierunt: quod frustra a Turcis defensum sine aliqua mora comminuentes, omnia vitæ necessaria quæ in eo erant diripuerunt, et Turcos inibi repentos in ore gladii percusserunt. Hoc prospero successu Christiani gaudentes, et spolia Turcorum grandia et multa ad tentoria secum deferentes, per quasdam montium fauces asperrimas et scopulosas descenderunt. Ubi insidiis Turcorum circumventi et sagittis lacessiti ac confixi, parum repugnantes præ lassitudine et onere prædarum angustiaque locorum, ad septingentos perierunt, spolia omnia et prædas Turcorum, licet inviti, illic relinquentes. Hi vero, qui ab eorum manu evaserunt, singulatim et sparsim sicut victi et attriti, vespere ad castra relati sunt tristes et dolentes. Et ea die ultra, ab omni assultu exercitus lugens de casu suorum, in tentoriis requievit. Similiter Dominica die tam Turci quam Christiani ab omni infestatione et belli turbine cessaverunt.

Cap. XV. — *Episcopus Mediolanensium omnem exercitum ad confessionem delictorum suorum cohortatur, et universa multitudo ad bellandos hostes in quinque acies cum ducibus suis ordinatur.*

Secunda autem feria jam primo sole radiante, episcopus Mediolanensium in medio exercitus exsurgens, divino tactus spiritu, hac die bellum adfuturum prædixit, et sermonem ad populum Dei viventis faciens, omnes ad confessionem delictorum venire admonuit, quos in nomine Jesu apostolica potestate a peccatorum nexibus absolvit, universos post datam indulgentiam brachio B. Ambrosii Mediolanensis episcopi sanctificans et benedicens, quin et lancea Dominica, quam Reymundus secum attulerat, est aucta ad sanctificandum et benedicendum populum. Post hanc benedictionem, et suæ puritatis confessionem, Stephanus dux Burgundiæ, miles clarissimus, ex suo populo sibi aciem constituit; Reymundus Turcopolos et Provinciales in sua acie retinuit. Conradus vero, stabularius imperatoris Henrici III Alemanos, Saxones, Bojoarios, Lotharingos et universos Teutonicos in aciem sibi ascivit. Episcopus Lauduni, Engelradus, Milo, Wido, Hugo, Bardolfus de Breis, Walbertus de civitate Lauduni, omnes hi ex manu Francigenarum aciem ordinaverunt. Episcopus vero Mediolanensis, Albertus de Blandraz, Wido frater illius, Otho de Altaspata, Hugo de Montbeel, Wigbertus de Parma et universi Longobardi equites et pedites densissimam sibi aciem composuerunt. His vero aciebus sic ordinatis, Longobardi in fronte constituti sunt, eo quod illorum copiæ intolerabiles haberentur, ut adversus Turcorum acies, quæ illis vicinæ erant, fixæ et impenetrabiles facie ad faciem obstantes, eas oppugnarent. Deinde singulæ acies Christianorum usquequaque a dextris et sinistris positæ, singulis gentilium aciebus obstabant, sæpius eos in fugam remittentes, et sæpius adversus eos bellum iterantes. Sed Turci callidi et prælio docti, post aliquantulum fugæ subito frena rejicientes ac sagittarum grandine remordentes, gravi vulnere tam homines quam equos perimebant.

Cap. XVI. — *Longobardi, in prima fronte pugnantes, deficiunt, post quos reliquæ acies cum ducibus fugientes, diffugiunt.*

Longobardi igitur, qui in prima fronte constituti erant, graviter et diu cum Turcis commisere prælium. Sed Albertus ductor eorum, post nimiam et longam reluctationem pondus belli sufferre non valens, et præcipue equorum defectione, qui fame attenuati nihil poterant, cum signo belli quod dextra ferebat, fugam iniit : et sic tota illa Longobardorum adunatio cum ducibus et principibus suis in fugam, usque in tentoria remissa est. Conradus vero, miles imperterritus, videns bellum ingravescere, et Longobardos deficere ac fugam inire, repente advolans, cum sua acie irrupit, Turcos expugnans et dissipans a prima hora diei usque post meridiem. Tum tandem victus præ nimia jaculorum assiduitate, fugam arripuit cum manu diu fame macerata et viribus exhausta, et ipse in tentoria reversus est. Stephanus item cum Burgundionibus volens subvenire attritis et fugitivis fratribus, cum sua acie irruens vehementer hostes expugnabat. Sed ad ultimum post longam contentionem cum omnibus suis terga vertit, innumerabili multitudine suorum ibidem occisa et a Turcorum armis exstincta, et simili fuga ad tentoria repedavit. Stephanus vero Blesensis respiciens omnia tam Longobardis quam Gallis verti in malum, cum omnibus Francigenis qui in sua erant acie, ad subveniendum fratribus et Turcos reprimendos advolat, ac bellum committere usque ad vesperum non abstinuit. Tandem Turcorum manu intollerabili sagittis et arcu osseo invalescente, comes Blesensis victus et attritus, simili fuga qua et socii in castra relatus est, multis nobilibus viris de comitatu ejus, victis et exstinctis. Ceciderunt in ejus acie viri illustrissimi, Baldewinus de Grantpreit, Dudo de Claromonte, Wigbertus de Monte Lauduni, custos et defensor ejusdem civitatis, Dei amicus, miles ferocissimus, corpore altus, et plurimi potentes ac primi exercitus, quorum nomina omnia scire et investigare nequimus. Comes vero Reymundus cum militibus imperatoris Turcopolis et suis Privincialibus cuneis socios relevare in eodem certamine festinans, multos Turcorum repente prostravit. Sed dehinc nimium casu adversante, multis suorum prostratis ac sagittis imminutis, bellum Turcorum nimis invaluit, donec tota manus Turcopolorum exterrita, et fuga dilapsa ad loca tabernaculorum divertit, comitem in mediis periculis deserens, cujus Provinciales milites fere omnes detruncati sunt.

Cap. XVII. — *Reymundus comes prælio victus, versus montana fugiens cum decem militibus, silicem quamdam præcelsam occupat : de qua per socios liberatus, media nocte cum suis omnibus fugam init.*

Videns ergo comes fugam Turcopolorum et casum irrecuperabilem suorum, non ultra in mortis periculo sibi imminente remanens, sed vix ab armis effugiens, versus montana et per angusta loca declinans, in summitate cujusdam præcelsi silicis ascensu difficili astitit cum decem tantum sociis, de quo, quantum poterat, Turcis insequentibus et eum obsidentibus, resistere cum suis conabatur. Regressis itaque omnibus ad tentoria, qui Turcorum arma effugerant, Stephanus, comes Blesensis de omnibus primoribus requisivit qui a bello redissent aut armis occubuissent : cui statim innotuit Reymundum in summitate silicis fecisse diffugium, et nisi sibi subveniretur, nunquam eum manus Turcorum posse evadere. Ad hæc Stephanus comes, ducentis sociis in lorica et galea readunatis, Reymundum ab invasione Turcorum liberare festinans, Turcis fugatis, qui eum insecuti fuerant, et ad triginta viris repente attritis, comitem salvum de silice recepit; et incolumem ad tentoria reduxit. Victis et attritis Christianorum fortissimis aciebus, et usque ad tentoria de crudeli prælio effugatis, Turci victores cum spoliis Gallorum et Longobardorum pariter in sua castra sunt regressi, vix duobus milliaribus a mansione Christianorum, satis tamen luctuosam et cruentam victoriam hac die obtinentes. Ceciderunt enim societatis eorum tria millia virorum pugnatorum in eodem prælio quo Christiani milites delictorum suorum pondere impediti, divino judicio traditi sunt incredulis viris et impiis ad puniendum. Eadem vero nocte qua comes Raymundus a cacumine silicis et Turcorum obsidione, subveniente Stephano Blesensi ac Conrado stabulario, liberatus et reductus est in castra ad confratres, cœperunt focos et victus necessarios universi parare, qui a cæde et bello in tabernacula confugerant; ligna quoque et sarmenta ad coquendos cibos componere, quibus fessa et jejunia corpora recrearent. Et ecce, primo noctis facto silentio, idem comes Reymundus, nescio qua formidine correptus et vitæ diffisus, cum omnibus suis et cunctis Turcopolis imperatoris, equos frenis ac sellis stravit, fugamque iniit, ac tota nocte illa fugiendo, iter per montana et invia loca accelerans, ad castellum imperatoris, Pulveral nomine, venisse perhibetur.

CAP. XVIII. — *Post fugam Reymundi universi duces exercitus, cum reliqua multitudine tentoriis et uxoribus suis in via delictis, celerem fugam arripiunt.*

Igitur hac illius fuga cognita, et in populo divulgata, universos tantus metus invasit, ut nec unus de principibus remaneret, sed omnes vitæ diffidentes diffugium maturarent, magni et parvi, nobiles et ignobiles, usque ad Synoplum imperatoris præsidium, ignorantes quod et Turcorum corda non minus formido fugiendi sollicitabat. Tentoria autem et omnem apparatum suum Christiani cum omnibus vehiculis, cum uxoribus teneris et charissimis, cum omni suppellectile, qua tot nobiles et tam magnus indigebat exercitus, reliquerunt. Nec mora, per exploratores fama tam subitæ fugæ ad aures Turcorum pervenit, qui non longe post contritionem Christianorum, et acceptam victoriam, sua etiam in castra recesserant, ut et ipsi ea nocte cibis et somno sua refoverent membra, in cæde catholicorum militum fessa et gravata.

CAP. XIX. — *Quomodo Turci fugientium tentoria diripuerint, et uxores eorum quasdam jugularint, quasdam captivarint.*

Turci quidem hæc audientes et continuo exsurgentes, omnibus suis in tubis et buccinis expergefactis et convocatis, sicut sunt viri semper vigiles in cæde inimicorum, primo diluculo adfuerunt in tentoriis Christianorum. Ubi mulieres nobilissimas et matronas egregias, tam Gallorum quam Longobardorum crudeliter aggressi, impie raptas et vinculatas tenuerunt, in barbaras nationes et ignotam linguam, supra mille transmittentes, ac si pecora muta deprædati essent, et perpetuo exsilio in terram Corrozan quasi in carcere et conclavi eas constituentes; cæteras aliquantulum provectæ ætatis gladio interemerunt. Terra autem et regnum Corrozan sic montanis et aquarum paludibus clausum est, ut quicunque captivi illuc semel intraverint, non ultra hinc magis quam pecus a cavea exire valeant, nisi licentia et permissione Turcorum. Ah quantus dolor! quantæ illic videri poterant miseriæ! ubi tam tenerrimæ et nobilissimæ matronæ ab impiis et horridis hominibus in prædam raptæ et abductæ sunt : quorum capita ante et retro, a dextris et sinistris, in modum colli rasa sunt; et quorum rari capilli, ab his quatuor collis dependentes, intonsa coma perhorrescunt, cum barba etiam intonsa et prolixa, et qui solum tetris et immundis spiritibus similes esse in suo habitu referuntur. Vere non modicus dolor illic erat, non parvus timor delicatas matronas invaserat, non parvi feminei ululatus auditi sunt in castris, ubi dulces earum mariti alii occisi, alii fugitivi, ultima necessitate compulsi, miseras ac desolatas inter manus percussorum reliquerunt. Aliæ illicita et fœda commistione vicissim vexatæ, et post plurimam vexationem decollatæ sunt; aliæ hilari vultu et decora facie oculis eorum placentes, in barbaras nationes, ut diximus, transmissæ sunt.

CAP. XX. — *Quod post deprædationem mulierum Turci fugientes Christianos insecuti, diversa eos cæde laceraverint, plurima eorum spolia in itinere relicta colligentes.*

Repertis itaque et captis tot honestis mulieribus in tentoriis fugientium Christianorum, Turci celeritate equorum insecuti sunt tam equites quam pedites, tam clericos quam monachos et totum femineum sexum, qui fuga evaserant de castris : quos non aliter gladio metebant, quam messor, qui falce maturas segetes metere solet. Nulli ætati aut ordini parcebant; solos juvenes imberbes, viros militaris officii, captivabant, quos etiam in exsilio cum matronis honorificis Corrozan abduci destinabant. Pecuniam quidem inauditam a fugitivis et lassis medio itinere relictam sustulerunt; ad hæc molles vestes, pelliceos varios, grisios, harmelinos, mardrinos, ostra innumerabilia auro texta, miri decoris, operis et coloris, equos quoque et mulos, plus quam numero vel littera alicujus referri possit : quæ omnia tandem illis tædio fuerunt asportare.

CAP. XXI. — *Quod Christiani exercitus centum et sexaginta millia siti ac fame, fuga et sanguine a Turcis in bello occisa sunt.*

Terra autem et montana, ut aiunt pro vero, qui hæc oculis viderunt, et vix illic judicium mortis evaserant, byzantiis, auro incommutabili, argento inæstimabili et denariorum dispersione sic operta erant in contritione et fuga tam magni exercitus, ut amplius tribus milliaribus super aurum, gemmas, vasa argentea et aurea, ostra mirifica et pretiosa, vestesque subtiles ac sericas, incedere fugientes et persequentes viderentur. Sanguine vero occisorum tota via defluebat. Nec mirum; quoniam supra centum et sexaginta millia illic in gladio et sagitta ferocium Turcorum ceciderunt : facile ab hostibus superati ac detruncati præ fame diuturna, qua nimium afflicti et viribus exhausti, nulla virtute resistere potuerunt. Tanta enim illis fames in desertis Flaganiæ incubuit, ut corium bovis viginti solidis emeretur; paniculus, qui palmo concludi poterat, tribus solidis Lucensis monetæ venderetur; cadaver equi, muli, asini, sex marcis appretiaretur. In hac fuga sævissima duo probi equites de populo Stephani Blesensis, dum viam maturarent a facie Turcorum insequentium, quidam cervus ex adverso de montanis clamore et tumultu Turcorum et Christianorum attonitus eis occurrit, impedimentum illis viæ factus : trans quem ambo casu corruentes, in momento ab hostibus decollati sunt.

CAP. XXII. — *Qualiter residuus Christianorum populus vagus et profugus cum ducibus suis Constantinopolim repedaverit.*

Igitur exercitus sic attritus et profugus equo vel mulo evadere festinans, ad civitatem Synoplum, quam milites imperatoris tuebantur, sparsim fugiendo pervenit; et sic semper fugiens, usque ad regiam urbem Constantinopolim partim reversus est. Stephanus autem dux Burgundiæ, Stephanus Blesensis, Conradus stabularius imperatoris Romanorum, episcopus Mediolanensis, episcopus Lauduni, episcopus de Suessones, Wido Rufus, Hugo, Bardolfus et cæteri comprimores, et universi qui gravissima Turcorum arma poterant effugere, Constantinopolim, per montana et invia fugientes regressi sunt. Comes vero Reymundus per abrupta montium et ima convallium Synoplum cum Turcopolis imperatoris Græciæ, omnibus sociis et principibus prætermissis, ingrediens pernoctavit, et die crastina navem ascendens, per mare Constantinopolim advectus est.

CAP. XXIII. — *De quadringentis Christianis qui Turcos insequentes evaserunt, et de aliis mille militibus qui, in regressione Turcorum, gladiis eorum jugulati ceciderunt.*

Interea tantillum exercitus, quod remanserat, dispersæ videlicet Christianorum reliquiæ, dum vestigia comitis Reymundi et cæterorum eadem via tenerent, et ad quadringentos a diversa fuga in unum colligerentur, Solymanus, Donimanus, Balas de Sororgia nondum cæde satiati, a tertia feria usque in quartam eos persequuntur, eodem tramite quo tendebant post principes fugitivos ad Synoplum, ut eos detruncarent et captivarent. Sed nimium prolongatos ultra persequi non audentes propter vires et civitatem imperatoris, reversi sunt. Revertentes vero de dispersis et retardatis, qui eis obviam fuere, eadem die mille amputatis collis sparsim peremerunt. Ubi impiis tyrannis vir nobilis Eraldus obviam factus, sagitta illorum occubuit, ortus de civitate Cadelim. Engelradus pariter de eadem patria, Dudo miles egregius, Arnoldus, filius villici, Walterus de Castelens, et plurimi potentissimi milites, quibus equorum cursus minime prodesse poterat, eisdem carnificibus obviam facti, sagittis occisi sunt.

CAP. XXIV. — *Quomodo duces ac comites exercitus dispersi, ad se Constantinopolim fugientes, imperator benigne susceperit : et quod Reymundo infestus, postea eidem amicus exstiterit, et quod ibi Mediolanensis episcopus obierit.*

Comes vero de S. Ægidio et cæteri comprimores Constantinopolim ingressi, a domino imperatore benigne suscepti sunt. Sed adversus Reymundum cœpit aliquantulum indignari, eo quod a cæteris sociis, Stephano et Conrado, fugiendo subtractus sit et alienatus. Qui, occasione assumpta, respondit hæc ideo se fecisse, quoniam timuisset, ne in eum insurgerent, eo quod primus fugam cum Turcopolis a castris inierit; et quia eum in dolo, et ex consilio imperatoris, fugisse existimassent. Dehinc in brevi imperatoris indignatione cessante, misertus est universorum, et cunctis opibus spoliatos et vacuos magnificis donis in auro, argento, armis, equis, mulis et vestibus relevavit; et toto autumni et hiemis tempore universos secum habitare et refocillare concessit in omni affluentia et largitate rerum necessariarum. His itaque moram illic facientibus, episcopus Mediolanensis vita discessit, cui episcopi et universi fideles catholicas exsequias exhibuerunt.

CAP. XXV. — *Qualiter eodem tempore nobilissimus princeps Willhelmus, de regno occidentalis Franciæ egressus, quindecim millibus peditum adjunctis, per aridam Bulgariam descenderit.*

Eodem quoque tempore, et anno primo regni Baldewini regis, comes et princeps potentissimus de civitate Ninive, quod vulgo dicitur Navers, Willhelmus nomine de terra et regno occidentalis Franciæ egrediens, et iter per Italiam faciens, ad portum, qui vocantur Brandiz, navigio alto mari invectus est cum quindecim millibus equitum et peditum virorum pugnatorum; absque sexu femineo innumerabili, et ad civitatem nomine Vallona secessit. Ubi in arido restitutus, ad civitatem Salonicam, sitam in regione Macedoniæ et terra Bulgarorum, descendit, pacifice hospitio susceptus ab incolis in omni justitia et benignitate; furto, rapina, præda et injusta contentione sub judicio mortis interdicta, ne imperatoris Constantinopolitani terram aliqua injuria exercitus, sicut paulo ante Longobardi, suscitarent.

CAP. XXVI. — *Quod idem comes cum omni apparatu suo Constantinopolim veniens, susceptus ab imperatore donariis multis sit honoratus.*

Deinde post plurimum itineris et diversa hospitia idem egregius comes cum omni manu et apparatu suo Constantinopolim profectus, ab imperatore benigne et honorifice susceptus, in littore maris S. Georgii tentoria sua ponere ad hospitandum extra muros civitatis jussus est. Post tres deinde dies ex præcepto imperatoris comes et totus exercitus brachium maris trajecit, et ad columnam marmoream, quæ in summitate arietem obtinet deauratum, non longe a brachio maris tentoriis fixis, per quatuordecim dies, qui sunt circa natalem B. Joannis Baptistæ, illic moram fecit; et per singulos dies imperatori navigio præsentatus, non paucis muneribus ab eo honoratus et commendatus redibat; peregrinis vero et humili populo cujusdam generis monetam quam vocant Tartaron, ad sustentationem vitæ sæpius idem imperator mittebat.

CAP. XXVII. — *Quomodo comes et exercitus ejus Constantinopolim relinquentes, ad Stanconam, civitatem Turcorum, pervenerint.*

Denique post B. Joannis nativitatem Civitot profecti sunt. Ubi non diu moram facientes, relicto itinere, quod ducis Godefridi et Boemundi prior incessit exercitus, saltus densissimos itinere duorum dierum perambulantes, Ancras pervenerunt, ad eamdem videlicet, quam comes Reymundus et manus Longobardorum recenter expugnaverant, Turcis in ea repertis decollatis, volentes exercitui Longobardorum, modico intervallo præmisso, admistis armis et copiis sociari. Per diem autem unum illic in prædictæ civitatis loco moram facientes, et nequaquam Longobardorum societatem assequi valentes: qui per Flaganiam iter continuabant; a sinistris illos relinquentes, a dextris viam arripiunt, quæ ducit ad civitatem Stanconam, in ea aliquandiu moram habituri, et de eventu Longobardorum audituri aliquid.

CAP. XXVIII. — *Ubi Turci eis occurrentes, bello eos vexabant, comitem unum Longobardorum sagitta perimentes.*

Ad hæc, cum nondum civitati appropinquassent, Solymanus et Donimanus cum copiis et armis Turcorum, a recenti cæde Longobardorum vix diebus octo peractis, reversi, et comitis de Navers subsecutione comperta, festinato per notas semitas collium et vallium accelerantes illic occurrerunt; ac sagittis crudeliter assilientes, per triduum exercitum, ante et retro positis insidiis, bello gravissimo et acerbis plagis fatigabant. Sed nondum in his locis obtinuere victoriam, licet plurimæ copiæ peregrinorum incaute et lento gressu præ lassitudine subsequentes, creberrimo assultu ceciderunt; et quidam Henricus, genere Longobardus, comes sua in terra magnificus, inter socios sagitta transfixus obierit.

CAP. XXIX. — *Christiani Turcis resistentes, et Stanconam frustra oppugnantes, Reclei urbem applicuerunt, ubi siti æstuantes ad trecentos perierunt.*

Nam Christiani milites viriliter adhuc resistentes Turcis, plurimos perimebant, alios in fugam sæpius remittebant; et facile quidem remittere poterant, cum nondum illis aquæ penuria fuisset, nec equorum virtus defecisset. Sic tandem Christiani milites in itinere a plurima Turcorum infestatione defensi, Stanconam pervenerunt. Ubi Turcorum custodiam et vires in præsidio reperientes, mœnia fortiter assiliunt, et dum hostes ab intus pro anima eis resistunt, utrinque plurimi occisi sunt. Nihil autem in hac præsidii oppugnatione proficientes, castra hinc amoventes, ad civitatem Reclei applicuerunt. Ubi triduo siti adeo intolerabili oppressus elanguit exercitus, ut supra trecentos exstincti morte gravissima illic periclitarentur; cæteri vero viventes viribus exhausti, et necessariorum defectione infirmati, parum ad resistendum valerent. Hac siti intolerantia anxiati, quidam ex sociis super cacumen præcelsæ rupis gradientes constiterunt, si forte alicubi aquam specularentur. Sed tantum ab hac civitatem vacuam habitatoribus et dirutam prospexerunt, aquam in ea esse existimantes; quæ minime reperta est : nam cisternæ et putei ipsius a Turcis recenter subversi erant et obruti.

CAP. XXX. — *Turci cum Christianis decertantes, victum fugientemque Willhelmum insecuti sunt; et de fuga Roberti et alterius Willhelmi.*

Turci autem post paululum temporis comperientes exercitum jam sitis gravi passione defectum, et parum posse resistere, extemplo eos insecuti, sagittis aggressi sunt per diem integram prælium grave hinc et hinc committentes; et utrinque in gladio, arcu et lancea corruentes, totam latissimam vallem sanguine suo repleverunt, ac densis corporibus occisorum, virorum ac mulierum, terra regionis hujus occupata est. Tandem hoc ingruente sævissimo bello, et Christianorum virtute siti debilitata, et ideo minus valente et resistente, Turcorum ferocitas exaltata cœpit invalescere, et Christianos victos atrociter in fugam cogere. Comitem quidem jam victum, ac de bello fugientem, usque ad civitatem Germanicoplam insecuti sunt. Robertus vero, frater ejusdem comitis, et Willhelmus de civitate Nonanta, qui signifer erat exercitus, et primus terga vertit, una cum omnibus equitibus a Turcorum armis elapsus, ad prædictam civitatem Germanicoplam fugam facientes pervenerunt, miseros pedites inter manus ferocium hostium relinquentes.

CAP. XXXI. — *Quomodo post fugam ducis Turci residuos Christianos occiderint, uxores eorum captivantes.*

Turci autem fugam gentis Christianæ et suorum principum videntes, crudeli cæde furescunt in populo et toto Christianorum comitatu, quorum solummodo septingenti per abrupta montium et silvarum densitatem fugientes, vitæ reservati sunt. Post hanc Turcorum victoriam et Christianorum stragem luctuosam, uxores militum Christi ad mille captivatæ, et ab horridis hostibus abductæ sunt in terram ignotam et alienam. Equi vero et muli, argentum et aurum, vestes cujusque generis pretiosissimæ direptæ et asportatæ, terram et regnum Corrozan divitiis nimiis et spoliis auxerunt et impleverunt. Acta sunt crudelissima hæc bella, et sævissimæ strages Christianorum in mense Augusto, quando calore solis et sitis intolerantia æstas gravior fieri solet.

Cap. XXXII. — *Qualiter Willhelmus comes a Turcopolis deceptus, cum magno discrimine Antiochiam pervenerit.*

Comes igitur de Navers, qui vix periculum mortis evaserat, adhuc aliquid de opibus et stipendiis suis, a manibus Turcorum fugiendo, retinuerat, et vix ad civitatem Germanicoplam declinaverat. Is duodecim Turcopolos milites imperatoris Græciæ, inibi ad tuenda mœnia constitutos, multa prece et plurima mercede collata, ductores viæ acquisivit ejus, quæ ducit ad castellum S. Andreæ ex hac parte civitatis Antiochiæ; videlicet ut sic per Antiochiam transiens, iter suum continuaret Jerusalem. Verum Turcopoli, viri perfidi, minime illi fidem servaverunt; sed avaritia excæcati, comitem et socios ejus rebus exspoliaverunt, nudos et pedites eos relinquentes in loco deserto et invio, et acceptis spoliis Germanicoplam per notas semitas repedantes. Comes vero tristis et dolens, et præcipue Christiani exercitus contritione anxius, viam, sicut devoverat, sub paupere et vili tegmine, patienter omnia adversa accipiens, perfecit, et in diversis angustiis tandem Antiochiam pervenit.

Cap. XXXIII. — *Tankradus, novus princeps Antiochiæ, Willhelmum profugum remunerat.*

Tankradus autem post captivitatem Boemundi princeps Antiochiæ factus, eumdem comitem, virum nobilissimum, sic ab impiis Turcis attritum et rebus destitutum ingemiscens, optimis et honorificis renovavit vestibus, et magnificis eum in equis et mulis ditavit muneribus, per aliquot dies secum retinens, dum membra, siti, jejunio, vigiliis, lassitudine viarum, squalida et exhausta, bonis terræ a vino, oleo et carnium dulcedine abundanter refoveret; et post hæc alleviata molestia et amaritudine animæ et corporis, viam in Jerusalem, sicut devoverat, exspectatis ibidem et relictis aliquibus de dispersis sodalibus tempore veris insisteret.

Cap. XXXIV. — *Quomodo Willhelmus, princeps Pictavii, et Welfo dux Bawariorum, et Ida comitissa, cum militia Bulgariam intraverint.*

Modico dehinc intervallo, dierum scilicet octo, post hanc recentem stragem, Willhelmus comes et princeps Pictaviensium, de sanguine Henrici III imperatoris Romani pacifice transito regno Hungarorum, cum duce Bawariorum Welfone, et cum comitissa nobili, nomine Ida, de marchia Oisterrich, in ingenti manu equitum et peditum et feminei sexus supra centum et sexaginta millia, in apparatu copioso terram Bulgarorum est ingressus. Ubi, sicut facile fit ab indomito et incorrigibili populo, discordia exorta, et duce Bulgarorum, Guzh nomine, variis injuriis molestato, ad urbem Adrianopolim, inexpugnatus in virtute suorum, descendit. Sed eis pons, qui ducit in civitatem, a duce præoccupatus et interdictus est.

Cap. XXXV. — *Quod in prœlio pontis Rudolfus obierit, et quod dux Bulgarorum se dediderit.*

Quapropter hinc Pincenariis, et cæteris militibus Gomanitis de regno imperatoris, graviter pontem in arcu et sagitta prohibentibus, Christianis vero pontem transire non minus contendentibus, adeo crudele utrinque commissum est prælium, ut Rudolfus, vir magnæ nobilitatis, de Scegongés ortus, cognatus ipsius Willhelmi principis, illic sagitta percussus, interiret; Hartwigus de Sancto Medardo captus teneretur, et plurimi, quos singulatim longum esset narrare. Illic siquidem in eodem prælio, dum hinc et hinc varia et ingenti contritione diversus fieret eventus, contigit ipsum ducem Bulgarorum in manus Willhelmi et suorum incidere et teneri captivum: donec ipsa die hinc et hinc habitis consiliis, in concordiam universi redierunt; captivis quoque restitutis, Pincenarii et Comanitæ sedati sunt.

Cap. XXXVI. — *Bulgarorum duce placato, Willhelmus Constantinopolim rediens, ab imperatore donis sublimatus est.*

Post hæc concordia, placato duce et suis, in tantum processit, ut non solum dux Christianis peregrinis per pontem pacifice transitum concederet, licentiam emendi necessaria non negaret; sed etiam conductum omnibus usque ad Constantinopolim attribueret sine dolo et aliquo impedimento. In hac civitate idem princeps Willhelmus, Welfo dux, et Ida comitissa quinque hebdomadarum curriculo commorantes, domino Alexio imperatori innotuerunt cum omni voto, quod devoverant in Jerusalem; et idcirco fidei sacramento sibi astricti, plurima necessariarum rerum dona, et licentiam emendi necessaria, suscipere meruerunt.

Cap. XXXVII. — *Exercitu Willhelmi Stanconam urbem veniente, Turci fontes et cisternas obstruunt.*

Post hæc messis tempore imminente, brachium maris S. Georgii ex jussione et suasione imperatoris navigio superantes, in terram civitatis Nicomediæ descenderunt et iter suum continuantes per amœna loca, quibus hæc abundat regio, tentoria locaverunt duobus ibi diebus moram facientes. Inde vero profecti Stanconam secesserunt, ubi ex longo itinere necessariis vitæ consumptis, gravi inedia, tum siti intolerabili affecti, tam homines quam jumenta infirmati sunt. Nec mirum. Nam universas segetes, a facie hujus multitudinis, Turci, via anticipata, combusserant; puteos, cisternas, fontes obstruxerant, ut sic ultima necessitate famis et sitis attenuati, facili bello superarentur.

Cap. XXXVIII. — *Willhelmus et Welfo cum ducibus Turcorum ante urbem Reclei præliantur et Christiani fugam ineunt.*

Videntes itaque Willhelmus et Welfo, et sui consodales has Turcorum nequitias et dolos, urbes, quæ de eorum erant potestate, scilicet Phiniminum et Salamiam, assilientes plurimo conatu stragis diruerunt; sed et omnia loca circumquaque illis subdita vastare minime pepercerunt. Abhinc civitatem Reclei, ubi fluvius torrens, diu et longo desiderio optatus, cunctis sufficeret, descenderunt. Sed Selymanus, Donimanus, Carati, Agunich, principes Turcorum, cum infinitis copiis et armis in occursum ex improviso peregrinis his incautis adfuerunt altero ex littore, homines, equos et omnia jumenta adaquari in arcu et sagittarum grandine prohibentes, dum a longe fatigati et sic exhausti Christiani ultra vim sufferre non potuerunt. Unde unanimiter post plurimam et diutinam sævissimamque contentionem, quæ ex littore utroque palustri et profundo fiebat, universi Christiani fugam arripientes, strage inaudita ab impiis persecutoribus attriti sunt. Quidam autem æstimantes tam crudele martyrium evadere, divisi a multitudine quoddam in pratum concedentes, feno latere et abscondi quærebant; sed nequaquam vitæ reservati, ad trecentos ibidem sagittis confixi interierunt.

Cap. XXXIX. — *De fuga Arvernensis episcopi et ducis Welfonis, et de interitu Idæ comitissæ.*

Episcopus vero de Arvernis et universi comitatus illius, videntes Christi exercitum sic fuga dilapsum et ab impiis carnificibus attritum, ad radices montis ubi fluvius Reclei oritur, et ipsi fugam inierunt, equos et omnia relinquentes, et tamen pauci evadentes. Similiter etiam dux Welfo lorica et omnibus exutus, et per montana fugiens, vix ab hostili manu ereptus est. Plurima autem millia Alemannorum, Francorum, Wasconum, qui procul erant a montanis, illic exstincta fuisse referuntur. Comitissa vero Ida utrum capta et abducta, aut pedibus tot millium equorum membratim discerpta fuerit, usque in hodiernum diem ignoratur; nisi quod, aiunt, eam inter tot millia matronarum in terram Corrozan æterno exsilio deportatam.

Cap. XL. — *Quomodo Willhelmum per montana fugientem Tankradus, princeps Antiochiæ, receperit.*

Comes autem cum solo armigero per montana et ignotas vias arma inimicorum fugiens, ad urbem nomine Longinach, juxta Tursolt, quam Bernardus cognomine Extraneus regebat, tandem pervenit, benigne ab eo susceptus, omnibus sibi vitæ necessariis administratis. Paucis deinde transactis diebus, audiens Tankradus, Antiochiæ princeps, tam egregium principem illic spoliis et omnibus rebus amissis, pauperem vitam ducere et nimis humiliatum, misertus est conchristiani fratris et principis : et idcirco accepto consilio, militibus ab Antiochia in occursum ejus missis, honorifice eum suscepit, et pretiosis vestibus per aliquot dies secum commorantem et bonis terræ convivantem renovavit.

Cap. XLI. — *Quomodo principes bello dispersi, collecto exercitu Antiochiæ convenerint.*

Post contritionem Longobardorum et Willhelmi principis de Navers, Willhelmi quoque comitis Pictaviensis, Welfonis ducis Bawariorum, quicunque dispersi fuerant, aut Constantinopoli seu alibi hiemaverant, e cunctis locis singillatim quique principes Christiani, relictis suis reliquiis, Antiochiam mense Martio inchoante convenerunt : Albertus scilicet de Blandraz, Conradus stabularius, Stephanus Blesensis; item Stephanus dux Burgundiæ, Reymundus comes, Willhelmus Pictaviensis comes, Welfo dux Bawariorum; episcopi Engelradus de Lauduno, Manasses de Barcinona, aliique episcopi Italiæ, navigio ad portum Simeonis eremitæ pariter convenientes, Antiochiæ aliquanto tempore remorati sunt.

Cap. XLII. — *Reymundus precibus principum a Tankrado vinculis absolvitur, et expugnatæ urbi Tortosæ præficitur.*

Bernardus autem Extraneus, eo tempore comitem Reymundum apud eumdem portum captivum tenuit, eo quod imputabatur ei necis traditio Longobardorum et cæterorum qui in eadem fuerant expeditione : quem Tankradus Antiochiæ sibi traditum reposuit in custodia. Principes igitur Christianorum, qui convenerant, post dies paucos recordati confratris et principis Christiani, eumque sic indiscussum a Tankrado in vinculis teneri, obnixe precati sunt ut in nomine Christi tam magnificum principem solveret ac suis restitueret. Tankradus vero satisfaciens precibus confratrum peregrinorum, hac apposita conditione, a carcere eductum restituit, ne quidquam terræ hac ex parte civitatis Acræ invaderet, et id sacramento obligatus observaret. Post hæc recepto eodem principe Reymundo, unanimiter salutato Tankrado, ab Antiochia regressi sunt usque ad civitatem Tortosam. Quam obsidentes et expugnantes subdiderunt : in qua ipse Reymundus ex communi consilio ad tuenda ipsius mœnia remansit, eo quod vir cautus et doctus ad resistendum hostibus videretur. Cæteri viam Jerusalem continuare decreverunt.

Cap. XLIII. — *Welfo dux Hierosolymis adorato sepulcro Domini, in Cyprum reversus obiit.*

Welfo autem dux obsidionem hanc devitans, Jerusalem ad adorandum descendit una cum Reinoldo duce Burgundiæ, fratre Stephani, vice ipsius Burgundiam regentis, qui ante expeditionem Longobardorum Jerusalem tendens, Antiochiæ usque nunc hiemaverat. Sed infirmitate correptus, in via mortuus est idem Reinoldus et sepultus. Welfo igitur Jerusalem perveniens, adorato Jesu Domino et ejus sepulcro, post aliquot dies navigio usque ad insulam Cyprum reversus est, ubi et ipse infirmitate detentus, mortuus et sepultus est.

Cap. XLIV. — *Quomodo principes, devicta urbe Tortosa, cum Baldewino rege Palmas Joppe celebraverint.*

Cæteri autem principes præfati, post captionem civitatis Tortosæ, recto itinere usque ad civitatem Baurim cum decem millibus profecti sunt, ubi regem Baldewinum, ex præmissa legatione admonitum, in occursum sibi in ingenti manu repererunt; quia transire regiones et civitates gentilium absque tam nominati et potentis novi regis conductu dubitabant. Deinde habita per noctis spatium cum eo requie, crastino admistis copiis profecti sunt; et per quindecim dies ante sanctum Pascha Joppen venientes, per dies octo, et ipsa solemni die Palmarum illic morati sunt. Postea autem die Palmarum a Joppe egressi, Hierosolymam ascenderunt. In qua septem dies commorantes, et Sabbato sancti Paschæ ignem de cœlo operientes, sanctam civitatem in orationibus et eleemosynis perlustraverunt. Conradus quoque stabularius, et Engelradus episcopus Lauduni, paululum retardati, subsecuti sunt confratres usque Japhet: qui et ipsi in Pascha Domini cæteris adjuncti sunt.

CAP. XLV. — *Principes, Pascha Hierosolymis celebrato, inter imperatorem et regem pacem componunt.*

Convenientes igitur de omnibus locis in Jerusalem hac secunda hebdomada paschali, et gloriose ac jucunde sanctam solemnitatem cum rege peragentes, mala et pericula peregrinorum rememorantes, consilium regi Baldewino dederunt, quatenus in humilitate ampliore, qua posset, et precibus mansuetis imperatorem Constantinopolitanum compellaret super miseriis Christianorum : videlicet ut a perditione et traditione Christianorum cessaret, et Ecclesiæ Hierosolymitanæ subveniret, Turcos et Sarracenos non audiret; sed pleniter ac fideliter omnem mutationem necessariorum a præsidiis et locis regni sui fieri usque in Jerusalem non negaret.

CAP. XLVI. — *Fama volat in populo, imperatoris consilio Longobardos fuisse occisos.*

Fuit enim fama in populo catholico, quod ipsius imperatoris occultis et perfidis consiliis, a comite Reymundo et militibus Turcopolis, deductus sit exercitus Longobardorum per deserta et invia et solitudines Flaganiæ, ut illic a Turcis facile præ fame et siti exhaustus superatus occideretur. Verum ut a veridicis et nobilibus viris relatum est, nequaquam hoc nefando scelere culpandus erat. Nam sæpius exercitum præmonuit, et edocuit solitudines et defectiones et Turcorum insidias in inviis Flaganiæ, et ideo eos non secure et tutos per hanc viam posse incedere.

CAP. XLVII. — *Baldewinus imperatori munera mittit se de perfidia excusanti.*

Acquievit benigne rex Baldewinus consiliis universorum; ac leones duos domitos et sibi gratissimos, imperatori pro munere misit per Gerbardum archiepiscopum, et episcopum de Barcinona, ad confirmandum fœdus et amicitiam. Imperator universam petitionem regis cum muneribus sibi præsentatis in bona accepit, et de omni suspicione necis Longobardorum, quam adversus eum Christiani habebant, jusjurandum in Dei nomine faciens, se excusavit : promittens se deinceps omnibus misericordiam fieri, regem Baldewinum se velle honorare et amare. In eadem legatione ab imperatore decretum est, ut episcopus de Barcinona eum apud Romanum pontificem Paschalem de traditione sibi imposita excusaret.

CAP. XLVIII. — *Imperator regi Baldewino dona dirigens, Romæ de perfidia sua apud papam incusatur.*

Engelradus autem miles quidam in Jerusalem repedans, muneribus magnis ab imperatore honoratus, bono nuntia reportavit, et amicitiam et fidem regi Baldewino imperatorem velle observare, et peregrinos non ultra offendere. Sed episcopus aliquantulum renisus est imperatori, propter infidelitatem erga Gallos, quam ab eo extorsit. Quapropter in amaritudine animi Romam tendens, ipsum imperatorem criminatus est in Ecclesia Beneventana : et ideo assumptis litteris ipsius apostolici, querimonia gravis apud omnes principes Galliæ super ipso imperatore facta est.

LIBER NONUS.

CAPUT PRIMUM. — *Quod quidam de Christianis principibus ad propria repedaverint, quibusdam cum rege in Jerusalem remanentibus.*

Postea conventu Christianorum de die in diem comminuto, aliis redeuntibus navigio, aliis per diversas regiones in reditu suo dispersis, Conradus, stabularius imperatoris Romanorum, Albertus de Blandraz, Stephanus Blesensis, Stephanus princeps Burgundiæ, Otho cognomine Altaspata, Arpinus de Buduordis, Hugo de Falckenberg, Hugo de Lezenais, Baldewinus de Hestrut, Gutmanus de Brussela, Rudolfus de castello Alos, quod est in Flandria, Hugo de Botuns, Gerbodo de castello Wintine, Rotgerus de Roscit, et cæteri quamplurimi nobiles et egregii viri, qui ad sanctum Pascha celebrandum tunc de universis locis convenerant, et in omni devotione ac charitatis plenitudine feliciter sanctum tempus celebraverant, in civitate Jerusalem cum rege remanserunt.

CAP. II. — *De incenso a Babyloniis templo S. Georgii, et de fuga Roberti, episcopi urbis Rames.*

Appropinquante dehinc festo sanctæ Pentecostes, et collectione Christianorum nimium attenuata, aliis navigio, aliis per siccum regressis, exercitus regis Babyloniæ innumerabilis, et nunquam antea copiosior factus, ab Ascalone alii navigio, alii per aridam in equis et copioso apparatu armorum descendentes, templum S. Georgii, distans milliari a civitate Rames, combusserunt cum universis, quos in eo repererunt fugientes a facie eorum cum armentis et gregibus; quin etiam sata regionis depopulati sunt, novum laborem peregrinorum, et spem totius anni. At Robertus, civitatis episcopus, vir christianissimus, videns tam copiosum exercitum tam repentinis flammis et prædis regioni incumbere, et post captam urbem Rames in civitatem Jerusalem velle descendere ad expugnanda ejus mœnia et obsidendum regem cum populo Christiano, subito equum ascendens, et ab hostium incursu elapsus præcucurrit Jerusalem ut nuntiaret regi quantus exercitus descendisset a Babylonia, et quomodo omnia sata et vicina loca civitatis Rames jam flamma et præda consumpsisset.

Cap. III. — *Rex Baldewinus contra Babylonios militiam congregat.*

Rex itaque et universa domus ducis Godefridi fratris ipsius et cæteri nobiles, qui adhuc cum illo remanserant, audientes supervenisse tot millia adversariorum ad delendos catholicos populos, sine mora ad arma festinant; et jam ad septingentos adunati et loricati, cum rege versus hostiles impetus in tubis et cornibus et vexillis ostreis regia via ferebantur. Vix a montanis Jerusalem rex et sui egressi sunt, et ecce in valle et amplissima planitie Rames inimica agmina Sarracenorum, Arabumque et Azopart appropinquabant cum infinitis millibus equitum et peditum, volentes in virtute hac Jerusalem recuperare, regem et fideles Christi expugnare.

Cap. IV. — *Rex Baldewinus contra Babylonios congreditur, quibusdam ex suis optimatibus in bello occumbentibus.*

Rex igitur et omnis comitatus illius videntes tam propinquas acies inimicorum astitisse, omni timore mortis deposito, et animæ suæ parcere non curantes, atrociter et unanimiter per medios hostes ad eorum millia irruunt, acies penetrantes in virtute militari, et nimiam cædem suis armis multiplicantes. Dum vero hi selum septingenti, pauca quidem manus, sed milites egregii et fortissimi, sic cædendo et hostium muros diruendo, penetrare conarentur, gens intolerabilis Azopart, quæ in mediis millibus gentilium constituta erat, cum fustibus, in modum malleorum ferro et plumbo compositis, occurrerunt regi et suis, et non solum milites, sed etiam equos illorum in fronte et cæteris membris fortiter ferientes, gravi ictu eos a prælio absterrebant. Alii vero sagittis et fundibulis viros egregios coronantes, incessanter affligebant, tanquam grando indeficiens quæ de cœlo cadit, quousque vim ultra sufferre non valentes rex et universi in fugam conversi sunt. Rudolfus de Alos, Gerbodo de Wintino, Gerbardus de Avennis, Gosfridus brevis in statura, Stabulo cambrarius ducis Godefridi, comes Host de castello Rura, Hugo de Hamach de terra Pictaviensi, Hugo Botuns, Gerhardus Barson et cæteri omnes mediis in hostibus interierunt. Ex his quinquaginta versus Rames fugam arripientes, portæ urbis immissi sunt. Lithardus vero Cameracensis, Rotgerus de Roseit, Philippus de Bulon, Baldewinus de Hestrut, Walterus de Berga, Hugo de Burg, Addo de Keresi versus Japhet fugam inierunt, ubi decem millia illis occurrerunt, qui regi ad auxilium festinabant. Sed ab his audito regis infortunio, et suo interitu, ad eamdem civitatem fuga reversi sunt.

Cap. V. — *De obsidione urbis Rames, et de fuga vel salvatione regis Baldewini*

His itaque civitati cum fugitivis militibus immissis, et portis clausis, Sarraceni qui eos insequebantur ad societatem reversi sunt, et urbem Rames, undique positis castris, obsederunt. Rex autem vitæ diffisus, propter urbis infirmitatem, per quamdam muri fracturam cum solo Hugone de Brulis in Gezela residens, cum armigero suo versus montana Jerusalem diffugium fecit, et tota die ac nocte errans, frustra iter peregit, donec maxima pars Sarracenorum erranti, et Jerusalem tendenti, occurrit: à quibus illi fuga per montana interdicta, graviter insecutione illorum oppressus est, nescius quo vagari cœperit. Rex itaque intelligens, se per montana evadere non posse, jam crastino mane orto, et via aliquantulum recognita, versus Assur civitatem Christianorum secessit, licet sagittis insequentium trans loricam paulisper sauciatus: qui per diem et noctem in montanis et deviis multum laboravit, donec tandem in campi planitie sine requie et cibo vel equi pabulo assistens, regionis et viarum cœpit reminisci. Mane autem sic facto, Assur intravit. Ubi Rorgius, qui civitatem Caiphas in beneficio acceperat et obtinebat, in lætitia magna illum suscepit: existimabat enim eum cum cæteris corruisse. Sic rex ab obsidione Rames et manu Sarracenorum elapsus, venit Assur. Cæteri vero, id est, Conradus, Arpinus, Stephanus Blesensis, Stephanus de Burgundia et alii milites egregii, turrim quamdam civitatis ejusdem causa protectionis ingressi sunt.

Cap. VI. — *Ubi Sarraceni, expugnata turri urbis Rames, quosdam Christianorum principum interficiunt, Conradum stabularium captivantes.*

Altera autem die Sarraceni, nec non Azopart, ruptis muris civitatis in virtute magna, ipsam turrim infringere et expugnare fortiter cœperunt ferreis uncis et ligonibus, donec tandem turri cavata, ignem et fumum in ea suscitaverunt, ut sic calore et fumo arctati et suffocati milites, aut perirent aut prodirent. Sed milites egregii, eligentes potius honesta defensione consumi, quam misera morte suffocari et exstingui, tertia die invocato nomine Jesu, confisi ejus gratia egressi sunt, et plurimum cum Sarracenis facie ad faciem dimicantes, plurimum sanguine et strage illorum animas suas ulti sunt. Conradus vero audacia et viribus incomparabilis, gladio præcipuas Sarracenorum strages exercuit, quoad omnes admirati qui aderant et exterriti, procul ab eo absistentes, continuerunt manus suas, rogantes eum ut cessaret a cæde horribili, et eorum dextras susciperet pro vivendi gratia, et sic in regis Babyloniæ deditionem redderetur donec placata regis ira tam famosus et mirabilis miles in oculis ejus gratiam inveniret, et post vincula præmia mereretur. Quod et actum est. Arpinus pariter captus et vitæ reservatus est, eo quod miles imperatoris Græcorum fuisse a veridicis testibus illic innotuisset. Cæteri vero omnes cum Stephano et altero Stephano, summis principibus, ibidem decollati sunt.

Cap. VII. — *Quomodo cives Jerusalem propter fugam Baldewini regis conterriti, consolationem receperint.*

Interea rex Baldewinus hoc triduo Assur resedit ut audiret eventum rerum. Sed fama hæc crudelis Jerusalem transvolans, omnes eam inhabitantes vehementer perterruit, et in luctum ac ploratum tota civitas conversa est. Cœperunt enim adeo omnium corda metu fluxa deficere, ut noctu et in tenebris a civitate recedere pararent, nisi Gutmanus quidam ortus de Brussela, qui vix evaserat, plurimum eis consolationis attulisset et sæpius admonuisset ne facile a civitate recederent, donec intelligerent si rex Baldewinus adhuc superesset. Tandem post paululum, fama allata est regem adhuc esse incolumem: quod audientes universi lætati sunt et confortati. Et ideo abhinc diebus singulis per mœnia diffusi, urbem defensabant ab assultibus Sarracenorum, qui huc in superbia victoriæ suæ per turmas ad lacessendos cives Christianos assidue conveniebant.

Cap. VIII. — *Ubi, Conrado stabulario carcerato, Babylonii Japhet civitatem et Baldewini regis uxorem obsidione terruerunt.*

His itaque decollatis, sed Conrado et Arpino in dextris eorum susceptis et in urbem Ascalonem in carcerem transmissis, Meravis et cuncti potentes Babyloniæ in virtute magna, et manu robusta, ad civitatem Japhet profecti sunt ac plurimo assultu, instrumento et tormentis lapidum ac bellico apparatu et impetu viros in ea repertos vexaverunt. Caput vero Gerbodonis et ejus crura pretioso ostro calceata et induta amputantes, defensoribus urbis ostenderunt, asserentes regis esse Baldewini, eo quod similis ejus esset: et ideo eos ab urbe exire, et in potestatem regis Babyloniæ sanis membris et vita incolumi venire plurimum arctabant. Christiani vero arbitrantes verum, et regis caput et crura procul ostentari, nimia desperatione correpti sunt cum omnibus rebus suis egredi, sibi invicem consulentes, et sic navigio liberari. Erat his diebus regina et uxor Baldewini in ipsa civitate Japhet, quæ etiam terroribus attonita et dolore mortis dilectissimi regis, pariter fugam cum cæteris meditabatur inire.

Cap. IX. — *Baldewinus rex navigio applicans Japhet, cum gaudio suscipitur a civibus.*

Verum dehinc septem diebus evolutis, rex ab Assur exiens, navem, quæ dicitur buza, ascendit, et cum eo Godericus pirata de regno Anglia, ac vexillo hastæ præfixo et elato in aere ad radios solis usque Japhet cum paucis navigavit: ut hoc ejus signo cives Christiani recognito, fiduciam vitæ regis haberent, et non facile hostium minis pavefacti, turpiter diffugium facerent, aut urbem reddere cogerentur: sciebat enim eos multum de vita et salute ejus desperare. Sarraceni autem viso ejus signo et recognito, ea pars, quæ navigio urbem cingebat, illi in galeis viginti et carinis tredecim, quas vulgo appellant Cazh, occurrerunt volentes buzam regis coronare. Sed Dei auxilio, undis maris illis ex adverso tumescentibus ac reluctantibus, buza autem regis facili et agili cursu inter procellas labente ac volitante, in portu Joppe, delusis hostibus, subito adfuit, sex ex Sarracenis in arcu suo e navicula percussis ac vulneratis. Intrans itaque civitatem, dum incolumis omnium pateret oculis, revixit spiritus cunctorum gementium, et de ejus morte hactenus dolentium, eo quod caput et rex Christianorum et princeps Jerusalem adhuc vivus et incolumis receptus sit.

Cap. X. — *Sarraceni Baldewinum regem regressum paululum declinantes, ad obsidionem Japhet denuo revertuntur.*

Jam dies media flagrabat, et rex mox equum ascendens, portas civitatis cum sex tantum illustrissimis militibus egressus est ut lacesseret tantum Sarracenos circumsidentes, et pateret omnium aspectui quomodo adhuc vivus et sospes haberetur. Cognito autem rege vivo et salvo, universa multitudo gentilium, ablatis tentoriis a Joppe, in campos Ascalonis descenderunt, illic per tres septimanas commorantes donec intelligerent si aliqua virtus regi Baldewino ad subveniendum augeretur. Legatio enim regis ad universos confratres per castella et civitates ac regiones propter auxilium directa est. Sed minime hoc tempore auxilium ferentibus Tankrado, Reymundo, Baldewino de Burg, eo quod nimium remoti essent, Sarraceni ab Ascalone venientes, obsidionem circa Japhet iteraverunt, donec quindecim dies evoluti sunt.

Cap. XI. — *De classe Christianorum.*

Interea dum hæc obsidio ageretur, ducentæ naves Christianorum navigio Joppen appulsæ sunt, ut adorarent in Jerusalem. Horum Bernhardus Witrazh de terra Galatiæ, Hardinus de Anglia, Otho de Roges, Hadewerck, unus de præpotentibus Westfalorum, primi et ductores fuisse referuntur. Sarraceni quidem, qui ex adverso urbem in superiore parte navigio obsederant, videntes tot Christianorum acies adesse, constituerunt cum eis navali impetu confligere. Sed Christianorum naves velis et remis ac prosperiore vento clementia Dei prævalentes, valide repressis gentilium viribus, in arido constiterunt, et additis civibus cum ipso rege sibi in adjutorium, urbem ingressi sunt; amplior vero pars in aperta camporum planitie ex adverso pariter fixis tentoriis hospitio resedit. Erat autem tertia feria Julii mensis, quando hæ Christianorum copiæ, Deo protegente, huc navigio angustiatis et obsessis ad opem collatæ sunt. Sarracenorum autem turmæ, videntes quia Christianorum virtus audacter facie ad faciem vicino sibi hospitio proxime jungebatur, media nocte orbi incumbente, amotis tentoriis, amplius milliari subtractæ consederunt, dum luce exorta consilium inirent utrum Ascalonem redirent, aut cives Japhet crebris assultibus vexarent.

Cap. XII. — *Qualiter Baldewinus rex cum Sarracenis dimicans, tria millia ex eis prostravit.*

Ab ipso vero die tertiæ feriæ dum sic in superbia et elatione suæ multitudinis immobiles Sarraceni persisterent, et multis armorum terroribus Christianum populum vexarent, sexta feria appropinquante, rex Baldewinus in tubis et cornibus a Japhet egrediens, in manu robusta equitum et peditum virtutem illorum crudeli bello est aggressus, magnis hinc et hinc clamoribus intonantes. Christiani quoque qui navigio appulsi sunt horribili pariter clamore cum rege Baldewino et gravi strepitu vociferantes, Babylonios vehementi pugna sunt aggressi, sævissimis ac mortiferis plagis eos affligentes, donec bello fatigati et ultra vim non sustinentes fugam versus Ascalonem inierunt. Alii vero ab insecutoribus eripi existimantes et mari se credentes, intolerabili procellarum fluctuatione absorpti sunt. Et sic civitas Joppe cum habitatoribus suis liberata est. Ceciderunt hac die tria millia Sarracenorum; Christianorum vero pauci periisse inventi sunt.

Cap. XIII. — *Quomodo Baldewinus cum triumpho Jerusalem redierit, et post primam suorum interfectionem auxilia Christianorum principum per legatos impetraverit.*

Rex ergo Baldewinus triumphum de inimicis gloriose adeptus, noctem hanc in Joppe in lætitia magna exegit cum universis peregrinis qui convenerant, habentibus spolia multa. Altera vero die clarescente, Jerusalem cum omnibus peregrinis profectus est, pacifice et potenter omnia disponens, et peregrinis ad adorandum Christum et vota sua reddenda in Jerusalem templum Dominici sepulcri aperiri jubens. Ante hæc omnia, cum nondum auxilium novi et peregrini exercitus adfuisset, Baldewinus rex anxius et nimium desperatus ob interitum suorum, legationem Antiochiam Tankrado et Baldewino de Burg in civitatem Rohas misit, quatenus festinanter sibi auxilio adessent, aut totam regionem Syriæ et regnum in Jerusalem in brevi amitteret, Sarracenorum audaciam et contumacem victoriam annuntians, et quantum casum suorum egregiorum militum nuper ab hostibus passus sit. Qui statim collecto exercitu, Tankradus quidem in circuitu Antiochiæ, Baldewinus Rohas ad septingentos equites et pedites mille, die statuto, unanimiter ad ipsam Antiochiam convenerunt, Willhelmo Pictaviensi principe in eodem comitatu assumpto, qui nuper post Pascha Domini a Jerusalem adorato sepulcro Dominico ad Tankradum redierat : et nunc per convallem Damasci et Camollam descendentes, sed Tabariam prætermittentes ad Cæsaream Cornelii pervenerunt, illic positis tentoriis pernoctantes. Mane itaque facto, ad flumen Assur castrametati sunt, non amplius quam solo milliari ab Japhet hospitari constituentes. Descenderant autem tempore autumni in mense Septembri, quando omnium frugum plenitudo redundare solet.

Cap. XIV. — *Quod Baldewinus rex advenientibus principibus necessaria subministrans, eis pro Dagoberto patriarcha intercedentibus annuerit.*

Baldewinus itaque rex in civitate Japhet tunc moram faciens, ac tam fortium virorum adventum intelligens, nuntios egregios illis in occursum constituit, qui omnia vitæ necessaria illis procurarent in pane, carne, vino, oleo et hordeo ad refocillandos milites et eorum equos longo itinere fatigatos. Erat autem Dagobertus in eorumdem egregiorum virorum comitatu, reprobatus ab eodem rege : qui patriarchatus dignitatem recuperare arbitrans, cum Tankrado Japhet descendere disposuit. Unde Tankradus et Baldewinus de Burg, Willhelmus quoque comes Pictavii, pariterque Willhelmus Carpentarius, consilio inito qualiter patriarcha restituatur, regi legationem direxerunt, videlicet ut patriarcham in suam sedem relocaret, alioqui nequaquam eos in ultionem suorum Ascalonem posse descendere. Rex horum audita legatione, invitus eorum precibus acquievit, nimium indignatus adversus patriarcham propter subterratam pecuniam. Attamen consilio suorum victus, concessit magnificis illius intercessoribus : ut primum Ascalonem descendant adversus arma et milites regis Babyloniæ; dehinc se omnia de patriarcha æquo judicio et consilio ipsorum acturum. Decrevit etiam hæc omnia fieri examine Roberti parisiensis cardinalis, episcopi et legati; qui Mauritio aliquo tempore mortuo, a Paschali, Romano pontifice missus, venerat ad discussionem et correctionem rerum illicitarum sanctæ et orientalis Ecclesiæ in his orientalibus plagis.

Cap. XV. — *Qualiter Baldewinus rex cum principibus ab eo susceptis Ascalonem obsidens, Ammiraldum Babyloniorum bello exstinxerit.*

Tankradus autem et Baldewinus de Burg, Willhelmus itemque Willhelmus, hac regis audita promissione, sub obtentu fidei in armis et virtute suorum cum rege Ascalonem profecti sunt, per dies octo ejus mœnia obsidentes, vineas et sata et universam spem anni illius devastantes, et crebro assultu muros impugnantes. Dum tandem creberrimis assultibus illic sævirent, turres et mœnia oppugnarent, quidam Ammiraldus Babyloniæ regis nobilissimus, Merdepas nomine, qui ad tuendos cives remanserat, subito in virtute magna ab urbe erupit, et viros Christianorum ferro et sagittarum grandine in manu suorum lacessivit; sed Dei gratia et virtute repente a Christianis occisus et attritus est. Merdepa tam nominatissimo Ammiraldo regis Babyloniæ sic exstincto, et universis gentilibus civibus Ascalonis repressis, et ultra repugnare diffidentibus, portas vero in faciem Christianorum claudentibus, rex assultus et labores suorum incassum fieri intuens, ex consilio majorum ab urbe quæ ab humanis videtur viribus insuperabilis recessit, et Joppen una cum Tankrado et Baldewino de Burg, Willhelmo et altero Willhelmo divertit, ubi in omni gloria et lætitia simul epulati sunt.

CAP. XVI. — *De investitura Dagoberti patriarchæ, et de concilio super ipso Hierosolymis habito.*

Dehinc consilio ibidem habito cum episcopis, abbatibus et universis ordinatis clero, et ex judicio omnium Patrum qui aderant, omni honore et dignitate, qua erat privatus patriarcha a rege, reinvestitus ac Jerusalem reductus, honorifice in cathedram episcopalem relocatus est. Reducto itaque sic patriarcha Dagoberto Jerusalem ac in sede suæ majestatis relocato, proxima die in templo Dominici sepulcri concilium statutum est, ubi idonei testes et accusatores in præsentia et audientia domini cardinalis ac totius Ecclesiæ convenerunt, Baldewinus Cæsareæ urbis episcopus, et episcopus de Bethlehem, Robertus episcopus de Rama, Arnolfus cancellarius et archidiaconus Dominici sepulcri et clerici multi. Ibi alii hunc ex Simonia; alii ex homicidio Christianorum Græcorum in insula Cephali ejus instinctu a Genuensibus perpetrato; alii ex traditione regis Baldewini; quidam vero ex oblatione et pecunia fidelium subterrata constanter et obnixe criminati sunt. Adfuerunt pariter in eodem concilio Engelhardus episcopus Lauduni, similiter et episcopus Placentiæ, episcopus de Tarsa, episcopus de Mamistras aliique episcopi et archiepiscopi ad decem et octo computati; abbas etiam de sancta Maria Latina, abbas de valle Josaphat, abbas de monte Thabor; et alii de terra Galliæ circiter sex illic sedisse referuntur.

CAP. XVII. — *De depositione patriarchæ præfati, et de ordinatione Evermeri, in locum ejus subrogati.*

Ibidem vero in medio tantorum probabilium virorum conventu, cardinale prædicto residente et æquo judicio rem examinante, patriarcha, victus et confusus ab idoneis testibus de perfidia et cæteris, obmutuit. Qui in satisfactione Deo et cardinali rebellis et inobediens existens, et in pertinacia suæ pravæ excusationis permanens, sub judicio omnium fidelium depositus ac anathemate percussus est. Tankradus vero et cæteri principes, videntes rem ex puro judicio veritatis finem accepisse, non ultra renisi sunt; sed rege salutato, in terram Antiochiæ et Edessæ, patriarcha abjecto, utque aiunt, precibus tantorum procerum absoluto, secum abducto reversi sunt. Rex quidem in lætitia et gloria magna remansit Jerusalem. Nec mora, consilio ejusdem Roberti cardinalis, cleri quoque ac totius populi electione, Evermerus quidam, vir et clericus boni testimonii, præclarus ac hilaris distributor eleemosynarum, vice et loco Dagoberti patriarcha constitutus successit, omni studio religionis ac bonæ conversationis, in amore fraternitatis et charitate, illic in templo Dominici sepulcri Deo serviens, et regi Baldewino contra Sarracenos et incredulos fidelis adjutor existens.

CAP. XVIII. — *Qualiter principibus cum centum et quadraginta millibus Christianorum in sua de Jerusalem renavigantibus, trecentæ ex ipsis naves partim ab hostibus, partim fluctibus interierunt.*

Regresso itaque Tankrado cum cæteris principibus supra centum et quadraginta millia virorum peregrinorum, qui Jerusalem hoc anno adorare convenerant, tædio diutinæ moræ affecti, navigio nunc velis et remis aptato, rege vero salutato, alto mari invecti sunt ut ad terram nativitatis suæ redirent, æquore ab omni fervore et turbine ventorum sedato. Sed illis vix duobus diebus in tranquillo navigantibus, circa æquinoctium hiemale serenitas cœpit turbari, venti horribiles suscitari, naves usquequaque gravi turbine inquietari, et sævis procellis dejici et quassari, dum tandem nautæ et homines peregrini fessi, et tumidis fluctibus oppressi, alii attritis velis et remis in profundum ferebantur; alii validis ventorum flatibus dispersi, ac per ignotum jactati mare et vagi facti, Accaron pervenerunt; alii apud Sagittam, alii Ascalonem, civitates gentilium consistentes, aut capti, aut trucidati, aut undis suffocati sunt. Fuerunt autem naves Christianorum, qui perierunt, trecentæ, quarum decima pars vix salvata fuisse perhibetur. Audito tantæ multitudinis casu in Jerusalem, rex et universi viri et feminæ civitatis in nimiam lamentationem et comploracionem versi sunt, eo quod tam amara morte tot millia confratrum suorum non solum undis, sed et armis gentilium exstincti sunt.

CAP. XIX. — *Qualiter tertio regni sui anno Baldewinus rex urbem Accaron obsederit, sed minime devicerit.*

Post hæc anno tertio regni sui rex Baldewinus vehementer indignatus adversus civitatem Accaron, eo quod sæpius insidiæ et assultus ab ea peregrinis accrevissent, jam hiemis gravi frigore deterso et veris temperie aspirante, post octavas Paschæ anni illius præcedentis, quo in campestribus Rames prælia commisit, et omnibus suis attritis, cum paucis reliquis suorum militum vix Sarracenorum vires evasit, exercitum congregans ad quinque millia virorum, ad præfatæ civitatis applicuit mœnia. Quam, undique posita obsidione, curriculo quinque hebdomadarum sic mangenarum jactu et machinarum sublimitate oppugnavit, ut ultra vim et difficiles militum lapidumque creberrimos ictus cives sufferre non valentes, jam in manu regis, impetrata vita, urbem reddere cogerentur. Jam enim tres ab urbe exierant Sarraceni, quod cæteros prorsus latuit, ut sibi regem placarent et parcere animæ suæ impetrarent, omnem casum et defectionem fortium virorum et civium illi referentes, et universos interius adeo metu concussos ut si semel adhuc valide urbem impugnarent, procul dubio portis apertis, in manu regis traderetur. Vix hi tres sermonem et consilium cum rege expleverant, et ecce vespere facto, de Sur quæ est Tyrus, et a Tripla quæ est Tripolis, civitatibus de regno Babyloniæ, duodecim galeidæ descenderunt cum multis armatis militibus, et cum qua !am ingente nave quingentos viros pugnatores continente, qui eadem tota nocte civitatem introeuntes per mœnia et urbem diffusi sunt. Nec mora, minime diem exspectantes, sed rapidum ignem sulphure, oleo, pice, stuppis suscitantes, machinæ regis subito injecerunt, ut viros sagittas assidue desuper intorquentes et urbem valide impugnantes ab ea absterrerent.

Cap. XX. — *Quod Reinoldo, sagittario regis, in bello pereunte, ipse rex ab obsidione urbis Accaron recesserit.*

Verum illorum adventu cognito, et igne jam circa machinam sæpius advolante, Reynoldus quidam miles regis, arte sagittandi peritissimus et magister sagittariorum, socios ad defensionem admonet; ipse vero arcu Baleari arrepto, supra centum et quinquaginta Sarracenos mortifero vulnere exstinctos percussit. Mane autem facto, bellum utrinque cœpit vehementius ingruere et invalescere, ac sæpius a portis erumpentes Sarracenorum milites lanceis peregrinos Christi, alios gravi vulnere percusserunt, alios momentanea morte exstinxerunt. Eadem denique die Reynoldus plurimum belli et cædis dum a machina adversus hostes exerceret, incautus et intrepidus nimium in aperto assistens, subito mangenellæ impetu lapis emissus illi in verticem venit; et sic mortuus jussu regis sublatus, in monte Thabor a religiosis monachis sepultus est. Videns autem rex, quia virtus Sarracenorum prævalebat præ intolerabili multitudine, quæ noviter a prædictis civitatibus huic urbi ad auxilium navigio confluxerat, et quia manu suorum non solum bello gravata, sed et longa obsidione ad resistendum deficiebat, ex consilio magnatum suorum ignem machinæ jussit immitti, nimium turbatus et dolens inde recedens, eo quod prosperum successum hoc tempore nequiverit habere.

Cap. XXI. — *Baldewinus rex venationi aliquantulum vacans cum decem sociis Sarracenos sexaginta aggreditur.*

Eodem vero anno, quo rex Acram invictam deseruit, et a Joppe Jerusalem ascendit, ut illic aliquantulum bellis intermissis quiesceret, quadam die circa tempus Julii mensis cum decem tantum militibus in venationem profectus, dum saltus civitati Cæsareæ contiguos a montanis intraret et hujus recreationis studio vacaret, Sarraceni circiter sexaginta ab Ascalone et Acra descenderunt ad insidias Christianorum, ut tam in plano quam in montanis deprehensos detruncarent ac rebus exspoliarent. Tunc quidam forte Christianæ professionis illis obviam facti sunt, quos nimia audacia freti gentiles præfati, persequi, occidere et rebus exspoliare decreverunt, ut sic in gloria et victoria cum spoliis fidelium ad suas civitates repedarent. Hac itaque crudeli intentione Sarracenis Christianorum vestigia insequentibus, universa vero regione fama eorum commota ac tremefacta, eo quod vires illorum ampliores quam fuissent æstimarentur, Baldewino regi, omnium horum ignaro, et solummodo venationi intento, nuntiatum est, quomodo Sarraceni regionem ingressi fuissent ad insidiandum et trucidandum populum Dei vivi, et ideo citius eum oportere in hac necessitate subvenire. Qui illico hoc audito, decem socios, qui secum erant, nobiliter admonet ut sine intermissione hostes insequantur, et nunquam eos impune a regione exire patiantur; sed fortiter cum eis dimicantes, prædam excutiant et rapinas confratrum suorum. Mox venatoriæ artis obliti, Otho Altaspata, Albertus de Blandraz et cæteri, qui cum rege venationi intererant, licet lorica, scuto, lancea inermes, sed tantum gladio accincti et pharetra procul omni timore mortis ablato, equos calcaribus urgent, et recto vestigio Sarracenos persequentes, forte jam visos, sagittis et gladiis eductis, subito incurrerunt, et atrociter hinc et hinc prælium commiserunt.

Cap. XXII. — *Baldewinus rex a quodam Sarraceno latenter inter fruteta vulneratur, et Jerusalem reportatus, curatur.*

Baldewinus vero rex præ cunctis acrius per medios hostes irruens, et cædem gladio multiplicans, ex improviso juxta fruteta humilis silvæ in rapido cursu volantis equi astitit : ubi a quodam satellite Sarracenorum, qui inter ramos et opaca folia delituit, furtiva lancea trans femur et renes perforatus est. Nec mora, a tam crudeli vulnere tam potentis regis rivi sanguinis graviter eruperunt, vultusque illius pallescere; animus et virtus deficere, manus a gladii percussione cessare cœperunt, donec tandem in terra ab equo corruens, ac si mortuus et exstinctus expirasse crederetur. Quod sui commilitones ut viderunt, statim dolore inæstimabili commoti, amplius et validius cœperunt hostes cædere et persequi, quousque alii occisi, alii in fugam versi, per montana et invia dispersi et elapsi sunt. Dehinc regem circumstantes ac plurimum flentes, gestatorioque eum imponentes, Jerusalem in nimia lamentatione virorum ac mulierum detulerunt medicos peritissimos illi acquirentes, quorum arte et peritia ab hac mortifera plaga rex et fortis athleta posset convalescere.

Cap. XXIII. — *Qualiter a Babyloniis obsessa urbs Japhet, et quod Christiani navigio appulsi contra Sarracenos prœliati sunt.*

Audita hac regis Baldewini vulneratione et aggravatione, rex Babyloniæ et Meravis, congregato ab omni regno exercitu, navali expeditione Japhet descenderunt, quam fixis anchoris versus maritima obsederunt. Ascalonitæ vero ex præcepto regis per aridam ad auxilium venientes, et pariter hinc et hinc, et ab intus et de foris prælia committentes, diversis assultibus eam expugnare moliti sunt. Interea dum hæc obsidio fieret, et diuturnis præliis ad invicem cives Joppe et hostes Ascalonitæ contenderent, duæ naves, quarum altera minor, quam vocant Galeidam, et altera major, quam vocant Dromonem, ex improviso cum Christianorum cœtu advectæ sunt ut adorarent in Jerusalem. Ex his major navis, quem supra quingentos viros absque matronis continebat, ignorante exercitu gentilium, clam in obscura nocte repentino remigio advecta, illusis custodibus vigiliarum noctis, in portu et littore urbis Japhet resedit. Sed quassata ex impetu nimio et celeri fuga, et onere rerum et hominum, in partes dissiliens et hiscens, sabulo infixa est. Videntes autem hanc Sarraceni invio cursu et nimium maturata fuga attritam, ac in limo littoris arenosi infixam, velociter navigio advenerunt ut viros naufragantes percuterent, et res illorum et omnia quæ vitæ erant necessaria diriperent, ac inter se dividerent. Verum Christiani, qui in ipso urbis Japhet littore consistentes, ad eventum rei perspiciendum, et ut subvenirent naufragantibus concurrerant, viso conchristianorum periculo, nimia impugnatione resistentes, importunam multitudinem abegerunt, donec Dei auxilio repulsis gentilibus in liberatione fratrum suorum prævaluerunt.

CAP. XXIV. — *De altera nave Christianorum, quæ naufragium faciens, penitus ab hostibus consumpta sit.*

Altera autem minor navis non recto gubernaculo sulcans, sed ignaro magistro invecta errans, cæca nocte repentino et facili cursu super naves hostium irruit. Quo agnito, magister navis cum septem sociis suis clam exigua navicula evasit, et navem inter hostes destitutam reliquit. Erant enim in eadem navi homines centum et quinquaginta præter femineum sexum; equites vero septem cum equis suis et plurima armatura. Gentiles vero sentientes hanc Christianorum puppim inter se stulto errore allapsam, eam undique coronantes, tota nocte ejus inhabitatores pravi impugnatione vexaverunt, et illi econtra fortiter restiterunt, donec orto mane, non ultra tot millium jacula et vim sufferre valentes, et a defensione cessantes, universi cum septem equitibus et cunctis mulieribus capti et decollati sunt, præter solum armigerum, qui temerario ausu inter undosas procellas vix nando evasit. Omnia autem spolia occisorum seu submersorum diripientes, inter se partiti sunt gaudentes et exsultantes hanc fortunam victoriæ suæ sic ex improviso suis manibus incidisse.

CAP. XXV. — *Quomodo Sarraceni, adveniente Baldewino, obsidionem urbis Japhet dimiserint, et utrinque agros suos excoluerint.*

At Baldewinus rex intellecta hac longa obsidione circa urbem Japhet, et suorum confratrum consumptione, jam paulisper sanitate recuperata, ad Japhet descendere disposuit, ut audito ejus adventu minus Christianos cives Sarraceni terrerent et in urbis obsidione manerent. Sarraceni autem tam potentis regis adventum et vitam incolumem operientes, et illi copias adfuturas æstimantes, nequaquam illic ultra remanere præsumpserunt; sed assumpta occasione Octobris mensis et temporis hiemalis, quo maris procellæ amplius intumescunt, reditum suum sine intermissione paraverunt. Rex vero et Christiani urbis Joppe velocibus buzis et remis eos insequi constituerunt, si forte aliqui secure et tarde navigantes possent comprehendi. Sed minime opportunitas hoc tempore, aut ulla vindicta sanguinis confratrum Christianorum concessa est. Ipse quidem rex et universi fideles Christi qui Joppe habitabant gavisi sunt super universis quæ sibi gloriose acciderant, et exaltati sunt secure dormientes et abhinc agros et vineas excolentes. Ascalonitæ vero rege convalescente, minus ultra ausi sunt viros Japhet bello lacessere, sed et ipsi pace gaudentes, et quia manus regis bello vacabat, pariter et ipsi in satis ac vineis hoc anno non parce elaborantes, quieverunt.

CAP. XXVI. — *Quod civitas Gibelot, a Pisanis expugnata, Reymundo comiti subjugata sit*

Proximo dehinc anno, mensis Martii tempore aspirante, anno scilicet quarto regni ipsius Baldewini, rursus Pisani et Genuenses, qui causa adorandi in Jerusalem convenerant, a Laodicea ubi hiemaverant, amoventes, Gibelot navali apparatu applicuerunt. Ubi comes Reymundus illis a Tortosa civitate occurrit, auxilium et vires illorum ad expugnandam ipsam Gibelot quærens ut, Sarracenis civibus exterminatis, urbs Christianorum haberetur. Qui facile precibus ejus acquiescentes, urbem multitudine copiosa navium obsederunt, fortiter eam oppugnantes. Comes vero in arido eam obsidens, creberrimis assultibus et machinarum ingeniis debellavit, quo usque capta et victa cum civibus suis in manu ipsius Reymundi tradita et subjugata est.

CAP. XXVII. — *Pisani regis precibus evocati, cum eo urbem Accaron obsidione vexant.*

Nec diu post urbis illius captionem ipsis Genuensibus et Pisanis legatio regis Baldewini adfuit, qua nimium ex parte ipsius salutati sunt. Deinde permagna regis precatio ad universos facta est, quatenus causa Dei et sanctorum Jerusalem, civitatem Ptolemaidem, quam nunc vocant Acram, exercitu navali in mari obsidentes oppugnarent; ipso autem auxilio Dei et copiis fidelium Christi in sicco obsidionem locaret. Audita hac regis precatione et admonitione, gavisi universi continuo navigio et manu robusta Acram vel Accaron applicuerunt. Rex autem in arido in circuitu murorum castrametatus est. Illic vero aliquot diebus tormenta lapidum et machinas fabricantes, deinde urbem et cives sine modo viriliter et non parce assilientes, usquequaque oppugnabant, donec Sarracenorum et vires et manus ad resistendum fessæ nihil ultra ausi sunt.

CAP. XXVIII. — *Ammiraldus urbis Accaron consulens civibus suis, Baldewino regi urbem tradere decrevit; rex et patriarcha de obsessis et dextras petentibus, consultant.*

Videns ergo Ammiraldus urbis, quia sui a defensione defecerant, et quoniam nulla spe auxilii freti non ulterius adversus virtutem regis stare audebant, pacem et belli dilationem fieri rogavit, ut sic consilium ageret quatenus urbs in regis potestate, civibus salvatis, traderetur. Pax denique ex petitione Ammiraldi, utrinque datis dextris, firmata est ac populus ab omni impugnatione quievit. Tunc Ammiraldus universo coetu Sarracenorum in unum convocato, consilium anxie tenuit, et in hunc modum coram omnibus locutus est : *Diu hanc civitatem etiam usque ad sanguinem defendimus. Sed nunc nullum nobis auxilium a rege nostro Babyloniæ, vel ab illius civitatibus, ut solitum erat fieri, speramus, propter navalis obsidionis infestationem. Quapropter si omnibus nostris nunc foret gratum, in hac ultima necessitate regi Baldewino urbem reddi et aperiri oportet, priusquam armis illius pereamus, et pereuntes nec vitam nec urbem ad extremum teneamus. Unde si utile consilium meum videtur, nec sanius modo reperiri valet, antequam urbs illi aperiatur, si fœdus inter nos et ipsum firmetur, ut incolumes cum uxoribus et filiis nostris et universis rebus exeamus, ubique viam pacifice, et sine impedimento, insidiisque suorum habentes.* Concesserunt universi hoc Ammiraldi consilium : quod et regis auribus sine mora innotuit ; scilicet ut sub pura fide datis dextris pacificus exitus civibus daretur, et sic non ultra regi resistentes, portas urbis aperirent. Rex igitur et patriarcha Evermerus consilium cum suis super hoc inierunt quoniam, si petitioni illorum contradicentes, fidem et pactum negarent ; cives vero urbem nisi cum salute exire metuerent, non sine interitu et periculo Christianorum eam posse expugnari. Unde et petitioni illorum sic annuerunt ut, urbe reddita et patefacta, cum universis rebus pacifice migrantes, nihil periculi dubitarent. Verum Pisani et Genuenses avaritia rerum gentilium inflammati, nequaquam sic fieri responderunt ut divitiæ urbis et ejus inæstimabiles thesauri pacifice efferrentur. Tandem ab hac contradictione a rege et domino patriarcha correcti et placati, assensum in universis præbuerunt quæ illis ad salutem Christianorum potiora videbantur. Et sic jurejurando a rege Sarracenis promissa pace et firmata, urbs et portæ ejus in ipsa sancta et celebri die Dominicæ Ascensionis patefactæ sunt.

CAP. XXIX. — *Qualiter Pisani Sarracenos urbe egredientes injuste occiderint.*

Rex autem et exercitus ejus intromissus est ; principes vero civitatis et cæteri inhabitatores pacifice cum uxoribus et filiis, cum pecoribus et omni substantia egressi sunt. Sed Pisani et Genuenses, videntes eos cum omni supellectile egredi, et gazam illorum inauditam efferri, avaritia vehementer excæcati, fidemque et pactum quod cum rege pepigerant obliti, subito per mediam urbem irruentes cives occiderunt, aurum, argentum, ostra diversi generis et plurima pretiosa rapientes. Populus autem Galileæ qui ab arido cum rege urbem intraverat videns Pisanos per urbem discurrere, cives occidere, thesauros inauditos diripere, pariter et ipsi avaritiæ flammis æstuantes et jurisjurandi obliti, circiter quatuor millia civium in ore gladii percusserunt, gazam, vestes, pecora, et omnes divitias illorum incomputabiles diripientes. Hac injusta seditione ad extremum sedata, rex vehementer indignatus est de illata sibi injuria a Pisanis et Genuensibus propter jusjurandum. Et ideo ne in dolo et consensu ipsius fidem et pactum prævaricari crederentur, admonitis sociis ac domesticis suis, hoc scelus graviter ulcisci voluit, nisi domino patriarcha interveniens et ejus pedibus frequenter advolutus, prudenti consilio regem placatum reddidisset, et utrinque pacem concordiam reparasset.

CAP. XXX. — *De quingentis Arabibus qui, Joppen bello aggressi, Othonem jugulaverunt.*

Eodem vero anno post captionem Ptolemaidis, quæ et Accaron dicitur, vulgariter vero Acra, in mense Septembri jam mediato, ipso die Exaltationis S. crucis, milites Arabes circiter quingenti in equis et armis ab Ascalone exsurgentes, Joppen descenderunt ; ac jam sole flagrante medio axe cœli, ante urbis januam assistentes, milites catholicos bello lacessere conati sunt. Et ecce Otho, nomine Altaspata, filius sororis Alberti de Blandraz, miles tiro imperterritus, tantum cum viginti qui aderant ad custodiendam urbem, galea et lancea indutus, quingentis occurrit militibus. Quos plurimo equestri luctamine provocantes, et temerario ausu copias illorum impetentes, novissime medio agmine nimiæ gentis permisti, nequaquam ab his extorqueri aut redire potuerunt, quousque Otho inimicorum armis exstinctus cum quinque fratribus ibidem fuisse perhibetur. Continuo Sarraceni ac Arabes ab equis descendentes, capitaque occisorum amputantes, secum Ascalonem in signum victoriæ detulerunt ut, his visis, cives ad quidpiam audendum animarentur.

CAP. XXXI. — *De sexaginta Arabibus, urbem Cæsaream deprædantibus, quos Baldewinus rex superavit.*

Abhinc diebus septem vix evolutis, sexaginta Arabes, viri militares, nomen pariter gloriæ et victoriæ aliquo insigni facto sibi acquirere volentes, moverunt iter versus civitatem Cæsaream in die natali apostoli et evangelistæ Matthæi, si forte illis occurrerent aliqui incauti ex Christianis. Sed nemine illis obviam facto, prædam boum oviumque Christianorum ante urbis mœnia in pascuis repertam abduxerunt, ut vel hac occasione Christiani ab urbe egressi, et eos insequentes, ex hostili industria punirentur. Hanc itaque prædam illis abducentibus, Christiani cives urbis Cæsareæ ira commoti, ab urbe ferme ducenti sunt progressi cum solo equite, qui diu etiam febre correptus, vehementer elanguit, et adhuc parum sanitatis recuperaverat, ac milites Arabes in arcu et sagitta et lancea sunt persecuti, ut prædam excuterent et reducerent. Econtra Arabes fortiter repugnantes, ac prædam abducentes, pedites Christianos sæpius in fugam remittebant, quin etiam equitem adhuc languidum proximo cursu eos urgentem peremerunt, ipsius capite amputato, et secum deportato in sacculis armigerorum suorum, in quibus equorum pabula ferre consueverant. Nec mora, regi Baldewino Japhet vel Joppe commoranti, divulgatum est quomodo Ascalonitæ milites sexaginta Cæsaream deprædandi causa divertissent. Qui solum quadraginta equites secum habens, divisit eos per triginta ac direxit per montana ut universas semitas prævenirent, per quas sperabat eos reversuros. Ipse quidem, decem assumptis, recto tramite quo ab Joppe itur Cæsaream est profectus, si forte sibi obvenirent præfati sexaginta milites, ut eis malum quod fecerant Cæsareæ digna vice possent rependere. Igitur dum aliquantulum itineris rex et sui peregissent, in armis et lorica armigeris et servi Arabum, præmissi cum præda et capite Christiani militis, rege nescio ac regis nescii, obviam facti sunt, sexaginta vero milites eadem via loricati et armati a longe subsequebantur. Rex autem suique armigeros apprehendentes ac consulentos unde illis iter sit, sarcinasque eorum aperientes, in sacco unius illorum caput Christiani militis invenerunt. Quo viso et cognito, Ascalonitarum crudelitas propalata est : et rex statim apprehensos armigeros coegit minis et terroribus suppliciorum ut omnem rem gestam aperirent; quod si nollent, capitali sententia universos ibidem comminatus est punire. Qui illico professi sunt dominos suos subsequi eodem itinere quo et ipsi venerant, ac per montana Japhet reditum suum constituisse. Rex, hoc audito, protinus obducto pectori clypeo et hasta arrepta, cum decem sociis via cepta ac nimium festinata, in hostes tetendit, metuentes ne forte aliqua fama ab hac via declinarent. Nec multo abhinc spatio sexaginta Arabes appropinquantes, super regem et suos incaute irruerunt, regem nequaquam aut aliquas insidias illic in via suspicantes. His vero inter manus regis tam incaute oblatis, rex fortiter tundens latera equi suique non minus tundentes, viros subito clamore ac impetu aggressi, per medios irruperunt, alios lancea perforantes, alios ab equis dejicientes, et non parce in cæde illorum gladio sævientes. Tandem omni virtute rege invalescente, et Arabes ut stipulas penetrante ac dispergente, hostes ultra pondus certaminis sustinere non valentes terga verterunt. De quibus decem capti et retenti sunt absque his qui armis interierunt. Equi etiam illorum non minus quadraginta capti sunt, tum arma et spolia eorum cum quibus rex Joppen in gloria magna et ultione sui decollati militis reversus est. Japhet vero et omnes civitates fidelium quæ hæc audierunt ab ea die lætatæ et confortatæ sunt. Exaltatum est itaque nomen regis in universis finibus Ascalonitarum et omnium gentilium, non parum timentium et admirantium quod rex cum decem sociis sexaginta Arabes tam felici congressu alios attriverit, alios captivos duxit.

Cap. XXXII. — *Quod Reymundus contra Tripolin novum præsidium exstruxerit, in quo moriens sepultus sit.*

Eodem quoque tempore et anno comes Reymundus, adunata manu Christianæ gentis a diversis locis et regnis, civitatem Tripolin, quam vulgo Triplam vocant, obsedit multis diebus et annis, eam machinis et armis expugnare molitus. Sed longo tempore dum circa hanc et ejus mœnia incassum laboraret, nec famis angustia eos compellere valeret in ejus redditionem, eo quod a Babylonia, Ascalone, Sagitta et Sur auxilium illis frequenter adesset, et navigio rerum abundantia superesset, comes Reymundus, consilio cum suis habito, novum præsidium fieri decrevit, a quo semper urbi adversaretur, et ad quod sui assiduæ protectionis causa ab hostili impetu repedarent. Appellatum est idem præsidium mons peregrinorum, eo quod peregrinis et Christianis militibus illic munimen contra gentilium vires semper haberetur. Verum biennio evoluto post captionem Ptolemaidis, et ædificationem hujus præsidii novi, quod dicitur mons peregrinorum, comes post Purificationem sanctæ Dei genitricis Mariæ obiit mense Februario, in eodem novo præsidio quod exstruxerat, catholice sepultus.

Cap. XXXIII. — *Ubi Alexius imperator pro redemptione Boemundi copiosam promisit pecuniam.*

Interea dum præfata longa negotia circa Acram, quæ et Ptolemais, in civium redemptione et urbis deditione agerentur, Alexius imperator Constantinopolis, cui semper Boemundus suspectus erat ne eum a regno expelleret, pecuniam ducentorum et sexaginta millium byzantiorum creberrimis legationibus epistolarum obtulit Donimano magnifico principi Turcorum, quatenus Boemundum principem Siciliæ, quem adhuc tenebat in vinculis, suæ manciparet ditioni, volens eum aut æterno exsilio aut perpetua damnatione perire, ne ultra regno ejus aliqua machinatione nocere posset.

Cap. XXXIV. — *Solymanus propter pecuniam ab imperatore promissam Donimanum bello fatigat.*

Hujus itaque tam grandis pecuniæ massam Solymanus, ante hos annos princeps Nicææ civitatis, intelligens pro redemptione Boemundi imperatorem polliceri, cauta et privata epistolarum legatione compellat comprimorem suum Donimanum ut eum tantæ pecuniæ participem faceret, eo quod amici et socii in bellis et plurimis prædis semper fuissent; sed universum hujus thesauri talentum Donimanus inhians indivisum retinere, callida occasione sibi assumpta id fieri prorsus interdixit. Hoc Solymanus graviter accipiens, amicitiam et fœdus quod cum eo percusserat abrumpens, cœpit ei assiduis infestationibus adversari, ac depopulari quæ illius erant; quin assumptis copiis jam tertio bello lacessitum, plurimisque insidiis vexatum superavit, ac in fugam misit. Sic calumniatus et humiliatus Donimanus ex industria Solymani, cœpit multis lamentationibus ac crebris suspiriis hoc infortunium suum rememorari in audientia universorum amicorum suorum, quatenus eorum adjutorio aliquam vindictam de illatis sibi injuriis consequeretur.

Cap. XXXV. — *Ubi Boemundus de omnibus his consilium dedit.*

Has itaque Donimani principis urbis Nixandriæ, querimonias Boemundus paulatim callida aure auscultans, dum adhuc teneretur in vinculis, cœpit clanculum a custodibus et procuratoribus requirere quidnam esset quod Donimanus tam magnificus princeps triste ferret ac tota domus ejus plus solito turbata nunc esset. Tandem die quadam dum res Donimano innotuit, quomodo Boemundus de injuriis et calumniis ejus requisivisset, et quomodo nimium super his ingemuisset, ad ipsum locum carceris in quo catenis ferreis astrictus servabatur descendit : quas pertulerit insidias et adversitates a Solymano sibi recensens pro pecunia in ejus redemptione ab imperatore sibi oblata, sed Solymano ejus divisione negata ; sciens eumdem Boemundum virum astutum et magni consilii adinventorem ut, eo audito, forte Solymano dignam vicem injuriarum rependere addisceret. Cui Boemundus prudentiori, quo potuit, consilio de universis, quæ ab eo intellexerat, sic respondit : *Ex his omnibus quæ tibi adversantur satis sanum consilium capere potes, quo Solymano facile in caput reddes cuncta quæ tibi tuisque intulit, si non tam leviter cum imperatore Alexio fœdus pepigisses pro hac ingenti pecunia et mei venditione.* Ad hæc Donimanus nimiis æstuans curis in ultione suæ injuriæ, Boemundum constantius rogat ut, quod sanius sentiret consilium, edoceret. Qui protinus respondit : *Quoniam si imperatoris volueris refutare pecuniam, et tam grandi talenti dimidium a me suscipere, me pristinæ libertati restituere, a manicis his absolvere in omni, qua placuerit, conditione, in Deo meo jurans, tibi inseparabilis dilectionis et fidelitatis vinculo astringar, imo universi principes Christianorum. Amici vero mei et cognati tam qui sunt Antiochiæ quam qui Rohas, et qui habitant Jerusalem, et universis locis, sub ejusdem tibi vinculo fidei sociabuntur, semper de honore tuo et salute consulentes et agentes. Si autem pecuniæ, quæ tibi causa meæ perditionis offertur, magis intenderis, quam meæ et confratrum fidei, amicitiæ et servituti, certus sis, quoniam pecunia de die in diem minuetur ac dividetur, odia, inimicitias, noxia consilia cognatorum et confratrum meorum nunquam dum unus in partibus his vivet et prævalebit, scias tibi et terræ tuæ posse deesse. Si vero ad me et ad servitutem meorum et amicitiam animadverteris, pecuniam imperatoris recusaveris, et quantum devovi, licet minus talenti, à me receperis, certus sis amicitiæ cunctorum confratrum meorum ; et militare obsequium eorum in omnibus negotiis tuis procul dubio crede semper tibi in omni fide et subjectione paratum : nam sic fœderati utrinque et amici sub jurejurando facti, non solum ipsum Solymanum qui sic adversum te extollitur et inflatur, et te calumniari meditatur, in virtute tua et nostra facile expugnabimus, terram vero, quam possidet, eo expugnato et expulso, subjugabimus ; sed etiam imperatoris regnum et terras, quantocius decreveris, nostræ ditioni subjiciemus.*

CAP. XXXVI. — *Donimanus, accepto consilio amicorum, Boemundum sub pecunia pristinæ restituit libertati.*

Donimanus his Boemundi verbis et promissis acceptis, non parum mente in diversa fluctuans, angustiari cœpit quid primum eligeret, quid refutaret. Unde et hæc responsa illi dedit : *Placent satis universa, quæ de ore tuo audivi, si dicta factis inviolabilis fidei compleveris. Sed dextram tibi dare non absque meorum consiliis decet : et ideo in brevi consilium cum illis faciens, eisque tuam intentionem et suggestionem aperiens, aut cito faciam, quod hortaris ; aut meorum consiliis acquiescam, utiliora tamen non relinquens.* Dehinc post aliquot dies consilio habito, placuerunt universa quæ Donimanus a Boemundo audierat et suis retulerat, et idcirco illius petitionem et consilium non ultra debere refutari, sed fieri omnibus bonum et utile visum est ; hac tamen rata et firma conditione, ut quique sua lege et professione utentes, amicitiam et fœdus integre servarent. Quod sic actum est : ac dimidium pecuniæ, quod imperator spoponderat, Boemundo remissum est ; et solummodo centum millia byzantiorum persolvi et recipi concessa sunt. Hoc itaque firmato et concesso, Donimanus imperatori legationem direxit ad contradicendum auri talentum, quod obtulerat. Boemundus igitur nimium gavisus eo quod jam per biennium vincula et carceres passus, nunc autem quod gratiam in oculis Donimani, Deo miserante, invenisset, et plurimam suæ redemptionis clementiam, ad universos cognatos et amicos suos tam Antiochiam quam Rohas et in Siciliam pro congreganda pecunia misit, et ut congregatam designata die afferrent in regionem urbis Malatinæ, ubi reducendus et restituendus erat, concordia quoque et fœdus cum Donimano firmandum. Mox universi de redemptione ejus audientes, gaudio et exsultatione repleti sunt, ejusque mandatum studiose adimplentes, pecuniam undecunque contractam et compositam ad locum prænominatum determinata die deferentes convenerunt. Ubi Donimanum et Boemundum, sicut decretum erat, reperientes, in numero et pondere pecuniam ipsi Donimano suisque reddentes, utrinque pariter amicitia et fœdere percusso, ad invicem reconciliati et amici facti sunt. Hac itaque pecunia a privatis et cubiculariis Donimani suscepta et reposita, Boemundus datis dextris in vinculo summæ dilectionis commendatus, liber ab omni deditione cum suis Antiochiam remittitur. In qua non modico gaudio ab universis conchristianorum civibus susceptus, honorificatus et inductus est.

CAP. XXXVII. — *Solymanus propter redemptionem Boemundi inimicas Donimano litteras mittit.*

Hæc Solymanus intelligens, moleste nimiu n accepit eo quod pecuniæ particeps esse nequiveri t. Unde adversus Donimanum loquens, Soldanum, regem Corrozan et Baldach, quæ est civitas et caput regni Turcorum, cum universis principibus gentilium commovit ut ei adversarentur, et ultra auxilio et gratia regis privaretur, quod Boemundum hominem belligerum et tam astutum in omnibus negotiis rei militaris, et qui semper Turcis regnoque Turcorum et Græcorum malum et insidias moliretur, ignorante rege absolvisset. Nec diu, dum hæ sinistræ legationes ex accusatione Solymani ad regem Turcorum factæ essent, ex his vero regis ira et indignatio cunctorum procerum Turcorum in aures Donimani insonuissent, et variis minis eum suosque perterruissent, et plurimum sollicitassent, quadam die Solymanus in hunc modum epistolam scripsit: *Donimane, frater et fili de gente Turcorum, nunc usque vir illustris et acceptus regi et omni regno Turcorum fuisti in bellis et victoriis, quas gessisti. Sed ecce nomen tuum vehementer imminutum est; et nunc apud regem Corrozan, et universam gentem tuam, plurimum viluisti, exosus omnibus factus, eo quod Boemundum tam leviter redimi permisisti, et consilium nostrum in hac conventione et redemptione vile et pro nihilo habuisti. Verum si id flagitium commutare volueris regisque iram et majorum Corrozan placare, eumdem Boemundum, quem præ omnibus Christianis magis suspectum habemus, in locum, quem signavero, quasi ad auxilium invitabis, et tunc positis insidiis nostris subito circumventus rapietur. Alioqui scias te nunquam regis gratiam recuperare, et effugere manus et indignationem Turcorum.* Cui Donimanus nequaquam acquievit, ne fides sua et omnium Turcorum apud Christianos et cæteros gentiles vilescere videretur.

CAP. XXXVIII. — *Ubi, Boemundo Antiochiam reverso, Turci Rohas urbem obsidere conantur.*

Post hæc eodem anno, quo Ptolemaide vel Acra capta, in mense Maio, Boemundus Antiochiam ab exsilio et vinculis reversus est, Geigremich, magnificus princeps Turcorum, cognatus Corbahan, frater Sochomani, qui regno Jerusalem, quod injuste invasit, nunc per virtutem regis Babyloniæ amisso, in primo adventu Christiani exercitus Damascum aufugit, ut illic a Turcis protegeretur, unus de præpotentibus regni Corrozan, collecto exercitu sexaginta millium Turcorum profectus est in superbia et virtute magna ad obsidendos muros et mœnia civitatis Rohas, quæ et Edessa nuncupatur.

CAP. XXXIX. — *Baldewinus comes, Boemundus et Tankradus peccata sua confitentes, exercitum congregant, et contra Turcos acies ordinant.*

Hujus igitur infinitæ multitudinis adventu et subito rumore Baldewinus de Burg attonitus, princeps ejusdem civitatis a rege Baldewino constitutus, universos, qui secum erant in conventione solidorum, ad defendenda mœnia convocat ac disponit; quin ab urbe egrediens Boemundum et Tankradum ad opem et vires augendas, missa legatione, invitavit; rogans eos ac deprecans in nomine Domini, ne Turcorum superbiam Christianis confratribus dominari paterentur. Hujus vero legatione accepta, et protinus collectione facta de omnibus locis et castellis Antiochiæ, circiter tria millia equitum, septem vero peditum applicuerunt ad locum præsignatum, in campos scilicet civitatis Aran vel Caran, ubi Baldewinus adventum eorum cum omni populo, quem contraxerat, præstolabatur. Illic a quodam Arabe innotuit comiti Baldewino, Boemundo, Tankrado, quomodo illa adunatio Turcorum festinanter appropinquaret ad obsidendos muros et expugnandas munitiones civitatis Rohas. Audientes itaque hæc nuntia tot supervenientium adversariorum, moverunt castra et omnem apparatum suum ad flumen Cobar, quod a partibus regni Babyloniæ usque ad has partes alveo dirigitur: ubi tentoriis locatis, in crepidine alvei pernoctasse perhibentur. Dehinc primo diluculo castra amoventes, in planitie civitatis Racha constiterunt, ubi de omnibus culpis et commissis apud patriarcham Antiochiæ, et Benedictum episcopum civitatis Rohas confessionem facientes, discordiam omnem in charitatem revocantes, et acies viginti componentes, a dextris et sinistris constituerunt ad resistendum inimicis, et subveniendum sociis Christianis, et quo sic levius belli onus sustinerent. Vix acies ordinatæ erant, et ecce Sochomanus in dextrum latus cum triginta millibus fortium pugnatorum ac sagittariorum bellum committere audaci impetu, et tubarum horrisono strepitu appropinquabat. Boemundus vero, Tankradus et omnis militia Antiochiæ non segnius illi in faciem armis, lorica et galea ac scutorum testudine ad obsistendum in tubis et cornibus fortiter exclamantes properabant. A sinistris vero Baldewinus de Burg, Gozelinus de Cortona, quæ et Turbaysel quod dono ipsius Baldewini in beneficio tenebat, loricati occurrerunt in lanceis et gladiis et equis rapidissimis, hinc et hinc fortiter tubis et cornibus intonantes, et prælia committentes. Boemundus vero et Tankradus, qui in dextro latere cum hostibus luctabantur, Deo miserante, cœperunt prævalere, hostes invadere et sternere, donec virtus eorum imminuta est, et ipsi fugam inierunt. Ceciderunt Turcorum quingenti milites in eodem prælio, quod in dextro Boemundus agebat; Christiani ferme ducenti interempti sunt. Baldewinus vero de Burg, Gozelinus de Cortona et cæteri egregii milites plus milliari a Boemundo cum sua acie remoti, audientes Boemundum et Tankradum jam bellum committere et prævalere, velocitate equorum densatas et obsistentes acies rapido impetu irrumpere et atterere conati sunt, inter aciem Boemundi et Tankradi sociari, et misceri ad auxilium, ferventes; sed subito decem millia Turcorum ab insidiis surgentes, arcu et sagittis ferociter eis in faciem occurrerunt, graviter eos assilientes, et sagittis figentes, donec tota manus in fugam versa est. Ex his alii captivati et occisi sunt, et plures exsilio æterno abducti.

CAP. XL. — *De decollatione octodecim clericorum et de captivitate Baldewini comitis, principis Rohas.*

In hoc tam crudeli diffugio clerici octodecim, monachi vero tres, qui ad corroborandos milites Christi spiritualibus armis convenerant; decollati sunt; Benedictus vero episcopus captus et abductus est; quin ipse Baldewinus, princeps Rohas, nimium avidus cædis et incaute accelerans, nec victrices aquilas Boemundi opportune præstolatus, victus, captus et abductus est. Ad hæc Tankradus a præsenti cæde Turcorum gloriose descendens, sed sinistro nuntio consternatus, sine mora cum suis advolans, Turcos in Baldewini suorumque strage factos victores insequitur ut captivos excuteret; sed maturata via elapsi sunt. Solus episcopus cum tribus tantum militibus liberatus et reductus est. Nocte denique instante, et die jam recedente, Boemundus et Tankradus in castra sua relati sunt cum universo comitatu suo ad refocillandos artus, nimio bellorum pondere hoc die fatigatos.

CAP. XLI. — *Boemundus et Tankradus, captivato Baldewino, fugiunt, et Tankradus in locum Baldewini præficitur.*

Dehinc primo galli cantu absentia Baldewini comperta, momentaneo metu correpti, ad civitatem Rohas omnes celeri fuga contenderunt, quatenus ad defendendos muros et moenia prævenirent, ne Turcis in victoria sua præcurrentibus civitas traderetur. Cives autem Rohas, qui et ipsi Christiani, casum et interitum suorum audientes, et tam magnifici principis abductionem, in lamenta et complorationem sunt versi, sed ad protegendum universos milites Christianos plurimum consolati sunt. Erat enim dies illa Dominica populo Christianorum celeberrima. Altera autem die exorta, Armenii cives ejusdem urbis, inito consilio cum universis, qui convenerant ad lamentandum tam illustrem principem, Tankradum loco ejus restituerunt, dum viderent, si Baldewinus redimi aut liberari posset. Boemundus dehinc sic Tankrado ad obtinendam urbem et ejus principatum, loco Baldewini constituto, Antiochiam cum suis reversus est.

CAP. XLII. — *Turci Rohas urbem obsidione cingunt, quibus Tankradus pro viribus resistit.*

Post hæc, octo diebus evolutis, et Tankrado præsidium Rohas et ejus moenia vigili custodia procurante, Geigrewich et sui, successu victoriæ suæ et Baldewini captione gloriantes, et adhuc altiora sperantes conari, Tankradum vero et ejus dominium nunc ab urbe Rohas, et omnem Gallorum potentiam facile posse exterminari, nimium adversus eumdem Tankradum indignati, longe majores prioribus contraxerunt copias ab universis locis et regno Turcorum, cum quibus in manu forti in campum Rohas ad obsidendas portas et ejus moenia descenderunt, spatiose tentoria sua locantes. Tot itaque millibus et tentoriis, tot diversis hostium armaturis visis, Tankradus non modica angustia coepit æstuare, eo quod tenuis sibi virtus esset militum Gallorum ad occurrendum et resistendum tot Turcorum adunatis et innumeris legionibus. Quapropter accepto consilio, urbem fideli custodia munivit, ac cives confortans, sine diutina mora se cum his adversariorum turmis confligere et viriliter agere promisit. Qui ejus verba consolatoria intelligentes, et eum virum esse grandis fiduciæ et audaciæ, per muros et moenia diffusi universi urbis cives et milites, hostes excipiebant ac procul repellebant, seras quoque et portas omni solertia munire non differebant.

CAP. XLIII. — *Tankradus litteras Boemundo mittit pro redemptione Rohas, ad quem ille cum trecentis properat.*

Sed dum hinc et hinc diu prælia consererent, Tankradus, vir astutus in omni opere militari, clanculum legationem Antiochiam direxit in hunc modum: *Domino et avunculo suo, Boemundo, magnifico Principi Antiochiæ a Deo constituto, Tankradus prospere agere et vivere. Ex quo a nobis recessisti, et me tutorem ac defensorem civitatis Rohas, loco fidelis fratris nostri Baldewini, præfecisti, Geigremich et Sochomanus readunatis viribus et copiis suis repentina obsidione civitatem Rohas et ejus muros occupaverunt, ut expugnatis turribus et moenibus, cives trucidantes urbem exspolient, et me, sicut Baldewinum, captum tenentes, in barbaras nationes abducant. Quapropter charitatem tuam, quam semper erga fideles Christi habuisti, considerantes, tribulationes et pericula nostra tibi nota facere decrevimus; quatenus mala et angustias nostras intelligens, citius accitis sociis et amicis ab Antiochia et cæteris locis, festinato ad subveniendum nobis obsessis et oppressis viam insistas; Turcorum minas et jactantiam minuas, et in nomine Christi a præsenti obsidione repellas. Considerare enim te oportet, quod in hac terra peregrinationis pauci sumus et ideo nullius consilii causa est, ut facile ullo tædio laborum aut bellorum adversus hostes deficiamus, qui omni cura et studio invigilant ut nos expugnent et deleant: sed opportune et importune alter alterius onera semper portantes, unum sustineamus, in uno proficiamus, adversa et prospera tolerando. Si autem nos pigritia ceperit, aut aliquid indignationis tardaverit vel negligentes ad confratrum auxilium effecerit, nihil utilius super hoc prospicio, quam ut a terra exeamus, et hostibus sine intermissione insurgentibus cedamus. Nam aliquando patet, cum pauci sumus, si divisi et tædio affecti defecerimus, vivere et stare ante virtutem inimicorum nequeamus.* His auditis, Boemundus, trecentis raptim equitibus collectis, et quingentis peditibus, profectus est ad liberationem nepotis sui, et catholicorum inhabitatorum civitatis Rohas. Sed difficultate locorum et montium, vel itinere dierum septem plurimum tardasse his videbatur, qui quotidianis Turcorum assultibus et oppugnationibus laborabant.

CAP. XLIV. — *Tankradus, nondum veniente Boemundo, ante solis ortum castra Turcorum cum omnibus suis in fugam vertit.*

Unde Tankradus et cæteri confratres civesque, dum de die in diem multis suspiriis eum exspectarent, sed Boemundo tempore optato non veniente, prorsus desperarent, devoverunt unanimiter potius mori, quam Corrozan in exsilium deportari, et diversis poenis impie ab impiis cruciari. Et ecce, convocati in unum cives et milites, constituerunt prælium; et ab urbe primo diluculo in armis et turmis procedere, ad castra cum silentio properare, donec appropiantes fortiter in tubis et cornibus tumultuarentur, hostes adhuc sopore depressos et secure somniantes, subito improvisos invaderent; ac sic minime ad arma contendere valentes, celerrima strage detruncarent. Quod juxta hoc constitutum adimplentes, mox prima luce orta, egressi ab urbe in omni armatura et virtute, qua poterant, repentino fragore et clamore vehementi agressi sunt castra adversariorum : quos adhuc hesterno vino sepultos et incautos usquequaque in ore gladii percusserunt, donec corporibus exstinctis et sanguinis rivis præsentes campi inundarent. Ut autem plerumque diei processit, manus et virtus Tankradi amplius cœpit prævalere, immanior metus hostes invadere, donec præ nimia strage exterriti, usque ad tentoria principum exercitus in fugam cogerentur. Geigremich tandem et Sochomanus videntes omnia castra suorum attrita et in fugam conversa, vix in equis cum his omnibus, qui juxta se castra locaverant, residentes, relictis cunctis tentoriis suis cum cæteris rebus, spoliis et stipendiis, fugam acceleraverunt, semper eos Tankrado multa occasione insequente.

CAP. XLV. — *Ubi Boemundo Turcis fugientibus obviam facto, nobilissima matrona a sociis Tankradi capta est.*

His itaque dispersis et profugis factis, Tankrado semper eos a tergo cædente, Dei nutu et clementia Boemundus ipsa eadem die fugientibus cum omni comitatu suo obviam factus est, sciens quidem, quomodo adhuc in nocte potenter campos occupaverant; sed quomodo Tankradus, cum eis tam matutino prælio conflixisset, penitus ignorabat. Nunc autem velut homo cautus et gnarus bellicæ artis, ut Turcorum superbiam et virtutem intellexit defluxisse, et nihil præter fugam meditari, Christianorum vero victrices aquilas cum magna vociferatione insequi plurimum gavisus est; et pariter admistis viribus et copiis suis eosdem fugientes insecutus, per totam diem in cæde et captione illorum indeficienter laborasse perhibetur. In hoc diffugio et gravi contritione Turcorum, Geigremich et Sochomanus vix cum paucis evaserunt. Sed matrona quædam nobilissima de regno Corrozan, quæ non modico apparatu opem et vires contulerat, ibidem a Tankrado et sociis ejus capta et retenta est. Dehinc victoria hac Dei et Domini Jesu Christi clementia sic habita, Boemundus et Tankradus et universi Christiani milites spolia multa Turcorum pacifice sumpserunt, cum quibus civitatem Rohas in lætitia et gloria magna ingressi sunt.

CAP. XLVI. — *Qualiter Turcorum principes et rex Baldewinus pro matrona interpellaverint Boemundum et Tankradum et quid responderint illi.*

Transactis aliquot post hæc diebus, legatio Geigremich et præpotentium regni Corrozan Boemundum et Tankradum in civitate Rohas de redemptione matronæ interpellavit, quatenus Baldewinum de Burg, quem tenebant in carcere, pro ejus restitutione remitterent, aut quindecim millia byzantiorum in ejus redditione ab eis mitterentur. Hac legatione Geigremich et tam nobilissimæ matronæ captione usque in Jerusalem divulgata, regis Baldewini supplex legatio cum multa prece adfuit, ad exorandum Boemundum et Tankradum ut Baldewinus confrater et princeps Rohas per captam matronam restitutam restitueretur, et nullam ante hoc pecuniam bonum esse, nec debere eos concupiscere. Qui regis petitioni benigne super his in hunc modum responderunt : *Domino suo Baldewino, regi Christianissimo Jerusalem, Boemundus et Tankradus obsequium sine intermissione. Libenter per omnia tuis parere mandatis de redemptione Baldewini, amici et consocii nostri, decrevimus, et hæc sollicitudo nostra semper fuit et est. Sed hoc tempore de hac re dissimulare, et silentio supprimere necesse est, si forte aliquid pecuniæ cum ipso fratre Baldewino pro hac matrona res ituenda extorquere possimus, qua nimium anxie indigemus ad remunerandos milites, assiduis laboribus nobiscum insudantes.* Sic blanda et bona satis hæc illorum fuere responsa; sed nequaquam in eis fides fuit aut veritas, aut aliqua voluntas virum redimendi, propter ambitionem civitatis et ejus tributorum; quæ diversis negotiis et rerum commutatione, quæ tantum infra mœnia aguntur, ad quadraginta millia byzantiorum singulis annis computantur, absque his reditibus, quos plurima castella et regiones ad eamdem civitatem pertinentes largiuntur. Sic regi amica responsione et promissione satisfacientes, Boemundus quidem Antiochiam rediit, Tankradus vero ad tuendam et muniendam civitatem Rohas remansit.

CAP. XLVII. — *Quomodo Boemundo contra regem Græcorum in Italiam profecto, Tankradus Turcos bello devicerit.*

Anno dehinc sequenti post captionem Baldewini de Burg, anno vero Baldewini regis quinto, Boemundo non solum in Italiam sed et Galliam profecto ad exquirendas vires, et commovendos principes adversus regem Græcorum Alexium, Tankrado autem Antiochiæ vice avunculi sui relicto ad tuendam civitatem, ejusdemque Tankradi custodia in Rohas disposita, Brodoan, princeps magnificus civitatis Alapiæ et frater Turcorum, occasione assumpta, ab amicitia et fœdere Tankradi in dolo recedens, loca et civitates ad urbem Antiochiam appendentes graviter deprædatus est; quin episcopo civitatis Albariæ effugato, et plurimis ecclesiis Dei annihilatis, non tamen præda ac strage hac saturari potuit; sed ad ultimum decem millia equitum et viginti peditum de terra sua producens ad assiliendam urbem Antiochiam et expugnandum Tankradum in superbia et jactantia magna profectus est. Tankradus autem virtutem et exercitum ejus intolerabilem et copiosum accrevisse intelligens, quantumcunque cum suis perterritus est. Sed tamen sine dilatione Turbaysel, Rohas, et Maresch nuntios dirigens, universos scilicet catholicos viros qui erant in circuitu ad auxilium vocavit, quorum conventum Antiochiæ fieri decrevit. Ut autem convenerunt ad mille equitum, et novem millia peditum, sermo episcopi factus est ad universos, ne in multitudine adversariorum dubitent; sed in nomine et virtute Dei confidenter hostibus resistant, de victoria certi, Deo auxiliante. Triduano dehinc jejunio indicto et peracto ex pontificis admonitione, Tankradus usque ad pontem Farfar cum decem millibus equitum et peditum descendit, ubi hospitio per noctem remorati sunt. Crastina autem die radiante, Tankradus et sui, factis aciebus et erectis vexillis, Artesiam in loricis, scutis et lanceis profecti sunt, ubi Brodoan cum inœstimabili equitatu et apparatu occupaverat regionem universam. Hic itaque comperto Christianorum et principis illorum Tankradi adventu, acies et cuneos fieri disposuit, ac tertia diei hora insistente, utrinque prælium commissum est. Perdurante autem bello et nimia occisione in gladio usque in horam nonam, auxilio Domini Jesu, Christianorum acies invictissimæ perstiterunt; gentiles vero attritæ et dispersæ in fugam pariter versæ sunt. Tankradus vero et sui eas insequentes, alios occiderunt, alios captivatos et vinctos cum spoliis armorum et equorum tenuerunt. Altera autem die Tankradus spoliis et armis inimicorum acceptis et divisis, in gloria magna et lætitia victoriæ Antiochiam reversus est. Universi vero fideles Christi et cives Antiochiæ una cum domino patriarcha et episcopo civitatis ejusdem gavisi sunt gaudio magno, Deo et Domino Jesu Christo gratias agentes, cujus pietate et protectione ab hostium multitudine salvatus tam catholicus princeps triumphavit.

CAP. XLVIII. — *De præparatione belli inter Baldewinum regem et ammiraldum Babyloniorum.*

Anno dehinc secundo postquam Acra civitas capta est, virtus et apparatus magnus regis Babyloniæ mense Augusto tam in mari quam in arido profectus est ut urbem Japhet vel Joppe obsideret, et abhinc navali exercitu expugnaret; a campestribus vero civitatis Ascalonis castrametati sunt ut hinc et hinc a terra et mari subito regionem invaderent, et sic ex improviso regem Baldewinum suosque facilius debellarent. Rex Baldewinus interdum Japhet moram faciebat : qui statim viso navali exercitu, dolos et machinamenta Babyloniorum intellexit; nempe hac de causa a parte maris eos urbem præoccupasse, ut ipso rege cum suis contra hos ad defensionem versus aquam laborante et intento, cæteræ copiæ gentilium a campestribus Ascalonis irruentes, urbem Japhet subito expugnarent. Sed rex fraudem illorum cognoscens, ac virtutem illorum in campis Ascalonis curriculo trium hebdomadarum accubuisse, adventum vero et pugnam adversus Japhet dissimulare, ac minime diffamare, nec ipse socios invitare ac arma congregare obdormivit, quatenus per totum id temporis spatium paratus et munitus haberetur; et illis quocunque die descendentibus, et ipse cum suis copiis ad resistendum occursare valeret. Hugo de Tabaria, Rorgius de Caiphas, Gunfridus de turri David, Hugo de S. Abraham, Eustathius Granarius, Gutmanus de Brussella castello Brabantiæ, Lithardus de Cameraco civitate Galliæ, Pisellus de Tuorna, Baldewinus de Hastrut, castellis Flandriæ, hi omnes a rege invitati ad auxilium, undique contractis copiis equitum et peditum Christianorum, convenerunt. Adfuit in eodem regis comitatu quidam Turcorum adolescens strenuus, Mahumet nomine, in armis et numero centum sagittariorum Turcorum, qui vitrici sui avaritia et industria a paterna sede et a terra Damascenorum expulsus, nunc cum rege fœdus percussit, quatenus in omni militari auxilio fidelis et promptus illi haberetur. Videntes autem legiones Sarracenorum quomodo regi doli et insidiæ innotuissent, et nunc se prævidens manum Christianorum undecunque ad opem contraxisset, moverunt castra a campis Ascalonis, et usque ad locum, qui dicitur Abilin, in superbia multitudinis suæ profecti sunt.

CAP. XLIX. — *Quod advocato patriarcha Jerusalem, rex Baldewinus in Domino confortatus de Babyloniis triumphaverit.*

Quorum adventum rex ut persensit, et procul dubio jam eos appropiasse, direxit legationem domino patriarchæ in Jerusalem, ut sine mora convocata manu fidelium, ad augendas vires et opem contra inimicos properaret. Hic denique regis audito nuntio, pedites centum et quinquaginta colligens, arma aptavit, iter versus Rames insistens, sicut ex mandato regis illi constitutum erat. Post hæc rex et universi fideles ad id belli negotium adunati, et communione Dominici corporis et sanguinis muniti, ad sex millia in sexta feria urbem Japhet egressi sunt, Lithardo Cameracensi, quia prudens et fidelis erat, cum viris trecentis contra virtutem navalem in ipsa civitate relicto. Rex itaque cum omni comitatu suorum et signis ad Rames descendens, Sabbato illic moram fecit, præstolatus dominum Evermerum patriarcham cum omni manu Jerusalem. Patriarcha vero jam suscepto et cæteris fidelibus Jerusalem, orto mane Dominicæ diei, rex quinque ex equitibus et peditibus ordinavit, ad committenda prælia cum hostibus; ipse vero rex in extrema acie inter equites ad corroborandos et exhortandos suos imperterritus mansit. Pauci quidem equites, numero scilicet centum et sexaginta circumsteterunt illum. Nec mirum si pauci, propter assiduam equorum in terra hac defectionem. His ita a rege ordinatis, et signo S. crucis cunctis Christianis a domino patriarcha sanctificatis, signa et vexilla tolluntur; tubæ et cornua incessanter perstrepunt, rex et sui ad castra adversariorum contendere parant; quatenus anticipantes bellum, non ultra infidelium turmas impune descendere paterentur. Gentiles quoque jam regem tam proximum adesse et ejus copias comperientes, pariter et ipsi a castris in armis, signis et equis, et intolerabili stridore tubarum processerunt, in multitudine gravi quadraginta millium occurrentes, nec minus et ipsi bellum committere festinantes. Nec mirum, dum sic uterque exercitus in campo appareret, tubæ hinc et hinc fortiter insonuerunt, et agmina fidelium ac infidelium atrociter commiserunt a primo mane Dominicæ diei, quæ est extrema mensis Augusti usque ad horam nonam. Tunc Dei gratia et misericordia Sarraceni infirmati, fugam arripientes a facie Christianorum cædentium se et persequentium, Ascalonem repedare et intrare contenderunt.

CAP. L. — *De septem millibus gentilium cæsis, et de Willhelmo comite.*

In hoc quidem prælio ceciderunt septem millia gentilium; cecidit et ammiraldus Ascalonis : ammiraldus vero Acræ et ammiraldus Assur qui vita a rege impetrata et civitatibus deditis, Ascalonem ante hunc annum confugerant, cum omnibus exuviis suis capti sunt. Rex autem, hac Dei et Domini Jesu Christi opitulatione victoria accepta, cum universis spoliis inimicorum in gloria magna Joppen ingressus est. De cujus comitatu tantummodo centum perierunt cum milite egregio Reinardo Verdunense, quem rex et universa Ecclesia planxerunt planctu magno, catholicas illi exsequias exhibentes. Erat vero navalis exercitus in latere urbis : qui victoriam suorum adfuturam sperantes et peregrinorum fugam atque contritionem, urbem subito irrumpere devoverant. Sed viso capite decollati ammiraldi et primi Ascalonis, et fuga et strage Ascalonitarum et Babyloniorum comperta, tristes et desperati a statione urbis Japhet velocibus remis amoverunt, Triplamque in spe refugii navigantes ac inibi pernoctantes, facto mane, Ascalonem et Babyloniam navigio reversi sunt. Comes autem de Sarteng's, Willhelmus nomine qui, mortuo Reymundo comite et avunculo suo, terram et civitates de Camolla hæreditario sanguine possidens, successit; et nunc post avunculi obitum plurimo assultu eamdem urbem Triplam vel Tripolin debellabat de novo præsidio, quod dicitur Mons peregrinorum, quod et ipse Reymundus multo robore firmaverat : nihil huic navali exercitui, Triplæ hospitato, adversari aut contradicere potuit, propter aquarum fiduciam quam habebant, et urbis intolerabilem multitudinem quæ illis in littore ad auxilium semper affluebat. Plurimo tamen conatu et infestatione reditum illorum idem comes impedire moliebatur nunc fundibulariis, nunc sagittariis, sed bi aquis nimiis freti, sine contradictione et læsione Ascalonem potenter applicuerunt.

CAP. LI. — *Quomodo rex Baldewinus, devictis Babyloniis, sata Ascalonia succenderit, bestiis silvarum clamore exercitus perterritis.*

Igitur post bellum et victoriam quam rex ad Abilin, quæ est inter Ascalonem et Rames, adeptus est, siluit terra regis, et metus magnus corda Ascalonitarum et Babyloniorum concussit; quoniam toties a rege in manu paucorum victi ceciderunt ac fugerunt, et nulla eis spes ultra resistendi et vivendi in conspectu ejus fuit. In hoc itaque mœrore et desperatione dum sederent, et jam curriculo octo mensium quiescerent, vineas excolerent, regemque interdum cessare ab armis gauderent, et ipsum mutua pace et donis placare revererent, sed omnia frustra tentarent, nisi urbem Ascalonem in manu ejus redderent : verni menses processerunt quando sata, fruges, vineæ et omnis spes anni in florem et fructus parturiunt, et messem adfuturam in proximo promittunt. His ita in commodum et plenitudinem omnibus apparentibus, atque in campis omnibus Ascalonis jam ad messem properantibus, rex a Jerusalem et omnibus locis sibi auxiliantibus milites atque arma copiosa contraxit, ac tempore Rogationum, quo illis in regionibus omnia sata festinant ad messem, occupavit terram Ascalonitarum, vineas, ficus et cujusque generis arbores succidens in manu robusta; quin et sata, quæ equorum, camelorum cæterorumque armentorum pabulo non suffecere, flamma combussit, ut vel hoc saltem incommutabili damno gens dura et indomabilis ad subdenda colla molliretur. Sic universa regione non solum populari manu, sed et incendio vastata, rex reditum Jerusalem cum parte exercitus aptavit; viamque per montana universi insistentes, qui erant in comitatu, immenso stridore tubarum et cornuum intonantes, universa loca montium et vallium non parvo terrore concusserunt, per quæ in virtute sua transituri erant. Hoc inæstimabili fragore tanti exercitus plurimæ feræ ab antris suis et a desertis montium stupefactæ et exterritæ insolito errore viarum hac et illac vagabantur. Nec mirum : cum nec avium volatus tumultum populi vociferantis sufferret, sed altis vocibus attonitæ ac lapsæ ab aere in medium vulgus a volatu deficiebant. Itaque, dum sic ab antris diversæ feræ pavidæ errarent et hanc vociferationem inauditam mirarentur, contigit infelici casu quamdam timidam damulam de montanis exire, et cæco errore inter populum fugam maturare : quam mox anteriores exercitus ut viderunt, graviter eam circumquaque equorum velocitate oppresserunt, hi ut præventam caperent, hi ut participes venationis haberentur

CAP. LII. — *De Arnolfo, nobilissimo juvene, in montibus interempto, cujus caput Ascalonitæ cum litteris regi Baldewino remiserunt.*

Inter hos dum feram hanc ad montana festinantem armiger nobilissimi juvenis Arnolfi, probi equitis ac principis de castello Aldenardis, acrius urgeret et feram assequi ferveret, cingula equi illius in eadem cursus contentione rupta sunt, et sic ab equo corruens prostratus humi ab insecutione quievit. Equus vero illius circum vociferantium strepitu attonitus, ad montana rapido cursu et immoderato tetendit, nullius approximationem aut comprehensionem patiens, donec inter fauces montium evadens, non ultra comparuit. Ad hæc contenderunt complures ad quærendum caballum fugitivum, contendit et Arnolfus. Sed diu quæsito et minime reperto, tædioque per montium difficultates affecti, repedaverunt universi. Solus Arnolfus, quem cura caballi sollicitabat, et qui armigeri administratione et officio carere non potuit, longius prosecutus est ad quærendum equum, ut inventum forte reduceret. Sed gravi fortuna adversante, equus quidem repertus est; sed juvenis gloriosus non ultra ad suos rediit. Adfuerunt enim illic latentes Arabum insidiæ, qui ab Ascalone descenderant in montium latebrosa cacumina videre et intelligere de combustione et populatione regionis, et aliquibus adversari sibi incaute de exercitu occurrentibus in ultione prædarum et flammarum quas passi sunt. Hi nobilissimum juvenem per montium juga ac declivia solum ac inermem vagari considerantes, subitis clamoribus et armis sunt aggressi. Quem frustra diu, gladio educto, resistere ac se defensare conantem, tandem longa et assidua impugnatione vexatum ac defatigatum trans jecur et præcordia lanceis et sagittis confixum, et in multo sanguine ab equo cadentem, peremerunt; et caput ejus in signum victoriæ Ascalonem intulerunt. Caballus denique illius per fauces et abrupta montium discurrens, nequaquam comprehendi a gentilibus potuit, donec montana egressus ad exercitum regis repedavit, domini ac sessoris sui sanguine fœdatus, patenter mortis illius omnibus indicio factus. Hunc enim ut rex et universi de cœtu Christianorum viderunt sanguine madentem, Arnolfum procul dubio armis Ascalonitarum incaute cecidisse retulerunt. Nec mora, per montana diffusi ad persequendos et investigandos hostes, solum Arnolfum mortuum ac sine capite jacentem repererunt, Arabes nequaquam persentire potuerunt. Qui corpus exanime suscipientes, Jerusalem detulerunt, catholicas illi exsequias exhibentes in valle Josaphat apud ecclesiam Latinam S. Mariæ, matris Domini Jesu, ubi et honorifice sepultus est. Flevit super eum rex fletu magno in die exsequiarum; fleverunt et universi principes exercitus; flevit et amarissimis lacrymis super eum nobilis uxor comitis Baldewini Hamaicorum, eo quod socius et conviator de terra longinqua Galliæ descendisset ad adorandum in Jerusalem. Non sit mirum, si tot magnorum fletum et planctum hic adolescens meruerit, qui omnibus affabilis et notus habebatur, et qui nunquam ab aliqua militari actione sinistra laude declinavit. Tertia ab hinc die orta, postquam tam illustris miles sepulturæ traditus est, Ascalonitæ per internuntios requisitum caput illius Jerusalem remiserunt, cum litteris in uno crine illius dependentibus, et verba in hunc modum continentibus: *Ascalonitæ regi Baldewino caput exstincti, militis et viri nobilissimi, non alia amoris causa remittunt, nisi ut dolor ejus et illud intuentium renovetur et augeatur; et ut recognoscant quomodo tanti viri perditio omni eorum damno et combustioni nequaquam possit comparari et appretiari, et in tanti militis decollatione non ultra Ascalonitas damna sua velle recordari aut dolere.*

LIBER DECIMUS.

CAPUT PRIMUM. — *Qualiter anno septimo regni Baldewini regis gens multa Hierosolymam navigans conductum ejusdem regis petierunt.*

Eodem quoque tempore in anno septimo regni Baldewini, regis catholici Jerusalem, plurima multitudo navalis exercitus catholicæ gentis Anglorum circiter septem millia navibus, quas Buzas appellant, cum cætera manu de regno Danorum, Flandriæ et Antverpiæ advecta, ad portum civitatis Japhet anchoras fixerunt, moram ibi facere constituentes, donec regis licentia et conductu accepto in Jerusalem eos secure licuisset adorare. Ex his illustriores et facundiores regem adeuntes in hunc modum locuti sunt: *Vivat rex in Christo, et prosperetur regnum ipsius de die in diem. De terra longinqua regni Anglorum, Flandriæ ac Danorum viri ac milites Christianæ professionis, per aquam nimiam immensi maris huc adnavigavimus Dei opitulatione, causa adorandi in Jerusalem et videndi sepulcrum Domini. Et ideo clementiam tuam super hoc precaturi convenimus, quatenus tua gratia et conductu Jerusalem pacifice possimus ascendere, adorare et reverti.*

CAP. II. — *Rex cum magno gaudio peregrinos suscipiens, cum suis consulit, qualiter eorum auxilio contra Sarracenos utatur.*

Rex clementer universum precatum eorum audiens, concessit eis conductum virorum fortium armatorum, qui eos secure ab omni impetu et insidiis gentilium per notas semitas perduxerunt usque in Jerusalem et universa loca sancta. Perducti vero peregrini et novi advenæ Christi, illic in templo Dominici sepulcri vota sua Domino reddentes, cum gaudio magno sine aliquo obstaculo Joppen reversi sunt. Ubi regem reperientes, auxilio sibi adesse in omnibus devoverunt ad quæcunque animus illius verteretur. Qui benigne viros commendans et hospitari præcipiens, nequaquam de hoc tam subito se posse respondere profitetur, donec, convocatis optimatibus suis, a domino patriarcha, consilium inierit, quid utilius et opportunius insistere valerent, et non frustra tam voluntarium vexaret exercitum. Et ideo post paucos dies domino patriarcha, Hugone de Tabaria, Gunfrido custode ac præposito turris David, accitis, et cæteris majoribus militiæ suæ, conventum in civitate Rames habere disposuit, ut consuleret cum eis quid utilius agere debuisset.

CAP. III. — *Rex suorum usus consilio, ad obsidendam Sidonem Anglos in Japhet jubet exspectare.*

Quibus statuto die collatis, et diversa referentibus ac sentientibus, tandem visum est universis sanius esse consilium, quatenus urbs Sagitta, quæ est

Sidon, obsideretur, si forte Dei auxilio et viribus novi exercitus terra et mari superari posset. Dehinc universi qui aderant, et hanc obsideri poscebant, eo quod esset una ex his civitatibus gentilium quæ assidue rebellabant, a rege commendati et admoniti sunt ut quisque in sua rediret, et se ad hanc expeditionem rebus necessariis et armis providerent. Recesserunt singuli in sua, recessit et Hugo de Tabaria, vir bellator præcipuus adversus hostiles impetus, qui bellis et insidiis non die, non nocte, in terra gentilium fatigari potuit, quandiu vita incolumis fuit. Dehinc quoque statim imperavit legatio regis universæ multitudini Anglorum, ne tentoria vel classes amoverent a civitate Japhet, sed regis mandatum illic sine tædio exspectarent. Aperuit quoque eadem legatio universis quomodo rex et omnis primatus ipsius decreverint urbem Sagittam terra marique obsidere et expugnare, et illic eorum opem et vires necessarias haberi : et hac de causa regem et patriarcham ad civitatem Acram descendere, machinas et mangenas ædificare ad expugnanda mœnia et ejus habitatores ; eos vero interim Japhet debere habitare, dum regis jussio innotescat. Sic fieri juxta regis mandatum universi concesserunt, et ejus legationem in portu Japhet præstolari, et per omnia obedire usque ad sanguinem responderunt.

CAP. IV. — *Ubi rege machinas præparante, Sidonii regi copiosam pecuniam, ne obsiderentur, promiserunt.*

Rex Acram cum patriarcha et omni domo sua descendit, machinas et plurima tormentorum genera per dies quadraginta fabricans et componens, ordinansque omnia ad unguem fieri quæ ad assultum urbis videbantur aptiora. Hoc regis studium et intentio ut sonuit in auribus habitatorum urbis Sagittæ, et intolerabiles copias armatorum Japhet ad auxilium regis confluxisse, vehementer exterriti sunt, metuentes sic in ore gladii regis consumi et subjugari, quemadmodum aliæ civitates Cæsarea, Assur, Acra, Caiphas, Tabaria attritæ sunt et subjugatæ. Et ideo inito consilio, pecuniam plurimam byzantiorum regi per secretarios intercessores spoponderunt, sed et in singulis annis grande talentum dare, si modo non civitatem obsidens et expugnans parceret vitæ eorum. Hæc igitur negotia de die in diem inter regem et cives agebantur ; et regem de redemptione civitatis et salute sua sollicitabant, ampliora nunc et nunc dona offerentes. Rex vero, sicut homo anxius et sollicitus de conventione solidorum quos debebat militibus, totus pecuniæ intendebat. Verumtamen quia fideles Christi metuebat ne sibi objicerent, minime hanc adhuc contingere audebat.

CAP. V. — *Quod Hugone comite regionem Suet deprædante, Sarraceni prædam sociis ejus excusserunt : et qualiter Hugo eadem cæde sagittatus, animam exhalaverit ; et de obitu fratris ejus.*

Interea Hugo de Tabaria, accitis copiis ducentorum equitum, peditum vero quadringentorum, secessit in terram Grossi Rustici, nomine Suet, ditissimam auro et argento, armentis fecundissimam, conterminam regioni Damascenorum, ubi inauditas opes et armenta deprædatus est, quæ sibi ad obsidionem Sagittæ sufficerent, de quibus etiam regi et sociis largiter impertiret. Præda autem hac usquequaque contracta et abducta usque ad civitatem Belinas, quam dicunt Cæsaream Philippi, Turci qui Damasci habitabant pariterque Sarraceni, incolæ regionis, hoc comperto, undique per turmas affluentes, Hugonis comitatum insecuti sunt ad excutiendam prædam, et usque ad montana, per quæ Hugonis pedites prædam ducebant, profecti sunt. Illic gravis tumultus utrinque exortus est : hi ut prædam retinerent, obsistebant ; hi ut excuterent, conabantur totis viribus, donec tandem Turcis et Sarracenis prævalentibus, præda excussa et reducta est. Quod subito Hugo et sui equites intelligentes, qui in latere montium erant, sine mora inter angustas et scopulosas fauces laxis frenis revolant, plurimum cum hostibus committentes et suis peditibus subvenientes ; sed casu infelici male pugnatum est. Nam Hugo lorica exutus, mox mediis periculis illatus, et solito more gentiles impugnans et multans, sagitta a tergo trans pectus et jecur illius infixa, inter manus suorum vitam exhalavit. Ad hæc gentilium turmis cum præda excussa regressis ac divisis per obscuras ac difficiles semitas asperorum collium, milites Hugonis corpus exstinctum gestario impositum in civitatem Nazareth, quæ est juxta Thabor, attulerunt, ubi in multo fletu et planctu tam egregius princeps et fortis athleta honorifice et catholice sepultus est. Frater vero ejusdem Hugonis, Gerhardus nomine, gravi infirmitate tunc laborabat. Qui fratris audito interitu, præ dolore validius molestia corporis illi adaucta, et ipse post dies octo morte occubuit, et juxta fratris speluncam more fidelium appositus est.

CAP. VI. — *Quomodo rex pecuniam a Sidoniis perceperit, et Anglicum exercitum ad propria remiserit.*

Post tam nominatorum principum lacrymosas exsequias, rex occasione assumpta mortis horum virorum et primorum sui exercitus, pecuniam pro dilatione obsidionis Sagittæ urbis oblatam, clam omnibus suscipere consensit, dissimulans tamen pacem cum Sarracenis facere, sed opus quod cœpit velle perficere. Unde missa legatione Japhet, Anglicos milites admonuit ut navigio Acram descenderent, atque secum de obsidione et assultu urbis Sagittæ agerent et tractarent. Qui ad regis jussionem exsurgentes, velis purpureis et colore diversi generis insignitis, protinus in altis malis Buzarum expansis, ac vexillis suis ostreis et sericis erectis, venerunt, et in littore urbis anchoras jactantes hospitati sunt. Rex vero crastina die, secretariis et consociis suis accitis, Anglorum Danorumque primoribus dolorem suum aperuit de Hugonis interitu et fratris illius occasu, et quantam in illis bellicarum rerum fiduciam habuerit : et ideo nunc eis defectis ac mortuis, necessario oportere obsidionem urbis Sagittæ differre, et hoc tempore exercitum convocatum relaxare. Hac regis sententia in populo jam divulgata, dilapsus est exercitus ; et Angli, Dani, Flandrenses velis et remis iterato navigio, salutato rege in terram nativitatis suæ reversi sunt.

CAP. VII. — *Rex pecunia Sidoniorum sublevatus, Tabariam rediit, et Gervasium loco Hugonis restituit.*

Rex vero a Sagitta quindecim millia byzantiorum pro salute urbis accipiens, cum omni equitatu domus suæ Tabariam divertit, ut in ea custodiam fortium virorum disponeret, qui terram, quam Hugo bono regis obtinuit magnisque et assiduis præliis acquisitam subjecit, simili virtute tuerentur, hostes arcerent, et transire eos montana nullo modo sustinerent. Quapropter Gervasium virum illustrem et nobilissimum, de regno occidentalis Franciæ ortum, belli gnarum et assuetum, loco Hugonis restituit, ac præficit Tabariæ et universæ regioni, sciens cum fidelem et bello acerrimum contra omnes gentilium, Sarracenorum, Turcorum, Damascenorum incursus.

CAP. VIII. — *Rege Tabariæ commorante, Ascalonitæ quingentos Christianos juxta flumen Rames peremerunt.*

Interea dum rex in his negotiis illic moram ageret, viri Ascalonitæ ejus absentiam comperientes et novi exercitus recessum, Hugonis ac fratris ejus interitum, legationem Sur, quæ est Tyrus, et Sagittam, quæ est Sidon, Baruth quoque, quæ est Baurim, cum festinatione dirigunt, ut in armis et copiis in unum die statuto conferantur ; et sic Rames, quæ est Rama, et Japhet in impetu assilientes, viros Christianorum incautos aggrediantur, alios interimentes, alios captivos abducentes. Qui usquequaque juxta legationem Ascalonitarum convenientes, ad septem millia equitum annumerati, in fortitudine vehementi in planitie camporum Assur et Rames, subitis clamoribus irruerunt, ubi peregrinos incautos et tantæ multitudinis nescios juxta flumen , quod Assur et Rames interfluit, reperientes mense Octobri feria quarta, ipso natali B. Dionysii martyris, lanceis et sagittis fortiter incurrerunt, quorum non pauciores quam quingenti detruncati et decollati sunt.

CAP. IX. — *Ubi Ascalonitis Rames expugnantibus Rotgerus cum militibus obviavit in pugnam.*

Hac in potentia et virtute armorum suorum tot peregrinis attritis, nimium gloriantes Ascalonitæ et cæteri gentiles regis Babyloniæ, mox adfuerunt in campestribus Rames ut expugnarent urbem, ejus habitatores bello lacesserent, si forte aliqui prodirent ex ea, prout solitum semper eorum audacia habebat resistere. Erant hac die Christiani cives et milites improvisi et immunes ; equites vero non amplius octo in urbis defensione et tuitione reperti sunt. Qui cum defensore suo quodam, Baldewino nomine, perterriti, omnes vires et apparatus regis Babyloniæ adesse arbitrantes, sine mora in equis celerrimis octo equites urbem egressi sunt, ac Japhet introeuntes, nuntiaverunt Rotgero de castello Resset, qui urbi Japhet præerat, et cæteris conchristianis quomodo Ascalonitæ et tota virtus Babyloniæ campestria urbis Rames occupassent , et procul dubio sine intermissione ad urbis Japhet mœnia properare. Hoc audito, quotquot erant equites in urbe Japhet et pedites, ex subita admonitione Rotgeri a porta urbis accincti armis processerunt obviam, appropinquantes hosti, ut mœnia et urbis introitum inimicis omni armorum genere et virtute prohiberent.

CAP. X. — *De insidiis Ascalonitarum, et de virtute Rotgeri et militum ejus in prælio.*

Verum Ascalonitæ et Arabes ex industria in latibulis montium qui ex adverso sunt copias suas absconderent, præmiserunt viros in equis, lancea et sagittis peritissimos, ut cursu rapidissimo usque ad urbis januam advolantes viros urbis longius protraherent, donec in insidias incidentes undique eos circumvenirent, et a latibulis erumpentes nescios et incautos alios trucidarent, alios captivarent. At Rotgerus suique commilitones in armis parati obviam exeuntes , cum Arabibus confligere non abstinuerunt, ac plurimum diei equestri contentione et discursu consumentes, gravi vulnere vexati et multo labore exhausti sunt. Tandem Christianis ex prospero successu longius insequentibus, Arabibus vero ex industria interdum cedentibus, hostiles copiæ a montanis progressæ usquequaque nimiæ et innumerabiles apparere et appropinquare cœperunt. Sed Christiani licet hoc bellum a Babylonia transmissum æstimaverunt, nequaquam formidine concuti potuerunt, fortiter resistentes, et in Domino Jesu spem vitæ ponentes, pro cujus nomine et amore omnem cognationem carnis et sanguinis reliquerunt.

CAP. XI. — *De Gerhardo equite, cujus instinctu fuga vervenit ad urbem Japhet Christianus exercitus*

Ad hæc Gerhardus quidam eques de domo regis Baldewini, qui partem redituum civitatis Japhet pro militari obsequio obtinebat, mediis Christianorum turmis equo velocissimo adfuit, virtutem et copias innumerabiles inimicorum et adeo intolerabiles asserens, ut nunquam præsens Christianorum manus has sufferre possit: et ideo consultius esse equites et pedites in urbis tutamina redire et mœnia defensare. Hujus itaque verba diffidentiæ alii viri vehementer indignabantur, et formidolosos factos ad vocem Gerhardi arguebant, stare et repugnare adhortantes ; alii vero consiliis Gerhardi acquiescere, nunc absente rege, acclamabant, nimio terrore concussi. Hoc enim dissidio in momento sic cœtus Christianorum disturbati ac diffusi, communem inierunt fugam contra Japhet, quemadmodum apes a facie turbinis avolare et dispergi solent.

CAP. XII. — *Sarraceni Rotgerum fugientem insecuti, quadraginta Christianos ante urbem necaverunt.*

Sarraceni autem et Arabes videntes viros formidine defecisse, fugamque arripuisse, non parce equos urgentes fugitivos insequuntur. Quos atrociter lanceis et sagittis infigunt, præter eos, qui in porta civitatis evaserunt. Rotgerus vero et Gerhardus cæterique Christianorum milites, equorum velocitate elapsi, in impetu fugæ tardos ac miseros pedites conculcabant; nec erat fas ulli aut spatium freni retinendi a facie insequentis eos et persecuti. Sola spes vivendi porta urbis erat, eam intrare contendentibus. Sic tandem his gravi insecutione urgentibus, his vero in grandi pressura portam obtinentibus, quidam Christianorum lento cursu tardiores exclusi, ante januam et urbis muros armis impiorum gentilium occubuerunt et ad quadraginta ibidem decollati sunt.

CAP. XIII — *Quomodo Sarraceni castellum Arnolfi obsidione diruerunt, præpositum ipsius arcis captivantes.*

Hanc itaque victoriam Ascalonitæ adepti, nulla mora urbis mœnibus vim inferre conati sunt; sed capita decollatorum auferentes, gavisi prospero eventu belli, in terminos Rames reversi sunt in tubis et buccinis, et in superbia magna castellum Arnolfi obsidentes quod versus Jerusalem in montanis ad regionem tuendam, jussu catholici regis muris et mœnibus ædificatum prominebat. Illic biduo obsidionem facientes, et minas mangenarum et machinarum, adeo viros inhabitantes exterruerunt, ut Gonfridus, custos ac præpositus arcis et turris Jerusalem, qui et huic Arnolfi præsidio nunc præerat, vix vita impetrata, dextras Sarracenorum quæreret, se in deditionem redderet, ac præsidii januam hostibus aperiret: qui ingressi, muros præsidii statim diruerunt, inventos in ore gladii percusserunt, solum Gonfridum reservantes captum Ascalonem deduxerunt.

CAP. XIV. — *Ubi Sarraceni victoria potiti, cum octo Galeidis navibus unam navem Dromonem Christianorum in portu Japhet invaserunt.*

Dehinc ab hac quarta feria post natalem S. Dionysii martyris sexta feria inchoante, Ascalonitæ triumpho suo lætati et exaltati, octo Galeidas aptantes in eis viros sagittarios ac robustissimos, constituerunt, qui usque Japhet applicarent, æstimantes Christianorum vires vel naves sibi occursare, quibus adversari captione aut submersione valerent. Et ecce in impetu magno et tubarum sonitu, orto mane, Joppe applicantes, navem immanissimam, quam appellant dromonem, diversis rebus et vitæ necessariis onustam, in portu urbis a longe speculantur: quam undique aggressi, nimia impugnatione exspoliaverunt; duos solummodo viros tum ad custodiendam eam relictos sagittis confixerunt. Cives vero Christiani urbis Japhet, considerantes Sarracenos prævalere, et custodes dromonis mortificasse, eamque rebus exspoliasse, subvenire in lancea, arcu et fundibulis properaverunt, quousque navis illa pergrandis excussa et retenta est. Eam vero naviculam, quæ dromoni ad leviandum semper adhærebat, Sarraceni in virtute sua abruperunt, quam etiam multis divitiis oneratam abduxerunt.

CAP. XV. — *Quod rex istorum malorum fama excitatus, cum sex millibus de Tabaria contra Ascalonitas profectus est.*

Igitur tam grandi casu et infortunio bis et ter Christianis fratribus et eorum civitatibus disturbatis, subito fama per omnia volitans auribus regis Baldewini in regione et civitate Tabariæ graviter insonuit, quæ vehementer eum de omnibus quæ acciderant commovit, eo quod dimissis sociis et copiis, urbibus et locis Sarracenorum pepercisset, et quoniam sic eum in fraude prædictæ pecuniæ circumvenire præsumpsissent. Unde sine mora Japhet reversus, quingentis equitibus in lorica et galea contractis, peditibus vero ad sex millia, Ascalonem in ultione suorum proficisci voluit, et usque ad locum Palmarum, quia est terminus castello Beroart, quod duobus milliaribus distat a civitate Ascalone, profectus est.

CAP. XVI. — *Quod rex suorum consiliis sine bello Jerusalem redierit, et Rorgius de Caiphas obierit.*

Illic in loco eodem consilio cum suis habito, considerabat quia in hoc tempore nihil contra Ascalonem assultus ei proficerent, vel in satis, vel in vineis sive in arboribus depopulandis, eo quod radicitus regione ante hos dies sæpius vastata igne et præda, nihil intactum extra urbem reliquisset. Cives vero et milites Arabes nequaquam a mœnibus urbis ullos suorum procedere permiserunt. De quibus rex in vindicta suorum acceptam iram animi sui mitigavit; et ideo Jerusalem cum domino patriarcha, ultione suorum dilata, reversus est. Eodem anno Rorgius, qui dono regis Caiphas præerat, infirmitate valida occupatus, longo tempore languit, donec tandem molestia corporis adaucta finem vitæ fecit, et in stillicidio porticus ecclesiæ Dominici sepulcri honorifice et catholice sepultus est.

CAP. XVII. — *De quodam principe urbis Femiæ occiso per socium suum Botherum, quem cives sui persequuntur.*

Eodem anni tempore, quo rex Baldewinus Sagittam obsidere distulit, Anglicosque milites remisit, et Hugo de Tabaria in arcu et sagitta Turci occidit, quidam princeps civitatis, nomine Femiæ, qui longe lateque immensa potestate terræ in circuitu præerat, eo quod Christianis et peregrinis satellitibus largus et propitius habebatur, a quodam Sarraceno, Bothero, nomine, qui secum in militari obsequio et conventione solidorum morabatur, plurimum invidiæ et indignationis pertulit; donec tandem die quadam visa opportunitate suæ malitiæ in falsa fide ab eodem Bothero cœnandi gratia invitatus, fraude et absconditis in domo insidiis circumventus, ab illius complicibus interemptus est. Eo autem sic in dolo perempto, cives civitatis tam crudelis facinoris ignari, nimia ira adversus Botherum exarserunt, sæpe animati in ultionem sui principis, et illorum contritionem, qui in eum manum mittere ausi sunt.

CAP. XVIII. — *Bothero auxilium Brodoan implorante, Tankradus a civibus invitatus non tamen intromissus est.*

Botherus igitur in una turrium civitatis firmissima hospitatus, cives habens suspectos, eo præcipue quod Christiani essent, Brodoan principi civitatis Alapiæ occulte nuntios direxit, ut subito congregatis copiis descendens, civitatem Femiam occuparet et expugnaret, atque dextris invicem datis, civitatem et regionem obtinerent. Hæc Christiani et Armenii cives intelligentes, exterriti sunt vehementer, eo quod rursus dominio gentilis tyranni Brodoan subderentur. Et sub manu traditoris Botheri constituti, Tankrado nuntios dirigunt, eo quod vir Christianus et bellator præcipuus fuerit, quatenus assumptis viribus et sociis, ad eos transiens, primatum civitatis et regionis apprehenderet ac deinceps obtineret. Qui illico septingentis collectis equitibus, mille vero peditibus ad ipsam civitatem profectus, minime intromissus est. Universos enim cives et primos urbis Botherus, traditor sceleratus, blandis promissis et magnis muneribus corruperat; ac minis et terroribus animos et corda cunctorum infregerat.

CAP. XIX. — *Tankradus ad tempus recedens, post Pascha urbem Femiam obsidione vallavit.*

Tankradus quidem videns sibi cives aversos, ante urbis mœnia tentoria locavit; ac trium hebdomadarum spatio illic consummato, in universis assultibus suis nequaquam proficere potuit. Sic omnes traditor avertit. Jejunium quadragesimale jam mediatum processerat. Igitur Tankradus videns quia nihil hoc tempore proficeret, amotis castris Laodiceam et Antiochiam reversus est. Non longe ante hoc Laodiceam obsederat, ac superatam sibique subjectam de manu regis Græcorum et suorum custodia in suam redegit potestatem. Post hæc celebratis octo diebus sancti Paschæ ritu et honore Christianorum, Tankradus readunatis sociis et viribus, Femiam descendit, undique machinas et mangenas applicans, ut sic forte superata civitas in manu sua, et non in manu Brodoan, redderetur, et cives cum traditore punirentur.

CAP. XX. — *Quomodo Tankrado Femiam expugnante, duo filii principis occisi auxilium illi dederunt contra Botherum.*

Interea dum frustra assultibus et machinis circa hanc laboraret et minime cives absterreret, diesque plurimi jam præterirent, duo filii principis civitatis in fraude occisi, qui, patris morte audita, vix de manu Botheri in umbra noctis elapsi, Damascum effugerant apud cognatos suos illic moram facientes propter metum Brodoan et Botheri; nunc audientes quia denuo Tankradus Femiam obsederat, et Brodoan nihil adversus eum poterat, nuntios Tankrado miserunt quomodo sibi in auxilium et ultionem sanguinis patris sui venirent, si utile et acceptum sibi suisque videretur. Tankradus autem, nuntiis eorum auditis et benigne remissis, libenti animo eos sibi in auxilium adfuturos annuit, fœdus cum eis percutiens de omnibus quæ circa urbem et adversus cives et Botherum acturus esset. Hi vero, juxta quod devoverant, centum milites Arabes et Turcos sumentes, Femiam usque in castra Tankradi venerunt, cui in hunc modum locuti sunt : *Terra et civitas hæc sedes et patris et antecessorum nostrorum fuit; sed invidia et avaritia Botheri ab hac ejecti, sumus facti exsules : et ideo nunc apud te refugium et auxilium quærimus, fidem quærimus et inimus. Si hæc mœnia apprehenderimus, non invidemus; nihil spei in ejus recuperatione quærimus; sed cum benevolentia tibi concedimus ; nobis, post hæc, quæ tibi in animo videntur, pro militari obsequio facies et rependes.* Sic dextris datis, super his omnibus Tankradum benevolum et sibi satisfacientem repererunt.

CAP. XXI. — *Ubi a Christianis urbe vallata, Botherus cum civibus suis se tradidit manibus Tankradi.*

Nec mora, assultus assidui et jactus lapidum sine intermissione a foris fiunt; sed frustra omnia videntur fieri, donec tandem vallo tota circumfoditur civitas, ne cui deintus aliquo patente exitu, cives fame sic arctati, et traditor, qui in ea habitabat, in manum et traditionem Tankradi redderentur. Quod et actum est. Cives enim et idem traditor fame intolerabili oppressi, et vim Tankradi ultra sufferre non valentes, sibi parci rogaverunt, dextrasque sibi dari civitatis portas promittentes aperire. Dehinc Tankradus a suis consilio accepto, eo quod longæ obsidionis tædio fatigati essent, et jam usque ad Augustum mensem consedissent, petitioni Botheri et civium acquievit, videlicet ut Bothero dextram daret, civibus parceret, urbem pacifice intraret, redditamque obtineret. Et ita factum est, tradita civitate.

CAP. XXII. — *Ubi filii principis occisi Tankradum rogant ut Botherus occidatur.*

Filii autem principis occisi hæc indignantes, Tankradum obnixe precatum convenerunt, dicentes : *Tam nefarium hominem, et tam nequam traditorem, non debere recipi aut vitæ reservari, sed omnino de terra deleri.* Quibus Tankradus in omni mansuetudine sic respondit : *Fidem, quam promisimus isti, quem satis perversum scio ac perjurum, non est Chritiani moris violare, sed nostrum est, omni populo fidem et veritatem servare : ideoque huic concedimus vitam cum salute membrorum; complices vero illius, quibus non indulsimus, in manu vestra sive ad mortem, sive ad vitam habeantur in ultione sanguinis patris, cum ab hac obsidione primum pedem averterimus, et noster exercitus in sua reditum paraverit. Vobis autem in omnibus commodis vestris manus mea non deficiet.*

CAP. XXIII. — *Quomodo Tankrado victore Antiochiam reverso, filii principis occisi persecuti sint amicos Botheri.*

Post hæc verba Tankradus, civitate sibi tradita, et tutela suorum in ea constituta, Antiochiam cum Bothero et cæteris obsidibus remeavit in fide data et suscepta; filies vero in dolo occisi principis in regione civitatis plurimis præfecit locis. Hi autem filii in regione hac post discessum Tankradi commorantes, complices Botheri interemerunt, reos patris sui interitus, aliosque conscios et reos ejusdem necis crebris insidiis comprehensos, aut membris debilitaverunt, aut laqueo jugulatos suffocaverunt.

CAP. XXIV. — *Qualiter Baldewinus rex exercitum Turcorum contra se venientium cum quindecim armatis exploraverit.*

Dehinc post mortem Hugonis rex Baldewinus a Tabaria et terra Suet eodem anno, celebrato ibidem Natali Domini, Ptolemaidem reversus est anno regni sui octavo ut quiesceret a labore itineris. Ibi statim illius innotavit auribus quomodo princeps et rex civitatis Damasci, de genere Turcorum, arma et apparatum contraxisset ad obsidendam Tabariam et Gervasium loco Hugonis restitutum expugnare decrevisset, et regis virtutem non ultra timere. Hoc audito, rex subito paucis assumptis copiis, circiter quadraginta milites, ad resistendum Turcis properavit; et maritima relinquens, quindecim sociis adolescentulis in armis et equo peritissimis et cæteris electis, ad montana tendens, totum exercitum et vires Turcorum explorare audacter præcessit. Erat autem virtus Turcorum ad tria millia virorum pugnatorum. Jam quidem omnibus exploratis copiis et visis tentoriis, caute per devia et notas semitas ad societatem suorum reversus est.

CAP. XXV. — *De quinque Turcis a rege Baldewino honorificatis, quorum instinctu tria millia Turcorum in fugam versa sunt.*

Vix arma sunt deposita, vix equi frenis et sellis spoliati, et ecce quinque Turci adsunt in castris regis facto vespere. Qui, legati cæterorum, de diversis negotiis et pace componenda loquentes plurimum et agentes, tandem benigne suscepti; muneribus quoque pretiosæ vestis, vasorum argenteorum byzantiorumque onerati, et amicis verbis a rege commendati, post plurimum sermonis ad castra redierunt. Hac igitur gratia et honore hi quinque a rege honestati, ex tunc et deinceps parti illius nimium favere cœperunt; virtutem quoque et apparatum illius septies magnificare, et inter cœtum Turcorum extollere quam vidissent, volentes illi reddere dignam vicem omnium bonorum et donorum quæ eis rex largitus est. Turci itaque et eorum ductores hæc a suis intelligentes, et multum eis de omnibus quæ referebant credentes, magna formidine concussi fugam inierunt, undique cœlum et terram nocte operiente.

CAP. XXVI. — *Rex, Turcis fuga dispersis, convocato exercitu, Hierosolymam tendit, et in capite jejunii morem cineris implevit.*

Hoc a delatoribus rex comperto insecutus est eos prima diei aurora exsurgente, donec per regionem et muros Damascenorum fugiendo elapsi sunt. His vero in sua tutamina elapsis et clausis, rex reditum suum fieri abhinc constituit, donec per dies aliquot Bethlehem veniret, ubi in die Epiphaniæ solemniter coronatus est. Ibi diebus octo moram faciens in diversis negotiis rei militaris, Japhet, deinde Naplis, quam dicunt Samariam, quam idem rex Baldewinus sine apparatu bellico subjecit, profectus est ad disponendas has civitates, ne aliqua versutia et dolus his adversari posset. Exinde post dies novem, do universis locis per circuitum sociis convocatis, rediit Jerusalem mense Februario, ubi capite jejunii inchoante, in monte Sion Christiano more cinere asperso capiti de manu Baldewini, episcopi Cæsareæ Cornelii, ritum quadragesimalem peregit.

CAP. XXVII. — *Quomodo rex contra tria millia Turcorum properans, conductum habuerit sacerdotis Christianorum Syrorum.*

Sic itaque initiato tempore quadragesimali, proxima die, quingentis militibus assumptis ex consilio cujusdam Syri, nomine Theodori, cui innotuit quomodo Turci a Damasco descendissent ad tria millia in antiqua valle Moysi, ad quoddam præsidium firmandum, ne cui de gente regis illic negotiandi causa via pateret : iter movit ad destruendum præsidium, quod Turci rogatu et consensu Arabum illic collocaverant, ad interdicendum transitum universis Christianis. Dehinc octo diebus per fetentia flumina Sodomæ et Gomorrhæ, et deserta loca, et per montium difficultates gradiens, cum universis sociis suis gravi defectione oppressus, ad habitationem quorumdam Syrorum Christianorum pervenit. Ubi hospitio demoratus, ac satis refocillatus et ipse et universi ipsius sequaces fuere. Intelligens itaque quoniam Christiani essent, sacerdotem illorum accersivit sciscitaturus ab eo de novo præsidio et Turcorum intentione, ac de omnibus ab eo consilium requisivit. Qui diluculo exsurgens cum rege, in fide et veritate triduo iter fecit, ductor viæ et regionis illi factus, donec tandem rex conductu ipsius in loco tuto non longe a præsidio et Turcis hospitio requievit.

CAP. XXVIII. — *Quomodo sacerdos Syrorum in castra veniens Turcorum, suasionibus suis omnes fugere compulerit.*

Altera vero die illucescente, idem sacerdos et conviator surgens castra Turcorum intravit, aliterque omnia eis referens quam essent, in hunc modum locutus est : *Rex Baldewinus, cum ingenti manu a Jerusalem descendens, tantillum mansionis, quod nobis erat, devastavit; nos dispersi sumus, de quibus solus ego ad vos perveniens, via aufugi, ut nuntiarem vobis, ne ejus arma et copias exspectetis : non enim amplius ejus comitatus et apparatus a vobis habetur, quam milliaris unius intervallo.* Hoc denique audito 'nuntio, metus tantus universorum corda ex Dei voluntate invasit, ut sine mora tentoria sua ibidem relinquentes, universam fugam maturarent. Vix tenebræ sunt remotæ, vix mane illuxit, et ecce rex Baldewinus in sonitu tubarum et armorum strepitu vallem descendit; sed Turcorum neminem reperit, neminem occidit, neminem cepit : nam tota nocte illa non lente fugam inierunt.

CAP. XXIX. — *De Arabibus in cavernis montium absconditis, quos rex igne et fumo exire coegit.*

Arabes autem, quorum consilio Turci a Damasco illuc convenerant, vitæ diffidentes, in cavernis montium et cæcis latebris, subito ut mures absconditi a facie regis, disparuerunt cum armentis et supellectile, quæ in auxilium ædificandi præsidii illuc congesserant. Rex vero cum exercitu suo vallem descendens, cavationes totius regionis perlustrans, ora cavernarum fixis tentoriis obsedit. Sed nec sic viros cogere valens ut prodirent, tandem igne et fumo suscitato ante ora cavernarum, universos exire arctavit : quorum mox alii armis exstincti, alii capti et ad sexaginta abducti sunt, omnibus spoliis eorum de antro sublatis, cum asinis plurimis, bobus, ovibus et hircis.

CAP. XXX. — *Rex adeptus victoriam, præda onustus Jerusalem revertitur, et loca regni sui visitans consolatur.*

Rex igitur his prospere gestis, cum omni manu sua et præda, quam acceperat, regressus est usque ad torrentem Jordanis, Syros confratres et conchristianos e cunctis locis regionis congregans, et ad sexaginta secum abducens propter metum Arabum : ubi præda inter regem et milites divisa est. Deinde transacto biduo, rex cum præda sua, quæ sibi in tertiam partem divisionis contigerat, Jerusalem ascendit, cui in jucunditate et lætitia universi Christianorum peregrini et cives occurrerunt. Post hæc quatuor diebus evolutis, a Jerusalem Japhet descendens, ibidem aliquam moram fecit. Sed et Acram veniens, plurimum illic de negotio regni sui tractans, Pascha propinquante, in ipsa Cœna Domini Jerusalem repedavit, ubi in hac sacra solemnitate Dominicæ Resurrectionis gloriose et catholice coronatus est. Post dies vero octo, iterato itinere, per castella et civitates Ptolemaidem descendit; quin et Tabariam profectus est ut suos adversus Turcorum insidias et minas militari solatio corroboraret.

CAP. XXXI. — *Quomodo Ascalonitis Joppen obsidentibus, cives urbis a rege consolati, contra eos portis egressi prævaluerunt.*

Et ecce Ascalonitæ gaudentes ejus absentia, ad tria millia exierunt in planitiem camporum civitatis Rames. Sed nihil in facto suo proficientes illic, in ira magna venientes, Joppen obsederunt. Hæc fama tam crudelis in auribus regis jam de Tabaria Ptolemaidem reversi, ut innotuit, sexaginta viros armis et bello strenuos, navigio Japhet ad subveniendum civibus direxit, et ut eis nuntiarent, quomodo sine mora rex adunata manu eos subsequeretur. Audientes autem cives quoniam auxilium regis prævenisset et rex in brevi subsequeretur, aperientes portas egressi sunt ad resistendum inimicis; ac utrinque committentes, Sarracenorum octodecim ceciderunt; Christianorum vero tredecim occisi sunt. Reliqui vero Sarracenorum æstimantes regis præsentiam, et ideo cives audacius nunc resistere, Domino Jesu suos prosperante, fugam inierunt. Quos Christiani fortiter insequentes, solummodo sexaginta equos corum in sagitta et lancea percusserunt; nullum tamen ex his apprehenderunt. Nec mora, rex, sicut promiserat, Japhet venit in magno apparatu armorum; sed victoria, Deo opitulante, a suis civibus anticipata, optata requie illic cum suis usus est.

CAP. XXXII. — *Ubi Ascalonitas, contra Christianos præsidium ædificare volentes, rex in fugam coegit.*

Quatuor deinde diebus transactis, rex Jerusalem rediit ut disponeret regnum, et sic aliqua quiete frueretur. Cum subito ad aures illi pervenit quomodo rursus Ascalonitæ, Turcis in conventione solidorum a Damasco accitis, præsidium firmare decreverunt ad expugnandum castellum, quod dicitur ad S. Abraham, et destruendum quod tunc quidam Walterus, cognomine Mahumet, post mortem Rorgii dono regis susceptum, tuebatur. Hoc rex sinistris nuntiis comperiens, septuaginta probis militibus electis et assumptis, illuc festinus via secessit, et apud S. Abraham nocte hospitio quievit. Mane vero cujusdam sextæ feriæ exorto, laxatis equis et frenis, in impetu magno et cornuum stridore vociferantiumque tumultu Ascalonitarum castra invadit : quos inscios ac tam repentino turbine stupefactos protinus in fugam coegit.

CAP. XXXIII. — *Christianis prædæ intentis, et ab hostibus pene præventis, rex adfuit auxilio hostibus plurimum spoliatis.*

At sui Christiani, avaritia rerum hostilium excæcati, et in tentoriis inimicorum nimium studentes ad congreganda spolia et asportanda, belli et armorum obliti sunt. Ascalonitæ et Turci hæc considerantes, quomodo magis prædæ quam fugitivis hostibus intenderunt, usquequaque readunati prælium cum eis committentes, quinque de egregiis regis militibus peremerunt, inter quos Hugo de Cassel et Albertus, Apostolius cognomine, armis exstincti sunt; verum rex, Deo auxiliante, vix recuperatis viribus suorum invalescens, victoriam tandem adeptus est. Nam triginta ex inimicis in gladio ejus ceciderunt, et sexaginta abducti, alii diffugio elapsi sunt. Rex vero et sui camelos triginta tres, equos sexaginta octo, cum præda et tentoriis multis Jerusalem abduxerunt in lætitia et exsultatione super hac victoria jucundati.

CAP. XXXIV. — *Ascalonitæ ante Jerusalem assultus facientes, ad quinque corruerunt.*

Interea Ascalonitæ suæ contentionis minime obliti, Jerusalem in armis et copiis confluxerunt, per diem illic in equorum discursibus cum pueris confligentes. Sed quinque illorum, post plurimum contentionis suæ, cum equis et spoliis illic capti fuisse referuntur. Christiani vero pedites, qui illic ad resistendum processerant, septem decollati fuisse perhibentur. Nam terrores et minæ gentilium multum repressæ sunt.

CAP. XXXV. — *Quod rex Baldewinus negotiatores Babyloniæ juxta Jordanem invaserit et exspoliaverit.*

Post hæc diebus aliquot transactis, nuntiatum est regi quomodo negotiatores Babylonii adfuturi essent trans flumen Jordanem in umbra et silentio noctis, ac descensuri ad Sur, Baurim et Sagittam ad mittendas merces Damascum, et multum prædæ posse eum ex his capere, et gentis suæ inopiam sublevare. Qui omnibus ex ordine auditis, sexaginta milites assumens et de nocte consurgens, ad oram fluminis descendit. Sed mercatorum copias videns esse nimias, facie ad faciem cum eis confligere distulit; sed ab eis clam nunc declinans, nec mora, extremos fortiter inclamans et incurrens, undecim gladio stravit, quadraginta captivos tenuit, camelos undecim Zucra, quatuor onustos et cæteris pigmentis rebusque pretiosis, decem et septem vero oleum et mel portantes Jerusalem captos abduxerunt. Quorum abundantia tota regio peregrinorum relevata et confortata est.

CAP. XXXVI. — *Ubi Baldewino comite per Gozelium de captivitate redempto, Tankradus inimicus ejus factus est.*

Post hæc in anno octavo regni regis Baldewini, Gozelinus de Turbaysel, miles fidelissimus, Baldewinum de Burg, cujus dono pro militari obsequio terram et regionem obtinebat, de manu Geigremich, Turci potentissimi, centum millia byzantiorum dans redemit : quæ ab omnibus principibus et viris Christianis, parvis et magnis, et universis locis et civitatibus fidelium plurima prece impetrata collegit. Sic itaque Baldewino redempto, et in civitatem Rohas cum omni honore relato, Tankrado autem ab eadem civitate quam susceperat in custodiam exeunte, semper inimicitiæ et invidia inter ambos principes adeo excreverunt, ut congregata manu alter alteri prædæ et insidiis nocere et adversari non abstineret.

CAP. XXXVII. — *Baldewinus a Tankrado victus obsidetur, sed Gozelini industria, et Geigremich, principis Turcorum, instantia liberatur.*

Tandem quadam die, hic ab Antiochia, hic a Rohas, in apparatu et armis cum copiis egressi, graviter bellum commiserunt. Sed ex Baldewini societate plurimi cæsi et exsuperati sunt, ac plures capti; ipse vero Baldewinus vix a campo effugiens, in civitate Tuluppe a Tankrado et suis obsessus est. Gozelinus vero, qui a campo et hostibus vix evaserat, sciens Baldewinum a Tankrado obsessum, profectus est ad Geigremich, multum instans et obsecrans ut subveniret sibi mutua gratia confœderato, et a Tankradi obsidione tam nominatissimum et cognatum regis Jerusalem liberaret. Qui statim quadraginta millibus Turcorum accitis, ad Tuluppam se venturum in Baldewini liberationem statuta die, per omnem regionem notum fieri decrevit, qua undique ad eum copiæ suæ illic convenirent. Tankradus hanc Turci constantiam in liberatione Baldewini intelligens, castra amovit ab obsidione; et Baldewinus in civitate Rohas, præteritorum immemor malorum, in lætitia et exsultatione ingressus est.

CAP. XXXVIII. — *Qualiter Henricus, Romanorum imperator, Conradum stabularium suum per regem Græcorum receperit.*

Eodem quoque tempore Conradus stabularius Henrici tertii Romanorum imperatoris, vir præclarus in omni actione militari, ex legatione et petitione ipsius imperatoris facta ad regem Græcorum, regis vero facta ad regem Babyloniæ, a carcere et vinculis eductus est, et ob causam dilectionis et mutuæ retributionis, Alexio, regi magno Græcorum, restitutus. Rex Alexius, Conrado vivo et incolumi recepto, plurimum gavisus est : quem magnificis donis honoratum, Henrico imperatori Romanorum super omne aurum et argentum, super ostra et lapides pretiosos acceptum remisit, nihil dulcius et pretiosius videlicet in auro et argento, in ostro et lapidibus pretiosis arbitrans illi posse sufficere.

CAP. XXXIX. — *Quod Boemundus de Italia cum exercitu reversus, Dyrrhachium, Græcorum urbem, obsederit.*

Post hæc in anno secundo restitutionis Conradi, Boemundus a diversis regnis Galliæ et Italiæ, collecto exercitu Christianorum navigio Valonam descendens, hanc subito occupavit, universaque loca, quæ in circuitu erant de regno Græcorum, superata subjugavit. His subjugatis, Dyrrhachium, civitatem magnam, rebus et omni virtute civium ac militum potentissimam divertit; et in circuitu murorum tabernacula extendens in multitudine gravi obsedit. Erant enim illi duodecim millia equitum pugnatorum, et sexaginta millia peditum virorum bellatorum.

CAP. XL. — *Qualiter Conrado in Italia commorante, Boemundus, mœnia Dyrrhachii urbis impugnaverit.*

Conradus ab imperatore Græcorum remissus, tunc in Italia moram fecit propter graves discordias, quæ inter dominum imperatorem Henricum filiumque ejus Henricum V regem invidia et iniquorum consilio exortæ erant, ne in aliquo eorum favore intendens, alterutrum graviter molestaret. Obsidione itaque tempore veris undique locata, Boemundus machinas et tormenta lapidum fieri instituit quibus urbs oppugnaretur. Sic diebus multis mœnia et turres crebro ictu lapidum minuebat, civesque et omnes inhabitantes vehementi assultu vexabat. Cives vero econtra ollas igneas aqua inexstinguibiles fomite refertas machinis intorquebant, ac diversa genera incendiorum in omne opus machinarum illius jactantes, sagittis et fundibulis in omni virtute resistebant : nam res illis pro anima erat.

Cap. XLI. — *Quomodo regi Græcorum advenienti Boemundus in bello occurrerit, Dyrrhachium amplius impugnans.*

Tandem cum plurimo assultu et arte bellica urbem civesque vexaret, et jam omne tempus æstatis in rebus bellicis consumpsisset, rex Græcorum adunato innumerabili exercitu, in campos urbis Bothiliæ descendit ut urbi Dyrrhachio subveniret, et Boemundum ab obsidione et universum comitatum illius effugaret. Locatis itaque imperatoris tentoriis in præfatis locis et campis, qui itinere diei unius distant a regione Dyrrhachii, milites imperatoris, non solum advenæ Galli, qui conventione solidorum imperatori militabant, sed et Turcopoli, Comanitæ et Pincenarii, ad decem millia conglobati, armati et loricati in lancea et sagitta, Boemundum et suos in castris aggredi statuerunt. Sed Boemundus, a delatoribus re comperta, supervenientibus in aperta camporum planitie occurrit; et prælia in impetu committens, mille in gladio et lancea et sagitta peremit, cæteros in fugam usque ad tentoria imperatoris remisit. Post hæc Boemundus gravius assultum ad urbis Dyrrhachii ruinam iteravit, machinas et tormenta applicans ut custodes territi ex nova victoria quam adeptus erat portas sibi aperirent. Sed urbis defensores minime adhuc minis et assultibus his mollescere aut absterreri poterant; sed omni conamine et bellica arte vim inferentibus resistebant.

Cap. XLII. — *De trecentis militibus Boemundi occisis a Turcopolis.*

Dehinc die quadam cum Boemundi copiis victualia et equorum pabula defecissent, milites trecenti, pedites septingenti ad contrahendas prædas in regione Græcorum directi sunt. Quibus infinita multitudo Turcopolorum, Comanitarum et Pincenariorum, militum imperatoris in occursum adfuit; et bello graviter commisso, milites Boemundi ad trecentos illic occisi sunt, plures vero abducti.

Cap. XLIII. — *Ubi principes Italiæ, donis Græcorum corrupti, Boemundum ab obsidione avertererunt.*

Cum hæ contentiones, insidiæ, quotidianæ incursiones, gravissimæ cædes jam fere per annum hinc et hinc fierent, et Boemundi exercitus diutinæ obsidionis tædio gravaretur, plurimi subtraherentur, navalisque collectio attenuata præ panis et cæterarum rerum inopia in Italiam navigasset; imperatoris vero navalis virtus in omni ciborum et armorum abundantia immitteretur, Wido, filius sororis Boemundi, Willhelmus Claret et cæteri primores exercitus, pecunia et blanditiis imperatoris corrupti, Boemundo diversas et graves opiniones opponentes, nunc ex ciborum inopia, nunc ex populi et navalis exercitus dispersione, nunc ex imperatoris urbi immissa opulentia, eum ab obsidione avertere conati sunt et amicitia imperatori confœderari.

Cap. XLIV. — *De reconciliatione Boemundi cum rege Græcorum, data per ipsum licentia Jerusalem tendentibus.*

Ad ultimum vero videns Boemundus suos defluxisse, plurimos ad auxilium imperatoris migrasse, et minus ac minus in assultu urbis eos laborare, consilio suorum credidit; et sic imperatori in magnitudine et pondere ineffabilis auri, argenti et ostri pretiosi reconciliatus est. Reconciliatus vero, donis et thesauris infinitis susceptis, navem ascendens in Apuliam regressus est, omnibus deceptis et minime remuneratis qui secum longos labores et belli pondera circa Dyrrhachium pertulerunt. Hi vero, agnita Boemundi fraudulentia et ejus recessione, imperatoris exorarunt clementiam, ut pacifice per regnum ejus usque in Jerusalem viam eos continuare permitteret. Imperator vero post hanc compositam pacem Constantinopolim reversus, omnibus per regnum suum transeundi viam sine ullo impedimento concessit, sicut Boemundo et cunctis primoribus Galliæ et Italiæ, illic tunc temporis præsentibus, jurejurando promisit et affirmavit quando confœderati sunt.

Cap. XLV. — *Baldewinus rex, contractis copiis, Sidonem obsedit.*

Eodem quoque anno, autumnali tempore instante, Baldewinus rex, contractis undique copiis a mari et terra ex diversis nationibus regni Italiæ, videlicet Pisanorum, Genuensium, Venetorum, Malfetanorum omniumque eorum qui more prædonum expugnare et exspoliare solent navigantes, civitatem Sagittam obsedit tam mari quam terra in mense Augusto, mangenellis et machinis muro a terra in circuitu applicitis; malis vero navium turritis belloque paratis, versus aquas in manu forti erectis, expugnans eam diebus multis, et in virtute multa suorum sæpius eam fortiter assiliens.

Cap. XLVI. — *De nobilissima matrona gentilium, quam Baldewinus rex per milites suos cevit cum quatuor millibus camelorum.*

Hac facta et ordinata obsidione, post aliquot dies regi per delatores innotuit qualiter matrona quædam nobilis et locuples nimis de regno Arabiæ cum innumerabili grege camelorum, boum, ovium, hircorum trans Jordanem secus montana propter pinguia pascua accubuisset, et cum ea viros circiter quingentos, divites in armentis et pecore, illic cum omni clientela sua in tuto consedisse. Qui illico Wilhelmum, filium Roberti Northmannorum principis, clam ascitum Jerusalem remisit, ut militibus, quos in civitate tuenda reliquerat, assumptis, cum peditibus trans Jordanem festinaret, atque Arabes Sarracenos incautos et in tuto gregem pascentes invaderet, et viros ac feminas cum universo grege captivaret. Ille vero juxta edictum regis Jerusalem accelerans, ducentos equites simul quingentos pedites assumpsit, cum quibus vada Jordanis præteriens, subito irruit cum omni manu sua in custodes camelorum. Sed resistentes plurimum, et se suumque gregem defendentes in arcu et sagitta Sarracenos repererunt. Tandem Willhelmus et sui praevalentes, solum duobus viris egregiis ex suis peremptis, plurimos ex gentilibus exstinxerunt, plures captivantes cum puellis et pueris teneris et matrona nobilissima praenominata. Camelos vero ad quatuor millia cum caeteris armentis, praedam scilicet inaestimabilem, Jerusalem adduxerunt, quorum mutuatione plurimum aurum acceptum, jussu regis militibus divisum est.

CAP. XLVII. — *De duabus turribus Sidonis, quarum altera divino nutu subversa est.*

Interea rex turrim quamdam civitatis Sagittae ampliori assultu et crebro ictu lapidum dum irrumpere conaretur et fere perforasset, consilio Arnolfi clerici et cancellarii animus regis repressus est, ne hanc ulterius lapidum jactu toties quassatam attereret: dicebat enim tam egregium opus minime duobus millibus byzantiorum posse reaedificari, et hanc sine ruina et lapidum jactu post paucos dies in manu regis traditam reservari. Erat et alia turris, in qua apostatae et praevaricatores fidei ex Provincia de comitatu Reymundi ad defensionem positi resistebant, qui ligno Dominico, quod rex a Jerusalem detulerat ad protegendum populum Dei, deridentes illudebant, et sibi contrario crucem facientes et in culmine ejusdem turris figentes, sputo et urina ipsi insipientes et maligni inhonorare praesumebant. Quod pius rex et omnis populus deplorantes, Deum coeli flebili voce invocant, ut, fontem misericordiae suae aperiens, apostaticis viris et stultis Sarracenis demonstrare velit quod non recte agentes divinae majestati blasphemiam irrogare praesumpsissent. Mox eorum precibus exauditis, absque hominum labore sic turris illa concussa et diruta est, jam vespere mundo imminente, ut lapis super lapidem non remaneret, et increduli homines ruina illius suffocati obruerentur. Rex et sui hanc potentiam Dei videntes, per hanc turrim intrare civitatem disponebant. Sed quia nox incumbebat, vespere consilio inter se habito, dilatum est dum dies illucesceret.

CAP. XLVIII. — *Quod Christiani navale certamen inierunt contra Babylonios, in auxilium Sidoniis missos.*

Verum nocte eadem a regno Babyloniae viri et arma copiosa in multitudine quinquaginta navium et triremium octo, quos dicunt Cattos, adfuerunt civibus Sagittae in tubis et cornibus Ptolemaidum applicantes; sed per diem a turbine venti sibi contrarii aliquantulum impediebatur est eorum iter. Quod praepositus civitatis Accaron intelligens, regi noctu festinata legatione fecit innotescere quominus provisis hostilis turba nocere posset. Mane vero orto, a Tripoli civitate pariter multitudo navium in manu forti et intolerabili armatura Babyloniis vires addidit, quatenus portum vi obtinentes stationem fidelium navium et regis obsidionem amoverent. Christiani vero videntes a longe in manu forti et intolerabili gentes applicare, a portu egressi sunt ut resisterent, ac plurimo navalis belli impetu eum eis confligentes, diu alternis incursibus immorati sunt. Sed vim tantorum non valentes sufferre Christiani, vix ad aridam et nequaquam ad portum fugam inierunt, tribus suorum navibus superatis et captis, ac universis in ea repertis caesis et decollatis. Sarraceni vero in manu robusta portum obtinuerunt.

CAP. XLIX. — *Rex cum Babyloniis dimicans, victoriam obtinuit, plurimis sociorum occisis.*

Dehinc proxima die Sarraceni milites loricati et armati portas urbis egressi cum suis copiis, usque ad tentoria regis in virtute sua astiterunt, regem expugnare et effugare arbitrantes. Verum rex praescius populi in se irruentis, occurrit cum quingentis solum equitibus, quatuor vero millibus peditum, bellumque crudele committens circiter mille quingentos occidit ex eis in ore gladii; caeteram vero multitudinem, quadraginta scilicet millia, fugientem ad praesidia civitatis insecutus est. Ex regis autem exercitu ipsa die quingenti cecidisse referuntur. Cecidit et Giselbertus de castello quod dicitur Caiun, vir illustris et valde militaris, post plurimum hac die certaminis sui laborem: quem rex et sui planxerunt plurimum, more fidelium eum sepelientes. Vespere jam facto, et Sarracenis in praesidium fugatis, rege vero adhuc incolumi campum in victoria obtinente, fidelis legatio sibi innotuit ut nequaquam lucem futurae diei operiretur, propter Turcos, quos mercede triginta millium byzantiorum a Damasco sibi Sidonii asciverant. Erat autem numerus eorum ferme ad quindecim millia.

CAP. L. — *Rex propter Turcos tentoria sua incendens et ab obsidione recedens, venationi paulisper indulsit.*

Rex ergo credulus fideli legationi, cessit salubri consilio, ac cunctos vulnere gravatos Ptolemaidem praemittens, immisso igne propriis navibus cunctisque machinis ac tentoriis, vespere imminente, dum in cinerem et favillam redigerentur ipso in campo diem praestolatus est. Die vero agnita, rex castra movit ab obsidione, et Accaron tendens, in montanis hac die moram fecit, ac arte venatoria recreatus, solito more et cursu canum apros vexans, circiter quinque cepit, curas et casum suorum interim oblivioni dans.

CAP. LI. — *Populus Christianus de reditu regis laetitia perfunditur.*

Interea in urbe Accaron gravis luctus et desolatio erat inter viros et mulieres, eo quod de vita et salute regis universa eos latebant adhuc, et multos suorum cecidisse, ac omnem apparatum navium castrorumque in flammas redactum audierant. Post haec aliqua mora habita, rex a venatione et montanis egressus, Ptolemaidem intravit. Quem omnis populus Christianorum quasi redivivum in voce exsultationis suscipiens, prae nimio gaudio lacrymatus, caput et manus illius plurimum deosculatus est.

CAP. LII. — *Requisitio Turcorum a Sidoniis de promissae pecuniarum taxatarum.*

Et ecce, rege ab obsidione regresso, et Acrae in

gloria et lætitia suscepto, urci a Damasco cum nimio apparatu equitum ante portas et mœnia Sagittæ adfuerunt; sed foribus clausis, minime intromissi sunt. Tunc quidam, Dochinus nomine, præses Damasci ac princeps militiæ Turcorum, triginta millia byzantiorum a primis et incolis civitatis requisivit, eo quod in auxilium eorum accersiti fuissent, et Baldewinus rex, audito eorum adventu, obsidionem distulisset. Verum cives et primi civitatis nequaquam assequi se tantam posse pecuniam asserentes, omnem prorsus pactionem illis negaverunt, dicentes timore vitæ tot millia byzantiorum illis se promisisse ut magis ad auxilium eorum animarentur, dum tanta illis pecunia offerretur. Hæc Turci et eorum principes audientes, vehementer in ira exarserunt, urbemque per dies decem oppugnare non cessantes, nunc vim, nunc minas inferebant, regem Baldewinum ad internecionem eorum se revocare affirmantes. Tandem Sidonii Turcorum assultibus gravati, minis eorum desperati, novem millia byzantiorum obtulerunt. Quæ sæpius Turci refutantes ad extremum tædio victi, regisque vires et impetum metuentes, hoc tantillo recepto, Damascum regressi sunt.

Cap. LIII. — *De quatuor millibus Turcorum, quos Gervasius, princeps Tabariæ, cum octoginta loricatis insecutus est.*

Ante hanc obsidionem civitatis Sagittæ, tempore Rogationum instante, scilicet ante dies Pentecostes, iidem Turci in equitatu quatuor millium loricatorum a Damasco egressi, et in regionem Tabariæ profecti, hinc et hinc insidiis positis, trecentos viros in equis velocissimis præmiserunt, qui solito impetu et assultu viros a munitione abstraherent usquedum ad locum insidiarum perveniretur. Gervasius, vir nominatissimus et nobilissimus de regno Franciæ, qui tunc dono regis præerat civitati et præsidio Tabariæ, Turcos advolasse comperiens, sine mora suis commilitonibus circiter octoginta ascitis in equis, armis, lorica, peditibus vero ducentis nimium pugna audentibus, insecutus est Turcos præmissos cursu velociore quam solebat, nec pedites subsequentes ullius consilio præstolatus est

Cap. LIV. — *Gervasius, suis in bello cæsis, vivus capitur, rege Baldewino multum mœrente.*

Turci quidem simulata fuga ad locum insidiarum repedantes, Gervasium in medium inimicorum per scopulosa et devia loca montium perduxerunt, plurimum equis et peditibus illius cursu immoderato aggravatis. Ad hæc Turci ab insidiis erumpentes, Gervasium et suos ex omni parte coronantes, gravi cursu oppresserunt, arcum et sagittam in eos incessanter intorquentes, quos nequidquam in fugam missos ad montana redire passi sunt. Gervasius tanta multitudine exterritus, cum exigua manu per quamdam planitiem limosæ terræ fugam iniit. Sed quia fessi et flatu exhausti, præ longa insecutione et aquatilis terræ mollitie, cursu defecerunt, dum Turci undique viros circumdantes a illos nimium

sagitta et gladio prævaluerunt, Gervasius et sui fugæ et vitæ diffisi et Turcos jam circa latus suum advolantes conspicientes, frena equorum fortiter in hostes rejiciunt; et licet perpauci, tamen sanguine plurimo se in dextra sua ulti sunt, plurimos Turcorum sternentes, et ibidem honesta morte inter hostes feroces procumbentes. Ex omnibus his nullus evasit, præter duos armigeros, qui rei eventum Tabariæ retulerunt; sed alii occisi, alii capti sunt. Gervasius quoque captus et abductus est in Damascum, catenis astrictus, et solerti custodia mancipatus. Tam crudelem famam universi qui audierunt, de tam egregio milite et interitu suorum vehementi dolore cum fletu et ejulatu magno planxerunt diebus multis: quin et Baldewinus rex, licet feritate leonis et apri ad omnia adversa semper inflexus, nunc consternatus est animo, læto tamen vultu omnino dolore dissimulato.

Cap. LV. — *Legatio Turcorum ad regem Baldewinum pro Gervasio, et pro civitatibus Caipha et Ptolemaide.*

Deinde post dies aliquot nuntii Turcorum regi Baldewino Accarone in hunc modum locuti sunt: *Gervasium captum adhuc vivum tenemus, quem si sanum et incolumem vis recipere, tres civitates, Ptolemaidem, Caiphas et Tabariam in manu nostra restituas; alioqui, nequaquam eum periculum mortis scias posse evadere.* His rex auditis, habito cum suis consilio, sic in hæc verba respondit: *Si aurum et argentum vel aliqua pretiosa pro salute et redemptione Gervasii quæreretis, supra centum millia byzantiorum a nobis assequi procul dubio possetis. Sed civitates quod requiritis, si fratrem meum uterinum totamque parentelam, et cunctos primores Christianæ plebis in vinculis vestris teneretis, nunquam has pro aliqua salute vitæ illorum redderemus, nedum pro solo homine: quem si occideritis, nequaquam virtus nostra propter hoc erit imminuta; sed quandoque ut vicem mortis illius vobis rependamus, non est impossibile apud Deum et Dominum nostrum.*

Cap. LVI. — *Damasceni, non impetratis a rege civitatibus, Gervasium in medio urbis illudentes interficiunt.*

Ilis itaque a rege responsis, et Turcis non ultra habentibus spem de prænominatis civitatibus, Gervasius productus est in medio civitatis Damasci, qui post plurimam illusionem sagittis Turcorum confixus, spiritum vitæ exhalavit. Mortuo sic Gervasio, milite egregio, Soboas, unus ex præpotentibus Turcorum, caput illius jussit amputari; cutem vero capitis cum crinibus ejus albis et floridis, multoque tempore intonsis, abstrahi et siccari, eo quod miri essent decoris, ut in signum et memoriam victoriæ, ad suscitandum dolorem Christianorum, semper in hasta sublimi tollerentur

Cap. LVII. — *Qualiter Evermerus a Romana synodo litteras apostolici pro restitutione sua detulerit regi Baldewino.*

Eodem anno, quo rex Baldewinus a Sagitta obsidionem distulit, dominus Evermerus, patriarcha Jerusalem, a Romana synodo rediit, quam causa excusandi se de omni querela et culpa sibi a rege et Arnolfo cancellario illata adiit; et eumdem iniqua adversus se loquentem in medio Romanæ Ecclesiæ, et in domini apostolici audientia, obstructo ore fecit obmutescere; et ex sententia S. Romanæ Ecclesiæ cum litteris et signo ipsius domini apostolici Paschalis ad regem remissus est, quatenus honorifice et sine offensione sedem patriarchatus ultra retineret. Sed rege nequaquam legationem aut litteras cum signo Romani pontificis de illius restitutione audiente, patriarcha in civitate Accaron remansit, dum videret si regis animus erga se adhuc, Deo adjuvante, mitigari posset.

CAP. LVIII. — *Rege suam sententiam confirmante, Evermerus deponitur, Gobelino sedem illius obtinente.*

Tandem rege ex Arnolfi instinctu amplius patriarchæ adversante, nec eum in sedem patriarchatus redire consentiente, actum est multorum consilio quatenus Evermerus sine concilii et judicio patriarchatus sui dignitatem ultro absque ulla spe relinqueret, nec sancta ac novella Ecclesia Jerusalem in hoc odio et contentione tot diebus pastoris vigilantia careret. Jam sic Evermero ultro et absque spe ulla honore patriarchatus privato, tam regis quam Arnolfi cancellarii et totius Ecclesiæ electione clericus quidam, Gobelinus nomine, subrogatur, et Evermerum Cæsareæ Cornelii, quæ nuper pastore viduata erat, archiepiscopum fieri ab omnibus acclamatum

est. Quod quamvis injustum sit, ut hæc fiat altercatio, nisi ex canonum decreto et sententia alterorum fuerit condemnatus; tamen quia rudis et tenera adhuc Hierosolymitana erat Ecclesia, id fieri concessit apostolicus. Et sic regis dono, et omnium fidelium assensu, uterque honore sublimatus est.

CAP. LIX. — *De patriarchæ peculatu*

Cum hæc negotia inter regem et patriarcham agerentur, isto negante pecuniam, illo autem pecuniam aut milites requirente, quidam Christianus, legatus Rotgeri fratris Boemundi, profectus de Apulia, coram rege astitit, qui talentum auri mille byzantiorum ante paucos dies patriarchæ se attulisse contestatus est in audientia totius Ecclesiæ, ut illud pro peccatis suis, et pro requie animæ ipsius suorumque, et æqua et fideli portione inita divideret, *unum videlicet in oblatione Dominici sepulcri ad usus fratrum, Deo inibi famulantium; alterum in sustentatione hospitalis languidorum cæterorumque invalidorum; tertium regi ad confortandos et remunerandos milites rebus et armis destitutos*. Hæc patriarcha, avaritia excæcatus, omnia soli sibi restituit, et nihil de talento his vel illis, sicut injunctum vel dispositum cum eo fuerat, distribuit. De hac ingenti fraude et infidelitate coram rege convictus a testibus idoneis, non ultra se valens excusare, conticuit. Quapropter statim sine dilatione privatus est potestate et oblatione Dominici sepulcri; camerarii vero ac privati et consilii illius capti et in custodiam missi sunt

---

LIBER UNDECIMUS.

CAPUT PRIMUM. — *Quod Willhelmus, comes ae Sartangis, rege Damascenorum devicto, præsidium Archas obsederit.*

Eodem tempore, quo rex Baldewinus ab obsidione Sagittæ rediit, Willhelmus comes de Sartangis, commisso prælio cum rege Damascenorum, Bertoldino nomine, et eodem cum copiis suis attrito in campo castelli Montis peregrinorum, in victoria et gloria cum mille loricatis equitibus et in spoliis multis regressus præsidium Archas, quod dux Godefridus prima expeditione multis ingeniis aut viribus superare non potuit, nunc post plurimam vastationem segetum ac frugum, quam singulis annis circa regionem intulit, consilio cujusdam Sarraceni in virtute magna obsedit, eo quod penuria alimenti habitatoribus loci nimia inesset.

CAP. II. — *Quod idem præsidium fame superatum Willhelmus obtinuerit.*

Qui tribus septimanis plurimam impugnationem machinis et balistis custodibus præsidii inferens, nullum introitum aut exitum alicui concedebat, donec præsidium, quod natura munitum et humanis viribus insuperabile erat, fame arctaretur et in ejus deditionem redderetur. Quod ita actum est. Nam

tribus septimanis transactis, tanta universi habitatores inedia sunt oppressi, ut versus montana, ubi obsidio fieri non potuit, muris perforatis, præsidium armentis vacuum, armis plenum, sed pecunia et pretiosis quibusque jam asportatis, reliquerint. Quod quidam de exercitu Willhelmi percipiens, eo quod nulla fieret a mœnibus præsidii defensio, trans Barbicanas et muros ad explorandam rem clam ascendens, neminem vidit aut persensit, idque sine mora domino et principi retulit Willhelmo et universis sociis. Qui statim fractis seris et portis immissi, turres et mœnia obtinuerunt et munierunt, ac præsidium ultra retinentes, totam regionem usque Damascum expugnantes de die in diem invaserunt.

CAP. III. — *Qualiter Bertrannus cum Pisanis Amiroth, urbem Græcorum, occupaverit.*

Eodem anno tempore quadragesimali, Martio mense inchoante, Bertrannus, filius comitis Reymundi, undique sua in terra contractis copiis virorum bellatorum et equitum loricatorum, cum quadraginta galeidis, quatuor millia continentibus, in singulis galeidis centum viris pugnatoribus constitutis, absque nautis, navigio a loco et urbe S. Ægidii egressus, Pisas urbem Italiæ applicuit. Ubi Genuensibus, qui in eodem voto Jerusalem eundi conspiraverant, assumptis, et mutua fide firmatis sibi, octoginta vero galeidis eorum sibi associatis, ad Amiroth, civitatem imperatoris Græcorum, navigio pervenit, ubi escas et vitæ necessaria vi undique conferebant.

CAP. IV. — *Quomodo Bertrannus a rege Græcorum evocatus, homo illius factus, et ab eo remuneratus sit.*

Nec mora imperatoris auribus innotuit, quomodo Bertrannus, filius comitis Reymundi, terram Græcorum in virtute magna occupasset, et eam graviter depopulari non timuisset. Qui illico illi misit nuntios, ut ad se ingrederetur, in fide a suis susceptus primoribus, et habito secum pacis colloquio, quantum vellet pecuniæ dono imperatoris reciperet; et loco patris sui sibi in amicitia et fidelitate restitueretur, terram vero suam cum suis pertransiret. Qui statim regis imperio acquievit, et de mari per Brachium S. Georgii descendens cum quibusdam de comitatu electis, imperatori in palatio suo locutus, sacramento ei conjunctus et subjectus factus est. Deinde donis plurimis auri, argenti, ostri ab imperatore susceptis, navigium iterans, usque ad portum S. Simeonis vela direxit, quem Tankradus nunc sub sua potestate retinebat.

CAP. V. — *Tankradus a Bertranno invitatus, ad colloquium illius festinavit.*

Qui continuo nuntiis Tankrado missis ex consilio suorum, ut virum salutarent, et adventum suum apparatumque suorum consodalium illi indicarent, jussit, obnixe precantes, quatenus secum habere colloquium non refutaret. Tankradus in virtute magna hunc intelligens advenisse, accitis usquequaque viris suis, ab urbe Antiochia illic occurrit, ad eumdem portum; et oscula ad invicem dantes, noctem illam in lætitia magna pariter deduxerunt. Mane autem facto, requisivit Tankradus, qua de causa advenisset.

CAP. VI. — *Postulatio Bertranni pro restitutione paris Antiochiæ, et responsio Tankradi.*

Bertrannus post plurima verba benigne inter se habita, Tankradum in omni admonitione humilitatis precatus est, ut hanc partem Antiochiæ, quam pater suus in introitu civitatis prior invaserat, sibi restituere non refutaret. Tankradus ejus petitionem non abnuit, hac tamen conditione apposita, ut ad Mamistram civitatem obsidendam et recuperandam ejus opem et vires haberet, quam nuper traditione Armeniorum imperator redditam amiserat; alioqui sibi nihil super his velle respondere. Bertrannus vero precibus Tankradi nequaquam in obsidione hujus civitatis acquievit, propter fidelitatem, quam imperatori se promisisse non negabat. Verum si ei in animo sederet, Gybel se obsidere et apprehendere promittebat, eo quod civitas esset Sarracenorum. Tankradus vero rursus de Mamistra admonuit, de Gybel prorsus tacuit. Sed Bertrannus pro sacramento facto, nihil se adversus imperatorem, aut ejus civitatem, acturum respondit.

CAP. VII. — *Tankradus Bertranno indignatus, monet eum quantocius ab Antiochia discedere.*

Ad hæc Tankradus graviter indignatus sprevit eum, admonens ut cum suo comitatu terram, quæ de sua erat potestate, cito pertransiret, ne grande malum sibi suisque congregata manu inferret. Et illico præceptum est in omni hac regione, ne aliquis esset, qui Bertranno aut suis vitæ necessaria venderet præsumeret, si membrorum salutem diligeret. Hoc audito Bertrannus et sui, navigium a portu iterantes, usque ad civitatem Tortosam applicant, quam comes Reymundus denuo expugnatam ceperat, et nunc Willhelmus de Sartangis suam retinebat. Hæc sibi nequaquam contradicta patuit; sed in ea hospitatus et sui, bonis terræ epulati sunt.

CAP. VIII. — *Quomodo Bertrannus pro terra patris sui Willhelmum interpellaverit, et quomodo Tankradus Willhelmum adjuverit.*

Die autem facta, cognato suo Willhelmo legatos dirigit, ut terram de Camolla, quam pater suus in primordio viæ hujus invaserat, sibi non negaret, si ejus obsequium et amicitiam retinere curaret: qui respondit, non facile se hoc verbum posse adimplere, cum Reymundo mortuo terra sibi in hæreditate constituta sit, et eam multis diebus per magna pericula et labores ab hostibus defendisset. Tandem Willhelmus de hac legatione sollicitus, consilio cum suis inito, Tankrado nuntios dirigit, quatenus ei subveniret adversus Bertrannum, cognatum suum; et illius copias, et terram ex ejus manu susciperet, illique ultra et miles suus serviret. Hoc audiens Tankradus, annuit omne auxilium comiti Willhelmo, diem constituens, quatenus ad Tortosam illi occurreret; et sic adjunctis armis suis et viribus, Bertrannum et ejus adunationem de terra et civitate effugaret.

CAP. IX. — *Legatio Bertranni ad Baldewinum regem contra præfatos principes, et quod Tripolin obsederit.*

Bertrannus horum decreto et confœderatione comperta, a Tortosa discessit, et festinato tertia die navigio civitatem Tripolin in virtute magna terra marique obsedit. Obsidione itaque locata, Baldewino regi Jerusalem nuntios misit, quomodo Tripolin obsederit; et quia Willhelmus de Sartangis et Tankradus sibi negatis urbibus patris sui vim inferre parati et confœderati fuerint; et ideo multum super his injuriis ejus auxilio indigere, seipsum in ejus obsequio asserens velle manere.

CAP. X. — *Quod rex Baldewinus Willhelmum et Tankradum apud Tripolin occurrere mandavit.*

Cujus legatos rex benigne audiens, opem promisit, ac statim Paganum de Cayphas accitum, et Eustachium, cognomine Granarium, Tankrado et Willhelmo legatos in hæc verba direxit: *Bertrannum confratrem et conchristianum, filium comitis Reymundi, a nobis auxilium scitote quæsisse super injuriis, quas* sibi nunc insertis de terra et urbibus patris sui, quod sic nequaquam fiat. Placet enim universæ Ecclesiæ Jerusalem, ut ad nos Tripolin descendentes, injuste ablatas civitates restituatis, tam Bertranno quam Baldewino de Burg et Gozelino de Turbaysel, et sic invicem concilio et conventu habito, in concordiam redeamus. Alioqui terram, quam nuper intravimus, adversus inimicos hos in circuitu, Turcos et Sarracenos, nequaquam poterimus retinere.

CAP. XI. — *Ibi rex Tripolin adveniens, Bertrannum suscepit in hominem.*

Interea rex cum quingentis equitibus totidemque peditibus Tripolin descendit, Sur, Sagittam, Baurim, pacifice pertransiens, propter pacem quam post obsidionem Sagittæ ad excolendas fruges et vineas firmam et inviolabilem multo auro ab ipso rege impetraverunt. Bertrannus viso rege et ejus apparatu, gavisus est, et homo ejus ibidem jurejurando factus. Jam tres septimanæ hujus obsidionis et expugnationis ante regis adventum transierunt, cum nec machinis aut aliquibus mangenarum quassationibus aut terroribus urbs adeo concuti aut superari potuit, ut portæ Bertranno aperirentur, nisi regis præsentia adfuisset.

CAP. XII. — *Qualiter apud Tripolin rex quatuor principes pacificaverit.*

Tankradus regis voluntate et nuntiis auditis, Willhelmum ab ira et omni assultu compescuit, donec regi ore ad os loquerentur, et ad eum Tripolin proficiscerentur. Qui statim adunatis septuaginta viris, equitibus egregiis, Tripolin diverterunt; quos post paululum Baldewinus de Rohas et Gozelinus de Turbaysel, juxta mandatum regis, in equitatu magno subsecuti sunt. His omnibus illic collocatis, et cunctis injuriis utrinque coram rege et fidelibus suis recitatis, Baldewinus de Burg et Tankradus reconciliati sunt, Baldewino, quæ injuste obtinuerat, a Tankrado benigne remissis. Bertrannus etiam et Willhelmus concordes facti sunt, ea tamen conditione, ut Willhelmus Archas, et cætera quæ acquisierat, obtineret; Bertranno vero acquisita patris sui nemo impediret. Rex autem Tankrado Caiphas civitatem templumque Domini, Tabariam simul et Nazareth cum omnibus redditibus, accepta ab eo fidelitate, reddidit, quatenus deinceps in ejus obsequio et dilectione stabilis permaneret.

CAP. XIII. — *Quod Tripolitæ post reconciliationem principum se manibus regis dediderunt.*

Tantorum principum comperta concordia, Saraceni, non ultra vim ferre valentes, pacemque quærentes, urbem præterquam regi nemini dare conspirant, eo quod vita et salute membrorum impetrata, ejus fidei se præcipue credebant, ne a Pisanis et Genuensibus fœdere violato, armis impeterentur, sicut Ptolemaidenses, et non pacifice ab urbe exirent. Rex itaque urbe suscepta, dextram illis dedit, ut ab urbe incolumes exirent, non amplius, nisi quod humero valerent, efferentes. Et ecce, aperta civitas et ejus portæ; quas Pisani et Genuenses et omnis exercitus intrantes, mœnia et turres munientes usquequaque diffusi sunt.

CAP. XIV. — *De quingentis Babyloniis subterraneo specu absconditis, et a muliere detectis.*

Quingenti milites in armis et lorica a rege Babyloniæ missi, qui urbem cum civibus defensarent, audito facto fœdere de urbis traditione in manu Christianorum, subterraneo habitaculo, quod miro opere murali ædificatum erat, absconditi sunt a facie introeuntium et urbem perlustrantium : devoverant enim se ac conspiraverant, in ipso primæ noctis silentio nullo somno sopiri, quousque progressi de latibulo subterraneo, universos somno deditos, et secure quiescentes, in impetu et vociferatione ex improviso armis detruncarent. Sed mulier quædam, quæ a Christianis in prima apprehensione civitatis capta graviter torquebatur pro danda pecunia, tandem nimium anxiata, et in articulo mortis posita, in hunc modum tortoribus suis locuta est : *Si vitæ meæ parcere velletis, et a pœnis, quibus me vexatis, manus continentes, me liberam a catenis exire permitteretis, saluti vestræ et confratrum vestrorum procul dubio consulerem; et tale quid vobis propalarem, unde vita vestra incolumis persisteret, quæ post modicum vobis securis in dolo et mira arte exstinguetur. Quod si de his quidquam fefellero, difficiliores cruciatus quos didicistis in me inserte, et vitam meam non ultra super terram una hora esse patiamini.* Illi autem milites, mulieris verba et constantiam admirati, consilio clam inter se habito, in fide illi firmata sibi parcere spoponderunt, si juxta verba ejus veritatem de his experirentur. Ad hæc mulier rem et omnes dolos, sicut erant, universis aperuit, dicens : *Decreverunt cives callido et occulto consilio ante urbis hujus captionem, et salutis suæ pactionem, ut milites quingenti loricati a fœdere Christianorum excepti, quoddam subterraneum habitaculum intrantes, cum armis occultarentur infra urbis hujus habitationem, qui tenebris incumbentibus, et vobis secure dormientibus, pariter cum impetu et tumultu prodirent; et vos improvisos, ac hujus rei nescios, armis mortificarent.* Hoc machinamento in exitium Christianorum a muliere quibusdam militibus catholicis, a militibus vero regi Baldewino et cæteris primoribus detecto, sine dilatione rex et universi in armis conglobati, ad eos, cæcati et subterranei habitaculi undique concurrentes, locum in circuitu obsederunt, et viros ab intus parum resistentes ad extremum vi et plurima impugnatione vinctos et eductos, in ore gladii percusserunt, nulli eorum parcentes. Mulier vero juxta promissionem fidei, quæ ei facta est a fidelibus, a carcere et vinculis deinceps libera fuit, ac universa sua sibi sine contradictione tam in ædificiis quam cæteris rebus restituta sunt.

CAP. XV. — *Ubi Willhelmus comes ab armigero suo occiditur, et urbs Baurim a rege obsidetur.*

Dehinc post paululum temporis Willhelmus de Sartangis, pro vili injuria et contentione, qua armigesum suum molestavit, occulta infestatione ab eo trans cor sagitta confixus exspiravit, et sic Bertrannus præsidium Archas et universa quæ de illius erant potestate, solus obtinuit subjugata. Capta itaque et subjugata civitate Tripla, rex Baldewinus consilio Bertranni, filii comitis Reymundi, quem præfecerat eidem civitati, in anno sequenti convocatis universis viris Christiani nominis, in mense Decembri mediis algoribus civitatem Baurim, quam vocant Baruth, obsedit; quæ in angusta fauce montium sita, et vix commeabili, a montanis viam exhibet juxta littus abyssi maris descendentibus. Navigio Bertranni et Pisanorum a Tripla versus mare applicato in urbis obsidionem, ad planitiem camporum cum ingenti manu Gallorum, equo et pede ad omnem assultum paratorum, regis et suorum tentoria locata sunt. Obsedit denique eam diebus multis, ac tormentis lapidum turres et muros singulis diebus non parce assiliens et quatiens, nulla intermissione cives ac defensores respirare sustinebat : sed et vineas et sata succidens et vastans, urbem non modice perterrebat.

CAP. XVI. — *Legatio Baldewini comitis ad regem Baldewinum, quod Edessa urbs consilio Tankradi fuerit obsessa.*

Post hæc cum dies aliquot obsidionis evolverentur, et veris tempora jam aspirarent, legati Baldewini de Burg a civitate Rohas venientes adfuerunt, nuntiantes regi quod ex instinctu et suggestione Tankradi principes Turcorum, Arangaldus scilicet, Armigazi, et Samarga de regno Corrozan, in multitudine gravi civitatem Edessam obsedissent; et regionem undique graviter depopulati sint, Baldewinum assiduis oppugnationibus lacessentes, civitatem quoque plurimis assultibus aggravantes. Asserebant etiam iidem nuntii, ultima necessitate famis ac defensionis Baldewinum et universos cives compulsos : et ideo in brevi eos regis ope indigere adversus tot millia Turcorum, ne urbs capta et subjugata cum rebus et civibus periclitetur, et non Baldewinus suique, capitali sententiæ subdantur. Rex, ut hæc audivit, legatos sub judicio mortis hunc ingratum rumorem tacere jussit : quem et ipse dissimulans miro silentio suppressit, ne hominum corda, audita hac Turcorum superbia et audacia, pavefacta minus ad urbis ruinam laborarent. Siluit igitur rex, siluerunt et nuntii. Nec modo alio intendit, nisi ut machinæ, jactus lapidum assultusque circa urbis mœnia fierent, quousque Sarracenorum interiore virtute edomita, urbs reddita aperiretur, cives gladio punirentur, aut victi caperentur.

CAP. XVII. — *Rege Baldewino Baurim fortiter oppugnante, cives ultro se dediderunt.*

Tandem portis cum seris suis et muris graviter quassatis, ammiraldus civitatis in insulam Cyprum nomine, quæ est de regno Græcorum, navigio noctu aufugit cum multis desperatis, eo quod in urbis præsidio non aliquam fiduciam vivendi aut manendi haberent; quoniam dierum curriculis nulla a rege Babyloniæ auxilia mitterentur. Cives autem videntes quomodo ammiraldus et omnes capitanei aufugerent et urbs a facie Christiani regis retinere non posset, et quod terra marique tam longo tempore undique bellum intolerabile ingrueret, ultra vim ferre non valentes, dextras sibi dari et vitæ suæ parcere rogabant ut sic, portis apertis, urbem salvi egrederentur. Quod et actum est. Nam, datis dextris, et civibus cum pace egressis, capta et patefacta est civitas, sexta feria, quæ est ante Sabbatum sanctæ Pentecostes. Sed eorum, qui adhuc in urbe inventi, fœdere facto non exeuntes stulte permanserant, a Bertranno et Pisanis circiter unum et viginti millia occisi sunt. Parum quidem pretiosarum vestium, aut alicujus ornatus repererunt. Nam cives desperati, quod pretiosius erat illis in medio civitatis comportantes igni conflaverunt; aurum vero, argentum, vasa pretiosa clanculum ac paulatim per cæcos aditus in Cyprum insulam noctu translata sunt.

CAP. XVIII. — *Rex, capta urbe Baurim, Jerusalem proficiscitur, et pro liberatione Rohas principes hortatur.*

Capta autem civitate, rex, custodibus in ea ordinatis, Jerusalem reversus est. Ubi celebrato festo Pentecostes, obsidionem Edessæ vel Rohas et calumnias Baldewini de Burg, sicut a legatis didicerat, tunc primum Bertranno et universis de domo sua et de domo Jerusalem aperuit, in hunc modum per verba omnes adhortatur : *Gratia Dei et Domini nostri Jesu Christi voluntas nostra ac victoria adimpleta est de Baruth, licet longo tempore eam expugnaverimus. Sed nunc ut Rohas civitati et Baldewino, in ea obsesso, subveniamus, omnium vestrum quæro benevolentiam : nec sit, qui avertat, cum confratres sint, in omni necessitate nobis subvenire parati. Est enim inviolabilis charitas ut subveniamus, et animas pro fratribus et amicis ponere non dubitemus.*

CAP. XIX. — *Ubi exhortante rege Bertrannus cum reliquis ad urbem Rohas profectus est.*

Ad hæc verba regis universi qui aderant de regno Jerusalem fiunt voluntarii ad expeditionem Rohas agendam, et conferendam opem obsessis conchristianis, ut cum Turcis bellum inirent, et animas pro fratribus darent, iterant apparatum, renovant; et adhuc recentium laborum circa Baruth immemores, viam Rohas in initio mensis Junii insistunt in galeis et loricis, in cuneis septingentorum equitum electorum, in manu trecentorum peditum, arcu et lancea apprime valentium. Profectus est igitur rex, profectus Bertrannus cum copiis suis a civitate Jerusalem, vigili et solerti providentia militum munita, munitis et cæteris civitatibus, quæ suæ erant potestatis. Descenderunt itaque in campos et regiones Armeniæ ad civitatem Rohas diebus mensis unius in itinere peractis. Quibus regis audito adventu, a diversis locis et præsidiis per centenos, sexagenos et quinquagenos plurimi tam Galli quam Armenii Christiani concurrentes, auxilio juncti sunt. Vix ad flumen Euphratem perventum est, et multiplicatus est ejus exercitus ad «uindecim millia virorum pugnatorum.

Cap. XX. — *Quomodo rege adveniente, Turci Rohas dimiserunt, et quomodo Baldewinus comes Tankradum incusaverit.*

Ut autem intravit terminos et confinia civitatis in hac manu forti, in splendore signorum et galearum ex serenissimis radiis æstivi solis, in grandi sonitu tubarum et tumultuosa populi adventione, Turci comperta per exploratores illius approximatione, avulsis tentoriis ab obsidione recesserunt, et in terram civitatis Caran, quæ sex milliaribus distabat a Rohas, relocatis castris consederunt, donec scirent et intelligerent, si regis viribus et copiis possent occurrere et resistere. His vero diei unius spatio a statione obsidionis Rohas remotis, Baldewinus de Burg lætatus fama adventus regis, cum quadringentis equitibus viris bellicosis et decem millibus Armeniacæ gentis, obviam illi ab urbe festinans, Turcos versus Caran divertisse notificavit; sed in castris eos adhuc præstolari, et audire de ejus proposito, cum quadringentis equitum millibus nimium confidentes. Hos Tankradi consilio et instinctu ad obsidionem Rohas convenisse referebat, et in omnibus Tankradum sibi contrarium et infestum esse.

Cap. XXI. — *Legatio regis Baldewini ad Tankradum et collatio.*

Hac Baldewini super injuriis Tankradi audita querimonia, rex consilio suorum Tankrado legationem Antiochiæ misit, ut ad eum et primos exercitus Chritianorum descenderet; et si quæ ei injustæ essent illata a Baldewino, omnia aut æquo judicio aut concordi consilio majorum in præsentia Christianorum se velle definire. Qui multum renisus est venire; tandem consilio suorum cum mille quingentis militibus loricatis descendit, ut de omnibus his quibus a Baldewino de Burg accusaretur audiret ac responderet; et si quæ haberet adversus eum, in audientia omnium demonstraret. Ergo veniens regem salutavit, et a rege susceptus est benigne. Dehinc rex, præsente cœtu fidelium, rationem cum eo habuit quare adversus fratres et conchristianos Turcos eduxerit, cum potius Christianis subvenire debuerit. Qui se minime excusans, hac de causa se illis non subvenisse respondit, quod Baldewinus, præses civitatis Rohas, nullum sibi respectum fecerit, cum ante hos dies ipsa civitas Rohas et multæ aliæ civitates de regno fuerint Antiochiæ, et illi subditæ annuos reditus dominatori Antiochiæ dederint.

Cap. XXII. — *Allocutio regis ad Tankradum de reconciliationis gratia cum principibus.*

Ad hæc rex Baldewinus Tankradum cum omni mansuetudine de hac querimonia compescuit, dicens : Frater mi Tankrade, non justam rem exigis, nec adversus Baldewinum justam habens molestiam de aliquo loqui debes tributo, quod Antiochiæ hactenus reddebant civitates, cum nihil inter nos de jure gentilium simus habituri in omnibus, quæ Deus nostra subjiciet ditioni. Nosti, et universis notum est Christianis qualiter cum a terra et cognatione exivimus, pro nomine Jesu exsilia quærentes, patrimonia deserentes, decreverimus ut quiquid in terra hac peregrinationis nostræ quisque de regno et terris gentilium expugnatis apprehenderet, pacifice et libere obtineret; nullus ad injuriam in eum manum mitteret, nisi ut subveniret, et animam pro fratribus singuli ponerent. Et ideo scias, quia non justam adversus Baldewinum habes querelam, cum gentilium decreta et nostra non conveniant; et stabili consilio de hoc in unum consenserimus, si res Christianorum adeo sublime procederent ut regem constitueremus, eum ceu caput, rectorem ac defensorem ad nostra retinenda ac propaganda subjecti sequeremur. Unde ex timore Dei et justo judicio omnium, qui nunc adsunt Christianorum, oportet te in concordiam redire et ab omni molestia, quam habes adversus Baldewinum animum revocare. Alioqui si gentilibus vis sociari, et nostris moliri insidias, nequaquam frater Christianorum poteris remanere. Nos quoque confratri Christiano juxta decretum nostrum coadjutores et defensores ad omnia parati sumus. Tankradus regem se juste arguentem ex judicio omnium intelligens, nec se justam adversus hujus dicta habere excusationem, in concordiam et amicitiam rediit; ac pœnitentia ductus, quod cum gentilibus quidquam adversus confratrem machinatus fuerit, promisit se ultra purum ac fidelem, sicut a principio viæ devoverat, coadjutorem confratrum velle persistere indeficientem.

Cap. XXIII. — *Ubi rex principibus pacificatis, Turcos effugavit, Christianos omnes in circuitu reconcilians.*

Hac pace composita, mistis copiis et armis, rex et Tankradus Turcos inter Caran insecuti sunt ut pugnarent cum eis. Sed audita eorum reconciliatione, fugam inierunt per devia et montana diffusi, plurimis tamen de comitatu suo attritis, armentis et cibariis non parum retentis et abductis. Baldewinus rex ab insecutione et contritione inimicorum regressus, in terra Edessæ paucis diebus moram fecit, reparans et componens undique odia et dissidia inter Christianos reperta.

Cap. XXIV. — *Rex et Tankradus flumen Euphratem enavigant, quinque millibus Christianorum ex altera parte ab hostibus occisis.*

Vix rex et Tankradus sub festinatione scilicet, diei et noctis horis continuis ad flumen Euphratem pervenerant, et ecce Turci, collectis undique viribus et copiis, velociter eos insecuti sunt ut eos in terga cæderent, et sagittis in impetu et solita vociferatione expugnarent. Verum rex, comperto adventu et audacia eorum, flumen navigio tantum duarum navium transire properavit cum omni manu quam eduxerat. Sed infelici casu rege et Tankrado cum plurima manu exercitus sui transmissi, utraque navis, nimis cumulata armis et militibus, mediis flactibus cœpit periclitari et submergi : et sic cætera manus, quæ altero in stagno ad quinque millia remanserat, nequaquam ultra aut remis aut aliquo auxilio transvehi potuit. Nec mora, Turci in ipso fervore mediæ diei adfuerunt in multitudine gravi, qui miserum vulgus inventum, nec transitum fluminis evadere valens, fortiter incurrentes, crudeliter in arcu et sagitta peremerunt, vidente rege et Tankrado et universis hac parte fluminis consistentibus. Rex tristis et dolens nimium factus est eo quod naves periissent, et nequaquam suis in aspectu ejus cadentibus subvenire potuisset.

CAP. XXV. — *Quod rex Baldewinum comitem, de bello fugientem, sanum in Rohas reduxerit.*

Turcis post tam cruentam cædem in terram Edessæ revertentibus, Baldewinus de Burg, qui regem cum trecentis equitibus sequebatur, illis obviam factus, nequaquam divertere valens, bellum cum eis committere præsumpsit. Sed Turci in multitudinis suæ virtute prævalentes, universos sagittis confixerunt. Solus Baldewinus ad montana fugiendo contendens, vix a manibus eorum elapsus est. Altera die crudelis fama tam gravis eventus in auribus regis ac Tankradi innotuit. Qui statim navigio aptato, flumen cum suis trajecerunt, ut in Turcis dignam pœnam rependerent loco aliquo repertis. Sed minime repertis aut visis, Baldewinum de Burg desolatum et mœstum ac flebilem de strage suorum repertum, in manu robusta Gallorum Rohas vivum et incolumem perduxerunt.

CAP. XXVI. — *De Magno, rege Norwegiæ, qui venit adorare Jerusalem.*

Interea frater regis de Norwegia, Magnus nomine, in plurimo apparatu, in multa armatura, in manu robusta, in buzis quadraginta, in decem millibus virorum pugnatorum, per biennium in circuitu spatiosi maris a regno suo enavigans, in portu Ascalonis civitatis anchoram integris horis diei ac noctis fixit, ut videret, si aliqui viri a civitate terra vel mari sibi occurrerent, cum quibus ex industria aut eventu aliquod certamen iniret. Sed Ascalonitis silentio compressis, et minime prodire audentibus, postera die Japhet applicuit, desiderio adorandi in Jerusalem.

CAP. XXVII. — *De Babyloniis contra Baurim navigantibus, et de navibus Christianorum cum eis decertantium.*

Dehinc post dies aliquot incomparabilis navalis exercitus a regno Babyloniæ in galeidis, in biremibus et triremibus dictis vulgariter cattis, turritis et bello compositis, advectus est in civitatem Baruth vel Baurim, ad recuperandam urbem, si aliqua daretur opportunitas. Et spatio diei illic consistentes, custodes Christianorum lacessentes, nullo eis ingenio nocere aut prævalere potuerunt. Nulla siquidem virtute aut industria hic prævalenten, sed spatioso ambitu urbem obsidentes, naves a longe e fastigio mali speculati sunt: quarum tres a Flandria et Antuerpia venerunt, quibus præerant Willhelmus, Starcolphus et Bernhardus, causa adorandi in Jerusalem adnavigantes; quarta de regno Græcorum diversas merces et cibaria portans, causa negotiationis huc viam maris pariter profecta est. His visis et Christianitatis signo recognito, undique certabant remis, buzis et galeidis, ut eas coronantes captivarent, ac plurimo conatu remorum ad eas festinantes, gravi eas insecutione coegerunt ad fugam. Sed, Dei gratia opitulante, velociore velo et remis viam maturantes, una ad civitatem Caiphas evasit, civibus Christianis auxilium a terra in arcu et sagitta illi ferentibus: aliæ duæ inter Caiphas et Acram pondere suæ mollis quassatæ, aquarum profundo deficiente, civibus Christianis pariter illis ad auxilium festinantibus elapsæ sunt : quarta de regno Græcorum, nimium tardata, capta et retenta est, ac rebus omnibus exspoliata.

CAP. XXVIII. — *Qualiter Ascalonitæ Jerusalem debellantes, a Christianis superati sunt.*

Eodem quoque tempore ejusdem mensis Augusti, quo hæc fiebant, Ascalonitæ gavisi absentia et diutina expeditione regis Baldewini, æstimantes modicas vires militum Jerusalem remansisse, quingentis equitibus ascitis, decreverunt civitatem obsidere et expugnare et viros qui erant in arce turris David bello lacessere. Verum fideles Christo, cognito decreto et adventu illorum, Rames, Assur, Joppen, Caiphas, Cæsaream undique miserunt ad universos regi Baldewino obedientes, ut sine mora die ac nocte Jerusalem festinarent, urbem et ejus arcem ab hostili assultu defensarent. Qui mox ex omni parte festinantes, civitatem intraverunt noctis in silentio, et portas vigili custodia tam clericorum quam mulierum, turresque fideli militum diligentia munientes; cæteri armis et sagittis conglobati milites trecenti, equo et pede per montana descenderunt, quo Ascalonitarum via adfutura erat. Et ecce Ascalonitæ adsunt in equitatu magno et apparatu, obviam facti Christianis in campo. Ubi prælio diu commisso armis et sagittis, ad extremum Ascalonitæ terga verterunt. Quos Christiani insequentes, ducentos peremerunt, equos et spolia multa cum captivis multis Jerusalem abducentes in lætitia et victoria inopinata.

CAP. XXIX. — *Ubi navalis exercitus Babyloniorum Ptolemaidem impugnat, rege civibus succurrente.*

Navalis vero exercitus, qui a Babylonia eruperat, et Christianis per mare insidias parabat, a Baurim Ptolemaidem divertit. Et plurima vi in malorum altitudine præeminentes, adeo urbis defensores aggravantes bello vexaverunt, et totum portum fere per dies octo in navium multitudine et fortitudine invadentes obtinuerint. Interea dum in hac urbe Ptolemaide magna fieret desolatio, et vix catena portus hostibus obsisteret ne urbem apprehendissent, rex Baldewinus, et Bertrannus ab Antiochia et Rohas cum omni manu adhuc indivisa reditum parabant. Qui, audita Babyloniorum adunatione et oppugnatione adversus Accaron, velociori via accelerabant, ut suis subvenirent, et ab hostili impugnatione liberarent.

Cap. XXX. — *Ubi rex Baldewinus regem Magnum Hierosolymam gloriose perduxit.*

Verum rex parte sui exercitus in auxilium Ptolemaidensibus civibus Christianis relicta, ex consilio prudentium virorum primum Joppen ad regem de Norwegia divertit, ut ex ore illius audiens sciret quid primum instare et adimplere posset. Mox omni amoris vinculo fœderatis rex nomine Magnus, Baldewinum regem obnixe precatur ut viam secum ad adorandum in Jerusalem insistat ex Domini Jesu auctoritate, qui jubet fideles suos primum quærere regnum Dei, et postea omnia profutura quærentibus invenire; deinde agere quæcunque eligeret, aut civitatem suo navali exercitu obsidere. Baldewinus rex votis regis Magni et suorum primatum cum omni benevolentia satisfecit; et Jerusalem, sicut devoverat, se cum eis iturum non negavit. Ascendentibus itaque utrisque regibus in sancta civitate, universus clerus in albis et in omni cultu divinæ religionis, in hymnis et canticis cum universis civibus et populis occurrerunt, et reges cum omni comitatu suo usque ad Dominicum sepulcrum in voce exsultationis abduxerunt. Rex siquidem Baldewinus regem Magnum manu honorifice ac familiari amore ducebat, juxta Apostoli vocem, qui ut *honore invicem præveniamus* (Rom. xii, 10) nos adhortatur. Ducebat quidem eum, ac docebat omnia loca sancta, et ea quæ nota habebat, ac multo obsequio et regali apparatu per dies aliquot eumdem procurabat. Deinde ut magis ac magis amore et fide firmarentur, ad flumen Jordanis in manu forti cum eo descendit: ubi catholico ritu in nomine Domini Jesu peracto, Jerusalem ipsum regem Magnum in gloria et jucunditate sanum, et ab omni turbine tutum reduxit.

Cap. XXXI. — *Qualiter hi duo reges Sidonem obsederint, Babyloniis in sua reversis.*

Post hæc Jerusalem reversi, convocata ecclesia, decreverunt communi consilio Sagittam vel Sidonem, quæ multa peregrinis damna et calumnias inferens regi sæpius restiterat, obsidere terra marique et nunquam ab ea recedere donec urbs capta in manu Christianorum traderetur. Nec multa mora, rex Baldewinus et Bertrannus, acceptis copiis, in apparatu copioso castrametati sunt in obsidionem urbis Sagittæ, machinas et tormenta lapidum instituentes quibus urbs per singulos dies oppugnaretur. Movit pariter ab Joppe rex Magnus navales copias, et applicuit ad urbem Sagittam, ut eam a mari obsidens et expugnans nullum introitum aut exitum hac in parte pateretur. Horum tam fortium virorum et magnorum regum apparatum et vires terra marique adesse intelligens navalis exercitus Babyloniæ, a portu Ptolemaidis et ejus impugnatione secessit ad portum Sur, quæ est Tyrus, illic moram faciens, ne rex Magnus repertos in obsidione Ptolemaidis navali certamine disturbaret. Sed tamen aliqui ex Babyloniis buzis velocissimis freti, hac et illac mediis aquis plurimo inferuntur conamine, si forte aliquo eventu catholicos viros superare et abducere valerent. At Babyloniis minime successit: unde Baldewini regis audaciam et industriam metuentes, remensis aquis Babyloniam reversi sunt.

Cap. XXXII. — *Rex Baldewinus et sui Sidonios coronantes machinas plures apposuerunt.*

Baldewinus rex et Bertrannus, accitis copiis, obsidionem a terra statuerunt; rex de Norwegia cum omni manu sua anchoras figens, versus mare sedem in circuitu urbis firmavit. Sic locata obsidione, toto conamine in assultu et crebris ruinis muros et turres urbis angustiantes, civibus econtra in armis et tormento lapidum ab intus fortiter resistentibus, machinam multis diebus compositam applicantes, viros in arcu Baleari in ea posuerunt, qui altitudine soliorum machinæ eminentes, desuper muros per urbem et turres et ejus mœnia specularentur : et sic per vicos et plateas gradientes plaga intolerabili arctarunt.

Cap. XXXIII. — *Sidonii obscura cavatione machinam regis moliuntur incendere, et ab ipso callide præveniuntur.*

Cives autem videntes machinam altitudine urbem superare et civibus nocere, noctis in obscuro cavationem sub murorum fundamento plurimo conatu, et mira industria fecerunt : ut facta cavatione trans muros usque, ad stationem machinæ, ligna arida, et ignis fomitem comportarent et his subito in favillam redactis, cum humo machina rueret, et viros in ea positos in momento suffocaret. Sed rex hanc artem præcavens iniquam ex quorumdam relatione, machinam a loco cavationis amovit : et sic labor Sidoniorum frustra consumptus est.

Cap. XXXIV. — *Sidonii post longam obsidionem regi Baldewino se dedentes, ad quinque millia urbem egressi sunt.*

Tandem curriculo sex hebdomadarum Sidonii videntes se nihil adversus machinam prævalere, et tormentis lapidum assidue urbem et ejus portas concuti, quin et navali assultu non minus gravari; navalem vero exercitum Babyloniæ abesse, dextras sibi dari poscunt, et urbem cum turribus et clavibus in regis manibus reddi, sub hac tamen conditione ut ammiraldus præses civitatis, et quibus esset animo, cum rebus suis, quantum valerent collo et humeris deferre, pacifice egrederentur. Rex vero longa obsidione et assultu defatigatus, consilio cum rege Norwegiæ, cum Bertranno comite et cæteris viris sensatis habito, petitioni Sidoniorum cessit : et sic, urbe in potestate suorum reddita ac patefacta, Sidonii cum ammiraldo suo circiter quinque millia cum rebus suis in pace egressi sunt, usque ad Ascalonem proficiscentes : cæteri qui remanserant, sub jugo regis et in ejus servitutem redacti sunt.

Cap. XXXV. — *Quomodo ammiraldus Ascalonis occulte Jerusalem venerit, et Ascalonem tradiderit.*

Rex Baldewinus post hæc in manu et custodia suorum civitate constituta, Jerusalem ascendit in gloria et victoria ipso natali S. Thomæ apostoli; ibique Natali Domini gloriose et catholice celebrato, exaltatum est in victoria nomen ejus per universas urbes gentilium; et timor omnes invasit qui audierunt prospere illi omnia evenisse; et quieverunt ab omni impetu et assultu diebus plurimis. Dehinc solemniter a rege Baldewino et ab omni Ecclesia Pascha Domini celebrato, ammiraldus, id est princeps Ascalonis, nescio spiritu timoris tactus an amoris divini, dominum regem per secretarios cœpit appellare, et cum eo agere de urbis traditione, donec Jerusalem idem ammiraldus, fide data et accepta, ad regem intravit, omnia ei elocutus, sicut in corde et animo devoverat de urbis traditione, et ipsius regis et suorum intromissione, de fidelitatis devotione erga regem et suos habenda. Tandem, cognita et inventa ipsius pura devotione et animi intentione, fide utrinque confœderatis, decretum est primum ex consilio regis et suorum principum regem Jerusalem remanere; trecentos vero ex suis viros militares et belligeros cum ammiraldo Ascalonem descendere, urbem intrare, et ejus turres obtinere, et universos cives regi subjugare. Descendentes itaque sicut decretum erat, portas intraverunt auxilio et consensu ammiraldi, mœnia apprehendentes, cives regis ditioni subjicientes.

CAP. XXXVI. — *Legatio Baldewini comitis ad regem Baldewinum de adventu Turcorum, et fama filii Babylonii regis, Ascalonem descendentis.*

Nec mora, cum prædicti milites urbem obtinuissent, et regis potestati ex manu ammiraldi omnia contulissent, rex vero in Jerusalem in potentia et gloria magna resideret, legati Baldewini de Burg ad regem introeuntes, in hæc verba locuti sunt : *Turci a regno Corrozan, egressi in virtute magna ducentorum millium robustorum equitum, præsidium Turbaysel obsederunt, terram præda et omni exterminio Christianorum depopulantes.* Qui assumptis viribus equitum et peditum, usque ad locum, qui dicitur Solome, descendit. Ubi, cum diebus aliquot moram ageret propter copias Turcorum, qui a Damasco convenerant ad obsistendum sibi, crudelis fama innotuit quomodo filius regis Babyloniæ Ascalonem descendisset, ut in ea repertos milites Christianos expugnaret et urbem suæ potestati relocaret.

CAP. XXXVII. — *Rege Baldewino Ascalonem descendente, regis Babylonii filius a civibus intromissus, Christianos ibi repertos occidit.*

Quibus rex auditis, iter distulit et Ascalonem rediit, si forte suis subvenire posset. Verum cives qui urbem inhabitabant, virtutem Babyloniæ absente intuentes, et regis Baldewini absentiam, quadam die convenientes, ammiraldum in ore gladii percusserunt, et filium regis Babyloniæ, apertis portis, urbi immiserunt. Qui intromissus, priusquam rex Baldewinus fines Ascalonis attingeret, milites catholicos, qui per mœnia diffusi erant, exterritos et subito expugnatos, universos in ore gladii occidit; civitatem vero, seris et omni custodia Sarracenorum minuit. Rex igitur Baldewinus, accelerata via, ut interitum suorum comperit, et urbem ex perfidia civium amissam, Ammiraldum quoque in fraude peremptum, Jerusalem repedavit; quia nulla tunc erat opportunitas urbem assiliendi, et suos decollatos ulciscendi.

CAP. XXXVIII. — *Qualiter ducenta millia Turcorum Turbaysel obsidentes, et Antiochiam tendentes, Gozelinus comes insecutus sit.*

Interea Malducus, Arongaldus, Armigazi et Samarga, qui, collecto exercitu ducentorum millium equitum, Turbaysel obsederant, duobus mensibus montes ipsius præsidii in virtute nimia suffoderunt, ut sic putei oborientes et cisternæ aqua deficerent, et Gozelinum loci defensorem et cum eo inhabitantes captivarent. Sed post nimium laborem Turci videntes quomodo nihil proficiebant in demolitione et cavatione montium, abhinc Antiochiam profecti sunt cum centum millibus; centum vero millia propter nimietatem et diuturnam moram, in qua necessaria vitæ minuebantur, in terram Corrozan redire decreverunt. Gozelinus reditum et divisionem illorum intelligens, insecutus est remeantes cum centum et quinquaginta equitibus et centum peditibus; ac in impetu subsequentes ac retardatos, et vehiculis cibariorum impeditos incurrens, mille detruncatis, prædam magnam cum spoliis in præsidium abduxit.

CAP. XXXIX. — *De centum millibus Turcorum, qui filium Brodoan, principis Alapiæ, obsidem nequiter jugulaverunt.*

Cætera vero multitudo centum millium Turcorum Alapiam pervenientes, Brodoam principem civitatis precati sunt, ut uxores filiosque teneros ac filias ad tuendum susciperet, donec eventum victoriæ suæ viderent. Sed his refutatis, quia pax inter eum et Tankradum erat, hoc tantum promisit eis quod nulli parti hinc vel hinc auxilio haberetur, et hac de causa filium suum obsidem eis fecit. Turci vero filium illius tenentes, post paululum pactum fidei prævaricantes, filium illius se decollare constanter attestati sunt, nisi eis foret auxilio et filios ac filias cum uxoribus et sarcinis suis intra mœnia reservaret, propter dubium belli eventum. Quod cum ille negaret propter fœdus quod pepigerat cum Tankrado, filium ejus in oculis patris et omnium suorum aspectu, capitali sententia interimere non abhorruerunt. Decollato itaque tam impie et dolose filio Brodoan, Cæsaream Philippi profecti sunt, quæ sita est juxta montana Gybel, ab Antiochia diei unius itinere : ubi fixis tentoriis super fluvium Farfar, hospitati sunt.

CAP. XL. — *Congregatio Baldewini regis et Christianorum principum facta Antiochiæ contra Turcos.*

Gozelinus audiens Turcos a Turbaysel, quæ est Bersabee, Antiochiam divertisse, cum centum equitibus et quinquaginta peditibus ad auxilium Tankradi Antiochiam sine aliqua dilatione acceleravit. Acceleravit et Baldewinus de Burg cum ducentis equitibus et centum peditibus; Paganus etiam de Sororgia cum quinquaginta equitibus et triginta peditibus; præterea Hugo de Cantalar, scilicet de prædio Hunnine, cum suis sociis auxilio adjunctus est. Venit et Richardus, præfectus civitatis Maresch, cum sexaginta equitibus et centum peditibus ; item Wido de Gresalt, Willhelmus de Albin, Wido cognomine Capreolus, princeps civitatum Tarsi et Mamistræ. Venit et episcopus Tarsensis, episcopus simul de Albaria ; Willhelmus pariter filius comitis Northmannorum, dominium habens civitatis Tortosæ, quam Tankradus Bertranno abstulerat, cum suis sequacibus sociatus est. Engelgerus, præfectus civitatis Femiæ, cum ducentis equitibus venit. Venit et Bonaplius, civitatem tenens Sarmit ; venit et Gudo cognomine Fraxinus, tenens civitatem Harich; Robertus simul de Sidon, Rotgerus de Montmarin, tenens præsidium Hap ; Piractus Talaminiam tenens. Venerunt et Pancras et Corrovasilius de civitate Crasson ; Ursinus quoque de montanis Antiochiæ, Antevellus etiam et Leo frater ejus. Venit et Martinus comes Laodiceæ, quam Tankradus, ejectis et expugnatis militibus imperatoris Græcorum, suo juri mancipaverat. Venit et Robertus de Veteri ponte, qui miles egregius et indefessus, sæpius terras gentilium militari manu deprædatus est. Hi omnes milites Tankradi, de regno Antiochiæ universi congregati sunt in civitate regia. Illic pariter rex Baldewinus festinato itinere post contritionem suorum in civitate Ascalone ab Jerusalem descenderat ; et cum eo Bertrannus, Eustachius Granarius, Walterus de S. Abraham, dominus quoque patriarcha Gobelinus, et cætera multitudo fidelium, qui ad quatuor millia in loco eodem in manu forti confluentes, pernoctaverunt usque ad mane. Mane autem facto, usque ad castellum de Giril profecti sunt.

Cap. XLI. — *Quod sedecim millia Christianorum contra Turcos acies direxerint, multa fame periclitati.*

Tertio vero die postquam ex omnibus locis et castellis in unum convenerant, ordinatis aciebus, Cæsaream viam instituerunt, ubi Turcorum copiæ, sicut arena quæ est in littore maris, congregatæ sunt. Erat autem exercitus Christianorum ad viginti sex millia equitum et peditum, virorum bellatorum. Videntes Turci quia Christianorum virtus appropinquasset, alteram in ripam fluminis Farfar transierunt, et tentoria illic in spatioso loco reposuerunt. Quo in loco sedecim diebus utrinque moram fecerunt. Sed Christiani minime cum Turcis stabili bello committere poterant, propter illorum miram hac et illac per agros discursionem et circumvagationem, quam in Christianos equorum velocitate moliebantur. Et cogebant iidem Turci universas urbes et munitiones in circuitu magnis minis et terroribus, ne quid venale Christianis afferretur. Quapropter sex diebus tanta penuria panis, et præcipue equorum pabuli sunt arctati, ut amplius mille fame et pestilentia periclitari viderentur.

Cap. XLII. — *Quod sæpius utrinque ordinatis aciebus Turci fugam inierint.*

Quinta decima vero die rursus Christiani agmina ordinaverunt ; ordinaverunt et Turci. Ordinatis itaque utrinque tres acies Christianorum nimium avidæ cædis hostium, supra modum viam acceleraverunt adversus hostiles cuneos. Sed nimis a societate prolongatæ, immoderato grandine sagittarum vexatæ, in fuga ab exercitum sunt reversæ, plurimis vulneratis, pariter plurimis cum equis et mulis et omnibus spoliis retentis. Videntes autem Baldewinus et Tankradus suos bello defecisse, et usque ad exercitum in fugam remissos, prolato signo sanctæ crucis, contra inimicos in spe salutis et victoriæ laxis frenis Turcos impetu adeunt. Sed Turci solito more equorum cursu per centum et centum, per mille et mille, nequaquam bellum secum committere passi sunt. Quadam vero luce exorta, Turci consilio inito, in terram Corrozan reversi sunt, eo quod nihil Antiochiæ nocere potuerunt, et Christianorum virtus illis obviam facta sit, nec bello nec sagittis absterreri potuerit. Acta sunt hæc in festo S. Michaelis archangeli tempore autumni, quando universæ fruges meti et colligi solent.

Cap. XLIII. — *Ubi Tankradus post discessum Turcorum præsidium Gerez multis diebus obsedit.*

Hoc eodem anno Tankradus post discessum regis et cæterorum magnorum qui sibi in auxilium confluxerant, vires suas retinens, in mense Octobri præsidium Gerez, quod dicitur Sarepta Sidoniorum, eo quod subjectum regi Sidonis quondam fuisset, in manu potente obsedit. Sed Turcorum armis et custodia munitum reperit ; turrium quoque et murorum ædificiis firmissimum undique repertum est. Distabat enim hoc præsidium vix expugnabile sex milliaribus a civitate Alapia, quam Brodoan suis armis tuebatur. Tankradus videns præsidium firmissimum et defensione Turcorum tutissimum, per dies plurimos machinas et tormenta lapidum fieri constituit, quibus undique in duodecim partes suos circa præsidium constituens, nocte ac die turres et muros comminuens oppugnabat. Circumfodit etiam idem Tankradus suos vallo tutissimo, quod et vigili custodia munivit, ne subito hostes callide ad eum vel suos in obsidione divisos irrumpentes, bellum cum eis committerent, et sic facile expugnarent.

Cap. XLIV. — *Ubi Tankradus urbe Gerez tandem multis artibus devicta, regionem illius totam obtinuit.*

Sic Tankradus ingeniis suis muro et turribus applicitis, et in tutamine valli suis constitutis diebus multis, ruinam præsidio intulit, dum quodam die Dominico post Natalem Domini, magistra arx crebro ictu lapidum quassata corruit ; et ab alto cadens turres duas, quæ illi erant collaterales, casu suo et pondere intolerabili comminuit ; et sic Tankrado suisque sequacibus aditum patefecit. Tankradus nunc amplius et validius quam solebat hostes in præsidio urgebat, et scutorum testudine ad eos introrsus venire facie ad faciem contendebat ; sed adhuc præ magnitudine lapidum, qui aditus occupabant, ingredi confidenter nequibat, et propter infesta jacula quæ a Turcis emissa obsistebant. Turci defensores præsidii, videntes ruinam suarum turrium, et quomodo Tankradus eos longo tempore obsedisset et adhuc obsidere decrevisset, donec præsidium caperetur, dextras sibi dari poscunt ; et ostro cæterisque pretiosis in auro et argento ab eo sumptis, a præsidio exeuntes in ejus potestatem reddunt. Et sic Tankradus hujus præsidii et totius regionis possessor et dominator factus est.

CAP. XLV. — *Qualiter Tankradus aliud præsidium, nomine Vetule, obsederit, ammiraldo quodam sibi confœderato.*

Eodem anno tempore Quadragesimali Sarepta capta, muris et turribus reædificata et custodibus munita, castellum, quod dicitur Vetule, situm in montanis in regione Gybel, Tankradus collectis viribus obsedit spatio trium mensium ; sed in uno latere inobsessum reliquit propter difficultatem locorum et copias Sarracenorum, qui hac parte abundantius morabantur. Obsidione igitur locata, prædas circumquaque contrahebant, gentiles captivabant et plurima damna inferebant. Tandem quidam ammiraldus, videns regiones graviter ab exercitu Tankradi vastari, pepigit fœdus cum eo ne sua deprædandi causa ingrederetur ; et ideo inobsessum locum præsidii obsideret, eo quod notas haberet semitas, quæ investigabiles a Gallis nulla possent arte deprehendi. Quod et actum est. Nam Tankradus cum illo fœdere inito, decem equites, centum pedites illi in auxilium constituit, quatenus ejus conductu et notitia locum inobsessum præoccuparet, nullum illic exitum aut introitum fieri patientes.

CAP. XLVI. — *Ammiraldus idem cum Tankrado Vetule obsidione cingens, civibus urbe erumpentibus, vix fuga elapsus est.*

Ammiraldus militibus Tankradi secum assumptis, quingentis vero suorum ascitis, difficilia obsedit loca, ubi hospitia et mansiones ædificantes, ut in eis moram diebus aliquot obsidionis facerent, plurimum opere et labore gravati sunt. Fessis itaque et exhaustis via difficili et opere et somno gravi immersis, in prima noctis vigilia Turci ac Sarraceni cum multis millibus in castris eorum ex improviso adfuerunt, pariterque universi defensores e præsidio erumpentes, signo et vociferatione audita, et usque mane dimicantes centum pedites detruncaverunt. Ammiraldus vero graviter vulneratus, vix evasit cum decem militibus, sed quingenti milites in falsa fide præsidium cum Sarracenis intrantes, a duce et ammiraldo suo sequestrati sunt.

CAP. XLVII. — *Quod Tankradus obsidione longa urbem Vetule et omnem illius regionem obtinuit.*

Tankradus semper imperterritus obsidionem magis firmans, mangenas duodecim ad urbis mœnia applicuit, donec barbicanas et turres, spatio unius mensis quassatas, usque ad interiora præsidii perforavit. Videntes autem defensores quia jactus lapidum nequaquam sustinere possent, in cujusdam noctis silentio ignem quibusdam ligneis ædificiis immittentes, diffugio elapsi sunt. Tankradus videns præsidium igne conflagrare jam vespere facto, viros vero aufugisse comperiens, cum sociis audacter ingressus est, et turres suo satellitio muniens, regionem cœpit expugnare et subjugare.

CAP. XLVIII. — *De obitu Bœmundi ducis.*

Hoc in anno Bœmundus avunculus Tankradi, ægritudine correptus, vita discessit apud Bare civitatem, ad ecclesiam B. Nicolai catholice sepultus, tempore quo Henricus V rex, imperator IV, Romæ plurimos sibi resistentes hostili impetu in ore gladii crudeliter edomuit ; regnumque et imperium ex hæreditario jure antecessorum potenter et gloriose retinuit.

LIBER DUODECIMUS.

CAPUT PRIMUM. — *Qualiter rex Baldewinus super obsidione Tyri consilium inierit.*

In anno secundo postquam Sidon capta est, et Tankradus Sareptam percussit et obtinuit, rex Baldewinus convocata omni Ecclesia Jerusalem ab universis locis quæ sub manu ejus erant, iniit consilium quatenus obsideret Sur, quæ adhuc rebellabat et conchristianis fratribus terra marique calumnias inferebat, et a tributis et pacto recesserat in omnibus quæ regi promiserat mentita. Universis vero admonitis, ac voluntariis ad hanc obsidionem inventis, dies statuta est qua convenirent, et ex decreto regis positis tentoriis mœnia vallarent et coangustarent.

CAP. II. — *Quod Tyrii contra regem cum principe Damascenorum fœdus inierunt et pepigerunt.*

Talis autem fama ut in auribus Tyriorum insonuit, vehementer perterriti inierunt fœdus cum quodam Dochino principe Damascenorum, ut tutelam et solatium ab eo consequerentur, et thesauros civitatis, et quæ habebant pretiosiora in custodia et conclavi Damasci ejus consensu et licentia deportarent. Rogaverunt etiam ut eis viros sagittarios et defensores urbis in auxilium mitteret in conventione solidorum, viginti millium byzantiorum sibi suisque dare promittentes.

Cap. III. — *De Reinfrido milite Christiano, cujus conductu nobiles Tyriorum a rege catenati sunt.*

Hoc itaque pacto utrinque sub fide data accepto et firmato, Tyrii cives quemdam Reinfridum nomine, virum Christianum et illustrem militem regis, mille byzantiorum præmio promisso et dato convenerunt, quatenus ejus conductu in Damascum sarcinas thesaurorum suorum pacifice transferrent, et sine impedimento cum camelis et vehiculis repedarent. Reinfridus vero vir levis et non multum pensans, si fidem erga gentiles et incredulos violaret, universa regi detulit, ac diem qua transituri erant in Damascum cum universis copiis et rebus pretiosis propalavit, asserens regem hæc omnia posse capere ac retinere sine contradictione. Hoc rex audiens, sine mora peditibus ac militibus ducentis accitis, jussit viam obsidere et caute observare per quas semitas viri Damascum cum sarcinis profecturi erant. Et ecce in silentio noctis, cum omnia solent quiescere, Tyrii cum camelis suis, incomputabili auro, argento, ostro et quibusque aliis pretiosis ornatis, conductu præfati Reinfridi viam Damasci venerunt. Cum subito regis insidiæ in eos irruentes alios occiderunt, alios tenuerunt, et thesauros infinitos cum purpura pretiosa et serico varii coloris et operis rapientes, cum ipso Reinfrido, in vehiculis camelorum et mulorum abduxerunt.

Cap. IV. — *Quomodo princeps Damascenorum Tyriis subvenerit, et qualiter eosdem rex obsederit.*

Thesauri miri et inauditi illic capti sunt, quos rex liberali manu militibus longa nunc indigentia oppressis benigne largitus est. His ita captis, his occisis, paucis vero elapsis, Dochinus, apud quem sperabant refugium, valde molestatus, sine mora quingentos milites in sagitta et arcu peritos ad urbem Tyriorum direxit ut prævenirent regis obsidionem, et regi suisque ab urbe resistentes, in conventione solidorum civibus subvenirent. Rex itaque Baldewinus in virtute et apparatu decem millium a Jerusalem descendens in vigilia S. Andreæ apostoli, civitatis mœnia in arido positis castris occupavit; a mari vero in ipso urbis latere et portu navali obsidio non magnæ virtutis et armaturæ fuit. Promiserat enim rex Græcorum, illic per aquas copias adfuturas; sed hieme incumbente, minime collatæ sunt.

Cap. V. — *Quod rege urbem vallante, Tyrii portis egressi, sed mox mirabiliter a rege repressi, quosdam secum intrantes occiderunt.*

Rex autem, postquam obsidionem firmavit et munimine valli se suumque exercitum circumfodit, ne impetus adversariorum ex improviso irrueret, aggressus vi urbem, turres et mœnia omni genere bellico oppugnavit, de die in diem crebris assultibus iteratis. Turci vero, qui in grandine sagittarum confundunt et resistunt, econtra per mœnia et turres diffusi, strages et gravia vulnera Christianorum non parce multiplicabant, et ad portas et vectes ferreos concurrentium multitudinem, lapidum incessabili jactu, sulphuris quoque ac picis ferventis effusione suffocabant. Quodam denique die post plurimos assultus et diutinos labores, dum paulisper a foris respiraret exercitus manusque contineret a belli opere, deintus vero Tyrii et eorum Turci milites silentium tenerent; sed tamen consilium iniissent quatenus in momento a portis in impetu castra regis irrumperent; mox armis resumptis, lorica et galea induti, subito quasdam portas aperientes, in multitudine gravi in apertam camporum planitiem, quam rex et exercitus nunc belli immemor habitabat, usque ad loca tentoriorum concurrere ausi sunt, plurimos sagittis transfigentes, et clamore magno et horrisono totum exercitum commoventes. Et ecce sine mora universi milites Christianorum attoniti, e cunctis castris in armis et lanceis loricati in faciem illis advolant, et hinc et illinc plurima fortitudine contendentes; sed tandem Christiani prævalentes, Tyrios in fugam versos in portam coegerunt, sicut utrique, hi fuga veloci, hi celeri insecutione permisti, potenter urbem ingressi sunt. Turci Tyriique Gallos jam secum urbem intrasse contuentes, reversi sunt in faciem se a tergo prementium; et fortiter obsistentes ac mœnia ascendentes, exercitum adhuc intrare contendentem omni armatura jaculorum reprimebant, quousque in virtute sua prævalentes portas clauserunt et circiter ducentos intra muros retinuerunt. Illic Willhelmus de Wanges, miles gloriosus et nobilis, itemque Willhelmus miræ audaciæ et militaris famæ cum egregiis sociis equitibus et peditibus capti, sententia capitali perierunt; cæteri complures vinculis catenarum astricti sunt.

Cap. VI. — *Tyrii duas machinas Christianorum pice et sulphure mirabiliter combusserunt.*

Deinde post dies aliquot videns rex assultu et lapidum tormento se civibus et muris prorsus non nocere, duas fieri constituit machinas muros plurima altitudine supereminentes, ac componi ordine duorum cœnaculorum : quarum una ex sumptu et labore Eustachii Granarii, præclari militis et primi de domo et consilio regis, ad unguem constructa et erecta est. In hac ergo idem Eustachius cum electis manens tironibus, Tyrios mane, meridie, vespere per urbem gradientes omni genere jaculorum alios interimebant, alios vulnerabant, per turres, mœnia et omnia urbis loca speculantes. Non minus ab altera machina milites regis inibi constituti, Turcos Tyriosque impugnabant, et sic eos ab ostio progressos arcu Baleari ferientes perimebant. Tyrii quoque econtra lapides aptabant ad quassandas machinas et eas inhabitantes; sed machinæ coriis taurinis, camelinis, equinis, cratibus vimineis vestitæ, jactus lapidum palosque ferreos et ignitos illæsæ et immobiles sustinebant. Tyrii, cernentes quia hoc modo machinis nocere nequibant, alia arte machinas atterere conati sunt. Arborem proceræ altitudinis funibus erigentes, circulum quemdam amplum et spaciosum in modum coronæ ex grandi ligno componentes, summitati arboris catenis ferreis affixerunt ; ac eumdem ligneum circulum in circuitu pice, sulphure, cera, adipe, permistis stuppis impinguantes, ignique aqua inexstinguibili succendentes, usque ad locum murorum, quo machina Eustachii sita erat, funibus pertraxerunt. Qui subito nimium flammivomus ab arbore in machinam laxatur, quam undique flammæ intolerabiles cingentes, grandi et insuperabili incendio combusserunt, cum plurima parte virorum, qui ignem excutere et exstinguere conati nequaquam evadere potuerunt. Eodem modo et arte regis machina combusta et in nihilum redacta est. Sic machinis his pariter combustis, tamen rex in obsidione mansit imperterritus, volens urbem aut fame aut aliqua arte adhuc edomare.

CAP. VII. — *Legatio Tyriorum ad principem Damascenorum, et reversio regis in Jerusalem post adventum eorum.*

Ad hæc denique regis constantiam et animum immobilem Tyrii cognoscentes, direxerunt clam legationem Damascum, quatenus Dochinus magnus princeps eis subveniret, magnam illi spondentes pecuniam et jurantes se semper in ejus auxilio et obsequio permanere. Qui illico viginti millibus equitum ascitis, per montana descendit usque ad confinia Tyri, ut in crastino regem suosque in castris incurreret, et sic urbem de manu regis et ejus obsidione liberaret. Eodem vero die, quo idem Dochinus, vel Duodechinus, confinia Tyri per montana intravit, armigeri septingenti cum sexaginta probis equitibus de exercitu regis, ad quærenda pabula equorum egressi, irruerunt casu et ignoranter super arma et vires Turcorum : qui universi in sagitta et gladio ab hostibus perempti ac detruncati, perierunt, præter paucos, qui vix evadentes, retulerunt quæ gesta sunt. Hoc denique comperto, quod tot millia jam juxta convenissent et armigeros militesque regis peremissent, rex ex consilio optimatum suorum, qui diutina obsidione vexati erant, et rebus et cibariis exhausti, tentoria sustulit, ac die Dominica, quæ est ante Dominicam Palmarum, Ptolemaidem et cæteras civitates pertransiens, ipsa sancta et celebri die Palmarum per portam, quæ respicit ad montem Olivarum, per quam et Dominus Jesus asello insidens intravit, ipse cum suis et una cum quibusdam magnificis legatis Græcorum, qui ad eum supervenerant, dum adhuc in obsidione esset, intromissus est. Egit denique illam sanctam hebdomadam sancta loca perlustrans, in oratione et eleemosynarum largitione et delictorum confessione. Diem vero sancti Paschæ in omni honore et gloria propter legatos regis Græcorum jussu domini patriarchæ coronatus solemniter ac regaliter celebravit.

CAP. VIII. — *Qualiter rex Baldewinus Idumæos mercatores spoliaverit, et quod Tankradus princeps Antiochiæ obierit.*

Celebratis itaque illic per dies octo sancti Paschæ solemniis, assumptis ducentis equitibus, centum vero peditibus, ad vallem Moysi profectus est in partes Arabiæ, ut prædarum aliquid abinde contraheret, quibus inopes milites et rebus vacuatos ditaret et deficientes animaret. Legati vero regis Græcorum benigne commendati, donisque magnificis ampliati, Constantinopolim remissi sunt. Vix vero partes Arabiæ intraverat, et ecce Idumæi, quos moderni vocant Bidumos, viri mercatores cum immensis copiis diversarum mercium in mulis et camelis, inter manus regis et suorum adfuerunt, qui nullatenus effugere valentes, omnibus rebus divitiarum suarum tam in auro quam in argento, gemmis pretiosis, ostro diversi generis et operis, pariterque pigmentis exspoliati sunt, pluresque capti, Jerusalem abducti in custodiam mancipati sunt, præda vero et spolia eorum inter milites divisa sunt. Eodem anno Tankradus, qui Antiochiæ præerat, vehementi infirmitate correptus, in Adventu Domini Jesu Christi morte occubuit, et in basilica B. Petri apostoli catholice sepultus, planctum magnum reliquit, omnibus prope positis mortem ejus audientibus.

CAP. IX. — *De adventu Turcorum contra Jerusalem, et quod rex e contrario militiam adunarit.*

Post mortem tam famosi et bellicosi viri Turcorumque undique fortissimi expugnatoris, mense Martio novo vere aspirante, præfatus Malducus, qui et ipse unus de præpotentibus regni Corrozan erat, ascitis fortissimis copiis Turcorum circiter triginta millia, disposuit transire usque ad Damascum, ut assumpto Dochino, qui et ipse Turcus et princeps injuste erat Damascenorum, expugnaret civitates quas rex obtinebat ; deinde Jerusalem, si ejus voluntati prospere succederet, ad debellandos et expugnandos Christianos perveniret. Divulgata autem tam famosi principis adunatione per regionem civitatis Edessæ, nuntii Armenii regi Baldewino diriguntur, qui omnem rem et apparatum illius declarent, quatenus prævisis et suis convocatis, hostibus tutius et facilius ad resistendum occurreret. Rex autem, auditis nuntiorum verbis, illico aptata legatione Antiochiam ad Rotgerum, illustrissimum juvenem et militem, filium sororis Tankradi, qui et loco ejus restitutus principatum obtinebat Antiochiæ, direxit, ut sine intermissione ad auxilium ejus venire operam daret in paratu armorum et copiis, sicut decretum fuerat a principio Christianos christianis fratribus subvenire. Rotgertus sine mora, accepta regis legatione, septingentis equitibus, quingentis vero peditibus assumptis, ad ipsum regem venire disposuit ; sed aliquantulum propter colligenda arma retardatus est. Turci vero viam Damascum accelerantes, ad mare Galileæ castrametati sunt, et præsidium Tabariæ obsidentes, hac parte fluminis Jordanis plurimum temporis egerunt, montem Thabor occupantes, et undique Christianorum habitationem delere studentes. Jam enim in calumniis et prædis et aggravatione Christianorum curriculo trium mensium potenter obsedarunt, omnia vastantes, nulli parcentes, nocte ac die insidiis invigilantes, milites Tabariæ crebris assultibus et bello lacessentes.

Cap. X. — *De mille quingentis peregrinis Christianorum, propter quos rex attrivit in pugna ducentos Turcorum.*

His diebus mille quingenti peregrini, qui Paschali solemnitate Jerusalem moram fecerant, reditum parantes, sed per regionem Sur transire metuentes, regem supplici prece convenerunt, quatenus conductu ejus trans Sur habere mererentur, ne ab inhabitatoribus urbis impugnarentur, parum resistere valentes, sicut fessi et plurima inopia gravati. Rex, videns illorum redeundi constantiam, trecentis ascitis militibus, viam cum eis usque ad montana Sur tenuit. Sed in latibulo montium paulisper remoratus, peregrinos præmisit ut sic experiri posset si qua virtus civium Sur ad insecutionem Christianorum peregrinorum appareret. His vero præmissis, milites civitatis Sur ad quingentos egressi, peregrinos procul ab urbe transeuntes, ad trucidandum et captivandum insecuti sunt multa vociferatione et tubarum strepitu ad perterrendos illos intonantes. Verum rex, audita hac vociferatione, a latibulo et insidiis velociter exsurgens, militibus in tergo adfuit, plurimam cædem exercuit, quousque Sarraceni victi et attriti fugam arripientes, Sur viam remensi non prius portas introierunt quam ducenti ex eis capti et attriti sunt. Peregrini hac sola die via continuata, altera autem die audita Turcorum præsentia cum tot millibus, inito consilio, Ptolemaidem reversi sunt, illic cum rege moram facientes.

Cap. XI. — *Rex cum Turcis congrediens, fuga dilabitur, quibusdam suorum in bello cadentibus.*

Rex igitur intelligens Turcorum audaciam nimium aggravasse, longe lateque prædam contraxisse, ab assultu raro quievisse, vehementer indignatus convocat universos qui erant in circuitu Jerusalem et omnium civitatum quas possidebat, et ad septingentos congregans equites, peditum quatuor millia, peregrino exercitui jurat et contestatur non ultra Rotgerum et remotos conchristianos principes præstolari, nec longius pati Turcorum arrogantiam et calumnias. Et statim a Ptolemaide tam novis peregrinis quam cæteris ascitis, trans Jordanem castra figi statuit, ipso natali apostolorum Petri et Pauli, eo videlicet in loco, quo hactenus Turcorum per prata amœna et voluptuosa ponebantur tentoria. Turci vero astuti hoc per latores comperto, tentoriis sublatis, in montem Thabor secesserunt, ac si regem metuentes et fugam maturantes, cum eo bellum committere non auderent. Sed vix ponebantur tentoria, et ecce Malducus Dodechinusque cum universo comitatu suorum eruperunt a montanis Thabor, ut arena maris fortiter irruentes arcu et sagitta in castra regis et suorum, gravi bello et vulnere atroci præliantes et Christianis acies impugnantes, donec rex et tota manus suorum vim tot millium sustinere non valentes, sed fugam ineuntes, ad mille quingentos occiderunt, præter equites, quorum triginta inte-

rempti sunt. Cecidit illic Reinerus de Brus, miles imperterritus; Hugo, juvenis nobilis et miles illustris; aliique quorum actus et bella laude et memoria dignissima sunt.

Cap. XII. — *Rex sedecim millibus congregatis, in secundo congressu Turcos a Jordane potenter effugavit.*

Vix itaque rege elapso, et Turcis loca campestria victoriose obtinentibus, altera die Rotgerus, successor et hæres Antiochiæ, filius sororis Tankradi, cum quadringentis equitibus et sexcentis peditibus adfuit, mire molestatus de regis infortunio et suorum casu, et quia itineris tardatione hesterno prælio ei ad opem esse non potuit. Adfuit et princeps civitatis Tripolis, non minus animo consternatus, quoniam sic a Turcis castra regis cæsa sunt. Et post pauca adfuerunt plurimæ acies Christianorum navigio usque ad Ptolemaidem advectæ; quorum ex omni parte tam mari quam terra affluentium sedecim millia in unum collecta sunt. Rex tot millibus in brevi congregatis, Turcos adhuc trans Jordanem in sua feritate persistentes aggredi statuit ex consilio omnium qui aderant, quatenus in capite eorum, Deo auxiliante, redderet malum, quod sibi suisque et universæ regioni inferre conati sunt. Verum Turci audito regis adventu et voluntate, a loco et regione Jordanis recedentes, Romaniam ingressi sunt, regis Græcorum castella et civitates plurimas obsidentes et expugnantes.

Cap. XIII. — *Quomodo conjux ducis Siciliæ ad thalamum regis Baldewini cum magno apparatu properavit.*

Rege dehinc cum omni manu sua ab insecutione hostium Ptolemaidem reverso, mense Augusto inchoante, pervenit ad aures regis quomodo nobilissima conjux Rotgeri ducis Siciliæ, fratris Boemundi magnifici principis, post obitum et exsequias præfati mariti ad thalamum regis magnopere properaret in apparatu copioso magnarum divitiarum et plurimo militum comitatu. Fuerunt ei duæ triremes, singulæ cum quingentis viris bello doctissimis, cum navibus septem, auro, argento, ostro, gemmarum vestiumque pretiosarum multitudine onustis; præter arma, loricas, gladios, galeas et clypeos auro fulgidissimos, et præter omnem armaturam, quam ad defensionem navium solent viri potentissimi comparare. In ipsa denique nave, in qua prædicta matrona manere decreverat, malus auro purissimo tectus, procul radios ad solis claritatem exerebat, et utraque navis cornua auro et argento fabrili opere vestita, spectaculo admirationis omnibus erant ea intuentibus. In una de septem navibus viri Sarraceni et sagittarii, viri fortissimi et claritate pretiosarum vestium fulgentes inerant, dono regi adducti, et qui nullis in regione Jerusalem sagittandi arte inferiores haberentur. Hujus itaque matronæ adventu et gloria audita, rex tres naves, quas vocant galeidas fetas viris egregiis et marino certamine peritissimis, misit illi in occursum; sed ventorum turbine mari intumescente, nequaquam illi occurrere aut sociari potuerunt. Ventorum enim potentia naves longe jactatæ, tandem portu sinuque Ascalonis vespere sunt receptæ circa horam nonam, nequaquam nautis valentibus aut frustra conantibus iter per aquas tenere, propter ventum qui eis nimium contrarius repugnabat.

CAP. XIV. — *Cum quali gloria rex eamdem matronam sibi copulaverit, militibus ab ea largiter remuneratis.*

Ascalonitæ, viris Christianis semper infesti, mox Christianorum signis recognitis, in galeidis ferratis et armis occurrere et confligere cum eis accelerant. Sed, post plurimam contentionem, et utrinque sæpius factam incursionem, una ex galeidis Ascalonitarum, quinquaginta milites continens attrita et submersa est, cæteræ expugnatæ et repulsæ sunt. Nec mora, Christiani ex omni parte prævalentes in victoria, et in unum coadunati, Deo prosperante, tranquillo ventorum flamine relato, et omni furore maris sedato, in virtute magna a portu et statione Ascalonis sunt egressi; sicque pacifico navigio Ptolemaidem perventum est. Nec mora, rex adventu tam gloriosæ matronæ cognito, cum omnibus primoribus regni sui et universis pueris domus suæ, in vestitu diversi generis et pulchritudinis, in regio cultu, in equis et mulis, ostro et argento fulgentibus, in tubis et in omni dulcedine musicorum e navi egredienti adfuit. Sed et plateæ mirificis et variis tapetibus stratæ, vici purpureis velis adornati in honorem tam nobilissimæ, et thesauris famosissimæ matronæ, rutilabant, sicut decet reges in omni gloria et pompa exaltari. Cum hac itaque jucunditate et laude ea inducta, et regi stabili connubio copulata, nuptiarum magnus apparatus ornatusque factus est in regio palatio civitatis per dies aliquot; thesauri plurimi ab ea in ærarium regis translati, quibus multum rex et universi, qui bellis Turcorum arma amiserant, nunc inæstimabiliter relevati et ditati sunt. His jam nuptiis finitis, et rege Jerusalem cum sponsa sua ascendere disponente, Rotgerus in Antiochiam, benigne a rege commendatus, viam insistere disposuit, cui nova regina mille marcas argenti cum ostris pretiosis, cum byzantiis quingentis, cum mulis et equis egregiis dono contulit, præter gregarios milites, qui a longinquo regi ad opem confluxerunt, quibus non modica præmia auri et argenti pariter collata sunt.

CAP. XV. — *Ubi post reditum Christianorum Turci, devastantes terram Græcorum, urbem Stamiriam subverterunt.*

Sic quibusdam ad sua redire ferventibus, quidam viam per Romaniam in arido insistentes, civitatem Stamiriam applicuerunt, qui a Græcis, viris Christianis, in omni administratione necessariorum clementer hospitio suscepti sunt. Nec mora, Turci, qui a rege ex Galilæa fugati, civitates et municipia regis Græcorum expugnata et attrita, præda et spoliis in nihilum redegerant, ejusdem civitatis mœnia aggressi, obsidionem in circuitu locaverunt, plurimam vim, minas et terrores civibus inferentes. Hinc non post multos dies, et post terribiles assultus, magistram portam urbis in virtute nimia assilientes, militibus Græcorum, viris effeminatis parum resistentibus, in securi et ascia januam comminuentes, defensoribus tandem fessis, unanimiter irruperunt; et in universos tam cives quam peregrinos sagittæ et arcu irruentes, non modicam cædem operati plurimos abduxerunt, universaque pecunia et quæ ibi pretiosa reperta sunt, ab his sævis prædonibus transportata sunt. In eadem vero civitate quidam de exercitu Christianorum hospitalitatis gratia moram facientes, ad quadraginta capti et decollati sunt; sed non sine plurima sui sanguinis ultione, quia inæstimabili virtute et bello a porta, ad quam defendendam locati erant, multis Turcis repulsis et occisis, invicti perstiterunt, quousque ad portam quam Græci tuebantur adversarii immissi sunt.

CAP. XVI. — *De septem millibus Christianorum, qui mare transeuntes, omnes navigio perierunt.*

Quidam autem circiter septem millia, reditum per viam maris continuantes, et prosperis velis ac sine turbine navigantes, in festo S. Martini ad portum et stationem insulæ Cypri applicuerunt, anchoras suas in profundum jacientes, et in aridum ab ipsis navibus descendere festinantes. Nec mora, ventus fortis ac vehemens, qualis per annos plurimos non est auditus a nautis, mari incubuit, motum et fervorem intolerabilem reddidit, naves quassavit, funes navium suo impetu attrivit, anchoras a profundo sustulit, procellas sic contra naves ampliavit, ut navis in navem discurrens sine remige mutuam dissolutionem pateretur, et sic tota illa congregatio Christianorum cum universa suppellectile misere submersione absorberetur. Nulli evaserunt præter duas buzas, quæ de numero tredecim navium erant. Crastina autem, mari a feritate sua sedato, tot millia corporum nobilium et ignobilium crebra illius inundatione in aridum sunt ejecta, ut vix trium hebdomadarum curriculo sepultura per camporum planitiem illic a fidelibus conderentur.

CAP. XVII. — *Quod milites Baldewini regis navali prælio contra Babylonios gloriose decertaverint.*

In anno secundo post nuptias regis Baldewini, exercitus regis Babyloniæ copiosus navali adventu usque Sur allapsus est in Assumptione B. Mariæ. Ubi insidias Christianorum alii molientes, alii rerum mercationem facientes, post tertium diem Nativitatis ipsius Virginis jam mora facta, reditum paraverunt. Ptolemaidi vero appropiantes, ordinaverunt navales acies, omni armatura adversus Christianorum vires munitas : quarum duæ majoris virtutis et multitudinis post tergum custodiam agentes, sed nimium rebus et hominibus occupatæ, a longe plus milliari subsecutæ sunt. Cives vero et regis milites Ptolemaide, qui solito more quotidie per mœnia diffusi erant, intuentes vela et malos gentilium Babyloniam remigantium, statim loricis et galeis induti, tribusque galeidis circiter quadringenti invecti, undis inferuntur ut naves subsequentes aliqua bellica arte vexatas captivarent. Navis vero ex duabus, quæ nimis onusta erat armis et populis, effugere minime valens, plurima defensione armorum cœpit resistere ab hora diei nona usque ad vesperam: Sed tandem post nimiam cædem utriñque illatam cœpit viribus deficere, captaque usque ad portum civitatis Caiphas perducta est. Apud Caiphas quidam Sarraceni capti et vulnerati, custodiæ mancipati relinquuntur; incolumes vero usque Ptolemaidem cum sua nave capta transmissi sunt cum pariter vulneratis Christianis quibusdam. Sed vulneratis Christianis a tribus galeidis expositis, cæteri adhuc incolumes Christiani, aliis assumptis secum sociis in duabus galeidis, navem, quæ amplius rebus, militibus et armis onerata et impedita, tardior ibat, insecuti, jam quinque galeidis valide assilientes cinxerunt. His econtra non minus valide se defendentibus, ac omni genere armorum sagittarumque jaculatione viriliter pro anima pugnantibus, postremo post nimium bellicum laborem a mane usque ad medium diem utrinque gravatis, fere gentilium navis, quæ dicitur cattus, ab eorum manibus defensa et elapsa est. Quod viri et milites Ptolemaide a mœnibus speculantes, et Christianorum galeidas defecisse, consilio facto, ducentos ad subveniendum illis mittere constituerunt. Et sic navis undique crebro assultu illarum sine intermissione fatigata ac superata, vespere Ptolemaidem vi perducta est. De Sur, quæ Tyrus dicitur, duæ galeidæ illis in auxilium processerant; sed videntes Gallorum constantiam et suorum defectionem, fugiendo in sua reversæ sunt. Erant hac in nave mille viri pugnatores fortissimi, quos tota nocte ex jussu regis ad custodiendum cives multis vigiliis et armis obsederunt; et res eorum innumerabiles militibus divisæ sunt. Ex Sarracenis alii decollati, alii innumerabili pretio redempti et laxati aut.

CAP. XVIII. — *Quomodo princeps Damascenorum fraude occiderit alium principem Turcorum.*

Post hæc anno sequenti præfatus Malducus, unus de præpotentibus Turcorum, post plurimam stragem et cædem Christianorum a partibus Romaniæ in Damascum rediens, apud Turcos et omnes gentiles nomine et fama exaltatus est, eo quod præ omnibus ampliorem tyrannidem in fideles Christi exercuisset. Unde Dochinus, princeps Damascenorum, gravi invidia et indignatione tactus, omni versutia qua novit interitum illius moliebatur; sed tamen occulte, ne odium suorum incurreret, a quibus idem Malducus propter nimiam dationem suam et militiæ strenuitatem valde charus habebatur. Quapropter, dum sæpe circa mortem illius dolosa machinatione satageret, nec inter plurimas versutias locus hunc perimendi daretur, tandem hanc suæ fraudis reperit viam, qua virum mortificaret, nomenque ejus deleret. Quatuor enim milites ex genere Azopart donis ac magnificis promissis convenit, quatenus clam eum in armis furtivis in die solemni in secreto oratorii sui, dum in cæremoniis ritus gentilis intentus haberetur, subito transfoderent; et sic ab eo dona recipere mererentur. Immissi igitur clam oratorio Malducum intrantem et cæremoniis secure insistentem repentino impetu invaserunt; quem acutissimo ferro pariter trans præcordia figentes, hæc prorsus ignorantem exstinxerunt, fugaque elapsi sunt. Dochinus hujus perfidiæ et homicidii conscius, licet tum dissimularit, dum a suis rem actam comperisset, fictis lacrymis et planctu maximo sine cordis affectione de morte tam magnifici principis cœpit conqueri, et mortis illius auctores usquequaque persequi jussit et investigare. Sed fraus illius post modicum apud Turcos cœpit propalari; et ex eo die in odia et inimicitias illorum incidit, multas insidias pro sua perfidia prorsus inexcusabili perpessus.

CAP. XIX. — *De copioso apparatu gentilium versus Antiochiam, quem Baldewinus rex disperdidit per suam militiam.*

In anno secundo post necem Malduci Burgoldus de regno Corrozan egressus, Brodoan rex Alapiæ, et Cocosander de civitate Lagabria, cum quadraginta millibus Turcorum in terram Antiochiæ cum apparatu magno et intolerabili armatura profecti sunt, tentoria sua locantes in campestribus civitatum Rossa, Royda et Femie, quarum suburbia tormentis lapidum atterentes et expugnantes, Femie vero nullatenus nocere valentes, totam regionem inibi præda et igne depopulati sunt. Tommosam, Turgulant, Montfargiamque civitates in virtute magna et manu robusta expugnantes, Willhelmum principem Christianum de Perce, horumque præsidiorum præsidem, captum et vinctum abduxerunt; cæteros in eis repertos alios capitali sententia peremerunt, alios captivatos tenuerunt. Ilis in regionibus diebus hebdomadarum undecim consedisse perhibentur. Rex vero Baldewinus Jerusalem tunc moram faciebat. Qui invitatus ad auxilium militum Christi, cum quingentis equitibus et mille peditibus, et cum eo princeps Damasci Dochinus, nunc ipsi regi fide alligatus, in plurimo equitatu versus Antiochiam iter accelerant. Punctus, filius Bertranni de Tripla, quæ est Tripolis, adfuit in eodem comitatu cum ducentis equitibus et duobus millibus peditum usque ad civitatem Taramriam regia via profectus. Ubi Roigerus de Antiochia et Baldevinus de Rohas cum decem millibus equitum et peditum illis occurrentes, et hac in terra octo diebus moram facientes castrametati sunt. Turci regis audita præsentia et suorum copiis, versus civitatem Malatinam in montana fugam constituerunt; quia cum eo confligere diffidebant. Rex igitur, comperto recessu Turcorum, redire cum suis disponens, uxorem Tankradi, quæ filia erat regis Franciæ, secum duxit, quæ ex regis consilio eidem Puncto copulata est, nuptiis gloriose et in omni plenitudine ac pinguedine celebratis Triplæ, quæ sibi hæreditario jure a parentibus relicta est.

CAP. XX. — *Ubi Baldewino rege redeunte Hierosolymam, Turci readunatis viribus funduntur.*

Post reversionem regis, Turci sine mora ad Gastum, Harech et Synar, civitates Gallorum in fortitudine sua reversi sunt, terram invadentes omnique illic reperta non parce depopulantes. Rotgerus et Baldewinus hoc audientes, plurimum de reditu regis turbati sunt, eo quod procul jam abiens revocari non posset. Et ideo consilio habito, ne ei nuntios in vanum dirigerent, suos tantum ad quindecim millia collegerunt ex omni genere tam Francorum quam Armeniorum. Erant autem Turci in tres divisi societates super fluvium Farfar, qui inter duas civitates, Cæsaream Stratonis et Femiam, facit alveum. Primo denique diluculo in die Exaltationis sanctæ crucis, Rotgerus et Baldewinus factis aciebus ipsos Turcos aggressi sunt: ubi, prælio commisso, quindecim millia Turcorum ceciderunt, pauci Christianorum occubuisse reperti sunt. Primo exercitu sic attrito, Rotgerus ad alterum dum tenderet vociferatione magna, universi hostes metu attoniti, fugam ineunt ad vada prædicti fluminis, et undis involuti et suffocati perierunt. Tertius dehinc exercitus hac catholicorum victoria stupefactus, dum viarum errore diffugium faceret, forte applicaverunt in regione Camollæ, in valle quadam juxta castrum Malbech. Ubi Dochinus cum octo millibus occurrens graviter cum eis præliatus est, tribus millibus illorum occisis, et mille abductis captivis. Erant enim inter hos Turcos fugitivos multi de progenie et sanguine Malduci, qui plurimum sibi sæpe adversabantur, de ejus perfidia et nece iniqua, ut propinqui illorum, in terra Corrozan apud majores et minores querimoniam facientes, et de nece propinqui ultionem exsequentes. Hac de causa Dochinus semper sollicitus et suspectus, nunc regi Baldewino et fidelibus Christianis fœderatus integrius adhærebat; Turcis usquequaque nocere non desistebat.

CAP. XXI. — *Quod Baldewinus rex cum manu parva profectus sit in montem Sina.*

In anno tertio postquam rex Baldewinus nuptias supra dictas regaliter celebravit, tempore autumni ducentis equitibus et quadringentis assumptis peditibus, profectus est ad montem Oreb, qui vulgo appellatur Orel, ubi præsidium novum curriculo dierum decem et octo firmavit, ut sic potentius terram Arabum expugnaret, et non ultra mercatoribus transitus hinc et hinc daretur, nisi ex regis gratia et licentia; vel ullæ insidiæ aut vires inimicorum subito adessent, quin fidelibus regis in arce constitutis paterent: et sic ei regia arx impedimento esset. Sic hujus præsidii munimine undique firmato ad resistendum inimicis, rex, ut novarum rerum semper erat avidus, sexaginta equitibus illustribus secreto convocatis, viam suam aperuit versus regnum Babyloniæ, si forte in captione Sarracenorum et Idumæorum, aut invasione civitatum aliquid insigne agere valeret. Etiam deserta loca vastæ solitudinis exsuperans, in abundantia escarum, quæ mulorum tergo ferebantur, ad mare Rubrum venisse perhibetur, in quo ipse et sui a caloribus, qui in terra hac gravissimi sunt, balneando recreati sunt, ac piscibus hujus maris refocillati. Ibi in monte Sina monachos Deo servientes audiens commorari, ad eos per devexa montis causa orationis et allocutionis accelerare decrevit. Sed rogatus eorum nuntiis ad se præmissis, minime ascendit, ne scilicet monachi suspecti propter catholicum regem a gentilibus de montis habitatione pellerentur. Abhinc enim usque ad Babyloniam civitatem intra quatuor dies veniri posse referebatur.

CAP. XXII. — *Rex Baldewinus suorum monitionibus a monte Sina revertitur Jerusalem providus.*

Verum, quia sibi vires erant exiguæ, cum quibus usque per loca solitudinis in silentio descenderat; et quia nunc cœpit propter moras aliquas plene adventus ejus propalari, datum est ei ab amicis consilium ut nequaquam ulterius viam perageret; sed quantocius Jerusalem in silentio securus repedaret. Si enim introitus aut exitus ipsius regis innotuisset, supra centum millia cujusque generis gentiles et in occursum confluentes in armis undique vias occupassent. Nunc vero suorum consiliis acquiescens et a terra egrediens in cautela qua noverat, per vallem Hebron et præsidium S. Abrahæ redire disposuit. Ubi cum suis pernoctans, corpora fessa cibariis terræ illius copiose refecit. Dehinc viam quæ ducit Ascalonem insistens, universam prædam, quæ per campestria Ascalonis vagabatur, in pascuis contraxit camelos ducentos, armenta boum plurima, greges ovium caprarumque: cum quibus potenter et sine persecutione Jerusalem reversus est.

CAP. XXIII. — *Quomodo rex Baldewinus Ptolemaide aggravatus, per multas eleemosynas de infirmitate sit alleviatus.*

Post dies aliquot Ptolemaidem descendens, mense Martio inchoante graviter cœpit ægrotare, et de die in diem corporis molestia aggravari. Quare thesauros, quos habuit in vasis aureis et argenteis multisque millibus byzantiorum, pauperibus jussit partim erogari pro peccatis suis et animæ suæ salute; vinum, frumentum, oleum et hordeum, quod habebat in Jerusalem et aliis in locis plurimis, item pauperibus et orphanis et viduis sine dilatione jussit distribui, vitæ suæ nimium incertus. Domui quidem suæ partem contulit; militibus quoque domesticis et advenis, et cunctis, qui sibi in auxilio militari servierant in conventione solidorum, byzantios, aurum, argentum et ostra plurima largitus est. Omnia debita sua persolvi præcepit, et constanter admonuit ne animæ suæ essent impedimento. Sed, Deo volente, qui omnibus pœnitentibus dat vitam et mortem transfert, huic jam nullam spem vivendi habenti, precibus et lacrymis pupillorum et viduarum sanitas redditur, et corporis sui debilitate alleviata, ex toto athleta Christi convaluit. Jam enim antea tam valida illius ægritudine divulgata, navales exercitus Babyloniorum, qui Sur applicuerant, ut in ipsius regis morte civitates Christianorum oppugnarent, nunc illius salute et sanitatis reparatione audita, sine aliqua mora viam aquarum in regionem suam remensi, absque ullius contradictione discesserunt.

CAP. XXIV. — *Qualiter eumdem regem patriarcha corripuerit, et quod ipsas illicitas nuptias repudiaverit.*

Dehinc rege a languore suo relevato, Arnolfus cancellarius sepulcri Dominici, nunc antistite Gobelino mortuo, patriarcha electus et constitutus est. Deinde Romam profectus, a Paschali pontifice Romano benigne commendatus, et reversus, et de omnibus objectis excusatus, dominum regem ex admonitione et jussione ipsius apostolici cœpit arguere et monere, ut prædictam matronam, quam duxit uxorem, a thalamo suo amoveret propter adulterium, quo in prima conjuge, orta de principibus Armeniæ, peccavit, eo quod legitimas nuptias adulterinis illius fœdavit connubiis. Interdixit etiam illi hac de causa quod consanguinitatis ejusdem matronæ, ortæ de sanguine Gallorum, reus haberetur. Ex hac admonitione constituto consilio in urbem Ptolemaidem in ecclesia S. crucis, rex ab uxore sua sequestratus est, Arnolfo patriarcha hoc agente, et omni clero et ipso judicante. Illa vero tristis et dolens, ab hoc vinculo maritali synodali lege soluta, in Siciliam navigio est reversa, rex vero ab ipsa die et deinceps in observantia indictæ pœnitentiæ persistens, mira abstinentia et castimonia ab omnibus illicitis corpus edomuit a Deo tactus et monitus.

CAP. XXV. — *Quomodo Pharamia civitas capta sit.*

Post aliquantum deinde temporis, audita querimonia super omnibus adversitatibus quæ ab Ascalonitis fiebant peregrinis Jerusalem venientibus aut redeuntibus, rex Baldewinus accepto consilio suorum ipsum regem Babyloniæ expugnare decrevit; ut si forte terra et regnum divitiæque illius dissiparentur, minus Ascalon superbire et rebellare valeret, quæ sæpius opulentia regni et copiis armorum relevari et extolli solebat. Et jam veris tempore aspirante assumptis ducentis et sedecim equitibus, quadringentis vero peditibus bellico opere doctis et assuetis, viam insistit per loca arida et solitaria cum vehiculis cibariorum non prædam aut quidquam contingentes de universis locis Arabiæ, quæ illi aut familiaritate confœderata erant, aut aliquem respectum faciebant. Undecim denique diebus jam via continuata cum omni manu prædicta, aperitur ei fluvius Nilus, qui perfluit regionem terræ Ægypti : in quem descendentes, a sudore loti sunt. Inde castra moventes, die quadam feriæ quintæ ante mediam Quadragesimam mense Martio applicuerunt in terminos cujusdam civitatis, quæ vocatur Pharamia, muris, portis et mœnibus munitissima. Et hæc de regno Babyloniæ erat urbs speciosissima, non amplius quam trium dierum itinere a Babylonia distans. Sexta vero feria, quæ proxima erat dies ordinatis

aciebus et signis tantilli exercitus, loricis et galeis induti, aggredientes ipsam civitatem vacuam defensoribus, portas ejus patentes ingressi sunt in virtute et assultu et clamore magno : ubi necessariarum rerum copiam inauditam repererunt in vino, frumento, oleo et hordeo, in carne et piscibus, in omnibus quæ vesci possunt. Auri et argenti et totius pretiosi ornatus multus erat numerus, quod ibi repertum est. Universi enim inhabitatores civitatis, repente audita fama tam proximi adventus regis, omnis defensionis et rerum suarum obliti, fugæque tantum intenti, procul ab urbe recesserunt, solum de vita et salute curantes. Rex et sui curriculo novem dierum, itinere et inæstimabili calore torridæ plagæ corpora fessa et gravata recreantes, cibis et potibus abundanter repertis, sexta feria Sabbato et ipsa Dominica quieverunt, juxta voluntatem suam omnia facientes.

CAP. XXVI. — *Rex Baldewinus, capta Pharamia, usque ad mortem ægrotavit.*

Dominica vero, die qua mediatur jejunium, viri sensati et de sua salute solliciti, convenerunt regem, in hunc modum loquentes : *Pauci sumus, et jam civitati et regno Babyloniæ virtus nostra innotuit, et hæc Babylonia non amplius hinc quam via trium dierum remota esse perhibetur : ideo consilium ad invicem conferamus, ut ab hac civitate exeuntes, viam, sicut devovimus, continuemus et non moram hic faciamus.* Rex itaque suorum consiliis satisfaciens, summo diluculo sociis admonitis, muros civitatis diruens, ignes universis ædificiis turrium et ædium immisit, totis viribus ante omnes præcipue stragi illius incumbens, ne Babyloniis ultra vires et opem conferret. Hanc vero stragem, ut dictum est, dum rex præ cunctis validius ac attentius exerceret in ruina murorum, in ædificiis incendendis, ultra modum membris calore et labore vexatis, vehemente infirmitate corripitur, et magis ac magis molestia corporis cœpit augeri. Jam vero tenebris relatis et prorsus sole sublato, vitam desperans, primores sui exercitus convocans, debilitatem sui corporis detexit, nec se posse mortem nunc evadere attestatur. Hac audita desperatione et desolatione regis, universi a minimo usque ad maximum cœperunt ingemiscere, fletus nimii ac lacrymæ ab oculis erumpere, et magna in cunctis facta est desolatio : nulli quippe spes aut fiducia redeundi ultra Jerusalem erat, sed arbitrabantur se hoc in exsilio capitali sententia esse perimendos.

CAP. XXVII. — *Consolatio et jussio regis ad milites, habita de morte et sepultura ejus.*

Ad quos corroborandos rex, licet mire aggravatus esset, ait : *Quare sic, viri fortissimi et sæpius in periculis probati, animus vester in mei solius imminutione disturbatur, fletus, desolatio et dolores geminantur? Non, fratres mei dilectissimi et commilitones dulcissimi, mors mei solius corda vestra sic mollescere et deficere faciat, et infirmare etiam in terra peregrina et inimicorum. Mementote in Dei nomine, quia mea* virtus unius est hominis et quia adhuc inter vos quamplurimi habeantur, quorum virtus et consilium parum aut nihil a meo distat. Et idcirco viri estote fortissimi, et in dolore mortis meæ tristes nequaquam effeminari incipiatis; sed decet vos sollicitos esse quomodo caute redeatis in virtute armorum vestrorum et regnum Jerusalem retineatis, sicut a principio Deo devovistis. Et hoc dicto, summa prece et in fide atque observantia admonuit universos qui aderant, ut si obiret, nunquam corpus ejus exanime in terra hac Sarracenorum sepulcro reconderent, ne ludibrio et derisui gentibus haberetur; sed cum omni arte et labore, quo valerent, ad terram Jerusalem cadaver suum reportarent, et juxta fratrem suum Godefridum sepelirent. Hoc audientes, et vix se a fletu cohibentes, responderunt, quod grave et importabile onus illis imponeret, cum etiam impossibile esset in diebus gravissimi et æstivi caloris aliquod cadaver reservare, tangere et portare. Ad hæc rex magis instat, et admonet universos ut causa directionis suæ hunc laborem non recusarent. Et post hæc dicta sic precatur, dicens : *Statim cum mortuus fuero, precor ut alvum meum ferro aperientes, interiora mea tollatis, corpus vero sale et aromatibus conditum corio aut tapetibus involvatis, et sic ad catholicas exsequias Jerusalem juxta sepulcrum fratris mei referatur et sepeliatur.* Nec mora, Addonem cocum, qui erat de domo sua, accersitum sacramento alligavit in alvi sui sectione et viscerum ejectione. Cui et ait : *Scias, me in brevi moriturum, et idcirco sicut me diligis, et viventem atque incolumem dilexisti, et modo mortuo fidem serves, me ferro exentera, sale interius et exterius me apprime frica; oculos, nares, aures et os meum non parce imple, et cum cæteris me reportare non desinas : et sic desiderium meum scito te adimplere, et in hoc fidem mihi te crede servare.* Et hoc disposito, feria tertia vehementius infirmitate usque ad interitum cœpit torqueri in oculis suorum primatum et fidelium.

CAP. XXVIII. — *Inquisitio militum, quis post eum debeat tenere coronam : et corporis ipsius reportatio in Jerusalem.*

Illi vitæ ejus defectionem intuentes, quia vir magnæ erat sapientiæ, dum adhuc incolumis esset, requirunt quem post mortem suam velit hæredem regni Jerusalem locari aut coronari; quatenus ex ejus consilio et decreto certius et sine lite coronandus posset constitui. Qui fratri Eustachio regnum destinavit, si forte venerit; si vero ætate nequiverit, Baldewinus de Burg eligatur, aut talis, qui populum Christianum regat, ecclesias defendat, qui stabilis in fide maneat, quem nulla adversariorum virtus terreat, aut merces leviter corrumpat. Et hoc dicto, vir in terra nativitatis suæ de Lotharingia ex nobili sanguine nobilissimus, rex in regno Jerusalem gloriosissimus ac victoriosissimus, Dei athleta fortissimus, spiritum vitæ exhalavit, in fide Christi stabilis et in confessione Domini purgatus, Dominici corporis et sanguinis perceptione munitus. Jam sic defuncto principe clarissimo in terra barbara, egregii principes et commilitones, equites et pedites, præ dolore in lacrymas cum magno ululatu et planctu fluxere nimias; et amplius fletum congeminassent, nisi timor esset, quem in terra undique hostili apprehenderunt in tanti principis amissione. Quapropter dissimulata illius morte et omni tristitia, sicut obnixe rogavit, sectus est alvus illius, viscera exposita et sepulta, corpus vero salsum intus et exterius, in oculis, ore, naribus et auribus aromatibus quoque ac balsamo conditum, corio consutum ac tapetibus involutum, equis impositum, ac firmiter alligatum est; ita ut nulla gentilium astutia percipi posset eum obiisse, et sic in audaciam persequendi exercitum desolatum, undique ebullientes, animarentur. Hac arte ubi corpus exanime compositum, hocque vehiculo caute per terram peregrinam, per loca deserta et invia deductum, per regionem vallis Hebron, ubi castellum et sepultura sanctorum patriarcharum, Abraham, Isaac et Jacob usque in hodiernum diem a fidelibus honoratur, reditum fecerunt, per dies continuos a dextris et a sinistris semper custodiam armatorum equitum et peditum habentes. Dehinc cum exstincto corpore regis in campestria Ascalonis applicantes, erectis signis et cuneis ordinatis, in sola virtute militari confidentes, sine impedimento et aliquo adversariorum incursu transisse perhibentur, quousque montana Jerusalem ipso die sancto celebri Palmarum unanimiter cum regio cadavere ingressi sunt.

CAP. XXIX. — *Quod regali sepulcro regem condierunt, et quod statim dominus patriarcha infirmatus obierit.*

Eadem denique die a monte Olivarum dominus Patriarcha cum clero suo post Palmarum consecrationem descenderat : cui de templo Domini et de universis ecclesiis fratres occurrentes, ad diem festum convenerunt in hymnis et laudibus in celebratione diei sancti, quo et Dominus Jesus in asello residens, civitatem sanctam Jerusalem ingredi dignatus est. Sic vero omnibus conventiculis Christianorum ad id solemne in laudibus Dei congregatis, ecce rex defunctus in medio psallentium allatus est : in cujus visione voces suppressæ et laudes humiliatæ sunt; fletus tam cleri quam populi plurimus auditus est. Verumtamen Palmarum expleto officio, et omnibus per portam, quæ dicitur Aurea, per quam Dominus Jesus ad passionem veniens immissus est, cum rege defuncto intromissis : decretum est communi consilio ut statim corpus exanime sepulturæ traderetur, quod diu reservatum etiam fetidum diutius reservari, grave et inconveniens ab omnibus ferebatur. Nec mora, catholicis exsequiis expletis, a domino patriarcha terræ commendatus, juxta fratris uterini Godefridi sepulcrum in loco Calvariæ, in vestibulo templi Dominici sepulcri mausoleo, sicut decet reges, in memoriam et honorem sui nominis, magno et mirifico opere, et marmore candido polito, inter cæteros sepultos promotus est; sicut et frater ejus Godefridus eodem mausolei honore sublimatus est. Jam sepulto tam clarissimo principe Jerusalem, Arnolfus patriarcha venerabilis præ dolore mortis tanti regis et athletæ Christi, vehementi infirmitate corripitur; et spatio trium hebdomadarum male habens vitam finivit, juxta patriarcharum sepulturam appositus.

CAP. XXX. — *Quomodo, sepulto rege Baldewino, nepos illius, Baldewinus de Burg, ab omnibus in regem sit electus et unctus, Germundo novo patriarcha consecrato.*

Eodem die quo rex Baldewinus humatus est, et Arnolfus patriarcha cœpit ægrotare, clerus et populus tam rudis Ecclesiæ tanto rege ac defensore viduatus, de regis restitutione agere cœperunt, dicentes non utile esse consilium ut rege ac defensoris solatio locus et gens diu careret, et locus et terra a nullo defensa periret. Cumque diversi diversa dicerent, tandem omnibus acceptum fuit ut Baldewinus de Burg in throno regni Jerusalem locaretur, eo quod miles imperterritus multa pericula in præsidiis pro salute Christianorum sæpe sustinuisset, et terram Rohas strenue ab omni assultu hostili defensam retinuisset. Et statim acclamatum est illum coronam regni jure recipere, et dominum patriarcham cum in regem procreare et promovere. Venerat enim idem Baldewinus ad diem festum adorare in Jerusalem, de omnibus quæ acciderant nescius. Patriarcha autem adhuc vivens, licet ægrotus, videns populi devotionem et constantiam erga Baldewinum, quantulumcunque renitentem, et divitias Rohas sibi sufficere protestantem, ipse assensum benigne attribuens, in regem et dominum Jerusalem unxit et consecravit. Unctus autem Baldewinus et consecratus in regem, et in sanctæ resurrectionis die præclara honoratus, honorifice est exaltatus in lætitia, his diebus sacris jucundatus, et justitiam Dei in omnibus devotissime operatus. Die vero statuta, sicut justum est et leges docent, universis primoribus regni in palatium Salomonis regis convocatis, singulis beneficia contulit, fidem et sacramentum ab his suscipiens, et honorifice quemque in sua remisit. Civitates vero, Neapolin, Samariam, Joppen, Caiphas, castellum S. Abrahæ, Ptolemaidem, Sagittam, Tabariam et cæteras civitates et loca quæ erant de regno Jerusalem suo subjecit imperio, quosdam reditus eorum suis constituens primatibus, quosdam vero suæ mensæ attitulavit. Mortuo Rege Baldewino et Arnolfo patriarcha, Baldewino quoque in regem uncto, Germundus, vir bonæ conversationis, ab omni clero et populo in patriarcham eligitur; et consecratus a sanctis pontificibus, cathedram episcopalem Jerusalem meruit obtinere, ad regendum populum Dei vivi, et corroborandam novam et sanctam Ecclesiam Jerusalem.

CAP. XXXI. — *De quatuor millibus Idumæorum pastorum, quos in die sancto Paschæ Christiani milites, dum insequuntur, passim occiduntur.*

In anno secundo regni Baldewini de Burg, novi regis Jerusalem, principis Rohas civitatis, quidam Sarraceni de regno Arabiæ, quidam etiam de gente Idumæorum, quos moderni Bidumos vocant, armenta camelorum super triginta millia, boum centum millia, greges ovium et caprarum inaudita millia de terra et regione sua educentes, et ad pascua cogentes in latere regni Damascenorum, illuc prosecuti sunt herbarum copiam, licentia et consensu principis terræ Damasci, pro pacto byzantiorum, quod ipse dominus terræ ab eis accepturus erat. Cum tot millibus, equites et pedites supra quatuor millia ad custodiendos greges, sunt egressi de terra Ægypti et Arabiæ in lancea et gladio, et omni pinguedine cibariorum necessariorum. Hi dum pacifice in latere regni Damasci super gregem suum custodiam agerent solliciti, nec quidquam metuerent fiducia Dochini principis Damasci, cujus gratia et licentia per pascua diffusi erant cum uxoribus et pueris, sicut mos est gentilium : fama tantorum pastorum a terra longinqua huc progressorum attigit aures Gozelini de Curcenay, qui dono regis Baldewini, fratris Godefridi, terram et redditus Tabariæ in beneficio obtinuit, eo quod aliis parentibus ortus, filius esset amitæ Baldewini de Burg facti regis Jerusalem. Hic ergo Gozelinus tam innumerabili gregum comperta multitudine in loco remoto et solitudinis, Godefrido de Burs et de terra civitatis Parisiorum, viro egregio et militi clarissimo in omni opere bellico, fratrique ejus Willhelmo indicare non distulit, et ad invadendum prædam utrosque fratres adhortatus est. Qui illius adhortationi acquiescentes, centum et sexaginta equitibus, viris bello audacissimis et prædarum avidissimis, peditibus vero sexaginta in arcu, lancea et gladio ferocissimis, admonitis et congregatis, profecti sunt in regionem eamdem qua pastores et pastorum custodes, fortissimi milites Arabes, Ægyptii, Idumæi accubabant, et armenta cum ovibus et capris spatiose in longitudine et latudine vagabantur. Ut vero ad locum perventum est, Gozelinus cum quinquaginta equitibus in una acie a dextris attitulatus est ad subveniendum. Willhelmus totidem in suo cuneo ordinatis equitibus, galea et lorica indutis, sinistra ex parte procul positus remansit, ut vires auxiliatrices sociis bellum insistentibus conferret. Godefridus de Burs sexaginta equites in sua acie retinens, cum omni comitatu robustorum peditum in medio constitutus, audacter pastores pastorumque magistros impetit, prædam abducere conatus, et omnibus viribus rapinæ insistens, nimium processit inter manus defensorum gregis. Quatuor millia, cornibus et signis auditis, in momento adfuerunt ad excutiendos greges : qui Godefridum cum suis coronantes, graviter cum eis commiserunt, donec Godefridus et sui paucissimi tantorum vim sufferre non valentes, ad quadraginta in arcu, lancea et gladio ceciderunt : viri fortissimi, et usque ad hanc diem in omnibus præliis invictissimi; singuli redditibus terrarum et locorum possessionibus ditati, in obsequio militari et ipsi equites sub se habentes, alius viginti, alius decem, alius quinque aut duo ad minus. Octo tantum captivi abducti sunt, reliqui armis inimicorum interierunt. Willhelmus audita vociferatione ad invicem fortiter dimicantium, ascenso equo suo cum suis, dum subvenire vellet angustiatis, per fruteta et loca arida errore viarum retardatur; et sic sociis in magno positis periculo nequaquam succurrere valuit. Gozelinus vero intelligens casum et interitum suorum fortium, et ipse inter manus crudelium audacter involat, nullo tamen auxilio jam occisis sociis et attritis poterat prodesse. Referuntur autem supra ducentos Sarracenorum in eodem prælio occisi esse. Pedites vero Christianorum de sexaginta vix decem per devia et opaca loca elapsi sunt. Contigerunt hæc damna gravissima egregiorum militum ipso die Dominicæ Resurrectionis, quando omnes viri catholici solent quiescere a laboribus et cunctis seditionibus, vacare eleemosynis et orationibus. Existimo igitur quia hac de causa dati sunt in manibus inimicorum, quod tam sanctissima die rapinis inhiabant; et idcirco suorum auxilio per invia errantium destitutos fuisse.

Cap. XXXII. — *Rex Baldewinus secundus in ultionem inimicorum militiam congregavit, quem Idumæi pecunia placant.*

Tam lacrymabili strage fortissimis viris peremptis, crudelis rumor ad regem Baldewinum ab Jerusalem profectum, et Ptolemaide commorantem, transvolat de nece et infortunio nominatorum principum, quorum auxilio et consilio Ecclesia Jerusalem confortata, multum de die in diem proficiebat. Quo audito, et morte Godefridi dilectissimi militis agnita, concussum est cor illius dolore vehementi, et vultus ejus ab omni hilaritate decidit, ac universorum corda, qui his paschalibus feriis lætitia affluebant, in luctum et gemitum per omnes vicos et plateas civitatis Ptolemaidis commutata sunt. Nec mora, universis incolis civitatis Jerusalem convocatis in ultionem confratrum occisorum, et de universis locis Christianorum habitationis rex contraxit exercitum, et usque Bethan cum sex millibus veniens, tentoria sua per campestria locari jussit. Nocte eadem cœpit tædere exercitum Jerusalem et cæteros qui convenerant, viæ et ultionis hujus, eo quod Damascenorum civitas nimium vicina et Turcorum armis munita erat. Interea dum sic hæsitarent, Idumæi, exterriti fama adventus novi regis diffisique de ope Turcorum et illorum fidei levitate, decreverunt regi dare quatuor millia byzantiorum pro cæde suorum, ut sic ejus gratia et consensu deinceps secure et pacifice gregem suum custodiant, et nulla eis vis inferatur. Quod rex consilio suorum fieri concessit, videns populi sui proficisci nolentis constantiam. Accepta rex hac auri massa, Ptolemaidem rediit, pro anima Godefridi et pro animabus cæterorum occisorum eleemosynas fieri constituens et plurimas missarum celebrationes.

Cap. XXXIII. — *De septingentis Christianis peregrinis, qui post visitationem Dominici sepulcri in redeundo occisi sunt a nequissimis Sarracenis.*

Item ipso in anno secundo regis Baldewini secundi in Sabbato sancto ejusdem resurrectionis, qua Godefridus et prædicti milites in crastino sunt ab Idumæis trucidati, quando jugis de cœlo gratia Dei ad corroborandam fidem Dominicæ resurrectionis, in lampade olei in sepulcro Dominico reposita, flammam in momento suscitat ad incendendum hac nocte paschalem cereum, quidam peregrini circiter septingenti qui, adorato Domino Jesu ante sepulcrum ipsius venerabile, et qui, viso miraculo ignis cœlitus accensi, in gaudio et hilari corde a Jerusalem descenderant ut fluenta Jordanis visitarent juxta ritum fidelium, ubi jam a montanis usque ad castellum Cuschet et de Burgewins processissent in solitudinis loco, ecce Sarraceni de Sur et Ascalone adsunt, armis fortissime peregrinos incurrentes et cum eis prælia conserentes. Peregrini sicut inermes, et multis diebus via aggravati, cibis pro nomine Jesus attenuati, cito superati in fugam versi sunt: quos impii carnifices insecuti, trecentos in ore gladii peremerunt, sexaginta captivos tenuerunt. His miseriis et cædibus auditis in Jerusalem et circuitu ejus, rex et dominus patriarcha Germundus, cum omnibus viris, magnis afflicti sunt doloribus. Quare milites in ultionem fidelium interfectorum sine mora dirigunt. Sed frustra hi ad arma contendunt, v'amque insistunt. Nam Sarraceni post stragem hanc fugitivi facti sunt, et in mœnibus Sur et Ascalonis cum captivis Christianis, cum spoliis Christianorum immissi sunt.

ANNO DOMINI MCXXV

FRANCO ABBAS AFFLIGEMENSIS

NOTITIA

(Fabric. *Bibliotheca med. et inf. Lat.*, II, 199)

Franco, abbas secundus Affligemensis in Brabantia ab anno 1109 ad 1130, scripsit adhuc monachus ad decessorem suum Fulgentium, abbatem Affligemensem, libros xii *De gratia seu beneficentia Dei.* Prodiere Antwerpiæ 1565, Friburgi 1620, qui præmissa Fulgentii, qua eum rogat, epistola, leguntur in Bibliothecis

Patrum Coloniensi tomo XII, et Lugdunensi tomo XXI, pag. 293-327. Sub extremum libri XII, pag. 326, exstat carmen elegiacum, quod signavit Henricus Gandavensis, cap. 59, ac Trithemius cap. 567, et II, 104, illustr. Benedictin. cum Franconem *De statu futuræ gloriæ* metrice scripsisse perhibent, et Caveus præter rem putabat intercidisse : Leyserus versus libris de Gratia Dei subjectos ab illo scripto præter rem distinguit.

Exstat præterea Franconis hujus *epistola* duplex tomo XXI Bibliothecæ Patrum, pag. 327 : *Quod monachus abjecto habitu non possit salvari.* Et pag. 328, *ad moniales ac sorores in Bigardis ad forestum, consolatoria.* Tractatum *De cursu vitæ spiritualis* per distinctiones XII sive tomos digestum, quem Oudinus tomo II, pag. 959, memorat, non puto diversum a libris XII *De gratia.* Seil apud eumdum Oudinum laudantur etiam Franconis mss. lucubrationes duæ, una *De jejunio Quatuor Temporum*, et altera *De laudibus B. Mariæ Virginis.* (Ad quem potissimum hujus nominis scriptorem referendus sit liber *De institutione eucharistiæ* ignoro. Reperit illum P. Martene in cœnobio *de Agonia Christi* Canonicorum Regularium S. Augustini prope urbem Tungrensem cum hac inscriptione : *Franco humilis monachus De institutione eucharistiæ.* Vide Itineris litterarii tom. II, pag. 198. MANSI.

FRANCONIS
ABBATIS AFFLIGEMENSIS
DE GRATIA DEI
LIBRI XII.

(*Bibl. Patr. Lugd.* Sæc. XII, pars II, p. 293.)

EPISTOLA ABBATIS FULGENTII AD FRANCONEM MONACHUM.

FULGENTIUS Affligeniensis Ecclesiæ humilis minister et abbas dictus, charissimo fratri, et filio suo FRANCONI, cum salute, et paterna dilectione sanctæ et secundæ resurrectionis gaudia perenniter possidere.

Rogaveram te, amantissime frater et fili, et more tuo solito spoponderas te obediturum, ut de Gratia Dei tractatum quantulumcunque scriberes cæcitati meæ et aliorum mei similium profuturum, qui de gratia Dei balbutire solemus : cum, quid sit gratia Dei, sat ignoremus. Iterum ergo rogo te, et per obedientiam jubeo, ut, expansis vel s sensus tui flatui Spiritus sancti, in nomine Domini scribere incipias, indubitanter sciens quia vires, quas imperitia tibi denegat, sacrosancta charitas et obedientia nunquam irremunerata subministrabunt. Incipies vero ab initio creationis Dei, usque ad ultimum diem, quando videbitur Deus Deorum in Sion, et erit omnia in omnibus, et usque ad tempus illud, quando dicturus est electis suis : *Venite, benedicti Patris mei, percipite regnum quod vobis paratum est ab initio sæculi*, cujus regni nos participes facere dignetur, qui nos vocavit in gratiam et gloriam suam Dominus Jesus. Quando autem veneris ad sacramentum Dominicæ passionis ubi ait : *Accipite et comedite. Hoc est corpus meum*, precor ut immorari velis, attentius commendando illam miram erga nos ejus dilectionem, et ineffabile illud privilegium, et gratiam charitatis, ut sacrosancto suo corpore et sanguine nos dignaretur reficere, cujus corrigiam calceamenti eximiæ sanctitatis Baptista Joannes se fassus est indignum solvere. Spiritus ergo sanctus, qui completis diebus Pentecostes replevit corda discipulorum Christi, simili virtute et ardoris dulcedine repleat animam et cor tuum, ad eructandum verbum bonum acceptum Deo, et cœlesti remuneratione dignum, fratribusque, et omnibus sanctæ matris Ecclesiæ filiis gratum. Vale in Christo.

REGISTRUM FRANCONIS MONACHI AD ABBATEM FULGENTIUM.

FULGENTIO domino, et Patri venerando, et ex summi patris nomine et officio jure honorando, FRANCO ille suus tanto patre indignus filius, filialem cum debita obedientia charitatem.

Pater amabilis, cum ingratus Gratiæ Dei non invenisi desiderio laudabili desideratis, cui jure omnis creatura tanquam Creatori suo sua quæque voce gratias agit, et ad inveniendam illam pretiosissimam margaritam, thesaurum divitiarum gratiæ Dei instar avidi negotiatoris sancta aviditate scrutamini, onus importabile infirmæ cervici nostræ imponitis : viribus nostris æqua nequaquam lance, quod salva reverentia prudentiæ vestræ dixerim oneri comparatis. Petitis enim, imo illa vestra modestia et humili auctoritate præcipitis, ut tractatum quantulumcunque de Gratia Dei componam infantibus et adhuc lactiflua sancta matris Ecclesiæ ubera sugentibus profuturum; qui adhuc de gratia Dei (ut dicitis) balbutiunt, qui gratiam ipsam plena nondum voce loquuntur; qui præ immaturitate sensus, et gratiæ utilitatem, et ipsum gratiæ Auctorem ad integrum necdum agnoscunt. Opus quidem sanctum, opus vere divinum, opus omni utilitate plenum, opus omni laude prosequendum, donum vere supercœleste, omnibus linguis humanæ paupertatis, imo ipsi angelicæ facundiæ inenarrabile. Quid enim aliud gratiam Dei quam ipsum Deum dixerim? Si enim virtus Dei, sapientia Dei, decor ejus et gloria ejus nihil aliud quam ipse Deus creditur, nihilominus et gratia Dei Deus ipse creditur, si recte creditur: Et de Deo digne quis loqui sufficiat? Perpendite ergo obsecro, Pater mi, quam grave sit pondus jussionis vestræ, et ad sublevandum sanctæ intercessionis vestræ humerum supponite. Orationum itaque vestrarum patrocinio fultus aggrediar quod jubetis, considerans quod ille benignissimus donorum suorum distributor Deus, donis sublimioribus sic divites magnificat, ut pauperes nequaquam abjiciat: et qui a divitibus aurum, argentum, lapides pretiosos, et cætera offerri sibi mandat, quæ facilius manus divitum invenire potest, a pauperioribus oblatos et pilos caprarum gratos habet: qui duo etiam minuta Evangelicæ viduæ prætulit donis omnibus superbientis synagogæ. Ac ne quis forte opusculum hoc pauperis ingenii qualecunque futurum præsumptioni imputet, et propriæ eruditionis confidentiæ, titulum obedientiæ in ipso præfigo limine, epistolam vestram quasi quoddam edictum imperatorium calumniatoribus opponens, ut excusatum me habeant, qui imperatis obediam. Incolumem vos pervigil ille custos custodiat: et usque ad senectutem et plenitudinem dierum Abrahæ, ipsa, quam diligitis, gratia provehat.

FRANCONIS
ABBATIS AFFLIGEMENSIS
DE GRATIA DEI
LIBRI XII.

LIBER PRIMUS.

De Gratia Dei scripturus, ipsum gratiæ Auctorem invoco, quatenus quod jubente eo tractandum suscepi; *qui enim vos audit*, ait, *me audit*, digne hoc fine et catholico sensu ipso opitulante compleam: ut sicut in principio operis, mox in titulo gratia præfulget, sic et in fine pro completo opere gratiarum actio resonet. Universa itaque quasi in quodam cordis sinu colligens, et singula quæque diligentius intuens, quæcunque condita novimus, aut credimus; visibilia autem novimus, invisibilia credimus, nihil in omnibus invenio, quod non jure gratias referat Conditori suo; quia et sapientia ejus conditum est, cum non esset, et ut in accepta conditionis suæ dignitate persistat, ab ipso habet. Nam et illa in creaturis Dei summa, beata beatorum spirituum agmina, in ministerium conditoris sui miro et ineffabili nobis ordine distincta, nihilominus, imo multo magis et ipsa Conditori suo procidunt, quod sunt, quod sapiunt, et quod possunt, totum gratiæ ejus ascribunt, atque attestante sacro eloquio, incessabili ei voce gratias referunt et pro conditionis suæ excellentia, et pro beatitudinis perseverantia. Unde et Isaias propheta prophetico spiritu sublevatus, invisibilem se vidisse testatur, super solium excelsum sedentem, ac duo seraphin, quæ sunt agmina divinæ majestati proxima, et ex flamma amoris ejus secundum nomen suum validius ardentia, *Sanctus, sanctus, sanctus Dominus Deus exercituum*, mutuo sibi audisse inclamantia. Summa autem illa potestas et incomparabilis virtus, creatrix omnium et gubernatrix cunctorum, universa continens et nullius indigens, sola est quæ sic gratis omnia omnibus præstat, ut a nemine mutuum quid recipiat. In eodem namque propheta reprobatis victimis Judaicæ superstitionis, ubi ait: *Quid mihi multitudinem victimarum vestrarum*, quia nullius indigeat, evidenter insinuat, subjiciens, *Plenus sum*. Quidquid autem plenum est, juxta id quod plenum est, nullius indiget. De qua plenitudine et ille in natis mulierum major Joannes hauserat, qui dicebat: *De plenitudine ejus nos omnes accepimus gratiam pro gratia*. Cum ergo plena sit in seipsa, et non aliunde impleta divina essentia, restat ut universa quæ condidit, ex nulla sui indigentia, sed ex sola bonitatis suæ gratia creaverit. Jure igitur ei ab omni conditione et ab omni ordine tam angelico quam humano servitur, et quidquid in universa creatura dignitatis et utilitatis, honoris fulget et gloriæ, jure totum gratiæ Creatoris ascribitur. Et hæc est vera beatitudo omnium, quæ facta sunt, ut ad laudem ipsius omnia referant a quo habent et ipsum quod sunt. Quod quia apostata angelus ex decoris sui magnitudine tumidus facere noluit, et super altitudinem nubium ascendere, id est, ipsam angelicæ dignitatis gloriam superba præsumptione transcendere voluit, et divinæ illi majestati omni creaturæ inaccessibili, similis fieri; tantæ impietatis molimine contritus, de medio lapidum ignitorum ejectus, in terreni pulveris vilitatem, justa justi judicis sententia est dejectus. Nec hoc fine pertingendi scilicet usque ad similitudinem Altissimi, superbus ille et superbiæ inventor spiritus contentus esset, nisi hic finis infinitus esset. Super cujus infelicem ruinam sub typo principis Tyri jubetur Ezechiel propheta propheticum planctum assumere ac plangens dicere : *Tu signaculum similitudinis, plenus sapientia et perfectus decore, in deliciis paradisi Dei fuisti. Omnis lapis pretiosus operimentum tuum, sardius, topazius, et jaspis, chrysolitus et onyx, et berillus, saphirus, et carbunculus, et smaragdus, aurum opus decoris tui; et foramina tua in die qua conditus es præparata sunt. Tu Cherub extentus et protegens, et posui te in monte sancto Dei in medio lapidum ignitorum. Ambulasti perfectus in viis tuis a die conditionis tuæ, donec inventa est iniquitas in te.* O quam mira est Creatoris principis Tyri potentia! O quam larga largitoris bonorum omnium in creaturam suam donorum effusio! qui ex nihilo creatum tantæ dignitatis principem, et plenitudine sapientiæ illustravit, et perfecto decore adornavit, atque omni lapide pretioso, id est multiplici gloria virtutum operuit. Hic est Lucifer ille qui mane oriebatur, qui præ nimio claritatis suæ splendore intuentium in se ora convertebat; quem Sol verus, astrorum omnium illuminator Deus, incomparabilis splendoris magnitudine, solus præibat. O Lucifer, Lucifer, quam clare fulsisses, si illuminatorem tuum agnoscere voluisses; si collatam tibi claritatem ad eum retulisses, qui contulerat! Heu! quam perniciosa es, et ipsis supernis virtutibus superbia, bonorum omnium inimica, totius pulchritudinis et integritatis vermis et tinea! Congregamini, reges terræ, et obstupescite; attendite, populi omnes, et admiramini; et tu, terra et cinis, exemplo territe. Cave, o homo, attactum superbiæ : ecce stella illa matutina, quæ ab ortu ascendebat rutilans et fulgida, nebula superbiæ ex proprii cordis consurgente, putredine subito offunditur; et quæ super astra Dei se ascensuram tumida jactaverat, in faculam repente, proh dolor! conversa sulphuream, tenebris abyssi turbine majestatis acta immergitur. Ubi modo tumor ille inanis princeps miserabilis? Siccine ascenditur super altitudinem nubium? siccine conscenditur, quod super astra Dei te exaltaturum jactaveras solium? Hocne est Altissimo similem esse? An ignoras, miser, quod et in excelsis humilitas regnet? Sed superbia tua advertere non potest vel quid sit humilitas, vel ubi regnet. Audi itaque, terra, audi et contremisce, quia et firmamentum infirmatum est, et cœlum conscissum perdidit tot millia angelorum. Hæc est causa doloris et planctus prophetici, quem prophetico spiritu edoctus levat super principem Tyri. *Aurum,* inquit, *opus decoris tui, et foramina tua in die qua conditus es, præparata sunt.* Timens autem ac tremens, in hæc invisibilia foramina digitum infero, sed trementem manum gratia divina regente, obscura quasi tentans palpo. Signaculum aut margarita non ab intus, sed extrinsecus perforatur. Hujus ergo signaculi foramina in die conditionis non a seipso, sed manu conditoris sunt præparata; per quæ divinitus infusa sapientia, Tyrium principem erudiret, divina sibi gratia collatum esse quod ad similitudinem Dei refulgeret. Quia vero aurum pro sensu accipimus, aurum opus decoris principis hujus erat, quando luce sapientiæ illustratus, quid inter Creatorem et creaturam interesset, discernebat; quando consortibus naturæ æqualitatem servabat, quando obsequium Creatori tanquam creatura deferebat. Hac scientiæ multitudine et donorum amplitudine factus Cherub extentus, et subjecta dignitatis suæ eminentia protegens, in medio lapidum ignitorum, in monte Dei est positus, videlicet cum electis spiritibus igne divini amoris ardentibus, in altissimum divinæ contemplationis culmen, gratia non merito evectus. Audivimus unde et quo Tyrium principem gratia evexerit; audiamus nunc quo ingrata superbia detraxerit. *Ambulasti,* inquit, *perfectus in viis tuis a die conditionis tuæ, donec inventa est iniquitas in te.* In te, ait, inventa : non aliunde inspirata, non ab alio persuasa. *In multitudine negotiationis tuæ repleta sunt interiora tua iniquitate, et peccasti, et ejeci te de monte Dei, et perdidi te, o cherub protegens, de medio lapidum ignitorum. Elevatum est cor tuum in decore tuo, perdidisti sapientiam tuam in decore tuo. In terra projeci te, ante faciem regum dedi te, ut cernerent te.* Principem projectum et abjectum ante faciem regum Dominus dabat, quando discipulis de prædicatione revertentibus, et de expulsione dæmonum atque ostentione signorum humanum quid gloriantibus, dicebat : *Videbam Satanam sicut fulgur de cœlo cadentem. In multitudine iniquitatum tuarum, et in iniquitate negotiationis tuæ, polluisti sanctificationem tuam.* Iniqua prorsus et injusta negotiatio, ut creatura dono creatoris sui ad tantam gloriam provecta ex nihilo, similitudinem conditoris sui tyrannica invasione sibi raperet. Sed quia per rapinam invadere voluit, et temerare divinam sanctitatem, polluit et ipsam, quam per naturam habebat angelicam sanctificationem. *Producam,* ergo ait, *ignem de medio tui qui comedat te. Et juste, ut unde* tanta impietas prodierat, inde et ultrix flamma producatur, quæ puniat. *Et dabo te in cinerem super terram, in conspectu omnium videntium te;* non quod spiritus dissolvatur in cinerem, sed quod angelica spoliatus gloria, redactus sit quasi in cineris vilitatem. *Omnes, qui viderint te in gentibus, obstupescent super te, nihil factus es, et non eris in perpetuum;* non quod substantialiter esse desierit, sed quod a Deo apostatando, beate esse perdiderit. Nec inutiliter, licet paulo prolixius miserabilem hujus apostatæ lapsum, et prophetæ super eo lamentum ex ordine digesserim, sed ut evidentius e diverso insinuem quantum gratiæ Dei beati spiritus debitores existant: cujus numero aliis e tanto culmine dignitatis impulsu superbiæ ruentibus, ipsi in æterna beatitudinis suæ soliditate perstiterint. Si autem spiritus, quid caro? si angelus, quid homo? si cœlum, quid terra? Ideo et in terram projicitur, et terrigenis in exemplum proponitur, ut ruina tanti principis terreantur, et acceptæ gratiæ non ingrati, ipsi quoque cum beatis spiritibus beatitudine sua æternaliter perfruantur. His de illa excellentiore creatura secundum tenuitatem sensus nostri digestis, paululum respiremus : ut reparatis viribus, prævio Spiritu sancto, cœptum de Gratia Dei iter conficiamus.

PRÆFATIO IN LIBRUM SECUNDUM.

Mare hoc magnum et spatiosum imperio vestro, Pater venerande, navigaturus, fateor non sine formidine exiguam pauperis ingenii cymbam, incertis credo fluctibus : ne forte gubernatoris oculo sinistro aliquo sidere decepto, aut in Syrtes impingam, aut voragine Charybdis absorbear, aut in Scyllæos canes devorandus incidam. Et vereor ne dum margaritam in profundo latentem, incaute perquiro, aquis Ægyptiis suffocatus, vitali anhelitu intercluso, ipse peream in profundo. Levate ergo, obsecro, infatigabiles manus cum Moyse ad cœlum, et imprecamini naviganti prospera, ut orationibus vestris revelata mihi divinitus margarita quam quæritis, salva navi et mercibus portum salutis lætus obtineam. Expansis igitur ad imperium vestrum velis, ei, qui spirat a meridie, in altum ferar, et quocunque impetus Spiritus sancti me impulerit, gaudens et gratias agens sequar.

LIBER SECUNDUS.

Sapientia Dei a fine usque ad finem attingens, omnia implens, omnia complectens, cui nihil latere, nihil potest perire, numerosam illam angelorum multitudinem in eam, quæ in oculis ejus placuerat, integritatis summam concluserat : quæ et si ruina superbientium immunita erat, sua tamen Deo summa deperire non poterat. Ne ergo videretur aliquid creationis suæ incurrisse detrimentum, iniit secum reparationis mirabile consilium : ut viliorem quamdam materiam, arte sapientiæ suæ in eamdem transformaret gloriam. De cujus conditione et dignitate antequam disseram, oculos cordis per elementorum mundi latitudinem paululum evagari sinam, ut magna hac domo perlustrata, et mirifica structura ejus decore et ornatu, ac varia suppellectile diligentius inspecta, ex magna gloria domus æstimare possim, quantæ sit gloriæ dominus domus. Quæ utraque gloria tam domus quam domini, et artem prædicat, et gratiam commendat conditoris sui. Sapientia itaque Dei ad restaurationem cœlestis ruinæ, terrenum, ut ita dixerim angelum, facturæ hominem, primum ei domum in qua conditus habitaret, condidit, cujus fundamenta in terræ soliditate collocavit, cujus longitudinem ab oriente ad occidentem extendit, cujus latitudinem ab Austro ad Aquilonem dilatavit : cujus altitudinem ad cœlum usque exaltavit, quod et universæ fabricæ in modum cameræ quasi culmen quoddam protegens imposuit. Et ut magnæ domui sufficiens lumen adesset, solem, lunam, ac sidera magna et præclara luminaria cœlo infixit : quæ a superioribus universæ domui infulgerent, ac domino domus indeficiens obsequium grata vicissitudine exhiberent. Vestitur ager floribus, vestiuntur arbores frondibus , ac fœcundantur fructibus, ut novo domino de secreto sapientiæ Dei ad publicum processuro, novos fructus offerant, atque jucundum ei de varietate pulchritudinis suæ spectaculum præbeant. Festiva se exhibent elementa omnia, cœlum hilaritate vultus omnia lætificat, aer melodia avium tripudiat; terra dominum suum exceptura splendido cultu et multicoloribus se ornat, mare ac flumina crispantibus aquis et piscibus suis more lætantium sibi invicem natando occurentibus gratulantur et ipsa plausu suo. Nec quasi ludicra quædam ista commemoraverim, ut vel aures audientium demulceam, aut plausum mihi excitem : sed ex consideratione istorum homo ut colligat, quantum Deo debitor existat : qui sola eum bonitatis suæ gratia ad hanc gloriam creaverit, ut in ministerium ejus elementa tam præclara ordinaverit : et usui ejus deputaverit, et quod in aquis natat, et quod in terra ambulat, quod in aere volitat, et quod in cœlo rutilat. Væ autem homini, qui in novissimo die tantæ gratiæ ingratus repertus fuerit : aut male vivendo, aut quod bene vixit, si tamen bene vixisse recte dici potest, propriis meritis ascribendo. Præparatis igitur in usum hominis necessariis copiis, *Faciamus,* inquit, *hominem ad imaginem et similitudinem nostram.* O dignatio! o gratia! Quis eam digne cogitet? quis Dei, quam fœda horrere, honesta amplecti? Quid verbis explicet? quis ut dignum est amet? Non ait, Faciamus hominem ad imaginem angeli, ad imaginem archangeli, ad similitudinem cherubim aut seraphim. Sed quid? *Faciamus hominem ad imaginem et similitudinem nostram.* Quid est homo nisi lutum? Nam de limo factus est homo. Et quid est aliud dicere: *Faciamus hominem ad imaginem et similitudinem nostram,* quam Compingamus lutum, et faciamus Deum? Ego dixi: *Dii estis, et filii Excelsi omnes,* ait Scriptura; quæ testante Veritate solvi non potest. Divinitas in luto, tanquam imago in speculo refulget, et lutum in Deum solidatum est. O lutum quam vile, quam abjectum eras! ecce quam solidum, quam gratum, quam gloriosum factum es, postquam in manus cœlestis figuli assumptum es. Recole ergo quid fueris, perpende quid sis, recole materiæ vilitatem, perpende plasmantis dignitatem: et ut tantæ solidati stabili semper pede innitaris, de manu figuli tui cave ne quando labaris. Hujus figuli artem et artis potentiam vas electionis commendabat: cum vasa figulo suo ingrata apostolica auctoritate corripiens, dicebat. *Annon habet potestatem figulus luti ex eadem massa facere vas, aliud quidem in honorem, aliud vero in contumeliam?* In hujus domum figuli Jeremias propheta, Deo cognitus antequam formatus, ante sanctificatus quam natus, jubetur prophetali intellectu ascendere, et in typo figuli illius, in cujus domum jussus est descendere, istius artem, istius opus, istius potentiam admirari, et exemplo vasis dissipati et reformati lugentem populum læta promissione consolari. Sed quia figulus ille dissipata reformans, tempori illi serviebat, nos ad figulum nostrum revertamur: qui in principio temporis non dissipata reformabat, sed quod non erat formabat: quando ex luto suo non aliud vas in honorem, aliud in contumeliam, seu vas unum perfecto decore in honorem tantum formabat et gloriam. Ad hanc conditionis gloriam et imaginis Dei speciale donum, et cœleste privilegium, collatum est homini munere conditoris et liberum arbitrium, ut qui et ratione et intellectu inter bonum et malum discernere posset, haberet et potestatem eligendi quod vellet: ut hoc ad laudem tribuentis et gloriam bene utentis altius cresceret, quod non ex necessitate divinæ jussionis, sed ex affectu propriæ electionis mala fugeret, bona appeteret. Neque enim vero nomine bonum appellatur, quod timore pœnæ, non amore fit justitiæ. Timor autem *non est in charitate, sed perfecta charitas foras mittit timorem.* Falso ergo nomine bonum vocatur quod non in radice charitatis solidatur. Et hoc quanta est gratia! Quis enim dominus servo suo dicat, Fac quod vis, serve, si vis? Quis dominus servum suum liberum dimittat, ut si nolit non serviat? Quis figulus fingit lutum, et non in usum suum? At figulus noster figmento suo omnia conferens, et in nullo prorsus illius egens, creato homini liberum sui arbitrium derelinquit, optionem ei tribuit eligendi quod voluerit. Quid vero magis congruum imagini Dei, quam fœda horrere, honesta amplecti? Quid magis conveniens rationi quam virtutes eligere, vitia detestari? Utrumque autem ei, bonum scilicet et malum proponitur, hujus usus suadetur, illius prohibetur: stipendium et finis utriusque prædicitur, hujus vita æterna, illius mors, nihilominus et ipsa æterna. Omni itaque decore vestitum atque omni ex parte præmunitum in paradisum voluptatis quem ab initio plantaverat, introducit: omnium ei lignorum paradisi usum indulget, ab uno prohibet. In quo enim servus dominum se habere sciret, nisi mandatum acciperet? *Ex omni,* inquit, *ligno paradisi comede, de ligno autem scientiæ boni et mali ne comedas; in quocunque enim die comederis ex eo, morte morieris.* Proh dolor! ab illo hoste invisibili, ab illo inventore totius malitiæ et doli, qui plus dolis quam viribus perficit, nec in paradiso homo tutus esse potuit: quia tantæ gratiæ ingratus exstitit. Spiritu namque superbiæ afflatus, et fallacia serpentis antiqui supplantatus, dum sicut conditor esse voluit, nec quod conditus erat permanere potuit. Dum enim seipsum regere, quod solius Dei est, per tyrannicam affectat potentiam, mansuetissimi sessoris, sub cujus regimine tutus erat superbia effrenatus, contumaci cervice rejicit obedientiam, et dum quærit falsam, quam diabolus promiserat, divinitatem, peccato infrenatus, veram perdidit, quam gratia contulerat, et corporis et animæ immortalitatem. Tunc lignum illud saluberrimum tanquam a Deo creatum, et in paradiso plantatum, quod obedienti erat lignum scientiæ boni, factum est inobedienti lignum scientiæ et mali, quia gloria immortalitatis spoliatus, et nuditatis suæ turpitudine confusus, didicit quantum malum esset hominem Deo reluctari, creaturam non obedire Creatori. O crudelis et crudelitatis mater superbia! o pessimæ matris crudelis filia invidia! Nunquid tu beatior facta es, quia hic tecum miser effectus est? Ne læteris, ne extollaris, quia nec perditus perit, nec malitiæ tuæ mucrone interemptus, funditus interiit. Nunc videbis figuli nostri potentiam, nunc miraberis, imo dolebis artis illius industriam: quod qui in veteri homine pulverem cœlesti rore infusum, in angelicam gloriam formaverat, eamdem in novo homine formam super omnem virtutem et principatum ac potestatem ad Dei patris dexteram, mira ac miranda artis suæ sapientia evehat. Fracti itaque vasis fragmenta recolligit, *Adam, ubi es,* dicit: ut amoris sit indicium, et consolationis subsidium, quod requirit perditum. De prævaricatione prævaricator arguitur, reo pœnitentia indicitur, sudor vultus ac penuria victus infligitur, in hanc vallem lacrymarum paradisi exsul detruditur, spinis et tribulis cruenta conscientia compungitur. Sed ne abundantiore tristitia absorbeatur, et desperatione penitus conteratur: mox in ipsa prima generationis humanæ sobole opus redemptionis humanæ in mysterio celebratur. Nam Abel justus et in typo summi sacerdotis primus, sacerdotii officio functus, de primogenitis et electis ovium oblatam hostiam Deo commendat per vitæ innocentiam. Cujus hostiam Cain frater fraternæ charitatis exsors, ut acceptam vidit, invidit : et stimulante invidia, malitiæ suæ mucrone, primus ipse confessus, innoxium occidit : cui non aliud crimen fuit, nisi quia innocens fuit. Ecce jam in mysterio sanguis veri Abel pro paternæ inobedientiæ delicto, ad Deum patrem clamat, transgressori veniam postulat : culpam innocentia excusat, peccatum mundi sanguinis sui pretio æstimat. De cujus sanguinis utilitate, ac pretii dignitate, quia adhuc in umbra futuri caligamus, et ad ortum veri Solis nondum loquendo processimus, usque in plenitudinem temporis et adventum veritatis differamus.

PRÆFATIUNCULA IN LIBRUM TERTIUM.

Sermo Dei instar aromatum, quo plus teritur plus redolet, et quanto subtilius cribro spirituali discernitur, tanto suavior in eo gustus invenitur. Quod in hoc opusculo, præstante gratia ipsa de qua loquor, aliqua ex parte in memetipso experior, quia quanto eam pilo linguæ fortius tero, tanto suavitatem illius plus sapio, plus diligo. Prægustato itaque quam suavis sit fructus laboris, cœpto lætus instabo operi illam de cœlo unctionem invocans, quæ fessos laborantium artus perungendo recreat, et necessarias operantibus vires subministrabit.

LIBER TERTIUS.

In superiori operis hujus parte cum propheta planxi lapsum de cœlo Luciferum, quem tenebris abyssi immersum, constat nulla miseratione Dei requisitum, aut aliquando requirendum. Deinde in hominis conditione admiratus sum gratiæ conditoris magnitudinem, quod luti vilitatem ad imaginem suam creaverit et similitudinem. Quem astutia serpentis circumventum, et de paradiso projectum, molita bonitate miseratus est, et qui tantæ claritatis angelum perire passus est, pro reparatione luti sui pie sollicitus est. Agnosce ergo, o homo, quantum debeas benignissimo domino qui nec pereuntem perire patitur, nec ab adverso avertitur, sed fugientem paterna charitate insequitur, revocat, blanditur et reverso non solum crimen ignoscit, sed et regnum repromittit. O larga bonitas, o ineffabilis benignitas, o gratia omni gratiarum actione prosequenda ; quæ nulli te subtrahis, nullius facinoris enormitate vinceris; quæ ubique præsto es, omnia foves, omnia confortas, omnia protegis, omnia conservas. O contumax serve, o ingrate, cur Dominum non diligis; quem tam pium, tam benignum ubique experiris ? Quæ est ista duritia cordis tui, quæ tanto igne charitatis non potest conflari ? Sed ad gratiæ jucunditatem redeamus, et in ejus contemplatione jucundemur. Hæc justo Noe tempore tribulationis non defuit, quando universam terram peccatorum sordibus infectam, omnis quippe caro corruperat viam suam, diluvio quasi baptismo abluit. Hæc ei lignum in quo salvaretur et salvaret, ostendit; hæc ut arcam in suam suorumque salutem aptaret, præmonuit : quomodo fabricaret, quomodo compingeret, unde liniret, ipsa edocuit. Ac ne ullo tempore otiosa esset, in mysterio resurrectionis in octo animabus humanum genus, imo semen humani generis reservavit : de quibus paucis granis fertilissima illa messis generis Abrahæ pullulavit. Hæc justum Lot de incendio Sodomorum eduxit, quando ardentibus facinorosis sub umbra manus suæ protexit eum ; sicut a flamma libidinis, sic et a flamma sulphuris. Jam vero Abraham de Hur Chaldæorum educto, et in terram repromissionis gratia vocantis inducto, paulatim evanescentibus ignorantiæ tenebris, lumen fidei cæco se mundo infundit, et testamento cum Abraham disposito, lugentibus Sion benignissimus consolator Deus, ipsum gratiæ auctorem et testamenti mediatorem repromittit. *In semine tuo,* inquit, *benedicentur omnes cognationes terræ.* Unde hæc tam læta promissio? Unde hæc nova benedictio? Quo merito tuo, o homo ? Tibi dictum fuerat, hoc certe promerueras, *maledicta terra in opere tuo.* Nunquid de radice maledictionis ascendit flos benedictionis, vere beatum semen, vere sanctum germen quod totam massam, fermento peccati corruptam conspersione sanguinis sui sanctificat? Quod est ergo hoc semen ? *Non dicit et seminibus, quasi in multis,* ait Apostolus, *sed quasi in uno et semini tuo qui est Christus.* Ecce semen Abrahæ, ecce de quo ad Abraham facta est repromissio, ecce gentium exspectatio, gentium benedictio. Hoc est illud semen verum, hoc granum illud evangelicum, quod sulcis fidei injectum, fructum affert uberrimum. Jam radicem in altum mittit, jam in ipsa fide Abrahæ radicem infigit, quæ nullo unquam æstu arefieri, nulla prorsus possit manu hæretica evelli. Jam in fide unius Abrahæ radix illa sancta coalescit, quæ postea in ramorum multitudine per totam mundi latitudinem dilatabitur, quæ tempore messis fidegentium quasi fructuum ubertate multiplicabitur. Ecce qui gratiam diligis, qui de gratiæ magnitudine inquiris, oculos mentis attolle, et in gratiæ auctorem respice. Considera, quod et in ipsa umbra futurorum gratia operetur : et quod sine gratia salus humani generis nec adumbretur. Senex erat Abraham, uxorem sortitus infecundam, jam vetulam : quæ et si infecunda non esset, quia tempus pariendi jam excesserat, nonagenaria quippe erat, parere non poterat. Ætas, infecunditas, pariendi excusabat officium, ut, cessante lege naturæ, fides haberet meritum. Eduxit autem foras Deus Abraham Scriptura commemorat, et astrorum claritate ac multitudine ostensa, *Stellas*, inquit, considera, has *si potes numera*, ipsis semen tuum coæquabitur, quod de uno filio repromissionis tanquam de grano benedictionis ad orientem et occidentem, ad aquilonem et meridiem dilatabitur. Et bene Abraham repromissionem accepturus, foras educitur, quia fides intra angustias humanæ impossibilitatis non includitur. *Credidit* autem *Abraham Domino, et reputatum est ei ad justitiam*. Non diffidit Abraham, non dubitat, non suam, non uxoris senectutem considerat; Omnipotentem attendit qui promittit, et certissime credit, quod qui dignatus est promittere potens est et facere. De fide itaqua Patris nascitur Filius repromissionis, gaudium utriusque parentis, spes multiplicandi seminis. De gaudio nomen sortitur, quia nativitatis suæ gaudium universæ domui impertitur, imo in illius typum vocatur Isaac, in cujus nativitate gaudium non uni domui, sed universo mundo cœlestis nuntius annuntiat. Parvulum hæredem lactat mater gratulabunda, sedulæ nutricis officium tremula gerit anicula. Senex pater exsultat, convivium instituit, festivitatem celebrat, non tam quia filium ipse suscepit, quam quia in filio repromissionis, totius mundi salutem et humani generis redemptionem repromitti, ut propheta intelligit. In cujus redemptionis mysterio, tentatus et jussus ut immolet filium suum quem diligit, Isaac, ut tot nominibus charitatis paterni exardescat flamma amoris, lætus obtemperat. Gladio accingitur, filium assumit, ligna præparat : nec tunc de repromissione hæsitans, quando gladium in jugulum filii evaginat. Vincit paternum affectum affectus in Deum : et quia Deum Patrem agnoscit, patrem se esse nescit. Stat itaque exserto brachio, ad obediendum promptus, fidelis famulus : stat super victimam suam sacerdos devotus, certissime confidens quod hostia sua tanto esset Deo acceptior, quanto sibi unici filii affectus dulcior. O beate Abraham, quibus te laudibus efferam? Quo te præconio magnificem? Merito constitutus es pater multarum gentium, in cujus fide fundata est multitudo credentium. Quid innocens Isaac? Quid acceptabilis Deo victima? Non reluctatur, non recalcitrat, non contradicit, non remurmurat. Exsultat se electum Deo victimam, gaudet in se probatam patris obedientiam. Sed quia immortalis mori non poterat, et unigeniti Dei figuram unicus patri Isaac præferebat, fideli famulo angelus de cœlo inclamat, ne in puerum manum extendat. Sed propheta propheticis post tergum in futuras retro generationes reductis oculis, arietem inter vepres, hærentem cornibus videt et intelligit, et quia sine sanguinis effusione non fit remissio, ipsum offert pro filio. Hæc de fide patris nostri Abrahæ et Jesu Christi Domini repromissione, et in Christo gentium benedictione breviter perstrinxi, in quibus præcipue gratia emicat, quam commendandam suscepi; de quibus nihil humana sapientia, nihil humana sibi vindicat industria. Idcirco etiam (ut arbitror) et steriles conjuges secreto Dei consilio sortiti sunt sancti patriarchæ, Abraham Saram, Isaac Rebeccam, Jacob Rachelem, in quorum actu, conjugio ac sobole, adumbratum est sacramentum Christi et Ecclesiæ; ut, deficiente naturæ adminiculo, intelligat homo ex sola se gratia salvatum, et non ex merito. Jam vero filio repromissionis ad propagandam promissam sobolem, uxor digna inquiritur, de domo sapientis servus sapiens, ætate et consilio maturus eligitur, manu subter femur domini imposita per Deum cœli jurat, et de femore Abrahæ Dominum cœli nasciturum mysterio prophetat. Ad terram itaque et cognationem domini servus dirigitur, prudenti consilio utitur, accumbit propter fontem aquæ, ut in limpidis aquis sapientiæ, contempletur pulchritudinem formæ uxoris desponsandæ. Et quia sacramentum desponsationis hujus forsitan et ipse intelligit, orationem fundit, de cœlo auxilium petit, sortem mittit, electionem Deo committit. Sortem autem signum voco, quod sibi ipse posuit, quod pro sorte habuit, quod puella quæ ad hauriendam aquam procederet, et in hauriendo tam sedula esset, ut et sibi et camelis adaquandis sufficeret, digna esset quæ in conjugium patriarchæ transiret. Ecce et in hoc mysterio gratia affuit ; ipsa servum spiritu consilii imbuit, ipsa genus sortis instituit, uxorem ipsa elegit. Sed in sortem thalami ascita Rebecca, sterilis permanet, uxoris officium non implet, ut et in repromissione necessariam esse gratiam patriarcha intelligat, et fecunditatem uxori precibus obtineat. Sed nec in certamine parvulorum in utero gratia defuit, qui nondum editi, certamen duorum populorum præludunt, et de primatu contendunt : et gratiæ est, quod alter alterum superat, qui nec boni, nec mali quidquam egerat. Quorum qui posterius nascitur, priori præfertur : quorum alter domi habitat, et sub culmine protegentis gratiæ tutatur, alter foris vagatur, dum de semine Abrahæ, de observatione acceptæ legis, de diverso ritu cæremoniarum, de victimis hostiarum, ut evangelicus ille Pharisæus apud se tumidus gloriatur. De quorum alterius electione, alterius reprobatione, Apostolus apostolicæ eloquentiæ fluvio inundans, latius exsequitur : cujus super his sententiam qui nosse desiderat, in ipsum quod gloriam Dei enarrat, apostolicum cœlum intendat : et ipsum verba sua intonantem audiat. Esau foris venatui, quasi propriæ justitiæ insudantem, paterna charitate Isaac amat : Jacob autem nihil de se præsumentem Rebecca materna dulcedine intus fovet, Isaac in typum Judaici populi primogenitum benedicere disponit; sed gentium populum mater gratia dexteræ benedicentis supponit. Fraudem subripiendæ benedictionis ipsa suadet, artem simulandi ipsa docet, et trepidante filio coci officium ipsa implet. Vere pia mater, quæ ut filio benedictionem lucrifaciat, ministerium ancillulæ non recusat. Vere sapiens mulier, quæ sic novit hædos coquere, sic condire, ut gratiam caprearum et cervorum coæquent, aut etiam superent. Proposita enim Pastor bonus parabola, de ove centesima et dragma decima, utraque perdita et inventa, *Gaudium est*, inquit, *angelis Dei super uno peccatore pœnitentiam agente, quam super nonaginta novem justis, qui non indigent pœnitentia.* Novit Rebecca, tanquam a viro instructa, tanquam viro officiosa, quis cibus Isaac plus placeat, quod genus condimenti suavius et sapiat. Non est alia in mulieribus similis Rebeccæ: tam sapiens, tam strenua, tam officiosa, tam sedula. Ipsa arte sapientiæ suæ sic hædo pellem detrahit, ut nudum non dimittat; sic sanguinem fundit, ut vitam non auferat. Senex igitur suavitate condimenti Rebeccæ delectatus, et haustu vini lætior redditus, filium benedicturus, osculum petit, osculum porrigit, quia nulla est benedictio sine charitatis osculo. Benedicens itaque imprecatur filio de rore cœli et de pinguedine terræ abundantiam, ut rore sapientiæ desuper infusus spiritualiter examinet spiritualia, et de pinguedine terræ faciat fructus misericordiæ. Sic sic semper gratia mater satagit pro filio quem diligit, sic mansuetos, sic humiles provehit: sic filios adoptionis Deo patri, quasi caliganti, et prioris ignorantiæ delicta non imputanti, quotidie benedicendos offerre non desinit. Simile quid et in nobis geritur, quando qui prior in nobis nascitur, rufus est et sanguinarius, et vitiorum asperitate totus hispidus; carnalia sectans, spiritualia nihili æstimans, plus lentis edulium quam primogenita diligens, primogenitorum dignitatem lentis vilitate, rem tam magnam, tam vili pretio distrahens. At vero qui posterior nascitur, simplex est et lenis, spiritualia sectans, carnalia nihili æstimans, instar rotæ terræ ad momentum vix hærens, ad cœlestia, toto se adnisu attollens; qui ut benedictionem paternam hæreditet, primogenita fratris lentis edulio, rem tam magnam, tam vili pretio comparat. Sed ut minor majorem superet, et posterior priorem supplantet, non est meriti, sed gratiæ: cum ille ordine nascendi princeps sit, et in corpore nostro regnum peccati primus obtinuerit. De quo regno gratia Dei nos eripuit, et in regnum Filii sui transtulit: in quo, quia omnium nobis laborum requies æterna promittitur, ab hoc interim opere fessi requiescamus.

PRÆFATIO IN LIBRUM QUARTUM.

Sicut color tunc magis nitet, et pulchrior apparet, quando subjectæ tabulæ manu pictoris inducitur, colorque a colore grata varietate inducentis distinguitur, ita scriptura quælibet legentibus gratior esse solet, quæ libris aut tomis distinguitur, exemplisque figuris ac testimoniis convenienter inductis, quasi multiplici colorum varietate intexitur. Unde et ego per amœnissimum antiquorum Patrum paradisum transiens, quosdam inde flores decerpo, et præsenti opusculo infero: ut ex nitore et decore cœlestium florum quantulamcunque gratiam apud auditores suos sermo rusticanus inveniat. Ad hæc enim exempla sanctorum Patrum induco, et eorum gesta mira et humanæ infirmitati impossibilia, ut in eorum gestis eo magis perspicua divina sit gratia, quo in his humana virtus succubuisse, et humanum cernitur consilium defecisse. A peregrinatione ergo Jacob tomus iste sumat exordium: in cujus electione et benedictione narrationis suæ præcedens posuit terminum.

LIBER QUARTUS.

Jacob igitur fratrem timens sævientem, et pro subrepta sibi benedictione mortem intentantem, a matre persuasus, atque Evangelicum illud jam edoctus, *Si persecuti vos fuerint in civitate ista, fugite in aliam*, et illud apostolicum: *Date locum iræ*, benedictione patris comitatus, peregre proficiscitur. Parentum autem solatio destitutus, miserationis Dei sinu fovendus excipitur, ipsa disponente iter dirigitur, ipsa præcurrente nocturna mansio conviatori providetur. Cum itaque ad quemdam locum devenisset, post solis occubitum posito ad caput lapide obdormivit. Corpore quidem mundo dormiebat, spiritu vero Deo vigilabat, et illud sponsæ: *Ego dormio, et cor meum vigilat*, tanquam amicus sponsi spiritu decantabat. Beato itaque exsuli tam beate soporato cœli panduntur, arcana Dei produntur, et pacis inter summa et ima, inter Deum et hominem charitate mediante reformandæ mysteria ostenduntur. Sublevatis enim oculis terrena supervolat, cœlestia penetrat, et scalam charitatis duobus præceptis, quasi duobus lateribus innitentem, et in his duobus legem ac prophetas indissolubili compage continentem, de terra videt ad cœlum usque protensam, et angelos Dei ascendentes et descendentes per eam. Videt et dominum desuper tanquam principium charitatis, scalæ innixum; et dicentem sibi: *Ego sum Dominus Deus Abraham patris tui et Deus Isaac. Terram in qua dormis tibi dabo* et semini tuo, eritque germen tuum quasi pulvis terræ. Dilataberis ad occidentem et orientem, septentrionem et meridiem, et benedicentur in te et in semine tuo cunctæ tribus terræ; et ero custos tuus quocunque perrexeris, et reducam te in terram hanc : nec dimittam, nisi complevero universa quæ dixi. In parentum domo constitutus, et parentum custodia septus, servulorumque obsequio delinitus, nihil divinum audit, nihil divinum aspicit, sed exsul et profugus, atque omni humano auxilio destitutus, Deum custodem, Deum protectorem invenit : et repromissionem in semine suo benedicendas esse tribus terræ, Deo promittente, accipit. At vero Jacob mysterium visionis intelligens, et tempus gratiæ oculis spiritualibus jam intuens, lapidem, in quem tanquam in auctorem gratiæ caput fidei reclinaverat, erigit in titulum, et desuper oleum fundens, quasi de cœlo spiritum deducens, per lapidem propheticæ manu inunctum, locandum prophetat in fundamento Ecclesiæ Christum. *Fundamentum enim aliud nemo potest ponere*, ait Apostolus, *præter id quod positum est, quod est Christus Jesus.* Et magnitudinem tantæ gratiæ admirans, *vere Dominus est*, ait, *in loco isto.* Sed quid magnum, quid mirum, quod in illo loco Dominus est? Et in quo loco Dominus non est? Imo omnium locorum locus est, omnium temporum tempus est, ex quo omnia oriuntur, intra quem omnia currunt, in quem omnia revolvuntur. Sed lapis Christus de Spiritu sancto conceptus, de Virgine natus, atque oleo exsultationis præ participibus suis unctus, locus est, in quo vere Dominus est. *Et ego nesciebam*, inquit. Simile quid, imo idipsum alius propheta et etiam plus quam propheta, Spiritum sanctum de cœlo super dominum descendentem, et manentem videns, loquitur, *et ego nesciebam eum*. Pavensque Jacob, quam terribilis est, inquit, locus iste; non est hic aliud, nisi domus Dei, et porta cœli. Vere lapis in titulum erectus, et cœlesti unctione infusus domus est Dei, quia *in ipso inhabitat omnis plenitudo divinitatis corporaliter*. Est et porta cœli : quia per clavim fidei ejus cœlestia reserantur, et per ipsum Mediatorem ad Deum Patrem ingredimur.

Nunc ad Joseph, narrationis ordine transeamus, et cum contra faciem nostram quasi perlucidum gratiæ speculum intendamus : qui zelo malignantium fratrum in servum venundatus, divina se conservante gratia ingenuæ mentis libertatem non amisit; qui in typo Christi impudicæ dominæ, tanquam adulteræ Synagogæ manu tentatus, relicto pallio, tanquam corpore in manus impiorum tradito, pudicitiæ palmam victor obtinuit. Hic patris præsentiæ, malitia fratrum subductus, et a terra nativitatis in terram alienam abductus, divinæ providentiæ gratiam ubique præsentem habuit : quæ nec adulterii crimine infamato, nec carcere incluso defuit. Et in carcere enim secura est innocentia, et in vinculis libera. Joseph igitur carceris angustia clausus, in atrio cordis cum Deo deambulat, cum Deo loquitur, cum Deo philosophatur; et qui homines non aspicit,

somniorum mysteria intelligit, et in pincernæ restitutione et pistoris damnatione, vocationem gentium, et reprobationem Judæorum prophetico spiritu prænuntiat. Uterque autem, tam pincerna scilicet quam pistor, post trium dierum sacramentum ventura sibi Joseph prædicente prænoscit : quia uno eodemque tempore, uno eodemque sacramento diversa meritorum stipendia uterque populus excipit. Cum enim ad ministerium æterni regis per fidem sanctæ Trinitatis gentium populus assumitur, ut de vinea quæ dicit : *Ego sum vitis vera, et pater meus agricola est*, vinum exprimat, cujus gustu suavissimo conviventis Dei cor jucundum reddat. Tunc Judæorum perfidia, quæ in Trinitate deficit, quia Filium non recipit, capite plectitur, ut qui in sanctis Patribus caput fuerant, in generatione adultera et degeneri, cauda fiant. Sed quia gratia divinæ miserationis tunc magis præsto est, cum humanæ consolationis spes jam nulla est, exsul ille et ignotus, levi pretio in servum emptus, qui ut criminis et tanti criminis in dominum reus, in supplicium carceri includitur, repente divino nutu de carceris injuria ad principatum totius Ægypti assumitur, in providentiam tanti regni universis præponitur, et qui in carcere fame forsitan laboraverat, spiritu consilii prædictus, a fame non solum Ægyptum, sed et mundum universum liberat. At Joseph mansuetus, et in ipsa gloria sua humilitatis suæ custos fortissimus, et illud legis : *Non eris memor injuriæ civium tuorum*, licet nondum editum, spiritu jam edoctus, fratres agnoscit, non agnitus : quia qui fraterna viscera perdiderant, merito fraternos vultus non agnoscebant. Sed quia putrida vulnera ferro et cauterio indigent, contra reos columbina districtione sævit, geminis alis charitatis noxios percutit, et disciplina salutari eruditos, violatæ charitatis commonefacit. *Merito*, aiunt, *hæc patimur, quia peccavimus in fratrem nostrum, videntes angustiam animæ ejus, dum deprecaretur nos, et non audivimus, idcirco venit super nos tribulatio.* Nec tamen sæviens sævit, imo sæviens plus diligit, melius consulit, ut cathartico medicinali, felle decocto invidiæ, induant et ipsi viscera misericordiæ : et irrorato melle fraternæ dulcedinis, et ipsi quoque fraternos vultus agnoscant in speculo charitatis. Ecce curiose speculator gratiæ, in hoc perlucidum speculum oculos defige, et magnitudinem claritatis ejus irreverberatis si potes oculis contemplare : quæ et qualis, et quanta hæc gratia fuerit, quæ venditum, servum, inopem, extorrem, damnatum, carcere inclusum, in potentis regni principem subita immutatione exaltaverit.

Eadem gratia et Moysen parvulum, ab aquis Ægyptiis, ab aquis hæreticis, ne suffocaretur, salvavit, ipsa eum in filium filiæ Pharaonis adoptavit, imo per filiam matrem sibi in filiam adoptavit, atque prophetica ei voce inclamavit : *Audi, filia, et vide, et inclina aurem tuam, obliviscere populum tuum, et domum patris tui, et concupiscet rex decorem tuum.* Hæc parvulum Moysen, quem Synagoga mater in virum perfectum educare non potuit, ad virile robur perduxit, in tantum, ut Ægyptium cum Hebræo contendentem, et quasi pugno perversi dogmatis eum cædentem, gladio confoderit, et sabulo absconderit, ac terreno pulvere terrenum operuerit. Super quo ab eo quem pro inflicta fratri injuria, ut justus in misericordia corripiebat, proditus, et a Pharaone ad mortem expetitus, de manu quærentium animam ejus fuga elabitur, ipsum habens viæ ducem, et salutis protectorem, quem mox editus, et a patre temporali derelictus, sicut et a matre expositus, habuit susceptorem. O pietas, o clementia, o gratia, quæ et cum pater derelinquit, non deserit, et quem mater exponit, colligit, atque cum parentum arescit charitas, ipsa magis exuberat. Nunquid oblivisci potest mulier infantem suum? ait Isaias; imo per Isaiam ad Sion Dominus, *ut non misereatur filio uteri sui? Et si illa oblita fuerit: ego tamen non obliviscar tui.* Nam licet fidelibus suis divina consolatio nunquam desit, tunc tamen copiosior adest, copiosius protegit, quando persecutorum rabies amplius sævit, amplius exardescit. Hinc est quod Moyses in deserto rubum ardere, et non comburi miratur, quia nube clementiæ Dei in medio rubi consistentis obumbratur. Domino enim in medio Ecclesiæ consistente, quocunque igne persecutionis inflammetur, non comburitur: sed in similitudinem auri camino tribulationis decocta, auro purior redditur. At Moyses qui humano, ut homo, metu perterritus, a facie Pharaonis fugerat, gratia divinæ allocutionis confortatus, constantior redit, Ægyptios oppressores populi Dei decem plagis in virga legis erudit, sed non correctos fluctibus maris puniendos obruit, per quod ad terram repromissionis novo itinere filios repromissionis transmittit. Quid in his, et ex his omnibus tibi vindicas, humana imbecillitas? Quid te, o pulvis inanis, per inania jactas? Et rubi enim inflammata ignis obumbratio, et maris divisio, Ægyptiorum submersio, atque filiorum Israel transmissio, gratiæ Dei est, non meriti tui. Jam vero ubi his et aliis gestis atque signis, quorum plurima studio brevitatis prætereo, splendor gratiæ cæcis infulsit, legalis quoque tuba surdis insonuit: ut in antiquum homo primæ conditionis statum divina miseratione restituendus, multis primum documentis disceret quod nulla sapientia sua, nulla virtute sua, nullis meritis suis, sed sola Conditoris sui gratia recuperandi aditum invenisset. *Audi, Israel*, inquit legislator, *legis tuba insonans; tu transgredieris hodie Jor-*

danem, ut possideas nationes maximas, et fortiores te, civitates ingentes et ad cœlum usque muratas, populum magnum atque sublimem, filios Enachim, quos ipse vidisti et audisti, quibus nullus potest ex adverso resistere. Scies ergo hodie quod Dominus Deus tuus ipse transibit ante te ignis devorans atque consumens, qui conterat eos et deleat, atque disperdat ante faciem tuam. Ne dicas in corde tuo: cum deleverit eos Dominus Deus tuus in conspectu tuo: Propter justitiam meam introduxit me Dominus, ut terram hanc possiderem: cum propter impietates suas istæ deletæ sint nationes. Neque enim propter justitias tuas, et æquitatem cordis tui ingredieris, ut possideas terram eorum: sed quia illæ egerunt impie, introeunte te, deletæ sunt: et ut compleret verbum suum Dominus, quod sub juramento pollicitus est patribus tuis, Abraham, Isaac, et Jacob. Scito igitur quod non propter justitias tuas Dominus Deus tuus dederit tibi terram hanc optimam in possessionem, cum duræ cervicis sis populus. Quid evidentius, quid manifestius? Ecce quia neque in gladio, neque in arcu tuo, o homo, gentes ferocissimas, et ex antiquo ad bella doctissimas, quibus nemo ex adverso resistit, obtinuisti, et terram bonis omnibus affluentem possedisti. Et ne forte dicas: Et si viribus meis victoriam non obtinui, vel justitia mea promerui, audi, durissimæ cervicis te esse populum, et quod terram, quæ rivis lactis et mellis fluit, introisti, non tam tibi quam justitiæ patrum propter jusjurandum Dei præstitum. Ne sis ergo ingratus tantis beneficiis, nihil amori illius præferas, qui hæc omnia gratis tibi præstitit, cujus amor omni suavitate suavior, omni dulcedine est dulcior, cui comparata dulcedo temporalium, felle invenitur amarior. O quanto dispendio intimæ suavitatis nos ipsos afficimus, quando adulterinis oculis in similitudinem prævaricatoris Adæ exteriora concupiscimus, quando in contemptum Creatoris plus creaturam quam Creatorem diligimus, quando propter vilia quædam et Christianis oculis, ne aspectu quidem digna, fraternos animos offendimus, et fraternam charitatem, quæ est vinculum perfectionis, contentiosa animositate dissolvimus. Nihil enim Christianis oculis præter Christum pulchrum apparere, nihil debet Christiano cordi præter Christum dulce sapere: qui ut affectus animarum nostrarum sapore divinæ suavitatis condiat, noxios carnalium affectuum humores igne charitatis suæ ipse decoquat, qui vivit et regnat per omnia sæcula sæculorum, Amen.

PRÆFATIUNCULA IN LIBRUM QUINTUM.

Abyssus abyssum invocat, in voce cataractarum Dei. Ut ergo perspicua nobis fiat abyssus evangelica, primum per cataractas suas abyssum inspiciamus propheticam, et aure diligenter apposita auscultemus quid Evangelio prepheta invocato respondeat.

LIBER QUINTUS.

Primus itaque nobis David propheta prophetica tuba intonet : et quid ex antiquo a patribus suis de gratia Dei cognoverit annuntiet. *Tu enim*, inquit, *Domine, manu tua gentes delesti et plantasti eos; affixisti populos, et emisisti eos. Non enim in gladio suo possederunt terram, neque brachium eorum salvavit eos. Sed dextera tua, et brachium tuum, et lux vultus tui, quia placuisti tibi.* Non enim in salvandis nobis nostra Deo merita, sed sua ei bonitas placet : nec tam obsequio nostro delinitus, quam inolita bonitate placatus, et dextera sua nos protegit et brachio defendit, atque illuminatione vultus sui, spiritu consilii nos instruit. Sed sicut de praeterito, ita inquit et de futuro : *Rex meus Deus, praecipe pro salutibus Jacob. In te hostes nostros ventilabimus, in nomine tuo conculcabimus adversarios nostros. Non enim in arcu meo confidam, neque gladius meus salvabit me.* Ecce eodem sensu, quia et eodem spiritu legislator atque propheta, quasi duo cherubim intentis vultibus in propitiatorium sibi concinunt : et possessionem repromissae haereditatis, non labori suo, non industriae, non virtuti, non bellicae strenuitati, non denique armis aut meritis suis, sed gratiae Dei, cujus et vere donum est, ascribunt. Sed sicut de fortissimo illo Scriptura commemorat, cujus iste fortis manu typum gerebat, *coepit Jesus facere et docere*, gratiam quam voce David praedicat, facto quoque commendat. Nam cum esset in oculis suis humilis et modicus ; in oculis domini magnus inventus, divino est ad regnum judicio electus : atque in firmamentum regni non lenticula, sed cornu olei manu prophetica unctus. Populi itaque providentia, et regni administratione suscepta, infestantibus allophilis, pace turbata, discrimini se sponte objicit, et ut bonus rex plus communi utilitati quam propriae saluti consulit, atque immanem illum Goliam, monstrum potius dicendum quam hominem, corpore enormem, animis trucem, bellis assuetum, victoriis elatum, scuto fidei munitus, solus illo in tempore non expavit. Quis enim monstrum tam terribile non expavesceret? Quis bellator a facie ejus se non absconderet? At David noster fratrum suorum statura quidem minimus, sed fide maximus, aspectu pulcherrimus, atque roseo rubore in mysterio sanguinis Christi suffusus, expavescere non novit populi Dei inimicum, nominisque sancti blasphemum : sed intrepidus, et nec corporis nec armorum immanitate territus, ulcisci parat, et populi sui injuriam, et nominis Dei viventis blasphemiam. Persuasus itaque a Saule, lorica ipsius induitur, galea tegitur, gladio accingitur, sed his omnibus oneratus potius quam instructus, impeditus quam munitus, ne videretur spem victoriae in armis regis et non in Deo posuisse, regia rursus lorica exuitur; galea detegitur, gladio discingitur. Quid aliud in hoc tibi facto videtur propugnator populi Dei innuere, quam gestis canere; *non enim in arcu meo sperabo, et gladius meus non salvabit me?* Ad nota igitur se confert, et invicta praesidia, armatura munitur apostolica, lorica fidei, galea spei, ac gladio verbi Dei, sciens inimicum Dei superari non posse, nisi per verbum Dei. Bellica autem arma nulla requirit, baculum pastoralem ut pastor accipit, quinque lapides limpidissimos, tanquam manu Dei limatos, atque digito Dei inscriptos, de torrente colligit, in pera pastorali abscondit; hosti superbo ex adverso occurrit, unum impudoratae fronti infigit : et immanem illam belluam ad singulare certamen singulos provocantem uno tantum ictu conterit, atque blasphemum caput proprio mucrone victor praecidit. Ecce quomodo David et imbellis homini de gratia Dei potius quam de viribus suis vel armis praesumendum, tam facto quam voce praedicat, quomodo regia se lorica spoliat, ut gratia melius se vestiat ; nec ad immanissimum hostem conterendum arma alia inquirit, nisi virgam pastoralem et lapidem, quibus adversariae potestatis principem a Christo perimendum, ut propheta intelligit. Perempto itaque Dei potius quam sua virtute populi Dei inimico, et gloriose in commune de adversariis triumphato, subactis deinde hostibus in regnum stabilitus, ad aedificandam domum domino, impensas regia munificentia praeparat, dignam Deo domum facere secum deliberat : et quia sapiens consilio omnia gubernat, consilium cum propheta communicat, Domini voluntatem super devotione voluntatis suae sciscitans. Sed quia dignam Deo domum aedificare humana paupertas non sufficit, devotionem quidem laudat, opus autem divina censura non approbat, sed de utero ejus egressurum, et super thronum ipsius aeterno imperio regnaturum denuntiat, adeo dilectum, in tantum de filiis hominum singulariter praeclectum, ut et Deus, illi in patrem, et ipse aequo honore sit Deo in filium. Ipse inquit, quando completis diebus tuis quasi caeremoniis legalibus jam expletis, cum patribus tuis dormieris, ecclesiasticae domus, in fide Evangelii fundamenta jaciet, ipse in columnis spei parietes excelsos exstruet: quos etiam ne aliquo ventorum aut imbrium impetu dissolvantur, sicut illam quondam in diluvio arcam bitumine spirituali interius et exterius liniet, ipse ad decorem tantae domus rite consummandum, culmen charitatis imponet, in qua universa legis ac prophetarum insignia dependent. Filius autem qui David, imo in David universo mundo repromittitur, solus in filiis hominum dignus invenitur, tam sapiens, tam dives, ac tanta rerum omnium abundantia affluens, ut dignam Deo domum aedificet. Solus namque ex antiquo, et ab aeterno edoctus, novit de quibus lapidibus domus Dei debeat construi, ad quam normam lapides singuli quadrari, qui in fundamento sterni, qui debeant in columnas erigi, qua qualitate alter alteri sociari, qua colorum varietate domus ornari ;

qua demum debeat laudum celebritate atque modulorum dulcedine dedicari. Hujus ad ædificandam domum Domini adventus præstolatur, hujus sapientia tanto operi idonea prædicatur : hujus repromissione, David magis quam regio solio gloriatur. In qua repromissione admiranda sermonis Dei dispensatio, quod homini quamvis magno, quamvis sancto, tamen homini, tanta et tam magna promissurus, quæ meritum hominis excederent, ad quæ nec ipsa angelicæ dignitatis excellentia attingeret, primo eum ad seipsum revocat, et unde assumptus, qua et quo et per quem adductus sit commemorat. Commemorat humilitatem pastoralis officii, fastigium imperii, inde gratia assumptum, huc potentia adductum : se comitem fuisse itineris, se protectorem narrat in periculis : quod nomen ejus regno, divitiis, bellis, victoriis extulerit, atque nomini fortium terræ coæquaverit. Primo itaque commonitione humilitatis contra venenum elationis, quasi quodam antidoto spirituali humani animi fragilitate præmunita, postquam in testimonium magnæ gratiæ, quæ contulerat, bona enumerat, ad cumulum beneficiorum regno repromissi filii ipsius quoque in æternum stabiliendum promittit solium. *Ingressus est autem rex David*, Scriptura ait, *et sedit coram Domino et dixit : Quis ego sum, Domine Deus meus, et quæ domus mea, quod adduxisti me huc usque? Sed et hoc parum visum est in conspectu tuo, Domine Deus meus, nisi loquereris etiam de domo servi tui in longinquum.* Et paulo post : *Propter verbum tuum, et secundum cor tuum fecisti omnia magnalia hæc, ita ut notum faceres servo tuo.* Ingressus est inquit. Et quo Ingressus est? Prophetico scilicet ore ex verbis Domini super tot ac tantis beneficiis admonitus, et repromissis insuper multo majoribus, secretum cubiculi penetralia cordis sui ingreditur, seipsum coram se statuit, hinc merita sua, hinc divina pensat beneficia ; et quia merita beneficiis longe sunt imparia, sedet coram Domino, humiliatur coram Domino, atque illius gratiæ omnia adscribit, a quo universa gratis sibi collata meminit. *Propter verbum tuum*, inquit, non propter meritum meum ; *secundum cor tuum*, non secundum aliquod humanæ adinventionis consilium. Ecce quomodo rex potens, rex sapiens, et ideo vere potens, quia sapiens, gratiam factis commendat, gratiam voce prædicat, nullumque homini tutius esse præsidium, quam gratiæ Dei subsidium.

Isaias autem humanæ fragilitati divinam gratiam intelligit, et asserit adeo per omnia necessariam, ut, remota gratia, sordidissimo panno menstruatæ comparare non vereatur omnem hominis justitiam. *Facti sumus*, inquit, *ut immundus omnes nos ; quasi pannus menstruatæ universæ justitiæ nostræ.* At contra David reum se ingemiscens, et reatum suum humiliter confitens, precemque devotissimam reis omnibus perutilem supplicandi peritus componens, de indulgentissimi Domini bonitate spem veniæ jam præsumens : *Asperges me*, inquit, *Domine hyssopo et mundabor, lavabis me, et super nivem dealbabor.* Quid autem panno menstruatæ immundius, aut quid nive mundius ? Quis igitur abyssum istam divitiarum gratiæ Dei omni humanæ curiositati investigabilem, omni philosophicæ perspicacitati impenetrabilem, quantacunque sensus altitudine attingere poterit, quæ menstruas sordes, imo iniquitates nostras menstruis adhuc sordibus sordidiores, humilis herbæ hyssopi tenui aspersione, tam celeriter, tamque potenter, sic ad perfectum abluit, ut multitudine candoris vincat et candorem nivis. Nec ita humilis hyssopi tenuem aspersionem dixerim, ut impotentem intelligi velim ; sed tenuem, subtilem, divinam, adeoque potentem, ut sine ejus aspersione, nulla sit prorsus menstruatæ ablutio, nulla vel tabernaculi sancti, vel ipsius libri, aut populi, aut cujuslibet rei sanctificatio. Quæ et quanta est ista o filii gratiæ gratia ? Unde obsecro cœpit ? ubi desinit ? Imo nec cœpit, nec desinit, sed ab æterno fonte æternaliter fluit, opportunoque in tempore quadrifido electorum cordibus flumine influit, atque ad proferenda virtutum germina, areolam aromatum sponsi, temporanea atque serotina inundatione ubertim irrigat. Hæc est illa gratia, hæc est, inquam, gratia, quæ Æthiopem, qui juxta Jeremiam pellem suam mutare non potest, nativa nigredine dicto citius exuere potest, quæ pardum hæretici dogmatis varietate respersum, solo nutu immutat in unius fidei candorem gratissimum. Libet adhuc in admirationem tantæ gratiæ oculos defigere, et piissimi conditoris in humanam animam ferventissimum zelum et affectum benignissimum ex ipsis verbis suis colligere. Arguit in Jeremia Dominus Hierusalem fornicantem cum idolis, et in Hierusalem humanam animam fornicantem cum vitiis, et more clementissimi mariti uxorem adulteram zelantis, et conscientia admissi exterritæ blandientis, et ad thorum legitimum indulta incesti venia revocantis, sic zelatur, sic blanditur, sic revocat, ac contra consuetudinem virorum se facturum denuntiat, ut incestæ, ut meretrici, ut adulteræ, tantum revertatur, et thori consortium et nominis dignitatem, et pristini affectus integram charitatem restituat. *Vulgo*, inquit, *dicitur : Si dimiserit vir uxorem suam, et recedens ab eo duxerit alterum virum, nunquid revertetur ad eam ultra ? Nunquid non polluta et contaminata erit mulier illa ? Tu autem fornicata es cum amatoribus multis, tamen revertere ad me, dicit Dominus, et ego suscipiam te. Leva oculos tuos in directum, et vide ubi non prostrata sis. In viis sedebas, exspectans eos, quasi latro in solitudine ; et polluisti terram in fornicationibus tuis, et in malitiis tuis. Quamobrem prohibitæ sunt stellæ pluviarum et serotinus imber non fuit frons mulieris meretricis facta est tibi ; noluisti erubescere. Ergo saltem amodo voca me : Pater mi, dux virginitatis meæ tu es.* O pietas, o benignitas, o mira, o miranda charitas ! Quid unquam clementius, quid unquam dulcius ? Nos miseri, nos sepulcra dealbata, qui de nomine singularitatis, qui de habitu humilitatis, sanctitatem specietenus prætendimus, ab intus autem de cadaveribus mortuorum putredinem et fetorem exhalamus, si peccatorem, si similem nobis viderimus, dedignamur, despicimus : quia peccata nostra post dorsum nostrum rejecimus, et in festucam alterius trabe nostra neglecta, oculos intendimus. Si lapsum cernimus, si sauciatum a latronibus non misereamur, non compatimur : vulnera non alligamus, jacentem manu consolatoria non allevamus, et quia viscera misericordiæ non habemus, miseri miserum præterimus. Non dignamur hujusmodi osculo, non dignamur alloquio : panem ipsum cibarium, quem cum soricibus communem habemus, quem et de mensa canibus projicimus, cum consorte naturæ nostræ, cum consorte vocabuli Christiani participare Pharisaico fastu, ut nefas, abhorremus. Non reminiscimur præcepti, quod accepimus, quod frequenter audivimus, frequenter legimus : *Non abominaberis Ægyptium, quia advena fuisti in terra ejus.* Nemo nostrum est, qui in Ægypto non exsulaverit, qui Pharaoni non servierit, qui paleas illi materiam ignis non collegerit, qui sub onere ejus incurvus non ingemuerit. Quod si de domo servitutis, et de fornace ferrea, Christo duce, educti sumus : non abominemur Ægyptium, in cujus terra advenæ fuimus. Si Hebræum ad terram repromissionis suspirantem, sed adhuc sub Ægyptio onere gementem, audimus, et vociferantem misereamur, concurramus : et ut legem Christi sic impleamus, fraterno oneri fraternæ charitatis humerum supponamus. Sed, quod absque dolore eloqui non possum, timorem Domini obliti, et præcepta ejus surda aure, et necessitatem fratris aridis visceribus præterimus. At vero ut ad superiora revertamur, ille singulariter mundus, ille in filiis hominum solus mundus, in quem nihil inquinatum incurrit, cui angelica munditia collata nec ipsa sordes effugit, non dedignatur nos, non aspernatur nos, in fœdissimo illo et fœditissimo cordis lupanari. Proh dolor ! proh pudor ! Quod dictu quoque horribile est, corruptori animarum diabolo prostitutos, et ut fœda fœdis eloquar, a planta pedis usque ad verticem, a mimimo scilicet cogitatu, usque ad perfectum operis, tota actione constupratos : tales, tam sordidos, tam viles, tam abjectos, humillimus et benignissimus Dominus non abhorret, non despicit, non abjicit ; tales sibi in conjugium adsciscit, talibus tanti reatus sibi consciis et conscientia exterritis blanditur, atque ut redire ad se debeant, ore placidissimo deprecatur. Mittit et legatos reconciliationis peritos, perfidiam non imputat, adulterium non improperat, et legationis seriem ipse ordinans. *Loquimini,* inquit, *ad cor ejus,* id est, blandimini ei *et advocate eam : quoniam completa est malitia ejus, dimissa est iniquitas illius.* Commemorat primæ desponsationis fidem, dotis magnitudinem, unam duorum in uno spiritu conjunctionem, communis thalami ornatum, et pulchritudinem, osculi jucunditatem, amplexus dulcedinem. His et hujusmodi demulcet trepidam, diffidenti reformat fiduciam, ac demum revertenti non servos, non amicos obviam mittit, primus ipse occurrit, prior in amplexus, prior in oscula ruit, atque tanti gaudii festivitate digna exsultatione celebrata, in cellam aromatum dilectam introducit. Cujus dulci præsentia, amplexu, et osculis mirum in modum, imo ultra omnem humanum modum oblectata, jam præ nimio æstu amoris sui impotens, seipsam vix sustinet, imo nec sustinet ; sed in collum dilecti languida relabens, amoris magnitudinem vocis ac jubili testatur magnitudine. *Filiæ Hierusalem,* exclamat, *filiæ Hierusalem, fulcite me floribus, stipate me malis, quia amore langueo.* Quem languorem omni sanitate jucundiorem æstimo, quem morte ipsa validiorem non dubito, quem regnis ac sedibus præferendum conseo, in cujus comparatione aurum et lutum æqualiter penso. Quem quidem cum pro scintillula exigui amoris, corde amem, ore prædicem, fateor necdum novi, quis sit languor sponsæ, de amore sponsi. Hanc ergo cellam aromatum, in qua sponsus et sponsa mutua amoris sui suavitate pascuntur, tu quisquis ille es avidus ciborum gratiæ, et insatiabilis desiderii suavitatis intimæ, hanc inquam vel improbitate evangelica irrumpe, vel furtivo silentio clanculum ingredere, et captato secreto sponsi et sponsæ, ibi quære, ibi disce quæ sit magnitudo gratiæ, non a me, qui hæc ipse ignoro, pauperrimo homine. His tamen interim si libet paupertatis nostræ ferculis vescere, atque dulci medulla evangelici frumenti cribro obedientiæ utcunque excussa, atque charitatis oleo conspersa, pascere. Si quis autem paleam plus amat, quaquaversum per Ægyptum ipse sibi colligat, et si ita voluerit, civitatem Pharaoni exstruat : ego charitatem, rem tanti pretii, vili palea nec venalem habeo, nec ipse emo. Sanctum caput vestrum, Pater venerande, Vetustus dierum, in quo omnia matura sunt, nulla senescunt, quod enim antiquatur et senescit, prope interitum est, benedicat, et sub pedibus vestris communem omnium nostrum adversarium velociter conterat. Amen.

PRÆFATIO IN LIBRUM SEXTUM.

De gratia Novi Testamenti.

Solent navigantes navigandi periti pro qualitate ventorum sinum veli aut extendere, aut contrahere, obliquare, aut in directum tendere, et quo magis pertransire accelerant, eo largius velum vento relaxant, ut tanto celerius navis onusta cursum expleat, quanto currentem impetus venti a tergo incumbentis plus adjuvat. Mihi igitur æquor tanti mysterii carina obedientiæ sulcanti, velum pauperis ingenii video non contrahendum, sed dilatato sinu pii desiderii, totum Spiritu sancto expandendum, ac totis medullis, veni, Spiritus, a quatuor ventis, cum propheta exclamandum. Si enim prophetæ mandatur, ut potentiam Spiritus invocet, ad vivificanda ossa arida, in typum unius tunc populi; quanto magis mihi pertenui spiritu, de vita omnium in Christo gentium scribenti necessitas incumbit suppliciter invocandi et exorandi digne septiformem gratiam Spiritus sancti, ut ab ipso doctus possim pro captu humanæ angustiæ eloqui magnitudinem gratiæ vivificatricis, atque modum vivificationis? Ipsum ergo voce, ipsum corde, ipsum votis, ipsum invoco desideriis, ut sicut sub umbra ejus gloriosus ille gloriosæ Virginis uterus intumuit, atque ipso deducente de sinu Patris per ejusdem uteri thalamum cœlestis ad nos sponsus processit; ita ex ipsius visitatione catholicum de incarnatione verbi Dei sensum concipiam, atque pro effatu balbutientis infantiæ condigno verbo ipsum quod in principio erat verbum in mundum efferam. Et valde oro ut nequaquam usque adeo benignissimus ille consolator immundi tugurii sordes abhorreat ut servulum suum offensus pertranseat, atque in hoc sudore vultus sui pauperem suum inconsolatum prætereat. Sicut autem in sacramento Veteris Testamenti transactam hujus operis partem numero distinxi quinario, ita residuam in honorem septiformis spiritus, dignum duxi numero insignire septenario.

LIBER SEXTUS.

Cum innumera sapientiæ Dei consilia adessent, quibus quod adversum nos erat peccati chirographum abolere posset, hoc potissimum elegit, unde redemptus homo redemptoris sui mirum erga se affectum disceret, atque æmulandæ virtutis ab ipsa Dei virtute documentum caperet. Neque enim omnipotentiam Dei in illam quasi necessitatis causam coarctandam æstimo, nec idcirco a Deo, et in Deum assumptum hominem, quia homo aliter redimi non posset. Fateor, aliter homo redimi non potuit, quia redemptor aliter noluit. Voluntas ergo bonitatis ejus, consilii sui causa fuit, non necessitas aliqua impossibilitatis, omnipotentem manum eo usque contraxit, ut si homo non fieret, redimere hominem nequaquam posset. Mira autem et ineffabilis atque omni sensui incomprehensibilis dignatio, ut Deus homo fieret, plenitudo se exinaniret, panis esuriret, virtus lassaretur, vita moreretur. Sed cur hoc? Ut a Deo assumptus homo Deus fieret, ut exinanitus exinanitos impleret, esuriens jejunos pasceret, lassus dissolutos confortaret, mortuus mortuos vivificaret. Magna plene gratia, mira dignatio tanta tantæ majestatis exinanitio. Quantum putas exinanitus erat immensus brevissimo atque mundissimo unius virgunculæ utero inclusus? Quantum exinanitus erat Omnipotens, in teneris infantiæ annis, et membris, etiam sui impotens? Quantum exinanitus erat ille singulariter dives, et solus sibi sufficiens : ut qui cœlos luce induerit, pannis involutus sit? Quantum exinanitum erat illud angelorum ineffabile gaudium, cum in cunis vagiret, ac primi parentis ærumnæ causam defleret? Quantum demum exinanita erat majestas illa virtutibus adoranda, potestatibus tremenda, a peccatoribus irrisa, ac facie sputis illita? Ne quis autem existimet ita exinanitam in assumpto homine divinæ majestatis potentiam, quasi in infirmitate nostra omnipotentia Dei defecerit aut ex aliqua sui parte imminuta sit. Ita vero in eadem persona utriusque naturæ proprietatem distinguat, ut infirma homini, divina Deo attribuenda intelligat. Ipsa igitur Filii Dei exinanitio nihil aliud esse credenda est quam dispensatoria in Filio hominis divinæ majestatis occultatio. Cum ergo ad requirendam ovem perditam, hanc potissimum, ut diximus, viam pastor bonus præelegisset, in creando novo homine, novo usus est creationis genere. Et dignum erat ut qui corruptam in Adam massam sanare veniebat, non de semine corruptionis, sed de potentia Spiritus sancti nasceretur. Quæsita ergo sponsa speciosissima inter filias hominum, de cujus utero *tanquam sponsus de thalamo ad nos procederet speciosus præ filiis hominum.* Quæsitum est dignum sapientia Dei signaculum sub quo signaret mysterium a sæculis abscondidum. Quæsitum est vitrum mundissimum atque solidissimum, per quod igneos radios transmitteret sol justitiæ ad effugandas tenebras gentium; ex quibus puritas vitri et claritatis augmentum conciperet, et integritatis detrimentum non sustineret. Quænam hæc sponsa tam elegans, tam decora? Ubinam terrarum tam speciosa quæ Filium Dei de sinu Patris alliceret, et in amplexus suos vinculis charitatis pia violentia captivum traheret? Diu quæsita, multis sanctorum votis exspectata, tandem inventa est specialis illa specialiter digna, singulariter pulchra virgo Maria. Sed a quo inventa? Nunquid ab homine? Nunquid ab aliquo vel cœlestis exercitus principe? Imo ab ipso angelorum atque hominum conditore : ab ipsa sapientia Dei, quæ æternaliter ab ore procedit Altissimi ; quæ penetrabilior est omni gladio ancipiti, quæ usque ad divisionem animæ ac spiritus, compagum ac medullarum pertingit, quæ cogitationes et affectus singulorum, ipsas quoque cogitationum et affectuum origines sola investigare sufficit. Ipsa Mariam sibi in sponsam ab æterno ordinavit, ipsa in plenitudine temporis castissimum Mariæ uterum in tabernaculum sibi sanctificavit, ipsa templum suum in Maria omni gloria et decore super omnium creaturarum visibilium atque invisibilium pulchritudinem adornavit : quantum voluit, et quantum nasciturum de ea decuit. *Sapientia* enim, ait Sapiens, *ædificavit sibi domum, excidit columnas septem.* Ipsa sibi ipsa plane sine viri adminiculo domum in Maria ædificavit, ipsa columnas excelsas domui suæ excidit, quibus suffultus castissimus sacratissimæ virginis uterus, in æterna pudoris sui stabilitate permanet inconcussus. Inventa itaque virgine casta, virgine sancta, et tam casta tamque sancta, ut Filio Dei desponsanda, in officina Spiritus sancti, industria summi artificis, tantæ virginis tantæque prolis futuræ matris, præparantur ornamenta. Quo studio, qua diligentia, quanta ambitione, quanto cultu, non est paupertatis meæ eloqui : sed quibus decuit matrem Christi, umbraculum Spiritus sancti, reginam cœli, reginarum imperatricem adornari. Eligitur et nuntius unus ex multis millibus tanto rege dignus, tanto mysterio idoneus, tam amicæ legationis peritissimus, ad deferendam virgineo pudori reverentiam mitis ac placidus, Gabriel dictus, quia fortitudinis Dei nuntius. Mittitur itaque ut celerius eat, quia plenitudo temporis jam aderat, ut dilectæ sponsæ condigna sponsalia perferat, ut gloriosæ Virgini ornamenta non minus gloriosa offerat; atque post munerum exhibitionem, novam et inauditam mundo salutationem consequenter inferat : *Ave, gratia plena, Dominus tecum, benedicta tu in mulieribus.* O quanta gratia plena erat, quam et ipsa dignitas angelica tam devote, tam officiose salutabat! *Ave,* inquit, *gratia plena, Dominus tecum, benedicta tu in mulieribus. Ave, gratia plena,* Spiritu sancto implenda, ac totius mundi exinanitionem, plenitudine ventris tui impletura! O quanta gratia, quanta Mariæ benedictio, per quam sanata est Evæ maledictio! *Dominus tecum.* Miro ac stupendo modo idem cum sponsa sponsus ; idem ex matre filius. Cum sponsa sponsus, novum creando hominem; ex matre filius, novum seipsum exhibendo hominem. *Dominus tecum,* non generali tantum benedictionis gratia, qua et cum cæteris sanctis est, ita et tecum; verum etiam et singularis præogativa gratiæ sicut cum matre filius, dominus tecum ; *Dominus tecum,* ut viscera tua sanctificet; *Dominus tecum,* ut in carne tua humanam sibi naturam associet; *Dominus tecum,* ut areolam ventris tui nova benedictione irriget ; *Dominus tecum,* ut ex paradiso uteri tui divini germinis fructum producat, qui solus ex cunctis fructibus filiorum hominum, vermem corruptionis nesciat. *Benedicta tu in mulieribus.* Benedicta in mulieribus, benedicta præ cunctis mulieribus, decus mulierum, benedictio virorum ac mulierum. Jure, inquam, benedicta in mulieribus, quæ opprobrium antiquæ deceptionis manu reconciliationis a cunctis abstersit mulieribus. Quid enim? si reatus per Evam, et justitia per Mariam ; si reatus pœna per Evam, et reatus venia per Mariam ; si maledictio antiqua per Evam, et benedictio nova per Mariam. Ad extremum si mors per Evam, nihilominus et vita per Mariam. Jure igitur Mariam omnis conditio, omnis ætas, omnis gradus angelica salutatione honorat; jure Mariæ omnis vox, omnis lingua, omnisque conscientia cum angelo proclamat : *Ave Maria, gratia plena, Dominus tecum ; benedicta tu in mulieribus.* Qua

salutationis insueta formula territa nobilis illa virguncula, vultu demisso, tacita æstuat, tacita secum cogitat atque priusquam salutanti se, officium responsionis rependat, qualitatem ac modum salutationis in libra cordis ut prudens examinat. Maria pudoris sui custos fidelissima, sicut turtur erat solitaria elongans et fugiens, atque in solitudine cordis secum commanens, nidulo castitatis insidens, ac sanctæ meditationis pullos ad robur consummatæ virtutis fructibus contemplationis enutriens. Maria secreti amica, quietis studiosa, in cubiculo assidua, in publico rarissima, tumultus oderat, occursus fugiebat, ne sæpius visa, etsi non conscientiæ vel famæ maculam contraheret, quam raro effugit, qui se turbis hominum ultro immergit. Audiant virgines, audiant cœnobialis palæstræ professores : qui professionis immemores, et quietis impatientes, per provincias, per castella, per oppida discurrunt : et simulata utilitate Ecclesiæ suæ, sed revera prodita salute animæ suæ, tumultibus hominum, et cœno sæcularium actionum contra habitus sui reverentiam impudenter se immergunt. Sed quid servis Christi cum cœno mundi ? Quid civibus cœli, cum inquilinis sæculi ? Quid margaritæ, cum sterquilinio ? Quid solitarius in populo ? Nec ista dixerim, ut suggillem ministros Christi, ac ministros servorum Christi : quæ impietas longe sit a sensu pauperis Christi. Absit a me, ut quos Deus laudat, ego vituperem, quos Deus commendat, ego reprohem, quos laude potius et honore dignos judico, quibus reverentiam et ipse libenter defero ! Ministri enim Christi sunt imitatores Dominum suum, qui de sinu Patris in hanc vallem lacrymarum exivit, et in sudore vultus sui requiem nobis providit. Ejus itaque imitatores existunt, qui, ut fratribus suis intus quietem provideant, in labore et ærumna, cum Apostolo foris desudant : ut in tabernaculo Dei byssus et hyacinthus, purpura et coccus, quæ quidem injuriam imbrium ferre non possunt, intacta permaneant, impetus tempestatum ipsi portant. Solliciti sunt cum Martha et turbantur erga plurima : et ut fratribus suis vacare liceat, et gustare quam suavis est Dominus, de calice felle misto, ipsi gustant quam amarus est mundus.

His itaque in commonitionem mei ac similium mei quasi per excessum dictis, ad purissimum virginitatis speculum Mariam, oculos reflectamus : et quomodo salutantem se angelum exceperit videamus. Salutationis novitatem stupet, salutata interim silet : ut in respondendo procacior appareret, quod virginem dedecet. At legatus prudens virgineo pudori consulens, ac trepidanti blandiens : *Ne timeas,* inquit, *Maria : ne timeas ; invenisti gratiam apud Dominum, ne timeas.* Apud Deum gratiam invenisti, ideo te gratia plenam dixi. Apud Deum gratiam invenisti : et ideo Filium Dei parere meruisti. *Ecce enim concipies in utero, et paries filium,* non quemcunque, sed magnum ; non terreni patris, sed Altissimi Filium. Ne mireris, ne incredula sis verbis meis, quia salva consistere vides virginei claustra pudoris. Uterus tuus implebitur, sed signaculum uteri non dissipabitur. Tu filium paries, sed ille honorem matris non minuet. Virgo es, mater eris; beata, quia virgo, beatior, quia mater; sed hoc privilegium in æternum sola possidebis. Sicut enim in partu nec habuisti, nec habitura es similem, ita et in privilegio dotis alteram non habebis comparem. Nec ideo te diffidas futuram matrem, quia nec tuum virum, nec illius nosti patrem. Qui enim te in tempore sibi elegit matrem, ab æterno jam habet patrem. Patrem habet, matrem nondum habet; ideoque missus sum ad te, fide te ei desponsare. Accomoda ergo fidem, et suscipe prolem, et beata mater eris, quia Deum et hominem generabis. Mira sunt quæ dico, mira et inaudita, sed non sunt Omnipotenti impossibilia. Hortus conclusus, fons signatus uterus, sed ideo bene conclusus, ideo firmiter signatus, quia soli Deo pervius. Ne timeas pudori tuo, columba sine felle domina mea, quia Domini mei mater et sponsa, quia claustra tua sicut in conceptu, ita nec in partu sunt resolvenda. Sol per vitrum intrans et exiens, vitrum non solvit, creator solis, matrem suam illibatam conservare non poterit? Si autem causam adventus mei et utilitatem partus tui inquiris, audi nomen filii tui, et intelliges fructum ventris tui. Jesus enim vocabitur, salvator erit, ad salvandum venit. Gaude ergo, domina mea; gaude ad tantam gratiam te esse electam matrem, ut totius mundi generes Salvatorem. His et aliis hujusmodi imo longe aliis, et si non ab angelo dictis, a superventuro tamen Spiritu sancto mundissimo cordi Mariæ inspiratis fidem adhibet dictis, nihil hæsitat, nihil dubitat; implenda fideliter credit, quæ ventura Omnipotens repromittit. Confert ut arbitror cum verbis angeli verba prophetæ, cum his quæ audit, ea quæ legerat, et auditis eo melius credit, quod a propheta angelus non dissentit. Ecce virgo concipiet, propheta ait, et pariet filium, et vocabitur nomen ejus Emmanuel. Ecce virgo concipiet et pariet filium Isaias præcinit. Ecce concipies in utero, et pariet filium Gabriel succinit. Et vocabitur nomen ejus Emmanuel, id est nobiscum Deus Isaias prophetat; et Filius Altissimi vocabitur Gabriel Mariæ annuntiat. Hæc, ut arbitror, utrumque pensat, confert, examinat, atque tanto uberius novis fidem accommodat, quanto cum antiquis concordius consonant. Jam se igitur imprægnandam, jam se parituram incunctanter credit, modum tamen quo id fieri debeat inquirit, quia hoc nec in propheta legerat, nec ab angelo audierat. Quomodo, inquit, fiet istud, quoniam virum non cognosco? Quomodo fiet istud? Vir non est mihi agnitus, unde mihi filius? Virgo sum, mater quomodo ero? Quomodo fiet istud? Non est filiorum Adam ista lex, ut sine viro concipiat mulier, sine patre nascatur puer. Hac lege, hoc ordine, omnia ab initio ad nos usque sæcula decurrerunt, ut de viro mulier imprægnetur atque de patre puer generetur. Ista quæ astruis, quis vidit, quis audivit? Insueta sunt usu, incognita visu, incomperta auditu. Quomodo ergo fiet istud? Spiritus sanctus, inquit, superveniet in te, et virtus Altissimi obumbrabit tibi. Divina sunt quæ nuntio, magnalia sunt Omnipotentis quæ prædico. Ita Omnipotens voluit, ita Omnipotens disposuit, qui in cœlo et in terra omnia fecit quæ voluit. Voluntas Dei naturæ ordine non regitur, sed pro arbitrio voluntatis Dei, ordo naturæ dirigitur. Nec dicendum est extra cursum naturæ fieri, quod Dominus naturæ ita decrevit fieri. *Spiritus sanctus superveniet in te.* Spiritus sancti potentia in utero tuo creabitur, qui duabus naturis in eadem persona in unum convenientibus, Spiritui sancto æqualis habebitur. Et virtus Altissimi obumbrabit tibi. Ne timeas pudicitiæ speculum, æstum libidinis; virtute Altissimi adumbraberis. Sicut umbra fervorem removet, refrigerium præstat, sic interposita virtus Altissimi excludet æstum peccati, ac rore divino infundet secreta ventris tui. Ideoque quod nascetur ex te sanctum, vocabitur Filius Dei. Merito sanctum nascetur, quod de Spiritu sancto concipietur. Juste vocabitur Filius Dei, qui virtute creabitur Altissimi. Hic est ordo, hic est modus conceptus et partus virginei, voluntas atque omnipotentia Dei. His convenienter instructa, his sufficienter edocta, ecce, inquit Maria, ecce ancilla Domini : fiat mihi secundum verbum tuum. Ancilla sum Domini; ancilla sua, licet ei ut libet uti. Conditionem attendo, ancillam me recognosco, devotæ servitutis voluntatem Domino meo offero; obsequium ad quod de me exigor, prompta devotione exsequor. Multum est mihi et valde multum, quod ancilla mereor vocari : ad illud tam excellens vocabulum parvitas mea non occurrit, ut mater Domini debeam appellari. Fiat mihi secundum verbum tuum, ut in me caro fiat, quod in principio erat, Verbum. Fiat mihi ut digna inveniar, per quam mundus gratiam reconciliationis inveniat. Fiat mihi ut in terris ei præbeam corporis mei hospitium, qui me postmodum in cœlis in regni sui assumat consortium. Hæc de plenitudine gratiæ, quæ in uterum gloriosæ Virginis divinitus influxit, et inde in universum mundum profluxit prolixius exsequenda credidi, ad ostendendam magnitudinem gratiæ Dei, quæ nullis præcedentibus meritis per Mariam collata est homini. Quidquid enim Mariæ speciali licet prærogativa, gratia Dei contulit, hoc in salutem totius mundi miseratio divina providit. Mariæ bonum commune est omnium, et de plenitudine Mariæ impleta est solitudo gentium. Quisquis ergo avidis faucibus sitis dulcedinem gratiæ, cum debita reverentia accede ad plenitudinem ventris Mariæ. Tanta inde ubertas pietatis, tanta fluit pietatis suavitas, ut nec ubertas defectum, nec suavitas noverit fastidium. Bibe ergo, bibe de hoc fonte pietatis : bibe, ut avidas fauces impleat, sed ne putes quod bibendo sitim exstinguas. Amor æternorum hoc habet proprium ut amantium semper inflammet desiderium, nunquam amantibus aliquod sui ingerat fastidium. Nulla mens æstimare, nulla sufficit lingua enarrare quantam per virginum decus Mariam Deus homini contulerit gratiam. Maria stella maris, lumen errantium, spes desperantium, consolatio mœrentium, commune gaudium omnium Christi fidelium. De cujus laude nondum desiderio satisfecimus, nec aliquando in defectu corruptibilis hujus vitæ satisfieri posse credimus. Prægustata autem suavitate laudis ejus, desiderium nostrum magis ac magis accenditur, sed quotidiana memoria ejus ac frequenti iteratione dulcissimi nominis ipsius, quasi divino quodam rore pii desiderii æstus refrigeratur. Neque enim post illud singulare dilecti filii sui nomen, quod est super omne nomen, aliud nomen cœlum aut terra nominat: unde tantum gratiæ, tantum spei, tantum suavitatis, tantum consolationis, piæ mentes concipiant. Quotiescunque enim dulcissimum nomen illud Maria, amatores illius audiunt, toties ex pio auditu et suavitate auditi nominis, nescio quid inenarrabilis jucunditatis intus trahunt. Nomen namque Mariæ mirum quid suave ac divinum in se continet, ut, cum sonuerit, amicis cordibus amicæ suavitatis odorem spiret. Et mirum illud est de nomine Mariæ et valde mirum, ut millies auditum, semper audiatur quasi novum. Maria virgo sancta, mater Deo digna, benignissima consolatrix, piissima reconciliatrix, potentissima suorum advocatrix. Videbor cuilibet in laude Mariæ nostræ, nostræ, inquam, nostræ, videbor forsitan nimius; sed nemini, nisi qui fuerit et matri ingratus, et in filium impius. Libet adhuc, et in æternum libebit gloriosæ dominæ, gloriosæ Virginis, et gloriosissimæ matris immorari laudibus, sed quia in longum sermonem produximus, in laudem Mariæ sermonem de Maria terminemus, pro universis beneficiis per piam matrem nobis collatis, gratias agentes piissimo et unico Filio ejus, qui cum Deo Patre et Spiritu sancto vivit et regnat Deus, per omnia sæcula sæculorum. Amen.

PRÆFATIO IN LIBRUM SEPTIMUM.

Moris est Scripturæ sanctæ, ut se invicem testimoniis suis, quasi columnis quibusdam fulciat, et res difficiles atque humanæ diffidentiæ incredibiles, alterius rei æque difficilis exemplo astruat. Condescendit enim sermo divinus auditoribus suis, et quos solido cibo nondum videt idoneos, teneritudine lactis interim nutrit. Unde in Ezechiele Dominus cum laxandam captivitatem populi Judæorum promitteret, et illi potentiam Dei ex sua imbecillitate metientes, præ magnitudine calamitatis hoc etiam Deo impossibile crederent proponit similitudinem, et ex comparatione magis difficilis ac magis insueta ad credendum suadet incredulos. Proponit enim prophetæ ossa multa nimis, carnibus nudata, nervis dissoluta, et in tantum arida, ut utrum vivificari possint etiam prophetæ fides diffidat; quæ ad imperium Domini vaticinante propheta dicto velocius carnibus vestita, nervis sunt compacta: et a quatuor ventis flante Spiritu vivificata, et in antiquum vitæ statum super pedes suos sunt restituta. Sicut autem proposita sunt hæc domui Israel in portentum, ita etiam gloriosæ ac perpetuæ Virgini Mariæ infecunda anus Elizabeth proposita est in exemplum, ut tum in Elizabeth, quam in se omnipotentiam Dei disceret, qua quando vellet, et quomodo vellet, naturæ cursum retro converteret.

LIBER SEPTIMUS.

Et ecce, inquit Gabriel, *ecce Elizabeth cognata tua, et ipsa concepit filium in senectute sua, quia non erit impossibile apud Deum omne verbum.* Si ordinem naturæ respicis, in Elizabeth non invenis. Ab anu et sterili partum natura non exigit, quæ et si sterilis non esset, nihil hujusmodi naturæ vetula deberet. Si autem et vetula et sterilis, qua lege naturæ concepit? Sed deficiente natura, prævaluit gratia: *quia apud Deum non est impossibile omne verbum.* Verum quia hujus opusculi mei causa est obedientia, materia, gratia, absurdum est silentio præterire qui præco est gratiæ. Præco enim gratiæ de gratia concipitur, per gratiam nascitur, gratia matris adhuc in utero perfunditur, de gratia nomen sortitur Joannes, id est Dei gratia dicitur. Libet itaque ad superiora respicere, et hæc paulo latius ex ordine digerere. Judex æternus prætorium mundi ingressurus, subitus et improvisus reis supervenire noluit, sed dignum se præconem ante faciem suam præmittere studuit, qui reis pœnitentiam indiceret, et venienti judici clementiæ viam sterneret. Proprium est enim benigni judicis ut sicut obstinatis districtus et terribilis, ita pœnitentibus appareat clemens et mitis. Et dignum profecto erat, ut præco tanti judicis, magnis et ipse commendaretur præconiis, ut in dignitate præconiis mundus discerret, quantæ excellentiæ judex esset. Mittitur itaque de cœlo nuntius, non quilibet, sed Gabriel archangelus, in tempore sacrificii ad Zachariam sacerdotem Domini, ut dum ille de ara cordis in cœlum dirigit incensum orationis, per cœlestem nuntium lætificetur de exauditione precis. Et bene tempus mysterio atque mysterium tempori congruit, ut, dum sacerdos intus cum odore incensi Deo offert vota populi, et populus ipse foris pro salute sua Deo supplicat, tunc sacerdos intus in secreto cordis de nativitate præcursoris Domini et salute populi, secreta consilii Dei ab angelo edoctus intelligat. At Gabriel archangelus legationis hujusmodi peritissimus, a dextris altaris incensi astat, quasi positione sua clamans, quia dextera sint, quæ nuntiat. Pulchre a dextris altaris incensi, quia exauditam esse indicat per sacerdotem orationem populi. Pulchre, inquam, a dextris altaris incensi, quia fortitudinem annuntiat dextera Dei. Qua visione sacerdos devotus, divinis totus intentus, eo magis quia angelica perterritus, tacita secum cogitatione æstuat, quis sit, unde adsit, quid sibi velit, secum mirans. Non hominem credit : qui in tempore illo et in secreto illo, in hora scilicet incensi, et intra secretum veli, subito se sanctis ingesserit. Eo magis miratur, eo magis trepidat, et divinum aliquid esse credens, reverentiamque divinis exhibens, reverenter exspectat, donec ipse qui venerat, adventus sui causam aperiat. *Ne timeas*, inquit, benignus ille trepidantium consolator; *ne timeas*, quia ad nostrum ingressum timere eos non convenit, qui hostiam laudis in odorem suavitatis Deo offerunt. *Ne timeas*, quia tristia non sunt quæ nuntio, grata sunt, jucunda sunt, et plena gaudio. *Exaudita est oratio tua*, tanquam pro salute populi, tanquam pro redemptione totius mundi, Deo gratanter oblata. *Exaudita est oratio tua*, ejus merito jam accepta, qui futurus est sacerdos et hostia. *Exaudita est oratio tua, et Elizabeth uxor tua pariet tibi filium*, non filium tantum carnis, sed et repromissionis; non naturæ, sed gratiæ, quia lippientis Liæ utero partu sex filiorum effeto, tempus jam instat quo Rachel magis dilecta, gratia fecundata, filios dexteræ parere jam incipiat. Et ut cuncta te edoceam, *Joannes vocabitur*, quia magnæ gratiæ, magni apud Deum meriti habebitur. *Magnus enim erit coram Domino*, in opus magnum jam præelectus, in opus magnum postea assumendus a Domino. *Magnus erit*, quia præco illius erit, cujus magnitudinis non est finis. *Magnus erit*, quia *Spiritu sancto replebitur adhuc ex utero matris*. Spiritu sancto matris adhuc ex utero replebitur, cujus potentia in utero creabitur. Nam cum in patre generandi, in matre pariendi officium jam sit emortuum, cujus hoc, nisi Spiritus sancti est donum? *Spiritu sancto replebitur*, Spiritus sancti suavitate pascetur, ideoque nec immundo vescetur, nec vino, aut sicera potabitur. Qui enim palato cordis, quam *suavis est Dominus* gustat, exteriores sapores non magnopere curat, qui vero ab interiori dulcedine jejunat, porcorum siliquis inhiat. *Et multi in nativitate ejus gaudebunt*, quia gaudium suum mundo annuntiabit, *Multi in nativitate ejus gaudebunt* : sed post eum venturus est, de cujus nativitate cœlestia simul et terrena exsultabunt. His angelicæ assertionis oraculis sacerdos incredulus, et cum sacerdote suo perfidus ille populus, silentio plectitur, donec pugillari fidei nomen Joannis ascribat, et in fine mundi de corde ejus perfidiæ ablato velamine, tempus gratiæ jam pene præteriisse, ac diem judicii instare ex Scripturis sanctis intelligat, ac veræ fidei confessione, cum officio linguæ mereatur et donum prophetiæ. Interea Zacharia justa incredulitatis suæ pœna mulctato, non tardat divina promissio; concipit Elizabeth, concepisse se miratur ac stupet; quid novitatis, quid miraculi secum agatur nondum intelligens. Occultat se anus pudibunda, celare contendit Dei magnalia, ignorans quam celebris mundo futurus esset, qui nasciturus erat. Adest festina devota virgo, adest Maria de conceptu Elizabeth edocta ab angelo; et illud Sapientis : *Qanto magnus es, humilia te in omnibus*, secum forte revolvens, cogitatam cum festinatione visitat, et matrem servi ipsa domini mater, officiosa cum devotione, prima salutat, ubique palmam præferens, sicut virginitatis, ita et humilitatis. Eia non discussa crassa nube, intende, si potes, ipsum purissimum splendorem gratiæ, et commodata acie aquilæ diligens speculator diligenter speculare. Sed fortassis dices : Quid ad me ista? quid ad iniquum justitia? quid ad peccatorem sanctorum merita? quid ad humilitatem servi, insignia domini? quid demum ad hominem, magnalia Dei? Multum plane : nempe ut servum gloria sua indueret, habitum servi Dominus induit; et quod in assumpto homine Deus egit, homini contulit. Consolare ergo, o homo, consolare, et hanc quoque gratiam ex Domini tui benignitate tuam esse præsume, et ultimum quoque membrum cum capite suo glorificandum indubitanter crede.

Audita salutatione matris Domini, repleta est Spiritu Domini, ancilla Domini : et quia magnam per Spiritum gratiam agnovit, magna voce, quia magna fide, exclamavit. *Benedicta tu in mulieribus, et benedictus fructus ventris tui*. Benedicta tu in mulieribus, quæ privilegium hujus benedictionis sola præ cunctis meruisti mulieribus. *Benedictus fructus ventris tui*, ex quo conficitur panis cœli. *Benedictus fructus ventris tui :* cujus suavitate pellitur amarissima fames sæculi. *Benedictus fructus ventris tui*, sine quo nec in cœlo vivunt angeli. *Et unde hoc mihi, ut veniat mater Domini mei ad me?* Unde hoc indignæ ancillulæ, ut digna habeatur visitatione tantæ dominæ? Unde hoc uxori militis, ut a matre visitetur imperatoris? *Ecce enim ut vox salutationis tuæ auribus meis insonuit, infans in utero meo præ gaudio exsultavit*. O gratia, o miracula! Imperatrix ancillam visitat, imperator militem lætificat. Domina famulam officio salutationis honorat, dominus servum spiritu prophetali donat. Mater judicis se ancillæ obsequendo submittit, judex præconem dato mandato ante faciem suam præmittit. Ancilla vero dominam debita cum veneratione excipit, et quanto benigniorem experitur, plus diligit. Non superbit, non inflatur, ut illa Agar, nec cervicem erigit, sed de officio gratias agens, adventu dominæ suæse indignam asserit. Et quia matri Domini sui se humiliter sternit, pro honore matri delato, a filio spiritum prophetiæ, dono accipit. Nec parvulus in utero cessat ab officio, sed et ipse dominum suum adesse sentiens, tripudiat gaudio. Maternos vultus nondum agnoscit, et virgineo clausum utero, dominum suum recognoscit. Agnoscit servus dominum, miles regem, præco judicem, et quia videt judicem jamjam incipientem ingredi, qua interim potest voce, exsultatione videlicet gaudii, mundo inclamat adventum judicis sui. O novitas! o miraculum! o pulcherrimum et theatro mundi incognitum spectaculum! Parvuli nostri in utero ludo suo sibi invicem alludunt, sed non sicut Ismael Isaac, alter alteri illudit. Alludit benignissimus dominus devoto famulo, gratiam infundendo; alludit humilis servulus pio domino, quas interim potest gratias referendo. Alludit dominus servo, adventum suum manifestando; alludit servus domino, adventum ipsius gestu corporis prophetando. Ecce parvuli nostri, sicut illi in utero Rebeccæ contendunt: sed non ut alter alterum supplantet, sed ut alter alterum mundo commendet. Commendat Christus Joannem, tanquam fidelissimum famulum; commendat Joannes Christum mundo, tanquam *agnum Dei, qui tollit peccata mundi.* Commendat Christus Joannem, dicens: *Inter natos mulierum non surrexit major Joanne Baptista;* commendat Joannes Christum, dicens: *Qui post me venit ante me factus est, cujus non sum dignus corrigiam calceamenti solvere.* Hæc amica mutuæ commendationis officia præludunt in utero parvulorum gaudia, dum et servi dominus congaudet sanctitati, et ille exsultat se dignum inventum vocari servum sanctorum Sancti. Hæc est illa mira et sæculis omnibus inaudita gratia, quam neque sensu concipim, neque lingua effari queam. Mira gratia, quia qui vita mundi nondum libere fruuntur, libertatem ac vitam mundi pariter operantur, alter gestu prophetando, alter gratia vivificando. Mira, inquam, gratia, quia qui sibi nondum prodesse possunt, jam mundo consulunt. His itaque de exsultatione parvulorum consideratis, quia superius de Elizabeth quantum exsultaverit, quomodo gloriosæ matri ac fructui ventris ejus benedixerit, paucis egimus: nunc jam de matris Domini gaudio, laude et cantico, quæ filius ejus revelare dignabitur consideremus. Inveniuntur autem diversa in Scripturis sanctis cantica, pro rerum gestarum magnitudine, aut mysteriorum gravitate, a se invicem distantia: quorum omnium rationem non est parvitatis meæ aut intelligere aut exponere. Invenitur enim in Exodo canticum a filiis Israel, Maria cum tympano præcinente, pro submerso Pharaone Deo decantatum, quod et omnium, ut arbitror, canticorum invenitur primum. Prima enim nobis Deo pugnante pro nobis de Pharaone conceditur victoria: quando in baptismo cujus mare illud figura erat, totum regnum peccati cum diabolo rege suo destruitur, ut ne unus quidem Ægyptiorum residuus sit, qui populum Dei a tergo insecutus sit. Et hoc notandum in Pharaonis submersione, amatoribus gratiæ, quod populus Dei immanissimæ illi belluæ atque omni humanæ virtuti inexpugnabili, nec occurrit, nec congreditur: sed sola Dei gratia, fortis ille armatus, omnia sua in pace eo usque possidens, populo tantum spectante, submergitur. Est et aliud in libro Judicum pro interfecto Sisara Deboræ canticum quem adversariam aliquam potestatem intelligimus, quæ et ipsa populum Dei prodit ac persequitur: et de potestate Pharaonis dextera Dei liberatis iterum atque iterum tentat peccati imponere tributum. Est et aliud in libro Regum Annæ nostræ, id est, gratiæ canticum, quæ oratione ad Deum non pro morte inimicorum, sed pro fructu ventris sui fusa et exaudita, hostiam laudis Deo offerens, canticum exsultationis edidit: et unius filii dignitate super numerosam æmulæ suæ sobolem gratia Dei se esse dilatatam, gloriabunda cecinit. Sed quia propositum mihi non est omnia veteris historiæ nunc cantica revolvere, veniam ad illud Salomonis in canticis famosissimum, et propter quamdam, imo magnam sui excellentiam non solum canticum, sed et Canticum canticorum appellatum, ubi nullus de hoste metus, de concluso utero dolor nullus: ubi nulla sterili permanente, omnes de lavacro ascendunt cum gemellis fetibus, ubi a filiabus Hierusalem dulcibus modulis theoricum illud sponsi et sponsæ decantatur epithalamium. His et aliis omnibus divinis ac mysticis canticis, unum illud ac speciale Mariæ canticum, quod de primitiis ventris sui domino obtulit, qui benedictionem dedit, præferendum censeo, nec fallor judicio, quia sicut fructus ventris Mariæ inter omnes fructus principatum obtinet, ita et canticum Mariæ inter omnia cantica primam æquo jure sedem possidet. Illa enim horum figura erant, atque veritati, quæ in Evangelio loquitur: *Ego sum veritas,* serviebant, et multo majore gaudio perfruitur sponsa nostra dilectum amplexans atque deosculans, et amatoria illa, quæ sensus atque affectus hominis effugiunt, amicis auribus decantans, quam illa Salomonis desiderio æstuans, atque moræ impatiens, præ impatientia amoris, *Osculetur me osculo oris sui* exclamans.

His in commendationem cantici gloriosæ Virginis prælibatis, aurem cordis obstrepenti mundo instar aspidis obturemus: et quomodo tympanistria nostra de supernis concrepet, diligentius auscultemus. Celebrato itaque de adventu matris Domini tanto gaudio, quantum illi noverunt qui interesse meruerunt, beata mater, præsentia divinitatis filii tota perfusa, magna videns, magna sentiens, *Magnificat anima mea Dominum,* magno cordis jubilo decantat. Magna sunt, mira sunt, divina sunt quæ geruntur, et in valle lacrymarum angelorum gaudia celebrantur. In angustia unius uteri latet, qui coelum continet, et quia omnia nutu portat, unius puellæ venter bajulat. Ad hæc tanta dona, tam immensa beneficia digna laude prædicanda, quæ lingua carnis sufficiat? Quis sensus ea comprehendat? Imbecillitas carnis tantæ majestatis pondus non sustinet, sensus deficit, lingua non sufficit. Magnificet ergo anima mea Dominum, non quo vel ipsa sufficiat, sed ut digniorem aliquam gratiarum actionem tanquam conditione carne dignior, in excessu sui inveniat. Labia dolosa in corde et corde dolum perficiunt, quando aliud lingua sonat, aliud cor desiderat. Qui autem in laude Dei vel de laude Dei aliud quidlibet quam Deum quærit, anima ejus Dominum non magnificat : sed quod in corde suo magni facit, quod magis quam Deum diligit, illud potius magnificat. Sed beata mater, quia amori dilecti filii nihil creaturarum præferre poterat, pro incomparabili illo dono singulariter sibi attributo, sicut ex lege didicerat, ex toto corde, et ex tota anima, et ex omni mente sua Dominum magnificat. *Et exsultavit spiritus meus in Deo salutari meo.* Merito spiritus ejus in Deo fiducialiter exsultat, cujus anima Dominum magnificat. Alius in honoribus, alius in divitiis, alius in filiis, iste isto, ille illo modo exsultat; Mariæ spiritus in Deo tantum exsultat. Merito sic magnificat, merito sic exsultat, quæ humilitatem suam a Deo respectam, et ex ancilla in maternæ dignitatis gloriam humili se assertione assumptam pronuntiat. *Respexit*, inquit, *humilitatem ancillæ suæ; ex hoc beatam me dicent omnes generationes.* Quia humilem me vidit, gloriosam me fecit; quia in oculis meis humilis fui, oculis ipsius complacui. Humilitas enim decor est animæ, elegantia formæ, decus virginis, custos pudoris. Humilitas faciem ornat, vitam commendat, sensus illustrat, actus conservat. Hanc in Maria Dominus respexit, hanc probavit, hanc adamavit; hanc in Maria tanta mercede donavit, ut nulla generatio prætereat, quæ Mariæ non benedicat. Generatio præterit et generatio advenit, laus Mariæ nulla unquam generatione deficit. Laus Mariæ fons est indeficiens, qui quanto longius extenditur, tanto amplius impletur, et quanto amplius impletur, tanto latius dilatatur. Jure ergo Mariæ omnis generatio benedicit, per quam omnis generatio benedictionem promeruit. Beata est enim, non solum generali cum cæteris electis beatitudine, sed et speciali præ cunctis mortalibus munere. Jure, inquam, Mariæ omnis generatio benedicit, quia magna et valde, magna cum ea fecit qui potens est facere quæcunque voluerit. *Fecit* inquit, *mihi magna, qui potens est, et sanctum nomen ejus.* Et vide quomodo mater gratiæ, opus gratiæ totum ascribat gratiæ. Non ait, *fecit mihi magna*, quia virgo sum, quia sancta, quia digna sum; sed quia *potens est*, quia sanctus, quia misericors est. Quia potens est, magna potenter peragit; quia sanctus est, sanctitatem diligit, sanctitatem restituit; quia misericors est, misericorditer ignoscit. Quia potens est, potest virgini et matris conferre honorem, et virginitatis conservare pudorem. Quia potens et sanctus est, potest pellem Æthiopis immutare, et nativa nigredine omnipotente manu detersa, super nivem dealbare. Quia potens est, fortem alligabit; quia sanctus est inquinatos sanctificabit; quia misericors est latroni quoque paradisi januam reserabit. Neque enim in infirmitate mea virtus ejus infirmabitur, nec in similitudine peccati sanctitas ipsius inquinabitur, nec in erogando misericordiam justitiæ obliviscetur censuram. *Misericordia* namque *ipsius in progenies et progenies, timentibus eum,* non desperantibus, non contemnentibus. non subsannantibus, non peccata peccatis cumulantibus, et gehennæ flamma de die in diem magis ac magis sibi inflammantibus. Ideo et Dominus ut misericordiam subroget, peccatoribus pœnitentiam suadet, et quos blanditiis trahere non potest, terroribus pulsat, ut quos amor promissi regni non emollit, vel malleus timoris de metu gehennæ conterat. Mater ergo misericordiæ ægro mundo salubriter consulens, postquam olei lenitatem ad mitigandum dolorem vulneribus infudit, vini quoque mordacitatem ad consumendam putredinem miscuit, atque dulcedinem misericordiæ timoris amaritudine temperavit : ut nec timor in desperationem premat, nec misericordia in libertatem peccandi extollat. *Misericordia,* inquit, *ejus in progenies et progenies timentibus eum.* Sed filia David a patre suo edocta, misericordiam et judicium Domino decantare, ubi in consolationem humilium, misericordiam Domino cecinit, judicii quoque ad terrendum superbos meminit. *Fecit potentiam in brachio suo, dispersit superbos mente cordis sui.* Hoc est brachium illud excelsum, in quo Deus Pater semper pugnat, in quo semper gloriose triumphat. Hæc manus illa extenta, quæ in prophetis legitur, quæ ad comminandum virga parvulis adhuc suspenditur, quæ in fine mundi super Assur, id est diabolum ac sequaces ejus nulla unquam manu, nullius miseratione, nullius unquam auxilio sublevanda, Isaia teste fundabitur. Heu! quam gravi, heu! quam immobili tunc super impios mole fundabitur, quæ, quia modo pietate allevianto levis sentitur, facile contemnitur. Tunc superbia, quæ modo cœlum vertice pulsat, de sede altitudinis suæ in profundum inferni præcipitabitur; tunc grata illa Deo humilitas, quæ modo uti infirma humi repit, usque ad consessum dexteræ Dei exaltabitur. *Deposuit enim de sede potentes, et exaltavit humiles.* Quæ licet generaliter possint de superbis omnibus interpretari, tamen et super Judæis, de observatione legis superbientibus, ac de nobilitate generis Abrahæ gloriantibus, possunt intelligi, qui cum suam, quæ ex lege est justitiam statuere volunt, justitiæ Dei, quæ est in Christo Jesu subjici nolunt. Reputatus est enim Carmelus in saltum, et saltus in Carmelum; reprobata perfidia Judæorum et electa fide gentium, et deserta Synagogæ in ubertatem versa, advenæ comedent Ecclesiæ. Esuriens ergo gentium populus bonis impletur, et dives quondam Judæorum populus, inanis dimittitur. *Suscepit* enim *Israel puerum suum,* et latissimus ille misericordiæ Dei sinus collegit multitudinem gentium. Ipse est enim vere Israel, qui oculis fidei Deum contuetur, qui in fide non claudicat, qui firmo gressu, rectoque post Dominum itinere ingreditur. Israel enim non solum vir videns Deum, sed et rectus Dei rectius interpretatur. Illum autem Israel secundum carnem, latitudo sinus Dei non colligit, qui dignitatem primogenitorum suorum vili lenticula vendidit, qui occidentem sequens litteram, vivificantem spiritum non requirit. Sed sicut ille Israel secundum carnem, merito perfidiæ justitia dictante expulsus, ita noster Israel sola manu gratiæ Dei in locum illius est introductus. *Recordatus est enim misericordiæ suæ : sicut locutus est ad patres nostros, Abraham, et semini ejus in sæcula.* Locutus est enim Deus ad Abraham, quod Israel puerum suum susciperet, cum semen illius stellis cœli coæquandum prædiceret. Locutus est ilipsum ad Abraham, quando ei benedicendas esse in semine suo omnes gentes repromisit. Locutus est item ad David : quando ei de fructu ventris sui super sedem suam sessurum esse prædixit, quem placito in tempore, speciali adoptione sibi in filium assumeret, quem ante omnia tempora coæqualem sibi genuisset. Similiter et ad alios patres nostros locutus est, quando in oblatione Isaac, in venditione Joseph, et aliis innumeris hujusmodi figuris, incarnationis suæ et redemptionis humanæ mysteria figuravit. Hæc de nobili illo gloriosæ virginis cantico dixisse sufficiat, non pro cantici dignitate, sed pro sensus nostri tenuitate. Hoc canticum tam dulce, tam suave, tamque omni spirituali jucunditate refertum, sancta mater Ecclesia degustavit, atque tam celebre instituit, ut nulla per omne hoc sæculum jam dies decurrat, quo non illud vespertina laude decantet, ad laudem gloriosæ matris, ac gloriosissimi filii ejus Domini nostri Jesu Christi, qui vivit et regnat per omnia sæcula sæculorum. Amen.

PRÆFATIO IN LIBRUM OCTAVUM.

Magna et magnifica gratiæ Dei dona jussu vestro, Pater venerande, obtuso exarans stylo, per singula pene verba ad eamdem semper respiro gratiam, ut inolita bonitate, per linguam ineruditam revelare dignetur amatoribus suis ipsa seipsam. Nescio autem quomodo eam amabilius commendem, quam ut mira illa charitatis Christi præconia commemorem, quæ in hominis assumptione, pro hominum redemptione, vel ut Deus potenter egit, vel ut homo dignanter pertulit. Quorum omnium multitudinem quisquis ad integrum nosse desiderat, sanctorum Evangeliorum atque apostolicæ bibliothecæ volumina revolvat, nobis propositum est in ornamentum, coronulæ nostræ pauca de multis deflorare. Ipsa autem pauca, quæ insero, non qua decet, sed qua novi varietate distinguo, lectorem humiliter obsecrans ut sudori meo ignoscat, qui cum ipse balbutiam, cogor ut alios de gratia Dei loqui doceam. Sed cœpta prosequamur

---

LIBER OCTAVUS.

Instante jam plenitudine temporis, et nocte illa, quæ omnes ab initio dies illustrat, promissus legalibus cæremoniis, promissus et prophetarum oraculis sponsus Ecclesiæ de thalamo suo egreditur, Christus de Maria nascitur. In via, via nascitur, decor animarum pannis involvitur, locus salvatori in diversorio synagogæ non invenitur, pabulum vitæ in præsenti Ecclesiæ reconditur, ut quia misericordiam suam multiplicaverat, homines et jumenta ad vitam enutriat. Congruus profecto mysterio locus, ut enim præsepe reclinaretur, qui panis erat vivus. Ad consueta præsepia animalia fessa recurrunt, debita labori stipendia requirunt, ut largitate domini refecta, rursum se usui procuratoris sui officiosa vicissitudine impendant. Ecce parvulus noster laborantes refecturus in præsepis sui medio est positus, et quia magister de cœlo advenerat, in præsepi sibi cathedram collocat, et qui nondum, ut parvulus voce potest, jam quasi vagitu clamat : *Venite ad me, omnes qui laboratis, et onerati estis, et ego reficiam vos.* Sed ne vel ipsum tempus infantiæ a gratia otiosum pertransiret, auctor gratiæ, juxta oraculum propheticum et nominis sui præsagium, adhuc quasi sui impotens, principi mundi bellum indicit, ac magis radiante stella ad agnitionem veri luminis perductis, fortis illius, qui eo usque atrium suum in pace possederat, velociter spolia detrahit. Iste est enim bellator ille egregius, qui Isaia vaticinante de prophetissa, id est de intemerata semperque virgine Maria nasciturus prædicitur; cui a propheta : *Accelera spolia detrahere, festina prædari,* præsagio futuri nomen imponitur. Multum enim bellator iste accelerat, multum festinat : qui in cunis vagiens, arma robustorum, imo robustorum robustissima corripit, bellum non cuilibet gregario, sed ipsi spiritualium nequitiarum principi indicit, ac ducibus exercitus ejus solo lumine adventus sui nuntio territis, dum magos in castris suis militare imperat, electis tyrannum armis spoliat. Magna et incomparabiliter magna ista est gratia perdito homini ac nihil nisi supplicium merito gratis præstita, ut parvulo vagienti cœlum in stella serviat, laudes angeli concinant, et venenatissimum caput, quod primi hominis calcaneum dente vipereo perfoderat, pes sibiipsi adhuc invalidus conterat, Magna plane ac condigna præconiorum laude prosequenda et illa fuisset gratia, si in forma Dei manens, serpentinum caput majestatis suæ pede contrivisset, ac de spiris illius colligatum hominem absolvisset. Illam autem, illam, inquam, quis vel digne miretur gratiam, quod immensa illa bonitas, dignata est miseriæ nostræ non solum tam pie compati, sed humanitate nostra assumpta, miseriam quoque nostram et ipsa pati? Quis tam gloriosam digne stupeat victoriam · in qua rex noster de antiquo illo et inveterato dierum malorum principe, non in majestate sua, sed in infirmitate nostra tam gloriose triumphat, ut adhuc pannis involutus, non jam extremos, sed primos exercitus sui duces captivos trahat? Haec tam insignis regis nostri victoria : hostis confusio, nostra est gloria. Ne enim de hominis dejectione tumidus ille conditori ejus insultet, in eodem, quem vicerat, victum se dolet. His interim de primitiis gratiae in primitias gentium magos effuse praelibatis, ad incunabula regis nostri articulum reflectamus, et quomodo Judaicum quoque vellus pastor bonus gratiae suae rore infuderit, videamus. Pastoribus gregi suo pastorali sollicitudine invigilantibus, angelus angelica claritate coruscus astat, Salvatorem mundi natum annuntiat, et quia omni populo antiquae sententiae abolita tristitia, aeternae laetitiae auctor futurus sit, insinuat : *Annuntio*, inquit, *vobis gaudium magnum, quod erit omni populo, quia natus est vobis hodie Salvator, qui est Christus Dominus in civitate David.* Dignum plane tanti regis ortu praeconium, ut moerenti populo et Babyloniae atque Romanae servitutis jugo attrito, mox in ortu regis sui pax praedicetur et gaudium. Tales sunt fructus gratiae, talia de radice illa divina pullulant germina, exorta nobis a Deo patre in Christo gratia, et pacis simul oritur abundantia. Nato enim principe pacis, paries inimicitiarum solvitur, auctor seditionis vinctus trahitur; et captivitas ad regis sui soluta imperium, potestate accepta, tumidam superbi illius cervicem super altitudinem nubium se extollentem, libero jam pede calcat, atque redemptori suo gratulabunda decantat : *Dirupisti vincula mea; tibi sacrificabo hostiam laudis.* Et miranda in hoc quoque Jesu Christi Domini gratia : quod non Herodi, non principibus sacerdotum, sed pastoribus, hominibus rusticanis, sed simplicibus, sed justis, primum nuntianda censuit nova nativitatis suae gaudia. Sicut enim de pauperibus nasci voluit, ita et pauperibus nativitatis suae gaudia primum innotescere dignum duxit. Luca autem attestante didicimus, quia *coepit Jesus facere et docere*. Qui ergo primum facere, et sic docere venerat, quam docturus erat, primo in seipso humilitatis atque paupertatis formam exprimebat. De pauperibus itaque nasci voluit, alienum nativitati suae hospitiolum praevidit; et quia in perfidia Judaeorum ubi caput reclinaret non invenit, ad desertum gentium, a lege et testamento, a notitia et cultu Dei alienum transivit. Haec itaque hujusmodi divinae pietatis opera, non tui meriti, o homo! sed gratiae Dei sunt insignia. Quae tanto tibi charius amplectenda, atque devotius est semper veneranda, quo et gratis omnia praestitit, et mutuum nihil exigit. Nam quod obsequium a te quasi necessarium districte videtur exigere, et hoc ipsum inenarrabilis est gratiae. Quid enim summae illi beatitudini, quae augmentum non capit, et defectum non novit contuleris, si obsequium et honorem detuleris? Quid autem detraxeris, si non obtuleris? Tibi ergo praestat quod ut servias, imperat, ut ex devotionis tuae merito quasi juste cogatur immensa illa pietas, aeterno fideliter obsequentem remunerare praemio. Dignum est etiam ut athletas gloriosissimos regi suo coaetaneos, silentio non praeteream, qui et inaudito pugnandi modo decertant, et modo vincendi genere triumphant. In quibus cum nec aetas nosse bellandi studium, nec victoriae poterat voluntas affectasse bravium, sola in his hostem expugnat gratia, sola meretur palmam innocentia. Dico autem beatos illos ac vere innocentes, qui per Christi gratiam, martyrii prius adepti sunt gloriam : quam possent nosse martyrii causam. Felices parvuli, qui nomen Christi meruerunt, ante sanguine quam lingua confiteri. Felices parvuli, qui de stadio mundi meruerunt ante ad regnum victores ingredi, quam scirent cum hoste congredi. Beati martyres, qui nivea innocentiae stola candentes, atque roseo cruore vernantes, merentur sequi quocunque ierit, Agnum Dei. Ipse enim fuit eis causa poenae, ipse est et corona gloriae. Audiens enim natum Christum Herodes cruentus carnifex, audiens cum et Judaeorum regem futurum, turbatur, atque impiae mentis furiis agitatur, tremit, pallescit; metu concutitur, animo dissolvitur. Nomen regis expavescit, quia regnandi modum non intelligit. Regnum quippe Judaeorum nec nobilitate obtinuerat, nec probitate meruerat, sed nobile illud regnum regiae stirpi Judae, patriarchae Jacob vaticinio debitum tyrannide invaserat, crudelitate retinebat. Nato ergo rege justitiae, injustitia tremit, regnatura pietate crudelitas fremit. Sed cur impie saevis? Quid livore torqueris? Cur adventum Salvatoris formidas? Quid ad nomen mitissimi atque humillimi regis trepidas? Non venit ut temporalia tollat, qui aeterna militibus suis stipendia erogat. Terreno regno non indiget, qui coelo praesidet. Depone ergo inanem formidinem, exagitatam compone mentem, et ut sub eo felicius regnes, fideliter perage, quod simulas, regem, velis nolis, tuum subjecta cervice adorans. At dolosa vulpes intra tenebrosas perfidae mentis latebras interim se celat; laetitiam vultu simulat, corde dolos fabricat, et adoratum ire se spondens inventum necare parat. Sed frustra tentat sapientiae Dei humanae mentis malitia illudere, sicut et frustra nititur in petrae duritia lubricus coluber molli tractu vestigia figere. Nam Dominus, qui aliud nativitati, aliud passioni suae congruum utrique mysterio tempus praescripserat, non dedignatur in Aegyptum alienis manibus tolli, qui passus est proprias manus cruci configi, non tam Herodem fugiens, quam mysterium peragens. Significabat enim jam tunc, nomen suum a principibus sacerdotum et conclamantis populi insania, rege suo videlicet diabolo instigante, de Judaea effugandum, et in fines gentium ore Apostolico deportandum. At cruenta bellua, torridis faucibus sanguinis avida, dum illudere putat illusa, quia nati regis guttur ex voto invadere non potuit,

In innoxium parvulorum exercitum rabiem effudit, ut, dum coætaneos regi suo parvulos strangulat, prostrato toto exercitu, is qui solus vel maxime appetitur, furentis bestiæ morsum non evadat. Sternuntur ergo gladiis carnificum corpora parvulorum, sed deportantur ad æthera manibus angelorum. Sævit in terra attrocissimus carnifex, sed coronat in cœlo serenissimus judex. Vere felices, vere beati, qui ante meruerunt vita æterna, quam præsenti perfrui; quibus vitæ præsentis ingressus fuit ad æternam transitus. Libet in hac sanctorum parvulorum tam magna gloria, gratiæ largitoris contemplari magnitudinem, in quibus cum imbecilla et immatura ætas, nec mortis timere supplicium, nec fidei nosset sperare præmium, pro se tamen passis non patitur martyrii gloriam, et mercedis minui plenitudinem, quia et in matura ætate, testante B. Hieronymo, causa, non pœna facit martyrem. Simili modo et in nobis natum Christum, qui in Herode præsidebat, diabolus persequitur, si forte possit eum dum adhuc parvulus est in nobis, dolo perimere, nosque sub antiquo dominationis suæ jugo, captivos retinere. Nato enim in nobis Christo, et ad virile usque robur perducto, omnia in templo cordis nostri Ægypti idola corruunt, regnumque peccati, et universa, in quibus diabolus regnat confusionis opera, pariter intereunt. Hoc sciens, hoc præcavens, sævit, fremit, et tanquam leo rugiens circuit, et ut incautos supplantet, se in angelum lucis transfigurat, ac natum regem adoraturum se simulat, oram calicis melle liniens, et venenum in fundo celans. Nobis enim quiescentibus, et viam Domini securo pede ingredientibus, velut angelum lucis callidus insidiator a dextris se ingerit, atque alia pro aliis fraudis suæ commenta suggerit, nihil emolumenti in loco nostro, et ex his quæ conquirere agimus, plurimumque detrimenti ex societate et negligentia eorum, cum quibus vivimus contrahere. Calumniatur prælatos, immisericordes, elatos, irreligiosos, sæculares, curam suam obnixe agere, aliorum negligere, lapsis manum non porrigere, infirmis neque compassionis affectum, neque consolationis opem impendere. Fratres autem alium notat superbia, alium invidia, hunc loquacitatis, illum arguit vanitatis, postremo rarum quempiam esse, cui tuto se possit credere. Ad illum ergo vel illum locum secedendum, vel certe cum nusquam reperturus sit sui similes, tam boni studii, tam pii desiderii, ad remotiora, et ad solitudinem emigrandum, ibi pio desiderio ex importunitate malorum impedimentum nullum incurrere; ibi quietem, ibi silentium, ibi continnæ orationis studium, frequens jejunium ; ibi conversationem sanctam, vitam angelicam; ibi lacrymas, et suspiria, postremo omnia ex voto succedere. Hæc et alia hujusmodi cordi nostro serpens antiquus insibilans, tentat de grege Dominico incautum quemque ac simplicem abducere, ut professionis sanctæ transgressorem cum sustentantem non habuerit, facile possit spiris suis involutum dejicere, et cum sublevantem non invenerit, libere dejectum suffocare. Sic sic totius doli inventor dum quasi sancta et utilia suadeat, Christum adorare se simulat, ut inventum occidat, eoque necato, regnum peccati, quod in nobis eo usque possedit, liberius de cætero possideat. ed licet parvulos Christi, de quibus ipse loquitur : *Sinite parvulos venire ad me*, carne perimat, arcem fidei non expugnat; et quamvis accepta potestate electos cribret, mundissima simila ad mensam superni regis transmissa, immundum sibi furfur dolo suo ipse delusus retinet. Simile quid et de impio Pharaone legimus : quod jusserit parvulos Hebræorum trucidari, feminas vero, quæ virtutem bellatorum enervant reservari. Ait enim ad populum suum : *Ecce populus filiorum Israel multus et fortior nobis est; venite sapienter, opprimamus eum, ne forte multiplicetur. Et si ingruerit contra nos bellum, addatur inimicis nostris expugnantibus nobis egrediatur e terra.* Præcepit itaque obstetricibus Hebræorum, ut masculos interficerent, feminas autem reservarent. Sciebat quidem jam tunc, qui in Pharaone sæviebat hostis antiquus, bellum sibi ingruere, sciebat et formidabat, ideoque ad concitandos contra populum Dei Ægyptiorum animos, bellum eis ab ipso inferendum, ex domestico sibi ore prophetabat. Præfigurabat autem tempus gratiæ Christi, et victoriæ populi Christiani, quando ab eo, qui in Evangelio loquitur, *non veni pacem mittere sed gladium*, ubique terrarum bellum contra eum suscitatur, et ab ipsis parvulis, quos in flumine suffocandos censebat, quotidie tanquam inermis et invalidus Christo duce expugnatur. Additur namque inimicis Ægyptiorum populus Hebræorum, quando in unitate fidei populo gentium Judæus se sociat, et communem hostem æqualibus animis in commune debellant, ac Christo concedente victoriam uterque populus de mari Rubro victor ascendens, lætabundus decantat : *Cantemus Domino, gloriose enim honorificatus est ; equum et ascensorem projecit in mare.* Ubi vero populo Dei ad terram repromissionis liber datur transitus, ibi adversariis insequentibus paratur interitus; et unda, quæ viam dirigit humilibus, ut superbum ascensorem pariter involvat, hostilium subvertit rotas curruum. Solet autem divina miseratio tunc magis protectionis suæ impendere subsidium, cum omne humanæ virtutis et industriæ defecerit auxilium, ut ubi sub falce tribulationis imbecillitas humana succumbit, non virtutis suæ, non meriti, sed gratiæ Dei noverit esse quod evadit. In hoc enim vel maxime humanæ saluti benignissimus ille animarum medicus consulit, quod interdum hominem sibi derelinquit, et qua infirmum sustentabat, manum subtrahit, ut dum sibi dimissus labitur, quodque sine ipso stare non possit, lapsu suo experitur, protectori suo firmius inhæreat, et ad illius laudem, cujus et dona sunt cuncta referat. Manifeste enim in Deum impius est, qui meritis suis ascribit, quod gratiæ Dei est. In his omnibus perpende, o homo, quantas debeas liberatori tuo gratias : qui te stante, ac spectante inimicos tuos insensibili insensibiles expugnat elemento, atque hoste tuo dextera sua prostrato, te victorem pronuntiat, te victorem collaudat, et coronam capiti tuo, victoriæ signum, et præmium condonat. Et ut amplius mireris et diligas protectoris tui benignitatem, atque potentiam, attende hostis tui immanitatem atque superbiam. Quis enim vel solo auditu immanissimi hujus non terreatur, qui fortitudinem populorum, quasi nidum invenisse et universam terram, quasi ova derelicta tumido fastu magnifici cordis se congregasse gloriatur? Ait enim : *In fortitudine manus meæ feci, et in sapientia mea intellexi, et abstuli terminos populorum, et principes eorum deprædatus sum, et detraxi quasi potens in sublime residentes, et invenit quasi nidum manus mea fortitudinem populorum. Et sicut colliguntur ova, quæ derelicta sunt, sic universam terram ego congregavi et non fuit, qui moveret pennam, et aperiret os et ganniret.* Quis tantam hostis sui fortitudinem audiat, et aures ejus non tinniant? Quis alios de sublimi corruentes videat, et ipse in imo positus non contremiscat? Quid autem throno Petri sublimius : quid vero gradu Stephani firmius? Et tamen Judam in apostolico throno residentem, unco avaritiæ detrahit : Nicolaum vero in gradu Stephani stantem, luxuriæ illecebris illectum, subvertit. Quis etiam crudelissimi hujus terrorem non stupeat : qui cum universam terram congregaverit, neminem inventum gloriatur, qui pennam moveat, qui os aperiat et ganniat? Nec mirum. Qui enim terrena sectatur, et terrigena est, et pennas animæ, visco cupiditatis obligatas habet, cum a diabolo ad numerum perditorum congregetur, pennam movere et avolare non potest : et a dæmone possessus, sicut et ille in Evangelio mutus, nec os aperire, nec captivanti se libera potest voce contradicere. Qui vero cœlestis est et assumptis pennis columbæ, ad cœlestia contendit, de laqueis diaboli libere evolat, et aperto ore deceptori antiquo libera voce insultat. *Frustra jacitur rete ante oculos pennatorum.* Quid igitur hac pugna mirabilius, et victoria ista quid gloriosius? Quando enim ex corruptionis suæ defectu invalidus homo congreditur diabolo, quid aliud dixerim, quam vermiculum pedem conferre cum angelo ? Pulcherrimum plane, pulcherrimum, et angelis, et hominibus de duello tam dissimili spectaculum. Stat hostis antiquus frendens et indignans ac rabido ore spumas contorquens, evomit minas, et quia præsente Christo virium nihil possidet, tentat vel fraude circumvenire incautum, vel terrore effugare pavidum. Mille ergo spiris involvitur, mille dolis instar molæ circumagitur, tantaque subtilitate ac velocitate de dolo in dolum lubricus se colligit, ut celeritate plerumque oculos fallente, homo nesciat, coluber tortuosus ubi incipiat, aut ubi desinat. At contra vermiculus Christi sub umbra alarum ejus securus, hostem suum rabido scipsum ore laniantem videt et ridet, et ore tacito ac corde devoto cum Moyse clamans ad Dominum, oratione expugnat adversarium. Adest Christus spectator certaminis, et protector sui militis; quo de cœlo præstante victoriam, apostata angelo uno superbiæ in infernum detracto, vermiculus, Christi gratia subvehente, cœlestia conscendit coronandus. Tua est hæc, Christe triumphator æterne, tua est hæc victoria, tibi gratiarum actio, tibi laus et gloria, qui vivis et regnas per infinita sæcula. Amen.

PRÆFATIO IN LIBRUM NONUM.

Non molestum debet esse lectori, si paucis pro me respondeam eis qui me forte in eo reprehendendum putent, quod cum de gratia Dei scribere cœperim, effuso gressu per Veteris ac Novi Testamenti latitudinem evagatus sim. Dum enim latissimum utriusque Testamenti campum cursim transeo, pauca quæ festinanti se offerunt, divinæ pietatis exempla contingo, ut ex his lector intelligat, quid de gratia Dei, et in aliis sentiat. Penset autem qui hæc reprehendenda putat, ex aliis alia, et ex visibilibus æstimet invisibilia, quia color panno ligatus non eam ore laudantis gratiam obtinet, quam cum subjectis tabulis decenti varietate inductus, ipse sui nitorem oculis intuentium exhibet. Ita et ipsa, de qua loquimur gratia, quæ sermone ineffabilis, cogitatu est incomprehensibilis, tanto legentibus plus placet, quanto ex ipsa Scripturæ sanctæ serie exemplis quasi quadam pingentis manu inductis, clarius fulget. Possem quidem breviter dicere, et quasi colorem optimum vili panno stringere, quidquid in creaturis omnibus dignitatis eminet et gratiæ ex ipso summæ bonitatis fonte procedere. Sed mel cœlestis gratiæ, nisi per ipsa pietatis suæ opera, quasi per quædam favi sui foramina de labiis sponsæ distillet, nequaquam palato nostri cordis tam dulcem sui gustum exhibet. Igitur quod cœpimus exsequamur, et accinctis lumbis quod residuum est cœpti itineris, gratia duce conficiamus.

LIBER NONUS.

Superiore tractatu cum de sævitia Pharaonis ageremus, transitum quoque filiorum Israel memoravimus, quando liquens elementum ad populi Dei munimentum, natura stupente, sed Domino naturæ jubente, dextera lævaque in muri se subrexit firmamentum. Videamus nunc quomodo dux noster accinctus fortitudine aquas Jordanis, illius maris Rubri, mysterium consummaturus ingreditur, et quomodo, qui in principio divisit aquas ab aquis firmamento interposito, aquas quoque Jordanicas sicut quondam Josue, ita nunc spirituali ab invicem examinatione se dividat interposito, ut superiores aquas in muri soliditatem statuat, inferiores vero a se defluentes, usque in mare solitudinis et mare Mortuum, et a vita prorsus alienum justo judicio perfluere sinat, quousque penitus deficiant. Sed primum videamus quid causæ sit, quod aquas baptismi adire voluerit, utrum indigentia sui, an gratia nostri. Aquis sordes lavantur, et inquinata aquis mundantur. Ut quid igitur aquis lavari voluit, qui sordes non habuit? Quid ergo dicemus? Otiose adiit lavacrum, in quo inquinatum nihil erat, quod mundaretur per lavacrum? Nobis itaque baptizari voluit, nobisque sanctificandis, sanctissimi corporis sui intinctu aquas sanctificavit. Veneno enim vipereæ persuasionis, in Adam infecta erat et inquinata omnis humana natura, nec erat aliud quo mundari posset lavacrum, nisi baptismatis Christi sacramentum. Et quod peccato mortuum erat, non nisi per vivificatricem aquam vivificari poterat. Primum enim quod spiraret ac viveret, attestante sacro eloquio, ex aquis prodiit, et quod vivens aqua produxit, benedictionem Dei primum meruit. Moyses enim sacræ scriptor historiæ, cum creationem cœli et terræ describeret, et sex dierum opera singulorum sigillatim diligenter exprimeret, de die prima, tertia, et quarta, *et vidit*, inquit, *Deus quod esset bonum*, nec tamen aliquod collatæ benedictionis memorat sacramentum. De secunda vero, quæ inter aquas dividit, non refert sermo divinus, quod hoc bonum esse Deus pronuntiaverit, hoc ipsum forte silentio indicans, quod quidquid unitatem dividit, censura divina non approbet. De die autem quinta sic loquitur : *Dixit etiam Deus : Producant aquæ reptile viventis animæ, et volatile super terram, sub firmamento cœli*; et paulo post : *Et vidit Deus quod esset bonum, benedixitque eis dicens : Crescite et multiplicamini, et replete aquas maris, avesque multiplicentur super terram*. Ecce quomodo ex aquis mortuo mundo vita nascitur, et vivificato, benedictionis Dei sanctificatio tribuitur, ac consequenter crescendi et multiplicandi gratia superimpenditur. Neque enim dextræ Dei otiosa potest esse benedictio, sed ex benedictionis Dei gratia, bonorum omnium semper exuberat copia. Ita et ante adventum et baptismum Salvatoris, totius mundi latitudinem mors occupaverat, et universos filios Adam lethalis sopor oppresserat : in tantum, ut nec legislatore inclamante, nec prophetica tuba insonante, excitari posset, qui mortuus jacebat. Sed cum videret Eliseus noster, neque per præmissum puerum, neque per baculum superpositum, jacentem puerum exsurgere, miserandam matrem miseratus, dignatus est ad jacentem accedere, et ad mensuram parvuli se contrahens, atque os ori, oculos oculis, manusque manibus componens,

divino calore confotum, jacentem suscitat, qui nullo humanæ infirmitatis auxilio suscitari poterat. Ecce quantum se verus Eliseus, Dominus noster Jesus Christus, ecce quantum se contrahit, quando et peccati formam assumit, et inter peccatores peccatorum baptisma expetit, et aquas ipse contingens nos abluit. Sed inter hæc et illud percunctari libet, cur omnipotens Deus peccata mundi laxaturus, hoc visibile elementum, quasi ad quoddam supplementum, in opus invisibilis gratiæ judicaverit assumendum. Quis enim hoc vel incredulus crediderit, quod sine ipso peccata nostra laxare Omnipotens non possit? Quis autem hoc vel insanus dicere audeat, vel a Deo otiose aliquid præcipi, vel in ministerium saluti nostræ, aliquid quod non ipsi saluti cooperetur adhiberi? Assumptum est ergo ut arbitror ipsum visibile elementum, ad redemptionis nostræ sacramentum, tanquam necessarium ; necessarium autem dico, non ipsius omnipotentiæ, sed tarditati nostræ. Qui enim ea, quæ oculis cernimus, manibus attrectamus, infidelitatis nostræ errore abducti vix credimus, quomodo radiis invisibilis solis irreverberata fidei acie lippitudo nostra intenderet, nisi oculos cordis nostri ad contuenda invisibilia quasi quodam collyrio visibilium, cœlestis medicus inungeret? Unde ad prædicandum discipulos mittens aiebat : *Euntes prædicate, dicentes, quia appropinquavit regnum cœlorum. Infirmos curate, mortuos suscitate, leprosos mundate, dæmones ejicite*. Doctori namque, qui ad prædicandum mittitur, curandi languores animarum cura committitur. Sed frustra medicus curam adhibet, si ægrotus de sanitate desperat. Ut ergo peccator ad pœnitentiæ remedia indubitata fide confugiat, ex alienæ carnis visibili curatione discat quid de invisibili ægritudine animæ, ab omnipotente medico sperare debeat. Similiter et qui lethali somno peccati in mortem obdormierit, per hanc visibilem ad invocationem nominis Christi corporum resuscitationem discat invisibilem quoque credere ex fide Christi animæ resurrectionem. Sed et qui se hæretici dogmatis immundo, et a seipso diverso colore respersum dolet, Dominum genu flexo adoret, et ex corporum emundatione, de recuperanda fidei puritate, non desperet. Qui vero a dæmone possessus per facinora atque flagitia præceps agitur, si toto corde ac plena ad Dominum fide convertatur, non ambigat malignum, quamvis infestum, quamvis violentum, imperio Domini de penetrali cordis sui effugandum. Sicut ergo signa atque mirabilia visibiliter fiunt, ut credantur ea quæ videri non possunt, ita ad roborandam fidem credentium, in opus cœlestis gratiæ assumptum est ipsum quoque visibile elementum. Et valde congruit elementum mysterio, quia sicut hoc sordes corporum, ita illud, remittendo peccata, sordes abluit animarum. Nostri igitur causa, ut diximus fluenta Jordanis sanctificaturus Salvator ingreditur, ut siccatis venis peccati, decursum nostrum sistoret, et in acceptæ gratiæ dulcedine perseverantes, nulla nos denuo tentationum violentia in mare Mortuum, id est in profundam et amarissimam vitiorum voraginem invitos devolveret. Qui enim post restitutam sibi a Christo libertatem, antiquæ immundorum spirituum sponte se mancipat servituti, in mare solitudinis, a gratia videlicet supernæ visitationis omnimodo solitarium, et mare Mortuum, *anima enim, quæ peccaverit, ipsa morietur*, non tam hostis sui violentia impellitur, quam propriæ cupiditatis illecebris illectus devolvitur. Baptizato itaque Domino cœlum patuit, Spiritus sanctus in columba adfuit, Pater in voce de cœlo sonuit : *Hic est Filius meus dilectus in quo mihi bene complacui*. Hæc est illa baptismatis Christi gratia, hæc virtus, hæc sanctificatio, per hanc S. Trinitatis fidem baptizatis tribuitur peccatorum omnium remissio. O quam gloriosum de præsentia Patris, et Filii, et Spiritus sancti concilium ! o quam lætum ipsis supernis virtutibus spectaculum ! Felix Baptista, qui hæc videre; felix, qui hæc audire meruit; felix et ille qui audita fideliter credit, sed felicior, qui semel baptismate Christi lotum, a sordibus mundam de cætero servat conscientiam. *Apertum est*, inquit B. Lucas, *apertum est cœlum*. Et quando clausum fuit ei cœlum ? quando ei clausum fuit, sine quo nec esse potuit ? Quomodo se ei firmamentum reseraret, quo nisi præsidente infirmum nutaret ? Nobis itaque reseratum est clave baptismatis Christi, quibus antea clausum erat vecte originalis delicti. Opportune autem tunc cœlum apertum est, ut homo disceret, quæ ei clavis cœlestia reserasset. *Et descendit Spiritus sanctus sicut columba in ipsum, et mansit super eum*. Domestica semper avis columba Spiritui, simplex simplici, sine felle amaritudine ipsi dulcedini, ramusculi olivæ bajula, pacis amica, pacis nuntia. O quam jucunda in pectore purissimo, puritatis amatori mansio ! O dignatio Domini et gratia ! o honor servi et gloria ! o si in pectore nostro hæc avis mansuetissima requiem inveniat, quæ lenissimo lapsu circumvolans humilem et quietum quærit, in quo requiescat felix anima, quæ peregrino Christo præbet hospitium. Felix conscientia quæ circumvolanti et æstuanti Spiritui, in umbra pii desiderii præstat refrigerium. Sed hæc sanctorum sunt; in nostro autem pectore utinam vel ad momentum requiem inveniat, qui stabilem et æternam mansionem non nisi in illo purissimo et affectuosissimo pectusculo Domini nostri Jesu Christi aliquando invenire potuit. Hic est enim, hic est vir ille unus, singularis et unus, diu exspectatus, multum desideratus, cujus amore languentes septem ille propheticæ mulieres, dilecto suo ex dilectionis nimiæ quasi impatientia inclamant, dicentes : *Panem nostrum comedemus, et vestimentis nostris operiemur: tantummodo invocetur nomen tuum super nos, aufer opprobrium nostrum. Aufer opprobrium nostrum!* Proh dolor ! Qui factus erat ad factoris sui imaginem, qui conditus ad conditoris sui honorem et gloriam, non factoris sui imago et speculum, sed vivificatoris sui perverso nomine vocatur opprobrium. Proh dolor ! *Quis dabit capiti meo aquam, et oculis meis fontes lacrymarum, et plorabo* non *interfectos* unius *populi*, sed opprobrium totius generis humani ? In omni genere humano nullus invenitur, cujus nomen super has mulieres digne invocetur, qui mulieribus his honori sit et gloriæ, qui auferat, imo qui non augeat nævum ignominiæ. Unde hæ septem mulieres, septem videlicet gratiæ spirituales, flebili voce queruntur dicentes : *Panem nostrum comedemus, et vestimentis nostris operiemur; tantummodo invocetur nomen tuum super nos, aufer opprobrium nostrum*. Ab initio genus humanum circuivimus, patriarchas, justos et prophetas inspeximus : *Omnes declinaverunt, simul inutiles facti sunt, non est qui faciat bonum, non est usque ad unum;* in te ergo requiescimus. Invocetur itaque *nomen tuum super nos, aufer opprobrium nostrum*. Tu es quem semper optavimus, tu, de quo in organis nostris cantavimus : *Egredietur virga de radice Jesse, et flos de radice ejus ascendet, et requiescet super eum Spiritus Domini, Spiritus sapientiæ et intellectus, Spiritus consilii et fortitudinis, Spiritus scientiæ et pietatis, et replebit eum Spiritus timoris Domini*. Nos radicem confovimus; nos virgulam eduximus; nos parturientem adumbravimus, nos florem produximus; jure ergo in eo requiescimus. Hæ septem mulieres, septiformis est Spiritus, qui diversis in donis dividens ea pro arbitrio singulis, in seipso idem semper manet et indivisus. Quod vero nullo indigeat, nullus est fidelium qui ambigat. Hoc solum postulat, ut invocatio nominis Christi opprobrium suum de medio auferat, ut æterni tabernaculi vasa aspersione sanguinis ejus mundata, digna existant, quibus gratiarum suarum benedictionem infundat.

Descendente igitur in Jordanem Domino, descendit et Spiritus de cœlo; et in ejus pectore eo fiducialius requiescit, quo nihil in eo quod quiescentem turbet invenit. Sed quid est quod nunc in eum descendisse cernitur, a quo ab ipsa conceptionis hora nunquam recessisse creditur ? Nunquid nunc primum templum suum visitat, quod in utero virginali dedicaverat ? Quod ergo corporali specie Spiritus sanctus super baptizatum Dominum apparuit, fidem nostram instruit baptizatis videlicet in Christo cœlestia reserari, et per acceptam Spiritus sancti gratiam in filios Dei adoptari. Per Spiritum enim datur peccatorum remissio, per Spiritum filiorum adoptio, ita testificante ad Romanos Apostolo : *Non accepistis Spiritum servitutis iterum in timore, sed accepistis Spiritum adoptionis filiorum, in quo clamamus : Abba pater. Ipse enim Spiritus reddit testimonium spiritui nostro : quod sumus filii Dei*. Descendente itaque Spiritu sancto ac manente super Dominum, ne imperfectum remaneret fidei nostræ sacramentum, Patris quoque adesse præsentiam, vocis auditæ indicat testimonium. Audita est enim vox paterna, et vere paterna, vox pia pietatis nuntia; quæ veterem sententiam damnaret, et novam gratiam subrogaret : *Hic est Filius meus dilectus, in quo mihi bene complacui; ipsum audite*. O novum, o inauditum de homine Dei Patris testimonium! Multiplicata quondam malitia hominum, quando omnis caro viam suam corruperat, et cuncta cogitatio cordis omni tempore ad malum intenta erat : *Delebo*, ait Dominus, *dolore cordis tactus intrinsecus, delebo hominem, quem creavi a facie terrae; poenitet enim me fecisse eos.* Digna quidem et justa in reum justi judicis sententia, sed lugenda misero homini tam pii conditoris super conditione sua poenitentia. Nunc autem in Jordanis alveo, hominem illum intuens, super quo divinam providentiam nunquam poenitet, blanda super eum voce insonat, eumque tam ex amoris et sanctimoniae quam ex dignitatis privilegio commendat. Commendat enim eum ex dignitate Filii adorandum, ex singulari amoris sui privilegio venerandum, atque ex speciali sanctitate, in qua Deo Patri semper bene placuit imitandum. *Hic est*, inquit, *Filius meus dilectus, in quo bene complacui.* Ecce quid nobis sacramentum baptismatis, ecce quid contulit dignitatis, gratiae et utilitatis. Dignitatis, ut nos in filios Deus Pater adoptet; gratiae, ut paterna adoptatos charitate foveat atque sanctificet; utilitatis, ut sanctificatos ita de virtute in virtutem provehat, ut ex nobis ipse sibi semper bene complaceat. Recordemur itaque quid fuerimus, intueamur quid simus, et ex his facile colligemus quid per gratiam Dei adepti simus. Sed utinam vel nescire liceat, vel non iterare libeat quod fuimus, et dignitatem adoptionis filiorum Dei, quam nos adeptos esse gloriamur, morum dignitate defendamus. Rebelles Deo fuimus, mandati ejus praevaricatores facti sumus, et ex sententia damnationis nostrae paradisi exsules constituti, hosti antiquo ludibrio habiti sumus. Et re vera quod majus poterat esse hostis antiqui ludibrium, et generis nostri improperium, quam ut fortitudinem nostram, sicut supra memoravimus quasi nidum superba manu detraheret, nec in nobis esset qui vel pennam moveret, et aperto ore ganniret? Nec poterat semel moto pede nutabundo gressu imbecillitas humana, in lubrico illo peccati subsistere, sed diabolo quotidie ad deteriora propellente, eo devoluta est, ut *insipiens in corde suo: Non est Deus* diceret, et ignorantiae suae tenebris obcaecatus homo, ligno et lapidi genua flecteret. Proh pudor! rationalem hominem insensibili ligno cervicem inclinare, et lapidem, qui se adorari nesciat, adorare. Proh pudor! ab illo auxilium petere qui sibi auxiliari nesciebat, eumque super statu suo consulere, qui nisi clavis confixus stare non poterat. Ubi erat tunc, o homo, dignitas conditionis tuae? Ubi splendor imaginis divinae tibi manu impressae? Quomodo immemor factus es potestatis tuae? Quomodo irrationabilibus tam degeneri servitute subesse voluisti, quibus et nobilitate conditionis et moderamine rationis dominari debueras? Quomodo, qui ad imaginem Dei factus eras, imaginem canis et serpentis adorabas? Tales de radice illa putrida paternae corruptionis pullulavimus, tale lac de ubere matris gentilitatis suximus, ita a patre diabolo edocti sumus. Sed ubi verum Patrem audivimus inclamantem :

Audi, filia, et vide, et inclina aurem tuam, et obliviscere populum tuum, et domum patris tui, et concupiscet rex decorem tuum, ubi Deum Patrem agnovimus, in filios Dei adoptati sumus. Non improperat reverentibus benignissimus Pater spurcitiam idolorum, non siliquas porcorum, sed paterna charitate commotus, in amplexus ruit, et in signum reconciliationis osculum pacis porrigit. Deputantur nobis tanquam filiis servorum ministeria, exhibentur in ornamentum nostrum omnia, stola, annulus, calceamenta, paternae nobilitatis insignia. Pristinae dignitatis locus restituitur, et pro exaltatione nostra festum congaudentibus amicis convivium instruitur. Quis tantae pietatis viscera non obstupescat? Quae cordis humani duritia hoc igne conflagrata non liquescat? Quis enim dives ac praepotens, servum suum natalibus degenerem, vita infamem, adoptare sibi dignetur in filium? Et quid magnum, si homo hominem, mortalis mortalem, corruptibilis corruptibilem, adoptet in filium? Cum vero Deus hominem, omnipotens infirmum, aeternus temporalem, tam degenerem, tamque indignum adoptat in filium, quis digne miretur, quis digne praedicet, quis condignam adoptanti se debitae servitutis, ne dicam dilectionis vicissitudinem recompenset? Ego enim, ut loquar quod sentio, gratiam istam per vestigia sua anhelo persequens cursu, apprehendere nequeo, sed quo magis, magisque propinquo, eo clarius quia incomprehensibilis sit aspicio. Sed et hoc considerandum in his pietatis nominibus, quod ille summe bonus, summeque pius, blanditiis maluerit spontaneos invitare, quam minis ac terroribus invitos cogere, dum se patrem, se nutritorem, se matrem, et gallinam appellat, nos filios, nos parvulos, nos pullos ex affectu pietatis nominans. Loquitur quodam loco Dominus ad Hierusalem, tanquam si parvulo filio blandiretur pater benignissimus. *Nunquid oblivisci potest mulier infantem suum, ut non misereatur filio uteri sui? Et si illa oblita fuerit, ego tamen non obliviscar tui.* Et si fieri potest, ait, ut mulier calcato jure naturae, et neglecta pietate, ad viscera sua non moveatur, nec filio uteri sui misereatur, nullo tamen pacto fieri potest, ut ego, qui naturae sum conditor, obliviscar eorum, quos condidi. Invenies et alia quam plura in Scripturis sanctis his similia, quibus addiscere poteris mirum in creaturam suam piissimi creatoris affectum. Quocirca, o homo, tot ac tantis beneficiis, et ex ipso communi nomine pietatis, satage collatam tibi moribus adornare dignitatem, ne si vacua in te fuerit et otiosa, sit et infructuosa. Considera diligenter quanto labore desudent homines, quanto studio, quanto demum non ipsius vitae tantum, sed et animae periculo, ut temporalia adipiscantur et peritura congregent, ubi diu permanere non possunt, nec quae possidentur, nec qui possideat. Pudeat itaque filium regni minoris studii in retinenda adoptionis suae gloria inveniri, quam filium perditionis in coacervandis perituris, et cumulandis sibi suppliciis semper mansuris. Pudeat eum serenissimum illum patris sui vultum vel leviter contristare, qui in tantam dignatus est eum gloriam adoptare. Pudeat, inquam, eum incomparabiles paternæ mensæ delicias deserere, et os paterno osculo sanctificatum immundis porcorum siliquis polluere. Cogitet semper magnitudinem paternæ dilectionis, reformidet quoque, si ingratus repertus fuerit, intolerandam severitatem paternæ indignationis. Appendat ante oculos exigui laboris inæstimabile præmium, et e contrario momentaneæ voluptatis ineluctabile supplicium. Timeat tremendi judicii futuram discussionem, in qua cum memorata fuerint prærogatæ nobis dona pietatis, districta animadversione exigendum est a nobis, et debitum condignæ servitutis. Commemorabuntur ante tribunal judicis dignitas conditionis, gloria divinæ similitudinis, charitas redemptionis, effusio pretiosi sanguinis, adoptio filiorum, promissa beatitudo regni cœlorum. Commemorabuntur et ad implenda præcepta collata subsidia, hostis imbecillitas, nostra desidia. O quanta tunc erit confusio trepidante conscientia! heu quam amara! heu quam sera! heu quam infructuosa tunc erit de præterito torpore pœnitentia! O si modo liceret vultum illum confusionis nostræ inspicere; o si modo liberet districtionem illam emendatiore vita mitigare. Tunc accusante conscientia, nullus erit excusator, nunc correcta vita, nullus tunc invenietur accusator. Vos igitur genus electum, progenies sancta, stirps regia, ut filii Dei, ut filii charissimi, digne Deo, digne tanto patre conversamini, ut tunc læti eum sicut patrem excipiatis, cui nunc filiali affectu deservitis. Non est filiorum adveniente patre trepidare aut latebras quærere, sed exsultante spiritu certatim in occursum ruere, singulos ut primus ipse occurrat anhelare, cupide amplecti, affectuosissime deosculari, atque immensum de dulcissimi patris adventu gaudium, occursu, gestu, plausu, osculis, atque amplexu testari. Tales filios, tam pios, tam devotos, tam sedulos, benignissimus ac serenissimus pater, paterna hilaritate excipit, et in unum innumeros amplexum, inflexis latius ulnis colliget, dulcesque filios ad sacratissimum pectus est astringens, blanda manu, blandoque affatu demulcet. Nunc filii mei, nunc charissimi mei, nunc benedicti Patris mei, gloria regni mei mecum perfruimini; nunc adoptionis vestræ quanta sit dignitas agnoscite, et quæ flendo seminastis, gaudentes metite. Jam laboris vestri et luctus tempora cursore velocius abierunt, sed refrigerii vestri et gaudii tempora me manente, abire non poterunt. Quia igitur hilariter implestis quæ præcepi, percipite liberaliter quæ promisi. In illa die divini vultus splendore illustratus homo, agnoscere poterit, gratia Dei quæ et quanta circa se fuerit. Et quoniam nihil in se dignum tanta largitate inveniet, æternas Largitori gratias referet, qui vivit et regnat per omnia sæcula sæculorum. Amen.

PRÆFATIO IN LIBRUM DECIMUM.

Arduum est atque laboriosum iter virtutum, nec facile a quoquam hominum scanditur, nisi gratia de qua loquimur, gressus ascendentis dirigatur. Unde et ego utroque pene pede claudus, in hunc altissimum non dicam montem, sed montem montium conscendere jussus, difficultate rei territus, valde trepido, quia et si gloriosum est ad summa contendere, ignominiosum satis est inefficaci gressu deorsum ruere. Non est difficile per plana quemlibet incedere, ubi nec anxie anhelat qui graditur, nec penitus conteri formidat, qui labitur. Cum vero sicut, quod in limine libelli pendet, edictum obedientiæ continet, de sacramentis corporis et sanguinis Domini nostri Jesu Christi jubeor disserere, cogor ipsum fidei nostræ verticem ascendere, quo ascensu nihil expertus sum laboriosius, nec casu quidquam periculosius. Et qui ad radicem montis descensum et attactum pii medici cum leproso operior, cogor cum Joanne et Jacobo excelsa subito conscendere, et squamis cæcitatis meæ nondum detractis, transfigurati Domini gloriam contemplari. Sed hoc solum habeo in difficultate operis hujus solatium, quod ad hoc temerario nequaquam ausu prosilui, sed impellente obedientia, necessitate compulsus sum tentare, si forte queam inoffenso pede fidei præeuntis gratiæ vestigia sequi. Melius enim arbitratus sum quamvis infirmo gressu pedetentim progredi, quam nec tentando quæ jussa sunt, inobediens inveniri. Ea igitur quæ restant, ipso qui jussit opitulante aggrediamur.

LIBER DECIMUS.

Dominus noster Jesus Christus sciens radicem superbiæ ab humano genere, nisi per manum cœlestis agricolæ exstirpari non posse, sarculo verbi ubique eam persequitur, ne si hæc effossa non fuerit, de veneno radicis omnis fructus corrumpatur, et quod sana radice salubre esse poterat, corrupta mortiferum fiat. Sciens itaque humanum animum gloriæ cupidum, et in tantum altiora se quærere, ut et ipsius gratiæ Dei dona interdum sibi velit ascribere, noxio tumori emplastrum humilitatis imponit, humiliandum docens, qui se exaltaverit, et e contrario exaltandum, qui se humiliaverit. In tantum autem divina beneficia ad laudem Dei censet esse referenda, ut doctrinam suam non suam esse asserat, et nihil a seipso se posse, humili assertione perhibeat. Quod si Dei virtus, et Dei sapientia doctrinæ atque operis sui gloriam Deo Patri assignat, quanto magis humana imbecillitas? Si vitis radicis suæ pinguedinem irrigatori Deo tribuit, quanto magis palmites? Quid enim palmes haberet, nisi, ut ita dixerim, de amplexu radicis, secreto quodam naturæ utero gemmam conciperet, et uvam pareret? *Ego sum*, inquit, *vitis, vos palmites. Sicut palmes non potest fructum facere, nisi manserit in vite, sic nec vos, nisi in me manseritis*. Ad hoc enim cœlestis agricola palmitem inserit, ad hoc subrigit, ad hoc fodit, ad hoc colit, ut radici inhæreat et unum cum radice fiat; ut de radice vivat, de radice fructum afferat, et fructum qui maneat, gloriam tamen totius fructus vitis esse sciat. Tunc enim vere vivit, quando humiliter agnoscit, de quo vivit. Ut ergo pessimam illam superbiæ radicem de agro cordis nostri pius cultor exstirpet: *mea*, inquit, *doctrina non est mea*, et, *non possum ego a meipso facere quidquam*. Et cum Corozaim, Bethsaidæ, Capharnao civitatibus, in quibus frequenter docuerat, et virtutes multas fecerat, obstinatæ mentis duritiam, et incredulitatis suæ perfidiam exprobrasset, Tyro et Sidon, ac terræ Sodomorum in die judicii remissius esse futurum pronuntians, de fide apostolorum atque credentium ita Patrem glorificat: *Confiteor tibi, Pater, Domine cœli et terræ, qui abscondisti hæc a sapientibus et prudentibus, et revelasti ea parvulis. Ita Pater, quoniam sic placitum fuit ante te*. Et vide, quomodo ubique gratiam commendet, ubique gloriam patris prædicet. *Confiteor*, inquit, *tibi, Pater, Domine cœli et terræ*. Nihil sibi de fide credentium assignat, nihil de institutione discipulorum sibi arrogat, qui elegerat, qui vocaverat, qui instituerat, qui justificaverat. Ipse vasa iræ discernit a vasis misericordiæ, ipse alios, atque alios, in illud atque illud ministerii sui opus distribuit, duodecim speciali gratia eligit, quos et seorsum familiarius instruit, foris parabolas turbis proponit, domi discipulis proposita disserit. Nec tamen quidquam horum sibi tribuens, sed ad gloriam Patris omnia referens, pro abjectione superborum atque electione humilium, gratias agit, dicens: *Confiteor tibi, Pater, Domine cœli et terræ, qui abscondisti hæc a sapientibus et prudentibus, et revelasti ea parvulis*. Diligens lector, diligenter attende quomodo Dei Unigenitus æterno Patri coæternus, cum quo illi una substantia, eadem est gloria, unum, idemque consilium, opusque individuum, quomodo ut solius Patris gloriam omnia sua referat, ut te purum hominem, infirmum et impotentem doceat, quo tua omnia, si tamen Deo digna fuerint, referre debeas. Nec enim, ait, abscondimus hæc et revelavimus, sed *abscondisti et revelasti*. Ac si diceret: Ego vocavi, tu inspirasti; ego librum tenui, tu aperuisti; ego legem proposui, tu exposuisti; ego insonui auribus, tu cordibus. O gratia, o pietas, o prudentia! Sic sic ægro suo pius medicus consulit, ita humores noxios per membra diffusos, salutari cathartico decoquit, ut et ipsum fontem venena manantem exsiccare contendat, et causas atque origines morbi, quod in ipso est, de medio auferat, ne si rursus antiqua venena fons ebullire incipiat, ipse et laboris sui industriam et impensas perdat. Ex hac ergo Domini nostri confessione, amator gratiæ discat, quomodo, et cui confiteri debeat, et quantum in singulis quibusque boni invenerit, tantam et in singulis gratiam Dei esse noverit. Nam quanta in seipsa sit, nemo unquam quantolibet sensus acumine investigare poterit, nisi qui forte quantus sit immensus mensus fuerit. Item de quinque panibus quinque millia, et de septem quatuor millia refecturus, accipiens panes in manibus, gratias egit, benedixit, ac fregit, et turbis erogandos discipulis tradidit. Miraculum facturus, primum quidem gratias agit de tradita sibi potestate, ac sic demum accepta potestate utitur in miraculi exhibitione. Tanta autem post gratiarum actionem subsecuta est ubertas benedictionis, ut de paucis panibus, tot millibus satiatis, fragmenta quæ supererant, in duodecim et septem cophinos exuberarent. Et miranda in hac turbæ refectione dispensatio gratiæ, quomodo alii panibus hordeaceis, alii reficiantur triticeis. Sed valde plus miranda in refectione verbi, cujus typum præferebant panes illi, divisio gratiarum, quomodo idem verbum pro palato et gustu comedentium, aliis hordeum, aliis sapiat triticum. Est enim hordeum palea grossius, gustu austerius, cibus servorum, pabulum umentorum; triticum vero tactu mollius, gustu suavius, mensæ infertur dominorum. Qui ergo adhuc spiritu servitutis, et timore servili Domino serviunt, gustum hordei in verbo Dei inveniunt. Qui vero spiritu charitatis Domino deserviunt, et timore casto, qui permanet in sæculum sæculi, Deum diligunt, longe alium gustum, melle et favo dulciorem de verbo Dei eliciunt. Mira igitur et ineffabili verbi suavitate refecti, duritiam hordei, et cibum servilem, tanquam liberi, tanquam filii ac delicati, stomacho nauseante rejiciunt, et degustatam semel dulcedinem insatiabili gutture ruminantes, et verbum bonum corde jucundo eructantes, læti concinunt: *Quam dulcia faucibus meis eloquia tua, Domine, super mel et favum ori meo*. Est et aliud de verbo Dei, quod adhuc amplius miror, quod idem verbum quasi nullum interdum saporis sui gustum legenti aut psallenti generat, interdum vero omnem mellis dulcedinem gustatum superat. Sæpe namque tanta mellifluæ suavitatis abundantia exuberat, ut animæ sitienti, atque æstu desiderii sui torridæ instar torrentis influat, totumque post se hominem pia quadam violentia trahat, ut plerumque homo toto ad cœlestia animo suspensus, atque in oblivionem sui a verbo Dei abductus, nihil præter eum cujus amore pascitur cogitet. Tunc pallio terrenæ sollicitudinis rejecto, curru cum Helia sublevatur igneo, et in eo vere completur, quod de Enoch scribitur, *et non inveniebatur, quia transtulit eum Deus*. Qui enim alias sancti desiderii libero ad cœlestia volatu sustollitur, in fæcibus terrenis, a Deo translatus, non invenitur, sed quo magis in purissimo æthere assuescit, eo amplius cœnosas ac fetentes terræ paludes horrescit. Cum vero necessitate carnis more aquilæ ad terrena descendere cogitur, tunc vere peregrinum se esse lamentatur, tunc gemitus rumpunt, tunc suspiria pectus quatiunt, tunc lacrymarum imbres profluunt, et defectu corruptionis suæ affectus, non tam cantat, quam gemebundus ejulat : *Heu mihi! quia incolatus meus prolongatus est; habitavi cum habitantibus Cedar; multum peregrinata est anima mea.* Sed quod hac dulcedine homo pro voto non fruitur, nec semper eam in verbo Dei invenit, frequenter ex vitio palati interioris, et pœna præteriti torporis accidit, nonnunquam vero ex dispensatione gratiæ Dei, mirabiliter omnia dispensantis provenit. Si quidem si pro voto semper adesset, tanto eam desiderio homo non quæreret, aut forte, quod perniciosius est, domestica sibi præsumptione deceptus, laboris sui fructum, et non Dei donum crederet. Novit autem Dominus quomodo dona sua dispenset, quid cui et quando eroget; sicque talentum verbi inter servos secundum virtutem cujusque dividit, ut lucro neminem vacare velit. His de panibus mysticis, pro loco et modo ingenioli nostri dissertis, ad panem verum qui de cœlo descendit transeamus : ipsum toto cordis affectu obsecrantes, ut de se scribenti inolita bonitate adesse dignetur, ut ipso inspirante se digna et legentibus scribam proficua. Instituto itaque sacrosanctæ cœnæ convivio, ubi legalibus cæremoniis celebrato Pascha typico, finem imposuit, verum et æternum Pascha veri Agni oblatione substituit; in cujus immolatione charitas ipsa et gratia de qua agimus, oculis nostris quasi visibiliter se contuendam exhibuit. *Majorem enim charitatem nemo habet, quam ut animam suam ponat quis pro amicis suis.* Si autem animam ponere pro amicis, tam magna est charitas, ut major esse non posset, quæ et qualis, aut quanta est charitas, animam ponere pro inimicis ? Nam cum pro amicis anima ponitur, vicissitudo amicitiæ redditur; cum vero pro inimicis anima ponitur, recte charitas, recte gratia vocatur. *Commendat autem suam charitatem Deus in nobis,* ait Apostolus : *quoniam cum adhuc peccatores* et inimici *essemus, Christus pro nobis mortuus est.* Hæc est commendatio illius immensæ, et Deo dignæ charitatis. Hæc est ostensio gratiæ inscrutabilis, cum pro peccatoribus gratuita bonitate Christus moritur, cum Filius Dei ostentui habetur, et injuriis hominum Deus exponitur. Typici itaque agni carnibus absumptis, et legalibus, ut dixi, cæremoniis consummatis, verus ipse Agnus, *qui tollit peccatum mundi,* accepit panem in manibus, et benedicens ac frangens, discipulis in hæc verba tradidit : *Accipite et comedite, hoc est corpus meum.* Pastor bonus pro ovibus suis animam positurus, atque dispensationis suæ cursu expleto, ac redemptionis nostræ mysterio completo, ad Patrem rediturus, quia gregi suo indissolubili vinculo charitatis connexus erat, nec præsentia corporali diu ab eo abesse poterat. Qui ergo maternam carnem assumpsit in manibus, et assumptam redemptionis nostræ convertit in opus, eadem verbi potentia assumit panem in manibus, et divinæ benedictionis ac verbi, quod ipse est effectu vertit in corpus suum, salutis nostræ sacramentum. Frangit autem panem, tanquam potestatem habens ponendi animam suam, et iterum sumendi eam. Licet enim persecutor comprehendat, liget, cædat, irrideat, conspuat, crucifigat, ipse est qui panem frangit, ipse qui mysterium passionis peragit. Nisi enim panem ipse frangeret, nisi Judæ tradendi, Judæis crucifigendi potestatem permitteret, inaniter iste insidias tenderet, inaniter illi manus extenderent. Nempe dicente Pilato : *Nescis quia potestatem habeo dimittere te, et potestatem habeo crucifigere te,* ut ostenderet potestatem hanc concessam esse, non propriam : *Non haberes,* inquit, *in me potestatem, nisi tibi datum esset de super.* Hoc ipsum et ad ministros, qui ad comprehendendum se venerant, rebus loquitur, cum verbo uno et blando, dicendo : *Quem quæritis?* sævientes in terram dejicit. Frumentum ergo Evangelicum Judæorum manibus molitur, igne passionis coquitur, et verbum vitæ panis vivus effectum, vitale fidelibus efficitur alimentum.

Et accipiens calicem gratias egit, et dedit discipulis dicens : Bibite ex hoc omnes. Hic sanguis meus novi testamenti, qui pro multis effundetur in remissionem peccatorum. Accipiens calicem gratias egit. Ubique gratias agit, ubique ad agendas Deo gratias nos instruit, maxime tamen in articulo passionis, ubi quanto magis ex infirmitate sua caro nutat ac trepidat, tanto magis manu divinæ consolationis indiget, quæ nutantem sustentet. *Spiritus quidem promptus est, caro autem infirma,* ait conditor et cognitor carnis et spiritus. Quia igitur infirmitatem nostram novit, qui nos condidit, fortique et armato, nisi fortiore nos protegente, fragiles et inermes non posse resistere, contra implacabile hostis antiqui odium, panis quotidiani inexpugnabile nobis contulit præsidium. Novit Dominus adversarium nostrum felle invidiæ ab antiquo infectum, infatigabili adversum nos malitia sævire : nec posse inter discordantes absque detrimento salutis nostræ fœdus aliquod intervenire. Novit etiam pius inspector cordium iter corruptionis nostræ tenebrosum esse et lubricum, nec illæsum pertransire posse quemquam hominum. Quia igitur quotidie periclitamur, quotidie labimur, quotidie ægrotamus, quotidianam sui in mysterio corporis et sanguinis sui dignatus est nobis exhibere præsentiam, qua liberemur, qua erigamur, qua convalescamus. Et quia panis cor hominis confirmat, vinum quoque lætificat, recte in panis ac vini specie celebrandum instituit mysterium passionis suæ. Ipse est enim verus panis, qui corda fidelium confirmat, ne in solitudine hac vasta deficiant, qui famem mortis præviam fugat, qui desiderium nostrum in bonis satiat non satietate pœnali quæ cruciat et fastidium generat, sed satietate, quæ vires semper recreat, et fastidium nunquam creat. Cibus enim iste de quo ait : *Caro mea vere est cibus,* vere est mirabilis, et esus cibi hujus insatiabilis, qui quo magis sumitur, eo magis esuritur, et quanto edentem plus satiat, tanto esurientem ad edendum amplius incitat. Non est autem alius calix calici Domini similis, qui sic bibentem divina et inenarrabili jucunditate lætificat, ut omnem pristini doloris memoriam absorbeat. Non solum autem, sed et bibentem ita ingenita sibi suavitate inebriat, ut eum in excessum mentis mittat, adeo ut patri et matri, *nescio vos* dicat, ut semetipsum sibi abneget, et quodammodo se ipsum nesciat, ut quam frequenter ingressus est viam sæculi, non videat, et vacillantes præ ebrietate gressus, in lubrico amore immundi mundi figere jam non valeat, imo jam non libeat. Sic sic, imo longe aliter, quia et ineffabiliter panis Christi, qui est vere caro ejus, fidelium corda confirmat; sic calix Domini, qui est vere sanguis ejus, bibentium corda lætificat. Et apte quidem in his speciebus mysterium redemptionis nostræ recolitur, in quibus unum aliquid ex multis efficitur. Ex multis enim granis panis efficitur, et ex multis acinis vinum exprimitur. In tantam namque unionem grana contrita, conspersa, atque compacta conveniunt, et ita unum omnia sunt, ut granum a grano discernere nequeas; et quid cujus fuerit, non visus, non tactus, non gustus indicio deprehendere valeas. Asperitate enim paleæ cribri judicio discussa, ita in eamdem speciem, ut eumdem saporem, atque in eamdem omnia transeunt lenitatem, ut nihil in specie appareat dissimile, nihil in gustu sibi sapiat contrarium, nihil in tactu a seipso sentiatur diversum. Si ergo ita uniuntur atque individua fiunt, quæ de terra criuntur, quanto magis ea quæ de grano evangelico et semine divinæ benedictionis nascuntur. Ad hoc enim granum illud Evangelicum in terram cecidit, ut mortuum in altum radices mitteret, atque in totam mundi latitudinem extenderet, et quod solum ceciderat, fide gentium multiplicatum surgeret. Hoc itaque granum mola passionis tritum, et fide populorum velut aqua conspersum, tam indissolubili nobis affectu charitatis unitum est, ut ex multis granis unus panis fieret, et ex membris singulis capiti suo ejusdem charitatis compage cohærentibus, unum corpus. Propter hoc, ut Scriptura ait, factus homo patrem et matrem reliquit, et uxori suæ adhæsit, ut essent duo in carne una, sponsus et sponsa, Christus et Ecclesia. Patrem quippe reliquit, quando minoratus paulo minus ab angelis semetipsum exinanivit, quando traditus non egrediebatur, patiens non comminabatur, intra infirmitatis nostræ claustra se continens, et paternæ virtutis potentiam non exuens. Reliquit et matrem, matrem carne non spiritu synagogam; mater enim carnis caro, mater verbi, fides, quæ quia non agnovit quem genuit, et quem prædixit non credidit, maternæ pietatis et affectum perdidit et vocabulum. Adhæsit autem uxori suæ congregatæ de gentibus Ecclesiæ, quæ quia invitanti sponso dotem fidei exhibuit, et unius spiritus et unius carnis consortium meruit. Similis et in vino consideranda est unitatis communio, quod ex multis acinis in unum liquorem torculari premente confluit. Et pulchre in his memoria Dominicæ passionis agitur, quorum utrumque quodammodo patitur, teritur, premitur, quia sicut grana teruntur, ut panis fiat, sic et uvæ calcantur, ut vinum fluat. *Omnes* enim *qui volunt vivere in Christo Jesu*, ait Apostolus, *persecutionem patiuntur*. Et beato Petro testante, ad hoc Christus passus est, ut præcedens vestigia passionis imprimeret, quæ nos sequentes, et patienti compatientes, per asperum iter passionis perveniamus ad jucunditatem resurrectionis. Quem ergo suavis gustus vini hujus demulcet, pressuram torcularis non recuset. Ideo et aqua in mysterio nostri vino miscetur, et sic sacrificium acceptabile Deo offertur, quia tunc gratam Deo passionis Christi hostiam immolamus, quando et ipsi passionibus ejus simul patiendo communicamus. Cum enim Dominus noster corpus suum et sanguinem in mysterio panis et vini sumendum discipulis traderet, mandatum dedit, ut hoc frequentius in sui commemorationem agerent. Tunc enim digne offerimus, tunc digne sumimus, cum multitudinem et magnitudinem charitatis ejus in offerendo et sumendo recolimus, et similia pro eo ipso largiente pati nequaquam subterfugimus. In hujus vini quod de torculari crucis stillat typum, de terra repromissionis duo exploratorum in vecte deferunt botrum, in cujus mira magnitudine et miranda suavitate repromissæ sibi hæreditatis uberrimos atque dulcissimos fructus populus prægustaret. Duo namque viri in vecte botrum deferunt, quia duo, ut et alia utar similitudine, parietes in unum angularem lapidem conveniunt, et de utroque populo, Judæorum scilicet et gentium, exploratores et prædicatores electi mysterium crucis et potentiam in cruce pendentis circumferunt. In cujus infinita magnitudine, *magnus* enim *Dominus et laudabilis nimis, et magnitudinis ejus non est numerus*, et inenarrabili suavitate, futuræ beatitudinis dulcedinem, in quantum corruptionis nostræ amaritudo admittit, prægustamus. In ejus siquidem melliflue, ut ita dixerim, quia longe minus est, quidquid dixero, in ejus itaque melliflue affectu degustamus terram repromissionis nostræ, vere rivis mellis et lactis fluere, et omnes fructus terræ nostræ eamdem semper dulcedinem sapere. Ideo et Propheta, qui hæc degustaverat, seipsum consolans, lætabundus decantat: *Credo videre bona Domini in terra viventium*. Et eleganti satis similitudine utrumque mysterium lapidis et botri sibi respondet; quia, sicut lapis angularis utrumque parietem e diverso venientem medius continet, sic et utrumque portitorem præeuntem, scilicet et subsequentem, jungit botrus, qui medius pendet. Sed sunt aliqui qui visibilem sacrosancti mysterii speciem, dum attentius attendunt, in veritate ipsa fide caligant, hæsitantes quomodo manente pristino panis et vini sapore et specie, in substantiam carnis et sanguinis Christi, possit substantia panis et vini alia in aliam transire. Sed huic infirmitati fidei facile potest mederi consideratio omnipotentiæ Dei, quod non sit omnipotenti impossibile aut difficile creaturarum suarum, aliam in aliam pro placito suo transformare, qui omnia ex nihilo potuit verbo creare. Ut enim quiddam de usu nostro loquar, non de Dei potentia, Deo enim omnia æqualiter sunt possibilia, facilius est in eam quam voluerit formam transformare quod est, quam ex nihilo formare quod non est. Nunquid abbreviata est manus Domini, ut non possit salvare? Nunquid qui cœlum et terram verbo creavit hominis in servitutem, non valet minimam panis et vini portionem in verum corpus suum convertere hominis ad salutem? Ne ergo fluctuet de veritate corporis Christi fides Christiani pectoris, ne et frustra portet nomen Christianæ professionis, et frustra celebret sacramenta divinæ religionis. *Sine fide enim impossibile est placere Deo.* Nam licet Ecclesiam quis intret, Ecclesiasticis sacramentis participet, ad solemnem orationem amen respondeat : otiose imo perniciose hæc agit, si fidem eorum quæ geruntur, non habeat. Stultitiæ autem proximum est, omnia fidei nostræ sacramenta, et divinæ virtutis opera, infirmis humanæ sapientiæ ratiocinationibus velle discutere, et omnipotentiam Dei intra angustias impossibilitatis nostræ includere. Omnia enim divinæ virtutis opera humano intellectu velle comprehendere, quid aliud dixerim, quam Deum homini componere, ut ille non possit, quod iste non intelligit? Et unde tantum esset fidei meritum, si per singula humanæ consuetudinis haberet experimentum? Sed Christiana sobrietas magis vult audita pie credere, quam impia in Deum verbis ejus non credendo existere. Habet autem fidei suæ præmium, ipsum cui credidit Deum. Magnum est ergo fidei Christianæ meritum, cui tantum compensatur præmium. Iis de sacramento salutis nostræ, non pro sua majestate, sed pro nostra tenuitate discussis, qualiter hoc in memoriam Christi agere debeamus, prout ipse donaverit paucis memoremus. Oportet itaque fideliter accedentem, et pie sumentem, de ventre memoriæ cibum vitæ, tanquam mundum animal, sursum revocare, et opus pietatis piæ retractationis gutture ruminare. Memoret pius conviva Christi, qui ad mensam illam magnam consedit, quibus charitatis vinculis de sinu Patris in uterum Virginis Dei Filius sit abductus, quanto salutis nostræ zelo Deus impassibilis et æternus sit affectus, qui homo factus, passibilis et mortalis pro nobis est effectus. Memoret quomodo suppliciis nostris innocens sit addictus, quantis opprobriis, quantis injuriis, quantis sit pœnis afflictus. Memoret faciem illam, in quam desiderant angeli prospicere sputis illitam, alapis cæsam, crucis ignominiam, fellis amaritudinem, et mortem felle amariorem. Recolat etiam pio compassionis affectu, acerrimam membrorum omnium innocentis agni in patibulo distensionem, atque amarissimam illam clavorum confixionem. Ad hæc omnia, et super hæc omnia miretur spontaneam passionem, et immutabilem patientis mansuetudinem. Nec prætereat vulnus illud saluberrimum, ex quo vulnerum nostrorum profluxit medicamentum. Aperto enim latere Domini, jam mortui militis lancea, exivit sanguis et aqua; sanguis redemptionis, aqua baptismatis. De latere itaque mortui, vita prodiit, quia ad hoc in crucis lectulo soporatus est noster Adam, ut Evam illam, quæ vere cunctorum viventium mater est, de latere suo produceret Ecclesiam. Hæc omnia quam piissimo potest cordis affectu memorans, ac tota spiritus contritione adorans, ad seipsum redeat, et de mensa illa magna tam dulcia charitatis fercula degustans, quid pro his Domino retribuat, ita secum conferat : *Quid retribuam Domino pro omnibus quæ retribuit mihi?* Et seipsum ad similia exhortans, atque piis charitatis stimulis incitans, calicem votorum suorum Deo offerat, et de ejus adjutorio spe indubitata præsumens, dicat : *Calicem salutaris accipiam, et nomen Domini invocabo.* Tunc namque mysterium passionis Christi in memoriam ejus salubriter homo celebrat, quando ipso opitulante similia præparat, cum falsorum fratrum amarissimo felle potatus sustinet, cum injuriis affectus, non dolet; irrisus, ridet, suppliciis attritus gaudet, et ea quæ desunt passionum Christi, in corpore suo supplet. Hic de mensa Domini vere vitam comedit, hic de calice Domini vere vitam bibit, et secundum promissum ejus, et ipse in Christo, et Christus vivit in ipso. Hujus charitatis amplitudinem, et hujus gratiæ altitudinem, non est parvitatis nostræ comprehendere, pium tamen est ad eam nos semper extendere. Studeamus itaque indesinenter ei gratias agere, qui corpus suum vertit in cibum nostrum, et sanguinem suum in potum nostrum, Jesus Christus Dominus noster, qui vivit et regnat Deus, per omnia sæcula sæculorum. Amen.

PRÆFATIO IN LIBRUM UNDECIMUM.

Jam ubi ex confragosis locis gratia Dei cursum nostrum dirigente, salva ut credimus fidei navicula, ad tutiora evasimus, faciliore lapsu ad ulteriora tendimus; nihilominus tamen ad eamdem quam præviam sequimur gratiam, oculos intendimus. Is enim, qui in prora ad præcavenda pericula consistit, si arridente æquore securior reditus, oculos post tergum, anteriora negligens reflectit, navis ac rerum omnium, quas inter scopulos cautius agendo servaverat, in patenti sæpe incurrit æquore dispendium. Et sæpe in portu incauto navis fune religata, ventorum turbine colliditur, et idipsum in portu religantis negligentia, quod et mediis fluctibus violentia tempestatis perpetitur. Nunquam autem est in mari hujus sæculi tuta navigatio, quia, etsi nonnunquam ventorum clementia aura sit placidior, sævus tamen pirata diabolus perditionis nostræ semper avidus, nullo unquam tempore sit mitior. Sed rege nostro in prora consistente, crudelis tyrannus a facie majestatis ejus reveritus, timet propius accedere, et per diversa pavidus fugitans, non audet incursare navigantes, nisi forte dormiente fide nostra, Christus obdormierit, et negligentia nostra clavo fidei perdito, ventus contrarius in impias ac sanguinarias crudelis piratæ manus fluctuantem naviculam impulerit. Regis igitur nostri præsidio fulti antennam crucis erigamus, sinumque cordis Spiritui sancto expandamus, accepti operis cursum, in optatum littus Christo gubernante dirigamus.

LIBER UNDECIMUS.

Per totum hujus operis textum illud vel maxime intendimus, ut gratiam Dei attentius commendemus quod cum a principio, et assertionibus et exemplis egerimus, in proximo tamen evidentius, ubi in sacrosancta mysteria narrationis ordine incidentes de unitate Christi et Ecclesiæ, capitis atque membrorum sub exemplo granorum et acinorum disseruimus. Diximus enim, quod sicut multa grana in unum compacta unum panem conficiunt, et multi acini in eumdem liquorem confluunt, sic multa membra capiti suo indissolubili compage cohærentia unum corpus efficiunt. Hujus corporis caput Christus est, membra vero capitis hujus Ecclesia ejus est. Hoc autem utriusque naturæ, divinæ scilicet et humanæ, salutare commercium in sacratissimo illo gloriosæ virginis utero est initum, sed in prætorio crucis Novo Testamento sanguinis Christi morte intercedente confirmatum. Felix commercium, in quo infirmitate virtutem, miseria beatitudinem, mortalitate immortalitatem, homine Deum commutavimus. Omnium autem commutantium ille liberalissimus, qui vilia accepit pretiosa reddidit; qui humana assumpsit, divina erogavit, qui hominem induit, Deo vestivit, qui sine peccato peccati poenam subiit, nosque a peccato simul, et peccati pœna liberavit. Commercium ergo quod nobiscum Dei Filius iniit, sanguinis sui testamento confirmavit. Neque enim homo Deo conjungi potuisset, nisi paries qui inter Deum et hominem medius dividebat, de medio cessisset. Nec poterat durus et annosus paries peccati, humana manu vel arte subrui, quia omni humana propagine ex traduce natura peccato obnoxia, nullus inveniri poterat inter homines, qui pro peccato hominis satisfaceret. Necessarius ergo erat homo, qui immunis esset a peccato, qui dum innocens peccati pœnam exsolveret, peccatorum omnium in se causam susciperet, et indebita pœna culpa deleta, facturam factori, hominem Deo, ipse mediator Dei et hominum in seipso conjungeret. Æstimato igitur peccato totius mundi, pretio sanguinis Christi suffosso fundamento delicti, paries inimicitiarum corruit, et a peccato homo liber, unum cum Deo gratia mediante factus est. Pro hujus sanctæ conjunctionis perseverantia, caput pro membris, Christus pro apostolis ita Patri supplicat. Respiciens enim in discipulos suos, *Pater*, inquit, *sancte, serva eos in nomine tuo quos dedisti mihi, ut sint unum sicut et nos. Et paulo post: Non pro his autem tantum rogo, sed et pro eis qui credituri sunt per verbum eorum in me, ut omnes unum sint, sicut tu, Pater in me, et ego in te, ita et ipsi unum sint in nobis, ut mundus credat quia tu me misisti. Et ego claritatem quam dedisti mihi, dedi eis, ut sint unum sicut et nos unum sumus. Ego in eis, et tu in me, ut sint consummati in unum.* Audi, homo, audi vocem Dei tui; audi, membrum, audi et agnosce affectum capitis tui. Pro homine ut homo postulat, sed ut Deus postulata præstat. *Ut sint*, inquit, *unum sicut et nos unum sumus. Ego in eis, et tu in me ut sint consummati in unum.* Unicus in adoptivo, Pater in unico, ac per hoc, per unicum et Pater in adoptivo. Hic est fructus orationis unici, consummatio adoptivi. Non est autem alia aliqua forma consummationis, quam in idipsum redintegratio universitatis, cum in ipsum universa se colligunt, a quo creata subsistunt, ut licet in membris singulis varietas sit operationis, in compage tamen charitatis integra permaneat unitas corporis. Ita enim hæc unitas vera complectitur universa creatoris potentia, ita singulis alio atque alio modo illabitur, ut cum omnia impleat, ipsa se non dividat, et cum singulis distribuat, ipsa plenitudinem suam non minuat. Ita etiam ab hac unitate omnia tanquam a capite se membra diffundunt, atque ita in suo singula quæque officio deserviunt, ut nullatenus ab unitate capitis in ipsa etiam administrationis suæ diversitate resiliant, sed ita membrum membro cohæreat, atque in tantum omnia unum fiant, ut in uno omnia patiantur, atque in unius gloria omnia glorificentur. In hac summa unitate, omnium creatrice, omnium vivificatrice, quæ omnia continet, omnia implet, Trinitas sancta subsistit; in hac se Dei Filius filio hominis in eadem persona univit. Hoc unitatis bonum ipse summe bonus, non solum terrenis omnibus, sed et ipsius pietatis officio, nec cuilibet sanctorum, sed et ipsi sancto sanctorum exhibito præferebat, quando dicebat: *Maria optimam partem elegit, quæ non auferetur ab ea.* Susceperat enim Martha Dominum, ut religiosa femina, ut devota discipula, ut benigna hospita, ideoque sollicita erat circa ea quæ erant religionis, quæ devotionis, quæ hospitalitatis. Ipsa domina, ipsa ancilla, ordinabat, festinabat, præparabat, ministrabat. Sed quia multa erant quæ hospitalitas tam pii domini, tam chari magistri exigebat, fervebat, discurrebat, anhelabat, et quia ad singula quæque occurrere non poterat, pondere sollicitudinis pressa, anxiabatur, turbabatur. Interpellat ergo ancilla dominum, discipula magistrum, et contra sororem judicem postulat, quem hospitem susceperat. *Non est*, inquit, *Domine, non est tibi curæ, quod soror mea reliquit me solam ministrare? Dic ergo illi ut me adjuvet.* Sedebat enim ad pedes Domini Maria, alimentorum verbi pie avida, curasque omnes transitorias ac superfluas, tanquam importunas oculis muscas, manu discretionis abigens, unum illud, quod necessarium erat, ab ipso unitatis fonte hauriebat. Circumvolitabat os Christi prudens apicula, et ex labiis ejus, cujus spiritus super mel dulcis erat, favum distillantem sugebat : et quidquid officiosa audiendi sedulitate rapere poterat, in alvearium cordis convehebat. Itaque verbi dulcedine admodum oblectata, ac veri frumenti adipe saginata, murmurantem sororem aut non audiebat, aut dissimulabat, non leve reputans damnum suavitatis intimæ, querulæ sorori vel momentum aurem commodare. Dissimulata igitur interpellantis adversum se Dominum sororis querimonia, quia cum beato Job suspendium elegerat, ab ore Christi pendebat, de labiis ejus defluentibus affluebat deliciis mentis, comtempto murmure ventris. Sed Dominus, qui a sorore contra sororem judex interpellatus fuerat, in utramque partem sententiam temperat; et sic unius desiderium præfert, ut alterius studium non vituperet. Novit enim Dominus quia etsi dulcior est fructus radice, trahit tamen dulcedinem fructus ex radice. Ita quamvis præmineat contemplatio actioni, plurimum tamen suffragatur pia actio contemplationi. Oportet enim ut primo in studio sanctæ operationis se exerceat, quisquis ad culmen contemplationis ascendere desiderat. *Martha,* inquit, *Martha, sollicita es, et turbaris erga plurima; porro unum est necessarium.* Sollicita es, turbaris, distenderis; fugacia sunt, quæ apprehendere niteris. Per rimas curarum effunderis, et exhaustam te quereris? More torrentis arva rigantis lutum contrahis et contristaris quia turbaris? Agrum cordis opere pietatis rigas, rigando fecundas, sed oculum pulvere sollicitudinis turbas. *Porro unum est necessarium.* Unum non dividitur, non turbatur, in diversa non rapitur; unum idem semper permanens, alieno nunquam pulvere sordet. In hoc imo quandiu homo pede immoto constitit, nec circuncisionis injuriam subiit, nec baptismi gratiam requisivit. At ubi ex veneno peccati frutices illi pessimi pullularunt, ad resecanda noxia cultellus petrinus est adhibitus, et postquam ex curis sæculi turbine diaboli pulvis convolutus, facies nostras imagine Dei splendidas fœdavit, unda salutaris quæ ablueret de latere Christi manavit. Unum ergo est necessarium. Hæc est pars optima, hanc elegit Maria, hæc non auferetur ab ea. In hujus unitatis stabili atque immobili firmitate Christianæ professionis fundamenta subsistunt, fides scilicet atque baptisma, et ipsa spiritualium filio-

rum spiritualis mater Ecclesia. Quia enim unus Deus et unus est Dominus ; necesse est ut et una sit, in omni gente et natione, veræ fidei confessio. Et cum una sit in Christo per Spiritum sanctum filiorum Dei adoptio, necesse est ut et uniformis sit omnium in eamdem adoptionem regeneratio. Hanc unitatem in diversis gentibus, diversis ætatibus, diversis quoque Christianæ religionis professionibus idem Spiritus conciliat, ut sicut multa membra formis et officiis diversa, unum corpus per eumdem Spiritum efficiunt, ita et diversæ gentes, ætates ac professiones, per eumdem adoptionis Spiritum in unitatem corporis Christi conveniant. Ideo et in sacramento sanguinis Christi aqua vino miscetur, quia in sacramento Christo conjungimur, adeo ut qui fideliter sumit, ipse quoque unum cum eo fiat, ipso attestante, qui de carne sua ita pronuntiat : *Qui manducat carnem meam, et bibit sanguinem meum, in me manet et ego in eo.* Ita fit ut patienti compatiamur, morienti commoriamur, resurgenti conresurgamus, simulque cum glorificato glorificemur. Ad hanc igitur gloriæ participationem divina miseratione pulvis assumptus, ex ipsa assumptionis suæ colligat gloria, quanta assumentis sit gratia, quia ex nulla alia, ut arbitror consideratione, sic elucet splendor et magnitudo gratiæ, quam ex humani meriti et divini beneficii collatione.

Quando ergo passionis Christi et redemptionis nostræ mysteria celebramus, non solum gestorum seriem pia memoria recolamus, sed et nosipsos vitiis et concupiscentiis crucifigamus, ut in novum hominem, sepulto vetere, cum Christo resurgamus. *Christus enim resurgens a mortuis,* ait Apostolus, *jam non moritur, mors illi ultra non dominabitur. Quod enim mortuus est peccato, mortuus est semel, quod autem vivit, vivit Deo.* Et quasi sciscitantibus cur ista intulerit, *ita et vos,* inquit, *existimate vos mortuos quidem esse peccato, viventes autem Deo in Christo Jesu.* Ita existimate vos mortuos esse peccato, Christus enim semel mortuus est peccato, Id est ad destructionem peccati, non sui quod non habuit, sed totius mundi, quod moriendo abstulit. Debitum namque peccato supplicium, mors est. Cum ergo debitum peccati innocens solvit, qui peccato nihil debuit, eos qui obnoxii erant et peccato, et peccati supplicio eripuit. Tantum namque erat unius mortis Christi pretium, quod totius mundi adæquaret, imo præponderaret debitum. Necesse itaque jam non est ut secundo moriatur, qui semel mortuus, non solum præcedentium delictorum, sed et futurorum, sanguinis sui conscriptione delevit chirographum. Ait ergo: *Ita et vos existimate vos mortuos quidem esse peccato, viventes autem Deo, in Christo Jesu.* Sicut Christus semel mortuus est ad destructionem peccati, ita et vos peccato semel moriamini, ut ultra in vobis jam non vivat, nec regnum sicut hactenus in vobis obtineat. Peccatum enim non vivit, quando in nobis consensum non invenit, quando suadenti non cedimus, quando irrumpere volenti libere contradicimus. Debet ergo amator Christi, imitator passionis Christi semel peccato, semel mundo mori, ut peccato mortuo, vita Dei in nobis, vita succedat æterna. Hoc est enim Deo vivere, æternaliter vivere, virtutibus studere, retro non respicere, in ea quæ ante sunt se extendere, nec a persequendi unquam studio desistere, donec voti compos dilectum animæ suæ mereatur apprehendere. Hoc est itaque Christo commori, peccato semel mori; hoc autem Christo consurgere, Deo, ut diximus, vivere. Hæc resurrectionis primæ gloria, et hæc beata in corruptibili adhuc corpore vita donum est gratiæ, et prærogativa illius æternæ et immarcescibilis gloriæ. Impossibile est enim quempiam in futuro corpore resurgere ad gloriam, qui in præsenti a somno peccati animo evigilare noluerit ad vitam. Sed in omni disciplina spirituali laboriosa sunt primordia, jucunda novissima, quia ad vesperum demorabitur fletus, et ad matutinum lætitia. Vespera si quidem mortalitatis nostræ quando bonorum operum semina jacimus, exsilii nostri ærumnam, et prolixiores ignorantiæ umbras deflemus: illucescente vero matutino spei nostræ, ac sole justitiæ coruscante, quando de exiguo labore uberes fructus gratiæ messuerimus, lætitia inenarrabili exsultabimus. Ideo et Dominus noster, qui hora nona declinante jam die ad vesperum tradendo spiritum mundo intulit luctum, resurrectionis suæ gaudium distulit in matutinum, ut fletum vespertinum consolaretur, imo aboleret per gaudium matutinum. Ad hoc namque fletum nostrum in se transtulit vespere passionis suæ, ut matutino resurrectionis suæ, discussa nebula tristitiæ nostræ, gaudium nobis infunderet glorificationis suæ. Benignus enim magister discipulorum animos passionis suæ amaritudine turbatos intuens, et de auferendo a se tam pio præceptore mœrentes, data comparatione prægnantis mulieris dolentes ita consolatus est: *Mulier cum parit tristitiam habet, quia venit hora ejus. Cum autem peperit puerum, jam non meminit pressuræ propter gaudium, quia natus est homo in mundo.* Et quæ sit prægnantis mulieris tristitia, aut de nato puero, quæ lætitia, subjiciens, *et vos igitur*, inquit, *nunc quidem tristitiam habebitis, iterum autem videbo vos, et gaudebit cor vestrum, et gaudium vestrum nemo tollet a vobis.* Tradito ad mortem Domino, et amaræ prævaricationis nostræ calice potato, mulier hæc sancta, sancta videlicet Ecclesia, quæ sponso suo ejusdem spiritus inseparabili erat charitate vincta, per os dilecti sui gustum in se traxit amaritudinis: et cum patiente patiens, et morienti commoriens, clavis doloris transfigitur, et quod ille passionis, hoc ista doloris acerbitate patitur. Nullo enim pacto fieri potest, ut cum quo est illi una caro et idem spiritus a dolore ejus sit illi affectus extraneus: *Et erunt duo in carne una, sacramentum hoc magnum est, ego autem dico in Christo et in Ecclesia*, ait Apostolus, et, *qui adhæret Domino unus spiritus est.* A doloris ergo spiritu mulier hæc sancta concipiens tristitiam habet, et ut turtur solitaria, comparis solatio destituta, penetralia cordis et communis thalami secretum questibus replet. Altum namque gerens sub pectore vulnus amoris; pascitur ut mœrens lacrymis et pane doloris. Lustrat omnia, circumspicit universa et desiderii igne liquescente anima, ipso quo affligitur interim desiderio pascitur. Æstum desiderii lacrymis temperat: et quia dilecti sui faciem videt propter se sputis illitam, faciem lacrymis ubertim rigans, gratiarum hostiam jam dilecto immolat. Sed resurgente Domino, et stola immortalitatis glorificato, de conceptu doloris parit spiritum exsultationis: saccum luctus scindit, pallio gaudii se induit, et propter gaudium glorificationis jam non meminit pressuræ passionis. De splendore resurgentis exsultat, de gloria triumphantis tripudiat, nec jam dolet, imo gaudet se ad tempus amisisse, quem tam gloriosum, totque spoliis insignem meruerit recipere. Gaudet in carne sua triumphatum mortis principem, gaudet in Domino primam corporis suæ portionem cum triumpha pompa ad Deum Patrem ascendentem, spe inconcussa confidens, eo se in membris omnibus sublevandam, quo in capite suo jam se gratulatur exaltatam. Gaudet jam in capite completum, quod in membris sperat quandoque complendum. *Absorpta est mors in victoria*, et victæ insultans quæ se vicerat gloriabunda ingeminat. *Ubi est, mors, victoria tua? Ubi est, mors, stimulus tuus?* Ubi est nunc stimulus ille peccati, quo pungebas, quo vulnerabas filios meos, jugo servitutis tuæ ex debito primæ prævaricationis astrictos? Ubi est nunc illa insolens gloriatio tua? Universam terram ego congregavi, et non fuit qui moveret pennam, et aperiret os et ganniret? Ecce terra illa Domini sui rigata sanguine, cultori suo fructus affert justitiæ, quæ sub te cultore spinas afferebat idolatriæ. Respice nunc an in hominibus invenias, qui præ formidine tua pennam movere audeat. Respice nunc, si tamen prævales præ confusione, impudoratos vultus attollere; quis sit ille homo, qui de inferis tam libere evolat, et cœlestia tam potenter penetrat. Iste est ille inter mortuos liber, qui cassibus tuis pede innocentiæ ruptis, non solum liber evasit, sed et fideles suos malitiæ tuæ dolis irretitos, te vidente ac stridente, nec tamen contradicente extraxit. Ecce pennam movet, ecce alis plaudit, nulloque corruptionis pondere prægravatus, libero alarum remigio æthera sulcat, ac stupentibus ipsis supernis virtutibus novo et inaudito miraculo dexteræ Dei Patris homo se sociat. Ecce ora infantium et lactentium aperit, et in ore eorum laudem perficit, et ex ore eorum non tam gannit quam garrit, fraudem tuam elusam, et virtutem tuam elisam. Ubi est ergo, o mors inimica, ubi est victoria tua? Ubi est gloriatio tua? Exclusa est, attrita est, nihili facta est. Mulier igitur sancta et mater gratia, quæ in dolore parturit, gaudium parit, non gaudium, quod ad horam lætificet, et transeat, sed quod omnes animæ affectus occupet, et in æternum maneat.

Libet nunc intueri, libet et admirari opus gratiæ, et in extrema manu operis, industriam prædicare artificis. Extrema enim manus operis indicat, quanta artis peritia artifex polleat. Intuemini nunc, o filii gratiæ, et respicite in auctorem gratiæ, et humanam naturam, unde assumpserit, et quo provexerit agnoscite. Hæc est enim natura illa bene quidem ab artifice Deo creata, et ex limi mollitie igne divinæ inspirationis ad æternitatem solidata, quæ si pedi superbiæ vetitum præsumendo innisa non fuisset, ab æternitatis suæ stabilitate, manu peccatoris mota non fuisset. Sed ubi a fervore divini amoris ad frigus et umbram vipereæ persuasionis declinavit, divino igne destituta, gelu peccati est contracta, ac demum divinæ animadversionis dictante sententia in pulveris vilitatem morte conterente resoluta. Cœpit itaque miser homo pulvis factus instabilis, diabolicæ tempestatis turbine raptari, et ad prærupta vitiorum atque errorum violenter impelli atque allidi, adeo ut de vase illo fictili et lagena cœlestis figuli, ne testa quidem sset residua, quæ juxta propheticum eloquium ad portandum de incendio igniculum, et hauriendam de fovea aquam esset idonea. Hæccine est, miser ac miserande, illa beatitudo tua, a seductore tibi promissa? Hæccine est illa divinitatis tuæ gloria? Inanis erat, cui aurem stulte commodasti serpentis sibilus, ideoque et tu inania captando misere illusus, nec quod sperabas obtinuisti, nec quod possidebas retinere potuisti. Deus enim, quod rapina appetebas, esse non meruisti; et quod eras, immortalis scilicet, permanere non potuisti. Nec hoc dixerim, ut miseriæ nostræ miser ipse insultem, sed ut miseriæ nostræ magnitudinem insinuem, ut diligentius inspecta deformitate materiæ, amplius miremur potentiam reformantis nos gratiæ. Neque enim magnæ est industriæ ex electo auri metallo pretiosum vas cudere, sed ex vili qualibet et abjecta materia vas formosum educere, hoc artis egregiæ, hoc laudis est eximiæ. Placuit itaque benigno figulo vas suum contritione valida contritum, et in cinerem resolutum, cœlestis rursum gratiæ imbre compluere, et in massam compingere, ac de fragmentis vasis antiqui novum vas priore prætiosius restituere. Sed ne rursum posset dissolvi inundatione torrentis turbidi, atque alluvione peccati, fornacem crucis adhibuit, accensoque passionis igne pervalido, crudum vas intulit, quod quia Spiritus sancti opere compactum atque formatum erat, nequaquam in igne crepuit. Sed quid dico non crepuit? Non solum enim collatam divinitus fortitudinem in igne conservavit, sed et de igne purius evasit, quia qui imperio Patris crucis opprobrium sustinuit, dono Patris cœli terræque potestatem obtinuit. Resurrectionis namque gloria clarificatus, ejusdem glorificationis modum discipulis suis testibus futuris insinuans ait: *Data est mihi omnis potestas in cœlo et in terra. Data est mihi,* inquit, et vide quomodo potestatem suam gratiæ A ascribit, quam datam sibi esse asserit. Et cum omnia in Patre possideat, et cum Patre omnia tribuat, nihil de divinitatis suæ potentia memorat, sed ad largientis gloriam acceptæ potestatis refert gratiam. Extende itaque nunc, o amator et inquisitor gratiæ, angusti, inquam, cordis sinum latius extende, et de hac tanta amplitudine quantum potes collige: quia tam amplum donum gratiæ nullo sinu humanæ angustiæ totum poteris includere. *Data est mihi,* inquit, *omnis potestas in cœlo, et in terra.* Quis hoc unquam de pulvere futurum crederet? Humana namque natura, quæ divinæ sententiæ impetu in pulverem morte resolvitur, quod futura est, etiam antequam fiat recte pulvis dicitur. Quis igitur unquam hoc de pulvere crederet, quod potestatem cœli et terræ acciperet? Quis putas, quantus putas est iste artifex, qui pulverem aridum et instabilem sic compingit, sic solidat, tantum exaltat, ut non solum terrenis, sed et cœlestibus eum præficiat? Quid putas de electa materia artifex iste faceret, qui de vili ac pene nulla tanta facit et talia? Sed artifex noster materia nec vili, nec pretiosa indiget, cui pia voluntas sua materia est ad omnia sufficiens. Quantum igitur Deo homo debet, cujus dono in capite suo et cœlo præsidet? Hæc est magnitudo gratiæ Dei vere inæstimabilis, vere incomprehensibilis, per quam humana natura super omnem principatum et potestatem angelicæ dignitatis est exaltata. Hoc miraculum terris inauditum, cœlis erat insolitum, ut homo cœlestia non curru igneo, non angelico adminiculo, sed virtute sua potenter ascenderet, ac stupentibus thronis et dominationibus, dexteræ Dei Patris æquo jure in æternum conregnaturus seipsum conjungeret. Hoc miraculo tam magno, tam insolito, stupefacta dignitas angelica, aliis præcurrentibus et inclamantibus: *Tollite portas, principes, vestras, et elevamini, portæ æternales, et introibit rex gloriæ. Quis est,* inquiunt, *quis est iste rex gloriæ?* Quis est, unde est? Regem gloriæ Deum novimus, homo est iste, quem cernimus. Unde ergo hæc novitas? Unde homini cum Deo regni et gloriæ æqualitas? An forte et hoc opus est omnipotentis gratiæ? An forte gratia ipsa, quæ nos in gloriam istam creavit, hominem quoque in Deum glorificavit? Hæc est illa, hæc illa plane gratia, quæ in secreto sapientiæ Dei nostri a sæculis erat abscondita. Hæc est, quæ ab æterno latuit, quæ in tempore opportuno prodiit: quæ quantæ sit clementiæ, quantæve potentiæ, demonstrat, quando hominem in Deum exaltat. Hæc est vere *immutatio dexteræ Excelsi.* O quam clementer conversa, o quam feliciter immutata est tristis illa hominis sententia: *Terra es, et in terram ibis,* qui in Deum assumptus ad Deum transivit, et ad dexteram Patris Deus et homo consedit. Quamvis enim utraque natura in sua proprietate sit inconfusa, tamen eadem persona a se invicem utraque permanet indivisa. Hæc est igitur immutatio dexteræ Excelsi. Ecce hominem cui terra sua, dictante æquitatis sententia, spinas et tribulos germinabat, jam cœlum et terra supplex adorat. Ecce natura illa, quæ obscura olim erat et contemptibilis, quia peccatrix, jam super omnia emicans, omnibus est venerabilis quia omnium justificatrix. Hanc ergo et nos jure honoramus, jure adoramus, quia sic assumptæ, et in hoc glorificatæ, ipsi quoque debemus quidquid sumus. Congaudendum est igitur nobis tanquam servis, tanquam vicinis, tanquam amicis : servis conditione, vicinis contemplatione, amicis devotione. Congaudendum est nobis, et congratulandum pio pastori, qui pro ovibus suis animam suam posuit, qui ovem centesimam ad restaurandam nostræ integritatis summam de ore leonis semivivam eruit, qui in uno opere causam nobis præstitit triplicis lætitiæ. Prima quippe et præcipua nobis orta est lætitia, de ipsius regis nostri victoria; secunda, de concordis nostri redemptione; tertia, de integritatis nostræ restauratione. Triumphus iste regis nostri eo magis est gloriosus, quo magis insolitus; quia cum semper in prælio virtute utrinque certetur, contrario modo regis nostri victoria infirmitate completur. Neque enim dignatus est cum invalido hoste majestatis suæ virtute decernere, sed crudeli tyranno hominem captivum aliquando suum opposuit, et per captivum captivatorem obtinuit. In hac ergo Redemptoris nostri et nostra in ipso glorificatione, divinæ supereminet excellentia gratiæ, quæ nullo pacto major esse posset, nisi forte (quod absit!) Deo majus quid inveniri posset. Miremur itaque in uno eodemque Domino nostro Jesu Christo et assumpti gloriam, et assumentis gratiam; sciamusque per oblatam gratiam pertingendum nobis ad promissam gloriam. Proposita est merces labori, immensa exiguo, æterna momentaneo; adoptio cum Unigenito, sempiterna cum Patre regni possessio. Tantum ut hortantem nos Apostolum audiamus, et gratiam Dei nequaquam in vacuum recipiamus. Tunc enim in vacuum gratiam Dei recipimus, cum gratiæ Dei non cooperantes condignas Deo gratias non referimus. Tunc in vacuum gratiam Dei recipimus, cum tempus acceptabile, diesque salutis absque aliquo salutis nostræ emolumento percurrimus. Væ autem homini qui in vacuum gratiam Dei recipit, qui opus misericordiæ Dei in seipso ad nihilum redigit, qui consilium salutis suæ dissipat, qui chirographum redemptionis humanæ perdite vivendo evacuat. Filiis enim perditionis opus redemptionis erit, quasi non fuerit; imo, quod est gravius, incendium gehennæ et damnationis eis erit cumulus. Melius namque fuerat viam veritatis non agnoscere, quam post agnitionem retro redire. Sed sanctorum pedes, testante Ezechiele, pedes sunt recti, gressus firmi, et de peritura Sodoma angelica visitatione educti, atque uxoris Lot exemplo edocti, nec ad ardentem retro Sodomam aciem mentis convertunt, nec ad lubrica carnalium voluptatum boni operis gressum reflectunt. Illa enim, quia retro feminea curiositate respexit, in statuam salis obduruit, quæ licet sibi duritiam lapidis ex pœna prævaricationis contraxerit, lambentibus tamen ex gustu salis sapientiæ condimentum tribuit. Pestilente namque flagellato, stultus sapientior erit. Et hoc donum est gratiæ, ut sapienti stultus serviat, pœnaque reproborum electos ad vitam erudiat. Sancti igitur Sodomiticæ habitationis, et sulphurei fetoris pertæsi ad montana contendunt, et in anteriora quotidiano seipsos profectu extendunt, donec anhelo cursu ipsum verticem montium occupent, et quem cursus sui habuerant adjutorem, habeant et remuneratorem. Sed quia gratia ipsa de qua agimus speciale est donum sancti Spiritus, et ab initio Dominicæ Incarnationis ad gloriam usque Resurrectionis atque Ascensionis per ipsius gratiæ vestigia pervenimus, restat ut et de effusione ipsius sancti Spiritus, quæ ipse inspirare dignabitur, memoremus. Sed jam claudendus est sermo, nec infundi debet pleno jam vasculo ipsius gratiæ plenitudo, sed proprio reservata principio, tomo consignanda est septimo. Congruit etiam jam quam maxime sacramentum numero, ut quia in donis suis septiformis est Spiritus, laudes ejus sacratus ei canat numerus. Licet enim sequens Tomus in summa totius sit duodenarius, in divisione tamen qua quinque tomos sacramento Veteris Testamenti sequentes, septem Novo Testamento assignavimus, invenitur septimus, in honorem ipsius septiformis sancti Spiritus, cui est cum Deo Patre et unigenito Filio ejus Domino nostro Jesu Christo honor et gloria per infinita sæculorum sæcula, Amen.

PRÆFATIO IN LIBRUM DUODECIMUM.

Imminente jam annua exspectatione adventus sancti Spiritus, extremam manum præsenti opusculo impositurus, ipsius summi artificis angelorum atque hominum eruditoris gratiam humillimis imploro precibus, ut trepidantem manum ad normam sapientiæ suæ dirigat; et opus nomini suo devotum, digne seipso compleat. Qui enim barbam Aaron unguento infundit, quod a capite defluit, nec oram vestimenti ejus ab infusionis suæ largitate immunem derelinquit. Cum ergo barbam nostri Aaron rore unguenti stillantem videamus, effusi liquoris stillicidium, nos tenues fimbriæ vestimenti ejus exspectamus. Sicut autem barba hominis virilis indicium est roboris, ita et fimbriæ de vestimento dependentes, totius vestimenti plenitudini ornamento sunt atque decori. Cujus mysterii latitudo nec angusto includenda est præfatiunculæ, nec brevitas præfatiunculæ in latitudinem extendenda allegoriæ. Latitudinem itaque mysterii campo suo reservemus, fessisque membris olei salutaris infusione peruncti, et in pristinum robur nervis et ossibus unctione divina reparatis, exiguum, quod restat, cœpti itineris, ipsa quam prædicamus gratia duce, carpamus.

LIBER DUODECIMUS.

Extremam hujus operis partem ingredienti propheticum illud de barba Aaron testimonium in ipso mox præfatiunculæ limine se obviam tulit, cujus explanationem latius disserendam in præsentis tomi latitudinem distuli. Aaron igitur ille primus in lege pontifex, legalibus cæremoniis in typo futuri deserviens, typum Redemptoris nostri præfert, cui juravit Deus Pater, nec super juramento eum pœnitet : *Tu es sacerdos in æternum secundum ordinem Melchisedech.* Neque enim necessitatem habet quotidie in alieno sanguine exemplaria verorum sancta sanctorum ingredi, qui æterna redemptione inventa, semel introiit in sancta, pontifex factus et hostia, qui solus in humano genere inventus, in suis innocens ad exhaurienda aliena delicta hostia factus et idonea atque sufficiens. Nec necesse habet pontifex noster pro populi sui ignorantia alienum sanguinem fundere, qui totius mundi delicta sanguinis sui pretio æstimans, longe adhuc supereminet atque præponderat. Consummata igitur in ara crucis hostia redemptionis, in ipsa sanctorum sancta introiit, ac vultui Dei Patris propitiator pro nobis astitit, antiquam servi contumaciam per spontaneam filii expians obedientiam. Quid enim esset quod clementissimus Pater non ignosceret, cum unigenitum Filium suum præmisso libamine passionis suæ pro reis supplicantem cerneret? Cujus delicti supplicanti Filio non indulgeret veniam, cum quo eamdem ab æterno possidet voluntatem, eamdemque substantiam? Quomodo Unigenito suo hæreditatem suam inique præreptam, juste redemptam libere non restitueret; cui et consessum dexteræ annueret? Glorificato igitur capite nostro, atque oleo exsultationis præ participibus suis perfuso, barba nostri Aaron, quæ dudum rore verbi irrigata effloruerat, salutaris olei stillicidio infundenda erat, ut barba circumfusa ori tanquam domestica verbi defluentis olei gratiam prima exciperet, ac sic demum in subjectam vestem salutaris ille se liquor diffunderet. Nec ab hac inundatione olei sacra ora vestimenti immunis remanere poterat, quæ licet extrema totius vestimenti plenitudini firmamento erat. Barbam autem nostri pontificis super apostolis intelligimus, vestem in reliquis credentibus, extremam vestimenti oram, super humilitate nostra interpretari utinam vere possemus! Lenitatem autem olei atque pinguedinem, gratiam interpretamur Spiritus sancti, qui a capite in barbam defluxit, quando eum a Patre discipulis Dominus noster Jesus Christus, sicut promiserat, misit. Ita enim S. Lucas Actuum apostolorum conscriptor de eo commemorat : *Dum complerentur dies Pentecostes, erant omnes discipuli pariter in eodem loco, et factus est repente de cœlo sonus tanquam advenientis spiritus vehementis, et replevit totam domum ubi erant sedentes. Et apparuerunt illis dispertitæ linguæ tanquam ignis, seditque supra singulos eorum Spiritus sanctus. Et repleti sunt omnes Spiritu sancto et loquebantur variis linguis, prout Spiritus sanctus dabat eloqui illis.* Factus est repente de cœlo sonus, quia Spiritus sanctus adveniens, cœlestia sunt, quæ docet. Iste est ille spiritus vehemens, in quo naves Tharsis Dominus conterit, cujus omnipotentiæ vis nulla obsistit, qui dum carnalium corda concutit, turrim superbiæ atque omnem structuram peccati a fundamento subruit. Necessarius autem erat ignis divinæ inspirationis ad resolvendum frigus humanæ infidelitatis, ut corda apostolica humani timoris gelu torpentia divini amoris flammam conciperent, ac sic demum alieni erroris stipulam linguis igneis exurerent. Quia ergo hæc patranda erant Spiritus sancti adventu et gratia, in linguis igneis visus est invisibilis, ut monstraretur ex rebus visibilibus quid intus ageret, qui advenerat invisibilis spiritus. Natura namque ignis exurit, inflammat et illuminat. Amor autem Dei, qui ignis est devorans, exurit noxia, inflammat gelida, illuminat tenebrosa. Exurit veterem hominem cum sordibus suis, inflammat torporem humanæ imbecillitatis, illuminat cæcos, ac reducit in viam veritatis erroneos. Ignis itaque iste salutaris, ubi corda discipulorum invasit, ad perhibendum testimonium Christi facibus amoris inflammavit, et ne præconii Christi exsors remaneret barbaries gentium, accepto spiritu præcones fidei linguis loquuntur omnium. O miranda in docendo Spiritus sancti potentia, qui articulo unius horæ vix integræ, et omnem veritatem discipulos docet, et ad testificandum, robur fidei atque animi constantiam confert! O inæstimabile donum, et incomparabilis gratia! Apostolica cohors, quæ a facie furentis populi passione Domini territa fugerat, et ob metum Judæorum in conclavi delitescebat, virtute ex alto induta subito emicat, et prophetali cuneo in testimonium assumpto, auctorem vitæ esse eum qui mortuus fuerat, libera confessione prædicat. Ecce ut et illud Salomonis inferam, lepusculus plebs invalida, qui ad sonitum ingredientium antea pavidus trepidabat, ubi cubile suum in petræ fortitudine collocavit, instar leonis de cubili ad prædam in impetu spiritus, fame sancti desiderii urgente se suscitat. Jam nullius occursum metuit, imo in occursum hostium Christi audacter ruit, clamans et rugiens, conculcans et comminuens : ac tot millia bestiarum saltus, solo rugitus sui terrore sternens. Quantus putas erat ille rugitus Petri apostolorum principis, quam magnus, quam terribilis, cum de Spiritus sancti effusione ad confluentium ac stupentium turbas habita concione, tria millia infidelium sermone stravit, numeroque fidelium confessione nominis Christi adunavit: Quantus et ille rugitus, quando solidatis basibus, plantisque unius claudi ad invocationem nominis Christi solidatæ sunt quinque millium bases et plantatæ in fide Christi. Cujus dono? cujus auxilio? qua demum virtute aut sapientia patrata sunt hæc omnia? Nunquid humana? Imo ipsius concionatoris gratia, atque intus præsidentis judicis, ac de ore apostolico gladium utrinque acutum vibrantis, peracta sunt potentia. *Non enim vos estis,* ait Dominus, *qui loquimini, sed Spiritus Patris vestri.* Quis tamen hoc de Petro crederet, ut quem vilis ancillula jaculo linguæ straverat, verbo tot millia Christo substerneret? Quis crederet columnam ariete timoris in foveam negationis dejectam, in antiquum fortitudinis suæ statum restituendam? Sed trina confessione erecta, quæ trina fuerat negatione dejecta firmius stetit, atque in lapsu suo quomodo labentibus succurreret didicit. In cujus, ut ita dixerim, momentaneo lapsu, pius pastor gregi suo pie consulit, ut humana præsumptio labente Petro trepidet, et imbecillitas prolapsa resurgente Petro non desperet.

Sed ut ad principium redeam, et ad ipsam de qua agimus gratiam rursus respiciam, ab illo jam tempore in omnia membra corporis Christi copiosius stillavit cornu salutaris olei, et in totam mundi latitudinem latius diffusa est gratia Spiritus sancti. Filiis enim regni degenerantibus, et in tenebras exteriores ejectis, a quatuor plagis cœli, ad nuptias cœlestis regis pauperes ac debiles erant colligendi, qui Judaicæ perfidiæ locum supplerent, et inter duodecim tribus olim repromissæ benedictionis sortem acciperent. *In semine tuo,* inquit Deus ad Abraham, *benedicentur omnes gentes.* Benedictione itaque ista a Deo patre in Christo Jesu per Spiritum sanctum in omnes gentes effusa, cœpit gentilitas voce vocantis Domini audita, de invitatione sua gratias agere, sordes idolatriæ fonte baptismatis abluere, et antiquæ nuditatis confusionem, nova innocentiæ stola atque nuptiali charitatis veste contegere. Et insonante tuba evangelica : *Pœnitentiam agite, appropinquavit enim regnum cœlorum ;* et illa Apostoli, *præterit enim figura hujus mundi,* cœpit præetereuntem quasi jam præteritum contemnere, et florentem ut aridum æque diligere. Pede namque fidei super stabilitatem petræ inconcussæ innixo, atque oculo cordis in oculos dilecti sui irreverberata acie defixo, nec quod præteriret noverat, nec quod deficeret amare jam poterat. Quomodo enim torrentem labentis sæculi sentire poterat, quæ æterno infixa erat? Quomodo fœdum quid amare poterat, quæ superno regi, claritatem solis pulchritudine vultus sui obnubilanti, desponsata erat? Quomodo ad gustum amoris hujus sæculi felle amariorem, labia sua osculo cœlestis sponsi sanctificata, vel admovere poterat : quæ in mensa cordis dilecto suo inferente mel divinum edebat? Cœpit itaque æternorum desiderio temporalia fastidire, atque de hac turbulenta tempestate ad portum æternæ quietis anxie quotidie suspirare, ac peregrinationis suæ tædio affecta, apostolicum illud querulo gemitu ejulare : *Miser ego homo, quis me liberabit de corpore mortis hujus?* Et in dilecti sui pectus, caput languida reclinans, ac desiderii sui æstum futuræ consolationis umbra refrigerans, *Gratia,* inquit, *Dei per Jesum Christum Dominum nostrum.* Non merito, non legis opera, sed gratia solum. Per quem? Non per hominem, non per legislatorem, non per ipsam denique legem, sed *per Jesum Christum,* qui legem condidit et hominem. Inde evenit ut constantia piorum æternorum inflammata desiderio, tyrannorum minas rideat, divitias et dignitates repromissas respuat, tormentaque carnificum ingressum sibi regni pandentia, læti sustineant, candentesque ferri machinas æterna sibi refrigeria conquirentes, ultro conscendant. Unde hæc virtus hominis : unde hæc constantia animi? Unde hæc constantia hominis ut qui dudum folia verborum, tyrannico furore agitata pavescebat, nunc vincula et verbera, nunc carceres et cruces, sartagines et laminas ardentes, ardente interius flamma sancti Spiritus, non pertimescat? Tua, o Christe, tua, inquam, hæc omnia operatur gratia ; quæ sic gratis omnibus datur, ut nullius unquam merito, nullius desiderio præveniatur, sed omnes ipsa præveniat, omnibus ipsa subveniat, omnibus præstet, ut perveniant. Testantur hoc ipsum verba ipsius Domini, ubi fideles servos digna mercede remunerans, amicorum eos gratia, et vocabulo honorificat. *Jam non dicam,* inquit, *vos servos, quia servus nescit quid faciat Dominus ejus. Vos autem dixi amicos, quia omnia quæcunque audivi a Patre meo, nota feci vobis.* Proprium est amici diligenter observare animum amici sui. Unde et amicus, quasi animi custos dicitur. Jure ergo fideles ministros amicitiæ suæ præconio honorat quibus quæ a Patre audierat, secreta crediderat. Sed ne infirmus animus quod Dei erat sibi ascriberet, et suo se merito ad hanc amicitiæ Dei gloriam pervenisse crederet, monet eos ad principium viæ post tergum oculos reducere, ac diligenter attendere ; quo monstrante viam invenerint, quoque præeunte eo usque pervenerint. *Non vos,* inquit, *me elegistis, sed ego vos elegi, et posui vos ut eatis, et fructum afferatis, et fructus vester maneat.* Igitur amicitiæ privilegium eligentis est donum, non electi meritum. Fructus quoque insertæ virgulæ munus est inserentis agricolæ. Gratiæ itaque est quod elegit, gratiæ quod posuit, gratiæ quod fructum contulit, gratiæ quod ad maturitatem usque perduxit. Quidquid ergo in homine virtutis, aut studii spiritualis emicat, de hoc fonte pietatis manat. Cujus rei cum tot pene sint testes, quot fidei professores, libet tamen duos de multis ad medium deducere : in quibus eo clarius fulget subsequens gratia, quo nulla eorum præcesserunt merita.

Primus itaque ingrediatur Paulus apostolus, Christianæ fidei aliquando expugnator, nunc autem propugnator fortissimus, gratiæque Dei assertor fidelissimus, cujus si inspicias opera, inveniuntur iram potius meruisse quam gratiam. Qui filo ductus occidentis litteræ, spiritum vivificantem conatus est exstinguere, legem quidem à Deo per Moysen datam esse sciens, sed figuris et cæremoniis velatam esse nondum recte intelligens. Nec advertebat quam absurdum esset credere peccata populi pecudis emundari sanguine, nisi subveniente pretio illius sanguinis qui quotidie fide bibitur a credentibus populis. Obscuratus igitur umbra legis, æmulari cœpit filios lucis, testesque veritatis asserebat assertores esse falsitatis, ideoque jure perimendos, tanquam legis et veritatis inimicos. Cœpit itaque ut lupus rapax in oves Christi debacchari, præsentes suffocare, in absentes sævire, et a principibus sacerdotum epistolas in Damascum petere. Nec poterat rabiem vesaniæ suæ insatiabilis bellua devoratis satiare, quandiu vel unum superesse sciret quem suffocare posset. Postquam vero turgido spiritu minas et cædes spirantis traditis epistolis insania principum aspiravit, exsultat, properat, assumptisque ejusdem studii sociis, iter accelerat, ne quod furoris sui detrimentum incurreret, si pigrius iret. Sed quo ruis, immanis bellua? In quem sævis, cruenta bestia? Nescis quia quo celerius curris, in laqueum citius corruis? An ignoras, ut te interim verbis tuis alloquar, quod patientia Dei ad pœnitentiam te adducat? De cœlo tonat, cui de terra bellum irrogas. Patientia clementiæ abuteris, oportet ut severitatem justitiæ experiaris. Ille Nazarenus, ille crucifixus, cui insultas tanquam mortuo, cervicem tuam adversum se erectam lucis perfodiet jaculo. Factum est autem ut eo appropinquante Damasco, et pusillo grege Christi de cœlo invocante auxilium, adversarium lucis circumdaret lux cœlestis, pœnas prius a persecutore cæcitate inflicta exigens, ac postmodum discussis prioris ignorantiæ tenebris, errantem viæ restituens. Nec prius divinæ correctionis vocem audire meruit, quam supplantato pede superbiæ pronus in terram corruit. Audivit enim vocem de sursum increpantem terribiliter, cur innocentes, cur supplices deorsum persequeretur tam crudeliter. *Saule*, inquit, *Saule, quid me persequeris?* Quid egi? quid commerui? Quando te læsi? quando contristavi? An ideo pro te passus sum, ut hæc a te paterer? An ideo manus meas clavis pro te transfigendas tradidi, ut tu viscera mea gladio transfigeres? *Quid me persequeris?* Jam dudum in te mea efferbuisset indignatio, nisi multa esset, quæ te hucusque servavit, miseratio. Hac voce de cœlo inclamante salubriter monitus et sibi redditus, cœpit secum mirari stupidus vox audita quænam esset, cujus esset, unde adesset, quasi dicens : Quidnam hoc est miraculi? Quid audio? Vox, quæ de cœlo sonuit, persecutionis me arguit. Quis est, qui me arguit? Ego Nazarenus Nazareni illius discipulos, et hoc zelo legis Dei, persequor, et de cœlo arguor? quid crucifixo cum cœlo? Quid transgressori legis Dei cum Deo? Sciscitabor tamen quis sit qui me arguit, quia terror auditæ vocis, et pœna inflictæ cæcitatis terribilem esse, qui loquitur, denuntiat. *Quis es, Domine?* Splendor emissæ lucis Dominum te esse indicat et correptionis meæ pœna tam subita potentiam tuam prædicat. *Quis es, Domine?* Ego præter unum alium in cœlo nescio Dominum, cui hoc zelo et studio meo arbitrabar me deferre obsequium. *Quis es, Domine?* Dignare teipsum manifestare, quis sis, ut et ego scire possim modum servitutis. *Ego sum*, inquit, *Jesus Nazarenus, quem tu persequeris*. Ego sum ille Jesus, ille Nazarenus, ille tibi despectus, a te irrisus, a progenitoribus tuis crucifixus. Sed *durum est tibi contra stimulum calcitrare*, quia quo magis stimulo recalcitras, eo amplius calcem stimulo vulneras. Desine ergo, tandem desine, atque furori tuo modum pone, ne si transgressus fueris patientiæ meæ limitem, non jam correptionem merearis, sed perniciem. Cæcitas namque quæ de nebula increduli cordis offusa est oculis tuis, pœna est et supplicium ignorantiæ prioris, ut, qui me ab unitate Patris perfidiæ tuæ mucrone impie absciso, in fide totius Trinitatis caligabas, caliginem impii cordis triduana oculorum cæcitate luas. Sed ignorantiæ tuæ veniam tribuo, et perfidiæ tuæ tenebras, radiis veritatis illumino, ut, ablato velamine et revelata facie, videas et agnoscas quem dudum in lege legebas et ignorabas. Saulus autem tremens ac stupens, stupens quidem ignorantiæ suæ profundam cæcitatem, tremens vero tremendam colloquentis majestatem, et reverentiam Deo exhibet, et obsequium Domino spondet, quidquid benignus Dominus velit, quid præcipiat, supplex servus interrogat : *Domine, quid vis me facere?* Quid vis, Domine, ut faciam, ut, qui persequendo contraxi iram, obsequendo inveniam gratiam? Ne ad merita mea respicias, quæ damnationi sunt obnoxia; sed ad pietatis tuæ remedia, quæ saluti semper sunt proxima. Stulte deceptus, quia carnaliter in lege eruditus, salutis summam in justificationibus legis constitueram, ideoque in teipsum legislatorem, et ut nunc vere intelligo, gratiæ auctorem manum intuleram. Disciplinam legis nunc sero intelligo pædagogum fuisse Christianæ libertatis, et humana infantia te præceptore provecta ad perfectionem, necessariam jam non esse legis eruditionem. Quid ergo vis, Domine, ut faciam? Paratus sum, quæ servis tuis intuli, ipse perpeti : paratus sum, pro te, quem subsannabam mortuum, mori. *Surge*, ait Dominus, *surge, et civitatem ingredere :* ibi ovem invenies, ipsam magistram audies. Mittitur lupus ad ovem, ut discat mansuetudinem, ut fontem, qui de dextro latere manat, pariter adeant, et, lupo submerso, ovis emergat. Ecce jucundum gratiæ nostræ spectaculum : trahit captivum ovis lupum. Lingit hispidum, componit hirsutum, lacte potat qui piorum antea sanguinem bibebat. Tactu gaudet ovis, lupus oblitus feritatis

Atque trucem vultum ponens, mansuescit in agnum.
Nec dolet illa suam morbo succumbere curam,
Detrahit ex oculis squamas, visumque refundit.
Hinc adhibet lavacrum baptismi nomine sacrum.
Quoque perit Saulus, prodit de gurgite Paulus.

Exaltat itaque neophytum suum Gratia mater in Apostolum, et de fornace probationis purissimum producit vas electionis, ut potum fidei Judæis propinet et gentibus, quam prius persequebatur in credentibus. Acceptum autem calicem verbi primum porrigit incredulæ matri, quæ quia calice fellis, quem et Domino suo in cruce porrexerat, erat inebriata, potum salutarem respuit, et mittenti et offerenti ingrata. Conversus igitur ad gentes late diffusas, colligere cœpit ex gentibus oves erroneas, ut ex utroque ovili, collectis in unum ovibus, unum ovile et unus pastor fieret, et qui redemerat, ipse pasceret. Sed ne impar inveniretur contumeliæ obsequium, ab Hierusalem excurrit usque Illyricum; per vicos, per castella, per oppida atque provincias nomen Christi disseminans, summamque salutis humanæ in cultu Christianæ religionis consistere, legalibus atque evangelicis allegationibus affirmans. Verbo docet, exemplo suadet, miroque et inaudito charitatis affectu, pro fratribus anathema esse optat, omnes homines sicut seipsum esse desiderat. Alios Christo gignit, alios a fide abortivos iterum parturit, et ac quid paternæ nobilitatis in filiis degeneret, materna sollicitudine satagit. Parvulos in Christo lacte potat, adultos in fide solido cibo roborat; inter illos nihil, nisi Christum et hunc crucifixum se scire judicat, inter istos de secretis cœlestibus et mysteriis a sæculo absconditis disputat. Inter hæc, imo propter hæc pietatis studia, vinculis alligatur, virgis cæditur, lapidibus obruitur, carcere includitur; sed quia verbum Dei nec alligari potest, nec includi, epistolis ubique advolat, actus vitæ informat; lassos supposita manu consolationis sustentat, pro tribulatione momentanea et felici perseverantia præmia repromittens æterna. Cum infirmantibus infirmatur, pro scandalizatis uritur, et ut breviter concludam omnia, ut omnes lucrifaciat, omnibus fit omnia. Sed ad hoc nequaquam vas electionis gratiæ Dei, super mensam opusculi nostri proposuimus, ut apostolicæ vocationis, sudoris ac passionis, seriem ex integro revolvamus; sed ut in ejus electione atque apostolicæ dignitatis culmine, intueamur magnitudinem ipsius de qua agimus gratiæ. Cujus magnitudinem in se et ipse miratur, atque apostolicæ dignitatis nomine se indignum esse humili confessione testatur. Nam cum de resurrectione Domini ageret, testesque resurrectionis eos, quibus visus est Dominus asciceret: *Novissime*, inquit, *omnium tanquam abortivo visus est et mihi. Ego enim sum minimus apostolorum, qui non sum dignus vocari apostolus, quoniam persecutus sum Ecclesiam Dei.* Sed ne ingratus gratiæ Dei videretur, collati sibi beneficii reminiscitur, totumque quod est, non meritis suis aut laboribus, sed bonorum omnium largitori tribuit: *Gratia*, inquiens, *Dei sum id quod sum, et gratia ejus in me vacua non fuit.* Sed et si quis velit Epistolarum ejusdem textum percurrere, inveniet cum hoc in omni pene epistola agere, ut eos redarguat, qui ex legalibus cæremoniis aut ex operibus suis gratiam Dei sibi arrogant, et gratiæ Dei, cui jure subjecta sunt omnia, subjiciat. Quia vero ad finem festinat oratio, quæ Epistolas ejus legentibus in promptu sunt, lectoris fastidio parcens, nunc inserere supersedeo. Sunt et alii catalogo sanctorum quam plures et innumerabiles, in quibus cum pene esset abolitum totius virtutis vestigium, reformante et instaurante eos gratia, subito in Christi Ecclesia velut clara fulserunt luminaria. Nihil enim impossibile occurrit omnipotenti gratiæ, quæ sæpe idcirco desperatos ad vitam revocat, ut aliis æque desperatis spem reviviscendi tribuat. Duos autem me promisi testes exhibiturum, duo de multis millibus, in quibus gratia Dei specialius emineat, quorum cum alterum exhibuerim, altera jam seipsam exhibeat.

Procedat itaque illa in civitate quondam celebri, notissima; notissima dico non fama bona, sed infamia, honestatis opprobrium, pudoris naufragium. De qua, cum constet, qualis fuerit, antequam dominicos pedes laverit, terserit, unxerit, videamus de convivio misericordiæ, qualis redierit. Audito enim quod in domo Simonis leprosi salus accubuerit, et ad leprosos usque emundandos oleum gratiæ defluxerit, horrorem immundissimæ lepræ intus abhorrens, et seipsam quo clarius intuens, eo gravius erubescens, inter convivantes pio ream obtulit, et quid quæreret, quid peteret, quid opus haberet, lingua tacente lacrymis prodidit. Noverat enim ad quem venerat, cui prociderat, quem exorabat, quodque apud Deum plus dolor cordis quam clamor vocis ageret, atque apud tam pium judicem lacrymarum citius quam linguæ preces obtinerent. Infundendo igitur pedes Domini lacrymis, emundabat conscientiam maculis, et crebro infigendo osculum, sedulæ devotionis obsequio, antiquum conciliabat odium. Et quia nec id, quod insensibile erat, a servitute peccati immune remanserat, idipsum quoque ad satisfactionem peccati, humiliter exhibebat, et pedes, quos lacrymis infundebat, capillis tergebat, quibus antea frequenter quasi quibusdam vinculis, captivos post se juvenum greges trahebat. Adhibet et pedibus sancti unguentum nardi pistici, in pistico nardo integritatem commendans fidei. Sic, sic pedibus Domini peccatrix advoluta, peccatrix, inquam, sed pœnitens, sed flens, et seipsam gladio doloris transverberans, pro peccato suo seipsam Deo hostiam immolabat, quia sacrificium contriti cordis et humiliati a Deo sperni non posse, propheta attestante, non ignorabat. Fungitur itaque in seipsa sacerdotis officio, ac primum fuso sanguine peccati, de quo se justus optat liberari, in frusta suam concidit hostiam, dum per singulos actus quasi membratim divisam, in libra cordis examinat vitam pristinam. Diligenter autem intuens singula, et immunda reperiens pene omnia, totum laxat fontem compunctionis in lacrymas: ut quidquid sordium in fundo conscientiæ ex antiqua conversatione resederat, impetus torrentis lacrymarum totum post se trahat. Ideo a dolore non parcit, ideo a fletu non temperat, ut inquinatam hostiam, unda lacrymarum vice baptismi abluat, lotamque lacrymis, ut acceptabilis fiat, commendat osculis. Adhibet et ad effugandum fetorem teterrimum, odorem unguenti suavissimum, quæ per corda satellitum diaboli de antro libidinis tetrum fetorem sparserat, per ora convivarum Christi de alabastro pœnitentiæ odorem suavitatis spargat. Spectare libet opulentum regis nostri convivium, et diversa, quæ inferuntur saporibus suis discernere fercula. Simon ille, qui invitaverat, fercula sua Domino tanquam viro justo dubia fide exhibuerat, de quorum condimento nihil memorat evangelista, quia sinapi non erant condita evangelico. Quia enim granum sinapis minutum in homine Simon videbat, ideo vim sinapis in divinitate latentem, et animas fide condientem, pharisaica cæcus jactantia non intelligebat. Idcirco præjudicio et miseram premit, et misericordiam, illam quæ et qualis esset judicans, istum vero, quasi nescientem quæ et qualis esset vituperans. *Hic si esset*, inquit, *propheta, sciret utique quæ et qualis es', quæ tangit eum quia peccatrix est.* Sed de ferculis Simonis, quia incondita sunt, ista sufficiant, ad condimentum Mariæ esuries nostra magis inhiat. Maria, ut æstimo, sicut legis alumna, noverat quod hædos arte Rebeccæ coctos atque conditos libenter Isaac comedat, coctionemque hædorum conversionem prætendere peccatorum. Forsitan et audierat, disputante in parabolis Domino de pœnitentiæ remedio, quod gaudium sit in cœlis super conversione unius pœnitentis, quam super nonaginta novem justis pœnitentiæ remedio non egentibus. Assumpta ergo spei fiducia, convolat ad divinæ pietatis remedia, mortuum cadaver animæ condiens mistura compunctionis et pœnitentiæ, ne corruptio incondita putredinem generaret, putredo fetorem exhalaret. Totam autem se in mortariolo cordis pila humilitatis conterens, et more aromatum, quasi in tenuissimum pulverem redigens, gratissimum epulanti Domino exhibet convivium, dum singulis ferculis jucundissimum veræ dilectionis superadjicit condimentum. Maria igitur tam dulcia, tam suavia alia post alia inferente fercula, esuries expletur dominica, qui ad Pharisæi quidem domum invitatus venerat, ad mensam consederat, sed quia Judaicas superstitiones fastidiebat, in mediis adhuc epulis jejunus spiritu permanebat. Gaudet itaque oblatis, propter quas venerat, epulis, jucundaque admodum exquisitis pœnitentiæ ferculis, et quia æstus amoris in corde Mariæ incanduerat, vino compunctionis et pœnitentiæ Joseph noster inebriatur meridie. Mirum et inauditum spectaculum! flente misera, ridet misericordia, quia nisi adesset misera, quasi otiosa esset misericordia. Pulsat ream pharisaica, sed falsa justitia, sed trepidante rea, scutum se opponit clementia, et proposita duorum debitorum parabola, plus debentem, quia et plus diligentem absolvit justitia. *Vides*, inquit, *hanc mulierem?* Cum tu pedes meos aqua non infuderis, ista rigavit eos lacrymis.

Ista ex quo intravit, pedes meos deosculari non desiit, cum tu nec more invitantium, invitato osculum dederis. Caput meum non unxisti oleo, ista vero pedes meos unguento tam pretioso, tam copiose perunxit, ut domus tota ejus odore repleta sit. Hæc sunt magnæ devotionis indicia, hæc indubitata veræ dilectionis testimonia. Multum amat, multum diligit, quæ tam officioso studio pietatis inservit. Quia ergo multum dilexit, multum meruit, multorum delictorum veniam obtinuit. O pietas, o misericordia, o gratia, quis audivit talia, quis vidit similia? Intraverat peccatrix, peccatorum pannis obsita, procedit subito sancta, stola sanctitatis splendida. Non multa annorum, non multa dierum curricula interfluunt, non crapulam luxuriæ jejunia casta decoquunt, non alta suspiria arcem peccati pectus quatiunt, sed sola interveniente gratia, captiva peccati fit libera, et tanti rea, tanti muneris donatur prærogativa. Audiat mundus, concurrat populus, contempletur, miretur, odoretur, odore unguenti repleta est tota domus. Nullius enormitate peccati peccator desperet de venia, testis astat Maria, qualis, quam pia, quam potens sit, quæ medetur gratia. Qualecunque sit vulnus, quam altum, quam putridum, non est medico nostro insanabile, tantum recipiat quod superinducitur emplastrum pœnitentiæ. Ecce quot vulnera, ecce quam alta, quam putrida subito sanata sunt in Maria, medicante ipsa quam prædicamus Redemptoris gratia. Ecce sana astat, ecce magnitudinem gratiæ, qua sanata est, magna gratiarum actione magnificat. Ecce naufragia luxuriæ passos, ipsa in littore stans, ad portum pœnitentiæ vocat, porrectaque manu piæ intercessionis emergentes juvat. Facta est enim sancta ista peccatrix peccatorum fidelissima reconciliatrix, facta est miserorum benignissima consolatrix : quia acerbitatem dolorum in se experta, optime novit quanta indigeant, qui patiuntur, misericordia.

Sed quid diutius collatis Mariæ beneficiis immoramur, qui ejusdem gratiæ dona, quotidie in his, qui salvi fiunt ubique terrarum miramur? Nunquid enim otiose in auras evanuit, qui de unguento Mariæ odor spiravit? Unde in domum Ecclesiæ, ubi Redemptor noster in humilitate nostra accubuit, tanta quotidie pœnitentium turba confluit, nisi quia eos odor unguenti trahit? Hoc odore tracti, omnis conditio, omnis ætas, omnis sexus in domum salutis certatim currunt, qui peccato saucii tactum Salvatoris quærunt. Quæ est autem alia, quæ cœlum pulset violentia, nisi exercitu suo stipata peccatorum pœnitentia? Quæ dum cupit jus alienum invadere, et indebitam sibi sanctorum sortem armis obtinere, domesticos suos secreti sui optime conscios, lacrymas et suspiria ad cœli clavigeram præmittit gratiam, ut accepta probatæ monetæ, puræ scilicet confessionis, et sanctæ deinceps conversationis pecunia, clausam sibi per culpam regni ipsa aperiat januam. Cui enim unquam regni janua patuit, cui gratia non aperuit? Quis inter supernas unquam tribus funiculum hæreditatis obtinuit, cui sortem gratia non distribuit? Quis æterni regis solium coronandus adiit, quem gratia non perduxit? Quis ibi coronam victor promeruit, nisi cui gratia imposuit? Ipsa est enim quæ aperit, ipsa quæ perducit, ipsa quæ causam supplicum peragit, ipsa quæ singulis præmia pro meritis restituit. Pœnitentia igitur claustra cœli pia volens pulsare violentia, mercede qua dixi gratiæ conducit exercitum, confidens sibi pervia fore omnia, si hujus mereatur suffragium. Ipsa itaque suffragante peccatoribus, *regnum cœlorum vim patitur, et violenti diripiunt illud.* Ista est gratia quæ in rebus creandis, vivificandis, vegetandis, principatum ab æterno obtinet; ista quæ tuendi, provehendi, et ad mensuram ætatis plenitudinis Christi perducendi, potestatem in seipsa possidet. Ipsa est quæ in utero matris lutum plasmationis nostræ compingit, ipsa quæ singula sedibus suis membra distinguit, que fluxa solidata vivificat, et clausum in carcere ventris parvulum, matre otiosa et ad hæc nutrimenta nondum idonea, spiramento et alimento quo ipsa novit vegetat. Producit deinde parvulum hominem, et adhuc quod homo sit, nescientem, de tenebris ventris in hanc visibilem lucem, ut in hanc vallem lacrymarum projectus exsilium damnationis suæ defleat: et alium, de quo beatius renascatur uterum, fletu, gemitu, qua interim potest supplicatione, quærat. Miserata autem pia mater gratia, flebilem parvuli sui genitum, et innoxiæ ætatis originale delictum, infeliciter natum, ut felicius renascatur, mirabili et ineffabili deificæ creationis potentia, Ecclesiæ matris refundit in uterum, in uno eodemque mortificans peccatorem, vivificans hominem, ut qui morti natus erat, renascatur vitæ, qui natus exsilio, renascatur patriæ, qui natus sæculo, renascatur felicius Deo. Sic editum et multo beatius quam prima nativitate genitum, gratulabunda genibus excipit, lactat, fovet, nutrit, adultumque magistris spiritualibus, imbuendum disciplinis cœlestibus tradit, nec tamen ipsa deserit. Docet namque magistros quid doceant, tyronem suum, quomodo instruant ætatis florem sæculo arridentem rationis pede conterere, et animos juveniles, fervidos, et infrænes, et in foveam luxuriæ impetu carnis ruentes, freno timoris Domini retinere. Carnem proinde tamquam familiarem vitiis, non enervandam esse deliciis, nec incendium adolescentiæ æstu inflammandum luxuriæ: sed utrumque ita medie temperandum, ut caro spiritui velut ancilla serviens, nec nimis afflicta, sub fasce ruat, nec lasciva nimis, imperium spiritus contumaci cervice respuat. Præmonet et neophytum suum, summopere cavere a pessimo verme illo superbiæ, et ne quem perversa radix in eo inveniat fomitem, semper recolat terram se esse et cinerem. Monet et diligenter observare nequissimum caput colubri illius, quo nullum est nequius, ut contrito venenato capite, nullus supersit metus de reliquo corpore.

His et hujusmodi disciplinis instructum militem, Christi gratia nostra armatura induit apostolica, lorica munit præcordia, caput galea, levique loro clypeum collo suspendit, ut facili motu circumferri possit quocunque cura protegendi corporis poscit. Et quia ensis fortium propter timores nocturnos semper est super femur suum, gladio verbi lumbos accingit, ut fluxum luxuriæ cingulo castitatis stringat, et incursus libidinis, gladio spiritus arceat. Nec otiose pendet ensis militis Christi de femore, sed ut documento sit intuentibus, nullum nisi præcinctum castitate, propellere posse incursantes malignos spiritus. Tectum itaque undique armis spiritualibus, spiritu quoque consilii adoptivum suum gratia mater imbuit, quia præclara quoque arma sæpe pugnantem plus onerant, quam juvant, ubi pugnam consilium non gubernat. Necesse est, inquit, fili mi, ut noveris, cum quo hoste congressurus sis, visibilis sit an invisibilis, viribus nitatur an dolis, ut agnita qualitate et pugnæ et hostis, facilius ab utroque cavere possis. Hostis tuus est ille antiquus, ille nequissimus, qui tabe invidiæ ab initio lividus, adoptionis tuæ gloriam tibi invidet, qua spodiante eum superbia sua ita nudatus est, ut nec nudatum se esse doleat. Hanc tuam et suam si humilis perstitisset, gloriam tibi invidet, ad hanc te aspirare dolet, viamque qua ascensurus es, obsidet, ascendenti armatus occurrit, ut ad quod ipse non anhelat, iter regni tibi intercludat. Sed ne terrearis illius armatura, nec metuas spicula, quæ fide Christi ita sunt obtusa, ut nullum jam nocendi effectum habeant, si scuto fidei munitum pectus inveniant. Ne ergo contremiscas aspera minantem, quia invalidum, nec audias læta promittentem, quia fallacem; sed æque minas inanes et vanas promissiones surda aure prætereas. Si ergo contra faciem intenderit jacula, scuto excipe venientia, et ne obliquum vulnus infligat, adducto clypeo latus quoque munire non negligas. Clavis enim crucis Christi transfixus, et viribus enervatus, ad fraudem se contulit, et quando aperto certamine nil proficit, transfigurat se in angelum lucis, ministrum salutis se mentiens, et incautos specie virtutis decipiens. Mille namque formas fallaciæ induit, et malitiæ suæ impetu instar molæ circumactus, ovile Christi rugiens circuit, ut quoquo modo, sive manifestis vitiis, sive occultis, et specie boni tectis de grege Christi abductos devoret. *Omni ergo custodia, fili mi, cor tuum serva,* nec claustra cordis tui aliquando reseres callidissimo tentatori quia nullo pacto potest signaculum crucis Christi infringere, nisi forte (quod absit!) fallaciæ ejus blanditiis delinitus, sponte velis intra mœnia tua hostem sævissimum admittere. Hoc itaque modo exclusus, ad alia se vertit fraudis argumenta, tentans scala jactantiæ, arcem cordis tui conscendere, te sanctum, te Deo placitum victoremque sui contestans; se vero velut infirmum, velut invalidum, et prudentia tua supplantatum et virtute dejectum dolose simulans nihil tibi de reliquo mentiens esset timendum, qui hostem tam sævum pede contriveris ut vermen invalidum. Nec fit de virtute Dei, aut de gratia Christi aliqua mentio ab insidiatore nequissimo, sed virtutem tuam prædicat, victoriam tuam magnifice, sed dolose, occulta suggestione exaltat, ut si blandienti aurem commodaveris, et victoriam Christi aut viribus, aut meritis tuis arrogaveris, base desertus humilitatis, de alto elationis, ruas in profundum perditionis. Quod si mentem tuam alta humilitate fundatam invenerit, et hoc superbiæ ariete subvertere non potuerit, admovet aliam nocturnæ revelationis machinam, dormienti splendidus assistens, ventura multa prædicens, et interdum vera interserens, ut parem te credas apostolis, qui somno resolutus, spiritu prophetiæ divinitus donatus sis. Sed ne credas mendaci, et qui pater est mendacii, quia valde est indignum veritati falsitatis testimonium: et dum vera loqui creditur gravius elidere nititur. Sic præmonitum, ita præmunitum tironem suum gratia educit ad certaminis stadium, de cœlo imprecans congredienti auxilium. Protegente itaque militem suum superna clementia et virtute Christi consummata de hoste sævissimo tam insigni victoria, gaudet pia mater, exsultat, tripudiat, et æterno Regi victorem suum coronandum repræsentat, legitimumque certamen militis comprobans, præmia victori poscit condigna labori. Ubi qualia et quanta miles Christi emeritus præmia recipiat, non est inter terrigenas qui enarrare sufficiat. Totum est igitur gratiæ Dei, quod sumus, quod vivimus, quod sæculo nascimur, quod Christo renascimur, quod antiquo hoste conditionis lege inferiores, Redemptoris munere efficimur superiores; quod carnis infirmitate debiliores Spiritus sancti virtute reddimur fortiores; quod inæquali sorte naturæ confligimus, et victoriæ palmam Christo in nobis triumphante obtinemus. Illa autem sanctorum præmia, quæ in præsenti adhuc nobis celantur, et futuræ agnitione reservantur, sicut visu incognita, et usu sunt incomperta, ita effatu quoque sunt inenarrabilia. Sed ne non amarentur, si penitus ignorarentur, speculum quoddam inter caliginem nostram, et claritatem suam divina serenitas nobis interposuit, per quod utcunque fidei transmissa acie, reposita nobis æternæ claritatis gaudia speculemur, et ad hæc promerenda, toto mentis ardore inflammemur. De qua nostra per speculum fidei contemplatione, eleganti humanæ ætatis inducta similitudine, eleganter vas electionis disseruit. Nam cum charitatem Corinthiis commendaret, ac multa de laude ejus apostolica eloquentia perorasset, ad extremum: *Charitas*, inquit, *nunquam excidit; prophetia evacuabitur, linguæ cessabunt, scientia destruetur, charitas vero nunquam excidit*. Et quasi causam inferens, cur talia ac tanta sancti Spiritus charismata evacuentur atque destruantur; *ex parte enim*, ait, *cognoscimus, et ex parte prophetamus*. Prophetia evacuatur, scientia destruitur, quia ex parte sunt, quia imperfecta sunt quæ gerunt, quia immatura quæ sapiunt. *Cum essem parvulus, loquebar ut parvulus, sapiebam ut parvulus, cogitabam ut parvulus; quando autem factus sum vir, evacuavi quæ erant parvuli*. Sic est cum venerit quod perfectum est, evacuabitur quod ex parte est. Sole rutilante, clara prius absconduntur sidera, non quod claritatem suam perdant, sed quod tantæ claritatis jubare obfusa non pareant. Ita et in æterna claritate *prophetia evacuabitur*, sed ut impleatur; *scientia destruetur*, sed ut perficiatur; quæ cum impleta et perfecta fuerint, æternæ plenitudini temporalis hæc exinanitio collata erit quasi non fuerit. Prophetia itaque nunc interim loquitur ut parvulus, scientia sapit ut parvulus, quia nunc per speculum videmus et in ænigmate, cum autem in virum perfectum occurrerimus, tunc facie ad faciem videbimus.

Appendamus nunc si placet partem qua nunc interim sancti cognoscunt et prophetant in libra judicii, et cum nulla nostra æstimatione partem ipsam poterimus æquare, videbimus totum illud atque perfectum, et sensu incomprehensibile, et verbo ineffabile, nullaque prorsus comparatione æstimabile. Videamus, quæ pars ipsi qui hæc loquitur beato apostolo obvenerit, quam nemo fidelius, quam qui accepit, ostenderit. *Scio hominem*, inquit, *in Christo ante annos quatuordecim, sive in corpore, sive extra corpus, nescio, Deus scit, raptum hujusmodi usque ad tertium cœlum*. Quid est, beate Apostole, quod loqueris? Quid vere vas electionis profundis? Ex parte cognoscis, et tertii cœli secreta rimaris? si totum acceperis, quo penetrabis? Si corpore quod corrumpitur, et aggravat animam ligatus, eousque penetras; solutus quo avolas? Sicut dixit qui ait, *Domine, nescimus quo vadis*, sanctus ille Thomas, dicam et ego, Apostole, nescimus, quo avolas. O pars optima, o pars vere apostolica! *Et scio hujusmodi hominem, sive in corpore, sive extra corpus, nescio, Deus scit quoniam raptus est in paradisum, et audivit arcana verba quæ non licet homini loqui*. Magna pars hominis, ut homo audiat quod homini non liceat. Vides ergo quod ineffabile sit, illud integrum, illud totum, illud perfectum, cum ineffabilis quoque sit pars ipsa totius exigua. Quis igitur a me pauperrimo, et ad hæc mysteria vere elingui, impossibilia exigat, qui sanum sapiat? Quis a me exigat ut enarrem, quæ sint illa æternæ beatitudinis et beatæ æternitatis gaudia, ubi erit Deus omnia in omnibus, cum enarrare non queam quanta sint illa sanctorum charismata, ubi est Deus adhuc in singulis omnia. Est enim modo in hoc imperfectionis tempore Deus omnia in singulis; quando *prout vult singulis dividit, alii sermonem sapientiæ, alii sermonem scientiæ, alii gratiam sanitatum, alii operationem virtutum, alii prophetiam, alii discretionem spirituum, alii genera linguarum, alii interpretationem sermonum*. Alteri firmitatem fidei, alii certitudinem spei, alii basim humilitatis, alii supereminentiam charitatis, illa illis, alia aliis, quæ postrema salutis charismata sine quibus nemo salvatur, licet in omnibus inveniantur, qui salvantur, in alio tamen mi nus, in alio amplius. *Datur autem omnibus, ut ait* Apostolus, *manifestatio spiritus ad utilitatem*, ad imperfectionis consummationem, ut qui modo est omnia in singulis, sit quandoque Deus omnia in omnibus. Cum ergo in illa æterna sanctorum beatitudine unus acceperit, quod modo dividitur singulis, quantum, putas, erit illud præmium, quale gaudium? Non est humanæ angustiæ illa æternæ claritatis gaudia comprehendere, ubi quod contristet nihil interveniet, nihil deerit quod lætificet :

Luctus ibi nullus resonat, quia nec dolor ullus;
Nil ibi quod pigeat, tædeat, aut pudeat;
Non ibi peccatum, quod possidet hic dominatum.
Quod servit vitio, non ea scit regio.
Cunctis invisa mors, ipsa nec est ibi visa,
Nec metuenda tibi; vita perennis ibi.
Non opus est aratris illic, aut imbribus atris
Semina qui foveant arida, ne pereant.
Omnibus est unus panis, mirabile munus,
Quem semper comedas, nec comedens minuas.
Mirum, sed verum; facies illic nova rerum,
Qui vere cibus est, panis ibi Deus est,
Anxietas, pestis, morbus, languor, procul estis :
Terrigenas premitis, cœlicolas fugitis.
Qualis ibi vestis sit, adest sacra pagina testis
Christo vestitur, qui lavacro abluitur.
Hanc custodieris, nudus non invenieris,
Nunc clarus sola, tunc in utraque stola.
Urbs ex æterno stat in illo monte superno :
Quæ quam clara gerat mœnia, quis referat?
Vallatur muro quadro, nunquam ruituro.
Stat suffulta fide, non alio lapide.
Turribus est fortis, duodenis pervia portis,
Perpetuo claret lumine, nocte caret.
Pax ibi tranquilla, nullus metus hostis in illa,
Gaudet turba pia perpete lœtitia.
Concurrunt gentes, nullus vetat ingredientes,
Promissaque sibi sorte fruuntur ibi.
Accelerant quique, celeri pede, perfacilique,
Fertur turba senum, mista choro juvenum.
Convocat hinc cives ad præmia, gratia dives,
Ut quotquot veniant, debita percipiant.
Erogat his dona, datur unicuique corona.
Sanguine purpureus clarus ibi cuneus.
Durius afflictus, præclarius est et amictus,
In turba nivea, veste micans rosea.
Sunt quoque clara satis tunc præmia virginitatis :
Carnis ab illecebris libera, fit celebris.
Ob meritum magnum niveum sequitur comes Agnum,
Ac removens speculum, figit in hunc oculum.
Hoc visu mentem sic explens esurientem,
Ut sibi quod doleat defore, nil maneat.
Felices cuncti tam largo munere functi,
Ut tantum capiant, plus nihil ut cupiant
Talibus in cœlis donatur quisque fidelis,
Christi corde pio deditus obsequio.
Tanta suis natis confert pia gratia gratis,
Ipsius donum credimus omne bonum.

Sed percunctaris, si gratis, quid merearis :
Ipsum velle tuum, noveris esse suum.

His ita de gaudiis æternæ beatitudinis, non pro sua dignitate, sed pro nostra tenuitate digestis, ad fontem suum reflectam arentem rivulum, illius piæ memoriæ offerens munus pauperis ingenii, cujus hoc imperio tractandum suscepi. Suscepi autem hoc jubente venerabili patre nostro, florentis tunc in Christi religione Affligemensis cœnobii abbate primo Fulgentio, qui Christianæ paupertatis, monachicæ humilitatis, atque paternæ charitatis viva cordibus nostris vestigia vivens impressit, et ad gaudia paradisi transiens, nobis imitanda reliquit. Qui prædicti cœnobii fundator, ac monachicæ institutionis primus in illo informator, in barbara illa, non dico fidei confessione, sed operis exhibitione, gentium solitudine, peregrino Christo, et frequenter illic transeunti diversorium statuit, quo e diversis partibus multis diversæ conditionis, professionis et ætatis confluentibus, et in diversorio suo Christum inquirentibus, plures servitio Christi mancipavit, ita ut incolatus sui tempore plus quam ducentorum triginta tam monachorum quam sanctimonialium ac fratrum obedientiæ lege viventium, diversis in locis Pater mereretur existere. Quibus dum more fidelis servi mensuram tritici dividit, nec minus de temporali subsidio sollicitudinem gerit, quantos æstus, quantos cordis cruciatus anima illa sancta tulerit, præter eum qui sustinuit, nemo qui noverit. Nec tamen in camino paupertatis frequenter adustus et multo tribulationum igne decoctus crepuit, sed quo durius arsit, purior evasit. Fulget itaque nunc, ut optamus et confidimus, in illa æterna claritate noster Fulgentius, ubi eum nostrum inobedientiæ nostræ flagitamus intercessorem, quem hic obedientiæ habuimus præceptorem. Ipsi igitur obedientiæ suæ fructum offero, ut corrigat quod corrigendum judicaverit, quod veritatis lumine illustratus me melius utique novit, et correctum auctori gratiæ munus utinam acceptabile offerat. Nihil enim in me, nihil prorsus invenio, quod examinandum offerre audeam districti illius judicis judicio, nisi forte interveniente gratia quam prædico, purgari merear carbone illo desolatorio, quem de altari unus de seraphim forcipe tulit, atque Isaiæ prophetæ labia munda reddidit. Nec labiorum tantum purgatione egeo, sed et cordis ac totius corporis; et quia inquinata sunt, me judice, mea omnia, divinæ purgationis carbonem exspectant universa. Ad illius ergo omnipotentiam emundandus confugio, cujus pietatis præconia in hoc opusculo non condignis laudibus, sed pro viribus extuli, ut me indignum præconem suum, Æthiopica pelle et nativa nigredine exuat, et intra latissimum illum gratiæ s'num componat, qui cœlestia simul et terrena complectitur, nec tamen latitudinis suæ angustias patitur. Quamvis enim me miserum, saucium et semivivum, et sacerdos, et levita prætereat, spero tamen, quod plasma tuum, o piissime Samaritane, non pertranseas, donec vulnera alliges, et mordax vinum leni oleo mitiges, debitamque negligenti severitatem, necessaria moribundo clementia temperes, et susceptum aegrum cujusvis ministrorum tuorum manibus, impensis autem tuis sanes. Hanc vero vicissitudinem pro laude gratiae, te, o auctor gratiae Domine Jesu Christe, expeto, ut consortio te laudantium, tibi jubilantium atque gratias agentium, me socies, ut collyrio gratiae clarificata acie vultum tuum, o dulcissime, o affectuose atque omni suavior suavitate, contempler, ut, remoto nubilo speculi, in te ipso videam quae et qualis ac quanta sit illa tua, quae salvat omnia, gratia. Haec est namque, quae coruscat in angelis, thronos disponit apostolis, triumphat in martyribus, palmas distribuit virginibus, justis congratulatur omnibus, dignaque pro omnibus gratiarum actione tibi, o Trinitas sancta, aeternis concelebrat laudibus. Sit nunc in fine operis laus et gratiarum actio ei, qui est principium et finis : a quo cum initium sumant omnia, ad finem quoque consummationis singula in ordine suo ipsius perducuntur gratia. Si quid vero in hac pauperis ingenii mensa lector invenerit, quod vel parvulorum nutrimento commodum judicaverit, gratiae Dei esse noverit, quidquid vero inconditum et insipidum, imperitiae meae esse sciat, et veniam tribuat. Nihil enim potest palmes sine vite, nec nos sine auctore gratiae, qui vivit et regnat per infinita saecula saeculorum. Amen.

FRANCONIS MONACHI

EPISTOLA

QUOD MONACHUS ABJECTO HABITU NON POSSIT SALVARI.

LANTBERTO gratia Dei in adoptionem filiorum Dei vocato, frater FRANCO habitu, utinam actu monachus, non ea quae prudentiae carnis sunt, qui inimica est Deo, sed quae Dei sunt sapere!

Lectis, frater mi, litteris, sive tuis, sive illius, qui ut invius monachus fuit, quique de apostasia relicti habitus sacri per te mihi quaestionem proposuit recordatus sum illius versiculi: *Ad excusandas excusationes in peccatis*. Recordatus sum etiam veteris illius et inobedientis Adae, qui hodieque in filiis inobedientiae affectatis et praesumptis velitis, seipsum erubescens, a serenissima luce vultus Dei, ad latebras tenebrosi cordis confugit, et ad excusanda in peccatis, imo ut verius dicam, cumulanda peccatis peccata, quasi ad operienda verenda, folia fici consuit. De quorum collegio ille tuus nescio quo nomine censendus, quia jam nec clericus nec monachus, utpote qui alterius habitum projecit, alterius illicite usurpavit, sicut a patre suo didicit, in operimentum nuditatis suae folia fici modo consuit, quaestionem foliorum instar levem omni pondere et soliditate veritatis inanem nobis rusticanis proponit, quidquid libet, licere sibi asserit, ut pridie monachus, hodie sit clericus, cras vel perendie, nisi quod corio suo metuit, miles futurus. O ordo sine ordine, o defectus, non profectus! O quanto melius, o quanto salubrius plissimo illi et omnipotenti medico vulnera sua detegeret, emplastrumque pretioso sanguine Agni incontaminati confectum, putridis vulneribus die noctuque lacrimando, gemendo, suspirando ab eo inquireret ! Debuerat recordari Evangelici illius prodigi, et exemplo ejus ductus, porcorum siliquas tandem aliquando nauseans, ad delicias paternae mensae suspirare, ut peccatum suum ostendens, non contegens, et humiliter confitens, non defendens, indulgentia clementissimi Patris, et primam stolam et annulum paternae nobilitatis insigne reciperet. His igitur paucis in commonitionem et consolationem fugitivi nostri praelibatis, ad objecta me vertam, et aranearum fila infirmis intellectibus lumen veritatis obnubilantia flante Spiritu sancto dissolvam. Quaeris a me quid de beatissimi viri Benedicti sententia sentiam, utrum quem ipse damnat, ego absolvam, et de eo, quem irrisorem Dei vocat, ego quid dicam. Absit a me, absit, inquam, prorsus a me, ut sensus meos tanta unquam impietate induerim, quatenus sancto illi contraria praedicem, de quo sanctus sanctae sedis apostolicae praesul Gregorius testatur in secundo Dialogorum libro de Vita beati hujus edito, quod spiritum Dei habuerit, quod prophetali gratia praeditus fuerit, cujus doctrinam sanctam vita sancta commendat, signa et prodigia omni admiratione digna confirmant! Quid enim aliud docuit, quam quod ab eo didicit, cujus spiritum habuit? *Nemo*, ait Dominus, *mittens manum ad aratrum, et respiciens retro, aptus est regno Dei*. Monachus itaque renuntians parentibus, facultatibus, voluptatibus, et ad extremum quod et summum est, et propriae voluntati renuntians, ac jugo obedientiae Christi cervicem humiliter inclinans, manum ad aratrum mittit; quae si aliquando diabolo suadente projecto habitu, repetit, procul dubio retro respicit. Capitulum vero illud Apostoli : *Nolite errare, Deus non irridetur*, ad quid induxeris, non satis intelligo, nisi forte ad infirmandam beati viri juste in desertorem sanctae summae professionis prolatam sententiam, quasi non recte appellaverit apostatam monachum irrisorem Dei, qui juxta Apostolum non potest irrideri. Sed alia est plane quae, ut ait Apostolus, in Deum non cadit irrisio, alia quam legislator noster asserit, Deo irrogari a monacho. Illud autem quod subjungis, habitum sacrum solemni benedictione consecratum nihil salutis conferre, quomodo patienter audiat, quis æquanimiter ferat? Nunquid frivola esse credenda est sancta sanctæ Ecclesiæ institutio? Nunquid inanis est in vestibus et utensilibus ecclesiastici ministerii ecclesiastico more celebrata benedictio? Nunquid otiosa esse credenda est super hujusmodi sanctæ et individuæ Trinitatis invocatio? An supervacuum æstimandum est, et salutis nihil continere, nihil conferre, sacramentum chrismatis et olei? Num et baptismatis sacri? Impia sunt hæc, impia plane, et a catholicorum omnium sensu extranea. Vestimenta enim in ministerium, et ministrorum Dei usum, invocatione nominis Christi consecrata, in quo sanctificantur omnia quæ in cœlo, et quæ in terra, salutem præstant, sanctitatem multiplicant, si tamen utentium eis vita et conversatio digna fuerit, quibus invocatio sancti nominis incrementum conferat sanctitatis. Porro perdite et indigne habitu sancto viventibus, habitus, non diffiteor, nihil confert salutis, sed est eis testimonium et cumulus damnationis. Non potest ergo, ut asseris, monachus habitum professionis suæ absque detrimento salutis suæ abjicere, et habitum clerici assumere, cui jam omnis habitus illicitus factus est, præter eum in quo professus est. Nunc exempla ipsa quibus ad probanda improbanda frustra uteris videamus, quæ ab illo tuo novæ professionis novo præceptore, qui docet monachum perverso ordine profiteri clericum, ad roborandam falsitatem sunt adaptata; quæ quidem pestilentem doctrinam expugnant potius quam defendunt, enervant magis quam roborant. Abraham, inquis, eremita, neptem suam Mariam a falso monacho deceptam militari habitu assumpto requisivit et lucratus est. Bene, quia Abraham assumpsit secundum tempus ad requirendam neptem militarem habitum: ideone ille in perpetuum projecit monachicum? Abraham induit ad quoddam, ut ita dixerim, temporis momentum alienum habitum, non projecit proprium; zelo ductus neptis suæ, non odio aut tædio professionis monachicæ. Excusat in Abraham momentaneam immutationem vestis opus pietatis, et quam grata Deo fuerit pia pro nepte sollicitudo pii senis, testis est illa laude digna conversio neptis. Attamen et in ipso temporis articulo opus egit monachi, non militis, consummatoque opere pietatis, gloriabundus cum præda sua ad eremum rediit; vestem, quam ad occultandum se induerat, exuit, et sicut ad illam usque diem, ita et in reliquum et habitu et exercitio monachicæ professionis Christo laudabiliter militavit. Quod vero beatum Joannem evangelistam fugitivum juvenem non apostolico incessu, sed equo currente insecutum narras, quo spectat? Num propter equi cursum perdidit apostolicum gradum? Miror autem et juste, quod opus Redemptoris nostri, et mysterium redemptionis nostræ detestabili facto assimilare præsumpsisti. Quis enim sani capitis bonum malo coæquet? Quis virtutem vitio comparet? Quis sanæ mentis Deum homini et in opere tam dissimili assimilet? Proh dolor! Ille summus virtutum Dominus, cujus magnitudinis non est finis, cujus sapientiæ non est numerus, non dedignatur in forma humilitatis nostræ similis nobis apparere, pauper et infirmus; iste tuus dedignatur monachicæ humilitatis habitum Dominicæ cruci configuratum, insuper et abjecisse se eum gloriatur, et recte egisse philosophatur eleganter, et propositione sua idoneis testimoniis roborata, consequenter infert: Professionis autem transgressio non nocet. Sed si professio monachi sancta est, quod et ipse negare non audet, transgressio autem sanctitatis culpæ reatum non evadit, professionis ergo transgressio noxia est transgressori. Suppetunt mihi, charissime mi, plurima ad suffocandum novum hoc genus monstri de utroque Testamento testimonia, suppetunt etiam sanctorum Patrum in hac professione sancta militantium exempla multa et innumerabilia, quorum condensam silvam si congerere voluero, brevitatem epistolæ in latitudinem libri extendo. Percurre autem memoria, si placet, omnes sanctæ hujus professionis professores, et si ex omnibus electis vel unum adduxeris, qui habitum suum reliquerit, et laudabili fine vitam terminaverit, do manus. Procidamus jam nunc in fine operis ei qui est principium et finis, ut pius Pastor solito illo affectu pietatis errabundam ovem requirat, inventam piis humeris imponat, et congratulantibus amicis, et exsultantibus angelis, reliquo gregi redintegrato numero perfectionis restituat. Incolumem et ab omni labe immundi mundi immunem te custodiat qui custodit Israel, frater charissime.

EJUSDEM

Ad moniales ac sorores in Bigardis ad Forestum consolatoria.

Dilectis sibi in Christi dilectione sororibus in paradisum Bigardi a Christo inductis, et a Bigardo in paradisum deliciarum cœlestium ipso duce, ut optamus, introducendis, ille suus F., frater sacramento, servus officio.

Gratia vobis et abundantia consolationis ab illo

indeficiente fonte dulcedinis Domini nostri Jesu Christi qui, cum universam superficiem terræ, videlicet animarum nostrarum, evangelicis imbribus et rore Spiritus sancti irriget, et irrigando fecundet, nihilominus plenus in se redundat, et plenus semper permanet. Charissimæ filiæ, sorores Germanæ, ex illo virginali utero sanctæ matris Ecclesiæ absque omni fœtidæ carnis concupiscentia, Spiritu sancto obumbrante in sororum mihi affectum genitæ, ipse mihi testis est, qui solus conscientiæ testis et judex intus præsidet, quam pia, quam sincera affectione vos diligam, quomodo vos omnes in visceribus Jesu Christi cupiam, quomodo omnes vos in die Domini, vocatione, professione, et desponsatione vestra dignas inveniri optem et orem. Vos enim estis sponsa illa gloriosa, sponsa illa famosa, Filio Regis altissimi in testimonium nimiæ charitatis suæ sanguine suo desponsata. Vobis, filiæ, vobis evangelicæ illæ nuptiæ regio sunt apparatu præparatæ, vobis tauri mactati, vobis altilia sunt occisa, vobis ille vitulus saginatus omni hostia pingui pinguior est immolatus, et ad nuptiarum vestrarum gaudium digne percelebrandum, symphonia et chorus, et omne genus musicum angelico est ministerio exhibitum. Tanta igitur charitate desponsatæ, tali dote dotatæ, tanta dignatione electæ, et ad tantum culmen gloriæ provectæ, omni vigilantia observate, sorores meæ, ne quid in vobis ille inevitabilis oculus deprehendat, quod reginam, et tanti regis sponsam dedeceat, ne quid in cordibus vestris adulterini affectus ille inveniat, qui omnem illicitum cordis appetitum adulterium reputat. Purus ille et simplex oculus nihil potest coinquinatum respicere, nec vult stratum cordis nostri commune cum adultero possidere. *Angustum* namque *stratum,* sicut propheta ait, *utrumque non capit, et pallium breve utrumque non potest operire. Quæ enim conventio Christi ad Belial? Aut quæ communicatio luci ad tenebras?* Nulla plane. O quam longe ab invicem divisi sunt sponsus iste et adulter, et affectus in utrumque quantum sibi sunt dispares, quia et hujus amor omni suavitate est suavior, et illius immundi immundus amor omni fœditate fœdior, atque omni amaritudine est amarior. Omni ergo studio, omnique custodia, amantissimæ mihi filiæ, sensuum nostrorum observemus aditus, ne nobis dormientibus callide irrepat ille hostis antiquus, serpens lubricus, qui cunctis bestiis terræ callidior, et invisibiliter volvitur, et pene insensibiliter labitur. Nempe ille communis bonorum omnium adversarius cum neminem diligat, et omnes oderit, monachorum tamen et sanctimonialium sanctum nomen, et sanctam conversationem singulariter exsecratur, et persequitur, tanquam qui secundo nequissimo capiti renuntiaverint, secundo ei libellum repudii projecerint, primo videlicet in sancto baptismate, secundo in sancta sanctæ conversationis professione. Nec ideo aut sollicitudo nostra minor, aut intentio debet esse remissior, quia de sæculo corpore quidem exivimus, sed utinam corde, et parietibus inclusi, a communi simus hominum cohabitatione divisi. Paradisus parietibus nostris multo firmior, multo fuit tutior, sed, quia ab insidiis hujus lubrici non satis cavit, nec in paradiso Adam tutus fuit. Nullus itaque locus contra indefessum et pervigilem hostem tutus invenitur homini ubi ipse homo torpet, et obdormit a custodia sui. Domestica enim est pugna, quam gerimus, intus est hostis cum quo dimicamus, nec parietibus excluditur, sed sagittis fidei divinitus ignitis cito propellitur, nec tamen funditus exstinguitur, sed victus et Dominico pede contritus, impudorata fronte iterum tentat, iterum congreditur. Non ergo ad tam infestum hostem præcavendum et expugnandum credamus aut vires nostras sufficere, aut industriam prævalere, sed effusis ad Deum cordibus, piis lacrymis, et instanti oratione, auxilium ipsius imploremus, ut ipse, qui omnia novit, et omnia potest, et insidias ejus detegat, et omne robur ejus sub pedibus nostris velociter conterat. Quod si cruenta illa bellua virtute Dei enervata, aliqua nobis requies interdum arriserit, non nostris hoc viribus, aut nostris ascribamus meritis, quasi aut nostra virtute vicerimus, aut nostris meritis victoriam a Deo obtinuerimus. Humilis Dominus non vult servos suos de donis suis intumescere, non vult eos ex collatis sibi beneficiis contra se tyrannidem assumere, ut quod gratiæ est divinæ, dicant esse virtutis suæ. *Quid enim habes,* ait Apostolus, *quod non accepisti? Si autem accepisti, quid gloriaris quasi non acceperis?* Et propheta: *Nunquid gloriabitur securis contra eum qui secat in ea, aut exaltabitur serra contra eum a quo trahitur?* Ut ergo divinitus nobis collata conservemus, et conferenda promereamur, humilitati ante omnia studeamus, quia et humilitas de terra ad cœlum sublevat, et superbia in profundum inferni de cœlo præcipitat. Sint enim filiæ meæ invicem benignæ, humiles, sint ad obediendum promptæ, ad serviendum devotæ, sint debilium manus, cæcorum oculus, infirmorum baculus, ut sponso et Domino suo tanto fiant gratiores, quanto ad exhibendum sororibus suis obsequium fuerint pro nomine ipsius ferventiores. Nec hæc agentes, laboris sui mercedem in præsenti aliquam requirant, ut eo uberiorem fructum in futuro inveniant. *Quæ enim seminaverit homo, hæc et metet.* Quidquid lucrifeceritis, Christo conservandum committite, quidquid laboris impenderitis, ante faciem vestram ad regnum cœlorum præmittite, ubi quidquid repositum fuerit, nec tinea demolitur, nec furto perit. Ad cujus regni beatam æternitatem, et æternam beatitudinem nos dignetur perducere, qui nos dignatus est in filios adoptare, per unigenitum Filium suum Dominum nostrum, qui cum eo et Spiritu sancto vivit et regnat Deus, per omnia sæcula sæculorum. Amen.

Orate autem, obsecro, pro his qui mecum sunt dominis meis ac fratribus, quibus ex obedientiæ debito, tanquam servus deservio, ut in nullo detrimentum sustineant, sed quidquid eis ex officio servitutis meæ deest, omnipotens Dominus ex abundantia pietatis suæ suppleat.

Orate et pro me peccatore, charissimæ filiæ, ut pius Dominus dignetur ejectum suum jam revocare, et vestimentis his sordidis exutum, annulo quoque in signum mihi reconciliationis restituto, stola prima et calceamentis immortalitatis induere, et porcorum siliquas jamdudum fastidientem, in domum æterni convivii exsultantibus angelis introducere. Valete, sorores dilectissimæ, et lectis litteris nostris, intercedite et pro peccatis nostris.

Obsecro etiam ut hanc charitatis admonitiunculam charissimis mihi in Christo sororibus Forestum dirigatis, ut quia plurimum de eis confido communi Domino una vobiscum pro me peccatore supplicent, quatenus pius Judex reum suum pedibus suis tot jam annis pro venia postulanda provolutum, et a vinculis peccatorum dignetur absolvere, et de tabernaculo corporis hujus educere, festumque gaudium de perdita ove et inventa angelicis spiritibus exhibere. Quas, quia in eodem spiritu, et eodem affectu quo et vos diligo, eadem ipsis, quæ et vobis, mutato tantum nomine scribo, cum quibus, ut in regno Dei gaudeam, orationes earum sanctæ obtineant. Amen.

APPENDIX AD FRANCONEM.

CHRONICON AFFLIGEMENSE

(PERTZ, *Monum. Germ. Hist. Script.* t. IX, p. 407.)

MONITUM.

Affligemensis prope Ascham et Alostum siti monasterii origines et per proximos annos historiam monachus quidam, cujus nomen latet, post annum 1122 conscripsit. Usus est eam in rem narrationibus fratrum qui rebus ab initio interfuerant et chartis in archivio cœnobii asservatis, nec tamen ad sua usque tempora historiam produxit, sed initio sæculi XII subsistit, subjecta una tantum notitia de visione Fulgentii abbatis anno 1109. Libellum eodem sæculo monachus Affligemensis alius, qui Sigeberto auctarium adjecit, evolutum excerpsit: sæculo decimo et septimo ex antiquo codice descripsit Simon Guillermot S. Gisleni Hannoniensis subprior, cujus apographo usi
  1) *Dacherius opus sub titulo* Historia Affligemensis *Spicilegio T. X, 585 sqq. et De la Barre T. II, 769 sqq. alterius editionis inseruerunt. Quorum textum cum*
  2) *Auctario Affligemensi in editione nostra SS. T. VI (Patrol. T. CLX) collatum repetimus. Usum sæculi XII aliquoties in vocibus* caritas, domnus, elemosina, inicere, subicere, *et nominibus* Heinricus, Rodulfus, Odulfus *scribendis restituimus. Continuatio quæ apud Dacherium legitur, utpote sæculo XVII medio ab Odone Cambiero composita, omittenda erat.*

CHRONICON AFFLIGEMENSE.

PRÆFATIO. Quia labentium decursus temporum junioribus subducit memoriam præteritorum, perutile mihi visum est ad notitiam posterorum scripto mandare, quomodo, quo tempore, quibusve fundatoribus Afflegemiense cœnobium inchoatum sit, sicut ab eis accepimus, qui rebus ipsius interfuerunt, et ex eo tempore ad nos usque perduraverunt.

1. Eo itaque tempore quo dissidium ortum est inter papam Gregorium, qui alio nomine Hildebrandus dictus est, et Heinricum [1] quartum hujus nominis imperatorem, contigit sanctam ecclesiam diversis necessitatibus et adversitatibus opprimi et fatigari, quia capite ipso quod ex regno et sacerdotio constat per morbum discordiæ infirmato, reliquum corpus a languore integrum permanere non potuit. Tunc siquidem simonia, antiquarum hæresum sola superstes, tunc presbyterorum conjugatorum irreverentia adeo in orbe prævaluerant ut sancti Spiritus dona jam

VARIÆ LECTIONES.

[1] henr. 1. constanter.

apud principes sæculi essent venalia, et inter vitam laicorum et clericorum pene nulla foret distantia. Super hoc sequaces imperatoris a sede apostolica excommunicati, quos sibi communicare nolle videbant, rapinis, tormentis et ipsis etiam mortibus puniebant. Sed pius Dominus miseriæ suorum compatiens, plures religiosos suo Spiritu inflammatos excitavit, qui sepem apponerent, et pro domo Israel in prælio starent. Horum unus fuit Wedericus [2] sacerdos et monachus sancti Petri Gandensis cœnobii, vir sæculari nobilitate, et quod majus est, divina religione valde conspicuus, qui apostolicæ auctoritatis licentia roboratus, Flandriam et Brabantiam provincias circuibat, verbum Dei disseminando et populum Dei a peccatis sua prædicatione convertendo; cujus admonitione sunt compuncti sex milites, Gerardus scilicet cognomento Niger, in armorum strenuitate per has provincias tunc famosissimus, Cinelinus et Hargerus, necnon Vulbodo, Geldulfus quoque et Tibaldus. Isti sua omnia quæ injuste acquisierant relinquentes, magistrum pauperum pauperes sequuti sunt, et cum eo tribus fere mensibus permanserunt. Deinde arctioris vitæ desiderio æstuantes, quid sibi deinceps agendum sit, eumdem patrem et magistrum suum interrogant, quomodo remissionem peccatorum sibi jam ab eo repromissam a Domino percipiant.

2. Eodem vero tempore domnus Anno Coloniensis ecclesiæ episcopus [3], qui totius religionis studio præditus [4], actione et nomine apud Deum et homines insignis habebatur: ad quem prædictus Wedericus filios suos propriæ jam salutis avidos destinavit, atque, ut secundum ipsius præceptum et consilium iter suarum dirigerent actionum, constanter admonuit. Illi igitur, ut erant docti, absque mora Coloniam properantes, ad episcopum perveniunt, prioris vitæ suæ statum detestabilem per humilem confessionem aperiunt, ac deinde pœnitentiæ remedium secundum ipsius exquirunt arbitrium. Quibus, ut erat vir summæ prudentiæ, ut ad locum patrati facinoris redirent persuasit, et ut locum quem rapinis innocentium antea maculaverant, voluntaria afflictione divino servitio manciparent, expedire sibi asseruit. Illic se denique divinæ pietati bonis operibus conciliarent, ubi hanc ad iracundiam per illicita studia provocaverant; illic diabolo et actibus ejus renuntiarent, ubi pernitioso ejus servitio spontanea voluntate socii fuerant. Iis itaque tam salubribus beati viri animati responsis, ad natale solum conciti redierunt, et locum (1) quemdam desertum, Afflegem dictum, in vigilia summorum apostolorum Petri et Pauli (*Jun.* 28), anno videlicet incarnationis dominicæ millesimo octuagesimo tertio convenerunt, ut secundum viri Dei mandatum ibi pœnitentiæ labori insisterent, ubi prius pœnitenda commiserant: qui locus solis latronum conventiculis et conspirationibus tunc aptus erat, tum quia desertus, tum quia itineri publico contiguus, per quod mercatoribus et peregrinis undequaque venientibus transitus erat; de quibus latrones in hoc vicino insidiarum loco constituti prædam agebant. Convenientes igitur, tres tantum panes et ipsos elemosina acceptos, et unum caseum cum paucis ferramentis secum detulerunt, et illam terram desertam excolere cœperunt. Statuerunt autem primo juxta facultatem virium suarum permodicum oratorium, deinde domum pauperibus, nec non et aliam domum hospitibus supervenientibus, sibi quoque tugurium ad inhabitandum ædificare.

3. Porro miles quidam nomine Gerardus, qui dicebatur Albus, in hac provincia crudelitate et robore opinatissimus exstitit, qui etiam inter alia ferocitatis suæ indicia, Domino permittente, die quadam homicidii reatum ultroneus incidit; cumque peracto scelere domum rediret, inimicus humani generis illi in via apparuit, quem ex more suo horrenda visione afficiens, pene exanimem reddidit. Ille vero Dei super se judicium metuens, jamque illi cui diu servierat mancipatum se credens, cogitans tamen si quo modo jus illius posset evadere, ad prædictos fratres concito cursu pervenit, ibique totius feritatis rabie deposita, de lupo in agnum Dei gratia confestim mutatus apparuit, tantæque admirationis apud universos conversio ipsius exstitit, ut alter alterius maximæ novitatis gratia hunc tam crudelem, tam immanem conversum esse referret, et pro tam subita illius immutatione tota provincia summo Deo gratias ageret.

Eodem quoque anno in nativitate sanctæ Mariæ (*Sept.* 8), venit ad eos miles quidam Henrardus nomine, cui æque ex pœnitentia homicidii sæculum omne viluerat, cœpitque explorare loci situm et inhabitantium conversationem; cui cum vivendi laborisque austeritas et laborantium unanimitas placuisset, reversus domum suis omnibus renuntiat, et in proximo festo sancti Remigii (*Oct.* 1) veniens, de cætero cum eis remanere disposuit. Iti ergo sicut scriptum est: *Ecce quam bonum et quam jucundum habitare fratres in unum* (*Psal.* CXXXII, 1), cum magna dulcedine et tranquillitate cohabitantes, ad nihil intendebant, nisi quod animarum saluti proficeret, corpora vero vel manuum labore vel fidelium elemosinis sustentabant.

4. Ne vero cœptis eorum aliqua ecclesiastica persona vel sæcularis obstaret potentia, petierunt et impetraverunt assensum Gerardi Cameracensium episcopi, Herberti quoque clerici qui in Anglia manens altare de Ascha tenebat, in cujus parochiæ

VARIÆ LECTIONES.

[2] wethericus 2. [3] *scil.* erat. [4] *ita editio princeps,* prædictus *ed.* 2.

NOTÆ.

(1) Cf. chartam Heinrici comitis Brachbantensis a. 1086, ubi *Hafflingem* vocatur.

fundo iidem fratres consederant; Adela quoque comitissa Lovaniensis super hoc interpellata, cum duobus filiis Heinrico [5] et Godefrido, quorum erat allodium, benigne annuit. Nec iis contenti, imperatorem Heinricum expetunt, et die quo primum coronatus est (*An. 1084, Mart. 31*), ipsius comitisque Palatini, ad quem pars allodii respiciebat, assensum quærunt et inveniunt.

Dum autem plus quam necesse erat rem persequuntur, nimia et simplici sua curiositate se undique expedire cupientes, impediunt; quia enim audierant quondam ibi mansisse aliquem monachum Lobiensem, Lobium ad abbatem venerunt, et ejus licentiam petierunt; qui licet nihil certi vel scripto vel alicujus testimonio de loco haberet, tamen ipsa eorum postulatione in spem ejus adipiscendi inductus, omnino contradixit, nisi ejus ditioni et obedientiæ et se et locum subicerent; quod fratres renuentes, abierunt ad episcopum Leodiensem Heinricum, rem omnem diligenter aperiunt, rogantes ut abbatem suæ petitioni conciliaret. Episcopus autem, evocato abbate, cum nihil apud eum proficeret, vocati sunt nonnulli seniores ecclesiæ Lobiensis, et cum eis de hoc negotio episcopus agere cœpit : cumque et ipsi valde resisterent, nec tamen aliquo argumento quidquam sui juris in loco demonstrare possent, episcopus ad pacem utriusque partis firmandam et controversiæ occasionem posteris amputandam, promisit se daturum ecclesiæ Lobiensi commutationem ipsius fundi, et sic abbas et monachi assenserunt et exfestucaverunt. Sic fratres in sua reversi, cœpto instabant operi.

5. Cœperunt post hæc vitam monachicam et habitum desiderare, nil sibi superesse arbitrantes, per quod Deo propinquiores efficerentur. Adeuntes episcopum Cameracensem Gerardum, suum pandunt desiderium, postulantes ut eis aliquos provideret, qui eos ad ordinem desideratum instruerent. Episcopus autem ut erat vir pius, eorum devotioni congaudens, ipsos jussit edicere de quo monasterio sibi magistros vellent assumere. Aquiscincti (2) tunc recens exstructi magna habebatur opinio, quia [6] erat cæteris monasteriis famosius et fraterna caritate et sanctæ religionis districtione. Hujus ergo cœnobii fratres sibi ad tempus accommodari petierunt; quos episcopus cum mandatis suis et litteris Aquiscinctum dirigens, obsecrat abbatem et conventum ut quod pauperes Dei ad ipsius honorem petebant absque retractatione concederet. Alardus primus abbas ejusdem loci tunc præerat dominico gregi, qui tam episcopali auctoritati quam fratrum caritati obediens, sperans quoque per hanc occasionem locum qui construebatur sibi subiciendi, cum eis priorem suum nomine Titubaldum, et alium fratrem Rodulfum dictum direxit [7] : qui, cum venissent, admodum delectati sunt loci situ et amœnitate. Nec multo post mandaverunt abbati suo ut veniret et locum consideraret. Abbas vero certum sui adventus denuntians diem, jussit ut Tornaci cum equis sibi occurrerent, et inde Afflegem usque deducerent. Cum ergo sicut disposuerat adductus, in vigilia ascensionis Domini venisset, placuit et ipsi tam cœptum opus quam loci situs.

6. Contigit ut ipsa die superveniret dominus Fulgentius, qui postea Dei dispensatione abbas est constitutus, qui ex Brabantia oriundus, monachus autem Sancti Agerici cœnobii Virdunensis, dominicis castris fere per annos duodecim irreprehensibiliter militaverat. Theoderico autem civitatis ipsius episcopo propter imperatorem excommunicato, cum abbas cœnobii et fratres cæteri ejus se abstinerent communione, nec vellent excommunicati subdi obedientiæ, facta est magna fratrum dispersio, ita ut monasterium tunc celeberrimum pene redigeretur ad nihilum. Tunc itaque et iste, de quo nobis sermo est, discedens, in patriam rediit, adjuncto sibi socio quodam nomine Herimanno. Audita autem fama hujus novellæ constructionis, crebro illuc veniebat, et voluntariam spiritus paupertatem et corporalem in laboribus humiliationem in diversis videns admirabatur, admirans delectabatur, in tantum ut stabilitatem perpetuo inibi firmare deliberaret. Ilic itaque, sicut prædictum est, ipsa die quo et abbas Aquiscinctinus advenit, sic quasi deinceps cum eis jam permansurus. Die postera, qui gloriosa Domini ascensione celebris erat, abbas benedixit vestes monachicas, et duobus ex illis, Henrardo scilicet et Gerardo, dedit [8], demoratusque ibi non plus duobus vel tribus diebus abiit. Cum autem post dimidium fere annum monachos suos revocasset, domnus Fulgentius adscito socio suo Herimanno cum iis fratribus remansit, eosque de his quæ monastico ordini et animarum saluti congruebant, instruebat.

7. Anno ædificationis cœptæ quarto (1087) evocaverunt domnum episcopum Gerardum, qui veniens dedicavit locum in præsentia domni comitis Heinrici, qui eum et libertate donavit et viginti mansis terræ auxit. His felicibus studiis invidens inimicus totius boni diabolus, eos impedire tentabat, quia, si res ad perfectionem venisset, prævidebat multos sibi subripi et dominicis castris aggregari. Corrupit ergo unum ex primis, quos superius nominavimus, fundatoribus, scilicet Vulbodonem, eumque suis suggestionibus supplantatum discedere compulit, sicut Judam de apostolorum collegio vel Nicolaum de diaconorum consortio eliminavit. Hic ergo, cum abiisset, et quasi canis ad vomitum reversus, sæculo se rursus immersisset, non post multum tempus venit ad monasterium, exquirens ut omnium quæ in loco elaborata fuerant pars sexta sibi daretur, so

VARIÆ LECTIONES.

[5] henrico 1. *constanter.*   [6] qui *ed.*   [7] misit *Dacherius supplevit.*   [8] *supplevit Dacherius.*

NOTÆ.

(2) Anchin.

priorum sextum, ideoque rerum partem sextam ad se pertinere affirmans. Cui ex consilio domni Fulgentii fratres responderunt, eum quamdiu cum ipsis permanserat, omnia habuisse communia, quia vero sua sponte discesserat, cum in communibus portionem habere ulterius non posse. Ille cum nihil profecisset, repulsam suam volens ulcisci, perrexit ad Theodoricum Virdunensem episcopum, accusans duos monachos de ipsius episcopatu fugisse, qui in Brabantiam venientes, multa nefanda tam de ipso quam de imperatore diffamarent; ideoque expedire ut inde effugarentur, ne per eorum criminationes et imperialis majestas et ipsius auctoritas vilesceret. His mendosis accusationibus nimium credulus episcopus scripsit Gerardo episcopo Cameracensi, ut monachos illos de loco expelleret, nec in finibus episcopatus alicubi consistere permitteret. Episcopus vero Gerardus, licet fratribus et loco, quem ipse jam dedicaverat, multum faveret, tamen propter metum imperatoris, cujus dono episcopatum acceperat, simul propter episcopum Virdunensem, quem apud imperatorem sibi et prodesse et nocere posse sciebat, indixit fratribus ut discederent, nec ulterius in sua diocesi remanerent. Hoc præceptum fratres ægerrime ferentes, cum jam alibi auxilium non invenirent, confugerunt ad archiepiscopum Remensem Reonaldum, cui et unde essent, ubi consedissent, quid ab episcopo Cameracensi pro falsa perversi hominis delatione perpessi essent, diligenter exposuerunt. Archiepiscopus autem, audita eorum causa, compassus est injustæ eorum afflictioni, mandavitque episcopo Gerardo, præcipiens in virtute obedientiæ, ut a pauperum Christi infestatione desisteret, nec eos ultra vexare præsumeret. Sic optata securitate fratres potiti, nullam deinceps molestiam passi sunt ab episcopo. Sic itaque Dominus suorum adjutor et protector in omnibus, cum misericordia maxime in tribulationibus præsto est, cujus providentia in sui dispositione non fallitur, insurgentes adversarii insidias annihilando comminuit, atque injustas suorum oppressiones potenti dextera sedando coercuit.

8. In eodem quoque anno (1087), scilicet inchoante ædificationis quarto, quidam clericus egregiæ indolis adolescens, nomine Arnulfus, instinctu divino tractus, in assumptione sanctæ Dei genitricis ac perpetuæ Virginis Mariæ adveniens, pusillo gregi conjungitur : qui in sancta professione annis pluribus irreprehensibilis degens, postmodum industria sua et ingenio, consilio et auxilio, eidem ecclesiæ plurimum profuisse dignoscitur : siquidem ab adolescentia sua usque ad diem mortis suæ annis circiter sexaginta quatuor in vinea Domini haud segniter laborans, ardore sancti propositi successus, pondus diei et æstus fortiter pertulit, nobisque suæ patientiæ, imo perseverantiæ imitabile satis exemplum dereliquit.

Ab anno vero quarto usque ad sextum, duobus scilicet annis, in maxima tranquillitate et quiete secum commorantes, et quam dulcis sit Dominus aliquid jam ex parte prægustantes, in sancto proposito certatim fervebant, numero quidem fratrum his duobus annis non multum augmentati, sed magis ac magis virtutibus adaucti, institoris instar evangelici venditis omnibus pretiosam margaritam tota intentione comparare gestiebant. Quis etenim enarrare sufficiat quanta eos concordia caritatis conjunxerit, cum quis proximum suum tanquam se ipsum ad altiora quæque et meliora virtutum studia promovere contenderit? Patientiam namque ipsorum enarrare necesse non existimo, quam in laboribus et ærumnis, in tanta virtute ⁹ ac vestitus austeritate et inopia, in destruendo et construendo omnibus sanum sapientibus esse notissimum non ignoro. Nonnulli etenim qui spiritum Dei non habebant, laborum nimietate in fugam convertebantur; sed hi, quos vera Dei caritas accenderat, visa improborum ruina, ut in Job legitur (XLI, 16), territi purgabantur.

Sexto autem anno (1089) odor tantæ religionis diutius latere non valens, foras erupit; per provincias, per civitates, per vicos et castella se tantarum virtutum fragrantia circumquaque respersit, adeo ut exteros quoque ac remotos e suis sedibus evocatos, in admirationem ac venerationem servorum Dei accersierit.

Cœperunt igitur plurimi tam clerici quam laici ad eos confluere, alii quidem conversionis desiderio, alii autem ut servorum Dei se devote commendarent patrocinio; in tantum siquidem illo anno numerus eorum Deo auspice succrevit, ut inter clericos et laicos duodenarii numeri perfectionem collegium ipsorum attingeret.

9. Verum quia patris spiritualis auxilium sub quo sacræ militiæ signa ferrent, cui vice Christi in omnibus obedientes essent, minime habebant, cœperunt super hac re anxie nimis æstuare, et de electione abbatis sedula secum relatione pertractare. Duo vero prædicti monachi, domnus videlicet Fulgentius, ejusdem socius nomine Herimannus, abbatis sui, scilicet domni Rodulfi, in hoc negotio et auxilio niti disponebant, tum quia prudentia et religione pene cunctis temporis illius abbatibus eminebat, tum quia primitus sub ipso sacri propositi habitum susceperant. Consilio igitur inito domno Fulgentio domi a fratribus retento, cum prædicto Herimanno Gerardum Nigrum in festivitate sancti Lamberti in occursum abbatis Leodium dirigunt, quibus ut quemdam ipsius monachum nomine Laurentium de hac provincia exortum, qui dudum in ipsius cœnobio prioratus officio fungebatur, sibi eligerent, innuit. Prædicti autem fratres Leodium venientes, abbatem, ut sperabant, repererunt ; quem convenientes, causas sui

VARIÆ LECTIONES.

ᵃ *an potius vitæ, aut victualium. Dachery.* — vitæ *legere malim.*

itineris exponunt ejusque consilium et auxilium requirunt, prædictum monachum, si suæ non displiceret prudentiæ, abbatem sibi donari expetunt. His auditis abbas, ut erat vir prudens ac providens, Dei nutu sanius atque utilius consilium illis proposuit, illumque potius eligendum quem sibi superna dispensatio destinaverat, domnum videlicet Fulgentium, constanter admonuit. Quod onus ne forte, ut vir mansuetus et humilis, excusare perseveraret, litteras ei sua auctoritate signatas per eosdem fratres in testimonium direxit, mandans ei atque præcipiens, ut omni excusatione remota, Dei voluntati et fratrum electioni quantocius assentiret : monachum vero quem ipsi petebant, se nullatenus accersire posse asseruit, eo quod prædicta ejusdem cœnobii fratrum dispersione, ipse cum aliis in exteram remotamque provinciam abierit. Talibus agitur responsis ejus atque consiliis prædicti fratres admodum exhilarati litterarumque auctoritate roborati, vale invicem dato, festinato domum redierunt, et rem gestam omnino occultantes atque celantes, tanquam nihil actum esset, paucis diebus conticuerunt : dicebant enim, si ei rei gestæ series alicujus opinionis indicio nota fieret, tale officium declinare malens quam suscipere, clam fugam arriperet.

10. Jam autem circa festum Omnium Sanctorum rursus clamor fratrum exoritur, se nihil absque pastore agere grex devotus conqueritur, atque tandem ex consensu omnium in festivitate sancti Martini dies electionis constituitur. Prævenientes igitur hunc diem orationibus et elemosinis, jejuniis et vigiliis durisque verberum castigationibus, quotidianis lacrymis interpellabant sancti Spiritus gratiam ne per antiqui hostis invidiam tantam fratrum aliquatenus pateretur dissolvi aut turbari concordiam. At pius Dominus, qui semper prope est omnibus invocantibus se in veritate (*Psal.* CXLIV, 18), timentium se voluntati tantis interpellatus precibus obtemperavit, et, ut sequitur in eodem psalmo (*ibid*., 20), diligenter se ab omni subreptione discordiæ custodivit. Quid plura? Condicta dies aderat, in qua humilis ille conventus pastorem sibi eligere decreverat. Præmissa igitur oratione, ex more in capitulum veniunt, congrua causæ et tempori tractare incipiunt, miroque modo in unam sententiam omnes voces voluntatesque conveniunt : *Domnum Fulgentium divinitus destinatum hoc honore et officio dignissimum judicamus : hunc nobis pastorem et patrem una voce omnes eligimus.* Ille autem, utpote vir miræ humilitatis, econtra varias ac diversas excusationes prætendit, pastorali se officio indignum cum lacrymis asseruit : postremo se nulla ratione id onus suscepturum fore multis assertionibus affirmavit. Hæc eo cum lacrymis perorante, prædictus frater Herimannus protinus surrexit, abbatis sui litteras hactenus occultatas in medium protulit, præceptum obedientiæ, periculum inobedientiæ ei palam intimavit, et, ut petitioni fratrum in abbatis sui [10] assensum præberet, admonuit. Sed, ut solent simplices quique in mentis suæ proposito quandoque esse pertinaces, ipse sententiam suam nullatenus immutare voluit, quia plorando, clamando, ejulando petitioni eorum resistere se posse credidit. At illi mira constantia semper in eadem voluntate stabiles persistebant, ac tandem zelo Dei interius commoti, in hanc vocem erumpebant : *Dominus*, inquiunt, *qui te nobis servis suis licet indignis provida dispensatione destinavit, qui omnium nostrum voluntates consilio et præcepto abbatis tui concordes effecit, ipse te procul dubio et prodesse disposuit. Sed quid multa? Si plus restiteris, compulsus vim patieris : jamque, velis nolis, nobis pater noster efficieris.* His dictis incepta psalmodia [11] congrua consurgentes, unanimiter in eum irruunt, manus injiciunt, ac pia violentia ferendo potius quam ducendo ad altare pertrahunt, atque cætera, ut moris est, regulariter in eum per vim adimplentes, in sede abbatis statuunt. Ille vero, ut excusationis et contradictionis suæ humilem pertinaciam spe et effectu frustratam perpendit, timens ne ipse eis prima perturbationis causa existeret, tandem importunitate eorum convictus, acquievit, onusque sibi impositum licet invitus cum metu et reverentia suscepit.

11. Contigit interea nutu Dei, ut quidam clericus de Flandria oriundus, vir forma, scientia, genere omnique probitate conspicuus, nomine Hugo, hujus cœnobii famam virtutum audiret, audita videre satageret; visis vero, votis omnibus interesse concupisceret. Veniens igitur, ut dictum est, pene majora quam fama vulgaverat reperit, atque vera esse omnia quæ audierat contestans, de stabilitate sua cum eis firmanda protinus tractare cœpit. Fratres ergo de tam reverendæ personæ adventu summo Pastori gratias innumeras referentes, in Domino plurimum lætabantur : atque ut pium desiderium, quod mente conceperat, effectu quantocius adimpleret, crebrius hortabantur. Ille vero monita salubria quemadmodum bona terra excepit, et stabilitate sua ut suggerebant apud eos firmata, fructum satis uberem postmodum ex se produxit.

Abbas autem, quia nondum secundum consuetudinem ecclesiasticam pontificali benedictione confirmatus erat, compulsus a fratribus Cameracum cum suis iter arripuit, atque hunc Hugonem, de quo nobis sermo est, clericali adhuc amictum schemate vitæ suæ comitem habuit. Cameracum igitur venientes (an. 1088), abbas quidem in festivitate sancti Gregorii [12] anno septimo pontificali benedictione et auctoritate sua confirmatus, prædictus autem clericus diaconatus ministerio sublimatus est. Peractis igitur muneris sui negotiis, cum prosperitate redeunt, compertoque quod secundo sabbato Tornaci futura

VARIÆ LECTIONES.

[10] obedientia *excidisse videtur.* — [11] i. q. psalmodia. — [12] Georgii 2.

esset ordinatio, sæpe dictum clericum ordinandum presbyterum sub celeritate eo dirigunt. Adepto autem presbyterii honore, ad prælectum sibi locum concitus rediit, ubi deposita pompa sæcularis habitus, ac diu sibi desideratum capiens indumentum, naufragium sæculi hujus felici cursu nudus evasit. Cœpit itaque totius religionis ac probitatis studio esse primus, qui conversionis ordine fuit extremus. Fratres igitur quando tantarum virtutum germina in eo succrescere conspexerunt, communi consilio et consensu prioratus ei officium conversionis suæ die decimo quinto tradiderunt. Sic denique, ut scriptum est: *Qui se humiliat exaltabitur* (*Luc.* XIV 11; XVIII, 14), quando postposito fastu hujus sæculi ad humilem pauperum monachorum conversionem secundum humanos intuitus descendit, infra unius mensis circulum ad diaconi sacerdotii prioratusque apicem gradatim ascendit. Sublimatus autem hoc honore, studebat per omnia abbati se subdere, præceptis illius in omnibus obedire. At contra abbas non se tanquam dominum aut magistrum illi prætulit, sed humanitatis atque fragilitatis humanæ participium prudenter attendens, se servum ac ministrum per obsequii humilitatem non solum illi sed et omnibus aliis exhibuit. Quanta tunc subjectos caritas et concordia conjunxit, quando ipsos etiam prælatos tam veræ humilitatis pax et amor univit : aut quod discordiæ scandalum subjectis unquam subripere poterat, ubi ipsi etiam præpositi de inferiori loco contendebant? Sic itaque alter alterius onera devotissime portans, cum caritate et sollicitudine gregis sibi commissi curam annis fere triginta quinque, usque ad obitum (3) videlicet domni Fulgentii, gerebant, quem regularibus insistere disciplinis omni tempore, quo pariter incolumes perdurabant, verbis simul et exemplis incessanter commonebant.

12..(*An.* 1091.) Contigit interea Dei gratia, qui revera mavult peccatorum conversionem quam mortem, ut princeps quidam vicini castelli, vir secundum sæculi hujus fastum genere inclytus, prædiis et possessionibus ditissimus omnique sæculari dignitate præditus, nomine Heribrandus, transitoria et caduca fastidiret, et veras divitias, quæ non minuuntur, tota aviditate quærere disponeret. Nocturna etenim visione turbatus ac territus, anhelabat conversionis suæ desiderium accelerari quantocius. Ordo autem visionis, ut dicitur, talis erat : Dormiens cum uxore sua nomine Adela, admodum religiosa et honesta femina, videt se subito tremendo Dei judicio præsentatum, auditum, damnatum, atque ab impiis tortoribus ad loca tormentorum violenter pertractum. Ille autem tam tristem pavescens sententiam, cœpit præ nimia spiritus anxietate corporali luctu perpetuam loci sibi designati meditari tristitiam ; cumque nullum sibi præsidium, nulla spes superesset, sed jam in horrenda Barathri illius voragine se demergendum sibi desperatus crederet, confestim illi sanctus Petrus apostolorum princeps apparuit, trementemque blande consolans, pavorem ejus his verbis compescuit : *Ne timeas*, inquit, *Heribrande, ne timeas, sed de his tormentis te mea intercessione et auxilio redimendum incunctanter scias.* His visis evigilat, conversusque ad conjugem, gravi se somno territum adhuc spirans affirmabat. Cui illa : *Nescio*, inquit, *quod aut quale fuerit somnium, sed magni timoris atque doloris adhuc evidens in te perseverat indicium.* Cui ille visionem ex ordine retulit, atque in fine subjecit : *Decet*, inquit, *certe beatissimo Petro, qui mihi in tanta necessitate licet indigno fideliter adstitit, grates dignas referre, pro innumeris beneficiis devota obsequia rependere, atque deinceps vitam sic agere, ut tam terribilem sententiam possimus evadere : et, ut tibi voluntatem meam patenter aperiam, ex hoc jam, si mihi consenseris, relicto sæculo, summo Regi et glorioso ejus apostolo fideliter deserviam.* At illa : *Absit*, inquit, *ut tam piæ voluntati ullatenus resistam, ut saluti tuæ imo meæ contraria existam : quin etiam quidquid boni facere disponis, secundum vires meas cooperatrix effecta libenter assentiam.*

Agnito autem tam facili consensu conjugis, lætus admodum effectus diem perficiendi propositi certum constituit, in quo universæ familiæ suæ comitatum ultimum eis valedicturus, in unum collegit. Accinctus itaque ultimo militiæ cingulo, erectoque vexillo proprio, armatus videlicet contra spirituales nequitias, subsequentibus amicis et cognatis, velut ad bellum iturus Afflegem properat ; ingressusque ecclesiam beati Petri, non jam cum uxore sed cum sorore sua, deposita veste militiæ, omnipotenti Deo et præelecto ejus apostolo in æternum servum se mancipat, sicque libertatem sæculi pro Dei servitio felici oblatione uterque commutavit. Tradidit ipso die eidem ecclesiæ coram testibus patrimonii sui quod habebat in Flandria quamdam portionem, qua propter inconvenientiam et distantiam locorum ibidem vendita, eodem argento hic in vicinia sibi aliam terram comparavit. Verum quia filii eorum necdum creverant, sed adhuc parentum consilio et auxilio indigebant, mater ad prospectum imbecillitatis eorum, licentia domni abbatis interdum ad consulendum eis descendit. Pater vero quoad vixit in Dei servitio stabilis permansit. Ut ergo omnibus notum fieret quanta Dei clementia ac pietate ad sanctum propositum accersitus imo tractus fuerit, infra tricesimum conversionis suæ diem febre correptus, in vera confessione vitæ hujus diem ultimum clausit. Prædicta igitur conjux post admirabilem viri sui conversios neu tam celerem subsequi cernens remunerationem misericordi Domino, qui mirabiliter traxit quos ad

NOTÆ.

(5) Anno 1120 secundum Auctarium Affligemense ; anno tamen 1121 Rodulfus Trudonensis eum vivum adiit, Franco successor ejus in charta anni 1123 occurrit.

vitam præordinavit, tota alacritate ac devotione benedixit, atque in ejus sancto servitio residuam vitæ suæ tempus sub sanctæ religionis habitu peregit.

13. Hæc siquidem de domno Heribrando et generosa ejus conjuge secundum temporis nostri necessitatem paucis perstrinximus : nunc autem qualiter filii ejus patris sunt vestigia subsecuti, sermonem protendamus.

Quinque filiorum ejus, diversis licet temporibus et ætatibus, ad nos convenerunt, diversas singillatim patrimonii sui portiones in unum nobis collegerunt, unum universi, Deum videlicet qui dederat, per se heredem reliquerunt. Quorum alius conjugatus carnales voluptates et illecebras vilipendens, relicto sæculo cum uxore et filiis, dominicum gregem majori numero adauxit et ampliori prædiorum possessione ditavit. Alius post obitum conjugis cum filiis et filiabus divinam militiam arripuit. Alius a conjugii immunis vinculo, eo devotius quo liberius divinis se servitiis mancipavit. Horum duo primi non nativitate quidem sed conversione, Ingelbertus [13] videlicet atque Sigerus, primo juventutis flore vernentes, cum jam mundus eis arridendo blandiretur, lenocinia ejus nihil ducentes, conjugii vinculum velut desiderii sui impedimentum contemserunt, atque in Domino potius quam in mundo delectati, monachi effecti æterna magis quam transitoria appetierunt, possessiones quoque suas ex integro monasterio conferre decreverunt. Sed divinæ providentiæ sententiam quis immutare poterit? Ipsi etenim qui tunc non sua per vim diripuerunt, postmodum non solum injuste sublata, verum etiam universa proprio juri debita, imo et ipsi se ipsos eidem ecclesiæ, cui damnum intulerant, restituerunt.

Paucis siquidem interpositis annorum circulis, frater eorum domnus Folcardus, qui nativitate primus erat, infirmitate præventus fratrumque suorum juniorum exemplis provocatus, ipsorum vestigia subsequitur. Qui ex eadem infirmitate convalescens, tanto postea in sancta conversatione vixit devotius, quanto diutius fuerat in sæculo commoratus. Octo bovaria patrimonii sui ecclesiæ tribuit, reliqua omnia filiæ suæ licet invitus reliquit. Cujus conversioni frater ejus domnus Onulfus adversatus, causæ nostræ et utilitati plurimum restitit, atque inter alia contradictionis et elationis verba se nunquam monachum futurum, etiamsi sciret se vivum ad tartara deducendum, cum juramento affirmavit. Non post multo autem et ipse Onulfus gravissima infirmitate corripitur, metu mortis anxiatur, conscientia accusante turbatur, et quia de corporis salute spem prorsus omnem perdiderat, quodcumque animæ suæ remedium sollicite perquirebat. Quid plura ? Omni timore deposito juramentique pœnitens temerarii, habitum

sanctæ religionis, quem pridem detestatus erat, cum omni humilitate et modestia petiit, atque ad sæpe dictam perductus ecclesiam, se et uxorem suam nomine Gertrudem cum duobus filiis Godefrido et Waltero et una filia cum universis possessionibus et substantiis suis Deo vivo et vero devotissime commendavit, atque in brevi sub eadem pœnitentiæ devotione vitam finivit. Filii autem litteris traditi, subsequente eos gratia divina, gradum sacerdotii sunt adepti. Postremo domnus Arnulfus et ipse divini jaculo timoris salubriter saucius, cum duobus æque filiis et totidem filiabus adveniens, possessiones a fratribus sibi collatas, suis superadditas amplius dilatavit.

14. Horum igitur conversione descripta, necessitatis causa ordine præpostero paulisper utamur, atque ad domnum Ingelbertum de Calfstert fratrem domni Heribrandi edisserendo regrediamur. Hic itaque Ingelbertus cum quoddam sui juris castellum ab hostibus injuste pervasum cum suis satellitibus viriliter, ut erat vir in armis strenuus, defendere niteretur, ictu lanceæ graviter vulneratus, claudus efficitur. Grandi ergo bellorum impulsu diu multumque defatigatus, tandem introrsus ad semetipsum prudenter rediit, et quoniam qui foris nullam, reperit interius, secum pacem pacto piæ conversationis confirmare proposuit. Salubri denique exquisito consilio de conversatione sua secum cogitavit, fratresque prædicti cœnobii suæ ædificationis gratia crebra visitatione et colloquutione frequentabat, audiensque ab eis quod salubrius erat, secundum possibilitatem suam factis adimplere gestiebat, sed tamen intolerabilem bonorum suorum jacturam ægre ferebat. Nam ecclesiæ quidem in qua se Deo famulaturum voverat, omnia sua conferre desiderabat; sed, quia ab hostium impetu et infestatione ea expedire nullo modo poterat, quid utilius sibi eligeret omnimodis ambigebat. Tandem vero perpendens sibi utilius fore atque salubrius ut ex his aliquid saltem commodi fratribus conferret quam universa simul hostibus deprædanda relinqueret, comitem Heinricum, qui summum tunc locum in his finibus obtinebat, adiit, atque universa quæ sui juris erant in manus ipsius tradidit : pro quibus idem comes quatuor suos milites in confinio prædictæ ecclesiæ cohabitantes cum universis possessionibus suis in usum fratrum illi retribuit, Sigerum videlicet atque fratrem ejus Herminiannum (4) de Ecclegem, Titubaldum de Thidalmont, atque Renizonem cognomento Ridderman, venatorem scilicet suum. Post hæc licentia ab eo accepta afflegemium reversus, statim sæcularem habitum mutavit, et jam cunctis superior hostibus perpetuæ sibi pacis firmavit chirographum.

15. Sub quanta vero humilitate et mansuetudine

VARIÆ LECTIONES.

[13] iggelbertus 2

NOTÆ.

(4) Herimannum?

sanctum peregerit propositum, ad nostram ædificationem paucis intimandum videtur. Siquidem vir tantæ nobilitatis et nominis asinos cum annona fratrum ad molendinum minavit, et ut mos est infimis servulis, panem suum in sinu gestans hora prandii super saccum suum tanquam super sedile stratum tapetibus residens, epulas quas sibi attulerat cum gratiarum actione sumsit, omnibus et servulis quos illic reperit, qui servitio ejus pene videbantur indigni, ceu fratribus benigne communicavit. Sed hæc parva sunt; nam calceamenta fratrum ipse lavit, ipse egregiis manibus suis perunxit, famulorum suorum pedes insuper ipse sæpissime abluit. Sed et hoc parum est; unum adhuc referam, quod totius humilitatis mihi videtur transcendere normam. Quadam denique die, nullo sciente aut præcipiente, locum necessariorum inferius a sordium fœtore mundare cœpit, cum ecce unus e fratribus id forte aspiciens ad abbatem venit, domnum Ingelbertum illic stare, id agere nuntiavit. Territus abbas concitus foras exiit, atque venerabilem virum prædicto insistentem operi reperit, ac præ stupore nimio stupefactus in hanc vocem erupit : *Quid agis*, inquit, *frater, quid agis?* At ille, demisso in terram vultu: *Operi*, inquit, *valde necessario, venerande Pater, insisto.* Abbas autem tantam illius admirans humilitatem, quantocius eum exire compulit, ac ne diutius huic operi insisteret sub interminatione prohibuit. Tunc ille : *Libenter*, inquit, *Pater amabilis, cœptum opus perficerem, nisi mandatum vestræ sanctitatis transgredi formidarem; verumtamen ut jubetis faciam.*

16. Magna siquidem secundum sæculum nobilitas et dignitas ejus exstitit, sed, ut veram dignitatem acquireret, oblitus quodammodo quod fuit, omnibus se inferiorem et viliorem per humilitatem constituit. Nunquam quis illum iratum vidit, nunquam murmur ex ore ejus personuit, nunquam plus se alio honorari permisit. Quadam denique die ex itinere rediens, tam corporis debilitate quam siti et esurie pene defecerat, cum unus de fratribus illi occurrens, si comedisset interrogat; qui nequaquam se comedisse affirmabat. Cui frater ait : *Ibo igitur et prandium vobis præparabo.* Ipse autem quasi ludendo respondit : *Ite*, inquit, *ite, et bonam nobis refectionem præparate.* Sequenti vero die se de hoc verbo recognovit, ac tantillum propriæ voluntatis ac desiderii sibi subrepsisse graviter ingemuit. Talibus igitur ac tantis virtutibus pollens, ac possessiones ecclesiæ quotidie dilatare cupiens, prædictum comitem Heinricum rursus adiit, atque [14] ea quæ pridem dederat, augmentanda suggessit, cujus precibus pius comes benigne, ut decebat, annuit, eique ea quæ nunc Wawere possidemus, in usus ecclesiæ in perpetuum tradidit.

17. (*An.* 1096.) Contigit interea ut duo filii domnæ Idæ Boloniensium comitissæ, dux videlicet Godefridus et frater ejus Balduinus, qui uterque postea unus post alium regni sceptro potiti sunt, Jerosolymam proficisci disponerent, in id ut loca sancta, quæ ab infidelibus et impiis obsessa tenebantur, Dei adjutorio per manum validam christianæ religioni restituerent. Coadunantes igitur longe lateque fidelium exercitum, in hujus quoque provinciæ terminos convenerunt, in qua plerisque pauperibus cœnobiis de propriis patrimoniis larga beneficia contulerunt. Quo comperto frater Godefridus cognomento Niger, quoniam ante conversionem suam memorato duci Godefrido notus erat, Gandavum ubi forte tum venerat, illi obviam properat ; quem ut in reditu suo hospitandi gratia Afflegemium divertat, multis precibus expostulavit. Dux autem religiosus ac pius preces tam devotas parvipendere noluit, sed mox disperso pene exercitu hac illacque, ne multum per ipsum fratres gravarentur, cum fratre suo comite Balduino atque comite Godefrido, qui postea ducatus vexillum strenuus gessit, et cum reliquis quos secum detinuit, ad memoratum cœnobium declinavit. Susceptus igitur a fratribus cum debito honore et reverentia, omnique illi humanitate exhibita, volens beneficiis fratrum vicem rependere, cum optimatibus suis ad altare sancti Petri accessit, ibique quinque patrimonii sui mansos in loco qui Huglintrau dicitur, concedente fratre suo Balduino, eidem ecclesiæ juxta statuta principum legaliter obtulit. Verum quia frater eorum comes Eustachius huic donationi non intererat, non parvus metus fratribus omnibus inerat, ne post discessum eorum aliquid ab eo paterentur adversitatis incommodum. Inito itaque consilio, fratres quidam ex ipsis Boloniam properant, atque hoc fratrum suorum beneficium sua auctoritate corroborari expostulant. Ille autem non solum fratrum suorum donationi non restitit, verum etiam quidquid sui juris erat superaddens, ratam et inconcussam, matre sua annuente imo compellente, in perpetuum statuit. Porro nobilium filiorum mater æque generosa ac nobilis in his postea finibus iter agens, apud idem cœnobium hospitium sibi elegit, atque inter cætera largitatis suæ beneficia altare de Genapia, quod sui juris erat, libere et ab omni absolutum exactione fratribus devotissime tradidit.

18. (*An.* 1099.) Frasne [15] autem post hæc dedit nobis quædam matrona nobilis, nomine Eremberga, cum filiis suis pro sua parentumque suorum animabus. Ansele vero domni Fulgentii abbatis frater carnalis, nomine Adin, ante conversionem suam propriis impensis construxit, terram circumjacentem, quam nunc usque possidemus, suo argento comparavit, perfectisque ibidem velut ad ipsum usum proprium omnibus, fratris sui sequens vestigia, sub ipso sacræ religionis habitum suscepit. Duas quoque alodii partes, cujus apud Vertejic

VARIÆ LECTIONES.

[14] utque *edd.* [15] cellam Fraxiniam 2.

heredes sumus Hillinus de Baltersem cum quodam filio suo nomine Gisleberto nostro monacho nobis tradidit, tertiam vero ipsius partem quædam matrona Lovaniensis nomine Geva gratis nobis adimplevit. Apud Eversberghe quoque erga Arnulfum de Stenherhe [16] aliud allodium viginti duabus marcis emimus : pro quo tres alterius alodii partes, quibus nunc apud Esschen fruimur, erga Franconem castellanum Bruxellensem commutavimus; quod videlicet allodium tanto valebat amplius, quod quartam partem erga Godesonem de Wesenbecca viginti tribus marcis et dimidia comparavimus. Helricus etiam quidam civis Lovaniensis apud nos monachus factus, mansum unum terræ dedit nobis apud Levedale. Rembaldus etiam de Dofle in hoc loco sanctæ religionis habitum suscepit, secumque allodium in quo curtis quædam, quæ dicitur Berchem, sita est, nobis attulit. Miles quoque quidam de Ascha nomine Gislebertus Clinhleunt cum uxore sua nihilominus ad conversionem venit, atque etiam omne phœdum quod de duce Godefrido habebat, cujus et servus erat, nobis dedit. Idem vero dux omnia hæc libertati nostræ donavit, in cujus possessione curtim Colried statuimus. Filii quoque Onulfi de Meltburch, Walterus videlicet et Emelinus, eorumque avunculus nomine Wiscolo de Putige et ejus filii, allodium quod inter se commune erat vendiderunt, in quo curtim, quod dicitur Jeten superior, constituimus. Præterea Rodulfus de Gunchelberga quæ mundi sunt relinquens, sanctioris vitæ flagrans desiderio, apud nos monachus efficitur, partemque allodii sui quod habebat apud Zellehe nobis largitur; alteram vero partem, quæ filiæ suæ et viro ipsius sorte ceciderat, ab utrisque pretio dato comparavimus; in cujus allodii possessione duas curtes ibidem construximus.

19. Sciendum autem quoniam quæque ex hac parte Aschæ in agris obtinemus, fere omnia a servis ducis Godefridi seu beneficio seu jure hereditario inhabitantibus particulatim mercati sumus, quorum omnium ab eodem pio duce libertatem consequuti sumus. Porro allodium in Cobbeghem in bosco et in plano ab Arnulfo de Vilvord caro admodum pretio, centum videlicet et quadraginta marcis emimus, quod cooperante duce Godefrido in ecclesia nostra pacto stabili perpetualiter confirmavimus. Præterea domna Remundis de Alost, ejusque duo filii Balduinus et Ivamus apud Erenbodeghem loca duorum molendinorum nobis concesserunt, atque altare ejusdem villæ, quod sui proprii juris erat, nostræ ecclesiæ obtulerunt. Porro nos de manu laicarum personarum Dei donum suscipere metuimus, adeoque ut ab episcopo potius donationem hanc consequeremur solerter instituimus. Illis autem juxta petitionem nostram idem altare episcopo Cameracensi dedentibus, nos ab episcopo, et sub ipso donatione rata et auctoritate episcopali confirmata canonice suscepimus.

Terram quoque ante portam nostram jacentem spatio duorum mansorum in longitudine porrectam, idem duo fratres nobis contulerunt. Postea vero senior illorum Balduinus videlicet infirmitate gravi corripitur, ante mortem suam monachus efficitur, eoque volente atque petente ad nos usque transvehitur. Tunc itaque assentiente fratre suo, dedit nobis in Flandria apud Testreet quoddam allodium in pascuis, cujus fiscus singulis annis decem libris argenti appenditur.

20. Apud Oesterzeel dedit nobis Arnulfus de Wintica tres allodii sui mansos, æternum potius quam temporale pro his exspectans commodum, qui post hæc ictu belli graviter vulneratus, relicto sæculo apud nos monachus est effectus; uxor quoque ejus defuncta apud nos jacet humata. Willelmus quoque de Volsar vir nobilis, eodem successus desiderio, apud nos sanctæ conversationis habitum sumsit, ac tertiam allodii cujusque partem apud Sconart nobis tradidit; duas autem residuas pretio comparavimus. Sigerus quoque de Erenbodeghem, et ipse conversus, ibidem mansum unum adjecit. Robertus comes junior sancti Andreæ [17] locum nobis in eleemosynam tribuit (*an.* 1100); altare vero ejusdem loci licet sui foret juris, tamen quia spiritale donum est, ab episcopo Noviomensi, in cujus diœcesi locus ipse situs est, nobis firma stabilitate donari fecit. Filius autem ipsius, Balduinus videlicet comes inclytus, largitatis suæ beneficium nobis conferre desiderans, cogitabat apud se quid necessitati nostræ utilius tribueret atque vicinius : comperiens igitur allodium quoddam vicinum nobis a fratribus sancti Bertini possideri, conventu facto cum eis vicissitudinem hujus in confinio sui eis plenam restituit, nobis autem prædictum allodium magnitudinis sex mansorum ob memoriam sui tradidit.

Duo carnales germani, conditione liberi, apud Rodenburch castellum Flandriæ simul indivisi commanebant, qui adhuc ambo a consortio conjugii immunes perseverabant : uno itaque uterque successi desiderio, de salute animarum suarum inter se sedulo conferebant, terrena omnia æternorum respectu quam sint parva atque despicienda sibi invicem proponebant : postremo sæculo sæculique actibus se renuntiaturos unanimiter disponebant. Relicto igitur solo patrio cum omnibus quæ habebant, exules effecti, veram patriam inquirunt, transitisque nonnullis ditioribus ac vicinioribus cœnobiis, nostræ paupertatis consortium adipisci maluerunt, domumque suam quam pariter inhabitaverant, cum universa supellectili sua, cum armentis videlicet

---

VARIÆ LECTIONES.

[16] Stenherke? [17] cellam S. A. prope Brugas sitam 2.

et pecoribus, cum agris et possessionibus tradiderunt ubi usque hodie curtim adauctis postea prædiis, possidemus.

Vrojlendjic etiam a comite Theoderico atque a comitissa Clementia duo prædia, quæ secundum linguæ suæ consuetudinem pecorias appellant, pretio grandi comparavimus, quorum donationem sigillo comitis munitam ac perpetua stabilitate firmatam coram primatibus ac baronibus terræ ab utrisque suscepimus. Super hæc multa emolumenta in prædiis et argento Flandria nobis ministravit. Prædia quidem plurima propter distantiam et inconvenientiam locorum ibidem vendidimus, pretium vero in emendis aliis possessionibus vicinioribus nobis utiliter expendimus.

VISIO DOMNI FULGENTII HUJUS LOCI ABBATIS PRIMI.

Fulgentius primus Afflegemiensis abbas duo grabata ad cœlum deferri videbat, quorum unum archiepiscopum Cantuariensem, alterum Cluniacensem abbatem esse dicebatur. Unum ascendebat quarta feria unius hebdomadæ; alterum similiter alterius hebdomadæ eadem feria. Quod paucis transcursis diebus rei probavit eventus : nam dominus Anselmus archiepiscopus quarta feria ante dominicam cœnam die (*An.* 1109, *Apr.* 21) illucescente migravit; sanctus vero senex Hugo abbas dominica, ut supra dictum est, peracta resurrectione eadem feria, 8 scilicet die adveperascente (*Apr.* 28), carne solutus.

ANNO DOMINI MCXXV

HUGO DE RIBODIMONTE

NOTITIA

(*Hist. litt. de la France*, XI, 113)

Hugues de Ribemont ne nous est connu que par une excellente lettre, adressée à G. d'Angers, qui lui avait fait quelques questions touchant la nature et l'origine de l'âme. Hugues, n'ayant désigné celui à qui il écrit que par la première lettre de son nom, nous ne pouvons donner là dessus que des conjectures. Il nous paraît cependant très-vraisemblable que par la lettre G. il faut entendre Graphion d'Angers, qui professait à Reims sous l'épiscopat de Rainaud de Martigné, archevêque de cette ville. C'est ce qu'on sait par un acte de ce prélat de l'an 1127 (Marten. *anecd.* t. I, p. 368), où l'on trouve la souscription de Graphion professeur : *Signum magistri Graphionis Andegavensis*, etc. Mais, quoi qu'il en soit de la personne à qui Hugues a adressé cette lettre, c'est une pièce très-importante, et qui fait honneur à l'auteur. Il y répond à plusieurs questions très-subtiles et très-embarrassantes, d'une manière qui fait voir qu'il était habile philosophe et théologien très-éclairé. On y trouve en abrégé les différents systèmes sur l'origine et la nature de l'âme, et la doctrine de l'Eglise touchant le péché originel clairement établie. Il y fait voir que l'âme n'est pas une partie de la Divinité, comme quelques-uns l'ont faussement avancé, puisqu'elle est sujette au changement et au péché; que c'est une erreur de dire qu'elle est corporelle, puisqu'elle est esprit; que c'est une autre erreur de croire que les âmes soient jointes à des corps, pour expier des fautes qu'elles ont commises dans une autre vie; puisque, selon l'Apôtre, Jacob et Esaü n'avaient fait ni bien ni mal avant de naître. Graphion lui avait demandé d'où venaient les âmes de chaque particulier. Il répond que les sentiments sont partagés, mais que l'Ecriture ne nous apprend point expressément si les âmes des descendants d'Adam tirent leur origine de celle que Dieu créa dans le premier homme; ou s'il en créa de nouvelles pour chaque homme. Sur quoi il fait cette question, par rapport au péché originel : si les âmes ne tirent point leur origine de celle d'Adam, et si elles sont sans péché lorsqu'elles s'unissent aux corps, comment contractent-elles le péché originel? car comment pourrait-on imputer ce péché à la chair seule qui vient d'Adam, et qui, étant sans raison, ne peut être capable de péché? Comment celui, qui n'a point péché, peut-il être puni pour le péché d'autrui? Mais nous savons, dit notre auteur, qu'après qu'Adam eut péché, son corps éprouva les mouvements de la concupiscence, et qu'il contracta une pente au péché. C'est pourquoi lorsque l'âme est unie à la chair qui a une pente vers le péché, elle ne la trouve point à la vérité coupable de péché, mais disposée à le commettre; l'âme y consent elle-même en s'unissant à la chair, elle lui donne la vie, elle l'aime, elle abandonne la raison, et se livre d'abord totalement aux sens; ainsi, en se laissant entraîner à cette pente qui porte au péché, elle y consent, et en y consentant, elle le contracte. Elle pèche donc par sa volonté, non par nécessité, et puisqu'elle pèche, elle mérite de souffrir la peine due au péché. C'est donc avec justice qu'elle est damnée, si l'Eglise ne la secourt en la purifiant par le baptême qui lui est nécessaire, comme la foi nous l'apprend. Il cite ensuite l'autorité de saint Augustin, pour prouver que le péché ne vient point de Dieu, que l'homme ne le commet point par nécessité, mais par sa volonté.

Hugues répond à plusieurs autres questions sur le même sujet de l'origine de l'âme, qui lui avaient été proposées par Graphion, ou qu'il se proposa lui-même; il cite encore saint Augustin, dans les écrits duquel cette seule lettre montre suffisamment qu'il était très-versé. D. Martenne l'a donnée au public dans son *Trésor d'anecdotes*. Il est fâcheux qu'un écrivain qui avait autant de talent pour écrire, de lumière et d'exactitude, ne nous ait pas laissé d'autres productions de sa plume, ou qu'elles ne soient pas parvenues jusqu'à nous.

HUGONIS DE RIBODIMONTE
EPISTOLA
AD G. ANDEGAVENSEM.

Respondet propositæ quæstioni, An anima primi nominis facta fuerit ex nihilo; et quomodo contrahatur peccatum

(Martene, *Ampl. Coll.* I 481, ex ms. Clarimarisci.

Hugo Ribodimontensis G. Andegavensi.

Quæstioni tuæ rescribere amor imperat, imperitia denegat; dilectio jubet, negligentia prohibet; benevolentia suggerit, difficultas negat : sed, qui vere diligit, toto affectu se totum ei quem diligit totus impendit, difficultatem pro amico spernit, negligentiam abjicit, imperitiam non prætendit. Quærenti itaque tibi non ut debeo, sed pro captu meo, respondeo. Quæris a me utrum anima primo homini data, de nihilo facta sit, an de præjacenti materia? Dicimus autem si ex materia : vel corporea? vel incorporea? Si ex corporea facta dicitur, videtur quidem ex corpore posse fieri corpus, non autem ex corpore spiritus. Quomodo enim ex corporea materia potest fieri essentiæ intellectualis vita? Si vero dicis ex incorporea, quæ est illa? Si rationalis erat illa materia, quem usum rationis habebat? Si sine peccato erat, videtur quidem non in animam esse formata, sed deformata, cum toties anima peccatum incurrat. Si vero rationalis erat, quomodo irrationale rationalis animæ erit materia? Si autem vivebat, utrum beata, vel misera? Si beata, ibi quidem melius erat; hic enim per animam plures incurrit molestias : si vero misera, quæ mala præcesserant merita? Errant quidem qui credunt animam esse partem divinæ substantiæ, cum anima et mutabilis existat, et peccatum incurrat, et pro peccatis Domino poenas luat. Errant etiam qui animam dicunt esse corpus, cum ipsa sit spiritus, non creator, sed creatus. Errant quoque, qui animas pro malo vitæ merito dicunt in corpore poenaliter infusas, cum nondum natos Jacob et Esau nihil egisse boni, aut mali dicat Apostolus.

Quæris etiam unde singulorum singulæ fiunt animæ? Respondemus : A diversis diversa sentiuntur; sed manifesto sanctæ Scripturæ diffinitum non legimus, utrum ex anima prima, primo homini data, cæteræ traducantur, an novæ singulis increentur an

ab initio jam existentes, vel a Domino missæ, vel spontanea voluntate corporibus illabantur. Si ergo animæ, nisi ex traduce veniunt, et sine peccato sunt, cum in corpora veniunt, unde originale peccatum incurrunt? carni namque soli ex Adam venienti, cum sine ratione sit, quis ei peccatum imputabit? Quomodo autem qui peccatum non facit, in debitam peccati alterius poenam incurrit? Scimus autem quia postquam Adam peccavit, corpus ejus motum concupiscentiæ, et fomitem peccati contraxit. Anima itaque, cum unitur carni peccati fomitem habenti, non eam peccatricem, sed ad peccandum habilem invenit; huic unita consentit, hanc vivificat, hanc diligit : unde et rationem aliquando postponit, et corporeis sensibus primo se totam impendit. Dum autem fomiti peccati consentit, et consentiendo contrahit. Peccat itaque voluntate, non necessitate; sed quæ peccat, peccati poenam juste tolerat : juste ergo damnatur, nisi per ecclesiam ei subveniatur. Sed dicimus : Si peccat voluntate, potest non peccare, potest sine peccato esse; non igitur necessario peccat, non ergo necessaria est nostræ redemptionis hostia. Sed quorsum ista? siquidem fides Ecclesiæ attestatur, quia necessarius est Christus; quia necessaria baptismi gratia, necessaria est redemptio nostra. Quare necessaria est et culpa? Si autem necessaria, quomodo voluntaria? sed omne peccatum est ex voluntate. Augustinus quippe dicit : Certus sum animam nulla Dei culpa, nulla Dei necessitate, vel sua, sed propria voluntate, in culpam esse collapsam. Quid ergo? Attende diligentius quæ jam præmisimus : Omnis namque anima invisibilibus nexibus unita carni peccati fomitem habenti, consentit quidem carni motum concupiscentiæ contrahenti. Omnis ergo peccat. Si omnis peccat, quantum ad actum, necessaria est culpa : quare necessaria et redemptio nostra; sic et quibusque fidelibus in hac vita viventibus poenitentiam necessariam esse dicimus : necessariam quidem, non quia boni per gratiam reparati, adjutrice gratia, sine peccato esse dicit : Mirum, si ullus sensus humanus comprehendit, quonam modo tanquam lucerna de lucerna accendatur, et sine detrimento alterius alter ignis existat, sic anima de anima parentis fiat in prole, vel traducatur in prole, utrum incorporeum semen animæ sua quadam occulta et invisibili via seorsum ex patre in matrem fluat, cum sit conceptus in femina; aut, quod est incredibilius, in femine corporis lateat. Cum autem fluunt irrita sine ullis conceptis semina, utrum semen animæ non simul exeat, an summa celeritate, atque atomo temporis unde exierat recurrat, an pereat; et si perit, quomodo ipsa, cujus semen mortale est, immortalis est anima; an immortalitatem tunc accipit quando formatur, ut vivat. Item, si origo animæ lateat, dum tamen redemptio clareat, periculum non est. Neque in Christum credimus, ut nascamur, sed ut renascamur, quomodocunque nati fuerimus. Item, etsi utrum anima ex traduce descendat, vel non, quemadmodum explicari possit ignorem, illud tamen credo quod et hinc divinorum eloquiorum clarissima auctoritas esset, si homo id sine dispendio promissæ salutis ignorare non posset. Item, Mediatoris animam nullum ex Adam traxisse dubitare fas non est. Si enim nulla propagatur ex altera, ubi omnes tenentur propagatæ carne peccati, quanto minus credendum est ex propagine peccati eis animam Christi venire potuisse, cujus caro venit ex Virgine, non libidine concepta, sed fide? Si autem peccato primæ animæ peccatricis, ideo cæteræ tenentur obnoxiæ, quia ex illa sunt propagatæ, profecto illa quam sibi Unigenitus coaptavit, aut peccatum inde non traxit, aut omnino inde non tracta est. Neque enim non potuit animam sibi trahere sine peccato, qui solvit nostra peccata, aut qui novam creavit animam ei carni quam sine parente fecit, ex terra non potuit novam creare carni, quam sine viro sumpsit ex femina.

possint, sed quia fomes peccati et lex membrorum ad agonem in hac vita semper relinquitur. Unde semper cadimus, semperque a Domino debitam nostram dimitti petimus; semper ergo, dum vivimus, necessario veniam rogamus, quia, quantum ad actum, necessario peccamus.

Quæris etiam : Si de nihilo quotidie novæ fiunt animæ, quomodo verum quod scriptum est : Qui vivit in æternum, creavit omnia simul? Dicimus autem, quia vere simul omnia facta sunt; tunc enim, vel in actu proprio, vel in materia, facta sunt singula. Animæ ergo quæ modo, ut quidam volunt, de nihilo fiunt novæ, per consimilitudinem ibi quoque sunt factæ. Prima enim anima ad imaginem et similitudinem Dei facta est; hæc vero natura in singulis animabus ipsa est. Quæris quoque si anima non ex traduce propagatur, quando corpori infunditur, utrum quando semen emittetur: an emissum, quando concipitur: an conceptum, quando formatur? Legimus quidem in Moyse : « Qui percusserit mulierem prægnantem, et illa abortierit; si formatus fuerit, reddat animam pro anima ; si formatus non fuerit, muletetur pecunia (*Exod.* XXI). » Per hæc igitur volumus intelligi prius formato corpori nunquam animam infundi : quia prius convenit domum præparari, et sic habitatorem ingredi. In Adam quippe prius formatum est corpus, deinde spiritus insufflatus. Sed forsitan secundum spontaneum motum formato jam corpore, incipit anima vigere, quæ quieta motu ibi et antea potuit inesse. Quomodo enim concrescere et coagulari, et ad formam usque provehi potuit, si prius inanimatum fuerit? Qui autem animam ex parente cum semine carnis infundi asserunt; si animam ex anima corporeo semine trahunt, quid aliud animam, quam corpus esse convincunt? Si autem ex incorporea incorpoream trahunt, quid dicunt? an pars ex anima infunditur quæ concrescat in animam quæ formetur? sed extendi atque concrescere, et in partes dividi, nec animæ quidem convenit, sed corpori. Quod si patris anima se totam in filium transferat, ut et in filio sine sui detrimento animam faciat : quid est aliud dicere, quam non multas animas, sed unam omnium animam esse? Augustinus quidem

Ista dilectioni tuæ scribere volui, qui tibi nihil omnino negare potui. Si ex his ergo dubitare incipias, a sapientibus dubitata requiras. Si qua vero meliora, Deo volente, super his invenire poteris, amoris debito mihi quoque rescribere non graveris. Vale, charissime.

ANNO DOMINI MCXXV

PONTIUS ABBAS CLUNIACENSIS

NOTITIA

(*Gallia Christiana* nov. edit. IV, 1134)

Pontius de Mergueil, filius Petri Merguliensis comitis, prior quondam S. Martialis, vel, ut alii volunt, S. Pontii monachus, ex *Biblioth. Clun.*, col. 1310, seu *alterius ecclesiæ monachus*, quam Clunia censis ex Chronico S. Bertini, tom. III Anecdot., col. 605 (quæ quidem inter se non pugnant), successor tandem B. Hugonis electus 1109, VII Idus Maii, benedictionem percepit a Guidone Viennensi archiepiscopo. Sane hoc ipso anno, qui primus alicubi dicitur ordinationis Pontii, Hugo de Liziniaco, ipsius consobrinus, de quadam ecclesia ei se munificum præbuit; (1) Paschalisque II papa eidem privilegia confirmavit anno pontificatus decimo, ind. II. Insequenti Petrus Santonensis episcopus abbatiam S. Stephani, quam Ranulfus decessor sancto Hugoni tradiderat, eidem Pontio confirmavit. Item Amelius episcopus Tolosanus, Bernardus Ato vicecomes (Biterrensis), Petrus Raymond, frater dicti episcopi et Adela uxor Petri Raymond, soror Pontii abbatis Cluniac., ei restituunt eodem anno ecclesiam S. Columbæ cum suis annexis et appendicibus, ex tabul. Moissiacensi (2). Eodem Amelio consentiente, cum Raimundo præposito et canonicis S. Stephani, Pontius abbas Cluniacensis et Ansquitinus Moissiacensis ecclesiam S. Mariæ de la Dalbade dono recipiunt a Geraldo xenodochii S. Mariæ Deauratæ præceptore, ex tabulis B. Mariæ Deauratæ. An. 1116 Henricus imperator misit legatos ad Paschalem II, quorum primus erat Pontius, qui papæ consanguineus dicebatur; hac autem legatione optime prudenterque functus est, uti et multis aliis negotiis pro pace procuranda in Ecclesia. Una præsertim ex his legationibus disertis verbis exprimitur in charta Guidonis episcopi Gehennensis, Pontio abbati *amico nostro*, inquit, ecclesiam de Condominio cum omnibus appenditiis pro anima sua et animabus antecessorum suorum largientis an. 1119, etc., « præsente quoque Willelmo Catalaun. episcopo, qui cum prædicto abbate pro pace regni et sacerdotii ad dominum imperatorem Henricum proficiscebatur, » etc. Pontius iste dicitur ab Orderico Vitali, *Hist.* lib. XII, « consulis Merguliensis filius, regum et imperatorum consanguinitate proximus, Paschalis papæ (II) filiolus, cujus imperio inter Cluniacenses educatus est, a pueritia docilis, affabilis, in virtutibus stabilis; statura ejus erat mediocris, facies candida. » Concinit Joannes Iperius in Chronico S. Bertini, t. III Anecdot. col. 605: « Quidam, inquit, juvenis Pontius nobilis genere et alterius ecclesiæ monachus ad episcopatum fuerat electus, sed, reclamantibus altioris consilii viris, papa substituit alium episcopum, et hunc Pontium venerabili Hugoni Cluniac. abbati commendavit attente. » Porro ipsius mores, religio, et peritia litterarum cæteris dotibus consimiles erant: quibus præsidiis munitus, modeste quidem, sed fortiter sui monasterii privilegia defendit in celeberrima synodo Remensi an. 1119, mense Octobri, cujus orationem in hanc rem habitam coram concilio refert idem Ordericus libro laudato. Id quoque tum ejus religionem, tum generis nobilitatem luculenter probat,

quod videns vinum, infra sacra missarum solemnia Cluniaci libatum, ex communi vino esse, admonuerit amitam suam dominam Judith Arvernensem comitissam, quæ dedit centum aureos ad emendam vineam, et pro hac eleemosyna venerabilis abbas domnus Pontius eidem comitissæ pro filio ejus Willelmo Arvernorum comite et ipsius conjuge, necnon pro filiis Willelmi comitis Roberto et Willelmo et filia Judith anniversarium in Cluniaco jugiter persolvendum promisit. Ad Pontium exstat epistola XXXII Paschalis II, de non porrigenda communione intincta, seu qua præcipit ita sumendam Eucharistiam, ut corpus et sanguis seorsim sumantur, exceptis infirmis et *infantibus*; unde probatur tunc communionem sub utraque specie fuisse in usu, ac perseverasse etiam pro infantibus. Est et alia ejusdem summi pontificis epistola XLVII qua Pontio abbati pontificalia concedit ornamenta. Ejus autem successor Gelasius papa II, cui ex Italia fugienti Pontius abbas triginta equos liberalissime dederat, quique vicissim Cluniacense monasterium insigni privilegio donaverat, pie moritur in eodem cœnobio ac sepelitur, ibidemque ipsius loco Calixtus II pontifex acclamatur, qui Pontio et successoribus abbatibus concessit, ut cardinalis Romani officio ubique fungi posset, eidemque Pontio indulsit, ut omne genus monachorum, præter excommunicatos, in suum valeret monasterium admittere, ac insuper ecclesias monasterii, omnesque possessiones confirmavit. Data est bulla VIII Kal. Martii, indict. XIII, anno 1120, pontific. secundo. Alteram habes ejusdem papæ ad eumdem abbatem datam 1122, in Bullario Cluniacensi. Neque vero prætermittendum est Hildebertum Cenomanensem episcopum eidem Pontio Vitam S. Hugonis ipsius decessoris nuncupasse, ipsique Willelmum Petragoricensem antistitem anno 1121 ecclesiam S. Theodori de Rocaboucort tradidisse (3).

Cæterum pluribus narrat illius gesta Petrus Venerabilis, lib. II *Miracul.*, capp. 12 et 13, ex quo sequentia describit Spondanus in Annalibus: Hugone satis functo, cum in ejus sedem a Cluniacensibus electus fuisset Pontius, per aliquot annos satis modeste cum suis religiosis conversatus est; insequenti tempore monasterium labefactare, ac variis perturbationibus fratrum animos a se paulatim avertere cœpit; quapropter cum per decennium circiter dissensio perdurasset, Romam Pontius ad Calixtum profectus est, ibique abbatiali officio renuntiavit (abnuente papa, mense circiter Aprili anni 1122 (4), postquam sedisset annis XIII), et mox Jerosolymam mansurus se recepit; postea vero mutata mente in Gallias reversus, armis Cluniacum invasit, monachos dire vexavit et expulit, vasa aurea, argentea, villas et dominia abbatiæ velut barbarico more deprædatus, igne, ferro, rapinis et cædibus in religiosum locum impune desævit. Quod scandalum audiens Honorius papa, misit Petrum

(1) Vide Bibliot. Sebus., pag. 440 et 443.
(2) Ibid. pag. 441.

(3) Tom. II novæ Gall. Christ. col. 486, instr.
(4) Vide Chronicon Alberici ad hunc an. 1122.

cardinalem, qui cum Humbaldo Lugdunensi archiepiscopo anathemate percussit Pontium et eos qui ipsi adhærebant. Deinde Romam ad subeundum controversiæ judicium citatur Pontius, ut sese purgaret, sed lata sententia idem ut invasor ac sacrilegus ab omni ecclesiastica dignitate depositus est. Exstant ea de re plures Honorii papæ ad Petrum abbatem et ad monachos Cluniacenses epistolæ; quarum in altera sic loquitur : « Pontius siquidem B. Benedicti præceptionibus inimicus et monastici ordinis malleus, qui Cluniacensem abbatiam in manu prædecessoris nostri felicis memoriæ papæ Calixti sine spe recuperationis refutaverat, et se perpetuo Jerosolymis victurum voto astrinxerat, contra voluntatem Dei et nostram Cluniacense monasterium superba obstinatione et præsumptione sacrilega occupavit. » Hinc altera ad ipsos Cluniacenses monachos scripta vetat, ne ad Pontium olim abbatem sine Petri tunc abbatis licentia convertantur. Habentur autem Acta depositionis et excommunicationis ejusdem Pontii in codice Celsiniacensi, ex quo ipsa eruta noster D. Claudius Estiennot inseruit tom. IV *Fragmentorum histor.*, fol. 31.

Denique, vix elapso mense ab isto infortunio, diem postremum obiit Romæ anno 1125, iv Kal. Jan, ex notis ad *Biblioth. Cluniac.*, Kalendario sancti Leonorii Bellimontis, et ex Necrologio abbatiæ S. Egidii, quod habetur in bibliotheca Fratr. Prædicatorum Chamberiaci, non iv Idus, uti legitur in Chronico Cluniac. Francisci de Rivo. Alibi tamen dies obitus ejus notatur 28 Decembris, et annus 1126 : qui quidem magis convenit ; nam in Bullario

(5) Biblioth. Labb t. II, pag. 301.

Cluniacensi habetur epistola Honorii papæ ad Petrum abbatem, data xiii Kal. Nov., ind. 3, an. 1126, pontificatus secundo, ex qua constat Pontium adhuc superstitem fuisse. Historiam Pontii concludo verbis Chronici Vosiensis (5) : « Jussu apostolici frater comitis de Melgoir sine audientia captus, in turre, quæ dicitur ad Septem salas, usque ad obitum, videlicet v Kal. Jan., in custodia tentus est : sepultus vero fuit quasi pauper, imo captivus apud S. Andream, qui optime per quatuordecim annos Cluniacense monasterium rexerat olim. » Hæc autem verba ex aliis sic interpretari libet : *sine audientia*, idcirco scilicet non fuit auditus, quod recusasset absolvi ab excommunicatione ; contendens se a nemine posse excommunicari, quæ responsio insanientis visa est ; *in custodia tentus est* : ita etiam Joannes Iperius tom. III. Anecdot., col. 660, *quasi pauper*. Honorius II papa scribens ad Petrum abb. Cluniac. epist. 1, de Pontio sic loquitur : « Qui quamvis de malis Cluniaco illatis sæpe commonitus, pœnitentiam agere noluerit, nos tamen pro reverentia hujus monasterii cujus monachus fuit, eum honeste sepeliri fecimus. » Revera primum sepultus fuit apud S. Andream, sed postea Cluniacum translatus est, ubi visitur ejus sepulcrum in majori ecclesia prope S. Martini oratorium, hominem exhibens pedibus ligatis, quia excommunicatus interiit, et manu ac pede amputatis. Exstat ipsius Vita in biblioth. Cluniac. pag. 551. Vide etiam observationes Hugonis Menardi in Martyrologium Benedictinum ad diem 29 Decemb., pag. 429.

PONTII ABBATIS STATUTA.

(BALUZ. *Miscell.* ed. Luc. II, 183.)

In nomine sanctæ et individuæ Trinitatis. Noverint omnes fratres et filii sancti Cluniacensis cœnobii, præsentes et futuri, quia ego frater Pontius peccator, abbas indigne vocatus, perpendens qualiter beatus Odilo sancto dictante Spiritu omnium fidelium defunctorum generalem statuerit memoriam, qualiterque pius antecessor noster domnus Hugo abbas fratrum suo tempore defunctorum per aliquot annos celebraverit anniversarium, primo anno nostræ ordinationis communi decrevi consilio et in capitulo Cluniacensi coram omnibus per præsentem paginam confirmavi ut cunctorum fratrum atque sororum congregationis nostræ ab ipsius loci fundatione defunctorum deinceps in vigilia Sanctorum Omnium universalis memoria solemniter recolatur. Quod idcirco maxime in vigilia Sanctorum Omnium constituimus, quia illa generalis cunctorum fidelium defunctorum commemoratio statim secutura est, rectumque nobis videtur ut prius nostrorum specialis recordatio pio inter nos agatur affectu, sicque postmodum et pro nostris et pro omnibus fidelibus defunctis universalis intercessio subsequatur. Hac etiam de causa ut iidem omnes sancti et electi Dei, quorum festivitas prævenitur et honoratur, isto fraternæ pietatis officio divinæ majestati eorumdem fratrum animas sua sancta interventione commendare dignentur. Hanc igitur memoriam tali tenore præcipimus observari ut non solum Cluniaci, verum etiam in cunctis abbatiis nostris, prioratibus, atque cellis, nunc et quandiu Cluniacense cœnobium in sancta religione perstiterit, annuatim in eodem die solemne officium cum missa secundum locorum fratrumque convenientiam devote peragatur, fratresque omnes juxta ordinem suum, prout Deus unicuique gratiam dederit, missas psalmosque fratribus suis defunctis actionem per omnia loca nostra fieri mandamus, ut hilariter persolvant, quatenus per ignorantiam vel scilicet abbates vel priores seu decani diligenter negligentiam defunctis per annum fratribus reddi- provideant qualiter pro singulis fratribus quos secum tum non fuerit, totum ad laudem Dei recompense- in locis suis habuerint tribus pauperibus refectio se- tur. Quod ut devotius complere satagant, adjunximus cundum temporis et loci opportunitatem exhibeatur. huic misericordiæ parentes et consanguineos defun- Cujus misericordiæ constitutio non illis gravis videa- ctos omnium fratrum nostrorum, orantes ut Deus tur, quam Christus Jesus, qui seipsum pro nostra omnipotens horum et cæterorum bonorum congrega- dedit salute, hoc a nobis quasi proprium exigit, ut tionis nostræ participes eos faciat. Prima vero pro si eum placabilem habere volumus, in pauperibus et fratribus oratio dicatur : *Deus veniæ largitor;* se- egenis illum reficiamus. Locus etiam noster semper cunda pro sororibus : *Quæsumus, Domine;* tertia Deo miserante bonis sanctorum Patrum institutioni- pro parentibus : *Inclina, Domine.* Quando autem bus crevit in melius. Ipsi denique fratres et ad spi- vigilia acciderit die Dominica, fiat hæc defunctorum rituale et ad temporale officium promptiores erunt fratrum celebritas præcedenti Sabbato sive feria atque devotiores, cum recogitaverint tantam sibi sexta. Ad cujus etiam institutionis beneficium di- misericordiam annuatim quasi ex debito persol- gnum fore duximus ut sicut divinæ majestati pro vendam. Unde et magna erit charitas si abbates vel defunctorum requie pia repræsentabitur intercessio, priores atque decani sub hac generali memoria ali- ita etiam vivis tam ad corporum quam animarum quam die illo fratribus suis specialem exhibuerint salutem fraterna impendatur misericordia. Statui- refectionem, quatinus diligentibus Deum omnia co- mus igitur ut ego per me quoad vixero nostrique operantur in bonum. Agatur igitur diei hujus memo- per sæcula successores die illo, vigilia scilicet om- ria, sicut diximus, in psalmis, missis, orationibus, nium sanctorum, generalem conventui Cluniacensi et eleemosynis; ut Deo annuente, cunctisque inter- in omnibus refectionem de nostro administremus, cedentibus sanctis, et vivi ad beatum finem perve- dieque subsequenti, festivitate videlicet sanctorum nire et defuncti æternis gaudiis perfrui mereantur, omnium, pro unoquoque fratrum qui Cluniacensi mihique peccatori in hac injuncta obedientia virtus tunc præsentes fuerint, tres pauperes pane et carne detur et gratia, nobisque in omnibus in magni judi- reficiamus. Quod si festivitas sexta acciderit feria, cii die inter sanctos defunctos misericordia conce- fiat ipsa pauperum refectio de pane et carne Sabbato datur. Amen. sequenti vel Dominica. Quam itidem pauperum refe-

---

PONTII ABBATIS PRÆCEPTIONES PIÆ.

(Baluz., *Miscell.* III, 63.)

Concessio quam Pontius abbas Cluniacensis fecit Bernardo archiepiscopo Toletano.

Notum sit universæ congregationi hujus venerabilis cœnobii, tam præsentium quam futurorum, præcepisse domnum Pontium hujus monasterii reverendum abbatem de domno Bernardo Toletano archiepiscopo, ut post obitum ipsius tricenarius missarum illi a fratribus studiose persolvatur, resonantibus signis, cum officio pleno et missa generali. Refectionem vero quam fecit decanus de Galliniaco in vigilia beati Matthæi post obitum ipsius, faciat in die anniversarii ejus.

II.

Alia concessio facta Eskilo archiepiscopo Lundensi.

Noverint universi quod totus conventus hujus Ecclesiæ concessit illustri viro domno Esquilo Lundensi archiepiscopo, quæ est totius Daciæ metropolis, post obitum ejus tantumdem per omnia beneficiorum quantum persolvitur uni ex fratribus Cluniacensibus, tam in Cluniaco quam in omnibus locis ejus. Fuit enim hujus loci magnus amator.

HUGONIS MONACHI CLUNIACENSIS
EPISTOLA
AD DOMNUM PONTIUM ABBATEM CLUNIACENSEM
IN QUA

Nonnulla de S. Hugone ipsoque Pontio abbate : quomodo cardinalis factus, et quam devote cineres BB. apostolorum Petri et Pauli, tempore S. Majoli abbatis Cluniacum delatos, revereretur.

(Biblioth. Cluniac. p. 557.)

Patri serenissimo Cluniacensi abbati Pontio domino suo servus Hugo.

Dum tuam, Pater, excellentiam penso, injussus coram te loqui non audeo. Sed quoniam memoranda quædam de magno Hugone sancto præcessore tuo tacita video, si tua jubeat me fari dignatio, pauca de plurimis, parva de maximis, brevi expedio. Ista quidem diffusos scriptores illos miror omisisse, qui de eo tanta volumina conscripsere. Quæ refero præsentibus notissima sunt, sed posterorum memoriæ, ut jubes, mandata sunt. Beatus Hugo ad Francigenas eos visitaturus, olim exiverat. Veniens autem Belvacense territorium, intravit Gornacum super Aronam fluvium. Ibi cum Albertus vir illustris honorifice suscepit. Uxor viri nomine Ermengardis, et ipsa tanto hospiti reverenter occurrit. Quam sanctus ut vidit, prophetico afflatus spiritu dixit : « Domina, tu gravida es, filium paries qui, sicut Deo placuerit, monachus erit. » Audiens mulier quæ de se ante non noverat, mirabatur. Præsentes audita signantes oracula, lætabantur. Postmodum juxta servi Dei verbum, gravida illa peperit filium. Crevit puer, et armatorum deputatus officio, militiam adeptus, ut id hominum genus male consuevit, perniciosus evasit. Interea sanctus, plenus dierum pariter et virtutum, diem in Domino clausit extremum. Erat tunc in Italia apud Papiam decus pontificum Godefredus Ambianensis episcopus, doctrina præclarus, sanctitate perspicuus. Dum itaque beatus Hugo præsenti vita defungitur, æterna donatur, vidit episcopus ad procedendum conventus eximios præparari cum luminaribus, et cæteris quæ in processione solemniter solent exhiberi. Episcopo inquirenti quis esset, quem tantæ triumphus gloriæ exspectaret, responsum est quia ad deducendum dominum Hugonem Cluniacensem abbatem, illa sanctorum devotio festiva procederet. Quod cum episcopus admirans sociis revelaret, tempusque quo id viderat adnotaret in Galliis reversus, eodem invenit tempore in Cluniaco sanctum migrasse, quo sibi fuerat monstratum Papiæ. Postquam vero sanctus decessit, tu feliciter electus, et in officium tanti Patris digne subrogatus, Domino ducente, ad supradictas Franciæ partes descendisti. Ubi pro tua illa nobili consuetudine, quibusque bona prædicans, istum de quo sanctus prædixerat, juvenem invenisti, inventum vocasti, vocatum eduxisti. Ipsum in Cluniaco monachum nomine Landricum plurimis annis vidimus bonis pollentem moribus. Sic, Pater benignissime, sic præcessor tuus abbas Hugo sanctissimus, quem plurimum dilexisti, imo quem diligis, sic inter alias virtutes suas etiam prophetia claruisse probatur : sic in sui dissolutione corporis, pontifici revelatus, supercœlestium concivis esse dignoscitur. Sed mea modo sileat parvitas, tua magis, ista quam alta sint, perpendat charitas. De hac enim altitudine loqui ego tam infimus timere debui. Anno denique Verbi de Virgine nati 1118 defuncto papa Paschali, qui Romanæ sedis apicem x et VIII annis, et eo amplius gubernavit, assumptus est electione Catholica, et consecratus est Gelasius papa, vir opprime eruditus, eleemosynis largus, consilio providus. Hic Henrico IV Romanorum imperatore contra Ecclesiam sæviente, declinans ad mare descendit, navigio Gallias expetivit, tibique primum cursore a Pisis emisso, suum prænuntiari fecit adventum. Te enim, Cluniaci scilicet abbatem, in partibus Galliarum habet pontifex Romanus proprium et specialem filium. Huic apud Sanctum Ægidium occurristi, huic et multo comitatui suo equitaturas et alia quam maxima elegantissime ministrasti. Hunc pro maris molestia infirmatum, in tuæ solo nativitatis, quod pater tuus Petrus potens et nobilis comes Merguliensis juri apostolorum Petri et Pauli contradidit, et inde accepit, tu papam officiosissime confovisti. Qui denuo convalescens, et Cluniacum suum pervenire desiderans, Lugdunum Galliæ pertransiit; Matisconam descendit, ubi, gravissima ægritudine confectus, se Cluniacum perferri instantissime præcepit. Quo deportatus, summaque reverentia susceptus, completo episcopatus sui anno I et diebus IV, in medio fratrum circumstantibus episcopis cardinalibus in propria domo, proprius pastor in pace Cluniaco quievit. Post hunc reverendus Wido, Viennensis Archiepiscopus, ab Ecclesia catholica est in Cluniaco electus, sicque in papam Calixt. ordinatus. Hic terrenæ nobilitatis celsitudine præcellit, sed cœlestium nitore charismatum pulchrius elucescit. Hic secundo Cluniacum rediit, ibique festum Dominicæ Circumcisionis et Apparitionis devote peregit. Qui dum inter cætera sæpius ageret de vita et miraculis B. Hugonis, non quorumlibet chartulas super his profusius exaratas attendit, sed personas authenticas in medio Cluniacensis capituli præsentatas, de sancto quæ viderant et audierant validius attestatas, gratanter accepit. Episcopis vero et cardinalibus pariter assentientibus ad laudem et gloriam Domini nostri Jesu Christi natalem tanti confessoris tot et tantis virtutibus approbati festinum fieri papa decrevit. Die autem Epiphaniæ Domini processit papa solemniter coronatus, copioso pontificum et cardinalium choro constipatus. Huic Romana præsens militia more suo famulabatur. Hunc quam multi Burgundiæ nobiles sequebantur. Hunc celeberrimo apparatu suscepit obvius sacer Cluniacens. fratrum conventus, quem exaltat humilitas, dilatat charitas, disciplina erudit, discretio munit. Eadem die communi suorum assensu assidentium largitus est felix papa Calixtus Cluniacensi Ecclesiæ speciali et propriæ suæ ut abbas Cluniacens. semper et ubique Romani fungatur officio cardinalis, manuque propria ipse te papa annulo vestivit : ut sic manifestum appareat cunctis, quia tecum et tua Cluniacus solius papæ Romani proprie propria censetur, quæ sub alterius jure pontificis, seu cujuslibet potestatis, providente Domino nec fuit aliquando, nec erit in futuro. Discessurus papa in crastinum, intrans Cluniacense capitulum, humilitate sua laudabili fratrum se orationibus commendavit, quos et benedictionibus confirmavit, et prædicti confessoris memoria recensita recessit. Ista me dixisse sufficiat, tuaque mihi gratia veniam tribuat. Sed ne tuam, precor, paternitatem offendat dum quiddam rogare te mea præsumit indignitas. Nosti, Pater, quia papa Cornelius martyr gloriosus Petri et Pauli ossa de Catacumbis levata, Pauli via Hostiensi, Petri in Vaticano sagaciter posuit. Eorum vero cineres studiose congruo recondens vasculo in monasterio Sancti Pauli tradidit venerandos. Hoc autem monasterium sequentibus annis commissum est sancto Oddoni, tuo prædecessori, ubi per eum aliquandiu Cluniacensis vigor ordinis radiavit. Tandem seditiosis urbe turbata motibus, quos illa civitas infausto usu creberrime patitur; malis urgentibus monachi discedentes vas illud apostolicorum cinerum sacra secum pignora detulerunt, sicque Cluniacum propere pervenerunt. Diebus vero sancti Majoli monasterium Cluniacens. venerabilis Hugo Bituricensis archiepiscopus dedicavit, vasque prædictum apostolicorum cinerum in columna sub principali ara digne recondidit. Cum vero dieb., Pater, tuis, novo mirabili opere constructo monasterio, illud antiquum destrui, et claustra dilatari mandasti, tu prædictam aram immotam provide reservasti, et pro ea veteris caput monasterii divino usus consilio manere fecisti. Ibi enim, expertis sane credimus, orationis gratia et lacrymarum ubertas commode reperitur. Ibi correctione pia peccatorum sarcina deponitur. Ibi cineres apostolici, thesaurus, Pater, inæstimabilis, frequenti reverentia visitantur. Quos quia sæpius orando requiris, te precor, licet trepidus, sed tua misericordia roboratus, ut ante sacrosanctos cineres illos apostolicos mei aliquando memorari digneris, qui tuorum misereri non desinis. Sanctum quoque confessorem beatum Hugonem, dum prece supplici sæpe commemoras, ut et matri illi, quam cum tribus filiis de Francia tecum adduxisti; matrem in Mariniaco, filios ejus in Cluniaco pie suscepisti, subvenire dignetur, obtineas precor. Et quia multum locutus sum, condones obsecro.

DONATIONES PIÆ

CLUNIACENSIBUS FACTÆ SUB REGIMINE PONTII ABBATIS.

I.

Petrus Burgensis episcopus Cluniaco concedit et confirmat ecclesiam de Carandigna.
(MARTEN. *Anecdot.* 1, 246, ex chartario Cluniac. Colbert.)

Reverendissimo sanctæ Cluniacensis ecclesiæ conventui. PE., Dei gratia Ecclesiæ Burgensis episcopus, salutem, et sincerum in Christo amorem.

Quam sit pium et justum, ac fidei Christianæ consentaneum, viros religiosos honorare, juvare atque diligere, quantumque sit malum atque nefarium, animarum saluti contrarium, illos infestare, molestare, eisque jura sua auferre, prudentiam vestram non credimus ignorare. Hac igitur consideratione sollicitus ecclesiam vestram, cujus ordo bonæ opinionis longe lateque dilatatur, honorare, juvare, atque diligere proposui. Dono itaque vobis et Ecclesiæ vestræ Cluniacensi, et concedo et confirmo ecclesiam de Carandigna cum omnibus pertinentiis suis, quam quondam Aldefonsus, bonæ memoriæ imperator, pro remedio animæ suæ et parentum suorum vobis et Ecclesiæ vestræ contulit.

II.

Epistola Balduini comitis Flandrensis ad Pontium abbatem Cluniacensem. — Confirmat ei abbatiam Sancti Bertini.
(MARTEN. *ibid.* p. 554.)

Domno P. reverendo sanctæ Cluniacensis Ecclesiæ abbati, BALDUINUS Flandrensis comes et CLEMENTIA comitissa, æternam in Christo felicitatem.

Cupientes ea quæ ad religionem pertinent firma permanere, ne videlicet bene inchoata callidus hostis valeat pessundare, serenitati vestræ notum facimus, concessionem illam, quam de ecclesia Sancti Bertini dominus meus Robertus comes adhuc vivens, me quoque annuente prædecessori vestro domno Hugoni piæ memoriæ abbati concessit, scriptoque firmavit, nunc etiam pro remedio animarum nostrarum, tam me, quam filium meum, jam libenter vobis vestrisque successoribus iterato concedere, ratamque per omnia, omni occasione seposita, fore. Porro ut hæc concessio nostra firma permaneat in conspectu principum, cum corumdem assensu eam firmavimus, atque sigilli nostri impressione subtersignari fecimus. S. Lamberti abbatis, S. Galterii thesaurarii, S. Rainerii notarii, S. Bernardi capellani, S. Alardi, S. Rotgerii castellani insulani, S. Galterii castellani Curtriacensis, S. Raigeri dapiferi, S. Willelmi dapiferi, S. Ulrici pincernæ, S. Widonis.

Actum anno Domini 1112, in villa Yprensi, pridie Idus Aprilis.

III.
Charta Guillelmi Bisuntinensis archiepiscopi de Alta-Petra.
(*Bibl. Cluniac.*, p. 577.)

GUILLELMUS, Dei gratia sanctæ Bisuntinensis Ecclesiæ archiepiscopus, venerabili Patri domno PONTIO Cluniacensi abbati, ejusque successoribus regulariter substituendis in perpetuum.

Pastoralis officii est, ut evellat et destruat, ut disperdat et dissipet, ut ædificet et plantet. Quia ergo ad hoc nos præfecit populo suo omnipotens Deus, ut vineam Domini Sabbaoth disciplinis regularibus excolamus, ut vitia evellere, superflua destruere, virtutumque plantaria inserere studeamus; dum hoc viribus nostris sine coadjutoribus adimplere non possumus, oportet nos agricolas peritos virtutum viros undecunque conducere, qui usque ad vesperum viriliter laborantes ad ubera nostræ consolationis sub umbraculo divinæ protectionis confugiant, et nobiscum labores manuum suarum manducantes, æternæ beatitudinis denarium sibi et nobis adquirant. Et quoniam Cluniacensis Ecclesia præ cæteris Galliarum Ecclesiis hujusmodi spiritalis agriculturæ peritissimos agricolas, et multo plures habere cognoscitur; venerabilis fratris nostri Walcherii Gigig......... prioris petitionibus annuentes, Alta-Petrensem ecclesiam religione quondam monastica destitutam, tibi Deo dilecte Cluniacensis abbas, sanctissimoque ejusdem loci conventui dedimus, concessimus ad inhabitandam, et in religione monastici ordinis Deo auctore vigilantius informandam. Actum Bisuntii in ecclesia S. Joannis, laudante Pontio Alta-Petrensi priore, domno Stephano ejusdem Ecclesiæ canonico et Bisuntino cantore, domno Mainerio decano, domno Bernardo magistro, domno Manasse archidiacono, Stephano thesaurario, Burchardo et Hugone archidiaconis, et aliis multis. Postea Cluniaci III Idus Augusti per memetipsum in capitulo vestro interfui, et idipsum cum his qui mecum aderant, laudavi et confirmavi, salvis justitiis et debitis consuetudinibus nostris. Nunc quoque per præsentis privilegii paginam præfatam Alta-petrensem ecclesiam vobis vestrisque successoribus cum omnibus appenditiis suis laudamus, concedimus, et confirmamus, salvis ut prædiximus justitiis et debitis consuetudinibus nostris. Sane si quælibet persona potens vel impotens hujus nostri privilegii paginam sciens, contra eam temere venire tentaverit, donec satisfactione congrua emendaverit, aliena a corpore et sanguine Domini fiat, et in extremo examine districtæ ultioni subjaceat; conservantibus hæc, pax et tranquillitas. Amen.

IV.
Charta Amelii episcopi Tolosani, de ecclesia Sanctæ Columbæ.
(*Ibid.*)

Ego AMELIUS, Dei gratia Tolosanus episcopus. Recognoscentes ecclesiam Sanctæ Columbæ, quæ in Tolosano sita est territorio Chertorbensi juxta fluvium Herz, juris esse S. Petri Cluniacensis cœnobii, in manu domni PONTII abbatis ipsam ecclesiam Sanctæ Columbæ cum ecclesiis ad eam pertinentibus Cluniaco restitui, salva justitia Tolosanæ Ecclesiæ. Hoc autem feci pro multa multumque chara dilectione, quæ inter nostros majores et Cluniacenses Patres ab olim usque nunc conservatur, et pro sincera vereque germana amicitia, quam cum prædicto abbate specialiter habeo et habere semper curabo: et ut particeps esse merear Cluniacensis fraternitatis in cunctis benefactis eorum. In quo bono omnes legitimos successores meos, qui hoc factum et hanc chartam laudaverint, participes esse volo et oro. Hoc factum laudaverunt canonici nostri Tolosanæ sedis, Arnaudus Willelmus archipresbyter cum cæteris. Vicecomes quoque Bernardus Atton ipsam ecclesiam cum pertinentiis suis reddidit, et novam inde donationem fecit Cluniaco in manu nostra, et in manu prædicti abbatis, quantum ad ipsum pertinere poterat: concedens ut quicunque feudalium suorum de bonis prædictæ ecclesiæ Sanctæ Columbæ aliquid possidebat, se volente restitueret. Sed et frater meus Petrus Reimundus, et uxor ejus Adila, quæ soror erat prædicti abbatis, quidquid de bonis ecclesiæ habebant, gratis restituerunt: simulque et filium suum puerum, Willelmum nomine, in Cluniaco futurum monachum donaverunt.

Signum Amelii Tolosani episcopi, qui ecclesiam Sanctæ Columbæ cum pertinentiis suis Clun. redonavit, et laudavit, et chartam istam inde firmavit.

Signum Raimundi Ausciorum archiepiscopi, qui ad utramque donationem, episcopi scilicet atque vicecomitis præsens fuit.

S. Arnardi Raimundi præpositi.
S. Arnaldi Willelmi archipresbyteri.
S. Isarni Frigdilensis prioris.

S. Willelmi capellani.
S. Bern. Atton. vicecomitis.
S. Bern. de Villamodi.

Porro alii quamplures monachi, et clerici, et milites, exstiterunt testes.

Actum apud Sanctam Eulaliam prope Carcassonem in manu domni Pontii Cluniacensis abbatis, anno ab Incarnatione Domini 1110, sub domno Paschali secundo, regnante Ludovico, rege Francorum.

Albertus Theutunicus rogatus scripsit.

V.

Charta Riquini provisoris Tullensium, de Frondonensi cella.

In nomine sanctæ et individuæ Trinitatis, Patris, et Filii, et Spiritus sancti, RIQUINUS, Dei gratia provisor Tullensium, PONTIO abbati Cluniacensi, ejusque successoribus regulariter promovendis in perpetuum.

Apostolicæ dignitatis sublimitas tanto propensiori studio a cunctis est fidelibus incessanter honoranda, quanto constat evidentius quoniam eorum meritis et doctrina, ut sol et luna sancta refulget Ecclesia, quæ fundata super petra hæreticæ pravitatis irritamenta respuit, nec recipit blandimenta. Cum igitur omnibus, quos Rex cœlestis regni, et gloriæ suæ consortes instituit, piæ devotionis sit adhibendum studium; instantius tamen ei præcordialis desiderii licet vigilanter impendere famulatum, cui Deus Ecclesiæ sanguine suo redemptæ specialiter constituit principatum, qui post Deum custos gregis et pastor exstat ovium, janitor cœli, et princeps apostolorum. Denique beati Petri nomine et titulo triumphaliter insignita, sub prærogativa religionis fulget incomparabiliter sancta Cluniacensis Ecclesia : quæ clausis et depressis oculis carnalibus, fervore spirituali docet inhianter contemplari cœlestia, quæ summi Patrisfamilias, ut vere dicam, universalis domus est, et curia in qua Deo sacra laudum resultant præconia. Ab hac siquidem felici turma, et inexpugnabili exercitu, Jerusalem superna agmina sibi assumit purpurea, quæ super thronos judicantium ordinum residendo gestant florentia serta. Felix satis et beata devotio tam celeberrimæ congregationis, et Ecclesiæ obsequiis, et cultui fideliter inservire. Cujus ego licet indignus beneficii, et orationum exsecutor et particeps cupiens existere, hanc pro modulo meo necessariis ampliare sumptibus, et quæ in nostra diœcesi possidebant tenore canonico proposui stabilire. Ad perpetuam itaque monasterii tui pacem, Ponti in Christo dilectissime fili, manifestamus posterorum notitiæ determinationem causæ Frondoni cellæ nostris temporibus definitæ. Abbas denique Mediani Monasterii Bertricus nomine in generali synodo nostram censuram adiens querimoniam movit super Wicardo priore Frondonensis cellæ, asserens quoniam Odoinus vir illustris sancto Petro Mediani monasterii coram liberis testibus de cella illa donum et investituram fecisset ; sed facta postmodum retractatione, Cluniacensis Ecclesia eam irrationabiliter, etiam præsumptuose invasisset : præfatus siquidem Odoinus ibidem tunc præsens hoc omnimodis denegavit, etiam se nunquam Ecclesia Mediani Monasterii inde donationem fecisse, productis liberalibus testibus jurare proposuit. Prior autem usus prudentiori consilio, abbatem suum, ut res exigebat, super hoc consulturus, usque ad proximam synodum inducias petiit, quas cum prolixitate itineris, tum remotione abbatis, usque ad tertiam synodum, ingruente rei difficultate protraxit. Tandem igitur in medio totius synodalis conventus, protulit chartam felicis prædecessoris nostri piæ memoriæ Pibonis sigillo insignitam, in qua continebatur, quod per manum prædicti pontificis domnus Odoinus de cella Frondonensi, etiam omnibus appenditiis suis, sancto Petro Cluniacensi liberaliter donationem fecisset, et etiam abbas Cluniacensis jam fere per xxx annos sub sua dispositione quiete possedisset. Super hoc et ipse Odoinus ultimo se constanter intulit, et hæc ita se habere, adhibitis sex liberalibus testibus jurejurando probavit. Tam evidenti ratione, tam probabili discussione abbas Mediani monasterii, vana spe frustratus, recessit. Prior vero Cluniacensis, quod nostri erat officii super hoc fieri postulavit. Banno ergo Dei et nostro, auctoritate etiam pontificali sancimus, et interdicimus, ne aliquis deinceps Ecclesiæ Cluniacensi pro cella Frodonensi calumniam moveat : alioquin maledictionem extremæ districtionis in anima sua inveniat, nec habeat partem in sorte electorum Dei, nisi digne satisfaciens resipiscat. Tibi autem et omnibus tuis in suo sancto servitio concedat divina miseratio perseverantiam propositi salutaris : detque Dominus faciem vestram ut adamantem et silicem, ut cum magna libertate possitis objurgare domum exasperantem. Ad excludendam itaque omnem imposterum controversiam, fieri decrevimus hujus descriptionis paginam, quam sigillo nostro legitime confirmantes, signis et testimonio nostrorum fidelium tradidimus roborandam.

Signum Riquini episcopi.
S. Theomari abbatis S. Mansueti.
S. Vindrici abbatis.
S. Apri.
S. Stephani primicerii.
S. Berengarii decani.
S. Hugonis archid.
S. Gotberti archid. et cantoris.
S. Odoini.
S. Theoderici de S. Hilario.
S. Theoderici de Calvo-monte.
S. Equini de Barbani-villa.
S. Girardi de Blanteriis.
S. Adelini de Girancort.
S. Galteri de Calvo-monte.
S. Galteri et Theoderici fratris ejus de Vinricort.

Acta sunt hæc Tulli in synodo generali, in majori Ecclesia S. protomartyris Stephani, anno ab Incarnatione Domini 1111, ordinationis vero nostræ indictione IV, epacta IX, concurrente VI, imperante Henrico IV, regnante Domino nostro Jesu Christo feliciter. Amen.

VI.

Willelmus Petragoric. episcopus dat Cluniaco et Pontio abbati ecclesiam S. Theodori de Rocaboucort.

(*Gall. christ.* nov. II, 486.)

Willelmus, Dei gratia Petragoricensis episcopus, venerabili abbati Cluniacensis monasterii domino Pontio, et successoribus ejus regulariter substituendis in perpetuum.

Sapientium auctoritate provisum est temporum suorum gesta styli officio perpetuare, ne posteritatis memoria obliterari futurorum intercapedine queat. Notum itaque tam præsentibus quam absentibus præsentis scripturæ apicibus fieri volo, quod ego ex officii nostri necessitate erga omnes diœcesis nostræ ecclesias curam gerens, et in eis religionis jura conservari desiderans, dono et in perpetuum habendam concedo, Deo et sancto Petro apostolorum principi, domno quoque Pontio abbati supradicti monasterii et successoribus suis, ecclesiam S. Theodori de Rocaboucort, consilio clericorum Petragoricæ sedis, Willelmi scilicet de Nauclart, Arnaudi, Willelmi, Iterii de Sauzet, et aliorum plurimorum qui nobiscum intererant, dantibus pariter et concedentibus canonicis ejusdem ecclesiæ, Iterio videlicet, Gardra, et Helya de Sauzet, Petro Iterio, Geraldo Ferrono, atque Petro Hugone aliisque quam pluribus; laudante etiam atque confirmante domno Girardo Engolismensi episcopo, et sanctæ Romanæ ecclesiæ legato, præsentibus clericis Engolismensis ecclesiæ Ricardo, et Willelmo fratre suo ejusdem legati nepotibus, Eudrardo vero capellano, atque Theaumo ejus notario. Ut autem donum istud absque alterius calumnia certum habeatur, et ratum perduret, hanc cartam sigilli nostri munimento consigno, et prædictum abbatem Cluniacensem investio; sub eorumdem clericorum nostrorum testimonio : monachorum vero Pontii prioris de Berbezil, Geraldi Roberti prioris de Monte-Berulfi, Arnaudi prioris de Rocenae. Factum est autem hoc donum anno ab Incarnatione Domini 1121, Calixto papa in sede apostolica præsidente, atque in Francia Ludovico rege regnante, ubique Domino Jesu Christo imperante. Amen.

ANNO DOMINI MCXXV

PETRUS LEONIS

ET

GREGORIUS

S. R. E. LEGATI

PETRI LEONIS ET GREGORII
EPISTOLÆ

(Martène, *Ampliss. Collect.* I, 687 et 697, ex ms. S. Vedasti)

I.

Epistola Petri Leonis (1) *presbyteri, et Gregorii S. Angeli diaconi, cardinalium, ad Angelrannum episcopum Ambianensem. — Ut curet S. Vedasto Attrebatensi restitui altare de Campaniolis.*

(Anno 1125.)

P. Leonis presbyter et G. S. Angeli diaconus, sedis apostolicæ cardinales et legati, venerabili fratri A. Ambianensium episcopo salutem.

Charissimus frater noster abbas Sancti Vedasti plurimum nobis conquestus est, quod Wido miles quoddam altare de Campaniolis de jure Sancti Vedasti in potestatem Mosteriolensis monasterii transtulerit, quod omnino rationi et auctoritati sanctorum repugnat; propterea fraternitati tuæ mandamus atque præcipimus, ut idem altare in prædicti S. Vedasti monasterii jus et potestatem restitui facias.

II.

Epistola Petri Leonis presbyteri et Gregorii sancti Angeli diaconi, cardinalium, ad A. Aquicinctensem abbatem. — De hospitibus a relicta Balduini ecclesiæ beatæ Mariæ concessis.

(Circa 1130.)

P. Leonis presbyter et G. Sancti Angeli diaconus, sedis Apostolicæ cardinales et legati, venerabili fratri A. Aquiungensi abbati, salutem et dilectionem.

Actionem negotii inter beatæ Mariæ canonicos et

---

(1) Postmodum Anacleti antipapæ, qui de papatu cum Innocentio II contendit.

abbatem sancti Vedasti, quod nobis tua significavit fraternitas, perlegimus; et secundum ipsius scripti quem ad nos misisti tenorem, hoc nobis videtur. Si abbas sancti Vedasti probare potuerit, quod priusquam relicta Balduini hospites illos ecclesiæ (2) Beatæ Mariæ dederit, per judicium scabinorum civitatis eidem mulieri et filiis ejus prædicti hospites sint adjudicati, et Beato Vedasto cum quiete possidendi fuerint adjudicati, donatio illi nihil valebit. Item si potuerit ostendere quod prior donatio Beati Vedasti monasterio non conditionaliter, sed absolute facta fuerit, secunda virium nihil habebit. Item si fundus terræ in qua hospites manent, Beati Vedasti est, non poterunt iidem hospites sine assensu abbatis in alteram transferri ecclesiam.

(2) Hoc est ecclesiæ cathedrali quæ Beatæ Mariæ est sacra.

ANNO DOMINI MCXXVIII

JOANNES MICHAELENSIS

NOTITIA

(Hist. litt. de la France, XI, 67)

Tout ce que l'on sait de Jean *Michaelensis*, c'est qu'il assista, au mois de janvier 1128, à un concile tenu à Troyes, dans lequel il remplit les fonctions de secrétaire. Effectivement lui-même semble l'insinuer dans le prologue sur la Règle des Templiers qu'on lui attribue. Aubert Le Mire, qui a donné au public cette Règle pour la première fois dans sa Chronique de l'ordre de Cîteaux, sur un manuscrit de l'abbaye de Saint-Victor de Paris, prétend que saint Bernard en est l'auteur. En quoi il a été suivi de tous ceux qui ont eu depuis occasion de parler des chevaliers du Temple et de leur règle. Hæften (*Disq. Mon.* tr. IX, disq. IX, p. 86), après Stellartius, remarque que cette Règle leur a été donnée par saint Bernard, mais dans un style très-différent de celui de ce saint docteur; et qu'on pourrait dire qu'il a voulu se mettre à la portée de ces bons chevaliers, si son discours adressé aux mêmes chevaliers n'était aussi éloquent que les autres ouvrages du saint abbé. Manrique, à l'an 1128, cite deux textes pour prouver que la Règle en question est l'ouvrage de saint Bernard; mais D. Mabillon fait voir dans l'avertissement qu'il a mis à la tête d'un écrit de ce saint (*Op. S. Bern.* t. I, p. 571), *De laude novæ militiæ, ad milites Templi*, que les deux textes n'ont rien de favorable à ce sentiment, qu'au contraire ils le renversent absolument. Il paraît (1) par le premier, que le concile de Troyes ayant chargé saint Bernard de composer une règle pour les chevaliers du Temple, le saint s'en déchargea sur Jean *Michaelensis*. C'est ainsi que l'expl que D. Mabillon; et c'est effectivement son véritable sens. On disputera, si l'on veut, sur le terme de *scriba*, on soutiendra que Jean Michaelensis n'a été que copiste ou secrétaire, mais du moins est-il certain, qu'il n'est point fait mention dans le texte que saint Bernard ait composé aucune règle pour les Templiers. Quant à ceux qui pourraient prétendre que Jean *Michaelensis* ne se donne que la qualité de secrétaire, et non d'auteur, nous les prions de nous dire si la fonction que le concile de Troyes avait proposée à saint Bernard n'était que celle de scribe ou de secrétaire : or, Jean *Michaelensis* témoigne qu'il a rempli la fonction dont on avait voulu charger ce saint abbé, et qui lui était due, *cui creditum ac debitum hoc erat*. Il a donc composé lui-même la Règle, et n'a pas été un simple copiste. Il faut néanmoins avouer qu'il y a dans le premier texte une certaine obscurité, qui a pu donner occasion à Le Mire, Manrique et autres, de se tromper; mais un peu d'attention leur eût fait éviter cette méprise.

Pour ce qui est du second passage, il porte bien, que le concile de Troyes ordonna qu'on dresserait une Règle pour les Templiers, mais l'auteur de la Règle n'y est désigné ni de loin, ni de près. Monsieur de Villefore, dans la Vie de saint Bernard (*Lib.* II, p. 124, 125), dit que ce projet de donner une règle à ces chevaliers parut vaste et merveilleux à tous les prélats assemblés; et que, pour faire honneur aux lettres du pape Honorius et du patriarche de Jérusalem, ils invitèrent Bernard à composer la Règle que ces chevaliers demandaient; mais il ne jugea pas à propos, ajoute monsieur de Villefore, de se charger de ce soin, et elle fut faite par un autre. Guillaume de Tyr (l. XII, c. 7), et Jacques de Vitri (l. I, c. 65) font mention de la Règle donnée aux chevaliers du Temple dans le concile de Troyes. Si saint Bernard en avait été l'auteur, ces deux historiens auraient-ils manqué de le dire? Cependant ils gardent un profond silence sur l'auteur. Un manuscrit de la bibliothèque Cottonienne porte que cette règle a été dressée et écrite par Jean *Michaelensis*, par ordre du concile et de saint Bernard. D'ailleurs Albéric, moine de Cîteaux, dit qu'on donna à ces chevaliers la Règle de saint Augustin; aussi le *Monasticon Anglicanum* les place-t-il sous l'ordre de Saint-Augustin. Il serait assez surprenant qu'un moine de Cîteaux, tel qu'Albéric, qui demeurait dans l'abbaye de Trois-Fontaines, peu éloignée de Clairvaux, eût ignoré que saint Bernard avait composé cette Règle, s'il en eût réellement été l'auteur.

Mais ce qui démontre sans réplique que la règle des Templiers ne peut être l'ouvrage de saint Bernard, c'est la différence qu'il y a entre le style de cette Règle et celui du saint abbé de Clairvaux. La Règle est

(1) « Sane autem prorsus, licet nostri dictaminis auctoritatem permaximus numerus religiosorum Patrum qui in illo concilio divina admonitione convenerunt, commendat; non tamen debemus silenter transire, quibus videntibus et veras sententias proferentibus, ego Joannes Michaelensis præsentis paginæ, jussu concilii ac venerabilis abbatis Claravallensis, cui creditum ac debitum hoc erat, humilis scriba esse divina gratia merui. »

remplie de termes barbares, et de la plus basse latinité; on n'y voit rien de cette élévation d'esprit, de cette noblesse de style, de ce goût pour la piété, de cette onction, qui règnent dans tous les écrits de saint Bernard, et caractérisent ses véritables productions. Nous ne nous arrêterons pas davantage à combattre un sentiment qui se détruit par lui-même; et il suffit de jeter les yeux sur l'ouvrage en question pour se convaincre qu'il n'est point de saint Bernard. Il est bien vrai que le concile de Troyes, pour entrer dans les vues du pape Honorius II et du patriarche de Jérusalem, voulant dresser une Règle pour les Templiers, jeta les yeux sur saint Bernard comme étant plus capable que tout autre de le bien faire. Mais le saint abbé s'en déchargea sur Jean Michaelensis qui la dressa pendant le concile même, puisqu'elle y fut lue et approuvée, comme l'assure l'auteur. Mais il y a eu depuis plusieurs additions. Elle consiste en soixante et douze chapitres, autant qu'il y en a dans la Règle de saint Benoît, dont l'auteur a emprunté plusieurs choses. Le but de cette Règle est d'allier la vie monastique avec la profession des armes. Il y est défendu de recevoir des enfants, de crainte qu'il ne vinssent dans la suite à se repentir de leurs engagements; les chevaliers du Temple n'étaient encore en l'an 1128 qu'au nombre de neuf, dont six se présentèrent au concile de Troyes, ayant à leur tête Hugues des Payens leur premier grand maître : il est à présumer, qu'ils emportèrent avec eux en Palestine, où ils retournèrent l'année suivante, la Règle qu'on leur avait dressée. Elle a été publiée dans différents recueils. André Favin l'a donnée dans son *Théâtre d'honneur et de chevalerie* (lib. IV, p. 16; 4, 1659), imprimé à Paris, chez Robert Foüet en 1620, in-4°. L'éditeur l'attribue à saint Bernard, quoique de son propre aveu, elle ne se trouve point parmi ses œuvres. Elle a été imprimée dans le Nécrologe de l'ordre de Cîteaux, avec une lettre de Baudouin, roi de Jérusalem, par laquelle ce prince prie saint Bernard de donner une Règle aux chevaliers du Temple : dans le *Fasciculus sanctorum ordinis Cisterciensis* de Chrysostome Henriquez, dans le dixième volume des conciles des Pères Labbe et Cossart, etc.

M. Le Bœuf (*Diss. sur l'hist. de Paris*, t. II, p. 119) parlant des compositeurs de chant ecclésiastique dans le XIIe siècle, cite un certain Michalus fort vanté par le docteur Alain, comme ayant corrigé les erreurs commises dans cet art :

Musica lætatur Michalo doctore, suosque
Corrigit errores tali dictante magistro.

Y aurait-il de la témérité à conjecturer que ce Michalus pourrait être le même que notre Jean Michaelensis. Du reste, ce musicien nous est absolument inconnu.

JOANNIS MICHAELENSIS
REGULA TEMPLARIORUM.

(LABBE *Concil*. X, 923.)

CONCILIUM TRECENSE [2]

In quo Templariis militibus, anno suæ institutionis nono, una cum Regula assignatus est habitus albus, anno Domini 1128, tempore Honorii papæ II.

MONITUM.

(MABILL. *Annal. Bened.* l. LXXV, n. 28.)

Matthæus, ex priore S. Martini a Campis creatus ab Honorio cardinalis et episcopus Albanensis, sub finem anni superioris cum legati potestate in Galliam missus, ineunte hoc anno Trecis concilium habuit

[2] Acta concilii, tempus et locum enarrans Tyrius, lib. XII, cap. 7, ista scribit : « Concilio in Francia apud Trecas habito, cui interfuerunt dominus Remensis, et dominus Senonensis archiepiscopi, cum suffraganeis suis, Albanensis quoque episcopus, apostolicæ sedis legatus, abbates quoque Cisterciensis et Clarevallensis, cum aliis pluribus, instituta est eis regula et habitus assignatus, albus videlicet, de mandato domini Honorii papæ, et domini Stephani Hierosolymitani patriarchæ. Cumque jam annis novem in eo fuissent proposito, non nisi novem erant : ex tunc cœpit eorum numerus augeri, et possessiones multiplicabantur. Postmodum vero tempore domini Eugenii papæ, ut dicitur, cruces de panno rubeo, ut inter cæteros essent notabiliores, mantellis suis cœperunt assuere, tam equites quam eorum fratres inferiores, qui dicuntur servientes : quorum res adeo crevit in immensum, ut hodie trecentos plus minusve in conventu habeant equites, albis chlamydibus indutos, exceptis aliis fratribus, quorum pene infinitus est numerus. Possessiones autem tam ultra quam citra mare adeo dicuntur habere, ut jam non sit in orbe Christiano provincia, quæ prædictis fratribus bonorum suorum portionem non contulerit, et regiis opulentiis pares hodie dicantur habere copias. Qui, quoniam juxta Templum Domini, ut prædiximus, in palatio regio mansionem habent, fratres militiæ Templi dicuntur. Qui cum diu in honesto se conservassent proposito, professioni suæ satis prudenter satisfacientes, neglecta humilitate, quæ omnium virtutum custos esse dignoscitur, et in imo sponte sedens non habet unde

cui Rainaldus Remorum, et Henricus Senonum cum suis suffraganeis interfuere, multique abbates, in primis Stephanus Cisterciensis et Bernardus Clarævallensis. Tempus habiti concilii discimus ex prologo Regulæ militum Templi, quæ in illo concilio approbata fuit, *nimirum in solemnitate S. Hilarii, anno* 1128 *ab incarnato Filio Dei, ab inchoatione prædictæ militiæ nono*, quæ a magistro Hugone de Paganis sumpsit exordium. Hunc prologum scripsit, et Patrum sententias Joannes Michaelensis *jussu concilii ac venerabilis abbatis Clarævallensis, cui creditum ac debitum hoc erat*, nempe ut scriba concilii esset. Idem auctor singulos episcopos et abbates commemorat qui concilio adfuere. Abbates hi sunt : *abbas Vezeliacensis*, scilicet Raynaldus, *qui non multo post factus est Lugdunensis archiepiscopus ac sanctæ Romanæ Ecclesiæ legatus ; abbas Cisterciensis*, scilicet Stephanus : *abbas Pontiniacensis* Hugo, *abbas Triumfontium* Rogerius, cui Guido anno sequenti successit; *abbas S. Dionisii de Remis, abbas S. Stephani de Divione, abbas Molismensis* Guido. Nec defuit *supra nominatus abbas Bernardus Clarævallensis, cujus sententiam præscripti libera voce collaudabant*. Hunc ad concilium repetitis litteris invitaverat Matthæus, excusantem quod *sævientis acutæ febris exusta ardoribus et exhausta sudoribus non valeret sufficere spiritui prompto caro infirma* (BERN. *ep*. XXI) ; sed tandem jubenti legato parendum fuit. Præter episcopos et abbates eidem etiam concilio interfuere Albericus Remensis et magister Fulgerius; et ex laicis comes Theobaldus, comesque Nivernensis, et Andreas de Baudimento; denique Hugo militiæ magister cum aliquot e suis discipulis, qui modum et observantiam instituti sui Patribus exposuit. Placuit itaque concilio ut eorum Regula a Patribus examinata et approbata, scripto commendaretur. Quod a Joanne Michaelensi scriba concilii factum est. Hæc Regula fere tota ex verbis Regulæ S. Benedicti contexta est, constatque totidem capitulis, scilicet septuaginta duobus. Ejus auctor a plerisque creditur S. Bernardus ; at sufficit ei tribuere librum *De laude novæ militiæ, ad milites Templi*, qui Hugoni magistro inscriptus est.

casum patiatur, domino patriarchæ Hierosolymitano, a quo et ordinis institutionem et prima beneficia susceperant, se subtraxerunt, obedientiam ei, quam eorum prædecessores eidem exhibuerant, denegantes; sed et ecclesiis Dei, eis decimas et primitias subtrahentes, et earum indebite turbando possessiones, facti sunt valde molesti. »

REGULA
PAUPERUM COMMILITONUM CHRISTI
TEMPLIQUE SALOMONICI.

PROLOGUS.

Omnibus in primis sermo noster dirigitur, quicumque proprias voluntates sequi contemnunt, et summo ac vero regi militare animi puritate cupiunt, ut obedientiæ armaturam præclaram assumere, intentissima cura implendo præoptent, et perseverando impleant. Hortamur itaque, qui usque nunc militiam sæcularem, in qua Christus non fuit causa, sed solo humano favore amplexati estis, quatenus horum unitati, quos Dominus ex massa perditionis elegit, et ad defensionem sanctæ Ecclesiæ gratuita pietate composuit, vos sociandos perenniter festinetis. Ante omnia autem, quicunque es, o Christi miles, tam sanctam conversationem eligens, te circa professionem tuam oportet puram adhibere diligentiam, ac firmam perseverantiam ; quæ a Deo tam digna, sancta et sublimis esse dignoscitur, ut si pure et perseveranter observetur, inter militantes, qui pro Christo animas suas dederunt, sortem obtinere mereberis. In ipsa namque refloruit jam et reluxit ordo militaris, qui despecto justitiæ zelo, non pauperes aut Ecclesias defensare, quod suum erat, sed rapere, spoliare, interficere contendebant.

Bene igitur nobiscum agitur, quibus Dominus et salvator noster Jesus Christus amicos suos a civitate sancta in continuum Franciæ et Burgundiæ direxit, qui pro nostra salute veræque fidei propagatione non cessant animas suas hostiam Deo placentem offerre. Nos ergo cum omni gratulatione ac fraterna pietate, precibusque magistri Hugonis, in quo prædicta militia sumpsit exordium, cum Spiritu sancto intimante, ex diversis Ultramontanæ provinciæ mansionibus in solemnitate sancti Hilarii anno 1128, ab incarnato Dei Filio, ab inchoatione prædictæ militiæ nono ad Trecas, Deo duce, in unum convenientes, modum et observantiam equestris ordinis per singula capitula ex ore ipsius magistri Hugonis audire meruimus, ac juxta notitiam exiguitatis nostræ scientiæ, quod nobis videbatur absurdum, omneque quod in præsenti concilio nequivit esse nobis memorabiliter relatum ac computatum, non leviter, sed consulte, providentiæ et discretioni venerabilis Patris nostri Honorii, ac inclyti patriarchæ Hierosolymitani Stephani, fertilitate ac necessitate non ignari orientalis religionis [*f.* regionis], nec non pauperum commilitonum Christi, consilio communis capituli unanimiter commendavimus. Sane autem prorsus licet nostri dictaminis auctoritatem permaximus numerus religiosorum Patrum, qui in illo concilio divina admonitione convenerunt, commendat; non debemus silenter transire, quibus videntibus, et veras sententias proferentibus, ego Joannes Machaelensis praesentis paginae, jussu concilii ac venerabilis abbatis Claraevallensis (3), cui creditum ac debitum hoc erat, humilis scriba esse divina gratia merui.

Nomina Patrum residentium in concilio Trecensi.

Primus quidem resedit Matthaeus Albanensis episcopus, Dei gratia sanctae Romanae Ecclesiae legatus, deinde Rainaldus archiepiscopus Remensis, tertius Henricus archiepiscopus Senonensis, dehinc coepiscopi eorum, Ranckedus Carnotensis episcopus, Goflenus Suessionum episcopus, episcopus Parisiensis, episcopus Trecensis, praesul Aurelianensis, episcopus Antisiodorensis, episcopus Meldensis, episcopus Catalaunensis, episcopus Laudunensis, episcopus Belvacensis, abbas Vezeliacensis, qui non multo post factus est Lugdunensis archiepiscopus, ac sanctae Romanae Ecclesiae legatus ; abbas Cisterciensis, abbas Pontiniacensis, abbas Trium Fontium, abbas sancti Dionysii de Remis, abbas sancti Stephani de Divione, abbas Moles.... [Molismensis]; supra nominatus abbas Bernardus Claraevallensis non defuit, cujus sententiam praescripti libera voce collaudabant. Fuerunt autem et magister Albericus Remensis, et magister Fulgerius, ac complures alii, quos longum esset enumerare. Caeterum vero de non litteratis idoneum nobis videtur ut testes amatores veritatis adducantur in medium. Comes Theobaudus, comesque Nivernensis, ac Andreas de Bandinento, intentissima cura quod erat optimum scrutantes, quod eis videbatur absurdum temperantes, in concilio sic assistebant. Ipse vero magister militiae, Hugo nomine, revera non defuit, et quosdam de fratribus suis secum habuit, verbi gratia, fratrem Godefridum, fratrem Rorallum, fratrem Gaufridum Bisol, fratrem Paganum de Monte Desiderii, Archembaudum de Sancto Amano. Iste vero magister Hugo cum suis discipulis modum et observantiam exiguae inchoationis sui militaris ordinis, qui ab illo qui dicit : *Ego principium, qui et loquor vobis* (*Joan.* VIII), sumpsit exordium, juxta memoriae suae notitiam supra nominatis Patribus intimavit. Placuit itaque concilio, ut consilium ibi lima et consideratione divinarum Scripturarum diligenter examinatum, tamen cum providentia papae Romanorum ac patriarchae Hierosolymitarum, nec non etiam assensu capituli pauperum commilitonum Templi, quod est in Jerusalem, scripto commendaretur, ne oblivioni traderetur, et inenodabiliter servaretur ut recto cursu ad suum conditorem, cujus dulcedo tam mel superat, ut ei comparatum velut absynthium sit amarissimum, pervenire digne mereantur, praestante cui militant, et militare queant per infinita saeculorum saecula. Amen.

INCIPIT REGULA

PAUPERUM COMMILITONUM SANCTAE CIVITATIS.

I. — *Qualiter divinum officium audiant.*

Vos quidem propriis voluntatibus abrenuntiantes, atque alii pro animarum salute vobiscum ad terminum cum equis et armis summo regi militantes, matutinas, et omne servitium integrum, secundum canonicam institutionem, ac regularium doctorum sanctae civitatis consuetudinem, pio ac puro affectu audire universaliter studeatis. Idcirco vobis, venerabiles fratres, maxime debetur, quia praesentis vitae luce despecta, contemptoque vestrorum corporum cruciatu, saevientem mundum pro Dei amore vilescere perenniter promisistis; divino cibo refecti ac satiati, et dominicis praeceptis eruditi et firmati, post mysterii divini consummationem nullus pavescat ad pugnam, sed paratus sit ad coronam.

II. — *Quot orationes Dominicas, si Dei servitium audire nequiverint, dicant.*

Caeterum, si aliquis frater negotio orientalis Christianitatis forte remotus (quod saepius evenisse non dubitamus) pro tali absentia Dei servitium non audierit : pro matutinis, tredecim orationes Dominicas; ac pro singulis horis, septem ; sed pro vesperis, novem dicere collaudamus, ac libera voce unanimiter affirmamus. Isti etenim in salutifero labore ita directi, non possunt accurrere hora competenti ad divinum officium. Sed, si fieri potest, horae constitutae non praetereant ante institutum debitum.

III. — *Quid agendum pro fratribus defunctis.*

Quando vero quilibet fratrum remanentium, morti, quae nulli parcit, impendit quod est impossibile auferri : capellanis ac clericis vobiscum ad terminum charitative summo sacerdoti servientibus, creditum officium et missam solemniter pro ejus anima Christo animi puritate jubemus offerre, fratres autem ibi astantes, et in orationibus pro fratris defuncti salute pernoctantes, centum orationes Domi-

(3) S. Bernardum intellige.

nicas usque ad diem septimum pro fratre defuncto persolvant ; ab illo die quo eis obitus fratris denuntiatus fuerit, usque ad prædictum diem, centenarius numerus perfectionis integritatem cum fraterna observatione habeat. Adhuc nempe divina ac misericordi charitate deprecamur, atque pastorali auctoritate jubemus, ut quotidie, sicuti fratri in vicibus dabatur et debetur, ita quod est necessarium sustentationi hujus vitæ, in cibo et potu tantum, cuidam pauperi donec ad quadragesimum diem impendatur. Omnes enim alias oblationes, quas in morte fratrum, et in Paschali solemnitate, cæterisque solennitatibus, Domino, pauperum commilitonum Christi spontanea paupertas indiscrete reddere consueverat, omnino prohibemus.

IV. — *Capellani victum et vestitum tantum habeant.*

Alias vero oblationes, et omnia eleemosynarum genera, quoquo modo fiant, capellanis, vel aliis ad tempus manentibus, unitati communis capituli reddere pervigili cura præcipimus. Servitores itaque ecclesiæ victum et amictum, secundum auctoritatem tantum habeant, et nihil amplius habere præsumant, nisi magistri sponte charitative dederint.

V. — *De militibus defunctis qui sunt ad terminum.*

Sunt namque milites in domo Dei, templique Salomonis, ad terminum misericorditer nobiscum degentes. Unde ineffabili miseratione vos rogamus, deprecamur, et ad ultimum obnixe jubemus, ut si interim tremenda potestas ad ultimum diem aliquem perduxerit, divino amore, ac fraterna pietate, septem dies sustentationis, pro anima ejus, quidam pauper habeat.

VI. — *Ut nullus frater remanens oblationem jaciat.*

Decrevimus, ut superius dictum est, quod nullus fratrum remanentium aliam oblationem agere præsumat : sed die noctuque mundo corde in sua professione maneat, ut sapientissimo prophetarum in hoc se æquipollere valeat : *Calicem salutaris accipiam* (Psal. cxv), et in morte mea mortem Domini imitabor : quia sicut Christus pro me animam suam posuit, ita et ego pro fratribus animam ponere sum paratus. Ecce competentem oblationem : ecce hostiam viventem Deoque placentem.

VII. — *De immoderata statione.*

Quod autem auribus nostris verissimus testis insonuit, videlicet immoderata statione et sine mensura stando divinum officium vos audire : ita fieri non præcipimus, imo vituperamus : sed finito psalmo *Venite exsultemus Domino*, cum invitatorio et hymno, omnes sedere tam fortes quam debiles, propter scandalum evitandum, nos jubemus. Vobis vero residentibus, unoquoque psalmo finito, in recitatione *Gloria Patri*, de sedibus vestris ad altaria supplicando, ob reverentiam sanctæ Trinitatis ibi nominatæ, surgere, et debilibus inclinare demonstramus. Sic etiam in recitatione evangelii, et ad *Te Deum laudamus*, et per totas laudes, donec finito *Benedicamus Domino*, stare ascribimus, et eamdem regulam in matutinis sanctæ Mariæ teneri jubemus.

VIII. — *De refectione conventus.*

In uno quidem palatio, sed melius dicitur refectorio, communiter vos cibum accipere credimus, ubi, quando aliquid necessarium fuerit, pro signorum ignorantia, leniter ac privatim quærere oportet. Sic omni tempore quæ vobis necessaria sunt cum omni humilitate et subjectione reverentiæ petite ad mensam, cum Apostolus dicat : *Panem tuum cum silentio manduca* (II Thess. III). Et Psalmista vos animare debet, dicens : *Posui ori meo custodiam*, id est apud me deliberavi, *ut non delinquerem in lingua* (Psal. xxxviii), id est, custodiebam os meum ne male loquerer.

IX. — *De lectione.*

In prandio et cœna semper sit sancta lectio recitata. Si Dominum diligimus, salutifera ejus verba atque præcepta intentissima aure desiderare debemus. Lector autem lectionum vobis indicat silentium.

X. — *De carnis refectione.*

In hebdomada namque, nisi Natalis dies Domini, vel Pascha, vel festum sanctæ Mariæ, aut Omnium Sanctorum evenerit, vobis ter refectio carnis sufficiat : quia assueta carnis comestio intelligitur honorosa [*f.* onerosa] corruptio corporum. Si vero in die Martis tale jejunium evenerit, ut esus carnium retrahatur, in crastino abundanter vobis impendatur. Die autem Dominico omnibus militibus remanentibus, nec non capellanis, duo fercula in honorem sanctæ resurrectionis bonum et idoneum indubitanter videtur. Alii autem, videlicet armigeri et clientes, uno contenti, cum gratiarum actione permaneant.

XI. — *Qualiter manducare milites debeant.*

Duos et duos manducare generaliter oportet, ut solerter unus de altero provideat, ne asperitas vitæ, vel furtiva abstinentia in omni prandio intermisceatur. Hoc autem juste judicamus, ut unusquisque miles aut frater æqualem et æquipollentem vini mensuram per se solus habeat.

XII. — *Ut aliis diebus duo aut tria leguminum fercula sufficiant.*

Aliis nam diebus, videlicet secunda et quarta feria, necnon et Sabbato, duo aut tria leguminum vel aliorum ciborum fercula, aut, ut ita dicam, cocta pulmentaria, omnibus sufficere credimus ; et ita teneri jubemus, ut forte qui ex uno non potuerit edere, ex alio reficiatur.

XIII. — *Quo cibo sexta feria reficere oportet.*

Sexta autem feria cibum quadragesimalem ob reverentiam passionis omni congregationi, remota infirmorum imbecillitate, semel sufficere a festo Omnium Sanctorum usque in Pascha, nisi natalis dies Domini vel festum sanctæ Mariæ aut apostolorum evenerit, collaudamus. Alio vero tempore, nisi generale jejunium evenerit, bis reficiantur.

XIV. — *Post refectionem semper gratias referant.*

Post prandium vero et cœnam semper in ecclesiæ,

si prope est, vel si ita non est, in eodem loco, summo procuratori nostro, qui est Christus, gratias, ut decet, cum humiliato corde referre inenodabiliter præcipimus ; famulis aut pauperibus fragmenta, panibus tamen integris reservatis, distribuere fraterna charitate debent et jubentur.

XV. — *Ut decimus panis semper eleemosynario detur.*

Licet paupertatis præmium, quod est regnum cælorum, pauperibus procul dubio debeatur, vobis tamen, quos Christiana fides de illis indubitanter fatetur, decimum totius panis quotidie eleemosynario vestro dare jubemus.

XVI. — *Ut collatio sit in arbitrio magistri.*

Cum vero sol orientalem regionem deserit, et ad Ibernam [*f.* Iberiam] descendit, audito signo, ut est ejusdem regionis consuetudo, omnes ad completas oportet incedere vos, ac prius generalem collationem sumere peroptamus. Hanc autem collationem in dispositione et arbitrio magistri ponimus, ut quando voluerit de aqua, et quando jubebit misericorditer ex vino temperato competenter recipiatur. Verum hoc non ad nimiam satietatem oportet et in luxu fieri, sed parcius, quia apostatare etiam sapientes videmus.

XVII. — *Ut finitis completis silentium teneatur.*

Finitis itaque completis ad stratum ire oportet. Fratribus igitur a completoriis exeuntibus nulla sit denuo licentia loqui in publico, nisi necessitate cogente ; armigero autem suo quæ dicturus est, leniter dicat. Est vero forsitan ut in tali intervallo vobis de completorio exeuntibus, maxima necessitate cogente, de militari negotio, aut de statu domus nostræ, quia dies ad hoc vobis sufficere non creditur, cum quadam fratrum parte ipsum magistrum, vel illum cui domus dominium post magistrum est debitum, oporteat loqui. Hoc autem ita fieri jubemus, et ideo quia scriptum est : *In multiloquio non effugies peccatum* (Prov. x), et alibi : *Mors et vita in manibus linguæ* (Prov. xviii). In illo colloquio scurrilitates et verba otiosa ac risum moventia omnino prohibemus, et vobis ad lectulum euntibus Dominicam orationem, si aliquis quid stultum est locutus, cum humilitate et puritatis devotione dicere jubemus.

XVIII. — *Ut fatigati ad matutinas non surgant.*

Fatigatos nempe milites non ita, ut vobis est manifestum, surgere ad matutinas collaudamus ; sed assensu magistri, vel illius cui creditum fuerit a magistro, eos quiescere, et tredecim orationes constitutas sic cantare, ut mens ipsorum voci concordet, juxta illud Prophetæ : *Psallite Domino sapienter* (*Psal.* xlviii) : et illud : *In conspectu angelorum, psallam tibi* (*Psalm.* cxxxvii) : vos unanimes collaudamus. Hoc autem in arbitrio magistri semper consistere debet.

XIX. — *Ut communitas victus inter fratres servetur.*

Legitur in divina pagina : *Dividebatur singulis, prout cuique opus erat* (*Act.* ii). Ideo non dicimus, ut sit personarum acceptio sed infirmitatum debet esse consideratio. Ubi autem qui minus indiget, agat Deo gratias, et non contristetur ; qui vero indiget humiliet se pro infirmitate, non extollatur pr misericordia, et ita omnia membra erunt in pace. Hoc autem prohibemus, ut nulli immoderatam abstinentiam amplecti liceat, sed communem vitam instanter teneant.

XX. — *De qualitate et modo vestimenti.*

Vestimenta autem unius coloris semper esse jubemus, verbi gratia alba, vel nigra, vel, ut ita dicam, burella. Omnibus autem militibus professis in hieme et in æstate, si fieri potest, alba vestimenta concedimus, ut qui tenebrosam vitam postposuerint, per liquidam et albam suo conditori se reconciliari agnoscant. Quid albedo, nisi integra castitas ? Castitas securitas mentis, sanitas corporis est. Nisi enim unusquisque miles castus perseveraverit, ad perpetuam requiem venire, et Deum videre non poterit ; testante apostolo Paulo : *Pacem sectamini cum omnibus et castimoniam, sine qua nemo videbit Dominum* (*Hebr.* xii). Sed quia hujusmodi indumentum, arrogantiæ ac superfluitatis æstimatione carere debet : talia habere omnibus jubemus, ut solus leniter per se vestire et exuere, et calceare ac discalceare valeat. Procurator hujus ministerii pervigili cura hoc vitare præsumat, ne nimis longa aut nimis curta, sed mensurata ipsis utentibus, secundum uniuscujusque quantitatem, suis fratribus tribuat. Accipientes itaque nova, vetera semper reddant in præsenti, reponenda in camera, vel ubi frater, cujus est ministerium, decreverit, propter armigeros et clientes, et quandoque pro pauperibus.

XXI. — *Quod famuli vestimenta alba, hoc est pallia, non habeant.*

Hoc nempe, quod erat in domo Dei ac suorum militum Templi, sine discretione ac consilio communis capituli, obnixe contradicimus, et funditus quasi quoddam vitium peculiare amputare præcipimus. Habebant enim olim famuli et armigeri alba vestimenta, unde veniebant damna importabilia. Surrexerunt namque in ultramontanis partibus quidam pseudofratres, conjugati et alii, dicentes se esse de Templo, cum sint de mundo. Hi nempe tantas contumelias totque damna militari ordini acquisierunt, et clientes remanentes plurima scandala oriri inde superbiendo fecerunt. Habeant igitur assidue nigra : sed si talia non possint invenire, habeant qualia inveniri possunt in illa provincia qua degunt, aut quod vilius unius coloris comparari potest, videlicet burella.

XXII. — *Quod milites remanentes tantum alba habeant.*

Nulli ergo concessum est candidas chlamydes deferre, aut alba palla habere, nisi nominatis militibus Christi.

XXIII. — *Ut pellibus agnorum utantur.*

Decrevimus communi consilio, ut nullus frater remanens, pelles perenniter, aut pelliciam, vel aliquid tale, quod ad usum corporis pertineat, etiam-

..o coopertorium, nisi agnorum vel arietum, habeat.

XXIV. — *Ut vetusta armigeris dividantur.*
Procurator vel dator pannorum omni observantia veteres semper armigeris et clientibus, et quandoque pauperibus, fideliter æqualiterque erogare indat.

XXV. — *Cupiens optima, deteriora habeat.*
Si aliquis frater remanens, ex debito, aut ex votu superbiæ, pulchra vel optima habere voluerit, tali præsumptione procul dubio vilissima mereatur.

XXVI. — *Ut quantitas et qualitas vestimentorum servetur.*
Quantitatem secundum corporum magnitudinem ...itatemque vestimentorum observare oportet : tor pannorum sit in hoc curiosus.

XXVII. — *Ut dator pannorum in primis æqualitatem servet.*
Longitudinem, ut superius dictum est, cum æquali ensura, ne vel susurronum vel comminatorum criminatorum] aliquid oculos notare præsumat, ...curator fraterno intuitu consideret, et in ...nibus supradictis, Dei retributionem humiliter ...itet.

XXVIII. — *De superfluitate capillorum.*
Omnes fratres, remanentes principaliter, ita tons habere capillos oportet, ut regulariter ante et ...tro, et ordinate, considerare possint; et in barba, in grenionibus eadem regula indeclinabiliter servetur, ne superfluitas, aut facetiæ vitium de...etur.

XXIX. — *De rostris et laqueis.*
De rostris et laqueis manifestum est esse gentilium. Et cum abominabile hoc omnibus agnoscat, prohibemus et contradicimus, ut aliquis ea ...n habeat, imo prorsus careat. Aliis autem ad ...mpus famulantibus, rostra, et laquea, et capillorum superfluitatem, et vestium immoderatam longitudinem, habere non permittimus, sed omnino ...tradicimus. Servientibus enim summo conditori ...unditia interius exteriusque valde necessaria, eo so attestante, qui ait : *Estote mundi, quia ego ...ndus sum.*

XXX. — *De numero equorum et armigerorum.*
Unicuique vestrorum militum tres equos licet bere, quia domus Dei templique Salomonis exi...a paupertas amplius non permittit impræsentia...m augere, nisi cum magistri licentia.

XXI. — *Nullus armigerum gratis servientem feriat.*
Solum autem armigerum singulis militibus eam causa conceditur. Sed si gratis et chari...ive ille armiger cuiquam militi fuerit, non li... ei eum verberare, nec etiam qualibet culpa pertere.

XXII. — *Qualiter ad tempus remanentes recipiantur.*
Omnibus militibus servire Jesu Christo animi ...ritate in eadem domo ad terminum cupientibus,

equos in tali negotio quotidiano idoneos, et arma, et quidquid ei necessarium fuerit, emere fideliter jubemus. Deinde vero, ex utraque parte æqualiter servata, bonum et utile appreciari equos judicavimus. Habeatur itaque pretium in scripto, ne tradatur oblivioni : et quidquid militi, vel ejus equis, vel armigero, erit necessarium, adjunctis et ferris equorum secundum facultatem domus, ex eadem domo fraterna charitate impendatur. Si vero interim equos suos miles aliquo eventu in hoc servitio amiserit, magister, prout facultas domus hoc exigit, alios administrabit. Adveniente autem termino repatriandi, medietatem pretii ipse miles divino amore concedat, alteram ex communi fratrum, si ei placet, recipiat.

XXXIII. — *Quod nullus juxta propriam voluntatem incedat.*
Convenit his nempe militibus, qui nihil sibi Christo charius existimant, propter servitium, secundum quod professi, et propter gloriam summæ beatitudinis, vel metum gehennæ, ut obedientiam indesinenter magistro teneant. Tenenda est itaque, ut mox, ubi aliquid imperatum a magistro fuerit, vel ab illo cui magister mandatum dederit, sine mora, ac si divinitus imperetur, moram pati nesciant in faciendo. De talibus enim ipsa Veritas dicit : *Ab auditu auris obedivit mihi* (Psal. XVII).

XXXIV. — *Si licet ire per villam sine jussu magistri.*
Ergo hospitales milites propriam voluntatem relinquentes, et alios ad terminum servientes, deprecamur, et firmiter eis jubemus, ut sine magistri licentia, vel cui creditum hoc fuerit, in villam ire non præsumant, præterquam noctu ad sepulcrum, et ad stationes quæ intra muros sanctæ civitatis continentur.

XXXV. — *Si licet eum ambulare solum.*
Hi vero ita ambulantes, non sine custode, id est milite aut fratre remanente, nec in die nec in nocte iter inchoare audeant. In exercitu namque postquam hospitati fuerint, nullus miles, vel armiger, aut alius, per atria aliorum militum causa videndi, vel cum aliquo loquendi, sine jussu, ut dictum est superius, incedat. Itaque consilio affirmamus, ut in tali domo ordinata a Deo, nullus secundum proprietatem militet aut quiescat : sed secundum magistri imperium totus sic incumbat, ut, illam Domini sententiam imitari valeat, qua dicit : *Non veni facere voluntatem meam, sed ejus qui me misit* (Joan. V).

XXXVI. — *Ut nullus nominatim quod ei necessarium erit quærat.*
Hanc proprie consuetudinem inter cætera ascribere jubemus, et cum omni consideratione ob quærendi vitium teneri præcipimus. Nullus igitur frater remanens, assignanter et nominatim equum aut equitaturam, vel arma quærere debet. Quomodo ergo ? Si vero ejus infirmitas, aut equorum suorum debilitas, vel armorum suorum gravitas, tali

esse agnoscitur, ut sic incedere sit damnum commune, veniat magistro, vel cui est debitum ministerium post magistrum, et causam vera fide et pura ei demonstret ; inde namque in dispositione magistri, vel post cum procuratoris, res se habeat.

XXXVII. — *De frenis et calcaribus.*

Nolumus ut omnino aurum vel argentum, quæ sunt divitiæ peculiares, in frenis et pectoralibus, nec calcaribus, vel in strevis, unquam appareant, nec alicui fratri remanenti emere liceat. Si vero charitative talia vetera instrumenta data fuerint, aurum vel argentum taliter coloretur, ne splendidus color vel decor cæteris arrogantia videatur. Si nova data fuerint, magister de talibus quod voluerit faciat.

XXXVIII. — *Tegimen in hastis et clypeis non habeatur.*

Tegimen autem in clypeis et hastis, et furellis in lanceis, non habeatur, quia hoc non proficuum, imo damnum nobis intelligitur.

XXXIX. — *De licentia magistri.*

Licet magistro cuiquam dare equos, vel arma, vel quamlibet rem cuilibet dare.

XL. — *De mala et sacco.*

Sacculus et mala cum firmatura non conceduntur ; sic exponentur, ne habeant absque magistri licentia, vel cui creduntur domus post eum negotia. In hoc præsenti capitulo procuratores et per diversas provincias degentes non continentur, nec ipse magister intelligitur.

XLI. — *De legatione litterarum.*

Nullatenus cuiquam fratrum liceat a parentibus suis, neque a quoquam hominum, nec sibi invicem, accipere vel dare, sine jussu magistri vel procuratoris. Postquam licentiam frater habuerit, in præsentia magistri, si ei placet, legantur. Si vero et a parentibus ei quidquam directum fuerit, non præsumat suscipere illud, nisi prius indicatum fuerit magistro. In hoc autem capitulo magister et domus procuratores non continentur.

XLII. — *De fabulatione propriarum culparum.*

Cum omne verbum otiosum generare agnoscatur peccatum, quid ipsi jactantes de propriis culpis ante districtum judicem dicturi sunt ? Ostendit certe propheta, si a bonis eloquiis propter taciturnitatem debet interdum taceri, quanto magis a malis verbis propter pœnam peccati debet cessari. Vetamus igitur et audacter contradicimus , ne aliquis frater remanens, ut melius dicam, stultitias, quas in sæculo in militari negotio tam enormiter egit, et carnis delectationes miserrimarum mulierum, cum fratre suo, vel alio aliquo, vel de alio commemorare audeat ; et, si forte referentem aliquem talia audierit, obmutescere faciat, vel quantocius poterit cito pede obedientiæ inde discedat, et olei venditori aurem cordis non præbeat.

XLIII. — *De quæstu et acceptione.*

Verum enimvero si aliqua res sine quæstu cuilibet fratri data gratis fuerit, deferat magistro v dapifero ; si vero aliter suus amicus vel parens dinisi ad opus suum noluerit, hoc prorsus non repiat, donec licentiam a magistro suo habeat. At res data fuerit, non pigeat illi, si alteri datur, in pro certo sciat, quia si inde irascitur contra Deum agit. In hac autem prædicta regula ministrator non continentur, quibus specialiter hoc ministerium debetur et conceditur de mala et sacco.

XLIV. — *De manducariis equorum.*

Utilis res est cunctis, hoc præceptum a nobis constitutum ut indeclinabiliter amodo teneatur. Nullus autem frater facere præsumat manducarlinea vel lanea, idcirco principaliter facta ; ne habeat ulla, excepto profluello.

XLV. — *Ut cambiare vel quærere nullus audeat.*

Nunc aliquid restat, ut nullus præsumat cambiare sua, frater cum fratre, sine licentia magistri ; aliquid quærere, nisi frater fratri, et sit res parvilis, non magna.

XLVI. — *Ut nullus avem cum ave capiat, nec cum capiente incedat.*

Quod nullus hactenus avem cum ave accipere audeat nos communiter judicamus. Non conven enim religioni sic cum mundanis delectationibus inhærere, sed Domini præcepta libenter audire orationibus frequenter incumbere, mala sua cum lacrymis vel gemitu quotidie in oratione Deo confiteri. Cum homine quidem talia operante cum accipitre, vel alia ave, nullus frater remanens ha principali causa ire præsumat.

XLVII. — *Ut nullus feram arcu vel balista perculiat.*

Cum omni religione ire decet, simpliciter, et sine risu, humiliter, et non multa verba, sed rationabilia loqui, et non sic clamo a in voce. Specialite injungimus et præcipimus omni fratri professo, ni in bosco cum arcu aut balista aut jaculari audeat nec cum illo qui hoc fecerit ideo pergat, nisi gratia eum custodiendi a perfido gentili, nec cum cane si ausus clamare vel garrulare ; nec equum suum, cupiditate accipiendi feram, pungat.

XLVIII. — *Ut leo semper feriatur.*

Nam est certum, quod vobis specialiter creditur est et debitum, pro fratribus vestris animas ponere atque incredulos, qui semper Virginis Filio minitantur, de terra delere. De leone enim hoc legimus quia *ipse circuit, quærens quem devoret* (I Petr. v), *et manus ejus contra omnes, omniumque manus contra eum* (Gen. xvi).

XLIX. — *De omni re super vos quæsita judicium audite.*

Novimus quidem persecutores sanctæ Ecclesiæ innumerabiles esse, et hos, qui contentionem non amant, incessanter crudeliusque inquietare festinant. In hoc igitur concilii sententia serena consideratione pendeat, ut si aliquis in partibus orientalis regionis, aut in quocunque alio loco, super vos rem aliquam quæsierit vobis per fideles et veri amatores judices audire judicium præcipimus; et quod justum fuerit, indeclinabiliter vobis facere præcipimus.

L. — *Ut hæc regula in omnibus teneatur.*

Hæc eadem regula, in omnibus rebus vobis immerito ablatis, perenniter jubemus ut teneatur.

LI. — *Quod licet omnibus militibus professis terram et homines habere.*

Divina, ut credimus, providentia a vobis in sanctis locis sumpsit exordium hoc genus novum religionis, ut videlicet religioni militiam admisceretis, et sic religio per militiam armata procedat, hostem sine culpa feriat. Jure igitur judicamus, cum milites Templi dicamini, vos ipsos, ob insigne meritum et speciale probitatis, domum, terram et homines habere, et agricolas possidere, et juste eos regere, et institutum debitum vobis specialiter debetur impendi.

LII. — *Ut de male habentibus cura pervigil habeatur.*

Male habentibus fratribus supra omnia adhibenda est cura pervigil, ut quasi Christo eis serviatur: ut illud Evangelicum : *Infirmus fui, et visitastis me*, memoriter teneatur. Hi etenim diligenter ac patienter portandi sunt, quia de talibus superna retributio indubitanter acquiritur.

LIII. — *Ut infirmis necessaria semper dentur.*

Procuratoribus vero infirmantium omni observantia atque pervigili cura præcipimus, ut quæcumque sustentationi diversarum infirmitatum sunt necessaria, fideliter ac diligenter juxta domus facultatem eis administrent, verbi gratia, carnem et volatilia, et cætera, donec sanitati restituantur.

LIV. — *Ut alter alterum ad iram non provocet.*

Præcavendum nempe non modicum est, ne aliquis aliquem commovere ad iram præsumat : quia propinquitatis et divinæ fraternitatis tam pauperes quam potentes, summa clementia æqualiter astrinxit.

LV. — *Quomodo fratres conjugati habeantur.*

Fratres autem conjugatos hoc modo habere vobis permittimus : ut, si fraternitatis vestræ beneficium et participationem petunt, uterque suæ substantiæ portionem, et quidquid amplius acquisierint, unitati communis capituli post mortem concedant, et interim honestam vitam exerceant, et bonum agere fratribus studeant, sed veste candida, et chlamyde alba non incedant. Si vero maritus ante obierit, partem suam fratribus relinquat : et conjux de altera, vitæ sustentamentum habeat. Hoc enim injustum consideramus, ut cum fratribus Deo castitatem promittentibus fratres hujusmodi in una eademque domo maneant.

LVI. — *Ut amplius sorores non habeantur.*

Sorores quidem amplius periculosum est coadunare, quia antiquus hostis femineo consortio complures expulit a recto tramite paradisi. Itaque, fratres charissimi, ut integritatis flos inter vos semper appareat, hac consuetudine amodo uti non licet.

LVII. — *Ut fratres Templi cum excommunicatis non participent.*

Hoc, fratres, valde cavendum atque timendum est, ne aliquis ex Christi militibus homini excommunicato nominatim ac publice, aliquo modo se jungere, aut res suas accipere præsumat, ne anathema maranatha similiter fiat. Si vero interdictus tantum fuerit, cum eo participationem habere, et rem suam caritative accipere, non immerito licebit.

LVIII. — *Qualiter milites sæculares recipiantur.*

Si quis miles ex massa perditionis, vel alter sæcularis, sæculo volens renuntiare, vestram communionem et vitam velit eligere, non ei statim assentiantur, sed juxta illud Pauli, *probate spiritus si ex Deo sunt*; et sic ei ingressus concedatur. Legatur igitur regula in ejus præsentia : et si ipse præceptis expositæ Regulæ diligenter obtemperaverit, tunc, si magistro et fratribus eum recipere placuerit, convocatis fratribus desiderium et petitionem suam cunctis animi puritate patefaciat. Deinde vero terminus probationis in consideratione et providentia magistri, secundum honestatem vitæ potentis, omnino pendeat.

LIX. — *Ut omnes fratres ad secretum consilium non vocentur.*

Non semper omnes fratres ad consilium convocare jubemus: sed quod idoneos et consilio providos magister cognoverit. Cum autem de majoribus tractare voluerit, ut est dare communem terram, vel de ipso ordine disceptare, aut fratrem recipere; tunc omnem congregationem, si magistro placet, convocare est competens; auditoque communis capituli consilio, quod melius et utilius magister consideraverit, illud agatur.

LX. — *Quod cum silentio orare debeant.*

Orare fratres, prout animi et corporis affectus postulaverit, stando vel sedendo, tamen summa cum reverentia, simpliciter, et non clamose, ut unus alium non conturbet, communi consilio jubemus.

LXI. — *Ut fidem servientium accipiant.*

Agnovimus nempe complures ex diversis provinciis, tam clientes, quam armigeros, pro animarum salute animo ferventi ad terminum cupientes in domo nostra mancipari. Utile est autem, ut fidem eorum accipiatis, ne forte veteranus thostis in Dei servitio aliquid furtive vel indecenter eis intimet, vel a bono proposito repente exterminet.

LXII. — *Ut pueri, quandiu sunt parvi, non accipiantur inter fratres Templi.*

Quamvis regula sanctorum Patrum pueros in congregatione permittat habere, nos de talibus non collaudamus vos unquam onerare. Qui vero filium suum, vel propinquum, in militari religione perenniter dare voluerit, usque ad annos, quibus viriliter armata manu possit inimicos Christi de terra sancta delere, eum nutriat; dehinc secundum regulam in medio fratrum pater vel parentes eum statuant, et suam petitionem cunctis patefaciant. Melius est enim in pueritia non vovere, quam, posteaquam vir factus fuerit, enormiter retrahere.

LXIII. — *Ut senes semper venerentur.*

Senes autem pia consideratione secundum virium imbecillitatem supportare ac diligenter honorare oportet : et nullatenus in his quæ corporis sunt necessaria districte teneantur, salva tamen auctoritate Regulæ.

LXIV. — *De fratribus qui per diversas provincias proficiscuntur.*

Fratres vero qui per diversas provincias diriguntur, Regulam, in quantum vires expetunt, servare in cibo et potu et cæteris studeant, et irreprehensibiliter vivant, ut ab his qui foris sunt bonum testimonium habeant, religionis propositum nec verbo nec actu polluant, sed maxime omnibus, quibus se conjunxerint, sapientiæ et bonorum operum exemplum et condimentum præbeant. Apud quem hospitari decreverint, fama optima sit decoratus : et, si fieri potest, domus hospitis in illa nocte non careat lumine, ne tenebrosus hostis occisionem, quòd absit! inferat. Ubi autem milites non excommunicatos congregari audierint, illuc pergere, non considerantes tam temporalem utilitatem quam æternam animarum illorum salutem, dicimus. Illis autem fratribus in ultramarinis partibus spe subvectionis ita directis, hac conventione eos qui militari ordini se jungere perenniter voluerint recipere collaudamus : ut in præsentia episcopi illius provinciæ uterque conveniat, et voluntatem petentis præsul audiat. Audita itaque petitione, mittat eum frater ad magistrum et ad fratres qui sunt in Templo quod est in Jerusalem, et si vita ejus est honesta talique consortio digna, misericorditer suscipiatur, si magistro et fratribus bonum videtur. Si vero interim obierit, pro labore et fatigatione, quasi uni ex fratribus, totum beneficium et fraternitas pauperum et commilitonum Christi ei impendatur.

LXV. — *Ut victus æqualiter omnibus distribuatur.*

Illud quoque congrue et rationabiliter manutenendum censemus, ut omnibus fratribus remanentibus victus secundum loci facultatem æqualiter tribuatur : non enim est utilis personarum acceptio, sed infirmitatum necessaria est consideratio.

LXVI. — *Ut milites Templi decimas habeant.*

Credimus namque relictis affluentibus divitiis vos spontaneæ paupertati esse subjectos, unde decimas vobis communi vita viventibus juste habere hoc modo demonstravimus. Si Episcopus Ecclesiæ, cui decima juste debetur, vobis charitative eam dare voluerit, assensu communis capituli de illis decimis quas tunc Ecclesia possidere videtur vobis tribuere debet. Si autem laicus quilibet adhuc illam vel ex patrimonio suo damnabiliter amplectitur, et seipsum in hoc valde redarguens, vobis eamdem reliquerit, ad nutum ejus qui præest tantum, sine consensu capituli id agere potest.

LXVII. — *De levibus et gravibus culpis.*

Si aliquis frater loquendo, vel militando, aut aliter, aliquid leve deliquerit, ipse ultro delictum suum satisfaciendo magistro ostendat. De levibus, si consuetudinem non habeant, levem pœnitentiam habeat. Si vero eo tacente per aliquem alium culpa cognita fuerit, majori et evidentiori subjaceat disciplinæ et emendationi. Si autem grave erit delictum, retrahatur a familiaritate fratrum, nec cum illis simul in eadem mensa edat, sed solus refectionem sumat. Dispensationi et judicio magistri totum incumbat, ut salvus in judicii die permaneat.

LXVIII. — *Qua culpa frater non amplius recipiatur.*

Ante omnia providendum est ne quis frater potens aut impotens, fortis aut debilis, volens se exaltare et paulatim superbire, ac culpam suam defendere indisciplinatus maneat : sed, si emendare noluerit, ei districtior correptio accedat. Quod si piis admonitionibus, et fusis pro eo orationibus, emendare noluerit, sed in superbia magis ac magis se erexerit, tunc, secundum Apostolum, de pio eradicetur grege : *Auferte malum ex vobis (I Cor. v)*; necesse est ut a societate fratrum fidelium ovis morbida removeatur. Cæterum magister, qui baculum et virgam manu tenere debet (baculum videlicet, quo aliorum virium imbecillitates sustentet, virgam quoque qua vitia delinquentium zelo rectitudinis feriat), consilio patriarchæ et spiritali consideratione id agere studeat, ne, ut ait beatus Maximus, aut solutior lenitas cohibentiam peccantis, aut immoderata severitas a lapsu non revocet delinquentem.

LXIX. — *Ut a Paschali solemnitate usque ad festum Omnium Sanctorum unam camisiam lineam tantum sumere habeat.*

Interea, pro nimio ardore orientalis regionis, misericorditer consideramus, ut a Paschali festivitate usque ad Omnium Sanctorum solemnitatem unicuique una camisia linea tantum, non ex debito, sed sola gratia detur, illi dico qui ea uti voluerit : alio autem tempore generaliter omnes camisias laneas habeant.

LXX. — *Quot et quales panni in lecto sint necessarii.*

Singulorum quidem, non aliter, per singula lecta dormientium dormire, nisi permaxima causa vel necessitas evenerit, communi consilio collaudamus. Lectualia vel lectisternia moderata dispensatione magistri unusquisque habeat : credimus enim potius saccum, culcitram, et coopertorium unicuique sufficere. Qui vero ex his uno carebit, carpitam habeat, et in omni tempore tegmine lineo, id est veluso, frui bene licebit : vestiti autem camisiis dormiant, et cum femoralibus semper dormiant. Dormientibus itaque fratribus, jugiter usque mane nunquam desit lucerna.

LXXI. — *De vitanda murmuratione.*

Æmulationes, invidias, livorem, murmur, susurrationes, detractiones, divina admonitione, vitare, et quasi quamdam pestem fugere, vobis præcipimus. Studeat igitur unusquisque vigilante animo, ne fratrem suum culpet aut reprehendat, sed illud

Apostoli studiose secum animadvertat : *Ne sis criminator, nec susurro in populo* (*Levit.* XIX). Cum autem fratrem liquido aliquid peccasse agnoverit, pacifice et fraterna pietate, juxta Domini præceptum, inter se et illum solum corripiat : et, si eum non audierit, alium fratrem adhibeat : sed si utrumque contempserit, in conventu publice objurgetur coram omnibus. Magnæ enim cæcitatis sunt, qui aliis detrahunt ; et nimiæ infelicitatis sunt, qui se a livore minime custodiunt : unde in antiquam versuti hostis nequitiam demerguntur.

LXXII. — *Ut omnium mulierum fugiantur oscula.*

Periculosum esse credimus omni religioso vultum mulierum nimis attendere, et ideo nec viduam, nec virginem, nec matrem, nec sororem, nec amitam, nec ullam aliam feminam aliquis frater osculari præsumat. Fugiat ergo feminea oscula Christi militia, per quæ solent homines sæpe periclitari ; ut pura conscientia et secura vita in conspectu Domini perenniter valeat conversari.

ANNO DOMINI MCXXVII

GUALTERUS

TARVANNENSIS ECCLESIÆ CANONICUS

ET

GALBERTUS BRUGENSIS

DE VITA

ET MARTYRIO BEATI CAROLI BONI

FLANDRIÆ COMITIS

(BOLLAND. *Acta sanctorum*, Martii tom. I, die 2, pag. 152)

COMMENTARIUS PRÆVIUS

§ I. *Vita B. Caroli ab auctoribus coævis aliisque scripta. Nomen martyrologiis inscriptum. Ossa elevata.*

1. Brugis, celeberrima Flandrorum urbe, anno 1127, die 2 Martii, occubuit martyr B. Carolus Bonus, nobilissimæ illius provinciæ marchio, seu comes, ab aliquot seditiosis hominibus in templo S. Donatiani interemptus : cujus mox virtutem divina clementia, patratis ad ejus corpus miraculis, eminentiorem orbi ostendit : unde plerique principes Flandriæ in vindictam sceleratissimæ necis quamprimum advolarunt. Suberant in regimine ecclesiastico ditionis Flandriæ eo tempore potissimum episcopis Tornacensi et Tarvanensi. Horum prior, qui simul episcopus erat Noviomensis, appellabatur Simon filius Hugonis Magni, fratris Philippi I, Francorum regis : eratque Simonis patruelis Ludovici VI, Grossus dictus, qui tunc Francis imperitabat, eodem avo Henrico I rege prognatus. Apud Galbertum infra in

Vita B. Caroli, num. 38, dicitur *Simon episcopus, uxoris Caroli Boni frater,* scilicet uterinus. Nam mater ejus Adelada, sive Aleidis, mortuo Tarsi in Cilicia 18 Octobris, anno 1102, Hugone Magno priore marito, iterum nupta est Rainaldo comiti Claromontano, eique peperit Margaretam, dein a Carolo Bono in uxorem acceptam. Familia regia Caroli Boni infra in Actis explicatur.

2. Alter episcopus, qui Ecclesiæ Tarvanensi præerat, erat B. Joannes, vir eximia et sanctitate et doctrina clarus anno 1130, die 27 Januarii mortali hac carne exutus : cujus illustria Acta ab auctore coævo conscripta ad illum diem edidimus. Hujus beati episcopi mandato, comitis Caroli genus, vitam, necem et vindictam magno cum judicio scripsit Gualterus, ejusdem Ecclesiæ Tarvanensis canonicus, ac dignitate, ut post ipsa Acta in codicibus antiquis legitur, archidiaconus et ipsi B. Carolo ante familiaris. In ms. Chronico universali Theodorici Pauli

Gorcomiensis dicitur *Walterus presbyter Brugensis.* Asserit ipse infra in Vita, num. 29, se ex mandato Caroli comitis Ipram evocatum, ipsi tertio Kalendas Martii, id est, triduo ante necem, adfuisse: et num. 40 narrat quæ eodem die colloquens cum comite, ab ipso de affectu et desiderio martyrii acceperat. Quia tamen Brugis non adfuerat, cum sanctus comes occideretur, num. 45 : « Deum testatur se quæ de morte ejus et miraculis retulit, viri religiosi domini Heliæ Brugensis decani, Frumoldi Furnensis præpositi, et aliorum clericorum et laicorum, qui se ea vidisse affirmabant, cognovisse testimonio. » Et num. 56 asserit se « cognovisse ex relatione clerici, asciti a Bertulpho præposito, cum Ipras abiret. » Et num. 70 ait « testatos esse sibi sciscitanti plerosque, qui adfuerunt, viros veraces et religiosos, quorum unum, Absalonem scilicet S. Amandi abbatem, pro suæ sanctitatis merito nominari dignum » censuit. Prosecutus est illa quæ uti in fine ante epilogum scribit, « infra duos fere post mortem comitis menses consummata sunt. » Videtur plane Gualterus proximis post obitum mensibus Vitam hanc a se conscriptam in lucem edidisse. Meminit frequenter Guilielmi Iprensis, patre Philippo comite prognati, filio Roberti Frisii, quem num. 73 solum tradit a Ludovico rege Galliarum et Guilielmo Northmanno in comitem Flandriæ assumpto, « commendatum fuisse castellano Insulæ custodiendum, » quod factum fuit 27 Aprilis; at silentio premit eumdem Guilielmum circa 9 Septembris Brugas captivum fuisse abductum, ut scribit Galbertus in altera Vita, num. 131. Damus hanc Vitam ex pervetustis codicibus manuscriptis Brugensis ecclesiæ cathedralis S. Donatiani et abbatiæ Dunensis, et alio ms. nostro, contulimusque cum ea quam anno 1615 Parisiis ex bibliotheca S. Mariæ Igniacensis edidit, sed tacito nomine, Jacobus Sirmundus : cui interim eam editionem ascribunt Philippus Alegambe in Bibliotheca Societatis Jesu, Valerius Andreas in Bibliotheca Belgica, Aubertus Miræus in Fastis Belgicis, Antonius Sanderus De sanctis Flandriæ, aliique. Exstat eadem Vita in Hagiologio ms. bibliothecæ Rubeæ-Vallis canonicorum regularium prope Bruxellas, et in codice ms. Tornacensi monasterii S. Martini.

3. Alteram B. Caroli Vitam conscripsit Galbertus Brugensis, et urbis suæ publicus notarius, et in plerisque testis oculatus : quem summa diligentia omnia coram observasse colligimus ex iis quæ num. 59 scribit his verbis : « Inter tot noctium pericula et tot dierum certamina, cum locum scribendi ego Galbertus non haberem, summam rerum in tabulis notavi, donec aliqua noctis vel diei exspectata pace, ordinarem secundum rerum eventum descriptionem præsentem, et secundum quod videtis et legitis, in arcto positus fidelibus transcripsi : neque quid singuli agerent præ confusione et infinitatione notavi ; sed hoc solum intenta mente notavi, quod in obsidione communi edicto et facto ad pugnam et ejus

causam congestum est : atque ad hoc quasi me invitum, ut scripturæ commendarem, coegi. » Magna eo tempore valuisse apud comites auctoritate similes notarios, constat ex iis quæ in hac Vita, num. 31 et sequentibus, narrantur de Fromaldo notario : quem dein anno 1130 inter illustriores viros subscripsisse Theoderici Alsatii donationi monasterio Quercetano factæ indicat diploma a Miræo in Notitia Ecclesiarum Belgii, c. 139, publicatum. Damus hanc Vitam ex antiquissimo codice ms. quem ante ipsius Galberti tempore aut non diu post exaratum habemus, contulimusque cum duplici ms. Brugensi. Alium ms. codicem habuit Andreas Chesnæus, ex quo plurima allegat in Historia genealogica familiarum Gisnensis, Ardrensis, Gandensis et Calceacensis, a se anno 1631 edita. Habuit dein eumdem codicem Oliverius Uredius, ac sæpius in Genealogia comitum Flandriæ eo usus est, et modo asservatur Ipris apud hujus generum Joannem Baptistam Bonart, urbis illius syndicum : ex quo curavi loca nonnulla conferri. Est eadem Vita olim Gallice translata, cujus codicem manuscriptum se in sua bibliotheca habere testatur Petrus Scriverius in Principibus Hollandiæ æri incisis et commentariis antiquorum auctorum illustratis, et nonnulla pagina 42 transcribit, « ex Galberti Brugensis, inquit, oculati testis fide, qui Caroli Boni Vitam et cædem peculiari libello exsequitur. » Quod tamen cum arbitretur Gallica lingua scripsisse, minus probamus, cum nitor linguæ, qui in parte ab illo transcripta elucet, non videatur fuisse istius sæculi, maxime apud externos Flandros. Dein codices antiquissimi et quamplurimi sunt idiomate Latino, quo eum scripsisse non dubitamus, uti illo tempore acta publica solebant a notariis conscribi. Deducitur hæc historia, ut num. 25 dicitur, « per distinctiones dierum et gestorum, quæ in ipsis facta sunt diebus, usque ad vindictam subnotatam in fine opusculi. » Ob quæ verba possent videri postea ab auctore adjecta esse quæ de defectione Flandrorum a Guilielmo Northmanno comite, et electione Theoderici Alsatii et variis utrinque bellis gestis usque ad obitum Guilielmi narrantur quæ nos cum ad B. Carolum non adeo spectent, mallemus omittere, si typis excusa alibi exstarent. Verum cum aliqua inde excerpta ab Andrea a Chesnæo et Oliverio Uredio allegentur, et nos etiam infra aliqua proferamus, ut recta familiæ Stratensium notitia habeatur, integram damus, ut plenam lector rei gestæ scientiam hauriat.

4. Florebat eodem tempore cum Carolo comite Sugerius, abbas S. Dionysii prope Parisios creatus anno 1123, vita functus anno 1152. Hujus calamo habemus exarata Acta Ludovici Grossi Francorum regis, quibus interserit compendium rerum in nece B. Caroli ejusque vindicta gestarum editum eisdem fere verbis in Auctario Aimoini, lib. v, c. 51, quod infra aliis jam indicatis Actis majoribus præponimus. Habemus præterea antiquum rhythmum, quo lamentatio de morte Caroli comitis ejusque vindicta conti-

netur : quem in pervetusto codice reperit memoratus ante Jacobus Sirmundus, descripsit ac Parisiis Antverpiam anno 1654 transmisit. Sunt etiam aliquot epitaphia olim de B. Carolo facta, et a Jacobo Mejero lib. IV Annalium Flandriæ excusa.

5. Vitam et martyrium S. Canuti regis Daniæ paucis post mortem ejus annis descripsit Ælnothus monachus Cantuariensis, quam Hafniæ sub initium hujus sæculi excusam, iterum accurate correctam notationibus suis illustravit, ediditque etiam Hafniæ anno 1631 Joannes Meursius. Huic S. Canuti Vita in codice ms. adjuncta fuit *Passio S. Caroli comitis Flandriæ*, dicti Canuti filii, et bis etiam cum illa excusa, auctor illius anonymus est et forsan Danus, certe familiarum Gallicarum, Flandricarum et etiam Anglicanarum non satis gnarus. Ea scriptoris menda non observavit Meursius, vir in antiquitate Græca magis eruditus quam in harum regionum historiis, uti de rebus Danicis alias observavimus. Cæterum illa acta, ne moles excrescat, omittimus, cum curiosus lector excusa possit perlegere.

6. Vixit ante trecentos annos Joannes Iperius, abbas Bertinianus in urbe Audomaropolitana, qui studio delectatus historico conscripsit Chronicon sui monasterii, quod apud nos manu exaratum habemus. Illic capitulo 41, parte 2, agit de vita et nece B. Caroli, ac nonnulla suo monasterio præstita beneficia addit ab aliis non indicata : quæ reliquis omissis ad priorem vitam adnotamus, uti etiam quæ narrantur aliter in Chronico ms. monasterii S. Andreæ apud Brugenses. Arnoldus Bostius, carmelita Gandensis, qui a ducentis annis inter Belgas eruditos habebatur, libro De patronatu beatissimæ Dei Genitricis semperque virginis Mariæ de Monte Carmeli cap. 7 appellat « Carolum martyrem, Canuti Danorum regis martyrisque filium, scutum justorum, malorum gladium, qui tirocinii sui primitias in Hierosolyma, Novi et Veteris Testamenti matre nostræque salutis officina tutanda, Jesu Christo consecravit. »

7. Auctor ms. Florarii sanctorum medium inter alios sanctos memorat comitem Carolum cum hoc elogio : « In Flandria apud oppidum Brugas depositio B. Caroli martyris Flandrorum comitis, filii B. Canuti martyris, inclyti regis Daciæ, patris pauperum et Ecclesiarum protectoris devotissimi : qui circa annum salutis millesimum centesimum et vicesimum septimum, anno principatus sui octavo in ecclesia S. Donatiani coram altari S. Mariæ psalmum quinquagesimum, tribus prioribus pœnitentialium dictis, recitans, eleemosynasque pauperibus tribuens, manu servorum suorum propter justitiam occiditur ; Christo, quod acceptus ei fuerit, compluribus statim signis innotescente. » Eumdem celebrant Hermannus Greven et Joannes Molanus in suis ad Usuardum additionibus. Galesinius in suo Martyrologio Romano ista habet : « Burgis (imo Brugis) S. Caroli martyris. Hic Canuti regis martyris filius non minori gloria martyrii coronam accepit. » Petrus Canisius Martyrologio lingua Germanica edito inscripsit his verbis : « Item beata memoria sancti martyris Caroli, comitis Flandriæ, qui Brugis in æde cathedrali apud S. Donatianum quiescit. » Saussajus in Martyrologio Gallicano inter alios hujus regionis sanctos eumdem refert his verbis : « Brugis in Flandria, tum sub metropoli Remensi, S. Caroli, cognomento Boni, provinciæ hujus comitis et martyris, filii S. Canuti Daniæ regis, itidemque martyris gloriosi. » Attexitur dein compendium vitæ et necis : et *basilica S. Domitiani* dicitur, quæ est *S. Donatiani episcopi Remensis* : alia quæ infra rejiciemus, adduntur ex citato Mejero et Molano in Indiculo sanctorum Belgii et Natalibus eorumdem sanctorum. Celebrant eumdem Miræus in Fastis Belgicis, Balduinus Willotius in Hagiologio Belgico, Antonius de Balinghem in Fastis Marianis, aliique.

8. « Sacra ejusdem ossa, inquit Miræus, e tumulo levata, in sacrario canonicorum cathedralis ecclesiæ S. Donatiani religiose asservantur. Fuit vir procera admodum statura, novem scilicet pedes longus : cui longitudini corporis membra et ossa, quæ hodie magna cum admiratione ibidem spectantur, respondebant. » Addit Molanus : « Eodem die in sacrario sermo de ejus meritis habetur, et reliquiæ populo exhibentur. Ex vulnerato cranio sæpius bibunt febricitantes. Ad locum dejectionis supra summum altare erecta est a majoribus crux cum quatuor clavis in memoriam ejus : quomodo passim in viis cruces erigi solent in memoriam cæsorum erectæ. » Hæc Molanus : « Carolus Philippus de Rodoan IV episcopus Brugensium, zelo devotionis et pii affectus, quem habebat ad ossa illustrissimi quondam comitis Caroli Boni ante altare sacelli B. Mariæ virginis in ambitu supra chorum, ubi certa capellania sanctissimæ Trinitatis fundata est, crudeliter interfecti, decrevit cum consensu dominorum de capitulo honeste exornari facere capsulam dicta ossa continentem rubro holoserico, et transferri ac collocari supra altare prædicti sacelli suis etiam sumptibus occludendi et ornandi. Domini de capitulo, habita desuper deliberatione, in prædictum capsulæ ornatum et sacelli occlusionem, ejusdemque capsulæ (occlusione sacelli prius facta) translationem condescenderunt die 23 Februarii, anno 1516. At postea dicti domini de capitulo, ad propositionem et instantem requisitionem ejusdem reverendissimi episcopi, ob varias causas allegatas animos eorum moventes, ordinarunt die 1 Martii, anno 1590, quod cras et in posterum in memoriam quondam Flandriæ comitis Caroli Boni injuste occisi, missa solemnis de sanctissima Trinitate celebretur, prout celebrata fuit. » Sunt hæc allegatis verbis registro actorum capitularium ejusdem ecclesiæ Brugensis inscripta, quorum extractum etiam a D. Matino secretario subsignatum nobis procuravit archidiaconus Brugensis, D. Arnoldus Crabeels juris utriusque et sacræ theologiæ licentiatus. Ne ulla enim nobis deesset rerum gestarum et scriptarum notitia, ipsi Brugas profecti coram singula observa-

vimus; et sacra ossa B. Caroli in sacrario canonicorum cathedralis ecclesiæ S. Donatiani venerati sumus.

§ II. *Fabella de nece B. Caroli in Annalibus vernaculis Flandrorum reperta, et posteriorum scriptorum historiis inserta.*

9. Quæ hactenus expendimus circa auctores qui vitam et necem B. Caroli, et vindictam de sceleratis homicidis sumptam descripserunt, ejusmodi sunt ut vix ulla possint solidiora de quocunque sancto sperari. Nam litteris tradiderunt ut plurimum ea quibus interfuerunt ipsi, quæque geri viderunt, aut certe narrarunt quæ ab iis acceperant, qui suis ista oculis fuerant contemplati. Dein varii auctores distinctis procul locis sua quique Acta, ignari aliorum scriptionis exararunt, utpote Tarvanæ Gualterus archidiaconus, Brugis Galbertus notarius, Parisiis Sugerius abbas S. Dionysii : quibus consentiunt auctores rhythmi antiqui et epitaphiorum, chronologus monasterii S. Andreæ, Iperius abbas Bertinianus, et in nece B. Caroli anonymus Danus. Addi potest Joannes Brando Flander, ordinis Cisterciensis ac sacræ theologiæ doctor, in Dunensi refugio Brugis anno 1428 vita functus, qui in Chronodromo ms. plane consentit. Exstat opus illud tribus tomis Lovanii in collegio Atrebatensi nitidissime in pergameno exaratum. Aliud exstat Chronicon ms. in collegio Lovaniensi Societ. Jesu de comitibus Flandriæ, usque ad Ludovicum Malanum sive annum 1381, quod convenit. Omitto Robertum Gaguinum, Nicolaum Gilles, aliosque rerum Francicarum antiquiores scriptores, in hac controversia consentientes. Præterea in nostris adnotationibus contulimus particularium personarum actiones cum plerisque historicis coævis, qui res tunc temporis in Belgio, Gallia, Germania, Dania, Anglia, Italia et procul dissita Palæstina gestas, scripto posteris reliquerunt : ad quod plurimum juverunt antiqua diplomata regum, principum, episcoporum, et potissimum comitum Flandriæ progenitorum B. Caroli ejusque postmodum successorum, ut veritas undequaque appareat stabilita.

10. Interim hisce omnibus neglectis conflatum est ex contrariis diversisque atque inter se repugnantibus studiis monstrum, quod quasi divinum oraculum apud quam plurimos, etiam viros non ineruditos, susceptum est, et Flandriæ Chronicis insertum. Exstat simile Chronicon idiomate vulgari Belgico typis Antuerpiensibus anno 1531 excusum : cujus priorem partem ad annum usque 1488 deductam reperimus Brugis manu exaratam in codice sub finem aliquot foliis mutilo. Quæ vero in hisce Chronicis de nece B. Caroli leguntur, eadem seorsim circumferuntur, atque etiam nunc « singulis annis Brugis pro foribus templi leguntur, inflati prius sex cornibus a dominis totidem prædiorum rerumve clientelarium denuntiationi huic obnoxiarum : » uti ea leguntur in Commentario Jani Lernutii de natura et cultu Caroli comitis, necnon de cæde ipsius et vindicta in percussores mox secuta. Fuit Lernutius viris litterarum humaniorum amantibus annumeratus, quem « Justi

Lipsii individuum socium Galliæ, Italiæ et Germaniæ academias atque antiquitates lustrasse, » tradit post alios Valerius Andreas in Bibliotheca Belgica ; sed fallitur, dum libellum de Caroli Boni Vita ab eo conscripta tradidit Parisiis editum : quem filius ejus Jacobus Lernutius a se auctum curavit post mortem parentis Brugis anno 1621 excudi, præfatus se « excussa patris papyracea suppellectile, eum multum incorrecte et festinanter exaratum reperisse, ideoque se limam adhibuisse, interpolasse, necnon quædam adjecisse quæ rei congruere censuerat. » Ob quæ verba arbitramur seniorem Lernutium ista in juventute composuisse, cum ne vel unum ex supra allegatis auctoribus legisset, quorum nusquam etiam meminit ; ac dein nactum horum notitiam, illum commentarium abjecisse deformem et necdum adhibita ultima lima impolitum, imo viro erudito indignum, ut istis fabellis nomen apponeretur. Marginibus adscripti leguntur, Terentius, Salustius, Cicero, Apuleius, Cujacus ob verba formulasque loquendi incertas, sed non absque juvenilis animi nota.

11. B. Carolus vix susceperat gubernacula Flandriæ regenda, quando Clementia, mater comitis Balduini defuncti, tunc duci Lovaniensi nupta, variis sibi adjunctis principibus, conata fuit eum a regimine dejicere. « Illinc exortum, inquit Lernutius, bellum atrox... Cum Aldenardum resisteret mulieri, et dominantis imperium agnoscere nollet, invasit violenter oppidum Nerviorum vetus, et militibus in prædam concessit, interfectis ferro civibus ad unum, a calvo, ut dicitur, ad calvum, et domibus igne funditus assumptis. Sunt tamen ex rerum nostrarum scriptoribus nonnulli, qui mitius actum cum urbe et civibus narrent, velintque punitos rebellium primos, civitate incolumi, bonisque incolentium salvis. Quidquid horum est, fides sit penes auctores. Ego Annales, quos vidi vernaculos secutus sum, nec judicium interpono in re controversa. » hæc Lernutius, qui ex eisdem Annalibus vernaculis ita progreditur : « Ad facinus tam crudele hortatores fuerunt et adjutores comes Montanus et fani S. Pauli comes, cum Hesdinio comite... qui præter Aldenerdæ exitium plura mala Flandriæ intulerunt. » Hæc ibi, sed judicio suo non interposito fidem relinquit penes auctores, scilicet istius Chronici vernaculi Flandricarum rerum et nonnullorum, quos mitius actos esse cum urbe et civibus narrare dixit, visus indicare Mejerum et Marchantium, quos postmodum allegat, et de quibus infra latius agemus. Silet de his Marchantius. Verba Mejeri sunt ista : « Aldenardam invasit Clementia atque incendit, ibique cives quosdam ultimo affecisse fertur supplicio. » Ita mitius explicat Chronicon Mejerus, in quo solum « occisos esse cives » legitur. Adjunxit Lernutius, « ad unum, a calvo ad calvum, » ut hoc posset uti adagio. At nos plane nihil actum tunc fuisse circa Aldenardam arbitramur : sed quæ post necem B. Caroli contigerunt, hunc non *recte* esse translata. Gualterus archidiaconus, qui tunc vive-

bat, infra cap. 3 Vitæ B. Caroli accurate describit tumultus bellicos a dicta Clementia excitatos, nulla hujus excidii Aldenardensis facta mentione. At post necem B. Caroli « in Aldenarda comes de montibus se et suos introductos munierat, ad invadendum regnum Flandriarum, quod sibi jure cognationis justius pertinebat. » Mox circa 17 Aprilis « Balduinus ex Alst et Razo cum gravissimo Gandensium exercitu obsederunt castrum Oldenarda. Tunc comes de Montibus cum burgensibus ejusdem loci et militiæ impetu irruit super Gandenses et conversos in fugam, alios interemit, alios vulneribus infecit et multos cepit. Major quidem fugientium pars submersa est fluctibus ipsius, qui navibus devecti, obsidionem præordinaverant. Dein sub initium Maii Ludovicus rex ibat versus Oldenardam, ubi comes ex Montibus infestaverat terram nostram, ibatque per Gandavum. Sed et comes noster Guillielmus Northmannus præcesserat regem, et incenderat manu violenta suburbium usque ad turrim lapideam : et plures igitur, qui suffugerant, in ecclesiam illius loci, concremati sunt ad trecentos, ut aiunt. Quarto Nonas Maii, feria quinta circa meridiem comes rediit. » Ita Galbertus, qui tunc Brugis degebat, infra in Vita num. 108, 114 et 122. En ipsum in illud usque tempus suburbium intactum et integrum permanserat : quod tunc non a comite Montensi, sed Guillielmo Northmanno, creato Flandriæ comite, combustum est. Interim Mejerus ausus est hæc scribere : « Montensis hostiliter in Flandros reversus, Aldenardam per iram incendit, ubi in principe æde permulti exusti feruntur mortales. » Verum in ecclesia suburbii concremati erant. Hæc dicta sint occasione Lernutii, adhærentis vernaculis Annalibus.

12. Oliverius Uredius Brugensis, strenuus indagator antiquitatis rerum Belgicarum, ac potissimum Flandricarum, quarum cognitionem et veritatem principum diplomatibus et scriptoribus coævis eruere ac stabilire conabatur : is prelo parabat commentarium *De primis comitibus Flandriæ usque ad Carolum Danum*, explosa *Forestariorum fabella* : uti titulus iste expressus est in Bibliotheca Belgica Valerii Andreæ. At morte præventus eum tractatum non vulgavit, aut forsan non absolvit. Interim recte *Explosam* volebat *Florestariorum fabellam* : quam interim ut principium omnis veritatis proponunt Annales vernaculi et cum hisce Mejerus et Marchantius. An voluerit Uredius Actis B. Caroli commentarium illum concludere an potius illa excludere, hactenus assequi non licuit. Certe ubi quæ de B. Carolo illis Annalibus inseruntur, accuratius legisset et cum coævis scriptoribus contulisset, ut ineptissimam fabellam etiam explosisset; potissimum illa quæ de sancti comitis cæde, et hujus occasione, ac vindicta de parricidis sumpta tam in ibis Annalibus leguntur, quam in proclamatione anniversaria apud Brugenses publice fieri solita. Fabellæ hujus exornatæ originem plane arbitramur referri debere in comœdias vernaculas, quæ vulgo rhetoricorum romanciæ appellabantur, solebantque proposito bravio in publico urbium accursu exhiberi. Tempus dictu dramatis assignamus sæculum Christi decimum quintum quando Brugensis urbs præ reliquis Belgii civitatibus celeberrimum habebatur emporium, ac septemdecim numerabat regnorum ac nationum tribus, quæ ædes hic suas ac collegia habere solebant. Ex his suam scenam in hac comœdia habuerunt Hanseatici, quos Lernutius *lucripetam gentem Oosterlingarum* appellat, qui centum et pluribus post necem B. Caroli elapsis annis cœperunt coire, interim quasi ex septentrione magni frumenti copiam navibus advexissent, in theatrum inducti, emptores habuisse finguntur Bertulphum præpositum ejusque fratrem Lambertum. Suberant societates hæ sive respublicæ Hanseaticæ quatuor celeberrimis urbibus, Lubecæ, Coloniæ, Brunsuicæ et Dantisco. Sub Lubeca censebantur Hamburgum, Rostochium, Wismaria, Stralsunda, Luneburgum, Stetinum, aliæque his viciniæ civitates, inter quas primum mercatorium fœdus cœpit sæculo duodecimo, ac potissimum circa annum Christi 60 aut 70 supra millesimum et ducentesimum et dein confœderatarum inter se civitatum corpus aliquod firmatum est circa annum Christi 1322, nisi potius integri corporis primum membrum appelletur : cui postea circa annum 1364 secundum membrum metropolis Coloniensis adjectum asserit Joannes Isaacius Pontanus lib. VIII Rerum Danicarum, pag. 494. Hæc fere tempora sunt quo urbs Brugensis paulatim excrescebat in Flandriam emporium, quando cum singulis nationibus Mercuriale, ut vocant, fœdus iniit, et pacta concepit : quod factum esse cum Hanseaticis civitatibus anno 1392 tradit Sanderus lib. I Rerum Brugensium, cap. 2. Elapsi tunc erant a cæde B. Caroli anni ducenti quinquaginta quinque ; et proximo fere sequenti sæculo XV permansit apud Brugenses ea mercimoniorum affluentia : quod tempus assignatæ comœdiæ supra tribuimus : quo tamen sæculo non reperio ullum floruisse historicum qui vel unicum mendum ex hac fabella decerpsit

13. Vixit sæculo decimo sexto Paulus Æmilius, patria Veronensis, Parisiis canonicus S. Mariæ mortuus anno 1529. Hic res gestas Francorum laudato a pluribus Commentario complexus, lib. V in Ludovico VI, Crasso dicto, infandam B. Caroli necem inseruit, et dictam fabellam e vernaculis Annalibus Flandrorum decerptam in compendium redegit : veniam vel ideo apud lectorem obtenturus quod Gualterum archidiaconum et Galbertum notarium, præcipuos Vitæ B. Caroli scriptores, non viderat, credebatque Flandricos Annales præ Sugerio et continuatore Aimoini sequendos. Paulo Æmilio aliquanto junior est Jacobus Mejerus, Flander, ex agro Belliolano oriundus, mortuus anno 1552, et Brugis ad S. Donatianum sepultus. Hic lib. IV Annalium Flandriæ asserit « de vita et morte hujus Caroli scripsisse quemdam Walterum monachum ad Joannem Mori

norum episcopum, sed multo melius ac fusius Galbertum Brugensem; » sed fallitur dum Walterum monachum facit, quem Ecclesiæ Tervanensis archidiaconum alii statuunt, et a quo magno judicio Vitam hanc fuisse scriptam diximus. Cæterum non possumus satis mirari quod hisce auctoribus passim neglectis, adhæserit suis Annalibus vernaculis Mejerus, in quem videtur quadrare censura quam ipse lib. XVII sub finem anni 1473 tulit de Roberto Gaguino, scilicet « commentarios eos, quos provinciali scriptos lingua secutus est, ineptos prorsus esse et multis locis falsos. » Forsan acriorem merentur hi Flandrorum Annales vernaculi in hac B. Caroli historia censuram, cum continuata appareat fabella. Interim Mejerum sequuntur Petrus Oudegerstius, in Annalibus Flandriæ Gallice typis Plantinianis anno 1571 editis, Jacobus Marchantius in Flandriæ libris quatuor Commentariorum descripta, et eisdem typis anno 1596 vulgata. Joannes Georgius, canonicus Brugensis, in Vita Flandrica B. Caroli. Antonius Sanderus in Flandria illustrata nuper splendidis tomis vulgata, aliique similes, qui absque nulla rerum discussione, quascunque fabellas miscent: ex quibus pauculas proferemus.

§ III. *Fabella eadem de Nece B. Caroli ulterius discussa.*

14. Gualterus et Galbertus describunt famem et inediam quæ duobus ante necem B. Caroli annis grassabatur in Flandria, et commendant singularem ejusdem comitis erga pauperes liberalitatem. Ab hac publica fame incipit fabulosa comœdia, seu formula proclamationis, ac primo statuitur comitis eleemosynarius quidam, Tammardus nomine, diciturque cum ipso comite eodem die interemptus: adeoque esset Themardus castellanus Brugburgensis, cujus et duorum filiorum Gualteri et Gilleberti necem describunt Gualterus num. 42, et Galbertus num. 26 et seqq. Verum ex iis quæ mox subjunguntur apparet hunc Themardum castellanum Brugburgensem, et Thancmarum de Straten (de cujus familia infra agemus) in unum eumdemque hominem conflatum fuisse in dicta formula proclamationis in Annalibus vernaculis Flandrorum; quos sequuntur Paulus Æmilius, Oudegerstius, Lernutius: at Mejerus recte ab Themardo Brugburgensi alium statuit Tagmarum et ipsum tamen *comitis eleemonem*: a quo titulo abstinent antiqui. Occasio videtur data a Gualtero, dum num. 25 tradit eum « in eleemosynis pauperibus et præcipue monachis expendendis, magnum studium habuisse. » Hac scena peracta introducuntur in theatrum Bertulphus præpositus ejusque frater Lambertus et Stratii cognominantur (quod infra perperam illis attributum nomen demonstrabimus) et ab ante indicatis Hanseaticis sive Oosterlinganis mercatoribus frumenta navibus e Septentrione advecta coemunt. Decimas item omnes ad vicina monasteria pertinentes comparant, in horrea evehunt, et granaria acervatim stipant. Tunc comes, egenorum lacrymis excitatus, sanxit ut

A Tammardus frumenti vim ingentem in eorum norreis inventam, partim justo pretio venderet, partim, si egeni forent, gratis metiretur, relicta illis ad vivendum sufficiente portione: pecuniam item e frumento vendito collectam, cum illi plane indignati accipere nollent, jussit in pauperes distribui. Est hæc plane plausibilis scena, ab omnibus recentioribus, etiam Mejero, Marchantio, Sandero exhibita: cujus nulla apud antiquos scriptores reperitur mentio. Ob indicatam ante inediam pretium panis a Carolo comite imminutum et potationes prohibitas tradit Gualterus, imo prohibitam cocturam cerevisiæ, pretium vino impositum, et ut legumina sererentur, præceptum fuisse laudat Galbertus; nulla Bertulpho præposito ejusve familiæ inusta coacervati frumenti ignominia, cum alias odii causas accurate ambo inquirant, imo scelera omnia et Bertulphi præpositi et Erembaldi patris detegant: quæ infra luce clarius patebunt.

15. Ira odioque accensis Bertulpho ejusque fratre Lamberto, filius hujus Burchardus, seu Borsiardus, injuriam vindicaturus, ex consilio patrui, partem villæ Tammardi adversarii occupat, terminis ante ad agros dispartiendos recte dispositis, per fraudem ad loca sibi commoda ac opportuna translatis. At ne scena hæc nimium jejuna spectatoribus appareret, inducuntur villani, jussu Boscardi matura omnia cerasa ex pomario Tammardi collecta auferre furto conantes. Occurrunt famuli Tammardi, resistunt audacter, pugnis et impetunt et repelluntur, cerasis vi ereptis et ad Bertulphum deportatis: ob victoriam delatam applauditur. Querela a Tammardo ad principem delata, citatur cum Burchardo filio Lambertus ad tribunal: sed hi contumaces non comparent: jubent per suos fores Tammardi perfringi, poma ex arboribus decuti et furto auferri. Verum Burchardi servi dum fructus colligunt alienos, a clientibus Tammardi impetu in illos facto graviter læduntur, et curru revecti sunt domum. At eorum heri cladem hanc vindicaturi ad rus Tammartianum properant, et arbores a stirpe cædi imperant, arcemque funditus destrui: quo facinore perpetrato ferro interficiunt avunculum Tammardi, et hujus filiam prægnantem. Crimen delatum ad principem et quæstione excussa reus pronuntiatus Burchardus, et damnum omne resarciendum. Omitto reliqua hujus scenæ, quæ in formula citata proclamationis, et dictis Annalibus vernaculis, et apud Lernutium legi possunt. Unum sufficit monuisse nihil horum ab antiquis vitæ scriptoribus tradi, imo Tangmarum in monumentis monasterii S. Andreæ, quæ infra referemus, dici successione prolis claruisse etiam tempore Roberti Hierosolymitani: ideoque ad monasterium illud exstruendum voluisse possessiones suas conferre.

16. Joannes Iperius, ut pietatem B. Caroli erga ecclesiasticos et religiosos viros comprobet, narrat abbatem Bertinianum festo Epiphaniæ ad comitem accessisse, et de oppressione a milite quodam illata

fuisse conquestum. Et hæc materia exornandæ comœdiæ apta est visa. Comes ergo Carolus, ut fert Belgica ejus diei celebrandi consuetudo, rex per lusum creatus, in omnem lætitiam hilaritatemque effusus, inter epulas et pocula variis invitatis, officia magistratusque jocando distribuit. Deposita ab abbate querela, oppressor fingitur Lambertus cum Burchardo filio. Evocatus Bertulphus præpositus advolat gaudens, qui se splendide illi convivio interfuturum speraret. At repetita ab abbate querela, acriter objurgatur, graviter cum fratre mulctandus, nisi prompte abbati ejusque cœnobio satisfieret. Quæ omnia cum aliis ante citatis prosequitur pluribus Paulus Æmilius.

17. His gestis traditur conspiratio de comite interimendo Ipris facta, in eamque præter consanguineos induci finguntur octo canonici Iprenses, et necis patrandæ opportunus statuitur dies Veneris, quo per singulas septimanas recurrente comes solo cerevisiæ potu et panis usu esuriem arcere solitus, cilicio indutus et vestitus cubaret, pedibus nudis, talari veste amictus, marsupio ad latus dependente, templum adiret, ibidem moraturus, dum sacra omnia essent peracta, et hora prandii evocaret. Martis die, Bacchanalium ultimo, quique illo anno Februarium clausisset, Brugas comes reversus, cum sequente feria sexta, quæ Martii mensis tertia fuerit dies, absque ullo comitatu in templo oraret, a Burchardo fuisset interfectus. Quam illa solerter atque ingeniose apparent excogitata, tam aliena a veritate sunt. Comes Ipras evocavit barones suos, ad tertium Kalendas Martii, qui tunc in primam Quadragesimæ Dominicam incidebat, ac postridie ex eorum sententia munitionem Burchardi dejici jussit, ac Brugas reversus est, Kalendis Martii superbæ legationi præpositi respondit, et restitutionem ursit. In necem ejus conspirarunt nocte sequenti sicarii, ac mane die 2 Martii feria quarta post primam Dominicam Quadragesimæ, in templo mactatus est. Ita Gualterus archidiaconus, qui tunc Ipras evocatus a comite, potuit quæ acta sunt scire, et pluribus Galbertus notarius, qui Brugis oculis suis omnia spectabat. Paulus Æmilius ipso sacrorum Cinerum die mactatum scribit. Mejerus in die assignando secutus est Galbertum notarium. Sed dum Robertum et Lambertum fratres Bertulphi, jam ante vita functos, conspirationis reos facit, plurimum aberrat, uti infra ostendetur. Idem Mejerus triduo post necem elapso tradit « corpus comitis in æde D. Christophori apud forum honorifice sepultum fuisse. » Verum illo die, qui erat quartus Martii, « corpus nobile in solario ecclesiæ B. Donatiani transportatum est, et clausum in sepulcro pro necessitate illius temporis constructo. » Ita Galbertus num. 41. At 14 Aprilis occupato solario « inventum est in eo corpus B. Caroli, ad cujus caput stabat cereus ardens, quem posuerant in honorem domini sui traditores illi. » Ita iterum Galbertus num. 105; at num. 119 asserit idem Galbertus, « x Kalendas Maii feria sexta, præteritis jam septem hebdomadis primæ ejus sepulturæ, sepulcrum comitis destructum esse in solario, et corpus ipsius inde venerabiliter sublatum... ac rege comitante ab episcopo et tribus abbatibus in ecclesiam S. Christophori suis e delatum. » Maluit Mejerus sequi recentiorum narratiunculas, quam oculatum testem Galbertum Brugensem, quem tamen pronuntiarat « multo melius. ac fusius scripsisse. »

18. Comœdia hactenus proposita in luctuosam mutata est tragœdiam, et vindicta de sicariis cœpta sumi. Omnia in formula proclamationis, Annalibus Flandriæ, Commentariis Pauli Æmilii et Lernutii, mendis et erroribus oppleta sunt, quorum varios Mejerus aliique descripsere: nolumus iis inhærere ne tædium lectori afferatur. Qui veritati a Gualtero, Galberto aliisque propositæ nolunt acquiescere, conferant ipsi quæ de singulis proferuntur: nos nonnulla in notationibus attingemus: pauca hic observamus. Lamberto fratri præpositi ac patri Burchardi, jam ante vita functo, plurima tribuuntur quæ a fratre ejus Desiderio Hacheto, castellano tunc Brugensi, de quo plerique tacent, fuerant peracta. Interim silentio noctis dicitur e turri Donatiana evasisse, at detectus comprehensusque, in scammo lanionis collocatus, post manus cruraque truncata ac ferramenta candentia illorum fistulis immissa, in patibulo suspensus, avibus pabulum futurus: uti ex Annalibus Flandricis etiam retulit Mejerus. Galbertus num. 80 de quodam Lamberto Archei agit, qui fuga etiam elapsus, captus et in custodia detentus dicitur. Quæ forsan huic Lamberto tributa sunt, cum supplicio illato « militi Georgio, traditorum maximo, qui cum Borsiardo Lamberti filio occiderat comitem; qui post utrasque manus truncatas, gladio percussus et per pedes in cloacarium projectus est submersusque, » uti ea Galbertus habet num. 51. At quidquid sit de occasione erroris, nulla tunc superstitis Lamberti Nappin mentio fit in ullo antiquo scriptore.

19. Simile huic figmentum assumitur in vindicta de reis et sceleratis homicidis sumpta. In vernaculis Annalibus Flandriæ, in Formula proclamationis, in Commentario Lernutii aliorumque omnia circa dictam vindictam præclare peracta attribuuntur Guilielmo Iprensi seu Loano, filio Philippi comitis, fratris Roberti Hierosolymitani: cui præ B. Carolo jus erat succedendi in comitatum Flandriæ, nisi illegitimo toro natus fuisset, uti infra clare constabit. Hic ergo fingitur audita nece B. Caroli mox Brugas advolasse ac sæpius rediviisse, facinoris patrati et ordinem et causas investigasse, milites evocasse, arx seu burgum ut obsideretur præcepisse, novum magistratum creasse, supplicium de Lamberto capto aliisque reis sumendum præscripsisse, ac tandem cum rem Flandricam, tanquam verus successor per septimanas novem gubernasset, quarta vice Brugas venisse, exposuisseque regi Ludovico, quot et quibus modis supplicium de complicibus necis B. Caroli sumpsisset. Quæ aliaque figmenta in dictis Annali-

bus vernaculis et Lernutianis commentariis legi possunt. At contra cum 16 Martii, duabus a cæde B. Caroli elapsis hebdomadis, apud principes obsidionis sparsum fuisset, « Guilielmum Iprensem comitatu a rege donatum, indigne ferebant. Conjurabant ergo et fide sese taxabant, nunquam sub illo, comite Flandriæ manente, sese militaturos. Nam omnibus suspectus erat, et notatus in traditionem domini consulis. » Ita Galbertus num, 57. Sciebant etenim 6 Martii « Godescalcum Thaihals ab Ipra internuntium ad præpositum aliosque proditionis complices Brugas venisse, et a Guilielmo ex Ipra intimo amico salutem et amicitiam atque in omnibus promptissimum auxilium, quantum in se est, aperte demandasse; cætera vero, quæ pudet palam referre, introductum in cameram, denudasse : unde tota domus fiduciam in Guilielmo habebat, et comitem eum vocabat et assumebat. In quo sapientes notabant traditionis conscium Guilielmum, qui traditores in maturitate sceleris sui se salutasset, et cum tota potentia sua ipsis auxilium promptissimum fide et scripto et securitate obtulisset, » ut illa refert num. 44 Galbertus. Addit Gualterus num. 64, « Guilielmum mox ut comitis mortem audivit, eadem die sibi comitatum vindicasse, Ariam oppidum munitissimum occupasse, S. Venantium, Casletum, Bellulam, Ipram, Bergensem quoque et Furnensem terram sibi subegisse. » Cum interim videret proditores ab aliis Flandriæ optimatibus arcte obsideri, et ipse Guilielmus se iis adversarium simulavit. Cum Isaacus præpositi ex sorore nepos captus esset et Teroana Ariam abduceretur, « exspectabat eumdem Guilielmum, credens per illum evadere se posse, eo quod traditionis conscius fuisset. At postquam venerat, comes ille, dissimulans consciam suam ream fuisse, præcepit Isaacum suspendi. » Quod contigit 25 Martii, uti idem Galbertus habet num. 80 et 127. Quin et ipse præpositus, qui pro Guilielmo curarat « brevia et notationes de redditibus conservari, » extremo supplicio afficiendus, ab eo interrogatus, quinam « adhuc latenter nocentes et culpabiles in morte Caroli comitis forent, respondit coram universis æque illum ac se novisse. Tunc furore arreptus Guilielmus ille præcepit illum interfici. » Quæ num. 93 apud eumdem Galbertum leguntur.

20. Interim Guilielmus Northmannus et a rege oblatus, et ab optimatibus assumptus erat in comitem Flandriæ; sed quod a Guilielmo Iprensi despectui haberetur, « rex ægre tulit superbiam et contemptum adulterini comitis Iprensis, » uti ab eodem num. 90 traditur. Hinc Ipra a rege obsessa est et intercepta, ac reliqua Flandria subacta, et Guilielmus Ipris Insulas abductus, ubi a die 26 April. in captivitate detentus fuit, usque ad 9 circiter Septembris, quo Brugas abductus est et « in suprema camera inclusus, appositis vigilibus et custodibus qui illum cautissime observarunt. » Iterum 8 Octobris « Brugis abductus est Insulas et commendatus castellano illius loci. » Ita Galbertus num. 121,

131 et 135. Hæ fuerunt primæ vices, quibus post necem B. Caroli Brugas ingressus fuit. Mejerus de Guilielmo ista scribit, ad eumdem annum 1127 : « Guilielmum Iprensis juratus in Northmanni verba, depositoque regentis nomine, custodia educitur; cæterum contra fidem Northmanno præstitam, ad Stephanum Anglorum regem transfugit, statimque cum ampla Anglorum manu mari reversus, Sclusam petit, in agrosque circumjectos populabundus incurrit, incertum patriæ in Northmanno gravior hostis. » Unde hæc somnia Mejerus hauserit, non reperimus. Annales vernaculi habent, capta Ipra, Guilielmum hunc Audomaropoli detentum captivum, at precibus optimatum liberatum; dein in Angliam profectum, et apud regem de injuria sibi illata conquestum : ab eo comitatu Cantii donatum circiter XXIV annos resedisse. Fuisse Guilielmum in Anglia, ac pro Stephano rege militasse circa ann. 1140 ex Chronicis Northmanniæ, Huntindoniensi, et donatione Bertiniano monasterio facta, apud Uredium in Genealogia comitum, pag. 147 constat. Sed agitur hic de anno 1127, quo eum Brugis et potissimum Insulis in custodia detentum diximus.

21. Imo anno sequente 1128, cum magna pars Flandriæ ad Theodoricum Alsatium defecisset, « Guilielmus Iprensis » (uti 27 Martii Brugis scitum est) « a captivitate productus, Cortracum venit, ut consilio et viribus suis et suorum juvaret Guilielmum Northmannum. » Ita Galbertus num. 152. Verum Guilielmo comite e vulnere 27 Julii defuncto, pacificam accepit totius Flandriæ possessionem Theodoricus Alsatius, relicto Guilielmo Iprensi pristino Loensi domino : qui 22 Augusti ejusdem anni litteris Theodorici, quibus consuetudines Audomarenses confirmantur, subscripsit Willelmus, de Lo, et quidem ante Iwanum de Gandavo et Daniclem de Tenremunda, per quos potissimum evocatus Theodoricus comitatum acceperat. Litteras illas vulgavit Chesnæus lib. IV. Probationum familiæ Gandensis, pag. 208. Miræus etiam in Notitia Ecclesiarum Belgii cap. 141 profert litteras ejusdem comitis Theoderici, quibus anno 1130 confirmavit prædia Loensi monasterio concessa, coram testibus, Willelmo filio Philippi comitis aliisque. Est is Guilielmus Iprensis seu Loensis, quem asserit Mejerus « fatalem diem in cœnobio Loano obiisse IX Kalendas Februarias anni 1172, ejusque sepulcrum fuisse suo tempore apertum, ac pedes cruraque jacuisse adhuc integra multo quam cujusquam tum viventis majora. » Hæc ibi. Robertus Willelmi filius de Lo memoratur in Philippi Alsatii diplomate, quod ex archivio abbatiæ Furnensis edidit citatus Uredius, pag. 148. Hinc etiam patet aberrare plurimum Paulum Æmilium, Mejerum aliosque dum omnes in perpetuum possessiones ademptas iis tradunt, qui quocunque modo in necem B. Caroli conspirassent. Quod in sequentibus ut plane inane commentum refelletur. De gestis Guilielmi Iprensis in Anglia et ejus consulatu Cantii legi possunt Chronica Northmann æ et Angliæ.

§ IV. *Cædes B. Caroli, ab Erembaldinis patrata, perperam Stratianæ familiæ tributa.*

22. Dum totam hanc seriem variorum scriptorum de vita et nece B. Caroli Boni prelo apparamus, et singula quæque suis notationibus illustramus ; admiratione defixi stetimus magna, quod nonnulli ex recentioribus rerum Flandricarum scriptoribus, qui hæc ipsa se legisse innuunt, reos infandi homicidii tanti principis acclamarent Stratenses seu Stratianos, dicerentque præpotentem apud Brugenses hanc Stratensium familiam tunc floruisse, cum nullus antiquorum scriptorum, si eorum monumenta accurate legantur, vel minimam ista scribendi dederit occasionem. Erat Stratiana prope Brugas progenies, eaque illustris et Carolo comiti grata, cui vicinum urbi Stratenum dominium prope abbatiam S. Andreæ, quæ ex illo decerpta est, nomen peperit. Huic odio inveterato infesta atque inimica erat altera eaque admodum potens familia, quam a suo genitore, ut mox patebit, Erembaldinam appellamus. Dissidia crescenant in aliquod intestinum bellum. Stratena domus ab Erembaldinis oppugnata et vastata fuit, et violata comitis auctoritas. Evocatis ad judicium ferendum optimatibus Flandriæ, declarati Stratenses insontes, Erembaldini rei, eorumque aliqua domus dejecta. Quo facto Erembaldini in iram furoremque acti, B. Carolum, tanquam Stratianorum protectorem, crudeliter mactarunt. Hoc posito utramque familiam aggredimur continua rerum oppositione distinguere.

23. Homicidas hosce quos Erembaldinos appellamus, scribit abbas Sugerius, infra num. 39 fuisse « genere humiles, et de fece conditionis servilis : eosque de servili conditione secundum suæ cognationis lineas fuisse, et ideo eos omnibus modis se a servitute comitis, qui ipsos suæ servituti vindicabat, enixos subtrahere » tradit Galbertus n. 12. Addit Gualterus n. 24, « hanc primam visam fuisse interfectionis occasionem : hinc namque eos gravissima contra comitem cœpisse exercere odia. » Ex hac ergo *servilis conditionis fece* erat Erembaldus, a quo reliqui prognati. Galbertus n. 113 a-serit « Erembaldum de Furnis natum, » venisse Brugas, et factum « Boldranni Castellani in Brugis hominem et militem, et sæpe adulterio abusum uxore domini sui castellani illamque adulteram promisisse adultero suo vicecomitatum, si vir ejus cito moreretur : unde adulteram semper domino suo machinatum mortem, in imperata a comite expeditione facto noctis silentio in profundum Scaldis præcipitasse; reversum ergo adulteram suam duxisse uxorem, et facultatibus domini sui emisse vicecomitatum. » Hæc Galbertus. Vicecomitatus appellatur ipsa castellani dignitas. Ast indicata appellatio comitis, fuit Balduini Pii sive Insulensis, proavi B. Caroli Boni, qui in societatem belli a Godefrido Magno Lotharingiæ Mosellanæ duce attractus, arma contra Henricum III imperatorem sumpsit, et in imperiali ripa Scaldis Einhamam arcem diruit, castrumque Gandense diu obsessum occupavit, et Cameracum Antverpiamque urbes a se occupatas per pacem factam Henrico Cæsari restituit : uti illa leguntur apud Jacobum Mejerum lib. III Annalium Flandriæ ad annos 1046, et 1050. At Sigebertus bellum illud exorditur anno 1047 eique per Victorem papam anno 1057 finem impositum tradit : scribitque Balduinum Hagionensium Comitatum invasisse, Hojum oppidum incendisse, Andoverpum obsedisse ; contra vero Henricum Cæsarem Balduino fugiente, Scaldim transiisse, et multos Flandrensium primates intra urbem Tornacum obsessos cepisse. E quibus tempus Baldranni castellani Brugensis in Scaldim projecti, et Erembaldi in ejus locum suffecti satis superque ostenditur : penes quem ejusque posteros ea castellani dignitas per annos octoginta mansit.

24. Miræus lib. II Donationum Belgicarum, cap. 25, et in Notitia Ecclesiarum Belgii, cap. 98, edidit donationem ejusdem comitis Balduini Insulensis factam anno 1067, indictione V monachis Bergensibus ad S. Winocum : cui post comitem Balduinum, ejusque conjugem Adelam, ac filios Balduinum et Robertum aliosque subscripserunt Erembaldus castellanus de Brugis, Erkenbertus præpositus, aliique multi, quorum nomina omisit Miræus. At Sanderus in Flandria illustrata, ac ditione Franconatus pag. 292 asserit hisce temporibus « Stratianorum familiam potentem et opulentam fuisse, et memorari in litteris Balduini Insulensis » ad annum 1067, de quibus egimus, Athe ardum de Stratis cum Abbone de Rodanburch. Aliud Miræus in eadem Notitia cap. 112 profert diploma Roberti Hierosolymitani, quo Rainerum præpositum ecclesiæ S. Donatiani creat perpetuum Flandriæ cancellarium anno 1089, cui post Rainerum præpositum, et plures canonicos aliosque subscripserunt Erembaldus Castellanus Brugensis et Rodbertus filius ejus : item Athelardus de Stratis. Mejerus sub initium libri IV recenset præcipuos optimates, qui hisce temporibus floruerunt, inter quos leguntur Ereinboldus castellanus Brugensis, Albo, qui supra Abbo Rodenburgensis, Adelardus Stratensis. En familiam Erembaldinam a Stratiana plane diversam, et utramque magna apud Flandros existimatione florentem.

25. Fuerunt Erembaldo quinque filii, memoratus ante Rodbertus seu Robertus ab obitu patris Castellanus Brugensis, Lambertus Nappin, qui duo primogeniti statuuntur, et ante necem B. Caroli defuncti; Bertulphus præpositus S. Donatiani; Desiderius Haket etiam, ut infra ostendetur, Castellanus Brugensis; et Welfricus, sive Wlfricus, aut Guelricus cognomento *Cnop*. En varia cognomina, *Haket*, *Nappin*, *Cnop* ab antiquis indicata, at nusquam de *Straten* aut quid simile innuitur : quod cognomen cum dominio permansit apud posteros Athelardi de Straten, et fuerunt Thagmarus, sive Thancmarus, qui non habuit liberos, tum Berenvoldus, aut certe alii anonymi, ex quibus fuerunt prognati nepotes Tagmari, de quibus infra agitur. Cum Robertus Hiero-

solymitanus in terra sancta militaret, facto voto abbatiam S. Andreæ exstrui per uxorem jussit in fundo de Betferkerca; ad illud illustre opus fuerat a Tagmaro de Straten, ante incitatus; quia etiam plurima bona eisdem monachis donavit, secundarius fundator habitus, uti ex antiquis hujus monasterii monumentis ipsi descripsimus. Exstat in Notitia Miræi cap. 123 diploma Baldrici episcopi Noviomensis et Tornacensis, quo « anno 1105 indictione VIII, condonavit altari de Betferkerca jus libertatis, ea conditione, quod monachi inibi constituantur. » Subsignarunt inter alios Berthulphus præpositus, Robertus Castellanus, et Lambertus Nappin, tres fratres Erembaldo patre prognati. Item memoratus Tagmarus de Stratis. Quo artificio Bertulphus factus præpositus fuerit, explicat Galbertus num. 92 his verbis : « Poterat reminisci Bertulphus, quomodo violenter intrusus et viventi præposito Ledberto, viro honesto et propter Deum omnia patienti, superpositus, injuste et contra Deum in templo Dei prælationem usurpasset, » etc. At Robertus castellanus Brugensis apud Sanderum lib. I Rerum Brugensium cap. 7, « signat litteras Balduini (imo Balderici) Noviomensis ac Tornacensis episcopi, quibus ad annum 1096 altare de Oostburch cum capella ipsum respiciente, sita in Isendica, datur Blandiniensibus. » Verum quia Baldericus, Radbodone anno 1098 vita functo, creatus est episcopus, in assignato anno mendum est. Iterum apud Sanderum : « Alius, imo idem, Robertus castellanus Brugensis ad annum 1109 signat litteras Roberti Hierosolymitani donationis cujusdam factæ cœnobio Formissellensi. Idem anno 1101 confirmat privilegia ecclesiæ S. Donatiani. » An recte? Mejerus ad illum annum asserit privilegia isti ecclesiæ a Roberto comite donata subsignasse Erembaldum castellanum Brugensem cum Roberto filio, Athelardum Stratensem, aliosque. Galbertus num. 113 inter filios Erembaldi statuit Robertum post ipsum quoque castellanum secundo loco, et dein post ipsum Robertum asserit filium ejus Walterum, castellanum tertio vicecomitatus loco hæredem successisse. Andreas Chesnæus lib. II Probationum ad Historiam genealogicam familiæ Gandensis et Cisnensis, pag. 67, edidit partem litterarum Balduini Securis Flandriarum comitis, quibus permutationem villæ d'Oosterseele ab ecclesia S. Bertini pro aliis bonis factam confirmat anno 1115. Huic donationi subscripsit inter alios Walterus, castellanus Brugensis.

26. Verum eo admodum juvene mortuo successit patruus ejus Des'derius Haket, filius Erembaldi, ac frater Bertulphi præpositi. Hic litteris ejusdem Balduini pro ecclesia Formeselensi apud memoratum Chesnæum, pag. 188, subscribit anno 1115 Haket castellanus Brugensis, uti aliis litteris in favorem ejusdem ecclesiæ Formeselensis apud Chesnæum, pag. 68, anno 1117, indict. X, Hachet castellanus Brugensis. Idem Chesnæus, lib. II Probationum ad Historiam genealogicam familiæ Bethuniensis, p. 19

edidit litteras Caroli comitis, quibus anno 1122, confirmavit privilegia a decessoribus suis concessa Vulverico abbati S. Bavonis Gandensis ecclesiæ, » ubi inter testes est Haket castellanus de Brugis. Et sunt hæc solius Haketi. Idem comes Carolus Bonus, ejusque buticularius, seu pincerna, Walterus cum Conone fratre dotant Aldenburgensem abbatiam, et diplomati ea super re XVI Kal. Augusti anno 1119, indictione XII, signato subscripserunt Bertulfus Brugensis præpositus, Desiderius Haket castellanus, et Lambertus Nappin tres fratres ac filii Erembaldi : item Thancmarus de Straten et Berenvoldus de Straten. Consule Miræi Notitiam, cap. 168. Dicto Berenvéldo nati videntur Walterus de Straten et duo fratres ejus, passim Thugmari nepotes dicti, quod patre horum mortuo cum ipso degerent in dominio suo de Straten, uti ex sequentibus constabit. Mortuo etiam Lamberto Nappin, supererant filii Burchardus, sive Borziardus, aut etiam apud Anonymum Danum Fromoldus cognomento Borchardus, et Robertus, eidem Anonymo Lambinus Morunnater dictus. Ex Roberto, dein Castellano, nati sunt Walterus, quem castellanum in juventute diximus, et Albertus ac dein ex secunda conjuge Robertus passim puer dictus. Huic dominium fuit in Ravenscot in agro Brugensi « in defensionem valde præmunitum, » ut testatur Galbertus num. 47. At Borziardus domum, quam munivit, habuit haud procul Straten, aut forte in dominio dominorum de Straten. Hinc odia, lites et bellicæ irruptiones inter utramque familiam cœperunt, et quia, ut ait Galbertus num. 15, « Thancmari de Straten justæ parti comes favebat; Berthulphus præpositus universos milites pretio, potentia et petitione accivit in auxilium nepotum suorum contra Thangmarum, et quidem quingentos milites armigeros et pedites infinitos induxit, ferramenta et secures jussit deferri, » etc. In hac oppugnatione domicilii Thangmari occubuit, teste Galberto num. 26, Robertus frater Borziardi, quem occisum suspicabantur ab Henrico de Locris, milite pro dominis de Straten. Quid actum sit de Alberto, quem tertium Bertulphi nepotem memorat idem Galbertus, num. 11, nusquam indicatur, ut videatur etiam occubuisse, dum « cum copiosa et valida manu collecta (verba sunt Gualteri num. 28) omnem fere incursanti circa regionem, domos infringunt, mobilia quæque diripiunt, pauperes exspoliant, quosdam suspendunt, plerosque in ferro trucidant, » et hæc absente in Francia comite Carolo, qui Ipras reversus, e sententia optimatum Flandriæ munitionem Borziardi curat everti, incendi et funditus destrui. Intercessores pro Borziardo admittit Brugas reversus; novam ei domum, sed alibi addicit, procul a Stratena possessione : « eo quod, » uti asserit B. Carolus apud Galbertum, num. 16, «usque tunc juxta Thancmarum manens, nunquam nisi lites et seditiones cum rapina et cæde ageret. » E quibus magna utriusque familiæ potentia colligi potest.

27. His peractis conspirant in necem Caroli comi-

tis sex principes factionis, quibus præerat suo concilio Bertulphus præpositus, erantque Guelricus sive Wlfricus, frater præpositi, et hujus duo nepotes Burchardus, seu Buziardus, filius Lamberti Nappin, et Robertus puer, filius Roberti castellani, sed satis invitus ab aliis attractus; tum Isaac præpositi consanguineus, Guilielmus Viroviacensis et Ingrasnus Esnensis. Ita cum Galberto Gualterus, num. 34. Mejerus tres adjungit factionis principes Robertum et Lambertum Nappin, fratres Bertulphi, sed jam ante vita functos, et Guillielmum Lamberti filium, verum hunc ob altum antiquorum scriptorum silentium non arbitramur unquam in rerum natura exstitisse, et solum in fabulosis Flandrica scriptis lingua Annalibus procreatam. Interempto die 11 Martii B. Carolo comite manu implissimi Borziardi, « eodem die, inquit Galbertus num. 35, excursum fecerunt traditores illi in hostes suos, scilicet contra Thangmarum et suos apud Straten et repererunt oppida eorum vacua et curtes vacuas. Nam audito scelere, quod factum est in morte comitis, timuerunt sibi, maxime quod defensorem suum perdidissent... Tunc traditores illi invadentes tam oppidum quam curtem Thangmari, omnia arma et supellectilem intro diripientes simul cum maxima rapina pecudum et vestium rusticorum villæ illius, atque sic rapina exercitata per totum diem in vespera redierunt. » Hæc Galbertus, testis oculatus, asserit gesta in *Straten*, non , ut Mejerus, in *Orscampo*, sive *Oostcampo*, procul inde, prope novam fossam Gandensem.

§ V. *Gesta utriusque familiæ Erembaldinæ et Stratianæ post necem B. Caroli.*

28. Accessit dein in defensionem Erembaldinorum, fratrum et nepotum suorum Desiderius Haket, castellanus Brugensis, quo duce suburbia a civibus munita fuisse tradit Galbertus, num. 46. Contra eos arma sumpsit « Gervasius, camerarius S. Caroli, et vii Martii obsedit oppidum Ravenschot in defensionem traditorum valde præmunitum', et viii Martii Roberto puero, cujus oppidum erat, frustra contra obsidentes excurrente, destructum est Ravenschot igne et armis, et juxta Brugas domus Wlfrici Cnop, fratris præpositi, qui mortem comitis juraverat, combusta est. » Ita Galbertus, num. 47 et 48, qui dein tradit « Gervasium intra suburbium susceptum ix Martii, traditores intra castrum obsedisse, » quod Brugenses expugnarunt xix Martii, uti dein inferius S. Donatiani templum. Tunc teste Galberto, num. 74, « nepotes Thancmari de Straten in domo præpositi præfixerunt signa sua superbe et gloriose et potenter, et quidquid intus repererunt, quasi proprium possidebant, frumenta et vinum quod obtinuerant apud rus suum in Straten emiserunt. Verum cives vas vini truncarunt, portas suburbii clauserunt, ut nemo aufugeret, clamantes Thancmarum et nepotes ejus jure suspendi debere, eo quod eorum causa comes occisus, et præpositus et ejus nepotes obsessi, et plures de ipsorum familia interfecti et morte turpissima damnati fuissent. Et obsessi castellanus Haket et Robertus puer aliique ex turri altiore annuebant brachiis et manibus obsecrantes, ut inimicos illos perderent, quorum causa gravissimum nefas perpetratum : qui ita arroganter in domum præpositi conscenderant, signa victricia affixerant, cum eo tempore, quo castrum expugnatum, dormirent domi et in rure suo, » scilicet in Straten, quo sub tutela principum abducti fuerunt. Captus 23 Martii Isaac consanguineus præpositi et suspensus. At 30 Martii Guilielmus Northmannus declaratus est comes Flandriæ, a quo in locum Desiderii Haket (qui Kalendis Aprilis e turri evasit et latuit Liswegæ apud generum suum) constitutus est 2 Aprilis castellanus Brugensis Gervasius. Dein 11 Aprilis Bertulphus præpositus Ipris suspensus, et 14 ejusdem mensis occupatum est solarium templi S. Donatiani, ejusque turris dedita die 19, et sumptum supplicium 5 Maii, quando Wlfricus frater præpositi aliique xxvii complices e turri dejecti perierunt. Bursiardus dein supensus est, et Robertus puer Casleti capite plexus.

29. Anno sequente 1128 assumpto in comitem Theodorico Alsatii paulatim defecerunt Flandri a Guilielmo Northmanno : cui adhæserunt Stratenses, etiam contra Brugenses qui 26 Martii pro excepto Theodorico « excursum fecerunt ante domum Thancmari. At postridie summo mane Thancmarus, et nepotes ipsius domum et mansiones proprias in Straten combusserunt, quia si hoc non fecissent, Daniel et Juan cum suo Theodorico fecissent, » uti ea testatur Galbertus num. 151 et sequente. Ast « 11 Aprilis nepotes Thancmari cucurrerunt super Brugenses apud Harenas, evocantes cives ad militias faciendas : et 23 Aprilis nepotes Thancmari incenderunt domum Fromoldi junioris in Berenhen, et 12 Junii incenderunt domum vicinam castro Brugensi. At castellanus Brugensis Gervasius occurrens, cepit Walterum nepotem Thancmari, per quem occasio et causa seditionis et pugnæ totius originem habuit inter Borsiardum traditorem comitis Caroli et Thancmarum. Cives vero Brugenses manus præ gaudio complosas conferebant, quod captus esset Walterus, qui caput et principium fuit totius mali terræ nostræ, pro cujus dolis Carolus consul traditus est, non quod ipse tradidisset, sed hostes suos Borsiardum et suos ad tradendum compulisset. » Ita Galbertus num. 174, addens se « hæc dicere secundum sensum vulgi, et secundum furorem animi illorum, qui modo captivum Walterum præfatum suspendere (voluissent) aut novo et inaudito mortis fine dissipassent, si comes permisisset. » Dein 11 Julii ut « vulnere convalesceret Walterus e captivitate educitur, factis obsidibus duobus fratribus, quos 25 die ejusdem Julii liberavit Walterus in captivitatem reductus, ut plenius Galbertus narrat : e cujus verbis « secundum sensum et furorem vulgi, Walterus de Straten, caput et principium totius mali » proclamatus, videtur perperam principibus factionis Erembaldinorum annumeratus , et occasionem dedisse hos appellandi Stratenses aut Stratianos.

30. Mortuo ex vulnere adhuc eodem mense Julio

Guilielmo Northmanno, pacificam Flandriæ possessionem accepit Theodoricus Alsatius, a regibus etiam Franciæ et Angliæ approbatam : qui anno 2 comitatus, Christi 1129, confirmavit donationes monasterio Aldenburgensi factas, quibus cum aliis subscripsit Thancmarus de Straten, qui eodem modo subsignavit litteras donationum ejusdem Theodorici comitis pro abbatia Quercetana anno 1130. Videndus Miræus in Notitia Ecclesiarum Belgii, cap. 139 et 168. « Erat Thancmarus, sive Tachmarus, vir potentia et divitiis clarus, qui successione prolis carens, bonorum suorum Christum constituit hæredem, ea conferens monasterio S. Andreæ : cujus devotio in tantum crevit, ut ibidem monachatum professus, laudabiliter vixerit et sancte mortuus sit; » uti ea ex relatione Henrici Zypæi dicti monasterii S. Andreæ abbatis describit Sanderus in citata Flandria illustrata, pag. 292. Ex quibus constat hunc Thangmarum alium recte a nobis constitui a Themardo castellano Brugburgensi cum B. Carolo occiso. Apud eumdem Sanderum litteris dicti Theoderici Alsatii postmodum subscripsit Riquardus van der Straten, alter forsan fratrum Walteri vander Straten, de quibus supra egimus. Alius etiam Richardus dominus vander Straten anno 1230 vixisse traditur. Addit Sanderus toparchiam de Straten postmodum pertinuisse ad Costerios, Dudezelios, Halmalios, Ghistellanos. At Brugis didicimus nunc spectare ad principem Chimacensem et comitem Middelburgensem.

31. Hæc de familia Stratiana dicta sufficiant; aliqua solum restant de Erembaldina seu proditrice dicenda. Paulus Æmilius asserit « nulli conjuratorum temperatum nec noxiorum modo morte piaculà cæsi comitis expetita, sed quicunque aliqua necessitudine eos contingebant, atque adeo paulo notiores, aut ferro pulsos, aut metu voluntarium sibi exsilium longinquumque constituisse, finitimis eos detestantibus, exsecrantibusque. » Mejerus addit « apud quosdam memoriæ proditum, partem horum parricidarum patria extorres pervenisse in Hiberniam, permissuque regis Angli, quamdam ibi coluisse insulam, nomine Gerinam, ibique in tantam excrevisse gentem, ut ipsi aliquando regi ausi sint rebellare. In Flandria diruta fuere funditus eorum ædificia, adempta in perpetuum restituendi potestate. Agri possessionesque universæ gravissimis damnatæ tributis, exsecrata damnataque in æternum progenies. » Hæc Mejerus, aliique cum secuti : quæ nobis plane improbantur, uti constat ex supra dictis de Guilielmo Ipreusi filio Philippi comitis, sed res clarissima fiet in Desiderio Haketto castellano Brugensi, fratre Bertulphi præpositi, et patruo Burchardi seu Bursiardi. Hic mox, atque B. Carolus fuerat interemptus, « in ejus domum cum suis ad eam obtinendam conscendit, » et fratrum nepotumque, atque aliorum conjuratorum protectionem tutelamque suscepit : dein « claves omnes B. Caroli de domo, de scriniis et cistis quæ in domo erant, cum aliis violenter extorsit, et in suam potestatem redegit. » Quæ primo die facta narrat Galbertus num. 26 et 36. Cum aliis dein intra burgum inclusus obsessusque in tanto aliorum odio fuit, ut « quidam ex curte ejus nomine Robertus, cursor et serviens ejus, interceptus fuerit in medio fori occisus et in paludes attractus. » Admitti etenim ab Aldenburgensibus in novum comitem non potuit Guilielmus Northmannus, quin promitteret et ipse et rex, » Haket castellanum et reliquos traditores nunquam deinceps hæredes fore in comitatu Flandriæ, » quæ apud eumdem Galbertum n. 51 et 89 leguntur. Impetrata interim ab obsessis fuit alloquii facultas, in qua peroravit Haketus pro omnium liberatione, reis efflagitans perpetuum exsilium, sibi vero, Bertulpho præposito et Roberto puero, quos secum innocentes volebat, plenam securamque libertatem. Respondit nomine multitudinis obsidentis Walterus miles, ac nemine excepto omnes reos probavit : « Itaque deinceps, subjungebat, fidem et hominia, quæ hactenus vobis servavimus, exfestucamus, damnamus, abjicimus. Finita responsione omnes arreptis festucis, exfestucaverunt illorum obsequium, hominium, fidem et securitatem. » Ita Galbertus num. 64 et 65. At « Kalendis Aprilis, uti asserit num. 86, feria sexta in die Parasceve castellanus Haket a turri evasit solus, et transivit apud Liswega, et ibi latuit cum filia sua, quam ibidem duxerat olim miles magni generis et divitiarum plenus. Exspectabat enim ille fugitivus quid deinceps ageret. » Postridie « in sabbato sancto Paschæ » in hujus locum « constitutus est Gervasius Castellanus in castro Brugensi. »

32. Memoratus miles vocabatur Walterus Crommelin, sive Clomliin : qui contra Guilielmum Northmannum primum suppetias attulit Burgensibus, teste Galberto num. 149, qui et gener Haket et filius Robertus superstites tempore Theoderici Alsatii fuerunt, et pacificam rerum suarum possessionem obtinuerunt. Cujus rei illustria duo testimonia exhibet Andreas Chesnæus in Probationibus ad librum II Historiæ Genealogicæ familiarum Gandensis et Gisnensis. Hic cum pagina 70 protulisset litteras Theoderici Alsatii, quibus possessiones abbatiæ Gandensis S. Petri confirmavit, ista pag. 71 subjungit : « Litteræ aliæ Theoderici comitis Flandriæ, quibus curat sopire et penitus decidere, præsentibus præcipuis baronibus suis, querelam inter abbatem S. Petri et Haketum quondam castellanum Brugensem, super eo quod intra ambitum parochiæ quæ dicitur Liffinga, præfata ecclesia ex antiquo Bercænas super littus maris possidet, quibus per maris alluvionem nova quædam terra conglutinata est ac concreta. Hæc acta sunt sub sigillo et signo prædicti comitis Theoderici. Testes Juanus de Alost, Daniel de Ternemunda, Gerardus de Oldenarde, Wenemarus Castellanus Gandensis, Balduinus de Belle, Everardus de Gant, Christianus de Gistella. Actum Brugis anno Verbi incarnati 1133. » Hæc ibi. Ex nominatis baronibus Juanus de Alst, Daniel de Tenremunda et castellanus Gandensis, cum suo singuli milite obsederant a 10

et 11 Martii burgum Brugense, et cum aliis « exfestucaverant Haketi castellani aliorumque obsequium, hominium, fidem, et securitatem, » et modo iidem barones querelam de certa possessione Haketi sopiunt et decidunt cum comite suo Theoderico. Qualia de Haketi filio et genero adduntur apud eumdem Chesnæum eadem pag. 71 his verbis : « Litteræ ejusdem Theoderici comitis Flandriæ, quibus sopit querelam quæ erat inter Giselbertum abbatem S. Petri Gandensis et Robertum filium Haketi quondam castellani Brugensis et Walterum Crommelin generum ejus super terra in Testrep et decima de Groede. Signum Theoderici comitis, et S. Iwani de Alost, S. Danielis de Tenremonde, S. Gerardi de Aldenarde, S. Rasonis buttellarii, S. Theoderici camerarii, S. Michaelis constabularii, S. Wenemari castellani Gandensis, S. Ghisleberti castellani de Berghes, S. Balduini castellani de Lens, S. Walteri de Nivella, S. Balduini de Belle, S. Gervasii de Ythelhem, S. Everardi de Gandt, S. Walteri Crommelin. Actum hoc Brugis Verbi incarnati anno 1133, indict. XI, regnante rege Ludowico in Francia, Theoderico principante in Flandria, anno sui principatus VI. » Hæc ibi. In memorata superius donatione ejusdem comitis Theoderici anno 1130 abbatiæ Quercetanæ, subsignavit idem Haketti gener Walterus Clomlin.

33. Plura omittimus congerere, cum ex his satis colligamus sub Theoderico comite factam fuisse ἀμνηστίαν, sive obliterationem injuriarum et præteritorum in perpetuum oblivionem : neque exsecratam damnatamque in æternum mansisse eam progeniem, uti ex fabulosa formula proclamationis, quæ præ foribus templi legitur, conati fuere probare, Mejerus, Marchantius, Lernutius; et hic quidem, quod die Veneris fingeretur comes occisus, refert eam exsecrationem solitam fieri « prima ac secunda die Veneris mensis Martii. » At quia ex Gualtero et Galberto aliisque antiquis scriptoribus B. Carolum *die secundo Martii et feria quarta* interemptum fuisse certo constabat, *damnatio sexto Nonas Martii cœpta divulgari*, et si Mejero credatur, *ad tubæ cantum*, at *per cornicinem exsecrari progeniem* scripsit Marchantius. Quæ omnia viso hoc scripto melius omittentur, cum Deus prima Veritas tot confertis mendaciis non honoretur.

§ VI. *Series castellanorum urbis Brugensis et præpositorum S. Donatiani, ad hanc historiam spectans, recte ordinata.*

34. Quia posteriores scriptores nullam fere notitiam habuerunt castellanorum et præpositorum Brugensium, de quibus jam egimus, eorum repeto catalogum; et fuerunt castellani Boldrannus sub Balduino Insulensi circa annum 1050; Erembaldus per annos quadraginta et plures; Robertus ejus filius; tum Walterus dicto Roberto natus; Desiderius Hakettus, Erembaldi etiam filius, quo deposito Gervasius camerarius B. Caroli, et hoc defuncto Radulfus, qui et Gervasius de Præt, subscripserunt anno 1143 litteris Theoderici comitis pro ecclesia S. Mariæ Trunchinensis. An hic secundus Gervasius fuerit prioris filius, num potius posterioribus occasionem aberrandi dederit dum illum de Præt cognominant, relinquimus aliis excutiendum. Degebat inter vivos eodem tempore Gervasius de Ythelhem, jam ante relatus. Sandero castellanus Gervasius, *de Brugis* cognominatur, quod etiam non admittimus. Nam idem Sanderus lib. I Rerum Brugensium, cap. 7, dum antiquos castellanos Brugenses proponit, magnam inscitiam seriei ostendit : Boldrannum ignoravit, Robertum præponit Erembaldo, et iterum tanquam alium subjungit, imo filium fuisse Erembaldi non prodit : uti neque hujus filium statuit Walterum, cui recte subjungit Haket, sed quis fuerit siletur ; sed pessime illo subnoto ad annum 1120 statuitur Arnulfus de Nielles vel castellanus vel castellanorum Brugensium affinis, memoratus in litteris Manassis comitis Gisnensis et Emmæ uxoris. Litteras illas edidit Chesnæus in ante indicatis Probationibus, pag. 39, sed Arnulpho aliisque testibus omissis. At mox pag. 40 et 41 inter testes profertur Arnulphus, sive Ernulphus, de Nieles ad annum 1120 et 1128, nulla prorsus addita aut dignitate castellani aut affinitate cum castellanis. Verum excluso Arnulpho fuisse Brugensium castellanum Desiderium Hakettum ab anno 1115 ad annum 1127 ex supradictis certissimum est : cui tunc deposito successit Gervasius, et huic defuncto Radulfus.

35. Indicavimus etiam ecclesiæ Donatianæ præpositos Erkenbertum, Rainerum, Ledbertum et Bertulphum : in cujus locum infra apud Galbertum num. 120 substituitur Rodgerus, anno 1157 mortuus, uti ipsi in choro S. Donatiani in sepulcrali lapide legimus. Interim Sanderus lib. II Rerum Brugensium, cap. 1, et ex eo Sammarthani tomo II Galliæ Christianæ in episcopis Brugensibus ineptam seriem, licet « accurate collecta » dicatur, proponunt, et omisso Ledberto adhuc octo enumerant : et sunt hi : Erkenbertus, Rainarius, Bertulfus, Guido cancellarius, Bertulphus, Rodgerus, Arnulphus Stratensis, Rogerius. Ex his unus idemque est qui aliis interpositis ut diversi nominantur Bertulfus, et littera una mutata Bertulphus ac *Arnulphus Stratensis*, « quando Carolus Bonus fuit trucidatus; » item unicus est Rodgerus et Rogerius, perperam distincti : et ultimi obitus non debuit referri in annum 1147, cum decem annis serius mortuum fuisse inscriptio sepulcralis indicet. Interponitur Guido cancellarius, quia « subsignavit fundationi Roberti Hierosolymitani factæ anno 1103 abbatiæ S. Andreæ. » Verum non videntur litteras fundationis legisse, quas subsignasse Bertulphum præpositum cum duobus fratribus supra diximus. Hugo cancellarius de Rogia subscripsit ad annum 1130 donationi monasterio Aldenburgensi factæ, non tamen ideo inter præpositos Brugenses numerandus, etiamsi nullus præpositus reperiatur donationem subsignasse, quæ videri potest apud Miræum in Notitia Ecclesiarum Belgii, cap. 139.

§ VIII. *Cædes B. Caroli, ex Actis Ludovici Grossi regis Francorum, auctore Suggerio abbate.*

36. « Egregie factum, quo nobilius ab adolescentia sua usque ad vitæ limitem nullum perpetravit, vitando fastidium, cum multa egeat, brevi narratione memorare non quomodo, sed quid fecerit, significantes proposuimus. Famosus comes vir potentissimus Carolus, de amita domini regis Ludovici, Danorum regis filius, cum successisset jure consanguinitatis fortissimo comiti Balduino, Hierosolymitani Roberti filio, Flandriæ terram valde populosam tam strenue quam diligenter administrabat : Ecclesiæ Dei illustris defensor, eleemosynarum liberalitate conspicuus, justitiæ tutor insignis. Qui, cum debitor honoris adepti, potentes quosdam, genere humiles, opibus elatos, dominio ejus lineam consanguinitatis absentare superbe innitentes (erant enim de fece conditionis servilis) judicio curiæ conveniente satis reperteret; ipsi, videlicet Brugensis ecclesiæ præpositus et sui, viri superbissimi et famosi proditores, crudelissime ei insidiabantur. Cum igitur quadam die Brugas venisset, summo mane ecclesiæ Dei assistens, pavimento prostratus, librum orationum manu tenens orabat : cum subito Buchardus quidam, nepos præpositi præfati, satelles truculen us, cum aliis de cadem sceleratissima radice, et aliis traditionis pessimæ complicibus oranti, imo Deo loquenti tacite retro cedit, et caute gladio evaginato collum terræ prostratum comitis suavissime tangens, ut paululum erectum ferientis gladio se inopinate dirigeret, ensem ei applicans, uno ictu impius pium, servus dominum sceleratissime detruncat. Qui autem astabant necis impiæ cooperatores, sanguinem ejus si ientes, tanquam canes in relicta cadavera debacchantes, innocentem laniare gaudebant, summopere gloriantes, quod opere complere potuerant, quem conceperant dolorem, et quam pepererant iniquitatem. Et apponentes iniquitatem super iniquitatem, utpote malitia sua excæcati, quoscunque castellanos, quoscunque nobilioris comitis barones, sive in eadem ecclesia, sive extra in castro offendere poterant, infelicissimo miseræ mortis genere imparatos, nec confessos trucidabant. Quibus tamen prodesse valde arbitramur, quod pro fidelitate domini sui taliter mactati in ecclesia orantes sunt reperti, cum scriptum sit : « Ubi te invenero, ibi te judicabo (*Ezech.* xxiv, 14). »

« Comitem vero truces in ipsa ecclesia tumulantes (ne honorifice extra deplangeretur et sepeliretur, et pro gloriosa vita, et gloriosiore morte devotus populus in ejus ultionem incitaretur) ecclesiam ipsam speluncam latronum statuentes, tam ipsam quam comitis domum ecclesiæ inhærentem muniverunt, et quibuscunque paratis victualium alimentis, et se ipsos exinde protegere, et terram sibi allicere summa superbia deliberant. Tanti igitur et tam scelerati horrore facti attoniti, qui his non assenserant, Flandriæ barones lacrymabiles exsequias persolventes, notam proditionis evitant, dum hoc domino regi Ludovico, nec ei tantum, sed fama volante per universum orbem denuntiant. Rex autem, et amore justitiæ et consanguinitatis affectu, in ultionem tantæ proditionis excitatus; nec regis Anglici, nec comitis Theobaldi guerra detentus, Flandriam animosus intrat, ut nequissimos atrocissime perdat, toto animi et operis nisu exæstuat. Comitem Flandriæ Guillelmum Northmannum, filium Roberti Hierosolymitani Northmanniæ comitis (ad eum enim jure consanguinitatis spectabat) constituit. Ut autem Brugas descendit, non veritus terræ barbariem, nec fedam proditoris consanguinitatis lineam, ipsos proditores in ecclesia et turre obsessos coarctat; victualia præter sua, quæ divino nutu eorum etiam usui importuna repugnabant, prohibet. Ut autem fame, peste et gladio aliquantisper eos contrivit, ecclesiam relinquentes, turrim tantum ut eos turris retineret, retinuerunt. »

37. « Jam ergo de vita eis desperantibus, cum jam in luctum verteretur cythara eorum, et organum eorum in vocem flentium, nequissimus Buchardus sociorum consensu, fuga lapsus, terram exire volens, nec valens (sola iniquitate propria prohibente, in firmitate cujusdam amici et familiaris reversus, interceptus regis imperio, exquisito miseræ mortis genere alta rota superligatus, corvorum et alitum rapacitati expositus, desuper oculis defossus, et tota facie dilaceratus, inferiorum sagittis et lanceis et jaculis millies perforatus, miserrime interfectus, in cloacam projectus est. Bertoldus vero, caput iniquitatis, cum similiter effugere decrevisset, cum huc illucque satis licenter deambulasset, sola superbia reversus (dicebat enim : Quis ego, aut quid ego sum ?), etiam capitur, et regis arbitrio expositus, merita et miserrima morte est damnatus. Furcis enim cum cane suspensus, quoties canis percutiebatur, in eum iram retorquens, totam faciem ejus masticando devorabat : aliquando etiam, quod horribile dictu est, stercorabat, sicque miseram vitam, miserior miserrimo, morte perpetua terminavit. Quos autem in turre incluserat, multis angustiis ad deditionem cogens, sigillatim unum post alium coram sui fractis cervicibus dejecit. Quemdam etiam eorum, Isaac nomine, timore mortis in monasterio quodam tonsoratum, demonachatum patibulo affixit. Potitus itaque Brugensi victoria rex cum suis, Ipram peroptimum castrum contra Guillelmum Bastardum, prod tionis fautorem, ut et in eum ulciscatur, acceleravit. Brugenses tam minis, quam blanditiis, directis ad eos nuntiis allicit. Dumque Guillelmus cum trecentis militibus ei obviat, altera pars regalis exercitus in eum irruit, altera ex obliquo alia porta castellum audacter occupat, eoque retento Guillelmum a tota Flandria exhæredatum exterminat. Et quia pro litione ad possidendam Flandriam aspiraverat, merito in tota Flandria nihil obtinuit. His ergo, et diversis ultionum modis, et sanguinis multi effusione lota et quasi rebaptizata Flandria, Gal-

lelmo Northmanno comite constituto, rex in Franciam, Deo auxiliante, victor remeavit. »

38. Dicitur *amita Ludovici regis*, mater B. Caroli Adela, soror uterinæ Berthæ filiæ Florentii primi comitis Hollandiæ, quæ nupta Philippo I regi Francorum, peperit illi dictum Ludovicum. At Gertrudis mater Berthæ mortuo primo suo marito Florentio comite, iterum nupta fuit Roberto Frisoni, ex qua hic genuit Robertum juniorem Hierosolymitanum, Adelam matrem B. Caroli et Gertrudem matrem Theoderici Alsatii, dein comitis Flandriæ. Cæterum quæ de cane adduuntur in supplicio Bertulphi, ita narrat Galbertus num. 94: « Iprensium turba furens in mortem præpositi canis viscera contorserat circa collum ejus, et os canis ad os ejus vitalem spiritum exspirantis opposuerunt, æquiparantes cani ipsum et facta ipsius. »

VITA PRIOR
AUCTORE GUALTERO ARCHIDIACONO ECCLESIÆ MORINORUM.

(*Ex tribus mss. codicibus et editione Jacobi Sirmundi.*)

PROLOGUS.

Domino suo et Patri merito sanctitatis, totius reverentia devotionis excolendo, JOANNI (1) sanctæ Tarvanensis Ecclesiæ episcopo, frater GUALTERUS, dignationis ejus inutilis servus, debitum omnimodæ subjectionis obsequium.

1. Præcepit humilitati meæ auctoritas reverenda paternitatis vestræ, ut, quia his nostris temporibus horrenda nimis a nefandis hominibus in partibus istis perpetrata sunt crimina, universo mundo exsecrabilia; et in ultionem eorumdem formidanda multum divinæ justitiæ eminuerunt judicia, pro eorum immanitate æquissima retributionis lance ponderata: et hæc omnia quantum præteritis generationibus inaudita, tantum præsentibus mirabiliora, sicut gesta sunt, cuncta stylo percurram, et ad notitiam posterorum scribendo transmittam. Quæ omnia ideo scribi, et scripto futuris temporibus manifestanda servari, decrevit providentia vestra, ut eis lectis vel auditis, et boni, tanta superni Judicis æquitate considerata, in amorem ipsius ardentius excrescant; et mali, tam terribili divinæ ultionis judicio cognito, per timorem ipsius a sua se pravitate compescant. Accessit etiam vestræ jussioni, domini Goscelini decani et fratrum nostrorum amica mihi et omni cum honore semper suscipienda petitio: cui in cunctis Deo placitis obtemperare fervente opto desiderio. Vestræ igitur sanctitatis auctoritate et fraterna cogente charitate, aggrediar (ipso qui linguas infantium facit disertas adjuvante, ac meæ ariditatem linguæ rore suæ gratiæ irrigante et irrigando fecundante) quod injungitis agere: virtute magis fretus obedientiæ, quam ejus, quam nondum adeo, ut id audere debeam assecutus sum, litteralis scientiæ.

2. Conabor autem, quia etiam sic placet vobis, omni nævo falsitatis et vulgaris incerto opinionis evitato, simplici tamen, ut potero, quæ acta sunt narratione referre: quatenus et superfluis verborum phaleris, et rhetoricorum ornamentis colorum exquirendis minus intentus, fastidiosam sic caveam prolixitatem, ut nec nimiæ brevitati studens, eorum, quas vel ipse vidi, vel virorum veracium testimonio indubitanter cognovi, rerum lectoris cognitioni duntaxat necessariam occultare inveniar veritatem (2). Et, ut facilius elucescat omne quod dicitur, totam sequentis seriem opusculi, compendiosis comprehensam titulis, numeris singulorum paginæ præfixis, disposui designare: quo videlicet lectori cæca quodammodo pagina tædium nequaquam pariat, et ad inveniendum quod quæritur expeditior aditus pateat. Quod si singula naturali non perstrinxero ordine, lectorem precor nequaquam id moveat; sed et posteriora cum se intulerit, opportune aliquando anticipando præmittere, et priora liceat ordine artificiali quandoque recapitulando subjungere: dum tamen, ubi exegerit ratio, satis appareat, quid quo gestum sit tempore.

INDEX CAPITUM.

CAP. I. *De tempore et loco mortis Caroli.*
CAP. II. *De martyrio patris ejus, et morte fratris ejus, et primordiis virtutum Caroli.*
CAP. III. *Memoria probitatis Roberti junioris.*
CAP. IV. *De reversione ejus ab Hierusalem et morte.*
CAP. V. *De provectu filii ejus Balduini.*
CAP. VI. *De defectu ejusdem et sepultura.*
CAP. VII. *De substitutione Caroli.*
CAP. VIII. *De tempestate guerrarum oborta.*
CAP. IX. *De eadem auxilio Dei sedata.*
CAP. X. *De mansuetudine ejus, et aliorum elatione.*
CAP. XI. *Qualem se correptoribus et subditis exhibuit, et pauperibus.*
CAP. XII. *De severitate ejus erga superbos ac barbaros, et sagacitate in causis.*
CAP. XIII. *De perversorum malitia adversus eum excitata.*

(1) Mortuum esse B. Joannem anno 1130, 27 Januarii, necdum triennio a cæde S. Caroli elapso, diximus supra § 1.

(2) Hæc periodus in editione 4 Suriana ultro omissa est: nos capitum titulos huic præfationi subjunctos indicamus, ac postea more nostro distinguimus, ipsis tamen auctoris capitibus margini ascriptis.

Cap. XIV. *De præposito Brugensi, et domesticis ejus.*
Cap. XV. *De calumnia servilitatis.*
Cap. XVI. *De inimicitiis Burchardi et Tangmari.*
Cap. XVII. *De conditione treugarum et infractione earum*
Cap. XVIII. *De querela Tangmari et contumelia præpositalium.*
Cap. XIX. *De rapina præpositalium absente comite.*
Cap. XX. *De reversione comitis et vindictæ deliberatione.*
Cap. XXI. *De destructione munitionis Burchardi.*
Cap. XXII. *De legatis a præposito ad comitem missis pro Burchardo.*
Cap. XXIII. *De furore præpositi, et suorum, et nequitia legatorum.*
Cap. XXIV. *De conjuratione eorum, et quod comiti non potuit persuaderi.*
Cap. XXV. *De eleemosyna comitis, et oratione ac interfectione.*
Cap. XXVI. *Comparatio sceleris perfidorum et sceleris Judæorum.*
Cap. XXVII. *Commendatio martyrii comitis.*
Cap. XXVIII. *De morte castellani et filiorum ejus et Gualteri.*
Cap. XXIX. *Præpositales corpus ejus alibi decernunt tumulari.*
Cap. XXX. *De contracto sanato.*
Cap. XXXI. *De populi veneratione et præpositi obduratione.*

Cap. XXXII. *De sepultura corporis ejus.*
Cap. XXXIII. *De obsidione Brugensium.*
Cap. XXXIV. *De fuga Isaac et latebra ejus.*
Cap. XXXV. *De vulgatione ejus, et monachatu, et captione, et interitu.*
Cap. XXXVI. *De obsidione aucta, et munitione irrupta.*
Cap. XXXVII. *De effugio præpositi et latibulis ipsius.*
Cap. XXXVIII. *De proditione ejus et morte.*
Cap. XXXIX. *De pugna Guidonis et amborum irrisione.*
Cap. XL. *De fuga Burchardi, et miraculo in navi.*
Cap. XLI. *De proditione ipsius*
Cap. XLII. *De comprehensione ejus et patibulo et morte.*
Cap. XLIII. *De perturbatione post mortem comitis et pace.*
Cap. XLIV. *De adventu regis et ordinatione comitatus.*
Cap. XLV. *De impedimentis regiæ dispositioni obviantibus, et comitis processibus.*
Cap. XLVI. *Brugensium deditio, et miraculum in alimentis, et ecclesiæ purgatio.*
Cap. XLVII. *De miraculo in corpore comitis ostenso, et eo tumulato.*
Cap. XLVIII. *De expeditione regni, et traditione Yprensi.*
Cap. XLIX. *Guillelmus capitur, Ypra incenditur, Flandria subigitur.*
Cap. L. *De supplicio dedititiorum Brugensium.*
Cap. LI. *De improbitate Ingrasni, et fuga*
Cap. LII. *De Guillelmo Viroviacensi, et fuga ejus.*
Cap. LIII. *Conclusio libelli.*

PARS I.

Acta B. Caroli in juventute sub Flandriæ comitibus Roberto Frisio, et Roberto juniore: iter Hierosolymitanum.

3. (Cap. i.) Anno itaque Verbi incarnati 1127, indictione v, sexto Nonas Martii, terræ nostræ pace sublata, quiete turbata, deleta honestate, exstincta omni fere felicitate mortalium; guerrarum, laborum, turpitudinum, et totius infelicitatis detestabile cœpit exordium. Eodem enim ipsius anni die, in unius vita multorum vitæ periclitatæ : et ex unius indebita morte, multorum justo Dei judicio mortes debitæ terribili quadam generatione sunt propagatæ. Tunc namque, secundum prophetam (*Ps.* cviii, 14), in memoriam rediit iniquitas patrum nostrorum in conspectu Domini, et antiqua peccata nostra nova cœperunt ultione feriri : ut, in cujus manu post Deum hactenus constiterat salus populi, eo de medio sublato, manifeste daretur intelligi quod divini jam in publicum prodiret censura judicii, quæ prius latuerat in occulto præscientiæ Dei. Ipso enim die in

(3) Colitur S. Canutus rex Daniæ martyr, 10 Julii, quo occisus est : ad quem diem varia ejus Acta dabimus. Ex hujus S. Canuti fratre Erico Bono, itidem rege Daniæ, natus est S. Canutus Lawardus rex Obotritorum et dux Sleswicensis, occisus 7 Januarii, quo die ejus gesta illustravimus.

(4) *Daciam* pro *Dania* passim scripsere omnes istius temporis auctores. Petrus abbas Cellensis, lib. viii, ep. 19, quæ est ad archiepiscopum Lundensem : « Vestra Dacia remota est a nostra Francia; » et mox : « Species illi una et in Dacia et in Francia. »

5) Anno Christi 1086, in civitate Ottonia, sive Otheusia in ecclesia S. Albani martyris Britanni; cui 22 Junii sacer est.

plurimorum perniciem exsecrabili quorumdam scelere interfectus est Brugis in ecclesia S. Donatiani Carolus comes Flandriæ, filius Canuti martyris (3), regis quondam Daciæ (4), et Adelæ reginæ, quam postea duxit uxorem Rogerius dux Apuliæ. Ut autem interfectionis ejus occasionem, et cœlestis vindictæ animadversionem, in mortis ejus auctores terribiliter exertam, evidentius possimus ostendere, narratiunculæ nostræ exordium paulo superius libet repetere.

4. (Cap. ii.) Pater ergo ipsius rex prædictus, postquam suorum perfidia, in ea, ad quam timore mortis confugerat, occisus est ecclesia (5), Domino per eum operante signa et prodigia, inter martyres computatus apud Dacos, ex tunc et hactenus in magna veneratione est habitus. Regina vero cum hoc filio suo parvulo ad patrem suum Robertum (6), strenuissimum marchionem (7), Roberti (8) quondam Francorum regis ex filia (9) Adela nepotem, cognomento (10) Frisonem, et matrem nobilissimam Ger-

(6) Invasit Robertus comitatum anno 1072, de cujus genealogia et erepto vi comitatu plura a Galberto proferuntur, num 109 et seq.

(7) Comites Flandriæ olim marchiones dicebantur, quod limitem regni Franciæ occiduæ protegerent.

(8) Hic est Robertus filius Hugonis Capeti, cui anno 997 defuncto successit et vixit usque ad annum 1031.

(9) Adela nupta est Balduino Pio, s've Insulensi, anno 1027, et eo mortuo sanctimonialis facta vixit in monasterio Messinensi prope Ipras a se fundato, ibidem anno 1079 defuncta. Ab hac avia sua mater S. Caroli appellata est Adela.

(10) *Friso* seu *Frisius* cognominatur, quod præter

trudem clara (11) Saxonum stirpe progenitam, in Flandriam reversa; ibique aliquando tempore morata, memorato duci (12) Rogerio a parentibus est nuptum data. Cui et filium nomine (13) Guillelmum peperit, qui patri defuncto in ducatum successit, et honorem acceptum, morum ingenuitate ac strenuitate, multipliciter nobilitavit. Sed audito unici sui germani exitu, primum quidem inconsolabiliter dolore, deinde etiam ipse cœpit lethaliter languere. Qui, ut se periclitari cognovit, Salernitanum archiepiscopum (14) et Trojanum episcopum advocavit, atque quod antea, dum incolumis esset, fecerat, eorum quoque testimonio desiderans confirmari, quidquid mobilium vel immobilium in terra possidere videbatur; beato apostolorum principi Petro, ejusque vicario sanctissimo papæ Honorio (15), ex cujus ore sacro hoc ipsum frequenter audivi, jure perpetuo possidendum delegavit, ac deinde in confessione Domini ab hac luce migravit (16).

5. Hic autem noster Carolus annis pueritiæ transactis adultus, postquam militiæ cingulum accepit, Hierusalem sanctam (17) sepulcrum Dominicum visitaturus, devotus adivit; ibique adversum paganos fidei nostræ inimicos arma ferens, Christo Domino aliquanto tempore strenue militavit, et ei, cui præ omnibus serviendum esse prudenter advertebat, suorum primitias laborum et actuum dedicavit : mox divina ordinante dispositione, ad avunculum suum Robertum juniorem marchionem (18), in Flandriam revertitur, et ab illo eo, quo talem juvenem decebat, honore suscipitur.

6. (Cap. iii.) Cujus gloriosi principis quia mentionem nunc incidenter fecimus, operæ pretium videtur esse ut quædam ejus virtutum insignia vel breviter commemoremus. Hic est enim Robertus ille comes inclytus, superioris Roberti Frisonis filius, qui audito illo sancti et omnium sanctorum memoria recolendi (19) Claremontensis concilii decreto, de venerabili scilicet Dominicæ passionis et resurrectionis loco a paganorum manibus eruendo, et Christianæ fidei vindicando; continuo uxorem et liberos, postremo cuncta quæ in mundo possidebat, Christi Domini servitio postponenda, evangelice doctus judicavit, et crucis ejus in humeris bajulando insignia, ac ipsius etiam corporalia qua poterat sequendo vestigia, illud apostolicæ sedis mandatum tota fidei adimplere constantia, cum (20) aliis quos eadem inspiraverat gratia, alacriter properavit. In qua expeditione, et urbium terræ illius, præsertim (21) Antiochiæ et sanctæ (22) Hierusalem expugnatione, innumera fortitudinis et probitatis suæ præclara dedit indicia : quorum nonnulla illa, quæ de gestis Francorum Hierusalem pro Christo expugnantium scripta est, comprehendit historia. Ex qua ad laudem ejus hoc solum his satis est commemorari, quod ob invincibilem animi constantiam ab ipsis quoque Arabibus ac Turcis (23) Georgii filius scribitur appellatus.

7. (Cap. iv.) Igitur incredulis Rationibus manu Domini valida debellatis, et in sancta civitate Arnulfo patriarchatus honore, Godefrido duce regni diademate sublimatis, Domino (24) prosperante in pro-

Hollandiam eo tempore adhuc sub nomine Frisiæ continerentur Zelandia, et huic vicina ditio quatuor Ambactorum, nunc Flandriæ adjuncta, quæ loca a patre suo acceperat, huic a Cæsare Henrico anno 1057 data, uti tradit ad eum annum Mejerus. Galbertus num. 110 « Robertum consulem aquaticum » ideo appellat.

(11) Viduam Florentii I, comitis Hollandiæ, duxit anno 1063, et tutor privigni sui Theodorici factus, Hollandis Frisiisque præfuit, ut vel ideo aliis videatur cognomen Frisii acquisivisse. Dicitur Gertrudis filia Hermanni, sive Heymanni, ducis Saxonum, quem Ægidius a Leodio Aureæ Vallis monachus Bernardum appellat. Mortua est Gertrudis anno 1113, Furnis sepulta.

(12) Rogerius, filius Roberti Guiscardi Northmanni, felici expeditione contra Sarracenos notissimi. Roberti obitum refert Baronius ad annum 1085, alii citius, serius Parisius. At dicto anno 1085, mense Octobri præfuisse Rogerium indicat oblatio facta Ecclesiæ Salernitanæ S. Sophiæ apud Ughellum tomo VII Italiæ sacræ in S. Alphano archiepiscopo Salernitano. Mortuum esse Rogerium anno 1111 tradidit ex Petro Diacono Baronius num. 15.

(13) Guilielmus dux Apuliæ et Calabriæ creatus a Paschale II et Gelasio II. Consulendus Baronius ad annum 1114 et 1118.

(14) Is est Romualdus ordinatus an. 1121 mense Septembri, mortuus an. 1136, 21 Januarii : de quo plura Ughellus.

(15) Honorius II consecratus anno 1124, 21 Decemb., mortuus 1130, 16 Februarii. Hinc discat lector quare papa Rogerio Siciliæ comiti initio negarit titulum ducis Apuliæ.

(16) 26 Julii eodem anno 1127, quo S. Carolus erat occisus. Consule Falconem Beneventanum in suo Chronico.

(17) Postquam hæc anno 1099 intercepta fuit : hinc illi, comiti postea constituto, regnum Hierosolymitanum oblatum tradit Galbertus num. 9.

(18) Junior dictus, quia cum patre 17 circiter annos rexit Flandriam, ast hoc anno 1094 mortuo, solus præfuit.

(19) Habitum id concilium est anno 1095, mense Novembri, instigante B. Petro Eremita.

(20) Primus a Guilielmo Tyrio, lib. i, cap. 17, refertur « Hugo Magnus, frater Philippi regis Francorum, secundus Robertus comes Flandrensium..... octavus Godefridus dux Bullonius; » Roberti iter describitur lib. ii, cap. 16, et deinceps, uti etiam apud Tudebudam aliosque hujus expeditionis scriptores.

(21) Capta est Antiochia an. 1098, 3 Junii, cujus muros inter primos « ascendisse dominum Flandrensium comitem et D. Tancredum, quorum doctrina cæteri regebantur, » scribit Tyrius lib. 1, cap. 21.

(22) Expugnata est Hierosolyma an. 1099, 15 Julii, feria 6, hora 9. Tyrius lib. viii, cap. 18 : « Ingressi sane statim post ducem Godefridum sunt Flandrensium comes et dux Northmannorum. » Hinc Robertus *Hierosolymitanus* cognominatur.

(23) Tudebodus lib. iv refert pugnam cum Turcis initam, præeuntibus duce Godefrido, et Flandrensi comite Roberto et Hugone Magno, quando illis o cœlo « ductores fuerunt SS. Georgius, Theodorus et Demetrius, » et territi Turci ceperunt fugam : vel hinc potuit dici ab his *S. Georgii filius*; quod etiam notatur in ms. Chronico monasterii S. Andreæ ab ipso fundati.

(24) Tyrius lib. ix, cap. 13 : « His ita gestis, Deo amabiles Deoque devoti principes, domini Northman-

pria remeavit, et terram suam reliquo vitæ suæ tempore magna insignis modestia feliciter gubernavit.

PARS II.
A Balduino comite, Flandriæ oblata B. Carolo, ejusque susceptio.

8. (CAP. V.) Post prælibatam autem Caroli nostri susceptionem brevi tempore evoluto, in Francia apud urbem Meldorum paucis diebus agrotans obiit, (25) et in monasterio B. Vedasti, civitate Atrebatum magno cum luctu universorum sepultus, filium suum, quem ex nobilissima conjuge sua Clementia (26) susceperat, Balduinum adolescentulum hæredem reliquit. Qui non multo post a rege Ludovico (27) muneris militaris et paternæ hæreditatis donum adeptus, domini Caroli præcipue consiliis usus et institutionibus instructus, ad tantam fortitudinis et strenuitatis eminentiam in brevi excrevit, ut omnibus probitatem ejus attendentibus appareret mirabilis, et finitimis quibusque non solum comitibus ac ducibus, sed ipsis quoque regibus omnino fieret formidabilis. Cujus sicut virtus supra modum ætatis ejus subitaneis incrementis enituit, sic occulta Dei dispositione cœptis ejus obviante, diu durare non potuit. Eo enim tempore Guillelmum (28) exhæredatum, filium scilicet Roberti (29) comitis, filii Guillelmi regis Anglorum, cognomento Pileati (quem videlicet Robertum ex Mathilde regina præfati Roberti Frisonis germana, sicut et fratres ejus Guillelmum et Henricum genuerat) quemque idem frater ejus Henricus rex Anglorum captivum tenebat) ipsum, inquam, Guillelmum adolescentem in sui tutelam patrocinii susceperat, et armis ejus militaribus instruxerat : Et, quia ei hæreditatem suam Northmannorum et Flandrensium comites, consummato feliciter assumptæ sibi peregrinationis itinerario, ad propria redire disponunt.)

(25) Prudenter auctor dissimulat necis tanti viri occasionem, scilicet quod in bello Northmannico, de quo mox agitur, adversus Anglos dimicans, ad urbem Meldensem ad Matronam fluvium ex equo lapsus, oppressusque, tertio post die decesserit. Annum mortis 1111 arbitratur Mejerus; at diploma anno sequenti 1112, ab eo signatum ostendit Oliverius Uridius de sigillis comitum Flandriæ, pag. 9, eoque anno obiisse statuit : quo adhuc anno Balduinus filius signavit diploma pro monasterio Alciacensi in Artesia apud Miræum in notitia Ecclesiarum Belgii cap. 128.

(26) Clementia erat filia Guillelmi et soror Stephani principum Burgundiæ, soror item Guidonis archiepiscopi Viennensis, anno 1119 creati pontificis Romani, assumpto Calisti II nomine.

(27) Hic est Ludovicus VI, *Grossus* cognominatus, Balduini consobrinus, natus matre Bertha, sorore uterina jam dicti Roberti Hierosolymitani et matris Caroli comitis Franciæ ab anno 1108 ad 1137.

(28) Hic est Guillelmus Northmannus, qui a cæde S. Caroli factus est comes Flandriæ.

(29) Robertus secundo genitus Guillelmi Conquestoris regis Angliæ, 6 Septembris anni 1087 mortui, ab eo Northmanniam obtinuit, et una cum comite Flandriæ et aliis Antiochiam et Hierosolymam expugnavit: interim fratre seniore Guillelmo Rufo rege Angliæ absque liberis 2 Augusti anno 1100 vita functo,

niam, patruo ipsius, qui eam post patris ipsius captionem obtinuerat, totis renitente viribus restituere proposuerat, gravibus eam et crebris incursionibus infestabat. Cujus jam partem magnam cum oppidis et munitionibus sibi subegerat; reliquam fere omnem, ipso rege Henrico nec armorum fortitudine nec opum amplitudine defendere valente, gladii sui timore mirum in modum contremiscere cogebat. Sed vere, ut ait Propheta, « Non est fortitudo, nec est consilium contra Deum (*Prov.* XXI, 30): » vere solus potens est, qui omnium potentiam quando vult et quomodo vult, annihilare potens est.

9. (CAP. VI.) Cum enim tanta ageret et multo majora disponeret, scuto ipsius, ut aiunt, ictu adversi cujusdam militis fronti ejus eliso, et ex ipsa illisione modico in eo, quo salutiferum crucis signum imprimi consueverat, loco, tumore oborto, totum illud tantæ potestatis, quod quasi in montem magnum tam cito excreverat, culmen citius detumuit et sicut fumus ad modicum parens evanuit. Nam medicorum cura quotidie in pejus proficiente ægrotare cœpit et tandem in villa Rosilaria (30) monachatus habitum summa cum devotione humilique supplicatione adeptus, cum illo, quo circiter decem mensibus fatigatus fuerat languore, anno Domini 1119, xv Kal. Julii vita defecit, et ad monasterium S. Bertini (31) delatus, cum immenso omnium procerum terræ fletu et miserabili planctu, ante altare sanctæ crucis tertio decimo Kal. ejusdem mensis sepulturam accepit.

10. (CAP. VII.) Verumtamen, quamvis matre sua cum quibusdam aliis assentientibus ob amorem Guillelmi (32) filii comitis Philippi (33), filii prælibati Roberti Frisonis (qui neptem ipsius comitissæ uxorem (34) duxerat, quamque ipsa filio succedere regnum Angliæ invasit fratrum ultimus Henricus I, festo Assumptionis B. Mariæ coronatus : quo adhuc anno Robertus in Northmanniam reversus, regnum Angliæ, sibi uti seniori debitum, frustra repetiit, et anno 1106 in prælio victus et captus est, et sequenti anno oculis privatus, misere anno 1134 extinctus. Quæ apud Matthæum Parisium aliosque leguntur.

(30) Oppidum satis amœnum Flandriæ in ditione Iprensi versus Brugas, aliquibus *Rollarium* dictum, Carolo Calvo *Rossat in terra Menapiorum*. Flandris *Rousselare*, Gallis *Roullers*.

(31) In urbe Audomarensi situm.

(32) In altera Vita Wilhelmus Iprensis dicitur, et ipse in diplomatis apud Uredium in genealogia Flandrica pag. 147 se *Wilhelmum de Ipra* et *Wilelmum filium Philippi comitis* appellat, a Sugerio aliisque *bastardus, spurius et nothus* cognominatur. *Mater ignobilis, quæ lanas carpere, dum viveret, non cessaret* dicitur a Galberto num. 77. Quæsi Marchantius legisset, non tanto conatu dixisset legitimo eum matrimonio prognatum fuisse.

(33) Hic passim Philippus comes Ipriensis aut Loensis dicitur, et *Lo* ipse vicum suæ possessionis appellat apud Uredium in probationibus ad genealogiam Flandricam pag. 146. Est *Loa* in agro Furnensi, ubi illustris abbatia, cui varia ab eo donata indicat diploma ejus apud Miræum in Notitia Ecclesiarum Belgii, c. 114.

(34) De filio Roberto Loensi ex eo matrimonio prognato egimus supra.

maxime optabat) plurimum renitente, antequam ab hac luce migraret, hunc virum gloriosum, de quo agere proposueramus, Carolum, cujus probitatem prius et industriam in multis sæpe probaverat, sibi ipse (35) instituerat, eique rerum omnium summam regendam ac disponendam tradiderat : cui etiam prius nobilem puellam Margaretam (36), Rainaldi comitis Claremontensis filiam, matrimonio copulaverat, et comitatum Ambianensem (37) cum castello Incrensi (38) donaverat. Quæ omnia non tam illius juvenis quam superni Judicis æstimaverim gesta ordinatione: qui juvenilis animi et maturis consiliis minus idonei voluntatem, qui voluit, occulta sua inclinavit inspiratione. Scriptum quippe est « Cor regis in manu Domini et quo voluerit inclinat illud. » (*Prov.* xxi, 1) Nisi enim hæc ita fieri divini decretum arbitrii ordinasset, nequaquam apud illum talem animum unius dilectio trium et hoc matris et consobrini ac consobrinæ amori præponderasset. Quod etiam consequentium signis eventuum evidentissime declaratum est. Nam quis, rogo, tantos bellicarum fluctus procellarum contra eum enormiter exaltatos tanta velocitate dejecit, nisi qui hujus hominis ministerio ad tempus tranquillitati providere voluit eorum quos fecit? Unde Psalmista : « Statuit procellam ejus in auram et siluerunt fluctus ejus (*Psal.* cvi, 29). »

PARS III.

B. Caroli animus generosus, in malos severus, in bonos et miseros benevolus, maxime tempore famis.

11. (Cap. viii.) Etenim, postquam eo, quo præmissum est ordine, istius gubernacula terræ regenda suscepit, continuo Clementia comitissa, prætaxatam ob causam cæca stimulata invidia, Lovaniensi (39) duci quorumdam etiam procerum terræ sibi suffragante perfidia, matrimonii fœdere se sociavit : et pactum concordiæ, quod inter Carolum et eam filius ejus marchio Balduinus in ultimis agens composuerat, dissipavit, ac marito sibi cum comite Montensi (40) annuente, et rege Franciæ Ludovico, occulte tamen, ut a multis putatum est, cœptis ejus favente, de finibus Flandriæ, cujus circiter duodecim oppida tunc ipsa tenebat, eum expellere paravit. Hugo (41) quoque comes S. Pauli, cognomento Campus avenæ, hac suæ malitiæ exercendæ opportunitate perspecta, antiqua et inveterata prius contra eum odia renovare, et partes sibi terræ contiguas incursare, et tam incendiis quam rapinis vehementius solito cœpit more suo omnia devastare.

12. (Cap. ix.) His ergo omnibus in exterminium ejus unanimiter conspirantibus, et sævos guerrarum tumultus circumquaque in perniciem nostræ gentis excitantibus, ipse, qui occulto suæ virtutis judicio dissipat consilia gentium, reprobat autem cogitationes potentum, et reprobat consilia principum, prospexit de excelso sancto suo : « Dominus de cœlo in terram aspexit, ut audiret gemitus compeditorum, et solveret filios interemptorum (*Psal.* lxxii, 10). » Fideli namque suo Carolo, et contra eos bellandi imperterritam confidentiam, et universos debellandi insuperabilem propitius concessit potentiam. Omnis enim ille bellorum circumfrementium strepitus, quanta suscitatus fuerat superbiæ feritate tanta in brevi repressus est victoriæ celeritate. « Mirabiles siquidem elationes maris, mirabilis in altis Dominus. (*Psal.* xcii, 6). » Neque enim tam mirandum arbitror, quod tantorum motus principum, et eos pertinacissime insurgentes in brevi represserit, quam quod universis illis, absque omni fere sanguinis effusione donarat. Mortuus is est anno 1140 et Affligemii sepultus, relictis ex Ida priore conjuge quinque liberis.

(40) Erat tunc comes Montensis, sive Hannoniæ, Balduinus III, Balduino Hierosolymitano et Ida natus, cui debebatur, Flandria, ut nepoti Balduini VI, comitis Flandriæ.

(41) « Hugo Candavena » in prædicto ms. Auctario Sigeberti, « e castro Encres anno 1115 pulsus, » quod datum R. Carolo diximus, « cum anno 1117 Flandriam rapinis et incendiis vastaret, obsedit castrum S. Pauli Balduinus comes, sed Eustathio comite Boloniæ mediante reconciliatus est. » Post obitum B. Caroli subscripsit diplomati, quo Guilielmus Northmannus Audomaropoli 17 Aprilis susceptus (ut Galbertus tradit 107) consuetudines sibi approbavit apud Chesnæum in Genealogia familiæ Bethuniensis lib. ii Probationum pag. 21. Apud Galbertum num. 154 adhæret Theoderico contra Northmannum 30 Martii anni 1128. At teste Anselmo Gemblacensi in Chronico, anno 1131 « oppidum et ecclesiam S. Richarii in pago Pontivo combussit. » Interim quod *Campus Avenæ* aut *Candavena* cognominatur, Janus Lernutius in Vita B. Caroli scribit « rumorem ad eum pervenisse ex Hannonia, in arce Avenniana plurimos prædones sedem fixisse sub Hugone comite arcis hærede, quam arcem D. Pauli vulgo nuncupabant, » etc. Est *Avennia*, sive *Avesna*, oppidum Hannoniæ in confinibus Picardiæ. Sed quid ad B. Carolum, cum nihil dominii haberet in Hannonia? Agitur hic de fano S. Pauli, Artesiæ illi tunc subjectæ oppido, quod Atrebato octo milliaribus, sex Audomaropoli distat.

(35) Hinc illo adhuc vivo anno 1117 subscribit Carolus consanguineus et successor comitis Balduini. Ita Uredius in Sigillis comitum Flandriæ, pag. 10.

(36) Rainaldus natus est patre comite Claromontensi, et matre Margarita, cui sorores sex fuerunt : ex his Felicia nupta sancto regi Aragoniæ, Adelada mater Bartholomæi episcopi Laudunensis, adjutoris S. Norberti, in fundanda ecclesia et cœnobio Præmonstratensi. De hac stirpe ex historia ms. [restaurationis ecclesiæ Laudunensis agit Andreas Chesnæus lib. ii Genealogiæ Castellionensis cap. 6, pag. 18 in probationibus, ubi Carolus *præclarus ille Flandrensium comes* appellatur.

(37) Fuerant ante comités Ambianenses Ingelramnus ejusque filius Thomas, Codiciacenses dicti. Sed quod hic ob sceleratam vitam esset a Ludovico rege dejectus, odio exacerbatus in B. Carolum semper fuit, ut infra dicitur.

(38) Castrum Encres a Balduino comite donatum fuisse Carolo consobrino suo anno 1115, legimus in auctario ad Chronicon nostrum ms. Sigeberti Gemblacensis ad annum 1164 deducto. Est *Incræ*, sive *Encra* in eadem cum Ambiano Picardia versus Artesiam ad amnem Cognominem, qui prope Corbeiam Sommonæ miscetur, Albretti nomen nuper inditum in odium Itali Conchini, qui inde marchionis titulum habuerat.

(39) Est is Godefridus Barbatus, seu Junior, comes Lovaniensis, cui Henricus IV imperator, Henrico Limburgensi ob rebellionem capto et exauctorato, ducatum Brabantiæ et inferioris Lotharingiæ itemque marchionatum Antuerpiensem anno 1116

sione, summum sui terrorem incusserit; in tantum ut post qualescunque pacis conditiones ab eo impetratas, nullus eorum rebellionem vel semel reparare, aut id de se suspicandi tenuissimam dare occasionem ausus fuerit.

13. Comitissa itaque, et infelicius jam ducissa, inopinatis viri successibus pressa, pacem ab illo petere, et quatuor oppidorum suorum, scilicet Dichesmudam (42), et Bergium (43), Ariam (44), et S. Venantium ei guerpire (45) coacta est. Et quæ prius per guerram disposuerat aliena injuste obtinere, suis magna ex parte amissis, reliquo contenta didicit pace gaudere. Ipse tamen ei, sicut omnibus fidem integram conservavit, et cum omni honore eam deinceps et humanitate tractavit.

14. Hugone vero in sua protervia perseverante, S. Pauli castrum postmodum sibi traditum destruxit, et munitiones omnes in planitiem redegit, et ipsum in posterum quietius degere, et agriculturæ, quam prius circumquaque debacchando inhibuerat, operam dare invitum coegit. Sed postea, ut dicunt, necessitate in voluntatem commutata, hic ipsum visus est libenter amplecti, et quandiu idem princeps advixit, commodius arbitratus est pacis securitate gratulari, quam rapinarum et incendiorum jacturis turbare et turbari.

15. Gualterum quoque Hesdinii (46) comitem, consueta fatuitate et vecordia, etiam ipsum rebellionem parare, et cum Hugone conspirare deprehensum, non solum castro, sed et patria expulit, et alium ei successorem statuit (47). Verum, ultimo vitæ suæ anno ejus misertus, redditus aliquos competentes ei concessit, ad sustentationem necessariam victus. Comitem quoque Montensem, et Thomam comitem Codiciacensem (48), partes nostras pro viribus inquietare consuetos, tanta strenuitate perdomuit, ut non tantum ab injuriis aliis inferendis temperarent, sed et sibi fortuito illatas, vellent, nollent, quieti tolerarent. Sic ergo universa perturbatione guerrarum auxilio Dei sedata, in conspectu ejus siluit terra.

16. (Cap. x.) Qua pacis tranquillitate potitus, qualem se quantumque exhibuerit, verbis explicare nequaquam sufficio. Deo namque devotus, cunctis servis ejus, Ecclesiarum videlicet prælatis, et quibuslibet religiosis (49), omni se humilitate substernebat; et eorum mandatis reverenter obediens, correptiones, quibus eum pro loco et tempore redarguendum arbitrabantur, patienter et humiliter sustinebat, et emendationem in posterum et cautelam tota cum mansuetudine promittebat. Quod idcirco in ejus moribus magis laudabile videtur, quia hoc in aliis non solum hujus mundi, verum etiam ecclesiasticæ dignitatis primoribus, raro et difficile invenitur. Quorum plerique, postquam alicujus vel modicæ fuerint potestatis culmen adepti, et a subjectis quibuslibet inceperint honorari, naturalis mox conditionis et propriæ fragilitatis obliti, et quasi quodam fastigio vanitatis elati, cæteros despiciunt, quos naturæ sibi ordine æquales minime recognoscunt. Sapientiores se et probiores omnibus credunt, quos dignitatis sorte præcedunt. Qui dum mundi voluptacharistiæ, exhalavit, homo perditissimus, Deo et hominibus infestus, qui nec clero timore ecclesiasticæ ultionis, nec populo aliqua humanitate pepercit, omnia trucidans, omnia vastans. » Quæ aliaque ejus scelera describunt Sugerius et Guido abbas Nogentinus tractatu De nece Galdrici episcopi Laudunensis.

(49) Iperius capitulo 41, parte II, ista huc referenda tradit : « Erga Deum et viros ecclesiasticos ac religiosos sic fuit humilis et devotus, ut sæpe rogaret eos quod cum tempore et loco de suis defectibus reprehenderent, et pro eo Deum exorarent. In curia sua religiosorum, et Ecclesiarum causas primo semper expediri fecit, dicens quod hi qui servitio Dei invigilant, non deberent in curia principum teneri. Unde semel contigit, vel hunc Joannem abbatem ingredi curiam comitis in die Epiphaniæ, cui comes ait : Domine abbas, quis pro vobis hodie cantat magnam missam hac sancta solemnitate in ecclesia vestra ? » Abbas inquit : « Domine, sunt in monasterio centum monachi, unde poterit ab aliquo probo viro celebrari. » Et comes : « Debeatis in tanto festo in collegio vestro cum psallentibus psallere, et cum prandentibus epulari, et monachos vestros recreare, qui in Dei servitio laboraverunt : nam ad hoc parentes nostri vobis redditus assignaverunt. »—« Domine, ait abbas, necessitas me cogit, nam miles quidam nos opprimit. » Respondit comes : « Suffecisset hoc mihi per chartam, vel nuntium intimari; nam meum est defendere, et vestrum pro me Deum exorare. » Et vocato milite, dixit ei : « Per fidem quam teneor Balduini prædecessoris mei, aio : Si pius de hoc audiero, faciam te bulliri, sicut ille fecit militem viduam prædantem. »—« Sic miles destitit, et abbas rediit consolatus. »

(42) Dichesmuda, Dicasmuda et Dicimuda, nunc passim Dixmuda, Ipras inter et Neoportum.

(43) Bargium aliis et Bragium, vulgo Berga S. Winoci, nota prope Dunkercam civitas.

(44) Aria, munitissimum Artesiæ oppidum haud procul Lisa fluvio, cui in Flandria vicina adjacet fanum S. Venantii.

(45) Guerpire, seu werpire, e Teutonica voce werpen, id est, projicere, derivatum, quod jactu festucæ jus dominiumque transferretur et abdicaretur : ita « terra feodalis legitime vendita et guerpita » dicitur in Miraculis B. Bertiliæ a nobis in Addendis ad 5 Januarii editis. Vide plura apud Vossium De vitiis sermonis, lib. II cap. 23.

(46) Hesdinum, sive Hesdinium, antiquum hodiernæ Artesiæ oppidum, suos olim habuit comites. Ex his anno 1065 Walterus comes (forsan hujus avus) subscripsit diplomati comitis Gisnensis apud Chesnæum in hac familia. Dein Ingelramus sive Ingelramnus, comes Hesdiniensis ecclesiam monasterii Alciacensis a barbaris destructam anno 1072 restauravit, et anno 1079 ratificavit donationes huic monasterio factas. Hunc avunculum Gualteri asserit Balduinus comes Flandriæ in diplomate anno 1112 signato, « redditque ei terram suam, » ut sæpius rebellasse videatur.

(47) Anselmus comes de Hesdino memorato ante pro Audomarensibus diplomati Guilielmi Northmanni anno 1127 suscripsit, forsan expulso Gualtero substitutus.

(48) Codiciacum, seu Cociacum, vulgo Couci, in agro Laudunensi, olim pertinuit ad archiepiscopos Remenses a rege Chlodoveo donatum S. Remigio. In hoc Thomas a Ludovico Grosso obsidendus, « ad mortem sauciatus, regique præsentatus, Laudunum deportatus, spiritum teterrimum, devinæ expers Eu-

tibus dediti, vitiorum sordibus inquinantur, et superbiæ tumoribus inflati, inaniter elevantur, reprehensionibus quorumlibet corrigi omnino dedignantur : quibus etiam frequenter asperantur magis quam emendantur. Sicque, dum nec Deum nec homines metuunt, velut equi effrenes in vitia per præceps ruunt. Et ut qui in sordibus sunt, secundum Scripturam (*Apoc.* XXII, 11), amplius sordescant, tremendo omnipotentis agitur judicio, ut non solum eis, quæ reprimat, desit correptio, sed et plerumque, quæ vitia nutriat, adsit adulatio : dum videlicet subditi, quæ ab ipsis perperam aguntur, non solum non reprehendunt, verum etiam, ut laudetur peccator in desideriis animæ suæ, laudant sæpe placendi studio, quæ rectitudinis zelo vituperare debuerunt. Unde et Ezechieli dictum est : « Linguam tuam adhærescere faciam palato tuo, et eris mutus, nec quasi vir objurgans, quia domus exasperans es (*Ezech.* III, 26). » Et per prophetam : « Popule meus, qui beatum te dicunt, ipsi te decipiunt (*Isai.* III, 11). »

17. (CAP. XI.) Verum hic noster marchio venerabilis Carolus suis correptoribus mansuetum se et humilem exhibebat, et frequenter etiam gratias agebat ; et ut auxilium ei divinum, quomodo id quod dicebant operaretur suis precibus impetrarent, devota supplicatione petebat. In quo nimirum non tam hominibus quam Deo, cujus ipsi legatione funguntur, se obtemperare ac deferre arbitrabatur : sciens, et prudenter advertens quod ipsius ore Veritatis in Evangelio dictum est : « Qui vos audit me audit ; et qui vos recipit, me recipit (*Luc.* XI, 16). » Ecclesias etiam et suæ potestatis homines, secundum pravam aliorum principum consuetudinem, exactionibus quibuslibet non solum non gravabat, sed publicis omnium utilitatibus intente providendo multipliciter relevabat, omnibusque in commune pii more patris sollicite providebat.

18. Quod sane vel per hoc probari potest, quia cum illis (50) duobus annis ante mortem ipsius præteritis, terræ sterilitas et messium raritas magnam alimentorum penuriam induxisset, ipse agricolis suorum reddituum, unde ipse vivere et familiam suam alere debebat, magnam partem misericorditer condonavit, et non tantum superfluas, sed et plerumque necessarias cervisiarum confectiones et potationes prorsus ad tempus interdicendo, et parcitatis modum immoderatis imponendo, necessariam universis vitæ sustentationem paterna sollicitudine prudenter procreavit. Decrevit etiam, ut quicunque venalem faceret panem non unum, ut fieri solebat, sed duos quamlibet parvos singulis nummis distraheret, ut pauperi cuivis nummum forte non habenti, vel obolo emendi facultas suppeteret.

19. Quid, oro, faceret de maximis qui tantopere providebat de minimis ? Tempore quo, quia multos

(50) Anselmus Gemblacensis ad annum 1125 : « Hiems asperrima sex hebdomadibus continua et valde noxia. Fames valida ubique, multis utriusque sexus pereuntibus. »

esse videbat egenos, per singulas curtes suas, quas multas habebat, eos deputavit centenos, et de suo quotidianam eis stipem administrari imperavit. Præterea in quacunque urbe, oppido, vel villa esset, innumeri quotidie ad eum confluebant : quibus ille alimenta, nummos et vestimenta propriis præcipue manibus distribuebat : adeo ut apud Ypram uno die septem millia octingentos panes eum erogasse, ipsorum qui adfuerunt memoria prodiderit. Neminem enim frustratum a se recedere patiebatur, vestesque etiam, quibus pretiosis admodum utebatur, sibi detractas eis frequenter largiebatur. Audierat enim evangelicum illud : « Beati misericordes quoniam ipsi misericordiam consequentur (*Matth.* XXV, 40). » Et illud : « Quod uni ex minimis meis fecistis, mihi fecistis (*Matth.* V, 7). » Quorum miseriis ita afficiebatur, ut, cum eos in aliquo vexari vel affligi videret, ex totis eis visceribus condoleret, implens et ipse pro modo suo quod Apostolus ait de seipso : « Quis infirmatur, et ego non infirmor ? quis scandalizatur, et ego non uror? » (*II Cor.* II, 29.) Ne autem in his omnibus quasi de tanta liberalitatis excellentia pro singularitate notabilis censeretur, alios quoque ad ipsum pietatis opus non solum exemplo, sed etiam exhortationis verbo crebro invitabat. Aiebat enim tantam regni Dei comparandi opportunitatem piis fidelium mentibus prorsus nequaquam esse negligendam ; sed ideo ad præsens in benedictione seminandum, ut de benedictione in futuro metant vitam æternam.

PARS IV.

Occasio odii in B. Carolum concitati.

20. (CAP. XII.) Verum, ut secundum eumdem apostolum omnibus omnia fieret (*I Cor.* IX, 12), sicut humilibus mansuetus, sic superbis apparebat severus ; illos videlicet agnina lenitate demulcens, istos leonina severitate deterrens. Quorum etiam illas, quibus pauperes opprimere consueverant, calumnias injustas, tanta rigoris districtione coercebat, ut et secundum Prophetam egenos de manu peccatorum liberaret (*Psal.* LXXXI, 4), et pravorum malitiam, ne supra modum sæviret, refrenaret : ut, quam non temperabat amor justitiæ, saltem reprimeret timor vindictæ. Barbarorum autem, maritimas Flandriarum partes inhabitantium, indomitam ante id temporis feritatem, humanum, posthabito Dei timore, assuetam crudeliter fundere sanguinem, mira severitate coercuit. Signa quoque, quibus in sublime levatis ad pugnas in id confœderatos accersirent, quæque ob insaniam nimirum bellandi furentium bacchas (51) lingua illa vocare solebant, prorsus erigi vetuit. Ab universis autem eatenus aut amabatur aut timebatur, ut in tanta efferæ multitudine gentis vix aliquis inveniretur, qui statutis ejus,

(51) Baccha etiamnum lingua Belgica *bake* dicitur et est specula, pharus, signum vel vas littorale, pro nocturno navium accessu.

publicam ob utilitatem promulgatis, vel in minimo contraire tutum arbitraretur.

21. Veritatis autem et justitiæ quantus æmulator fuerit hinc colligi potest quod in promissis implendis efficacem, et in causarum meritis indagandis omnino se studebat exhibere sagacem. Nec ei in hoc deerat gratia Dei, qua instruente, quæcunque tractanda essent negotia, mirabili subtilitatis acumine examinabat, et iniquitatem deprehendens et reprehendens, æquitatem vero exaltans et defendens, justitiam in cunctis pro viribus exaltabat. In quibus omnibus hunc ordinem sæpius observabat, ut, si quando clerici vel monachi religiosi, necessitate aliqua cogente, in curia ejus causas agere haberent, eorum ante alia et querelas audiret, et causas terminaret, et sic demum ad alia se tractanda converteret. Indignum namque prorsus et incongruum judicabat, ut qui lectioni vacare debent vel orationi, curiæ vel hujusmodi negotiorum immorentur actioni, juxta quod Apostolus ait : « Nemo militans Deo, implicat se sæcularibus negotiis (*II Tim.* ii, 4). »

22. (Cap. xiii.) Cum ergo his et aliis multis vir inclytus polleret virtutibus, quibus enumerandis vel explicandis non sufficit omne quod dicimus, bonis ejus studiis quanto amplius boni delectabantur, tanto magis mali torquebantur : quippe cum ejus probitate, eorum quibus invidebant, vitam muniri, et suos viderent et dolerent conatus impediri. Et quia in aliorum perniciem nequitia eorum, timoris ipsius catenis impedita, non permittebatur pro voluntate grassari ; ejus sibi videbantur salute periclitari : et quidquid alienis videbant accrescere, suis commodis arbitrabantur deperire. Quibus nimirum cupiditatis inceptivis et rapacitatis aculeis incitati, prius quidem invidere, deinde occulta adversus eum odia exercere, et sic demum detractionibus linguas laxantes, justi vitam caninis dentibus lacerare cœpere. In quo nimirum patrum suorum Judæorum rite sequebantur vestigia, qui Dominum Salvatorem eadem persequi probantur malitia, quam tanto ante commemoravit Propheta, dicens in eorum persona : « Circumveniamus justum, quoniam inutilis est vobis, et contrarius operibus nostris (*Sap.* ii, 12). »

23. (Cap. xiv.) Erat illis temporibus præpositus quidam Brugensis, Bertulfus nomine, archicapellanus et cancellarius Flandrensis curiæ; qui cum immensas, arridente sibi sæculo, congregasset divitias (quippe qui et ex paterna hæreditate, et principum, Caroli scilicet et antecessorum ejus, liberalitate, possessiones haberet amplissimas) ne quid temporalis ei deesse videretur prosperitatis; propinquorum, amicorum et hominum suorum, quos innumerabiles habebat, turba magna sibi obediente, culmen adeptus est maximæ potestatis. Quibus omnibus nimium exsaturatus in superbiam miser est elevatus. Quod profecto, ut fidenter arbitror, gratia Dei protegente, ei nequaquam contigisset, si bona Dei creatura, ad viaticum hac in valle lacrymarum nobis concessa, humiliter uti, non autem ordine perverso, frui ac delectari voluisset. Exstirpa, bone agricola, spinas de terra cordis mei, ut in eo, si non centesimum vel sexagesimum aut ut minus tricenum, afferat fructum semen verbi tui. Exaudi me cum illo sapiente tuo deprecante te (*Prov.* xxx, 8) : Tantum victui meotribue necessaria; et, sicut optat patriarcha Jacob (*Genes.* xxviii, 20), panem ad edendum, et [v]estimentum quo operiar. Cum autem, ut ad propositum redeam, omnibus istius mundi bonis floreret lucis hujus filius, divitiarum affluentia potentiam, potentia vero parturivit ei et peperit superbiam. Qua elatus cæteros despiciebat, et tumore nimio inflatus jam sese non capiebat. Et quia, qualis paterfamilias, tales sunt et domestici ejus; nepotes et domestici ejus, quos nimis carnaliter contra suam salutem infelix nutriebat et diligebat, dum prodiret quasi ex adipe iniquitas eorum, eadem qua ipse peste laborare cœperunt.

24. (Cap. xv.) Accidit autem ut quidam miles nobilis adversus alium nobilem in curia comitis de treugarum (52) infractione placitaret (53), et ille, nota ei servilis conditionis objecta, eo quod consanguineam illius præpositi, quæ ancilla comitis esse diceretur, uxorem duxisset, responderet ut libero refutaret Quamobrem omnis illa præpositi cognatio etiam intolerabili adversus comitem Carolum et militem illum exarsit ira. In omnes enim hæc redundare videbatur calumnia. Causa ergo hæc diu quidem ventilata, sed tandem tali est ratione terminata, ut illa, quæ notata fuerat matrona, duodecima nobilium manu libertatem suam personaliter assensu (54) comitis evendicaret, et querela comitis in reliquam illam parentelam salva maneret. Hujus ergo calumniæ talis suspensio domino Carolo prima fuisse visa est interfectionis occasio. Hinc namque gravissima contra eum cœperunt exercere odia.

25. (Cap. xvi.) Serpens itaque ille antiquus et humani generis inimicus, hanc suæ malitiæ exercendæ opportunitatem speculatus, medium se malignantibus et superbientibus statim ingessit; et quia in ipsorum mentibus, qui se regem gloriatur super universos filios superbiæ, sui thronum regni collocavit; alium eis, quo sæpius irretirentur et dejicerentur, laqueum callidus præparavit. Quidam enim Burchardus nepos (55) præpositi illius, filius videlicet Lamberti fratris ejus, homo nimis elatus, et in oculis suis magnus adversus Thancmarum vicinum suum (qui in eleemosynis pauperibus et præcipue monachis

---

(52) Treugæ, induciæ seu fides temporaria hosti data, a Græcis posterioribus τρέβα, et τρευα dicta. Germanis *treuwe*, fides.

(53) Placitare, id est disceptare, litigare, judicio experiri. Ita Vossius lib. iv. De Vitiis sermonum,

cap. 16, ubi hunc locum adducit.

(54) De utriusque familia controversia actum est § 4 et 5.

(55) Hinc arreptam occasionem fingendi eleemosynarium B Caroli fuisse supra dictum est.

expendendis, magnum, ut ferebatur, studium habebat) et nepotem ejus Gualterum, graves, licet minimis ex causis ortas, exercebat inimicitias, et ex utraque parte cædes hominum faciebant non minimas. Sed cultor Dei Carolus treugarum conditiones ab eis sæpe pro potestate sibi a Domino commissa exigebat, et ad pacem etiam invitos crebro compellebat : in eorum studens numero inveniri quibus promittitur ipsa Veritate dicente : « Beati pacifici, quoniam filii Dei vocabuntur (*Matth.* v, 9). »

26. (Cap. xvii.) Verum præpositus et sui, qui sibi validiores et superbiores videbantur, ad tutelam alterius partis eum intendere suspicabantur; et quia male sibi conscii livore mentis interius torquebantur, quod ad communem utilitatem facere laborabat, ad suam depressionem fieri querebantur. Itaque invidia stimulante incitati, ira sæviente exasperati et superbia inflante elati, Thagmarum inopinatum, et gratia treugarum nihil adversi formidantem, ex improviso, fœdere pacis destructo, invadunt, et curte inferius irrupta, in superiorem eum munitionem auxie satis confugere compellunt, virgulta succidunt, et cuncta in inferioribus reperta dissipant, demoliuntur, et pessumdant. Qua injuria Thagmarus accepta, querelam comiti non injustam depromit, damnum sibi non sine contemptu illius illatum, seque graviter periclitatum exponit. Illi vero a comite die et loco determinato in causam vocati, contemptum contemptui superaddere, quam vel per responsalem suam absentiam excusare, elegerunt.

27. (Cap. xviii.) Quam quidem injuriam vir prudens patienter dissimulavit, et eos interim expectare, et ad correctionem tanti excessus leniter adhuc invitare deliberavit. Qui cum postea Brugis præpositum super omnibus his familiariter convenisset, et modeste satis, ut ei moris erat, corripuisset, et ille tam ex sua quam suorum parte omnem emendationem in crastinum spopondisset, nihilominus neglexit, et nec ipse venit nec eos ad satisfactionem adduxit. Sed comes iterum et iterum provocatus, licet in despectum sui omnia fieri non dubitaret, æquanimiter ferens, etiam tunc in contumaces justam depromere vindictam dissimulavit, et emendationem iterum longanimiter exspectavit.

PARS V.

Publica latrocinia e consilio baronum a B. Carolo compressa.

28. (Cap. xix.) Sed hæc frustra. Etenim patientia ipsius abutentes, et ejus occasione in reliquum sibi impunitatem promittentes, in deterius superbia impellente prolapsi sunt, et quos oportuerat priores erratus pœnitendo emendare, et justam Domini sui iram vel sero satisfaciendo placare culpas, magis culpis accumulare, et excessus excessibus audacter statuunt exaggerare. Nam captata, cum in Franciam forte perrexisset, comitis absentia (omnibus enim iniquitatis operariis semper gravis erat, et quasi

A carcer quidam intolerabilis, ejus præsentia) copiosam congregant et validam militum manum, et omnem fere incursantes circa regionem ; domosque infringentes, et mobilia quæque diripientes, pauperes exspoliant, et quosdam suspendunt, plerosque in ferro trucidant, Quod quia præteritis temporibus fieri nequaquam consueverat, cunctis intolerabile nimis et crudele apparebat. Ab antiquo enim et comitibus terræ nostræ statutum, et hactenus quasi pro lege est observatum, ut quantacunque inter quoslibet homines guerra emergeret, nemo in Flandria quidquam prædari, vel aliquem capere aut exspoliare præsumeret.

29. (Cap. xx.) Igitur reverendus tutor patriæ reversus, tantorum criminum atrocitate comperta, graviter indoluit; et quia in sancta pace, videlicet infra Septuagesimam, hæc gesta fuerant, non tam suam quam Dei injuriam, ut dignum erat, ultum ire statuit. Verum quia quonam modo id vindicari oporteret gestiebat, barones suos, ut tertio Kal. Martii Ypram (ubi et ego ex ejus mandato, pro alio tamen negotio, præsens fui) convenirent, et quid opus esset facto ex sententia definirent, invitavit, et universa eo quo facta fuerant ordine in auribus eorum explicavit; et ne se solus vindicare videretur, eorum de omnibus consilium flagitavit. Nec defuerunt qui se a Brugensibus inique spoliatos, verberibusque et contumeliis affectos deplorarent, et justitiam ignominiæ lacrymosis questibus implorarent. Ubi diversis diversa dicentibus, tandem in hoc omnium convenit sententia, ut comes ipse partes illas præsentialiter visitaret, et quæ gesta fuerant, visu et auditu certius exploraret, et sic pro modo culpæ modum adverteret vindictæ. Qui licet malignas eorum adversum se machinationes nequaquam penitus ignoraret : præsertim cum prædictus Burchardus jampridem dixisse accusaretur : « Si quis comitem occideret, quis eum vindicaret ? » ire tamen decrevit, et milites non paucos secum ire præcepit.

30. (Cap. xxi.) Cum quibus in crastinum profectus, cum domos eversas, res omnes direptas et dispersas vidisset, et ne minima quidem vitæ subsidia pauperibus relicta cognosceret, hinc miserorum lacrymis, inde ingenitæ sibi misericordiæ compassione permotus, alte ingemuit, et ex imis viscerum medulla longa trahens suspiria, lacrymisque suffusus obortis mirabiliter doluit. Et primum quidem munitionem ipsius Burchardi, quam juxta habebat, quasi tanti mali seminarium et radicem incendit, evertit, et funditus destruxit ; ac deinde tam de his quam de aliis diligentius tractaturus Brugas eadem die, heu ! nunquam reversurus, perrexit. Sequenti die, scilicet Kalendas Martii, eo ibidem morante, et causas singulorum cum æquitate more suo examinante, dies in vesperam declinavit, et sol tam perversas pravorum hominum mentes veritatis lumine destitutas ostendens, eas quas suis radiis illustrare consueverat, mundi partes relin-

quens, illis spiritualem, his autem corporalem lucem subduxit, et filiis tenebrarum opera tenebrarum faciendi opportunitatem optatam induxit : Qui enim male agit, odit lucem.

31. (Cap. xxii.) Tunc, ut ferunt, præpositus (56) Guidonem de Stenfordo, et alios paucos qui familiares comitis videbantur, sibi ascivit, eisque legationem suam injungens, ad aulam ejus quasi veniam pro nepotibus suis petituros misit. Et illi quidem quod jussi fuerant exsequentes, comitem statim adierunt, et hujusmodi apud eum, sicut aiunt, non tam pacem quam querelam deposuerunt: « Sufficiat, inquiunt, domine, magnanimitati vestræ, Burchardi pœna et ignominia iram vestram· vos hactenus exsaturare; sufficiat vobis receptaculum ejus ad ipsius et totius generis sui injuriam vos incendisse. Jam vestræ motus iracundiæ adversus eum frustra excitatos compescite, et juveni afflicto jam parcentes, et nimiis contumeliis lacessito nunc saltem sero ignoscite. Jam nunc, si placet, apud vos misericordiæ locum inveniat, quem pœna indebite illata satis superque contristat et cruciat. Sed et circa genus ipsius odii vestri et iræ impetus refrenate, et quos graviter offendistis vel nunc sera satisfactione placate. »

32. His responsum perpaucis ita reddidit heros : « Quid est quod me motibus meis tantopere asseritis indulsisse, et Burchardo vestro immerito injurias contumeliosas intulisse? Quid enim dignum tantis Burchardi excessibus rependi, si unam domunculam ejus, ipso nondum punito, incendi? Nonne multo magis justitia exigebat eum quæ abstulit pauperibus ex integro restituere, et tantorum criminum in carne propria pœnas luere? Quæ ergo injuste rapuit, juste restituat, et conditionem sui generis agnoscat, et sic misericordiam quam quærit inveniat. Nam qua ratione poterit indulgentiam obtinere, et rapinam pauperum retinere? »

33. (Cap. xxiii.) His præposito perlatis, quamvis hac comitis allegatione nihil justius dici valeret, ut pote quæ et legis et Evangelii mandatis congrueret, ille tamen, cum veritati debuisset ac rationi acquiescere, cæcata mente magis cœpit insanire, et suis motibus nimium exasperatus, et diabolico spiritu inflammatus, dira immurmurans, et graves minas spirans, stimulos suis currentibus et arma sævientibus ministravit, et quos refrenare, debuerat, suæ aculeis iracundiæ amplius incitavit. Auxit quoque furorem dementium, et dementiam furentium, quod præfati legati non sinceriter egerunt, sed verba comitis depravantes et superbos juvenum animos deterius exacerbantes, dixerunt quod nunquam misericordiam a comite consequerentur, nisi servos ejus se esse omnes profiterentur.

PARS VI.

B. Caroli ultima pia opera. Cædes illata.

34. (Cap. xxiv.) Illi ergo ex stultis jam insani, præposito cum legatis illis, ut qui totum faciebat ac si nihil facere videretur, corporaliter amoto, pestiferum consilium mox inierunt, et de morte domini sui detestabili scelere tractare cœperunt. Diabolo autem consilia eorum aspirando præveniente, et cooperando prosequente ac instigando provehente, in hanc tandem iniquitatis sententiam sex principes factionis eorum, videlicet Guelricus frater præpositi, præfatus Burchardus, et alterius fratris ejus Roberti filius Robertus, (57) Guillelmus quoque Viroviacensis, et Ingrasnus (58) Esnensis, et Isaac præpositi consanguineus (59) conspirant ut comitem quam citius potuerint occidant, et idipsum perficiendum, et donec perficiatur celandum, fidei, ne dicam perfidiæ, pactione conjurant.

35. Et hæc quidem in nocte sunt gesta, utputa lucis, sed tenebrarum opera. Quæ omnia licet in occulto factitarentur, latere tamen non potuerunt. Nam rumusculis quorumdam delatum, et ipsi quod de periculo ejus ageretur est nuntiatum. Illi autem ut hæc crederet nequaquam potuit persuaderi. Quippe quem conscientia sua non solum perperam hac in causa quidquam gessisse non accusabat, verum etiam de rectitudinis opere veraciter justificabat. Quod nimirum justo et occulto Dei judicio actum fuisse facile crediderim quatenus ejus meritis, nostris peccatis, eorum quoque criminibus nefandis exigentibus, illi palma, nobis tristitia, et illis perfidis justa acceleraretur vindicta. Sic enim, ut credi pie fas est, et illum requie optata donari, et nos, quo indigni eramus, defensore et protectore orbari, et illos nefarios condigna oportuit pœna multari. O mira in omnibus omnipotentis Dei dispensatio!

36. (Cap. xxv.) Nocte itaque illa exacta, cum gloriosus princeps paulo diutius solito in stratu suo

---

(56) Steenvordia, antiquis *Stenasforda* et *Stenafvordi*, celebre in Casseleta ditione municipium : hujus toparcha Wido seu Guido, subscripsit litteris B. Caroli, comitis pro monasterio Loensi anno 1125 in Notitia Miræi, cap. 134. Uxor Guidonis dicitur infra num. 49 soror Isaaci consanguinei Bertulphi præpositi: at neptis hujus appellatur a Galberto num. 94. Ut videantur Isaacus et hæc Guidonis uxor nati matre, præpositi sorore.

(57) Viroviacum ad Legiam, seu Lisam fluvium, municipium inter Menenas et Cortracum. Subsignarunt dictus supra Wido de Steinfort et Willelmus de Wervi litteris B. Caroli comitis pro abbatia Marchianensi datis anno 1125, indict. iii, et concur. 5 apud Chesnæum De familia, Bethuniensi, lib. ii, Probationum, pag. 20.

(58) Essena est prætorium prope Dixmudam, illustratum a Sandero in Franconatu pag. 316, cujus toparcha Ingrasnus ab Iperio. *Ingesramus de ossines* dicitur. Infra num. 75 dicitur ejus patruus *Theodoricus Discamudensis*, vir potens. Donationi abbatiæ S. Andreæ anno 1105 subscripsit Theodericus de Esne, forsan hujus pater.

(59) Hæc conspiratio facta Ipris in festo S. Vincentii, 22 Januarii fingitur in Chronico vernaculo Flandriæ, in formula proclamationis et apud Lernutium, et princeps conspirationis habetur Bertulphi præpositi frater Lambertus, jam ante vita functus, uti supra de hoc et aliis adjunctis actum.

gemuisset, surrexit, manus lavit, et sic ad opus misericordiæ more solito devotus properavit. Sic quippe vitam suam ordinaverat, ut omnibus diebus operum suorum initia Domino dedicaret; ut scilicet antequam ad ecclesiam procederet, eleemosynam propriis manibus pauperibus dispensaret. Quod etiam ob ingentem in Christum devotionem nudis consueverat pedibus celebrare, ita ut neminem in hoc pietatis officio sibi pateretur ministrare: sed singula fercula singulis deferens, singillatim singulorum manus summa osculabatur veneratione. Huic quoque religiosæ consuetudinis cumulo nuper adjecerat, ut omni die quinque pauperes novis vestimentis indueret et calceamentis. Quo eleemosynæ sacrificio super sacræ aram fidei humiliter oblato, seipsum mox victimam placationis superimpensurus ad ecclesiam, nullis comitatus militibus (quippe per hospitia et oratoria ubique dispersis), procedit; et coram altari sanctæ Dei Genitricis Mariæ, quod in superiore parte ecclesiæ S. Donatiani constitutum erat, in orationem se prostravit. In quo loco cum genua frequenter flectendo diutius oraret, ac semetipsum attentius Domino commendaret, tandem pronum se in pavimento projecit, et septem pœnitentiales psalmos pro suorum ablutione peccatorum, libello suo apposito, supplex decantare incepit.

37. Interim autem clero, capellanis ejus videlicet, horas diei primam et tertiam more ecclesiastico, canente cum Oratione Dominica jam dicta illi preces tertiæ, et ille quinquagesimum psalmum, et ipsum quartum pœnitentialem, tribus jam dictis, recitaret (nam ita orare consueverat, ut a circumstantibus audiri valeret), magister fraudis, et ductor sceleris Burchardus, sex sibi spatariis ex clientela præpositi et sua adjunctis, lateri ejus retro improvisus astitit, et nudo eum gladio, ut caput feriendum porrigeret, prius leniter tetigit. Qui cum faciem elevato capite ad eum converteret, frontem illam reverentissimam, superborum dejectricem, humilium erectricem, furibundus valido ictu percussit, et cerebrum ejus in pavimento excussit, complicibus quoque ejus in hoc ipsum perpetrandum concurrentibus, et eum unanimiter, nequidquam tamen, cum primus ad mortem ejus suffecisset ictus, ferientibus, pluribus caput ejus vulneribus, conciderunt, et brachium ejus dextrum cum manu, qua eadem hora pauperi mulieri eleemosynam petenti nummum vel potius nummos porrexerat, et alios petituris porrigendos tenebat, fere amputaverunt.

38. (Cap. xxvi.) Sed jam libet stylum a narrationis serie parumper declinare, et enormitatem tanti facinoris, ac facinorosorum illorum crudelissimam immanitatem pro modo nostro vel tenuiter considerare. O nefandissime Burcharde, quid fecisti! o insanissime Bertulfe, quid consensisti? O omnes sceleratissimi hujus criminis complices et ministri, quid disposuistis, quid egistis, quid peregistis? Quem, quare, quando, ubi, et quomodo occidistis? Certe dominum vestrum, certe pro sua justitia, certe in Quadragesima, certe in ecclesia, et hoc certe sine aliqua reverentia. Comparetur igitur, si placet, facinus vestrum facinori patrum vestrorum detestabilium Judæorum. Illi nempe Dominum suum non tam manibus quam lingua extra portam civitatis occiderunt, quem tamen Dominum suum esse nequaquam cognoverunt. « Si enim, ut Apostolus ait (I Cor. ii, 8), cognovissent, nunquam Deum gloriæ crucifixissent. » Vos autem, quem dominum vestrum esse sine dubio cognovistis, in loco sancto, in tempore sancto et lingua et manibus occidere non horruistis. Igitur scelus patrum vestrorum vestro scelere non solum adæquastis, sed etiam, si dici fas est, superastis. Unde timendum vobis, et valde timendum est, ne quos supergressi videmini in culpa, illis quoque gravius [cruciemini in pœna. Quorum etiam exemplo locum et gentem congrue perdidistis, quæ ne perderetis, tantum piaculum committere non timuistis. Et hæc quidem, nisi digne, pœnitueritis, initia sunt dolorum.

39. (Cap. xxvii.) Sed jam ab his tristibus convertamur, et de Caroli nostri exitu felici, quæ læta sunt, et omni gaudio recolenda intueamur. Quem profecto si diligenti cum discretione attendimus, cum martyribus eum nonnihil habere commune, ut salva eorum reverentia loquamur, non absurde perpendimus. Nam ut scriptum est, « martyrum non tam facit pœna quam causa (60). » Sed hujus rogo, ut ita dicam, martyrii, quæ fuit causa nisi justitia! Qui enim ideo occisus est, quia a rectitudine non declinabat æquitatis, pro testimonio utique occisus est veritatis.

§ 40. Et ut noveris eum hoc mortis periculum sibi ab illis flagitiosissimis jam olim intentatum nequaquam prorsus ignorasse, et tamen justæ confidentia causæ non declinasse, in conventu procerum Ypræ tertio Kal. Martii, sicut prædictum est, congregatorum, cum de hoc pessimo Burchardi proposito mentio facta fuisset, audi quod de bonæ thesauro conscientiæ margaritam (justus quippe ut leo confidit) protulerit: « Ego, inquit, ibo, et Deo protectore, securus ibo. Ubi etsi me forte occidi contigerit, pro justitia certe occumbere non tam periculosum quam gloriosum erit. De vindicta vero Deus providebit. » Ut autem conjicere possis hoc ipsum eum non transeunter vel leviter, sed prudenter dixisse, accipe quod ipse ab eo accepi. Cum siquidem eodem die ad vesperam præpositus clericorum regularium, in eodem loco commorantium, minas quorumdam sæcularium sibi, superbia ipsorum impellente, intentatas mihi exposuisset, meque quid super his facere deberet consuluisset, communi consilio ad eum, utpote defensorem humilium, rem ipsam detulimus:

---

(60) August. in Psal. xxxiv.

et hujusmodi ab ore, imo ut post patuit, per os de corde ejus responsum accepimus : « Quascunque, inquit, vobis minas intentent, certus sum quia quandiu vixero, in nullo vos læderc præsument. Quod etsi contingeret vos occidi pro veritate, quid hac, quæso, gloriosius morte? Quid enim martyrio excellentius in gloria? » Quod procul dubio, quantum ego conjicio, non dixisset, nisi martyrii amore flagraret?

41. Vidisti igitur quæ fuerit causa mortis ejus : nunc vide si placet, quod fuerit opus ejus. Utique peccata sua jampridem confessus fuerat, et pro eis tunc pœnitentiam agebat. Orationi eadem hora, ut dictum est, incumbebat; quam etiam eleemosyna acceptabiliorem Domino faciebat. Sed et si de terrenis contagiis aliquæ ei maculæ adhæserunt, sanguinis effusione et mortis amaritudine credibile est quod deleri potuerunt. Igitur interfectores ejus sibi quidem mortis foveam effoderunt, sed eum per portam mortis ad vitæ januam introduxerunt, illum mortalitatis tunica exuerunt, et se confusione sua sicut diploide induerunt.

PARS VII.

B. Caroli fautores occisi. Corpus feretro illatum. Miracula, veneratio, sepultura.

42. (CAP. XXVIII.) Hac namque cæde peracta sanguinem adhuc sitientes Themardum Brugburgensem (61) castellanum, qui forte prope aderat, cæteris diffugientibus invaserunt, et multis vulneribus confoderunt. Quo facto continuo, quos supra memoravimus, conjurati singuli cum suis satellitibus adfuerunt, et universam villam, quæ instar civitatis frequens erat et ampla, nemine resistente, perscrutantes, reliquos morti jam pridem ab eis destinatos, circumquaque persequi studuerunt. Quorum duos, præfati videlicet castellani filios, Gualterum adhuc in hospitio remorantem, et heu! frustra fortiter repugnantem, et Gillebertum extra villam habitu mutato cum castellano Curtriacensi (62) effugere conantem, crudeliter interemerunt; et sic demum ad perquirendum Gualterum (63) dapiferum, quem elapsum fuga timebant, redierunt. Sed cum castellanum confessionem sacerdoti fecisse, et corporis ac sanguinis Domini mysteria percepisse, et necdum obisse cognovissent, in ecclesia ad eum rursus concurrerunt, et per pedes eum arripientes, ac per confragosam graduum inæqualitatem impetuose trahentes, caput ejus singulis illisum gradibus confregerunt, et sic eum ante ipsius fores ecclesiæ pertrahentes, palpitantem adhuc in extremis, iterata cæde ejus spiritum ejecerunt. Gualterum autem cum diu quæsitum non invenirent, et de inventione ejus jam desperarent, quidam puer eum dicitur prodidisse, et latibulum quod eum in tanta necessitate opportune satis occultabat, persecutoribus ostendisse. Qui ut se proditum sensit, veloci cursu protinus fugam iniit, et usque ad altare S. Donatiani currendo anxius pervenit; et velo, quod altari oppansum erat, se quantum potuit operuit. Quo in loco ministri diaboli persecuti arripuerunt, et confessionis faciendæ, quam solam petebat, sibi facultate superbe negata, de ecclesia extrahentes occiderunt.

43. (CAP. XXIX.) Corpus itaque domini Caroli, ministris ejus passim latentibus, ac præ timore mortis nusquam apparere audentibus, cum non esset qui sepeliret, in eo quo interfectus est loco, aliquandiu jacuit, sed tandem clericorum inferius est delatus obsequio; et in chori positus medio, tristi mœrentium frequentabatur officio. Rari tamen erant qui eum manifeste lugerent, vel qui aliqua super morte ejus tristitiæ signa ostendere aut doloris auderent. Tantus erat metus perfidorum, qui etiam decreto decreverant eum ibi nullatenus esse tumulandum, ne ejus monumentum ad posteritatis eorum appareret opprobrium. Quo audito, Arnulfus (64) abbas monasterii Blandiniensis sequenti die velociter adfuit, et eum in monsterio suo sepeliendum deportare voluit. Quod cum præpositus cum suis libenter concessisset, et abbas feretrum composuisset, continuo spiritu Dei excitati tam clerici quam laici, resistendi audaciam sumpserunt, et vehementer ne fieret, contradicere, et cum armis etiam violenter eis in faciem obsistere et improperare cœperunt. « Si nobis, inquiunt, dominum nostrum ne viveret abstulistis, nunquid et mortuum auferre debetis? Qui ergo fecistis ne haberemus vivum, sinite habere vel defunctum. Confidimus enim quia, quem vivum habuimus patronum et protectorem, interfectum etiam martyrem multo magis habere poterimus fidelem apud Deum intercessorem. » Quid plura? Tandem præpositalibus et abbati

---

(61) Brugburgum, seu Burburgum, Flandriæ occidentalis prope Gravelingam oppidum. De familia hujus castellani pluribus agitur in Historia ms. Gismensium, ex qua plurima excusa apud Chesnæum, lib. IV Probationum. Subscripsit Themardus, subinde Thevardus castellanus de Brocburgh diplomatis B. Caroli signatis anno 1119, 1121 et 1125, uti et subinde filiis ejus Walterus et Gillebertus eum ipso occisi, et Henricus qui superfuit, a Galberto num. 150 relatus successor patris Brocburgensis castellanus. Interim hunc cum Tengmaro unum eumdemque haberi supra correximus. In editione Parisiensi editum erat *Thangmarus Brugensis*.

(62) Cortracum, seu Curtriacum, illustris Flandriæ ad Lisam fluvium civitas : ejus castellanus Galterus subscripsit diplomati Balduini comitis anno 1115, et Rodegerus litteris Theoderici anno 1145.

(63) *Walterus de Locris* dicitur Galberto ; subscripsit donationi factæ ecclesiæ Furnensi S. Nicolai anno 1120, et monasterio S. Winoci anno 1121. Est duplex Lokera, alia in Wasia ad Durmam fluvium, alia in territorio Iprensi versus Belliolum, quæ ut propior Furnis et Bergæ S. Winoci, et in propria Flandriæ sita, hic intelligitur.

(64) Fuit Arnulphus, aliquibus *Arnoldus*, abbas ab anno 1117 ad annum 1132. Cum Castellano Gandensi missus fuerat Aquisgranum, et Lothario imperatori adfuerat festo Epiphaniæ hujus anni 1127 eique nuntiarat B. Carolum comitem paratum ad omnem ei exhibendam subjectionem. Ita Anselmus Gemblacensis.

prævaluerunt, et corpus domini sui in superiora tione recondere. Nec frustra. Nam et pileus ejus a ecclesiæ tumulandum reportaverunt. Qua hora populi fide fervente, et venerabilis Caroli, ut vere credi decet, merito exigente, quod divina operata est clementia miraculum, non silebo.

44. (Cap. xxx.) Puer erat a cunabulis nervis claudus contractis, qui non solum non incedere, sed nec etiam ullo pacto a terra se valebat erigere. Persona quidem modica, sed occasione miseriæ suæ plurimis satis nota. Nam et in eleemosyna monachorum S. Andreæ Brugensis (65) circiter octo annis commoratus, et eorum fuerat beneficiis sustentatus. Cui prior loci instrumentum quoddam fecisset, quo adjutus non tam ambulare quam reptare valeret; qualitercunque se promovere paulatim cœpit, et Brugas usque hoc perveniens in domo Reingeri (66) telonearii aliquandiu mansit (67). Hic ergo cum illa hora juxta illud venerabile corpus adesset, et sub ejus feretro supplex, et optatæ munus sanitatis devote mendicans, procubuisset, subito nervi illi diu contracti, virtute prorsus divina laxari, et membra illa debilia erigi, et in usum ambulandi firmari ac solidari cœperunt; sicque gratia Dei, et merito viri sancti, plenæ sanitati ad integrum restitutus est, ut nullæ antiquæ debilitatis reliquiæ in eo residerent. Itaque qui debilis et tristis advenerat, sanus et gaudens, et Deo gratias agens recessit. Et quia hoc in frequentia gestum fuit latere profecto non potuit.

45. (Cap. xxxi.) Igitur qui præsentes fuerunt, et tam evidenti miraculo gloriam martyris cognoverunt, tantæ largitori gratiæ Domino immensas in jubilo laudes reddiderunt. Videres itaque continuo innumerabiles promiscui sexus, diversæ ætatis viros et mulieres, certatim undique occurrentes, sanguinem ejus linteis reverenter extergere, et ferramentis etiam de pavimento abradere, pilos capitis ejus vel barbæ gladiis furentium laceratos cum veneratione colligere, et hæc omnia ad tutelam sui in posterum servanda omni cum diligentia et devo-

(65) Chronicon ms. monasterii S. Andreæ, cap. 5 ista sic exponit : « Anno XIX fundationis monasterii nostri, tempore venerabilis P. Alardi secundi prioris nostri, advenit ad portam monasterii nostri pro eleemosyna quidam puer a cunabulis nervis adeo contractus, ut non solum non incedere, sed nec a terra sese valebat elevare : cujus miseriæ paupertatique prior noster Alardus, in pauperes clementissimus, condolens, eum intra monasterium duxit, ac per octo annos de victu et vestitu abundanter providit. »

(66) Lernutius ex suis fabulosis Annalibus contractum appellat Rogekinum telonarium. Mejerus ait, « adolescentem, Rogerium nomine, asportatum esse ab Rengero telone. »

(67) Idem ms. Chronicon addit : « Et interim crebras a præfato comite Carolo eleemosynas accepit. At cum mortis iniquissimæ fama undique pervolaret, amarissimas hic claudus, ob tam clementissimi patroni amissionem et mortem iniquam, effudit lacrymas, atque urgente affectu ecclesiam B. Donatiani, in qua facinus illud nefandissimum perpetratum fuerat, adiit : atque eo, quo valuit modo gradus conscendit, et beati comitis et martyris cor-

quodam reservatus multa febricitantibus per Dei gratiam affirmatur sanitatis, fide præveniente, contulisse beneficia. Ne quis vero incredulus calumnietur me hæc omnia commentari, et loqui ex proprio, Deum testor quia, quæ de morte ejus et miraculis retuli, viri religiosi domni Heliæ Brugensis decani (68), Frumoldi Furnensis præpositi, et aliorum clericorum et laicorum, qui se eq vidisse affirmabant, cognovi testimonio. Verum primo illo patrato miraculo cum fideles gratulantes admirarentur, et admirantes gratularentur, et campanæ in laudem Dei pulsarentur, Bertulfus quidnam sibi vellet strepitus ille dicitur inquisisse. Qui, cum res ut contigerat exposita fuisset, non solum credere vel pœnitere recusavit, sed ad subsannandum et deridendum conversus, etiam januas ecclesiæ, ne populus devotus confluere posset, obserari imperavit.

46. (Cap. xxxii.) Et hæc quidem cum sexto Nonas Martii, quarta feria interfectus fuisset, quinta feria, ut prælibavimus, gesta sunt. Itaque timore præpositi, cleri et plebis repressa est confluentia, et domini Caroli sepultura usque in sextam feriam protelata. Quo die sane pauci ex hominibus ejus et clientibus convenerunt, et in illo quo occisus fuerat loco, sarcophago ex lapidibus et cæmento super pavimentum composito, in eo illum sepelierunt. Porro sacerdotes et clerici, quia id in loco homicidii et humano sanguine polluto fieri ratio et auctoritas non sinebat, in alia ecclesia eum (69) missarum et orationum solemniis Domino commendaverunt.

PARS VII.

Vindicta impiis malefactoribus ; tres illorum occisi.

§ 47. Præpositus autem et sui dum quasi adversario suo dejecto exsultant, et de regno sibi comparando, ac si non sit qui contradicat, tractant et cogitant; tremendo divinæ districtionis judicio quæ sibi vindicta præparetur, ignorant. Illis nempe gaudentibus de sanguine, et thesaurorum ejus,

pus ibidem solum derelictum, ac suo sanguine infectum reperit. Qui longa ex imo pectore diutissime trahens suspiria, cœlum gemitibus ob tam grande piaculum replere non destitit, et tandem ob defuncti amorem cuncta membra sua debilitate emortua ipsius sanguine linivit : non quod aliquam spem haberet, ut ipse postmodum fatebatur, adipiscendæ sanitatis; sed solummodo hoc egit ex pio amoris affectu, quem habuerat erga eum, qui sibi tanta bona fecisset. Sed omnipotens Deus volens demonstrare, cujus apud meriti esset, qui defunctus plangebatur, subito integerrimæ redditus est sospitati is qui sibi id fieri nec suspicari quidem potuisset : ita ut relictis ibidem instrumentis, suis velut caprea de gradibus desiliret pedibus, ac per totam urbem, in qua ob suam singularem miseriam notissimus erat, discurrens, cunctis sese integerrimæ sanitati redditum demonstraret. »

(68) Fromoldus præpositus Furnensis subscripsit donationi factæ cœnobio Formeselensi prope Ipras anno 1117 et ecclesiæ Furnensi S. Nicolai anno 1120.

(69) Ecclesiam S. Petri extra muros scribit Galbertus num. 42.

quos invaserant, direptione, justus Judex et æquissimus retributor occulte disponit de ultione. O ineffabilis bonitas et justitia Dei! Persecutores suos impios Judæos usque ad (70) quadragesimum secundum annum post passionem suam, hoc pœnitentiæ spatio eis misericorditer indulto exspectavit. Sed quia illi, non attendentes quod patientia Dei ad pœnitentiam eos invitaret, thesaurizantes sibi iram in die iræ, pœnitere neglexerunt, horrendis suppliciis eodem anno interierunt. His autem justi persecutoribus tempus juste abbreviavit, et usque ad octavum diem ultionem vix protelavit. Illi enim quia primitiva in eis nutriebatur, diutius, ut credo, fuerunt misericorditer tolerandi; hi autem, quia provecta jam Ecclesia in eis, et per eos scandalizabatur, citius exstiterunt juste judicandi.

48. (Cap. xxxiii.) Nam ecce octavo die, quasi domino Carolo in sui vindictam quodammodo resurgente (71), Gervasius vicinus eorum, vir honestus et probus congregato suorum circiter triginta equitum numero, castrum Brugense invasit, et illis resistere, quippe timore Dei super eos irruente, non audentibus, intravit, et eos in interiorem munitionem refugere coegit. Quod nimirum virtute divina factum non dubitaverim, cum illi et numero et viribus et munitione plurimum præstarent. Verum manus Domini paucorum fidelium confortabat, et multorum infidelium vires et animos effeminabat. Sed et Brugensium corda municipum ita superna immutavit gratia, ut non solum injustæ dominorum suorum parti non faverent, vel auxilium faventes præberent, quinimo eorum consortium penitus abhorrerent, et eos continuo in munitione qua confugerant, Gervasio juncti obsiderent. (72) Duo autem eorum, qui necis Domini Caroli cooperatores exstiterant, intercepti et comprehensi in conspectu aliorum, in pœnam nimirum et confusionem eorum, diversis suppliciis improbrosis, ut dignum erat, tormentati, et sic tandem sunt necati, ac partim in cloacas, ubi a dominis suis de muris prospectantibus videri possent, jactati.

49. (Cap. xxxiv.) Porro Isaac, unus de conjuratis, homo potens et dives, cum paulo remotus in loco multum munito habitaret, et illa hora in ecclesia B. Mariæ injuste et irreverenter ingressus fuisset (nam qui ecclesiam non timuerat superbe violare, ecclesiæ introitum debuisset humiliter vitare), ab obsidione hoc eventu forte interclusus, et nec ad modicum quidem domui suæ disponens, vitæ quippe suæ consulere cupiens, fuga protinus est elapsus. Cujus domum frater ejus Desiderius, qui contra suos se Gervasio in ultionem sanguinis justi conjunxerat, mox irrupit, et omnem munitionem ejus propriis manibus incendio tradidit. Qui ipsum quoque Isaac si in ea reperisset, haud dubium quin eum ob vindictam tanti criminis interfecisset. Vide quantum inspiratum eis fuerit odium iniquitatis, quod etiam naturalis vincebat affectum pietatis. In eo enim qui se complicem fecerat tam nefandæ immanitatis, nec Gervasius propinquitatis, nec Desiderius necessitudinem attendebat germanitatis. Ille vero diurnis ubi audebat latitans, et nocturnis horis qua poterat fugitans, ad domum sororis suæ, quam præmemoratus Guido et Stenfordo uxorem habebat, devenit, et ejus conductu usque ad (73) monasterium S. Joannis Tervanensis in montegnostræ civitati imminente constructum profugit. Nam, quia monachus fieri divino vel humano coactus timore volebat, monachum quemdam (74) Einhamensem, qui ipsum ei habitum donaret, ibidem operiri proposuerat, sed latere non potuit.

50. (Cap. xxxv.) Fama quoque volante delatum, et per totam urbem confestim est divulgatum, quod in monasterio S. Joannis laterent, qui patrem patriæ Carolum occidissent. Arnulfus (75) ergo, filius Eustachii advocati, volens et ipse sanguinem comitis vindicare, in cujus ultionem jam orbem ipsum audiebat conspirare, nocte imminente apparitores suos eo dirigit, qui abbatiam circumquaque tota nocte custodiant, ne qui latebant in tenebris usquam effugere valeant. Isaac autem, ubi insidias sibi paratas esse cognovit, ad dominum abbatem (76) Folquinum tremebundus confugit, et ut optatum sibi monachi habitum ipse concederet, humili supplicatione et importuna satis tandem obtinuit. Verumtamen Arnulfus sequenti die cum suis monasterium adiit, et illum eductum et ex ipsius confessione deprehensum, continuo veste monachali exspoliari, et nudum ac discalceatum revinctis post tergum manibus ad civitatem cum tumultu protrahi præcepit. Ubi dum, ne qua monachatus in eo vestigia remanerent, capilli capitis ejus omnes penitus abrasi fuissent, civibus utriusque sexus et diversæ ætatis undique circumstantibus, et, « Perfidus et traditor statim suspendatur, vel vivus incendatur, » vociferantibus; sed et ipso Arnulfo hoc idem adimplere totis viribus adnitente, tandem pater ejus cum matre obstitit, et ut vivus aliquandiu servaretur, filio invito, extorsit.

---

(70) Censentur hi anni a consulatu duorum Geminorum, usque ad annum 2 Vespasiani ut solebant multi numerare.

(71) Gervasius camerarius subscripsit anno 1123 litteris B. Caroli pro monasterio Gandensi S. Petri.

(72) Scilicet Burchardi et miles Georgius et servus Fromaldus, ut Galbertus num. 51. Occisus etiam ibidem refertur Robertus cursor castellani Haket eodem die 9 Martii.

(73) Monasterium S. Joannis a Theoderico rege Francorum in expiationem necis S. Leodegarii exstructum creditur. Deleta urbe migrarunt monachi Bellomum, inde postea Ipras, ubi etiamnum monasterium S. Joannis appellatur.

(74) Einhamum ad Scaldim fluvium prope Aldenardam monasterium est, cujus abbas Gislebertus subscripsit diplomati B. Caroli anno 1122.

(75) Lernutius cum suis Annalibus et formula proclamationis loco Arnulfi statuit equitem Hermannum ab Heysdino. Pater Arnulfi Eustachius subscripsit litteris B. Caroli apud Ariam anno 1125.

(76) Diplomati B. Joannis Morinorum episcopi subscripsit anno 1122 Ingebertus abbas S. Joannis, cui Folquinus successit.

Quod etiam divinitus factum fuisse credibile est : A dionis, vigiliarum et famis incommoditates et sitis, quatenus prævaricator, et labore pœnæ præsentis, et assiduos imminentis timores mortis pœnaliter tolerare cogerentur inviti.
et timore mortis imminentis diutius torqueretur et velut impœnitens æternis, vel pœnitens purgatoriis tormentis interim cruciaretur.

53. (Cap. xxxvii.) Verum pridie quam hoc contingeret, illis intrinsecus inclusis, et aliis forinsecus obsidentibus, incertum utrum negligentia obsidentium vel industria (aiunt enim, quod et certius est, quosdam eorum corruptos fuisse pecunia (84), præposito effugiendi permissa est copia. Nam de fastigio muri ad terram fune demissus, et (85) quorumdam auxilio ab obsidione latenter eductus, noctibus ambulando, et diebus delitescendo, ad domum Alardi Warnestunensis (86), qui neptem illius Agantrudem, castri, quod dicitur S. Audomari, quondam castellanam, habebat uxorem, miser jam et miserandus confugit. Quo in loco cum per tres fere septimanas jam delituisset, et præsentia ejus rumusculis quibusdam dubiis, et incerta vulgi opinione diffamari cœpisset, jam eum ulterius inibi retinere non audentes, singulis noctibus eum per diversa loca transmittebant, ut vel sic fugam ejus celarent, quam deprehendi multopere metuebant.

54. Diebus igitur aliquot evolutis Dominus Guillelmus, Philippi comitis filius, cujus superius mentionem fecimus, qui jam post mortem comitis magnam terræ hujus partem occupaverat, Tervannam venit, et eumdem Isaac sibi reddi ab uxore advocati, (nam ipse cum filio suo tunc aberat,) impetravit. Quem fune collo ejus illigato, Ariam secum duci, et in audientia totius populi (77) scelera sua confitentem, seseque omni supplicio dignum adjudicantem, tertio decimo Kalendas Aprilis suspendi (78) fecit.

PARS IX.

Supplicium sumptum de Bertulpho præposito et Guidone de Stenfordo.

52. (Cap. xxxvi.) Obsidione autem præfata, sicut dictum est, per Gervasium et Desiderium Brugis incohata, Balduinus Gandensis (79) et Daniel Tenremundensis (80) ab oriente, Gualterus Lilariensis, (81) Riquardus Walnensis (82), et Theodoricus (83) Discamudensis ab occidente, exercitu collecto, eidem se obsidioni adjunxerunt, et inde se non discessuros donec homicidas illos caperent et punirent, jurejurando confirmaverunt. Paucis itaque diebus exactis, et assultibus aliquibus factis, die quodam murum ab australi parte ascendentes, et sese intus audacter projicientes, perfidos illos violenter aggressi sunt, et eos omnes intra ecclesiam S. Donatiani, quam fœda prius cæde contaminaverant, fugere compulerunt. Digne sane pro meritis. Conveniebat namque in eo potissimum loco, quem in contemptum Dei et sanctorum ejus non fuerant crudeliter infamare reveriti, diuturnæ tædio obsi-

54. Diebus igitur Paschæ peractis, octava videlicet Dominicæ resurrectionis die, præfato domno Guillelmo Ypræ forte tunc constituto, hujus occultationis fama innotuit. Qui ut audivit, protinus exsilivit, equum ascendit, et eumdem præpositum perquirere magno cum strepitu et festinatione intendit. Domum itaque Alardi, et omnia ejus latibula, necnon et domum filiæ ejus, in qua proxima nocte præterita miser ille quievisse asserebatur, scrutati, cum quem quærebant non invenissent, vehementer sunt irati, et primum quidem utramque domum illam, quasi pestiferi præsentia viri contaminatæ, et ob hoc igne purgandæ fuissent, incendunt, et deinde filiam ejus præfatam in crastino, nisi præpositus redderetur,

(77) Lernutius ait « Isaacum tormentis adactum, libere pœnæ exemptum fuisse confessum, a se eo die quo comes occisus est, manu sua plus quam xxv senatores et principis administros trucidatos, » et dein « classiarios conjurationis auctores » recenset. Quæ ex formula proclamationis et fabulosis Annalibus proferuntur.

(78) Idem Lernutius cum suis asserit « caudæ equi feri alligatum nudum, et ad exitum cujuscunque plateæ virgis cæsum, in foro manus et pedes amputatos, et sic ad furcam vectum, et præciso capite affixum patibulo sub axillis loro astrictum. » Hoc figmentum non ausus proferre Mejerus, « post varios cruciatus patibulo suffixum. »

(79) Antiquissima hæc familia Gaudensis integro opere illustratur a Chesnæo, et lib. iv agit de proavo hujus Rodulpho, avo et patre Balduino, uti et ipse dictus, cognomento Luscus et Barbatus. Omnes hi fuerunt comites Alostani. Galbertus num. 53 et 54 asserit fratrem hujus Balduini Juvanum cum castellano Gandensi accessisse 10 Martii, postridie quatuor alios hic memoratos. Et num. 156 ait Balduinum 24 Octobris hujus anni mortuum esse. Mejerus tradit « anno 1125 obiisse Balduinum Gandensem eique successisse Juvanum fratrem ejus. » Interim inter eos, qui « Brugas venerunt obsessum parricidas, » numerat Balduinum Gandensem, ac dein sub finem anni 1127 addit : « Eodem anno Balduinum Gandensis, optimatum Flandricorum multo clarissimus, mundanis omnibus salutem dixit rebus, religioni in totum sese

addixit, obiitque postea in cœnobio Affligemiensi, » At Galbertus ait eum « monachialem habitum accepisse, cum suprema vita spiraret. »

(80) Est Teneramunda civitas ad Teneræ ac Scaldis fluminum confluentes, Gandavum inter et Antuerpiam. Porro Daniel hujus dominus, ex dicta Gandensi familia prognatus, cujus proavus Reingotus de Gandavo erat frater Rodulphi, quem etiam proavum Balduini et Juvani diximus.

(81) Lilarium Artesiæ oppidum haud procul Aria. Ejus dominus Gualterus a Galberto dicitur *comitis Butelgir*, id est, œconomus seu pincerna. Idem cum Balduino, Juvano et Daniele jam nominatis subscripsit litteris Guilielmi Northmanni pro Audomarensibus ante citatis.

(82) Galberto dicitur *Riquardus ex Woldman*, cujus filiam duxerat nepos Thangmari de Sraten.

(83) Theodericus patruus erat Ingrasni, qui in necem conspirarat.

(84) Galbertus num. 70 ait dicto Waltero Butelgir, sive Lilariensi, datas 400 marcas, aliis pecuniam datam tradit num. 156.

(85) Idem num. 76 asserit « datum conductorem militem astutum, fratrem Fulconis canonici Brugensis. »

(86) Warnestunum, seu *Wastena*, ad Legiam fluvium in er Cominium et Armenterium. Consensit Galbertus n. 76 et *Warnestum* appellat, Annales vernaculi *Watene* habent, et Lernutius *Watenum*. Sed id Casletum inter et Audomarum est.

membris debilitandam comprehendunt. Unde et idem domnus Guillelmus hominium Alardi guerpivit, et eo diffiduciato (87), totum feodum ejus saisivit (88), et de filiæ ejus dehonestatione, conditione qua supra diximus, fide et sacramento securitatem fecit, et sic inde recessit.

55. (Cap. xxxviii.) Re itaque in arcto posita, quid facto opus esset Alardus et sui tractare cœperunt, et cum hinc filiæ suæ non parcendum, inde præposito ipsius detrimento nihil sentirent salutis conferendum, tandem præpositum decreverunt reddere, ut sic salutem lucrarentur vel filiæ suæ. Ut ergo quod ipse fecisse accusabatur, juste perpeti cogeretur, de domo in qua eum retruserant cujusdam mulierculæ ministerio eum educi, et sic his qui ad eum capiendum præparati fuerant, tradi fecerunt. Igitur ad castrum Warnestunense eadem nocte perductus, et ibi usque ad lucem servatus est. Ubi et presbyterum ad se vocari postulavit, et peccatorum suorum pœnitentiam agens, confessionem Deo et illi in conspectu omnium fecit, et solo prostratus, et pectus pugnis percutiens, indulgentiam sibi a Domino tribui supplex oravit.

56. Die autem facto, cum jam Ypram equo pergere, ab his qui eum ceperant, moneretur, equitare quidem omnino recusavit, sed nudis pedibus, cum tamen gelu esset, incedere maluit. Et cum iter arripuisset, quemdam de clericis, cujus hæc ipsa relatione cognovimus, sibi accivit, et hymnum Ambrosianum, *Te Deum laudamus*, cum ipso antiphonatim decantare cœpit. Quo dicto, horas B. Mariæ, eadem supplicationis devotione cantando complevit, et sic ad psalmodiam conversus, secum ipse cum silentio attente psallere studuit. Iprensibus igitur obviis eum suscipientibus, et Ipram ducentibus, passimque pugnis, virgis, lapidibus, et marinorum piscium, qui illis in partibus grandes admodum capiuntur, capitibus cædentibus, omnique genere contumeliarum afficientibus, semper in patientia, ne dicam quod quidam, duritia et silentio perseverabat, et fere usque ad ipsam mortem psalmos indesinenter ruminabat. In patibulo (89) igitur collo et brachiis suspensus, et multa ferientium cæde mactatus, tali ad ultimum exitu est examinatus. De quo hic silendum non censeo, quod quandiu in prosperitate fuit

(87) Diffiduciare est mimicitias aut hostilitatem inducere. Sunt usi ea voce Ivo Carnotensis, Matthæus Parisius, Thomas Walsingamus, citati a Vossio De Vitiis linguæ pag. 679.

(88) Malmesburiensis De gestis pontificum Angliæ lib. I. « Rex episcopatum saisivit, » id est invasit, manum injecit, et passim alii.

(89) Ex Annalibus vernaculis et formula proclamationis ista scripsit credidique Lernutius. « Per noctem avectus Ipra in silvam fuit milliari distantem ab urbe, corio exenterati bovis insutus, et vivus inter deserta ab infeliei arbore pependit, die quarto inventus est exanimis. » Maluit Mejerus Gualterum sequi, quod is ex ore clerici, qui Berthulpho id roganti adfuerat, descripserit.

(90) Vox Gallica *garçon* adolescentem significat : hinc *garciones* sæpius habuimus.

hujusmodi contumelias et irrisiones plurimum abhorruit. Nam quibusdam ipsius familiaribus referentibus certo cognovi quod sæpe, cum de passione salutifera Domini nostri Jesu Christi communis sermo inter domesticos incidenter haberetur, et patientia ejus ab aliis prædicaretur, dicere consuevit : « Mirum cur Dominus talia pati voluerit. Certe si mihi hujusmodi garciones (90), taliter insultarent injurias meas, præsertim si opus esset, impigre vindicarem, et illudenti mihi saltem sputaculum in faciem jactarem. » Vide quod quæ intolerabilia maxime solebat judicare, ea ipsa ad augmentum miseriæ suæ coactus est tolerare.

57. (Cap. xxxix.) Eadem autem hora domnus Guillelmus Ipra egreditur, et ad causam Guidonis de Stenfordo, qui nuper eodem crimine, quod videlicet in mortem comitis consilium et assensum præbuisset pulsatus fuerat, examinandam proficiscitur. Qui videlicet Guido, cum contra impetitorem suum Hermannum, cognomento Ferreum, monomachiam hac pro causa inisset, et primo quidem congressu, et secundo superior in pugna fuisset, et eumdem Hermannum armorum nimio pondere onustum, ipse æque gravi armatus lorica et galea, terræ prostratum, et proprii corporis et tanti oneris ruina depressisset, virtute confortatus, ac si nullum sentiret pondus, Hermannus surrexit, et eum qui, ut dictum est, secundo superior fuerat, versa vice subjiciens ad confessionem patrati sceleris urgere cœpit. Quid plura ? Divino tandem judicio victus, et de crimine quo impetebatur convictus, et sic demum supplicio mortis est addictus. Quod cum apud Riningas (91) factum fuisset, continuo eum comprehenderunt, et Ypram pertrahentes juxta miserabilem illum præpositum in eodem patibulo ipsum quoque jam miserrimum eodem die tertio Idus Aprilis (92) suspenderunt.

58. Dum aliquandiu pependissent, et fetore sui aerem corrumpere incœpissent, burgenses iterum consilium inierunt, et eos extra villam ejiciendos (93), et ibi diligentius reponendos esse decernunt. Neque enim a tormentis vel mortuorum et irrisionibus abstinere poterant, quorum perfidia tali patre et domino se orbatos esse plangebant. Itaque arborem excelsam erexerunt, et rota plaustri desuper imposita, coriis boum quo diutius servari possent insutos su-

(91) Reninga in agro Iprensi vulgo *Reningels* : de eo egimus 2 Februarii ad Vitam S. Adalbaldi ducis, § 3. Diplomati Theoderici comitis pro Loensi monasterio subscripsit anno 1130 Lambertus de Rinenghelles cum Anselmo et Baldewino fratre suo. Miræus cap. 130. Ms. nostrum habet hic *Rininngas*.

(92) Lernutius ex dictis fabellis ait « Guidonem et decem cum eo canonicos. S. Martini, quia interfuerant consiliis a Guillelmo Lojo ex merito punitos, Guidonem capitis damnatum, jussumque interfici, canonicos in carcerem compactos, pane et aqua traxisse vitam in pudore et mœrore atri specus, sine spe ulla lucis videndæ; ex his in latomiis episcopalibus, quinque apud Tornacum, totidem Teerenburgi detentos. » Quod merum commentum est.

(93) Ergo ab initio non suspensus fuit Bertulphus extra urbem, ut fabella indicat.

per eam illos invicem conjunctos, et quasi mutuo complexu colligatos, sedere fecerunt. Verum paucis diebus evolutis, cadavera eorum furtim inde sublata et tumulata sunt (94). O tremenda nimirum divinæ districtionis judicia! Quis enim suspicaretur unquam, ut de Guidone taceam, Brugensem præpositum, hujus quidem sæculi filium splendidissimum, et omnibus istius mundi divitiis affluentissimum, et post comitem solum fere totius terræ hujus potentissimum, ad tantam unquam miseriam esse deventurum, ut nec inhoneste vivere, nec honeste saltem ei liceret hanc vitam finire? Sed qui potentes deponit de sedo, et alta a longe cognoscit, ac discretissimo æquitatis suæ judicio secundum opera sua singulis retribuit, ipse eorum celsitudinem dejicere, et potentiam ad nihilum redigere, quando et quomodo voluit, singulariter potens fuit.

PARS X.

Supplicium inflictum Burchardo occisori B. Caroli.

59. (CAP. XL). Porro Burchardus ille, quem primum marchionis venerabilis Caroli caput percussisse commemoravimus, cum multas sustinuisset angustias obsessus, humano quidem ad modicum usus auxilio fugit; sed divino cœptis ejus obviante consilio, effugere minime valuit. Nam, sicut post ex ejus claruit confessione, de turre illa egressus, primum quidem aliquandiu latuit (95), ac deinde nocturno tempore sociis quibusdam itineris, quos sibi fideles non dubitabat, secum assumptis, fugam iniit consultius arbitratus longinquas petere regiones, ut incognitus apud extraneos securius se occultaret, et egenam ac miseram vitam sic saltem protrahendo qualitercunque protelaret. Cum igitur ad aquam (96) quamdam quam navigio eum transire oportebat, devenisset, naviculam in ripa præparatam invenit, et jam eam ascendit. Quam cum ut in ulteriorem dirigeret ripam, a terra repellere tentaret, illa occulto divinæ virtutis pondere pressa immobilis stetit, et loco moveri non potuit. Quod ut sensit, totis cœpit viribus uti, et ut eam a ripa seduceret, quanto potuit conamine niti. Cumque diu luctatus nihil prorsus profecisset, socios advocat, et ad auxilium sibi ferendum invitat. Quibus statim cum admiratione accurrentibus, et ad illam unam modicam naviculam promovendam, omnes quas habebant vires impendentibus, illa nihilominus velut murus immobilis perseverat, quippe quam vis divina omnino immobilem faciebat. O detestandam Burchardi dementiam! Burchardus sceleris sui immanitatem parvipendit et ne gligit, quam lignum insensibile exsecratur et refugit. Navicula modica robustorum validis impulsibus virorum resistit, quæ unius manu pueri facile moveri et circumduci consuevit. Verum hæc tua, Christe, sunt opera, qui errantes ad viam veritatis convertis, et superbientes ad gratiam humilitatis inflectis; qui, ne in æternum damnes, plerumque temporaliter punis. Tu enim hunc per naviculæ immobilitatem hunc virum iniquum, ut suam nequitatem recognosceret et tuam justitiam expavesceret; monuisti; qui olim per asinæ loquelam prophetæ Balaam insipientiam corripuisti.

60. Miser itaque ille hoc tandem miraculo compunctus, et ad cor quandoque reversus, navigium deseruit, et in terram se prosternens, et reum pectus pugno percutiens, ac ubertim lacrymas fundens, reatus sui pœnitudinem multo cum gemitu gerere cœpit. Prius namque eum hujus peccati nunquam pœnituerat. Cumque post lamentum naviculam iterum movere tentasset, et eam ut prius immobilem vidisset, voluntate Dei certius jam comperta, cœpit desperare de temporali salute sua, et confestim tristis et mœrens consueta repetivit latibula.

61. (CAP. XLI.) Cum autem diversis in locis diebus non paucis jam latuisset, et juxta Insulam (97) in quoddam tugurium ductu cujusdam servi sui casu divertisset, servum eumdem itineris sui ducem ad domum Bernardi avunculi sui, ut panem sibi, quo famelicam animam refocillaret, peteret (esuriebat etiam) transmisit. Et ille quidem quod jubebat exsequi cupiens, mandato ejus libenter obedivit, et ad eamdem perveniens domum, ad opus domini sui, ut puta hominis deliciis assueti, delicatum panem petivit. Sed miro Omnipotentis judicio, qui domini sui quærebat salutem, invenit mortem, et esurienti conferre cupiens quibus egebat alimenta, reo præparavit quæ meruerat tormenta. Hac etenim occasione præfato Bernardo dominum suum, simpliciter tamen, quamvis per alias personas prodidit; cui ut puta avunculo, nepotem suum nequaquam occultandum credidit. Justo autem Dei agebatur examine, ut qui dominum suum occidere non fuerat veritus, ipsum quoque occidendum suus proderet dominum servus. Bernardus (98) vero Hugoni fratri suo hoc idem protinus nuntiavit. Hugo ergo communicato cum fratribus suis consilio, licet nepotem suum servare magis, si tamen auderet, quam prodere maluisset, Insulano

---

(94) « In monasterio de Formisele, » Iperius, at Lernutius « in templo S. Martini. »

(95) Lernutius ex Annalibus vernaculis, et formula proclamationis: « Boscardus Brugis in monasterio Quercetanum fugit cum famulis aliquot ; ibi in cubiculo canonici regularis quatuor diebus delituerunt, lecti albæ vestis injectu, tonsura grandi insigniri se curarunt, tanquam si monachi essent, ac præscriptum viventes, ejusmodi schemate sperantes Brabantiam, et evadere persequentem Nemesin. » Quæ Mejerus, sed omissis sociis, descripsit. Fides sit penes eos.

(96) *Lisam* vocat Iperius, at *Scaldim* Mejerus, et quidem *prope* Antwerpiam Lernuti

(97) Insulæ primaria urbs Gallo-Flandriæ intelligitur.

(98) Lernutius ex conspectis fabellis rem ita adornat: « In urbe Risela tres habuit avunculos, Hugonem Alwenii toparcham, Bernardum dominium Robaisium, Oliverium Baudevennii potentem. Cum venit ad illos, pransuri simul convenerant, utque adventus sui aliquam rationem prætexeret honestam, dixit se Cyprum cogitare, quo domicilium in ea insula sibi et sedem figat. Antequam abiret in oras tam remotas, venisse se valedicturum propinquis, petiitque certam pecuniæ summam, qua numerata iter illud longinquum perficere posset. » Hæc ibi.

tamen castellano (99) et burgensibus Burchardum se nuntiavit invenisse, et cito venirent, ac tanti criminis reum, ultione, quam dignam arbitrarentur, punirent, mandavit. Cui profecto si parcere voluisset, haud dubium quin et ipse magnum salutis suæ periculum incurrisset.

62. (Cap. xlii). Insulani vero, mandato Hugonis audito, cum magno protinus tumultu perrexerunt, et Burchardum comprehensum Insulam duxerunt, et in foro ei patibulum paraverunt. Verum ille æternæ formidine damnationis, ut timeret excitatus et supernæ intuitu miserationis ut speraret animatus, seipsum districte admodum accusare, et cunctis dignum suppliciis cœpit publice inclamare. Denique manum suam dexteram, quæ in effusione sanguinis justi cruentum exhibuerat ministerium, ob pœnam tanti criminis abluendam, et indulgentiam promerendam abscidi flagitavit. Cum autem nemo esset qui hoc faceret, ipse sibi saltem eam amputandi facultatem postulavit concedi. Verum utrumque sibi denegari consentiens, iterum ad sui accusationem, et supernæ miserationis invocationem conversus est. Reatum ergo suum manifeste confitendo et plangendo, et divinæ respectum misericordiæ implorando, ac ad hoc ipsum fiducialius sperandum misericordias antiquis peccatoribus exhibitas commemorando, omnium viscera assistentium ad pietatem et miserationem commovit, et ad lacrymarum effusionem universos pene lugubri sua lamentatione coegit, et ut per temporales carnis molestias æternas evaderet pœnas, modis quibus potuit sategit. Itaque membra ipse tormentis sponte aptavit, et rotæ radiis intricatus (100), et in excelso stipite exaltatus, in eadem devotione, confessione et supplicatione ab hora diei nona, usque ad crepusculum diei sequentis, perseverans exspiravit (101).

PARS XI.
De successore B. Caroli in comitatu Flandriæ variæ concertationes. Guillelmus Northmannus constitutus.

63. (Cap. xliii.) Sed jam dignum est ut articulum ad superiora tempora convertamus, et ea quæ prius quidem gesta, sed a nobis hactenus sunt prætermissa, referamus. Neque enim quæcunque eodem tempore contigerunt, eodem etiam tempore dici potuerunt. Interfecto igitur Brugis, ut dictum est, marchione, fama mali tanti confestim circumquaque diffunditur, et ipsa eadem die usque ad triginta fere leugas extenditur. Ubique ergo luctus, ubique gemitus et dolor ingens clericorum, monachorum, rusticorum, pauperum postremo omnium in pace et tranquillitate degere et æquitatem servare et servari cupientium. Raptores autem quilibet et iniqui, utpote vinculis quibus tenebantur diruptis soluti (magis enim, sicut etiam tunc evidenter patuit, Caroli refrenati fuerant timore quam Dei), universa turbare, mercatores quosque et viatores rebus suis exspoliare, et ipsos plerumque ligare et incarcerare cœperunt. Tanta namque fuit perversorum hominum rabies et nequitia, ut nec sancti temporis (nam Quadragesima erat) eos cohibere valeret reverentia.

64. Verum omnipotentis Dei subveniente clementia, in brevi repressa est eorum dementia. Præfatus enim Guillelmus, domini Caroli consobrinus, mox ut mortem comitis nuntio deferente cognovit, eadem die sibi comitatum, frustra tamen, vindicavit, et Ariam oppidum munitissimum occupavit, et oppidanos omnes sibi fidelitatem jurare fecit. Cumque et S. Venantium, Casletum, Bellulam, Ipram, Bergensem quoque et Furnensem terram pari modo sibi subegisset, motus raptorum in finibus illis cito repressit, et pacem servari mandavit. Cæteri quoque barones terræ invicem collocuti, Deo inspirante, paci consenserunt, et singuli partes suas defensare studuerunt.

65. (Cap. xliv.) Porro magnificus rex Francorum Ludovicus, audito quod consobrinus suus Carolus interiisset et Guillelmus honorem sibi indebitum, præsertim ipso non assentiente, invasisset, et graviter tulit, et tam illum ea, quam usurpaverat, dignitate privare, quam amici mortem desiderans vindicare, ad urbem Atrebatum circa mediam Quadragesimam venit. Quo etiam Guillelmum juvenem, dictum Northmanniæ comitem, a patruo suo Henrico Anglorum rege, sicut initio hujus opusculi commemoravimus, impie exhæredatum, qui reginæ sororem (102) nuper duxerat uxorem, venire mandavit. In qua urbe cum diebus ferme quindecim commorati fuissent, et plures qui sibi comitatum terræ nostræ competere assererent, Arnulfus (103) scilicet nepos domini Caroli, Balduinus Montensis, et præfati Guillelmi, qui jam partem terræ nostræ prælibatam violenter tenebat nuntii frequentes hoc ipsum expetentes ad regem venissent, tandem regina, Dei, ut arbitror, occulta, sed tamen justa dispositione prævaluit, et animis procerum quorumdam multo ingenio Gualterum describere Mejerus.

(99) Is erat Rogerius, qui sequenti mense Castellanus insulis, et Robertus filius ejus subscripserunt litteris supra memoratis Guilielmi Northmanni, pro Audomarensibus.

(100) Lernutius fabellas consuetas ita proponit: « Rotæ radiis insertus, totum corpus melle ac favis perlitus sedit stipite in excelso, impotens movere membra. Super ipsum densi ex luco clathri arcendis corvis positi aliisque carnivoris volucribus, ne discerperetur eorum rostris, sed aculeis morsibusque pateret muscarum, apium et crabronum qui cutem carnemque viventis exederent, lancinantes eum minutatim ad intima ossa. Duravit tormentum per sex dies et amplius. » Maluit, his fabellis rejectis,

(101) Addit Lernutius : « Unus ex servorum familiaribus Everardus, audiens herum jam rapi ad pœnas, eripuit se fuga in Ardennam silvam ibique in puteum cecidit lapsu non fortuito, et mersus est. » Hæc ibi ex Annalibus vernaculis, quæ aliter narrat Mejerus : « Servus autem ejus Everardus, accepta Casleti a nominibus domini sui pecunia, fugit in Arduennam, ubi in flumen quoddam æquo præcipitatus interiit. » Silent Antiquiores.

(102) Ea erat Joanna soror Adelaidis uxoris Ludovici regis, de qua agit Vitalis Ordericus, lib. xii, Historiæ ecclesiasticæ, fol. 884.

(103) *Arnolaus* Galberto dicitur : natus is erat in

ad sibi consentiendum inclinatis, sororio suo North-manno comiti, decimo Kalendas Aprilis, comitatus dominium obtinuit.

66. (Caput xlv.) Cujus potentiam (104) patruus ejus ad sui detrimentum veritus crescere, eam totis visceribus et artibus quibus poterat contendit imminuere. Nepotem ergo suum Stephanum Blesensem, (105) Boloniæ (106) et Moritonii comitem (107), transmittens, et per ipsum et alios partis suæ legatos multa tribuens, et plura promittens, multorum animos potentium sollicitat, Flandriam suam hæreditatem esse, et ex parte Roberti Casletensis avunculi sui sibi jure competere affirmat, et his modis in suum eos favorem conciliat, ac ducem (108) Lovaniæ socerum suum, et Montensem comitem, et Thomam Codiciacensem, necnon et sæpedictum Guillelmum, sibi confœderat. Hos omnes et eorum auxiliarios regiæ voluntati et ordinationi contraire, et profectus novi comitis modis omnibus impedire hortatur et instigat; non tam ut ipse Flandriam, quod forsitan fieri posse jam desperabat, obtineat; quam ut vires comitis, quas sibi periculosas suspicabatur, enervet et destruat.

67. Rex autem cum comite Atrebatum civitate post aliquantum tempus egressus, primo insulam, deinde Gandavum et Brugas, ægre tum (nam ubique fere Anglici fautores plurimum impediebant) recepit, et obsidionem sua præsentia roboravit. Unde comes et post Pascha reversus per Insulam et Betuniam, usque ad urbem nostram Tarvennam pervenit, et ibi cum magno Cleri et populi gaudio susceptus biduo mansit. Postea cum castrum, quod dicitur S. Audomari, castellano et burgensibus eum gratanter (109), conditionibus tamen quibusdam promissis, suscipientibus obtinuisset, et ibi paucis diebus moram fecisset, iterum Tarvannam transiens Insulam revertitur.

PARS XII.

Ecclesia Brugensis reconciliata. Corpus B. Caroli repositum. Miracula. Flandria pacata.

68. (Caput xlvi.) Interea rex Robertum reliquosque illos homicidas Brugenses, de turri, in quam confugerant, egredi, et sese dedere coegerat, et in carcerem et vincula universos retruserat. Quorum narratione innotuit miraculum quod narro. Ex quo enim in eadem ecclesiæ turri obsessi morati sunt, nullo alimentorum, quorum non modicam illuc copiam contulerant, sicut nec si terram gustarent, sapore delectati sunt; sed postquam sese dedentes exierunt, continuo quem tanto tempore perdiderant gustum receperunt. Cum enim Roberto sitienti de eodem, quo ibi inclusus bibere consueverat, vino propinassent; optimum ejus saporem laudavit, seque ab ipsius initio obsidionis de bono vino non bibisse juravit. Nesciebat quippe quod de hoc ipse quo solebat bibisset. Quod cum ei indicatum fuisset, opus Dei in suorum castigatione peccatorum recognovit, et divinam cum cæteris bonitatem collaudavit.

69. Rex vero ecclesiam S. Donatiani non solum sanguinis effusione, verum etiam eorum exsecrabili et immunda habitatione multipliciter pollutam, cunctis inde spurcitiis eliminatis purgari, corpusque venerabile, quod ibi negligentius quam decebat tumulatum fuerat, in aliam (110) ecclesiam præcepit deportari, quatenus funus ejus ibi diligentius curaretur, et deinde congruo sibi honore in ecclesia rursus humaretur. Quod et factum est.

70. (Caput xlvii.) Verum quid ibi miraculi divina ostenderit dignatio, non videtur prætereundum silentio. Testati sunt enim mihi sciscitanti plerique qui affuerunt, viri veraces et religiosi, quorum unum, Domnum scilicet Absalonem (111) S. Amandi Abbatem, pro suæ sanctitatis merito dignum est hic nominari; quod, cum venerabile illud corpus, eo, in quo illud ante (112) quinquaginta tres dies repositum fuerat, monumento dirupto, detexissent, ad gloriam Dei et Martyris sancti ostendendam, in tantum a corruptione alienum inventum est, ut nec tenuissima quidem modici fœtoris nebula exinde ascenderet, quæ nares circumstantium, sive idem funus contrectantium et curantium, vel in minimo aliquatenus offenderet. Verumtamen, cum quantum

---

Dania ex sorore B. Caroli, sive ea Ingerta fuerit, sive Cæcilia; de quarum matrimoniis agit Pontanus l. v Rerum Danicarum. fol. 198 et seq.

(104) Henricus I rex Angliæ, qui patrem Guilielmi, ut supra dictum, detinebat captivum.

(105) Natus est Stephanus, postea rex Angliæ matre Adela, sorore Henrici regis, et patre Stephano comite Blesensi.

(106) Bolonia, sive *Bononia*, urbs Galliæ Belgicæ ad mare Britannicum, cujus comitatum Stephanus acceperat ob ductam in uxorem Mathildem, unicam filiam et hæredem Eustathii comitis Boloniensis.

(107) « Moretonium castrum inexpugnabile in confinio Britanniæ et Neustriæ. » Ita Rigordus in Gestis Philippi Augusti. Hujus comitatum, capto ejus loci comite, dono Henrici regis acceperat Stephanus, teste Orderico l. II, fol. 811. Neustria ibi pro Normannia ejus parte accipitur.

(108) *Godefridum Barbatum*, cujus filiam Alcidem duxerat uxorem Henricus rex.

(109) Chesnæus in Probationibus ad lib. II Familiæ genealogicæ Betuniensis, pag. 20, allegat partem litterarum, quibus Guilielmus comes ait: « Petitioni burgensium S. Audomari contrarie nolens, pro eo maxime quia meam de consulatu Flandrensi petitionem libenti animo receperunt, et quia honestius et fidelius ceteris Flandrensibus erga me semper se habuerunt; leges seu consuetudines subscriptas perpetuo eis jure concedo, et ratas permanere præcipio... Actum anno 1127, xviii Kalend. Maii, feria v die festo SS. Tiburtii et Valeriani, » Subsignuarunt Osto Castellanus ejusdem urbis et Guilielmus filius; item Stephanus comes Boloniæ, et alii quam plurimi a nobis hactenus citati.

(110) S. *Christophori ecclesiam in foro* scribit Galbertus num. 119.

(111) Absalon abbas subscripsit litteris Theodorici comitis, quibus anno 1135 confirmavit res Marchianensis monasterii. De S. Amando et hac abbatia late egimus 6 Februarii, quo colitur.

(112) « Præteritis jam septem hebdomadis, » inquit Galbertus, die scilicet 22 Aprilis. Errorem Lernutii, Mejeri cum suis vernaculis Annalibus et formula proclamationis supra indicavimus.

diximus jam tempus in monumento haberet, sic erat vulneribus crudis et omnino recentibus tractabile, ac si eodem die interfectus fuisset. Tanta quoque suavissimi odoris fragantia totum illum locum divinitus infudit et implevit, ut nulli fore dubium videretur, quod Deus fidelem suum glorificare voluerit. A Domino factum est istud, et est mirabile in oculis nostris. Quod nimirum eo amplius mirabile judicatur, quod humanorum cadaveribus corporum vix aliquid aliud fœtidius æstimamus.

71. Ecclesia igitur Domini (113) Simonis Tornacensis episcopi ministerio, qui in hoc ipsum a rege de Francia fuerat accersitus, more ecclesiastico reconciliata. Sed et memoratum corpus summa reportatur cleri et populi devotione et reverentia, et septimo Kalendas Maii in ecclesia media tumulatur, in extremo examine resurrecturus in gloria.

72. (Caput xlviii.) Quibus omnibus solemniter (114), et eo quo dignum erat honore, adimpletis, rex cum exercitu, quem congregare poterat, Ypram contendit, et sequenti die, sexto videlicet Kalendas Maii, comite sibi ex condicto cum exercitu ex parte alia impigre occurrente, circa horam diei sextam illuc usque pervenit. Porro sæpe memoratus Guillelmus Philippi filius, regiæ majestatis celsitudinem minus quam oporteret reveritus, extra oppidum ei, multorum et fortium quos sibi confœderaverat virorum et armis fretus et animis, audacter occurrit; et contra universum illum exercitum acerrime dimicare cœpit. Sed ille fortiter se agere arbitratus, dum hostibus obstinatissime repugnat, dum in adversos aciem dirigit et instaurat, quæ sibi infelicitatis temporalis et adversitatis fovea præparata sit, miser ignorat. Etenim jampridem aliqui burgenses, qui sacramentis ei non semel tantum, sed frequenter fidelitatem fecerant, cum quibusdam aliis hominibus ipsius de proditione ejus conspiraverant, legatos inde ad Regem direxerant, seque ei portas aperturos, et Guilelmum tradituros juraverant. Væ mundo a scandalis! imo, væ Flandriæ a proditionibus! Mirandum, nec minus miserandum, quod terra infelix, cui domino suo per proditionem orbari contigerat, non aliter quam per proditionem alium acquirere valebat. Et hanc quidem pauci Yprensium disposuerant faciendam. Judicaverant namque commodius regiæ voluntati parere, quam imperiis Guillelmi, et sibi suspectæ potestati subjacere. Neque ideo, ut ferunt, quod ipsius personam in aliquo culparent: sed quorumdam affinium ejus dominium intemperantius futurum formidarent.

73. (Caput xlix.) Itaque cum ab hora diei sexta usque ad nonam utrinque diversis concursibus ab aquilonali parte et orientali pugnatum fuisset, vexillo, quod in signum futuræ proditionis super summum ecclesiæ S. Petri fastigium ex proposito

(113) De Simone episcopo, fratre uterino uxoris B. Caroli, supra § 1 actum.

(114) In Annalibus vernaculis Flandriæ sequentia de Ipra intercepta, et Guilielmo capto silentur: ut-

constituerant adversæ partis cuneos accersierunt; et porta meridiana aperta eos in oppidum susceperunt. Quibus protinus totam villam percursantibus, et rapinis ac incendiis universa vastantibus, Guillelmus destitutum se tum demum præsentiens, quod solum superesse videbat, fugam arripuit: sed fuga sera fuit. Fugientem enim eum Daniel Tenremundensis consecutus comprehendit, et armis exutum comiti Guillelmo captivum reddidit. Ypra igitur eodem die a porta septentrionali usque ad portam australem spoliata, et incensa ac multitudine militum innumerabili comprehensa, rex et comes Messinas monasterium adeunt, Guillelmum captum secum adducunt. Quem cum postera die castellano Insulæ custodiendum commendassent, Ariam perrexerunt, et ea in deditione recepta, Casletum et reliquam illam interiorem Flandriam facillime subegerunt: et sic tandem ad ulciscendam honorandi Caroli mortem Brugas iterum redierunt.

PARS XIII.

Reliqui complices cædis S. Caroli puniti; duo fuga elapsi.

74. (Caput l.) Fratrem quoque præpositi Guelricum, quem in mortem ejus conjurasse supra memoravimus, cum aliis fere viginti octo dedititiis e carcere productis (115), de excelsa turri præcipitare fecerunt: sicque homicidæ illi condignis tantæ iniquitati cruciatibus interierunt. Qui quamvis non omnes consilio vel facto peccaverant æqualiter, iniquitati tamen consentiendo, et iniquis auxilium ferendo, paribus quodammodo iniquitatis nexibus se omnes obligaverant. Et ideo, quorum non abhorruerant jungi consortio, eorumdem non immerito sunt puniti supplicio. Robertum autem, quem et ipsum ex conjuratis fuisse supra ostendimus, quique itidem eo quod a populo vehementer diligeretur, et modis quibusdam excusabilior cæteris videretur, tute satis puniri posse non æstimabatur, secum abducere decreverunt. Quem cum Casletum usque perduxissent, et ille reatus sui multam pœnitudinem gereret, extra oppidum cum capitis abscissione animadverti fecerunt.

75. (Caput li.) Dum ea geruntur, Ingrasnus Essnensis, unus ex prænominatis conjuratoribus, qui patrui sui Theoderici Discamudensis præsidio fretus, usque in id temporis excusationes in peccatis excusaverat, et perfidiæ suæ tenebris obcæcatus, ipsius regis aspectibus et comitis impudenter se ingerere non erubuerat, et si quis eum super hoc crimine impetere auderet, viriliter sese defensurum jactaverat, diffidere cœpit: et primum quidem apud suos aliquandiu se latendo continuit, ac deinde opportunitatem temporis nactus, omnibus postpositis suæ saluti consulere gestiens e patria profugit, et pote cui tributa sunt omnia, quæ hactenus præclare gesta, ut supra § 3 diximus.

(115) Quod factum est 5 Maii, et late describitur a Galberto teste oculato num. 123.

in terra nostra usque in hæc tempora, me scilicet hæc scribente, nusquam ultra comparuit (116).

76. (CAPUT LII.) At Guillelmus Viroviacensis, et ipse, sicut aliorum claruit confessione, conjuratorum unus, quem nimirum aliis attentus, et finis ipsius exspectatione suspensus, intactum fere reliqueram, iniquitatem suam nequaquam tandiu occultare valuit. Sed quod in occulto perpetraverat, indiciis continuo manifestis apparuit. Statim enim post comitis occisionem et thesauri ejus direptionem Viroviacum regressus, non minimam inde secum attulit partem. Verum hoc suæ nequitiæ fructu in longum lætari permissus non est. Cum enim de adversario dejecto tripudiaret, et de damnis alienis insolenter exsultaret, repentinus eum pavor invasit, et territum de Flandriæ finibus exturbavit. Audito namque quod frater suus Lambertus (117), qui tantum, ut ex fine monomachiæ, quam inde in curia sæpe fati Guillelmi inierat, claruit, innocens erat, super morte comitis impeteretur, et quod ipse ab eodem Guillelmo, cui jam per subreptionem hominium fecerat, diffiduciaretur, timere cœpit. Et primum quidem ad defensionem se paravit, se in crastino reæ tantum stimulis conscientiæ eum exagitantibus, cum nemo eum adhuc persequeretur, uxore et paucis suorum, rebusque, quas evehere poterat, secum assumptis, sexto post mortem comitis die fugæ se credidit. « Fugit nempe, ut Scriptura dicit, impius, nemine persequente (*Prov.* XXVIII). »

77. Castellanus autem Curtriacensis, qui antea ei exstiterat inimicus, statim ut fugam ejus audivit, armata multorum militum manu munitus, Viroviacum contendit: et omnibus quæ ipsius fuerant mobilibus direptis, munitionem totam evertit, et nemine resistente, in tantum ut nec stipes in loco remaneret, incendit. Ipse vero cum juxta Tornacum ad villam quamdam devenisset, Tornacensibus eum insectantibus, et comprehendere ac punire tentantibus, uxore et majore suorum parte, rebusque fere omnibus amissis, vix equum nactus evasit, et in partes Nerviorum (118), duobus tantum sociis contentus secessit. Ubi monasterium quoddam monachorum adiit: et timore magis, ut postea patuit, humano quam divino compunctus, monachatus tonsuram habitumque præsumpsit. Postea vero occasione uxoris, sine consensu cujus hoc fecisse asserebatur, paucis evolutis diebus monachatum deseruit, et ad sæculum, et ad arma derelicta sine retractatione mox rediit. In quo quidem facto satis

evidenter declaravit illud religionis propositum quam ficte arripuerit. Si enim vinculum uxoris vinculum compellebat solvi religionis, eis quibus tanto abusus fuerat tempore cur non abstinuit armis? Nunquid et hoc lex conjugii cogebat? Nequaquam. Nam si vere cum suorum reatuum pœniteret, armis relictis, uxori, cum tantum illa maritale debitum exigeret, adhærere, et in sudore sui vultus pane suo vesci, districto fatigatus jejunio debuisset. Nunc autem, ut multorum relatione comperimus, iram Dei non solum pœnitendo non curat placare, sed corde obstinato excusationes in peccatis excusare, et Deum magis irritans quam placans, peccatis pecata non veretur augmentare. Timendum est igitur ei, et pro eo etiam nobis, ne quia tardat converti ad Dominum, subito veniat ira Dei, et in tempore vindictæ disperdat eum. Forsitan et ideo ibi tamdiu aliis invitis servatur, ut, si tempore sibi indulto non pœnituerit, et dono misericordiæ Dei superbe abusus fuerit, justo Dei judicio gravius in fine feriatur (119). Quod etiam de præfato Ingrasno non absurde sentiri potest. Et hæc quidem omnia infra duos fere post mortem comitis menses consummata sunt.

EPILOGUS.

78. Ecce voluntati vestræ, reverende Pater, imo jussioni, ac fratrum meorum piæ petitioni, prout valui, parui: et materiam mei modum ingenii pariter et eloquii, ut in ipso apparet effectu, tantopere transcendentem vel contingere præsumens, multorum me reprehensioni simul et irrisioni exposui. Etenim stultus dum non loquitur, plerumque sapiens esse creditur. Silentium nempe ejus non tam putatur sensus inopia, quam humilitatis custodia. Unde et ego si omnino siluissem, sapiens quidem putari potuissem: sed non eo amplius sapiens fuissem. Nunc autem, quia imperitiam meam scribendo prodidi, sapientes, in quorum manus hæc forte pervenerint, indignabuntur mihi: et alii quidem calumniabuntur insipientem, alii subsannabunt præsumptorem, alii idiotam judicabunt, nonnulli quoque stultum merito inclamabunt. Quid ergo erit, Pater sancte, quod me tanta rerum evidentia convictum poterit excusare? Possum equidem obedientiæ, vestra mihi auctoritate impositæ, non in congruam causam obtendere: sed commodius arbitror calumnias hujusmodi (120), etiamsi quo modo possem evadere, quam insipientiam meam pertinaciter excusando, tanto meorum cumulo peccatorum etiam fallaciam addere, fructumque mihi humilitatis

---

(116) De eo Lernutius ex Annalibus Flandriæ: « Ingelramus Eeseneus abierat porro in Germaniam, et habitabat Moguntiæ ad Rhenum: quo in oppido controversia incidit ei cum cive quodam, cui inter altercandum vulnus inflixit lethale, nam mors subsecuta est. Ob facinus ad prætorem tractus, saccoque inclusus, et in flumen projectus obiit, fato criminibus suis debito. » Hæc ibi, quæ credidit et descripsit Mejerus, fides sit penes illos.

(117) Forsan Lambertus ex Reddenburch, de quo similia narrantur cujus filius Walterus numeratur a Galberto num. 70 inter capita eorum, qui obsessi detinebantur in turre S. Donatiani.

(118) Nervios hos bene a Tornacensibus distingui, et in Hannonia constitui debere, uti hic fit, alias docuimus.

(119) Mejerus et Marchantius tradunt « Guilielmum Viroviacensem fugatum a præfecto Cortracensi ex Viroviaco, captum tandem esse in Germania, atque apud Argentinam longis cruciatibus confectum: uxorem ejus Tornaci vivam defossam. » Fides sit penes auctores.

(120) Videtur deesse *tolerare* aut aliquid simile.

adimere, et in fastum me vanitatis inaniter extollere. Utilius enim est mihi, ut sciar insipiens, quod sum, quam ut æstimer sapiens, quod non sum. Illud namque non infructuosum humili timorem, istud vero ruinosum superbo parere poterit, quod absit, tumorem. Quem cum omnibus aliis vitiorum sordibus propitius a me dignetur avertere, qui omnem omnino superbiam sua damnavit humilitate. Amen.

VITA ALTERA
AUCTORE GALBERTO NOTARIO.

(*Ex aliquot mss.*)

PROLOGUS.

1. Cum inter regnorum principes quos circa nos cognovimus, summum gloriæ ac laudis sibi adscribendi studium per militiæ facinora enituisset : et eisdem affectus consimilis ad bene regendum inesset; minoris potentiæ et famæ principabatur Imperator Romanorum Henricus (121), qui, cum annos plures sedisset, sine hærede diem obiit. Minoris quoque famæ ac virium rex Anglorum (122) sine liberis degebat in regno, quam comes Carolus Flandriarum marchio, naturalis noster dominus et princeps ; qui quod militiæ fama, et generis nobilitatus regio sanguine septennis in comitatu pater et advocatus Ecclesiarum Dei præerat, erga pauperes largus, inter proceres suos jucundus ac honestus, adversus hostes crudelis et cautus, qui etiam sine hærede a suis, imo nefandissimis servis, traditus et occisus pro justitia occubuit. Tanti quidem principis mortem descripturus, non elaboravi eloquentiæ ornatum, seu diversorum colorum distinguere modos, sed rerum veritatem solummodo exsequi, quæ quamquam stylo arido, tamen memoriæ fidelium scribendo commendavi peregrinum mortis ipsius eventum. Neque equidem locum et temporis opportunitatem, cum animum in hoc opere intenderem, habebam; quandoquidem noster locus eodem tempore sollicitabatur metu et angustia, adeo ut sine aliorum exceptione tam Clerus quam populus indifferenti periclitabatur occasu et rerum suarum et vitæ. Igitur inter tot adversa et angustissimos locorum fines, cœpi mentem fluctuantem, et quasi in Euripo jactatam compescere, et juxta scribendi modum cohibere. In qua animi mei exactione una charitatis scintillula, suo igne fota et exercitata, omnes virtutes spirituales cordis funditus ignivit, et subsequenter hominem meum, quem aforis timor possederat, scribendi quadam libertate donavit.

2. Super hoc igitur mentis studio, quod in tam arcto positus (123) vestro et omnium fidelium auditui in communi commendavi, si quis quidquam obgarrire et detrahere contendat, non multum curo. Securum enim me facit quod veritatem omnibus apertam, qui mecum eodem percellebantur periculo, loquor, et eam posteris nostris memorandam commendo. Rogo ergo et moneo, si cui hujus styli ariditas, et hujus opusculi exiguus manipulus ad manus venerit, non derideat et contemnat : sed nova admiratione, quæ scripta sunt et Dei ordinatione congesta, nostro solummodo tempore admiretur, et discat potestates terrenas non despicere vel morti tradere, quas credendum est Deo ordinante nobis esse præpositas; unde apostolus : « Omnis anima omni potestati subjecta sit, sive regi tanquam præcellenti, sive ducibus tanquam a Deo missis (*I Petr.* II, 13), » tanquam enim non est similativum, sed confirmativum : *tanquam* vero dicitur in Scriptura sancta pro eo quod vere est : sicut est ibi, tanquam sponsus, hoc est vere sponsus. Non quidem promeruerant homicidæ et potatores et scortatores et omnium vitiorum servi nostræ terræ ut præesset eis bonus princeps, religiosus et potens, catholicus, post Deum pauperum sustentator, Ecclesiarum Dei advocatus, patriæ defensor, et talis in quo terreni imperii reliqua potestas bene regendi formam et Deo serviendi materiam assumeret. Videns ergo diabolus Ecclesiæ et fidei Christianæ profectum, sicut subsequenter audituri estis, commovit terræ, hoc est, Ecclesiæ Dei stabilitatem, et conturbavit eam dolis, traditionibus et effusione innocentium sanguinis.

CAPUT PRIMUM.
Illustria in comitatu gesta B. Caroli. Imperium Romanum et regnum Hierosolymitanum oblatum.

3. Carolus itaque filius Cnutionis regis Datiæ (124) et matre oriundus quæ terræ Flandrensis comitum de sanguine processerat : ea affluitate cognationis a puero in patria nostra altus est usque ad virile robur corporis et animi. Postquam vero militiæ titulis armatus est, egregium facinus in hostes arripuit,

---

(121) Intelligitur Henricus V, Ultrajecti anno 1125 mortuus, a Calisto II papa olim excommunicatus.
(122) Henricus I rex Angliæ, de quo actum supra cap. 2.
(123) Videtur cives Brugenses alloqui.
(124) *Cnut, Cnuto* aut *Canutus*, promiscue reges Daniæ appellati : horum pater B. Caroli S. Canutus ejus nominis quartus fuit.

famam bonam et gloriam sui nominis pene gnorum potentes obtinuit. Quem quidem per plures annos in principem peroptaverant proceres nostri, si forte sic evenire potuisset. Igitur comes Balduinus adolescens fortissimus moriendo nepoti suo Karolo regnum simul et principibus contradidit, et sub fidei securitate commendavit.

4. Cœpit utique majoris consilii prudentia pius comes de pacis reformatione disponere, leges et jura regni revocare, ita ut paulatim pacis statu undecumque collecto, in quarto sui comitatus anno, per illum omnia florerent, omnia riderent, omnia justitiæ et pacis securitate et multiplici jucunditate fruerentur. Tandem videns gratiam pacis omnibus jucundam, indixit per terminos regni, ut sub quiete et securitate absque armorum usu communiter degerent, quicumque aut in foro aut infra castra manerent et conversarentur: alioquin ipsis plecterentur armis, quæ ferrent. Sub hac ergo observantia arcus et sagittæ et subsequenter omnia arma post posita sunt in forincesis locis, sicut et in pacificis. Qua pacis gratia legibus et justitiis sese regebant homines, omnia ingeniorum et studiorum argumenta ad placita componentes: ut in virtute et eloquentia rhetorices unusquisque se defensaret, cum impetitus fuisset: vel cum hostem impeteret qua colorum varietate oratorie fucatum deciperet. Tunc vero habuit rhetorica sua exercitia et per industriam et per naturam: erant enim multi illitterati, quibus natura ipsa eloquentiæ modos et rationabiles præstiterat conjecturandi et argumentandi vias, quibus nullatenus illi, qui disciplinati erant et docti artem rhetoricam, obviare vel avertere poterant. Sed quia iterum suis fallaciis minus cautis fideles et oves Christi in placitis illi convenerunt, Deus, qui omnia ab alto speculatur, corripere fallaces suos non despexit; ut quibus eloquentiæ bonum præstiterat ad salutem, ipsis per flagella insinuaret, quia eo bono usi sunt ad propriam perditionem.

5. Immisit ergo Dominus flagella famis, et postmodum mortalitatis, omnibus qui in regno degebant nostro, sed prius terrore signorum revocare dignabatur ad pœnitendum, quos pronos præviderat ad malum. Anno ab Incarnatione Domini milleno centeno vicesimo quarto, in Augusto mense universis terrarum habitoribus in corpore solari, circa nonam horam diei apparuit (125) eclipsis, et luminis non naturalis defectus, ita ut solis orbis orientalis obfuscatus, paulatim reliquis partibus ingereret nebulas alienas, non simul tamen totum solem obfuscantes, sed in parte: et tamen eadem nebula totum pererravit solis circulum, pertransiens ab oriente usque ad occidentem tantummodo in circulo solaris essentiæ: unde qui statum pacis et placitorum injurias notabant, futuræ famis et mortis periculum minabantur universis. Cumque, neque sic correcti sunt homines, tam Domini quam servi, venit repentinæ famis inedia, et subsequenter mortalitatis irruerunt flagella (126). Unde in psalmo, « et vocavit famem super terram, et omne firmamentum panis contrivit. (Psal. civ, 16). » Quo tempestate non poterat solito more sese quisque cibo et potu sustentare, sed contra morem tantum panis insumpsit epulator semel in prandio, quantum ante hoc tempus famis in diversis diebus sumere consueverat, atque sic per insolentiam est gurgitatus, et omnes naturales receptaculorum meatus distenti nimietate repletionis cibi et potus, natura languebat. Cruditate quoque et indigestione tabescebant homines et adhuc fame laborabant, donec spiritum exhalarent ultimum. Multi quoque inflati sunt, quibus cibus et potus fastidiebat; quibus tamen utique abundabant. Quo tempore famis, in media Quadragesima, etiam homines terræ nostræ, circa Gandavum et Legionem (127) et Scaldum fluvios commorantes, carnes comederunt, eo quod panis eis prorsus defecisset: quidam vero ipso itinere cum transitum facerent ad civitates et castra, in quibus panem sibi compararent, nondum semiperfecto transitu suffocati fame perierunt: circa villas et curtes divitum, et castra seu munitiones, pauperes cum ad eleemosynas misero gressu devoluti venissent, mendicando mortui sunt. Mirabile dictu! nulli in terra nostra manserat naturalis color, sed talis pallor affinis et proprius mortis inerat universis. Languebant similiter sani et ægri, quia qui sanus erat in compositione corporis, æger effectus est, visa miseria morientis.

6. Neque sic quidem correcti sunt impii, qui eodem tempore, sicut aiunt, in piissimi comitis Caroli mortem conspiraverant. At comes egregius satagebat omnibus modis pauperes sustentare, eleemosynas largiri in castris et in locis suis, et præsens ipse et per ministros suos. Eadem tempestate centum pauperes in Brugis omni die sustentabat, singulis illorum unum panem admodum grandem tribuens, ab ante Quadragesimam prædictam usque in novas ejusdem anni messes. Similiter in aliis castris suis idem disposuerat. Eodem anno edixerat dominus comes quod, quicunque duas mensuras terræ seminarent tempore sementis alteram mensuram terræ seminarent faba et pisa, eo quod hoc genus leguminis citius et tempestivius fructum proferret, unde pauperes citius sustentari potuissent, si famis miseria atque inedia anno non cessaret. Similiter per omnem comitatum suum præceperat, per hoc in futuro consulens pauperibus quantum poterat: illos etiam ex Gandavo turpiter redarguit, qui passi sunt ante ostium domus suæ mori pauperes fame, quos pavisse poterant. Cervisiam quoque interdixit confici, ut eo levius et melius abundarent pauperes,

---

(125) Eclypsin hanc inter alios astronomos annotavit Sethus Calvisius ab Anglicis scriptoribus observatam contigisse 17 Augusti, eamque accurate describit.

(126) Anno 1125, biennio ante obitum B. Caroli, uti indicat Gualterus.

(127) *Legio*, aliis *Legia* et *Lisa*, Gandavi Scaldi immiscetur.

si a cervisia conficienda cessarent tempore famis cives et incolæ terræ. Nam ex avena panes fieri jussit, ut saltem in pane et aqua vitam continuarent pauperes. Vini quartam sex pro nummis vendi præcepit, et non carius, ideo ut cessarent negotiatores ab abundantia et emptione vini, et merces suas commutarent pro necessitate famis, pro victualibus aliis, quibus levius abundarent et facilius pauperes sustentarent. A propria mensa sibi quidem subtraxit quotidie victum, unde centum pauperes et tredecim sustentabantur : indumenta insuper nova, scilicet camisiam (128), tunicam, pelles, cappam, braccas, caligas, subtulares (129), a principio illius Quadragesimæ et devoti jejunii sui, in quo statim traditus in Domino obdormivit, quotidie uni pauperum erogavit usque ad diem quem obiit in Christo atque dispensatione tali et misericordi erogatione in pauperes peracta, sic ibat ad ecclesiam, ubi in oratione decumbens psallebat Deo psalmos, ibique audito ex more sacro denarios pauperibus distribuit sic Domino prostratus.

7. Cumque in comitatu suo Flandriarum marchio Carolus pacis et gloriæ decore degeret (130), Henricus Imperator Romanus diem obiit, et desolatum est regnum imperii illius et sine hærede exhæredatum. Igitur sapientiores in clero et populo regni Romanorum et Teutonicorum satagebant omnibus modis, quem sibi ad Imperium regni providerent, virum nobilem tam genere quam moribus. Igitur circumspectis terrarum et regnorum principibus, considerate inierunt consilium, quatenus illi sapientiores et potentiores in regno, legatos idoneos, scilicet cancellarium archiepiscopi (131) Coloniensis civitatis, et cum eo comitem Godefridum (132) solemniter transmitterent ad consulem Flandriarum Carolum pium, ex parte totius cleri et ex parte totius populi regni et imperii Teutonicorum expostulantes et obsecrantes potentiam et pietatem ipsius, ut imperii honores et dignitates regias cum suis facultatibus pro sola charitate assumeret. Omnes enim meliores tam in clero quam in populo eligendum sibi eum justissimo desiderio exspectabant, ut Deo donante ad ipsos dignaretur adscendere, coronatione et Imperii exaltatione unanimiter sublimarent, ac regem illum lege prædecessorum Catholicorum imperatorum constituerent.

8. Cumque legationem et expostulationem audisset Carolus comes, consilium cum nobilibus et Paribus suæ terræ subiit, quid super hoc ageret. At illi, qui ipsum justo amore, et dilectionis virtute dilexerant, et ut patrem venerabantur, cœperunt dolere, et dicessum ejus deflere, et ruinam patriæ gravem fore, si forte eam desereret. Tandem illi traditores pessimi, qui vitæ ipsius inimicabantur, consuluerunt ei, ut regnum et ejus honores præriperet inter Teutonicos, persuadentes ei quantæ gloriæ et quantæ famæ sibi foret regem Romanorum esse. Laborabant miseri illi, qua astutia, quibus dolis carerent eo, quem postmodum, dum amovere non poterant, viventem tradiderunt, pro lege Dei et hominum cum ipsis decertantem. Remansit itaque in comitatu suo Carolus comes pro expostulatione suorum dilectorum, pacem et salutem patriæ, quantum in se erat, omnibus demandans et constituens, Catholicus, bonus, religiosus, cultor Dei, hominumque rector providus. Qui cum sæcularis militiæ facinora acturus foret, non habebat hostes circa terram suam, sive in marchiis, sive in confiniis et terminis suis : quia timebant eum, aut pacis et dilectionis fœdere conjuncti, potius munera et donaria in invicem transmiserant, sed certamina militiæ sæcularis pro honore terræ suæ, et pro exercitio militum suorum apud aliquem comitum vel principum Northmanniæ vel Franciæ, aliquando vero ultra regnum Franciæ arripuit, illieque cum ducentis equitibus tornationes exercuit : qua in re famam suam, et comitatus sui potentiam ac gloriam sublimavit. Quidquid ergo levitatis hujus culpa deliquit, eleemosynarum multiplici redemptione apud Deum emendavit.

9. Hujus quoque vitæ tempore contigit (133) regem Hierosolymorum in captivitatem Saracenorum cucurrisse, et desolata sedebat civitas Hierusalem absque rege suo : quem sicut didicimus, Christiani nominis milites, qui militiæ Christianæ ibidem studuerant, odio habebant, eo quod tenax et parcus fuisset rex ille captus, nec bene rexisset populum Dei. Inierunt ergo consilium et communi consensu

---

(128) *Camisia* pro indusio usurpata olim in lege Salica tit. 6, et apud Fortunatum lib. I Vitæ S. Radegundis. Unde postea in lingua hodierna Francica, quæ illis temporibus necdum erat, vox *chemise* exorta. Forte olim *cama*, uti jam Hispanis, in usu fuit apud Gothos et antiquos Germanos pro lecto, ut *camisia* dicta sit vestis in qua dormitur.

(129) *Subtulares* in antiquis codicibus, an *subtalares* substituendum, ut sint calcei, quasi *sub talis*. In Vita S. Gudilæ 8 Januarii num. 8 *subtalares* legitur, ubi Garneveltius *subtulares* arbitratur restituendum : sed mutata solum vocali facile voces istæ possunt confundi.

(130) « *Henricus V anno 1125, feria quinta, in Pentecoste Ultrajecti vitam cum regno amisit.* » Anselmus Gemblacensis in Chronico. Biduo post aliqui obiisse asserunt.

(131) *Coloniensis archiepiscopus* erat *Fredericus*, ab anno circiter 1100 aut paulo citius, usque ad annum 1131, qui Lotharium Saxonem 23 Septemb. hujus anni 1125 imperatorem Aquisgrani coronavit. Ab illo S. Norbertum sacris ordinibus initiatum fuisse tradit anonymus coævus in hujus Vita.

(132) *Comes Godefridus* videtur esse *Namurcensis*, frater S. Alberti episcopi Leodiensis, quem cum dictus Fredericus archiepiscopus Coloniensis contra intrusum Alexandrum constituisset, Godefridus comes armis defendit.

(133) Balduinus filius comitis de Reitesta, Balduino fratre Godefridi Bullonii anno 1118 mortuo, factus est rex Hierosolymitanus, dein anno 1123 captus, at non diu post liberatus. Scriptores expeditionis terræ sanctæ hunc satis laudant, ut videatur hic ex fama publica de rebus procul a Flandria gestis nonnulla relata.

litteras direxerunt comiti Carolo, ut ascendens Hierosolymam, regnum Judeæ assumeret, et in loco et in sancta civitate imperii catholici coronam dignitatemque regiam possideret. Noluit igitur, super hoc accepto fidelium suorum consilio, deserere patriam Flandriarum, quam vita comite bene recturus foret, et satis melius quam adhuc rexisset, nisi traditores illi pessimi pleni dæmonio, dominum et patrem plenum spiritu pietatis et consilii et fortitudinis enecassent. Proh dolor! quod tantum virum ab Ecclesia Dei tollerent, de quo regem Ecclesiæ et populus Orientalis imperii et Hierosolymorum civitas sancta simul cum populo Christianorum peroptaverat et disposuerat, simul expostulaverat constituere.

CAPUT II.

Odii in S. Carolum concitati occasio.

10. Deficiunt quidem mihi vires animæ, et ejus memoria simulque major vis in anima, scilicet ratio ad laudandum bonum consulem Carolum : cujus meritis impares omnes estis vos terrarum principes, minus potentes, imperiti, indiscreti, incompositi moribus. Nam talis erat comes Carolus in fine vitæ apud religiosos filios Ecclesiæ, qualis in meritis suis præcellebat rectores et plures philosophos fidei Christianæ : et quamvis olim peccator et criminosus fuerit, in fine vitæ bonæ ex pœnitentiæ fructu omnia cooperabantur ei in bonum et salutem animæ perpetuam. Unde et ille ait :

dicique beatus,
Ante obitum nemo supremaque funera debet.
(Ovid. *Metam.* iii. 136.)

Et apostolus : « Scimus quoniam diligentibus Deum omnia cooperantur in bonum his qui secundum propositum vocati sunt sancti (*Rom.* viii, 28). » In sacro loco igitur, et in sacris orationibus, et in sacra cordis devotione, et in sacro Quadragenarii tempore, et in sacra eleemosynarum largitione, (134) et ante sacrum altare, et inter sacras reliquias S. Donatiani archiepiscopi Remorum et (135) B. Basilii Magni et S. Maximi trium mortuorum suscitatoris, canes immundi, dæmonio pleni, servi dominum suum jugulaverunt. Nemo quippe ita est absurdus, ita hebes, ita stolidus, qui non adjudicaret traditores illos pœnis infimis et inauditis; qui inaudita traditione dominum suum, ipsi servi, qui observasse debuerant, disperdiderunt. Igitur mirandum erat et singulariter memorandum, quod et multos viderimus imperatores, reges, duces ac consulares viros, nullum vidimus vel audivimus adhuc, quem ita deceret fuisse dominum ac patrem, advocatum Ecclesiarum

Dei, sicut ipsum condecuit. Sciebat enim esse dominus, pater, advocatus, pius, mitis, exorabilis, ad honorem Dei et decorem Ecclesiæ idoneus, quod vere satis probabile est, quia post mortem tanti viri protestati sunt super ipsius meritis omnes, et amici et inimici, extranei et vicini, nobiles et ignobiles, et cujuscunque terræ habitatores, qui saltem egregiam famam de ipso audierant, quanti meriti foret credendus apud Deum et homines, qui propter justitiam Dei exsequendam, et propter salutem eorum quos regebat, more Christiani Rectoris occubuit. Quem homines suæ pacis super illum magnificantes supplantationes tradiderunt, ut in psalmo, « Etenim homo pacis meæ, qui edebat panes meos, magnificavit super me supplantationes (*Psal.* xl, 10). »

11. Postquam igitur clementia Dei flagella subtraxerat, et molestiam temporis prorsus remotam frustraverat, cœpit suæ dignationis copiam terris commodare, et jussit vegetabilitate frugum horrea repleri, vino et cæteris victualiis mundum redundare, et quadam amœnitate temporum, jussu divino tota terra refloruit. Volens itaque comes pius iterum revocare honestatem regni, perquisivit, qui fuissent de pertinentia sua proprii, qui servi, qui liberi in regno. Dum placitorum negotia agebantur, sæpe comes præsens aderat, audiens de disceptatione libertatis, sæcularis et conditione servorum, scilicet quod in magnis negotiis et generalibus causis liberi responsa non dignabuntur reddere servis. Quos quidem comes de pertinentia sua perquirere poterat, sibi vindicare laborabat. Unus præpositus Bertulfus Brugensis, et frater ejus Castellanus in Brugis, cum nepotibus suis Bordsiardo, (136) Roberto, (137) Alberto, et cæteris de illa cognatione præcipuis, elaborabat omni astutia et ingenio, quomodo a servitute et pertinentia comitis sese absentaret et subterfugeret : nam et ipsi de comitis pertinentia erant conditione servili.

12. Accepto tandem consilio præpositus ille neptes suas nubiles, quas educaverat in domo sua, militibus liberis in conjugium tradidit; ut quasi occasione illa nubendi ad libertatem sæcularem quodammodo accederent ipse et sui. Sed contigit quod miles, qui neptem præpositi duxerat in uxorem, ad singulare bellum alium quemdam in præsentia comitis appellaret militem qui secundum suæ cognationis propagationem liber erat : at appellatus indignationis sibi repulsa viliter respondit : scilicet se non fuisse de servili conditione, imo liberæ dignitatis, secundum lineas sui generis propagatum, et ob hoc ad bellum singulare non se fore parem appellanti congressu-

---

(134) Servantur etiam nunc reliquiæ horum sanctorum Brugis in summa veneratione et argenteis mausoleis aut capitibus inclusæ, quas ipsi ibidem non absque admiratione eximii splendoris intuiti sumus. S. Donatianus est urbis et diœcesis totius patronus, eique templum cathedrale sacratum. Festus illi dies etiam in populo est vii Octobris, quando de translatione ejus corporis agemus.

(135) *S. Basilii* pars magna spinæ dorsi, ut nobis dictum, adservatur. At *S. Maximi* duæ costæ, crus, duo ossa brachii, et quinque ossa digitorum. Ita Sanderus lib. ii Brugarum. Colitur S. Maximus, 27 Novemb. S. Basilius, 14 Junii.

(136) Robertus frater Borsiardi, infra num. 26 dicitur in velitatione occisus.

(137) Albertus in Vita per anonymum Danum dicitur filius Roberti Castellani, ergo Borsiardi et dicti Roberti patruelis. De eo nulla amplius mentio fit.

rum. Quicunque enim secundum jus comitis ancillam liber in uxorem duxisset, postquam annuatim eam obtinuisset, non erat liber : sed ejusdem conditionis erat effectus, cujus et uxor ejus. Induluit ergo miles ille, qui propter uxorem suam libertatem amiserat, per quam liberiorem se fore crediderat, cum eam accepisset. Induluit ergo præpositus et sui : et ideo enitebantur omnibus modis se subtrahere a servitute comitis. Igitur cum veritatis indicio et seniorum regni relatu, comes intellexisset, quod sibi sine cunctatione pertinui sent, conabatur ipsos suæ servituti vindicare : et tamen quia præpositus et cognati ejus a comitis prædecessoribus, usque ad hoc tempus de servili conditione non interpellatus nec pulsatus fuit, quasi sopitum et multis temporibus neglectum foret, omnium oblivioni tradebatur, nisi in prædicta belli appellatione ad recordationis veritatem revocatum fuisset.

13. Cæterum præpositus cum tota nepotum successione post comitem in regno potentior, et fama atque religione gloriosior, se liberum fuisse et cognationis tam antecessores quam successores suos confirmabat, et quadam superstitione et arrogantia sic se contendebat. A comitis igitur mancipatione et pertinentia se et suos subtrahere consilio et potentia laborabat, et ideo sæpe improperabat comiti sic : Iste Carolus de Dacia nunquam ad comitatum conscendisset, si ego voluissem. Nunc ergo, cum per me sit comes effectus, non recordatur quod bene sibi fecerim, imo laborat prorsus me cum toto genere meo retorquere in servum, perquirens a senioribus utrum simus ejus servi : sed quærat quantum velit, nos semper erimus et sumus liberi, et non est homo super terram qui possit nos constituere servos. Frustra tamen jactanter loquebatur : nam consul præcautus detractationem præpositi et suorum intellexerat, et fraudem simul et traditionem audierat. Quandoquidem defensionis suæ effectum habere non poterat præpositus et sui, quin libertate sibi usurpata carerent ; maluit ipse cum tota nepotum successione perire quam servitute comitis mancipari. Perverso tandem et nefandi consilii dolo cœperunt de morte piissimi consulis seorsum tractare, et tandem locum et opportunitatem occidendi illum prætendere.

14. Lætus ergo præpositus erat, quod lites et seditiones ortas inter nepotes suos et Thancmarum, cujus parti justæ comes favebat, occasiones haberet tradendi comitem : nam universos milites provinciæ nostræ, tum pretio, tum potentia, tum petitione acciverat in auxilium nepotum suorum contra Thancmarum. Quem quidem obsedit circumquaque in loco quo se vallaverat, et tandem collecta manu invasit validissime obsessos, et claustra portarum confringens detruncavit pomeria et sepes inimicorum suorum. Absens tamen, et quasi nihil fecisset, consilio et dolo omnia fecit, omnem benevolentiam a foris prætendebat : et inimicis dicebat, sese dolere quod nepotes sui tot lites, tot homicidia peragerent, quos quidem ad omnia nefaria animaverat. In congressione ergo prædicta utrinque ceciderunt eo die plurimi vulnerati et mortui. Quod cum intellexisset præpositus quod jam congressio fieret, ipsemet descendit ad carpentarios qui in claustro fratrum operabantur, et jussit ferramenta eorum, scilicet secures, illuc deferri, quibus detruncarent turrem et pomeria et domos inimicorum suorum. Misit ergo per singulas domos in suburbio ad colligendas secures, quæ illuc citissime delatæ sunt. Cumque in nocte rediissent nepotes ejus cum quingentis militibus armigeris et peditibus infinitis, induxit eos in claustrum et fratrum refectorium, in quo refecit universos, diverso ciborum et potuum apparatu, et super hoc lætus et gloriosus erat. Cumque assidue sic affligeret inimicos, et maximam in eis expensam faceret, qui nepotes suos juvarent ; cœperunt primo armigeri, postea milites deprædari rusticos, adeo ut pecudes et armenta villicorum raperent et devorarent. Quidquid in suum usum possederant rustici, hoc nepotes præpositi violenter rapiebant et suorum sumptui deputabant. Sed a principio regni nullus comitum perpessus est rapinam fieri in regno, eo quod maxima mors et pugna inde contigisset.

15. Audierunt ergo rustici comitem venisse apud Ipram, ad quem nocte et clanculo usque ad ducentos transierunt, pedibusque ipsius convoluti obsecrantes paternum et consuetum ab eo auxilium, ut res ipsorum reddi juberet, scilicet pecudes et armenta, vestes et argentum, insuper omnem cæteram supellectilem domuum suarum, quæ omnia rapuissent nepotes præpositi, et illi qui in expeditionem illius obsidionis cum illis et nocte et die pugnassent. Quas proclamationum conquestiones comes graviter ferens, convocavit consiliatores suos et plures etiam, qui de cognatione præpositi fuere, perquirens ab eis qua vindicta et quo rigore justitiæ hoc facinus justificaret. At illi consilium dederunt ut sine dilatione domum Borsiardi incendio destrueret, eo quod rapinam in rusticos comitis exercuisset : atque ideo maxime consiliati sunt domum præfatam destrui, quæ quandiu staret, tandiu lites et rapinas Borsiardus insuper et homicidia peragerent, et sic viciniam illam prorsus vastaret. Descendit ergo super hoc consultus consul, et incendit domum et funditus mansionem ejus destruxit. Tunc ille Borsiardus et præpositus et ipsorum complices ultra modum induerunt, tum quia comes in hoc facto videbatur consensum et auxilium præstitisse inimicis eorum; tum quia comes quotidie ipsos de servili conditione pulsaret, et ad sibi mancipandos omni modo laboraret.

16. Sicque domo conflagrata, comes Brugas ascendit. Concessa igitur domo cum consedisset venerunt ad eum qui familiares erant ei et præcautum reddiderunt dicentes quod nepotes præpositi eum traderent, eo quod jam occasionem aptam prætenderent a conflagratione domus præfatæ, quanquam, etsi hoc non fecisset, comes, non minus tamen ab

illis traderetur. Postquam vero comes cœnaverat, ascenderunt coram eo intercessores ex parte præpositi et nepotem ipsius qui exorarent comitem ut indignationem suam ab eis averteret, et sub amicitia sua miseratus eos reciperet. At consul omnia justa secum illis acturum et misericorditer etiam respondit, si lites et rapinas posiponere deinceps voluissent, et meliorem domum insuper restituere Borsiardo se debere promisit. In loco tamen, in quo domus combusta est, jurabat, se comitatum obtinente, amplius Borsiardum nullam possessionem obtenturum, eo quod usque tunc, juxta Thancmarum manens, nunquam nisi lites et seditiones in hostes et in cives cum rapina et cæde agerct. Qui vero intercessores fuere partim conscii traditionis, non multum super reconciliandis vexabant comitem, et quando propinatum ibant ministri, rogabant comitem ut de vino meliore afferri juberet. Quod cum ebibissent, sicut potores solent, rogabant semel sibi propinari et abundanter adhuc, ut posteriore licentia et ultima a consule accepta, quasi dormitum abirent : et jussu comitis abundanter propinatum est omnibus illis qui aderant, donec accepta licentia ultima ipsi abiissent.

CAPUT III.
Conspiratio nocturna in cædem S. Caroli. Hujus enorme scelus ponderatum.

17 (138). Igitur Isaac et Borsiardus et Willelmus ex Wervi, Ingrannus et eorum complices, accepto assensu a præposito, quod nec necessitate divinæ ordinationis per liberam voluntatem quidem facturi erant, accelerabant : nam statim hi, qui mediatores et intercessores erant inter comitem et nepotes præpositi, concessa domo ejusdem præpositi denuntiaverunt responsum comitis; scilicet quod nullam gratiam potuissent acquirere aut nepotibus aut eorum fautoribus prædictis, sed hoc solum cum eis ageret, quod justitiæ districtione censura primatum terræ constituisset. Tunc præpositus et sui nepotes intro cameram abeuntes; accitis quos voluissent, custodiente ipso præposito cameræ januam, dederunt dexteras in invicem ut traderent consulem, et ad hoc facinus advocaverunt (139) Robertum puerum, convenientes illum ut daret dexteram, id idem simul cum ipsis peracturus, quod et ipsi peractum irent, pro quo et dexteras in invicem contradidissent. At puer nobilis animi virtute præcautus animadvertebat grave fore, pro quo ipsum urgerent : restitit nolens ignoranter in taxationem illorum subduci, nisi præsciret quid rerum acturos sese confirmassent,

et cum adhuc cogerent illum, subtrahens se exire januam festinabat. Sed Isaac et Willelmus et cæteri proclamabant præposito, qui tunc janitor erat, ne Robertum exire permitteret, donec jussu ipsius coactus, quod ab eo postulassent, peragerct. Statim præpositi blanditiis et minis juvenis circumventus rediit et dedit sub eorum conditione dexteram, ignarus quidem quid cum illis acturus foret et statim confirmatus cum traditoribus requisivit quid fecisset. At illi : Comes iste Carolus laborat omnibus modis ad destructionem nostram, et ut in servos sibi nos vindicet, festinat : cujus traditionem jam conjuravimus : et debes amodo nobiscum eamdem traditionem tam consilio quam opere peragere.

18. Igitur territus puer et totus in lacrymas fusus, ait : Absit a nobis ut dominum nostrum tradamus et patriæ consulem. Imo revera, si non desistitis, ego vadam et aperte traditionem vestram comiti et universis eloquar, nec super hoc pacto consilium vel auxilium, volente Deo, unquam præstabo. At illum fugientem ab eis, violenter retinuerunt, dicentes : Audi, amice, quasi serio facturi essemus præfatam traditionem, jam eam intimavimus : ut per hoc probaremus, utrum in aliquo gravi facto nobiscum velis permanere. Est quidem aliud quiddam, quod adhuc tibi celavimus, causa cujus obligatus es nobis fide et taxatione, quod in futuro dicemus : et quasi in risum conversi, dissimulabant traditionem: Descendit utique in locum suum unusquisque illorum, exeuntes a camera. (140) Isaac cum tandem domum venisset, quasi dormitum ibat (expectabat enim silentium noctis) et mox conscenso equo rediit in castrum, descendens in hospitium Borsiardi et evocans eum cæterosque quos voluit, seorsum descenderunt in aliud hospitium, scilicet Walteri militis. Et cum introissent, ignem prorsus qui in domo erat exstinxerunt, ne forte per ignem accensum innotesceret expergefactis in domo, qui essent, et quid negotii contra morem illa noctis tempestate agerent. Securi igitur in tenebris consiliabantur traditionem fieri statim in mane, eligentes de familia Borsiardi animosiores et audaces ad hoc facinus, et spondebant eis divitias multas. Militibus vero qui interficerent comitem (141) marcas quatuor, et servientibus qui idem agerent marcas duas obtulerunt, et confirmaverunt sese nequissima rerum taxatione. Reversus est itaque Isaac in domum suam circa crepusculum diei, postquam suo consilio cæteros animaverat et promptos ordinaverat in tantum scelus.

19. Igitur cum dies obvenisset obscura valde et

---

(138) Ut narratio præcedentis et hujus capitis plane congruit cum iis quæ Gualtero, imo et Sugerio descripta retulimus, ita toto cœlo discrepant ab iis, quæ in Annalibus vernaculis Flandriæ, in Formula proclamationis Brugensis, et in Commentario Lernutii congesta sunt. Nonnulla in Commentario prævio attigimus.

(139) Robertus puer, filius Roberti Castellani, fratris Bertulphi Præpositi. Ac cognomen illi patrique Puer, seu Belgice Kindt, datum, quo agnomine variæ familiæ appellantur? Neutrius mentio fit in dictis Annalibus aliisque fabellis. Contra Mejero cum filio etiam patrem Robertum; sed ante 12 aut plures annos mortuum, ut ex supra dictis constat.

(140) Lernutius hanc conspirationem Ipris factam ait die S. Vincentii 22 Januarii, et hæc ex fabulosis Annalibus.

(141) Quomodo marca debeat æstimari, non facile statui potest. Matthæus Parisius in Historia ad annum 1235 asserit computari quamlibet marcam 13 solidis et 4 sterlingis. Sed varia apud singulas gentes videtur æstimatio fuisse.

nebulosa, ita ut hastæ longitudine nullus a se discernere posset rem aliquam, clanculo servos aliquot misit Borsiardus in curtem comitis præcavere exitum ejus ad ecclesiam. Surrexerat quidem comes multo mane, et distribuerat pauperibus, sicut consueverat, in propria domo, et sic ad ecclesiam ibat. Sed sicut referebant capellani ejus, nocte cum in lectum se composuisset ad dormiendum, quadam vigilantiæ sollicitudine laborabat, mente quidem confusa et turbata, ita ut multiplici rerum meditatione pulsatus, modo in altero cubans latere, modo residens in stratu, totus languidus sibi ipsi videretur. Cumque in itinere versus ecclesiam B. Donatiani processisset, servi qui ejus exitum præcavebant recurrentes, denuntiaverunt traditoribus consulem in solarium ecclesiæ conscendisse cum paucis. Tunc ille furibundus Borsiardus et milites et servientes ejus, simul acceptis gladiis nudis sub palliis, persequebantur comitem in in eodem solario : dividentes se in duas partes, ita ut ex utraque via solarii nullus eorum aufugeret quos tradere voluissent: et ecce comitem prostratum suo more juxta altare in humili scabello viderunt, ubi Deo psalmos decantabat et orationes devotus, simul et pauperibus denarios erogabat.

20. Et sciendum quam nobilem virum et egregium consularem tradiderunt servi impiissimi et inhumani. Meliores et potentiores qui a principio sanctæ Ecclesiæ, sive in Francia, sive in Flandria, sive in Dacia, sive tandem sub Romano imperio floruissent, progenitores ejus fuerunt, de quorum traduce comes pius nostro tempore concretus et in virum perfectum a puero educatus, nunquam paternos et regios excessit nobiles mores et naturales vitæ honestates. Cumque ante comitatum multa insignia et egregia fecisset, arripuit sanctæ peregrinationis viam Hierosolymorum, atque maris profunda transnavigando, tandem post multa pericula et vulnera pro amore Christi sæpe perpessa, voto peroptato et lætissimo, in Hierusalem ascendit, ubi etiam contra hostes Christianæ fidei strenue dimicavit, et sic, veneranter adorato Domini sepulchro, repatriavit. In qua peregrinationis necessitate et angustia didicit pius Domini vernaculus, sicut in comitatu sedens sæpe retulit, quanta egestate pauperes laborarent, qua superbia divites extollerentur, et tandem quota totus mundus miseria concuteretur : unde condescendere solebat egentibus, et fortis fieri in adversis, non elevari in prosperis, et sicut Psalmista docet : « Honor regentis judicium diligit (*Psal.* XCVIII); » judicio principum et virorum prudentium comitatum regebat.

21. Cumque tam gloriosi principis martyrium vita suscepisset, terrarum universi habitatores infamia traditionis ipsius perculsi, nimis indoluerunt, et mirabile dictu, occiso consule in castro Burgensi in mane unius diei scilicet feriæ quartæ fama impiæ mortis ejus in Londonia civitate, quæ est in Anglia

A terra, secundo die postea circa primam diei perculit cives, et circa vesperam ejusdem secundæ diei (142) Laudunenses turbavit, qui in Francia a nobis longe remoti sunt. Sicut didicimus per scholares nostros, qui eodem tempore Lauduni studuerunt, sic etiam per negotiatores nostros intelleximus, qui eodem die Londoniæ mercaturæ intenti fuere. Intervalla ergo, vel temporum vel locorum prædictorum nec equo, nec navigio quisquam transiisse tam velociter poterat.

22. Ad hoc quoque traditionis facinus peragendum, dispensatum est a Deo ut audaces et præsumptuosi de sanguine prædecessorum præpositi Bertulfi relinquerentur, cæteris morte præventis; qui potentes in patria dum viverent, fuerunt personæ graves et B divitiis affluebant, sed prædictus præpositus in clero severitate gravissima degebat et non modice superbus. Nam sui moris erat cum in præsentiam ejus aliquis accessisset, quem optime novisset, ut superbia animi sui dissimulante, ex indignatione juxta se sedentes interrogaret, quisnam esset : at tunc primum si placuisset ei, accitum salutaret. Cum vero alicui præbendulam vendidisset canonicam, nulla electione canonica, imo violenter illi investituram dedit. Non enim aliquis canonicorum suorum audebat vel tacite ipsum redarguere vel aperte. In prædicto fratrum loco ecclesiæ B. Donatiani canonici valde religiosi et perfecte litterati olim, scilicet in principio præpositiuræ hujus arrogantissimi prælati, fuerunt, qui ejus superbiam reprimentes, consilio et C doctrina catholica constrictum tenebant, ne quid inhonestum in Ecclesia præsumeret. Postquam vero in Domino obdormierunt, relictus sibi ille præpositus, ad quidquid sibi videbatur et quo cum impetus arrogantiæ impulit, ferebatur. Siquidem cum esset caput sui generis, nepotes suos admodum enutritos et tandem militia præcinctos omnibus in patria præferre studuit, et ut fama eorumdem ubicunque innotesceret, laboravit : unde ad lites et seditiones cognatos suos armavit, hostes eis quos impugnarent opposuit, ut sic fama per universos volaret, scilicet quantæ potentiæ ac virium ipse et nepotes ejus fuissent, cui nullus in regno resisteret vel prævaleret. Tandem de servorum conditione pulsatus in præsentia comitis, et simul a comite ad hoc elaborante, ut D probaret eum cum tota successione servum fuisse, sugillatus, sicut prædictum est; satagebat qua fuga et qua astutia sese servituti opponeret, et qua virtute libertatem usurpatam conservaret. Et cum aliter obstinatus non posset, traditionem, quam diu detractaverat, tam inter suos quam inter regni pares nefando exitu consummavit per se et per suos.

23. Sed piissimus Deus iterum suos revocare dignatus est per terrorem signorum : nam circa viciniam nostram in fossatis aquæ cruentæ apparuerunt in signum futuræ cædis, perquod a suo scelere evocari poterant, si indurato cordis zelo non conspi-

(142) Laudunum in Picardia superiore ad confinia Campaniæ est : dicitur etiam Lugdunum Clavatum vulgo Laon. Procul inde ad confluentiam Araris et Rhodani est emporium nobilissimum Lugdunum.

rassent in tradendo comitem. Insuper sæpius conferebant, si comitem interficerent, quis eum vindicaret; et quamvis ignorarent quid dicerent, Quis? infinitum nomen, infinitos, et qui sub certo numero non adscriberentur, notavit; quandoquidem rex Franciæ cum gravi exercitu et simul principes terræ nostræ cum infinita multitudine, ad vindicandam consulis piissimi mortem, convenerunt. Sed adhuc nondum hujus fati miseria devoluta est ad finem : quin de die in diem non desinant vindicare præfatam comitis mortem, in omnes suspectos et reos et ubicunque profugos et exules.

24. Nos itaque terræ Flandriarum incolæ, qui consulis et magni principis mortem deflemus, vitæ ejus memores obsecramus, monemus et rogamus, ut audita vera et certa descriptione et vitæ et mortis ipsius, quicunque audiveritis, deposcatis animæ ejus vitæ æternæ gloriam et beatitudinem cum Sanctis perennem. In hac passionis subscriptione consequenter inveniet lector distinctiones dierum et gestorum, quæ in ipsis facta sunt diebus, usque ad vindictam subnotatam in fine opusculi, quam solus Deus exercuit in principes terræ, quos ab hoc sæculo mortis districtione exterminavit, quorum consilio et auxilio traditio incepta est et ad finem usque perducta.

CAPUT IV.

Cædes S. Caroli et quatuor aliorum. Aliquorum fuga aut captivitas.

25. Anno milleno centeno vicesimo septimo, (143) sexto Nonas Martii, secundo die scilicet post introitum mensis ejusdem, præteritis duobus diebus de secunda hebdomade Quadragesimæ, feria quarta subsequenter lucescente, (144) Concurrente quinto, epacta sexta, circa mane; dum pius comes Brugis in ecclesia B. Donatiani, Remorum quondam archipræsulis, in oratione decumberet, ut matutinalem missam audiret; ex pia consuetudine eleemosynarum suarum largitiones pauperibus erogabat, fixis oculis ad legendos psalmos et manu dextra porrecta ad largitiones eleemosynarum : plures enim denarios capellanus suus, qui hoc procurabat officium, comiti apposuerat, quos in orationis actione pauperibus distribuebat. Primæ horæ quoque obsequium finitum erat, et de Tertia hora responsum finitum, quando *Pater noster* oratum est, quando comes more suo officiose et aperte legendo orabat, tunc tandem post tot consilia et juramenta et securitates inter se factas, primum in corde homicidæ et traditores pessimi comitem devote orantem et eleemosynas dantem, divinæ majestati suppliciter prostratum, gladiis confossum et sæpius transverberatum, mortuum dimisere : sic sui sanguinis rivulis

a peccatis abluto, et in operibus bonis vitæ cursu terminato, martyrum palma Deus comitem donavit. In supremo ergo articulo vitæ et mortis accessu vultum dignissime atque regales ad cœlum manus inter tot verbera, ictus gladiatorum, quantum potuit, converterat, sicque suum Domino universorum spiritum tradidit, et seipsum Deo obtulit sacrificium matutinum. Jacebat quidem corpus cruentum tanti viri et principis solum, sine veneratione suorum et debita reverentia servorum. Unde quicumque eventum ejus mortis audierunt, miserandum funus lacrymis exsecuti, tantum principem illo martyrii fine functum Deo commendaverunt defletum.

26. Occiderunt quoque castellanum ex Brudburch, prius ad mortem vulneratum, postea per pedes a solario, in quod conscenderat comes et ipse, viliter detractum, in januis ecclesiæ foras gladiis dismembrabant. Hic tamen castellanus confessionem peccatorum suorum presbyteris ecclesiæ ipsius confessus, corpori et sanguini Christi communicatus est more christiano. Nam statim occiso comite, gladiatores illi, relicta comitis gleba, et ad mortem castellano isto reducto in solario, excursum fecerunt in hostes illos qui erant præsentes de curia comitis, ut eos vagantes in castro interficerent, sicut vellent. Henricum militem quemdam, quem suspectum habebat Borsiardus de morte fratris sui nomine Roberti fugabant in domum comitis. Qui prostratus est pedibus castellani (145) Haket, qui et ipse in eamdem domum cum suis conscenderat ad eam obtinendam, suscepitque Henricum et simul cum eo fratrem Walteri ex Locris, et ab invadentibus illos vitæ conservavit.

27. Ipso momento proditi sunt eisdem gladiatoribus duo filii castellani ex Brudburch, interim in solario ecclesiæ peccata sua sacerdotibus confitentes: quorum scilicet filiorum militia bene apud omnes et simul eorum conversatio commendabatur. Walterus et Giselbertus dicti sunt, fratres genere, militia pares, elegantioris formæ nobilitate digni ut ab omnibus amarentur qui eos agnovissent. Qui mox audita cæde in comitem et patrem, suffugere satagebant: sed illos apud (146) Harenas in exitu suburbii persequebantur equo excurrentes post illos traditores pessimi. Quorum alterum fratrem, Eric nomine, nefarius miles, unus quidem illorum qui comitem tradiderant, ab equo, quo insidens fugeret, dejecit, et dejectum simul cum persecutoribus interfecit. Alterum quoque fratrem, in ostio hospitii sui in fugam prosilientem, ex opposito et occursitantes gladiis trajecerunt. Quem unus civium nostrorum, nomine Lambertus Berakin, cadentem securi sua quasi li-

---

(143) Neglecto hoc accurato calculo, in Annalibus vernaculis, Formula proclamationis et Lernutii scripto, dicitur occisus die 3 Martii, feria 6 post diem Cinerum. Paulus Æmilius aliique, ipso Cinerum die: sed non indiget refutatione.

(144) Loco septem Concurrentium assumptæ sunt 7 litteræ Alphabeti scilicet F, E, D, C, B, A, G. Ergo Concurrente quinto erat littera Dominicalis B.

Consuli potest Petavius de Doctrina temporum lib. 6, cap. 28.

(145) Nulla Haketti mentio est in dictis Annalibus aliisque, sed ejus loco substituitur Lambertus pater Borsiardi; sed jam ante vita functus.

(146) Harenæ locus vulgo jam forum diei Veneris appellatur.

gnum aliquod detruncavit: sicque illos fratres occisos beatitudini sanctæ, quæ in supercœlesti vita est, transmiserunt.

28. Cæterum Riquardum ex (147) Woldman illius oppidi virum potentem (cujus filiam nepos duxerat Thancmari, contra quem lites et seditiones hactenus præpositus et nepotes ejus exercitaverant) per leugam unam persequebantur fugientem, qui cum suis militibus ad comitis curiam ascenderat, sicut plures principum qui eodem die sese præparabant ad curiam ituros. In qua persecutione frustrati proditores, redierunt usque in castrum, in quod clerus et populus loci nostri confluxerant, et attoniti quidem pro eventu rerum vagabantur. Qui vero in comitis amicitia prius, scilicet dum viveret, constit rant, timebant procul dubio et ad horam latitantes ab aspectu illorum traditorum declinabant. Qui vero de curia comitis ab amicitia ejus pendebant, in fugam celeriter conversi, interim dum tumultuabat populus, fugerunt. Gervasius camerarius comitis, quem priorem ad vindicandum domini sui mortem dextera Dei armavit, interim versus Flandrenses cognatos suos equo aufugit. Ioannes quidam serviens comitis, qui cameram observare consueverat, et quem præ servis dilexerat comes, fugit a mane equo currendo per devia usque in meridiem, et eo tempore meridiei pervenit in Ipram, divulgans ibidem mortem comitis et suorum. Quo tempore negotiatores omnium circa Flandriam regnorum ad Ipram confluxerant in Cathedra S. Petri, ubi forum et nundinæ universales feriabantur: qui sub pace et tutela piissimi comitis securi negotiabantur. Eodem tempore ex Longobardorum regno mercatores descenderant ad idem forum, apud quos comes argenteam (148) kannam emerat marcis viginti una, quæ miro opere fabricata, suis spectatoribus potum, quem in se continebat, furabatur; in cujus fori confluxu, cum fama universos de diversis locis percelleret, accinctis rebus suis, et die et nocte fugerunt, secum infamiam nostræ terræ ferentes et ubicunque divulgantes.

29. Planxit ergo illum consulem pacis et honoris omnis homo, quicunque vel famam ejus audierat. Sed in castro nostro, in quo occisus jacebat dominus noster et pater piissimus Carolus, nullus audebat aperte deflere eventum mortis ejus: quasi ignotum, suum inspicientes dominum, et quasi peregrinum, suum videntes patrem, dolores et suspiria sine lacrymis reprimebant: quos tamen dolores tanto gravius intus tolerabant, quanto sibi per lacrymas et ejulatus mederi non audebant. Nam nepotes præpositi et ille sceleratissimus hominum Borsiardus cum complicibus suis, statim post fugam inimicorum suorum in castrum reversus, Walterum ex Locris requirebant sui milites et ipse, quem maxime oderant. Nam de

consilio comitis fuit, et nocivus eis in omnibus, qui instigaverat ad hoc comitem ut in servos sibi subjugaret totam illam cognationem præpositi. At idem Walterus quoque permotus angustia, se in organistro, scilicet in domicilio quodam organorum ecclesiæ in eodem solario, quo occisus jacebat consul, occultaverat ab eo tempore, quo interficiebatur comes, usque ad reversionem nefandorum illorum in castrum, scilicet quando post fugatos hostes suos circa meridiem redierunt. Irruerunt igitur per januas intra templum, et discursitantes nudis gladiis et adhuc cruentis, clamore maximo et armorum fragore circa scrinia et subsellia fratrum ecclesiæ requirebant, Walterum ex nomine vociferantes, et invenerunt castellanum ex Brudburch, quem in solario vulneraverant ad mortem, adhuc spirantem. Hunc per pedes abstractum, tunc tandem in januis ecclesiæ occiderunt. Cujus annulum Abbatissa ex (149) Auriniaco ab eo in solario dum spiraret eo dante susceperat, quatenus deferret uxori suæ in signum suæ mortis et in signum omnium eorum, quæ per Abbatissam demandasset uxori et liberis, quorum mortem ipse nisi post mortem suam ignorabat.

30. Interea per loca et intra et extra ecclesiam requirebatur Walterus ex Locris. Unus vero ex custodibus templi occultaverat illum, cui et ipse pallium dimiserat. Sed de loco in quo latuit, dum strepitum armorum audiret, et se ex nomine vociferatum, angustia mortis confusus, putans in ecclesia melius salvari, excurrit, et deorsum ab alta testudine scholarum saltans, inter medios inimicos fugit, usque infra chorum templi, magno et miserando clamore interpellans Deum et Sanctos. Quem ad manus persecuti sunt ille miser Borsiardus et (150) Isaac, servus et camerarius simul et homo comitis Caroli, furentes in sacro loco extractis gladiis et horribiliter cruentatis. Erant quippe valde furibundi et ferocissimi vultus, grandes in statura et torvi et tales quos sine terrore aspicere nemo poterat. Borsiardus igitur crine capitis arreptum, et vibrato gladio se extenderat ad percutiendum, et nullo intervallo differre hoc voluit, eo quod tam optatum hostem in manus teneret. Tamen clericorum interventu distulit ejus mortem, donec sicut ipsum arripuerat, educeret ab ecclesia. At ille captivus et mortis securus, ibat clamitans: Miserere mei, Deus. Cui illi responderunt: Talem tibi rependere debemus misericordiam, qualem erga nos promeruisti: et a se propulso cum in curte castri eduxissent, illum servis suis interficiendum projecerunt. At servi quam citissime morti tradiderunt gladiis et fustibus et clavis et lapidibus obrutum.

31. Interim recurrentes in sanctuarium circa altare requirebant si quis latitaret, quem interficiendum

---

(147) Woldman, sive Woman, pagus circa Dixmudam.
(148) Kanna vox Belgis et Germanis notissima, idem quod Latinis et Græcis, Cantharus, poculum, infra num. 100 argentarium vas vinarium dicitur.

(149) Auriniacum monasterium Flandriæ occidentalis, iterum num. 66 refertur.
(150) Hoc fundamentum commenti aliorum est, quod 25 Senatores aut Principis ministros sua manu occidisset: verba Lernutii supra dedimus.

præjudicassent, et servientes intromiserunt qui requirerent illud. Erant in priore sanctuario latitantes juxta altare Balduinus capellanus et sacerdos, et Godebertus comitis clericus, qui solo timore angustiati, sic permanserunt confidentes ad altare. In secundo vero sanctuario subterfugerant Odgerus clericus et Fromoldus junior notarius, et cæteris de curia familiarior comiti Carolo, et idcirco magis suspectus erat præposito et suis nepotibus, simulque cum illis Arnoldus camerarius comitis latuit. Nam Odgerus et Arnoldus sub tapete uno sese cooperuerant, et Fromoldus subtus palmarum manipulos latibulum sibi composuerat, atque sic mortem exspectabant. Tunc servi, qui intromissi erant, perquirentes et revolventes omnes cortinas, pallia, libros, tapeta et palmas, quas in ramis palmarum annuatim fratres detulerant, invenerunt primo Odgerum et Arnoldum, fratrem quoque Walteri ex Locris Eustachium clericum invenerant prius cum Balduino et Godeberto sedentem, ignorantes quis esset. Perquirentibus servis illis spoponderant, qui inventi erant pecuniam se daturos postea, si per eos celarentur.

32. Cumque tandem rediissent in chorum ad Borsiardum et Isaac et ceteros, hi qui intromissi erant adjuraverunt illos ut accusarent si quos reperissent, et facta revelatione, commotus est Isaac vehementissime in Fromoldum juniorem furore repentino et gravi, ita ut juraret Deum et Sanctos, vitam ejus non posse redimi auro tantæ quantitatis quantæ ipsum templum fuisset. Omnium quoque furorem in Fromoldum illum convertit clamando : neminem magis præposito et nepotibus suis apud comitem detraxisse. Tunc discussis foribus irruperat statim Isaac, et arripuit Fromoldum cominus, et educere disposuit. Quem cum vidisset, non credebat se ab Isaac capi, sed per illum a morte redimi, et ait : Amice mi Isaac, te obsecro per eamdem quæ hactenus fuit inter nos amicitiam, observa vitam meam et liberis meis, scilicet tuis nepotibus, per me conservatum consule, ne forte me occiso, ipsi fiant sine tutore. At ille respondit : Illam habiturus es veniam, quam detrahendo apud comitem nobis promeruisti. Interim quidam sacerdotum seorsum venit ad Fromoldum, consulens ei, ut confessione peccatorum suorum Deo et sibi profiteretur. Quod cum fecisset, extraxit annulum aureum a digito suo, vitæ desperans, et per sacerdotem mandavit eum filiæ suæ. Interim consiliabatur Isaac cum Borsiar'o, quid melius faceret, utrum ibidem occideret, an vitæ adhuc reservaret, donec extorquerent ab eo omnem comitis thesaurum simul et ab Arnoldo camerario, quem præsentem captivaverant.

33. Interea canonici loci illius cucurrerunt ad Avunculum illius Fromoldi junioris consulentes ei ut præpositum conveniret pro vita nepotis sui, quem infra mortis actionem positum viderant, cujus mortem Isaac adjurasset. Tuncille senior properando ad præpositum in domum ipsius conscendit cum fratribus ecclesiæ, provolutus pedibus ejus rogans, et obsecrans, ut nepotis sui vitam defensaret. At ille tandem misit nuntium, qui interdiceret nepotibus suis ne Fromoldum juniorem læderent. At illi audito nuntio remandaverunt, hoc non posse fieri, etsi præsens adesset. Quo relatu audito, interim senior ille procidit ad genua præpositi, expostulando ut ipsemet descenderet ad salvandum illum, et ibat quidem non celeri gressu, sed nimis tardo, utpote ille qui parum de illo curaret, quem valde suspectum habebat. Tandem pervenit in sanctuarium, in quo nihil sanctum, sed omnia perversa agebantur. Rogatu ergo clericorum in suum ducatum suscepit omnes ibidem captos; sub hac conditione tamen, ut quando Isaac et nepotes ejus requirerent commendatos sibi, ipse præpositus redderet captivos illos.

34. Reversus est ergo præpositus et in suum ducatum commendatos, in cameram domus suæ induxit, observavitque illos cautissime, aitque Fromoldo, quem captum abduxerat : Scias, Fromolde, te in proximo pascha præposituram meam non possessurum, sicut sperabas : neque hoc apud te promerueram, ut sic detraheres mihi, et ille se innocenter egisse jurabat. Verumtamen fuit, quod nullus de curia comiti ita familiaris esset cum viveret, neque ita carus sicut præfatus Fromoldus. Nam domum regali ædificio funditus post combustionem sui reædificavit meliori et decentiori compositione, quam unquam constitisset prius. Comparatione quoque illius, nulla æstimabatur in mundo melior vel utilior. Igitur cum intus clausi et obserati in captivitatem custodirentur, habuerunt saltem locum et tempus deflendi consulem pium, non dominum, sed patrem, et in familiaritate sibi ipsis parem, misericordem, humilem, mansuetum, divitibus et pauperibus in regno utilem. Loqui ergo ad invicem captivi illi non poterant præ dolore, nisi suspiriis et singultibus, quos a profunda tristitia mentis trahebant. Miserandum facinus in quo non licuit servis cum domino et patre suo mori ; sed ad majorem miseriam post ipsum vivere, cum quo egregia et honestissima morte erga Deum et erga homines a sæculo melius transissent, quam cum dolore mortis domini sui viverent, et sub alio præsidente consule, quod absit, traditores florere viderent. Et dum in hoc mentis languore consternarentur, nullus amicorum audebat vel latenter accedere illis, qui consolationis verba faceret, imo si quis accessit, a vita desolabatur.

CAPUT V.

Sepultura B. Caroli et aliorum. Miraculum claudi sanati. Direptiones bonorum.

35. Inter hæc cadavera occisorum, scilicet castellani et Walteri ex Locris, e castro efferebantur, et simul navibus imposita sunt castellanus et dilectissimi filii ejus et devehebantur ad proprias et domus et castra. Præpositus vero in domo sua cum canonicis suis deambulabat, excusans se verbis quantum potuit, quia nihil hujus traditionis prænovisset. Eodem die excursum fecerunt traditores illi in hostes

suos, scilicet contra Thangmarum et suos apud (151) Straten, et repererunt oppida eorum vacua et curtes desertas. Nam audito scelere quod factum est in morte comitis, timuerunt sibi maxime, eo quod defensorem suum perdidissent; et si forte obsidione augustiati includerentur a traditoribus, nullus foret ipsis adjutor, cum tandem intellexissent omnes regni Pares in tradendo assensum præstitisse. Credebant enim multo graviora pericula in futuro et sibi et toti regno imminere, nihil possessiones suas curantes, sed hoc solum reputantes, si vitam propriam conservarent, atque ad tutiora loca fugerunt. Tunc traditores illi invadentes tam oppidum quam curtem Thangmari, omnia arma et supellectilem intro diripientes simul cum maxima rapina pecudum et vestium rusticorum villæ illius, atque sic rapina exercitata per totum diem in vespera redierunt. Et non solummodo isti circa viciniam nostram rapinam fecerunt, sed plures qui traditionem præsciverant, statim præcurrentes ad transitus mercatorum, qui ad forum in Ipra feriatum ibant, ipsos simul cum oneribus suis rapuerunt. Audita quoque mortis traditione, Willelmus ex Ipra obtinere comitatum se credidit deinceps, et universos negotiatores cujuscunque loci fuissent, securitatem et fidelitatem sibi et suis jurare coegit, quos in foro capere potuisset. Alioquin a se recedere non permisit, sed tam diu captivavit donec omnia et securitates sibi peregissent, et hoc totum fecit consilio præpositi et traditorum nepotum ipsius.

36. Jam eodem declivo ad vesperam die, ex communi consilio præpositi et nepotum ejus et complicum suorum, claves de thesauro comitis a Fromoldo juniore, quem captivum tenebant, requirebant, et similiter claves omnes de domo, sive de scriniis et cistis, quæ in domo erant, violenter extorserunt. Quas quidem Borsiardus et castellanus Haket et Walterus filius Lamberti ex Reddenburch in suam potestatem susceperunt.

37. De corpore quidem comitis (animæ cujus commendationem sacerdotes eo tempore fecerant, quando et castellanum ejus Christo communicabant, latenter tamen) nihil interim actum est : quia corpus ejus adhuc in ipsa occisionis positione cruentum et solum jacebat. Tractabant ergo fratres ecclesiæ sollicite quid inde agerent, et quas sibi exsequias præpararent, cum in eadem ecclesia divinum officium nullus auderet vel latenter agere, in qua tanta cædes et facinus factum fuisse constabat. Tandem accepta licentia a præposito, ex consensu fratrum, Fromoldus senior, linteo corpus nobile involutum, in medio chori in feretro positum, debita veneratione composuit, appositisque cereis quatuor, sicut mos nostec est, accurate de cetero sollicitabatur. Quod funus mulieres solæ circumsedentes pia lamentatione per illum diem et subsecutam noctem vigilanter observabant. Interea traditores illi inierunt consilium cum præposito et castellano suo, qua astutia corpus comitis asportaretur, ne opprobrium ipsis moveret sempiternum corpus, quod in præsentia eorum fuisset humatum : et habito callide consilio, miserunt propter Abbatem in Gandavum, qui comitis corpus a loco nostro auferret, et in Gandavum translatum humaret: et sic clausus est ille dies plenus doloris et miseriarum, in quo materia totius mali et perturbationis regnorum circa nos factæ et maximæ futuræ emerserat.

38. Nocte vero subsequente jussit præpositus ecclesiam undique armis et vigiliis præmuniri, solarium et turrim templi; in quæ loca si forte a civibus insultus fieret, sese reciperent ipse et sui. Et introierunt illa nocte milites ex præcepto præpositi in solarium ecclesiæ armati, præmunientes turrim et exitus ejus continuis vigiliis, timentes impetum et incursum civium fore contra se die sequenti et deinceps. Dominica post mortem consulis præpositus transmisit episcopo nostro Simoni Noviomensis sedis salutem. Lator ergo litterarum Radulfus (152) monachus S. Trudonis erat, in quibus obsecrabat episcopum illum ut Deo reconciliaret ecclesiam, in qua comes traditus eo ignorante jaceret. Obtulit quoque excusationis suæ argumenta, quibus canonice innocentiam suam coram universo clero et populo probaret. Igitur lator ille captus et ab jumento jactatus, non pervenit ad episcopum. Quod audiens præpositus valde timuit sibi. Feria quarta, et quinta præpositus mandavit per quemdam garcionem Walteco ex Frorerdesto(153), ut per fidem quam sibi et nepotibus suis dederat adjuratus, in auxilium sibi cum potentia sua festinaret : et transmisit ei quadringentas marcas argenti. At ille accepta pecunia simulabat se venturum, et nunquam venit, nisi ut ei et suis nepotibus noceret. Episcopus vero Simon qui (154) frater erat uxoris comitis Caroli, persequebatur ecclesiam Brugensis castelli, gladioque anathematis sacrilegos et traditores illos percussit; et ne quis fidelium in eorum conspirationem et auxilium declinaret prorsus prohibuit : sin vero, sub anathemate omnes adjutores eorum in malo præfato damnavit.

39. Quinto Nonas Martii feria quinta (155) abbas, ille, pro quo transmiserant in Gandavo, tota nocte equitando summo mane venit in castrum ad præpositum et nepotes suos, exspostulans comitis corpus,

(151) De Strateno loco, et progenie actum supra § 4.
(152) S. Trudonis monasterium, fuit olim in vico de *Oedeghem*, ubi nunc sanctimoniales degunt : nunc in urbem ad locum Quercetum dictum, est translatum, ubi etiamnum abbatia canonicorum regularium exstat. Miræus lib. 1 Donationum Belgicarum cap. 51 exhibet litteras donationis huic monasterio anno 1130 a Theoderico comite factæ. S. Trudo, loci hujus patronus, colitur 23 Novemb.
(153) MS. Brugense, *Forerdeslo*. Videtur esse *Ulaerslo*, prope Dixmudam.
(154) Frater uterinus, uti supra explicatum.
(155) Lernutius ex suis narrationibus asserit præsulem S. Petri, sive Blandiniensem, cum aliis nobilibus corpus in forum ad ædem S. Christophori transtulisse et sepelivisse : ac dein proditores obsedisse.

sicut ei spoponderant. Exiverat ergo præpositus, et convocatis castellano et nepotibus ipsius, qui comitem tradiderant, consilium habebat cum eis, qua astutia sine tumultu abbas auferret corpus. Statim vero pauperes, qui eleemosynas exspectabant pro anima comitis distribuendas a præposito (qui citius consilium intellexerant, eo quod præter pauperes nullus civium cum eis vellet ire, vel eos amplius frequentare) cœperunt diffamare quod idcirco abbas venisset subdole et consilio traditorum, ut asportaret funus. Fecerat is parari feretrum, in quod ponendum erat corpus, et equis transferendum. Interea pauperes insequebantur præpositum, quocunque ibat clamantes : Domine, ne fiat unquam, ut patris nostri, et tam gloriosi martyris gleba a loco nostro auferatur : quia si hoc fuerit, locus et ædificia ejus sine miseratione posthac destruentur. Aliquid enim pietatis et miserationis habebunt hostes et persecutores, qui superveniunt huic castro, ne prorsus destruant ecclesiam, in qua fuerit corpus beati consulis venerabiliter sepultum. Et exivit rumor maximus inter cives de auferendo corpore. Festinabat quidem præpositus et abbas ille, antequam rumor excitaretur in urbe, et fecit feretrum novum et nuperrime factum ad ablationem funeris usque ad ostium ecclesiæ afferri. Introierant quidem milites, qui illud feretrum, quod in medio chori stabat, cum consule sublevarent, et in alterum feretrum, quod ad ostium stabat, transponerent.

40. Tunc canonici loci ejus accurrentes, violenter reposuerunt feretrum chori, dicentes se prius audire a præposito qua de causa hoc jussisset. Et exierunt in castrum ubi stabat præpositus et nepotes sui, et simul maxima civium turba cum eis, qui audierant rumorem tollendi corporis, et loquebatur unus seniorum coram omni populo. Domine præposite, si juste volebatis egisse, non sine fratrum consensu, et consilio dedissetis tam pretiosum martyrem, tantum regni rectorem, tantum ecclesiæ nostræ thesaurum, quem nobis divina misericordia et dispensatio concessit martyrem. Nulla ergo ratio est quare debeat a nobis auferri, inter quos maxime et nutritus et conversatus est, et inter quos Deo ordinante pro justitia traditus est, imo si auferatur timemus destructionem et loci et ecclesiæ. Ipso enim interveniente parcet Deus nobis et miserebitur nostri ; ne forte ablato eo a nobis, sine omni miseratione Deus vindicet traditionem inter nos factam. At præpositus et traditores in indignationem conversi jusserant tolli corpus. Igitur clamore magno irruerunt fratres ecclesiæ ad fores templi, vociferantes non se dimissuros corpus piissimi Caroli consulis et martyris, quamdiu viverent; quin potius ibidem morerentur, quam permitterent auferri. Tunc quidem poteras vidisse clericos armatos tabulis et scabellis et candelabris et omnibus utensilibus ecclesiæ, quibus repugnare poterant. Loco ergo tubæ campanas pulsabant, et sic evocaverant omnes cives loci : qui cum rem intellexissent, armati accurrentes, extractis gladiis circumierunt feretrum comitis, parati ad resistendum, si quis auferre moliretur.

41. Cumque tumultus fieret et intra et extra ecclesiam, voluit divina misericordia sedare filios suos ab insania et strepitu armorum. Nam cum subtus feretrum debiles et claudi jacerent, in ipso tumultu claudus, cui pes ad nates cohæserat, cœpit clamare et benedicere Deum, qui naturalem eundi motum pro meritis pii comitis reddiderat sibi in conspectu omnium astantium. Igitur fama illius miraculi sedavit universos. At præpositus et castellanus et traditores illi conscenderant in domum comitis timentes tumultum, et mandabant civibus, quod contra velle eorum nihil agerent de tollendo corpore. Reversus est ergo abbas ille, lætus quod evasisset. Præpositus vero ibat et redibat consulens cum traditoribus et disponens quid acturi essent secundum rei eventum. Et continuo fratres ecclesiæ requirebant artifices et operarios, qui scirent pro articulo temporisque necessitate speluncam sepeliendi comitem construere in loco illo, quo martyrii palmam assumpserat. Et ad hoc faciendum festinabant modis super hoc exsquisitis, ne forte per aliquem dolum subriperetur eis corpus adhuc inhumatum et adhuc magis habile ad tollendum. Clausus est ergo ille dies plenus turbationum et dolositatis pro auferenda gleba miserandi funeris.

42. Quarto Nonas ejusdem mensis, sexta feria, canonici et præpositus ad explendas de more funeris exsequias, et sepulcro jam præparato, in ecclesia S. Petri extra muros convenerunt, ubi missa fidelium defunctorum pro anima pii comitis est celebrata; ubi admodum pauci præter canonicos offerebant, nam de curia nullus obtulit, nisi Balduinus capellanus, Odgerus junior et Godebertus clerici comitis. Redierunt postea et præpositus et fratres in ecclesiam. B. Donatiani ubi funus aderat, et intromissis pauperibus in ecclesiam Fromoldus senior dispersit denarios, per manus tamen præpositi, omnibus, qui volebant recipere, egentibus pro salute animæ Caroli pii consulis. Quod quidem non sine lacrymis ille senior Fromoldus fecit : imo plures impendit pietatis lacrymas quam denarios. Quippe maximus pauperum erat conventus, qui eleemosynas susceperunt. Distributione vero eleemosynarum consummata, corpus nobile in solario transportatum est, et præsens juxta monumentum consistens præpositus, deflebat tunc tandem consulem, quem rationis ductu recognovit patrem fuisse universæ regionis Flandriarum, et talem illum planxit, qualem quidem recognoscere obstinato animo indignabatur : et clausus est in sepulcro pro necessitate illius temporis constructo; et si non sicut decebat, tamen consequente opere et artificio infra positus claudebatur. Nimirum anima ejus, martyrii purgata pœnis, suorum meritorum præmia possidet penes ipsum, qui sibi hoc ordine seculo mori dispensavit, et vivere in Comitatu superno cum ipso Deo ac Domino, cui imperium, laus, honor, et gloria per infinita sæcula sæculorum. Amen.

CAPUT VI.

Insolentia proditorum accrescens, cœpta reprimi a Gervasio Camerario comitis.

43. Tertio Nonas Martii sabbato dimissus est Fromoldus junior a captivitate, circa diei illius vesperam. Atque hoc factum est maximo labore intercessorum pro eo apud præpositum ejusque nepotes. Dimiserunt tandem sub conditione tali, quatenus iufra octo dies post exitum a captione proximos, aut eis reconciliaretur nefariis, in quorum manus inciderat, aut patriam abjuraturus deinceps exsularet. Descendit quidem in domum suam cum amicis et familia sua: quæ super quam dici possit dolore et timore mortis fatigata erat pro illo et pro seipsa. Nam priusquam captus est, servientes ejus nusquam prodire ausi sunt, quin se statim persequendos fore crederent, quia de ejus familia erant. Epulabatur igitur cum amicis suis et familia, reputans pro certo se patriam abjuraturum, priusquam in captivitatem traditorum reversurum, qui Dominum suum præ ceteris se diligentem, et quem ipse præ seipso fere diligebat, tradiderant. In eorum ergo amicitia antequam se unquam componeret, exsilium perpetuum sibi delegisset. Gravissimum enim est viro cum inimico concordem esse, et contra naturam, cum omnis creatura sibi inimica, si possit, effugiat. Cum utique cœnasset, disposuit domui et rebus suis, et licentia a singulis accepta, frumentum, caseos et carnes servientibus distribuit ad se sustentandos per tempus, in spe habens, quod adhuc omnia, quæ modo præ necessitate relinqueret et præ dilectione piissimi consulis, dispensante Deo gauderus et securus possideret. Et abscessit cum socero suo extra castrum et extra suburbium, in quo hactenus habitaverat: quem quidem amici ejus et planctu et lacrymis Deo commendatum, quantum liceret, persequebantur. Eadem tempestate illi præfati traditores obstinatissimi in omne nefas, excursum agebant in hostes Thancmarum et suos, ubi vilissimam repulsam passi, cum timore et verecundia in castrum redierunt.

44. Priore die ante Nonas primi mensis Dominica, Godescalc Thaihals ab Ipra internuntius ad præpositum Brugas venit in hæc verba: « Dominus meus et intimus amicus vester (155*) Willelmus ex Ipra salutem et amicitiam, atque in omnibus promptissimum auxilium, quantum in se est, vobis et vestris aperte demandat. » Cætera vero, quæ pudor erat palam referre, postquam omnes ei applausissent, introductus in cameram denudavit præposito et Willelmo ex Wervi et Borsiardo et eis quos intro ad se asciverant paucos, unde tota domus læta deinceps fiduciam obtinebat in Willelmo, adeo ut comitem eum vocaret et assumeret. In quo mandationis oc-

culto sapientes et qui conjecturas componebant, notabant traditionis nota Willelmum, qui traditores loci nostri in maturitate sceleris sui salutasset, et cum tota potentia sua ipsis auxilium promptissimum fide et scripto et securitate obtulisset. Cum ergo reversus est nuntius, captivati sunt mercatores Flandriæ, de quocumque loco apud forum convenissent in Ipra, et constricti ut in Willelmo fidem, securitatem et hominia facerent, et sic in comitem sibi assumerent. Quod quidem consilio præpositi et suorum factum erat, sperantes se sic frustra (156) tradidisse pium comitem Carolum: et quidem in consulatum sublimatus fuisset Willelmus eodem tempore, si statim Brugas descendisset ad faciendam vindictam domini sui et nepotis traditi consulis. Sed quia non sic erat a Domino dispositum, necesse erat divinam sequi ordinationem tam principes alios quam populum terræ, et unanimes omnes fieri ad ulciscendam mortem consulis piissimi. Adhuc suburbani nostri loci aperte introierunt ad consilia dominorum illorum, præpositi scilicet et castellani et nepotum suorum nefandorum, et secreta consiliorum suorum perquirebant, ut sic astute rescitis eorumdem dolis et machinationibus cautiores in posterum forent. Quo tempore non cessabat præpositus et sui consulere et circumvenire quoscumque, ut sibi faverent, dando et promittendo plurima. Nam mandavit Willelmo comitatum se donaturum, et ideo hominia et securitates exhortatus est illum ab omnibus accipere Flandrensibus, quos aut vi aut pretio cogere potuisset. Transmandavit Furnensibus præpositus, qui in ejus amicitia steterant, ut securos et homines sese Willelmo constituerent.

45. Mandavit quoque episcopo Noviomensi litteras, quibus excusationem suam obtulit, quod in traditione comitis nihil conscius fuisset consilio vel facto; quin et summa dilectione filiis ecclesiæ sibi scilicet et canonicis suis consulendo succurreret, reconciliando ecclesiæ loca, et ad celebranda divina officia sui pontificatus auctoritate et præsentia ipse celeriter adventaret. Sub eodem tenore litteras direxit episcopo Morinorum Joanni. Apud (156*) Kerseca Roberto, qui neptem ipsius præpositi duxerat, mandavit, ut domum et loca sua firmissime præmuniret, donec constituisset Willelmum Iprensem in comitem. Erat autem ille Robertus miles liber, antequam uxorem accepisset neptem præpositi, sed postquam annuatim illam tenuisset, secundum legem comitum Flandriæ, servili conditione ad comitem pertinebat: unde conflictus inter comitem Carolum pium, et præpositum et suos de servitute et libertate exortus est perniciosissimus. Mandavitque idem pro Flandrensibus illis, qui circa mare sibi vicini manerent.

(155*) In annalibus vernaculis et formula proclamationis, unus et fere solus sua auctoritate contra proditores: quam recte, hinc et ex sequentibus constat.

(156) Id est, impune.

(156*) Kerseka, etiam Kaseka legitur. Quid si Kemseca in Wasia ditione? Hujus toparcha Hugo de Kemseca memoratur in litteris Philippi Alsatii comitis ad annum 1166 apud Sanderum in Wasia. Suggessit non nemo forsan legendum Kacskercka, vel Kacsikinskercka, nomen pagi circa Dixmudam, natura loci ad quamlibet munitionem apti.

ut cum sua potentia, sibi et nepotibus suis in auxilium venirent, si forte in regno et comitatu aliquis ad vindicandum insurgeret.

46. Præcepit potenter civibus nostris, ut loca suburbii circumsepirent fossatis et sepibus, quatenus contra quoscumque sese defenderent. Consepserant tempore eodem suburbium cives quidem, sed prorsus alia intentione, quam ipsis et consultum et imperatum fuisset, sicut postmodum fuit manifestum. Igitur sepes et ligna comitis occisi et Fromoldi junioris (qui proscriptione suarum rerum exsilium suum exspectabat) extra suburbium, et insuper universa quæ ad opus sepiendi utilia sibi videbantur, castellano duce, diripiebant cives, et fabricabantur ad defensionem communem turres et propugnacula [et exitus contra hostes. In quo ergo perficiendo omnes festinabant, tam clerus quam populus. Itaque nulla fuit requies nocte in vigilando et die operando, donec consummato opere circumsepiendi suburbium, custodes ordinarent ad singulas portas et turres et propugnacula, quatenus nemo exiret nisi cognitus, et nemo intromitteretur nisi civis.

47. Nonas Martii feria secunda, divinæ ultionis gladios evaginavit contra inimicos ecclesiæ suæ Deus, et commovit cor cujusdam militis Gervasii in exercendam vindictam acrius et celerius, quam eo tempore æstimabatur, et sic collecta ira sua, cum tota potentiæ manu miles ille sæviebat contra sceleratos illos, qui optimum principem pium et justum in servitio Dei ad venerationem sui et sanctorum suorum prostratum humiliter, in sacro tempore Quadragesimæ, et in sacro loco, et in sacra oratione dominum suum pessimi servi tradiderunt morti, intra quos tutum se semper fore crediderat. Gervasius igitur, qui familiaris erat et fidelis domino suo piissimo Carolo, utpote qui camerarius ejus exstiterat, et ad ejus consilia et dispositiones secreto et aperte accesserat, pro morte charissimi sui domini dolens et iratus, cum peditum exercitu truculento et militum corona et armorum densitate succinctus, circumvallavit se contra hostes Dei, et accurrens obsedit oppidum, quod in defensionem traditorum stabat præmunitum valde, nomine (157) Ravenschot: quod quidem et ex loci difficultate et ex ipsa munitione invincibile fuit et inaccessibile: et accepit prædam magnam in pecudibus castri illius et vicinorum. Nam eodem tempore securi degebant universi, qui ad illos sceleratos pertinuissent, credentes neminem in toto mundo vel velle vel posse insurgere contra dominos suos, eo quod tantæ audaciæ facinus illi miseri in dominum suum comitem peregissent. Excæcaverat enim illos Deus, ita ut nihil rationis et consilii obtinerent, sed præcipitati in omne malum, ira et furore debriati, timore et pavore errarent, tam illi qui tradiderant comitem, quam omnes qui in eorum auxilio manerent. Quandoquidem securos se crediderant, et omnes in regno vel inferiores se vel amicos putabant, non erant præcauti de incursione aliquorum contra se : et ideo cum Gervasius incursum ageret apud Ravenschot, maximam prædam exercuit. At illi, qui obsessi fuere, ex inopinato incursu intercepti valde attoniti, eo maxime quod pauci fuissent, qui contra tot millia se defensarent, desperantes vitæ suæ, sese statim reddiderunt Gervasio, ea conditione ut sua vita et membris salvis abirent. Irruerunt itaque expulsis illis, equites et pedites qui obsederant oppidum, et vastabant quæcunque intro repererant. At illi qui sese reddiderant in obsidione, homines scilicet traditorum, aufugi nocte usque ad nos fugerunt, narrantes eventum rei præposito et suis : unde deinceps timore timuerunt assidue, statum mentis mutantes ab illa superbia et tumiditate, qua usque ad hoc tempus feroces et sine modo et sine humilitate paruerant. Robertus puer, cujus oppidum destruendum igne et ferro fuerat in brevi spatio, conabatur cum paucis excurrere contra obsidentes, sed cum tantam multitudinem præscivisset, omisit incursum. Quanto ergo timore et dolore laborarent traditores illi, et econtra quanto gaudio exsultarent præter eosdem omnes alii, supersedere longum erat, eo quod pari intentione Deum ipsum incœpisse vindictam omni ex parte intellexissent.

48. Octavo Idus Martii feria tertia, Ravenschot oppidum conflagratum est, et destructum igne et armis, et juxta Brugas domus (158) Wulfrici Cnop fratris præpositi, qui mortem comitis juraverat, combusta est. Proinde accessum fecit Gervasius cum potentia sua versus castrum, in quo sese præmunierant traditores, circumiens excursus, et præveniens transitus illorum circa suburbium castri. Burgenses igitur nostri, audito quod Deus vindictam tam cito incœpisset, in sola conscientia gaudebant, nunquam ausi aperte congratulari vindicantibus propter traditores, qui adhuc securi et potenter inter illos ibant et revertebantur. Seorsim vero gratias Deo referebant, qui misericordiæ suæ oculis dignabatur revisere fideles suos in loco horroris et confusionis, qui et exterminare festinabat homicidas pessimos, qui hactenus flagellaverant populum Domini rapina, incendiis, vulneribus, omnismodi perturbationibus. Submiserunt autem secretos internuntios ad Gervasium et suos, componentes de fide et amicitia et fidissima securitate in invicem. Insuper conjuraverunt vindictam comitis sui, et ut die subsequenti intromitterent exercitum Gervasii ad se infra suburbium, et reciperent eos sicut fratres intra munitiones suas. Audita ergo legatione Gervasius et sui, quam lætiore et justiore animo susceperunt internuntiorum verba non potero explicare, scientes dispensatum a Deo fuisse, quidquid in vindicando agerent. Conjuraverunt equidem Gervasius et sui cum et jam igne et armis destructus desiisse.

(157) Est *Ravenscot* in agro Brugensi, seu Franconatu prope *Liviam* fluvium e regione Ekeloi. Verum videtur hic locus urbi Brugensi vicinior fuisse.

(158) Hujus *Wulfrici Cnop* nulla etiam mentio fit in Annalibus citatis aut formula promulgationis.

internuntiis civium nostrorum, et compositi sunt sub eodem sacramenta fidei et securitatis, in vindicando dominum suum et æquissimum consulem terræ nostræ. Hoc totum latebat traditores illos, et plurimos civium nostrorum prorsus, præter paucos sapientiores loci, qui seorsum et nocte composuerunt hujusmodi consilium salubre universis.

CAPUT VII.

Obsidio castri Brugensis cœpta. Copiæ militares adjunctæ. De aliquot proditoribus captis supplicium sumptum.

49. Septimo Idus Martii die quarta, quando octava dies illius illuxerat beati consulis, qui ad veram octavam e terris transmigraverat; Gervasius ex condicto a civibus nostris infra suburbium susceptus est, apud Harenas versus occidentem castri, quod illis traditoribus maximus occasus erat futurus. Sed ante hoc per domorum incendia terruerat eodem die Borsiardum et Robertum puerum et complices eorum, qui visis domorum conflagrationibus undique exiverant a castro, ut perspicerent incensores illos, si forte invadere possent. Namque orientem versus castri, tres domus altiores incensæ vibrantibus flammas ventis ardebant, et ad spectandum cives simul cum Borsiardo et militibus suis, ignorantes compositionem factam inter Burgenses et Gervasium, excursitabant et eorum pars plurima armata manu cum nefariis illis. Isaac quoque, qui vivente Carolo pio consule camerarius et de consilio et familiaritate comitis exstiterat, qui caput traditionis erat, in excursu cum militibus suis ferebatur equo. Tandem cum sibi ad invicem approximassent ex utraque parte milites, traditores videntes se non posse continere contra tantum exercitum, eo quod paucissimi essent, convertebantur in fugam. At persecutores illorum extentis cursibus insecuti usque in castrum profugos reddiderunt. Cum tandem in suburbium devenissent, Borsiardus et sui ante domum Desiderii fratris Isaac restiterant paulisper, consilium perquirentes quid jam agerent. Interim Gervasius, violenter persequens illos, venit occidentem versus ad portas suburbii et ibi, fide data et accepta a civibus, irruit infra cum validissima manu. Adhuc cives quiete solita in domibus suis substiterant. Nam circa vesperam erat et consederant cives plurimi ad prandium, quibus non erat nota hæc actio.

50. Cum igitur traditores illi consulerent sibi et de fuga sua starent perturbati, minus prospicient irruere persecutores suos per plateas, qui hastis et lanceis, sagittis et universis armis impetebant illos. Porro tumultus maximus et armorum fragor et clamorum tonitrua omnes conturbaverant cives, qui ad arma ruentes parabant se; alii ut defenderent locum et suburbium contra Gervasium, qui prorsus ignora-

verant pactum : alii quibus res fuerat nota irruerunt cum Gervasio totis viribus et fugabant illos traditores fugientes in castrum. Cumque inter cives res est manifestata de compositione et fide et juramento Gervasii ad ipsos; tunc primum simul irruerunt per pontem castri super illos, in parte sceleratorum e castro ad pugnam resistebant. In alio quodam ponte, qui versus domum præpositi dirigebatur, magnus conflictus pugnæ fuit, in que cominus pugnabant lanceis et gladiis. In tertio vero ponte, qui in orientali parte jacebat a castro et usque ad portas castri se tenebat, fortissimus congressus fiebat, adeo ut non tolerantes pugnæ acerbitatem, illi, qui intro stabant frangerent pontem, et portas super se clauderent. Ubicunque ergo cives accessum habuerant ad castrenses, fortissime pugnatum est, quoad usque illi non poterant sustinere, eo quod intercepti et a civibus traditi essent, vellent nollent quidem, agitati sunt infra castrum miseri illi, quorum magna pars vulnerata est, et simul exanimati metu et dolore, atque lassitudine pugnæ defatigati.

51. Interim Isaac in principio incursus Gervasii in suburbium fugiens a loco, in quo consiliabantur, recepit se in domum suam fortem satis. Et cum pontem transisset, qui jacebat a suburbio ad domum ipsius, disjecit pontem et fregit, ne quis persequeretur eum fugientem. Qua tempestate interceptus est Georgius miles traditorum maximus, qui et ipse simul cum Borsiardo occiderat comitem, quem Desiderius miles, frater Isaac traditoris, equo dejecit et ei utrasque manus truncavit. Hic Desiderius quamvis frater traditoris fuisset (159), non tamen conscius traditionis fuerat. Fugerat truncatis manibus in locum ille miserrimus Georgius, in quo se sperabat latere, sed statim accusatus cuidam Waltero militi Gervasii extrahitur. Nam sedens in equo miles ille præcepit cuidam juveni gladiatori ferocissimo, ut occideret. At ille irruens in Georgium, percussit gladio et dejecit eum in terram : deinde per pedes in cloacarium projectum submergi ex malo merito suo gladiator ille coegit. Interceptus erat et quidam ex curte castellani Haket, nomine Robertus, cursor et serviens ejus et occisus in medio fori in paludes trahebatur. Interceptus est quoque quidam nefandissimus servorum Borsiardi Fromaldus nomine, qui fugiens latuerat inter duas culcitras, indutus superpellicium mulieris, quo se dissimularet. At inde retractus, ductus est in medium fori, inspectantibus universis, suspensus est, fuste transfixo per suffragines et crura capite dejecto deorsum, ita ut verecundiora adverterentur versus castrum ad dedecus et ignominiam illorum traditorum, qui obsessi stabant ad (160) lobium comitis et ad propugnacula, inspectantes hoc fieri sibi ipsis in oppro-

---

(159) Laudatur etiam a Gualtero *Desiderius*: inusta tamen illi aliqua nota infra num. 73 e verbis Roberti Pueri. At num. 137 dicitur mortuus 17 Decemb. et conscius conjurationis.

(160) *Lobium* est exstans pars domus ultra murum aut parietem infra tectum.

brium. Non interim cessabant (161) trahere sagittas ad invicem et jacere lapides et contorquere jacula a muris.

52. Tandem clauso die, noctis tempore metus et vigiliæ utrobique agebantur et insidiabantur sibi, si quisquam se furaretur, ut fugeret ab obsessis, vel aliquis latenter per muros illaberetur ad obsessos in eorum auxilium. Proinde per omne tempus obsidionis utrobique vigiliæ et insidiæ agebantur. Sæpissime vero invasionem fecerunt, obsessi singulis noctibus obsidentibus fortissimo congressu, et acrius pugnatum est nocte quam die, eo quod ob turpe facinus sese in die non auderent manifestare obsessi, qui quoquo modo celari et evadere posse sperabant, ut, si forte evaderent, nemo de eis crimen traditionis suspicaretur, et ideo in nocte pugnabant tanto acrius, quanto se crediderant per principes obsidionis, qui eis assensum annuerant, forte postmodum exire et a crimine faciliter purgari. At principes non curabant quid obsessis promitterent, et quota juramenta facerent, solummodo ut pecuniam et thesaurum boni comitis ab eis extorquerent. Et jure quidem sic fecerunt accipientes ab obsessis thesaurum comitis et insuper donaria multa, quandoquidem nulla fides et juramenta nulla illis debebant observari, qui legitimum et naturalem dominum suum impiissimi servi tradiderant. Et nimirum ab inimicis suis fidem et juramenta, quæ nulla illis debebant, quærebant sibi salubriter observari, qui domino suo et patri totius comitatus mortem intulerant. Justius ergo ii, qui consulem dilexerunt, etiam in morte, quid et ad vindictam convenerant et ibi sustinuerunt metus, vigilias, vulnera, agressus et omnia quæ in obsidione perpeti solent adversa; justius, inquam, obtinuissent castrum et thesaurum et comitialia post domini sui mortem, quam traditores pessimi, qui utrumque et locum et divitias loci destruxerant. Hujusmodi ratione sæpe colloquebantur sibi obsidentes et obsessi. At obsessi solam in responsalibus suis excusationem traditionis prætendebant.

53. Sexto Idus Martii, feria quinta ad obsidendum accucurrit castellanus (162) ex Ghendt cum sua potentia et frater Baldevini ex Alst, nomine Iwan. Nocte igitur præterita ejusdem feriæ quintæ, quia Isaac se conscium sceleris sciebat et damnabat (urgebat enim eum timor mortis) cum solo armigero suo aufugit, simul et uxor ejus et servi et pedissequæ universaque familia ipsius, et ubi contigit eos manere in tam arcto noctis aufugio latuerunt: domum quidem et curtem et majorem supellectilem et reliquas res, quas hactenus potenter et libere possederant, desertas et sine consilio in prædam hostibus reliquerunt. Quo audito summo mane Castellanus ex Ghendt, et Iwan cum multitudine obsidionis irruerant, diripientes omnia quæ usui suo ad asportandum invenerant. Tandem faculis igneis tectis suppositis (163) incenderunt domus et curtes et quæcunque igne consumi poterant ibidem reperta. Quæ quam citissime omnia conflatione et ventorum fomentis, et insania tempestatis ignis destructa sunt, et omnia admiratione testificatum est, scilicet nihil tanti ædificii et lignorum tam celerem passum fuisse adnihilationem.

54. Quinto Idus Martii feria sexta, Daniel unus de paribus regni, qui ante traditionem comitis in amicitia alte fuerat cum præposito et nepotibus ejus, acceleravit ad obsidionem, simul et Riquardus ex Woldman, Theodoricus castellanus Dikasmutis oppidi, Walterus Butelgir (164) comitis. Unusquisque itaque istorum principum cum tota sua potentia venerat ad vindicandam mortem comitis et domini sui. Qui quidem omnes postquam convenerant, cum civibus nostris, accitis quoque omnibus in obsidione primatibus, conjuraverunt, antequam permitterentur introgredi in suburbium, sese inviolabiliter observare loca et possessiones suburbii ad salutem et profectum civium nostrorum : deinde uno animo impetuque adversarios et homicidas impiissimos aggredi, expugnare et Deo volente evincere, et nulli reorum parcere ad vitam, nec aliquo suo ingenio educere et salvare reos, sed disperdere et communi procerum judicio agere ad honorem regni et ad salutem habitantium in eo, simul confirmaverunt : salvis quidem rebus civium et suis, et salva omnium re, qui in obsidione laborarent pro morte consulis vindicanda.

55. Quarto Idus Martii Sabbato, edictum exiit a principibus ; ut castrum ex omni parte, qua accessum haberent, invaderent omnes, qui in obsidione consedissent : et quidem circa meridiem armaverant se milites simul cum civibus, et circuibant impetentes igne portas castri. In quo aggressu posticum, quod juxta domum præpositi stabat, incenderunt. Cæterum cum majores portas castri invaderent, subducta feni et stipularum arida congerie, et accito milite, qui ignem stipulis ingereret, abintus castrum lapidibus, sudibus, lanceis, sagittis obruti sunt hi qui aggrediebantur: ita ut quasi molaribus petris a propugnaculis dejecti innumeri læsi et conquassati, galeas et scuta, vix a portarum testudine, sub qua latitabant ut incendia administrarent, cum salute vitæ aufugerent. Quemcunque igitur persequebatur lapis ab alto dejectus, quantæcunque fuisset virtutis et virium, passus est sui ruinam gravissimam, ita ut totus prostratus et confractus, moribundus et exani-

---

(161) Id est *jaculari*, phrasi Gallica *tirer*. Ita et cap. 8, n. 61.
(162) *Sigerus* Castellanus Gandensis litteris donationum B. Caroli subsignavit.
(163) Gualterus n. 49 tradit domum Isaaci a proprio fratre Desiderio incensam, scilicet adjuto ab his militibus in ejus tutelam advocatis.

(164) *Butelgir* Belgis *butelier*, Francis *boutilier*, vox a *butone* seu *buttono* deducta. Apud Anastasium Bibliothecarium « Leo III papa fecit buttonem argenteum cum canistro suo. » Hinc *butica* et *buticula*, uti etiam *butellarius* et *buticularius*, qua voce Hinc marus affique sunt usi et significatur œconomus, promus-condus, seu pincerna, ut mox patebit.

mis caderet. Qua infestatione armiger unus aforis sagitta trajectus cor expiravit. Tumultus et clamor utrinque grandis, et gravissimus congressus fuit, stridor quoque armorum et fragor in altiori aeris repercutiebatur concavitate. Inferebatur tandem pugna vespertino tempore : et cum nihil præter mortem et damnum obtinuissent aforis, substraxerunt se a muris et propugnaculis castri, et collecta multitudinis suæ parte, de futuro noctis periculo sollicitabantur; de quo aggressu obsessi magis et magis animati sunt, eo quod invasores suos, tot ruinis et vulneribus infectos, a muris propulsos vidissent.

CAPUT VIII.

Vires obsidentium auctæ. Accessus comitissæ Hollandiæ. Reliquiæ e templo delatæ. Castrum ab obsessis munitum.

56. Tertio Idus Martii Dominica sub specie pacis utrobique observabatur. Priore die ante Idus Martii feria secunda et feria tertia postea convenerunt Burgenses ex Ghend, et avidissima turba prædonum simul cum ipsis ex circa sibi adjacentibus villis ad obsidendum. Nam pro ipsis mandaverat Castellanus ipsorum, ut collecta virtute et communione sua, armati et ad pugnandum insultum facerent ad castrum singulariter et per se, utpote viri gloriosi in certamine et pugnæ habentes scientiam demoliendi obsessos. Cumque sese singulariter in obsidione insultum facturos audissent, associaverunt sibi universos sagittarios et ingeniosos operum artifices et audaces raptores, homicidas, latrones et quoscunque præsumptores in omne belli nefas, atque triginta plaustra oneraverunt armis; pedes et equo accurrebant, sperantes se obtenturos maximam pecuniam, si forte se sibi redderent obsessi. Erat quippe validus et infinitus exercitus eorum. Qui cum juxta portas suburbii accessissent, violenter ingredi ausi sunt : sed in faciem restitit eis omnis obsidionis, quæ intro occurrebat, multitudo, et pene pugnatum fuisset undique, nisi quod sapientiores sese composuissent in utraque acie. Nam datis dextris et acceptis, fide et sacramento juramenti sese taxabant, quatenus eadem intentione eisdemque armis, et eodem consilio in obsidione cum ipsis jungerentur, salvo loco et rebus nostrorum civium, atque vernaculos et sagaces in pugna secum tantum retinerent, alios vero retrorsum remandarent. Ingressi sunt ergo cum maxima multitudine Gendenses illi et compleverunt locum circa castrum. Deinde paraverunt operatores et artifices eorum scalas, quibus muros conscenderent. Eodem tempore reversus est (165) Razo Butelgir a S. Ægidio, et venit justissime dolens pro morte domini sui consulis cum sua potentia ad obsidionem.

57. Septimo decimo die ante Kalendas Aprilis, feria quarta (166) cum sanctificatus, in nocte S. Gertrudis (167), comitissa Hollandensis ad obsidionem accessit cum filio suo, et multa multitudine cum ipsa. Sperabat enim omnes obsidionis principes electuros filium ejus in comitem, eo quod illud ei cives nostri et plures principum suggessissent. Habebat quippe magnas gratias eis comitissa, et laborabat omnium procerum animos convertere in amicitiam sui, dando et promittendo multa. Qua die Froolsus et Bolduvinus ex Somerenghem milites quasi a Willelmo Iprensi se venisse simulabant; denuntiantes principibus obsidionis regem Franciæ dedisse comitatum ipsi Willelmo Iprensi, et super hoc universos sollicitos reddidit, qui filium comitissæ præfatæ eligendum spoponderant. Astute ergo hujusmodi mendacium et simulate milites illi pro veritate annuntiaverunt, ut ea astucia differrent concessionem principum obsidionis de suscipiendo filio prædictæ comitissæ in comitem. Quo audito, principes indigne ferebant, si forte verum fuisset, Willelmum Iprensem comitatu a rege donatum. Conjurabant ergo et fide sese taxabant nunquam, sub illo comite Flandriæ manente, sese militaturos: nam omnibus suspectus erat et notatus in traditionem domini consulis.

58. Sexto decimo Kalendas Aprilis feria quinta, canonici S. Donatiani in meridionali parte castri per scalas muros conscenderunt, in qua parte scrinia, et feretra sanctorum et reliquiarum suarum emiserunt, accepta principum super hoc licentia et consensu, transtuleruntque in ecclesiam B. Christophori, quæ in medio fori consita est, cortinas et aulearia quoque tapeta, cappas palliatas et sericas, vestes sacras, et librorum aggerem et utensilia templi, et cætera quæ de pertinentia ecclesiæ erant, elata sunt. De redditibus comitis brevia et notationes, quæ præpositus sibi et suo conservaverat Willelmo Iprensi, quia fortunam suam prorsus mutatam vidit, interventu Fromoldi senioris efferri perpessus est, sicut omnia sanctorum scrinia et armamenta templi invitus permisit auferri. Stabat igitur ecclesia S. Donatiani sola et deserta tandem relicta traditoribus, qui in ea scortum haberent et cloacaria sua, et coquinas, et furnos; et omnia immunda immundi agerent. Jacebat quoque ipse piissimus et Dei servus Carolus comes solus adhuc in loco, quo martyrium susceperat, relictus suis traditoribus. Igitur postquam elata sunt omnia,

(165) Hic est *Razo de Gavera*, qui plurimis diplomatibus B. Caroli et successorum comitum subscripsit, etiam subinde *Razo butellarius* et *Razo pincerna*. Est *Gavera* in agro Alostano.

(166) Hoc est initium missæ feria IV post Dominicam 4 Quadragesimæ, quæ feria X anno *in noctem*, ut hic dicitur, sive *vigiliam sanctæ Gertrudis* incidit, id est 16 Martii.

(167) Hæc est Petronilla, ducis Saxoniæ filia, nupta Florentio II, comiti Hollandiæ, cognomento Crasso, quo in flore ætatis anno 1122 mortuo, hæc vidua pro filio suo Diederico VI, regimen comitatus sibi crediti, tutorio nomine, strenue ac supra sexum administravit. A morte in monasterio Reinsburgensi a se constructo, honorifice anno 1144 sepulta. Silet Mejerus de accessu hujus comitissæ; de quo errore reprehenditur a Scriverio.

quæ permissa sunt efferri, canonici flentes, et sine consueta veneratione portabant reliquias sanctorum in dolore et suspiriis et planctu. Nullusque præter clerum, et paucos in efferendo ea sacra permissus est ad muros ecclesiæ: utrobique enim stabant armati præcaventes sibi, et inter tot arma tamen sanctos venerati sunt, pacem et viamen latoribus sanctorum offerendo. Extranea fuit quædam et rara valde talis processio, in qua Algerus camerarius præpositi cappam juxta morem clerici indutus, crucem ferebat. Nam cum vitæ desperaret, tali dissimulatione evasit. Indoluerunt ergo omnes boni et universi civium de tali rerum eventu: læti quidem quod reliquias sanctorum obtinuissent, qui in prædam inimicis et raptoribus loci relictæ in ecclesia fuissent, si remansissent, sicut cum captione castri et invasione ecclesiæ postmodum apparuit.

59. Et notandum quod in tanto tumultu rerum et tot domorum incendiis, quæ per ignitas sagittas nocte tectis suburbiorum injecerant ab intus, et etiam latrunculi exterius, ut sibi aliquid furarentur et inter tot noctium pericula et tot dierum certamina, cum locum scribendi ego Galbertus non haberem, summam rerum in tabulis notavi, donec aliqua noctis vel diei exspectata pace, ordinarem secundum rerum eventum descriptionem præsentem, et sic secundum quod videtis et legitis, in arcto positus fidelibus transcripsi: neque quid singuli agerent præ confusione et infinitatione notavi, sed hoc solum intenta mente notavi, quod in obsidione communi edicto et facto ad pugnam et ejus causam congestum est, atque ad hoc quasi me invitum, ut scripturæ commendarem, coegi.

60. Scalæ igitur structura talis erat. Primum latior scala cum suis claviculis fabricata est, juxta altitudinem murorum castri. A dextris et a sinistris vero conseptæ sunt virgæ tenacissimæ ad modum parietis. In fronte vero scalæ consimilis paries consertus est, super quam scalam altera scala strictior et longior simili opere constructa super imposita est jacendo, ut post erectionem scalæ majoris minor scala infra murum laberetur, atque parietes dextrorsum et sinistrorsum et in fronte consepti, in defensionem ascendentium undique starent.

61. Hic non est prætereundum, quod plures inclusi fuerant intra castrum, qui in morte comitis rei non fuere opere vel consensu, sed vel intercepti erant simul cum reis, eo die quo clausi sunt infra muros primum. Itemque plures erant, qui sponte introierant simul cum sceleratis, qui licet in opere et materiali occisione non adfuissent, assentiebantur tamen reis. Itemque plures et in prima et subsequentibus obsidionis ingressi erant diebus causa pretii et lucri. Inter quos immanis et in sagittando sagax et velox tirunculus unus, nomine (168) Benkin, aderat. Hic circumibat muros pugnando, modo hac modo illac discurrens, quandoque solus ipse

(168) Infra num. 117 et 119 *Coterellus* cognominatur, ubi de ejus fuga et supplicio agitur.

videbatur fuisse plures, qui tot ab intro vulneribus inficeret, et nunquam cessaret. Cumque ipse ad obsidentes traheret, tractus ipsius discernebatur ab omnibus, quia vel percuteret gravi vulnere nudos, vel jactata sagitta, quos persequebatur armatos sine vulnere contusos, stupefactos in fugam vertebat. Adfuit etiam cum reis illis miles Weriot, qui a tempore juventæ suæ fur et latro manserat, hic stragem maximam inter extra muros insultum facientes fecerat in obruendo et dejiciendo lapides, qui sola manu sinistra utebantur. Ad hæc vero nefanda infinitus erat reorum et coadjutorum infra muros numerus, die ac nocte vigiliis, pugna, insultibus, labore quoque diverso desudantium. Nam portas castri terræ et lapidum et fimorum comportationibus introrsum humaverant ab imo usque ad summum: ne exustione et incendio portarum facto ad eos forte ingrederentur aforis. Utique appositis ignibus in parte orientis, portæ grandes pene perustæ fuerant, ita ut foramen maximum patuisset, nisi prædicta materiarum mole obserassent. Tandem cum intrinsecus exitus portarum lapidibus et terræ aggeribus obruissent, aforis destruxerant utrobique pontes, tam obsessi quam obsidentes, qui ad castrum directi olim fuerant, et ita nullus aditus relictus est inimicis, vel exitus obsessis.

62. Igitur cum securos fecissent se obsessi in exitibus suis, instabant obstruere fores templi ad meridiem et fores domus comitis, quæ exibant in castrum, foresque quæ a claustro se porrexerant in castrum: ut si aliquo suo infortunio curtem comitis perdidissent, sese reciperent in domum comitis et in domum præpositi, simulque in refectorium et claustrum fratrum et infra ecclesiam. Stabat autem ecclesia B. Donatiani ædificata in (169) rotundum et altum, contecta fictitio opere, ollis et lateribus cacuminata. Nam olim tegumen ecclesiæ lignorum compositione astruebatur et elevata materia campanarii in altitudinem artificiosum opus eadem susceperat basilica. Unde de honestatis suæ fulgore præeminebat, velut regni sedes, et in medio patriæ securitate et pace, jure et legibus undique terræ patribus salutem et justitiam demandans. Quippe ignis dispendio, omnis lignorum materies consumpta est olim, et ideo contra ignis molestiam lapideum et tale opus confinxerant ex ollis et lateribus, quod elementum igneum exurere non potuisset. In parte quoque ejusdem templi occidentem versus, turris fortissima in eadem templi essentia altiore statura eminebat, in supremis dividens se in duas turres acutiores. Murus quidem circumcinxerat et domum præpositi et dormitorium fratrum et claustrum et pariter omne illud castrum, atque ille murus, quem tandem obtinere sibi præsumpserant, propugnaculis et circumcursu ad extra pugnandum altior et fortior stabat. Et quanquam in se murus fortis, et ascensoria firma fuissent, elaborabant nocte et die sese tutiores

(169) Cum scilicet posterior pars templi necdum esset adjuncta.

intrinsecus reddere, qui pugnaturos se fore contra universum mundum amodo intellexerant.

CAPUT IX.

Colloquia inter partes de compositione irrita. Interceptum castrum. Fuga obsessorum in templum.

63. Tunc tandem reminisci poterant proverbii sui : « Si interfecerimus Carolum, quis vindicaturus veniet illum? » Et vere infiniti erant, et eorum ad vindicandum venientium incertus hominum præter Deum numerus erat, et ideo, *quis* , nomen interrogativum et infinitum in proverbio eorum vim rectam et plenam obtinuit. Et sciendum quia milites illi strenui intus quidem cum reis fuere, quibus semper animus exeundi vel extra a muro cadendi et labendi erat promptior, si forte locum habuissent; eo quod communiter sub nota traditorum ascriberentur, quicunque obsessi sunt cum reis. Quo rescito principes obsidionis, collectis consiliariis et optimatibus majori prudentiæ, accesserunt ad muros, et usi sunt colloquio cum omnibus intro obsessis. Jusserunt igitur sibi ad spectaculum murorum evocari illos obsessos qui rei non fuerant, et obtulerunt eis licentiam et potestatem, si vellent, exeundi ab obsessis, salva vita et membris eorum, quorum quidem aperta foret innocentia. Cæterum præter reos, si aliqui exire vellent et probare innocentiam suam secundum judicium principum, eadem libertate exirent. Reis vero nulla dispensatione subveniretur, qui tantum facinus, et ante hoc inauditum perfecerant crimen, imo inaudito plecterentur exterminio, et ante hoc inaudita moriendi acerbitate. Igitur secundum edictum et pactum hujusmodi exierunt perplures, quia eorum erat aperta innocentia, aut parati fuerunt, quibus minus credebatur, probare innocentiam.

64. Tandem præpositus vultu tristiore et omisso majestatis suæ rigore et superbia, mente consternatus accessit ad colloquium, et frater ejus castellanus Haket usi sunt humili ratione in verbis hujusmodi. Responsalis quidem præpositi et omnium obsessorum erat castellanus Haket, qui solus pro omnibus loquebatur, et respondit ita principibus : « Domini et amici nostri, qui nostri misereantur, si aliter nobis accidisset aliquo vestigio dilectionis antiquæ, debent pietatis officia erga nos exhibere, quantum poterunt, salvo honore suo et facultate. Rogamus ergo vos et obsecramus, principes terræ hujus, et mementote quantæ dilectionis bona consecuti fueritis a nobis : miseremini nostri, qui mortem domini comitis vobiscum conquerimur, deflemus, reos damnamus, et prorsus expelleremus a nobis, nisi quod nostri sanguinis propinquitatem inviti quidem servamus in ipsis. Tamen obsecramus potentiam vestram, audite nos super nepotes nostros, quos reos dicitis : ut liceat eis per vos exeundi obtinere libertatem jam a castro, et deinde, instituta eis pœna pro tam immani facinore ab episcopo et magistratibus, abeant in exsilium perpetuum, ut sic quoquo modo in cilicio et pœnitentia Deo mereantur reconciliari, quem graviter offenderunt. Nos vero, ego et præpositus, et Robertus puer, cum hominibus nostris parati sumus secundum universi generis judicium satisfacere omnibus, quod innocentes sumus ab opere et consensu traditionis, et super hoc innocentiam nostram probare omnimodo parati sumus, si quis sub cœlo hominum dignetur suscipere probationis nostræ argumenta. Dominus meus præpositus coram universo clero suæ innocentiæ probationem quantumcunque gravem se facturum offert, eo quod conscientiam suam mundam testetur. Requirimus iterum a vobis ut salva vita et membris suis permittatis nepotibus reis et in traditione notatis habere in exsilium eundi libertatem, et nobis veræ probationis sententia purgari, militibus secundum jus sæculare, clericis secundum scripta divina examinari liceat. Quod si fieri abominaveritis, volumus melius sic obsessi simul cum reis vivere, quam ad vos exire et turpiter mori. »

65. Cumque complesset orationem castellanus Haket, exorsus est quidam militum obsidionis, nomine Walterus, respondere prædictis : « Nullius beneficii memores esse vestri, nulliusque dilectionis antiquæ vestigia jure observare deinceps debemus, qui dominum comitem traditum, a nobis sicut dignum fuit tumulandum et deflendum, violenter seclusistis, simulque cum reis participastis thesaurum regni, et regalem aulam ipsius injuste possidetis, impiissimi traditores domini vestri, ad quos amodo nihil pertinet de regno et comitatu. Omnia enim tam vitam propriam quam rem extrinsecam injuste possidetis, quoniam quidem sine fide, sine lege vos fecistis; et idcirco omnes Christiani nominis professores contra vos armastis, quoniam principem terræ hujus pro justitia Dei et hominum tradidistis in sacro Quadragenario, in sacro loco, in sacris orationibus Deo prostratum. Itaque deinceps fidem et hominia, quæ hactenus vobis servavimus, exfestucamus (170), damnamus, abjicimus. » Aderat huic collocutioni totius obsidionis multitudo, qui statim finita responsione ista, arreptis festucis exfestucaverunt illorum obsessorum hominum, fidem et securitatem, et separati sunt ab invicem colloquentes sibi animo irato et obstinato, utrobique hinc ad expugnandum, illinc ad resistendum.

66. Eodem die ab armigeris abbatissæ Auriniacensis cœnobii audivimus eventum Isaac, qui eadem nocte qua fugerat, cum se credidisset venisse Gandavum, venerat juxta Ipram. Fugit ergo inde usque in Steenvordam villam Widonis generi sui (171), ubi accepto consilio, nocte Tervanniam descendit, et

---

(170) *Exfestucare*, abdicare jus, possessionem, aut dominium, virgæ aut festucæ arreptione, ut mox dicitur, et traditione sive abjectione, ut diximus VI Februarii ad Acta B. Hildegundis pag. 920.

(171) Imo *sororii*, quia ut infra num. 94 dicitur : « Wido duxerat uxorem, sororem Isaaci, neptem præpositi. » Consentit Gualterus num. 49.

latenter et furtim monachicum habitum assumpsit. Cæterum rumor et requirentia universorum persequebatur fugientem, ut nullatenus lateret, quin statim veritatem rescirent. Igitur advocati Tervanniæ filius (172), cum Isaac resciret, irruit in claustrum fratrum, et reperit in cuculla latentem in ecclesia, et quasi psalmos ruminantem. Cumque captum eduxisset Isaac, virgis et vinculis coactum et flagellatum constrinxit; et ita extorsit ab eo, ut reos in comitis traditione proderet. Et respondit confitens de se, et aliis nominatim reis, superaddens plures fuisse, qui conscii sceleris et administratores fuissent reorum, tradentium actualiter comitem, scilicet gladio materiali. Subjunxit quoque de conjuratione proditionis suæ cum Bosiardo et Willelmo ex Wervi, Ingranno de Esna et Roberto Puero, Wlfrico fratre præpositi et paucis simul annumeratis homicidis pessimis. Et retulerunt aliqui dixisse Isaac, in suffossione unius quercus in pomerio, domui suæ adjuncto, pecuniam radicitus abscondisse, quam milites loci nostri perscrutando et circumquaque fodiendo usque in viscera terræ ibant frustrati.

67. Quinto decimo die ante Kalendas Aprilis, sexta feria, adductæ sunt scalæ adversus muros et impetebant utrobique sese sagittis et lapidibus. Illi vero qui scalas adduxere, clypeis defensi et loricis induti progrediebantur. Multi equidem consequebantur ad spectandum, quomodo erigerentur ad muros scalæ, eo quod ex viredine et humiditate graves essent, et ponderis magni, in altitudinem habentes circa mensuras sexaginta pedum hominis, et in latitudinem pedum duodecim scala inferior, et scala superior admodum strictior, sed longior parumper exstitit. Cumque trahebantur scalæ, juvabat manus, vox et clamor trahentium, et resonabant clamores in aere altiori. Tunc Gendenses armata manu protegebant illos clypeis qui scalas traherent. Nam audito et viso tractu, obsessi super muros ascenderunt, et ad propugnacula prodibant, obruentes lapidum infinitos jactus et sagittarum densitatem contra scalarum attrectatores. Cæterum animosi juvenes et audaces, appositis parvulis scalis, quas decem homines solebant ferre, volentes prævenire insultum majorum scalarum, ascenderunt ad murum unus post alium; sed cum aliquis in summitatem ascensum et super murum intentaret, illi qui ab intus latitabant, insidiantes ascensoribus, hastis et conto et telis dejecerunt hærentem in scala, ita ut nullus tam audax, tam velox amplius foret, qui auderet ingredi ad obsessos per scalas minores. Interim murum perforare satagebant cæmentariorum malleis et universis ferramentis alii, et magnam partem muri avellentes frustrati recesserunt. Sed cum trahentium multitudo prope muros conscendisset, et acrius utrinque pugnaretur in obruendo moles lapidum ab intus, densæ noctis tenebræ prohibebant

(172) Arnulfus filius Eustachii, ita Gualterus num. 50.

utrosque a pugna, et multa læsione accepta Gendenses exspectabant diem crastinum, quando universa simul cum ipsis obsidio, violenter erectis majoribus scalis, ingrederentur ad obsessos.

68. Quarto decimo Kalendas Aprilis, Sabbato, cum lucescente mane obsessi in diversa vexati parte castri, post pugnas quotidianas membra dedissent quieti; et cum paulisper securiores forent, quod hesterno die egregie pugnassent contra forinsecos Gendenses (namque ea securitate vigiles murorum præconato die introierant in domum comitis ad ignem tepefacere se propter asperitatem frigoris et ventorum, in vacuum relicta curte castri), cives nostri in meridionali parte, qua sanctorum reliquiæ elatæ fuerant, intro conscenderunt per subtiles scalas et latrices, quas solus homo ferret. Intus quippe sine sonitu et clamore sese collegerunt in magnas acies et præmunitas ad pugnandum. Statimque ordinabant minores inter se ituros ad portas majores, ut terræ et simul lapidum congeriem sustollerent a portis et introitum facerent extra consistentibus universis, qui hoc factum adhuc ignorabant. Portam quoque unam castri in parte occidentis repererant clausam firmiter clavis et sera ferrea, nullaque terræ et lapidum objectione obrutam; quam ideo liberam observaverant, ut per illam reciperent et emitterent quos vellent traditores illi. Quam statim ipso accessu gladiis et securibus nostri Burgenses aperuerant, et, circa concitato clamore et strepitu armorum, intrinsecus in tumultum et concursum conturbaverunt exercitum in circuitu castri. Igitur irruerat gravissima obsidionis manus intra castra; alii ut pugnarent; alii ut raperent quæcunque infra reperirent; alii ut intra ecclesiam ingressi corpus B. comitis Caroli obtinentes Gandavum transferrent.

69. Tunc traditores illi, qui in domo comitis gravi sopore soluti jacebant, terrore et clamore infinito exspergefacti, ignari rerum eventus, discurrebant visum quidnam clamorum causa foret. Et cum rerum pericula sibi imminere cognovissent, prosilientes ad arma instabant præ foribus exspectantes congressum. Quidam ex ipsis in ingressu civium nostrorum inter castrum intercepti sunt ad unam portarum, milites quidem plures quibus custodia earumdem portarum deputata fuerat in parte orientis, qui cum ingressis civibus tumultum subeuntes, cum nihil ulterius possent, sese reddiderunt misericordiæ et pietati captivantium. Quidam vero eorum diffidentes vitæ suæ, si a civibus caperentur, a muris dilapsi sunt, unus quorum in labendo præcipitatus Giselbertus miles expiravit. Quem cum mulierculæ traxissent in domum, et exsequias sibi præpararent, castellanus Theodoricus (173) et sui rescitum mortuum illum caudæ equi copulatum, per omnes plateas suburbii tractum, tandem in cloacarium in medio fori projectum deturbavit. Igitur cum cives intellexissent illos velle resistere præ foribus in domo

(173) Supra num. 54 dicitur Castellanus Dixmudanus.

comitis, conscensis gradibus, quibus itum est ad easdem fores, securibus et gladiis detruncabant januas, et introgressi ad obsessos, fugabant eos per mediam domum eamdem usque ad transitum, quo transire consueverat comes de domo sua in ecclesiam B. Donatiani. In hoc ergo transitu, qui arcuatus erat et ex lapidibus constructus, congressus maximus fuit; ubi cives cominus gladiis tantummodo pugnabant, eo quod obsessi ulterius fugere aspernarentur. Satis vires et animos suos tentantes, utrinque stabant immobiles, sicut ipse murus; donec collecta manu cives non pugnando, sed ruendo in obsessos, in fugam converterent ipsos, scilicet Borsiardum, qui immanis et iracundus, ferox et imperterritus, robore corporeo validior, restitit civibus semper in faciem, multos vulnerans, sternens, et ictu malleatorio gladii sui attonitos plurimos dejiciens. Simulque fugabant Robertum Puerum, in quem nemo manum mittere volebat, eo quod audissent de eo quod innocens traditionis diceretur; atque imo magis, quod omnibus in regno et ante traditionem et post dilectior permanserat, fugere ille nobilis neglexerat; sed rogatu amicorum secutus est fugientes, et nisi causa ipsius fuisset, ibidem Borsiardum et suos milites, simulque omnes reos traditionis comprehendissent. Cumque sese traditores infra templum recepissent, non ulterius persecuti sunt eos cives; sed ad prædam et spolia reversi sunt, discurrentes per domum comitis et domum præpositi et dormitorium fratrum et claustrum. Consimiliter fecerunt universi qui in obsidione aderant, sperantes thesaurum comitis se forte obtenturos, et supellectilem domorum infra muros positarum. Et quidem in domo comitis culcitras plures, tapeta, linteamina, scyphos, caldaria, catenas, ferrea claustra, vincula, compedes, nervos, boias, manicas, universæ captivitatis adminicula ferrea, et fores ferreas thesauri comitis et plumbeos ductus aquarum, qui a tectis aquas deduxerant, diripiebant, sine aliqua culpa credentes se rapere potuisse. In domo præpositi etiam lectos, scrinia, sedilia, vestes, vasa et universam supellectilem ejus rapuerunt. In cellario tam comitis quam præpositi et fratrum quoque cellario, frumentorum et carnium et vini et cervisiorum copiam, quantam rapuerint in infinitum, relinquo. In dormitorio fratrum, quod vestibus pretiosis et charis stratum stabat, tam magnam rapinam exercuerunt, ut non cessarent a tempore ingressus in castrum usque in noctem ire et redire ad asportandum.

CAPUT X.

Fuga præpositi. Obsidentium dissidia. Templum inferius captum. Turris ab obsessis detenta, cum solario templi.

70. Obsessis ergo nihil præter solum templum relictum est, et absque eis quæ in templo secum comportaverant victualibus, scilicet vino et carnibus,

(174) *Mor*, aut potius *Moer*, Belgis est locus palustris et uliginosus. Simili infra notatur num. 89 esse

farina, caseis, leguminibus et cæteris necessariis vitæ. Hic prætereundum non est qui erant capita inter obsessos, scilicet castellanus Haket, Borsiardus, Robertus Puer, Walterus filius Lamberti in Reddenburg, Wlfricus Cnop. Nam præpositus Bertulfus tertia nocte, id est nocte diei Jovis ante captionem castri, data pecunia Waltero butelgir usque ad quadringentas marcas de subtus lobium suum funibus appensus elapsus est solus, melius confidens illi Galtero quam ulli homini super terram, qui tamen ipsum transductum in desertum locum, scilicet Mor (174), solum reliquit expositum inimicis suis et derelictum fugæ; cum tamen in loco illo sibi ignoto, nesciret quo fugeret, et quem fugeret. Igitur obsessi in templo conscensa turre molares lapides obruebant super vagantes in castris, et prædam universæ supellectilis ferentibus gravem injecerant casum, ubi plures obruti lethaliter perierunt. Sagittas statim direxerant contra fenestras turris victores castri, ut non posset in turri quisquam caput per fenestras emergere, cui non injicerentur mille sagittæ, mille fundarum jactus, ita ut tota turris sagittis inhærentibus hirsuta staret. Cumque nihil super hoc proficerent utrinque, obsessi flammas injecerant in tectum scholarum quod templo adjacuerat; per hoc volentes domum præpositi exurere, cui idem tectum vicinum fuit. At in illo facto frustrati, deorsum in pavimentum templi, et in choro, et in sanctuario interiore discursitantes, armati et præcauti sollicitabantur, ne auderet aliquis per fenestras introgredi ad ipsos aut per januas ecclesiæ violenter irrumpere.

71. Summo igitur mane unus ex Gendensium turba juvenis per scalam ascendens ad capitalem sanctuarii ecclesiæ fenestram, gladio et conto perfringens opus vitreum et ferreum illapsusque audaciter aperuit scrinium unum sanctuarii, ut prædam quæreret. Inclinus quoque revolvere cœperat, et manum hac et illac deducere, cum janua scrinii gravis, et in casum præceps percuteret furem et prædonem illum, et rejecit a se emortuum. Sed idem mortuus plumarum congerie contectus, diu ibidem jacuerat; nam maximus plumarum cumulus in sanctuario jacebat. Interea dum diu a Gendensibus exspectaretur ille juvenis, et non rediret, volebant violenter conscendere per fenestram. Nam juvenem illum præmiserant velut audacissimum, per quem tentarent ingressum templi, et sic comitis corpus obtinere crediderant; contra quos nostri cives armis occurrebant, nec unquam perpessi sunt Gendenses vel etiam loqui coram se de auferendo comitis corpore. Valde et supra quam mihi credat aliquis, indignati sunt cives nostri, quod aliquis hominum a loco nostro corpus auferre moliretur. Contendentibus illis exerebant gladios ad invicem, et factus est tumultus et concursus universorum ad pugnam. Cæterum obsessi tunc quantum poterant, in territorio Ardenburgensi, quo forsan abductus fuit præpositus.

infestabant victores, quorum sapientiores audito tumultu, et de victoria et lite, scilicet quod Gendenses contenderent se jure corpus comitis secum apud Gandavum transferre debere, eo quod suis scalarum instrumentis perterruissent obsessos et coegissent eos fugere a castro; et quod nostri cives econtra assererent nihil valuisse instrumenta eorum, nihil aliud in obsidione fecisse quam furari, et sumptum gravem facere in loco nostro, dirimendo lites sedabant tumultum dicentes : Nolite contendere, sed potius simul exspectemus quoadusque Deus nobis et regno contradiderit comitem bonum et legitimum, cujus et principum regni et episcopi nostri et totius cleri consiliis de corpore fiat dispensatio.

72. Atque in hunc modum pacificati, instituerunt invasores templi viros armatos et audaces ad invasionem. Collecto ergo robore, impetuose introierunt et irruperunt ad januam templi versus claustrum, et fugaverunt obsessos a pavimentis inferius usque in solarium, in quo impie et fraudulenter tradiderant dignissimum terræ consulem, simulque cum domino suo servi arctati sunt, quanquam sine velle ipsorum cum domino suo consule clausi forent. Tunc tandem Gendenses in sanctuarium ingressi, requirebant juvenem illum, quem in mane præmiserant per capitalem sanctuarii fenestram, et repererunt in plumis conquassatum et mortuum quem alii mentiebantur occisum a Borsiardo, cum illaberetur incaute in templum. Neque enim describere locus est quantus jactus fuisset lapidum a solario super victores pavimentorum templi, et quot obruti, conquassati, telis et sagittis vulnerati; ita ut totus chorus templi plenus jaceret cumulo lapidum et nusquam pavimentum appareret. Parietes et vitreæ fenestræ in circuitu, et status simul, et sedes fratrum dejectæ sunt, et ita totum erat confusum et dirutum, ut nulla in templo facies sancta et integra maneret; sed turpi et informi deformitate horribilior staret quolibet carcere. Nam in solario obsessi præparaverant sibi propugnacula ex scriniis et tabulis altarium, et formis, et scamnis et cætera suppellectile templi, et colligaverant ea funibus campanarum. Campanas quoque in frusta et plumbum, quo antiquitus contecta erat ecclesia, diviserunt, cum eo obruentes alios. Infra enim ecclesiam, scilicet in choro, pugnabatur acerrime ; sed a turri et a januis turris tanta strages facta est, ut non sufficiat mihi describere neque percussorum et vulneratorum multitudinem prosequi.

73. Igitur domum comitis superiorem obtinuit Gervasius miles et camerarius atque consiliarius comitum regni cum fortitudine magna, et jussit affigi signa sua in summa arce domus. Namque ex invidia obsessorum hoc factum est qui statim primo die obsidionis, etiam in die qua dominum suum servi impii tradiderant, signa contra inimicos ferebant. Unde Willelmus ille Iprensis signa, quasi dominus et terræ consul, ferebat contra quosdam qui sibi redditus consulares solvere denegaverant, quia illum consulem fere aspernati sunt. Traditores quidem illi die primo obsidionis nihil humilite agentes, quia principes regni sibi conscios in scelere suo et securos in eadem fide et amicitia crediderant cum ipsis, signa sua in suprema arce cameræ comitis et in summitate turris ecclesiæ, et in minoribus tribus, et in lobio præpositi, simul in exitu portarum superbe præfixerant; ut per hoc appareret ipsos fuisse dominos, qui exspectarent regni proceres, amicos et conscios suos, per quorum potentiam obsidionem destruerent, et inultum maneret quod consulem tradidissent. Desiderius, frater Isaac, obtinuit inferiorem domum comitis cum civibus nostris, et fixerat signum suum in lobio comitis majore. Quem cum transeuntem Robertus puer in castro vidisset a turri, improperabat taliter : « O Desideri, non es memor quod tu hactenus nobis consuluisti tradere dominum consulem; fidem super hoc et securitatem tradidisti, et nunc viso infortunio nostro gaudes et persequeris nos. O utinam liceret mihi exire ! ad singulare bellum te evocarem ! Deum testor quod tu magis sis traditor quam nos, eo quod olim dominum, modo nos tradidisti ! Quod improperium non sine omnium nota tulit ! »

74. In domo quoque præpositi nepotes Thancmari, quorum causa in parte traditio facta est, ut aiunt, præfixerant signa sua superbe et gloriose ac potenter. Quod valde ægre ferebant omnes, et cives nostri nimis indoluerant, eo quod præpositus et sui ante tempus traditionis viri essent religiosi, amicabiliter se habentes erga eos, et cum honore omnes tractassent in loco nostro et in regno commanentes. Illi ergo prædicti postquam obtinuissent domos et signa affixerant, quidquid intus repererant, quasi proprium possidebant. Intumuit ergo cor civium nostrorum contra nepotes Thancmari, et quærebant occasionem pugnandi et interficiendi illos. Igitur ad vesperam Sabbati illius, cum frumenta et vinum quod obtinuerant in domo præpositi apud rus suum emitterent nepotes Thancmari, occurrerunt eis cives nostri in claustro et extractis gladiis vos vini truncabant, et concitatus est tumultus infinitus et clauserunt cives portas suburbii, ut nemo aufugeret nepotum illorum. At obsessi evocaverant cives, olim amicos suos, obsecrantes ut inimicos illos perderent, quorum causa gravissimum nefas perpetrassent. Nepotes igitur Thancmari in eadem domo præpositi resistere cum non potuissent civibus, quærebant subterfugere. Thancmarus ipse fugiendo pervenerat ad exitum unius portæ, et quia clausa fuit, cum quæreretur ab eo quid causæ fuisset tanti tumultus, mentitus est congressum fieri inter obsessos ac obsidentes. Tandem latuit in domuncula una, quousque videret quid de nepotibus suis ageretur. Cumque cives per pontem Sancti Petri et per pontem castri armata manu transirent, obviam eis occurrit Walterus butelgir et cæteri principes obsidionis, conatu gravi compescentes tumultum. Tot equidem lanceati stabant in foro, ut crederet aliquis per aciem hastarum silvam

fuisse densissimam. Nec mirum, cum universi totius regni eodem die, tum pro præda, tum pro vindicta, tum magis pro auferendo consulis funere, tum pro admiratione omnium, quæ ibidem fiebant, in suburbium confluxerant. Clamabant itaque omnes, Thancmarum et nepotes ejus jure suspendi debere, eo quod eorum causa comes occisus, et præpositus et ejus nepotes obsessi, et plures de ipsorum familia interfecti et turpissima morte damnati fuissent ; ideoque non posse eos perpeti, ut parcerent eis, imo turpiori et magis crudeli nece damnarent, qui dominos suos, præpositum et fratres simulque ejus nepotes, potentiores et nobiliores in comitatu, fraude, seditione, coemptione facta, apud comitem deposuissent. Vix ergo turbatos cives principes cohibebant, quia castellanus Haket et Robertus puer cum amicis et propinquis ipsorum civium, in turri altiore stantes, annuebant brachiis et manibus, ut insultum facerent in nepotes Thancmari, qui ita arrogantur in domum præpositi conscenderant, signa victricia affixerant, quasi suis viribus castrum expugnassent; cum eo tempore quo cives ingressi sunt violenter in castrum, nepotes Thancmari domi et in rure suo dormirent. Illa tandem conditione sedatus est tumultus, quatenus ipsa hora exirent domum, et signa quæ affixerant, verecunde tollerent et discederent. At illi cum ductu principum periculoso sibi recesserunt inde, in tantum diffidentes civibus ut unusquisque nepotum Thancmari equo et suo secum ductore insidente absconderet : et sic relicta est domus sub tutela militum et civium nostri loci, et frumentum et vinum dispertitum est inter principes obsidionis et cives, quorum viribus victoria illo die consummata est.

75. Et tandem clausus ille dies sollicitos nimis reddidit super noctis subsequentis temporibus observandis, et in curte castri et in claustro fratrum, simulque in domo præpositi et refectorio atque fratrum dormitorio. Nam illo usi sunt consilio obsessi, ut claustri et domorum tecta circa templum flammis destruerent ne accessum aliquo modo ad ipsos obsidentes haberent. Inde stupefacti custodes noctis sollicitudine et metu pervigilabant. Sæpe obsessi clanculo egressi nocturnis horis incusserunt timores custodibus. Cæterum in tam arcto loco turris templi, traditores vigiles suos omni nocte obsidionis tubis et buccinis resonare jusserant et cornu canere, adhuc evadere sperantes, eo quod principes regni per litteras in turrim sagitta transjectas, amicitiam et auxilium offerrent.

76. Præpositus vero conductorem habens fratrem Fulconis canonici Brudgensis, militem subdolum, ex præcepto Walteri butelgir, nocte præscripta diei Jovis pervectus est equo apud Kaihem (175) villam ejusdem Walteri et Borsiardi. Cumque parum ibi delituisset, et accusatus fuisset, cum uno comite nocte Furnas ad uxorem suam fugit, et inde iterum, quia latere non poterat in nocte sancta Parasceve, transivit apud Warnestum, sicut audivimus eadem nocte, et fugam institit, et nudis pedibus pœnam peccatorum suorum sponte perpessus ibat, ut tanto peccatori Deus indulgeret, quod contra consulem pium deliquerat. Satisque probabile fuit quia postea statim cum captus fuisset, pedum ipsius plantæ excorticatæ apparuerunt, quia in itinere nocturno ad lapides in tantum offenderat pedes, ut sanguis ex eis efflueret. Et vero gravissime vir iste dolebat, qui pridem omnibus imperitabat, divitiis et honore sæculi pollebat, et cum in voluptate floreret, punctum pulicis ut jaculum formidaret; ecce solus, et infra terminos suos exsul solus pererrabat. Revertamur ergo ab excursu isto ad vigilias noctis præfatæ, in qua timores nocturnos cum ad invicem incuterent sibi tam obsidentes quam obsessi, pertæsi et fatigati utrinque diem, pro nocte transposuerant ad dormitandum.

CAPUT XI.

B. Carolo successor in comitatum Flandriæ datus Guillelmus Northmannus : alii competitores. Ejus de corpore Gandavum transportando insidiæ dispositæ.

77. Tertio decimo Kalendas Aprilis Dominica in nocte Benedicti abbatis, ex Atrebato rex Franciæ Lodewicus mandavit principibus et baronibus obsidionis prædictæ salutem , fidem et auxilium, insuper omnem gratiam pro vindicando nepote suo et Flandriarum æquissimo consule Carolo, quem justius decuerat fuisse regem, quam pessimorum traditorum comitem : « Non habeo quidem ad vos ad præsens transeundi opportunitatem , eo quod festinantius cum paucis huc descenderem, auditum et scitum eventum rei et obsidionis. Non enim sapienter mihi agere visum est in manus traditorum terræ incidere ; quoniam, sicut intelleximus, plures sunt adhuc qui super obsessos dolent, et eorum scelera defendunt, et ad eorum evasionem omni modo laborant. Igitur quia terra conturbata est et conjurationes jam factæ sunt in personam Willelmi, ut violenter regnum obtineat, et contra eum omnes fere de civitatibus adjuraverint, se nullo modo Willelmum illum in comitem recepturos, eo quod spurius sit (176), natus scilicet ex nobili patre et matre ignobili, quæ lanas carpere, dum viveret ipsa, non cessaret. Volo et præcipio vobis , sine dilatione coram me convenire et communi consilio eligite comitem utilem, quem vobis æqualem, et terræ et incolis præesse consenseritis. Nec poterit diu terra sine consule fore, nisi cum graviore periculo quam modo immineat. »

78. Cumque perlectæ sunt litteræ coram universis, ecce dum nondum respondissent litteris regis,

---

(175) *Caihem* seu *Kejem*, infra Dixmudam, haud procul ab Ipra fluvio.

(176 Sugerius abbas supra *bastardum* vocat.

Corrigendus Marchantius qui hac eum labe vult purgare.

utrum irent an non, supervenit alius nuntius nepotis (177) comitis Caroli, demandans principibus obsidionis salutem et naturalem erga omnes terræ inhabitatores dilectionis affectum : « Certum est vobis omnibus meæ sorti et potestati regnum Flandriæ post mortem domini mei consulis jure cognationis pertinere. Idcirco considerate et caute agere vos volo, super electionem meæ personæ, et præmonitos vos rogo ne me alienam a regno faciatis, qui jure et ex debito propinquitatis, si mihi remandaveritis, comes futurus, justus, pacificus, tractabilis, et utilitatis communis atque salutis provisor accurro. » Tunc principes simulque omnes qui audierant litteras ab Elsatan a nepote consulis transmissas, fictitias asserentes, nulla animadversione responsionis agebantur, eo quod respublica laboraret, et rex e vicino conventum accelerarét, neque sine longa opera pro eligendo nepote illo se tractare posse præviderent.

79. Utillimum ergo præanticipantes consilium, ex imperio regis præparabant se ituros feria secunda et tertia. Postea tamen ex industria et consilio singulari, principes convocatis civibus, proruerunt in eadem Dominica ad arma et invaserunt obsessos in turri. Quodque ideo factum est ut perterritos obsessos magis exanimarent et pavidos redderent, quod in discessu subito ad regem a principibus facto, non auderent a turri exire vel aufugere. Congressus quidem gravis utrinque factus est, et adhuc obsessos latebat cor in Dominica insultum facerent in eos, cum omnes cæteras de præterito tempore Dominicas in pace observassent. Exierunt igitur secunda, et tertia feria apud Atrebatum locutum regi, ordinatis illis qui turrim nocte ac die armati caute et fideliter, ne quis obsessorum subterfugeret, observarent.

80. Decimo Kalendas Aprilis feria quarta, Isaac captus est et suspensus liberator meus, finitis tribus hebdomadis ab occisione comitis, ante Annuntiationem S. Mariæ et ante in Ramis palmarum Lambertus (178) Archei a turri elapsus evasit, fugiens apud Michem villam navicula devectus. Hic de consilio Borsiardi fuit, et nequiter semper egit consiliando, agendo et ad omne nefas instigando dominos suos; idcirco odiosus erat omnibus qui in obsidione dolos illius audierant. Cumque a tempore obsidionis intra castrum clauderetur usque ad tempus quo fugam subiit, ad omne negotium quod intus agebatur strenuus erat, in sagittando peritissimus, in jaculando hastas et universa tela fortior, qui quidem stragem mortalem fecerat in hostes. Qui cum fugeret, a civibus requisitus est diluculo, et per totum illum quo fugerat diem. Nam, a turri cum se furaretur,

exclamabat eis qui obsederant turrim Borsiardus, quando et ad quem locum suus consiliarius et tam familiaris fugisset. Tandem cives constipaverant villam in qua fugitivus ille latuit, et a latibulo extractum reduxerunt eum captivum, et suspendio in foro nostro illum perdidissent si eo tempore adfuissent primates obsidionis, qui in Atrebato regno consuluerunt. Cuidam tandem Gerberto civi nostro sub fidei securitate commendatus, cujus ille cognatus fuit, qui illum cautelæ custodia in vinculis constrictum usque ad præsentiam primorum comitatus conservavit, ut illorum judicio constaret, quidquid fieri percenserent de illo.

81. Nono Kalendas Aprilis, feria quinta, Woltra cruval retulit nostratibus, regem Anglorum cum illo Iprensi Willelmo concordiam laudasse, pecuniam infinitam simul et milites trecentos præstitisse in auxilium ad obtinendum comitatum Flandriæ. Quod cum falsum foret, tamen simulata fraude quasi credibile diffamavit. Nam vere constitit illum Willelmum Iprensem suscepisse de thesauro comitis Karoli Anglicæ monetæ quingentas libras per manus nepotum præpositi Bertolphi, qui impiissimi traditores sibi et regno præferre conati sunt eumdem Willelmum ; qui ab eis quidem pecuniam, consilium et auxilium obtinuerat, et quotidianis litteris missis in invicem et remissis, mutuas voluntates et conscientiarum secreta loquebantur. A rege ergo Anglorum mentitus est miles præfatus Willelmum suscepisse donaria pecuniarum, volens tegere traditiosam conscientiam Willelmi, qui vere a traditoribus submissam pecuniam acceperat, per quam solidarios (179) compararet, et sic cum virtute cum comitatum obtinuisset, traditores suas voluntates consequenter per ipsum consummassent. Nullus vero primatum obtenturus in regno, voluit aliquid consilii vel internuntii traditorum aperte suscipere, eo quod statim sub nota traditionis conscriberetur. Ideo ille Willelmus tegebat conscientiam suam, et pecuniam a rege mentitus est sibi fuisse transmissam, quasi nihil commune haberet vel secreti cum traditoribus, qui tamen manifeste ante tempus obsidionis salutem et auxilium litteris signatis mandaverat præposito et suis. Qua tempestate Giselbertus (180), nepos traditorum, castellanus Burgensis, qui sub nota traditionis erat, ad castellanum S. Audomari subterfugerat, offerens excusationem suam et innocentiam se paratum probare coram rege et patribus regni.

82. Octavo Kalendas Aprilis, feria sexta, Annuntiatio Domini, quo etiam die passus est Dominus,

---

(177) Hic est Theodericus Alsatius consobrinus B. Caroli, quod ambo ex duabus sororibus, iisque Roberti Frisii filiabus, essent prognati.

(178) An hinc fabella exorta de Lamberto Nappin patre Borsiardi inter complices recensito in Annalibus vernaculis, Formula proclamationis, Mejero, aliisque ?

(179) Solidarii dicti milites, aut quod iis solidus pro stipendio daretur, aut certe stipendio solidarentur. Consule Vossium.

(180) Frolulphus castellanus Bergensis subscripsit litteris B. Caroli anno 1121. Huic successit Giselbertus, nepos traditorum.

celebrata est Sabbato in Ramis palmarum, machinamento et dolis Gendensium actum est, ut per ducatum magni præconis, et Ansboldi militis et civium quorumdam nostrorum assensum, simulque ex consensu traditorum, nocte hujus Sabbati transacta, introirent in castrum et corpus piissimi comitis per manus traditorum a fenestris solarii ejusdem Gendensis cœnobii fratres susciperent, et manticis, et saccis collectum transferrent. Exspectaverant quidem monachi duo per totum illud tempus opportunitatem furandi corpus. Cum igitur armati circa turrim deambularent illi qui monachis ducatum præstiterant, vigiles perterriti cornua circumquaque personuerunt, et evocati cives et observatores turris irruerunt contra præconem magnum, et Ansboldum militem, et suorum complices, fugantes illos et vulnerantes quosdam timore mortis nimis affectos. Pepigerant vero monachi coadjutoribus suis centum marchas argenti se daturos, si forte per illos glebam consulis obtinerent. Igitur rescito eo quod furtim et pretio aut quoquo modo alio monachi vellent corpus consulis auferre, cives præcauti cum vigilanti turba sollicitæ magis sese observantiæ dedere.

83. Sexto Kalendas Aprilis, Dominica in Ramis palmarum, convenerunt Burgenses nostri in agrum quod suburbio adjacet, intra septas villæ, convocatis undecunque Flandrensibus circa nos, conjuraverunt simul super sanctorum reliquias, sic : « Ego, Folpertus judex, juro me talem electurum comitem terræ hujus qui utiliter recturus est regnum prædecessorum suorum comitum, jura potenter contra hostes patriæ obtinere poterit : affectuosus et pius in pauperes, Deo devotus, semitam gradiens rectitudinis, et talis fuerit qui utilitati communiter patriæ velit et possit prodesse. Consequenter ergo omnes meliores civium juraverunt : ex Isandica Alardus Scabinus cum sua potentia ; ex Ostburg Hajolum cum illius loci potestatibus ; ex Reddenburg (181) Hugo Berlensis, et illius loci fortioribus ; ex Lapscura, Ostkerca, Utkerca, Liswega, Slipen, Gistella, Oldenburg, Lichtervalda, Jadbeca, omnes fortiores et meliores simili sacramento juraverunt. » Eratque multitudo maxima conjurantium in id ipsum.

84. Tertio Kalendas Aprilis, feria quarta in succinctione campanarum reversi sunt ex Atrebato principes nostri, qui ad regem exiverant pro consulendo regno et eligendo consule secundum consilium regis Ludewici Franciæ imperatoris atque omnium baronum ipsius et terræ nostræ electionem, et juxta prudentem et patriæ utilitati probabilem examinationem, cum tali relatu læti et gaudentes, salutem et fidem ex parte regis et baronum denuntiantes nobis et omnibus terræ incolis atque illi præcipue, qui ad faciendam vindictam pro mort domini Caroli consulis assidua obsidione desudaverant : « Rex Franciæ Ludovicus omnibus regni filiis bonis salutem et gratiam, et cum regali potentia in virtute Dei et fortitudine armorum invictissimum suæ præsentiæ subsidium. Qui patriæ ruinam simul cum comite tradito grave prævidentes, indoluimus, severitatis rigore et inaudito ante hoc tempus supplicio vindictam acturi convenimus : et, ut deinceps terra suo consule noviter per nos electo reconcilietur et convaleat, quidquid in subsequenti litterarum serie audieritis obedite et facite. » Igitur Walterus butelgir littera protulit regis signatas coram universis civibus nostris, qui confluxerant simul in agrum prædictum, ad auscultandum regis mandatum : atque viva voc litteris testimonium confirmans ait : « Audite, cives nostri, quid consilii et negotii apud regem et ejus barones actum sit et prudenti examinatum judicio. Principes Franciæ et primi terræ Flandriarum, jussu et consilio regio, elegerunt vobis et terræ hujus consulem Willelmum puerum, natum ex Northmannia, nobilem quidem genere et hactenus inter vos ab infantulo educatum in puerum, et inde in juvenem fortem. Quem juxta omnem consuetudinem bonam consuescere liquet, et qualem vultis talem habiliter flectere poteritis ad omnes bonos mores mansuetum et docilem. Ego quidem elegi ipsum Robertus (182) Bethuniæ, Baldwinus ex Alst et Iwan frater ejus, castellanus ex Insulis et cæteri barones sublimaverunt illum in comitatu, fidem, securitatem et hominia ei fecimus secundum omnem modum prædecessorum suorum comitum Flandriæ. Ipse etiam nos pro merito nostri laboris donavit terris et prædiis traditorum, qui secundum principum omnium judicia proscriptione damnati sunt, nihilque ipsis rerum vel miserationis præter gravissimam et inexcogitatam adhuc mortem relictum constat. Præcipio ergo et volo ac consulo absque dolo vobis suburbanis simul omnibus qui assistitis, ut suscipiatis noviter electum comitem Willelmum et a rege comitatu donatum, in dominum et consulem vobis. Cæterum et si quid est quod suæ potestatis jure donari poterit, sicut teloneum et census terræ, libenter vobis condonari telonæum volentibus simul et censum mansionum vestrarum infra suburbium, meipso denuntiante ex parte regis et comitis novi, condonabit absque dolo et malo ingenio. » Auditis ergo litteris, et voce litterarum latoris, cives procrastinaverunt responsum de receptione seu electione novi consulis concedenda sibi, ut accitis Flandrensibus cum quibus eligendi sacramenta constituerant simul aut concessionem facerent aut

---

(181) *Reddenburg*, aliis *Rodenburgum*, nunc *Ardenburgum*, oppidum Flandriæ versus Zelandiam, ubi sunt Isendica et Ostburgum. Reliqua loca sunt circumquaque in territorio Brugensi seu Franconatu.

(182) Hic est Robertus IV *Crassus* cognominatus, cujus illustria Acta referuntur a Chesnæo lib. II Familiæ Bethunjensis cap. 4, et in Probationibus a pag. 15 ad pag. 23.

egationis regiæ litteras refutarent, et quia tenuean diem sermonum longis protractibus, reversi unt cives a loco oratorio ex communi consilio manantes pro Flandrensibus tota illa nocte, ut electionem in persona novi consulis factam concederent ut reprobarent.

CAPUT XII.
dventus Guillielmi comitis cum rege in Flandriam et Brugas. Juramenta utrinque facta.

85. Pridie Kalendas Aprilis, feria quinta, postquam onvenerant cives cum Flandrigenis, ex communi onsilio consenserunt, ut in Sabbato sanctæ Paschæ iginti milites, et duodecim e civibus seniores et rudentiores exirent obviam nuntiis regis apud avenschot oppidum ad colloquium; ibique Genenses exspectarent adventum nostrorum. Nam ex ivitatibus Flandriæ et castris Burgenses stabant eadem securitate et amicitia ad invicem, ut nihil electione, nisi communiter, consentirent aut ntradicerent. Qua in re Burgenses nostri, non ne Gendensium consilio agebant, qui a latere sibi icinius assederant. Ibant itaque sicut præordinaerant in eodem Sabbato sancto. Rex quoque, sicut Atrebato præordinaverat, cum noviter electo omite descendit apud Insulas, ubi hominia facta unt comiti, sicut in Atrebato. Et inde descendit villam, nomine Dinsa (183), in itinere quo ituus erat in Gandavum. In eadem vero villa exspetabat rex Gendenses, qui reciperent novum comitem secundum præceptum suum et electionem rimorum terræ. Igitur concorditer actum est inter ostros et Gendenses de receptione novi electi, ut usciperent eum in consulem et terræ totius advoatum.

86. Kalendis Aprilis, feria sexta, in die Parasceve astellanus Haket a turri evasit solus, et transivit pud Liswega, et ibi latuit cum filia sua, quam ibiue duxerat olim miles (184) magni generis et diitiarum plenus. Exspectabat enim ille fugitivus uid deinceps ageret. Quarto Nonas Aprilis, in abbato sancto Paschæ, quidam cives nostri et Genenses, qui a colloquio reversi sunt, elegerunt Willmum in comitem sibi et patriæ, hominia, fidem securitatem facientes comiti secundum morem ædecessorum suorum comitum. Eodem die Gerasius constitutus est castellanus in castro nostro rugensi a rege et comite novo, cui suum meritum ondum per hoc meritum recompensatum est, cum t et tanta in obsidione egisset, quæ memoriæ iligenter commendo lectorum. Nam in ipsa hora ua tradebatur comes Carolus, ipse flendo et crines estesque discerpendo, complosis manibus clamabat iscurrens in castro hæc: « Heu! quod solus vindi-

(183) *Dinsa*, seu *Densa*, in litteris Theoderici omitis ad annum 1152 castrum et villa dicitur, ad isam fluvium Gandavum inter et Cortracum, cui unc marchionatus titulus adhæret.

(184) *Robertus Crommelin*, ut supra ex litteris heoderici comitis dictum.

(185) *Theodosia* virgo Tyria, passa est Cæsareæ

care non possum dominum meum et æquissimum principem terræ nostræ; quem etiam nullus hominum defensare aut vindicare præsumit; ibique principium vindictæ ipse solus Gervasius constituit, et postmodum secum Deo ipso pugnante, feliciter consummavit. »

87. Tertio Nonas Aprilis, Dominica sancta Paschæ in Theodosiæ (185) virginis (186), littera Dominica B. in exspectationes suspensus erat et clerus et populus pro adventu regis et comitis apud nos. Quo die illi traditores pessimi communicaverunt se corpori et sanguini Christi. Nescitur tamen per quem sacerdotem hoc factum fuerit. Eodem die sagittis infestabant in castro transeuntes obsessi et pessimi traditores, nullius fidei et reverentiæ termino, sub exspectatione turpissimæ mortis sibi futuræ vitam continuantes

88. Nonas Aprilis, feria tertia, *Aqua sapientiæ* (187), in crepusculo noctis, rex simul cum noviter electo consule Willelmo Flandriarum marchione Bruggas in suburbium nostrum venit, cui obviam processerant canonici S. Donatiani, reliquias sanctorum afferentes et in solemni processu, regio more regem et comitem novum cum gaudio suscipientes. Octavo Idus Aprilis, feria quarta, convenerunt rex et comes cum suis et nostris militibus, civibus, et Flandrensibus multis in agrum consuetum; in quo scrinia et reliquiæ sanctorum collatæ sunt. Et silentio indicto, lecta est charta libertatis ecclesiæ et privilegiorum B. Donatiani coram universis in præsentia regis et comitis: ut contra ea quæ privilegiorum paginis conscripta, et a catholicis Romanis pontificibus sancita et a nemine catholicorum regum et comitum corrupta constiterant, rex in sua persona, simul et comes, nullo temerario ausu se opponeret; sed potius regiæ dignitatis prærogativa veneraretur sancita et suæ potentiæ corroboraret imperio. Libertatem vero eligendi canonice, et sine simonia præpositum ex concessione domini papæ, sicut privilegii sui inscriptione contentum est, se habere protestati sunt fratres ejusdem Ecclesiæ, quem quidem præpositum rex si præsens adforet canonice et sine simonia electum protestative officii sui ministerio et dignitate prælationis sublimaret, et in locum prælationis subrogaret: « Quod si rex non adforet, comes ejusdem potestatis officio functus, concessionem canonice electi præpositi, et in locum subrogationis, et in propria persona et suorum faceret secundum prædecessorum suorum catholicorum principum morem. » Lecta est quoque chartula conventionis inter comites et cives nostros factæ de teloneo condonato et censu mansionum eorumdem; quatenus pro pretio electionis et susce-

in Palæstina, refertur a quamplurimis ad hanc III Aprilis, ab aliis pridie.

(186) In alio nostro apographo quinto: littera, ut videtur V, titulum Virginis indicante, pro numerali accepta.

(187) Verbis illis incipit isto die Introitus missæ. Qui modus loquendi sæpius notatur.

ptionis personæ novi consulis, reciperent a comite libertatem hujuscemodi, ne teloneum aut censum deinceps ipsi aut successores loci nostri, comiti vel ejus successori solverent; sed perpetua illa libertate donati, sicut in charta conventionis conscriptum erat, ad confirmandam libertatem eamdem, juramentum a rege simul et a comite expostulatum susciperent : scilicet ne rex aut comes amplius per se vel per ministros pro solvendo teloneo et censu, cives nostros aut ipsorum in loco nostro successores inquietaret; sed bono animo et sine malo ingenio et non subtracto, tam privilegia canonicorum quam condonationem teloneorum, et census inviolabiliter conservaret. Sub hac ergo conditionis compositione juraverunt rex et comes super sanctorum reliquias in audientia cleri et populi. Subsequenter quoque cives juraverunt fidelitatem comiti, sicut moris erat, et hominia fecerunt ei et securitates, sicut prius prædecessoribus suis naturalibus principibus terræ et dominis. Ut igitur benevolos sibi comes cives nostros redderet, superaddidit eis, ut potestative et licenter consuetudinarias leges suas de die in diem corrigerent, et in melius commutarent, secundum qualitatem temporis et loci.

89. Tandem sacramento jusjurandorum confirmatis omnibus, reversi sunt rex et consul in hospitium; ubi delatæ sunt in omnium audientia litteræ hujusmodi ab iis qui obsidionem fecerant in Reddenburg, primatibus : « Nos quoque hujus obsidionis exactores, electum novum Flandriarum consulem electuri erimus ex nostra parte, sub hac conditione quidem, ut in consuetas expeditiones, insuper pravas principum exactiones et telonea nova, quæ doloso consilio Lamberti in Reddenburg noviter et præter jus consuetudinarium terræ instituta sunt, a nobis et a nostris viciniæ incolis amplius amota, damnes et destruas; et libertatem obtineant rustici nostri exeundi et depascendi pecudes suas super terram, quæ dicitur Mor sine coemptione prava instituta a Lamberto. Insuper de coemptione gravissima mansionum in Erdenburg, volumus quoddam medium regem et comitem ponere, ut per duodecim nummos tantummodo redimatur unusquisque nummorum illorum, quos secundum positionem mansionum hactenus sedecim nummis redimebant filii post mortem patrum suorum. Nobis ipsis quidem legem statuimus, ut si expeditio ex parte comitis nostri fuerit indicta, ille qui excusationem non habuerit legitimam, emendabit comiti viginti solidos. Super iis omnibus assensum tuum, domine rex, et concessionem et confirmationem comitis novi expostulamus, quatenus juramento confirmet omnia quæ in hac charta conscripsimus et in audientia omnium promulgata constant. Monemus et obsecramus tam regis quam comitis personam et ejus omnipotentiam, ut Bertolphum præposi-

(188) *Winendala* prope Thoroltum.

tum et ejus fratres Ulfricum Cnop, Haket castellanum, Robertum puerum, Lambertum ex Reddenburcum filiis ipsorum, Borsiardum et reliquos traditores nunquam hæredes fore permittant deinceps in comitatu Flandriæ. » Cumque perfecta fuisset charta hujusmodi in conspectu universorum, juravit comes novus, se confirmare et concedere bono animo, et sine malo ingenio et non subtracto, omnia quæ expostulaverant ab ipso. Ac deinceps pe totum reliquum diei tempus, hominia fecerunt consuli illi, qui feodati fuerant prius a Carolo comite piissimo, suscipientes nunc similiter feoda sua e officia et quæcunque obtinuerant ante jure et legitime.

90. Septimo Idus Aprilis, feria quinta, iterum hominia facta sunt comiti, quæ hoc ordine, suæ fidei et securitatis termino consummata sunt. Primum hominia fecerunt ita : Comes requisivit, si integre vellet homo suus fieri; et ille respondit, « Volo, » et junctis manibus amplexatus a manibus comitis, osculo confœderati sunt. Secundo loco fidem dedit is qui hominium fecerat prolocutori comitis in iis verbis : « Spondeo in fide mea me fidelem fore amodo comit' Willelmo, et sibi hominium integraliter contra omnes observaturum fide bona et sine dolo. » Idemque super reliquias sanctorum tertio loco juravit. Deinde virgula, quam manu consul tenebat, investituras donavit eis omnibus qui hoc pacto securitatem et hominium simulque juramentum fecerant. Eodem die Eustachius ex Stenvordia, in S. Audomaro prius interemptus a civibus, et postea in conflagrationem illius domus, qua suffugerat injectus, in cineres combustus est. Ipse enim sub nota traditionis talem perpeti mortem promeruit. Eadem die in Brugis comes dedit Baldwina ex Alst quadringentas libras præter viginti, eo quod ipsius viribus et consilio maxime post regem in comitatu valuerit. Sexto Idus Aprilis feria sexta, similiter hominia facta sunt comiti. Quinto Idus Aprilis Sabbato, rex ibat apud Winendala (188) locutum Willelmo illi Iprensi adulterino comiti, pro concordia facienda inter ipsum et verum novumque comitem. At illi adulterino comiti indignum fuit supra modum inire concordiam cum vero Flandriarum consule, vel aliquam pacis compositionem se facturum, quia eum despectui habebat : « Rex igitur ægre ferens superbiam et contemptum adulterini Iprensis comitis, ipsumque dedignatus ad nos usque reversus est. » Quarto Idus Aprilis Dominica, comes noster secundum consilium regis et principum iturus fuerat apud S. Audomarum, sed quia paucos habebat secum in via in quibus confideret, nocte ad nos rediit.

CAPUT XIII.
Supplicium sumptum de Bertulpho præposito et Guidone de Stenfordo. Tumultus civium Brugensium sedatus.

91. Tertio Idus Aprilis, feria secunda, præpositus

Bertolphus traditus est in manus illius adulterini comitis, qui ideo magis studuerat et labore assiduo perquisierat, quo loco latuisset, ut captivato eo, et divulgato quod præpositum Burdgensem cepisset, suæ potestatis famam præcipue emendaret, si de eo vindictam fecisset gravem. Nam, sicut præscripsimus, in maturitate traditionis ab Ipra mandaverat eidem præposito apertam salutationem et suis; in quo famam suam turpissimam et traditiosam reddiderat per omnes regnorum fines. Igitur cum cepisset eum profugum et exsulem in patria et inter parentes; tamen non satis poterat excogitare quo mortis supplicio perderet, cujus conscius traditionis dicebatur. Et quamvis ille adulterinus calliditatis et astutiæ taliter argumentis videretur probare innocentiam suam; tamen Deus, cui nihil resistit, cujus auctoritate dictum est : « Nihil occultum quod non reveletur (*Matth.* x, 26), » hanc inhumanam turpitudinem et tanti principis sui traditores fidelibus suis manifestavit, damnavit, proscripsit, præcipitavit. Tantus erat tumultus, clamor et concursus Iprensium; et totius viciniæ circa captivum unum hominem, ut non possimus æquiparare eum. Et, sicut aiunt, saltando, choros ducendo, diversis applausibus præibant et consequebantur præpositum, trahentes cum funibus longioribus a dextris ejus et sinistris, ita ut ordo trahentium in longum, et ab invicem in latum procederet, ut sic ab omnibus olim vir ille dignus et potentissimus, verecunde et ignominiose derideretur, nudus prorsus præter braccas, luto et lapidibus obrutus trahebatur. Præter clerum et paucos qui dudum religiosum virum cognoverant, nemo miseratus est illum.

92. At ille tot injuriis fatigatus, totque opprobriis et tunsionibus læsus, mortis suæ supplicium eminus exspectabat, ante cujus mentis faciem poterant ad memoriam merito reduci omnia quæ egerat, si aliquod vivendi spatium turba in ejus mortem corruens præstitisset. Poterat quidem reminisci, si debuit, quomodo violenter intrusus, et viventi præposito Ledberto, viro honesto et propter Deum omnia patienti, superpositus injuste, et contra Deum in templo Dei prælationem usurpasset, præbendulas Simoniaca hæresi commutasset, nepotes suos stipendiis Ecclesiæ in omne facinus armasset ; et nunc tandem Catholicum et de regum stirpe progenitum, nobilissimum principem Carolum, suo aut assensu aut consilio morti tradiderit; qui sicut inter sui supplicii angustias profitebatur, si voluisset, defendisse a traditione poterat. Ante mentis quidem oculos præfixisse poterat quantam in clero gratiam, quantumque honorem, famam, divitias, vires, reverentias, Deus ultro contulisset, cujus dispensatricis Dei gratiæ, dum eam quasi propriam et naturalem possidet, penitus non est recordatus. Namque sic fuerat xxxvi annis implicitus omnibus prædictis virtutibus et vitiis, ut nullo modo explicari posse videretur. Si quis velit audire multiplicitatem sui generis et magnitudinem factorum, mirabilem magis pugnam Dei et manum ejus, quam contra ipsos destruendos exercuit, credere liquet. Et quanquam locum genealogiæ ejus describendæ hic obtinere videar, tamen videor mihi satis operæ inceptæ labori sufficere, et ejus descriptionibus supersedere : in qua eventum obsidionis, et non adulterinum exordium generationis præpositi et suorum proposui me exsecuturum.

93. Proinde ibat vir, ille olim gloriosus nunc ignominiosus, olim venerabilis nunc turpis, immoto vultu et oculis in cœlum directis, et nisi fallor Deum miseratorem humanæ conditionis, qua ipse indutus in regno mundi homines regit, invocabat sine strepitu vocum, sed in secreto mentis sibi invocaverat semper adjutorem. Tunc unus persecutorum percusso capite ejus fuste, ait : « O superbissime hominum, cur indignaris respicere et loqui principibus et nobis, qui habent potestatem perdendi te. » At ille nec respicere curabat eos, et suspensus est in medio fori Iprensium juxta supplicia furum et latronum in patibulo, et braccas detraxerunt ei, ut illa verecundiora corporis apparerent. Nihil turpe vel ignominiosum erat, quod in ejus supplicium non inferrent. In quo patibulo brachia in crucem extensa, et manus insertæ sunt, et caput transjectum per foramen ejusdem patibuli, ita ut reliquum corpus viri prædictis suis membris suspensum quasi alienis laqueis suffocatum moreretur. Cumque primo loco suspenderetur, et in ipso instrumento patibuli adhuc vir ille pedum articulis summatim sustentaret corpus, ut saltem sic vitæ miserandæ prolongaret spatium, venit ad eum inter tot millia lapidantium et jacturam facientium ille adulterinus comes Willelmus, et indixit omnibus silentium et ait : « Dic ergo mihi, o præposite, per salutem animæ tuæ, te obtestor ; dic, inquam, quæso, qui sunt præter te et Isaac, et præter apertos traditores adhuc latenter nocentes et culpabiles in morte domini mei Caroli comitis ? » Et ille coram universis respondit : « Æque tu sicut et ego, nosti. » Tunc furore arreptus Willelmus ille præcepit lapides et lutum jacere in præpositum illum, et interfici. Et ecce qui pro piscibus emendis in foro convenerant, uncis ferreis, fustibus et sudibus corpus viri dissipabant ; nec in eo instrumenti adminiculo, quo pedum articulis se sustentabat, sinebant diutius sustentari ; sed propulso eo a sustentaculo suspendium, et vitæ dispendia sub acerrimæ mortis tenebris inferebant. At ille moriens conquestionem fecit pro traditione, qua ipsum Walterus, miles ex Sarran et homo suus, tradiderat in eamdem mortem qua jam emoriebatur ; qui cum ducatum præstitisse debuit, decepit. Iprensium igitur turba furens in mortem præpositi, canis viscera contorserat circa collum ejus, et os canis ad os ejus jam vitalem spiritum expirantis opposuerunt, æquiparantes cani ipsum et facta ipsius.

94. Eodem tempore Wido, miles famosus et fortis,

qui de consilio comitum Flandriæ præcipuus fuerat, in eamdem traditionem conspiraverat, eo quod neptem præpositi uxorem duxisset, scilicet sororem Isaac. Unde quidam Hermannus ferreus, miles fortis, statim occiso Carolo consule in præsentia illius Iprensis adulterini comitis ad singulare bellum Widonem evocavit, quid dominum suum nequiter tradidisset. At Wido paratum se defendere de superimposita traditione semper fore prosilivit. Et determinatus est eis dies, quo prædictus præpositus mortis suæ etiam pertulerat tormenta. Statimque mortuo præposito, omnes qui adfuerant, reversi sunt ad curtem, in qua bellum indictum fuit inter Hermannum ferreum et Widonem, et pugnatum est acriter ab utrisque. At Wido dejecerat equo adversarium suum, et lancea resurgere conantem, quoties voluit, stravit. Tunc adversator ille propius accursitans, equum Widonis gladio trajiciens evisceravit. De quo tandem lapsus Wido, extracto gladio impetiverat adversarium. Erat quidem occursus alternis ictibus mucronum continuus et acerrimus, donec fatigati pondere et sarcina armorum, uterque rejectis clypeis luctaminis viribus pugnæ victoriam accelerarent. Et cecidit ille Hermannus ferreus in terra prostratus, cui Wido incumbebat maniculis ferreis ora et oculos contundens militis. At ille prostratus, sicut legitur de Antheo, a frigiditate terræ vires paulatim resumpsit (*Æneid.* 1, § 14), et callide dum quiesceret Widonem de victoria securum reddidit. Interim manum suavius subducens usque ad inferiores loricæ oras, in qua parte non fuerat Wido præmunitus, raptum per testiculos, collectis viribus ad puncti unius momentum, a se propulit. In quo rapticio pulsu tota de subtus natura corporis rupta, ita prostratus defecit Wido, ut victum et mortuum se fore exclamaret. Tunc comes volens per omnia famæ suæ in hoc bello consulere, jussit eumdem Widonem juxta præpositum suspendi in eodem patibulo jam mortuum; ut, sicut pares fuerant in tradendo, ita pares morerentur in tormento.

95. Post hæc vero utrorumque corpora virorum rotæ plaustri superposita, in malo altissima fixæ, videnda universis transeuntibus proposuerunt, brachiaque mutuis quasi amplexibus ad colla flectentes, imaginem tradendi et consulendi de morte domini et gloriosi ac piissimi consulis Caroli, illis jam per tres dies mortuis, insignibant. Venit itaque ad nos, et in præsentia regis armiger unus, qui eodem die intererat et viderat utrosque suspensos in Ipra, præpositum et Widonem, annuntians eventum eorum. Acclamatum est statim illis qui in turri obsessi sunt, quomodo captus et mortuus fuerit dominus illorum præpositus, et quia amodo nihil restaret eis, nisi quod se redderent regi tractandos secundum quod nequiter egerant. Igitur dolor et anxietas, et luctus et suspiria vexabant miseros illos, et omni spe vitæ destitutos : fortius quam principes obsidionis, obsederant eos metus et desperatio.

96. Eodem die Gervasius jusserat carpentariis turrim ligneam disjungere, quæ erecta erat ad invadendos muros prius, et nunc inutiliter stabat. Cujus trabem fortissimam specialiter separatam ab aliis præparari jusserat, et arietem fieri, quo pertunderetur paries templi. At obsessorum sagittarii sagittas mittendas cum ex percussione nervorum arcubus curvatis intentarent operariis, ab arce turris, in qua degebant, arcus et sagitta imposita, eo ipso tractu quo trahere festinabat, decidit a manibus trahentis. Quod factum inspicientes milites, qui citati præsentes, et oppositi in omni opere artificum astiterant, protegente illos artificiose operantes machinas rerum, sicut sunt arietes, sues, jactatoria, scalæ et consimilia, quibus muros et lapideas compositiones destruere solent, eventum pessimum fore vaticinati sunt, ex casu arcus et sagittæ obsessorum.

97. Eodem die ad vesperum gravis tumultus obortus est inter Gervasium et suos, et cives nostros. Nam ex imperio regis et præcepto eorum principum obsidionis, qui cito perditionem obsessorum accelerare tentabant, quique sumptus magnos omni obsidionis tempestate expenderant, vigiliis et impugnationibus assidue laboraverant, ex communi, inquam, ipsorum consilio et edicto regio universale decretum confirmatum erat; ne aliquis auderet e tota obsidentium multitudine accedere ad turrim et loqui obsessis; ne forte intimaretur eis quo ingenio caperentur. Lex quoque posita est propter transgressores talis, ut si quis contra hoc decretum faceret, in captivitatem projiceretur, et communi principum judicio plecteretur. Igitur unus e civibus, qui sororem cujusdam militis obsessi duxerat, clanculo accessit ad turrim, requirens ab illo genero suo vasa et vestes quas sibi præstiterat ; et ille quæ habuit reddidit vasa. Cum in reditu civis ille transiret per forum, miles Gervasii unus, qui præceptum regis et principum et domini sui susceperat, et potestatem etiam capiendi transgressores præcepti ; persecutus est civem illum, et tantum violenter captivumque reduxit secum usque ad domum comitis. Continuo tumultus infinitus factus est inter cives, et prosilientes ad arma, invaserunt domum comitis et familiam Gervasii, quæ se ab intus fortiter defendebant. Clamaverunt enim se nunquam velle pati dominium cujuspiam imo in sua potestate staret, hoc malefactum corrigere. Cumque diutius tumultuassent, Gervasius in medio eorum protulit hæc verba : « Nostis, o cives et amici mei, quod secundum vestram petitionem et rex et comes jam constituerunt me vicecomitem loci nostri, et secundum regis et principum decretum actum est, quod miles meus jam civem et vicinum vestrum ceperit decreti transgressorem, meamque personaliter dignitatem contempsistis in hoc facto, domum comitis et familiam meam invasistis in ea, et tandem sine ratione, armata manu in præsentia regis prosiluistis. Nunc ergo, si vultis, vicecomitatum causa injuriæ mihi illatæ omitto, fidem et securitatem inter nos firmatam dissolvo, ut

pateat omnibus vobis, quia dominium super vos obtinere non quæro. Si ergo placet, coram rege sepositis armis conveniamus, ut judicetur inter nostros et vestros. » Cumque finisset orationem, ascenderunt simul coram rege et compositi sunt iterum fide et amicitia ad invicem sicut prius.

CAPUT XIV.

Obsidio promota. Solarium templi occupatum. Veneratio sepulcri B. Caroli comitis.

98. Secundo Idus Aprilis feria tertia, rex in dormitorium fratrum cum prudentioribus et consiliariis suis conscendit considerate prænotare in qua parte ingeniose aggressum præsignarent in templum. Erat namque dormitorii domus adjuncta templo, ita ut ingeniorum instrumenta præpararentur in illa, quibus parietem templi pertunderent et ingrederentur ad obsessos. Namque cum illi miseri inferiora templi obtinere non poterant, gradus quibus in solarium ascenderetur, lignis et lapidibus obstruxerant, ut nullus ascendere vel ipsi descendere possent, tantummodo sese a solario et turribus templi defendere conantes. Inter columnas quippe solarii specula et status suos ex scriniorum aggeribus et cumulis scamnorum prostituerant, e quibus lapides, plumbum et rerum moles dejicerent super invasores templi. In turri quoque consequenter præ foribus fenestrarum tapeta et culcitras suspenderant, ne funda et arbalistis (189) forsitan percuterentur intrinsecus, cum turris a foris aggrederetur. In suprema quidem turrium arce stabant fortiores juvenes obsessorum, qui molares lapides sternerent super discurrentes in curtem castri. Atque sic inordinabiliter in templo Dei ordinatis rebus suis, exspectabant mortis suæ finem, nihil reverentiæ et honoris conferendo beato funeri, quod in solario inter ipsos sepultum jacebat, præter hoc solum quod vix dominum suum recognoscentes, quem tradiderant, ejus ad caput cereum præfigerent, qui assidue in honorem boni consulis arderet a die obsidionis primo, usque ad diem quo introgressum est violenter ad ipsos. Nam farinam et legumina circa tumbam comitis reposuerant, quibus quotidie in usus suos assumptis vitam continuabant.

99. Cumque rex et sui studiosius exquirerent et præsignarent locum pertundendi templum, Robertus puer per unam fenestrarum templi caput efferens loquebatur militibus regis, obsecrans eos, ut internuntii ejus forent ad regem, humiliter inquiens omne judicium principum terræ et baronum, domini sui regis velle subire, ut in lege ipsorum merito suæ excusationis, aut vivere promereretur, aut supplicio damnationis, si se non excusaret, exterminari. Nec ullus hominum ausus est internuntiorum verba in regis præsentiam proferre, tam graviter indignatus est rex illos traditores vel etiam videre. Cæterum cives nostri et milites regis et universi qui audierant quam humili oratione exorasset juvenis dominum regem, in lacrymas fusi condoluerunt ei, imprecantes pro eo domini misericordiam.

100. Idus Aprilis feria quarta, confinxerant mendacium obsessi de morte Borsiardi, quatenus exorta lite inter Robertum puerum et ipsum, gladio occubuisset trajectus, existimantes per hoc animos principum a severitate mitigari, ne tanto furore invaderent deinceps, sicut prius; et a turri evocabant mortem Borsiardi, quam mendose diffamabant. Alii cum evasisse asserebant. Quo audito, rex percepit obsessos illos jam diffidere sibi, timore et anxietate deficere, constantique animo edixit ut milites sui se armarent et invaderent templum. Quod ideo factum est, ut in congressu illo deficientes et lassati, in posterum obsessi illi non valerent toties tot assultus et invasiones sustinere, sed magis cedere et locum victoriæ christianæ catholico regi Ludovico et militibus suis dare. Erat quidem in obruendo lapides et mittendo jacula, utrinque gravis aggressus a meridie usque in vesperam.

101. Quo die rex accepit claves a decano Helia de sanctuario Ecclesiæ B. Christofori, eo quod accusatus ei fuerat thesaurus comitis Caroli in eodem sanctuario fuisse repositus. Et cum introisset rex, nihil præter sanctorum reliquias invenit. Verum quippe fuit cuppam auream cum suo operculo et cannam, scilicet argenteum vas vinarium, præpositum de rapina comitis a nepotibus suis quasi pro dono in partitione rapinæ accepisse, et eadem vasa pro salute animæ suæ ad operam ecclesiæ Deo obtulisse. Cum ergo obsidio fieret, et fratres reliquias et feretra sanctorum a castro efferrent, in quodam scrinio illa duo vasa secreto et sub simulatione reliquiarum sanctarum imposita extulerant pariter cum cæteris reliquiis sanctorum, atque custodiendum illud scrinium commendavit decanus præfatus cuidam simplici presbytero Eggardo in ecclesia Domini Salvatoris, signatum sub veneratione dignissimarum reliquiarum. Quod quidem scrinium quam devote ille simplex sacerdos susceperit, et posito eo in sanctuario preces effuderit, atque animæ suæ salutem deposcerit, testantibus compresbyteris ejusdem ecclesiæ manifestum fuit, omnique nocte candelas, cereos et luminaria et lampades accensas præposuit, non satis se venerari reliquias illas posse credens. Revera satis Sacerdos ille promeruerat, ut cum novo comiti redderentur vasa illa, semel aut plus ex eisdem vasis presbyter ille bonum vinum bibisset. Hunc igitur thesaurum rex quærens circumquaque, miserat investigatores et insidiatores, qui latenter thesaurum Caroli comitis recolligerent, nihilque super hoc profecit. Unde rex etiam Robertum puerum secundo die ante discessum suum apud Franciam flagellis cæsum coegit, ut s' quid de thesauro meminisset, quis partem aliquam possideret, regi intimaret. Cujus accusatione eodem die comes novus et rex obtinuerunt vasa prædicta, sicut in subsequenti dicturi sumus. Alii obsessorum evocaverunt Borsiardum aufugisse, ut sub illo mendacio parcius impugnarentur.

---

(189) *Arbalistis* quasi *arcubalistis*, hinc Gallica vox *Arbalète*, arcus instructus scapo seu balista.

102. Decimo octavo Kalendas Maii, feria quinta, aries, qui instrumentum factus est ad pertundendum parietem templi, adductus est in fratrum dormitorio in eadem septa extrinsecus, juxta quam intrinsecus corpus boni consulis sepulturæ commendatum Deo suo jacebat. Statimque artifices arietis ascensoria graditiva erexerant in altum, et, ablato pariete ligneo dormitorii, qui propinquior templo steterat, summitatem ascensoriorum ibidem subduxerant; quatenus usque ad murum et parietem templi gradatim possint armati progredi quicunque auderent. Nam fenestra in ædificio templi primo, ex ordine antiqui operis illo patuit, quo jam artifices ascensoria direxerant. Sed paulisper inferius temperabant instrumentorum aditus, ita ut subtus fenestram percussiones arietis præordinarent, et pertuso pariete lapideo, eamdem fenestram quasi pro ostio libere ingressuri obtinerent: erantque gradus latissimi, in quorum fronte decem milites simul in latum ad pugnandum starent. Quibus præordinatis trabem maximam funibus suspensam in eadem parte super gradus illos ad perforandum templum direxerant, et laqueos eidem innexos, et simul armatos juxta laqueos quibus trahere retrorsum a templo in altum reductam, et in virtute et fortitudine retractam ad parietem templi percutere callide et argumentose constituerant. Super capita quoque ascendentium tegmina ex virgis inserta trabibus et connexa fuerant, ut, etsi tectum dormitorii aliquo ingenio ab obsessis infringeretur, sub contextura virgarum securi agerent arietis impulsores; et parietes ligneos simul ante se proposuerant ad defensionem sui, ne jaculorum et sagittarum percussionibus ab intrinsecus læderentur. Igitur retro a muro et pariete templi reducto per laqueos ariete, quantum extensis brachiis suspensi possent, uno impetu et uno clamore arietis ruinam et casum valde ponderosum, virium suarum fortitudine et maximo conatu templo appulere; ex cujus singula percussione maximus lapidum cumulus in terram corruit, donec tota maceries et paries in eo loco, quo contusus est, perforaretur. In capite ejus quoque arietis ferramenta solidissima trabem præmunierant, ita ut nullo ingenio offensam aliam pateretur, quam illam, quæ vi molis et roboris sui sibi a se ingereretur. Longus igitur labor tundendi fuit a meridie inceptus, et post vesperam finitus.

103. Interim obsessi illi præsentientes debilitatem parietis, et perfossionem citius futuram, quid agerent dubii et inconstantes, tandem intus ardentes composuerant carbones pice et cera et butyro delinitos, quos tecto dormitorii injecerant. At in momento carbones adhærentes tegulis, flammas vento flante vibrabant, ita ut maximæ flammæ concitatæ, circumquaque tectum corriperent. A superiori itaque turri jaciebant molares lapides super tectum dormitorii, in ea parte qua aries pertundebat templum, ut utrumque et ignem injectum tecto, ne quis exstingueret, defenderent et lapidibus obrutis et de alto præcipitatis super perfossores templi a periculo introitus sese observarent. Tot et tanti lapides obruti non impediebant exactores arietis. Cum igitur super capita sua ignis flammas vibrantes conspexissent milites, unus ex illis tectum ascendit, et inter tot jactus lapidum et jaculorum ignem vix exstinxerat. Patuit igitur post tot percussiones arietis foramen maximum in pariete templi, qui citius satis quam credebatur perfossus est, eo quod a tempore antiquæ exarsionis templi, pluvia et inundatione imbrium totum ædificium ecclesiæ quasi putridum staret, quia hactenus sine tecto ligneo nudum fuit. Tunc clamor infinitus elevatus est extrinsecus, et universi qui et in foribus impugnaverant obsessos, et in choro inferius, et undique per fenestras et in omni parte, qua accessum poterant sibi præstitisse, rescito eo quod perfossum fuisset templum, acriori animo et cupidissima victoriæ audacia decertarunt, qui quidem omnes a meridie usque in vesperam constanter utrinque aggressi sunt, pene deficientes labore pugnæ et armorum ponderositate.

104. Sed jam intellecta arietis perfossione, recreati et animositate confortati, quasi jam ad arma proruissent primum, infestare cœperunt obsessos et sine simulatione persequi. At miseri obsessi cum numero fuissent pauci, satis pauciores erant in pugna, qui simul in uno loco pugnandi non habuerant gratiam, sed ad omnes accessus, scilicet in foribus, fenestris, choro et in eo maxime loco quem aries jam possederat, incommoda vitæ perpessi jam divisim undique repugnantes, ab inimicis suis dispendium et perditionem deinceps suspiciebant. Illi quidem qui in templo contra arietis exactores lapides, sagittas, contos, sudes, et universi generis tela contorserant, timidiores ideo fuerant, quod pauci essent et quod complices illorum divisim et pene deficientes præ labore diutino, contra tam gravem exercitum pugnarent; insuper armorum egentes, unde se tuerentur, non haberent: quantum tamen ausi sunt, obstiterunt. At quidem illi exactores arietis et cæteri milites regis et nostri loci juvenes armati et audaces, avidique pugnæ, cum ex adverso inspexissent obsessos, jam animos revocaverant suos, præ oculis cordis habentes quam egregie pro patre et patria moriendum foret, et quam honesta victoria vincentibus proposita esset, quamque scelesti et facinorosi fuissent traditores illi qui de templo Christi speluncam sibi fecissent, et quod magis videbatur, quam avide et cupide propter thesauri et pecuniæ domini consulis rapinam irruerent super obsessos ipsi, et idcirco solummodo festinabant. Sed cujuscunque animi fuissent sine ordine, sine pugna, absque omni respectu armorum sese uno impetu per medium foramen præcipitaverunt, ita ut simul irruentes locum et tempus auferrent obsessis pugnandi vel aliquos interficiendi. Non enim cessabant ruere, donec sine interruptione quasi pontem seipsos fecissent, et quod mira Dei gratia dispensatum est, sine vitæ suæ periculo mortali ingressi

sunt, alii ruendo, alii offendendo, alii intrusi violenter, alii surgere conantes a casu prosternentes, alii, sicut solet fieri in tanto tumultu, sine ordine irruentes, vocibus et clamoribus, atque cursuum et ruinæ armorumque stridore et fragore, non solum templum, sed omne castrum et viciniam ejus replentes introrsum, sicut exterius Deum laudantes et benedicentes pro victoria qua victores suos honestavit, regem et suos sublimavit, super omnia majestatis suæ Deus nomen glorificavit, Ecclesiamque suam ab inquinatoribus in parte mundavit, et gloriosum illum martyrem suum consulemque bonorum tunc primum deflendum pia veneratione et oratione fidelium suorum circumfultum donavit.

105. Quod igitur prius non licuit, tunc tandem Fromoldo juniori licuit, ex longo desiderio et ardenti animo vota Deo pro salute domini sui consulis offerre, lacrymis et cordis contritione sacrificium mactare et gaudio gaudere pro inspectatione loci in quo dominus suus humatus quiescebat; et tunc primum exsequias præparabat domino suo, quem per tot dies sepultum, id est, quadraginta quatuor, videre non poterat. Neque enim corpus ejus, sed solum vidit aforis sepulcrum : optabat quidem, et oris et cordis oratione deprecabatur, ut Deus in die resurrectionis communis inter rectores fideles et summos suæ præsentis Ecclesiæ principes, concederet sibi tandem dominum suum Carolum principem duplici gloria sublimatum videre et cum ipso manere et gloria contemplationis Trinitatis sanctæ cum illo perenniter beatificari. Reputaverat igitur pro grandi dono, quod juxta tumbam domini sui liceret sibi mortem deflere, casum totius patriæ conqueri et quem viventem dilexerat, jam traditum a servis summa dilectione exsequi. Non sine lacrymis quidem hoc faciebat. « O Deus! quot eo die tibi vota tuorum fidelium dignabaris suscipere : et quidquid intermissum fuerat in eadem ecclesia culturæ divinæ nimirum recompensatum fuit ea hora magnitudine et multiplicitate justorum votorum. » Stabat itaque cereus ardens ad caput consulis, quem posuerant in honorem et venerationem domini sui traditores illi. Postquam ergo irruerat in templum super obsessos et clamor concitatus est fugiendo, retraxerant se tam a pertusione quam a foribus et a propugnaculis suis pessimi hominum, conscensaque turre ad se defendendos in gradibus resistebant persequentibus. Igitur victores christianissimi milites regis Franciæ gradus obstruere et intercludere festinabant, lapidibus et lignis, scriniis et trabibus et cæteris supplementis, ita ut nullus obsessorum decedere posset in solarium, in quo consul jacebat. Et ascendens rex in templum, planxit mortem nepotis sui Caroli; et apposuit custodiam, quæ cautius observaret turrim. Alternis ergo vigiliis regis milites observabant turrim cum obsessis. Quidquid

igitur inventum est in solario illo quod rapi potuit, omnium præda fuit. Tandem canonici ejusdem templi per scalas a choro in solarium conscendentes, ordinaverunt quosdam de fratribus qui singulis noctibus vigilias circa sepulcrum comitis agerent. Cumque, confractis utensilibus templi, nihil in priori statu permansisset, circumspexerunt altaria et mensas altari Deo custode permansisse immota, et congaudentes congaudio fratres quidquid deinceps obtinuerunt, non jure vel merito, sed pro solo Dei dono obtinuerunt. Conclusit ergo Deus diem illum in conclusionem (sic) inimicorum suorum et in victoriam fidelium, exaltando nomen imperii sui in omnes terrarum fines. Non tamen desistebant obsessi illi vigilias suas sibi in turre instituere, cornibus canere, et quasi adhuc aliquid homini obtinuissent, in tam arcto imperiose agere, seipsos non recognoscentes, fuisse miserrimos. Dati enim fuerant in reprobum sensum. Quidquid ergo deinceps egerunt, nec Deo nec hominibus probabile fuit, sed reprobatum et odiosum.

106. Decimo septimo Kalendas Maii, feria sexta, convenerunt Burgenses coram rege proni in terram et adoraverunt ejus dignitatem, quatenus pro precum et servitiorum suorum meritis, Robertum puerum exeundi ab obsessis libertate donaret, et ejus innocentiæ purgationem legitimam susciperet. At ipse rex petitiones eorum se facturum assensit, salvo honore et gratia propriæ personæ simulque principum terræ, sine quo consilio nihil super eo acturum statuerat. Decimo sexto Kalendas Maii Sabbato, castellanus Gandensium cum Arnoldo ex Grandberga (190), et collectis proceribus viciniæ suæ antevenit, regem obsecrans omni modo pro liberatione Roberti pueri. Cui rex ait nihil cum honore suo posse eis consentire absque principum communi consilio; alioquin contra fidem et juramentum suum ageret.

CAPUT XV.

Novus comes Audomaropoli susceptus. Jus competitorum. Posteritas Balduini Insulensis comitis indicata. Familia Bertulphi præpositi adulterio et homicidio infamis.

107. Decimo quinto Kalendas Maii, Dominica *Surrexit Pastor bonus*, nuntiatum est regi comitem novum Flandriæ in S. Audomaro cum honore, more prædecessorum comitum terræ, gratanter susceptum. Nam obviam processerant pueri, arcus et sagittas ferentes, ad occursum comitis agiles et velociores, turmatim procedentes, quasi per pugnam resistere simulantes, succincti et præparati arcubus intensis et nervis, quibus, si expediret, sagittando invaderent comitem et suos. Viso ergo puerorum occursu, consul et sui, quidnam sibi voluissent, per internuntium requisivit. Et acclamaverunt comiti, quatenus feodum quod a prædecessoribus suis sem-

(190) *Grandberga* et *Grandmontium* voces contratæ, pro *Gerardiberga* et *Gerardimontio*, quod est ppidum intra territorium Alostanum. In Chronico S. Bavonis dicitur *terra Alostensis et Grandimontis.* Ita Joannes van Waesbergh in Gerardimontio, quod libro singulari descripsit.

per pueri nostri obtinuerant, hoc a te obtinere juris erat nostri, circa nemorum saltus in festis Sanctorum et æstatis tempore licenter vagari, aviculas capere, spiriolos et vulpes sagittare, et hujusmodi puerilia recreando satagere. « Hæc ergo licenter egimus hactenus et volumus eadem a te licentia ludorum nostrorum mores deinceps renovare. » Proinde succedenter cives obviam armata manu processerant, exspectantes puerorum suorum reditum et comitis novi adventationem. Igitur comes Willelmus, qui ætate juventæ pubescebat, puerilia vix tempora excediens, jucundo animo ludicra pueris morose concessit, et plausu et adjocatione cum pueris, vexillum et signum puerorum arripiens, jucundabatur. Cui laudes canere et tripudiorum voces personare cœperant, cum cives eminus prospicientes viderunt a pueris solemniter comitem susceptum, et cum plausu et pacis veneratione circumfultum ad ipsos usque descendentem. Igitur postquam simul convenerant et comes et populus, cum processione clerus loci ejus honor's ac gloriæ sublimatione obviam venit in thure et cereis, sicut mos est in susceptione comitatum noviter obtinentium, vocum jubilatione et melodiarum consonantiis personantes, omnibus civibus applaudentibus susceperunt et usque infra ecclesiam eadem melodiarum suavitate solemniter perduxerunt. Ubi debitum orationis Deo obsequium catholice electus devote obtulit, simulque pro eo populus et clerus, ut ipso administrante comitatum, Deus ita regeret et protegeret, quatenus deinceps pace et salute, et comiti et Deo sua redderent. Post susceptionem vero, hominia et securitates fecerunt. A Terruannorum urbe quidem descenderat in S. Audomarum.

108. Illa quoque tempestate Hugo Campus-Avenæ et Walterus ex Frorerdeslo cum suis apud Ariam castrum insultum fecerant, ubi Willelmus ille adulterinus comes Iprensium intus se et suos receperat, et locum et castrum præmunierat. Ipse enim comitatum arripuerat, violenter obtinuerat Flandriarum castra et munitiones adhuc plures, scilicet Ipram castrum, Formeselam oppidum, Casletum castellum, Furnum castrum, Ariam castrum et omnem viciniam circa castra prædicta, et Bergas castrum, et cætera. Ipse namque de linea comitum spurius erat, atque ea affinitate cognationis comitatum obtinuisse existimaverat. Duos igitur milites præfati principis dejecerunt et equos quinque lucrati sunt. Eadem tempestate Baldewinus ex Alst et Razo cum gravis-

simo Gendensium exercitu obsederant castrum Oldenarda, in quo comes de Montibus se et suo introductos præmunierat, ad invadendum regnum Flandriarum quod sibi jure cognationis justius pertinebat.

109. Nam, ut paulo altius retexamus comitum prædecessorum suorum originem, Baldwinus comebarbatus (191) principium generis subsequentium comitum fuit. Hic vero cum diem obierat, in Insuli humatus est; habuit itaque duos filios post se hæredes terræ Flandrensis : Baldewinum et Robertum Utrosque quidem pater, dum viveret, uxores ducer præcepit; et Baldewinum (192) in Hænau Richilden comitissam de Montibus accipere in conjugem fecit de qua genuit filios duos vir ejus; alter eorum vocatus est Baldewinus, et alter eorum Arnoldus Robertus igitur duxit Gertrudem comitissam Hold landensem uxorem, de qua post peractam traditio nem genuit abbatissam Messinis, et Gertruden (193) matrem Simonis et Gerardi, quæ quidem du ci sa fuit in Elsatam : Theodericus dux eam duxerat. Genuit etiam matrem Caroli comitis Adalat quæ a primo viro soluta in Salerniam duci nupsit Vir quoque ejus primus rex Daciæ Cnuto, a sui traditus, in ecclesia occisus, martyrium pro justiti moriendo, cum sanctis possidet. Cumque ille primu pater Baldwinus viveret, filios suos alterum a sinistra et alterum a dextera, quasi duas alas, quibu per omnes terras suas volaret, expanderat. Ip quoque medium, scilicet Flandriam, solus regeba

110. Cumque plenus dierum bonorum obiisset senior filius ejus Baldewinus comes de Montibus cu uxore sua Richilde comitatum obtinuit Flandri Igitur timens ne aliqua inquietudo vel traditio p fratrem suum Robertum sibi fieri posset et filii hominium et securitatem a fratre sibi fieri requi sivit et filiis suis. Cumque super hoc cum princ pibus consilio habito utile fore tam patriæ quar sibi prænosset, accessito fratre suo consule Aqu tico (194) Roberto, in Brudgis curiam suam conv cavit, simulque pares et barones totius sui com tatus. In quorum omnium præsentia promulgav hujuscemodi verba : « Ego, Flandriarum com Baldewinus, in posterum volens præcavere patr huic et liberis meis, ne a fratre meo per dolos traditiones filii mei et incolæ terræ meæ aliquid i juriæ et exhæredationis patiantur : obsecro et pr cipio fratri meo Roberto, comiti Aquarum, ut fid et securitatem juret filiis meis post mortem mea

(191) Hoc *Barbati* cognomen ab aliis fere tribuitur patri hujus Balduino IV, Arnulphi Junioris filio, et sic diplomati Roberti regis Francorum anno 1134 additum signum *Balduini comitis Flandriæ, honestæbarbæ*, cui ipso eodem anno mortuo successit filius Baldujnus V, *Pius et Insulanus* cognomine. et decessit 1067.

(192) Balduinus VI *Montensis* dictus, quia per uxorem Hannoniam obtinuit, mortuus anno 1070, in monasterio Hasnoniensi sepultus, uti et Richildis uxor, mortua anno 1086.

(193) Gertrudis nupta Theodorico duci Lotha-

ringiæ superioris, seu Mosellanæ, filio Gerardi satii genuit Simonem, Theodericum, Gerardum Henricum : ex his Simon patri anno 1115 mort in Lotharingia successit, defunctus anno 1129. Th dericus præfuit Alsatiæ, ac postea Flandriæ. Legen Origines Alsatiæ et Lotharangiæ ab Hieronyi Vignier editæ, pag. 112 et seqq. Henricus fuit e scopus Tullensis.

(194) Robertus Frisius dicitur *Aquaticus*, qi obtinebat insulas Zelandiæ cum vicina hodier Flandriæ parte, quam Quatuor ambactorum app lant, loca undequaque inter aquas sita

ut neque fraude vel subtracto vim et dolum inferat fillis meis post obitum meum, sed in sua et suorum persona fidem filiis meis, scilicet nepotibus suis, jurabit et tenebit, ipso vivente, sicut melius sciri poterit. Et dabo sibi munera et donaria multa sub eadem conditione. » Igitur in ecclesia B. Donatiani in Brudgis juramentum factum est super sanctorum reliquias infinitas, quas afferri comes Baldewinus praeceperat, in praesentia omnium qui eo tempore tam pares quam principes erant in terra, et acceptis donariis consul rediit.

111. Igitur cum Balduinus vir Richildis in Brugis obiisset, filius ejus Arnoldus, cui patria pertinebat, cum mater versus Montes et viciniam maris rediit, circa Casletum et S. Audomarum et illas partes conversabatur. Nondum enim juvenis ille arma acceperat, sed militiae virtutem arripuerat. Audierat namque Robertus comes Holdlandensis, patriam relictam nepotibus suis adhuc parvulis aetate, et matrem puerorum simul se a confinio circa Bruggas jacente subtraxisse, habuit occasionem per hoc, et principium opportunitatemque traditionis. Misit latenter et in dolo ad principes et majores viciniae circa mare, scilicet in Isendica, Ostburg, Reddenburg, et Brugis, et ad Flandrenses marinos, et pretio et sponsionibus confoederavit sibi eos, quatenus ipse per illos patriae comitatum obtineret, nepotesque, qui parvuli et inutiles exstitissent, propelleret. Habuit quemdam clericum in familia sua, qui internuntius hujus traditionis fidelis fuit. Qui cum toties Brugas veniret et circa confinia Flandriae, coepit rumor diffamari, quod clericus ille traditionis internuntius esset. Tunc ille subterfugiens alio tempore iterum mandata domini sui deferens principibus, simulaverat se fuisse caecum, et praeeunte duce suo, ipse subsequebatur suspensis manibus, et palpitans baculo, sicque peregit corde et oculis caecus traditionem mortis et caecitatis. Igitur cum omnium principum patriae animos, fidem et securitatem comes Holdlandiae obtinuisset, navibus insidens, cum armata manu clanculo tantummodo venit in Flandriam, accitisque omnibus traditoribus clanculo, nocte quadam signum dederunt complicibus suis, ut in loco qui dicitur Clipello, domum incenderent, et illic ad signum flammae convenirent. Cumque eodem signo omnes convenissent, fuit eorum turba multiplex et valida, et abierunt deinceps aperte persequendo puerum Arnoldum, qui eo tempore in Casleto rem ignorans, degebat cum paucis qui etiam conscii traditionis puerum dominum suum exhortabantur, ut cum patruo suo traditore bellum iniret, et quia juste resisteret ei, victoriam ei promittebant a Deo concedendam. Igitur puer Arnoldus animatus ad bellum cum militibus admodum paucis occurrit, quem in ipso tumultu belli, ipsi servi sui, qui eum armaverant et armorum caelaturas praenoverant, quasi extranei et alii essent

(195) Anno 1072.
(196) Balduinus *Hierosolymitanus* dictus ex Ida Henrici IV imperatoris filia reliquit Balduinum III,

A quam servi, dejecerunt puerum dominum suum et gladiis jugulaverunt (195) : traditoque domino suo, universi, qui in parte pueri pugnaverant, in fugam conversi, alii interfecti, ibidem exspiraverunt; alii lethaliter vulnerati, mortem in paucis vitae flatibus perpessi sunt. Multi quidem mortui, multi vulnerati, multique capti sunt. Securus ab hoste comes Robertus cum exercitum suum pererraret, quidam Vulfricus Kabel, qui fidelis adhuc permanserat cum puero, quem interfectum ignoraverat, in virtute et cum potentia sua coepit Robertum consulem traditorem illum et conjecit in captivitatem. Sedato ergo tumultu illius diei, convenerunt omnes pares patriae, et obsederunt undique castellanum illum Wulfricum in S. Audomaro, et coegerunt illum reddere Robertum comitem : quem cum reddidisset, in consulem patriae praestiterunt. Frater igitur Arnoldi traditi pueri, qui superstes remansit, nomine Baldewinus (196), haeredes post se reliquit, de quorum linea iste puer de Montibus comes et miles strenuus, jure patriam obtenturus Flandriarum, nunc audita traditione consulis Caroli, pro jure hereditario requirit patriam et haereditatem suam Flandriam totam. Facit igitur quod potest, et novo Comiti nostro suum facere parum est, et notandum id hoc facto antiquae traditionis illud propheticum : « Quoniam Deus iniquitates patrum solet vindictae severitate corrigere in tertiam et quartam generationem (*Deut.* v, 9). »

112. Robertus itaque ille, qui nepotem suum tradidit primus numeretur, filius quoque ipsius, Robertus qui in Atrebato jacet, secundus et successione e comitatu. Post quem filius ejus Baldewinus comes, qui in S. Audomaro jacet, tertius fuit. Post illum vero comes, optimus omnium consulum consul, terrenae dignitatis sidus et lumen praecipuum, quartus fuit, in cujus traditione et martyrio Deus antiquae traditionis terminavit vindictae correctionem, et pro justitia patriae occisum transduxit in requiem sanctorum, in eodem loco, in quo olim juratum est. Utrumque Deus in secunda traditione dispensavit, et antiquae traditionis vindictam exercuit, et pro justitia morientem statim inter sanctos martyres suscepit. Igitur postquam Robertus comes ille, qui nepotem suum tradiderat, in consulatu sedisset, traditores Flandriae, qui sibi comitatum tradiderant, semper suspectos habuit et ad suum consilium nullo modo accedere permisit. Igitur videntes se a consule suo contemni et despici, seorsum inierunt consilium, ut dolo interficerent consulem, et fratrem Arnoldi pueri traditi, nomine Baldewinum, in consulem susciperent, sicut justum erat, quia justior haeres Flandriarum erat; iterum sicut olim in desertum locum convenerunt, tractantes mortem inferendam domino suo. Cumque accepta opportunitate tradendi rediissent, unus militum, qui intererat traditioni, ad pedes comitis provolutus accusavit caeteros nefandae

qui ex Iolenta Gerardi Wassenbergii filia genuit Balduinum IV, hic *puerum* dictum.

traditionis illius complices, qui mortem comitis juraverant. Igitur ad bellum accusati, per consulem evocati et convicti decollati sunt alii, et alii exsilio damnati, plures quippe proscripti. Tandem si dignum esset auditu, quod vere non est, sed admiratione sola scribendum in quarta ,vel tertia generis linea, Deus vindicavit consequenter in genere traditorum, scilicet antiquam traditionem novis periculis novo genere præcipitationis,

113. Paulo superius igitur principium generis præpositi, et nepotum suorum recognoscere libet. Boldranus castellanus fuit in Brudgis, cujus uxor erat nomine Dedda vel Duva. Hujus Boldranni homo miles fuit Erembaldus (197) de Furnis natus. Imperata fuit quædam expeditio (198) Flandrensibus, et itum est equis et navibus pro defensione patriæ usque ad locum periculi et insultus terræ. Cum vero navibus perlaberentur Scaldim fluvium, Boldrannus castellanus et Erembaldus miles suus, cui præ cæteris confidebat, cæterique plures omnes loricas induti et ad pugnam præparati, venit nox, et fixerant anchoram in medio amne ut diem exspectarent. At præfatus ille Erembaldus adulterio abutebatur sæpe uxore domini sui castellani. Illa quoque adultera, sicut aiunt, promiserat adultero suo vicecomitatum, si forte vir ejus cito moreretur. Unde adulter semper domino suo machinabatur mortem. Facto quoque noctis silentio, dum castellanus ad mingendum in ora stetisset navis, ille Erembaldus retro accurrens, longe a navi projectum dominum in profundum torrentis aquosi præcipitavit. Hoc vero dormientibus cæteris factum est, et nemo præter adulterum illum sciebat quo devenisset castellanus ille, qui absque liberis submersus erat. Reversus ergo Erembaldus, adulteram suam duxit uxorem, et facultatibus opum domini sui emit vicecomitatum. De qua uxore genuit præpositum Bertulfum, Haket, Wilricum Cnop, Lambertum Nappin patrem Borsiardi, Robertum quoque castellanum post ipsum secundo loco, post ipsum Robertum filius ejus Walterus castellanus tertio vicecomitatus loco hæres successit; post hunc Haket castellanus fuit, sub cujus tempore Carolus comes traditus est. In hoc ergo gradu quarto punita est in successores suos antiqua præcipitatio Boldranni nova ista præcipitatione, quæ facta est a propugnaculis cameræ comitis in Brudgis, et forsitan dispensante Deo punitum est in eis peccatum parentum, sicut in Exodo legitur, ubi ait Dominus ad Moysen in xxxiii capitulo ejusdem Exodi, ubi leges de universis protulit Deus dicens : « Ego sum Dominus Deus tuus fortis, zelotes, visitans iniquitatem patrum in filiis, in tertiam et quartam generationem eorum qui oderunt me. »

114. Revertamur igitur ad describendum in Oldenarda eventum, quia comes de Montibus cum Burgensibus ejusdem loci et militiæ impetu irruit super Gendenses, et conversos in fugam, alios interemit, alios vulneribus infecit, et multos cœpit. Major quidem fugientium pars submersa est fluctibus ipsis, qui navibus devecti obsidionem præordinaverant. Prævaluerunt enim comes et sui circa fines illos. Castrum quoque Ninive (199) obtinuerat, et satellites suos in eo posuerat acutiores et fortiores. Eodem die in Brugis armiger unus a turre per funem elapsus est, qui statim captus trahebatur ad carcerem et in eo intrusus diem suæ perditionis quamvis nolens, exspectabat.

CAPUT XVI.

Deditio obsessorum in turri. Reconciliatio ecclesiæ S. Donatiani. Exsequiæ B. Caroli. Ipra intercepta.

115. Decimo quarto Kalendas Maii, feria secunda, iterum cives nostri ad genua regis devoluti deprecabantur pro Roberti liberatione. Indignatus vero rex despexit eos, qui toties ipsum vexarent. Et iratus jussit servos suos accelerato ire et ferramentis turrim succidere. Statimque ferramentis demoliebantur turrim inferius. Quibus succidentibus obsessos timor mortalis invasit, ita ut sine modo stupore laborarent, cibus eis et potus fastidiret, omnes sensus hebetarent et languerent. Proinde macerati esurie et siti, cum sufficienter haberent, quo vitam continuarent, evocabant illos quos foras viderant vagantes in curte castri, qui casum et ruinam turris succisæ jam in parte exspectabant, quia vehementi sitis ariditate arescerent, simulque esurie et fame langnerent, et mira Dei dispensatione factum est, ut ipsis traditoribus vinum suum acidum et sine sapore jam haustum et potatum feteret, frumenta et panes putrida saperent, et aqua insipida eis nihil prodesset, ita ut gustu et odore putrido fastidiri, fame et siti pene defecissent. Hac igitur egestate coacti, quærebant exeundi a turre licentiam, et abeundi in quemcunque alium locum, quo principes decernerent ipsos ituros. Successores igitur turris jam gradus avulserant, et parumper restabat, quod in brevi succisum, casum et ruinam gravissimam faceret.

116. Decimo tertio Kalendas Maii, feria tertia cum intellexissent turris majores partes succisas et periculum ruinæ imminere. Namque ad singulas malleorum percussiones in summitate turris senserunt repercussiones et nutationes, et turrem jam quasi trepidantem et contrementem, timore infinito timentes inierunt consilium ut ante sese regis potestati redderent, quam oppressi in ruina et casu turris suffocarentur. Evocabat ergo Robertus puer se et complices suos regi reddendos, illa tamen conditione, ut ipse Robertus absque carcere teneretur quanquam et cæteri truderentur in carcerem. Habito ergo principum super hoc consilio, rex secundum expostulationem obsessorum concessit exeundi libertatem,

---

(197) De hac familia supra § 3 actum.
(198) Sub Balduino pio, sive Insulensi, uti ibidem probatum.

(199) *Ninive* aliis *Nienhovia*, oppidum ad Teneram fluvium in ditione Alostana.

eo quod utillimum erat illos sponte se reddere, et sine periculo mortis obsidentium et turrim succidentium. Exierunt ergo singuli et singulas usque ad xxvii versus domum præpositi per fenestram in gradibus turris obliquatam. Cæterum qui corpulentiores erant per funes elapsi sunt a majori fenestra ejusdem turris. Robertus puer commendatus est militibus regis custodiendus in camera comitis superiore; at cæteri omnes in carcerem detrusi sunt. Voluit tandem pro civibus nostris rex quasi magnum quiddam facere, et commendavit eis Robertum puerum custodiendum in compede et nervis, ea conditione, ut judicio principum postmodum tractandum regi et comiti redderent. Cives vero pro grandi dono sub prædicta conditione susceperunt in custodiam juvenem adhuc ephebum.

117. Hic vero notandum, quomodo Deus traditores illos in paucitatem redegerit et genere et loco. Ante hoc facinus quidam fortiores et meliores ejusdem sanguinis prædecessores obierant quos ex nomine retexere longum esset. Ad ultimum isti pessimi relicti sunt, per quos dispensatio Dei consummata est, traditio completa, patria desolata, rapina exercitata, manus omnium contra omnes armata. Cum igitur impune fecisse existimassent omnia, quæ traditiose egerant, et nullus hominum auderet vindictam inferre, soli Deo relicta est vindicta; qui statim coarctavit eos, et timore concussit, ut non auderent extra vicum nostri loci prodire, sed magis consiliati sunt villam et suburbium nostrum sepire et circumfodere, sicut supra memoravimus. Statim die octavo post mortem consulis, per obsidionem in castro clausi, deinde cum castrum fuisset invasum a nostris, in turrim fugati, magis coarctati sunt : deinde in carcerem trusi, in tantum arctati sunt, ut non possent simul omnes sedere, nisi tres quatuor ad minus stetissent. Tenebræ, calor et fetor et sudor inficiebat illos, et desperatæ vitæ horror et incertæ mortis futuræ turpitudo. Maximæ eis fuisset pietatis quidem donum indultum, si sic mori licuisset, quomodo fures aut latrones suspendio perierunt. Igitur cum in turri sese præpararent exituros, unus juvenum per fenestram altiorem turris, gladio projecto, prosilire præsumpserat, et sese raptim in cursu animaverat. Quem quidem reatus conscientiæ condemnaverat, fortis animi sui libertatem corpore exsequi paratus erat. In ipso ergo raptu, alii eum retinuerunt, et simul cum ipsis in carcerem ire perpessus est. Multi vero ex nostris civibus viso periculo juvenis et miseria captivorum, flebant, quia sine lacrymis dominos suos captivatos ire in carcerem videre non poterant. Exierunt tandem pallidi illi miseri, signa traditionis in facie portantes, livore et inedia deformiter signati. Tunc quippe in exitu ipsorum concurrentium in turrim infinitus erat numerus, et omnia quæ ibidem repererant, pro præda abstulerant. Tumultuantibus vero et discurrentibus nostris in turri, Benkin coterellus fune a turre in terram demisso, elapsus est, et latuit qua potuit donec per noctem transfugisset apud insulam in mari, quæ dicitur Wulpem (200). Quem quidem unanimiter requirentes etiam in cloacariis et in immundis locis latuisse illum crediderant. Spe lucri et obtinendi thesaurum comitis fere omnes, qui in obsidione tunc aderant, in turrim conscendere satagebant. Tunc Gervasius castellanus milites suos armatos intus posuit, qui tumultuantes et ascendere volentes deinceps prohiberent. Et obtinuit vinum traditorum optimum, etiam coctum vinum quod consulis erat, bacones (201), caseorum pisas (202) viginti duas, legumina, farinam triticeam, ferramenta etiam optima quibus panes excoquerent, omnemque supellectilem et vasa quibus utebantur, optima. Tamen de thesauro comitis nihil ibidem repertum est.

118. Duodecimo Kalendas Maii, feria quarta, rex ibat ad Reddenburg, videre situm loci, et qualiter ille Lambertus se circumvallaverat, qui traditionis nota et crimine culpatus, obsessus erat. Quo die fulgore solis et leviter aeris Deus mundum circa nos renovavit, quia traditores et templi et ecclesiæ coinquinatores expulerat a sacro loco, concludens eos in carcerem. Hujus ergo gratiæ Dei donis lætificati fratres templi, omnimodis ablutionibus pavimenta et parietes et altaria templi, mundando, nihil reliquere quod non abluerent : gradus qui succisi fuerant reædificaverunt, et quasi renovato templo, novis utensilibus et reædificationibus locum suum exornaverunt.

119. Undecimo Kalendas Maii, feria quinta, consutum est corium cervinum in quo corpus comitis imponeretur, et scrinium quoque fabricatum est, quo imponerent et clauderent.

Decimo Kalendas Maii, feria sexta, præteritis jam septem hebdomadis primæ ejus sepulturæ, sepulcrum comitis destructum est in solario, et corpus ipsius inde cum thymiamate et thure, et pigmentis venerabiliter sublatum est. Nam fratres illius ecclesiæ crediderant corpus comitis jam fetere et neminem posse perpeti mortalem fetorem, eo quod per septem hebdomades a die sepulturæ in solario factæ, in feria sexta primo, usque in feriam sextam quæ fuit succedenter in x Kalendas Maii, sepulcro commendatum esset. Igitur præordinaverant ut in sublatione corporis a tumulo, incenso igne, juxta positionem comitis thymiamata et thus posita in igne concremarent, et ita si quid fetoris a tumulo spiraret, virtute odoris salutiferi reprimeretur. Cumque sublato lapide nihil fetoris sensissent, corpus in corium cervinum involutum in medio chori feretro imposuerunt. Rex ergo collecta civium et universorum.

---

(200) Flandriæ extrema ex adverso Selandiæ : vix tenuis rivuli interjectu distincta a Cadsandia.

(201) *Bacones* laridum seu caro porcina : Gallice et Anglice *bacon. Flandris baecke-speck.*

(202) *Pisa caseorum*, certa eorum quantitas. Ita Theodoricus comes inter alias donationes anno 1130 monasterio Quercetano Brugis factas, concedit *quatuor pisas caseorum de eleemosynis mensæ suæ*.

multitudine in templo exspectabat, donec episcopus et cum ipso abbates tres ab ecclesia S. Christophori cum omni clero procedendo cum scriniis SS. Donatiani, Basilii, Maximi, obviam funeri et regi in ponte castri occurrerent, et in eamdem S. Christophori ecclesiam cum lacrymis et suspiriis referrent corpus beatum. Ibique episcopus cum omni sacerdotum choro celebravit commendationem et missam omnium fidelium defunctorum, pro salute animæ boni comitis. Eodem die captus est Benkin coterellus (203), et in rota malo superinfixa ligatus, disperditionem vitæ perpessus, omnium spectaculum fuit. Apud Harenas quidem illo tormento miserabiliter mori promeruerat.

120. Nono Kalendas Maii, Sabbato, edictum exiit a rege et principibus, ut apud Ipram et Stathan (204) expedirent se cives et præpararent ad obsidendum. Octavo Kalendas Maii, Dominica, consecrata est ecclesia S. Salvatoris in Brugis. Ignis enim conflagratione exusta erat illa ecclesia, et altaria confracta. Septimo Kalendas Maii, feria secunda, quia ecclesiæ B. Donatiani altaria non fuerant confracta, episcopus reconciliationem celebravit ecclesiæ summo mane. Deinde rex et populus, præcedente episcopo et abbatibus et omni clero loci ejus, processit ad ecclesiam S. Christophori, et relato corpore beati consulis, domini et patris nostri Caroli ad ecclesiam B. Donatiani, in medio chori celebriter Deo suo commendatum corpus, tumba decenter clauserunt. Exsequiis igitur solemniter completis, rex et episcopus introduxerunt in statum prælationis Rodgerum (205) præpositum, in medio fratrum ejusdem ecclesiæ. Eodem die rex et castellanus noster Gervasius cum magno exercitu versus Stathan et Ipram simul cum civibus nostris transierunt. Eodem die festum erat Marci Evangelistæ. Et notandum quod tria maxima dona contulit Deus ecclesiæ S. Donatiani illo die, quoniam reconciliari sibi Deus dignatus est ecclesiam illam : corpus boni consulis in ea custodiri concessit, eidemque ecclesiæ in præpositum Rodgerum accommodavit.

121. Sexto Kalendas Maii, feria tertia, rex et comes cum gravi exercitu obsedit Ipram, et facta est tornatio, et militiæ utrinque acriter occursus, quando ille adulterinus comes Willelmus cum trecentis militibus ad unam portarum pugnaret contra comitem novum. Igitur pessimi illi Iprenses, sicut seorsum pepigerant cum rege in alia parte villæ, introduxerunt regem et ejus exercitum infinitum. Et introeuntes concitaverunt clamores et incendia domorum ex abrupto. Rapinam quoque exercuerunt, quando ille adulterinus comes Willelmus obviam raptoribus occurreret, ignorans traditum fuisse castrum, simulque seipsum et suos. Quem igitur comprehendit rex et comes, et captivum apud Insulas traduxerunt custodiendum. Multi quidem post mortem Caroli consulis ascenderant ad illum, sicut capellani et ministri, et solidarii et servi de familia quotidiana comitis, eo quod isdem adulterinus comes Iprensis de linea comitum progenitus fuisset. Furnenses quoque cum ipso militabant, ea de causa, ut si forte perstitisset in consulatu, inimicos suos disperderent ejus viribus et potentia. Sed quia Deus pravorum mentes percutit, in contrarium illis accidit. Nam inimici eorum, audito eo quod Iprensis Willelmus captus fuisset, incursum fecerunt in possessiones et domos et familias hostiles, et igne et ferro demoliti sunt omnem substantiam eorum, quos oderant. Et ita non fuit miseris illis satis, quod capti sunt, quin etiam dispendia rerum suarum domi paterentur. Ergo et militiæ et domi persequebatur Deus traditores illos, qui cum suo Iprensi consule in mortem domini et advocati terræ conspiraverunt. Omnia ergo quæ ille Iprensis Willelmus possederat, comes noster obtinuit, milites quoque captivavit et plures a terra fugavit. Victoriose itaque a nostris eo die actum est, et reversi sunt cum plausu et rapina maxima.

CAPUT XVII.

Supplicium sumptum de plurimis reis. Vasa B. Caroli restituta. Nova inquisitio in complices.

122. Kalendas Maii Dominica, relatum est nobis in Insulis Borsiardum captum fuisse, et rotæ malo superinfixæ alligatum, vixisse diem illum et subsecutam noctem, et tunc turpi mortis suæ dispendio periisse. Qui equidem promeruerat infinite mori si toties mori potuisset, cum causa sui sceleris tot post ipsum sunt puniti, proscripti, præcipitati, suspensi et decollati, de cujus interitu omnes fideles gratias Deo obtulerunt, qui tantum homicidam ab ecclesia sua exterminare dignatus est. Et bene dispensatum est in transacta temporum molestia, cum amœnitate Maii mensis gratiam pacis et status terræ nostræ Deus restitueret, suspenso Borsiardo et captivatis suis complicibus. Igitur divertens se rex ibat versus Oldenardam, ubi comes ex Montibus infestaverat terram nostram, ibatque per Gandavum. Sed et comes noster præcesserat regem, et incenderat manu violenta suburbium (206) usque ad turrim lapideam. Et plures igitur qui suffugerant in ecclesiam illius loci, simul concremati sunt usque ad trecentos, ut aiunt.

123. Quarto Nonas Maii, feria quarta, rex absque

---

(203) *Coterelli* dicuntur viliores homines, quod in casis et tuguriis degant unde et *cota* seu *cotta* reperiur. Rigordus De gestis Philippi Augusti *comes Pictaviensis multitudinem cotarellorum ad castellum Radulphi pro succursu miserat.*

(204) *Stathan* aliis *Staden*, tertia itineris hora ab Ipris versus Brugas, cujus prætorium æri incisum exhibet Sanderus in Castellania Iprensi pag. 398.

(205) *Rodgerus*, sive *Rogerius*, præpositus Brugensis subscripsit litteris Theoderici Alsatii anno 1130 et 1136; mortuum esse anno 1157 supra probavimus.

(206) Quam inepte hæc referantur a Mejero, imo ab eo et Annalibus vernaculis aliisque transferantur ad initium comitatus B. Caroli, late supra § 3 deductum est.

comite rediit Brudgas. Tertio Nonas Maii, feria quinta, postea circa meridiem comes rediit ad nos, quem Fratres ecclesiæ S. Donatiani cum processione susceperunt primitus, ubi oratione et oblatione in altari secundum morem prædecessorum suorum Deo perlata, reversus in domum comitis Caroli ipse comes potenter ascendit, ibique pransus est. Erat tumultus et turba maxima circa et infra castrum exspectantium quid de Roberto et captivis fieret. Igitur rex de hospitio suo egressus pervenit usque ad comitem. Quia vero domus plena fuerat populo et ministris et militibus, descendit comes in plateam et curtem castri. Et consecuti sunt eum universi, qui in aula constiterant. Cumque vidissent domum vacuam, sicut præordinaverat, fecit fores obserari domus suæ, et assumptis sibi principibus solis reascendit. Tunc disposuerunt quidem a qua parte traditores illi a turre cameræ dejicerentur. Quo præordinato, misit rex et comes speculatores ad carcerem, qui callide evocarent primum Wlfricum Cnop, fratrem præpositi Bertulphi, et sub dissimulatione, qui missi fuerant mentiebantur carceratis, quod rex misericorditer acturus foret cum ipsis. Sub illa ergo misericordiæ spe, sine dilatione, e carcere egressi sunt. At non simul egredi captivos permiserant. Nam primo illum Wlfricum eduxerant, et per intrinsecas domus usque ad propugnacula turris suprema traductum, ligatis manibus retro dorsum, et sic mortis suæ principium deorsum prospicientem, speculatores dejecerunt. At ille miser nihil indutus præter solam camisiam, et solas braccas, decidit in terram toto corpore fractus et destructus, parum vitæ reservans, qui statim lethaliter exspiravit : spectaculum quidem factus et opprobrium sempiternum sui generis, imo totius terræ Flandrensis, a nemine defletus periit. Secundo loco eduxerunt Walterum militem, filium Lamberti ex Reddenburg usque ad præcipitium, et ligatis manibus illius ante et non retro, ipso momento voluerunt eum præcipitare. At ille rogabat milites regis qui juxta stabant causa Dei, ut spatium sibi Deum orandi præberent : et miserati illum, dimiserunt eum orare. Cumque perorasset, projectus est juvenis elegantioris formæ, et in terram decidens suæ mortis periculum insumpsit, et statim exspiravit. Subductus est quoque miles nomine Eric, et similiter præcipitatus decidit super ascensorium ligneum, et avulsit gradum ascensorii, qui quinque clavis fixus erat. Et mirabile erat quod de tam alto præcipitatus adhuc sedens in terra, signo sanctæ Crucis se signavit. Quem cum mulieres vellent palpare, unus militum a domo comitis projecit inter illas lapidem grandem, et sic prohibuit accessus earum. Non utique totus intrinsecus poterat longius vivere, cui hoc ipsum quod vixerat post casum, non vita, sed miseria moriendi fuit. Ut igitur enumerandi omiserim ordinem, similiter omnes reliqui præcipitati sunt simul viginti et octo. Quorum quidam sperabant evadere, quia immunes traditionis exstiterant. Sed quia fata eos trahebant, in quo

divina ultio coegit, cum illis, qui traditionis rei fuerant, præcipitati sunt.

124. Pridie Nonas Maii, feria sexta, in festo S. Joannis, quando in dolium missus est, rex repatriare incipiens, a Brudgis discessit, duxitque secum Robertum puerum captivum. In exitu ergo juvenis illius, Burgenses nostri prosequebantur illum oculorum lacrymis et planctu gravi, quia multum dilexerant illum. Non enim propter infamiam viri nostri loci ausi sunt ipsum sequi. Qui respiciens fletum et miserationem civium, ait : « En amici mei, quia vitæ meæ subvenire non poteritis, tandem rogate Deum, ut animæ meæ dignetur misereri. » Haud longe abierat a castro, quo pedes militis copulari rex jusserat de subtus ventrem equi, in quo ascenderat captivus. Posquam ducatum comes regi præbuerat, rediit ad nos in castrum.

125. Nonis Maii, Sabbato. Postea decanus Helias, reddidit novo comiti cannam argenteam et cuppam auream Caroli consulis cum operculo aureo, quæ præpositus Bertulfus, cum in fugam se daret, decano commendavit. Robertus puer comiti insinuaverat thesaurum istum, antequam a Brudgis discessisset, quia, ut aiunt, per flagella rex extorsit ab eo ut insinuaret si quid de thesauro comitis repositum novisset. Super hoc multi admirati sunt simplicitatem decani Heliæ, qui cum cujusdam quasi sanctitatis rigore hactenus degisset, per susceptionem rapinæ hujus nimis declinavit (cum ea auctoritate Dei interdictum sit : immundum ne tetigeris...) qua suæ sanctitatis ac simplicitatis tenorem simulaverat. Namque thesaurum illum invitus comiti reddidit, per hoc satis ostendens, quantum rapinam illam amaverat. Dicebat quoque præpositum Bertulfum vasa illa ecclesiæ S. Donatiani pro salute animæ suæ contulisse, per hoc excusare credens innocentiam suam. In hoc quoque omnes aperte cognovimus quod præpositus ille in suum usum vasa consulis in partitione thesauri susceperat, et non valens secum deferre, cum fugeret, reliquit illam miserrimam rapinam decano suo.

126. Licebit subsequenter subfugere de pœnitentia Borsiardi et eorum, qui cum ipso comitem tradiderant Isaac et aliis. Asserunt quod Borsiardus ille recognosceret peccatum suum, et pro eo doleret et pœniteret, ita ut obsecraret omnes inspectatores patibuli sui, quatenus manus ei truncarent, quibus Dominum suum Carolum occiderat. Et exoravit omnes, ut saltem deprecarentur et expostularent Deum pro salute animæ suæ, cum nullam in vita ista salutem promeruisset ; et Deum omnipotentem, quantum scivit et potuit, sibi propitium fore interpellavit. Cæterum hi qui præcipitati sunt, cum in propugnaculis proni despicerent, signo sanctæ Crucis se signabant, et nomen Christi Jesu invocando, in ipso adhuc casu ruentes, vociferabantur. Sed quia statim post facinus peractum excommunicati sunt traditores illi, propter rigorem justitiæ non sunt ante perditionem nec post ab episcopo absoluti, et ideo

in triviis et locis campestribus (207) extra cœmeterium sepulti jacent.

127. Isaac ergo cum inter monachos monachali habitu lateret et prævidisset irruentem in se turbam, ait abbati : « Domine mi, si animus mihi esset pugnandi, non sine multorum strage capi me permitterem, sed quia me reum fateor traditionis, omnia mala et ipsam mortem temporalem amplector, ut in hoc præsenti in me puniatur, quod in dominum meum graviter peccavi. » Accessit ergo filius advocati Tervauniæ(208)comprehendens Isaac et in vincula projecit, donec adulterinus ille Iprensium comes adveniret et de eo judicaret. Isaac quoque exspectabat eumdem Willelmum, credens per illum evadere se posse, eo quod traditionis conscius fuisset. At postquam venerat comes ille, dissimulans conscientiam suam ream fuisse, præcepit Isaac suspendi, quia Carolum comitem tradiderat. Isaac vero in via qua apud Ariam castrum trahebatur ad suspendium, profitebatur aperte quia tradiderat dominum suum. Et rogabat tumultum populi ut obruerent ipsum luto et lapidibus et fustibus, nihil satis pœnæ credens sibi potuisse inferri in hac vita, qui tantum facinus perpetrasset. Venerabatur ergo jacturas, ictus, lapides, et omnes punitores suos, et eis gratias egit, quia dignabantur tam gravem peccatorem disperdere. Tandem cum pervenisset ad locum suspendii, salutabat stipitem arboris, et laqueos simulque arborem osculabatur, et ipse suo innexuit collo, dicens : « In nomine Domini meæ mortis supplicium amplector et precor vos omnes, ut mecum exoretis Deum, quatenus ista mortis acerbitate punitum fiat in me quidquid miser ego in dominum meum deliqui ; » sicque laqueo subductus, mori turpiter promeruit (209).

128. Bertulfus præpositus a Deo multa acceperat suæ mortis signa. Nam cum Brugis custos ecclesiæ in camera langueret, introivit præpositus ut visitaret illum, statimque confractæ sunt trabes, quæ tectum subrexerant super caput ipsius, ita ut vix evadere a camera se credidisset. Alio quoque tempore trabs magna domus suæ in Brugis decidit, nec ab homine aut vento impulsa, recte super cathedram et sedilia juxta posita, ubi præpositus potenter et imperiose sedere consueverat. Ipse vero eodem tempore Furnis erat, et funditus confracta sunt omnia quæcumque in ipsa ruina comprehensa fuerant. Alio quoque tempore, cum præpositus transiret per Ipram juxta patibulum in foro positum, in quo postmodum suspensus est, ait militibus su·s: « Deus omnipotens, quid est quod hac nocte somniaverim. Vidi ego per somnium quod in hoc eodem patibulo fixus starem : » derisitque hujusmodi visionem, et pro nihilo eam reputavit. De ipsius vero pœna et non de pœnitentia quidquam audivimus. Robertus puer usque in Casletum ductus, jussu regis decollatus est ; sed confessus peccata sua, percussori suo condonavit, quod eum morti daturus erat.

CAPUT XVIII.

Inquisitio in complices et adjutores traditorum et raptores pecuniæ B. Caroli. Varii conscii traditionis mortui.

129. Duodecimo Kalendas Junii, Sabbato in vigilia Pentecostes, Eustachius noviter in Furnis a novo consule Flandriæ castellanus constitutus, Oldgerum olim camerarium Bertulphi præpositi secum captivum Brugas in præsentia omnium de Curia comitis adduxit, ut ille captivus insinuaret comiti, qui de canonicis vel laicis obtinuissent a præposito Bertulpho thesaurum et prædam Caroli consulis, sive a nepotibus ejusdem præpositi. Inculpavit ergo decanum Heliam pro trecentis marcis, Litteram canonicum pro ducentis marcis, Robertum custodem ecclesiæ pro culcitris et palliis et argento, Radulphum magistrum pro sex scyphis argenteis, Robertum filium Lidgardis, pro centum marcis argenti. Hujusmodi mendacia confinxerat sibi ille Oldgerus, ut sic gratiam mereretur evasionis suæ obtinere. Simile veri tamen videbatur multis (eo quod ille decanus Helias jam antea per accusationem Roberti pueri reddidisset cannam argenteam pensæ viginti unius marcæ et cupam auream cum aureo ejus operculo pensæ auri septem marcarum ipsi comiti) multum argenti adhuc retinere tam decanum illum quam quosdam ejus canonicos, sicut postmodum patuit. Nam custos ecclesiæ Robertus introiens et libere exiens ad traditores illos in omni tempore obsidionis, accepit ab ipsis maximam pecuniam ea conditione ut si traditores illi evasissent, ille presbyter et custos eis redderet quæ in custodiam acceperat. Postquam ergo damnati sunt miseri illi, voluit custos ille astute dissimulare pecuniam. Finxit igitur se Hierosolymam iturum, et oneravit tres palefridos (210) fortes et dimidium et abiit a castro nostro summo mane,et sic asportavit prædam Caroli comitis offerendam Christo in Hierusalem. Pro hujus ergo facto, omnium suspicio retorsa est in canonicos illos. Eodem die reddidit Littera tres marcas argenti ipsi comiti, quas detinuerat ex argento præpositi.

130. Undecimo Kalendas Junii, Dominica sancta Pentecostes, comes et castellanus Gervasius et Walterus ex Frorerdesflo et milites Flandriæ qui aderant, juraverunt pacem sese pro posse suo conservaturos per totam terram Flandriarum.

131. Post festum S. Mariæ in Nativitate, quod est

---

(207) Lernutius ex suis Annalibus asserit : *Mandato regis avectos extra urbem in campos, D. Bavonis et S. Andreæ limitibus adsitos ; et suspensos fœdum viatoribus diu spectaculum præbuisse.*

(208) Hæc referenda sunt ad num. 80, ubi paucis agitur de ejus supplicio illato 25 Martii.

(209) Hæc quoque ad cap. 15 spectant, ubi de præpositi supplicio actum.

(210) *Palefredos*, vel *Palfredos* pro equis accipi indicavimus ad Vitam Caroli abbatis Villariensis, 29 Januarii num. 16. De vocis origine disputant Vossius et alii.

sexto Idus Septembris, Sabbato scilicet, comes noster fecit secum adduci apud Brugas Willelmum illum Iprensem, quem in invasione Iprae captivaverat, et clausit eum in suprema camera castri Brugensis cum fratre suo Thiebaldo Sorel (211); qui cum per sex dies commorati sunt conceptivati, Thiebaldus commendatus est Everardo militi cuidam ex Gend ad custodiendum. Moxque prohibitum est Willelmo illi Iprensi, ne per fenestras foras prospiceret, sed intra domum tantummodo spatiaretur. Appositi sunt etiam vigiles et custodes cum illo, qui cautissime observabant illum.

132. Decimo sexto Kalendas Octobris, feria sexta, in nocte S. Lamberti, ex unaquaque vicinia circa nos et ex civibus Brugensibus meliores et magis fideles, simulque castellanum Gervasium jurare praecepit comes pro honore terrae, ut vera assertione profiterentur, quis Carolum comitem occiderit, vel quis eos interfecerit, qui cum ipso praefato consule occisi sunt; quis rapinam comitis et secum occisorum vel hominum et familiae comitis rapuerit; quis in auxilium eorum traditorum post mortem domini totius patriae se associaverit; vel quis cum impiissimis illis ante obsidionem vel post permanserit; vel quis illos traditores et eorum complices sine licentia principum, qui castrum et ipsos infra obsederant, eduxerit, et ideo ab eis pecuniam et thesaurum comitis Caroli acceperit clanculo; quis illos postea detinuerit et auxilium praestiterit, quos rex et comes communi consilio terrae baronum reos condemnaverant, et proscriptioni decreverant. Igitur post conjurationem consederunt simul in domo comitis, et accusaverunt apud nos centum viginti quinque. Et in Reddenburg cum Lamberto, quem traditionis reum notaverant, triginta septem.

133. Decimo quinto Kalendas Octobris Sabbato, in die S. Lamberti, comes iturus versus Ipram, requisivit a Burdgensibus nostris teloneum. At illis ingratus erat comes, ideo quod de redditibus telonei milites sui feodati fuerant a tempore omnium praedecessorum suorum comitum. Vexabant enim consulem milites sui, eo quod Burgensibus condonasset teloneum, quo ipsi hactenus feodi exstiterant. Et illud non posse confirmabant comitem juste sine suorum militum assensu condonare, nec juste ipsos cives, ut eis condonaret, consulem expostulasse. Unde invidia concitata est inter cives et inter comitem militesque suos. Secundum legem ergo obsidionis quam principes decreverant, comes et sui post accusationem agere studuerunt. Namque lex et decretum tale statutum fuit: Quicunque eduxerit contra assensum principum obsidionis quemquam de obsessis, quali poena erat mulctandus eductus, tali tormento damnabitur eductor. Itaque cum multi fuissent de obsessis clanculo et pro pretio educti, jam

parentes illorum, qui in obsidendo traditores occisi erant, flectebant se ad genua comitis, obsecrantes ut sibi ad occidendum vel puniendum daret illos qui clanculo et furtim et traditiose obsessos eduxerant, aut illos seductores a terra ejiceret. Sicque constrictus ratione consul, accusatos ante se praecepit stare, volens ipsos secundum legem obsidionis tractare. At illi responderunt sese non fuisse legitime accusatos, sed causa invidiae et odii, et non causa veritatis: summopere tamen rogabant consulem, ut secundum judicium Scabinorum terrae ipsos tractaret, tam de nota traditionis quam de cujusque suspicionis respectu. Plures quidem reconciliati sunt comiti de accusatis quos adhuc persequebantur nepotes et filii et cognati eorum qui in obsidione occisi fuerant, vel quia traditores subduxerant, qui dominum terrae Carolum, simulque patrem ipsorum tradiderant: sicut fuerant filii castellani ex Brudburg, qui in praesentia etiam novi comitis appellare festinabant Everardum ex Gend; qui obsessos scilicet illos eduxerat causa pecuniae, qui patrem et fratres occiderant suos simul cum comite patriae. Audito illo, major pars accusatorum se subtraxit, quos conscientia mordebat propria. Accepit ergo comes consilium, et convocatis baronibus suis decrevit, quatenus illos proscriberet accusatos qui hominium Carolo comiti fecerant, et insimul auxilium praebuerant traditoribus obsessi cum ipsis, sed et alios ad satisfactionem susciperet, et alios misericorditer sine judicio reciperet in gratia sua.

134. Factum est ergo Dei districto et horribili examine, quod Walterus ex Frorerdeslo, unus parium terrae, in quadam militiae expeditione, ex proprio cursu suo ab equo praecipitatus, totus confractus langueret, et postmodum in paucis diem obierit. Verum quippe fuit illum conscium fuisse traditionis domini sui et patris universae terrae Flandrensis. Qui etiam ut certissima securitate cum traditoribus consisteret, adoptivum quemdam filium sutoris, quem uxor eius sibi mentita est filium fuisse, copulavit conjugio nepti praepositi Bertulfi. Crediderat enim verum fuisse sibi filium pater, quem olim fraudulenter mater, quasi uxor Walteri praefati, peperisse dissimulabat. At infans, quem pepererat, statim in ipso partu obierat. Supposuit ergo filium sutoris, qui circa idem tempus genitus fuerat, et emortuum, quem pepererat, clanculo uxori sutoris submisit, dans ei pecuniam ut fateretur se peperisse illum emortuum, et viro suo, quod factum erat, celaret. Cumque crevisset ille furatus et adoptivus filius, et omnes crediderant vere filium fuisse illius Walteri, venit praepositus et dedit neptem suam, filiam fratris sui illi furtivo filio uxorem, ut firmiter ad omnem fortunam simul per illud conjugium consisterent, audaciores, fortiores ac potentiores

(211) Nulla uspiam Thiebaldi hujus mentio: forsan solum frater uterinus fuit. Fuit nomen eo tempore satis commune. Nam *Tietbaldus de Vitri et Tietbaldus de Vermela* signarunt litteras Theoderici comitis pro monasterio Marchianensi anno 1135, apud Chesnaeum lib. II Probationum familiae Bithuniensis pag. 24.

forent. Igitur post mortem ipsius Walteri, profitebatur publice uxor ejus puerum illum non esse verum filium suum, sed adoptivum, quem isdem Walterus apud Brugensem quemdam posuerat in vadimonium pro trecentis libris. Sicque arte Dei delusa est ars præpositi, qui cum vellet superbe et gloriose per illud conjugium cognationem suam extollere; filio sutoris, Dei arte deceptus, eam copulavit. Nemo vero ausus fuit manum mittere contra Walterum, quamvis traditionis conscius fuisset. Erat enim par terræ illius, alter a comite. At Deus, cui vindicta relinquebatur, morte languida a fidelium aspectu exterminavit illum.

135. Octavo Idus Octobris, Sabbato ante festum S. Richarii, jussu comitis abductus est Willelmus (212) ille Iprensis ad Insulas, et commendatus castellano illius castri. Timuit cives nostros, et etiam a terra proscriptos, ne aliquo dolo ejicerent in Brugis a captivitate Willelmum, et vi irruerent in castrum. Notandum quod occiso comite Carolo, Borsiardus et sui sceleris participes, more paganorum et incantatorum, nocte qua primo sepultus erat comes Carolus, acceperunt scyphum plenum cerevisiæ et panem, considentes circa sepulcrum, posuerunt potum illum et panem in mensa sepulcri, edentes et bibentes super B. comitis corpus ea fide, ut nullo modo illum quis vindicaret.

136. Nono Kalendas Novembris, feria secunda, ante festum S. Amandi, Baldewinus ex Alst obiit, qui unus etiam par parium Flandriæ, domini sui Caroli traditionis notatus malo, non longe post hac vita potitus exspiravit. Leviori occasione mortis, dum scilicet cornu flaret, et jam vento arteria intrinsecus turgente, totius capitis sui vires ad flandum laborarent, ex abrupto medulla cerebri a naturali loco concussa, erupta est per vulnus antiquitus factum in fronte. Quod cum ventorum et proprii spiritus tumor disruperat, ebullierant medullæ, quæ in cerebro jacuerant, ita ut meatus narium, oculorum et simul gutturis suffocarent, et sic mortuus ense Dei plagas mortales sustinuit. Tandem cum suprema vita spiraret, monachilem habitum accepit, et sic more christiani militis a sæculo migrabat. Igitur isti duo præscripti principes terræ, cum e vicino et interposito intervallo obiissent, omnibus terræ incolis in ore et memoria fuerant, ita ut de subita morte eorum tractarent, quos post mortem domini Caroli, Deus tam veloci sententia a vita privaverat, et tam levis causæ moriendi ipsis occasionem ordinemque disposuerat. Contra morem christianum quidem in obsidione egerant cum præposito et aliis, quos a captivitate eduxerant. Nam accepta pecunia a præposito et suis, postquam subductos contra regis et principum decreta per devia diverterant, nudos et solos in locis campestribus dimiserunt, quousque ipsi vagantes et peretrantes campos et villas, capti sunt, et miserrimæ mortis exterminio dispersi.

137. Decimo sexto Kalendas Januarii, Sabbato, tertia hebdomada finita Adventus Domini, eodem anno in Quatuor temporibus Desiderius. frater Isaac illius prædicti traditoris mortuus est; qui traditionis conscius, non promeruit ulterius vitæ felicitate perfrui. A tempore ergo obsidionis nusquam ausus est prodire ad Curiam comitis, nisi latenter. Nam plures fuerant in comitatu nostro, qui illum appellassent ad bellum, et reum traditionis convicissent, si aperte ad curiam exiisset. Insuper interdictum est a comite novo eidem Desiderio, quanquam forte ad curiam ascenderet, ne sibi propinaret; nam in curia unus ex propinatoribus ipse constiterat.

CAPUT XIX.
Occasio defectionis Flandrorum a Guillelmo Northmanno comite.

138. Idus Augusti retro, itaque in festo sancti Petri in Augusto, habitis nundinis in Insulis, cum comes voluisset quemdam de servis suis ibidem in foro capere, et jussisset capi, cives Insulenses ad arma ruebant, comitem et suos extra suburbium fugaverunt, alios de curia verberantes, et Northmannos in paludes præcipitantes, plures aliis et aliis affecerunt læsionibus. Statimque comes obsedit Insularum omnia loca, et coegit cives sibi reddere marchas argenti mille et quadrigentas, si saltem illo modo repacificarentur. Unde concitata est invidia maxima inter cives illos et comitem, ita ut deinceps sibi suspecti utrinque starent.

139. Tertio Nonas Februarii feria sexta post festum Purificationis matris Domini, insurrexerunt Burgenses in S. Audomaro contra comitem, eo quod injuste volebat comes præferre illis castellanum loci illius, qui violenter res et substantiam civium illorum diripuerat, et adhuc rapere satagebat; obsedit quoque S. Audomarum cum gravi exercitu. At cives subintroduxerunt Arnoldum nepotem Caroli consulis et hominia ei fecerant et securitates ut, si forte perduraret comes novus in injusta obsidione, ad illum Arnoldum se converterent. Eadem tempestate nix et glacies et frigus et orientis ventus simul inhorruerant super faciem terræ, et ideo timebant insultum comitis, reddideruntque pro repacificatione sexcentas marchas argenti. Unde maxima invidia excitata est inter cives illos et comitem, et deinceps facti sunt sibi suspecti.

140. Decimo quarto (213) Kalendas Martii, feria quinta ante Septuagesimam, insurrexerunt Gendenses contra castellanum suum, eo quod injuriose et perverse semper egisset contra ipsos : qui transtulit se ad consulem, quem ad repacificandum se et cives adduxit. Igitur comes volens opprimere cives et

---

(212) Mejerus eum jam tum fugisse in Angliam et cum copiis regis intercepisse Slusas scripsit. Quod figmentum hinc optime refelli diximus, si conferatur cum num. 152, ubi 27 Martii anni sequentis eductus

e carcere dicitur.
(213) Excerpta ex sequentibus usque ad finem edita sunt a Chesnæo in Probationibus familiæ Gandensis a pagina 205.

eisdem violenter anteponere castellanum præfatum, ibidem per aliquot dies exspectabat. Tunc cives, sicut pepigerant cum Daniele principe et Iwanno fratre Baldwini, posuerunt comitem ad rationem; et, convocatis universis in Gandavo, Ivan prolocutor civium statutus est, et sic orsus est : « Domine comes, si cives nostros et vestros Burgenses, et nos amicos ipsorum jure vulneratis tractasse, non aliquas exactiones pravas et infestationes debueratis nobis intulisse, imo ab hostibus defendisse et honeste tractasse. Nunc ergo contra jus et sacramenta, quæ pro vobis juravimus de condonato teloneo, de confirmanda pace et de cæteris justitiis, quæ homines hujus terræ obtinuerant a prædecessoribus bonis terræ consulibus, et maxime tempore domini Caroli, et a vobis, vos in propria persona fregistis et fidem vestram et nostram, qui in idipsum vobiscum conjuravimus, violastis. Manifestum est quantam violentiam et rapinam in Insulis fecistis et quantum cives in S. Audomaro persecuti sitis injuste et perverse. Nunc quoque in Gandavo cives, si potueritis, male tractabitis. Sed cum sitis dominus noster et totius terræ Flandriæ, decet vos nobiscum rationabiliter agere, non violenter, non perverse. Ponatur curia vestra, si placet, in Ipra, qui locus est in medio terræ vestræ, et conveniant principes utrinque nostrique compares, ac universi sapientiores in clero et populo in pace et sine armis, tranquillo animo et bene considerato, sine dolo et malo ingenio, et dijudicent. Si potueritis comitatum salvo honore terræ deinceps obtinere, volo ut obtineatis. Sin vero tales estis, scilicet exlex, sine fide, dolosus, perjurus, discedite a comitatu, et eum nobis relinquite idoneo et legitimo alicui viro commendandum. Nos enim mediatores sumus inter regem Franciæ et vos, ut sine honore terræ et nostro consilio nihil in comitatu dignum ageretis. Ecce tam nos fidejussores vestros apud præfatum regem, quam Burgenses totius pene Flandriæ perverse tractastis contra fidem et jusjurandum, tam ipsius regis quam nostri, et subsequenter nostrorum omnium principum terræ. »

141. Igitur comes prosiliens exfestucasset Iwannum, si ausus esset præ tumultu civium illorum, et ait : « Volo ergo rejecto hominio, quod mihi fecisti, parem me tibi facere et sine dilatione bello comprobare in te, quia bene et rationabiliter adhuc per omnia in comitatu egerim. » At Iwan renuit, et determinavit diem, feria quinta in capite jejuniorum, octavo Idus Martii, quando pacifice in Ipra convenirent. Igitur comes descendit Brugas, et convocatis viciniæ illius militibus, præcepit ut ad diem positum secum et ad ipsum armata manu festinarent : convocatisque civibus in Brugis, conquestus est eis quam inhoneste ipsum a terra expelleret Iwan et sui, si possent, exoravitque eos ut secum fideliter starent. At illi annuerunt. Igitur ad diem ascendit comes manu armata et implevit Ipram militibus et coterellis (214), præparatis et ad pugnandum accinctis. Ascendit quoque Iwan et Daniel juxta Ipram, scilicet in Roslara, et præmisit internuntios ad comitem dicens : « Domine comes, quia dies in sacro jejuniorum tempore positus est, cum pace et sine dolo et armis, sed rationabiliter venisse debueratis et non fecistis, imo contra homines nostros pugnaturus præsto estis : mandant vobis Iwan et Daniel et Gendenses, quia dolose ipsos interficere venistis, hominia, quæ inviolabiliter hactenus vobis servaverunt, exfestucare per nos non differunt. » Et exfestucaverunt ex parte dominorum suorum internuntii illi, et abierunt.

142. Ante hoc tempus Iwan et Daniel transmiserant per castra Flandriæ mandantes salutem : « Obsides, et fidejussores dabimus ad invicem, si vos vultis cum honore vivere in terra, ut si violenter velit comes irruere super vos vel nos, undique ad mutuam nostram defensionem concurramus. » Annueruntque eis id libentissime se facturos, si cum honore terræ et suo, comite isto tam perverso carere possent qui nulli rei intenderet, nisi quo astu cives suos persequi potuisset. Et adjunxerunt : « Ecce patet quomodo mercatores et universæ terræ Flandriæ negotiatores obsessi sunt causa comitis istius, quem vos in comitatum dignissimi patris Caroli subrogastis ; et jam per annum istum consumpsimus substantias nostras et insuper quidquid in tempore alio sumus lucrati, aut iste comes abstulit aut nos infra terram istam clausi et obsessi ab inimicis ejus consumpsimus. Videte ergo qua ratione isto careamus raptore et persecutore nostro, salvo tamen honore terræ et vestro. » Interim comes in Ipra insidiabatur Danieli et Iwanno congregans sibi universos terræ milites.

143. Quinto Idus Martii, Dominica prima Quadragesimæ, fama vera nos percellebat, quod juvenis Theodoricus, nepos Caroli consulis, ex Elsatan venisset in Gandavum, ibique exspectaret, donec propulso isto comite cum suis Northmannis, ipse in consulem susciperetur. Et valde mirandum est, quod Flandria tot dominos susciperet, et eodem tempore puerum de Montibus, et Arnoldum quem in S. Audomaro subintroduxerant, et istum qui jam exspectat Gandavi, et istum nostrum abusivum comitem se recepturam parata foret. Nam istum Northmannum consulem nostrum, Theodericus castellanus et ipsius cognati et amici, Arnoldum vero illi in S. Audomaro, comitem de Montibus illi de Atrebato et in confiniis; Theodoricum istum Iwan et Daniel et Gendenses in comitem assumere festinabant.

144. Decimo septimo Kalendas Aprilis, feria sexta, cives Burgensium corruerunt in castrum, inquirentes, si Fromoldus junior domum comitis implesset frumento et vino et cæteris victualibus ad opus comitis Willelmi observandam. Eodem die audito, eo quod comes veniret in suburbium Brugis, obviam ei,

(214) *Coterellis*, id est vilioribus hominibus, ut cap. 16 dictum.

si forte venisset, clauserunt portas, nolentes illum deinceps tenere pro comite.

145. Sabbato in Quatuor Temporibus, jam transacta plena prima jejuniorum hebdomada, in XVI Kalendas Aprilis, Gertrudis virginis, castellanus Gervasius imperavit sese præparare omnes qui in Vicecomitatum ejus habitarent, ut in Toreholt expediti ad bellum conscenderent feria quarta post Sabbatum præscriptum, ibidem exspectantes donec comes noster Willelmus ipsos deduceret contra Danielem et Iwan pugnaturos.

146. Duodecimo Kalendas Aprilis, in Benedicti abbatis, castellanus noster Gervasius a Toraholth in Brugas rediit cum suis, retulitque quod Arnoldus, nepos Caroli comitis jam secunda vice subinductus erat in S. Audomarum fraudulenter a quibusdam civium. Quo rescito, comes Flandriæ Willelmus cum potentia valida ab Ipra accurrit in S. Audomarum, ac in ecclesiam S. Bertini obsessum fugavit, volens incendere ecclesiam; coegitque, ut Arnoldus ille abjuraret prorsus Flandriam, simulque illi qui cum ipso obsessi fuerant.

147. Et hoc eodem die reversus est comes in Ipram præparans se, ut sequente die invaderet Iwannum et Danielem cum expeditione imperata in Toraholt. Eodem die, scilicet feria quarta, cives nostri et maritimi Flandrenses nostri conjuraverunt, ut simul deinceps starent pro tuendo honore loci et patriæ.

148. Decimo Kalendas Aprilis feria sexta, transmissis litteris, illi ex Gend simul Iwan et Daniel dicebant nostris Burgensibus, ut usque in diem lunæ proximum præviderent sibi utrum deliberarent prorsus permanere cum Gendensibus, et prorsus exfestucare comitem; an prorsus persisterent cum consule Willelmo et contradicerent Gendensibus et ipsorum dominis ac amicis. Ultra præscriptum diem igitur nolebant in ambiguo suspendi cum Brugensibus.

149. Nono Kalendas Aprilis Sabbato *Dixit Rebecca* (215). Audierant Brugenses quod comes ex Alstra (216) satagerct descendere Brugas, contradixerunt ei locum et castrum suum. Remandaverunt comiti per castellanum Gervasium, ut alias se diverteret, donec inimicos suos exstirpasset a Flandria, et tunc primum redderent ei locum et castrum in Brugis. Requirebant quoque ab eodem Gervasio castellano, ut profiteretur ipsis, utrum deliberasset, an prorsus remanere in fide et securitate eadem cum ipsis, an prorsus ab ipsis cum suo consule recedere. Eodem die circa vesperam viderunt transitum comitis apud nos versus Maldenghem, statim ad arma prosilientes cives nostri in exitibus portarum restitissent comiti in faciem, si ad Brugas descendisset, et portas undique clauserunt contra illum. Eodem die Cono frater Walteri mortui ex Frorerdeslo introivit ad cives nostros, et in medio fori coram universis jurabat se cum sua potentia deinceps cum civibus fideliter persistere. Erantque civibus nostris coadjutores milites Walterus (217) ex Liswega et sui, et illi ex Ostkerca Hugo Snaggaerd et fratres sui.

CAPUT XX.
Electio Theodorici Alsatii in comitem Flandriæ. Interitus Lamberti Reddenburgii.

150. Octavo Kalendas Aprilis, in Dominica, in Annuntiationem S. Mariæ, Evangelium legebatur: *Omne regnum in se divisum desolabitur*: ad Burgenses nostros, tam ad clerum quam ad populum viciniæ nostræ mandarunt Hollandiæ comitissa (218) et frater ejus Theodoricus adoptivus (219) comes, Gendensium et nostrorum civium salutem. Quidquid a prædecessoribus nostris consulibus legitime possidetis et per me firmius obtinebitis, si quidem me in comitatum subrogatis. Mercatoribus vestris et totius Flandriæ pacem et liberum negotiandi præbebo transitum, simulque soror mea comitissa idem præbebit eatenus tamen, ut obsides demus invicem recipiendi me a vobis et liberam præstandi vobis negotiationem. Statim castellanus Gervasius transivit ad comitem in Maldenghem consulens ei u' versus Ipram ascenderet, quia in Maldenghem quasi obsessus teneretur, si Gendenses in eum excursum forte fecissent. Statimque Brugenses transmiserunt propter Danielem, ut cum sua potentia ad ipsos in Brugas descenderet. Interim cum castellano ex Brudburg Henrico (220), Arnoldus, quem in S. Audomaro olim susceperant in comitem, satagebat cum auxilio et consilio regis Angliæ, ut comitatum Flandriæ obtineret. Itaque terra Flandriæ divisa est, ut alii adhuc fidem conservantes et hominia comiti Willelmo, cum ipso militarent; alii peroptarent Theodoricum, sicut Daniel, et Iwan, et Gendenses, ac Brugenses; alii Arnoldum, sicut illi in S. Audomaro, et vicinia illa; alii comitem ex Montibus præferendum crederent. Igitur in tanta divisione desolata est terra.

151. Septimo Kalendas Aprilis, feria secunda, castellanus Gervasius noluit cum Brugensibus nostris deinceps commanere, eo quod comiti Willelmo contradixissent locum et castrum suum et portas obstruxissent contra eum, et superadoptassent Theodoricum sibi in consulem. Igitur extra castrum Brugarum Gervasius mandavit pro melioribus civium, et habuit

---

(215) Id est Sabbato ante Dominicam III Quadragesimæ, quando in missa loco Epistolæ legitur pars cap. XVII libri Geneseos.
(216) *Alstra*, vulgo Alteren, in agro Gandensi prope dexterum latus novæ fossæ, qua Brugas navigatur.
(217) Walterus Crommelin, gener Haketti Castellani.

(218) Petronilla, mater Diederici VI, de qua actum cap. 8.
(219) Quod cum sorore pro hujus filio ad tempus præesset.
(220) Henricus filius Themardi cum B. Carolo occisi, qui constabularius et Castellanus Brocburgensis signavit litteras Theodorici Comitis anno 1151, in Probationibus familiæ Gandensis pag. 203.

cum eis hujusmodi orationem : « Quia fidem unico domino meo, comiti Willelmo, adhuc servo, a quo separari secundum legem sæculi non potero, salvo honore meo, non potero vobiscum commanendi licentiam habere, qui tantum feceritis comiti contemptum. Sed quia vos amo, ibo ad comitem, perorabo pro vobis, quatenus usque in Dominicam proximam induciet de vobis, ne aliquam inferat molestiam vobis, ita ut si vos comiti potuero comporere, faciam; sin vero, cautos vos faciam de omni molestia, quam comes inferet vobis, si eam præscire potero. Uxorem meam, filios et filias et res meas adhuc infra castrum habitantes, precor honeste conservetis usque in determinatum diem. » Et concesserunt ei omnes cives nostri fidelites sese observaturos. Eodem die Steven ex Boulara (221) introivit ad nos cum circa quadraginta militibus. Excursum fecerunt milites nostri ante domum Thancmari. Eodem die Iwan (222) et Daniel Brugas induxerunt Theodoricum ex Elsatan, ut in comitem assumeretur. Occurrerant ei cives nostri applaudentes ei.

152. Sexto Kalendas Aprilis, feria tertia, in mane Thancmarus et nepotes ipsius domum et mansiones proprias in Straten combusserunt, quia si hoc non fecissent, Daniel et Iwan cum suo Theodorico combussissent. Didicimus revera quod Iwan et Daniel illi Theodorico hominium et securitatem non fecerant adhuc, sed ducendo eum per castra Flandriæ populum et milites commoverent ad eligendum illum in consulem. Nam sine licentia et assensu ducis Lovaniæ electionem facere Iwan et Daniel non poterant. Sic enim fidem duci utrique dederant, ne Theodoricum illum in consulem eligerent sine consensu ducis. Eodem die audivimus, quod Willelmus Iprensis a captivatione productus, Cortracum venisset, ut consilio et viribus suis et suorum forte juvaret consulem Willelmum, a Brugis et a Gandavo propulsum. Quia ergo Iwan et Daniel duo ex paribus et principibus Flandriæ a rege Angliæ donaria plurima susceperant et plura erant pro expulsione nepotis sui, scilicet nostri consulis Willelmi, accepturi, nihil absque consilio regis facere deliberarant, seu absque consilio ducis Lovaniæ, cujus filiam rex Angliæ et idem dux daturus erat Arnoldo nepoti consulis piissimi Caroli, quem eodem tempore Furnenses et castellanus ex Brodburg in comitem susceperant; et hoc consilio et auxilio regis Angliæ. Interrogabant tandem cives nostri ipsos Iwanum et Danielem : « Cur ergo istum Theodoricum ad nos usque perduxistis, si fidem, securitatem et hominia ei vos priores, et nos secundo loco non fuerimus facturi? » Responderunt : « Quia cum apud Brugas veniret, nobiscum venit, et nos cum ipso, ut videret situm loci, et tentaret quo animo eum susciperent Brugenses et qui cum ipsis stabant amicitia et securitate conjuncti. » Quarto Kalendas Aprilis, feria quinta, illi milites ex Ostkercka ex nomine inscriptos pergameno, sese et plures alios transmiserunt consuli Willelmo in Ipra, et exfestucaverunt fidem et hominia, quæ olim fecerant ipsi eidem consuli.

153. Tertio Kalendas Aprilis, feria sexta, exspectabant Brugenses reditum Danielis et Iwani, qui antea exiverant suburbium clanculo cum militibus suis. Nam determinaverant civibus nostris hunc diem, in quo hominia et securitates facerent Theodorico ex Elsatan, simulque Gendenses et Brugenses et qui cum ipsis conjuraverant. Hæc ante feriam sextam anno bissextili, in anno præterito erat feria quarta ante diem Paschæ proxima. Eodem die in vespera, reversi sunt ad nos in Brugis Iwan et Daniel et Hugo Campus avenæ. Et relatum est quod Willelmus Iprensis ille captus, libertate donatus fuerit a consule Willelmo Northmannorum. Statim postquam pransi sunt, tam principes quam populus convenerunt in exitu castri apud Harenas omnes, ibique elegerunt Theodoricum ex Elsatan in consulem totius Flandriæ; feceruntque ei hominia Iwan et Daniel in præsentia universorum; lexque data est omnibus qui pro traditione comitis Caroli proscripti habebantur, revertendi in curiam hujus novelli comitis, et, si auderent, secundum judicia principum et feodatorum terræ, si miles erat et ad curiam comitis pertinuisset, excusationem facerent; sin vero, secundum judicia Scabinorum terræ sese quisque notatus purgaret. Superaddita est a consule, principibus suis et populo terræ libertas de statu reipublicæ et honore terræ, meliorandi omnia jura et judicia et mores et consuetudines ipsorum terram inhabitantium. Et notandum quod in anno præterito ista eadem feria reversi sunt principes obsidionis ex Atrebato, qui exiverant a nobis, pro eligendo consule terræ secundum regis Lodewici consilium ac præceptum, Iwan et frater ejus Baldevinus ex Alst, Walterus ex Frorerdeslo, et cæteri terræ compares, redeuntes ad nos cum alacri animo denuntiaverunt nobis sese cum rege Franciæ elegisse Willelmum puerum ex Northmannia libere et legitime in comitem et dominum universæ terræ nostræ. Et quod consule Willelmo cum baronibus suis considente in Ipra in solario quadam, ut consilium acciperet quid facturus foret contra noviter electum Theodoricum, consulem Gendensium et Brugensium et complicum eorum solummodo, decidit ipsum solarium in terram, et corruerunt simul confidentes in eo, ita ut unus ipsorum pene casu ipso præfocatus exspirasset.

154. Pridie Kalendas Aprilis Sabbato. Interim clerus et populus reversi sunt apud Harenas, et super feretrum S. Donatiani juravit comes, sicut prædixi-

---

(221) *Boularia* prope Gerardimontium, hoc tempore baronatus complectens sub se 12 pagos. *Stephanus de Boularia* comitatus fuerat in Terram sanctam Roberto comitem. *Willelmus de Boulaer* signavit litteras *Ivani de Gand* anno 1139 pro monasterio Trunchinensi apud Miræum in Cod. Donat. cap. 94.

(222) Duxit Ivvan uxorem Laurettam filiam Theoderici anno 1140.

mus, et dati sunt inter consulem et clerum et populum obsides, Iwan et Daniel, illa omnia consulem adimplere et scienter non fraudare quæ juraverit. Deinde Gendenses fidelitatem jurabant, et deinde Brugenses consuli et hominia fecerunt. Eodem die Lambertus ex Reddenburg venit Brugas, ut se a traditione excusaret. Kal. Aprilis, Dominica *Lœtare Jerusalem*, in medio Quadragesimæ, Theodoricus susceptus est in consulem, et cum processione in ecclesia S. Donatiani in Brugis, et more prædecessorum suorum comitum ascendit, et pransus est in aula et domo comitum et per totum diem Brugenses nostri elaborabant pro introducendo castellano Gervasio quem fideliter dilexerant. Erant tamen aliqui Brugensium, homines quidem ejusdem Gervasii, qui nequiter agebant contra, seorsum inito consilio cum quodam Waltero genero Haketti castellani, quem superponere Gervasio moliebantur.

155. Quarto Nonas Aprilis, quæ feria in præterito anno erat Sabbatum sanctum Paschæ, modo vero feria secunda, introivit Gervasius castellanus in castrum Brugarum ad consulem Theodoricum in multitudine militum suorum et Burgensium, qui fideliter ipsum dilexerant, stansque coram universis ait : « Domine comes Theodorice si Deus hanc gratiam contulisset nobis et patriæ, ut vos statim post mortem domini nostri et nepotis vestri Caroli præsentem habuissemus, neminem in comitatum præter vos suscepissemus. Notum ergo facio omnibus, quod a consule Willelmo prorsus discesserim; hominium et fidem et securitatem, quam hactenus sibi servaverim, rejecerim, eo quod pares terræ et omnis populus illum condemnaverint sine lege, sine fide, sine justitia Dei et hominum adhuc in terra errantem. Vosque hæredem naturalem et dominum terræ justum, cum honore et dilectione susceperint. Volo ergo hominium et fidem vobis facere, sicut domino naturali terræ, et de cujus conditione nos sumus, officium et feoda, quæ a prædecessoribus vestris hactenus tenui, a vobis recipere volo. Si quis vero vicecomitatum contra me impetit, ex parte Haketti, qui ante me castellanus proxime fuit, in præsentia vestra et parium terræ satisfacturus præsto ero. » Sicque finita oratione factus est homo Theodorici consulis, deinde per reliquum diem fecerunt hominia consuli, omnes qui feodati fore debuerant in comitatu et per aliquos dies deinceps. Statim pacem ipse consul componere festinabat in omni comitatu suo inter illos qui hactenus in invicem discordias et lites gravesque pugnas exercuerant

156. Octavo Idus Aprilis, feria sexta, Lambertus ex Reddenburg ferro ignito purgabat se in præsentia comitis Theodorici a traditione et morte domini Caroli consulis : Daniel et Iwan non interfuerunt.

157. Quinto Idus Aprilis, feria secunda, quidam Iprensium venerant coram consule Theodorico in lobio domus suæ in Brugis, denuntiantes quod idem comes in auxilium veniret civibus Iprensibus, ea conditione, ut si cives consulem Willelmum ab Ipra expellerent, statim die altero comes Theodoricus in auxilium civium eorumdem intraret ad ipsos.

158. Quarto Idus Aprilis, feria tertia, consul Theodoricus cum feodatis suis et Burgensibus Brugensium excursum fecit versus hostes suos, qui in Oldenburg et Gistella consederant, et quia undique præmuniti erant fortiter ad resistendum, comes cum civibus in media via rediit. Eodem die misit rex Franciæ litteras hujusmodi civibus nostris : « Volo, ut in Dominica Palmarum octo viros discretos a vobis mihi in Atrebato transmittatis, de singulis quidem castris Flandriæ totidem sapientiores evocabo : coram quibus et universis baronibus meis retractare velim rationabiliter, quid sit quæstionis et pugnæ inter vos et comitem vestrum Willelmum, et statim laborabo pro pacis conformatione inter vos et ipsum. Si quis de civibus non ausit venire ad me, conductum secure præbebo veniendi et redeundi. » Statim cives super remittendis litteris rationis et consilii studium inierunt, dicentes : Quia rex juraverat ante susceptionem Willelmi comitis, nullam coemptionem vel pretium se velle et debere accipere pro electione consulis ejusdem, et postmodum mille marcas pro pretio et coemptione aperte susceperit, perjurus est. Item quidquid civibus in telonio condonavit et quidquid super hoc simul cum rege juravit se inviolabiliter conservaturum, violenter fregit. Et cum obsides dedisset, ipse comes pro confirmatione omnium eorum quæ civibus condonaverat et dederat, ipsos fefellit obsides. Igitur cum tandem apud Ipram diem nobis determinasset et paribus terræ, ut se componeret nobiscum, sicut omnes sciunt terræ incolæ, armata manu prædictum castrum anticipavit, ut violenter nobiscum ageret, et ad quidquid vellet nos constringeret. Itaque sine ratione, sine lege Dei et hominum, nos in terra hac clausit, ne negotiari possemus; imo quidquid hactenus possedimus, sine lucro, sine negotiatione, sine acquisitione rerum consumpsimus. Unde justam habemus rationem expellendi illum a terra. Nunc ergo justiorem terræ hæredem in consulem nobis elegimus, filium sororis (223) consulis Caroli, virum fidelem et prudentem, secundum morem terræ sublimatum, fide et hominio nostro stabilitum, naturam et mores et facta prædecessorum suorum digne imitantem. Notum igitur facimus universis, tam regi quam ipsius principibus, simulque præsentibus et successoribus nostris, quod nihil pertinet ad regem Franciæ de electione vel positione comitis Flandriæ.... (224) sine hærede aut cum hærede obiisse, terræ compares et cives proximum comitatus hæredem eligendi habent potestatem, et in ipso comitatu sublimandi possident libertatem. Pro jure ergo terrarum, quas in feodum tenuerat a rege, cum obierit consul, pro eodem feodo dabit successor comitis

---

(223) Imo *amitæ*. Erant consobrini duarum sororum filii.

(224) Videtur desiderari *si eum contigerit* aut quid simile.

armaturam tantummodo regi. Nihil ulterius debet consul terrae Flandriae regi Franciae, neque rex habet rationem aliquam ut potestative seu per coemptionem seu per pretium nobis superponat consulem, aut aliquem praeferat. Sed quia rex et comites Flandriae cognationis natura hactenus conjuncti stabant, eo respectu milites et proceres et cives Flandriae assensum regi praebuerant de eligendo et ponendo illo Willelmo sibi in consulem. Sed aliud est prorsus quod ex cognatione debetur, aliud vero quod antiqua praedecessorum Flandriae consulum traditione ad justitiae examinatur instituta.

159. Tertio Idus Aprilis, feria quarta Leonis papae, nepotes Thancmari cucurrerunt super Brugenses apud Harenas, evocantes et allicientes cives adhuc impransos et comitem Theodoricum et suos milites ad militias faciendas. Igitur campanas custodes templorum, et milites lituos pulsantes, fugabant eos procul a Brugis. Subsequenter vero expeditiores militum nostrorum et civium ascenderunt iterum adversus hostes suos in Gistella, et coegerunt quosdam, ut laeti fuissent, si forte liceret eis hominia facere comiti nostro Theodorico, et super hoc obsides dare, ne unquam fraudem sibi facerent.

160. Nono Kalendas Maii, feria secunda, post Dominicam Paschae, comes noster Theodoricus equitabat ad Insulas et vicinias illas obtinuit. Interim Lambertus ex Wingihina cum paucis militibus excursum fecit contra Brugas, et simul cum illo nepotes Thancmari, incenderunt domum Fromoldi junioris notarii comitis, quae domus defensabiliter steterat in Berenhem. At consul Willelmus ad regem Franciae ascenderat eadem tempestate apud compendium, qui locus est in Francia, quatenus a rege acciperet consilium et auxilium, quomodo Flandriam obtineret. Episcopo nostro Simoni Noviomensis sedis libere reddidit duodecim altaria, quae in feodum acceperat, ut advocatus et defensor staret ecclesiarum Dei, quae in Flandria sunt, eo tenore quatenus episcopus banno et excommunicationis verbo damnaret omnes, quicunque Flandrensibus terrae cives suscepissent consulem Theodoricum, et ad potentiam consulatus promoverent, atque comiti Willelmo violenter et sine judicio superposuissent. Hoc ergo pacto episcopus misit litteras in Gandavum, et suspendit inibi ecclesias a divino officio.

161. Pridie Kalendas Maii, feria secunda, Lambertus ex Reddenburg, qui sub nota traditionis fuerat, usque dum satisfecisset comiti Theodorico per igniti ferri examen, in Ostburc obsederat inimicos suos in validissima manu. Etenim asciverat sibi ex insulis maris circumquaque homines et amicos cognatosque suos fere tria millia. At contra illum illi ex Reddenburg collegerant et peditum et equitum manum validam. Cum igitur utrinque accessissent illi ad obsidendum et isti ad liberandum obsessos, intervenit nuntius comitis Theodorici scilicet castellanus Gervasius, volens differre bellum, quousque comitis in praesentia pacificarentur. Sed quia pertinaces fuerant Lambertus et sui ad occidendos obsessos; noluerunt aliquo modo differre, quin obsessos percuterent. Igitur dum insultum tot millia facerent, et obsessi egregie sese defensarent, ex improviso illi milites ex Reddenburg, qui in auxilium obsessorum in alia domo eventum belli exspectaverant, armati equis et pedibus alii et alii, tamen respectu obsidentium pauci, prosiliebant. Statimque strepitum et clamores infinitos in aera moventes illi qui prosilierant, perterritos et prorsus attonitos reddiderunt obsidionem facientes, in tantum ut fugam inirent, et clypeis et armis abjectis, ad cursitandum in fuga sese succingerent. Tunc illi prius obsessi in armorum virtute egressi, simulque et illi ex Reddenburg a tergo persequentes eos, qui sese fugae dederant, omnium inimicorum illorum capitales et duces truncabant. Caeterum de peditibus quos voluerunt, enecabant. Sed et vulneratorum infinitus erat numerus et occisorum liberorum virorum numerus erat.

162. In hac ergo pugna notandum, quia Lambertus ille, qui nuper excusaverat se ferro ignito, non tradidisse Carolum consulem, modo occisus est. Nam quandiu erga Deum humiliter egit, Deus illi, quod in Domini sui morte egerat, indulsit. Igitur post liberationem igniti examinis, cum isdem Lambertus et sui sine aliquo respectu misericordiae superbe cum tribus millibus paucos obsedisset, et eis obstinatus quantum in se erat non parceret, nec propter Deum nec propter sacramentum jurandi, quod comiti Theodorico fecerat ut nullam in propria vel suorum persona seditionem moveret, voluisset pugnam et stragem obsessorum differre; merebatur ipse occidi, oblitus misericordiae Dei et dispensationis, qua eum reservaverat vitae, cum omnibus occidendus videretur, si tamen dignos poenitentiae fructus, sicut promiserat Deo et Ecclesiae instituisset. Cum enim servus humiliter agit cum Domino pro suo reatu, Dominus indulget servo secundum legem poenitentiae agenti. Cum vero homo juste agens, in alium hominem perverse egerit, et Deus judex inter utrosque asciscitur, fidem juste agentis Deus juvat, injustum hominem a causa prosternens, et in obstinatione sua confundens. Unde fit ut in bello alter iniquus prosternatur; in judicio aquae vel ferri iniquus poenitens tamen non cadat. Notandum vero quod isti occisi in Ostburg, primitus consilio et dolis suis Theodoricum comitem in Gandavo et Brugis praestituerunt et Willelmo comiti supposuerunt. Et quamvis Theodoricus haeres sit naturalis Flandriae et justus comes et pius, Willelmus vero comes Flandriae sit inhonestus et civium terrae persecutor, tamen non juste consuluerunt ii qui nunc miserabiliter jacent occisi, nec a traditione domini sui poterunt dici innocentes, quorum consilio et violentia doli adhuc comes Willelmus erat in terra sua Flandrensi.

CAPUT XXI.
Pugnae et irruptiones bellicae inter Guillielmum Northmannum et Theodoricum Alsatium.

163. Sexto Nonas Maii, in nocte feriae quartae, illi,

qui in Gandavo in domo comitis a civibus illis adhuc obsessi tenebantur, eo quod in parte Willelmi consulis persisterent, exierunt, et platearum domos plurimas incenderunt. Cumque cives pro ignis destructione laborarent, securibus exciderunt jactatoria ingenia, scilicet mangunellas (225), quibus lapideam domum et turrim, in qua degebant obsessi, prosternerent. Eodem die, scilicet quarta feria Gervasius castellanus Brugensis cum militibus obsidere voluit in Wingchina in parte comitis Willelmi agentes. At illi strenui milites occurrerunt Gervasio, et ipsum illum vulneraverunt, et de armigeris duos cœperunt, equos et palefridos lucrati sunt.

164. Tertio igitur in Nonis Maii, Sabbato revoluto anno, instabat dies anniversarius omnium illorum qui de turri præcipitati erant pro morte Caroli comitis. Et notandum quod in hac eadem septimana occisi sunt in Ostburch Lambertus filius Ledewif et cum ipso plures, quorum consilio et traditione Theodoricus Flandriæ superpositus violenter est Willelmo Northmannensi. In hac eadem hebdomade satagebat rex Franciæ in pridie Nonas Maii, Dominica *Misericordia Domini*, convocare archiepiscopos, episcopos et omnes synodales personas in clero et abbates et discretissimos, tam in clero quam in populo, comites et barones cæterosque principes, ut ad se in Atrebatum convenirent, habiturus consilium de istis duobus consulibus, quem eorum cum regia potentia expelleret, aut quem stabiliret. Quo tempore Theodoricus in Insulis et Willelmus errabat in Ipra. Tota vero terra in periculis agitabatur, in rapinis, incendiis, traditionibus, dolis, ita ut nemo discretus viveret securus. Igitur utrobique exspectabant, quod consilium, aut quæ sententia daretur in curia et conventu tot prudentum et discretorum virorum, et quæ pericula in futuro timerent, cum omnia pericula sibi superventura timerent. Et notandum quod omnes fere, quibus terra Flandrensis prohibita erat propter traditionem Caroli consulis, et hoc secundum judicia principum et baronum terræ, hoc tempore reversi sunt in terram hac simulatione et dolo; ut si quis esset, qui eos auderet interpellare de traditione, ipsi interpellati responderent secundum vel quod miles erat in curia comitis, vel secundum quod inferioris conditionis coram scabinis et judicibus terræ. Igitur adhuc nullus interpellatus est nec respondit.

165. Et memorandum quod cum jam primo comes Theodoricus in Insulas conscendisset, quædam incantatrix occurrit illi descendens in aquam illam, quam comes transiturus erat per pontem juxta incarminatricem. At illa conspersit consulem aquis. Igitur, ut aiunt, comes Theodoricus languebat in corde et visceribus, ita ut comestionem et potum fastidiret. Cumque milites ejus indoluissent super eo, cœperunt incantatricem, et ligatis manibus et pedibus, stipulis et straminibus succensis impositam combusserunt. Ab illo ergo tempore usque in septimum Idus Maii, Cono ex Frorerdeslo in Winendala, et illi qui in Winchina cum Lamberto arma ferebant contra comitem Theodoricum et suos, non desistebant deprædari villas circa se et rusticos, simulque cum rebus ipsorum violenter auferre. At Brugenses fossatis novis circumdederunt se, vigiliis et insidiis suis et suorum militum sese defensabant. Quo tempestate villa Orscamp deprædata est prorsus a militibus Willelmi consulis.

166. Pridie Idus Maii, feria secunda, Brugenses impetebant illos in Winchina, et vulnerati sunt utrinque plurimi et mortui quidam. Non tamen oppidum illorum obsessorum destructum est.

167. In Idibus Maii, feria tertia, Willelmus comes, collectis militibus suis, invasit præconem in Orscamp, et fugavit illum in ecclesiam ejusdem ruris, et clausum intus obsedit eum, appositisque ad fores templi ignibus ipsas fores conflagravit. Interim burgenses nostri occurrerunt ei armati in Orscamp, et cum perspexissent et consulem et milites ejus et flammas ignium in templo, perterriti fugerunt et plures capti sunt eodem die. Cum ergo in fugando et in persequendo cives nostros comes excurreret, præco ex Orscamp cum paucis e templo prosiliebat, et evasit periculum ignis, et captus est unus militum, qui in evasione eadem exiverat a templo; Burgenses vero nostri fugerunt timore et pavore perterriti, simulque quia conscii erant sibi, quod eumdem comitem Willelmum injuste expulerant et tradiderant; et quidam eorum in furnos campestres latuerunt, de quibus exstracti, captivi sunt abducti.

168. Duodecimo Kalendas Julii, feria secunda, fama retulit ex Lens, regem Franciæ fugisse ab Insulis, ubi comitem nostrum Theodoricum obsederat per quator dies. Eadem tempestate Gendenses evisceraverant quamdam incantatricem, et stomachum ejus circumferebant circa villam suam.

169. Quarto Kalendas Junii, feria tertia, comes Willelmus, collecta maxima manu militum et peditum, invasit Brugas, et usque in portis et cingulis et infra fossata nostra insultum impetuose et animose inferebat. Utrobique alii interfecti, alii perplures sunt vulnerati. Tandem in vespera reversus est apud Jadbeca (226).

170. Tertio Kalendas Junii, feria quarta, comes Willelmus rapuit iterum apud Orscamp rusticos et milites cum armatis, et violenter abduxit apud Winendala et Oldenburg.

171. Pridie Kalendas Junii, in die Ascensionis Domini, ex Oldenburg misit quemdam monachum, nomine Basilium, comes Willelmus præcipiens notario suo Basilio, ut ad se festinaret, eo quod in præsentiam suam berquarii et custodes curtium et

---

(225) Beka De episcopis Trajectensibus in Joanne II : *Applicando manginellas ad quassandum turres.* Idem *manganas* sæpe scribit ut infra num. 181 ma-gnella dicitur.

(226) *Jadbeca* hora itineris Aldenburgo distat, uti e. Stratcno.

reddituum suorum rationem debitorum suorum reddituri venissent. Igitur monachus ille detentus est in Brugis per Iwanum, et Gervasium castellanum et Arnoldum nepotem Caroli consulis, qui priore die a Bruburg venerat Brugas. Eodem tempore comes Willelmus Oldemburg circumsepiri et fossatis firmari præcepit, ubi se et suos recipere ordinaverat. Igitur nemo ruricola circa nos securus erat; sed cum omni supellectile sua, aut ad nemora subterfugerat et latitabat, aut infra Brugas ascendit, vix ibidem vitæ suæ aut rerum securus.

172. Quarto Idus Junii, Dominica sancta Pentecostes, comes Theodoricus venit Brugas, conquisitis circumadjacentiis villarum circa Gandavum, et in maximo gaudio susceptus est a nostris.

173. Tertio Idus Junii, feria secunda, milites et latrunculi quidam, qui erant in parte Willelmi consulis, ex Jadbeca prodibant, et quasi speciem pacis ferrent, cum milite quodam ex nostra parte manente, sermones et salutationes conferebant. Hujus ergo equitis nostri domus defensabilis et firmissima stabat : in quam omnes circummanentes, et plures ex civibus Brugensibus res suas comportaverant, quas ibidem tutius salvarent. Interceperunt ergo equitem illum in curte sua secure vagantem, et traditum vulneribus interfecerunt, et domum, eodem expulso equite, violenter obtinuerunt. Statim comes Theodoricus lætus cum innumera multitudine advolans obsedit eos, coegitque eos obsessos ut sese redderent. Quos tamen salvis membris abire dimisit; et equitem dominumque illius domus bene in propria domo restituit, feria tertia scilicet, pridie Idus Junii.

174. Eodem pridie Idus Junii, audientes milites consulis Willelmi, qui in Oldenburg, et Jadbeca, et Straten jacuerant, ut insidias pararent nostro comiti Theodorico et nostris, quod cum tota potentia sua obsidionem Theodoricus fecisset extra in remotis villis a Brugis, accurrentes circa sexaginta præcursores, incenderunt domum vicinam castro Brugensi, allicere volentes cives nostros, quos fortassis sic caperent. Magis vero ideo nos impetebant, ut Theodoricum cousulem per ignis fumum et flammas ab obsidione revocarent. Igitur castellanus Gervasius cum militibus occurrens ad insultum insidiatorum, cœpit duos milites strenuos, Walterum nepotem Thancmari, per quem occasio et causa seditionis et pugnæ totius originem habuit inter Borsiardum, illum traditorem comitis Caroli, et Thancmarum; cœpitque alium cum Waltero militem. Sed isdem Walterus lethaliter vulneratus erat in captione illa. Cives vero Brugenses manus præ gaudio complosas conferebant, animi exhilarationem non satis sibi invicem ostendentes pro tam bono suo successu. Nam tandem post tot mala, post tot prædas et domorum incendia, et post tot homicidia in nostro perpetrata, captus est Walterus ille a nostris, qui caput (227) et principium fuit totius mali terræ nostræ, pro cujus dolis Carolus consul traditus est; non quod ipse tradidisset, sed hostes suos Borsiardum et suos ad tradendum compulisset. Hæc quoque dico secundum sensum vulgi et secundum furorem animi illorum, qui modo captivum Walterum præfatum suspenderent aut novo et inaudito mortis fine dissipassent, si comes permisisset. Nam viso igne juxta Brugas, comes Theodoricus jam ab obsidione revertens, cum tota multitudine accurrit, sed ante accursum ipsius capti sunt illi duo et cæteri insidiatores retro fugati.

175. Eodem die Walterus ex Somerengem (228) et milites et pedites cum eo, qui quidem ex nostra parte militabant, apud Haltras capti sunt. Eodem die Daniel et Iwan apud Ruplemunda super ducem Lovaniæ quinquaginta milites ceperunt. Eodem die miserunt Iprenses secreto litteras Brugensibus, quatenus privatim et in tuto loco aliquos sapientiores nostros et suos vellent convenire, et de honore comitatus utiliter agere.

176. Quarto decimo et decimo tertio Kalendas Julii, comes Theodoricus ascenderat cum comite Frederico (229) in Gandavum, et collegit sibi infinitum exercitum de Axla et Buchold et Was et confiniis illis ; adduxit quoque instrumenta jactatoria, quibus dejiceret domos defensales et oppida inimicorum suorum. Applicuitque cum gravi exercitu ad Tiled (230), et obsedit domum Folket militis. Igitur duodecimo Kalendas Julii, feria quarta, Brugenses occurrerunt comiti cum suo castellano Gervasio et cum infinita Flandrensium multitudine, qui cum ipsis conjuraverant. Consederunt ergo foris nocte sequente circa domum prædictam. Igitur comes Willelmus juxta subsequens exercitum circumspexit, quota foret turba et exercitus qui militem suum obsederant. Nec parum indoluit de injuria illa, et grassanti arrogantia obsidentium. Elegerat namque Willelmus comes prius emori, quam tantum opprobrium sui sustinere. Igitur undecimo Kalendas Julii, feria quinta, et die quarto ante festum S. Joannis Baptistæ, circa mane, in Oldenburg ab abbate illius loci, religioso et prudenti viro, pœnitentiam suorum peccatorum devotus suscepit, et vovit Deo ut deinceps pauperum foret advocatus et Ecclesiarum Dei. Similiter omnes strenui milites ejus voverunt, circumcisisque crinibus et rejectis vulgaribus indumentis, camisia et lorica, cæteris armis induti sunt, humili voto apud Deum et fortis-

---

(227) Hinc data occasio scribendi ab Stratensibus occisum esse B. Carolum, ut supra dictum.
(228) *Somerghem* in agro Gandensi tertio ab urbe milliari. De cujus familiæ antiquitate agit Sanderus lib. IV Rerum Gandavensium pag. 177, asserit Bernardum et Walterum de Somerghem vixisse sub Philippo Alsatio.
(229) Fredericus ut frater Theodorici nominatur apud citatum supra Vignerum in Originibus Alsatiæ pag. 115.
(230) Tiletum, in agro Curtracensi oppidum, civium Harlebecanorum jure ac privilegiis a Guilielmo Northmanno donatum, uti ex Grammajo tradit Sanderus in Flandria illustrata, pag. 427.

simo zelo progredientes ad bellum, veneruntque in vertices montis, qui eminebat juxta exercitum Theoderici consulis; ibique præordinabant sese ad bellum.

177. Fecit ergo Willelmus comes tres turmas equitum, et obtinuit primam suorum aciem, cujus ipse dux primum insultum facere se constituit. Ex adverso itaque Theodoricus comes similiter ordinaverat acies suas; in quarum una ipse et Gervasius castellanus capita erant, in altera comes Fredericus; curtatisque hastis utrinque paulatim sese aggressi sunt in virtute hastæ et gladii, cecideruntque infiniti. Cominus pugnabant, non aliter quam morti se offerrent, in media arma inimicorum corruebant. Ante quidem sese præjudicaverant mori in bello, quam a comitatu expelli. In agressu enim primo Daniel, qui caput erat militiæ Theodorici consulis, volebat se inferre cuneis Willelmi consulis, ibique dejectus est comes Fredericus, et contra illum vinctus Riquartus ex Woldman in priore vinctura: plures quippe et infinitæ fiebant in invicem vincturæ. Tandem gladiis contendebant.

178. At pars et cuneus ille, in quo Willelmus comes pugnabat, deficere incipiens, retro in fugam se convertit, quam Daniel persequebatur cum suis. Cumque utrinque laborarent, illi in fugiendo, illi in persequendo, secunda pars cuneorum Willelmi consulis, quæ ad insidiandum latebat, prosiluit in adversas facies Danielis et suorum; et, quia recenti virtute et unanimi consensu exhortati fuerant et instructi ad bellum, in nullo hæsitantes, hastis et gladiis persecutores illos interruperunt. Tunc comes Willelmus a fuga velociter resiliens, sese cum suis recepit, unoque cursu et animo virili ac robore corporum suorum crudelitati armorum et dispersioni inimicorum insistebat. Igitur universi qui cum consule Theodorico pericula belli sibi imminere prævi-derant, in diversa armis disjectis, nudique prorsus fugerunt: adeo ut cum comite suo præter decem milites nulli commanerent. Willelmus quidem comes et sui loricas projicientes, leviores equis insidentes, tunc tandem victoriæ suæ fructum consecuti, hostes alios occiderunt, alios ceperunt.

179. Circa mediam noctem ad Brugas rediit comes Theodoricus: cæterum quo Willelmus comes redierit, non audivimus. Tunc nostri loci conjuges viros suos, filii patres, servi et ancillæ dominos suos perditos deflebant, casum et infortunium belli perquirentes, tota nocte et deinceps fletibus et suspiriis languebant. Summo diliculo igitur cum exirent nostri ad mortuos suos, iterum a militibus Willelmi capti sunt. Tam gravis persecutio et multiplex captivitas nostrorum nunquam audita est contigisse in nostris partibus ante hoc facinus belli. Infinita vero pecunia data est pro captivatis nostris redimendis Willelmo comiti et suis, et sic quodammodo iterum terra nostra deprædata. Tandem audientes nostrates, quod Willelmus comes ante ingressum belli se Deo humiliter subjecisset, pœnitentiæ remedium insumpsisset, crines et superfluas vestes ipse et omnes sui truncassent post belli infortunia sua, cives nostri simul cum suo consule Theodorico crines et vestes circumciderunt, et ipsi quoque presbyteri nostri ad exemplum inimicorum tandem pœnitentiam prædicaverunt, et post tot damna, spolia et captivitates in nostros peractas indixerunt jejunium universale, et ferebant cruces et scrinia sanctorum in ecclesiam B. Mariæ in Brugis, ibique excommunicaverunt omnes sacerdotes Brugenses ex nomine Willelmum comitem Northmannum, Thancrannus decanus, Eggardus, Sigebodo, Heribertus, Fromoldus senior, Theodoricus presbyteri, feceruntque vovere consulem Theodoricum coram universis, quod si aliqui ex Iprensibus sese ad ipsum converterent, misericorditer eos susciperet, sive de omni comitatu, quicunque se converterent similiter ad ipsum, non exhæredaret eos.

180. Octavo Kalendas Julii, Dominica, in die S. Joannis Baptistæ, in ecclesia B. Mariæ crucifixus, qui stabat in pavimento ad adorandum fidelibus, per seipsum et Dei virtute a loco in quo firmiter fixus steterat, sursum levatus decidisset in pavimentum, nisi quidam custodum ecclesiæ casum manibus præripuisset. Qui quidem custos iterum solito loco infixit crucifixum illum, et cum abiisset, iterum sicut primitus, ab infixione levatur et ruere cœperat idem crucifixus. Tunc omnes, qui ad adorandum stabant accurrentes, iterum infixerunt, putantes casum illum evenisse ex incuria infigentis. Sed circumquaque conspectantes, incuriam nullam hoc fecisse probaverunt.

181. Quarto Nonas Julii mensis, feria quarta, in translatione Martini episcopi Turonensis Ecclesiæ, obsedit comes Willelmus Northmannensis cum gravi exercitu domum magni præconis in villa Orscamp, adducens instrumenta jactatoria, magnellam et pyrrira, quibus dejiceret domum præfatam. Sed Theodoricus comes cum civibus Brugensibus et Flandrigenis circa Brugas et infra fossata et sepes ejusdem domus, simulque Arnoldus Wineth, sese opposuerunt, utrumque vero exercitum fluvius diviserat, qui domum illam prædictam orientem versus muniebat. At ex illa parte in qua Willelmus insultum fecit, domus illa sepibus et fossatis firma fuit. Multi igitur in aggressu belli et pugnæ in invicem, utrinque mortui seu vulnerati sunt, sed domus et fossata et sepes ejus firmiter perstiterunt. Tandem turrim ex una et turrim ex altera parte oppositam erexerunt, quibus conscensis acriori modo pugnaverunt. Tunc exercitus Willelmi eo quod ventus ex occidente duriter perflaret oppositum sibi hostium cuneum, comportari jussit undecunque fenum, herbam, tecta domorum, fruteta et omnem materiam, quæ subministraret impletionem fossatorum, ut sic intrarent ad hostes oppositos. At illi de intus ignem pice et uncto veteri et cera levius ardentem machinæ injecerunt, et ita igne consumptum est quidquid conjectum fuit.

Ejusdem quidem machinæ ardentis fumus ventorum stridore agitatus, in oculos irruit eorum, qui ignem injecerant ab intrinsecus; hastis et telis et sagittis multi occubuerunt infecti. Sedit igitur Willelmus ille sex dies in obsidione illa; in quibus diebus tot militias, tot tornationes exercitabant milites utriusque exercitus. Nam cum fluvius profundus esset inter utrumque hostem, quærebant omni tempore obsidionis milites Willelmi vada et transitus fluvii, quibus transire non differebant, avidi pugnæ et belli, utpote illi, qui fortiores armis et numerosiores erant multitudine. Sexto ergo die, qui erat septimo Idus Julii, feria secunda, circa vesperam, videns Willelmus quod nihil proficeret in obsidione domus illius, transire jussit milites quadringentos per vada fluvii, et combusserunt domum Ansboldi militis et domos fratris et sororum ejus. Tunc exercitus ejus recessit; at nostri fugerunt in Brugas, et vicini, qui circa nos commanebant, cum omni supellectili sua et pecudibus fugientes, intraverunt ad nos in Brugas, tremore et pavore attoniti, noctemque illam insomnem duxerunt. Eadem die monachi S. Trudonis et eorumdem cellula juxta Orscamp sita, prorsus depraedata est, ut nec libri vel calix sacrificii ibidem remaneret.

182. Notandum quidem quod nullus sapientum inter nostros Brugenses ausus erat vera profiteri de casu et infortunio et fuga nostra. Quicunque enim aliquid veritatis profitebatur, illum traditorem loci nostri et fautorem Willelmi consulis deturpabant, mortemque subito minati sunt. Nec mirum, quia Deus obstinabat corda eorum, ne omnem veritatem vellent audire. Tamen cruces et processiones per ecclesias a clero delatas subsequentes, magis Deum ad iram, quam ad placationem provocaverunt; quia in obstinatione animi, in malis et in superbia et pugna contra potestatem a Deo ipsis prælatam erexerant. Omni quidem potestati omnis anima debet esse subdita, sicut ait Apostolus (Rom. XIII, 1). Igitur si in loco illo, unde pessimæ traditiones emerserant, infortunia contingerent, bella, seditiones, homicidia, opprobria sempiterna totius Flandriæ, nonne jure idem locus debetur omnibus malis? Et si Ecclesia fratrum patitur, quæ in Brugis est, nonne merito, quia præpositus ejusdem Ecclesiæ causam malorum intulit? Et, quamvis nemo auderet annuntiare bannum, et anathema archiepiscopi nostri et episcopi cæterorumque suffraganeorum episcoporum ejus, audivimus et cognovimus quidem vere, et nos fuisse merito in banno positos, et in prohibitione divini officii, eo quod superposueramus comitem comiti, et infinitas mortes per hoc intulimus universis. Presbyteri nostri et clerus nostri loci præparaverunt sese ad pugnam cum populo et turba, male illius memores quod starent quasi murus pro domo Israel.

183. Quarto Idus Julii, feria quarta, in translatione Benedicti abbatis, Christianus de Gistela et fratres Walteri Pennati mendacii venerunt Brugas per conductum Danielis. Et posuit Christianus filium suum in obsidem, et fratres præfati duo remansesunt obsides, pro Waltero fratre suo compediti in domo comitis, quæ est in Brugis. Ferebant igitur secum Christianus et milites ejus Walterum illum, donec viderent, si aut convaleret aut moreretur, utpote illum qui vulneratus ad mortem languebat.

CAPUT XXII.
Mors Guilielmi Northmanni. Regimen pacificum Theodorici.

184. Quarto Idus Julii, feria quinta, dux Lovaniæ obsedit Alst (231) cum gravi exercitu, et venit sibi in auxilium comes Flandriarum Willelmus cum quadringentis militibus. Interim apud Brugenses multa mendacia volitabant de negotio obsidionis præfatæ.

185. Contigit interim quod in Brugis molendinum aquis immersum undique dilapsumque destrueretur, et aqua, quæ ad plagam meridiei munierat castrum et suburbium Brugense, in loco, quo molendinum concluserat aquas, elaberetur fere tota. Inde commoti cives accurrebant, et fimo, lignis, terra aquas effluentes obstruebant. Imputabant igitur suffossionem molendini factam fuisse furtive ab inimicis suis, eo quod ita post defluxum aquarum, castrum et suburbium ipsorum ad ingressum pateret hostibus. Multi aderant divinatores et laici et sacerdotes, qui adulabantur civibus nostris, prædicentes eis, quæcunque sciebant cives voluisse audire. Si quis vero sapiens de negotio obsidionis, aut de loci et civium periculis imminentibus verum profitebatur, vilissima repulsa impetitus ab ipsis obmutuit. Adhuc vero languebant cives nostri in extorquendo pecuniam ab invicem, quam comiti Theodorico transmitterent in expeditionem obsidionis præfatæ. Similiter illi ex Gend laborabant. Erantque in Alst obsessi Iwan et Daniel, et comes Theodoricus cum forti milite, satisque in bello probato.

186. Octavo Kalendas Augusti, feria quarta, in die S. Christophori reductus est Walterus Pennatum mendacium in captivitatem in Brugis; et redditi sunt obsides, qui pro eo dati et usque ad id temporis observati fuerant.

187. Sexto Kalendas Augusti, sexta feria, post transfigurationem Domini in monte Thabor, dignabatur dominus suæ prævisionis et nostræ simul persecutionis ponere in hac seditione quodammodo finem, quia comes Willelmus Northmannus, dum in assultu præfatæ obsidionis se prætulisset hostibus penes castrum Alst, dejectus ab equo, dum sese in pedes recepisset et manum dexteram ad oras armorum deduceret, quidam peditum ab hostibus prosiliens, lancea eamdem dexteram consulis in

---

(231) Alostum Flandriæ imperialis præcipua civitas, Gandavum inter et Bruxellam sita, cum illustri territorio; olim Brachanto annumerata.

palma perfigens, medium brachii, quod adjunctum manui cohæserat, perfodit et lethali vulnere infecit. Quem milites sui collegerunt, utpote dominum suum miserando occasu morientem, ac per totum illum diem mortem celando inimicis, sine planctu et ejulatu, voces et clamores dolorum compresserant tanto acriori mentis angustiati confusione. Dux igitur Lovaniæ quærere satagebat, ut se et suos componeret cum comite nostro Theodorico, et totius discordiæ in invicem habitæ, causas in judicio Iwan et Danielis et regis Angliæ commendavit. Concessione ergo compositionis utrinque laudata, dum rogabat comitem nostrum Theodoricum, ut ducatum præberet consuli Willelmo revertendi cum suis pacifice ab obsidione; cumque omnem comes Theodoricus duci super hoc assensum præstitisset, ait dux: « Ecce, quem in tantum virtus tua persequitur hostem, Willelmus comes e vulnere lethali exspiravit. » Igitur prosiluit unusquisque utrinque alius ad deflendum tanti et tam præcipui militis occasum, alius ad excitandum hostes in exsultandum, alius ad denuntiandum his qui domi remanserant; ut sibi præcauti rerum suarum non nisi vigilanter et præconsiderati agerent. Volitabat enim undique rumor et fama mortis principis illius, et qui in fide et securitate ejusdem consulis decertaverant, ad tutiora loca sese conferebant. Tunc cum planctu infinito et clangore excelso corpus militis strenui feretris impositum ad S. Audomarum humandum transtulerunt.

188. Cæterum Theodoricus comes inimicos suos persequebatur ubique, et conflagratione ignis eos vastavit, captivavit, disperdidit, nisi qui gratiam ejus ante conflagrationem ipsam, aut pecunia, aut aliter conquisierant. Ascendit igitur Theodoricus comes apud Ipram quarto Kalendas Augusti, Dominica, cum infinito militum auxilio et obtinuit Ipram. Cives vero Brugenses et milites et solidarii eorum exierunt, et deprædati sunt villam Ridevorda, et domos combusserunt. Igitur Lambertus ex Ridevorda et Lambertus ex Winchina, aliqui ex Folketh et Tileth (232), et plures alii de confiniis nostris, qui in auxilio consulis Willelmi certaverant, sese in oppido Winendala receperunt. Illi quoque qui in Ipra cives in parte constiterant Willelmi, cum Isaac (233) apud Formeseta sese contra comitem Theodoricum firmaverunt; ubi exercitata est militia maxima. Et notandum quod cum in tantis periculis Brugensium locus fuisset, ut cives nullo consilio sibi posse, nisi a solo Deo, mederi credidissent, et ideo cordis sacrificio Deum placassent, dispensatione solita Deus subvenit ipsis. Nam consulem Willelmum gladio sui judicii enecavit, sed illo quippe modo, ut non in propria sed in aliena pugnæ causa, scilicet ducis illius, cujus in auxilio militabat, emoreretur. Proinde nos Brugenses a morte illius innoxii deputabamur; quoniam quidem nemo e nostris ipsi intulerat mortem, imo eodem tempore quo functus est a vita nos timebamus illum procul dubio ad nos obsidendos futurum. Illi etiam ex Ostkercka milites qui de consilio comitis Theodorici et nostro pendebant, eadem die qua obiit consul Willelmus, improperabant nobis, quod traditores fuissemus et recesserunt a nobis. Interea apud Brugas nuntius venit, qui mortem denuntiaret Willelmi consulis. Quo audito cives et omnes nostrates Deo referebant gratias pro tanta liberatione sua et rerum suarum.

189. Igitur mirabilis dispensatio Dei, quæ hoc modo principem illum mori dispensavit, ut in ducis præfati obsidentis Alst auxilio obiret extra consulatum nostrum. Et quanquam contra nostrum comitem et nostrates in parte pugnaret, non fuit quidem alicujus alterius causa illius pugnæ et obsidionis quam ducis. Et licet Willelmus comes libenter quacunque occasione nostrates impugnaret et ideo in auxilium ducis maxime conscendisset, ejus pugna aut ejus mors ibidem a Deo præfixa, non imputabatur nisi duci. Ducis enim miles in hoc fuerat, nec ibidem pro comitatu primo, sed pro salute et honore ducis velut alius quislibet solidarius, mortuus est. Contendunt aliqui quod nostrates, postquam expulerant Willelmum consulem, superopposuerunt ei Theodoricum comitem et eumdem argento et consilio et omni facultate tam consilii quam pecuniæ, undique confirmatum in castris et omnibus locis, in quibus prævenire poterant, Willemo illi opposuerunt ad resistendum. Illo enim modo non potuerunt innocentes a morte illius probari. Alii dicunt ducem impetisse Theodoricum quia præsciebat, si ipse Theodoricus forte regnaret et persisteret in consulatu Flandrensi, multa mala posset in posterum inferre sibi et fortassis a ducatu expelleret, aut saltem dotem illam, pro qua comes Theodoricus satagebat ducem coram imperatore appellare, violenter auferret. Comes Willelmus pro consimili causa in prædicta ducis obsidione impugnabat comitem Theodoricum, quia sciebat hunc emolliri, quo astu a consulatu expellere ipsum potuisset; attamen sibi injuste et traditiose sciebat illum Theodoricum sibi superpositum fuisse, et ideo utrique poterant rationabiliter et comes Willelmus pro causa ducis et pro propria injuria ibidem recte occubuisse, et comes Theodoricus pro dote a duce expostulata juste et pro comitatu oblique tradito, ibidem restitisse duci et Willelmo comiti.

190. Quæratur ergo cum per mortem alterius Deus pacem vellet restituere patriæ, cur magis dispensavit, ut moreretur Willelmus comes, qui justiorem causam regendi terram obtinuit, et quare non citius mortuus fuit Theodoricus comes, qui injuste superpositus videbatur, aut qua justitia Deus concessit ei consulatum, qui violenter arripuit dignita-

---

(232) Folquet domus in Tileto supra num. 176 statuitur.

(233) Isaac de Formeselo subscripsit litteris B. Caroli anno 1121 sæpe citatis.

tem? Si igitur neuter eorum bene suscepit comitatum, jure utrique erat auferendus. Attamen quia jure hæreditario Theodorico consuli pertinebat comitatus jure eum possidet. Et si injuste videatur arripuisse, tamen quia olim ante electionem illius Willelmi, qui mortuus est, per litteras directas primatibus Flandriæ requisiverat, quod sibi pertinebat : quanquam et tunc non sit exauditus ab illis, non minus debebat petere et conquirere hæreditatem suam, quæ injuste sibi ablata est, et alii injuste a rege Franciæ vendita. Igitur post tot controversias præponimus justiorem causam Theodorico comiti, qui non injuste dicitur superpositus consuli Willelmo : imo ille comes mortuus ipsi Theodorico injustissime superpositus est, et per coemptionem ex regis potestate, potestative comes effectus. Igitur illum ex antiqua justitia Theodoricum vitæ reservavit et suæ hæreditati restituit, illumque morte a consulatu removit; qui quantumcunque potenter viveret, totam terram vastaret, omnesque terræ incolas ad bellum civile provocaret, legesque Dei et hominum confunderet : quem lege districta Deus, viam universæ carnis ingredi non sine malis meritis suis adjudicavit. Nec enim comes Willelmus de omnibus, quæ in vita possedit, secum post mortem permanere fatebitur inter umbras, quas ad pœnalia loca præmisit, nisi militiæ, laudem : bonus enim in militia dicebatur. Igitur tantam injuriam, quia nulla potestas humana corrigere aut potuit aut noluit, secundum lineam districti examinis sui Deus correxit. Ideoque in homines Flandriæ iram et flagella indignationis suæ intulit, quia omnium erat in arbitrio positum ante deliberare, prævidere, et discutere, et summa diligentia perquirere; Deumque contrito corde et piæ mentis sacrificio super hoc placare, quem sibi et patriæ Dominum præstituerent, et electum amarent et venerarentur. Quia ergo hoc neglexerunt, eum, quem incaute Dominum susceperunt, tyrannum et vastatorem totiusque mali exactorem perpessi sunt, eumdemque post electionem et susceptionem in consulatu nullam viam vel mores honestos prædecessorum comitum, principes et bajuli (234) aut consiliarii terræ docuerunt; sed ad prædam et argutas fallacesque causas instruxerunt, quibus pecunias infinitas super cives et burgenses terræ conquirerent, et quandoque violenter extorquerent.

191. Igitur Theodoricus Flandriarum marchio ab illo mortis Willelmi tempore regnavit, et peragratis castris, scilicet Atrebato, Tervannia, S. Audomaro, Insulis, Aria, in quibus locis more bonorum prædecessorum suorum venerabiliter susceptus est a clero et populo et fide et hominio confirmatus, tandem ad reges Franciæ et Angliæ ascendit, susceptuus ab ipsis feoda et donaria regalia. Complacuit ergo sibi utriusque regni scilicet rex Franciæ et rex Angliæ super comite nostro Theodorico, et investituras feodorum et beneficiorum, quæ ab ipsis sanctissimus, et piissimus comes Carolus obtinuerat, gratanter dederunt.

RHYTHMUS ANTIQUUS.

Ex ms. Jacobi Sirmundi Soc. Jesu

§ I. Lamentatio de morte B. Caroli comitis Flandriæ.

Proh dolor! ducem Flan-
[driæ,
Bonum tutorem patriæ,
Traditorum versutia,
Plena gravi invidia,
O infelix Flandria!
Quæ te cepit dementia?
Ut ducem tuum sperneres,
Et laqueos prætenderes,
Tu per eum florueras,
Primatum obtinueras,
Sed quia fornicata es,
Et non audenda ausa es,
O infelix! o misera!
Cur intulisti vulnera,
Cur hoc scelus perpe-
[trasti,
Justitiam violasti,
Quid vobis deerat, impii
Tanti sceleris conscii,
Non aurum, vestes, præ-
[dia,
Ergo pro multa copia
O mœrore plena dies.

et defensorem Ecclesiæ,
et cultorem justitiæ,
impiorum nequitia,
peremit pro justitia,
o crudelis, o impia!
quæ perversa nequitia?
mortem illius quæreres,
protectorem perimeres?
et decorem indueras,
multis honore præeras,
prævaricatrix facta es,
præ cæteris spernenda es.
crudelis et pestifera!
patris fundendo viscera?
pacis jura conturbasti,

patrem tuum jugulasti?
crudelitatis filii,
timoris Dei nescii?
non equorum subsidia :

perpetratis flagitia.
nostri luctus materies!

Qua finitur nostra quies,
Omni privanda lumine,
Quo patriæ munimine
Impudens luge, Flandria,
Tibi manent supplicia
Prius eras præcipua,
Exigente culpa, tua,

per malignas progenies.
tetro fuscanda turbine,
privatur et regimine.
gravi digna montibus,
mortis inscrutabilia.
modo facta es fatua.
strages reddetur mutua.

§ II. Lamentatio alia.

Carole, gemma comitum
Te dolemus immeritum
Cujus prudens modestia,
Sollicite pro patria
Te exhorrebant impii,
Bonis locus refugii,
Te luget dulcis Gallia,
Et proxima Britannia,
Quæ lacrymarum flumine
Flet vacua regimine,
O quam bona constantia,
Moritur pro justitia,
Cum esset in Ecclesia,
Orans Deum mente pia;
Mox exeruntur gladii,
Perimuntur innoxii

dux inclyte, flos militum,
pertulisse interitum.
et solers vigilantia,
tuta servabat omnia.
amabant pacis filii,
malis eras supplicii.
pro te gemit Burgundia,
insuper nostra patria.
exuberans sine fine,
privata et munimine.
quam constans patientia!
per quem constabat patria.
intentus in psalmodia,
emersit cohors impia.
jugulant patrem filii,
una quatuor socii.

---

(234) *Baliui* potius legendum, de cujus vocis origine et significato, multa reperies in Glossario Spelmanni.

Junguntur amore pio,
Eorum internecio
Hic cum duobus filiis
Qui eruti ab impiis
Mox istorum cognatio
Luget, gemit corde pio,
Cesset amodo luere,
Constat animas quærere,
Pia Dei clementia,
Transfer ad cœli gaudia,

mortis dantur exitio:
fit Flandriæ confusio.
pater truncatur gladiis,
cœli fruuntur gaudiis,
compatiens exitio,
ut exigit conditio.
studeat preces fundere,
juvari precum munere.
cæsos pro tua gratia
ut tecum sint in gloria.
[Amen.

§ III. *Vindicta ae morte ejusdem comitis.*

Descripta morte consu- cunctis invisa populis,
[lis,
Lacrymis flenda sedulis, et inaudita sæculis;
Describuntur crudelia impiorum supplicia.
Quæ pro sua nequitia pertulerunt in Flandria.
  Justa Dei potentia volens tanta flagitia,
Suppliciis obnoxia puniri cum justitia,
Mittit ab Austro indicem, justitiæ opificem,
Et nequitiæ vindicem, qui impiis reddat vicem.
  Venit igitur Franciæ rex provisurus patriæ,
Inimicus nequitiæ, et amicus justitiæ:
Init grande consilium, qualiter agmen impium
Puniat, quod dissidium fecit per homicidium.
  Cum principibus loqui- de nefandis conqueritur :
[tur,
Consilium revolvitur, sanum tandem suggeritur:
Hortantur mentem regiam, ut transeat in Flandriam,
Punitura nefariam nefandorum nequitiam.
  Rex fretus hoc consilio, illuc it cum consortio,
Hos daturus exitio opere pro nefario,
Hoc audientes noxii iniquitatis filii,
Quærunt locum refugii, vim timentes imperii,
  Intrant castrum tutissi- ad bellandum aptissimum,
[mum,
Cor habentes promptissi- tueri nefas pessimum.
[mum
Sed Isaac subtractus est, monachus simulatus est,
Ovina pelle tectus est, qui ferox lupus intus est.
  Captus fatetur peccasse, tantum scelus perpetras-
[se,
Mortem comitis tractasse, cum debuit honorasse.
Ore suo convincitur, ad tormentum deducitur,
Sic in altum suspenditur, quod meruit assequitur.
  Intrat ergo rex Flan- cohortem quærens im-
[driam, [piam,
De his per Dei gratiam expleturus, justitiam.
Venit potestas regia, machinis vallat mœnia,
Aggreditur palatia, quibus latet gens impia.

A Utrinque bellum geri- hostis hostem aggreditur,
[tur,
Alter mucione cæditur, alter jaculo figitur.
Istis dat vires charitas, illis crescit debilitas;
His animum dat æquitas, illis tollit iniquitas,
  Qui privati consilio, desperant de auxilio,
Tanto pro homicidio dari timent exitio.
Caput hujus nequitiæ nullius dignum veniæ
Per fenestram maceriæ dimittitur ab acie.
  Dum desperat de venia cogente conscientia,
Fugit nequam per devia, mortis timens exitia.
Huc et illuc progreditur, fugere mortem nititur,
Sed latere non fruitur, qui hoc scelere premitur.
  Compertum est præpo- sic latenter expositum
[situm,
Fugisse, ne interitum subeat propter meritum.
Passim per terras quæri- tandem repertus capitur,
[tur,
Ad judicium traditur, quod promeruit patitur.
B Tortores tenentes eum, ponunt in collo laqueum,
Trahitur ad equuleum, talis pœna decet reum.
In equuleo ponitur, pugnis, fustibus cæditur,
Sæva flagella patitur, sic cruciatus moritur.
Iste postquam mortuus patibulo suspensus est,
[est,
Ita tractari dignus est, qui proditor probatus est.
Redeamus ad alios iniquitatis filios,
Proditionis conscios, præ omnibus nefarios.
  Audita fama miseri, de capite sic fieri,
Non cessant intus conque- sic intuentes conteri :
[ri,
Burgardus mox exponitur, fugiens errat, capitur,
Captus ad mortem trahi- rotæ suspensus moritur.
[tur,
Audiens cohors impia, et hunc pati supplicia,
Desperando de venia, reddit castelli mœnia.
Intrat castrum rex incly- et ipsius exercitus,
[tus,
C De consule sollicitus, currit fundendo gemitus.
Adducit tradi tumulum, genitum promens queru-
[lum
Flet, plangit gemmam con- bene regentem populum.
[sulum,
His expletis doloribus, et captis proditoribus,
Alligantur compedibus, mancipandi tortoribus.
  Tractatur de supplicio, exquiritur confusio,
Placet vultui regio, hos mori præcipitio,
Ruunt, ab arcis solio, mortis dantur exitio,
Hoc sunt digni supplicio, quibus placet proditio.

EPITAPHIA ANTIQUA

a Jacobo Mejero ex mss. edita.

I.

Hic pupillorum pater, adjutor viduarum,
  Salvator patriæ, zelator et Ecclesiarum,
Pax et vita suis, formido et mors inimicis.
  Rebus pace suis undique compositis,
Flandrorum consul, Dacorum regia proles,
  Carolus hic obiit, innocuus periit.
In prece prostratus, Domini mactatus ad aram,
  Fit pro justitia victima grata Deo.
Qua vivus viguit, defunctus pace quiescat.

II.

Carolus excessit comes ense doloque suorum,
D Ultio successit, mors dura gravisque reorum.

III.

Repertum in monasterio ad Rhenum haud procul Andernaco.

Per te viventem tua Flandria, Carole fulsit
  Fama, pace, bonis, clara, beata, potens.

Te moriente perit pax, fama jacet, bona quisque
 Raptor habet, passim vis sine lege furit.
Militis officium non judicis evacuavit
 Miles judexque fortis et æquus eras.
Templa, Deum, viduas, reparando, colendo, cibando,
 Martha, Maria, pius Samaritanus eras.
Armis, lege, minis, hostesque tuosque domabas.

Corripiens pœna facta, futura metu
 Dona bonis, veniam miseris, pœnam sceleratis,
Largus, mansuetus, jura tuenda dabas.
Armorum, pacis quia fortiter et sapienter
 Res pertractasti, Cæsar major eras.
Servus, justitia, templum, Martisque secunda
 Cæsar, causa, locus, lux tibi mortis erant.

ANNO DOMINI MCXXX

BALDRICUS
DOLENSIS ARCHIEPISCOPUS

NOTITIA HISTORICA
(Gall. Christ. vet. t. II, p. 566)

Baldricus, abbas Burguliensis in Andibus, ævo suo celebris scriptor, ad Dolensem præsulatum electus ipsomet die natalitiorum sacratur anno 1114, de quo hæc scribit Ordericus Vitalis, Anglus, *Historiæ ecclesiasticæ* l. IX : « Præfatum seniorem, quam bene agnovi, veneranter honorare decrevi. Hic civis fuit Aurelianensis, monachus et abbas Burguliensis, liberalibus imbutus studiis, et religiosæ meritis vitæ venerabilis : inde pro religione et sapientia ad gradum Dolensis archiepiscopatus electione provectus est ecclesiastica ; in episcopatu monachatum servavit, et cum monachis, prout sors dabat, plerumque habitabat. Indomitis enim Britonibus præerat, quorum perversitatem tolerare non poterat, unde protervos et exleges frequenter deserebat ; et in Northmanniam fugiebat, ubi Dolensis Ecclesia super Riselam fluvium a temporibus S. Samsonis, regnante Hildeberto rege Francorum, fundos habebat, et quiete pacificeque possidebat. Ibi scriptis et dogmatibus suis, auditores suos ad Dei cultum incitabat, et vicina cœnobia, Fiscannum scilicet ac Fontinellam, atque Gemmeticum, aliaque plura visitabat ; in timore Dei, sacris sermonibus confortabat. Tandem in senectute bona defunctus est ; et Pratellis in basilica S. Petri apostoli ante crucifixum sepultus est. » Pallium vero acceperat a papa Paschali II in concilio Remensi, cui adfuit ; nominatur et archiepiscopus, investitura cujusdam Ecclesiæ facta, a Girardo Engolismensi episcopo et apostolico legato ; item in compluribus chartis tabularii Burguliensis ac Fontebraldensis. Varia reliquit operum monumenta, de quibus Ordericus libro IX, citato, inprimis quatuor libris Historiam Hierosolymitanam, quæ in volumine Orientalium expeditionum per Francos edita est, in collectione Jacobi Bongarsii, eruditi auctoris Galli. In præfatione operis ait ipse Baldricus se hoc prope sexagenarium cœpisse ; orditur autem ab anno 1095, quo initium habet memorabilis ista in Orientem peregrinatio, et desinit in expugnatione Hierosolymitanæ urbis : ex eadem etiam liquet ipsum interfuisse concilio Claramontano ; sed audi verba Orderici : « Baldricus Dolensis archiepiscopus quatuor libros luculenter conscripsit, in quibus integram narrationem ab initio peregrinationis ad primum bellum post captam Hierusalem veraciter et eloquenter descripsit. » Vitam quoque B. Samsonis episcopi elucubravit, uti et pontificum Dolensium gesta, item S. Hugonis Rothomagensis archiepiscopi Vitam ms. in quibusdam bibliothecis ; præterea Vitam Roberti Arbrissellensis, ordinis Fontebraldensis institutoris, jubente Petronilla prima abbatissa, et in proœmio sic loquitur : « Sarcinam grandem et gravem imbecillitati nostræ, domina Petronilla, imposuisti, cum me et multa mundi fluctivagi inquietet procella, et maxime minoris Britanniæ, in qua cum scorpionibus habito, bestialis geminaque circumvallaverit ferocitas. » Hoc opus primum eruit, notisque recensuit Michael Cosnier, Pictaviensis parochus. Poesi delectabatur quoque, et nonnulla carmina historica condidit ; in quibus sese Baldricum Andegavensem, ac abbatem Burgulii indigitat. Cæterum Aurelia ipsa non oriundum, prout citatur ab Orderico, at Magduno ad Ligerim natum, ex quodam ipsius poemate observavit in suis Analectis Cosnierus. Carmina autem Baldrici e veteri codice Petaviano primum edidit, ac publicavit Franciscus Duchesnius, regius historiographus, tom. IV *Historiæ Francorum Scriptor.* Andreæ, patris doctissimi viri. Mortalitatem explevit tandem die 7 Januarii 1131, et hoc habet epitaphium in æde S. Samsonis supra Rillam : *Notum sit præsentibus et futuris, quod Baldricus bonæ memoriæ Dolensis Ecclesiæ archiepiscopus dedicavit hanc ecclesiam in honorem B. Virginis Mariæ et B. Petri apostolorum principis, et S. Samsonis beatissimi confessoris,* VIII *Idus Decembris, anno ab Incarnatione Domini* 1129. *Eodem anno dedicavit ecclesiam S. Laurentii de Marisco,* VI *Idus Decembris, quæ est juris sanctæ Dolensis Ecclesiæ. Qui Baldricus rexit Ecclesiam Dolensem* XXII *annis et* XLIV *diebus ; tricesimo autem die post consecrationem hujus præsentis ecclesiæ obiit in Christi confessione, et Pratellis dormit. Cujus anima æternam requiem possideat.*

NOTITIA LITTERARIA.

(Histoire littéraire de la France, t. XI, p. 103.)

1° Baudri a fait grand nombre d'ouvrages, tant en vers qu'en prose. Il avait dans sa jeunesse du goût pour la poésie, à laquelle il continua de s'appliquer, non-seulement lorsqu'il eut renoncé au monde, mais même étant abbé de Bourgueil. Il ne paraît pas cependant qu'il y ait excellé, si ce n'est relativement à son siècle, dans lequel il s'est fait de la réputation : *Fuit is haud incelebris suo tempore poeta,* dit de lui le P. Mabillon (1), qui convient d'ailleurs qu'il y a peu de choses utiles dans les poésies qui nous restent, sinon qu'elles servent à nous faire connaître les grands hommes de son temps, en l'honneur desquels il a fait des vers, soit de leur vivant, soit après leur mort. M. Duchesne en a fait imprimer une partie dans le quatrième tome des *Historiens de France*, depuis la page 252 jusqu'à la page 278.

D. Mabillon, dans le supplément de sa *Diplomatique* (2), dit avoir vu dans un ancien manuscrit, appartenant aujourd'hui à la bibliothèque Ottobonienne, des poésies de Baudri, dont une partie n'a point encore été imprimée. Parmi celles qui n'ont pas encore vu le jour, il y en a une dans laquelle Baudri témoigne sa douleur de ce que le stylet, dont il se servait depuis dix ans pour écrire sur ses tablettes, s'était cassé. D. Mabillon n'a pas regardé comme assez sérieuse pour son sujet, cette pièce où l'auteur décrit l'usage du stylet, pour la donner au public. Mais il rapporte quelques vers d'une autre poésie, dans laquelle Baudri fait la description de ses tablettes, qui n'étaient point, selon l'usage ordinaire, de cire noire, mais de cire verte, apparemment parce que cette couleur fatigue moins la vue. Il plaisante sur le stylet qu'un certain Lambert d'Angers lui avait fait pour écrire sur ces tablettes, et loue l'abbé de Séez, qui lui avait fait présent d'un sac pour les mettre.

Parmi les manuscrits de M. Duchesne que l'on conserve aujourd'hui dans la Bibliothèque du roi, on trouve, dans le dix-neuvième volume, p. 537, des vers de Baudri, qui ne sont que l'extrait d'un poëme plus considérable qu'il avait fait sur la conquête de l'Angleterre par Guillaume, et qu'il avait adressé à la comtesse Adèle, fille de ce conquérant (3). Ce fragment est ainsi intitulé : *Balderici Burgaliensis abbatis versus de conquæstu Angliæ per Guillelmum Normannorum ducem ex majore poemate nuncupato ad Adelam comitissam.* Nous ne nous arrêterons pas à indiquer ici différentes épitaphes de notre auteur, qui ont été données séparément dans différents auteurs; comme celle de Bérenger imprimée dans D. Martène (4), etc. « Baudri, dit M. Le Bœuf (5), est plus connu par l'abondance que par la délicatesse de ses poésies. Ce fut lui qui donna le ton aux autres pour le style des éloges, qu'il était bien aisé de faire, en se contentant d'exprimer en vers qu'un tel était un second Cicéron, un autre Virgile, un Aristote, qu'il surpasse Homère; que Nestor, Ulysse, Crésus, Quintilien étaient réunis en la personne de tel; que cet autre fut le Platon et le Socrate de son siècle. » Ce n'est pas là faire l'éloge de la poésie de Baudri; nous ne croyons pas non plus qu'elle en mérite. Quant à sa prose, il a un peu mieux réussi; mais non jusqu'à mériter d'être appelé un *admirable Cicéron*, titre qui lui est donné par un de ses amis dans une lettre, dont nous aurons occasion de parler.

2° L'ouvrage le plus considérable que nous ayons de Baudri est son *Histoire de la croisade*, qui tient le troisième rang dans le Recueil de Bongars. L'auteur avait environ soixante ans lorsqu'il le composa, comme il le dit dans sa préface, et sa vue était affaiblie par la vieillesse, *seniles oculos;* ainsi il ne fit, ou du moins il n'acheva cet ouvrage que depuis qu'il fut placé sur le siége de Dol; et même nous pouvons dire en général que tous ceux que nous avons de lui, excepté quelques-unes de ses poésies, sont des productions de sa vieillesse, qui ne l'empêcha ni d'écrire, ni de faire de longs voyages. Pour revenir à son *Histoire de la croisade*, elle est divisée en quatre livres, qui contiennent les principaux événements de cette célèbre expédition, depuis le concile de Clermont, où elle fut publiée, jusqu'à la victoire que les croisés remportèrent sur les infidèles peu après avoir pris Jérusalem, c'est-à-dire le 12 du mois d'août suivant. L'auteur fait une faute de chronologie considérable, en marquant la prise de cette ville l'an 1098; car il est certain par le consentement unanime de tous les historiens qu'elle fut emportée par les croisés le 15 juillet de l'an 1099. Baudri n'avait point été témoin des faits qu'il raconte dans son histoire, n'ayant point accompagné les croisés dans leur expédition, quoiqu'il eût assisté au concile de Clermont. Son ouvrage (6) est composé sur celui d'un anonyme qui lui était tombé entre les mains. Comme personne ne faisait de cas de l'écrit anonyme, parce que le style en était très-mauvais, Baudri, qui le croyait d'ailleurs exact, entreprit de le retoucher, afin d'en rendre la lecture supportable (7). Mais il ne se borna pas à en châtier le style, il y inséra ce qu'il avait appris d'ailleurs de cette fameuse croisade. Voulant encore s'assurer davantage de la vérité des faits, il envoya son ouvrage à Pierre, abbé de Maillezais, son intime ami, qui avait fait le voyage de la terre sainte, et le pria de vouloir bien y donner la dernière main. La lettre qu'il lui écrivit à ce sujet, et la réponse de cet abbé sont immédiatement avant le prologue de Baudri sur son histoire (8), qui fait partie du recueil de Bongars. Tant de précautions, que prit Baudri, pour perfectionner son histoire, en doivent donner une idée avantageuse. Le P. Mabillon (9) la regarde comme son principal ouvrage, et c'est en effet celui qui fait le plus d'honneur à l'auteur. Elle commence, comme celle de l'anonyme, au concile de Clermont, et finit, ainsi que nous l'avons déjà dit, à la grande victoire que les croisés remportèrent le 12 d'août 1099 sur le soudan de Babylone. Ainsi il faut corriger son texte, qui porte, par une erreur manifeste, que ce fut en 1098. Orderic Vi-

---

(1) *An. l.* LXV, n. 68.
(2) Mab. c. 11, n. 8, p. 51.
(3) Le Long. *Bibl. Fr.*, p. 747.
(4) Mart. *Thes. Ancc.*, c. IV, p. 102.
(5) *Diss. sur l'Hist. de Paris,* t. II, p. 61.
(6) *Hist. lit.* t. I.
(7) *Gest. Dei per Fr.* p. 80 et seq.
(8) *Ibid.*
(9) *An. l.* LXXV, n. 95.

tal (10) en faisait un si grand cas, qu'il y puisa tout ce qu'il rapporte de la croisade; et Le Baud (11), à son exemple, en a tiré la plus grande partie de ce qu'il dit de la prise de Jérusalem dans son *Histoire de Bretagne*. A l'égard de l'histoire, dont s'est servi Baudri, et qui est la première de la collection de Bongars, tout le monde sait aujourd'hui que c'est l'ouvrage de Theudbode originaire du Poitou, lequel a été gâté par un anonyme, qui a supprimé le nom de l'auteur. C'est ce qui a déterminé M. Duchesne à le lui restituer dans son recueil des *Historiens de France* (12). Il y est précédé d'une savante préface de la façon de M. Besli, illustre magistrat de Poitou, auquel nous sommes redevables de cette découverte, dont il avait fait part à M. Duchesne. Ainsi, pour juger sainement du travail de Baudri, on peut conférer son *Histoire* avec les deux éditions, dont la plus exacte est celle qui est dans la collection des historiens de France. Car l'anonyme s'est donné des libertés qui gâtent l'ouvrage de Theudbode; et comme Baudri n'en a pas eu d'autres devant les yeux, il pourrait être corrigé lui-même sur cette édition.

3° C'est ici le lieu de parler d'un écrit que M. Mesnard (13), dans son histoire manuscrite d'Anjou, et le P. Le Long (14) attribuent à Baudri; ce sont des gloses sur le Pentateuque. *Scripsit*, dit M. Mesnard, *glossulas super Pentateuchum nondum editas*. Ce qui a donné occasion de lui attribuer des gloses sur le Pentateuque, est sans doute ce qu'il dit dans sa lettre à l'abbé de Maillezais, où il le prie de lui envoyer des gloses sur le Pentateuque de Moïse, qu'il lui avait fait voir étant chez lui, et dont il lui avait lu une partie, sans lui en nommer l'auteur. Elles avaient beaucoup plu à Baudri, qui témoigna le désir de les avoir tout entières, et pria son ami de les faire transcrire en caractère qui ne fatiguât pas sa vue affaiblie par la vieillesse, *tali compactum charactere talibusque figuris quæ seniles oculos non offendant* (15). Baudri ajoute que si son ami lui accorde l'effet de sa demande, ce sera une semence dont il recueillera une abondante moisson, parce qu'il mettra lui-même des observations entre les lignes, et en développera les sens cachés (16). Si l'abbé de Maillezais satisfit là-dessus l'évêque de Dol, comme il est à croire, et comme il le lui fit espérer par sa réponse (17), il est vraisemblable que le prélat de son côté aura tenu parole, en mettant ses observations sur l'écrit qu'il lui demandait. C'est là sans doute ce qui aura donné occasion de lui attribuer des gloses sur le Pentateuque, quoiqu'il soit visible qu'elles ne sont point de lui. Elles pouvaient être de l'abbé de Maillezais lui-même, qui en lui faisant lecture d'une partie, ne voulut peut-être pas, par modestie, faire connaître qu'il en était l'auteur.

4° *Gesta pontificum Dolensium*. Cette histoire des archevêques de Dol, n'est pas vraisemblablement différente des chroniques de Baudri, que Le Baud (18) cite souvent dans son histoire de Bretagne; et dont Symphorien Guyon (19) parle ainsi dans celle d'Orléans: *Baudri écrit les annales de son Eglise depuis saint Samson jusqu'à son temps*. Les extraits qu'on en trouve dans Le Baud font juger que Baudri s'y proposa particulièrement d'établir, au moins par la possession, son prétendu droit de métropolitain de Bretagne, qu'il fait remonter jusqu'à saint Samson. Le P. Le Long (20) suppose les actes des archevêques de Dol imprimés dans les notes de Cosnier sur la Vie de Robert d'Arbrissel, à la Flèche in-4°. en 1641. Cependant ils ne se trouvent pas dans cette édition.

5° Le même motif, qui porta Baudri à donner les actes des archevêques de Dol, lui fit écrire la Vie de saint Samson, qui est fort différente de celle que du Bosc, ou du Bois, a donnée dans sa *Bibliothèque de Fleury*; ainsi que de celle qui se trouve dans le premier siècle des saints bénédictins, parmi leurs actes publiés par D. Mabillon (21). Dans la Vie de saint Samson, qui est dans la bibliothèque de Fleury, il n'a que le titre d'évêque. Saint Dubrice lui imposa les mains vers l'an 501, dit Adrien Baillet (22), et le fit évêque régionaire, c'est-à-dire missionnaire apostolique, sans lui assigner de siège particulier. Ce qui renverse le système de Baudri, qui le fait archevêque de Dol, où certainement il n'y a eu d'évêque que longtemps après sa mort. Baronius (25) ne donne aucun siège à ce saint prélat. Bollandus s'est contenté d'insérer dans sa collection la Vie de saint Samson publiée par le P. Mabillon.

6° Après la mort du bienheureux Robert d'Arbrissel, arrivée l'an 1117, Pétronille, première abbesse de Fontevrault, écrivit à Baudri pour l'engager à composer la Vie de ce saint instituteur, qu'il avait connu particulièrement (24). Le prélat voulut d'abord s'en excuser, sur ce qu'étant dans un âge décrépit, exposé aux flots orageux du monde, obligé de vivre parmi un peuple indocile, il serait accablé sous le poids d'une telle entreprise. Cependant il se rendit, et ne tarda pas à satisfaire la pieuse abbesse, en écrivant la Vie du bienheureux Robert (25), qui peut être regardée comme un précieux monument de l'histoire monastique du XIIe siècle. On y remarque surtout un caractère de vérité qui frappe. Baudri s'applique uniquement à donner une idée parfaite de la vie pénitente du missionnaire apostolique, de la discipline qu'il établit à Fontevrault, et de la pauvreté de ses premiers disciples. Il entre peu dans le détail de ses actions, et y a tellement négligé les dates qu'il n'a pas même fixé l'année de la fondation du monastère. Ainsi c'est moins une vie qu'un éloge funèbre du bienheureux Robert. Baudri avait manqué de mémoires: il s'en plaint même dans son épître dédicatoire à Pétronille. Nous avons sous le nom d'André, confesseur de Robert et compagnon de ses voyages, une relation fort détaillée sur sa dernière maladie et sa mort, dont il avait été témoin. Ces deux ouvrages ont toujours été joints ensemble dans toutes les éditions qui ont paru jusqu'à présent. Bollandus a inséré ces deux écrits dans sa collection (26), au 25 de février, avec des notes qui lui avaient été envoyées de Fontevrault. Il y en eut une édition à la Flèche en 1641, avec ce titre: *Fontis-Ebraldi exordium, seu Balderici Dolensis præsulis opusculum de B. Roberto Arbrisellensi, et Fr. Andreæ supplementum ad historiam Vitæ B. Roberti Arbrisellensis, studio et opera Michaelis Cosnier*

---

(10) Ord. l. IX, p. 776.
(11) Le Baud, c. XXIV, p. 170.
(12) Tom. IV, p. 777.
(13) Mesn. *Hist. ms.*, p. 219.
(14) Le Long, *Bibl. Fr.* p. 203.
(15) *Gest. Dei per Fr.* p. 82.
(16) *Puto si quidem quod, postquam mihi in hoc acquieveris, studiosum me parturies, et de jacto semine messem multiplicem recipies. Apponam si quidem et sententias interlineares, et excerpam, sicubi latent, medullas interiores,* etc.
(17) *Glossulas super Pentateuchum, quas irrequietus indagator pulsando quærit, quam citius pote-* *rimus transcriptas illius venerandæ paternitati transmittemus.*
(18) Le Baud, p. 70, 74, 112, 115, 118, 119, 120, 150, etc.
(19) Guyon Sæc. XI, p. 337.
(20) Le Long. *Bib. Fr.*, p. 203.
(21) Mab. *Act. SS. Ben.*, p. 166.
(22) Bail. 28 juillet.
(23) Bar. an. 559, n. 33.
(24) Cosn. *in not. ad Bala.*, p. 125. Bolland., *epist. dedic.*, ep. Cosn. Boll. ibid.
(25) Boll. 25 fev. p. 603; Bail. Co.n.
(26) Pag. 603.

sacerdotis Pictaviensis, in eodem loco parochi. Il y a dans cette édition des notes de la façon de l'éditeur, et des questions sur le pouvoir de l'abbesse.

Nous trouvons une traduction de la Vie de Robert imprimée à Paris, en 1585, et l'année suivante à Angers, sous ce titre : *Chronique de Fontevrault, contenant la Vie de Robert d'Arbrissel*, par Balderic de Dol, et André, moine de Fontevrault, traduite en français par Yves Magistri, ou Yves Michel de l'ordre des Frères Mineurs (27). La même Vie traduite du latin, par Jean Chevalier, Jésuite, in-8° à la Flèche en 1647, chez Griveau (28). L'année suivante, dans la même ville, chez le même imprimeur, parut encore la vie du bienheureux Robert, par les soins de Sébastien Ganot, religieux de Fontevrault, avec une épître dédicatoire à la reine régente (29). Dans cette édition le latin et le français sont en deux colonnes.

7° La vie de saint Hugues, archevêque de Rouen, suivit de près celle du bienheureux Robert, si elle ne la précéda pas (30). Il est du moins certain qu'elle parut avant l'an 1120, puisqu'il la dédia à Ursion, abbé de Jumiéges, mort vers cette année; il ne l'avait même entreprise qu'à la prière de cet abbé et de ses religieux. Saint Hugues avait été moine et abbé de Jumiéges, avant d'être placé sur le siège de Rouen ; et après sa mort, il fut inhumé l'an 730, dans l'église de cette abbaye qu'il avait comblée de bienfaits pendant son vivant. C'est ce qu'on peut voir dans la chronique de Fontenelle écrite au temps de Louis le Débonnaire. Ursion et ses religieux voulant renouveler la mémoire de ce grand homme, qui semblait ensevelie dans l'oubli depuis les incursions des Normands, qui avaient ravagé le pays vers le milieu du IX° siècle, prièrent Baudri d'écrire sa vie. Mais quel succès pouvait-on attendre? Tous les anciens monuments avaient été dissipés par les barbares. On n'avait qu'une Vie du saint, mal rédigée, écrite vers le milieu du X° siècle (31) ; c'est-à-dire deux cents ans après la mort de saint Hugues, par un religieux, qui, manquant des mémoires nécessaires, ne put que recueillir des traditions populaires ordinairement sujettes à une infinité de fautes grossières et d'anachronismes. Ce fut sur une telle vie que Baudri travailla, et qu'il composa celle de saint Hugues. S'il avait eu de la critique, il aurait pu remarquer les fautes grossières, dont elle était remplie, en la comparant avec la chronique de Fontenelle (32), qui ne rapporte rien que d'exact touchant le saint archevêque de Rouen. Mais bien loin d'avoir aucun soupçon sur les faits faux et supposés, dont cette Vie est pleine, il les regarda comme vrais ; et l'auteur dans sa simplicité lui parut exact. *Scripta illa*, dit-il, *non diffiteor simplicia, sed tamen scio veracia*. Ainsi, en retouchant la Vie de saint Hugues, il n'y corrigea rien, et adopta tous les faits faux qui y étaient répandus ; ce qui a causé une grande confusion dans l'histoire des archevêques de Rouen. Au lieu du véritable saint Hugues, archevêque de Rouen, qui était fils de Drogon, duc de Champagne, et d'Adaltrude ou Anstrude fille de Waraton, maire du palais, il nous a donné sur des actes remplis de faits faux, supposés et rejetés aujourd'hui de tous les savants, un autre prétendu saint Hugues, fils de Charlemagne, qui ne fut jamais archevêque de Rouen. Il est vrai que Charlemagne eut un fils naturel, nommé Hugues, mais on sait, par le témoignage des meilleurs historiens, que ce Hugues a été simplement prêtre et abbé, et non évêque, et qu'il périt l'an 844 dans un combat livré entre les troupes de Pépin, fils de Pépin, roi d'Aquitaine, et celles de Charles le Chauve. Nous ne nous arrêterons pas à relever ici la fausseté des faits rapportés par l'anonyme, et adoptés par Baudri. Les auteurs, qui en ont parlé avant nous, nous ont prévenu ; et d'ailleurs on l'a déjà fait, en parlant de la chronique de Fontenelle, et de l'anonyme, dont on conserve deux manuscrits dans la bibliothèque de Jumiéges.

Les continuateurs de Bollandus n'ont pas cru devoir donner une place dans leur collection à la Vie de saint Hugues, écrite par l'anonyme ni à celle de Baudri; ils se sont bornés, de même que D. Mabillon, a en relever les fautes grossières, et à faire un extrait de la chronique de Fontenelle, qui contient l'abrégé de la vie de ce saint archevêque de Rouen. Arthur du Moutier a publié dans sa *Neustria pia*. la Vie écrite par l'anonyme de Jumiéges et retouchée par Baudri.

8° Ce fut vers l'an 1120 que Baudri composa l'histoire de la translation faite de Rome à Jumiéges, du chef de saint Valentin, prêtre et martyr à Tarni en Ombrie (33). Il déclare, au commencement de son ouvrage, que l'exposé simple et ingénu, que les religieux de Jumiéges lui firent de ce qu'ils en savaient, portait un caractère de vérité qui lui tenait lieu de mémoires authentiques, et que les miracles qu'il rapportait à la suite de sa relation, étaient aussi fondés sur leur témoignage (34). Bollandus, qui a donné cette relation au public, observe que saint Valentin était évêque de Tarni, et non un simple prêtre, comme Baudri l'a cru ; et que saint Valentin prêtre et martyr n'est pas celui de Tarni, mais de Rome, où il est honoré. M. Baillet (35) marque que l'histoire de la translation du chef de saint Valentin, de Rome à Jumiéges, a été écrite par Baudri l'an 1020. C'est une faute de l'auteur, ou plutôt de l'imprimeur ; il faut lire 1120.

9° M. Duchesne (36) attribue à Baudri trois écrits sur la célèbre abbaye de Fécamp, ainsi intitulés : le premier, *Nomina et acta abbatum, qui monasterium Fiscannense rexeruat*. Le second, *De revelatione monasterii Fiscannensis*. Le troisième, *Descriptio monasterii Fiscannensis, auctore Baldrico archiepiscopo Dolensi*.

Le second de ces trois écrits, qui est imprimé dans la *Neustria pia* (37), est dédié à Guillaume de Ros, troisième abbé de Fécamp, mort l'an 1107. Cette époque, sans parler de la différence qu'il y a entre le style de cet écrit et celui des autres ouvrages de Baudri, paraît suffire pour prouver qu'il n'en est pas auteur. A l'égard du premier et du troisième, ce n'est qu'un même écrit, revêtu de deux titres différents. Outre ces deux titres, il en a même encore d'autres : *Relatio de monasterio Fiscannensi ; Epistola Baldrici ad Fiscannenses ; Itinerarium*. On est surpris de tant de titres donnés à un même écrit (38). Cependant il n'y en a pas un qui ne lui convienne. Dans l'écrit en question, qui est une lettre aux religieux de Fécamp, Baudri fait le récit de ses voyages ; ainsi on peut l'appeler, *Itinerarium*. Il y parle de plusieurs abbés qui ont gouverné l'abbaye de Fécamp ; il fait la description de cette maison, sur laquelle il entre dans un grand détail : ainsi on a pu revêtir cette lettre des différents titres que nous

---

(27) Langl. *Meth. hist.* t. III, p. 146.
(28) Le Long. *Bib. Fr.*, p. 280.
(29) *Bibl. Fontebr.*
(30) Possev. ap. t. I ; *Neust. pia*, p. 282 ; Mab. *Act. SS.* t. III, p. 498 ; Pomeraye *hist. des Arch. de Rouen*, p. 189.
(31) Mab. *Act. SS.* t. III, p. 499.
(32) *Chr. Font. Spicil.*, t. III, p. 495.
(33) Boll. ad diem 14 Feb., p. 758. Cang. ed. nov. sur le mot *Colonia*, t. II, ad 14 Feb., p. 758.
(34) *Monachorum Gemeticensium non discredendam sinceritatem, antiquam simplicitatem puramque relationem pro auctoritate recompensans, et pro miraculis testimonia.*
(35) Bail., 14 fev.
(36) Duchesne in *Serie auct.*, p. 152.
(37) *Neust.*, p. 193.
(38) Du Cang. nov. ed., t. IV, p. 491.

avons rapportés : *Descriptio monasterii Fiscannensis*, etc. ; *Relatio de monasterio*, etc. Voilà donc les trois écrits sur l'abbaye de Fécamp, attribués à Baudri, réduits à un seul. C'est un monument glorieux pour ce célèbre monastère. L'auteur fait remarquer, à propos de la générosité avec laquelle on exerçait l'hospitalité à Fécamp, que c'était une coutume établie d'y faire des présents aux hôtes à leur départ. Il y avait dès ce temps un orgue dans l'église, ce qui n'était pas alors commun, et Baudri applaudit beaucoup à cet usage. Il s'étend fort sur Guillaume de Ros; il rapporte qu'on le pleurait encore, quoiqu'il se fût déjà écoulé plusieurs années. Il fait un bel éloge de Roger, successeur de Guillaume : Orderic Vital en parle aussi dans son histoire (39) : *Ejus peculiares virtutes graphice perstrinxit Baldricus episcopus Dolensis*. D. Mabillon dans ses *Annales* (40) rapporte les louanges que Baudri donne aux abbés Guillaume et Roger dans sa lettre aux religieux de Fécamp. Le P. Arthur du Moutier a inséré cette lettre tout entière dans sa *Neustrie pieuse* (41).

10° Baudri passe pour être auteur d'une Histoire de saint Valérien, qui souffrit le martyre sous l'empereur Commode, au château de Trenorque ou Tournus entre Châlons et Mâcon. Garnier et Falcon, moines de l'abbaye de Tournus, qui est aujourd'hui une collégiale de chanoines séculiers, écrivirent les actes de saint Valérien vers le commencement du XII° siècle. On a les actes de Garnier, et d'autres encore sans nom d'auteur; mais qui semblent être les mêmes, à quelques termes près, qu'on a changés. M. du Bosquet, évêque de Lodève, puis de Montpellier, a donné ceux-ci dans son *Histoire gallicane* (42); et le P. Chifflet, dans l'*Histoire de Tournus* (43). On les voit encore dans les deux histoires de Châlons connues sous le nom de l'*Illustre Orbandale*, avec cette différence, que dans l'une ils ont une préface et une conclusion, qui manquent dans l'autre. MM. Baillet et de Tillemont font peu de cas de ces actes (44). « On croit, dit M. Baillet, que les seconds (actes), qui ont été publiés par M. du Bosquet, ont pour auteur Baudri, évêque de Dol, qui vivait à la fin du XI° siècle. » Le P. Chifflet le prétend ainsi, mais sans en donner aucune preuve. L'abbé Juenin les croit plus anciens, et tâche de prouver qu'ils ont été écrits pour le plus tard au commencement du IX° siècle (45). 1° Parce qu'il n'y est point parlé de la translation de saint Valérien, qui se fit en 980; 2° Adon semble les avoir vus, et y avoir pris ce qu'il dit de saint Valérien dans son *Martyrologe*. Nous laissons au lecteur à juger si ces raisons sont décisives. Mais soit que les actes de saint Valérien publiés par M. du Bosquet soient l'ouvrage de Baudri, ou d'un écrivain plus ancien que lui, ils n'en ont ni plus ni moins d'autorité. Et quand bien même nous aurions l'histoire de l'évêque de Dol, qui paraît être différente, elle ne leur en donnerait pas davantage; ainsi il est aisé de se consoler de ce qu'elle n'est pas parvenue jusqu'à nous.

11° On conserve dans la bibliothèque de Lambeth (46) un manuscrit dans lequel se trouve un traité *De la visite des malades*, attribué à Baudri. On voit encore le même traité, sans nom d'auteur, dans un manuscrit de la bibliothèque de Vienne en Autriche. Le lecteur est en état de juger de la personne et des écrits de Baudri par ce que nous en avons rapporté.

---

(39) Ord. lib. XII. an. 1118.
(40) An. l. LXXI, n. 33.
(41) Page 227.
(42) Lib. v, p. 102-205.
(43) T. II, p. 33.
(44) Bail. ad 4 sept.; Till. t. III *Hist. eccl.*, p. 602.
(45) Juen. I part., p. 11.
(46) Cave, p. 568.

BALDRICI

ARCHIEPISCOPI DOLENSIS

HIEROSOLYMITANÆ HISTORIÆ

LIBRI QUATUOR.

(Bongars, *Gesta Dei per Francos* I 81.)

BALDRICI EPISTOLA NUNCUPATORIA

AD PETRUM ABBATEM MALLEACENSEM.

Amor mihi silentium interdicit, et in verbositatem inducit : amor aufert otium, et trahit in negotium; amor vetat ut sileam, cogit ut loquar et scribam. Totum hoc agit amor non novus, sed inveteratus et continuus, quodam tamen modo renovatus. Quemdam amicum singularem habui et unicum, qui me sibi totum peculiaverat, et in me sibi duntaxat ipse complacebat, dominum Gaufredum dico, virum venerabilem, parentibus Ebredunensem, abbatem Malleacensem, hominem memorandum et describendum, nisi temporis ingruentis molestia suum mihi peperisset obstaculum. Ego ei revera, in quantum poteram, diligendo respondebam, quoniam in eum amando nullatenus inferior esse volebam. Is tandem laudabili fine quievit : abbatem tamen sponte prius exuit, ut et liberius theoriæ vacaret, atque ipsi Deo exoccupatior deserviret. Huic in eodem regimine, ipso tamen volente, successit Petrus, ejus consanguineus, pastor postmodum idoneus, vir satis industrius, et tantæ sollicitudini multum opportunus. Hunc etenim monachi Malleacenses elegerunt, et sibi rapuerunt, et quantum dominum meum Gaufredum dilexerant, in eo ipso monstraverunt, quem pro patrui amore abbatem sibi præfecerunt, quamvis et multæ utilitates ipsum abbatia dignum prædicarent. Is sicuti avunculo suo successivus subintravit in honore, sic et hæres ei perstitit in morum decentissima liberalitate. Habemus igitur hunc Petrum, Deo gratias, bono Gaufredo superstitem, moribus et temporibus nostris satis concordem. Ad hunc ergo modo scribo, ego Baldricus, Dei gratia Dolensis archiepiscopus; Petrum quoque meum, meum inquam et vestrum, tota voluntate saluto. Saluto te, Petre mi, sicuti Malleacensem rectorem; saluto te sicuti fratrem meum charissimum, saluto te sicut oratorem et viatorem Jerosolymitanum. Gratias ago Deo meo, frater dulcissime, qui te duxit et reduxit : Gratias ago Deo meo qui pedem tuum bene direxit; qui omnia tua dispensat, et huc usque dispensavit : dispenset etiam obsecro, et ut tibi vultum suum serenet efflagito. Gratias etiam ago tibi quarum tenorem forsitan huc usque non audisti, cum nondum quod præcepturus sum audieris; et tamen quodam modo jam factum sit, quod tibi imperare decreverim : ac si jam mihi responderis : Puta dictum, puta factum. Imperare tibi decerno, non rogare, quia malo imperiosus ei esse in quo confido, quam suggillator tædiosus immineam ei a quo desperare compellor. Gratias ago quia talis es in quo confidam, quem rogare, vel cui jubere debeam. Petre, quæso, meus, sacerdos reverende, gratiarum mearum actiones ea qua loquor dilectione munificus accipe : quas et si quilibet ex obliquo remordebit præproperas, homo tamen sani cerebri judicabit tempestivas. Nihil enim poterit esse intempestivum, quod erit insignis amoris comitate et titulo decusatum. Parit enim perpulchra et urbana ludicra, splendens amicitiarum prærogativa. Neque enim vere sunt amici, qui inter se dubitant; nam amicabilis fascinatur identitas, ubi lividatur alterutra securitas. Ne vero velut ingratus mihi ipsi redarguar (ingratitudo siquidem totius bonæ opinionis est noverca), mihi ipsi gratias actito, qui cui imperare possum, quemlibet habeo. Non enim omni amicorum destitutus solatio, qui erga te potestativo utor imperio. Quod autem impero hujusmodi est : glosulas exposituras mihi nuper super Moysi Pentateuchum in camera tua ostendisti, ipsemet legisti, auctorem vero nuncupare non nosti; complacuere mihi, quia et verborum connexionem exprimebant; et si quid erat caliginosum, elucidabant. Nunc igitur fraternitati tuæ præcipiendo præcipio quatenus libellum illum transcriptum obsecranti mihi dirigas, tali compactum charactere, talisbusque figuris quæ seniles oculos non offendant, quæ iter legenti præbeant, ne se duplex littera findere videatur, quæ intellectum nostrum inconcinna non obtundat. Si vero residuum quod deest alicubi reperire poteris, sive illud mihi insinuando significa, ut totum obtineam; sive bene prodigus, tuis sumptibus mihi redimi jubeas. Puto siquidem quod postquam in hoc mihi acquieveris, studiosum me parturies, et de jacto semine messem multiplicem recipies. Apponam siquidem et sententias interlineares, et excerpam sicubi latent medullas interiores. Adjiciam adhuc, si quid decurtatum est; castigabo, si quid superfluum est. Totum autem illud nomini tuo destinabo, et libello tuo præeunte posteritati legentium illud profuturum, irrequietus indagator, commendabo. Quod præcepi, non diffido quin solemniter exsequaris : sed est aliud quod precor, quod desidero, quo valde jucundabor. Non mihi sis sterilis quin rescribas, ut tali legato me visites; meque peregrinum ac exsulem, in citeriori Britannia sic salutes. Complectar illud tanquam alterum me : tu vero me tibi vicinum semper exopta, tanquam alterum te. Libellum quem *De Jerosolymitano itinere* quoquo modo composui, ad castigandum tibi transmisi, quem regulari censura volo compescas et polias, et epistolam hanc cum ipso mihi non irremuneratam remittas. Salutemus nos interim invicem, ut alteruter vivamus et valeamus, et iterum nos mutuo videamus. Amen.

PETRUS ABBAS MALLEACENSIS

BALDRICO ARCHIEPISCOPO DOLENSI.

Sicut autem experientiæ tuæ subtiliter satisque succincte prælibavit sanctitas, « amorem silentium nullatenus diligere, » diu est ex quo, reverendissime Pater, experimento didicimus. Otia siquidem eliminando expellit, atque ad ea quæ sui juris sunt amantis animum, et in his jucundantis, indicibiliter trahendo accendit. Sed unde hoc mihi, ut veniat epistola domini mei ad me? Ecce enim ut facta est auditio ejus in auribus meis, exsultaverunt omnia interiora in utero meo. Quemadmodum etenim tetri atque caliginosi aeris ad Boreæ impetum effugantur nubila, sic sic ad visionem illius, omnium phantasmata cogitatuum, quarumlibet etiam mordacium expulsa sunt pondera curarum. Nullius quippe tristitiæ locus remansit, ubi tantæ lætitiæ tam desiderabilis materies supervenit. Legant alii, atque desudent ingentia philosophorum revolvendo volumina : mihi siquidem mei admirandi Ciceronis scripta sufficiunt, suaque inexplicabili obdulcoratione animam legentis reficiunt. Credat itaque, quidquid veteres cecinere poetæ, amantissimus duntaxat meus prosa vel pede me visitet, atque diversorum fatigationibus et negotiationibus prægravatum, suarum crebra dulcique consolatione epistolarum relevando relevet. Hujus ego si benignissimam morum benignitatem atque præclarissima facta describere aggrederer, ad tantæ rei magnitudinem obstupescens, non ea explanando, sed potius inscitiæ meæ incuria attenuando obfuscare metuerem. Satis igitur et consultius est tot et tanta pii Patris contemplando admirari, et in ejus totius mentis brachiis amplexando atque amando amore delectari. Verumtamen hujus indissolubilis dilectionis, cui grates referam? Ascribamne meæ probitati, an ejus sibi quoslibet incorporanti charitati? Illi prorsus assignandum, illi totum est imputandum, qui formicam sibi copulavit, et perpetuæ fraternitatis glutino conglutinavit. Ea propter quidquid placuerit, quidquid cordi advenerit, servo suo emptitio indubitanter præcipiat : et non præcepti sui expletionem, sed implentis devotionem, considerans perpendat : Sum, fateor, sum emptitius illius : sed cujus illius? Ejus sine dubio quem ab ineunte ætate laudabilis vitæ laudabilia commendant præconia; qui etiam de virtute in virtutem ascendens, ad summum sacerdotii apicem sublimari meruit; populumque sibi subjectum, tam prædicationis sanctæ vomere, quam bonorum operum ostensione arguendo, obsecrando, pennis virtutum ad sublimia provehit. Felix revera, et Deo amabilis terra Britanniæ, tanti sideris illustrata coruscationibus. Exsultat Oriens, apostolicorum Patrum doctrinis seu gloriosissima palma decorata ; lætetur nihilominus et Occidens, primatis tanti titulis insignata. Deponat gens effera genuinam quodammodo ferocitatem, cursitans ad sui speculatoris mellifluam affabilitatem. Non imputetur ei ulterius fatuitas quædam naturalis, tam sapientissimi antistitis documentis informatæ. O admiranda atque prædicanda supernæ dispensationis clementia ! Ut ferocium misereretur, fatuitatemque excluderet, patronum mitissimum, atque incomprehensibilis sapientiæ, sale conditum, ad edomandam belluinam eorum cervicositatem direxit. Illos visitando ditavit, nos vero gratissima ejus visione exspoliavit. Visitando, inquam, plebem barbaricam, diuque sub ignorantiæ tenebris sepultam, incomparabili thesauro ditavit, ac nobis pastorem, quasi Luciferum inter nostrates refulgentem, subtraxit. Ad hunc sermo meus prolixior sese direxisset, nisi tam instantis persecutionis et adversum nos intonantis procellosa tempestas intercidisset. Ad præsens itaque id tantillulum benignus benigne suscipiat ; videat, nec legere dedignetur, non attendens litteraturæ superficiem, sed mittentis, seseque pedum ipsius vestigiis toto corde et corpore substernentis, considerans affectionem. Et quoniam divinæ astipulatione paginæ, « thesaurus absconditus et sapientia occulta frivola sunt, » glossulas super Pentateuchum, quas irrequietus indagator pulsando quærit, quam citius poterimus transcriptas illius venerandæ paternitati transmittemus. Non enim diffidimus quin de parvissimo manipulo multiplicatæ segetis centesimum fructum, successivæ posteritati profuturum, recolligamus. Porro præ omnibus efflagitamus, quatenus sicut ad unguem eas promisit corrigat, superflua quæque abradendo, et si qua desunt diligenter interserendo. Librum quoque Jerosolymitanum, Jerosolymitano mihi directum, cum epistola in fronte ipsius apposita miraque dulcedine referta remittimus. Non minimum vero obstupescendo miror, quo animo libellum præfatum ad compescendum et poliendum direxerit insciolo, et pene nullius scientiæ gutta rigato, cum præsertim nullus poetarum id præsumere audeat. Quippe ubi concatenatio multiplicium sententiarum consonat, partium quoque junctura regulari censura liberoque gressu discurrit, nihilque lector diligens absonum inibi reperiat. Verum cum salute submissa jam finem sermonis facimus, et ut Patrem desideratum videre mereamur intente exposcimus.

HISTORIA HIEROSOLYMITANA
BALDRICI ARCHIEPISCOPI.

INCIPIT PROLOGUS DOMINI BALDRICI ARCHIEPISCOPI IN HISTORIA HIEROSOLYMITANA

BALDRICUS, Burguliensium fratrum abbas, postea vero Dei misericordia Dolensium archiepiscopus, licet indignus, omnibus Christianis pacem et veritatem diligere.

Benedictus Dominus noster Jesus Christus, Christiani nominis auctor et rector invictissimus ; et amplitudinis Christianæ sapientissimus propagator. Hunc ut benedicatis, et in omnibus suis operibus laudetis oportet, fratres charissimi, et indeficientis suæ erga nos misericordiæ nullatenus obliviscamini. Ipse reges mutat, et tempora; ipse pios corrigit, ut provehat; ipse punit impios, ut corrigat; quippe, in quo nihil est immisericordiæ. Ipse temporibus nostris, Christianitatem suam, ubicunque terrarum erat, pene totam excitavit : et ut ad eruendam in qua passus est Jerusalem, de spurcorum manibus Turcorum, qui ei velut captivæ dominabantur, Christiana concurreret militia, fideles suos unanimiter incitavit. Non enim sine divina inspiratione credendum est, ab occidentali ad orientalem plagam, omnium rerum copiosos velle militatum iri; et contra barbaras nationes, relictis prædiis et domibus, filiis et uxoribus, pugnaturos brachio suo, inter innumeras calamitates gaudenter proficisci. Quis enim tot principes, tot duces, tot milites, tot pedites sine rege, sine imperatore dimicantes eatenus audivit? Neque siquidem in isto exercitu, alter alteri præfuit, alius alii imperavit : nemo quod sibi peculiare videbatur disposuit, nisi quod sapientium commune consultum decrevit, nisi quod plebis scitum collaudavit. Certum est ergo quia Spiritus sanctus, qui ubi vult spirat, et ut tantos labores arriperent eos animavit, atque indiscissam eis concordiam inspiravit.

Hujus Historiæ seriem posteræ successioni stylo nostro, licet non satis expolito, nisus sum commendare, quamvis tantum onus ingenioli nostri tenuitas non suffecerit convenienter explicare. Sed quoniam diebus nostris magna erat Sallustiorum et Ciceronum copia, qui tamen huic otio non ignobili assidere vellet, sterilis imminebat inopia : majoribus nostris, qui dormitabant et pigritabantur, velut indignatus, hoc opus aggressus sum : et ne invidæ oblivioni cederet historia digna relatu, ad scribendum pene sexagenariam appuli manum. Sane si melius facundiores id ipsum attentaverint, ipsorum nequaquam præjudico, si me castigaverint, facundiæ tantum precor ut nostro non derogent labori, causa invidentiæ vel culpæ insolentiæ. Non tamen huic beatæ interesse promerui militiæ, neque visa narravi; sed nescio quis compilator, nomine suo suppresso, libellum super hac re nimis rusticanum ediderat; veritatem tamen texuerat : sed propter inurbanitatem codicis nobilis materies viluerat, et simpliciores etiam inculta et incompta lectio confestim a se avocabat. Accessi igitur ad hoc studium, non inanis gloriæ cupidus, non supercilii tumore inflatus, sed quod successivæ placeat Christianitati, membranulis indidi curiosus. Et quamvis, Christianus ego, Christianis processerim atavis, ut jam nunc tanquam hæreditate possideam sanctuarium Dei, et hæreditarium Christianæ mihi possessionis vindicaverim titulum; paganismum autem, utpote a lege Dei extorrem, totis viribus abominaverim, tamen in proferenda historiæ veritate, in neutram amor vel odium, vel cætera vitia, me scientem præcipitabunt partem : ut scilicet paganis detrahendo, Christianis, mendax et mendosus, temere faveam; et si quid fortiter et audacter gentiles egerunt, eorum fortitudini et audaciæ zelando aliquid decerpam : proferendæ siquidem veritati temperanter studebo; et animi mei favorem, quem tamen maxime Christianis debeo, veritatis censura castigabo. Si enim gentilium robur plus justo attenuarem; Christianorum fortitudini et laboribus detraherem, dum tanquam adversus gentem imbellem, genus nostrum hiatu temerario dimicasse declamarem. Succincte igitur quæ in codice prædicto perpendi, recapitulabo; et partium narrantium quæ ibi adfuerunt relatione fretus, quæ audivi interseram, sicque juvante Deo aggressum opus consummabo. Jam igitur ad prælibatum negotium stylum expectantem applicemus. Emolumentum præsumpti opusculi, bonorum omnium retributor, in bonum mihi retribuat Deus. Amen.

Explicit prologus.

INCIPIT HISTORIA JERUSALEM

Qualiter Christiani a remotis partibus mundi cum maximo labore eam exquisiverunt, expugnaverunt et tenuerunt.

LIBER PRIMUS.

Jerusalem, totius Judææ metropolim, non ignobilem nec ignotam civitatem, regalibus honorificentiis in immensum multoties decoratam, multoties a tyrannis hostibus obsessam, et ad solum usque dirutam, et a propriis filiis in captivitatem abductis orbatam, variasque temporum tumultationes ante Salvatoris adventum perpessam, noverunt qui vel historiographorum libros saltem tenuiter legerunt; vel qui computantium relationi aures audiendi avidas accomodaverunt. Jam vero Christum prædicantem super eam flesse, et ejus abolitionem denuntiasse, nullus ignorat, nisi si quis forte paginam Evangelii imprudens et impudens vecorditer conculcat. Quod quomodo acciderit, legenti gesta Titi et Vespasiani indifficulter patebit: quam lectionem vir eloquentissimus Josephus, stylo celebri consecravit. Ipsam iterum reædificatam et Christianis insignibus insignitam, et ecclesiarum ædificiis decentissimis honoratam, ipsa adhuc loquuntur ædificia, et quibus tota civitas circumvallatur provecta testantur mœnia ; quæ civitas, quoniam in ipsius suæ Christianitatis temporibus, Christo suo quam oportuit minus obtemperavit, terreno Regi subjugata rursum servivit, quia cœlesti imperatori militare pedetentim contempsit. Facta est igitur Babylonico admiraldi diutino tempore tributaria, quæ superba cervicositate a Christo suo deviarat; quamobrem servierunt dominis profanis hi qui mortem evaserunt vel captivitatem, ejusdem urbis coloni; et dominati sunt filiis indigenis gentiles adventitii. Pollutum est nimirum sanctum Dei templum; et facta est aula Dei gentium convenarum irreverenter conventiculum : Domus orationis spelunca latronum facta est, et filiis suis mater Ecclesia, in novercam alienata est. Sane Sancti Sepulcri ecclesiam, paulo servari sinebant honorificentius : non quia multum de religione christiana curabant; sed quoniam taliter utilitatibus et cupiditatibus suis satisfaciebant. Adventabant siquidem a remotis orbis partibus Christiani, orationis gratia, et honorabant sanctuarium illud largifluis oblationibus, confluentes autem Christianos multimodis gentiles angariis affligebant, et opimis evectionibus quas attulerant, peregrinos funditus emungebant, utpote quos et de vecturis conducendis invitos in via compellebant, et ab introitu desideratæ et diu quæsitæ civitatis quousque ingrediendi pretium dedissent coercebant, et sic variis exactionibus eos pauperabant; ad extremum vero, ab injuriatis corporibus animas plerumque tormentis profligatas extorquebant. Ecclesiarum etiam alias in usus peculiares gens barbara reduxerant, aut in ipsis jumenta sua stabulantes, aut si quid est ignominiosius in eis operantes. Exacerbaverunt itaque contra se Deum, qui Deum abominabiliter inhonoraverunt, et loca sancta illicitis et fedis actibus dehonestaverunt. Decrevit igitur eos divinum consilium castigare; et per eos quibus imperitaverant deliberavit eos a Deo locis dicatis eliminare. Jam enim gentiles usque Antiochiam imperium suum dilataverant, et similiter ipsius sanctæ civitatis loca gloriosa fedaverant. Idcirco irritaverant in se furorem Omnipotentis, quoniam operum suorum fetorem emiserant in cœlum. Videbamus aliquando cives ipsius Jerusalem, inter nos, mendicos et exsules : videbamus indigenas Antiochiæ, casum locorum sanctorum deplorantes, sibique pauperatis suppliciter stipem publicam implorantes. Aliqui condolebamus egenis; idipsum siquidem per nostros, siquando revertebantur, audiebamus peregrinos. Publicæ prædicationis causa, papa Romanus, Urbanus nomine, venit in Gallias, et prout erat disertus seminiverbius, verbum Dei passim seminabat. Sane Placentiæ concilio generali celebrato, prælibatus paulo post Arvernis advenit, ibique cum multis Galliarum episcopis et abbatibus, iterum generalem synodum celebravit, in qua, quæ ad fidem pertinebant præmissis, de Christianorum Jerosolimitanorum et Antiochenorum casibus ærumnosis, hujuscemodi sermonem subjunxit. Confluxerant etiam ad concilium e multis regionibus viri potentes et honorati innumeri, quamvis cingulo laicalis militiæ superbi. Itaque residens in pulpito sic peroravit.

« Audivimus, fratres dilectissimi, et audistis quod sine profundis singultibus retractare nequaquam possumus quantis calamitatibus, quantis incommoditatibus, quam diris contritionibus in Jerusalem et in Antiochia et in cæteris Orientalis plagis civitatibus, Christiani nostri fratres nostri membra Christi flagellantur, opprimuntur, injuriantur. Germani fratres vestri contubernales uteri vestri : nam et ejusdem Christi, et ejusdem Ecclesiæ filii estis; in ipsis suis domibus hæreditariis, vel alienis, dominis mancipantur, vel ex ipsis exploduntur, aut inter nos mendicant, aut, quod gravius est, in ipsis suis patrimoniis venales exsulant et vapulant. Effunditur sanguis Christianus, Christi sanguine redemptus, et caro Christiana carni Christi consanguinea nefandis ineptiis et servitutibus nefariis mancipatur. Illis in urbibus ubique luctus, ubique miseria, ubique gemitus. Suspiriosus dico, Ecclesiæ in quibus olim divina celebrata sunt sacrificia, proh dolor ! ecce animalibus eorum stabula præparantur : nequam homines sanctas occupavere civitates; Turci, spurci et immundi, nostris fratribus dominantur. Antiochiæ beatus Petrus primus resedit episcopus : ecce in ipsa ecclesia gentiles suas collocavere superstitiones, et religionem Christianam, quam potissimum coluisse debuerant, ab aula Deo dicata turpiter eliminaverunt. Prædia sanctorum stipendiis dedita, et nobilium patrimonia sustentandis pauperibus contradita, paganæ tyrannidi subjiciuntur, iisque in proprios usus redactis domini crudeles abutuntur. Sacerdotium Dei humotenus conculcatum est; sanctuarium Dei, proh nefas! ubique profanatum est. Si qui ibi adhuc latitant Christiani, inauditis exquiruntur tormentis. De sancta Jerusalem, fratres, huc usque quasi loqui dissimulavimus, quod valde loqui de ea pertimescimus et erubescimus : quoniam ipsa civitas, in qua, prout omnes nostis, Christus ipse pro nobis passus est, peccatis nostris exigentibus, sub spurcitiam Paganorum redacta est, Deique servituti (ad ignominiam nostram dico) subducta est, quod enim ita est improperii nostri cumulus est, Christianorum, qui ita promeruimus, magnum dedecus est. Cui servit nunc ecclesia B. Mariæ in qua ipsa pro corpore sepulta fuit in valle Josaphat? Sed quid templum Salomonis, imo Domini prætermisimus, in quo simulacra sua barbaræ nationes contra jus et fas modo collocata venerantur? De sepulcro Dominico ideo reminisci supersedimus, quoniam quidam vestrum, oculis vestris vidistis quantæ abominationi traditum sit. Inde violenter abstrahunt Turci quas pro eleemosyna illic multoties intulistis oblationes, ibi nimirum multas et innumeras religioni nostræ ingerunt irrisiones. Et tamen illo in loco (non

ignota loquor), requievit Deus, ibi pro nobis mortuus est, ibi sepultus est. Quam pretiosus sepulturæ Domini locus concupiscibilis, locus incomparabilis : Neque si quidem ibi Deus adhuc annuum prætermisit facere miraculum; cum in diebus Passionis suæ, exstinctis omnibus et in sepulcro et in ecclesia circumcirca luminibus, jubare divino lampades exstinctæ reaccenduntur. Cujus pectus silicinum, fratres, tantum miraculum non emolliat? Credite mihi, bestialis homo et insulsi capitis est, cujus cor virtus divina tam præsens ad fidem non everberat. Et tamen gentiles cum Christianis ista vident communiter, nec emendantur : perterrentur equidem, sed non convertuntur ad fidem : nec mirum, quoniam mentis obcæcatio illis dominatur. Quantis afflictionibus vos qui adestis, qui redistis injuriaverint, vos ipsi melius nostis, qui substantias vestras, qui sanguinem vestrum inibi Deo immolastis. Hæc idcirco, charissimi, diximus, ut vos ipsos sermonis nostri testes habeamus. Plures supersunt et fratrum nostrorum miseriæ, et Ecclesiarum Dei depopulationes, quæ singulatim possemus referre, sed instant lacrymæ et gemitus; instant suspiria, et singultus. Ploremus, fratres, eia ploremus et cum Psalmista medullitus plorantes ingemiscamus. Nos miseri, nos infelices quorum prophetia ista completa est : «Deus, venerunt gentes in hæreditatem tuam; polluerunt templum sanctitatis tuæ; posuerunt Jerusalem in pomorum custodiam ; dederunt morticina servorum tuorum escam volatilibus cœli, carnem sanctorum tuorum bestiis terræ. Effuderunt sanguinem ipsorum, tanquam aquam in circuitibus Jerusalem, et non erat qui sepeliret (*Psal.* LXXVIII). » Væ nobis, fratres : nos, qui jam facti sumus opprobrium vicinis nostris, subsannatio et irrisio his qui in circuitu nostro sunt, condoleamus et compatiamur fratribus nostris, saltem indacrymis; nos abjectio plebis facti, et omnium deteriores, immanissimam sanctissimæ terræ plangamus devastationem. Quam terram merito sanctam dixerimus, in qua non est etiam passus pedis quem non illustraverit et sanctificaverit, vel corpus vel umbra Salvatoris; vel gloriosa præsentia sanctæ Dei genitricis; vel amplectendus apostolorum commeatus; vel martyrum ebibendus sanguis effusus. Quam beati, o Stephane protomartyr, qui te laureaverunt lapides ? quam felices, o Baptista Joannes, qui tibi ad Salvatorem baptizandum servierunt Jordanici latices? Filii Israel ab Ægyptiis educti, qui Rubro mari transito vos præfiguraverunt, terram illam armis suis, Jesu duce, sibi vindicaverunt; Jebuseos et alios convenas inde expulerunt, et instar Jerusalem cœlestis, Jerusalem terrenam incoluerunt. Quid dicimus, fratres ? audite et intelligite. Vos accincti cingulo militiæ, magno superbitis supercilio; fratres vestros laniatis, atque inter vos dissecamini : Non est hæc militia Christi, quæ discerpit ovile Redemptoris. Sancta Ecclesia, ad suorum opitulationem sibi reservavit militiam, sed eam male depravastis in malitiam. Ut veritatem fateamur, cujus præcones esse debemus, vere non tenetis viam per quam eatis ad salutem et vitam, vos pupillorum oppressores, vos viduarum prædones, vos homicidæ, vos sacrilegi, vos alieni juris direptores; vos pro effundendo sanguine Christiano exspectatis latrocinantium stipendia; et sicut vultures odorantur cadavera, sic longinquarum partium auspicamini et sectamini bella. Certe via ista pessima est, quoniam a Deo omnino remota est. Porro, si vultis animabus vestris consuli, aut istiusmodi militiæ cingulum quantocius deponite, aut Christi milites audacter procedite, et ad defendendam Orientalem Ecclesiam velocius concurrite. Hæc est enim de qua totius vestræ salutis emanaverunt gaudia, quæ distillavit in os vestrum divini lactis verba, quæ vobis propinavit Evangeliorum sacrosancta dogmata. Hæc ideo, fratres, dicimus, ut et manus homicidas a fraterna nece contineatis, et pro fidei domesticis, vos exteris nationibus opponatis. Et sub Jesu Christo duce nostro, acies Christiana, acies invictissima, melius quam ipsi veteres Jacobitæ, pro vestra Jerusalem decertetis ; et Turcos qui in ea sunt, nefandiores quam Jebusæos, impugnetis et expugnetis. Pulchrum sit vobis in illa civitate mori pro Christo, in qua pro vobis Christus mortuus est. Cæterum si vos citra mori contigerit, id ipsum automate mori in via si tamen in sua Christus vos invenerit militia. Deus ejusdem denarii retributor est, prima et hora undecima (*Matth.* XX). Horrendum est, fratres, horrendum est, vos in Christianos rapacem manum extendere : minus malum est in Sarracenos gladium vibrare; singulare bonum est : quia et charitas est, pro fratribus animas ponere. Ne vero de crastinis evectionibus solliciti sitis, sciatis quod timentibus Deum nihil deest, neque his qui eum diligunt in veritate. Facultates etiam inimicorum vestræ erunt : quoniam et illorum thesauros exspoliabitis, et vel victoriosi ad propria remeabitis, vel sanguine vestro purpurati, perenne bravium adipiscemini. Tali imperatori militare debetis, cui omnis non deest potentia, cui quæ rependat nulla desunt stipendia. Via brevis est, labor permodicus est, qui tam immarcescibilem vobis rependet coronam. Jam nunc igitur auctoritate loquamur Prophetica. «Accingere, » o homo, unusquisque, «gladio tuo super femur tuum, potentissime (*Psal.* XLIV, 4) : » Accingimini, inquam, et estote filii potentes, quoniam melius est vobis mori in bello, quam videre mala gentis vestræ et sanctorum. Non vos demulceant illecebrosa blandimenta mulierum, rerumque vestrarum, quin eatis, nec vos deterreant perferendi labores, quatenus remaneatis.»
Et conversus ad episcopos : « Vos, inquit, fratres et coepiscopi, vos consacerdotes et cohæredes Christi, per Ecclesias vobis commissas idipsum annuntiate, et viam in Jerusalem toto ore viriliter prædicate. Confessis peccatorum suorum ignorantiam, securi de Christo cœlestem paciscimini veniam. Vos autem qui ituri estis, habebitis nos pro vobis oratores; nos habeamus vos pro populo Dei pugnatores. Mo-

strum est orare, vestrum sit contra Amalecitarum pugnare; nos extendemus cum Moyse manus indefessas orantes, in cœlum; vos exerite et vibrate intrepidi præliatores in Amalech gladium. »

His vel hujuscemodi aliis a Domino apostolico, his qui aderant luculenter intimatis, alii suffundebantur ora lacrymis, alii trepidabant, alii super hac re disceptabant. Inter omnes autem in eodem concilio, nobis videntibus, vir magni nominis et summæ ingenuitatis episcopus Podiensis nomine Naimarus, ad dominum papam vultu jucundus accessit, et genu flexo, licentiam et benedictionem eundi poposcit et impetravit; insuper et ab apostolico mandatum promeruit, ut omnes ei obedirent; et ipse pro officio suo in omnibus, exercitui patrocinaretur, utpote quem omnes magnæ strenuitatis et singularis industriæ præsulem noverant. Digno itaque exercitui Dei invento primicerio, præbuit assensum multitudo multa nobilium, et statim omnes in vestibus superamictis consuerunt sanctæ crucis vexillum. Sic etenim papa præceperat, et ituris hoc signum facere complacuerat : quippe prædicaverat summus pontifex Dominum dixisse sequacibus suis : « Si quis non bajulat crucem suam et venit post me, non potest meus esse discipulus. Idcirco, debetis, inquit, vobis crucem coaptare vestris in vestibus, quatenus et ex hoc tutiores incedatis, et his qui viderint, exemplum et incitamentum suggeratis. »

Dum hæc agerentur, ecce ex improviso adfuerunt legati comitis Tolosani, Raimundi videlicet de sancto Ægidio, qui ipsum iturum jamque sibi crucem coaptasse retulerunt, et in concilio testati sunt. « Adjuncti sunt etiam ipsi, inquiunt, milites innumeri, et populum in ducatu suo conducet quam plurimum. » Et adjunxerunt : « Si quis est Dei, jungatur ei, quoniam opes suas indigentibus communicabit, et auxilium et consilium suum, nemini viantium denegabit. Ecce, Deo gratias, jam Christianis ituris, duo ultronei processere duces; ecce sacerdotium et regnum; clericalis ordo et laicalis ad exercitum Dei conducendum concordant. Episcopus et comes, Moysen et Aaron nobis reimaginantur. » His auditis si qui pusillanimes heri exstiterant, hodie animabantur, et sancta cruce passim palliabantur. Solutum est concilium, et nos unusquisque properantes redivimus ad propria. Prædicabant episcopi, et voce liberiori jam illud idem vociferabantur laici : verbum Dei seminabatur, et quotidie numerus Jerosolymitanorum augebatur; verecundabantur qui remanebant, et jam coram gloriabantur qui peregrinatum ire disponebant : Alii alios cohortabantur; et in angulis et in compitis, inde singuli sermocinabantur. Nimirum pro his agendis dicunt quædam divinitus obtigisse signa, quæ nos omnino non ignoramus vera.

(An. D. 1095.) Anno siquidem ab incarnatione millesimo nonagesimo quinto, pridie Nonarum Aprilium, feria quarta, luna vigesima quinta, visus est ab innumeris inspectoribus in Galliis, tantus stellarum discursus, ut granoo, nisi lucerent, pro densitate putarentur : opinabantur etiam quidam eas cecidisse, nos tamen de earum occubitu nihil temere præsumimus affirmare. Novimus tamen, Veritate testante, quod quandoque stellæ cadent de cœlo (*Matth.* XXIV, 29). De discursu autem vel earum coruscationibus, si quis dubitat, vel nobis credat, vel annalibus nostris, in quibus id notatum reperiet, saltem acquiescat. Quid autem concursus iste præcipue portenderit minime diffinimus : præsertim cum nobis nondum datum sit nosse mysterium regni Dei, sed per parabolas et quasdam competentias, motu stellarum Christianitatis motum comparabant. Quippe anno subsequente (1096) et synodus Arvernis habita est, et via inchoata est. Præter hæc omnia, quædam Christianis intima inspirabatur voluntas, ut pene omnes iter arriperent, si stipendiorum facultas eis suppeteret. Lætabantur patres, filiis abscedentibus; gaudebant uxores, abeuntibus maritis dilectissimis, plusque tristabantur quod remanebant. Plures tamen abierunt, quam quod vel vix vel nullatenus redituri earum viri properabant. Et mirum in modum, quod fieri solet in mortibus charorum, lacrymas his et illis extorquebat jucunditatis affectus. « Excessit » tamen « medicina modum, » quia plusquam debuit in quibusdam eundi voluntas surrepsit. Nam et multi eremitæ et reclusi et monachi, domiciliis suis non satis sapienter relictis, ire viam perrexerunt : Quidam autem orationis gratia, ab abbatibus suis accepta licentia, profecti sunt; plures autem fugiendo, se subduxerunt. Multi etiam de gente plebeia, crucem sibi divinitus innatam jactando ostentabant; quod et idem quædam ex muliereculis præsumpserunt : hoc enim falsum deprehensum est omnino. Multi vero ferrum calidum instar crucis sibi adhibuerunt, vel peste jactantiæ, vel bonæ suæ voluntatis ostentatione. Sed de his, ut libet. Talibus enim rumoribus concursus euntium in tantum augmentabatur, ut jam esset numerus innumerus. Hæc idcirco inseruimus, ne vel aliquid præterisse videamur; vel nostratibus, in vanitatibus suis pepercisse redarguamur. Nec tantummodo populares, citramontanos homines is rumor excivit, sed palatinos consules et regios tyrannos cievit, videlicet Hugonem Magnum, fratrem Regis Francorum; Robertum Northmanniæ comitem, Anglorum Regis Wilhelmi filium; iterum Robertum Flandrensem. In Alamanniæ partibus Dux Godefridus, cum fratre suo Balduino et Eustachio, sermonem hunc recepit, et iterum alius Balduinus comes de Monte. Ultra montes quoque, in Apulia scilicet, verbum istud percrebuit : et Boamundum, virum admodum industrium, Roberti Guischardi filium, ducis Rogerii fratrem vocavit, eique Tancredum nepotem suum, et Ricardum de principatu sociavit. Porro si de viris consularibus loqui attentarem, nec de Radulpho Balgentiacensi tacerem, nec Ebrardum de Puisat prætermitterem, nec de Centorio de Bieria, nec de Wilhelmo Amanei aliquid dissimularem, nec multos alios stylus noster fastidiret, qui tamen præclaris facinoribus suis seipsos magnificaverunt, et in exercitu Dei se laudabiliter habuerunt. Nec tamen hos vel alios æmula præteribit oblivio, ubi se opportuna offeret occasio. Prædicti itaque viri, expeditionem Dei aggressi, Constantinopolim, imperatoriæ dignitatis civitatem, cum populis innumeris appropinquaverunt. Neque siquidem Angliam, vel alias maritimas insulas, licet a nobis undisoni maris abysso ab orbe remotas, tonitruum istud latere potuit; imo et Britannos et Guascones, et extremos hominum Galicios, fama perniciter succrescens animavit et armavit. Venetii quoque et Pisani, et Genuani, et qui vel Oceani vel maris Mediterranei littus incolebant, navibus onustis armis et hominibus, machinis et victualibus mare sulcantes operuerunt, et qui terra ibant, universæ terræ faciem, tanquam locustæ, occuluerunt.

Transeundum fuit prædictis Alamannis per Hungariam, et transierunt. Petrus quidam, magnus Eremita, cum multis Alamannis et Francis plurimis, subsequens agmen præcesserat, et regiam ad urbem applicuerat : Invenit tamen multos Lumbardos et Longobardos et iterum Alamannos qui eum præcesserant; et ex imperatoris responso, venientem exercitum sustinebant. Imperator autem interim iis mercatum dari jusserat, sicut erat rectum, in civitate. Mandando quoque mandaverat, ne quemdam sinum maris, quem Brachium Sancti Georgii vocant, transfretarent, quousque maximus qui subsequebatur advenisset exercitus.« Si enim, ait, aliter egeritis, efferi gentiles in vos irruent, et imbellem hanc periment legionem; »quod et sic postea contigit. Gens etenim illa sine rege, sine duce, variis aggregata locis indisciplinate viventes, in res alienas rapaciter involabant, et plumbum, de quo ecclesiæ coopertæ fuerant, asportabant et vendebant, necnon et palatia destruebant, et in omnibus se nequiter agebant. His cognitis imperator iratus est valde, quippe qui beneficiis suis illos jam videbat ingratos. Coegit itaque eos transfretare expulsos a civitate. Qui transfretati multis iterum illicitis in Christianos patratis : nam et domos eorum, et Ecclesias, hostiliter terra depraedata, cremaverunt : tandem venerunt Nichomiam. Illic Lumbardos, Longobardos et Alamannos a Francis separantes : Franci siquidem ferociores et intractabiliores erant; et ob id, ad omne malum procliviores; præfecerunt sibi gentes aliæ, Francis remotis, quemdam Raginaldum; et sub ejus ducatu ingressi sunt Romaniam. Ultra Nicenam autem civitatem progredientes, quatuor itinere dierum, invenerunt quoddam castellum cui nomen Exerogorga, (incertum an timore an industria) incolis omnibus vacuum : illud igitur intrantes causa hospitandi, ibi demorati sunt, quippe ipsum invenerunt omnium victualium redundantia plenum. Quo Turci per exploratores suos cognito, haud mora circumvallare castellum festinaverunt. Raginaldus cum suis castellum exierat, ut Turcis venientibus prætenderet insidias. Prævaluerunt autem Turci, et multos ex eis gladio ceciderunt; si qui vero potuerunt, fuga elapsi in castellum recepti sunt, quo undique obsesso aquam illis confestim abstulerunt. Fons etenim et puteus, quo castellum sustentabatur, extra erat, quem utrinque viriliter circumseptum Turcorum exercitus indesinenter observabat. Nihil est laborantibus aquæ penuria durius : nihil citius tuta expugnant loca, quam intolerabilis sitis injuria. Coacti sunt ergo Christiani suorum sanguinem elicere et bibere jumentorum. Alii pannos in cisternas limosas deponebant, et si quid humoris invenissent, in os suum exprimere non erubescebant. Dictum est, quod nimis turpe est, quod quidam in manibus suis micturiebant et sorbebant. Alii si forte reperissent terram humidam vel frigidam, fodiebant; et in ipsa vel nudi supinabantur, vel suis apponebant pectoribus, ut saltem sic quoquomodo refrigerarentur. Quis in tantis anxiatus angustiis vivere potuit? Sustinuerunt tamen moribundi magnam hanc per octo dies incommoditatem, Sacerdotibus qui aderant sic interim sermocinantibus : « Sustinete, fratres, ut enim vos tentet adest Deus. Nolite itaque desperare in his etiam magnis tribulationibus; sed efficite gnaviter, ut qui ejus provocastis iram, vel in arcto positi nunc, ejus largifluam vobis everberetis misericordiam. Promereri poteritis in tali angustia positi ejus beneficium, si ad ipsius toto corde confugietis auxilium. Ipse olim percuti jussit in deserto Sina, petram, et fluxerunt aquæ, et biberunt patres nostri in saturitate. Adhuc est ejusdem potentiæ, adhuc est ejusdem misericordiæ. Si vos modo non exaudierit, culpa nostra est; si vos modo non respexerit, nostra est negligentia. Reminiscamini quoniam eum graviter offendimus et irritavimus, qui in rerum fraternarum rapacitate et in ecclesiarum destructione inexplicabiliter crassati sumus. »

Hæc illis sacerdotes quotidie referebant, sed illi nullo vino compunctionis potari poterant. Computruerant illi tanquam jumenta in stercoribus suis, ideoque de peccatis suis, indurati corde cum Pharaone, Deo satisfacere nequaquam potuerunt : quocirca perierunt. Obturaverunt igitur aures suas, aspidibus surdiores, contra vocem incantantium sapienter, et idcirco revera operati sunt insipienter. Quin dux eorum Raginaldus cum Turcis consiliatus est, et ut eis si posset fratres suos proderet pactus est. Exivit itaque cum multis, fingens se ad bellum procedere, et transfuga fugit ad Turcos. Qui remanserant, inhonestam coacti fecerunt deditionem; et, o miserum facinus! versi in desperationem, contra Dominum abominabilem commiserunt apostasiam. Illi vero qui fidei suæ testimonium perhibuerunt, vel capitalem subiere sententiam, vel in signum positi, sagittati sunt, vel ab invicem divulsi, pro vili pretio venundati sunt vel in captivitatem abducti sunt, alii in Antiochiam, alii in Corrosanum, alii in Aleph, aut ubi de eis triumphantibus, et captivantibus captivos captivatum ire magis complacuit ; qui tamen pro fidei Christianæ inconvulso tenore, glorioso fine quieverunt. Hanc persecutionem primam perpessi sunt Christiani tertio Kalend. Octobris. Audientes iterum Turci quod Petrus Eremita et Walterius cognomento *Sine habere*, in alia civitate cui nomen Civitot prope Nicenam essent, persequi aggressi sunt illos, pro secundis successibus rabidiores, et more luporum debacchantium vel feræ tigridis, sanguine effundendo proclivius incumbentes. Jam igitur, securi de triumpho, accurrentes obviaverunt Walterio, quem et multos qui cum eo erant, obtruncaverunt. Petrus enim Eremita jam Constantinopolim redierat, quoniam illum auscultare gens litigiosa non acquiescebat. Et quoniam eos imparatos Turci repererunt, ideo facilius superaverunt. Decollaverunt etiam quemdam Domini sacerdotem, Missarum solemnia suppliciter celebrantem. Si qui potuerunt evadere vivi, fugerunt, vel in carectis vel sylvis, vel in montanis delitescentes; alii Civitot castellum, quatenus se defenderent, tenuerunt ; quod et Turci protinus obsederunt, lignisque quamplurimis undequaque allatis, incendium et castello et hominibus præparabant. Christiani autem, extrema jam in desperatione positi, animosiores : « Desperatio siquidem aliquando audaciores facit; » audenter in ligna jaculati sunt ignem. Sic ergo evaserunt incendium, sed non omnino evaserunt imminens mortis periculum. Apprehenderunt siquidem Turci totam castri munitionem, et Christianos apprehensos vel occiderunt, vel captivaverunt, vel in quodlibet opprobrium subsannaverunt. Hæc iterum passio contigit eis in mense Octobri. Ecce modico temporum intervallo, parvo terrarum interstitio Christianitas bis profligata est, bis multata, bis castigata : quod pro expiatione facinorum suorum illis contigisse non ambigimus; et pro reprimenda minus cautorum stoliditate, et pro subsequentis exercitus necessaria castigatione. Qui enim adhuc citra Constantinopolim castra metati fuerant, hoc audito (multi etenim profugi redierant, quorum omnium arma imperator emerat, quatenus inermes suis minus nocere possent) alii alios exspectabant, quatenus consilio communicato, auxiliaribus freti ducibus, et copiis stipati militaribus, terram inimicorum ingrederentur, Deitate sibi, precum pura confessione, prius complacata.

Dum hæc agerentur, dux Godefridus et Balduinus atque Eustachius fratres, et Balduinus de Monte cum turmis suis per Hungariam commeantes, Constantinopolim appropinquabant. Podiensis namque episcopus et comes Raimundus per Sclavariam gradiebantur. Hugo Magnus et Flandrensis comes, et Robertus Northmannorum dux, cum suis commilitonibus Romam prætereuntes, in Apuliam devenerunt. Boamundus autem tantas Francorum frequentias audiens adventare, neque siquidem tantum hominem hujusce rei ignarum, tam divulgata fama pertransire poterat, singulorum probitatibus signisque perscrutatis, pallium optimum præcepit afferri ; quod per particulas concisum, crucem unicuique suorum distribuit, suamque sibi retinuit. Tantus igitur militum concursus ad eum subito factus est, quatenus comes Rogerius in obsidione (erant siquidem uterque in quadam obsidione) pene solus remaneret ; dolensque se suam amisisse gentem, Siciliam cum paucis reversus est. Boamundus autem, ut erat vir per omnia modestissimus, modeste viam suam et evectiones præparavit, et cum optimatibus suis et cum affluentibus armatorum copiis transfretavit, et tandem tranquillo remige in Bulgariæ partibus applicuit. Nomina vero suorum qui ei in itinere hoc adhæserunt, eique aliis cohæserant in bellis, hæc sunt : Tancredus Marchionis filius ; Richardus de principatu, Ranulfus frater ejus, Robertus de Anxa, Ermannus de Canni ; Robertus de Surda valle, Robertus filius Turstani, Hunfredus filius Radulfi, Ricardus filius comitis Rannulfi, et comes de Rusinolo, cum fratribus suis, et Boellus Carnotensis, Alberedus de Caguano, et Gunfredus de Monte scabioso. Hi omnes unanimiter Boamundo conjuncti sunt, eique se devotissime in via Dei obedituros, inseparabiliter juraverunt. Hugo vero Magnus et Wilhelmus Marchisi filius ad portum Bari pelagus præpropere ingressi sunt, et navigantes applicuerunt Duracium. Dux autem civitatis illius de principibus imperatoris unus, arbitratus eos, ut revera erant, viros magnos et gnaros, apprehendi jussit eos, utpote qui nondum erant cuneis militaribus et auxiliaribus peditum manipulis satis præmuniti. Fecit ergo eos sub excubanti custodia Constantinopolim solerter deduci : quatenus imperator pro libitu suo super eos decerneret, sicque vellet hominum et fidelitatem ab eis reciperet. Hoc autem dux ille idcirco maxime fecisse visus est, ut et devotionem quam erga imperatorem suum habebat, res ipsa talibus indiciis approbaret; eumque sibi vehementius conciliaret.

Dux autem Godefridus, ducum omnium primus Constantinopolim venit, duos dies ante Natale Domini, et prope illam castra metatus est. Boamundus enim suos exspectando, qui eum subsequi satagebant, pedetentim gradiebatur ; proinde callide eos paulatim eundo in dies operiebatur. Imperator autem in suburbio civitatis, duci paulo post mandavit hospitium. Armigeri vero ducalis exercitus, sine qualibet cautela, ad subvehendas paleas, vel cætera sibi necessaria, extra civitatem cursitabant. Quippe nondum aliquid de imperatore suspicabantur sinistrum, utpote qui eis voluntarius præbuisset hospitium. Imperator vero absconse suis mandaverat Turcopolis et Pincinatis, quatenus in dies excuntes invaderent, et perimerent, et curiosissime super hoc excubarent. Duci, suorum defectus nuntiatus est, et inopinatæ Turcopolorum ei patuerunt insidiæ. Exivit igitur Balduinus ad suorum protectionem, et si posset ad insidiantium deletionem;

invenit autem eos insequentes suos, et ex improviso incautos invasit et superavit; partem occidit, sexaginta quoque ex iis vivos comprehensos, fratri suo duci imperterritus praesentavit. Audiens hoc imperator Alexius (Alexius enim vocabatur), valde iratus, malum exercitui Christi in corde suo indesinenter machinabatur. Dux de imperatoris furibunda perturbatione certus, praecavens in futurum, civitatem exivit, et ubi prius sua fixerat tentoria collocavit. Nocte superveniente, jussu imperatoris invasa sunt castra ducis, et exercitus ejus multis lacesssitus injuriis. Dux autem, sicut erat hujusce rei sagacissimus, et pugnator acerrimus, excubitores qui tentoriis excubarent prudenter disposuerat, et unumquemque vigilare sibi mandaverat : versutias enim imperatoris non nesciebat. Repulsi sunt quantocius invasores, et ex illis septem peremptis, usque ad portam civitatis audacter dux fugavit fugientes. Ad tentoria itaque sua reversus, fuit ibi pene quinque diebus. Imperator enim interim in eum malum moliri; dux sollicitius sibi suisque consiliari : imperator ei transitum per civitatem regiam prohibere; dux subsequentium optimatum adventum exspectare. Imperator tandem ut nihil intentatum relinqueret (erat namque vir perspicax et industrius), sub pacis obtentu pactus est cum duce, quod si transfretaret Brachium, copiosum ei semper mitteret mercatum; et omnibus indigentibus, stipem impertiret necessariam, tantum de eo juramento esset securus. Ideo sic fecit imperator, ut ducem a regione illa cum suis amoveret copiis, ne posset conti supervento rum principum consiliis et auxiliis. Transivit itaque dux, imperatori facta ei ab eodem accepta identidem promissorum fidelitate.

Boamundus interim in vallem de Andrinopolin venit ibique suos concionando taliter allocutus : « Optimates et commilitones nostri, oportet caute nos omnes dehinc abeamus. Cautela nobis est pernecessaria, praesertim cum pro Deo a nostra peregrinamur patria. Peregrini pro Deo sumus, Christi milites sumus, a Christianorum penatibus diripiendis manus rapaces cohibeamus. Tempus erit cum terram hostilem intrabimus, cum de eorum spoliis opimis ditabimur et laetabimur. Christiani quicunque nobis mercatum praestiterint, securi veniant et securi redeant : terra in qua sumus Christianorum est, ideo vobis eam depraedari non licet. Tantummodo in ea pro benedictione cibaria capiamus ; nec ultra quam usus vivendi postulat, fratrum suppellectilem discerpamus. Vos autem, proceres nostri, familiares nostri, qui expeditiores estis, de peditibus vigilantius procurate, et ne deficiant in via, eos exspectando maturius procedite, et tentoria vestra tempestive figite. Et quoniam, Deo gratias, opulentiores estis, opes vestras pro eleemosyna pauperibus effundite, Dominum ante oculos praesentem semper habete. » His dictis heros prudentissimus conticuit, et moveri castra de valle praecepit. Tandem perventum est Castoriam, in qua Natale Domini solemniter peregerunt; ibique per aliquot morati dies, quaesitumque mercatum habere non potuerunt. Praetendebant enim homines civitatis illius eos nequaquam peregrinos, sed gladiatores et tyrannos. Compulsi sunt ergo, inedia cogente, boves, equos et asinos rapere; et si quid quod mandi posset convenientius inveniebatur. Egressi subinde Castoria castrametati sunt in Pelagoniam. Castellum autem Haereticorum ibi erat munitissimum, abunde bonis omnibus refertum : quod undique aggressum, habitatoribus ejusdem cum eo combustis, omnino pessum dederunt, haereticis nimirum inimicantes. Omnes siquidem illi viatores, Judaeos, haereticos, Sarracenos aequaliter habent exosos, quos omnes appellant inimicos Dei. Castello igitur illo radicitus diruto, exstinctisque omnibus habitatoribus ejus, tentoriis collectis pervenerunt ad flumen Bardanum, quod Boamundus cum parte sui exercitus pertransivit : pars etenim, comes videlicet de Rosinolo, cum fratribus suis remansit. Homines autem imperatoris qui vias obsidentes, palantes explorabant, videntes exercitum divisum, impetu facto irruerunt in comitem et in suos, sperantes se in eos indifficulter praevalituros, exercitu duntaxat a se disgregato. Quo Tancredus sive per legatum sive per tumultum cognito, necdum enim multum ab aliis aberant, rapidum calcaribus urgens cornipedem fulmineus advolat; et fluvio qui intererat evadato, sed potius enatato, festinum comiti contulit praesidium. Duo siquidem millia militum Tancredum subsecuti fuere, qui similiter amne transito eis auxilium praebuerunt : qui confestim, contra spem Turcopolorum, ipsis praevaluerunt, et eos de praelio fugaverunt, et de fugatis gloriose triumphaverunt. Nonnullis autem peremptis, plures apprehensos, vinctos praesentaverunt Boamundo, qui eos percunctatos quare tam crudeliter suae resisterent expeditioni, praesertim cum suo non inimicaretur imperatori, ipsis respondentibus audivit : « Nos in *roga* imperatoris locati, nihil aliud quam quod ipse imperat possumus. » Boamundus autem imperatori indignatus, seipsum tamen reprimens, eos quidem impunitos dimisit, sed ne suis de caetero nocerent, interminando eos compescuit. Dixisse tamen suis familiaribus putatur : « Nos transituri per imperatorem, tumorem animi compescamus, et ne eum injuste exacerbemus, prout possumus evitemus. Extremae imperitiae genus est, hominem ibi totum efflare spiritum, ubi commotus animus nullum habebit effectum. Porro prudentiae modus est potestativum hominem seipsum dissimulare, ubi potentiae suae nequit satisfacere. Prudentiae est, in tempus differre, quod continuo non possis implere. Rursus socordiae et ignaviae redarguendus est, qui cum ultra non possit, intonat minis; cum vero possit, illatae obliviscitur improbitatis. Si possumus, imperatorem beneficiis superemus; sin autem, mala nobis illata æquanimiter dissimulemus. » Hæc ait, et iram animi tacitus continuit. Hoc bellum factum est quarta feria in capite jejuniorum. Nulli dubium quin illa die inviti pugnaverint peregrini, nisi quod se defendendi necessitas eis incubuit. Interea imperatoris legati obviaverunt Boamundo (Boamundus enim jam suos ad eum direxerat) qui eum per terram illam secure deducerent, et eis ubique mercatum impenderent. Misit autem ad hoc quemdam suum corpalatium, valde sibi familiarem, hominem admodum solertem. Iste semper præibat, et ex imperatore regionarios allocutus, forum rerum venalium semper eis præparabat. Ad quoddam ventum est castellum, quod quia frumento, casco, vino et oleo redundabat, aggredi contendebant; castellani siquidem, neque eis mercatum præparabant, et in tantum eos verebantur, quod neminem eorum recipiebant. Boamundus autem viriliter illud prohibuit, ne forte imperator in eo aliquam inveniret perperam: licet ei Tancredus et alii multum in faciem restiterint; prævaluit tamen sententia prohibentis.

Mane facto obviam illi exierunt castellani, cruces præ manibus gestantes, et indulgentiam deprecantes, et ei quæcunque placuissent offerebant; ille autem libenter eis indulsit et pertransivit. Venit autem ad civitatem quæ Serra dicitur, et ibi sufficiens habuerunt mercatum. Boamundus tunc prudenter egit, quoniam cum duobus corpalatiis, sine aliqua amaritudine concordatus est, et amicissimi in die illa facti sunt; pro illorum denique amicitia, cuncta reddi animalia jussit quæ sui rapuerant, quæcunque fuerunt inventa. Corpalatii autem, hominibus omnia quorum fuerant, reddiderunt: luctus itaque plangentium, versus est in gaudium. Denique prout tempus poscebat, de loco in locum castra metati sunt, et usque Rusam civitatem venerunt: ibi quæcunque necessaria erant sufficienter comparatis (Græcorum quippe gens Boamundum videre desiderabat inhianter), suos tetenderunt papiliones, feria quarta ante Cœnam Domini. Boamundus ibi sua gente dimissa, cum paucis ad imperatorem profectus est, suisque dixit hominibus: « Modeste vos agite: ego vos præibo, vobis transitum præparaturus; vos autem moderanter appropinquate civitatem, et omnia sapienter agite. » Tancredus autem caput et princeps militiæ Boamundanæ, videns Christianos in expeditione pauperatos et mendicos, eis in immensum condoluit; et illos, qua cibaria invenirent, per aliam viam conducere cogitavit. Intraverunt igitur in vallem uberæ glebæ gaudentem, et nutrimentis corporalibus refertam, ubi Pascha Domini celebraverunt. Imperator audiens, quem nimium verebatur, adveniisse Boamundum (frequenter enim de prudentia et audacia ejus audierat, ipseque semel et iterum cum patre suo Guischardo pugnaverat et superaverat), honorifice suscepit eum, et extra civitatem, prout utrumque decebat, copiose procuravit. Dum autem imperator de colloquio Boamundi præcepisset, dux Godefridus,

Constantinopolim, suis ultra brachium relictis, redierat: quoniam imperator, ut ei pepigerat, mercatum nullum transmittebat. Episcopus vero Podiensis et sancti Ægidii comes, sua iterum post se intermissa multitudine, aderant. Imperator a suis accepto consilio (gens quippe Græcorum multum callet in consiliis), heroas singulos per internuntios allocutus est, quatenus ei omnes et hominium et fidelitatem facerent, et sic securi transfretarent. Optimates enim regiæ civitatis sibi præcaventes, ne forte Franci congregati in eos insurgerent, bonisque suis eos privarent, illud imperatori consuluerant, ut saltem a Francis taliter securi viverent. Franci siquidem omnino perjurium vitant. Hoc imperator ingeniose quærere, Franci viriliter negare; Franci prætendere se juramentum nulli nisi Deo debere, cujus milites erant in via. Ad hæc imperator transitum abdicare, de cætero et mercatum et conductum polliceri, seque ipsum post eos iturum, et jis cum omnibus suis copiis subventurum affirmare. Angustiabantur Franci, juramentum facere renuentes, præsertim cum Græci aliter eis meatum nequaquam consentirent. Quid facerent? contra Christianos pugnare nolebant; transitum pacifici habere non poterant: imperfecto ad quod ierant negotio, ad propria regredi abominabantur. Tandem multi compulsi necessitatibus in hanc devenere sententiam, pollicitationibus imperatoris aliquantulum allecti, quatenus eo tenore satisfacerent imperatori, si ipse de quibuscunque eis promittebat, eis jurari præciperet, quod ita totum factum est. Juraverunt igitur Alexio imperatori vitam et honorem, quod neutrum ei auferrent, quoad ipse quod jurabat bona fide teneret. Comes autem Sancti Ægidii plus aliis renitebatur; imo, quomodo de imperatore suos ulcisceretur, irrequietus cogitabat. Prævaluit tamen communis Heroum sententia; et ab hac intentione animosum comitem revocaverunt. Juravit itaque, sed ad hominium nequaquam deductus est: dixit enim se malle mori, quam hominium faceret imperatori. Dicunt Græcis sacramentum comitis satis fuisse, quandoquidem illud quod amplius exigebant extorquere non potuerunt; præceptum est igitur illico de navigio. Tancredus interim cum exercitu sibi commisso advenerat. Audiens itaque quod imperator a majoribus natu sacramentum exegerat, cum Ricardo de Principatu inter plebeios delituit; puppibusque acceleratis, properus pertransivit. Boamundus tamen suis transfretaturis, succincte dixit: « Maturate gradum, nec aliquid incaute faciatis: demorabor adhuc de mercato locuturus, ne aliquid inconsulte fecisse videamur; vos prudenter ambulate, nec nimis remisse, nec insipienter militate. Plerumque contingit, ut quorumdam insipientia, sapientium causas impediat. Videte ergo quomodo caute ambuletis omnes et singuli, et alius alium attentius commonete. Hæc ait, et de transitu festinanter mandavit. Ecce iterum legationes episcopi Podiensis pariterque comitis aderant Tolosani. Remansit itaque comes cum sua gente, donec ei et Boamundo satisfactum est de mercato.

Dux Godefridus cum aliis Nicomediam venit ibique cum Tancredo tribus diebus fuit. Cognitoque quod nulla, qua tot et tantæ gentes possent procedere, pateret via, misit dux qui rupium et montium complanarent præcipitia, hominum tria millia, qui acceptis securibus asciis et vidulis, aliisque multimodis ferramentis, ad carecta et fruteta stirpanda, et ad prærupta montium coæquanda, viam exercitui præparaverunt, positisque in altum signis, quæ subsequentes agnoscere possent, ne forte deviarent, venerunt Niceam, pridie Nonas Maii. Nicæa autem totius Romaniæ caput est. Castris itaque metatis, locatisque tentoriis, obsessa est Nicæa, quæ est civitas munitissima, utpote quam ostentabant inexpugnabilem in cœlum porrecta mœnia lacusque adjacens civitatem a latere cingens. Passi sunt igitur ibi Christiani calamitosam panis inopiam, ita ut si quando panis unus inveniebatur, viginti vel triginta denarios emeretur: nondum enim mercatum ad eos ab imperatore fuerat directum. Sed Deo de suis procurante, venit confestim Boamundus copiosum terra marique deducens mercatum; facta est itaque inopina et repentina victualium ubertas, in tota Christi militia. In die autem Ascensionis Dominicæ, aggressi sunt civitatem expugnare, et contra muralem altitudinem machinas ligneas erigere. Per duos igitur dies infestantes acriter civitatem, conati sunt etiam murum effodere. Gentiles qui intus erant, e contra viriliter instare, muros penatesque suos magna vi defensare; lapides et spicula dirigere, clypeis se protegere, et supervenienti telorum nimbo se audacter opponere. E regione Galli nihil intentatum relinquere; consertorum testudine scutorum se occultare, et sic jaculorum ingruentiam devitare; et sic persæpe fatiscentes obsessos lacessere. Cives interim missis nuntiis, neque siquidem qua lacus extendebatur, civitas observari poterat, a contribulibus et confinibus suis adjutorium convocaverunt dicentes : « Accelerate, per meridianam portam, nihil formidantes intraturi. Porta, inquiunt, enim meridiana, adhuc ab omni vacat obsidione. » Ipsa autem die, porta eadem comiti Tolosano et Podiensi episcopo, Sabbato scilicet post Ascensionem Domini, commissa fuit; nam eadem die uterque advenerant. Comes itaque Saracenis secure accurrentibus, ex improviso armatus obviavit; et ejus exercitus totus in armis speciosus; et omnes signo sanctæ crucis confisi, barbaram viriliter repulerunt stoliditatem. Quæ gens non paucis suorum amissis, in fugam turpiter versa est, et a Francis indifficulter superata. Comes itaque cum magno trophœo, ea die tentoria sua ingressus est. Cives obsessi alios rursus direxere nuntios, qui de auxilio loquerentur; et spem pugnæ et certitudinem victoriæ, jurando testarentur. Veniebant igitur catervatim congaudentes, et victoriam in manibus autumantes, et de spoliis inimicorum diripiendis jam lætantes. Efferebant itaque suos unusquisque funiculos, quibus vinctos ad sua captivatum ducerent Christianos. Confidebant namque, et in magnis nationum congregatarum copiis, et in suæ viribus animositatis, parvipendebant etiam gentem Christianam, utpote et itineris longinquitate molestatam; et fame et siti, multisque aliis incommoditatibus profligatam. Ex montium igitur cacuminibus incaute conglobati descendebant, et ad civitatem usque discurrere satagebant. Quibus iterum obviantes Franci : Franci siquidem nihil negligentes, vias omnes observabant, eos rursus invaserunt, rursum superaverunt, rursum fugaverunt; multis autem internecioni deditis victoriosi redierunt, attulerunt etiam plurima cæsorum capita, quæ fundibularii projecerunt in civitatem, ad obsidentium exsultationem, ad obsessorum perturbationem. Non tamen gentiles minus animosiores Christianis resistebant; sed modo de propugnaculis jacula dirigere, muros defendere; modo progredientes, ipsa castra perturbare. Contra comes Raimundus et Podiensis episcopus homines ordinaverunt, qui turrem quæ tentoriis suis porrecta præminebat, incessanter suffoderent et infractis viribus operi injuncto insisterent. Aggressi itaque civitatem, colonos rebellantes, balistis et arcubus et fundis deterrentes (grandinem etenim supervenientia tela putares), homines præparatos ad muros usque direxerunt, et ne quid eis mali possent oppidani moliri, sagaciter eos tuebantur; suffoderant itaque turrem radicitus, immissisque lignis, et igni in muro terebrato succenso, indemnes redierunt ad suos. Ignis exemplo lignis prævaluit. Quibus combustis, turris dependens extabuit, et per rimas dehiscens, ruinæ machina tota succubuit. Sed quoniam nox erat, non potuerunt nec voluerunt Christiani contra urbem præliari, quod mane futuro se facturos disponebant. Dilatio autem ipsa multum obsessis profuit, multum vero Christianis obfuit. Nocte siquidem gentiles murum irrequieti reædificaverunt, noctemque illam insomnem duxerunt, in nullo pigritantes, sed de civitatis suæ tuitione se invicem cohortantes. Facto diluculo Franci de inopina muri ædificatione vehementer admirati sunt, et eorum irrequietudinem laudaverunt, et tamen quia diutius ibi morari compulsi sunt, doluerunt. De repente siquidem maceriam eo usque inaltaverant, ut Christiani eos ex illa parte neutiquam nocere possent. Cassatus itaque Christianorum labor hoc modo fuit, quibus illa mœniorum suffossio nihil profuit. Ecce advenerat comes Robertus de Northmannia.

Isti omnes urbem obsederunt, tentoria sua prope locantes. Ex una parte obsederant eam Boamundus et Tancredus : juxta quos dux Godefridus, cum fratre suo Balduino atque Eustachio. Deinceps autem comes Flandrensis, vir quidem strenuus et miles audacissimus. Juxta hunc etiam comes Robertus Normannus atque Stephanus Carnotensis, et comes de Sancto Paulo, et Chonanus filius comitis Gaufridi, et Radulphus de Guaer, et Rogerius de Barnavilla, et alii quamplures. A porta vero meridiana Tolosanus et Podiensis, ut dictum est, excubabant. Ita circumcirca eam vallaverant, quatenus nemo vel ingredi vel egredi possit, nisi qua lacu civitas cingebatur. Per lacum enim Christianis videntibus, securi navigabant, sibique necessaria navigio devectabant. Porro Christi militia taliter urbem obsederat: « O castra speciosa! o tentoria imperiosa! quis unquam similia vidit tabernacula? Cesset illa adulabilis fabula de Troja, vilescant illa Pelasgorum tentoria, obscurentur ulterius procerum illorum actus et nomina. Illic Ulysses suam exercuit astutiam; Ajax suam ostentavit audaciam; Achilles suam manifestavit duritiam. Ilic columbinam Christiani prætendebant simplicitatem, et in armis mundam et gloriosam exercebant militiam : mundi moribus, vegeti corporibus, animosi pectoribus dimicabant; quippe animabus suis præcavebant, carnisque voluptatibus et voluptatibus omnia illicita abdicabant; fulgebant in armis, maximeque in morum ornatu erant decentissimi. » Fateor et verum fateor, quoniam si Balaam (*Num.* xxiv, 3) huic tam formosæ speculationi adesse meruisset, tentoria ista tentoriis Israeliticis præposuisset. In castris siquidem Christianis, nec Phinees Medianitidem (*Num.* xxv, 6), quem pugione confodere deberet, inveniret; nec serpens malignus quem pro malignitate sua torreret, haberet. Ut breviter dicam, militia illa formosæ Ecclesiæ instar erat; et forma, ut de tali non temerarius Salomonem decantasse autumaverimus : « Ecce tu pulchra es, amica mea, sicut tabernacula Cedar, sicut pelles Salomonis (*Cantic.* i, 4). » In ista siquidem expeditione duces ipsi militabant, ipsi duces excubabant, ut nescires quid dux a milite, quid miles differret a duce. Præterea ibi erat tanta omnium rerum communitas, ut vix aliquis aliquid sibi diceret proprium; sed, sicut in primitiva Ecclesia, ferme illis erant omnia communia. Lupanar et prostibulum omnino a castris suis procul eliminaverant, et potissimum de morum honestate disceptabant. Ibi tamen cum hominibus mulieres habitabant, sed vel in conjugio vel in legali ministerio. Si quis enim alicujus convincebatur inhonestatis, vel in faciem, ut cæteris metus incuteretur, castigandus increpabatur, vel graviter de eo vindicabatur : quotidie siquidem de continentia sermocinabantur episcopi, et omne scortum et abusum de medio castrorum abominabantur. Opponebant se certatim castrenses illi pro fratribus, inimicorum gladiis; et mirum in modum lætabantur, si mori mererentur pro ulciscendis proximorum injuriis : « O super omnes regiones extollenda Gallia! quam pulchra tabernacula tua ecce in Romania! Ab occidentali Europa armata iter arripuisti, et in Asia tentoria tua et Conopeorum tuorum paxillos collocasti. Conservet ac perennet Deus hanc bonæ voluntatis tuæ unanimitatem; quatenus tuta procedere possis ad quam suspiras Jerusalem. » Turci interim et pro civitate defendenda desudabant, et a mœniorum restauratione nullatenus quiescebant.

Terra undique obsessi, lacui victualia subvecturi se curi se committebant. Ibant et redibant Christianis videntibus, nec eis nocere poterat Francorum quantuslibet exercitus. Sed quis eorum sollicitam evasit solertiam? Franci, viri per omnia prudentissimi, consilium acceperunt, quatenus oppidanis auferrent etiam lacum. Direxerunt itaque legationem suam Constantinopolim, quæ vocabulo antiquiori Byzantium dicta fuit, unde et adhuc monetæ civitatis illius, denarios *byzanteos* vocamus, quatenus imperator imperio potestativo, navigium copiosum Civitot dirigeret, ubi portus erat opportunus ; et quoniam nocuit differre paratis, nullas in remittendo inneteret moras. « Insuper, inquiunt, boves et plaustra nobis transmitte, ad rates per montana et silvas ad lacum usque subvehendas. Si enim taliter egeris, civitatem Niceam, quam obsedimus, quam Turci tibi violenter abstulerunt, indubitanter recuperabis : nullum enim habent effugium, si suum eis interdicemus navigium. » Ex imperatoris præcepto et boves festinanter adducti sunt, et naves velivolæ portum Civitot appulerunt ; Turcopoli etiam imperatoris adfuerunt. Scaphæ carrucis superpositæ, bobus huic operi ministrantibus, usque ad crepidinem lacus magno labore deductæ sunt. Ea vero die noluerunt eas impingere in lacum, quod commodius duxerunt noctem exspectare. Hoc autem ideo fecisse videntur, quatenus ex improviso civitati per lacum approximarent ; navigiumque castellanorum, dum nescirent, diriperent. Sole ruente nocteque terris incumbente, naves in lacum impegerunt, easque Turcopolis mandaverunt. Crepusculo diei albescente, lacum sulcantes, ordinate tendebant puppes ad civitatem. Cives lacum navibus opertum eminus aspicientes, admirabantur ; et si forte sibi veniret adjutorium suspicabantur. At postquam fides eis facta est naves illas contra se præparatas, neque navigio suo sicut heri et nudius tertius, illis patebat de cætero commeatus, diriguere metu, et exsangues facti desperaverunt : repentino siquidem casu perturbatis, præter spem omnia contigerant. Rebellando etiam nequaquam ulterius resistere poterant, super quos confluxerant gentes innumeræ : urbi, terra lacuque obsessæ, nulla spes erat salutis ; nullus locus effugii, præter, quod omnibus adjacet victis, dedecus deditionis. Exterrebant eos arma incognita, et ipse fulgor armorum obsessos exanimabat : noverant Francorum gentem ferocem et bellicosam ; nec eos ab incœpto desistere, donec eis omnia pro voto contigerat. Sciebant illos penitus immisericordes, quos ipsi exacerbaverant gentis suæ peremptores. De imminenti ergo tractantes periculo ad imperatorem dirigunt, utque sibi sub lege deditionis respondeat satisfaciunt. « Securos, inquiunt, nos faciat, imperatoria fides tua non violanda, de familiaribus et substantiolis nostris, urbemque deditam suscipe pacto tuæ protectionis; impune jubeas recedamus, urbemque tuam tibi reddemus. Tuere nos ab istis carnificibus qui adhuc te graviter infestabunt, tuisque nos fac præsentari conspectibus. Obtemperabimus tuis mandatis, si nostris æque respondeas voluntatibus ; liceat nos tibi servire ; liceat nos vivos in tuum imperium vel in tuum caput insurgentes dimicare. Ne nobis imputes, quoniam dum licuit contra te pugnavimus, quod tam lege belli vivebamus : fac nos tibi obnoxios vita concessa ; ex inimicis præpara nos tibi devotos servos. Si, quod absit, posthac nos tibi senties ingratos, ingratitudini nostræ, plexis corporibus et tandem capitibus amputatis, digna rependo. Tanto siquidem erimus tibi fideliores, quanto parturies nos beneficiis tuis obnoxiores. Larga liberalitas imperatoris parcat victis, debellet superbos. » His imperator auditis, Christianorum profectui postea rei probavit eventus, occulte invidens, obsessorumque legationi satisfaciens, satellitibus suis imperavit, quatenus et se et sua dedentes, Constantinopolim impunitos deducerent, deque civitate servanda curiosi procurarent. Juxta præceptum imperatoris omnia facta sunt, et civitas reddita est, gensque gentilium ad urbem imperatoriam indemnis deducta est : quam, ut dictum est, non modo captivitatis, sed honorificentia libertatis suscepit imperator, magnisque dapsilitatibus educatam honoravit. Hoc autem idcirco fecisse dicitur, quatenus et liberatos sibi affectaret, aliosque ad deditionem invitaret, eosque contra Christianos tempore opportuno animaret ; ac per eos in quibus clam invidebat, occasione se præbente, rebellaret. Pauperibus tamen Christianis multa largitus est donaria ut taliter quod apud se occultabat, clandestino dissimularet figmento, seque suaque commenta, in futurum per competentes reservaret machinationes. Civitate reddita, Christianorum gens ab obsidione secessit. Mortui sunt ibi multi Christiani, alii fame, alii gladio, alii quolibet alio exterminio. Hos autem existimant felici laureatos martyrio, quoniam pro fratrum compassione sua corpora tradiderunt. Gentilium etiam, pro variis bellorum eventibus, pro ingruentibus incursitantium infortuniis, multa trucidata videres corpora, multa passim reperires inhumata cadavera. Per septem hebdomadarum circulum tresque dies, ibi Christiani demorati sunt ; et capta seu magis reddita civitate, pedem alias direxerunt. De non publicandis etenim civitatis illius penatibus imperator mandaverat ; noluissent ibi etiam tot dies expendisse, quoniam rebus suis multisque diebus in cassum expensis, ut videbatur, imperatori totum immolaverant, quod vel sanguinem suum effuderant vel quod quas attulerant facultates in immensum attenuaverant ; nec etiam, quæ multimodis mortibus acquisierant, spoliis opimis gratulabantur. Pœnitebat igitur eos longæ obsidionis, quandoquidem non dominati sunt urbi, more subjugatæ civitatis ; nam si saltem publicarentur facultates inimicorum, et paupertas egenorum temperaretur, et absumptæ aliquantulum resarcirentur impensæ. Non igitur æquanimiter Alexii mandatum pertulerunt ; et tamen quod tunc nihil proficerent, in tempus finierunt. Hic primum patuit odiorum seminarium ; hic compertum est inimicitiarum fomentum ; hic discordiarum cœperunt incentiva pullulare ; hic simultatum simulacra visa sunt succrescere. Nam quoniam Alexius non recte contra eos egerat, ipsi contra eum de ultione cogitabant. Hic igitur primus liber claudatur, ubi prima civitate devicta, quamvis ea pro voto potiti non fuerint, Christianus alias militatum ire disponit exercitus. Vadant interim Christiani, nosque ad incœptum opus accingamur, cum luce surgentis auroræ.

INCIPIT LIBER SECUNDUS.

Qua in die soluta est obsidio, ad quemdam perventum est pontem, ubi sua exercitus Christianus collocavit tentoria. Fecerunt autem ibi duos dies ; tertia vero die, antequam matutinatus lucifer exalbesceret, iter præpropri arripuerunt ; et quoniam nox erat tenebrosa, incertam incerti arripuerunt viam. Divisi ergo ab invicem duorum consummaverunt iter dierum, Boamundus et Robertus Northmannus Blesiensisque comes, Stephanus et Tancredus, necnon comes de Sancto Paulo, et Walterius de Sancto Valerio, Bernardusque filius ejus, et Girardus de Gornaio, et Wilhelmus, filius vice comitis Ranulfi, et Wilhelmus de Ferreres, et Herveus, filius Dodemani, et Chonaus, filius comitis Gaufridi, et Radulfus de Guaer, et Alanus filius ejus et Rioldus de Lohcel, et Alanus dapifer sacræ Ecclesiæ Dolensis archiepiscopi, et alii plures erant in uno agmine. In altero Tolosanus et Podiensis episcopus, duxque Godefridus, et Balduinus, et Hugo magnus, et Flandrensis, cum copiosis commeantium examinibus. Die altera post secundam Turci, tanquam arena maris innumeri contra Boamundum confluxerunt. Videntes autem Christianos magna quidem confisi multitudine, intrepidi unanimiter ipsos impetebant. Animabat enim eos ira furorque ; indignabantur etiam quod eorum possessiones depopularentur alienigenæ ; denique nimis ægre ferebant quod Niceam præsumpsissent expugnare. Boamundus autem, videns innumerabilem inimicorum multitudinem, suis et ore rapido et effero gladio minitantem et insultantem, stetit imperterritus, suisque satis consulte dixit comitibus : « Fortissimi Christi milites, ecce dimicandi tempus est. Metum omnem qui etiam viros effeminat abjicite, et de vobis ipsis defensandis, viriliter procurate ; ictus impugnantium indefessi sustinete, et ex Jesu Christi confisi adjutorio, manus bellicosas exerite, viresque avitas ecce, dum tempus est, ostentate. Ne, quæso, deturpetur propter nostram negligentiam laus Francorum ; non vilescat propter nostram segnitiem sanctum nomen Christianorum. Res in arcto est, bellum ex adverso est, hostis multus in proximo est ; nihil tamen præter spem seu voluntatem vestram contigit vobis : omnia vobis ex voto provenerunt. Ad hoc patriam egressi estis ; ad hoc venistis : Bellum semper desiderastis

Ecce quod diu optastis et orastis; ecce undique nos vallaverunt. Sed, o genus infractum, o gens invictissima! ne terreamini, quoniam revera nobiscum est Deus. Si quis meticulosus est, seu audacem animum, in angusto positus, sibi mutuet seu saltem, præ pudore, metum dissimulet. Nunc armis et animis opus est; non est tempus socordiæ, nec imperitiæ. Quid moror verbis? Jam nunc sibi quisque loquatur. » Jubet denique celeriter aptari tentoria mandatque sociis qui ab eo longiuscule recesserant, quatenus ad eos juvandos præponerent. « Instat enim nobis, ait, nisi acceleraveritis inevitabile mortis periculum. Non est ambigua de conflictatione fama, quam oculis intuemur, quam icti corporibus persentimus. Age, jam Christiani accurrite, et nos et vestram rempublicam defendite: commune periculum est in quo sumus, commune discrimen est in quo laboramus. Deinde dixit : Qui pedites estis, impigre et prudenter tentoria figite, qui milites estis, obviam eis mecum procedite et laborem certaminis indefessi sustinete. Pro Christo præliatores advenimus; in isto Christi prælio ne deficiamus. Unusquisque sibi dicat quod in tali negotio faciendum non ignorat. »

Interim Turci declamantes advenerant, et seu sagittando seu jaculando, seu cominus feriendo, Christianos acerrime infestabant; nulla fatigatis dabatur requies; sed omnia Christianorum corpora vel cruore vel sudore liquentia conspiceres. Franci enim econtra, pondus belli indesinenter sufferre; incursus in hostes aliquando prudenter differre; gladiis interdum resistere; socios vocatos exspectare nec in aliquo titubare. Hanc conflictuum violentiam ab hora diei tertia usque in horam nonam pertulerunt Christiani. Illa die fuerunt mulieres bellantibus pernecessariæ : quæ et aquam sitientibus perniciter porrigebant, et pugnantes exhortando confortabant. Martis campus incanduerat, nam utrinque totis viribus certabatur: angebantur Christiani, nam plerumque in ipsis castris impugnabantur. Alius exercitus, Boamundi legatis discredebat, de belli certitudine ambigens. Nullam siquidem gentem sperabat esse, quæ contra exercitus sui partem decimam, de bello auderet anhelare. Postquam tamen rumor iste per totum percrebuit exercitum et legatis legati superaddi004di sunt, dux, ut erat miles acerrimus, comes quoque Stephanus vir prudens et modestus, necnon Hugo Magnus cum suis advolant commilitonibus; Balduinus quoque atque Eustachius frater ejus, intrepidi advolant cum suis commilitonibus; Podiensis episcopus illos pone sequebatur, comesque Tolosanus Raimundus. Mirabantur jam fatiscentium Christianorum corda unde tanta gens, tamque repentina præter spem in eos emersisset. Cooperuerant enim montes et valles, et si qua plana erant densis turmarum cuneis omnia frequentabantur. Erant enim Sarraceni, Agulani, Persæ, quorum numerum computaverunt trecenta sexaginta millia, præter Arabes, quorum concursus fuit indeterminatus. Interea necessarium desiderabatur et exspectabatur adjutorium. Dicebant ergo : *O si venerit!* Loquebantur autem mutuo : « Secretum habeamus quod inhianter opinamur; Deo hodie juvante de istis nos nunc atrociter infestantibus, triumphabimus; hodie de ipsorum opulentiis ditabimur et lætabimur : sileamus interim et duremus. » Taliter se cohortabantur; et gladiis exertis et in mortem vibratis, res duntaxat gerebatur. Et nisi Deus in castris suorum tunc adfuisset, subsidiumque jam defessis præparasset, ipsa dies totius expeditionis finem peperisset. Adsunt repentini quos advocaverant socii. Podiensis cum suo magno exercitu, a tergo præoccupavit inimicos, parte altera, comes Sancti Ægidii et Balduinus atque Eustachius festinanter equitabant; a dextera dux Godefridus irruit, et Hugo magnus, et Flandrensis Rotbertus, per omnia miles expeditissimus. Rotbertus namque Northmannus jam cum Blesiensi Stephano, necnon Tancredo atque Balduino pugnabat. Gentiles obstupefacti quoniam hostiliter et a facie et a tergo inopine premebantur, fugæ se crediderunt; et terga cedentibus consenserunt. Cecidit autem eos usque ad internecionem Christianorum gladius et multi multimodis oppetierunt mortibus. Nam et si qui potuerunt, latibulis delituerunt; cæsa sunt ibi Barbarorum multa millia, quoniam in eos vehementer crassati sunt, quos tota die immisericorditer insectati fuerant. Wilhelmus marchisus, Tancredi frater ea die oppetiit, et Gaufridus de Monte Scabioso, viri multum militares, bonæ indolis et illustres. Præter hos multi ceciderunt milites ex Christianis et pedites.

Non enim Turcos imbelles audemus dicere, qui astu nimio præpollentes audaci vigent animo et irreverberato confligunt gladio. Mortes etiam eminus inimicis creberrime infligunt, quia utuntur arcubus et multis instrumentis bellicis nituntur. Sed tamen multum tunc dediscerant usum præliandi, quoniam habuerant diuturnum tempus feriandi. Jactitant tamen se de Francorum stirpe duxisse genealogiam, eorumque proatavos a Christianitate descisse. Dicunt etiam nullos naturaliter debere militare nisi se et Francos. Si tamen ad Christianitatem redirent, tunc demum de Francorum prosapia exortos sese gloriarentur recte. Hoc ad præsens sufficiat quoniam indubitanter viri sunt callidi, ingeniosi et bellicosi; sed proh dolor! a Deo alienati. Obfuscatur igitur ingenuitas illa qua, sicuti dicunt, oriundi emanaverunt, quia veræ olivæ, quæ Christus est, neutiquam inserti sunt. Factum est hoc prælium Kalendis Julii. Christiani Christo suo gratias egerunt, qui eos de inimicantium eripuit manibus, eosque suis replevit consolationibus. Duxerunt ergo diem illam solemnem, Deoque dignam immolaverunt laudem.

Ilis ita pessumdatis et procul effugatis, ad eorum tentoria diripienda conversi sunt Christiani, quoniam ipsis fugientibus non utique ibi diu licuit immorari. Inventum est ibi et auri et argenti plurimum, subjugalia, mulas et equos, boves et camelos, verveces et asinos, et copiosam supellectilem in eorum papilionibus repererunt; et diversis onusti gazis, cum triumpho et inenarrabili gaudio, redierunt ad suos. Facta est igitur lætitia magna in Christianorum tentoriis, et celebrem habuerunt diem illam, gratias agentes prosperatori viæ et vitæ suæ, Domino nostro Jesu Christo. Solemnis igitur habita est victoria qua liberati sunt non manu sua, sed virtute divina, ex omni angustia, et omni affluentia bonorum referti. Nec fama fuit contenta circumsitas urbes excire, sed longinquas et exteras nationes cœpit deterrere, et titulum Christianitatis remotorum populorum auribus infundere; divulgabantur Christianorum præclara facinora, sibique superventuram eorum militiam, omnes et singuli formidabant. Unde factum est ut Solimanus, senioris Solimani filius, de Nicæa fugiens, invenerit Arabum decem millia qui, comperto quod fugeret, dixerunt ei: « Excors et miser, quid fugis? » Quibus Solimanus: « Olim, ait, putabam me Francorum posse superare et vincere populum, sed versa vice superati sumus, et ea propter vagabundi huc et illuc diffugimus. Vidimus enim, seu nos vidisse putamus, tam diffusam eorum multitudinem, ut nullus eorum æstimare sufficiat apparatum; mirari potuissetis et obstupescere, quoniam cœli sideribus innumerabiliores sunt. Nos autem adhuc tremuli, vix eorum legiones evasimus. Hac de nimio terrore concussi, palpitando vix adhuc respiramus. Si ergo nobis creditis, priusquam vos deprehenderint delitescentes, aufugietis. Neque enim civitatulæ quælibet poterunt obsistere, quandoquidem Niceam metropolim nostram prævaluerunt expugnare. » Qui, cum audissent Solimanum, fugere tentaverunt. Venientes autem ad castella vel civitates quibus morabantur Suriani, qui et ipsi titulo Christianitatis erant insigniti, sub dole ad eos loquebantur et dicebant: « Devicimus Francos; ita omnino defecerunt, ut omnino eraserimus de terra ista memoriam eorum, si qui supervixerunt in cuniculis absconditi sunt. » Sic incautos alloquebantur et intra portas recipiebantur. Ingressi autem, insciorum municipia, domos eorum et ecclesias deprædabantur; quidquid erat pretiosum et concupiscibile, et filios et filias, auferebant, et sic eis passim illudebant; Francorum etenim præoccupabant adventum, et antequam isti accessissent, illi recesserant.

His auditis, Christiani eos insequentes, iter suum moliebantur. Intraverant autem terram inaquosam et inhabitabilem, in qua fame et siti defecerunt usque ad mortem. Si forte tamen segetes immaturas inveniebant, spicas vellebant, et fricantes masticabant et glutiebant. His tam parcis victualibus multis deficientibus, alii utcunque sustentabantur, illic eorum defecerunt subjugales equi et asini, multique gloriosi milites coacti sunt ire pedites; et qui potuerunt pro vehiculis adhibuerunt sibi boves, vel ad se vel ad sua subvehenda. Nec multo post uberrimam ingressi sunt terram, victualibus et bonis omnibus refertam: excepto quod equinas nequaquam sibi potuerunt reparare vecturas. Ventum est autem ad Ichonium; habitatorum vero terræ illius persuasione, quoniam colonia illa penuriam aquarum patitur, repleverunt utres suos ad refocillandum; post hæc itinere diei confecto venerunt ad quemdam fluvium, ubi duos dies hospitati recreati sunt. Cursitores, qui semper exercitum præcurrebant seu ut exercitui præviderent, seu ut paleas vel alia necessaria diriperent, præcurrerunt ad Erachiam, in qua civitate multus erat Turcorum conventus, si qua possent obesse Christianis exspectans. Collocaverant nocivas igitur, si potuissent, cursitantibus insidias. Quos inventos audacter aggressi sunt Franci et fugatos indifficulter disperserunt. Civitas ergo Erachia, Turcis abjectis, confestim in dominationem Christianorum redacta est; ibique quatuor confecerunt dies.

Ibi se disgregaverunt Tancredus ab aliis, vir equidem singularis strenuitatis, et Balduinus, frater ducis Godefridi, vir nequaquam Tancredo probitate dissimilis; et cum suis expeditionibus vallem intraverunt de Betrentot. Tancredus autem iterum a Balduino separatus, Tharsum venit cum suis militibus. Turci vero de civitate progressi, obviaverunt eis ad resistendum præparati. Quos Tancredus hostiliter aggressos viriliter cecidit, eosque fugientes in ipsam præliando refugavit civitatem. Tancredus autem, vir æque per omnia imperterritus, laxis habenis castra metatus est prope mœnia civitatis. Nec mora Balduinus adfuit, postulans ut se ad capiendam amicabiliter sociaret civitatem; quod Tancredus omnino prohibebat. Nocte insecuta, Turci exeuntes civitatem, inierunt fugam. Habitatores autem civitatis illius sub ipso noctis articulo, post Turcos civitatem egressi, alta voce clamabant: « Franci triumphatores orbis et dominatores, Turci recesserunt; urbs patet, accedite. Currite, Franci invictissimi, recepturi civitatem; currite, ne moremini: cur tardatis? » Hæc castrorum excubitores audiebant illos, nec clam nec submisse, vociferantes; sed quoniam nox erat, et consilium et negotium illud in diem dilatum est.

Aurora illucescente, venerunt civitatis majores, seque suaque Christianis dedentes. Volentes igitur, quas audiebant litigantium compescere simultates, non inconsulte responderunt: « Optimates inclyti, ab his in præsentiarum absistite controversiis. Nos volumus et oramus, pacifici veniatis; sin autem, Tancredus ille nobis dominetur, qui heri tam gloriose, nobis admirantibus contra Turcos dimicavit. » Noluit Balduinus acquiescere, sed volebat vel eam sibi dimidiare, vel saltem eam totam communiter diripiendo publicare. « Absit, inquit, Tancredus, ut fratrum nostrorum facultates direptas nobis peculiemur. Ipsi me rogant, ipsi me desiderant, ipsi vitam suam mihi committunt, et ego lupo rapaci assimilis prædam mihi commissam devorabo? Absit hoc, inquam, a me. » Suriani enim, qui civitates illas incolebant, Christiani erant, sed eis Turci principabantur. Balduinus nolebat Tancredi sermonibus acquiescere, sed in suam anhelans sententiam, in urbis publicationem deliberabat pronis pedibus currere. Totus erat vel in penatum depopulatione, vel nitebatur civitatem dimidiam vindicare. Nec voluit nec potuit Tancredus, refraganti Balduino diutius obluctari, quoniam copiæ majores illius exercitus erant; datoque signo suis lituisque clangentibus, aliquantulum amaricatus abscessit. Temperavit tamen, prout erat moderatus iræ suæ, et neutiquam intendebat iter in Jerusalem, pro injuriis etiam sibi illatis, perturbare. Ita, Balduinus Tarsum totam solus obtinuit. Tancredo autem, nec mora, redditæ sunt duæ civitates optimæ, Azera et Mamistra, et castella plurima.

Optimates alii cum suis exercitibus, Armeniorum terram intraverant. Invenerunt autem ibi municipium munitissimum; et quoniam noluerunt ibi diutius demorari, illo illæso præterito abierunt : nec enim pro uno castello totum exercitum fatigare commodum ducebant. Erat non longe quædam civitas Alfia quæ venientibus confestim est reddita. Quidam autem vir ex militari cingulo, nomine Simeon, terræ illius indigena, ad defensandam terram, urbem illam petiit et accepit; qui cum quibus potuit ibi remansit. Porro major exercitus pertransivit : venerunt quoque ad Cæsaream Cappadociæ, quæ ad solum usque diruta erat; ruinæ tamen utcunque subsistentes, quanta fuerit illa Cæsarea testabantur. Inde digressi, pedem direxerunt ad aliam civitatem pulchram et uberæ glebæ opimam Plastentiam quam Turci paulo ante tribus obsederant hebdomadibus; quæ, quoniam erat inexpugnabilis, a Turcis nullatenus potuit expugnari. Hæc igitur illico non ingratanter Christianis patuit. Hanc quidam Petrus de Alfia petitam ab optimatibus indifficulter obtinuit, ad tuendam et expugnandam terram, in fidelitate Sancti Sepulcri et Christianitatis. Auditum est in illa expeditione, quod Turci qui civitatem obsederant, haud longe præirent exercitum, si qua possent eis nocituri. Boamundus autem, negotiorum militarium vir industrius, de suis quos voluit accitis militibus, eos curiose insecutus est, sicubi forte posset eos invenire et lædere. Nihil tamen profecit, quoniam eos invenire non potuit. Ventum est deinceps ad Coxon, nobilem et copiosam civitatem, quam alumni loci illius cum fratribus suis Christianis libenter reddiderunt. Ibi tribus diebus fatigatus pausavit exercitus. Relatum est comiti Tolosano quod Turci, qui fuerant in Antiochiæ custodia, discedentes aufugissent. Igitur, cum suis consiliatus, elegit quos præmitteret, qui rem diligenter investigarent, et cætera curiosi explorarent; ad hoc directi sunt consulares viri disciplinæ militaris non ignari, vicecomes de Castellone, Wilhelmus de Monte Pislerio, Petrus de Roasa, Petrus Raimundi, cum militibus multis. Venerunt autem in vallem Antiochiæ, et ibi rem aliter audierunt : audierunt enim quod se Turci copiose præparassent ad civitatem defendendam. Petrus autem de Roasa, declinans ab aliis, introivit vallem de Rugia. Inventisque Turcis quam plurimis, eos graviter cecidit, superavit, fugavit. Armenii illi, auditis Christianorum secundis successibus paganorumque frequentibus infortuniis, reddiderunt Petro Rusam civitatem et quædam castella. Illis autem sic prospere, at non æque majori provenit exercitui. Iter enim aggressi, gradiebantur repando per montana, nimis aspera et scopulosa, per quæ nec eorum phalanges poterant, sicut heri et nudiustertius, seriatim procedere, nec eorum clitellariis dabatur saltem repere posse, sed miserrime hi et illi prægravabantur, neque siquidem illis in angusto positis, aliud erat aliunde diverticulum. Collidebantur ergo et conquassabantur laborantes et deficientes per viam inviam. Qui, præ nimia tristitia, strictim complosis manibus et stridentes dentibus ingemiscebant; labebantur equi in immane præcipitium, et trames arctissimus pepererat omnibus dehiscens offendiculum, multi vel equis, vel clitellariis cum rebus superpositis illic amissis, pauperati sunt. Alii pro vili pretiolo venditabant, vel ancilia vel loricas, vel galeas; alii procul a se jactitabant; quippe ibi nullus, etiam inermis, esse poterat exoccupatus. Unica eis erat nec sine formidine cura de suis conducendis corporibus. Postquam illas calamitosas vix evaserunt angustias, ad quamdam diverterunt civitatem, quæ vocatur Marafin. Convenæ autem civitatis illius copiosum illis detulerunt mercatum; ibi autem aliquantisper demorati, donec quantumlibet recrearentur, dominum sustinebant Boamundum, qui et ipse, ut dictum est, ut Turcos insequeretur, nuper ab eis abscesserat.

Posthæc ingressi sunt vallem illam inclytam, vallem spatiosam et uberem, in qua regia et famosa civitas Antiochia sita est, quæ totius Syriæ metropolis et princeps est, in qua primicerius apostolorum Petrus, cathedram decoravit pontificalem. Nunc, occulto Dei judicio, sed non injusto, plurimis in ea dirutis ecclesiis, quibusdam usibus humanis irreverenter applicatis, Turcanis fœditatibus, proh dolor! mancipabatur. Cursitores autem, qui subsequentem exercitum præcurrere solebant, Pontem ferreum propinquantes, Turcos invenerunt innumeros, munitam Antiochiam festinantes. Itaque, repentino impetu in eos facto, semper enim Christiani proficiscebantur armati, subito conflictu eos consternaverunt. Multis itaque deletis, eorum burdones quos multimodis onustos victualibus et diversis gazis ad civitatem adducebant, ad propria reduxerunt castra, quæ super fluminis ripam metati fuerant. Factum est igitur immensum gaudium in castris, tum pro victoria, tum propter optima quæ ad eos reportaverant, cursitores spolia, nec cessabant Deo gratias agere, ne ingrati viderentur, cujus ope fatebantur tam felices successus eis contingere. Dicebant ergo :
« Non nobis, Domine, non nobis, sed nomini tuo da gloriam (*Psal.* cxv). » Quotidianas ergo et continuas

Deo reddebant laudes, et omnium agendorum suorum, devotis precibus et submissis cordibus eum implorabant protectorem.

Boamundus, pigritiæ vel somnolentiæ nunquam acquiescens (irrequietus enim homo erat), cum quatuor millibus militum, caute prope portam Antiochiæ, clandestinus venit, si qui forte latenter ingrederentur vel egrederentur exspectans. Summo vero diluculo exercitus de loco in quo erant, tentoria collegit, iter arripuit, Antiochiam accessit; et quarta feria, duodecima Kalend. Novembris, tentoria sua coaptavit, et a tribus portis civitatem viriliter obsedit. Parte namque alia nequaquam fuit obsessa, quoniam tam porrectis et inaccessis coangustabatur scopulis et montanis, ut nullus illac se accommodaret obsidendi locus. Tantus autem timor invasit Antiochenos et omnes in circuitu positos, ut nullus eorum, cursitorum auderet exspectare occursum. Siluerunt itaque ferme diebus quindecim. Terra vero quæ circa Antiochiam adjacebat, prout vallis est fertilis, erat uberrima, vineis referta, fructibus et frugibus jucunda, arboribus nemorosa, hortis opima, pascuis opulenta. Erant autem in civitate Armenii multi et Suriani; ipsi equidem Christiani, sed Turcis multum obnoxii; ipsi fugam simulantes, audacter exibant in castra, mendicantes et stipem publicam postulantes. Hi, quoniam mulieres eorum erant intra civitatem, ad familiares redibant lares; et exploratores maligni, quæcunque in castris audiebant, Turcis fideliter insinuabant: quod non mediocriter obfuisse dicunt Christianis: « Nihil enim magis nocet bellantibus, quam inimicorum rescire secreta, et contra præparata, obviantia præparare machinamenta, et inimicorum exinanire vel prævenire consilia. » Ubi Antiochenis castrensium patefacta sunt consilia, cœperunt paulatim forinsecus intrepidi prodire et peregrinos homines aggressos coangustare. Aggrediebantur siquidem et trucidabant, si prævalerent, incautos; et, patratis latrociniis, vel in civitatem redibant, vel indemnes ad tutiora secedebant loca. Sic circumcirca omnes obsidebant vias, ut et a mari et a montanis omnia clauderentur Christianis. Sicque factum est ut jam pejus qui foris erant obsiderentur quam qui intrinsecus latitabant. Erat ibi non longe castellum satis munitum, nomine Areth, ubi morabantur qui in Christianos frequenter irruebant. Quo optimates comperto, de incursitatione hostili vehementer condoluerunt, quoniam in gentem sanctam ausi sunt, nefarii, cruentos evaginare gladios. Jam enim indigenarum insidiis multi occubuerunt. Miserunt ergo, qui Turcis obviarent, et eos dum ipsimet refugerent, allicerent. Boamundus namque, totus militiæ deditus, in insidiis delituit; Christiani vero videntes Turcos sese acerrime insequentes fugamque fingentes, prout erant edocti, confestim terga dederunt, et quo Boamundus reconditus erat, scienter declinaverunt. Occisi sunt tamen in illo conflictu vel potius fuga, duo milites Christiani.

Porro Boamundus, præliator fortissimus, de loco in quo diverterant concitus surrexit; Turcosque aggressos multos peremit, et quosdam vivos retinuit, quos ante portam civitatis solemniter in spectaculum decollari præcepit. Hoc ideo fecisse dicitur, ut qui erant in civitate, pro multatis contribulibus suis, terrerentur, si forte ab insectatione Francorum taliter avocarentur. Sæpe namque pro pœnis aliis illatis, alii examinantur. Qui tamen erant in civitate, magis efferati, plerumque turres editiores ascendebant, a propugnaculis Christianos sagittabant, et quibuscunque modis poterant eos procul ab urbe repellebant. Sagittæ namque eorum coram Boamundi tentoriis advolabant; ibi siquidem ictu sagittæ percussa mulier occubuit, quia prope civitatem castra sua Christiani locaverant. Consilio iterum Castrenses accepto, super verticem montis qui vocatur Maregard, qui Boamundi tentoriis imminebat, castellum ædificaverunt, quo a Turcorum incursionibus castra tutarentur: quod per dierum successiones, heroum unus, quisque in ordine vicis suæ, custodiebant. Interim attenuata sunt victualia, quia neque cursitare audebant, neque mercatum habebant, quod enim in valle repererant, dum de crastino non prospectaverunt, affluenter consumpserant. In castris tamen eorum parum quid erat residuum, quod quotidie absumptum minuebatur. Itaque cibaria omnino erant percara. Et jam instabat Dominici Natalis solemnitas.

Locuti sunt ad invicem proceres illi, consilium quo gentes alerentur accepturi. Affectu quippe paterno majores minoribus patrocinabantur. Jam vero fames inhorrescebat, quoniam pabula omnia de die in diem deficiebant. Dixerunt ergo: « Pars nostrum procul frumentatum et prædatum excedat; pars deprædantes, succenturiata custodiat; pars in castris remaneat, et nihil relinquamus intentatum. Milites Christi, nunquam tepescamus otiosi. Quid etiam moramur? Jamjam gens Christiana, magna ex parte periclitatur. » Boamundus itaque primus adjecit: « Si vobis sanum videtur, optimates et domini, ego et Flandrensis comes foras exibimus, et si quid Deus præstiterit, vos videbitis; interim pro castris excubate, et nihil negligenter agite. » Collaudatum est consilium, et solutum est concilium. Celebrata igitur diligenter Christi Nativitate, Flandrensis et Boamundus armati, non sine remanentium lacrymis processerunt, et cum eis militum ac peditum plusquam viginti millia, et perniciter dispersi sunt per Sarracenorum colonias. Sarraceni autem et Arabes et Turci, ab Jerusalem et Damasco et ab aliis regionum multarum municipiis, congregati erant, gentes ingentes, quatenus Antiochiæ subvenirent. Audientes autem Christianos per regionem suam dispersos, admodum gavisi sunt, sperantes se illis pro certo prævalituros, utpote quos opinabantur paucos et adventitios. Intempesta igitur nocte, duas acies ordinaverunt in insidiis, unam a facie, alteram a tergo; quatenus facto diluculo, ubi eos aggrederentur in neutram Christiani partem effugerent, imo illis ab utroque incumberent latere. Comes autem Flandrensis, vir armipotens et Boamundus, in eos unanimiter irruerunt, et invocato nomine Jesu, et evecto quod semper praeferebant sanctae crucis signo, constantissime praeliati sunt, et inimicos suos graviter afflixerunt. Mortui sunt ergo multi ex illis; sed de spoliis eorum parum ditati sunt Christiani. Non enim otium habuerunt vel eos persequendi vel spoliandi. Interea Turci, qui stabant in praesidio civitatis, audientes Boamundum abscessisse, audacius exibant de civitate, et jam in ipsis discurrebant castris. Exploraverunt igitur qua tentoria languidiora reperirentur.

Quadam ergo die, irruerunt unanimiter in castris; et cominus unanimiter impegerunt Christianos. Necdum enim suos audierant superatos. Die ergo illa, multi ex Christianis perempti sunt, quoniam Ismaelitae illi vehementer in castris perstiterunt. Ea die Podiensis suum amisit signiferum, qui ejus deferebat vexillum; et nisi luteae interessent salebrae quae civitatem a castris dirimebant, et ideo transitus vel nullus erat vel difficilis, laxis habenis frequenter ipsa proterentur tentoria, et debaccharentur in Christianorum gentem, quae jam aliquantulum maruerat. Boamundus de Sarracenorum regionibus regrediens, bello peracto, sed modico, quod depraedaretur invento, alia conscendit montana, si forte quidlibet alias inveniret, quod depraedatum vel suis comitibus, vel exspectantibus se proficeret. Sed in tantam jam terra redacta erat vastitatem, ut multi vacui remeaverint. Incassum ergo laboraverant, nisi quod de Turcis solemniter triumphaverant. Sed nulla victoria famem exstinguit, ubi totum quod mandi debeat deficit. Parum durat laetitia, quam panis egestas contristat. Reversi sunt autem ad castra, quae perhorrescens inedia sauciabat.

Armenii et Suriani, homines terrae illius indigenae, et lucris inexplebiliter inhiantes, videntes Christianos rediisse vacuos, ad opportuna et remotiora discurrebant loca, quae reperiebant, coementes cibaria, in castra deferebant; et multo pretio quod vili comparaverant, venditabant. Aselli quidem onus octo vendebant purpuratos, qui appretiati, denariorum centum viginti solidos valebant. Ergo morbi lues contaminabat castra; et passim quibus facultas comparandi deerat, fame calamitosa moriebantur. Qui tamen ditiores erant, multa indigentibus et hostiatim postulantibus conferebant donaria. Sed tamen non poterant multis diebus sustentare tot millia. Cogitaverunt igitur aliqui castra subterfugere. Consiliati sunt ergo Wilhelmus Carpentarius et Petrus Eremita quatenus latenter fugerent: et fugerunt; quos inventos Tancredus apprehendit, et inhoneste conviciatos et coactos ad hostem redire compulit. Juramentum enim et fidem ab eis extorsit, ut redirent et fratribus satisfacerent; Wilhelmus ad Boamundi tentoria deductus est. Quem probrosis Boamundus coercuit verbis et condigna castigavit

angariis. Dicebat ergo: « Quid, o dedecus et totius improperium Franciae, facere praesumpsisti? cur enervare voluisti tuorum corda confratrum, ut exemplo tuo hostem Dei, non redituri dimitterent? An tu solus tutum tibi arripuisti pavorem, ut tu nobis dimissis sanus effugeres? Omnium miserrime, decuerat te in Castris Dei permanere, et pro fratribus gloriosam animam ponere. Nunc igitur, omnibus diebus vitae tuae super terram eris ignominiosus. »

Interim ad Boamundum accesserunt Franci, et pro Wilhelmo quem tenebat rogaverunt, qui eis quantocius adquievit: ne tamen de caetero discederet, ipsis collaudantibus, Wilhelmus juravit. Tunc etiam in tantum Christianorum defecerunt equi, ut vix in toto et tanto exercitu mille milites invenirentur qui caballis uterentur; homines namque et equi pari laborabant incommodo, nec erat ulla spes evadendi, nisi Deus eis suspirantibus et clamitantibus propitiaretur. Ad Dominum enim eorum fugiebant corda et ora; et quia terreno desperaverant adjutorio, in Deo totam spem suam collocaverant. « Taliter autem Deus redarguebat eos misericorditer, ut ad eum toto corde converterentur; et si quid in eis impoenitudinis latitabat, igne compunctionis et infortunio supervenientis necessitatis excocti, purgarentur. » Fames augebatur in dies, et omnes timore perterriti tabescebant. Accedebat ad metum exagerandum fama, praesaga mali et rumorum augmentatrix, quae Turcos praenuntiabat superventuros. Quidam igitur Constantinopolitanus natione Graecus, nomine Tagingus, ab imperatoris latere venerat, qui satellitibus quos imperator in exercitum legaverat principando praeerat. Hic metu mortis plus aliis renes dissolutus, ad optimates venit; et quod enormiter verebatur dissimulans, ad eos sic exorsus est : « Video vos, egregii proceres, summa in anxietate positos, et omnibus angustiis circumventos : omnia victualia consumpta sunt, equi mortui sunt, castra obsessa sunt. Gravius nos obsidemur qui obsidemus, quam illi quos obsedimus : ipsi equitant, ipsi cursitant, ipsi graviter nos impugnant: nos undique circumvallamur, ut nullatenus egredi audeamus. Nullum adjutorem exspectamus. Omne mercatum nobis inhibetur. Ista diu tolerare nihil est aliud quam per singula momenta deficere. Misereor liberalitatis vestrae, patres conscripti, qui ab extremis terrae regionibus advenistis in his exteris nationibus morituri, nisi vel mihi credideritis vel melius consilium acceperitis. Cujus pectus ferreum non moveat tot Christianorum defectus? Mihi credite, patres conscripti; non ignota loquor : in terra mihi non incognita sum. Satis mihi possem consulere, si cogitarem vos deserere. Sed deleatur anima mea de libro viventium, si vestrae sanctitudini unquam me subtraho; nisi necessitatibus vestris semper communicabo : sed interim taedet animam meam miseriarum vestrarum et nisi vobis potero subvenire, totus moriar in amaritudine. Accipite igitur meum, dum bene dixero, consilium. Nolo vivus, ut praelibatum est, ab hoste recedere, nisi contubernalibus nostris melius excogitassem prodesse. Ego domesticus sum, ut nostis, imperatori ; ego perognitus sum omni Græcæ nationi. Ascendit igitur cor meum cogitatio, quam, licet mihi molestum et laboriosum sit, quod cogito, vobis insinuo. Paratus sum et ad portus et ad imperatorem evolare; et ubi decretum imperiale dirigere, ut omnes ad adjutorium vestrum festinanter conveniant; farinam et vinum, carnem et caseum abundanter devehant; et quidquid victualium habent fideles imperatoris, vobis largiter suppeditent. Equos etiam elaborabo, vita comite, plurimos adducere. Ne autem de me diffidatis, in veritate loquar : quidquid ultroneus offero, fideliter exsequar. Papiliones autem et comites meos, mox rediturus, hic dimitto, et sic me omnia bona fide prosecuturum super hæc sacrosancta juro. »

Sic juravit, et abiit. Credidit enim ei multitudo, et de reditu accelerando omnis populus eum obnixius obtestabantur. Abiit autem, sed male perjurus nunquam rediit. Tali enim occasione consuluit miserrimæ vitæ suæ. Gens interim pauperata furtim discedebat, vadens quo vivere se putabat. Ad mare nullus audebat procedere, quoniam viæ et avia servabantur. In portu autem naves adnaverant, quæ illis possent prodesse, si accessus ad eas patefieret. Ecce iterum fama recens percrebuit Turcos innumeros adventare, et ingruentiam mortis confestim omnibus imminere. Tot enim erant, quod vix multorum stadiorum sufficeret eis quaquaversum porrecta capacitas. Ecce iterum novus timor, ecce de repente timebant, ac si nullatenus ea usque timuissent ; excordes et exsangues facti pallebant, et multi eorum colla marcida circulabant. Nobilitas tamen de bello disputare causa est. Confluxerant omnes de quibus supra meminimus optimates ; omnes se invicem de bello cohortabantur, quoniam inter eos nec aliquis tepidus, nec aliquis pusillanimus inveniebatur. Boamundus tamen suum depromens consilium adjecit : « Video vos, Deo gratias, omnes unanimes, nec aliquis hac in re dissentit ab aliquo. Superfluum ergo reor, tot optimates, tot viros prudentes ducere per ambages, quos jam video in eadem voluntate complices. Omnes quidem anhelatis ad pugnam, omnes id ad communem profuturum creditis salutem. Ego vero idipsum collaudo ; ego idipsum vehementer efflagito. Nam rogo ne sicut segnes moriamur vel imbelles : non simus improperium, vel omnium infamia Christianorum. Si mori contigerit, gloriose saltem moriamur in bello. Tantum est si moriamur inglorii, ac si comparemur jumentis insipientibus, brutis assimiles pecudibus. Nam quoad populum Dei qui se nobis commisit, multum mori conspicabimur. Quid differt dominus a servo, nobilis a plebeio, dives a paupere, miles a pedite, nisi nostrum qui præsidemus eis prosit consilium, et patrocinetur auxilium ? si Turci mihi dominabuntur impune, nolo amplius vivere. Vos, domini consulares et illustres viri, lux et flos victoriosæ Franciæ, decus et speculum pugnatricis militiæ, pro vobis ipsis decertate, et pro fratribus vestris animas ponite. Invocemus nomen Domini Jesu ; et, vel spoliis lætabimur opimis, vel morte moriemur insigni! quando saltem de animarum nostrarum securi, non moriemur sicut mori solent ignavi. Denique non sumus tot nec tanti, qui duo valeamus bella sustinere. Sed, o milites omnes egrediamur castra : sic enim mihi videtur pulchrum et utile; et intrepidi procedamus iis obviam : vos autem omnes in castris remanete pedites, castris munimentum ; eis qui in civitate sunt, obstaculum. Omnes insomnes pernoctate; vel vicarii, alii aliis succedite : vobismetipsis fulcite vos et unusquisque vestrum pugnate pro vobis, imo alius alium defendite : præcipue portas civitatis quæ coram vobis sunt, diligenter observate, ne illis reseratis possint in vos libere discurrere. Amodo sicut fuerit voluntas in cœlo, sic fiat. »

Hic dictis armati, et communione sancta præmuniti, processerunt e castris, non sine gravibus utriusque catervæ lamentis. Neuter de se confidebat, nec sacerdos, nec mulier; nec populus, nec miles; nec isti, nec illi sperabant se de cætero, posse frui aspectu mutuo. Hi et illi proruebant in charorum oscula, et omnes in lacrymas ciebantur. Milites hospitati sunt inter fluvium, qui in antiquo vocabulo, Daphnes nuncupatus est, qui præterfluit Antiochiam, et lacum : audierant siquidem Turcos in castello Areth convenisse, ultra Pontem Ferreum. Optimates antelucani convenerunt ; nec enim in tanto discrimine coarctati somnum capere potuerant. Et aurora prima illucescente, gnaros præmiserunt exploratores, qui eis de Turcis renuntiarent. Nec mora viderunt eos ex altera ripa fluminis accelerantes. Fecerant autem duas copiosas acies. Pone vero sequebatur maxima virtus illorum. Reversi sunt ergo celeriter speculatores, acclamantes : « Quid opus est verbis? Ecce eos, ne moremini, prope enim sunt. » Locuti sunt optimates de bello ordinando, et negotium illud commiserunt Boamundo. Eia, inquit Boamundus, « singuli vos convocate, et signo dato unusquisque vestra cum acie militate; ubi autem opus fuerit lanceis et gladiis, rem peragite ; et actuum, et ictuum paternorum ne obliviscamini. » Ordinatæ sunt itaque sex acies. Quinque ex illis præcesserunt quæ belli pondus sustinerent, et inimicum agmen efficaciter feriundo propellerent. Boamundus postremus cum acie sua paulatim gradiebatur, omnibus provisurus et subventurus; et si Turci prioribus prævalerent, totam belli ingruentiam excepturus. Litui clangebant, buccinæ reboabant, utriusque multitudinis clamor audiebatur; et jam clypeo clypeus, jam umbone umbo repellebatur, hastis confractis, enses mutilabantur, et cominus utræque instabant legiones. Supervenere Turcorum succenturiæ qui graviter Christianos cœperunt impellere. Nequibant Franci tantum impetum, tot examinatarum nationum, sustinere; sed titubantes cogebantur cedere. Tantus enim erat et clamor et strepitus, et telorum imber, ut ipsum etiam obnubilarent aerem. Ingemuit Boamundus, qui undique prospiciebat eis, tanquam totus oculatus, et ait : « Christe, tuos sustenta Christianos. » Et adjecit : « Roberte, » Robertus siquidem, Girardi filius, suum detulerat vexillum, « rapidum calcaribus urge cornipedem ; et Christianis titillantibus imperterritus esto juvamen. Memor esto, obsecro, parentum nostrorum, et ne lividaveris in aliquo rutilantem titulum Francorum. Scito nobis illico de cœlo auxilium futurum : sed vult Deus ut nos, tanquam fortes athletæ, promereamur et adipiscamur bravium. » Robertus, sanctæ crucis signo munitus, et auxiliaribus constipatus manipulis, præproperus affuit ; Turcisque cruentis, miles audacissimus obstitit. In tantum enim perfidos aggressus est illos, ut vexilli Boamundi lingulas in ora Turcorum volitare faceret, altoque clamore suo Turcos aliquantulum deterreret. Ad illius primipilaris impetum et clamorem, Franci, animo resumpto, in Turcos irruerunt unanimiter ; et pugionibus vibratis instabant efferacius in instantes : fragor armorum multus erat, et ab æreis cassidibus, ignis elucubratus scintillabat : vulnera vulneribus illidebantur, et campi nimio sanguine purpurabantur. Intestina videres dependentia ; videres et cæsa capita, et trunca corpora passim oppetentia. Exterriti sunt autem Turci præ timore nimio; et repente, cuneis eorum labantibus, fugæ se commiserunt. Persecuti sunt ergo Christiani ultra Pontem Ferreum, sternendo, proterendo, mactando. Cæsi sunt ibi Turcorum multi milites : quoniam prælium illud non habuerat pedites. Christiani autem magno potiti tropheo, reversi sunt ad suos, secum adducentes equos multos, quibus singulariter indigebant ; et spolia multa quæ sibi ipsi pepererant manu sua in prælio : factum est igitur gaudium magnum in castris, Deoque dignas omnes edidere gratias. Turci vero ad castellum suum Areth, satis inglorii regressi sunt animo contrito vultuque dimisso. Quod omnino despoliantes, succenderunt et aufugerunt. Quod Armenii videntes et Suriani arcta præoccupavere loca ; Turcisque fugitantibus magnum intervenere nocumentum ; multos enim peremerunt, quosdam etiam vivos reduxerunt, castellum etiam prædictum Christianis subjugatum reddiderunt. Franci quoque in castris centum capita peremptorum attulerunt ad consolationem suorum et ad defectionem obsessorum ; quæ etiam legatis admirabilis Babylonii præsentaverunt, qui tunc forte a Babylonia ad eos missi, juxta eos suis morabantur in tentoriis. Illi autem qui remanserant in castris, in Antiochenos tota die pugnaverant : utpote qui tres portas civitatis, ne foras erumperent, indesinenter servaverunt.

Prælium hoc actum est Idus Februarii, feria tertia, quæ caput jejunii quadragesimalis præcedebat. Qui vero civitatem munierant magis in iram efferati, Christianos ardentius impetebant ; et ab incursitationibus in eos nullatenus absistebant. Et quamvis in præliis hucusque semper superati fuerint,

alii mortui, alii vulnerati, alii capti, residui omnes fugati defecerint ; tamen tanta erat in civitate multitudo, ut incessanter ipsa castra perturbarent ; frequenter insilirent, et frequentius eos quibuslibet mortibus funestarent. Christiani præter hæc magnis affligebantur incommodis : quia nec obsidionem deserere, nec procul a castris audebant procedere. Regiones autem circumsitæ in tantam redactæ erant solitudinem ut nullam eis suppeditarent pabulorum subministrationem. Turci nimirum, quibus locorum opportunitates erant percognitæ, et frumentatum cursitabant, et Christianis attentius insidiabantur. Porro quæcunque civitates, quæcunque castella, quæcunque municipia, quilibet homo, quælibet mulier ; omnes qui vel prope vel procul erant, Christianis inimicabantur. Omnis locus obstructus erat, ne forte negotiatores ad eos accederent. Itaque perhorrenda periclitabantur eduliorum inopia. Nobilitas igitur, ut plebi consulerent, misericorditer anxiabantur. Dixerunt ergo : « Videtis quod nihil proficimus. Civitas hæc inexpugnabilis est. Nos non possumus eam saltem circumvallare. Ipsa intrinsecus cibariorum ubertate redundat. Nos forinsecus calamitosa fame periclitamur. Pene plures sunt qui latitant intus, quam nos qui sumus exterius. Tamen, si de prælio loquerentur, illud gratanter audiremus. Ecce ipsa mœnia, etiamsi dormierint, ipsos defendunt. Nobis videntibus, ubique discurrunt. Denique quid mali patiuntur ? imo non patimur, qui tam graviter coarctamur ; faciamus igitur unum quid, nobis omnibus profuturum, illis præcipue, ut videtur, obfuturum. Cernitis Machomariam illam, ante portam civitatis ædificatam ? Illic pons est eorum commeatibus sufficienter opportunus. Ibi ergo castrum erigamus, quo munito, iis facilius resistere valebimus, et genti nostræ subvenire : quippe postquam inimici nostri et pontem et transitum amiserint, nos autem et liberius et securius discurremus, vel etiam in castris tutiores pernoctabimus. » Bonus igitur visus est sermo iste in oculis eorum. Ad quos Tholosanus : « Faciamus, ait, sicut dicitis, castellum : et ego munitum illud custodiam. » Boamundus etiam subjunxit : « Si consilium meum acceptabile vobis, patres conscripti, videbitur, eamus ad Sancti Symeonis portum : nam et ego vadam vobiscum, et adducam illam, quæ illic nos exspectat, quantulamcunque gentem, quæ fideliter nobis subveniat, atque efficaciter hoc opus prædestinatum perficiat. Illic et multæ sunt naves, et multi nostri sunt comites : sed accersiti non audent accedere, quia loca omnia impio plena sunt crassatore. Nos autem militemus, semper securi de bello, et cauti et providi simus nostris quos adduxerimus in adjutorio; qui vero remanebunt ad sarcinas, et de castris tutandis non negligenter procurent, et operi denotato indeficienter insistant. Nihil segniter aggrediendum est. Sed hoc et illud graviter tentandum est. » Comes S. Ægidii Boamundo adjunctus est : et ad portum S. Symeonis acceleratum est. Qui vero in castris remanserunt, accincti gladiis, ad castellum inchoandum unanimiter se præparaverunt

Turci nec minus expediti, nec numero nec armis impares, intrepide Francis obviaverunt. In tantum igitur imperterriti Christianos aggressi sunt, quatenus eos in fugam compulerint, multosque peremerint. Facta est ergo tristitia magna in castris : doluerunt itaque in tentoriis, et die illa siluerunt.

Turci denique, comperto quod Tholosanus et Boamundus ad portum abscessissent, insidiis clandestinis competenter collocatis, qualiter Christianis nocere potuissent machinati sunt. Ecce a portu redibant Christiani, secum adducentes gentem nec satis armatam, nec multum pugnacem : quos Sarraceni undique circumseptos et circumventos, immaniter agressi sunt, et omnimoda telorum ingruentia impugnare moliti sunt. Impetebant igitur eos nunc sagittis, nunc ensibus, nunc lanceis, nunc missilibus. Obtruncabant eos immisericorditer, et clamitabant in eos dentibus stridentes. Non potuerunt Christiani, utpote pauci, debacchantium crudelitatem diutius perpeti; et, quoniam non poterant rebellare, fuga compulsi sunt semetipsos præripere. Si qui potuerunt, seu latitare, seu effugere, viventes evasere ; alii lethali sorte præventi, proh dolor! occubuere Perempti sunt itaque in illo conflictu plusquam mille Christiani : et ecce duplicatus augmentabatur mœror in castris : heri et hodie triumphavit de Christianitate gentilitas; ecce per insolentiam elata gentilitate et plaudente, humiliata est hodie lugubris Christianitas. Tales tamen sunt bellorum eventus, tales sunt vicissitudines, et hominum et temporum. Nulli unquam semper successit feliciter, nemo unquam de continua prosperitate vel lætabitur vel lætatus est. Hac de re et cavenda est in prosperis adversitas, et speranda et optanda est in adversis prosperitas. Rumor de Christianis superatis aures eorum qui remanserant impleverat; et ideo pariter omnis populus lamentabatur. Nesciebant enim vel quos vivos vel quos autumarent mortuos. Plurimi tamen, per montana repentes, evaserant, et ad tentoria quantocius redierunt. Boamundus autem per compendiosiorem reversus viam, Tholosanum prævenit; et de Christianorum defectu verus interpres nuntiavit. Christiani vero magis in iram concitati quam exterriti, contra Turcos unanimiter exierunt, eosque viriliter agressi sunt : e regione Sarraceni restiterunt, putantes se posse prævalere, sicuti nuper Tholosano et Boamundo prævaluerant. Credebant etiam Gallos ex ipso timore defecisse et seipsos pro felici successu successere. Utrinque igitur acerrime dimicatum est. Turci pontem transierant, et Christianis audacter obviaverant : Christiani, tanquam singularis ferus, vel canum morsibus irritatus, vel venabuli cuspide sauciatus, occisione commilitonum et confratrum excitati, Turcorum sanguinem inhianter sitiebant; et ad ulciscendos suos penitus elaborabant. Gentiles, quoniam eis præter spem acciderat expavefacti, terga ferientibus, nec mora, præbuerunt, et fugiendo elabi voluerunt : fuga igitur inita, legio tota irreverenter effeminabatur. Oberat ipsis fugientibus seu pons angustus, seu fluvius rapidus et profundus. Nam vel per utrumque vel per alterum instabat eis transeundum. Fluvium circa pontem evadare nemo, enatare vix aliquis poterat. Tanta multitudo equitantium pontem pariter conscenderunt, ut alius alium impediret; multi alter alterum suffocarent. Facilius enim singulatim quam conglobati transirent. Denique cedentibus præsto aderant Christiani, fraternarum suarumque injuriarum nequaquam immemores; sui sanguinis effusi avidissimi ultores; et victoriæ cupidi, et de civitate subjuganda solliciti. Instabant itaque illis insatiati peremptores, et lanceis et ensibus in eos cominus utebantur. Quoscunque poterant vel in fluvium præcipitabant, vel lethalibus gladiis confodiebant; ita ut ipse fluvius et cruentatus videretur, et cadaveribus supertegeretur. Si qui siquidem, vel enatare moliebantur, vel reptare circa pontem conabantur, ab instantibus necabantur, et omnimoda calamitate pessumdabantur. Dies mortis, dies illa gentilibus illuxerat, in qua vix aliquis mortem evitare poterat. Instabant Christiani fugientibus, instabant enatare molientibus, superincumbebant procumbentibus. Nullus a sanguine suam manum prohibebat; sed omnis Christianus gladium suum occisorum sanguine inebriabat. Mulieres a murorum et propugnaculorum spectaculis, et suorum miserias prospectabant, et successivis Francorum prosperitatibus invidebant. Illo in prælio mortui sunt principes duodecim de Turcorum agminibus quos admiralios vocant, illustres et egregii proceres; et mille quingenti milites, viri industrii et fortissimi, qui diu solerter invigilaverant defensandæ civitati. Porro alios timor altus compescuit, ne de cætero arroganter contra Christianos clamitarent, vel præsumptuosi super eos cursitarent. Prælium autem illud nox intempesta diremit. Qui vero vivi potuerunt evadere, civitatem exsangues intraverunt; neque dein vires pristinas resumere potuerunt. Christiani quoque ad suos victoriosi rediere, equis multis et spoliis copiosis, quibus non mediocriter indigebant, secum et adductis et allatis. Lætabantur autem in Domino Jesu; et gratias agentes, de die in diem proficiebant in melius.

Facta die crastina, Turci de civitate prodeuntes, summo diluculo cadavera collegerunt, quæcunque reperire potuerunt; et ea sepelierunt ultra pontem ad Machomariam ante civitatis portam. Plurima vero submersa in fluvio dimiserunt, super quibus dicere potuerunt : « Fluvio tegitur qui non habet urnam. » Quos autem subtumulaverunt, palliorum et pretiosarum exuviarum gazis prosecuti sunt ; et arcus et pharetras et plurimos byzanteos, mortuorum procurationi adjecerunt. Quo Christiani comperto, partim exuviarum cupiditate allecti, partim ut dolorem Turcis apponerent, incitati, sepultos desepelierunt; et corporibus egestis satis ignominiose insultaverunt. Quidquid autem substantiæ concupiscibilis cum ipsis repertum est, rapuerunt;

et corpora congregata in foveam unam contumeliose projecerunt. Burdones vero quatuor cæsorum capitibus onustos miserunt ad portum, quatenus ea legati de Babylonia qui ibi forte aderant viderent, et dolentes obstupescerent. Porro cives ista videntes, in immensum doluerunt, et ad mortem usque constristati sunt. Ingemiscebant igitur tota die et ululabant, et lamentabantur, et quotidie deficiebant. Tertia vero die castellum, de quo supra memoratum est, ædificare cœperunt; et de lapidibus ipsis, quos de sepulturis dehumatorum abstraxerant, munire deliberaverunt. Quo satis munito, jam coangustabant arctius inimicos suos, et ne forte foras excederent tota sedulitate observantes insistebant. Franci autem securiores ad montana cursitabant; et paleis, vel aliis quibuslibet victualibus devehendis jam liberius vacabant. Ex altera namque parte fluminis, ubi Christiani nondum sua locaverant tentoria, Turci securum habebant discursum, utpote ubi nullum verebantur Christianum. Consiliati sunt ergo ad invicem Christiani : « Si, inquiunt, aliqui ex nobis essent, qui castellum illac ædificatum inhabitarent, ac defensarent, et nos essemus securiores; et ista civitas sollertius obsessa, facilius tabesceret : nimirum eis et commeandi facultas omnis interdiceretur, et omnino eis pabula prohiberentur. » Omnes istud collaudant consilium : omnes tamen, et unusquisque præcipue, transire fluvium hospitandi gratia formidabant. Unus et alter sibi metuebat; neque aliquis de castello defensando sibi præsumebat. Alius, se subtrahendo, invitabat et incitabat alium; nullus tamen illud sibi ambiebat castellum. Tancredus demum locutus est, et de castello illo servando, cum primoribus Francorum pactus est. Excitis itaque commilitonibus, suisque manipulis, et si quos alios asciscere potuit sod. litati suæ adjunctis, castellum munitum obtinuit; et qualiter obsessæ civitati acriter obstaretur instituit. Observabant namque satellites ejus vias et invia; et ubicunque sui complices irrequieti excubabant. Quadam vero die, sicut heri et nudiustertius, Suriani et Armenii, quæcunque necessaria in civitatem abundanter deferebant : quos inventos Tancredus celeriter aggreditur; et omnibus quæ devehebant ablatis, opimis et spoliis et victualibus victoriose gratulatur. Extunc pavor tam magnus civitatem invasit, ut et cives, sed et omnes qui civibus subvenire cogitabant, exterrerentur. Civitasque omnibus jam indigebat stipendiis, et in multa miseria jam periclitabatur : utpote quæ pene omnia sua consumpserat, nec aliquid in illam invehi poterat. Undique siquidem circumvallabantur, et præcipue illi totus negotiationis commeatus inhibebatur. Nec tamen omnes singulatim, vel quas oppidani, vel qui morabantur in castris, passi sunt calamitates, explicamus : quoniam non omnia possumus omnes. Ii et illi magna vicissim patiebantur infortunia : frequentius tamen castrensibus dum præliarentur, serenior arridebat fortuna, Franci siquidem moribus ferociores, natura animosiores, usu in bello expeditiores erant; et ad hoc in longinquas regiones et exteras nationes iter arripuerant. Longanimitate igitur præditi, quosvis lætabundi perferebant labores. Deum autem in angustiosis necessitatibus suis adjutorem invocabant, eique frequenter pro humanis suis excessibus devoti satisfaciebant.

Erat in obsessa civitate quidam admiratus, Turcorum prosapia oriundus, nomine Pirrus, qui fœdus amicitiæ per fideles internuncios cum Boamundo inierat : non quod, ut reor, Boamundum aliquando viderit; sed quoniam de eo fama volans ad eum multa bona detulerat, et de prudentia ipsius neutiquam ambigebat. Frequenter igitur per fidos interpretes, et nota intersigna loquebantur ad invicem. Hunc Boamundus aliquando ad Christianitatem incitabat; aliquando ad civitatem reddendam multimodis pollicitationibus suadebat : et ut vir callens, nihil intentatum relinquebat. Nunc enim eum pro infortuniis civitati imminentibus deterrebat; nunc eum pro præmiis copiosis, quæ a Deo gloriose destinantur Christianitati, alliciebat. Aiebat itaque Boamundus. « Persuasurum iri, inquam, volo tibi, Pirre mi charissime, quatenus juxta morem veræ amicitiæ agas omnia : ut scilicet mea secreta quæ tibi transfundo, in te sepelias; neque cuiquam proditurus arcana nostra tibi solus habeas, neque posthac amicus amico, unicus unico discredas. Fac igitur omnia de quibus sermo est, celeriter : et de mihi reddenda civitate, et de tibi adipiscenda libertate, et imprimis de suscipienda Christianitate cogita vivaciter. Non deerunt tibi quæcunque volueris : nosque tibi paciscemur quæcunque mandaveris. Quæ nisi omnia feceris, cum sint et utilia et honesta, et in immensum errabis, et te non nostrum fuisse amicum procul dubio demonstrabis. » His vel hujuscemodi dictis acquievit Pirrus ; et sciscitantibus legationibus aurem credulam accommodans, tandem in hæc prorupit mandata. Jam etenim ei Deus aspiraverat quid agere deberet; et ut Boamundo pro voluntate responderet, in aure cordis ejus stillaverat : « Assentior, inquit, mandatis tuis, mi charissime. Novi enim te virum modestum et honestum. Deinde non incognitum habeo quanti debeamus facere nomen et virtutem amicitiæ, cujus idem velle et idem nolle summus gradus est. Casus quoslibet imminentes urbi, posthac mihi prætendas nolo. Non sumus qui minis vestris deterreamur. Civitas enim, ut vides, inexpugnabilis est. De Christianitate tua, ad quam vehementer suspiro, quam invictissimam video, et gloriosam nequaquam difficeor, loquaris volo. Denique, ut compendiosius loquar, utque tibi satisfaciam, et animam meam in manibus unici mei pono; et civitatem istam in fide amici mei colloco. Sunt sub mea custodia tres turres satis munitæ, quas tuis reddam apparitoribus. Neve mihi in aliquo discredas, filium meum obsidem tibi transmittam, ut quos miseris, securiores accelerent. At ne proditionis redarguar, quidquid agere dispono, totum

Christianitati vestræ imputo. Nolo autem ita incipias, quatenus fatiscens, imperfecto negotio succumbas : sic etenim mors mihi meisque immineret; et de cætero, de civitate reddenda nulla daretur alicui facultas. Ne differas ergo, neve dissimules : quoniam nocuit differre paratis : sed accepto atque accelerato consilio, vel ex toto dimitte, vel rem maturatam perfice. » His Boamundus auditis, nimium gavisus est : attamen vultum et os ad tempus compescuit, ne ex inepta lætitia deprehenderetur intestinus animi motus : locutus autem ad optimates, sic demum ora resolvit : « Videtis, Patres conscripti, quod sine profundis singultibus enucleare non possum, quantis affecti sumus calamitatibus, quantis incommoditatibus populus iste percellitur. Sed quid plebeios homines commemorem, cum vos, o illustris sanguinis stemmata, inedia palleatis, tædio tabescatis, laboribus marcescatis? Gravis lues castra nostra contaminat, gravibus indigentiis contracta. Jamdiu est ex quo sub dio vigilatur, puro sub acre dormitur : algidæ noctes valde nos infestant : omnis ista terra nobis inimicatur agri in solitudinem redacti, vel nullo vel raro excoluntur vomere. Tempore quo alii messes suas colligent, nos spicas nullas metemus ; nec mercatum quod nostris alimoniam suppeditet habemus. Cives, quibus hæc regio nota est, quin eant et redeant non possunt cohiberi. Civitatem istam inexpugnatam dimittere contumeliosum est : et o utinam omnes potius moriamur, quam non dedita vel deleta civitate recedamus. De infelicibus jam securi, utrum felices successus nobis proveniant ignoramus. Sed quam diu hic mortem continuam patiemur? Civitas hæc, ut videtis, inexpugnabilis est. Nam quid hic arietes, quid balistæ, quid quælibet ad expugnandam civitatem hic prodessent machinæ? Restat ergo ut ad consiliorum divertamus experimenta, quandoquidem nobis non prosunt, vel quorumlibet armorum congressuum machinamenta. Tentet ergo unusquisque vestrum, Patres conscripti, an pecunia, an amicitia an minis a quibuslibet civitatem hanc sibi vindicare prævalebit angariis : eamque illi ultronei concedamus, qui hoc efficere quolibet potuerit ingenio. Nam quid hic tanto moramur tempore? An quæ erunt civitatis subjugatæ emolumenta, si antequam subjugabitur, totus exercitus Christianus, quibuslibet mortibus exterminabitur? Igitur si, meis, seniores optimi, acquiescendum censueritis consiliis, in medium consulite ; et ei qui urbem istam sibi subjugare poterit, concedamus et concedite ; et ut etiam id efficaciter quilibet nostrum exsequatur, rogate. »

Tandem vero eloquens heros conticuit. Procerum autem convocatorum hujusmodi fuit responsum. Opinor et ipse quia jam suspicando sermonem illum intelligentes præoccupaverant ; Boamundum scilicet, tanquam sibi soli locutum, autumabant. Quamobrem illi velut ex obliquo taliter responderunt : « Absit, inquiunt, a nobis ut alter præponatur alteri, ut videlicet alicui nostrum civitas hæc specialiter conA donetur. Fratres sumus et pares jure fraterno et sorte parili, postquam eam obtinuerimus, dividemus. Dignum et justum est ut, sicut participes sumus laboris, participes simus et honoris : pariter eam expugnemus, pariter de illa sortiamur. » In his sermonibus solutus est ille conventus ; Boamundus autem siluit et interim res dilata ad nullum provenit effectum : sibi ergo ipsi vir apprime prudens temperavit, ne si quid quod noluisset audierat, mutatione sui vultus illud addisceretur. Nec multo post fama, præsaga mali, percrebuit in castris, Turcos, Publicanos, Agulanos, Azimitas, et plurimas alias gentilium nationes adventare, et de bello in Christianos condixisse ; jamque certi eruperant nuntii, qui de certitudine imminentis testabantur periculi. Locuti sunt igitur ad invicem Christianorum duces, et sponte sua Boamundo subintulerunt : « Vides quo in articulo res nostra posita sit. Si civitatem ergo istam vel prece vel pretio, nobis etiam juvantibus poteris obtinere, nos eam tibi unanimiter concedimus : salvo in omnibus quod imperatori, te caullaudante, fecimus sacramento. Si ergo imperator nobis adjutor advenerit, juratasque pactiones custodierit, perjuri vivere nolumus : sed quod pace tua dictum sit, nos illi eam concedimus ; sin autem, tuæ semper sit subdita potestati. » Mox Boamundus iteratis sermonibus cœpit interpellare Pirrum ; neve moras innecteret, suum sedulo propulsabat amicum. Pirrus autem nihil percunctatus, ita consulendo festinanti festinus respondit ; misit etiam filium suum obsidem in hæc verba : « Præco vester in castris vestris intonet alta voce, ut gens Francorum hodie præparata, cras ingrediatur Sarracenorum terram deprædandi causa, et sic nostris et vestris dissimulabitur causa nostra. Nostri siquidem minus solliciti quiescent, utpote sperantes longiuscule abiisse majorem gentis vestræ multitudinem. Postquam vero vestra exierint tentoria, noctis sub silentio per loca revertantur opportuna : vos interim claudestini, scala muris admota accelerate, tumultumque omnem compescite, murumque velociter et confidenter ascendite, quoniam turres meas, ut vobis promisi, mandabo. Vos autem de reliquis agendis procurate, rerumque eventus gladiis perficite, nec aliquid quod agendum sit, tanquam segnes, negligite. Ego vero insomnis et sollicitus, vestrum præstolabor adventum. » Boamundus, officium præconandi cuidam suo injunxit servienti, quem nescio de qua re Malam coronam nuncupabant : qui vadens per omnia castra, clamosa voce perstrepebat tempus ab optimatibus indici, ut irent deprædatum terram inimicorum suorum. Secretum autem omnium agendorum suorum Boamundus credidit duci Godefrido, et comiti Flandrensi, et comiti de Sancto Ægidio, atque Podiensi episcopo, Robertoque Northmanno, et quibusdam aliis optimatibus. Tancredus enim suique consiliarii rem totam ab origine noverant. Stephanus Blesiensis aberat, qui magna sicut asserebat detentus invaletudine, ad Alexandretam, recreationis gratia, donec convaluisset, discesserat. Exercitus igitur Christianus hujusce rei ignarus, die vesperascente castra egressus est; et per quaedam devia deductus, aurora nondum illucescente, prope civitatem per compendiosa repedavit diverticula. Boamundus autem interim suis familiaribus mandavit : « Hanc quam praeparavi muro illi, quem cernitis, prudenter apponite scalam et taciturni sapienter vos agite, et confidenter ascendite. Faciet vos tutos Pirrus amicus noster, inque suis turribus potestativos collocabit vos. Filium suum mecum obsidem habeo. Vos autem postquam turres ascenderitis, rem reliquam peragite gladio. Nullus timeat, nemo stupeat; scala muro adjuncta est, et vincta cum propugnaculis desuper. Properate igitur et intrepidi ascendite. » Ascendit primus quidam Langobardus, nomine Paganus, non tamen omnino intrepidus : nec mirum, cum et de proditione timeret, atque ad loca incognita transcenderet; et de quibuslibet eventis formidaret, ac mortis horrorem sibi praesentem semper imaginaret. Subsecuti sunt tamen eum homines fere sexaginta, quibus diligentissime Pirrus collectis, atque suis in turribus collocatis, postquam vidit plures numero nequaquam subsequentes, materna dixisse fertur lingua, « Michro Francos echome, » hoc est, heu, heu ! paucos habemus Francos. Verebatur enim, quoniam quidem pauci erant ad defendendum, nedum ad congrediendum, ne illi cum ipso in manus inciderent Turcorum. In Boamundum ergo tanquam ineffeminatum et segnem, suam retorquebat querelam; eumque amicabilibus conviciis lacessiebat. Descendit praeproperus ille Langobardus, per quam primum ascenderat scalam : dixitque eminus exspectanti Boamundo : « Quid agis ? an dormis ? mitte quos velociter missurus es, quoniam jam indemnes obtinuimus tres turres. Alioquin et nos, et civitatem, et amicum tuum qui totam spem et animam suam in sinum tuum expandit, amisisti. » Laetatus est, et qui cum eo erant, Boamundus, et dicto citius festinanter cursum arripiunt, ascensum praeoccupant; et commonendo, jam alius alium praeveniebat. Itaque jam multi ascenderant, multi adhuc ascendebant, cum qui in turribus et in aliis moeniorum erant propugnaculis, vocibus altisonis exclamaverunt. Occupaverunt etiam turres alias, et jam discurrebant personantes per muros et plateas. Quoscunque vero reperire poterant, trucidabant; et nemini obvianti parcebant. Cives enim vix expergefacti et adhuc somnolenti : laboribus enim longae obsidionis fatigati, supini deficiebant; rem ignorantes, domos suas inermes exibant, et somno et sono clamantium stupefacti, cauti incautis occursabant, et suos esse sperantes, Christianos, ac si suos, convocabant : illi autem ubicunque obviabantur, tanquam oves procumbebant, et obtruncabantur. Tunc etiam, fortuitu, mactatus est Pirri consterinus frater. Tales sunt, caeca et intempesta nox, tui eventus! tales sunt, horae caliginosae, vestrae tumultuationes!

Interea tantus erat per scalam repentium concursus, ut ipsa scala dissiliens dissolveretur : quod et ad luctum et ad magnum impedimentum Christianis accidisse, nemo sani capitis dubitat. Phalanges siquidem Francorum, visum propter muros aderant : sed eis qui sursum et intus pugnabant, nullum auxilium conferre poterant. Orta est igitur ibi non modica tristitia. Erat autem non procul a scala quaedam porta, quam retroactis diebus Christiani explorantes viderant. hanc a sinistra parte palpantes invenerunt; et ipsa fracta, quantocius ingressi sunt. Tunc major exortus est fragor, et uberior succrevit Christianis dimicandi occasio, Turcisque somno vinoque sepultis, crudelior necis obvenit angustia. Gentiles illi, dum periculum imminens effugere vellent, impegerunt in Christianos, et impetum evitare satagentes, dum nesciunt, in repentinum ceciderunt mortis discrimen. Boamundus, quoniam animo cupienti nihil satis festinatur, morarum impatiens, vexillum suum efferri mandavit in civitate, et collocari contra municipium quod erat in urbe, in editiori colle. Tanto siquidem examine urbem introierant Franci, gentique illi circumcisae praevaluerant, ut innumeris interemptis, quidquid residuum esse potuit, vel in castellum quod imminebat urbi abigerent, vel in alia quaelibet diverticula effugarent, nec aetati nec sexui, nec cuivis conditioni nocte illa indultum est. Nox erat ambigua et ideo promiscui sexus nullum exceperat. Dies illuxit, et qui morabantur in castris, tumultuantibus populis, et reboantibus excitis lituis, vexillum Boamundi viderunt et agnoverunt, et de capta civitate gavisi sunt. Cucurrerunt igitur ad portas, et introeuntes, si quos invenerunt Turcos subterfugere molientes, ceciderunt, et facta est illa die maxima gentilium strages. Nox illa et mane illud lethalem peperit Antiochenis fortunam. Quidam etiam per portas vivi effugerunt, quoniam impetuosis Francis incogniti fuerunt. Cassianus autem Turcorum dominus inter fugientes delituit; et nescio quomodo, non minori tamen infortunio, sed dilato, vivus aufugit. Pervenit enim in Tancredi terram, ultra quam credi potest palpitans. Incertum habetur, an totius expers confugii discesserit, an ad disquirendum a contribulibus suis adjutorium discurrerit. Illud certum habetur, quoniam si castellum suum introisset, sibi suisque opportunius consuluisset. Equis ergo suis sodaliumque suorum ad extremum fatigatis, coactus substituit; et in quodam tugurio divertit, ibique non satis fideliter delituit. Hoc etenim regionis illius accolae comperto, Suriani videlicet vel Armenii, concursu in eum facto, superincubuerunt : et apprehensi caput amputaverunt, et amputatum coram Boamundo detulerunt, ut scilicet taliter ipsius promererentur gratiam, ipsique libertate donarentur et potirentur optata. Cassiani autem, viri clarissimi, finis fuit obscurus et miserabilis. Tales sunt tuae remunerationes, mundana prosperitas! hujusmodi sunt tua stipendia, fallax et deceptiva fortuna! Gentiles fatis et fortunae nimis acquiescunt. Ecce Cassianus infelix, dux et admirabilis Antiochenus, hodie miserabili sorte, miserabili præventus infortunio, fatisque infestis delusus, perimitur. Ecce germen regium, tanquam quilibet in stercore natus, indecenter corpore inhumato plectitur. Balteum autem ejus et vaginam, sexaginta byzanteos appretiaverunt. Gentes enim illæ hujusmodi faleris et fibulis valde gloriantur. Plateæ vero et omnes civitatis intercapedines ita densis erant occupatæ cadaveribus, ut liber nemini daretur incessus, compita nimirum et viculi, cæsis impediebantur corporibus. Horror itaque et fetor nimius quibuslibet incumbebat viatoribus. Civitas itaque Antiochia, excepto municipio, capta est; et Cassianus, ut dictum est, deformiter obtruncatus est, quarta feria, tertio Nonas Junii.

INCIPIT LIBER TERTIUS.

Cum obsideretur Antiochia, multi ad ejus adjutorium confluxerant, multi adhuc confluebant : sed qui confluxerant, capta civitate, alii perempti sunt, alii in municipium recepti, alii vero, vitæ suæ fuga consuluerunt ; qui autem confluebant, audito de Antiochenorum casu rumore, substiterant, deliberantes an procul discederent, an propius accederent. Discedere suadebat fama, quæ felices Christianorum passim prænuntiabat successus, et ex felicibus feliciores auspicabantur, et idcirco, metus quammaximus singulorum pectoribus inserebatur. Accedere vero eos exhortabatur ira, pro contribulium suorum inimica interfectione; pudor, pro peregrinorum nullatenus adhuc repressa temeritate. Confidebant etiam in nationum coagulatarum diffusa multitudine; et in sua, sicuti jactitabant, singulari animositate. Præterea ingloriose se esse dicebant, nisi multi paucorum stoliditatem compescerent, nisi adventitios indigenæ a suis finibus dissiscerent, nisi suorum sanguinem hostiliter effusum ulciscerentur, nisi filios et uxores penatesque suos lariumque suorum residuam suppellectilem desides tutarentur. Horum princeps et dux Curbarannus erat, vir quidem bellicosissimus, nulli audacia secundus, prudentia præditus, divitiis copiosus, militaribus auxiliis constipatus, cupidus laudis, inflatus supercilio jactantiæ, magni nominis homo, militiæ soldani Persiæ magister. Hunc Cassianus Antiochiæ admiratus, dum obsideretur, multis invitaverat legationibus, quatenus ad Antiochiam liberandam festinaret : nam illum multis honoratum denariis remitteret. Curbarannus autem, tum ut stipendia promissa reciperet, tum maxime ut nomen suum dilataret, a Caliphas, gentis suæ apostolico, accepta licentia sæviendi in Christianos, sibi gentes innumeras, Turcos videlicet, Sarracenos, Arabes, Publicanos, Azimitas, Curtos, Perses, Agulanos, et alios innumeros coagulaverat, et exercitum immensum conflaverat. Contractis itaque undequaque viribus copiosis quas dinumerare nemo poterat, adjunctis adhuc eidem collegio, Jerosolymitanorum admirato, Damascenorum quoque rege, Curbarannus ad Antiochiam proficiscebatur. Erant in expeditione eadem, ut dictum est, Agulani, circiter tria millia, qui toti ferro loricati, neque sagittas neque lanceas timebant; neque præter gladios in bellum arma ferebant. Istis Antiochiam appropinquantibus obviavit Sensadolus, Cassiani filius, et pro capta civitate lugubris, et pro morte contabescens. Videres lacrymas per pubescentia stillantes ora, quæ pectus etiam adamantinum ad misericordiam commoverent, et ad adjutorium incitarent. Is igitur hujuscemodi verba in sinum Curbaranni profudit: « Princeps invictissime, inimica læsus fortuna supplex ad te compellor accedere ; et auxilium a liberali munificentia tua rogare. Moveat te, quæso, debita miseris misericordia, cogat te mutuæ carnalitatis humanus affectus. Cogita, inquam, in quos devenerim casus, perpende humanæ tribulationis vicissitudines. Quæ me modo fortuna obliquo respicit intuitu, mihi nuper arridebat; et tunc patre optimo et civitate inclyta gratulabar. Idem infortunium tibi timeas oportet. In tuis secundis successibus præmediteris necesse est de præcavendis adversitatibus. Fortunati et liberalis hominis est alienas calamitates autumare suas; alienæ miseriæ, largam impendere misericordiam. Succurre ergo mihi, quo tibi succurri velles animo, si te fortuna meo tetigisset incommodo. Si de Christianis triumphare volueris, potes etenim eos indifficulter disperdere, et tibi nomen magnum acquires, et gentem nostram libertati restitues. Quod si contra eos dimicare dissimulaveris, quid restat nisi ut domum et cognationem tuam perditum ire contendant? Gens enim ista nisi viriliter reprimatur, Corrosanum ire anhelat; et mirum in modum ultra vires suas attentat, et minatur grandia. Ecce Antiochiam inexpugnabilem civitatem ingeniosa proditione obtinuerunt; et municipium quod imminet urbi, populus temerarius obsederunt, hiatuque Coturnoso contra gentem nostram, quisquiliæ viles, ogganniunt. Propera igitur, et de mihi subveniendo festina, quoniam non recedes irremuneratus, nec ero beneficiis tuis ingratus. Præterea perpes tibi faciam hominium, et in tua fidelitate civitatem quam mihi reddideris, tenebo. »

« Non, » inquit Curbarannus, « ita facere disposui. Sed si volueris ut totis viribus pro te contendam, Castellum in manu nostra committe; et ego illud satellitibus meis delegabo. Postquam de te, sicut dixi, securus ero ; plebeculam illam totis nisibus impugnabo: sin autem, terræ meæ tantummodo patrocinabor. » Sensadolus indigens auxilii, Curbaranni postulationibus acquievit, et munipium potestati protectoris contradidit. Tertia vero die postquam civitas Christianis est tradita, municipium quoque Curbarannus obtinuit; prædictique principis cursores prope civitatem cursitaverunt : exercitus reliquus pone sequebatur, et castra metati sunt ad Pontem Ferreum : et firmitatem illam confestim expugnaverunt, et omnes extemplo interfecerunt, reservato illius castelli domino, ferreisque vinculis alligato. Is etiam bello, de quo post dicetur, peracto, vivus et vinctus inventus est. Facta est dies crastina, et Curbarannus inter flumen et lacum metatus est castra : et ibi duos fecerunt dies. Castellum autem sibi redditum cuidam familiari suo commisit, et ait : « Novi fidem tuam, et audaciam, et temperantiam; et idcirco civitatem hanc vigilantiæ tuæ committam. Sciebam, inquam, te nostro congavisurum honore; et ideo hunc honorem quam maximum tuæ concredo fidei. Prudenter igitur observa illud, et super injuncto tibi negotio vigilanter procura. Sunt multi, ut nosti, mihi admirati, qui in omnibus dicto citius nostris obtemperarent mandatis : sed illorum fidei, fidem tuam præpondero, eorum solertiæ solertiam tuam præpono, nullum enim sagacitati tuæ æquiparo. » Ad quem admiratus ille : « Si, inquit, salva gratia tua, sententiam hanc tuam evitare possem, in quemlibet alium præsens mandatum transferres optarem. Sin autem, antequam infidelitatis cujuslibet me redarguas, animumque tuum erga me impacatum sentiam, castellum hoc recipiam, tali tamen conditione, ut si in campo manibus prælio consertis superaberis vitæ meæ consulens, castellum Francis patefaciam. » Ad quem Curbarannus : « Prudentiam et probitatem tuam non inexpertam habeo : quæcunque futura sunt, ex dispositione tua concedo. » Commisso et accepto, ut dictum est, castello, Curbarannus qui cum quibusdam suis advenerat, reversus est ad castra, in valle ubi suus exercitus papiliones suos locaverant. Agareni autem illi, quædam arma vilissima, ensem rubiginosum videlicet, lanceolam quoque satis inutilem, quibusdam pauperculis diripuerant Christianis. Hæc Curbaranno ad Francorum improperium obtulerunt, dicentes : « Hæc sunt arma bellica, arma nimis pretiosa, quæ attulerunt locustæ illæ de mendica Gallia. His nos expugnare minantur, his contra nos obluctantur. » Curbarannus vero subridens et in manus arma suscipiens, subsannando sic aiebat : « Franci nullos adhuc invenerant viros. Hæccine sunt arma in quibus confidunt? Hæccine sunt armorum simulacra, in quibus Antiochiam proditione deceptam expugnasse se credunt? Sed, o inaniter, super hoc gloriantur; quoniam municipium, quod præsidet Antiochiæ, munitum propugnaculis et militibus retinemus, et eos inclusos quibuslibet injuriis afficiemus. Expergiscamur igitur, o gens nostra semper invictissima, et in primo conflictu qui sumus, an jumenta, an homines, gens infelix experiantur. Abigamus abjectionem plebis a finibus nostris et,

o genus infractum, indeficientes prosequamur eos etiam in nationibus suis. Censeo dedecus quammaximum, optimates nostri, in terra nostra nos defendisse et superasse, nisi talionem reddentes eis, in terra sua nobis contigerit eos et quæcunque sunt eorum delere. Antiochia, civitas regalis et inclyta, totius Syriæ caput est, quam proditione non armis, quam pollicitationibus et adulationibus suis, non bello præoccupaverunt. Hanc igitur dimicando excutiamus, et ipsis explosis eorum terras aggrediamur. » Accito itaque notario suo, sic ait : « Scribe chartas in Corrosano recitandas, quæ hunc modum contineant :

« Caliphæ nostro papæ, et Solimanno regi magno, perpes salus, et honor immensus. Noveritis quoniam locustæ illæ, quæ propriam non habent mansionem, qui Christiani dicuntur, latibula sua irreverenter exierunt; et prout audistis, terram nostram aggredi irreverentius præsumpserunt; sed nos ad reprimendam gentis illius stoliditatem, benevolentia vestra et brachio nostro confisi, exivimus; et eos indifficulter in servitutem redigemus. Sed hoc parum nobis esse censemus, nisi etiam fines eorum manipulis nostris operiemus, et omnia bona eorum absorbebimus. Interim gaudeatis omnes amici nostri, et filios generetis oportet, qui dum in longinquam militabimus regionem, illi quos nobiscum adduxerimus resarciant, et donec redibimus, regiones nostras possideant. Nos autem municipium, quod urbi Antiochenæ imminet, nobis redditum munivimus et modo contra eos quatinus dimicemus, consiliantes tractamus. Ut ergo videatis in quos pugnare habeamus, eorum gloriosa vobis direximus arma, in quibus notare poteritis quam nugaces sint armorum istorum geruli. Ut etiam plenius lætari possitis, eos qui Antiochiam suis occupavere præstigiis, jam inclusos habemus, nec de illorum deditione ambigimus. Indulgete igitur affluenter voluntatibus et voluptatibus vestris, et valete omnes amici et consiliarii nostri. Valeat præcipue Solimannus, rex potens et magnus. Juro enim me nullatenus reversurum, donec Syria et Romania in libertatem redacta, Apuliam quoque meo subdiderim dominio. »

Dum hæc aguntur prædicti Curbaranni mater, quæ erat in civitate Aleph, ad prædictum accessit filium, de his quæ audierat pro filio gemebunda. Erat enim senex et plena dierum, utpote centenaria, et præsaga futurorum. Colligebat etiam multa, mulier sortilega, de constellationibus; et geniculorum non erat ignara, et multarum disciplinarum erat conscia. Flebilis igitur ad filium aiebat : « Ut quid, me inconsulta, fili charissime, negotium agressus es bellicum? An quoniam sum decrepita, me desipuisse putasti? Crede mihi, viget sensus effetis in visceribus; et laxa cutis, et ruga senilis, vivacem adhuc fovet animum. Denique tuam nulli fidelius poteras reserare consilium, quæ te vel arctius diligeret, vel quæ tibi discretius consuleret. Quid enim affectui materno comparari poterit?

Quid igitur matrem inconsultam, matrem insalutatam, o homo plumbei cordis, aufugere præsumpsisti! o pectus silicinum et jecur adamantinum, quod non emollivit matris memoria, quod non everberavit ad colloquium affectuosæ matris reverentia! Si enim emarcuit corpus, vivit et viget adhuc irreverberatus sensus. Ad extremum, fili dulcissime, quam grande, quam inefficax aggressus es negotium sine me saltem cautus libripens, prius debueras præponderare. Decuerat te metiri, cum qua insuperabili dimicaturus es gente : oportuerat te perpendere, quam insuetæ sunt præliandi, quas undequaque corrogasti copiæ. Ut enim veritatem nullatenus tacuerim; nostra gens aurea est, illa ferrea. Nostra tamen satis animosa est ; sed manu, minus inefficax, inexperta et expers est multum hujusce laboris : quoniam admodum in pace effloruit senectus istius nationis. Præterea Deus Francorum revera Omnipotens est, quem nisi ipsi graviter offenderint, semper eos victoriosos protegit. Nostris in regionibus, os meum et caro mea, nomen tuum satis dilatatum est; sed in Christianos brachium tuum nondum satis approbatum est. Quo nisi impugnare desieris, de duobus alterum erit, seu de Christianis triumphans gloriosior eris ; seu titulum tuæ probitatis superatus, quod absit, lividabis. Porro si matri consulenti acquiesceres, ab hac temeritate resipiscens absisteres; teque gentemque tuam huic præsumptivo labori, qualibet occasione non inhonesta subtraheres. Sin autem, periculosum est certe ancipiti te committas fortunæ. Dubium est enim cui potius Mars arriserit parti, nostris tamen timeo, quoniam et carnificum illorum ferocitas, et usus præliandi assuetus, suaque calliditas me vehementer exanimat. Hæc igitur omnia discretiori essent consideranda cautela : sed quoniam tuo sic inchoasti arbitrio, nec ab his amoveri poteris inceptis : obstinatus enim homo es : ne aliquid adulativa prætermiserim : In isto, si commiseris, superandus es prælio, et gazis opimis tuus exspoliabitur exercitus. Multis autem interfectis, tu vivus evades : hoc tamen morieris in anno, heu mihi! morte subita. » Veterana illa in lacrymis deficiens loquendi finem fecerat, cum filius ejus jactabundus sic paucis respondit : « Miror, mater mi, qua fronte de Christianorum pronuntiaveris victoria, cum ipsi nec numero, nec armis nec animis genti nostræ debeant comparari. Plures enim solus ego habeo admiratos potentes, bellicosos, quam ipsi sunt cum tota sua expeditione. Quis tamen falsus interpres hæc annuntiavit tibi? Interim tamen sileas volo, ne forte nostri exercitus animos tuis enerves sermocinationibus. Revertere igitur, mater dulcissima, eventumque rei meliora desiderans, exspecta. Ipsi homines sunt, sicut et nos ; et contra homines impuros, et incircumcisos, non contra Deum, nec Deus contra nos, pugnabimus. Æqualis sorte mortalitatis circumdamur. Illi duntaxat ocius morientur, quorum manus segniores erunt; quorum animi ad non defendendum, frigescent minus audaces. Tu autem, mater, tota

digna reverentia, vale ; et necdum tempus illud quod portendunt sortes et auguria nostra, quod scilicet Christiani terram nostram possessuri sunt, credas adesse. » His dictis belliger heros conticuit; materque, filio deosculato, genas suffusas lacrymas, ad lares suos curiosa remeavit, et opes quas undequaque corrogare potuit, in Aleph, civitatem munitissimam conservandas intulit.

Tertia die post hæc, Curbarannus armatus in oppidum sibi commissum equitabat. Christiani vero videntes acies ordinate procedentes, urbique appropinquantes, exierunt eis obviam ; et prælio præparato se iis posse resistere autumabant. Tanta vero fuit Ismaelitarum illorum multitudo et fortitudo, quod extemplo coacti sunt Franci refugere in civitatem, pertimescentes impetuosas sustinere gentes. Et quoniam non poterat eis portarum angustia ingressum præbere liberum, ex ipso impetu multi suffocati perierunt. Aggressi sunt eos Turci vehementer; jamque deficiebat dies, neque lassis dabatur requies. Sic exhausta die, nox optata terras obumbravit. Incubuit igitur Christianis magna desperatio : alii tamen consolabantur alios, et in diem crastinum concionabantur de prælio. Aliqui tamen ultra jus et fas meticulosiores, et fratrum affectus immemores, noctu de fuga cogitaverunt; et ad totius suæ consanguinitatis et successionis ignominiam ignominiosiores aufugerunt. Non enim meminerunt quantum fuerit dedecus, fratribus et commilitonibus dimissis, amicis insalutatis, proceribus inconsultis, per murum funibus dimitti, virile robur turpiter effeminari, homines antequam oporteat dementari. Nam qui quondam a præliis, sociis dimissis, fugiebant, sociorum proditores vocabantur, et plerumque capitibus in eis vindicabatur. Horum quosdam nominare non prætermittam : licet omnes nominarem, si omnes ex nomine nossem. Non enim eorum parcere debemus infamiæ, qui suæ nimis formidolosi non pepercerunt famæ. Wilhelmus de Grenta Maisnil, et albericus frater ejus, et Guido Trosellus, et Lambertus Pauper. Hi hesterni belli timore perterriti, et ut crastinum aufugerent solliciti, funibus per murum demissi sunt ; et ad perpetuam suam ignominiam *furtivi funambuli* vocati sunt. Noctis igitur illius conticinio, et funibus elapsi sunt, et ad portum Sancti Symeonis pedites, manibus et pedibus excoriatis, devenerunt. Ambulaverunt tota nocte per præcipitiorum abrupta ; et cum multis comitibus ad portum præfatum ambulantes, defessi substiterunt : et nautis in portu vacillantibus dixerunt : erant nempe in portu naves multæ : « Quid hic agitis, gens miseranda? Omnes quos exspectatis, decollati et deleti sunt Christiani. Et nemo præter nos vivus evasit : et vos adhuc desidiosi moras agitis. Turci Antiochiam quam subegeramus, obsederunt ; imo ceperunt. Alios omnes decollaverunt; et nos vix eorum gladios evasimus, dum nocte hac ad vos usque viam direximus. Rumpite igitur funes : quantocius, inquam, rumpite, remisque mare percellite : quoniam si moras innexueritis, quod dici mus videbitis. » Nautæ, hujuscemodi rumoribus exciti, alii anchoris abruptis, mare velivolum jam sulcabant, et carbasa crepitantes in auras obliquabant. Dum hæc aguntur, ecce Turci repentini littora explorantes advolant; et imparatos et timoratos nautas trucidant; rates in portu remorantes ignibus appositis depopulantur, et spoliant; et desidiosos homines pro voto dilacerant. Qui vero remanserant in civitate, pondus belli Turcani tota die sustinuere, nec jam diutius fatigati tantos poterant perferre labores, cum subitum arripientes consilium, murum de lapidibus impolitis, et sine cæmento inter civitatem et oppidum ædificaverunt, ne Turcis in eos liber daretur excursus. Ipsa enim maceria opportunum Christianis præstitit auxilium; importunum autem Turcis peperit impedimentum. Ad murum usque siquidem oppidani discurrebant, sed statim a Francis repellebantur; et ita congressus gentilium frustrabatur. Franci siquidem, tota sedulitate, propter murum armati assistebant; nec somno, nec cuilibet aliis curandis indulgebant. Fames interim pedetentim convaluit : et ut equos et asinos, et si quid aliud immundum erat, devorarent, compulsi sunt Christiani. In magna constituti miseria, plerique desperabant; alii tamen ad Deum medullitus suspirabant. Necessitatem enim qualiter evadat, circumspectus homo cogitare non desinit. Nec facilius quilibet evadit, quam qui sibi Dominum coadjutorem efficit. Invocabant igitur Dominum, et ipse exaudivit eos: et misit eis quemdam sacerdotem, ita sermocinantem : « Fratres, et amici mei, audite visionem quam videns vidi : quam ne putetis phantasiam, vel somniorum ludificationem, si mentior, meam volo deleatis impudentiam. Dum in ecclesia sanctæ Dei Genitricis pernoctare decrevissem, pro nobis, inquam, intercessurus : nescio vel vigilans vel semi sopitus : nescio, Deus scit : Dominum nostrum Jesum Christum vidi, nec tamen agnovi. Aderat etiam sanctissima sua Genitrix, et princeps apostolorum Petrus sanctissimus. Hos omnes aspiciebam, neque, ut dictum est, homo dementatus, Dominum meum sanctumque illud collegium agnoscebam. Dixitque mihi Dominus : « Agnoscisne me? » Cui ego, vocem quippe percunctantis intelligebam, sed personam interrogantis nondum agnoscebam : « Nequaquam, Domine mi. » Interim crux splendida super caput ejus resplenduit apposita. Interim interrogavit me eumdem sermonem, et ego. « Si bene, Domine mi, percipio, « ex signo crucis capiti tuo impositæ crucifixum et « Redemptorem nostrum te intelligo. Qui dixit : « Ita est plane ut dicis. » Ego vero suffusus lacrymis genas ad pedes ejus singultuosus cecidi, et adjeci : « Domine, miserere nostri. Domine, memor esto po- « puli tui, Domine Deus, adjuva nos. » Et Dominus ad me : « Et ego huc usque vos juvi; nam et Nicheam ob- « tinere vos permisi, et in multis vos protexi præliis; « meque duce vicistis, et Antiochiæ prævaluistis, et

« in ipsa obsidione multa pro voto vestro vobis in- « dulsi : vos, beneficiis meis ingrati, contra me intu- « muistis ; et tanquam ex adipe iniquitas vestra « prodiit ; meque, gens injuriosa, gentiliter exacer- « bastis, dum cum mulieribus vel alienigenis, vel « vestræ professionis, sed illicitis, fornicati estis. « Iste siquidem singularis pædor cœlos attigit, et « oculos meos a vobis avertit. Retribuam igitur ego « vestræ ingratitudini, nec parcam prostitutæ et « lupananti multitudini. » Tunc misericordiæ mater Petrusque beatus ad pedes misericordes ceciderunt Redemptoris ; et his supplicationibus iram mitigabant minitantis : « Domine, tot annis gens pagana « domum istam, quæ domus erat orationis, obtinuit: « suisque spurcitiis, proh pudor! eam delegavit : et « ecce, paucorum culpis exigentibus, omni Christia- « nitati tuæ, quæ domum istam suo sanguine exinde « liberavit, eam deleturus irasceris? Parce, Domine, « parce ; parce populo tuo; et ne des hæreditatem « tuam in perditionem, ut dominentur eis nationes. » Acquievit Sanctus sanctorum supplicantis matris et apostoli precibus, jamque vultu jucundior dixit mihi : « Vade, et dic populo meo : Lupanar, et « prostibulum, et omnem a vobis removete abusum ; « et vestra lacrymis eluite facinora ; et ad me rever- « timini, et ego revertar ad vos : et infra quinque « dies opportunum providebo vobis auxilium. Quia « Deus nihil habens immisericordiæ, ipse sum. Inte- « rim quotidie decantent : Congregati sunt inimici « nostri et gloriantur in virtute sua. Contere forti- « tudinem illorum, Domine, et disperge illos : ut « cognoscant quod non est qui pugnet pro nobis, nisi « tu, Deus noster. Disperge illos in virtute tua ; et « depone eos, protector noster, Domine, Hæc et « alia capitula, Deitatem complacantia, indesinenter « psallant. » Hæc sacerdos dixit, et adjecit : « Fratres et domini mei, nolite meæ discredere parvitati : quoniam non fictis loquor ambagibus; nec fantasticis elusus fallo vos imaginationibus. Si vultis, etiam hujusce rei faciam experimentum, ne forte, quod absit, contemnatis quod vobis edixi, Redemptoris mandatum. Vel de turris cujuslibet summitate me præcipitate, vel in ignem projicite ; et dum vobis illæsus videbor, tunc demum acquiescite. Alioquin, me figmenta locutum scitote. » Podiensis Evangelium et crucem coram afferri mandavit : super quæ presbyter, satis faciens populo, juravit ita visionem seriatim se vidisse, sicut testatus fuerat in eadem concione. Populus omnis statim ad lamentum convertitur ; et de reatus sui confessione alius alium cohortatur : videres suffusa fletibus Christianorum ora : capitibus cineratis, et nudis pedibus, passim orationis gratia, omnis ætas, nulla excepta persona, maturabant per ecclesias : petunt auxilium, rogant consilium. Inspiravit autem Dominus eis hoc consilium, quod unanimiter acceperunt. Dixit enim quispiam illorum : « Optimates nostri, juremus ad invicem, quod nullus nostrum deinceps de isto sancto, quoad vixerit, subter fugiat collegio : donec Sepulcro Domini Dei nostri, pro quo viam hanc ingressi sumus, deosculato. Tunc, etiam consalutatis fratribus, qui voluerint ad propria revertantur. » Placuit itaque sermo iste communi conventui. Juraverunt igitur omnes duces, quorum vocabula superius habes prænotata. Tancredus idem juravit et adjecit : Quod quandiu posset sexaginta secum habere milites, a Jerosolimitano itinere nequaquam recederet. Animata est igitur et corroborata tota Christianorum congregatio, et in immensum exhilarata est, tali communicata juramento.

Erat etiam ibi quidam peregrinus, nomine Petrus, cui, antequam Antiochia præoccuparetur, sanctus apparuerat Andreas, interrogans eum et dicens : « Quid agis, bone vir? » Cui Petrus : « Quis enim es tu, domine mi? » Dicit ei : « Ego sum Andreas apostolus Christi. Noveris igitur volo, quoniam postquam ingressus civitatem istam, beati Petri Ecclesiam intraveris, invenies illo in loco, » locumque demonstravit, « lanceam quæ latus Salvatoris in cruce perforavit. Quidquid enim in patibulo crucis salutare illud Spiritus sancti domicilium tetigit sacrosanctum est, et Christianis omnibus specialiter amplectendum est. » His dictis, beatus disparuit apostolus. Peregrinus, his auditis, siluit. Responsum enim apostoli nemini propalare voluit : æstimabat enim se somniantis more visionem vidisse istam. Beatus tamen Andreas, sicut postea peregrinus referebat, cum ad locum usque deportaverat ; ibique quod diu latuerat totum demonstraverat. Capta igitur civitate, et, ut dictum est, multum profligata Christianitate, iterum apparuit ei beatus Andreas dicens : « Quare, pusillanimis, lanceam non abstulisti? » Cui Petrus : « Ecquis, inquit, domine, meo crederet auditui.—Noli desperare, » ait apostolus, « noli desperare. Sed scito pro certo ut dixi, tibique demonstravi, omnia vera esse ; scias enim quoniam hæc revelatio multum proderit fatigatis Christianis : utpote quibus pro lancea, confidentia profluet salutaris. Infra enim quinque dies visitabit eos Dominus, et potenter eruet eos a persequentium manibus. » Petrus autem consilium hoc sibi divinitus insinuatum suis patefecit comitibus. Populus autem discredebat, et testificanti subsannabat. Perstitit ille, et jurejurando affirmavit bis ei sanctum Andream apparuisse, sibique talia denuntiasse ; et ne ulterius secretum sibi concreditum absconderet vehementer adjurasse. Tandem crediderunt juranti, viresque pristinas animo resumpserunt, tanquam expergefacti a somno. Jam enim duo præcones emerserant, qui de sua salute, Deique propitiatione concordabant. Jam ergo de Dei securiores adjutorio, velut jam vicissent, congratulabantur in Domino.

Interea Turci, qui erant in castello, a Christianorum infestatione nullatenus absistebant ; sed tota sedulitate Francos incursabant. Incluserunt itaque quadam die, Francis videntibus, tres Christianos in quadam turre, nec ausi fuerunt Franci subsidium inclusis conferre. Defecerant enim multis afflicti tribulationibus ; et adhuc tabescebant, nullis nisi in spe relevati consolationibus. Duo igitur ex eis graviter vulnerati, exierunt de turre ; tertius quoque viriliter tota die se defendebat solus de Turcorum invasione : stravit itaque duos Turcos, nullis coadjutus auxiliis : sed sola manu persequentium obstitit turmis. Hæc idcirco dixerimus, ut quantum jam exterriti fuerint Christiani, dicere non omiserimus : quoniam fratres suos videbant impugnari, nec audebant pro iis, coram positi, obluctari. Ille præliator fortissimus, Hugo Forsenatus dicebatur, de exercitu Godefridi de monte Scabioso ; vir quidem magnanimus et audax, et inter omnes bellicosos præcipua laude dignus. Hunc igitur quem suorum non juverunt arma, successivis saltem generationibus, militem gloriosum, nostra commendaverit pagina. Heu ! quot et quantis calamitatibus Francorum emarcuerant animi, qui unum ex suis tota die viderunt pugnantem, nec succurrerunt ; audierunt clamantem, nec responderunt. Quos cum duces vocarent, non conveniebant ; cum lituí clangerent, in domibus latitabant : imo inermes et exanimati, bellum diu rogatum detestabantur ; et jam velut exanimes, imbelles et inglorii, mori præoptabant. Boamundus et duces sic exercitum defectum ire videntes, quod neque se volebant defendere ; nec saltem ad murum usque qui civitatem ab oppido utcunque tenui discrimine separabat, poterant eos conducere : ignem copiosum mandaverunt accendi ; civitatem ex parte cremari : quatenus vel sic domos exirent, et latibula in quibus ad ultimum evirati, satis inverecunde delitescebant. Accensus est itaque ignis in urbe qua parte Cassiani palatium proeminebat. Duces enim molestiabantur et ægre ferebant quod more solito nullam eis reverentiam, ad pugnam acciti, exhibebant. Ignis itaque, nec mora, prævaluit : quoniam flammis crepitantibus, alimenta præbebat lignorum antiqua congeries : ventus autem urens, suppeditabat incitamentum et vires. Quicunque igitur in domibus illis hospitati fuerant, spoliis suis vix arreptis, ad duces suos coacti confugiebant, qui ad portas civitatis excubandi causa sibi unusquisque locum acceperant. Ab hora diei tertia usque ad mediam noctem incendium non defecit ; et combustæ sunt vel domus vel ecclesiæ circiter ad duo millia. Sopitus igitur est ignis, quoniam omnis ventorum feritas evanuit. Turci oppidani, jam omnino Francis se vix tutantibus, prævaluerant, quos pene ab invicem nihil, nisi arma separabant. Jam enim res brachio manuque duntaxat gerebatur, et jam cominus utrinque certabatur ; nec bellum vel ad momentum interrumpebatur. Turci plures numero, et impensiore confortati cibo, vicibus sibi succedere, nihil intentatum prætermittere, Francos audacter aggredi, ultro se congressibus ingerere ; alius alium commonere. Franci e regione, immoderanter angustiati vacillare ; nec cibum nec somnum capere, quippe quibus nulla dabatur requies : qui enim panem habebat, comedere non licebat; aqua quoque reservata nullus os squalidum refrigerare sibi poterat; quippe quibus nec respirare vacabat. In tanta igitur constituti miseria, murum alium silice et calce aggressi sunt provehere : quoniam quem ipsi incoementatum erexerant, indifficulter Turci prostraverant. Ligneam insuper erexere machinam, quo securiores Christiani se tutare potuissent. Nec etiam bellum interim deerat, quoniam ne murus agerctur, Turci indefessi omnimodis elaborabant. Nox caliginosa rerum omnium colores occuluerat ; et ignis ab occidente de cœlo visus est imminere, et inter Turcorum castra, tanquam cadens desævire. Non enim multum eorum castra differebant a civitate, qui sua locaverant tentoria proxima in valle. Et licet ignis indemnis et innoxius eis fuerit, multum tamen eis incussit terrorem, et mœstitiam , Christianis autem solamen et lætitiam : utrisque siquidem populis signum illud de cœlo emituit. Quidam autem eorum, castris continuo relictis, pavitantes hospitati sunt ubi potuerunt, videlicet prope Boamundi portam. Qui vero in municipio remanserant, tota die cum Christianis confligebant, nec ab eorum vel mortibus vel fatigationibus avelli poterant : instabant lanceis et missilibus, et illidebant vulnera vulneribus. Pars autem quæ morabatur in castris ita civitatem circumvallavit, ut nemini pateret in die vel introitus vel exitus. Nocte siquidem aliquando aliquis poterat exire ; sed occulte, nec tamen sine timore. Igitur fames in dies invalescebat, et Christianorum exercitum ultra quam credi vel dici potest vehementer angebat : multi siquidem exspiraverunt fame. Qui vivi, vix palpitabant, lurida videbatur eorum facies, quos enormiter deformabat exhausta, protelatis jejuniis, attenuata macies. Nullos in illa calamitate videres prodigos ; imo quosque ditiores, etiam videres indigos : et omnes obesis carnibus, et tenuata inedia macilentos. Panis enim paximatius et permodicus, si quando inveniebatur, byzanteo comparabatur. De vino melius puto silere quam dicere : cum vinum ibi vix aliquis ducum libaverit. Equinæ carnes vel asininæ pro imperialibus computabantur delitiis. Gallinæ pretium quindecim erat solidorum ; ovum, duobus solidis; nux juglans uno appretiabatur denario : multos stateres quæque vilia valebant : folia ficulnearum, vitium et cardonum, et si quæ inveniebantur aliarum arborum, avidius decerptas bulliebant et vorabant : coria caballorum, asinorum et camelorum, sive, bufalorum, sicca coquebant, et manducabant : et præterea multas alias ibi passi sunt calamitates et penurias. Coacti sunt etenim cibos olim fastiditos, fame perurgente, dentibus avidis masticare, et deglutire. Nihil enim fuit tam fœdum, tam insipidum, cui fames saporem non attribuerit; cui verecundiam ut gustaret non abstulerit. Hanc passionem continuam toleraverunt gens miseranda diebus triginta sex. Nemo igitur vera dixisse nos ambigat, nemo submurmuret : cum quibus eduliis

A vivere potuerint qui messem non collegerant, qui horrea nulla renererant, qui urbem longa obsidione depopulatam, et tandem combustam incolebant, qui forum venalium rerum ab indigenis non accipiebant, nullus convenienter excogitare queat. Admirari quidem potest, sed unde tandiu vixerint competenter definire non posset. Neque Deo, pro quo talia passi sunt , calumniose imputandum est; qui castigat ut corrigat; flagellat autem paterno affectu omnem filium quem recipit (Hebr. xii, 6). In ipsis etenim flagellis misericors est ; et bonitas ejus secreta nihil agit perperam vel immisericorditer : Dei namque judicia nunquam sunt injusta. Sed Christus de suis Christianis ita disponebat, ut in ipsis afflictationibus, præter spem barbarorum, convalescerent : et cum eos putarent defecisse, superarent. In oppressionibus siquidem suis, quæ eis ut ad liquidum examinarentur contingebant, indesinenter decantabant : « Non nobis, Domine, non nobis, sed nomini tuo da gloriam (Psal. cxiii).» Hæc redarguti, misericorditer, de profundis clamabant et exaudiebantur ; et super inimicos suos elevabantur.

Stephanus interim comes Carnotensis quem majores natu elegerant debere præesse consiliis et publicis agendis, homo facundus et singularis scientiæ, aliquantula, ut dicebat, detentus infirmitate, ut dictum est, ad Alexandretam secesserat convalescendi gratia : hujus reditum omnes exspectabant, utpote quem ducem, quem consiliarium sibi præfecerant. Sperabant etiam, si rediret, ejus peritiam omnibus valde jucundam. Is autem, nondum capta civitate, ut dictum est, ægrotaverat et abierat. Ubi vero audivit Turcos civitatem circumvallasse his et aliis exercitus rumoribus (non enim Alexandreta multum remota est ab Antiochia), montana latenter conscendit quæ declive proeminebant civitati, quatenus plenius addisceret exercitus utriusque, vel defectus vel apparatus. Vidit itaque Turcorum innumera tentoria ; et ipsos tanquam arenam maris per stadia plurima diffusos : civitatem etiam vidit circumvallatam, et parvam Christianorum manum agnovit inclusam. Arbitratus itaque consodales suos, vel jam omnes deletos vel omnes exemplo delendos : quid enim aliud expers homo arbitrari poterat? cum suis qui aderant, timore non modico perterritus, cursim fugam iniit et clandestinus discessit. Satis tamen inconsulte, quia nullum allocutus fuerat de Christianorum expeditione. Debuerat siquidem de suis aliquem clanculo prius mittere, nihil temere negligere; quid intus agerctur, revera dignoscere; si posset, eos diligenter consulere : non metum qui omnibus imminebat, sibi soli totum arripere; nec ut quilibet ex popularibus indecenter aufugere. Gloriosius enim ei fuerat mori cum fratribus, quam fugitivum supervixisse, et in patriam rediisse. Quam offensam postea, tactus cordis contritione, rediens a patria in Jerusalem, piavit; et sic omnibus satisfecit. Sed ad tempus, timor inconsultus eum ad inhonestam præcipitavit fugam. Quod ad improperium ei multum imputatum fuit, donec culpam diluit; inclusis etiam nimis obfuit. Postquam enim castellum suum, reversus spoliaverat, et fugam initam accelerabat, imperatori ad Philomenam obviavit; eique seorsum vocato dixit : « Antiochiam pro certo captam fuisse noveris a Christianis : sed castellum, quod munitissimum proeminet urbi sibi retinuerunt Turci ; et ecce, civitatem circumvallatam obsident, et ex municipii propugnaculis expugnant : seu magis, ut reor, jam expugnaverunt eam, et omnes viri perierunt. Consule igitur et tibi, et quam conducis genti : Consulo ita et ego : et quam citius revertere, ne forte incidatis in manus insequentium nos ; et vos omnes in ictu oculi pereatis. Quod si secus egeris, dico tibi, in proximo, sed sero, temeritatis hujusce te pœnitebit. » Imperator confestim accito consilio suo, et Francis, qui multi cum eo aderant ; quia utrinque populus Gallus et Græcus ad obsessorum adjutorium copiosus confluebat : rem eis ex ordine patefecit et dixit : « Franci, ad quos succurrendum festinaramus, majore quam nostro nunc egerent auxilio : quia vel omnes in morte jam absorpti sunt, vel in captivitatem abducti sunt. Indigerent ergo, seu qui eos vivificare posset auxiliatore; vel qui eos reduceret virtute prævalida, in quam minati sunt ex longinqua captivitate. Nam ita comes iste, qui adest, testificatur : nos autem neutrum horum possumus. Auxilium quod eis præparabamus, præproperum anticipavit tempus. Ecquid amplius possumus? Postquam omnes deleti sunt, quid eis nostrum proficeret auxilium? Illuc quippe laboriose et dispendio magno tendere, ubi nihil proficias, extremæ dementiæ est. Visum est igitur nobis, ut ocius revertamur; ne forte et nos inutiliter exterminemur. Ecce enim Turci plus solito insolentiores, et præ sanguine effuso tigridibus efferaciores, si nobis irruant, facillime prævalebunt : quia nostri, rumoribus his auditis, excordes illico titubabunt. Revertamur igitur, et rem nostram in tempus crastinum differamus. Veniet, inquam, dies cum sanguinem effusum, de Turcis perfidis ultum iri proficiscemur. Volo ad præsens moriantur nostri, morte repentina ; sed regrediantur, ut vivant ; et reservemus et reparemus eos, ad irascendum et ulciscendum. Interim, post terga terram istam, edicto imperiali, devastatam iri præcipimus : ut si quando Turci in nos emerserint, dum nihil hic invenerint coacti recedant. Porro gentem istius regionis incolam transferri mandamus in Bulgariam : ut nullius nci redarguamur immemores. » Itaque Franci revertebantur inviti, et amarissime lamentabantur. Multi etiam e pauperibus peregrinis passim moriebantur, ægroti diutius invaletudinibus. Guido Boamundi frater erat cum imperatore, donec rumigerulus comes loquebatur : hic, audito loquentis vaticinio, valde contristatus est; et ex ipsis præcordiorum conquestus medullis, lacrymatus est. Ejulans ergo clamabat : « Heu ! mi frater et charissime domine Boamunde, quid contigit? Quomodo spes populi Dei cecidisti? Putamusne sic promeruisti ? Væ mihi ! cur ipse non potius perii ? O Deus, quare sic judicasti? Cur populum tuum sic abominatus es? Ut quid improperium facti sumus gentium? Quis mihi det, Boamunde frater dulcissime, ut ego moriar pro te? Moriatur anima mea, gens Dei, duces totius laudis titulo digni, morte vestra. » Hæc dicens et aduncis unguibus pubentes genas dirimebat, flavamque cæsariem decerpebat; et omnes ad lamenta ciebat auditores. Vix autem consolatus, non tamen lenito dolore, cum imperatore compulsus est redire. Obrepsit etiam inæstimabilis mæstitudo in populo Dei. Nam episcopi et abbates et presbyteri, pene triduo a precibus et laudibus Dei cessaverunt, et profundis gemitibus suspirabant, Guido etiam semper in ipso itinere conquerebatur : et gemebat ; et in prædictum comitem convicia multa evomebat. Interim etiam omnis exercitus ille, die illo facti sunt stupidi, ut stupore mentis perterriti pene a seipsis desipuerint : tandem tamen redierunt ad se ; et voces querulas et preces placabiles, et lugubres querelas, denuo ad Deum devotius emisere. Imperator autem, nimis festine verbis credulus Blesiensis, in illa singulari necessitate, nullo Christianis obsessis auxilio collato, Constantinopolim suæ quieti satisfaciens reversus est. Ecce quantum nocuit exercitui Dei Stephanus Carnotensis, qui dum sibi soli consuluit, fratribus et commilitonibus suis dimissis, imperatoris auxiliarem præsentiam ab eis avertit; et rumores alios quam eum decuit, non veridicus portitor eructavit. Ex Dei tamen dispositione factum non dubitamus, qui disponit omnia suaviter; nec casu fortuito permittit, vel unum passerem ad terram cadere. Si enim Alexius imperator advenisset, Turcosque superasset, triumphus genti suæ, non exercitui Dei ascriberetur; et Græcorum multitudini deputaretur, non Francorum fortitudini.

Qui autem erant in civitate, ad Deum conversi, totam suam spem in supernis collocavere : quoniam ab humano adjutorio coacti sunt diffidere. Locuti sunt ergo ad invicem de lancea Domini disquirenda, magnam enim habebant in illa fiduciam, si inveniretur; quoniam ita ex Deo promiserat Andreas apostolus. Ventum est igitur in ecclesiam Beati Petri, et ibi diligenter notato loco super hac re diutius altercatum ; prævaluit autem sententia plurimorum, et tredecim laboriosis et strenuis hominibus, qui ibi curiose foderent, opus illud commiserunt : foderunt ergo a mane usque ad vesperam : et tandem, eodem Petro cui revelatum fuerat præsente, repererunt lanceam. Qua cum digna reverentia levata, publicus clamor oritur; et ut debebatur, lætabundus ad eam fit concursus, et tota devotione deosculatur. Videres populos lacrymis irroratos, quas extorquebat gaudium : perpenderes gaudium, quod pepererat tantæ rei experimentum. Orta est igitur inter eos tanta lætitia, ut, remota omni accidia, deinceps nullius meminerint mæstitiæ. Et extunc ausi fuerunt de bello tractare.

Consiliati sunt ergo ut nuntios suos ad Turcorum principes dirigerent, qui per interpretem ad eos sua responsa referrent. Miserunt autem duos, Petrum Heremitam, et quemdam Herluinum, linguæ Turcanæ non expertem. Hi duo, satis gnari et industrii viri ex Christianis, Curbaranno suisque ita dixerunt : « Mittunt nos ad vos Christianorum duces, et omnis Christianorum exercitus, rogantes ut ab eorum infestatione dein absistatis : et Christianos insectari a modo desinatis. Ut quid enim contra eos tentoria vestra locastis, et arma bellaturi vibrando parastis? Quid enim vobis male faciunt? Nam quid ad vos de Antiochia, pro qua congregati estis? Si judicio contendere vultis, nunquid terra ista, dictante justitia, Christianorum non est? Nonne eam prædicatione sua beatus Christianitati destinavit Petrus? Nunquid in ipsa eadem ipse præsedit episcopus? Vos autem freti superba tyrannide, fratribus nostris peremptis, ipsam vestro coagulastis imperio. Ecce iterum ausu temerario in eos militare disponitis. Itane vobis justum videtur, quod si suam terram modo recuperare volunt, neque quidquam de vestro vobis aufferre moliuntur, vos e regione gladiis accincti in insontes insurgatis? Mandant igitur quod si pacifici recederitis, omnia vestra vobis absportare permitterent; et si quid velletis de suo gratis contraderent. Si autem, quod melius esset, ad baptismum suspiraretis, sacramentum illud vobis libenter impertirent; et terram istam ditioni vestræ restituerent; et semetipsos inimicis vestris, pro vobis, tanquam uterini fratres, opponerent. Sin autem accingimini gladio et si audetis cogitare de prælio, pugnabit securius, quem ejusdem causæ, pro qua pugnatur, justitia tuetur : sed nos, in voluntate Dei, et Deum promerebimur adjutorem, et justitiam habebimus assistricem. Si quid respondere habetis, respondentes audiemus. » Tunc Curbarannus torvo vultu respondisse fertur: « Longe aliter trutinamus : Christianitatem enim vestram, quæ idololatria et abominatio est, omnino respuimus et abominamur. Cruxcifixus vester, quem prætenditis, qui se crucis improperio non potuit eripere, vos nostris eripiet manibus? Miramur, quo hiatu terram, quam diu possedimus, vestram vocare præsumitis, quam ante Petrum illum superstitiosum vestrum, progenitores nostri possederunt : sed illos fallaciis suis, a Deitatis suæ cultura avertit; eosque in nugacissimam sectam vestram deceptos seduxit. Porro, et terra nostri juris est ab antiquo, et virtus nostra, vobis erasis, nobis eam mox restituet. Quod si nobiscum velletis Turci fieri, quod nobis ad vitam tutandam esset pernecessarium, et istam civitatem, et multas alias regiones vobis committeremus : et quicunque pedites sunt equites sublimaremus; et pro vobis ubique pugnaremus. Quod si et hoc respuitis, vos cogitate de fuga : nos enim providebimus nobis de terra subigenda, imo jam subacta. » Legati retrogradum iter arripientes, festini redierunt; et exercitum Christianum de bello imminenti certiorem reddiderunt : interim famos invalescebat;

et timor Turcorum corda pavitantium Christianorum adhuc aliquatenus evirabat. Tandem, sacerdotum edicto, triduanis expletis jejuniis, processionibusque per ecclesias cum lætaniis celebratis, et Christianorum singulis sacrosancto viatico munitis, pugnam ordinaverunt. Sex igitur acies in ipsa civitate stabiliverunt. In acie prima fuit Hugo Magnus cum Francigenis et comite Flandrensi : in secunda, dux Godefridus cum suo bellicoso exercitu : in tertia, Robertus Northmannorum dux : in quarta, Podiensis episcopus, secum portans lanceam, quam Christiani sibi præferri desiderabant; et præsidium et tutamentum sibi magnum credebant: Raimundus quoque comes Sancti Ægidii remansit, quatenus observaret ne Turci de castello descenderent, et in civitatem pede libero irruerent. Aciem quintam regebat Tancredus, princeps et miles strenuus: aciei sextæ præsedit Boamundus, ut omnibus provideret, atque singulorum in necessitatibus totus adesset. Episcopi et presbyteri sermocinabantur, et orabant, et signo reverendæ crucis, editioribus stantes in locis, omnes consignabant. Exibant autem ordinate per portam quæ est ante Machomariam. Nec illud silentio supprimendum arbitror : quod dum exirent de civitate, pluviola, tanquam roscida stilla, cecidit : quæ, quasi ros matutinus, irroratos equos et equites ita lætificavit ut eqni tanquam exhilarati hinnire cœperint : equitum animi dulcorati, vegetiores et alacriores fuerint; et omnes se ipsos promptiores et expeditiores senserint. Fuit tamen pluvia illa tam subtilis et modica, ut vix pluviam fuisse dixerint; sed quasdam guttulas rorantes plus senserint, quam viderint. Hoc enim nobis a multis relatum est probabilibus personis. Quis autem hoc divini muneris largitatem dubitaverit? Quis guttularum irrorantiam Dei suos visitantis benedictionem nescierit? Ad bellum igitur jam majori fiducia procedebant animati. Curbarannus dixisse fertur : « Plus ad fugam hi properant quam ad pugnam. » Tantæ siquidem animositatis et stoliditatis erat, ut nullam generationem audere sibi obviam venire arbitraretur. Postquam tamen illos vidit nec hac nec illac formidolosos deviare, sed gressu maturato procedere, iterum non erubuit dicere : « Hæ contemptibiles caniculæ de bello forsitan audebunt præsumere? » Dicitur etiam aliquantulum timuisse, et præ ira efferum expalluisse. Prius enim dixerat suis dum Christianos videret exeuntes: « Sinite eos huc usque accedere, ut liberius deglutiamus eos in nostra potestate. Exeant ; veniant : nos enim eos statim circumcingemus, et prævalebimus, et suffocabimus. » Christiani vero gradatim ibant, nec alius alium inordinate præproperabat. Idcirco Curbarannus, ut dictum est, majori metu diriguit, solutisque solitis viribus corporis, animo friguit. Mandavit igitur clam procuratori suo, quem admiralium vocant, qui suis rebus præerat, ut si videret in capite sui exercitus ignem accensum fumigare, suos sciret superatos ; et ille confestim dato signo, suisque omnibus sublatis, recederet · ne forte populus qui cum eo erat, vel in papilionibus, totus deperiret. Curbarannus autem acies ordinatas speculatus, et majores quam audierat copias intuitus, pedem paulatim astutus ad monta retrahere coepit, ut eos fugere putantes, Franci præcipites insequerentur; et ob id exordinati, possent facilius lædi. Tunc et Turci, cum nihil ita proficerent, disgregati sunt ab invicem : pars a mari veniebat; alii stabant in loco, sperantes includere posse se Christianos. Econtra Franci hostilium insidiarum non ignari, ex acie ducis Godefridi et Roberti Northmanni partem assumpserunt, quam aciem septimam statuerunt; et illis quemdam Reinaldum præfecerunt, qui venientibus a mari gentilibus confestim obviaverunt. Turci vero in eos instanter præliabantur, et multos ex illis sagittaverunt, seu illis quælibet alia mortis genera atrociter intulerunt. Aliæ Christianorum turmæ ordinaverunt se extendendo a mari usque ad montana: quod interstitium quasi duorum dicitur esse miliariorum. Et a montanis et a mari sagaciter instabant Turci, Christianos circumcingentes, et eos undique infestantes.

Ecce, Deo gratias! ab ipsis montanis visus est exire exercitus innumerabilis, equis albis insidentes et vexilla candida in manibus præferentes. Hoc multi viderunt Christianorum, et sicut putant, gentilium; et hæsitantes, mirabantur quidnam esset. Tandem utrique cognoverunt signum de cœlo factum. Cognoverunt enim duces illius agminis, Sanctum Georgium, et Sanctum Demetrium, et Sanctum Mercurium, sua signa ferentes, præcedere. Sarracenis ergo visio hæc multum incussit timorem; Christianis autem spem auxit meliorem. Istos animavit, illos exanimavit. Hoc qui affuerunt multi contigisse testati sunt : non tamen ab omnes videre potuerunt; sed quibus Dominus voluit arcanum suum revelare. Revelavit autem aliis ad confusionem, aliis ad instantis triumphi ostensionem. Porro mendacii nemo nos redarguat; quia nihil ex corde nostro fingimus, sed quod audivimus, id testamur et testimonium nostrum, ex ore eorum qui affuerunt, verum est. Gentiles e regione maris pugnantes, postquam pondus belli sustinere non poterant, sicut Curbarannus prædixerat, in herbam ignem miserunt; ut videntes qui erant in tentoriis, fugam inirent; et spolia quæcunque possent, secum asportarent. Signo autem quod diximus cognito, pernices et irrequieti aufugiebant; et tremuli suppellectilem pretiosiorem diripiebant. Christiani autem qui ex adverso pugnabant, jam ad eorum tentoria pugnam divertebant, ubi majorem eorum virtutem remansisse non nesciebant. Obstabant adhuc Turci, tota qua poterant obstinatione; alii siquidem pugnabant, alii tendis spoliandis intendebant. Dux Godefridus, et Robertus Flandrensis, et Hugo Magnus, juxta flumen equitabant, ubi rursus maxima pugnantium erat copia. Hi constanter eos aggressos, unanimiter repellebant; instabant gentiles illi pertinaciter, et utrinque pugnabatur irremediabiliter. Resonabant æneæ cassides, tanquam percussæ incudes, minutatim scintillabat ignis, mutilabantur enses, eliso cerebro humi procumbebant homines; rumpebantur loricæ, fundebantur exta; fatiscentes sudabant equi, nec equis nec equitibus ulla præstabatur requies. Agmina conserta, tenui armorum discrimine vix a seipsis jam distabant; alii siquidem alios, cominus impingebant; et manus manibus, pedes pedibus, corpora corporibus repellebant. Timor tamen super Turcos illapsus divinitus, eos exterruit; et constantia Francorum invincibilis illos admirari et obstupescere fecit, et in fugam coegit. Cœpit ergo legio tota labare, nec buccina, nec tympanum, nec lituus, nec præco poterat eos revocare. Impossibile siquidem est tot gentes, fuga inita, denuo reverti, denuo præliari : ipse quippe impetus, vel communis metus eos exanimat, et in fugam elapsos præcipitat. Declinaverunt autem Turci fugitantes ad tentoria, ubi multos suorum quos ibi dimiserant succenturiatos æstimabant; sed illi, dum isti decertabant, fugam inierant, postquam, ut dictum est, ignem succensum prospexerant. Franci vero de spoliandis papilionibus manus et oculos ad tempus continentes, eosque diligenter et immisericorditer occidendo persequentes, et ad Pontem Ferreum usque fugaverunt; et adhuc ad Tancredi castellum, passim obtruncando persecuti sunt. Tandem ad tendas eorum revertentes, quidquid erat concupiscibile diripuerunt; et gazas omnimodas, et equos et jumenta innumera, et oves lanigeras et alimenta copiosa, et quæcunque indigentibus erant necessaria, detulerunt in civitatem. Hanc etenim gentiles habent consuetudinem, ut, si quando vadant in hostem, vel causa necessitatis suæ supplendæ, vel superciilo jactantiæ, opes copiosas secum devehant : et equos et asinos et camelos ad subvehendum clitellarios faciant; et oves et boves ad comedendum deduci præcipiant; nec annonam, nec farinam, nec fabam, nec oleum, nec vinum prætermittant. His igitur omnibus in civitate abundanter illatis, optatoque triumpho potiti, condignis laudibus Deum benedixerunt; eumque sui protectorem ac defensorem præsentialiter cognoverunt; hymnosque gratulabundos in cœlum extulerunt. Suriani etiam et Armenii qui illas incolebant regiones, videntes Turcos irrecuperabiliter in bello superatos, notos montaneorum anfractus oppilabant, callesque angustos præoccupabant; et illis immensam deletionem, strictis gladiis, parturiebant. Mactabant siquidem eos velut oves errantes, utpote, præ pavore nimio, totius defensionis immemores. Admiralius quoque qui in municipio civitatis remanserat, cui Curbarannus castellum illud commiserat, videns suos longe lateque indecenter effusos, antequam omnes Franci rediissent timore perterritus, Christianorum vexillum rogavit et accepit, et in municipio in loco editiori collocavit. Hoc autem ideo fecisse dignoscitur, ut sic et suis et sibi parceretur, nec de municipio reddendo dubitaretur. Erat autem signum illud, quoniam dum rogaretur præsentior aderat, comitis Sancti Ægidii. Quod

Longobardi videntes vehementer indignati sunt: quoniam non erat illatum Boamundi vexillum, cui confratres illi civitatem prælibatis pactionibus concesserant. Admiralius autem ille pro controversia pacificanda illa, reddito comitis signo, Boamundi in turre sublimavit; et tempore colloquii petito, de pace commilitonumque suorum salute locutus est. Pacti sunt ergo Boamundus et admiralius ad invicem quod illi castellani, qui Christiani fieri vellent, de vita securi liberalitate Christiana tractarentur : qui vero legem suam servare voluissent, indemnes ad tuta loca conducerentur; nec ibi ab eis quæ secum detulissent dolosis exactionibus privarentur. Pactum hoc ab omnibus firmatum est et municipium Boamundo confestim redditum est. Admiralius autem ille nec multo post baptizatus est, et liberali Francorum munificentia donatus est. Solebat autem dicere postea, quod sibi Christianitatem peculiariter adoptasset a diuturno tempore. Qui fidei Christianæ recalcitraverunt, Boamundi conductu in terram suam remigraverunt. Hoc prælium factum est quarto Kalend. Julii, in vigilia apostolorum Petri et Pauli. Gentilibus autem sic devictis, et aliis a civitate procul explosis, et Christianis, Christo suo duce, glorioso triumpho potitis, et condignis Deo laudibus exhibitis, duces illius speciosæ Christianitatis in unum convenerunt; et communicato consilio, Hugonem Magnum, virum non imperitum, ad Alexium imperatorem, Constantinopolim direxerunt quatenus ad civitatem recipiendam, quam calamitosis passionibus ei acquisierant, festinaret; iisque similiter juratas pactiones illibatas conservaret : ipsi etenim a suis declinare nullatenus volebant : veniret ergo, quatenus neuter a promissis et debitis fraudaretur. « Ad nos, inquiunt, veniat, et sicut nobis pactus est, et irremotum comitem a modo se nobis in Jerusalem impertiat. Nolumus de sacramento quod ei fecimus adhuc aliquas prætendere occasiunculas, quod tamen certe possemus; nec ipse quin veniat et juramentum suum teneat, ullam excusationem præferat. Perjurii siquidem ipsa res est, non simulacrum perjurii, nisi ultra vires, etiam omni dolositate remota, observare juramentum elabores. » Ivit Hugo Magnus hujusce legationis officio functus; sed, quamvis in ipsa expeditione gnaviter multa manu consilioque peregerit, ibi tamen multum deliquit, ubi ad fratres sicut promiserat et debuerat, corvini generis legatus, postea non redivit.

Postquam Hugo prædictus ad imperatorem recesserat, Francorum duces consilium ordinaverunt, et de conducendo in Jerusalem populo Dei consiliati sunt. Dixerunt ergo : « Populus iste qui multas passus est calamitates, ut sepulcrum Domini Dei sui videre promereatur, jam multis fatigatus infortuniis, de accelerando itinere palam conqueritur; et nos itidem multo affecti tædio conquerimur. Provideamus igitur ipsis quid magis utile sit. Moras nequaquam ulterius quaslibet censemus innectendas, præter quas inevitabilis opposuerit necessitas. Sed tamen singula non impetuose, sed diligenter et modeste sunt æstimanda. Terra per quam ituri sumus, inaquosa est; æstas ultra modum torrida est; aeris adpræsens inclementiam ferre non possemus. Longa obsidione, et viribus, et sumptibus exhausti sumus. Sileamus ergo, et quiescamus ; et vulneratos et infirmos nostros reparemus ; et interim pauperum nostrorum misereamur. Exspectemus humida solstitia ; et declinemus Cancri et Leonis nocivos successus. Calendis Novembribus, tempus refrigerabitur; et tunc congregati, unanimiter condictum iter aggrediamur. Alioquin totum populum intempestivis ardoribus affligeremus. Hoc autem consilium, turbis flagitantibus, enucleatius disseratur. Tempus intractabile necesse est declinemus, et hoc omnibus utillimum perpendimus. » Id in toto exercitu annuntiatum est, et tandem ab omnibus collaudatum est. Dispersi sunt ergo duces et familiæ per finitimas regiones, æstivandi gratia; et egeni eos subsequebantur, vivendi causa. Dixerant enim duces : « Si quis egenus est et corpore vegetus, jungatur nobis, et nos omnibus, datis unicuique stipendiis, subsidiabimur ; infirmi publica stipe donec convaluerint, sustententur. »

Erat in eodem exercitu miles quidam pectoris non modici, de familiaribus comitis Sancti Ægidii, cui nomen Raimundus Piletus. Hic collegit sibi plures homines, milites ac pedites. Collecto igitur quantum potuit exercitu, Sarracenorum audacter introivit terram ; et ultra duas civitates profectus, ad quoddam devenit castrum, cui nomen Thalamania. Habitatores autem illius castri, quoniam erant Suriani, sponte sua se reddiderunt ei. Requieverunt autem eo in loco fere diebus octo. Nuntiatum est igitur illis, quoniam non longe aberat castellum Sarracenorum plenum. Cingulis itaque militaribus accincti, pannisque objectis protecti, castellum undique aggredientes coangustaverunt; et prævaluerunt, et deprædati sunt, et colonos illos humotenus pessum dederunt : si qui tamen ad catholicam voluerunt converti fidem, illos reservaverunt illæsos. Reversi sunt ergo ad prius castellum, victorum potiti gaudio. Iterum die tertia exierunt; et venerunt ad quamdam civitatem nomine Marram, quæ prope eos erat. Convenerant ibi multi gentiles ab Aleph, et aliis circumsitis civitatibus, qui contra eos exierunt ad bellum. Franci pugnaturos eos arbitrati, ad pugnam se, nec mora, castrensium more militum præparaverunt; sed delusit eos exinanita spes illorum. Turci namque versum civitatem caute reversi sunt, non fugientes neque cominus propugnantes; sed quodam astu se pugnæ subducentes, et iterum Francos celeri gestu impugnantes. Invadebant eos et gyro facillimo revertebantur et mox reducti equi rursus indifficulter gyrabantur. Franci frequentes sustinebant impetus, nec tuto devitare poterant instantium concursus : si enim attentarent recedere, gentiles a tergo, quod et accidit postea, cedentibus insisterent. Sustinuerunt igitur usque ad vesperam et laborem et sitis ardorem : æstus quippe erat quammaximus. Postquam amplius nec laborem poterant sustinere, nec sitis pestem compescere, quoniam ad refocillandum nulla inveniebatur aqua, conati sunt et condixerunt ad castellum suum conglobati gradatim redire. Sed gens invalida et indocta, pedites videlicet et Suriani, ordine spreto, et edicto militum neglecto, cœperunt disgregatim fugere, nimio correpti pavore. Instabant eis gentiles indefessi, et terga præbentes insequebantur, et cædebant; et lupis atrociores, nemini parcebant. Suggerebat illis vires optata victoria, et præsentis temporis opportunitas. Multi itaque de gente plebeia et pusillanimi, perempti sunt; alii necati gladio, alii suffocati sitibundarum faucium incommodo. Qui vivi evaserunt, cum suo Raimundo ad castellum suum redierunt, feceruntque ibi dies aliquot : facta est illa occisio in prædicto mense Julio. Neque enim semper feliciter successit Christianis; castigabat siquidem eos Dominus de insolentia, ne forte, propter frequentes victorias, mentes eorum aliquantulum lividerentur superbia. Qui vero in Antiochia remanserant, votorum compotes, politi sunt quiete et lætitia; excepto quod dux et patronus eorum Podiensis episcopus, gravi corporis detentus incommodo, cœpit ægrotare ; et infirmatus, ægritudinis lecto recubuit. Paterno igitur ore filios lugubres allocutus, et affatim eos consolatus, viam universæ carnis ingrediens, ingravescente morbo, migravit in Domino. Factus est itaque luctus immoderatus in tota Christi militia : quoniam ipse fuerat consilium nobilium, spes orphanorum, imbecillium sustentamentum; militibus homo militaris, clericos clericaliter educebat et educabat; singulari prudentia prælucebat, eloquens et jucundus, omnibus omnis erat. Unde factum est ut eum sicut patrem et dominum toto venerarentur animo, quoniam singulis affectu patrocinabatur interno. Celebraverunt autem singultuosus exercitus ejus exsequias episcopali honorificentia; et condito ejus corpore quibus potuerunt aromatibus, imperialibus exceniis illud prosecuti sunt; et pupillorum examina patrem defunctum, lacrymabiliter et solemniter in ecclesia Beati Petri sepelierunt. Vix autem ab ejus sepulcro populi, crines et ora discerpentes, avulsi, episcopo defuncto, diutinas immolavere lacrymas, quibus extersis rursum sibi consuluere.

Comes enim Sancti Ægidii, nullatenus acquiescens pigritiæ vel socordiæ, quin gentilibus zelo continuo inimicaretur, Sarracenorum ingressus est terram; et pervenit ad Albaram non ignobilem eorum civitatem : quam exercitus ejus violenter expugnatam apprehendit, et omnes utriusque sexus civitatis incolas ad nihilum perimendo redegit; urbemque subactam suo dominio mancipavit. Electum autem in ea pontificem, virum prudentem et honestum, consecrandi gratia miserunt Antiochiam : præfecerunt igitur eum in eodem loco antistitem, et populo Christiano dignum dispensatorem. Ordinatis igitur ibi quæ ad religionis cultum attinebant, mensis November appropinquabat. Instabat igitur eundi jam condictum tempus; ac de peragendo itinere omnes sollicitabantur. Conveniebant ergo omnes optimates in Antiochiam, in qua major pars exercitus æstivaverat. Invenerunt autem eos lætantes et exsultantes, excepto quod Kalend. Augusti Podiensem tumulaverant pontificem. Cœperunt autem, postquam omnes convenerant, de imminenti negotio disserere, ne videlicet ulterius disturbarentur ab itinere. Boamundus interim in propatulo conquerebatur de civitate, quod nondum totam eam haberet in sua potestate. Alloquebatur enim eos de fœderatis, quas ei fecerant, pactionibus, dum necdum capta civitas obsideretur. Pepigerant enim ei totius civitatis dominationem, donec res ex integro referretur ad imperatorem : comes Sancti Ægidii nullo modo poterat emolliri, quin semper de sacramento loqueretur, quod imperatori fecerat; sicuti Boamundus ipse collaudaverat : « Perjurii, aiebat, nusquam volo redargui; nec interim patiar ut tu solus huic urbi domineris. Sit duntaxat civitas sub communi custodia, et de via peragenda exoccupatius disceptemus. Sin autem, pares et coæquales nostri, quod justum est determinando dijudicent. » Hæc erat insopibilis altercatio inter Boamundum, et comitem de Sancto Ægidio. Congregati sunt ergo omnes majores natu, et quorum præeminebat peritia, in ecclesia Beati Petri, si qua posset sopiri tanta simultas. Auditæ sunt diligenter utriusque litigantis quæstiones, exspectantes judicum peritorum diffinitiones. Itum est in partem, et a viris peritis luculenter et abunde disputatum; dilata est sententia, ne augmentaretur discordia. Dixerunt ergo et dux Godefridus, et Flandrensis comes, et Robertus Northmannus et alii majores : « Quoniam ad præsens nullam dare possumus sententiam, quæ alteri non displiceat, prout poterimus causam istam sub pacis obtentu procrastinemus; interim fiet aliquid. » Responderunt autem exspectantibus : « Nullam in præsentiarum dare possumus sententiam; sed volumus et collaudamus, quatenus ista re pacifice induciata, viam nostram acceleremus, qua peracta, vel ordine judiciario vel consilii nostri auctoritate, postquam Deo prosperante redierimus (tantum nobis credite) vos ad invicem concordabimus. » Id totum ita concessum est, et sic se simpliciter prosecuturos, manu in manu episcoporum, firmatum est. Boamundus itaque munivit quod ei redditum fuerat castellum, alimentis et hominibus, armis et excubitoribus; comes similiter, quod præoccupaverat palatium Cassiani admiralii, et turrem quæ est supra pontem, a portu Sancti Simeonis. Tantæ enim erant et ambitiones et simultates, ut neuter alteri crederet, uter sub palliata ambitione civitatem sibi attentaret. Nec mirum quantum ad honorem et utilitatem.

Antiochia siquidem civitas est pulcherrima et munitissima, et copiosorum reddituum opulentissima. Sunt intra ipsam quatuor montaneæ satis altæ, in quarum una, sublimiori scilicet, castellum est, quod omni civitati prominet. Deorsum civitas est decenter ædificata et duplici muro circumambita : murus interior amplus et in aera porrectus est, et magnis quadris lapidibus compactus et compaginatus est : in qua muri compagine turres sunt quinquaginta quadringentæ, formosiis venustatæ mœniis, et defensæ propugnaculis; murus exterior non tantæ est celsitudinis, sed tamen admirandæ venustatis. Continet in se trecentas et quadraginta ecclesias. Pro suo magno primatu patriarcham habet, cujus patriarchatui subjiciuntur centum quinquaginta et tres episcopi. Ab Oriente quatuor clauditur montaneis; ab Occidente vero, civitatis muros præterfluit fluvius, cui nomen Farfar. Octoginta et quinque reges eam constituendo sublimaverunt et nobilitaverunt : quorum maximus et primus emersit Antiochus, de cujus nomine Antiochia nuncupata videtur. Et quoniam tantæ fuit auctoritatis et nobilitatis, noluerunt eam devictam temere dimittere Franci, utpote quæ caput totius Syriæ exstiterat; et primatum suum longe lateque protulerat, et regiones etiam longinquas eis erat subjugatura. Hanc Christiani per octo menses et diem unum obsederant, et apprehenderant. Iterum in ipsa civitate jam capta, Gentiles obsessos eos tenuerunt per tres hebdomadas. In qua obsidione diuturna tantus confluxit Gentilium conventus, ut nullus meminerit copiosiorem vel se vidisse vel audisse populorum frequentiam. Requieverunt igitur in ea quinque mensibus et novem diebus. Tot rebus occurrentibus, noluerunt eam incaute dimittere, sed fideli delegaverunt tutelæ. Comes tamen et Boamundus peculiariter super ea sibimet cogitabant. Civitatem ergo, ut dictum est, munierunt; et in mense Novembri, alias profecturi, rebus quibuslibet compositis, Antiochia exierunt. Comes Raimundus cum suo exivit exercitu et pertransitis duabus civitatibus, Rugia et Albaria, quinto Kalend. Decembris, applicuit ad Marram, civitatem munitam et opimam, et multis Agarenorum nationibus refertam. Die vero crastina civitatem expugnare adorsus est; sed obstantibus mœniis et defensoribus, tunc quidem nihil profecit. Subsecutus est Boamundus et in die Dominica prædictam venit ad urbem. Altera vero die, feria scilicet secunda, urbem viriliter aggressi sunt. Nam et scalas pro muro civitatis erexerunt, et tutores mœniorum tota die variis assultibus infestaverunt, et similiter parum eis nocuerunt. Nam et scalæ ad murum erant erectæ, sed Turcis acclamantibus et oppugnantibus, nemo præsumebat scandere. Credebant etiam cives illi se similiter istis obstare posse, sicut et Raimundo Pileto ludum obstiterant; sed ad ultimum spes præsumptuosa fefellit eos. Raimundus enim comes ligneam compaginari machinam fecit, quæ, ut habilior esset ad conducendum, super quatuor eam collocaverat rotulas; fuit autem tantæ proceritatis, ut mœniorum culmen despiceret, turrium quoque porrecturam adæquaret. Admoverunt igitur struem illam propter quamdam turrem. Lituorum et tubarum clangebant classica; phalanges armatæ circumvallabant mœnia, balistarii et sagittarii spicula dirigebant, et qui in arce lignea erant, lapides immensos sursum jactitabant; sacerdotes et clerici Deum suppliciter exorabant quatenus suam defenderet Christianitatem, præstans illis sospitatem et victoriam. Wilhelmus de Monte Pislerio erat in machina, et alii multi. Et quoniam ædificium illud erat muris porrectius, facilius eis nocebant, utpote super quos lapides jaculati desursum ruebant. Percussi vero vel in ancilibus vel in galeis vel in capitibus, indifficulter oppetebant et omnimodis deficiebant. Habebant etiam uncinos ferreos, quibus sine intermissione infestabant alii alios. Turci nihilominus qui erant in turribus, Christianos sagittis et lapidibus impugnare; ignem, quem Græcum vocant, in machinam jacere, et nihil otiosum admittere. Christiani e contra, oleum quod maxime illum ignem exstinguit, effundere; ascensum attentare, pedemque retrahere; qui muris supererant, formidare, in nullo tamen deficere. Sic prælium illud usque ad vesperam protelatum est. Tantum siquidem erat infatigata virtus Agarenorum, ut audacter refellerent versutias Christianorum. Gulferius tamen de turribus, vir alti sanguinis et audaciæ mirabilis, Lemovicensis oriundus prosapia, primus audacter scalam ascendit et usque in murum pedem tetendit. Ascenderunt post eum aliquot, sed non multi; scala siquidem confracta dissiluit. Defensabat tamen murum viriliter; et, Paganis expugnatis, socios et nutu et voce convocabat. Interim alia scala festinanter erecta est, et per eam gradiebantur multi pedites ac milites; denique tot ascenderunt ut murum magna ex parte præoccupaverint, et cives expugnando rejecerint. Insurrexerunt tamen Pagani, totisque viribus Christianos aggressi sunt. Tanta siquidem virtute illos aliquoties impetierunt, ut Francorum aliqui a muro se dimiserint, timore subacti. Plures tamen in muro remanserunt, qui tandiu frequentes impetus toleraverunt et recompensaverunt, quousque Christiani murum suffodissent et aditum patefacerent. Quo Turci cognito ad desperationem usque timuerunt et in fugam irrevocabiliter præcipitati sunt. Capta est igitur Marra civitas opulenta, hora vespertina, die Sabbati, tertio Idus Decembris. Visum est majoribus civitatis, in tanta trepidationis miseria, filiis et uxoribus suisque supellectilibus ascitis, coire in palatium quod supra portam erat, ut sic saltem mors repentina dilata temperaretur, et ad vivendum lucrarentur momentum. Sperant enim omnes morituri summum lucrum si possint prolongare vitam ad modicum. Christiani vero urbem devictam ingressi sunt, et quidquid gazarum, vel in domibus vel in foveis invenire potuerunt, rapaciter abstulerunt. Sarracenis autem perimendis, tanto conatu institerunt ut vix aliquem vivere permiserint. Non itaque in tota civitate vel platea, vel angulus, vel domus, vel locus aliquis vacabat a cadaveribus; gressus quoque viantium graviter offendebantur ab exstinctis et condensis corporibus. Pavor qui vivis oriri solet ex mortuis, ibi nullus erat; quoniam mortuos, ubique locorum, tanquam vivos sibi contiguos didicerant. Fœtor illis duntaxat officiebat; nam sentire, vel videre, vel inter mortuos dormire sine fastidio, jam illis consuetum erat. Qui in palatio congregati erant, alii perempti sunt, alii in Antiochiam, Boamundo jubente, vel servitium, vel venum deducti sunt, et omnes ita, opibus eorum direptis, dissipati sunt; nam qui deficiebant in via, vel lapidibus obruebantur, vel gladiis confodiebatur. Passi sunt itaque Marrenses cives infelices exterminium quod diximus. Morati sunt autem Franci in eadem civitate mensem integrum et tres dies. Oriensis episcopus infirmatus ibi recessit a superis et ad superos evolavit. Ex illa mora successit exercitui fames valida, quoniam omnia quæ in civitate invenerant, equi vel equites consumpserant; nec extra civitatem, tota terra depopulata, tantulumcunque invenire poterant, et mercatum nullum habebant, unde factum est ut ex ipsa diuturnitate, fames ista, fami quam in Antiochia perpessi sunt, præemineret. Compulsi sunt ergo quælibet inhonesta vel inconsueta, vel austera, vel etiam illicita, dentibus infastiditis attingere. Relatum est enim et compertum, quod multi carnes Turcinas, carnes scilicet humanas, verutatas et ignibus assas, inverecundis morsibus tetigere. Exibant itaque furtim a civitate, et procul ignibus accensis coquebant, et nefandis dapibus sumptis, sic etenim miseræ consulebant vitæ, tanquam nihil egerint ejusmodi, revertebantur. Palam tamen hoc verbum factum est in exercitu : sed quoniam fames prævalebat, ultio suspendebatur. Majores tamen pectus et os percutiebant, et horrentes silebant : nec tamen imputabatur eis pro scelere, quoniam famem illam pro Deo alacriter patiebantur, et inimicis manibus et dentibus inimicabantur. Patrabant equidem illicita, sed legem violari compellebat angustiosa necessitas. Fames enim castrensis omnia appetit, nihil respuit. Quid enim non cogis, sæva fames? Hæc enim lues incurabilis est, et cibis ablatis fames augmentatur in dies. Nullam enim gravedinem minus potest homo tolerare quam famem : qua de re multoties contigit, ut quidam famelici, tanquam somniantes, seipsos suis dentibus appetierint. Nihil enim homini, fame est intolerabilius. Alii qui vere volebant honestius, findebant Turcorum corpora ; quoniam in eorum visceribus byzanteos inveniebant, et aurum illud quod glutierant, Christiani sibi tollebant. Tantam inediæ pestilentiam Christiani passi sunt in Marra ; plerique autem fame perierunt prævalida. Ibi rursus de concordia locuti sunt inter Boamundum et comitem Raimundum ; quæ res postquam nihil profecit, Boamundus confestim iratus Antiochiam reversus est, et iter in Jerusalem ad populorum detrimentum disturbatum est. Privatæ siquidem principum simultates subjectos pessumdant et affligunt, dum alter ab altero dissentiunt. Dum enim unusquisque quod suum est quærit, a communi providentia tepescit : populi quoque ad communem perniciem desolantur, ubi consules seipsos non consolantur. Populus itaque Jerosolimitanus multum erat impeditus pro ducum suorum querelis particularibus. Jam igitur liber iste tertius finiatur, et ad quartum inchoandum rursus accingamur.

LIBER QUARTUS.

Causa simultatis mutuæ inter principes revera erat Antiochia. Porro querelarum occasiones erant, quod alius sacramentum imperatori factum, palam omnibus prætendebat, quod prævaricari nullatenus volebat; alius donum sibi ab omnibus factum de civitate dicebat, et idcirco donum sibi factum obtinere volebat. Utrumque tamen verum erat ; et quamvis ita se res haberet, quoniam tamen nequibant pacificari, magnum impedimentum hoc erat omni exercitui. Postquam Boamundus ad Antiochiam recesserat, Raimundus comes per legatos suos principes qui erant Antiochiæ prosecutus est, et ut ei ad Rugiam confabulandi gratia obviarent, illos allocutus est. Venerunt Rugiam convocati principes, dux videlicet Godefridus et Robertus Northmannus et Robertus Flandrensis, et Boamundum secum adduxerunt. Locuti sunt sicuti heri et nudius tertius de concordandis proceribus. Postquam iterum res ad nullum processit effectum, principes illi contristati Antiochiam redierunt. quoniam de via maturanda nihil adhuc profecerunt. Nec comes nec Boamundus ire volebant, quoniam adhuc vehementer de civitate disceptabant. Boamundus ire nolebat, nisi civitas ei tota redderetur; neque comes, nisi Boamundus eos comitaretur. Comes Marram reversus est, ubi Christianus exercitus fame periclitabatur. Compunctos autem corde, animo suo liberaliter dominatus est, et ut Dei militibus consuleret, eundo in Jerusalem aggressus est. Præposuit enim causam Dei suæ vel voluntati vel utilitati. Summa quidem virtus est in principibus, si sibi ipsis dominentur, nisi pertinaciter obstinentur ; in ducibus enim nimia obstinatio, subditorum omnium est periclitatio. Imperavit igitur comes sibi ipsi, ne omnino noceret Christianitati. Procuravit ergo mandando hominibus suis, de palatio Cassiani curiose municndo. Exivit igitur Marram, Idus Januarii, nudis pedibus, et coagulavit se spontaneus peregrinis hominibus : hoc enim signum susceptæ peregrinationis, humiliatus comes ostendit. Facta est itaque in populo

Dei magna lætitia; et proficiscentibus illis, adjunctus est ad civitatem Capharda, comes de Northmannia, et ibi tres quieverunt dies. Rex ergo Cæsariæ, pactionem pacis pactus est cum comitibus. Multoties enim legatos suos ante Marram direxerat, conventionem hanc condixerat quod pacificus esset Christianis, et multa de his libenter eis impertiret, nisi ad eum exhæredandum, vel ad regnum suum depopulandum Francorum genus indomitum anhelaret. Fiduciam insuper eis fecit, quod quandiu suum dilataretur regnum, nullum omnino Christianis fieret offendiculum, eisque copiosum mandaret mercatum. Hanc fidelitatem a rege Cæsariæ susceperunt, et confidentiores ire perrexerunt. Exeuntes a Capharda, castrametati sunt secus fluvium Pharfar prope Cæsaream. Cumque videlicet rex Francos prope civitatem suam hospitatos, vehementer indoluit, quoniam castrorum alienigenarum, juxta se eum puduit. Dixitque : « Nisi summo diluculo castra vestra a civitatis nostræ suburbio removeritis, vos fœdus initum violabitis ; nosque vobis mercatum promissum vetabimus, nosque nobis providebimus. » Mane igitur facto duos de suis ad eos direxit, qui eos evadere fluvium edocerent, et exercitum in terram fertilem deducerent. Intraverunt ergo quamdam vallem opimam et locupletem, cui super erat castellum, quod extemplo fecit comitibus securitatem. Deprædati sunt igitur ibi animalium tanquam ad quinque millia. Repertum est etiam ibi multum diversorum alimentorum, et præ ubertate gratuita refecta est tota Christi militia. Castrenses etiam exercitui dederunt equos, aurumque purissimum, multamque pecuniam ; et juraverunt se peregrinis nullatenus deinceps nocituros, neque subinde mercatum eis prohibituros. Manserunt autem ibi diebus quinque ; porro inde digressi, ad quoddam Arabum applicuere castrum. Exivit igitur continuo castelli dominus cum eis locuturus, et de pace paciscenda tractaturus ; facta vero pace, quæ utrique complacuit parti, ad aliam demigraverunt civitatem, muris pulcherrimam et bonis omnibus opulentam, in quadam valle sitam, nomine Cephalia. Cives autem urbis illius, adventum Francorum pertimescentes, urbem pavitantes exierunt, et hortos oleribus refertos, et domos alimentorum et opum plenas, absterriti reliquerunt et inconsulti aufugerent. Quibus omnibus Franci gratulanter potiti, die tertia inde processerunt ; et altam et immensam montaneam præcipitando transcenderunt, et iterum in vallem uberem descenderunt, ubi dies duodecim quieverunt. Erat autem haud procul a valle castellum, Sarracenorum plenum, quod Christiani viriliter aggressum apprehendere nitebantur ; et revera illud devicissent, nisi gentiles animalium et jumentorum et pecorum greges foras ejecissent, quibus Christiani direptis, sic a castello nocte illa quieverunt. Reversi sunt ergo ad sua tentoria, deducentes secum quæ castrenses emiserant animalia. Die crepusculo Franci, suis collectis papilionibus, ad idem castrum redibant, putantes se ibi sua metatum iri castra. Gens autem pagana nimium perterrita, noctu secessit et castellum hominibus reliquit. Introeuntes ergo festinanter Christiani, quamvis vacuum esset hominibus, illud tamen invenerunt copiosum omnium abundantiarum consolationibus ; neque siquidem deerat frumentum, nec vinum, nec farina, nec hordeum, nec oleum. Si quis egens ibi remansit, egestatis molestiam ignaviæ infortunium ei peperit. Ibi celebravérunt devotissimi Purificationem Sanctæ Mariæ die altera Februarii. Venerunt ibi ad comites nuntii regis de Camela civitate. Mandavit enim comitibus rex illius civitatis larga donaria, et de pace cum eis constituit ; dixit etiam quod nunquam Christianos offenderet, imo diligeret ac honoraret ; tantum populus Christianus ei talionem retribueret. Rex autem Tripolis suos ad comites acceleravit nuntios, deducentes eis decem equos, et mulas quatuor, et auri pondus immensum. Quibus oblatis, subintulerunt nuntii : « Rex Tripolis in hæc verba ista dirigit, ut scilicet pacem et amicitiam cum illo habeatis, et eum tanquam ipse vos in veritate diligatis. » Comites cum eo nec pacem fecerunt, nec oblata receperunt, imo fiducialiter responderunt : « Hæc omnia ex te respuimus, quousque fieri satagas Christianus. » Exeuntes autem de valle illa optima, transierunt ad quoddam castrum quod Arche dicitur, pridie Idus Februarii ; juxta quod castra locaverunt. Oppidum autem illud innumerabili Paganorum gente munitum erat, et Arabum et Publicanorum frequentiis. Defendebant igitur se viriliter. Iverunt autem quatuordecim milites Christiani versus Tripolim, quæ non multum ab exercitu differebat ; hi Turcos invenerunt sexaginta qui ante se multos conducebant homines, Sarracenos, Turcos et Arabes, mille circiter quingentos, et animalia plurima. Hos pertinaciter invaserunt Christiani, et ex illis sex occiderunt, et equos totidem abstulerunt, et alios fugaverunt, et animalia reduxerunt. Francorum siquidem invincibilis ferocitas et finitimos et procul positos omnes deterrebat. Deus etenim sic operabatur in illis, ut etiam nunc quatuordecim sexaginta superaverint et residuam multitudinem fugaverint, animalibus ex ipsorum faucibus abstractis. De exercitu Sancti Ægidii comitis exierunt Raimundus Piletus et Raimundus vicecomes ; et cum militibus non multis, ante Tortosam civitatem discurrebant ; ibi autem erat paganorum multitudo non modica. Sero jam facto, secretum recesserunt ad locum, et opportunis in locis pluribus accensis ignibus, tanquam totus ibi adventasset exercitus, in loco pernoctaverunt. Orto jam sole Franci convenerunt, quatenus civitatem aggrederentur ; quam vacuam inventam inhabitaverunt, quousque ad castellum fuit obsidio. Erat alia civitas non longe ab ista, quæ dicitur Maraclea. Admiralius autem qui ei præsidebat, pactus cum Christianis, invexit in illam Francorum vexilla. Dux interea Godefridus, et Flandrensis comes, et Boamundus venerunt usque ad Lichiam civitatem.

Boamundus iterum ab illis segregatus reversus est Antiochiam, quam multum desiderabat esse suam. Dux autem et comes quamdam obsederunt civitatem, cui vocabulum fuit Gibellum. Audivit comes Raimundus gentiles cum magnis militantium cuneis adventare, bellumque Christianis non anceps præparare. Misit ergo ad socios qui Gibellum obsederant, dicens : « Bellum nobis imminet non incertum, et super nos conveniunt agmina paganorum. Cum civitate ergo quam obsedistis, agatis volumus de pace; fratribus tutandis expeditiores adestote. Melius est nos convenire et pugnare, quam nos a nobis separari et superari. In bellis mora modica est, sed vincentibus lucrum quam maximum; obsidiones multa consumunt tempora, et vix obsessa subjugantur municipia. Bella nobis subdent nationes et regna : bello subacti evanescent tanquam fumus inimici : bello peracto et hoste devicto, vastum imperium nobis patebit. Bonum est ergo ut conveniamus, quoniam si Deum promereri poterimus ducem, et præambulum, non indubitanter statim de inimicis nostris triumphabimus. Accelerate, inquam, ne nos inveniant æmuli nostri, dum venerint, imparatos. » Dux et comes legationem gratanter audiebant, quoniam bellum inhianter esuriebant; fecerunt pacem cum Gibellensi admiralio, et acceptis ab eo muneribus, auro et burdonibus, et aliis quæ complacuerunt pactionibus, civitate relicta, confratrum ad auxilium profecti sunt; sed tunc minime Turcos quos sperabant invenerunt. Frustrato igitur quod desiderabant prælio, frustrata est illorum præliandi voluntas in illa die; hospitati sunt autem ultra fluvium, et ex illa parte castellum illud obsederunt. Nec multo post equitaverunt ex Christianis quidam ad Tripolim, si qua possent obesse Gentilibus illis attentantes. Invenerunt igitur gentem illam effusam extra civitatem, Arabes et ipsos Tripolitanos et Turcos, excursum Christianorum similiter exspectantes, et velut in insidiis latitantes. Alii vero pertinaciter invaserunt alios : Agareni siquidem illos primos impetus aliquantulum sustinuerunt, et diutius obluctati sunt. Tandem percutientibus, terga dedere; et in tergiversatione illa e suis multos amisere. Ceciderunt etiam ibi multi ex nobilioribus civitatis. Mulieres, matres et virgines a pinnarum spectaculis, mala Christianis imprecabantur, et pro suis anxiebantur et ingemiscebant; et tamen forsitan earum aliquæ probitati Francorum in cordibus suis applaudebant. Tanta fuit eo die Paganorum occisio, et cruoris effusio, ut fluvius, qui civitatem alluebat, rubuisse visus fuerit ; et cisternæ civium, quæ in urbis erant sinu, quas ille fluvius alebat, sanguine illo contaminatæ sorduerint. Incubuit igitur mœror et luctus Tripolitanis quam maximus, tum pro trucidatis suis majoribus, tum pro cisternis fœda sanguinis incursione pollutis. Porro die illa duobus affecti damnis, duplices profuderunt lacrymas : angustiabat eos quod inopinabiliter Franci potiti sunt trophæo; contristabat eos cisternarum suarum, quas magnipendebant, sanguinolenta fœdatio. Exterriti sunt usque ad defectionem Tripolitani, et ulterius sine obsidione obsessi, non audebant exire civitatis portam. Tripolitanorum finitimi eisdem percellebantur infortuniis. Franci gratulabunda potiti victoria, hymnizantes Deo, reversi sunt ad suos. Die altera milites de exercitu equitaverunt ultra vallem Desem, deprædatum terram; et inventis bobus et asinis, ovibus et camelis, quorum fuit numerus fere ad tria millia, tanta onusti præda, cum gaudio remearunt ad castra. Sederunt ergo ad castrum illud, nam nimis erat inexpugnabile, tribus mensibus et una die. Celebraverunt etiam ibi Pascha suum, quarto Idus Aprilis. Naves enim Christianorum, de quibus inprimis diximus, ad quemdam applicuerant portum satis tutum et castello vicinum ; quæ suppeditaverant castrensibus illis frumentum et vinum, caseum et oleum, fabam et lardum, et totius ubertatis mercatum. Idcirco et illuc tandiu consederant, quoniam et navigium eos sustentaverat, et terram opulentam deprædatum frequenter exibant. Exibant, inquam; et quoniam nullatenus a suo fraudabantur voto, ob id lætiores revertebantur, et ad discurrendum iterum vehementer incitabantur. Ibi etiam multi ex Christianis perempti sunt, quoniam et Sarracenorum gladii non semper fuerunt obtusi, nec semper eorum militia fuit otiosa, nec manus invalida, quoniam et occiderunt Anselmum de Rabamonte, et Wilhelmum Picardum, viros alti sanguinis et gnaros rei militaris, quorum præclara facinora evidenter comperta sunt in illa Christi militia. Et plures alii ceciderunt, quorum nomina in memoriali vitæ suæ contineat; nos enim, non omnia possumus omnes. Tripolitanus autem rex per internuntios sæpe Christianorum duces alloquebatur, et omnimodis eorum animos pertentabat, ut datis ei muneribus secum paciscerentur, castrum dimitterent, et pactas acciperent pecunias. Christiani de Christianitate illi proponebant, nec aliter a proposito suo divelli poterant. Rex ille Christianitati nimium recalcitrabat, quoniam patrum leges et atavorum consuetudines verebatur et verecundabatur.

Tempore procedente novæ fruges exalbuerant, quoniam tractus ille terrarum majoribus quam citra montanus vaporat fervoribus; et idcirco properantior æstas properantiores maturat messes. Martio mediante, fabæ colligebantur novellæ; Idus Aprilis, frumenta secabantur, et vindemiarum redibat autumnus. Locuti sunt igitur et dux Northmannus et Flandrensis, et Tolosanus, et Tancredus de via peragenda, quoniam jam instabat, imo pœne transierat temporis opportunitas. Dimisso igitur quod diu obsederant castello, ventum est ad Tripolim, pactique sunt cum Tripolitanis : rex siquidem quindecim millia Byzanteorum dedit illis, et quindecim equos magni pretii, et reddidit eis trecentos peregrinos, quos ex diu tenuerat captivos. Denique sub obtentu pacis, mercatum eis præstitit, unde refecti sunt universi; et firmiter eis pepigit, quod si bellum quod eis Admiralius Babylonicus præparabat aliquando evincere possent, ipsemet Christianus efficeretur et terram suam in eorum fidelitate retineret.

Itaque discesserunt a civitate, Maio mediante. Eundum illis erat, et iverunt tota die per arctam et arduam atque inviam viam ; et sero pervenerunt ad castrum cui nomen Bethoron : deinde appropinquaverunt civitati sitæ in littoribus maritimis, quæ dicitur Zebaris. Ibi propter aquarum penuriam perpessi sunt sitis immoderatam angustiam, qua nimis defecti cursum præparaverunt ad fluvium Braim : ibi recreati sunt quantum ad potum, et homines et jumenta. Die vero Ascensionis Dominicæ commeare illos oportuit per viam angustam ; ibi discursum Gentilium tota die metuebant; metuendo tamen, ab eundo non vacabant. Signiferi et milites, armati præcedebant ; et toto exercitui ab insidiatoribus præcavebant; subsequebantur sarcinarum provisores, et clitellariorum sublevatores : pone properabat ordo militaris, et omnes omnium aderant necessitudinibus. Sic quotidie sardinarii mediestini properabant, et eos imbellium turmarum comitabantur greges. Audiebantur buccinæ, et gradatim, ne debiliores deficerent, in via pergebatur : Excubabant vicissim noctibus; et ubi major ingruebat metus, ibi vigilantior præparabatur excubitus. Nihil enim inconsultum, nihil inordinatum admittebant : indisciplinati castigabantur, inscii erudiebantur, rebelles objurgabantur, incontinentes de incontinentia sua redarguebantur, et omnes in commune ad eleemosynam incitabantur. Omnes etiam frugalitati et pudicitiæ studebant; et, ut ita dixerim, quædam schola disciplinæ moralis in castris erat. Is erat modus et hæc erat forma in Jerusalem ambulantium. Dum hunc disciplinæ rigorem tenuerunt, et affectu charitativo redundaverunt, evidenter inter eos Deus conversatus est, et per eos bella sua bellatus est. Hæc idcirco diximus quatenus indisciplinatorum illorum, qui huic expeditioni gloriosæ, superciliosi successerunt, illos extollentes, vitam et viam redarguerimus. Nihil enim est inter homines utilius disciplina.

Montaneis illis, in quibus timebantur hostes, sine hoste transcensis, venerunt ad civitatem secus mare, cui nomen Baruch; et de illa ad aliam, quæ nuncupatur Sagitta ; et exinde ad aliam, quæ Sur dicitur, et de Sur, ad Acra ; et de Acra, ad castellum quod vocatur Cayphas; et exinde hospitandi venerunt juxta Cæsariam, ubi die Pentecostes, quarto Kalend. Junii quieverunt. Quo die solemniter, ut Christianorum mos est, exhausto, collectis papilionibus et itinere rursus quod instabat emenso, ad civitatem quæ Ramula vocatur, devenerunt ; ibique via fatigati substiterunt ; quorum adventum cives civitatis illius reverentes, quoniam illo in vico contra Christianos confligere ausi non sunt, ipsa vacua dimissa, fuga elapsi sunt. Juxta quam civitatulam honorabilis monstrabatur ecclesia, in qua pretiosissimum Beati Georgii martyris corpus quieverat, quoniam a paganis ibi detentus, cursum irroratum felix agonista compleverat. Habuerat hesternis temporibus episcopum locus iste ; sed gentilitati modo mancipatus, amissa pontificis dignitate, Sarracenorum cervicositati subdebatur inglorius. Ingemuerunt Christiani, amore invictissimi Georgii duntaxat allecti; quem enim audierant et viderant in bello Antiocheno præambulum et præcursorem, et contra gentem erroneam propugnatorem, volebant etiam semper promereri socium et defensorem : solent enim dicere Gentiles, quoniam et eis semper infestus est. Videbant ecclesiæ parietes venustatos ædificiis, eamque desertam populis; restituerunt igitur civitati desolatæ suam pristinam dignitatem et electum et præfecerunt pontificem. Confidebant enim in Domino, subdendam sibi regionem illam, et idcirco satagebant ad Christianitatis plenitudinem restaurandam. Sed quoniam restitutus episcopus, quibus vivere posset, possessiunculas nondum habebat, quoniam veprosa fructificabant universa ecclesiæ illius prædia; Christiani facultatum suarum et decimas obtulerunt, quibus collatis dapsilitatibus, prædictus pontifex vivere, et ecclesiam reficere potuisset. Rogaverunt autem eum et de fidei castitate conservanda; et de plebe ad fidem catholicam convocanda. Suggerebant ei, quatenus æquanimiter pauperatæ regionis desolationem pateretur; quoniam qui pro Christianis instaurandis olim pauper factus fuerat, non habens ubi caput suum reclinaret, ecce invocatus, utpote non inexaudibilis cum eo efficaciter cooperaretur. Sciret enim suis eum dixisse cooperariis : *Ecce ego vobiscum sum, omnibus diebus, usque ad consummationem sæculi* (*Matth.* xxviii, 20).

Apud Ramulam his ita compositis, iter in Jerusalem accelerandum diluculo censuerunt; signo dato, viam ingressi sunt; et sicut diu desideraverant, ea die ad civitatem usque pervenerunt. Non enim multum distat a Ramula Jerusalem, sed quasi viginti quatuor milliariis. Nocte illa qua in crastinum venerunt in Jerusalem, nulla nox, ut credo, fuit eis in via importunior, seu tædiosior; quæ inveteratæ famis quasi quoddam fuit irritamentum. Cum enim esurienti a nudius tertius cibus ostenditur, nec porrigitur, quanto censes desiderio, quasi novo, iterum afficitur? sic qui viam in Jerusalem arripuerant, et tot noctes intempestivas propter hoc toleraverant, postquam se die crastina cognoverunt illic adfuturos, quantum impedimentum putas eis nox morosa præstitit? Noctes aliæ, vel algores, vel metus, vel bella illis intulerant; nox ista, quod gravius est, dilatum succendebat desiderium. Vix autumabant diem illam adfuturam, quam tamen adfuturam non ignorabant, quæ votis suis satisfaceret, quæ desideratam civitatem eis ostenderet. Exspectabatur illud mane et mox illucescendum non nesciebatur; sed quoniam quasi differebatur, et idcirco dilatus affectus augmentabatur : animo siquidem cupienti nihil, satis festinatur. Illuxit dies, et montana quæ instabant Dei populus indefessus conscendit; ibat ergo gaudenter, quoniam annuis laboribus ea finem fuerat collatura dies. Ea dies erat desiderabilis, tanquam dies postrema mercenarii. Ubi vero ad locum ventum est, unde ipsam turritam Jerusalem possent admirari, quis quam multas ediderint lacrymas digne recenseat? quis affectus illos convenienter exprimat? Extorquebat gaudium suspiria et singultus generabat immensa lætitia. Omnes visa Jerusalem substiterunt, et adoraverunt; et flexo poplite terram sanctam deosculati sunt; omnes nudis pedibus ambularent, nisi metus hostilis eos armatos incedere debere præciperet. Ibant et flebant; et qui orandi gratia convenerant, pugnaturi prius properi arma deferebant. Fleverunt igitur super illam, super quam et Christus illorum fleverat; et mirum in modum, super quam flebant, feria tertia, octavo Idus Junii, obsederunt. Obsederunt, inquam, non tanquam novercam privigni; sed quasi matrem filii. Obsederunt enim, non illa obsidione qua dixerat Dominus : *Ecce venient dies in te, et inimici tui circumdabunt te, et coangustabunt te et filios tuos qui in te sunt* (Luc. xix). Nunc e converso circumdederunt eam amici, et filii coangustaverunt advenas et adulterinos. Ecce enim nullos habebat in se filios, qui ei consulentes principarentur; sed modo patiebatur dominos extorres et peregrinos, discolas et impuros, qui ei captivæ, jugo abusivo dominabantur. Obsederunt igitur eam, non ut liberam captivarent, sed ut captivam liberarent.

Obsedit eam Rotbertus dux Northmannorum a septentrionali parte, juxta ecclesiam beati Stephani Protomartyris, ubi lapidatus a Judæis obdormivit in Domino : hunc juxta comes Flandrensis sua tentoria collocavit : ab occidente obsederunt eam dux Godefridus et Tancredus : a meridie obsedit eam comes Sancti Ægidii, videlicet in monte Sion, circa ecclesiam beatissimæ Dei genitricis Mariæ, ubi Dominus Jesus cum suis cœnavit discipulis. Jerusalem itaque sic obsessa filiis suis occludebatur ; intus autem a populis Mazelinis profanabatur. Die tertia exierunt castra milites e Christianis, Raimundus videlicet Piletus, et Raimundus de Taurina cum aliis pluribus, vel causa circumspiciendi vel deprædandi; et inventos Arabes ducentos superaverunt et fugaverunt; multos autem occiderunt, et ibi triginta equos apprehenderunt. Ilis ita gestis, alacres reversi sunt ad suos. Feria secunda, constanter impetierunt civitatem ; et, ut putabant, revera tunc prævaluissent, si scalas sufficienter præparassent. Straverunt tamen murum exteriorem, et scalam unam erectam admoverunt ad interiorem. Super illam autem vicissim ascendebant milites Christiani ; et cominus præliabantur in muro cum Sarracenis, et eos percutiebant ensibus et lanceis. In illa congressione ex utroque populo multi perempti sunt, plures tamen ex gentilibus perierunt. Audito retrahendi lituo, Christiani ab impetu illo tandem destiterunt, et ad castra remearunt. Victualia vero quæ secum detulerant, interim defecerant; nec jam inveniebatur panis ad emendum, nec ire poterant frumentatum, vel quia regio illa nullatenus est irrigua, imo torrida et perarida, et ideo minus jumentis et animalibus opportuna, utpote pascuis inopima, nec terra illa est nemorosa, et idcirco minus fructifera, excepto quod palmam alit et olivam : patitur autem et vineam. Jordanus ab Jerusalem stadiis fere triginta, ut putant, sejungitur ; lacus habet, sed remotos. Civitas suas habet cisternas unde alitur. Ad radicem montis Sion Siloe fons est, sed vix paucos poterat sustentare homines ; juvabat tamen; et magnis expensis modica comparabatur aqua. Equos potum ducebant, non sine pavore nimio, per sex milliaria. Interim nuntiatum est in castris, naves Christianorum onerarias in portu Japhi, quam antiquo vocabulo Joppe dictam putamus, applicuisse ; quod valde omnibus complacuit castrensibus. Consiliati sunt principes, quomodo euntes et redeuntes tutos facerent, qui e navibus necessaria deveherent ; Joppe siquidem vel Japhi a Ramula, quasi octo distat milliariis. Porro Ascalonitæ, vel indigenæ, qui vagabantur seu in montaneis seu in excisis præruptorum cuniculis, viatores aliquoties incursitabant et obtruncabant. Motus iste, vel rumor, negotiatorum commeatus disturbabat. Ad hoc exsequendum summo diluculo de exercitu comitis Sancti Ægidii, Raimundus Piletus, et Acardus de Montinerlo, et Willelmus de Sabra, et certum milites exierunt, et quidam pedites, ad mare procedentes. Ibant autem, sua confisi audacia, militantes ad portum : incertum habemus an industria, an post agitando moras, viæ ignorantia, divisi sunt ab invicem. Triginta namque milites, aliam viam gradientes, sejuncti sunt ab aliis ; qui triginta centum Arabes invenerunt, Turcos et Sarracenos nonnullos, de Admiralii exercitu, et audacter eos aggressi sunt, et in prælium convenerunt. Illi vero e regione pertinaciter restiterunt, confisique multitudine sua, multi paucos circumcinxerunt : Sarracenis enim is modus est pugnandi. Jam incluserant Christianos, et jam de mortibus eorum garrientes confidebant; cum nuntius Raimundum Piletum vociferans, sic excivit : « Nisi citissimus ad commilitones tuos evolaveris, auxilium eis perhibiturus, omnes pro certo amisisti; jam enim circumvallati sunt ab inimicis ; adhuc tamen utcunque se defendunt. » Habenas laxant, et calcaribus cornipedes urgent æneis ; et dicto citius omnes advolant; et scutis pectoribus oppositis, turbas contis depellunt, et oppositos disjiciunt, et unusquisque suum sternit humi. Ex improviso siquidem ignaris supersunt, et rem totam gladiis committunt. Prævalebant igitur illis : qui duo rursus statuentes agmina, putaverunt se posse resistere; nec quidquam profecere. Franci siquidem denuo ferociter eos invaserunt, suosque ab impetu illo taliter liberaverunt, excepto quod Acardum de Montinerlo, militem audacissimum, ibi amiserunt, et aliquot ex peditibus. Dederunt ergo Turci scapulas, et fugam initam maturaverunt, sed plures cuspidibus insequentium confossi sunt : insecuti sunt enim eos fere ad quatuor millia. Retinuerunt etiam ibi centum et tres equos et unum hominem vivum, qui quæcunque Christianis præparabantur coactus enarravit per ordinem. In obsidione interim Jerosolimitana sitis vehemens grassabatur, et perurgebat Christianorum castra; consuebant tamen et boum et bufalorum et equorum coria recentia, et consutis utribus aquam per sex referebant milliaria. Ducebant equos suos illuc ad aquatum : sed Gentiles eis insidiabantur, et ex locorum angustiis graviter eos adversabantur. Aqua tamen quam velut direptam devehebant, in tantum erat olida, ut equi etiam illam aspernarentur, qua odorata nares contractas rugabant, et præ fastidio nauseæ, sternutabant. Erat autem hæc passio fatigabilis : diutius enim possunt homines famem dissimulare, quam sitim. Si qua fontium signa reperiebantur, vel illa Gentiles obstruxerant, et per alios commeatus derivaverant; vel ipsi latitantes nocituri latrunculi observabant. Cedron et alii torrentes æstu torrido aruerant. Panis ordeaceus in castris, erat pretiosus. Indigetes siquidem in cavernis vel in speluncis delitescentes, omnes commeatus abdicaverant. Exercitus itaque Christianus de die in diem in tanta periclitabatur miseria. Designati principes ad consilium convenerunt, et quid eis in tantis calamitatibus agitandum instaret, elocuti sunt. Dixerunt ergo : « Angustiæ undique : panis defecit, aqua deest. Nos ipsi graviter obsidemur, dum civitatem istam obsedisse putamus. Extra castra egredi vix audemus, et tunc vacui redimus. Ex longa mora penuriam hanc contraximus ; et nisi præcavebimus graviorem contrahemus. Armis et brachio, sine machinis civitatem hanc expugnare nequimus. Obstant muri, obstant propugnacula, obstant turres : obstant rebelles, qui intrinsecus redundant, defensores. Quid ergo, patres conscripti, censetis ? Misereamur populo huic ; et tandem aggrediamur aliquid quod nostris prosit omnibus, quod inclusis obsit civibus ; quod nos etiam ab his laboribus expediat. Gravissimum tamen est quod hujuscemodi agendis necessarium est. Terra ista non est arborifera ; nam si arbores alicubi reperire possemus, machinas equidem facere satageremus, quæ ista despicerent mœnia, quæ turres coæquarent altiores. Quæramus igitur, vel tigna de domibus, vel trabes de ecclesiis asportemus, vel de qualibet alia materia machinas compactas eriganus, et civitatem hanc totis nisibus aggrediamur ; alioquin tempus incassum consumimus. Invenerunt tandem ligna, quamvis a loco procul distantia, quæ quidem grandi labore attulerunt. Acciti sunt de toto exercitu artifices lignarii, quorum artificio machinæ compaginarentur. Jam igitur instant operi, et alii lignorum inconcinnam superficiem componunt ; atque alii dolant, alii terebrant, alii ligna lignis copulant ; et jam in modico machinas erigebant. Dux etenim Godefridus unam de suis constituebat facultatibus : nec non alteram comes Tolosanus de suis sumptibus statui mandaverat.

Instabant igitur artifices illis operibus sagaciter. Nec minus Agareni illi indefessi, de civitate munienda sollicitabantur ; et nocte turribus inaltandis insistebant, et urbi defensandæ irrequieti vacabant. Exploraverunt interim viri perspicaciores qua parte civitas immunitior erat ; et illuc quodam Sabbato, nocte intempesta ducis Godefridi machinam transtulerunt, quam sole exorto erexerunt ab Oriente. Hanc quoque prima et secunda et tertia feria, tota sedulitate præparaverunt et coaptaverunt. Comes autem Sancti Ægidii a meridiana parte suam erigebat machinam, quas machinas pro suo magno munimine castra lignea possumus appellare. Comes autem castrum suum prope murum conduxit ; sed inter murum et castrum quoddam profundum patebat præcipitium, quod omnino castello supervenienti erat invium ; neque siquidem tales machinas ad declivia posses conducere loca, neque contra montuosos dirigere ; sed ut possit conduci semper æquam exspectat planitiem. Clamaverunt itaque per exercitum præcones : ut « quicunque in foveam illam tres lapides jaceret, jactis lapidibus unum denarium haberet. » Omnes igitur quibus illæ moræ fuerunt tædiosæ, vix enim ad linguam refrigerandam pro denario pauxillum aquæ invenires, vel lapidibus divehendis libenter insistebant, vel urbi aggrediendæ inhiabant. Antequam ergo civitatem aggrederentur pontifices et sacerdotes amictus amicti sacerdotales, allocuti sunt populares ; et aliquis in loco constitutus editiori sic orditus est : « Audite , fratres et domini. Quamvis omnia quæ vobis ad præsens dicturi sumus, vos ipsi noveritis , jam enim ista multoties audistis ; attamen perpulchrum et dulce et voluptuosum est, de Domino Deo nostro semper sermocinari ; semper audire, et efficaciter intelligere vos indesinenter oportet. Vos in ista civitate quæ coram est, Christus redemit, in hac Christianismum Deus instituit ; ex hac Christianitatis sacramentum ad nos usque emanavit. A finibus nostris, ut hic oraremus, et sepulcrum Dei nostri deoscularemur, advenimus. Hæc, quam videtis, totius nostri est causa laboris. Hæc tamen, Jerusalem cœlestis instar est. Hæc civitatis illius, ad quam suspiramus, forma est. Videtis quanta pertinacia, viles et insulsi et adeo extorres, hanc nobis contradicunt ? Videtis quanta stoliditate, quorum juris non est, quod nostrum esse debet nobis contendunt ? Nostis denique qua temeritate sanctuarium Dei polluunt, quam innumeris fœditatibus sanctam civitatem subdiderunt. Certe, si bene et recte considerare volueritis, ista Jerusalem, quam videtis, cui advenistis, cui adestis, illam civitatem cœlestem, et præfigurat et prætendit : hanc nobis hostes ecce contradicunt visibiles : porro semitas ad illam pertendentes invisibiles obsident inimici, adversus quos spiritualis constat conflictus. Et gravius est nobis obluctari contra spiritualia nequitiæ in cœlestibus, quam adversus carnem et sanguinem quos videmus. Illi qui in civitatula illa ganniunt, illorum umbra sunt, et suis magistris inferiores et imbecilliores sunt. Quod si isti, qui prope nihil sunt, poterunt evincere, et civitatem quam videmus nobis auferre, quid putas domini facient, « audent cum talia servi? » Pro certo timendum est ut civitas illa coelestis nobis claudatur, nobis auferatur, si nobis desidiosis, a malignis hospitibus nostra domus abdicabitur. Imbelles omnino et inefficaces in lucta spirituali erimus, si contra canes insipidos, nec oblatrare valenter, effeminatos et inermes, pro quibuslibet mortibus meticulosi, non assurgemus. Expergiscimini igitur, familia Christi; expergiscimini, milites et pedites expediti : et civitatem hanc, rem quidem publicam nostram, constanter capessite et Christum, qui adhuc hodie in civitate ista proscribitur et crucifigitur, attendite; et de cruce, cum Joseph, vobis illum deponite; et in sepulcro cordis vestri, thesaurum illum incomparabilem, thesaurum concupiscibilem, collocate ; et istis impiis crucifixoribus illum viriliter eripite. Quoties enim isti mali judices, Herodis et Pilati complices, fratribus vestris illudunt vel angariant, toties Christum crucifigunt : quoties eos tormentant et occidunt, toties lateri Christi cum Longino lanceam infligunt. Haec quidem omnia faciunt; et, quod pejus est, ipsi Christo legique nostrae subsannant et improperant, et ore temerario nos exacerbant. Quid igitur agitis? aequumne est vos haec audire, vos ista videre, nec ingemiscere? Patribus et filiis et fratribus et nepotibus dico : Nunquid si quis externus vestrum aliquem percusserit, sanguinem vestrum non ulciscemini? Multo magis Deum vestrum, Patrem vestrum, fratrem vestrum ulcisci debetis, quem exprobrari, quem proscribi, quem crucifigi videtis; quem clamantem et desolatum et auxilium poscentem auditis ; « Torcular cal« cavi solus, et de gentibus non est vir mecum (*Isa.* LXIII, 3). » Agite ergo, et arma vestra confidenter vobis coaptate ; et civitatem hanc constanter, Dei coadjutores, impetite, et pulchrum sit mori vobis pro Christo, in ista regione, pro quibus Christus mortuus est in ista civitate. Vos igitur inchoate bellum ; ipse, dux vester, belli dabit supplementum, et bonae voluntatis et gloriosae actionis emolumentum. »

Finem dicendi fecerat heros, et omnes jam armis accincti, urbem unanimiter impetebant, unusquisque jam sibi sermocinabatur, unusquisque sibi erat et sacerdos et episcopus. Quarta igitur et quinta feria, nocte et die civitati insistebant. Praemissis ergo et orationibus et jejuniis, singultibus et eleemosynis, et ipsis sacri viatici communione muniti, sexta feria civitatem summo diluculo aggrediuntur; nec praevalere poterant : qui enim in turribus vel in moeniis erant, sibi invicem opitulabantur, et ignem et lapides continuo jaculabantur. Tholosanus fovea completa, tribus enim diebus et noctibus, vix illam consummaverat, conduxit castrum ad murum, moraque suis succensebat. Hora vero qua Dominus pro Judaeorum voluntate passus est, Christiani non immemores illius passionis, tanquam viribus re-

sumptis recentibus, et quadam nova eis superveniente audacia, dux Godefridus et frater ejus Eustachius, omnium manibus suis-que fortiter praeliabantur : duces enim illos reliqui subsequebantur. Tunc quidam miles, nomine Letaldus, murum ascendit, et constanter dimicans, exclamavit. Subsecuti sunt illum illico et alii. Qui vero muros illuc usque defendebant, passim diffugiebant, nec amplius de civitate tutanda procurabant. Christianorum multitudo, civitatem ingressa, persequebatur fugitivos, et nemini parcebat Admiralius, qui Turri David praesidebat, tremefactus, se comiti reddidit; eique portam confestim aperuit, ad quam peregrini suis pecuniis ut intrarent violenter eniungebantur : ibi siquidem vectigalia reddere solebant ; alioquin, immisericorditer coercebantur a porta. Cives ad templum Salomonis fugientes convenerunt; et adhuc in illo se defendere praesumpserunt. Dederunt igitur ibi magnos impetus Christianis, sed postquam se nihil viderunt proficere, gladiis projectis, colla neci submisere. Numerum eorum qui perempti sunt nemo novit; sed sanguis eorum qui per templum defluebat, usque ad suras ambulantium attingebat; et cadaverum per totam civitatem magni acervi erant, quoniam nec aetati, nec sexui, nec nobilitati, nec cuilibet conditioni miserabantur Christiani. Tanto siquidem odio persequebantur eos, quia templum Domini et sancti sepulcri ecclesiam, et templum Salomonis, et alias ecclesias suis usibus illicitis peculiaverant ac indecenter contaminaverant. Super Salomonis templum quidam diffugerant, qui Tancredi signo, ut saltem sic liberarentur, rogato et accepto, fortunam quamlibet opperiebantur : sed parum vel nihil profecerunt, quia nec eis Christiani pepercerunt : excepto quod qui mortuos efferrent, ad tempus vivos aliquos reservaverunt, quos denique vel vendiderunt vel a superis alienaverunt. Et tamen Tancredus inde multum contristatus est : nec tamen super hoc contra Christianos efferatus est : siluit ergo, et a commotione illa totus quievit. Tolosanum Admiralium, qui ei se commiserat, et arcem David sibi reddiderat, et alios qui cum illo erant, usque Ascalonam illaesos conduci praecepit. Ita enim eis pepigerat, pactumque suum illibatum conservare volebat. Civitatem autem illam non more subjugatae urbis spoliaverunt, vel cremaverunt; sed sicut domos omnibus bonis refertas invenerunt, suis necessitudinibus eas peculiatas reservaverunt, et multi dapsiliter inventa pauperioribus communicaverunt. Jam vero diu desiderato laetificati triumpho, manibus a caede ablutis, multi pedibus discalciatis gaudentes, et prae gaudio plorantes, ad Sepulcrum Salvatoris deosculandum, catervatim properaverunt; et ibi gratulabunda donaria, et hostias pacificas obtulerunt. Quis vero jam convenienter illud explanabit gaudium? Melius ergo unusquisque cogitet in se, et perpendat quantum debuit esse, quam sterilem et verborum inopem me causetur interpretem : unumquemque ergo transmitto ad se, ut sic saltem neuter insurgat contra me. Fuit enim immensum gaudium, ubi omnes quod diu exspectaverant adepti sunt. Ibi finem laboris sui videbant; et jam securiores, ex præsentibus de futuris bonis sibi retributiones adfuturas imaginabant. De efferendis autem cadaveribus procuraverunt, quoniam horror et fetor invalescebat immanissimus : vivis ergo gentilibus illud opus mandaverunt, et quoniam non sufficiebant, pauperibus Christianis, dato pretio, idem negotium iterum commiserunt : illos vero per pyras coacervatos postea combusserunt, et ita civitatem ab immunditiis emundaverunt. Sederunt autem in civitate condignas Deo gratias referentes, itineris et laboris sui prosperatori, et de perfidis gentilibus magnifico triumphatori. Non enim viribus suis hanc ascribebant victoriam, sed Deo qui operatus est in eis et velle et posse, totum illud attribuebant. Restituerunt etiam dignitates suas ecclesiis, et singulas eas coaptaverunt ad opus orationis. Profundebant igitur lacrymas in earum singulis ; et vota sua reddebant tota die cum incenso compunctionis. Ducebant equidem dies illas solemnes, et velut sabbatizabant, ferias cujusdam Jubilæi celebrantes. Diem autem illam, qua civitatem recuperaverunt, celebrem instituerunt, quintadecima die Julii, feria sexta. Diem quippe illam triumphalem merito diligunt, quicunque, liberationi civitatis illius, et victoriæ populi Christiani congaudentes applaudunt. De constituendo etiam ibi rege consiliati sunt ; et hujuscemodi sermonem ad invicem majores habuerunt : « Gratias agimus Domino nostro, proceres egregii, qui nomini suo dedit gloriam ; nobis autem servis suis præstitit victoriam. Videtis, optimates nostri, ad quem portum requietionis, publicam itineris nostri causam Deus perduxerit : videtis quo in statu, summam nostræ voluntatis mutuæ collocaverit : quid autem singula quæ per nos ipse, vel nos per eum operati sumus recapitularemus ? Ecce tempus instat quatenus aliqui nostrum , quæ diu desideravimus jam expletis, ad propria redire cogitemus. Sed antequam iste sanctus solvatur conventus, providendum nobis est, cui hæc civitas regenda committatur : ad quem plebs quæ hic remanebit respiciat, qui ei tuitionis curam sagax provisor impendat. Quid enim prodest civitatem hanc mille mortibus nos obtinuisse, si, quod absit! contigerit eam nos nequaquam conservare? Sed , cur a finibus orbis huc adventavimus ? cur tot et tantos labores, ad alium solis axem properantes, sustinuimus, si tandem urbe inconsulta revertimur? Prius ergo consulamus urbi, ut postea qui reversuri sunt vacantius consulant sibi. Civitas hæc ab antiquo, *regiam* habuit dignitatem et simul patriarchatus obtinuit sublimitatem. Ut enim Melchisedech, Abrahæ contemporaneum quasi prætermiserimus, si ad moderniora tempora veniamus, et a David in Josiam, et a transmigratione Babylonis, genealogiam et lineam regum computaverimus, fabulam satis longam texuisse videbimur; et tamen civitatem hanc reges habuisse comprobaverimus. Porro in hac eadem Jacobum, fratrem Domini, episcopum præsedisse non ambigimus. Qua de re hanc Apostolico dignam approbamus, quod dignitatis nomen in patriarcham usurpavit modernior Christianitas. Consideremus igitur virum qui virtute regali competenter præemineat : qui quantum ad Deum se servum exhibeat, quantum ad homines se regem sentiat; Dei cultum diligat, populum foveat, militiam teneat. Neque siquidem, quæ Sarracenis adjacet ista monarchia, potest defendi sine militia. Itidem de patriarcha dicimus : quoniam his duabus consulendum est necessitatibus. Regnum sacerdotio indiget; sacerdotium regno sustentandum et tutandum est. Et quoniam hæc singula non ignoratis pernecessaria, et alia iterum nobis supersunt pertractanda negotia, verbis omissis, ad effectum veniamus; et Godefridum ducem eligamus, quem huic civitati subrogatum præficiamus. Multa siquidem in eo conveniunt, quæ regiæ dignitati competunt. Est enim, ut omnes novimus, vir regii sanguinis, a proavis Christianæ professionis, more Gallico militiæ peritus, pectore et brachio vir in re militari efficacissimus : qua de re per omnia est in hac expeditione singulariter approbatus. Serenitas in eo specialiter præfulget, clementia in eo floret, quæ geminæ sorores præcipue decent principes. Dapsilitatem unice diligit, quia totum patrimonium suum et quidquid ex se habuit, in ista militia largiter effudit ; imo in Dei servitio prudenter collocavit. Iste gentilibus hostiliter inimicabitur; et Christianis viriliter patrocinabitur. Denique ut alienis utamur verbis, et in brevi comprehenderimus plenitudinem opportuni principis : iste est, qui novit « parcere « subjectis et debellare superbos. » Hunc igitur jam divino alloquamur oraculo, et potestativo ei mandemus præcepto : « Audi, fili, et vide et obliviscere « populum tuum et domum patris tui, et veni in « terram quam demonstravi tibi, faciamque te in « gentem magnam (*Psal.* XLIV, 12). » Ipse fratres habet, ipse cognatos et notos et affines habet ; ipse sub se multos habet milites qui omnes cum eo spontanei remanebunt, et bella Dei, cum eo bellabunt. Tu autem , princeps optime, quem hodie Deus elegit in regem, esto miles Dei et præliare prælia Domini : ex Deo tibi id injungimus. Et manibus injectis eum apprehenderunt dicentes : Et ecce te regem post Deum designamus : Dominus sit tecum actusque tuos dirigat et prærogativam morum tuorum in bonum adaugeat : hostesque suos in manibus tuis affligat. Id ipsum et de patriarcha dicimus : erit enim et populo Dei et ipsi regi pernecessarius. Porro, de persona eligenda nihil ad præsens occurrit melius, quam ut domnum Arnulfum, virum litteris apprime liberalibus eruditum, conveniamus; et hunc huic curæ vicarium præficiamus, quousque consilio deliberativo, vel ipsum, vel alium inthronizandum decreverimus. Novimus enim eum justitiæ censura præeminentem, linguæ facundia pollentem : insuper plurima quæ conveniunt episcopo in eo concurrunt. Sed quoniam non possumus inpræsentiarum hoc statuere consilium (ad alia siquidem properamus), rem istam (de quolibet videlicet inthronizando) censemus induciandam : excepto quod domnum Arnulfum nominamus, qui vices suppleat episcopi, et interim respondeat ore pastoris : ipsemet, vel post cras, si forte rogantibus adquieverit, inthronizabitur ; vel quoquo modo res provenire debeat, consiliabitur. Ecce siquidem, jurans et ejulans, ne et ipse fiat pontifex irrefragabiliter obluctatur, sed, saltem dandis consiliis præsidiabitur. Nunc interim episcopetur consilio : donec quem Deus idoneum sibi providerit, episcopetur officio. » Die octavo, postquam civitas capta est, facta electio est ducis in regem.

Interea nuntii venerunt Tancredo, et comiti Eustachio, ut expedite procederent ad recipiendam Neapolitanam civitatem : habitatores nempe civitatis illius, in manibus eorum se dedere volebant; qui assumptis satellitibus, et multis clientibus, ad urbem venerunt : quæ confestim eis et pacificata et reddita est. Manserunt autem ibi, et lætantes quieverunt, quousque dux, imo rex, ad eos legatos direxit velocissimos, qui eis dicerent : « Audivimus, et certum est, quoniam Admiravisus Babilonius Ascalone est, et ibi contra nos bellum ingens præparat. Accelerate igitur, et venite, ut et nos iis audacter possimus obviare, antequam nos possint in urbe concludere. Jam tunc enim non possemus ex æquo decertare contra eos. Inclusis etiam gravis est et exitus et introitus, et frequenter objurgat eos inconveniens metus. Porro si in aperto concurrerimus campo, Deo gubernante, liberior et facilior nobis succedet effectus. Expeditiores equidem sumus armis et manu quam illi. Et volumus illis obviare, ubi nihil adhuc sperabunt se timere. » Illi civitatem exeuntes, continuo discurrebant per montana, investigantes si forte alicubi Sarracenos invenirent, quos modo quolibet nocere potuissent. Venerunt itaque juxta mare ad civitatem Ramulam ; multosque repererunt Arabes, exercitum Admiravisi præcurrentes : quos tota mentis aggressos confidentia, nec mora, disgregaverunt ab invicem, et quibusdam peremptis, quosdam vivos reservaverunt qui eis nova referrent, et de Admiraviso et ejus exercitu quæque nuntiarent, quibus auditis ipsi sibi solertiores præcaverent. Ad unguem igitur singula rimati sunt : qui essent, quam infinita gens essent, quid præpararent, quo in loco se prævalituros disponerent. Quibus diligenter auditis, captivi siquidem pro vita pacta enucleatim loquebantur. *Tancredus*, regi et principibus per nuntios ita locutus est : « Sciatis indubitanter contra nos Ascalone bellum paratum; et pene totum orbem convenisse et conjurasse, qui violenter putant nos opprimere et subjugare. Venite igitur, et collectis omnibus vestris viribus, « dirumpamus « vincula eorum, et projiciamus a nobis jugum ipso-rum (*Psal.* II, 3). » Si enim, prout mandastis, imperterriti eis obviaverimus, pro eo ipso ipsis longe facilius prævalebimus. Ipsi conveniunt ad obsidendum nos, et ad civitatem expugnandam suas deferunt machinas : nos ex insperato insurgamus eis. Nam postquam præter spem suam viderint rem procedere, obstupescent, et arescent; et sic ubi poterunt, diffugient. Nos autem in ipsorum visceribus, capulotenus enses nostros impingemus, et ex ipsis victoriosi triumphabimus. »

Rex per præconem clamavit quatenus omnes de bello præmunirentur, de quo præmonebantur; et vexillum regis omnes impigre subsequerentur. « Inimici siquidem, ait, nostri omnes Ascalone conveniunt, in prælium super nos adfuturi : procedite ergo illis obviam omnes, et nullus nisi invalidus remaneat. » Exivit itaque rex, et patriarcha condictus, et comes Flandrensis et Martaronensis episcopus, feria tertia civitate. Comes namque Sancti Ægidii, et Robertus Northmannorum dux noluerunt exire, donec certiores fierent de Admiravisi incursione : « Quid enim, inquiunt, frustra fatigaremur? Primo rem compertam habeamus, et jam tunc confidentiores exibimus. » Miserunt tamen exploratores de suis, milites qui certa renuntiarent ut et ipsi renuntiantibus incunctantius crederent eis. Qui visis omnibus quæ parabantur, pernici redierunt cursu, et quæ viderant fideli testati sunt relatu. Rex etiam, illorum non satis credulus legationi, Martaronensem episcopum direxit in Jerusalem, qui in principibus testaretur quæcunque parabantur. Ille siquidem rem competentius acceleraret, qui oculis suis ea vidisset, atque a latere regis eadem die discessisset. Martaronensis, ut indicta verba comitum referret patriarchæ et regi (jam enim Tolosano et Northmanno locutus fuerat), in manus devenit paganorum ; et dubium est an abductus an peremptus; sed postea non comparuit. Tolosanus autem et Normannus, cum multis reliquis ad bellum profecti sunt; et quarta feria Jerusalem exierunt. Clerus et rara populi imbecillis frequentia, qui in civitate remanserant, et Petrus Eremita, et genus imbelle mulierum, processiones de Ecclesia in Ecclesiam agitabant, orationibus et jejuniis intenti, quatenus Deus populo suo propitiaretur, atque illorum inimicos, coram eis, forti manu, irrecuperabiliter prosternerent, eosque ab inimicis defensos, cum gaudio sospitatis et triumphi reduceret. Clerici, sicut dictum est, missis et reliquis orationibus vacabant. Primores itaque cum suis exercitibus congregati sunt ad flumen quod est contra Ascalonem : illic inventis armentis copiosis, opima præda ditati sunt, et quicunque indigebant recreati sunt. Venerunt itaque trecenti Arabes, Francos prosequentes : contra quos irruerunt Christiani ; eosque duobus ex ipsis apprehensis, usque ad exercitum suum fugaverunt. Nec jam de pugna rumor erat incertus : quod enim solet anceps fama auribus intimare, illud totum, res non anceps, oculis insinuabat singulorum, cum alii alios indubitanter vidissent : Christiani post illum incursum ad castra remeantes, illa nocte quieverunt, nisi quod potius omnes excubiis et orationibus incubuerant. Sero, ex patriarcha clamatum et interdictum est : « Ne in crastinum ad pugnam procedentes Christiani quilibet, spoliis diripiendis intenderent, quo minus expediti bello instarent, et ipsa spoliorum onera ipsis ad vincendum efficerent : prælio peracto, spoliis lætarentur opimis et sarcinis, hostibus devictis incumberent diripiendis. »

Sol terris illuxerat, et populus Dei de bello ineundo cogitabat, intraverunt autem vallem unam, secus littus maris, formosa planitie venustam : illic unusquisque suas acies gregatim ornaverunt et ordinaverunt. Rex suam accurate instruxit aciem; comes Northmannorum Rothertus, suam ; Tolosanus, suam ; Flandrensis et Guaston, suam; comes Eustachius, suam ; Tancredus, suam : horum unusquisque sagittarios et pedites suos ordinaverunt: et ipsis præmissis pedetentim pergebant. Edocebantur autem qualiter acclamarent, qualiter obstarent, qualiter impenetrabiles inimicos feriendo penetrarent; et ut ad signa sua, nihil reverentes, frequenter respicerent, et seipsos ad ictus hostiles sufferendos obdurarent : licet hæc omnia in aliis bellis bene gestis didicissent. Nec minus e regione gentiles cuneatim, stellis innumerabiliores densabantur; et per agmina innumeræ legiones a latere in latus extendebantur. Præmiserunt autem quamdam gentem, quam Æthiopes vocabant, quos in loco statuerunt, et immotos eos manere mandaverunt. Ii genibus humi defixis, dextro tamen postposito, ancilibus corpora superiora tutantes, sagittis utebantur et gladiis : his imperatum fuerat ne vel ad momentum recederent, vel locum occupatum saltem ad passum excederent. Porro manipuli militares prout erant instructi, loca condicta tenebant. Et quoniam sitis immoderantiam, propter æstum et pulverulentam nebulam, et propter laborem et diuturnitatem præliandi, metuebant, aquarum cantarulos plenos a collo suspenderant : quibus recentati, vel constantius obsisterent, vel fugientes indeficientius persequerentur. De fuga quippe qua nulla mentio fuerat, quoniam jam se vicisse putabant. Confidebant siquidem et in multitudinibus suis innumeris ; et in pectoribus gentium animosis, et in imperialibus, ne unquam fugerent, edictis. Dixerant enim : « Fugientes capitum animadversione inevitabiliter puniantur. » Bello utrinque parato, ut ventum est ad locum unde Franci gentiles aliquantulum jam propiores inspicerent, relatum est nobis quoniam Christiani parumper substiterunt; et oculis in cœlum erectis, genibus in terram defixis, oraverunt : erant enim auxilium de cœlo sperantes. Ubi vero breviter oratum est, et signum salutiferæ crucis reverenter eorum frontibus admotum est, majori confidentia equitaverunt. Gentiles enim jam substiterant, et immoti exspectabant. In dextro cornu juxta mare, Tholosanus equitabat : In parte sinistra rex cum suis expeditionibus properabat : porro Northmannus in medio, et Flandrensis, et Tancredus, et alii militabant : sed, quid unus ad centum? quid decem ad mille? sed revera ille qui aliquando in choro cantari fecerat, « Saul percussit mille, et David decem millia (I Reg. XVIII, VII) : » ipse die illa operatus est haud dissimiliter in Christianis. Christiani siquidem, in nomine Domini Jesu Christi exclamantes, illos viriliter aggressi sunt. Comes Normannorum, ecce, pro re bene gesta proprio nomine sæpe dicendus, Robertus, Admiravisi stantarum a longe considerans, quod in summitate hastæ pomum aureum habebat; hasta vero argento cooperta decenter albicabat, ut ipsum esse deprehendit, audacter per medias acies super eum irruit, et graviter ad mortem vulneravit. Quod non mediocrem gentilibus incussit timorem. Comes etiam Flandrensis hostiliter eos invasit. Tancredus per medium tentoriorum ipsos imperterritus impetivit. Milites pagani confestim fugam inierunt. Æthiopes stupefacti substiterunt. Rex autem et Francorum quidam ad Æthiopes conversi, et ibi aliquantulum demorati, eos tanquam segetem in transverso gladiis secabant, et eorum corpora detruncantes, dimidiabant. Irrorabantur, sed potius inundabantur campi sanguine; et passim morticina gentilium obvolvebantur. Insecuti sunt fugientes eos Christiani : nam gentiles, Dei virtute tremefacti, respirandi locum non habebant, nec aliquatenus respirabant. Si enim credendum est gentilibus, ipsi frequenter retulerunt postea quoniam ita stupefacti fuerunt, ut apertis oculis Christianos vix possent videre, nihil autem omnino eis nocere. Non audebant se contra Christianos erigere, nec multi contra paucos oblatrare : fugiebant ergo, et alii conscensis arboribus vel scopulis, mortem evitare volebant ; alii cavernarum latibula, eadem de causa, introibant. Christiani contra insistentes satagebant, alios in præcipitium cogebant, alios pugionibus transfodiebant , alios jugulabant, in commune nulli parcebant. Incubuerat itaque gentilibus lethalis dies, qua nec uni dabatur evadendi occasio; illi duntaxat evaserunt, qui effugere quoquo modo potuerunt. Comes Sancti Ægidii a mari militans interfecit innumeros, et fugientes ad civitatem arcebat; sed quoniam ab ipsis civitas aliquatenus distabat, qui fatigati remanebant, vel confestim percussi oppetebant, vel in mare se præcipitabant, et sic præcipites a morte in mortem ruebant. Quos enim Franci cursu poterant prævenire, illis nullæ dabantur induciæ. Navigium Admiravisi mare totum occuluerat, et gens illa finem belli exspectabat : videntes autem aliam, quam speraverant, suis imminere fortunam, scaphis ascensis, in ventum obliquaverunt vela, et sic remigraverunt ad patriam. Dies itaque illa Babyloniis illis nimium fuit adversa. Fuit enim dies tribulationis et dispersionis; dies mortis, et confusionis. Si qui tamen potuerunt, ad civitatem fugerunt. Dicunt autem Admiravisum, vix palpitantem alte ingemuisse, et sic planxisse : « Omnium Creator, quid est hoc? quid accidit? quod fatum nobis infestum nocuit? Hei mihi! quam ineffabile dedecus! quam diuturnum improperium genti nostræ contigit! Gens mendica, gens modica, genti nostræ prævaluit! unde hoc? Conventione facta, huc adduxi militum ducenta millia, et peditum non erat numerus, quos omni mundo credebam prævalituros : nunc autem, ut non mentiar, a minus quam a mille militibus et triginta millibus peditum tam indecenter superati sunt. Aut Deus illorum omnipotens est, et pro eis pugnat; aut noster nobis iratus est, et nos nimis austero furore redarguit, et castigat. Quidquid sit, unum erit : in eos denuo non erigar, sed potius ad patriam meam, ignominiosus donec vixero, revertar. » His dictis, lacrymabiliter conquerebatur; et ab intimis lamentabatur. « Juro, inquit, per Machometh, et per omnia deorum numina, quod ulterius non retinebo milites conventione aliqua : quoniam expulsus sum a gente aliena et advena. Conduxi omnia armorum genera et machinamenta, ut eos obsiderem in Jerusalem, et ipsi prævenerunt me ad bellum itinere duorum dierum. Heu mihi! quid amplius dicam? Inhonoratus ero semper in terra Babylonica. » Christiani, cæde peracta, reversi sunt ad Ismaelitarum tentoria diripienda. Invenerunt igitur, ut breviter dixerim, quidquid bonæ supellectilis excogitari potest : argentum, aurum, annonam, farinam, et oleum ; armenta pecorum innumerabilium, omnem pompam ornamentorum, cumulos armorum; et si quid aliud potest esse melius. His omnibus direptis, in civitatem sanctam Jerusalem, cum gaudio reversi sunt, condignasque Deo gratias, per singulas retulerunt Ecclesias. Comes Northmannorum Robertus emit stantarum ab his qui illud ab Admiraviso sauciato retinuerunt, viginti marcas argenti, et intulit in Sepulcrum Domini, ad monimentum memorandi triumphi : alter emit ensem ejusdem Admiravisi, sexaginta byzanteos. Factum est igitur gaudium inenarrabile in universa Christianitate.

Sic Christiani Jerusalem a manibus Turcorum impiorum, anno ab Incarnatione Domini, millesimo nonagesimo octavo (1), liberaverunt, et multoties ex ipsis, Christo duce, triumphaverunt. Hoc autem bellum ingens factum est pridie Idus Augusti ; et Christianitas ubique terrarum, Deo gratias, exaltata est.

Nos autem librum quartum istius historiæ in pugnam, post captam civitatem infra paucos dies, mirabiliter devictam, opitulante Deo, claudimus : et sic soluto promisso quiescimus.

Explicit historia Hierosolymitana a Baldrico Dolensium archiepiscopo edita.

(1) Legendum *nono*.

ACTA
TRANSLATIONIS CAPITIS S. VALENTINI MARTYRIS
GEMMETICUM IN GALLIA
AUCTORE BALDRICO EPISCOPO DOLENSI.

(BOLLAND. *Acta SS.*, Febr. t. II, p. 758.)

MONITUM.

1. *Gemmeticum ordinis Benedictini antiquum monasterium in Sequanæ fluminis peninsula, a Rothomago, in cujus situm est diœcesi, quinque circiter leucis distat. In hujus monasterii ecclesia asservatur caput S. Valentini martyris, Roma eo delatum : quod pluribus miraculis clarum, ac venerationi publicæ expositum, annuo festo honoratur. Translationis hujus et miraculorum historiam scripsit Baldricus urbis Dolensis in Britannia Armorica episcopus, sive, ut ipsemet scribit, pontifex metropolitanus, qui sub initium sæculi XII floruit : a cujus calamo habemus Historiam Hierosolymitanam libris quatuor distinctam, et inter Gesta Dei per Francos editam. Orditur eam ab anno 1095 a quo initium habet militaris illa in Oriente expeditio, desinit vero cum captis Hicrosolymis, quod quinquennio post contigit. Eam describit Ordericus Vitalis in Historia ecclesiastica, l. IX, ubi sub finem hæc de auctore tradit : « Civis fuit Aurelianensis, monachus et abbas Burguliensis, liberalibus imbutus studiis, et religiosæ meritis vitæ venerabilis. Inde pro religione et sapientia ad gradum Dolensis archiepiscopatus, delectione provectus est ecclesiastica. In episcopatu monachatum servavit, et cum monachis, prout fors dabat, plerumque habitavit. Indomitis enim Britonibus præerat, quorum perversitatem tolerare non poterat. Unde protervos et exleges frequenter deserebat, et in Northmanniam fugiebat : ubi Dolensis Ecclesia super Riselam fluvium a temporibus S. Sampsonis regnante Hildeberto rege Francorum fundos habebat, et quiete pacificeque possidebat. Ibi scriptis et dogmatibus suis auditores suos ad Dei cultum incitabat, et vicina cœnobia, Fiscannum scilicet ac Fontinellam atque Gemmeticum aliaque plura visitabat, et in timore Dei sacris sermonibus confortabat. Tandem in senectute bona defunctus est, et Pratellis in basilica S. Petri apostoli ante Crucifixum sepultus. » Hæc Ordericus, qui historiam suam absolvit anno Christi 1041. De aliis Actis sanctorum ab eodem Baldrico scriptis suo tempore agemus.*

2. *Hanc historiam translationis capitis S. Valentini et miraculorum ex codice ms. ecclesiæ S. Audoeni nobis*

communicavit Federicus Flovetus noster. Baldricus episcopus pro scriptionis hujus auctoritate allegat num. 1. « Gemmeticensium non discredendam sinceritatem, antiquam simplicitatem, puram relationem, et pro miraculis testimonia. » Ac num. 17, relato miraculo valetudinis redditæ fratri Hugoni præcentori, addit : « Hoc ex ipsius ore hausimus, fratribus aliis, qui cum eo illud attestati sunt, audientibus. »

3. Cujus S. Valentini illud caput sacrum censeri debeat, non æque liquet. Appellatur num. 2, « presbyter Interamnensis. » Ast « Interamnensis episcopus » fuit : et S. Valentinus presbyter Romanus traditur fuisse, ejusque apud Romanos in S. Sebastiani æde asservari caput. Anno autem 1605 corpus S. Valentini episcopi apud Interamnenses in arca plumbea inventum est, quod iidem in monasterio S. Benedicti Bagensis ad urbem Rubricatam prope Barcinonem opinati sunt Hispani asservari, ejusque caput, ad Taurum urbem Zamorensis diœcesis devectum, argentea capsula custodiri. Quæ de altero sancto ejusdem nominis Valentino accipienda esse videntur.

INCIPIT HISTORIA TRANSLATIONIS.

CAPUT PRIMUM.

S. Valentini caput Roma Gemmeticum delatum. Agris incursu bestiarum liberatis veneratio accessit.

1. Qualiter beatissimi Valentini caput Gemmeticum usque allatum sit successivis temporibus, stylus noster, licet admodum impolitus, scribere non pigretur, sicut nobis retulit fratrum non discredenda sinceritas, et ipsis illud promulgaverat antiqua Patrum et mira simplicitas. Ego igitur sanctæ Dolensis ecclesiæ sacerdos, quamvis indignus, dignitate pontifex metropolitanus, nomine Baldricus, monachorum Gemmeticensium puram relationem pro auctoritate recompensans, litteris perstringere procuravi, quod de capitis translatione audivi; nec non et pauca, quæ de multis miraculis, quæ per eum Dominus operari dignatus est, ipsorum testimonio credulus cognovi.

2. Quidam qui sacerdotio fungebatur, orandi gratia ad apostolorum limina properans, Romam perexit, et iter arreptum, Deo prosperante, consummavit. Quasdam tamen ascensiones in corde suo disposuerat, ut, si quomodo sanctorum pignora reperisset, ea diligenter apportaret et diligenter conservaret. Et sacerdos in domo cujuslibet hospitatus est, patefecit alicui desiderium suum; si quod forte sui desiderii solatium inveniret. Dum super his confabularentur, quispiam adfuit qui de Valentino presbytero Interamnensi mentionem fecit : Illius caput, chare mi, tibi possem largiri, non cupiditate lucri allectus, sed Ultramontana ut inde gaudeat et illustretur provincia, valde sollicitus. Quod si mihi dicenti discredis, saltem juranti credas volo, quia, quod dico, sic verum esse profiteor. » Et illico juravit igitur id ita sacerdoti ultroneus, et caput Valentini, quod absconditum sciebat, post sacramentum exoccului, et illud presbytero tradendo satisfecit. Nam et presbyter ei de honorifice tractando capite adjuratus spopondit, et sic iter ab altero salutatus discessit. Intellexit ergo sacerdos, quia Dominum itineris sui habuerit prosperatorem, quia voti sui eum effecerat compotem.

3. Redit sacerdos thesauri diu desiderati bajulus, spemque suam totam collocat in Valentini orationibus, aspera et invia montium et rupium indemnis transvolat, et demum Neustriam applicat. Commendavit presbyter illud sanctissimi capitis patrocinium, ubi libuit ; quod aliquanto post tempore Gemmeticum ad cœnobium allatum, ecclesiæ illius alumnis tradidit, ibique monachum induit. Reposuerunt autem illud pro tempore retro secus altare beatæ Dei genitricis semperque virginis Mariæ, quoniam non audebant de eo adhuc publice prædicare. Multa consumpta sunt tempora et hos rumores senescens pene obliteravit vetustas ; creber tantum inter fratres illos de Valentino fiebat sermo et frequens confabulatio. Noverant quidam eorum locum in quo caput erat absconditum, quod tamen nemini exterorum volebant propalare. Differebant igitur in tempus, usquequo temporum Moderator eis opportunum indulgeret tempus. Timebant quatenus ab eis exigeretur, quod occultatum servabatur. Jam tantum illud pignus nobile in theca reposuerant eburnea, et inter alias veteres capsas collocaverant. Quidam siquidem dubitabant ne forte pro Valentini capite caput aliud haberent. De sacramento tantum audierant, sed perjurium suis in cordibus avidissime timebant. Beatus etiam Valentinus nondum quibuslibet auditus evidenter eis innotuerat.

4. Contigit aliquando quatenus benignus Deus colonos Gemmeticenses visitaret, eosque clementer corriperet ; nec jam famulum suum ulterius volebat absconditum, quem Neustriæ decreverat profuturum. Misit ergo Rex regum, artifex mirabilis, quemdam suæ ultionis exercitum, Gemmeticensibus valde nociturum, et omnes suas segetes, nisi cito ad eum clamaverint, exterminaturum. Misit, inquam, bestiolas ad genus humanum impugnandum et expugnandum, muribus assimiles, quas vocant mulotes : quæ totam agriculturam depopulabantur, et mirum in modum hominibus cunei truces inimicabantur, sata secabant, grana consumebant, et terram excultam in vastitatem redigebant. Sic sic

serenissimus aliquoties contra nos immissiones malas præparat, ut corrigamur, ut clamemus, nec deficiamus, quatenus exaudiamur. Clamaverunt autem Gemmeticenses ad Dominum, ad quem et clamare oportebat, quia jam ab animalibus illis vix aliquid residuum erat. Non enim vel in die vel in nocte a segetum consumptione absistebant, sed inimicum examen inimico dente omne messium culmen secabant. Videres illas feras legiones per agros lascivientes, nec erat qui ultioni divinæ resisteret. Clamaverunt igitur ad Dominum meditullitus, qui tandem exaudivit eos, et hoc modo liberavit afflictos ; etenim fateri compellebantur, non aliunde passionem illam illudve flagellum, nisi ex Dei vindicta, processisse.

5. Erat in ecclesia Gemmeticensi quidam inter fratres religiosos religiosus, cui semel in ecclesia et denuo sanctus apparuit Valentinus. Erat autem honesta persona, pallio comptus candido, sacerdotali decoratus indumento ; voce quoque imperiosa dicit ei : « Vade, inquit, et dic fratribus, ut caput nostrum, de quo quidam ambigunt (Valentinus siquidem ego sum), per agros et regionem istam deferant, compita vel plateas circumeant, quia revera Deus eis propitiabitur, si nostri ex hoc nunc festinius reminiscentur. » Contempsit homo, quoniam arbitrabatur de somnio. Die altera Valentinus eadem visus est replicare verba. Nec tunc monachus acquievit, sed adhuc taciturnus exspectavit. Nocte subsequenti dum fratres pene matutinas consummarent orationes, increpativus adfuit Valentinus, et voce, quæ a multis audiri potuit, monachum desidiosum ita redarguit : « Usquequo dissimulas ? usquequo pigritaris ? nonne vides quantæ terræ isti imminent clades ? Vade, loquere : jam noli tardare. Sin autem... » Audierunt aliqui homines loquentem, et strepitum, sed tamen non intellexere verbum. Adest, cui erat imperatum, evocatus, minis Valentini terribiliter excitus, enarrat primam et secundam visionem, suamque redarguit negligentiam.

6. Postquam is de tertia collocutione locutus est, crediderunt ei, quoniam audierunt vocem increpantis. Statim omnes accelerant moras, exornant B. Valentini capsulam, ut portari debeat ; coaptant illi, venerando subdunt colla gestatorio, quia id præsumebant de Domino. Confluunt accolæ catervatim, fundunt preces et lacrymas, aliquatenus castigati, agunt processionem, per beati suffragia Valentini expetunt et exspectant pietate sua liberationem. Peragunt litanias, et Christianas in circuitu deducunt choreas. Feretrum illud sanctissimum, nobile illud propitiatorium, quod vehebatur, continebat ; in quo post Deum singulariter confidebant. Mira res ! Agmen inimicum hominibus, et satis inimicum, mulotes illi, ac si Valentini sensissent increpationem, ex tunc indemnes conglobati, ad Sequanæ fluvium properabant, vel ultronei, vel Valentini jussu coacti, alveum fluminis inextrica-

bilem ingrediebantur, et mergebantur, et vastis gurgitibus intercepti, suffocabantur. Omnipotens etenim, ad ostendendam chari sui virtutem, illum exterminatorem cuneum exterminabat, et Valentini sui nomen per hoc propagabat.

7. Mirabantur et obstupescebant piscatores inconsuetam providentiam retibus suis retinentes. Sic paucis diebus mulotes illi altis hiatibus absorpti sunt, et de eorum absentatione omnes indigenæ gavisi sunt. Nam nondum ille malus exercitus usque ad internecionem totum trituraverat, quoniam Valentini oratio luem illam anticipaverat. Messuerunt igitur quod residuum invenerunt, plus de tam præsenti miraculo hilarati quam de præcedenti damno fere contristati, siquidem secum habebant fidelem patronum, exauditorem promptum, adjutorem efficacissimum, cui se commiserant, dominum suum Valentinum. Confidebant etiam, quia de omnibus aliis angustiis per B. Valentinum liberaret eos Dominus, quoniam promittebant se illum posthac habituros honorificentius. Divulgatum est istud circumcirca miraculum, et jam in ore omnium frequentari, beatissimum audire Valentinum. Apparatum igitur exemplo præordinant venustiorem in quo requiesceret vel circumferretur et capsulam deargentant suis munificis largitionibus.

CAPUT II.

Ope S. Valentini incendia exstincta. Pestis et siccitas sublata.

8. Ad ignes autem nocivos sopiendos experta fuit in hujusmodi virtus sæpe nominandi martyris. Officinæ famulorum amplæ et porrectæ monachorum officinis erant conterminæ et contiguæ, ita ut vix angustum spatiolum a se ipsis dirimeret utrasque. Ignis incaute subcineratus incanduit, et totam domum illarum fabricarum illico corripuit. Flammis crepitantibus furebat incendium, et graviter minabatur domibus monachorum, quod etiam esset ipsius ecclesiæ detrimentum. Ventus tectis monachilibus erat contrarius et prosilientes scintillæ et flammæ invehebantur in Dei servorum ædibus. Monachi matutinos psallebant, sed ignis necessitate cogente, psallentium illud interruperunt, quia quod imminebat periculum formidabant. Jam vero totam spem evadendi amiserant, cum quidam eorum ferculum Valentini advehunt, et pene flammis ingerunt incendiisque furentibus opponunt. Deseruerunt autem thecam illam inter domos propinquiores et discesserunt, quia vim et calorem ignis exciti ferre non potuerunt. Eodem momento ventus ille desipuit, et ventus ei contrarius sufflare coepit, ita et ignis in seipsum retortus extabuit et defecit. Videres cujusdam domus tignum altera parte combustum, altera manere illæsum. Ad tam præsentis miraculi præbendum testimonium gaudebant omnes, quis enim inde non gauderet ? Deum et B. Valentinum alta voce collaudantes ? Quanto enim erat martyr ille in miraculis copiosior tanto erat eis populusque finitimis gloriosior.

9. Iterum contigit quatenus temporibus nocturnis furtivus ignis escam in domo sibi præparatam invenerit et corripuerit; nec jam clandestinus domus fastigia transilivit, sed tetris vaporibus, quidquid ligneum erat, consumendo invasit. Vis vaporantis incendii sidera reverberabat, et densarum favillarum globus ipsi ecclesiæ periculum intentabat; nam et ventus contrarius scintillas in ipsam ecclesiam retorquebat. Allatæ S. Valentini reliquiæ, et ventus confestim tanquam erubuit, et ignis a furore suo descivit, et omnis fervor immanissimus illico siluit.

10. Sancti martyris Valentini virtutem in aliis etiam expertam habemus miraculis. Nam et immoderatam hominum mortalitatem sæpe mansuetavit, et quanti sit apud Deum meriti, manifestis indiciis insinuavit. Ut vero de multis pauca reducamus ad memoriam, adhuc aliquid addam, quatenus et in his glorificetur Deus, beatus quoque magnificetur Valentinus. Modernis temporibus mortalitas horribilis cujusdam villæ, quæ Durclerus videtur, hominibus incubuit, quæ sic mortalibus illis gravis lues irrepsit ut quotidie vel decem vel ad minus septem vel sex efferrentur cadavera, vix a superstitibus tumulanda. Qui enim aliquando sani putabantur, veloci morbo afflicti, appetebant et subsequebantur quos heri vel perendie humandos extulerant. Sic erat in illa clade ut quicunque parum quid doleret, nihil nisi mortem intempestivam exspectaret. Desierant aliquatenus consuetas exsequias celebrare, quia vel omnis vel unus quilibet sibi timebat in commune. Lacrymas quoque, quas residui solent immolare sepultis, quas a charis suis humanitatis extorquet affectus, ordine præposterato, ex se impendebant vivis, quia jam securi de mortuis; et tanquam eorum exsiccatis lamentis, postquam aliquis suorum morbo percellebatur, ipsi diminueret, mox migraturo duntaxat plorabatur. Luctum suum et lamentationes gens tremula, gens anxia convertunt ad Dominum, et supplicant sibi beatum afferri Valentinum; erat enim et est locus ille fratrum Gemmeticensium. Quid longius morer? Fertur illuc illud ad amplectendum propitiatorium, et sancti Dei sentiunt adjutorium. Qui enim ægrotabant, Deo gratias, confestim convaluere, nec postea nisi naturali morte et diuturniori infirmitate aliqui migraverunt. Lætatur et exsultat plebs illa, quia aufugerat pestis iniqua; gratias agunt Deo, seque corde tenus beatissimo commendant Valentino.

11. Quia semel de mortalitatis effugio per divum Valentinum fecimus mentionem, quoniam huic rei interfuimus, aliam per Valentinum hominibus impensam referamus consolationem. In loco, qui dicitur Blinguitutum, mortalitas cœpit desævire, et potestatem illam profligare. Mittitur Gemmeticum; rogat populus, et coloniæ illius majores, illuc sanctissimum debere dirigi Valentinum, ut pote vico illi satis conterminum. Valentinus illuc dirigitur et quantum apud Deum valeret confestim ostenditur. Sedata lues tepuit, divus quoque Valentinus ad sua rediit magna cum alacritate et ingenti processione cui et nos interesse promeruimus. Quia in nulla inefficax Valentinus invenitur, die tertia subse quuntur illum terræ illius habitatores, gratia agentes, et quod cessavit pestis illa, nuntiantes Adjiciunt etiam : Qui in lectulis decubabant, et velut in exstasi, dum nobiscum essetis, extabuerant, ecce per divum nostrum Valentinum convaluerunt.

12. Unum aliquid, licet multa supersint, scripto adjiciendum autumo, quod nullatenus deputari possit, nisi miraculo. Herbæ marcuerant, segetes exalbuerant, quoniam terram intempesta siccitas siccaverat; omnis ager pulverulentus sterilitatem minabatur, et omnis homo timoratus conquerebatur. Indicunt Gemmeticenses processionem, ad quam populorum conspiceres devotionem, nec remanere potuit Valentinus processionem necessarium (sic) comes opportunus, et idcirco irremotus; per illum siquidem spem omnes habebant in Domino. In honore S. Philiberti quædam est ecclesia, aliquanto interstitio a Gemmetico semota, tamen orantibus idonea : illuc pedem dirigunt, et ad oratorium perveniunt. Sol in nimio fervore suo coruscabat, et nubilum nullum polus ostendebat; imo serenus erat. Ibant interim monachi per B. Valentinum suum collegam, ad Deum conquesturi et pluvias impetraturi; neque super hoc diffidebant. Quis enim diffideret qui Valentinum propter se intercessorem statueret? Intraverunt ecclesiam, et sacrificare accelerabant (tanto dum scribo vel relego concutior tripudio ut vix explicem quod sentio), cœlum ex se nubeculis obfuscari cœpit et modicum, et iterum modicum intonuit, statim pluvia copiosa distillare cœpit. Missa celebrata chorus ille monachorum sedit, exspectans si forte pluvia cessabit; non enim poterant ad monasterium redire, nimia disturbati imbrium distillatione. Ea re nudus aer modicum quid exalbuit, et nubium densitas latices suos sustinuit, et tempus illis fratribus redeundi opportunitatem permisit. Revertebantur, et pluviæ imminentes reverebantur; nec tamen a pluviarum elapsu fatigabantur, videlicet quæ magis stupeas, pluviæ a dextra et a læva ipsis videntibus cadebant, nec tamen processionem offendebant. Reversi sunt ad monasterium, et a pluvia pro qua supplicaverant exhilarati, et a pluvia illa in nullo læsi.

CAPUT III.

Varii ægri, implorato S. Valentini patrocinio, sanati.

13. Impium est silere de Valentino, pium est autem, sicut coactus fuerit, de Valentino loqui. Taciturnitatis impiæ et ingratitudinis redarguendi sunt, et præcipue sui [sunt] qui vident hæc et alia, et silent, qui contegunt Valentini gloriam quam decet amplificare, qui offuscant quem decet publice commendare. Corrigant igitur culpam suam et loquantur, adjiciant scriptis scripta, quia summus Opifex

non cessat adjicere miraculis miracula. Modo ad pluviam iterum postulandam fratres cum Valentino suo exierant et redibant. Abbatis agaso, quem magistrum equorum intelligimus, jam diu videndi usum amiserat, et jam super hoc in desperationem exciderat. Vident propinqui sui capsam Valentini præsentem, et cucurrerunt, ut adducerent ingemiscentem ; quem tenentes manibus generosum quid intonuerunt auribus, et sistunt eum coram Valentini occursibus. Substitit parumper processio, quoniam suo condolebant mancipio, circumdant famuli collum ligno ad candelam faciendam, et adjungunt ad illud sancti mausoleum. Capsam tangit, et tenerrime deosculatur, et pro infirmitate sua singultuosus deprecatur. Subjungebant qui aderant (aderant autem et multi) suas preces ejus precibus, et nullatenus vacabant a supplicationibus. Vovet et immolat pro se ipso Ranulphus (Ranulphus etenim vocabatur), utpote pro se ipso gemebundus. Parvo dierum intervallo postquam de se ipso satisfecit Valentino, utrumque ex integro recuperavit sensum, quia sibi separaverat Valentinum.

14. Hæc quidem pauca sunt, quia plura et ampliora supersunt. Nepos ejusdem agasonis ætate juvenis, nec multo post valetudine gravi detentus, in lecto decubuit, et vehementer ægrotavit ; ægrotavit, inquam, quoniam et visum et auditum amisit, insuper et amentiæ passionem incurrit. Parentes adolescentuli dolebant, et corde et voce pro nesciente Valentinum invocabant. Per parentum invocationem visus ei redditus est, seu auditus aliquatenus obstupefactus est. Amentia quoque parum quid siluerat, sed adhuc omnimodis ægrotabat. Per manus ad Valentinum adducitur, et pro eo ingemiscitur. Subjiciunt eum sancti feretro, et quid agere debeat, illi plus indicitur signo, quam verbo, aures siquidem ejus oppilate claudebantur. Parumper obdormivit, et totus illico sanus surrexit.

15. Mulier quædam tempore meridiano ad suas segetes visendas exivit, sed nescio quid vidit, quoniam dementiam incurrit. Tenta est gratis a suis et alligata vinculis, quoniam aliter nequaquam poterat cohiberi. Adducta est vincta Gemmeticum, ubi non nesciebant dominum cum Deo perennare Valentinum. Adducta est, inquam, et vesano spiritu sauciata, in ecclesiam illam immunda femina inducta est. Pro sua vero immunditia de cœnobio illam emiserunt, et extra in atrio locaverunt ; lotum est illud sancti domicilium, et insanæ præbuere loturam ad sorbendum. Sorbuit et extemplo convaluit ; et post gratiarum actiones ad proprios lares incolumis repedavit.

16. Quoniam de in amentiam versis et per beatum illum curatis quælibet parvula facta est mentio, aliud haud ei dissimile occurrit animo, quod nec præterire vel dissimulare non audemus, ne forte frustremur ejusdem protectoris patrocinio. Quædam annis [anus] illa, de qua dictum est superius, junior, amens casu accidente effecta est, et ultra modum efferata est, vel pro amicorum inopia, vel pro gravi nimis injuria, vel pro vicinorum incuria passim vagabatur, et a nemine compescebatur. Idcirco semper invalescebat furor, quoniam agitabatur vagabunda per compita et per agros, quidam subsequebantur eam illudentes, et super ejus stultitia plerumque ridentes. Talis est enim inscitia sæcularis, et levitas puerilis, ut inde persæpe rideant unde dolere debuerant. Erat jam horrori et timori omnibus timentibus ut malum aliquod singularis hominus inimicus per ipsam ipsis machinaretur, et nox erat nocte et die, quoniam talium insensatorum abdicatur dormire. B. Valentini festivus dies advenerat, et populus aliquantulus confluxerant, adducunt eam, dum missas celebrant, ante sanctum, et dum adhuc celebrarentur, pristinum dementata illa recuperavit sensum. Egerunt Deo gratias, et B. Valentino voluntaria immolavere præconia.

17. Agamus et nos Valentino laudes, qui omnibus Christianis et specialiter Gemmeticensibus semper præsto est promptus exauditor. Quod miracula miraculis nova veteribus proponimus nemo causetur, quoniam non ignorantur. Tempora temporibus anticipamus, dum et a narrantibus, sed modeste ingerentibus, anticipamur. Quidam præcentor in Gemmeticensi ecclesia, Hugo nomine, gravi corporis in infirmorum domo deprimebatur infirmitate ; Valentini solemnitas aderat et de vespertina synaxi fratres Hugoni suggerebant : « Non poteris, inquiunt, ad ecclesiam pergere, quocirca te oportet hic seorsim vesperas celebrare. Hic tecum remanebimus, et proul poterimus, solemnizabimus ; infirmus enim a nudiustertius multis anxiaris passionibus. — Absit, inquit, ut hic audiam, quia, ut illuc, quod est caput Valentini domini mei, vadam, me ipsum cogam! » Ibat ut audiret, ibat ut capsam deoscularetur, ibat ut oraret et rediret ; non ad usque monasterium pervenit, quia pro devotione sua ei sanitas obviavit, et ut laudibus peractis sanus rediret et ut gustaret famelicus obtinuit, appetitum siquidem comedendi retroactis diebus amiserat quem curatus recuperaverat. Ad matutinos quoque choro fratrum interfuit, et ac si nihil passus fuisset tota nocte, sequenti quoque die præcentoris officium explevit. Hoc ex ipsius ore hausimus, fratribus aliis, qui cum eo illud attestati sunt, audientibus.

18. Frater alius, Turaldus nomine, ætatis aliquantulum provectæ, sacerdotalis dignitatis et ipse, in sinistra mamilla graviter patiebatur, multisque diebus affectus affligebatur. Vix tamen stare poterat, vix poterat anhelare, quia corpus et lectus ei versabatur in infirmitate. Tempus adfuit, quo Valentini solemnitatem celebrari oportuit. Turaldus, qui sui ipsius compos non erat, quoniam dominabatur ei infirmitas, ut ad ecclesiam properaret, secum deliberavit, sed per se non potuit, donec infirmario accito, super eum incubuit, et sic ad ecclesiam tremulo gressu maturavit. Spem enim habebat in S. Valentino, nec ab ipsius volebat defraudari festo. Subjacuit feretro, et post septem psalmorum exple-

tionem ac litaniarum consummationem ad capsam deosculandam erigitur, sed quia statura pusillus erat, ipsam minime deosculatur. Strepitum dedit illa tamen quam maximum, ita ut famulus ille, qui longiuscule abscesserat, tinnitum illum audierit, et expavit monachus, quod aliquod infortunium capsæ accidisset veritus est; sed postquam omnia solerter perspexit et aliter esse perpendit, factus securior, in seipsum reversus, et sanus factus est. Alluserat enim sibi Valentinus exsultationis signo strependo, non loquendo.

19. Tempora mihi deficient, vel ego temporibus, si recapitulare singula præsumo, quæ per B. Valentinum operari disposuit Dominus. Multis autem prætermissis, saltem ad pauca succingamur. Frater quidam Ursio magnæ opinionis homo, et prior ecclesiæ Gemmeticensis erat, qui et honestate vitæ et litterarum peritia affatim perlucebat. Sed sicut imperium imperatorem, regnum regem, principatus principem nequaquam defendit a morte, ita honor et littera neminem tuetur ab infirmitate; possumus tamen differre et exinde quodlibet emolumentum habere, sed tandem non omnino possumus aufugere. Passus est itaque prior, quem non satis munierat vel littera vel honor. Jacebat pene per duodecim dies impastus, quoniam privatus ab eo abscesserat appetitus. Imbecillis membris omnibus tabescebat et per momenta singula deficiebat. In mente ei venit Valentini pia recordatio, quia nec erat negligendum etiam insipido de tanti patroni patrocinio. Rogat famulum, ut se ad thecam beati viri ducendo vel bajulando sustentet, quia per se pedes ire non valeret. Discalceatus erat caligis monachilibus, quoniam vehementer imperitabat ei morbus, toto corpore sustentatus, adductus est, et capsam alte sublatam subingressus est. Oravit, vovit, ploravit, sanusque effectus sine sustentante, quo voluit, reversus est. Nemini siquidem Valentinus est inexaudibilis, qui eum letigerit unguento pietatis, adest desolato, adest afflicto, adest quibuslibet miseris.

20. Humores mali hominibus aliquoties dominantur, per quorum immoderantiam vapores ignitos patiuntur. Procedit autem hæc passio vel ex inordinato phlegmatis vel sanguinis vitio, multoties vero provenit occulto Dei judicio. Est autem hujusmodi, ut calor ille igneus vix possit exstingui, nisi vel usque in mortem, vel plerumque per misericordiam invocati Dei. Aufert autem illa passionalis infirmitas somnum patientibus, quoniam semper stridentes dentibus, duntaxat ululant. Est autem morbus ille furoris assimilis, quia caro marcida putet, fumat et deficit. Hujusmodi duo patientes, alter homo, mulier altera, beato astiterunt Valentino, horrendum vociferantes, et tamen auxilium ejus efflagitantes. De sua paupertate obtulerunt alter pedem cereum, alter manum, quia et in his auxiliabantur membris: et sani facti uterque ad propria remeavit incolumis. In nullo siquidem Valentinus impotens est, nisi si quis ei ingratus et inconveniens est.

21. Vere mirabilis Deus in sanctis suis, qui et ipse facit mirabilia magna solus; in quo sane vivit Valentinus, operarius et ipse per eum non otiosus. Non etenim potest otiosus esse quicunque Deo noscitur adhærere. Ecce iterum per B. Valentinum, imo Valentinus per Deum cuidam subvenit miscllæ quam prius Dominus Deus percusserat cæcitate. Sanctæ quippe percussiones omnipotentis Dei multæ sunt, et ejusdem sanitates innumeræ. Est tamen in utroque gratia Dei tam multiformis, ut sit etiam indicibilis. Ipse percutit ut sanet, sanat ut salvet, salvat ut coronet et glorificet. Ipse prædictam mulierem orbavit lumine, cui per Dominum Valentinum decreverat subvenire. Et credo, ipsa peccaverat, sed occultum Dei judicium hoc ad laudem suam et ad fidelis sui memoriale futurum esse providebat. Scriptum quippe est: *Neque hic peccavit, neque parentes ejus, sed ut manifestentur opera Dei in illo* (*Joan.* ix, 3). In illo fuit autem sic. « Uxor cujusdam famuli Gemmeticensis, famuli videlicet monachi eleemosynarii, gravissimam incurrit invaletudinem, ita ut pene omnibus dissoluta membris multo tempore debilis in lectulo quieverit, imo laboraverit; erat namque languor fortissimus, ita ut vix in ea remanserit halitus. Eadem urgente incommoditate, oculorum lumine privata est, magnæque miseriæ irremediabiliter addicta est. Processit tempus et tempus, et mulier inopibiliter conquerebatur. In somnis enim vix quolibet somno potiebatur, vel magis semimortuo suo marcebat orba lumine: qualiscunque sua sanitas, infelix erat, quoniam in lamentis tota subsistebat. Tempus diuturnum ita processit, et ipsa ab oculis pene desperavit. Locutus est tamen vir ad conjugem, et ita blandiloque consolatus est lugentem. Jam quoque stillare incœperant oculorum pupillæ, ut magis desperaretur a salute. « Si, mea, inquit, mulier, te voveres B. Valentino, cujus dies ista festiva, ut sancti te servam illius profitearis, ut ei capitale tuum reddas quotannis, credo convalesces, quia apud Omnipotentem adjutor efficacissimus est. » Mulier lugubris, cujus specialiter mentem præcordiales corrodebant injuriæ, libenter acquievit, et præambulum gradu maturato subsequens, ad ecclesiam in die festo cucurrit. Vovit, oravit, dormivit, et mirum in modum applaudentibus populis sine duce domum suam illuminata redivit, promissumque capitaneum annuatim B. Valentino reddidit, nec immerito, quoniam Valentinum valens sibi repererat refugium. Luctus ipsius diuturnus diuturnum reversus est in gaudium, quia fugatis tenebris deinceps habuit lucis oculare subsidium. Fratres præ gaudio flentes ad Dei laudem signa pulsaverunt, et quoddam jubilæum cecinerunt canticum, quia super his virtutibus tacuisse autumabant sacrilegium.

22. Frater alius ægrotavit, et pene usque ad ultimum defecit; ab aliis obnixe fratribus amabatur,

quoniam bona conversatione decorabatur. Quadragesimale tempus adfuit, ipsum tamen carnibus sustentari oportuit. Tandem de morte fratris dubitaverunt, et juxta christianitatis consuetudinem, infirmorum oleo delibutus est. Ipse tamen in se utcunque reversus plus signo quam verbo famulos exhortatus est, quatenus eum coram beato sisterent Valentino, si forte ipsius adjuvaretur precario. Factum est, et illico ab infirmitate illa curatus sanus egressus est.

VITA SANCTI HUGONIS

ROTHOMAGENSIS EPISCOPI. (2)

AUCTORE BALDRICO DOLENSI.

(Edidit R. P. Arturus du Monstier, *Neustria pia*, p. 282, ex ms. codice S. Vedasti Atrebatensis.)

INCIPIT PROLOGUS.

1. BALDRICUS, Dei gratia Britannorum archiepiscopus, UNSIONI, venerabili Gemmeticensium abbati ejusdemque loci reverendæ congregationi, obedientiam et benedictionem.

Omnis materies nullius politoris artificio commendata, minoris apud intuentes est pretii. Aurum enim et argentum, ebur et lignum, marmor et omne genus lapidum, nulla decusata sculptura, vel politura, quod esse videbantur, duntaxat sunt; quibus si accesserit manus politoris, statim ex pretiosis pretiosiora fiunt. Haud dissimiliter quælibet nobilis historia, nisi urbane recitetur, vilescit; nisi disertus eam coloraverit stylus, a nobilitate sua deperit. Cantilenas etiam nisi commendaverit modulatio lectionem quoque nisi venustaverit sonoritas et faceta distinctio, ipsa eam deturpat inconcinnitas, et fastidiosa subripit ei vilitas. Evidens est igitur quia tantum in singulis superaddita valet euphonia, quantum in omnibus nocet negligentia vel imperitia. Vos autem, fratres Gemmeticenses, gemma cœnobialis, gemma laudabilis, humilitati nostræ imperando et obsecrando injunxistis, quatenus de conversione et conversatione D. Hugonis, Rothomagensis archiepiscopi, viri pene ab utero matris sanctissimi, aliquid scribam, ex libello qui super hoc ab annis et annis conscriptus est, correctorie censoris oculum adjiciam. Librum autem illum, vel laudare, vel lividare supersedeo, corrigere vero non præsumo, quoniam ad hoc opus et onus nequaquam sufficio. Beatus siquidem Hugo, regale germen eluxit, et ideo regali urbanitate calamoque palatino tanta res deberet præsumi. Nam quis ego qui scribam? Quis, inquam, ego, quem nullus color Tullianus associat, qui ad hoc sufficiam? Sed quis ego, qui D. abbati vestro vobisque fratribus nostris et dominis, imo ipsi charitati, non obediam? Totus igitur vester, vobis acquievi, et de gestis domini mei Hugonis, prout potui, paucis absolvam. Forsitan etiam Spiritus sanctus dispensavit quatenus ego Britannorum archiepiscopus, Northmannorum archiepiscopum, monachus monachum prædicem, et veritate servata extollam, et de nobili materia parum quid excerpam, Spiritum autem paraclitum mihi cooperatorem et coadjutorem ipse beatissimus Hugo precesque vestræ, charissimi fratres, implorent. Amen.

INCIPIT VITA.

II. Lecturos quod de B. Hugone succincte digessimus, persuasos et obsecratos volo ne nimis invectim nobis insurgant, ne simplicitatem nostram violent; qui tanquam præsumptivus nova de veteribus elicui, et scriptis eorum velut occlamavi. Scripta illa non diffiteor simplicia, sed tamen scio veracia. Quod

(2) Vide Notitiam litterariam in Baldricum, supra, col. 1055, n. 7.

autem illuc manum nostram applicui, charitas et obedientia coegit. Nec ego in scribendis quæ Deus per D. Hugonem miraculis operatus est, diutius immoror, cum tamen multa sint; sed sanctitudinem ipsius modumque conversationis prout potero, explicabo. De miraculis autem libando, quasi dissimulabo quæ possunt fidelibus et infidelibus esse communia; sicut scriptum est quia se de miraculis jactantibus, *Nescio vos*, dicturus Dominus. Enimvero Hugo infantiam et adolescentiam, insuper et ætatem suam reliquam, ita sanctificavit, ut quoad vixit longum martyrium duxerit, inter spinas rosa formosa floruerit, eleemosynis et jejuniis, lacrymisque suis roscidus, tanquam suo sanguine purpuratus rubuerit, et nihil quod religiositati competeret, neglexerit. Nam juxta sui Jesu condictum, crucem suam bajulavit, quousque crucifixus, ad Jesum crucifixum migravit.

III. Quibus autem parentibus Hugonis genealogia processerit, illis difficillimum est ignorare qui regum Francorum prosapiam successivam (scriptum est enim) curaverunt legere. Inter siquidem regum illorum nobilissimam computationem, quidam nobilium nobilissimus emersit, Galliarum et Italiæ imperator, Carolus Magnus, Pipini patricii filius, bellis invictissimus, et tamen incessanter bellicosus. Istius Caroli Magni exercitus quemdam Bajoariæ ducem, nomine Tassilonem, in quodam conflictu devicit et cepit, et captum in Franciam, imperatori præsentavit, quia non sine damno et labore gravi de eo tandem triumphavit. Quem rex exsilio damnatum, ut tamen ei vitam concederet, monachum in Gemmetico monasterio fieri permisit; qui locus, et tunc, et multo post, magna rerum copiositate et ordinis rigore effloruit. Anstrudem vero, Tassilonis filiam, thalamis suis imperator ascivit, et exinde filium genuit, quem Hugonem vocari voluit. Anstrudis autem prædictum liberum suum tenerrime dilexit, et suis uberibus educavit, quousque jam in anno quarto regis Caroli eum delegavit in palatio alendum, et ut filium imperatoris ibidem salutandum et honorandum, super quem paterno spiritu exhilaratus dominus imperator, multum exsultavit, et infantulum custodiæ fideli commendavit. Puer autem provehebatur ætate, et apud palatinos magna proficiebat gratia.

IV. Tempus adfuit quo puer regii germinis litteris imbuendus destinari debuit. Mandatum est de eo, qui curam super hoc impenderet, magistro. Adjunctus est itaque Hugo coætaneo exercitui, quatenus libentius vacaret scholis; ut mos est artis litteratoriæ, prima videt elementa, quæ illi præsentabantur in membranula. Nondum quinquennis erat, et jam in isto tirocinio desudabat. Exercitium autem illud ultra collegas suos haurire videbatur: et in ejus pectusculo tanquam in molli cera, formabatur quidquid invehebatur. Erat siquidem animus ejus miræ capacitatis, et tenacis vivacitatis, et ultra tempus infantile, industriæ sagacitatis: non tamen sine magistri ipsius admiratione, qui jam aliquid magnum auspicari cogebatur de Hugone.

Jam quoque Spiritus sanctus aliquid præsignabat in puerulo, quod olim Galliarum profuturum esset omni populo. Transcendebat siquidem ætatulam puerilem, et anticipabat magistri solliciti curiositatem. Nec tantum erat in litterarum perceptione laudabilis, sed jam aliquatenus facundus erat in colloquiis. Redimebat aliquando magistrum suum promissis et quibusdam hortationibus, quatenus insisteret magis sedulus super eum, studiis scholaribus. Jam enim videbatur agere septennium, et tamen ultra septennis agebat tirocinium.

V. Audivit rex hujuscemodi de filio (neque si quidem genitoris animus a primogenito suo diu poterat esse longinquus) eumque ad se deductum complexatur et deosculatur, et de tam tenelli infantuli sagacibus responsis admiratur, etiam quod magnum quid in filioli pectusculo latitaret. Præter enim perceptionem doctrinæ, venustabat eum quædam honestas vitæ. Neque siquidem jocis puerilibus assidebat, neque spectaculis regalibus inhiabat; sed pedetentim ad proveeriora maturabat. Imperator de filii sui gavisus indole, ad ecclesiam beatissimi Dionysii eum direxit, quatenus ibi inter servos Dei educaretur et doceretur; prospiciebat siquidem rex filio suo utile ut ibi nutriretur ubi nulla mali thecna macularetur. Susceptus est in scholis, et accurate alebatur filius regis. Tanto autem videbatur capacioris ingenii, quanto et altioris erat sanguinis. Nec propter regalem celsitudinem dedignabatur disciplinam, sed deditus scholæ, subditus erat et ferulæ. Diligebat quippe virgam, quo facilius assequeretur disciplinam. Nam nullo mens ejus instabatur supercilio pro eo quod erat oriundus germine regio. Putares illum inter conscholares unum de inferioribus, quia nullatenus extollebatur pro sublimibus utriusque parentelæ discursibus. Magistros et condiscipulos sæpenumero matutinus præveniebat, ut plane daretur intelligi in tam studiosi discipuli novitate discipulatus novitas. Nam quidquid audiebat pectore sitibundo ultra humanum ingenium sibi rapiebat; et de paucis multa conjiciebat. Erubescebat enim non mediocriter, si unquam otiosus inveniretur. Mirabantur enim magistri, mirabantur omnes, quoniam nec admirari non poterant quid talis et tanta litterarum abyssus portendebat. Ipse siquidem magistros suos precibus per se redimebat, vel quovis pretio conducebat, seu etiam compellebat quo lectionibus instarent, ipsumque famelicum quoquomodo satiarent. Erat igitur de eo multus et frequentissimus sermo; interim ad annos quindenos Hugo pubescebat et provehebatur; et Ciceronis Varronisque libris decursis, jam in aliis cogitationibus versabatur in ejus pectore, quam olim conceperat, Dei dilectio, et ex [*f. add.* tunc] instabat istius conceptionis parturitio. Nolebat amplius occupari garrulitatis sophismatibus, sed de cætero vacare deliberabat divinis occupationibus.

VI. Subintravit autem ejus animum hujusmodi cogitatio, quatenus ad apostolorum limina properaret, ipsorum fulciendus patrocinio; dignum siquidem autumabat tantis doctoribus prius suum propalare desiderium, quos principes noverat apostolorum omnium. Decernebat etiam sibi magistrum ascribendum, Petri, imo Dei specialem vicarium. Arbitrabatur etenim voti sui promereri quodlibet incrementum per ipsos senatores qui totius apostolatus obtinuerant principatum. Accepta igitur a magistro suo ad palatium redeundi licentia (magistris quippe suis semper subditus esse volebat), venit ad patrem ut ei confiteretur voluntatem. Alacri vultu susceptus est, et cum clericis palatinis aliquantulum conversatus est. Die quadam, ad missas clerici sustinebant imperatorem, et interim, ut assolet, de quibusdam divinis ambiguam habuere confabulationem. Dixit unusquisque quod sentiebat; nec tamen quilibet ad sententiae medullam pertingebat. Audiebat Hugo uniuscujusque taciturnus sensum; nec redarguebat istum vel illum. Elationem vitabat, dum, nondum rogatus, silebat. Tandem ad illum perventum est, et ab illo responsum quaesitum est. Pendebant ab ore sermocinantis, et admirabantur prudentiam exponentis. Non videbatur enim loqui ore hominis, sed loquebatur tanquam plenus Spiritu Dei. Placuit igitur omnibus, nec defuit qui de filii prudentia patri nuntiaret, super quae in immensum gavisus est. Ex tunc Carolus Magnus coepit eum habere chariorem eique majorem a suis lateralibus impendi decernebat honorem. Ex tunc vocabat eum familiarius; et si grande quid emergebat, audiebat eum attentius. Dedit ei tunc imperator in duabus abbatiis omnia sua regalia, Resbacensem videlicet locum, et Crucem S. Audoeni, villas videlicet perpulchras, et ad ejus redditum opportunas. Cognovit etiam quod Romam proficisci disponebat, quod statim ei concessit; et evectiones quae regis filium decerent dapsiliter praeparavit. Scripsit etiam Leoni papae venerabili, quatenus Hugonem susciperet prout competebat filium imperatoris. Erat siquidem ei charissimus et omni acceptione dignus. Si quid etiam Hugo a papa postularet, mandabat rex quatenus ei indifficulter impertiret; diligeret ipsum paterno affectu, et in omne bonum confirmaret eum charitatis affectu.

VII. Jam vero qualem se conviatoribus suis exhibuerit, quam jucundum, quam dapsilem, quam benignum, quam omnibus indigentibus magnificum, quam sobrius in conviviis, quam indigus sibi inservierit, quam affabilis fuerit, quam rarus in verbositate, quam sedulus in oratione et pernoctatione, non est nostrum edicere, quia non omnia possumus omnes. Ubi quoque Romam ventum est, quam singultuosas lacrymas immolaverit, quanto moerore se in auribus Dei et B. Petri affecerit, ipse novit melius, cui se totum vovebat, bonae indolis juvenculus. Putares illum carne praemortuum, tanta soliditate deosculabatur solum. Commendabat se suppliciter omnium sanctorum patrociniis in quorum conversabatur domiciliis. A Domino papa tandem Hugo solemniter excipitur, et in omnibus tanquam regi filius honoratur. Alloquitur alter alterum spirituali jucunditate, seque sibi communicant reciproca vicissitudine. Inter alia piae confabulationis colloquia, Hugo domino papae secretum sui pectoris desiderium aperit, et de se clericando delegit. Audit papa juvenis voluntatem; et dubitat an ipsius debeat favere petitionibus. Veretur imperatorem in utroque: timet enim si, rege inconsulto, filium tondeat; identidem veretur si filii regiam voluntatem offendat. Ascendit tandem in cor apostolici quia melius erat juveni acquiescere, ubi Deo serviretur, quam tantam rem negligere, ubi Deus offenderetur. Regem post offensam providebat sibi reconciliandum, si duntaxat Deum promereretur propitium. Et adjecit: Rex per chartas suas nobis mandavit quatenus in omnibus filii sui satisfaciamus voluntati. De tonsura non expressit; sed qui dicit in omnibus, nihil excepit. Faciamus igitur in quo Deo lucremur. Nos jaciamus fundamentum, Deus dabit incrementum. Et statim admotis forcipibus, arreptam Hugo suam ipse caesariem confestim amputavit, ipsamque singultuosus Domino Deo libavit. Videres astantes pia compunctione collacrymantes, et de Hugone altius praesagientes. Factus est itaque Hugo, domini papae filius adoptivus, cujus se totum bonus adolescens mancipaverat praeceptionibus. Promotus itaque clericus, prostravit se Hugo humillimus domini Leonis pedibus, ut ubicunque de caetero specialiter fulciretur ipsius orationibus. Cincinnos autem capitis sui B. Petro obtulit, ut per hoc signum totus dicaretur clericatui. Dixit etiam: « Processu dierum, Deo cooperante, me monachum futurum profiteor, in nostra patria, in quodam Dei contubernio, in Gemmeticensi videlicet monasterio. Tempore opportuno usque levitam per manum summi pontificis (diu siquidem cum eo mansit) ordinatus est; et tandem multis sanctorum reliquiis, quas uniceque flagitaverat, honoratus, in Franciam prospero [*f.* propero] pede regressus est.

VIII. Non tamen silentio supprimendum est quod, dum Roma exiret, per ipsum Dominus Deus operari dignatus est. Neque siquidem ulterius militem suum volebat absconditum, qui Deum suum jam praedicabat per publice assumptum clericatum. Daemoniacus quidam, caute catenatus (nam nimio daemonis furore angebatur), multis suorum comitatus, ante sanctissimum Hugonem adducitur, et pro eo instanter supplicatur. Interim se miser ille dilaniabat, horrendumque clamabat; et si quid attigisset, violenter discerpebat; erat enim furor immensus. Substitit Hugo sanctissimus, instinctu sancti Spiritus afflatus: nec poterat carere misericordiae praerogativa, in quo Spiritus sancti vivebat affluentia. Quem videns daemoniosus, confestim tanquam obstupuit, et concitus in terram corruit. Jam enim spiritus malignus commentabatur quod Spiritus sanctus ordiebatur. Rogat Hugo beatissimus episcopos qui aderant, qui cum deducebant, quatenus benedicant quoniam et præsignare debebant. Ipse autem intrepidus ad furiosum accessit, eique lignum sanctæ crucis supposuit; et in nomine Domini spiritui maligno increpativus imperavit quatenus innoxius discederet, neque denuo illum vexare præsumeret. Dedit ei etiam ad potandum aquam benedictam; ipse quoque illum manu sua signavit, et perturbatorem servi Dei a non propria sede expulit. Mirati sunt universi, neque post hæc de sanctitate Hugonis taceri potuit. Ad confirmationem quoque miraculi, furibundus ille, sui compos effectus, sanus et lætus, cum illo sancto collegio proficiscebatur; et in laudes Dei cum aliis, incolumis gratulabatur.

IX. In redeundo sanctus ille nunquam fuit otiosus. Jugis ei oratio, juge jejunium, juge exercitium psallentium, eleemosyna larga, contemplatio crebra. Et quamvis hæc et singula Hugo ante clericatus assecutum tirocinium consuevisset, tamen detonso capite, et ordine suscepto, tanquam immutatus est, quoniam ex tunc in omnibus bonis sedulo spiritus ejus contribulatus est. Eo in tempore Carolus Treviris in palatio suo residebat. Adfuit quispiam qui regi de filii sui adventu nuntiavit, eique ut quantocius ad se maturaret, mandans. Afficiebatur etenim magno videndi eum desiderio. Misit quoque illi obviam magnam domus suæ partem: adjuncti ei et plures, de illius mutatione mirantes. Alii dolebant et flebant; alii quibus mens sanior erat, gaudebant. Erat in regis curia Hugonis frater germanus, Drogo nomine, laudabili et ipse venustatus conversatione. Hic fratri festinus obviavit, eumque deosculatus ulnisque fraternis complexatus, uberrime ploravit: ploravit, inquam, tanquam jam videret mortuum, quem videbat clericatum; non quia clericatui derogaret, cum ad idem opus anhelaret: sed fraternus affectus lacrymas extorquebat, singultusque nimios repererat (sic). Plorabat igitur et plorando tabescebat. Ad quos Hugo, et ad fratrem præcipue: « Gaudendum est, inquam, de me, tibi, frater, et vobis, quoniam talis est mutatio dexteræ Excelsi. » Venienti filio pater assurgit, eumque deosculatum sibi consedere fecit: maduerunt oculi regi pro quasi redivivo et reduce filio, hæsitque diu in complexati osculo. Delectabatur filio imperator in utroque, præcipue tamen in Hugone.

X. Sedentibus eis juxta patrem ad mensam, allatæ sunt epistolæ; alia de Rothomagensis, alia de Metensis Ecclesiæ infortunio, unaquæque conquerens, et pastorem illius populi migrasse intimans. Dicebant etiam clerus et populus illius et istius Ecclesiæ: « Rex, concordi supplicatione precantur, ut duos liberos suos pontifices sibi mereantur (nam et Drogo, de quo modo sermo, admodum litteratus erat). Canonice, inquiunt, eos elegimus, tantummodo non desit nobis magni Cæsaris assensus. » Litteris recitatis, Augustus interim siluit, donec super hoc accitis multis episcopis et optimatibus a suis, consuluit. Aquisgrani concilium propterea specialiter Carolus celebravit, in quo super Ecclesiis desolatis consilium quæsivit. Non enim tunc temporis reges inclyti super tali re temere vel præcipitanter agebant, sed cum episcopis virisque religiosis considerate et morose conferebant, Deique voluntatem humanis intrusionibus semper præferebant. Et litteræ denuo recitatæ sunt, et legati sapienter distincte locuti sunt. Cognovit sancta synodus quod hujuscemodi rei dux et præambulus exstiterat Spiritus sanctus: neque siquidem sensus humanus tam opportunam tamque consonam fecisse potuerat electionem. Adducti sunt duo fratres, duæ olivæ, duo magna luminaria, in medio: et de ipsis, prout Spiritus sanctus dictaverat, est institutum. Rex autem electionem factam et condictum episcoporum nutu suo confirmavit, et Rothomagensibus Hugonem, Metensibus vero Drogonem destinari mandavit. Subdidit etiam Hugoni, qui major natu erat, abbatias, et omnia regalia quæ in diœcesi illa rex jure hæreditario possidebat, sumptibus filii sui et usibus pauperum Christi temporibus suis profutura. Drogoni etiam Metensem cum suis regalibus, eodem tenore, subjugavit provinciam. Facta est hæc synodus Aquisgrani tertio decimo Kalendar. Octobrium, anno ab Incarnatione Domini 702, regnante Magno rege Carolo. Fratres prædicti, quibus ultra spem et voluntatem contigerat, obstupefacti, dubitabant quid potissimum deberent, acquiescere an reniti: reniti, inobedienti; acquiescere hujusmodi deputabant vel humanæ ambitioni. Reniti tamen præsumpsissent, nisi ex Deo adjurati coactive fuissent. Nec quilibet poterat refellere rem, tam secunde progredientem, ex divina providentia processisse. Quoniam igitur die crastina Sabbatum illucescebat, et autumnale jejunium erat, eos sancta synodus presbyteros ordinavere, et die subsequenti, Dominica videlicet, episcopos consecravere. Sciebant equidem dilationem in hujusmodi nocivam. Emisit eos imperator augustus ad sibi prædestinatas a Deo sedes, adjungens unicuique legatos idoneos, sumptusque necessarios et ex thesauris regalibus copiosos.

XI. Suscepit Hugonem Rothomagus cum magno tripudio; et obviaverunt ei omnes cum exsultatione et gaudio: successit itaque isdem vir venerandus Hugo in sede Rothomagensis Ecclesiæ vicesimus tertius a Mallone, primo pontifice ejusdem urbis; porro in regimine cœnobii Fontanellensis, a S. Wandregesilo, et a B. Phileberto, in regimine cœnobii Gemmeticensis, septimus, et a D. Aichardo, sextus. Mensa sua tantæ lætitiæ condigna, die illa, prius refocillavit pusillos pauperes, deinde pavit majores. Nec illa nec aliis diebus mensæ suæ defuit lectio, ne forte loquacitas subreperet in convivio. Dein ecclesiis Dei reædificandis cœpit insistere; et ecclesiam in honore Jacobi apostoli, a fundo diruptam, decrevit reædificare. Tabernas meretricales, lupanar et prostibulum, et omnem abusum, quæ publica erant in civitate, destrui mandavit, ut liberius munditiæ vacaret et castitati. Mandavit etiam ad se ex tota diœcesi sua Dei servos clericos et monachos, sanctimoniales et viduas, ut sanctam illorum conversationem sigillatim dignosceret, et illorum paupertati subveniret, si quid forte deesset. Commendavit etiam se notitiæ singulorum et orationibus. Vocabat certis temporibus Hugo sanctus et disertus plebem suam, et disserens de Scripturarum jucunditate, sæpe docebat eam, et ad cœleste desiderium eos accendebat. Celebrabat inter episcopos suos concilia, in quibus affluenter et affatim de morali sanctitate disputabat. Nolebat enim ut se quodlibet tempus præteriret quo a divinis operibus otiosus esset. Nec spero quod aliquis a conciliorum conventu discesserit donec in erectionum usibus salutationem et benedictionem illius largifluam perceperit. Quippe nolebat aliquid proprium, sed faciebat omnia sua communia, maxime tamen pauperibus profutura. Nec illud silendum est quod ideo in Hugonis curia copiosa quotidie parabantur convivia, quoniam et Ecclesiæ Rothomagensis dignitas, et regii sanguinis celsitudo illud exposcebat. Quæ convivia pauperibus et supervenientibus communicabat ; ipse tamen a mensa copiosa semper vel jejunus vel esuriens surgebat. Mensæ suæ lectionis condimentum non deerat, quoniam suus homo interior ex hac maxime delectabatur et vivebat. Accidit igitur ut quadam die lector in principio lectionis hujusmodi exordium dederit : *Væ vobis divitibus, qui habetis consolationem vestram, quoniam facilius est camelum transire per foramen acus, quam divitem intrare in regna cœlorum,* statimque subjunxit : *Beati pauperes spiritu, quoniam vestrum est regnum Dei.* Et iterum : *Beati qui nunc esuritis, quia saturabimini.* Quæ lectio viro Dei incussit formidinem, ut se vir Dei specialiter increpatum intellexerit, quatenus a Septuagesima usque in Ramis Palmarum, cum fratribus Gemmeticensibus habitaret, silentio, jejuniis et orationibus vigilaret. Adhuc indutus clericum, jam vivebat monachum (*sic*).

XII. Deinde, paucis evolutis diebus, mortuo patre, diversarum regionum convocato populo, indignum se esse episcopum, præ humilitate reputans, et proclamans, postquam per viginti sex annos, Rothomagensem rexerat Ecclesiam, licentia a populo suo accepta, Gemmeticum migravit : et ibi factus monachus archiepiscopalem exuit dignitatem. Ubi fere decennio in hoc carnis vixit exterminio, et germen regale seipsum deposuerat in totius utilitatis sterquilinio. Die quadam, matutinorum expleta solemnitate, beatus ille peculiares ex more celebrans orationes, remansit in ecclesia, lacrymis rigans pavimentum, precibus pulsans cœlum ; nudus pedes marmoris et hiemis despiciebat algores. Totus in cœlo, nihil de terreno curabat incommodo. Febres igitur Hugonem aggressæ sunt ; quæ illi mortem contiguam nuntiaverunt. Febribus igitur quatiebatur : sed quoniam ab itinere patrum aliquantulum coercebatur adhuc, angustiabatur. Desiderabat enim cum Apostolo, *dissolvi et esse cum Christo.* Accersiri tamen ad se mandavit abbatem, et fratres Gemmeticenses : vocavit etiam successorem suum, archiepiscopum Rothomagensem ; quibus sui corporis dissolutionem prædixit, seque ipsorum orationibus commendavit. Munitus autem corporis et sanguinis Dominici perceptione, sed primum delibutus olei sancti liquore et aliis Christianæ religionis insignibus, Deo spiritum reddidit : corpusculum quoque, sanctis operibus profligatum, pallida monachorum turba aromatibus condivit. Migravit autem sæpe nominandus Hugo pridie Idus Aprilis, in confessione veræ fidei et in consummatione veræ religionis. Totus vero B. Hugonis conversationis et agonis cursus quædam fuit Deo acceptabilis militia, quæ mox in ipsa rutilare cœpit pueritia. Fuit autem copiosus in eleemosynis, in prædicatione discretus et subtilis, amator paupertatis, continui conservator jejunii, alumnus, et vas honestum sobrietatis, contemptor totius carnalitatis. Obedientiam et humilitatem, duas videlicet sorores egregias, sibi conglutinatas prælegit et peculiavit : et inter monachos Gemmeticos monachus mansuetissimus habitavit et dormivit. Multorum autem miraculorum patrator enituit, quæ tamen semper esse abscondita voluit. Nos autem illa stylo celebrari digerenda dimisimus, manumque nostram quieti prospectantes, a tanta falce subtraximus. Vixit autem ille beatus annis septuaginta quatuor, semper militans in procinctu, duntaxat ut togam mereretur. Evolavit autem ad locum a Deo sibi destinatum senex plenusque dierum. Senectus est enim venerabilis, non diuturna, neque numero annorum computata, sed Deo placens et bene disposita. Fecerunt autem ei exsequias celebres et lugubres, grex flebilis et pupillus Rothomagensis et Gemmeticus, quos omnes paterno educaverat affectu ; cum tamen scirent rationabiliter de eo magis gaudendum, quem Deus deorum vocaverat ad cœlum, cujus regnum et imperium sine fine permanet in sæcula sæculorum. Amen.

BALDRICI ITINERARIUM

SIVE

EPISTOLA AD FISCANNENSES.

(*Neustria pia*, p. 227.)

BALDRICUS, Dolensis archiepiscopus, Fiscannensibus.

I. Mentis raptus in culmine, colonias, quas hospes aliquando transieram, libuit retractare; et per earum singulas cœpi delitiari et deambulare. Descendi in hortum pomorum, ut viderem mala punica (*Cant.* vi). Videbam cedrum altam Libani; Cluniacum, et arridebam; inspiciebam odorem cupressum, Majus-Monasterium, et excultabam : admirabar paradisum opimam, quæ me inter mala sua granata diu nutrierat, Burgulium, et jucundabar; præsertim, quoniam horto illi, ferme sex lustris custos et hortulanus exstiteram. Occasione autem accepta non inhonesta ultroneus minorem migravi ad Britanniam, et præcipue, quia roseto nostro, plerumque ut assolet, adulterina suboriebantur fruteta, quæ, cum evellerem, vel dissimularem, vel non possem, aufugi : quia malui transmigrare, quam vepribus excuendis insistere. Timebam si quidem sub fasce laborioso deficere : et jam inquietus Pictaviensis turbo inchoaverat nequiter efflare. Altius igitur sublatus, et in cathedra pontificali collocatus, ego Guillelmus, olim Burguliensis abbas, et in Dolensi sede pallio archiepiscopali decoratus, Britannorum citeriorum fines cœpi deambulare; sed rosas Burguliensibus assimiles illis in campestribus nequaquam potui reperire; seu enim aliquantulum emarcuerant, seu penitus aruerant, seu radicitus exstirpatæ nulla signa, quod saltem fuerint, proferebant; sed deserta, inculta, et squalidas salsugines solitudo illa prætendebat. Cum Axa, Caleb filia, super asinum sedens, cœpi suspirare (*Jos.* xv), non quia migrationis nostræ me pœnituerit, et ad gazas pristinas reverti voluerim; sed quia copiosiorem florum ubertatem quam videbam, videre voluerim. Institi paulisper agris exossandis, oleis plantandis; sed terræ maritimæ barbara mephita devictus, substiti; et quia incassum laboraveram, vehementer erubui.

II. Rubore confusus, in Angliam velivolus remigravi, si forte illuc possem invenire quod, operibus derelictis, haud dissimile rerum amissarum imagine, me saltem posset recreare. O quantum auri et argenti ibi reperi! quantum ciborum crapulatorum copiositatis! quantum lætitiæ et exsultationis, quam dapsiles fratres, quam facundos, quam jucundos, quam admirandos! Lætatus sum, et ad *Angliæ* comparationem, Britanniam, quam incolere cœperam, autumavi exsilium. Gavisus sum, inquam, quia religionis odore, quo pene illa tota regio flagrabat, exhilaratus sum. Bone Deus! quam olentes rosas, quam albicantia lilia ibi persensi! quam ditium aromatum redolentiam ibi hausi; quam amicis complexibus astrictus, quam non fictis obscurationibus, quatenus cum eorum singulis manerem adjuratus! Non tamen, sicut arbitror, me magnum aliquid, præter peregrinum, æstimabant : sed charitate, quæ in eis redundabat, cogente, cogebar: Paschale siquidem illud responsorium cantabant : « Mane nobiscum, quoniam advesperascit, et inclinata dies tua jam ad occasum vergit. Dignum est igitur ut amodo in isto Dei requiescas contubernio. » Excusationes et excusatiunculas forsitan in paucis opposui, et non sine communibus lacrymis reditum maturavi.

III. Northmannia quædam provincia est terræ Brittonum contigua et continua, utpote quas a se quidam fluviolus Coisnanus duntaxat dirimit et collimitat; hanc intrare et explorare disposui, et intravi : ibi revera mansiones paradisicas inveni : ibi jam nubium incolas, cœnobitarum choreas vidi : ibi a deicolis illis immensa suscipiebar lætitia, et ad pausandum compellebar. Explorabam singulorum mores, si forte per industriam transeunti mihi ad horam facti fuissent hilares, an propter personæ nostræ reverentiam nobis existerent affabiles, an pure propter Deum venerarentur hospites, an ad oculum, an ad charitatis experimentum. Quid dicam? prima die adventus nostri boni fuerunt; die vero crastina tanto meliorati sunt ut, nisi quos heri videram vultus agnovissem, non ipsos sed alteros æstimarem. Gratias egi : et quoniam Deus septem millia sibi reliquisset, qui non curvassent genua ante Baal (*III Reg.* xix), indubitanter recognovi, in gratiarum actione et mentis exsultatione Northmanniam peragrabam; et ad Becci gratissimam cohabitationem accedere oportuit : et ibi revera tota religiositatis plenitudinem assistricem inveni : quia nullatenus ibi deprehendi poterat, seu fictio, seu adulatio, seu mutatio, sed quædam sincera temperies naturalis honestatis, quo in loco, pro certo, dici posset : Ne quid nimis. Ibi postquam pernoctaveram, ab abbate venerabili recedendi licentiam

poposci, sed non accepi : nam illud sancti Spiritus
et charitatis organum illico respondit : « Pater,
et nos legimus, nec oblivioni tradimus, imo ad
exemplum duximus : *Et coegerunt eum : Mane nobiscum* (*Luc.* xxiv). Certe, tua salva reverentia,
verba ista fuere pusillanimitatis, non amplitudinis
charitatis. Cogendus es igitur, et cogimus te. » Tanquam divinum responsum, ludicrum illud accepi,
et acquievi : et quia Deus apud homines inhabitaret,
et in eis loqueretur, recognovi, meamque pusillani-
mitatem redargui.

V. Demum tandem avulsus a longe, velut ortum surgentis auroræ, Fiscannum de quo multa per
peregrinos audieram, vidi ; et ipso limpidissimi
domicilii vestibulo, fateor, obstupui. Præter enim
ædificiorum venustatorum composituram decentissimam inter parietum lapides, pompis regalibus,
condignos in occursum nostrum fratres, parcimo-
nia monachali dediti, prodierunt : parvitatem nostram salutantes, et tanquam charitativo pede
saltantes, non tanquam ignotum, sed velut ab ipsis
incunabulis familiarem venerabantur atque dome-
sticum. Mirum in modum, quem tunc usque nec
viderant, nec audierant, me singuli complexabantur,
et gratulabantur ; senes cum junioribus properabant, et unusquisque se ultimum adventare erubescebat. Excusabat se, si quis advenisset ulterior
de sua ultimitate : et omnes applaudebant mihi in
commune. Venerabilis abbas prius advolaverat,
quoniam prior de adventu nostro audierat ; loqueretur pro omnibus, sed singuli pro ipso, et pro se
loquebantur. Anticipabat alius alium, ut id ipsum
exprimeret, humanitatis affectum. Dulcedo gentis,
et plenitudo charitatis, ita disponebat : sed nostra
gens ferrea tale quid abominaretur, quæ veræ charitatis distillante favo privatur. Siquidem beata
simplicitas nescit suspicionem : sed suspiciosa
protervitas ignorat simplicitatem. Melior tamen est
censura charitatis, quam dispositio humanæ traditionis. Susceptus sum in claustrum, invitatus sum
in animarum fornacem, purgatoriam, capitulum,
sermocinantis mei dependebant ab ore : quidam
autem in lacrymas ciebantur, non quia sermo noster
aliquid saporis habuerit, sed charitas omnia sperat,
omnia credit, charitas neminem negligit. Quidam
nobis seorsim locuti sunt, et super animabus suis
suspiriose quæsti sunt ; in omnibus Spiritum sanctum habitatorem inveni : qui (Deus scit) nulli reperti sunt vitiosi. Non enim vitiosus est, qui jam
vitii, si quod fuit, reprehensor est.

V. Quædam persona, Adelelmus nomine, litteris
liberalibus apprime eruditus, mihi dux et custos
deputatus est et minister, qui, quandiu ibi fui, nobis
familiariter lateralis adhæsit. Hunc de rebus monasterii familiaribus segregatim percunctabar ; et ore
diserto per singula respondebat. De abbate superstite, utpote de noviter sublimato, bona multa insinuavit, potiora promisit, et tandem ad eum qui
nuper obierat, sermonem suum singultuosus ita di-

vertit : « Ecclesia ista, domine, memorandos habuit
rectores ; sed bonæ memoriæ, qui nuper decessit
D. abbas Guillelmus, prædecessoribus suisque provincialibus tantum enituit conspector, quantum
cæteris luminaribus sol rutilat eminentior. Iste siquidem, magna litterarum peritia præditus, primus
Bajocensis archidiaconus, postea Cadomensis mon:-
chus, demum Fiscannensis abbas, reverenda et
cana persona, quondam religionis majestas, domum
istam morum suorum extulit censura, parietibus
dilatavit, et quod ei specialiter præcipuum fuit, fratrum conventu ditavit. Multi siquidem nobiles laici
et clerici, religionis ejus odore provocati, ad conversionem exuti sunt, et ultronei monachum induerunt,
et sanctis ipsius institutis informati sunt. Ego ipse,
qui vobiscum loquor, in longinquo positus, bonam
domni nostri Guillelmi opinionem audivi : qua illectus, per licentiam nostri abbatis (abbatem siquidem alium habebam et habeo) gratia ei adhærendi,
Fiscannum adii, gratanter susceptus sum, licet homuncio nullius momenti. Omnes nos, quos vides,
penes ipse aggregavit, sed plures quam modo sumus,
fuimus : quoniam ducem suum, post ipsius transitum ; quidam nostrum, pene centum secuti sunt.
Domine Pater, conjice et cogita qualis et quanta
fuerit mensa, cujus adhuc tales intueris reliquias,
Ordinis ipse vigor perstitit ; verbis et exemplis nos
instruxit, paterno affectu sibi nos omnes inviscera-
vit. Nam, ne veritatem tacuerim, propter Deum omnibus omnis fuit ; idcirco subsequuntur eum nostræ
lacrymæ, propterea comitantur eum suspiria nostra.
Quis enim ejus reminisci potest siccis oculis ? Immolamus tibi, reverende Pater, nos ipsos, quoniam,
ut credimus, ad curiam Dei nostri te patronum præmisimus, non amisimus. Quis enim dum noster eras,
in lacrymis fuit uberior ! In lectulo tuo suspirando,
tecum litigabas ; in turba nobiscum quietus eras :
in angulo ecclesiæ, vel in grabati solitudine, totus
turbatus eras ; disceptabas siquidem tecum pro nostris excessibus, et, o pater dulcissime, crucifigebas
teipsum immisericorditer, si qui contigissent, pro
fratrum reatibus. Cujus enim excessum compatiendo
non fecisti tuum ? Toties teipsum mactasti, quoties
aliquis vel ego miser peccavi ; in orationibus frequenter pernoctabas, Deumque quietissimum gemebundus inquietabas, sine offensa cum eo litigabas,
et per amicum litigium, ipsum tibi nobisque, velut
alter Salomon, pacificabas ; redimebas eum nobis
eleemosynis, quia quod tibi committebat, fideliter
erogabas. Cujus enim pauperis necessitas manum
tuam sterilem sensit ! quæ Ecclesia non habuit munificentiam ? Circuibas angulos et compita leproso-
rum etiam, cum ipsis familiariter locuturus, manus
etiam elephantiosas plerumque deosculaturus : tugu-
riola subintrabas, ut omnium necessitatibus adesses,
ut te miselli cujuslibet angustia cognovisset : amplitudinem pectoris tui, chare Pater, quis explicet ?
Melius igitur fecero, si a modo, de te loqui super-
sedero. Non enim potest enucleari verbis sanctitas

tuæ bonæ conversationis. Habemus tamen, Deo gratias, unum de tuis, tuæ dignitatis hæredem, nobis abbatem, olim tibi familiarem, virum satis industrium, D. Rogerium, ministrum, ut speramus, idoneum, magistrum nobis profuturum. Sed mutata sunt ipsa, mutati sunt principes, mutati sunt et mores : humanum est plangere quod amisimus, quoniam de melioratione omnino diffidimus. » His dictis, heros luculentus siluit; sed a lamentis statim non destitit. Mihi etiam maduerunt oculi, quoniam compatiebar enarranti. Colloquium intermisimus, et ad alia procuranda festinavimus.

VI. Inspiciebam templi porrecturam, decoram domus Dei capacitatem, copiosam ornamentorum speciositatem; prædiorum etiam enarrabat amplitudinem, et per singula mirabar. Gratiam tum actitabam, quia Deo, cujus omnia fuerant, ut tot et tanta fideles contulerant pauperum usibus profutura. Ut autem de fratrum conventu non tacuerim, vidi multos homines unius moris illa in domo, unius animi, unius identitatis, ut ibi jure legeretur : *Multitudinis credentium erat cor unum et anima una* (Act. IV). Si quempiam interrogares, Quis est ille? tantis cum efferebat laudibus, quatenus et vix alium comparari posse crederes : non quod mentiretur, quoniam in uno quoque erat, unde merito extolleretur. Sed alius alium sibimet præferebat ; et hoc totum de mutua dilectione, et de Regulæ monachilis institutione procedebat. Litterarum notitia sic redundabant, ut Scripturæ sanctæ affluentiam pleniter plures attigerint, memoriæ commendaverint : non ob id minus avide alios loquentes audiebant, neque cæteros tanquam minus sciolos aspernabantur ; sed humilitatis gratia quoslibet supervenientes complexabantur. Videns illos orationi frequenter deditos, lacrymis sæpius irroratos, parcimoniæ convenienter intentos, silentio ædificationis verba proferentes, conventibus monasticis assistentes, et nihil officii sui negligentes. Dei milites cum antiquo serpente pugnabant, ideoque semper in procinctu erant ; togam exspectabant, et idcirco indefessi dimicabant. Talis legio, talis exercitus, tale collegium D. abbatem Guillelmum, ut dominum timuerant, ut magistrum audierant, ut patrem dilexerant ; et adhuc omnes pro eo suspirabant.

VII. Illa in ecclesia unum quid erat quod mihi non mediocriter complacuit, quod ad Deum laudandum et excitandum, David canticis suis inseruit : *Laudate*, inquit, *Dominum in chordis et organo* (Psal. CL), ibi siquidem instrumentum vidi musicum, fistulis æneis compactum, quod follibus excitum fabrilibus suavem reddebat melodiam, et per continuam diapason, et per symphoniæ sonoritatem, graves, et medias, et acutas voces uniebat, ut quidam concinientium chorus putaretur clericorum, in quo pueri, enes, juvenes, jubilantes convenirent et continerentur : organa illud vocabant, certisque temporibus excitabant. Non tamen ignoro quia sunt multi qui ale quid in suis non habentes ecclesiis, eos qui habent, murmurando dilapidant quos nos obloquentes et detrahentes audemus nuncupare : qui quod organa nobis innuant, nesciunt exponere. Ili dederunt oblivioni, quoniam psalterium lyrici composuere pedes. Hi forsitan non legerunt David sanctissimum Saul arrepticii chordarum modulatione furorem mitigasse (*I Reg.* XVI). Hi pro certo didicerunt quod Eliseus ad seipsum, quem graviter rex Israel exacerbaverat, complacandum, suis jusserit : *Adducite mihi psaltem : dum* vero *psaltes caneret, super eum ita mansuetum facta est manus Domini* (*IV Reg.* III), videlicet Spiritus sanctus venit ; in iracundam enim animam et malivolam spiritus sapientiæ nequibat introire. Intravit igitur in exhilaratum, per psalterii ministerium. Non igitur aberramus, si tantorum patrum vestigia, ut possumus, imitamur : non tamen in his Dominum non oblectari ambigimus, sed hujusmodi multa viscera sunt ecclesiastica, sicut aurea, vel argentea, vel serica ornamenta, ad laudem Dei et ad sollicitandam hebetudinem corporis humani. Ego siquidem in modulationibus organicis non multum delector, sed per hoc ad intelligendum excitor : quod sicut multimodæ fistulæ varii ponderis et diversæ magnitudinis, in unam vento agitatam conveniunt cantilenam ; ita homines in unam debent convenire sententiam, a Spiritu sancto inspirati, in eamdem convenire voluntatem. Porro, si ligna indolata dolando ; si lapides impolitos poliendo, ad commodum opus compellimus : quid de hominibus autumas agendum intelligibilibus? ut counianiur, dolendi sunt ; ut conveniant, bituminandi sunt charitatis glutino, ne dissideant : id totum me docent organa quæ sistuntur in ecclesia. Nonne et nos organa sumus Spiritus sancti? Denique, qui hæc eliminat ab ecclesia, omnem eliminet ab eadem vocalem strepitum, et cum Moyse immotis oret labiis ; sustineat, donec ei dicat Dominus : *Quid clamas ad me?* (*Exod.* XIV.) Quod si jubilum, quod si vocum sonum concordent non refutamus, dicant æmuli, dicant reprehensores, dicant qui a seipsis dissident, quid agendum est. Nos absolute dicimus quia bona sunt organa, si intelligamus mystica, si ex eis spiritualem hauserimus harmoniam ; harmoniam etenim hanc omnium moderator insinuavit nobis, cum elementa a seipsis multum dissona simul associavit, et rhythmo consono colligavit. Hoc mihi præstant organa, hoc tympana, hoc cymbala, quod psalterium, quod voces jubilantium : excepto, cum syllabatim et distincte Scripturas proferimus. Si igitur organa habemus, eis uti ecclesiastica consuetudine promittimus ; sin autem, sine sacrilegio eis carere possumus. Audientes organa, interiori uniamur harmonia, et bituminemur dilectione bifaria.

VIII. Porro, in eadem ecclesia vidi rotam, quæ, nescio qua arte conducta, descendebat et ascendebat, semper rotabat ; quod prius vanitatem putavi, donec ab hoc intellectu me ratio avocavit. Intellexi tandem per hæc veteranorum indicia patrum, quod fortunæ rota omnium sæculorum adversatrix, nos ad ima plerumque dejicit; iterum blanda deceptrix, ad cacumen altitudinis nos extollere se promittit, sed tamen in circuitu vergit, ut nos de instabili fortunæ vertigine caveamus, neque arridentis, et male blandientis rotæ volubilitate confidamus. Sapientes illi doctores veterani nihil inconsultum egerunt. Sed talia faciendo, nos ad intelligentiam invitaverunt. Sic Moyses insinuavit, cum per ænigmata loqueretur, et de pecudibus ruminantibus, et non ruminantibus, manducandis et non manducandis testaretur; idipsum de adipibus, idipsum de renunculis, dum scriberet, significavit (*Levit.* xi; *Deut.* xiv). Quidquid ejusmodi fecerint, et facimus, lectio nobis esse potest, si quis rationis capax est; sollicitamur, in singulis ut provideamus de periculis. Hæc fratres illi sæpe vident, et admirantur, et quid opus facto sit, taliter edocentur; nobiscum autem, qui jam desipimus, ista viluerunt et idcirco detractamus, quoniam intellectuali oculo caremus. Non cuique difficile dicere : Hoc nigrum est, si nescierit discernere, quod hoc candidum est : plus tamen id insipientiæ præsenti deputo, quam imperitiæ inventorum imputo. Projiciam casulam, si nesciero quid sit casula? Quidquid de institutionibus patrum indagationi nostræ residuum est, non illico contemnamus, sed, ut scriptum est (*Levit.* xix) igne comburamus.

IX. Abbas Fiscannensis, inter morulas illas, nobiscum frequens protelabat colloquium, in qua confabulatione mihi satis compertum est illum simpliciter Dei servum esse, qui de animarum salute frequenter volebat disputare. Quærimonias suas in sinum nostrum expendebat, et de multis conquerebatur et gemebat. Onus grave et grande confitebatur abbatiam; et si posset inculpabiliter, et sine pudore, dimitteret libenter eam. Omne vitiosum perfecto odio oderat; neque tamen zelotypus erat. Quantum experire potui, largus, non prodigus, erat; et in ipsis conviviis sobrius. Discedendi licentiam postulavi, et vix impetravi, quoniam, ut adhuc multis secum diebus requiescerem, obnixe precabatur. Victus tamen instantia et improbitate nostra, tandem assensum præbuit : et interim seorsim accito cubiculario nostro, manticam nostram largitate sua implevit, et me nesciente, famulo nostro taliter intimavit : « Hæc quidem ad præsens, pauca sunt, sed si Deus vitam præstiterit, nos emendabimus. » Minister noster, apprehensa pecunia, secreto locuturus ad nos accessit; et pium furtum abbatis auri nostræ propalavit. Miratus sum, nec tamen indignatus, sed cur ista fecerit, inquirere cœpi. «Istius, ait, monasterii consuetudo est, et a prædecessoribus nostris ad nos usque manavit, nec persona quælibet a nobis indonata recedat, quin istius Ecclesiæ charitatem sentiat. Sensissetis autem, Pater reverende, largius; sed me disturbat, quod in hac dignitate sum adhuc novus, et ad comparationem D. abbatis Guillelmi, Patris nostri, idiota et nescius.

Non tamen recedetis jejunus, quia hiems est, et scriptum est : *Si dimisero eos jejunos in domum suam, deficient in via* (*Marc.* viii). Post mensam recedebam, cum forte in itinere reperi birotam onerariam victualibus D. abbatis refertam, quæ ad locum, quo hospitandus eram, sulcabat. Ad dictum, inquam, et ipsum hospitium jam abbas mandaverat, et qui comitatui nostro deservirent, nepotem suum, suosque ministros comites nobis adjunxerat; nec etiam, quin quædam indumenta mihi contulisset, prætermiserat. Accurate servitum est nobis, et summo diluculo, vix ab invicem avulsi sumus, et nos ad Brittanniam nostram repedavimus.

X. Biennio elapso, Fiscannum reversus sum, nec minori lætitia, quam ante susceptus sum. Tunc etiam discedenti mihi dedit abbas scyphum Mauzerimum, quem tota aviditate suscepi, quoniam et ita suscepturus eram : quia et tornum, et formam, et materiam decentissimam prætendebat, et lapis pretiosus, scilicet chalcedonius, summum coopertorii decorabat; adjecit etiam quædam alia. Neve remitteret manu vacua, Romam ituro, mihi, eodem anno, auream consolationem transmisit; ut sic ostenderet, quod adhuc mei meminerit. Hæc videlicet dixerim, ut largitatem Ecclesiæ Fiscannensis, et liberalitatem prædicaverim, et abbatis meminerim, meque non immemorem accepti beneficii demonstraverim. Reversus sum tertio, et, ut mihi visum est, majori, quam tunc usque nobis obviatum est gaudio; et quamvis in proverbio soleat dici : *Pisces et hospites fetent post tres dies*, tertia vice accuratius acceptus sum; tertio accessu, diligentiori studio procuratus sum. Non fatigati sunt Fiscannenses, quin seipsos probaverint alacriores, vultuque jucundiores : testabantur, et jurabant quia quantum ad se, falsum erat proverbium, quod eis ludendo dixeram, quia nunquam eos mei tæduerat, quoniam et reditum frequentiorem nostrum exorabant. Exoraverunt igitur, quatenus ad dedicationem Ecclesiæ, quam annuam et festivam agere habebant, recurreram, quæ et proxima erat, de tædio nullatenus militarem. « Plus etenim, inquiunt, tristamur in nostro abscessu, quam in nostro accessu : simpliciter loquimur, quoniam corde et corde loqui erubescimus. Non est nostrum loqui aliquid fictitium, quia puritatem novit Fiscannense collegium. Possessiones nostræ, Deo gratias, dilatatæ sunt, res sanctuarii nobis commissi copiosæ sunt; et quid contra hospitalitatem murmuraremus, nunquid hilarem datorem non diligit Deus (*II Cor.* ix.); et hospitales invicem esse, sine murmuratione jubemur (*I Petr.* iv)? Grande periculum est, si a bono hospitalitatis tepuerimus, quia quod hospitale nostrum sustentet, abundanter Ecclesiæ nostræ suppeditat Deus. Locus noster huc usque neminem novit creditorem; novit dare, sed ignorat fenerare. » Petitionibus poscentium acquievi et de reditu nostro pepigi : abbas autem defuit, quia necessitas inevitabilis eum detinuit; sed ego tot inveni abbates, pene quot fratres, non quia inordinate se habuerint, sed quia nostro servitio singuli et omnes studuerunt? Erat ibi quidam Robertus, unus ex prioribus, adhuc imberbis, prolixi tamen temporis, canus animo, ingens capillo, capellanus abbatis, vir amplectendæ castitatis ; qui tanta curiositate ministrabat, et missæ celebrandæ summo mane tanta diligentia præparabat, ut pene quotidie celebrare me coegerit, et ad ecclesiasticas prosecutiones me compulerit.

XI. Ut autem Fiscanni situs, non prætermittam, de loco Fiscannensi paucis absolvam. Locus ille velut quidam paradisi hortus, in formosa convalle sistitur, inter duas colles, abhinc agriculturæ, abhinc silvula gratissima circumseptus. Quæ tantæ æqualitatis esse videtur ut vel in eadem die orta putetur, vel a proceritate sua ad æqualitatem recisa intelligatur; brachiorum et frondium et ramusculorum cacumina tantæ sunt densitatis, ut ex obumbratione, et virore suo, terram et visum gratificent, solis ardores repellant, pluviarum ingruentiam sustineant. Arbores a caudicibus aliquantulum eriguntur, non tamen multæ proceritatis, sed amœnæ deambulationis. Mare Oceanum Fiscanno proximum est, non enim distat a loco saltem milliario, piscibus abundat, recessus et accessus quotidianos generat, portum habet tranquillum : vallum aqua dulcis aluit et lympida. Fontes habet, et hortis habilis est, nutritque pomiferas arbores. Rivus, qui castelium præterfluit, gratiosos et utiles habet excursus : castrum nobilissimum, munitissimis ambitum est mœnibus. A Fiscanno Sequana fluvius naturalis distat quasi quindecim milliariis : piscatura redundat, et Fiscannum præda illa sustentat. Monasterium altis et decentissimis in altum parietibus, et magna ex parte plumbo coopertum est : Porta cœli, et Palatium ipsius Dei aula illa dicitur, et cœlesti Jerusalem assimulatur, auro et argento refulget; sericis honestatur pluvialibus, sanctorum reliquiis, præcipue invocatione sanctæ Trinitatis, et custodia sanguinis Domini Jesu, humati a Nicodemo, ut testatur B. Joannes (*Joan.* xix), de membris recollecti gloriatur : solemniter et catervatim ad ipsam confluunt peregrini, et maxime, quia locus dicatus est in honore summi Dei. Locum illum complector, diligo, extollo, toto meo conatu veneror : vos fratres nostri, commilitones mei, abbas, et monachi, nostra de parte salvete, et me, quæso, inter amicos et fideles vestros computate. Non tantum diligo vos quia mihi estis duntaxat munifici; sed quia, ut credo, vera religione polletis, et omnibus, pro Christo, adesse satagitis. Diligo vos propter communitatem vestram, commendo me vobis, propter necessitatem meam : augeat Deus desiderium meum, ad vobis satisfaciendum ; serenet mihi benignitatem vestram, ad me diligendum ; et nos et vos juvet et excitet ad sibi serviendum. Amen.

VITA B. ROBERTI DE ARBRISSELLO

AUCTORE BALDRICO.

(Vide Patrologiæ tom. CLXII, in Roberto de Arbrissello.)

BALDRICI DOLENSIS EPISCOPI
CARMINA HISTORICA.

(Edidit DUCHESNE, *Script. hist. Franc.*, IV, 151, ex veteri codice ms. bibliothecæ viri et Alexandri Petavii, senatoris Parisiensis.)

In rotulo Natalis abbatis.

In rotulo multi cum sollicitudine quædam
Dicendi seriem semper metantur ab Adam.
At dum pro primi plasmati crimine plorant,
Sæpius incassum subnectere multa laborant.
Sed pro Natali nunc est abbate loquendum.
Ergo quod prosit scriptis fuit adjiciendum.
Cultor Natalis monachorum relligionis
Cœli jungatur Christo miserante colonis.
Hunc Nicolae tuis precibus meritisque tuere,
Quem sibi patronum vivens delegit habere.
Nos pro Natali carmen faceremus anheli,
Si multum carmen posset prodesse fideli.
Sed quia non prosunt odarum garrulitates,
Odarum, quæso, seponamus levitates.
Intenti precibus breviter loca subtitulate,
Ne calamus vehemens pariat dispendia chartæ.
Hic fuit Ecclesiæ dum vixit firma columna.
ergo Hierusalem vivat mens ejus alumna (3).

(3) Al. *sit ei cœlestis alumna.*

De Natali abbate.

Abbas Natalis has ædes amplificarat,
Et noviter factas Urbanus papa sacrarat,
Cum, Nicolae, tum Deus accersivit alumnum,
Cui dedit æternum solemni funere somnum.
Hic modo Natalis pro carne jacet cineratus,
Cui noceat nullus pro carnis sorde reatus.

Item unde supra.

Abbas Natalis flos abbatum specialis
  Signat quid sit homo factus humus sub humo.
Vir capitis cani, meriti vir sanctus opimi,
  Huic vivens late profuit Ecclesiæ.
Defunctus vero sacris hanc ossibus ornat,
  Quæ tanquam nutrix confovet iste lapis
Hic, Nicolae, tibi servus devotus adhæsit,
  Idcirco servi nunc memor esto tui.
Christo commenda quem mundo Christus ademit,
  Huncque patrocinii jure ruere tui.

In rotulo Rainaldi Remensis.

Si quid defunctos posset mea musa juvare,
Debueram Musam revera continuare.
Sed pro defunctis potius duo sunt facienda,
Usus quæ nobis et jus designat agenda.
Nam pro defunctis jus et compassio plorat,
Et pro salvandis animabus proximus orat.
Ergo brevem Musam ponamus pro monimento,
Resque procul nostro sit inutilis a documento.
Flentes Rainaldo Remensi compatiamur,
Orantes autem patriarchæ subveniamus.
Pro te nostra madent, Pater optime, fletibus ora.
Oramus pro te, pro nobis, quæsumus, ora.
Colligit ultra fas rotularis epistola multa,
Quæ quasi parcentes nugis transimus inulta.
Et fuit exiguæ condignum parcere chartæ.

In rotulo Cenomannensi.

Singultus duplices rotularis pagina profert,
  Primum namque Johel, denique flevit Hoel.
Abbas alter erat, alter fuit ordine præsul,
  Hi Cenomannis sol scilicet exstiterant.
Hos quoque morte pari modico Deus attigit ambos,
  Ut sint translati sidera magna poli.
Amborum pariter nobis exempla refulgent,
  Ambo nunc nostras irradient tenebras.
Si vero maculas dedit illis quilibet error,
  Erroris veniam Cunctipotens det eis.
Interea tantis urbs desolata patronis
  Pro te funde preces, atque memento tui.
Elige quos mavis, tamen elige qui tibi prosint,
  Quorum subjectis proficiat regimen.
Quorum sermo duo tibi testamenta propinet,
  Cælebs cœlicolis vita coaptet eos.
Hæc rescripta tibi transmittunt Burguliani,
  Pro te præmissis quas decuit precibus.
Te quoque fraternæ pietatis viscera cogant,
  Commendes nostros nosque precando Deo.

Epitaphium super Hoelum Cenomannensem.

Intempestivo casu defecit Hoelus,
  Sol Cenomannorum, pontificumque decus.
Alloquio dulcis, nulli pietate secundus,
  Omnibus exemplar rclligionis erat.
Hunc plangit sua plebs et vicinæ regiones,
  Quem venerabantur jure patrem patriæ.
Hic igitur positum solemni more revisunt,
  Et coram sancto vota vovent tumulo.

Aliud.

Ora madent, et corda gemunt, et corpora marcent,
  Cum tumulo titulus sculptus in hoc legitur.
Iste refert titulus quia morte gravatus Hoelus
  Fecit pupillos morte sua populos.
Urbs Cenomannensis flevit specialiter ipsum,
  Illis pontificem quem dederat Dominus.
Pausat in hoc tumulo sanctus pro corpore præsul,
  Præsulis obtineat spiritus astra poli.

Epitaphium Simonis Agennensis.

Præsul Agennensis vir canus nomine Simon
  In causis Cicero, moribus ipse Cato.
Ad natale solum rediens, ad Biturigenses,
  Occidit, inque sua subtumulatur humo.
Præsulis ossa fovet modo sancta Maria Dolensis,
  Foverat et puerum terra Dolensis eum.

In rotulo pro archiepiscopo Biturigensi.

Cum velut examen rotulorum venerit ad nos,
Mortem non vitam rotulus mihi nuntiat omnis.
Nuntius ergo ferus qui semper nuntiat illud,
Quo semper lacrymis nos impetit atque dolore.
Mortem Remensis rotulus dixit Raginaldi.
Durandi siquidem pallentes vidimus artus,
Cum nos Arvernis Urbanus papa vocasset.
Nos Cenomannensis rotulus commovit Hoelis.
Aurelianensis superest jam charta Joannis.
Si tamen abbates his adnumerare velimus,
Multos abbates rotularis pagina deflet.
Pictava Geraldum, Cenomannisque Ioelum,
Andegavis vero Natalem deflet obisse.
Multos prætereo vel quos incuria tollit,
Vel quos res alias curanti oblivio demit.
Venit ad extremum rotulus de præsule magno,
Quem mihi præcipui res commendabat amoris.
Is qua promeruit duplici fulgebat honore,
Si pondus geminum geminum dicamus honorem.
Abbas ipse Dolis, Biturix et episcopus ipse
Sedibus ambabus præerat non ambitiose :
Ambarum domuum magis utilitate coactus,
Et domini papæ sancto moderamine victus.
Hunc Audebertum validum juvenilibus annis
Effera mors rapuit, quæ nulli parcere novit.
En mihi dat lacrymas rotularis epistola vivas.
Has lacrymas reduces faciet mea quæstio semper,
Audeberte meo nec pectore dimovearis,
Nec si quid valeant nostris precibus reproberis.
Vos igitur, fratres, de vobis subtituendo
Procurate viro, Biturix urbs, grexque Dolensis
Et pro defunctis offerte precamina nostris,
Communemque Patrem communi tangite voto,
Ut det pastori sedem super æthera vestro.

Invectio in rolligerum.

Obsecro jam parcat tam sæpe venire veredus,

Per nimios usus nimium sua verba veremur.
Vivant prælati, pro quorum morte vagatur
Vultur edax, corvusque niger, volitansque veredus,
Necnon bubo canens dirum mortalibus omen.
Significant mortes, præsaganturque cadaver.
Sic rotulus semper mortem cujuslibet affert.
Ergo sit a nostris penitus conventibus exul,
Qui semper mortem, qui nuntiat anxietatem.
Nam si sæpe venit, nummi mercede carebit.
En Audebertum dicit mihi nuper obisse,
Et mundi solem sub nube delituisse.
Quid facies, Biturix, tanto pastore perempto?
Quid facies obito tu grex abbate Dolensis?
Arripe lamentum suffusus fletibus ora,
Ambo patrono caruistis inæquiperando.
Me quoque collegam gemitus superesse velitis
Cujus non sapiet vehemens querimonia finem.
Participet lacrymis qui participavit amori.
Consors viventis, consors essem morientis.
Epitaphium.
Pro merito vitæ duplici donatus honore
Audebertus erat vir sanctus, præsul et abbas,
Pontificem Biturix, abbatem Dolis habebat.
Dictis et factis ambobus sufficiebat.
In sanctum modico corpus concluditur antro,
Munere nunc duplici, duplici decoratus honore,
Audeberte, vale, sit pax tibi luxque perennis.
De eodem.
Illa dies felix felici sole refulsit,
Qua connexi sunt et Dolis et Biturix.
Hæc geminæ sedes tandem pastore sub uno,
Unum sunt factæ post mala dissidia.
Urbs Audebertum Biturix in pontificatum,
Tunc Dolis abbatem, mutuo vix rapuit.
Pontificem factum per amicæ jurgia litis,
Ipsum detinuit grex suus in quot erat.
Hic Audebertus gemino perfunctus honore,
Morti succubuit præditus hoc onere.
Hic pausat sancti sanctissima gleba patroni.
Tu Pater a superis sæpe revise tuos.
De eodem.
udeberte pater, pater et sanctissime præsul,
Te Dolis ecce dolet, te dolet urbs Biturix.
Iis Pater, his præsul, loca sic præfata regebas,
Ut neuter vacuus esset amore tuo.
ecce jaces, corpus si sit cinis, ossaque corpus,
In Domino requiem spiritus inveniat.
psum cujus in hac corpus tellure quiescit,
Ditarat dives littera pontificem.
bbas ipse Dolis, Biturix simul ipse sacerdos,
Unus utrique loco proderat et præerat.
uic Audeberto licet in juvenilibus annis
Curam communem mors inopina tulit,
lic igitur positum corpus fovet hoc monumentum,
Omnipotens animam pontificis foveat.
De eodem.
udeberte, tuo Biturix pro funere marcet,
n te quam vehemens amor excitat, et dolor arcet.
on tamen impetitur gemitu Dolis inferiore,

Cujus grex in te nimio fervebat amore.
Charus eras abbas his, archiepiscopus illis:
Nam poteras plenis ambos refovere mamillis
Vadis, te Christo per idonea signa vocante,
Et velut e merito tibi præmia digna parante.
Omni momento nostri, patrone, memento,
Et succurre gregi vitali morte redempto.
Idem de eodem.
Auditor vatum, vatum moderator et ipse,
Præsul Bituricas, Dolis autem præsul et abbas.
Qui juvenum proprios transcendens moribus annos,
Se juvenem vovit monachorum relligioni.
Hic Audebertus solemni more sepultus
Dormit, qui vitam condigno fine sacravit.
Nunc quoque cum Christo nos sæpe revisat ab alto.
Super Reginaldum clericum.
Quem fovet hic tumulus Rainaldus nomine, nulli
Novit adulari, clericus egregius.
Nemo fidelis plus unquam fuit inter amicos,
Utque tenor fidei nunc titulus sit ei.
Hic Andis tandem lacrymas in morte relinquens
Dormiit in Christo, Christus et adsit ei.
De eodem.
Secla reformato gaudebant nostra Catone,
Donec Rainaldum promeruere sibi.
Acer enim verbis, et justis actibus acer,
Omnibus exemplum sobrietatis erat.
Ad decus hunc morum ditarat littera multa.
Copia quam torrens extulit ingenii.
Ecce cinis, Rainalde, jaces, cui si quid adhæsit
Criminis, id purget gratia summa Dei.
De eodem.
Scripta solent veterum mores efferre Catonum,
Mirandos nostris temporibusque suis.
At tua magna fides centum, Rainalde, Caton
Longe præcessit, justitiæque tenor.
In factis alacer, in verbis promptus et acer,
Tu decus in clero, tu decus in populo.
Ecce jaces modico, Rainalde, solutus in antro:
Omnipotens veniam det tibi cujus eges.
Super Widonem.
Guido Hierusalem modicum post tempus iturus,
Mente gerens sanctæ munia militiæ :
Morte bona vir plenus opum, cadis anticipatus,
Natalisque soli redderis hic gremio.
Illa dies mensem quæ sextum sexta præibat,
Morte tua populum terruit Andegavum.
Nunc igitur Wido cœlestis sis duce Christo
Cujus Hierusalem pace locatus, amen.
Super Radulfum.
Vir dives multum, neque servus divitiarum,
Pauperibus largus, compatiens miseris,
Radulfus jacet hic factus de divite pulvis,
Andegavis olim copia consilii.
Morte tua, Radulfe, tuam dolor occupat urbem,
Utque Deo vivas suppliciter rogitat.
Super Radulfum.
Terra futurus homo quid inaniter ecce superbis,
Quid sis Radulfus te docet hic positus.

Civibus Andegavis majoribus iste coæquus
　Eloquio, sensu, cum locuplete penu.
Quod tamen et multis largus divisit egenis,
　Tunc homo, nunc fit humus, cui miserere Deus.

Item de eodem.

Andegavis populus casu concussus acerbo,
　Magnum concivem flebilis hic posuit.
Hic ergo, Radulfe, jaces, ditissimus olim
　Andegavæ plebis portio non modica.
Tu tamen in Christo tua largiter exposuisti.
　Quod Deus et melius nunc tibi retribuat.
Sol matutinus Maique dies duodenus,
　Heu ! nimium properas intulit exsequias.

In titulo domus.

Qui fabricis inhians Romana palatia laudas,
　Hoc potius lauda grande Joannis opus.
Hic sculptura decet, saxorum convenit ordo.
　Tantum laudatur Pictavis hoc opere,
Quantum marmoreis laudatur Roma columnis.
　Hoc si quidem rerum copia fecit opus.

De eadem domo.

Nosse potest istas quisquis consideret ædes,
　Quam prudens, quam plenus opum fuit ille Joannes.
Qui disponendo latomis sumptusque pluendo
　Hanc statuit fabricam fabricis regalibus æquam.

Super Rainaldum abbatem.

In sibi dilecto requievit philosophia
　Rainaldo, quem vas fecerat esse suum.
Hic igitur Sancti Cypriani floruit abbas,
　Ecclesiam ditans ordine, rebus, agris.
Pene loci quæcunque fuit possessio primum,
　Hanc duplicem peperit sollicitudo patris.
Tandem Rainaldi pars promptior astra petivit :
　Hic quæ terra fuit portio, terra fuit.

Super Benedictam reclusam.

Hic latuit multos Benedicta reclusa per annos,
　Contemplativa læta quiete diu.
Sponsa Dei, sponsique sui complexibus hærens,
　Inter complexus pace quievit ovans.
Hic modicus career, jocunda domus fuit illi,
　Hic modo gleba jacet, spiritus astra tenet.

Super Clarembaldum.

Prudens in causis, miles robustus in armis,
　Ingenuo natus sanguine, plenus opum.
Nunc ex parte cinis hic Clarenbaude quiescis,
　Tu dolor et gemitus civibus Andegavis.
Spiritus astra colat, dum terram terra fovebit
　Tandem possideas jam nova terra polum.

Super Urbanum papam.

Urbanum papam, quem Francia dixit Odonem,
　Quæ regio tenerum protulerat puerum,
Vitales auræ morientem deseruere,
　In quo sic orbis lingua diserta ruit.
Ut simili careat doctore superstite mundus
　Hic igitur posuit flens sua Roma suum.

Super regem Anglorum.

Indice qui cœlo, qui præsagante comete
　Anglos innumeris stragibus obtinuit :
Qui dux Northmannis, qui Cæsar præfuit Anglis,
　Qui quasi mananti fonte profudit opes :
Imperio pollens Willelmus, conjuge, natis,
　Occidit, et simul hæc omnia deseruit.

Super supradicti filium.

Nobilitas, regnum, prudentia, copia rerum,
　Tollere Willelmo non potuere mori.
Belligerando pater Northmannos vicit et Anglos,
　Ambos pacifice filius obtinuit.
Heu fortuna gravis ! dum cervos insequeretur
　Intercepit eum jacta sagitta feris.

De eodem.

Qui regum magnus fuit admirabilis orbi,
　Qui probitate sua rexque comesque fuit.
Consul Northmannis, rex Anglis, filius ejus
　Anglos Northmanno milite qui domuit
Dum cervos agitat, socii stridente sagitta
　Willelmus cecidit, rex fuit, ecce cinis

Item de eodem.

Qui legis hunc titulum, subtus agnosce sepultum
　Anglorum regem nunc modicum cinerem.
Hic Willelme jaces, Willelmi filius, Anglos
　Qui ferus ense fero belliger edomuit.
Dum sequeris cervos, alter quoque destinat ictum,
　Cervo directam passus es ipse necem.

Item de eodem.

Sub ejus nutu tremuit Northmannus et Anglus,
　Qui locuplete manu sæpe pluebat opes :
A patre Willelmo neque re neque nomine distans
　Qui consul, qui rex inclytus exstiterat :
Morte nova cervis intensum pertulit arcum,
　Hac quoque magnus homo subcineratur humo.

Super Ramnulfum.

Magne pater Ramnulfe senex, reverende sacerdos
　Virtutum thalamus, cella Dei locuples
Postquam vicisti tota probitate malignum,
　Protinus ad superos carne solutus abis.
Hic tua magne senex solemniter ossa quiescunt,
　Et datus est tumulus ossibus iste tuis.
Spiritus ecce tuus gaudens super astra perennat,
　Tu pater a superis sæpe revise tuos.

De eodem.

Alter Tobias Ramnulfus tempore longe
　Amissis oculis mente Deum coluit.
Pauperibus saties, lassis requies, via lapsis,
　Presbyter ipse fuit victima grata Dei.
Thuris odor gratus thuris quoque more crematus
　Dans animam cœlo reddidit ossa solo.
Hic Ramnulfe jaces solemni more sepultus,
　At plus solemnis vivis in arce poli.

Perpes lamentum mors contulit Andegavinis,
　Martellum juvenem cum tulit a superis.
Tempora reddiderat princeps bonus aurea mundo,
　Bellis sedatis sæcula pacificans.
Dum pacem læsam rursus sanare laborat,
　Intentum paci sæva sagitta ferit.
Hic, Martelle, jaces, Martelli nobilis hæres
　Res a Marte quibus digna dedit titulum.

Pacis amator eras, et eras sic pacis amator,
  Hector ut ipse tamen belliger exstiteris.
Ipse reformabas tempus, gentemque togatam,
  Si modo vixisses Octavianus eras.
Subjectis parcens, et colla superba refrenans
  Principis egregii culmen adeptus eras.
Sæva sagitta tuos successus anticipavit,
  Quam clam direxit proditor architenens.
Martia Martellum te fecit causa vocari,
  Gosfredum vero nominis impositi.

Hic pausat virgo, quæ scilicet innuba Christo
  Nupsit, sponsa Dei, nescia conjugii.
Pectore constanti Constancia nomine fulsit,
  Præclaro patrum stemmate nobilium.
Ipsius pectus ditavit littera dives,
  Ut potuit credi dia Sybilla tibi.
Ecce sub hoc tumulo cinerascit mortua virgo,
  Ejus ad astra volans spiritus alta colat.

Post Lugdunensis præsul prius Hugo Diensis.
  Magnus Romanæ filius ecclesiæ.
Quem sibi legatum Romanus papa rogavit,
  Ad synodum veniens, proh dolor! occubuit.
Virtutum cellam, divini nectaris aulam,
  Hac tumulavit humo Segusiensis homo.
Lætatus Justus hospes bonus hospite tanto,
  Quem Deus eximium misit ei socium
Lugdunum luge, solemnia conciliorum
  Occubitu Patris occubuere tibi.

INSCRIPTIONES

SUBNOTATIS DEFUNCTIS COMPETENTES.

Super Joannem Dolensem archiepiscopum.
Splendidus ex atavis, atavorum splendor et ipse,
  Gente Britannus homo conditur hoc tumulo.
Ille armis, patria, natis cum matre relictis,
  Dux modo, continuo de duce fit monachus.
Metropolitanæ sedi, quia vixit honeste,
  Cui Dolus est nomen, præsul hic eligitur :
Ut quibus exstiterat consul, de consule præsul,
  Præsul quam consul consuleret melius.
Ad papam venit, sacrari poscit ab ipso :
  Quod dum differtur in Domino moritur.
Ponitur hic cultor et religionis amator,
  Quemque dolent Britones sancta Sophia fovet.
Si quæras nomen, nomen sibi scito Joannem,
  Sique diem mortis, da decimam decimi.

Super Guillelmum de Montesorelli,
Aggregat absque mora non extricabilis hora
  Servos nobilibus, et pueros senibus.
Quod si nobilitas posset producere vitas,
  Nobilitante domo non moreretur homo.
Heu! Willelme, satis fuerat tibi nobilitatis,
  Attamen a superis nobilis abstraheris.
In modica fossa sunt magni stemmatis ossa,
  Artus ingenuos hæc habet ossa tuos.
Si quem læsisti, si quid male promeruisti,
  Christus adesto tamen; pace fruaris, amen

Super domnum Berengarium.
Tota Latinorum facundia marcida floret,
  Dum Berengario Turoni viguere magistro.
Porro Latinorum facundia florida marcet,
  Invida sors Turonis ubi tantum lumen ademit,
Clauditur in Jano tibi doctor janua vitæ,
  Vel magis in Jano patuit tibi janua vitæ.
En tua magne senex jacet hoc sub fornice gleba,
  Ad reditum propriæ suspirans conditionis,
Promittatque licet veniam tibi spes meritorum
  Hanc tamen acceleret lector pia vota vovendo.

De Frodone Andegavensi.
Quod de quadruvio norat trivioque Latinus,
  Id totum Frodo pleniter audieras.
Sollers auditor superaras pene Latinos,
  Cum te morte gravi perculit hora brevis.
Raptus ab Andegavis, tumulisque sepultus in Anglis,
  Anglos Andegavo pulvere lætificas.
Frodonis cineres Angli reverenter habete,
  Ac votis animam lætificate suam.

Item de eodem.
Frodo quid prodest te nosse profunda librorum,
  Nocte dieque tuus tritus Aristoteles?
Fabula Nasonis tibi quid tot adhæsit in annis?
  Quid tibi nunc Cicero, Statius atque Maro
Hæc tibi Frodo simul spondebant aurea secla
  Attamen ista simul abstulit atra dies.
Sacra fames auri te duxit ad Anglica regna
  Littera multa lucri spes tibi multa fuit.
Indigetis corpus jubet Anglis flebilis Audus
  Lectores jubeant cœlicolis animam.

Item de eodem.
Frodo labor magnis te vatibus æquiperarat,
  Quem modo mors umbræ quæ fugit æquiperat.
Exul ab Andegavis peragraras impiger orbem
  Litterulas rapiens, atque vacans studiis.
Aurea te tandem spes invitavit ad Anglos,
  Quo te spemque tuam mors inopina tulit.
Frodo te plangant studiis quicunque vacabunt,
  Quorum dum moreris portio summa ruit.
Mortuus ecce jaces factus de pulvere pulvis.
  Quæso propitius sit tibi Frodo Deus.

Super Petrum Dolensem priorem.
Petre prioratus decoratus honore Dolensis
  Providus in factis, ordinis ipse rigor.
Postquam pontificem superaras Biturigensem,
  Hunc enitentem dilacerare locum :
Pace reformata, re fratrum multiplicata,
  Tandem præpropera morte gravatus obis.
Mors peperit lacrymas nobis tua perpetuandas,
  At specialis amor sedula vota rogat.
Iste lapis Petrum fovet, heu! heu! jam cineratum :
  Christe lapis vivus tu foveas animam.

Item de eodem.
Jure priorarat te cœtus, Petre, Dolensis,
  Namque sibi probitas te tua prætulerat.
Prædictum Biturix Richardus ovile fatigans,
  Succubuit victus ex probitate tua.
Emeliorasti subjectos, ordine, rebus,

Pollens consilio, præditus eloquio.
Ecce lapis nostrum tegit hic pro corpore Petrum
Tu vero foveas omnipotens animam.

Item de eodem.

Petre, decanus eras, et eras, Petre, jure decanus,
Namque ut debueras omnibus omnia eras.
Te graviter fratres lugent obisse Dolenses,
Quorum res nimio munieras studio.
Taliter obstiteras Richardo Biturigensi,
Præsul ut ipse tuo cesserit eloquio.
En, Petre, suffossum tabescens incolis antrum.
Spiritus alta petens incolat astra tuus.

De canonico sine proprio.

Rainaldus cleri vernans rosa Pictaviensis,
Facundus, verax, relligionis amans.
Qui promulgavit tibi primus Pictava tellus
Canonicam, quæ nil proprietatis habet,
Tam bene dispositæ consummans tempora vitæ,
Exanimis tandem subditur huic tumulo.
Cujus spiritui sis mansio, summe sacerdos,
Atque sacerdotis, Christe, memento tui.

De Godefrido Remensi.

Jocundus magnæ thesaurus philosophiæ,
Magnaque musa perit, cum Godefredus obit.
Iste decus cleri, sol alter idoneus orbi,
Orbi sufficeret, viveret ipse diu.
Sed mors effrenis super hunc sua frena gravavit,
Et jubar a superis invida grande tulit.
Remis habet corpus, animæ sit mansio cœlum,
Divitibus dives ossibus urna vale.

Item super eumdem.

Orbi deflendus tamen et specialiter urbi
Quam Remis dicunt, hic, Godefrede, jaces.
Præcipue cleri lacrymis comitatus opimis
Hic tandem matris redditus es gremio.
Remensis populi clerique lucerna Latini,
Omnibus extorques dum moreris lacrymas.
Gallia te tanto complexabatur amore,
Ut doleat se non accubuisse simul.
Nunc igitur pedibus quibus ire licet gemebundæ,
Te comitatur adhuc planctibus et precibus.

Item de eodem.

Quem tegit iste lapis non Tullius æquiperaret,
Si tamen ejusdem temporis ambo forent.
Hunc etenim vatem sapientia tanta replerat,
Ut bene Romuleis antefuisse putes.
Denique tantus erat quantos vulgata per orbem
Fama volans fecit, quos libet esse viros.
Mortis livor edax hunc, proh dolor! abstulit orbi.
Heu! scrobe sub modica nunc, Godefrede, jaces.
Divinos cineres genitrix sua Remis habeto,
Tu quoque, Christe, suæ mansio sis animæ.

Item de eodem.

Quæ natura potens vix omnia contulit ulli,
Omnia contulerat hæc, Godefrede, tibi.
Formam, divitias, mores, monimenta nepotum,
Discretum pectus, ingenium locuples.
Os par ingenio, studii florentis amorem,
Nec tamen ista tibi cuncta tulere mori.

Egregios artus en parvula continet urna,
Remis te genuit, te quoque Remis habet.
Urbs venerare tuum felici pulvere felix,
Cives concivem cœlicolæ foveant.

Item de eodem.

Hos apices donec oblitteret ipsa vetustas,
Aut inimica manus celebri relegetur honore
Ille Godefredus, quem lucida musa secundum
Nasoni peperit, quem littera multa replevit,
Ecce perennis adhuc Godefredum fama perennat,
Atque perennabit dum fama volare valebit.
Remis eum genuit, et Remis eum sepelivit:
Terra colit terram, sed spiritus incolat astra.

Super Alexandrum Turonensem.

Fletus innumeros cum mors ingesserit orbi,
Fletus majores ingerit ipsa modo.
Alexander enim juvenum specialis honestas,
Intempestiva morte gravatus obit.
Nondum bis denos adolescens vixerat annos,
Cum rosa formosa marcuit a quod erat.
Canonicus Turonensis erat puer indolis altæ,
Flos olim roseus, nunc cinis est luteus.
Sique sibi maculas species attraxit et ætas,
Tu tamen indulge rex utriusque dator.

Super eumdem.

Cum titulos multis dederit mea cura sepulcris,
Nullum flebilius quam dedit hunc titulum.
Alexander enim luctus generaliter orbi,
Præcipueque suis flos juvenum jacet hic.
Cujus plus juvenum cedebat forma decori,
Quam saliunca rosæ, quam citisus violæ.
Tandem defuncti sic marcida colla videres,
Tanquam stipitibus lilia trunca suis.
Hunc plorat clerus Turonensis, plorat et omnis
Ætati quisquis compatitur teneræ.

Item de eodem.

Quidquid majoris potuit natura decoris,
Illud Alexandro contulerat pariter.
Contuleritque licet quæcunque decora putantur,
Mortuus attamen est, ecce cinis jacet hic.
Supra quindenos vix quatuor attigit annos,
Illi cum pariter omnia mors rapuit.
En fœtet vilis speciosæ gloria carnis,
At, Deus, indulge quod male promeruit.

Item de eodem.

Qui properus properas præsentis ad atria templi,
Sta si nosse cupis quem tegit iste lapis.
Hic Alexandri cujusdam gleba quiescit,
Quem mundo species unica prætulerat
Hic inter juvenes quasi conspectissima stella
Gratus erat clero, gratus erat populo.
Hic cum bis denis vel circiter esset in annis
Tactus sole gravi flos tener occubuit.
Qui legis hos apices, si compateris cinerato,
Dic orans, tenere parco Deus puero.

Super Guillelmum Engolismensem episcopum.

Nobile nobilium specimen, Guillelme, decusque,
Proh dolor! hic propera cineratus morte quiescis,
Ordine præsul eras, atavorum sanguine consul,

Providus in factis, nulli sermone secundus.
Engolisma, dole, tanto viduata patrono,
Langues ecce tui moderamine praesulis orba.
Interitum timeas, dempto moderamine langues,
Huic siquidem nullum non nescis aequiparandum.
Urbs tamen infelix artus venerare paternos.
Dic quoque, transcendat Guillelmi spiritus astra.

Super Erilandum.

Littera quem dives magnum jubar extulit orbi,
  Orbi deflendus hic, Erilande, jaces.
Magne senex, lingua pariter jocundus et actu,
  Sufficeres orbi si diuturnus eras.
Nec mors, nec senium quemquam nocuisset, ut ipse
  Nescisses mortem taliter aut senium.
Sed quoniam commune mori est, et labitur aetas,
  Parcatur lacrymis, sitque locus precibus.
Dum te terra fovet tua molliter ossa quiescant,
  Sit quoque cum Christo pax, Erilande, tibi.

Ut supra super Petrum priorem.

Mors velut effrenis ruptis bacchatur habenis.
  Tollit enim juvenes, tollit et ipsa senes.
Sed quidquid tulerit, quaecumque nefanda patrarit,
  Est feriendo Petrum grandius ausa nefas.
Iste quidem Petrus et coenobita Dolensis,
  Ejusdemque domus ipse decanus erat.
Qui prudenter agens domui sic praefuit illi,
  Defuncto ut vivas vivus agat lacrymas.
Hic modo, Petre, jaces, si sint Petrus ossa cinisque,
  Mansio spiritui sit domus ampla Dei.

Super Geraldum Aurelianensem.

Egregius doctor magnusque sophista Geraldus,
Ecclesiae robur, cleri populique columna,
Spes pupillorum, vir munificus viduarum,
Aurelianorum lux et specialis honestas.
Vir cani capitis, morum moderamine pollens,
Cui nihil a sensu tulit antiquata senectus.
Tandem communis contactus imagine mortis
Exuit hoc quod erat, datur hic sua portio terrae,
Spiritus in tenues vivens elabitur auras,
Cui tamen e rebus lutulentis si quid inhaesit,
Expiet id totum clemens miseratio Christi,
His precibus, lector, amen adjiciendo faveto.

Super Odonem abbatem Engeriacensem.

Qui properus transis hujus monimenta sepulchri,
  Ut relegas titulum comprime, quaeso, gradum.
Hic jacet abbatum decus et specialis honestas,
  Pauperibus saties, indigus Odo sibi.
Qui pietatis amans, monachorum forma, decenter
  Ingeriacensi profuit Ecclesiae,
Tandem pace bona sopitus morte quievit,
  Ecclesiae robur, ordinis Odo vigor.
Qui legis haec duo fac Odoni, fac pia vota
  Deque metu mortis sollicitare tibi.

Super Radulfum Pictaviensem archidiaconum.

Archidiaconii perfunctus honore decenter,
Consilium plebis, lux cleri Pictaviensis,
Quem satis egregie ditarat summa sophiae,
Radulfus jacet hic factus de pulvere pulvis.
Pictavis urbs, luge, tanto viduata ministro.

A Tunde dolens pectus, laceros tibi diripe crines,
  Dummodo persona careas huic aequiparanda.
Nec tamen in lacrymis unquam tua vota coerce.
Spiritus ut veniam Radulfi promereatur,
Id puer, idque senex, lector quoque poscat idipsum.

Super praesulem Durandum.

Nomine Durandus jacet hic praesul venerandus,
  Quem commendavit vita benigna Deo,
Exsequias celebres, quae forma fuere triumphi,
  Dispensavit ei gratia summa Dei.
Urbanus synodo generali papa vocata,
  Patres bis centum movit ad obsequium.
Tertia quae decimam lucem praeit ante Decembrem
  Vitae praesentis lumen ademit ei.
Arvernis sanctos cineres reverenter habeto
B Atque patrocinio tutior esto suo.

Super eumdem Durandum.

Temporibus luteis vir magnae strenuitatis,
  Aurea Durandus saecula restituit.
Arvernis praesul dignissima praesule fecit,
  Fecit digna Deo religiosus homo.
Ipsius exsequias dicas similasse triumphum,
  Et dispensantis signa fuisse Dei.
Adfuit Urbanus centeno praesule septus,
  Abbatum vero major erat numerus.
Tertia cum decima tunc lugubris ante Decembrem,
  In reditu luctus est modo festa dies.

Super comitem Pictavensem.

Gloria si mundi pareret monimenta fideli,
  Nulli commodius quam tibi dux pareret.
C Vir generosus eras, decus orbi, dux Aquitanis,
  Hosti terribilis, ipse Pater patriae.
Sed tibi sit titulus, Guilelme, tuumque sciatur
  Istius Ecclesiae qua sepeliris opus.

Super militem juvenem.

Nulli Goffredus genio formave secundus,
Intempestiva sopitus morte quiescit.
Plus animo validus quam possent membra tenella,
Militis ante dies, assumpsit militis arma.
Dormiit in Christo puer altae nobilitatis.
Non quindennis erat, sed erat quindennis ut esset,
Si ter quinque dies sibi vivere plus licuisset.
In Maio vernante rosa, rosa marcuit ista,
Quinta dies a fine diem sibi clausit et annos.
D Hunc commendatum sibi continet hoc monimentum,
Goffredusque suis lacrymabile fit monumentum.

Super Elpem comitissam.

Non dempsit metas tibi mortis forma vel aetas,
Vel proavi reges, quae sic tibi fata locarant,
Elpes ut neutrum reginam dedecuisset.

Super Burchardum bonum militem.

Si centum linguas pro te, Burcharde, moverem,
  Non possem laudes aequiparare tuas.
Nam tibi nullius virtus erit aequiparanda,
  Quantoscunque tamen carmina magnificent.
Tu Taurinenses solus sic edomuisti,
  Ut te crediderint mille fuisse viros.
Agnetis viduae tutor, domitorque reorum,
  Corruis uxoris ultor adulterii.

Quod genuit Turonus hic pausat nobile corpus,
  Spiritui vero sit domus in Domino.
        Iterum super eumdem.
Si quis Achilleos mirando recenseat actus,
  Actus Burchardi pluris habens recolat.
Corporis aut animi nulli virtute secundus,
  Viveret ipse diu, Julius alter erat.

. . . .
   . . . .
          Item de eodem.
Quidquid multarum natura potens probitatum
  Divisit multis, constituendo probos :
Id, Burcharde, tibi dederat bene prodiga totum,
  Heroas in te quosque simul replicans.
Quidquid sunt alii sortiti particulatim,
  Tu totum solus pleniter assequeris.
Providus in verbis, robustus et acer in armis,
  Causidicus Cicero, belliger Hector eras.
At dum pro parvo Turonus ducis dominatum,
  Ad Langobardos fulmineus properas.
Quam gentem verbis tibi dum subjungis et armis,
  Gentis et uxoris proditione cadis.
Ecce nihil de te superest nisi pulvis et ossa.
  Pax tibi, bella quidem causa fuere necis.
        Super Raherium audacissimum.
Inscribi tumulis Heroum facta solebant,
  Ut quanti fuerant posteritas legeret.
Sed tua deberent speciali facta, Raheri,
  Inscribi calamo, nam specialis eras.
Nam natura tibi nullum sic æquipararat,
  Omnibus ut solus præfueris ducibus.
Insidiosa latus tibi lancea fodit utrumque,
  Militibus tutor dum cupis esse tuis.
Felix urna fove qui vastum terruit orbem,
  Nec sit ei terror corporis aut animæ.
        Super eumdem.
Alite fisus equo properus dum fulminat hostes,
  Se scutum præbens auxiliare suis,
Raherius cecidit, quo non audacior ullus,
  Hostili telo fixus utrumque latus.
Emisit flatum subito cum sanguine mixtum,
  Exemplum factus lugubre militibus.
Militiæ graviter stipendia sæva remisit,
  Propter quam corpus contulit atque animam ;
Quod si sponsa Dei sponso pro talibus audet,
  Et pro Raherio supplicet ipsa Deo.
        Sicut supra.
Raherius miles fortis velut alter Achilles,
  Dispar in nullo laudibus Hectoreis.
Quem natura potens toto decorarat in orbe
  Militiæ titulis et probitate sua.
Militis unius, heu ! mortuus occidit ictu,
  Tam grave mercatus militiæ reditus.
Militibus superest pro tanto milite planctus.
  O utinam lacrymæ proficiant animæ !
Magnanimum modicæ corpus committitur urnæ,
  Spiritus inveniat quam meruit melius.
        Item super eumdem.
Robustum pectus, flavusque per ora capillus,
  Et gena pubescens, rarus et annus adhuc.
Vivendi leviter tibi causa fuere, Raheri,
  Vivendique diu spem tibi contulerant.
Nulli contulerat potius natura cor audax,
  Atque manum validam quam tibi contulerat.
Militis unius totum simul abstulit ictus,
  Quippe coegit te morte mori subita.
In modico tandem pulvis modo clauderis antro,
  Notus namque Deo nunc locus est animæ.
Quod si vota fides audax pro talibus offert,
  Offerat et pro te vota benigna fides.
        Ad scutum ejusdem.
A domino viduata tuo jam parma quiesce,
  Cui par Raherio nullus erit dominus.
Vive ; dies festos longum visura per ævum,
  Nam metuenda quidem lancea nulla tibi.
Nam si Raherius vel par sibi viveret ullus,
  Non deberentur otia tanta tibi.
Mors ejus requiem, faceret tibi vita laborem.
  Sed labor ille tibi dignus honore foret.
Posterior nunquam, prior ires semper in hostem,
  Cedere nec scires anxia, nec fugeres.
Qui te conspicient pro tanto milite plorent,
  Tuque diu valeas in titulo posita.
        Super quem evenerit.
Qui supra vestros legitis lamenta sepultos,
  Quinque minora premi casu lugere soletis,
Et mihi dilapso fletus infundite vestros.
Consul eram magnus, patriæ pater, hostibus hostis,
  Nomine Guillelmus, vitæ status omnibus omnis.
At nunc extrema, ceu singula, sorte potitus,
  Occubui non lege mea, sed lege jubentis,
Omnia cujus lex aliud demutat in esse.
Hei mihi ! nunc, lector, nil plus de consule restat,
  Quam quod ego feci tua vota quod emeliorent.
Hoc nunc inclusus sub fornice lege sepultus.
  Qua sepelitur homo communi lege resurgam.
        Super Osannam.
Lector, quid fuerim, quid sum si forte requiris,
  Nata puella fui, sum modo facta cinis.
Conjugio favi tantummodo prolis amore,
  Occubui decimum dum parerem puerum.
Nec puer antiquo nascendi nascitur usu,
  Cæsa matre quidem filius extrahitur.
Causaque nubendi mihi causa fuit moriendi.
  Consulis uxor ego, nomen Osanna mihi.
Sed quid honor, quid opes, quid prolis copia prod-
                                           [est ?
  Christe mihi prosis, tu mihi mansio sis.
        Super Guidonem.
Exsul ab urbe mea dum me velut effugientes
  Insequor ipse libros, dumque vaco studiis,
Proh dolor ! incubuit mihi lamentabilis hora,
  Quippe supervenit mors inopina mihi.
Ecce sub hoc tumulo cineratus corpore pauso.
  Spiritus obtineat quam meruit melius.
Me tamen et fidei tenor, et confessio culpæ,
  Quandoque securum de venia faciant.
Quod tamen exspecto poterit mihi turba legentum,

Et votiva simul præproperare cohors.
'ivis eram Turonensis ego de nomine Guido,
 Gentis patriciæ, me modo Remis habet.
Super Johannem
ntempestiva moritur dum morte Johannes,
 A mortis sævo solvitur imperio.
am potius vivit qui sic obiisse videtur.
 Nulla voluptatis techna cohæsit ei.
tas ipsius vix annum dimidiarat,
 Ipsa dies lavacri mortis et ipsa fuit.
rofuit ergo sibi tantummodo gratia Christi,
 Quæ tamen et juste prævenit immeritos.
rgo lætandum satis est in morte Johannis,
 Qui nullis moriens indiguit precibus.
Super Odonem puerum.
rna brevis modicusque lapis super additus urnæ,
 Signant materiam quod foveant modicam.
uod premit iste lapis pueri sunt ossa tenelli,
 Si tamen una satis duruit ossa dies.
ene fuit natus puer hic simul atque renatus,
 Vivere vix potuit, moxque mori meruit.
uod tamen imposuit nomen properantia mortis
 His pateat signis : Otto puer jacet hic.
Super Burchardum iterum.
Romuleos Turonus licet exsuperaverit actus,
 Militiæ titulis et probitate sua
Tu, Burcharde, tamen Turonenses exsuperabas,
 Militiæ titulis et probitate tua.
At Longobardæ dum tandem proditioni
 Occurris vindex, persequerisque reos.
Hostibus atque reis te prodit adultera conjux,
 Sicque cadis modico vulnere magnus homo.
Corpus magnanimum modo contegit hoc monumen-
  [tum,
 Spiritui vero parce, benigne Deus.
Super Troilum.
Nulla fit immunis ætas a vulnere mortis,
 Hic jaceo juvenis Troilus exanimis.
Super Rainaldum Remensem archiepiscopum.
Remensi populo lumen firmamque columnam,
 Rainaldum Christi gratia contulerat.
Hic quoque Martini sublatus ab æde beati,
 Remensi multum profuit ecclesiæ.
Hunc mors in tanto florentem pontificatu
 Attigit, et vacuam fecit item cathedram.
Pupilli cives pro tanto præsule flentes,
 Corpus pontificis hic posuere sui.
Hic populus glebæ dignos dispensat honores,
 Dispenset veniam cunctipotens animæ.
Hunc duodena dies Februi præeunde kalendas,
 Destituit mundo, substituitque polo.
In rotula de Guillelmo abbate.
Guillelmus quoniam verum properavit ad esse,
 Ad non esse licet sit visus primitus isse.
Si tamen et properans properavit tramite recto,
 Omnibus Ecclesiæ gaudendum censet amicis
Si vero læsit properantem quilibet error,
 Poscat ei veniam pia fratrum sollicitudo,
Quæ votiva Deum supplex et sedula pulset.

Diximus ergo sibi, Guillelmo parce, Redemptor,
 Ut nostris itidem concedat, dicite nobis,
Ut procul absentes oratio mutua jungat.
In rotula de Adam abbate.
Hæc desolatis solatia Burguliani,
 Profluit ex Adam quod vester pertulit Adam.
Sed quasi pro nihilo fieret de morte querela,
 Præsertim cum sit mors Christi nostra medela.
Nec deerit medicus nisi desit cui medeatur.
 O felix morbus mors Christi cui medicatur.
Vos quoque luxistis quia patre bono caruistis.
 Nimirum patri plus quam vobis doluistis.
Nec mirum, lacrymas extorsit viscus amoris.
 Sed cadat iste dolor. Deus est medicina doloris.
Patri consulite pia pro Patre vota vovendo,
 Necnon et vobis jam de Patre substituendo
De magistro suo planctus.
 Doctorum speculum, doctor amande,
 Majorum titulis æquiparande,
 O Huberte tuis vir venerande,
 Immolo perpetuas exsequiis lacrymas.
  Mors tua dura mihi.
 Ablato mihi te, quæ mihi gaudia?
 Gaudendi subiit deficientia.
 Lugendi datur, heu! pessima copia,
 Et perpes querimonia.
  Væ mea vita mihi.
 Hubertus patriæ cura paterna,
 Magduni cecidit clara lucerna.
 Ex quo moesta mihi lux hodierna,
 Vix aliquando scio quid faciens facio.
  Mors tua dura mihi.
 Urit nostra dolor corda medullitus,
 Vix rarus recreat viscera spiritus.
 Huberti gemitus causa fit exitus.
 Hinc est creber anhelitus.
  Væ mea vita mihi.
 Quo nos alter ego, sed magis idem.
 Hoc univit amor fœdere pridem,
 Nec sorti modo mors subdit eidem.
 Esset obisse mihi gloria, teque frui.
  Mors tua dura mihi.
 Ex quo cum lacrymis plus ego lugeo,
 Hinc ipse quod est res nova gaudeo.
 Quanto displicuit res lacrymarum,
 Tanto triste placet pondus earum.
 Displicet atque placet illud, utrumque placet.
  Væ mea vita mihi.
 Singultus peperit carmina lubrica.
 Haud arcent elegos claustra poetica
 Te, doctor, replicat nostra querela,
 Hunc morbum leni, ait, nulla medela.
 Mors mihi te tibi me compositura placet.
  Mors, rogo, sera veni.
De Gerardo Laudunis subrepto.
Tantum Gerardus laudes dum laudibus auxit,
 Quod dignum magnis laudibus Audus habet :
Quantum doctrinis Ciceroque, Maroque Latinis,
 Nam nobis alter fulsit Aristoteles.

Lux et laus cleri, sol qui suffecerit orbi,
　Orbi quadrivium protulit et trivium.
At fortunatus fuit abbas Burgulianus,
　Qui sibi Gerardum vindicat in proprium.
Lausdunis obiit, sed vivit Burgulianis,
　Utque diu vivat jam redimunt precibus.
Hunc igitur terræ speciali mandet honore,
　Quisquis defuncto corpore dives erit.

Item de eodem.

Uberibus, Manegaude, tuis lactatus abunde
　Tempore posterior, pene legendo prior :
Atque tuis sinibus abstractus venit ad Andos,
　Ardua Gerardus planaque dicta gerens.
Laude sua laudes Lausduni multiplicavit,
　Artes exponens commoditate levi.
Hunc quoque Lausdunis invidit Burguliensis,
　Et quibus invidit blandiloquus rapuit.
Jam nunc Gerardus pauset cum Burguliensi,
　Donec mandetur alteruter tumulo:
O utinam neque mors neque casus separet ipsos,
　Donec nigrescat primitus albus olor :
Et donec pennis corvus niger evolet albis,
　Lausdanum refluus donec eat Ligeris;
Et donec querulæ sileant valeantque cicadæ,
　Et noceat senium sive dolor neutrum.

Ad eumdem ut monachus fiat.

. . . .
Ipse locum novi qui floridus otia gignit,
　Libros et cartas et cuncta studentibus apta.
Burgulius locus est, et Cambio dicitur amnis
　Flumine perpetuo qui vitreus irrigat hortos,
Hocque loco locus est a turbis pene remotus.
　Qui tutat fratres a sollicitudine mundi,
Et fovet in gremio diuturnos pacis alumnæ.
　Prata virent juxta, quibus est contermina silva.
Hunc emat, hunc redimat quisquis probus esse la-
　　　　　　　　　　　　　　　　[borat.

Super abbatem Silvæ Majoris.

Cum pro defunctis soleant orare fideles,
　Proque sibi caris perpetuent lacrymas.
Pro patre Geraldo nihil est utriusque necesse,
　Qui cœli civis incola vixit humi.
Silvam Majorem monachis Dominoque dicavit,
　Exsul sponte sua finibus a patriis.
Francia natalis sibi sorduit, hancque reliquit,
　Silvestres saltus Burdegalæ veniens.
Pullulat ecce polo silvestris terra colonos,
　Quæ per Geraldum floruit agricolam.
En felix anima cœli lætatur in aula,
　Artus hic positi lætificent populos.

Item de eodem.

Silvæ majoris jacet hic sanctissimus abbas,
　Abbatum splendor, et monachile decus.
Hic silvas coluit, Christoque novalia fecit,
　Ut saliunca rosam, poma salix generet.
Iste locus primum silvestris et effera tellus,
　Ipsius exemplis est modo porta poli.
Vir cani capitis, vir perfectæ probitatis,
　Cœlorum civis dormiit in Domino.

Plebs Aquitana, Patris corpus complectere tanti,
　Qui tibi vivit adhuc religionis odor.
Gallia congaude Geraldo quem genuisti,
　Ac cineres sanctos hic venerare suos.

Item de eodem.

Mente columbinus, zeli fervore severus,
　Alloquio dulcis, moribus egregius.
Pauperibus largus, sibi parcus, fronte serenus,
　Cunctis compatiens pectore largifluo.
Abbas Geraldus jacet hic pro carne sepultus,
　Liber enim cœlos spiritus obtinuit.
Gallica plebs genitrix plebi dedit hunc Aquitanæ,
　Et silvas veteres Burdegalæ coluit.
Qui tantum terræ, genti quoque profuit illi,
　Ut modo gens per eum terraque fructificet.
Ossibus hic locus est dives decoratus opimis,
　Prosit honor populis ossibus exhibitus.

De eodem abbate.

Alba columba Dei maculis rugisque remotis,
　Quem nocuit culpæ nulla nigredo suæ.
Miles ut emeritus ad regis præmia raptus,
　Spiritus abbatis vindicat astra sibi.
At qui de terra cinis est adjunctus eidem,
　Hac requiescit humo jure vocatus homo.
Hic natale solum, quod erat sibi Francia dulcis,
　Ultro deseruit pone sequens Abraham.
Silvæ Majoris probus hospes et incola primus,
　Hos tenuit saltus excoluitque Deo.
Nomine Geraldus vir strenuus alta sitivit,
　Hic pausat corpus, spiritus alta tenet.

De eodem abbate.

Prudens ut serpens, simplex Geralde columba,
　Angelicus specie, gratus olor capite.
Vir leo zelando, supplex agnus patiendo,
　Mitis, mansuetus, religione probus.
Hanc ubi divino domuisti vomere terram,
　Ad te collectis fratribus innumeris :
Tandem communis contactus imagine mortis,
　Das animam cœlo, membra soli gremio.
Ora pro nobis, Geralde, Pater reverende.
　Non opus est pro te nos aliud petere.

Audeberto Cenomannensi archidiacono.

Censeo famosis te vatibus æquiparandum,
　Quamvis præniteas re, fama, vatibus ipsis,
Nec tu dissideas a commoditate Maronis.
De Berengario Turonensi pauca locutus,
　Es nobis visus, nisi fallor, magnus Homerus.

Ad comitis Stephani fratrem.

Lampadis os, Philippe, vale, puer indolis altæ,
　Lux olim cleri clara futurus, ave.
Ne tibi quem præfert gradus et provectior ætas,
　Ad te compellit scribere solus amor.
Scribo quod puero surgenti profore possit,
　Quodque dies nostros quodque gradum deceat.
Tu quod cudit amor, quod amici more paciscor,
　Sic ut amicus habe, solus habendo lege.
In triviis siquidem nolo mea dicta vagentur,
　Nemo nisi infelix invidia caruit.
Sicut nobilitat te linea sanguinis alti,

Sic quoque te morum linea nobilitet.
Subditus esto libens virgæ manibusque magistri,
  Dum vacat, assiduus disce, revolve libros.
Tempus erit subito cum te tua provehet ætas,
  Cum te nobilitas avocet a studiis.
Nam si nescieris tunc respondere rogatus,
  Si Præsul fias, mutus asellus eris.
In condiscipulos nimium sævire caveto,
  Immo magis recolas te fore discipulum.
Quod tecum gessit nec cuilibet improperabis,
  Nec tibi quod soli dixit amicus homo.
Si sis iratus, nulli tamen objice crimen,
  Pacatus siquidem forsitan alter eris.
Nobilitas et lingua procax, moresque protervi,
  Nec sibi concordant, nec bene conveniunt.
Nobilibus siquidem proavis Odonibus ortus,
  Ortus es Odones ut veteres renoves.
Qui sic vixerunt, fuerint ut Julius armis,
  Augustus pace, divitiis Salomon.
Addidit Octodorum sibi scilicet unus eorum,
  Augustamque suis juribus obtinuit.
Isque Theobaldum generavit pacis alumnum,
  Quo, Philippe, venis principe progenitus.
Ergo quem decorant antiquæ nobilitatis
  Tot proavique duces, et comites atavi :
Da condigna tuæ præsagia nobilitati,
  Moribus ipse tuis præniteas atavis.
An sim jocundo, Philippe, locutus amore,
  In serie sensus ipse notare potes.
Quod si dicta sonant incomptam rusticitatem,
  Crede mihi melius dicere non potui.
Est ignorantis vitium, non culpa volentis :
  Si bene non dixi, dicere quod volui.
Denique quod sentis, quod gestit nostra voluntas,
  Ac si protulerint carmina nostra puta.
Dicta meis votis industria vestra coaptet,
  Dictaque votorum vis magis appreciet.
Appreciet cartam, quod cartam misit amicus,
  Dilige quod præfert nomen amicitiæ.
Jam memor esto mei, memoris memorabor et ipse,
  Nec nos a nobis mors etiam dirimat.

Adelæ comitissæ.

Vadis ut insolitos videas, mea cartula, fastos,
  Ut regum thalamos et comitum videas.
Vadis ut egregiam mihi gratifices comitissam,
  Si tamen ipsa prius gratificeris ei.
Gratificeris ei, dicens comitissa valete,
  Reginæ potius nomine digna vale.
Hæc est illius si nescis filia Regis,
  Anglos indomitos qui domuit gladio.
Qui sibi Northmannos inhibentes jura paterna
  Percutit ense fero, supposuitque jugo.
Iste procellosas pro littore duxit abyssos,
  Et quasi conduxit littora littoribus.
Iste licet sumptus superaverit imperiales,
  Tantæ plenus erat fertilitatis opum.
Ut vix thesauros aliquis perpenderit ejus,
  Largus militiæ, largus et Ecclesiæ.
Denique tantus erat, ut solus fecerit orbem

A Nomen ad imperii subtrepidare sui.
In dubio tamen est quæ stirps utriusque parentis,
  Cum mage par fuerit clarior exstiterit.
A patribus proavis pater editus, utpote consul,
  Extulerat proavos ex probitate sua.
Addideratque suis nunc tantum rebus honoris,
  Quantum res olim patribus addiderant.
Sed neque distabat a tanto conjuge conjux,
  Quam sublimabat regia nobilitas.
Quæ deducta potens a nobilitate potenti,
  Terræ Flandrensis nobile germen erat.
Hosque pares geminos sibimet sic fata dicarant,
  Ut speciale forent conjugii specimen.
Regem regina, reginam rex decorabat,
  Et decus alter erat, et decor alterius.
B Non virtute minor successit filia patri,
  Excepto quod non militis arma gerit.
Arma tamen gereret nisi mos opus hoc inhiberet,
  Nec fas est ferro membra tenella premi.
Una tamen res est qua præsit filia patri,
  Versibus applaudit, scitque vacare libris.
Hæc etiam novit sua merces esse poetis,
  A probitate sua nemo redit vacuus.
Rursus inest illi dictandi copia torrens,
  Et præferre sapit carmina carminibus.
Ergo ne timeas, nimis est affabilis ipsa,
  Ipsa dabit tempus, et dabit ipsa locum.
Utque reor non te comitissa remittet inanem
  Sis licet ipsa rudis, more suo faciet.
Nec tibi præstabit tantillum quod meruisti,
C   Præstabit quod sit lausque decusque suum.
Pene sua est orbi jam munificentia nota,
  Extremos homines jam sua dona vocant.
Ipsa mihi nota est, nec ego sum cognitus illi,
  Occuluit sibi me rustica simplicitas.
Nec nunc auderem præmittere carmen ad illam,
  Sed voluit mandans carmen habere meum.
Quidlibet audivit nuper de carmine nostro,
  Innuit applaudens quatenus adjiciam.
Adjicio non quod par esse suæ probitati
  Possit, sed vigeat ex probitate sua.
Materies grandis mea carmina nobilitavit,
  Non mea nobilitant carmina materiam.
Hanc morum probitas, hanc castum pectus honestat,
D Nobilis hanc soboles ornat, amorque viri.
Sunt tamen et multi, quos commendare puellis
  Et decus et probitas et sua forma queat.
Hanc qui tentassent? sed quid tentasse juvaret ?
  Servat pacta sui non violanda tori.
Hanc decor insolitus, et inæquiparanda venustas,
  Commendatque simul gratia colloquii.
Sed quis tam duram silicem mollire valeret ?
  Inspiciunt sine re, sed juvat inspicere.
Præmia magna putant dum spe pascuntur inani,
  Irritantque suos hanc inhiando oculos.
Nec mirum, quoniam species sua tanta refulget,
  Debeat ut cunctis præfore virginibus.
Hanc ego vidissem nisi rusticus erubuissem,
  Ipsam quippe loquens inspicere erubui.

Tunc nisi pa.antes obliquarentur ocelli,
  Mox exhausisset omnia verba mihi.
Gorgone conspecta quamplures destituuntur
  Taliter a propriis protinus officiis.
Et coram Circe sic multi diriguere.
  Non etenim poterant lumina ferre deæ.
Vix ideo vidi, vidisse tamen reminiscor,
  Ut reminiscor ego somnia visa mihi.
Sic me sæpe novam lunam vidisse recordor,
  Vel dum vix video meve videre puto.
Vix ipsam vidi, sed sicut et ipse recordor
  Dianæ species anteferenda sua est.

Ad eamdem, pro cappa quam sibi promiserat.

Quam peto, quam petii, si reddas, Adela, cappam,
  Quæ deceat dantem, deceat simul accipientem :
Nulla mihi major, melior mihi femina nulla,
  Nam Regina mihi tu fies ex comitissa.
Te quoque majorem formabunt carmina nostra,
  Carmine tu nostro latum spargeris in Orbem,
Ut te nosse queat et Cyprus et ultima Tyle,
  Æthiopes, Indi, Getulus, et insula quæque.
Grandia dico quidem, sed grandia dicere novi,
  Ex quo materiam mihi sumpsi de comitissa.
Ipsa mihi carmen, calamum mihi suggeris ipsa,
  Ipsa dabis flatus, os ipsa replebis hiulcum.
Emeritas solvis mercedes ipsa Poetis,
  Tu cogis vates taciturnos esse loquaces.
Ergo tuum Vatem, Comitissa, revise loquentem,
  Et refer, o domina, scribenti præmia cappam,
Cappam quæ phrygium rutilans circumferat aurum,
  Cappam quæ gemmis ambitum pectus honestet :
Ut te habeat pectus hæc dum super induet artus
  Cappam quæ pretium comitissæ præferat instar,
Quam merito valeam comitissæ dicere cappam.
  Sicut et excellis reginas et comitissas,
Sic Reginarum comitissarumque lacernas
  Hoc excellat opus, quod te super astra perennet.
Magna peto, si non majora rependere nosses.
  Ipsa pusillanimes fastidis parva petentes.
Non nimis alta peto, non ad nimis alta relabor
  Quolibet ornatu debes ornare ministros,
Et ditare simul thesauros ecclesiarum.
  Id petiisse meum est, id te præstare tuum sit.
Sic mihi responde juri ut faveas utriusque,
  Et cave ne desit etiam sua fimbria cappæ.

Ceciliæ regis Anglorum filiæ.

Regia virgo, vale, vale, inquam, regia virgo,
  Virgo Romuleis tunc anteferenda puellis,
Virgo virginibus nunc anteferenda coævis,
  Quam pater augustus æquavit regibus Anglis.
Quam species formæ cum virginitatis amore,
  Et morum probitas ingenti laude venustat.
Quam satis exornat sua sollicitudo legendi,
  Quam patre nobilior sponsus sibi gratificavit.
Ergo placere tuo virgo contende marito.
  Nam neque nupsisti quasi cuilibet e grege sponso :
Sed magis egregio, cujus te forma perennet.
  Quod tibi quæ multa est librorum lingua loquitur,
Ecce tibi, virgo, si quid tamen ipse valebo,
  Offero me pro posse meo, vel si placet ultra.
Audivi quamdam te detinuisse sororem,
  Cujus fama meas aliquando perculit aures
Nomen it elapsum, vidisse tamen reminiscor.
  Bajocensis erat, sed tunc erat Andegavensis,
Quam, tibi si placeat, nostra de parte saluta,
  Atque mihi nomen rescribe tuumque suumque.

De duce Rotgerio.

Cui probitas patris peperit bellando ducatum,
  Quem pax, quem probitas patri sua multa coæqua
Salve, Rogeri, longum dux inclyte, salve,
  Ut speciale tibi salve fac Burguliani.
Attamen anticipant nostros tua facta colonos
  Namque tuum nomen totum vulgatur in orbem,
Vel quia militiæ stipendia fundis opima,
  Vel quia tractas rem consultus homo popularem,
Quæ stat firma tuis non concutienda diebus :
  Sive quod Ecclesias immenso munere ditas,
Sive quod invitas hac tempestate Camœnas
  Dapsilitate tua, ne possit Apollo tacere.

De Hostiensi episcopo

Odas, o utinam cui mittuntur placituras
  Odoni magno dirigo parvus ego.
Odo pontificum decus et specialis honestas
  Consilium papæ, regula justitiæ.
Ecclesiæ robur, non concutienda columna ;
  Mittit quod placeat Burgulianus ave.
Burgulianus ave magno dicit patriarchæ,
  Quod mihi notitiam præsulis obtineat
Odo, Wido mea mihi te celebravit in aure,
  Pluribus indiciis te mihi significans.
Guido tuum nomen nostrum devexit in orbem,
  Utque viri tanti præco vir ille mihi.
Te mihi procerum statura significavit,
  Quæ non excedat effigiata modum.
Mores jocundos Wido tibi dixit inesse,
  Et quod conveniat moribus alloquium.
Utque mihi dixit, ditat te littera dives,
  Et vatum Musas deliciosus amas.
Si cantare velis cantas modulamine dulci ;
  Ilis superest vultus et facies hilaris.
Affatu suavis, communis et omnibus omnis,
  Exhilaras mœstos, et stolidos reprimis.
Os Oratorum modo vivis Tullius alter ;
  Callidus in verbis vivis Aristoteles.
Tempora quæ modo sunt, quæ sunt sine remige navis
  Rectorem statui te voluere sibi.
Qui te fecerunt Odo velut Hostia Romæ ;
  In modico Romæ te facient dominum.
Hic jam cœperunt ordiri provida fata :
  Hic intelligimus, jamque favemus eis.
Odoni factus hæres in pontificatum,
  Mox in papatum substituendus eris.
Hoc locus, hoc nomen, hoc signat copia linguæ ;
  Hoc alti sensus præcinit integritas.
Innuit hoc habitus tunicatæ religionis,
  Vos ambos idem Cluniacus genuit.
Ambos vos fovit, vos Hostia sustulit ambos,
  Alter papa fuit, nec minus alter erit.

O si tunc merear florere superstite vita ;
　Ut tunc te toto pallidus ore canam
Tunc Orpheus nostram nequeat superare Camœnam;
　Si pleno flatu buccina nostra sonet.
Velis furtivis vehitur modo nostra carina,
　Namque piratarum perstrepit omne genus.
Insontem lacerant me dentibus obloquiorum,
　Meque reum mortis clamitat invidia.
Objiciunt quod ego tabulas post tempora tango,
　Quod non demisso vado supercilio.
Ipse susurro tamen, mecum quoque rumino psalmos,
　Atque obliquatis vultibus intueor.
Ut fur invidiæ probitati est sæva noverca,
　Quocirca tepeo sæpius a studio.
Quod si me vellet defensio vestra tueri,
　Ut mea duntaxat carmina diligeres :
Repentes hederæ mox serpent uberiores,
　Si quando audaci fretus ero gladio.
Audaci si quando lyras moderamine tangam,
　Si musas pleno pectine discutiam.
Si quando impavidus vates audebo vocari,
　Si calamos teneam non trepidante manu.
Si verbo nostris signisve quibuslibet Odis
　Illudas, Odo, fulmina non timeo.
Fulmina quæ timeat, quem maxima Roma tuetur
　Quid timeat tua quem proteget Odo manus?
Me sub amore tuo digneris, maxime Pastor,
　Tutior ut Romam si sit opus videam.
Tutior ut duce te Romana palatia cernam,
　Quem mea rusticitas terreat absque duce.
Jam nunc de vestro tanquam securus amore,
　Vobis commendo quod penitus cupio.
Me præsumentem de te confundere noli,
　Debita posco quidem, da mihi, namque potes
Si quotcunque modis aures obstruxerit aspis,
　Ut nolis nostras insinuare preces.
Si quæsita neges, possisque negata referre,
　Si tua claudantur corda meis precibus :
Ut dare tu nolis sine damno quod dare possis,
　Non es quem spero, quem tuus ipse cano.
O quam sperabam vivis procul et procul alter,
　Quod Deus avertat ut mihi tu facias.
Unicus est Odo mihi filius, imo coabbas,
　Pro quo devotus asto tuis pedibus.
Namque manum super hunc nimis aggravat ille
　　　　　　　[Remensis
Iram qui papæ funditus emeruit.
Imposuit siquidem regi diadema Philippo
　Nunc et in hoc papæ negligit imperium,
Propterea fundo mea viscera funditus Odo,
　Ut mihi perficias hanc tibi rem facilem.
Abbatis partem sustentes ordine recto,
　Ut restauretur filius ille meus.
Quod confirmavit in eo Romana potestas,
　Inconvulsum sit, permaneatque ratum,
Et potes et debes, nisi me contempseris, O.fo
　Abbatem sancto reddere Remigio.
Non ingratus ero, superaddam gratificandus
　Munera carminibus, carmina muneribus.

A Ecce fatigatus nimium remeare nequivit,
　Sed si mandabis ut veniat veniet.
Jam securus erit, redeat si scripseris illi,
　Noverimus quoniam restituendus erit.
Si mandare velis quod penses utile nobis,
　Guidonem nostro noveris esse loco.
Guido mihi vivit, magnus, bonus, atque fidelis,
　Magni momenti, nominis haud modici.
Hunc venerare modo quo nos veneramur eodem,
　Namque bona morum simplicitate viget.
Odam dilatat occasio multa precandi,
　Sed modo fine brevi sis memor, Odo, mei.
　　　Item de eodem.
Odonem salvere meum sine fine præopto :
　Odo mi, salve, papa futurus, ave.
B Quod te dico meum, præsumptio dicere cogit,
　Tantum tantillus pontificem monachus.
Quem nunquam vidi, quem solis auribus hausi,
　Dicere præ nimio cogor amore meum.
Visceribus totum te nostris insinuavi,
　Te siquidem novi carmina diligere.
Et laudas vates, et præmia vatibus offers,
　Jocundus, prudens, felle columba carens.
Compatiens miseris, peregrinis auxiliator,
　Morum præ cunctis asperitate cares.
Maximus orator, vatum specialis amator,
　Invitas nostros ad studium calamos.
Talem te cupio, mihi te desidero talem,
　Qualis es, et qualem te volo promereor.
Quæso mihi debe quod debet amicus amico,
C　Quos indiscussus consolidavit amor.
Inter quos unquam non est alterna voluntas,
　Qui sapiunt, vivunt et moriuntur idem.
Ecce tibi talem, me si dignare, paciscor,
　O utinam votis faveris, Odo, meis !
Si mihi te dederis, si te dignabere nostrum,
　Inter cantores Orpheus alter ero.
Jam quoque de vestro nimium confisus amore,
　Audeo pro caris insinuare meis.
Burchardum commendo meum, quem diligo multum
　Tutelæque tuæ, consilioque tuo.
Urit Guidonis penuria multa penates,
　Odo, roriferas cui plue divitias.
　　　Dominæ Emmæ.
D Cœnobitarum decus et decor Emma sororum,
　Suscipe quod mandat Burgulianus ave.
Burgulianus ave tibi mandat, et immolat illud,
　Quod te contiguet perpetuetque mihi.
Utpote quam proprio sic fovit melle sophia,
　Ut nunc emanent ubera lacte tua.
Quod nuper patuit mihi carmina vestra legenti
　Quæ tu gratuito nectare condieras.
Ad te concurrunt examina discipularum,
　Ut recreentur apes melle parentis apis.
Quod si discipulos vester concederet .ordo,
　Vellem discipulus ipsemet esse tuus.
　　　Amato archiepiscopo.
Pontificum lex est veniam præstare roganti,
　Dissolvit legem qui prohibet veniam.

Optime pontificum, mihi sic applaude roganti,
 Ut mihi pontificem te tua facta probent.
Aures ergo diu pulsatas pande benignus,
 Quamque rogo supplex inveniam veniam.
Nubibus ablatis me respice fronte serena,
 Quidlibet emendo si veniam merear.
Sin autem, certe querimonia nostra coæquos
 Tanget ut emendent tal'u pontifices.
      Versus Odonis ad abbatem.
Hanc, Baldrice, tibi mittit tuus Odo salutem,
 A te rescribi quam cupit ipse sibi.
Nuper, amice, tuum tenui legique libellum,
 Credere vix potui temporis hujus opus.
Tantum pondus erat verbis, facundia tanta,
 Posset ut hæc credi composuisse Maro.
Inter amicorum scribi mea nomina sperans,
 Devolvi librum terque quaterque tuum.

A Vel levis ulla mei non est ibi mentio facta,
 Commovit mentem res nimis ista meam.
Scilicet indignum me, vir facunde, putasti,
 Carmine quem velles perpetuare tuo.
Attamen urna, lepus, corvus quoque, cancer, aselli,
 In cœlo stellæ te quoque teste nitent.
Et post tantorum tot nomina clara virorum
 Viles bestiolæ cœlica regna tenent.
Me quoque multorum post nomina clara virorum,
 Fac tua cœlestis pagina suscipiat.
Hæreat in libri, rogo, margine distichon unum,
 Inscriptus valeat quo tuus Odo legi.
Si meritis precibusque meis quæsita negabis,
 Extorquebo tamen improbitate mea.
Hæc mea sæpe tibi trivialia carmina mittam,
 Sic indignanti quod precor excutiam.

CARMEN BALDRICI DE TABULIS SUIS.

FRAGMENTUM.

(MABILLON, *De re diplomatica*, Supplem., p. 51, num. 11, *De instrumentis quibus veteres notarii et antiquarii ad scribendum utebantur.*)

Quod attinet ad styium, eo maxime utebantur veteres ad scribendum in tabulis ceratis. Legimus in veteri codice, modo bibliothecæ Ottobonianæ, carmina Baldrici Burguliensis abbatis, partim edita, partim haud vulgata, in quibus unum est lugubre, imo festivum carmen de graphio fracto, quo Baldricus ad scribendum in tabulis ceratis per annos decem usus fuerat. Ni res parum seria esset ad propositum nostrum, integrum illud carmen referrem, in quo auctor totum styli artificium et usum describit. Hic venit in mentem Leonis Allatii, qui amisso calamo, quo ad græce scribendum unico per annos quadraginta usus fuerat, adeo indoluit, ut vix lacrymas continuerit. In alio carmine Baldricus ludit in tabulas suas, quæ non cera nigra de more, sed viridi oblitæ erant, ad recreandos scilicet oculos : ludit et in stylum eis accommodatum, quem fecerat quidam Lambertus Andegavensis; laudatque abbatem Sagiensem, cujus dono acceperat sacculum, quibus illæ tabulæ, vix semipedales, inclusæ erant. Earumdem vero brevitatem atque formam præ cæteris commendat his versibus

 In latum versus vix octo pagina vestra ;
 In longum vero vix capit hexametrum.
 Attamen in vobis pariter sunt octo tabellæ,
  Quæ dant bis geminas paginulasque decem.
 Cera namque carent altrinsecus exteriores;
  Sic faciunt octo quattuor atque decem.
 Sic bis sex capiunt, capiunt et carmina centum ;
  Id quoque multiplices paginulæ faciunt.

Idem versibus suis celebrat Girardum et Hugonem notarios seu scriptores suos, qui carmina sua e tabulis ceratis in membranas referebant.

OPUSCULA DUBIA.

DE REVELATIONE ABBATUM FISCANNENSIUM.

(Vide Patrologiæ tom. CLI, col. 699.)

ACTA S. VALERIANI MARTYRIS

AUCTORE, UT VIDETUR, BALDRICO.

(CHIFFLET, *Histoire de l'abbaye de Tournus*, preuves, p. 33, ex codicibus mss. Acceyensi, Cabilonensi, et aliis quibusdam

---

Beatissimorum martyrum gloriosa certamina, ob honorem Christi Domini ac Dei nostri assiduis cultibus et solemnitate annua celebrantur, ut dum fidem martyrum plebs devota cognoscit, et illos triumphasse gaudeat, et se patrocinio eorum protegendam esse confidat. Celebre enim habetur, sanctæ recordationis Eusebium historicum, Cæsariensis urbis episcopum, egregiæ vitæ beatissimum sacerdotem, ecclesiastica quoque institutione doctissimum, et præcipua sollicitudine venerandum per omnem orbem, in quantum divino adjuvante Spiritu, ut gestum est rei veritate decursa valuit reperire; prout singularum provinciarum urbes, loca, vel oppida, illustrari triumphis martyrum cœlestibus meruerunt, quorumque principum tempore ordinata officiorum instantia innumeræ persecutiones actæ fuerint, declarasse : qui etsi martyrum singulorum integras non explicuit passiones, tamen Christianis devotis atque fidelibus unde scribi vel celebrari debeant, veraciter intimavit. Dei itaque gratiam toto orbe diffusam fidelis cultor excoluit; dum velut exiguo tritici semine copiosæ messes agri fertilitate gignuntur, et multiplicata ubertate proficiunt, ita supradicti viri relatione, ab unius codicis fonte diffusæ scriptis manantibus fidelium, totum orbem celebrandæ passiones martyrum rigaverunt. Nos tamen rei ordinem exsequentes passionem sancti Valeriani martyris ea scribere devotione curavimus, quam triumphante Christo perfectam certissima veritate comperimus.

Igitur Antonini imperatoris temporibus gravissima persecutionis instantia pullulabat ; adeo ut cunctis imperii sui provinciis generali fuerit auctoritate vulgatum et decretis imperialibus constitutum, ut ubicunque Christianæ religionis, indiscreto honore, sexu vel genere persona fuisset inventa, diversis afflicta suppliciis capite puniretur. Tunc in Lugdunensi urbe maxima vel præcipua Galliarum, sanctæ recordationis Photinus episcopus, cujus vitæ merita consummatio martyrii declaravit, institutor Christianorum doctissimus habebatur : qui ut præfatus historicus refert, cum aliis quadraginta et octo martyribus, persecutorum instantia comprehensus, ergastularibus tenebris mancipatur : et quinquaginta animæ Christi gloriam confitentes, in unum carcerem pariter retruduntur. Ex quibus sanctus Marcellus, et sanctus Valerianus nocturno tempore annuntiante angelo evocati pariter et soluti, alter eorum Sequanorum, alter Æduorum provincias interjecto Arari petierunt : divinæ utique provisionis instinctu, ut eorum institutione et gentilium corda ad cœlestis religionis gratiam pervenirent, et nominatæ provinciæ proprio semper martyrum patrocinio munirentur.

Illo in tempore, post sancti Marcelli gloriosum certamen martyrii, Prisci præsidis examinatione confectum, nec longo intervallo, dum ipse præses ad Lugdunensem urbem sub voce præconis, et per aggerem publicum mularibus vehiculis, et per amnem Sagone navali cursu, diviso agmine properaret Trenorchium, quod tunc in erogandis militum annonis castrense horreum vocabatur, die jam vespertinis horis declinante pervenit. Ubi dum de passione sancti Marcelli quæ in Cabilonensi urbe acta fuerant, insana relatione denuntiat, suggestione gentilium cognovit, sanctum ibi Valerianum orationis secretissimam habere cellulam, et multos jam Christicolas effecisse.

Tunc nequissimus præses eadem nocte atroci cogitatione versatus, adventante jam luce ut mentis crudelitas flagitabat, sanctum perquiri Valerianum ab officio, et suis conspectibus statui imperavit. Ad cujus tugurium cum directi milites pervenissent, ille eos æstimans Christianos gratia charitatis, more hospitalitatis invitat. Quem illi primitus intuentes, signum crucis et intra cellulam suam habere, et suis adhibuisse vultibus conspexerunt; statimque comprehensum dixerunt sagaci inquisitione solliciti, quod esset signum illud quod intra suum tugurium invenissent, aut illis venientibus in suam signasse faciem videretur. Tunc sanctus Valerianus respondit: « Hoc est signum salutis, in quo Dominus cœli et terræ Jesus Christus, una cum Patre et Spiritu sancto regnans ante sæcula, et in æternum permanens, nos sua passione redemit, et moriendo contritis mortis vinculis, æternæ vitæ præmia condonavit. » Tunc illi dixerunt : « Ergo et tu, Marcelli socius, Christianum te esse denuntias ? » Sanctus Valerianus respondit : « Me et socium sancti Marcelli, et Christianum esse, libera et usque in finem mansura voce profiteor. »

Impositis itaque vinculis, et post tergum manibus vinctis, veluti sceleratı criminis reus, Prisco præsidi ab officio præsentatur. Quem cum ille intueretur belluini cordis severitate inflammatus sic ait : « Tu es Valerianus, Christi nomen prædicans errore superfluo periturus? An fortasse quæ acta fuerint de socio tuo Marcello, simili errore decepto, ad tuam minime notitiam pervenerunt? Consule tibi, deorum immortalium numina venerando. Cognosce quæ adorari sacratissimi imperatoris decernit auctoritas : quæ et patres nostri viderunt, et nos eorum effigies sanctissimas adoramus, et quorum progenies cœlis manifestissime dominatur. Omnipotentem itaque Jovem, et Junonem ejus conjugem ac sororem : Venerem etiam tanti dei filiam, Vulcanum et Martem fratres ipsius pariter et maritos adora. Quod si non feceris, longe a collega tuo Marcello gravioribus suppliciis punieris. »

Sanctus Valerianus respondit : « Præsidem te esse, et judicem provinciarum, circumstans declarat officium; sed omnis scientiæ, error gentilium reddit ignarum. Quomodo imperatoris tui nefaria religione, imperatorum decreta convellis? Quæ sunt numina ista quæ loqueris? Incesta puniri legum præcipiunt statuta; et tu deum esse omnipotentem voce sacrilega profiteris, quem germanæ suæ fuisse conjugem non negasti; filiamque ejus Venerem, fratris uxorem a me æstimas adorandam? Hæc crimina in numinibus veneranda, et in hominibus damnanda pronuntias? Tuo te satis abundeque errore confundis. Et beatissimi fratris mei Marcelli supplicia mihi te illaturum minaris, glorioso certamine superata? Atque utinam te victum et illius virtute, et tua pronuntiatione cognosceres, et Deum cœli ac terræ dominatorem omnium rerum atque factorem, de bonis sensibus adorares; qui sine crimine passus est; ut sua nos morte ab æterno mortis crimine liberaret et sua resurrectione fiduciam nobis perpetuæ salutis ostenderet, cujus regni nec finis nec principium invenitur! Hic est Deus verus, qui non in metallis, nec in lapidibus, sed in templo fidei et æternæ beatitudinis gratia reperitur. »

Priscus præses dixit : « Circumstantia puniendi supplicia non pavescis ? Et velut justificaturus [al., judicaturus] judicem vana quædam deliramenta pronuntias ? Nunc evidentius approbabis meorum virtutem numinum, aut vanam Dei tui potentiam, in tormenta deficiens. » Sanctus Valerianus respondit : « Tormenta ista quæ nominas, jam a præcedentibus meis sunt commilitonibus superata. » Tunc sævissimus præses stipiti appensum sanctum Dei martyrem unguibus jussit ferreis laniari : et cum auxilio Christi nullis fatigatus suppliciis in laude Domini perduraret, ac nequissimus præses, per illius perseverantiam et ad veram Christianæ fidei religionem pervenire plurimos vereretur, solutum exinde, in locum quo nunc venerandi corporis reliquias excolimus, gladio feriente jussit interfici.

Tunc sanctus Valerianus primi martyris et levitæ sancti Stephani habens gratiam et gloriam reminiscens, cœlos intuens illum vidit oculis sibi offerre coronam, cui moriendo non metuit martyrii præbere victoriam. Sic itaque sanctus martyr locum illum corpore consecravit, cœlorum spiritu regna conscendens. Cujus festivitatem annuam celebr uti s patrocinium de bonis mentibus exoremus, ut fi em plebis augeat, provinciam propriam tueatur, cunctumque populum suis cultibus adhærentem pia intercessione conservet : et qui ejus triumphum devotus ac fidelis scriptor excoluit, in præsenti sæculo, vel in futuro, patrocinio ejus æterna gratia muniatur, præstante Domino nostro Jesu Christo, cui est imperium et potestas cum Patre et Spiritu sancto in sæcula sæculorum. Amen.

DE VISITATIONE INFIRMORUM

(*In codice ms. bibliothecæ Lambethanæ Londinensis Baldrico vindicatur hoc opusculum, quod esse unum ex illis quæ inter supposita Augustino leguntur jam suspicatus fuerat Oudinus. Hanc conjecturam suo testimonio confirmat D. Pitra, qui nuper codicem Lambethanum evolvit, ex cujus auctoritate libellum hunc ἀδέσποτον hucusque, Baldrico restituendum censet. — Vide Patrologiæ tom. XL, Operum S. Augustini VI, col. 1147.*)

BALDRICI DOLENSIS

DIPLOMA

Quo omnia bona monasterii S. Florentii confirmat.

(Anno 1109.)

[*Spicil.* edit de la Barre, t. III, p. 459.]

Quoniam antiquorum bene gesta a modernis multoties depravantur, nec sæcularia tantum, sed etiam ecclesiastica jura ignorantium seria sæpe perturbat cupiditas : non incongruum hinc arbitror juxta rerum necessitudinem, et temporum rationem, præcedentium instituta succedentium consensu quasi quibusdam fulcire sustentamentis, atque quibusdam munire præsidiis, ut qua manum inferre possit alieni cupidus appetitor, nihil reperiat. Hac quidem consideratione a monachis S. Florentii res quædam ita gesta est. Dum domnus Baldricus Dolensis archiepiscopus, Roma rediens, in secundo ordinationis suæ anno pallium, sui scilicet ordinis perfectionem, secum deferret, pridie Nonas Martii Salmuro apud Sanctum Florentium hospitatus est. Qui in crastina die, quæ tunc Dominica evenit, capitulum ingressus, cum sermonem cum fratribus habuisset, ab ipsis rogatus est ut ea omnia quæ in suo episcopio possidebant, et suæ dignitatis consensui pertinebant, firmissime eis concederet, et sua auctoritate protegeret: quibus ipse se facturum spopondit. Post triduum ergo, die scilicet quo discessurus erat, summo mane tabulam pulsare fecit, et fratribus congregatis capitulum ingressus est, et eis omnia sicut poposcerant concessit, salva tamen querela canonicorum S. Sansonis, et ecclesiæ Sanctæ Mariæ, quæ in castro Dolis sita est. Hujus concessionis testes sunt Joannes episcopus S. Briochi, qui cum eo venerat et præsens aderat; domnus abbas Guillelmus ejusdem cœnobii, Orgerius prior, et omnes alii fratres qui tum in conventu S. Florentii aderant, quos longum est enumerare. Ipse quoque Joannes episcopus concessit nobis et quidquid in episcopio suo habebamus, et quidquid exinde acquirere possemus.

Actum est hoc anno ab Incarnatione Domini 1109, indictione Romanorum II, cyclo lunari VIII, termino Paschali XIV, Kalendas Maii, die ipsius Paschæ, VII Kalendas Maii, luna ipsius diei vicesima prima.

ANNO DOMINI MCXXX

HONORIUS II
PONTIFEX ROMANUS

NOTITIA HISTORICA

(MANSI, *Concil.*, XXI, 319)

Honorius, dictus ante Lambertus, Bononiæ natus, Ostiensis episcopus, qui Wormatiensi principum conventu resignantem libere investituram episcoporum imperatorem Henricum, auctoritate sedis apostolicæ, cujus legatione fungebatur, vinculo anathematis absolverat, electus est pontifex XIX Kalendas Januarii, anno Christi 1124, tempore Henrici regis Germaniæ V et imperatoris ejusdem nominis IV. Contra eum in schismate creatus est pseudopontifex Theobaldus sanctæ Anastasiæ cardinalis, Cœlestini II nomine insignitus. Verum quia cum Honorio pars potior erat, inquit Chronicon Cassinense, fautores Theobaldi rerum eventum cernentes ad Honorium se contulerunt. Idem iisdem fere verbis abbas Urspergensis, addens eumdem in Romana Ecclesia diutissime probatum, et in ea legatione, qua ipse dudum in reconciliatione regni et sacerdotii Germanicis in partibus strenue laboraverat, eis citraque notificatum, tam illorum qui longe, quam qui prope erant, sacerdotum unanimi favore consecratum, moreque sedis illius vere tanto honore dignum, Honorium appellatum esse. Unus Tyrius lib. XIII Belli sacri, cap. 15, de electione hujus pontificis ait: « Eodem anno 1124 dominus Calistus bonæ memoriæ papa secundus vita decessit, cui substitutus est quidam Lambertus, patria Bononiensis, Ostiensis episcopus, qui dictus est Honorius. Hic electus est sub contentione cum quodam Theobaldo presbytero cardinali tituli Sanctæ Anastasiæ; et quia electio ipsius Honorii minus canonice processerat, post duodecim dies in conspectu fratrum mitram et mantum sponte refutavit atque deposuit. Fratres vero tam episcopi quam presbyteri et diaconi cardinales, videntes ipsius humilitatem et prospicientes in posterum ne in Romanam Ecclesiam aliquam inducerent novitatem, quod perperam factum fuerat in melius reformarunt, et eumdem Honorium denuo auctorizantes ad ejus vestigia prociderunt, et tanquam pastori suo et universali papæ consuetam obedientiam sibi exhibuere. » Hæc de Honorii electione Tyrius. Eadem iisdem fere verbis Pandulphus apud Baronium: « Willelmum Tyri archiepiscopum ex Latinis primum a Guaremundo Hierosolymitano patriarcha consecratum pallio donavit, scriptisque ad episcopos et clericos Tyri nec non ad praedictum Guaremundum Hierosolymitanum patriarcham epistolis mandavit, ut suum illi archiepiscopum a se jure pallii donatum benigne accipiant, et religiose observent. » — « Misit etiam cum eodem, inquit Tyrius, dominum Ægidium Tusculanum episcopum, apostolicae sedis legatum, virum eloquentem et admodum litteratum, per quem Antiocheno patriarchae Bernardo epistolam scripsit, monens ut domino Tyrensi suos quos detinebat, sub poena suspensionis, restitueret suffraganeos. Initio pontificatus Oderisium abbatem Cassinensem, ob contemptum sedi apostolicae iteratis vicibus illatum, excommunicavit, et deposuit. » Petrus Diaconus : « Sanctum Bernardum hac aetate mirabilem ac velut quoddam sidus terris illapsum, Hidelbertum Turonensem archiepiscopum, Norbertum multarum gentium apostolum, Hugonem de S. Victore Parisiensem theologum, aliosque viros ingenio, doctrina, religione ac pietate praestantes, mirifice coluit. Decreta synodi Nannetensis, quibus duo jura Conano comiti Britanniae consentienti eripiebantur, rescripto quodam velut sancte et legitime constituta confirmavit : pravamque illam corruptelam potius quam consuetudinem, qua, decedente marito vel uxore, universa decedentis mobilia, quaeque ex naufragio emerserant, non ad filios vel legitimos heredes, sed ad fiscum transibant, magno beneficio totius Britanniae plane abrogavit. » Papirius Massonus : « Ottonem Halberstadensem episcopum a suis canonicis accusatum et convictum: quod pro consecratione cujusdam ecclesiae triginta solidos accepisset, deposuit, eique Rodulphum substituit. » Chronicon Hirsaugense : « Willelmo duce Apuliae et Calabriae sine liberis defuncto, Rogerium Siciliae comitem ejusdem invasorem, vi et armis coegit ad juramentum fidelitatis more solito Ecclesiae Romanae praestandum. Ludovicum Crassum Franciae regem bonorum et jurium ecclesiasticorum usurpatorem, a Stephano Parisiensi episcopo justis censuris innodatum, male informatus, ideoque a S. Bernardo binis litteris graviter satis reprehensus, absolvit. Hujus tempore Tanchelinus quidam Adamitarum haeresim condens, multos Antverpiae sua eloquentia et sedulitate seduxit. Negabat enim corporis et sanguinis Christi perceptionem ad salutem prodesse : nihil faciebat sacerdotes et episcopos : suis haeresibus non assentientes per suos sectatores; habebat enim circiter tria millia militum qui cum ubique sequebantur, occidi jubebat. Ad eam haeresin ex hominum animis eradicandam, illius loci episcopus constitutus est Norbertus Praemonstratensis ordinis : qui suis concionibus adeo profecit, ut fere omnes ad fidem catholicam conversi fuerint, afferentes in ecclesiam corpus Dominicum, quod per decem annos in cistis et foraminibus secluserant. » Robertus continuator Sigeberti : « Ejusdem temporibus universa fere Pomeranorum natio a Boleslao Poionorum duce subacta, magnusque rex Gothorum praedicatione Ottonis Bambergensis episcopi Christianam fidem complexus, in Christi castra transierunt. » Helm. cap. 41. Olaus lib. II, *De gentibus septentrionalibus* cap 7 : « Cumque tandem Honorius papa post obitum Henrici V, qui sine haerede decesserat, anno Domini 1125, Lotharium ducem Saxoniae, communi procerum consensu regni et imperii successorem designatum, a rebellantibus contra eum Henrici nepotibus ex sorore, Conrado nimirum et Friderico Suevorum ducibus, ut testatur Frisingensis, sententia excommunicationis in eos prolata, ab intestino bello liberasset, defunctus est XVI. Kalend. Martii, anno 1130 : cum tenuisset pontificatum annis quinque, mense uno, et diebus septemdecim. » — « Hic fecit, inquit Pandulphus apud Baronium, ordinationes in Urbe plures, » etc. Ægrotus deferri se fecit ex Lateranensi palatio ad monasterium S. Andreae, ibique in pace defunctus est ; sepultus vero in basilica Salvatoris.

NOTITIA DIPLOMATICA.

(Philippus Jaffé, *Regesta pontif. Rom.*, pag. 549.)

I. *Honorii sententia haec est :* Oculi Domini super justos (1, 3, 4, 6, 18, 21, 22, 23, 24, 39, 42, 43, 66.)
Bullis ejus subscripserunt :

ep. Albanensis Vitalis . . . . a	7 Mart. 1125	ad 28 Mart. 1126
« Ostiensis . Joannes . . . . d	24 Mart. 1129	
« Portuensis . Petrus . . . . a	2 Apr. 1125	ad 7 Mai. 1128
« Praenestinus. Guilielmus. . . . . . a	2 Apr. 1125	ad 24 Mart. 1129
« Sabinensis. Crescentius. . . . . . . a	2 Apr. 1125	ad 21 Jul. 1126
Conradus. . . . . a	7 Mai. 1128	ad 24 Mart. 1129
« Tiburtinus . Guido . . . . a	7 Mart. 1125	ad 21 Jul. 1126
« Tusculanus. Ægidius . . . . a	7 Mart. 1125	ad 24 Mart. 1129
pr. card. tit. S. Anastasiae. . . . . . Petrus . . . a	7 Mai. 1128	ad 24 Mart. 1129
« « « SS. Apostolorum. . . . . . Gregorius . . a	2 Apr. 1125	ad 24 Mart. 1129
« « « SS. Aquilae et Priscae. . . . Gerardus . . a	4 Mai. 1125	ad 24 Mart. 1129
« « « S. Balbinae . . . . . . , . . Gregorius . . a	2 Apr. 1125	ad 24 Mart. 1129
« « « S. Caeciliae . . . . Joannes . . d	28 Mart. 1126	

«	«	«	S.	Calixti	Goselinus	.	d 24 Mart. 1129		
					Petrus .	.	a 2 Apr. 1125 ad 24 Mart. 1129		
«	«	«	S.	Chrysogoni	Joannes	.	a 28 Mart. 1126 ad 24 Mart. 1129		
«	«	«	S.	Clementis	Anastasius	.	d 7 Mart. 1125		
					Ubertus	.	a 28 Mart. 1126 ad 24 Mart. 1129		
«	«	«	S.	Cyriaci	Rusticus	.	d 24 Mart. 1129		
«	«	«	S.	Equitii	Petrus	.	a 7 Mai. 1128 ad 24 Mart. 1129		
«	«	«	S.	Eudoxiæ	Benedictus	.	a 2 Apr. 1125 ad 21 Jul. 1126		
«	«	«	S.	Laurentii in Damaso .	Deusdedit	.	ab 1125 (bull. 30) ad 24 Mart. 1129		
«	«	«	S.	Luciæ	Gregorius	.	d 2 Apr. 1125		
pr. card. tit.			S.	Marcelli	Petrus	.	ab 1125 (bull. 30) ad 21 Jul. 1126		
«	«	«	SS.	Marcellini et Petri .	Crescentius	.	d 2 Apr. 1125		
					(Sigito ? .	.	d 21 Jul. 1126)		
«	«	«	S.	Marci	Bonifacius	.	a 4 Mai. 1125 ad 21 Jul. 1126		
«	«	«	S.	Pamachii	Aldericus	.	d 28 Mart. 1126		
«	«	«		Pastoris	Conradus	.	d 21 Jul. 1126		
«	«	«	S.	Praxedis	Desiderius	.	a 7 Mart. 1125 ad 28 Mart. 1123		
«	«	«	S.	Sabinæ	Gregorius	.	d 21 Jul. 1126		
«	«	«	S.	Sixti	Sigizo	.	a 7 Mart. 1125 ad 24 Mart. 1129		
«	«	«	S.	Stephani	Saxo	.	a 2 Apr. 1125 ad 24 Mart. 1129		
«	«	«	S.	martyris Susannæ .	Petrus	.	a 7 Mart. 1125 ad 7 Mai. 1128		
diac. card.			S.	Adriani	Matthæus	.	a 2 Apr. 1125 ad 4 Mart. 1125		
«	«	«	S.	Angeli	Gregorius	.	a 2 Apr. 1125 ad 24 Mart. 1129		
«	«	«	SS.	Cosmæ et Damiani .	Jonathas	.	a 2 Apr. 1125 ad 24 Mart. 1129		
«	«	«	S.	Georgii ad velum aureum	Rossemanus	a	2 Apr. 1125 ad 4 Sept. 1128		
«	«	«	S.	Luciæ	Stephanus	.	a 2 Apr. 1125 ad 28 Mart. 1126		
«	«	«	S.	Mariæ in Aquiro . .	Comes	.	d 2 Apr. 1125		
«	«	«	S.	Mariæ in Cosmedin. .	Stephanus	.	a 28 Mart. 1126 ad 21 Jul. 1126		
«	«	«	S.	Mariæ in Dominica .	Angelus	.	a 2 Apr. 1125 ad 21 Jul. 1126		
«	«	«	S.	Mariæ in Porticu . .	Romanus	.	a 2 Apr. 1125 ad 21 Jul. 1126		
«	«	«	S.	Mariæ in via lata . .	Petrus	.	d 28 Mart. 1126		
«	«	«	S.	Nicolai de carcere . .	Joannes	.	a 28 Mart. 1126 ad 21 Jul. 1126		
«	«	«	SS.	Sergii et Bacchi . .	Gregorius	.	a 2 Apr. 1125 ad 24 Mart. 1129		
«	«	«	S.	Theodori	Hugo	.	a 7 Mart. 1125 ad 21 Jul. 1126		

prior subdiaconorum sacræ basilicæ Hyacinthus d. 21 Jul. 1126.
sacræ basilicæ subdiaconi Joannes, Rodulphus (d. 7 Mart. 1125), Hermannus, Nicolaus, Matthæus (d. 21 Jul. 1126).
prior subdiaconorum de Cruce Silvius d. 21 Jul. 1126
sacri palatii subdiaconus Bobus, Stephanus d. 21 Jul. 1126
subdiaconi Petrus, Caleph, Joannes, Gerardus d. 21 Jul. 1126
clericus Bonifacius d. 21 Jul. 1126
Datæ bullæ sunt p. m.

 Aimerici (al. Almerici, Armerici, Imerici, etc.) S. R. E. diac. card. et cancellarii a 19 Febr. 1125 ad 19 Dec. 1129.

 Aimerici S. R. E. diac. card. ac bibliothecarii vice domini Friderici, archicancellarii et Coloniensis archiepiscopi.

HONORII II

PONTIFICIS ROMANI

EPISTOLÆ ET PRIVILEGIA.

I.

Ecclesiæ S. Vincenti Bergomatis canonicorum protectionem suscipit et possessiones juraque confirmat.

(Anno 1125, Febr. 19.)

[UGHELLI *Italia sacra*, IV, 450.]

HONORIUS episcopus, servus servorum Dei, dilectis filiis ALBERTO archipresbytero et fratribus in matrice Bergomensi ecclesia S. Vincentii canonice viventibus eorumque successoribus in eadem religione manentibus in perpetuum.

Ad hoc universalis Ecclesiæ cura, etc. Quapropter A vestris in Domino filii postulationibus clementi pietate annuimus, et B. Vincentii ecclesiam una cum vestræ congregationis collegio, ac omnibus ad ipsum pertinentibus sub tutela apostolicæ sedis recipimus. Per præsentis igitur privilegii paginam apostolica auctoritate statuimus ut quæcunque bona seu possessiones a catholicis episcopis sive religiosis regibus Ecclesiæ vestræ tradita, quæque in præsentiarum jure possidet, et quæcunque in futurum largiente Domino juste et canonice poterit adipisci in ecclesiis, oppidis, villis et decimis, in nundinarum peditibus, sive aliis rebus, tam vobis quam ves'ris successoribus regulariter viventibus firma semper et integra conserventur. Decernimus ergo ut quandiu in canonicæ disciplinæ observantia permanseritis, nulli omnino hominum liceat camdem ecclesiam temere perturbare, aut ejus possessiones auferre, vel ablatas retinere, minuere, vel temerariis vexationibus fatigare, sed omnia conserventur eorum pro quorum sustentatione et gubernatione concessa sunt, usibus omnimodis profutura. Interdicimus etiam ut nec episcopo, nec alicui personæ facultas sit comn.unitatis vestræ bona in proprios usus deflectere, sive in beneficium aliis dare, vel modis aliis ad præbenda fratrum, vel communi utilitate alienare; locationes vero, commutationes, vel investitiones prædiorum communi fratrum consilio pertractentur, nec hujusmodi jus ab episcopo vel personis quibuslibet invadatur, salva tamen canonica catholici episcoporum Bergomens. reverentia. Si quis autem in futurum, etc. Amen.

Dat. Laterani per manum Aimerici S. R. E. diac. card. et cancellarii xi Kal. Martii, ind. iii, Incar. Dominicæ 1125, pontificatus autem domni Honorii secundi papæ anno primo.

II.

Bona et privilegia monasterii Rhenaugiensis confirmat.

(Anno 1125, Febr. 24).

[ZAPF, *Anecdota Monumenta hist. Germaniæ illustrantia* tom. 1, p. 471, Aug. Vindel. 1785, in-4°].

HONORIUS episcopus, servus servorum Dei, dilecto in Christo filio DIETMARO abbati Rhenaugiensis monasterii, ejusque successoribus regulariter substituendis in perpetuum (1).

Sicut injusta poscentibus nullus est tribuendus effectus, sic legitima desiderantium non est differenda petitio. Eapropter, fili charissime Dietmare, tuis petitionibus annuentes per præsentis privilegii paginam vestro venerabili Rhenaugiensi monasterio confirmamus, quæcunque ad idem monasterium legitimis fidelium donationibus pertinere noscuntur, quæcunque etiam in posterum concessione pontificum, liberalitate principum, vel oblatione fidelium, juste atque canonice poterit adipisci, firma tibi tuisque successoribus et illibata permaneant. Decernimus itaque sub divi interminatione judicii ut nulli omnino hominum liceat idem monasterium temere perturbare, aut ejus possessiones auferre, vel ablatas retinere, minuere, vel temerariis vexationibus fatigare, aut in beneficium dare, sed omnia integre conserventur eorum, pro quorum sustentatione ac gubernatione concessa sunt, usibus omnimodis profutura. Nullus advocatus constituatur, nec aliquis quolibet ingenio se inge-

(1) Duplex inscriptionis clausula in pontificiis rescriptis usuvenit, nempe *in perpetuum et salutem et apostolicam benedictionem* : prior quidem in bullis majoris momenti, et quæ in longum tempus valituræ erant : posterior vero in aliis brevioribus rescriptis, quæ in præsens exsequenda. Ita Mabill. *De re diplomatica*, lib. vi.

(2) Substitue indictionem quartam. Qua de re

rat, vel intromittat, nisi quem abbas elegerit. Qui si in aliquo ei resisterit, concessa potestate careat, et allum auctoritate apostolica abbas eligat. Obeunte te nunc ejusdem loci abbate, vel quolibet tuo successore, nullus ibi qualibet astutia vel violentia ponatur, nisi quem fratres communi consensu, vel pars consilii sanioris elegerint. Si qua igitur in futurum ecclesiastica sæcularisve persona hanc nostræ constitutionis paginam sciens contra eam venire tentaverit, secundo tertiove commonita, si non emendaverit, honoris potestatisque suæ dignitate careat, reamque se divino judicio esse cognoscat, et a sacratissimo corpore Domini aliena fiat, sitque anathema in die Domini extremo igne comburenda. Amen.

Ego Honorius catholicæ Ecclesiæ episcopus subscripsi.

Datum Lateranis per manus Aimerici sanctæ Romanæ Ecclesiæ diaconi cardinalis ac bibliothecarii, vice domni Friderici archicancellarii, et Coloniensis archiepiscopi, vi Kal. Martii, anno ab Incarnatione Domini 1126, indict. iii (2), pontificatus domni Honorii papæ II anno i.

III.

Confirmatio super abbatiam et electionem abbatis in Salfeld secundum quod institutum est ab Hannone Coloniensi et a Sigefrido archiepiscopo Moguntino: et incorporatio super parochiam Neuhofen et Crölup, et quod nullus in territorio vel jurisdictione domini abbatis ecclesiam fundet seu consecret, neque canes pascantur, nec venatoribus stipendia dentur.

(Anno 1125, Febr. 24.)

[*Thuringia sacra,* 698.]

HONORIUS episcopus, servus servorum Dei, charissimo in Christo filio WALTHERO Salfeldensi abbati et omnibus post eum promovendis in perpetuum.

Quando dignitas et auctoritas apostolicæ sedis, cui Domino dispensante præsidemus, ad hoc maximum spectat, ut universæ Ecclesiæ per totum mundum inde prospiciatur et cunctæ congregationes et loca sanctorum per illam disponantur, stabiliantur et defensentur, notum facimus omnibus filiis nostris, cunctis scilicet fidelibus Christi, et volumus pro remedio animæ nostræ et pro interesse sanctorum apostolorum Petri et Pauli ut locus eorum et abbatia, quæ vocatur Salfeld, ita permaneat et confirmetur secundum quod eam instituit venerabilis Hanno archiepiscopus Coloniensis constructor ejus et cooperator ejus Sigefridus Moguntinensis archiepiscopus in cujus parochia sita est super fluvium, qui Sala dicitur. Volumus ergo et sub interminatione perpetui anathematis constituimus et præcipimus ut locus ille perpetua pace sit

Mabill. citat. lib. ii, cap. 25, n. 9, scribit : « Inveniuntur quædam bullæ quarum calculus recentiorem nostrum prævertit, » nil exempla circa hos ipsos annos affert. *Ailmericus* seu *Emericus* cardinalis sæpius in bullis subscriptus reperitur, nunquam tamen cum titulo *bibliothecarii*, alias consueto, prout fit in præsenti bulla, stabilis et quietus, et ab omni violatione, et ab omni perturbatione, et in favore tutus et munitus. Monachi qui ibi secundum regulam S. Benedicti vivunt et secundum consuetudinem cœnobii Sigebergensis, et habent liberam electionem de abbate suo, si fuerit inter eos, qui dignus sit esse abbas, eligant eum, sin annon de cœnobio Sigebergensi unde consuetudines habent, abbatem accipiant, quem et constitutum nullus ad aliquod curiale servitium constringat. Res et possessiones istius loci, quas venerabilis Hanno vel alii episcopi et fideles illic tradiderunt, et ad me traditurj sunt auctoritatis nostræ banno confirmamus. Parochiam, quæ dicitur Neuhofen, et parochiam quæ dicitur Crôlup, et alias omnes parochias et ecclesias quæ sunt in illa terra locus ille sub jure suo firmiter habeat, sicut venerabilis Hanno disposuit, et nullus in illa provincia vel ecclesia construat vel consecret sine abbatis consensu. Et quemadmodum gens illius terræ priusquam venerabilis Hanno archiepiscopus per illud cœnobium et per alias quas construxit ecclesias aggressus est, pagana fuit et adhuc semipagana videtur, concedimus et damus auctoritatem sicut idem Hanno episcopus et Sigefridus archiepiscopus testamento sanxerunt, ut abbas illius loci et monachi, quos ad hoc procuravit, habeant ibi potestatem prædicandi verbum Dei, baptizandi, sepeliendi, infirmos visitandi, confessiones percipiendi, ut scintilla Christianitatis quæ per eos adhuc ibi viget, nequaquam extinguatur, sed magis ac magis ad honorem sanctæ ac summæ individuæ Trinitatis accendatur. Montem, qui dicitur Coburg, cum omnibus prædiis ad eum pertinentibus monachi Salfeldenses possideant, et villam quæ dicitur Sevrinveldin et aliam Sidemaresdorff, et mercatum quod est in Moderin (3) et prædia cujusdam Reginaldi, quæ prope ad XII mansos ibi habent, et alibi villam, quæ dicitur Ilmina cum molendino, et omnibus utilitatibus suis, nemus et silvam quæ quondam ad cameram pertinuit, sicut Hanno archiepiscopus contradidit, ita habeant cum omnibus villis et novalibus ibi elaboratis; et si quis a temporibus ejusdem Hannonis archiepiscopi usque nunc aliquod ibi novale sine abbatis licentia usurpavit, vel deinceps usurpare voluerit, ni resipiscat, et nisi sanctis apostolis Petro et Paulo et eorum monachis sua recognoscat, sit anathema in perpetuum. Similiter et de illis censemus qui decimam illam quæ per terram datur de singulis mansis cum duobus tantum modiis vel auferre vel subtrahere voluerint monachis illis, quia specialiter *dos monasterii* est, et quotidiana Domino militantium sunt parata stipendia. Nullus ergo episcopus, nullus episcopi villicus, nullus miles amplius de illa decimatione se intromittat, si voluerit Ecclesiæ matris gremio confoveri. Interdicimus etiam in nomine Patris et Filii et Spiritus sancti, ut in bonis monasterii secundum consuetudinem provinciæ illius neque canes pascantur, neque stipendia venatoribus dentur, nec episcoporum, nec advocatorum, nec aliorum quorumlibet hominum violentia locus ille gravetur et opprimatur, cum sit ibi vinea Domini Sabaoth quæ per nos et successores nostros munita et septa sit intus et foris, ubi Martha possit ministrare, ubi Mariæ detur pacare et videre quam suavis est Dominus, ubi *Gloria in excelsis Deo et in terra pax hominibus bonæ voluntatis*, et pro omni populo Domini et nostro sæpius auditur et præcantatur. His consuetudinibus, et illud adjicimus, et auctoritatis nostræ banno cunctis fidelibus notificamus, quod quidam ingenuus vir nomine Adelbertus de Conize et uxor ejus nomine Christina pro remedio animarum suarum, et parentum et affinium suorum tradiderint Domino et apostolis ejus Petro et Paulo ibi in Salfeld prædia sua quæcunque habuerint in illa terra, quæ dicitur Orla, videlicet Coniza in Buchio, in Brisinnice, vel in Quezin et alibi ubicunque jacent cum omnibus utilitatibus suis, viis et inviis, exitibus et reditibus, agris et silvis, terris cultis et incultis, aquis et aquarum decursibus, molendinis, pratis, pascuis et familiis. Hæc omnia eo jure tradiderunt ut quicunque est abbas Salfeldensis habeat sub manu sua ipsorum bonorum advocatum, et cuicunque voluerit committat eam sine beneficio, et sine alicujus hæredis successione, et ex ipsis bonis nullus habeat beneficium, præter eos homines qui excepti sunt, cum suis beneficiis quando ista facta est delegatio. Qui autem ex familia traditi sunt, ut vocentur *servientes*, qui ex abbatia S. Michaelis in Sigeberge, et ex abbatia S. Pantaleonis in Colonia. Qui autem ita delegati sunt, ut sint sicut fuerunt tantum ex familia tali jure potiantur, ut quicunque eorum culpabilis in judicio pronuntiatur, cum XXX tantum denariis emendetur et eorumdem denariorum medietatem, hoc est, XV persolvat. Ipse vero prænominatus miles Adelbertus et conjux ejus Christina habeant advocatiam ipsorum prædiorum, et ipsa prædia cum omni utilitate quandiu vivunt nisi sponte voluerint ea dimittere. Post mortem autem amborum, abbas et fratres sui ea libere et potestative possideant in eleemosynam et utilitatem monasterii, et pauperum et hospitii Christi. Si quis hanc infringere, vel violentiam aliquam his decretis inferre voluerit, sciat se per auctoritatem apostolorum Christi Petri et Pauli, et per nostrum potestatis bannum anathemate et igne perpetuo cum omnibus iniquis et raptoribus, et invasoribus damnandum, nisi cito pœnitentia digna commotus resipiscere curaverit.

Ego Honorius catholicæ Ecclesiæ episcopus.

Data Laterani VI Kal. Martii per manum Dilmarici cancellarii bibliothecarii sanctæ Romanæ Ecclesiæ; anno ab Incarnatione Domini 1125, indict. III, pontificatus domni Honorii II papæ anno II (4).

---

(3) *Moderin*, Medera dicitur, non longe a Wiesenfelda in Franconia.

(4) Signa chronologica sunt corrupta. JAFFÉ.

IV.

Privilegium pro congregatione Camaldulensi.
(Anno 1125, Mart. 7.)

[MITTARELLI *Annal. Camaldul.* t. III, p. 306, ex codice antiquo S. Michaelis Pisarum.]

HONORIUS episcopus, servus servorum Dei, dilectis filiis JOANNI priori Camaldulensi, et ejus fratribus tam præsentibus quam futuris in perpetuum.

Ad hoc universalis Ecclesiæ cura nobis a provisore omnium bonorum Deo commissa est, ut religiosas diligamus personas, et beneplacente Deo religionem studeamus modis omnibus propagare. Nec enim Deo gratus aliquando famulatus impenditur, nisi ex charitatis radice procedens a puritate religionis fuerit conservatus. Oportet igitur omnes Christianæ fidei amatores religionem diligere, et loca venerabilia cum ipsis personis divino servitio mancipatis attentius confovere. Quapropter, charissimi in Domino filii, justis petitionibus vestris assensum præbentes locum vestrum cum omnibus ad se pertinentibus in beati Petri tutelam, nostramque protectionem suscipimus, et apostolicæ sedis patrocinio communimus. Per præsentis igitur privilegii paginam constituimus, ut Camaldulensis Eremi status semper in religionis suæ vigore permaneat, et monasticæ observantiæ ordo in tota vestra congregatione statutus a nullius protervia commutetur, et ne cui fratrum vestræ congregationis post monasticam professionem exhibitam, absque prioris et rationabili fratrum licentia egredi liceat, prohibemus; quod si exire præsumpserit, et secundo tertiove commonitus redire contempserit, usque ad condignam satisfactionem excommunicationis sententiæ submittatur. Ecclesiis vero ab ejusdem congregationis fratribus rectis a nullo episcoporum absque canonica examinatione divinum interdicatur officium. Liceat et ecclesiarum vestrarum monachis in communi civitatis, seu parochiæ interdicto, clausis januis, et non admissis diœcesanis, divina officia celebrare. Porro qui propter obsequium servorum Dei, qui in Camaldulensi Eremo degunt, perrexerint, in eundo et redeundo, et stando a nemine molestentur. Quæcunque vero in præsentiarum juste ac legitime possidetis, apostolica auctoritate vobis vestrisque successoribus in eadem religione permanentibus, confirmamus. In quibus hæc propriis nominibus duximus exprimenda: ecclesiam Sancti Donati, quæ Fonsbonus dicitur, cum hospitali et omnibus suis bonis; monasterium Sanctæ Mariæ in Poplena; monasterium Sancti Salvatoris secus civitatem Florentiæ. Monasterium Montis-Muri; monasterium Sancti Petri in Cerreto; monasterium Sanctæ Mariæ in Policiano; monasterium Sancti Petri in Fontiniano; monasterium Sancti Justi in Vulterris; monasterium Sanctæ Mariæ in Morrona; monasterium Sancti Frigdiani et monasterium Sancti Michaelis infra civitatem Pisarum. Monasterium Sancti Savini in territorio ejusdem civitatis. Monasterium Sancti Stephani in Cintoria; monasterium Sancti Salvatoris in Cantignano; monasterium Sancti Petri in Puteolis. Monasterium Sanc.i Salvatoris in Salvamunda; monasterium Sanctæ Mariæ in Agnano. Monasterium Sancti Petri in Rota; monasterium Sancti Salvatoris Berardingorum; monasterium Sancti Vigilii, in Burgo Senensi; monasterium Sancti Petri in vivo Montiis Armiati; monasterium Sancti Quirici in Rosa. Monasterium Sancti Savini in Clio. Eremum de Fleri, cum suo monasterio. Monasterium Sancti Viriani; monasterium Sancti Bartholomæi in Anglari; monasterium Sanctæ Mariæ in Trivio; Eremum Sancti Petri in Fajolo; monasterium Sanctæ Mariæ in Insula; monasterium Sanctæ Mariæ in Lacu; monasterium Sancti Angeli juxta castrum Bristi; monasteriolum Sanctæ Christinæ in eadem curte. In Marchia Camerina, monasterium Sancti Georgii; monasterium Sancti Martini in Accole, cum ecclesia, quæ dicitur Heremita. In Sardinia insula monasterium Sanctæ Trinitatis in Zaccari; ecclesia Sanctæ Eugeniæ in Samanar; ecclesia Sancti Michaelis et Sancti Laurentii in Vanari; ecclesia Sanctæ Mariæ et Sancti Joannis in Altazar; ecclesia Sanctæ Mariæ in Contra; ecclesia Sancti Joannis et Sancti Simeonis in Salverano; ecclesia Sancti Nicolai in Trulla. Ecclesia Sancti Petri in Scano. Ecclesia Sancti Pauli in Cotroniano. Ad hæc adjicientes statuimus, ut quæcunque in futurum largiente Domino, concessione pontificum, liberalitate principum vel oblatione fidelium juste atque canonice poterit adipisci, firma vobis vestrisque successoribus et illibata permaneant. Decernimus ergo, ut nulli omnino hominum liceat prædictum eremum et congregationem vestram temere perturbare, aut ejus possessiones auferre, vel ablatas retinere, minuere, vel temerariis vexationibus fatigare, sed omnia integra conserventur religiosorum fratrum, et pauperum usibus omnimodis profutura. Si qua igitur in futurum ecclesiastica sæcularisve persona, hanc nostræ constitutionis paginam sciens, contra eam temere venire tentaverit, secundo tertiove commonita, si non satisfactione congrua emendaverit, potestatis honorisque sui dignitate careat, reamque se divino judicio existere de perpetrata iniquitate cognoscat, et a sacratissimo corpore et sanguine Dei et Domini Redemptoris nostri Jesu Christi aliena fiat, atque in extremo examine districtæ ultioni subjaceat. Cunctis autem præfatæ eremo vel congregationi justa servantibus, sit pax Domini nostri Jesu Christi, quatenus et hic fructum bonæ actionis percipiant, et apud districtum judicem præmium æternæ pacis inveniant. Amen, amen, amen.

† OCULI DOMINI SUPER JUSTOS.

Ego Honorius catholicæ Ecclesiæ episcopus.
† Ego Guida Arretinus episcopus SS.
† Ego Ægidius Tusculanus episcopus SS.
† Ego Guido Tiburtinus episcopus SS.
† Ego Vitalis Albanensis episcopus SS.

† Ego Petrus cardinalis presbyter tituli Sanctæ Susannæ SS.

† Ego Anastasius presbyter cardinalis tituli S. Clementis, SS.

† Ego Desiderius presbyter cardinalis tituli Sanctæ Praxedis, SS.

† Ego Sigizo presbyter cardinalis tituli Sancti Xisti, SS

† Ego Hugo diaconus cardinalis S. Theodori, SS.

† Ego Joannes sacræ basilicæ subdiaconus SS.

† Ego Rodulphus sacræ basilicæ subdiaconus SS.

Datum Laterani per manum Aimerici sanctæ Romanæ Ecclesiæ diaconi cardinalis et cancellarii, Nonis Martii, indictione III, anno Dominicæ Incarnationis 1125, pontificatus autem domni Honorii secundi papæ anno I.

V.

Ad Henricum Virdunensem episcopum. — Ut Laurentio abbati S. Vitoni ablata restituat aut restitui faciat. Addit se gravari quod vocatus Romam venire contempserit.

(Anno 1125, Mart. 11.)

[D. Bouquet *Recueil*, t. XV, 257.]

Honorius episcopus, servus servorum Dei, venerabili fratri Henrico Virdunensi episcopo, salutem et apostolicam benedictionem.

Veniens ad nos filius noster Laurentius abbas S. Vitoni, conquestus est mercatum de Monte S. Vitoni, et teloneum cum pugillo frumenti, placitum et correctionem mensurarum, decimas foratici vini civitatis, quæ amisit tempore discordiæ (5), a prædecessore tuo sibi ablata fuisse; unde tuæ fraternitati mandamus ut ei ablata restituas. De Rickerio de Bu, qui alodium suum in Baronis curte invasit, et alias ei nonnullas molestias intulit, debitam justitiam facias. Quod si jura monasterii sui, quæ a prædecessoribus nostris confirmata sunt, reddere neglexeris, nobis hoc esse grave non dubites. Gravamur autem vehementer, quod a prædecessore nostro felicis memoriæ papa Calixto et a nobis vocatus, venire ad nos, et ad Romanam Ecclesiam contempsisti.

Datum Laterani, XIII Kal. Aprilis.

VI.

Ad Petrum Cluniacensem abbatem. — Privilegium Cluniacense.

(Anno 1125, April. 2.)

[Mansi, *Concil.*, XXI, 323.]

Honorius episcopus servus servorum Dei, dilecto in Christo filio Petro abbati venerabilis monasterii Cluniacensis, ejusque successoribus regulariter substituendis in perpetuum.

Incomprehensibilis et ineffabilis divinæ miseratio potestatis, nos hac providentiæ ratione in apostolicæ sedis administratione constituit, ut paternam de omnibus Ecclesiis sollicitudinem gerere studeamus. Siquidem sancta Romana Ecclesia, quæ a Deo sibi concessum omnium Ecclesiarum retinet principatum, tanquam diligens mater, singulis debet Ecclesiis instanti vigilantia providere. Ad ipsam enim, quasi ad caput et matrem, ab omnibus est concurrendum: ut ejus uberibus nutriantur, auctoritate defendantur, et a suis oppressionibus releventur. Condecet igitur, ut ecclesiæ et venerabilia loca, maxime quæ ad speciale jus et singularem proprietatem sanctæ Romanæ, cui Deo auctore deservimus, spectant Ecclesiæ, specialioris prærogativæ sortiantur honorem, et apostolicæ auctoritatis munimine roborentur. Quamobrem, dilecte in Christo fili Petre abbas, justis postulationibus tuis clementius inclinati, quidquid libertatis, quidquid tuitionis, quidquid auctoritatis, prædecessores nostri Ecclesiæ Romanæ pontifices, præsertim apostolicæ memoriæ nom. Gregorius VII, Urbanus, et Paschalis II, discretionis ratione, vestro monasterio et locis ad id pertinentibus contulerunt: nos quoque præsenti decreto, auctore Domino, confirmamus. In quibus hæc propriis sunt visa nominibus annotanda : abbatia S. Ægidii, etc.

In omnibus autem prioratibus et cellis, quæ nunc, sine proprio abbate, vestro regimini subjectæ sunt, nullus futuris unquam temporibus abbatem ordinare præsumat. Liceat quoque vobis seu fratribus vestris, in Ecclesiis presbyteros eligere : ita tamen, ut ab episcopis, vel episcoporum vicariis, animarum curam absque venalitate suscipiant. Quam si committere illi, quod absit, ex pravitate noluerint : tunc presbyteri ex apostolicæ sedis benignitate officia celebrandi licentiam consequentur. Ecclesiarum vero seu altarium consecrationes, ab episcopis, in quorum diœcesibus sunt, locorum vestrorum fratres accipiant, si quidem gratis ac sine pravitate voluerint exhibere. Alioquin a catholico, quem malueritis, episcopo, consecrationum ipsarum sacramenta suscipiant. Neque cuilibet facultas sit aut claustri vestri, aut locorum vestrorum fratres, pro vivorum seu defunctorum eleemosynis justis ob salutem datis inquietare : sed tam virorum, quam mulierum oblationes, quæ ad eos afferuntur, in usu servorum Dei pauperumque profecturas recipere liceat. Statuimus etiam ne cellarum vestrarum ubilibet positarum fratres, pro qualibet interdictione vel excommunicatione, divinorum officiorum suspensionem patiantur : sed tam monachi ipsi, quam et famuli eorum, et qui se monasticæ professioni devoverunt, clausis ecclesiarum januis, non admissis diœcesanis, divinæ servitutis officia celebrent, et sepulturæ debita peragant. Concedimus etiam vobis, clericos sæculares, seu laicos, nisi qui pro certis criminibus excommunicati sunt, ad conversionem per loca ve-

---

(5) Discordiæ pro investituris, Virduni tempore Richardi episcopi agitatæ, longam texuit historiam Laurentius de Leodio in Historia Virdunensium episcoporum, tom. II Spicilegii in-fol., p. 247 et seqq.

Vide Laurentii abbatis libellum supplicem ad Adelbertum Moguntinum archiepiscopum, apostolicæ sedis legatum, apud Martenium, t. I *Anecd.*, col. 374.

stra suscipere. Sane terminos immunitatis loci vestri, qui a præfato antecessore nostro Urbano papa constituti sunt, præsentis decreti nostri pagina confirmamus. Ne videlicet ullus homo cujuscunque conditionis ac potestatis, invasionem, prædam, aut rapinam facere, sive homicidium perpetrare præsumat infra ipsorum limites terminorum. Præterea decernimus, ut nulli omnino hominum liceat vestrum venerabile monasterium, et loca subdita, temere perturbare : sed eorum possessiones et bona cætera, quæ pro animarum salute jam data sunt, vel in futurum Deo miserante dari contigerit, firma vobis, vestrisque successoribus et illibata permaneant. Si qua igitur in futurum ecclesiastica sæcularisve persona, hanc nostræ constitutionis paginam sciens, contra eam temere venire tentaverit, etc.... salvo in omnibus Romanæ Ecclesiæ jure, et sedis apostolicæ reverentia. Amen.

Ego Honorius catholicæ Ecclesiæ episcopus, subscripsi.

Ego Crescentius Sabinensis episcopus, subscripsi.

Ego Petrus Portuensis episcopus subscripsi.

Ego Unalis Albanus episcopus, subscripsi.

Ego Wilhelmus Prænestinus episcopus, subscripsi.

Ego Ægidius Tusculanus episcopus consensi, subscripsi.

Ego Gregorius presbyt. cardin. tit. Apostol. subscripsi.

Ego Rossemagnus diacon. card. S. Gregorii, subscripsi.

Ego Cosmus sanctæ Mariæ in ...... subscripsi.

Ego Gregorius S. Angeli diaconus card. subscripsi.

Datum Laterani per manum Aymerici S. R. E. diaconi cardinalis et cancellari, iv Non. Aprilis, indict. iii, incarnat. Dominicæ anno 1125, pontificatus nostri anno i.

VII.

Monachis Cluniacensibus significat Petrum abbatem a sese benigne receptum. Præcipit ne accedant ad Pontium quondam abbatem invito Petro.

(Anno 1125, April. 2.)
[MABILLON, *Annal. Bened.* VI, 140.]

Honorius episcopus, servus servorum Dei, dilectis filiis Cluniacensibus monachis, salutem et apostolicam benedictionem.

Laudes et gratiarum actiones divinæ miserationi persolvimus, quoniam, sua protegente virtute, in unitate concordiæ, vestram permanere constantiam et in vobis religionis observantiam splendere cognovimus. Rogamus autem ut in bono quod inchoastis principio firmiter persistentes, pervigili studio laboretis quæ Deo placabilia sunt efficaciter operari. Venientem ad nos charissimum filium nostrum Petrum abbatem, pro vestra reverentia, et ejus dilectione paterna benignitate suscepimus, et tam ipsius quam vestras postulationes diligenter admi-

simus, abbatias siquidem S. Ægidii, et S. Bertini et S. Benedicti super Padum ad reformandam et conservandam in eis religionem, sibi et Cluniacensi monasterio, salvo jure sanctæ Romanæ Ecclesiæ, restituimus. Ipsum igitur cum litterarum nostrarum prosecutione ad vos remittentes, charitatem vestram rogamus ut eum affectione præcipua diligatis, et tanquam patrem et a Deo constitutum animarum vestrarum custodem obedientia et humili subjectione unanimiter honoretis. Obsecramus autem in Domino, ut et nos vestris orationibus adjuvetis. Præcipimus autem ut nullus Cluniacensis professionis monachus ad Pontium olim abbatem sine prædicti filii nostri Petri abbatis consensu ire præsumat. Si quis vero id facere seu tentaverit, vel attentare præsumpserit, sententiam quam in eum præfatus abbas dederit, ratam habebimus.

Data Lateranis iv Nonas Aprilis.

VIII.

Petro abbati S. Ægidii mandat ut ad obedientiam Cluniacensium redeat.

(Anno 1125.)
[*Gall. Christ.*, VI, instr., 190.]

Honorius episcopus, servus servorum Dei, dilecto filio Petro abbati S. Ægidii et monachis, salutem et apostolicam benedictionem.

Ad hoc universalis Ecclesiæ cura nobis a provisore omnium bonorum Deo commissa est, ut religiosas diligamus personas, et beneplacentem Deo religionem studeamus modis omnibus conservare; nec enim Deo gratus aliquando famulatus impenditur, nisi ex charitatis radice procedens a puritate religionis fuerit conservatus. Hoc nimirum charitatis intuitu olim prædecessores nostri apostolicæ memoriæ Romani pontifices Sancti Ægidii monasterium ad instituendum sive conservandum religionis nitorem Cluniacensi cœnobio commiserunt. Cæterum moderno tempore, defuncto Hugone abbate vestro, dum locus vester guerrarum incursu oppressus, et multis persecutionibus agitatus sine pastoris solatio stare non posset, prædecessor noster felicis memoriæ papa Callixtus te, dilecte fili Petre, abbatem constituit, quod profecto, sicut ex ejus voluntatis arbitrio litteris ipsius Cluniacensi abbati missis percipimus salvo Cluniacensis monasterii jure atque reverentia fecisse cognoscitur. Unde universitati vestræ mandamus atque præcipimus ut sine contradictione ad charissimi filii nostri Cluniac. abbatis subjectionem et obedientiam redeatis. Tu vero, Petre abba, infra quadraginta dies post harum acceptionem litterarum supplici devotione ad Cluniacense monasterium pergens abbati obedientiam promittas, et eidem monasterio, remota omni occasione, professionem facias, salvo tamen in omnibus Romanæ Ecclesiæ jure abbatis benedictione et sanctæ sedis apostolicæ reverentia. Quod si contemptor exstiteris, B. Petri et nostram indignationem incurres.

Datum Laterani.

IX.

Ad abbatem et monachos Sancti Bertini.—Mandat ut ad subjectionem et obedientiam Petri Venerabilis abbatis Cluniac. redeant.

(Anno 1125.)
[*Bullar. Cluniac.*, p. 41.]

Honorius episcopus, servus servorum Dei, dilecto filio abbati Sancti Bertini, et monachis, salutem et apostolicam benedictionem.

Pax Ecclesiæ, fratrum concordia, religionis unitas ima supernis et terrenis sociare cœlestia consuevit. Vos igitur unanimiter divino famulatui mancipatos ex religiosa devotione Deo et hominibus placere paternæ charitatis debito congaudemus. Hoc siquidem non meritis aut vestræ imputandum prudentiæ, sed Deo et sollicitudini Cluniacensis ecclesiæ ascribatis, cui videlicet a nostris antecessoribus est injunctum ut religionem in vestro monasterio institueret et servaret; quod divina favente clementia, et in temporalibus et in spiritualibus etiam magnum contulit incrementum. Unde mandamus vobis atque præcipimus, ut sine contradictione ad charissimi filii Petri Cluniacensis abbatis subjectionem et obedientiam humiliter redeatis : tu vero, fili abba, infra quadraginta dies post harum acceptionem litteram supplici devotione ad Cluniacense monasterium pergens, abbati obedientiam promittas, et eidem monasterio remota omni occasione professionem facias. Quod si contemptor exstiteris, beati Petri et nostram indignationem incurres.

Datum Laterani, etc.

X.

Ad monachos S. Benedicti super Padum. — Mandat ut obedientiam et reverentiam Petro Venerabili Cluniacensi abbati exhibeant, et abbatem quem eis cum consilio Cluniacensis capituli dederit, suscipiant.

(Anno 1125.)
[*Bullar. Cluniac.*, 41.]

Honorius episcopus, servus servorum Dei, dilectis filiis monachis Sancti Benedicti super Padum, salutem et apostolicam benedictionem.

Pax Ecclesiæ, fratrum concordia, religionis unitas ima supernis et terrenis sociare cœlestia consuevit. Vos igitur unanimiter divino famulatui mancipatos ex religiosa devotione Deo et hominibus placere paternæ charitatis debito congaudemus. Hoc siquidem non meritis aut vestræ credatis imputandum prudentiæ, sed Deo et sollicitudini Cluniacensis ecclesiæ ascribatis ; cui videlicet a nostris antecessoribus est injunctum, ut religionem in vestro monasterio institueret et servaret; quod divina favente clementia, et in temporalibus et in spiritualibus etiam magnum contulit incrementum. Unde mandamus vobis atque præcipimus quatenus charissimo filio nostro Petro Cluniacensi abbati obedientiam et reverentiam sine refragatione aliqua deferatis, abbatem nimirum quem ipse consilio Cluniacensis capituli dederit, reverenter suscipiatis, et ei sicut animarum pastori humiliter obedire curetis, salvo in omnibus jure et reverentia Romanæ Ecclesiæ. Quod si per vos abbatem constituere præsumpsistis, nos factum vestrum ducentes irritum plenam de vobis justitiam faciemus. Ideoque præsentibus vos litteris commonemus, atque præcipimus, ut post earum acceptionem infra quadraginta dies Cluniacense monasterium adeatis, et abbati quem vobis Cluniacensis abbas et fratres dederint irrefragabiliter pareatis.

XI.

Ad Turstinum archiepiscopum Eboracensem.

(Anno 1125, April. 5.)
[*Monastic. Anglic.* tom. III, p. 143.]

Honorius episcopus, servus servorum Dei, venerabili fratri Turstino archiepiscopo Eboracensi, salutem et apostolicam benedictionem.

Gratias clementiæ divinæ persolvimus, quia sani et incolumes cum pacis tranquillitate in Urbe sumus. Et quia personam tuam diligimus, controversiam illam de primatu inter Eboracensem et Cantuariensem Ecclesias in nostra tantum volumus præsentia terminari.

Data Laterani Nonis Aprilis

XII.

Archiepiscopis, episcopis, etc., Joannem legatum apostolicum commendat.

(Anno 1125, April. 12.)
[Mansi, *Concil.*, XXI, 327.]

Honorius episcopus, servus servorum Dei, dilectis fratribus et filiis, archiepiscopis, episcopis, abbatibus, proceribus, et cæteris tam clericis quam laicis per Angliam constitutis, salutem et apostolicam benedictionem.

Quamvis in extremis terrarum positos, ad Petri tamen apostoli curam Christianæ fidei vos facit universalitas pertinere. Cum enim Petro dictum est, *Pasce oves meas, pasce agnos meos* (Joan. xxi), profecto nulla ovium, nullus agnorum exceptus est ad Christi consortium pertinentium, qui non Petri commissus sit pastioni speciali. Præter hoc, sorte regnum Angliæ B. Petro et Romanæ Ecclesiæ pertinere sanctissimi Patris nostri Gregorii papæ auctoritas, et B. Augustini prædicatio manifestat. Hoc igitur dispositionis debito provocamur, vobis, scilicet longe positis, sollicitiore diligentia providere. Quamobrem Christianum filium nostrum Joan. cardinalem sanctæ Romanæ Ecclesiæ sacerdotem, in partem nostræ sollicitudinis vigilantem, vices ei nostras in partibus vestris commisimus. Qui nimirum de Ecclesiarum correctione et stabilitate, de religionis augmento, et de cæteris quæ probanda vel improbanda visa fuerint, cum vestræ dilectionis auxilio, cooperantibus sanctorum apostolorum patrociniis, pertractabit. Rogamus ergo vos, et monemus, atque præcipimus, ut eum tanquam S. Petri vicarium reverenter suscipiatis, humiliter audiatis, atque ad ipsius vocationem, synodales cum eo conventus solemniter celebretis : quatenus per ipsius et vestram industriam, in regno vestro quæ corrigenda sunt corrigantur, quæ firmanda sunt, sancto inspirante Spiritu, firmentur.

Data Laterani IV Idibus Aprilis.

XIII.

Ad canonicos Turonenses. — Confirmat sententiam excommunicationis in Fulconem comitem Andegavensem.

(Anno 1123, April. 12.)
[Mansi, *Concil.*, XXI, 322.]

Honorius episcopus, servus servorum Dei, dilectis filiis clericis Turonensis matris ecclesiæ S. Mauritii, salutem et apostolicam benedictionem.

Sicut boni et humiles filii sunt paternæ dilectioni nexibus arctius astringendi, ita ingrati et inobedientes, sunt rigore justitiæ coercendi. Siquidem compertum habuimus quod Fulco Andegavensis comes divortium illiciti matrimonii filiæ suæ et Guillelmi filii Roberti comitis, a dilecto filio nostro I. cardinali presbytero apostolicæ sedis legato, et ab aliis fratribus nostris coepiscopis, et sapientibus viris, accepta idoneorum probatione testium, judicatum, servare contempsit, præterea quod gravius est, uti accepimus, ad B. Petri et sanctæ atque apostolicæ Romanæ Ecclesiæ injuriam, prædicti legati nuntios ad cum directos capiens, et in arcta custodia per duas septimanas retinens, barbas eorum et capillos flammis exurere, et litteras in conspectu hominum sub dio cremare præsumpsit. Unde legatus idem in propriam comitis terram, interdictionis, et in personam ejus, excommunicationis sententiam promulgavit. Nos ergo habito fratrum consilio, eamdem, usque ad condignam satisfactionem, sententiam ratam habemus. Interdictum autem præcipimus observari.

Datum Laterani pridie Idus Aprilis.

XIV.

Joanni apostolicæ sedis legato. — Mandat ut legationem a Calixto II acceptam in Anglia studiose gerat.

(Anno 1125, April. 3.)
[Mansi, *Concil.* XXI, 327.]

Honorius episcopus, servus servorum Dei, dilecto filio Joanni presbytero cardinali, apostolicæ sedis legato, salutem et apostolicam benedictionem.

Quemadmodum bonorum filiorum est, subjecta devotionis humilitate patribus obedire : ita patrum interest, benigno charitatis affectu filiis providere. Curam igitur et sollicitudinem tibi a prædecessore nostro felicis memoriæ papa Calixto II Angliæ regno commissa providentiæ dilectionis tuæ committimus. Obsecramus autem in Domino, ut tanquam sapiens et discretus Romanæ Ecclesiæ filius, quæ ad honorem Dei et sedis apostolicæ pertinent, honeste studiosus opereris.

Data Laterani, Idibus Aprilis.

XV.

David, Scotorum regi, commendat Joannem cardinalem, legatum suum.

(Anno 1125, April. 13.)
[Mansi, *Concil.*, XXI, 329.]

Honorius episcopus, servus servorum Dei, dilecto filio David illustri Scotorum regi, salutem et apostolicam benedictionem.

Oportet devotos et humiles B. Petri discipulos, quæ ad honorem S. R. E. spectare cognoverint, attentius operari. Unde nobilitati tuæ rogando mandamus, ut dilectum filium nostrum Joannem cardinalem, cui vices nostras in partibus illis commisimus, reverenter suscipias, et honores : episcopos etiam terræ tuæ, cum ab eo vocati fuerint, ad concilium suum facias convenire. Controversiam, quæ inter Turstanum Eboracensem archiepiscopum et episcopos terræ tuæ diu agitata est, eidem legato nostro diligentius indagandam discutiendamque committimus. Finitam vero sententiam apostolicæ sedis judicio reservamus.

Datum Laterani Idibus Aprilis.

XVI.

Ecclesiam Monte Feretranam, petente Petro episcopo, tuendam suscipit.

(Anno 1124, April. 21.)
[Ughelli, *Italia sacra*, II, 844.]

Honorius episcopus, servus servorum Dei, venerabili fratri Petro Feretrano episcopo, ejusque successoribus canonice promovendis in perpetuum.

Officii nostri nos hortatur auctoritas pro Ecclesiarum statu satagere, et earum quieti, et utilitati salubriter auxiliante Deo providere. Proinde, charissime in domino, frater Petre, sanctam Feretranam Ecclesiam, cui Deo auctore præsides, in beati Petri tutelam nostramque protectionem suscipimus, statuentes, præsentis privilegii auctoritate ut Ecclesiæ possessiones et bona quæcunque, quæ vestra Feretrana Ecclesia in præsentiarum juste et legitime possidet, sive in futurum largiente Domino juste atque canonice poterit adipisci, firma ei et illibata permaneant. In quibus hæc propriis duximus nominibus exprimenda, videlicet S. Pancratii capellam, S. Martini in Monte, capellam Sanctæ Sophiæ, capellam S. Mariæ in Plebe cum curte sua, plebem S. Laurentii in Folia cum pertinentiis suis, capellam S. Michaelis cum curte sua, monasterium S. Mariæ in Scriptino cum omnibus suis pertinentiis, plebem S. Joannis in Carpineo cum suis pertinentiis, capellam S. Marini, et possessionem quæ est in Carpineo, plebem S. Cassiani in Pisino cum omnibus suis pertinentiis, et fundum suum integrum, capellam S. Theodori cum suis pertinentiis, et terram in valle Cava et Molledano, plebem S. Theonisti in loco qui dicitur Corma, cum omnibus pertinentiis suis, plebem S. Marini cum castello, et pertinentiis suis omnibus, plebem S. Agathæ cum omnibus pertinentiis suis, et curte quæ vocatur Farnito in loco qui dicitur Ovilione, plebem S. Martini in Murisiano cum pertinentiis suis, plebem S. Hilarii cum pertinentiis suis, plebes S. Mariæ in Vico cum pertinentiis suis, plebes S. Stephani in Murlo cum pertinentiis suis, monasterium S. Martini in saltu cum pertinentiis suis, plebes S. Petri in cultu cum pertinentiis suis, plebem S. Petri ad Missam cum pertinentiis suis, fundum Hermannum in integrum, fundum Adinum in integrum, monasterium S. Salvatoris in fundo, cellam Fausti in integrum cum suis pertinentiis, plebem S. Martini in Vivedo cum omnibus suis pertinentiis, cum castello quod vocatur Casale d'Ilice, plebem S. Cassiani in campo Juvenici cum pertinentiis suis in integrum, plebem S. Mariæ in Romania cum omnibus suis pertinentiis, plebem S. Mustiolæ cum pertinentiis suis, monasterium S. Severini cum pertinentiis suis, capellam S. Proculi cum pertinentiis suis, et tertiam partem de fundo Atiliano, tertiam partem de fundo Baculano, tertiam partem de fundo stabulo, tertiam partem de fundo justorum, cum campo, qui vocatur Martii in integrum, tres petiolas de terra fundi Attiliani, qui vocatur Plegæ, fundum Plegni in integrum, fundum Alfidiarum, qui vocatur campus Planus, fundum frigi in integrum, fundum Antimaria in integrum, fundum Columnella in integrum, fundum post Collina, capellam Sancti Archangeli in integrum, fundum vallis Donatuli, massam Licinianam in integrum, fundum Ausi in integrum, cellam Fausti, Scannullas majores et minores in integrum, capellam Sanctæ Agathæ cum castro, quæ vocatur Petra Anellaria, capellam S. Georgii in integrum, fundum Cervianum in integrum, fundum Capicianum, curtem quæ vocatur Grilena cum omnibus pertinentiis suis in castello felicitatis, capellam Sancti Martini in Castagnolo, capellam S. Sophiæ in Aquatario, capellam Sanctæ Mariæ in Methavistis in integrum, ecclesiam Floræ in Scapinio, fundum Sititianum, fundum campo planum cum omnibus suis pertinentiis, castellum novum, quod vocatur Petrella, salva in omnibus Romanæ Ecclesiæ justitia, et reverentia. Decernimus ergo, ut nulli omnino hominum liceat, etc. Si qua, etc., cunctis autem, etc. Amen.

Ego Honorius catholicæ Ecclesiæ episcopus.

Datum Laterani per manum Americi S. R. E. diaconi cardinalis et cancellarii, xı Kal. Maii, indict. III, anno Dominicæ Incarnationis 1125, pontificatus autem D. Honorii II papæ anno I.

XVII.

Ad Didacum archiepiscopum Compostellanum.

(Anno 1125, Maii 1.)

[FLOREZ, *Esp. sagr.* XX, 430.]

HONORIUS episcopus, servus servorum Dei, DIDACO archiepiscopo Compostellanæ Ecclesiæ, salutem apostolicamque benedictionem.

Vestra siquidem, fili (6), præsentia hunc sacer-

(6) *Frater legerem.*

dotem Bernardum nomine, vestris de partibus ad nos usque pervenisse, et de vobis multa nobis bona quam maxime retulisse, procul dubio noscat, atque eum in præsentia nostri a militibus Salmantinis, imo Dei inimicis, qui quamdam ecclesiam quam ipse pro posse regebat, inhumanius invaserunt, et ei cuncta sua bona rapuerunt, fore conquestum : quocirca obedientiæ jussionem vobis imponimus, vosque utpote nostrum filium rogamus obnixe, quatenus Salmantinum episcopum, qui vobis suffraganeus est, apostolica sententia admonere minime recusetis, ut præfatæ ecclesiæ huic clerico bona sua faciat restitui, in eosque raptores quod canonicum est exhibere neutiquam prætermittat : quod si facere contempserit, canonica justitia feriatur. Vos autem rogamus ut huic ad tantam paupertatem perducto aliquantulum pro Dei misericordia succurrere dignemini.

Datum Laterani Kal. Maii.

XVIII.

Privilegium pro canonica Portuensi.

(Anno 1125, Maii 4.

[FANTUZZI, *Monum. Raven.*, tom. VI, p. 41.]

HONORIUS episcopus, servus servorum Dei, dilectis in Christo filiis JOANNI præposito et ejus fratribus in ecclesia S. Mariæ in Portu canonicam vitam professis ejusque successoribus in eadem religione permansuris in perpetuum.

Ad hoc universalis Ecclesiæ cura nobis commissa est a provisore omnium bonorum Domino ut religiosas diligamus personas, et beneplacentem Deo religionem studeamus omnimodis propagare, nec enim Deo gratus aliquando famulatus impenditur nisi ex charitatis radice procedens a puritate religionis fuerit conservatus. Oportet ergo omnes Christianæ fidei amatores religionem diligere et loca venerabilia cum ipsis personis divino servitio mancipatis attentius confovere, ut nullis pravorum hominum inquietentur molestiis vel importunis angariis fatigentur. Quapropter vestris in Domino, charissimi filii, petitionibus assensum præbentes, tam vos quam ecclesiam vestram cum omnibus ad eam pertinentibus in B. Petri tutelam nostramque protectionem suscipimus. Statuentes, ut quæcunque in præsentiarum legitime possidetis, sive in futurum, largiente Domino, juste et canonice poteritis adipisci, firma vobis vestrisque successoribus et illibata permaneant. Decernimus ergo ut nulli omnino hominum liceat eamdem ecclesiam temere perturbare, aut ejus possessiones auferre, vel ablatas retinere, minuere, vel temerariis vexationibus fatigare, sed omnia integre conserventur, eorum pro quorum sustentatione et gubernatione concessa sunt usibus omnimodis profutura. Ad hæc adjicientes præsentis privilegii auctoritate statuimus, ut præfata ecclesia ab omnibus sit extraordinaria functione immunis, ut videlicet si quando archiepiscopus Ravennatis, seu, discedente eo, clericos aut laicos ejusdem ecclesiæ ad Romanum pontificem cujuslibet rei gratia, vel ad imperatorem proficisci contigerit, nullam eis exactionem in argento aut equitaturis, vel hujusmodi aliquibus de eadem ecclesia liceat facere, aut ibidem hospitando aliquod unquam gravamen inferre. Præterea cum ingruente bello Ravennatis cives, vel pro militibus, vel pro munienda civitate collectam fecerint, sæpe dictam ecclesiam ab omni exactione nihilominus decernimus esse immunem, salva tamen in omnibus Ravennatis Ecclesiæ justitia per sanctorum Patrum sanctiones stabilita. Si qua igitur in futurum ecclesiastica sæcularisve persona hanc nostræ constitutionis paginam sciens, contra eam temere venire tentaverit, secundo tertiove commonita, si non satisfactione congrua emendaverit, potestatis honorisque sui dignitate careat, reamque se divino judicio existere de perpetrata iniquitate cognoscat, et a sacratissimo corpore ac sanguine Dei et Domini nostri Jesu Christi aliena fiat, atque in extremo examine districtæ ultioni subjaceat. Cunctis autem eidem ecclesiæ jura servantibus sit pax Domini nostri Jesu Christi, quatenus et hic fructum bonæ actionis percipiant, et apud districtum judicem præmia æternæ pacis inveniant. Amen, amen, amen.

Ego Honorius catholicæ Ecclesiæ episcopus, SS.
Ego Crescentius episcopus Sabinensis, SS.
Ego Petrus Portuensis episcopus, SS.
Ego Ægidius Tusculanus episcopus, SS.
Ego Gregorius S. Angeli diaconus cardinalis, SS.
Ego Bonifacius presbyter cardinalis, SS.
Ego Matthæus diaconus cardinalis, SS.
Ego Gerardus SS. Aquilæ et Priscæ, SS.
Ego Gregorius SS. Sergeri et Bacchi diaconus cardinalis, SS.
Ego presbyter cardinalis S. Balbinæ, SS.

Datum Laterani per manum Aimerici sanctæ Romanæ Ecclesiæ diaconi et cancellarii, IV Nonas Maii, indictione III, Incarnationis Dom. anno 1125, pontificatus vero D. Honorii secundi papæ anno I.

XIX.

Paschalis II et Calixti II privilegia pro abbatia S. Walburgis renovantur et amplificantur.
Anno 1125, Jul. 11.)

[WURTWEIN, *Nova subsidia diplom.*, tom. VII, p. 56.]

HONORIUS episcopus, servus servorum Dei, dilecto in Christo filio BERTHOLFO abbati monasterii quod in honore sanctorum apostolorum Philippi et Jacobi et sanctæ Walpurgæ virginis constructum est, in Argentinensi episcopatu, in loco videlicet qui Sacra Silva dicitur, ejusque successoribus regulariter substituendis in posterum.

Quoniam sine veræ cultu religionis, nec charitatis unitas potest subsistere, nec Deo gratum exhiberi servitium, expedit apostolicæ auctoritatis religiosas personas diligere, et religiosa loca, maxime quæ beati Petri juris existunt, et ad Romanam specialiter spectant Ecclesiam sedis apostolicæ munimine confovere. Ideoque, dilecte in Domino fili Bertholfe abbas, justas postulationes tuas clementius admittentes, monasterium Sacræ Silvæ cui Domino auctore præsides, quod beato Petro et ejus sanctæ Romanæ Ecclesiæ sub annuo unius aurei censu oblatum, et ad honorem omnipotentis Dei et sanctorum apostolorum Philippi et Jacobi, et sanctæ Walpurgæ virginis dedicatum est, ad exemplar prædecessorum meorum Paschalis et Calixti secundi Romanorum pontificum beati Petri et sanctæ Romanæ Ecclesiæ patrocinio communimus. Statuimus enim ut universa quæ a religiosis principibus Friderico duce et Petro ejusdem loci fundatoribus, vel ab aliis fidelibus de suo jure monasterio eidem collata sunt, aut in futurum, largiente Deo, dari, offerri, vel aliis justis modis acquiri contigerit, quieta vobis vestrisque successoribus et illibata permaneant. Nulli vero omnino hominum liceat eumdem locum temere perturbare, aut ejus possessiones auferre, vel ablatas retinere, minuere, vel temerariis vexationibus fatigare, sed omnia integra conserventur, eorum pro quorum sustentatione ac gubernatione concessa sunt usibus omnimodis profutura. Obeunte autem ejusdem loci abbate, vel suorum quolibet successorum, nullus ibi qualibet subreptionis astutia, seu violentia præponatur, nisi quem fratres communi consensu, vel fratrum pars consilii sanioris secundum Dei amorem et beati Benedicti regulam elegerint. Ad hæc juxta prædecessoris nostri papæ Calixti definitionem decima animalium sive fructuum vestrorum, quos per totam Sacræ Silvæ terram vestris laboribus sumptibusve colligitis, Salsensium fratrum vel aliorum hominum contradictione qualibet habeatis. Rustici autem vestri decimas suas presbyteris parochiæ suæ contribuant. Confirmamus etiam Deo ibidem servientibus fratribus usum ejusdem silvæ, tam ad ædificandum quam ad calefaciendum ad eorum licitum, et usum aquarum adipiscendum et suum commodum faciendum et pascua eorum animalibus per totam silvam, quemadmodum supradicti filii nostri Henrici imperatoris, et nepotis ejus Friderici ducis, necnon et comitis Petri liberalitate concessus est. Si qua igitur in futurum ecclesiastica sæcularisve persona hanc nostræ constitutionis paginam sciens contra eam temere venire tentaverit, secundo tertiove commonita, si non satisfactione congrua emendaverit, potestatis honorisque sui dignitate careat, reamque se divino judicio existere de perpetrata iniquitate cognoscat, et a sacratissimo corpore ac sanguine Dei et Domini Redemptoris nostri Jesu Christi aliena fiat, atque in extremo examine districtæ ultioni subjaceat. Cunctis autem sæpe dicto monasterio justa servantibus, sit pax Domini nostri Jesu Christi, quatenus et hic fructum bonæ actionis percipiant et apud districtum judicem præmium æternæ pacis inveniant. Amen, amen, amen.

Ego Honorius catholicæ Ecclesiæ episcopus subscripsi.

Datum Beneventi per manum Aimerici sanctæ

XX

Ad Henricum Virdunensem episcopum. — *Mandat ut proxima Epiphaniarum festivitate ad se veniat responsurus de ordinatione Conradi Tullensis episcopi et de querelis abbatis S. Vitoni; interim ab episcopali officio abstineat.*

(Anno 1125, Octobris 5.)

[D. Bouquet, *Recueil*, tom. XV, p. 258.]

Honorius episcopus, servus servorum Dei, venerabili fratri Henrico Virdunensi episcopo, salutem et apostolicam benedictionem.

Praedecessor noster piae memoriae papa Calixtus suis te litteris evocavit, ut ad eum mediante quadragesima praeterita venires, et de ordinatione illius Conradi (7) Tullensis intrusi rationabiliter responderes. Nos quoque post ejus obitum pro eadem causa veniendi ad nos tibi terminum dedimus; tu vero elationis tumore inflatus, venire ad nos penitus contempsisti. Praeterea, ut abbati S. Vitoni quod juris erat sui monasterii restitueres tibi praecepimus, et ablata redderes. Postmodum auferre illi ea ipsa et quaedam insuper alia praesumpsisti. Pro tantis igitur excessibus per praesentia tibi scripta praecipiendo mandamus, ut proxima Epiphaniorum festivitate ad nostram praesentiam venias responsurus, interim vero ab episcopali officio prorsus abstineas.

Datum Beneventi v Nonas Octobris.

XXI

Monasterii S. Pauli de Argon patrocinium suscipit bonaque confirmat.

(Anno 1125, Nov. 21.)

[Vide Lupi, *Cod. diplom. Bergom.*, II, 923.]

XXII

Monasterii S. Martini Ahusani primam fundationem confirmat.

(Anno 1125, Nov. 27.)

[Petri *Suevia ecclesiastica*, 190.]

Honorius episcopus, servus servorum Dei, dilectis in Christo filiis monachis monasterii S. Martini de Ahusen, salutem et apostolicam benedictionem.

Sicut irrationabilia poscentibus negari debet assensus, sic justa petentium votis benigna debemus assensione concurrere. Ea propter nobilium virorum Adelberti palatini comitis et ejus fratrum Udalrici et Gualteri devotioni duximus annuendum. In Augustensi equidem episcopatu in pago Albae juris sui praedium, quod Ahusen dicitur, ubi domus fiat beati Martini ecclesia fabricata est... una cum patre suo egregiae recordationis Manegoldo palatino comite pro salute animae suae beato Petro apostolorum principi in alodium proprium cum omnibus ad eumdem locum pertinentibus obtulerunt. Quam oblatio-

---

(7) Conradus electus fuerat anno 1107 Tullensis episcopus a quibusdam canonicis, dum ab aliis Riquinus de Commerccio eligeretur, qui mox utriusque partis suffragia sibi conciliavit. Conradus vero absque consecratione mansit usque ad Calixti II tempora, prout ex hac epistola discimus.

---

nem nostra postulant auctoritate firmari. Nos igitur praesentis decreti auctoritate sancimus, ut tam praefatus locus, quam omnia ad eum pertinentia sub apostolicae sedis tutela integra semper et illibata permaneant. Nulli ergo omnino hominum liceat idem monasterium perturbare aut ejus possessiones auferre, vel ablatas retinere, minuere, vel temerariis vexationibus fatigare; sed omnia integre conserventur, eorum pro quorum sustentatione concessa sunt usibus omnimodis profutura.

Obeunte ipsius loci abbate nullus ibi quilibet subreptionis astutia seu violentia praeponatur, nisi quem fratres communi consensu, vel fratrum pars consilii sanioris secundum Dei timorem regulariter providerint eligendum. In advocati autem vestri electione abbas liberam habeat potestatem cum fratrum suorum consilio talem eligere, quem ad defensionem libertatis monasterii bonum et utilem esse cognoverit.

Sepulturam quoque ejusdem coenobii omnino liberam esse sancimus, ut eorum qui se illic sepeliri deliberaverint, devotioni et extremae voluntati, nisi forte excommunicati sint, nullus obsistat.

Pari etiam modo concambium, quod de loco, in quo monasterium vestrum situm est, cum ecclesia Sancti Petri in Tetingen, ad cujus parochiam pertinebat, utriusque partis consensu et fundatorum conniventia factum esse dignoscitur, confirmamus. Ordinationes praeterea monachorum, consecrationes altarium sive basilicarum ab episcopo in cujus dioecesi estis accipietis, si quidem gratiam atque communionem apostolicae sedis habuerit, ac sine pravitate postulata voluerit exhibere. Alioquin liceat vobis catholicum, quem malueritis antistitem adire, et ab eo sacramenta ipsa suscipere, qui apostolicae sedis fultus auctoritate indulgeat. Ad indicium autem perceptae a Romana Ecclesia libertatis, aureum unum per singulos annos Lateranensi palatio persolvetis.

Si qua igitur in futurum ecclesiastica saecularisve persona hanc nostrae constitutionis paginam violaverit, aut sciens, contra eam temere venire tentaverit, secundo tertiove commonita, si non satisfactione congrua emendaverit, potestatis honorisque sui dignitate careat, reamque se divino judicio existere de perpetrata iniquitate cognoscat, et a sacratissimo corpore ac sanguine Dei et Domini Redemptoris nostri Jesu Christi aliena fiat, atque in extremo examine districtae ultioni subjaceat. Cunctis autem eidem loco justa servantibus sit pax Domini nostri Jesu Christi, quatenus et hic fructum bonae actionis percipiant, et apud districtum judicem praemia aeternae pacis inveniant. Amen, amen, amen.

Ego Honorius catholicae Ecclesiae episcopus subscripsi.

Datum Laterani per manum Aimerici sanctae Romanae Ecclesiae diaconi cardinalis et cancellarii,
Romanae Ecclesiae diaconi cardinalis, v Idus Julii, indictione III, Incarnationis Dominicae anno 1125, pontificatus autem domni Honorii II papae anno primo.

XXIII.
Confirmatio fundationis cellæ S. Mariæ Brisacensis.
(Anno 1125, Nov. 27.)
[PETRI *Suevia ecclesiastica* p. 232.]

HONORIUS episcopus, servus servorum Dei, dilectis in Christo filiis OTTONI abbati ejusque fratribus canonicam regulam professis in ecclesia S. Mariæ, sita in Brisacensi comitatu, in loco qui Nigra Silva dicitur, eorumque successoribus in eadem religione per omnipotentis Dei gratiam permansuris in perpetuum.

Ad hoc in apostolicæ sedis regimen nos promotos esse Deo disponente conspicimus, ut aures nostras istis petitionibus commodemus et religionem propagari in quantum dederit Dominus debeamus. Quia igitur vos, filii in Christo charissimi, per divinam gratiam aspirati mores vestros sub regularis vitæ disciplina confirmare et communiter secundum SS. Patrum instituta Deo omnipotenti deservire proposuistis, nos votis vestris paterno congratulamur affectu, unde petitioni vestræ benignitate devota plenissimum impertimus assensum, et tam vos quam locum vestrum in tutelam apostolicæ sedis recipimus, quem videlicet Romanæ Ecclesiæ censualem facere decrevistis consilio et instinctu Argentinensis præpositi Brunonis egregiæ strenuitatis viri, qui ecclesiam vestram impensis suis in alodio suo construxit, et bonorum suorum ac possessionum collatione dotavit, vitæ quoque canonicæ ordinem, quem professi estis, privilegii auctoritate firmamus, et ne cui post professionem exhibitam pro suis quid habere, neve sine abbatis vel congregationis licentia de claustro discedere liceat, interdicimus. Obeunte vero te nunc ejusdem loci abbate, vel tuorum quolibet successorum, nullus ibi qualibet subreptionis astutia, seu violentia præponatur, nisi quem fratres communi consensu, vel fratrum pars consilii sanioris, secundum Dei timorem regulariter providerint eligendum; nullusque ibi electioni se ingerat, nisi quos religiosa congregatio vestra vocaverit. In advocati autem vestri electione abbas liberam habeat potestatem cum fratrum suorum consilio talem eligendi, quem ad defensionem libertatis monasterii bonum et utilem esse cognoverit; qui si calumniator potius quam advocatus existens bona monasterii pervaserit, et non magis ea defenderit, abbas habeat facultatem cum fratrum consilio alium sibi utiliorem statuendi advocatum. Ordinationes clericorum, consecrationes altarium sive basilicarum ab episcopo in cujus diœcesi estis accipietis, si quidem gratiam et communionem apostolicæ sedis habuerit, et ille sine pravitate ea vobis exhibere voluerit; alioquin liceat vobis catholicum quemcunque mavultis adire antistitem et ab eo sacramenta ipsa suscipere, qui ea sedis apostolicæ auctoritate fretus indulgeat.

Sane circa cœnobii vestri ambitum occasione qualibet assultum fieri prohibemus. Si vero, quod absit, contingit in atrio vestro, vel in effusione sanguinis, vel in verberum elatione, sive in aliqua hujuscemodi violentiam irrogari, nequaquam propter hoc a divinis ecclesia vestra prohibeatur officiis, nisi commune fuerit interdictum. Porro laborum vestrorum vel animalium decimas, quæ penes ipsum locum vestris sumptibus et laboribus excoluntur, quietas vobis et illibatas manere debere censemus, nec vos super hoc aut ab episcopo ejusdem diœcesis, aut ab aliquo inquietari permittimus. Concambium, quod factum est inter ecclesiam vestram et S. Galli apostolica præcipimus auctoritate in omne dehinc tempus inviolatum fore. Sepulturam quoque ipsius cœnobii omnino liberam esse censemus, ut eorum, qui illic sepeliri desideraverint, devotioni et extremæ voluntati, nisi forte excommunicati sint, nullus adversetur. Ad hæc adjicientes statuimus, ut quæcunque bona in futurum concessione pontificum, largitione regum, vel oblatione fidelium juste atque canonice acquirentur, firma vobis vestrisque successoribus et illibata permaneant, quandiu scilicet illic canonici ordinis tenor Domino præstante viguerit. Decernimus ergo, ut nulli omnino hominum liceat eamdem ecclesiam temere perturbare, aut ejus possessiones auferre, vel ablatas retinere, minuere, vel temerariis vexationibus fatigare, sed omnia integre conserventur, eorum pro quorum sustentatione et gubernatione concessa sunt, usibus omnimodis profutura. Ad indicium autem perceptæ hujus gratiæ a Romana Ecclesia stolam sacerdotalem per singula biennia Romano pontifici persolvetis. Si qua igitur in futurum ecclesiastica sæcularisve persona hanc nostræ constitutionis paginam violaverit, aut sciens contra eam temere venire tentaverit, secundo tertiove commonita, si non satisfactione congrua emendaverit, potestatis honorisque sui dignitate careat, reamque se divino judicio existere de perpetrata iniquitate cognoscat, et a sanctissimo corpore ac sanguine Dei et Domini nostri Jesu Christi aliena fiat. Cunctis autem eidem loco jura sua servantibus, sit pax Domini nostri Jesu Christi, quatenus et hic in futurum fructum beatæ remunerationis percipiant, et apud districtum judicem præmia æternæ pacis inveniant. Salva justitia episcopali. Amen

Datum Laterani per manum Almerici Romanæ Ecclesiæ diaconi cardinalis et cancellarii, quinto Kalendas Decembris, indictione quarta, anno Dominicæ Incarnationis millesimo centesimo vicesimo quinto, pontificatus autem domini Honorii secundi papæ anno primo.

XXIV.
Monasterii S. Udalrici Neresheimensis possessiones et privilegia confirmat.
(Anno 1125, Nov. 27).
[Vide *Wirtembergisches Urkundenbuch*, Stuttgart 1849, I, 367.]

---

quinto Kalendas Decembris, indictione quarta, anno Dominicæ Incarnationis millesimo centesimo vicesimo quinto, pontificatus autem sanctissimi Honorii secundi papæ anno primo.

XXV.

Ad Gaufridum abbatem Savigniensem. — Confirmat bona monasterio Savigniensi concessa.

(Anno 1125, Dec. 9.)

[MARTENE, *Thes.* I, 561, ex. ms. Savigniensi.]

Honorius episcopus, servus servorum Dei, dilecto filio GAUFRIDO abbati S. Trinitatis de Savigneio, ejusque successoribus regulariter substituendis in perpetuum.

Ad hoc nobis a Deo pastoralis officii cura commissa est, ut et bene placentem Deo religionem laboremus statuere, et stabilitam exacta diligentia conservare. Ea propter, dilecte in Domino fili Gaufride abbas, venerabilis fratris nostri Turstini Eboracensis archiepiscopi precibus inclinati, tuis rationabilibus postulationibus duximus annuendum. Statuimus enim, ut monasterium B. Trinitatis de Savigneio, cui, Deo auctore, praeesse cognosceris, quaecunque impraesentiarum juste et legitime possidet, firma tibi tuisque successoribus, et illibata permaneant; quaecunque praeterea in futurum, largiente Deo, concessione pontificum, liberalitate regum, largitione principum, poteritis adipisci, firma vobis et integra conserventur, salva nimirum diœcesani episcopi justitia et reverentia. Decernimus ergo ut nulli omnino hominum liceat praefatum monasterium temere perturbare, aut ejus possessiones auferre, vel ablata retinere, minuere, vel temerariis vexationibus fatigare; sed et omnia integra conserventur eorum pro quorum sustentatione et gubernatione concessa sunt, usibus omnimodis profutura. Si quis autem huic nostrae constitutioni sciens temerario ausu contraire tentaverit, anathematis sententiam se noverit incursurum.

Datum Lateranis v Idus Decembris.

XXVI.

Ad S. Norwegiae regem. — Ut Radulphum episcopum Orcadensem in integrum restituat.

(Anno 1125, Dec. 9.)

[*Monastic. Anglic.* III, 144.]

Honorius episcopus, servus servorum Dei, dilecto in Christo filio S. illustri Norwegiae regi, salutem et apostolicam benedictionem.

Auribus nostris intimatum est, quod venerabilis frater noster Thomas Eborum archiepiscopus Radulphum Orcheneia ipsum consecravit. Postmodum vero sicut accepimus, alius est ibidem intrusus. Caeterum episcopalem cathedram aut unus obtinebit, aut nullus. Ideoque per praesentia scripta nobilitati tuae mandamus, quatenus praenominato Radulpho sedem episcopalem Orcheneiam videlicet, cum parochia et caeteris pertinentiis suis, tanquam proprio illius loci episcopo et pastori restituas. Et de caeterosollicitudo custodiat, ne ob hoc iram Dei incurrat.

Datum Laterani v Idus Decembris.

XXVII.

Ad episcopum Candidae Casae. — Adeat Thomam [leg. *Thurstanum*] *archiepiscopum Eboracensem, a quo consecretur.*

(Anno 1125, Dec. 9.)

[*Ibid.* p. 145.]

Honorius episcopus, servus servorum Dei, dilecto filio electo de Candida Casa, salutem et apostolicam benedictionem.

Cui alii a Domino praeesse conceditur, nulla suis dignis subesse praelatis superbia communicatur; ideoque per praesentia scripta tibi mandamus, ut ad charissimum fratrem nostrum Thomam Eboracensem archiepiscopum, tanquam ad proprium metropolitanum tuum consecrandus accedas; et ab ipsius manu, praesente sancti Spiritus gratia, cum humilitatis devotione consecrationem accipias.

Data Laterani quinto Idus Decembris.

XXVIII.

Ad G. Cantuariensem archiepiscopum, etc., et ad regem Anglorum.

(Anno 1125, Dec. 9.)

[*Ibid.*, p. 147.]

Honorius episcopus, servus servorum Dei, venerabilibus fratribus G. Cantuar. archiepiscopo, sedis apostolicae legato, et universis episcopis per regnum Angliae constitutis, et charissimo in Christo filio H. illustri Anglorum regi, salutem et apostolicam benedictionem.

Quemadmodum nostrum... ita dignitatem suam illibatam, vestris debetis fratribus conservare, ideoque vobis mandamus, quatenus charissimo fratri nostro Thomae [*leg.* Thurstano] Eborum archiepiscopo, juxta antiquam consuetudinem et Eborum Ecclesiae praerogativam crucem ante se deferri absque contradictione aliqua permittatis, et regem more solito coronare.

Data Laterani v Idus Decembris.

XXIX.

Privilegium pro Ecclesia Eboracensi.

(Anno 1225.)

[MANSI, *Concil.*, XXI, 335.]

Honorius episcopus, servus servorum Dei, venerabili fratri THURSTANO, Eboracensi archiepiscopo, ejusque successoribus canonice promovendis in perpetuum.

In eminenti apostolicae sedis specula, disponente Domino, constituti, injuncto nobis apostolatus officio fratres nostros episcopos intima charitate diligere, et ecclesiis sibi a Deo commissis suam debemus justitiam conservare, pro ipsarum quoque volumus statu satagere, atque earum quieti et utilitati, salubriter, auxiliante Domino, providere. Ideoque charissime frater, Thurstane archiepiscope, tibi tuisque successoribus, et per vos Ebor. Ecclesiae, cui auctore Deo praees, Eboracensis Ecclesiae metropol. suffraganeos, et quidquid parochiarum vel episcopali vel metropolitico jure ad eamdem cognoscitur Ecclesiam pertinere, in perpetuum confirmamus. Antiquam sane Ebor. Ecclesiæ dignitatem integram conservari auctore Deo cupientes, auctoritate apostolica prohibemus, ne ulterius, aut Cantuar. archiepiscopus Eboracen. professionem quamlibet exigat, aut Eboracen. Cantuariensi exhibeat; neque quod penitus a beato Gregorio prohibitum est, ullo modo Ebor. Cantuar. ditioni subjaceat, sed juxta ejusdem patris constitutionem, ista inter eos honoris distinctio in perpetuum conservetur, ut prior habeatur, qui prior fuerit ordinatus. Ad hæc si Cantuar. archiepiscopus Ebor. electum gratis, et sine subjectionis exactione consecrare noluerit, electus Ebor. a suffraganeis suis, aut a Romano pontifice libere consecretur. Porro antiquas libertatis consuetudines, et possessiones quas vel in præsenti legitime obtinetis, vel in futuro, largiente Deo, juste poteritis adipisci, Ecclesiæ Ebor. præsentis privilegii auctoritate firmamus, statuentes, ut nullus eas auferre, imminuere, vel temerariis audeat vexationibus infestare, sed omnia integra conserventur eorum, pro quorum sustentatione et gubernatione concessa sunt, usibus omnimodis profutura. Illud quoque capitulo præsenti subjungimus, ut ecclesiæ S. Andreæ Hagulstadens. S. Joh. Beverlac. S. Wilfridi de Ripn, S. Mariæ de Suthewel. S. Oswaldi de Gloucestr. in omnibus possessionibus et libertatibus, et consuetudinibus vobis vestrisque successoribus, nec non Ebor. Ecclesiæ integre semper et quiete permaneant. Si quæ igitur ecclesiastica sæcularisve persona, hanc nostræ constitutionis paginam sciens, contra eam temere venire tentaverit, secundo tertiove commonita, si non satisfactione congrua emendaverit, potestatis honorisque sui dignitate careat, reamque se divino judicio existere de perpetrata iniquitate cognoscat, et a sanctissimo corpore ac sanguine Dei et Domini redemptoris nostri Jesu Christi aliena fiat, atque in extremo examine districtæ ultioni subjaceat. Cunctis autem eidem Ecclesiæ justa servantibus sit pax Domini nostri Jesu Christi, quatenus et hic fructum bonæ actionis percipiant et apud districtum judicem præmia æternæ pacis inveniant. Amen.

XXX.
Ecclesiæ Ravennatis jura confirmat.
(Anno 1125.)
[UGHELLI, *Italia sacra*, II, 365.]

HONORIUS episcopus, servus servorum Dei, venerabili fratri GUALTERIO Ravennati archiepiscopo, ejusque successoribus canonice promovendis.

Sacrosancta Romana apostolica Ecclesia ab ipso Salvatore nostro Domino Jesu Christo caput et cardo est omnium instituta. Non decet igitur a capite membra discedere, sed eminenti rationi et, superni provisioni capitis obedire: moderatrix autem discretio capitis singulorum membrorum officiosas actiones considerans uniuscujusque jus, et ordinem, et natura constitutum distincte reservat, et quibuscunque nobilibus vetustatis suæ dignitatem, sine invidia sociali charitate custodit. Hac igitur inducti ratione

honorem famosæ Ravennatis Ecclesiæ apostolicæ sedis propriæ specialis filiæ sine diminutione aliqua volumus conservare, ideoque, venerabilis frater Gualteri, quem pro Ecclesiæ strenuitate doctrinæ, religionis, et morum honestate plena in Christo charitate diligimus, tuis rationabilibus postulationibus paternæ pietatis affectu annuimus. Per præsentis itaque privilegii paginam confirmamus episcopatus, videlicet Æmiliæ provinciæ, id est Parmæ, Placentiæ, Regii, Mutinæ, Bononiæ, Ferrariæ, Adriæ, Comacli, Imolæ, Faventiæ, Forolivii, Foripompilii, Bobii, Cæsenæ, Ficoclæ. Præterea confirmamus vobis exarchatum Ravennæ, qui Romanæ Ecclesiæ juris est, et monasteria S. Alberti, S. Hilarii, seu cætera monasteria, et possessiones ad vestram Ecclesiam pertinentes per authentica privilegia ab antecessoribus nostris, et catholicis regibus traditas. Pomposiani quoque monasterii curam personæ religionis tuæ, salvo Ecclesiæ nostræ jure, committimus, ut regulari disciplina per suam industriam reformetur. Nulli ergo omnino hominum facultas sit nostram Ravennatem Ecclesiam temere perturbare, aut possessiones ejus auferre, vel ablatas retinere, minuere, vel temerariis vexationibus fatigare, sed omnia integra conserventur tam tuis, quam clericorum et pauperum usibus profutura. Si qua igitur ecclesiastica in futurum sæcularisve persona hanc nostræ constitutionis paginam sciens contra eam temere venire tentaverit, secundo tertiove commonita, nisi præsumptionem suam satisfactione congrua emendaverit, potestatis honorisque sui dignitate careat, reamque se divino judicio existere de perpetrata iniquitate cognoscat, et a sacratissimo corpore ac sanguine Dei et Domini nostri Jesu Christi aliena fiat, atque in extremo examine districtæ ultioni subjaceat. Cunctis autem eidem Ecclesiæ justa servantibus sit pax Domini nostri Jesu Christi, quatenus et hic fructum bonæ actionis percipiant, et apud districtum judicem præmia æternæ pacis inveniant. Amen, amen, amen.

Ego Honorius catholicæ Ecclesiæ episcopus.
Ego Bonifacius card. S. Marci subsc.
Ego Gregorius Card. SS. Apostolorum ss.
Ego Benedictus cardinalis tit. Eudoxiæ subsc.
Ego Anastatus presb. card. tit. S. Clementis ss.
Ego Conradus presb. card. tit. Pastoris subsc.
Ego Desiderius presb. card. tit. S. Praxedis subsc.
Ego Deusdedit card. presb. tit. S. Laurentii in Damaso ss.
Ego Petrus Pisanus presbyter cardinalis S. martyris Susannæ subsc.
Ego Petrus card. tit. S. Callixti subsc.
Ego Petrus presb. card. S. Marcelli subs.
Ego Vitalis Albanensis episcopus subscr.
Ego Petrus Portuensis episcopus subs.
Ego Guilidinus Prænestinus episcopus subsc.
Ego Ægidius Tusculanus episcopus subsc
Ego comes S. Mariæ in Agro diac. subsc
Ego GG. diac. card. S. Mariæ in Porticu subscr.

Ego Romanus diaconus card. S. Angeli subscr.
Ego GG. diaconus cardinalis sanctorum Sergii, et Bacchi, subscripsi, et alii quamplures.

Dat. Laterani per manum Aimerici, an. 1125 Dominicæ Incarnationis.

XXXI.
Ad episcopos Provinciæ. — Pro Lerinensi monasterio, ut ablata restituant, et ab aliis restitui faciant.
(Anno 1125.)
[D. BOUQUET, *Recueil*, XV, 265.]

HONORIUS episcopus, servus servorum Dei, venerabilibus fratribus AUGERIO Regiensi, BERENGARIO Forojuliensi, PETRO Niciensi, et MANFREDO Antipolitano, episcopis, salutem et apostolicam benedictionem.

Filii nostri Lerinensis (Gorinus abbas) et monachi, ante Saracenorum fauces positi, captiones, catenas, et mortis pericula metuentes, de vobis lacrymabiliter conqueruntur, quod eis quasdam ecclesias violenter auferre præsumitis. Cum enim de vobis necessarium exspectarent præsidium, ordine in contrarium verso, importabile sentiunt detrimentum. Unde fraternitati vestræ mandamus quatenus præfatas ecclesias Lerinensi monasterio sine dilatione restitutis in integrum. Conqueruntur etiam satis miserabiliter super parochianis vestris, Petro scilicet de Alansone, uxore Guillelmi Angeri, et militibus de Montebrisone, qui villam illorum deprædantes incendio vastavere et desolaverunt; et super eadem uxore Guillelmi, quæ aliam villam cum monasterio in solitudinem omnino redegit. Quamobrem vobis præcipimus quatenus eos, ut monasterio Lerinensi et fratribus satisfaciant, compellatis. Tu vero, Antipolitane episcope, Fulconem (8) parochianum tuum commoneas, ut de pecunia quam Hierosolymitano itineri, quod facturum se devoverat, præparata prædecessor noster bonæ memoriæ Paschalis papa Lerinensi monasterio dari præcepit, cum ejusdem loci fratribus in pace conveniat; pecuniam quam de thesauro cœnobii fratres pro ipso a Saracenis redimendo dederunt, et quam se rediturum juravit, et villam quæ juris monasterii est, ab eo ablatam restituat, et de castro Aureiluci [*Arluc*], quod devastare præsumpsit, abbati et monachis satisfaciat. Alioquin nos cessare a nostri officii sententia non poterimus.

Datum Laterani.

XXXII.
Ad Gerardum episcopum Teatinum.
Anno 1125-1126.)
[MURATORI, *Rer. Ital. Scrip.*, II, II, 1007.]

HONORIUS episcopus, servus servorum Dei, venerabili fratri GE., Teatino episcopo, salutem et apostolicam benedictionem.

Veniens ad nos filius noster Giso abbas monasterii Sancti Clementis de Piscaria, in præsentia nostra adversus parochianum tuum Rainaldum de

(8) Fulconem de Grassa, Guillelmi fratrem.

Tocco conquestus est, quod ei ecclesiam Sanctæ Mariæ in Pesile violenter auferat. Unde fraternitati tuæ mandamus quatenus eumdem Rainaldum commoneas, ut abbati prædicto ecclesiam restituat. Alioquin, si contemptor exstiterit, plenariam de eo non differas exercere justitiam. Nos enim, auctore Domino, quod a te super hoc canonice factum fuerit, ratum habebimus.

XXXIII.
Ad Didacum archiepiscopum Compostellanum.
(Anno 1126, Jan. 10.)
[FLOREZ, *España sagrada*, XX, 442.]

HONORIUS episcopus, servus servorum Dei, venerabili fratri DIDACO Compostellano archiepiscopo, salutem et apost. benedict.

Nuntios cum litteris a tua fraternitate nobis transmissos, qua debuimus charitate, suscepimus. Cæterum quoniam multa nobis incumbebant negotia, et propter novitatem nostram, tuis postulationibus in præsenti non potuimus respondere. Prævideat autem discreta fraternitatis tuæ prudentia, ut dignitate pallii, quod signum humilitatis est, concessa tibi a sanctæ matris tuæ Ecclesiæ Romanæ clementia, uti studeas non abuti.

Dat. Laterani IV Idus Januarii.

XXXIV.
Ad eumdem.
(Anno 1126, Jan. 10.)
[*Ibid.*]

HONORIUS episcopus, servus servorum Dei, venerabili fratri DIDACO Compostellano archiepiscopo, salutem et apost. benedict.

Quamvis de persona tua sinistra quædam et superstitiosa nostris sint auribus nuntiata, quia tamen devotissimum te Romanæ Ecclesiæ filium profiteris, nos te magis volumus diligere charitate, et delatori alicui facilem de persona tua nolumus præbere auditum. Tu vero ita humiliter et devote te habeas, ut plenarie gratiam B. Petri et nostram valeas retinere.

Data Laterani IV Idus Jan.

XXXV.
Ad Alexandrum episcopum Lincolniensem. — Lincolniensis Ecclesiæ privilegia confirmat.
(Anno 1126, Jan. 30.)
[WILKINS, *Concilia M. Britann.*, tom. I, p. 406.]

HONORIUS episcopus, servus servorum Dei, venerabili fratri ALEXANDRO, Lincolniensi episcopo, ejusque successoribus legitime promovendis, in perpetuum.

Pia et diligens maternæ curæ sollicitudinis teneros filios consuevit dulciter educare, et adultis, unde sustentari valeant, sagaciter providere. Proportionaliter itaque sancta Romana Ecclesia in fide Petri fundata omnium Ecclesiarum obtinet principatum, parvulos et imbecilles lacte sapientiæ suæ nutrit; provectis autem et devotis profundioris scientiæ pabula subministrat, et, ut liberius divinis vacare possint obsequiis, apostolicæ sedis munimine ab hostium incursione defendit. Hac igitur inducti ratione, Lincolniensem Ecclesiam, cui Deo auctore, dilecte in Domino frater Alexander episcope, præsides, sub apostolicæ sedis tutelam excipimus, et contra pravorum hominum molestiam, auctoritate ejus, defensione et privilegio communimus. Bona ergo et possessiones quas juste et legitime possidet, vel in futurum largiente Domino, canonice poterit adipisci, firma tibi tuisque successoribus, et per vos Ecclesiæ Lincolniensi et illibata permaneant. In quibus hæc propriis duximus nominibus adnotanda : videlicet in civitate Lincolniæ burgum quod vocatur Willingtorp, Hundegatam, ecclesiam omnium sanctorum Netellam, Ludam, Stou, Noritonam, Newercam, Staford, Lidentonam, Spaldewic, Buchendaram, manerium situm juxta Legrecestram civitatem, Chilesbei, Eroposeiam, Banebiriam, Tamam, Nundentonam, Dorchecestriam, Woburnam, abbatiam de Egenesham, cum omnium supradictorum pertinentiis, parochiam episcopalem Lindesiam, Nicholasira, Leccestrasira. Hamtonasira, Buchinghamsira, Oxinafordsira, Huntendonasira, Herefordsira pars. Decernimus ergo ut nulli omnino hominum clerico vel laico, præfatam Ecclesiam temere perturbare, aut ejus possessiones auferre, vel ablatas retinere, minuere, vel temerariis vexationibus fatigare, sed omnia integra conserventur usibus ecclesiasticis profutura. Si qua igitur ecclesiastica sæcularisve persona hanc nostræ constitutionis paginam sciens contra eam temere venire tentaverit; secundo tertiove commonita, si non satisfactione congrua emendaverit, potestatis honorisque sui dignitate careat, reamque se divino judicio existere de perpetrata iniquitate cognoscat, et a sacratissimo corpore ac sanguine Dei et Domini Redemptoris nostri Jesu Christi aliena fiat, atque in extremo examine districtæ ultioni subjaceat. Cunctis autem eidem loco jura servantibus sit pax Domini nostri Jesus Christi, quatenus et hic fructum bonæ actionis et apud districtum judicem præmia æternæ pacis inveniant. Amen, amen.

Datum Laterani per manus Aimerici sanctæ Romanæ Ecclesiæ diaconi cardinalis et cancellarii, III Kal. Februarii, indictione IV, Incarnationis Dominicæ 1126, pontificatus autem domni Honorii II papæ anno I.

XXXVI.

Privilegium confirmationis possessionum et bonorum monasterii S. Theoderici Remensis.

(Anno 1126, Febr. 10.)

[VARIN, *Archiv. admin. de Reims*, tom. I, p. 279.]

HONORIUS episcopus, servus servorum Dei, dilecto in Christo filio GUILLELMO abbati monasterii Sancti Theoderici, quod situm est in territorio Remensi, ejusque successoribus regulariter substituendis in perpetuum.

Desiderium quod ad religionis propositum et animarum salutem pertinere monstratur, auctore Deo, sine aliqua est dilatione complendum. Quamobrem, dilecte in Christo fili Guillelme abbas, rationabilibus tuis petitionibus assensum præbentes, monasterium Sancti Theoderici, cui auctore Domino præesse cognosceris, in beati Petri tutelam, nostramque protectionem suscipimus. Universas igitur possessiones et bona omnia quæ locus idem in præsentiarum legitime possidet, tibi tuisque successoribus secundum Dei timorem ibi promotis, præsentis decreti pagina confirmamus. In quibus hæc propriis visa sunt nominibus exprimenda : ipsam videlicet totam villa Sancti Theoderici quietam et liberam, et ab advocatia, comitatu, vel vicecomitatu, sive ab omni exactione, sæculari, secundum præcepta regum Lotharii, Caroli, et Henrici absolutam, cum adjacente villula quæ dicitur villare sub silva ; item mansum indominicatum in villa Pullione, mansum indominicatum in villa Tillio cum terris appendentibus, et in his omnibus bannum, et justitiam et furnum cum decima tota ; villam Francorum cum decima tota ; cumque hæc omnia sub una parochia contineantur, hac ratione est libera ut annua illa obsonia in synodo non persolvat; et presbyteri qui inibi abaabhate statuuntur, ad conventus decanorum quos Kalendas vocant, non accedant nisi sponte voluerint, alias autem canonicam ex eis exhibeant obedientiam ; mansum. indominicatum in villa Triniaco vel Mazzella, et justitiam, et bannum, et furnum bannilem in tota villa cum decima tota et quibusdam terris in villa Cavalio jacentibus et ad ipsum Triniacum pertinentibus, decimam villæ Chalon quæ est de parochia ipsius Triniaci ; decimam villæ Chanadii quæ est de parochia Sancti Theoderici sicut et villa Francorum. Tres molendinos in Vidula cum tota aqua et piscatione ipsius fluminis, a divisione ipsius fluminis super molendinum Maschot, usque ad molendinum Macele, cum quarta parte ipsius molendini, et paludem adjacentem ipsi aquæ, pro cujus herbaria rustici de Chalon corveiam solvunt Sancto Theoderico in Triniaco ; villam Nocturniacum cum banno et justitia ; mansum indominicatum in Brimerci curte ; terras censuales in villa Mairiaco, similiter in Gaugiaco. In diœcesi Remensi, altaria hæc : de Triniaco, de Herimundivilla (9), de Summopi, de Spoia, de Seilisas, de Ida, de Thelina (10). In episcopatu Laudunensi, altaria hæc : de Wreivilla, de Hupenci curte, de Berturi curte, de Agubi curte, de Condeto, de Domnamaria (11), de Ansoldi curte, de Sancto Theodulfo, quod (sic) dicitur Guast. In episcopatu de Vosiers, cum duabus partibus decimæ et tribus molendinis. »

(11) Le privilége de 1148 ajoute :.... « Cum manso indominicato et tribus partibus totius terræ adjacentis ipsi villæ. »

---

(9) Un privilége d'Eugène, donné en 1148, et qui se trouve Cart. de Saint-Thierry, fol. 391, ajoute ici *de Puteolis*. Voir l'indicat. de ce même privilége dans Morlot, n. 358.

(10) Le privilége de 1148 ajoute :.... « Cum capella

Noviomensi altaria duo et ecclesias, et decimas totas de Atheiis et de Emina, septem mansos terræ in ipsa villa Atheiis. In episcopatu Tornacensi, altaria hæc : de Guartengen, de Kercova cum capella Guarnereia (12). In episcopatu Cameracensi, altaria hæc : de Bernis cum capella de Quadromonte (13), de Elefella. Quæcunque præterea futuris temporibus idem monasterium juste atque canonice poterit adipisci, firma ei et illibata permaneant; et prædicta altaria libera sint, et absque personis. Salvo in omnibus jure ac reverentia Remensis archiepiscopi, atque aliorum episcoporum, et consuetudinibus canonicis. Decernimus ergo ut nulli omnino hominum liceat idem monasterium temere perturbare, aut ejus possessiones auferre, vel ablatas retinere, minuere, vel temerariis vexationibus fatigare, sed omnia integra conserventur, eorum pro quorum sustentatione ac gubernatione concessa sunt, usibus omnimodis profutura. Si qua vero ecclesiastica sæcularisve persona hanc nostræ constitutionis paginam sciens, contra eam temere venire tentaverit, secundo tertiove commonita, si non satisfactione congrua emendaverit, potestatis honorisque sui careat dignitate, reamque se divino judicio existere de perpetrata inquitate cognoscat, et a sacratissimo corpore ac sanguine Dei et Domini Redemptoris nostri Jesu Christi aliena fiat, atque in extremo examine districtæ ultioni subjaceat. Cunctis autem eidem loco justa servantibus sit pax Domini nostri Jesu Christi, quatenus et hic fructum bonæ actionis percipiant, et apud districtum judicem, præmia æternæ pacis inveniant. Amen.

Ego Honorius catholicæ Ecclesiæ episcopus, s.

Data Laterani, per manum Haimerici sanctæ Romanæ Ecclesiæ diaconi cardinalis et cancellarii, IV Idus Februarii, indictione IV, anno Dominicæ Incarnationis 1126, pontificatus autem domini Honorii secundi papæ anno II.

XXXVII.
Fratrum S. Mariæ Præmonstratensis disciplinam possessionesque confirmat.

(Anno 1126, Febr. 16.)

, Hugo, *Annales sacri ord. Præmonstrat.* tom. I, Pr. p. 9.]

Honorius episcopus, servus servorum Dei dilectis filiis Norberto fratri in Christo, et canonicis Præmonstratæ ecclesiæ Sanctæ Mariæ, eorumque successoribus regularem vitam in perpetuum professis.

Apostolicæ disciplinæ sectantes vestigia mundaniā quidem pompis et possessionibus abrenuntiant, et Domino totis nisibus famulantur. Isti ergo si bonum quod incœperint, consummarint, in extremo examine judicis sunt immortalitatis stolam et perpetuam gloriam adepturi. Quia igitur vos religiose vivere et canonicam vitam secundum beati Augustini institutionem ibidem ducere, inspirante divina gratia decrevistis, propositum vestrum sedis apostolicæ auctoritate confirmamus, et firmos vos in remissionem peccatorum vestrorum in eo persistere adhortamur. Statuimus itaque, ut in ecclesiis vestris, in quibus fratres vitam canonicam professi degunt, nulli omnino hominum liceat secundum beati Augustini regulam ibidem constitutum ordinem commutare; nullus etiam episcoporum futuris temporibus audeat ejusdem religionis fratres ab ecclesiis vestris expellere, nec professionis canonicæ quispiam ex eisdem ecclesiis aut claustris audeat sine communi congregationis permissione discedere : discedentem vero, nullus episcoporum, nullus abbatum, nullus monachorum sine communium litterarum cautione suscipere. Bona etiam et possessiones quas juste et legitime possidetis, præsentis nostri scripti pagina confirmamus, in quibus hæc propriis nominibus duximus exprimenda : ecclesiam videlicet Sancti Martini Laudunensis in Laudunensi episcopatu, Vivariensem ecclesiam Sanctæ Mariæ in Suessionensi episcopatu, Floressiensem ecclesiam Sanctæ Mariæ in Leodiensi, Capenberg ecclesiam Sanctæ Mariæ et beatorum Petri et Pauli in Monasteriensi, Wollar ecclesiam Sanctæ Mariæ in eodem episcopatu, Clostat [Elcostad], ecclesiam Sanctæ Mariæ in Moguntiensi, ecclesiam Sancti Annalis in Metensi, Antuerpiæ ecclesiam Sancti Michaelis in Cameracensi; ambitum ejusdem vallis a loco qui dicitur *Halierpré*, usque ad vallem Rochardi, cum tribus adjacentibus vallibus, et a rivo versus *Vois*, sicut valles proportant. Duas partes decimæ quas in villa de Crespi per Laudunensem episcopum habetis, et cætera quæ in eadem villa largitione dilecti filii nostri Ludovici regis Franciæ possidetis. Alodium Clarifontis, alodium Romengeis cum molendino; tres mansos apud Bolmont; Anisi mansum unum cum molendino; Fraisne mansum unum, Versigny mansum unum, Souppy tres mansos et dimidium; totum alodum quod dicitur Bonnuel. Suessioni domum unam cum vineis et terris; vineas in Laudunensi pago in villa quæ dicitur Broiencourt, et Ursignicourt, et Montarcume. Quæcunque præterea in futurum, concessione pontificum, liberalitate regum vel principum, vel aliis justis modis canonice poteritis adipisci, firma vobis vestrisque successoribus in sanctæ religionis proposito permansuris, et illibata serventur. Decernimus ergo, ut nulli omnino hominum liceat easdem ecclesias temere perturbare, aut eorum possessiones auferre, vel ablatas retinere, minuere, vel temerariis vexationibus fatigare sed omnia integra conserventur, regularium fratrum et pauperum usibus profutura, salva diœcesanorum episcoporum canonica justitia. Si qua igitur in futurum ecclesiastica sæcularisve persona hanc nostræ constitutionis paginam sciens, contra eam temere venire tentaverit, secundo tertiove commonita, si non satisfactione congrua emendaverit, potestatis honorisque sui careat dignitate, reamque se divino judi-

(12) La bulle de 1148 ajoute : « ... de Dotheniis cum capella de Coengio; ecclesiam de Petengio. »

(13) La bulle de 1148 ajoute : *de Scalnasia*.

cio existere de perpetrata iniquitate cognoscat, et a penberg, Mangethe, Curete, Sorbeke, Wifecle, Wissanctissimo corpore ac sanguine Dei et Domini heim, Spelchorp, Hasela, Lancklar, cum universis Redemptoris nostri Jesu Christi aliena fiat, atque usibus earum, scilicet pratis et pascuis, viis et in extremo examine districtæ ultioni subjaceat. inviis, rivis et irriguis, molendinis nemorosis et Cunctis autem eisdem ecclesiis jura servantibus campestribus, quæcunque præterea in futurum consit pax Domini nostri Jesu Christi, quatenus et hic cessione pontificum liberalitate regum, vel principum, vel aliis justis modis canonice poteritis adictum judicem præmia æternæ pacis inveniant pisci firma vobis vestrisque successoribus in sanctæ Amen. religionis proposito permansuris, et illibata serven-

Ego Honorius catholicæ Ecclesiæ episcopus. tur. Decernimus ergo ut nulli omnino hominum liceat

Datum Laterani per manum Haimerci sanctæ easdem ecclesias temere perturbare, aut eorum posRomanæ Ecclesiæ diaconi cardinalis et cancellarii, sessiones auferre vel ablatas retinere, minuere vel decimo quarto Kal. Martii, indictione quarta, anno temerariis vexationibus fatigare, sed omnia integra Dominicæ Incarnationis millesimo centesimo vicesi- conserventur regularium fratrum et pauperum usibus mo sexto pontificatus autem domni Honorii secundi profutura, salva diœcesanorum episcoporum canopapæ anno secundo. nica justitia. Si qua igitur in futurum ecclesiastica

sæcularisve persona, hanc nostræ constitutionis pagi-
XXXVIII.
nam sciens, contra eam temere venire tentaverit,

Confirmatio fundationis ecclesiæ Capenbergensis. secundo tertiove commonita, si non satisfactione
(Anno 1126, Febr. 27.) congrua emendaverit, potestatis honorisque sui
[HUGO, *ibid.* Pr., p. 369.] dignitate careat, reamque se divino judicio existere

HONORIUS episcopus, servus servorum Dei, dilecto de perpetrata iniquitate cognoscat, et a sacratisin Christo fratri NORBERTO, et ejus fratribus, in simo corpore ac sanguine Dei et Domini Redemptoecclesia Sanctæ Mariæ de Capenberg regularem ris nostri Jesu Christi aliena fiat, atque in extremo vitam professis, eorumque successoribus in perpe- examine districtæ ultioni subjaceat. Cunctis autem tuum. eisdem ecclesiis justa servantibus, sit pax Domini

Ad hoc universalis Ecclesiæ cura nobis a provi- nostri Jesu Christi, quatenus et hic fructum bonæ sore omnium bonorum Deo, commissa est, ut religi- actionis percipiant, et apud districtum judicem, præosas diligamus personas, et bene placentem Deo mia æternæ pacis inveniant. Amen, amen, amen.
religionem studeamus modis omnibus propagare. Ego Honorius catholicæ Ecclesiæ episcopus.
Præ enim Deo gratus aliquando famulatus impendi- Datum Laterani per manum Aimerici sanctæ Rotur, nisi ex charitatis radice procedens, a puritate manæ Ecclesiæ diaconi cardinalis, III Kal. Martii, religionis fuerit conservatus, hoc nimirum charita- indict. IV, anno Dominic. Incarnat. 1126, pontificatis intuitu rationabilibus tuis postulationibus duximus tus domni Honorii II papæ anno II. annuendum. Statuimus itaque, et apostolica auctoritate firmamus, ut in ecclesia Capenberg, cujus
XXXIX.
construendæ fundum comes Godefridus, et fratres *Privilegium pro monasterio S. Evangelistæ Kalten-* ejus atque cohæres Otto, Deo et Sanctæ Mariæ, *borniensi.* sanctisque apostolis obtulerunt, et Varlas et Hof- (Anno 1126, Febr. 27.) stadt, in quibus fratres vitam canonicam professi [*Thuringia sacra*, p. 504.] degunt, nulli omnino liceat secundum B. Augustini HONORIUS episcopus, servus servorum Dei, dileregulam in eisdem ecclesiis constitutum ordinem mu- ctis in Christo filiis GODESCALCO præposito et ejus tare. Nullus etiam episcoporum futuris temporibus fratribus in ecclesia Sancti Joannis evangelistæ de audeat ejusdem religionis fratres de eisdem ecclesiis Coldenbrunna canonicam vitam professis, tam præexpellere neque professionis canonicæ quispiam ex sentibus quam futuris in perpetuum. eisdem ecclesiis, aut claustris audeat sine communi Apostolici moderaminis clementiæ convenit relicongregationis permissione discedere. Discedentem giosos diligere, et eorum loca apostolicæ protevero, nullus episcoporum, nullus abbatum, nullus ctionis munimine defensare. Prædecessor noster monachorum, nullus omnino hominum sine com- felicis memoriæ Calixtus, PP., sicut ex ejus scripto munium, litterarum cautione suscipere; prohibemus comperimus vestram Sancti Joannis ecclesiam quam igitur et omnino interdicimus, ut nulla ecclesiastica in Alberstatensi episcopatu vir nobilis Wimannus sæcularisve persona Capenberg et ejus ambitum vi, de prædiis suis ad regularem vitam instituit apovel fraude intrare, occupare, vel incastellare præ- stolicæ tuitionis protectione munivit. Et nos itaque sumat. Bona etiam et possessiones, quas supradicti vestris postulationibus clementius annuentes, et tres, et alodia, quæ alii fideles eisdem ecclesiis ex ejusdem domini vestigiis inhærentes, canonicæ justis eleemosynis, in usus canonicorum legitime vitæ ordinem quem professi estis apostolica aucto-contulerunt, præsentis scripti pagina confirmamus. ritate firmamus; et ecclesiam vestram præsentis In quibus hæc propriis nominibus duximus adnotan- scripti pagina communimus. Statuimus enim quæda : videlicet, Werne, Nette, Alsteden, Heile, Ca- cunque possessiones, et quæcunque bona eidem

loco, aut a praedicto Wigmanno, aut a quibusque longo, et plebem de Verdeto, cum pertinentiis earum, quas praedictus frater Arduinus episcopus paterna vestris usibus benignitate concessit. Quaecunque praeterea in futuris temporibus, largiente Deo, juste atque canonice poteritis adipisci, firma vobis, vestrisque successoribus, et illibata permaneant. Decernimus ergo ut nulli omnino hominum liceat eamdem Ecclesiam temere perturbare; aut ejus possessiones auferre, vel ablata retinere, minuere, vel temerariis vexationibus fatigare, sed omnia integra conserventur, eorum pro quorum sustentatione et gubernatione concessa sunt usibus omnimodis profutura. Si qua igitur in futurum, ecclesiastica saecularisve persona hanc nostrae constitutionis paginam sciens, contra eam temere venire tentaverit, secundo tertiove commonita, si non satisfactione congrua emendaverit, potestatis honorisque sui dignitate careat, reamque se divino judicio existere de perpetrata iniquitate cognoscat, et a sacratissimo corpore ac sanguine Dei et Domini Redemptoris nostri Jesu Christi aliena fiat, atque in extremo examine districtae ultioni subjaceat. Cunctis autem eidem Ecclesiae justa servantibus sit pax Domini nostri Jesu Christi, quatenus et hic fructum bonae actionis percipiant, et apud districtum judicem praemia aeternae pacis inveniant. Amen

fidelibus de suo jure juste collata sunt, sive in futurum largiente Deo juste et canonice conferri contigerit firma semper vobis vestrisque successoribus, et inconvulsa permaneant. Nullique omnino hominum liceat praedictam ecclesiam temere perturbare, aut ejus possessiones auferre, vel ablatas retinere, minuere, vel temerariis vexationibus fatigare, sed omnia integra conserventur eorum pro quorum sustentatione ac gubernatione concessa sunt, usibus omnimodis profutura. Obeunte vero te ipsius loci praeposito, nullus ibi qualibet astutia vel violentia praeponatur, nisi quem fratres communi consensu, vel fratrum pars consilii sanioris secundum Deum elegerint. Si quis igitur decreti hujus tenore cognito temere, quod absit, contraire tentaverit, honoris et officii sui periculum patiatur, aut excommunicationis ultione plectatur, nisi praesumptionem suam digna satisfactione correxerit. Amen.

Ego Honorius catholicae Ecclesiae episcopus.

Datum Laterani per manum Almerici sanctae Romanae Ecclesiae diaconi card. et cancellarii, II Kal. Martii, indict. IV, anno Dominicae Incarnationis 1126, pontificatus domni Honorii secundi papae anno II.

Ego Honorius catholicae Ecclesiae episcopus.

Datum Laterani per manum Aimerici sanctae Romanae Ecclesiae diaconi cardinalis et cancellarii, VII Idus Martii, indictione IV, anno Dominicae Incarnat. 1126, pontificatus vero domni Honorii II papae anno secundo.

XL.

Privilegium pro ecclesia S. Mariae Placentinae.

(Anno 1126, Mart. 9.)

[CAMPI, *Dell. Historia di Piacenza*, tom. I, probationes, p. 528.]

HONORIUS episcopus, servus servorum Dei, dilectis filiis matricis ecclesiae Placentinae Sanctae Mariae, et Sanctae Justinae canonicis, salutem et apostolicam benedictionem.

Ad hoc universalis Ecclesiae cura nobis a provisore omnium bonorum Deo commissa est, ut de Ecclesiarum statu sollicite cogitemus, earumque utilitatibus provide paternae affectionis vigilantia studeamus; quatenus et ipsae per nostri laboris instantiam in bonis spiritualibus, et temporalibus augeantur, et nos debitam inde mercedem a Deo recipere valeamus: Quapropter vestris, charissimi in Christo filii, per venerabilem fratrem nostrum Arduinum Placentinae civitatis episcopum supplicationibus clementius inclinati, matricem sanctae Dei genitricis ac virginis Mariae, et sanctae Justinae martyris Placentinam ecclesiam, in qua Domino deservitis, apostolicae defensionis auxilio decrevimus communire. Possessiones ergo, et bona, quae a religiosis Placentinis episcopis, qui de hoc saeculo decesserunt, vel ab eodem fratre nostro episcopo, qui vestrae ad praesens Ecclesiae praesidet, vobis concessa, sive a fidelibus viris de suo jure oblata, seu modis aliis acquisita juste et legitime possidetis: praesentis scripti nostri pagina vobis, vestrisque successoribus confirmamus, salva nimirum episcoporum vestrorum justitia et debita reverentia.

Pari quoque modo firmamus capellam de Goso-

XLI.

Monasterium S. Blasii in protectionem apostolicam recipit, et confirmat liberam advocatiam.

(Anno 1126, Mart. 28.)

[GERBERT, *Hist. Nigrae Silvae*, tom. III, p. 59.]

HONORIUS episcopus, servus servorum Dei, dilecto filio BERTOLDO abbati monasterii S. Blasii, quod in Constantiensi episcopatu, in loco videlicet qui Nigra Silva dicitur, situm est, ejusque successoribus regulariter substituendis in perpetuum.

Ad hoc universalis Ecclesiae cura nobis a provisore omnium bonorum Domino commissa est, ut religiosas diligamus personas, et bene placentem Domino religionem modis omnibus propagemus, nec enim Domino gratus aliquando famulatus impenditur, nisi ex charitatis radice procedens a puritate religionis fuerit conservatus. Proinde nos supplicationi tuae clementer annuimus, et B. Blasii monasterium, cui Deo auctore praesides, cum omnibus ad ipsum pertinentibus apostolicae sedis tuitione munimus. Statuimus enim, ut quaecunque hodie idem monasterium juste et legaliter possidet, sive in futurum concessione pontificum, liberalitate principum, vel oblatione fidelium juste atque canonice poterit adipisci, firma tibi tuisque successoribus, et illibata permaneant. Nulli igitur omnino hominum liceat præfatum monasterium temere perturbare, aut ejus possessiones auferre, vel ablatas retinere, minuere, vel temerariis vexationibus fatigare, sed omnia integra conserventur eorum, pro quorum sustentatione et gubernatione concessa sunt, usibus omnimodis profutura. Consecrationes altarium sive basilicarum, ordinationes monachorum, chrisma, oleum sacrum, et cætera ad opus episcopale officium pertinentia, a Constantiensi episcopo, in cujus estis diœcesi, accipiatis, si tamen catholicus fuerit, et gratiam ac communionem apostolicæ sedis habuerit, et si ea gratis ac sine pravitate voluerit exhibere, alioquin liceat vobis catholicum, quem malueritis adire antistitem, et ab eo consecrationis sacramenta percipere, qui apostolicæ sedis auctoritate fultus, quæ postulastis, indulgeat. Sepulturam quoque ejusdem loci omnino liberam esse decernimus, ut eorum qui illic sepeliri deliberaverint, devotioni et extremæ voluntati, nisi forte excommunicati sint, nullus obsistat. Porro laicos sive clericos sæculariter viventes ad conversionem suscipere nullius episcopi vel præpositi contradictio vos inhibeat. Obeunte te nunc ejus loci abbate vel tuorum quolibet successorum, nullus ibi quolibet subreptionis astutia seu violentia præponatur, nisi quem fratres communi consensu, vel fratrum pars consilii sanioris secundum Dei timorem, et B. Benedicti regulam elegerint. Ad hæc salva Constantiensis episcopi reverentia, confirmamus vestro monasterio cellam de silva Swarzwalt a S. Reginberto constructam cum omnibus possessionibus, prædiis, et terris ad eam pertinentibus (14). Confirmamus etiam dispositionem illam, quam bonæ recordationis Heinricus IV imperator de monasterii vestri libertate et advocatia constituit, et prædecessor noster felicis memoriæ papa Calixtus auctoritatis suæ privilegio roboravit, atque dilectus filius noster Lotharius rex præcepti sui firmitate munivit, et nos communi fratrum nostrorum episcoporum et cardinalium deliberatione ratam habuimus, ut videlicet in advocati electione abbas liberam habeat potestatem cum fratrum suorum consilio talem eligere, quem ad defensionem libertatis monasterii bonum et utilem esse cognoverit, qui non pro terreno commodo, sed pro Dei amore ac peccatorum suorum venia, nec non et æternæ benedictionis mercede advocatiam ipsam bene habere cupiat et tractare. Si autem calumniator potius quam advocatus existens monasterii bona pervaserit, et non magis ea defenderit, et semel, secundo tertiove commonitus nullatenus emendaverit, abbas habeat facultatem cum fratrum consilio alium ibi utiliorem statuere advocatum, quatenus sicut a prædicto Heinrico imperatore, et a præfato filio nostro Lothario rege judicio definitum est, cœnobii vestri libertas modis omnibus a jure sit alienata Basileensis ecclesiæ. Ad indicium autem nostræ tuitionis et concessæ a vestro monasterio libertatis, aureum unum quotannis Lateranensi palatio persolvetis. Si quæ igitur in futurum ecclesiastica sæcularisve persona hanc nostræ constitutionis paginam sciens, contra eam temere venire tentaverit, secundo tertiove commonita, si non satisfactione congrua emendaverit, potestatis honorisque sui dignitate careat, reamque se divino judicio existere de perpetrata iniquitate cognoscat, et a sacratissimo corpore ac sanguine Dei et Domini Redemptoris nostri Jesu Christi aliena fiat, atque in extremo examine districtæ ultioni subjaceat. Cunctis autem eidem loco justa servantibus, sit pax Domini nostri Jesu Christi, quatenus et hic fructum bonæ actionis percipiant, et apud districtum judicem præmia æternæ pacis inveniant. Amen, amen.

Ego Honorius catholicæ Ecclesiæ episcopus.
Ego Crescentius Sabinensis episcopus.
Ego Petrus Portuensis episcopus.
Ego Vitalis Albanus episcopus.
Ego Guillielmus Prænestinus episcopus.
Ego Bonifacius presbyter cardinalis tituli S. Marci.
Ego Gg. presbyter cardin. tit. Apostolorum.
Ego Benedictus presbyter cardinalis tituli Eudoxiæ.
Ego Joannes presbyter cardinalis tituli S. Cæciliæ.
Ego Desiderius presbyter cardinalis tituli S. Praxedis.
Ego Petrus cardinalis presbyter tituli S. Susannæ.
Ego Saxo presoyter cardinalis tituli S. Stephani.
Ego Joannes presbyter cardinalis tituli S. Grisogoni.
Ego Sigizo presbyter cardinalis tituli S. Xisti.
Ego Aldericus presbyter cardinalis tituli Pamachii.
Ego Hubertus presbyter cardinalis tituli S. Clementis.
Ego Petrus tituli Calixti presbyter cardinalis.
Ego Petrus presbyter cardinalis tituli S. Marcelli.
Ego Deusdedit presbyter cardinalis tituli S. Laurentii in Damaso.
Ego Gregorius S. Angeli diaconus cardinalis.
Ego Stephanus diaconus cardinalis S. Mariæ in Cosmedin.
Ego Jonathas diaconus cardinalis SS. Cosmæ et Damiani.
Ego Gregorius diaconus cardinalis SS. Sergii et Bachi.
Ego Joannes diaconus cardinalis S. Nicolai de carcere.

---

(14) En iteratam cellæ S. Reginberti confirmationem S. Blasii monasterio factam.

Ego Angelus diaconus cardinalis S. Mariæ in Donnica.

Ego Stefanus diaconus cardinalis S. Luciæ.

Ego Petrus diaconus cardinalis S. Mariæ in via Lata.

Ego Hugo diaconus cardinalis S. Theodori.

Datum Laterani per manum Aimerici S. Romanæ Ecclesiæ diaconi cardinalis et cancellarii v Kal. Aprilis, indictione IV, Incarnationis Dominicæ anno 1126, pontificatus autem domni Honorii II papæ anno secundo.

XLII.

Monasterium Wiblingense ejusque bona confirmat et in protectionem apostolicam recipit.

(Anno 1126, Mart. 28.)

[*Ubi supra*, p. 55.]

Honorius episcopus, servus servorum Dei, dilecto filio WARNERO, abbati monasterii S. Martini, quod Wiblingen dicitur, ejusque successoribus regulariter promovendis in perpetuum.

Desiderium, quod ad religionis propositum, et animarum salutem pertinere monstratur, auctore Deo sine aliqua dilatione est complendum. Quamobrem nos, dilecte in Christo fili, tuis per venerabilem fratrem, nostrum Udalricum Constantiensem episcopum postulationibus inclinati, B. Martini monasterium, cui disponente Deo præsidere cognosceris, quod videlicet a prædecessore nostro felicis memoriæ Urbano papa in speciale sedis apostolicæ jus ac tutelam susceptum est apostolicæ auctoritatis privilegio communimus, statuentes ut quæcunque prædia, et quæcunque bona tam ex fundatorum suorum, Hartmani comitis et Othonis fratris ejus largitione, quam cæterorum fidelium justa oblatione prædicta ecclesia in præsentiarum possidet, sive in futurum jure atque canonice poterit adipisci, firma tibi, tuisque successoribus, et illibata permaneant. Decernimus ergo, ut nulli omnino hominum liceat idem monasterium temere perturbare, aut ejus possessiones auferre, vel ablatas retinere, minuere, vel temerariis vexationibus fatigare, sed omnia integre conserventur, eorum pro quorum sustentatione concessa sunt, usibus profutura, salva tamen Constantiensis episcopi canonica reverentia, cui tamen omnino non liceat exactionem aliquam vel consuetudinem, quæ regularium quieti noceat, irrogare. Advocatiam ipsius cœnobii post Hartmannum religiosum comitem hæres ejus, quem abbas cum fratribus elegerit, administrare debebit, qui si postmodum monasterio inutilis fuerit, remoto eo alium præficiant. Sepulturam ejusdem loci omnino liberam esse decernimus, ut eorum qui illic sepeliri elegerint, devotioni et extremæ voluntati, nisi excommunicati fuerint, nullus obsistat. Præterea, mansuro in perpetuum decreto sancimus, ut nulli omnino viventium liceat in vestro monasterio aliquas proprietatis conditiones, non hæreditarii juris, non investituræ, nec cujuslibet potestatis, quæ libertati et quieti fratrum noceat, vindicare. Chrisma, oleum sacrum, consecrationes altarium, sive basilicarum, ordinationes monachorum qui ad sacros ordines fuerint promovendi, ab episcopo in cujus diœcesi estis, accipietis, si quidem gratiam atque communionem apostolicæ sedis habuerit, et si ea gratis et sine pravitate voluerit exhibere; alioquin liceat vobis catholicum, quem malueritis, adire antistitem, et ab eo consecrationum sacramenta suscipere, qui apostolicæ sedis fultus auctoritate, quod postulatur indulgeat. Obeunte te nunc ejus loci abbate, vel tuorum quolibet successorum, nullus ibi qualibet subreptionis astutia seu violentia præponatur, nisi quem fratres communi consensu, vel fratrum pars consilii sanioris secundum Dei timorem, et B. Benedicti regulam elegerint. Ad indicium autem perceptæ a Romana Ecclesia libertatis bizantium aureum quotannis Lateranensi palatio persolvatis. Si qua igitur ecclesiastica sæcularisve persona hanc nostræ constitutionis paginam sciens, contra eam temere venire tentaverit, secundo tertiove commonita, si non satisfactione congrua emendaverit, potestatis honorisque sui dignitate careat, reamque se divino judicio existere de perpetrata iniquitate cognoscat, et a sanctissimo corpore et sanguine Dei et Domini nostri Jesu Christi aliena fiat, atque in extremo examine districtæ ultioni subjaceat. Cunctis autem eidem loco justa servantibus sit pax Domini nostri Jesu Christi, quatenus et hic fructum bonæ actionis percipiant, et apud districtum judicem præmia æternæ pacis inveniant. Amen, amen.

Data Laterani per manum Hiemerici sanctæ Romanæ Ecclesiæ diaconi cardinalis et cancellarii, v Kalendas Aprilis, Incarnationis Dominicæ 1125 (15) indictione IV, pontificatus autem domni Honorii II, papæ anno II.

XLIII.

* *Monasterii S. Lamberti protectionem suscipit possessionesque ac jura confirmat, annuo bizantii unius censu monachis imposito.*

(Anno 1026, Mart. 29.)

[« In tabulario Cæsareo Vindobonensi, ex schedis Pertzii. » JAFFÉ, *Regesta Rom. pont.*, p. 553. Incipit : « Quoniam sine vere. »]

XLIV.

Breve ad omnes episcopos et proceres Galliæ, ut Pontium olim abbatem Cluniacensem coerceant

(Anno 1126, April. 24.)

[MANSI, *Concil.*, XXI, 356.]

Honorius episcopus, servus servorum Dei, venerabilibus Patribus, archiepiscopis, episcopis, baronibus et aliis fidelibus per Franciam, Aquitaniam, et Burgundiam constitutis, salutem et apostolicam benedictionem.

Universæ bonitatis inimicus diabolus ut religionem fratrum Cluniacensium cribraret sicut triticum, expetivit. Pontium namque ad perturbandos fratres

---

(15) Ponendus hic est annus 1126, ubi indictio IV et annus secundus pontificatus Honorii II, 21 decemb. an. 1124 electi, currebat.

divino famulatui mancipatos arrogantiæ spiritu tumidum de ultra marinis partibus unco ambitionis adduxit, et ut ab eo monasterium Cluniacense occuparetur efficit. Quamobrem dilectum filium nostrum Petrum diaconum cardinalem ad vos ex gremio sanctæ Romanæ Ecclesiæ dirigentes, charitati vestræ mandando præcipimus, ut ipsius consilio invasorem Pontium a Cluniacensi monasterio et obedientiis, atque omnibus pertinentiis ejus eliminare summopere procuretis; idem enim filius noster Petrus vice nostra in Pontium et in omnes fautores ejus anathematis confirmabit sententiam. Dilecto vero filio nostrum Petrum Cluniacensem abbatem manu tenere et honorare curetis.

Data Lateranis vIII Kal. Maii.

XLV.
Ad monachos Cluniacenses. — Ut Pontium abbatem rejiciant.

(Anno 1126, April. 24.)
[Mansi, *ibid.*, p. 337.]

Honorius episcopus, servus servorum Dei, universis monachis et conversis ad Cluniacense monasterium pertinentibus, salutem et apostolicam benedictionem.

Gravamur admodum quoniam, sicut accepimus, sacri collegii unitatem et statum religionis Pontius, diabolico agitatus spiritu, visus est ausu temerario perturbare. Quamvis ergo væ sit homini illi per quem scandalum venit, ad probationem tamen, et purgationem bonorum necesse est scandala provenire; vis enim et audacia militis in bello cognoscitur, et fidei religiosæ constantia in adversis comprobatur. Quocirca dilectum filium nostrum Petrum cardinalem ad vos e gremio sanctæ Romanæ Ecclesiæ dirigentes, mandando præcipimus ut in charitatis unitate firmiter persistentes, eidem Pontio nullum omnino consilium vel auxilium præbeatis; sed potius ab ipso tanquam a schismatico et invasore vos omnimodis abstinete. Idem namque filius noster Petrus, vice nostra, in Pontium et in omnes fautores ejus anathematis confirmabit sententiam. Præcipimus autem, ut dilecto illio nostro Cluniacensi abbati, tanquam pastori vestro, et animarum vestrarum rectori, humiliter obedientiam et reverentiam exhibeatis.

Datum Laterani vIII Kal. Maii.

XLVI.
Ad Humbaldum archiepiscopum Lugdunensem. — Ejusdem argumenti.

(Anno 1126, April. 24.)
[Mansi, *ibid.*]

Honorius episcopus, servus servorum Dei, venerabili Hu...., Lugdunensi archiepiscopo, apostolicæ sedis legato, salutem et apostolicam benedictionem.

Dolemus quoniam, sicut accepimus, religionem Cluniacensem Pontius temere perturbavit. Gratias ergo tuæ referimus fraternitati, quod tanquam religionis amator ei viriliter restitisti. Instanti igitur vigilantia tam per Ecclesiæ ministros, quam per exteras potestates illum de monasterio trahere, et in carcerem ponere omnibus modis elabores. Nos autem de latere nostro legatum e vestigio transmittimus, qui tibi ad hoc explendum consilium et auxilium præbeat.

Data Lateranis vIII Kal. Maii.

Formula excommunicationis in Pontium et Pontianos.

Hæc est excommunicatio, quam fecit Petrus cardinalis, sanctæ Romanæ Ecclesiæ legatus, in virtute Spiritus sancti et auctoritate domni papæ Honorii, cujus vice fungitur, in Pontium invasorem, et schismaticum, et in burgenses Cluniacenses, et in omnes eorum fautores, in Lugdunensi synodo vII Kal. Junii, in præsentia episcoporum consentientium, et abbatum, et presbyterorum multorum, et clericorum.

Quoniam contra voluntatem Dei, et domni papæ Honorii, totiusque Romanæ Ecclesiæ Pontius Cluniacense monasterium irrationabilis laicorum violentia invasit, Romanæ Ecclesiæ misericordiam magis quam justitiæ severitatem sequentes, tertio tam litteris, quam nuntiis eum ad nos vocavimus, ut voluntatem domni papæ Honorii ex ore nostro super hoc audiret, eique veluti totius orbis universali Patri in omnibus obediret; verum quia domno papæ Honorio, cujus vice fungimur, obedire, et de perpetrato invasionis Ecclesiæ scelere noluit pœnitere, hanc injuriam Deo, et apostolicæ sedi illatam ulterius inultam non ferentes, auctoritate apostolorum Petri et Pauli, et domni papæ Honorii qui nobis plenam, et in hoc negotio sua vice tradidit potestatem, excommunicationis sententiam domni Humberti archiepiscopi Lugdunensis S. R. E. et domni papæ Honorii legati, et ejus suffraganeorum in eumdem Pontium et in omnes fautores ejus juste iterum prolatam in præsenti confirmamus synodo, quam iterum renovantes, prædictum Pontium ac monachos ei cohærentes, nec non et burgenses Cluniacenses anathematis vinculo innodamus, quousque resipiscant et ad condignam redeant satisfactionem. Præcipimus etiam sub anathemate ut nullus, in ecclesiis vel in officinis infra ambitum muri Cluniaci, aut deforis infra claustra vel pertinentiam totius burgi constitutis, campanas pulsare, vel officia celebrare divina, vel capitulum facere præsumat quousque. Pontius inde exeat, et ab hac infestatione quiescat. Ejusdem anathematis vinculo insuper eos innectimus, qui de thesauro ecclesiæ Cluniacensis quidquit causa donationis vel venditionis seu pignorationis acceperunt, ac deinceps acceperint, vel dederint. Præterea obedientias, in quibus Pontius suos priores intrusit, scilicet Silviniacum cum Eustorgio priore et suis fautoribus, Massiliam cum priore, Laziacum et ejus priorem, Parrona cum priore, ne divina officia ibi celebrentur, interdicimus. Denique omne christianitatis officium supradictis locis interdicimus, excepto baptismate puerorum, et pœnitentia morientium, volentium ab hac nequitia converti, data securitate in manibus Lefaldi Vincentii, et

XLVII.
Rogerio, archiepiscopo Pisano, restituit jus consecrandorum episcoporum Corsicanorum, palliumque concedit.

(Anno 1126, Jul. 21.)

[MANSI, *Concil.*, XXI, 343.]

HONORIUS episcopus, servus servorum Dei, venerabili fratri ROGERIO Pisano archiepiscopo, ejusque successoribus canonice substituendis in perpetuum.

Ad hoc in sancta matre catholica et universali Romana Ecclesia, quæ justitiæ sedes est, nos auctore omnium bonorum Deo cognoscimus constitutos, ut suam Ecclesiis omnibus justitiam conservemus; si quid perperam gestum esse noverimus, rationis consilio ad rectitudinis tramitem reducamus : quatenus et quæ corrigenda sunt, ordine judiciario corrigantur, et quæ recte statuta noscuntur, in suo vigoris robore perseverent. Prædecessor equidem noster sanctæ memoriæ Urbanus papa, justitiæ ac charitatis intuitu, consilio episcoporum et cardinalium, et aliorum fidelium assensu Pisanæ Ecclesiæ et Dajaberto, qui ei præsidebat, ejusque successoribus canonice intrantibus, Corsicanæ insulæ episcopatus regendos et disponendos commisit atque subjecit. Eumdemque Dajabertum in archiepiscopum insulæ Corsicanæ promovit, et Corsicanis episcopis, ut ei tanquam metropolitano suo obedirent, per obedientiam præcepit. In magna namque et diuturna schismaticorum tempestate, quam Romana tunc temporis patiebatur Ecclesia, Pisanorum civitatem multis laboribus fecit obnoxiam. Corsicana vero tam prolixitate spatiorum, quam negligentia pastorum, dominorum insolentia, et desuetudine legatorum sedis apostolicæ a subjectione, et obedientia Romanæ Ecclesiæ deferbuerat, et dissolutioni ac dissipationi dedita, ecclesiastici ordinis pene deseruerat disciplinam. Proinde idem prædecessor noster tot a Pisanis collatorum beneficiorum meritis digne respondit, et Corsicanæ Ecclesiæ, quæ Pisanis proprior est, debita charitate providit. Postmodum vero successor ejus papa Gelasius ejusdem charitatis respectu, idem juris et dignitatis, quod a domino Urbano papa Pisanæ Ecclesiæ collatum fuerat, auctoritate sui privilegii confirmavit. Quo de hac luce assumpto prædecessor noster Papa Calixtus ejusdem rationis consideratione, et quod ab antecessoribus ejus Urbano, et Gelasio datum, et confirmatum Pisanæ Ecclesiæ fuerat, privilegii sui munimine roboravit. Januenses autem honori Pisani populi invidentes, et eorum incrementum æquo animo non ferentes, hujus rei sumpta occasione guerram contra Pisanos moverunt Unde cædes, incendia, et multæ Christianorum captivitates, peccatis exigentibus, contigerunt, et debacchandi in Christianos Saracenis multa crevit audacia. Præterea Januenses ad Urbem venientes, Romanum clerum et populum sollicitare attentius studuerunt, suadentes eis magnum esse Romanæ Ecclesiæ detrimentum, nisi concessa dignitas Pisanæ auferretur Ecclesiæ. Asserebant enim Romanam Ecclesiam hujus guerræ causam, et fomentum existere, et si Corsicanorum episcoporum consecratio ad proprium dominium Romanæ revocaretur Ecclesiæ, indubitanter inter se, et Pisanos pacem, et concordiam provenire. His igitur causis dominus papa Callistus, pacis amator, inductus, donationem illam Pisanæ Ecclesiæ a suis antecessoribus factam, et a seipso firmatam pacis intuitu revocavit, et scripti sui pagina irritavit. Cæterum neque suis, neque nostris temporibus inter Pisanos et Januenses est adhuc concordia consecuta. Post commissum vero nobis a Deo Romanæ Ecclesiæ regimen, te, frater Rogeri Pisane archiepiscope, et consules ad nos venientes, ut de consecratione Corsicanorum episcoporum, quæ Pisanæ Ecclesiæ a prædecessoribus nostris Urbano, Gelasio, et aliis collata fuerat, et sine præcedente ipsorum Pisanorum culpa, et absque judicio ablatam justitiam faceremus suppliciter rogavistis, præsentibus etiam Pisanis. Januenses postea ad præsentiam venientes, ut eisdem sacræ ablatio a papa Calixto facta per nos firmaretur nihilominus postularunt. Nos autem utrosque ad pacem faciendam diligenter monuimus, sed pacem ab eis prece vel monitis impetrare nequivimus. Januenses enim, qui ad nos venerant, se ad hoc non esse a populo suo missos, neque ejus mandata posse transgredi asserebant. Habito igitur fratrum nostrorum episcoporum et cardinalium consilio, quod uterque populus ad pacem cogi rationi deberet, convenimus. Legatum ergo nostrum comitem tunc diaconum cardinalem cum scriptis nostris Januam et Pisas misimus, præcipientes ut in manu ejus juramento firmarent, et de sacra Corsicæ et guerra usque ad tunc proximum sancti Michaelis festum nostris jussionibus obedire. Transacto itaque termino utraque pars ad nostram venit præsentiam. Nos autem diligenti studio ad pacem inter eos statuendam, quamvis non profecerimus, laboravimus : demum cum ab eis quæreremus, ut juramento firmarent se nostris obedire mandatis, Januenses se id implere non posse dixerunt, eo quod sui consulatus terminus esset expletus. Tunc communis deliberatione consilii Pisanorum super hac causa juramentum recepimus, et ne Januenses aliquam rationabilem contra nos occasionem prætenderent secundum eis, et tertium per nostros nuntios, et litteras terminum dedimus. Qui profecto neque venerunt, neque pro se excusationem canonicam direxerunt. Cum ergo inter Romanam Ecclesiam, et Pisanam quæstio remaneret, et Pisani ad requirendam Ecclesiæ suæ justitiam non desisterent, fratres nostros archiepiscopos, episcopos et abbates, qui causam, et modum rei gestæ a prædecessore nostro Calixto plene prænoverant, convocavimus. Quibus in sacro Lateranensi palatio in nomine Domini congregatis regesta prædecessorum nostrorum Urbani, Gelasii, et Calixti tradidimus, et quid inde a nobis postquam apostolicæ sedis onus assumpsimus, factum fuerat, et quantum pro pace inter eos componenda laboraveramus, diligenter ostendimus, rogantes in charitate qua venerant, ut juxta quod eis sancti Spiritus gratia revelaret, nobis consulerent. Postmodum vero, adjurati in fide quam beato Petro et Romanæ debebant Ecclesiæ, responderunt se nulla alia causa nisi divina charitate ad id quod dabant consilium fuisse astrictos, quod nimirum consilium per scriptum propriis roboratum manibus ediderunt. Cujus videlicet scripti verba hæc sunt: « Spiritus sancti dictante gratia : Dominus Honorius sacratissimæ, et apostolicæ sedis episcopus, diversarumque provinciarum archiepiscopis, et episcopis ac abbatibus, quid de negotio Pisanæ Ecclesiæ juste canoniceque faciendum foret, petiit consilium. Quibus rationabiliter visum est, quatenus et beatæ memoriæ Urbani, Gelasii, Calixti privilegia, et decreta inconcussa permaneant, et Pisanam Ecclesiam debere restitui Corsicanis episcopatibus, absque judiciario proprio ordine spoliatam. » Et scripto huic subscripsere archiepiscopi Gualterius Ravennas, Romualdus Salernitanus, Otho Capuanus, Rofredus Beneventanus, et episcopi Guillelmus Urbevetanus, Guido Aretinus, Gregorius Terracinensis, Pandulphus Tianensis, Clarissimus Assisiensis, Robertus Aversanus, Richardus Cajetanus, Transmundus Siguinus, Joannes Calenas, Gualfredus Senensis, Gaufredus Suessanus, Ranulphus Casertanus, Jacobus Faventinus, Otho Sutrinus, Petrus Castellanæ civitatis, Benedictus Nepesinus, Ildito Soanensis, Gherardus Ameliensis, Benno Cæsenas, et Petrus Tuscanus, et abbates Sancti Laurentii Aversani, Matthæus, et Joannes Sanctæ Sophiæ, atque Joannes Camaldulensis prior; interfuere etiam alii episcopi Benedictus Lucanus, et Andreas Lunensis, Illandus Massanus, Petrus Clusinus, et Otho Tudertinus : Absentes quoque Oldegarius Tarraconæ archiepiscopus, Gualterius Magalonæ, et Gottefredus Florentinus episcopi assensum et consilium suum per proprias litteras præbuerunt. Præterea collaterales fratres nostri episcopi et cardinales in unum convenientes in Domino, inter se consulere cœperunt, et ab omnibus præter unum diaconum judicatum est, quod papæ Urbano, ex auctoritate Romanæ Ecclesiæ, etiam contra voluntatem episcoporum ipsius insulæ licitum fuit Pisanum episcopum provisorem, et metropolitanum Corsicanæ Ecclesiæ constituere, successoribus autem ipsius domino Gelasio, et domino Calixto id ipsum itidem licuit suis privilegiis confirmare. Et quia Pisanæ Ecclesiæ a tot pontificibus Romanis collata et confirmata dignitas sine manifesta culpa et judicio auferri non debuit, iterum judicatum est eamdem ei dignitatem debere restitui, et facta de donatione illius Romanorum pontificum privilegia inconcussa servari : in hoc etiam honoratorum virorum Petri præfecti, consulum et aliorum Romanæ urbis sapientium, atque nobilium convenit assensus. Nos ergo quod ab archiepiscopis et abbatibus collaudatum, a cardinalibus judicatum, et a baronibus approbatum fuerat, justum esse noscentes in conspectu omnium, te, charissime in Christo frater Rogeri Pisane archiepiscope, de consecratione episcoporum Corsicanæ insulæ per baculum investivimus. Nunc itaque secundum judicium fratrum nostrorum episcoporum et cardinalium et secundum consilium et collaudationem archiepiscoporum, episcoporum et abbatum, et nobilium Romanorum assensum, prædecessorum nostrorum Urbani, Gelasii et Calixti privilegia Pisanæ Ecclesiæ facta et inconvulsa permanere statuimus, et præsentis privilegii pagina consecrationem episcoporum Corsicæ tibi et per te Pisanæ Ecclesiæ restituimus, quatenus secundum jam dictorum privilegiorum tenorem, tanquam proprius ejusdem insulæ metropolitanus episcopatus, et episcopos ipsius regendi, ordinandi, consecrandi, atque ad synodum tam in metropolitana Pisana Ecclesia, quam in ipsa insula convocandi ad honorem Dei, et ejusdem Pisanæ Ecclesiæ habeas potestatem. Pallii vero usum, qui prædecessoribus tuis pro ipsius insulæ prælatione a nostris antecessoribus est concessum, nos tam tibi quam tuis successoribus confirmamus his videlicet diebus qui suprascripti sunt, id est Nativitate Domini, Epiphania, Hypopanton, Cœna Domini, Pascha, Ascensione, Pentecoste, tribus solemnitatibus beatæ Genitricis et Virginis Mariæ, natalitiis S. Joannis Baptistæ, et sanctorum Apostolorum, commemoratione Omnium Sanctorum, consecratione basilicarum, suffraganeorum episcoporum, et clericorum, annuo natalitii sui die, et festivitate S. Sixti, in Inventione et Exaltatione S. crucis, in anniversario dedicationis Pisanæ Ecclesiæ, in festivitate sanctorum martyrum Stephani, et Laurentii, et Ephisi, cujus corpus in eadem ecclesia requiescit, et in solemnitate beatæ Agathæ virginis et martyris, sane per Pisanam parochiam, et insulam Corsicanam crucem ante te, et tuos successores deferri concedimus. Si igitur in futurum ecclesiastica sæcularisve persona hanc nostræ constitutionis paginam sciens, contra eam temere venire tentaverit, secundo tertiove commonita, si non satisfactione congrua emendaverit, potestatis honorisque sui dignitate careat, reamque se divino judicio existere de perpetrata iniquitate cognoscat, et a sanctissimo corpore et sanguine Dei et Domini nostri Jesu Christi aliena fiat, atque in extremo examine districtæ ultioni subjaceat. Cunctis autem eidem Ecclesiæ justa servantibus sit pax Domini nostri Jesu Christi, quatenus et hic fructum bonæ actionis percipiant, et apud districtum judicem præmia æternæ pacis inveniant. Amen, amen, amen.

Ego Honorius catholicæ Ecclesiæ episcopus ss.
Ego Crescentius Sabinensis episcopus subscripsi.
Ego Guillelmus Prænestinus episcopus ss
Ego episcopus Guido Tiburtinus subsc.
Ego Bonifacius card. presb. tit. S. Marci ss.
Ego Gregorius card. presb. SS. Apostolorum ss.
Ego Benedictus presb. card. tit. Eudoxiæ ss.

Ego Conradus presb. card. tit. Pastoris interfui, et ss.

Ego Deusdedit presb. card. tit. Damasi ss.

Ego Sasso presb. card. tit. S. Stephani ss.

Ego Petrus presb. card. tit. S. martyris Susannæ ss.

Ego Joannes presb. card. tit. S. Chrysogoni ss

Ego Petrus presb. card. tit. S. Callixti ss.

Ego Petrus presb. card. tit. S. Marcelli ss.

Ego Sigito presb. card. tit. SS. Marcellini et Petri ss.

Ego Gregorius presb. card. tit S. Sabinæ ss.

Ego Gerardus presb. card. tit. SS. Aquilæ, et Priscæ ss.

Fgo Ubertus presb. card. tit. S. Clementis ss.

Ego Gregorius S. Angeli diac. card. ss.

Ego Romanus diac. card. S. Mariæ in Porticu ss.

Ego Hugo diac. card. S. Theodori ss.

Ego Stephanus diac. card. S. Mariæ in Cosmedin ss.

Ego Joannes diac. card. S. Nicolai ss.

Ego Angelus diac. card. S. Mariæ in Domnica ss.

Ego Hyacinthus prior subdiac. sacræ basilicæ ss.

Ego Hermannus sacræ basilicæ subdiaconus ss.

Ego Nicolaus sacræ basilicæ subdiac. ss.

Ego Silvius prior subdiaconorum de Cruce ss.

Ego Petrus subdiac. subsc.

Ego Caleph subdiac. subscripsi.

Ego Matthæus sacræ basilicæ subdiaconus ss.

Ego Joannes qualiscunque subdiaconus ss

Ego Bobus subdiac. sacri palatii ss.

Ego Gerardus subdiac. ss.

Ego Stephanus sacri Palatii subdiac. ss.

Ego Bonifacius clericus ss.

Datum Laterani per manum Aimerici S. R. E. diac. card. et cancellarii, xii Kal. Augusti, ind. iv, Incarnationis Dominicæ an. 1126, pontificatus autem D. Honorii papæ II an. II.

XLVIII.

Petro abbati abbatiam Cluniacensem asserit, Pontiumque, (excommunicatum, invasorem, deprædatorem, sacrilegum et schismaticum,) damnat

(Anno 1126, Oct. 20.)

[Mansi, Concil., XXI, 338.]

Honorius episcopus, servus servorum Dei, dilecto in Christo filio Petro Cluniacensi abbati, salutem et apostolicam benedictionem.

Universalis Ecclesiæ sollicitudo nobis a dispensatore omnium bonorum Deo commissa, mentis intentionem incessanter urgere non desinit, religionis statum inconvulsum servare, et religiosis locis libertatem debitam custodire. Sancta tamen mater Ecclesia, quæ ad tempus ex parte peregrinatur in terris, multarum oppressionum purgatur turbine, et validæ persecutionis examinatur fornace, cœlumque inspiciens, gemebunda suspirat, donec illi cœlesti præsentialiter uniatur, quæ de immarcessibilis coronæ re- munerata præmio, sui creatoris contemplatione lætatur. Cæterum navis B. Petri cœlorum clavigeri, cui Christus præsidet gubernator, quamvis multis collidatur procellis, et horrendis ventorum flatibus agitetur, nunquam tamen naufragii damnum incurret; sed ad portum tranquillitatis cum eis qui ei adhærent, secura perveniet. Pontius siquidem B. Benedicti inimicus, præceptionibus et monastici ordinis malleus, qui Cluniacensem abbatiam in manu prædecessoris nostri felicis memoriæ papæ Calisti sine spe recuperationis refutaverat, et se perpetuo Jerosolymis victurum voto astrinxerat, contra voluntatem Dei et nostram, Cluniacense monasterium superba obstinatione et præsumptione sacrilega occupavit : nitorem vero religionis Cluniacensium fratrum, quæ per totam Galliam claruerat, perturbans, corda simplicium veneno suæ pravitatis infecit. Præterea sacrilegium et rapacitatis flagitium præteritis superaddens peccatis, vasa sacra, et thesaurum monasterii, qui ex voto fidelium ad pauperum usus, cum foret opportunum, fuerat destinatus, diripuit, et ejus maximam portionem pro retinendis militibus, sagittariis et balistariis dissipavit. Quia igitur in tanta pertinacia induratus, nequaquam resipiscere voluit, venerabilis frater noster Humbaldus Lugdunensis archiepiscopus, apostolicæ sedis legatus, in eum excommunicationis sententiam promulgavit. Cæterum, postquam tantum periculum tantamque religionis stragem Cluniacensi monasterio imminere veridica relatione cognovimus, dilectum filium nostrum Petrum diaconum cardinalem de gremio sanctæ Romanæ Ecclesiæ ad partes illas mittendum duximus, qui præcepto et auctoritate nostra Pontium invasorem, et fautores ejus vinculo anathematis innodavit. Post hæc autem, tu, dilecte fili Petre Cluniacensis abbas, et idem Pontius proximis B. Michaelis octavis, ad nostram venire præsentiam, et de prædicta controversia et excessu nostro et Romanæ Ecclesiæ obedire judicio statuistis, et ne super hoc vestrum aliquis falleretur, utrinque obsides in præsentia prænominati dilecti filii Petri cardinalis diaconi præbuistis. Statuto itaque termino, nostro te conspectui præsentasti. Pontius vero cum monachis, et burgensibus, nondum tamen cum suis ab excommunicationis vinculo absolutus ad Urbem venit. Ut autem secundum usum ecclesiasticum de excessu pro quo excommunicatus fuerat, satisfaceret et postmodum, juxta rationis ordinem, ad causam suam permitteretur agendam, a nostris fratribus est sæpenumero requisitus; ipse vero spiritu elationis tumidus in inficiationes et verborum involucra assueto more linguam extendens, satisfacere nobis et Ecclesiæ Romanæ contempsit : nos siquidem quosdam monachos qui cum eo venerant, post acceptam satisfactionem recipimus, et ad causam suam agendam admisimus. Tunc ergo te in Cluniacensem abbatem canonice, et secundum beati Benedicti regulam electum, ac per prædecessorem nostrum felicis memoriæ papam Calistum, et per nos ipsos confirmatum, modo vero per Pontium invasorem, et complices suos infideles burgenses fuisse expulsum, bona etiam monasterii, et thesaurum fuisse distractum, per charissimum filium nostrum Matthæum priorem S. Martini de Campis, quem advocatum et causæ tuæ patronum statueras, supplicem allegasti, et ut tibi de ablatis restitutio, et de irrogata injuria justitia fieret postulasti. Cæterum monachi, qui cum Pontio venerant, ex adverso pastorem suum Pontio sibi fraudulenter ablatum, nec unquam eum Cluniacensis monasterii regimen dimisisse acclamabant. Qui statim productis apostolici viri regestorum papæ Calisti voluminibus, et assertione testium, qui tunc præsentes fuerunt, convicti sunt. Ut igitur verba ipsius ad Pontium directa ponamus, hæc sunt : « Tibi præcipimus ut ab hujusmodi levitate desistas, et quam in manu nostra sine recuperationis spe refutasti Cluniacensem abbatiam nullatenus molestare præsumas. Si vero nostri præcepti transgressor exstiteris, gratiam beati Petri, et nostram amittes; et si quando ad nos clamaveris, non exaudieris. » Item ad conventum Cluniacensem inter cætera : « Zelum inter vos et contentiones agitari multorum relatione comperimus, et vehementius aggravamur. Pontius enim qui olim vestro monasterio præfuit, concordem unitatem vestram dividere, et simplicitatem mentium vestrarum sollicitare non desinit : unde universitati vestræ præcipimus, ut sicut per obedientiam beati Petri salvare animas vestras cupitis, protinus abjectis omnino schismatibus charissimo filio nostro Petro Cluniacensi abbati unanimiter et devote humilitatis subjectionem et obedientiam deferatis, et in Pontio illo, qui in nostris manibus sine spe recuperationis abbatiam Cluniacensem penitus refutavit, nullam de cætero spem habeatis; cum quod de eo in causa hac constituimus, nulla prorsus ratione mutabimus. Si quis autem vestrum hujus præcepti nostri temerator exstiterit, si abbatiæ vel alicujus prælationis nomine insignitus fuerit, vel ordinis promotionem habuerit, dignitatis, et ordinis sui detrimentum sustinebit, et anathematis sententiæ subjacebit. » Idem de eodem ad te, Petre fili charissime : « Quod autem de Pontio illo qui olim abbatiæ Cluniacensi præfuit, quam omnino sine recuperationis spe in manibus nostris refutavit constituimus, nulla volumus ratione mutare. » Quocirca quemadmodum judicis postulabat officium, diligentius indagato negotio, habito consilio, et communi assensu fratrum nostrorum episcoporum et cardinalium, Petro præfecto urbis, et aliis nobilibus Romanis, et legisperitis collaudantibus, ex sententia de Cluniacensi abbatia, de monachorum obedientia, de omnibus tam exterius, quam interius ad eamdem abbatiam pertinentibus, plenarie te per abundantem justitiam investivimus : obsides vero quos pro exsecutione justitiæ dederas absolventes, illos quos Pontius et burgenses pro parte sua obligaverant, alligavimus. Burgenses etiam de thesauro Cluniacensi monasterio restituendo, et alio damno restaurando in manu tua, ad quem cura spectare cognoscimus, damnavimus, pœna legali adhibita : verum ipsius pœnæ relaxatio est tuæ discretioni commissa. Præterea Pontium excommunicatum, invasorem, deprædatorem, sacrilegum, et schismaticum condemnantes, sententiam beatæ recordationis prædecessoris nostri domni papæ Calisti in ipsum Pontium datam, ut videlicet nullo tempore Cluniacensem abbatiam recuperet, apostolica auctoritate firmavimus. Si quis autem in posterum hanc nostræ diffinitionis sententiam violare tentaverit, laicus anathematis gladio feriatur, clericus honoris et officii privatione multetur.

Ego Honorius, catholicæ Ecclesiæ episcopus.
Ego Portuensis interfui.

Datum Laterani per manum Aymerici sanctæ Romanæ Ecclesiæ diaconi cardinalis cancellarii, XIII Kal. Novembris, indictione III, anno Dominicæ Incarnationis 1126, pontificatus autem domini Honorii II papæ secundo.

XLIX

Privilegium pro parthenone Fontis Ebraldi.
(Anno 1126, Nov. 1.)
[PAVILLON, *Vie du B. Robert d'Arbrissel*, preuves, p. 625.]

HONORIUS episcopus, servus servorum Dei, dilectæ in Christo filiæ P., abbatissæ monasterii S. Mariæ de Fonte Ebraldo filiabusque succedentibus regulariter substituendis in perpetuum.

Ad hoc universalis Ecclesiæ cura nobis a provisore omnium Domino commissa est, ut religiosas personas et beneplacentes Deo religiones studeamus omnibus modis propagare : nec enim Deo gratus aliquando famulatus impenditur, nisi ex charitatis intuitu, dilecta in Domino filia P. abbatissa, rationabilibus postulationibus tuis inclinati misericorditer perhibemus assensum. Monasterium ergo S. Mariæ Fontis Ebraldi cujus regimen tibi a Domino speramus esse commissum, ne aliquibus fatigetur angariis, vel pravorum hominum vexationibus infestetur, et ut mundo corde, et puramente liberius valeatis Dei servitium exercere, tutela ac defensione sedis apostolicæ duximus muniendum. Quicunque ergo liberorum hominum pro salute animæ suæ apud vestrum monasterium, aut in oratoriis, aut locis ad ipsum pertinentibus Deo servire se voto, et titulo professionis astrixerit secundum institutionem felicis recordationis Roberti presbyteri, sine communi conventus assensu, locum ipsum deserere, et ad alium transire nullatenus habeat facultatem. Præterea oratoria quæ a vobis episcopi concessione constructa sunt, vel in posterum construentur, nulli hominum omnino occupare liceat, vel ausu temerario infestare. Sane qui in vestris oratoriis divinis sunt famulatibus mancipati, liberam ibidem habeatis sepulturam. Porro decimas animalium vestrorum, et frugum quæ vestris propriis sumptibus excoluntur, a vobis exigere nemo præsumat. Statuimus autem ut quæcumque bona, quascunque possessiones idem cœnobium hodie legitime possidet, sive in futurum præstante Deo concessione pontificum, liberalitate regum, largitione principum, oblatione fidelium, seu aliis justis modis poterit adipisci, firma vobis et his quæ vobis successerint, et illibata permaneant, salva diœcesani episcopi justitia. Si qua igitur in futurum ecclesiastica, sæcularisve persona hanc nostræ constitutionis paginam sciens, contra eam temere venire tentaverit, secundo tertiove commonita, si non satisfactione congrua emendaverit, potestatis honorisque sui dignitate careat, reamque se divino judicio existere de perpetrata iniquitate cognoscat, et a sacratissimo corpore ac sanguine Dei et Domini Redemptoris nostri Jesu Christi aliena fiat, atque in extremo examine districtæ ultioni subjaceat. Cunctis autem eidem monasterio justa servantibus sit pax Domini nostri Jesu Christi, quatenus et hic fructum bonæ actionis accipiant, et apud districtum judicem præmia æternæ pacis inveniant. Amen.

Datum Laterani, per manum Aimerici sanctæ Romanæ Ecclesiæ diaconi cardin. et cancellarii, Kal. Novemb., indict. v, Incarnat. Dominicæ anno 1126, pontificatus autem domni Honorii II papæ anno II.

L.
Ad Didacum archiepiscopum Compostellanum.
(Anno 1126.)
[FLOREZ, *España sagrada*, XX, 445.]

HONORIUS episcopus, servus servorum Dei, venerabili fratri DIDACO Compost. archiep., salutem et apost. bened.

Nobilis et famosa Compostellana Ecclesia pro reverentia B. Jacobi apostoli a religiosis viris et Christiani nominis amatoribus honoratur. Quia igitur divinæ dispensationi placuit te ad tantæ Ecclesiæ regimen convocare, fraternitatem tuam exhortamur in Domino, ut ita sapienter, mansuete et cum humilitate personam tuam regas, et quæ fuerint agenda perficias, quatenus Deo et B. Petro sanctæque R. E. et populo tibi commisso gratus effici merearis. Litteras et nuntios tuos paterna charitate recepimus. Cæterum quid tuis postulationibus respondeamus, consilium nondum habuimus.

LI.
Ad Adelbertum archiepiscopum Moguntinum.
(Intra 1125-1127.)
[MANSI, *Concil.*, XXI, 351.]

HONORIUS episcopus, servus servorum Dei, venerabili fratri A. Moguntino archiepiscopo, salutem et apostolicam benedictionem.

Super causa Gebhardi, de quo nos rogavit tua fraternitas, fratrum nostrorum episcoporum, et cardinalium consilium requisivimus. Ex eorum ergo deliberatione provisum est, quod in Herbipolensi ecclesia idem Gebhardus episcopatus apicem non ulterius debeat obtinere.

Datum Lateran. iv Non. Martii.

LII.
Ad canonicos S. Frigdiani Lucensis.
(Intra 1125-1127, Maii 17.)
[BALUZ. *Miscell.*, ed. Luc., IV, 588.]

HONORIUS episcopus, servus servorum Dei, dilectis filiis A. priori et fratribus S. Frigdiani, salutem et apostolicam benedictionem.

Quemadmodum ea quæ irrationabiliter acta sunt, nulla debent ratione subsistere, ita ea quæ canonice definita sunt, firma debent stabilitate manere. Concordem itaque sententiam venerabilis fratris nostri B. Lucani episcopi inter vos et hospitale Altipassus de silva de colle Sacci prolatam ratam habemus et irrefragabiliter præcipimus observari.

Dat. Laterani xvi. Kal. Junii.

LIII.
Monasterii S. Udalrici et S. Afræ Creuzlingensis disciplinam, possessiones, privilegia confirmat.
(Intra 1125-1127.)
[NEUGART, *Cod. diplom. Aleman.*, II, 60.]

HONORIUS episcopus, servus servorum Dei, dilectis in Christo filiis HENRICO præposito et fratribus in hospitali et ecclesia S. Udalrici confessoris, et S. Affræ martyris (16) regularem vitam professis tam præsentibus quam futuris in posterum.

Religiosorum fratrum religiosis petitionibus nos annuere tam fraternæ charitatis affectus, quam piæ voluntatis devotio persuadet; quocirca venientibus ad nos dilecti et venerabilis fratris nostri UDALRICI Constantiensis episcopi postulationibus benignum præbentes assensum, vitæ canonicæ ordinem, quem ipse in ecclesia vestra et xenodochio secundum regulam B. Augustini constituit, inviolabilem decernimus futuris temporibus conservari. Beneficia vero quæ ipse vobis de mensa episcopali, pro majore tamen parte de aliis bonis suis pro communis victus sustentatione ac pauperum Christi refectione concessit, præsentis decreti pagina confirmamus. Confirmamus præterea concambium, quod cum canonicis majoris ecclesiæ S. Mariæ Constantiensis et cum canonicis S. Stephani (17) ejusdem episcopi assensu et collaudatione fecistis. Quæcunque etiam liberalitate principum, oblatione fidelium, aut aliis modis in præsentiarum legitime possederitis, sive in futurum largiente Deo juste atque canonice acquirere poteritis, firma vobis vestrisque successoribus et illibata permaneant. Decernimus ergo ut nulli omnino hominum liceat præfatam ecclesiam perturbare, aut ejus possessiones auferre, vel ablatas retinere, minuere, vel temerariis vexationibus fatigare, sed omnia integra conserventur clericorum et pauperum usibus omnimodis profutura, salva nimirum in omnibus ecclesiasticis Concata est.

(16) Sc. in Creuzlingen ; cujus collegii canonicorum regularium O. S. A. extra muros urbis Constantiæ memoriæ eorumdem sanctorum ecclesia dedi-

(17) Ecclesia S. Stephani, prima post cathedralem Constantiæ.

stantiensis episcopi reverentia. Obeunte vero ecclesiæ vestræ præposito, fratres omnes communi consensu, vel fratrum pars consilii sanioris secundum Dei timorem, personam idoneam sibi provideat regulariter eligendam. Sepulturam sane illius loci liberam esse censemus, ut illorum qui illic sepeliri deliberaverint, devotioni et extremæ voluntati, nisi forte excommunicati sint, nullus obsistat. Si qua ergo in futurum ecclesiastica sive sæcularis persona hanc nostræ constitutionis paginam sciens, contra eam temere venire tentaverit, secundo tertiove commonita, si non satisfactione congrua emendaverit, potestatis honorisque sui dignitate careat, reamque se divino judicio existere de perpetrata iniquitate cognoscat, et a sacratissimo corpore ac sanguine Dei et Domini redemptoris nostri Jesu Christi aliena fiat, atque in extremo examine districtæ ultioni subjaceat. Cunctis autem eidem loco justa servantibus sit pax Domini nostri Jesu Christi quatenus et hic fructus bonæ actionis percipiant, et apud districtum judicem præmia æternæ pacis inveniant. Amen.

LIV.

A[delbertum] archiepiscopum Moguntinum reprehendit quod designatum Ecclesiæ Wirziburgensis episcopum ante dijudicatam causam contra canones excommunicaverit.

(Intra 1126-1127.)

[MANSI, Concil., XXI, 349.]

H., servus Dei, A. venerabili fratri Moguntino archiepiscopo et apostolicæ sedis legato, salutem et apostolicam benedictionem.

Scimus quidem zelum Dei vos habere, quem tamen, salva charitate condire debetis, ut nihil indiscrete, sed omnia rationabiliter, et secundum Deum agere valeatis. Wurtzeburgensis quippe Ecclesiæ designatus episcopus, se a vobis contra justitiam gravari et præjudicium sustinere querelas nobis deposuit, quod ipsum neque accusatoribus, neque testibus legitimis convictum, neque sponte confessum, neque canonice examinatum, tanquam Ecclesiæ invasorem, in qua se electum asseverat, et Simoniacum pronuntiatum, communione ecclesiastica privaveritis. Quod si ita est, fraternitatem vestram a canonicis regulis divinitus inspiratis liquido constat deviasse. Ait igitur sacra canonum auctoritas adimi episcopo episcopatum non debere, antequam causæ ejus exitus appareat. Item ex epistola papæ scripta Anastasio, et cæteris episcopis in Alexandrina synodo congregatis: « De judiciis episcoporum, unde nos consuluistis, diversas a Patribus regulas invenimus constitutas. Quidam egitur ad repellenda impetitorum machinamenta, et suas præparandas responsiones, et testes confirmandos, et concilia episcoporum quærenda, annum et vi menses mandaverunt concedi: quidam autem annum, in quo plurimi concordant. » Minus vero quam vi menses non reperi, quoniam hæc laicis indulta sunt, quanto magis sacerdotibus? Induciæ namque non sub angusto tempore, sed sub longo spatio concedendæ sunt, ut accusati se præpa-rare atque contra insidiatores pleniter se munire valeant. Judices autem et accusatores tales esse debent, qui omni careant suspicione, et ex charitatis radice suam desiderent sententiam promere.

LV.

Ad Petrum Cluniacensem abbatem. — De Pontii invasoris obitu et sepultura.

(Anno 1127.)

[MANSI, Concil, XXI, 321.]

HONORIUS episcopus, servus servorum Dei, dilecto filio PETRO Cluniacensi abbati, salutem et apostolicam benedictionem.

Præterito mense Decembri Pontius viam universæ carnis ingressus est. Qui quamvis de malis Cluniaco illatis sæpe commonitus pœnitentiam agere noluerit, nos tamen pro reverentia ejusdem monasterii, cujus monachus fuerat, eum honeste sepeliri fecimus.

Data Laterani.

LVI.

Pandulpho, Landonis comitis Aquinensis filio, interdicit ne in possessione B. Petri castrum ædificet.

(Anno 1127.)

[Vide PETRI Chron. Cassin., l. IV, c. 93.]

LVII.

Episcopis, abbatibus, baronibus, etc., per Angliam constitutis significat se Guillelmo archiepiscopo Cantuariensi legationem Angliæ Scotiæque commisisse.

(Anno 1127, Jan. 25.)

[WHARTON, Anglia sacra, I, 729.]

HONORIUS episcopus, servus servorum Dei, dilectis fratribus et filiis episcopis, abbatibus, baronibus, et cæteris clericis et laicis per Angliam et Scotiam constitutis, salutem et apostolicam benedictionem.

Sponsa Christi sacrosancta Ecclesia, in firmamento apostolicæ fidei radicata, tanquam devota mater et propitia, consuevit mitibus et humilibus filiis vitæ pabula ministrare, tam iis qui longe positi sunt quam iis qui prope. Propinqui siquidem per exhibitam sibi nostræ personæ præsentiam, longinqui vero per legatorum nostrorum ministerium visitantur. Cum igitur vos tanquam unicos et speciales B. Petri filios fore cognoscimus, charissimo fratri nostro Guillelmo Cant. archiepiscopo in Anglia et Scotia vices nostras commisimus, quatenus constitutis illic a nobis apostolicæ sedis legatus charitatis vestræ fretus auxilio, ad honorem Dei et S. Romanæ Ecclesiæ, et animarum vestrarum salutem, corrigenda corrigere, et firmanda valeat, operante Domino, confirmare. Quapropter universitati vestræ mandando præcipimus, ut ei sicut legato nostro humiliter obedire, et cum ab eo invitati pro Ecclesiarum statu et Christianæ religionis incremento fueritis, ad ejus vocationem unaniminiter convenire, et synodales cum eo studeatis celebrare conventus.

Dat. Laterani VIII Kal. Februarii.

LVIII.
Privilegium pro cœnobio S. Petri Carnotensis de pluribus ab eo confirmatis ecclesiis.
(Anno 1127, Mart. 8.)
[*Gall. Chr.*, VIII, 325.]

Honorius episcopus, servus servorum Dei, dilecto in Christo filio Wilelmo abbati monasterii sanctorum apostolorum Petri et Pauli, quod in suburbio Carnotensis urbis situm est, ejusque successoribus regulariter substituendis in perpetuum.

Equitatis et justitiæ ratio persuadet nos ecclesiis perpetuam rerum suarum firmitatem et vigoris inconcussi monumenta conferre. Non enim convenit Christi servos divino famulatui deditos perversis pravorum hominum molestiis agitari, et temerariis quorumlibet vexationibus fatigari, similiter et prædia usibus cœlestium secretorum dedicata, nullas potentium angarias, nihil debent extraordinarium sustinere. Hoc nimirum charitatis intuitu, dilecte in Domino fili Willelme abba, venerabilisque fratris nostri Gaufridi Carnotensis episcopi precibus inclinati, tuis rationabilibus postulationibus annuentes, monasterium beatorum apostolorum Petri et Pauli in Carnotensi suburbio constitutum, cui Domino auctore præsides, præsentis scripti nostri pagina communimus; statuimus enim ut quascunque possessiones, quæcunque bona idem monasterium impræsentiarum concessione episcoporum Carnotensium, liberalitate regum, largitione principum et oblatione fidelium juste et legitime possidet, sive in futurum largiente Deo justis modis poterit adipisci, firma vobis vestrique successoribus et illibata permaneant : in quibus hæc propriis nominibus duximus exprimenda. Ecclesiam videlicet S. Germani de Alogia, cum capella de Domna petra. Ecclesiam Sancti Leobini de Brainco. Ecclesiam Sancti Petri de Arro cum capellis suis. Ecclesiam Sanctæ Mariæ de Evorea. Ecclesiam Villævillonis. Ecclesiam Sanctæ Mariæ de Stellionibus. Ecclesiam de Luigniaco. Ecclesiam de Domna petra. Ecclesiam Sancti Leobini de Castroduni. Ecclesiam Sancti Stephani de Spelterol. Ecclesiam de Tornesiaco. Ecclesiam de capella Osane. Ecclesiam de Verrigniaco. Ecclesiam de Billoncellis. Ecclesiam de Sonnenchiis. Ecclesiam de Puteosa cum capella. Ecclesiam de Mansellaria. Ecclesiam de Resuntis. Ecclesiam de Morivillari. Ecclesiam de Mutionisvillari. Ecclesiam de Capella fortini. Ecclesiam de Rivellonio. Ecclesiam de Fursonisvillari. Ecclesiam de Vitraico. Ecclesiam de Belchia. Ecclesiam de Rudeto. Ecclesiam de Alneto. Ecclesiam de Monasteriolo. Ecclesiam S. Martini de Firmericuria. Ecclesiam de Nantilliaco. Ecclesiam de Olius. Ecclesiam de Aneto. Ecclesiam de Salecto. Ecclesiam Sanctæ Mariæ de Moncellis, cum capella de Sorel. Ecclesiam de Chalgeto. [Ecclesiam de Vi. Redditum præbendæ ecclesiæ S. Martini de Valle. In episcopatu quoque Aurelianensi ecclesiam Sancti Paterni. Ecclesiam de Niz. In Ebroicensi episcopatu ecclesiam de Belloloco. Ecclesiam Sancti Christophori. Ecclesiam de Canziaco. Ecclesiam de Hleiis. Ecclesiam Sancti Georgii. Ecclesiam de Purlaico. In episcopatu Sagiensi ecclesiam de Planchis. Ecclesiam Sancti Laurentii. Ecclesiam de Brogilo amaro. Et in Rothomagensi episcopatu ecclesiam de Leoniscuria. Ecclesiam de Guerriaco. Ecclesiam de Aldoenivilla. Ecclesiam de Gundelicuria. Præterea in præfato Carnotensi episcopatu ecclesiam de Treione. Ecclesiam Sancti Germani de Guastina. Ecclesiam de Isis. Hæ vero tres præfatæ ecclesiæ ab omni exactione et redditu synodi et circadæ immunes salvo jure episcopali in sua permaneant libertate. Decernimus ergo, etc. Ego Honorius catholicæ Ecclesiæ episcopus.

Datum Laterani per manum Aimerici Sanctæ Romanæ Ecclesiæ diaconi cardinalis et cancellarii, viii Idus Martii, indictione v, Incarnationis Domini anno 1127, pontificatus autem domni Honorii II papæ anno tertio.

LIX.
Bulla, seu diploma quo fundatio abbatiæ Sponheimensis confirmatur.
Anno 1127, Mart. 25
[*Gall. Chr.* V, 448.]

Honorius episcopus, servus servorum Dei, dilecto filio Bernhelmo abbati monasterii Sancti Martini in Sponheim, ord. S Bened. Moguntinensis diœcesis, ejusque successoribus regulariter instituendis in perpetuum.

Religiosis desideriis dignum est facilem præbere consensum. Ea propter, dilecte fili, tuis fratrumque tuorum justis postulationibus annuentes, præfatum monasterium Sponheimense, cui, auctore Deo, præsides, sub apostolicæ sedis tutela et protectione suscipimus, atque præsentis scripti pagina communivimus, decernentes et statuentes, ut regularis vita in eodem loco tam noviter instituta secundum regulam S. Benedicti, futuris temporibus inviolabiliter conservetur. Nulli etiam facultas sit post factam apud vos professionem sine abbatis licentia, majoris vel minoris religionis obtentu ad alium locum transmeare. Quod si quis contra hanc prohibitionem nostram quocunque tempore in futurum discesserit, nullus abbas, aut quilibet audeat eum retinere. Quoties, abbate obeunte, de successore fuerit inter fratres ipsius loci tractandum, nullus inibi qualibet subreptionis astutia, seu violentia cujusvis potestatis, sive ecclesiasticæ, sive temporalis, intrudatur, nisi quem fratres communi consensu, aut pars consilii sanioris, secundum Dei timorem et B. Benedicti regulam, de eodem collegio, vel de alio, si quod absit, idoneum inter se non invenerint, duxerint eligendum. Porro altarium consecrationem, chrisma, oleum sanctum, benedictionem abbatum et ordinationem monachorum a diœcesano ejusdem parochiæ archiepiscopo, si quidem gratiam et communionem apostolicæ sedis habuit, et si ea gratis et absque pravitate aliqua voluerit exhibere, suscipiatur. Alioquin liceat vobis et posteris vestris, catholicum, quem volueritis, adire antistitem, et ab eo consecrationes et sacramenta suscipere. Sepulturam quoque istius loci liberam esse omnino censemus, ut eorum, qui illic sepeliri desideraverint, nisi forte excommunicati fuerint, devotioni et voluntati nemo obsistat. Possessiones quoque omnes quas justo titulo possidetis, et in futurum quorumcunque oblatione acquiretis, auctoritate apostolica confirmamus, decernentes, quod nulli omnino hominum liceat præfatum cœnobium temere perturbare, aut ejus possessiones auferre, vel quomodolibet ablatas retinere, minuere, aut aliquibus vexationibus perturbare, sed omnia integra vestris et pauperum usibus conserventur profutura. Si quis autem in posterum archiepiscopus, episcopus, rex, dux, vel comes, vel cujuslibet ordinis princeps, seu quælibet ecclesiastica, sæcularisve persona hanc constitutionis nostræ paginam sciens contra eam temere venire tentaverit, et si non subito satisfactione congrua emendaverit, potestatis honorisque sui careat dignitate, reamque se devino judicio existere de perpetrata iniquitate cognoscat, et a sacratissimo corpore et sanguine Domini Dei nostri Redemptoris Jesu Christi aliena fiat, atque in extremo examine districtæ ultioni subjaceat. Cunctis autem eidem loco justa servantibus, sit pax Domini nostri Jesu Christi, quatenus et hic fructum bonæ actionis percipiant, et apud districtum judicem præmia æternæ pacis inveniant. Amen.

Data per manus diaconi sanctæ sedis apostolicæ, x Kalend. Aprilis, indictione quinta, Incarnat. Dom. 1127, pontificatus nostri anno tertio.

LX.
Ad Richardum Bajocensem episcopum — Ne amplius jura monasterii S. Benigni Divionensis infringat.

(Anno 1127, Maii 6.)

[PÉRARD, *Recueil de pièces pour servir à l'histoire de Bourgogne*, p. 219.]

HONORIUS episcopus, servus servorum Dei, RICHARDO Bajocensi episcopo, salutem et apostolicam benedictionem.

Inter plures correctione dignas quas audivimus de tua fraternitate querelas, ad augmentum indignationis processit in medium clamor Divionensis Ecclesiæ, quam ideo non possum non audire, quia anterioribus nostris semper exstitit venerabilis, et religionis suæ merito et dilectionis in nos antiquæ quodam privilegio causatur. Si quidem et queritur, te transire suos, et transferre terminos præfixos, illi ab antecessoribus tuæ sedis et nostræ, novo cœmeterio suum vetus et antiquum evacuare, præsbyteros sui juris in jus contra jus trahere, synodales et consuetudinarios et extraordinarios etiam redditus ab eis exigere, et multa id genus agere, quæ plano videntur justitiæ reclamare. In argumentum itaque fidei, jussimus in medium chartas et decretalia produci, quibus videbatur inniti, in quorum dum versaremur lectione, surrexerunt e latere nostro graves, et fide dignæ personæ dicentes se audisse, se vidisse, quando Bajocensis episcopus illud donum quod significatur in Scriptura, dederit monachis Divionensibus, Arvernis primo, deinde Romæ, per manum Urbani papæ cum omnimoda libertate, absque ulla exceptione, nisi solius obedientiæ quæ debetur universaliter omni pontificali reverentiæ. Quod et ipse me vidisse memini, cum essem tunc temporis in obsequio ejusdem papæ beatissimi. Quæ cum ita sint, et res nondum exciderit memoria, quia recens gesta, et quod gestum est, multis adhuc superstitibus et idoneis comprobatur testibus, et quod testificatum est, apostolicis confirmetur apicibus; miror, qua temeritate tam solemne jus, vel in modico sis ausus infringere; cum etiam, si deesset auctoritas testium et Scripturæ, facile tamen conjici possit ex ingenita viri magnitudine, nil eum tam celebri, tam devoto dono quod dari potuerit, decerpsisse. Sciebat enim, eleemosynam danti magis quam accipienti prodesse. Si igitur prudens esse poterat ad pietatis opus informare te ratio, si pius pia tanti pastoris recordatio, si timoratus prædecessoris tui Toroldi, præter hoc ipsum in parte justa dejectio. Et quia tot æquitatis lineas excedere non pertimescis, nostrum est corrigere quod excedis. Monachis itaque Divionensibus, monasterium S. Vigoris, cum appendiciis suis, et quidquid continet charta pontificalis et Roberti ducis Northmanniæ, ea qua possumus auctoritate firmamus, sicut fecerunt sancti Patres nostri, Urbanus scilicet, Paschalis et Calixtus, cum plenaria rerum suarum libertate, ita ut, tam ipsi quam eorum Ecclesiæ, et presbyteri et quæcunque sunt juris eorum, longe remotissima sint a tua vel tuorum pensione, exactione, actione etiam, justa vel injusta; sed quidquid illud erit, totum persistat ad integrum, penes jus et arbitrium monachorum. Quod enim semel Ecclesiæ donatum est, a datoris potestate prorsus alienatum est, nec cuiquam quod dedit, repetere licitum est, et si fiat sacrilegium est. Nulli etiam pontificum, juxta decretum Hormisdæ, liceat divinum in eorum cœnobiis officium interdicere, dum eos constiterit apostolicæ sedi communicare. Sic autem monachis suum roboramus tenorem ut tuum abolere non velimus honorem, sed sic enim limitamus, ut ipsi tibi sincere dilectionis exhibeant obsequium, et tu eis gratuitum, non mercenarium impendas patrocinium, sitque inter vos benevolentiæ concertatio, non pretii cujusquam licitatio. Nam qui primus eos ascivit amicos, sibi non vectigales esse valuit, et ut ipse dulcius pater fieret filiorum non auctionator alienorum. Si quis igitur decreti hujus limitem sciens transgressus fuerit, nisi resipuerit, anathema sit. Canonicorum autem, si quis alibi quam in præfixo beati Vigoris cœmeterio tumulari se fecerit, et sepultus, et sepeliens, transgressionis rei fient, ipsi viderint. Omni vero obedienti et cooperanti sit nostra et benedictio, et in cœlestibus æterna mansio.

Datum Laterani II Nonas Maii, per manus Imerici

sanctæ Romanæ Ecclesiæ diaconi cardinalis, indictione v, anno Dominicæ Incarnationis 1127, pontificatus domni Honorii secundi papæ anno IV.

LXI.
Ad Ottonem Halberstadensem episcopum.
(Anno 1127, Oct. 18.)
[Mansi, *Concil.*, XXI, 477.]

Honorius episcopus, servus servorum Dei, venerabili fratri Ottoni Halberstadensium episcopo, salutem et apostolicam benedictionem.

Gravis ad nos de persona tua querela pervenit. Accepimus igitur quod Halberstadensem episcopatum per violentiam laicalem, et quod detestabilius est, per Simoniacam hæresim occupasti; quantum autem flagitiosam istam pestem simoniacæ hæreseos sancta Dei Ecclesia abhorreat, Petrus apostolus in principio nascentis Ecclesiæ manifestat, qui Simonem Spiritum sanctum vendere volentem cum sua pecunia condemnavit. Si ergo hujus sceleris te reum esse cognoscis, satius est ut cedas, et delictum tuum punias in hac vita per pœnitentiam, quam ante oculos districti judicis judicandus appareas.

Datum B. X Kal. Novemb.

LXII.
Canonicorum Faventinorum bona confirmat.
(Anno 1128, April. 4.)
[Ughelli, *Italia sacra*, II, 494.]

Honorius episcopus, servus servorum Dei, dilectis filiis Faventinæ Ecclesiæ canonicis, salutem et apostolicam benedictionem.

Pastoralis officii nos pia sollicitudo constringit apostolicæ sedis tutelam postulantibus, et protectionis suffragia impertiri. Proinde vestris, dilectissimi in Christo filii Ecclesiæ Faventinæ canonici, petitionibus annuentes, tam vos ipsos quam et omnia vestra bona in B. Petri et nostram tutelam suscipimus, atque præsentis privilegii pagina communimus. Statuimus enim, ut bona omnia, quæ in præsentiarum cujuspiam largitione personæ habetis, vel in futurum quocunque modo divinis, et humanis legibus cognito poteritis adipisci, firma vobis, et illibata permaneant. Decernimus ergo, ut nullus unquam archiepiscopus, episcopus, dux, marchio, comes, vicecomes, castaldio, aut alia quælibet magna, vel parva, cujuscunque ordinis, aut dignitatis persona, vos, seu omnia, quæ habetis, audeat perturbare, aut auferre, vel ablatas retinere, minuere, seu quibuslibet vexationibus fatigare, sed omnia integra conserventur, eorum pro quorum sustentatione, ac gubernatione concessa sunt, usibus profutura. Si quando autem ab aliqua prædictarum personarum vos senseritis occasione qualibet prægravari, tunc vobis liceat sedem apostolicam libere appellare. Si qua igitur ecclesiastica sæcularisve persona hanc nostræ constitutionis paginam sciens contra eam temere venire tentaverit, secundo ter-

(18) Controversia erat de cellis Clarimontis et Vangionis rivi (*Vignori*). Qua de re vide notitiam compositionis factam anno 1129 apud Perardum, p. 224.

tiove commonita, si non satisfactione congrua emendaverit, officii atque ordinis sui dignitate careat, reamque se divino judicio existere de perpetrata iniquitate cognoscat. Qui vero custos et observator exstiterit, apostolicæ benedictionis gratia repleatur, et æternæ felicitatis præmio glorietur. Amen, amen, amen.

Ego Honorius catholicæ et Ecclesiæ episcopus subscr.

Datum Laterani per manum Aimerici S. R. sedis, et universalis curiæ cancellarii pridie Non. Aprilis, indictione sexta, Incarnationis Dominicæ anno 1128, pontificatus D. Honorii papæ II.

LXIII.
Ecclesiæ Trevirensis privilegia possessionesque confirmat, et Mainero archiepiscopo concedit ut pallio præferendaque cruce utatur, atque « in constitutis ecclesiæ stationibus cum nacco albo equitet. »
(Anno 1127, April. 9.)
[Gunther, *Cod. diplom. Rhen. Mosell.*, I, 206.]

LXIV.
Diœcesis Mutinensis fines et Ecclesiæ possessiones, petente Dodone episcopo, confirmat
(Anno 1128, April. 27.)
[Tiraboschi, *Memorie storiche Modenesi*, Modena 1793, 4°, II, 99.]

LXV.
Ad Matthæum Albanensem episcopum, apostolicæ sedis legatum. — Pro monasterio Luxoviensi, ut ablata eis a Divionensibus monachis restituantur.
(Anno 1128, Maii 4.)
[D. Bouquet, *Recueil* XV, 266.]

Honorius episcopus, servus servorum Dei, venerabili fratri M[atthæo] Albano episcopo, apostolicæ sedis legato, salutem et apostolicam benedictionem.

Animadvertat fraternitatis tuæ discretio quoniam Luxoviense monasterium, Divionensibus hoc facientibus monachis a prædecessorum nostrorum temporibus, Urbani videlicet et Paschalis apostolicorum virorum, multis est, prout accepimus, oppressionibus fatigatum. Ipse vero felicissimæ memoriæ papa Paschalis, ut Divionenses Luxoviensibus ablata redderent, per apostolica scripta mandavit. Cæterum hoc nondum effectui mancipatum est. Experientiæ igitur tuæ mandamus, ut causa diligenter cognita(18) juxta beatæ recordationis papæ Paschalis tenorem, salva Divionensis monasterii justitia si quam habet Luxoviense monasterium investias. Cæterum Divionenses, ut suam valeant habere justitiam, evocatis Luxoviensibus, proxima B. Mariæ Purificatione nostro se conspectui repræsentent.

Data Laterani IV Nonas Maii.

et litteras Wilenci Lingonensis episcopi, rei gestæ seriem describentis ibid., p. 228.

LXVI.

Ecclesiæ S. Frigdiani Lucensis possessiones et privilegia confirmat.

(Anno 1128, Maii 7.)

[Vide *Bullarium Lateranense* editum Romæ 1727 fol., p. 8.]

LXVII.

Ad episcopos provinciæ Turonensis, ut observent statuta concilii Namnetensis.

(Anno 1128, Maii 20.)

[Mansi, *Concil.* XXI, 354.]

Honorius episcopus, servus servorum Dei, venerabilibus fratribus Turonensis metropolis suffraganeis episcopis, salutem et apostolicam benedictionem.

Charissimus frater noster Hildebertus, Turonensis episcopus, sicut bonus pastor pro grege suo vigilans, evocatis fratribus et aliis religiosis viris, quemadmodum ex suarum litterarum inspectione cognovimus, in Namnetensi civitate de more metrapolitico concilium celebravit. Ibique de incestis nuptiis, et de spuriis sacerdotum filiis, et de his qui quasi hæreditaria successione, ecclesiastica petebant beneficia, et de aliis diligenter pertractatis, corrigenda correxit, et statuenda constituit. Universitati ergo vestræ mandamus quatenus ea quæ ab ipso juxta sanctorum Patrum decreta ibi ad honorem Domini et salutem populi statuta esse noscuntur, irrefragabiliter observetis. Sicut enim in humani compage corporis membra famulantur et obediunt capiti, tanquam supremo provisori, ut sic persona servetur incolumis, ita fidelium mentes, unius effectæ voluntatis, pro custodienda unitate fidei et statu Ecclesiæ suis debent humiliter parere prælatis. Ad hæc pravas illas consuetudines a comite Britanniæ clarissimo in manu præfati-archiepiscopi [*al.* additur in aspectu synodi] refutatas, quarum una fuit quod maritis, vel uxoribus decedentibus, bona eorum mobilia a potestate sæculari diripiebantur; altera, qua illis qui naufragium evaserant, etiam quæ in portu postmodum inventa erant auferebantur, damnamus, et ne quis eas futuris temporibus renovare præsumat, auctoritate apostolica interdicimus. Iniquum enim censemus esse ut quem divinæ clementiæ magnitudo a sævientis pelagi voracitate exuit, hominum sæva rapacitas audeat spoliare. Piorum namque imperatorum emanavit auctoritas, ut etiam earum rerum quæ in tempestate maris levandæ navis causa ejiciuntur, non amittatur dominium. Non enim eas aliquis eo animo abjicit quod habere nolit, sed quo periculum effugere possit, et qui res ipsas lucrandi animo abstulerit, furtum committit.

Datum Laterani xiii Kal. Junii.

LXVIII.

Ad Balduinum Hierosolymorum regem.

(Anno 1128, Maii 29.)

[Eug. de Rozière, *Cartulaire du Saint-Sépulcre de Jérusalem*, Paris 1849, 4°, p. 17.]

Honorius episcopus, servus servorum Dei, charissimo in Christo filio Balduino, illustri Jerosolymorum regi, salutem et apostolicam benedictionem.

Laudes et gratiarum actiones auctori omnium bonorum Domino persolvimus, qui te ex admirabili ordinatione suæ providentiæ regem Jerosolymitanum constituit. Referentibus siquidem fratribus nostris Guillelmo, Tyrensi archiepiscopo, et Rogerio, Ramensi episcopo, sapientibus viris atque discretis nobilitatis tuæ legatis, accepimus te et cultorem esse justitiæ et religionis amatorem; unde magna cordi nostro est innata lætitia. His autem duabus subnixus virtutibus, quæ a prædecessoribus tuis, gloriosis viris duce Godofredo et rege Balduino, per sudores bellicos parta sunt in pace regali prudentia retines, et multa alia præstita tibi de cœlo victoria per plurimas fatigationes viriliter acquisisti. Multa namque mortis subeundo pericula, amaritudinem vulnerum et sævientium paganorum tetros carceres, serviles etiam catenas pro Christi nomine, qui, cum sit æqualis Patri, formam servi accepit, sustinuisti. Tu ergo, jactata spe tua in Domino atque fiducia, cui nullus inremuneratus servivit, in bono proposito humiliter persevera. Nos vero, qui in cathedra beati Petri sedemus, licet indigni, personam tuam vera in Domino charitate diligimus, et regnum Jerosolymitanum cum dignitate a prædecessore nostro felicis memoriæ, papa Paschali, antecessori tuo, regi Balduino, atque Jerosolymitanæ Ecclesiæ justæ discretionis moderamine tandem concessa apostolica tibi auctoritate concedimus. Præcipimus quatenus honor debitus Jerosolymitani regni et Ecclesiæ integer conservetur. Ad hæc charissimum filium nostrum Fulconem, Andegavensem comitem, strenuum quidem et sapientem virum, qui, postposito baronum suorum et innumeri populi dominio atque relicta copiosa terræ propriæ ubertate, Deo et tibi servire decrevit, prudentiæ tuæ attentius commendamus.

Datum Laterani, iv Kalendas Junii.

LXIX.

Ad Tyrios. — Significat se Willelmum Tyri archiepiscopum lectum, et a patriarcha Hierosolymitano consecratum, pallio donasse.

(Anno 1128.)

[Mansi, *Concil.*, xxi, 521.]

Honorius episcopus, servus servorum Dei, venerabilibus fratribus suffraganeis episcopis, clero et populo Tyri, salutem et apostolicam benedictionem.

Venientem ad nos charissimum fratrem nostrum Willelmum archiepiscopum vestrum debita charitate recepimus: et quem canonice electum, et a venerabili fratre nostro Guarimundo Hierosolymitano patriarcha consecratum accepimus, pallii dignitate, plenitudine videlicet pontificalis officii, decoravimus. Quia vero de persona sua maximum fructum matri Ecclesiæ vestræ Tyri, divina suffragante misericordia, credimus proventurum, ipsum cum gratia sedis apostolicæ et nostrarum litterarum prosecutione ad vos duximus remittendum. Universitati ergo vestræ mandando præcipimus quatenus eum benigne recipiatis, et tanquam proprio metropolitano, et animarum vestrarum episcopo, subjectionem, obedientiam, et reverentiam humiliter deferatis.

LXX.

Ad Guaremundum Hierosolymitanum archiepiscopum — Ejusdem argumenti.

(Anno 1128.)

[Mansi, *ibid.*]

Honorius episcopus, servus servorum Dei, venerabili fratri Guarimundo Hierosolymitano patriarchæ, salutem et apostolicam benedictionem.

Susceptis fraternitatis tuæ litteris, fratrem nostrum Willelmum, quem in Ecclesia Tyri consecrasti archiepiscopum, benigne suscepimus : et cum dignitate pallii, plenitudine videlicet pontificalis officii, decoravimus. Suffraganeis etiam ecclesiæ suæ præcepimus, quatenus ei tanquam proprio metropolitano subjectionem et obedientiam deferant.

Data in territorio Barensi, octavo Idus Julii.

LXXI.

Bernardo, patriarchæ Antiocheno, per Egidium episcopum Tusculanum, apostolicæ sedis legatum, præcipit ut Ecclesiæ Tyriæ restituat quos detineat suffraganeos.

(Anno 1128. Fragmentum.)

[Willelm. Tirensis, l. xiii, c. 23.]

.... Unde per apostolica scripta et venerabilem fratrem nostrum Egidium, Tusculanum episcopum, apostolicæ sedis legatum, tibi mandamus quatenus suffraganeos Tyrensis Ecclesiæ sibi restituas ; quod nisi infra quadraginta dies post earum inspectionem litterarum, quas ad eos direximus, debitam ei subjectionem exhibuerint, nos ex tunc eos ab officio episcopi suspendimus.

LXXII.

Privilegium pro ecclesia S. Sepulcri Hierosolymitani.

(Anno 1128, Sept. 4.)

Eug. de Rozière, *Cartulaire du Saint-Sépulcre*, p. 18.]

Honorius episcopus, servus servorum Dei, dilectis filiis Geillelmo, priori Dominici Sepulcri, ejusque fratribus canonicam vitam professis, tam præsentibus quam futuris, in perpetuum.

Habitantes in domum Domini, in sinceritate charitatis unanimes, conservant unitatem spiritus in vinculo pacis; puræ namque mentis religio et indissolubili divini amoris glutino confirmata vultum clementissimi Creatoris, ut terrena conjungantur et una supernis socientur, mundis orationibus incessanter profusis inclinat; sicut enim humani compagem corporis spiritus interior regit atque vivificat, ita religiosæ mentis vegetatio et salus existit moderatrix inspirationis divinæ benignitas. Quia igitur, dilecti in Domino filii, gloriosi Dominici Sepulcri canonici, divinis vos mancipatos servitiis vivere religiose cognovimus, interventu etiam charissimi confratris nostri Guarmundi, Jerosolymitani patriarchæ, vestris rationabilibus postulationibus assensum præbentes, personas vestras, possessiones et bona, quæ in præsentiarum juste et legitime possidetis sive in futurum, largiente Deo, justis modis poteritis adipisci, sub beati Petri tutela nostraque protectione suscipimus, et scripti nostri pagina communimus. In quibus hæc propriis nominibus duximus exprimenda : in episcopatu Jerosolymitano videlicet ecclesiam Beati Lazari cum castello et omnibus pertinentiis suis, castrum Maome cum ecclesia et omnibus pertinentiis suis ; in episcopatu Cesareæ Palæstinæ castrum Feniculi cum ecclesia et omnibus pertinentiis suis; in civitate Joppe ecclesiam Beati Petri cum omnibus pertinentiis suis ; in civitate Tyro ecclesiam Sanctæ Mariæ antiquæ sedis cum omnibus pertinentiis suis ; in episcopatu Tripolitano, in castro Montis Peregrini, ecclesiam Sancti Sepulcri cum omnibus pertinentiis suis ; in eodem episcopatu ecclesiam Sancti Georgii, quæ est in montanis, cum omnibus pertinentiis suis; item villam quæ dicitur Bivora cum omnibus pertinentiis suis ; in Apulia, in civitate Brundusina, ecclesiam Sancti Sepulcri et ecclesiam Sancti Laurentii cum omnibus pertinentiis earum; in episcopatu Ebredunensi ecclesiam Sancti Sepulcri de Kayocas, ecclesiam Sancti Sepulcri, Sancti Petri et Sancti Pontii de Sedena; ecclesiam Sancti Joannis de Espinacis et ecclesiam Sancti Petri de Avanzo cum omnibus pertinentiis suis; in episcopatu Magaloncnsi ecclesiam Sancti Salvatoris de Rubro cum omnibus pertinentiis suis; in episcopatu Albiensi ecclesiam Sanctæ Mariæ de Sepfacta cum omnibus pertinentiis suis, villam etiam quæ dicitur Lugan, mansum qui dicitur Cantol, mansum Lubusreth et mansum Dei, mansum Alaphenazem cum ecclesia [Sanctæ] Mariæ et omnibus pertinentiis suis, mansum Las Cruces de Sancto Amaranti, mansum Castandel, mansum Viarlar, mansum qui dicitur Villa Godor, ecclesiam Sancti Osmerii cum omnibus pertinentiis suis; in episcopatu Santonensi ecclesiam Sancti Petri de Macapzhana cum omnibus pertinentiis suis; in episcopatu Basatensi ecclesiam Sancti Osberti cum omnibus pertinentiis suis; in episcopatu Barchinonensi ecclesiam Sancti Sepulcri de Lathablatha cum omnibus pertinentiis suis; in eodem episcopatu, in Palma ecclesiam Sancti Petri et ecclesiam Sancti Joannis cum omnibus pertinentiis suis, ecclesiam Sanctæ Mariæ de Patris ; in episcopatu Ausonensi ecclesiam Sanctæ Mariæ de Coseoliis cum omnibus pertinentiis suis et ecclesiam Sancti Andreæ cum omnibus pertinentiis suis ; in episcopatu Urgellensi medietatem castri Mirabel cum pertinentiis suis ; in episcopatu Nagerensi ecclesiam Sanctæ Mariæ de Gronio cum omnibus pertinentiis suis, hospitale de Villa Rubea cum omnibus pertinentiis suis ; in episcopatu Burgensi ecclesiam Sancti Clementis de Covas cum omnibus pertinentiis suis, ecclesiam Sancti Michael de Quantana cum omnibus pertinentiis suis; in castro Sorizh ecclesiam Sancti Andreæ et ecclesiam Sanctæ Marinæ cum omnibus pertinentiis suis; in villa quæ dicitur Clunia, ecclesiam Sancti Andreæ cum omnibus pertinentiis suis; in episcopatu Palentino ecclesiam Sanctæ Mariæ de Pisorga cum omnibus pertinentiis suis, ecclesiam Sancti Alexandri de Valtanas cum omnibus pertinentiis suis; in castro Verde ecclesiam Sancti Michaelis et monasterium Sancti Romani cum omnibus pertinentiis suis; in castro Corel ecclesiam Sancti Justi, ecclesiam Sanctæ Marinæ, ecclesiam Sanctæ Eugratiæ cum omnibus pertinentiis suis; in castro Portel ecclesiam Sancti Michael de Vega cum omnibus pertinentiis suis; apud civitatem Palentiæ ecclesiam Sancti Emiliani de Veruesca cum omnibus pertinentiis suis, ecclesiam Sancti Pelagii de Valle de Pero cum omnibus pertinentiis suis, ecclesiam Sanctæ Mariæ de Sandronas cum omnibus pertinentiis suis, ecclesiam Sanctæ Mariæ de Pilelas cum omnibus pertinentiis suis; in villa Feles ecclesiam Sancti Michaelis cum omnibus pertinentiis suis; in episcopatu Secoviano ecclesiam Sancti Sepulcri in Coca, ecclesiam Sancti Salvatoris et ecclesiam Sanctæ Mariæ, quæ vocatur Bovada, cum omnibus pertinentiis suis; in civitate Avila ecclesiam Sanctæ Mariæ Novæ cum omnibus pertinentiis suis; in Arevalo ecclesiam Sancti Petri in villa veteri cum omnibus pernitentiis suis; in episcopatu Salemantico ecclesiam Sancti Christofori, extra civitatem sitam, cum omnibus pertinentiis suis; in Medina ecclesiam Sanctæ Crucis cum omnibus pertinentiis suis; in episcopatu Zemoritano, in castro qui dicitur Thoro, ecclesiam Sancti Sepulcri cum omnibus pertinentiis suis; in villa Lali ecclesiam Sanctæ Eugeniæ cum omnibus pertinentiis suis; in civitate Legionensi ecclesiam Sancti Sepulcri cum omnibus pertinentiis suis; in Rivo Sicco ecclesiam Sancti Justi de Paralelos cum omnibus pertinentiis suis; in Medina ecclesiam Sancti Petri cum omnibus pertinentiis suis, ecclesiam Sancti Laurentii de Oterolo cum omnibus pertinentiis suis; in villa Morel ecclesiam Sancti Pelagii cum pertinentiis suis, ecclesiam Sancti Justi de Villa Vela cum omnibus pertinentiis suis; in episcopatu eodem villam Golpigar cum omnibus pertinentiis suis, villam Versadam cum omnibus pertinentiis suis; in Mazella hospitale cum omnibus pertinentiis suis, ecclesiam Sanctæ Mariæ de Nava cum pertinentiis suis, ecclesiam Sancti Petri de Castro Olfereth cum pertinentiis suis; in episcopatu Astoricensi ecclesiam Sancti Petri de Cabaneros cum omnibus pertinentiis suis, ecclesiam Sanctæ Mariæ de Zohtes cum omnibus pertinentiis suis; in episcopatu Sancti Jacobi ecclesiam Sancti Sebastiani de Tavairoas cum sua eremita et aliis pertinentiis suis, monasterium Sanctæ Mariæ de Nogaria cum pertinentiis suis, monasterium Sancti Salvatoris de Sobradel cum omnibus pertinentiis suis; in episcopatu Tudensi ecclesiam Sancti Petri de Nogaria, quæ dicitur Sardoma, cum omnibus pertinentiis suis; salva nimirum diœcesanorum episcoporum justitia et reverentia. Ad hæc adjicientes decernimus ut nulli omnino hominum liceat prædictas possessiones et bona auferre vel ablatas retinere, minuere aut temerariis vexationibus fatigare; sed omnia integra et illibata serventur tam vobis quam successoribus vestris canonice substituendis omnimodis profutura. Si qua igitur in posterum ecclesiastica sæcularisve persona, hanc nostræ constitutionis paginam sciens, contra eam temere venire tentaverit, secundo tertiove commonita si non satisfactione congrua emendaverit, potestatis honorisque sui dignitate careat, reamque se divino judicio existere de perpetrata iniquitate cognoscat, et a sacratissimo corpore et sanguine Dei et Domini nostri Jesu Christi Redemptoris aliena fiat, atque in extremo examine districtæ ultioni subjaceat; cunctis autem vobis justa servantibus sit pax Domini nostri Jesu Christi, quatenus et hic fructum bonæ actionis percipiant, et apud districtum judicem præmia æternæ pacis inveniant. Amen.

Ego Honorius, catholicæ Ecclesiæ episcopus, subscripsi.

Ego Joannes, presbyter cardinalis tituli Sancti Grisogoni, subscripsi.

Ego Ubertus, presbyter cardinalis tituli Sancti Clementis, subscripsi.

Ego Rossemannus, diaconus cardinalis Sancti Georgii ad Velum Aureum, subscripsi.

Datum Beneventi, per manum Aimerici, sanctæ Romanæ Ecclesiæ diaconi et cancellarii, II Nonas Septembris, indictione VI, Incarnationis Dominicæ anno 1128, pontificatus autem domini Honorii II papæ anno IV.

LXXIII.
Floreffiensem abbatiam suscipit in tutelam sedis apostolicæ, ejusque possessiones confirmat.

(Anno 1128, Nov. 4.)

[Hugo, *S. ord. Præmonstr. Annal.*, tom. I, preuv., p. 52.]

HONORIUS episcopus, servus servorum Dei, dilectis filiis RICHARDO abbati Sanctæ Mariæ de Floressia, ejusque successoribus canonice substituendis in perpetuum.

Cum sine..... religionis nec charitatis unitas potest subsistere, nec Deo gratum exhiberi servitium expedit apostolicæ auctoritati religiosas personas diligere et religiosa loca sedis apostolicæ munimine confovere; ideoque, dilecte in Domino fili Richarde, tuis rationalibus postulationibus annuentes, monasterium Beatæ Mariæ de Floressia, cui, Domino auctore, præsides, in B. Petri tutelam, nostramque protectionem suscipimus, et scripti nostri pagina communimus. Statuentes ut quascunque ecclesias et possessiones idem monasterium in præsentiarum juste et legitime possidet, sive in futurum largiente Domino, concessione pontificum, liberalitate regum, largitione principum, oblatione fidelium seu justis aliis modis poteritis adipisci, firma tibi, tuisque successoribus, et illibata permaneant. Statuimus etiam, ut liberas S..... a discretione venerabilis fratris nostri Alberonis Leodiensis olim episcopi attributa, perpetuis temporibus conservetur, salva dioecesani episcopi justitia, et reverentia. Sane chrisma oleum, consecrationes altarium, sive basilicæ, ordinationes clericorum a Leodiensi accipietis episcopo, si gratiam sedis apostolicæ habuerit, et ea vobis gratis, et sine exactione aliqua exhibere voluerit. Obeunte vero te, nunc ejus loci abbate, nullus ibi qualibet subreptionis astutia, seu violentia præponatur; sed quem fratres, omnium consensu, seu fratrum pars consilii sanioris secundum Dei timorem et B. Augustini regulam providerint eligendum. Ad hæc adjicientes decernimus ut nulli omnino hominum liceat prædictum monasterium temere perturbare, aut ejus possessiones auferre, vel ablatas retinere, minuere vel temerariis vexationibus fatigare, sed omnia integra conserventur eorum pro quorum gubernatione et sustentatione concessa fuerunt, usibus omnimodis profutura, salva in omnibus sedis apostolicæ auctoritate, et dioecesani episcopi justitia. Si qua igitur in futurum ecclesiastica, sæcularisve persona hanc nostræ constitutionis paginam sciens, contra eam temere venire tentaverit, secundo tertiove commonita, si non satisfactione congrua emendaverit, potestatis honorisque sui dignitate careat, reamque se divino judicio existere de perpetrata iniquitate cognoscat, et a sacratissimo corpore ac sanguine Dei et Redemptoris nostri Jesu Christi, aliena fiat, atque in extremo examine districtæ ultioni subjaceat. Cunctis autem eidem coenobio justa servantibus, sit pax Domini nostri Jesu Christi, quatenus et hic fructum bonæ actionis percipiant, et apud districtum judicem præmium æternæ pacis inveniant. Amen.

Ego Honorius catholicæ Ecclesiæ episcopus.

Datum Laterani, per manum Aimerici sanctæ Romanæ Ecclesiæ diaconi cardinalis et cancellarii, ii Nonas Novembris, indict. vii, anno Incarnationis Dominicæ 1128, pontificatus autem domini Honorii II papæ anno iv.

LXXIV.

Ad Alexandrum episcopum et clerum Leodiensem. — Damnat summus pontifex pravam consuetudinem exigendi pecunias ab his qui recipiuntur in canonicos.

(Anno 1128, Nov. 7.)
[D'ACHERY, *Spicileg.*, t. III, p. 479.]

HONORIUS episcopus, servus servorum Dei, ALEXANDRO episcopo et clero Leodiensi, salutem et apostolicam benedictionem.

Relatione fratrum vestrorum ad nos venientium comperimus hanc in vestra Leodiensi Ecclesia detestabilem ex antiquo fieri consuetudinem, ut quicunque ibi canonicus fieri voluerit, oporteat eum præposito et decano determinatam pecuniam exhibere, et hoc de investituris ecclesiarum et altarium archidiaconos et decanos facere accepimus. Scriptum est in Evangelio quia Dominus noster vendentes et ementes ejecit de templo. Ideoque per præsentia scripta firmiter præcipiendo mandamus, quatenus tam prava consuetudo de cætero apud vos nullatenus conservetur, sed modis omnibus annihiletur. Quod si quis deinceps præsumpserit agere, nos et dantem et accipientem jubemus locum in Ecclesia ulterius non habere.

Datum Laterani vii Id. Novemb.

LXXV.

Clerum, consules et populum Pistoriensem hortatur ut Il[deprando] episcopo ad ecclesiam B. Petro construendam pecuniam tribuant.

(Intra 1125-1129, Mart. 29.)
[BALUZ., *Miscell.* ed. Luc., IV, 588.]

HONORIUS episcopus, servus servorum Dei, dilectis filiis clero, consulibus et populo Pistoriensi, salutem et apostolicam benedictionem.

Venerabilis frater noster Il, episcopus vester, amore religionis quamdam ecclesiam, prout accepimus, ad honorem Dei et B. Petri juxta Pistoriensem civitatem construxit, ibique religiosos viros qui divinis mancipentur famulatibus, dicitur statuisse. Ut ergo votum et religiosum desiderium pastoris et episcopi vestri integre compleatur, universitati vestræ rogando mandamus quatenus de facultatibus vobis a Deo commissis ad tam salubre opus perficiendum, opem et consilium charitativo studio præbeatis, ut tam sacrificiorum quam orationum, quæ ibi ante conspectum divinum fundentur, participes cum Propheta psallere valeatis: *Domine, dilexi decorem domus tuæ, et locum habitationis gloriæ tuæ;* et cum eodem immortalitatis præmio coronari.

Datum Lateran. iv. Kal. Aprilis.

LXXVI.

Ad Ludovicum VI Francorum regem. — Henricum regis filium clericum in suam protectionem suscipit.

(Intra 1125-1128, Mart. 51.)
[MANSI, *Concil.*, XXI, 322.]

HONORIUS episcopus, servus servorum Dei, charissimo in Christo filio LUDOVICO illustri et glorioso Francorum regi, salutem et apostolicam benedictionem.

Internæ charitatis dilectio, qua personam tuam paternæ affectionis visceribus amplexamur, aures nostras ad admittendas tuas petitiones inclinat. Amor enim et piæ reverentia devotionis, quam B. Petro et S. R. E. defers, ut ad tuam et regni tui utilitatem intendamus, hortatur. Tuum itaque filium Henricum, quem divinis mancipare vovisti servitiis, et in B. Petri, et in nostram protectionem suscipimus. Ipsum igitur' tanquam specialem sedis apostolicæ filium, et bona quæ vel regia tua liberalitate, vel aliis modis divina præstante gratia poterit adipisci, auctoritatis nostræ robore communimus: nullique hominum fas sit personam suam et bona ejus temere perturbare: sed omnia quieta ei et libera sub B. Petri et R. E. patrocinio conserventur. Si quis autem hujus nostræ confirmationis temerator exstiterit, nisi congrua satisfactione correxerit, animadversione sedis apostolicæ feriatur.

Datum Laterani pridie Kalendas Aprilis.

LXXVII.

Ad Odalricum Constantiensem episcopum. — Monet ut hortetur Rodolphum comitem de Lenzburg, ut a vexatione monasterii Rhenaugiensis desistat.

(Intra 1125-1129, April. 7.)

[HERGOTT, *Genealogia diplomatica augustæ gentis Habsburgicæ.* Viennæ Austriæ 1737, t. II,1 42.]

Honorius episcopus, servus servorum Dei, venerabili fratri Odalrico episcopo Constantiensi salutem et apostolicam benedictionem.

Quemadmodum cultores justitiæ, et religionis amatores, sunt veræ charitatis brachiis amplexandi, ita raptores et persecutores Ecclesiæ Dei dignis sunt animadversionibus coercendi. Ea propter strenuitati tuæ mandamus ut Rodulphum comitem de Lenzburg diligenter admoneas, et quatenus ab infestatione monasterii Renaugiæ desistat, et in antiqua et concessa sibi libertate omnino dimittat. Quod si iis admonitionibus parere contempserit, debitam de eo justitiam facias.

Datæ Lateranis VII Idus Aprilis.

LXXVIII.

Ad Burchardum Meldensem episcopum. — Pravam illam consuetudinem diripiendi post episcoporum obitum Ecclesiæ bona, assentiente Tebaldo, comite Blesensi, abolitam nuntiat.

(Intra 1125-1129, April. 15.)

[D. DU PLESSIS, *Hist. de l'Eglise de Meaux*, II, 24.]

Honorius episcopus, servus servorum Dei, venerabili fratri Burchardo Meldensi episcopo, salutem et apostolicam benedictionem, etc.

Pravum igitur usum et iniquam consuetudinem, qua in Meldensium episcoporum obitu bona vestræ diripiebantur Ecclesiæ, a dilecto filio nostro illustri viro Thebaldo Blesensi comite vacuatam et scripti sui firmitate assatam, in præsentis scripti nostri robore abolemus; et ne ulterius in vestra Ecclesia teneatur, omnino præcipimus, etc.

Datum Laterani XVII Kalendas Maii.

LXXIX.

Ad parochianos ecclesiæ S. Frigdiani Lucensis.

(Intra 1125-1129, Apr. 29.)

[BALUZ. *Miscell.* ed. Luc., IV, 588].

Honorius episcopus, servus servorum Dei, universis B. Frigdiani parochianis salutem et apostolicam benedictionem.

Gratias universitati vestræ referimus, quoniam sicut relatione dilecti filii nostri A. prioris vestri comperimus, tam ipsum quam fratres, ibidem divino famulatui mancipatos, diligitis et honoratis, et de facultatibus, a Deo vobis præstitis sustentatis. Quapropter rogamus vos et hortamur in Domino, et in remissionem peccatorum vestrorum injungimus ut in bono quod inchoastis principio firmiter perduretis, nec ab ejusdem ecclesiæ reverentia et dilectione ullatenus declinetis.

Datum Laterani III Kal. Maii.

LXXX.

Bulla pro confirmatione ecclesiæ et bonorum Steinfeldiæ.

(Intra 1125-1129, April. 29.)

Hugo, *sacri ord. Præmonst. Ann.*, tom. II, prob., c. 521.]

Honorius episcopus, servus servorum Dei, dilectis filiis Berwino præposito monasterii Sanctæ Mariæ, quod est situm in loco qui Steinfelden nuncupatur, ejusque fratribus canonicam vitam professis, salutem et apostolicam benedictionem.

Quoties illud a nobis petitur quod rationi pertinere cognoscitur, animo nos decente libenti concedere, et congruum impertinere suffragium. Ea propter, dilecti in Domino filii, rationabilibus postulationibus vestris assensum præbentes locum vestrum, qui Steinfelden dicitur, scripti nostri pagina communimus, statuentes ut quæcunque bona, quascunque possessiones idem locus in præsentiarum juste et legitime possidet, sive in futurum, largiente Domino, justis modis poterit adipisci, firma vobis et illibata permaneant, salva diœcesani episcopi justitia et reverentia. Statuimus etiam, ut canonicus ordo, secundum beati Augustini regulam, perpetuis ibi temporibus inviolabiliter conservetur. Ad hæc adjicientes decernimus, ut nulli omnino hominum liceat eumdem locum temere perturbare, et ejus possessiones auferre, ablatas retinere, minuere, vel temerariis vexationibus fatigare; quod si quis huic nostræ confirmationi contraire tentaverit, apostolicæ sedis animadversionem indubitanter se noverit incursurum, nisi præsumptionem suam digna satisfactione correxerit.

Datum Laterani III Kal. Maii.

LXXXI.

Ad Bernardum Melgoriensem comitem. — Præcipit ut Melgoriensis moneta non alibi quam Melgorii fiat.

(Intra 1125-1129 Maii 23.)

[D. BOUQUET, tom. XV, pag. 265.]

Honorius episcopus, servus servorum Dei, dilecto filio Bernardo illustri Melgoriensi comiti, salutem et apostolicam benedictionem.

Quod irreprehensibile est defendit Ecclesia. Nos autem te tanquam specialem B. Petri filium manutenere volumus et juvare, et quod Melgoriensis moneta Melgorii tantum fiat apostolica auctoritate præcipimus. Tua igitur interest ut, si protectionem nostram habere desideras, in fabricanda moneta nihil falsitatis admisceas, et ne aliter quam tempore Calixti constitutum est, eam de cætero facias fabricari.

Datum in territorio de Columna, x Kal. Junii, pontificatus nostri (19) anno tertio.

---

(19) Verba *pontificatus nostri*, etc., manus aliena addidit. JAFFÉ.

LXXXII.

Hospitalem domum et ecclesiam S. Mariæ diœcesis Cenetenensis sub protectione sedis apostolicæ suscipit.

(Intra 1125-1129, Nov. 28.)

[CORNELIUS, *Ecclesiæ Venetæ.* Venetiis, 1749, 4°, X, III, 29.]

HONORIUS episcopus, servus servorum Dei, dilectis filiis RAINERIO præposito, et ejus fratribus tam præsentibus quam futuris in perpetuum.

Religiosis desideriis dignum est facilem præbere consensum, ut fidelis devotio celerem sortiatur effectum. Quamobrem, dilecti in Christo filii, petitiones vestras clementer admittimus, et hospitale quod in territorio Cenetensi, in loco qui dicitur Talpone, constructum cum omnibus appendiciis suis, et domum ibidem in honorem beatæ Mariæ semper virginis, ut fiat ecclesia fabricatam, quod sanctæ Romanæ Ecclesiæ per chartulam oblationis contulistis, in jus et proprietatem B. Petri suscipimus, et illud apostolicæ sedis robore communimus. Statuentes ut quæcunque bona idem hospitale in præsentiarum juste possidet, vel in futurum largiente Domino justis modis contigerit adipisci, firma et illibata ei permaneant: ad indicium autem protectionis ipsius hospitalis hanc ei pensionem solvendam statuimus, ut unoquoque anno duas libras unam incensi et alteram ceræ Lateranensi persolvat palatio. Si quis igitur in futurum, ecclesiastica sæcularisve persona hanc nostræ constitutionis paginam sciens contra eam temere venire tentaverit, secundo tertiove commonita, si non satisfactione congrua emendaverit, potestatis honorisque sui dignitate careat, reamque se divino judicio existere de perpetrata iniquitate cognoscat, et a sacratissimo corpore ac sanguine Dei et Domini Redemptoris nostri Jesu Christi aliena fiat, atque in extremo examine districtæ ultioni subjaceat. Cunctis autem eidem loco justa servantibus sit pax Domini nostri Jesu Christi, quatenus et hic fructum bonæ actionis percipiant, et apud districtum judicem præmia æternæ pacis inveniant.

Datum Laterani IV Kalend. Decembris.

LXXXIII.

Ad A[dalberonem] archiepiscopum Hamburgensem.— Commendat E., presbyterum cardinalem.

(Intra 1126-1129, Maii 23.)

[LAPPENBERG, *Hamburg. Urkund.*, I, 130.]

HONORIUS episcopus, servus servorum Dei, venerabili fratri A. Bremensi archiepiscopo, salutem et apostolicam benedictionem.

Quoniam absque quiete et tranquillitate animi nemo potest Deo gratum impendere famulatum, ut controversia, quæ inter te et fratrem nostrum A. Londensem archiepiscopum agitatur, valeat, properante Domino, debito fine concludi, dilectum filium nostrum E. presbyterum cardinalem ad partes vestras de nostro latere duximus delegandum, eique negotium ipsum diligenter inquirendum discutiendumque commisimus. Ideoque tibi mandamus quatenus ipsum benigne recipias, et loco et tempore quo ab eo vocatus fueris, ad ejus præsentiam venias, de supra nominato negotio tractaturus.

Datum Laterani x Kal. Junii.

LXXXIV.

Ad archidiaconum et præcentorem Agathensem.

(Intra 1126-1129, Maii 31.)

[GARIEL, *Series præsul. Magalon.*, p. 142.]

HONORIUS episcopus, servus servorum Dei, dilectis filiis archidiacono et præcentori Agathensi, salutem et apostolicam benedictionem.

Significavit nobis frater noster Magalonensis episcopus, quod abbas Anianensis suæ diœcesis, ipsius jurisdictioni subjectus, suis recusat synodis interesse, in ejus et suæ Ecclesiæ præjudicium et gravamen; ideoque discretioni vestræ per apostolica scripta mandamus, quatenus, partibus convocatis et auditis, quæ duxerint proponenda, quod canonicum fuerit, appellatione postposita statuatis, facientes quod censueritis per censuram ecclesiasticam firmiter observari.

Datum Laterani, II Kalendas Junii, pontificatus nostri v (19).

LXXXV.

Ad clerum et populum Tullensem. — Servandam mandat excommunicationis sententiam in Theodoricum de Imbercurte prolatam.

(Intra 1127-1129, Mart. 17.)

[D. BOUQUET, *Recueil*, tom. XV, p. 266.]

HONORIUS episcopus, servus servorum Dei, clero et populo per Tullensem parochiam constituto, salutem et apostolicam benedictionem.

Theodericus de Imbercurte, ad sedem apostolicam veniens, questus est se a venerabili fratre nostro Henrico Tullensi episcopo Romanam audientiam appellantem injuste excommunicatum fuisse. E contra archidiaconi Tullenses, Hugo Gundricurtensis, Hugo Albus et Oldericus presbyteri, asseruerunt se in eum, quoniam castrum de Commerceio Ecclesiæ Tullensis violenter abstulerat, longo ante tempore excommunicationis sententiam promulgasse. Potestatem autem et licentiam excommunicandi rerum suarum raptores a Richinio Tullensi episcopo sibi concessam, et postmodum a prædecessore nostro felicis memoriæ papa Calixto II scripti pagina confirmatam, in nostra præsentia asseverare cœperunt; et ut nos certiores efficerent, munita in medium protulerunt. Nos igitur auditis et inquisitis utriusque partis rationibus, habito fratrum nostrorum episcoporum et cardinalium consilio, Theodericum, quoniam longe antequam Romanam appellaret audientiam, a canonicis quibus ex apostolica concessione licebat, excommunicatus

---

(19) De conjectura additum est: *pontificatus nostri* v. JAFFÉ.

fuerat, non absolvimus. Universitati ergo vestræ mandamus quatenus ab eo tanquam ab excommunicato, donec Ecclesiæ Tullensi satisfaciat, abstineatis.
Datum Laterani xvi Kalendas Aprilis.

LXXXVI.

Ad Willelmum archiepiscopum Cantuariensem, apostolicæ sedis legatum.

(Intra 1127-1129, April. 19.)

[WARTHON, *Anglia sacra*, II, 674.]

HONORIUS episcopus, servus servorum Dei, venerabilibus fratribus WILLELMO Cantuariensi archiepiscopo et apostolicæ sedis legato et omnibus episcopis per Angliam constitutis, salutem et apostolicam benedictionem.

Frater noster Urbanus Landavensis episcopus ad sedis apostolicæ clementiam veniens, se in conventu et ante vestram præsentiam super episcopis Bernardo Sancti Dewi et Ricardo Herefordensi de parochia episcopatus sui ab eis detenta querelam deposuisse asseruit. Cæterum fratres ipsi nullum eidem querimoniæ suæ responsum reddentes, ordine transposito, eumdem super aliis cœperunt impetere. Quod tam sacrorum statutis canonum quam legalibus sanctionibus obvium esse non exstat ambiguum. In judicio namque et unius disceptatione negotii reus nisi per exceptionem actor effici nequaquam potest. Quo vero ordine judicii postulans, ut prius de his quæ objecerat sibi rationabiliter responsum daretur, a tua discretione, frater archiepiscope, qui pro judice residebas, expetiit. Quia vero quod optabat obtinere non potuit, magnum sibi gravamen sentiens irrogari, Romanam audientiam, quæ oppressis commune suffragium est, appellavit; et prænominatos episcopos Bernardum et Ricardum, ut in nostra præsentia mediante Quadragesima suis responderet querimoniis, invitavit. Verum ipse nobiscum aliquandiu moratus est; invitati vero præfixo termino nec venerunt, nec responsales miserunt. Nos igitur ex communi fratrum nostrorum et episcoporum et cardinalium deliberatione, audita super hoc duorum testium assertione, eum de parochia unde conquestio fuerat, videlicet Herigin, Hstratewi, Goher, Cadweli, Cantrebocan, salva justitia ecclesiarum Herefordensis et Sancti Dewi, investimus. Terminum vero tam Urbano Landavensi quam Bernardo et Ricardo episcopis proximam Quadragesimam statuimus : et tunc utraque pars expositis suis querimoniis in nostra præsentia rationibus, quod justitiæ ratio dictaverit obtinebit. Interim autem præcipimus ut frater Urbanus parochiam illam, de qua disceptatio fuerat, integre, quiete et absque alicujus contradictione obtineat. Tu ergo, frater archiepiscope, supradictos episcopos Bernardum et Ricardum parochiam ipsam occupare aut pervadere vel se vel officiales suos nullo modo permittas.

Datum Laterani xiii Kal. Maii.

LXXXVII.

Regulares canonicos in monasterio Agaunensi constitutos confirmat.

(Intra 1128-1129, Nov. 7.)

[*Gall. Chr.* XII, instr., 430.]

HONORIUS episcopus, servus servorum Dei, dilectis filiis Agaunensis ecclesiæ B. Mauritii martyris, salutem et apostolicam benedictionem.

Apostolica doctrina et sanctorum veneranda nos adhortatur auctoritas ut, si Deo vere placere volumus, religiose vivere studeamus. Quis enim Deo absque puritate religionis placere potuit, vel quis ad contemplationem deitatis nisi pudico et mundo corde ascendit ? Nos igitur, qui in B. Petri cathedra residemus, licet indigni, commissa nobis a Deo administratione suæ ecclesiæ, et religionem statuere et stabilitatem sedis apostolicæ volumus robore communire. Placet ergo nobis, quod per inspirationem divinam in ecclesia vestra canonicos regulares statuere, et vobis, obeuntibus semper religiosos subrogare unanimiter, quemadmodum ex litterarum vestrarum inspectione cognovimus, decrevistis. Pia vero desideria vestra et rationabile propositum laudantes, ut canonici regulares ibi de cætero deservientes Deo, et ut canonicus ordo futuris ibi temporibus irrefragabiliter conservetur, præcipimus ac auctoritate B. Petri ac nostra firmamus. Statuimus enim ut, postquam regularium virorum in præfata ecclesia sufficiens numerus fuerit, constituatur abbas ibi religiosus et sapiens, qui scientia et moribus sacra noscat digne præesse collegio, invocata divina gratia eligatur.

Datum Laterani vii Idus Novembris.

LXXXVIII.

Ad Matthæum Albanensem episcopum, apostolicæ sedis legatum.— Litem ei dijudicandam committit inter Henricum Virdunensem episcopum, multis accusationibus impetitum, et ejus accusatores.

(Anno 1129.)

[D. BOUQUET, *Recueil*, tom. XV, p. 269.]

HONORIUS episcopus, servus servorum Dei, venerabili fratri MATTHÆO Albanensi episcopo, apostolicæ sedis legato, salutem et apostolicam benedictionem.

Quemadmodum tua novit fraternitas, Virdunenses canonicos olim ad nostram præsentiam venientes, episcopum suum Henricum de dilapidatione bonorum Ecclesiæ et thesauri, et de simonia accusarunt. Nos autem quia tantum flagitium silentio præterire non potuimus, terminum utrique parti præfiximus; ipsi vero, die statuta, se nostro conspectui præsentarunt. Tandem accusatores per advocatum suum quædam de electione episcopi et vitæ incontinentia interloquentes, demum inscriptione facta de simonia et dilapidatione bonorum et thesauri Ecclesiæ, episcopum præsentem per proprias personas accusarunt. Cæterum, pars altera quæ cum episcopo venerat, unum de accusatoribus illis, quod in diaconatu concubinam habuerit per scriptum accusans, repellere nitebatur. E converso autem qui cum accusatoribus venerant, istum ab accusatione, imponendo crimen perjurii, repellebant. Quia igitur in contumeliosa verba nimis irrationabiliter prorumpebant, ne propter tot replicationes accusantium lis extenderetur ad infinitum (20), causam experientiæ fraternitatis tuæ commisimus terminandam. Tu vero tam prædictum episcopum quam partem adversariam ad tuam præsentiam evocans, Catalaunum adeas; ibique adscitis tibi Trevirensi archiepiscopo, et aliis episcopis, sapientibus etiam et religiosis viris, negotium studiose audias, et diligenti indagatione perquiras. Quod si accusatores et testes idonei apparuerint, communicato fratrum consilio, canonice causam definias; alioquin in facie quam læsit Ecclesiæ, juxta tuum et aliorum fratrum qui tecum erunt consilium, innocentiam suam evidenter ostendat; postmodum vero de querimoniis suis per justitiam aut concordiam pacem inter eos componas.

LXXXIX.
Privilegium pro ecclesia S. Petri Bononiensis.
(Anno 1129, Mart. 15.)
[Savioli, *Annali Bolognesi*, Appendice, I, ii, p. 174.]

Honorius episcopus, servus servorum Dei, dilectis filiis Lamberto archipresbytero et cæteris Bononiensis Ecclesiæ B. Petri canonicis tam præsentibus quam futuris, salutem.

Quoties illud a nobis petitur quod intime pertinere cognoscitur, animo nos decet libenti concedere et optatum impertiri suffragium. Proinde, dilecti in Domino filii, vestris rationabilibus postulationibus inclinati Bononiensem B. Petri ecclesiam in qua divino mancipati estis servitio in B. Petri tutelam nostramque protectionem suscipimus et scripti nostri pagina communimus. Statuentes vobis quæcunque bona juste habetis vel habere debetis tam in terris et vineis quam et in diversis possessionum speciminibus per singula loca et territoria constitutis, undecunque vobis per quemcunque modum vel titulum advenisse noscuntur, vel in antea acquisieritis. Insuper etiam obnoxias constituimus vobis omnes decimationes totius plebis Sanctæ Mariæ quæ vocatur de Buida et ecclesiam Sanctæ Mariæ quæ est sita in monte Palensi cum oblationibus et suis omnibus pertinentiis, et quidquid a Deum timentibus ibidem pro vivorum et defunctorum salute oblatum fuerit. Oliveta quoque quæ sunt in territorio quod vocatur de Garda, domum quoque prope palatium episcopi ejusdem ecclesiæ. Omnes autem domus quæ ubique sunt ejusdem canonici juris, seu quidquid de ejusdem ecclesiæ jure nunc habetis, vel ipsi, vel successores vestri juste acquirere deinceps potueritis. Dominicatum etiam ejusdem ecclesiæ totum; ecclesiam quoque Sancti Joannis Baptistæ

(20) Eadem verba in suos commentarios retulit Laurentius a Leodio, qui addit : « Honorius a venerabili Laurentio (abbati S. Vitoni), qui et ipse præsens aderat, requisivit : *Tu pater, quid dicis de criminibus episcopo illatis?* Et ille : *Domine*, ait, *ego non vidi, sed populus clamat*. Rapuit papa verbum ex ore ejus, et quia faventibus episcopo cardinalibus,

juxta majorem ecclesiam positam; medietatem vero decimarum omnium totius plebis Sancti Petri quæ vocatur in Barbarorum; nec non concedimus vobis cunctas res mobiles quæ vobis aliquo modo pertinere dici et nominari rite videntur. Per hanc decreti nostri vel concessionis paginam ut quiete, pacifice tenere, possidere, remota omnium hominum contradictione aut molestatione secure valeatis. Decernimus ergo ut nullus archiepiscopus, episcopus, dux, marchio, comes, vicecomes, nullaque magna parvaque persona cujuscunque ordinis in rebus et possessionibus vestris placitum tenere, aut injuriam residentibus supra terras vestras facere præsumat, nec illos distringere aut molestare aut pignus tollere, aut flagellare audeat. Sed liceat vobis et successoribus vestris omnibus rebus et possessionibus vestris omni tempore sub tuitionis nostræ munimine quiete frui, remota totius potestatis inquietudine. Si quis autem temerarius contra hoc nostrum confirmationis decretum ire tentaverit, aut aliquam molestationem inferre præsumpserit, et supradicta non observaverit, secundo tertiove commonitus, si non satisfactione condigna emendaverit, potestatis honorisque sui dignitate careat, reumque se divino judicio existere de perpetrata iniquitate cognoscat, et a sacratissimo corpore ac sanguine Dei et Domini nostri Jesu Christi aliena fiat, atque in extremo examine districtæ ultioni subjaceat. Cunctis autem prænominatæ Ecclesiæ justa servantibus sit pax Domini nostri Jesu-Christi, quatenus et hic fructum bonæ actionis percipiant et apud districtum judicem præmia æternæ pacis inveniant. Amen, amen, amen.

Ego Honorius catholicæ Ecclesiæ episcopus.

Dat. Lat. per manus Aimerici sanctæ Romanæ Ecclesiæ diaconi cardinalis et cancellarii, Id. Martii, indict. vii, Incarnationis Dominicæ an. 1129, pontificat. autem domni Honorii II papæ an. v.

XC.
Bulla pro Vindocinensi monasterio.
(Anno 1129, Mart. 24.)
[Mabillon, *Annal. Bened.*, VI, 655, ex authentico.]

Honorius episcopus, servus servorum Dei, dilecto filio Gaufrido Vindocinensis monasterii abbati ejusque successoribus regulariter substituendis in perpetuum.

Sacrosancta Romana Ecclesia, quæ a Deo sibi concessum omnium Ecclesiarum retinet principatum, tanquam diligens mater singulis debet Ecclesiis instanti vigilantia providere. Justum est igitur et rationabile ut ecclesiæ et venerab.lia loca, maxime quæ ad speciale jus et proprietatem sanctæ Romanæ, cui Deo auctore servimus, spectant Ecclesiæ,

et lite nihil certi sinente, nullam poterat determinare sententiam, causam ipsam discutiendam Matthæo Albanensi episcopo, legato suo in Galliis, mandavit. » Porro quid Matthæus in hac causa Catalauni egerit, scriptis mandavit Laurentius idem a Leodio.

specialioris prærogativæ sortiantur honorem, et apostolicæ auctoritatis munimine roborentur. Quocirca, dilecte in domino fili Gaufrede abbas, tuis rationabilibus postulationibus non immerito annuendum censuimus, ut Vindocinense monasterium cui Deo auctore præsides, quod videlicet ab ipsis fundatoribus Gaufredo Andegavensium comite et Agnete Pictavensium comitissa sedi apostolicæ oblatum est, ad prædecessorum nostrorum sanctæ memoriæ Alexandri, Urbani, Paschalis et Calixti Romanorum pontificum exemplar, apostolicæ sedis privilegio muniremus. Possessiones itaque et bona quæ idem monasterium in præsentiarum juste et canonice possidet, firma tibi tuisque successoribus et illibata permaneant, in quibus hæc propriis nominibus duximus adnotanda : ecclesiam videlicet Sanctæ Mariæ de Surgeriis, ecclesiam Sanctæ Mariæ de castro Oleronis, et ecclesiam Sancti Nicolai, ecclesiam Sanctæ Mariæ de Castellis, ecclesiam Sancti Clementis de Credone, ecclesiam Sancti Salvatoris juxta muros Andegavis, et capellam Sancti Eutropii. Quæcunque præterea in futurum largiente Domino concessione pontificum, liberalitate regum, largitione principum, oblatione fidelium seu aliis modis juste et legitime poteritis adipisci, firma vobis vestrisque successoribus et integra conserventur. Ad hæc, sicut iidem fundatores denuntiarunt et in eorum charta continetur sub apostolicæ sedis defensione ac Romana libertate ab omni conditione aliarum personarum absolutum semper et liberum idem monasterium permanere sancimus; ita videlicet ut inter Romanum pontificem et te tuosque successores nulla cujuscunque dignitatis vel ordinis persona sit media habeatur, nec ipse Vindocinensis abbas ad concilium ire ubi papæ persona non aderit, ullatenus cogatur. Porro ecclesiam Beatæ Priscæ in monte Aventino sitam, cum universis pertinentiis suis, sicut tempore prædecessorum nostrorum antecessores tui possedisse noscuntur, tibi tuisque successoribus cum omni dignitate quæ ad eamdem ecclesiam pertinet, confirmamus, sancti Spiritus judicio decernentes, ut nulla deinceps ecclesiastica sæcularisve persona prædictam Beatæ Priscæ ecclesiam seu ecclesiæ dignitatem tibi tuisve successoribus qualibet astutia vel occasione auferre præsumat. Quod si forte contigerit Romanæ legatum Ecclesiæ prædictum Vindocinense monasterium visitare, charitative ibi suscipiatur, et ei juxta loci possibilitatem diligenter quæ corpori fuerint necessaria ministrentur. Sane legatus ipse in eodem loco per se nihil disponere vel corrigere audeat, neque occasione legationis rectorem loci vel fratres molestare præsumat; sed si quid forte corrigendum cognoverit, papæ notificare licebit. Si quis autem adversus locum illum pro aliquibus rebus causari voluerit, nullatenus abbas vel fratres ei respondeant antequam Romanum pontificem consulant, quia quod sine nostro vel successorum nostrorum judicio distractum vel diffinitum fuerit, irritum erit. Ad indicium vero perceptæ hujus a Romana Ecclesia libertatis, duodecim solidos monetæ vestræ quotannis Lateranensi palatio persolvetis. Si quis igitur in posterum ecclesiastica sæcularisve persona, hanc nostræ constitutionis paginam sciens, contra eam temere venire tentaverit, secundo tertiove commonita, si non satisfactione congrua emendaverit, potestatis honorisque sui dignitate careat, reamque se divino judicio existere de perpetrata iniquitate cognoscat, et a sacratissimo corpore et sanguine Dei ac Domini Redemptoris nostri Jesu Christi aliena fiat, atque in extremo examine districtæ ultioni subjaceat. Cunctis autem eidem loco justa servantibus sit pax Domini nostri Jesu Christi, quatenus et hic fructum bonæ actionis percipiant, et apud districtum judicem præmia æternæ pacis inveniant. Amen, amen, amen.

Ego Honorius catholicæ Ecclesiæ episcopus subscripsi.

Ego GG. card. tit. Sanctorum Apostolorum subs.

Ego Petrus presbyter card. tit. Calixti subs.

Ego Petrus presbyter card. tit. S. Marcelli subs.

Ego Girardus card. presbyter tit. Fasciolæ subs.

Ego Gregorius presbyter card. tit. S. Balbiniæ subs.

Ego Rusticus presbyter card. S. Cyriaci subs.

Ego Guilielmus Prænestinus episc. subs.

Ego Egidius Tusculanus episc. subs.

Ego Joannes Ostiensis episc. subs.

Ego Conradus Sabinensis episc. subs.

Ego Joannes presbyter card. tit. S. Grisogoni subs.

Ego Gregorius S. Angeli diaconus card. subs.

Ego Saro card. presbyter tit. S. Stephani subs.

Ego Petrus presbyter card. tit. S. Equitii subs.

Ego Petrus presbyter card. tit. S. Anastasiæ subs.

Ego Goselinus presbyter card. tit. S. Ceciliæ subs.

Ego Sigizo presbyter card. tit. Sancti Sixti subs.

Ego Eibertus presbyter card. tit. S. Clementis subs.

Ego Deusdedit presb. card. tit. S. Laurentii in Damaso subs.

Ego Jonathas diaconus card. SS. Cosmæ et Damiani subs.

Ego Gregorius diaconus card. SS. Sergii et Bacchi subs.

Datum Laterani per manum Aimerici sanctæ Romanæ Ecclesiæ diaconi cardinalis et cancellarii, ix Kal. Aprilis, indict. vii, Incarnationis Dominicæ anno 1129, pontificatus autem domni Honorii II papæ anno v.

XCI.

Sugerio abbati S. Dionysii mandat ut prospiciat disciplinæ parthenonis Argentoliensis, a Stephano episcopo Parisiensi monasterio S. Dionysii restituti.

(Anno 1129, April. 23.)

[*Gall. Chr.* VII, instr., 52.]

HONORIUS, servus servorum Dei, dilecto in Christo filio SUGERIO abbati S. Dionysii, salutem et apostolicam benedictionem.

Tunc religionis amor et charitatis unitas in sui status perfectione servabuntur, si quod a membris Ecclesiæ rationabili dispositione restituitur, a capite roboretur. Nos igitur in sede B. Petri apostoli, cui Christus contulit Ecclesiarum omnium principatum, licet indigni a Domino constituti, unitatem spiritus in vinculo pacis conservare volumus, et quæ a fratribus nostris constituta sunt, propensiori studio auctoritate apostolica confirmamus. Venerabilis siquidem frater noster Stephanus Parisiensis episcopus, sicut ex litterarum suarum inspectione cognovimus, monasterium Argentoilum, in quo quædam malæ vitæ, prout dicebatur, mulieres vivebant, quod etiam ex antiquis regum præceptis cognoverat jure monasterio S. Dionysii pertinere, in præsentia venerabilium fratrum nostrorum Matthæi Albanensis episcopi, et apostolicæ sedis legati, Rainaldi Remensis archiepiscopi, Gaufridi Carnotensis, Gosleni Suessionensis episcoporum, hortatu etiam charissimi filii nostri Ludovici (21) illustris et gloriosi regis Francorum, dilecte in Domino fili Sugeri abbas, intuitu religionis tibi et monasterio S. Dionysii, salvo jure Parisiensis Ecclesiæ concessit, ita tamen ut mulieribus in religiosis locis ubi animas possint salvare provideas. Quod ergo pro reformando religionis amore de præfato monasterio a prædicto Stephano Parisiensi episcopo statutum est, auctoritate nostra firmamus, et firmum volumus futuris temporibus permanere. Tuæ igitur dilectioni mandamus, ut religionem et monasticen in præfato loco statuere diligenti vigilantia studeas; et ne prædictarum mulierum aliqua in tua culpa depereat, in locis religiosis sollicita cura provideas.

Datum Laterani nono Kalendas Maii.

XCII.

Pro monasterio S. Martini Nivernensis.

(Anno 1129, April. 27.)

[*Gall. Chr.* XII, instr., 338.]

Honorius episcopus, servus servorum Dei, dilecto filio Stephano priori ecclesiæ S. Martini in suburbio Nivernensi constitutæ, et ejus fratribus tam præsentibus quam futuris canonicam vitam ibidem professis, in Domino salutem.

Apostolici moderaminis clementiæ convenit religiosos viros diligere et eorum loca paternæ pietatis munimine defensare. Ideoque, dilecte in Domino fili, Stephane prior, ecclesiam B. Martini Nivernensis, cui Deo auctore præesse dignosceris, sub B. Petri tutelam et apostolicæ sedis protectionem suscipimus, et præsentis scripti nostri pagina roboramus. Possessiones igitur et bona quæ eadem ecclesia in præsentiarum juste et legitime possidet, aut in futurum concessione pontificum, liberalitate regum, largitione principum, oblatione fidelium, seu aliis justis modis largiente Domino poterit adipisci firma vobis vestrisque successoribus, et illibata permaneant, salva Nivernensis episcopi justitia et reverentia; in quibus hæc propriis nominibus duximus exprimenda, videlicet duas ecclesias de Luciniaco cum pertinentiis suis, capellam de Bafias, ecclesiam de Buciaco, ecclesiam de Moresca, ecclesiam de Coloncello, ecclesiam de Bazolis, ecclesiam de Spiriaco, ecclesiam de Monte Rumilionis, ecclesiam de S. Audoeno. Confirmamus etiam vobis donationem annonæ quæ in dedicationibus ecclesiarum offertur a Fromundo Nivernensi episcopo ecclesiæ vestræ collatam. Sane ordo canonicus ibi positus futuris perpetuo temporibus inviolabiliter conservetur. Decernimus ergo ut nulli omnino hominum liceat præfatam ecclesiam temere perturbare, aut ejus possessiones auferre, vel ablatas retinere, minuere, vel temerariis vexationibus fatigare, sed omnia integra conserventur, tam vestris quam pauperum usibus profutura. Si qua ergo in posterum, etc.

Ego Honorius catholicæ Ecclesiæ episcopus.

Datum Laterani per manum Aimerici S. Romanæ Ecclesiæ diaconi cardinalis et cancellarii, v Kalendas Maii, indictione VII, anno Incarnationis Dominicæ 1129, pontificatus autem domini Honorii papæ II anno v.

XCIII.

Monasterium S. Mariæ de Curatio tuendum suscipit, quique diebus quibusdam monasterium adierint, iis « centum et quinquaginta annos de injunctis pœnitentiis relaxat. »

(Anno 1129, Sept. 13.)

[Ughelli, *Italia Sacra*, IX, 274.]

Honorius episcopus, servus servorum Dei, universis et singulis Christi fidelibus, salutem et apostolicam benedictionem in perpetuum.

Desiderium, quod religionis [amore?] proponitis, et ad animarum salutem pertinere monstratis, auctore Deo, semper est aliqua dilectione complendum. Eapropter, dilecti in Domino filii... monasterii, siti in loco qui dicitur de Curatio, ad honorem Virginis dedicatum, quod quidam filius noster Rogerius de Marturano construxit, et sanctæ Romanæ Ecclesiæ obtulit, ad exemplar antecessorum nostrorum fel. record. Alexandri II, Gregorii VII, Urbani II, Paschalis II, Calixti II, sanctæ apostolicæ sedis auctoritate protegimus, et indulgentiæ privilegio communimus. Eapropter cupientes indulgentiis et gratiis spiritualibus ditari, et pro Virginis honoribus frequentari, omnibus et singulis vere pœnitentibus, et confessis, qui eum locum in festivitatibus ipsius Virginis gloriosæ, videlicet Nativitatis, Purificationis, Annuntiationis, et Assumptionis ejusdem, et Innocentium visitaverit reverenter, et in reparatione ecclesiæ ipsius eleemosynam tribuerint, manusque porrexerint adjutrices, de omnipotentis Dei misericordia, et beatorum apostolorum ejus Petri et Pauli auctoritate confisi, centum et quinquaginta annos de injunctis sibi pœnitentiis, et etiam per octavas præ-

---

(21) Ratam habuit hanc restitutionem an. 1129, indictione VII, apud Remos, in solemni unctione Philippi gloriosi regis, filii Ludovici.

dictarum festivitatum misericorditer in Domino relaxamus.

Dat. apud S. Mariam de Curatio per manus Aimerici S. R. E. diac. cardinalis et cancellarii, Idib. Septemb. ind. III, Inc. Dominicæ anno millesimo centesimo tricesimo, pontificatus nostri anno septimo (22).

XCIV.

Privilegium pro monasterio S. Mariæ Amelunxbornensis.

(Anno 1129, Dec. 5.)

[LEUCKFELD, Antiquit. Michaelsteinenses et Amelunxbornenses, Wolffenbüttel 1710, 4°, p. 21.]

HONORIUS episcopus, servus servorum Dei, dilecto filio..... abbati monasterii S. Mariæ in Amelinchgesborn diœcesis Hildesheimensis, ejusque successoribus regulariter substituendis in perpetuum.

Pium desiderium, quod ad ampliandæ religionis propositum pertinere monstratur, Deo auctore, sine ulla dilatione est complendum. Ideo, dilecte in Domino fili abbas, tuis justis et rationabilibus postulationibus æquum et gratum præbentes assensum, monasterium cui, Deo auctore, præesse dignosceris, sub B. Petri et nostram protectionem suscipimus, et præsentis scripti privilegio communimus. Sancientes ut in eo ordo monasticus, secundum regulam S. Benedicti et reformationem Cisterciensem inibi institutus, perpetuis futuris temporibus inviolabiliter observetur. Statuentes insuper ut quascunque possessiones, et quæcunque bona idem monasterium in præsentiarum juste et rationabiliter possidet, aut in futurum concessione pontificum, largitione regum, vel principum, aut oblatione aliorum fidelium, seu aliis justis modis, præstante Domino, poterit adipisci, firma, quieta et integra, tibi tuisque successoribus maneant, semper salva tamen diœcesani episcopi canonica justitia et debita reverentia. Obeunte vero te, nunc ejusdem loci abbate, seu tuorum quolibet successorum, nullus ibi qualibet subreptionis astutia vel violentia præponatur, nisi quem fratres communi consensu, seu tamen pars fratrum consilii sanioris , aut de suo seu de alieno, si necessitas postulet, collegio, secundum Dei timorem, et ordinis vestri rigorem, providerint eligendum. Et sicut personæ tuæ specialiter mitram, dalmasticam, sandalia et annulum portare concedimus, ita omnibus successoribus tuis regulariter electis in omnibus sanctorum solemnitatibus atque in festivis processionibus a synodis, eadem auctoritate apostolica permittimus et confirmamus in perpetuum. Decernimus ergo ut nulli omnino hominum, seu parvæ vel magnæ existimationis vel auctoritatis fuerit , liceat præfatum monasterium temere perturbare, seu ejus possessiones auferre, vel ablatas retinere, minuere, aut aliis temerariis vexationibus fatigare, sed omnia integra, firma, et inconcussa serventur eorum, pro quorum sustentatione et gubernatione concessa sunt usibus omnimodo profutura. Si qua igitur in posterum ecclesiastica sæcularisve persona hanc nostræ constitutionis paginam sciens temere contra eam venire tentaverit, secundo tertiove commonita, nisi reatum suum congrua satisfactione emendaverit, potestatis honorisque sui dignitate careat, reamque se divino judicio de perpetrata iniquitate existere cognoscat, et a sacratissimo corpore ac sanguine Dei et Domini nostri Jesu Christi aliena fiat, atque in extremo judicio districtæ ultioni subjaceat. Omnibus vero eidem sancto loco jura sua servantibus, sit pax Domini nostri Jesu Christi, quatenus et hic fructum bonæ actionis percipiant, et apud districtum judicem præmia æternæ pacis inveniant. Amen, amen.

Dat. Laterani, Non. Decembris, indict. XIII, anne Incarnationis Dominicæ 1129, pontificatus vero domni Honorii III papæ, anno quinto.

XCV.

Privilegium pro ecclesia S. Martini Turonensis.

(Anno 1129, Dec. 19.)

[*Défense de l'église de Saint-Martin de Tours*, pièces justif., p. 14.]

HONORIUS episcopus, servus servorum Dei, dilectis in Christo filiis Beati Martini Turonensis ecclesiæ canonicis tam præsentibus quam futuris in perpetuum instituendis.

Apostolicæ sedis speculi disponente Domino constituti, ex injuncto nobis officio universas Dei ecclesias debemus diligere et honorare, illas tamen præcipue, quæ specialiter ad jus et proprietatem Sanctæ Romanæ spectant Ecclesiæ. Ideo, dilecti in Domino filii, vestris rationabilibus postulationibus assensum præbentes, Ecclesiam beati Martini Turonensis quæ proprie juris beati Petri est, et specialius Sanctæ Romanæ adhæret Ecclesiæ, protectione sedis apostolicæ communimus, et scripti nostri pagina roboramus, statuentes ut quæcunque bona, quascunque possessiones eadem Ecclesia in præsentiarum juste et legitime possidet, firma vobis et illibata permaneant, in quibus hæc propriis nominibus duximus adnotanda : burgum videlicet Sancti Petri Puellaris cum pertinentiis suis a dilecto filio nostro Lodoico illustri Francorum rege vobis concessum ; ecclesiam Sancti Pauli Cormariacensis, ecclesiam Sanctæ Mariæ de Bellomonte, ecclesiam Sancti Cosmæ cum appendiciis earum, libertatem etiam et immunitatem, honores et beneficia eidem Ecclesiæ vestræ beati Martini per antecessorum nostrorum Adeodati, Leonis, Adriani, Sergii, Gregorii, Paschalis et Calixti Romanorum pontificum, vel per Turonensium archiepiscoporum Crotberti, Ibonis et Airardi scripta, sive per regum præcepta collata. Quæcunque præterea in futurum largiente Deo, concessione pontificum, liberalitate regum, largitione principum, oblatione fidelium seu aliis justis modis

---

(22) Signa chronologica sunt corrupta, nec fides bullæ explorata. JAFFÉ

poteritis adipisci, integra vobis et inviolata serventur. Sane claustrum vestrum usque ad muri cuneos liberum quietumque permaneat, sicut hactenus cognoscitur permansisse; presbyteri quoque infra Ecclesiæ ambitum in cellulis, in oratoriis vestris, in Ecclesia Sancti Venantii et in ecclesia Sancti Petri quæ de Cardoneto dicitur, commorantes in ea, qua præteritis temporibus mansisse noscuntur, libertate consistant, nulli omnino hominum liceat prædictam beati Martini Ecclesiam temere perturbare, aut ejus possessiones auferre, vel ablatas retinere, minuere, vel temerariis vexationibus fatigare, sed omnia cum integritate serventur, eorum pro quorum sustentatione et gubernatione concessa sunt, usibus omnimodis profutura. Chrisma, oleum sanctum, ordinationes canonicorum qui ad sacros fuerint ordines promovendi, a Turonensi accipietis archiepiscopo, si quidem gratiam atque communionem sedis apostolicæ habuerit, et sic ea gratis ac sine pravitate voluerit exhibere; alioquin liceat vobis catholicum quem malueritis adire antistitem, et eadem ab eo sacramenta suscipere. Porro canonicus vester, si ecclesiarum archiepiscopi canonicus fuerit, beneficio refutato, excommunicandi eum archiepiscopus non habeat facultatem. Si quis igitur in posterum ecclesiastica sæcularisve persona hanc nostræ constitutionis paginam sciens, contra eam temere venire tentaverit, secundo tertiove commonita, si non satisfactione congrua emendaverit, potestatis honorisque sui dignitate careat, reamque se divino judicio existere de perpetrata iniquitate cognoscat, et a sacratissimo corpore ac sanguine Dei et Domini Redemptoris nostri Jesu Christi aliena fiat, atque in extremo examine districtæ ultioni subjaceat. Cunctis autem eidem ecclesiæ justa servantibus sit pax Domini nostri Jesu Christi, quatenus et hic fructum bonæ actionis percipiant, et apud districtum judicem præmia æternæ pacis inveniant. Amen, amen, amen.

Oculi Domini super justos.

Ego Honorius catholicæ Ecclesiæ episcopus.

Datum Laterani per manum Aimerici sanctæ Romanæ Ecclesiæ diaconi cardinalis et cancellarii, xiv Kalend. Januarii, indictione vii, Incarnationis Dominicæ 1129, pontificatus autem domni Honorii secundi papæ anno quinto.

XCVI.

Ad P[elagium] archiepiscopum Bracarensem. — Proxima Dominica, qua legitur : « Ego sum pastor bonus » ad sese venire jubet.

(Anno 1129.)

[Florez, *España sagrada*, XX, 492.]

Honorius episcopus, servus servorum Dei, venerabili fratri P. Bracarensi archiepiscopo, salutem et apostolicam benedictionem.

Placuit Romano pontifici Compostellanam Ecclesiam honorare, et venerabili fratri nostro Didaco archiepiscopo Emeritanæ metropoli suffraganeos concedere : verum defuncto Colimbriensi episcopo G., præfatæ metropolis suffraganeo, episcopum in eadem Ecclesia, posthabita sedis apost. reverentia, tua fraternitas, prout accepimus, consecrare præsumpsit; et quia injuriam venerabili fratri nostro Didaco Comp. archiep. super hoc irrogatam, et contemptum S. R. E. indiscusse præterire non possumus, fraternitati tuæ mandando præcipimus, quatenus proxima Dominica qua legitur *Ego sum pastor bonus*, de tantis excessibus ad nostram præsentiam venias respondere paratus.

XCVII.

Didaco, archiepiscopo Compostellano, gratias agit quod ipsum et S. Romanam Ecclesiam visitaverit, etc.

(Anno 1129.)

[Florez, *ibid.*, p. 491.]

Honorius episcopus, servus servorum Dei, venerabili fratri Didaco Compostellano archiepiscopo, salutem et apostolicam benedictionem.

Super eo quod nos et sanctam matrem tuam Romanam Ecclesiam visitasti, fraternitati tuæ grates referimus : nuntios autem tuos ad nos directos benigne recepimus, et quod in tuis continebatur litteris diligenter attendimus. Verum nos dilectum filium nostrum Hu. [Humbertus *sive* Hubertus] cardinalem presbyterum de latere nostro ad partes Hispaniæ missum destinavimus, et ei vices nostras commisimus. Tua ergo fraternitas illum benigne recipiat, honeste pertractet, et in negotiis ecclesiasticis ad honorem Dei et B. Petri ei diligenter assistat. Cæterum cum ad nos Domino præstante redierit, super his quæ dilectus noster filius rex A. et nuntii tui pro te postularunt, consilium habebimus. Bracarensi autem archiepiscopo, ut de præsumptione quam in consecratione Colimbriensis episcopi commisit, proxima Dominica quæ legitur : *Ego sum pastor bonus*, ad nostram præsentiam veniat responsurus, per scripta nostra mandavimus.

XCVIII.

A[defonso] Hispaniarum rege commendat legatum suum, Hubertum presbyterum cardinalem.

(Anno 1129.)

[Florez, *ibid.*, p. 491.]

Honorius episcopus, servus servorum Dei, dilecto in Christo filio A., illustri Hispaniarum regi, salutem et apostolicam benedictionem.

Quanto affectu quantaque devotione avus tuus illustris memoriæ rex A. B. Petrum, et S. R. Ecclesiam dilexerit, interroga seniores tuos, et dicent tibi, quod ob hoc victoria sibi a cœlesti numine præstita Saracenos Christiani nominis inimicos sæpe præliando devicit. Quod autem ipsius inhærendo vestigiis Ecclesias et ecclesiasticas personas veneraris et diligis, gratulamur, et ut de bono in melius proventum percipias, divinæ clementiæ supplicamus. Hubertum cardinalem presbyterum de latere nostro ad partes Hispaniæ delegavimus, et ei vices nostras commisimus : tua ergo nobilitas pro reverentia S. Petri et nostra, benigne recipiat, ut regiæ potestatis fretus auxilio enormitates regni tui sancti Spiritus gratia cooperante corrigat, et quæ bene sunt statuta confirmet. Verum cum ad nos (præstante gratia) redierit, super eo quod pro fratre nostro Didaco Compostellano archiepiscopo postulasti, liberius poterimus habere consilium. Pro charitate autem tua præfato legato nostro mandamus, ut M. Auriensi archidiacono pro quo rogasti justitiam faciat.

XCIX

Ad Norbertum archiepiscopum Magdeburgensem. — Confirmat substitutionem Præmonstratensium clericis minus religiose viventibus.

(Anno 1129.)

[Hugo, *Annal. sacri ord. Præmonst.* tom. II, c. 109.]

Honorius episcopus, servus servorum Dei, venerabili fratri Norberto Magdeburgensi archiepiscopo, salutem et apostolicam benedictionem.

Quæ a fratribus nostris juste et rationabiliter statuta esse cognoscimus, animo libenti auctoritate apostolica confirmamus. Quemadmodum autem ex scriptorum tuorum, quæ ad nos tua direxerit fraternitas, inspectione, et nuntiorum tuorum relatione percepimus, clericorum, qui in ecclesia Sanctæ Mariæ Magdeburgo minus religiose vivebant, et ob hoc etiam bona ipsius ecclesiæ fuerant imminuta, in locis aliis, necessitatibus suis tanquam pius pater providens posuisti, et in eadem Ecclesia beatæ Mariæ religiosos viros canonicam vitam professos statuisti; quod quia a prudentia tua zelo Dei in religionis intuitu juste factum esse dignoscitur, ratum jubemus.

Datum Laterani, anno 1129.

C.

Ad Conradum Salzburgensem archiepiscopum.

(Anno 1129.)

[Meichelbeck, *Hist. Frising.* t. I, 1, 309.]

Honorius episcopus, servus servorum Dei, venerabili fratri Chonrado Salzburgensi archiepiscopo, salutem et apostolicam benedictionem.

Frisingensis Ecclesia, et Henricus episcopus per litteras et nuntios suos in præsentia nostra adversum te graviter questi sunt, quod videlicet ordinationes ab eo post adeptam gratiam prædecessoris nostri felicis memoriæ papæ Calixti et Romanæ Ecclesiæ factas, evacuare contendis: altaria etiam, quæ ab ipso sunt consecrata, subvertis, et de parochia sua, non sicut metropolitanus, sed tanquam proprius episcopus judicas et disponis. Nos autem nec sua, nec alterius alicujus peccata, sicut nec debemus ullatenus defendere volumus. Verum si Frisingensem Ecclesiam de prædicta persona, prout zelo justitiæ agere videris, desideras liberari, rationabile est ut in causa ista canonice procedas. Nos enim et eam audire, et præstante Domino definire parati sumus. Interim vero ab omni infestatione tam personæ quam parochiæ suæ abstineas.

CI.

Monasterii S. Petri (in Nigra Silva) protectionem suscipit et privilegia confirmat.

(Intra 1125-1130.)

[Schannat, *Vindiciæ litter.*, I, 1, 162.]

Honorius episcopus, servus servorum Dei, dilecto in Christo filio Epponi abbati monasterii, quod in Nigra Silva, in loco qui cella Sancti Petri dicitur, situm est, ejusque successoribus regulariter substituendis in perpetuum.

Incomprehensibilis et ineffabilis divina miseratio nos hac providentiæ ratione in apostolicæ sedis administratione constituit, ut paternam de omnibus ecclesiis gerere sollicitudinem studeamus, si quidem hæc Romana Ecclesia, quæ a Domino sibi concessum omnium ecclesiarum retinet principatum, tanquam diligens mater singulis debet Ecclesiis instanti vigilantia providere, ad ipsam enim quasi ad caput et matrem ab omnibus concurrendum, ut ejus uberibus nutriantur, et ab oppressionibus releventur; condecet ergo ut ecclesias et alia venerabilia loca, maxime quæ ad speciale jus et ad singularem proprietatem Sanctæ Romanæ Ecclesiæ, cui auctore Domino servimus, spectant, specialioris prærogativæ sortiantur honorem, et apostolicæ auctoritatis communimine roborentur. Quia igitur egregiæ nobilitatis vir Berchtoldus dux in comitatu Brisaquensi, in Constantiensi episcopatu, in Silva quam dicunt Nigram, ad honorem B. Petri apostolorum principis, monasterium ædificavit, ipsumque allodium Romanæ Ecclesiæ juri mancipavit, nos ejus devotionem apostolica auctoritate firmantes, et tuis, dilecte fili Eppo abbas, postulationibus annuentes, ad exemplar Domini prædecessoris nostri felicis memoriæ Urbani II papæ, ipsum locum sub apostolicæ sedis tutela specialiter fovendum suscipimus, et præsentis iterum privilegii pagina, apostolica auctoritate statuimus, ut quæcunque prædia sive possessiones præfatus dux Berchtoldus cum sua uxore Agnete, et filiis tradiderit, et alii viri ex suo jure nostro monasterio obtulerint, sive in futurum concessione pontificum, liberalitate principum, seu oblatione fidelium juste et canonice poteritis adipisci, firma vobis et illibata permaneant; decernimus ergo ut nulli hominum liceat idem monasterium temere perturbare, et ei subditas possessiones auferre, minuere, aliquibus temerariis fatigare vexationibus, sed omnia integra conserventur, eorum pro quorum sustentatione et gubernatione concessa sunt usibus omnimodis profutura. Porro.

. . . .

Sumptibus et laboribus excoluntur vel nutriuntur, quietas et illibatas vobis manere censemus, nec vos super hoc aut ab episcopo ejusdem diœcesis aut ejus ministris inquietari permittimus; sepulturam ipsius cœnobii omnino liberam sancimus, ut eorum qui illic sepeliri deliberaverint, devotioni et extremæ voluntati nisi forte excommunicati sint nullus obsistat; ordinationes monachorum, consecrationem altarium sive basilicarum ab episcopo in cujus dioecesi estis, accipiatis, siquidem gratiam atque communionem sedis apostolicæ habuerit ac sine pravitate postulata voluerit exhibere, alioquin liceat vobis catholicum quem malueritis adire antistitem et ab eo sacramenta suscipere, qui apostolicæ sedis fultus auctoritate indulgeat. Obeunte te, nunc ejusdem loci abbate, vel tuorum quolibet successorum, nullus ibi qualibet subreptionis astutia seu violentia præponatur, nisi quem fratres communi consensu vel fratrum pars consilii sanioris, secundum Dei timorem regulariter providerint eligendum. Advocatus quem vestris juribus decreveritis nullam in monasterio vestro aliquid disponendi habeat potestatem. . . . .

CII.

Ecclesiæ Hadmerslebensis possessiones confirmat.
(Intra 1124-1130.)
[LEUCKFELD, *Antiquit. Katelenburgenses.* Leipsig u. Wolffenbüttel 1713, 4°, p. 83.]

HONORIUS episcopus, servus servorum Dei, dilecto in Christo filio THIETMARO Hamerslenensis Ecclesiæ præposito ejusque successoribus regulariter substituendis in perpetuum.

Habitantes in domo Domini in sinceritate charitatis unanimes conservant unitatem Spiritus in vinculo pacis, puræ namque mentis clementissimis Creatoris, ut terrena cœlestibus conjungantur, et una supernis socientur, mundis orationibus incessanter profusis inclinati ; sic enim humani compaginem corporis spiritus interior regit atque revivificat, ita religiosæ mentis vegetatio et salvus existit moderatrix inspirationis divinæ benignitas (22'). Quia ergo te, dilecte in Domino fili Thietmare præposite, divinis mancipatum obsequiis vivere religiose accepimus, tuis rationabilibus postulationibus duximus annuendum. Loca igitur vestra, claustrum videlicet Hamerslevense , claustrum S. Joannis Baptistæ in Halberstadt, claustrum S. Laurentii in Sceninge, claustrum Caldenburnen, claustrum Richenberg , claustrum S. Georgii in Berk, claustrum Becigheroth, claustrum Ammensleve, necnon personas fratrum Deo ibidem famulantium cum bonis et possessionibus quæ in præsentiarum juste et legitime possidetis, sive in futurum largiente Domino justis modis poteritis adipisci, tutela et protectione sedis apostolicæ communimus, statuentes ut religiosus ordo secundum Deum et sanctos apostolos, et beati Augustini regulam in eisdem claustris institutus, et sacræ institutionis a vobis ad religionis observantiam stabilitæ, futuris perpetuo temporibus inviolabiliter observentur : scilicet ut unusquisque fratrum aut canonice prælatus, aut regulariter subjectus in locis prædictis religiose vivat, nullus episcopus, sive alia ecclesiastica sæcularisve persona personas vestras vel claustra exactione, aliqua violentia aut strepitu violare præsumat, sed ut liberius et absque omni inquietudine divino vacare famu-

(22') Deest aliquid

læ' valeatis, vos et bona vestra sub protectione sedis apostolicæ recepta, in libertate debita persistatis. Facultas præterea vobis sit sæculares clericos undecunque venientes, si excommunicati non fuerint, et petita a propriis prælatis licentia, vobiscum Deo famulari decreverint, in vestra congregatione suscipere. Si quis autem huic nostræ confirmationi ausu temerario contraire præsumpserit, nisi digne satisfecerit, tanquam apostolici contemptor præcepti , honoris et officii dignitate privetur.

Ego Honorius catholicæ Ecclesiæ episcopus.

CIII.

Ad Bituricensem, Turonensem, Burdegalensem, Auxiensem, et Dolensem archiepiscopos.
(Intra 1124-1130.)
[MARTENE, *Anecdot.*, III, 885.]

Divina disponente clementia nos, licet indigni, in patrum nostrorum Petri et Pauli apostolorum specula constituti, necesse habemus Ecclesiæ filiis paternæ affectionis studio imminere. Ideo de omnibus, quantum possumus, piam cum Deo sollicitudinem gerimus, et quibus vel propter nimiam terrarum marisve distantiam, vel propter emergentia Ecclesiæ Romanæ diversa negotia, nostram offerre præsentiam non valemus, eos missis legatis sedis apostolicæ visitamus. Eapropter dilectum fratrem nostrum G. [Gerardum] Engolismensem episcopum, quem tanquam providum et sapientem virum Domini et prædecessores nostri sanctæ memoriæ Paschalis et Calixtus pontifices et nos ipsi veneratione habendum censuimus, pro quo universitatem vestram rogantes monemus atque præcipimus, ut eum reverenter suscipiatis , eique utpote legato nostro et apostolicæ sedis vicario humiliter obedire curetis, etc.

CIV.

Privilegium pro Ecclesia Meldensi.
(Intra 1124-1130.)
[DU PLESSIS, *Hist. de l'Eglise de Meaux*, tom. III, p. 24, ex tabulario Ecclesiæ Meldensis.]

HONORIUS episcopus, servus servorum Dei, venerabili fratri BURCHARDO Meldensi episcopo, ejusque successoribus canonice promovendis in perpetuum, etc.

... Statuimus ut omnes tam clerici quam laici in villa Resbacensi et Jotrensi commorantes, Meldensi Ecclesiæ jure parochiali subjaceant, et ex quæ de eis ad jus parochiale pertinent, tibi tuisque successoribus libera et illibata serventur. Decernimus etiam ut abbas Resbacensis et Jotrensis abbatissa canonicam tibi, tuisque successoribus obedientiam persolvant. Benedictio quoque eorum sicut per tuos antecessores hactenus celebrata constitit, sic per te, tuosque successores, deinceps exhibeatur. Promotiones etiam monachorum ad ecclesiasticos ordines per Meldensem administrentur episcopum, si videlicet gratis eas et sine pravitate voluerit exhibere, etc. . . . .

CV.
Privilegium pro monasterio S. Georgii Pruefeningensis
(Intra 1125-1130, Jan. 21.)
[*Monum. Boica*, tom. XIII, p. 146.]

HONORIUS episcopus, servus servorum Dei, dilecto in Christo filio HERB. abbati monasterii Sancti Georgii Pruefeningensis, quod situm est inter Ratisponam et Danubium, ejusque successoribus regulariter substituendis in perpetuum.

Apostolici moderaminis clementiae convenit religiosas personas diligere, et earum loca apostolicae protectionis munimine defensare. Ideoque, dilecte in Domino fili Herb. abbas monasterii Sancti Georgii Pruefeningensis interventu venerabilis fratris nostri Ottonis Babebergensis episcopi, tuis rationabilibus postulationibus annuentes, idem monasterium Sancti Georgii cui auctore Deo praesides in tutelam beati Petri, nostramque protectionem suscipimus, et praesentis scripti nostri pagina communimus. Bona igitur et possessiones, quas praefatum monasterium Sancti Georgii in praesentiarum juste et legitime possidet, sive in futurum largiente Domino liberalitate regum, largitione principum, oblatione fidelium, seu aliis justis modis poterit adipisci, firma vobis vestrisque successoribus regulariter substituendis, et illibata permaneant. Praeterea decimam vobis a praenominato fratre nostro Ottone Babebergensi episcopo concessam, quam ab Arthuico (23) Ratisponensi episcopo per gratum concambium obtinuisse cognoscitur, confirmamus. Statuimus etiam ut religiosus ordo secundum beati Benedicti regulam in coenobio vestro constitutus futuris perpetuo temporibus inviolabiliter observetur. Obeunte vero te nunc ejus loci abbate nullus ibi qualibet subreptionis astutia, seu violentia praeponatur, sed quem fratres communi consensu, vel fratrum pars consilii sanioris, secundum Dei timorem et beati Benedicti regulam providerint eligendum. De laboribus siquidem vestris qui propriis sumptibus excoluntur, et de hortis et pomeriis, decimas a vobis exigere nemo praesumat. Et ne aliquis occasione advocatiae monasterio vestro exactiones facere, bona vestra dare, vendere, aut inbeneficiare attentet, omnimodis prohibemus. Decernimus ergo ut nulli omnino hominum liceat idem monasterium temere perturbare, aut ejus possessiones auferre, vel ablatas retinere, minuere, vel temerariis vexationibus fatigare, sed omnia integra serventur eorum pro quorum sustentatione et gubernatione concessa sunt usibus omnimodis profutura, salva dioecesani episcopi reverentia. Si qua igitur in futurum ecclesiastica saecularisve persona, hanc nostrae constitutionis paginam sciens, contra eam temere venire tentaverit, secundo tertiove commonita, si non satisfactione congrua emendaverit, potestatis honorisque sui dignitate careat, reamque se divino judicio existere de perpetrata iniquitate cognoscat, et a sacratissimo corpore ac sanguine Dei et Domini Redemptoris nostri Jesu Christi aliena fiat, atque in extremo examine, districtae ultioni subjaceat. Cunctis autem eidem loco justa servantibus sit pax Domini nostri Jesu Christi, quatenus et hic fructum bonae actionis percipiant, et apud districtum judicem, praemia aeternae pacis inveniant. Amen, amen, amen.

† Ego Honorius catholicae Ecclesiae episcopus,
Data Laterani XII Kal. Februarii.

CVI.
Privilegium pro ecclesia Sanctae Margaretae Baumburgensis.
(Intra 1125-1130, Jan. 27.)
[*Monum. Boica*, tom. II, p. 180.]

HONORIUS episcopus, servus servorum Dei, dilecto filio GODISCALCO praeposito ecclesiae Sanctae Margaretae de Baumburg, ejusque successoribus canonice substituendis in perpetuum.

Quoties illud a nobis petitur, quod rationi convenire cognoscitur, animo nos decet libenti concedere, et petentium desideriis congruum impertiri suffragium. Proinde, dilecte in Domino fili Godiscalce praeposite, ecclesiam Beatae Margaretae de Baumburg, cui Deo auctore praeesse dignosceris, sub beati Petri tutelam et apostolicae sedis protectionem suscipimus, et scripti nostri pagina roboramus. Statuimus etenim ut quod a comite Berengario vestrae praedictae Ecclesiae devotionis intuitu collatum est, et quascunque possessiones, quaecunque bona in praesentiarum juste et legitime possidet, firma tibi, tuisque successoribus et illibata permaneant. In quibus haec propriis nominibus diximus exprimenda, videlicet : Megilingen, cum pertinentiis suis, Perhenmos, Handburt cum molendino et curte una; Hoffstet cum curte una. Quaecunque praeterea in futurum concessione pontificum, liberalitate regum, largitione principum, oblatione fidelium, seu aliis justis modis poteritis adipisci, quieta vobis, vestrisque successoribus et integra conserventur, salva dioecesani episcopi justitia et reverentia. Decernimus ergo ut nulli omnino hominum liceat eamdem ecclesiam temere perturbare, aut ejus possessiones auferre, vel ablatas retinere, minuere, vel temerariis vexationibus fatigare, sed omnia integra conserventur, eorum pro quorum sustentatione et gubernatione concessa sunt usibus omnimodis profutura. Ad indicium autem hujus ab apostolica sede perceptae tuitionis aureum unum quotannis Lateranensi palatio persolvetis. Obeunte vero te nunc ejusdem loci praeposito, vel quorumlibet tuorum successorum, nullus ibi qualibet subreptionis astutia, seu violentia praeponatur, nisi quem fratres communi consensu aut pars fratrum consilii sanioris secundum Dei timorem canonice providerint eligendum. Sane post professionem exhibitam nemini vestrum liceat proprium habere, nec sine praepositi vel con-

---

(23) Vide Laurent Hochwart in Catalogo Ratispon. episcop. lib. II, cap. 22, apud OEfele *Script. Rer. Boic.* t. I, p. 186, 6.

gregationis licentia de claustro discedere. Decimas vero novalium vestrorum vobis vestrisque successoribus habendas remota episcopalium ministrorum contradictione concedimus, ut quiete in eo, quod assumpsistis, proposito largiente Deo in perpetuum maneatis. Si qua vero in posterum ecclesiastica sæcularisve persona hanc constitutionis nostræ paginam sciens contra eam temere venire tentaverit, secundo tertiove commonita, si non satisfactione congrua emendaverit, potestatis honorisque sui dignitate careat, reamque se divino judicio existere de perpetrata iniquitate cognoscat, et a sacratissimo corpore et sanguine Dei et Domini Redemptoris nostri Jesu Christi aliena fiat, atque in extremo examine districtæ ultioni subjaceat. Cunctis autem eidem loco justa servantibus sit pax Domini nostri Jesu Christi, quatenus et hic fructum bonæ actionis percipiant, et apud districtum judicem præmia æternæ pacis inveniant. Amen.

Ego Honorius catholicæ Ecclesiæ episcopus.

Datum Laterani vi Kal. Februarii.

CVII.
Confirmatio fundationis ecclesiæ Denckendoffensis.
(Intra 1125-1130, Jan. 27.)
[*Suevia ecclesiastica*, pag. 260.]

Honorius episcopus, servus servorum Dei, dilectis filiis suis Conrado præposito ejusque fratribus in ecclesia Sancti Sepulcri de Denckendorff sita, canonicam vitam professis, tam præsentibus quam futuris in perpetuum.

Injuncti officii nostri hortatur auctoritas pro ecclesiarum statu satagere, et earum quieti et utilitati alubriter auxiliante Domino providere, dignum amque et honestum conveniens esse cognoscitur, t qui ad Ecclesiarum regimen assumpti sumus, eas t a pravorum hominum nequitia tueamur, et beati etri atque sedis apostolicæ patrocinio muniamus. roinde, dilecte in Domino fili Conrade præposite, uis rationabilibus postulationibus annuentes ecclesiam Sancti Sepulcri de Denckendorff cum bonis uis ab illustrissimo viro Bertholdo comite pro nimæ suæ remedio, glorioso Jerosolymitano sepulro Domini oblata, cui Deo auc:ore præesse cognoceris, in beati Petri tutela nostraque protectione uscipimus, et scripti nostri pagina communimus, tatuentes ut quascunque possessiones, quæcunque ona eadem ecclesia inpræsentiarum juste et legiime possidet, sive in futurum concessione pontifium, liberalitate regum, largitione principum et blatione fidelium, seu aliis justis modis poterit dipisci, firma vobis vestrisque successoribus, et llibata permaneant, salva diœcesani justitia et reerentia. Obeunte vero te, nunc ejus loci præposito, ullus ibi qualibet subreptionis astutia seu violentia ræponatur, sed quem fratres communi assensu vel atrum pars consilii sanioris, secundum Dei timoem et B. Augustini regulam providerint eligendum. hrisma, oleum, consecrationes altarium, sive basicarum, ordinationes clericorum a Constantiensi

accipietis episcopo, siquidem gratiam et communionem sedis apostolicæ habuerit, et ea gratis vobis et absque pravitate voluerit exhibere, alioquin eadem sacramenta a quocunque malueritis, accipietis episcopo, qui Romanæ Ecclesiæ sit fultus auctoritate. Porro in advocati electione præpositus liberam habeat potestatem cum fratrum suorum consilio, talem eligere quem ad defensionem libertatis monasterii bonum et utilem esse cognoverit, qui non pro terreno commodo, sed pro Dei amore ac peccatorum venia, nec non æternæ beatitudinis mercede advocatiam ipsam bene habere cupiat et tractare. Ad hæc adjicientes decernimus ut nulli omnino hominum liceat eamdem Ecclesiam temere perturbare, aut ejus possessiones auferre, vel ablatas retinere, minuere, vel temerariis vexationibus fatigare; sed omnia integra conserventur, eorum pro quorum sustentatione et gubernatione concessa sunt usibus omnimodis profutura. Si qua igitur in futurum ecclesiastica sæcularisve persona hanc nostræ constitutionis paginam sciens, contra eam temere venire tentaverit, secundo tertiove commonita, si non satisfactione congrua emendaverit, potestatis honorisque sui careat dignitate, reamque se divino judicio existere de perpetrata iniquitate cognoscat, et a sacratissimo corpore ac sanguine Dei et Domini Redemptoris nostri Jesu Christi aliena fiat, atque in extremo examine districtæ ultioni subjaceat. Cunctis autem eidem loco justa servantibus sit pax Domini nostri Jesu Christi, quatenus et hic fructum bonæ actionis percipiant, et apud districtum judicem, præmia æternæ pacis inveniant. Amen, amen, amen.

Honorius catholicæ Ecclesiæ episcopus subscripsi.

Datum Laterani, septimo Kal. Februarii.

CVIII.
Ad canonicos ecclesiæ S. Frigdiani Lucensis.
(Intra 1125-1130, Jan. 29.)
{Baluz. *Miscell.* ed. Luc. IV, 588.}

Honorius episcopus, servus servorum Dei, dilectis in Christo filiis ecclesiæ S. Frigdiani canonicis, salutem et apostolicam benedictionem.

Veniens ad nostram præsentiam clarissimus filius noster A. prior vester multis nisibus, et magna precum instantia laboravit, ut eum et fratres suos a sollicitudine Lateranensis Ecclesiæ solveremus. Nos autem gravi ejusdem Ecclesiæ necessitate commoti, non solum eos solvere ab onere isto noluimus, verum et priorem ipsum invitum et renitentem nobiscum aliquantulum morari coegimus, ut per ejus industriam eidem provideamus ecclesiæ. Mandamus igitur vobis atque præcipimus, ut in Dei, sicut cœpistis, servitio persistatis, et si quem vestrum prædictus prior ad hoc vocaverit, ut Lateranensi canonicæ præferatur, nullus vestrum resistat. Imo cuicunque hoc injunctum ab eo fuerit, sive de his qui vobiscum sunt, seu de aliis, qui in vestris obedientiis commorantur, omni contradictione remota, obedientiam istam ad honorem Dei, et præfatæ Ecclesiæ utilitatem suscipiat.

Datum Laterani iv Kal. Februarii

CIX.
Ad eosdem.
(Intra 1125-1130, Febr. 5.)
[*Ibid.*]

HONORIUS episcopus, servus servorum Dei, dilectis filiis A. priori S. Frigdiani, et ejus fratribus, salutem et apostolicam benedictionem.

Quod bonarum intentionum vestrarum puritas et religionis fortitudo Deo et hominibus beneplacens splendere non desinit, gratum nobis esse noveritis; desideramus enim ut de virtute in virtutem fraternæ vestræ charitatis provehatur dilectio, ut de fructu bonorum operum mercedem valeatis accipere, et exemplo bonæ vitæ alios etiam imitatores vestigiorum vestrorum possitis efficere. Obsecramus autem vos in Domino Jesu Christo, ut nos pro totius Ecclesiæ cura et sollicitudine laborantes vestris orationibus adjuvetis.

Datum Lateran. Nonis Februar., etc.

CX.
Heinrici quondam imperatoris de jurejurando a clericis non dando legem, die 3 mensis Aprilis Arimini datam, confirmat.

(Intra 1125-1130.)
[MANSI, *Concil.*, XXII, 362.]

Inhærentes vestigiis prædecessorum nostrorum, dicentium graviores per summum pontificem terminari debere quæstiones, nostrorum fratrum consilio diligenter inquisito, hujus causæ speciem irrefragabiliter Deo opitulante terminantes decidimus. Legibus itaque cautum esse comperimus, ut nullus clericus jurare præsumat : alibi vero reperitur scriptum, ut omnes principales personæ in primo litis exordio jusjurandum de calumnia subeant. Nonnullis legisperitis et aliis sapientibus venit in dubium utrum clericus jusjurandum præstare debeat, an alii personæ liceat hoc officium delegare. Quia [Cum] enim illud constitutionis edictum, ut clerici jurare prohibeantur, a Marco [Marciano] Augusto Constantino præfecto prætorio de Constantinopolitanis clericis constitutum promulgatum fuisset, idcirco ad alios pertinere non creditur. Ut ergo dubietas ista penitus auferatur ab omnibus, secundum decisionem etiam filii nostri H. quondam imperatoris [*al.*, ab omnibus decisionem quondam clerici filii nostri H. imp.], anno sui imperii, ut accepimus, factam tertio : nos ejus, inquam, interpretationem corroboramus, et D. Marci [*f.*, Marciani] constitutionem ita interpretari debere decernimus, ut ad omnium ecclesiarum clericos generaliter pertinere judicetur. Nam cum imperator Justinianus decreverit, ut canones Patrum vim legum habere oporteat, et in nonnullis canonibus reperiatur, ut jurare clerici omnino non audeant : dignum est ut totus clericalis ordo a præstando juramento immunis esse procul dubio censeatur. Præterea statuti principalis [principis] tenor penes nos talis esse dignoscitur : « Nos itaque utriusque legis divinæ et humanæ intentioni servata decernimus, et imperiali auctoritate irrefragabiliter [irretractabiliter] diffinimus, ut non episcopus, non presbyter, non cujuslibet ordinis clericus, non abbas, non monachus, non sanctimonialis, in quacunque causa vel controversia, sive criminali, sive civili, jusjurandum compellatur qualibet ratione subire : sed aliis defensoribus idoneis, si expedire ecclesiæ suæ noverint, hujusmodi officium liceat delegare : verum cum hac moderatione, ut episcopus inconsulto Romano pontifice, vel quilibet clericus inconsulto prælato suo, minime jurare audeat. » Omnibus autem episcopis, ac generaliter cunctis sacerdotibus, ac universo clero, ita custodiri debere mandamus, ut si quis in hanc constitutionem commiserit, veniam sibi deinceps noverit denegari. Non sumentes exemplum sive formam a nobis, quod aliter in causa fratrum et coepiscoporum nostrorum Areanæ et Senonensis Ecclesiæ nuper fecimus, quoniam eorum voluntati et postulationi annuimus.

CXI.
Confirmatio fundationis Beyronensis canonicæ, item benedictionis abbatialis et investituræ cum virga pastorali concessio.

(Anno 1124, Oct. 10.)
[*Suevia ecclesiastica*, p. 213.]

HONORIUS episcopus, servus servorum Dei, dilectis filiis canonicæ vitæ professoribus in ecclesia cui vocabulum est Buron, quæ consecrata est in honorem beatæ Virginis Mariæ Dei Genitricis inter duos Montes ad ripam Danubii fluminis in territorio Constantiensi, eorumque successoribus canonice victuris in perpetuum.

Sicut irrationabilia poscentibus negari debet assensus, sic justa petentibus vobis benigna debemus assensione concurrere. Vestris igitur, filii charissimi in Christo, justis petitionibus annuentes Ecclesiam beatæ Dei Genitricis et semper virginis Mariæ, quam piæ memoriæ Peregrinus illustris et nobilis in proprio fundo suo constructam B. Petro apostolo ejusque sanctæ Romanæ Ecclesiæ in allodium proprium obtulit, in qua vos, filii charissimi, sub regulari vitæ disciplina Deo militatis, sub apostolicæ sedis protectione specialiter confovendam, tanquam jus proprium suscipimus, et contra pravorum omnium nequitiam ejusdem privilegii auctoritate communimus. Præsenti itaque decreto statuimus ut quæcunque hodie illa vestra ecclesia juste possidet, sive in futurum concessione pontificum, liberalitate principum, vel oblatione fidelium juste atque canonice poterit adipisci, firma vobis vestrisque successoribus et illibata sub apostolicæ sedis tutela permaneant. Et quoniam ex relatione nuntiorum vestrorum Ecclesiam vestram vacantem modo cognovimus permanere, decernimus ut nullus ibi qualibet subreptionis astutia vel violentia præponatur, nisi quem conventus vester communi consensu, vel conventus vestri pars sanioris concilii secundum Dei timorem, vel ex vestra congregatione, vel ex alia ejusdem professionis providerit eligendum, quod et deinceps in Ecclesia vestra erit observandum. Electus vero prælatus vester ab episcopo Constantiensi, si tamen catholicus fuerit, et in gratia apostolicæ sedis exstiterit, cura pastorali investiatur, sed et si vestræ placuerit fraternitati, idem prælatus vester abbatum ordinatione et virgæ pastoralis gestamine ab episcopo vestro nostra auctoritate insigniatur, a quo etiam chrisma, et sacros ordines, et basilicarum dedicationes, siquidem, ut dictum est, catholicus fuerit, sumetis, sin autem ab alio quolibet ea accipietis, salvo tamen per omnia catholici episcopi vestri jure canonico et reverentia. Cæterorum autem quorumlibet hominum obnoxietate fraternitatem vestram nostra auctoritate emancipamus, liberam etiam sepulturam, id est, ut eos qui ibi sepeliri deliberaverint, devotioni et extremæ petitioni nullus obsistat, ecclesiæ vestræ concedimus. Ad hæc adjicientes sancimus, ut nemini inter vos professione exhibita proprium quid habere, nec sine prælati vestri totiusque congregationis licentia de claustro vestro discedere liberum sit; quod si quis discesserit, et commonitus redire contempserit, præposito vestro facultas sit, ejusmodi transgressores ubilibet a suis officiis et a communione interdicere, interdictum vero nullus episcoporum, abbatum seu præpositorum suscipiat; obeunte vero quolibet tam cœnobii vestri, quam quorumlibet prædiorum vestrorum advocato, nullus sibi advocatiam tanquam jure hæreditario usurpare præsumat, nisi quem prælatus vester, consilio fratrum utilem et idoneum perspiciens ad id eligat, electoque advocatiam ipse committat. Electus vero advocatus, si negligens et inutilis in negotiis vestris exstiterit, si commissum sibi officium male tractaverit, et si admonitus non emendaverit, ab injuncto officio petente prælato vestro cessare debebit, et alius, qui Dei amore et pro animæ suæ redemptione id strenue peragat, illi subrogandus erit. Decernimus ergo ut nulli omnino hominum liceat eamdem ecclesiam temere perturbare, aut ejus possessiones auferre, ablatasve retinere, minuere, vel temerariis vexationibus fatigare, sed omnia integre conserventur vestris vestrorumque successorum usibus, et pauperum eleemosynis peregrinorumque receptionibus omninode profutura. Ad indicium autem perceptæ hujus a Romana sede liberalitatis, bizantium aureum aut ejusdem pretii argenteum quotannis Lateranensi palatio persolvetis. Et ut hæc tuitionis nostræ auctoritas firma in perpetuum permaneat et inconvulsa manuscriptum hoc inde fieri et sigilli nostri impressione fecimus insigniri. Si quis igitur in crastinum archiepiscopus, episcopus, imperator aut rex, dux aut princeps, comes aut vicecomes, judex, advocatus, seu cujuscunque ordinis homo hanc nostri decreti paginam violaverit, aut sciens contra eam temere venire tentaverit, potestatis honorisque sui dignitate careat, reumque se divino judicio existere de perpetrata iniquitate cognoscat, et a sanctissimo corpore et sanguine Dei et Domini nostri Redemptoris Jesu Christi aliena fiat, atque in extremo examine districtæ ultioni subjaceat. Cunctis autem eidem loco sua jura servantibus sit pax Domini nostri Jesu Christi, quatenus et hic fructum bonæ actionis percipiant, et apud districtum judicem præmia æternæ pacis inveniant. Amen.

Data Romæ per manum Hymmerici vices agentis cancellarii, anno Dominicæ Incarnationis 1124, VI Idus Octobris, indictione IV, luna II

CXII.

Monasterii Altahensis (superioris) libertatem confirmat.

(Anno 1126, Mart. 22.)

[*Monumenta Boica*, XII, 98.]

Honorius papa II, servus servorum Dei, cunctis fidelibus, apostolicam benedictionem et salutem.

Privilegium libertatis Altahensis monasterii uti scriptum est, nostra auctoritate confirmamus et sub banno sancti Petri et nostri constringimus ne quisquam eidem loco et benis ad eum pertinentibus aliquam vim injuste inferat, aut mali aliquid faciat; quod si quis hoc transgressus fuerit, æterno anathemate se damnatum sciat.

In nomine sanctæ et individuæ Trinitatis, ad comprobandam et declarandam bonorum industriam notum facimus, et memoriæ posteris tradimus, ut universi Ecclesiæ filii præsentes et futuri sciant et recognoscant, qualiter locus superior Altaha nominatus, omnipotentis Dei servitio sit institutus, et Romanæ libertati traditus. Anno ab Incarnatione Domini 1125, indictione VIII, III Idus Decembris, imo anno Lotharii regis Saxonici, Deo annuente, et Lindegero ejusdem loci abbate plurimum annitente, convenerunt ad eumdem locum cum plurimis amicis, et nobilibus viris, et inclytibus suis, Fridericus advocatus Ratisbonensis Ecclesiæ, cum consensu contectalis suæ, et Albertus comes de Windeberch cum uxore et filiis admodum parvulis, ad quorum ditionem idem locus hæreditario jure pertinebat. Ergo per Spiritum sanctum admoniti, et compuncti eumdem locum cum omnibus appendiciis suis, agris, vineis, silvis, pascuis, cultis et incultis, quæ ipsi aut parentes eorum dederant, aut aliquo consanguinitatis et propinquitatis eorum deditionis jure ad eumdem locum pertinebant, vel a militibus suis, vel ab ullo antecessorum eorum, vel a quoquam hominum eo collata sunt, omnino usui suo atque potestati abalienaverunt, et absque omnium hominum retractatione et contradictione, Deo et sancto Petro dederunt, tradiderunt, condonaverunt, et perpetuo liberum esse decreverunt, nimirum pro animarum suarum et parentum suorum salvatione et absolutione. Ne ergo hæc traditio et confirmatio ab ullo hominum, vel ab ipsis, vel a posteris nepotibus suis unquam possit infringi, aut adnullari, communi consilio decreverunt ut eumdem locum in manu prædicti Adelberti comitis pariter delegarent, scilicet ut ipse Romam iens hanc delegationem supra altare sancti Petri in conspectu apostolicæ sedis episcopi, et Romanorum principum confirmaret et stabiliret, ea videlicet conditione, quatenus singulis annis exinde aureus nummus in testimonium persolvatur, et ne cuiquam hominum, regum, principum, episcoporum, locus ipse cujusquam servitii amplius subjaceat. Cæterum hæc traditio eo tenore facta est, ut monachi ibidem Deo servientes habeant potestatem eligendi abbatem secundum regulam sancti Benedicti, quemcunque velint, aut inter se, aut aliunde, qui tamen electus accipiat baculum de altari. Hæc etiam conditio inter eos facta est de advocatione, videlicet ut Fridericus, qui tunc temporis advocatus erat, si filium genuerit, ipsi et posteri ejus jura advocationis semper retineant; si autem absque liberis excesserit, jura advocatus ad Adelbertum comitem, et ad posteros ejus pertranseat, et quisquis inter eos natu major fuerit, ipse advocatus consistat; qui tamen advocatus nil aliud juris aut potestatis, quam quod subscriptum est, inibi retinebit. Semel in anno rationationem cum familia habere debet, et non alibi nisi in eodem loco hanc exercere valebit. Si autem loci utilitas poposcerit, ut illo adveniat, hæc ei in servitio suppeditabunt : sex urnæ vini, et una mellis; et viginti urnæ cervisiæ; quatuor modii frumenti, et totidem porci, et duodecim modii avenæ; ita tamen, ut si ibi rationem habeat, hæc ei omnia dentur; nec alicubi alio deferantur, nec habeat potestatem hæc cuiquam in beneficium dare, aut præstare. Qui tamen advocatus si fratribus gravis et monasterio inutilis fuerit, amoto eo, alius substituatur.

Harum rerum omnium testes per aurem attracti sunt : Fridricus advocatus, duo filii Adelberti comitis Perchtoldus et Adelbertus, Dietricus de Ponchusen, Dietmarus et frater ejus Ekkeric de Silchigin, Dietmar de Weniggesdorf, Marchwart de Elbermundesdorf, Werigant de Wolfoha, Ratpot de Stipphingen; Eberhart de Rota; Willehalm de Geppenheim; Werinheri de Holzen, alius Werinheri et Gotfchalch de Heninchouen; Altman de Welichinberch, Swiker de Perindorf, Ovdalrich de Ahahovsen; Liupolt de Uhesigen, Gozpolt de Routenbach. Hi omnes nobiles viri cum militantes : Adelhart de Hintæ, Gotpolt do Rovberdof, Goswin de Bagabach; Engilschalch de Landoldesdorf; Landold de Landoldesberch; Wolchmar de Mennaha; Gozpreth de Harda; Gumpolt de Herimutesdorf; Eppo de Drahfala, Rovdolf de Fremichesberch; Adelbrecht de Houedorf; Megingoz et frater ejus Hiltibolt; Marchuuart et Werinheri de Nuzbach, Perinhart de Gebinchoven, Marchwart de Niuenchirichen; Sigibot de Chounenzhella, Pabo de Geswenta, Haganu de Gezhusen, et alii quamplurimi.

Datum est Laterani in palatio, anno Dominicæ Incarnationis 1126, indictione III, XI Kal. Aprilis, Ottone cancellario sanctæ Romanæ sedis.

APPENDIX AD EPISTOLAS HONORII II PAPÆ.

(MANSI, *Concil.*, XXI, 325.)

I.

Papa Honorius domino Salzburgensi archiepiscopo de rebus quibusdam certis etiam definitis per legatum suum sedem apostolicam consulenti inquit :

Sunt scripta jam olim super his causis promulgata penes ipsum dominum archiepiscopum. Non illi est necesse de his quærere, aut exspectare novum ex nostri parte aliquod scriptum. Scriptis antiquis utatur, quia sedem Dei habens, nostrum habebit auxilium, in quibuscunque illi favent antiquæ traditiones Patrum (24).

II.

Idem Gerhous hanc narrat traditam ab eodem Honorio fidei definitionem.

Primus astitit mihi beatæ memoriæ Honorius, cum in ejus curia fuisset magister Luitinfus inter magistros Franciæ. Hic dum astruere conaretur, Christum, secundum quod homo est, hominis quidem filium esse naturalem, sed Dei Patris Filium adoptivum : et ego e contrario astruerem, non ad hominem assumptum pertinere adoptionem, quod Filius Dei esset, prædictus papa Honorius astitit mihi concitatus ad hoc ipsum per quemdam libellum a quodam canonico Lateranensi, valenter litterato, ipsi porrectum, et a me perlectum, in quo diligenter fuit investigatum, quæ differentia esset inter filios optatos, quos etiam proprios et naturales dici constat, et filios adoptatos filiis naturalibus minime coæquandos. Tunc ergo refutato adoptionis vocabulo in Christo Dei et hominis proprio et naturali filio, ego in petra exaltatus, et in fide Petri firmatus, ab urbe redii cum lætitia, certum, tenens, verum esse, quod Petrus de Filio hominis hominibus errantibus ipse non erraverit, dicens : *Tu es Christus Filius Dei vivi.*

---

(24) Qua de re ageretur vide in sequenti definitione.

III.
Decretum Honorii (25).

Curæ sit omnibus episcopis excommunicatorum omnino nomina tam vicinis episcopis, quam suis parochianis pariter indicare, eaque in celebri loco A posita præ foribus ecclesiæ cunctis venientibus inculcare, quatenus in utraque diligentia excommunicatis utique ecclesiasticus aditus denegetur, et excusationis causa omnibus auferatur.

DIVERSORUM AD HONORIUM EPISTOLÆ.

I.

Matthæi Albanensis episcopi apostolicæ sedis legati epistola ad Honorium. — Sexagesimæ quintæ Honorii respondet, gestaque in concilio Remensi significat.

(Anno 1127.)
[Dom Bouquet, *Recueil*, XV, 266.]

Reverendissimo Patri et domino Honorio, divina disponente clementia sanctæ Romanæ Ecclesiæ summo et universali pontifici, MATTHÆUS Albanensis Ecclesiæ minister, licet indignus, cum salute fidelium orationum instantiam.

Pro causa Luxoviensium, quos investiri secundum tenorem litterarum felicis memoriæ papæ Paschalis nostræ parvitati vestra præceperat paternitas, causa tamen eorum diligenter investigata, atque salva Divionensi justitia si quam habent, utramque partem, Kalend. Augusti, Remis (26) convocavimus, ibique quampluribus illius terræ episcopis et abbatibus pro negotiis (27) quæ ibi emerserant congregatis, causam istam diligenter in communi fratrum audientia investigare secundum litterarum vestrarum tenorem cœpimus; litterasque (28) quibus præfatus papa Paschalis eos investiri, ut aiebant, præceperat, diligentius inspeximus, ubi de hac investitura denominatim nihil continebatur. Econtrario Divionenses dominorum nostrorum privilegia, ejusdem scilicet papæ Paschalis et bonæ recordationis papæ Calixti (29), in quibus hæ possessiones distincto firmabantur, in medio protulerunt, et quod nunquam de illis quas exigebant possessionibus investiti essent, aliis scriptis et rationibus proponebant. His auditis, fratribus nostris Remensi (Rainaldo) et Senonensi (Henrico) archiepiscopis, Carnotensi (Gaufrido), Parisiensi (Stephano), Belvacensi (Petro), Suessionensi (Josleno), Laudunensi (Bartholomæo), Noviomensi (Simoni), Catalaunensi (Elberto), Trecensi (Attoni) atque Meldensi (Burchardo) episcopis in partem ire præcipimus. Qui communicato ad invicem consilio, secundum illas quas præmisimus rationes et multas alias, investituram Luxoviensibus adjudicaverunt, ita sane quod in eo statu Luxovienses remanerent quo erant B quando sanctitatis vestræ litteras acceperunt. Et ut causam istam termino a vobis constituto in vestra terminetur per Dei gratiam præsentia, ita eos remittimus ad vos. Illud autem vestræ paternitatis prudentiam latere minime volumus, quod omnes pene illius terræ, exceptis Luxoviensibus, justitiam Divionenses habere testantur; quam, charissime Pater, ut manu teneatis attentius rogamus.

II.

Adalberti Moguntini archiepiscopi et apostolicæ sedis legati. — Epistolæ quinquagesimæ quartæ Honorii respondet.

(Anno 1127.)
[MANSI, *Concil.*, XXI, 350.]

H. sanctissimo et universali papæ, A. Dei gratia sanctæ Moguntinæ Ecclesiæ humilis minister et apostolicæ sedis legatus, debitam, ut tanto apostolico, obedientiam, et devotissimam, ut tanto Patri reverentiam.

Acceptis sanctitatis vestræ litteris super causa fratris illius, si tamen frater dici debet, qui sanctæ Wrtzeburgensis Ecclesiæ episcopatum usurpat, intelleximus totius causæ ordinem longe aliter, quam severitas habet summo apostolatui vestro innotuisse, quoniam multa solent per subreptionem fieri. Idem namque sanctitati vestræ contra nos querelas deposuit, dicens se a nobis præjudicium sustinere, et contra justitiam prægravari. Nos vero in hac causa, Deo teste, et conscientia nostra, nihil egimus, quod canonicis regulis possit obviare, nihil unde sanctitati vestræ suspecti esse debeamus, nihil unde aliquis, qui causam ipsam plenius tractaverit, possit reprehendere; sed quidquid in hac causa egimus, non zelo amaritudinis, sed zelo justitiæ; non aliquo odio permoti, sed officii nostri intuitu; non contra sanctorum Patrum canones, sed secundum canones egimus. Scimus quidem, juxta sanctorum Patrum regulas divinitus inspiratas, episcopo episcopatum non adimi debere, antequam causæ ejus exitus appareat. Sed optime novit sanctissimus apostolatus vester, hanc sanctorum Patrum sententiam de dubiis episcoporum causis, non de manifestis debere intelligi. Ejus vero, quo de agitur, impudentissima causa, et

---

(25) Habet S. Thomas Cantuariensis, epist. 97, p. 118.
(26) In hoc concilio Remensi editum fuit decretum Matthæi Albanensis episcopi, quod recitat Marlotus, tom. II, p. 501.
(27) Maxime pro ferali dissidio quod eatenus fuerat inter Guillelmum Flandriæ comitem et competitorem ejus Theodericum Alsatium.
(28) Eas Paschalis II litteras non habemus.
(29) Litteras Calixti, anno 1124 datas, vide apud Perardum p. 216 (vel *Patrologiæ* t. CLXIII).

certum crimen nullum legitimæ defensionis, nullum justæ excusationis colorem recipit. Luce igitur clarius patet omnibus, quod nullis meritorum privilegiis, nulla præeunte electione ad tanti sacerdotii gradum est assecutus; sed tyrannica violentia intrusus in ovile Domini, cum non per ostium intravit, sed aliunde per ambitionem et simoniacam hæresim tanquam fur et latro impudentissime irrupit; et quod sine magno dolore et cordis compunctione dicere non possumus, locum legitimi pastoris sibi usurpavit, quem sibi sancta Wrtzeburgensis ecclesia de filiis suis communi voto et consensu cleri, et plebis, nobisque laudantibus, et consentientibus canonice intronizandum elegerat, utpote natalibus, et moribus nobilem, ecclesiastica disciplina adprime eruditum, fide catholicum, natura prudentem, vita castum, sobrium, humilem, affabilem, litteratum, in lege Dei instructum, in sensibus Scripturarum cautum, et per omnia sacerdotali nomine et honore dignissimum.

III

Cleri Rothomagensis. — De electione Hugonis in archiepiscopum Rothomagensem.

(Anno 1130.)

[*Spicileg.* ed. de Labarre, III, 484.]

Domino et papæ universali Honorio, Rothomagensis Ecclesia, omnem in Christo obedientiam et subjectionem.

Elegimus electione communi filium vestrum Hugonem abbatem Radingensem nobis in pontificem: super hoc quæsivimus assensum domini nostri Henrici regis Anglorum, et obtinuimus; ab episcopo quidem Salesberiensi, sub cujus manu abbatis officio fungebatur, nobis eum reddi liberum et absolutum quæsivimus, et cum libertate suscepimus. Sed quia ipso revelante percepimus, quod sine auctoritatis vestræ assensu eum habere non poteramus, maxime cum et hoc in litteris vestris prædicto regi Anglorum directis ita scriptum legimus: *Ipsum itaque sub proprio jure atque dominio nostro tanquam specialem B. Petri et S. R. Ecclesiæ clericum retinemus*: ea propter donari eum nobis a sublimitate vestra requirimus: quem tanto chariorem habebimus, quanto a vestræ celsitudinis sede nobis donatum esse lætabimur. Quem humili supplicatione nobis ita donari a vestra gratia quærimus, ut sub nullius unquam jure vel potestate, nisi sub vestra tantummodo pia protectione eum persistere gaudeamus, charissime Pater et Domine (30).

EPISTOLÆ HILDEBERTI CENOMANENSIS AD HONORIUM

(Vide in Hildeberto, infra.)

(30) Vide epistolam Henrici I, Anglorum regis, ad Innocentium II papam, in Innocentio II, ad an. 1143.

ANNO DOMINI MCXXX

VIVIANUS PRÆMONSTRATENSIS

HARMONIA

SIVE

TRACTATUS DE LIBERO ARBITRIO ET GRATIA.

(Martene, ampl. Collect. IX, 1075, ex ms. codice collegii regali Navarræ.)

OBSERVATIO PRÆVIA.

Ignotus hactenus prodit Vivianus Præmonstratensis, cum Harmonia sua seu Tractatu de libero arbitrio Ignotus, inquam, utpote cujus nullam mentionem facit Præmonstratensis Joannis Pagii Bibliotheca, nullam Casimirus Oudin, Præmonstrati et ipse olim alumnus, qui ordinis sui auctores diligenter perquisitos accurate recensuit in Supplemento ad librum Bellarmini De scriptoribus ecclesiasticis; nullam denique alii bibliothecarum concinnatores. Fuit autem Vivianus, uti conjicere licet, unus ex primis S. Norberti discipulis, scripsitque non multo post jacta ordinis sui fundamenta; id saltem non obscure indicare videntur hæc ejus verba: « *Vivianus pauperum Præmoustratæ Ecclesiæ minimus,* » *quæ nascentem religionem omnino sapiunt. Fundatum est autem deserto in loco Laudunensis diœcesis, divinitus antea præmonstrato, primum S. Norberti cœnobium anno Christi 1120, ac proinde Vivianum Harmoniam suam circa annum 1130 scripsisse existimamus, paulo postquam S. Bernardus ejusdem argumenti tractatum, cujus ille meminit, concinnavit, id quod Mabillonio teste contigit ante annum 1128. In hoc autem tractatu Vivianus Clarevallensis abbatis doctrinam secutus est, quam et* « *aliorum cathedram magisterii nominatorum fuisse asserit.* » *Cæterum hoc ejus opusculum debemus humanitati clarissimi viri domini Davole bibliothecæ regii Navarræ collegii præfecti, qui codicem auctoris fere ævo exaratum nobiscum communicavit.*

PROLOGUS

AD GERARDUM B. QUINTINI DECANUM.

Gerardo ecclesiæ Beati Quintini decano et magistro, Vivianus pauperum Præmonstratæ Ecclesiæ minimus, futuræ libertatis donativum feliciter exspectare.

Inter duos controversiam de libertate arbitrii novisti et novimus; alterius quorum sententiæ vos consensum tribuisse forsitan recolitis et nos recolimus. Postea quemdam librum, quem domnus Bernardus Clarevallensis abbas de libero arbitrio et gratia composuit, inter manus habuimus, ubi prædictam sententiam, quam et ab aliis antea ventilatam audieramus, reperimus. Mittimus itaque vobis ipsam secundum verba præmemorati sapientis et quorumdam aliorum cathedra magisterii nominatorum in hoc tractatu comprehensam, quatenus inspiciatis eam et attendatis, non quia vos sapiens, audiens, sapientior inde sitis; per vos enim in hujusmodi satis sapitis; sed putamus quod sententia quæ in transitu ac semel audita discretioni vestræ complacuit, attentius inspecta et decies repetita placebit.

HARMONIA.

1. Omne bonum, ut scriptum invenitur, pulchrius elucescit quando in commune deducitur. Hinc est quod Creator noster, qui extrinsecus nullo administrationis adminiculo indigebat, imo qui summum bonum, summa beatitudo, et sibi usquequaque sufficiens est et erat, utpote cujus potentia, sapientia, bonitas, quemadmodum ne crescere, sic nec minui potest vel poterat. Ille, inquam, Dominus tam potenter sapiens, et tam sapienter bonus, creaturam rationalem, videlicet angelum et hominem condidit, quibus rationis et intelligentiæ lumen infudit. Voluit enim his illuminata oculis creatura creatorem suum inspiceret, inspectum cognosceret, cognitum diligeret, dilectum imitaretur quantum posset. Siquidem non hoc voluit, ut pulchrius posset elucescere. Hoc enim impossibile est quantum ad se, nec hoc fecit, quia inde posset ditior esse, cui nihil poterat deesse; sed ut pulchram, divitem, ac beatam rem creatam faceret, cui se pulcherrimum ostenderet, cui divitias ac beatitudinem suæ divinitatis demonstraret. In hac prædicta creatura, in mundiali etiam fabrica, ut ipsi homini tota subserviret præparata, consideratur et noscitur tanti artificis potentia, per ipsarum scilicet magnitudinem, sapientia per earum pulchritudinem, bonitas per earum utilitatem. Quæ omnia etsi in hoc universaliter conveniant, quod a bono scilicet Deo bona creatura fieret, secundum quod Deus vidit cuncta quæ fecerat, et erant valde bona: tamen quantum rationalis creatura ab irrationali vel insensibili differat, non est nostrum docere vel dicere, cum omnis qui dote rationis utitur, si attenderet velit, hoc discernat. Hæc enim secundum libertatem arbitrii penes quod omne consistit meritum, ad sui Creatoris imaginem creata, sola misera fieri potest vel beata; misera, peccando, a Deo suo alienata; beata, pœnitendo, confitendo, satisfaciendo, suo principio reformata; secundum hoc quod dixi, diffinitio liberi arbitrii ipsi congruere videtur, quod sic a quibusdam diffinitur: Liberum arbitrium est voluntarius et liber consensus; vel sic: Liberum arbitrium est habilitas rationalis voluntatis, qua bonum eligitur, gratia cooperante, et malum ipsa deserente; ut liberum ad voluntatem, arbitrium referatur ad rationem. In his enim duobus consistit, voluntate scilicet et ratione. Rationis est videre quid sit eligendum vel non; voluntatis est appetere. Et ideo ratio tanquam pedissequa viam docet, illud quod videt faciendum consulendo, suumque contrarium dehortando. Voluntas tanquam domina rationem secum trahit, ad quodcunque declinata fuerit. Non enim trahitur voluntas a ratione, sed solummodo monstrat ratio quid appetere debeat: ratio vero a voluntate trahitur, et in his quæ ipsi rationi contraria sunt ducitur. Et cum ipsius sit naturaliter voluntati in malo contradicere, hoc est non illud esse faciendum judicare, et vinci tamen et consentire. Ipsa enim data est voluntati ut instruat illam, non destruat: destrueret autem si necessitatem ei ullam imponeret, quominus libere pro arbitrio, sive in bonum sive in suum contrarium sese verteret. Quod si horum quodlibet ratione repugnante fieret, scilicet ut quo vellet voluntas seipsam vertere non posset, voluntas ipsa jam non esset. Quippe ubi necessitas, jam non voluntas, nec libertas, et ideo nec meritum. Sola namque voluntas quæ libera semper est, et nunquam cogi potest, apud Deum judicatur, ac beatitudinem sive miseriam promeretur. Sensus vero, ut appetitus, nec beatum nec miserum faciunt; alioquin bruta ani-

malia beatitudinem vel miseriam essent participantia. Ingenium etiam et memoria, vel hujusmodi cætera, nec justum constituunt, nec injustum, et sic etiamsi tarditatem vel labilitatem habeant, non habent imputari.

2. Et ut convenientius quod volumus ostendamus, paulo altius repetendum æstimamus. In rebus corporeis non id vita quod sensus, nec sensus quod appetitus, nec ille quod consensus. Est enim in quolibet corpore vita internus ac naturalis motus, vigens tantum intrinsecus : sensus vero vitalis in corpore motus, vigilans et extrinsecus; appetitus autem naturalis vis in animante movendis avide sensibus attributa. Verum consensus nutus est voluntatis spontaneus, vel etiam habitus animi liber sui. Porro voluntas est motus rationalis sensui præsidens et appetitui, habens quocunque se volverit rationem semper comitem, et quodammodo, ut diximus, pedissequam, non quod semper ex ratione, sed quod nunquam absque ratione moveatur : ita ut multa faciat per ipsam contra ipsam. Hoc est per ejus quasi ministerium contra ejus consilium sive judicium; unde est illud : *Prudentiores filii sæculi hujus filiis lucis in generatione sua* (*Luc.* XVI, 8). Et iterum : *Sapientes sunt ut faciant mala* (*ibid.*). Neque enim prudentia seu sapientia inesse creaturæ potest vel in malo, nisi per rationem. Itaque nos habentes vitam cum arboribus, sensum et appetitum, et æquam vitam cum volucribus, id quod dicitur voluntas ab utroque discernit. Cujus voluntatis consensus utique voluntarius, non necessarius, dum aut justos probat aut injustos, etiam merito facit beatos vel miseros. Is ergo talis consensus ob voluntatis inamissibilem libertatem, et rationis quod secum semper et ubique portat indeclinabile judicium, non incongruum dicitur liberum arbitrium. Ipse liber sui propter voluntatem, ipse judex sui propter rationem. Ideoque quia nulla vi, nulla necessitate cogitur, merito, ut diximus, apud Deum judicatur, ac bonum vel malum promeretur. Cæterum quod sui liberum non esse agnoscitur, quo pacto ei bonum vel malum imputatur. Excusat namque utrumque necessitas, quæ ubi fuerit, nulla est libertas. Sic nec meritum, ac per hoc nec judicium. Sed in talibus locis semper excipiatur originale peccatum, quod aliam constat habere rationem.

3. *Libertas est triplex. Libertas a necessitate.* — Postquam quæ præmittenda erant, quædam præmisimus, aliquid de triplici libertate videamus. Inde quorumdam ponemus sententias, aliquantulum quibusdam diversas. Diversa quidem dicunt, sed tamen quasi quamdam harmoniam efficiunt. Cum enim dicatur harmonia diversorum sonorum in unum, redacta concordia, ipsam quasi efficere videntur, qui, etsi diversa sentiant vel proferant, tamen a tramite veritatis recedere nequaquam inveniuntur. Libertas igitur alia a necessitate, alia a peccato, alia a miseria. Libertas a necessitate æque et indifferenter Deo universæque tam bonæ quam malæ congruit rationali creaturæ, nec peccato nec miseria amittitur vel minuitur, nec major est in justo quam in peccatore, nec in angelo quam in homine. Quomodo itaque ad bonum conversus per gratiam humanæ voluntatis consensus eo libere bonum et in bono liberum hominem facit, quo voluntarius efficitur, non invitus pertrahitur : sic sponte devolutus in malum, in malum nihilominus tam liberum quam spontaneum constituit, sua utique voluntate ductum, non aliunde coactum ut malus sit. Et sicut cœlestis angelus aut etiam ipse Deus permanet libere bonus, nec aliqua necessitate extrinseca ; sic profecto diabolus æque libere in malum corruit et persistit suo utique voluntario nutu, non alieno impulsu. Et est quidem sciendum quod non ideo dictum sit liberum arbitrium quod æqua inter bonum et malum potestate vel facilitate discurrat aut versetur, cum cadere per se potuerit, et adhuc possit, non autem resurgere nisi per Domini Spiritum. Alioquin nec angelus, nec angeli sancti, cum ita sint boni, ut non possint esse et mali; nec prævaricatores angeli, cum ita sint mali, ut non valeant esse boni, liberi arbitrii esse dicerentur. Sed et nos post resurrectionem illud amissuri sumus, quando utique inseparabiliter alii bonis, alii malis admisti fuerimus. Cæterum nec Deus libero caret arbitrio, nec diabolus, quoniam quod non potest ille esse malus, non infirma facit necessitas; sed firma in bono voluntas et voluntaria firmitas : quodque is non valet in bonum respirare, non aliena facit violenta oppressio, sed sua ipsius in malo obstinata voluntas et voluntaria obstinatio. Igitur potius ex eo liberum dicitur arbitrium, quod sive in bono sive in malo æque liberam faciat voluntatem, cum nec bonus quispiam, nec item malus dici debeat aut esse valeat, nisi volens. Tali etiam ratione non incongrue dicetur ad bonum se et ad malum habere æqualiter, quod utrobique videlicet par sit ei non in electione facilitas, sed in voluntate libertas. Hac sane dignitatis divinæ prærogativa rationalem creaturam singulariter conditor insignivit, quod quemadmodum ipse sui juris erat, suæque ipsius voluntatis, non necessitatis, quod bonus erat. Ita quoque et sui illa quodammodo juris existeret, quatenus nonnisi sua voluntate aut mala fieret, aut juste damnaretur ; aut bona maneret et merito salvaretur ; non quod ei sufficere posset voluntas ad salutem, sed quod eam nullatenus sine sua voluntate consequeretur. Nemo quippe invitus salvabitur, nam quod legitur in Evangelio : *Compelle intrare* (*Luc.* XIV, 23), item in alio loco : *Nemo venit ad me, nisi Pater meus traxerit eum* (*Joan.* VI, 44), nihil impedit; quia profecto quantoscunque compellere et trahere videbatur ad salutem benignus Pater, qui omnes vult salvos fieri, nullum probat salute dignum, quem ante non probaverit voluntarium. Hoc quippe intendit, cum terret ac percutit, ut faciat voluntarios, non ut salvet invitos, quatenus dum malam in bonam mutat voluntatem, transferat non auferat libertatem, cum voluntas cui

semper individua comes est libertas, mutari non possit, nisi in aliam voluntatem. Ipsam vero voluntatem ita ubique sequitur liberum arbitrium, ut, nisi illa penitus esse desinat, ipso non careat. Voluntas vero sicut in bono ita et in malo æque perdurat : æque profecto liberum arbitrium tam in malo quam in bono integrum perseverat. Et quomodo voluntas etiam posita in miseria non desinit esse voluntas ; sed dicitur et est misera voluntas, sicut et beata voluntas : ita nec liberum arbitrium destruere, sive quantum in se est aliquatenus imminuere poterit quæcunque adversitas vel necessitas. Manet ergo voluntas libertatis, ubi etiam sit captivitas mentis, tam plena quidem in malis quam in bonis ; sed in bonis ordinatior : tam integra quoque pro suo modo in creatura quam in suo creatore, sed in illo potentior quod de Deo, quod ipse liberum habeat arbitrium, Ambrosius ostendit sic scribens ad Gratianum : *Spiritus ubi vult spirat (Joan.* III, 8). Apostolus quoque dicit, quia *omnia operatur unus atque idem Spiritus, dividens singulis prout vult (I Cor.* XII, 11). Prout vult, inquit, id est pro liberæ voluntatis arbitrio, non pro necessitatis obsequio ; nec est aliud liberum arbitrium in Deo, nisi voluntas divina, quæ non necessitate, sed sola bonitate omnia facit. Ejus enim natura bonitas est. Ad hoc autem quod diximus angelos non posse peccare, solent quidam opponere hoc quod dicit Hieronymus : « Solus Deus est in quem peccatum cadere non potest, cætera, cum sint liberi arbitrii, in utramque partem suam possunt flectere voluntatem. » Sed qualiter hoc intelligendum sit ex his verbis Isidori conjicere possumus : « Angeli mutabiles natura, immutabiles gratia. » Unde concedendum est, boni angeli possunt peccare ex natura sua, id est eorum natura ad hoc non repugnat ; nec tamen concedendum est, boni angeli possunt peccare, sed potius non possunt peccare, id est gratia per quam sunt confirmati ad hoc repugnat.

4. *Libertas a peccato.* — Sequitur de libertate a peccato. Est libertas a peccato, de qua dicit Apostolus : *Ubi spiritus, ibi libertas (II Cor.* III, 17). Et alibi : *Cum servi essetis peccati, liberi fuistis justitiæ. Nunc vero liberati a peccato, servi autem facti Deo (Rom.* VI, 18), etc. Et hoc est quod sonat Augustinus : « Homo mali utens libero arbitrio, se perdidit et ipsum, non est amissa libertas a necessitate ; sed libertas a peccato. *Qui enim facit peccatum servus est peccati (Joan.* VIII, 34). Hæc libertas a peccato eorum tantum qui dono gratiæ reformantur, non quod penitus sine peccato sint, sed quia non dominatur in eis peccatum, et hæc proprie appellatur libertas. In malo faciendo, ut quibusdam placet, non proprie liberum dicitur arbitrium, cum ratio ibi a voluntate discordet. Voluntas namque appetit quod ratio contradicit. Hinc non est prætermittendum, quod ante peccatum, ad bonum nihil impediebat, ad ejus contrarium nihil coercebat ; sine difficultatis obice voluntas bonum appetebat. Post peccatum vero antequam liberum arbitrium sit restitutum, premi potest a concupiscentia et vinci : post restitutionem ante confirmationem quæ in futuro erit, premi potest, sed non vinci ; post confirmationem nec poterit vinci, nec premi. Est qui dicat quod nemo in hoc sæculo sibi libertatem a peccato possit vindicare ; sed verum dicit, si levia aut venialia non excipit : *Si enim dicimus quia peccatum non habemus, nos ipsos seducimus (I Joan.* I, 8). Sed qui illam posse vindicare asserit, libertatem a criminibus intendit. »

5. *Libertas a miseria.* — Sequitur de libertate a miseria, de qua dicit Apostolus : *Et ipsa creatura liberabitur a servitute corruptionis in libertatem gloriæ filiorum Dei (Rom.* VIII, 21). De hac, ut quidam asserunt, [nemo] liberabitur ; sed, ut aiunt, semper pœna peccati nos in hac vita comitatur. Sed est qui dicat, sanctos homines, qui jam primitias spiritus acceperunt, qui cum Maria optimam partem elegerunt, quandoque per excessum contemplationis raptos in spiritu, quantulumcunque de felicitatis supernæ dulcedine, licet raro et raptim, degustare, et tunc a miseria liberos esse. Qui enim jam tenent partem quæ auferenda non est, experiuntur utique quod futurum est. Sed quod futurum est felicitas est. Porro felicitas et miseria eodem tempore simul esse non possunt. Quoties igitur per spiritum illam participant, toties istam non sentiunt nec degustant. Sed ut mihi videtur, tantummodo in hoc expertis credendum est. Sed quidquid sit de aliis, Filius, qui non a necessitate, sed a peccato et pœna peccati, liberum liberare venit arbitrium, de quo dictum est Judæis : *Si filius vos liberaverit, vere liberi eritis (Joan.* VII, 36), utramque habuit, libertatem videlicet a peccato et a miseria. Illam potentia et actu, quia peccatum non fecit, nec inventus est dolus in ore ejus *(Isa.* LIII) ; istam non actu, sed potentia, quia nemo tollebat animam ejus ab eo, sed ipse ponebat eam. Denique teste propheta : *Oblatus est, quia ipse voluit (Isa.* LIII, 7), sicut cum natus ex muliere factus sub lege, videlicet miseriæ, ut eos qui sub eadem lege erant redimeret, et solus liber inter miseros et peccatores, utrumque jugum a fraternis cervicibus excuteret. Libertatem, a necessitate ipse etiam ex humana habuit natura, reliquas ex divina potentia. Primam autem nobis contulit in conditione naturæ, in secunda restauramur a gratia, ultima reservatur nobis in patria. Dicatur igitur prima libertas naturæ, secunda gratiæ, tertia vitæ vel gloriæ. Primo quippe in liberam voluntatem, ac voluntariam libertatem conditi sumus nobilis creatura. Secundo, reformamur in innocentia nova in Christo creatura. Tertio, sublimamur in gloria perfecta in spiritu creatura. Prima ergo libertas habet multum honoris, secunda plurimum et virtutis, novissima cumulum jucunditatis. Ex prima quippe præstamus cæteris animantibus, in secunda carnem, per tertiam mortem subjicimus, vel certe sicut in prima subjecit sub pedibus nostris oves et

boves et pecora campi, ita quoque per secundam spirituales bestias hujus aeris, de quibus dicitur : *Ne tradas bestiis animas confitentes tibi* (*Psal.* LXXIII, 19), prosternit æque ac conterit sub pedibus nostris. In ultima tandem plenius nos ipsos nobis submissurus per victoriam corruptionis et mortis, quando scilicet novissima mors destruetur, et nos transibimus, ut dictum est, in libertatem gloriæ filiorum Dei : *Qua libertate Christus nos liberabit, cum nos tradet regnum Deo et Patri* (*Gal.* v, 1).

6. *Sancti post mortem liberi a peccato et miseria. Homo in hoc sæculo non est liber a peccato et miseria.* — Est etiam indubitanter sciendum libertatem a peccato et miseria perfectam perfectis inesse animabus carne solutis, cum Deo pariter et Christo atque angelis supercœlestibus, nam sanctis animabus, etsi nondum corpore receperunt, deest quidem de gloria, sed nihil prorsus inest de miseria. Ab hac autem libertate, scilicet a peccato, vel ab illa quæ a miseria dicitur, liberum arbitrium nequaquam nominatur, sed ab ea prorsus quæ libertas a necessitate nuncupatur, eo scilicet quod voluntarium necessario contrarium esse econverso videatur. Nam ex illa quæ dicitur a peccato congruentius forsitan liberum consilium ; et item ex illa quæ dicta est a miseria, liberum potius complacitum posset dici, quam liberum arbitrium. Arbitrium quippe judicium. Sicut vero judicii est discernere quid liceat, sic profecto consilii est probare quid expediat vel non expediat. Sic complaciti quoque experiri quid libeat vel non libeat. In hac vita sola plena et integra tam post peccatum quam ante peccatum manet in hominibus libertas arbitrii. Nam libertas consilii ex parte tantum, et in paucis spiritualibus, qui carnem suam crucifixerunt cum vitiis et concupiscentiis, quatenus jam non regnet peccatum in eorum mortali corpore. Porro ut non regnet, libertas facit consilii, ut tamen non desit ex integro, captivitas est liberi arbitrii. Cum autem venerit quod perfectum est, tunc evacuabitur quod ex parte est, hoc est cum plena fuerit libertas consilii, nulla jam erit captivitas arbitrii. Et hoc est quod quotidie petimus in oratione, cum dicimus : *Adveniat regnum tuum.* Regnum hoc needum ex toto pervenit in nos, quotidie tamen paulatim adventat, sensimque magis ac magis dilatat terminos suos, in his duntaxat, quorum per Dei adjutorium interior homo renovatur de die in diem. Soli vero, ut jam dictum est, contemplativi, quando in excessu mentis penna contemplationis sublevantur, utcunque libertate complaciti fruuntur et hoc ex parte satis modica, viceque rarissima.

7. *Omnem libertatem habuit primus homo in paradiso, sed in gradu inferiori.* — Deinceps videndum est qualiter vel quatenus primus homo in paradiso totas tres illas quas diximus libertates, id est arbitrii, consilii, complaciti, vel aliis nominibus a necessitate, a peccato, a miseria habuerit. Arbitrii utique libertatem tam post peccatum quam ante peccatum semper tenuit inconcussam. Reliquas autem duas, si plenarie habuisset, nunquam a paradiso exsul esset. Habet siquidem unaquæque illarum duos gradus, superiorem et inferiorem. Superior libertas consilii est non posse peccare; inferior posse non peccare. Item superior potestas complaciti non posse turbari, inferior posse non turbari. Itaque inferiorem utriusque libertatis gradum, simul cum plena libertate arbitrii homo in sui conditione accepit, et de utroque corruit cum peccavit. Corruit autem de posse non peccare in non posse non peccare, amissa ex toto consilii libertate. Itemque de posse non turbari in non posse non turbari, amissa ex toto complaciti libertate. Sola remansit ad pœnam libertas arbitrii, per quam utique cæteras amisit. Ipsam tantum amittere non potuit. Per propriam quippe voluntatem servus factus peccati, merito perdidit libertatem consilii. Porro per peccatum factus debitor mortis, quomodo jam retinere valuit libertatem complaciti? De tribus ergo libertatibus quas accepit, abutendo illa quæ dicitur arbitrii, reliquis sese privavit. In eo autem eo abusus est quod illam, cum accepisset ad gloriam, convertit sibi in contumeliam, juxta testimonium Scripturæ dicentis : *Homo cum in honore esset* (*Psal.* XLVIII, 13), etc. Soli inter animantia datum est homini posse peccare ob prærogativam liberi arbitrii; datum autem, non ut inde peccaret, sed ut gloriosior appareret, si non peccaret cum peccare posset. Quid namque gloriosius ei esse poterat, quam si de ipso diceretur quod Scriptura perhibet, dicens : *Quis est hic et laudabimus eum?* (*Eccli.* XXXI, 9.) Unde ita laudabilis : *Fecit enim mirabilia in vita sua* (*ibid.*). Quæ? *Quia potuit transgredi, et non est transgressus* (*ibid.*), malum facere et non fecit. Hunc ergo honorem quandiu absque peccato fuit, servavit ; cum peccavit, amisit. Peccavit autem, quia liberum ei fuit, nec aliunde profecto liberum, nisi ex libertate arbitrii, de qua utique inerat ei possibilitas peccandi. Nec fuit tamen culpa dantis, sed abutentis, qui ipsam videlicet facultatem convertit in usum peccandi, quam acceperat ad gloriam non peccandi. Nam, etsi peccavit ex posse quod accepit, non tamen quia potuit, sed quia voluit. Nec enim prævaricante diabolo et angelis ejus, etiam alii prævaricati sunt, non quia non potuerunt, sed quia noluerunt. Peccantis ergo lapsus, non dono est ascribendus potestatis, sed vitio voluntatis. Lapsus tamen ex voluntate, non jam tamen ex voluntate liberum habet resurgere, qui etiam ante casum nullo suo conatu sine superapposita gratia in melius poterat proficere. Nempe datum fuit voluntati posse stare ne caderet, non tamen resurgere si caderet. Non enim tam facile quis valet exire de fovea quam facile in eam labi. Cecidit sola voluntate homo in foveam peccati, sed non ex voluntate sufficit et posse resurgere, cum jam, etiamsi velit, non possit non peccare. Quid ergo? Periit liberum arbitrium, quoniam non potest non peccare? Nequaquam. Sed liberum consilium perdidit,

per quod prius habuit non posse peccare, quomodo et quod non valet utique non turbari, inde misero accidit quod complaciti quoque libertatem amiserit, per quam habuit et antea posse non turbari. Manet ergo et post peccatum liberum arbitrium, et si miserum, tamen integrum, et quod se per se homo non sufficit excutere a peccato, sive miseria, non liberi arbitrii signat destructionem, sed duarum reliquarum libertatum privationem. Neque enim ad liberum arbitrium, quantum in se est, pertinet, aut unquam pertinuit posse vel sapere, sed tantum velle, nec potentem facit creaturam, nec sapientem, sed tantum volentem. Unde apostolus : *Ut non quæcunque*, ait, *faciatis* (*Coloss*. III, 22). Velle, ut dixi, inest nobis ex libero arbitrio non dico velle bonum aut velle malum, sed velle tantum ; velle enim bonum profectus est, velle malum defectus, velle vero simpliciter ipsum est quod vel proficit, vel quod deficit. Porro ipsum ut esset, creans gratia fecit ut proficiat, salvans gratia facit ut deficiat, ipsum se dejicit. Ipsum liberum arbitrium nos facit volentes, gratia benivolos. Ex ipso nobis est velle, ex ipsa bonum velle. Simplices nempe affectiones insunt nobis tanquam ex nobis, ut velle, timere ; additamenta ex gratia, ut velle bonum timere et amare Deum. Nec aliud profecto est, nisi quod gratia ordinat quas donavit creatio, ut nihil aliud sint virtutes, nisi ordinatæ affectiones. Affectio autem alia ordinata, alia inordinata ; inordinata, ut voluntas ; unde dictum est : *Nescitis quid petatis* (*Marc*. XI, 33). Ordinatam docebat qui dicebat : *Potestis bibere calicem quem ego bibiturus sum? (Matth*. XX, 22.) Hoc tunc quidem verbo, sed postmodum etiam exemplo, dicens ad Patrem : *Non quod ego volo, sed quod tu vis* (*Matth*. XXVI, 39). Similiter timor inordinatus fuit, quando ibi quidam trepidaverunt, ubi non fuit timor. Timorem ordinatum docebat qui dicebat : *Timete eum qui potest animam et corpus mittere in gehennam* (*Matth*. V, 29). Amor inordinatus ; unde dictum est : *Dilexerunt homines magis tenebras quam lucem* (*Joan*. III, 19). Ordinatus, quem sponsa postulat in Canticis dicens : *Ordinate in me charitatem* (*Cant*. II, 4). Ubi simile invenitur, simile dicatur. Tam alias quam prædictas affectiones accepimus in conditione naturæ, ut essemus aliqua creatura. Earum vero ordinationem in visitatione gratiæ, ut simus Dei creatura. Inde est quod libera voluntas nos faciat nostros, mala diaboli, bona Dei. Quamobrem sentiens Apostolus quid ex natura esset, quid ex gratia exspectaret, aiebat : *Velle adjacet mihi, perficere non invenio* (*Rom*. VII, 18). Sciebat profecto velle sibi inesse ex libero arbitrio ; sed ut ipsum velle perfectum haberet, gratiam sibi necessariam esse. Ad hoc autem duplici gratiæ munere indigemus, videlicet vero sapere quod est voluntatis ad bonum conversio ; et etiam pleno posse, quod est ejusdem in bono confirmatio. Porro perfecta conversio est ad bonum, ut nihil libeat nisi quod deceat vel liceat. Perfecta in bono confirmatio, ut nihil desit jam quod libeat. Tunc demum perfecta erit voluntas, cum plene fuerit bona et bene plena, quod in futura vita exspectamus, ubi erit verum sapere, quantum ad justitiam, verum posse quantum ad gloriam. Verum et plenum addita sunt : alterum ad distinctionem sapientiæ carnis, quæ mors est, itemque sapientiæ mundi, quæ stultitia est apud Deum ; alterum ad differentiam illorum de quibus dicitur : *Potentes potenter cruciabuntur* (*Sap*. VI, 6). Et quoniam, ut dictum est, homo et libertate arbitrii verum sapere vel plenum posse habere non potest ; igitur habet necessarium Dei virtutem et Dei sapientiam Christum, qui ex eo quod sapientia est, verum ei sapere infundat in restauratione liberi consilii ; et ex eo quod virtus est, plenum posse restituat in reparatione liberi complaciti, quatenus ex altero perfecte bonus peccatum jam nesciat ; ex altero plene beatus adversi nihil sentiat ; sed hoc in futuro exspectamus, quando utraque nunc amissa libertas libero arbitrio plenarie restaurabitur : non quomodo justo cuivis in hoc sæculo quantumque perfecto, non quomodo vel ipsis primis hominibus datum fuit eas habere in paradiso, sed sicut eam nunc angeli possident in cœlo.

8. *In tribus libertatibus continetur creatoris imago et similitudo.* — Puto in his tribus libertatibus, scilicet arbitrii, consilii, complaciti, ipsam ad quam conditi sumus conditoris imaginem atque similitudinem contineri ; et imaginem quidem in libertate arbitrii ; in reliquis autem duabus bipertitam quamdam consignari similitudinem. Hinc est fortassis quod solum liberum arbitrium sui omnino defectum seu diminutionem non patitur, quod in ipso potissimum æternæ et incommutabilis divinitatis substantiva quædam imago impressa videatur. Nam, etsi habuerit initium, nescit tamen occasum, nec de justitia vel gratia capit augmentum, nec de peccato sive miseria detrimentum. Quid æternitati similius ? Porro in duabus aliis libertatibus, quoniam non solum ex parte minui, sed etiam ex toto amitti possunt, accidentalis quædam magis similitudo sapientiæ atque divinæ potentiæ imagini superducta cognoscitur. Denique et amisimus illas per culpam, et per gratiam recuperaverimus, et quotidie alii quidem plus, alii minus, aut in ipsis proficimus, aut ab ipsis deficimus. Possent etiam sic amitti, ut jam non valeant recuperari. Possunt et ita possideri, ut nec amitti valeant aliquo modo vel minui. Hujus bipertitæ similitudinis sapientiæ et potentiæ Dei, non quidem in gradu summo, sed qui ipsi tamen esset proximior, homo in paradiso conditus est. Quid enim vicinius ad non posse peccare vel turbari, in quo utique jam sanctos angelos stare et Deum semper esse dubium non est, quam posse et non peccare et non turbari, in quo homo profecto creatus est ? A quo illo per peccatum, imo nobis in illo et cum illo corruentibus, rursus per gratiam non quidem ipsum, sed pro ipso quemdam inferiorem gradum recepimus. Neque enim hic possumus penitus esse sine peccato

seu miseria; possumus tamen gratia juvante nec peccato superari nec miseria. Divinæ igitur similitudinis summum gradum summi angeli tenent, nos infimum, Adam tenuit medium, porro dæmones nullum. Supernis nempe spiritibus datum est sine peccato et miseria perdurare; Adæ autem absque his quidem esse, sed non etiam permanere: nobis vero nec esse quidem absque his, sed tantum ipsis non cedere. Cæterum diabolus et membra ejus, sicut nunquam volunt reluctari peccato, sic nunquam possunt declinare pœnam peccati. Cum igitur istæ duæ libertates, consilii scilicet atque complaciti, per quas rationali creaturæ vera sapientia et potentia ministratur, ita Deo, prout vult, dispensante, quibusque pro causis, locis et temporibus varientur, quatenus in terris modice, in cœlestibus plenarie, mediocriter in paradiso, apud inferos nullatenus habeantur. Libertas vero arbitrii de ipso quoque quo condita est statu aliquatenus non mutetur, sed aliqualiter semper, quantum in se est, a cœlis, terris, inferis possidetur; merito duæ illæ similitudini, hæc imagini deputatur. Et quidem apud inferos quod utraque libertas perierit, illæ scilicet quæ ad similitudinem pertinere dicuntur, Scripturarum testatur auctoritas. Nam verum illic sapere, quod utique de consilii libertate concipitur, omnino non esse locus ille manifestat, ubi legitur: *Quodcunque potest manus tua operare, quia nec opus, nec ratio, nec sapientia est apud inferos, quo tu properas (Eccle.* IX, 10). Et alibi: *In malivolam animam non introibit sapientia (Sap.* I, 4). Porro de potentia, quæ per libertatem complaciti datur, Evangelium sic loquitur: *Ligate illi pedes et manus, et projicite illum in tenebras exteriores (Matth.* XXV, 30). Quid nempe manuum pedumque ligatio est, nisi omnimoda potestatis ablatio? Sed neque in hoc sæculo inveniri etiam posset similitudo, sed adhuc hic fœda et deformis jacuisset imago, si non evangelica illa mulier lucernam accenderet, id est sapientia Dei in carne appareret, everreret domum, videlicet vitiorum; drachmam suam requireret quam perdiderat (*Luc.* XV, 8), hoc est imaginem suam, quæ nativo spoliata decore, sub pelle peccati sordens, tanquam in pulvere latitabat, inventam tergeret, et tolleret de regione dissimilitudinis, pristinamque in speciem renovatam, similem faceret illam in gloriam sanctorum, imo sibi ipsi quandoque redderet per omnia conformem, cum illud Scripturæ compleretur: *Scimus quia, cum apparuerit, similes ei erimus, quoniam videbimus eum sicuti est* (I Joan. III, 2). Et revera cui potius id operis congruebat quam Dei Filio, qui cum sit splendor et figura substantiæ Patris, portans verbo universa, ex utroque facile munitus apparuit, et unde reformaret deformem, et unde debilem confortaret, dum et de splendore figuræ fugans tenebras peccatorum, redderet sapientem, et ex virtute Verbi contra tyrannidem dæmonum potentem efficeret? Venit ergo ipsa forma, cui reformandum erat liberum arbitrium, quia ut pristinam reciperet formam, ex illa erat reformandum ex qua erat formatum. Forma autem sapientia est, conformatio ut faciat imago in corpore, quod forma facit in orbe. Porro illa *attingit a fine usque in finem fortiter, et disponit omnia suaviter* (*Sap.* VIII, 1). Attingit a fine usque ad finem, hoc est a maximo angelo usque ad minimum vermiculum, a maxima creatura usque ad minimam, vel a summo cœlo usque ad inferiores partes terræ. Attingit autem fortiter, non quidem discursione vel locali diffusione, sed substantiali quadam et ubique præsenti fortitudine, qua utique universa potentissime movet et ordinat et ministrat. Et hoc suaviter, id est nulla difficultate, sed placida voluntate; vel attingat a fine usque in finem, hoc est ab ortu creaturæ usque ad finem destinatum a Creatore, sive in quem urget natura, sive quem accelerat causa, sive quem concedit gratia. Sic ergo et liberum arbitrium suo conetur præesse corpori, ut præest sapientia orbi, et hoc fortiter faciat vitiis resistendo, et suaviter in conscientia quiescendo, hoc est non ex tristitia aut ex necessitate, quod est initium, non plenitudo sapientiæ; sed prompta et alacri voluntate, quod sacrificium facit acceptum, quoniam *hilarem datorem diligit Deus* (II Cor. IX, 7).

9. Est etiam sciendum quod inter divinum Spiritum et carnis appetitum tenet quemdam medium locum, id quod dicitur in homine liberum arbitrium, id est humana voluntas, et tanquam in devexo montis latere admodum ardui, inter utrumque pendens; ita in appetitu infirmatur per carnem, ut nisi sedulo Spiritus adjuvet ejus infirmitatem per gratiam, non solum non valeat justitiæ, quæ est juxta Prophetam, *sicut montes Dei* (*Psal.* XXXV, 7), ascendendo de virtute in virtutem, apprehendere culmen; sed etiam de vitio in vitium, sui ipsius pondere devoluta, semper ruat in præceps, non solum lege peccati originaliter membris insita, verum etiam consuetudine terrenæ inhabitationis usualiter affectationibus inolita. Hoc loco potest opponi de verbis Apostoli dicentis: *Video aliam legem repugnantem in membris meis legi mentis, et captivum me ducentem in lege peccati, quæ est in membris meis* (*Rom.* VII, 23). Hæc putari possunt cogere voluntatem, et præripere libertatem. At vero quantiscunque quis intus forisve tentationibus urgeatur, libera semper, quantum ad arbitrium spectat, voluntas erit, quippe nihilominus de suo consensu judicabit; quantum autem pertinet ad consilium, sive complacitum, carnis interim concupiscentia vitæque miseria reluctante, minus quidem se liberam sentit, sed prorsus non malam, dummodo non consentit. Simile est quod solent quidam homines conqueri et dicere: Volo habere bonam voluntatem, sed non possum. Sed hoc nequaquam præscribit libertati arbitrii, ut quasi vim vel necessitatem voluntas in hac parte patiatur, sed plane illa libertate, quæ dicitur a peccato, se carere testatur. Nam qui vult habere bonam voluntatem, probat se habere voluntatem. Non enim vult habere bonam, nisi per voluntatem; quod si voluntatem et

libertatem, sed libertatem non a peccato, sed a necessitate : nempe, ut non valeat cum velit habere bonam, sentit quidem deesse libertatem sibi, sed profecto libertatem a peccato ; quo utique dolet premi non perimi voluntatem, quanquam jam procul dubio utcunque bonam habet, ubi habere vult. Bonum quippe est quod vult, nec posset bonum velle, nisi bona voluntate, sicut nec velle malum, nisi mala voluntate. Cum bonum volumus, bona est voluntas ; cum malum volumus, mala est voluntas : utrobique voluntas, utrobique libertas. Cedit namque voluntati necessitas. Cum autem non valemus quod volumus, sentimus quidem ipsam quodammodo libertatem a peccato esse captivam vel miseram, non tamen amissam. Si opponatur de peccato, quod visus sit Petrus liberum amisisse arbitrium, quando pro timore negavit, jam tunc procul dubio talis erat, quando ab illo quem latere nihil poterat, audivit : *Priusquam gallus cantet, ter me negabis* (*Matth.* XXVI, 75). Illa utique voluntatis infirmitas per incussum timorem nota, non orta, notum fecit qualiter se, qualiter Christum amaverit ; notum autem non Christo, sed Petro. Nam Christus sciebat et ante quid esset in homine. Peccavit non odiendo aut spernendo Christum ; sed seipsum amando. Voluntas siquidem quæ cogi non potest, nisi a scipsa ; nec mutari, ut longe ante dictum est, in aliam voluntatem, ipsa sese coegit. Quod si sese ipsa coegit, compulsa et compellens, ubi amittere, ibi et recipere visa est libertatem. Vim quippe, quam ipsa sibi intulit, a se pertulit. Porro quod a se voluntas pertulit, ex voluntate fuit : quod ex voluntate fuit, jam non ex necessitate, sed voluntarium fuit, si autem voluntarium, et liberum. Quem sua denique ad negandum voluntas compulit, compulsus est quia voluit ; imo non compulsus est, sed consensit ; et non alienæ potentiæ, sed voluntati propriæ, illi utique qua mortem omnimodis evadere voluit. Negavit quidem dolens, non tamen nisi volens. De illis in quibus erat sana voluntas, scriptum est : Occidi possunt, flecti autem nequeunt.

10. *Liberum arbitrium quid agat in homine.* — Diximus quod liberum arbitrium, nulla necessitate vel adversitate sua libertate privetur. Sed tamen licet ita stabile permaneat, sciendum est quod ipsum tantummodo salutem hominis operetur, imo Dei gratia in ipso sive per ipsum. Hic forsitan quæret aliquis, quid in homine agat liberum arbitrium. Breviter respondemus : Salvatur. Tolle liberum arbitrium, non erit quod salvetur ; tolle gratiam, non erit unde salvetur. Opus sine duobus effici non potest ; uno, a quo fit ; altero, cui vel in quo fit. Deus auctor salutis est, liberum arbitrium tantum capax, nec dare illam nisi Deus, nec capere potest nisi liberum arbitrium. Quod ergo a solo Deo et soli datur libero arbitrio, tam absque consensu non potest esse accipientis quam absque gratia dantis, et ita gratiæ operanti salutem cooperari dicitur liberum arbitrium, dum consentit, hoc est dum salvatur. Consentire enim salvari est.

11. *Quid gratia. Deus operatur salutem per creaturas tribus modis.* — Et est considerandum quod gratia liberum excitat arbitrium, cum seminat cogitatum ; sanat, cum mutat affectum ; roborat, cum perducit ad actum ; servat, ne sentiat defectum. Sic autem ista cum libero arbitrio operatur, ut tamen illud in primo præveniat, in cæteris comitetur ; ad hoc utique præveniens, ut jam sibi deinceps cooperetur ; ita tamen quod a sola gratia cœptum est, pariter ab utroque perficiatur, ut mistim, non sigillatim ; simul, non vicissim per singulos profectus operentur ; non partim gratia, partim liberum arbitrium ; sed totum singula opere individuo peragunt. Totum quidem hoc, et totum illa ; sed ut totum in illo, sic totum ex illa. Itaque faciendum [*f.*, fatendum] est, quod non liberi arbitrii, sed Domini est salus. Ipse tamen ad condenda merita nostra, sibi dignatur adhibere creaturarum ministeria, non quibus egeat, sed per quæ vel de quibus proficiat. Operatur ergo illorum salutem, quorum nomina scripta sunt in libro vitæ : aliquando per creaturam sine ipsa, aliquando per creaturam contra ipsam, aliquando per creaturam cum ipsa. Multa profecto fiunt hominibus salubria per insensibilem creaturam, et item per irrationalem, quæ idcirco dicuntur fieri sine ipsa, quod non queat intellectu carens esse inde conscia. Multa quoque saluti utilia facit Deus per malos sive homines sive angelos ; sed quoniam invitos, ideo contra ipsos. Nam, dum nocere cupientes juvant, quantum aliis valet utilis actio, tantum ipsis nocet perversa intentio. Porro per quos et cum quibus operatur Deus, boni sunt angeli vel homines, qui quod Deus vult, et agunt pariter et volunt ; qui enim bono quod opere complent, voluntate consentiunt, opus omnino quod per eos Deus explicat, ipsis communicat. Creatura per quam et sine qua fit aliquid, quid mereri potest ? Quid autem illa per quam et contra quam fit, nisi iram ? Quid autem illa per quam et cum qua fit, nisi gratiam ? In prima itaque nulla, in sequenti mala, in ultima bona conquiruntur merita. Sed fatendum est hæc in illis fieri, quos gratia prævenit. Deus enim hæc tria operatur in nobis, bonum cogitare, velle, perficere. Primum profecto sine nobis, secundum nobiscum, tertium per nos facit. Cavendum autem est, cum hæc intra nos aut nobiscum acitari sentimus, ne nobis, sed soli Dei gratiæ attribuamus. Quid aliud nostra sonant verba, nisi quod Apostolus ait : *Neque volentis, neque currentis, sed miserentis est Dei ?* (*Rom.* IX, 16.) Quod sane non ideo dicit, quasi quis velle aut currere possit in vanum ; sed quod is qui vult aut currit, non in se, sed in eo a quo accepit et velle et currere, debeat gloriari : Quia, o tu homo, *quid habes quod non accepisti ?* (*I Cor.* IV, 7.) Crearis, sanaris, salvaris. Quid horum tibi ex te, o homo ? quid horum non impossibile libero arbitrio ? nec creare qui non eras, nec justificare peccator, nec

mortuus teipsum poteras suscitare. Igitur si recte sapias, triplicem confiteberis operationem, non quidem liberi arbitrii, sed divinæ gratiæ, in ipso sive de ipso. Prima est creatio, secunda reformatio, tertia consummatio. Primo namque, in Christo creati in libertatem voluntatis. Secundo, reformamur per Christum in Spiritum libertatis, deinde cum Christo confirmandi in statum æternitatis. Siquidem quod non erat, in illo creari oportuit qui erat, per formam reformari deformem, membra non perfici, nisi vel cum capite, quod tunc complebitur, cum omnes occurremus in virum perfectum, in mensuram ætatis plenitudinis Christi, quando apparente Christo vita nostra, apparebimus et nos cum ipso in gloria. Cum autem consummatio fieri habeat de nobis, sive etiam in nobis, non autem a nobis ; creatio vero fit et sine nobis : sola, quæ nobiscum quodammodo fit per consensum voluntarium, immerita reputabitur nobis reformatio. Ipsa sunt jejunia nostra, vigiliæ, continentia, opera misericordiæ, cæteraque virtutum exercitia, per quæ utique constat interiorem hominem nostrum renovari de die in diem. In his nempe tribus interior renovatio consistit, rectitudine scilicet intentionis, puritate affectionis, recordatione bonæ operationis, per quam sibi bene conscia memoria enitescit. Quia vero certum est hæc in nobis fieri divino Spiritu, Dei sunt munera. Sed quia cum nostræ voluntatis consensu, nostra sunt merita, a Deo autem voluntas et meritum. Non est enim dubium quin a Deo et velle et perficere pro bona voluntate. Alioquin si recte appelletur, ea quæ nostra dicimus merita, spei sunt quædam seminaria, charitatis incentiva, occultæ prædestinationis indicia, futuræ felicitatis præsagia, via regni, non causa regnandi. Nec in hac re longa disputatione indigemus, cum humana consummatio sit potius inchoatio nominanda, et Paulus dicat : *Si ex operibus, jam non ex gratia* (Rom. xi, 6).

Explicit tractatus de libero arbitrio et gratia, qui si placet, inde HARMONIA *dicatur, quia in ipso diversorum sonorum in unum redacta concordia colligatur. Amen.*

ANNO DOMINI MCXXX

EPISTOLA G. ABBATIS

AD

A. PRIOREM S. VICTORIS MASSILIENSIS

Arguit Massilienses fratres quod mortuum extumulaverint, queriturque quod debitam sibi non impendant reverentiam.

(Ex archivis S. Victoris eruit D. Furnerius, edidit D. MARTENE, ampliss. Collect. t. 1, col. 694.)

A. suo præcordiali amico Massiliensi priori et omni sancto conventui, peccator G. (1), recta sapere, intelligere et opere complere.

Scripsit mihi tua dulcis fraternitas se sincero mentis affectu parvitatis meæ dilectioni quondam inhæsisse, quodque verum esse fateor, multimodas pietati tuæ gratias refero, adjiciens me tibi ejusdem charitatis spontaneam reddidisse vicissitudinem, quod reali argumento facile probari potest, quod nunquam voluntati tuæ contrarius esse volui ; imo forsitan contra quorumdam persuasiones te semper ad meliora informare atque provehere studui. Quod vero scripsisti me te et alios charissimos fratres nostros quasi despectissimos servos dimisisse, salva pace tua dico quod hoc modestius dici posset, quoniam nullatenus vos deserens contempsi, imo semper corde et animo vobiscum sum. Verum cogente necessitatis articulo, corpore tantum non longe secessi a vobis, et negotio vobis noto locum præbere volens, quod corpore præsens facere nequirem. Conquesta est tua dilectio quod non transmisi tibi speciales litteras : quod non fuit, charissime frater, charitatis oblivio, sed rei familiaris assidua occupatio, et præcipue quod laboriosum est mihi scribere, cum visus oculorum meorum aliquantulum ex ægritudine capitis obtenebretur. Propterea quod querimoniæ tuæ, charissime frater, rationabiliter responderet curavi, nec, si placet, verbis meis tuæ benignitatis aures accommodare non renuas, sed sicut pro te et pro aliis conquestus es, ita pro te et pro aliis, perfectionis ad Sanctam Balmam se reclusit, contemplationis exercitiis vacaturus ; quod miror hactenus a scriptoribus prætermissum.

(1) Is est haud dubium Gausselmus abbas, qui unico duntaxat anno præfuisse dicitur in brevi chronico Massiliensi apud Labbeum, quique statim studio

ut universaliter respondeas, justa ratio poposcit. Quæro igitur a te, charissime frater, quo peccato merui contra sanctorum decreta pontificum, et contra omnem ecclesiasticam institutionem, tam crudeli a vestra paternitate feriri sententia, ut ad omnipotentis Dei contemptum et beatæ Virginis Mariæ, deinde ad nostrum dedecus, corpus cujusdam miseri paralytici defuncti in cœmeterio hujus speluncæ a vobis sepeliri prohibetur, et post sepulturam multo sudore fabricatam? Quis vestrum, si alicui injuriæ hic imputari posset, infra capitulum vestrum vel extra me appellavit? vel cujus audientiam vel judicium, sive et regularem correctionem subterfugere tentavi? Quis vestrum potest me notare, ut postquam ad hanc veni speluncam, cupiditatis vitio vinctus aliquid exigerem vel acciperem a defunctis? quo igitur commisso tanta multari merui contumelia, ut sepultura vacua hiatu suo ridiculum transeuntibus præbeat? Certe, charissime frater, aut vos quorum præcepto, ut sanctissimus frater noster dominus Guido testatur, neminem vestrum excipiens, hoc factum est manifeste..... mihi canonicam auctoritatem, cujus fulti præsidio hæc fieri præcepistis, aut ego, antequam sopiatur tam contumeliosa injuria, coram metropolitano circumstantibus suffraganeis episcopis, sanctorum auctoritate canonum probabo vos ordinis vestri incurrisse periculum adjiciendo tunc.... supersedeo. Præterea dic mihi, charissime frater, quis vestrum postquam in hac spelunca pauperrime inclusus sum, excepto W. Biterrensi, proprio compellente negotio, spontaneæ visitationis gratia... sive lætificare sua præsentia voluit? Nescis tu, charissime frater, quod nuper nulla ratione, nullis precibus potui a vestra paternitate impetrare ut transmitteretur mihi Berengarius sacrista citissime reversurus? Breve colloquium valde necessarium fuerat. Et ne....... a vestra beatitudine mihi charitatis janua clauderetur, scit vestra sanctitas quod nullo modo a vobis peccatis meis exigentibus impetrare merui, ut in tam sancto B. Joannis festo mitteretur mihi aliquis ex fratribus ad concelebrandum tantæ solemnitatis officium : sed vix transmissa est mihi cappa curta, vetus et disrupta, sub maxima comminatione ut in crastinum solemnitatis reportaretur, et quod aliquantula, falsa tamen reverentia obstante, per vos ipsos me adhuc ex toto dehonestare erubescitis. Elegistis ex vobis qui mihi frequentes inferendo contumelias, desiderio vestro satisfaciat, domnum videlicet Guidonem, virum illustrissimum, huncque virtutum flore decoratum, cujus vita gloriosa et admirabilis religio non solum nos peccatores circumstantes, verum etiam omne Massiliense monasterium illustrat. Ipsi a vestra laudabili prudentia, ut proprio perhibet ore, injunctum est, ut irritando me ad iram saltem defunctorum corpora...... tumulari prohibeat, quia, vir clarissimus ac veræ obedientiæ amator, quod vere præceptum est, nullatenus facere negligit, sed ad obedientiæ cumulum adjicit plurima derisoria ac contumeliosa verba. Quid enim, charissime frater, ista mihi innuunt, nisi ut dicam cum propheta: *Filios enutrivi et exaltavi, ipsi autem spreverunt me?* Et alibi : Isti labiis me honorant, cor autem eorum longe est a me. Et in Evangelio : Ecce quomodo amabant eum. Sed hæc ad præsens omittenda censeo, quod ad reseranda cordis mei arcana tempus meum nondum advenit, tempus autem vestrum ad me floccipendendum, ad me vituperandum, semper est paratum. Verumtamen, nisi vestra sanctitas circa me caute egerit, ego sanctitatis vestræ servus, qui hactenus contemptus tacui, læsus silui, quandoque sicut parturiens loquar, proindeque fraternitatis tuæ laudabilis dulcedo in proximo B. Victoris festo jubet me venire ad se; non recuso venire, si quis honeste me deducere voluerit, paratus ex toto corde puraque mentis devotione ad honorem Dei et B. Virginis Mariæ et præfati gloriosi martyris, necnon et sanctæ matris nostræ Massiliensis utilitatem, remoto omnino totius amaritudinis zelo, corroborare et confirmare quod melior pars, præeunte Spiritus sancti gratia, elegerit, secundum B. Patris nostri Benedicti præceptum et animarum nostrarum desiderabilem salutem. Si vero, quod absit ! aliqui sinistræ partis contra B. Benedicti normam, sive contra consilium domnorum et fratrum nostrorum Dominum timentium, pravitates suas fovere cupientes aliquid religioni adversum agere voluerint, scito quod ego qualiscunque peccator monachus quondam a vobis catholice electus, et adhuc a nemine depositus, nulli tradam pastoralis officii virgam, imo fortissimus præliator ascendam ex adverso, opponens me murum pro domo Israel, et stabo in prælio in die Domini, clamans cum Legislatore : *Si quis Domini est, jungatur mihi.* Postremo quod laudabilis amicitia tua, sicut quondam fidelis mihi fuit et jucunda, et humiliter obediens, ita in eodem se semper perseveraturam asserit, debitas tibi grates persolvo, et si in aliquo tibi necessarius fuero, necessitudini tuæ ultroneum me offero. Denique reddens vicem tuæ dilectioni, licet tibi specialiter scripserim litteras, tamen si in conspectu omnium fratrum eas legere volueritis, satis mihi placet, hoc tantummodo tuæ discretioni committens, ut simpliciter intelligas et intelligendo prudenter discernas quorum respectu superius scripta querimonia a me sit promulgata, et sicut in prima fronte epistolæ ita et in fine omnes domnos nostros et charissimos fratres per te iterum salvari optamus. Vale, valeant et ipsi, et ut pro me servo tuo omnipotentem Dominum exorare dignentur, flexis genibus humiliter imploro.

ANNO DOMINI MCXXX

DOMNIZO

PRESBYTER ET MONACHUS CANUSINUS

NOTITIA HISTORICA

(FABRIC. *Biblioth. med. et inf. lat. II,* 55)

Domnizo, aliis Donizo, vel Donnizo, presbyter et monachus Canusinus, ordinis S. Benedicti, scripsit *libris duobus* carmine hexametro et magnam partem leonino *Vitam Mathildis* comitissæ, celeberrimæ principis Italiæ, quæ anno Christi 1115 obiit. Edita est primum a Sebastiano Tegnagelio in veterum monumentorum sylloge, Ingolstadii 1612, in-4°; deinde emendatior ex codice Romano in G. G. Leibnitii Scriptoribus Brunsvicensibus, tom. I, pag. 629; denique ex codicibus Padolironensi et Regiensi castigatior, et versibus multis locupletior, cum laudati Leibnitii et clarissimi Muratorii notis in tomo quinto Thesauri Mediolanensis Scriptorum Italiæ pag. 335. Plerisque eorum quæ scribit Domnizo, ipsum interfuisse, et papæ partibus contra imperatorem Henricum IV impensius favere jam notatum Vossio, pag. 773. Nemo autem adhuc protulit quod memorat Sandius, scriptum Domnizonis soluta oratione, in quo de *Theobaldi*, episcopi Aretini, castitate aliisque virtutibus, et nonnulla eadem, quæ in vita Mathildis metro condita leguntur.

[Domnizonis historiam soluta oratione conscriptam ex Lucensi Francisci Mariæ Florentini codice prior evulgavit Leibnitius, tum ex illo Muratorius Rer. Ital. tomi V, pag. 589; ibi vero occurrunt ea omnia de virtutibus et castimonia Theobaldi episcopi Aretini, quæ Sandius hic apud Fabricium adnotavit. Hæc est igitur historia Domnizonis soluta oratione conscripta non quidem ipso Domnizone, sed alio quopiam auctore. Quare non est cur Fabricius dicat a nemine memorari opus illud Domnizonis soluta oratione; non enim commemoratum est, ut a Domnizone confectum, sed ex Domnizone petitum perquam notissimum est. MANSI.]

DOMNIZONIS
VITA MATHILDIS COMITISSÆ.

(Vide Patrologiæ t. CXLVIII, in append. ad Gregorium VII.)

ANNO DOMINI MCXXX

ABBAUDUS ABBAS

NOTITIA

(FABRIC. *Biblioth. med. et inf. lat.*, I, 1)

Abbaudus abbas circa annum 1130, De fractione corporis Christi, contra Petrum Abælardum brevem tractatum edidit. Non aliunde notus.

DOMNI ABBAUDI ABBATIS

TRACTATUS

DE FRACTIONE CORPORIS CHRISTI.

(Mabillon, *Analect.* nov. edit., p. 52.)

MONITUM.

Damnata Berengarii hæresi, ex formula confessionis, ei per Ecclesiam in concilio Romano proposita, de Eucharistiæ sacramento variæ exortæ sunt quæstiones et controversiæ, etiam inter Catholicos, de sensu verborum quibus ista formula proposita est. Una ex his quæstionibus erat circa fractionem corporis Christi. Nonnulli fractionem illam tantum in signo seu symbolo, non in ipso Christi corpore fieri sentiebant, alii contra in ipso corpore fieri contendebant, propter illa verba primæ confessionis Berengarianæ, anathematizantis tanquam hæresim, corpus Christi *non posse sensualiter, nisi in solo sacramento, manibus sacerdotum tractari, vel frangi, vel dentibus fidelium atteri.* Prioris sententiæ auctores in Eucharistia post substantiæ conversionem panis species seu accidentia, in quibus fractio fieret, superesse asserebant: alii negabant, rati (quod hoc loco dicit Abbaudus) albedinem seu rotunditatem ab ipso corpore, quod vel *album vel rotundum est, separari non posse.*

Inter primos non ultimus erat Petrus Abælardus, quem hoc nomine, tanquam hæreticum, adortus est Walterius abbas Victorinus apud Parisios; cujus auctoris libri quatuor exstant in ms. codice Victorino contra *quatuor labyrinthos* (sic ipse vocat) *Franciæ,* id est Abælardum, Petrum Lombardum, Petrum Pictaviensem, et *Gislebertum Porretanum.* Sic vero habet in lib. III, cap. 11, in Abælardum agens: *Demum venit ad Berengarium.* Hic enim hæreticus asserebat in figura et in sacramento totum fieri, nihil in veritate. Postea vero convictus coram Nicolao papa et pluribus episcopis confessus est, etiam et juravit, panem scilicet et vinum post consecrationem, non solum sacramentum, sed etiam verum corpus et sanguinem Christi esse; et sensualiter non solum sacramento, sed etiam veritate manibus sacerdotum tractari, et frangi, et fidelium dentibus atteri. Ecce catholica fides. Iste autem scholasticus sic exponit: « Vere quidem, ait, est, sed in sacramento [id est fractio, *infra*] tantum. » Item ait: « Sane dici potest fractio illa et partitio, non in substantia corporis, sed in ipsa forma panis sacramentali fieri, ut vera fractio et partitio sit sibi, quæ fit non in substantia, sed in sacramento, id est in specie. » Item: « Est ibi vera partio [fractio?] et partitio quæ fit in pane, id est in forma panis. » Item: « Fractio et partes illæ, quæ ibi videntur fieri, in sacramento fiunt, id est in specie visibili. Ideoque illa Berengarii verba ita distinguenda sunt, ut sensualiter, non modo sacramento, sed in veritate dicatur corpus Christi tractari manibus sacerdotum, frangi quoque et atteri dentibus. Vere quidem, sed in sacramento tantum. Vera est igitur ibi attritio et partitio. » Ecce, dum catholicam fidem, nulla prorsus distinctione indigentem, solitis sibi argumentationibus distinguit, alterum se probat Berengarium. Nam, sicut ille asserebat, « Omnia fiunt sed in sacramento tantum, » sic, et hic. Ille vero correctus addidit sacramento et fractioni, attritioni etiam dentium, veritatem quam negabat: iste econtra in omnibus veritatem subtrahit, dum asserit omnia fieri, non in substantia, sed in specie visibili et forma panis et sacramento tantum. At sincera non est hoc in loco Walterii objectio in Abælardum, qui verum Christi corpus in Eucharistia admittebat, sed fractionem atque attritionem non in corpore ipso, sed in specie panis fieri asserebat.

Walterii sententiæ de vera corporis Christi fractione consentit Abbaudus abbas in hoc tractatu, quem ex ms. codice, Christiani abbatis sermones continente, excepimus. Christianus mihi fuisse videtur abbas monasterii S. Petri Carnutensis; at cujus loci abbas fuerit Abbaudus, necdum mihi compertum est, tametsi is, eodem quo Abælardus sæculo, id est undecimo, vixit.

Dominus Jesus Christus *qua nocte tradebatur, accepit panem, benedixit, fregit, dedit discipulis suis, dicens: Accipite et comedite. Hoc est corpus meum quod pro vobis tradetur.* Credo itaque quod panem quem accepit, benedicendo corpus suum fecit. Ideoque corpus suum fregit et de eodem corpore suo jam benedicto et fracto discipulis dixit: *Hoc est corpus meum.* Nec minus firmiter credo *fregit,* quam *benedixit,* quam *dedit discipulis,* quam denique *hoc est corpus.* Sed fortasse quis dicit tunc vere potuisse frangi corpus Domini, quia adhuc mortale erat: nunc non posse, quia jam est immortale. Quid est ergo quod Paulus apostolus ait: *Panis quem frangimus, nonne communicatio corporis Domini est?* Sed movet forte quem, quod non dixit, Corpus quod frangimus, sed *panis quem frangimus.* Attende quid in alio loco dicit: *Probet autem seipsum homo, et sic de pane illo edat, et de calice bibat;* ubi itaque nemo Christianus dubitat eum de corpore et sanguine dicere Christi. Lucas enim in Actibus apostolorum, *Erant,* inquit, *perseverantes in doctrina apostolorum et communicatione panis fra-*

ctionis. Intende, obsecro. Certe idem panis benedicitur, sumitur, distribuitur. Et tamen Apostolus maluit dicere, *Panis quem frangimus,* quam, panis quem benedicimus, sive quem sumimus, sive quem distribuimus. Deinde cum idem panis quotidie Deo in salutem totius mundi offeratur, cur non saltem panem quem offerimus, potius quam panem quem frangimus dixit, cum utique convenientissime dici potuerit? Et evangelista æque cur non potius panem benedictionis-, sive panem communicationis, seu panem distributionis, aut certe panem oblationis, quam panem fractionis posuit? Nempe ubi id potius apostolicus sermo atque evangelicus sua auctoritate roboraret, unde citius dubitari posse constaret: demum fortasse quod et magis congruebat mysterio hujusmodi pronuntiatio.

Namque ipsa Dei sapientia, quæ hoc corpus, unde agimus, animatum sibi in unitate personæ assumpsit, cum in seipsa integerrima maneat, nobis tamen frangitur, cum exponitur: nosque illi spiritualiter communicando, veraciter vivimus Deo. Quo contra de defectu doctorum per Jeremiam plangitur: *Parvuli petierunt panem, et non erat qui frangeret eis.* Sed aliud est, cum de veritate cujuslibet rei secundum proprietatem facti quæritur; aliud, cum facti ejusdem mystica ratio allegorice discutitur. Verbi gratia legitur in Evangelio, quod Dominus post resurrectionem clausis januis ad discipulos ingressus sit. Primo secundum proprietatem facti quæritur, quomodo verum corpus fuit, quod ad discipulos clausis foribus introduxit: deinde mystica ratio ejusdem facti subsequitur, scilicet nisi quod conclusus fuerit hortus, frustra sponsa sponsum exorabit: *Veniat dilectus in hortum suum.* Et, ut apertius atque compendiosius dicatur; nisi contra mundi cupiditates fores cordis tui clausæ fuerint, spiritualis gratia te illustrare non poterit. Verum in hoc loco ubi de proprietate agimus, spiritualem rationem intermiscuimus: quia sapientiam Dei, quæ disponit omnia suaviter, congrue corporalia facta secundum spiritualium rationem ordinare accipimus, Psalmista quoque attestante: *Omnia in sapientia fecisti.* Igitur, secundum fidem Evangelii, quod dixit, *benedixit et fregit;* Apostoli quoque qui dicit, *Panis quem frangimus;* Lucæ etiam evangelistæ qui dicit, *Panis fractionis :* contestante nihilominus spirituali ratione fultus, corde credo, ore confiteor ad salutem, quia veraciter corpus Christi manibus frangitur sacerdotis.

Hic mihi forte insultatur ab illis qui noverunt Christum a dextris Patris sedere non utique dimidium aut debilem, sed totum integrum. Quasi vero Apostolus cum diceret, *panem quem frangimus, communicatio corporis Domini est,* oblitus fuerit de quo toties memoraverit, quod sedet ad dexteram Patris; oblitus fuerit de quo cum tanta constantia dixit, quod *resurgens a mortuis jam non moritur, mors illi ultra non dominabitur.* Quomodo ergo de uno eodemque corpore quæritur, quod integrum maneat in cœlo, et frangatur in terra? Hic maxime apparet quod superius dixi, ideo Apostolum et evangelistam verbum fractionis præcipue posuisse, ut hoc sua auctoritate firmaretur, unde facilius cor humanum dubitaret. Valde enim sibi ipsi adversa videtur assertio, cum de uno eodemque corpore prædicatur, quod integrum maneat et frangatur. Sed has angustias non patitur humana inopia: divinæ autem potentiæ metas præfigere non valet humana infirmitas, etsi conetur temeritas. Quæ enim impossibilia sunt apud homines, possibilia sunt apud Deum. Alioquin nunquid hoc solum de Christi corpore asseritur humanæ rationi contrarium, et juxta legem humanorum corporum impossibile? Nonne de eodem corpore asseritur, quod per nativitatis suæ mysterium ad humanos oculos clauso utero Virginis exivit, et ad discipulos ejus per resurrectionem clausis januis introivit; seque ipsum et palpabile et tamen incorruptibile demonstravit? Ecce tria, ut hoc jam non sit solum, sed quartum eorum quæ ratio non comprehendit; fides tamen divinæ potentiæ concedit. At alii quidem unusquisque quid sentiat, videatur: mihi autem pium et bonum est sentire, quia illud corpus, quod magna illa et nimis incomprehensibilis sublimitas Deitatis suum proprium esse voluit, ineffabili quadam ac singulari atque divina potentia non solum mortalia, sed etiam immortalia ac cœlestia corpora longissime excellat. Cæterum de illo corpore secundum legem aliorum corporum rationari velle, viventem cum mortuis quærere est. Desinat ergo homo, qui proprii corporis infirmitates investigare atque enumerare non sufficit, de Dei corpore alta sapere; discat humilibus consentire. Meminerit quod quidam sapiens cum de eo loqueretur, dixit: *Et in pluribus operibus ejus non fueris curiosus.*

Verumtamen ponamus aliquem concessisse, quod vere non frangatur corpus Christi ut videamus qui fructus inde nascatur. Dic ergo mihi, obsecro te, unde potero scire quod verum loquatur evangelista, cum dicit: *Hoc est corpus meum,* si fefellit quando dixit, *fregit?* Identidem si mentitur Apostolus dicens, *Panis quem frangimus,* unde credam ei quod verum dicat, quando sequitur, *communicatio corporis Christi est?* Itaque qui vere frangi corpus Christi non concedit, totam fidem tanti sacramenti, quantum in se est, fregit. Sed absit, ut evangelica atque apostolica falsa credantur! absit ut impossibile credatur apud Deum omne verbum!

Dicat aliquis non omnia divinæ potentiæ ascribenda; rationis acie multa investiganda. Ego cum Apostolo nunc cognosco ex parte, exspectans, ut cum in Galilæam venero, ibi eum videam facie ad faciem. Si quis tamen humile pusilli consilium non aspernatur, hoc divini corporis mysterium nullatenus ratione discutiat, sed evangelicæ auctoritati sine dubitatione credat. Abscondit hæc a sapientibus Dominus et prudentibus, et revelavit ea parvulis. *Averte,* inquit, *oculos tuos a me; ipsi me avolare* fecerunt. Putaveram et ego quondam parvulus, nullo unquam intellectu ex quantulacunque parte attingi posse, qualiter panis terrenus in corpus Christi verteretur : tantum autem ex divina potentia firmissime credendum, et nullatenus rimandum decreveram. Postea vero Deus meus illuminavit tenebras meas ut viderem, licet per speculum et in ænigmate, quod, antequam vidissem, firmissime credideram. Ait enim propheta : *Nisi credideritis, non intelligetis.* Ita et de hoc quod modo habemus in manibus, non video quomodo unum idemque corpus et frangatur, et integrum maneat : sed tamen certissime credo. Potens est enim Deus facere omnia superabundantius quam petimus aut intelligimus : ut quod non video, et credo, quandoque videam et gaudeam. Beati enim qui non viderunt et crediderunt. Verumtamen, ne cui ad incredulitatem proficiat tam molesta et violenta contrarietatum dissensio, cum unum idemque corpus frangi et integrum manere astruatur, putetque nil tale in Scripturis posse reperiri : attendat quid in Evangelio Lucæ scriptum sit. *Non est,* inquit Jesus, *mortua puella, sed dormit.* Et mox evangelista : *Et deridebant,* inquit, *eum, scientes quia mortua est.* Ecce qualis contrarietas. Si enim secundum Jesum mortua non erat, quomodo eam mortuam esse sciebant? Nam si mortuam, cum non esset, putabant, aliud est profecto putare, aliud scire. Quod si pro certo tenebant mortuam esse quæ vivebat, errare hoc erat, non scire : ac per hoc aut mortua erat, et contraria Veritati. Veritas locuta est, dicens : *Non est mortua :* aut Veritas verum dixit, et evangelista falsum, *scientes,* inquiens, *quia mortua est.* Sed neuter horum recipitur. Et certe majorem contrarietatem habet, aliquem mortuum esse et non esse, quam frangi quid et integrum manere. Multo enim facilius est fractum reintegrare, quam mortuum suscitare. Hoc enim hominis aliquoties, illud vero semper solius Dei est.

Recurritur ergo ad alium Evangelii locum, ubi Dominus de mortuis loquens, *Non est,* inquit, *Deus mortuorum, sed vivorum. Omnes enim vivunt ei.* Nota quod non dixit absolute *vivunt,* sed *vivunt ei,* scilicet non negans hominibus esse eos mortuos, sed Deo. Æternitas enim cui, quæ futura sunt, facta sunt; cui etiam omnium rerum consummatio jam nota est, cum sibi libet, non secundum eam instabilitatem de rebus loquitur, quam nunc de naturali sua mutabilitate patiuntur : sed, secundum eum statum, quem de immutabilitate Creatoris sui in æternum mutuabuntur. Bene ergo de mortuis, si tamen post resurrectionem in æternum cum Deo victuris dicitur : *Omnes vivunt ei,* quia ille immortalitatis status incommutabiliter eos manet : mors vero, quæ eos nunc temporaliter tenet, aliquando non esse habet. Et puellam, quam non morti dimittere, sed vitæ reddere disponebat, non immerito mortuam negat qui semel et simul omnia fecit, quæ nec semel nec simul fieri temporis ratione permittuntur.

Vide ergo ne forte similiter dici possit, quod nobis frangitur, Deo integrum manere. Qui enim de corporibus servorum suorum locutus est, dicens : *Capilli capitis vestri omnes numerati sunt; et capillus de capite vestro non peribit;* cum secundum nos pene omnes capilli perierint, mirum sit apud eum aliqua proprii corporis particula quamlibet minuta possit perire : cum tamen idem corpus in multas partes frangendo dividatur, et a multis comedatur. Ei ergo corpus suum semper integrum est, cujus providentia nulla ejus particula perire potest. Et apud nos quidem localis divisio fractionis comprobatio est, quia membrum quod a se invicem disjunctum et localiter divisum videmus, fractum esse tenemus. Porro apud Deum, sicut veraciter dictum est, secundum tempus mille anni sicut dies unus, et unus dies sicut mille anni : ita æque veraciter dici potest, secundum locum mille, sive quot vis aut certe omnia loca, apud Deum, quasi unus locus. Ei quippe, qui semper ubique totus præsens est, localis absentia nil absentare, localis longinquitas nil longinquare, localis divisio nil potest dividere. Quod ergo apud nos fractum est, quia localiter divisum est, apud Deum integrum manet, cui omnia loca unus locus est. Quod cum etiam de aliis rebus corporalibus dici possit, quanto magis de illo corpore, quod personaliter illi substantiæ conjunctum est, quæ semper ubique tota præsens est? quod ob id solum, et cum frangitur integrum manere non usquequaque improbabiliter possit asseri, quia miro et ineffabili modo unum cum illa substantia factum est, et unum cum illa etiam in ipso tempore fractionis suæ manet, quæ nullam ullo modo fractionem recipiens, semper integerrima manet; qui est ipsa semper infracta et indivisa deitas.

Potest et ob aliud. Apud nos quippe membrum quod fractum et a corpore suo divisum est, mortuum esse constat. Illius vero corporis etiam fracti quælibet particula non modo viva, sed etiam vita est, si quis fideliter accipit. Quod ergo vim et plusquam vim integri obtinet, etiam cum frangitur, integrum jure dici potest. Hæc tamen non ita dixerim, ut per me tantum mysterium revelatum, tanta quæstio soluta videatur : hoc tantum effecerim, ne ipsa fractionis et integritatis assertio omnino absurda judicetur. Dicatur hinc melius a melioribus, et doctius a doctioribus. Utinam audirem ab aliquo certissimam tanti mysterii declarationem!

Superius sane fractionem Dominici corporis evangelica atque apostolica auctoritate defendimus; testimonium oculorum nostrorum interim omisimus. Revera enim certius est testimonium evangelicæ veritas quam visio oculorum nostrorum. Facilius quippe concedimus ut oculi nostri fallantur, quam ut Evangelium mentiatur. Verumtamen ipse Dominus noster Jesus Christus, quando beatus Thomas de ejus resurrectione dubitavit, non tam propheticis testimoniis quam propriorum oculorum ei satisfecit. Non igitur penitus mihi videtur contemnendum oculorum nostrorum testimonium. Urgendus est igitur qui negat corpus Domini frangi, utrum illud, quod in altari sacramus et frangimus, credat esse corpus Christi. Si concesserit, fractioni corporis Christi non contradicit. Si negaverit, judicet quisque fidelis, si ille fidelis judicandus sit : videat ipse cui credere velit, qui nec auctoritati evangelicæ, nec propriis oculis credit. Nos vero cum discipulis cognoscamus Dominum in fractione panis.

Cogitaveram et illis aliqua respondere, qui dicunt ipsum corpus non frangi, sed in albedine ejus et rotunditate aliquid factitari ; sed recogitans ineptum esse in Evangelio Christi de albedine et rotunditate disputare, amaturis talia auribus dimovens, dialecticis aut certe pueris talia permisi, præsertim cum quivis facile videat albedinem seu rotunditatem ab ipso corpore, quod vel album vel rotundum est, separari non posse, ita ut ab ipso non fracto hæc per se singulariter non frangantur. Et revera quid opus cuique fideli in fide sua hac circuitione verborum? Pure et simpliciter profiteatur, quisque quidem credat, utrum vere corpus Christi manibus sacerdotum frangatur necne. Rogo sane ne quis me præsumptionis judicet, quod de tanta re tantillus scribere præsumpserim ; qui, cum non recte credere creditus sum, non potui fidem meam qualicunque sermunculo non defendere.

ANNO DOMINI MCXXX

BRUNO
ARGENTINENSIS EPISCOPUS.

NOTITIA

(*Gall. Christ.* nov., V, 797)

Bruno antea præpositus Haunogiensis, quo nomine vini venditionem instituit an. 1104, ex canonico deinde Babenbergensis Ecclesiæ, electus fuit in episcopum Argentinensem an. 1123, loco Cunonis depositi, ex archivo canonicorum Honaugiensium. Subscripsit an. 1125 chartæ Henrici V imperatoris, fortasse pro Luxovio, subscriptus enim legitur B. episcopus Argentinensis chartæ ejusdem imperatoris pro Luxovio, v Kal. Julii, anno 1123, ind. xiii, ubi legendum 1125, indict. iii. Sane hoc anno, v, vel vi Kal. Jan. subscripsit apud Argentinam privilegio quod imperator Henricus S. Blasii monasterio concessit. Anno seq. 1126 Bruno et Eberhardus, qui Brunoni successit, de episcopatu Argentoratensi contendebant, ex charta de fundatione et dedicatione monasterii S. Joannis prope Tabernas diœcesis Argentoratensis, nimirum Bruno, incertum qua ratione, depositus fuit, et in ejus locum substitutus ab imperatore Lothario Eberhardus.

BRUNONIS EPISTOLA
AD GERHOHUM PRÆPOSITUM.

(R. P. Bernardus Pez, *Thesaur. Anecd. nov.*, tom. I, part. ii, pag. 221.)

Domino G. præposito, viro religioso et erudito, B. peccator, edere de manna abscondito.

Inter pressuras graves et varios tumultus mundi labentis et suos dilectores secum volventis, quantum licuit, scripta vestra aspexi ; zelum vestrum, studia vestra, agonem et eruditionem adverti, et quod regina Austri de rege Salomone dixit, de vobis veraciter et fiducialiter pronuntiandum judicavi. Videlicet, quod minor est fama quæ de vestris laudibus loquitur, quam thesaurus sapientiæ qui propius accedenti et altius fodienti manifestatur, Joannes Baptista Agnum Dei secundum aliquid sciebat et demonstrabat; et secundum aliquid nesciebat quod per columbam descendentem et manentem super eum cogniturus erat. Utique mihi tale aliquid circa vos accidit, quia vos cognoscebam, sed nec talem, nec totum. Scriptis igitur vestris, quamvis raptim et in superficie gustatis, multo et ardenti desiderio exoplo scriptorum vestrorum mihi gratiam, pariter et vestram præsentiam dulcissimam exhiberi: ut, quæ clausa sunt, vel quæstionem afferre videntur, mutua collatione et amica collocutione, quasi quibusdam clavibus aperiantur. Incolumitatem vestram et omnium vobiscum id Christo degentium, memorem nostri omnipotens Deus longo tueatur ævo.

ANNO DOMINI MCXXXI

FRIDERICI
COLONIENSIS ARCHIEPISCOPI
EPISTOLÆ ET DIPLOMATA

(D. Martene, *ampl. Collect.* I, 661, 674, 681)

I.

Epistola Friderici archiepiscopi Coloniensis ad clerum Leodiensem.—Increpat eos, quod præcipiti electione, admissis etiam in suo conventu excommunicatis, in Alexandrum vota sua contulerint, eosque ad suum citat tribunal ad Indam monasterium.

(Anno 1121.)

[*Ex ms. S. Laurentii Leodiensis.*]

F., gratia Dei sanctæ Coloniensis Ecclesiæ humilis minister, toti clero qui Leodii est, scrutari testimonia Domini ut in toto corde exquirant eum.

Litteras vestras, ad nos per fratrem Nicolaum directas, paterno affectu recepimus, qui in his et nostram desiderare videmini præsentiam, et tanquam filii obedientiæ nostro corrigendum obtulistis consilio, si quid vestro excessistis arbitrio. Unum vobis notum fieri volumus, quia ad vos descendere et debita pietate vobis consulere parati fuissemus, si excessus vestros tam manifestos, tam contrarios decretis sanctorum canonum nostræque auctoritati et vestræ saluti non perspexissemus. Defuncto enim beatæ memoriæ domno Frederico episcopo vestro, litteras consolatorias vobis direximus, desolationem vestram paternis lacrymis deplorantes, et ut in Domini consolatione spem vestram defigeretis affectuose vos exhortantes. Sed, quia tunc temporis occupati tenebamur magnis Ecclesiæ et imperii negotiis, ut vestram ad nostrum consilium et reditum differretis electionem debita auctoritate monuimus, quia vestræ pusillanimitati et temporali paci et nihilominus canonica electione consultum esse volumus. Vos autem interim divinæ institutioni, et nostræ admonitioni non acquiescentes, in conventum vestrum multitudinem eorum qui vestra petitione a domno papa, a nobis, a vestro etiam episcopo excommunicati habebantur, admisistis, ibique nostræ auctoritati præjudicantes, communicato cum excommunicatis consilio, ea quæ destruxeratis reædificando, quod sine gravi dolore loqui non possumus, vos ipsos prævaricatores, excommunicatorum consortio contaminatos constituistis. Habemus quidem hujus miserabilis culpæ evidens argumentum, litteras vestras tam Coloniensi Ecclesiæ quam veneralibi vestro (1) Andreæ missas, in quibus (2) Alexandrum dominum et episcopum vestrum vos recepisse satis inconsiderate significastis, et ad cumulum inexcusabilitatis vestræ conspirativa confœderatione subjungendo affirmastis, nullum vos velle vel posse contra eum recipere consilium. Quod si in hoc conspirastis, utquid quæritur descensionis ad vos vel consilii nostri præsentia? Utquid ore et scriptis vestris frequens et assidua nobis demandatur obedientia, quam destruit conspirationis hujus, ut asseritis, fixa cordibus vestris insolentia? Miramur et non parum miramur quomodo vos scribendo appellatis totam Leodiensem Ecclesiam. Nam, ut taceamus de archiepiscopi dignitate, qua membrum excellentius debemus esse Leodiensis Ecclesiæ, fraternitatis nostræ dilectio, quæ hactenus particeps et socia fuit tribulationum vestrarum, contemptuose videtur repudiata. Si iterum Ecclesia, quorsum ivit; sed Deus, qui superbis resistit, humilibus autem dat gratiam, non Alexandrum ambitiosum, sed Alberonem humilem, Metensem primicerium, Godefridi ducis Lovaniensis fratrem, in sede Leodiensi sublimavit.

---

(1) Majori præposito, qui postea Trajecti fuit episcopus.
(2) Hic Alexander, ut supra vidimus, mortuo Otberto pecunia episcopatum obtinere voluerat, quem extincto veneno S. Friderico, iterum amb-

excluditis eam quam tantum cognoscimus et fatemur Leodiensem Ecclesiam? Præpositum Andream, et archidiaconos (3) Henricum et Stepponem, magistrum Stephanum et religiosos abbates (4), aliosque qui, licet locorum diversitatibus disjuncti, tamen in unitate spiritus vobiscum sunt fratres. Hos procul dubio Leodiensem Ecclesiam testatur bonæ simplicitatis obedientia, et persecutio quam passi sunt, et quotidie patiuntur pro justitia. Sed et hoc reticere non possumus, quod contra sanctorum canonum statuta, neglecto, imo contempto chrismate anni præsentis et oleo, de veteri plures annos reservato, per quorumdam vestrum archidiaconatus adhuc fiunt unctiones a sacerdotibus, contra canones et nostram auctoritatem, per inobedientiam cum excommunicatis divina celebrare præsumentibus. Longum est enumerare quot et quantis excessibus Domini provocastis longanimitatem, et in nostram præsumptuose egistis auctoritatem; quia non solum ab Ecclesia Dei vos alienastis, sed et eos qui sincere nobiscum usque nunc permanserant, in prævaricationis vestræ consortium pertraxistis. Quia ergo his excessibus tam manifestis et Deo odibilibus non debetur paternæ consolationis visitatio, sed magis infigenda est condignæ severitatis increpatio; ad sedem Coloniensem, cui tam grave intulistis præjudicium, vos invitamus, ut si excessus vestros sicut scripsistis, nostro corrigere volueritis consilio, exemplo Patris evangelici, prolem quæ perierat gratanter recipiamus, sub utriusque, Coloniensis videlicet et Leodiensis Ecclesiæ quæ nobiscum est, testimonio. Verumtamen ex superabundanti, si vestra hæc efflagitat humilitas, apud Sanctum Cornelium Indæ (5) cum filiis prædictarum Ecclesiarum vobis occurremus IV Nonas Septembris, parati misericorditer recipere in spiritu lenitatis et correctos instruere. Et quoniam Alexander per Godescalcum Trajectensem clericum obedientiam et subjectionem nobis præsente Ecclesia demandavit, et se velle de omnibus suis excessibus nostro acquiescere consilio per eumdem nobis insinuavit, III Nonas Septembris nos [in prædicto commoraturos cœnobio eidem remandavimus, ut si forte velit aliquid rationabiliter deferre, ad aures Ecclesiæ, audiatur. Si quis autem inter vos habet zelum Domini, eumdem admonere,

(3) Hic corrigendus Brusthemius, qui inter perfidos fautores Alexandri Henricum archidiaconum numerat et Repponem sive Stepponem. Hujus loco legendum forte Emmonem, qui ibidem inter Fredericianos collocatur.
(4) Rodulphum S. Trudonis et Heribrandum S. Laurentii Leodiensis.
(5) Monasterium ordinis S. Benedicti duabus horis ab urbe Aquisgrano distans, fundatum a Benedicto abbate Anianensi, Ludovici Pii imperatoris confessore, in quo S. Cornelii papæ caput asservari creditur.
(6) Moguntina nationali anni 888, qua scilicet cautum est : *Ne ecclesiæ antiquitus constitutæ, decimis aut aliis possessionibus priventur, et novis oratoriis attribuantur.* Ea in synodo confirmata Corbeiensium et Herivordensium privilegia solemni decreto, cui

arguere, increpare, obsecrare, orare non dissimulet, ut sibi ipsi propitius parcat Christi Ecclesiæ, ne incipiat infamis haberi, toties per domnum apostolicum, per nos, per suum episcopum ejectus a sanctæ matris Ecclesiæ liminibus. Plures enim repulsæ personam ejus infamem sicque reddunt Ecclesiæ notabilem, ut non solum id quod male nititur non apprehendat, sed et honoris et ordinis periculum subeat, quod adhuc retinere ex affectu maternæ pietatis Ecclesiæ mansuetudo tolerat. Hæc vobis, fratres charissimi, scribimus in spiritu charitatis, non ut vos confundamus, sed, sicut per priores litteras præmisimus, ut tam spirituali quam temporali pace consolandos ad sinum unitatis Ecclesiæ reducamus.

II.

Diploma Friderici Coloniensis archiepiscopi pro Corbeia Nova. — Confirmat ei decimas de mansis dominicatis in suo episcopatu, olim in solemni concilio tempore Arnolfi imperatoris concessas.

(Anno 1120.)

[*Ex ms. Corbeiæ novæ.*]

In nomine sanctæ et individuæ Trinitatis. Notum fieri volumus tam præsentis quam futuri ævi fidelibus, quod venerabilis abbas Corbeiensis Erckenbertus pro infestatione quorumdam contra se et monasterium suum noviter exorta, patrocinium nostrum adiit, orans ut privilegium ei pro confirmandis decimis quæ monasterio ipsius de dominicatis mansis in episcopatu nostro ab antiquis temporibus solvuntur, concederemus juxta consensum et subscriptionem Williberti archiepiscopi Coloniensis ad [*f. ac*] decem et novem episcoporum, qui in synodo (6) tempore Arnolphi imperatoris convenerant et juxta concessionem omnium successorum ejus, cujus rationabili petitioni ego Fridericus Dei gratia Coloniensis archiepiscopus, tam pium quam justum consensum exhibens, hoc ei auctoritatis nostræ chyrographum, tam ad innovanda quam roboranda priorum auctoritatum instituta fieri præcepi; in quo non solum subscriptionem prænominati archiepiscopi cæterorumque archiepiscoporum in synodo prædicta congregatorum, sed etiam omnium antecessorum meorum concessionem ratam esse decrevi, recognoscendo et permittendo Ecclesiæ ipsius deci-

subscripsere cum Williberto Coloniensi episcopi novemdecim. Horum nomina quia nec a Labbeo et Cossartio in Conciliis generalibus, nec a Sirmundo, Serrario et aliis reperta sunt, ex ipso decreto in Annalibus Paderbornensibus edito hic producimus. Fulco Rhemensis, Willibertus Agrippinensis, Thiadmarus Salzburgensis, Redbodo Treviensis, Joannes Rothomagensis archiepiscopus, Hildegrimus Halberstadiensis episcopus, Adalcarius Hamaburgensis archiepiscopus, Arn. Virtzburgensis, Liawardus Vercellensis; Rodbertus Metensis, Adalhelmus Wurmacensis, Godethaneus Spirensis, Wicbertus Hildinesheimensis, Deth. Virdunensis, Dodilo Cameracensis, Honoratus Belvacensis, Herdilo Noviomagensis, Balthramnus Stratzburgensis, Waldo Frisingensis, Thiadulphus Curacensis episcopi.

mas quas in episcopatu Coloniensi ante tempora possedit, præcipue quas Lachem dominicali suo vel in Rheno vel in aliis dominicatis mansis tenuisse dignoscitur, de quibus injustam et insolitam contradictionem adversum se moveri querebatur. Cui auctoritatis nostræ decreto ut amplior fides et reverentia exhibeatur, et ipsorum quibus traditur defensioni magis astipuletur, tam sigilli nostri impressione, quam banni nostri tremenda animadversione, irrefragabilo robur addidimus. Sancimus etiam et decernimus in virtute et in nomine Patris, et Filii, et Spiritus sancti, ut ex auctoritate beatissimi Petri apostolorum principis, ut præsens testamentum omnibus sæculis immutabile et inconvulsum permaneat, violatores ejus anathematis et æternæ maledictionis districtione, nisi resipuerint, ferientes, conservatoribus vero et defensoribus ejus perpetuæ remunerationis spem certam promittentes. Actum est hoc et in celebri curia et conventu Goslariæ confirmatum, anno singularis nativitatis millesimo centesimo vigesimo, indictione septima, imperante Heinrico quinto Romanorum imperatore Augusto, præsidente sedi apostolicæ domino Calisto, anno nostri episcopatus nono decimo, Corbeiensis Ecclesiæ currum aurigante Erckenberto reverendissimo abbate feliciter.

III.

Diploma Friderici Coloniensis archiepiscopi pro monasterio Grosschatensi.

(Ex autographo)

In nomine sanctæ et individuæ Trinitatis. FRIDERICUS, divina favente clementia sanctæ Coloniensis Ecclesiæ archiepiscopus.

Sacrarum Scripturarum commonemur auctoritate, et prædecessorum nostrorum hujus sanctæ sedis Coloniensis archiepiscoporum erudimur exemplis, loca sanctorum et cœnobia fratrum manu charitatis visitare, ut pio prædecessorum nostrorum fundamento aliquid superædificantes, apud summum pastorem præmii ipsorum inveniamur consortes. Hoc studio cœnobium Grafscaph a domno Annone felicis memoriæ archiepiscopo fundatum visitantes, quædam de nostris possessionibus ad usus fratrum prædictæ ecclesiæ contulimus, sperantes cum ipso ejusdem loci fundatore portionem in terra viventium obtinere. Unde cum infra terminum curiæ nostræ Badelich quidam Jalen nomine, allodium suum abbati Wichberto prædicti cœnobii vendidisset, nos idem allodium S. Alexandro (6*) confirmavimus, adjicientes ecclesiæ quidquid ex jure nostro prædictus Jelen habuit in communione omnium utamini, quibus sub nostra potestate degentes habent perfrui. Præterea cum tres libras et dimidium decimationis Sosatii obtineret ex dono venerabilis nostri prædecessoris domni Annonis sæpedicta ecclesia, et locationem ejusdem decimationis usurpasset sibi villicorum injusta violentia, locationem ei resignavimus, et ne amplius ea privetur, debita auctoritate confirmavimus. Sed et decimam de vinea Thielbach, quam prædecessor noster domnus Sigewinus in dotem ecclesiæ Grafchapsensi in die consecrationis ejus contulerat, ab ipsa ecclesia per villicos de Bacharach alienatum restituimus, et ut vinea seu decimatio perpetua libertate fratribus conservetur, pari auctoritate stabilivimus. Et ut hæc præscripta sine omni inquietudine possideat præscripta Grafchaphensis ecclesia, seu et illa quæ contulit eidem sæpius recolendæ memoriæ domni Annonis munificentia, B. Petro collata potestate, et banni nostri confirmavimus auctoritate. Conservatoribus quæ nec oculus vidit, nec auris audivit pollicentes gaudia, et injustis calumniatoribus seu invasoribus comminantes gehennæ supplicia, ubi vermis eorum non moritur, et ignis non exstinguitur. Et ut hæc nostræ traditionis confirmatio ad posterorum transeat inconvulsa notitiam, præsentis privilegii astipulatione et sigilli nostri impressione corroboramus, subscribentes etiam jura et possessiones quas piæ memoriæ domnus Anno contulit eidem ecclesiæ, quas itidem confirmamus eadem quam præfati sumus auctoritate. Hæc autem nostra confirmatio Coloniæ est acta præsentibus et assensum præbentibus multis B. Petri fidelibus et honestis personis, quorum nomina in hujus confirmationis testimonium adnotari dignum duximus. Præpositi Henricus de (7) Domo S. Petri, Ekkebertus decanus ejusdem loci, Godefridus de S. Severino, Henricus de SS. Apostolis, Theodericus de S. Maria in Gradibus. Abbates (8) Gerhardus de S. Pantaleone, Albanus de S. Martino, Rupertus Tuitiensis et Cuno Sigebergensis. Liberi Hermannus ejusdem ecclesiæ advocatus, et filius ejus Gerhardus, et Thietmarus, Gerhardus comes Juliacensis, Engelbertus de Kent. Ministeriales sancti Petri Herimannus Sancti Petri advocatus, Almarus, Henricus de Aldentorph et multi alii.

Hæc autem sunt possessiones Grafchafensi cœnobio collatæ a munifico fundatore suo domno Annone, ecclesiæ Worumbach, etc.

IV.

Epistola Friderici archiepiscopi Coloniensis ad Mediolanenses. — Hortatur ad resistendum Ecclesiæ inimicis.

(Ex ms. S. Germani a Pratis.)

Consulibus, capitaneis, omni militiæ, universoque Mediolanensi populo, FRIDERICUS Dei gratia Coloniensis Ecclesiæ humilis minister, viriliter agere

---

(6*) Id est monasterio Grafchatensi, quod in honorem S. Alexandri conditum est.

(7) Id est de ecclesia cathedrali S. Petro dicata, quæ hactenus domus Gallice *le Dôme* vocatur.

(8) Hinc emendabis Bucelinum in *Germania sacra*, qui administrationis Gerardi abbatis S. Pantaleonis initium consignat anno 1158. Nam cum Fridericus archiepiscopus, hujus diplomatis conditor, obierit anno 1131, prævertendum est necessario initium abbatialis dignitatis Gerardi.

et confortari in Domino et in potentia virtutis ejus.

Magnus Dominus et laudabilis nimis in hac Dei quæ condecoratur gloriosa libertate, ideoque in exsultatione universæ terræ fundatur, dum quibuslibet injustis potestatibus prosterni dedignatur. Hæc itaque gloriosa cum per universum orbem de te sint dicta, civitas Dei inclyta, conserva libertatem, ut pariter retineas nominis hujus dignitatem, quia quandiu potestatibus ecclesiæ inimicis resistere niteris, veræ libertatis auctore Christo Domine adjutore perfrueris. Firmet ergo vestram constantiam, carissimi, prædicanda æquitas et a patribus vestris usque ad nos deducta nominis dignitas, insuper nostra omniumque honorum applaudens unanimitas. Quicunque enim sumus Lotharingiæ, Saxoniæ, Thuringiæ, imo totius Galliæ principes ad dilectionem vestram sumus unanimes: quia sicut in uno regni corpore sociamur, ita in eadem justitia, eadem legum libertate, una vobiscum vivere parati semper inveniemur. Porro si auxilio vel consilio nostro egueritis, qualiter id velitis fieri, discretionis vestræ ordinet prudentia, ad quod exsequendum promptissima invenietur nostra diligentia. Ergo quidquid vobis in commune placuerit, nobis desideramus rescribi, non quidem vobis diffidentes, sed in responsis vestris jocundari volentes, ut quod corporali hoc tempore fieri nequit præsentia, saltem tuo beneficio nobis exhibeat epistola, cujus est officium absentes quasi præsentes efficere, et inter amicos tam dulcia quam secreta colloquia miscere. Valete. Cæteras civitates quæ vobiscum sunt, confortate in Domino.

V.

Epistola Frederici Coloniensis archiepiscopi ad Ecclesiam Leodiensem. — Mandat ne intrusum per Simoniam nominatione regia in sede Leodiensi recipiant.

(*Ex ms. S. Trudonis.*)

F., Dei gratia sanctæ Coloniensis Ecclesiæ humilis minister, Leodiensis Ecclesiæ archidiaconis, præpositis, decanis, scholasticis, cantoribus, omnibusque catholicis, a proposito sancto nullius necessitatis occasione declinare.

Ex autoritate evangelica, necesse est ut veniant scandala, ut dum revelatur filius perditionis, manifesti fiant et probati, quotquot præordinati sunt in sortem supernæ retributionis. Unde fraternitatem vestram præmonentes, pia sollicitudine monemus, obtestamur et præcipimus ex debito sanctæ obedientiæ, ne recipiatis . . . . . . regiæ intrusionis violentia, sub nomine designati episcopi ad vos venientem: quia temeraria invasione sedem nostram, quantum in ipso fuit, privavit archiepiscopali honore, vosque contempsit, quibus imponi voluit sine canonica electione, non veritus prævenire Simoniaca ambitione inducias electionis vestræ denominata die præordinatas, quas et vestra Ecclesia expetiit, et sedis nostræ auctoritas concessit. Igitur in promptu habentes ulcisci omnem inobedientiam, in ipsum et in omnes ipsius sequaces, vel eidem communicantes paravimus anathematis sententiam a qua liberari desideramus fraternitatis vestræ obedientiam

VI.

Frederici Coloniensis archiepiscopi litteræ formatæ.

(Spicil. III, 474.)

Reverendissimo (9) cultuque almifluæ religionis sincerissimo Brunoni sanctæ Treverensis archiepiscopo, Fredericus reverendæ Coloniensis Ecclesiæ ac plebis ipsius humilis famulus in Christo pastorum principe, mansuram cum gaudio prosperitatis et perpetuitatis gloriam.

Decreta sanctorum trecentorum octo decem Patrum Nicææ constitutorum saluberrima servantes, Deo dignam piamque paternitatem vestram canonice aggredimur, et sub nomine formatæ epistolæ reverenter vestram sanctitatem adimus, vobis videlicet intimando quia præsenti cuidam diacono nostro nomine Balduino has dimissorias dedimus litteras, quem in vestra diœcesi canonice educatum, de ordine clericatus ad diaconatus proveximus gradum, ut his canonicis munitus apicibus cum nostra licentia ei in vestra parochia sub defensione ac regimine vestræ charæ dilectionis degere liceat, et ut eum si morum probitas et doctrinæ dignitas suppetit, ad presbyteratus ordinem promoveatis fideliter annuimus, illumque in sinu sanctæ matris Ecclesiæ canonice fovendum ad regendum vobis committimus. Hanc ergo epistolam Græcis litteris hinc inde munire decrevimus, et annulo nostræ Ecclesiæ bullare censuimus. Christus pastorum Princeps fraternitatem vestram ad custodiam sui gregis diu conservare dignetur incolumen. I XL VIII I. [DCCC DCCC CCC].

Erant autem, primo duplex nota, ea quæ ab antiquis *ennacos* dicitur, signatque numerum nongentesimum; tum litteræ T, П, et Σ, seu C, sic enim antiquitus pingebatur. Attamen ex regulis formatarum hæ subscribi debuerant litteræ: Φ, P, Λ, O; nimirum Φ, pro prima littera scribentis Frederici; P, pro secunda Brunonis cui scribitur; Λ, pro tertia accipientis Balduini; O, pro quarta civitatis Coloniensis de qua scribitur. Et si quinta esset adhibenda, erat E, pro quinta civitate Treverensis, ad quam scribitur. Quibus omnibus addenda erat indicio.

---

(9) *Reverendissimo.* In hac epistola non reperiuntur numeri in fine apponi soliti, inscitia haud dubie scriptoris. Etenim duplex est ordo numerorum in formulis antiquis litterarum ejuscemodi, ut patet in exemplis, tomo II Concil. Gal. a Sirmundo relatis. Primus exprimit litteras verbi AMHN Græce scripti. Secundus ordo, summam numerorum tam communium quam propriorum cujusque epistolæ formatæ: uterque ordo in epistola Friderici vitiatus apparet, uti et quinque elementa Græca, postremo ordine in apographo subjecta, quæ hic præ formarum typographicarum defectu reddere nequimus.

« ANNO DOMINI MCXV.I

RICHARDUS
ABBAS PRATELLENSIS

NOTITIA HISTORICA IN RICHARDUM

(MABILL. Annal. lib. LXX, n. 11)

Pratellense monasterium Goisfredus seu Gaufredus abbas, ordine quartus, septem annis administravit, cujus loci ecclesiam dedicari curavit XVI Kal. Novembris, quo die in veteri Kalendario notatur *dedicatio ecclesiæ Sancti Petri de Pratellis.* In eodem Kalendario Gaufredus III Kal. Septembris obiisse dicitur, non Decembris, ut in *Neustria pia* (1), ubi ejus obitus hoc anno consignatur. Ejus successor Richardus, vir eximiæ pietatis et non mediocris pro tempore doctrinæ, de Furneliis nuncupatus, in Bajocensi Sancti Vigoris monasterio in monastica disciplina et in litteris primum institutus fuerat sub Roberto Tumbaleniensi, ejus loci ultimo abbate, qui, Odone episcopo monasterii Sancti Vigoris conditore in vinculis detento (2), ad Montem Sancti Michaelis, cujus cœnobita erat, reversus est. Post ejus discessum nova illa monachorum congregatio, rectore orbata, brevi dispersa est. In his Richardus, ut erat sciendi avidus, doctos et religiosos viros in aliis monasteriis quæsivit, Anselmum Beccensem, Gerbertum Fontanellensem, et Gontardum Gemeticensem, in quorum contubernio aliquamdiu habitavit. Mortuo demum Gaufredo Pratellensi abbate ad regimen illius abbatiæ cooptatus, sacrarum litterarum studium non intermisit, ut testantur variæ ejus in plerosque divinæ Scripturæ libros commentationes morales necdum editæ, quas composuit inter molestas præfecturæ occupationes, in quibus se his studiis relevari passim testatur. Jam annos viginti octo in sacris illis studiis insumpserat, cum suos in Genesim Commentarios dedicavit Anselmo Cantuariensis Ecclesiæ archiepiscopo quidam, ut se ipse passim dictitat, *Dominicæ crucis servus*, tametsi Ordericus ait, illos commentarios, forte illorum partem, Mauricio S. Launomari Blesensium abbati inscriptos fuisse. In illa ad Anselmum epistola quis fuerit ejus studiorum scopus explicat his verbis : *Cæterum Domino inopiam meæ scientiæ novit, cui non ficte loquitur testimonium meæ conscientiæ vel intentionis, quia nec præsumo viribus meis, nec ad plausum mortalium, nec ad fructum transitoriæ remunerationis operam impendo, ad explanandum perplexa mysteria Mosaicæ legis; in cujus siquidem amabili contubernio et contuberniali amore, ferme jam sunt transacti viginti et octo anni, totum me retrusi; in cujus nimirum mandatis prosequendis dum desudo, valde requiesco; cumque ab illius amplexibus importunitate negotiorum mundanorum prævalente frequenter avellor, non modicum laborem incurro.* Eumdem animi sui sensum fusius explicat in prologo commentarii super librum Numerorum, editi post expositionem ab ipso factam Deuteronomii, qui prologus inscriptus est Adelelmo, eruditissimo presbytero, ut Ordericus (3) testatur, et *Flaviacensi monacho, qui cum Fiscanensibus sanctæ Trinitatis reverenter militans consenuit.* Patiantur lectores, ut illius prologi initium hic referam ad illustrandum pium auctorem, cujus opera nunquam, ut quidem opinor, prodibunt in lucem. *Post sollicitudinem*, inquit, *curæ pastoralis, post strepitualem dispensationem forensium rerum, post importunissimam altercationem rusticanæ multitudinis ferme ratione carentis, vixdum ego revisens penetrale meæ mentis, et dispendium vitæ meæ perpendens, nec uspiam exitum aliquem reperiens; valde, fili Adelelme, conqueror atque contristor, quoniam ubi prius tranquillitatem animi et claritatem assiduæ lectionis solitus fueram intueri, ibi procul dubio in intimo cordis meæ tumultuantem cogitationum turbam et pulverem mundanæ commorationis compellor perpeti. Novit enim ille qui renes et corda cunctorum rimatur, quia gestare mallem austeritatem prælati, quam virgam pastoralis regiminis*, etc. Quod attinet ad alios Richardi commentarios, Proverbia Salomonis Pontio Cluniacensi abbati, expositionem in Cantica canticorum filio suo Mauricio dedicavit. In his porro aliisque commentariis se morosos censores passum esse testatur.

(1) Page 509.
(2) Orderic. lib. II, p. 709.
(3) Ibid.

PROLOGUS RICHARDI
IN LEVITICUM
AD ANSELMUM CANTUARIENSEM ARCHIEPISCOPUM.

(Circa an. 1100.)

(MARTENE, *Ampliss. Collect.*, I, 575, ex ms. Vedastino Atrebatensi.)

Incipit prologus in libro Levitici editus a quodam A*tuariensis Ecclesiæ archiepiscopo, hostiam vivam, Dominicæ crucis servo.* sanctam, rationabilem offerre summo pontifici.

"uus ex accolis domus filiorum Israel ANSELMO Can- Quoniam quidem in te diversa dona sancti Spiritus non ambigo vigere, amantissime et inter membra Christi plurimum venerande, tum quia positus inter sollicitudines rerum ecclesiasticarum, non solum quotidianis, verum etiam furtivis horis noctium operam sapientiæ perscrutandæ vigilanter impendis; tum etiam quia quæ sentis in lege Domini, luculento sermone, suppeditante quidem facundia, potis es proferre. Item, quia turbam imperitorum atque discolarum mirabiliter muro tuæ patientiæ compescis, et eorum importunis assultibus immobilis permanes. Quia ergo tantam prærogativam virtutum insitam tibi considero, explanationem in librum Levitici experientiæ tuæ committere decrevi. Ne id quidem volo, ut aliquis arbitretur me in tuis laudibus efferendis declamasse, et tuum caput oleo peccatoris oblinisse: quo te tutorem ac defensorem mearum ineptiarum, uti quibusdam videtur, citius quam alio lucro asciscerem; quod si verbis meis non credunt, vel operibus credant. Porro si verus es amator sapientiæ divinæ, nescies parcere cuiquam quem comperis dilaceratorem illius esse: quæ quidam res tanto mihi fit odibilis, quanto magis deludo delectabiles amplexus ejusdem experiri. Cæterum vehementer reverens os loquentium iniqua, qui potius dispendia vitæ dormitando certatim unusquisque amplectuntur, quam circa mysteria sacrarum Scripturarum explananda compendium gratissimi laboris prosequi moliantur, quæso vos, domine mi, ut istud opus animo vigilanti transcurratis, et totum quod sanum intellectum offendit, cultro catholicæ fidei amputetis, et sic ubi minus fuerit quam decet, prout vobis placuerit, quæso iterum ut suppleatis, ut postmodum sibilus quorumdam reprimatur, et dens lividus atque corrosorius retundatur, et vestra auctoritate, diligenti quoque examine, liber iste commendatus, auribus plurimorum tutius divulgetur. Quod si quando quilibet me præsumptorem et opus vires ingenii mei transcendens aggredientem æstimaverit, unum quidem prorsus abnegans diluo, alterum vero mihi inesse profiteor. Quia vero vitium præsumptionis me incidisse quamplures autumant, dum textum Levitici conatus sum explanare, et stylo scatenti prolixum opus assignare; tandem fatiscat virosa lingua, et potius tela super incudem livoris fabricata retorqueat in quemdam archipræsulem, et in multitudinem personarum religiosarum, quas munus gratiæ divinæ filiis supernæ Jerusalem præesse voluit. Illorum namque præceptis parui. Stylo currenti atque commentatorio totum opus in decem et septem libris consummavi. Testimonia vero Scripturarum quibus ea quæ dictando scribebam, cingere frequenter procuraveram, more quidem meo, prout simplex turba fidelium flagitabat, tanquam verba libri exponere studui. Itaque dextram committens dextræ Excelsi, qui suscitat de terra inopem, et de stercore elevat pauperem, quod ipse mihi subministravit, totum quidem diutinum laborem prona mente suscipiens, poscentibus libens porrexit. Noverint trutinatores alienorum operum, quia Dominus per infirma vasa suis filiis pleraque bona nonnunquam ministrare soleat, maxime cum quispiam pauper et amator sapientiæ floribus illius incubat, et pectore gemebundo, crebris quoque suspiriis, item rivulo lacrymarum interdum subsequente aures ejusdem pulsat. Quis, quæso, mortalium adeo tenax volaticarum rerum posset tolerare importunitatem cujuslibet indigentis, et ante portam illius alimoniam crebro clamore postulantis biennio seu triennio, quin vel micas a mensa decidentes transmitteret. Profiteor me jacuisse ante portam summæ sapientiæ viginti et quinque annos nocte ac die, quibus poteram desideriis implorans, ut me sitientem in cellam vinariam intromitteret, et vino incomparabilis lætitiæ meam inopiam relevaret. Et quoniam frequenter, sicut Veritas protestatur, dicens: *Pulsate et aperietur vobis,* mihi quoque suum ostium divina clementia pulsanti reseravit, et pro meo affectu plurima propinavit, quæ aliis propinare procuravi. Omnis qui indiget sapientia, postulet a Deo et dabitur illi. Certe nonnunquam viderim pauperem cæteris in postulando stipem corporis necessariam paulisper importuniorem, et ideo persæpe vi clamoris continue id quod desiderabat obtinuisse, et idipsum quod extorserat collegis suis torpescentibus distribuisse. Hunc itaque ritum imitando perhibeor esse importunus Domino meo Jesu Christo, qui si non dat mihi, eo quod amicus ejus sim, surget tamen propter improbitatem, et dabit mihi panes quotquot habeo necessarios.

EPITAPHIUM RICHARDI

(*Neustria pia,* 510.

Lux, flos, vas, patriæ, monachorum, philosophiæ,
    Abbas Richardus, tota domus jacet hic.
Quidquid contexit lex, ejus lingua retexit,
    Et veterum quod quis implicat, explicuit.
Qui Februi ternas assignat morte Kalendas
    Cui det perpetuum vivere vita Deus.

ANNO DOMINI MCXXXIII.

SANCTUS STEPHANUS

ABBAS CISTERCIENSIS III

NOTITIA HISTORICA

(*Acta Sanctorum Bolland.*, Aprilis tom. II, pag. 496)

CAPUT PRIMUM.

Ortus, Vita monastica : peregrinatio. Accessus ad Molismum et Cistercium : ejus prioratus.

1. Præcipui auctores Cisterciensis ordinis fuerunt S. Robertus, B. Albericus, et jam indicatus S. Stephanus, quem Romani Martyrologii tabulæ hoc die memorandum proponunt. Vitam S. Roberti abbatis Molismensis, et fundatoris habiti ordinis Cisterciensis, dedimus die 29 hujus mensis Aprilis (1), ubi latius primordia ordinis totius examinamus : atque allegamus varia de S. Stephano, hic non nisi obiter attingenda, ad quæ, ne moles operis accrescat, benevolum Lectorem remittimus. Vitam B. Alberici, sed ex Fasciculo sanctorum ordinis Cisterciensis a Chrysostomo Henriquez collecto, dedimus 26 Januarii. Habebat illam lib. ɪ, distinct. 2, eique subjunxit distinct. 3 Vitam S. Stephani, quam curiosus Lector ibidem reperiet. Nos ex variis, et potissimum ex libro utroque Exordii Cisterciensis, præcipua seligimus.

2. De origine S. Stephani Angelus Manrique, in sua introductione ad Annales Cistercienses cap. 2, num. 4, ita loquitur : « Stephanus, cognomento Hardingus, genere nobilis, natione Anglus, professione fuit monachus ; quod vitæ genus ab adolescentia sectabatur, ad Shirburnense monasterium induto habitu. Ex Anglia studiorum causa primum Scotiam, inde in Galliam Parisios transfretaverat. Ibi profanis litteris libatis, sacras penitus hausit disciplinas ; labore assiduus, ingenio profundus, meditatione præcipuus : et in quo (ut Malmesburiensis lib. ɪᴠ *De regibus Anglorum* verbis utar) « scientia litterarum cum religione quadrabat : sermone comis, facie jucundus, animo semper in Domino lætus. His solidioribus jactis fundamentis, post aliquot annos Romam proficiscitur, sacris liminibus visitandis venerandisque, clerico studiorum sibi socio adjuncto. Mirum in juvene, quamvis religioso : quominus integrum Psalterium singulis diebus devotus decantaret, nullis occupationibus distractionibusve, nullis negotiis potuit impediri : inter ipsa etiam viarum incommoda, naturæ obsequia, et quæ hominem trahebant erga proximos opera pietatis utriusque tabulæ, decantando Psalterio tempus et locus fuit, eodem clerico alternis respondente, fideli socio et prompto ad omne bonum. » Ita Exordium magnum Cisterciense lib. ɪ, c. 27, sæculo duodecimo a monacho Claravallensi scriptum : ex quo asserit idem Manrique ad an. 1106, cap. 1, n. 5, « S. Stephani historiam summe illustrari. » At n. 5, cap. 2, in Introductione, ista addit :

3. « Post visitata Romæ loca sacra, crediderim et perfectioris adhuc vitæ ab Stephano Hardingo conceptum votum, lætus uterque Gallias repedabat ; cum ecce pervium Lingonense territorium, et in eo Molismi recenti fama ad monachos divertendi occasio fuit. Sensit Stephanus se deberi novæ fabricæ, novo cœnobio, sive quod verius dicam futuro ordini : et Roberto Albericoque deerat tertius, triplici illi funiculo texendo, rumpendo nunquam, tot homines cœlestibus vinculis ligaturo. Non tamen defuit ferventi tunc spiritui, sub validiore pietatis specie, acris tentatio : vetus societas solvenda dirimendaque, tum primum clerico ab ipso dissentiente, nec acquiescente remanere apud Molismum. Parentes olim fratresque dimissi relictæque opes, gloria mundi spreta, oblectamenta et deliciæ superata minus negotii facesserunt viro Dei, quam unius probi ac probati amici jactura imminens, vel tot sanctorum convictu compensanda. Sed vicit tandem animum hærentem occulta vis, quæ Stephanum Cistercio præparabat. Auxit Molismensem conventum recens hospes, lætantibus angelis, tabescentibus dæmonibus, Roberto Albericoque, abbate et priore, et cæteris fratribus suis æque gaudentibus. »

4. Deformata postmodum Molismus præ abundantia, nec corrigibilis, a S. Roberto deseritur, cura B. Alberico relicta : sed hic, verbera et carcerem perpessus, cum S. Stephano in eremum, cui Unicus nomen erat, secessit. Verum ad Molismum omnes revocati multa reformarunt : quia tamen non possent omnia, novum cœnobium construere meditantur, et

---

(1) Vide Patrologiæ tom. CLVII.

ad id facultate a legato apostolico impetrata, Cistercium eligunt, actore potissimum S. Stephano: de quo in allegato supra Exordio cap. 10, lib. 1, ista leguntur : « Cum verbum innovandæ religionis motum fuisset, ipse Stephanus primus inter primos ferventissimo studio laboravit, ac modis omnibus instilit, ut locus et ordo Cisterciensis institueretur : cujus postmodum, ordinante Deo, pastor ac doctor erat instituendus. » Forsan etiam ad Odonem ducem Burgundiæ, auxilium petitum, missus fuit. Quæ omnia ad S. Roberti Vitam deduximus.

5. Cœptum ergo incoli cœnobium anno millesimo nonagesimo octavo a die 21 Martii, sub S. Roberto primo abbate : sed hoc jussu pontificis sequenti anno reverso Molismum, B. Albericus in abbatem promotus, et S. Stephanus ab eo prior suffectus est : qui simul cum eo vigorem disciplinæ auxit, confirmationemque monasterii apud Paschalem promovit, juvitque in primis Cistercii statutis formandis : et sic initium reformationis Cisterciensis datum, atque vestis alba assumpta est. In obitu B. Alberici, ab hac vita anno 1109 subtracti, habitum a S. Stephano sermonem fuisse, aliqua traditio est : et is, cum reliquis Alberici Actis, habetur 26 Januarii.

CAPUT II.

Abbas creatur : prima ejus statuta. Paupertas domus divinitus sublevata. Attentio ejus in oratione. Humilitas.

6. Auctor Exordii magni Cisterciensis, lib. 1, cap. 27, a Manrique citatus ad annum 1109, cap. 2, scribit : « Post mortem vero secundi sui pastoris, Cisterciensis Ecclesia adhuc pauper et modica convenit de electione abbatis sine personarum acceptione tractare. Et mediante gratia Spiritus sancti, elegerunt virum bonum, nomine Stephanum, natione Anglicum, qui cum eis de Molismo exierat; virum conspicuæ sanctitatis; omniumque virtutum gratia decoratum, eremi amatorem et ferventissimum sanctæ paupertatis æmulatorem. Quod cum donante Domino, sicut præfati sumus, factum fuisset, tanquam fidelis et prudens dispensator, cœpit illico devotissima mentis intentione tractare qualiter ordinem suum noviter fundatum, et adhuc in multis vacillantem (quippe nondum perfectis et meram paupertatem redolentibus excultum) in melius proveheret et extolleret, taliaque moderatione roboraret, ut Domino Jesu fructum plurimum adferre valeret. Convocatis itaque fratribus suis, et habito cum eis consilio, tam ipse quam fratres ejus interdixerunt ne dux terræ illius seu aliquis alius princeps curiam suam in aliquo tempore in Ecclesia illa teneret, sicut antea in solemnitatibus agere solebant. Deinde ne quid in domo Dei, in qua die ac nocte Deo servire cupiebant, remaneret quod superbiam aut superfluitatem redoleret; aut paupertatem virtutum custodem, quam sponte propter Deum elegerant, aliquando corrumperet, confirmaverunt etiam, ne retinerent cruces aureas vel argenteas, sed tantum ligneas coloribus depictas, neque candelabra, præter unum ferreum; neque thuribula, nisi cuprea vel ferrea; neque casulas, nisi de fustaneo vel lino sive panno, sed sine auro vel argento; neque albas vel amictus, nisi de lino, similiter sine auro vel argento. Pallia vero omnia et cappas atque dalmaticas tunicasque ex toto dimiserunt. Calices non aureos, sed argenteos, et si fieri posset deauratos; fistulam argenteam, et si possibile sit deauratam; stolas quoque ac manipulos de panno tantum, sine auro et argento, haberi voluerunt. Pallæ quoque altarium, ut de lino fierent, et planæ sine pictura, statuerunt : et ut ampullæ ad ministerium altaris sine auro et argento essent. »

7. Hactenus ex citato Exordio, in quo indicati duces terræ illius, erant duces Burgundiæ, a Roberto rege Francorum prognati; ex quibus Roberti ipsius pronepos Odo primus, fundator hujus monasterii, obierat anno 1102, et tunc vivebat filius Odonis Hugo, mortuus anno 1142; cui successit Odo secundus, dicti Hugonis filius; qui superfuit usque ad annum 1152. Horum trium epitaphium exstat Cistercii in sacello ecclesiæ ad dexteram. De sacris vestibus, potissimum rejectis et non admittendis imposterum, varia inquirit Manrique, et *pallia* videntur potissimum generice sumpta, sub quibus quasi species palliorum sumuntur *cappæ*, *de choro* scilicet, seu *pluvialia*, pro presbyteris; *dalmaticæ*, pro diaconis et subdiaconis; et *tunicæ*, pro thuribulario et ceroferariis. *Fistula* in usu erat pro iis qui præter sacrificantem hauriebant sanguinem Christi. Quem ritum adhuc in solemnibus sacris vidimus observari apud Cluniacenses : et Cajetanus par. 1, quæst. 80, art. 12, qu. 3, indicat, « in ordine Cisterciensi alicubi communionem fieri sub utraque specie : » quod etiam ad sanctimoniales ejusdem ordinis pertinuisse, vidimus 13 Aprilis in Vita Vener. Idæ de Lovanio lib. III, num. 10.

8. De ordinis sub S. Stephano paupertate usque ad mendicitatem, ista habet dictus auctor Exordii l. 1, cap. 23, et ex eo Helinandus monachus Cisterciensis (qui circa annum 1212 in Monte-Frigido floruit) apud Vincentium Bellovacensem, lib. XXVI Speculi historialis, c. 2 : « Memini me audivisse magistrum Petrum cantorem Parisiensem, virum justissimum atque doctissimum, referentem de Abbate isto Stephano Cisterciensi, quod cum ei quadam die nuntiatum esset a suo cellario, nihil haberi in monasterio unde vel una die fratrum necessitas sustentari possit, respondit : *Sternite nobis duos asinos*. Qui cum strati essent, fecit secum ascendere conversum unum, et jussit ei ut in quodam vico panem ostiatim mendicaret, et ipse similiter in alio faceret; et postquam sic fecissent, ad unum locum, quem ei designaverat, convenirent. In loco prædicto sibi jam redeuntes obviabant, cum ecce abbas vidit sacculum conversi multo pleniorem quam suum; et subridendo ait : « Ubi mendicasti? ut video, in crassiori platea col- « legisti quam ego.— Respondit Conversus : Presby-

« ter ille, quem vos optime nostis, sacculum meum
« implevit. Quod audiens abbas, ingemuit et ait :
« Væ vobis, quare ibi aliquid accepistis? Nesciebatis
« quod presbyter ille Simoniace ordinatus sit? et
« quod accepit est lepra et rapina? Vivit Dominus,
« quia de omni, quod dedit, nihil gustabimus. Absit
« quod peccatum illius comedamus, et nobis incor-
« poretur. » Convocatisque pastoribus ovium, qui
non longe erant, totum conversi sacculum in sinus
eorum evacuavit. » Hæc ibi, quibus similia plura
narrat auctor Exordii, et lib. I, cap. 51, ista d'cit :

9. « Instabat sancta solemnitas Pentecostes, et in
ipsa sacratissima die vix tanti panes in eadem domo
inveniri poterant, qui fratribus sufficerent. Tum vero
fratres vehementer exhilarati, tanquam si de ipsa
paupertate sua, quam propter Deum sustinebant,
saginarentur, missam tantæ solemnitatis cum summa
devotione in jubilo cordis cantare cœperunt. Et ecce
necdum finita missa, de promptuariis gratiæ Dei
largam benedictionem repente, unde non sperabant,
sibi transmissam cum multa gratiarum actione susceperunt. In his et similibus vir Dei perpendens quam
veraciter Scriptura dicit, « Quoniam nihil deest ti-
« mentibus eum; » largitatem et miserationem Domini
super se et super fratres suos admirans, magis ac
magis in sancta religione proficiebat et beatæ paupertatis angustiis gloriabatur sicut in omnibus divitiis. » Dein cap. 34 sequentia, his subnectenda, tradit idem auctor exordii.

10. « Quodam tempore cum domus Cistercii magna
fuisset paupertate adstricta, ven. abbas Stephanus
vocavit unum ex fratribus suis, et loquens ad eum in
spiritu Dei dixit : « Vides, charissime frater, quia
« magna coarctati sumus inopia, et prope est ut
« fratres nostri fame et frigore cæterisque molestiis
« periclitentur. Vade ergo ad nundinas Vercelliaci,
« quæ proxime instant : et compares ibi quadrigas
« tres, et earum singulis ternos equos fortes atque
« tractores, quibus maxime egemus ad onera nostra
« portanda. Cumque quadrigas illas pannis et ali-
« mentis aliisque rebus necessariis oneraveris; ad-
« duces eas tecum, cum gaudio et prosperitate re-
« vertens ad nos. Respondens autem frater dixit :
« Paratus sum, domine Pater, ut tuis jussionibus
« obsequar, si pretium dederis ad illa subsidia com-
« paranda. » Cui venerandus abbas, in paupertate
sua de misericordia Dei magnifice præsumens, respondit : « Vere, frater, scias, quia cum sollicitus
« et anxius quærerem, unde necessitatibus fratrum
« nostrorum subvenirem, tres tantum denarii isti in
« domo ista reperti sunt : hos si volueris tolle : reli-
« qua vero quæcunque defuerint, tibi Domini nostri
« Jesu Christi misericordia providebit. Securus ita-
« que vade, quia mitte' Dominus angelum suum
« tecum, et prósperum faciet iter tuum. » Profectus
itaque Vercelliacum frater ille, a quodam viro fideli
et timorato hospitio receptus est. Qui dum itineris
ejus causas et fratrum indigentiam agnovisset, abiit
in instanti ad quendam locupletissimum virum vici-

num suum, qui desperate languens ac pene jam mo-
riturus, facultates suas pauperibus erogabat. Cumque
Cisterciensium monachorum, quorum jam in partibus illis sanctitas celebris habebatur; eidem infirmo
penuriam indicasset : vocatus ad domum ejus supradictus frater, tantam pecuniæ summam ab ipso
moriente recepit, ut cuncta quæ injunxerat ei abbas
sufficienter ex ea compararet.

11. « Acceptis itaque tribus rhedis cum novem
quadrigariis equis, ornavit atque oneravit eas cunctis quæ fratrum usibus opportuna esse cognovit. Et
ita qui vacuus venerat, secundum prophetiam abbatis, plenus et gaudens ad suos remeavit. Cumque
Cistercio appropinquaret, nuntium misit qui abbati
ejus significaret adventum pariter et proventum.
Quo audito venerabilis pater exsultavit in Domino
vehementer, et convocatis in unum fratribus, ait :
« Deus miserationum Dominus, Deus miserationum
« libere ac liberaliter egit. Vere nobiliter, vere ele-
« ganter fecisti, Procurator et Pastor noster, ape-
« riens manum tuam, et implens benedictione tua
« penuriam nostram. » Tunc ordinata processione
occurrerunt obviam venienti fratri usque ad portam, ita ut ipse abbas procederet indutus vestibus
sacris cum pastorali virga, ministris præcedentibus
eum cum cruce et aqua benedicta. Exceperunt ergo
solemniter et cum multa gratiarum actione eleemosynam, non ut ab homine præstitam, sed tanquam
cælitus missam a Domino et misericordiam a Deo
salutari suo. Porro vir iste prudens et spiritualis,
sicut intelligi datur, in hac tam celebri susceptione
beneficii, filios suos tam præsentes, quam posteros
admonere voluit, ut hujus miraculi gratiam jugi
meditatione retinerent, atque ex eo discerent in
cunctis necessitatibus suis pia confidentia præsumere
de misericordia Dei; qui nunquam deserit sperantes
in se, sed est semper pauperum suorum piissimus
consolator, atque adjutor in opportunitatibus in tribulatione. » Hactenus auctor Exordii apud Manrique
ad annum 1110. Huic annectimus quæ eidem Stephano ægro post apertam venam contigerunt ac
referuntur lib. II Exordii, cap. 50, his verbis :

12. « Minuerat aliquando sanguinem propter Christum pauper abbas Stephanus, et propter inopiam
domus cellarius, cui ex præcepto regulæ pauperum
et infirmorum cura incumbit, nihil ad manum habebat, unde pauperi et infirmo abbati suo lautius aliquod edulium præpararet. Et sincera charitate abbatem suum diligens, discurrebat si forte alicubi aliquid inveniret : unde charitatem qua intus ardebat,
etiam foris ostenderet. Cum ecce avis quædam grandis advolat, non mediocris quantitatis piscem unguibus ferens in quem continuo coram mirantium oculis projecit et recessit, copiosam prædam cellario
relinquens, unde abbatis sui minutioni sufficeret ac
provideret. » Sed ex libro I ejusdem Exordii addendum illud, quod cap. 32, narratur :

13. « Cæterum quam non surdus Stephanus fuerit
auctor sanctæ regulæ, præcipientis, ut sic stemus ad

psallendum, ut mens nostra concordet voci nostræ, ex eo quod subdimus, liquebit. Mos erat ei, ut lecta collatione cum ecclesiam intraret, ostium ecclesiæ manu teneret, et digitos firmius quasi pro signo premeret : sicut solent homines signum aut modum facere, quatenus per hoc admoniti, memoriæ arctius imprimant, quod oblivisci nolunt. Cumque hoc frequenter faceret, quodam die unus de fratribus, cui familiaritas ausum præbuit, interrogavit eum cur hoc faceret. Cui Pater sanctus : « Omnibus, inquit, « cogitationibus meis, quas ex injuncto officio pro dis-« positione domus per diem admittere cogor, dico « ut foris remaneant, nec prorsus ingredi præsu-« mant, sed expectent usque cras, ut dicta prima hic « eas inveniam. » Hæc ibi, quibus similia de S. Bernardo narrantur ; qui potuit illud a S. Stephano suo abbate didicisse. Dein cap. 33, ista adduntur : « Quantæ vero humilitatis fuerit, quamque odio habuerit omnem fastum superbie ; ferula pastoralis ejus, cum qua in festivis processionibus incedere solebat, satis indicat : quæ usque hodie in Cisterciensi sacrario ob reverentiam tanti Patris conservata, et in magna veneratione habita, non multum a communibus sustentatoriis, quibus senes et debiles inniti fere solent, distare videtur. »

CAPUT III.

In tædio deficientis posteritatis consolatio ab apparente Monacho defuncto, et a visione moribundi. Adventus S. Bernardi et aliorum.

14. Guilielmus abbas S. Theodorici lib. 1 Vitæ S. Bernardi, cap. 3, ista scribit : « Eo tempore novellus et pusillus grex Cisterciensis, sub abbate viro venerabili Stephano, cum jam graviter ei tædio esse inciperet paucitas sua, et omnis spes posteritatis decideret, in quam sanctæ illius pauperlatis hæreditas transfunderetur, venerantibus omnibus in eis vitæ sanctitatem, sed refugientibus austeritatem ; repente divina visitatione tam læta, tam insperata lætificatus est, ut in die illa responsum hoc a Spiritu sancto accepisse sibi domus illa videretur : Lætare sterilis quæ non pariebas, et clama quæ non parturiebas, quia multi filii desertæ magis quam ejus quæ habet virum (*Isai.* LIV, 1), de quibus postmodum visura es filios filiorum usque in multas generationes. » Hæc ibi. At quomodo in ea desolatione moribundum monachum sit allocutus S. Stephanus, ita narratur in Exordio magno lib. III, cap. 28 : « Vides, charissime, in quanto tædio et defectione mentis versamur, quia arctam et angustam viam, quam in Regula beatissimus Pater Benedictus proposuit, utcumque ingressi sumus. Sed utrum hæc nostra conversatio, Deo placeat, non satis constat nobis : præsertim cum ab omnibus vicinis monachis, tanquam novarum rerum adinventores, et scandali schismaticæ incentores dijudicemur. Super omnia vero mœroris acerbissimi jaculo transfigit cor meum paucitas nostra, quoniam singuli morte interveniente quotidie tollimur e medio; et sicut valde pertimesco, nobiscum pariter hæc nova cœpta religio finem accipiet : quoniam personas industrias, et ad humilitatem sanctæ paupertatis idoneas, usque ad præsens Dominus associare nobiscum nequaquam dignatus est, per quas hujus nostræ institutionis formulam ad posteros transmittere valeamus. Quapropter, in nomine Domini nostri Jesu Christi, pro cujus amore arctam et angustam viam, quam in Evangelio sequacibus suis proponit (*Matth.* VII, 13), ingressi sumus, et in virtute obedientiæ tibi præcipio, quatenus post obitum tuum (tempore et modo quo ejusdem Domini nostri gratia decreverit) ad nos redeas, et de statu nostro, quantum ipsius misericordia voluerit, nos certos facias. » Ad quem infirmus : « Faciam, inquit, libenter, domine Pater, quod præcipis, si tamen tuis precibus adjuto, mandatum tuum licuerit adimplere. »

15. « Quo mortuo pauci fluxerant dies, et venerabilis abbas cum conventu fratrum in labore positus, sicut moris est, pausandi dederat signum : ipse quoque paululum remotus ab aliis, orationi insistens, caputio coopertus caput, sedebat. Et ecce frater ille defunctus, magna claritatis gloria perfusus, coram ipso astitit, ita tamen ut magis in aere levari, quam in terra consistere videretur. Requisitus quomodo se haberet, vel qualiter sibi esset, respondit : « Bene, « optime Pater, bene mihi est : bene sit et tibi, quia « per doctrinam et sollicitudinem tuam, illius inter-« minabilis gaudii, illius incomprehensibilis pacis « Dei quæ exsuperat omnem sensum, particeps esse « merui, pro qua adipiscenda duros novi ordinis no-« stri labores patienter et humiliter sustinui. Et nunc « juxta tuum præceptum redii, gratiam et miseri-« cordiam Domini nostri Jesu Christi tibi Patri et « fratribus tuis annuntians. Quia vera præceperas « de statu vestro vos certificare debere ; omni scru-« pulo dubietatis excluso certum teneatis, quod sancta « et Deo placens est vita et conversatio vestra. Porro « mœror, qui de non relinquenda posteritate præ-« cordia tua nimium depascitur, quantocius a te « repelletur, et in jubilum et exsultationem evadet. « Quoniam adhuc dicent filii sterilitatis tuæ in auri-« bus tuis : Angustus est nobis locus, fac spatium « ut habitare possimus. Ecce enim jam ex hoc tem-« pore magnificavit Dominus facere vobiscum mit-« tens vobis personas multas : inter quas erunt nobi-« les et litterati viri plurimi, qui ita domum istam « replebunt, ut hinc, tanquam examina apum « æstuantia et redundantia, evolantes, plurimas « mundi partes penetrent; et de semine Domini, « quod in hoc loco coaluit, multiplices sanctarum « animarum manipulos, ex universis mundi par-« tibus collectos, cœlestibus granariis inferant. » His auditis abbas sanctus, gaudio et exsultatione repletus, divinæ pietati gratias ex intimis medullis cordis retulit, felici experimento probans, quam veraciter Scriptura testatur, « Qubuiam non derelinquit Dominus sperantes in se (*Psal.* XXXIII, 23). »

16. « Parabat interim nuntius cœlestis abire; sed sine benedictione Patris spiritualis, quod mirum dictu est, minime præsumpsit. Dixit itaque abbati

« Tempus est, Domine Pater, ut revertar ad eum, « qui me misit : et propterea peto, quatenus bene« dictione tua firmatum me dimittas. » Cui stupens « et pavens abbas, respondit : « Quid est quæso quod « loqueris? Tu de corruptione ad incorruptionem, « de vanitate ad veritatem, de tenebris ad lucem, « de morte ad vitam transisti ; et a me, qui sub his « omnibus adhuc miserabiliter gemo, benedictio« nem petis? Hoc contra omnem juris et rationis « integritatem esse videtur. Ego potius a te debeo « benedici, et propterea obsecro te, ut benedicas « mihi. » Cui ille : « Non ita convenit, Pater : tibi « enim a Domino collata est benedicendi potestas, « utpote in apice dignitatis et spiritualis magisterii « constituto. Mihi vero discipulo tuo, qui per salu« tarem doctrinam tuam hujus mundi inquinamenta « devitavi, benedictionem accipere optabile est : « neque enim prorsus hinc recedam, nisi benedi« ctionem tuam meruero. » Abbas vero stupore et admiratione repletus, neque ausus ultra pertinaciter reniti, elevata manu benedixit ei : sicque illa sancta anima disparens, speciem visibilem quam assumpserat, secretis invisibilibus restituit.

17. « Altera vice, cuidam ex fratribus viam universæ carnis ingressuro, apparuit in visione innumera multitudo hominum, prope oratorium ejusdem ecclesiæ, juxta fontem quemdam lucidissimum, lavans vestimenta sua : et in ipsa visione dictum est ei, quia fons ille fons Ennon vocaretur. Quod cum indicasset abbati, protinus intellexit vir magnificus per hoc divinam consolationem significari. » Hactenus auctor Exordii, ex quibus ultima leguntur in Vita S. Bernardi citata cap. 5, additurque : « Et nullum quidem tunc abbas de promissione, sed plurimum postea de exhibitione lætatus, egit gratias Deo per Jesum Christum. S. Hieronymus in locis Hebraicis : Ennon, inquit, ubi baptizabat Joannes, sicut in Evangelio scriptum est (Joan. III), et ostenditur nunc usque locus, octavo lapide Scythopoleos inter Salim et Jordanem. »

18. Guillelmus præfatus ita auspicatur caput 4 Vitæ S. Bernardi : « Anno ab Incarnatione Domini 1113, a constitutione domus Cisterciensis xv, servus Dei Bernardus, annos natus circiter viginti tres, Cistercium ingressus cum sociis amplius quam triginta sub abbate Stephano, suavi jugo Christi collum submisit. Ab illa autem die dedit Dominus benedictionem, et vinea illa Domini Sabaoth dedit fructum suum, extendens palmites suos usque ad mare, et ultra mare propagines suas. » Hæc ibi, quibus consonant quæ in Exordio parvo (quod traditur anno 1120, a primis Patribus Cisterciensibus fuisse compositum) cap. 18 his verbis proferuntur.
« Ergo istis temporibus Dominus visitavit locum illum. Nam tot clericos litteratos, et nobiles laicos, etiam in sæculo potentes et æque nobiles, uno tempore ad illam Dei gratia transmisit ecclesiam ; ut triginta insimul in cellam novitiorum alacriter intrarent, ac bene contra propria vitia et incitamenta malignorum spirituum fortiterque decertantes cursum suum consummarent. Quorum exemplo senes et juvenes diversæque ætatis homines, in diversis mundi partibus animati (videntes scilicet in istis possibile fore, quod antea impossibile formidabant) illuc concurrere, superba colla jugo Christi suavi subdere, dura et aspera regulæ præcepta ardenter amare, ecclesiamque illam mirabiliter lætificare et indeficienter corroborare cœperunt. »

CAPUT IV.

Varia sub eo monasteria constructa. Statuta nova. Charta charitatis dicta.

19. Quomodo ordo Cisterciensis cœperit extra primum domicilium propagari ita legitur apud Manrique, verbis ex Tabulario Firmitatis depromptis : « Tantus erat numerus fratrum apud Cistercium, quod neque substantia quam habebant eis sufficere, nec locus in quo manebant eos convenienter capere posset. Placuit itaque fratribus, ut locum alium quærerent, in quo pars ipsorum, ab aliis corpore non anima separata, Deo devote et regulariter deserviret. Quem locum dum abbas Stephanus sollicite ac studiose perquireret, ad notitiam domini Gualteri Cabilonensis episcopi et canonicorum ejusdem civitatis, nec non ad aures duorum comitum, Gaudelrici videlicet et Guilelmi, aliorumque illustrium virorum, ista pervenit discussio. Qui vehementer inde gaudentes, et terram suam undequaque perlustrantes, Deo volente tandem locum idoneum prædictis monachis, ad Deo serviendum et regulariter vivendum, invenerunt. Quibus inibi collocandis duo supradicti comites partem silvæ, quam incolæ loci illius Bragne appellant, læto animo præbuerunt. Piæ posteritati ergo notatum sit quod decimo octavo mensis Maii, anno Domini millesimo centesimo decimo tertio, monasterium Firmitatis supra Grosnam situm, prima filia ordinis Cisterciensis, in diœcesi Cabilonensi, ab illustrissimis comitibus, Ganderico videlicet et Guillelmo, fundatum est. Cujus quidem ecclesia beatissimæ Mariæ Virginis per reverendissimum Gualterum episcopum Cabilonensem, præsentibus Joscelino Lingonensi episcopo, dictis venerabilissimis comitibus, aliisque viris quamplurimis conspicuis pietate, consecrata fuit. Quo decimo sexto Maii, vigilia dedicationis ejusdem, venerabilis Pater Stephanus, abbas tertius Cisterciensis, sese conferens, fratrem Bertrandum cum aliis duodecim religiosis, propagandæ religionis causa, secum adduxit. » Hæc ex Tabulario Firmitatis, quibus similia habentur in Exordio magno lib. I, cap. 33, et dein ista subjunguntur : « Nec dubitamus quin prius sollicitudine paterna Stephanus eis, non dico pretio, sed virtutum odore locum ipsum cum ædificiis acquisierit, atque etiam ex Cistercii patrimonio reliquias, calices, ornamenta, vestimenta, libros ad divinum officium, ad mensam et ad lectionem claustri necessarios, cæteraque ad religionis statutum, juxta morem per ipsum in suo ordine institutum requisita, ministraverit. »

Distat hoc cœnobium Cabillone circiter decem passuum milibus.

20. Accessit anno sequente 1114 alterum cœnobium, Pontiniacum dictum, quatuor leucis ab urbe Autissiodoro distans, in cujus diœcesi fundatum est: atque hæc est secunda Cistercii filia, cui circiter centum monasteria traduntur subjecta, uti Firmitati triginta. At tertia filia Claravallis in diœcesi Lingonensi, a qua urbe quinque leucis distat, præesse aut saltem præfuisse traditur octingentis circiter monasteriis. De hujus origine ista habet Guillielmus lib. 1 Vitæ S. Bernardi, cap. 5 : « Cum autem complacuit ei qui eum segregavit a sæculo et vocavit, ut ampliore gratia revelaret in eo gloriam suam; et multos filios Dei, qui erant dispersi, per eum congregaret in unum; misit in cor abbatis Stephani, ad ædificandam domum Claræ-vallis mittere fratres ejus. Quibus abeuntibus ipsum etiam dominum Bernardum præfecit abbatem; mirantibus sane illis, tanquam maturis et strenuis tam in religione quam in sæculo viris; et timentibus ei, tum pro tenuioris ætate juventutis, tum pro corporis infirmitate et minori usu exterioris occupationis. » Hæc ibi. Fuimus nos anno 1661 per plures dies Cistercii, et cum veneratione adivimus oratorium in quo S. Bernardus cum aliis novitiis pia exercitia egisse dicebatur. Fuimus tunc etiam in monasteriis Firmitate et Pontiniaco, ubique benevola charitate excepti, et in Vitis sanctorum colligendis adjuti. In veteri monasteriorum chronologia ista leguntur : « Anno ab Incarnatione Domini millesimo centesimo decimo quinto, septimo Kalendas Julii, fundata est abbatia Claræ-vallis : eodem et eodem die abbatia Morimundi. » Quæ de dimissis a Stephano ex Cistercio ad dicta cœnobia monachis videntur esse intelligenda. Est autem Morimundus quarta Cistercii filia, in Lingonensi etiam diœcesi sita, in confiniis Lotharingiæ et Comitatus Burgundiæ. Subsecutæ sunt constructiones plurimorum monasteriorum, quæ Carolus de Visch in Bibliotheca Scriptorum Cisterciensium, ex antiquissima Chronologia, recenset ultra nonaginta tempore S. Stephani erecta, non solum per omnes Galliarum provincias, sed etiam in Italia et Hispania, in Anglia, Germania et Suetia; atque ita, ut supra dictum est, « Ordo extendit palmites usque ad mare et ultra mare propagines suas. » Verum infra solum erecta fuisse viginti indicatur.

21. Ex istis illustris est Bona-Vallis, a Guidone archiepiscopo Viennensi, postea summo pontifice, Callisto II dicto, fundata, ut ex Chronico Bonavallensi his verbis refertur : « Anno ab Incarnatione Domini millesimo centesimo decimo septimo, cum dominus Guido, sanctæ Romanæ Ecclesiæ legatus, Viennensis Ecclesiæ archiepiscopus, nunc autem papa catholicus, rediret a concilio quod apud Divionense castrum, cum multorum episcoporum et abbatum aliarumque religiosarum personarum conventu celebraverat, veniens ad novum monasterium, quod usitato vocabulo Cistercium nuncupabatur, rogavit Dominum Stephanum abbatem illius loci, ut in Viennensi suo archiepiscopatu monasterium construeret : ubi monachi sub regula et abbate viventes, pro se omni Clero et populo sibi commisso misericordiam Dei devote exorarent. Cujus petitioni idem abbas, communicato monachorum sibi commissorum consilio, annuens venit Viennam; et consilio et auxilio præscripti domini papæ Calixti, in valle quadam cœpit cœnobium ædificare, quod Bonam vallem idem papa dictavit vocari. Et sciendum, quod omnes sumptus ad hoc opus necessarii ejusdem papæ providentia seu administratione provenerunt. » Hæc ibi.

22. Cum ita monasteria inciperent fundari et ordo Cisterciensis dilatari, Stephanus capitulo Cistercii celebrato, insignes leges seu statuta (Chartam charitatis appellant) suis præscripsit. « Considerans autem (uti in utroque Exordio legitur) hæc statuta nequaquam inconsulta sedis apostolicæ auctoritate firma esse posse, prædecessoris quoque sui imitatus exemplum, cum convenientia abbatum et fratrum suorum, Romam misit : a domino Calisto secundo tunc apostolicæ sedis pontifice, suppliciter petens, quatenus ea quæ cum coabbatibus et fratribus suis ad roborandam monastici ordinis disciplinam statuerat, auctoritate apostolica rata et inconcussa fore decerneret. Cujus petitioni summus pontifex clementer annuens, ad confirmationem ordinis decretum promulgavit, decimo Kalendas Januarii, indictione XIII, Incarnationis Dominicæ anno 1109, Pontificatus anno primo. » Hæc ibi. Continet autem hæc Charta charitatis capitula triginta, quæ ad dictum annum apud Manrique legi possunt, cap. 4, ubi ex manuscripto Clari loci cap. 5 ista adduntur : « Venerabilis Pater Stephanus, sagacitate pervigil ac mire providus, ad præcidendos schismatum surculos, qui succrescentes exoriturum mutuæ pacis præfocare poterant fructum, eximias leges condidit; et scriptum illud Chartam charitatis competenter voluit vocari, quod ea tantum quæ sunt charitatis, tota ejus series redoleat : ita ut nihil pene aliud ubique prosequi videatur, quam nemini quidquam debeatis, nisi ut invicem diligatis. Quæ quidem charta, sicut ab eodem Patre digesta, a præfatis abbatibus confirmata, sigilli quoque apostolici auctoritate munita est. » Hæc ibi. Ipsum pontificis diploma habetur cap. 7. At quæ deinceps a S. Stephano statuta sunt, a morte ejus in unum collecta fuerunt : eademque in capitula 87 distincta edidit idem Manrique ad annum 1134, cap. 6. Quæ omnia apud eum videri possunt.

CAPUT V.

Onus abbatiale depositum : morbus, obitus, cultus.

23. « Cum beatus Pater Stephanus, uti in Exordio magno lib. I, cap. 37, legitur, officium sibi commissum, secundum veram humilitatis Domini nostri Jesu Christi regulam, strenue administrasset, longo confectus senio, ita ut caligarent oculi ejus, et videre non posset, curam pastoralem deposuit. Suc-

cessit itaque ei quidam indignus, nomine Wido; qui donis externis, adinstar sepulcri dealbati, non mediocriter pollens, interius erat putredine vitiorum sordens. Cum in ipso promotionis suæ primordio fratrum de more professionem reciperet, idem Dei famulus Stephanus vidit in spiritu immundum spiritum ad illum venientem, atque in ejus os ingredientem. Vix mensis præterierat unus, et ecce revelante Domino, denudata est impuritas ipsius, et eradicata est mox de paradiso plantatio spuria, quam Pater cœlestis non plantaverat; » et substitutus est vir sanctissimus Raynardus.

24. « Instante tempore quo emeritorum laborum senex in gaudium Domini sui introducendus, et de ultimo paupertatis loco, quem secundum consilium Salvatoris in hoc mundo elegerat, ad summi Patris familias convivium ascensurus decumberet; convenerunt fratres quidam, etiam ex abbatibus ordinis sui (quorum numerus eo tempore usque ad viginti excrevisse traditur) ut amicum fidelem et Patrem humillimum repatriantem devotissimis obsequiis et precibus prosequerentur. Cum vero jam in agonia constitutus, morti approximaret, cœperunt fratres inter se loquentes, tanti meriti hominem beatificare, dicentes eum secure posse pergere ad Deum, qui tantum fructum in Ecclesia Dei temporibus suis fecisset. Quo audito, et recollecto prout potuit spiritu, quasi increpantis voce dixit : « Quid est quod loqui- « mini? In veritate dico vobis, quia sic trepidus et « sollicitus ad Deum vado, quasi qui nunquam ali- « quid boni fecerim. Nam si aliquid boni in me fuit, « vel si fructus aliquis per parvitatem meam prove- « nire potuit, cooperante gratia Dei ; timeo et valde « contremisco, ne forte minus digne minusve humi- « liter gratiam apud me detinuerim. » Hoc ergo perfectæ humilitatis scuto, quæ in ore sonabat et in corde vigebat, munitus, hominem exuit : et omnia nequissima adversarii tela, quamvis ignea, quamvis sulphurea, potenter repellens, aerias tempestates securus pertransivit, et ad portas paradisi coronatus ascendit. Sacræ corporis ejus exuviæ, juxta prædecessoris ejus reliquias venerabiliter conditæ sunt : ut quibus in hac vita unus fuerat spiritus et una fides, sic etiam in æterna beatitudine non dispar esset gloria. » Hactenus dictum Exordium.

25. Tabulæ antiquæ Cistercienses produnt eum obiisse anno millesimo centesimo tricesimo quarto, die vicesimo octavo Martii : ad quem diem eum referunt Henriquez et Bucelinus in suis Menologiis, et Saussaius in Martyrologio Gallicano, cujus hoc est elogium : « Item ipso die depositio S. Stephani, tertii abbatis Cisterciensis, viri conspicuæ sanctitatis omniumque virtutum gratia decorati : qui sanctæ paupertatis æmulator ferventissimus, et eremi amator cupidissimus, feliciter exacta religiosæ professionis militia; postquam multos in Christi castra tirunculos, et in his aliorum ducem S. Bernardum transcripsisset , ovans ad supernæ gloriæ evocatus est bravium : cujus beata memoria sacris Ecclesiæ tabulis inscripta, fulget inter sanctorum natalitia insignis, decimo quinto Kalendas Maii. » Ad præsentem diem 17 Aprilis, ista leguntur in Martyrologio Romano : « Cistercii in Gallia S. Stephani abbatis, qui primus eremum Cisterciensem incoluit, et S. Bernardum cum sociis ad se venientem lætus excepit. » Eodem die passim in Martyrologiis monasticis celebratur. Visitur hodie sarcophagum ad ingressum ecclesiæ Cisterciensis, versus claustrum capituli, cum hac inscriptione : « Sancti et venerabiles Patres, abbates monasterii et ordinis Cisterciensis fundatores et amplificatores, hic simul reconditi sunt, D. Albericus. D. Stephanus, D. Raynardus, D. Gozovinus, D Fastradus, etc., quorum felices animæ, omnipotenti Deo viventes, nostri semper memores existant.

SANCTI STEPHANI

ABBATIS CISTERCIENSIS III

CENSURA DE ALIQUOT LOCIS BIBLIORUM.

(MABILL., *Opp. S. Bernardi*, III, XL.)

Frater STEPHANUS, Novi monasterii abbas, et præsentibus et futuris servis Dei salutem.

Hanc historiam scribere disponentes, inter plurimos libros quos de diversis ecclesiis congregavimus ut veraciorem sequeremur, in quemdam fere ab omnibus multum dissonantem impegimus. Et quia illum pleniorem cæteris invenimus, fidem ei accommodantes, hanc historiam, secundum quod in eodem libro invenimus, scripsimus. Qua digesta, non modice de dissonantia historiarum turbati sumus, quia hoc plena docet ratio, ut quod ab uno interprete, videlicet beato Hieronymo, quem, cæteris interpretibus omissis, nostrates jamjamque susceperant, de uno Hebraicæ veritatis fonte translatum est, unum debeat sonare. Sunt tamen quidam Veteris Testamenti libri, qui non de Hebraico, sed de Chaldaico sermone ab eodem nostro interprete sunt translati; quia sic eos apud Judæos invenit, sicut ipsemet in prologo super Daniele scribit, nosque illos sicut cæteros libros secundum ejus translationem suscepimus. Unde nos multum de discordia nostrorum librorum, quos ab uno interprete suscepimus, admirantes, Judæos quosdam in sua Scriptura peritos adivimus, ac diligentissime lingua Romana inquisivimus de omnibus illis Scripturarum locis, in quibus illæ partes et versus, quos in prædicto nostro exemplari inveniebamus, et jam in hoc opere nostro inserebamus, quosque in aliis multis historiis Latinis non inveniebamus. Qui suos libros plures coram nobis revolventes, et in locis illis ubi eos rogabamus, Hebraicam, sive Chaldaicam scripturam Romanis verbis nobis exponentes, partes vel versus, pro quibus turbabamur, minime repererunt. Quapropter Hebraicæ atque Chaldaicæ veritati, et multis libris Latinis, qui illa non habebant, sed per omnia duabus illis linguis concordabant, credentes, omnia illa superflua prorsus abrasimus, veluti in multis hujus libri locis apparet, et præcipue in libris Regum, ubi major pars erroris inveniebatur. Nunc vero omnes qui hoc volumen sunt lecturi rogamus, quatenus nullo modo prædictas partes vel versus superfluos huic operi amplius adjungant. Satis enim lucet in quibus locis erant, quia rasura pergameni eadem loca non celat. Interdicimus etiam auctoritate Dei et nostræ congregationis, ne quis hunc librum, magno labore præparatum, inhoneste tractare, vel ungula sua per scripturam vel marginem ejus aliquid notare præsumat (2).

(2) Infra legitur:
Ex actis capituli generalis ord. Cisterc. anni 1196.
Ad petitionem Domini quondam Lugdunensis archiepiscopi, qua petit emendari lectionem evangelicam de Passione Domini, quæ juxta Matthæum in Ramis Palmarum legitur, injungitur abbati de Firmitate, ut in Cluniacensi et Lugdunensi ecclesia quid inde sentiant, diligenter inquirat, et in sequenti Capitulo studeat nuntiare.
Anno 1200.

Scribatur in textu beati Matthæi evangelistæ ubi deest, *Diviserunt sibi vestimenta mea.*

Hæc censura invenitur in codice Bibliorum apud Cisterciense monasterium, cujus abbas secundus Stephanus prædictum codicem exarari curavit, ut testatur hæc clausula : *Anno* 1109 *ab incarnatione Domini liber iste finem sumpsit scribendi, gubernante Stephano II abbate cœnobium Cisterciense.*

SERMO BEATISSIMI STEPHANI

IN OBITU PRÆDECESSORIS SUI.

(MANRIQUE, *Annal. Cisterc.* ad an. 1109, c. 1, n. 19.)

Si in amissione tanti boni æquales nos reddidit tristitia, debilis consolator erit, qui indiget consolatione. Amisistis venerabilem Patrem et rectorem animarum vestrarum; amisi ego non solum Patrem et rectorem, sed socium et commilitonem, et in bellis Dei singularem athletam; quem venerabilis Pater Robertus ab incunabilis religionis, unica domo singulari doctrina, pari pietate nutriverat. Deest nobis, sed non Deo; et si non Deo, nec nobis deerit. Hoc enim peculiare et proprium sanctorum est dum a vita discedunt, relinquere corpus amicis, et amicos in mente deferre Corpusculum et singulare pignus dilectissimi Patris habemus, et ipse nos omnes pio affectu in mente deduxit. Et si ipse deductus ad Deum, inseparabili amore conjunctus est cum eo ; et nos qui in eo sumus, similiter conjunxit. Quid amplius dolendum? Felix sors, felicior cui taliter contigit, felicissimi nos ad talem præsentiam evecti : nihil enim jucundius evenire potest Christi athletis, quam trabea carnis relicta ad eum evolare, pro cujus amore tot perpessi sunt labores. Accepit pugnator bravium, apprehendit cursor præmium, victor assecutus est coronam, possessor nobis postulat palmam. Quid igitur dolemus? Quid lugemus gaudentem? Quid tristamus super plaudentem? Quid mœstis vocibus queruli coram Domino provolvimur, si evectus ad sidera, dolet de hoc (si dolere possunt beati) ille qui assiduo desiderio similem nobis deprecatur finem. Non doleamus super militem securum, doleamus super nos constitutos in prælio, et tristes mœstasque voces in orationes vertamus, deprecantes triumphatorem Patrem, ne rugientem leonem, et sævum adversarium de nobis triumphare patiatur

SANCTI STEPHANI EPISTOLÆ.

I.

Stephani abbatis et Cisterciensium epistola ad Ludovicum regem cognomine Crassum.

(EXSTAT inter epistolas S. Bernardi numero quadragesima quinta. Vide Opera S. Bernardi, infra.)

II.

Stephani abbatis, Hugonis Pontiniacensis, Bernardi ae Clara-Valle aa Honorium papam.
(Est epistola S Bernardi quadragesima nona.)

ADMONITIO IN CHARTAM CHARITATIS.

Hanc Cisterciensis ordinis primam constitutionem, CHARTÆ CHARITATIS nomen a suis auctoribus accepisse, testantur in primis omnia illius manuscripta, ac subinde plures Romani pontifices; maxime vero Eugenius III, Anastasius IV, Adrianus IV, Alexander III et Clemens IV. Qui dum illam singuli confirmarunt, hoc illi nomen constanter asseruerunt. Nec sane desunt hujus tam honorificæ nuncupationis rationes. Nam præter quam quod Clemens IV hoc eam nomine insignitam ait, a CHARITATE quam undecunque spirant illius decreta ; Calixtus II, qui primus eam singulari diplomate consecravit, eamdem *omnium tam abbatum et monachorum* ejusdem ordinis, quam *episcoporum in quorum parochiis prima illorum monasteria constituta fuerant consensu ac deliberatione communi ac mutua charitate* sancitam fuisse declarat. Tantum vero abest ut aliquam illius auctores, *terrenæ alicujus*, ut ipsi loquuntur, *commoditatis seu rerum temporalium exactionem suis fratribus per illam* imponere tentaverint, quin potius illis, si quando penuriam aut ruinam eorum aliqui incurrerent, subsidium a cæteris maxima cum charitate suppeditari voluerunt. Adde quod quemadmodum eorum successores in ejusdem constitutionis prologo censuerunt, hac ipsa constitutione *mutuæ pacis præcaventes naufragium, statuerunt quo pacto quove modo, imo qua* CHARITATE, *monachi eorum per abbatias, in diversis partibus mundi constitutas corporibus divisi, animis indissolubiliter conglutinarentur.* Hæc de nomine hujus constitutionis.

Quod autem spectat ad decreta quæ in illa continentur, omnia illa ad duo potissimum capita referuntur ; nempe ad morum institutionem et ad regimen ordinis seu administrationem. Ac primum quidem illius caput moribus instituendis Regulam S. Benedicti præscribit, eamque unicam, utpote sufficientem, si accurate et ad litteram observetur. Cætera vero illius capita regimini personarum ac monasteriorum administrationi subserviunt, dum visitationes monasteriorum, electiones abbatum, Patrum abbatum auctoritatem, capituli generalis celebrationem et alia id genus sapientissime moderantur ; quibus, ut hoc obiter moneam, omnem hujus ordinis jurisdictionem, superioritatem et auctoritatem ad abbates proprios, ad Patres abbates et ad capitulum generale revocare velle videntur.

De auctore vero hujus constitutionis hoc nobis apparet vero similius, nimirum S. Stephanum Cistercii tertium abbatem, præcipuum quidem illius fuisse auctorem, non tamen unicum. Nam, ut supra meminimus, eadem constitutio consensu ac deliberatione communi omnium abbatum et monachorum sancita est, quemadmodum Calixtus II, Eugenius III et Clemens. IV disertis verbis profitentur.

Cæterum etsi non constet quo præcise anno conscripta sit, certissimum est eam anno millesimo centesimo ecimo nono ab eodem summo pontifice Calixto II fuisse confirmatam.

CHARTA CHARITATIS

Nomasticon Cisterc. Paris, 1664, fol.)

Antequam abbatiæ Cistercienses florere inciperent, domnus Stephanus abbas et fratres sui ordinaverunt, ut nullo modo abbatiæ in alicujus antistitis Diœcesi fundarentur, antequam ipse decretum inter Cisterciense cœnobium et cætera ex eo nata exaratum et confirmatum, ratum haberet, propter scandalum inter pontificem et monachos devitandum. In hoc ergo decreto prædicti fratres mutuæ pacis futurum præcaventes naufragium, elucidaverunt et statuerunt, suisque posteris reliquerunt, quo pacto quove modo, qua charitate, monachi eorum per abbatias in diversis mundi partibus corporibus divisi, animis indissolubiliter conglutinarentur. Hoc etiam decretum chartam charitatis vocari censebant, quia ejus statutum omnis exactionis gravamen propulsans, solam charitatem et animarum utilitatem in divinis et humanis exsequitur.

INCIPIT CHARTA CHARITATIS.

CAPUT PRIMUM.

De singulari inter personas hujus ordinis consensione circa sensum et praxim Regulæ S. Benedicti cæterosque alios usus ac cæremonias.

Quia unius veri Regis, et Domini, et Magistri, nos omnes servos licet inutiles, cognoscimus, idcirco abbatibus et confratribus nostris monachis, A quos per diversa loca Dei pietas per nos miserrimos homines sub regulari disciplina ordinaverit, nullam terrenæ commoditatis, seu rerum temporalium exactionem imponimus. Prodesse enim illis, omnibusque sanctæ Ecclesiæ filiis cupientes, nihil quod eos gravet, nihil quod eorum substantiam minuat, erga eos agere disponimus : ne dum nos abundantes de eorum paupertate esse cupimus, avaritiæ malum, quod secundum Apostolum idolorum servitus comprobatur, evitare non possimus. Curam tamen animarum illorum gratia (3-5) charitatis retinere volumus : ut si quando a sancto proposito et observantia sanctæ Regulæ, quod absit, declinare tentaverint, per nostram sollicitudinem ad rectitudinem vitæ redire possint.

I. *Regula servetur sine novo sensu.* — Nunc vero volumus, illisque præcipimus, ut Regulam beati Benedicti per omnia observent, sicuti in Novo Monasterio observatur. Non alium inducant sensum in lectione sanctæ Regulæ, sed sicut antecessores nostri sancti Patres, monachi scilicet Novi Monasterii (6) intellexerunt et tenuerunt, et nos hodie intelligimus, et tenemus : ita et isti intelligant et teneant.

II. *Mores idem sint in omnibus cœnobiis.* — Et quia omnes monachos ipsorum ad nos venientes in claustro nostro recipimus, et ipsi similiter nostros in claustris suis, ideo oportunum nobis videtur, et hoc etiam volumus, ut mores et cantum et omnes libros ad horas diurnas et nocturnas, et ad missas necessarios, secundum formam morum et librorum Novi Monasterii possideant : quatenus in actibus nostris nulla sit discordia, sed una charitate, una regula, similibusque vivamus moribus.

III. *Procul privilegia contra ordinis statuta.* — Nec aliqua Ecclesia vel persona ordinis nostri adversus communia ipsius ordinis instituta privilegium a quolibet postulare audeat, vel obtentum quomodolibet retinere.

CAPUT II.

De visitationibus Patrum abbatum, ac mutua ipsorum ad invicem honoris prosecutione.

IV. *Abbas Cistercii ut matris ordinis abbas excipiatur.* — Cum vero abbas Novi Monasterii ad aliquod horum cœnobiorum visitandi gratia venerit, illius loci abbas, ut ecclesiam Novi Monasterii (7) suæ Ecclesiæ esse matrem recognoscat, cedat ei in omnibus locis monasterii, et ipse abbas adveniens locum illius abbatis, quandiu ibi manserit, teneat : excepto, quod non in hospitio, sed in refectorio cum fratribus, propter disciplinam servandam, comedet, nisi abbas illius loci defuerit.

V. *Abbates hospites ut recipiendi.* — Similiter et omnes abbates supervenientes nostri ordinis faciant; quod si plures supervenerint, et abbas loci defuerit, prior illorum in hospitio comedat. Et hoc excipitur, quod abbas loci illius, etiam in præsentia majoris abbatis novitios suos post regularem probationem benedicet.

VI. *D. Cisterciensi quid cavendum in filiationibus.* — Abbas quoque Novi Monasterii caveat, ne quidquam præsumat tractare, aut ordinare, aut contingere, de rebus illius loci ad quem venerit, contra abbatis vel fratrum voluntatem.

VII. *Quid possit in eisdem.* — Si autem præcepta Regulæ vel nostri ordinis intellexerit in eodem loco prævaricari, cum consilio præsentis abbatis charitative studeat fratres corrigere. Si vero abbas loci illius non adfuerit, nihilominus quod sinistrum invenerit, corrigat.

VIII. *Pater abbas visitet filias.* — Semel per annum visitet abbas Majoris ecclesiæ, vel per se, vel per aliquem de coabbatibus suis, omnia cœnobia quæ ipse fundaverit : et si fratres amplius visitaverit, inde magis gaudeant.

IX. *Cistercium quatuor primi visitent.* — Domum autem Cisterciensem simul per seipsos visitent quatuor primi abbates, de Firmitate, de Pontigniaco, de Claravalle, de Morimundo, die quam inter se constituerint, præter annuum capitulum, nisi forte aliquem eorum gravis ægritudo detineat.

X. *Reverentia abbatibus exhibeatur, cum Cistercium venerint.* — Cum autem aliquis nostri ordinis abbas ad Novum Monasterium venerit, reverentia congrua abbati ei exhibeatur; stallum abbatis illius teneat, in hospitio comedat, si tunc abbas defuerit. Si vero præsens fuerit, nil horum agat, sed in refectorio comedat. Prior autem loci negotia cœnobii disponat. Inter abbatias illas quæ se non genuerunt alterutras, ista erit lex. Omnis abbas in omnibus locis sui monasterii coabbati suo cedat advenienti, ut adimpleatur illud : *Honore invicem prævenientes* (Rom. XII).

XI. *Cum multi convenerint, quis primus.* — Si duo aut eo amplius convenerint, qui prior erit de advenientibus locum superiorem tenebit. Omnes tamen præter abbatem præsentis loci in refectorio comedent, ut supra diximus. Alias autem ubicunque convenerint, secundum tempus abbatiarum ordinem suum tenebunt; ut cujus ecclesia fuerit antiquior, ille sit prior. Ubicunque vero consederint, humilient sibi mutuo.

CAPUT III.

De institutione, auctoritate et forma capituli generalis.

XII, XIII. *Abbatia quæ aliam fundavit, in eam jus habet. Abbates ad capitulum generale veniant.* — Cum vero aliqua Ecclesiarum nostrarum Dei gratia adeo creverit, ut aliud cœnobium construere possit, illam definitionem, quam nos inter confratres nostros tenemus, et ipsi inter se teneant, excepto quod annuum capitulum inter se non habebunt : sed omnes abbates de nostro ordine singulis annis ad generale capitulum Cisterciense, omni postposita occasione convenient, illis exceptis, quos corporis infirmitas retinuerit; qui tamen idoneum nuntium delegare debebunt, per quem necessitas remorationis eo-

---

(3-5) Et hæc est prima ratio cur huic constitutioni nomen *Chartæ Charitatis* indiderunt.

(6) Et hinc oritur secunda ratio cur hoc statutum nuncupari possit *Charta Charitatis.*

(7) Tertia ratio cur hæc constitutio *Charta Charitatis* nuncupetur, nempe mutua hæc honoris et reverentiæ quam præcipit exhibitio.

rum capitulo valeat nuntiari. Et illis item exceptis, qui in remotioribus partibus habitantes, eo termino venerint, qui eis fuerit in capitulo constitutus. Quod si quis quacunque alia occasione quandoque remanere a nostro generali capitulo præsumpserit, sequentis anni capitulo pro culpa veniam petat, nec sine gravi animadversione pertranseat.

XIV. *In capitulo generali quæ agenda*. — In quo capitulo de salute animarum suarum tractent : in observatione sanctæ Regulæ vel ordinis, si quid est emendandum vel augendum, ordinent : bonum pacis et charitatis inter se reforment.

XV. *In eodem capitulo abbatum lapsus corrigantur.* — Si quis vero abbas minus in Regula studiosus, vel sæcularibus rebus nimis intentus, vel in aliquibus vitiosus repertus fuerit, ibi charitative clametur (8), clamatus veniam petat, pœnitentiam pro culpa sibi indictam adimpleat. Hanc vero clamationem non nisi abbates faciant.

XVI. *Si in correctione alicujus sit dissidium, cujus judicio standum.* — Si forte aliqua controversia inter quoslibet abbates emerserit, vel de aliquo illorum tam gravis culpa propalata fuerit, ut suspensionem aut etiam depositionem mereatur : quidquid inde a capitulo fuerit definitum, sine retractatione observetur. Si vero pro diversitate sententiarum in discordiam causa devenerit, illud inde irrefragabiliter teneatur, quod abbas Cisterciensis, et hi qui sanioris consilii, et magis idonei apparuerint, judicabunt : hoc observato, ut nemo eorum, ad quos specialiter causa respexerit, definitioni debeat interesse.

XVII. *Cœnobia penuriam patientia ab aliis juventur.* — Quod si aliqua causa Ecclesia pauperiem intolerabilem incurrerit : abbas illius cœnobii coram omni capitulo hanc causam intimare studeat (9). Tunc singuli abbates maximo charitatis igne succensi, illius Ecclesiæ penuriam rebus sibi a Deo collatis, prout habuerint, sustentare festinent.

CAPUT IV.
De electionibus abbatum.

XVIII. *Mortuo abbate, ut fiat electio successoris.* — Si qua domus ordinis nostri abbate proprio fuerit destituta, major abbas de cujus domo domus illa exivit, omnem curam habeat ordinationis ejus, donec in ea abbas alius eligatur : et præfixa die electionis, etiam ex abbatibus, si quos domus illa genuit, advocentur, et consilio et voluntate patris abbatis, abbates et monachi domus illius abbatem eligant.

XIX. *Mortuo D. Cisterciensi, qui successoris electioni interesse debeant.* — Domui autem Cisterciensi, quia mater est omnium nostrum, dum proprio abbate caruerit, quatuor primi abbates, scilicet, de Firmitate, de Pontigniaco, de Claravalle, et de Morimundo, provideant, et super eos sit cura domus illius, donec in ea abbas electus fuerit et statutus. Ad electionem autem Cisterciensis abbatis præfixa et nominata die, ad minus per quindecim dies convocentur ex abbatibus, quorum domus de Cistercio exierunt : et ex aliis, quos prædicti abbates et fratres Cistercienses idoneos noverint : et congregati in nomine Domini abbates et monachi Cistercienses eligant abbatem.

XX, XXI. *Quis in abbatem matris ecclesiæ* (10) *eligi possit. Nullus in abbatem alterius ordinis eligatur.* — Liceat autem cuique matri ecclesiæ nostri ordinis, non solum de monachis filiarum suarum ecclesiarum, sed de ipsis quoque abbatibus earum, libere sibi si necesse fuerit, assumere abbatem : personam vero de alio ordine nulla de nostris ecclesiis sibi eligat in abbatem : sicut nec nostrarum aliquam liceat aliis monasteriis, quæ non sunt de ordine nostro, dari.

CAPUT V.
De cessione et depositione abbatum.

XXII. *Abbas volens cedere ut sit admittendus.* — Si quis abbas pro inutilitate seu pusillanimitate sua, a patre suo abbate domus illi, unde sua exivit, postulaverit, ut ab onere abbatiæ suæ relaxetur : caveat ille, ne facile ei sine causa rationabili et multum necessaria acquiescat. Sed et si tanta fuerit necessitas, nihil inde per se faciat : sed vocatis aliquibus abbatibus aliis nostri ordinis, eorum consilio agat, quod pariter noverint oportere.

XXIII. *Abbas ut deponendus, si culpæ exigant.* — Si quis vero abbatum contemptor sanctæ Regulæ, aut ordinis esse prævaricator, vel commissorum sibi fratrum vitiis consentiens innotuerit : abbas matris ecclesiæ per seipsum vel per priorem suum, aut quomodo opportunius potuerit, de emendatione eum admoneat usque quater. Quod si nec ita correctus fuerit, nec sponte cedere voluerit : congregato aliquanto numero abbatum nostræ congregationis, transgressorem sanctæ Regulæ ab officio suo amoveant : ac deinceps alter qui dignus sit, consilio et voluntate majoris abbatis a monachis illius Ecclesiæ simul et abbatibus, si qui ad eam pertinent, sicut supra dictum est, eligatur.

XXIV. *Depositus si recalcitret, ut puniendus.* — Si autem is qui deponitur, aut monachi ejus, quod Deus avertat, contumaces et rebelles esse voluerint, ut sententiis minime acquiescant, ab ipso abbate matris ecclesiæ, et a cæteris coabbatibus ejus, excommunicationi subdantur : ac deinceps ab eo coerceantur, prout potuerit, et noverit expedire.

XXV. *Resipiscentes quo se possint conferre.* — Ex hoc sane si quis illorum ad se reversus, de morte animæ resurgere, et ad matrem redire voluerit tanquam filius pœnitens suscipiatur.

---

(8) *Clametur*, idem est hoc loco ac *accusetur* vel *denuntietur*.

(9) En tibi adhuc et nova ratio nominis *Chartæ Charitatis*, nimirum ex subsidio, monasterio penuriam patienti concesso.

(10) Per abbatem *Majoris Ecclesiæ* intellige *Patrem abbatem* seu abbatem domus illius quæ alteram genuerit.

XXVI. *Nullus alio migret invito abbate.* — Nam sine hac causa multo semper studio devitanda, nullus abbas monachum alterius cujuscunque abbatis ordinis nostri sine ejus assensu retineat : nullus in domum alterius cujuslibet, sine ejus voluntate, suos ad inhabitandum monachos introducat.

XXVII. *D. Cisterciensis quomodo corrigendus.* — Eodem etiam modo si forte, quod absit, abbates nostri ordinis matrem nostram Cisterciensem Ecclesiam in sancto proposito languescere, et ab observatione Regulæ vel ordinis nostri exorbitare cognoverint, abbatem ejusdem loci per quatuor primos abbates, scilicet de Firmitate, de Pontiniaco, de Claravalle, de Morimundo, sub cæterorum abbatum nomine, usque quater, ut corrigatur ipse, et alios corrigere curet, admoneant, et cætera quæ de aliis dicta sunt abbatibus, si incorrigibiles apparuerint, circa eum studiose adimpleantur : excepto quod si cedere sponte noluerit, nec deponere, nec contumaci anathema dicere poterunt ; donec in generali capitulo, aut si illud forte jam visum fuerit expectari non posse, in conventu alio, convocatis abbatibus qui de Cistercio exierunt, et aliquibus aliorum, virum inutilem ab officio suo deponant : et tam ipsi quam monachi Cistercienses idoneum abbatem eligere studeant.

XXVIII. *Quid si ipse et ejus monachi non acquiescant.* — Quod si abbas ille et monachi Cistercienses contumaciter recalcitrare voluerint : gladio excommunicationis eos ferire minime vereantur.

XXIX. *Resipiscentes quo possint confugere.* — Postea vero si quis horum prævaricatorum tandem resipiscens, et animam suam salvare cupiens, ad quamlibet quatuor nostrarum ecclesiarum, sive ad Firmitatem, sive ad Pontiniacum, sive ad Claramvallem, seu ad Morimundum, confugerit : sicut domesticus et cohæres ecclesiæ cum regulari satisfactione recipiatur, quoadusque propriæ ecclesiæ, sicut justum fuerit, reconciliatæ, quandoque reddatur.

XXX. *Capit. generale ubi tunc habendum.* — Interim annuum abbatum capitulum non apud Cistercium, sed ubi a quatuor supra nominatis abbatibus prævisum fuerit, celebrabitur.

USUS ANTIQUIORES
ORDINIS CISTERCIENSIS.

(Nomasticon Cisterciense seu antiquiores ordinis Cisterciensis consuetudines, Paris. 1664.)

ADMONITIO.

Cum, ut superius vidimus, primæ constitutionis ordinis Cisterciensis seu Chartæ Charitatis *auctores*, eamdem vivendi et agendi rationem omnibus monasteriis ac personis ejusdem ordinis præscripsissent, *libellum hunc ex usibus ac cæremoniis quas illuc usque tenuerant concinnatum singulis monasteriis, iisdem moribus ac ritibus inter se colligandis, imperarunt. Cujus subinde libelli directionem universus ordo ita complexus est, ut de alio sibi comparando, vix ab eo tempore cogitarit. Hunc ergo librum, et si jam semel et iterum in lucem prodierit, pluribus illius manuscriptis inter se collatis, in ea quam primum habuit forma, non nudum tamen ut hactenus, sed notis et observationibus adornatum, ac in quinque veluti partes juxta diversitatem materiæ quam pertractat, majoris perspicuitatis gratia distributum, additis ac notatis iis quæ illi aliquando pro quarumdam festivitatum celebratione instituenda identidem accesserunt, sine ulla sive titulorum sive capitulorum innutatione, nova hac editione et accessione in publicum rursus abire permittimus.*

Ac ut illius in ipso limine lectori rudem ob oculos ponamus imaginem :

I^a illius pars Breviarii ac Missalis Cisterciensis dispositionem tradidit, eamque juxta Regulam S. Benedicti.

II^a quæ incipit a cap. 52, cæremonias tam in horis canonicis quam in missarum celebratione observandas, usque ad cap. 70, juxta antiquiorem usum Ecclesiæ prosequitur.

III^a quæ a cap. septuagesimo usque ad octuagesimum nonum se extendit, modum agendi ac ritus in cæteris exercitiis regularibus tenendos demonstrat.

IV^a Quæ ab eodem capite octuagesimo nono usque ad centesimum secundum protenditur, infirmorum curam, mortuorumque suffragia persequitur.

V^a Denique, quæ ab eodem capite centesimo secundo usque ad finem ejusdem libri pertingit, hebdomadariorum seu ministrorum sibi invicem in ecclesiasticis regularibusque obsequiis qualibet hebdomada succedentium, superiorum item ac officialium quorumlibet munia fuse sapienterque describit.

His autem de fine ac ordine libelli hujus utcunque prælibatis, si quis tempus illius ac ætatem inquirat, antiquitatem illi potius quam certum aliquem annum asseremus. Verosimilius tamen est eum, aut simul cum Charta Charitatis, aut immediate post fuisse concinnatum, ut vel ex eo patet, quod inter libros necessario habendos in prima cujuslibet monasterii fundatione recenseatur capite duodecimo Institutorum ejusdem ordinis quæ anno millesimo centesimo tricesimo quarto edidit sanctus Raynardus, Cistercii quartus abbas, quindecim circiter annis post confirmationem Chartæ Charitatis. De auctore vero seu conscriptore nihil certum.

PARS PRIMA.

Breviarii ac Missalis Cisterciensis secundum Regulam S. Benedicti dispositio.

CAPUT PRIMUM.
De Adventu Domini.

In Adventu Domini, Dominica prima *Esayas* incipiatur ad Vigilias, et deinceps totus legatur per Adventum, non solum ad Vigilias, sed et in refectorio prout tempus expetierit. Eisdem quoque diebus cum post Vesperas et Laudes et ad missam de ipso Adventu et aliquo sancto facienda est commemoratio, prius de Adventu, et postea de sancto fiat commemoratio. In tertia vero septimana ejusdem Adventus, jejunia Quatuor Temporum omni anno sunt agenda; et homiliæ Evangeliorum ad ipsos tres dies jejuniorum pertinentes ad Vigilias legendæ : quarum primæ lectiones a diaconis, quos cantor voluerit, pronuntiandæ sunt; et feria quinta ejusdem septimanæ sermones sancti *Augustini* de Incarnatione Domini, videlicet *Legimus sanctum Moysen*; et, *Vos, inquam, convenio (o Judæi)* ad Vigilias sunt recitandi.

Si quando vero festivitas sancti *Thomæ* apostoli in eadem feria quinta evenerit, tertia feria ejusdem septimanæ, prænotati sermones legantur. Sciendum tamen quod Antiphona illa, quæ quinta die ante diem Nativitatis intitulatur ad *Benedictus*, sicut in Antiphonario notatur, id est *Nolite timere*, etiamsi ipsa dies quinta Dominica evenerit, non obmittitur, sed dicitur ad *Benedictus*. Illa vero de Dominica, scilicet *Ave Maria*, remaneat.

CAPUT II.
Quomodo per hiemem privatis diebus ad Vigilias dividuntur Responsoria.

Omnia Responsoria quæ cantantur a Kalendis Novembris usque in Pascha Dominicis diebus, et Responsoria Apparitionis, scilicet *Hodie in Jordane*, dividantur trina per singulos dies privatis diebus usque ad sextam feriam. Sexta vero feria repetantur a capite, exceptis illis diebus qui habent propria Responsoria : scilicet ante Natale Domini et post, et ante Pascha et dum cantantur Responsoria, *Domine, ne in ira*. Porro *Aspiciens* quod in Dominica cum tribus versibus canitur, quoties privatis diebus repetetur, cum solo ultimo versu cantabitur. Quod si aliqua festivitas duodecim lectionum intervenerit, illa tria Responsoria, quæ dicenda fuerant in ipsa die quam occupavit festivitas, dicantur ea die quæ vacua successerit festivitati.

CAPUT III.
De vigilia Nativitatis Domini.

In Vigilia Nativitatis Domini post Nocturnos more solito Vigiliæ pro defunctis agantur : et cætera omnia sicut aliis privatis diebus persolvantur, cum flexione genuum usque ad Vesperas Natalis Domini; excepto quod missa illius diei post Primam sine flexione genuum, et ea veneratione qua Dominicis diebus canitur, sit celebranda. Ad quam una tantum oratio dicatur ; nisi forte præsens defunctus fuerit. Et prophetia *Esayæ* ante Epistolam a quolibet fratre rogato a cantore legatur.

In capitulo autem post primum versum primæ lectionis quæ sic incipit, *Jesus Christus Filius Dei in Bethlehem Judæ nascitur*, totus conventus pro veneratione sanctæ Nativitatis prostratus, orationem brevem faciat : et abbate vel priore, si Abbas defuerit, surgente, cæteri etiam se erigant et resideant, lectorque tunc reliqua lectionis prosequatur.

Si autem Vigilia Nativitatis Domini evenerit die Dominica, ita celebretur. Invitatorium, *Levate capita vestra*. In primo nocturno Antiphona, *Domine, in virtute*. Psalmus, *Domine, in virtute*, et, *Deus Deus meus, respice*, et cætera ut in Breviariis. Versus, *Hodie scietis quia veniet Dominus*. Lectiones vero dicantur quæ in ipsa Dominica quarta in Adventu Domini in libro Lectionari scriptæ sunt, id est, *Audite me, qui sequimini quod justum est*. Et in eodem primo nocturno legantur Responsoria *Canite tuba. Non auferetur. Me oportet minui. Ecce jam venit.*

In secundo nocturno, Antiphona, *Dominus defensor*. Psalmus, *Dominus illuminatio*, et *Ad te clamabo*, etc. Versus, *Crastina die delebitur iniquitas terræ*. Responsoria, *Virgo Israel. Juravi, dicit Dominus. Non discedimus a te. Intuemini quantus sit.*

Ad Cantica, Antiphona, *Alleluia*. Canticum, *Domine, miserere nostri*. Versus, *Egredietur virga*. Evangelium, *Cum esset desponsata*. Homelia Origenis ; ex qua homelia legantur quatuor Lectiones, sicut designatæ sunt in libro ; quarum primam legat de quidem Dominico diaconus hebdomadarius ; privatis vero diebus, quem cantor voluerit. Responsoria, *Sanctificamini. Constantes estote. Sanctificamini, filii Israel. Nascetur vobis*. Evangelium post *Te Deum laudamus, Cum esset desponsata mater Jesu*. Collecta, *Deus qui nos Redemptionis.*

In laudibus, *Alleluia*. Psalmus, *Miserere mei, Deus*, et, *Confitemini Domino*, etc. Capitulum, *Ecce venio cito*. Responsorium, *Hodie scietis*. Hymnus, *Splendor paternæ gloriæ*. Versus, *Constantes estote*. Ad Canticum de Evangelio : Antiphona, *Orietur sicut sol*. Collecta, *Deus qui nos redemptionis*. Pro Commemoratione Dominicæ : Antiphona, *Ave Maria*. Versus, *Emitte agnum, Domine*. Collecta, *Excita, Domine, potentiam*.

Missa matutinalis de Dominica, id est, *Memento nostri, Domine*, cum sua collecta dicatur, nisi præsens defunctus fuerit. Major vero missa de Vigilia, id est, *Hodie scietis*. *Alleluia* dicatur, et *Credo in unum Deum*. Prophetia *Esayæ* ante Epistolam non obmittatur.

Ad horas diei *Alleluia.* Versiculi autem de Vigilia scilicet, Ad Tertiam : versus, *Hodie scietis.* Ad Sextam : versus, *Crastina die delebitur iniquitas terræ;* Ad Nonam, versus, *Constantes estote.* In Tertia vero capitulum et Collecta de Vigilia. Ad Sextam et ad Nonam, sicut in aliis tribus Dominicis diebus transactis.

Ad Vesperas super Psalmos dicatur sola prima antiphona, scilicet, *Antequam convenirent,* Psalmum, *Dixit Dominus. Confitebor. Beatus vir. Laudate, pueri,* quatuor scilicet Psalmi sub una Antiphona. Capitulum, *Paulus servus Christi Jesu.* Responsorium, *O Juda et Jerusalem.* Hymnus, *Intende, qui regis.* Versus, *Benedictus qui venit in nomine Domini.* Ad Magnif. Antiph. *Cum esset desponsata.* Collecta, *Deus qui nos redemptionis.* Post quas Vesperas non fit commemoratio de Dominica.

CAPUT IV.
De Nativitate Domini.

In nocte Nativitatis Domini cellerarius provideat de duobus conversis, qui ignem in calefactorio monachis ad intervallum calefaciendis præparent, si tamen frigus hoc exegerit. Finita namque post Evangelium Collecta, exibit conventus de ecclesia : et lampadibus in claustro et in lavatorio accensis, ab illo fratre qui in capitulo per intervalla post Nocturnos lumen solet deferre, sedebunt fratres in claustro, et qui voluerit calefaciat se.

Dehinc, ut tempus dictaverit, pulsato modice signo a sacrista, præparent se ministri altaris ad missam, *Dominus dixit ad me.* Ad quam missam adjuvent ad induendum et exuendum illi duo fratres qui postea ad missam matutinalem, scilicet post Laudes, hoc iterum facturi sunt. Præparatis vero ministris, iterum signo pulsato ut conveniant fratres in chorum, supradicta missa sicut in natali unius apostoli celebretur. Expleta missa, factoque intervallo atque sedentibus fratribus in claustro, eo ordine quo supra taxavimus signum a sacrista pulsetur, et Matutinorum Laudes inchoentur.

Post Matutinorum Laudes fratres lege suprascripta in claustro sedeant. Secretarius (11) vero signo solito altaris ministros ad præparandos se accersat, temperato sic hoc intervallo post Matutinorum Laudes, ut incipiente dici aurora, incipiatur missa , *Lux fulgebit.* Ad quam missam non cantentur missæ privatæ donec Offerenda compleatur, exceptis missis pro communicandis conversis. Porro ista missa in mane sicut in diebus Dominicis agatur, et fratres infirmi et diversis officiis deputati ad communionem eant. Qua missa celebrata mox exeuntibus fratribus de choro, signum pulsetur a sacrista : et uti mos est festivis diebus intervallum custodiri, inter Matutinarum Laudes et Primam : ita teneatur inter hanc missam, *Lux fulgebit,* et Primam. Iterum pulsato signo ad Primam veniant fratres in chorum, et faciant solitam orationem. Post Primam autem intrent capitulum.

CAPUT V.
De octavis Domini.

In tribus autem sequentibus diebus missa matutinalis erit, *Puer natus est nobis.* In prima die istorum trium dierum scilicet sancti *Stephani,* ad hanc prædictam missam prima Collecta erit, *Concede, quæsumus, omnipotens Deus.* Secunda vero, *Da nobis, quæsumus.* Deinde Epistola , *Apparuit gratia Dei.* Evangelium, *Exiit edictum.*

In secunda autem die, videlicet in die sancti *Joannis* evangelistæ, prima Collecta erit, *Concede, quæsumus, omnipotens Deus;* secunda vero, *Ecclesiam tuam;* tertia, *Da nobis, quæsumus :* Deinde Epistola, *Apparuit benignitas;* Evangelium, *Pastores loquebantur.*

In die sanctorum Innocentium prima Collecta erit, *Concede, quæsumus, omnipotens Deus,* secunda : *Deus, cujus hodierna die;* deinde, *Da nobi, quæsumus;* In quarto loco, *Ecclesiam tuam;* Epistola , *Apparuit gratia;* Evangelium, *Exiit edictum.*

Notandum tamen quia si in die sancti *Stephani* dies Dominica occurrerit, vel præsens defunctus ad missam matutinalem supervenerit in die sancti *Joannis :* Epistola, *Apparuit gratia;* Evangelium, *Exiit edictum,* dicatur. In die vero Innocentium Epistola, *Apparuit benignitas;* Evangelium, *Pastores loquebantur.* Similiter si in die sancti *Joannis* dies occurrerit Dominica, vel præsens defunctus supervenerit in die Innocentium : Epistola, *Apparuit benignitas;* Evangelium, *Pastores.*

Ipso die ad Vesperas prima commemoratio fiat de sancto *Thoma* (12); postea de Nativitate et de octavis sanctorum. Cætera omnia de sancto *Thoma* sicut in libris adnotatum est, fiant. Cujus festivitas tam in nocte quam in die plenarie agatur. Et observatur illa ratio quæ in tribus præcedentibus festivitatibus est assignata : scilicet de commemorationibus faciendis, de matutinalis missæ dispositione de Dominica si occurrerit , de mortuo si præsens fuerit. Ad introitum vero majoris missæ, *Lætabitur justus.* Collecta, *Adesto, Domine,* etc., sicut in festo sancti *Vincentii.* Quod si Dominicus dies fuerit, post Laudes fiat primitus commemoratio diei Dominicæ, id est *Dum medium silentium;* postea de Nativitate : deinde de octavis sanctorum per ordinem. Missa matutinalis, *Dum medium silentium.* Prima Collecta, *Omnipotens sempiterne Deus, dirige.* Secunda, *Adesto, Domine.* Tertia, *Concede.* Postea de octavis sanctorum. Ad Vesperas super Psalmos dicatur una Antiphona, *Iste sanctus pro lege.*

In crastino sancti *Thomæ,* nisi dies Dominicus fuerit, peractis nocturnis mox pergant fratres more solito ad luminare legere, et post Laudes sine in-

---

(11) *Secretarius,* id est sacrista.
(12) Memoria et festivitas S. *Thomæ Cantuariensis,* non erat in primis Usibus, sed hic addita est anno D. 1191, quo quidem anno ejus festivitas recepta et imperata est a capitulo generali.

tervallo Prima sequatur. Qua dicta, missa celebretur ut in Dominicis diebus, scilicet *Puer natus est nobis.* Collectæ, *Concede, quæsumus : Da nobis, quæsumus : Ecclesiam tuam : Deus cujus hodie.* Epistola, *Apparuit gratia :* Evangelium, *Exiit edictum.*

Post missam vacent fratres lectioni, usque ad horam secundam. Deinde dicta tertia, eant in capitulum, et postea ad opera manuum. Sed et hoc notandum, quod ad Vigilias hujus diei expositio Evangelii, scilicet *Exiit edictum,* legenda sit et pronuntianda a quolibet diacono, ut in duodecim lectionibus. Si dies hæc Dominica fuerit, sicut in libris continetur, ita fiat.

CAPUT VI.

Quomodo a Nativitate Domini usque ad Septuagesimam, diebus Dominicis officia missarum disponantur singulis annis.

Prima semper Dominica quæ post diem Nativitatis Domini evenerit, officium, *Dum medium silentium,* ad missam matutinalem dicatur. Similiter prima semper Dominica quæ post diem Apparitionis evenerit, officium, *In excelso throno,* ad missam matutinalem cantetur, excepto quod si eadem Dominica officium *Omnis terra* simul cum historia, *Domine ne in ira,* propter celeritatem instantis Septuagesimæ fuerit canendum, *In excelso throno,* in crastino Apparitionis dicetur. Et notandum quia cum dies Dominicus tertia die post Epiphaniam, et deinceps usque ad Octavam Apparitionis evenerit, omni die post Octavam Apparitionis, ad Laudes et ad Vesperas, Collecta, *Vota, quæsumus, Domine,* usque in subsequentem Dominicam, qua *omnis terra,* cani debet, continuatur. Eadem quoque missa, id est *In excelso throno* per eosdem dies, videlicet post Octavam Apparitionis secundum quod in sententia (13) de missis diebus privatis dicendis ordinatum est, dicetur : si tamen officium *Omnis terra,* in ipsis Octavis Apparitionis vel ante dictum non fuerit.

Cum autem inter septimanam illam qua cantatur, *In excelso throno,* et Septuagesimam quinque veniunt hebdomadæ, tunc, *Omnis terra,* duabus primis : *Adorate Deum* vero tribus ultimis canatur hebdomadis ; ita scilicet ut unaquæque septimanarum illarum, quibus, *Omnis terra* canetur, suam propriam habeat Collectam, cum Epistolis et Evangeliis ad eam pertinentibus : et tres ultimæ septimanæ quibus, *Adorate* canetur, similiter : hoc scilicet modo. Prima hebdomada dicitur officium *Omnis terra.* Collecta, *Omnipotens sempiterne Deus, qui cœlestia simul :* Epistola, *Habentes donationes :* Evangelium, *Nuptiæ factæ sunt.* Secunda hebdomada item officium, *Omnis terra:* Collecta *Omnipotens sempiterne Deus, infirmitatem :* Epistola, *Nolite esse prudentes apud vosmetipsos :* Evangelium, *Cum descendisset Jesus.* Tertia hebdomada officium, *Adorate Deum :* Collecta, *Deus qui nos in tantis :* Epistola, *Nemini quidquam debea-*

tis : Evangelium, *Ascendente Jesu.* Quarta hebdomada item Officium, *Adorate Deum.* Collecta, *Familiam :* Epistola, *Induite vos :* Evangelium, *Simile est regnum cœlorum homini qui seminavit.* Quinta hebdomada item officium *Adorate* cum supradicta Collecta, Epistola et Evangelio.

Cum vero infra prædictum terminum quatuor veniunt hebdomadæ, tunc, *Omnis terra* duabus primis : *Adorate* vero duabus ultimis canatur. Cum vero non nisi tres infra prædictum terminum veniunt hebdomadæ: *Omnis terra,* prima trium illarum hebdomada, cum primis duabus collectis, scilicet *Omnipotens sempiterne Deus, qui cœlestia :* et *omnipotens sempiterne Deus, infirmitatem* cum Epistolis et Evangeliis ad ipsas pertinentibus, dicatur ; ita scilicet ut feria quinta *Omnipotens sempiterne Deus, infirmitatem,* ad Laudes incipiatur. Ipsaque die Missa *Omnis terra,* cum Epistola et Evangelio ad ipsam pertinentibus cantetur : et usque in Sabbatum tam ad Vesperas quam ad Laudes teneatur ; reliquis vero duabus ultimis hebdomadis ut supra in quatuor hebdomadis descriptum est, agatur.

Et cum infra sæpe memoratum terminum ab *In excelso throno* usque ad Septuagesimam, non nisi duæ eveniunt hebdomadæ : in prima quidem, ut in tribus descriptum est, fiat. Secunda vero qua cantabitur, *Adorate Deum,* de duabus Collectis, scilicet *Deus qui nos in tantis,* et, *familiam tuam :* cum Epistolis et Evangeliis ad eas pertinentibus, agatur similiter. Cum vero una sola hebdomada inter illam de, *In excelso throno* et Septuagesimam evenerit, tunc ambo illa officia cum supra memoratis Collectis, Epistolisque et Evangeliis ad eas pertinentibus, illis duabus hebdomadis prima scilicet qua cantatur, *In excelso throno,* et secunda quæ est ante Septuagesimam, Cantor ut melius potuerit exsolvere, procuret : si tamen in eadem secunda hebdomada quæ est ante Septuagesimam propter aliquam solemnitatem duodecim Lectionum, vel propter commemorationem alicujus sancti qui proprietatem (14) habet in graduali persolvi non potuerunt.

Quod vero ob brevitatem temporis, de duabus Collectis in una septimana dicendis cum suis Epistolis et Evangeliis, et de secunda Collecta feria quinta incipienda diximus observandum : si ob præsentem defunctum vel duodecim lectionum solemnitatem, vel commemorationem alicujus sancti, qui proprietatem habet in graduali feria quinta venientem, id impeditum fuerit prima die quam, post illam feriam quintam ante Dominicam ab hujusmodi expeditam, cantor invenerit totum persolvat. Quod si etiam feria sexta aliquo horum occupata fuerit tunc quidem Sabbato Dominicalis missa canatur. Itaque feria quinta vel sexta, vel Sabbato ubi prius vacuum a proprietate sancti, locum invenerit : Dominicale Officium persolvatur ; nec pro præsenti defuncto differatur, sed utraque missa dicatur. Simili-

---

(13) *In sententia,* id est in cap. de missis.

(14) *Proprietatem,* id est officium proprium.

CAPUT VII.
De sancto Silvestro.

Festivitas sancti *Silvestri* tam in nocte quam in die plenarie agatur, et commemoratio Nativitatis Domini teneatur. Missa vero ita agatur. Ad Introitum, *Sacerdotes tui, Domine.* Collectæ, *Da, quæsumus, omnipotens Deus ut beati Silvestri* : *Concede, quæsumus, omnipotens Deus* : *Da nobis, quæsumus, Domine* : *Ecclesiam tuam* : *Deus cujus hodierna die.*

Quod si Dominicus fuerit dies, post matutinales Laudes fiat primitus commemoratio diei Dominici, id est *Dum medium*, et postea de Nativitate : deinde de octavis sanctorum per ordinem. Missa matutinalis erit, *Dum medium silentium* : Collecta. I : *Omnipotens sempiterne Deus, dirige actus nostros.* II : *Da, quæsumus, omnipotens Deus ut beati Silvestri.* III : *Concede, quæsumus, omnipotens Deus*, postea de Octava sanctorum.

Ad Vesperas super Psalmos dicatur una Antiphona de confessore, id est *Cognovit eum Dominus* : Capitulum vero et deinceps usque ad finem, de Octava Dominicæ Nativitatis. Commemoratio fiat in primis de sancto *Silvestro*, postea de Dominica et deinde de Octavis sanctorum.

CAPUT VIII.
Quid post Circumcisionem Domini usque ad Septuagesimam ad Vigilias sit legendum.

Post Circumcisionem Domini privatis diebus legantur Epistolæ Pauli ad Vigilias usque ad Septuagesimam : non tamen Dominicis diebus, sed authenticorum Patrum Sermones de Nativitate Domini, sive de Circumcisione, sive de Epiphania Domini, donec canantur Responsoria *Domine, ne in ira tua.* Quod si tempus a Circumcisione usque ad Septuagesimam breve fuerit, non solum in ecclesia, sed etiam in refectorio legantur Epistolæ Pauli ; quod fiet secundum quod cantor ordinaverit.

CAPUT IX.
In Vigilia Epiphaniæ.

In Vigilia Epiphaniæ Domini missa, *Puer natus* ; Collecta, *Corda nostra* : et post, *Deus qui salutis* et cæteræ usitatæ. Et sciendum quod Collecta, *Concede nos famulos* inter usitatas non reputatur : quæ etiam a Vigilia Nativitatis Domini usque in crastinum Epiphaniæ intermittenda est. Epistola, *Apparuit benignitas* : Evangelium, *Defuncto Herode.*

Quod si Vigilia Epiphaniæ in Dominica evenerit, hæc suprascripta missa cum sua Collecta, Epistola et Evangelio post Tertiam canatur : Matutinalis vero Missa sit, *Puer natus est*, cum Collecta, *Deus qui salutis* : Epistola, *Apparuit benignitas* : Evangelium, *Pastores loquebantur* : Et notandum quia cum hæc

---

(15) *Alleluia*, etc., *usque ad Quadragesimam.* Hoc secundum Regulam S. Benedicti, cap. 15.
(16) *Usque ad Dominicam qua*, etc., id est usque ad

Vigilia in Dominica evenerit, Collecta *Deus qui salutis æternæ* : in nocte post Evangelium ad Laudes et ad Tertiam dicitur : Collecta vero, *Corda nostra* tantum ad majorem missam.

CAPUT X.
De « Domine, ne in ira, » et « Benedicam Dominum. »

Ab Octavis Epiphaniæ usque ad Septuagesimam, Dominicis diebus ad Vigilias dicantur Responsoria, *Domine, ne in ira tua,* et privatis diebus *Benedicam Dominum,* etc., ut inveniuntur in Antiphonario. Antiphonæ vero de Dominica ad Nocturnos et privatis diebus ad primum Nocturnum usque ad Pascha dicantur, et ad Vesperas super Psalmos usque ad Cœnam Domini, et ab Octava Pentecostes usque ad Nativitatem Domini. Quæ vero privatis diebus secundo Nocturno attitulantur, tantum in Quadragesima dicantur.

Alleluia vero ab Octava Pentecostes usque ad *Quadragesimam* (15). Invitatoria privatis diebus attitulata usque ad Passionem Domini, et a Kalendis Novembris usque ad Adventum. Parva Responsoria ad Nocturnos, ab Octava Pentecostes usque ad Kalendas Novembris. Parva Responsoria ad Laudes et ad Vesperas usque Septuagesimam, et ab Octava Pentecostes usque ad Adventum Domini. Antiphonæ ad Benedictus et Magnificat et omnes versiculi usque ad Quadragesimam, et ab Octava Pentecostes usque ad Adventum. Antiphonæ ad Laudes super Psalmos ad Primam, ad Tertiam, Sextam et Nonam usque ad Dominicam in Palmis : et ab Octava Pentecostes usque ad Adventum.

Quod si festivitas duodecim Lectionum intervenerit, post festivitatem nihilominus hæc his quibus attitulata sunt diebus dicantur. Similiter fiat post Octavas Assumptionis sanctæ Mariæ. Et notandum quod quando *Domine, ne in ira tua* quinquies canitur : ultimæ Lectiones et ultimæ Antiphonæ, si necesse est, repetuntur : et cum quater canitur, ultima Antiphona repetitur.

CAPUT XI.
De Septuagesima.

Responsoria, *In principio,* dicantur in Septuagesima et Sexagesima tam Dominicis diebus quam privatis hoc tempore. A Septuagesima scilicet usque ad *Dominicam qua libri dividuntur* (16) : pars *Genesis* ad Vigilias legatur ea, quæ Vigiliarum lectionibus per totum hoc tempus ad arbitrium cantoris convenienter sufficere possit. Reliqua vero pars si quid ab his Vigiliis residuum est, aliique libri qui sequuntur usque ad libros Regum in Refectorio legantur. Ubi hoc sollicite provideatur ut ante Dominicam qua canitur officium, *Judica me, Deus,* perfecti sint.

Verumtamen in Dominicis diebus legantur prius

Dominicam primam Quadragesimæ, in qua monachis libri dividuntur secundum Reg. S. Ben., ut infra dicetur.

in Refectorio *Homiliæ Evangeliorum* Dominicalium : vel si aliud aliquid de aliqua festivitate fuerit legendum qualibet die. Prima igitur Dominica Septuagesimæ, lecta in Refectorio homilia vel alio aliquo de aliqua festivitate (si adest) ut dictum est, incipiatur lectio *Genesis*, vel aliorum librorum ut diximus ibi, ubi cantor Lectionem Vigiliarum usque ad Quadragesimam debere finire præviderit.

A prima autem Dominica Quadragesimæ qua scilicet libros dividimus, ad Vigilias in Ecclesia privatis diebus utimur tractatibus sancti Augustini super Psalmos usque ad Dominicam qua *Hieremias* inchoatur. Si vero Dominica Septuagesimæ, evenerit, Purificatio sanctæ Mariæ, feria secunda inchoetur historia ad Vigilias, videlicet liber Geneseos cum Præfatione et Responsoriis, *In principio Deus* : et sequenti Dominica dicantur Lectiones ad Vigilias, *Tulit ergo Dominus hominem*.

CAPUT XII.
De Tractibus.

In Septuagesima et exinde omnibus Dominicis diebus et festivitatibus duodecim Lectionum, ad majores missas usque ad Pascha omnes Tractus ab utroque choro alternatim cantentur. Et similiter in Parasceve fiat de Tractu, *Eripe me*. In Vigiliis etiam Paschæ et Pentecostes, *Laudate Dominum, omnes gentes*; et in Sabbatis quatuor temporum similiter Tractus, *Benedictus es*, ab utroque choro alternatim canitur. Qui quidem Tractus incipitur a choro Invitatorii : et alter chorus subjungat, *Et laudabilis*, etc., et sic fiat in singulis versibus. In fine vero, primus versus repetatur ab illo qui incipit : et totus ab utroque choro simul decantetur; sed et in fine prædictorum Tractuum, ambo chori simul cantent : cæteros Tractus totus simul chorus et conventus cantet.

Non est autem consuetudo ut privatis diebus extra Quadragesimam dicatur Tractus, exceptis Sabbatis Quatuor Temporum, et Vigiliis Pentecostes et missis defunctorum præcipuis et privatis; sed nec in matutinalibus missis Dominico die tam infra Quadragesimam quam extra : nisi matutinalis missa de Dominica fuerit, propter missam de festo, post Tertiam non repetenda. Nam privatis diebus in Quadragesima *Domine, non secundum*, et Tractus ille, *De necessitatibus meis*; et, *Domine, exaudi orationem :* Feria quarta ante Pascha pro qualibet solemnitate non omittuntur. Tractus qui alternatim canuntur, in illo choro in quo est Invitatorium incipiantur. Alios Tractus cantor vel qui ejus ad missam gerit officium in quocunque choro sit incipiat.

CAPUT XIII.
De Capite Jejunii.

Feria quarta in capite jejunii (17) dicta Prima exeant fratres in claustrum, et altaris ministri ut cæteris diebus se ad celebrandam missam præparent. Tunc sacerdote alba et manipulo induto, signoque pulsato fratres in claustro se discalceent, atque in eodem calceamenta dimittentes loco ecclesiam intrent, et in ordine suo versis vultibus ad altare stent. Altaris itaque hebdomadarii in vestiario se discalceantes in chorum veniant. Post hæc cantor incipiat Antiphonam, *Exsurge*, quam dum incipit vertant vultus ad invicem : et subsequatur versus *Deus auribus nostris*, et *Gloria Patri*. Deinde hebdomadarius missæ dicat versum, *Ostende nobis, Domine :* et fratribus super formas (18) prostratis subsequatur, *Kyrie eleison*, et *Pater noster, et ne nos inducas*, atque totus psalmus *Deus misereatur* cum *Gloria Patri*. Versus, *Et veniat super nos; Dominus vobiscum : Oremus, Concede nobis, Domine, præsidia*. Postea surgant et stent versis vultibus ad altare usque ad introitum missæ.

Postquam ergo abbas accepta a secretario stola et pastorali virga in presbyterio (19) verso vultu ad Aquilonem benedixerit cineres antea in ipso presbyterio a secretario positos, atque aqua eos benedicta asperserit, cantetur Antiphona, *Exaudi nos, Domine*, et aliæ ut in libris habentur. *Exaudi nos, Domine* incœpta : abbas, stola deposita, veniens ante gradum et sub illo flexis genibus, ab Hebdomadario missæ prius sacros accipiat cineres. Quibus acceptis erigens se, resumpta stola stet supra gradum ; et versus ad chorum, super singulorum capita mittat cineres benedictos, incipiens a ministris altaris, omnibus flectentibus genua in terra. Et dum mittuntur, sedeat qui voluerit. Si tamen congregatio major fuerit, secundum dispositionem abbatis per diversa loca distribuantur cineres. Cumque omnes per impositionem cinerum suæ corruptionis memores esse admoniti fuerint, tunc abbas stola deposita veniat in chorum.

Quod si abbas hebdomadarius missæ fuerit, cantor alii missam injungat. Absente abbate, hebdomadarius missæ cineres benedicat. Quibus benedictis primus eos a quolibet sacerdotum stola induto a cantore præmonito accipiat cum ministro, et ipse hebdomadarius ei a quo accepit imponat, et post in locum suum revertatur. Et qui ei cineres dedit, det et cæteris omnibus secundum ordinem conversionis suæ accedentibus. Sciendum autem quia dum hoc officium cinerum agitur, ille cui cantor injunxerit, eos ante abbatem tenere debet.

Inchoata vero Antiphona, *Immutemur habitu*, sacerdos et minister calceent se, et signo pulsato accedant ad missam celebrandam. Cæteri vero omnes discalceati remaneant donec missa peragatur, tunc que se recalceent in claustro. Porro cineres hos extra chorum familiæ et hospitibus si affuerint, prior adjuncto sibi aliquo fratre imponat.

Sciendum est quia Tractus *Domine, non secundum*,

---

(17) *Caput Jejunii* accipitur pro die Cinerum.

(18) *Super formas* scilicet super partem superiorem inferioris chori.

(19) *Presbyterium* hic accipitur pro ea parte quæ a primo gradu chori astat ipsi altari.

tam in hac die quam in aliis tribus diebus per Quadragesimam scilicet secunda et quarta et sexta feria, usque ad quartam feriam ante Pascha dicitur : excepta tantummodo feria quarta post primam Dominicam Quadragesimæ, quia in ipsa feria quarta Tractus *De necessitatibus* canitur. Canonicalis præfatio videlicet, *Qui corporali jejunio* tam hac die quam aliis omnibus Quadragesimæ diebus ad missam de jejunio, usque ad coenam Domini dicatur.

CAPUT XIV.
De festis sanctorum quæ a Capite Jejunii usque ad Dominicam in Palmis evenerint.

Si festivitas duodecim Lectionum in qua laboramus privatis diebus a capite jejunii usque ad Dominicam in Palmis evenerit, primo dicatur missa de jejunio dimissis usitatis Collectis, quam cantet hebdomadarius hebdomadæ præteritæ: eamque conventus ex toto audiat. Qua finita ac recalceato conventu, si quarta feria in Capite Jejunii fuerit, sequatur missa de festa canenda a præsentis hebdomadæ hebdomadario. Et post Offerendam privatæ missæ agantur. Ad quam missam ad induendum et exuendum juvent illi qui ad præcedentem hoc idem fecerunt. Huic missæ conversi non intererunt. Idipsum teneatur de festo sancti *Mauricii*, cum in jejuniis Quatuor Temporum in Septembri evenerit.

Conventus ad *Te igitur* prioris missæ in Quadragesima super formas prosternatur : horæ vero totius diei sine flexione genuum peragantur et de festo fiant. Quod si festum in quo non laboramus fuerit; prima missa de jejunio erit, sed non solemniter : et ad *Te igitur* prosternentur fratres. Quod ad missam solemnem post Tertiam non fiet. Sane memoriæ commendandum est, quod flexio genuum ad *Te igitur*, in die duodecim Lectionum non fit, nisi in Quadragesima.

CAPUT XV.
De Dominica prima Quadragesimæ et observatione ejusdem temporis.

Dominica prima Quadragesimæ post Primam cantor adjunctis sibi fratribus, si necesse habuerit, quos ejus petitione prior ei assignaverit, interim dum missa matutinalis cantatur, deferat libros qui dandi sunt in capitulo et ante sedem abbatis aliqua re substrata honeste ordinet : lectio vero regularis de observatione Quadragesimæ, videlicet, *Licet omni tempore* (20), et pars ultima præcedentis sententiæ, scilicet, *In Quadragesimæ vero diebus*, illa die in capitulo legatur. Qua lecta et exposita, cantor jussu abbatis cum solatio suo vel etiam aliis si necesse fuerit libros distribuat; quos monachi duabus manibus præ gaudio divinarum Scripturarum suscipientes, singuli profunde et lætanter inclinent. Et sciendum quod huic capitulo intererunt monachi infirmi, libres cum aliis accepturi. Postea abbas designet fratres qui secundum Regulam horis quibus vacant fratres lectioni per totum annum circumeant monasterium : cum tamen necesse esse intellexerint, de his scilicet providentes officinis, *claustro*, *oratorio*, *capitulo*, *dormitorio*, *calefactorio*, *refectorio*, *coquina*, *auditoriis*, ne forte aliquis inconvenienter se habere inveniatur : et propter hoc officinas prædictas ingredi poterunt exceptis *auditoriis* (21).

Hac die post Completorium cruces cooperiantur et *cortina* (22) ante presbyterium tendatur, quæ ita omnibus diebus privatis per Quadragesimam usque ad quartam feriam ante Pascha post Completorium remanebit. In Sabbatis vero et in Vigiliis sanctorum duodecim Lectionum ante Vesperas a conspectu presbyterii, est cortina retrahenda : et in crastino post Completorium est remittenda. Similiter retrahatur ad missam pro præsenti defuncto : et ad exequias, *non intres in judicium* : donec septem Psalmi finiantur post sepulturam, et ad benedictionem Novitii. Ad missam vero privatis diebus, ut sacerdos libere ab abbate si adfuerit ad Evangelium legendum benedictionem petat, subdiaconus cornu cortinæ in parte abbatis modice retrahat : et data benedictione ut prius erat remittat. Diaconus vero accedat ad cortinam ubi sublevata est, quærens benedictionem.

His vero sanctis diebus Quadragesimæ secundum beati Benedicti Patris nostri monita, orationibus intenti esse debemus peculiaribus. Et ideo omni die unusquisque fratrum certa consuetudine orationem privatam tempore lectionis in Ecclesia Domino offerat : nisi præsens defunctus impedierit. Si acciderit per hos dies Quadragesimæ ut crux quæ est retro altare cooperta tollatur inde pro quolibet defuncto, vel infirmo communicando sive inungendo, discooperiatur quoadusque proprio loco, scilicet super altare, restituatur.

CAPUT XVI.
De duabus hebdomadis ante Pascha.

Duabus Dominicis ante Pascha, *Gloria Patri* ad *Asperges me* non dicatur : sed post Versum a capite repetatur. Aliis temporibus post *Gloria* fit repetitio ad *Lavabis me*. Per hos quatuordecim dies in quibus, *Gloria Patri*, non dicitur ad Introitum Missæ, exceptis missis solemnitatum et privatis quæ non sunt de Quadragesima, ministri altaris qui quando ille Introitus cantatur, stant ad aditum chori exspectantes horam ingrediendi : ubi audierint inchoare Versum psalmi post Introitum semel percantatum, statim introeant procedentes ad altare.

Librum *Hieremiæ* prophetæ his diebus tam in ecclesia quam in refectorio legendum dividat cantor in duas partes, et una pars legatur in ecclesia privatis diebus ad Vigilias usque ad quintam feriam ante Pascha. Quæ pars inchoetur prope initium cum priore colloquerentur.

(20) Ex cap. 49 Reg. S. Ben. et ex cap. 48.
(21) Per *auditoria* intellige locum claustro regulari adjacentem, in quem juxta cap. 72 hujus lib. secedere solebant monachi ut de sibi necessariis

(22) *Cortina*, id est velum, quod inter chorum et presbyterium hoc solo Quadragesimali tempore expanditur.

ipsius libri paulo ante ubi Dominica nocte ad Vigilias octava Lectio finem fecerit, id est *Videte Verbum Domini. Nunquid solitudo factus sum.* Et ab eo loco designet cantor de illa prophetia secundum longitudinem vel brevitatem noctium per unumquemque annum quantum existimaverit sufficere posse ad hoc quod dictum est. Ubi autem partem illam non nisi in ecclesia legendam, judicaverit finiendam, faciat ipsam die Dominica qua ipsa prophetia ad Vigilias incoepta est, in refectorio inchoari : perlecta tamen prius homilia beati Gregorii papae de Evangelio, *Quis ex vobis arguet me de peccato*, et percurratur usque ad finem libri : procurans ante omnia ut infra istos dies totus liber perlegatur

CAPUT XVII.
Ordo in Ramis Palmarum

Dominica in Palmis ab abbate exorcismus aquae agatur : deinde tertiam ipse incipiat. Qua finita, accepta pastorali virga, super presbyterii gradum arborum ramos, ante horam tertiam a secretario ibi locatos benedicat, et postea aqua benedicta aspergat. Quibus peractis, cantor postquam ramum abbati obtulerit, incipiat Antiphonam, *Pueri Hebraeorum*: moxque secretarius cum solatio suo, et quibus a priore jussum fuerit, ramos benedictos monachis ac novitiis distribuat, reliquam partem fratribus laicis et familiae ac hospitibus si adfuerint porrigat. Interim praenotata Antiphona finita, cantetur alia, *Pueri Hebraeorum*.

His ergo ita ordinatis, incipiente cantore Antiphonam, *Occurrunt turbae*, exeat subdiaconus cum aqua benedicta, subsequente diacono cum cruce discooperta, quem subsequatur conventus eo ordine quo stat in choro laicis monachis praeeuntibus, ita ut abbas vel sacerdos hebdomadarius si abbas defuerit, eat posterior, et post ipsum novitii, post novitios vero laici fratres : et fiat processio tantum per claustrum. Prior autem provideat ne quid inconveniens inveniatur in claustro, dum ista processio vel alia in Purificatione vel in Ascensione agitur. Finita Antiphona, *Occurrunt turbae*, incipitur Antiphona *Collegerunt* : Et dum haec canitur fiat prima statio in parte quae exstat juxta dormitorium. Qua finita et sequente mox versu, *Unus autem*, moveant se fratres ab illo loco : et agatur juxta refectorium statio secunda. Ad repetitionem vero hujus Antiphonae, scilicet *Quid facimus quia hic homo*, procedatur ad ultimam stationem juxta ecclesiam : et in unaquaque statione diaconus et subdiaconus habeant vultus suos versos et crucem versam ad conventum, et in ambulando et in stando subdiaconus ante diaconum sit. Porro in ultima statione incipiente cantore, *Ave, rex noster fili David*, inclinet ad crucem conventus genibus et manibus in terra positis : et omnes erecti deinceps stent conversi ad crucem usque dum incipiatur, *Gloria, laus*.

Interea dum haec Antiphona *Ave rex noster* canitur, secretarius analogium, quod ipse ante Tertiam collocavit in capitulo cum textu Evangeliorum et stola, ad locum ubi diaconus Evangelium lecturus est, deferat : hoc est ante ostium ecclesiae. Circa finem itaque antedictae antiphonae *Ave, rex noster*, diaconus crucem sanctam subdiacono porrigat. Qui et ipse interim subdiaconus aquam benedictam *jussum ponat* (23). Cum vero stola amictus diaconus fuerit parum se movendo ab analogio, ab abbate benedictionem petat : et postea versus circa orientem Evangelium legat, subdiacono ante eum cum cruce astante : et ad conventum vultum suum habente. Quo perlecto stolam deponat et crucem recipiat : atque subdiaconus aquam benedictam resumat. Tunc etiam conventus stet versis vultibus ad invicem. Duo autem fratres, qui jam a cantore praemoniti esse debent, circa finem Evangelii ecclesiam intrent : et clauso ostio stantes versa facie ad processionem, Versus *Gloria laus*, uti in libro ordinati sunt cantent. Quibus finitis et ab eisdem fratribus principio corumdem Versuum *Gloria laus* repetito, revertantur ad processionem : et stent in ordine suo. His igitur peractis inchoet abbas Responsorium, *Ingrediente Domino* : et ecclesiam omnes illud cantando intrent. Ramos quoque quos manibus gestant intrantes chorum super gradum presbyterii deponant, quos secretarius continuo auferat. Ubi vero diaconus crucem deposuit, usque post Completorium discooperta ibi remaneat.

Postea missa celebretur sicut in natali unius apostoli. Et sciendum quod ad processiones quae fiunt per claustrum, non liceat hospitibus interesse, nec ad sermones in capitulum intrare, nisi aliqua fuerit tam reverenda persona, cui hoc permitti deceat. Et hanc septimanam de Evangelio nullus diaconus secundum ordinem accipiat, nec sacerdos hebdomadam missae : sed quibus cantor haec officia in tabula consilio abbatis commendabit. Diaconum tamen in Sabbato, si necesse fuerit, mutare licebit.

CAPUT XVIII.
Quomodo incipiendae sunt Passiones.

Ad Passionem vero hujus missae, et *Dominus vobiscum*, et *Gloria tibi, Domine*, dicitur. Ad Passiones feriae tertiae et feriae quartae, *Dominus vobiscum* dicitur, sed *Gloria tibi, Domine* non dicitur. Feria autem sexta nec *Dominus vobiscum*, nec *Gloria tibi, Domine*, dicitur. Et quando non dicitur ad Passionem *Gloria tibi Domine* : non se muniunt fratres signo crucis.

CAPUT XIX.
De feria quarta ante Pascha.

Feria quarta ante Pascha post Vesperas regulares officium pro defunctis cum suis Antiphonis et Collectis sicut aliis diebus dicatur. Cortina (24) post Completorium auferatur.

CAPUT XX.
De Coena Domini et Parasceve et Vigilia Paschae.

Feria quinta ante Pascha usque ad feriam secun-

(23) *Jussum* seu *Jussum ponat*, idem est ac in terram deponat.

(24) *Cortina* id est Velum quod tempore Quadragesimae ante majus altare expansum pependerat.

dam post octavam Paschæ; nihil agatur pro defunctis; excepta quotidiana missa, quam tamen intermittimus in die Parasceve et sequenti Sabbato et die Paschæ, in qua tamen die hebdomadarius quotidianæ missæ cantans de Resurrectione dicat Collectam, *Inclina, Domine*, et si Tricenarium fuerit, subjungat, *Deus cui proprium est*.

Feria quinta et sexta et Sabbato ante Pascha, postquam nocturna laus peracta fuerit, et fratres ad luminaria in claustro sederint, et sacrista viderit advenisse tempus, quo regulariter (25) circa diem Laudes sunt canendæ : candelam unam accendat, ac in primo gradu presbyterii super candelabrum ponat, sicque, signo feria quinta, Feria vero sexta et Sabbato tabula vocentur fratres ad horam. Interim vero dum hymnus illius horæ canitur omnia luminaria ecclesiæ a secretario (excepta illa prædicta candela) exstinguantur. Dum cantor Antiphonam ad *Benedictus* incœperit, etiam candelam illam idem sacrista exstinguat. Et dum abbas, *Pater noster* incœperit candelam ardentem quæ antea quam illa ad *Benedictus* exstinguatur, in absconsa occultari debet : ad Collectam dicendam in chorum deferat.

CAPUT XXI.
Item de Cœna Domini.

Feria quinta ante Pascha, missa celebretur post primam solemniter ut in natali unius apostoli et sine flexione genuum : omnesque tam conversi quam cæteri ad magnum altare communicent; nisi aliter multitudo exegerit. Diaconus autem tot hostias consecrandas apponat, ut et ipsa die fratribus omnibus sacra communio sufficiat : et tam pro officio sequentis diei, quam pro infirmis pars sacræ communionis reservari possit. Post pacem vero corpus Domini de vasculo supra altare sumatur : et super patenam illa hora sumendum ponatur. Linteum etiam mox de eodem vasculo auferatur, aliudque a sacrista illa hora præsentatum in eodem ponatur : illoque mutato ab eodem secretario, mox abbas vel qui cantat missam, partem sacræ Communionis in crastinum servandam in vasculo ante notato honorifice recondat. Et tunc linteum vetus in patena diligenter excussum super piscinam comburatur, cineresque ejus in eam projiciantur. Et sciendum quod hac die, privata missa non sit ab aliquo cantanda : nisi pro conversis communicandis, ubi multitudo exegerit, et ipsa missa de die sit. Missa autem de sancta Maria, ad quam nullus hac die communicet, et quotidiana pro defunctis cantabitur.

Post sextam horam portarius (nisi alteri abbas jusserit) tot pauperes eligat, quot monachi sunt in cœnobio. Hi vero omnes ad orationem non suscipiantur, sed in uno loco maneant donec ad mandatum ducantur, et interim dum Nona cantatur, conversus laicus adjutor monachi hospitalis, et cæteri fratres laici quos cellararius advocaverit, ducant pauperes in claustrum, ibique eos sedere et discalciari

(25) *Regulariter*, id est secundum Regulam S. Benedicti.

faciant : incipientes ab ostio ecclesiæ quo monachi exire et claustrum intrare solent. Vasa et lintea seu tersoria ad Mandatum necessaria, aquamque calidam illuc deferant, et omnia ordinate disponant, quæ vasa et cætera necessaria cellararius provideat.

Dicta vero Nona exeant fratres de ecclesia, incipientes a prioribus eo ordine quo *privatis diebus, et in die Natalis Domini*, scilicet unus post unum, vadunt in capitulum : ita ut abbas omnes transeat pauperes usque ad ultimum, et mandatum faciant in claustro pauperibus. Porro fratres laici, ut illius sancti Mandati cooperatores existant, aquam et tersoria monachis Mandatum facientibus competenter et diligenter administrent, cellararius autem, qui denarios ad opus pauperum monachis porrigit, extremis in ordine monachis innuat : ut in pauperibus infirmorum et absentium monachorum, et portarii qui in ultimo ordine pauperum collocandi sunt, Mandati officium adimpleant : Infirmis de infirmitorio qui adesse poterunt sedere liceat. Et postquam abluerint, et exterserint et osculati fuerint pauperum pedes, proprias monachi manus lavent. Hoc expleto a singulis fratribus singuli nummi singulis dentur pauperibus. Qui denarii flexis genibus sunt dandi : et manus pauperum osculandæ. Postea vero simul se erigant fratres, iterumque veniam ante pauperes petentes (26) dicant : *Suscepimus, Deus, misericordiam tuam in medio templi tui* : et postea eant ad opus manuum si tempus permiserit. Deinde deducantur pauperes ad cellam hospitum, ubi abbas cum coadjutoribus suis aquam fundat in eorum manibus ac postea reficiant. Et sciendum quod omnes supervenientes hac die pro reverentia Dominici Mandati charitative hora competenti pane et pulmento sunt reficiendi.

Expleto pauperum Mandato sacrista mox ascitis sibi fratribus quot necessarios habuerit, altaria discooperiat : et pallas, quas inde tulerit honeste aptet et recondat. Vespera itaque tabula pulsetur lignea, et ipsa hora alte cantetur uti aliis diebus. Abhinc non pulsetur campana in ecclesia usque ad missam in Vigilia Paschæ; sed nec in refectorio nec in horologio. Et illud sciendum quod abhinc versus in refectorio ante cibum et post cibum ac *Benedicite* cum benedictione potus ante collationem : versus quoque in capitulo remissius voce humili usque post Vesperas in Vigilia Paschæ sunt dicendi.

Postquam conventus a mensa surrexerit, fratres, qui in ipso die in capitulo ad Mandatum illius diei sunt per tabulam vocati, aquam calidam quam ipsimet antea calefacere debent, in claustrum deferant. Ubi tamen abbas in trahenda et calefacienda aqua ac in claustrum deferenda, adjutorio conversorum opus esse viderit : cellararius sufficienter per conversos subministret. Et facto parvo intervallo eant

(26) *Veniam petentes*, id est genuflectentes, manibus ad terram positis.

fratres more solito in refectorium bibere. Deinde sacrista tabulam ad Mandatum percutiat : monachorum quoque conventu in claustro residente sicut in Sabbatis ad Mandatum, ac priore locum abbatis tenente, incipiat cantor Antiphonam, *Dominus Jesus* præsentibus infirmis qui adesse poterunt: et conversis hinc inde residentibus : scilicet post ultimos monachos et postremos novitios. Tunc abbas et coadjutores sui, linteis præcincti, lavent, tergant, et osculentur pedes omnium; ita ut abbas duodecim tantum, id est quatuor monachorum, quatuor novitiorum, et quatuor fratrum laicorum pedes lavet. Quod si numerus defuerit novitiorum, de fratribus laicorum suppleatur. Servitores vero lavatoribus deputentur hoc modo : abbati duo, cæteris autem unicuique unus, qui et aquam et linteamina eis sufficienter administret. Quoties vero ante priorem transierint inclinent se, tam abbas quam cæteri. Peracto itaque obsequio, abbas duorum servitorum suorum pedes lavet, cæterique sibi invicem lavent. Novissime vero alter ex sibi deputatis, prior scilicet in eodem loco abbatis pedes lavet, alter vero tergat et osculetur. Post hoc tam abbas quam cæteri sibi vicissim aquam in manibus fundant. Deinde cucullis induti veniant ad locum, in quo septimanarii coquinæ solent inclinare Sabbatis post Mandatum, et ibidem inclinent. Et tunc priore assurgente abbatique cedente, omnes pariter assurgant, eoque residente cuncti sedeant. Ad collationem autem lectio Evangelii, scilicet *Ante diem festum Paschæ* ab illo diacono cui cantor præceperit sedente, sicuti aliis diebus, legatur. Cujus lectionis finis in providentia est abbatis. Hinc Completorium remissius mediocri voce dicatur ; ita tamen ut psalmodiæ sonus clare et distincte resonet. Quod etiam abhinc omnibus horis in psalmodia et cantu, exceptis Vigiliis et Laudibus usque ad Vesperam Paschæ fiat.

CAPUT XXII.
De Parasceve.

In Parasceve, parvo (post Laudes) intervallo facto discalcient se fratres in dormitorio, et infirmi in infirmitorio, nisi nimis graventur. Deinde pulsetur tabula, et conventus veniat in chorum, oratioque fiat brevis (27) super formas : solemnis vero oratio ante Tertiam persolvatur ex more. Dicta autem prima sequantur omnes abbatem eo ordine quo stant in choro et intrent capitulum, sedeatque abbas ad dexteram cum choro suo, priorque ad sinistram cum suo in introitu capituli : et post eos. omnes eo ordine sedeant quo processerunt, ac Psalterium ex integro persolvant. Expleto Psalterio per totam diem vacent fratres lectioni. Post Nonam induant se abbas et ministri ad officium.

Interim autem , secretarius altaris superficiem mundis cooperiat pallis et ab uno ministrorum duo luminaria circa altare accendantur, ut mos est festivis diebus. Deinde pulsata tabula veniat conventus in chorum et legatur sine titulo lectio, *In tribulatione sua*, a quodam fratre a cantore præmonito. Quam dum inceperit ingrediatur abbas cum ministris ad altare nudis pedibus, orationem solitam prætermittentes ante altare. Lectione autem finita dicatur Tractus , *Domine, audivi* , postea Collecta *Deus a quo et Judas* : sed non *flectamus genua*. Deinde legatur lectio, *Dixit Dominus ad Moysen et Aaron*, a subdiacono cum manipulo similiter absque titulo. Quam non ut Epistolam, sed plane legat ut aliam Lectionem. Qua dicta canatur Tractus, *Eripe me Domine* : et subsequatur Passio et orationes solemnes, id est *Oremus, dilectissimi*.

Et circa finem earumdem orationum secretarius aliquod grossum linteum in presbyterio ante altare sternat, ubi crux est adoranda. Et duo presbyteri vel diaconi a cantore præmoniti albis se induant ad officium crucis; et antequam, *Per Dominum nostrum* ultimæ Collectæ finiantur, retro altare venientes, crucem coopertam jam ante Nonam a sacrista ibidem depositam , finita oratione accipientes ad gradum altaris portent : abbate et ministris ab altari discedentibus. Postea crucem aliqua re ab hoc convenienti subnixam, unus ad dexteram et alter ad levam tenentes , flexis poplitibus cantent, *Popule meus*. Et duo fratres ante gradum presbyterii ter dicant *Agios*, semel in primo flectentes genua, finito *O Theos*, et erecti cætera prosequantur. Et chorus *Sanctus* ter repetat. Similiter ad primum flectentes genua, dicto *Sanctus Deus* : et hoc tam a choro quam a fratribus tertio similiter fiat. Et dum ultimum *Sanctus Deus* incipitur, qui crucem tenent eam breviter adorent. Qui cantu finito detegentes eam inchoent Antiphonam *Ecce lignum crucis :* moxque omnes veniam petant econtra. Et cruces aliæ a sacristis discooperiantur, Abbas vero solus et post illum insimul diaconus et subdiaconus in albis sine manipulis : ac deinde duo et duo monachi et novitii universique laici toto corpore prostrato in presbyterio crucem adorent et osculentur tantummodo et breviter. Et dum adoratur stent versis vultibus ad altare : sedeat tamen qui voluerit. Portarius vero ipsa hora veniat et adoret, et recedat : moxque ad portam redeat. Et sciendum quod illum ordinem, quem ad pacem et communionem accedentes servant, in adoranda et osculanda cruce servare debeant. Interim autem cantus ad hoc pertinens officium persolvatur. Et sciendum quod liceat plures cruces ad adorandum tam monachis quam conversis ad alia altaria prout abbas ordinaverit exhibere. Et dum hæc aguntur prior aliam crucem cum reverentia comitante illum sacrista, vel alio fratre quem signo vocaverit, hospitibus si affuerint et familiæ extra chorum ad adorandum præsentet. Postquam igitur omnes adoraverint, qui crucem tenent levantes eam inchoent Antiphonam, *Super omnia* et pro-

---

(27) *Oratio brevis*, id est *Pater noster*, *Ave Maria*. *Solemnis oratio*, id est *Pater*, *Ave et Credo*.

tinus conventus econtra veniam petat. Monachi autem crucem in suum super altare locum restituant.

Tunc abbas et diaconus resumptis, quæ deposuerant ad altare cum subdiacono sicut erant, nudis pedibus accedant, et orationem faciant, confessionemque dicant. Quo facto diaconus corporale super altare ponat a sacrista prius super ministerium positum. Abbas vero corpus Dominicum cum vasculo in quo est, ad altare deferens juxta corporale ponat: et cum diaconus calicem cum vino aqua misto abbati oblatum super altare, uti ad missam solitum est, ordinaverit, abbas incenso prius adhibito, deinde aperto vasculo digitos suos lavet, et extractam de vasculo sanctam Communionem super corporale ponat. Et tunc nec corpore Domini, nec calice levato, mediocri voce dicat, *Oremus. Præceptis salutaribus moniti* et *Libera nos, quæsumus, Domine :* illoque dicente, *Per eumdem Dominum nostrum*, etc. Corpus Domini in tres partes dividat, ac postea, *Per omnia sæcula sæculorum*, submissa voce dicat, atque cunctis respondentibus, *Amen*, ipse unam partem in calicem mittat nihil dicens. Porro diaconus facta thurificatione, ablutis manibus cum subdiacono stet ubi stare solet ad Collectas, donec communicaturus accedere debeat ad altare. *Pax Domini* nec dicetur, nec dabitur, nec venia a conventu petetur, nec *Agnus Dei* cantabitur. Deinde abbas et ministri communicent. Interim fratres habeant facies versas ad altare. Et postquam ministri communicaverint, conventus exeat, pedesque suos calciamentis muniat. Aqua autem in claustro a cellerario calida sit procurata, ut qui voluerit pedes abluere possit.

Sacrista vero ante Vesperam pallas auferat de altari. Deinde pulsata tabula vesperæ celebrentur. Et laici fratres refectionis hora ecclesiam mundent. Monachique in refectorio more servitorum gratias reddant: et prædicti fratres laici post Completorium claustrum et capitulum mundent.

CAPUT XXIII.
De Vigilia Paschæ.

In Sabbato Vigiliæ Paschæ, anni Domini et epactæ concurrentes, et indictiones in chartula a cantore præparata cereo benedicendo ipsa die affigantur. Post sextam secretarius altaria omnia adornet. Post Nonam vero tabula ab eo modice pulsata abbas et ministri vestibus se induant sacris, et sacrista deferat Analogium (28) super quod legitur Evangelium et librum Evangeliorum superpositum super gradum presbyterii; ubi abbas peragere solet benedictiones. Et deferat cereum benedicendum super candelabrum, similiter non excedentem pondus trium librarum panis regularis, ponens illum in dextera parte Analogii.

Quibus paratis ut in chorum conveniant fratres, iterum tabula percutiatur. Tunc ignis in patella carbonibus allatus vivis benedicatur: et aqua benedicta aspergatur ab abbate stante super gradum presbyterii. Interim omnia ecclesiæ luminaria exstinguantur : et de igne benedicto postea accendantur. Cum vero de eo candela accensa fuerit, a diacono stola accincto et vultu ad altare verso Paschalis benedicatur cereus : astante ad dexteram ejus subdiacono candelam manu tenente. Cum autem diaconus legendo venerit ad locum illum, *Suscipe, sancte Pater, incensi hujus sacrificium vespertinum :* cantor quinque grana incensi crucem formando in eum imprimere curet. Ubi vero idem levita hoc prompserit *rutilans ignis accendit*, lumen de manu Subdiaconi sumens cereum flammescere faciat. Deinde subdiaconus candela exstincta eat in locum suum. Cereus autem ardeat usque post completorium in crastinum, in loco ubi benedictus fuit, usque ad diem Ascensionis Domini permansurus.

Benedictione ergo consummata, sequatur lectio, *In principio Deus creavit cœlum et terram*, et cæteræ sine titulo. Levita quoque stolam deponat, et cum manipulo in locum suum revertatur. Et sciendum quod patella cum prædictis carbonibus non sit de presbyterio efferenda, donec cereus accendatur : ut si forte candela accensa exstincta fuerit, de eisdem carbonibus possit reaccendi. Abbas vero casula indutus, jam inchoata lectione, *In principio creavit Deus cœlum et terram*, solus accedat ad altare, orationem tamen solitam ante illud minime faciat. Tunc etiam chori habeant vultus suos ad invicem versos, reliquas autem lectiones cum Collectis et Tractibus, uti in codicibus constant, ordinate persolvant. Et sciendum est quia ordo fratrum has lectiones legentium incipitur a prioribus, in Sabbatis vero Quatuor Temporum a minoribus. In quibus tamen a cantore considerandum est, ut hi qui legunt (secundum Regulam) (29) possint ædificare audientes. Lectionibus vero cantuque atque Collectis celebratis, abbas regressus ad vestiarium, casulam ibidem relinquat, et sic in locum suum eat. Quo ab altari discedente Letania dicatur a duobus fratribus ante gradum presbyterii, utroque choro simul respondente. Cum autem ventum fuerit ad illum locum, *Peccatores te rogamus, audi nos*, abbas et ministri vestiarium ingressi ad missam se præparent.

Cantore itaque vel succentore, si Invitatorium in choro ejus fuerit, post Letaniam solemniter incipiente *Kyrie eleison :* tres lampades et duæ candelæ circa altare de igne benedicto accendantur, et abbas cum plenario ministrorum officio ad altare accedat, ac solitam orationem, deinde confessionem faciat. Illoque hymnum *Gloria in excelsis* pronuntiante, ac cantore *pax hominibus* prosequente, campana pulsetur, quousque dicatur *Domine Deus, rex cœlestis*. In hac die nulla missa privata ab aliquo est dicenda. Ad hanc missam *Pax Domini* dicatur, sed non *Agnus Dei*. Et post *Pax Domini*, statim unusquisque in loco suo vertant vultus ad altare, donec abbas dicat *Oremus post Dominus vobiscum*. Quod si cantor per-

---

(28) *Analogium*, id est pulpitum ad legendum.

(29) Vide Reg. S. Ben., cap. 48.

spexerit tempus diei non sufficere ut lumine diei omnia impleantur, procuret ut aliquantulum minus morose quam aliis diebus vespertinales Laudes psallantur. Post refectionem more solito faciant Mandatum.

CAPUT XXIV.
De festis sanctorum quæ post Sabbatum ante Dominicam in Psalmis usque ad Octavas Paschæ occurrunt.

Si festivitas beati Benedicti Patris nostri, seu alia festivitas duodecim lectionum qua non laboramus post Sabbatum quod præcedit Dominicam Palmarum usque ad feriam quintam septimanæ Paschæ illuxerit, ipsa feria quinta agatur. Si duæ, quæ prima est, agatur quinta feria, sequens in Sabbato. Quod si post Sabbatum quod præcedit Dominicam in Ramis palmarum usque ad Cœnam Domini, et a quinta feria Paschæ usque post Octavas, festivitas duodecim lectionum in qua laboramus evenerit : pro festo duodecim lectionum ad Vesperas in Vigilia, et ad Laudes, ad missam et ad Vesperas illius diei commemoratio fiat. Festum vero de quo commemoratio fieri solet, assueta commemoratione terminetur. Si autem a Cœna Domini usque ad feriam quintam Paschæ festivitas duodecim lectionum occurrerit in qua laboramus, vel unde commemorationem agimus, nulla inde fiat mentio.

CAPUT XXV.
De septimana Paschæ.

Tribus diebus qui Paschæ diem sequuntur, erunt fratres in lectione, nec laborabunt, quia hos tres dies pro veneratione sanctæ Resurrectionis solemnes habemus, sicut festum alicujus apostoli. *Invitatoria* tamen nunquam nisi in duodecim lectionibus a duobus fratribus canentur. Aliis vero tribus diebus qui sequuntur laboramus, sed tamen missam quotidianam solemnem agimus. In qua etiam missa adsunt duo ministri, diaconus videlicet et subdiaconus ; et duæ candelæ ardentes juxta altare, et incensum post Offerendam. Sciendum etiam quod die Paschæ et tribus sequentibus diebus *Gloria in excelsis Deo*, et *Præfatio, Te quidem, Domine, omni tempore* : ac *Communicantes, et Hanc igitur oblationem*, ad utramque missam repetuntur. Cæteris vero sequentibus diebus quando laboramus, una missa quotidie post Tertiam celebrabitur, ad quam *Gloria in excelsis Deo*, ac prædicta Præfatio, et *Communicantes*, et *Hanc igitur oblationem* quotidie dicentur. *Credo in unum Deum*, tantum in die Paschæ canitur.

Illud memoriæ commendandum, quod feria secunda Paschæ ad matutinalem missam non dicitur Collecta de die sicut in aliis diebus sequentibus, quia Collecta in die Paschæ, et Collecta in feria secunda habent unam secretam, et eamdem post Communionem. Cæteris vero diebus, scilicet feria tertia quarta, ad missam matutinalem prima Collecta sit de resurrectione : et secunda de ipsa die. Porro una sola missa tribus diebus sequentibus celebrabitur : per tres dies istos post primam Collectam de feria, dicatur de Resurrectione, *Deus qui hodierna die per Unigenitum tuum*.

CAPUT XXVI.
De octavo die Paschæ.

Dominica autem in Octavis Paschæ, prima missa erit *Resurrexit*, et secunda *Quasi modo geniti*, et Præfatio *Te quidem, Domine, omni tempore*, et *Communicantes*, et *Hanc igitur oblationem* ad utramque missam dicantur. Secunda hujus diei missa ea veneratione agatur, qua fit in festo unius apostoli. Et sciendum est quia Evangelium quod legitur in hac die ad majorem missam, scilicet *Cum esset sero die illa*, postquam ex integro Dominica die lectum fuerit : in cæteris privatis diebus ipsius septimanæ mos est illud in duas partes dividere. Prima autem pars a capite incipiens usque ad, *Thomas unus ex duodecim* se extendit : secunda vero ab eodem loco usque ad finem.

CAPUT XXVII.
De tempore resurrectionis.

Ab Octavis Paschæ usque ad Rogationes, *Alleluia* quæ dicta sunt in Dominica ad majorem missam, privatis diebus vicissim repetantur. Similiter per Octavas Ascensionis Domini. Et sciendum quod a Pascha usque ad Ascensionem Domini, omnibus Dominicis diebus missa matutinalis debeat esse de Resurrectione Domini, videlicet *Resurrexit*, nisi festivitas alicujus sancti hoc impedierit. Ad quam missam tamen minime dicatur Præfatio *Te quidem, Domine, omni tempore*, et *Communicantes*, et *Hanc igitur oblationem*. Et si forte fuerit (ut dictum est) de aliquo sancto ipsa missa matutinalis, tunc dicatur Collecta de Resurrectione Domini, id est *Deus qui per unigenitum tuum* post Collectam de sancto, scilicet ante Dominicalem.

Quod si festum duodecim Lectionum in ipsa Dominica evenerit, ipsa missa erit de Dominica, et Collecta de Resurrectione, post illam de festo dicetur. Si tamen dedicatio ecclesiæ, vel Inventio sanctæ crucis hoc tempore die Dominica evenerit, missa Dominicalis differatur. In Dominica tamen ante Ascensionem Domini nullo modo differatur.

Porro hebdomada post Septimanam Paschæ leguntur *Actus apostolorum* in Refectorio. Et dum Responsorium *Dignus es, Domine* in ecclesia cantatur, liber *Apocalypsis* inchoatur. Cum autem Responsorium *Si oblitus fuero tui* incipitur, Epistolæ *Canonicæ* leguntur.

A Sabbato primæ hebdomadæ Paschæ usque ad Octavas Pentecostes non dicatur Responsorium ad missam, nisi pro defunctis. Veruntamen privatis diebus et ad matutinales missas dicatur unum *Alleluia*, excepto Sabbato infra Octavas Paschæ, quando in eo duodecim Lectionum festivitas in qua non laboramus evenerit. Ad majores vero missas duo dicantur *Alleluia*.

CAPUT XXVIII.
De Rogationibus.

Post Tertiam in diebus Rogationum pulsato signo

sicut ad missam pulsari solet, duo fratres ante gradum presbyterii stantes cantent Litaniam : fratribus in utroque choro insimul respondentibus et stantibus ad invicem versis vultibus sicuti ad missam solent : et ad *Peccatores, te rogamus*, ministri exeant, seque ad missam præparent, diaconus scilicet si affuerit, stolam sumens et sacerdos casulam. Si aliqua autem festivitas duodecim Lectionum in qua non laboramus, in uno trium dierum Rogationum illuxerit, ipsa festivitas plenarie, eadem die agatur. Si festum sancti *Petri Tarentasiensis* (30) his diebus evenerit, duæ missæ canentur post Tertiam. Post Primam vero *Letania*, et postea missa de jejunio cum commemoratione festi præsentis, et alia post Tertiam de solemnitate. In his tribus diebus mistum non sumitur.

CAPUT XXIX.
De Ascensione Domini.

In Ascensione Domini ad Vesperas cereus paschalis accensus, non exstinguatur usque in crastinum post Completorium. Tunc vero ab ecclesia sublevetur. Commemorationes vero sanctorum, quæ ea die evenire possunt intermittendæ sunt; nisi in crastino subsequatur alicujus sancti commemoratio. Tunc enim ad Vesperas in die Ascensionis fiet commemoratio. Similiter fiet feria quarta infra Octavas Paschæ et Pentecostes.

Ad processionem quæ fit in claustro, in prima statione dicatur Responsorium *Viri Galilæi* cum versu. In secunda Responsorium *Pater cum essem.* In tertia versus, *Pater sancte* cum repetitione : et ubi necesse fuerit dicatur *Gloria Patri* cum repetitione. Ad Introitum Ecclesiæ Antiphona, *O Rex gloriæ.* Duobus sequentibus diebus post Octavas non dicitur *hodierna die* in Collecta.

CAPUT XXX.
De Vigilia Pentecostes.

In Vigilia Pentecostes vacent fratres lectioni a Tertia usque ad Sextam, et cantent missas qui voluerint : non tamen de Vigilia. Ante Nonam celebratur officium, et cætera ut in Vigilia Paschæ aguntur, excepto quod nec ignis nec cereus benedicitur, et excepto quod signum ad *Kyrie eleison* missæ non sonatur; et quod *Agnus Dei* canitur.

CAPUT XXXI.
De Octavis ejusdem.

Et sciendum quod post diem Pentecostes, Antiphona scilicet *Filiæ Hierusalem*, et cæteræ quæ proprie per Resurrectionem canuntur, dimittantur ; et *Alleluia* in nullius cantus fine ponatur, nisi ubi in libris scriptum invenitur. De solemnitatibus autem sanctorum, quæ in hac septimana evenerint, quemadmodum de festis in hebdomada Paschæ ordinavimus, ita teneatur.

Feria quarta infra octavas missa matutinalis de jejunio : major vero de festo erit, videlicet *Spiritus*

Domini replevit, quæ post Tertiam solemniter agatur. Feria quinta et sexta et sabbato ejusdem septimanæ in conventu non celebretur nisi una missa post Tertiam. Tribus autem diebus in quibus jejunamus non dicimus *Gloria in excelsis Deo*, nisi feri quarta ad majorem missam, quæ post Tertiam celebretur : sed tamen Præfatio *Qui ascendens super omnes cœlos :* et *Communicantes,* et *Hanc igitur oblationem* omnibus diebus illius septimanæ tenemus. Missa vero per totam septimanam Pentecostes solemniter celebretur, sicuti in hebdomada Paschæ.

Et quidem tribus diebus qui Dominicam sequuntur, ad Missam matutinalem duæ tantum Collectæ dicantur quarum una sit, *Deus qui hodierna di corda fidelium*, et altera de die præsenti. Feria quinta una Collecta dicatur, id est *Deus qui hodierna die*. Feria sexta duæ, prima de die, secunda *Deus qui hodierna die*, quæ Sabbato intermittatur. In quo Sabbato nihil est ad Vesperas cantandum de festo Pentecostes, sed de sancta Trinitate. Historia vero, *Deus omnium* incipienda est in Dominica secunda post Pentecosten vel in alia, si illa vacua non fuerit.

CAPUT XXXII.
De Dominicalibus officiis ab Octavis Pentecostes usque ad Adventum.

Ab Octavis Pentecostes usque ad primam Dominicam Adventus Domini, sunt Septimanæ viginti octo quando prolixius est spatium temporis : quando vero brevius, viginti tres. Dominicalia officia sunt viginti quatuor. Proinde in majori spatio temporis quatuor extrema officia singula per binas dicantur hebdomadas, id est *Omnia quæ fecisti*, cum sua collecta, Epistola et Evangelio, duabus dicatur hebdomadis. *In voluntate tua*, duabus. *Si iniquitates* duabus. *Dixit Dominus*, *ego cogito*, duabus. Si tres hebdomadæ numerum excesserint officiorum, similiter fiat de tribus ultimis Officiis; si duæ, de duobus idem fiat; si una, *Dixit Dominus* bis dicatur. Cum vero hebdomadarum numerus minor fuerit numero officiorum, *In voluntate*, et *Si iniquitates*, in una dicantur hebdomada. *Dixit Dominus* bis in ultima ita tamen quod in Dominica dicetur Collecta, *Deus refugium nostrum et virtus*; Epistola, *Imitatores mei estote :* Evangelium, *Abeuntes Pharisæi.* Infra hebdomadam collecta dicitur, *Excita, Domine* Epistola, *Ecce dies veniunt :* Evangelium, *Cum sublevasset.*

Hoc autem observandum est, quod omnes Dominicales Collectæ quæ binæ dicuntur, per hebdomadam sic disponantur, ut illa quæ Dominica dicta fuerit, sequentibus feriis repetatur ad Laudes et ad Vesperas usque dum alia incipiatur. Quæ cum incœpta fuerit, ad Laudes et ad Vesperas dicatur usque ad sequentem Dominicam. Incipienda autem erit si fieri potest a quinta feria.

---

(30) Quod hic de S. *Petro Tarent.* notatur antiquis usibus additum est a capit. general: an D. 1197.

CAPUT XXXIII.
De solemnitatibus quibus non laboramus et quæ Dominica non evenerint.

Omnibus solemnitatibus quibus non laboramus et quæ Dominica non evenerint, etiam si commemoratio alicujus sancti fiat, nihilominus utraque missa e solemnitate fit, præter quam in festo *beati Bernardi* (31), et in Decollatione sancti *Joannis Baptistæ* : et exceptis Festivitatibus quæ a Capite Jejunii sque post octavas Paschæ, et Jejuniis Quatuor emporum, et Rogationum, et in septimana Nativiatis Domini et Pentecostes evenerint. In Inventione ero et Exaltatione sanctæ Crucis, quia Vigiliæ parim de sanctis sunt, partim de sancta cruce : de anctis missa matutinalis sit, etiamsi Dominica venerit, et de cruce major. Inventio sanctæ crucis i Dominica ante Ascensionem evenerit, missa iatutinalis erit de Dominica, et de cruce major.

CAPUT XXXIV.
De solemnitatibus quibus non laboramus et quæ Dominica evenerint.

In solemnitatibus iterum quibus non laboramus et uæ Dominica evenerint, nisi fuerint illæ festiviates quibus sermo fit in capitulo, missa matutinalis rit de Dominica, nisi propter proprietatem alicujus ancti, vel propter præsentem defunctum differenda sit, et major de solemnitate. In Purificatione tamen eatæ Mariæ, si in Septuagesima vel Sexagesima aut Quinquagesima evenerit : missa matutinalis erit de Dominica, et major de solemnitate. Ante Adventúm autem cum unum Dominicale officium duas tenere contingit hebdomadas, illud officium secunda non repetitur Dominica ad Missam matutinalem, si in ea duodecim Lectionum solemnitas celebratur, sed utraque missa erit de festo. Simili modo fiet ante Septuagesimam (32).

CAPUT XXXV.
De solemnitatibus quibus laboramus et quæ Dominica evenerint.

In solemnitatibus quibus laboramus et quæ Dominica evenerit, similiter missa matutinalis erit de Dominica, nisi propter præsentem defunctum differatur, et major de solemnitate præterquam in Octavis Apparitionis Domini, cum instans Septuagesima coegerit ut in ipsis, *Domine, ne in ira tua* cantetur, et in Adventu, Septuagesima, Quinquagesima et Quadragesima. Dominica tamen in Palmis et in Octava die Paschæ si festivitas sancti *Ambrosii* evenerit, ad missam matutinalem Collecta dicatur de eo.

CAPUT XXXVI.
De Dominicis diebus quibus duodecim Lectionum solemnitas non celebratur.

Dominicis vero diebus quibus duodecim Lectio-

num solemnitas non celebratur, utraque missa erit de Dominica, nisi forte alicujus sancti fuerit commemoratio, qui officium habeat in Graduali designatum, vel Vigilia alicujus sancti hoc impedierit, vel præsens defunctus supervenerit. Dominica tamen in Palmis etiam si alicujus sancti fuerit commemoratio, missa matutinalis erit de Dominica, et in Octava die Paschæ de Resurrectione. In illo vero uno die, qui festum sequitur sancti *Thomæ martyris* (33), si dies Dominicus evenerit, prima missa erit de Dominica ; secunda de Octavis Domini, scilicet *Puer natus est nobis.*

In illis autem tribus diebus qui Circumcisionem Domini sequuntur, si dies Dominicus evenerit, prima missa erit de Octavis sanctorum, secunda de Octavis Domini, scilicet *Puer natus est nobis.* Si vero infra Octavam sancti *Joannis Baptistæ* vel apostolorum *Petri et Pauli* illis quatuor diebus qui deputati sunt ad missas eorumdem sanctorum dies Dominicus evenerit, missa matutinalis erit de Octavis, et major de Dominica. Dominica vero infra Octavam Apparitionis, missa matutinalis erit de Dominica et major de Octava : nisi forte, *Omnis terra,* in eadem Dominica cantandum fuerit. Quod cum acciderit, missa matutinalis erit de Octavis, et missa major de Dominica.

Similiter Dominica infra octavam Ascensionis Domini et Assumptionis beatæ Mariæ, si nulla duodecim Lectionum solemnitas evenerit, missa matutinalis erit de Dominica, et major de Octava. Si vero aliis diebus infra has Octavas duodecim Lectionum solemnitas qua non laboramus evenerit, nisi forte in ipsa sermo fieri debeat in capitulo, missa matutinalis erit de Octava et major de festo.

CAPUT XXXVII.
Quo ordine missæ agantur privatis diebus.

Ab Octavis Theophaniæ usque in Caput Jejunii, et ab Octavis Pentecostes usque ad Adventum Domini, omni feria secunda missa pro *Defunctis* in conventu dicatur. Feria tertia et quinta Dominicalis. Feria quarta pro *familiaribus.* Feria sexta de *sancta cruce.* Sabbato de *beata Maria.*

Ab Octavis autem Paschæ usque ad Dominicam ante Ascensionem, et in Adventu usque ad Nativitatem Domini, idem ordo servabitur, excepto quod ab Octava Paschæ usque ad supradictam Dominicam omni feria quarta, missa pro familiaribus omissa, missa *Resurrexit* dicetur. Et in Adventu feria sexta, quia missa de sancta cruce non dicitur, missa Dominicalis repetatur, nisi forte aliqua solemnitas duodecim Lectionum aliquem horum occupaverit diem, aut talis commemoratio alicujus sancti, cui missa in Graduali sit attitulata, aut Vigilia alicujus solemnitatis, aut dies Quatuor Temporum sive Rogationum

---

(31) Nomen et memoria S. Bernardi non erant in antiquis usibus, addita sunt autem a capit. generali ann. D. 1165, post canonizationem illius quæ contigit anno præcedenti, ut patet ex bulla Alexandri III Rom pontif. qui hunc S. P. sanctorum catalogo ascripsit.

(32) *Simili modo,* etc. Hæc ultima verba addita sunt antiquis Usibus, quippe quæ non reperiuntur in omnibus antiquioribus manuscriptis.

(33) Quod hic de B. Thoma martyre præscribitur additum est antiquis usibus an. D. 1191, jussu cap. gen., ut jam supra monuimus.

vel præsens defunctus, aut tales commemorationes defunctorum quas præcipuas agimus, et exceptis illis diebus qui deputati sunt ad illa Dominicalia officia quæ post diem Epiphaniæ, vel post *In voluntate tua*, vel *Dixit Dominus*, aliquando propter instantem Septuagesimam vel Adventum privatis diebus restant persolvenda : et quando aliqua Dominicalis missa in sua propria Dominica dici non poterit pro alicujus solemnitatis vel præsentis defuncti necessitate.

Et cùm hoc contigerit ut aliqua missa in sua propria Dominica dici non possit, prima die quam post illam Dominicam cantor a supradictis eventibus exoccupatam invenerit, canatur. Infra octavas vero Domini et sanctorum, uti in sententia (34) de octavis eorum scriptum est, teneatur. Feria sexta post octavas Ascensionis de *sancta cruce* missa canatur : nisi illius missæ venerit occasio, propter quam aliis temporibus intermitti solet. Notandum vero quia si missa pro defunctis feria secunda pro aliquibus supradictis eventibus in conventu dici non potuerit; prima ejusdem septimanæ die, quæ vacua fuerit a supradictis eventibus, dicatur.

CAPUT XXXVIII.
De numero Collectarum ad missas.

Privatis diebus non amplius quam quatuor Collectæ ad missam in conventu dicantur, exceptis octavis Domini et commemorationibus octavisque sanctorum, et illis quatuor diebus qui sequuntur diem Circumcisionis, et feria sexta post octavas Ascensionis : aut si abbas unam tantummodo Collectam licendam adjunxit vel præsens defunctus fuerit, excipitur etiam Tricenarium quod fit post generale abbatum capitulum, cujus Collecta, id est *Deus veniæ largitor*, per omnes triginta dies, exceptis solemnitatibus duodecim Lectionum, tam ad Vesperas quam ad Laudes et ad Missas continuetur.

Verumtamen et si plures in una die missæ fiant, ad unam tantum dicetur. Et notandum quia nunquam in missa Collectam de Dominica vel de *sancta cruce*, id est *Deus qui unigeniti Filii tui*, dicimus nisi illa die missa in conventu de ipsis agatur. In Adventu tamen quotidie dicatur Collecta de Dominica ad missam, exceptis missis pro defunctis et Quatuor Temporum jejuniis et Vigilia Natalis Domini.

Cum tamen Dominicales commemorationes in aliqua solemnitate quæ Dominica venerit post matutinas Laudes cantatæ fuerint in crastino, licet Dominicalis missa forte differri debeat, Collecta tamen ad missam matutinalem dicatur. Et notandum quia ad omnem missam matutinalem, si eadem quæ major missa non fuerit, vel de eodem sancto : Collecta de majori missa prima post Collectam missæ matutinalis dicetur, excepto cum Vigilia Nativitatis Domini vel Apparitionis, seu Vigilia Assumptionis beatæ Mariæ die Dominica evenerit. Collecta vero *Deus qui per Unigenitum tuum*, sicut in sua sententia (35) ordinata est dicatur.

In aliquibus manuscriptis additur, et Collecta de Spiritu sancto non dicatur in missa de Trinitate.

CAPUT XXXIX.
De quatuor historiis quæ cantantur a Kalendis Augusti usque in Adventum Domini.

Si Kalendæ evenerint die Dominica, eadem die inchoetur historia. Si vero Kalendæ in secunda vel tertia aut quarta feria evenerint in Dominica quæ easdem Kalendas præcedit, assumatur Historia. Quod si Kalendæ in quinta vel sexta feria, aut Sabbato apparuerint, Dominica sequenti imponatur historia. Et ideo si festivitas *Omnium Sanctorum* quinta aut sexta feria illuxerit, legendum et cantandum est de libris *Machabæorum* ad Vigilias usque ad Dominicam sequentem, in qua incipiendum est legere et cantare de *Ezechiele* propheta.

Si autem festivitas *Omnium Sanctorum* evenerit die Dominica, ipsa die celebretur, et sequenti nocte, scilicet feria secunda inchoetur *Ezechiel* propheta, et Responsorium, *Vidi Dominum*. Sequenti vero die Dominico non legantur Lectiones ad initium illius libri pertinentes propter præfationem, quia non est consuetudo ut bis legantur, sed legantur aliæ in libro Lectionarii diei Dominici secundi intitulatæ. Qui propheta legendus est per tres hebdomadas tam privatis quam Dominicis diebus. Quod vero de his restat legendum ad Vigilias, ex quo ibi legi desierit, legatur in refectorio. Finito *Daniele*, legantur in refectorio duodecim prophetæ.

CAPUT XL.
Qua septimana jejunia Quatuor Temporum in mense Septembri agenda sunt.

Si prima dies Kalendarum mensis Septembris in secunda feria aut tertia vel quarta evenerit, tunc agendi sunt dies jejuniorum hebdomada *Exaltationis* sanctæ crucis. Si vero Kalendæ Septembris in quinta feria vel sexta vel Sabbato sive Dominica evenerint, tunc in illa septimana, in qua festivitas sancti *Matthæi* apostoli evenerit, agendi sunt

CAPUT XLI.
Quomodo legantur libri in refectorio a Pentecoste usque ad Kalendas Novembris.

Tempore illo quo canitur, *Deus omnium exauditor est*, usque ad Kalendas Augusti, leguntur quatuor libri *Regum*, et postea duo libri *Paralipomenon*. A Kalendis vero Augusti usque ad Kalendas Septembris interim dum canitur, *In principio Deus*, legimus Proverbia *Salomonis*, et postea *Ecclesiasten*, et deinde *Cantica canticorum*, et librum *Sapientiæ*, *Diligite justitiam*, et postea librum *Jesu filii Syrach*, id est *Omnis sapientia*.

In Kalendis Septembris quando canitur, *Si bona suscepimus*, *Job*. In eodem mense mutatur historia

---

(34) *In sententia*, id est in cap. 47 hujus libri.
(35) *In sua sententia*, id est in cap. 27 hujus libri.

alia, id est, *Peto Domine*, et tunc legitur prius liber *Tobiæ*, deinde *Judith*, postea *Hester*, ac postremo *Esdras*. Hanc autem historiam, id est *Peto Domine*, nec ante pridie Idus Septembris, nec post decimum quartum Kalendas Octobris, sed in his septem diebus ubicunque dies Dominica evenerit incipimus, excepto quod quando solemnitas sanctæ crucis die Dominica evenerit : Dominica præcedente festum, dicatur *Peto, Domine*. In Kalendis Octobris leguntur duo libri *Machabæorum* dum canitur, *Adaperiat Dominus*. Et cum perlecti fuerint, legimus quatuor libros Evangeliorum in refectorio tantum usque ad passiones, et dimissis passionibus quod reliquum est legatur. Alii vero libri aliis temporibus perlegendi, superius per diversa capitula dispositi sunt.

Et notandum quod quando renovatur historia, liber ille qui tunc cum Responsoriis inchoatur cum sua Præfatione incipiendus sit in ecclesia, legendus tamen in refectorio ubi octava lectio fecit finem. In libro autem Machabæorum primo, ibi lector in refectorio incipiat ubi quarta lectio fecit finem. De aliis libris qui eodem tempore in refectorio postquam primus perlectus fuerit, sunt similiter legendi, non est hoc observandum quod de illo primo dicimus in ecclesia primitus inchoando.

Si autem (festo interveniente) differatur historia, liber nihilominus cum sua Præfatione legatur ad mensam, reincipiendus in ecclesia cum historia cantabitur.

Et sciendum quod Responsorium de historia quod intitulatur *ad Vesperas*, quamvis semel aut iterum festo interveniente differatur, ubi prius Sabbatum vacuum invenerit dicetur, nisi forte ipsa historia vel in Dominica vel per septimanam jam decantata fuerit.

CAPUT XLII.
De Antiphonis in Sabbatis dicendis.

Antiphonæ veterum librorum et Epistolarum Pauli quæ ad *Magnificat* dicuntur, id est *Loquere, Domine, Cognoverunt omnes*, et *Hæc autem scripta sunt*, et *Fratres, confortamini*, et consimiles, Sabbatis quibus intitulatæ sunt, vel ad *Magnificat*, vel in commemoratione dicantur. Si quæ superfuerint, eo anno dimittantur. Si quæ defuerint, ultimæ repetantur. Quotiescunque autem aliqua Dominicalis missa, quæ in sua Dominica dici non potest, aliquo privato die solvitur : Antiphonæ de eodem officio ad *Magnificat* et ad *Benedictus* intitulatæ eodem die dicantur, si tamen in sua Dominica dici non possunt. Quod ante Adventum et Septuagesimam propter brevitatem temporis aliquando contingit.

Notandum tamen quod quando pro brevitate temporis Sabbato ante Septuagesimam dicetur ad *Benedictus* Antiphona, *Domine, nonne bonum semen;* ad Vesperas ejusdem diei intermittatur Antiphona, *Colligite primum zizania*. Similiter flet de Antiphonis *Nuptiæ factæ sunt*, et *Deficiente vino*, quando Septuagesima decimo Kalendas Februarii evenerit. Cæteræ omnes Antiphonæ Dominicales, ad *Benedictus* et ad *Magnificat* intitulatæ cum suis Collectis, cum in sua Dominica aliqua duodecim Lectionum solemnitas celebrabitur : post *Benedicamus Domino* de Laudibus et Vesperis ob commemorationem Dominici diei dicantur. In illo tamen Sabbato non dicentur quando in crastino nihil agetur de Dominica : quod ante Adventum contingit, cum unum Dominicale officium duas tenet hebdemadas · tunc enim Antiphonæ illius officii secunda non repetentur Dominica, si in ea duodecim Lectionum solemnitas celebratur.

CAPUT XLIII.
De festis sanctorum quæ Dominicis diebus vel in Ascensione Domini evenerint.

Festivitates sanctorum in quibus non laboramus, si in octavo die Paschæ vel die Ascensionis vel in Septuagesima, vel in Dominica in qua aliqua historia incipienda est quæ sequentem Dominicam non habuerit, evenerint, in crastinum celebrabuntur. Purificatio tamen beatæ Mariæ nunquam differatur. Et si illa historia duas Dominicas vel plures habuerit, et illæ Dominicæ festivitates fortasse præcipuas habuerint, historia dicatur in illa festivitate quæ minoris videtur auctoritatis, et festivitas in crastino dicatur.

Minores autem festivitates, in quibus duodecim Lectiones habemus et operamur, in tali necessitate intermittantur, et commemoratio ad Vesperas et ad Laudes ac missa matutinalis fiat de sanctis et iterum commemoratio ad Vesperas illius diei. Missa tamen matutinalis non erit de sancto *Ambrosio*, si Dominica in Palmis vel octavo die Paschæ evenerit, sed Collecta dicetur de eo. Ubi vero supradicta necessitas non intervenerit, minores festivitates non omittantur nec differantur : sed suo die celebrentur, etiamsi quælibet historia incipienda est, quæ aliam habeat Dominicam in qua cantari possit, excepto si in Dominica Septuagesimæ hujusmodi evenerit festum.

CAPUT XLIV.
De festis sanctorum quæ evenerint Sabbatis.

In Sabbatis Adventus Domini, et Septuagesimæ, Quinquagesimæ et Quadragesimæ si festum fuerit, Vesperæ de Dominica dicantur, et fiat de sancto commemoratio. Si festum Purificationis et Annuntiationis beatæ Mariæ, et festum sancti *Benedicti* et Dedicationis ecclesiæ, et aliquod festum in quo non laboramus Sabbato infra octavam Paschæ evenerit, excipiantur ab ista lege, et habeant festa ista plenarie Vesperas suas, et commemoratio fiat de Dominica. In Sabbatis cæteris habeant omnia festa plenarie Vesperas suas, nisi supervenerint aliæ solemnitates quæ eis debeant anteferri. Et notandum quia festum sancti *Mathiæ* (quod secundo die bissexti semper debet agi) si in aliquo Sabbato præter Sabbatum quod præcedit Sexagesimam eo anno quo contingit bissextus evenerit, in ipso Sabbato, hoc est prima die bissexti agetur.

CAPUT XLV.
De Vigiliis sanctorum.

Cum Vigilia Assumptionis beatæ Mariæ die Dominica evenerit, missa matutinalis de Dominica, et major de Vigilia erit. Nam in Vigilia sancti *Joannis Baptistæ*, sive apostolorum *Petri* et *Pauli* seu aliorum apostolorum, vel sancti *Laurentii* aut *Omnium Sanctorum*, si Dominica fuerit, missa matutinalis de vigilia erit, major de Dominica. In Vigilia *Omnium Sanctorum*, prima Collecta erit de ipsa Vigilia, scilicet *Domine Deus noster, multiplica*. Secunda de Dominica, si Dominica fuerit. Tertia de sancto *Quintino*. Si non fuerit Dominica, secunda de sancto *Quintino*: tertia, *Omnipotens sempiterne Deus, qui vivorum*.

CAPUT XLVI.
De Octavis Domini et sanctorum.

Per octavas Apparitionis, Ascensionis Domini, et Assumptionis beatæ Mariæ, quotidie celebretur missa de Octavis, nisi interveniat festum alicujus sancti, quod habeat in Graduali officium designatum, vel aliquo die aliqua Dominicalis missa, quæ in sua Dominica dici non potuit, dicenda evenerit, vel solemnitas duodecim Lectionum quæ id impedire debeat, evenerit : vel præsens defunctus fuerit, aut missa pro defunctis more solito in conventu dicenda occurrerit : sive talis commemoratio defunctorum quam solemnem agimus intervenerit.

Et notandum si Inventio *sanctæ crucis* Dominica infra Octavam Ascensionis evenerit, ad Laudes dicto, *Benedicamus Domino*, fiat primitus commemoratio de martyribus, deinde de Dominica, post de Ascensione Domini. Missa matutinalis erit de martyribus : post quorum Collectam dicetur Collecta *de sancta cruce*: deinde de Dominica, post de Ascensione. Ipsa vero missa Dominicalis, id est *Exaudi, Domine, vocem*, differatur. Dominica infra octavas Assumptionis et nativitatis beatæ Mariæ et Ascensionis Domini totum sicut in libris ordinatum est, tam per diem quam per noctem de octavis dicatur.

Verumtamen si in hac Dominica festivitas beati *Bernardi* (36) evenerit, totum de festo fiet, præter missam matutinalem, quæ de octava erit. Dominicalis vero missa differetur in septimana dicenda. Sabbato tamen ad Vesperas et die Dominica ad Laudes et ad Vesperas post commemorationem de octava, fiet commemoratio de Dominica. Cum autem in octava *sancti Laurentii* hæc ipsa Dominica evenerit, totum de Dominica dicatur, et ad Laudes fiat inprimis commemoratio de octava, deinde de sancto *Laurentio*, post de sancto *Mammete*. Missa matutinalis erit de Dominica : post cujus Collectam Collecta de Octava dicetur, deinde de sancto *Laurentio* ; post de sancto *Mammete*. Major missa erit de octava.

Infra octavam Nativitatis sancti *Joannis Baptistæ*:

prima die post solemnitatem, de ipsa Nativitate missa in conventu canatur, nisi præsens defunctus prohibuerit, seu forte Dominicalis missa, quæ sua Dominica dici non potuit, solvenda tunc fuerit. Et cum aliquid horum ea die de sancto *Joanne* missam cantari impedierit : quarta die ab ipsa Nativitate missa de sancto *Joanne* cantetur, nisi forte et hoc ipsum aliqua de prædictis causis impediat. Si vero prima die post solemnitatem de ipsa Nativitate missa in conventu dicta fuerit, quarta die ab ipsa Nativitate, missa in conventu pro defunctis dicatur nisi forte in eadem septimana ante ipsam Nativitatem dicta fuerit, vel forte ipsa quarta die, dies fuerit Dominicus. Quod si in eadem septimana ante ipsam Nativitatem dicta fuerit, missa iterum de sancto *Joanne* in ipsa quarta die dicatur : nisi forte in ipsa feria secunda evenerit. Quod si feria secunda fuerit, missa pro defunctis dicatur. Quæ tamen non cantetur, nisi prius de octavis semel cantatum fuerit.

Infra vero octavas apostolorum *Petri* et *Pauli* quinta vel septima die ab eorumdem solemnitate similiter observetur : ut missa de eisdem apostolis cantetur, nisi forte aliqua de prædictis causis illud prohibeat. Reliquis vero diebus a Nativitate beati *Joannis Baptistæ* usque ad octavam diem apostolorum Petri et Pauli, missæ de sanctis qui in Kalendario scripti sunt cantantur. Notandum sane in his Octavis, quia in commemoratione sancti *Pauli* dicto *Benedicamus Domino*, ad Laudes fit in primis commemoratio de sancto *Joanne Baptista*, de sancto *Petro* et ad missam in eadem die. Similiter commemoratio de sancto *Stephano*, et beato *Joanne evangelista*, et sanctis *Innocentibus*, atque de sancto *Andrea* apostolo quotidie ad Laudes et ad Vesperas et ad missam per octavas suas agatur, et missa in octava die de eis celebretur. De octavis sanctæ *Agnetis* virginis, et sancti *Laurentii* martyris, nil aliud agatur nisi tantum in octavo die commemoratio ad Vesperas et ad Laudes : et missa quæ ea die proprietatem habet, de his persolvatur.

Sanctorum commemorationes, scilicet *Joannis* et *Pauli*, et *Leonis* papæ, necnon et cæterorum sanctorum quæ per octavam sancti *Joannis Baptistæ*, seu apostolorum *Petri* et *Pauli* sive *Andreæ* apostoli plerumque eveniunt, semper debent pronuntiari in primo loco post Vesperas regulares, deinde vero sequentur commemorationes aliæ, quæ pertinent ad istas prædictas sanctorum octavas. Sanctorum *Cæsarii* atque *Benigni* commemoratio non ad Vesperas neque ad Laudes, sed tantum ad missam matutinalem fiat.

Quando tres Antiphonæ tantum habentur super Psalmos in Vigiliis, et occurrent Psalmi qui dividuntur in quarto loco, ut *Noli æmulari*, et *Attendite popule meus* : sub secunda Antiphona dicantur tertius psalmus et quartus totus. Porro quintus solus,

(36) Missa in festivitate *S. Bernardi* dicenda, a summo pontifice Innocent. III composita et a cap. generali anni D. 1202 toti ordini imperata est.

id est *Domine ne*, et similiter *Deus venerunt gentes*, sub tertia Antiphona.

CAPUT XLVII.
De Purificatione sanctæ Mariæ.

In Purificatione sanctæ Mariæ post Tertiam abbas benedicat candelas jam antea a secretario delatas, postea vero aqua benedicta aspergat. Cantor itaque cum abbati candelam accensam obtulerit, imponat Antiphonam *Lumen ad revelationem*, cui etiam subjungat versum *Nunc dimittis* ut in libris invenitur. Interim secretarius suo adjutus solatio et quibus a priore jussum fuerit, reliquas candelas monachis et novitiis, ac conversis laicis, familiæ etiam atque hospitibus si adfuerint, distribuat.

Deinde fiat processio per claustrum, ad quam diaconus crucem, subdiaconusque aquam benedictam bajulent et sicut in processione Palmarum prænotavimus, ita in hac processione in eundo et in stando se habeant. Porro cantor ad exitum processionis, Antiphonam *Ave gratia plena* imponat. Qua finita sequatur alia Antiphona, *Adorna thalamum tuum*; post quam subrogetur Antiphona *Responsum accepit Simeon*, et fiant tres stationes, per unamquamque scilicet Antiphonam una statio. Ad introitum vero ecclesiæ abbas incipiat Antiphonam *Hodie beata Virgo*. Et omnibus introgressis et prædicta Antiphona finita missa solemniter celebretur.

Igitur postquam diaconus Evangelium legerit, et abbati munus Deo sacrandum obtulerit, ipseque diaconus idem munus more solito super altare ordinaverit : abbas candelam suam reddat sacristæ, et diaconus abbati suam offerat, et postea subdiaconus. Deinde veniat abbas ad gradum presbyterii, et cæteri offerant candelas suas a prioribus incipientes, manum abbatis vel sacerdotis (si abbas defuerit) osculando. Quas candelas sacrista et solatium ejus a manu abbatis suscipientes exstinguant. Deinde abbas ad altare revertens, thurificet illud et manus abluat. Si vero die Dominica festum Purificationis sanctæ Mariæ evenerit, more solito ante Tertiam abbas exorcismum faciat aquæ, et post Tertiam fiat processio.

CAPUT XLVIII.
De canticis.

Cantica de Nativitate Domini, scilicet *Populus qui ambulabat in tenebris* in die Nativitatis Domini, Circumcisionis, Theophaniæ, et octavo die ipsius Theophaniæ, omnibus etiam Dominicis diebus infra istos dies, nisi in ipsa Dominica festum alicujus sancti duodecim Lectionum agatur, et in Purificatione sanctæ Mariæ dicantur. Cantica vero de Pascha scilicet, *Quis est iste qui venit de Edon* dicantur omnibus diebus Dominicis a Pascha usque ad Pentecosten, nisi aliud festum celebretur, et in die Ascensionis Domini, et ocavto die ipsius, et die Pentecostes.

In Dedicatione ecclesiæ dicantur cantica, scilicet *Lætatus sum*, et *Nisi Dominus*, et *Lauda Hierurusalem*. In Inventione sanctæ crucis et Exaltatione, *Domine audivi*, *Gloria Patri : Pro iniquitate*, *Gloria Patri : Egressus es in salutem*. In Annuntiatione et Assumptione et Nativitate, et Dominica infra octavam Assumptionis beatæ Mariæ et in octava diei ejusdem, necnon in natali unius Virginis, *Audite me divini fructus*. In festivitate sancti *Michaelis* archangeli, *Domine miserere nostri*, et in omnibus Dominicis diebus, exceptis illis quos supra diximus. In Nativitate et Decollatione sancti *Joannis Baptistæ*, et in natali unius martyris et unius confessoris, *Beatus vir cui in sapientia*. In natali apostolorum et evangelistarum et plurimorum martyrum *Vos sancti Domini*.

CAPUT XLIX.
De festis in quibus laboramus

Dies festi duodecim Lectionum in quibus laboramus, hi sunt : festum sancti *Silvestri :* Octava *Epiphaniæ :* festum sanctorum *Fabiani* et *Sebastiani :* *Agnetis* virginis et martyris : festum sanctæ *Agathæ* martyris : Cathedra sancti *Petri : Thomæ* confessoris : Octava *Ascensionis : Joannis* et *Pauli :* Commemoratio *sancti Pauli :* Octavæ sancti *Joannis Baptistæ*, et apostolorum *Petri* et *Pauli :* Inventio sancti *Stephani : Dominici* confessoris Octavæ sanctæ *Mariæ : Mauricii* cum sociis suis : *Remigii* episcopi : *Cæciliæ* virginis : *Clementis* papæ: *Luciæ* virginis (37).

CAPUT L.
Quibus temporibus, et quo ordine celebrandum est officium defunctorum.

Officium defunctorum quotidie agitur, exceptis diebus duodecim Lectionum, et uno die infra octavas Nativitatis Dominicæ, et tribus diebus ante Pascha, et tota septimana Paschæ et Pentecostes. A Kalendis igitur Novembris usque ad primam Dominicam Quadragesimæ in intervallo quod sequitur Vigilias, privatis diebus agatur officium pro defunctis.

In quo officio dum frater hebdomadarius incipiet Antiphonam stando contra alterum chorum, resideant fratres in sedibus suis, et ipse hebdomadarius incœpta Antiphona, postquam inclinaverit versus altare resideat. Cæteras vero Antiphonas incipiant fratres alternatim sicut ad Vesperas regulares, stantes et inclinantes sicut hebdomadarius fecit. Qui hebdomadarius dicturus versiculum post Psalmos surgat, et stans contra altare dicat versiculum. Quo dicto inclinet se et sedeat iterum dum *Pater noster* dici-

---

(37) In antiquis Usibus præter hos dies numerabantur et isti, sanctorum scilicet Greg. papæ, Ambrosii episcopi, Petri episcopi, Augustini episcopi, Hieronymi presbyteri et sanctæ Catharinæ virginis et martyris; sublati sunt autem ex hoc capitulo, cum in illis duæ missæ conventuales celebrari cœperunt et ideo sublati, quia secundum hos Usus his festis duarum missarum monachi lectioni et orationi, non autem operi manuum vacabant.

tur. Postea surgens et levans sedem, et inclinans ad altare incipiat Lectionem. Qua finita iterum inclinet. Similiter inclinet ad finem singularum lectionum et singulorum versuum. Et versu tertii Responsorii dicto resideat. Finito *Laudate Dominum de cœlis*, dum fratres dixerint *Requiem œternam*, surgant. Similiter faciant ad Vesperas post *Confitebor*, dicentes *Requiem œternam*. Quem versum, id est *Requiem œternam*, semper dicat solus ille chorus cui competit. Dicta autem Antiphona post *Laudate Dominum de cœlis*, hebdomadarius incipiat *Ego sum resurrectio et vita*, et *Benedictus* dicatur aliquantulum productius, et *Magnificat* similiter ad Vesperas pro defunctis.

Ergo Antiphona cantata post *Benedictus*, prosternant se fratres super formas, si tempus fuerit prosternendi; sin autem, reclinent se super misericordias (38), et dicant *Pater noster* sub silentio. Deinde incipiat hebdomadarius sacerdos psalmum *De profundis*, qui semper dicatur ad Laudes pro defunctis tam in æstate quam in hieme, quem percurret uterque chorus alternatim. Quo expleto et dicto *Requiem œternam* sicut ad cæteros primos psalmos, dicat sacerdos *A porta inferi*, et *Dominus vobiscum*, et postea Collectas ordine consueto. Quibus expletis, et *Dominus vobiscum* et *Requiescant in pace*, respondeant omnes, *Amen*; antequam surgant: et tunc surgentes et inclinantes ad altare, discedant. Post Vesperas vero diei dicantur Vesperæ pro defunctis et psalmus *Lauda, anima mea, Dominum*, ante Collectas a sacerdote hebdomadario incœptas.

A prima Dominica Quadragesimæ usque ad festivitatem *Omnium Sanctorum* celebretur officium defunctorum post Vesperas diei : ita scilicet ut prius dicantur Vesperæ pro ipsis defunctis, et deinde subsequatur Vigilia. Et dicto tertio Responsorio, dicat hebdomadarius *Audivi vocem de cœlo dicentem*, habens faciem ad alterum chorum : nec inclinet ante vel post. Et responso a conventu, *Beati mortui qui in Domino moriuntur*, prosternantur aut resideant sicut superius dictum est. Circa vero finem vigiliæ, scilicet post *Pater noster*, dicatur psalmus *Lauda, anima mea, Dominum*, quem incipiat hebdomadarius sacerdos. Laudes vero ipsorum defunctorum peragantur in crastino, inter Matutinas, Laudes et Primam.

Quod totum officium defunctorum eo ordine dicatur in æstate, quo ordinavimus in hieme. Quod officium tali ordine celebratur in hebdomada, ut secunda feria dicantur tres psalmi, id est *Verba mea*, et cæteri nisi in præcedenti Dominica dicti fuerint : et tres primæ Lectiones, id est *Parce mihi, Domine*, et cæteræ. Tertia autem feria tres medii psalmi, id est *Dominus regit me*, et cæteri cum lectionibus, id est *Responde mihi*, et cæteris. Quarta feria tres ultimi psalmi, id est *Exspectans exspectavi*, et cæteri cum lectionibus, id est *Spiritus meus attenuabitur*, et cæteris : et sic repetantur per singulos dies si necesse fuerit.

Quod si aliqua festivitas duodecim Lectionum occupaverit secundam feriam in ea quæ vacua successerit festivitati, iidem primi psalmi dicantur : si autem postquam dicti fuerint iidem psalmi primi, alia festivitas duodecim Lectionum intervenerit, non mutetur ordo, sed ea feria quæ expedita sequetur, dicantur tres medii psalmi, et alia die tres ultimi : in sequenti vero repetantur a capite.

CAPUT LI.
Quo ordine dicantur Collectæ pro defunctis.

Omnipotens sempiterne Deus cui nunquam, pro fratribus congregationis, necnon pro patribus, matribus, sororibus et familiaribus nostris dicatur prius : deinde *Fidelium Deus omnium*. Quæ duæ dicantur assidue tam ad Vesperas quam ad Laudes sive ad Vigiliam Vesperis conjunctam. In Tricenario quod fit post generale capitulum præponatur *Deus veniæ largitor*, et ad missam pro defunctis in conventu nisi præsens defunctus fuerit. Si alio tempore Tricenarium aliud agimus, *Deus cui proprium*; si præsens defunctus fuerit, in primo loco semper dicatur *Inclina* singulariter, exceptis præcipuis officiis defunctorum, in quibus post primam Collectam hæc sola sequi debet.

Ad missam vero tantum duæ, scilicet *Omnipotens sempiterne Deus cui nunquam sine spe*, et *Omnipotens sempiterne Deus qui vivorum*. Si præsens defunctus fuerit et missa pro eo dicatur, dicetur Collecta *Inclina, Domine*, et *Omnipotens sempiterne Deus qui vivorum*, nisi fuerit solemne Tricenarium, in quo interponitur, *Deus veniæ largitor*. Si pro eo missa celebrari non potest, dicetur tamen ipsa collecta. Si autem præsens defunctus episcopus fuerit, *Deus qui inter apostolicos*, die tantum sepulturæ ejus dicetur.

Ad missam quotidianam pro omnibus fratribus et familiaribus ordinis nostri defunctis dicetur Collecta *Inclina, Domine* : si defunctus præsens fuerit, dicatur pro eo secunda *Omnipotens sempiterne Deus cui nunquam* singulariter. Deinde si Tricenarium agimus, dicetur *Deus cui proprium est*, vel *Deus veniæ largitor* si fuerit solemne Tricenarium. Ad missam enim in conventu nullum Tricenarium agimus nisi illud solemne quod fit post generale capitulum. Sciendum quia in tribus missis quas pro quolibet defuncto debemus, dicitur Collecta *Inclina, Domine* singulariter, nisi in Capitulo pluraliter dici præcipiatur.

CAPUT LII.
De officiis defunctorum præcipuis.

In commemoratione omnium fidelium defunctorum, et in commemoratione parentum nostrorum, fratrum et sororum omniumque consanguineorum et benefactorum nostrorum, eo quoque die quo post annuum capitulum solemnem facimus me-

---

(38) *Reclinent se super misericordias*, scilicet assidendo sedibus suis, cucullarum manicis super genua decussatis.

moriam omnium monachorum, novitiorum, conversorum et familiarium nostri ordinis præterito anno defunctorum : sed et in anniversario omnium defunctorum ordinis nostri episcoporum et abbatum, quod fit quarto Idus Januarii, solemne facimus officium cum Vesperis, Vigiliis et Laudibus, et Psalmi stando cantantur et aliquanto morosius, tam ad Vesperas quam ad Vigilias et ad Laudes.

Dicto autem versu ante Lectiones ab hebdomadario, resideant super misericordias dicentes *Pater noster*, sub silentio, deinde incœpta lectione resideant super sedes usque ad tertiam repetitionem *Libera me, Domine, de morte :* quod Responsorium debet cantor stando incipere. Quo incœpto statim inclinet, et subsequentes versus cantet, post ultimum tantum inclinans. Quibus officiis et missis debent interesse omnes monachi qui conventum tenent, nisi gravis causa eos prohibuerit.

Ad officium omnium defunctorum et ad missam *Fidelium Deus* tantummodo dicitur, nisi præsens defunctus fuerit. In commemoratione autem parentum nostrorum, *Deus cui proprium*, tantum : et in anniversario episcoporum et abbatum, *Præsta, Domine, quæsumus*, tantum. In solemni Tricenario, quod fit post generale capitulum, Prima *Deus veniæ largitor ;* Secunda, *Præsta, Domine, quæsumus*, pro rege Francorum (39), ad officia et ad missam dicantur tantum, nisi præsens defunctus fuerit. In anniversario episcoporum et abbatum qui privatim cantare pro eis noluerit, Collectam dicat.

Ad istas igitur missas cantantur Responsorium, *Si ambulem*, et Responsorium *Absolve*, communiter ab utroque choro in conventu. Qui vero privatim cantat Responsorium *Requiem æternam*, et Tractum *De profundis*, dicat, quod si quilibet horum dierum in secunda feria, sive in crastina die alicujus festivitatis duodecim Lectionum evenerit : post Vesperas regulares Vesperæ defunctorum agentur.

PARS SECUNDA.

De cæremoniis tam in horis canonicis quam in missarum celebratione observandis.

CAPUT LIII.
Quomodo se agant Sacerdos et Ministri ad missas festivas.

In duodecim Lectionibus sacerdos induat se ad celebrandam missam cum diacono et subdiacono, quos adjuvent ad induendum præteritæ septimanæ hebdomadarii. Quibus indutis, diaconus et subdiaconus cum manipulis eant præparare altare : petentes veniam ad gradum altaris, et ponentes Textum (40) super analogium, et Missale super altare in dextro cornu. In sinistro vero ponant tersorium sub palla, cui benedicta superponitur. Quatuor enim pallæ absque sudario super altare poni debent. Postea præparent ministerium quod est juxta altare in quo ministratur, ponentes calicem desuper cum corporali et offertorio, et sedes in quibus sedent sacerdos et ipsi ministri, et piscinam. Ad Tertiam ambo maneant in presbyterio cum sacerdote ubi eis et sedere ad Psalmos liceat. Finita Tertia exeant, et unus ministrorum qui adjuverunt eos ad induendum pulset signum, et accendat duas candelas quæ solent ardere juxta altare hinc et inde, et absconsam cum lumine super altare si necesse fuerit præparet. Alter vero deserviat sacerdoti in induenda casula. Postea infundat ei aquam in manibus. Diaconus vero sumat stolam et aspergat manus aqua data sibi a ministro, et subdiaconus similiter. Quas tergant sacerdos et diaconus ad tersorium sibi deputatum : subdiaconus vero ad alterum.

Et pulsato signo a ministro exeant de vestiario et ordinentur ante altare quod est in prima statione, habentes vultum ad ingressum chori ; ita ut subdiaconus prior sit, et diaconus posterior. et sacerdos novissimus, et sic maneant usque ad *Gloria Patri*. Et cum inde se moverint, inclinent ante ipsum altare. Deinde ingredientes inclinent rursus ad gradum presbyterii, et sic ascendentes, divertat diaconus ad dexteram, et subdiaconus ad sinistram. Sacerdos vero inter illos transeat ad altare, et dum transit inclinent ei. Tunc sacerdos incurvus ante medium altaris faciat orationem, et diaconus similiter retro ipsum, et subdiaconus post diaconum. Qua completa, erigant se. Deinde sacerdos, osculato altari, signet se. Diaconus vero signans se inclinet, et pergat osculari sinistrum cornu altaris. Quo osculato, inclinet et eat in dexteram partem, stans sub gradu altaris paululum remotus a pariete : et subdiaconus retro ipsum.

Sacerdos autem descendens sub gradu altaris inclinet circa medium altaris ad dicendam confessionem, diacono existente ad dexteram, subdiacono ad sinistram, et dicat invicem confessionem, sacerdote incipiente. Ministri vocent sacerdotem *patrem*, et sacerdos eos *fratres*, licet sit ordine junior, quod alias non fiat. Qua dicta, erigant se, et sic accedat sacerdos ad librum qui est super dextrum cornu altaris. Quam confessionem si ea hora complere non potuerint, dicant postea cum eis vacuum fuerit. Diaconus vero si spatium habuerit antequam sacerdos dicat *Dominus vobiscum*, ponat corporale super altare, et

---

(39) *Pro rege*, scilicet Philippo Augusto, Francorum rege, cujus hic memoria antiquis Usibus addita est jussu cap. gen. an. 1223.

(40) Per Textum intellige librum Evangeliorum.

liniens calicem intus aqua, ministret panem super patenam et vinum in calice, subdiacono ei subministrante.

Et notandum quia sive diaconus, sive subdiaconus sit qui ministrat, prius vinum infundat, deinde ampullam cum aqua sacerdoti tradat quando eum viderit magis expeditum, et sacerdos aquam in calicem fundat : deinde posita patena super calicem, cooperiat eam de offertorio : postea descendat sub gradu altaris in dextera parte. Quod si sacerdos dum diaconus ministraverit dixerit *Gloria in excelsis Deo*, vel *Dominus vobiscum*, intermittens ministrare eat post sacerdotem : quod si *Gloria in excelsis Deo* dicitur, dicto illo breviter inclinet et sic revertatur ministrare. Post *Dominus vobiscum*, trahat ei reverenter deorsum medium casulæ (41) : et tunc divertens in locum suum inclinet se, et subdiaconus post eum. Quod si restant aliæ Collectæ, redeant ad ministrandum quod restat. Quo completo, revertantur ubi prius steterant, non tamen inclinantes, nisi ad primam Collectam : si autem nulla Collecta superfuerit, subdiaconus descendat legere Epistolam ante gradum presbyterii contra medium altaris, versa facie ad ipsum altare, inclinans priusquam incipiat legere, et postquam legerit. Qui si forte in ipsa Epistola erraverit, perlecta Epistola satisfaciat ibidem : prius tamen posito libro super formam, ponens manus ad terram sub gradu super albam sine flexione genuum, tam festis diebus quam privatis. Interim sacerdos usque ad Evangelium sedere et in Missali legere potest, et diaconus ad nutum ejus sedere, et in textu legere si voluerit. Perlecta Epistola, subdiaconus sedeat juxta diaconum, aut eat in chorum cantare cum aliis si necesse fuerit : quod si sacerdos sederit, et diaconus prævidere Evangelium voluerit, super analogium prævideat.

Cum autem fuerit hora legendi Evangelium surgant, et sacerdos redeat ad dextrum cornu altaris superponens Missale. Diaconus vero ponens textum super analogium vertat se ad abbatem, humiliter petens benedictionem sub silentio dicens, *Domne jube benedicere*, sive ad sacerdotem si abbas defuerit; ad quem sacerdos conversus, dicat hanc benedictionem : *Dominus sit in corde et in ore tuo, ut digne annunties Evangelium Christi*. Qua data, reducat vultum suum ad altare sicut erat prius, ita se habens usque post *Gloria tibi, Domine*. Quod dum dicitur signet, et convertat faciem suam ad Evangelium stans cum tremore. Diaconus vero, accepta benedictione, vertat se ad librum. Qui cum dixerit, *Sequentia sancti Evangelii*, signet se sicut alii se signant quando dicitur *Gloria tibi, Domine*. Perlecto autem Evangelio, si forte erraverit in ipso, vertat se ad orientem satisfaciens eo modo quo subdiaconus. Deinde inclinet se versus orientem. Postea ferat librum apertum sacerdoti ad osculandum, ostendens ei digito initium Evangelii quod legit : quem et ipsum osculetur post sacerdotem, et clausum super analogium sub palla reponat. Sacerdos vero post finem Evangelii referens vultum ad altare, ibidem incipiat *Dominus vobiscum*, vel *Credo in unum Deum*. Interim vero dum *Credo in unum Deum* dicitur a conventu, stet in eodem loco donec illo cantato dicat *Dominus vobiscum*, et *Oremus*. Deinde sumens librum ponat ad sinistrum cornu. Diaconus autem post Evangelium displicet corporale habens tres plicatus in latum et quatuor in longum, medium latitudinis ponens in medio altaris. Et statim post *Oremus*, opertis manibus de offertorio tenens sinistra manu pedem calicis, dextra autem patenam offerat sacerdoti simul utrumque, manum ejus semel osculans. Sacerdos simul utrumque assumens, deponat juxta corporale ad dexteram partem, relinquens ea diacono præparanda, et postea trahat se ad sinistrum cornu altaris, ibidem consistens donec recipiat thuribulum ad thurificandum calicem. Diaconus vero posito offertorio super altare ponat calicem super corporale in secundo plicatu anterioris, et sinistræ dextræque partis, et panem ante calicem, revolvens super eum corporale. Quod si plures hostiæ fuerint, unam separatim, alias insimul mittat : deinde reportet patenam et offertorium super ministerium. Interim dum hæc aguntur a sacerdote et diacono, unus ministrorum cujus officium est, teneat thuribulum ante abbatem vel ante sacerdotem si abbas deest, subdiacono incensum tenente. Posito itaque incenso in thuribulo, qui thuribulum tenet offerat illud sacerdoti osculans ei manum. Quod sacerdos accipiens, thurificet calicem isto modo. Semel volvat illud circa calicem, semel thurificet dexteram partem altaris desuper, semel et sinistram, semel quoque anteriorem. Quod dum fecerit, diaconus ponat manum suam sub asella ipsius tenens ei casulam ut expeditius possit agere. Quo facto, reddat thuribulum diacono. Deinde ablutis digitis aqua, sibi a subdiacono de ampulla data, et in pelvi ad hoc præparata recepta, et tersis ad linteum ad hoc deputatum, incurvus ante altare faciat orationem. Diaconus autem thurificet prius dexteram partem ipsius altaris bis deforis ; deinde elevans manum thurificet bis crucem, et inde transiens per retro altare ad sinistram partem thurificet eam, similiter et crucem. Deinde reddat thuribulum subdiacono qui ponat illud ubi poni solet. Ipse autem retro redeat sub gradu altaris in dextra parte, ut cum sacerdos se verterit ad chorum dicens : *Orate, fratres, pro me*, trahat ei deorsum *medium casulæ*. Deinde supplicans ei seccdat in locum suum, ubi stet donec sacerdos dicat *Per omnia sæcula sæculorum*. Qui sacerdos dicto *Orate, fratres*, mediocriter, ut possit audiri, reducat vultum ad altare eadem parte qua se vertit ad chorum. Postea trahat se ad librum qui est in sinistro cornu dicens sub silentio *Oremus*, ad primam Secretam et ad secundam si una vel plures sequuntur.

---

(41) *Medium casulæ*, scilicet partem anteriorem.

Interim autem minister ille qui thuribulum obtulit sacerdoti, deferat diacono et subdiacono aquam ad lavandum manus suas. Sacerdos vero provideat ne disjungat illos digitos quibus debet tractare corpus Domini, postquam eos aqua abluerit, nisi dum fecerit cruces super hostiam et calicem vel quando se signaverit.

Ut autem finierit Secretas, retrahat se contra medium altaris dicens *Per omnia sæcula sæculorum*, sed non elevans manus usque ad *sursum corda*. Diaconus autem audiens *Per omnia sæcula sæculorum*, veniat post ipsum sacerdotem *supplicans* ad altare, et stet habens faciem ad sacerdotem usque ad *Pater noster*. Subdiaconus eadem hora accipiat patenam offertorio coopertam, et veniat post diaconum supplicans (42) circa altare. Deinde erigens se, supponat sinistram manum brachio dextro, ut levius ferat ipsam patenam. Qui subdiaconus signet se ad *Sanctus* de ipsa patena. Diaconus similiter signet se, manens curvus dum ipse dixerit *Sanctus, sanctus, sanctus*, breviter sub silentio. Finita vero Præfatione, sacerdos inclinet se ante altare dicens *Sanctus, sanctus, sanctus*, breviter : et signans se, mox incipiat *Te igitur clementissime Pater* usquequo dicat, *Uti accepta habeas* : et tunc se erigat percurrens Canonem sicut habetur in libro. Qui cum pervenerit ad *Qui pridie quam pateretur*, sumat hostiam, et elevans ante calicem paulo altius inter alios digitos quos ad hoc conservavit benedicat eam. Si vero plures fuerint, non deponens ipsam quam tenet simul omnes benedicat, et iterum utraque manu eam teneat usquequo dicat, *Hoc est enim corpus meum :* et tunc *remittet eam* in loco suo. Cum autem dixerit, *Simili modo postquam cænatum est*, accipiat calicem stringens corporale cum calice inter utramque manum, et sic elevet eum paululum usque ad signum faciendum (43), et tunc deponat faciens signum crucis desuper. Quod postquam fecerit, elevet sicut superius donec dicat, *In mei memoriam facietis* : et tunc dimittat. Incipiens autem, *Supplices te rogamus omnipotens Deus :* incurvet se ante altare donec dicat, *Ex hac altaris participatione :* et tunc erigat se osculans labium altaris ante calicem signans se, post signatum corpus et sanguinem : quando videlicet dixerit, *Omni benedictione*. Et quando dixerit, *Nobis quoque peccatoribus*, tundat semel leviter pectus suum. Diaconus vero quando viderit eum secundo post incurvationem calicem signare, scilicet quando dixerit, *Sanctificas*, accedat ad dexteram sacerdotis. Et osculans prius altare, componat se honeste ad discooperiendum calicem a dextera parte, dextera manu, sacerdote tamen incipiente a sinistra parte, sinistra manu. Porro ipse diaconus sinistra manu posita sub brachio suo ad constringendam manicam albæ ne contingat corporale, supponat digitos dexteræ suæ digitis Sacerdotis ad tenendum calicem dum sacerdos tres cruces fecerit super calicem dis-

(42) *Supplicans*, id est inclinans.
(43) In capit. gen. an. 1210 et an. 1252 jussi sunt

coopertum dicens, *Per ipsum, et cum ipso, et in ipso :* et quartam ante oram ipsius calicis dum dixerit, *Est tibi Deo*. Cum autem dixerit, *Omnis honor et gloria*, teneat utraque manu corpus Domini super calicem. Quo incipiente cunctis audientibus, *Per omnia sæcula sæculorum*, sublevent calicem ipse et diaconus parum usque post dictum, *Oremus :* tunc deponatur et iterum cooperiatur ab utroque hinc et inde. Et sic diaconus inclinans ante aram, recedat ubi stabat. Et cum sacerdos dixerit, *Panem nostrum quotidianum*, accedens subdiaconus ad diaconum offerat ei patenam discoopertam osculans ei manum. Postea secedat paululum versus parietem in dextera parte. Diaconus autem, accepta patena, offerat eam sacerdoti post *Sed libera nos a malo*, osculans ei manum. Qua oblata, veniat in locum, ubi stetit ante Præfationem, reddens Offertorium subdiacono. Subdiaconus vero recondat illud plicatum. Quo recondito, revertatur post diaconum. Sacerdos autem accipiens patenam ponat eam sub corporali. Quod si talis missa fuerit, in qua conventus vadit ad pacem, ponat eam super corporale. Et dicto *Libera nos quæsumus, Domine*, priusquam dicat *per eumdem Dominum nostrum*, ponat corpus Domini super patenam, amovens eam parumper in dextera parte calicis : et dicendo, *Per eumdem Dominum nostrum*, frangat corpus Domini super calicem in tres partes, et dicto, *Per omnia sæcula sæculorum*, faciat ad *Pax Domini* intra calicem unam crucem, aliam ad *Sit semper*, tertiam ad *Vobiscum*. Et postquam ter dixerit *Agnus Dei*, et dimiserit in calicem illam partem Dominici corporis quam tenet in dextera manu dicens *Hæc sacrosancta commistio*, totam orationem sub silentio : divertat os suum ad diaconum osculans illum, et diaconus subdiaconum sibi invicem supplicando, et subdiaconus similiter alium, si pacem quæsierit eundo ad gradum. Sacerdos autem, data pace diacono, eam partem hostiæ de qua ministri communicandi sunt, super patenam ponat; qua posita dicat orationem *Domine Jesu Christe ;* qua dicta statim sumens corpus Domini cum calice utraque manu applicet ad se, et sic percipiat corpus Domini super calicem, deinde sanguinem. Itaque, deposito calice super corporale non cooperto, vertat se ad dextrum cornu altaris, et, posita ibi patena cum hostiis, sumat hostiam de vasculo præparato a diacono, quam ponat super patenam : et unam vel plures, ubi necesse fuerit, ex illis quæ ibi sunt recondat in illo vasculo. Hoc autem fiat tantum Dominicis diebus, et in Cœna Domini. Vasculum autem illud super altare dimittatur usque post missam. Quo facto, sacerdos communicet diaconum et subdiaconum de tertia parte. Deinde de aliis hostiis cæteros qui communicaturi sunt. Provideat autem quantum poterit, ne aliqua pars Dominici corporis remaneat.

Diaconus vero accedens ad communionem, non sacerdotes hostiam post consecrationem elevare et omnes astantes *Veniam petere* seu genuflectere.

osculans manum sacerdotis, sublevet albam ab anteriori parte, flectens genua juxta altare, et resupinato capite sub manu sacerdotis convenienter aperto ore percipiat corpus Domini. Quo percepto surgat et supplicet : similiter et subdiaconus quod postquam fecerit sumens fistulam (44), si tunc necessaria est, eat ad sinistram per retro altare. Quod si tunc necessaria non fuerit, sequatur diaconum. Qui diaconus veniens ante calicem inclinet et ad nutum sacerdotis accipiat illum, sumatque sanguinem eadem parte calicis qua et sacerdos : nec tangat eam manu donec vino abluatur, quod si unus vel duo tantum post eum communicaturi sunt, ministret eis sanguinem eadem parte calicis qua ipse recepit, ita ut ipse dextera manu calicem tenens, sinistram mento illorum supponat. Qui vero percepturi sunt diaconi vel subdiaconi sinistra manu pedem calicis tenentes, ad os suum sicut sibi viderint expedire coaptent. Quod si plures fuerint, diaconus percepto sanguine, ibidem ponat calicem super sinistrum cornu altaris, tenens illum, subdiacono sibi assistente, atque adjuvante hoc modo, scilicet ut dextram manum teneat expansam juxta labium calicis deforis : sinistra vero teneat pedem ipsius calicis ; diaconus autem teneat utraque manu in calice fistulam a subdiacono antea præparatam. Qui subdiaconus percipiat sanguinem cum fistula priusquam se componat ad tenendum calicem eo modo quo diximus. Dum autem fratres percipiunt sanguinem, infundatur vinum in calice a diacono cum opus fuerit de ampulla a subdiacono ante præparata juxta altare. Si quid autem residuum fuerit de ipso sanguine, bibat illud cum calice postquam fistulam reddiderit subdiacono. Quam fistulam antequam reddat inquantum potuerit ab utraque parte sugendo a sanguine Domini evacuet, et calicem reddat sacerdoti : non osculans ei manum. Subdiaconus vero tenens fistulam contra faciem suam in transverso, eat ad sacerdotem per retro altare ministrare ei vinum in calice. Sacerdos autem antequam recipiat calicem, si quæ hostiæ integræ superfuerint communicatis, reponat in vasculo. Qui, recepto calice, respergat digitos suos in ipso calice : quem ponens super altare eat ad piscinam abluere in ipso digitos aqua. Quibus tersis ad medium linteum ad hoc ipsi præparatum, redeat ad altare sumere vinum quod dimisit in calice. Quo sumpto, iterum aspergat calicem vino. Quo hausto, ponat illum non reclinatum super altare juxta patenam. Similiter nec ad privatas missas reclinetur. Ex hinc subdiaconus tenens fistulam, assistat altari, habens faciem in patena usque ad finem Collectæ. Interim diaconus complicet corporale super altare, et vertens ad post communionem, referat Missale ad dextrum cornu altaris.

Cum autem sacerdos Collectam incœperit post *Dominus vobiscum*, trahens ei casulam incurvet se usque ad *Per omnia sæcula sæculorum*. Tunc erigens se et dicto *Benedicamus Domino*, vel *Ite missa est*, inclinet. Deinde iens ad altare transferat inde calicem et patenam super ministerium, sumens ibi lingua sua si quid de corpore Domini remanserit super patenam. Et postea accipiens fistulam abluat eam vino, et postea patenam; quod bibens infundat aliud vinum circumliniens ipsum calicem intus, quod iterum percipiat. Tertio infundat vinum eo modo circumliniens, quod percipiat subdiaconus. Et adhuc etiam alia vice infundat si necesse fuerit. Quibus lotis et detersis ad linteum, quo sacerdos paulo ante digitos suos detersit, recondat ea et corporalia cum calicibus. Finita missa sacerdos incurvet se ante medium altaris, faciens orationem solus sine diacono. Qua facta erigat se, et osculans altare signet se.

Quod si Dominicus dies fuerit, det *benedictionem lectori mensæ*, quæ in libro continetur (45). Deinde inclinans recedat casula demissa, quam ante missam tulit in brachiis sublevatam ad altare. Si diaconus et subdiaconus jam compleverint quæ complenda erant : præcedent eum eo ordine quo ad altare venerunt ad introitum missæ. Sacerdos autem exutus sacerdotalibus indumentis veniat ad gradum (46) ubi legitur Epistola, et petat veniam sicut in festis diebus. Privatis vero diebus flectat genua mox recedens (47).

CAPUT LIV.

De missis in quibus tantum unus minister fuerit.

Ad missam si unus tantum minister fuerit, sacerdos indutus stola, et manipulo cum ministro eat præparare altare. Quod si minister diaconus fuerit, officium altaris compleat, quantum ad se et ad subdiaconum pertinet. Perlecta tamen Epistola non egrediatur de choro, sed ipsemet infundat sibi aquam de ampulla in pelvim, et tergat ad mapulam ad quam tergit sacerdos ante Secretas. Quis priusquam communicatus sanguine de calice sumpto ad sinistrum cornu secesserit : ille qui sacerdotem adjuvit ad induendum, accedat cum fistula ante præparata, adjuvans eum in omnibus sicut subdiaconus facere solet. Si autem subdiaconus fuerit, eundo ad altare præcedens sacerdotem divertat ad dexteram

---

(44) Per *fistulam*, id est per instrumentum Christi sanguini sumendo, in modum fistulæ præparatum. Hæc porro sub utraque specie communio sublata est quoad ministros altaris et laicos, tum per concilia Ecclesiæ ut infra notabitur ad cap. 58 hujus libri, tum per cap. generalia ordinis, ut patet ex sequenti deffinitione capit. gen. ann. 1261, quæ sic habet : « Cum ex perceptione sanguinis Domini quem post sanctam communionem in calice solent accipere personæ ordinis pericula gravia jam evenerint et possint evenire in posterum graviora, ordinat cap. gen. quod monachi conversi et moniales ordinis, exceptis ministris altaris, ad calicem more solito non accedant. »

(45) Vide Reg. S. Ben., cap. 38.
(46) Ad gradum scilicet presbyterii.
(47) Cæterum nota has fere omnes cæremonias inolevisse et in earum locum Ecclesiæ Romanæ ritus a capitulis generalibus ordinis suffectos esse. Nimirum a capitulis generalibus annorum 1618 et 1628, et subsequentibus.

supplicans sacerdoti. Ad confessionem stet ad dexteram. Missale in dextro cornu altaris, Textum in sinistro ponat, quod post Evangelium auferat. Post Epistolam manus lavet, ubi et diaconus. Panem et vinum ministret, et patenam et calicem offerat. Casulam trahat, pacem et communionem semper accipiat, excepta missa defunctorum, in qua nec pacem sumere, nec communicare licet. Lecturus Epistolam ferat Epistolare in ecclesiam antequam induatur, et post missam inde referat. Sacerdos vero ad legendum Evangelium petat benedictionem ab abbate, non tamen descendens de gradu altaris. Perlecto Evangelio ibidem, dicat. *Credo in unum Deum*, si dicendum fuerit. Et mox secedat ad dextrum cornu altaris ibidem dicturus, *Dominus vobiscum*. Quando vero *Credo in unum Deum* non dicitur, ibi dicat *Dominus vobiscum*, ubi legit Evangelium.

Sciendum vero quod omnibus diebus quibus conventus communicat, possunt ubi necesse fuerit, ad missam matutinalem plures hostiæ consecrari, et super patenam communicaturis distribui, et tunc minister si fieri potest diaconus sit, ille scilicet qui præcedenti hebdomada Evangelio fuerat ascriptus. Nam cæteris tam privatis quam festivis diebus ad omnes missas una tantum hostia consecretur, cujus tertiam partem sacerdos super calicem tenens communicaturis distribuat, et postea sanguinem, eo modo quo diaconum facere superius diximus, nisi diaconus adfuerit. Et sciendum quod nunquam osculatur manus abbatis vel sacerdotis nisi ad missam, et hoc tantum in locis supra determinatis, et quando datur in conventu abbati virga pastoralis, et in Purificatione beatæ Mariæ ad oblationem candelarum.

CAPUT LV.
Quo ordine benedicatur aqua.

Dominico die pulsato signo ad Tertiam, servitor ecclesiæ præparata formula super gradum presbyterii, ponat sal et aquam desuper cum sparsorio, et indutis ministris et sacerdote, præparatoque altari sicut supra diximus, iterum pulsetur signum ad convocandum conventum. Qui venientes ordinentur sicut ad missam. Quod semper faciant ad Tertiam cum mox secutura est missa. Et dimisso signo ad sonitum prioris flat oratio. Qua completa, accedat sacerdos ante gradum presbyterii tenens collectaneum. Qui cum ibi advenerit inclinet ad altare. Deinde benedicat sal et aquam similiter: sicut in collectaneo habetur: tenens manum desuper dum exorcismum dixerit. Et misso in modum crucis sale in aqua exorcismoque perdicto, reddat librum subdiacono, qui et auferat salinum, ponens illud seorsum super gradum presbyterii. Cantore igitur imponente Antiphonam, sumat sacerdos sparsorium, qui intigens in aqua ascendat ad altare inclinans ad gradum ipsius altaris. Deinde aspergat aquam ante ipsum altare, et incipiens a dextra parte circumeat illud aspergendo quousque perveniat in anteriorem; ubi inclinans aspergat presbyterium hinc et inde. Interim vero minister recipiat aquam in quolibet vase de urceolo in quo est aqua benedicta, et habens sparsorium aliud claustrum aspergat, et officinas scilicet capitulum, auditorium, dormitorium et dormitorii necessaria, calefactorium, refectorium, coquinam, cellarium (48). Rediens autem de officinis si quid superest ei de ipsa aqua, infundat in receptaculum quod est ad introitum Ecclesiæ ad hoc deputatum. Vas autem quod tenet et aspersorium reponat in vestiario. Sacerdos vero stans supra gradum presbyterii aspergat prius abbatem, postea se ipsum, deinde ministros et cæteros accedentes a superiori parte chori inter formas et sedilia, sicut ea hora stant in choro. Qui revertentes deorsum per medium chorum ascendat unusquisque ad locum suum : et novitii qui ante formas consistunt aspersi aqua revertentur ibidem. Qui vero extra chorum vel in retro chorum fuerint, tam monachi quam novitii, veniant per superiorem introitum chori, et per medium chorum revertantur. De conversis vero unaquæque ecclesia faciat secundum positionem ipsius oratorii.

Finita Antiphona sacerdos intermittens aspersionis officium, versus ad altare dicat Collectam, *Exaudi nos*, in loco quo stat. Et incœpta Tertia, post *Gloria Patri*, cœptam subsequatur aspersionem. Quæ si forte ad *Gloria* primi psalmi nondum peracta fuerit, presbyter stans in eodem loco usque post *Gloria Patri* aspersionem intermittat : qua peracta, redeat in locum suum et sedeat cum ministris. Deinde secretarius portet aquam hospitibus et familiæ, et ponat inde in vas unde semper aquam accipere solent, deinde in vas conversorum. Dicta autem Tertia tam Dominicis diebus, quam solemnitatibus quibus non laboramus omni tempore et festis quibus laboramus in æstate, mox cantor incipiat Introitum, etiam pulsante tunc tabula pro mortuo. Similiter faciat privatis diebus in æstate, nisi forte talis fuerit missa, quæ pro præsenti defuncto debeat intermitti.

CAPUT LVI.
Quomodo conventus se agat ad missas.

Omnibus diebus quibus duæ missæ celebrandæ sunt, in secunda missa *Kyrie eleison* incipiatur in illo choro in quo est *Invitatorium* : in prima vero missa inchoetur in altero. In Nativitate Domini ad missam de nocte in choro Invitatorii incipiatur. Quo finito, convertant se ad altare. Si sacerdos dixerit *Gloria in excelsis Deo*, dum cantor incipit, *Et in terra pax hominibus bonæ voluntatis* reducant vultus sicut erant. Cum autem dixerint *Adoramus te*, incurvent se, erigentes se ad *Glorificamus te*, et similiter inclinent ad *Suscipe deprecationem nostram*. Ad *Cum sancto Spiritu* vero signent se et convertantur

---

(48) Nota antiquitatem usus aquæ bened. non solum in personas, sed in quælibet loca monasteriorum.

ad altare, et cum responderint *Et cum spiritu tuo,* post *Dominus vobiscum,* reclinent se super misericordias donec inchoetur Epistola. Et tunc surgentes stent usque ad Evangelium sicut stabant dum cantabant Introitum. Interim tamen ad majorem missam permissum est sedere simul si voluerint. Ad missam vero matutinalem post primum *Dominus vobiscum* usque ad Evangelium, sedeat qui voluerit, et post *Sanctus* usque ad finem missæ, præter *Agnus Dei.* In omnibus præcipuis festivitatibus, sicuti et cæteris diebus, *Responsoria* et *Alleluia* cantantur communiter ab utroque choro. In fine vero Responsoriorum et Versuum ad omnes missas totum *neuma* dicatur propter dissonantias evitandas. Sciendum etiam quia quoties unum solum *Alleluia,* sive dicatur Responsorium sive non, ad missam dicitur : primum *neuma* de *Alleluia* intermittatur, sed post versum in repetitione idem *Alleluia* cum suo neumate integro cantatur. Cum vero duo vel plura *Alleluia* in una missa dicuntur, cum suis neumatibus integre sine repetitione canantur, excepto eo quod proximum est Evangelio, quia repetitur. Et notandum quod in Vigilia Paschæ et Pentecostes, unum solum *Alleluia* dicitur sed non repetitur.

Ad finem vero cantus ante Evangelium, reducant fratres facies suas ad altare, et signent se cum dixerint *Gloria tibi, Domine :* quod si *Credo in unum Deum* dicendum est, cantore subjungente, *Patrem omnipotentem,* vertat se chorus contra chorum. Et cum venerint ad *Homo factus est,* petant veniam sicut in festis diebus. Et cum dixerint *Adoratur,* inclinent se, erigentes se ad *Et conglorificatur.* Et cum dixerint *Et vitam futuri sæculi,* reducant facies ad altare. Cantore autem incipiente Offerendam, convertant se stantes sicut ante erant. Qua cantata, vertant se iterum ad altare, donec dicat sacerdos *Orate, fratres,* et sic redeant super misericordias usque ad *Per omnia sæcula sæculorum.* Tunc autem surgant et versis vultibus ad altare, stent ita usque ad *Sanctus.* Postea convertantur et inclinent se chorus contra chorum dicentes, *Sanctus, sanctus, sanctus;* et incipientes *Pleni sunt cœli,* erigant se, et signent se cum dixerint *in nomine Domini :* et dicto extremo *Hosanna in excelsis,* versis vultibus ad altare stent ita (49) usque ad *Per omnia sæcula sæculorum,* et tunc reclinent se super misericordias donec respondeant, *Et cum spiritu tuo* post *Pax Domini sit semper.* Moxque surgentes, stent facie ad faciem usque post primum *Agnus Dei.* Et tunc petant veniam unusquisque in loco suo flectentes genua (50), præter ministros altaris : et facta tanta mora ut dici possit unum *Pater noster,* incipiat cantor secundum

(49) *Stent ita,* et hoc quia tunc temporis non elevabatur neque hostia neque calix post consecrationem.

(50) *Petant veniam flectentes genua.* Hic perpetuus ordinis Cisterciensis usus, ut ad recordationem et mentionem peccatorum prosternantur monachi in signum pœnitentiæ et in spem veniæ.

(51) *Pacem.* Hæc pax sive per instrumentum sive

Agnus Dei. Quod si dies fuerit prosternendi, dicto *Sanctus,* incumbant super formas quousque respondeant, *Et cum spiritu tuo* post *Pax Domini.* Deinde faciant sicut modo diximus.

CAPUT LVII.
De Pace.

Pacem (51), nisi communicaturus, nemo accipiat, nisi forte prior cum necesse fuerit ut hospitibus porrigat, aut subprior absente priore, aut qui superior tunc fuerit ex omnibus in choro, si uterque defuerit. Diebus vero Dominicis et festis quibus solent ire fratres ad communionem, prior illorum qui communicare voluerit, veniens ad gradum accipiat a subdiacono pacem : quo redeunte ad altare, qui communicaturi sunt ordine suo accedant ad priorem, ita ut prior stet ad gradum ubi pacem accepit, quousque qui post eum primus est pacem ab eo acceperit. Qua data, secedat in dextrum chorum novitiorum, relicto ad gradum cui dedit. Qui et ipse ubi sequenti pacem dederit, manente ibi similiter cui dedit, cedat post priorem. Et istis interim facientibus ad invicem confessionem, cæteri sequantur per ordinem eo modo quo descriptum est de primis, pacem ab invicem accipientes, ordinatim post priorem sese collocantes bini et bini alterutrum confitentes, vultus suos post confessionem ad altare vertentes, nec ad sua stalla usque post perceptam communionem revertentes. Porro novissimus novitio dabit pacem occurrenti sibi in medio chori, qui portabit et converso cum se ad ostium chori ostenderit. Deinde ordinans se ultimus cum penultimo confiteatur.

CAPUT LVIII.
De communione.

Interim qui primi sunt, ordine suo accedant ad communionem. Venientes vero ad gradum altaris proximum, incumbant super articulos manuum : ascensoque gradu, flexoque genu juxta cornu altaris et suscepta Eucharistia, cum se erexerint, inclinent, et sic per retro sacerdotem accedant ad calicem (52), ubi iterum inclinantes hauriant, et rursus inclinent. Regredientibus ab altari, sacrista stans in capite sinistri chori novitiorum vinum propinet inclinans singulis, sicut et ipsi inclinatur a singulis ante et post susceptionem. Quod non solum hic, sed etiam ubique quoties vel dant vel suscipiunt aliquid faciendum est. Quibus peractis, inclinantes ad altare ascendant ad stalla sua. Hic ordo de pace et communione ad utramque missam tenebitur.

Quod si quis aliquando solus communicare voluerit, sumpta pace a ministro confiteatur aut abbati si adfuerit, aut illi quem primum in dextro choro stantem invenerit. Dicta communione si conventus per amplexum, semper tamen per osculum communicaturis datur, ut patet ex rubricis Missalis et ex his capitibus.

(52) *Ad calicem.* Hic usus sacramenti Eucharistiæ sub utraque specie percipiendi, sublatus est ab Ecclesia, sicut jam diximus, ut videre est in concilio Constant., sess. 13 in conc. Basil., sess. 50, et in conc. Trid., sess. 5, sub Pio IV, can. 1.

communicat, sedeant interim qui voluerint usque ad Dominus vobiscum : qui vero steterint, reducant facies suas ad altare donec dicatur a sacerdote Dominus vobiscum : et tunc resideant super misericordias usque ad ultimum Dominus vobiscum. Tunc vero surgant contra altare, et responso Deo gratias, inclinent et recedant. Si autem Dominicus dies fuerit, non inclinent nec recedant usque post benedictionem lectoris.

CAPUT LIX.
De privatis missis.

Per totum annum possunt fratres cantare missas privatim (53) tempore lectionis : et post offerendam missæ in conventu, etiam in Quadragesima excepta feria quarta in Capite Jejunii. In festis autem Quadragesimæ quibus laboramus, et in festo sancti Mauricii quando dies jejunii evenerit, teneatur sicut in decimo quarto capite continetur. Diebus tamen quibus duæ missæ canuntur (54), statim post primam possunt sacerdotes cantare privatim ubi abbati visum fuerit, exceptis missis jejuniorum. Porro in Quadragesima si festivitas in qua non laboramus per septimanam evenerit, non cantant nisi post offerendam : quod si habuerint spatium cantandi ante majorem missam, non permittatur eis ipsam missam dimittere.

Omnibus vero diebus in quibus jejunamus nec laboramus, potest cantare missam usque ad Nonam, et in Quadragesima usque ad Vesperas, qui voluerit et cui vacuum fuerit. Qui quoties dubitaverit ne ab hora præoccupetur si cantaverit, interroget sacristam per signum; si annuerit, cantet; si contradixerit, dimittat. Qui autem cantare voluerit duos testes (55) habeat, unum clericum qui ei ministrare possit. Qui si acoluthus tantum fuerit, non præsumat calicem deferre super altare, neque panem et vinum ministrare, neque sacerdoti offerre : cætera vero potest adimplere. Quod si sacerdos vel diaconus vel subdiaconus fuerit, potest panem et vinum in calice ministrare, atque sacerdoti offerre ; aquam tamen non nisi sacerdos qui cantat admisceat. Alter vero frater, si laicus est, nihil horum præsumere debet, nisi aquam afferre et sacerdoti infundere antequam induatur sacerdotalibus vestibus, candelam vel lampadem accendere. Presbyterium potest ascendere tam ipse quam cæteri laici, non solum ad missam, sed quoties necesse fuerit : gradum tamen altaris non ascendunt (56), nisi propter aliquam necessitatem eis præcipiatur, vel quando communicant. Missæ quoque pro defunctis non solent cantari Dominicis diebus et solemnitatibus, quibus sermo fieri solet in capitulo, nisi præsens defunctus fuerit. Missa vero quotidiana quæ solet dici pro fratribus nostris defunctis, tantum intermittenda est die Parasceve et sequenti Sabbato, et die Paschæ et Pentecostes, et Natalis Domini : diebus tamen Paschæ, Pentecostes et Natalis Domini hebdomadarius missæ illius quotidianæ cantet de festo ad altare, ubi missa eadem cantari solet, et dicat Collectam Inclina in secundo loco : si Tricenarium fuerit, subjungat Deus cui proprium. Quod si his tribus diebus præsens defunctus supervenerit, supradictus hebdomadarius dimittat missam de festo et agat missam pro eo, et dicat primam Collectam pro eo, scilicet Inclina, secundam vero Omnipotens sempiterne Deus, cui nunquam, pro illis quibus Inclina dicebatur ; et si Tricenarium fuerit, dicat tertiam Deus cui proprium. Ad utramque vero missam in conventu quandiu præsens fuerit, dicatur Collecta pro eo. Qui cantant privatim, Collectam tantum dicant pro eo tam ante sepulturam quam postea : poterit tamen cantare pro eo qui voluerit.

Qui autem cantant privatas missas, moderentur ita voces suas tam ipsi quam adjutores eorum, ut alii impedimentum non patiantur. Si quis vero viderit tersorium altari superpositum, non præsumat super illud cantare, nisi ad nutum illius qui ipsum tersorium ibi posuit, neque faciat apparatum circa altare in quo debet cantare, postquam missa generalis (57) incœpta fuerit donec Offerenda sit cantata : nisi ad missam matutinalem quando sacerdotes possunt cantare post Primam. Sacerdos autem indutus et aspersis digitis aqua, dicat confessionem ante gradum altaris, medius inter adjutores suos, ita quod clericus sit ad dexteram, laicus ad sinistram. Qui cantaverit pro defunctis, potest intermiscere alias Collectas pro qualibet necessitate, ita tamen ut numerum trium Collectarum non excedat, nisi jussu abbatis quartam adjunxerit. Collectæ vero de sancta Trinitate vel de Spiritu sancto vel de Sanctis non dicantur. Sed et ad cæteras missas, exceptis diebus quibus non licet cantare pro defunctis, interponi possunt Collectæ pro defunctis. Pacem non dabit, nisi forte præsentes fuerint illi missæ hospites vel frater communicaturus. De cætero se agat ut sacerdos in conventu. In omnibus missis tribus tantum vicibus sacerdos osculetur altare, totiesque ei trahatur casula. Notandum vero quod abbates, monachi et conversi quando missas audiunt in ecclesiis quæ non sunt de ordine nostro, sicut cæteri pacem accipiunt, si eis offertur.

CAPUT LX.
Quibus diebus duæ missæ canuntur.

(58) In die Nativitatis Domini. In Circumcisione et Epiphania Domini. In die Paschæ et tribus se-

---

(53) Nota ab initio hujus ordinis missas privatas in usu fuisse monachis nostris, etiam in Quadragesima.
(54) Canuntur, scilicet in conventu.
(55) Duos testes, id est duos assistentes.
(56) Gradum tamen altaris, etc. Nempe propter reverentiam SS. sacramenti.

(57) Generalis, id est conventualis.
(58) In antiquis manuscriptis inter hos dies festos non recensentur dies sanctorum Roberti, Bernardi, Augustini, Ambrosii, Hieronymi, undecim millium virginum, Catharinæ nec spineæ Coronæ ; imo nec sanctorum Eligii, Edmundi et Malachiæ. Et ratio est quod nondum institutæ, aut saltem ab or-

quentibus diebus. In *Ascensione* Domini. In die *Pentecostes* et tribus sequentibus diebus. In natalibus sancti *Stephani* : et sancti *Joannis*, et sanctorum *Innocentium* : et sancti *Thomæ* martyris : et sancti *Guillelmi* episcopi : in omnibus solemnitatibus beatæ *Mariæ*, in die sancti *Vincentii*, ad cujus Vesperas Responsorium dicetur duodecimum, scilicet *Gloria et honore*. In conversione sancti *Pauli* : in die S. *Matthiæ* apostoli : in solemnitate sancti *Benedicti*. In natali sancti *Marci* evangelistæ : *Augustini*, *Gregorii*, *Hieronymi*, *Ambrosii*, *Roberti* abbatis, *Philippi* et *Jacobi*. In Inventione et Exaltatione sanctæ crucis. In Natali et Decollatione sancti *Joannis* Baptistæ, apostolorum *Petri* et *Pauli*, *Mariæ Magdalenæ*, *Jacobi* apostoli, sancti *Petri* ad Vincula, sancti *Laurentii* : sancti *Bernardi* abbatis : *Bartholomæi* apostoli : *Matthæi* apostoli : *Michaelis* archangeli : *Coronæ Domini* : *Dionysii* sociorumque ejus : *Undecim millium virginum* : *Lucæ* evangelistæ : *Simonis* et *Judæ* : *Omnium Sanctorum* : sancti *Malachiæ* episcopi : *Martini* episcopi : sancti *Edmundi* : *Andreæ* apostoli : sanctæ *Catharinæ* virginis : *Eligii* episcopi : *Nicolai* episcopi : *Thomæ* apostoli : *Dedicationis ecclesiæ* : in festis episcopatus, et omnibus Dominicis diebus canuntur duæ missæ, et vacant fratres lectioni. Sed nec vestimenta excutiuntur, nec ad solem extenduntur.

CAPUT LXI.
Quando sacerdos et ministri debeant ascendere ad altare.

Ad missam pro defunctis, et ad matutinalem missam quando duæ missæ canendæ sunt, ad initium introitus sacerdos et ministri ingrediantur ad altare. Ad reliquas autem usque ad *Gloria* sustineant.

CAPUT LXII.
De Kyrie eleison.

Ad missam *Kyrie eleison* semper incipitur in illo choro in quo est Invitatorium, excepto ad matutinalem quando duæ missæ canuntur, et hoc alternatim novies : ita ut chorus in quo incipitur, quater dicat *Kyrie eleison*, interposito semel *Christe eleison* : alter vero bis dicat *Kyrie eleison*, interposito bis *Christe eleison*. Ultimum *Kyrie eleison* uterque simul chorus finiat. Ad horas vero regulares et ubique, totus conventus semel dicat *Kyrie eleison* et pauset, semel *Christe eleison* et pauset, et iterum semel *Kyrie eleison*.

CAPUT LXIII.
Quando canitur « Gloria in excelsis Deo » et « Ite Missa est. »

In Vigiliis Paschæ et Pentecostes, et omnibus Dominicis diebus et festis duodecim Lectionum extra Adventum et Septuagesimam et per totam septimanam Natalis Domini et Paschæ et Pentecostes, ad omnes missas, *Gloria in excelsis Deo* et *Ite Missa est* dicitur, exceptis missis jejuniorum, quæ Dominica non eveniunt.

CAPUT LXIV.
Quibus diebus intermittendæ sunt usitatæ Collectæ.

In Vigilia Natalis Domini et deinceps usque ad Circumcisionem : in Cœna Domini deinceps usque ad octavam Paschæ : in Vigilia Pentecostes et deinceps usque ad Octavas : Dominicis diebus et festis omnibus duodecim Lectionum, etiamsi duæ missæ in conventu celebrentur, ad utramque missam intermittendæ sunt usitatæ Collectæ. Item in Sabbato quatuor Temporum, et omnibus præcipuis officiis defunctorum eædem Collectæ similiter intermittantur.

CAPUT LXV.
Quibus diebus « Credo in unum Deum » dicatur.

In die *Natalis*, *Circumcisionis* et *Epiphaniæ* Domini : in die *Paschæ*, *Ascensionis* et *Pentecostes*, et omnibus diebus Dominicis, et ad omnes missas, nisi sint pro defunctis, *Credo in unum Deum* dicatur. Porro in Inventione et Exaltatione sanctæ crucis, et in solemnitate sanctæ *coronæ Domini* (59) : in omnibus solemnitatibus sanctæ *Mariæ*, et in omnibus solemnitatibus *apostolorum* et *evangelistarum* : in festivitate *Omnium Sanctorum*, et *Dedicatione ecclesiæ* tantum ad propriam missam ipsius solemnitatis dicatur.

---

dine nondum receptæ essent hujusmodi sanctorum festivitates cum hi Usus in lucem prodierunt. Cæterum si quis scire cupiat quibus tandem annis, et a quibus capit. generalibus receptæ sint et ordini imperatæ pleræque Sanctorum illorum festivitates. Festa S. *Malachiæ* episcopi et S. *Thomæ* archiepiscopi Cantuariensis recepta et imperata sunt a capitulo gen. an. 1191. Festum S. *Juliani* Cenomanensis a cap. gen. an. 1193. Festum S. *Petri* Tharentasiensis archiepiscopi a cap. gen. an. 1197. Festum S. *Joannis* ante Portam Latinam a cap. gen. an. 1222. Festum S. P. nostri *Roberti* Molismensis fundatoris ord. Cister. a cap. gen. an. 1222 et 1259. Festum S. *Eligii* a cap. gen. 1230. Festum S. *Dionysii* a cap. gen. 1232. Festum susceptionis *Coronæ* Domini a cap. gen. an. 1240. Festum S. *Edmundi* Cantuariensis arch. episcopi a cap. gen. an 1247. Festum S. *Joannis Chrysostomi* concessum collegio Bernarditarum ubi præcipua pars capitis illius asservatur a cap. gen. a 1251. Festum B. *Dominici* fundatoris ordinis Prædicatorum a cap. gen. an. 1255. Festum S. *Petri* martyris ejusdem ordinis a capitulo gen. an. 1256. Festum S. *Francisci* Institutoris ordinis Fratrum Minorum nonnisi a cap. gen. an. 1259. Receptum legitur : ejus tamen commemoratio longe ante fuerat imperata scilicet a cap. gen. an. 1228. Festum S. *Ursulæ* et sociarum ejus concessum fuit scholasticis collegii S. Bernardi Parisius an. 1258, ac subinde toto ordini permissum a cap. gen. an. 1262. Festum autem S. Patris nostri *Bernardi* repositum est inter festa quibus secundum usum ordinis sermo fieri debet in capitulo, id est inter festa præcipua ordinis, a cap. gen. an. 1260, cum longe ante celebrari cœpisset ut supra notavimus sed minori cum solemnitate. In hujus autem capituli textu ubi legitur *millium virginum* melius forte legeretur *martyrum virginum*. Hoc enim festum ab Ecclesia Romana celebratur sub nomine sanctæ *Ursulæ* et sociarum ejus, non autem sub nomine *undecim millium virginum*.

(59) *Coronæ Domini*, id est susceptionis coronæ Domini, quod festum ad petitionem S. Ludovici regis instituit cap. gen. an. 1240.

CAPUT LXVI:
Quando debeant fratres ad pacem et communionem ire.

In die Nativitatis Domini, Cœnæ, Paschæ, Pentecostes, debent fratres pacem sumere et communicare, omni occasione remota, nisi forte abbas aliquem prohibuerit. Omnibus vero Dominicis diebus communicet qui potuerit. Sacerdotes tamen, qui per septimanam cantant, si die Dominico non cantant, in eorum sit potestate communicare vel non. Cæteris vero diebus qui forte Dominica non communicaverit, poterit communicare si voluerit.

CAPUT LXVII.
Quibus diebus ardeant tres lampades, et quibus habeantur sermones in capitulo.

Lampades non habeantur in oratoriis ultra quinque, ex quibus una ponatur ad gradum presbyterii, altera in medio chori, tertia in retro choro. Quæ tres accendi debent ad Vigilias, ad missam, et ad Vesperas *Natalis* Domini : *Apparitionis* : in *Ramis Palmarum* : *Paschæ* : *Ascensionis* : *Pentecostes* : *Trinitatis* : omnium solemnitatum sanctæ *Mariæ* : Nativitatis sancti *Joannis Baptistæ* : natalis apostolorum *Petri et Pauli* : in solemnitate sancti *Benedicti* : *Omnium Sanctorum* : sancti *Bernardi* : *Dedicationis ecclesiæ* : in commemoratione *omnium fidelium defunctorum* : ad Vigilias eorumdem et ad missam tantummodo accenduntur. In his etiam diebus exceptis festis transpositis, et excepta commemoratione defunctorum, habentur sermones in capitulo. Et præter hoc in Dominica prima Adventus Domini, et in Dominica Palmarum. Duas, quæ restant, lampades potest habere qui voluerit propter conversos et hospites, et accendere quando voluerit. Ubi tamen necesse fuerit, liceat plures habere propter privatas missas.

CAPUT LXVIII.
Qualiter se habeant fratres Dominicis et festis diebus.

Audito signo ad Vigilias surgant fratres, præparati intrent ecclesiam inclinantes ad primum altare : quod semper faciant, quoties coram quolibet altari transeunt : et rursus inclinantes ad majus altare, intrent chorum a superiori parte. Nam ab inferiori non solent intrare, nec etiam exire, quando priores stant in choro deorsum præter abbatem et priorem, et alios qui ex utraque parte propinquiores astant abbati vel priori. Porro abbate præsente vel etiam absente tam ab inferiori quam a superiori parte tot intrent vel exeant, et inter stallum abbatis et prioris tam ad suam lectiones legendas, quam ad benedictiones accipiendas eant vel redeant, quot unusquisque abbas pro sui oratorii positione judicaverit expedire. Et notandum quod abbati chorum intranti non inclinatur nisi a duobus, sive abbates sint sive monachi, quorum alter in suo choro, et alter qui in altero est ei propinquior. Similiter de choro novitiorum unus hinc et unus inde. Abbati etiam stanti in stallo suo a nullo superveniente inclinabitur, nisi ab his quatuor. Id tamen observandum, ut si, his qui propinquiores abbati stare solent, nondum ingressis, alii intraverint, inter quos et abbatem nullus adhuc medius stet, quot de talibus ex utralibet parte chori intraverint, tot inclinent ei. Cum autem pervenerint ad loca sua, stent versis vultibus ad altare donec signum remaneat. Similiter autem stent ante omnes horas diei et missas. Dimisso autem signo, faciant solitam orationem super *misericordias*, id est *Pater noster*, et *Credo in Deum*, et facto sonitu erigant se omnes, et versi ad altare signent se, et rursum inclinantes stent ibidem. Dicto itaque *Deus in adjutorium meum intende*, morose et trahendo a sacerdote, cancellatis manibus incurventur profunde, donec *Ad adjuvandum me festina*, eadem morositate et gravitate compleatur : quod similiter faciant ubicunque inclinaverint, sed et omni tempore quando conventus est in ecclesia, ad omnes horas reverenter et morose dicatur a sacerdote *Deus, in adjutorium meum intende*, et a conventu subjungatur *Domine, ad adjuvandum me festina*, etc. Facta pausatione ante *Gloria Patri*, et ante *Sicut erat*, etiamsi sequentia citius dicenda sint. Dehinc celebretur opus Dei. *Venite, exsultemus Domino* cum invitatorio dicatur ante gradum presbyterii a duobus fratribus, illo videlicet qui præsentem facit hebdomadam invitatorii, et illo qui præteritam fecit. Qui venientes ad gradum inclinent, incœptoque invitatorio rursus inclinent, et sic deinceps ad finem singulorum versuum tantum inclinent. Post repetitionem vero invitatorii iterum inclinent et sic redeant in ordinem suum. Privatis tamen diebus qui canit invitatorium, non inclinet antequam illud incipiat : Fratres vero habeant vultus ad altare ex quo invitatorium incipitur, donec *Gloria Patri* dicatur, et tunc humiliet se chorus contra chorum usque ad *Sicut erat in principio*. Eodemque modo inclinent se quotiescunque dicitur in conventu *Gloria Patri*, excepto ad aquam benedictam, et ad benedictionem novitii, et in Purificatione sanctæ *Mariæ* dum candelæ distribuuntur, et in Capite Jejunii dum cineres dantur, et ad *Gloria et honor Deo* dum crux in Parasceve adoratur.

Abbas vero si acciderit ut ad *Gloria* post *Venite* non occurrat, satisfaciat ante presbyterium sicut solet ad alias horas cum ad *Gloria* primi psalmi non occurrit et ad stallum suum veniat. Post inchoationem vero hymni, nullus exeat de choro donec finiatur, excepto pro inevitabili causa. Sed neque ad cæteros hymnos, excepto *Jam lucis orto sidere*, quando post matutinas sine intervallo Prima cantatur. Nec etiam sacerdos matutinas infirmis cantaturus exeat antequam hymnus incipiatur. Sed nec sedeat aliquis ex quo incipitur *Deus in adjutorium*, usque post hymnum : et tunc plicatis manibus super genua sedeant simul primum psalmum, et secundum stent, et sic percurrant cæteros, et similiter in secundo Nocturno : quam legem abbas tenere non cogitur. Quod si quis exierit non reversurus ad opus illud, inclinet antequam exeat. Si vero abbas exierit, sequatur eum quilibet de monachis conversis cum lumine in absconsa. Abbas incipiat primam *Antiphonam*, vel *Alleluia* in primo Nocturno. Qui si defuerit : ille qui prior est in illo choro in quo est *Invitatorium*. Cætera vero *Alleluia*, hebdomadarius. Qui autem incipit Antiphonam aut *Alleluia*, reverenter et paululum a podio (60) semotus, stet usque ad metrum, nec inclinet donec primus versus impleatur. Psalmum autem incipiat et intonet qui juxta eum stat inferior, tam per diem quam per noctem similiter semotus a podio usque ad metrum : illo tamen qui novissimus est clericorum incipiente suam Antiphonam, tunc tantum qui superior illo est psalmum imponat. Similiter observandum est ad omnia defunctorum officia, excepto quod qui psalmum incipit, aliis sedentibus minime se erigit. Et qui Antiphonam imponit non exspectato fine versus, inclinet et resideat. Ad officia tamen defunctorum præcipua, exspectato fine versus, inclinet. Et notandum quia quotiescunque ille qui novissimus in choro est Antiphonam suam imposuerit, tunc penultimus et alii superiores ordine retrogrado Antiphonas, quotquot supersunt in eodem choro dicendæ, etiam si quis eorum aliam Antiphonam ad idem officium imposuit, incipiat. Id ad officia defunctorum contingere potest vel forsitan ad regulares Vigilias, aliquando pro paucitate monachorum. Quod si Antiphona ascripta fuerit abbati et ipse defuerit, si *Invitatorium* in dextro choro fuerit, ille qui juxta eum stat, incipiat eam : deinde suam. Si autem in sinistro, similiter faciat. Eodem modo unusquisque incipiat Antiphonam illius, qui superior illo stat, si defuerit. Nullus superveniens præter abbatem, qui primam incipit, incipiat Antiphonam alii in capitulo datam, sed ille cui data fuerit. Ad finem vero ultimæ Antiphonæ primi et secundi et tertii Nocturni, tam festis diebus quam privatis, vertant se fratres ad altare, et dicatur versiculus ab hebdomadario inclinante tantum post versiculum. Et ita fiat ad omnes versus qui dicuntur ad cæteras horas. Porro lector si debet dicere versiculum nominans alium ut dicat, dum dicitur penultimus versus sexti psalmi ante *Gloria Patri*, contra medium altaris inclinans incedat per medium chorum cum gravitate, humilians se ante abbatem. Quod si alter abbas fuerit in sede prioris, inclinet semel inter eos, et accedens ad librum humiliato corpore versus abbatem, non tenens lucernam, plicatis etiam manibus, eadem voce qua lecturus est petat benedictionem tam ibi quam alibi. Qua percepta non legat, donec tumultus residentium conquiescat. Rediens itaque de lectione, humiliet se inter stallum abbatis et prioris vertens paulisper caput versus abbatem : quod si duo abbates fuerint, humiliet se semel inter eos versus altare, et sic veniens ante gradum incurvetur. Festivis quidem diebus super articulos manus, privatis vero super genua prosternatur, ponens cucullam sub manibus, et sic inclinans revertatur ad sedem.

Similiter super articulos manuum satisfaciant omnes in loco in quo sunt, quoties fallaciam in oratorio incurrerint, non divertentes dextrorsum vel sinistrorsum. Pro nota cantus tantum non solemus satisfacere. Ita igitur se agat, qui primam, quintam et nonam leget lectionem. Nam qui cæteras legunt, eant legere dum Responsorium canitur ante versum. Provideant autem omnes qui legunt, ut ardens candela sequenti lectori possit sufficere. Qui autem canunt Responsoria tali hora surgant, ut sedile levare antequam incipiant Responsorium possint. Quo incœpto inclinent, et similiter post versum : quod si *Gloria* dicendum est, non post versum, sed post *Gloria* inclinent.

Quando autem Responsorium *Aspiciens* canitur cum tribus versibus, qui cantat post tertium versum tantum inclinet. Nemo legat duas Lectiones, aut cantet duo Responsoria, seu Lectionem et Responsorium infra unum nocturnum, nisi necessitas coegerit : similiter nec prior ante minorem, nisi Evangelium. Quod dum incipit lector, vertant se fratres ad illum stantes sic, donec dicat *Et reliqua*. Qui autem legerit duodecimam lectionem, lecta ea, quæ in Lectionario terminata est, dicat *Tu autem*, nisi forte cantor ei aliquid quod conveniat diei, sive aliud aliquid indixerit ad legendum. Solet enim sacrista cum se viderit temperius quam debuerat surrexisse, cantorem signo præmonere, ut duodecimam lectionem faciat prolongare. Et tunc qui eam legerit, non eam finiat usque ad nutum sacristæ vel sonitum horologii. Qua lecta, nec candelam exstinguat, nec librum claudat, si Evangelium in eo legendum fuerit. Porro fratres dum cantant *Te Deum laudamus*, humilient se ad *Sanctus, sanctus*, surgentes ad *Pleni sunt* : et dum finiunt canticum, vertant se ad altare. Cum vero dixerint *Gloria tibi, Domine*, signantes se vertantur ad legentem Evangelium, quod debet legi super analogium, in quo et Lectiones ad Nocturnos leguntur. Dicto *Te decet laus* vertentes se ad alterutrum inclinent usque post *Cum sancto Spiritu*. et tunc resideant super *misericordias* usque post finem Collectæ. Porro qui Evangelium legit, si fallaciam incurrit, inter sedem abbatis et prioris satisfaciat.

CAPUT LXIX
De Laudibus.

In Laudibus finito *Deus misereatur nostri* et ad Vigilias finito hymno, nullus sedeat in choro donec primus versus finiatur sequentis psalmi (61) nec exeat : qui vero exierit, reversus duos versus sustineat antequam sedeat. Similiter sustineat ad Vigilias et ad Primam duos versus qui de choro exierit. Nam et ad *Primam* omni tempore, excepta Dominica, eo ordine quo ad Vigilias sedere cunctis permissum est. Ad Primam quippe Domini-

---

(60) *A podio*, id est ab assere cui pedes psallentium insident.

(61) *Donec primus versus*, etc. Et hoc notandum, eo quod a multis vel ignoratur vel negligitur.

cis diebus, ad Vesperas omni tempore ad primum et tertium psalmum stamus, et ad cæteros sedemus. Caveant autem qui de choro egrediuntur, ne plus foris quam duos psalmos morentur, et ne amplius quam duo juxta se stantes simul exeant.

Qui cantat Responsorium, antequam illud incipiat inclinet, et post versum iterum inclinet. Ad cujus repetitionem vertat se chorus ad invicem. Si *Invitatorium* fuerit in dextro choro, cantor incipiat hymnos omnibus festis diebus, tam ad Vigilias quam ad cæteras horas, excepta Sexta et Nona, quos inchoet qui solet privatis diebus incipere. Si cantor defuerit, ille cui injunctum est *Benedictus* et *Magnificat* imponere. In sinistro si fuerit succentor incipiat; qui si defuerit, ille cui injunctum est supradicta cantica incipere. Privatis vero diebus tam ad Vigilias quam ad cæteras horas diei, ille hymnos inchoare debet, qui psalmum incipit, quando hebdomadarius incipit Antiphonam. Omni tempore autem quicunque hymnos incipit, stet semotus a podio. Ad *Kyrie eleison* resideant super *misericordias* sicut ad cæteras horas. Hebdomadario incipiente *Benedicamus Domino*, erigant se

A omnes, quo dicto inclinent. Nam ad cæteras horas non surgunt, nisi post *Deo gratias*, excepto ad Vesperas. Si Dominica fuerit, stent versis vultibus ad altare, donec benedictiones (62) super cocos compleantur: quod si fiat commemoratio, stent ita usque ad *Oremus*, et tunc resideant super *misericordias*, nec surgant nisi post *Deo gratias*.

In hieme si dies laboris simul et jejunii fuerit, responso *Amen* statim subsequatur *Prima*: sin autem, post *Deo gratias* inclinent et exeant. Tunc sacrista pulset modice signum, si dies fuerit; si nondum apparuerit, non pulsetur: sed interim fratres sedeant in claustro ad lumen accensum a servitore ecclesiæ, sed non legant. Cumque dies claruerit, pulsetur signum modice et fiat intervallum, ut qui B voluerint possint se calciare, vel ad secessum ire: aut infirmitates remutare, aut manus abluere, et qui voluerit poterit in claustro sedere. Revertentes ad *Primam* aspergant se aqua benedicta, excepta Dominica, et stent in stallis suis donec signum remaneat, et tunc faciant eamdem orationem quam ad Vigilias fecerunt, et eodem modo cantata Prima sequatur missa.

PARS TERTIA.

De ritibus in exercitiis regularibus observandis.

CAPUT LXX.
De capitulo et confessione.

Post missam matutinalem sacrista pulset signum ad convocandum fratres in capitulum (63): nec dimittat illud donec data sit benedictio. Fratres autem audito signo conveniant in capitulum, inclinantes ante sedes suas. Et cum sederint, humilient se mutuo. Veniente vero abbate vel quolibet alio qui capitulum tenere debet, ei omnes assurgant inclinantes tantum abbati transeunti, eoque sedente resideant. Sed ille qui juxta abbatem sessurus est, humiliet se profunde de loco suo versus abbatem, nec tamen super genua vel articulos, et sic resideat. Et ita faciat in omnibus locis qui juxta eum sedere voluerit, excepto in ecclesia. Nam nec fratres in ecclesia sibi supplicant, neque ad mensas, sed nec nocturno tempore. Lector vero veniens ante analogium, aperiat librum et inclinet se ad benedictionem. Post primam lectionem non dicat *Tu autem, Domine*, sed postquam perdixerit *Et aliorum plurimorum sanctorum* surgant fratres, et vertant se ad orientem dicentes versum qui in collectaneo habetur, id est

C *Pretiosa in conspectu Domini*, sacerdote hebdomadario incipiente. Qui dum dixerit *Gloria Patri et Filio*, prosternantur super sedes superiores, aut incurventur super genua secundum tempus dicentes simul *Kyrie eleison*. Illi autem qui sedent juxta ingressum capituli, hinc et inde, prosternant se ad terram versus orientem; incurvi vero sint sicut illi qui sunt in sede abbatis: cæteri autem incurventur ex adverso. Et quando sacerdos dixerit *Et ne nos inducas in tentationem* erigantur, donec sacerdos dicat *Dirigere et sanctificare*, et tunc incurventur. Quæ incurvatio fiat æqualiter omni tempore. Lector quoque ita se incurvet vel prosternat ante analogium, sicut illi qui sunt juxta ingressum capituli. Dicto autem *Qui fecit cœlum et terram* resideant, D ita tamen ut prius assideat qui tenet capitulum. Qui dum resederint, non humilient se invicem sicut prius. Postquam omnes resederint, incipiat lector lectionem de Regula. Qua finita dicat *Tu autem, Domine*: et accipiens tabulam legat breve (64), si ipso die legendum fuerit. Quod si subprior capitulum tenet, et qui legit prior ipsius fuerit, si eum pronun-

---

(62) *Benedictiones*. De his benedictionibus vide cap. 55 Reg. S. Benedicti, et hujus libri cap. 108.

(63) *In capitulum*; de hoc capitulo intelligendus est S. Bened. cap. 46 suæ Regulæ, cum eum qui in aliquo deliquerit jubet ante congregationem venire,

ibique publice delictum suum prodere ac pœnam sibi injunctam subire.

(64) *Legat breve*, id est schedulam nomina officiariorum subsequentis hebdomadæ continentem.

tiaverit, fratrem eum nominet : et sic etiam seipsum nominet. Et dum breve recitatur, qui nomen suum intellexerit, inclinet. Cui autem hebdomada aliqua ascripta fuerit, si intelligit se illam propter quamli bet incommoditatem non posse complere, potest inde misericordiam in præsenti Capitulo quærere, nam extra non licet : quod tamen si pro gravi necessitate fieri contigerit, sequenti capitulo veniam petat, et necessitatem intimet. Lecta itaque tabula pronuntietur commemoratio fratrum hoc modo : *Commemoratio omnium fratrum et familiarium defunctorum ordinis nostri*. Deinde dicat qui tenet capitulum, *Requiescant in pace* : et dicto *Amen*, inclinet lector et offerat librum abbati. Abbas vero vel accipiat et exponat, vel alii innuat deferendum. Cui lector ostendat sententiam quam exponere debet, et sic eat in locum suum. Ubi cum advenerit, non inclinet ante sedem, sed postquam resederit, humiliet se sicut alii fecerunt quando primo consederunt. Quod si a sinistra parte ad dexteram, vel a dextra ad sinistram transiturus est, cum venerit ante analogium humiliet se ad orientem, et tunc transeat ad locum suum. Et dicto *Benedicite* ab illo qui capitulum tenet, exponatur sententia etiam in *Parasceve*. Quod si aliquis advenerit antequam *Benedicite* dicatur, humiliet se ante sedem suam. Et cum resederit, inclinet sicut faceret si primæ confessioni interesset : si autem post occurrerit dum assidens inclinaverit, dicat *Benedicite* submissa voce, ita ut illi possint respondere *Dominus* qui circa eum sedent.

Exposita vero sententia nemo loqui præsumat, neque veniam petat, donec ille qui capitulum tenet dicat *Loquamur de ordine nostro*. Et tunc si absolvendus est defunctus, ad admonitionem cantoris absolvatur. Postea si dies ultimus Tricenarii commemorandus fuerit, cantor eum commemoret. Deinde si aliquod breve (65) pro defuncto legendum fuerit, legatur a cantore, ipso tamen jubente qui capitulum tenet. Quo pronuntiato dicat abbas *Requiescat in pace*. Et dicto *Amen* ab omnibus, instituat quod ei visum fuerit pro anima ejus. Postea vero petat veniam qui se in aliquo reum noverit. Deinde fiant clamationes (66) si faciendæ sunt. Qui autem clamaverit, non quærat circuitiones in clamatione sua, sed aperte dicat : ille fecit hoc. Sed qui clamatus fuerit, mox ut audierit nomen suum, non respondens, in sede sua petat veniam (67). Tenenti capitulum eumque interroganti, *Quid dicitis ?* Respondeat prostratus *Mea culpa* : et ad jussum illius erectus, si reus fuerit humiliter culpam suam confiteatur, et de reliquo emendationem promittat. Si autem culpabilem se non intelligit, qui eum clamaverit ipsam clamationem non repetat, nisi interrogatus : alius tamen si novit quod culpabilis sit, potest illud dicere. Et sciendum quod qui clamatus fuerit, non faciat clamationem ipsa die super illum qui eum clamavit : quando autem aliquis surgit in judicium clamatus ab alio, quoties clamabitur in ipso judicio toties satisfaciat. Qui dum in terra jacuerit, nemo loquatur. Sed postquam erectus fuerit dicatur de eo in ipso judicio quod dicendum est, ne compellatur surgere postquam resederit, nisi aliqua rationabilis causa in capitulo contra eum postea succreverit. Si quis sponte sua in judicium venerit, sub una venia confiteatur omnes negligentias quas confessurus est : quod si alius eum clamando surgere compulerit, illo clamore pertractato et de seipso aliquid dicere voluerit, iterum petat veniam. Porro si plures insimul fuerint in judicio, qui prior fuerit stet in medio et prius loquatur. Et cum locutus fuerit statim judicetur, et de judicio dimittatur : nisi forte abbas eum ibi remanere fecerit vel quemlibet ex ipsis, cæteris dimissis, ut majus judicium sustineat, si majorem quam cæteri culpam habeat. Similiter judicentur cæteri singulariter, et singulariter dimittantur, nisi eamdem causam omnes habuerint ut simul dimittantur.

Dimissi vero de judicio, per post stantes redeant ad sedes suas. Nemo etiam amplius quam a tribus clametur, nisi forte ab eo qui capitulum tenet : et nisi etiam postea in ipso capitulo aliquid deliquerit. Nec pro uno clamante quis plus quam unam veniam petat, licet plures super eo culpas loquatur, nisi rursum sicut exceptum est in eodem aliquid excesserit capitulo. Nemo præsumat loqui in ipso capitulo, nisi clamando alium, aut clamatus ab alio : vel quando quis aliquid perdiderit, præter abbatem et priorem, et quosdam de senioribus quibus abbas consenserit : nisi forte jussus vel interrogatus ab abbate, aut ipse aliquid de ordine quæsiturus.

Quod si forte aliquis jussu abbatis salutationem *Domini papæ* capitulo præsentaverit, assurgendo conventus inclinet profunde. Ad salutationem *regis, episcopi, abbatis* et aliarum quarumlibet similium personarum, sedendo profunde inclinetur : similiter inclinetur quando abbas indicit eis facere aliquam communem orationem. Similiter quos voluerit promovere vel degradare, vel in gradum suum restituere, seu quos decernit ligare per pœnitentiam vel solvere (68). Et similiter omnes quibus aliquid jusserit facere.

Nullus faciat clamationem super aliquem ex sola suspicione : nisi de hoc quod audierit, vel viderit, vel referri audierit. Quando clamatio facta fuerit de aliquo, si in ipso judicio verberandus fuerit, caveat ille qui capitulum tenet ne ab eo verberetur, qui super eum clamavit (69). Qui verberandus postquam ab abbate exui jussus fuerit, mox assideat in eodem loco in quo stat, et exuens cucullam ponat eam ante se super genua sua : per caputium vero tunicæ

---

(65) *Breve* hoc loco sumitur pro schedula nomen alicujus recenter defuncti continente.
(66) *Clamationes*, id est accusationes seu denuntiationes, de quibus vide cap. 46 Reg. S. Bened.

(67) *Petat veniam*, id est prosternat se in terram.
(68) Vide cap. 2 Reg. S. Ben.
(69) Ibid. et cap. 28.

exerat brachia et totum corpus usque ad cingulum, et consistens inclinato capite nihil dicat nisi tantum, *mea culpa*, *ego me emendabo*, quod crebrius repetat. Sed neque alius interim loquatur, nisi forte aliquis de prioribus pro eo humiliter intercedat. Qui autem eum verberat, non cesset a verbere usque ad jussionem abbatis; qui dum quieverit, adjuvet illum fratrem ad induendum : qui indutus et erectus, non se moveat donec abbas dicat, *ite sessum*, et tunc inclinans eat in locum suum. Hoc quoque sciendum est, quod ille qui inferioris gradus est, non debet verberare superiorem, id est diaconus sacerdotem, sed æqualis æqualem, vel superior inferiorem. Hoc etiam caveatur ne aliquis extra capitulum loquatur alicui, vel significet de culpis, seu de secretis quæ in capitulo pertractantur.

Quod si episcopus vel abbas monachorum seu clericorum regularium, vel etiam rex aliquando capitulum intraverit, assurgentes ei omnes inclinent cum ante eos transierit; quod si societatem quæsierit, assurgentibus omnibus concedatur ei per librum (70) : et responso *Amen*, similiter abbas quærat ab eo partem beneficii sui. Qui postquam demoratus fuerit quantum tenenti capitulum placuerit, deducat eum ad hospitium prior vel cui jusserit abbas, antequam conventus egrediatur, nisi abbas usque ad finem capituli eum retinere voluerit. Quod si monachus vel clericus, vel etiam laicus fuerit, sedendo concessa ei societate a quolibet fratre deducatur.

Si quis ex quo fratres ingressi sunt capitulum inde exierit nisi jussus, aut sanguinem de naribus fluens, vel etiam vomens, sive pro tabula ad legendum afferenda, satisfacere debet. Sed nec licentiam exeundi quis quærat, nisi cocus aut obedientialis fuerit, aut necessitas naturæ compulerit, vel cui abbas ante indixerit, aut qui in via dirigendus fuerit. Isti itaque cum necesse habuerint, solent pro officio suo signo exeundi licentiam quærere. Tractatis igitur quæ tractanda sunt, surgentes omnes vertant se ad orientem, et sic qui tenet capitulum dicat, *Adjutorium nostrum in nomine Domini :* et responso ab omnibus *Qui fecit cœlum et terram*, inclinent ad orientem et exeant omnes, nisi aliquis remoretur causa confessionis vel infirmitatis. Quandiu tamen aliquis confitetur, nullus ibi remaneat, nisi qui simili occupatur opere. Nam omni tempore lectionis, non tamen nisi ante prandium et etiam in intervallo ante Primam, possunt ibi confiteri.

Postquam ergo resederint, dicat prior *Benedicite :* et responso *Dominus*, subsequatur prior, *Deus sit nobiscum :* et responso *Amen*, confiteatur breviter culpas pro quibus veniam petiit. Quibus dictis, statim subsequatur, *De his et omnibus aliis meis peccatis me reum confiteor et veniam deprecor*. Tunc prior facta super eum absolutione injungat pœnitentiam. Deinde potest eum confortare, vel monere, vel increpare prout viderit ei expedire si voluerit, breviter tamen. Si quis causa confessionis aliquem eorum qui confessiones audivit, post signum missæ detinuerit, vel de missa evocaverit in capitulo, utroque stante breviter confiteatur.

CAPUT LXXI.
Qualiter se habeant fratres tempore lectionis.

(71) Fratres egressi de capitulo sedeant ad lectionem, exceptis illis quibus procurantibus officia legere non vacat. Quæ tamen postquam expleverint, redeant ad lectionem. Ad orationem vero ire possunt in Ecclesiam, non solum tunc, sed et omni tempore lectionis, et ad omnia intervalla ubi non sedeant, nec caputia in capitibus habeant, nec legant, nec librum teneant. Similiter cum opus Dei in ecclesia celebratur, nec caputia habeant in capitibus, nec legant præter illos qui Psalterium nesciunt, et qui ad præsens opus prævidere, legere aut cantare aliquid necesse habuerint. Qui vero in claustro sederint, religiose se habeant, singuli in singulis libris legentes, exceptis illis qui in Antiphonariis, Hymnariis, Gradualibus cantaverint, et illis qui lectiones suas præviderint, quas auscultet cantor vel quilibet frater ad hoc idoneus ab ipso monitus. Neque inquietent se invicem in quæstionibus faciendis, nisi de productis et correptis accentibus, et de dictione quam legere ignoraverint, et de principiis lectionum ad mensam, et collationem, et ad Vigilias cum necesse fuerit, quæ brevissime fiant. Si quis habuerit caputium in capite dum legerit, taliter habeat se ut possit perpendi si dormiat. Quod si aliquis necesse habuerit divertere alicubi, librum suum in armario (72) reponat; aut si sede sua eum dimittere voluerit, faciat signum fratri juxta sedenti ut illum custodiat. Quod signum etiam post Vesperas facere licet. Porro si quis ab aliquo librum in quo legit vel cantat accipere voluerit, necesse habens in eo videre, tradat ei alium, et ille cui tradiderit, in pace ei dimittat. Quem si ei accommodare noluerit, ille qui petit in pace ferat, donec super eo in capitulo inde proclamationem faciat. Ita se habeant dum sedent.

Dum vero ambulant humiliter incedant, et discooperto capite supplicantes (73) invicem obviando : quod si abbati obviaverint, divertant se in partem supplicantes ei. Quæ supplicatio ubique fiat extra dormitorium, quoties abbati vel sibi invicem obvia-

(70) *Per librum*, id est per Regulam S. Bened., cum ea fere cæremonia quæ in libello antiq. deff. describitur dist. 15, cap. ultimo.

(71) Juxta hoc caput licitum erat monachis nostris, tempus omne quod illis ab officio divino et opere manuum supererat, vel lectioni vel orationi insumere, idque secundum Reg. S. Bened. cap. 48, et cap. 53.

(72) *Armarium* erat cella seu locus inter ecclesiam et capitulum libris conservandis præparatus.

(73) *Supplicantes*. Hæc supplicatio eadem est ac benedictio de qua S. Benedictus loquitur cap. 63 suæ Regulæ. Utraque autem fit capitis apertione et corporis inclinatione. In qua Petrus Venerabilis constituit 15 discrimen Cisterciensium a Cluniacensibus.

verint. In labore tamen cum sibi obviant, nec mutuo sibi supplicant, nec *Benedicite* dicunt. Et notandum quod nulli supervenientium abbatum in claustro inclinatur, nisi sicuti monacho : nisi illi tantum qui sedem abbatis tenet, et proprio abbati. Nemo per caputium signum faciat, nec quis vocet aliquem de longe per vocem vel per sonitum. Et notandum quod omni tempore lectionis possunt esse fratres in nocturnalibus (74). Si quis aliquo modo fratrem suum scandalizaverit cum quo loqui non solet, dicat priori : et tunc si prior jusserit, vocato illo tandiu ante pedes ejus prostratus jaceat (75), quousque ille placatus erigat eum.

CAPUT LXXII.
Quas officinas ingredi fratres debeant, et quando.

§ I. *De coquina.* — Nullus ingrediatur coquinam, excepto cantore et scriptoribus ad planandam tabulam : ad liquefaciendum incaustum (76) : ad exsiccandum pergamentum : et sacrista vel quolibet alio pro accendendo lumine in ecclesia, vel prunis in thuribulo vel patella imponendis, vel sale benedicendo : sed nec isti intrare debent, si in calefactorio ignem sufficienter invenerint. Exceptis etiam cocis abbatis et infirmario pro officio suo, et ille quem cocus vocaverit, ad ponendam super ignem caldariam vel deponendam.

§ II. *De refectorio.* — In refectorium similiter nullus ingrediatur, excepto infirmario et cocis utriusque coquinae, abbatis scilicet et fratrum, pro officio ministerii sui : et cum a refectorio ad se adjuvandum vocati fuerint, et caeteris omnibus qui bibere indiguerint, et servitore ecclesiae pro salino.

§ III. *De calefactorio.* — Calefactorium possunt ingredi et ad illa quae superius diximus facienda, et ad subtalares ungendos, ad se minuendum, ad calefaciendum. Quod honeste et non nudis pedibus praesente aliquo faciendum est. Notandum tamen quia has tres supradictas officinas ingredi poterunt fratres illi, qui secundum Regulam (77) per annum circumeunt claustra monasterii.

§ IV. *De auditoriis.* — Auditoria nunquam ingrediantur; quod si aliquod opus habuerint, quaerant signo vel sonitu ad ostium, et tunc si concessum fuerit, ingrediantur. Ubi non loquantur plures quam duo simul cum priore tempore lectionis, nisi forte prior pro aliqua necessitate plures sibi convocandos judicaverit. Completo pro quo ingressi sunt, cito exeant nisi detineantur.

§ V. *De dormitorio.* — Dormitorium ingrediantur quoties opus habuerint, in quod ingredientes ponant caputia in capitibus suis. Intrantes autem domum necessariam quantum possunt abscondant vultus in caputiis suis, et ita assideant manicis ante se plicatis, et cuculla ad pedes demissa. Si quando vero sederint in scapularibus, nihilominus quantum potuerint se ab anteriori parte cooperiant. In dormitorio non sedeant, nisi quando se calciant vel discalciant, vel quando mutant tunicas si sedendo hoc facere voluerint, et tunc in lectis suis vel in supedaneis. Exeuntes et induentes se, honeste et caute faciant, ne nudi appareant : quod non extra dormitorium, sed ad lectum suum facere solent. Et qui extra jacent, similiter ad lectos suos hoc faciant. Cucullas autem et scapularia deponere scriptoribus, cellerariis, infirmariis, cocis utriusque coquinae, abbas licentiam dare potest, quibus et ubi visum fuerit. Hoc etiam provideant, ut ad minus quam poterunt sine cuculla vel scapulari sint. Nam sine altero horum vel cingere se cuiquam non licet. Nullus in lectum ascendat rectus, sed de sponda (78) divertat pedes in ipsum lectum. Nec jaceant super cotos, praeter minutos et infirmos qui extra chorum sunt, quos possunt omnes in aestate in perticis ponere si voluerint. Nullus ibi excutiat indumenta vel faciat signa, nisi forte cum abbate vel priore, seu quando quis vocat alium ex parte abbatis vel prioris.

CAPUT LXXIII.
De misto.

Si dies fuerit prandii ad mistum (79) percutiatur signum in ecclesia tribus ictibus ante Sextam. Si autem jejunii, totidem post Sextam. Quo audito mensae lector et cocus veniant in refectorium : quod si alter defuerit, qui praesens est non eum exspectet. Si ambo aderint, qui inferioris gradus est dicat *Benedicite :* qui majoris, benedicens dicat *Largitor omnium bonorum benedicat cibum et potum servorum suorum.* Post mistum dicat sub silentio, *Retribuere dignare, Domine, omnibus nobis bona facientibus propter nomen tuum vitam aeternam.* Similiter faciant adolescentes qui ante Tertiam mistum sumunt. *Mensura misti sit quarta pars librae panis et tertia pars heminae vini.* Sumpto itaque misto si quid residuum fuerit, referant panem in arcam et vinum in vas. Et sciendum quod a Capite Jejunii usque ad Pascha (exceptis Dominicis diebus) et tribus diebus Rogationum, et quatuor Temporum, et Vigiliis et Domini et sanctorum, mistum non sumitur.

CAPUT LXXIV.
Qualiter se habeant fratres in hieme privatis diebus a Vigiliis usque ad Tertiam.

A Kalendis Novembris usque ad Pascha, excepto a Nativitate usque ad Octavam Epiphaniae privatis

---

(74) *In nocturnalibus,* id est in calceamentis et indumentis quibus nocte utuntur.
(75) *Prostratus jaceat* secundum cap. Reg. S. Ben. 91.
(76) *Incaustum,* id est atramentum.
(77) Cap. 48.
(78) *Sponda,* id est suppedaneum de quo supra, aut si malueris latus lecti anterius cui assiderent et ex quo subinde in lectum monachi pedes suos colligerent.
(79) Quid sit *mistum* de quo hic et in cap. 38, Reg. S. Bened. fit mentio, infra describitur; est enim *quarta pars librae panis et tertia pars heminae vini* et nihil aliud. Huic enim misto seu jentaculo nihil aliud S. Benedictus permittit quam *biberes et panem* ut patet ex cap. Reg. 35.

diebus ad Vigilias prosternantur (80) fratres *ad orationem* et ad *Domine, ad adjuvandum me festina*, super formas, et ad *Kyrie eleison* sicut ad cæteras horas. Cætera compleantur secundum Regulam (81), sicut superius diximus. Post Vigilias vero, vel post *Officium Defunctorum* si dicendum fuerit, accenso lumine a servitore ecclesiæ ante armarium et in capitulo, sedeant fratres in ipso capitulo, et legant qui voluerint : nec sedeant in angulis nisi legentes. Qui taliter habeant caputia in capitibus, ut possit agnosci si dormiant, an non. Audito horologio eant ad necessaria qui necesse habuerint, ut dum signum pulsaverit, omnes ingredi chorum parati sint. Servitor vero Ecclesiæ providere debet, ut per omne spatium illud lumen ardeat ante armarium. Si autem abbas voluerit in claustro lumen ardere, dum fratres in ecclesia noctibus opus Dei agunt, licet ei. Sacrista vero non dimittat signum quousque abbas faciat sonitum ad faciendam orationem (82). Sed nec ad cæteras horas, nisi ad Vigilias et ad Primam omni tempore, et ad Tertiam ab Idibus Septembris usque ad Pascha, quando laboramus et jejunamus.

Quicunque autem ad orationes, quæ ante regulares horas fiunt, non adfuerint, veniam petant in capitulo, excepto priore, vel alio qui conventum tenuerit, et exceptis cellerariis et monacho hospitali, et cantore tempore lectionis, et his qui missas audiunt. Omnes tamen interesse debent orationibus quibus *Pater noster* et *Credo in Deum* dicitur. Sed nec aliquis horum excipitur ab illis orationibus, quæ fiunt ad utrasque Vesperas in festivitatibus : quod si forte post matutinas, dies nondum claruerit, accenso lumine a sacrista fiat intervallum, et fratres qui voluerint sedeant in claustro, sed non legant.

Apparente autem die (83) pulsetur signum : et facta oratione, super *formas* aut *misericordias*, si tale tempus fuerit, signantes se inclinent : et similiter faciant omnibus horis post factam orationem. Dum autem sacerdos finierit *Deus in adjutorium*, ad *Gloria Patri* incumbant super formas aut incurventur, sicut tempus dictaverit : et similiter ad omnes horas diei faciant. Dicta itaque Prima, *cantetur missa*. Post missam pulsato signo ad Tertiam, fratres intrantes ecclesiam aspergant se aqua benedicta, et dimisso signo fiat oratio sicut ad Vigilias. Cantata tertia eant in capitulum, sicut superius diximus, et similiter fiat diebus festivis quibus laboramus. Monacho liceat portare scapulare cum una vel pluribus tunicis, sub una vel duabus cucullis cum necesse fuerit.

CAPUT LXXV.
De labore.

Finito capitulo (84) et præparatis fratribus ad laborem (85), pulsetur tabula a priore vel a subpriore, vel certe ab alio si prior jusserit : ipsis tamen majori utilitate forsitan occupatis. Ad cujus sonitum conveniant omnes (86), exceptis infirmis et variis officiis deputatis. Servitor tamen infirmorum, nisi apparatu infirmorum detentus fuerit, et cantor, et sacrista, et hospitalis, et magister novitiorum, sicut et alii conveniant, nisi aliquos horum pro majori forte occupatione abbas in capitulo inde absolverit. Prior si domi fuerit, semper tabulam (87) pulset, et ordinet laborem suum in auditorio. Si vero extra chorum fuerit, subprior vel cui injunctum fuerit pulset tabulam : prior tamen nihilominus residens in auditorio ordinet laborem suum. Tunc si quis pro qualibet necessitate remanere voluerit, ostendat ei causam suam et quod priori visum fuerit, faciet : quod si concesserit remanere, provideat ipse, illo fratre commonente, quid facere debeat, postquam illud compleverit pro quo remanserit. Quod si aliqua gravi necessitate impediente tabulam pulsare, et laborem, sicut dictum est, ordinare non poterit ; subprior vel cui injunctum fuerit idem faciat, signo (88) si potest universa ordinans : quod si signo non potuerit, verbum faciat omnino breviatum, et de labore tantum. Si vero abbas vel prior aliquem retinere voluerit ; qui retinetur, signum faciat ei qui tabulam percutit : si ante laborem facere non potuerit, post laborem innuat. Ferramenta et alia instrumenta ad laborem necessaria prior dividat prout viderit expedire.

Exeuntes autem sequantur priorem, vel quem prior jusserit : similiter post laborem. Egressus ad laborem initium et finis pausationis et reditus a labore, sonitu cujuscunque rei potius significetur quam voce. Provideat autem abbas aliquem maturum fratrem qui conventum subsequatur cum ad laborem ierit, vel inde redierit. Pervenientes vero ad laborem non multiplicent inter se signa : nec præsumant loqui, nisi forte de ipso labore breviter et necessario

---

(80) *Prosternantur*, scilicet super formas chori. Ad orationem id est, ad *Pater noster* et *Credo in Deum*.

(81) *Secundum Regulam*, id est secundum cap. 8, et 9. Reg. S. Ben.

(82) *Ad faciendam orationem*, id est ad *Pater* et *Ave* dicendum.

(83) *Apparente*, etc., ut nimirum secundum cap. 8. Reg. *incipiente luce* matutini seu laudes exsolverentur. Itaque Laudes excipiebat Prima, et Primam missa et missam tertia, post quam capitulum ingrediebantur : et hoc a Kalendis Novembris usque ad Pascha, diebus scilicet privatis et festis quibus labori seu operi manuum vacabant.

(84) Finito *capitulo*, id est circa horam fere sextam, secundum Reg. S. Bened. cap. 48

(85) *Ad laborem*. Hoc nostrorum a Cluniacensibus octavum discrimen, quod nostri non illi, operi manuum vacarent juxta Reg. S. Ben. Vide Petrum Clun. epist. 47. lib. IV Epistol.

(86) *Conveniant omnes*, etc. Vide prædict. cap. Regul.

(87) *Tabula*, id est instrumentum ligneum ad convocandos fratres destinatum.

(88) *Signo*, etc. His signis quæ ad longum et fuse R. P. Julianus Varnier transcripsit in suo super S. Benedicti Regulam Commentario, occasionem dedit S. Benedictus, tum juge silentium suis monachis imperando, tum forte permittendo ut necessaria comedentibus signo potius peterentur quam voce. (cap. 38.)

et silenter cum priore seorsum a fratribus. Sed et prior raro loquatur absente abbate, præsente vero ob reverentiam ipsius rarissime. Notandum tamen quia prior absente abbate ibi confessionem recipere poterit, si necesse fuerit. Subpriori vero etiam abbate et priore absentibus confessionem ibi recipere non liceat, nisi de aliqua re, utpote de illusione somnii, vel cum ibi quis aliquid deliquerit, et hoc tamen breviter stando : nam illis præsentibus nullo modo se intromittet. Non repausent nec digrediantur alicubi quacunque necessitate sine licentia. Sed si contigerit digredi, expleta necessitate ad laborem citius revertantur. Si lector vel cocus vel refectorarius ibi fuerint, audito signo ad mistum vel antequam signum pulsetur, secundum quod longius a monasterio vel propius laboraverint, quærant a priore licentiam eundi : quid etiam post mistum facere debeant. Cum repausaverint secundum quod qualitas aeris et situs loci permiserit, circa priorem repausent. Quandiu autem repausaverint, inter se non significent. Et sciendum quod tempore laboris nec legere, nec etiam ad laborem librum deferre cuiquam liceat. Nullus etiam sine cuculla vel scapulari, vel ibi vel alibi loquatur vel significet. Audito signo ad horam (89) intermittant opus, etiamsi ibi horam cantaturi sunt. Et qui in ecclesia fuerint, citius cantent, servato tamen moderamine gravitatis. Similiter fiat quando conventus in claustro vel infra terminos laborat. Si prior signum non audierit, qui audit tam tempore secationis quam alio significet ei. Qui laborem servat etiamsi sacerdos non fuerit, orationes ante horas semper ipse terminet. Versiculos et responsoria ipse per se dicat aut alii injungat : si vero sacerdos fuerit, absente hebdomadario, etiam horas incipiat, *Capitula*, *Pater noster et Collectas* aut ipse suppleat aut alii injungat. Prior tamen et subprior, si diaconi fuerint, *Pater noster* sibi reservent : si infra, qui cantat horam totum compleat. Cum conventus infra terminos laboraverit et forte bajulaverit ligna vel tale quid quod sine damno relinqui possit : quando audierint signum quod ante horam pulsatur, dimittant ibi quod bajulant, et festinent ad horam venire. Si intra auditorium vel claustrum fuerint quando prædictum signum audierint, onera sua ad destinatum locum bajulent, et sic se ad horam præparare festinent. Et si quid portaverint quod sine damno negligenter relinqui non possit, sicut panem vel vinum vel annonam vel cætera hujusmodi, aptum locum quærant et ibi dimittant. Si extra terminos laboraverint, et ad horam in monasterium occurrere non debuerint, dicant ibi horam, et postea onera resumant.

Revertentes autem de ipso labore, ponant instrumenta quæ detulerant, ubi ad laborem præparari solent, aut priori reddant, exceptis forcipibus, sarculis, furcis, rastris et facillis, quæ per totum tempus tonsionis, sarculationis, secationis, vel messionis unusquisque sua, circa lectum custodire solet. Quod si tunc hora operis Dei in oratorio celebratur. omnes festinent se ad Opus Dei prævenire. Si autem *Gloria* primi Psalmi dicta fuerit, nisi *Kyrie eleison* jam inceptum est, si fieri potest in unum congregati, priore præeunte, venient ad gradum (90), prioribus ordinatis in medio : ubi absente abbate et priore, custos laboris in medio sit. Et tunc petant veniam ante gradum aut flexis genibus in terra, aut tantum manibus super cucullam in terra demissis secundum tempus. Ad *Kyrie eleison* prosternantur super genua vel incurventur secundum tempus usque ad finem horæ. Quod si licentiam eundi in stalla habuerint, inclinent prius deferenti, et postea versus altare : et sic pergant in stalla ibi satisfacientes super articulos manuum. Hoc enim modo semper debent satisfacere inter stalla : excepto illo qui pro graviori culpa satisfacit. Et notandum quod licentiam deferens non inclinet ad altare priusquam signum licentiæ fecerit : sed dextra manu extenta atque resupinata, ducat eam a sinistra sua per ante pectus suum in dexteram : et tunc sibi mutuo inclinent, deinde versus altare. Qui in claustro remanent, ex quo conventus egressus est foras laborare, quandiu conventus foris est, inter se non significent. Coci tamen et qui refectorium faciunt et qui libros emendant, de sibi necessariis inter se significare poterunt. Similiter etiam ii quibus ob aliquod sibi injunctum officium significandi licentia data fuerit, ubi et cum quibus eis ordinabitur significare poterunt.

CAPUT LXXVI.
De refectione.

Post Horam (91) prior pulset signum, vel cui injunxerit ipse : quod si forte per negligentiam cibus nondum paratus fuerit, non pulset donec paratus sit : nec fratres abluant manus, sed interim sedeant in lectione donec signum pulsetur. Quod et ad omnes refectiones similiter teneatur. Ablutis igitur manibus et detersis intrent refectorium, et venientes ante sedes suas inclinent se versus principalem mensam : deinde erigantur, et sic stent donec prior veniat. Si autem prior diu moratus fue-

---

(89) *Ad horam*, scilicet tam Sextæ quam Nonæ.
(90) *Ad gradum*, scilicet presbyterii, ad quem se sistere nostri jusserunt eos qui tardius ad opus Dei occurrerent, idque juxta Regulam S. Benedicti, cap. 43 quæ hujusmodi negligentes vult in ultimo loco consistere aut in alic loco seorsum ab a'iis in pœnam suæ negligentiæ. Huic ergo pœnitentiæ seu satisfactioni exsolvendæ nostri Cisterciences gradum presbyterii assignarunt, tanquam locum ad id maxime idoneum in quo seorsum ab aliis et omnium ultimi starent et ex quo ab omnibus facile videri possent hujusmodi negligentes, quod utrumque postulat S. Benedictus.
(91) *Post horam*. Nota nostros solitos immediate post horam officii divini ad mensam accedere : ut nonnisi per orationem et post cibum spiritualem, ad corporis refectionem transirent.

rit, quod omnino debet cavere prior, sedeat interim qui voluerit. Cum ergo prior venerit, assurgant ei. Qui prior inclinet se ante sedem suam antequam pulset campanam; quæ tandiu pulsetur ad utramque refectionem, ut *Miserere mei Deus* totus psalmus dici possit. Et dum pulsatur, qui in loco suo est, non divertat alicubi donec versus perdicatur. Qua dimissa dicat conventus *Benedicite*, et dicto versu cum dixerit *Gloria Patri*, incurvetur chorus contra chorum dicentes, *Gloria Patri*, *Kyrie eleison*, et sub silentio *Pater noster*. Cum autem sacerdos dixerit *Et ne nos* erigat se, et stans versus principalem mensam dicat *Oremus, Benedic, Domine, dona tua*, etc. faciens unam crucem, et sic compleat totam benedictionem, qua completa erigant se fratres, et ingrediantur mensas.

Porro Cellerarius et coci provideant ut ambo pulmentaria (92) priusquam campana pulsetur (si sic tamen abbas viderit expedire) per mensas disponant. Ex quo autem campana pulsatur, si quid adhuc de pulmentis deferendum est, non feratur donec lector incipiat legere. At si lectore incipiente legere totum unum adhuc pulmentum per mensas deferendum est, hoc feratur ordine; scilicet ut duæ scutelæ prius deferantur, una scilicet priori vel abbati, si adfuerit, et post *Defunctis tres* (93). Deinde duæ in dextera parte, et duæ in sinistra, et sic duæ hinc, et duæ inde usque ad ultimum. Apposito itaque communi cibo, si cellerarius voluerit superaddere (94) pro misericordia illis, de quibus indictum est ei ab abbate, ipsemet deferat eis, et sicut voluerit distribuat; hoc idem faciat et minutis. Incœpta ergo lectione fratres discooperiant panes, priore tamen prius hoc faciente. Ex hinc nullus exeat de refectorio, nullus etiam incedat comedendo. Nullus ibi abluat scyphum manu, sed liniat qui voluerit. Nullus tergat manus vel cultellum ad mapulam, nisi prius terserit cum pane. Qui voluerit sal accipere, cum cultello accipiat. Qui bibit, duabus manibus teneat scyphum. Si quis viderit alicui deesse quod habere debet, requirat a coco vel a cellerario. Qui aliquid apponit, et cui apponitur, invicem sibi inclinent. Cui autem prior aliquid miserit, prius inclinet deferenti, deinde assurgens humiliet se versus priorem. De cibo communi (95) nemo dividat alicui. Quod si cui aliquid superadditum fuerit, nisi pro minutione vel infirmitate ei datum fuerit a cellerario, tantum potest dare juxta sedenti ad dexteram et ad sinistram; illi vero nulli dare debent. Si autem uni tantum dederit, ille potest dare juxta se posito, sed ultra non procedat. Hanc legem pitantiarum omnino teneat prior, sicut et cæteri. Verumtamen hospites de potu suo generali alii non dent, nec alius accipiat. Si quis de comedentibus vel de servitoribus offenderit aliquo modo, petat veniam ante gradum. Et facto sonitu a priore cum cultello, surgat et inclinet, et redeat ad locum suum. Remotis scutellis, colligat cocus coclearia prius a dextera parte, incipiens a priore; dehinc ad sinistram, incipiens juxta priorem.

Cum prior finiri voluerit lectionem, lectori dicat: *Tu autem*; et responso *Deo gratias*, cooperiant quod superest de pane. Inclinato lectore, pulset prior campanam, et mox surgentes stent ante mensas eo ordine quo ante refectionem steterunt, dicentes versum quem cantor incipiat campana dimissa; quo dicto inclinent, et exeant cantantes *Miserere mei, Deus*, quem incipiat cantor, illis cum eo cantantibus qui stant in dextro choro in Ecclesia; secundum vero versum dicat sinister chorus. Et sic cantent cæteros alternatim, bini et bini euntes, junioribus scilicet præeuntibus; ita tamen ut prior, vel quilibet conventum tenens, solus eos in medio utriusque chori sequatur. Sed si abbas aliquis adfuerit, eat prior cum socio, abbas autem solus: si duo abbates fuerint, eant simul. Fratribus itaque intrantibus ecclesiam, qui prior clericorum chorum intraverit, si hoc convenienter implere possit, pulset signum. Ingredientes vero chorum ordinentur sicut ad missas versis vultibus ad altare usque ad *Gloria Patri*: et tunc prosternantur super formas; vel, si tale tempus

(92) *Ambo pulmentaria*. In hoc fuit constitutum quintum discrimen nostrorum a Cluniacensibus, quod nostri, non illi, duobus pulmentis regularibus contenti essent juxta cap. 39 Reg. S. Bened.

(93) *Defunctis tres*. En pietatem nostrorum erga defunctos. Dabantur autem hæc eorum pulmenta pauperibus.

(94) *Superaddere*. Hoc intellige de pitantiis quæ ex pietate et misericordia minutis et infirmioribus ultra regularia pulmenta permittebantur, de quibus in sequentibus sæpius recurret mentio.

(95) *De cibo communi*, hoc est de pulmentis regularibus. Cæterum ut de victu nostrorum antiquorum monachorum quotidiano nonnulla hoc in loco perstringam. 1° Constat ut patet ex pluribus libri hujus capitibus et maxime ex cap. 76, 84 et 90. Libram panis communis et heminam vini ad quotidianum victum eos habuisse, idque juxta Regulam S. Bened. cap. 39 et cap. 40. 2° Constat eos sive bis sive semel tantum reficerent, singulis diebus, coacta duo pulmentaria habuisse, quæ, teste Stephano episcopo Tornacensi, in epistola ad Robertum Pontigniacensem, *ager ex leguminibus aut ex oleribus hortus illis subministraret*. 3° Constat eos minutis, debilibus et infirmis pitantias aliquas ex pietate et misericordia aliquando indulsisse easque teste Jacobo cardinali de Vitriaco in sua *Historia Occidentis*, capite decimo quarto ex piscibus, ovis, lacte et caseo præparari solitas. 4° Constat eos in æstate, messis tempore, diebus quibus laborabant unum pulmentum ad prandium et alterum ad cœnam illudque coctum habuisse, ut patet ex cap. 84 hujus libri. Ac consequenter aliis diebus si quando cœnarent, nonnisi fructus, olera aut nascentia leguminum, eaque cruda accepisse. Ut vel ex his appareat hos pauperes Christi non solum labore manuum suarum, rusticanorum more, sed victum comparasse, sed in victu pauperum alimenta æmulatos esse, et, quod majus est, eos, eodem Cardinali de Vitriaco teste, *tanquam boves de armento Domini paleam manducantes, grana supervenientibus reservasse*, quippe qui hospitibus panem album apponerent, cibarium et secundarium sibi reservantes. Quod si cui durius videatur, sciat ex S. P. nostro Bernardo quod *sapores rebus reddit exercitium quos tulit inertia*. *Olus* enim, ut ipse ait in epistola ad Nep., *faba, pultes, panisque cibarius cum aqua, quiescenti quidem fastidio sunt, sed exercitatio magnæ videntur deliciæ*.

CAPUT LXXVII.
De servitoribus.

Tunc pulsetur campana ad convocandos servitores : qui congregati dicant versum voce mediocri. Absente abbate et priore, qui prior est ordine conversionis, nisi ibi sit aliquis superioris gradus, cibum semper benedicat. Ab eo autem qui superioris vel aequalis gradus fuerit mensae lector petat benedictionem, et dicat lectionem, *Deus charitas est, et qui manet in charitate, in Deo manet, et Deus in eo,* ante refectionem. Et post, *Deus pacis et dilectionis semper maneat cum omnibus nobis.* Quod si ipse lector superioris gradus fuerit, aliquis clericorum ab eo petat benedictionem, et dicat utramque lectionem : si vero nullus clericus ibi fuerit, laicus petat benedictionem, et ipse lector dicat lectionem. De pitantiis, sicut supra ordinavimus, fiat : si tamen in ea parte refectorii nullus praeter eum fuerit, licebit cum transire in aliam partem, et dare cui voluerit. Post refectionem, dicta lectione, versum dicant ibidem voce mediocri adjungentes *Miserere mei, Deus,* versis vultibus ad invicem, nullo tempore se ibidem prosternentes. Sicque finitis gratiis, lector mensae omni tempore post refectionem servitorum, excepto quando fratres in aestate post prandium dormierint, nolam tandiu pulset, ut unum *Pater noster* perdici possit. Quo expleto non pulsentur Vesperae, donec ad necessaria ire, et lectiones praevidere, si hora permiserit, possint.

CAPUT LXXVIII.
De Vesperis.

Ad Vesperas incipit hebdomadarius primam Antiphonam, secundam qui ante omnes stat in altero choro, exceptis abbatibus : tertiam ille qui stat post hebdomadarium : quartam vero qui est secundus in altero choro. Absente vero hebdomadario quicunque primam Antiphonam incepit, sive sit superior hebdomadario sive inferior : si alius juxta se inferius supervenerit, tertiam Antiphonam ei imponendam nominet (96). Si nullus inferior fuerit, et alius post primam Antiphonam juxta se superius advenerit, tertiam Antiphonam ei incipiendam nominet ; similiter faciat qui secundam Antiphonam incipit in alio choro. Qui autem cantat Responsorium, antequam illud incipiat, inclinet ; et post versum iterum inclinet. Quando vero canitur Responsorium de aliqua historia, postquam inceptum fuerit vertant vultus ad invicem, tam ille qui incipit quam caeteri : hymnus sic incipiatur, ut ad Laudes diximus. Si benedictio de via regressis danda fuerit, ante commemorationes, si adfuerint, detur : et stent fratres versis vultibus ad altare, donec benedictio compleatur. Quod similiter ad omnes horas, sive euntibus sive regredientibus fiat, praeter Completorium quando super formas jacemus.

CAPUT LXXIX.
Quomodo se habeant fratres post Vesperas omni tempore.

Post Vesperas sedentes in claustro omni tempore, non alte legant vel cantent; non significent nisi de mandato hospitum vel de petenda licentia bibendi : aut quando quis ex parte abbatis vel prioris aliquem vocat, sive cum aliquis facit signum juxta sedenti ut librum suum custodiat : nec jungantur simul, nec vestimenta virga excutiant, nisi tempore secationis et messionis, quando tempus lectionis ante Sextam non habuerint.

CAPUT LXXX.
De bibere (97) post Vesperas.

Sacrista autem pulsante in ecclesia signum, conveniant in refectorium ad bibendum (98), et inclinantes ante sedes resideant, priore tamen prius residente : a quo pulsata campana, dicto prius *Benedicite* a cantore, dicat benedictionem hebdomadarius : qui vero postea occurrerit veniens ante gradum quaerat licentiam bibendi ; qua percepta inclinet ibi, et eat ad sedem amplius non inclinans : nec se admisceat his qui in superioribus sedibus sedent, sed in sedibus quae ante mensas sunt assideat, et ibi bibat, nisi forte ad caput alicujus mensae sedere debeat. Deinde prior percutiat (99) campanam uno ictu, post quem nemo ingrediatur refectorium, et facto intervallo sequantur tres alii ictus, ad quos surgentes et ante mensas vel ad capita mensarum inclinantes, exeant. Qui vero huic bibere defuerit, in capitulo satisfaciat, exceptis cellerariis, infirmariis, hospitali, portario, his etiam qui in suscipiendis occupantur hospitibus, sed et illis quos certis ex causis abbas hinc absolvendos judicaverit. Qui tamen omnes competenter adesse poterunt, deesse non debent. Ad hos biberes, sicut et ad illos qui fiunt in aestate post Nonam, si quis ante ictum nolae aliquid deliquerit, ibi satisfaciat : si vero post, in crastino capitulo veniam petat.

CAPUT LXXXI.
De collatione.

Accedentes vero ad collationem (100) inclinent : et sic resideant, licet nondum signum pulsetur. Frater autem ibi lecturus ex quo venerit eat sessum ad analogium, et aperto codice usque ad abbatis adventum, ibi sub silentio si voluerit, legat. Sabbatis quandiu pedes lavantur, quamvis interim in illa sede sedeat, bibere inciperent.

---

(96) *Imponendam nominet.* Nimirum fratri hospiti seu supervenienti, idque evitandae confusionis causa in officio divino.

(97) *De bibere,* id est de potu.

(98) Recte *ad bibendum,* quia nihil praeter potum accipiebant.

(99) *Percutiat.* Nimirum ut data per hoc signum bibendi licentia, nonnisi simul et post superiorem

(100) *Ad collationem,* id est ad lectionem collationum Joan. Cass. juxta cap. 42. reg. S. Ben., qui has collationes aut vitas SS. Patrum hac ipsa hora, id est ante Completorium legi voluit, in praesentia totius conventus potius quam alios sacrae Scripturae libros, utpote intellectu faciliores.

legere tamen ibi non solet. Adveniente abbate assurgant omnes et inclinent illi ante quos transierit : priori vero assurgant tantum, vel illi qui conventum tenuerit, quo residente resideant. Tunc lector accepta benedictione legat. Huic benedictioni intersint omnes : exceptis priore, vel alio qui conventum tenuerit, cellerariis, refectorario et adjutoribus ejus, grangiario, hospitali, magistro novitiorum, servitoribus abbatis, et his qui signum pulsant ad collationem. Interim qui biberi defuerit, solus et sine licentia in refectorio potest bibere, etiam in scapulari. Abbas autem si expedire judicaverit, provideat maturum aliquem fratrem, qui tempore lectionis post prandium prope ostium refectorii sedeat jugiter, ut si quis bibere voluerit, signum ei faciat, et ille eat cum eo ad solatium ejus : si forte ille defuerit (quod tamen cavere debet) sine signo aliquo eat bibere qui necesse habuerit. In illis autem abbatiis ubi talis frater non fuerit constitutus, ab aliquo de maturioribus fratribus signo licentiam petat, et sic intret et bibat. Abbas non quærat licentiam bibendi vel minuendi, nec prior nisi ab abbate : sed nec subprior, nisi ab abbate vel priore. Lectione igitur finita surgant omnes, et stantes versi ad orientem dicat abbas, *Adjutorium nostrum in nomine Domini :* et conventus respondeat, *Qui fecit cœlum et terram ;* et inclinantes omnes ingrediantur ecclesiam. Quod si quis ad collationem non occurrerit, ita ut antequam *Tu autem* dicatur, sedeat : cum incipietur hymnus Completorii, eat ante gradum presbyterii, et versus ad altare ibi permaneat, de cætero se habens sicut illi qui sunt in choro usque ad finem orationis post Completorium. Si vero alicui de via reverso benedictio datur, ille qui hujusmodi facit satisfactionem in partem prope gradum divertat, et data benedictione ibidem solitam orationem faciat.

CAPUT LXXXII.

Qualiter se agant fratres post Completorium.

Dicto Completorio, cum sacerdos dixerit, *Benedictio Dei omnipotentis*, signent se fratres , et dicto *Amen*, dicant orationem *Pater noster*, et *Credo in Deum*. Quod si reverso de via benedictio danda fuerit, si conventus super *formas* prostratus fuerit, nequaquam surgat, sed nec sacerdos qui benedictionem dederit. Si vero super *misericordias* sederint, erigant se et stent versi ad altare dum dicitur benedictio ; qua dicta iterum residentes super *misericordias* solitam orationem faciant. Ipse autem frater quo loco benedictionem accepit et orationem faciat : si tamen cum aliis in choro ad Completorium fuerit. Completa autem oratione exiens abbas aspergat singulos aqua benedicta post se ordinatim egredientes : qui mox mittentes caputia in capitibus, et nusquam divertentes præter sacristam, et eos qui extra Dormitorium jacent : et eos qui ad vigilias remanent præsentis defuncti omnes ingrediantur dormitorium, unde nullus, excepto sacrista, cellerario hospitali,

(101) *Sine cuculla, tunica,* etc., scilicet ut juxta, cap. 22 Regulæ vestiti dormirent.

A custode infirmorum , et ad faciendum mandatum, exeat. Sine cuculla vero, tunica, caligis (101), jacere non debent.

CAPUT LXXXIII.

Qualiter se agant fratres in æstate, de vigiliis et usque post Vesperas.

A Pascha usque ad Octavas Pentecostes privatis diebus cantatur *Venite exsultemus Domino* ab uno fratre cum invitatorio : et ab Octava Pentecostes usque ad Kalendas Novembris alternatim ab utroque choro, sicut *Domine, quid multiplicati sunt :* quo tempore, scilicet ab Octava Pentecostes usque ad Kalendas Novembris, prosternantur fratres super formas ad orationem, exceptis Octavis Assumptionis sanctæ Mariæ. Cætera vero, sicut superius diximus, secundum Regulam compleantur. In intervallo vero post nocturnos sedeant in claustro qui voluerint, lumine accenso a servitore ecclesiæ, si necesse fuerit. Post Matutinas dicant Laudes pro defunctis, quibus dictis et facto intervallo sicut festis diebus calcient se diurnalibus et sumant cultellos : quod et faciant quoties calciant se diurnalibus consuete. Deinde aspersi aqua benedicta et facta oratione secundum tempus dicant Primam. Deinde eant in capitulum, post hæc in laborem usque ad primum signum Tertiæ, quo audito præparent se qui missam cantaturi sunt. Interim possunt ire ad confessionem in capitulo, possunt et orare et legere (102). Indutis ministris cantetur Tertia. Si vero aliquis ministrorum hebdomadarius Iuvitatorii fuerit, officium ejus impleat, qui eo absente implere debet. Post Tertiam cantetur missa, post missam sedeant in claustro : quod si dies jejunii fuerit omnibus (ordine prædicto) celebratis, post Sextam laicis fratribus præeuntibus intrantes dormitorium pausent in lectis suis usque ad horam octavam, et tunc sacrista ad sonitum horologii excitatus pulset campanam , sicut aliis diebus fieri solet : ad quam fratres excitati, scapularibus induti , abluant qui voluerint manus suas . deinde tabula pulsata laborent usque ad primum signum horæ Nonæ. Quod si dies fuerit, quo debeant hebdomadarii mistum sumere, sacrista in illo spatio quantum viderit competere, pulset mistum ; refectione autem peracta reliquum diei paragant sicut privatis diebus per hiemem. In vigilia vero Pentecostes dormitionis spatium post Sextam sacrista sic debet temperare, ut subsequens intervallum officio quod ante Nonam celebrandum est, sufficere possit : fratribus vero solito signo excitatis, statim ministri altaris ad officium se præparent : interim autem conventus vacet lectioni, et ministris indutis pulsetur signum. Quod si dies jejunii non fuerit, post Tertiam cum hora fuerit ad percipiendum mistum, pulsetur signum a sacrista modo quo diximus. Post Sextam eant in refectorium : post refectionem ad orationem pergentibus, nullus fiat obvius, nec quando post versum exierint, vel quando

(102) *Possunt orare et legere*, quia utrumque illis promiscue in his intervallis licitum erat.

post Nonam in refectorium, vel quando post Completorium in dormitorium, seu etiam quando capitulum ingrediuntur. Excuntibus omnibus de ecclesia et sequentibus priorem eo ordine quo stant in choro, nullus se disjungat a conventu, donec intrent dormitorium : præter sacristam et eos qui extra dormitorium jacent; unde nullus exeat sine licentia, excepto sacrista, cellerario, hospitali, solatio (103). Cocis abbatis, custode infirmorum, subportario vel portario, si tunc adfuerit causa offic:i sui. Servitores vero post refectionem cantantes *Miserere mei, Deus,* versum ibidem compleant, nullo tempore se prosternentes. Deinde intrent dormitorium. Porro cellerarius referat scutellas servitorum in coquinam, ne post Nonam a fratribus in refectorio inveniantur. Moxque ut expeditus fuerit, collocet se in dormitorio sicut et alii : facto vero signo ad surgendum, coci festinent parare aquam in lavatorio ad lavandum, et in refectorio ad potandum. Cæteri vero præparati et manus abluti, aut intrent chorum, aut sedeant in claustro donec signum pulsetur.

CAPUT LXXXIV.
De bibere post Nonam.

Dicta Nona eant in refectorium, præeuntibus junioribus eo ordine quo stant in choro, bini et bini incedentes. Prior vero sequatur solus, vel subprior, si prior defuerit : qui venientes ante sedes inclinent, et sic ingrediantur mensas stantes donec prior assideat. Coci vero præteritæ septimanæ mox ut ingressi fuerint circumlinientes scyphos interius aqua impleant ipsos : et stent versi ad principalem mensam donec prior pulset campanam. Quo pulsante veniant ad gradum. Dimissa campana, et dicto *Benedicite,* hebdomadarius det benedictionem, responsoque *Amen,* ille qui prior est ad dexteram prioris offerat ei scyphum. Qui vero ad sinistram offerat illi qui est in eadem parte juxta priorem. Et qui voluerint, bibant de potu justitiæ suæ (104). Ubi vero necesse fuerit ut etiam coci præsentis septimanæ cum istis serviant : priores in medio ordinati quibus diximus deferant. Juniores vero a junioribus ultimo loco positis incipiant. Qui interim, dum fratres bibunt, parumper semoti habeant facies ad bibentes. Qui postquam biberint, quisquis ministrorum bibere voluerit apponat sibimet scyphum quo aliis ministravit. Dehinc venientes ad gradum inclinent ante priorem. Quo percutiente uno ictu campanam, recedant non inclinantes ante sedes suas et bibant si voluerint ad capita mensarum vel ante mensas. Qui postquam biberint repercutiat prior campanam tribus continuis ictibus : Et tunc surgentes et iterum supplicantes recedant. Ministri autem recondant scyphos quibus aquam porrexe-runt, ubi reponendi sunt. Mox venientes in dormitorio si necesse habent ire ad necessaria, eant antequam exuantur cucullis. Quod et post laborem observandum est, ne scilicet eant ad necessaria antequam induantur cucullis. Qui ordo semper et ante et post laborem teneatur. Qui tamen post Completorium de mandato hospitum redeunt, possunt ire ad necessaria antequam resumant cucullas. Quibus præparatis ad laborem pulsetur tabula.

Post Vesperas expleto officio defunctorum, et pulsato signo, sicut superius diximus, accedant ad cœnam. Quod si poma, vel herbæ crudæ vel aliud tale quid fratribus generaliter distribuendum est, potest cellerarius deferre per mensas ante versum, quando ei vacuum fuerit. Si vero post versum distribuerit, feratur a cocis vel ab aliis eos adjuvantibus. Deinde recolligentes scutellas ponant super ministerium.

CAPUT LXXXV.
De tempore secationis et messionis.

In tempore secationis et messionis sacerdos et ministri præparent se statim post capitulum ad canendam missam : ad quam conventus tempore secationis potest interesse, et missas privatas cantare dum illa cantatur, si abbati vel priori visum fuerit. In vigiliis autem et festis duodecim Lectionum qui privatim cantare debent, non nisi post offerendam incipiant. Et missa in conventu cantata statim exeant ad laborem. Tempore vero messionis ad hanc missam quando conventus non adest, adjuvare debent minuti et infirmi extra chorum, et de infirmitorio per omnia secundum gradus suos sicut necesse fuerit. Qua cantata ipsi ministri insimul congregati sequantur alios ad laborem. Prior autem provideat quomodo sciant quo conventum sequi debeant et quis eos illuc ducat. Utroque vero tempore mane missa cantata si pluit, licet monachis post Tertiam esse in lectione : et missas privatas celebrare, si tamen abbati vel priori visum fuerit. Et sciendum quod in omnibus duodecim Lectionum solemnitatibus quibus laboramus et vigiliis sanctorum, conventus missam audire debet. His temporibus solet conventus usque ad Sextam laborare. Et ante Primam si opus fuerit exire, et extra monasterium prandere et dormire, si necesse fuerit, cocus et lector mistum sumere. Qui autem in abbatia remanent et in refectorio comedunt, semper in Ecclesia gratias referant præter servitores.

Unicuique in die libra panis communis et dimidia dari potest ubi opus fuerit, et distribui singulis prout tempus et locus exegerit. Hoc tempore exceptis diebus, quibus fratres vacant lectioni, unum pulmentum habeant ad prandium, et alterum ad cœnam

---

(103) *Solatio.* Per solatium intellige eum qui juxta Regulam S. Bened. debet concedi cuilibet officialium adjuvando, in iis quæ ad ejus officium pertinent, cum opus fuerit.

(104) *Qui voluerint bibant,* etc. Nihil igitur, ut plurimum, nisi aquam puram hac ipsa hora accipiebant. aut si quis aliquid aliud bibere voluisset, tantumdem sibi de suo potu consueto præripiebat. *Justitia* autem de qua hic fit mentio, sumitur pro mensura et quantitate potus secundum Regulam cuilibet concessi ; seu pro hemina de qua S. Ben. in cap. 40. Regulæ loquitur, quæ *Justitiæ* nomen adepta sit a justa moderatione qua idem sanctus monachorum suorum potum sic temperavit, ut *non usque ad satietatem vinum biberent sed parcius.*

si fieri potest. Lac si habuerit conventus sive coctum sive crudum, pro uno generalium pulmentorum reputabitur. De melle autem nunquam et nusquam fiat generale, nisi id abbati visum fuerit pro pulmentorum penuria, et mellis abundantia. Et notandum quod hoc tempore quando unum pulmentum datur in coena ad jussum abbatis : hebdomadarius coquinæ cellerarium adjuvare poterit et cum servitoribus reficere. Ubi vero sunt quatuor hebdomadarii coquinæ, duo serviant per diem integrum : ubi duo, unus similiter serviat. Si longe fuerint ab oratorio, possunt, si necesse fuerit. laborare post signum ad Vesperas seu ad quamlibet horam pulsatum : quod nunquam alio tempore fieri debet. Vesperis ibi cantatis, eant ad monasterium. Quod si necesse fuerit, poterit prior quosdam ibi relinquere; qui tamen a coena servitorum deesse non debent : quod tunc quidem raro, sed alio tempore nunquam fiat.

Qui monachos suos ad grangias dirigit, videat omnibus modis quatenus illic eundo vel inde redeundo, maximeque ibi remorando silentium servent. Videat etiam ut præparatas habeant domos ubi possint honeste ordinateque simul comedere : simul etiam dormire : et singuli per singula lecta secundum Regulam. Candela ardeat ubi dormiunt. Caveant etiam ne cum conversis vel cum familia significent. Inter se etiam horis et locis incompetentibus signa non faciant. Nullus positas metas absque licentia transeat, nec vagando et diverticula quærendo incedat : mensæ eorum cui prior jusserit, legat. Dominicis et festis diebus lectioni vacent. Nullus abbas monachorum conventum aliquem ad grangiam mittat, nisi pro frugibus colligendis. Hæc et cætera huic tempori congrua, quia ubique æqualiter observari non possunt : unaquæque abbatia faciat secundum positionem locorum et dispositionem abbatis vel prioris sui. In abbatia tamen cum conventus adfuerit, si mane festinare ad laborem debuerint, ad arbitrium abbatis citius cantare licebit.

CAPUT LXXXVI.
De rasuris (105).

In *Natali* Domini : ad Dominicam *Quinquagesimæ*, sive ad *Pascha :* ad *Pentecosten :* ad festum S. *Mariæ Magdalenæ :* ad Nativitatem sanctæ *Mariæ :* ad festivitatem *Omnium Sanctorum* tondendi et radendi sunt fratres. Coci calefaciant et deferant aquam in claustrum, pectines, forcipes, rasoria et afflatorias custos eorum acuat et præparet. Fratres tondeant quibus jusserit abbas. Tonsi alterutrum radant et in claustro, præter infirmos qui in infirmitorio sunt. Rasura coronæ fiat non exigua tonsura per desuper aures. Nullus nisi invitatus aliquem radere præsumat, vel se velle facere signet : nullus vero invitatus audeat refutare. Signum autem radendi alter alteri non faciat, nisi post tabulam pulsatam.

CAPUT LXXXVII.
De processione episcoporum.

Ad suscipiendum *episcopum* convocentur fratres in chorum campana (106). Tunc sumat aliquis aquam benedictam nutu cantoris, quæ præcedente sequatur abbas, deinde conventus et novitii bini et bini, sacerdotibus præeuntibus eo ordine quo in choro stant. Cunctisque egressis et stantibus ordinatim ante fores monasterii, portarius vel alius quilibet ad hoc idoneus ab abbate jussus, interim obvium eis adducat episcopum, quo appropinquante flectant omnes genua ante eum : quibus erectis porrigat abbas episcopo sparsorium, osculans ei manum. Et incipiente cantore Responsorium *Audi Israel* si unus, vel *Sint lumbi* si plures fuerint episcopi introeant primum novitii, deinde cæteri, laicis monachis præeuntibus, ita ut abbas eat posterior, manu tenens episcopum. Cum autem venerint in chorum episcopo incumbente orationi, abbas veniat in locum suum, cæteris post eum sicut ad missam ordinatis. Percantato vero Responsorio, abbas erigens episcopum ducat in capitulum, ubi cunctis ordinatim residentibus, accepta benedictione ab episcopo, legat lectionem (107) cui cantor innuerit : qua finita dicto *Benedicite,* osculetur abbas episcopum et comites ejus, nisi prius episcopus voluerit aliquid dicere pro ædificatione. Deinde surgentes omnes et inclinantes ad benedictionem episcopi, quam abbas debet requirere, nisi antea in oratorio dederit : responso *Amen,* egrediantur, et deducatur episcopus ad hospitium. Sciendum autem quod ad nullum recipiendum vadit conventus, nisi ad proprium episcopum et archiepiscopum, et sedis apostolicæ legatos, et regem, et dominum papam, et proprium abbatem. Nulli horum omnium, nisi domino papæ, plusquam semel hæc fiet processio.

CAPUT LXXXVIII.
De hospitibus suscipiendis.

Hospites abbati præsentis loci, sive priori, si abbas defuerit, nuntiandi sunt. Quod si dum sedent ad collationem nuntiandus hospes fuerit, quicunque tenuerit collationem illi nuntietur, et ad ejus nutum portarius uni de fratribus ad hoc opus ab abbate monasterii sibi designatis signum faciat. Abbas

---

(105) Petitio rever. Patris nostri D. Joannis S. Laurentii in Lucina presbyteri cardinalis qui ad mandatum domini papæ requisivit a capitulo generali ut propter reverentiam sacramenti altaris percipiendi augeretur numerus rasurarum in ordine, exauditur hunc modum : quod duodecim sint rasuræ, scilicet in Natali Domini , in Purificatione B. Mariæ, prima Dominica mensis Martii, in Pascha, in Ascensione, in Vigilia S. Joannis Baptistæ, in Vigilia sanctæ Mariæ Magdalenæ, in Vigilia Assumptionis B. Mariæ, in Vigilia Nativitatis ejusdem, in Vigilia sancti Dionysii, in Vigilia omnium sanctorum, et prima Dominica Adventus. Rasura conversorum in suo antiquo statu permanente. Ex cap. Gen. an. 1257.

(106) Nota ex sancto Petro Mauricio abbate Cluniacensi in hoc positum fuisse discrimen decimum nostrorum a Cluniacensibus : quod nostri, non illi proprium episcopum agnoscerent (ep. 17, lib. v).

(107) *Legat lectionem,* scilicet sacræ Scripturæ 'uxta cap. 53 Reg. S. Bened., præcipientis ut *coram hospite legatur lex divina ut ædificetur.*

namque quilibet in suo monasterio portario suo aliquos quos ad hoc idoneos perspexerit, designare debet. Si hospes supervenerit dum Completorium cantatur, portarius sumpto libro et lumine in absconsa, si opus fuerit circa finem Completorii præsens sit ad stallum abbatis, et ei hospitem nuntiet, ad cujus nutum signum alicui de sibi designatis faciat : qui, Portario secum accepto, hospitem recipiat. Aliis vero horis, cui signum factum fuerit hospitem recipere, sumens librum ducat secum alium fratrem. Occurrentes vero hospitibus deponant caputia de capitibus, si tunc superposita fuerint, et sic prostrati super genua (108) ducant ad orationem. Ingressi vero ecclesiam aspergat illos aqua benedicta ille cui officium illud injunctum est : postea faciant orationem incurvi vel prostrati, sicut tempus exigit. Sed si episcopus vel abbas fuerit qui eum suscipit, offerat ei sparsorium osculando manum, et ducto eo ad locum ubi orare debet, subtrahat se paululum cum socio post ipsum orantem, faciens orationem sicut supra dictum est, qua completa signent se et exeant. Dicat *Benedicite* qui sententiam debet legere: deinde flectant semel coram omnibus genua, et erecti osculentur eos, et postmodum resideant. Et lecta sententia si expositione indiget hospes, exponatur ei : deinde ducatur ad hospitium, vel præsentetur hospitali : Fratres autem redeant in claustrum. Et sciendum quod missi ad hospites suscipiendos, si tempestive redire non potuerint, nec versum amittant, nec collationem. Ii etiam non amittent, qui infirmos communicant vel inungunt, sive confessionem eorum audiunt cum in extremis sunt.

CAPUT LXXXIX.
De dirigendis in via.

Nullus in via dirigatur nisi pro utilitate monasterii. Dirigendus vero ad Laudes, nisi quando statim subsequitur Prima, et ad cæteras horas præter Completorium privatis etiam diebus ad Nocturnos potest accipere benedictionem, quam accepturus surgat pergens ad gradum, et circumvolvens se secundum tempus, vel se inclinet vel prosternatur. Reversus vero non circumvolvat se, sed omni tempore prosternatur. Si cum abbate fuerit exiens sive revertens, ad benedictionem seu ad orationem post Completorium, sive ad satisfactionem post *Gloria* psalmi primi, post abbatem semper se collocet. Qui si majorem missam exspectare nequiverit, ad matutinalem communicare poterit. Quem si intra monasterii portam primum horæ canonicæ signum, vel capituli sive collationis præoccupaverit, revertatur (109). Egrediens de monasterio non comedat ante portam monasterii, nec alicubi infra dimidiam leucam a monasterio : transcunti autem, et eadem die non regressuro liceat. Egrediens vero sive etiam regrediens, intra monasterium nemini sine licentia loquatur.

Dicturus horas per diem si dies prosternendi fuerit, in terram orationi incumbat dicens *Gloria Patri*, rursum genua flectat (110), silentium tenens quousque locatus cœptam prosequatur horam. Tam die quam nocte dum non æquitaverit, stans horas si non mul tum gravatur, dicat. Qui vero ad grangias vel ad cellaria, sive ad aliquam habitationem domus illius de qua exit, vadit, nisi se extra pernoctaturum crediderit, benedictionem non accipiat. Similiter et qui inde redit, nisi extra pernoctatus fuerit sive in villa comederit. Benedictiones autem dandæ superegredientes in via et revertentes, dicantur eadem voce, qua collecta horæ canonicæ dicta fuerit præter ad Laudes et ad Vesperas. Et sciendum quod solis hospitibus accepta benedictione egrediendi licet missam cantare ante Evangelium missæ conventus. Abbati quoque egressuro in viam ante Tertiam in æstate, aut revertenti post Tertiam usque ad Nonam in hieme, licet missam cantare vel audire in diebus jejuniorum et festis duodecim Lectionum, et in septimana Paschæ et Pentecostes, et Nativitate Domini, et præcipuis defunctorum officiis.

Jejunia consuetudinaria tam æstate quam hieme juxta consuetudinem teneant, nisi forte abbas quispiam eum secum prandere fecerit, et hoc in suis tantummodo monasteriis, aut quilibet episcopus vel archiepiscopus : seu etiam sedis apostolicæ legatus. At jejunia præcipua quibus videlicet in ordine nostro cibis tantum quadragesimalibus vesci mos est, juxta morem custodiat : ad mensam non loquatur : sagimine non vescatur : in plumis non jaceat, nisi forte stramen vel aliud tale quid super quod jaceat sine magno labore aut sumptu habere non possit. Et sciendum quod tam abbates quam monachi sagum, quod vulgo dicitur stratum, secum possunt deferre (111) et cervical. Qui autem pro strato sagum portare voluerit, liceat ei : tantum observet ne sint pretiosa vel curiosa. Porro rediens domum, nisi eadem qua exiit die redierit, mox ad orationem eat. Ingressurus oratorium aqua se benedicta aspergat : orationem in choro (si conventum non invenerit) pronus vel prostratus secundum tempus faciat ; quod si invenerit, non tamen canonicam horam dicentem, oret extra chorum : nam ad horam regularem mox ut venerit intrare debet, vel sociandus psallentibus, si ante *Gloria* venerit : vel si post, ad gradum satisfacturus, nisi jam *Kyrie eleison* dici invenerit. Si ostium oratorii obseratum invenerit, ibidem oret. Si intra curiam monasterii fuerit dum

(108) *Prostrati super genua.* In hoc fuit nonum discrimen nostrorum a Cluniacensibus quod nostri non illi in salutatione hospitum presternerentur juxta cap. 64 Reg. S. Bened.

(109) *Revertatur*, ut nimirum nihil operi Dei præponeretur secundum cap. 43 Regul.

(110) *Genua flectat.* Hoc etiam fuit nostrorum a Cluniacensibus discrimen undecimum, quod nostri non illi, ipso etiam Petro Cluniacens. teste, ad horas canonicas genua flecterent in via constituti juxta cap. Reg. S. Bened. 50.

(111) *Possunt deferre.* Hoc eis concessum ut secundum Reg. etiam in via constituti super *mattam* et *sagum* dormirent. Vide c. ejusdem Reg. 55.

signum pulsatur in ecclesia ad refectionem, versum perdet si non occurrerit. Si mensæ campanam pulsari invenerit, divertat in refectorium, ut cum aliis versum incipiat : quem si jam inceptum invenerit, oratum vadat. Post orationem facto signo coco vel cellerario an intrare debeat, si annuerit, intret et versum dicat sub silentio, stans et inclinans sicut in conventu fieri solet, benedictionem dicat, nec tamen signum crucis faciat. Hoc autem ad utrumque prandium et ad utramque cœnam æque semper custodiat, excepto quod ad servitorum refectionem intrandi signum non faciat. Quod si ad refectionem ipsorum servitorum tardius venerit, non eum exspectent, nec eis discedentibus ipso se moveat. Similiter propter conventum si ad *biberes* venerit, vel propter signum collationis, non se moveat : sic tamen ut ad collationem ante finem veniat. Quod si ad signum collationis vel ad ipsam collationem venerit, statim conventui se jungat, cum eis compleat, et post Completorium comedat. Si ad Completorium venerit, similiter faciat : si post completorium, similiter comedat, et sic ibi in capitulo compleat. Quod vero de refectione diximus, etiam ipsi teneant qui ea die redeunt qua egressi sunt : qui tamen sollicite provideant ut ad primam semper refectionem veniant.

Et sciendum quod in quacunque abbatiarum nostri ordinis monachus vel conversus nostri ordinis venerit, per omnia sicut in monasterio suo ordinem tenebit. In ecclesia tamen psalmum aut Antiphonam non imponat, lectionem vel responsorium non dicat, nec quidquam de officio sacerdotis hebdomadarii, invitatorii, seu hebdomadarii, quousque abbas jubeat. Quod si prioratum vel aliam obedientiam habuerit, pro obedientia sua nihil faciet. Prior tamen post priorem illius loci primum locum tenebit.

PARS QUARTA.

De cura infirmorum et suffragiis mortuorum.

CAPUT XC.

De vomentibus et sanguinem fluentibus, et servitoribus eorum.

Si sacerdoti ad missam sanguis de naribus fluxerit, afferatur ei aqua in presbyterium a servitoribus ad sanguinem recipiendum et ad se lavandum : quod si ministris contigerit, extra chorum eis similiter serviatur. Alias autem quoties alicui hoc vel etiam vomitus contigerit, frater, cui hoc opus injunctum est, sequatur eum euntem in Claustrum : et si nox fuerit, cum lumine assistat ei et serviat : donec ablutus in chorum revertatur. Quod si *Venite, exsultemus* vel primus psalmus alterius horæ tunc in ecclesia canitur, ad *Gloria* revertatur in chorum. Qua dicta citius ad eum redeat. Ille vero si ad *Gloria* non fuerit, et in conventu hoc ei contigerit, non satisfaciens eat in stallum suum. Quod si extra conventum ei contigerit, non quidem ad gradum satisfaciat : sed veniens per medium chorum ante abbatem facto signo necessitatis suæ, in stallum suum redeat. Quod si in refectorio contigerit, servitor ejus non inde redeat : sed coco vel cellerario ut eum adjuvent significet. Ille vero si antequam conventus exeat, ad mensam redierit : quod comesturus erat comedat ; quem nec conventus exspectet, nec ipse si surrexerit propter hoc comedere desinat. Quod si postquam conventus exierit, revertitur : non servitores exspectet, sed statim comedat et dicto versu sub silentio, discedat. Si contigerit ut aliquem vomentem, aut sanguinem fluentem servitor eorum non viderit : significet ei quicunque viderit.

CAPUT XCI.

De minutione (112).

Fratres tempore messionis et in Adventu et in Quadragesima et per tres primos dies Nativitatis Domini, Paschæ et Pentecostes, et quando secunda vel tertia die præcipuum jejunium evenerit, minui non debent : similiter qui extra chorum pro infirmitate est, donec chorum intraverit. Hebdomadarii quoque missæ aut coquinæ vel lectionis mensæ non se minuunt, nisi pro gravi necessitate misericordiam in capitulo petentibus concessum fuerit. Reversus vero de via eadem die non se minuat, nisi de concilio abbatis. Et notandum quia quater in anno minui possunt, et si fieri convenienter potest, his minuantur mensibus : Februario, Aprili, Septembri. Quarta vero minutio circa festivitatem sancti *Joannis Baptistæ* fiat. Cum autem pars conventus minui debuerit, dicat prior in capitulo : Illi qui sedent ad illam vel ad illam tabulam, minuantur : caveatur ne secunda vel tertia, seu etiam quarta die duodecim Lectionum veniat dies. Erit tamen in abbatis arbitrio propter hoc non dimittere quin illi de quibus judicaverit, minuantur. Observet tamen ut ii minuantur, sine quibus possunt vigiliæ competenter celebrari.

Si tempus prandii fuerit inter Tertiam et Sextam, scilicet post Evangelium vel ante si necesse fuerit : Si dies jejunii, inter Sextam et Nonam, utroque etiam tempore post Nonam, si necessitas exegerit : accenso igne in calefactorio ab eo cui prior jusserit, præparent se ad minuendum : interim veniat minutor jussu prioris. Qui minuti fuerint pergant præ-

---

(112) *Minutio*, vel a sanguine minuendo vel a minuendis viribus dicitur.

gustare in refectorium, si voluerint et spatium habuerint. Ex hinc omni tempore lectionis vel laboris potest minutus aut jacere in lecto suo, aut sedere in capitulo et in claustro donec ingrediatur chorum : similiter dum extra chorum fuerit non legat nec cantet. Et notandum quod minuti et infirmi qui extra chorum sunt, privatas venias non petunt in Ecclesia donec chorum intraverint : excepta oratione Quadragesimæ. Minuti autem in æstate, quando conventus jejunat post Evangelium comedant. Similiter in hieme festis conventus vacat lectioni, claustrum non egrediatur, nec aliud quid faciat aliquis de obedientia sua : nisi prior, aut sacrista, aut cellerarius, vel magister novitiorum : sed, si cocus fuerit, priori de coquina suggerat : si obedientiam habuerit, solatium ejus vicem ejus suppleat. Quod si cantare aut in ecclesia aut extra ecclesiam legere, vel mandatum pauperum, vel aliud quid facere debet, significet de eo alicui, et ille faciat quandiu extra chorum fuerit. Hebdomadarium tamen invitatorii de officio suo nullum signum facere oportebit, nec hebdomadarium missæ de suo, nisi de missa tantum. De cætero minutus quandiu extra chorum fuerit : et quando lectioni vacat die tertia tempore laboris non significet : nisi de confessione : de missa auscultanda, vel etiam de *bibere*. Ad horas ingrediatur ecclesiam assidens statim ut venerit in primo ingressu, et post orationem signet se sedens. Deinde non prosternat se nec inclinet ad *Gloria*, nec stet nisi ad *Magnificat*, et ad *Te Deum laudamus*, ad *Evangelium*, ad *Benedictus*. Ad privatas tamen missas si necesse fuerit potest rogatus adjuvare, et ad hoc in aliam partem per ante chorum transire. Ad missas etiam communes, quando conventus deerit, potest adjuvare. Post horam vero ante alios egrediatur. Prima et secunda die absente conventu, si necesse fuerit, chorum ingrediatur : et sedeat ad Psalmos tantum. De cætero sicut sanus ibidem se habeat. Hoc etiam infirmus de infirmitorio : et qui extra chorum est tempore secationis et messionis faciat, excepto quod nec Antiphonam incipiat, nec psalmum imponat : nec officium hebdomadarii missæ vel invitatorii agat : si adsit alius qui hoc facere possit et debeat. In refectorio vero sicut cæteri se agat minutus : de cibo suo (113) nihil distribuat. Nam in hieme prima die dabitur ei dimidia libra panis albi præter communem panem cum una pitantia. Si autem Dominica fuerit detur ei sicut in æstate. In secunda et tertia die ad mistum post Tertiam dabitur ei una pitantia (114) cum integra libra panis albi et pane communi. In quarta autem die tam hieme quam æstate una cum pulmentis detur ei pitantia. In æstate vero per tres dies dabuntur ei ad prandium pulmenta communia et libra panis albi, præter communem panem cum una pitantia.

(113) *De cibo suo*, id est de pitantia sua quæ illi ultra pulmenta regularia concedebatur.
(114) *Pitantia*, a pietate dicitur, est autem ferculum melius quam pulmentum regulare

Ad cœnam vero per tres dies qualiscunque dabitur ei pitantia. Cui panem incidere (105) et alia ministrare servitor vel qui juxta eum sedet potest si necesse fuerit, et hoc tantum prima die. Post refectionem vero cum cæteris pergat ad ecclesiam : et divertens (sicut diximus) in primo membro stet, donec conventus ingrediatur ecclesiam, et tunc residens persolvat quod restat de gratiarum actione : quod si ecclesia unius altaris tantum fuerit, et tunc et ad horas diei divertat in capitulum. Si æstas fuerit, post Nonam præcedat fratres euntes in refectorium ad biberes, et intrante priore stet, donec ille resideat.

Post collationem vero intrantibus fratribus in chorum in loco solito, divertens statim sedeat, et signans se post orationem egrediatur si voluerit in capitulum cantare Completorium : quo cantato et oratione finita, signans se et aspergens aqua benedicta, revertatur ad lectum vel ad oratorium si voluerit : ante eos tamen ingrediatur dormitorium. Pulsato vero signo ad vigilias ingrediens ecclesiam resideat, et facta oratione signans se eat in infirmitorium sive in capitulum cantare vigilias. In his vigiliis possunt breviores quam in conventu lectiones fieri, et sub una benedictione tres, si tres tantum dicendæ sunt, vel quatuor in duodecim Lectionum legi. Qui prior sacerdotum ordine conversionis ibi fuerit, totum officium, si complere potest, compleat, excepto quod ad ministerium abbatis vel prioris attinet, si quis horum adfuerit : lectiones tamen alii, si fuerit qui legere possit, injungat. Totum etiam officium si complere non potuerit, compleat cui ipse innuerit. Absentibus sacerdotibus, aliorum graduum clerici idem inter se observent.

Et sciendum quod officium defunctorum, vel aliud quid cantari hic non permittitur, nisi sint præcipua officia defunctorum, et pro præsenti defuncto diebus quibus conventus celebrat. Si vero solus sive in capitulo sive in infirmitorio fuerit, si fieri potest, solatium quod eum adjuvare ad officium complendum possit, provideatur : quo completo eat dormitum. Nam cæteras horas diei non extra cantare, sed intus ex integro auscultare debet. Ad primam minuti revertantur in ecclesiam. Diebus vero festis dum signum capituli pulsatur, ingrediantur capitulum sicut cæteri : aliis vero diebus intrent per retro chorum inter sedem abbatis et prioris ordinantes se ordine suo ubi non petant veniam nisi quis fuerit clamatus. Si dies jejunii fuerit, secundo et tertio die accipiant post Tertiam mistum in refectorio.

Tertia die ingrediuntur in chorum omnibus diebus ad Primam tam in æstate quam in hieme. Ipso die possunt sedere in choro duos psalmos, primum scilicet et secundum ad omnes horas diei : ad Vesperas tamen et ad Primam non sedeant, nisi quomodo conventus. Tempore etiam laboris in claustro

(105) *Panem incidere*, etc., quia nempe tunc temporis usque ad deliquium fere minuebantur. Hinc tot illis indulgentiæ quæ hoc capite leguntur.

cantare aut legere, nec tamen in oratorio ire ad orationem. Tempore etiam laboris et lectionis calciati, et super cotos in lecto quiescere : quod semper facere possunt, nisi quando conventus in dormitorio dormierit. Tertia nocte remanebunt a vigiliis, nisi præcipuum festum scilicet cum fit sermo in capitulo. Quarto die sicut cæteri ad laborem se præparent; quibus tamen prior pro minutione sua, aliquem minorem laborem debet injungere, vel laborem omnino remittere.

CAPUT XCII.
De infirmis extra chorum.

Quoties aliquis exierit de choro pro infirmitate, in subsequenti capitulo petat inde veniam, etiam si jussus fuerit remanere, et dicat causam exitus sui. Quod si septimanarius coquinæ fuerit, Dominica die benedictionem egressionis cum socio suo recipiat : ad horas diei privatis diebus sicut cæteri prosternatur. In chorum redeat ad quamlibet horam noctis vel diei si voluerit, sive etiam ad missam. Cætera vero per omnia sicut minutus dum extra chorum est agat, excepto quod mistum non sumat et in capitulo sponte veniam petat : quod si aliquis talem et tam apertam infirmitatem habuerit, ut videri vel intelligi evidenter possit, quod nec conventum tenere, nec in infirmitorio valeat proficere, ejus infirmitas in capitulo manifestetur, et exhinc in ecclesia ubi et quomodo abbas providerit, cantet, legat et operetur, prout infirmitas ejus permiserit, et abbas constituerit. Cæterum qui certam non habet infirmitatem, si post unum aut duos dies non convaluerit, ad arbitrium abbatis ingrediatur infirmitorium. Et sciendum quod qui de via redierit, si coram omnibus ejiciatur : in capitulo inde veniam petere non debet. Qui autem de via veniunt, inde benedictionem accipere non tenentur, veniam tamen petant.

CAPUT XCIII.
De infirmis qui sunt in infirmitorio.

Infirmi de infirmitorio possunt loqui cum infirmario : sed nonnisi in certo loco ad hoc determinato : et hoc silenter et tantum de necessariis. In quem qui ingredi voluerit, signo ab infirmario licentia postulata et accepta ingrediatur. Ubi quandiu unus aliquis cum infirmario fuerit, alius ingrediendi non habeat licentiam. Qui autem ita infirmus fuerit ut continue jaceat, aut subita infirmitate gravatus, utpote febrium aut aliqua alia gravi lecto jacere compellitur : interim ibi cum infirmario et infirmarius cum eo, si opus fuerit, loqui poterunt : et hoc ipsum silenter. At ubi melioratus huc et illuc deambulare poterit : silentium more solito teneat, nisi forte alicui magna adhuc infirmitate detento abbas loqui ad lectum amplius judicaverit expedire.

Ad mensam non loquantur, neque ex quo signum canonicæ horæ dimissum fuerit donec ipsum opus perficiatur, præter eos qui per se nequeunt de lecto surgere. Vigilias, sicut supra diximus, cum in ecclesia incipiuntur, in infirmitorio cantent : et præcipua defunctorum officia tantum ibi dicantur. Horas diei simul congregati cantent. Dehinc qui voluerit eat in ecclesiam ad horas : ad missam vero quotidie, nisi multum graventur. Notandum tamen quod illi quos gravat infirmitas, neque in Ecclesia, neque in infirmitorio, neque ad horas, sive ad missam, nisi ad *Agnus Dei* genua flectant : ad benedictionem vero novitii in ordine suo in choro sint et sedeant qui voluerint. Qui communicare voluerit extra chorum, pacem accipiat ab aliquo de conventu communicaturo. Quod si forte defuerit ille qui hospitibus pacem dare debet, infirmis primum deferat, et sic ad communionem ordine suo accedant, et hoc tantum ad missam matutinalem. Ad missas non auxilientur nec serviant, nisi tempore messionis. Non licet ingredi ecclesiam, nisi quando in ea opus Dei celebratur, nec in claustro demorari; nec cum monachis qui conventum tenent significare, sed quantum possunt, ne ab ipsis vel ab aliis hominibus videantur, observent. Si quis tamen habet infirmitatem, quæ nec multum eum debilitet, nec comedendi turbet appetitum, ut puta inflatura vel incisio membrorum, aut aliquid hujusmodi, hic talis nec super culcitram jaceat nec jejunia consueta solvat, nec cibos refectorii mutet. Non apparentem quis habens infirmitatem, nec legat (116) nec operetur. Nam cujus infirmitas evidens fuerit, legat et operetur, non ad suum tamen arbitrium, sed horis quibus ei constituetur.

Quod si quis talis fuerit, qui cæteros inquietare, aut de ista infirmorum institutione murmurare, aut in aliquo transgredi præsumat, corripiatur : quod si sæpe correptus non emendaverit, si ita videtur abbati, indicetur ejus perversitas in capitulo, ubi vocatus coram omnibus arguatur : quod si nec sic se correxerit, si ejus permittit infirmitas, regulari etiam disciplinæ subjaceat. Non redeant in conventum, nisi prius indicaverint abbati, cujus accepta licentia, qua voluerint hora chorum ingrediantur, jejuni tamen, nisi in via dirigendi sint. Quod si abbas hospes nostri ordinis in infirmitorio fuerit, vel cum duobus tantum, vel cum singulis loqui poterit, exceptis servitoribus qui ei deputantur. Abbas vero quicumque in infirmitorio fuerit, postquam tantum convaluerit ut jam non decumbat lectulo sed egrediatur et ingrediatur, a *Gloria* primi psalmi regularis Completorii, monachorum regulam debet observare silentii. Si autem gravi infirmitate tenetur, liceat ei secundum necessitatem suam agere, servata tamen in omnibus honestate et gravitate : quod si episcopus nostri ordinis in infirmitorio fuerit, cum eo post Completorium loqui poterit.

---

(116) *Nec legat*, scilicet in refectorio vel in ecclesia, nam privatim legere poterat.

CAPUT XCIV.
Quo ordine inungantur infirmi.

Ad inungendum infirmum pulsetur signum tandiu donec unum *Pater noster* dici possit. Et facto parvo intervallo iterum pulsetur signum eadem mora : et tunc induatur abbas alba, stola et manipulo, Virgam sumens pastoralem. Qui si defuerit, aut cantor faciat, aut cui innuerit. Quo induto et signo semel pulsato, veniat conventus in chorum : et sic incipientes psalmum *Beatus qui intelligit,* deinde *Judica me, Deus,* et post *Vocemea* 2. unicuique psalmo adjungentes *Gloria Patri,* procedant eo ordine quo stant in choro, sacerdotibus sequentibus abbatem post crucem, et lumen in absconsa et aquam benedictam. Si autem necesse fuerit, psalmus ultimus repetatur. Sacrista vero pergens in ordine suo, ferat oleum et stupas vel pannum ad detergendum uncturam. Quoties dicitur *Per istam sanctam unctionem,* stupæ mittentur vel pannus, quas postea in piscinam ad hoc deputatam comburat. Et cum pervenerint ad infirmum finitis psalmis, qui unctionis agit officium dicat *Pax huic domui :* et conventus respondeat, *Amen.* Et statim sacerdos subsequatur *Dominus vobiscum,* et dicat hanc orationem, *Omnipotens sempiterne Deus, qui per beatum Jacobum.* Qua finita et responso *Amen,* dicat infirmus suum *Confiteor :* et si illud dicere nescierit vel non quiverit, tundens pectus dicat *Mea culpa ; de omnibus peccatis meis, precor vos, orate pro me :* tunc dicatur ei ab omni conventu, *Misereatur tui,* etc. Et post abbas si adfuerit dicat hanc absolutionem, *Dominus Jesus Christus,* etc. Si vero abbas defuerit, dicat ipse qui inungit *Indulgentiam et remissionem :* quo dicto qui inunxerit offerat ei crucem ad osculandum. Quo facto et cruce reddita, dicat *Per istam sanctam unctionem,* etc. Et sic inunctionis impleat officium : et inuncto infirmo, dicat conventus psalmum *Benedic* primum : deinde dicantur *Pater noster* et preces, ut in *Collectaneo* scriptæ sunt et postea orationes ; prima quidem *Oremus Dominum nostrum Jesum Christum, fratres :* secunda, *Propitietur Dominus :* tertia, *Da veniam, Domine, famulo tuo :* quarta, *Benedicat te Deus Pater sanctus :* quinta, *Benedicat te Deus cœli :* sexta, *Benedicat te Deus Pater qui in principio,* etc.

Quibus expletis, omnes exeant : quod si statim communicari debuerit, eat cum ministris ad ecclesiam qui eum perunxit, aut alius pro eo, si necesse fuerit. Et ablutis manibus in piscina, deferat sanctam communionem cum calice offertorio cooperto, præeunte cruce, lumine, aqua benedicta. Alius etiam inter lumen et aquam deferat ampullam vinariam ad conspergendos digitos in calice. Cum ad infirmum veniunt, qui fert aquam aspergat eum. Sacerdos vero dicat ei : *Ecce, frater, corpus Domini nostri Jesu Christi quod tibi deferimus ; credis hoc illud esse, in quo est salus, vita et resurrectio nostra ?* quo respondente, *Credo,* moneat dicere *Confiteor,* si monachus est. Quo dicto sacerdos cum his qui aderunt, dicat : *Misereatur tui,* et postea solus subjungat *Indulgentiam :* deinde communicet eum dicens, *Corpus Domini nostri Jesu Christi custodiat te in vitam æternam.* Si conversus est vel monachus qui non intelligit litteras idem illi Romane exponat sacerdos : et conversus romane confiteatur se peccasse cogitatione, locutione et opere. Similiter monachus romane confiteatur, si suum nescierit *Confiteor.* Idem quoque fiat, quoties gravi necessitate quis tenetur. Quod enim de fide sua infirmus interrogari præcipitur, non de omnibus infirmis : sed tantum de inunctis et de his qui in extremis videntur agere, intelligimus. Similiter etiam aliis vicibus quando communicant infirmi monachi vel conversi, non permittat sacerdos aliquam evenire negligentiam, sed de his quæ ad hoc necessaria sunt loquatur : quo communicato, discedant.

CAPUT XCV.
Quomodo agatur circa defunctum.

Cum aliquis morti penitus appropinquaverit, ponatur ad terram super sagum, supposito prius cinere in modum crucis, et aliqua matta, vel straminis aliquanto. Dehinc percussa crebris ictibus tabula in claustro, et pulsato signo in ecclesia ubicunque conventus fuerit quater, quomodo bis fieri ad inungendum infirmum determinatum est : si conventus intra claustrum fuerit, occurrant omnes velociter ad morientem, *Credo in Deum* dicentes bis vel ter, tam alte ut possint audiri. Si vero extra, quam citius poterit, cum gravitate tamen occurrat : nisi forte tempore secationis vel messionis tantum, pro aliqua gravi necessitate abbati deferat *Collectaneum :* et sacrista stolam et baculum ducens secum qui deferat crucem, lumen, thuribulum et aquam benedictam.

Si ad collationem sederint, audita tabula dicat lector, *Tu autem, Domine,* et abbas, *Adjutorium nostrum.* Qui tunc forte præsens non fuerit, non satisfaciat ad gradum, sed in crastino veniam petat in capitulo : si in oratorio ad missas vel ad canonicas horas vel Sabbato ad *Mandatum* fuerint, abbas aut prior et quos abbas jusserit, eant. Si autem viderit cantor quod pro festinatione possint cæteri ad defunctum convenienter occurrere, solito citius impleant opus inceptum et alios subsequantur. Quod si præcipua fuerit solemnitas, propter hoc Vesperæ vel Nocturni celerius non dicantur. Quod maxime in præcipuis solemnitatibus observetur. Et sciendum quia Dominicis et festis diebus Laudes sive Matutini, qui secundum Regulam post Nocturnos statim debent subsequi, licet ea hora tabula pulsaverit, non intermittentur ; similiter nec Prima privatis diebus post Laudes in hieme. Officium quoque defunctorum ubicunque sequi debuerit, quamvis pulset tabula, non intermittetur. Dicta itaque *Litania* si adhuc vixerit, dicantur septem *Psalmi pœnitentiales :* quod si nondum obierit, discedant, relinquentes ibi crucem et aquam benedictam.

Egressa anima incipiat cantor, *Subvenite,* cæteris

eumdem cantum subsequentibus, et deinde *Kyrie eleison, Christe eleison, Kyrie eleison.* Dehinc *Oremus, Tibi, Domine, commendamus.* Post illam Collectam deferatur mortuus ad lavandum : provideat autem prior a quibus et quomodo abluatur et involvatur. Interim fratribus seorsum a defuncto ordinatis circa abbatem sicut in choro prout locus permiserit et quisque abbas in suo dictaverit monasterio, conversis laicis seorsum existentibus, abbas cæteras quæ sequuntur subsequatur Collectas : scilicet, *Deus pietatis,* et *diri vulneris, viam tuam, Omnipotens sempiterne Deus, qui humanæ : Suscipe, Domine, animam servi tui,* adjuncta ei illa, *Partem beatæ resurrectionis,* et post hanc responso a conventu *Amen,* incipiatur mox Psalterium *Beatus vir.*

Post lavationem corporis allato corpore, abbas aspergens illud aqua benedicta et thurificans, dicat omnibus audientibus *Pater noster.* Dicto igitur ab abbate, *Et ne nos inducas,* et responso a cæteris, *Sed libera nos a malo,* dicat abbas, *A porta inferi :* deinde, *Nihil proficiat inimicus in eo :* et post *Dominus vobiscum, Oremus, Deus cui soli competit :* quam cum inceperit, procedant ad caput processionis ministri cum cruce, absconsa, thuribulo et aqua benedicta. Dicta itaque Collecta, et responso a conventu *Amen,* imponat cantor Responsorium *Libera me, Domine, de morte :* et sic efferant corpus in ecclesiam sequentes crucem eo ordine quo stant in choro, ita ut laici monachi præcedant clericos, post quos incedat abbas cum stola et baculo, vel quicunque officium fecerit : postea Novitii, deinde defunctus a quatuor vel pluribus quibus prior jusserit, sublatus, quos et conversi subsequantur. Dum vero defunctus effertur ad ecclesiam, si cantatur hora canonica, videat cantor quid canitur. Si dicitur *Evangelium,* vel *Te Deum laudamus,* vel aliquod Responsorium, subsistant parumper in claustro donec finitum sit, et tunc intrent cantantes. Si vero aliud chorus cantaverit, non differant intrare : et chorus intermisso quod cantabat, cantet cum eis donec post Collectam resumant quod fuerat intermissum. Qui venientes ad ecclesiam deponant corpus in choro, nisi ita sit fetidum, ut in ecclesia poni non possit. Abbas autem provideat ubi corpus ponatur. Finito cantu et fratribus ordinatis ad caput defuncti cum cruce, et thuribulo, et aqua benedicta eo ordine quo in ecclesia venerunt, et lumine super candelabrum posito ad caput defuncti, abbas stans post eos faciat commendationem. Interim fratres habeant vultus ad alterutrum, facta commendatione, deponant ibi aquam benedictam et crucem. Quo facto qui ab hora exierant eant in capitulum, et reincipiant horam et compleant. Vigilias, Laudes et Vesperas non incipiant a capite, sed ubi dimiserunt. Et quod omissum erat implentes usque ad id quod cantatur in Choro, redeant in conventum, sine satisfactione tamen, quandocunque exierint.

Porro, si tabula pulsatur quando dicitur officium pro defunctis, relictis paucis in choro quibus cantor innuerit, conventus exiet ad defunctum, nisi forte officium præcipuum fuerit, quod intermitti non licet : de quo faciendum est sicut diximus de horis canonicis. Si capitulum intermiserant, revertantur illuc complentes quod remanserat, et ibi præsens defunctus absolvatur : quod si abbas tunc defuerit in primo Capitulo cui adfuerit absolvat eum. Si refectorium intermiserant, revertantur ad refectionem, etiam in Quadragesima, ita ut nec signum in ecclesia, campana in refectorio pulsetur, nec versus repetatur, nec Lector benedictionem petat, sed incipiat ubi finierat : qui vero nondum inceperant comedere, manentes ad corpus, postea comedant. Porro omnimodis abbas provideat, ut corpus nunquam solum remaneat. Statim autem finita commendatione residentes in choro eo ordine quo intraverunt, et quo ad omnia intervalla æqualiter se debent habere, ibi incipiant psalterium ubi in infirmitorio dimiserant, si tamen incœptum fuit : quod si incœptum non fuit, incipiant a capite semper dicentes : *Requiem æternam* totum versum, dum signum pulsatur ad horam. Quod si psalterium finierint antequam corpus sepeliatur, dicant plenarium officium defunctorum ab hora prandii usque ad noctem, *Placebo* et *Verba :* post secundum psalterium *Placebo et Dominus regit :* post tertium *Placebo et Exspectans.* Ex quo nox fuerit usque post Sextam sequentis diei, *Verba mea,* et *Exsultabunt, Dominus regit me,* et *Exsultabunt, Exspectans,* et *Exsultabunt,* hebdomadario lectiones legente (si dies fuerit) legat eas cui cantor injunxerit : quo peracanto iterum incipiant psalterium : quod si et ipsum finierint, eodem modo secundum officium, id est *Dominus regit me,* persolvant : quod si adhuc defunctus supercrit, iterum incipiant psalterium, quo finito eodem modo tertium officium compleant. Hæc autem officia omnia cantando dicantur voce mediocri, et Responsorium *Libera me, Domine,* non dicatur, nisi in tertio officio, et cum primo tantum Versu et una Collecta singulariter dicatur scilicet *Inclina, Domine,* et Psalteria cum *Requiem æternam* singulariter dicto terminentur. Et quidquid pro eo dicetur, quandiu insepultum fuerit, singulariter dicatur.

Cum præsens defunctus est in ecclesia, si conventus officium defunctorum post Laudes et Vesperas celebrat, similiter celebrent qui sunt in infirmitorio : et qui in Capitulo vigilias dixerint, dicant officium defunctorum quale est dicendum in choro. Qui vigilant circa defunctum, nisi prius finito psalterio dixerint officium defunctorum post Vigilias et Laudes regulares, quas ibidem dixerint, idem officium non omittant. In consuetudinario vero officio quod agitur post Vesperas sive post Nocturnos, dicatur prima Collecta pro eo : deinde consuetæ, nisi fuerit solemne officium defunctorum, in quo solemni officio post primam Collectam hæc tantum debet sequi tam ad Vesperas et ad Laudes, quam ad missam. Si vero missa fuerit pro eo, in conventu dicatur ejus Collecta prima, id est *Inclina*, et *Omnipotens sempiterne Deus qui vivorum*, quod si fuerit solemne Tricenarium, interponatur *Deus veniæ*.

CAPUT XCVI.
Item de defunctis postquam sunt in ecclesia.

Omni die quo jejunamus tam æstate quam hieme si ab initio Nonæ usque ad principium Laudum obierit aliquis, dicta missa post Primam sepeliatur. Si ab initio Laudum usque ad finem Primæ transierit, post Tertiam tumuletur. Si inde usque ad Tertiam mortuus fuerit, post Sextam sepeliatur. Si ab initio Tertiæ usque ad Sextam, ita ut ante Sextam missam habere possit, ante Nonam sepeliatur. Si ante Sextam missam habere non potest, post Sextam eam habeat, et inter Nonam et Vesperas sepeliatur. Si inter Sextam et Nonam, dicatur missa ante Nonam, et Nona si necesse est, differatur, et post secundam refectionem sepeliatur. Tempore Quadragesimæ post Nonam poterit dici missa pro defuncto, et post primam refectionem sepelietur. Tempore autem quo non jejunamus, si a prandio usque ad Laudes sequentis diei obierit, post Primam dicta missa sepulturæ mandetur. Si a Laudibus usque ad finem Primæ, dicta missa post Tertiam tumuletur. Si inde usque ad Tertiam, ante Sextam sepeliatur. Si a Tertia usque ad Sextam, dicta missa post Nonam sepeliatur. Si vero a signo Sextæ horæ usque ad refectionem, hora et missa celerius dicantur, et post missam reficiant fratres ; post Nonam vero mortuus sepeliatur. Si duo mortui diversis horis sepeliendi supervenerint, et missam simul habere potuerint, hora qua secundus sepeliendus est, simul sepeliantur, si convenienter fieri potest.

CAPUT XCVII.
De vigiliis circa defunctum.

Cum agendæ sunt vigiliæ circa defunctum, si spatium suppetit, cantor designet in tabula qui vigilaturi sunt. Quibus in duas partes divisis, pars prima vigilet dimidium spatium quod est a Completorio usque ad Nocturnos, aliis interim dormientibus : et secundum quod opportunum viderit agat sibi matutinas. Circa primi spatii finem eat cui a priore injunctum est : et inspecta hora in horologio secundum quod sacrista indicaverit, si tempus est, eat ad lecta singulorum qui vigilare debent et excitet eos. Quibus chorum ingressis primi recedant : et ipsi matutinas agant sibi, et sic vigilent usque ad Nocturnos. Et veniente conventu, designato cantori psalmo ubi dimiserant, ad lecta redeant dormituri.

Si vero ad conscribendum vigilaturos cantori spatium defuerit : manu designet in choro qui primi vigilare debent : secundos conscribat, et conscriptos alicui de primis ostendat qui eos excitet : et ab utrisque sic agatur ut dictum est. Si prope vigilias conventus ad defunctum surrexerit : vigilet usque ad vigilias. Hora vero prandii qui ad corpus remanserant, conventu veniente ad gratias, denuntient intrantibus psalmum ubi dimiserant, et exeuntes per retro chorum eant in refectorium cum servitoribus reficiendi. Si autem in æstate post prandium vigilandum est, qui ante Nonam vigilaverint post Nonam dormiant. Nullus dirigatur in via ex quo frater mortuus fuerit usque post reconditum corpus, nisi gravis necessitas urgeat, quod et ipsum sine abbatis licentia non fiat. Qui officiis deputati sunt, assistant defuncto quantum ratio dictaverit. In conventu, si fieri potest, missa pro eo solemniter dicatur cum Responsorio *Si ambulem* et Tractu *Absolve, Domine*.

CAPUT XCVIII.
Quo ordine missæ vel Collectæ pro præsenti defuncto dicantur.

Omnibus diebus quibus duæ missæ in conventu canuntur, si præsens defunctus fuerit, prima dicatur pro eo solemniter cum duabus Collectis, scilicet *Inclina, Domine*, et *Omnipotens sempiterne Deus qui vivorum* : secunda vero cum Collectis, quæ ad primam missam dici debuerunt. In Quadragesima tamen et jejuniis Quatuor Temporum : et Dominicis in quibus de aliqua vigilia mane dicenda est missa : et Dominicis diebus : et a Septuagesima usque ad Pascha, et in octavo die Paschæ : et in Adventu Domini cum solemnitas duodecim Lectionum, in qua laborare solemus, in Dominica evenerit : et cum vigilia Nativitatis Domini die Dominica fuerit : et Dominica quando dicitur *Dum medium silentium* : et tribus Dominicis diebus ante Quadragesimam : et Dominica ante Ascensionem cum solemnitas ferianda supervenerit : et Dominica quando aliqua historia incipitur : et sexta die a Nativitate Domini : et illis tribus diebus in quibus laboramus in hebdomada Paschæ et Pentecostes : et Dominicalibus officiis, quæ differri non possunt : in jejuniis etiam præcipuis, et præcipuis defunctorum officiis : et Octavis sanctorum, et proprietatibus eorum, qui in Graduali designatum habent officium, præter *Alexandri, Eventii* et *Theoduli*, cum in Dominica ante Ascensionem evenerint : et in octava sancti *Laurentii* cum in ea dies Dominica fuerit : In omnibus, inquam, his diebus missa de die et Collecta propria pro præsenti defuncto dicatur, et nihilominus pro præsenti defuncto in conventu dicatur. Tribus tamen diebus ante Pascha, nec privatim nec in conventu missa pro præsenti defuncto celebretur. In Cœna tamen Domini et Sabbato, si præsens defunctus fuerit, Collecta pro eo ad missam dicatur. In die vero Nativitatis Domini, Paschæ et Pentecostes omnes missæ in conventu de festo fiant, et Collecta dicetur pro præsenti defuncto : privatim autem qui ex devotione voluerit cantare, licebit pro eo. Qui de festo cantaverint, Collectam dicant pro defuncto, tam post sepulturam quam ante.

Quia vero cavendum est omnimode, ne sine propria missa quisquam fratrum sepulturæ mandetur, si convenienter fieri potest, præsens defunctus missam habeat in conventu, etiamsi eadem die una vel duæ missæ cantatæ fuerint aut cantandæ. Quod si necessitas temporis aut solemnitatis præcipuæ non permiserit, saltem privata missa pro eo dicatur, si hora non impedierit, et secundum distinctiones horarum, quas diximus, sepeliatur. Sciendum autem quod pro hac necessitate omnibus diebus jejuniorum extra Quadragesimam usque ad Nonam, in Quadragesima usque ad Vesperas, tempore quo non jejunamus usque ad prandium poterit missa dici pro defuncto.

Si defuerit in conventu qui hanc more solito cantare valeat, frater de via veniens (si est) hoc adimpleat. Si ille defuerit, aliquis de infirmitorio. Si et iste non aderit, frater quamvis illusionem (117) passus hoc faciat. Si vero et iste defuerit, liceat abbati vel uni de fratribus sacerdotibus monasterii secundam missam cantare. Præsente nihilominus defuncto vel ante sepulturam vel post, eadem die, exceptis supradictis tribus diebus, nullus nisi pro eo missam cantare præsumat : nisi secundum dispositionem abbatis, quando fratres communicare debent, aut officiales audire convenit missam in aliqua præcipua festivitate.

CAPUT XCIX.
Quo ordine efferatur ad tumulum.

Dum efferendus fuerit ad tumulum, induatur abbas alba, stola, manipulo cum baculo : et pulsato signo sicut ad missam, qui psalmos cantant, finito psalmo vertant se ad altare. Abbas vero et qui crucem, lumen, incensum, cum thuribulo et aquam benedictam ferunt : ordinentur ad caput defuncti hoc modo. Prius aqua, postea lumen : deinde crux, ultimus abbas. Thuriferarius vero juxta abbatem : ut quoties abbas corpus thurificaverit ad finem uniuscujusque Collectæ, paratum tribuat ei thuribulum. Cantor vero vel cui ipse injunxerit, teneat ei *Collectaneum*. Interim fratres vertant se ad alterutrum. Expleto itaque officio, eat thuriferarius in ordinem suum, scilicet inter lumen et aquam. Et tunc imposita Antiphona a cantore, exeant cantando Psalmos, scilicet *In exitu Israel; Confitemini* 4. *Quemadmodum; Memento, Domine, David; Domine, probasti; Domine, clamavi; Voce mea* 2. Et post Psalmos dicatur Versus *Requiem æternam*, et Antiphona *Chorus angelorum*, et statim *Clementissime Domine*, cantando, et dum dicitur, *Domine, miserere super peccatore*, omnes petant veniam. Incedant autem eo ordine quo stant in choro sacerdotibus præeuntibus : ita ut abbas eat primus scilicet post crucem, novitii vero post monachos. Sed et quatuor fratres vel plures a priore provisi, induti scapularia subtus cucullas sustollant corpus. Aliquis autem remaneat qui et ecclesiam et claustrum custodiat. Dum ad tumulum pervenerint, abbas et ministri ordinentur ad caput fossæ. Qui vero corpus deferunt ponentes illud a parte meridiana, exuant cucullas et sint parati ad corpus sepeliendum. Quo tumulato reinduti cucullas, revertantur ad chorum in ordine suo. Fratres vero vertentes facies ad alterutrum seorsum ab abbate post eos cantantes ita ordinentur, ut priores sint a parte defuncti.

Interim abbas officium peragens, solis ministris sibi respondentibus, si tumulus nondum paratus est cum ad *Temeritatis quidem* venerit, dicat de sequentibus Collectis, hac reservata. Quo præparato antequam inchoet ipsam Collectam, aspergat corpus, postea fossam. Deinde thurificato corpore, tradat thuribulum illi qui est in fossa, ut eam thurificet. Moxque deponatur corpus, et iterum aspergatur ab abbate, et ab illo qui in fossa est thurificetur. Quo operto, abbas super eum terram semel projiciat. Quo facto, retrahat se contra sepulcrum, incipiens *Temeritatis quidem* ordinatis ante eum cruce, lumine, thuribulo, aqua benedicta, et sic consummet cætera quæ restant. Quibus consummatis, incipientes *septem Psalmos pænitentiales*, revertantur ad ecclesiam verso ordine, scilicet laicis monachis præeuntibus, et si fuerint novitii, eant primi : et ingressi medium chorum, stent eo ordine quo venerunt, donec sacerdotes a superiori parte prosternantur. Interim abbas exutus veste sacerdotali prosternat se in presbyterio ante altare, et priores post eum. Quod si alius fecerit obsequium, exutus veste sacerdotali prosternatur in primo ordine inter priores. Post psalmos dicto *Requiem æternam* et quod in *Collectaneo* habetur, discedant.

Fratres qui extra chorum sunt pro infirmitate, et minuti ad exitum morientis et ad sepulturam, et ad septem Psalmos post sepulturam, si possint, ordine suo consistant. Sin autem, impossibilitatem suam abbati suggerant : ab his vero quæ in ecclesia pro eo aguntur, permittantur abesse. Qui in infirmitorio sunt, si potuerint, similiter ordine suo exeant ad tumulum. Reversi vero in ecclesiam extra chorum, se prosternant sicut et novitii. Conversi autem in suo choro vel in retrochoro. Dehinc fiant plura brevia (118), quæ dentur portario distribuenda peregrinis. Quidquid vero pro eo fit antequam terræ tradatur, erit extra debitum quod ei debetur. Hoc est autem debitum, ut Collecta pro eo dicatur in conventu ad officium defunctorum, in Vesperis et Laudibus usque ad tricesimum diem : scilicet *Deus cui proprium est*, et hæc eadem in missa quotidiana diebus totidem repetatur. Quibus finitis, tricesima die commemorante cantore absolvatur in capitulo, et tunc conjungatur in Collectam, scilicet *Omnipotens sempiterne Deus cui nunquam*. Et ab unoquoque sacerdote *tres Missæ* privatim, et ab unoquoque clerico *Psalterium*, et qui ipsum ignorant, centies quinquagies *Miserere mei, Deus*. Qui etiam ipsum ignorant, toties *Pater noster* dicant. Si qui nostri ordinis

---

(117) *Illusionem*, ergo excepta hujusmodi necessitate non solebant illusionem passi missam celebrare.

(118) *Brevia*, id est schedulæ, orationes et suffragia pro defuncto ab aliis monasteriis postulantes.

supervenerit et ibi obierit : tantum pro eo agatur, ac si illius domus professus fuisset, nihilominus tamen pro eo in propria domo agatur.

Tempore Cisterciensis capituli sequenti die post Exaltationem sanctæ *crucis*, post sermonem habitum in capitulo, cum devotione stantibus omnibus, ab eo qui capitulum tenet, absolvantur defuncti nostri, ita dicente, *Animæ fratrum et familiarium nostrorum hoc anno defunctorum requiescant in pace*, et respondentes omnes *Amen*, dicant *De profundis* : et post flectentes genua, etiam Dominicis diebus, dicant *Pater noster*, et qui præsidet, dicat *Et ne nos inducas in tentationem* : *A porta inferi* : *Dominus vobiscum* : *Oremus*, *Deus veniæ largitor*, etc., in fine post *Dominus vobiscum*, *Requiescant in pace*, *Amen*. Eodem modo fiat absolutio decimo quinto Kalendis Octobris in unaquaque abbatia ordinis nostri commemorante cantore, et eodem die ad Vesperas incipiatur solemne Tricenarium, nisi forte in crastino dies præcipui jejunii vel Dominica dies occurrerit. Quod cum contigerit, absolutio quidem non differetur, sed in die sancti *Mauricii*, nisi forte et ipsum dies Dominica sequi debuerit, ad Vesperas incipietur solemne Tricenarium, et sequens dies quæ tunc prima erit Tricenarii, solemniter agetur. Post absolutionem defunctorum prosequatur qui capitulum tenet, et dicat quid amplius pro eis fieri debeat, et hoc est debitum. *Tres præbendæ* omni die in unaquaque nostri ordinis abbatia : ab unoquoque etiam sacerdote *viginti missæ* infra annum : a cæteris *decem psalteria* : ab iis qui Psalterium nesciunt, mille quingentis vicibus *Miserere mei, Deus*, vel toties *Pater noster*.

In quibus omnibus, si priusquam persoluta fuerint, de parentibus seu de familiaribus nostris, vel etiam de fratribus nostri ordinis aliquis obierit, recipi poterit, nisi forte ea aliquis per negligentiam suam nondum persolverit. Si quis tamen, quamvis adhuc debito teneatur capituli : vel etiam aliis temporibus, quamdiu debet aliquam missam pro defunctis, de præsenti solemnitate ex devotione cantare voluerit : non ei reputabitur pro negligentia. Et ex quo hæc absolutio facta est, unusquisque quod fratribus suis debet, non exspectato reditu abbatum de capitulo, devote, ut Dominus cuique dederit, solvere satagat.

Et cum abbates de Cisterciensi capitulo venerint, prima die qua in suo quisque fuerit capitulo, ad admonitionem cantoris iterum absolvantur cum flexione genuum, etiam Dominicis et festis diebus. Omnibus quoque Tricenarii diebus Collecta Tricenarii pro eis in conventu (exceptis duodecim lectionum diebus) tam ad missas quam ad officia dicatur. Super hæc omnia, missa una quotidie, excepto *Natali Domini, Parasceve, Sabbato Paschæ*, et ipso die *Paschæ* et *Pentecostes* tam pro eis quam pro aliis omnibus de ordine nostro, qui ab hoc sæculo migraverunt vel quotidie migrant, dicatur.

Forma Brevium pro Defuncto scribendorum.

Prima Augusti obiit in monasterio N. *Nonnus N. de N. sacerdos et sacrista ejusdem monasterii : pro cujus anima, vestras precamur orationes ex charitate, et orabimus pro vestris.* Et sic de similibus, mutatis mutandis; die scilicet, loco, nomine, ordine et officio, prout contingeret.

CAPUT C.
De parentibus nostris.

Patres, matres, fratres, sorores et consanguinei defuncti fratrum ordinis nostri, in Cisterciensi capitulo in conventu abbatum extremo die nominatim absolvi debent. Similiter fiet in omnibus abbatiis ordinis nostri decimo quinto Kalendas Octobris post solemnem absolutionem fratrum nostrorum, et prima die qua quisque abbas a Cistercio rediens, suum ingreditur capitulum : in quibus tamen absolutionibus dicetur tantum *Requiescant in pace*. Participes quoque fiant omnium eorum, quæ in generali capitulo statuuntur facienda pro fratribus. Pro eis quoque semel in anno communiter duodecimo Kalendas Decembris per omnes abbatias nostras præcipuum officium fiet solemniter. Quando vero monachus misericordiam quærit pro patre, matre, fratre et sorore, quia pro aliis parentibus petere non licet, absolvitur defunctus, et unusquisque sacerdos in missa privata Collectam pro eo dicet : reliqui fratres septem *Psalmos pœnitentiales*, vel totidem *Miserere mei, Deus*, aut *Pater noster* totidem.

CAPUT CI.
Quomodo communicentur hospites infirmi

Quando hospitalis viderit hospitem debere communicari, dicat priori, qui provideat qui sacerdos hoc faciat, et qui cum eo eant. Sacerdos vero ablutis manibus, indutus alba, stola et manipulo, sumat partem Dominici corporis de vasculo in quo reservatur, quam tenens super calicem utraque manu offertorio cooperta, eat ad infirmum, fratribus præeuntibus hoc modo : primus cum aqua benedicta et igne in absconsa : secundus cum vino in ampulla . tertius vero cum cruce discooperta. Porro illi ante quos transeunt, prosternantur super genua : redeuntibus vero, inclinent tantum.

Cum autem pervenerint ad infirmum, inquirens fidem ejus, communicet eum sacerdos, postea aspergat digitos suos vino in calice, quod ministret ei, tenens sinistram manum sub mento illius, et iterum liniens calicem vino, det ei. De sibi autem ad hoc opus necessariis loqui poterit. Quod si viderint eum nondum propinquare morti, dimittentes ibi crucem et aquam benedictam, redeant eo ordine quo venerunt.

CAPUT CII.
Quomodo hospes sepeliatur.

Cum hospes nuntiatus fuerit obiisse, provideat prior qualiter anima commendetur, hospitalis qualiter apte præparetur. Prior vero quando viderit competere, mittat sacerdotem cum collectaneo et stola et duos fratres cum cruce et aqua benedicta et lumine in absconsa, et thuribulo, et quod voluerit ad deferendum eum in ecclesiam, cantando voce mediocri. Prior vero provideat, ne corpus solum vel sine lumine remaneat. Si interim Officium pro defunctis vel missa cantatur, pro eo Collecta secundo loco dicatur. Ad aliam vero missam eo loco dicatur, quo solent dici Collectæ pro defunctis. Quacunque hora sepulcrum paratum fuerit, potest sepeliri, etiam post refectionem. Tunc signo pulsato, ordinentur fratres circa defunctum. Quando vero conventus est in labore, ad sepeliendum mortuum non tenetur occurrere; minor campana bis tantum pulsetur.

Sacerdos vero cui cantor injunxerit, habens stolam super cucullam, et cæteri quos ipse providerit, cum cruce et aqua benedicta, et igne in absconsa, et thuribulo, ordinati more solito, compleant officium plane, scilicet non cantando, nisi forte abbati visum fuerit pro reverentia personæ debere cantari. Quo expleto, sicut mos est, efferatur ad tumulum. Quo tumulato, si cantor viderit expedire, interrumpat psalmodiam et dicat *Requiem æternam*, deinde *Chorus angelorum*, postea *Clementissime*. Quo finito, sacerdos, expleta Collecta quam dicit, dicat alte *Pater noster*, deinde *Et ne nos: Requiem æternam: A porta inferi: Ne tradas, Domine, bestiis animas: Domine, exaudi orationem: Dominus vobiscum*: Collectam, *Absolve, Domine*, et post eam, *Deus cujus miseratione*. Qua dicta discedant.

Ab hoc obsequio possunt remanere infirmi et minuti, et qui diversis officiis deputati sunt, cum necesse fuerit. Et sciendum quod omnes presbyteri et omnes religiosi qui in hospitio moriuntur, deferuntur in chorum, et nullus alius, nisi abbati visum fuerit, et eorum exsequiæ cantando fiunt: venia tamen ad *Clementissime*, non petitur, nec *septem Psalmi* post sepulturam dicuntur; eo quod hæc tantum pro monacho vel converso, aut novitio nostri ordinis facienda sunt. Fugitivis vero tam monachis quam conversis, in infirmitorio pauperum decumbentibus, detur habitus cum in extremis agere videbuntur, et deportentur in infirmitorio monachorum, si monachi fuerint: si conversi in infirmitorium conversorum (119).

CAPUT CIII.
De novitiis.

Monachus quis fieri volens, facta petitione, non nisi post quatuor dies ducatur in capitulum: qui dum adductus fuerit, prosternat se ante Analogium (120). Interrogatus ab Abbate, quid quærat, respondeat, *Misericordiam Dei et vestram*. Cui ad jussum abbatis erecto, exponat abbas asperitatem ordinis, voluntatem ejus exquirens: quod si responderit se velle cuncta servare, dicat abbas post cætera: *Qui cæpit in te, Deus ipse perficiat*, et responso a conventu *Amen*, inclinet, recedens ad hospitium. Eodem modo se agat quoties post lectam Regulam venerit in capitulum. Tertio vero die ducatur in cellam novitiorum. Et abhinc annus incipiatur probationis.

In ecclesia, in labore, ad collationem ordine suo, sicut monachi, conventum teneat. Ante monachos de choro post horam exeat, post Completorium orationem extra chorum faciat. Iisdem horis quibus monachi, laboret, quiescat, legat, dormiat. Iisdem cibis vescatur, iisdem pannis induatur, excepto habitu monachali, pro quo cappam et mantellum vel pelles habeat: cum monachis non significet, nec coronam, nec ordines accipiat. Si contigerit ut aliquis conjugali nexu ligatus, monachis hoc ignorantibus suscipiatur, dum cognitum fuerit, ejiciatur: quod si postea sigillum episcopi sui, vel certum testem adduxerit, quod uxor ejus castitatem vovens eum absolverit, recipi poterit, annum integrum in probatione denuo peracturus: quod si habitum monachi jam accepit, similiter recedat. Si in cella moritur, de eo sicut de monacho fiat. Si novitius laicus monachalem habitum non ausus suscipere, conversum se fieri petierit, potest recipi.

Qui vero monachus fieri voluerit, completo anno probationis (121), vocatus in Capitulo coram omnibus, quid de rebus suis, si quas habet, fieri debeat disponat. Postea benedicatur ei corona ab abbate in ecclesia si laicus fuerit assistente ei cantore et sacrista, compleatque benedictionem sicut in Collectaneo habetur. Capillos vero comburat sacrista in piscinam ad hoc deputatam. Deinde tondeatur in monachum: quod si missa ea die postea celebranda est, statim post Evangelium accedens ad gradum presbyterii legat professionem, si legere scit (122); sin autem, magister suus pro eo legat: qua lecta ipse novitius crucem faciat in ipsa, et tunc inclinans accedat ad altare, petens veniam ad gradum ipsius. Deinde erectus ponat professionem super dextrum cornu altaris osculans illud; et iterum inclinans, revertatur ad gradum.

Abbas vero interim stans in dextro cornu altaris, tollat inde chartulam: interim novitius ter dicat, *Suscipe me, Domine*, totum versum, petens veniam, manibus et genibus in terra positis, tam festis diebus quam cæteris, quoties finierit ipsum. Et conventus eumdem versum ter respondeat adjungens *Gloria Patri*, et *Kyrie eleison*, et *Pater noster*. Abbas autem dicat, *Et ne nos*, fratribusque respondentibus *Sed libera nos a malo*, incipiat cantor psalmum *Miserere mei, Deus*, decantandum alternatim ab utroque choro

---

(119) Nota fugitivos tunc temporis in infirmitorio duntaxat pauperum recipi solitos, nisi ante infirmitatem ad monasterium rediissent. Quanquam hæc forte de fugitivis plusquam tertio a monasterio profugis intelligi possunt quibus nostri secundum Regulam S. Benedicti, cap. 29 reversionem negabant nisi in extremis agerent. Et hoc est teste Petro Venerabili sextum nostrorum a Cluniacensibus discrimen (Ep. 17 lib. IV. Epistolarum ejusdem).

(120) Vide cap. 58 Reg. S. Ben.
(121) *Completo anno*, etc. Hoc primum nostrorum a Cluniacensibus discrimen teste Petro Venerabili in sua Epist. 17, lib. IV Epist. ejusdem, quod illi suos, ante completum probationis annum, novitios ad professionem admitterent.

(122) *Si legere scit.* Ergo et a nostris tunc illiterati nonnunquam recipiebantur, idque juxta Regulam S. Benedicti (*ibid.*).

cum *Gloria*, ad quam non est inclinandum, sicut nec ad illam quæ dicitur post *Suscipe me, Domine*. Novitius vero ter petita venia post *Suscipe me, Domine*, statim *humiliet se ad pedes abbatis* (123), et abbatum, si plures fuerint, et ministrorum. Postea humiliet se ante priorem et percurrat chorum ipsius, humilians se ad pedes singulorum : et iterum rediens per medium chorum, percurrat dextrum sicut fecit et sinistrum. Porro absente priore, nisi abbas in sinistro choro fuerit, prius percurrat dextrum chorum quam sinistrum : et inde exiens in retrochorum, prosternat se ad pedes infirmorum, si adfuerint : quo facto, revertens per medium chorum, prosternatur sub gradu.

Circa finem vero psalmi, abbas cum baculo accedens ad gradum, dicat *Salvum fac servum tuum*, etc., et sequantur quatuor Collectæ, quibus expletis, erigatur novitius. Deinde benedicta cuculla et aqua benedicta aspersa, exuens abbas propriis vestibus novitium, dicat *Exuat te Dominus*, etc., et fratribus respondentibus *Amen*, induat eum cucullam, dicens *Induat te Dominus*, etc., fratribus respondentibus *Amen*, et sic statuatur in chorum. Post hæc abbas revertens ad altare, dicat *Credo in unum Deum*, vel *Dominus vobiscum*. Porro si ad missam benedicendus non fuerit, statim post Sextam benedicatur. Et sciendum quod quilibet abbas, etiam in præsentia majoris abbatis proprium novitium benedicet (124).

PARS QUINTA.

De hebdomadariorum, superiorum et officialium muniis.

CAPUT CIV.
De Hebdomadario sacerdote et ministris ejus.

Hebdomadarius sacerdos horas incipit et omnia capitula; ad Laudes, et ad Vesperas *Dominus vobiscum*, *Oremus* et Collectas : et in commemorationibus, versiculos, *Oremus* et Collectas. Ad nullius autem commemorationis Collectam dicit *Dominus vobiscum*, nec *Per Christum Dominum nostrum*, nisi post ultimam quando nihil subsequitur. Cum vero Prima vel *Exsultabunt* subsequitur, dicit quotidie *Per Dominum*, sed non *Dominus vobiscum*, nec *Benedicamus Domino*. Dat autem cocis et in via euntibus et redeuntibus benedictiones, sicut in libro habentur : hæc omnia dicit stando, nec inclinat nisi post capitula. Ad cæteras vero horas prostratus, vel residens super *misericordias*, dicat *Dominus vobiscum*, *Oremus* et *Benedicamus Domino*; et ad officium defunctorum Psalmos, scilicet *De profundis* et *Lauda, anima mea*, *Dominum* incipiat : *A porta inferi*, etc., dicat. In Capitulo et in refectorio versus et benedictiones dicat. Absente etiam abbate, priore, subpriore, per omnia subprioris officium in ecclesia suppleat, excepto iod nec fratres excitabit, nec de loco suo se movebit. Quod si defuerit, sacerdos qui supra eum stat in choro, hæc omnia pro eo compleat : si nullus supra eum fuerit, qui subtus juxta eum steterit. Quod si in illo choro nullus sacerdos exstiterit, qui prior fuerit in altero choro hæc eadem faciat. Qui ordo non tenebitur, si in via directus aut in infirmitorio fuerit.

In labore horas, si adfuerit, incipiat. Candela in Purificatione sanctæ *Mariæ*: cineres in Capite jejunii : ramos in Palmis : ignem in sancto Sabbato benedicat, et missas solemnes cantet. In sua septimana missas generales, et in sequenti cum duæ missæ fuerint matutinales cantet, et ad generales ad induendum et exuendum et ad cætera ibi necessaria adjuvet. In tertia vero septimana, cum duæ missæ fuerint, ad matutinalem similiter faciat. Cum diaconus solus sanguinem fratribus distribuerit, sicut longe superius diximus, loco subdiaconi eum adjuvet : minister, si subdiaconus fuerit, Epistolam; si diaconus, Epistolam et Evangelium in sua septimana ad generalem missam legat, et in sequenti ad matutinalem. In secunda et tertia hebdomada ad missas, sicut diximus de sacerdote, adjuvet.

CAPUT CV.
De hebdomadario invitatorii.

Eo tempore quo privatis diebus *Invitatorium* canitur, debet hebdomadarius quotidie in sua hebdomada, *Venite exsultemus Domino* solus privatis diebus cantare, et in eadem atque in sequenti in duodecim Lectionibus cum socio. In sequenti si extra chorum fuerit, alii commendet officium suum. Versus per omnes horas et Responsoria in Laudibus et in Vesperis in ecclesia cantet. In secundo Nocturno *Alleluia* : ad cantica, et ad horas diei Antiphonas et *Alleluia* : ad Vesperas vero primam Antiphonam debet imponere : ad Laudes et ad Vesperas *Benedicamus Domino* dicere : in capitulo legere. Ad officium vero defunctorum primam Antiphonam incipere : versiculos, lectiones, Responsoriorum versus dicere : ad *Benedictus* et ad *Magnificat* Antiphonas imponere.

Qui si defuerit, qui juxta eum superius steterit, hæc omnia pro ipso compleat, nisi in via directus aut in Infirmitorio fuerit : si superiorem non habet, inferior faciat. Quod si forte ille qui superior hebdomadario est, hebdomadarius missæ fuerit, vel horas pro alio cantare debuerit : innuat alicui qui Responsoria et versus loco hebdomadarii compleat. Similiter faciat qui inferior illo est, si hebdomadarius ciaretur.

---

(123) *Humiliet se ad pedes*, scilicet ut per hanc cæremoniam secundum Regulam *congregationi so*—

(124) Vide *Chartæ Charitatis* cap. 2.

missæ fuerit, et ad eum aliquo casu officium *invitatorii* venerit.

Semper autem ille qui inferior hebdomadario *invitatorii* est, Psalmos et cantica intonet, hebdomadario incipiente Antiphonam. In æstate ad Nocturnos privatis diebus post lectionem Responsorium cantet, *Domine, labia* ; *Deus misereatur nostri, Quicunque vult, Cum invocarem*, et omnes hymnos privatis diebus, et in festis ad Sextam et Nonam incipiat. Notandum tamen quia, cum ultimus clericorum hebdomadarius *Invitatorii* fuerit, qui supra juxta cum est, hæc omnia complere debet.

CAPUT CVI.
De servitore ecclesiæ.

Servitor ecclesiæ in Nocturnis ad lectiones et Responsoria, et in Laudibus ad *Kyrie eleison*, nisi clarus dies fuerit, ad Collectam candelas accendere debet. Similiter ad intervalla in claustro et in capitulo, et lampadem ad Completorium quando necesse est accendere. Ad ipsum etiam pertinet lampades in ecclesia quoties expedierit reficere : lumen si deerit : carbones in patella : aquam ad manus abluendas ante missas : sal et aquam ad benedictionem Dominica die ante Tertiam : prunas in thuribulo ante Evangelium vel post, si *Credo in unum Deum* dicitur, in ecclesiam deferre. Salinum quoque in Refectorium unde sumpserat, post missam referre. Et pro his omnibus si intra claustrum non invenerit, foras exire poterit.

CAPUT CVII.
De hebdomadario lectore.

Mensæ lector Dominico die post majorem missam provolvens se ante gradum presbyterii incipiens a dextra parte, dicat ter *Domine, labia mea* totum versum, et accepta benedictione inclinet. Qui significet cantori, quid et ubi legere debeat. Mistum, audito signo, sicut superius diximus, sumat : librum antequam Prior refectorium ingrediatur super analogium ponens, proviso convenienti principio, adveniente Priore apertum habeat. Dum versus dicitur ibidem sedeat : quo finito, surgat, et versus ad priorem supplex de eodem loco benedictionem petat : qua percepta, si homiliam lecturus est, incipiat *In illo tempore* : et intermisso *et reliqua*, subsequatur, *homilia lectionis ejusdem*. Dum legit, aurem accommodet priori, ut, si quando eum emendaverit, intelligere possit. Si intelligit quid emendet, humiliter dicat : si non intelligit, versum reincipiat ; et hoc toties faciat, quoties priorem propter hoc grunnire cognoverit. Finita lectione, ferens librum non firmatum, sine mora descendat, et posito libro inclinet : quo resumpto, in tali loco discedat ubi a conventu non videatur. Quando Biblia leguntur in refectorio, nominetur capitulorum numerus ab eodem. Finitis gratiis in ecclesia pulset nolam, nisi aliquis abbas aut prior loci illius, aut subprior, absente priore, cum servitoribus comesturus est. In sequenti hebdomada ad

(125) In hoc humilitatis et charitatis officio teste Petro Cluniacensi positum fuit nonum discrimen

collationem leget : si autem extra chorum, vel in infirmitorio, vel in via directus fuerit, ut ad mensam legere non possit, cantor alii injungat, qui, quandiu ille absens est legat et mistum sumat.

CAPUT CVIII.
De hebdomadariis ad Mandatum hospitum.

Percussa tabula ad *Mandatum* post Completorium, fratres qui die Dominica ad hoc pronuntiati sunt in capitulo, induentes scapularia sequantur ordine suo hospitalem, et venientes ad hospites deponant caputia. Qui prior est, prima die abluat pedes (125), junior tergat, sed non osculentur : secunda die flat e converso, et sic percurrant cæteros dies alternatim : quo facto abluant manus et tergant. Deinde ordinati, ita ut priores sint in medio, flexis poplitibus, et manibus in terra demissis ante hospites dicant, *Suscepimus Deus misericordiam*, et sic surgentes inclinent et discedant, retractis caputiis in capitibus.

CAPUT CIX.
De hebdomadariis coquinæ.

Dominico die post matutinos egressi de coquina, provolvant se ante gradum presbyterii incipientes a parte dextra : deinde incurviter dicant *Benedictus es, Domine* ; et accepta benedictione erigentes se, iterum inclinent, et sic revertantur in chorum. Quos subsequantur ingredientes eo modo se provolventes, et incurviter suum versum dicentes. Qui benedictione accepta, et sicut anteriores, inclinantes exeant, nisi commemoratio dicenda fuerit. Et ubi abhati visum fuerit, in illo intervallo induti diurnalibus et scapularibus suis, si spatium habuerint, hauriant aquam ad manus lavandas, ubi necesse fuerit : et ingredientes coquinam agant si quid tunc agendum est. Cum duæ missæ canendæ sunt, si ambo clerici vel laici fuerint, qui ipso die serviturus est, audiat primam, alter vero secundam, et communicet si voluerit : si clericus et laicus, laicus primam, clericus secundam. Quod si quis horum missam aut Evangelium aut Epistolam habet dicere, ipsam ad quam pertinet suum officium audiat, et alter alteram : in præcipuis jejuniis ambo missam audiant.

Quod si in præcipuis jejuniis feriandus dies evenerit, ad majorem missam eat in coquinam qui eadem die est serviturus. Prima die illorum prior mistum sumens serviat : secunda, junior : et sic cæteris diebus vicissim serviant. Tempore lectionis ambo simul in coquina operentur, nisi ille cujus dies est, scilicet qui primum serviturus est, alteri signum, ut legat, fecerit. In Quadragesima ante Tertiam non vadunt in coquinam, excepta Dominica. Ad ipsos pertinet in refectorio ad bibendum, ad utramque refectionem, et ad utrosque *biberes*, et in lavatorio ad abluendum manus, aquam præparare. Et cum acre gelu imminet, aquam calidam cum nostrorum a Cluniacensibus, quod nostri, non illi, pedes hospitibus lavarent.

scutellis in claustro, juxta lavatorium ubi necesse fuerit ministrare : aquam ad rasuram fratrum præparare.

Qui ad refectionem servit novitiis, priusquam monachis pulmenta deferat sonitu eos advocans, fratribus qui propter negligentiam versus extra refectorium comedunt necessaria præparet : et quæ supererunt, postquam comederint, iterum colligat. Si quid sibi deerit, a cellerario per signum requirat. Alter vero post refectionem indutus scapulari in coquinam veniens, scutellas novitiorum, si in claustro cum reliquiis eorum invenerit, cum scutellis servitorum mundet et custodiat : quod tamen in æstate non faciat usque post Nonam.

Ubi autem quatuor hebdomadarii coquinæ fuerint, duo una die, et duo alia vicissim serviant. Die vero qua in coquina non laborant, cum conventu eant in laborem, ubi abbati visum fuerit. Sabbato vero tersoria manuum ac pedum prius aqua calida, post, frigida lavent. Lavatorium quoque et receptaculum aquæ quod est in coquina debent abluere, necessaria scopare, et quod ibi opus est ponere. Coquinam scopare, et quisquilias in locum designatum deferre. Aquam ad *Mandatum*, cum opus fuerit, calefacere. Ligna incisa ad ignem in crastino accendendum præparare. Statim post Vesperas, si dies jejunii fuerit : aut post refectionem servitorum, si Quadragesima : vel post cœnam eorumdem, si dies fuerit prandii : vasa et cætera quæ in coquina receperunt, cellerario reddant, et cellerarius intranti. Quod si aliqua de his quæ reddenda sunt desunt, in capitulo satisfaciant, et quæ defuerint notificent.

Quibus redditis, præparent quæ ad *Mandatum* necessaria sunt. Mox autem ut signum pulsaverit, induti scapularibus deponant cucullas in capitulo, et sic veniant in claustrum. Incipiente ergo abbate Antiphonam, scilicet *Postquam*, vel cantore, absente abbate, prior intrantium in coquinam abluat pedes abbatis, et junior tergat, hoc modo percurrentes cæteros in sinistra parte; junior vero exeuntium pedes lavet, et prior tergat, similiter percurrentes cæteros in dextra parte. Et ne hic ordo perturbetur, si duo abbates fuerint, minor abbas in dextra parte sedeat. Qui citius percurrerint, in alteram partem transeuntes, alios adjuvent. Qui quoties ante eum qui collationem tenet, transeunt ;] reverenter inclinent. Qui pedes lavat, et cui lavantur, post ablutionem invicem sibi inclinent. Similiter qui tergit, et cui terguntur. Porro nemo se discalciet, donec abbas se discalciet. Discalciati vero observent quantum possunt, ne pedes nudi appareant : sed sub cuculla recondantur. Nec sedentibus manicæ defluant, sed apte eas ante se componant. Ante lectionem, omnes sint recalciati.

Expleto itaque *Mandato* et ablutis manibus et vasis, reponant vasa et tersoria ubi poni solent; et sic in capitulo cucullas resumentes, et scapularia in claustro super sedes deponentes : tali ordine venien ante abbatem, ut qui ultra abbatem ultimus sessurus est, sit primus in eundo : et sic succedant cæteri in ordine quo sessuri sunt : ita ut qui ultimus sessurus est in ea parte qua venerunt, incedat et tunc simul ante abbatem inclinantes veniant ad sedes suas non inclinantes, sed, postquam resederint, caput humilient. Quod si alter eorum aliqua necessitate coactus, officium suum complere non poterit, quandiu necessitas durat, aliquis alius pro eo serviat, et mistum sumat. Ipse tamen, etiamsi extra chorum fuerit, Dominica benedictionem accipiat : quod si infirmitorium introierit, ille accipiat qui pro eo complevit.

CAPUT CX.

De cocis abbatis

Coci abbatis coquinam per septimanas vicissim faciant. Si quando vero solus implere nequiverit, socium suum in auxilium vocare poterit : sed ad refectionem ambo non serviant, silentium more solito teneant. In coquinam nullum intromittant, cujus clavem custodiant. Necnon et laicus hospitalis alteram habeat, qui ipsos in omnibus debet adjuvare, et utensilia illius coquinæ sicut et monachi custodire. Coquinam monachorum et refectorium pro officio suo licet eis intrare. Missas, sicut superius de cocis ordinavimus, audiant. Qui septimanarius est, mane post Primam, scapulari et diurnalibus indutus, tantum leguminis (126) accipiat ut abbati et supervenientibus sufficere possit.

Ante horam refectionis mensam abbatis præparet; si hospites defuerint, duos quos abbas secum comedere voluerit monachos, per signum advocet, eorumque scyphos et justitias deferat : quod si forte pro aliqua causa redire contigerit, non eis imputabitur quod versum perdiderint. Qui monachi mox ut versum post refectionem compleverint, inclinantes et licentiam non exspectantes discedant, nisi abbas eos retinuerit. Quod si refectio abbatis ultra fratrum refectionem producta fuerit, cognito quod conventus ad ecclesiam ierit, accepta ab abbate licentia revertantur in claustrum.

Porro socius ejus mox ut a conventu ordinate divertere potuerit, ad ostium refectorii veniens socio suo se præsentet, et nutu ejus remaneat ad serviendum abbati, si necesse fuerit; exiens postquam perfecerit mappulas et vasa recolligat, scyphos et justitias monachorum, si adfuerint, in refectorium referat, et cætera quæ socius ejus faceret, omnia compleat. Ante collationem vero vel refectionem potum abbati hebdomadarius in refectorio præparet, aut si jusserit abbas, in hospitio. Sabbato eadem hora qua generales coci, clavem et utensilia coquinæ intranti socio reddat. Et sciendum quod ad lectio-

---

(126) *Tantum leguminis*, quia nempe iisdem pulmentis utebantur abbates quibus et monachi.

nem mensæ tam absente quam præsente abbate scribantur.

CAPUT CXI.
De abbate.

Abbas debet primum et proprium locum in choro dextro habere : orationes terminare : primam Antiphonam ad Nocturnos imponere : benedictiones legentibus dare : duodecimum Responsorium cantare : *Te Deum laudamus* incipere : Evangelium legere : per totam septimanam Nativitatis Domini, Paschæ et Pentecostes, et in duodecim Lectionibus ad *Benedictus* et ad *Magnificat* Antiphonam imponere : ad processiones in Purificatione sanctæ Mariæ, *Hodie beata Virgo* : in Palmis, *Ingrediente Domino* : et in Ascensione Domini, *O Rex gloriæ* incipere : *Pater noster* ad Matutinas et ad Vesperas cunctis audientibus dicere : de missis sicut alii hebdomadam facere, et etiam in Vigilia Nativitatis Domini, et ipso die : in Epiphania : Dominica in Palmis : tribus diebus ante Pascha, et in ipsa die : in Ascensione : in vigilia Pentecostes, et in ipso die : in omnibus solemnitatibus sanctæ Mariæ, et in Vigilia Assumptionis ejus : in die sancti Benedicti : in Nativitate sancti Joannis Baptistæ : et apostolorum Petri et Pauli : et *beati Bernardi* : in Dedicatione ecclesiæ : in festivitate Omnium Sanctorum : et in omnibus præcipuis officiis defunctorum, et pro præsenti defuncto, missas solemnes debet cantare, etiamsi nocturno somnio illusus fuerit.

In Purificatione sanctæ Mariæ candelas : in Capite Jejunii cineres : Dominica in Palmis ramos : in Sabbato Paschæ ignem : coronas novitiorum, et ipsos novitios benedicere : Capitulum et Collationem tenere. Prioris et subprioris et cantoris officia : et pœnitentias levis et gravioris culpæ debet in capitulo fratribus injungere, et ab eis absolvere : similiter et quem voluerit promovere et degradare. Cætera potest intus et foris injungere et absolvere : confessiones recipere : aquam benedictam post Completorium de ecclesia exeuntibus dare : in dormitorio jacere : in *hospitio comedere* (107). Si jejunium propter hospitem fregerit, nihilominus hora solita, scilicet post Nonam comedat. Cum hospites defuerint, duos ad minus monachos ad mensam debet habere, silentium ad mensam teneat in quantum rationabiliter poterit. Cum post Completorium deforis venerit in Refectorio comedat, nisi hospites adsint. Similiter et post Tertiam cum minutus fuerit : in ipso etiam potest bibere quoties voluerit.

Et sciendum quia, cum abbas alicui aliquid negaverit, ab alio id petere vel recipere non præsumat. Si quis vero a cellerario aliquid petierit quod ei dare noluerit, si illud idem postea a priore postulaverit, videat ne illi celaverit cellerarium id sibi negasse. Similiter qui Abbatem super aliqua re conve-nerit, quam ei prior dare noluerit : nullatenus omittat quin in ipsa petitione abbati dicat priorem id sibi denegasse. Qui aliter præsumpserit, doli reum se esse noverit.

Et notandum quia, quando monachi osculantur abbatem, coram eo genua flectent, et post osculum profunde inclinent. Hujusmodi pacis osculum intra abbatias nostri ordinis venienti de via non porrigimus, nisi prius oraverit. Qui cum in infirmitorio fuerit, non cantet missas nec privatim nec in conventu, nisi forte pro devotione, cum præsens defunctus fuerit : et hoc qui poterit et voluerit. Qui vero assidue in infirmitorio fuerit, per capitulum Cisterciense cantare poterit, tam privatim quam in conventu. Et sciendum quod abbas in levi culpa constitutus, totum officium suum implere poterit tantum ne impediatur satisfactio ejus.

CAPUT CXII.
De priore.

Prior in ecclesia in primo loco sinistri chori debet stare : in capitulo vero et ad collationem juxta abbatem in dextra parte sedere : hebdomadam invitatorii facere, nec tamen in capitulo legere : duodecimam lectionem legere : tabulam ad laborem pulsare, et fratres illuc, si abbas non ierit, ducere, nec quando non ierit, nisi subpriori, si subprior ad laborem ierit, committere : ad convocandos in capitulo fratres, cum necessitas exegerit, tabulam percutere, et signum ad lavandum pulsare : nolam refectorii in conventu et ad servitores cum adfuerit, pulsare. Si vero contigerit ut deforis veniens nolam pulsari vel versum dici invenerit, ingrediatur, subpriore nola sufficienter pulsata in locum suum revertente. Quod si subprior jam resederit, ingrediatur ut cæteri monachi, et retrahente paululum se subpriore, ad nolam sedeat, et suum officium deinceps exequatur : quod etiam ad capitulum et ad collationem faciat. Septimanam de coquina faciat, si major utilitas non impedit, et suo die serviat. Si in infirmitorio jacuerit, restrictius se agat, nec loquatur cum pluribus simul quam cum duobus, et hoc in loco determinato, nisi forte absente abbate necesse fuerit aliquando pro aliquo consilio pluribus loqui, aut pro tenendo capitulo infirmis. Nam et ad tenendum commune capitulum, conventus poterit ire, si magna necessitas emerserit, absente abbate. Confessiones in capitulo etiam, si abbati visum fuerit, recipiat.

De cætero præsente et absente abbate intus et foris de omnibus et in omnibus pro voluntate abbatis se agat, excepto quod locum ejus in ecclesia non occupabit : nec missas solemnes pro eo cantabit : nec candelas, cineres, ramos, ignem, coronam et novitium benedicet : nec ad Evangelium benedictionem dabit. Infirmum non unget : mortuum non sepe-

---

(107) *In hospitio comedere*, hoc fuit duodecimum discrimen Cisterciensium a Cluniacensibus : quod abbates Cisterciensis ordinis cum hospitibus com-ederent juxta cap. Reg. S. Ben. 56, non autem Cluniacenses.

het : nullum promovebit vel degradabit, nec ordinare faciet : nullum in gravi culpa mittet aut inde absolvet : monachum de monasterio non ejiciet, nec novitium recipiet, nisi jusserit abbas : nec confessionem de criminalibus, nisi in extremis positi, recipiet. Non ei committetur cura operum vel gregum aut grangiarum, sufficit enim ei officium suum. Quod si sacerdos non fuerit sed tantum diaconus, liceat ei benedictionem dare lectori in capitulo, in refectorio, ad Collationem; quod in ecclesia facere non debet. Licet etiam ei in ecclesia *Pater noster* dicere, *Te Deum laudamus* incipere, et lectionem de Evangelio dicere.

CAPUT CXIII.
De subpriore.

Ad subpriorem pertinet fratres in choro excitare, præsente etiam priore, et cætera quæ ad cantorem et sacristam pertinent, cum necesse fuerit, emendare. In claustro tempore lectionis, et in capitulo ad intervalla, ut fratres se ordinate habeant, sollicite procurare. Confessiones, si ei jussum fuerit, tempore lectionis recipere, monachorum scilicet in capitulo, novitiorum vero et laicorum fratrum et infirmorum de infirmitorio; ubi ei constitutum fuerit. Quando prior ad refectionem servierit, ad nolam sedere : ad gratias solus posterior ire : in choro superior stare, et absente abbate etiam ad *mandatum* sedere. Sed post *mandatum* inclinante ante eum cum sociis suis priore, paulisper cedat.

Egresso priore de monasterio, subprior nec loquatur, nec quidquam faciat de officio ejus, nisi ad mandatum ipsius, donec aliquid eorum quæ nominatim pertinent ad officium prioris occurrat : ut est tenere capitulum, si defuerit abbas : pulsare tabulam ad laborem : pulsare signum ad refectionem, vel nolam ad *biberes*. In absentia vero ejus nihil det vel disponat, nisi in quo prior convenienter expectari non potest, vel casu aliquid acciderit quod differri non debeat, nec possit. Quod si forte prior in Infirmitorio fuerit, pro arbitrio abbatis vel consilio prioris, si abbas defuerit, intus et foris se agat.

In ecclesia locum suum mutare, duodecimam lectionem legere, ad ejus non pertinet officium. Similiter nec in capitulo, nec ad Collationem locum mutabit, si abbas præsens fuerit. Si quando prior de via regressus cum servitoribus comederit, interim intus et foris loqui poterit. Si in infirmitorio fuerit, nihil plus cæteris præsumat. Si prior extra monasterium vel in infirmitorio fuerit, subprior ad vigilias et in capitulo vicem prioris agat, et cum servitoribus comedens, vel cum minutis in hieme mistum sumens ad nolam sedeat.

CAPUT CXIV.
De magistro novitiorum.

Magister novitiorum debet novitios suos ordinem suum docere : in ecclesia excitare, et ubicunque se negligenter habuerint verbo vel signo, quantum potuerit, emendare. In labore tamen nisi tunc prior conventus fuerit, non loquatur cum eis, nisi prius accepta licentia, nec in cella ipsorum cantet aut legat. Necessaria eis, quantum potuerit, debet procurare. In capitulum ad audiendum sermones adducere. De apertis negligentiis, cum ante eum veniam petierint, pœnitentiam dare. Diem primum ingressionis in cella scriptum habere : et quando eis legenda sit Regula abbati pronuntiare, quam quisquis legerit, tempore lectionis et laboris seorsum ab aliis legat. Et cum lecta fuerit, abbati in capitulo debet dicere, et ad jussum ejus vocare. Et anno evoluto ad benedictionem adducere, etiam ipsa die qua intravit, si tamen ante capitulum Regulam audierit. Quod si in audienda Regula capitulum prævenire non potuerit, in crastino vel deinceps ex quo Regulam audierit, benedicatur. Pro ipsis novitiis qui legere nesciunt professiones in ecclesia legere, ad crucem apponendam, incaustum præparatum habere, sicut et peregrinis monachis : ad pedes monachorum, si necesse fuerit, eum ducere et reducere : aquam benedictam et cucullam præparare : et ad eum ibi exuendum et induendum adjuvare. Post hæc scyphum ejus et justitiam in refectorium deferre, et lectum ei quem prior jusserit ostendere, et ipsa die ibi cum eo de necessariis significare. Deinde per duos menses in auditorio juxta capitulum, sicut et cum peregrinis monachis, cum eo loqui.

CAPUT CXV.
De sacrista et solatio ejus.

Sacrista debet horologium temperare, et ipsum in hieme ante Laudes privatis diebus (nisi dies fuerit) facere sonare, et ante vigilias ad se excitandum quotidie. Qui postquam surrexerit, lumen dormitorii et ecclesiæ clarescere faciat, et in claustro si necesse fuerit ponat : ostia ecclesiæ reseret ; ad ipsum enim pertinet omnia ipsius ecclesiæ ostia quoties necesse fuerit, firmare, claudere et aperire : Capitulum, *mistum*, *biberes*, Collationem et omnes horas sonare, nec nisi ad sonitum prioris dimittere, præter *mistum* et *biberes* et excepto ad Vigilias, et ad Primam omni tempore, et ad Tertiam in hieme quando jejunamus et laboramus. Capitulum tamen et Collationem non intermittere sonare, nisi post datam benedictionem. Quæ si citius vel tardius quam debent, sonuerit, vel ad Collationem lumen fuerit : in sequenti capitulo satisfaciat. Quod si in Vigiliis duodecim lectionum tantum tardaverit, ut citius cantare et lectiones abbreviare necesse sit, ante gradum presbyterii satisfaciat stans incurvus a *Kyrie eleison*, usque post *Deo gratias*. Ipse etiam debet duodecimam lectionem, si ultra quam in Breviario terminata est, prolongata fuerit, signo vel horologio terminare.

Quando Vigiliæ vel horæ citius canendæ fuerint, cantori significare : candelas et cereos facere, et in diversis locis ecclesiæ sufficienter ponere. Ad mensas, ad collationem, cum negligentia evenerit, portare. Cellerario et infirmario, et quibus opus fuerit distripuere, necnon et candelas de sepo habere et distribuere. Stolam et baculum abbati quoties necesse fuerit, præparare. Candelas, cineres, ramos, ignem ad benedicendum super gradum presbyterii convenienter aptare. Candelas et ramos post benedictionem cum solatio suo, et cum quibus jussum fuerit, omnibus distribuere. Ramos post processionem tollere : candelas post offerendam de manu abbatis suscipere.

Ad inungendum infirmum oleum sacratum, ad tergendum stupas vel pannum lineum portare, et post tersionem in piscina comburere. Ad benedictionem coronæ abbati adesse, et capillos in aliquo loco secreto ecclesiæ comburere. Textum, Missale, vasa, vestimenta, linteamina, et cætera utensilia in ecclesia et ad altare necessaria servare, parare, et quoties expedit, mutare. Corporalia, offertoria, tersoria, quibus digiti sacerdotis post communionem terguntur, et pallam altaris super quam extenditur corporale, in vase ad hoc deputato separatim lavans, singulas lavaturas in piscinam projiciat. Pallam quidem cum cæteris linteis lavandam cellerario reddat, cætera vero in olla ad hoc deputata, aqua cinericia calefacta, ipsemet abluat. Quibus lotis et diligenter exsiccatis, indutus alba cum petra, quæ vulgo *lisca* vocatur, corporalia poliat : quæ complicans, latitudinem in tres partes dividat, et sinistram partem mediæ superducens dextram superponat, cætera plicata recondat.

Similiter alba indutus, hostias faciat in loco mundis linteis cooperto, etiam extra terminos, si necesse fuerit, in silentio tamen. Cui duo fratres scapularibus induti ita subministrent, ne aliud quam ipsas hostias manibus tractare cogatur. Quorum unus ignem sollicite faciat : alter vero instrumentum ferreum ad coquendas hostias teneat, et cum eas faciunt, non loquantur. Quæ cum peractæ fuerint, sacrista convenientes ab inconvenientibus studiose secernens, in repositorio mundissimo conservet. Quæ si forte aliquando humectatæ fuerint, in claustro convenienter exsiccentur

Semel in hebdomada calices, si sacerdos fuerit vel diaconus, digitis suis intus et foris cum solatio suo, prius tamen manibus ablutis, honeste lavare studeat, et lavaturas in piscinam projiciat. Postea digitos suos super piscinam abluere, ipsos et calices ad tersorium quod inter duo lintea desuper pendet, tergat, et hoc tempore lectionis. Quod si sacerdos vel diaconus non fuerit, priorem moneat, ut hæc alii facere jubeat. Similiter semel in hebdomada ampullas et justitias ministerii sui debet abluere. Pavimentum presbyterii, quoties expedit, scopare : ecclesiæ negligentias exstinguere.

CAPUT CXVI.
De cantore et solatio ejus.

Cantor debet stare in dextro choro, et succentor in sinistro. Et unusquisque in choro suo fratres ad vigilandum et cantandum excitare. Negligentias de Antiphonis, Psalmis, Responsoriis parvis, hymnis, atque versiculis imponendis, unusquisque in choro suo et in altero, si alter non emendaverit, corrigere : ut fratres ordinate stent vel sedeant, providere : ad missas *Kyrie eleison* et festis diebus, excepto ad Sextam et Nonam incipere. Porro cantor pro qualibet negligentia, succentor vero pro intolerabili, in alterum chorum possunt transire, et etiam de suo in altero negligentias, si necesse fuerit, emendare. Cætera ad cantorem pertinentia, cantore præsente et exoccupato facere succentor non præsumat. Qui si defuerit vel occupatus fuerit, cuncta pro illo compleat.

Cantoris enim est libros in ecclesiam ferre et referre : infirmis et quibus necesse fuerit præparare : operi Dei in oratorio ante omnes providere : ad nutum sacristæ citius cantare et lectiones abbreviare : quod utrumque tamen cum opportunum fuerit, sine signo sacristæ facere poterit. *Alleluia* et Antiphonas post Psalmos : ad commemorationes et repetitiones invitatorii et Responsoriorum : et Responsoria mortuorum, et repetitiones eorum : et post Psalmos Antiphonas, incipere. Libros in ecclesia, prout oportuerit, distribuere : legenti duodecimam lectionem, quod dici conveniat ad legendum, præparare : Antiphonam ad *Benedictus* et ad *Magnificat* imponere et abbati quam incœpturus est, cantando pronuntiare. et tunc canticum incipere. Ad Missas Introitum, Responsoria, Alleluia, Tractus, Offertorium, Sanctus, ter Agnus Dei, et Communionem incipere. Ad *Gloria in excelsis Deo*, et ad *Credo in unum Deum* post sacerdotem : *Et in terra pax hominibus* et *Patrem omnipotentem* subjungat. Omnes qui in ecclesia falluntur, exceptis illis qui lectione super analogium ad nocturnos legunt, per omnia emendare. Extra vero nusquam præsumat, nisi in capitulo lunam et breve pronuntiantes, nisi jussus. Lectiones ad missas in jejuniis : *Gloria, laus et honor* et *Popule meus*, et *Agios* : et quando bini et bini cantant, litanias illos qui dicturi sunt, in tabula scribere. Cum vero una tantum ad missam legenda est lectio, signo præmonere.

Ad cætera vero officia, id est ad missam de sancta Maria : ad missam pro defunctis : ad missam in conventu : ad Evangelium : ad Epistolam : ad Invitatorium : ad servitium ecclesiæ : ad lectionem mensæ : ad faciendam coquinam : ad faciendum *mandatum* hospitum, fratres in tabula designabit. Qui si per quatuor dies fecerint officia sua, pro Hebdomada reputabitur : si minus, iterum faciant Hebdomadam. In Cœna quoque Domini ad *mandatum* monachorum : ad lectiones legendas in Ecclesia et Responsoria canenda : ad missas in die Natalis Domini : in Vigilia Paschæ et Pentecostes : et ad illa quæ ad ipsas missas dicuntur, in tabula scribere debet. Quod si quid horum, postquam in capitulo recitatum breve fuerit, mutare opus sit : et illi quem delet, et illi quem scribit debet indicare. Horum negligentias (excepto de coquina) vel per se vel per alium debet extinguere (128). Officia vero illorum qui in via directi vel in infirmitorio fuerint, ex toto providere, præter coquinam. Qui antequam in viam dirigantur vel in infirmitorium ingrediantur, si quid habent officii, priori debent suggerere, et ille cantori.

Lectiones in claustro terminare : legentibus monstrare, et per se aut per alium auscultare. Professiones de manu abbatis recipere et servare. De chartis et libris faciendis et custodiendis provideat abbas, cui hanc curam injungat. Pro libris dandis et accipiendis usque ad ostia scriptorum ire, sed non introire. Similiter pro communibus libris, scilicet Antiphonariis, Hymnariis, Gradualibus, Lectionario, Collectaneo, Kalendario, et illis qui in refectorio et ad collationem leguntur, potest usque ad ostium novitiorum et infirmorum et scriptorum ire, et illic signo quærere, sed non ultra procedere, nisi ei ab abbate jussum fuerit. Post Collationem armarium debet firmare, et tempore laboris, dormitionis et refectionis, et dum Vesperæ cantantur obseratum tenere. Ad aquam benedictam : ad *mandatum :* in Capite Jejunii : ad omnes processiones : omnes versus et Antiphonas incipere, excepto quod si abbas adfuerit. *Postquam surrexit* incipiat ipse abbas, et etiam *Hodie beata Virgo*, et Responsorium *Ingrediente*, et Antiphonam *O Rex gloriæ*, quæ tria ipse cantor ei pronuntiet.

In prima Dominica Quadragesimæ, dum missa matutinalis canitur, libros in capitulo ponere, et ad nutum Abbatis Fratribus cum solatio suo postea distribuere. In Vigilia Paschæ annos Domini, epactas concurrentes, indictiones in chartula scripta, et quinque grana incensi cereo affigere. Ad communicandum vel inungendum infirmum, quis aquam, quis ignem, quis crucem ferre debet, providere. Si abbas defuerit, infirmum inungat, mortuum sepeliat, aut cui injunxerit. Ad officium defunctorum *Kyrie eleison* quoties ibi dicitur debet incipere. Cum abbas hebdomadam de missis fecerit, in refectorio versus et benedictiones pro eo dicere. Ad benedictiones et infirmorum inunctionem Collectaneum ei præparare, et ante eum apertum tenere. *Kyrie eleison* quoties ibi dicitur incipere. Tricesimum diem defunctorum a sequenti die post sepulturam eorum computare, et in capitulo dicere, *Brevia* pro ipsis mittenda scribere, et in capitulo etiam *Brevia* legere. Et sciendum quod, si ante finem Completorii defunctus abierit, in *Brevibus* pro eo mittendis præsens designanda est dies. Si vero a fine Completorii transierit, in *Brevibus* sequens dies designabitur. Si quando abbas, monacho vel converso moriente, monasterio defuerit : in primo capitulo quo adfuerit eum commonere faciat, ut defunctum absolvat.

CAPUT CXVII.
De infirmario.

Servitor infirmorum solet matutinalem missam audire, et ad eam communicare. Et quando infirmus vadit in infirmitorium, debet afferre scyphum, *justitiam* (129), stramenta lecti ejus in infirmitorium. Exinde loqui cum eo de necessariis ejus potest in loco determinato, sicut supra dictum est. Ad matutinas candelam accendere, libros ad hoc necessarios ferre, et in ecclesiam debet referre. Diebus Dominicis dicta Tertia in infirmitorio, debet illuc aquam benedictam afferre. Qui expeditius ibi horas cantare et lectiones legere possit, debet providere et illi injungere. Libros qui in infirmitorio fuerint ante Completorium in armarium referre.

Orationes quæ in capitulo pro vivis et mortuis generaliter cunctis injunctæ fuerint, vel si quid statutum vel mutatum in communi fuerit, vel in ipsos clamatum fuerit, hæc prima hora ad quam post capitulum cantatum convenerint percantata, eis recitare : illis tamen silentium tenentibus. Cætera vero quæ ibi dicta vel acta fuerint, omnino tacere. Legere ibi non debet, nec laborare, nisi apparatu vel gravi infirmitate eorum detentus fuerit. Necessaria a cellerario signo requirere, vel etiam verbo, ubi et quandiu abbati visum fuerit.

Si plures fuerint comedentes et omnia parata ante se habentes ministrare sibi mutuo potuerint, pergat ad horam vel ad refectionem : quod si unus tantum, si ipse infirmus voluerit, cum eo remaneat, non solum quando reficitur, sed etiam ad Collationem et Completorium, si prope noctem peracta fuerint : et ad vigilias, nisi prior ipso annuente, alium miserit. Post *Gloria* primi psalmi ad horas, nisi pro omnino infirmis, silentium teneat. Coquinam et refectorium pro servitio eorum ingredi potest. Sabbato pedes illorum qui voluerint lavet et indumenta excutiat. Cum in chorum redierint, quæ detulerat in refectorium et in dormitorium referat.

Cum vero morti penitus propinquaverit, ad terram super sagum ponat, et mox tabulam crebris ictibus ante ostium in claustro feriat. Aquam ad lavandum corpus calefaciat, feretrum præparet, de fossa reportet et custodiat. Ad ipsum etiam pertinet, nisi alii injunctum fuerit, minutorum sanguinem condere : vasa ab ipso sanguine mundare : ignem in calefactorio per hiemen post vigilias vel post matutinas vel Primam facere. Et sciendum quod infirmarius ex quo ire cœperit ad refectionem non revertetur, quamvis ante versum non possit occurrere, sed versum perdet, nisi forte causa supervenientium hospitum redire cogatur. Qui vero serviunt abbatibus vel

---

(128) *Horum negligentias exstinguere.* Per negligentias hoc in loco aliqui candelas intelligi volunt sic dictas a negligentia significandæ horæ divini officii. Sed qui attente legerit prima hujus cap. verba quibus cantori injungitur *negligentias de Psalmis, Antiphonis, Responsoriis parvis, hymnis atque versiculis impo-*nendis emendare : per has *negligentias* nihil aliud quam *defectus* occurrentes in hujusmodi rebus, intelligendas esse judicabit.

(129) *Justitiam*, id est vas in quo potus regulari infundatur.

episcopis nostri ordinis, extra conventum post completorium in conventu cantatum, possunt bibere aquam in refectorio vel ante refectorium.

CAPUT CXVIII.
De cellerario et solatio ejus.

Cellerarius potest loqui omnibus præter monachos et novitios nostri ordinis. Ad ipsum etiam pertinet, præparare pulmenta cocis utriusque coquinæ, et mittere sal in pulmentis generalibus, et hæc per scutellas dividere, nisi ubi abbati aliquando visum fuerit, quod non possit fieri. Nulli, nisi minutis communem cibum vel potum mutare, vel ei aliquid addere debet, nisi jussu prioris. Qui tamen prior in hoc ipso, sicut et in omnibus pro voluntate abbatis, ut supra dictum est, se agat. Excipiuntur etiam hospites ordinis nostri (130), quibus prima die tantum potest pitantiam facere cellerarius. Et quando fecerit, ipsemet debet portare.

Panem et vinum vel siceram hora competenti in Refectorio ad distribuendum præparare. Illis qui ad prandium usque ad tertiam partem panis comedunt, ad cœnam de grossiori pane ubi habetur superaddere. Comedentes fratres tam ad prandium quam ad cœnam, semel ad minus invisere. De dormitorio quoties voluerit, et cum servitoribus comedens, de refectorio potest exire. De reliquiis ciborum, si necesse habuerit, accipere potest : cætera vero portario relinquat. Quando fratres post Sextam dormiunt, servitorum scutellas de refectorio auferat. Sabbato vasa et utensilia coquinæ ab exeuntibus de Coquina numerando recipiat, et ingredientibus reddat. Nec quidquam horum absque nutu cocorum de coquina transferat.

Si aliquis eorum qui officium coquinæ compleverunt, ad benedictionem post Matutinas deerit, benedictionem pro eo debet suscipere. Diebus quibus fratres lectioni vacant, in coquina duos conversos qui eos adjuvent, tam in scutellis lavandis quam in cæteris necessariis, et in nocte Nativitatis Domini in calefactorium ad faciendum ignem, duos similiter mittat. In Parasceve post Vesperas ecclesiam, et post Completorium claustrum et capitulum conversos mundare faciat. In capitulum novitios conversos ad petitionem, et post annum ad professionem faciendam adducat; et hoc ipsum tenenti capitulum denuntiet prius. Ad missam matutinalem communicet. In Cœna Domini conversos ad calefaciendum aquam, vasa et lintea ad *mandatum* pauperum necessaria præparet, et ad *mandatum* monachorum, conversos in claustrum deducat. In Parasceve post officium aquam calidam in claustro ponat.

Hæc omnia faciat ille qui assidue servit ad primam refectionem ; nam ubi cellerarius majoribus A utilitatibus occupatus est, quantum abbas utile judicaverit, poterit subcellerarius, præsente etiam cellerario servire, et tunc laicis fratribus et familiæ loqui. Ipsi etiam cellerario tantum in auditorio juxta coquinam, et in cellario hospitibus, si cellerarius in monasterio fuerit, non loquatur. Infirmario ille tantum qui servit loquatur, ubi et quandiu Abbati visum fuerit. Quod si cellerarius defuerit, officium illius per omnia peragat. Caveat autem omnino ne quidquam contra voluntatem cellerarii faciat, sed de omnibus eum consulat, et ad consilium ejus cuncta distribuat. Et notandum quia cum cellerario vel ejus solatio non loquantur intra abbatiam conversi amplius quam duo simul, nisi forte ab ipso, aliqua necessitate cogente, vocati.

CAPUT CXIX.
De refectorario.

Refectorarius potest ad matutinalem missam communicare. Ad cujus officium pertinet quando fratres bis comedunt ante Sextam ; et quando semel comedunt ante Nonam vel ante Vesperas, novitiis panem et vinum vel siceram in loco designato præparare. In refectorio mapulas, coclearia, panem et vinum vel siceram per mensas distribuere. Ad quod faciendum cocum poterit vocare. Reliquias panis novitiorum et potus cum in claustro reperit, reservet. Quando fratres semel comedunt, ante *biberes* mapulas, et post *biberes* potum recolligat. Si tempus fuerit cœnæ, post cœnam servitorum hæc faciat. Claustrum non exeat, nisi cellerarius fuerit.

CAPUT CXX.
De hospitali monacho.

Monachus hospitalis potest loqui cum hospitali converso et omnibus hospitibus, et qui manducant, vel dormiunt in hospitio : extra portam vero neque cum hospitali converso neque cum hospitibus loquatur. Ad ipsum pertinet quid vel quando comedant hospites, quomodo vel ubi jaceant providere, ad refectionem servire : sed dum conventus comedit, non poterit, nisi jussus. *Mandatum* autem per se aut per alium debet præparare. Et cum paratum fuerit, tabulam in claustro tribus ictibus tractim percutere, et monachos vel et iam abbatem eundo et redeundo præire, et si nox fuerit, cum lumine ad *mandatum* faciendum, si necesse fuerit, adjuvare. Hospitum infirmorum tam pauperum quam aliorum sollicitudinem debet gerere. Si postquam monachi in lectis pausaverint *mandatum* oportuerit fieri, cum cellerario faciat ut poterit. In Cœna Domini, ut pauperes ad *mandatum* in claustro bene se præparent, provideat.

CAPUT CXXI.
De portario et solatio ejus.

Portarius post Laudes eat ad portam. Quod si

---

(130) *Ordinis nostri.* Quia nempe non licebat tunc alios, maxime laicos, in refectoria nostra introducere. Processu tamen temporis id monachis quorumdam monasteriorum nigri ordinis et Carthusianis concessum fuisse legitur in lib. Antiquar. Institutionum et in libello Defin.

quando fit ut per negligentiam Prima dicatur antequam lux diei claréscat, post Primam eat. Cum hospes pulsaverit, responso *Deo gratias* januam aperiat. Et postquam *Benedicite* dixerit (131), humiliter quis sit vel quid velit, ab eo requirat. Et cum recipiendum intellexerit, genua flectens intra januam recipiat. Deinde faciens cum juxta cellam sedere, dicat ei : *Exspectate me paululum hic, donec vos abbati nuntiem, et postea revertar ad vos.* Pergens igitur ad abbatem si eum non invenerit, potest per omnes officinas monasterii quærere, excepto quod in infirmitorium non intrabit, sed ad ostium sonitu vel signo quærat. Qui hospite nuntiato, tam abbati quam ei qui recepturus est, ad hospitem citius redeat : et qualiter se agat, cum ei fratres obviam venerint, doceat. Cui ulterius non loquatur, nisi discedenti.

Cum autem hospes discedens januam egredi voluerit, humiliet se ad eum, eo modo quo ad ingressum diximus. Quod si de vicinis vel notis aliquis ad portam venerit, postquam quid velit cognoverit, extra portam eum demorari faciat, donec ab abbate quid de eo agatur agnoscat. Si autem talis fuerit quem nec nuntiare nec ibi remanere deceat, intrare et quo voluerit ire permittat. Cum monachis et conversis nostri ordinis postquam cognoverit, non loquatur. Quod si, dum hora in ecclesia celebratur hospes ad portam pulsaverit, more solito *Deo gratias* et *Benedicite* dicat : et postquam receperit, si necesse fuerit, dicat non esse ei consuetudinis dum hora celebratur loqui, rogans eum ut exspectet donec ei post horam respondeat. Hospites possunt usque ad secundum signum nuntiari.

Pueri parvuli non solent duci ad orationem. Sed nec qui cum mulieribus veniunt intra claustrum recipi, sed foris cum mulieribus victus datur eis. Vicinis vero mulieribus nihil ibi datur, nisi tempore famis, si abbas hoc præceperit. Portarius vero debet habere panes in cella sua ad distribuendum transeuntibus. Qui etiam operetur ad portam scapulari indutus, et mox ut ad horam signum audierit, induat se cucullam, manens ibi cum reverentia dum hora celebratur, agens se, ut potuerit, sicut Fratres in Ecclesia. Qua die duæ missæ habentur, eat subportarius ad portam ante Primam, et portarius audiat primam missam et communicet, si voluerit et talis dies fuerit, et tunc sit in capitulo. Interim vero subportarius sit ad portam : diebus tamen quibus habetur sermo in capitulo, vicissim eant ad sermones. In Parasceve cum cæteris portarius adoret crucem in ecclesia.

Cum servitoribus solet comedere, et solatium ejus interim portam servare, et eleemosynam transeuntibus dare, qui solet etiam vasa sua ad colligendas reliquias ciborum in coquinam deferre, et pulmenta defunctorum et cætera quæ cellerarius dederit in ipsis recipere. Qui postquam a refectione surrexerit, debet ad portam pauperibus distribuere. Quam distributionem non debet propter subsequens opus Dei dimittere sed paucis utens verbis et moderatis citius quod incæperat perficere : et postquam perfecerit, opus Dei quod distulerat, prout poterit persolvere. In æstate post Primam vel Nonam, si voluerit, in dormitorio dormiat, et solatium ejus interim portam custodiat. Usque post Completorium ad portam maneat, et tunc in claustrum veniens si ostium ecclesiæ obseratum invenerit, deforis orationem faciat, quam fratres finito Completorio fecerunt in choro : deinde aspergens se aqua benedicta intret dormitorium. Qui si quando minutus vel infirmus vel ad officium coquinæ, sive alio aliquo negotio detentus fuerit, hæc omnia, quæ supra diximus, solatium ejus pro eo compleat. Cui etiam subportarius cum missam audierit vel in refectorio comederit, prior provideat qui pro eo portam custodiat. Subportarius præsente portario cum hospite non loquatur.

CAPUT CXXI.
De versu refectionis.

Quando fratres bis comedunt, dicitur ad prandium post *Benedicite*, *Oculi omnium* totus versus. *Gloria Patri*, *Kyrie eleison*, *Pater noster*, et postea a sacerdote dicto, *Et ne nos*, et responso ab omnibus *Sed libera nos a malo*, subsequatur sine *Dominus vobiscum*, *Oremus*, *Benedic, Domine, dona tua, quæ de tua largitate sumus sumpturi : Per Dominum*, etc. Postea lectori det prior benedictionem, scilicet *Mensæ cœlestis participes faciat nos rex æternæ gloriæ*. Post prandium dicatur *Confiteantur* totus versus; *Gloria Patri et Filio*, et tunc sacerdos dicat, *Agimus tibi gratias, omnipotens Deus, pro universis beneficiis tuis, qui vivis.* etc. Deinde cantato psalmo *Miserere mei, Deus*, dicatur *Gloria, Kyrie eleison, Pater noster*. Et dicto a sacerdote, *Et ne nos inducas*, responsoque *Sed libera nos a malo*, subsequantur ii quinque versus, sacerdote primam partem dicente, et conventu ultimam respondente, scilicet *Dispersit dedit pauperibus*, *Benedicam Dominum*, *In Domino, Magnificate*, *Sit nomen Domini benedictum*. Et tunc sacerdos absque *Dominus vobiscum* et *Oremus* dicat, *Retribuere dignare, Domine, omnibus nobis bona facientibus propter nomen tuum vitam æternam, et Benedicamus Domino*, conventu respondente *Amen* et *Deo gratias*.

Ante cœnam vero dicatur, *Edent pauperes* totus versus, et benedictio super lectorem, *Ad cœnam perpetuam perducat nos rex æternæ gloriæ*. Post cœnam versus *Memoriam* totus, et postea *Benedictus Deus in donis suis, et sanctus in omnibus operibus suis, qui vivit*, etc., sicut superius diximus. Quando vero semel reficimur, dicitur ante refectionem, *Edent pauperes*, et post *Memoriam*. Cætera sicut ad prandium diximus.

censibus, teste Petro Cluniacensi ep. 17, lib. IV.

(131) In hac benedictione et salutatione positum fuit duodecimum discrimen Nostrorum a Cluniacensibus, teste Petro Cluniacensi ep. 17, lib. IV.

Hæc benedictio in capitulo lectori datur, Divinum auxilium maneat semper nobiscum. Hæc ad Collationem, Noctem quietam tribuat nobis omnipotens et misericors Dominus. Hæc ad biberes, Largitor omnium bonorum benedicat potum servorum suorum. Amen.

ADMONITIO IN EXORDIUM CŒNOBII ET ORDINIS CISTERCIENSIS.

(Nomasticon Cisterciense.)

Hæc nascentis ordinis Cisterciensis historia brevis quidem, sed certa et antiqua, quippe ipsi ordini coæva, et ab iisdem, a quibus ipse ordo conditus est, et eodem tempore conscripta. Hanc igitur, jam olim ab Auberto Miræo in suo Chronico traditam, et a nobis quibusdam in locis illustratam, intuere lubenter hoc in loco, et inter legendum attende non solum primam hujus ordinis simplicitatem ac humilitatem, verumetiam primorum ejus institutorum zelum ac religionem erga sinceram ac litteralem Regulæ sanctissimi Patris nostri Benedicti praxim et observantiam.

PRIMA NASCENTIS CŒNOBII ET ORDINIS CISTERCIENSIS

HISTORIA

VULGO INSCRIPTA

EXORDIUM CŒNOBII ET ORDINIS CISTERCIENCIS.

PROLOGUS.

Nos Cistercienses primi hujus ecclesiæ fundatores, successoribus nostris stylo præsenti notificamus quam canonice, quanta auctoritate, a quibus etiam personis, quibusque temporibus cœnobium et tenor vitæ illorum exordium sumpserit, ut hujus rei propalata sincera veritate, tenacius et locum et observantiam sanctæ Regulæ in eo a nobis, per gratiam Dei, utcunque inchoatam ament; pro nobisque, qui pondus diei et æstus indefesse sustinuimus, orent; in arcta et angusta via quam Regula demonstrat usque ad exhalationem spiritus desudent; quatenus, deposita carnis sarcina, in requie sempiterna feliciter pausent.

CAPUT PRIMUM.

Quo primum tempore S. Robertus abbas Molismensis fundamenta jecit sive cœnobii sive ordinis Cisterciensis.

Anno ab Incarnatione Domini millesimo nonagesimo octavo, beatæ memoriæ Robertus Molismensis Ecclesiæ (132) in episcopatu Lingonensi fundatæ primus abbas, et quidam ejusdem cœnobii fratres, ad venerabilem Hugonem tunc apostolicæ sedis legatum, ac Lugdunensis Ecclesiæ archiepiscopum venerunt, vitam suam sub custodia sanctæ Regulæ Patris Benedicti se ordinaturos pollicentes: et idcirco ad hoc liberius exsequendum, ut eis sui juvaminis apostolicæque auctoritatis robur porrigeret, constanter flagitantes; quorum voto legatus lætanter favens, tali epistola exordii eorum fundamentum jecit.

CAPUT II.

Epistola Hugonis legati ad Robertum abbatem Molismensem.

« Hugo (133) Lugdunensis archiepiscopus, et apostolicæ sedis legatus, Roberto Molismensi abbati, et fratribus cum eo secundum Regulam sancti Benedicti, servire Deo cupientibus. Notum sit omnibus de sanctæ matris Ecclesiæ profectu gaudentibus, vos et quosdam filios vestros Molismensis cœnobii fratres, Lugduni in nostra præsentia astitisse, ac Regulæ beatissimi Benedicti, quam illic huc usque tepide ac negligenter in eodem monasterio tenueratis, arctius deinceps atque perfectius inhærere velle professos fuisse. Et primum quidem ipsam Regulam, monachorum instituta et mores honestos et religioni convenientes vos velle imitari, in Dei et nostro conspectu statuistis. Quod quia in loco prædicto, pluribus impedientibus causis, constat adimpleri non posse: Nos utriusque partis saluti, videlicet inde recedentium atque illic remanentium providentes, in locum alium quem vobis divina largitas designaverit, vos declinare, ibique salubrius atque quietius Domino famulari, utile duximus fore.

« Vobis ergo tunc præsentibus, videlicet Roberto abbati, fratribus quoque Alberico, Odoni, Joanni, Stephano, Letaldo et Petro, sed et omnibus quos regulariter et communi consilio vobis sociare decrevistis,

(132) Est Molismus cœnobium ordinis sancti Benedicti, in ducatu Burgundiæ et episcopatu Lingonensi, a S. Roberto fundatum.

(133) Hugo iste, antea episcopus Diensis et Gregorii septimi legatus in Galliis sub eodem factus est archiepiscopus Lugdunensis anno D. 1080, ac rursus sub Urbano II eodem legati munere fungens in iisdem partibus, has S. Roberto et fratribus ejus litteras concessit, quibus novi cœnobii Cisterciensis fundandi facultatem fecit.

veritis, hoc sanctum propositum servare et tunc consuluimus, et ut in hoc perseveretis præcipimus, et auctoritate apostolica per sigilli nostri impressionem in perpetuum confirmamus.

« Illam vero professionem quam feci in præsentia vestra in Molismensi monasterio, eamdem professionem et stabilitatem confirmo coram Deo et sanctis ejus, in manu vestra me servaturum, in hoc loco qui vocatur Novum Monasterium (134) sub obedientia vestra et successorum vestrorum vobis regulariter substituendorum. »

CAPUT III.
Egressus monachorum Cisterciensium de Molismo, et eorum ad Cistercium adventus.

Post hæc, tali ac tanta, antedictus abbas et sui, auctoritate freti, Molismum redierunt, et de illo religioso fratrum collegio socios votum in Regula habentes elegerunt, ita ut inter eos qui legato Lugduni fuerant locuti, et illos qui de cœnobio vocati sunt, viginti et unus monachi essent, talique stipati comitatu ad eremum quæ Cistercium dicebatur, alacriter tetenderunt. Qui locus in episcopatu Cabilonensi situs, et præ nemoris spinarumque tunc temporis opacitate, accessui hominum insolitus, a solis feris inhabitabatur. Ad quem viri Dei venientes, locumque illum tanto religioni quam animo jam jam conceperant, et propter quam illuc advenerant habiliorem, quanto sæcularibus despicabiliorem et inaccessibilem, intelligentes: nemoris spinarumque densitate præcisa ac remota, monasterium ibidem voluntate Cabilonensis episcopi, et consensu ipsius cujus ipse locus erat, construere cœperunt.

Nam isti viri apud Molismum adhuc positi, sæpius inter se Dei gratia aspirati, de transgressione Regulæ beati Benedicti Patris monachorum loquebantur, conquerebantur, contristabantur, videntes se cæterosque monachos hanc Regulam solemni professione servaturos promisisse, eamque minime custodisse, et propter hoc, uti prælibavimus, apostolicæ sedis legati auctoritate ad hanc solitudinem, ut professionem suam observantia sanctæ Regulæ adimplerent, veniebant. Tunc Dominus Odo(135), dux Burgundiæ, sancto fervore eorum delectatus, sanctæque Romanæ Ecclesiæ præscripti legati litteris rogatus, monasterium ligneum quod incœperant, de suis totum consummavit, illosque inibi in omnibus necessariis diu procuravit, et terris ac pecoribus abunde sublevavit.

CAPUT IV.
Quomodo locus ille in abbatiam surrexerit.

Eodem tempore abbas qui advenerat, ab episcopo diœcesis illius virgam pastoralem cum cura monachorum, jussu prædicti legati suscepit, fratresque qui secum advenerant, in eodem loco stabilitatem regulariter firmare fecit; sicque Ecclesia illa in abbatiam canonice et apostolica auctoritate crescendo surrexit.

CAPUT V.
Quod Molismenses monachi aures domini papæ pro reditu Roberti abbatis inquietarunt.

Igitur haud multo elapso temporis spatio, Molismenses monachi voluntate domni Godefridi abbatis sui qui Roberto successerat, Dominum Urbanum papam Romæ adeuntes postulare cœperunt, ut sæpedictus Robertus in locum pristinum restitueretur: quorum importunitate motus papa mandavit legato suo, venerabili scilicet Hugoni, ut si fieri posset, idem abbas reverteretur, et monachi eremum diligentes in pace consisterent.

CAPUT VI.
Epistola domini papæ pro reditu Roberti abbatis.

« Urbanus (136) episcopus, servus servorum Dei, venerabili fratri et coepiscopo Hugoni apostolicæ sedis vicario, salutem et apostolicam benedictionem. Molismensium fratrum magnum clamorem accepimus in concilio, abbatis sui reditum vehementius expostulantium. Dicebant enim religionem in suo loco eversam, seque pro abbatis illius absentia, odio apud principes et cæteros vicinos haberi. Coacti tandem a fratribus nostris dilectioni tuæ per præsentia scripta mandamus, significantes gratum nobis existere, ut, si fieri possit, abbas ille ab eremo ad suum monasterium reducatur. Quod si implere nequiveris, curæ tibi sit, ut et qui eremum diligunt conquiescant, et qui in cœnobio sunt regularibus disciplinis inserviant. » His apostolicis litteris lectis, legatus viros authenticos et religiosos convocavit, et de præsenti negotio quæ subter sunt exarata definivit.

CAPUT VII.
Decretum legati de toto negotio Molismensium atque Cisterciensium.

« Hugo Lugdunensis Ecclesiæ servus, charissimo fratri Roberto Lingonensium episcopo, salutem. Quid de negotio Molismensis Ecclesiæ in colloquio apud portum Ansillæ nuper habito, definierimus, » etc. *Vide in Hugone Lugdunensi, Patrologiæ* t. CLVII, col. 524.

Hæc omnia abbas ille laudavit et fecit, absolvendo Cistercienses ab obedientia quam ei in illo vel in Molismensi loco promiserant, et dominus Galterus Cabilonensis episcopus abbatem a cura illius Ecclesiæ liberum dimisit; sicque reversus est, et quidam monachi cum eo, qui eremum non diligebant. Hac ergo ratione apostolicaque dispensatione, istæ duæ abbatiæ in pace et libertate summa remanserunt. Rediens vero abbas secum pro scuto defensionis, has litteras episcopo suo detulit.

---

(134) *Novum Monasterium*, id est Cistercium.
(135) Hic Odo quadriennio post, cum in Asiam ire cogitasset et expeditionem adornasset, jam jam exercitum traducturus, inquit Paradinus, immatura morte interceptus est, et in Cistercio sepultus, ubi et Henricus ejus filius secundo genitus monachus effectus est.
(136) Is est Urbanus II. anno D. 1088 ex ordine Cluniacensi assumptus.

CAPUT VIII.
Commendatio abbatis Roberti.

« Dilectissimo fratri et coepiscopo Roberto Lingonensi episcopo, Galterus Cabilonensis Ecclesiæ servus, salutem. Notum sit vobis fratrem Robertum, cui abbatiam illam in nostro episcopatu sitam, quæ Novum Monasterium dicitur, commiseramus, a professione quam Cabilonensi Ecclesiæ fecit, et ab obedientia quam nobis promisit, secundum domini archiepiscopi Hugonis definitionem a nobis esse absolutum. Ipse autem monachos illos qui in præfato Novo Monasterio remanere decreverunt, ab obedientia quam sibi promiserant, absolvit et liberos dimisit. Illum igitur amodo suscipere et honorifice tractare ne vereamini. Valete. »

CAPUT IX.
De electione Alberici primi abbatis Cisterciensis Ecclesiæ.

Viduata igitur suo pastore Cisterciensis Ecclesia, convenit ac regulari electione quemdam fratrem, Albericum (137) nomine, in abbatem sibi promovit: virum scilicet litteratum, in divinis et humanis satis gnarum, amatorem Regulæ et fratrum, quique prioris officium, et in Molismensi et in illa diutius gerebat Ecclesia, multumque diu nitendo laboraverat, ut ad illum de Molismo transmigrarent locum; et pro hoc negotio, multa opprobria, carcerem et verbera perpessus fuerat.

APUT X.
De privilegio Romano.

Præfatus Albericus cura pastorali, licet multum renitens, suscepta, cogitare coepit, veluti vir mirabilis prudentiæ, quæ tribulationum procellæ, domum sibi creditam aliquando concutientes, vexare possent: et præcavens in futurum, cum consilio fratrum transmisit monachos duos, Joannem et Ilbodum Romam, dominum papam Paschalem per eos exorans, ut Ecclesia sua sub apostolicæ protectionis alis quieta et tuta, ab omnium ecclesiasticarum sæculariumve pressura personarum perpetuo sederet. Qui fratres prædicti Hugonis archiepiscopi, Joannisque et Benedicti Romanæ Ecclesiæ cardinalium, Galterique Cabilonensis episcopi litteris sigillatis freti, Romam prospere ierunt et redierunt, antequam ipse Paschalis papa (138) in captione positus imperatoris peccaret, reportantes ejusdem apostolici privilegium juxta votum abbatis sociorumque ejus per omnia exaratum. Has epistolas, privilegium etiam Romanum congruum duximus in hoc opusculo relinquere, ut posteri nostri intelligant, quam magno consilio et auctoritate eorum Ecclesia sit fundata.

(137) Etsi hic Albericus dicatur primus abbas Cistercii, nihilominus nonnisi secundus dicendus est, saltem si pro primo illius loci abbate S. Robertum numeres, ut vel ex contextu capitis numerandum esse patet. Porro electus est Albericus ann. D. 1099, ita ut ad annum et tres aut quatuor duntaxat menses præfuerit Cistercio sanctus Robertus.

(138) Paschalis papa, hujus nominis II, ex ordine

CAPUT XI.
Epistola Joannis et Benedicti (139) cardinalium.

« Domino Patri Paschali et undique laude eximia prædicando, Joannes et Benedictus seipsos per omnia. Quia nostri moderaminis est omnibus Ecclesiis providere, et justis poscentium votis manum porrigere, vestræque justitiæ adjumento religio Christiana fulta, debet incrementa sumere, vestram sanctitatem obnixius deprecamur, quatenus harum litterarum bajulis, nostro consilio, a quibusdam religiosis fratribus paternitati vestræ missis, aures vestræ pietatis flectere dignemini. Petunt enim ut præceptum quod de quiete et suæ religionis stabilitate a prædecessore vestro domino nostro beatæ memoriæ papa Urbano acceperunt, et quod secundum ejusdem præcepti tenorem, archiepiscopus Lugdunensis tunc legatus et alii coepiscopi et abbates inter eos et Molismensium abbatiam, a qua religionis causa discesserunt, definierunt, vestræ auctoritatis privilegio in perpetuum maneat inconvulsum; ipsi enim vidimus, eorumque veræ religioni testimonium perhibemus. »

CAPUT XII.
Epistola Hugonis Lugdunensis.

« Reverendissimo Patri et Domino suo Paschali papæ, Hugo Lugdunensis Ecclesiæ servus, per omnia seipsum. Fratres isti præsentium geruli, » etc. *Vide ubi supra*, col. 525.

CAPUT XIII.
Epistola Cabilonensis episcopi.

« Venerabili Patri papæ Paschali, Valterus Cabilonensis episcopus, salutem et debitam subjectionem. Sicut sanctitas vestra, ut fideles in vera religione proficiant, ardenter desiderat, sic eisdem vestræ protectionis umbram, et vestræ consolationis fomentum deesse non expedit. Suppliciter ergo petimus quatenus quod factum est de fratribus illis qui arctioris vitæ desiderio a Molismensi Ecclesia sanctorum virorum consilio recesserunt, quos in nostro episcopatu divina pietas collocavit, a quibus transmissi præsentium bajuli vobis præsentes adsunt, secundum prædecessoris vestri præceptum, et Lugdunensis archiepiscopi apostolicæ sedis tunc legati, et coepiscoporum et abbatum definitionem et scriptum; cui rei nos præsentes et ejus auctores cum aliis exstitimus, vos approbare, et ut locus ille abbatia libera in perpetuum maneat (salva tamen personæ nostræ successorumque nostrorum canonica reverentia) auctoritatis vestræ privilegio corroborare dignemini. Sed et abbas quem in eodem loco ordinavimus et cæteri fratres, totis viribus hanc confirmationem in suæ quietis tutelam a vestra flagitant pietate. »

item Cluniacensi in summum pontificem electus ann. Dom. 1099, dicitur peccasse, ob investituras beneficiorum, quas ultro citroque imperatori Henrico IV, vel ut aliis placet V, concessit.

(139) Hi duo cardinales agebant tunc in Galliis, illuc missi a Paschali II, ut Bertam reginam Philippo I Francorum regi reconciliarent.

CAPUT XIV.
Privilegium Romanum.

« Paschalis episcopus, servus servorum Dei, venerabili Alberico Novi Monasterii abbati, quod in Cabilonensi parochia situm est, ejusque successoribus regulariter substituendis in perpetuum. Desiderium quod ad religiosum propositum et animarum salutem pertinere monstratur, » etc. *Vide in Paschali, Patrologiæ t.* CLXIII.

CAPUT XV.
Instituta monachorum Cisterciensium de Molismo venientium

Dehinc abbas ille et fratres ejus non immemores sponsionis suæ, Regulam beati Benedicti in illo loco ordinare, et unanimiter statuerunt tenere; rejicientes a se quidquid Regulæ refragabatur, froccos videlicet et pellicias, staminias et caputia, stramina lectorum ac diversa ciborum in refectorio fercula, sagimen etiam et cætera omnia quæ puritati Regulæ adversabantur. Sicque rectitudinem Regulæ super cunctum vitæ suæ tenorem ducentes tam in Ecclesiasticis quam in cæteris observationibus, Regulæ vestigiis sunt adæquati seu conformati. Exuti ergo veterem hominem, novum se induisse gaudebant. Et quia nec in Regula, nec in Vita Sancti Benedicti, eumdem doctorem legebant possedisse ecclesias vel altaria, seu oblationes, aut sepulturas vel decimas aliorum hominum, seu furnos, vel molendina, aut villas, vel rusticos, nec etiam feminas monasterium ejus intrasse, nec mortuos ibidem, excepta sorore sua, sepelivisse. Ideo hæc omnia abdicarunt dicentes, ubi S. Pater Benedictus docet, *ut monachus a sæcularibus actibus se faciat alienum* (140), ibi liquido testatur, hæc non debere versari in actibus vel cordibus monachorum, qui nominis sui etymologiam, hæc fugiendo, sectari debent.

Decimas quoque aiebant a sanctis Patribus, qui organa erant Spiritus sancti, quorumque statuta transgredi sacrilegium est committere, in quatuor partes distributas: unam scilicet episcopo, alteram presbytero, tertiam hospitibus ad illam ecclesiam venientibus, seu viduis et orphanis, seu pauperibus aliunde victum non habentibus, quartam denique restaurationi ecclesiæ. Et quia in hoc computo personam monachi, qui terras possidet suas unde et per se et per pecora sua laborando vivat non reperiebant, idcirco hæc veluti aliorum jus sibi usurpare detrectabant.

Ecce hujus sæculi divitiis spretis cœperunt novi milites Christi, cum paupere Christo pauperes, inter se tractare quo ingenio, quove artificio, seu quo exercitio in hac vita se, hospites, divites ac pauperes supervenientes, quos ut Christum suscipere præcipit Regula, sustentarent. Tuncque definierunt se conversos laicos (141) barbatos ex licentia episcopi sui suscepturos, eosque in vita sua et in morte, excepto monachatu, ut semetipsos tractaturos, et homines etiam mercenarios; quia sine adminiculo istorum non intelligebant se plenarie sive die sive nocte, præcepta Regulæ posse servare; suscepturos quoque terras ab habitatione hominum remotas, et vineas et prata et silvas, aquasque, ad facienda molendina ad proprios tantum usus et ad piscationem, et equos, pecoraque diversa necessitati hominum utilia, et cum alicubi curtes ad agriculturas exercendas instituissent, decreverunt, ut prædicti conversi domos illas regerent non monachi, quia habitatio monachorum secundum Regulam (142) debet esse in claustro ipsorum.

Quia etiam beatum Benedictum non in civitatibus, nec in castellis aut in villis, sed in locis a frequentia populi semotis cœnobia construxisse, sancti viri illi sciebant, idem se æmulari promittebant. Et sicut ille monasteria constructa per duodenos monachos adjuncto patre abbate disponebat, sic se acturos confirmabant.

CAPUT XVI.
De mœstitia eorum.

Illud virum Dei prædictum, scilicet abbatem et suos, aliquantulum mœstitiæ subdidit, quod raro quis illis diebus illuc ad eos imitandos veniret. Viri enim sancti thesaurum virtutum cœlitus inventum, successoribus ad multorum salutem profuturum committere gestiebant. (143) Sed fere omnes videntes et audientes vitæ eorum asperitatem insolitam, et quasi inauditam, plus corde et corpore elongare, quam eis approximare se festinabant, et de perseverantia ipsorum titubare non cessabant. Sed Dei misericordia, qui hanc militiam spiritalem suis inspiravit, ad multorum profectum, egregie eam amplificare et consummare non cessavit, sicuti sequentia declarabunt.

CAPUT XVII.
De morte primi abbatis (144) *et promotione secundi, et de institutis eorum.*

Vir autem Domini Albericus in schola Christi per novem annos et dimidium regulari disciplina feliciter exercitatus, migravit ad Dominum, fide et virtutibus gloriosus, et ideo in vita æterna a Deo merito beandus. Huic successit quidam frater, Stephanus nomine (145), Anglicus natione, qui et ipse cum aliis de Molismo illuc advenerat, quique amator Regulæ et loci erat. Hujus temporibus interdixerunt fratres una cum eodem abbate, ne dux illius terræ seu alius aliquis princeps curiam suam aliquo tempore in ecclesia illa tenerent, sicuti antea

---

140) S. Bened. in Reg. cap. 4, de instrum. bonorum operum.
(141) [De his conversis seu fratribus laicis agitur plenius in eorum Usibus.
(142) Reg. S. Bened., cap. 66.
(143) Vide Guillelm. Sancti Theodorici abbatem in libro primo Vitæ S. Bernardi cap. 8.
(144) Nota iterum hic non numerari sanctum Robertum inter abbates Cistercii.
(145) Vocabatur Stephanus Harungus, S. Aloerico suffectus an. D. circiter 1109, cum absens esset, inquit Guillel. Malmesb.

in solemnitatibus agere solebant. Deinde ne quid in domo Dei in qua die ac nocte Deo servire devote cupiebant remanerent, quod superbiam aut superfluitatem redoleret, aut paupertatem virtutum custodem quam sponte elegerant, aliquando corrumperet. Confirmaverunt etiam ne retinerent cruces aureas seu argenteas, sed tantummodo ligneas coloribus depictas, neque candelabra nisi unum ferreum, neque thuribula nisi cuprea vel ferrea, neque casulas nisi de fustaneo vel lino sine pallio auroque, et argento, neque albas vel amictus nisi de lino, similiter sine pallio, auro vel argento, Pallia vero atque dalmaticas, cappas, tunicasque ex toto dimiserunt. Sed et calices argenteos non aureos, sed si fieri poterit deauratos, et fistulam argenteam, et si possibile fuerit deauratam : stolas quoque ac manipulos de pallio tantum, sine auro et argento retinuerunt. Palliæ autem altarium, ut de lino fierent et sine pictura plane præcipiebant, et ut ampullæ vinariæ sine auro et argento fierent.

Illis diebus in terris et vineis ac pratis curtibusque eadem ecclesia crevit, nec religione decrevit. Ergo istis temporibus visitavit Dominus locum illum viscera misericordiæ suæ effundens super se petentes, ad se clamantes, coram se lacrymantes, die ac nocte longa profundaque suspiria trahentes, et fere ostio desperationis appropinquantes, pro eo quod successoribus pene carerent. Nam tot clericos litteratos et nobiles, in sæculo potentes æque et nobiles, uno tempore ad illam Dei gratia transmisit ecclesiam, ut triginta simul in cellam novitiorum alacriter intrarent, ac bene contra propria vitia et incitamenta malignorum spirituum fortiter decertando, cursum suum consummarent. Quorum exemplo senes et juvenes, diversæque ætatis homines in diversis mundi partibus animati, videntes scilicet in istis possibile fore, quod antea impossibile in custodienda Regula formidabant, illuc concurrere, superba colla jugo Christi suavi subdere, dura et aspera Regulæ præcepta ardenter amare, ecclesiamque illam mirabiliter lætificare et corroborare cœperunt.

CAPUT XVIII.

De abbatiis quas exstruxerunt.

Abhinc abbatias in diversis episcopatibus ordinaverunt, quæ tam larga potentique benedictione Domini in dies crescebant, ut infra octo annos, inter illos qui de Cisterciensi cœnobio specialiter fuerant egressi, et cæteros qui ex eisdem fuerant exorti, duodecim cœnobia (146) constructa fuerint inventa.

Fontes, Curia Dei, Bonavallis, Bonus radius, Cadunium, Fontanetum, Mansus Adæ seu Mansiada.

(146) Hæc duodecim cœnobia ex Cistercio nata, his nominibus indigitantur. Firmitas, Pontigniacum, Claravallis, Morimundus, Prulliacum, Tres

---

CIRCA ANNUM MCXXXII

JOANNIS MONACHI

EPISTOLA

AD ADALBERONEM TREVIRENSEM ARCHIEPISCOPUM

De tribus missis in Nativitate Domini celebrandis, deque festis infra ipsius octavam recolendis

(D. MARTENE, *Ampl. Collect.*, I, 712, ex ms. Epternacensi.)

Archiepiscopo Trevirorum et apostolicæ sedis legato ADALBERONI (1), JOANNES, æternam salutem et gloriam.

Quoniam ante hos annos edidi ad quosdam amicos libellum de missali officio Dominici Adventus, non est cordi repetere ea quæ dixi; ea potius explanabo quæ ab inde sequuntur, et quæ necdum tetigi. Primum scilicet de missali officio Dominicæ Nativitatis. Ubi primum quæstio agitur cur in ipsa die tria officia missarum celebrentur, una scilicet missa in galli cantu, altera in summo diluculo, tertia jam plena die. Cur enim tunc fit, quod per cotum annum nusquam agitur, ut Ecclesia duas generaliter missas in nocte una solemnizet, quod nunquam in alia nocte consuevit. Sunt qui ita solvunt, quod istæ tres missæ tria tempora significent, unum ante legem et gratiam, et ideo totum in tenebris; secundum sub lege, quæ obscura per ænigmata, demum in lucem gratiæ finivit, unde et in tenebris jam tamen inclinatis inchoatur, sed in luce jam aspi-

(1) Trevirenses archiepiscopi Adalberonis nomine exstitere duo ; unus, qui anno 1005 sedem Trevirensem invasit, alter anno 1132 ex primicerio Me-

tensi assumptus, vir pius, Himerodensis monasterii fundator, ad quem potius quam ad primum scriptam fuisse epistolam hanc existimamus.

cante finitur; tertium vero in plenitudine diei, quod nunc præsens tempus est splendentis gratiæ. Sed hac eadem ratione et eodem ordine tres missæ similiter debuerant celebrari in Pascha maxime, quæ est solemnitas solemnitatum, vel in omni festo Domini, vel etiam singulis diebus. Alia alii dicunt, et unusquisque in suo sensu abundat.

At nos, salvo sensu omnium aliorum, dicimus omne officium trium missarum agere de ipsa Domini Nativitate. Et quod duæ missæ in nocte peraguntur, significari duas nativitates Jesu Christi, unam sempiternam de Patre, aliam temporalem de Matre, utramque nobis incomprehensibilem, et oculos nostræ infirmitatis quasi sub quibusdam tenebris latentem. Nam si ad divinam generationem de Patre respiciamus, quis posset ad plenum sentire vel exprimere quid sit Filium hominis de Patre Deo gigni, ut ait propheta : *Generationem ejus quis enarrabit?* ut subintelligas, nullus. Dicit enim B. Ambrosius, quod hæc nativitas super scientiam sit angelorum et archangelorum, principatuum et dominationum, et omnium cœlestium virtutum, et eorum qui inhabitant in domos luteas et terrenum habent fundamentum. Merito igitur prima missa hanc nativitatem Christi plenam innuens, tota agitur in tenebris, quia cum supernis spiritibus omnia scientibus incomprehensibilis sit, maxime nos terrenis tenebris involutos per omnia pene latet, nisi quantum luminaria Scripturarum in medio radiantia cum oculis nostris revelant, quæ luminaria a toto ipsius missæ officio procedentia, nostris cordibus insplendent, ut sempiterna Verbi Dei nativitas sicut ipso noctis tempore, ut diximus, innuitur, ita et testimoniis ipsius missæ officialibus declaretur.

Nam ut breviter singula ventilemus, Introitus qui est : *Dominus dixit ad me: Filius meus es tu, ego hodie genui te*, nonne luce manifestius modum tantæ generationis ex ore ipsius nati de Patre Filii protestatur? Quid enim dicit aliud *Dominus dixit ad me*, nisi, Deus Pater me Verbum bonum eructavit de suo corde? Et quid aliud *Filius meus es tu*, quam *in principio erat Verbum;* Deus Filius apud Deum Patrem de ipso Patre genitus. *Ego hodie genui te*, quid sibi vult, nisi quod illa generatio inenarrabilis, nec principium, nec finem habet, et semper perfectissima est. Nam *hodie*, quod est præsentis temporis, declarat in illa summa generatione nihil præteritum aut futurum esse, cui omne suum semper in præsentiarum adest. Et *genui*, quod est perfecti temporis, insinuat illam semper esse sui plenissimam, cujus perfectioni in omnibus integerrimæ nihil majus aut minus unquam possit accidere semper idem permanenti. Graduale quoque quod est : *Tecum principium, in die virtutis*, etc., vox est Patris ad eumdem Filium de ipsa sui generatione testantis,

quod Filius sit semper consempiternus sibi Patri pari virtute divinitatis, et ad perfectum æternæ beatitudinis omnium sanctorum processerit, genitus ex substantia Patris, ante omnem angelorum seu mundi creaturam. *Alleluia, Dominus dixit*, unde in introitu diximus. Evangelium quamvis humanati Verbi generationem contexat, tamen uno verbo, et divinam maxime complectitur, dum dicit de beata Virgine : *Et peperit Filium suum primogenitum*. Bene *primogenitum*, ut prudens lector intelligat, quia quem Virgo peperit, jam primogenitus a Patre. Offertorium et versus ejus, omnibus esse lætandum et cantandum prædicant, quia Dominus in mundum venerit, qui est annuntiandus dies de die, id est Filius de Patre, et salutare Dei Patris. Communio est *In splendoribus*, sed superius expositum est. Ita hæc missa primam Christi nativitatem et ipso tempore, et ipsius sui officii omnibus membris denuntiat. Missam secundam et diei require in Ammalario.

Nunc ad officium missale trium subsequentium dierum articulum divertamus. Nam ibi quoque quæstio est, quæ expositione indiget, cur scilicet natalitia S. Stephani protomartyris, itemque sancti Joannis evangelistæ, et demum sanctorum Innocentium in suis singulis diebus præferantur natalitiis Christi Salvatoris, cum per quatuor dies natalitiis dominicis nulla servorum natalitia, cujuslibet dignitatis sint, debeant præferri. Verbi gratia si infra Paschæ et Pentecostes quatuor primos dies occurrat natale alicujus sancti, cujuscunque meriti sit, intermittitur, aut in alium diem transfertur, et celebritas Domini in omnibus præfertur. Eadem lege natalitia istorum sanctorum non præferri, sed supponi Dominico natali debuerant, nisi certa ratio mysterii in eis lateret. Præterea assumptio sancti Joannis apud Ephesum, ubi jacet, VII Kalendas (2) Julii celebratur, et facta traditur. Protomartyr est quoque Stephanus, et sanctos Innocentes in ipsis diebus fuisse passos nulla certitudine historiarum probatur. Sed ut proposita quæstio solvatur, dicimus mysterium inesse in his solemnitatum ordinibus. Est autem hoc mysterium, quod in Christi Nativitate nobis datum est, ut Christus et Ecclesia in Christo renata sint unum corpus et unus spiritus, et sint duo in carne una. Ecclesia igitur Christo incarnato est renata et concorporata, celebrat pariter Nativitatem Christi propter se factam, et suam in Christo, id est capitis et membrorum suorum. Primo die celebratur natale Christi, qui est caput Ecclesiæ, cujus tres ordines sunt, martyrum unus, alter doctorum, tertius omnium fidelium et subjectarum plebium. Sed ne aliqua fieret ex innumera multitudine indiscreta confusio, ideo innumeri martyres honorantur omnes sub celebrato nomine unius protomartyris Stephani, qui primus calicem pas-

---

(2) In pervetusto Kalendario Epternacensi, ante annos mille exarato, consignatur VIII Kal. Julii *Receptio S. Joannis apostoli ad Ephesum.* Similiter in veteri Martyrologio sancti Hieronymi Spicilegii tomo IV, VIII Kal. Julii, *In Epheso S. Joannis apostoli et evangelistæ.* Et in veteri Gellonensi : *Festum dormitionis S. Joannis apostoli.*

sionis, quam Salvator Christus pro omnibus gustaverat, reddidit eidem Salvatori, et cujus exemplum sequuntur omnes alii. Similiter innumerabilis ordo omnium doctorum glorificatur sub nomine unius dilecti Christo Joannis, qui apostolus evangelista primus et præcipuus doctor est Ecclesiarum. Innumera quoque multitudo omnium subjectorum fidelium commemorantur sub nomine Infantium et lactentium, qui sua innocentia jam præimaginabant simplicem fidem justorum.

Quia igitur sancta Dei Ecclesia, sicut jam in Adam portaverat imaginem terreni, ita et nunc in Christo portat imaginem cœlestis : et quæ in primo Adam, qui erat de terra terrenus, sordebat terrena, nunc in secundo Adam qui de cœlo cœlestis venit, cœlestis facta est, merito in natali capitis sui felicia cœlestia omnium membrorum suorum natalitia concelebrat, ut totius ecclesiastici corporis nativitas ad æternam vitam simul solemnizetur. Nam etiam hanc hujusmodi nativitatem totius ecclesiastici corporis divina lex Moysi sub figura innuit, quæ omnia Ecclesiæ sacramenta continens, dum trium solemnitatum, quæ præcipuæ in anno celebrantur, id est Paschæ, Pentecostes atque Tabernaculorum ritus et cæremonias per singula describeret, demum festi Tabernaculorum cultum tradens, ita inter cætera ait : *Assumetisque vobis die primo fructum arboris pulcherrimæ, spatulasque palmarum, et ramos ligni densarum frondium, et salices de torrente, et lætabimini coram Domino.* Luce quidem manifestius est, quod illud in lege Pascha et Pentecosten jam prætendebant sub figura nostrum Pascha et Pentecosten in Evangelii gratia. Solemnitas quoque Tabernaculorum præimaginabat natale Christi, quando in sole posuit tabernaculum suum, dum visibilis mundo apparuit sub tegmine carnis, et nos omnes in se credentes sub ipsis incarnationis sive tentoriis per fidem introductos ab insidiis spiritualis nequitiæ semper protexit ac protegit. Unde et in ipsa lege ita admonet dicens: *Discant posteri vestri, quod in tabernaculis habitaverunt filii Israel,* ut omnes fideles pro certo teneant, quod sub fide incarnati Verbi, cui per aquam renati concorporamur, protegimur a facie maligni hostis, qui circuit quærens quem devoret. Ad hæc igitur tabernacula construenda, primo die sumitur fructus arboris pulcherrimæ, id est primo die celebratur Incarnatio Christi, qui carne et sanguine suo, qui sunt fructus vitæ nostræ, nos pascit. Ipse enim est arbor nostræ salutis, quæ in primo psalmo et in Apocalypsi describitur super fluenta aquarum. Post assumptionem arboris pulcherrimæ assumuntur ad constructionem tabernaculorum et spatulæ palmarum, hoc est post celebrationem nati Salvatoris ad consummationem ecclesiasticorum ordinum celebrantur et coronæ victoriosorum martyrum, quod innuitur in commemoratione protomartyris ipsorum. Deinde assumuntur rami ligni densarum frondium, id est doctores qui de ipso Christo, qui est lignum vitæ cum multiplici doctrina veritatis, quasi rami cum densis frondibus progrediuntur, quod imaginatur in solemnio beati Joannis summi doctoris. Sequuntur salices de torrente, quæ quamvis infructuosæ sint, frondent tamen et virent, quæ sunt vulgares plebiculæ, quæ licet in mundo positæ, vix ullum justitiæ fructum ferant, tamen vivunt et salvantur in fide, quæ designatur in celebritate Innocentum, qui nec loqui nec cooperari adhuc noverant.

His finitis, rationem Dominicæ diei, quæ infra dies Dominici Natalis occurrit, breviter in calce scripti attingamus, ut de missali officio hujus festi nihil prætermittamus. Hæc missa incerto die occurrit et agitur, et significat fidem Synagogæ in fine, incertum est quando, in Christum credituræ, ut cum reliquo corpore Ecclesiæ et futura assumptio Synagogæ jam celebratur in Christi natale. Introitus *Dum medium silentium,* vox est ipsius Synagogæ testantis quod cæcata sit infidelitate quando Christus natus est. Graduale *Speciosus forma* et *Eructavit* vox Patris est, quasi ipsis Judæis testantis quod Christus Deus et Filius ejus est, quod illi modo non credunt Evangelium et communio sumpta de Evangelio dum puerum Jesum narrant de Ægypto relatum. Judæam innuunt fidem Christi in fine mundi ab ipsis gentibus fore ad Judæos reversuram exstincta infidelitate eorum.

ANNO DOMINI MCXXXVII ET MCXXXIIII

DROGO CARDINALIS

ASTIENSIS EPISCOPUS

NOTITIA HISTORICO-LITTERARIA

(FABRIC. *Biblioth. med. et inf. lat.*, II, 65)

Drogo, ex monacho Benedictino monasterii Nicasiani apud Remenses priore et abbate Laudunensi, episcopus Ostiensis et cardinalis ab anno 1130 ad 1138, scripsit *De sacramento Dominicæ Passionis librum,* sive sermonem, obvium in Orthodoxographis utrisque, et in Bibliothecis Patrum : in novissima autem Lugdunensi tomo XXI. Huic subjungitur, pag. 341, liber *De creatione et redemptione primi hominis*, editus primum an. 1622 e ms. codice bibliothecæ Elnensis : nec non, pag. 344 *De septiformi gratia Spiritus sancti ac de beatitudinibus*, et pag. 345 *De divinis officiis seu horis canonicis*.

DROGONIS CARDINALIS
SERMO
DE SACRAMENTO DOMINICÆ PASSIONIS.

(Biblioth. Patr. Lugdun., XXI, 329.)

Noli timere, filia Sion; ecce rex tuus venit tibi mansuetus, et sedens super pullum filium subjugalis (Matth. XXI; Zach. IX). Veni, Domine Jesu, veni, desiderate cunctis gentibus, quia dormitavit anima mea præ tædio moræ tuæ; et oculi mei languerunt præ inopia luminis tui. Orere, sol amabilis, ut exeat homo ad opus suum et ad operationem suam usque ad vesperam, et operetur non cibum qui perit, sed qui permanet in æternum. *Noli timere, filia Sion.* Timere pusillorum est; ideo adhuc filia, quia times. Nondum Jerusalem, sed filia Sion; hoc est, specula. Ergo, disce speculari; noli timere, quia timor oculum turbat. Hilaris pupilla lucide speculatur. Fides, pupilla est oculi tui. Quomodo pupilla oculi est subtilissima : et nisi impigre ac sollicite custodiatur a palpebris, levissimi et tenuissimi pulveris tactu confunditur; sic acie fidei, nisi pervigilem semper habeat custodiam, nihil citius conturbatur. Sed noli timere, filia Sion; ecce rex tuus venit tibi : oritur tibi sol, qui te et custodiat et illuminet et perducat te ubi pulvis non est. *Venit tibi mansuetus :* qualis ipse est, talem te esse vult; mansuesce jugum ejus portare. Et ipse sedeat super te asinam suam, et pullum filium subjugalis. Et quæ est hæc asina? Ipsa quæ caro vocatur et mulier, et virago quia de viro sumpta est. Et quis est pullus ejus? Masculus vir. Et quomodo pullus ejus est? Quia *non prius quod spirituale sed quod animale, deinde quod spirituale* (I Cor. xv). Sedet prius rex mansuetus super asinam, postea super pullum : prius caro domatur ut jugo habilis sit, deinde nascitur pullus et nutritur et roboratur ut sessorem suum portare possit. Et quare filius subjugalis? Quia sub viro est mulier, et *mulieris caput vir* (I Cor. xi), et tamen filius est subjugalis, quia per mulierem vir, sed in dolore ipsa pariet. Sedeat super utrumque rex mansuetus faciens pacem, nec hæc sibi invicem adversentur. Venit tibi mansuetus, et tu non vadis ei? *Egredere de terra* (Gen. xii) carnis tuæ, et de cognatione matris tuæ : *et de domo* (ibid.), id est, memoria patris tui. *Pater tuus Amorrhæus est, et mater tua Chananæa* (Ezech. xvi). Hujus patris obliviscere, et tunc concupiscet rex decorem tuum. Decor magnus est,

si audis et vides, et inclinas aurem tuam. Audis per obedientiam, vides per intelligentiam, inclinas aurem tuam per humilitatem. Hic decor, hic omnis gloria ab intus est *in fimbriis aureis* (Psal. xliv) : hunc decorem tuum rex mansuetus concupiscit. Egredere ergo de civitate; quia vidit, inquit, *iniquitatem et contradictionem in civitate* (Psal. liv). Egredere cum pueris Hebræis, qui transeunt simpliciter in occursum Domini. Sterne in via *ramos olivarum* (Matth. xxi), et opera misericordiæ pedibus ejus accommodes. Accipe frondes palmarum, ut triumphes de principibus tenebrarum. Nihil in te resideat quod in occursum Jesu non prodeat, quia nec ungula in Ægypto, Pharaoni relinquenda est. Manus et cor, linguæ concinant *Osanna in excelsis*. Videns vidisti, Domine Deus, afflictionem populi tui qui est in Ægypto, et inclinasti cœlos tuos et descendisti liberare nos. Indulta est mihi, Domine, modica quies ab operibus tenebrarum durissimis, quibus mentem meam vehementer afflixit importunus exactor. Pharaonis, et Sabbati tui præparatio jam lætificavit animam meam. Verumtamen nondum usque ad speluncam perveni, ubi plenius intelligam pustulas et nævos qui maculant faciem meam, quæ valde displicent in oculis tuis; quoniam et si lavero me *nitro* (Jer. ii), et multiplicavero mihi *herbam Borith* (ibid.), maculata sum iniquitate mea. Et nunc, Domine, passionis tuæ dies urgere nos deberent magis quam præpositi Pharaonis : quoniam in operibus tuis justitia est et pax et gaudium in Spiritu sancto. Nos autem dormitamus, te, Domine, pro nobis orante, quia *oculi* nostri tempore nostro *gravati* (Matth. xxvi) sunt. Suscita nos ut vigilemus et oremus, ne incidamus in tentationem; quoniam tribulatio proxima est nobis. Quam cito clauditur oculus ne te videat, collabitur pes noster in hoc mare magnum et spatiosum manibus [navibus], ubi sunt reptilia quorum non est numerus; quæ somniorum suorum phantasiis intentam ludificant animam, et trahunt in cor maris, unde non facilis ad superiora reditus est, nisi tu emittas manum tuam de alto et liberes nos de aquis multis. Suscita nos, Domine, ut tecum *vel una hora* vigilemus et oremus.

SERMO DE PASSIONE DOMINICA.

Quis autem est qui tecum una hora vigilet? *Avulsus enim es a nobis quantum jactus est lapidis*, et agonizas prolixius, ita ut gutta *sanguinis tui decurrat in terram* (*Luc.* XXII). Longe avulsus es a nobis quia lapis est abscissus de monte sine manibus, et jactus est lapis, et percussit Goliam in fronte, et statuam in pedibus. Iste est jactus tuus longe a nobis, quia etiam adusque interiora velaminis præcursor introisti pro nobis, ubi semper interpellas Patrem. Sed utinam gutta sanguinis qui de agone tuo sudat, usque ad terram decurrat; et aperiat terra os suum, et bibat illum et clamet ad te, et tecum ad Patrem, melius quam *sanguis Abel!* (*Gen.* IV.) Quis autem, est, Domine, qui tecum una hora vigilet? Etiam *in cœlo non est factum silentium* (*Apoc.* VIII), nisi quasi media hora; quanto minus in terra, *una hora* (*Matth.* XXVI), vigilabimus tecum? Quoties et redis ad nos, et invenis *dormientes* (*Ibid.*), et tamen benigne suscitas nos, et iterum abis *secundo et tertio eumdem sermonem dicens?* (*ibid.*) Statim autem ut recesseris, iterum somnus occupat nos, nec vigilare possumus nisi quandiu nobiscum es et suscitas nos. Venis *in secunda et tertia vigilia* (*Luc.* XII), sed *beatus ille servus quem tunc inveneris vigilantes* (*ibid.*). Jam primæ et quartæ vigiliæ nulla mentio fit; quia nec primæva ætas sensum recipit vigilandi, nec ultima spem prolixius dormiendi. Et quid est, Domine, quod tertio rediens, copiam dormiendi præstas? *Dormite jam*, inquis, *et requiescite* (*Matth.* XXVI). Nunquid alium concedis somnum, ubi requiescitur; et alium prohibes in quo oculi gravantur? Ita est: qui enim vigilat in te, suaviter dormit, et silet, et somno suo requiescit; qui autem dormit, a te, *sicut ebrius nocte* (*Jer.* XXIII) nesciens graviter agitatur. *Tristis est*, inquis, *anima mea usque ad mortem* (*Matth.* XXVI). Anima tristis est quæ exspectat mortis tribulationem : quis enim sciat utrum ad sinistram an ad dextram eat? Quis enim sciat quomodo respondeat ad argumentum se, quando judex *sicut parturiens* (*Isai.* XLII) loquitur? Ideo tristis anima, similis fiat pellicano solitudinis, qui odit civitatem, conventicula eorum de sanguinibus, et macie solitudinis pallet, et sicut nycticorax in parietinis Scripturæ quærat sibi escam tota nocte, et evolet in passerem super tectum vigilantem et caventem quando veniat fur. Vel Judam non videtis, quomodo non dormit? Quam pervigiles habet oculos avaritia! Quomodo circuit orbem terræ! Non cessat manus ejus, non cessat pes, et coacervat sibi iram in die iræ. Et tamen dormit Simon, dormit Jacobus et Joannes. Quare? Quia non attendunt quid post paululum futurum sit; periculi magnitudo somnum fugat! Nunquid dormivit Petrus in atrio? Nunquid dormierunt qui relicto eo fugerunt? Nunquid dormivit adolescens quando tenuerunt eum, et ille, rejecta *sindone, nudus* (*Marc.* XIV) profugit? Et tamen *frigus erat*, quia *stabat Petrus et calefaciebat se* (*Joan.* XVIII) : magnitudo periculi, et frigus et famem facit oblivisci. Evigila tandem, evigila, miserabilis anima; si non amore, saltem timore. Cogita saltem cruciatum quem jam passura es in morte; certe nulla crux est durior quam mors. Mors, inquam, ipsa est durissima crux quæ tibi paratur; ad quam quotidie tu festinas, et non attendis : vide quomodo te mors crucifigit, corpus rigescit, crura distenduntur, manus et brachia decidunt, pectus anhelat, cervix languescit, labia spumant, oculi stupescunt, facies exsudat, vultus horrescit, et velut testa pallescit. Ista te manet crux, nescio utrum in lectulo molli, an in cruce rigida suavius moriatur, nisi quod crux citius dolorem abscindit. Quæ videmus et sentimus levia sunt ad ea quæ intus anima jam prægustat. Nam sensus a corpore cito recedit, animam sua mors semper comitatur. *Cum ambularent animalia, ambulabant pariter et rotæ juxta ea* (*Ezech.* I). Si vita nostra proficeret, tota sanctæ Scripturæ nobiscum ambularet, sed quia per paludes et saxa pedibus euntes offendimus vix rotæ nos sequuntur. Passio Domini celebratur, et nos voluptati operam damus! Clamat nobis de cruce : *O vos omnes qui transitis per viam, attendite et videte si est dolor similis sicut dolor meus* (*Thren.* I), et nemo est qui audiat, nemo est qui consoletur, nemo est qui respondeat. *Sitio* (*Joan.* XIX), inquit. Domine, quid sitis? Ergone plus cruciat sitis quam crux? de cruce siles, et de siti clamas? *Sitio* : Quid? Vestram fidem, vestram salutem, vestrum gaudium; plus animarum vestrarum quam corporis mei cruciatus me tenet. *O vos omnes qui transitis per viam, attendite et videte si est dolor similis sicut dolor meus.* Attendite dolorem meum, ut in dolore meo videatis dolorem vestrum; dolor meus imago vestri doloris est. Quod attenditis in corpore meo, attendite et vos si similis dolor non est in corde vestro, transitis a vobis ad me; transite a me in vos, et videte si similis dolor in vobis sit sicut dolor meus. *Nolite flere super me, sed super vos ipsas flete, filiæ Jerusalem* (*Luc.* XXIII). Nam ille dolor, quem transitis et non attenditis, magis est flendus quam dolor meus : propter scelus enim vestrum percussus sum. Hæc nobis de cruce tua clamas, o benigne Jesu; et si non verbis, tamen ipsa re : quid tibi respondeam ? quid loquar? aut quid retribuam? fecisti ergo mihi de corpore tuo speculum animæ meæ. Nesciebam contumelias et terrores, et colaphizantem me incessanter Satanam, nisi viderem artem medicinæ tuæ similia similibus curantem, et appenderem *in statera* (*Job* VI) hinc calamitatem tuam, illinc iniquitatem meam. Dedisti *corpus tuum percutientibus, et genas tuas vellentibus, faciem tuam non avertisti a conspuentibus in te* (*Isa.* L), ut alapæ tuæ alapas meas removeant, et flagella flagellis expientur, et opprobria exprobrantium quæ ceciderunt super te auferant a me opprobrium sempiternum. Hæc sunt linteamenta mundissima carnis tuæ, quibus vulnera mea alligasti, o Samaritane misericors, ut imponeres me super jumentum tuum et perduceres in stabulum, quoniam *vere languores nostros ipse tulisti*, *et dolores nostros ipse* portasti, *cujus livore sanati sumus* (*Isa.* LIII). In demo ergo principis sacerdotum, velata facie colaphizatur Christus, quia in domo conscientiæ cæcata mente colophizatur Christianus. Quod enim Christus in publico, ego patior in occulto; quod ille foris a ministris Caiphæ, ego intus a negotiis Satanæ; quia *super dorsum meum fabricaverunt peccatores* (*Psal.* CXXVIII) : faciem mihi velaverunt, faciem meam in terra defixerunt, et dorsum incudem suam fecerunt, et super dorsum meum fabricaverunt peccatores : sed adhuc intra domum contineor, ubi puella moritur et suscitatur, nam et ibidem Petrus negavit, dicens : O homo, *non sum* (*Matth.* IX); hominem attendo, non Deum; hominem timeo, non Deum cujus veritatem nego. Nonne tibi Petrus in his verbis velatam habuisse faciem videtur? Unde tertio colaphizatus est? quia tertio negavit, Et Paulus tertio rogavit *Dominum ut auferret a se angelum Satanæ qui* (II *Cor.* XII) eum colaphizabat. Uterque ergo apostolus colaphizatus est, uterque naufragium passus; ille intus, iste foris. Voluisset quidem Satanas (si tamen licuisset) tandiu Petrum colaphizando cribrare *sicut triticum* (*Luc.* XXII), donec omnem ab eo fidei medullam excussisset, sed *ego*, inquit, *Petre, rogavi pro te, ut non deficiat fides tua* (*Matth.* XXVI), unde respexit Christus, et egressus foras flevit amare. Tandiu faciem habuit velatam Petrus, donec respexit eum Christus. Sed nunquid non etiam prius respiciebat? etiam, sed Petrus respicientem se Christum non respiciebat, quia velatam faciem habebat. Unde bene alius evangelista, *et recordatus est*, inquit, *Petrus* (*ibid.*); recordatus Petri, respectus fuit Christi. Ergo cum peccatorum flendo, recordaris, a Christo videris; imo sublato velamine Christum vides. *Et egressus foras* (*ibid.*) : propterea negabat, quia intus esse nolebat; et tamen quando negavit, foras egressus est. Unde, foras? de domo Christi, de domo fidelium. At ubi de domo Caiphæ foras egressus est, in domum Christi intromissus est. Quot sunt hodie qui dicunt : Nos sumus de domo Christi, nos sumus de domo Ecclesiæ; et sunt de domo Caiphæ : hoc est, hypocrisis? Quod Petrus negando, hoc isti faciunt affirmando, sed nisi confitendo exeant foras et amare fleant, non intrant in Ecclesiam Christi. Amaritudo fletuum velamen diluit oculorum. In domo ergo Caiphæ colaphizatus est Christus, quia in domo Caiphæ colaphizatur Petrus, et quod Petrus a Satana intus passus est, hoc Christus a ministris Satanæ foris pertulit. Attende et vide *si est dolor similis sicut dolor meus* (*Thren.* I). Vide quis graviora pertulit opprobria, Christus foris in corpore, an Petrus intus in corde? Sed jam ad Pilatum eatur. *Mane autem facto* (*Matth.* XXVII), vinctus adducitur ad Pilatum : quandiu culpa latet, nox est, at ubi cœperit innotescere, mane fit. Tunc jam ligatur a principibus sacerdotum, et traditur Pilato, hoc est principi tenebrarum : sicut et Apostolus jubet *hujusmodi* tradere *Satanæ in interi-*

tum carnis (I *Cor.* v). Effertur adolescens de domo ad portam *civitatis* (*Luc* VII), ubi sedet Pilatus pro tribunali, in porta enim civitatis judicium solebat fieri. Pilatus autem apprehensum flagellavit. Sæpe dum culpa retegitur per impudentiam peccatorum effrenatur; augentur flagella, plagæ multiplicantur, multa enim *flagella peccatorum* (*Psal.* XXXI). His *flagellis* (*Exod.* v) sæculi Pharao cædebat filios Israel. Post hæc traditur militibus *ad illudendum* (*Matth.*, XX), ipsa est malitia spiritualis nequitiæ. Vide ordinem miseriæ : A principibus sacerdotum traditur principi tenebrarum, qui flagellis suis sibi mancipatum, militibus suis exposuit altius illudendum, et postea novissime crucifigendum : post crucem enim non restat supplicium, quia peccatum morte terminatur, sed vitata jam morte, majori dæmonum ludibrio peccator agitatur. Exuentes quippe eum veste totius Christiani decoris, quasi pro regio splendore chlamydem coccineam (hoc est, vestimentum mixtum sanguine) circumdant, cum propter crudelem sanguinolentiam a plerisque et honoratur et circumdatur : unde et *plectentes coronam de spinis* (*Matth.* XXVII), ponunt super caput ejus, cum de rapina pauperum spineas ei divitias coacervantes, caput ejus ad regnum elationis efferunt. Vindicat enim pecunia, quod Sapientia sibi dicere solebat : *Per me reges regnant et conditores legum justa decernunt* (*Prov.* VIII); ubi pecunia, ibi rex, ibi clientium copia. Unde et arundinem in dextra ejus ponunt (*Matth.* XXVII). Potestas enim et regnum impiorum arundo est, vento agitata; regnum autem Christi, virga ferrea. Et bene in dextera arundo ponitur : quia *dextera eorum, dextera iniquitatis* (*Psal.* XLIII). Jam quod sequitur luce clarius est, quia genu flexo talibus illuditur potius quam servitur. *Ave, rex Judæorum, et exspuentes in eum* (*Marc.* XV), laudibus supervacuis [*laudatur* enim *peccator in desideriis animæ suæ, et iniquus benedicitur* (*Psal.* X)]. Acceperunt arundinem *et percutiebant caput ejus* (*Marc.* XV). A talibus rectoribus, milites eorum potestatem accipiunt nocendi et devorandi pauperes, quod totum tamen redundabit in caput ejus, cujus auctoritate se tuentur. Hæc tertia mors est, quando sedet fetens *in cathedra pestilentiæ* (*Psal.* I) : his mortibus infelix anima, ante extremam crucem morte afficitur, et quod miserabilius est, talibus opprobriis quasi pro magnis honoribus delectatur, et talis quotidie ducitur ad crucem, bajulans ipse sibi suæ damnationis supplicium. Sed quid est quod post illusionem, chlamyde exuitur, et suis vestibus reinduitur; nisi quod sæpe superbus Adam, cum per dolorem carnis confinia mortis ingreditur, deposita elatione, ad putredinis suæ considerationem revertitur? ubi videlicet vel miseratione divina pœnitentiæ fractus invenit, vel post tremendum judicium duplici contritione conteritur. Sic Herodes cum veste regia præfulgidus, plusquam decuit a populo ei acclamaretur, mox percussus ab angelo, exutus chlamyde vestem suam reinduit, et consumptus a vermibus,

SERMO DE PASSIONE DOMINICA.

exspiravit. Rectene illusus est? *Ave, Rex Judæorum* (*Marc.* xv), *quid superbis terra et cinis?* (*Eccl.* x.) quid veste nitida gloriaris? Subter te sternetur tinea, et operimentum tuum vermis est (*Machab.* ix); hæc tua vestis est; illuserunt tibi qui chlamyde coccinea circumdederunt. Sic Antiochus et Domini natalis hostis Herodes, alienis vestibus depositis, in suis vermibus exspirarunt. Redi ad cor tuum tandem aliquando; redi, vetus Adam; vide ubi et quomodo te requisivit et invenit novus Adam, ostendam tibi in corpore ejus ignominias animæ tuæ. Non satis fuit quod per colaphos et nova irrisionum genera, post te fugientem, clamitans et miserans percurrit, et usque ad novissimum crucis supplicium, te animam efflantem consecutus invenit et apprehendit? Quis enim latro ille nisi Adam fuit? Qui ex quo primum in paradiso sui ipsius homicidium perpetravit; tandiu a Christo fuit reus et abscondit se, donec in crucis articulo novissime consumptus et comprehensus fugere et latere amplius non potuit. Ibi tandem comprehensus ad te, bone Jesu, conversus est; culpam suam confessus est; pœnam libenter amplexus est: tu enim admonebas ne pati abhorreret, quod te quoque secum pati videret. Ille ergo tibi de toto hoc mundo solus et unus adhæsit, et ideo solus de toto hoc mundo tecum in paradisum intravit, ubi et tam firmiter non jam custos paradisi sed civis et domesticus Dei collocatus est, ut amplius inde cadere jam non possit. O beatissimum latronem, imo non latronem sed martyrem et confessorem! necessitatem enim vertit in voluntatem, et pœnam commutavit in gloriam et crucem in triumphum. In te, beatissime confessor, martyr, de totius mundi sterilitate, fidei reliquias tollit Christus: tu, fugientibus discipulis et Petro negante, socius et comes passionis ejus fieri gavisus es; tu, Petrus in cruce fuisti; et Petrus in domo Caiphæ, latro. Tandiu hic Petrus latro fuit, quandiu intus latitans Christum foris negavit: et ideo et Petrum præcessisti in paradisum, quia qui te cruce complexus est dux et rector tuus, eadem die qua ipse ingressus est, fidelem et gloriosum militem secum te pariter introduxit.

Egenus et pauper ego sum (*Psal.* LXIX), Domine, et *claudus ex utero matris meæ* (*Act.* xiv), et ecce sedeo *ad portam templi tui quæ dicitur speciosa* (*Act.* iii), non valens nec volens introire, quin potius egestate bonorum tuorum mendicans foris alimoniam carnis meæ, æreas et falsas imagines hominum, ubi coacervem mihi talentum iniquitatis, fasciculos deprimentes. Et ecce *hora orationis nona* (*ibid.*) est; ascendunt Petrus et Joannes (*ibid.*) apostoli tui ut orent ad templum sanctum tuum, ego hæreo terræ et luto, terrena et vana sapiens, et aliis introeuntibus ego foris remaneo non quærens cum eis ea quæ Patris tui sunt, sed quæ primi patris mei, quæ me sive foras quotidie ponunt, et male concupierunt. Ecce jam hora orationis nona est, inclinata est dies, prope est nox; cum surrexero mane diluculo, de his quæ nunc mendico nihil in manibus meis reperiam. Hora, inquam, orationis nona est; orasti hac hora pendens in cruce; orasti, *inclinato capite clamans voce magna* (*Joan.* xix), et expirasti; orasti, inclinato capite in spiritu humilitatis, et clamans voce magna, altissimo et secretissimo affectu paterno et nostræ charitatis; in illo, Domine, clamore valido exspirasti, et eumdem quem de nobis tunc habebas compassionis animum tecum adhuc reservas, quia charitas tua refrigescere nescit. Erat autem hora orationis nona. Et quare nona orationis erat hora? quia circa horam nonam tenebræ factæ sunt [tenebræ factæ sunt usque in horam nonam]. Repellendus erat horror tenebrarum, qui universam operuerat terram; repellenda caligo populorum, quæ ex tunc cœperat abundare ex quo tu cœpisti ad auram post meridiem deambulare; ex quo tunc non cessasti clamans, *ubi es Adam?* (*Gen.* iii.) Sequens post tergum fugientis et abscondentis ex quantum in ipso fuit qui et dimissus est de paradiso voluptatis, et pervenit usque ad condignum suæ cruciatum iniquitatis. Sed *nos*, inquit, *digna factis recipimus, hic autem quid fecit?* (*Luc.* xxiii.) O Adam, quam sero in hæc verba prorupisti! Modo te primum inveni. *Amen amen dico tibi, hodie mecum eris in paradiso* (*ibid.*): ideo est hora orationis nona. Nona oravit: nam decima paradisum intravit. Propterea non introibat claudus in templum, quia nondum usque ad decimam generationem pervenerat, sed Petrus ad eum: *In nomine*, inquit, *Jesu Christi surge et ambula* (*Act.* iii). Vere vos estis *montes ad quos levavi oculos meos, unde veniet auxilium mihi: sed auxilium meum a Domino* (*Psal.* cxx), quia dixisti: *In nomine Jesu Christi surge et ambula.* In verbo Christi laxas rete, et in verbo Christi claudum levas. In verbo Christi solidantur bases ejus et plantæ. Quæ sunt bases ejus? Fides et timor: et quæ plantæ? Spes et charitas: ideo bene Petrus et Joannes simul ascendebant; quorum alter fidei alter charitatis insigne ferebat. Ascendebant ad templum tuum, Domine, tecum simul oraturi ut et ipsi tecum simul introeant in paradisum sanctuarii tui. Quia scissum est in morte tua velamentum quod erat super faciem Moysi (*Exod.* iv). Sed noluerunt introire soli, quia nec tu, Domine, solus paradisum introisti. Tu latronem, isti claudum introducunt. Sed neque jam latro in paradiso est, neque claudus in templo: quomodo enim claudus est qui stat et ambulat, exsilit et Dominum laudat? Aut quomodo latro est, si cum Christo in paradiso? *Non enim juxta te habitabit malignus* (*Psal.* v). Latro fuerat quando latebat ante confessionem; justus autem post orationem, quid enim oravit? *Memento mei dum veneris in regnum tuum* (*Luc.* xxiii). O magna fides, o magna charitas! orat pro futuris, non præsentibus; non vult de cruce deponi, sed in regno Christi reponi: quid enim est aliud dicere quam; *cupio dissolvi et cum Christo esse* (*Philip.* i). Nescio quid Paulus magis isto latrone cupierit. *Memento mei!* O cor contritum et humiliatum! Quid minus vel humilius potuit rogare, quam ut sui memor esset? *Memento mei!* cujus mei, inquam, tam indigni, tam peccatoris : iniquitatem meam ego cognosco et peccatum meum contra me est, confundor oculos meos ad te levare; tibi soli peccavi, tu solus potes a peccato meo me mundare : malum contra te feci, cum me tibi volui celare; latro sum animæ meæ, homicidium quidem feci; volui occultare, sed malum coram te feci; memento mei, miserere mei, merito in hanc miseriam deveni, qui tuam beatitudinem deserui; dives eram, et ecce quam pauper factus sum! De omni ligno paradisi poteram comedere et delectari, et ecce crucior et morior in hoc ligno, memento mei, tui oblitus eram, sed tu, cum iratus fueris, misericordiæ memor eris. *Miserere mei secundum magnam misericordiam tuam (Psal.* L) : video in te, magnam et tuam; hoc est competentem tibi misericordiam, quæ te mihi, ad mei consimilem condescendere fecit miseriam. Ego *digna factis (Luc.* XXIII) recipio; tu autem quid fecisti? Video te mihi in pœna similem, quem in actu video tam dissimilem! Non potuisti me longius sequi. Unde venisti? *A summo cœlo (Psal.* XVIII) egressus es, et de utero Virginis, speciosus forma processisti, et mecum pendes in ligno! Quis huc te adduxit? sola misericordia. *Secundum hanc magnam misericordiam tuam miserere mei, Deus.* Deus es, non homo tantum ; Deus es, ego homo, ego plasma tuum, ego quem fecisti ad imaginem et similitudinem tuam; imaginis tuæ, Deus, miserere. Sed in quo te agnoscam misereri? in eo quod imaginem meam in te video similem, et eamdem mecum miseriam pati; quid ergo restat nisi ut sperem de tanta misericordia? Quis, inquam, possit desperare? Ergo memento mei dum veneris in regnum tuum. Vadis ad regnum tuum, implesti negotium tuum! ad hoc venisti ut me reducas tecum; tecum ire concupisco, et hanc amarissimam mortem pati non contremisco, non erubesco. Quomodo enim contremiscerem, ubi te mecum esse viderem? etiamsi ambulavero in medio umbræ mortis, non timebo mala, quoniam tu mecum es, aut quomodo erubescerem quod te Dominum cœli portare viderem? Qui enim te erubuerit et tuos sermones, hunc erubesces cum veneris in majestate tua, et Patris et sanctorum angelorum. *Qui non bajulat crucem suam (Luc.* XIV), et sequitur me, non est meus discipulus; hic est sermo tuus : qui hunc sermonem erubuerit, hunc tu erubesces : qui enim erubescit crucem tuam, erubescit gloriam tuam; mihi autem absit gloriari nisi in cruce Domini nostri Jesu Christi. Crux gloria tua est, crux imperium tuum est : ecce imperium tuum super humerum tuum; portas portantem te. Qui portat crucem tuam, portat gloriam tuam; qui portat gloriam tuam portat te; portantem autem te, tu portas super humerum tuum, quia *imperium* tuum *super humerum tuum (Isai.* IX) : ergo qui te portant imperium tuum sunt in ipsis enim tu regnas. O maxime imperator! sed quomodo, aut quo portas imperium tuum super

humerum tuum? humerus tuus altus est, humerus tuus fortis, humerus tuus pertingit usque ad Patris consessum super omnem principatum et potestatem et virtutem. Illuc perducis ovem centesimam, illuc *deducis ovem Joseph (Psal.* LXXIX). Ad dexteram Patris deduciter ovis Joseph. Valde jam secura ovis Joseph; Christus te portat super humerum suum; fortis est humerus ejus, noli timere; altus est, noli ad ima respicere, quia *nemo mittens manum suam ad aratrum, et respiciens retro, aptus est regno Dei (Luc.* IX). *Grave jugum super filios Adam a die nativitatis eorum, usque ad diem reversionis in matrem omnium! (Eccl.* XL.) Quandiu sum filius veteris Adam, grave jugum porto. Si essem filius novi Adam, leve jugum portarem. Quod est jugum grave? talentum plumbi; et quod est onus leve? crux Christi. Illud sicut scriptum est, submergitur *in aquis vehementibus (Exod.* XV); istud enatat super aquas. Mira res! nihil formidolosius homini quam crucem pati. Sed quare timent homines crucem? Quia latrones sunt : si latrones non essent, crucem non timerent; ergo qui timet, latro est. Quomodo, inquis, latro est? audi Christum : *Vos autem,* inquit, *fecistis eam* id est, domum meam *speluncam latronum (Matth.* XXI). Templum Dei sanctum est, quod estis vos; faciunt ergo homines seipsos speluncam latronum : jugulant homines et trahunt in speluncam suam. Quod enim majus homicidium, quam ut seipsum interficiat homo? vel quod gravius homicidium, corpus occidere an spiritum? O quoties homo spiritum suum interficit! quot homicidia in semetipso perficit? quoties voluntarie et ex studio peccatum perpetrat, quid aliud quam seipsum jugulat? *Omnis enim qui acceperit gladium, gladio peribit (Matth.* XXVI). Gladius animæ peccatum est; peccatum animæ mors est; qui hunc gladium manu propriæ deliberationis acceperit; hoc est acceptum habet et gratum; primus in seipsum manum mittit, primus semetipsum interficit : *Gladius,* inquit, *eorum intret in corda illorum (Psal.* XXXVI). Nec satis est semel occidere et quiescere; millies et millies crudeles in se manus convertunt; et veloces sunt pedes eorum ad effundendum sanguinem suum viri sanguinum et dolosi. Quomodo dolosi? Quia congerunt cadavera mortuorum in speluncam suam, et operiunt aggere terræ ne vel ipsi videant, vel ab aliis videantur. Nolunt ipsi videre, ne horrorem vel pudorem ingerant eis in faciem, morticina fetentia; nolunt videri, ne forte deprehensi tanquam latrones homicidæ ad horrenda supplicia pertrahantur. Quid autem in omnibus suppliciis tam horrendum quam crux? Ideo timent crucem latrones, quia crux scelerum vindex est, crux impiorum pœna est, crux æqua lance judicat et remunerat, hinc nocentes, illinc innocentes, ideo crux impiis formidolosa, piis autem super omnia ligna paradisi gratiosa est. Nunquid enim Christus crucem timuit? nunquid Petrus? nunquid Andreas? imo et optavit, *exsultavit* enim *ut gigas ad currendam viam (Psal.* VIII) : Et, *desiderio,* inquit, *deside-*

ravi hoc pascha manducare vobiscum antequam patiar (Luc. xxii). Manducavit pascha cum discipulis, manducavit et pascha cum passus est, quando transivit ex hoc mundo ad Patrem : *Ego*, inquit, *habeo cibum manducare quem vos nescitis; meus cibus est ut faciam voluntatem Patris mei (Joan.* iv), et voluntas Patris est ut calicem bibam. Ergo in cruce manducavit et bibit, et ebriatus est, et dormivit. Risit verenda ejus maledictus Cham; et filii, avum referentes, altissimi soporis mysterium pallio contexerunt : *Immisit* quippe *Dominus soporem in Adam et tulit unam de costis ejus, et ædificavit in mulierem et adduxit eam ad Adam (Gen.* ii). Manifesta res est, quia dormitavit Christus, et soporatus est Christus, et de latere ejus quotidie ædificatur, et pascitur, et nutritur Ecclesia, et adducitur a finibus terræ, ut assistat Regina a dextris in vestitu deaurato circumdata varietate. In cruce ergo pascha manducavit, quia ascendit in palmam, et collegit fructus ejus. *Cum exaltatus*, inquit, *fuero, omnia traham ad me (Joan.* xii), quæ omnia? cœlum, terram, et inferos. Traxit ad se Patrem, quia clamor ejus introivit in conspectum ejus, in aures ejus; et contremuit terra, et petræ scissæ sunt, et monumenta aperta sunt, quia vocem Filii Dei audierunt. Sic Mediator Dei et hominum, medius inter cœlum et terram, pascha manducabat, et fructus arboris undique colligebat, quos in corpus suum trajiciebat; quia confluebant omnia ad arborem vitæ, quæ erat in medio paradisi; restincta enim erat framea, quæ viam intercluserat. Quis ergo amplius crucem timeat? in cruce enim pendet omnis fructus vitæ, quia ipsa est arbor vitæ quæ est in medio paradisi; ipsa est altitudo, latitudo, sublimitas et profundum; ipsa bonos colligit et remunerat; ipsa malos disperdit et condemnat; ipsa est mœstorum consolatio, esurientium refectio, perfectorum gloriatio. Circuire possum, Domine, cœlum, et terram, et mare et aridam, et nusquam te inveniam nisi tantum in cruce; ibi dormis, ibi pascis, ibi *cubas in meridie (Cant.* ii). Crux enim tua fides est cujus latitudo charitas, longitudo longanimitas, altitudo spes, profundum timor. In hac cruce te invenit quicunque te invenit, in hac cruce anima suspenditur a terra, et dulcia poma de ligno vitæ decerpit; in hac cruce Domino suo adhærens dulciter decantat : *Susceptor meus es tu, gloria mea et exaltans caput meum (Psal.* iii).

Nullus ergo te quærit, nullus te invenit, nisi crucifixus. O gloriosa crux, radicare in me, ut ascendam in te! Sed ubi *crucifixerunt eum? (Joan.* xix.) in Calvariæ loco. Beatus vero locus in quo figitur crux. Bona calvities quæ tali fronde vestitur. Ad hanc calvitiem Eliseus ascendebat : *Ascende, calve. Ascende, calve (IV Reg.* ii). Vide si non calvus est et noster Eliseus : *Filius hominis*, inquit, *non habet ubi reclinet caput suum (Luc.* ix). Ecce quam calvus est qui non habet ubi caput reclinet! calvus est, quia regnum ejus non est de hoc mundo; calvus est noster Eliseus, quia discipuli ejus *relicto eo omnes fugerunt (Matth.* xxvi), quid enim discipuli, nisi *capilli capitis, qui omnes numerati sunt? (Matth.* x.) Ergo in Calvariæ loco vexillum crucis erigitur. Pro eo, inquit, quod ambulaverunt *filiæ Sion extento collo et nutibus oculorum, decalvabit Dominus verticem filiarum Sion (Isa.* iii). *Decalvet Dominus verticem capilli perambulantium in delictis suis (Psal.* lxvii). Decalvabit, inquit, verticem filiarum Sion, et faciet ibi Calvariæ locum, ut ibi figatur gloriosa Christi crux, ubi sedem sibi superbia locaverat. *Dilata*, inquit, *calvitium tuum sicut aquila (Mich.* i). Aquila decalvata, perspicuo sole fruitur; sic animæ calvities quanto dilatatur, tanto se purius in eam veræ lux infundit; qui autem sibi comam nutriunt, cæcitatis et gravitatis sibi damnationem acquirunt. Propterea lucis hujus beatæ visionem perdidit Absalon, quia gravabat eum cæsaries, et *non nisi semel in anno tondebatur, et crines suos ponderabat ducentis siclis pondere publico (II Reg.* xiv), unde in eodem crine suspensus ad arborem interiit. Absalon, patris pax, ipse est et Judas, et quicunque in pace, Christo est *amaritudo amarissima (Isa.* xxxviii). *Ave, Rabbi (Matth.* xxvi), voce et osculo, Patri pacem ferebat, *ore suo benedicebant, et corde suo maledicebant (Psal.* lxi). *Homo*, inquit, *pacis meæ, in quo speravi, qui edebat panes meos, magnificavit super me supplantationem (Psal.* xl). Unus est et multi sunt. Ecce Absalon, ecce Judas, ecce corpus Satanæ. Sed quomodo comam nutriebat? *fur erat, et loculos habebat (Joan.* xii). Ista eum cæsaries gravabat, et semel in anno tonsus, quando semel retulit triginta argenteos et projecit eos in templo; quos ponderavit ducentis siclis, qui numerus immundorum est, et hoc, pondere publico, non pondere sanctuarii; pœnitentia enim ductus peccatum suum valde ponderavit. *Peccavi tradens sanguinem justum (Matth.* xxvii). Singula verba plena sunt ponderibus, sed pondere publico, non pondere sanctuarii, quia plus erubuit infamiam quam conscientiam, plus suam nequitiam quam Dei misericordiam ponderavit. Audi pondus sanctuarii : *Peccavi, malum coram te feci, dele iniquitatem meam (Psal.* l). Hinc iniquitatem meam ego agnosco *(ibid.)*, illinc misericordiam tuam magnam attendo; *miserere mei, Deus (ibid.).* Audi et pondus publicum : *Major est*, ait Cain, *iniquitas mea quam ut veniam merear (Gen.* iv). Retulit ergo *triginta argenteos, et projecit in templo (Matth.* xxvii). Vide quam magni ponderabat eos, non projecit eos in sterquilinio, sed in templo, nimirum talibus semper diis templum suum devoverat : *Avaritia* enim, *simulacrorum servitus est (Gal.* v), et avaritia *excæcat oculos sapientum (Deut.* i). Ecce infelix qualiter excæcatus est! maluit seipsum perdere, quam denarios perire. Denarios templo, seipsum laqueo addixit; amabat hæredes suos qui eosdem denarios exinde colligerent, qui etiam nunc reservant in suo Corban. Projecit eos in templo, et abiens laqueo se suspendit. Jamdiu erat quidem quod a Christo recesserat et avaritiæ laqueo se suspenderat : sed quod

fecerat, *in occulto*, palam, omnibus innotuit (*Matth.* x).
Exterioris pœnæ qualitas, supplicii modum aperuit; quia *per quæ peccaverit* homo, *per hæc punietur* (*Sap.* xi). *Suspensus crepuit medius* (*Act.* 1), plenus erat venter, et ruptus est. Uter crepuit medius ubi sedes erat Satanæ, crepuit ergo vas contumeliæ, quia non erat de vasis figuli quæ probantur *in fornace* (*Eccli.* xxvii) : propter quod in agro *figuli in sepultura peregrinorum* (*Matth.* xxvii) sortem non habuit : sed velut testa crepitans per inane dissolvitur, *et diffusa sunt omnia viscera ejus* (*Act.* 1). Pecuniæ viscera sunt avari; illa diffunduntur et perduntur, sed viri misericordiæ colliguntur. Pendet adhuc Judas et Absalon per comam capitis sui, et mulus cui sederat pertransiit (*II Reg.* xviii). Nolite fieri sicut equus et mulus, quia mundus transit et concupiscentia ejus. Crinis Absalon quo suspenditur, *radix omnium malorum* avaritia est (*I Tim.* vi), ubi hæc radicaverit, omnium malorum cæsaries abundabit. Mulus vero ex equo et asino mistus est duplex animus qui foris ostentat quod intus non servat. Talis erat Judas, talis Absalon : foris pietas intus malitia; duplex iniquitas. Equus manifeste tumet, asinus simpliciter ambulat, mulus nequam et subdolus, incautum præcipitat.

Aperi nobis, Domine, aperi nobis ostium lateris tui quod est in arca tua, ut introducas nos cum mundis animalibus septena et septena. Tu es verus Noe quem solum invenit Deus Pater tuus justum coram se (*Gen.* vi). Hic est, inquit, *Filius meus dilectus in quo complacui* (*Matth.* iv) : Tu cognoscis oves tuas, et ipsæ te agnoscunt, quia sunt animalia munda septena et septena qui septiformi gratia et operibus lucis. Sabbatum ex Sabbato adepti jam digni sunt octavæ conscribi; qui numerus tantum in arca salvatus est.

Introduc et nos ad te per ostium lateris tui, quod est fides Ecclesiæ, et claude *ostium a foris* (*Gen.* vii) donec pertranseat iniquitas. Et cessante diluvio, iterum nobis aperias ostium, non jam fidei sed spei; *ostium contra ostium* quod in montis ædificio Ezechieli prophetæ monstratum est (*Ezech.* xl). Interim tamen et *fenestram* habes in arca, per quam *dilectus mittit manum suam* (*Cant.* v), et columbam suam excitat : *Surge*, inquiens, *amica mea, speciosa mea, et veni* (*ibid.*). Et cum evolat post te ut apprehendat te, tu effugis et ascendis *super cherubin*, et volas, *super pennas ventorum* (*Psal.* xvii), ut non inveniat pes columbæ tuæ solidum quid de te ubi requiescat, nisi iterum ad arcam tuam revertatur, et tu *manu apprehensam* iterum in sua mansiuncula reponas (*Gen.* viii). Tutius est enim in portu fidei interim præstolari et quiescere, quam te nimis et frustra insequendo in aquas diluvii intransmeabiles decidere et submergi. Aquæ enim quæ *a dextro* templi *latere effluunt* (*Ezech.* xlvii), mille passus mensuratæ, usque ad talos veniunt; et post alios mille passus, usque ad genua; iterum post alios mille, usque ad renes ascendunt; post alios autem mille passus, in

A tantum crescit et intumescit fluvius ut transvadari non possit (*ibid.*); sed oporteat retro potius redire ad solidum ripæ, ideo sancta *animalia ibant et revertebantur* (*Ezech.* i). Columba quoque cum non inveniret ubi pes ejus requiesceret, ad arcam reversa est (*Gen.* viii). At vero corvus semel emissus nescit reverti (*ibid.*), quia non simplici oculo persequens vanitatis diluvio interceptus est, et merito. Quid enim columbæ et corvo? Quid candido et nigro? Quid Judæ et Joanni? Quid *Christo et Belial?* (*II Cor.* vi). Et tamen Christus inter Judam et Joannem medius sedet inter electum et reprobum latronem medius, et Noe inter corvum et columbam; sed corvus semel emissus non est reversus, quia Judas egressus in aere submersus est. Sed quid, o Domine, quod *unus ex militibus lancea latus tuum aperit?* (*Joan.* xix). Quis est ille unus ex militibus, nisi forte ille qui tunicam tuam inconsutilem sorte accepit; ipsa est nimirum unitas fidelium, quæ tibi soli militat; cujus lancea prædicationis cunctis credentibus latus tuum aperuit. *Vivus est enim sermo Dei et efficax, et penetrabilior omni gladio ancipiti* (*Hebr.* iv). Hæc est illa lancea quam Habacuc propheta fulgurantem hastam nominat (*Habac.* iii); hanc hastam cum urceo aquæ tulit David a capite Saulis inimici sui dormientis (*I Reg.* xxvi), quia superbis et invidis ac negligentibus sermo sapientiæ simul cum gratia subtrahitur; sed dormientem, filius Sarviæ confodere voluit semel, ut secundo opus non esset, nisi hunc David benigne prohibuisset; quia peccatorem pigrum et contemnentem nisi misericors et longanimis patientia Dei sustineret, gladius Satanæ (hoc est, iniquitas sua) in æternum interficeret : Vult enim improbus Satan, quatenus *qui dormit, non adjiciat ut resurgat* (*Psal.* xlix). At vero misericors David de longinquo vertice sæpius inclamat; *nonne respondebis, Abner?* (*I Reg.* vi.) Retribuis enim peccatori mala pro bonis, mitissime David, et admones et exspectas diutius ut respondeat tibi unum pro mille; illis autem vox tua improba videtur, quia inquietum eorum somnum inquietas. *Quis es tu*, inquit, *qui clamas et inquietas regem?* (*I Reg.* xxvi.) Ab increpatione tua, Domine, *dormitaverunt qui ascenderunt equos* (*Psal.* lxxv), nec evigilare eos vult auriga ipsorum, donec præcipitet in profundum. Rex enim impiorum superbia, *in umbra dormit, in secreto calami, in locis humentibus, et protegunt umbræ umbram ejus* (*Job* xl). Ipse est Abner qui protegit Saul. Cur, inquit, inquietas regem? Compungitur tamen aliquando et superbum cor, ad vocem David, sed non usque ad correptionem. Flectitur humillimis sermonibus superbus Saul, dicente David : *Quem persequeris, rex Israel; quem persequeris? canem mortuum et pulicem unum, sicut perdix in montibus* (*I Reg.* xxiv). Non sine causa, vel cani mortuo vel pulici se comparat David, *melior est enim canis vivus leone mortuo* (*Eccli.* ix) : melior est canis vivens Deo, mortuus mundo, quam leo superbus et reprobus, mortuus Deo, vivens sæculo. Pulex parvulus et mordet et salit, sic humilis justus, carnalium vitia mordet confidenter, et salit in montibus ubi tutissimum habet refugium, ut non timeat perdicem adulteram quae persecuta est Eliam (*III Reg.* xix), et Joannem Baptistam interfecit (*Matth.* xiv). Da mihi, Domine, portionem in terra viventium, in sepultura *peregrinorum in agro Aceldama* (*Matth.* xxvii), qui pretio magno *sanguinis* tui emptus est; ibi enim sepulti sunt omnes Patres nostri, qui super terram hanc advenae fuerunt et peregrini; ibi Abraham, pulcherrimam conjugem suam Saram in spelunca duplici sepelivit (*Gen.* xxiii). Sed quid est quod nec gratis agrum ipsum accipere voluit, nec in electis eorum sepulcris mortuum sepelire? Quia nec sine pretio sanguinis Christi, gratis se per seipsum salvandum credidit, nec bonum sibi aestimavit esse, si in fetentibus mundi sepulcris habitaret. *In electis*, ait, *sepulcris nostris sepeli mortuum tuum* (*ibid.*). Habet mundus electa sepulcra; illos utique quos elationis fastigium, vel superstitionis operositas perspicuos reddit. Tota Ægyptus sepulcris plena est, *neque enim erat domus in qua non jaceret mortuus* (*Exod.* xii). Illa sepulcra in deserto desiderabant filii Israel : *Deerant nobis*, inquiunt, *in Ægypto sepulcra* (*Exod.* xiv), ut cadavera nostra jaceant in deserto nuda et inhumata. In talibus sepulcris noluit mortuum suum sepelire sanctissimus patriarcha, sed ubi? in spelunca duplici; ubi spes bonorum operum, et amor contemplativae requiescit; ibi enim et Lia condita jacet : ergo Sara et Lia in spelunca duplici, simul absconditae sunt. Illa prius sterilis, postmodum jam senex, filium gaudii unum tantummodo peperit; haec post sex filios parere cessavit, nisi quod novissime filiam (sacri generis ignominiam) peperit. Mira res! haec quae sex habuit filios, *parere cessare* dicitur (*Gen.* xxix); illa quae unum tantummodo, parere cessare non memoratur. Sed activa finem habet, contemplativa semper parit; illa in dolore, ista in gaudio parturit, et tamen utraque in eodem agro sepulta est. Nam *Rachel juxta Bethlehem subter silicem crucis superposita est* (*Gen.* xxxv), nimirum sedet ad pedes Jesu, ut de domo panis semper fecunda pariat. Ergo Sara et Rachel nunquam parere cessabunt. Lia vero, post sex filios, aut omnino parere cessat, aut filiam parit; ipsa est carnalis voluptas, quae sub specie discretionis nonnunquam subrepit activae; sed tamen si vere vidua fuerit, salvabitur; non per filiae, sed *per generationem filiorum* (*I. Tim.* ii).

In spelunca itaque duplici patriarchae nobiles una cum suis conjugibus sepulti sunt; habitarunt enim in tabernaculis sicut advenae et peregrini super terram; ideo sepulturam peregrinorum, tam ipsi quam tota eorum successio, haereditate possident. Sed quid est quod Jacob grandaevus, majore quam caeteri ambitione, suavitate, et gloria ibidem a filio suo Joseph sepultus est? (*Gen.* L.) Per Jacob grandaevum, perfecta charitas exprimitur; in qua Pater a Filio, imo cum Filio consepelitur, dicente ipso, quia *si quis diligit me sermonem meum servavit, et Pater meus diliget eum, et ad eum veniemus et mansionem apud eum faciemus* (*Joan.* xiv). Haec est illa gloriosa et suavis sepultura Patris. Antiqui dierum, qui diligentes se sibi consepelit, et abscondit eos in abscondito faciei suae a contradictione hominum. Illud et *ossa Joseph* (Salvatoris nostri memoria) ex Ægypto, quotidie referuntur a filiis Israel (*Exod.* xiii). Non enim in Ægypto ossa Joseph Deus reliquit, qui fetentia et *dealbata sepulcra* detestatur (*Matth.* xxiii). Et Moysen Deus sepelivit; sed *sepulcrum ejus usque in hodiernum diem ab homine non invenitur* (*Deut.* xxxiv). Denique quis poterit illuc ascendere ubi ille ascendit per medium nebulae in altissimum montem; et fuit ibi quadraginta diebus et quadraginta noctibus, et vidit, et perscrutatus est exemplar tabernaculi admirabilis quod fixerat Deus et non homo? Propterea *usque hodie* dum *legitur Moyses* (*II Cor.* iii), velatam habet faciem, quia ab homine mortali sepulcrum ejus non invenitur. In eodem agro et sanguinis, et gloriosa regum linea sortem recepit, qui sepulti sunt in sepulcro patrum suorum in Jerusalem. Illic et prophetarum visio, et Machabaeorum bellicosa virtus gloriose decorata est. Comparetur jam, si placet, huic sepulturae *peregrinorum* (*Isai.* xiii), illa quondam gloriosa in regnis, inclyta in superbia, Chaldaeorum turris Babel. Quid simile huic nostrae sepulturae reperitur? Ibi, in plures lingua discinditur; hic, quinque civitates Ægypti non jam lingua Ægyptia nec Chananitide loquuntur, sed civitas solis vocatur una. De illa siquidem turre Babel projecta est meretrix Jezabel, fortificationum mater, idolorum cultrix, avaritiae artifex (*IV Reg.* ix); et cum eam sepelire vellent, quia erat filia regis, non invenerunt nisi tantum calvariam et manuum summitates, et sanguine respersum parietem. Haec sane est impiorum sepultura, haec digna retributio; quod ex eis nonnisi manuum summitates, hoc est operum vix extrema vestigia, remanent, et calvaries, qui fuerat locus superbiae, spoliatus capillorum gloria, *quia vidi impium superexaltatum, et elevatum sicut cedros Libani, et transivi et ecce non erat* (*Psal.* xxxvi). Haec est calvaries Jezabel, quae vestita erat decore meretricio et perunxerat *oculos suos stibio* (*IV Reg.* ix). Decalvatus est superbiae vertex, non est qui jam dignetur aspicere nisi qui voluerit nefas ejus abhorrere, ut lavet manus suas in sanguine peccatoris, et, velut equus fortis et velox, meretricem projectam ungula sua confodiat et conculcet et praetereat. Hic et paries adhuc sanguineus relictus est, ut terreat viros sanguinum et dolosos, qui propter avaritiam suam lapidant humilem Naboth. Sed canes impudentissimi, amatores cadaverum, carnes sibi fornicarias incorporant, unde et sanguinem ejus consequenter lambunt, quia sicut libidinis, ita et ultionis participes erunt. Alii vero sunt canes qui fiunt ex inimicis abyssi, qui famem justitiae patiuntur, qui circumeunt civitatem, non Babyloniae sed Ecclesiæ; et quod mortuum a vitiis ibidem reperiunt, comedunt, et sibi consepeliunt. Unde autem hi quos extra civitatem mortuos, volucres, hoc est dæmones, per inane volantes comedunt, quales fuerunt Achitofel, et Absalon, et Jezabel, et Judas, qui accipientes in vano animam suam, in vano etiam efflaverunt eam. Sed redeamus ad agrum Aceldema, ut admiremur et æmulemur potius beatorum mansionum gloriam, quoniam memoria impiorum cum sonitu, memoria vero justorum vivet in sæcula sæculorum, quales fuerunt *Joseph*, qui *erat decurio vir justus et bonus* (*Luc.* XXIII) *et Nicodemus*, qui quondam noctis, sed jam diei minister, ad perungendum corpus Dominicum, ferebat *misturam myrrhæ et aloes quasi libras centum* (*Joan.* IXX). Tales sepulturæ suæ ministros amabat Jesus, qui corpus ejus audacter eripiant de potestate tenebrarum, et sibi vindicent, *ut sciat unusquisque vas suum possidere in sanctificatione et honore* (*I Thess.* VI), ligantes illud castitatis legibus et disciplinæ linteis, et a vermium putredine conservantes per *misturam myrrhæ et aloes*. Sunt enim hæ species amaræ quidem, sed corruptelam removentes : laboriosa quidem est castigatio carnis, sed aliter neque mens, neque ipsa caro servatur imputribilis. *Quasi libras centum*. O mensuram bonam et confertam! librandum sane est inter corpus et animam, discretione subtilissima, ut unumquodque plenum sinum se habere gaudeat, et sit pax et æqualitas inter carnem et spiritum, quatenus et mensura teneatur, et non deseratur perfectio. Hæ sunt quasi libræ centum quæ corpus Jesu in sepulcro fidelium, integrum semper et suave custodiunt. *En lectulus Salomonis sexaginta fortes ambiunt, omnes tenentes gladium et ad bella doctissimi* (*Cant.* III). Lectulus tuus, Jesu Christe, plusquam Salomon; sepultura tua est, in qua Sabbato requiesti ab omni opere quod patrasti. Est autem *monumentum tuum in horto novum* (*Joan.* XIX) *et in petra excisum*; quia amica tua fidelis anima, hortus conclusus est, et renovatur quotidie in agnitione tua, et solidatur in petra amoris tui consepeliens seipsam tibi in interiore homine, in secreto tabernaculi tui : ibi te ambiunt sexaginta fortes ex fortissimis Israel, in quibus opera sex dierum, opera bona et valde perfecta sunt , ut in senario et denario legis, imaginem et similitudinem tuam conservent. Isti melius te custodiunt quam fallax impiorum custodia, qui sunt ad bella doctissimi, non solum carnis illecebras, sed etiam potestates aereas, nocturnosque timores abigere. Illi autem qui nocte sicut ebrii sepulcrum obsident, illi trepidaverunt timore ubi non est timor, quoniam potestas tenebrarum lucem non est sustinens, ad nuntium vitæ *facti sunt veluti mortui* (*Malach.* XXVIII). Non ergo te custodiunt filii noctis, sed filii diei : illis enim horrorem incutit splendor tuus, ut fugiant a te; istis autem gaudium ne approximent ad te. *Nobis*, aiunt, *dormientibus venerunt discipuli ejus, et furati sunt eum* (*Matth.* XXVIII). O mendaces! verum dixistis, sed *mentita est iniquitas sibi* (*Psal.* XXVI). Dormientes enim, Christum custodire non possunt; sed *qui mane*, inquit, *vigilaverint ad me, invenient me* (*Prov.* VIII).

Vobis quippe dormientibus, quid nisi somnia apparent? Ecce habetis copiosam in manibus pecuniam ; illam, si potestis, custodite ne fures effodiant vel furentur : nam discipuli Christi suum thesaurum diligenter custodient : unusquisque quod amat, hoc servare studet. Certe Michol amabat David magis quam patrem suum Saul, ideo per fenestram demisit eum et servavit (*I Reg.* XIX). Quid est hoc? Michol filia Saul, filia quondam superbiæ; postquam nupserat specioso David, incipit odisse patrem suum, cui dicitur in psalmo: *Audi, filia, et vide, et inclina aurem tuam et obliviscere domum patris tui, et concupiscet rex decorem tuum* (*Psal.* XLIV). Unde per fenestram demittit David ; illam intellige *fenestram* per quam *dilectus mittit manum suam* (*I Reg.* X) ; per hanc fenestram demittitur ab amica sua ad amicam suam, hoc est ad seipsam, et absconditur in interiore homine, ubi et securus vivat, et iniquus lateat. Abscondit enim se et exiit de templo perfidiæ; quoniam dum citharizat coram Saul, ut spiritum Domini malum faciat ab eo recedere, ille impius hasta eum cum pariete tentat configere. Sed declinante David (*I Reg.* XVI), quid est quod parieti hasta infigitur, nisi quod recedente Christi gratia, mens indurata, suæ malitiæ telo confoditur? Quid autem ita hodieque perosum habet rex tenebrarum Saul, quam David generum suum? Propter quod, absente David, filiam suam tulit, et dat alteri marito ignobili (*I Reg.* V) sed manu fortis, cum redierit, et acceperit regnum, rursus suam sibi vindicat, quia desponderat sibi eam ducentis præputiis, a qua non solum carnis sed et mentis immunditias absciderat. Væ peccatoribus, Domine, sepulcrum tuum obsidentibus; quoniam vere declinas ab eis, et non inveniunt te in lectulo tuo suavi et florido, sed potius offendunt statuam cordis sui tenebris involutam, habentes ad caput suum pellem caprinam (*I Reg.* XIX), peccatorum suorum memoriam fetentem. Beatus autem qui vigilat ad monumentum tuum, et custodit te , et luctatur mane cum angelo resurrectionis, nec dimittit eum donec audiat aliquid de nomine ejus quod est mirabile : ut et nomen Jacob commutetur in Israel (*Gen.* XXXV), et transmisso amne doloris, statim oriatur ei sol justitiæ. *Quis revolvet nobis lapidem ab ostio monumenti*? (*Matth.* XXVII.) Clausum est, Domine, ostium mentis meæ, et premit intellectum meum lapis mortalitatis prægravatus pondere iniquitatis meæ; nec humanæ prorsus vires valent amovere, nisi omnipotens sermo tuus a regalibus sedibus veniat, angelus consilii, qui diruat maceriam inimicitiarum, et aperiat nobis sensum ut intelligamus Scripturas, et videamus linteamina posita ante nos, humilitatis et resurrectionis tuæ verissima testimonia : in quibus qui te scrutari, te adjuvante, potuerit, prægustabit aliquid de gloria resurrectionis quam præparasti diligentibus te; cujus primitias in sinu tuo jam collegisti, offerens eas semper in conspectu Patris tui tostas igni Spiritus sancti. Et ille quidem angelus tanti gaudii prænuntius, qui revolvit lapidem et impias mentes perterruit, pias autem blande leniens timere prohibuit : ille, inquam, angelus non tantum verbo, sed et vultu, habitu vel tactu, beatæ resurrectioni testimonium perhibuit. *Revolvit* enim *lapidem et super eum sedit* (*Matth.* xxviii) : lapidem, inquam, qui et nunc advolutus est super nos, et faciem nostram deprimit : quod in prima resurrectione quæ est animæ, fieri non dubium est, ut prementem se corruptionis sarcinam versa vice spiritus subjiciat, et velut judex ac Dominus inferioris sui regimen accipiat. Quid autem per candorem nivis, et vestimentorum speciem, nisi corporis nostri frigida et mundissima castitas signatur, quæ præsidenti in se angelicæ claritati similis, et testimonium præbet et obsequium? Porro aspectus ejus interior, ubi subsignatum est lumen vultus tui, Domine, sicut fulgur terribilis est et lucidus : terribilis ut inimicos animæ scindat medios et perterreat; lucidus autem, ut tibi vero lumini, cum justitia semper appareat. Talis erat facies Moysi (*Exod.* iii) ex consortio sermonis tui : hoc est, luminosa et terribilis, quia cornuta erat ad ventilandum inimicos, et velata propter splendorem, quem carnales oculi ferre non poterant. Et nunc, Domine, scimus et gaudemus quia resurrexisti vere a mortuis, et longe divisus es a nobis adhuc mortalibus, quia ascendisti *super equos tuos* (*Habuc.* iii) igneos et currum igneum, qui *decem millibus multiplex* (*Psal.* lxvii) est : verumtamen cecidit nobis a te, et apud nos usque hodie remansit pallium tuum quæ sunt linteamina corporis tui, quibus potentiæ tuæ opem experiamur in tempore opportuno, ut spiritus tuus duplex fiat in visceribus nostris, quatenus in te et Deum et proximum diligamus. Circumdederunt nos dolores mortis, et tribulationes inferni conturbaverunt nos; circumdederunt nos, mortalitatis nostræ vestimentum scaturiens vermibus, qui me assidue comedunt et non dormiunt, qui sunt dolores prænuntii doloris illius maximi, qui venit super nos velut armatus, et improvisos molitur obruere. Et quis tam providus, ut terrorem illius possit sustinere? Attamen velimus nolimus, certe sustinendus est, certe transmeandus. Sed noli oblivisci pallium Eliæ, alioquin torrens tibi sine illo non dividetur. Sunt et alii torrentes iniquitatis (pelagus peccatorum meorum) qui conturbant me; atque utinam sic conturbarent, ut cum dolore clamarem : *Pater mi, pater mi, currus Israel et auriga ejus!* (*IV Reg.* ii.) Conturbant enim me torrentes iniquitatis, auferentes mihi lumen oculorum meorum, ut non possim videre piissimum Eliam, quando tollitur a me : si enim viderem, profecto spiritus ejus duplex fieret in me, et clamarem : *Pater mi, pater mi? Misit Deus spiritum filii sui in corda nostra,* ait Apostolus, *clamantem: Abba, Pater* (*Galat.* iv). Duplex spiritus, duplo clamat : *Pater mi, pater mi; pater mi, creator; pater mi, reformator. Pater mi, pater mi* ! o vox affectuosa! *currus Israel et auriga ejus* (*IV Reg.* xiii) : portas et regis, sustines et gubernas : quem? Israel credentem in te, sperantem in te, suspirantem ad te. Ecce sublatus es, amplius te tuus non videbit Eliseus : remansit tamen ei pallium tuum in memoriam tui, ut præsentia absentiæ tuæ dolorem ejus semper et augendo leniat, et leniendo augeat, *Hoc sumite,* ait, *in meam commemorationem* (*Luc.* xxii) *:* hoc est sacramentum corporis tui, quod sumimus in tui commemorationem corporis tui donec venias. Pallium tuum est caro tua qua vestitus ad nos processisti; et latuisti quidem perfidos, sed fidelibus tuis teipsum ostendisti sicut et usque hodie. Sub hoc pallio *abscondita est* maxima *fortitudo tua* (*Habac.* iii), o fortissime Samson, quam etiam dilectæ et non diligenti te, ad ultimum non celasti, ut inimicam verteres in amicam. In tantum amasti mulierem non amantem te, sed persequentem, ut propter amorem ejus sapientia tua stultesceret, et fortitudo tua infirmaretur. Sed *quod stultum est Dei sapientius factum est hominibus, et quod infirmum Dei fortius hominibus* (*I Cor.* i), quoniam voluntarie teipsum Patri sacrificasti, et ex potestate tua moriens concussisti principes tenebrarum et regnum eorum attrivisti; facta est crux tua, Judæis quidem scandalum, gentibus autem stultitia, his autem qui credunt, Dei virtus et Dei sapientia. Quandiu sumus in hoc corpore, peregrinamur a te, Domine; ambulas quidem cum his qui diligunt te, et loquuntur et tristantur super te; sed tamen peregrina est facies tua, et cum cognoscas eos, non tamen cognosceris ab eis. Vere tu es ille Joseph (*Gen.* xlii), qui ad fratres tuos quasi ad alienos durius loquebaris, non indignatione, sed miseratione, dum illos duos in via ambulantes, et dolebas, et arguebas : *O stulti et tardi corde ad credendum!* (*Luc.* xxiv.) Veniunt ergo ad te quasi alieni fratres tui, sed tu benigne appropinquas eis : veniunt ad te cum asinis stultitiæ et tarditatis suæ, et cum saccis vacuis præ inopia; sed non solo frumento reples eos, quia et pecuniam reddis ligatam in ore sacculi. *Aperto,* inquit, *unus sacco, ut daret jumento pabulum, invenit pecuniam in ore sacculi : reddita est,* ait, *mihi pecunia, en habetur in sacco, quidnam est quod fecit nobis Deus?* (*Gen.* xlii.) Vacui et stulti veniunt ad te, sed tu remittis eos onustos et abundantes frumento sapientiæ tuæ, insuper et eloquentiæ pecuniam reddis ligatam auctoritate Scripturæ; quia linguas infantium facis disertas, ut dent jumentis nondum intelligentibus te, pabulum, et mensuram tritici in tempore suo. Gradere nunc et nobiscum, Domine, ne desolemur et tristemur in via hac qua ambulamus, quoniam tu ipse quondam præcedebas filios Israel *in columna nubis per diem, et in columna ignis per noctem* (*Exod* xiii), et ad nutum tuum deponebant tentoria, et rursus erigebant. Quæ est nubes quæ præcedit veros Israelitas, nisi verissimum et sanctissimum corpus tuum, quod in altari sumimus, in quo velatur nobis altitudo Dei, immensitas majestatis tuæ, cujus et calorem et splendorem mortalis infirmitas sustinere non posset, nisi mediatrix nubes interposita, et ardorem temperaret desuper, et tutam subtus te viam præmonstraret? Hanc nubem totus exercitus tuus sequitur, Domine rex Sabaoth; qui autem non sequitur eam, in tenebris est, et in tenebris ambulat, et nescit quo eat : relucet enim de hac semita quæ ducit ad vitam, semita humilitatis et patientiæ, semita mansuetudinis et misericordiæ, et quidquid humano generi per Incarnationis tuæ mysterium revelare dignatus es. Relucet nobis ex hac luce, legis et prophetiæ gloria, quoniam Moyses et Elias tecum apparuerunt in monte, sed *nubes lucida obumbravit eos (Matth.* XVII) : nec enim ipsi sicut et nos, sine tua protectione salvari potuissent ; verumtamen illis sicut amicis et domesticis (imo domesticorum et amicorum tuorum præcipuis) sacramenti tui nubes erat perlucida quæ nobis jacentibus et projectis a facie oculorum tuorum valde subobscura est, sed imperfectum meum viderunt oculi tui, et in libro tuo omnes scribentur, quoniam sub nube tua nutris et perficis, et deducis velut ovem Joseph. Hæc est columna nubis, quæ per diem præcedebat filios Israel ; columna vero ignis per noctem, Spiritus sanctus est qui super apostolos in igneis linguis apparuit, qui cæcitatis nostræ caliginem illuminat et sursum erigit, ut sapiamus ea quæ sursum sunt, non quæ super terram. Nubes ergo per diem et columna ignis per noctem, quia et caro tua divinitatis æstum temperat et Spiritus sancti lux tenebras nostræ mentis illustrat. Igitur dum loqueberis in via duobus discipulis tecum pariter euntibus, et nubes peregrina faciem tuam tegeret : *Nonne,* inquiunt, *cor nostrum ardens erat in nobis, dum nobis loqueretur in via et aperiret nobis Scripturam? (Luc.* XXIV.) Ardebat nimirum intus columna ignis, quia foris columna nubis loquebatur ad eos. Sed ubi tandem cognoverunt? *in fractione panis (ibid.)*; et vere non cognosceris, Domine, nisi in fractione panis : panis, caro tua est ; fregisti manibus tuis corpus tuum, quia potestatem habebas ponendi animam tuam, et iterum sumendi eam : fregisti corpus quod foris apparebat, et ostendisti medullam quæ intus latebat ; nisi enim patiaris, non cognosceris : *ibi,* inquit, *abscondita est fortitudo ejus (Habac.* III). Quæ est autem fortitudo tua, nisi mansuetudo, nisi humilitas, nisi sapientia et obedientia? Has virtutes fortissimas et suavissimas, in fractione panis, hoc est, in passione tua, nobis ostendisti. His virtutibus caro tua (quod nos sumus) nutritur paulatim et perficit et perficitur. Et primum quidem inter duas molas spei et timoris, molitur sicut frumentum, ut fiat nova conspersio : deinde cum in formam panis transierit, coquitur in clibano passionum, postea cum benedixeris ei omni benedictione spirituali, et dixeris, *Consummatum est (Joan.* XIX), frangis et ipsum corpus nostrum, quod in manibus tuis est, et in manus tuas committimus : et ibi agnosceris, non specie peregrina, sed in facie propria, ut jam non lancea nobis latus tuum aperiat, sed digito palpare et videre possimus, quia tu es, Domine, Deus noster, pater orphanorum et judex viduarum. Nunquid non vides viduam hanc pauperculam, et desolatam animam meam non habentem aliquos, neque fratres, neque amicos, neque vicinos, a quibus mutua accipiam vasa vacua, non pauca, quæ mihi filii mei suggerant, et ego infundam de modico olei, quod mihi de te residuum est, ut tu benedictionis tuæ plenitudinem omnibus exhibeas? Intelligo enim, Domine, vasa vacua esse litterales quosdam et historicos sensus Scripturæ tuæ, quæ non pauca sunt, ut totus mundus ea capere non possit. Quæ quidem vasa sanctissimi templi tui, Babylonius rex, hoc est, superbiæ principatus captiva sibi ducit, suisque conviviis, non ad gloriam, ad ignominiam suam servire cogit *(IV Reg.* II); usurpans sibi scientiam legis tuæ, et bibens in vasis sanctuarii vinum prostitutionis suæ, unguentisque meretricis donaria tua commaculans. Propter quod et ex adverso parietis, crudelis, sed justa contra eos sententia conscribitur *(Dan.* V), quia omne regnum in seipsum divisum desolabitur, et tradetur Medis et Persis qui argentum non quærant, nec aurum velint, sed venenatis et ardentibus sagittis parvulos e: stultos eorum sensus interficiant. Tu autem Domine, pauperis et desolatæ viduæ misereberis, ne pessimus, et importunus fœnerator, quod ad usuram perditionis meæ, multa mihi iniquitatis suæ talenta credidit, duos filios meos interioris animæ sensus ad serviendum sibi tollat. Bonum et salutare tuum, ut petam mutuo vasa non pauca, et benedictione superabundantis olei redimam peccata mea, de reliquo autem vivam cum filiis meis.

Sed quia nec vicinos habeo nec liberos a quibus commodem exercitium mentis meæ, statim ut remisero manus, invadit me creditor ille improbus, et duos filios meos, hoc est intellectum et affectum, inertiæ vanisque illusionibus suis deservire cogit. Tu ergo misericors, ut viduarum defensor, quoniam dives es nimis, et das omnibus affluenter : tu, inquam, ipse mihi commoda, et vasa quæ nosti ad hoc esse utilia, et oleum, ut tua sint omnia, et omnia serviant tibi : quia nolo in Ægyptum oleum tuum deferre ut non peccem tibi, sed tantummodo ne panem otiosa comedam, quin potius tota die exercear in justificationibus tuis et vivam. Et ecce quod filius memoriæ meæ mihi obtulit, sicut primum inter manus meas incidit, arripiam. Stabat Elias in vertice montis, et mittitur ad eum quinquagenarius primus, qui igni consumptus est, et secundus similiter, tertius tamen, humilitatis et devotionis merito reservatus est *(IV Reg.* I). Ecce vas, sed vacuum, quia potius sic acceptum crudelitatem resonat, impleatur oleo, et gravis ex eo sonus cessabit. Quis enim Elias status in vertice montis nisi tu, Domine Jesu, qui sursum Patri assistis, venit ad te quinquagenarius primus, quem tibi aridus præ nimia siccitate mundus transmittit, et clamat ad te : *Homo Dei, descende de monte? (ibid.)* Mundus enim cognoscit, quia salvari sine te non potest. Homo Dei et Deus homo, moveat te quem quæris homo, ut homini condescendas. *Descende de monte,* nullus tibi potest appropinquare, nisi tu appropinquaveris ei, nullus ad te potest ascendere, nisi tu descendas ad eum. *Homo Dei, descende de monte :* tu es mons elevatus super verticem montium, descende et compatere nobis in convalle lacrymarum. *Si homo,* inquit, *Dei sum, descendat ignis de cœlo (ibid.),* etc. — *Ignem enim veni mittere in terram (Luc.* XII), quem volo, ut accendat et devoret te et quinquaginta tuos. Obsecro, Domine, et super me descendat ignis ille, et devoret in me veterem hominem cum actibus suis. Hic est quinquagenarius primus quem tuus ignis devorat, ut ab omni opere servili requiescere faciat. Quinquagenarius autem secundus ipsa est activa vita quæ similiter finem habet, Sabbatum ex Sabbato ; hanc quoque in holocaustum, ignis tuus absumit, et in primo quidem quinquagenario crematur hircus, in secundo aries incenditur ; tertius autem qui est resurrectionis vel contemplationis, finem non habet, sed cum Elia semper vivit. Unde bene lectum est in Evangelio, de magnis piscibus centum et quinquaginta tribus, qui omnes in unum piscem redacti sunt, quem super prunas positum septem discipuli viderunt, et una cum Jesu qui octavus erat, pransi sunt *(Joan.* XXI). Ipse numerus, hoc est centum et quinquaginta, qui sunt tres quinquagenarii et septem discipuli, requiem concorditer sonat, et sicut singuli quinquagenarii, ad unitatem ; ita septem, ad octavam, hoc est ad Christum, tendunt, et in uno omnes consentiunt. Sicut autem unum corpus, unus panis, unus homo vel unus piscis Christus et omnes electi : ita diabolus cum omnibus reprobis unum corpus et unus hostis. Est enim *aquila grandis, magnarum alarum,* etc. *(Ezech.* XVII). *Aquila,* propter nimiam naturæ spiritualis perspicaciam ; *grandis,* propter superbiæ altitudinem ; *magnæ alæ adhærentes sibi et extollentes eum,* malignorum spirituum potestates ; *longo membrorum ductu,* pessimi homines, quorum ministerio fungitur ad pugnandum contra bonos. Et bene, *longo :* quia adhuc quotidie veniunt, et durant usque in finem sæculi, ducatum superbiæ sequentes : *plena plumis,* fallaciæ dolis, et avaritiæ, quia easdem artes variis modis ad decipiendum transfigurat. *Venit ad Libanum,* animam semel fidei et vitæ merito candidatam. *Tulit medullam cedri :* cedrus imputribilis, altitudo spei, cujus medulla est charitas, quam singulariter nititur expugnare diabolus. *Summitatem frondium ejus avellit,* et sermonem sapientiæ qui excellentissimus est, evellit ab amore Dei. *Et transportavit in terram Sennaar :* hoc est fetoris eorum, quod significat inanem gloriam. *In die illa sibilabit Dominus muscæ, quæ est in extremo fluminum terræ Ægypti, et api quæ est in terra Assur (Isa.* VII). Sibila, Domine, et huic muscæ immundæ, animæ meæ peccatrici, ut spiritus tuus bonus deducat me in viam rectam, ut vadam ad excelsam et montuosam promissionis terram, quæ de superioribus tuis irrigatur, et de cœlo exspectat pluviam, non sicut terra Ægypti, quam fluvius de terra ebullions totam cooperit. Non est enim mons oppositus ; non est aliquod obstaculum concupiscentiis Ægypti ; sed sicut de terrena mente ebulliunt super detectam animæ superficiem, sine mora decurrunt. Habet enim septem ostia fluvius Ægyptius, quæ de uno capite, id est superbia, derivantur. Horum extremum intelligitur luxuria carnis, de qua muscæ immunditiæ semper amatrices nascuntur : nec istam despicit superabundantia gratiæ, sed sibilat et evocat eam de extremo fluminum, et jungit api quæ erat in terra Assur : *Et venient et requiescent simul in torrentibus vallium : et in cavernis petrarum, et in omnibus frutetis, et in universis foraminibus (ibid.).* Apis virgo est, sed quandiu est in terra Assur, hoc est elationis, mel non potest operari ; sola enim repromissionis terra lacte et melle fluit : sibilante ergo gratia, musca et apis conveniunt, et simul requiescunt in torrentibus vallium. In illis torrentibus, et apis de superbiæ, et muscæ de luxuriæ sordibus emundantur. Torrentes vallium, disciplinæ sunt humilitatis. Quare torrentes ? Quia si quis mœror, si qua gravitas in corrigendis vitiis, cito prætereunt : unde *mulier cum parit, tristitiam habet ; cum vero peperit, jam non meminit pressuræ (Joan.* XVI) : nam labor vertitur in amorem, et tædium in desiderium, et amaritudo in dulcedinem ; sicque de torrentibus vallium proficiunt ad cavernas petrarum. Petræ, firmissimi atque fortissimi in fide patres sunt, in quorum passionibus velut suis exemplaribus, musca et apis quasi columbæ nidificantes requiescunt, unde non cessat manus eorum, non cessat pes ; sed in omnibus frutetis bonorum operum jugiter exercitatæ, sic demum ad contemplationis foramina perveniunt. Hæc sunt opera tua, Domine Jesu, quia sunt bona valde. Sic Mariæ Magdalenæ sibilasti, de qua non unum, sed septem Ægypti flumina ejecisti. Vide quomodo requievit in torrentibus vallium ; intravit inter epulas discumbentium, cucurrit ad pedes Jesu ; effundebat super eos torrentes lacrymarum : ad lavanda sui Domini vestigia, non alias quam oculorum suorum undas attulit, capillis suis pro linteis usa est, tum vero ubi affectus vehementior incanduit et uberavit, carbo lacrymarum imbre respersus fortius exarsit *(Matth.* XXVI ; *Luc.* VII). Videres ab illa sacratis vestigiis celeberrima et insatiabilia oscula infigi ; videres effusæ unctionis suavitate totam domum compleri.

Quid igitur illa nisi in torrentibus vallium requiescebat, de qua tot et tanti gratiæ torrentes effluebant ? unde et dimissis ei peccatis multis, quia multum dilexerat, jam, sicut columba quæ lacte est lota, residebat ad pedes Jesu juxta fluenta plenissima ;

cum quidem soror ejus Martha satageret circa frequens ministerium. Quid memorem de sepulturæ officio quod prævenit : de pedibus ascendens ad unctionem capitis, cum in ea fremeret illud avaritiæ sepulcrum fetens, odorem pietatis ferre non sustinens? Non potuit amor tantus, Christo etiam moriente mori : fugientibus et latentibus viris (hoc est apostolis) mulier imperterrita *stabat ad monumentum, plorans (Joan.* xx). Non habebat vinum, et tota super mortuum ardebat. Corpus erat sublatum, et a monumento recedere non valebat; quo plus de manibus et oculis auferebatur, eo ardentius animus insequebatur. Si fieri potuisset, redimendo corpori sepulcrum lacrymis implesset; *stabat*, inquit, *plorans*, id solum ei de te residebat; corpus erat sublatum, sed quis auferat ei ploratum? Indulge domina, indulge totis habenis, et effundere procurrens in infatigabiles lacrymas, donec sublatum, imo resurgentem, Dominum tuum consequaris; iterum et iterum inclinare, vel locum vacuum ubi positus fuerat sæpius intuere; amplius et amplius ipse te ad plorandum locus irritat, dum ejus quem quæris absentiam tibi præsentat. *Vidit*, inquit, *duos angelos in albis sedentes, unum ad caput, et unum ad pedes, ubi fuerat positum corpus Jesu; mulier*, inquiunt, *quid ploras? quem quæris? (Ibid.)* Equidem bene noveratis, o piissimi angeli, quid ploraret et quem quæreret; quare illam commemorando iterum in fletus excitastis? Sed prope erat insperatæ consolationis gaudium, ideo tota vis doloris et plorationis excurrat. *Conversa retrorsum vidit Jesum stantem, et nesciebat quia Jesus est (ibid.).* O pium, o delectabile pietatis spectaculum! Ipse qui quæritur et desideratur, et occultat se et manifestatur : occultat se ut ardentius requiratur, et requisitus cum gaudio inveniatur, inventus cum sollicitudine teneatur, et tentus non dimittatur, donec in amoris sui cubiculo mansionem facturus introducatur. Hac arte ludit sapientia in orbe terrarum, et deliciæ ejus esse cum filiis hominum. *Mulier, quid ploras? quem quæris? (Ibid.)* habes quem quæris, et ignoras? habes verum et æternum gaudium, et ploras? habes intus quem foris requiris? Vere stas *ad monumentum foris plorans (Ibid.)*: mens tua monumentum meum est, illic non mortuus, sed in æternum vivens requiesco, mens tua hortus meus est. Bene existimasti quia hortulanus sum, secundus Adam ego sum, operor cum custodio paradisum meum. Fletus tuus, pietas tua, desiderium tuum, opus meum est: habes me intra te, et nescis; ideo quæris foris, et ecce ego foris apparebo, ut te intro reducam, et invenias intus quem foris quæris. Maria, novi te ex nomine, disce me cognoscere ex fide. *Rabboni*, id est, *Magister*: quod est dicere, doce me quærere te, doce me tangere et ungere te. *Noli*, ait, *me tangere sicut hominem, nec sicut prius tetigisti et unxisti mortalem : nondum ascendi ad Patrem meum*; nondum credidisti me Patri coæqualem, coæternum et consubstantialem : hoc igitur crede, et tetigisti me. Hominem vides,

ideo non credis: quod enim videtur, non creditur. Deum non vides, crede et videbis, credendo me tanges, sicut illa mulier quæ vestimenti mei fimbriam tetigit, et confestim sanata est *(Matth.* IX); quare? quia fide sua tetigit me. Hac manu tange me, his oculis quære me, his pedibus festina currens ad me, nec longe a te sum, Deus enim appropinquans ego sum, verbum in ore tuo et in corde tuo sum, quid propinquius homini quam cor suum? Illic intus invenior a quibuscunque invenior, nam quæ foris videntur, opera quidem mea sunt, sed transitoria sunt, sed caduca sunt, ego autem, horum artifex, in secretissimis et mundissimis cordibus inhabito. *Data est tibi, Domine Jesu, omnis potestas in cœlo et in terra (Psal.* VIII), rex magne, rex virtutum; quia factus es obediens Patri usque ad mortem, mortem autem crucis. Ecce *elevata est magnificentia tua super cœlos (II Reg.* II), et omnia subjecta sunt sub pedibus tuis. Regnavit David prius in Hebron septem annis super Judam, postea vero unctus est super universum Israel, et regnavit in Israel triginta tribus annis. Cum autem super Judam tantum ungereris, fortissime David, in Hebron, jam mortuus erat in eis Saul rex superbiæ: alioquin vivente illo, et dominante eis peccato, non dicerent tibi, *Os nostrum et caro nostra es*. Quis enim membrum Christi, et membrum simul potest esse meretricis? *aut quæ conventio Christi ad Belial? Ecce nos* (inquiunt) *os tuum et caro tua sumus (II Cor.* VI); *sed et heri et nudius tertius cum esset Saul rex super nos, tu eras educens et reducens Israel, et vere sic est*: regnante adhuc principe tenebrarum super nos, tu sustines in multa patientia vasa iræ apta in interitum, et exis ante nos provocans ad bellum contra vitia, et liberas, et educis indignos de manu peccatorum. Idcirco primus Judas, id est, confessio, ungit te super se regem in Hebron; mortuo quippe Saule, beneficiorum tuorum reminiscitur, et, errorem suum confitendo, transitum facit de peccatis ad te, rex justitiæ? Regnas autem super Judam septem annis in Hebron, quoniam reddis eis septuplum in sinu eorum, et septuplum vitiis expiatos, quibus præerat superbus Saul, tua virtute septemplici reformas. Postea transitus regni tui fit in Jerusalem super universum Israel, quia per negotium confessionis, illuminatis jam sensibus pervenitur ad visionem pacis, in qua factus est locus, et ipse est mons quem constituerat discipulis, ut irent in Galilæam, ut viderent et adorarent te ibi post resurrectionem tuam, quia jam unxerat te Deus tuus oleo lætitiæ præ participibus tuis, istam despicit superabundantia gratiæ, sed sibila regum terræ. Porro in Jerusalem regnas triginta tribus annis : triginta tres habet decades, lex quæ decem præceptis consistit, in ternario triplex animæ profectus accipitur, quæ vivendo, meditando, vel amando legem Dei custodit. De primo dicitur : *Laudabo Deum in vita mea (Psal.* CXLV); de secundo : *Lex tua meditatio mea est (Psal.* CXVIII) ; de tertio :

Quomodo dilexi legem tuam, Domine (ibid.). Tres vero qui super triginta sunt, quosdam contemplativorum excellentissimos indicant, qui puritate conscientiæ, plenitudine sapientiæ, perfectione charitatis, summæ Trinitati approximant. Hic est etiam numerus fortissimorum, qui sunt in exercitu tuo potentissimi; quorum tamen eminentissimi usque ad sapientiam et fortitudinem tuam non perveniunt, quoniam *quis in nubibus æquabitur Domino, similis erit Domino in filiis Dei?* (*Psal.* LXXXVIII.) Tu es quasi *tenerrimus ligni vermiculus* (*II Reg.* XXIII); qui virginaliter editus, humilitate et charitate tua omnem perforas duritiam, imo impetu Spiritus tui octingentos interficis principes malitiæ. Quis ita fortis, ut tu? quis ita misericors, qui flesti super Jerusalem, planctum fecisti super interitu inimicorum tuorum? Et nunc, Domine, doles tu super Saul et Jonatham filium ejus, qui occumbunt quotidie super montes Gelboe. Nisi enim doleres, non clamares de cœlo : *Saule, Saule quid me persequeris?* (*Act.* IX.) quos enim, Saul, nisi superbos in Ecclesia tua prælatos significat, qui ab humero et sursum eminere sibi videntur super universum populum? Quid vero per Jonathan, nisi dociles et elegantis ingenii adolescentes, qui moribus et colloquiis majorum depravati, amicitiam suam non possunt excolere cum David, nisi furtim et quasi caventes ab insidiis detrahentium et illudentium sibi? Merito ergo ploras, o benigne David, super Jonatham filium ejus, plorandi enim non essent, si bene occubuissent. Sed *super montes Gelboe qui decurrunt in profundum, nec ros gratiæ, nec pluvia* doctrinæ veniet amplius, quia *ibi abjectus est clypeus fortium* (*II Reg.* I), clypeus Saul. Clypeus fortium, spes est divinæ protectionis, quo ignita diaboli jacula repelluntur, quibus graviter vulneratus est Saul a sagittariis, in tantum ut seipsum desperatione interficeret. Clypeus autem Saul, propriæ virtutis confidentia est, quæ non valet resistere sagittis incircumcisorum : væ autem his qui amiserunt sustinentiam! hoc est, clypeum fortium. Et, *maledictus homo qui confidit in homine, quod est,* clypeus Saul, erit enim sicut myricæ in deserto, quia nec ros, nec pluvia veniunt super vos, montes Gelboe. Quomodo ceciderunt fortes. Etenim si fortes, quomodo ceciderunt? et, si ceciderunt, quomodo fortes? sed : *Non glorietur sapiens in sapientia sua, neque fortis in fortitudine sua* (*Jer.* IX; *I Cor.* I); sed : *Qui gloriatur, in Domino glorietur* (*II Cor.* X), *et qui stat, videat ne cadat* (*I Cor.* X). Nam etsi sint aquilis velociores, ut contemplativos velocitate intellectus supervolent : etsi leonibus fortiores, ut in fortitudine operis veros prædicatores superent, tamen si de se præsumentes, clypeum salutis abjiciunt : erunt corruentes coram inimicis suis; qui autem confidit in Domino, sicut mons Sion non commovebitur in æternum. Sed maluit Saul incumbere super hastam suam, quam inniti super Dominum, idcirco baculus Ægypti arundineus perforavit manum ejus. Sua eum hasta, et suus auriga, qui currum insolentiæ

ejus agitabat, interfecit. *Sciebam,* inquit, *quod vivere non posset* (*II Reg.* I). Nescit enim humiliari arrogantis obstinatio, ut vivere possit. Jube, rex justissime David, jube puero tuo (id est spiritui puræ discretionis) ut interficiat in me Amalechitam hunc armigerum Saulis, qui ausus est etiam nunc quotidie manum mittere in Christum Domini. Ne pluas super nos coturnices, Domine, desideria carnis nostræ, quæ non nisi duobus cubitis levantur a terra, quia non attingunt dona Spiritus sancti. Ne pluas super nos, sicut pulverem, carnes, quia caro pulvis est, et in pulverem deducit. *Omne quod intrat in os, in ventrem vadit, et in secessum emittitur* (*Matth.* XV) : talis est omnium voluptatum carnalium finis, et *sicut arena maris, volatilia pennata* (*Psal.* LXXIII) : gaudet edacitas, pennulas movet, sed mox in arenam maris convertitur : gaudet luxuria, modicum volitat, sed mox in arenam maris transit : omnis dulcedo carnis in amaritudinem finit; modicum levant infelicem animam, sed mox aggravant in arenam. Tu autem, Domine, manna nimirum es *sicut semen coriandri* (*Exod.* XVI), quod fractum mola candorem producit, et dulcedinem quasi panis oleati : hic est panis angelorum, quem manducavit homo. Dicunt adhuc increduli : *Manhu, quid est hoc?* (*Ibid.*) quia minutum et humilem vident, et quasi despectum sermonem tuum, et ideo redeunt et concupiscunt carnes magnas Ægyptias, quia nesciunt, neque gustaverunt absconditum intus mannæ saporem, *habentem omne suavitatis delectamentum* (*Sap.* XVI), redeunt ad carnes, exsiccant eas ad solem in circuitu castrorum. Mira res, uno eodemque sole, et carnes indurantur, et manna liquescit! (*Exod.* XVI.) siccantur carnes, ut amplius durabiles sint; indurantur iniqui, ut suas diutius expleant voluptates : tuum autem manna liquefiebat, cum sol incalesceret, quia *anima mea liquefacta est, ut dilectus locutus est* (*Cant.* V). Incalesce super nos, sol meridiane, ut liqueat manna, et fluant aromata illius *sicut torrens in austro* (*Psal.* CXXV). Colligite, filii Israel, colligite manna, et frangite mola, et replebitur sicut adipe et pinguedine anima nostra. Molestus est labor, sed fructuosus : *Labores manuum tuarum manducabis, et jam beatus es, et bene tibi erit* (*Psal.* CXXVII) in futuro; frangite, inquam, mola, corpus et animam, et invenietis medullatum corpus, jejuniis, laboribus, vigiliis; animam, divinæ legis studiis. Non excidat tibi lex de ore cordis tui, volve, revolve, versa et reversa, et tunc intelliges quid sapiat manna. Sic faciebat ille qui dicebat : *Quam dulcia faucibus meis eloquia tua, super mel et favum ori meo* (*Psal.* CXVIII). Esto xpis virginea, collige de flosculis man : habes hortum voluptatis plenum rosis et liliis, mira varietate depictum; quidquid illic invenies, suave est et odoriferum; conde abundanter alveolo tuo : et quid amplius dicam? unus idemque cibus et api mel, et cervo fons aquæ, et panis qui cor hominis confirmat; hic est panis oleatus : sanat ægrotum, roborat sanatum, faciem exhilarat omne delectamentum et cunem saporem suavitatis habet. Ubi sunt coturnices? ubi sunt carnes exsiccatæ? certe putruerunt in dentibus edentium. Si in dentibus putruerunt, quanto magis in ventribus? imo etiam computruerunt jumenta in stercore suo, panis autem angelorum quem manducavit homo, putrescere nescit; non vadit in secessum, sed tendit in excelsum; illuc reducit hominem, unde traxit imaginem. Dives es, Domine, et indeficiens et horreum tuum; ciba hodie pauperem tuum de micis quæ cadunt de mensa filiorum tuorum: clamat egenus tuus ad fores tuas, quia non habet hodie quod manducet. Domine, sic infirmus etiam sum, quod os meum aperire non possum. O quam sanus erat qui dicebat: *Os meum aperui, et attraxi spiritum!* (*Ibid.*) Ergo, Domine, aperi labia mea, et ciba me laude tua, verus est cibus: de alio cibo non vivit tota civitas tua Jerusalem, quoniam tu adipe frumenti satias, et torrente voluptatis tuæ inebrias. Væ his qui jejunant a laude tua, nimirum sedent super stercora sua, ut bibant urinam peccatorum suorum, hoc est, temporalibus inhiant, ut carnis illecebras expleant: talibus enim das terram æneam et cœlum ferreum, ut non pluat eis annos tres et menses sex, quia nec fidei, nec bonorum operum fructum faciunt. Terram habent æneam, quia labia eorum sicut cymbalum tinniunt, et cœlum ferreum, quia cor durum et inflexibile gerunt. De qualibus Psalmista: *Peccatori autem dixit Deus, quare tu enarras justitias meas, et assumis testamentum meum per os tuum* (*Psal.* LXIX); non vivunt isti de laude tua, Domine, sed moriuntur fame, non panis et aquæ, sed verbi tui. Non autem interficies fame animam justi, quia in tempore siccitatis præcepisti corvo et viduæ Sareptanæ, ut pasceret servum tuum Eliam (*III Reg.* XVII). Tu enim pascis, Domine, pascentes te: unde etiam hydria farinæ et lecythus olei non deficit viduæ pascenti te. Pascit te corvus, pascit et vidua, sed vidua, pane subcinericio; corvus, carne vespertina. Peccator, corvus est: corvus erat Zachæus publicanus; unde volavit in arborem sycomorum. *Hodie*, inquit, *oportet me apud te manere* (*Luc.* XIX), hodie corvus pascet Eliam. Quomodo pavit? *Ecce dimidium bonorum meorum do pauperibus* (*ibid.*), ergo pavit Christum, et pauperes cum Christo; imo in pauperibus, Christum. Unde? de carnibus: hoc est, de temporalibus: temporalia enim et carnalia pro Christo relinquere, hoc est, Christum carnibus pascere. Et hoc vespere fit, in confinio tenebrarum et lucis, ut proficiat et dicatur, *vespere et mane dies unus* (*Gen.* I). Prius pascit corvus, deinde vidua; corvus enim, vidua fit; corvus mutatur in columbam, et gemitus edit. Quare? quia vidua est, quia mortuus est Sponsus, quia lavit eam a peccatis suis, hoc est, a nigredine corvi. Sponsus ejus mortuus est, unde etiam in memoriam ejus duo ligna colligit, ut faciat sibi et filio suo (hoc est, spiritui) modicum viatici, et moriatur cum sponso suo. Sed prius pascendus est Elias, et de ipsa farinula novæ conspersionis, faciendus est subcinericius panis par-

A vulus. Operum nostrorum primitias requirit Christus, et non ut alta sapiamus, sed humilibus consentiamus, caventes a fermento Pharisæorum, *quod est hypocrisis* (*Matth.* XVI). Iste simplex et humilis intellectus, subcinericius panis est parvulus, quem a nobis exigit Christus: nec sine farina vel modico olei debet esse bona mulier, quia *hilarem datorem diligit Deus* (*II Cor.* IX). Sed quisquis habet farinæ vel olei paululum, sibi videtur, quia esurit et sitit justitiam. *Non habeo*, inquit, *nisi quantum pugillus capere potest farinæ in hydria, et paululum olei in lecytho* (*III Reg.* XVII). Pugillus, exigua est capacitas; farina, mundus et subtilis fidei candor; hydria, humilitatis circumspecta custodia, ne ventus superbiæ tantam gloriam in pulverem deducat et dispergat. Qui modicum in se habet, intelligit, quibus armis debet custodire, ne et hoc ipsum amittat. Ergo, Domine, corvus et vidua pascunt te in Sarepta Sidoniorum, cui ficus maledicta aruit in terra Judæorum. Publicani, meretrices, et peccatores præcedunt Pharisæos in regnum cœlorum. In domo Pharisæi foris discumbis, in domo peccatricis intus epularis. Pasce, Domine, *pullum corvorum* (*Psal.* CXLVI), filium peccatorum clamantem ad te, *quoniam pater meus et mater mea dereliquerunt me* (*Psal.* XXVI), tu autem non relinquis sperantem in te. Indurasti, Domine, cor nostrum, indurasti cor nostrum, ne timeremus te, opposuisti umbem, ne transiret oratio. Aufer a nobis, Domine, sicut et promisisti *cor lapideum* (*Ezech.* XXXVI), et da nobis carneum, ut spiritum tuum ponas in medio nostri. Spiritus tuus adveniens, initium sapientiæ, timorem Domini quasi basim et fundamentum ponit: timor autem Domini stabile cor facit, ut domus septemplicis gratiæ super ædificata perseveret immobilis. Tu nosti, Domine, quam inquietum est cor meum, et instabile sicut pulvis et velut arena maris, ut quidquid moliar superædificare, potius in ruinam capitis videar coacervare. Quam bene dictum est: *Peccatum peccavit Hierusalem, propterea instabilis facta est* (*Thren.* I). Peccatum peccavit, scelus coacervavit, propterea instabilis facta est, nunc foris, nunc intus, nunc in angulis platearum garrula et vaga, quietis impatiens nec valens in domo consistere pedibus suis. Ecce quam bene depicta est meretricialis vecordia animæ meæ, et quid faciam? Revertere ad priorem virum tuum, et noli divaricare pedes tuos omni transeunti; propterea instabilis et vilis facta es, nimis iterans vias tuas: peccatum peccavit Hierusalem, vias suas nimium iteravit! Redi ergo ad virum tuum priorem, et dic ei: *Confige timore tuo carnes meas* (*Psal.* CXVIII): et ille tibi: *Prohibe linguam tuam a malo* (*Psal.* XXXIII), coerce gulam, jugula luxuriam, omnes corporis tui illicitos motus amputa. *Quicunque sunt Christi, carnem suam crucifixerunt* (*Gal.* V): non satis est hoc; fecerunt hoc philosophi, fecerunt hoc inanis gloriæ cupidi, faciunt hypocritæ; carnem suam crucifixerunt, sed mercedem a Christo non acceperunt: quare? quia timorem Domini non habuerunt

Confige timore tuo carnes meas, multi carnes conflixerunt, non tui timore, sed vanitatis tumore : non satis est hoc; *confige timore tuo*, non solum carnis, sed animæ luxuriam. Animæ luxuria, est inanis gloria : *Perdidisti omnes qui fornicantur abs te* (*Psal.* LXXII). Quid refert perire carnis immunditia, an animæ luxuria? Ergo non solum carnis, sed et animæ crux tollenda est. Membrorum mortificatio, crux carnis est; crux animæ, timor Domini : timor Dei configit animam, ut non respiciat ad dexteram neque ad sinistram. Est et tertia crux Spiritus, quæ est charitas. *Christo*, ait Apostolus, *confixus sum* (*Gal.* II), *quis me separabit a charitate Christi* (*Rom.* VIII)? illa crux (hoc est, charitas) cor meum carneum et molle et tenerum facit, unde et per vitulum tenerrimum Christum intelligamus, præ nimia charitate crucifixum. Ad illam ergo crucem qui pervenit, compositam nubem transit, et in conspectu Dei orationem effundit. Unde etiam Moysen in monte Sinai sex diebus nubes operuit, *septimo autem die vocavit eum Dominus de medio caliginis. Erat autem*, inquit, *species gloriæ Domini, quasi ignis ardens super verticem montis, in conspectu filiorum Israel. Ingressusque Moyses medium nebulæ, ascendit in montem* (*Exod.* XXIV). Quid enim per sex dies, quibus nube tegitur Moyses, intelligitur, nisi sex illæ virtutes quibus ascenditur ad sapientiam? in solo autem vertice sapientiæ, ignis charitatis ardentissimæ speciem divinæ gloriæ declarat : quidquid infra septimum sapientiæ gradum est, caligo reputatur et nubes. Prima igitur crux, per timorem et pietatem, et scientiam, carnem crucifigat: secunda crux, animæ fortitudinem, consilium et intellectum possideat; ut fortitudine terreat diabolum, consilio dirigat proximum, intellectu custodiat semetipsum : nam tertia crux, hæc omnia transcendit, et collecta in unitate charitas, in pace in idipsum dormiens requiescit. *In principio, Domine, cœlum et terram* (*Gen.* 1), hoc est, angelicam et humanam naturam creasti, sed facta hac brevi mentione de angelis, ad solum hominem sermo tuus convertitur : *Terra autem erat inanis et vacua, et tenebræ super faciem abyssi* (*ibid.*). Videmus, Domine, et præsto est sensibus nostris, magna et mirabilis hæc machina mundi, quæ sua pulchritudine et magnitudine, sapientiam, et virtutem, et bonitatem immensam, et incomprehensibilem et æternam prædicare non cessat. Verum et hæc quamvis omnium et sensum et facundiam mortalium superent, ad novum potius cœlum et terram novam, quæ tu modo creare te asseris, aciem mentis intendere libet. Dicis enim in Evangelio, quia *Pater meus usque modo operatur, et ego operor* (*Joan.* V) : quid nisi novum cœlum et novam terram? De abyssis enim terram formas, et de terra cœlos: peccator, abyssus est; sed cum de tenebris facis lumen splendescere, ut abjiciant *opera tenebrarum*, et induantur *arma lucis* (*Rom.* XIII); novam terram, et novum cœlum creasse cognosceris. Ecce animadverto, Domine, quia *terra mentis meæ adhuc inanis*

et vacua est, et tenebræ super faciem abyssi. inanis est, quia fluitat misera inquietitudine, per inania nugarum, et phantasmatum suorum, vacua bonorum operum fructibus. Vel, sicut habet alia Translatio, *invisibilis et incomposita*. Est enim velut quoddam chaos, confusione sua teterrimum et involutum, ignorans tam finem suum quam principium, et naturæ suæ modum, nisi quod a summo Creatore de nihilo mirabiliter factam se credit, et post hanc vitam, vel ad inferos pro suis meritis, vel ad cœlos pro misericordia sui auctoris transferendam. Incomposita sane est, quæ virtutum decorem et divinæ imaginis, cui assimilata est, speciem non servat. Ideo in abyssum cæcitatis suæ retunditur, et tenebris illusionum suarum facies illius obscuratur. Talis est anima mea, Deus meus, talis est anima mea; terra est inanis et vacua, invisibilis et incomposita, et tenebræ super faciem abyssi. Verumtamen ait : *Abyssus dedit vocem suam* (*Habac.* III), et : *Abyssus* inferior et obscura, *invocat abyssum* superiorem (*Psal.* XLI); te qui exsuperas omnem sensum. Invocat te, Domine, abyssus mentis meæ, ut etiam de me novam terram et novum cœlum crees. Hoc invocabat David, et nos cum David invocamus : *Cor mundum crea in me, Deus, et spiritum rectum innova in visceribus meis* (*Psal.* L). Jam aliquid se factum esse sciebat, sed nova creatura, novum cœlum et terram fieri se poscebat. *Auribus nostris audivimus, et patres nostri narraverunt nobis opus quod operatus es in diebus eorum* (*Psal.* XLIII) : hoc opus est in diebus, unde dicit : *Pater meus usque modo operatur, et ego operor* (*Joan.* V). Finxisti enim sigillatim corda eorum, creans in eis lucem, et dividens lucem a tenebris, appellans lucem diem, et tenebras noctem : hoc est quod operatus es in diebus eorum, et in diebus antiquis; horum dierum, senex Abraham, et alii quamplures pleni fuisse commemorantur, sicut et illi quibus dicebat Apostolus : *Fuistis aliquando tenebræ; nunc autem lux in Domino* (*Ephes.* V). O Creator optime, si usque modo operaris opus hoc quod operatus es in diebus antiquis, quare et in anima mea opus hoc non operaris? Anima enim mea inanis est vacua est, et tenebræ super faciem abyssi, dic ut *fiat lux* (*Gen.* 1), et fiet! jam creasti eam, ut aliquid sit, crea eam, ut lux sit. Dic ut fiat lux, et fiet lux. Hoc opus et in Lazaro et in Paulo operatus es; illius facies sudario ligata erat, quia tenebræ erant super faciem abyssi. Hujus ab oculis (cum baptizaretur) *tanquam squamæ ceciderunt* (*Act.* IX), ut revelata facie gloriam Domini specularetur; quæ cor meum assidue coram te faciunt dormitare, per has, apostoli et in agone tuo dormitabant : *erant enim*, inquit, *oculi eorum gravati* (*Marc.* XIV). Sed jam hora est, Domine, *de somno surgere* (*Rom.* XXIII), tuba tua crebrius intonante, *Surge, qui dormis, et exsurge a mortuis, et illuminabit te Christus* (*Ephes.* V). Illumina, Christe, tenebras meas; dic animæ meæ : Fiat lux, et fiet lux.

DROGONIS CARDINALIS
LIBER
DE CREATIONE ET REDEMPTIONE PRIMI HOMINIS.

(Biblioth. Patr. ibid., p. 341.)

Beata illa et sempiterna Trinitas, Pater et Filius et Spiritus sanctus, unus Deus, scilicet summa potentia, summa sapientia, summa benignitas, creavit quamdam trinitatem ad imaginem et similitudinem suam, animam videlicet rationalem, quæ in eo præfert vestigium quoddam illius summæ Trinitatis, quod ex memoria, ratione, et voluntate consistit. Creavit autem hoc modo, ut manens in illo, participatione ejus esset beata, aversa ab illo, quocunque se conferret, remaneret misera. Sed hæc trinitas elegit potius per motum propriæ voluntatis cadere, quam ex gratia Conditoris per arbitrium stare. Cecidit ergo per suggestionem, delectationem consensum ab illa summa et pulchra Trinitate, scilicet potentia, sapientia, puritate, in quamdam contrariam, et fœdam trinitatem, infirmitatem, cæcitatem, immunditiam. Memoria enim facta est impotens et infirma ratio imprudens et tenebrosa voluntas impura.

Porro memoria quæ simplicis divinitatis potentiam stans cogitabat, ab illa cadens, et velut super saxa corruens, in tres partes confracta dissiliit, scilicet in cogitationes affectuosas, onerosas, otiosas. Affectuosas voco illas in quibus illa afficitur, ut in curis rerum necessariarum, edendi, bibendi, cæterarumque innumerabilium; onerosas, ut in exterioribus administrationibus; otiosas, quibus nec afficitur, nec oneratur, et tamen ab æternorum contemplatione per illas distenditur, ut si cogitem equum currentem, aut avem volantem. Rationis quoque triplex casus est, ejus siquidem est examinare bonum et malum, verum et falsum, commodum et incommodum. In quibus discernendis tanta caligine cæcatur, ut sæpe in contrarium ducat judicium, capiens malum pro bono, falsum pro vero, noxium pro commodo, et e converso. Nunquam vero in his falleretur, si nunquam lumine quo creata est privaretur, sed quia ipsa inde cecidit, procul dubio nihil aliud quam tenebras suæ cæcitatis invenit. Unde factum est ut etiam instrumentum perderet, quo illa administraret, scilicet illud trivium sapientiæ, ethicam, logicam, physicam, quas nos possumus aliis nominibus nuncupare, moralem, inspectivam, naturalem scientiam. Si quidem per ethicam eligitur bonum, id est virtutes; reprobatur malum, id est vitia. Per logicam cognoscitur verum et falsum. Per physicam commodum et incommodum, id est quid in usum assumendum sit, quid respuendum. Sequitur voluntas, cujus ruina similiter tripartita est. Quæ enim summæ benignitati et puritati inhærere, et eam solam diligere debuit, per propriam iniquitatem a supernis in hæc infirma lapsa; concupiscentiam carnis, et concupiscentiam oculorum, et ambitionem sæculi dilexit. Quid hoc infelicius casu potest æstimari? ubi pereunte memoria, ratione, voluntate, tota animæ substantia pariter perit. Verumtamen hunc tam gravem, tam sordidum, tam tenebrosum lapsum nostræ naturæ reparavit illa beata Trinitas, memor misericordiæ suæ, immemor culpæ nostræ. Venit ergo a Patre missus Dei Filius, et dedit fidem. Post filium missus est Spiritus sanctus, et docuit, deditque charitatem. Itaque per hæc duo, id est fidem et charitatem, facta est spes redeundi ad patriam. Et hæc est trinitas, scilicet fides, spes, charitas, per quam, velut per tridentem, reduxit de limo profundi ad amissam beatitudinem illa incommutabilis et beata Trinitas, mutabilem, lapsam, et miseram trinitatem. Et fides quidem illuminavit rationem, spes erexit memoriam, charitas vero purgavit voluntatem. Cum igitur venit, ut dictum est, Filius Dei factus homo, qui erat Deus, tanquam bonus medicus dedit præcepta, quibus observatis reformaretur salus amissa. Ut ergo præceptis fidem faceret, exhibuit signa, ut eorumdem præceptorum persuaderet utilitatem, promisit beatitudinem. Est autem fides, alia præceptorum, alia signorum, alia promissorum, id est qua credimus in Deum, qua credimus Deum, qua credimus Deo. Per fidem præceptorum credimus in Deum. Credere autem in Deum est in eum sperare, et eum diligere. Per fidem signorum credimus Deum qui talia potest, et omnia potest. Per fidem promissorum credimus, qui quidquid promittit, veraciter complet. Similiter quoque spes triplex est, et procedit de prædicta triplici fide; nam de fide præceptorum oritur spes veniæ, de fide signorum, spes gratiæ, de fide promissorum, spes gloriæ. Charitas itidem ternario numero colligitur, de corde puro, de conscientia bona, de fide non ficta. Puritatem debemus proximo, conscientiam nobis, fidem Deo. Puritas autem est, ut quidquid agitur, aut ad utilitatem proximi, aut ad honorem fiat Dei, maxime tamen exhibenda est proximo, quia Deo omnino manifesti sumus; proximo autem non possumus, nisi quantum nos illi cor nostrum aperimus. Conscientiam bonam in nobis faciunt duo, pœnitentia et continentia, quoniam scilicet per pœnitentiam commissa peccata punimus, et per continentiam deinceps punienda non committimus, et hanc debemus nobis. Post hæc sequitur fides non ficta, quæ Deo vigilanter exhibenda est, ut nec propter proximum, cui nos impendimus, offendamus Deum, nec propter conscientiam, quam per pœnitentiam, et continentiam in humilitate custodire volumus, minus exsequamur mandatorum Dei obedientiam, et hæc est fides non ficta. Non ficta autem ponitur ad differentiam mortuæ fidei, et fictæ. Mortua fides est, quæ sine operibus est. Fides ficta est, quæ ad tempus credit, et tempore tentationis recedit. Unde et fides ficta, id est fragilis dicitur.

Est præterea et alius resurgendi modus sub eodem numero comprehensus, primi hominis casui compositus. Adam quippe in paradiso positus, primo perdidit circumspectionem Dei. Testatur enim beatus Augustinus quod nequaquam hominem tentator de paradiso ejecisset, nisi aliqua elatio in anima hominis præcecisset, cum verissime scriptum sit. *Ante ruinam exaltatur cor* (*Prov.* xvi). Secundo perdidit justitiam, quoniam uxoris voci plus quam divinæ obedivit. Justitia enim est virtus, quæ sua cuique reddit. Tertio amisit judicium, cum post peccatum correptus, oblique per mulierem retorsit propriam culpam in actorem dicens : *Mulier quam dedisti mihi sociam, dedit mihi de ligno, et comedi* (*Gen.* iii). Eisdem ergo virtutum gradibus redeundum est homini in exsilio posito, quibus privatus expelli meruit de paradiso. Primum itaque faciendum est judicium; deinde exercenda justitia, tandem circumspectio adhibenda. Et judicium quidem nobis, ut nos ipsos judicemus, et accusemus justitiam proximo; circumspectionem vero debemus Deo. Hanc redeundi viam ostendit nobis Michæas propheta, dicens : *Indicabo tibi, o homo, quid sit bonum, et quid Dominus requirat a te : utique facere judicium, et diligere misericordiam, ambulare sollicitum cum Deo tuo* (*Mich.* vi). Hanc salutis viam testatur Apostolus docuisse Christum, dicens : *Apparuit gratia Dei Salvatoris nostri omnibus hominibus, erudiens nos, ut abnegantes impietatem et sæcularia desideria, sobrie, et juste, et pie vivamus in hoc sæculo* (*Tit.* ii). Sobrie scilicet quantum ad nos, juste ad proximum, pie ad Deum. Qui etiam manifestius intulit circumspectionem Dei subjungens : *Exspectantes adventum gloriæ magni Dei, et Salvatoris nostri Jesu Christi* (*ibid.*). Et in multis aliis sacræ Scripturæ locis hic ordo vitæ, et institutio, si diligenter quæratur, potest inveniri, ut illud : *Beatus vir qui in sapientia morabitur, et qui in justitia sua meditabitur, et in sensu cogitabit circumspectionem Dei* (*Eccli.* xiv). Moratur quippe in sapientia, et sapiens est, qui semetipsum hic semper dijudicat ut æternum Dei judicium evadat. *Si enim ait Apostolus, nosmetipsos dijudicaremus, non utique judicaremur ; cum judicamur autem a Domino, corripimur, ut non cum hoc mundo damnemur* (*I Cor.* ii). Sapiens est enim non secundum sapientiam hujus sæculi, sed secundum illam sapientiam quæ trahitur de occultis, per quam utique mirc Dei opere agitur, ut electi quique tunsionibus et pressuris hic attriti in ædificio veri Salomonis sine sonitu mallei postea construantur.

Haurietis aquas in gaudio de fontibus Salvatoris (*Isa.* xi. Pro paradiso, quem perdidimus, restitutus est nobis Salvator Christus. Sicut ergo de uno fonte paradisi quatuor flumina ad irrigandum paradisum derivantur, ita de peccatoris ejus arcano procedunt quatuor fontes, ex quibus oriuntur quatuor genera aquarum, unde tota per universum mundum irrigatur Ecclesia. Sunt autem quatuor fontes veritas, sapientia, virtus, et charitas. Ex his ergo fontibus hauriuntur aquæ, ex singulis scilicet singulæ. Nam de fonte veritatis sumuntur aquæ judiciorum ; de fonte sapientiæ, aquæ consiliorum ; de fonte virtutis, aquæ præsidiorum ; de fonte charitatis, aquæ desideriorum. In aquis judiciorum cognoscimus quid liceat vel non liceat ; in consiliis discernimus quid expediat vel non expediat. Sed quia electis viris recte per hæc gradientibus non desunt tentationes : tentantur autem de duobus : aut enim terroribus concutiuntur, aut blandimentis seducuntur. Idcirco armandi sunt contra terrores præsidiis divinæ virtutis contra blandimenta desideriis supremæ charitatis. Desideriis enim meliorum superantur, ut ait quidam sanctus, desideria deteriorum ; vel sic possumus procedere. Quid prodest nosse quid liceat et expediat, quod utique docent judicia atque consilia, si posse perfici minime contingat ? Idcirco post aquas judiciorum et consiliorum quærendæ sunt aquæ præsidiorum. Rursum et nosse et posse quid valeat, si horum omnium non est finis charitas ? Recte itaque post judicia, post consilia, post præsidia hauriuntur de fonte charitatis desideria, ut videlicet quidquid sapimus et loquimur, quidquid operamur aut patimur, finis vitæ æternæ concludat. Sed ut hæc quæ dicta sunt de fontibus et aquis clarius eluceant, Scripturarum exemplis esse comprobanda puto, aurique similitudines, quas protulimus vermiculandas argento. Ac primum quod dictum est, quatuor illos fontes de pectore Jesu manare, nullum arbitror ambigere. Quomodo autem ex eisdem fontibus hauriuntur prædictæ aquæ, id elaborandum est. Veniat ergo David et dicat : Ut quid ex fonte veritatis procedant judicia. Hoc certe videtur : sensisse, cum diceret : *De vultu tuo judicium meum prodeat* (*Psal.* xvi). Neque enim vir sanctus judicium suum diceret, quod de vultu Dei, id est de veritate non prodiret. Noverat enim electos veritatis judiciis, tanquam virga ferrea regi, quia sub eorum regimine se esse sentiebat, exsultans psallebat : *Judicia Domini vera, justificata in semetipsa, desiderabilia super aurum et lapidem pretiosum multum, et dulciora super mel et favum* (*Psal.* xviii). A quibus, ne forte per incuriam devient, audiant vocem Patris, per eumdem Prophetam comminantis. Si in *judiciis,* inquit, *meis non ambulaverint, et mandata mea non custodierint, visitabo in virga iniquitates eorum, et in verberibus peccata eorum* (*Psal.* LXXXVIII). Hæc mysteria divini judicii reserabat cœlestis regni clavicularius, cum diceret : *Tempus est ut judicium incipiat de domo Dei* (*I Petr.* IV). Si autem primum a nobis quis finis illorum qui non credunt Dei Evangelio? et hoc de electis dictum est. Cæterum est aliud de reprobis judicium, quod nihilominus ab ipsa veritate procedit ; unde et per Paulum dicitur : *Scimus quoniam judicium Dei est secundum veritatem in eos qui talia agunt* (*Rom.* II). Et utrumque quidem judicium complectitur ipsa Veritas, dicens : *In judicium ego veni in hunc mundum, ut qui non vident videant, et qui vident cæci fiant* (*Joan.* IX). Utrumque autem discernit, cum item dicit : *Et ibunt hi in supplicium æternum, justi autem in vitam æternam* (*Matth.* XXV). Si vidimus quomodo de fonte veritatis hauriantur judicia, videamus quomodo de fonte sapientiæ propinentur consilia. Quis dubitet apostolum Paulum esse sapientem, cum et Petrus ejus coapostolus sapientiam ei datam astruat (*II Petr.* III), et ejusdem apostoli tota verborum series nihil aliud quam sapientiam redoleat? Proferat igitur consilia, et per ipsa nos doceat, quid peregrinantibus et ad cœlestem patriam festinantibus expediat. *De virginibus,* inquit, *præceptum Domini non habeo : consilium autem do, tanquam misericordiam consecutus a Deo, ut sim fidelis. Existimo ergo hoc bonum esse propter instantem necessitatem ; quoniam bonum est homini sic esse* (*I Cor.* VII). Si de virginibus præceptum haberet, nihil aliud quam quod præciperetur iiceret. Nunc vero cum utrumque liceat, vel nubere vel non nubere, quid compendiosius dici potuit, quam *bonum est homini sic esse,* hoc est in virginitate manere ; præsertim cum et necessitatis instantia frequenter opprimere soleat ; et cito mori ipsa temporis brevitas urgeat, totiusque mundi figura prætereat? Item cum de vidua loqueretur : *Beatior,* inquit, *erit si sic,* id est, innupta *permanserit secundum meum consilium* (*I Cor.* VII) ; ac ne de proprio corde, vel potius de fonte sapientiæ videretur hoc ipsum consilium deprompsisse, subjecit dicens : *Puto autem quod et ego spiritum Dei habeo* (*ibid.*). Sed cur ego paucis immoror exemplis? cum in ejus verbis omnis sexus, omnis ætas, omnis conditio consilium inveniat, si diligenter quærat, salutis? Quod si quis curiosius velit prospicere utrum verum sit quod dictum est de sapientia consilia manare, legat libros qui inscribuntur *Sapientiæ,* ubi totus orationis contextus consilia videtur spirare. Si vero consultius et utilius studeat inde vitam elicere, audiat ipsam salubriter invitantem Sapientiam : *Si vis,* inquit, *ad vitam venire, serva mandata* (*Matth.* XIX). Quæris cujus? *Deum,* inquit, *time, et mandata ejus observa* (*Eccle.* XII). Audiat, inquam, eamdem ipsam materno affectu inclamantem : *Da mihi, fili, cor tuum* (*Prov.* XXIII). O quantum vellem et ego cor meum in ejus verbum suspendere, de cujus ore mirifico tam dulcia vitæ consili-

audio personare ! O utinam et linguæ meæ calamum in ejus fonte possem intingere, quo idoneus essem ea quæ restant de duobus fontibus, id est *virtutis et charitatis,* utiliter exarare. Et quoniam quatuor isti fontes ita sibi invicem saporem suum transfundunt, ut qui de uno biberit, quadam ineffabili dilectionis dulcedine invitetur ad alium, libet jam de Sapientia ad virtutem transire, et qualiter illinc hauriantur aquæ præsidiorum, quantum ab ipsa virtute adjuvor, ostendere. Sicut autem superius dixi, gemina esse veritatis judicia : quia scilicet decernunt quid liceat vel non liceat ; itidemque sapientiæ consilia duo docere, hoc est quid expediat vel non expediat, ita et hic agnoscimus de fonte virtutis hauriendas duplices aquas præsidiorum, quæ vel abluant electos a culpis, vel refrigerent in tormentis. De utrisque sumamus exemplum. Refert Lucas evangelista quod quædam mulier quæ fluxum sanguinis patiebatur, erogata in medicis tota substantia sua, cum minime curari potuisset, accessit retro, et tetigit fimbriam vestimenti Domini, et confestim stetit fluxus sanguinis. Jesum vero dixisse : *Quis me tetigit?* cumque discipuli respondereut : *Turbæ te comprimunt et affligunt, et dicis : Quis me tetigit?* rursum respondisse : *Tetigit me aliquis ; nam ego novi virtutem de me exisse* (*Luc.* VIII). Ecce quas aquas præsidii hauserit mulier illa de fonte virtutis Salvatoris ; quibus abluta est a profluvio sanguinis, quæ nulla medicorum arte poterat sanari. Quod si quis objiciat prolatum testimonium nihil ad rem præsentis operis pertinere, eo quod illa mulier nequaquam abluta esse videatur a culpis, sed tantum ab ægritudine carnis ; noverit moris esse Divinæ virtutis prius cordi mederi quam corpori. Unde et alibi cum quidam ei paralyticus offerretur curandus, tanquam bonus et pius medicus, volens sanare prius quod erat potius, id est *mentem quam carnem,* ait eidem paralytico : *Confide, fili, remittuntur tibi peccata tua* (*Matth.* IX). Itaque sanata conscientia, consequenter etiam sanatur corpus, cum dicitur : *Surge, tolle lectum tuum, et vade in domum tuam* (*ibid.*). Sic ergo et ejus cor mulieris prius abluit intus donum fidei, per quam meruit exterius impetrare salutem corporis. Hoc enim innuit ipse Dominus cum dicit : *Filia, fides tua te salvam fecit, vade in pace* (*Luc.* VIII). Quod autem de hoc ipso fonte virtutis hauriantur aquæ præsidii in tormentis, ostendunt et illi tres pueri in fornacis æstuantis incendio positi, quibus ipsa flamma friguit (*Dan.* III) : et præcipue ille inclytus martyr Vincentius, qui cum graviter torqueretur, non solum tolerasse, verum etiam tortorem suum constanter provocasse fertur his verbis : *Insurge,* inquit, *et toto malignitatis spiritu debacchare, videbis me Dei virtute plus posse dum torqueor, quam possis ipse qui torques.* Possent plura de hoc fonte virtutis copiosius dici, sed cum succincte præcereo : quia jam de fonte Charitatis bibere potius, quam scribere, inhianter desidero. Ad hunc enim fontem invitamur Redemptoris nostri voce dicentis : *Si quis sitit, veniat, et bibat,* et de ventre ejus fluent aquæ vivæ (Joan. VII). Et secutus evangelista exposuit, ad quem potum nos invitaret, dicens: *Hoc autem dixit de spiritu quem accepturi erant credentes in eum* (ibid.). Quem, nisi spiritum charitatis, quem mundus non potest accipere, sed soli accipiunt qui vere credunt in eum? Ex hoc ergo fonte hauriamus nobis aquas desideriorum, ipsasque partiamur in geminos rivulos; ut, sicut unius ejusdemque charitatis sunt duo præcepta; ita sint et gemina desideria, quibus impleantur ipsa præcepta. Aliud est enim desiderium, quo Deus propter seipsum, aliud quo proximus diligitur in Deo, vel propter Deum. In illo nullus modus, sed ex toto corde, tota anima, tota virtute diligatur Deus: in hoc autem præscribitur modus quidam, cum dicitur: *Diliges proximum tuum sicut te ipsum* (Matth. XIX). Illo flagrabat Propheta, cum diceret: *Sicut cervus desiderat ad fontes aquarum, ita desiderat anima mea ad te, Deus* (Psal. XLI); et item: *Concupiscit, et deficit anima mea in atria Domini* (Psal. LXXXIII). Hoc exhibebat Paulus Romanis, quibus scribebat: *Desidero enim videre vos, aliquid ut impertiar vobis gratiæ spiritualis* (Rom. I). Et Dominus in Evangelio discipulis suis: *Desiderio desideravi hoc Pascha manducare vobiscum, antequam patiar* (Luc. XXII). Et notandum quod ad illud excitatur mens humana spiritualiter tribus affectionibus, ac provehitur. Unde etiam Deum diligere toto corde, tota anima, tota virtute jubetur, et quidem prima dulcis, secunda prudens, tertia est fortis. Primam habebat Petrus, cum Domino mori dissuaderet, ex corde enim dulciter diligebat, cujus passionem expavescebat; sed cum audiret *Vade retro, Satana, non sapis ea quæ Dei sunt, sed quæ hujus mundi* (Marc. VIII), his verbis correptus, et intelligens quid boni haberet mors Christi, cœpit tota anima prudenter diligere, quem prius tantum dulciter diligebat ex toto corde: necdum vero diligebat tota virtute, quod si faceret, nec propter mortis discrimen eum negaret. At vero post resurrectionem et ascensionem dato desuper Spiritu, tunc demum tota virtute dilexit; pro quo etiam horrendum crucis supplicium postmodum subire non expavit. Erga charitatem quoque proximi exercemur tripliciter, ut vel ædificetur ipsa charitas, ubi non est; vel augeatur ubi est; vel certe caveamus ne pereat, aut minuatur ubi est. Quisquis autem hanc puro affectu erga proximum operabitur, illam procul dubio, quæ Dei est uberius promerebitur.

DROGONIS CARDINALIS
OPUSCULUM
DE SEPTEM DONIS SANCTI SPIRITUS

SEU

De septiformi gratia Spiritus sancti, ac de beatitudinibus.

(*Biblioth. Patr. ibid.*, p. 344.)

Prima gratia est *timor Domini*; qui hanc habet, omnem odit iniquitatem, juxta illud Psalmistæ: *Iniquitatem odio habui et abominatus sum, omnem viam iniquitatis odio habui* (Psal. CXVIII). Scriptum namque est: *Timor Domini odit malum* (Prov. VIII); et item: *Time Deum, et recede a malo* (Prov. III). Et de Job dicitur: *Vir timens Deum, et recedens a malo* (Job I). Sine hac gratia, gratiarum prima, quæ totius religionis exordium est, nullum bonum pullulare vel manere potest. Sicut enim securitas, vel desidia, causa et mater est omnium delictorum; sic timor Domini radix et custos est omnium bonorum: unde scriptum est: *Si non in timore Domini tenueris te instanter, cito subvertetur domus tua* (Eccli. XXVII). Omnium namque virtutum ædificium illico vergit in præcipitium, si hujus gratiæ amiserit præsidium: unde Salomon ait: *In timore Domini esto tota die, quia habebis spem in novissimo, et præstolatio tua non auferetur* (Prov. XIII.) Hinc et Apostolus dicit: *Cum metu et timore vestram salutem operamini* (Philipp. II). Et quid plura? Connexa sunt simul timor et religio; non manere potest alterum sine altero. Unde Simeon est dictus *vir justus, et timoratus* (Luc. II). Hinc etiam in lege scriptum est: *Dominum Deum tuum timebis, et illi soli servies; ipsi adhærebis* (Deut. VI). Unde Salomon ait: *Deum time, et mandata ejus observa* (Eccle. XII). Hæc autem taliter habere debemus; qualiter se asserit habuisse Job beatissimus: *Semper quasi tumentes fluctus super me Dominum timui* (Job XXXI). Per hunc Dei timorem universa deserimus, mundo abrenuntiamus, nosque ipsos, sicut Dominus ait, abnegamus: *Si quis vult post me venire, abneget semetipsum* (Matth. IV). Iste ergo divinus timor, qui eum quem perfecte imbuit, paupertati subjicit, et a malo dividit, ita est primus in ordine gratiarum, sicut paupertas in serie beatitudinum. De qua Dominus eam in cæterarum fundamento virtutum ponens, ait: *Beati pauperes spiritu, quoniam ipsorum est regnum cœlorum (Matth. v).*

Secundum charisma est *spiritus pietatis,* illi secundæ quæ in Evangelio ponitur beatitudini consimilis: De qua Dominus sic ait: *Beati mites, quoniam ipsi possidebunt terram (Matth. v)*: De talibus Dominus in Isaia dicit: *Spiritus Domini super me, ad annuntiandum mansuetis misit me (Isa. vi).* Moyses quoque mitissimus erat super omnes homines qui morabantur in terra (*Num.* xii): de talibus Job dicit: *Dominus ponit humiles in sublime, et mœrentes erigit sospitate (Job v.)* Hinc Salomon ait: *Gloriam præcedet humilitas, et humilem spiritum suscipiet gloria (Prov. xv).* Unde illud de Domino dicitur: *Humiles spiritu salvabit (Psal. xxxiii)*; econtra de superbis dicitur: *Deus superbis resistit (Jac. iv).* — *Ante ruinam exaltabitur spiritus : superbum sequitur humilitas (Prov. ii).* Superbia de supernis ad ima præcipitat: humilitas de imis ad superna elevatar. Angelus enim in cœlo superbiens ad tartara corruit: homo in terra se humilians ad cœlos ascendit. Tanto vero quisque debet esse humilior, quanto est sublimior ; unde scriptum est: *Quanto magnus es, humilia te in omnibus, et coram Deo invenies gratiam (Eccli. iii).* Hinc ipse Dominus ait: *Qui voluerit inter vos esse primus, erit vester servus (Matth. xx).* Item: *Cum feceritis omnia quæ præcepta sunt vobis, dicite: Servi inutiles sumus (Luc. xvii).* Iterum ipse ait: *Discite a me quia mitis sum et humilis corde (Matth. xv).* Sine hac humilitatis virtute, et reliquæ virtutes nequeunt prodesse: unde beatus ait Gregorius: *Qui virtutes sine humilitate congregat, est quasi qui in vento pulverem portat.* Sicut enim pulvis venti validi dispergitur flatu: sic omne bonum inanis vento gloriæ rapitur. Multo etiam melius est peccatorem esse humilem, quam justum arrogantem : quod a Domino evidenter ostenditur, ubi Publicanus et Pharisæus in exemplum adducitur *(Luc. xviii).* Sicut enim quidam sapiens ait: Melior est in malis factis humilis confessio, quam in bonis superba gloriatio.

Tertium donum est *spiritus scientiæ,* de qua legitur in Salomone: *Qui addit scientiam, addit et dolorem (Eccle. i).* Vera namque scientia est, scire nos mortales et caducos et fragiles esse, et in hoc exsilio, in hoc ergastulo, in hac peregrinatione, in hac valle lacrymarum, in hoc loco miseriarum dolere atque lugere. Unde dicitur in tertia beatitudine, huic tertio dono congruente: *Beati qui lugent, quoniam ipsi consolabuntur (Matth. v).* Item: *Væ vobis qui nunc ridetis, quia lugebitis (Luc. vi)!* Hinc Salomon ait: *Risus dolori miscebitur, et extrema gaudii luctus occupat (Prov. xiv).* — *Risum reputavi errorem, et gaudio dixi: Quid frustra deciperis? (Eccle. xxii.)* — *Cor sapientium ubi tristitia, et cor stultorum ubi lætitia (Eccle. vii).* Vera igitur scientia est scire omnia mundana caduca ac momentanea et incerta esse, juxta id quod legitur in Salomone: *Cuncta subjacent vanitati, de terra facta sunt, et in terram pariter revertentur (Eccle. iii).* Item: *Vidi quæ fiunt cuncta sub sole, et ecce universa vanitas, et afflictio spiritus (Eccle. i).*

Quarta est gratia *spiritus fortitudinis* quartæ in Evangelio beatitudini similis, de qua dicitur: *Beati qui esuriunt et sitiunt justitiam, quoniam ipsi saturabuntur (Matth. v).* Qui enim justitiam esurit, et sitit, contra quælibet adversa factus est insuperabilis, et imperterritus existit. Unde Salomon ait: *Justus quasi leo confidens absque terrore erit (Prov. xxviii).* Item: *Non contristabit justum quidquid ei acciderit (Prov. xii).* Hoc spiritu fortitudinis pleni fuere omnes prædicti illi, de quibus Apostolus loquitur sic: *Sancti ludibria et verbera experti, insuper et vincula et carceres, lapidati sunt, secti sunt, tentati sunt, in occisione gladii mortui sunt. Circuierunt in melotis, in pellibus caprinis, egentes, angustiati, afflicti : quibus dignus non erat mundus, in solitudinibus errantes, in montibus, et in speluncis, et in cavernis terræ (Hebr. xi).* Hoc spiritu præditus confidenter aiebat Apostolus: *Quis nos separabit a charitate Christi? Tribulatio, an angustia, an persecutio, an fames, an nuditas, an periculum, an gladius (Rom. viii)?* etc. Iste spiritus omnem Ecclesiam sustinet et regit, atque adversus hostiles insidias instruit ac munit. Unde sponsus in sponsæ preconio sic dicit: *Pulchra es, amica mea, suavis et decora sicut Hierusalem : terribilis ut castrorum acies ordinata (Cant. vi).*

Quintum donum est *spiritus consilii,* qui aliis facit compati ac misereri, illi competens de qua dicitur quintæ beatitudini: *Beati misericordes, quoniam ipsi misericordiam consequentur (Matth. v).* Hinc et Salomon ait: *Qui pronus est ad misericordiam, benedicetur (Prov. ii).* Hanc autem principaliter trifariam exercemus: vel quando sex ejus, quæ in Evangelio leguntur, opera implemus, vel quando delinquentes corrigere et ad bonum reducere studemus : vel quando injurias nobis illatas facillime indulgemus. Iste secundus clementiæ modus, sive consilii spiritus, Deum fecit semetipsum exinanire, et formam servi accipere *(Philipp. ii)*: scilicet ut sic posset ovem errantem corrigere, et ad proprium ovile reducere ; unde Apostolus ait: *Semetipsum dedit pro peccatis nostris, ut nos eriperet de præsenti sæculo nequam (Gal. i).* Huic vero consulendi modo sic oportet insistere, ut injungitur ab Apostolo monente: *Insta opportune, importune; argue, increpa, obsecra (I Tim. iv).* Et est alius consulendi modus, scilicet discretionis virtus, qua veras a palliatis vel simulatis virtutibus discernimus : qua etiam ipsum Satanam hypocrisis auctorem caute dignoscimus: *Ipse enim Satanas,* ut ait Apostolus, *transfigurat se in angelum lucis (II Cor. xi)* ; et juxta beati Cypriani dictum : Ministros suos subornat, velut ministros justitiæ, noctem asserentes pro die, interitum pro salute. Ista quidem virtus, cæterarum virtutum magistra ac domina, omnes alias proinde temperat ac superne gubernat, et ne citra vel ultra licenter evagentur, imperialiter ac discrete conservat. Unde Boetius ait : Virtutes medium tenent; si vel infra vel ultra quam oportuerit fiat, a virtute disceditur.

Sexta gratia est *sipirtus intellectus*. Ille sextæ beatitudini, de qua in Evangelio dicitur, congruus : *Beati mundo corde, quoniam ipsi Deum videbunt (Matth. v)*. Nisi enim mentis intuitus diligenter purificatus fuerit, mystica, ac divina liquide intelligere nequit. Nam sicut scriptum est : *Spiritus sanctus disciplinæ effugiet fictum, et auferet se a cogitationibus quæ sunt sine intellectu (Sap. 1)*; unde Salomon ait : *Abominatio Domini, cogitationes malæ (Prov. xv)*. Hinc alibi dicitur : *Perversæ cogitationes separant a Deo (Sap. 1)*. Qui ergo vult sincerum ac lucidum intellectum habere, pravarum cogitationum phantasias ac nebulas studeat effugare, omni diligentia et cautela cor suum servare. Unde Salomon ait : *Omni custodia serva cor tuum; quia ex ipso vita procedit (Prov. iv)*.

Septimum donum est *spiritus sapientiæ*, scilicet quidam internus sapor ac suavissimus gustus; unde in Ecclesia psallitur : *Gustate, et videte quoniam sua vis est Dominus; vacate, et videte : Accedite ad eum et illuminamini (Psal. xxxiii, xlv)*. Hoc divinæ sapientiæ interno gustu superna prælibamus, videlicet contemplantes quam amœnum, quam jucundum sit cœlicolis interesse? ubi nil poterit quod displiceat, adesse, nil quod placeat abesse. Ista septima gratia illi septimæ beatitudini congruit, de qua Dominus dicit : *Beati pacifici, quoniam filii Dei vocabuntur (Matth. v)*. Qui enim mentem pacificam et serenam habent, de supernis dulcius sapiunt et subtilius vident. Nam quo quisque est potentior, eo probatur esse et sapientior. Unde Salomon ait : *Doctrina viri per patientiam noscitur (Prov. xix)*. De talibus alibi dicitur : *Pax multa diligentibus legem tuam, et non est illis scandalum (Psal. cxviii)*. Hæ septem gratiæ sunt septem mulieres virum unum apprehendentes, septem spiritus super florem requiescentes, septem in candelabro lucernæ lucentes, septem in lapide oculi, septem spiritus ante thronum Dei.

DROGONIS CARDINALIS

LIBER

DE DIVINIS OFFICIIS

SEU

HORIS CANONICIS.

(Biblioth. vet. Patr. ibid., p. 345.)

Cur matutinæ laudes a fidelibus celebrantur.

Dominus filios Israel dura de servitute Ægypti, et de sub manu Pharaonis educturus, post multa miracula quibus induratum cor Pharaonis emollire non potuit, unum et hoc ultimum potenter operatus est; primogenita Ægyptiorum angelo percutiente interficiens; quo et Pharaonem cum suis vehementer exterruit, et populum suum mirabiliter liberavit. Præcepit enim per Moysen populo Israel, ut omnes singuli per familias et domos suas agnum immaculatum tollerent, ejusque carnibus, juxta id quod eis mandatum est, comestis, de sanguine ipsius super postes domorum suarum ponerent; ut hoc signo angelus percutiens, quæ ipsorum erant intacta præteriret. Media vero nocte vastator angelus adveniens ubi signa sanguinis in postibus conspiciebat, pertransiens, domosque Ægyptiorum ingrediens, per singulas earum necabat primogenita, primogenitis filiorum Israel reservatis omnibus. Hac virtute miraculi compulsus est rex Ægyptius dimittere populum Domini (*Exod.* xii, xiii). Quo in facto liberatio nostra figurabatur, quam in nobis quotidie Dominus spritualiter operatur; per quam viri filii Israel efficimur. Israel enim *videns Dominum* interpretatur. Filii autem qui a sanctis Patribus Dominum videntibus in fide, et cæteris quibus Deus videtur, generati sumus. Quia igitur miraculum illud medio noctis actum est, nos quoque ad nocturnas vigilias cum Propheta dicente : *Media nocte surgebam ad confitendum tibi (Psal. cxviii)*, consurgere debemus, ut ab invisibili Pharaone, id est diabolo, et ab Ægypti servitute, a tenebrarum scilicet operibus, cooperante Divina gratia, liberemur. Nocturnis ergo vigiliis orandum est Dominus, ut gladio verbi sui invisibiliter penetrantis, opera vitæ nostræ prioris tenebrosæ in nobis percutiat et adnihilet, quæ per Ægyptiorum primogenita significari novimus : in quibus etiam Pharaoni, id est regi tenebrarum, captivati servivimus. *Qui enim facit peccatum, servus est peccati (Joan.* viii). Dum enim propriis obediremus voluptatibus, sicut ait Apostolus, *Fuistis aliquando tenebræ (Ephes. v)*, malignis spiritibus excæcati obedivimus; nunc autem conversi, et facti lux in Domino, ante ipsum intuitu vigili pernoctantes, id etiam postulemus ut ipsum fide cernamus, quæ per Israelis primogenita signabatur, quia prima est et fundamentum omnium virtutum; in nobis sanguine veri agni conservet inviolabilem, ne vastator ille angelus, qui *tanquam leo rugiens circuit quærens quem devoret (I Petr.* v), aut per errorem pravæ opinionis eam in nobis feriat, aut, per desidiam a bene operando torpescere faciens, eam occidat. *Fides enim sine operibus mortua est (Jac.* II). Ab illo autem sic tuti esse poterimus, si adhibito studio per vestigia Dominicæ humilitatis, patientiæ atque mansuetudinis incedentes, imitationem passionis sanguine agni designatæ, vita et moribus ubique teneamus. Hæc enim signa si diabolus in nobis prospexerit veraciter, nulla in nobis prævalens virtute, exterritus disparebit.

De eodem.

Celebraturi laudes matutinas, quæ ob honorem et reverentiam Dominicæ resurrectionis, quæ primo mane facta est, aurora diei institutæ sunt celebrari, ad memoriam revocemus etiam transitum filiorum Israel per mare Rubrum, primam resurrectionem nostram, quæ in baptismate nobis datur, significantem, cum eos Dominus a servitute Ægypti, et de manu Pharaonis liberaret; ut inde per deserta transeuntes terram promissionis tandem ingrederentur. Transitus autem ille in vigilia matutina, cujus extrema pars aurora diei est, factus esse perhibetur. Quæ omnia cum in figura illis contingerent, veritatem nobis adventuram præsignabant: Quia enim per mare Rubrum baptismus noster sanguine Christi consecratus intelligitur, competenter per transitum populi Dei ablutio nostra in baptismate figuratur; ubi et veteris erroris tenebrosa exuentes contagia, et a maligno emancipati pervasore, Domino commersi commorimur, et a morte prima educti, reviviscentes ipsi consurgimus, ut resurrectionis ejus, quæ primo mane facta est, participes existamus. Nemo autem in secunda resurrectione ad claritatem resurgere poterit, nisi primam in hac vita habuerit. Est autem sicut prima mors sordere vitiis, et propriis involvi cupiditatibus; secunda vero perpetuis subjacere doloribus. Ita quoque prima resurrectio a vitiis in hac vita resurgere; secunda vero de corruptela ad incorruptionem, de exilio ad patriam, de tenebris ad lucem, de poenis ad requiem introire. Patet ergo quia, sicut secunda mors primam inevitabiliter sequitur, sic etiam secunda resurrectio primam misericordiam comitatur. Meditemur itaque cum David in matutinis in Domino, præveniamusque eum diluculo, meditantes in eloquia ejus, ut ipse nos sua misericordia, sic a prima morte resurgere concedat, quatenus sibi configuratos, suæ resurrectionis, cum secundo advenerit, participes faciat; sicque per hujus vitæ deserta immaculato calle transeamus, ut ad terram veræ promissionis, coelestem scilicet Hierusalem, ipso ducente pervenire valeamus.

De hora Prima.

Horæ primæ laudatio, hymno ipsius attestante, quo dicimus: *Jam lucis orto sidere,* a sanctis patribus exoriente sole constituta est celebrari; quæ si aliquando tardius aut celerius, negotiis exigentibus, celebretur, nobis horæ debitæ congruo tempore persolventibus officium, hujus similiter et cæterarum statutus terminus penes eum cui cuncta sunt præsentia, relinquatur. Ad hanc igitur horam convenientes celebrandam, Creatori nostro benedicamus, et referamus gratias, qui etiam exterioribus nostris necessitudinibus providet et procurat, in tantum ut, præter cætera quæ multa sunt suæ benignitatis beneficia, solem istum visibilem, tam spectabilem videlicet sua pulchritudine creaturam, corporisque usibus nostris et sensibus illustrandis tot modis necessariam, nobis accommodare dignatus est. Sol etenim iste corporeus, (ut plura taceam, quæ per eum operatur divina providentia) mundum purgans a tenebris, accessu suo cœli plagam hanc quam incolimus, depulso frigore, clementiorem reddit, terram quoque fecundans, arbores fructificare facit. Quæ cum admiratione digna sint, non debet tamen vel utentes retinere hujus utilitas, vel pulchritudo intuentes. In his enim corporalibus, quæ ad modicum proficiunt, etsi plura sint in suo genere, remanere non debemus; sed sicut scriptum est: *Invisibilia ipsius a creatura mundi per ea quæ facta sunt intellecta conspiciuntur (Rom.* I): per creaturam ipsum invitantem Creatorem, Solem Justitiæ, videlicet Dominum Christum fide ac dilectione inquiramus; quem ad ostium mentis nostræ pulsantem invenire quotidie poterimus. Ipse enim per corporalia beneficia nobis præstita, quæ motibus subjacent, et transeunt, summum bonum, quod ipse est, incommutabile semperque manens admonet inquirendum, fideliterque quærentibus et amore pulsantibus veraciter promittit inveniendum. Scriptum est enim: *Quærite et invenietis; pulsate et aperietur vobis (Matth.* VII). Ut igitur a nobis valeat inveniri, sincero corde quæramus, dilectione pulsemus, piissimam ejus exorantes clementiam, ut, qui verus est Sol Justitiæ, cæcitatis et ignorantiæ depellens tenebras, dignetur in nostris exoriri et inhabitare mentibus; et, quia mediator et advocatus noster fieri dignatus est pro nobis, accedens ad Patrem, eum nobis clementiorem, et, vitiorum depulso frigore, faciat esse propitium; et terram nostram (corda ipsa videlicet) sanctarum cogitationum radicibus germinare, exteriusque per opera Deo suaviter redolentia faciat infatigabiliter fructificare; quatenus veram justitiam per omnia sitientes, ad seipsum ipse nos, per seipsum indeclinabiliter perducat, et ad illam felicem et plenam satietatem nos pertrahat; quoniam fidelibus suis promittit dicens. *Beati qui esuriunt et sitiunt justitiam, quoniam ipsi saturabuntur (Matth.* V).

De hora Tertia.

Christus Agnus innocens pro nobis peccatoribus ante Pilatum vilissimum mancipium hora diei tertia ad judicandum stare dignatus est, ne nos in extremi judicii terrore, peccatis accusantibus, rei judicemur. Ipse enim crudelem sententiam sustinuit a Judæis, qui et ob id eum hora ipsa crucifixisse ab Evangelistis dicuntur, clamantibus, *Crucifige, Crufige eum* (*Joan.* xix) : ne super nos caderet illa ultima valde terribilis sententia, qua dicitur reprobis : *Ite, maledicti, in ignem æternum* (*Matth.* xxv). Ipse alapas, sputa, flagella, coronam spineam, irrisionesque patientissime pertulit, ut suo nos exemplo ad patientiam invitaret ; quatenus, in hac vita probati, spem per patientiam haberemus vitæ æternæ. Ad sacramentum etiam hujus horæ attinere probatur, quod Spiritus sanctus hora tertia a cœlo missus ad illuminandam Ecclesiam, discipulorum cordibus infusus est. Nos itaque in ista hora Salvatorem nostrum, gratias agentes, adoremus, qui tam necessaria nobis et tam mirifica voluit beneficia præparare. Eamdem etiam gratuitam bonitatem, qua sic voluit, exoremus, ut, eodem Spiritu nos vivificante interius, ipse, qui caput est suorum, per bona opera exterius sua nos membra faciat ; sicque, pro modulo nostro, sui nos imitatores, his quæ pertulit, communicare concedat, ut ab auditione mala, ubi justo non timere promittitur, liberati, auditum bonum et suavem audire mereamur, quoniam dicturus est : *Venite, benedicti Patris mei, percipite regnum quod vobis paratum est a patre meo* (*Matth.* xxv).

De hora Sexta.

Testatur evangelicæ veritatis historia quod salus nostra Christus hora sexta crucem ascenderit, a carnifice sævissimo manus innoxias pedesque transforari permiserit, ut vulneribus suis, nostris mederetur vulneribus, atque crucis, patibulo cruciatus a nobis amoveret æternos. Æquum est igitur et nobis salutare, hora qua Dei Filius membra, quæ ipsius summa divinitas pro nobis assumpserat, pro nobis etiam doloribus passionum atque crucis ignominiæ supposuit, tantæ Majestati reparatrici nostræ naturæ gratias referre. Et quia, ut ipse asserit, sine ipso facere nihil possumus, in hora suæ sanctæ crucifixionis, laudibus ejus assistentes, ipsius pietatis nulli negare auxilium efflagitemus : ut, quia duo sunt crucis genera, cum aut caro cum vitiis crucifigitur et concupiscentiis, aut mens et voluntas a vanis cogitationibus et illicitis, divinitus adjuta refrenatur, nos faciat homines crucifixos corpore et anima : quatenus sic ipsius timore configamur, ne nos insidiator callidus immanitate vitiorum superet, sed amoris ejus igne, meridiano fervore succensi, ad bene operandum juxta mandatorum ipsius obedientiam informemur et perficiamur : ut, qui per lignum vetitum a vita decideramus, per lignum obedientiæ redire valeamus.

De hora Nona.

Non sine lacrymis atque singultibus semper, si nostra sufficeret fragilitas, ad horæ nonæ mysteria celebranda convenire deberemus. Hæc est enim hora illa qua Christus, vita viventium, in quo quidquid factum est vita erat, pro nobis pendens in cruce, consummatis omnibus quæ de ipso usque ad horam mortis ejus prædicta fuerant, inclinato capite, in manus Patris commendans, tradidit spiritum. Revocemus ita quotidie in hac hora ante mentis oculos illud salutiferum et venerabile crucis, et crucifixi spectaculum, et animam ejus a corpore exeuntem cum gratiarum actione pronis mentibus adorantes, ejus piam et indeficientem deprecemur misericordiam ; ut qua charitate propter peccata nostra mori, et propter justificationem resurgere voluit : ea ipsa nos faciat in hac vita peccato mori, et vivere justitiæ ; ac in summa nostra necessitate cum anima corpus reliquerit, nobis subveniens, et interpositione suæ mortis unicæ nos a morte animæ protegens, vitæ nos illi beatæ tandem restituat, quam de ovibus suis loquens promittit : *Et ego vitam æternam ao eis* (*Joan.* x).

De hymnis vespertinis.

Post peracta horæ nonæ mysteria, jam spe divinæ misericordiæ confidentiores, alacrioribus animis ad hymnos vespertinos festivius convenimus celebrandos. Credimus enim et confitemur propitiationem totius dispensationis, quam Dominus Jesus pro nobis in corpore gesserat usque ad mortem, mortem autem crucis (*Philipp.* II), ad conspectum Patris, die qua passus est, hora ipsa ascendisse : per quam humano generi, universaliter pax apud eum restituta est. Omnes enim quantum ad largam Salvatoris nostri misericordiam salvati sunt, nec aliquis, nisi sponte sua perire malit, a tanto beneficio secluditur. Eadem quoque hora pridie quam pateretur, duo nobis beneficia, minime tacenda et valde necessaria præparavit, et actu ipso imitanda reliquit. Unum cum a cœna surgens pedes discipulis lavit, in quo figuravit nostram conversationem terrenam, quæ pedum nomine designatur, ut cum eo partem habeamus ab ipso quotidie necessario abluendam, et detergendam ab offensarum pulvere, quas indesinenter contrahimus. Alterum autem est, cum sui corporis et sanguinis sacramentum, quod nobis hora ipsa consecrationis in sui commemorationem faciendum dimisit : quatenus Ecclesia sua in hujus mundi peregrinatione, ne deficeret, vitale habens viaticum, eo confortata interim aleretur, *donec illi occurramus omnes in virum perfectum, in mensuram ætatis plenitudinis Christi* (*Ephes.* IV), cum scilicet capiti membris suis cohærentibus universis Christi corpus adimplebitur, *et erit Deus omnia in omnibus* (*I Cor.* xv). Quod ergo tantis et tam universalibus vespertina hora decorata est sacramentis, eam promptioribus et dilatatis frequentantes affectibus, propitiatori omnium debitas persolventes gratias oris et cordis instemus precibus, ut quidquid terrenæ fæcis hic conversando contrahimus, fonte pietatis abluat, et suam in nobis perficiens bonitatem, sic sui nos sacrosancti corporis viatico in hac vita pascat et veget, ut migrantes hinc, in illorum conscribi numero mereamur pro quibus reconciliandis Deo Patri tantam obtulit propitiationis hostiam, et quorum nomina in libro vitæ conscripta sunt ante tempora.

De Completorio.

Completorium, quæ hora diem terminat abeuntem, celebrat sancta Ecclesia in honorem Dominicæ sepulturæ, dum fideliter Joseph et Nicodemus (qui ad eum venerat nocte primum) ipso de cruce deposito, circa corpus ejus illud aromatibus condientes, et linteis involventes, sanctis mulieribus, a longe ubi poneretur conspicientibus, officiosissime compleverunt. Non enim prætereunda est illa mulierum devotio, quem quia vivum ardenter dilexerant, ipsumque in cruce non sine nimio mœrore et lacrymis obiisse conspexerant : dum sepeliretur locum notabant diligenter ubi eum denuo repeterent, cum unguenta, quibus eum inungerent, rediturae præparassent. Quarum devotiones, et obsequia dum animo recolimus ; quis est qui non fervore maximo cum eis optet reverenter astitisse, et accuratissime ministrasse ; quia quod jam non potest contingere, cum et corporalibus spiritualia præstare noverimus ; nihil obest illi Dominicæ sepulturæ Dominici corporis, corporaliter, quod non potuimus non interfuisse : sed quod illic actum est fide colentes, et amore consepulti ei, ad ea quæ mundi sunt, in secreto nostri pectoris requiem ei præparare satagamus, in qua non defunctus jaceat, sed jam vivens in sæcula vita nostra delectetur, et moribus requiescat. His igitur beneficiis gratias referentes, exoremus ut qui corda scrutatur et renes, ipse domum nostram interiorem a sordibus emundet vitiorum, quatenus eam ingredi et inhabitare sibi complaceat. Nos autem, ne nihil studii adhibuisse videamur, priusquam obdormiscamus in somnum, quod nos in die peccasse cognovimus, lamentis abluentes et pœnitentia, quæ Dei sunt meditemur, et sancta meditatione locum ipsi in nobis præparemus, cum David dicentes : *Si dedero somnum oculis meis, et palpebris meis dormitationem, donec inveniam locum Domino* (Psal. cxxxi). Si igitur nobis obdormiscentibus tantus hospes penetralia cordis inhabitaverit : rursum nobis evigilantibus, ad nocturnas vigilias illum quærentibus, haud longe aberit ; quem fidelis anima in cubili pectoris paratum reperiet, ubi obdormiscens illum collocaverat.

ANNO DOMINI MCXVIII

SANCTUS HUGO

GRATIANOPOLITANUS EPISCOPUS

NOTITIA IN SANCTUM HUGONEM

(BOLLAND., *Acta sanctorum*, April. t. I, p. 36)

Inter illustres viros qui eximio sanctitatis splendore sæculo Christi XI *et* XII *floruerunt, censeri potest S. Hugo, episcopus Gratianopolitanus in Delphinatu superiore, familiaris S. Brunoni Carthusiæ fundatori, et S. Bernardo abbati Claravallensi. Natus est S. Hugo anno Christi* 1053, *episcopus ordinatus anno* 1080; *cum ferme annorum esset viginti septem, ut in Vita num.* 5, *legitur. Ad Dominum migravit anno ætatis suæ* LXXX, *consecrationis in episcopum* XXXII, *Christi* 1132, *Kalendis Aprilis, sexta ante Dominicam Palmarum feria. Erat annus ille bissextilis, quo cyclo lunæ* XII, *solis* XXI, *litteris Dominicalibus CB, Pascha celebratum fuit die* 10 *Aprilis. Hæc de ejus ætate.*

Nomen S. Hugonis exstat variis fastis sacris ascriptum, tam manu exaratis quam prelo editis. Ex his sunt Grevenus et Molanus, in Auctario Usuardi; Maurolycus, Galesinius, Canisius; et ex monasticis, Wion, Menardus Dorganius, Bucelinus ei longum encomium texuit; Natalibus canonicorum ascripsit Constantinus Ghinius; in Martyrologio Gallicano plurimum eum laudat Saussaius, cum quibus omnibus ita celebratur in Martyrologio Romano : « *Gratianopoli S. Hugonis episcopi, qui multis annis in solitudine vitam exegit et miraculorum gloria clarus migravit ad Dominum.*

NOTITIA ALTERA.

(MABILL. *Annal. Bened.* tom. V, pag. 188.)

Erat Hugo filius Odonis, nobilis Valentinensis, viri in militari habitu admodum religiosi, qui in provectissima ætate Carthusiense institutum arripuit, annisque in eo circiter decem et octo exactis, fere centenarius in-

ter nxunus filii sui Hugonis, qui ipsi unctionem et sacrum viaticum ministraverat, animam Deo reddidit. Non minus pia fuit Hugonis mater, quæ post mariti sui excessum, cum sæculum itidem deserere vellet, filii sui consilio, quia tunc rara erant feminarum religiosa monasteria, in privata domo reliquum vitæ suæ in pietatis officiis impendit. His parentibus ortus est Hugo, in pagi Valentinensis loco, cui Castrum nomen est, juxta Isaram sito. Scholis Valentiæ adhibitus, studiis expletis, cum ab omni contaminatione se immunem servare vellet, ab Hugone Diensi episcopo et sedis apostolicæ legato, in ejus familiam adoptatur, et ad exstirpandas simoniæ aliorumque ejus temporis vitiorum tum in clericis, tum in laicis propagines adjutor adhibetur. Interim contigit ab eodem legato concilium Avenione celebrari, ad quod Gratianopolitani canonici, qui præsule destituti erant, pastorem postulaturi convenerunt. His oblatus a legato Hugo, nihil non tentavit ut hanc dignitatem declinaret. Sed tandem eam subire coactus, cum a Guarmundo Viennensi archiepiscopo, qui simoniæ insimulatus erat, consecrari nollet, cum legato Romam profectus est, ut a Gregorio papa ordinaretur. Inde pontificis consiliis gravi, qua vexabatur, tentatione relevatus, et Mathildis comitissæ, quæ ei pastoralem baculum et quosdam sacros codices dono dedit, benevolentia honoratus, ad Ecclesiam suam venit, in qua clerum et populum valde incompositum, sacerdotes incontinentes et Simoniacos, laicos usuræ addictos et ecclesiarum invasores invenit, ex negligentia ejus antecessorum episcoporum, qui domus episcopalis substantiam devoraverant. His corruptelis emendandis quantum laboris et sollicitudinis impenderit Hugo, non facile est edicere. Verum, cum forte votis suis fructum non respondere animadvertisset, vitæ quietioris studio, necdum duobus post consecrationem expletis annis, ad Casam Dei secessit : ubi factus monachus, sanctorum, quorum ibidem aderat copia, virorum succensus exemplis, suisque eos vicissim succendens, cunctorum imitatione pariter et veneratione « dignum se præbuit. Verum, post unius anni spatium, jussu Gregorii pontificis ad Ecclesiam redire coactus est cum multo fenore virtutis ac fervoris; sicque deinceps vitam instituit, ut monachi vitam in episcopatu retineret, viris religiosis suo contubernio adjunctis, quos inter unus fuit vir venerabilis Guillelmus, tunc prior Sancti Laurentii, postea Sancti Theotfredi abbas. In episcopatu eam modestiam et sensuum, maxime oculorum, castigationem præ se tulit, ut oculos in mulieres nunquam defigeret; eam devotionem, ut excipiendis confessionibus pœnitentes profusis lacrymis ad compunctionem provocaret.

Juvat ad rerum consequentium illustrationem hoc loco disquirere quo præcise anno Hugo factus et consecratus sit episcopus. Hujus nodi solutio ex duplici capite pendet; ex anno scilicet habiti concilii Avenionensis, in quo electus fuit ad episcopatum; et anno fundatæ Carthusiæ Majoris, quæ anno ejus episcopatus fere sexto facta est. Ad primum quod attinet, Avenionense concilium celebratum fuit post scriptam a Gregorio papa epistolam ad Arelatenses (1) quos ad eligendum sibi episcopum hortatur, qui in prædicto concilio electus fuit, ut et Hugo, ut constat ex Chronico Hugonis Flaviniacensis. Atqui hæc epistola scripta est : Kalendis Martii, indictione II » adeoque anno 1079. Non ergo ante hunc annum aut insequentem utraque electio facta est. Ut vero potius anno 1079 factam existimem, mihi duo persuadent argumenta : unum est, quod pro comperto habeam Carthusiæ fundationem, quæ anno Hugonis episcopatus fere sexto facta est, collocandam esse anno 1084. Alterum est quod Hugo decesserit, teste Guigone, anno 1133, Kalendis Aprilis, « ætatis suæ anno ad minus octogesimo (erat autem annorum fere viginti septem quando electus fuit), consecrationis autem suæ ad minus quinquagesimo secundo. » Quos calculos si compares, ejus electionem anno 1079, consecrationem ineunte anno sequenti factam admittas necesse est.

(1) Greg., Registr. lib. VI, ep. 21.

VITA S. HUGONIS

AUCTORE

GUIGONE CARTHUSIÆ MAJORIS PRIORI V.

(Vide Patrologiæ tom. CLIII, col. 759, in Guigone.)

EXCERPTA

E CHARTULARIO ECCLESIÆ GRATIANOPOLITANÆ.

(MABILLON, *Opera posthuma*, t. III, p. 358.)

I.

De injuriis quas fecit Guido Viennensis archiepiscopus Ecclesiæ Gratianopolitanæ et ejusdem Ecclesiæ episcopo Hugoni de pago Salmoriacensi.

Ego Hugo, Gratianopolitanus episcopus, posterorum notitiæ trado qualiter Viennensis archiepiscopus Guido calumniam movit de Salmoriacensi pago adversus Gratianopolitanam Ecclesiam præfatum pagum injuste possidere, quoniam juris erat Viennensis Ecclesiæ. Ad quam querimoniam diffiniendam Viennam convenimus, sed causa tunc indiscussa diem aliam placito constituimus, in qua die apud Rotmanos iterum convenerunt cum eo Goutardus Valentinensis et Guido Genevensis, nobiscum

Pontius Belicensis et Landricus Matisconensis episcopi; ubi et scriptis et aliis testimoniis ostendimus quod pagum illum Ecclesia Gratianopolitana per centum annos et eo amplius possedisset. Ex quo vero primum possederit penitus ignorare. Econtra Viennenses objecerunt quod eo tempore in quo Gratianopolitana Ecclesia a paganis desolata erat, ejusdem civitatis episcopo ab archiepiscopo Viennensi ad tempus concessum est. A quibus cum requisissent praefati episcopi si super hac responsione aliqua chartarum monimenta haberent, responsum est nullum exinde scriptum habere, sed solum vulgi rumorem sufficere. At Gratianopolitani canonici postulaverunt ut praesentes episcopi super hoc judicarent utrum nuda et sola Viennensium verba Gratianopolitanam Ecclesiam a possessione tam antiqua excluderent. Sed Viennensis archiepiscopus noluit audire judicium, quoniam eo tempore milites illius terrae ad pacem faciendam conjuratos in manu sua tenebat, quod judicio non potuit opportunitate accepta violenter abstulit, pro qua invasione domino papae Urbano secundo proclamationem fecimus. Unde Lugdunensi archiepiscopo Hugoni, qui tunc legatus Romanae Ecclesiae erat, litteras destinavit. Lugdunensis itaque archiepiscopus, fretus apostolica auctoritate, utrumquem nostrum ad tantam diffiniendam apud Barnem ante praesentiam suam ex praecepto domini papae venire fecit. Qui utrinque audita ratione, plenam investituram Gratianopolitanae Ecclesiae, quae, sicut diximus, violenter exspoliata fuerat, judicavit, et primo concilio in Galliis celebrando calumniam se determinaturum promisit. Investituram autem Viennensis archiepiscopus, spreto apostolici legati judicio, reddere nobis noluit, quoniam eo tempore Romam ad dominum papam Urbanum legatum cum litteris suis miserat, postulans ab eo ut quae juris erant Viennensis Ecclesiae privilegio confirmaret, pro cujus impetratione, sicut ipse nobis postea confessus est, quingentos solidos in Romana curia dispensavit. In quo inter Salmoriacensem pagum quem noviter arripuerat, fraudulenter et per subreptionem scribi fecit, domino papa ipsius pagi querimoniam prorsus ignorante. Quam privilegii fraudem ubi persensimus, cum summa festinatione Romam misimus apud dominum papam conquerentes, et de contemptu super investitura legati sui judicio, et de fraudulenta privilegii subreptione. Unde dominus papa Urbanus Lugdunensi archiepiscopo Hugoni legato suo litteras mandavit, quarum exemplum infra scriptum est.

« Urbanus... dilecto fratri et episcopo Hugoni Lugdunensi, etc.

« Sollicitudinis nostrae, » etc. *Vide in Urbano II, Patrologiae tom.* CLI.

Nobis vero per eumdem legatum litteras in hunc modum misit :

« Urbanus.. Hugoni Gratianopolitano episcopo, etc.

« Pro negotio tuo, » etc. *Vide ubi supra, sub num.* 117.

Interea Lugdunensis archiepiscopus Hugo apud Aeduensem civitatem concilium disposuit celebrare, ubi nos interesse praecepit, paratos ad dirimendam totius concilii judicio querimoniam. Tandem in concilio ad causam nostram ventum est. Ubi post multa verba, ut causam nostram injustam esse Viennensis archiepiscopus comprobaret cum insultatione scripturarum quasi multa vetustate contritam protulit, quae continebat quod Barnuinus Viennensis archiepiscopus, Isarno Gratianopolitano episcopo ecclesiam Sancti Donati et Salmoriensem pagum concessisset, donec Gratianopolitanae Ecclesiae pax a persecutione paganorum qua tunc vastabatur, redderetur. Qua perlecta, a timore quem nobis incusserant, respiravimus, rogantes apostolicum legatum ut chartam illam ipse servaret, quae sine dubio falsum testimonium dabat, quoniam Barnuinus Viennensis archiepiscopus et Isarnus Gratianopolitanus pontifex non contemporanei fuerunt, sicut ex catalogo Lugdunensi, et ex aliis multis scriptis collegimus. Praeterea chartam illam infirmavimus et cassavimus, ex eo quod Alcherius Gratianopolitanus episcopus, antecessor Isarni episcopi, praedictum pagum Salmoriacensem possedisse multis chartarum testimoniis cognoscitur, et ecclesiam Sancti Donati Gratianopolitana Ecclesia non per Barnuinum obtinuisset, sed largitione regum, videlicet Bosonis et Lodovici filii sui, quod praeceptis eorum regalibus declaratum est. Cognita autem a nobis ipsius scripturae falsitate, et ejus taliter infirmato, Viennensis archiepiscopus judicium, quod primum quadam importunitate requirebat, suffugere coepit, et charta illa e conspectu concilii et ipsius legati repente sublata, ad praefati privilegii auctoritatem spreto judicio recurrit, quod nihil ei suffragari potuit, quoniam dominus papa illud privilegium per subreptionem sibi extortum litteris suis intimaverat, et causam nostram canonico judicio diffiniendam legato suo commiserat. Et ita hoc refugio qui injustitiam suam defendere moliebatur Viennensis destitutus est. Tentaverunt autem archiepiscopi praesentes et episcopi rogatu apostolici legati, qui con cilii turbationem formidabat, pacem inter nos et concordiam reformare; sed quoniam nostra quae invaserat ex integro nobis restituere noluit, satius intellexa (2) synodale judicium, quam inutilem concordiam recipere. Quod ille plurimum formidans, et quasi imminentem judicii sententiam evadere cupiens, jus Ecclesiae nobis commissae sicut cum antecessoribus nostris melius possederat Viennae consilio canonicorum suorum nobis restituere promisit. Igitur die constituta Viennam veni; sed quod ipse promiserat, minime implevit. Interea domnus

---

(2) Sic in exemp.o nostro.

papa Urbanus Placentiæ disposuit celebrare concilium, ubi Gallicanos episcopos præcepit interesse; qui super tanta injuria querimoniam facturus cum pergerem, Viennensem archiepiscopum in Italiam apud Sanctum Ambrosium reperi, quod ut me ab incœpto itinere revocaret hebdomada qua concilium Placentinum papa celebrare disposuerat, consilio Lugdunensis archiepiscopi se obediturum de causa nostra spopondit. Hac intentione ab itinere domum regressus, cum Lugdunum venire determinata die præpararem, Viennensis placitum renuntiavit. Et sic ab illo turpiter illusus, dolos ipsius cognoscens, iter quod intermiseram statim arripui, et ultima die concilii summa cum festinatione Placentiam veni, ubi coram papa et universo concilio, violentiam quam nobis Viennensis intulerat, et dolos ejus, et apostolicæ sedis contemptum exposui, et qualiter apostolici legati judicio de investitura nostra obedire noluerat. Quo audito, totius concilii judicio, plenam investituram Salmoriacensis pagi papa nobis reddidit, privilegium quod, sicut supra positum est, per subreptionem Viennensis extorserat, cassavit, et super hoc ei litteras destinavit, quarum exemplum infra scriptum est.

« Urbanus episcopus... Guidoni Viennensi archiepiscopo, etc.

« Necessitati et utilitati, » etc. *Vide ubi supra, sub num. 134.*

Quibus litteris Viennensis noluit obedire, imo litterarum portitorem minis atque conviciis dehonestavit. Unde ad papam sub brevi tempore Mediolanum accedens præsumptionem et contumaciam archiepiscopi Viennensis contra sedem apostolicam ostendi. Apostolicus itaque me ab ipsius subjectione subtraxit, et clericis ac laicis in pago Salmoriacensi commorantibus, ne Viennensi archiepiscopo obedirent interdixit litteris quas hic subjungere curavimus.

« Urbanus, etc., dilectis filiis tam clericis quam laicis in pago Salmoriacensi commorantibus, etc.

Quoniam frater Viennensis, » etc. *Vide in Urbano.*

Contigit inter ea domnum apostolicum Gallicanam Ecclesiam visitare, qui Valentiam ad dedicandam majorem ecclesiam veniens, ibique Viennensem archiepiscopum allocutus, ad dirimendam litem quæ inter nos erat apud Rotmanos utrumque ante præsentiam suam die constituta adesse præcepit. Cumque juxta præceptum ipsius, antiquis chartarum testimoniis onustus, episcoporum et clericorum laicorum quoque consilio sufficienter munitus, illuc adventassem, archiepiscopus Viennensis, spiritu superbiæ afflatus, arcem loci et munitionem cum armatis occupavit militibus, ut si quid contra voluntatem suam papa loqueretur, ipse apud se in sua potestate permaneret. Et ideo papa suo etiam jure, abbatia videlicet Romanensi taliter exspoliatus, causam nostram diffinire non potuit. Ego autem, injuriæ propriæ non immemor, in Arvernensi concilio, quod papa eodem anno celebravit, querimoniam nostram adversus archiepiscopum jam diu agitatam papæ et universo conventui repræsentare curavi. Apostolicus vero injuriæ nostræ et labori compatiens, Salmoriacensem pagum Gratianopolitanæ Ecclesiæ ex integro restituit, et me et Gratianopolitanam Ecclesiam ab ipsius obedientia subtraxit, quandiu super hac restitutione apostolico præcepto obedire contemneret, et exinde comiti et parochianis nostris litteras hujusmodi delegavit.

« Urbanus episcopus..... Guigoni comiti, clero et populo Gratianopolitano, etc.

« Querelam venerabilis, » etc. *Vide ubi supra.*

Guigo quidem comes, apostolicis litteris excitatus, archiepiscopum adire, et apud eum minis ac precibus effecit quatenus Salmoriacensem pagum, secundum præceptum apostolici nobis et Gratianopolitanæ Ecclesiæ restitueret. Cui restitutioni apud Capellam arearum interfuerunt Gualterius Albanensis, et Leodegarius Vivariensis episcopi, Viennensis Ecclesiæ, et Gratianopolitanæ canonici, Guigo prædictus comes, necnon et principes ipsius terræ; quam investituram, quoniam corporis infirmitas fere per biennium in Apulia me detinuit, archiepiscopus iterum præsumpsit invadere. Quod postquam per legatum nostrum papæ nuntiatum est, litteris suis legatum suum Lugdunensem archiepiscopum commonuit ut ab injuria Gratianopolitanæ Ecclesiæ et nostræ archiepiscopum Viennensem auctoritate apostolica omnino coerceret, quarum litterarum exemplum infra subposui.

« Urbanus episcopus..... Hugoni apostolicæ sedis vicario, etc.

« Quam arroganter, » etc. *Vide ubi supra, sub num. 223.*

Innotuit eodem tempore, divina nobis favente clementia, chartam illam quam in Augustodunensi concilio archiepiscopus Viennensium adversum nos de Salmoriacensi pago protulerat, certioribus indiciis falsam esse, ille enim cui scriptor ejusdem chartæ infirmitate detentus confessus fuerat, nobis patefecit, quem scriptorem nomine Sigibodum, Sancti Ragnaberti monachum, per amicos nostros ejusdem cœnobii monachos evocatum apud monasterium quod Granarium dicitur, ante altare beatæ Mariæ sub invocatione divinæ præsentiæ excommunicationem intentando adjuravi.

Finita tandem est controversia, diviso communi partium consensu in duas æquales partes pago Salmoriacensi, quarum una archiepiscopo Viennensi, altera Gratianopolitano episcopo cessit, quod Lugduni IV Kalendas Februarii factum est anno 1107, in præsentia multorum antistitum, confirmatumque est paulo post a Pascali II, cujus ea de re bulla ex chartario Gratianopolitano edita est post Theodori Pœnitentiale tomo II, pag. 536 (Patrologiæ t. CLXIII).

SANCTI HUGONIS
EPISTOLÆ ET DIPLOMATA.

I.

Ad archiepiscopum et canonicos Ecclesiæ Turonensis.— Epistolam Cruciferorum de rebus in Oriente

(Exstat hoc S. Hugonis epistolium ad calcem epistolæ Cruciferorum ducum, quæ est inter litteras Godefridi regis quarta. Vide Patrologiæ tom. CLV.)

I.

Charta Hugonis episcopi Gratianopolitani, vetantis ne mulieres Carthusiam accedant.

(MABILLON, *Annal. Bened.*, t. V, p. 646, ex archivo Carthusiæ Majoris.)

Hugo Gratianopolitanæ Ecclesiæ vocatus episcopus, presbyteris et laicis in Gratianopolitano episcopatu commorantibus, æternam in Domino salutem.

Quomodo fratres nostri Chartusiæ monachi Deo placere desiderent, mundus quem fugiunt, et loci in quo habitant asperitas et solitudo satis probant. Quorum desiderio, quoniam pax et quies maxime necessariæ sunt, supra pontem, qui terminus possessionis eorum est, ad removenda ea quæ proposito eorum contraria sunt, domum ædificari consuluimus et præcepimus. Rogamus itaque dilectionem vestram, et auctoritate divina injungimus ut feminæ per terram eorum nullatenus transeant, neque viri arma portantes. Præter ea infra terminos ipsorum possessionis, piscationem et venationem et avium captionem, ovium vel caprarum, atque omnium domesticorum animalium pascua et transitum prohibemus. Obedientes monitis nostris divina clementia in gratia sua multiplicet, et in omnibus bonis quæ ibidem a servis Dei geruntur, vel usque in sæculi finem gerenda sunt, eamdem, quam habere ipsi cupiunt, partem tribuat. Inobedientes vero divino judicio reos relinquimus, et sæculari potestate puniri faciemus.

Datum mense Julii, anno 1084.

III.

Charta Leotardi filii Willelmi pro feudo cellariæ episcopalis.

(Ibid. ex tabular. Ecclesiæ Gratianopolitanæ.)

Ego Hugo Gratianopolitanus episcopus, notum facio omnibus, quod Humbertus Pilosi, et Dodo de Gratianopoli, et Guigo Lacensis, et Rostagnus fuerunt mecum in placito quod primum fecit mihi Willelmus Leotardus; dereliquit igitur mansum unum, quem sicut ibidem testibus comprobatum fuit, mentitus fuerat se habere pro feudo cellariæ; et quia mansum dereliquerat, et nihil aliud se habere pro cellaria dicebat, prædictis viris laudantibus, dedi ei A quoque anno pro feudo cellariæ decem solidos, et victum sibi soli in domo mea quamdiu ego ibi manerem, et prorsus nihil aliud dedi vel conveni ei. Postea vero Guigo Geraldus fecit ei fori factum in cabanaria quam habebat Miseriaci, et in placito quod habuit cum Guigone Geraldo, ante me confessus est istam cabanariam esse feudum antiquum cellariæ quam celaverat, in primo placito, cum reliquit mansum, et cum mentitus est nihil habere pro feudo cellariæ; et cum injuste et per subreptionem extorsit nobis decem solidos in unoquoque anno, post mortem vero ejusdem Willelmi fecerunt mihi placitum filii sui Beto, Leotardus et alii fratres eorum, et dedi eis antiquum et verum feudum, scilicet cabanariam Miseriaci quam celaverat pater eorum, et quam sub testimonio bonorum virorum confessus fuit esse antiquum et verum feudum episcopalis cellariæ, ipsam dedi eis pro feudo cellariæ, et casamenta et cortilia quæ habent Gratianopoli, et unum furnum qui est juxta Calomentum illorum, sive juxta domum Stephani Coaiz, et in domo mea quandiu ego ibi manerem victum uni soli, decem vero solidos quos pater eorum extorserat, mihi retinui, et prorsus nihil aliud dedi eis, et hoc fuit in placito et conventione constitutum, ut Leotardus in officio cellariæ nullum alium prorsus per se vel sub se habeat, sed si Leotardus in suam personam claves tenere noluerit, vel si tenuerit, et res episcopales defeudaverit, ego committam eas cuicunque voluero, similiter omnes successores mei; ipse vero habeat feudum, et alii utilitati nostræ domus deserviant. Testes sunt istius chartæ, Rostagnus, Guigo de Lanz, Odolricus, Gualdinus, Fulco, canonici Gratianopolitanæ Ecclesiæ, et Guigo conversus, et alii plures, postea reddidi eis in feudum decem solidos quos retinueram.

IV.

Chartæ quirpilionis factæ per Leodegarium de Clariaco et alios, Hugoni episcopo Gratianopolitano, de tota terra de Fabriis.

(*Mémoires pour l'histoire du Dauphiné* tom. I, p. 134.)

In nomine Patris, etc.

Ego Leodebarius de Clariaco, et Petrus Mallenus, et Jarento Ruffus, et mater et uxor ipsius, et Largerius presbyter frater ejus, et Silvius de Clavaissone nos omnes per fidem et sine enganno guirpivimus, et donavimus totam terram de Fabriciis Deo et B. Mariæ, et S. Vincentio, et B. Donato, et Hugoni Gratianopolitano episcopo cui pro jure episcopatus Rotmanis adjudicata fuerat, et omnibus successoribus suis in perpetuum tenendam et possidendam. Et nos juravimus quod prædictam terram, neque bona quæ ex terra procedunt, tollamus episcopis Gratianopolitanis, nec aliquis consilio vel consensu nostro: hujus guirpilionis sunt testes, ipse Hugo Gratianopolitanus episcopus, in cujus manu fuit factum, et Villelmus de Clariaco, et Obrias Gratianopolitanus Ecclesiæ decanus, Guigo prior S. Donati, Vilellmus monachus S. Gotfredi, Petrus Stephanus Magalonensis Ecclesiæ canonicus, qui hanc chartam scripsit, Oldricus procurator episcopi, Ademarus Cabiscolus S. Donati, Atenulphus Guaniola, Bortellus episcopalis et duo filii ejus Hugo et Petrus, Vilellmus Bruno, Petrus de sancto Andrea, marescallus episcopi, Rodulphus de Alavardo nepos prædicti decani.

Facta est charta ista in mense Maio anno ab Incarnatione Domini 1128, feria v, luna xxi.

V.

Guerpitio de decima facta a Petro Gorga Hugoni episcopo Gratianopolitano.

(*Ibid.* p. 135, ex tabulario Ecclesiæ Gratianopolitanæ.)

Notum sit filiis Gratianopolitanæ Ecclesiæ præsentibus et futuris quod Petrus Gorga, et ejus uxor, et soror uxoris ejus reddiderunt et guerpiverunt Deo et beatæ Mariæ, et S Vincentio, et episcopo Hugoni, et successoribus suis decimam quam ipsi habebant in cabanaria quam tenent de Aimone vetulo, sicut ipse Hugo melius intellexit ad utilitatem suam et successorum suorum. Hæc guerpitio facta est in manu ejusdem, in præsentia Petri de Visilia, et Geraldi de Savoia, et Guidonis conversi et Malleni cellarii comitis.

ORDO RERUM
QUÆ IN HOC TOMO CONTINENTUR.

COSMAS PRAGENSIS.
CHRONICA BOHEMORUM. 9
Prolegomena.
Prologus ad severum Melvicensem. 55
Item ad magistrum Gervasium præfatio. 55
LIBER PRIMUS. 57
Proœmium libri II. 121
LIBER SECUNDUS. 121
Apologia in librum tertium. 187
LIBER TERTIUS. 187
CANONICI WISSEGRADENSIS CONTINUATIO COSMÆ. 245
MONACHI SAZAVENSIS CONTINUATIO. 275
De chronica sancti Jheronimi et compositione annorum. 275
De exordio Sazavensis monasterii. 275
De probitate Wladislai regis et fratris ejus Theobaldi ducis. 295
CANONICORUM PRAGENSIUM CONTINUATIONES 299
— Wenceslai I regis historia. 309
II. — Annalium Pragensium pars I. 315
III. — Annales Otokariani. 525
IV. — Annalium Pragensium pars II. 539
V. — Annalium Pragensium pars III. 565

ALBERICUS AQUENSIS.
Notitia. 587
HISTORIA HIEROSOLYMITANÆ EXPEDITIONIS. 589
LIBER PRIMUS.
Caput primum. — Proœmium operis. 589
Cap. II. — Quomodo Petrus eremita primus auctor exstiterit expeditionis in Jerusalem. 589
Cap. III. — Quomodo patriarcham adierit. 590
Cap. IV. Quid patriarcha Petro responderit, et quomodo auxilia Christianorum invitaverit. 590
Cap. V. — Quomodo majestas Domini Jesu in somnis Petro apparuerit eumque allocuta sit. 591
Cap. VI. — Quomodo Petrus Romam venerit, legationem apostolicam retulerit, et de terræmotu. 591
Cap. VII. — De quodam Waltero eunte Hierosolymam, quid egerit vel quid pertulerit. 592
Cap. VIII. — Quomodo Petrus, cum copioso exercitu tendens Jerusalem, vindictam sociorum in Hungaria fecerit. 593
Cap. IX. — Quomodo Maroam fluvium cum difficultate transierit. 594
Cap. X. — Quomodo duci Bulgarum obsides dantur: quibus receptis gravis contentio cum Bulgaris oritur. 595
Cap. XI. — Quomodo dux exercitum insecutus plurima diripuerit. 596
Cap. XII. — Quomodo, Petro cum exercitu causa pacis obviam duci regresso, plurima juventus prostrata sit. 596
Cap. XIII. — Qualiter exercitus ex magna parte dispersus sit, et iterum ad triginta millia adunatus. 597
Cap. XIV. — Quomodo imperator Petro legatos direxerit, ut veniret Constantinopolim. 598
Cap. XV. — Quomodo Petrus secundam imperatoris legationem acceperit, ut Constantinopolim maturaret iter. 399
Cap. XVI. — Quomodo Petrus et exercitus ab imperatore benigne susceptus sit, et deinde mare transierit. 399
Cap. XVII. — Quomodo in terra urbis Nicææ juventus prædam fecerit, et castellum quoddam Solymani ceperit. 400
Cap. XVIII. — Quomodo Solymanus dux, congregatis Turcis, prædictum castrum expugnaverit, quosdam captivos duxerit, reliquos occiderit. 401
Cap. XIX. — Quomodo exercitus per dies octo Petrum exspectaverit, et quomodo quosdam Turci de exercitu decollaverunt. 402
Cap. XX. — Quomodo exercitibus, ad ultionem sociorum armatis, Solymanus cum multa manu occurrerit pugnaturus. 402
Cap. XXI. — Quomodo Turci cum Christianis graviter conflixerint. 403
Cap. XXII. — Quomodo Turci infinitam multitudinem Christianorum peremerint. 404
Cap. XXIII. — Quomodo tria millia Christianorum qui evaserant, a Turcis obsessi, imperatoris auxilio liberabantur. 404
Cap. XXIV. — Quomodo quidam Godescalcus magnam manum in eamdem expeditionem contraxerit. 405
Cap. XXV. — Qualiter omnis exercitus Godescalci insolenter agens in Hungaria peremptus sit. 406
Cap. XXVI. — Quomodo ex diversis regnis copiosa gens in eamdem expeditionem adunata sit. 407
Cap. XXVII. — De strage Judæorum Coloniæ. 407
Cap. XXVIII. — De simili strage facta Moguntiæ. 407

CAP. XXIX. — Quomodo exercitus, negato transitu, cum Hungaris conflixerit. 408
CAP. XXX. — Qualiter subito disturbato exercitu innumerabilis multitudo perierit. 409
CAP. XXXI. — De superstitione anseris et capillæ. 410

LIBER SECUNDUS.

CAPUT PRIMUM. — Cum quibus et quo tempore dux Godefridus secundam iniit profectionem. 409
CAP. II. — Principes per internuntios convenerunt Pannoniæ regem, quare perdiderit populum Domini. 411
CAP. III. — Responsio regis, quomodo ducem accersierit. 411
CAP. IV. — Dux Pannoniam ingrediens quam docenter susceptus sit, et quid inter eum et regni primores convenerit. 412
CAP. V. — Ubi exercitus jussu ducis castra posuerit 413
CAP. VI. — Obsedibus datis, qualiter Hungariam transierint. 413
CAP. VII. — Ubi rex obsides reconsignat, et qualiter rex Græciæ ducem per internuntios interpellaverit. 414
CAP. VIII. — Quid dux resalutato regi mandaverit, et pro retentis principibus quid egerit. 415
CAP. IX. — Rex Græcorum quomodo captivis principibus absolutis, regno suo consuluerit, ducem simul accersens. 415
CAP. X. — Post aliquantas utrinque animositates tandem dux cum imperatore pacem componit. 416
CAP. XI. — Causa imperatoris dux castrorum loca mutat : benevolentiæ nuntios ad eum mittit, rogatus venire dissimulat. 416
CAP. XII. — Imperator alimenta emenda subtrahit, exercitus partes Græciæ invadit. 417
CAP. XIII. — Frater ducis cum periculo populum ducis transduxit, dimicantes inter se partes dirimit. 417
CAP. XIV. — Imperator, promissis obsidibus, ducem ad se invitat, et quid ipse dux legatis Boemundi responderit. 418
CAP. XV. — Filio imperatoris obside accepto, dux curiam ingreditur. 419
CAP. XVI. — Quam gloriose dux ab imperatore susceptus sit et exhibitus, et quid inter eos convenerit. 419
CAP. XVII. — Monitu imperatoris populus Domini in Cappadociam migrat. Dux imperatorem pro necessariis rebus sæpius interpellat. 420
CAP. XVIII. — Boemundus adveniens ægre persuasus est imperatoris homo fieri. 420
CAP. XIX. — Nepos Boemundi clanculo digreditur. Dux cum suis decenter ab imperatore dimittitur Robertus comes. 421
CAP. XX. — Exercitus versus Nicæam iter dirigit; de Raymundo comite et Petro Eremita et de quibusdam aliis principibus. 421
CAP. XXI. — De obsidione urbis Nicææ. 422
CAP. XXII. — Item dispositio obsidionis; quibus principibus quæ partes civitatis delegatæ sint 422
CAP. XXIII. — Item de eadem. 423
CAP. XXIV. — De viris sacri ordinis et vulgo inermi et de lacu civitatis. 424
CAP. XXV. — De principe urbis Nicææ et de exploratoribus ejus. 424
CAP. XXVI. — Item de uno exploratorum illorum, et quam sollicite populus Domini gentilium præstolerator adventum. 425
CAP. XXVII. — Adventus Solymani : exhortatio Podiensis episcopi : conflictus et victoria populi Christiani. 426
CAP. XXVIII. — De munificentia imperatoris in principes et de Turco falsi nominis Christiano. 427
CAP. XXIX. — De viris capitaneis in eadem obsidione occumbentibus. 428
CAP. XXX. — Item de aliis ibidem pereuntibus. 428
CAP. XXXI. — De murorum et præcipue cujusdam turris oppugnatione. 428
CAP. XXXII. — Populus Domini supradictum lacum navali obsidione circumdat. 429
CAP. XXXIII. — Profani resistentes valde Christicolas defatigant. Ubi dux ipse Turcorum bellicosissimum sagitta trajecit. 430
CAP. XXXIV. — De occiso Christiano bellatore qui ad ludibrium fidelium in muro suspenditur. 430
CAP. XXXV. — Quomodo Longabardus quidam novum genus machinæ operatus sit. 431
CAP. XXXVI. — De eversione immanissimæ turris, et domina civitatis quomodo capta sit. 432
CAP. XXXVII. — Deditio civitatis Nicææ et de quadam sanctimoniali femina captiva. 435
CAP. XXXVIII. — Qualiter ex consultu principum populus Dei in duas partes divisus sit. 434
CAP. XXXIX. — De immanissima cæde Christianorum per insidias principis Nicæni. 454
CAP. XL. — De nuntio fidelium Christi ad ducem. 435
CAP. XLI. — Ubi dux et qui cum eo erant subveniunt pereuntibus. 435
CAP. XLII. — Ubi dux et alii quidam procerum ex nomine notantur, qui tunc fortiter pro Deo egerunt. 456
CAP. XLIII. — Post victoriam quid inter fideles Domini convenerit, et quomodo sacer ordo curaverit cadavera prostratorum. 437

LIBER TERTIUS.

CAPUT PRIMUM. — Post victoriam Christi fideles ubi castra locaverint, et miserabili siti cruciati, quanti expiraverint. 457
CAP. II. — Item de eodem. 457
CAP. III. — Ultra progrediuntur; exercitus in geminas partes dividitur primores venatui vacant. 438
CAP. IV. — Dux cum urso confligens, graviter sauciatur; sed auxilio alterius militis perempta bestia vivus eripitur. 439
CAP. V. — Tankradus fixis juxta Tarsum civitatem tentoriis, apud cives de urbis traditione nunc minis nunc blanditiis agit. 440
CAP. VI. — Cives decitionem pollicentur; viri exercitus Dei longe a se divisi, hostes adesse de alterutris suspicantur. 441
CAP. VII. — Obsides fœdus rumpunt; Tankradus et Baldewinus mistis copiis obsidionem reparant, et de situ urbis. 441
CAP. VIII. — De mutua quorumdam principum altercatione, ubi et Tarsenses Tankradum sibi præesse desiderant. 4 2
CAP. IX. — De eadam re. 442
CAP. X. — De eodem et qualiter Tankradus urbem Azaram intraverit. 443
CAP. XI. — Ubi Baldewinus princeps civitatis factus, Christianos partis Tankradi intromittere non vult. 443
CAP. XII — Christiani extra portam civitatis manentes, noctu a gentilibus exstincti sunt. 444
CAP. XIII. — Hujus necis populus Dei Baldewinum insimulans, ad arma ruit, cui satisfaciens, contra reliquos Dei inimicos vehementer insurgit. 444
CAP. XIV. — Ubi viri Baldewini cum piratis Christianis fœdus ineunt, et Tarsum simul petunt. 445
CAP. XV. — Tankradus Mamistram civitatem armis capit, et de instinctu cujusdam Richardi castra Baldewini hostiliter invadit. 446
CAP. XVI. — Baldewinus et Tankradus bellum conserunt, in quo Tankradus inferior inventus est. 446
CAP. XVII. — Tankradus et Baldewinus pacem inter se reformant 447
CAP. XVIII. — De prospero eventu Baldewini in expugnandis munitionibus, et de perfidia cujusdam Armenii. Jam invitus idem Armenius commissum sibi præsidium reddit. 448
CAP. XIX. — Dux civitatis Rohas-Baldewinum in auxilium vocat; Baldewinus vocatus, ire perrexit; a Turcis vetitus iterato reproperat. 448
CAP. XX. — Baldewinus qualiter in urbe Rohas exceptus sit, et quam magnanime ducis illius dona respuerit; et petitio seniorum. 449
CAP. XXI. — A duce urbis Rohas Baldewinus in filium adoptatus, petitione ipsius Samusart civitatem impugnat; sed infecto negotio reversus est inanis. 450
CAP. XXII. — Conspiratæ plebis consilium in ducem suum Baldewinus volens reprimere, nihil proficit. 450
CAP. XXIII. — Quam misere idem dux interfectus sit. 451
CAP. XXIV. — Occiso duce, Baldewinus subrogatur eamdem arcem Samus temere primo contempsit, postmodo consilio suorum rebus pretiosissimis comparavit. 451
CAP. XXV. — Præsilium Sororgia in manus Baldewini non sine labore traditur, et Balduc fraudulentia notatur. 452
CAP. XXVI. — Tankradus damnosa Christianis præsidia destruit, et oblata sibi ab hostibus munera prudenter reponit. 453
CAP. XXVII. — De civitate Maresch, ubi et uxor Baldewini obiit. 453
CAP. XXVIII. — De civitate Arthusia, ubi Christiani Armenii secum manentibus Turcis capita desecantes fratres benigne recipiunt. 454
CAP. XXIX. — Populus Dei profana multitudine circumplexi, ferro sibi viam aperiunt, et vix evadunt, obses-

QUÆ IN HOC TOMO CONTINENTUR.

si fiducialiter agunt. 454
CAP. XXX. — Profani Arthesiam obsidentes, de adventu Christiani exercitus per exploratores edocti, nequaquam, usque in noctem, obsidionem solvunt. 455
CAP. XXXI. — Exercitu Dei adveniente, Arthesia fidelium tuitione munitur; Baldewinus triumphis clarus novis nuptiis illustratur. 455
CAP. XXXII. — Christi populus adunatus non ultra dividitur, quem Podiensis episcopus circumspectum fore, paterne alloquitur. 456
CAP. XXXIII. — Relicta Romania, præelectos sequentes signiferos ad pontem usque fluvii Farfar perveniunt, ubi a Turcis bellicose excepti sunt. 457
CAP. XXXIV. — Dura conflictio fidelium et Turcorum pro transitu pontis. 457
CAP. XXXV. — Monitu Podiensis episcopi pontem superant; commisso prælio bellatores Christi victores redeunt; principem Antiochiæ nuntia dura percellunt. 458
CAP. XXXVI. — Iter Antiochiam indicitur; antistes populum alloquitur et per eum qui principes exercitus præcedere, qui extremas custodias observare debeant, ordinantur. 459
CAP. XXXVII. — Antiochiam pervenientes quid egerint et quantus æstimatus sit exercitus Dei. 459
CAP. XXXVIII. — Descriptio qualiter obsessa sit urbs. 460
CAP. XXXIX. — Item de eadem re. 460
CAP. XL. — De ponte fluminis ad cujus destructionem machinæ exquisitæ componuntur. 461
CAP. XLI. — Congressio valida pontis, ubi machina Christianorum in favillam redigitur, et instauraruntur alia instrumenta. 462
CAP. XLII. — De navali ponte fidelium ad evitandas Turcorum insidias. 462
CAP. XLIII. — Qualiter Turci Christianos, ad equorum pabula missos, clam invaserint. 462
CAP. XLIV. — Fideles in ultionem suorum consurgentes, post mutuam cædem partim gladiis consumpti, partim in flumine submersi sunt. 463
CAP. XLV. — Custodia portæ pacto pecuniæ Tankrado mandatur. 463
CAP. XLVI. — De clerico et matrona, qui dum aleis luderent, insidiose perempti sunt. 464
CAP. XLVII. — De milite propria incuria prostratoet de pomario, quod fidelibus nocuum succiditur. 465
CAP. XLVIII. — De Hugone comite qui fidelium neces dolens, Turcorum fraudibus prudenter occurrit. 465
CAP. XLIX. — Ubi comitis ejus filius Turcorum sævissimum post nonnulla vitæ discrimina prosternit victorque regreditur. 466
CAP. L. — Deficientibus victui necessariis, principes in hoc electi de circumpositis terris prædas innumeras abducunt. 467
CAP. LI. — Ubi a gentilibus præda excutitur. 467
CAP. LII. — De præda Roberti comitis, et, invalescente fame, minores quid egerint, vel quid passi sint. 468
CAP. LIII. — Mors atrocissima cujusdam archidiaconi et comitum ejus. 468
CAP. LIV. — De morte filii regis Danorum, et Florinæ cujusdam matronæ, et eorum, qui in balneis occisi sunt. 469
CAP. LV. — Porta Christianis mortifera; Reymundus comes profanos aliquantum a fidelium invasione coercet. 470
CAP. LVI. — Pro redemptione cujusdam captivi juvenis, parentes ejus volentes turrim suam Christianis tradere, expulsi sunt, et juvenis a Christianis occisus est. 470
CAP. LVII. — Decretum populi Dei, et denotatio duorum qui in adulterio deprehensi sunt. 471
CAP. LVIII. — Dux Godefridus jam recuperata salute, et Reymundus comes, per regiones divisi, ad contrahendas prædarum copias destinantur. 472
CAP. LIX. — Legatio Babylonici regis ad populum Dei, et quomodo Winemarus Laodiceam et strenue ceperit, et stulte amiserit. 472
CAP. LX. — Consilium obsessæ Antiochiæ catholicis proditur; episcopus Podiensis et dux Godefridus populum Dei verbis consolatoriis adhortantur. 473
CAP. LXI. — Electi milites hostilia castra invadere, multitudine gravi superveniente, non terrentur. 473
CAP. LXII. — Pontificis sermone peregrini roborati, septingentos hostium palam triumphant, sectisque cervicibus dehonestant. 474
CAP. LXIII. — Boemundus et comites ejus dum pontem hostibus incommeabilem facere nituntur, partim cæsi partim læsi sunt, et hoc duci Godefrido flebiliter nuntiatur. 475
CAP. LXIV. — Fidelibus in ultionem suorum consurgentibus, anceps utrinque pugna diutius agitur. 476
CAP. LXV. — Ubi dux loricatum Turcum uno ictu medium dividit; et post cruentam pugnam fideles victoria comitatur. 477
CAP. LXVI. — Quidam obsessorum Antiochiæ ad Christianos clanculo confugerunt, et præsidium juxta pontem exstructum custodiæ Reymundi delegatum est. 478

LIBER QUARTUS.

CAP. I. — Audiens princeps Antiochiæ Christianorum victoriam, quid facto opus sit, a suis fidelibus sciscitatur. 479
CAP. II. — Innotatio nuntiorum Darsiani, et qui sint quos ad auxilium invitat. 479
CAP. III. — Allegatio causæ apud regum Corrozan. 479
CAP. IV. — Qualiter ipse rex accepit verba nuntiorum. 480
CAP. V. — Insultatio Corbahan contra populum Dei in conspectu vocatorum regis. 481
CAP. VI. — Expugnatæ Nicææ princeps virtutem prædicat Christiani exercitus. 481
CAP. VII. — Corbahan in superbia magna minatur se in brevi Christianam fortitudinem experturum. 483
CAP. VIII. — Rex Corrozan de belli eventu magos consulit, et Turcorum principes ex nomine vocantur. 483
CAP. IX. — De munificentia Baldewini in principes, et de tentorio duci transmisso. 484
CAP. X. — De conventu nationum, ad obsidionem Christianorum festinantium, et de accusatione Baldewini. 485
CAP. XI. — Profanis Rohas obsidere parantibus Baldewinus obviat, dimicat et triumphat. 485
CAP. XII. — Corbahan triduo Rohas frustra obsidet; Baldewinus recedentem bellicose insequitur. 485
CAP. XIII. — Christiani exercitus quidam castris se subtrahunt et viri industrii in occursum gentilium exploratum pergunt. 486
CAP. XIV. — Percepto nationum apparatu, quod principes inierunt consilium. 487
CAP. XV. — Mysterium arcani consilii Boemundi de traditione Antiochiæ. 487
CAP. XVI. — Quam prudenter ipsum consilium inter primates ventilatum sit, cæteris ignorantibus. 488
CAP. XVII. — Quam caute sibi convenerint fidelium interpres et traditor civitatis. 489
CAP. XVIII. — Godefridus et Robertus electos in hoc belliones, ne primum murorum ascensum horreant, adhortantur. 489
CAP. XIX. — Viri cordati qualiter per coriaceam scalam intromissi sint. 490
CAP. XX. — Scala dirupta, nonnulli perierunt, sed denuo reparata fiducialiter ascendunt. 490
CAP. XXI. — Immissi stragem custodum operantur; gentiles alii somno expergefacti Christianos impugnant. 491
CAP. XXII. — Tumultuantibus hinc inde partibus, principes primum traditam esse civitatem multitudini indicant. 491
CAP. XXIII. — Fideles portas urbis aperiunt : vexillum Boemundi in arce præeminet : prima luce geritur bellicosissimus Mars. 492
CAP. XXIV. — Pagani, quo quisque poterat, fugam ineunt : aliqui de altissimis rupibus cadentes elisi sunt et exstincti. 492
CAP. XXV. — De opibus inventis in civitate, et qua die capta sit urbs. 493
CAP. XXVI. — De fuga et nece regis Antiochiæ. 493
CAP. XXVII. — De Rotgero qui gentiles, exercitum præcedentes, bellator excipiens, insperata morte præventus est. 494
CAP. XXVIII. — Excusatio fratrum, quare non subvenerint coram se pereunti. 494
CAP. XXIX. — Obsidio nationum circa Antiochiam. 495
CAP. XXX. — Dux Godefridus bellans in fugam vertitur, et plurimi comitum ejus diversis mortibus profugantur. 496
CAP. XXXI. — Boemundus acriter impugnatur; sed auxilio fratrum superior efficitur : et qua necessitate profani remotius castra locarint. 496
CAP. XXXII. — Ubi Corbahan hos et illos per singulas portas distribuit, et Tankradus mœnia oppugnantes aggreditur. 497
CAP. XXXIII. — Christiani præsidium se retinere posse desperantes demoliuntur incendio. 497
CAP. XXXIV. — De magnitudine famis in populo Dei,

et quam care vendebantur vilissima. 498
Cap. XXXV. — Turci urbem latenter recuperare volentes, dejecti sunt : qui post diutinam colluctationem muro depulsi, misere perierunt. 499
Cap. XXXVI. — De quibusdam Christianis victum extra muros quærentibus, et de nece nautarum obsessis alimenta vendentium. 500
Cap. XXXVII. — Quomodo primorum quidam desperatione vivendi de civitate clam fugerint. 500
Cap. XXXVIII. — Verba consolatoria clerici cujusdam ad populum. 501
Cap. XXXIX. — Item exhortatio principalium virorum, et fugitivi principes quomodo Constantinopolin navigare cœperint. 502
Cap. XL. — Quomodo prædicti viri Græcum imperatorem ab auxilio fratrum revocaverint. 503
Cap. XLI. — Alii quidam principes fugam meditantes bonorum virorum exhortationibus retinentur. 503
Cap. XLII. — De milite Christiano cujus equus cum fugiente cecidit. 504
Cap. XLIII. — De inventione Dominicæ lanceæ. 505
Cap. XLIV. — Ubi Petrus legatione fungitur apud Corbahan, principem obsidionis. 505
Cap. XLV. — Item de eodem et quam tumide princeps verba legationis acceperit. 505
Cap. XLVI. — Petrus revertitur, responsio majoribus aperitur, et quid facto opus sit in commune discutitur. 506
Cap. XLVII. — Bellum indicitur, omnes quasi morituri in crastinum præparantur, et distributæ acies sub ducibus ordinantur. 506
Cap. XLVIII. — Relicto in urbe Reymundo comite, fideles portis erumpunt, quibus gentiles a magistra arce signo accepto occurrunt. 507
Cap. XLIX. — Christi populus in prima acie victor gentilium fumo impeditur. 507
Cap. L. — Peregrini multifarie dissipantur ; acies Boemundi in mortis articulo posita Godefrido duci nuntiatur. 509
Cap. LI. — Dux hostes fugat et proterit, fratres a porta mortis educit. 509
Cap. LII. — Item de eodem. 510
Cap. LIII — Corbahan, victis suis, spem vivendi ponit in fuga, quem Podiensis episcopus insectatur. 511
Cap. LIV. — Ubi notantur principes qui præ inopia mendicant. 511
Cap. LV. — De eade n re, et fuga et cæde hostium. 511
Cap. LVI. — De direptione castrorum et diversitate vinculorum. 512
LIBER QUINTUS.
Cap. I. — De divi orum mysteriorum restitutione et de patriarchæ recollati ne. 513
Cap. II. — Quibus principibus subjecta sit Antiochia. 513
Cap. III. — De duobus principibus directis, quorum unus periit, alter vix evasit. 514
Cap. IV. — De plaga mortalitatis, quæ facta est in populo Dei. 515
Cap. V. — De insidiis Turcorum et de quodam Forkere et uxore ejus. 515
Cap. VI. — De inimicitiis inter Brodoan de Alapia et principem H sart. 516
Cap. VII. — Concilium Turci Christianæ mariti de adipiscenda Christianorum amicitia. 516
Cap. VIII. — Legatio principis Hasart ad Godefridum ducem, et quomodo dux hæsitat cum Turcis fœdus inire. 516
Cap. IX. — Mahumet, filius principis, duci Godefrido datur obses; co umbæ fœderis nuntiæ emittuntur. 517
Cap. X. — Brodoan Hasart obsidet ; Christianorum supervenit exercitus. 517
Cap. XI. — Boemundus et Reymundus duci Godefrido associantur : obsidio solvitur sed per insidias quidam de Christianis occiduntur. 518
Cap. XII. — A principe Hasart cum magna gratiarum actione suscipitur dux Godefridus : fœdus renovatur. 519
Cap. XIII. — Dux, invalescente pestilentia, coactus necessitate temporis recessit ab Antiochia. 519
Cap. XIV. — Dux ipse cum paucis Christianis præsidia inimica subvertit. 519
Cap. XV. — Baldewinus confluentes ad se Christianos donis plurimis munerat, Turcos edomat. 520
Cap. XVI. — Baldewinus conspirantes adversus se proscribit, et custodiæ mancipat. 520
Cap. XVII. — Baldewinus nimia datione exhaustus pro redemptione captivorum munera suscipit, quosdam excruciat, et urbe depellit. 521
Cap. XVIII. — De socero Baldewini et de dolo Balas in præsidio Amacha. 521
Cap. XIX. — Quomodo quidam viri sensati Baldewinum contra perfidiam Turci muniunt. 522
Cap. XX. — Quomodo Baldewinus perfidiam Turci in captione suorum experitur. 522
Cap. XXI. — Baldewinus graviter torquetur de captione suorum militum. 523
Cap. XXII. — Balduc capite truncatur; sex de sociis Baldewini restituuntur. 523
Cap. XXIII. — Multitudo Teutonicorum superveniens prædicta mortalitate consumitur. 523
Cap. XXIV. — Sansadonias matrem cum filiis redimit; Winemarus reducitur; Mahumet obses diligenter custoditur; navigia reparantur. 524
Cap. XXV. — De prodigio cœlitus ostenso, et de variis super hoc conjecturis. 524
Cap. XXVI. — De gestis principum, et Boemundi dominio in Antiochia. 525
Cap. XXVII. — Qualiter dux Godefridus Turcorum deprehendit insidias, et in paucis prostravit plurimos. 526
Cap. XXVIII. — De murmure Christianorum et colloquio principum. 526
Cap. XXIX. — De horrenda famis angustia in obsidione Marræ. 527
Cap. XXX. — Quomodo comes Reymundus castellum dejecerit et Marram ceperit. 527
Cap. XXXI. — Quomodo Reymundus, Turcorum et Sarracenorum præsidiis expugnatis, præsidium Archas obsederit, et de difficultate ejusdem obsidionis. 528
Cap. XXXII. — Quomodo quæstio facta est de lancea Dominica, et quomodo puer Mahumet obses mortuus, et a Godefrido duce patri honorifice remissus. 528
Cap. XXXIII. — Quomodo dux Godefridus et Robertus Flandrensis civitatem Gybel obsederunt, et quomodo Reymundus comes, pecunia corruptus, eosdem principes dolosa legatione ab obsidione revocavit. 529
Cap. XXXIV. — Quomodo principes ab obsidione Gybel castra moverunt, et Reymundo in auxilium properaverunt. 530
Cap. XXXV. — Prædicti principes falsa legatione seducti, a societate Reymundi se separant, quos ille blanditiis et donis revocat ad concordiam. 530
Cap. XXXVI. — Qualiter crevit murmur in populo Dei, quod tam diu differrent viam in Jerusalem. 531
Cap. XXXVII. — Obsidio ab Archas solvitur; principes procul ab urbe Tripolis figunt tentoria ; calamellos mellitos per plana repertos suxit populus. 532
Cap. XXXVIII. — Inito fœdere, præses civitatis Tripolis ductorem viæ populo Dei concessit, cujus ductu loca difficillima pertransiit. 532
Cap. XXXIX. — De difficultate itineris et quomodo fœdus injerint cum incolis urbis Baurim. 533
Cap. XL. — Quomodo a serpentibus multi perierunt in regione Sidonis, et de amissione cujusdam Walteri. 534
Cap. XLI. — Quomodo transierint civitates Tyrum, Ptolemaida, Cayphas Cæsaream, hicque Pentecosten celebraverint. 534
Cap. XLII. — Quomodo civitatem Romam invenerunt et possederunt, ac episcopum in ea constituerunt. 535
Cap. XLIII. — Dum ad montana progreditur exercitus, nocte eclipsis lunæ apparuit. 536
Cap. XLIV. — Quomodo Christiani incolæ urbis Bethlehem duci Godefrido legatos dirigunt, ut maturaret ad subveniendum, et de gratulabunda susceptione sociorum. 536
Cap. XLV. — Qualiter exercitus maturaverit Jerusalem comperta legatione a Bethlehem, et de præda a finitimis urbis abducta, et qualiter ante muros Jerusalem in laudibus et hymnis constiterint. 537
Cap. XLVI — Qualiter et a quibus principibus civitas obsessa sit. 538
LIBER SEXTUS.
Cap. I. — Prima die congressionis diversi varie affligantur. 539
Cap. II. — Consilium primorum, quomodo civitas capi possit. 539
Cap. III. — De instrumentis vincendæ urbi appositis. 539
Cap. IV. — Quidam e populo, dum victum longius quærerent, mortem incurrunt. 540
Cap. V. — Ubi unus gentilium illustris, et duo nobiles Christianorum trucidantur. 540
Cap. VI. — Quando obsessa sit urbs, et de raritate potus. 540
Cap. VII. — Consilium inclusi cujusdam super negotio incœpto. 541
Cap. VIII. — De indicta processione et quæ tunc gesta sint 541

Cap. IX. — Machinis muro applicitis, ingenia partium inter se confligunt. 542
Cap. X. — Arietem muros perforantem obsessi dissipare moliuntur. 543
Cap. XI. — Qui undique machinæ præsint, disponuntur. 543
Cap. XII. — Quanta instantia cives a machinis forinsecus fatigentur. 543
Cap. XIII. — Ubi portæ, quæ Babylonicis nuntiis perviæ erant, custodiæ deputantur. 544
Cap. XIV. — De duobus regis Babyloniæ nuntiis diverso montis genere pereuntibus. 544
Cap. XV. — De instrumentis profanorum contra machinas fidelium 545
Cap XVI. — De crucifixo, cui perfidorum insania nocere non potuit. 545
Cap. XVII. — Item de diversis perfidorum machinis. 545
Cap. XVIII. — Ubi ignis aceto sopitur, et catena gentium vi extorquetur. 546
Cap. XIX. — Qui sanctam civitatem obtinuerint primi. 547
Cap. XX. — De diffugio et interitu perditorum. 547
Cap. XXI. — Quid factum sit per portas toto irrumpente populo. 548
Cap XXII. — De cisterna regii palatii. 548
Cap. XXIII. — Item de generali cæde civium et direptione templi Domini. 548
Cap. XXIV. — Relatio de templo Domini. 549
Cap. XXV. — De oratoriis sanctæ civitatis, et quam devote dux sepulcrum Domini visitaverit. 550
Cap. XXVI. — Visio cujusdam de duce. 550
Cap. XXVII. — Interpretatio somnii. 551
Cap. XXVIII. — De avaritia Reymundi et Tankradi, et de nece quorumdam gentilium. 551
Cap. XXIX. — Ubi consilio majorum ira Tankradi sedatur. 552
Cap. XXX. — Internecio superstitum gentilium. 552
Cap. XXXI. — De anteriore Turcorum dominio in urbe Jerusalem. 552
Cap. XXXII. — Quomodo Turci eliminati sint, et de mendosa Babylonici regis promissione. 553
Cap. XXXIII. — Promotio gloriosi ducis in Jerusalem. 553
Cap. XXXIV. — Somnium cujusdam militis de duce. 554
Cap. XXXV. — Solutio somnii. 554
Cap. XXXVI. — Item visio cujusdam Aquensis clerici de duce. 555
Cap. XXXVII. — Explanatio visionis. 555
Cap. XXXVIII. — Qualiter inventa sit portio ligni salutaris. 555
Cap. XXXIX. — De obitu patriarchæ Hierosolymitani. 556
Cap XL. — De clericis et campanarum signis apud Dominicum sepulcrum institutis. 556
Cap. XLI. — Quomodo dux copiis hostium occurrerit. 557
Cap. XLII. — Populus a præda gentilium præmunitus abstinet. 557
Cap. XLIII. — Præfecto gentili dux exponit cur populus pergat ad prælium. 558
Cap. XLIV. — Plebs Christianorum cruce signata in occursum pergit armatis 559
Cap. XLV. — Qualiter fuerit eorum acies ordinata. 559
Cap. XLVI. — Post altera discrimina pars inimica diffugit. 560
Cap. XLVII. — De nece et spoliis occisorum. 560
Cap. XLVIII. — Populus rapinis inhians sternitur, manus continens superior efficitur. 561
Cap. XLIX. — Item de nece perditorum. 561
Cap. L. — Quando prælium hoc commissum sit, et de ibidem gestis. 562
Cap. LI. — Comes Reymundus Ascalonem et Assur contra Christianos consilio suo obfirmat. 562
Cap. LII. — Dux et comes Reymundus pacificantur. 563
Cap. LIII. — Principibus repatriare cupientibus dux valedicit, et cives Asur duci confœderantur. 563
Cap. LIV. — De cæteris fidelibus repatriantibus. 564
Cap. LV. — Boemundus Laodiceam, Christianorum urbem obsedit. 564
Cap. LVI. — Episcopus Pisanus redeuntes peregrinos humiliter salutat. 566
Cap. LVII. — Mutua collocutio episcopi et peregrinorum. 566
Cap. LVIII. — Boemundus, nolens obsidionem solvere, deseritur ab omnibus. 567
Cap. LIX. — Armati fideles Laodiceam pervenientes,

Boemundum fugisse reperiunt. 567
Cap. I.X. — Boemundus Laodicensibus reconciliatur, et quibusdam aliis. 567
LIBER SEPTIMUS.
Cap. I. — Cives Assur transgressores fœderis dux obsidet iterato. 567
Cap. II. — Lacrymosa narratio de Gerhardo milite. 569
Cap. III. — Ubi, ducis machina procumbente, plurimi Christianorum pariter conflagrarunt. 569
Cap. IV. — Exhortatio ducis ad milites. 570
Cap. V. — Populo pœnitentia indicitur, sed concremata simili machina, iterum plectitur. 571
Cap. VI. — Soluta obsidione, Assur, Boemundus et Baldewinus sanctam civitatem ingrediuntur. 571
Cap. VII. — De ambitione patriarchatus Pisani episcopi. 572
Cap. VIII. — Principes cum duce Jordanem adierunt. 572
Cap. IX. — Ubi cives Assur gravi membrorum abscissione multantur. 573
Cap. X. — Milites decem Christiani triginta equites gentilium fugant et necant 573
Cap. XI. — Apud Assur iterum Babylonici a ducis militibus detruncantur. 574
Cap. XII. — Assur civitas facta est tributaria, et Joppe instauratur. 574
Cap. XIII. — Principes circumjacentium civitatum munerarios se duci sponte afferunt. 575
Cap. XIV. — De eodem, et quod dux pacem statuerit per terram. 575
Cap. XV. — Supradictus Gerhardus incolumis remissus beneficiis honoratur. 576
Cap. XVI. — De pertinacia Grossi Rustici. 576
Cap. XVII. — Tankradi nuntios princeps Damascenus perdidit; terram ejus dux invadens, Grossum Rusticum ad fœdus coegit. 577
Cap. XVIII. — Ubi dux gloriosus cœpit ægrotare. 578
Cap. XIX. — Venetorum muneribus dux honoratur ac deinde vehementius æ, ritudine premitur. 578
Cap. XX. — Consilio ducis castelli Caiphas obsidio præparatur. 579
Cap. XXI. — Obitus gloriosi ducis et Werneri militis. 579
Cap. XXII. — Obsidio castelli Caiphas. 580
Cap. XXIII. — Tankradi hortatu obsidio lentata paululum reparatur. 580
Cap. XXIV. — Quanta pertulerint illic fortissimi milites. 580
Cap. XXV. — Oppidum Caiphas expugnatur. 581
Cap. XXVI. — Gelmarus expulsus, et Tankradus castellum obtinuit. 582
Cap. XXVII. — Consilio majorum Boemundus ad regnandum in Jerusalem vocatur, sed in itinere capitur. 582
Cap. XXVIII. — Donimanus princeps Turcorum obsessis Malatinæ Christianis contemnitur. 583
Cap. XXIX. — Baldewinus liberare volens Boemundum, nihil proficit. 583
Cap. XXX. — Baldewinus per legatos conveniter ut fratris loco regnum Hierosolymitanum suscipiat. 584
Cap. XXXI. — Baldewinus Jerusalem profecturus, æquivocum suum civitati Rohas præfecit. 584
Cap. XXXII. — Baldewinus, diro imminentis prælii nuntio pulsatus, cum paucis obviam pergit. 585
Cap. XXXIII. — De eodem. 586
Cap. XXXIV. — Ipse fugam simulans, reversus gloriosam adeptus est victoriam. 587
Cap. XXXV. — Quam sagaciter Baldewinus versutiam Tankradi prævenit. 588
Cap. XXXVI. — Tankrado solo adventu Baldewini perterrito, Baldewinus sanctam ingressus est civitatem. 588
Cap. XXXVII. — Perquisitis rebus defuncti fratris, a viris fortibus tentare fortia suadetur. 589
Cap. XXXVIII. — Urbem Ascalonem obsidens, post aliquot dies infecto negotio obsidionem solvit. 589
Cap. XXXIX. — Quam ingeniose vicerit gentem Azopart sub terra latentem. 590
Cap. XL. — De eadem re. 591
Cap. XLI. — Cum per difficilia loca militem agit, plures frigore exstinguuntur. 591
Cap. XLII. — Civitas Susumus igne deletur. 592
Cap. XLIII. — In natali Domini apud Bethlehem Baldewinus unctus est in regem. 592
Cap. XLIV. — Prima sessione regis, Tankradus accusatur, vocatur et adesse dedignatur. 593
Cap. XLV. — Rege cum Tankrado pacificato, Tankradus, dux electus, Antiochiam proficiscitur. 593

Cap. XLVI. — Rex contra patriarcham sedem apostolicam appellat. 594
Cap. XLVII. — Dominus apostolicus cardinalem Mauritium cognitorem Hierosolymam mittit. 594
Cap. XLVIII. — Patriarcha multis et gravibus a rege capitulis impetitus, ab officio suspensus est. 595
Cap. XLIX. — In cœna Domini dolens patriarcha se eo die officio suo privari, regem donis promissis placat. 595
Cap. L. — Rex cardinalem alloquitur de restituendo patriarcha. 595
Cap. LI. — De amicitia inter cardinalem et patriarcham, et regis concordia et de conventione gentilium cum rege. 596
Cap. LII. — De mutuis legationibus gentilium. 596
Cap. LIII. — De redemptione Turcorum. 597
Cap. LIV. — Quomodo civitas Assur subjugatur. 597
Cap. LV. — Cæsarea civitas obsidetur. 597
Cap. LVI. — Tandem civitas Cæsarea superatur. 598
Cap. LVII. — Quomodo rex, audita fama Babyloniorum, eorum præstolatur adventum. 599
Cap. LVIII. — Quomodo rex patriarcham convenerit, ut vel ipse milites procuret, vel ad procurandum eos, sibi aliquid pecuniæ impertiret. 599
Cap. LIX. — Qualiter orta sit contentio inter regem et patriarcham. 600
Cap. LX. — Contentio inter regem et patriarcham præsente cardinale Mauritio. 600
Cap. LXI. — Patriarcha ratione victus, milites se procurare promisit, quod tamen implere contempsit. 601
Cap. LXII. — Patriarcha potestate et oblatione sepulcri Domini privatur. Pecunia patriarchæ regi aperitur. 601
Cap. LXIII. — Rex pecuniam militibus divicit, crudelis legatio a Babylonia venit. 601
Cap. LXIV. — Tres regis acies a Babyloniis attritæ deficiant. 602
Cap. LXV. Rex a pontificibus admonitus, coram cruce Dominica prosternitur. 602
Cap. LXVI. — Post confessionem delictorum, episcopo Gerhardo crucem Domini præferente, rex per medios hostes irrumpit. 603
Cap. LXVII. — Mira Domini Jesu et sanctæ crucis ejus victoria. 603
Cap. LXVIII. — Renovato bello, catholici regis ad suos hortatio. 604
Cap. LXIX. — De gloriosa regis victoria et reditu in Jerusalem. 604
Cap. LXX. — De obitu Wickeri militis Alemanni egregii. 604

LIBER OCTAVUS.

Cap. I. — Quod, primo Baldewini regis anno, innumera Longobardorum multitudo per Bulgariam profecta sit Hyerosolimam. 605
Cap. II. — Ubi Constantinopolitanus imperator eosdem Longobardos vendere et emere per castella Bulgarorum permittit, et eis rapinam interdixit. 605
Cap. III. — Longobardi regis edictum negligentes, Græcos et Bulgaros invadunt : sed mox ab imperatore convocati, Constantinopolim tendunt. 606
Cap. IV. — Imperator a Longobardis injuriatus, vendere eos et emere ibi prohibet : illi palatium ejus unanimiter obsident. 606
Cap. V. Imperatore tandem per episcopum Mediolanensium pacificato, Longobardi Constantinopolim relinquentes, Nicomediam applicuerunt civitatem. 607
Cap. VI. — Conradus, imperatoris Henrici stabularius, cum nonnullis occidentalis Franciæ principibus Nicodemiæ Longobardis associatur. 608
Cap. VII. — Quod in diebus Pentecostes innumerabilis Christianorum ab urbe Nicomedia exercitus egressus, versus regionem Flagamæ iter suum direxit. 609
Cap. VIII. — Ubi populus in itinere suo illicite luxuriatur, præsidium Ancras funditus diruens, sata et segetes vicinas Turcorum succidens. 609
Cap. IX. — Reymundus comes, donis Turcorum corruptus, exercitum duxit per viam solitudinis : et Christiani per vires agunt custodiam in exercitu. 610
Cap. X. — Turci cum Reymundo prælio decertant et turmæ Christianorum propter hostes in unum conglobatæ mistim per solitudinem gradiuntur. 610
Cap. XI. — Qualiter exercitus in solitudine quindecim diebus vagando, sitis et inediæ miserias pertulerit gravissimas. 611
Cap. XII. — De mille peditibus Christianorum, qui in valle hordeum colligentes, circumventi sunt et combusti igne Turcorum. 611
Cap. XIII. — Turci in viginti millibus cum ducibus suis, Donimano et Solymano, cum Christianis dimicantes, ad septingentos corruerunt. 612
Cap. XIV. — Ubi Christiani quoddam præsidium Turcorum comminuerunt sed insidiis eorum excepti, ad septingentos perierunt. 612
Cap. XV. — Episcopus Mediolanensium omnem exercitum ad confessionem delictorum suorum cohortatur, et universa multitudo ad bellandos hostes in quinque acies cum ducibus suis ordinatur. 613
Cap. XVI. — Longobardi, in prima fronte pugnantes, deficiunt, post quos reliquæ acies cum ducibus fugientes, diffugiunt. 613
Cap. XVII. — Reymundus comes prælio victus, versus montana fugiens cum decem militibus, silicem quamdam præcelsam occupat : de qua per socios liberatus, media nocte cum suis omnibus fugam iniit. 614
Cap. XVIII. — Post fugam Reymundi universi duces exercitus, cum reliqua multitudine tentoriis et uxoribus suis in via relictis, celerem fugam arripiunt. 615
Cap. XIX. — Quomodo Turci fugientium tentoria diripuerint, et uxores eorum quasdam jugularint, quasdam captivarint. 615
Cap. XX. — Quod post deprædationem mulierum Turci fugientes Christianos insecuti, diversa eos cæde laceraverint, plurima eorum spolia in itinere relicta colligentes. 616
Cap. XXI — Quod Christiani exercitus centum et sexaginti millia siti ac fame, fuga et sanguine a Turcis in bello occisa sunt. 616
Cap. XXII. — Qualiter residuus Christianorum populus vagus et profugus cum ducibus suis Constantinopolim repedaverit. 617
Cap. XXIII. — De quadringentis Christianis qui Turcos insequentes evaserunt, et de aliis mille militibus qui, in regressione Turcorum, gladiis eorum jugulati ceciderunt. 617
Cap. XXIV. — Quomodo duces ac comites exercitus dispersi, ad Constantinopolim fugientes, imperator benigne susceperit : et quod Reymundo infestus, postea eidem amicus exstiterit, et quod ibi Mediolanensis episcopus obie it. 618
Cap. XXV. — Qualiter eodem tempore nobilissimus princeps Willhelmus, de regno occidentalis Franciæ egressus, quindecim millibus peditum adjunctis, per aridam Bulgariam descenderit. 618
Cap. XXVI. — Quod idem comes cum omni apparatu suo Constantinopolim veniens, susceptus ab imperatore donariis multis sit honoratus. 618
Cap. XXVII. — Quomodo comes et exercitus ejus Constantinopolim relinquentes, ad Stanconam, civitatem Turcorum, pervenerint. 619
Cap. XXVIII. — Ubi Turci eis occurrentes, bello eos vexabant, comitem unum Longobardorum sagitta perimentes. 619
Cap. XXIX. — Christiani Turcis resistentes, et Stanconam frustra oppugnantes, Recloi urbem applicuerunt, ubi siti æstuantes ad trecentos perierunt. 619
Cap. XXX. — Turci cum Christianis decertantes, victum fugientemque Wilhelmum insecuti sunt; et de fuga Roberti et alterius Wilhelmi. 620
Cap. XXXI. — Quomodo post fugam ducis Turci residuos Christianos occiderint, uxores eorum captivantes. 620
Cap. XXXII. — Qualiter Wilhelmus comes a Turcopolis deceptus, cum magno discrimine Antiochiam pervenerit. 621
Cap. XXXIII. — Tankradus, novus princeps Antiochiæ, Wilhelmum profugum remuneratur. 621
Cap. XXXIV. — Quomodo Wilhelmus, princeps Pictaviæ, et Welfo dux Bawariorum, et Ida c mitissa, cum militia Bulgariam intraverint. 621
Cap. XXXV. — Quod in prælio pontis Rudolfus obierit, et quod dux Bulgarorum se dediderit. 621
Cap. XXXVI. — Bulgarorum duce placato, Wilhelmus Constantinopolim rediens, ab imperatore donis sublimatus est. 622
Cap. XXXVII. — Exercitu Wilhelmi Stanconam urbem veniente, Turci fontes et cisternas obstruunt. 622
Cap. XXXVIII. — Willhelmus et Welfo cum ducibus Turcorum ante urbem Recloi præliantur, et Christiani fugam ineunt. 622
Cap. XXXIX. — De fuga Arvernensis episcopi et ducis Welfonis, et de interitu Idæ comitissæ. 623
Cap. XL. — Quomodo Willhelmum per montana fugientem Tankradus princeps Antiochiæ receperit. 623
Cap. XLI. — Quomodo principes bello dispersi, collecto exercitu Antiochiæ convenerint. 623
Cap. XLII. — Reymundus, precibus principum a Tan-

krado vinculis absolvitur, et expugnatæ urbi Tortosæ præficitur. 624
Cap. XLIII. — Welfo dux Hierosolymis adorato sepulcro Domini, in Cyprum reversus obiit. 624
Cap. XLIV. — Quomodo principes, devicta urbe Tortosa, cum Baldewino rege Palmas Joppe celebraverint. 624
Cap. XLV. — Principes Pascha Hierosolymis celebrato inter imperatorem et regem pacem componunt. 625
Cap. XLVI. Fama volat in populo imperatoris consilio Longobardos fuisse occisos. 625
Cap. XLVII. — Baldewinus imperatori munera mittit se de perfidia excusanti. 626
Cap. XLVIII. — Imperator regi Baldewino dona dirigens, Romæ de perfidia sua apud papam incusatur. 626

LIBER NONUS.

Cap. I. — Quod quidam de Christianis principibus ad propria repedaverint, quibusdam cum rege in Jerusalem remanentibus. 626
Cap. II. — De incenso a Babyloniis templo S. Georgii, et de fuga Roberti, episcopi urbis Rames. 626
Cap. III. — Rex Baldewinus contra Babylonios militiam congregat. 627
Cap. IV. — Rex Baldewinus contra Babylonios congreditur, quibusdam ex suis optimatibus in bello occumbentibus. 627
Cap. V. — De obsidione urbis Rames et de fuga vel salvatione regis Baldewini. 627
Cap. VI. — Ubi Sarraceni, expugnata turri urbis Rames, quosdam Christianorum principum interficiunt, Conradum stabularium captivantes. 628
Cap. VII. — Quomodo cives Jerusalem propter fugam Baldewini regis conterriti, consolationem receperint. 629
Cap. VIII. — Ubi, Conrado stabulario carcerato, Babylonii Japhet civitatem et Baldewini regis uxorem obsidione terruerunt. 629
Cap. IX. — Baldewinus rex navigio applicans Japhet, cum gaudio suscipitur a civibus 629
Cap. X. — Sarraceni Baldewinum regem regressum paululum declinantes, ad obsidionem Japhet denuo revertuntur. 630
Cap. XI. — De classe Christianorum. 630
Cap. XII. — Qualiter Baldewinus rex cum Sarracenis dimicans tria millia ex eis prostravit. 631
Cap. XIII. — Quomodo Baldewinus cum triumpho Jerusalem redierit, et post primam suorum interfectionem auxilia Christianorum principum per legatos impetraverit. 631
Cap. XIV. — Quod Baldewinus rex advenientibus principibus necessaria subministrans, eis pro Dagoberto patriarcha intercedenti jus annuerit. 632
Cap. XV. — Qualiter Baldewinus rex cum principibus ab eo susceptis Ascalonem obsidens, ammiraldum Babyloniorum bello exstinxerit. 632
Cap. XVI. — De investitura Dagoberti patriarchæ, et de concilio super ipso Hierosolymis habito. 633
Cap. XVII. — De depositione patriarchæ præfati, et de ordinatione Evermeri, in locum ejus subrogati. 633
Cap. XVIII. — Qualiter principibus cum centum et quadraginta militibus Christianorum in sua de Jerusalem renavigantibus, trecentæ ex ipsis naves partim ab hostibus, partim fluctibus interierunt. 634
Cap. XIX. — Qualiter tertio regni sui anno Baldewinus rex urbem Accaron obsederit, sed minime devicerit. 634
Cap. XX. — Quod Reinoldo, sagittario regis, in bello pereunte, ipse rex ab obsidione urbis Accaron recesserit. 635
Cap. XXI. — Baldewinus rex venationi aliquantulum vacans cum decem sociis Sarracenos sexaginta aggreditur. 635
Cap. XXII. — Baldewinus rex a quodam Sarraceno latenter inter fruteta vulneratus, et Jerusalem reportatus, curatur. 636
Cap. XXIII. — Qualiter a Babyloniis obsessa urbs Japhet, et quod Christiani navigio appulsi contra Sarracenos præliati sunt. 636
Cap. XXIV. — De altera nave Christianorum, quæ naufragium faciens, penitus ab hostibus consumpta sit. 636
Cap. XXV. — Quomodo Sarraceni, adveniente Baldewino, obsidionem urbis Japhet dimiserint, et utrinque agros suos excoluerint. 637
Cap. XXVI. — Quod civitas Gibelot, a Pisanis expugnata, Reymundo comiti subjugata sit. 638
Cap. XXVII. — Pisani regis precibus evocati cum eo urbem Accaron obsidione vexant. 638

Cap. XXVIII. — Ammiraldus urbis Accaron consulens civibus suis, Baldewino regi urbem tradere decrevit, rex et patriarcha de obsessis, et dextras petentibus, consultant. 638
Cap. XXIX. — Qualiter Pisani Sarracenos urbe egredientes injuste occiderint. 639
Cap. XXX. — De quingentis Arabibus qui, Joppen bello aggressi, Othonem jugulaverunt. 640
Cap. XXXI. — De sexaginta Arabibus, urbem Cæsaream deprædantibus, quos Baldewinus rex superavit. 640
Cap. XXXII. — Quod Reymundus contra Tripolin novum præsidium exstruxerit, in quo moriens sepultus sit. 641
Cap. XXXIII. — Ubi Alexius imperator pro redemptione Boemundi copiosam promisit pecuniam. 642
Cap. XXXIV. — Solymanus propter pecuniam ab imperatore promissam Donimanum bello fatigat. 642
Cap. XXXV. — Ubi Boemundus de omnibus his consilium dedit. 642
Cap. XXXVI. — Donimanus accepto consilio amicorum, Boemundum sub promissione pecuniæ pristinæ restituit libertati. 643
Cap. XXXVII. — Solymanus propter redemptionem Boemundi principis inimicas Donimano litteras mittit. 644
Cap. XXXVIII. — Ubi, Boemundo Antiochiam reverso, Turci Rohas urbem obsidere conantur. 645
Cap. XXXIX. — Baldewinus comes, Boemundus et Tankradus peccata sua confitentes, exercitum congregant, et contra Turcos acies ordinant. 645
Cap. XL. — De decollatione octodecim clericorum et de captivitate Baldewini comitis principis Rohas. 646
Cap. XLI. — Boemundus et Tankradus, captivato Baldewino, fugiunt, et Tankradus in locum Baldewini præficitur. 647
Cap. XLII. — Turci Rohas urbem obsidione cingunt, quibus Tankradus pro viribus resistit. 647
Cap. XLIII. — Tankradus litteras Boemundo mittit pro redemptione Rohas, ad quem ille cum trecentis properat. 648
Cap. XLIV. — Tankradus, nondum veniente Boemundo, ante solis ortum castra Turcorum cum omnibus suis in fugam vertit. 648
Cap. XLV. — Ubi Boemundo Turcis fugientibus obviam facto, nobilissima matrona a sociis Tankradi capta est. 649
Cap. XLVI. — Qualiter Turcorum principes et rex Baldewinus pro matrona interpellaverint Boemundum et Tankradum et quid responderint illi. 649
Cap. XLVII. — Quomodo Boemundo contra regem Græcorum in Italiam profecto, Tankradus Turcos bello devicerit. 650
Cap. XLVIII. — De præparatione belli inter Baldewinum regem et ammiraldum Babylonicrum. 651
Cap. XLIX. — Quod, advocato patriarcha Jerusalem, rex Baldewinus in Domino confortatus de Babyloniis triumphaverit. 652
Cap. L. — De septem millibus gentilium cæsis, et de Willhelmo comite. 653
Cap. LI. — Quomodo rex Baldewinus, devictis Babyloniis, sata Ascalonia succenderit, bestiis silvarum clamore exercitus perterritus. 653
Cap. LII. — De Arnolfo, nobilissimo juvene, in montibus interrempto, cujus caput Ascalonitæ cum litteris regi Baldewino remiserunt. 654

LIBER DECIMUS.

Cap. I. — Qualiter anno septimo regni Baldewini regis gens multa Hierosolymam navigans conductum ejusdem regis petierunt. 655
Cap. II. — Rex cum magno gaudio peregrinos suscipiens, cum suis consulit qualiter eorum auxilio contra Sarracenos utatur. 655
Cap. III. — Rex suorum usus consilio, ad obsidendam Sidonem Anglos in Japhet jubet exspectare. 656
Cap. IV. — Ubi rege machinas præparante, Sidonii regi copiosam pecuniam, ne obsiderentur, promiserunt. 657
Cap. V. — Quod, Hugone comite, regionem Suet deprædante, Sarraceni prædam sociis ejus excusserunt: et qualiter Hugo eadem cæde sagittatus, animam exhalaverit; et de obitu fratris ejus. 657
Cap. VI. — Quomodo rex pecuniam a Sidoniis perceperit, et Anglicum exercitum ad propria remiserit. 658
Cap. VII. — Rex pecunia Sidoniorum sublevatus, Tabariam rediit, et Gervasium loco Hugonis restituit. 659

ORDO RERUM

Cap. VIII. — Rege Tabariæ commorante, Ascalonitæ quingentos Christianos juxta flumen Rames peremerunt.
659
Cap. IX. — Ubi Ascalonitis Rames expugnantibus Rotgerus cum militibus obviavit in pugnam. 659
Cap. X. — De insidiis Ascalonitarum, et de virtute Rotgeri et militum ejus in prælio. 660
Cap. XI. — De Gerhardo equite, cujus instinctu fuga prævenit ad urbem Japhet Christianus exercitus. 660
Cap. XII. — Sarraceni Rotgerum fugientem insecuti, quadraginta Christianos ante urbem necaverunt. 661
Cap. XIII. — Quomodo Sarraceni castellum Arnolfi obsidione diruerunt, præpositum ipsius arcis captivantes. 661
Cap. XIV. — Ubi Sarraceni victoria potiti, cum octo Galeidis navibus unam navem Dromonem Christianorum in portu Japhet invaserunt. 661
Cap. XV. — Quod rex istorum malorum fama excitatus, cum sex millibus de Tabaria contra Ascalonita profectus est. 662
Cap. XVI. — Quod rex suorum consiliis sine bello Jerusalem redierit, et Rorgius de Caiphas obierit. 662
Cap. XVII. — De quodam principe urbis Femiæ occiso per socium suum Botherum, quem cives sui persequuntur. 662
Cap. XVIII. — Bothero auxilium Brodoan implorante, Tankradus a civibus invitatus non tamen intromissus est. 663
Cap. XIX. — Tankradus ad tempus recedens post Pascha urbem Femiam obsidione vallavit. 663
Cap. XX. — Quomodo Tankrado Femiam expugnante, duo filii principis occisi auxilium illi dederunt contra Botherum. 663
Cap. XXI. — Ubi a Christianis urbe vallata, Botherus cum civibus suis se tradidit manibus Tankradi. 664
Cap. XXII. — Ubi filii principis occisi Tankradum rogant ut Botherus occidatur. 664
Cap. XXIII. — Quomodo Tankrado victore Antiochiam reverso, filii principis occisi persecuti sint amicos Botheri. 665
Cap. XXIV. — Qualiter Baldewinus rex exercitum Turcorum contra se venientium cum quindecim armatis exploraverit. 665
Cap. XXV. — De quinque Turcis a rege Baldewino honorificatis, quorum instinctu tria millia Turcorum in fugam versa sunt. 665
Cap. XXVI. — Rex, Turcis fuga dispersis, convocato exercitu, Hierosolymam tendit, et in capite jejunii morem cineris implevit. 666
Cap. XXVII. — Quomodo rex contra tria millia Turcorum properans, conductum habuerit sacerdotis Christianorum Syrorum. 666
Cap. XXVIII. — Quomodo sacerdos Syrorum in castra veniens Turcorum, suasionibus suis omnes fugere compulerit. 666
Cap. XXIX. — De Arabibus in cavernis montium absconditis, quos rex igne et fumo exire coegit. 667
Cap. XXX. — Rex adeptus victoriam, præda onustus, Jerusalem revertitur, et loca regni sui visitans consolatur. 667
Cap. XXXI. — Quomodo Ascalonitis Joppen obsidentibus, cives urbis a rege consolati, contra eos portis egressi prævaluerunt. 667
Cap. XXXII. — Ubi Ascalonitas contra Christianos præsidium ædificare, volentes, rex in fugam coegit. 668
Cap. XXXIII. — Christianis prædæ intentis, et ab hostibus pene præventis, rex adfuit auxilio, hostibus plurimum spoliatis. 668
Cap. XXXIV. — Ascalcritæ ante Jerusalem assultus facientes, ad quinque corruerunt. 668
Cap. XXXV. — Quod rex Baldewinus negotiatores Babyloniæ juxta Jordanem invaserit et exspoliaverit. 669
Cap. XXXVI. — Ubi Baldewino comite per Gozelinum de captivitate redempto, Tankradus inimicus ejus factus est. 669
Cap. XXXVII. — Baldewinus a Tankrado victus obsidetur, sed Gozelini industria, et Geigremich, principis Turcorum, instantia liberatur. 669
Cap. XXXVIII. — Qualiter Henricus, Romanorum imperator, Conradum stabularium suum per regem Græcorum receperit. 670
Cap. XXXIX. — Quod Boemundus de Italia cum exercitu reversus, Dyrrhachium, Græcorum urbem, obsederit. 670
Cap. XL. — Qualiter Conrado in Italia commorante, Boemundus mœnia Dyrrhachii urbis impugnaverit. 670

Cap. XLI. — Quomodo regi Græcorum advenienti Boemundus in bello occurrerit, Dyrrhachium amplius impugnans. 671
Cap. XLII. — De trecentis militibus Boemundi occisis a Turcopolis. 671
Cap. XLIII. — Ubi principes Italiæ, donis Græcorum corrupti, Boemundum ab obsidione averterunt. 671
Cap. XLIV. — De reconciliatione Boemundi cum rege Græcorum, data per ipsum licentia Jerusalem tendentibus. 672
Cap. XLV. — Baldewinus rex, contractis copiis, Sidonem obsedit. 672
Cap. XLVI. — De nobilissima matrona gentilium, quam Baldewinus rex per milites suos cepit cum quatuor millibus camelorum. 672
Cap. XLVII. — De duabus turribus Sidonis, quarum altera divino nutu subversa est. 673
Cap. XLVIII.—Quod Christiani navale certamen inierunt contra Babylonios, in auxilium Sidoniis missos. 673
Cap. XLIX. — Rex cum Babyloniis dimicans victoriam obtinuit, plurimis sociorum occisis. 674
Cap. L. — Rex propter Turcos tentoria sua incendens et ab obsidione recedens, venationi paulisper indulsit. 674
Cap. LI. — Populus Christianus de reditu regis lætitia perfunditur. 674
Cap. LII. — Requisitio Turcorum a Sidoniis de promissione pecuniarum taxatarum. 674
Cap. LIII. — De quatuor millibus Turcorum, quos Gervasius, princeps Tabariæ, cum octoginta loricatis insecutus est. 674
Cap. LIV. — Gervasius, suis in bello cæsis, vivus capitur, rege Baldewino multum mœrente. 675
Cap. LV. — Legatio Turcorum ad regem Baldewinum pro Gervasio, et pro civitatibus Caipha et Ptomelaide. 676
Cap. LVI. — Damasceni, non impetratis a rege civitatibus, Gervasium in medio urbis illudentes interficiunt. 676
Cap. LVII. — Qualiter Evermerus a Romana synodo litteras apostolici pro restitutione sua detulerit regi Baldewino. 676
Cap. LVIII. — Rege suam sententiam confirmante, Evermerus deponitur, Gobelino sedem illius obtinente. 677
Cap. LIX. — De patriarchæ peculatu. 678
LIBER UNDECIMUS.
Cap. I. — Quod Wilhelmus, comes de Sartangis, rege Damascenorum devicto, præsidium Archas obsederit. 677
Cap. II. — Quod idem præsidium fame superatum Wilhelmus obtinuerit. 677
Cap. III. — Qualiter Bertrannus cum Pisanis Amiro b, urbem, Græcorum occupaverit. 678
Cap. IV. — Quomodo Bertrannus a rege Græcorum evocatus, homo illius factus, et ab eo remuneratus sit. 679
Cap. V. — Tankradus a Bertranno invitatus, ad colloquium illius festinavit. 679
Cap. VI. — Postulatio Bertranni pro restitutione partis Antiochiæ et responsio Tankradi. 679
Cap. VII. — Tankradus Bertranno indignatus monet eum quantocius ab Antiochia discedere. 680
Cap. VIII. — Quomodo Bertrannus pro terra patris sui Willhelmum interpellaverit, et quomodo Tankradus Wilhelmum adjuverit. 680
Cap. IX. — Legatio Bertranni ad Baldewinum regem contra præfatos principes, et quod Tripolin obsederit. 680
Cap. X. — Quod rex Baldewinus Willhelmum et Tankradum apud Tripolin occurrere mandavit. 680
Cap. XI. — Ibi rex Tripolin adveniens, Bertrannum suscepit in hominem. 681
Cap. XII. — Qualiter apud Tripolin rex quatuor principes pacificaverit. 681
Cap. XIII. — Quod Tripolitæ post reconciliationem principum se manibus regis dediderunt. 681
Cap. XIV. — De quingentis Babyloniis subterraneo specu absconditis et a muliere detectis. 682
Cap. XV. — Ubi Wilhelmus comes ab armigero suo occiditur, et urbs Baurim a rege obsidetur. 682
Cap. XVI. — Legatio Baldewini comitis ad regem Baldewinum, quod Edessa urbs consilio Tankradi fuerit obsessa. 683
Cap. XVII. — Rege Baldewino Baurim fortiter oppugnante, cives ultro se cediderunt. 683
Cap. XVIII. — Rex, capta urbe Baurim, Jerusalem

proficiscitur, et pro liberatione Rohas principes hortatur. 684

Cap. XIX. — Ubi exhortante rege Bertrannus cum reliquis ad urbem Rohas profectus est. 684

Cap. XX. — Quomodo rege adveniente, Turci Rohas dimiserunt, et quomodo Baldewinus comes Tankradum incusaverit. 685

Cap. XXI. — Legatio regis Baldewini ad Tankradum et collatio. 685

Cap. XXII. — Allocutio regis ad Tankradum de reconciliationis gratia cum principibus. 685

Cap. XXIII. — Ubi rex principibus pacificatis, Turcos effugavit, Christianos omnes in circuitu reconcilians. 686

Cap. XXIV. — Rex et Tankradus flumen Euphratem enavigant, quinque millibus Christianorum ex altera parte ab hostibus occisis. 686

Cap. XXV. — Quod rex Baldewinum comitem, de bello fugientem, sanum in Rohas reduxerit. 687

Cap. XXVI. — De Magno, rege Norwegiæ, qui venit adorare regem Jerusalem. 687

Cap. XXVII. — De Babyloniis contra Baurim navigantibus, et de navibus Christianorum cum eis decertantium. 687

Cap. XXVIII. — Qualiter Ascalonitæ Jerusalem debellantes, a Christianis superati sunt. 688

Cap. XXIX. — Ubi navalis exercitus Babyloniorum Ptolemaidem impugnat, rege civibus succurrente. 688

Cap. XXX. — Ubi rex Baldewinus regem Magnum Hierosolymam gloriose perduxit. 689

Cap. XXXI. — Qualiter hi duo reges Sidonem obsederint, Babyloniis in sua reversis. 689

Cap. XXXII. — Rex Baldewinus et sui Sidonios coronantes machinas plures apposuerunt. 690

Cap. XXXIII. — Sidonii obscura cavatione machinam regis moliuntur incendere, et ab ipso callide præveniuntur. 690

Cap. XXXIV. — Sidonii post longam obsidionem regi Baldewino se dedentes, ad quinque millia urbem egressi sunt. 690

Cap. XXXV. — Quomodo ammiraldus Ascalonis occulte Jerusalem venerit, et Ascalonem tradiderit. 690

Cap. XXXVI. — Legatio Baldewini comitis ad regem Baldewinum de adventu Turcorum, et fama filii Babylonii regis, Ascalonem descendentis. 691

Cap. XXXVII. — Rege Baldewino Ascalonem descendente, regis Babylonii filius a civibus intromissus Christianos ibi repertos occidit. 691

Cap. XXXVIII. — Qualiter ducenta millia Turcorum Turbaysel obsidentes, et Antiochiam tendentes, Gozelinus comes insecutus sit. 692

Cap. XXXIX. — De centum millibus Turcorum, qui filium Brodoan, principis Alapiæ, obsidem nequiter jugulaverunt. 692

Cap. XL. — Congregatio Baldewini regis et Christianorum principum facta Antiochiæ contra Turcos. 692

Cap. XLI. — Quod sedecim millia Christianorum contra Turcos acies direxerint, multa fame periclitati. 693

Cap. XLII. — Quod sæpius utrinque ordinatis aciebus Turci fugam inierint. 693

Cap. XLIII. — Ubi Tankradus post discessum Turcorum præsidium Gerez multis diebus obsedit. 694

Cap. XLIV. — Ubi Tankradus urbe Gerez tandem multis artibus devicta, regionem illius totam obtinuit. 694

Cap. XLV. Qualiter Tankradus aliud præsidium, nomine Vetule, obsederit, ammiraldo quodam sibi confœderato. 695

Cap. XLVI. — Ammiraldus idem cum Tankrado Vetule obsidione cingens, civibus urbe erumpentibus, vix fuga elapsus est. 695

Cap. XLVII. — Quod Tankradus obsidione longa urbem Vetule et omnem illius regionem obtinuit. 696

Cap. XLVIII. — De obitu Boemundi ducis. 696

LIBER DUODECIMUS.

Cap. I. — Qualiter rex Baldewinus super obsidione Tyri consilium inierit. 695

Cap. II. — Quod Tyrii contra regem cum principe Damascenorum fœdus inierunt et pepigerunt. 696

Cap. III. — De Reinfridro milite Christiano, cujus conductu nobiles Tyriorum a rege catenati sunt. 697

Cap. IV. — Quomodo princeps Damascenorum Tyriis subvenerit, et qualiter eosdem rex obsederit. 697

Cap. V. — Quod rege urbem vallante, Tyrii portis egressi, sex mox mirabiliter a rege repressi, quosdam secum intrantes occiderunt. 697

Cap. VI. — Tyrii duas machinas Christianorum pice et sulphure mirabiliter combusserunt. 698

Cap. VII. — Legatio Tyriorum ad principem Damascenorum, et reversio regis in Jerusalem post adventum eorum. 699

Cap. VIII. — Qualiter rex Baldewinus Idumæos mercatores spoliaverit, et quod Tankradus, princeps Antiochiæ obierit. 699

Cap. IX. — De adventu Turcorum contra Jerusalem et quod rex e contrario militiam adunarit. 700

Cap. X. — De mille quingentis peregrinis Christianorum, propter quos rex attrivit in pugna ducentos Turcorum. 701

Cap. XI. — Rex cum Turcis congrediens, fuga dilabitur, quibusdam suorum in bello cadentibus. 701

Cap. XII. — Rex, sedecim millibus congregatis, in secundo congressu Turcos a Jordane potenter effugavit. 702

Cap. XIII. — Quomodo conjux ducis Siciliæ ad thalamum regis Baldewini, cum magno apparatu properavit. 702

Cap. XIV. — Cum quali gloria rex eamdem matronam sibi copulaverit, militibus ab ea largiter remuneratis. 703

Cap. XV. — Ubi post reditum Christianorum Turci, devastantes terram Græcorum, urbem Stamiriam subverterunt. 702

Cap. XVI. — e septem millibus Christianorum qui mare transeuntes, omnes navigio perierunt. 704

Cap. XVII. — Quod milites Baldewini regis navali prælio contra Babylonias gloriose decertaverunt. 704

Cap. XVIII. — Quomodo princeps Damascenorum fraude occiderit alium principem Turcorum. 705

Cap. XIX. — De copioso apparatu gentilium versus Antiochiam, quem Baldewinus rex disperdidit per suam militiam. 706

Cap. XX. — Ubi Baldewino rege redeunte Hierosolymam, Turci readunatis viribus funduntur. 707

Cap. XXI. — Quod Baldewinus rex cum manu parva profectus sit in montem Sina. 707

Cap. XXII. — Rex Baldewinus suorum monitionibus a monte Sina revertitur Jerusalem providus. 708

Cap. XXIII. — Quomodo rex Baldewinus Ptolemaide aggravatus, per multas eleemosynas de infirmitate sit alleviatus. 708

Cap. XXIV. — Qualiter eumdem regem patriarcha corripuerit, et quod ipsas illicitas nuptias repudiaverit. 709

Cap. XXV. — Quomodo Pharamia civitas capta sit. 709

Cap. XXVI. — Rex Baldewinus, capta Pharamia, usque ad montem ægrotaverit. 710

Cap. XXVII. — Consolatio et jussio regis ad milites habita de morte et sepultura ejus. 710

Cap. XXVIII. — Inquisitio militum, qui post eum debeat tenere coronam: et corporis ipsius reportatio in Jerusalem. 711

Cap. XXIX. — Quod regali sepulcro regem condierunt, et quod statim dominus patriarcha infirmatus obierit. 712

Cap. XXX. — Quomodo sepulto rege Baldewino nepos illius, Baldewinus de Burg, ab omnibus in regem sit electus et unctus, Germundo novo patriarcha consecrato. 713

Cap. XXXI. — De quatuor millibus Idumæorum pastorum, quos in die sancto Paschæ Christiani milites dum insequuntur, passim occiduntur. 713

Cap. XXXII. — Rex Baldewinus secundus, in ultionem inimicorum militiam congregavit, quem Idumæi pecunia placant. 715

Cap. XXXIII. — De septuagentis Christianis peregrinis, qui post visitationem Dominici sepulcri in redeundo occisi sunt a nequissimis Sarracenis. 716

FRANCO ABBAS AFFLIGEMENSIS.

Notitia. 715
DE GRATIA DEI LIBRI XII. 715
Epistola abbatis Fulgentii ad Franconem monachum. 717
Registrum Franconis monachi ad abbatem Fulgentium. 717
LIBER PRIMUS. 719
Præfatio in librum secundum. 723
LIBER SECUNDUS. 723
Præfatiuncula in librum tertium. 727
LIBER TERTIUS. 727
Præfatio in librum quartum. 731
LIBER QUARTUS. 731
Præfatiuncula in librum quintum. 735
LIBER QUINTUS. 737
Præfatio in librum sextum. De gratia Novi Testamenti. 741
LIBER SEXTUS. 745
Præfatio in librum septimum. 749
LIBER SEPTIMUS. 749
Præfatio in librum octavum. 757

LIBER OCTAVUS 757
Præfatio in librum nonum. 763
LIBER NONUS. 763
Præfatio in librum decimum. 771
LIBER DECIMUS. 771
Præfatio in librum undecimum. 779
LIBER UNDECIMUS. 781
Præfatio in librum duodecimum. 789
LIBER DUODECIMUS. 791
FRANCONIS EPISTOLA. Quod monachus abjecto habitu non possit salvari. 807
EPISTOLA ejusdem ad moniales ac sorores in Bigardis ad Forestum consolatoria. 809
Appendix ad Franconem. 813
Chronicon Affligemense. 813
Monitum. 813
Incipit Chronicon. 813

HUGO DE RIBODIMONTE.
Notitia. 831
EPISTOLA AD G. Andegavensem. An anima primi hominis facta fuerit ex nihilo; et quomodo contrahatur peccatum. 833

PONTIUS ABBAS CLUNIACENSIS.
Notitia. 835
Statuta. 839
PRÆCEPTIONES PIÆ. 841
I. — Concessio quam Pontius abbas Cluniacensis fecit Bernardo archiepiscopo Toletano. 841
II. — Alia concessio facta Eskilo archiepiscopo Lundensi. 842
Hugonis monachi Cluniacensis epistola ad Pontium. 843
DONATIONES PIÆ. 845
I — Petrus Burgensis episcopus Cluniaco concedit et confirmat ecclesiam de Carandigna. 845
II. — Epistola Balduini comitis Flandrensis ad Pontium abbatem Cluniacensem. — Confirmat ei abbatiam Sancti Bertini. 845
III. — Charta Guillelmi Bisuntinensis archiepiscopi de Alta Petra. 847
IV. — Charta Amelii episcopi Tolosani, de ecclesia Sanctæ Columbæ. 848
V. — Charta Riquini provisoris Tullensium, de Frondonensi cella. 849
VI. — Villhelmus Petragoric. episcopus dat Cluniaco et Pontio abbati Ecclesiam S. Theodori de Rocaboucort.

PETRUS LEONIS ET GREGORIUS S. R. E. LEGATI.
EPISTOLÆ. 851
I. — Epistola Petri Leonis presbyteri, et Gregorii S. Angeli diaconi, cardinalium, ad Angelrannum episcopum Ambianensem. — Ut curet S. Vedasto Attrebatensi restitui altare de Campaniolis. 851
II. — Epistola Petri Leonis presbyteri et Gregorii sancti Angeli diaconi, cardinalium, ad A. Aquicinctensem abbatem. — De hospitibus a relicta Balduini ecclesiæ beatæ Mariæ concessis. 852

JOANNES MICHAELENSIS.
Notitia. 855
Prolegomena. 855
REGULA TEMPLARIORUM 855
Prologus. 857
INCIPIT REGULA. 859
I. — Qualiter divinum officium audiant. 859
II. — Quot Orationes Dominicas, si Dei servitium audire nequiverint, dicant. 859
III. — Quid agendum pro fratribus defunctis. 860
IV. — Capellani victum et vestitum tantum habeant. 861
V. — De militibus defunctis qui sunt ad terminum. 861
VI. — Ut nullus frater remanens oblationem faciat. 861
VII. — De immoderata statione. 861
VIII. — De refectione conventus. 862
IX. — De lectione. 862
X. — De carnis refectione. 862
XI — Qualiter manducare milites debeant. 862
XII. — Ut aliis diebus duo aut tria leguminum fercula sufficiant. 862
XIII. — Quo cibo sexta feria reficere oportet. 862
XIV. — Post refectionem semper gratias referant. 862
XV. — Ut decimus panis semper eleemosynario detur. 863
XVI. — Ut collatio sit in arbitrio magistri 863
XVII. — Ut finitis Completis silentium teneatur. 863
XVIII. — Ut fatigati ad Matutinas non surgant. 863
XIX. — Ut communitas victus inter fratres servetur. 863
XX. — De qualitate et modo vestimenti. 864
XXI. — Quod famuli vestimenta alba, hoc est pallia, non habeant. 864
XXII. — Quod milites remanentes tantum alba habeant. 864
XXIII. — Ut pellibus agnorum utantur. 864
XXIV. — Ut vetusta armigeris dividantur. 865
XXV. — Cupiens optima deteriora habeat. 865
XXVI. — Ut quantitas et qualitas vestimentorum servetur. 865
XXVII. — Ut dator pannorum in primis æqualitatem servet. 865
XXVIII. — De superfluitate capillorum. 865
XXIX. — De rostris et laqueis. 865
XXX. — De numero equorum et armigerorum. 865
XXXI. — Nullus armigerum gratis servientem feriat. 865
XXXII. — Qualiter ad tempus remanentes recipiantur. 865
XXXIII. — Quod nullus juxta propriam voluntatem incedat. 866
XXXIV. — Si licet ire per villam sine jussu magistri. 866
XXXV. — Si licet cum ambulare solum. 866
XXXVI. — Ut nullus nominatim quod ei necessarium erit quærat. 866
XXXVII. — De frenis et calcaribus. 867
XXXVIII. — Tegimen in hastis et clypeis non habeatur. 867
XXXIX. — De licentia magistri. 867
XL. — De mensa et sacco. 867
XLI. — De legatione litterarum. 867
XLII. — De fabulatione propriarum culparum. 867
XLIII. — De quæstu et acceptione. 867
XLIV. — De manducariis equorum. 868
XLV. — Ut cambiare vel quærere nullus audeat. 868
XLVI. — Ut nullus avem cum ave capiat, nec cum capiente incedat. 868
XLVII. — Ut nullus feram arcu vel balista percutiat. 868
XLVIII. — Ut leo semper feriatur. 868
XLIX. — De omni re super vos quæsita judicium audite. 868
L. — Ut hæc regula in omnibus teneatur. 869
LI. — Quod licet omnibus militibus professis terram et homines habere. 869
LII. — Ut de male habentibus cura pervigil habeatur. 869
LIII. — Ut infirmis necessaria semper dentur. 869
LIV. — Ut alter alterum ad iram non provocet. 869
LV. — Quomodo fratres conjugati habeantur. 869
LVI. — Ut amplius sorores non habeantur. 869
LVII. — Ut fratres Templi cum excommunicatis non participent. 870
LVIII. — Qualiter milites sæculares recipiantur. 870
LIX. — Ut omnes fratres ad secretum consilium non vocentur. 870
LX. — Quod cum silentio orare debeant. 870
LXI. — Ut fidem servientium accipiant. 870
LXII. — Ut pueri quandiu sunt parvi non accipiantur inter fratres Templi. 870
LXIII. — Ut senes semper venerentur. 871
LXIV. — De fratribus qui per diversas provincias proficiscuntur. 871
LXV. — Ut victus æqualiter omnibus distribuatur. 871
LXVI. — Ut milites Templi decimas habeant. 871
LXVII. — De levibus et gravibus culpis. 871
LXVIII. — Qua culpa frater non amplius recipiatur. 872
LXIX. — Ut a Paschali solemnitate usque ad festum Omnium Sanctorum unam camisiam lineam tantum sumere habeat. 872
LXX. — Quot et quales panni in lecto sint necessarii. 872
LXXI. — De vitanda murmuratione. 872
LXXII. — Ut omnium mulierum fugiantur oscula. 874

GUALTERUS TAVARNENSIS ECCLESIÆ CANONICUS ET GALBERTUS BRUGENSIS.
DE VITA ET MARTYRIO B. CAROLI BONI, FLANDRIÆ COMITIS. 873
Commentarius prævius. 873
§ I. — Vita B. Caroli ab auctoribus coævis aliisque scripta. Nomen martyrologiis inscriptum. Ossa elevata. 873
§ II. — Fabella de nece B. Caroli in Annalibus vernaculis Flandrorum reperta, et posteriorum scriptorum

QUÆ IN HOC TOMO CONTINENTUR.

historiis inventa. 879
§ III. — Fabella eadem de nece B. Caroli ulterius discussa. 883
§ IV. — Cædes B. Caroli ab Erembaldinis patrata perperam Stratianæ familiæ tributa. 889
§ V. — Gesta utriusque familiæ Erembaldinæ et Stratianæ post necem B. Caroli. 893
§ VI. — Series castellanorum urbis Brugensis et præpositorum S. Donatiani, ad hanc historiam spectans, recte ordinata. 897
§ VII. — Cædes B. Caroli ex Actis Ludovici Grossi regis Francorum, auctore Suggerio abbate. 899

VITA PRIOR, AUCTORE GUALTERO. 901
Prologus. 901
PARS PRIMA. — Acta B. Caroli in juventute sub Flandriæ comitibus Roberto Frisio, et Roberto Juniore : iter Hierosolymitanum. 903
PARS II. — A Balduino comite Flandriæ oblata B. Carolo ejusque susceptio. 907
PARS III. — B. Caroli animus generosus, in malos severus, in bonos et miseros benevolus, maxime temporis famis. 909
PARS IV. — Occasio odii in B. Carolum concitati. 914
PARS V. — Publica latrocinia e consilio baronum a B Carolo compressa. 917
PARS VI. — Beati Caroli ultima pia opera. Cædes illata. 920
PARS VII. — B. C roli fautores occisi. Corpus feretro illatum. Miracula, veneratio, sepultura. 923
PARS VIII. — Vindicta impiis malefactoribus; tres illorum occisi. 926
PARS IX. — Supplicium sumptum de Bertulpho præposito et Guidone de Stenfordo. 929
PARS X. — Supplicium inflictum Burchardo occisori B. Caroli. 933
PARS XI. — De successore B. Caroli in comitatu Flandriæ variæ concertationes. Guillelmus Northmannus constitutus. 935
PARS XII. — Ecclesiæ Brugensis reconciliata. Corpus B. Caroli repositum. Miracula. Flandria pacata. 937
PARS XIII. — Reliqui complices cædis S. Caroli puniti; duo fuga elapsi. 940
Epilogus. 942

VITA ALTERA AUCTORE GALBERTO. 943
Prologus. 943
CAP. I. — Illustria in comitatu gesta B. Caroli. Imperium Romanum et regnum Hierosolymitanum oblatum. 944
CAP. II. — Odii in S. Carolum concitati occasio. 949
CAP. III. — Conspiratio nocturna in cædem S. Caroli. Hujus enorme scelus ponderatum. 953
CAP. IV. — Cædes S. Caroli et quatuor aliorum. Aliquorum fuga aut captivitas. 957
CAP. V. — Sepultura B. Caroli et aliorum. Miraculum daudi sa ati. Direptiones bonorum. 962
CAP. VI — Insolentia proditorum accrescens, cœpta reprimi a Gervasio Camerario comitis. 967
CAP. VII. — Obsidio castri Brugensis cœpta. Copiæ militares adjunctæ. De aliquot proditoribus captis supplicium sumptum. 971
CAP. VIII. — Vires obsidentium auctæ. Accessus comi is æ Hollandiæ. Reliquiæ e templo delatæ. Castrum ab obsessis munitum. 975
CAP. IX. — Colloquia inter partes de compositione irrita. Interceptum castrum. Fuga obsessorum in templum. 979
CAP. X. — Fuga præpositi. Obsidentium dissidia. Templum inferius captum. Turris ab obsessis detenta, cum solario templi. 985
CAP. XI. — B. Carolo successor in comitatum Flandriæ datus Guillelmus Northmannus : alii competitores. Ejus de corpore Gandavum transportando insidiæ dispositæ. 988
CAP. XII. — Adventus Guilielmi comitis cum rege in Flandriam et Brugas. Juramenta utrinque facta. 993
CAP. XIII. — Supplicium sumptum de Bertulpho præposito et Guidone de Stenfordo. Tumultus civium Brugensium sedatus. 996
CAP. XIV. — Obsidio promota. Solarium templi occupatum. Veneratio sepulcri B. Comitis. 1001
CAP. XV. — Novus comes Audomaropoli susceptus. Jus competitorum. Posteritas Balduini Insulensis comitis, indicata. Familia Bertulphi præpositi adulterio et homicidio inf mis. 1009
CAP XVI. — Deditio obsessorum in Turri. Reconciliatio ecclesiæ S. Donatiani. Exsequiæ B. Caroli. Ipsa intercepta. 1012
CAP. XVII. — Supplicium sumptum de plurimis reis. Vasa B. Caroli restituta. Nova inquisitio in complices. 1016

CAP. XVIII. — Inquisitio in complices et adjutores traditorum, et raptores pecuniæ B. Caroli. Varii conscii traditionis mortui. 1020
CAP. XIX. — Occasio defectionis Flandrorum a Guillelmo Northm uno comite. 1024
CAP. XX. — Electio Theodorici Alsatii in comitem Fl ndriæ. Interitus Lamberti Reddenburgii. 1028
CAP. XXI. — Pugnæ et irruptiones bellicæ inter Guillelmum Northmannum et Theodoricum Alsatium. 1034
CAP. XXII. — Mors Guillelmi Northmanni. Regimen pacificum Theodorici. 1042
RHYTHMUS ANTIQUUS. 1045
§ I. — Lamentatio de morte B. Caroli comitis Flandriæ. 1045
§ II. — Lamentio alia. 1046
§ III. — Vindicta de morte ejusdem comitis. 1047
Epitaphia antiqua. 1047

BALDRICUS DOLENSIS ARCHIEPISCOPUS.
Notitia historica. 1049
Notitia litteraria. 1051
HIEROSOLYMITANÆ HISTORIÆ LIBRI QUATUOR.
Epistola nuncupatoria ad Petrum abbatem Malleacensem. 1057
Petrus abbas Malleacensis Baldrico. 1059
Prologus in historia Hierosolymitana. 1061
LIBER PRIMUS. 1063
LIBER SECUNDUS. 1085
LIBER TERTIUS. 1107
LIBER QUARTUS. 1131
ACTA TRANSLATIONIS capitis S. Valentini martyris Gemmeticum in Gallia 1151
Monitum. 1151
CAP. I. — S Valentini caput Roma Gemmeticum delatum. Agris incursu bestiarum liberatis, veneratio accessit. 1153
CAP. II. — Ope S. Valentini incendia exstincta. Pestis et siccitas sublata. 1156
CAP. III. — Varii ægri, implorato S. Valentini patrocinio, sanati. 1158

VITA SANCTI HUGONIS ROTHOMAGENSIS EPISCOPI. 1163
Prologus. 1163
Incipit vita. 1165
ITINERARIUM SIVE EPISTOLA AD FISCANNENSES. 1175
VITA B. ROBERTI DE ARBRISSELLO. 1181
CARMINA HISTORICA. 1184
Carmen de tabulis suis (Fragmentum). 1207
ACTA S. VALERIANI MARTYRIS. 1209
DE VISITATIONE INFIRMORUM. 1211
DIPLOMA quo omnia bona monasterii S. Florentii confirmat. 1211

HONORIUS II PONTIFEX ROMANUS.
Notiti historica. 1213
Notitia diplomatica. 1215
EPISTOLÆ ET PRIVILEGIA. 1217
I. — Ecclesiæ S. Vincentii Bergomatis canonicorum protectionem suscipit et possessiones confirmat. 1217
II. — Bona et privilegia monasterii Rhenaugiensis confirmat. 1219
III. — Privilegium.
IV. — Privilegium pro congregatione Camaldulensi. 1223
V. — Ad Henricum Virdunensem episcopum. — Ut Laurentio abbati S. Vitoni ablata restituat aut restitui faciat. Addit se gravari quod vocatus Romam venire contempserit. 1225
VI. — Ad Petrum Cluniacensem abbatem. 1225
VII. — Monachis Cluniacensibus significat Petrum abbatem a sese benigne receptum. Præcipit ne accedant ad Pontium quendam abbatem invito Petro accedere.
VIII. — Petro abbati S. Ægidii mandat ut ad obedientiam Cluniacensem redeat 1228
IX. — Ad abbatem et monachos Sancti Bertini. — Mandat ut ad subjectionem et obedientiam Petri Venerabilis abbatis Cluniacensis redeant. 1229
X. — Ad monachos S. Benedicti super Padum. — Mandat ut obedientiam et reverentiam Petro Venerabili Cluniacensi abbati exhibeant, et abbatem quem eis cum consilio Cluniacensis capituli dederit, suscipiant. 1229
XI. — Ad Turstinum archiep. Eborac. 1230
XII. — Archiepiscopis, episcopis, etc. — Joannem legatum apostolicum commendat. 1230
XIII. — Ad canonicos Turonenses. — Confirmat sententiam excommunicationis in Fulconem comitem Andegavensem. 1231
XIV. — Joanni apostolicæ sedis legato. — Mandat ut legatinem a Calixto II acceptam in Anglia studiose gerat. 1232
XV. — David, Scotorum regi, commendat Joannem cardinalem, legatum suum. 1232

XVI. — Ecclesiam Monte-Feretranam, petente Petro episcopo, tuendam suscipit. 1232
XVII. — Ad Didacum archiep. Compostel. 1233
XVIII. — Privilegium pro canonico Portuensi. 1234
XIX. — Paschalis II et Calixti II privilegia pro abbatia S. Walburgis renovantur et amplificantur. 1235
XX. — Ad Henricum Virdunensem episcopum. — Mandat ut proxima Epiphaniarum festivitate ad se veniat responsurus de ordinatione Conradi Tullensis episcopi et de querelis abbatis S. Vitoni; interim ab episcopali officio abstineat. 1236
XXI. — Monasterii S. Pauli de Argon patrocinium suscipit bonaque confirmat. 1237
XXII. — Monasterii S. Martini Almsani primam fundationem confirmat. 1237
XXIII. — Confirmatio fundationis cellæ S. Mariæ Brisacensis. 1238
XXIV. — Monasterii S. Udalrici Neresheimen is possessiones et privilegia confirmat. 1240
XXV. — Ad Gaufridum abbatem Savigniensem. — Confirmat bona monasterio Savignien-i concessa. 1241
XXVI. — Ad S. Norwegiæ regem. — Ut Radulphum episcopum Orcadensem in integrum restituat. 1241
XXVII. — Ad episcopum Candidæ-Casæ. — Adeat Thomam [leg. Thurstanum] archiepiscopum Eboracensem, a quo consecretur. 1242
XXVIII. — Ad G. Cantuariensem archiepiscopum, etc., et ad regem Anglorum. 1242
XXIX. Privilegium pro Ecclesia Eboracensi. 1242
XXX. — Ecclesiæ Ravennatis jura confirmat. 1243
XXXI. — Ad episcopos Provinciæ. Pro Lerinensi monasterio, ut ablata restituant, et ab aliis restitui faciant. 1245
XXXII. — Ad Gerardum episcopum Teatinum. 1245
XXXIII. — Ad Didacum archiep. Compostel. 1246
XXXIV. — Ad eumdem. 1246
XXXV. — Ad Alexandrum episcopum Lincolniensem. — Lincolniensis Ecclesiæ privilegia confirmat. 1246
XXXVI. — Privilegium confirmationis possessionum et bonorum monasterii S. Theoderici Remensis. 1247
XXXVII. — Fratrum S. Mariæ Præmonstratensis disciplinam possessionesque confirmat. 1249
XXXVIII. — Confirmatio fundationis ecclesiæ Capenbergensis. 1249
XXXIX. — Privilegium pro monasterio S. Evangelistæ Kaltenborniensi. 1252
XL. — Privilegium pro ecclesia S. Mariæ Placentinæ. 1253
XLI. — Monasterium S. Blasii in protectionem apostolicam recipit, et confirmat liberam advocatiam. 1254
XLII. — Monasterium Wiblingense ejusque bona confirmat et in protectionem apost licam recipit. 1257
XLIII. — Monasterii S. Lamberti protectionem suscipit, possessionesque ac jura confirmat, annuo b'zantii unius censu monachis imposito. 1258
XLIV. — Breve ad episcopos et proceres Galliæ, ut Pontium olim abbatem Cluniacensem coerceant. 1258
XLV. — Ad monachos Cluniacenses. — Ut Pontium abbatem rejiciant. 1259
XLVI. — Ad Humbaldum archiepiscopum Lugdunensem. - Ejusdem argumenti 1259
XLVII. — Rogerio, archiepiscopo Pisano, restituit jus consecrandorum episcoporum Corsicanorum, palliumque concedit. 1261
XLVIII. — Petro abbati abbatiam Cluniacensem asserit, Pontiumque, « excommunicatum, invasorem, depredatorem, sacrilegum et schismaticum, » damnat. 1263
XLIX. — Privilegium pro Fontes Ebraldi. 1268
L. — Ad Didacum archiep. Compostel. 1269
LI. — Ad Adelbertum archiep. Mogunt. 1269
LII. — Ad canonicos S. Frigciani Lucensis. 1270
LIII. — Monasterii S. Udalrici et S. Afræ Creuzlingensis isciplinam, possessiones, privilegia confirmat. 1270
LIV. — A[delbertum] archiepi copum Moguntinum reprehendit quod designatum Ecclesiæ Wirziburgensis episcopum ante dijudicatam causam contra canones excommunicaverit. 1271
LV. — Ad Petrum Cluniacensem abbatem. — De Pontii invasoris obitu et sepultura. 1272
LVI. — Pandulpho, Landonis comitis Aquinensis filio, interdicit ne in possessione B. Petri castrum ædificet. 1272
LVII. — Episcopis, abbatibus, baronibus, etc., per Angliam constitutis significat se Guillelmo archiepiscopo Cantuariensi legationem Angliæ Scotiæque commissae. 1272
LVIII. — Privilegium pro cœnobio S. Petri Carnot., de pluribus ab eo confirmatis ecclesiis. 1273

LIX. — Bulla seu diploma quo fundatio abbatiæ Sponheimensis confirmatur. 1274
LX. — Ad Richardum Bajocensem episcopum. — Ne amplius jura monasterii S. Benigni Divion. infringat. 1275
LXI. — Ad Ottonem Halberstad. episc. 1277
LXII. — Canonic. Faventin. bona confirmat. 1277
LXIII. — Ecclesiæ Trevirensis privilegia, possessionesque confirmat, et Mainero archiepiscopo concedit ut pallio præferendaque cruce utatur, atque « in constitutis ecclesiæ stationibus cum nacco albo equitet. » 1278
LXIV. — Diœcesis Mutinensis fines et ecclesiæ possessiones, petente Dodone episcopo, confirmat. 1278
LXV. — Ad Matthæum Albonensem episcopum, apostolicæ sedis legatum. — Pro monasterio Luxoviensi, ut ablata eis a Divionensibus monachis restituantur. 1278
LXVI. — Eccle i æ S. Frigdiani Lucensis possessiones et privilegia confirmat. 1279
LXVII. — Ad episcopos provinciæ Turonensis, ut observent statuta Concilii Namueten is. 1279
LXVIII. — Ad Balduinum Hiercsolymorum regem. 1280
LXIX. — Ad Tyrios. — Significat se Willelmum Tyri archiepiscopum lectum, et a patriarcha Hierosolymitano consecratum, pallio donasse. 1281
LXX. — Ad Guaremundum Hierosolymitanum archiepiscopum. — Ejusdem argumenti. 1281
LXXI. — Bernardo, patriarchæ Antiocheno, per Ægidium episcopum Tu culanum, præcipit ut Ecclesiæ Tyriæ restituat quos detineat suffraganeos. 1281
LXXII. — Privi gium pro ecclesia S. Sepulcri Hierosolymitani. 1281
LXXIII. — Florefliensem abbatiam suscipit in tutelam sedis apostolicæ, ejusque possessiones confirmat. 1284
LXXIV. — Ad Alexandrum episcopum et clerum Leodiensem. — Damnat pontifex pravam consuetudinem exigendi pecuni s ab his qui recipiuntur in canonicos. 1285
LXXV. — Clerum, consules et populum Pistoriensem hortatur ut II [deprando] episcopo ad ecclesiam B. Petro construendam pecuniam tribuant. 1286
LXXVI. — Ad Ludovicum VI Francorum regem. — Henricum regis filium clericum in suam protectionem suscipit. 1286
LXXVII. — Ad Odalricum Constantiensem episcopum. — Monet ut hortetur Rodolphum comitem de Leuzburg, ut a vexatione monasterii Rhenaugiensis desistat. 1287
LXXVIII. — Ad Burchardum Meldensem episcopum. — Pravam illam consuetudinem diripiendi post episcoporum obitum Ecclesiæ bona, assentiente Tebaldo, comite Blesensi, abolitam nuntiat. 1287
LXXIX. — Ad parochianos ecclesiæ S. Frigdiani Lucensis. 1287
LXXX. — Bulla pro confirmatione ecclesiæ bonorum Steinfeldiæ. 1288
LXXXI. — Ad Bernardum Melgoriensem comitem. — Præcipit ut Melgoriensis moneta non alibi quam Melgori fiat. 1288
LXXXII. — Hospitalem domum et ecclesiam S. Mariæ diœcesis Cenetenensis, sub protectione sedis apostolicæ suscipit. 1289
LXXXIII. — Ad A[dalberonem] archiep. Hamburg. — Commendat E., presbyterum cardinalem 1289
LXXXIV. — Ad archidiaconum et præcentorem Agathensem. 1290
LXXXV. — Ad clerum et populum Tullensem. — Servandam mandat excommunicationis sententiam in Theodoricum de imbercurte prolatam. 1290
LXXXVI. — Ad Willelmum archiepiscopum Cantuariensem, apostolicæ sedis legatum. 1291
LXXXVII. — Regulares canonicos in monasterio Aganensi constitutos confirmat. 1292
LXXXVIII. — Ad Matthæum Albanensem episcopum, apostolicæ sedis legatum. Litem ei dijudicandum committit inter Henricum Virdunensem episcopum, multis accusationibus impetitum, et ejus accusatores. 1292
LXXXIX. — Privilegium pro ecclesia S. Petri Bononiensis. 1293
XC. — Bulla pro Vindocinensi monasterio. 1294
XCI — Sugerio abbati S. Dionysii mandat ut prospiciat disciplinæ parthenonis Argentoliensis, a Stephano episcopo Parisiensi S. Dionysii restitui. 1296
XCII. — Pro monasterio S. Martini Nivernensis. 1297
XCIII. — Monasterium S. Mariæ de Curatio tuendum suscipit, quique diebus quibusdam monasterium adierint, iis « annos 10 de injunctis pœnitentiis relaxat » 1298
XCIV. — Privilegium pro monasterio S. Mariæ Amelunxbornensis. 1299
XCV. — Privilegium pro ecclesia S Martini Turonensis. 1300

XCVI. — Ad P[elagium] archiepiscopum Bracarensem.
— Proxima Dominica, qua legitur : « Ego sum pastor bonus » ad sese venire jubet. 1501
XCVII. — Didaco, archiepiscopo Compostellano, gratias agit quod ipsum et S. Romanam Ecclesiam « visitaverit, » etc. 1502
XCVIII. — A[defonso] Hispaniarum regi commendat legatum suum, Hubertum presbyterum cardinalem. 1502
XCIX. — Ad Norbertum archiepiscopum Magdeburgensem. — Confirmat substitutionem Præmonstratensium clericis minus religiose viventibus. 1503
C. — Ad Conradum Salzburgensem archiep. 1505
CI. — Monasterii S. Petri (in Nigra Silva) protectionem suscipit et privilegia confirmat. 1504
CII. — Ecclesiæ Hadmerslebensis possessiones confirmat. 1505
CIII. — Ad Bituricensem, Turonensem, Burdegalensem, Auxiensem et Dolensem archiepiscopos. 1506
CIV. — Privilegium pro Ecclesia Meldensi. 1506
CV. — Privilegium pro monasterio S. Georgii Pruefeningensis. 1507
CVI. — Privilegium pro ecclesia Sanctæ Margaretæ Baumburgensis 1508
CVII. — Confirmatio fundationis ecclesiæ Denckendorfensis. 1509
CVIII. — Ad canonicos ecclesiæ S. Frigdiani Lucensis. 1510
CIX. — Ad eosdem. 1511
CX. — Heinrici quondam imperatoris de jurejurando a clericis non dando legem, die 5 mensis Aprilis Arimini datam, confirmat. 1511
CXI. — Confirmatio fundationis Beyronensis canonicæ, item benedictionis abbatialis et investituræ cum virga pastorali concessio. 1512
CXII. — Monasterii Altahensis (superioris) libertatem confirmat. 1514
Appendix ad epistolas Honorii II papæ 1515
DIVERSORUM AD HONORIUM EPISTOLÆ. 1517
I. — Matthæi Albanensis episcopi apostolicæ sedis legati epistola ad Honorium. — Sexagesimæ quintæ Honorii respondet gestaque in concilio Remensi significat. 1517
II. — Adalberti Moguntini archiepiscopi et apostolicæ sedis legati. — Epistolæ 54 Honorii respondet. 1518
III. — Cleri Rothomagensis. — De electione Hugonis in archiepiscopum Rothomagensem. 1519
VIVIANUS PRÆMONSTRATENSIS.
HARMONIA SIVE TRACTATUS DE LIBERO ARBITRIO ET GRATIA. 1519
Observatio prævia. 1519
Prologus ad Gerardum Quintini decanum. 1521
INCIPIT HARMONIA. 1521
G. ABBAS.
EPISTOLA ad A. priorem S. Victoris Massiliensis. 1535
DOMNIZO PRESBYTER ET MONACHUS CANUSINUS.
Notitia historica. 1339
VITA MATHILDIS COMITISSÆ. 1339
ABBAUDUS ABBAS.
Notitia. 1339
TRACTATUS DE FRACTIONE CORPORIS CHRISTI. 1341
BRUNO ARGENTINENSIS EPISCOPUS.
Notitia. 1347
Epistola ad Gerhohum præpositum. 1347
FRIDERICUS COLONIENSIS ARCHIEPISCOPUS.
EPISTOLA ET DIPLOMATA. 1349
I. — Epistola Friderici archiepiscopi Coloniensis ad clerum Leodiensem. Increpat eos, quod præcipiti electione, admissis etiam in suo conventu excommunicatis, in Alexandrum vota sua contulerint, eosque ad suum citat tribunal ad Indam monasterium. 1349
II. — Diploma Friderici Coloniensis archiepiscopi pro Corbeia Nova. — Confirmat ei decimas de mansis dominicatis in suo episcopatu, olim in solemni concilio tempore Arnolfi imperatoris concessas. 1352
III. — Diploma Friderici Coloniensis archiepiscopi pro monasterio Groffschatensi. 1353
IV. — Epistola Friderici archiepiscopi Coloniensis ad Mediolanenses. — Hortatur ad resistendum Ecclesiæ inimicis. 1354
V. — Epistola Frederici Coloniensis archiepiscopi ad Ecclesiam Leodiensem. — Mandat ne intrusum per Simoniam nominatione regia in sede Leodiensi recipiant. 1355
VI. — Frederici Coloniensis archiepiscopi litteræ formatæ. 1356
RICHARDUS ABBAS PRATELLENSIS.
Notitia historica. 1357

Prologus in Leviticum. 1357
Epitaphium Richardi. 1359
STEPHANUS ABBAS CISTERCIENSIS III.
Notitia historica. 1561
CENSURA DE ALIQUOT LOCIS BIBLIORUM. 1373
SERMO IN OBITU PRÆDECESSORIS SUI. 1375
EPISTOLÆ.
I. — Ad Ludovicum regem cognomine Crassum. 1575
II. — Stephani abbatis, Hugonis Pontiniacensis, Bernardi de Clara-Valle ad Honorium papam. 1378
CHARTA CHARITATIS.
Cap. I. — De singulari inter personas hujus ordinis consensione circa sensum et praxim Regulæ S. Benedicti cæterosque alios usus ac cæremonias. 1377
Cap. II. — De visitationibus Patrum abbatum, ac mutua ipsorum ad invicem honoris prosecutione. 1379
Cap. III. — De institutione, auctoritate et forma capituli generalis. 1380
Cap. IV. — De electionibus abbatum. 1381
Cap. V. — De cessione et depositione abbatum. 1382
USUS ANTIQUIORES ORDINIS CISTERCIENSIS. 1383
Admonitio. 1383
PARS PRIMA. — Breviarii ac Missalis Cisterciensis secundum Regulam S. Benedicti dispositio. 1385
Cap. I. — De adventu Domini. 1385
Cap. II. — Quomodo per hiemem privatis diebus ad Vigilias dividuntur Responsoria. 1385
Cap. III. — De vigilia Nativitatis Domini. 1385
Cap. IV. — De Nativitate Domini. 1387
Cap. V. — De octavis Domini. 1388
Cap. VI. — Quomodo a Nativitate Domini usque ad Septuagesimam, diebus Dominicis officia missarum disponantur singulis annis. 1589
Cap. VII. — De sancto Silvestro. 1591
Cap. VIII. — Quid post Circumcisionem Domini usque ad Septuagesimam ad Vigilias sit legendum. 1591
Cap. IX. — In Vigilia Epiphaniæ. 1591
Cap. X. — De « Domine, ne in ira » et « Benedicam Dominum. » 1592
Cap. XI. — De Septuagesima. 1592
Cap. XII. — De Tractibus. 1593
Cap. XIII. — De Capite jejunii. 1593
Cap. XIV. — De festis sanctorum quæ a Capite jejunii usque ad Dominicam in Palmis evenerint. 1595
Cap. XV. — De Dominica prima Quadragesimæ et observatione ejusdem temporis. 1595
Cap. XVI. — De duobus hebdomadis ante Pascha. 1396
Cap. XVII. — Ordo in Ramis Palmarum. 1597
Cap. XVIII. — Quomodo incipiendæ sunt Passiones. 1398
Cap. XIX. — De feria quarta ante Pascha. 1398
Cap. XX. — De Cœna Domini et Parasceve et vigilia Paschæ. 1598
Cap. XXI. — Item de Cœna Domini. 1399
Cap. XXII. — De Parasceve. 1401
Cap. XXIII. — De vigilia Paschæ. 1403
Cap. XXIV. — De festis sanctorum quæ post Sabbatum ante Dominicam in Palmis usque ad Octavas Paschæ occurrunt. 1405
Cap. XXV. — De Septimana Paschæ. 1405
Cap. XXVI. — De octavo die Paschæ. 1406
Cap. XXVII. — De tempore Resurrectionis. 1406
Cap. XXVIII. — De Rogationibus 1406
Cap. XXIX. — De Ascensione Domini. 1407
Cap. XXX. — De Vigilia Pentecostes. 1407
Cap. XXXI. — De Octavis ejusdem. 1407
Cap. XXXII. — De Dominicalibus officiis ab Octavis Pentecostes usque ad Adventum. 1408
Cap. XXXIII. — De solemnitatibus quibus non laboramus et quæ Dominica non evenerint. 1409
Cap. XXXIV. — De solemnitatibus quibus non laboramus et quæ Dominica evenerint. 1409
Cap. XXXV. — De solemnitatibus quibus laboramus et quæ Dominica evenerint. 1409
Cap. XXXVI. — De Dominicis diebus quibus duodecim Lectionum solemnitas non celebratur. 1409
Cap. XXXVII. — Quo ordine missæ agantur privatis diebus. 1410
Cap. XXXVIII. — De numero Collectarum ad missas. 1411
Cap. XXXIX. — De quatuor historiis quæ cantantur a Kalendis Augusti usque in Adventum Domini 1412
Cap. XL. — Qua septimana jejunia Quatuor Temporum in mense Septembri agenda sunt. 1412
Cap. XLI. — Quomodo legantur libri in refectorio a Pentecoste usque ad Kalendas Novembris. 1412

ORDO RERUM QUÆ IN HOC TOMO CONTINENTUR.

Cap. XLII. — De Antiphonis in Sabbatis dicendis. 1415
Cap. XLIII. — De festis sanctorum quæ Dominicis diebus vel in Ascensione Domini evenerint. 1414
Cap. XLIV. — De festis sanctorum quæ evenerint sabbatis 1414
Cap. XLV. — De Vigiliis sanctorum 1415
Cap. XLVI. — De Octavis Domini et sanctorum. 1415
Cap. XLVII. — De purificatione Sanctæ Mariæ. 1417
Cap. XLVIII. — De canticis. 1417
Cap. XLIX. — De festis in quibus laboramus. 1418
Cap. L. — Quibus temporibus et quo ordine celebrandum est officium defunctorum. 1418
Cap. LI. — Quo ordine dicantur collectæ pro defunctis 1420
Cap. LII. — De officiis defunctorum præcipuis. 1420
PARS SECUNDA. — De cæremoniis tam in horis canonicis quam in missarum celebratione observandis. 1421
Cap. LIII. — Quomodo se agant sacerdos et ministri ad Missas festivas. 1421
Cap. LIV. — De missis in quibus tantum unus minister fuerit. 1428
Cap. LV. — Quo ordine benedicatur aqua. 1429
Cap. LVI. — Quomodo conventus se agat ad missas. 1430
Cap. LVII. — De Pace. 1432
Cap. LVIII. — De Communione. 1432
Cap. LIX. — De privatis missis. 1433
Cap. LX. — Quibus diebus missæ canuntur. 1434
Cap. LXI. — Quando sacerdos et ministri debeant ascendere ad altare. 1435
Cap. LXII. — De « Kyrie eleison. » 1435
Cap. LXIII. — Quando canitur « Gloria in excelsis Deo » et « Ite missa est. » 1436
Cap. LXIV. — Quibus diebus intermittendæ sunt usitatæ Collectæ. 1436
Cap. LXV. — Quibus diebus « Credo in unum Deum » dicatur. 1436
Cap. LXVI. — Quando debeant fratres ad Pacem et Communionem ire. 1437
Cap. LXVII. — Quibus diebus ardeant tres lampades, et quibus habeantur sermones in capitulo. 1437
Cap. LXVIII. — Qualiter se habeant fratres Dominicis et festis diebus. 1437
Cap. LXIX. — De laudibus. 1440
PARS TERTIA. — De ritibus in exerc.ii; regularibus ob ervan is.
Cap. LXX. — De capitulo et confessione. 1439
Cap. LXXI. — Qualiter se habeant fratres tempore lectionis. 1446
Cap. LXXII. — Quas officinas ingredi fratres debeant, et quando. 1447
Cap. LXXIII. — De misto. 1448
Cap. LXXIV. — Qualiter se habeant fratres in hieme privatis diebus a Vigiliis usque ad Tertiam. 1448
Cap. LXXV. — De labore. 1450
Cap. LXXVI. — De refectione. 1452
Cap. LXXVII. — De servitoribus. 1455
Cap. LXXVIII. — De Vesperis. 1455
Cap. LXXIX. — Quomodo se habeant fratres post Vesperas omni tempore. 1456
Cap. LXXX. — De bibere post Vesperas. 1456
Cap. LXXXI. — De collatione. 1456
Cap. LXXXII. — Qualiter se agant fratres post Completorium. 1457
Cap. LXXXIII. — Qualiter se agant fratres in æstate, de vigiliis et usque post Vesperas. 1458
Cap. LXXXIV. — De bibere post Nonam. 1459
Cap. LXXXV. — De tempore secationis et messionis. 1460
Cap. LXXXVI. — De rasuris. 1451
Cap. LXXXVII. — De processione episcoporum. 1462
Cap. LXXXVIII. — De hospitibus suscipiendis. 1462
Cap. LXXXIX. — De dirigendis in via. 1463
PARS QUARTA. — De cura infirmorum et suffragiis mortuorum. 1465
Cap. XC. — De vomentibus et sanguinem fluentibus, et servitoribus eorum. 1465
Cap. XCI. — De minutione. 1466
Cap. XCII. — De infirmis extra chorum. 1469
Cap. XCIII. — De infirmis qui sunt in infirmitorio. 1469
Cap. XCIV. — Quo ordine inungantur infirmi. 1471
Cap. XCV. — Quomodo agatur circa defunctum. 1472
Cap. XCVI. — Item de defunctis postquam sunt in ecclesia 1475
Cap. XCVII. — De vigiliis circa defunctum. 1475
Cap. XCVIII. — Quo ordine missæ vel collectæ pro præsenti defuncto dicantur. 1476
Cap. XCIX. — Quo ordine efferatur ad tumulum. 1477
Cap. C. — De parentibus nostris. 1480
Cap. CI — Quomodo communicentur hospites infirmi 1480

Cap. CII. — Quomodo hospes sepeliatur. 1480
Cap. CIII. — De novitiis. 1481
PARS QUINTA. — De hebdomadariorum, superiorum et officialium muniis. 1483
Cap. CIV. — De hebdomadario sacerdote et ministris ejus. 1483
Cap. CV. — De hebdomadario Invitatorii. 1484
Cap. CVI. — De servitore ecclesiæ. 1485
Cap. CVII. — De hebdomadario lectore. 1485
Cap. CVIII. — De hebdomadariis ad Mandatum hospitum. 1486
Cap. CIX. — De hebdomadariis coquinæ. 1486
Cap. CX. — De cocis abbatis. 1488
Cap. CXI. — De abbate. 1489
Cap. CXII. — De priore. 1490
Cap. CXIII. — De subpriore. 1491
Cap. CXIV. — De magistro novitiorum. 1491
Cap. CXV. — De sacrista et solatio ejus. 1492
Cap. CXVI. — De cantore et solatio ejus. 1493
Cap. CXVII. — De infirmario. 1496
Cap. CXVIII. — De cellerario et solatio ejus. 1497
Cap. CXIX. — De refectorario. 1498
Cap. CXX. — De hospitali monacho. 1498
Cap. CXXI. — De portario et solatio ejus. 1498
Cap. CXXII. — De versu refectionis. 1500
EXORDIUM COENOBII ET ORDINIS CISTERCIENSIS. 1501
Cap. I. — Quo primum tempore S. Robertus abbas Molismensis, fundamenta jecit ordinis Cisterciensis. 1501
Cap. II. — Epistola Hugonis legati ad Robertum abbatem Molismensem. 1502
Cap. III. — Egressus monachorum Cisterciensium de Molismo, et eorum ad Cistercium adventus. 1503
Cap. IV. — Quomodo locus ille in abbatiam surrexerit. 1503
Cap. V. — Quod Molismenses monachi aures domini papæ pro reditu Roberti abbatis inquietarunt. 1504
Cap. VI. — Epistola papæ pro reditu Roberti abbatis. 1504
Cap. VII. — Decretum legati de toto negotio Molismensium atque Cisterciensium. 1504
Cap. VIII. — Commendatio abbatis Roberti. 1505
Cap. IX. — De electione Alberici primi abbatis Cisterciensis ecclesiæ. 1505
Cap. X. — De privilegio Romano. 1505
Cap. XI. — Epistola Joannis et Benedicti cardinalium. 1506
Cap. XII. — Epistola Hugonis Lugdunensis. 1506
Cap. XIII. — Epistola Cabilonensis episcopi. 1506
Cap. XIV. — Privilegium Romanum. 1507
Cap. XV. — Instituta monachorum Cisterciensium de Molismo venientium. 1507
Cap. XVI. — De mœstitia eorum. 1508
Cap. XVII. — De morte primi abbatis et promotione secundi, et de institutis eorum. 1508
Cap. XVIII. — De abbatiis quas exstruxerunt. 1510

JOANNES MONACHUS.
EPISTOLA ad Adelberonem Trevirensem archiepiscopum de tribus missis in Nativitate Domini celebrandis, deque festis infra ipsius octavam recolendis. 1509

DROGO CARDINALIS ASTIENSIS EPISCOPUS.
Notitia historico-litteraria. 1513
SERMO DE SACRAMENTO DOMINICÆ PASSIONIS. 1515
LIBER DE CREATIONE ET REDEMPTIONE PRIMI HOMINIS. 1547
DE SEPTEM DONIS SPIRITUS. 1555
LIBER DE DIVINIS OFFICIIS. 1557

SANCTUS HUGO GRATIANOPOLITANUS EPISCOPUS.
Notitia. 1563
Notitia altera. 1565
VITA, auctore Guigone. 1565
EXCERPTA E CHARTULARIO ECCLESIÆ GRATIANOPOLITANÆ. — De injuriis quas fecit Guido Viennensis archiepiscopus Ecclesiæ Gratianopolitanæ et ejusdem Ecclesiæ episcopo Hugoni de Salmoriacensi. 1565
EPISTOLÆ ET DIPLOMATA. 1571
I. — Ad archiepiscopum et canonicos Ecclesiæ Turonensis. — Epistolam Cruciferorum de rebus in Oriente gestis transmittit. 1571
II. — Charta Hugonis episcopi Gratianopolitani, vetantis ne mulieres Carthusiam accedant. 1571
III. — Charta Leotardi filii Willelmi pro feudo cellariæ episcopalis. 1571
IV. — Chartæ guirpilionis factæ per Leodegarium de Clariaco et alios, Hugoni episcopo Gratianopolitano, de tota terra de Fabris. 1572
V. — Guerpilio de decima facta a Petro Gorga Hugoni episcopo Gratianopolitano. 1474

FINIS TOMI CENTESIMI SEXAGESIMI SEXTI.

Ex Typis L. Migne, au Petit-Montrouge.